Ex typis MIGNE, au Petit-Montrouge.

INTRODUCTION.

La science de l'homme, dit Barthez, est la première des sciences et celle que les sages de tous les temps ont le plus recommandée.

Livrés eux-mêmes à cette étude, ils ont constaté que, considéré d'après les faits et dans l'exercice de ses fonctions sensitives, intellectuelles et morales, l'homme est tout à la fois corps et âme, c'est-à-dire un corps vivant, doué de propriétés particulières, et surveillé, pénétré en quelque sorte par un principe pensant et sensitif, faisant une même chose, un même être avec lui, soumis à des lois communes, à des relations que l'expérience seule constate, et qui a en outre ses lois particulières et son indépendance absolue.

Voilà ce qu'ils ont remarqué, et nous n'en savons pas davantage. Nous touchons par l'esprit les phénomènes dans leur moment de rapprochement, d'union ; mais quand nous sommes arrivés à ce point, le lien intérieur nous échappe. (*Fréd. Bérard.*)

Nous ne pouvons ignorer cependant que toutes les facultés de son instinct tendent à la terre, et toutes les facultés de son âme tendent au ciel ; c'est-à-dire, qu'en tant qu'il est animal ou corps vivant, il possède et s'attache par instinct aux biens de la terre pour lesquels il semble né, et la terre sera son tombeau : tandis que, comme homme intelligent, son âme, si elle a vécu dans l'ordre, possédera l'immortalité qu'elle pressent, le ciel qu'elle entrevoit, le Dieu qu'elle prie. Il y a donc dans le corps humain une dualité remarquable et distincte : un corps qui vit de la vie végétative ; une âme qui préside aux facultés intellectuelles et affectives qui émanent d'elle, mais que le système physique peut influencer.

Cette idée que l'homme est un être double, qu'il se compose d'une âme et d'un corps, l'âme étant la maîtresse et le corps le serviteur, est du reste la croyance du genre humain. C'est une croyance native, spontanée, universelle, qui a existé de tout temps et qui se trouve dans tous les pays. Quelque haut que l'on remonte dans l'histoire, quelque loin qu'on s'aventure sur les pas des voyageurs, on est sûr de la rencontrer. C'est la croyance des Assyriens, des Babyloniens et des Mèdes, de même que celle des Européens de nos jours. C'est la croyance du Lapon et du Hottentot, du Kamtschadale et de l'Australien, de même que celle de l'Anglais et du Français.

Pour connaître l'homme physique et moral il faut avoir vécu, vu et réfléchi, cette dualité de l'homme étant devenue pour lui une source inépuisable d'observations. A la vérité, il vit peu de jours, il est rempli de misères, il est comme une fleur qui s'épanouit, se flétrit et qu'on écrase ; il passe comme une ombre (*Job*) ; et néanmoins le cours de son existence est un sujet on ne peut plus fécond en méditations philosophiques. Aussi, les savants de tous les siècles, médecins et philosophes, n'ont jamais dédaigné d'en faire l'objet de leurs méditations.

Les uns et les autres ont interrogé la médecine, cette noble science qui seule peut fournir des notions exactes sur la nature du corps humain ; qui seule peut nous dire, avec certitude, en profitant des connaissances que lui donnent les études de la morale, à l'aide de quels moyens il est possible de rendre les hommes plus sages et plus ingénieux ; qui seule peut ainsi fournir les guides et le flambeau nécessaires pour suivre et sonder les nombreux détours d'un cœur agité de sentiments divers, et découvrir la base profonde sur laquelle doit reposer la table des lois morales des différents peuples.

Ils y arriveront, s'ils se souviennent que le corps est souvent un serviteur récalcitrant qui n'obéit qu'à certaines conditions à l'âme, sa maîtresse, ce qui fait que la plupart des hommes emploient la première partie de leur vie à rendre l'autre misérable (*La Bruyère*) ; ou, pour parler le langage de P. Charron : que « l'homme, comme un animal prodigieux, est fait de pièces toutes contraires. L'âme est comme un petit dieu, le corps comme une bête, un fumier. Toutes ces deux parties sont tellement accouplées, ont un tel besoin l'une de l'autre pour faire leurs fonctions, et s'embrassent si bien l'une l'autre avec toutes leurs querelles, qu'elles ne peuvent demeurer sans guerre ni se séparer sans tourment et sans regret, et comme tenant le loup par les oreilles, chacune peut dire à l'autre : Je ne puis avec toi ni sans toi vivre : *Nec tecum possum vivere nec sine te.* »

Ils y arriveront, s'ils se souviennent que l'homme entre dans la vie armé de ses passions, c'est-à-dire, composé de tout ce que nous voyons de bien et de mal, de plaisirs et de peines, pourvu de sentiments impérieux pour agir et entraîner, mais aussi d'une raison pour gouverner ses actions.

Mais pour atteindre plus sûrement le but vers lequel la curiosité ou plutôt l'amour des sciences les pousse, il faudra qu'ils se courbent sur le berceau de l'enfant, où déjà les passions viennent l'agiter, et que, le prenant par la main, ils parcourent avec lui les sentiers épineux de la vie, pour ne le quitter qu'après qu'il aura rendu le dernier soupir, l'âme du juste, dégagée de tout lien charnel, prenant alors son vol audacieux vers le ciel et abandonnant sa dépouille mortelle à la dissolution et à la pourriture.

Telle est la marche que nous suivrons

INTRODUCTION.

pour étudier l'homme moral aux différents âges de la vie, les notions que cette étude nous donnera devant précéder, ce me semble, l'appréciation des facultés intellectuelles et affectives de l'âme.

L'homme naît enfant; il passe à l'adolescence, devient adulte, et franchit l'époque de la virilité pour arriver enfin à la vieillesse. De là, cette division, généralement adoptée, du cours de la vie en quatre âges : l'enfance, la jeunesse, la virilité et la vieillesse.

Cette division, toute naturelle qu'elle est, n'ayant pas satisfait le judicieux Hallé, il en adopta et proposa une autre qu'il croyait beaucoup plus convenable. Ainsi, il admit 1° une première enfance (*infantia*), qui se prolongeait jusqu'à l'âge de sept ans, et une deuxième enfance (*pueritia*), qui comprenait l'espace compris entre la septième année et la puberté; 2° l'adolescence, qui était plus ou moins prolongée, mais ne dépassait pas vingt-un ans pour la femme et la vingt-troisième ou la vingt-cinquième année pour l'homme; 3° l'âge adulte ou virilité, qu'il distingua en croissante, confirmée et décroissante; 4° enfin la vieillesse, qu'il subdivisa en verte, caduque et décrépite. Ces subdivisions peuvent être utiles sans doute pour classer plus convenablement et d'une manière plus précise les modifications organiques que chaque âge imprime au corps vivant; mais comme le moral ne suit pas absolument, dans son développement, la même succession de changements qu'on observe dans le physique, je m'en tiendrai à la division primitivement adoptée dans les écoles.

1° *Enfance*. La faiblesse de l'enfant, les dangers qui entourent son berceau, les soins constants et assidus qu'il réclame et exige, sont autant de circonstances propres à motiver l'intérêt qu'il inspire à cet âge de la vie. Dès qu'il a vu le jour, le nouveau-né ne paraît sensible qu'à la douleur, et cet état dure jusqu'à la fin de la sixième semaine. Alors, le monde extérieur s'ouvre peu à peu à lui; sa vie morale commence; ses sens, dont l'éducation est lente, mais continue et successive, lui apprennent à connaître ce qui l'entoure. Alors, au moment de son réveil, l'enfant sourit à sa mère si elle sourit la première.

Incipe, parve puer, risu cognoscere matrem.
(Virgile.)

Et dès ce moment il s'établit entre elle et lui une communication qui n'est entendue que d'eux; ce qui a fait mettre au rang des qualités de la nourrice la bonté, la douceur, l'enjouement et la gaieté.

Et comme, à partir de cette époque, l'enfant regarde, observe et reconnaît tout ce qui l'environne; comme tout est un sujet d'étonnement et d'admiration pour lui, comme en un mot, en véritable singe et perroquet, il imite tout ce qu'il voit faire, ou répète tout ce qu'il entend, on conçoit qu'il importe beaucoup à son avenir qu'on s'occupe de son instruction et qu'on ne présente à ses regards que des actions honnêtes. Tout le monde s'accorde à dire qu'on a toujours de la peine à détruire les impressions fâcheuses devenues habituelles dès l'enfance; que c'est de la première éducation que dépendent le bonheur de la vie présente et future, ou le malheur du temps et de l'éternité; il faut donc, à mesure que l'enfant grandit, à mesure que ses sensations et ses mouvements deviennent plus vifs et plus parfaits, que ses perceptions sont plus promptes et plus faciles, suivre avec intérêt l'agrandissement de ses idées et le développement progressif de leurs moyens d'expression; il faut que les seules impressions morales qu'il reçoit sitôt qu'il peut réfléchir, soient de nature à faire naître en lui les qualités sociales les plus propres à lui faire obtenir l'estime de ceux avec qui il doit vivre, et le laissent dans la plus complète ignorance du vice.

C'est d'autant plus nécessaire, qu'on ne trouve dans la première enfance qu'à un faible degré et comme dans leur première ébauche, l'*attention* toujours légère et difficile à captiver; la *mémoire*, encore peu fidèle, quoique assez étendue; la *comparaison* qui rapproche les idées ; la *réflexion* qui les mûrit; le *raisonnement* qui délibère, et le *jugement* qui décide ou prononce. Bref, ce n'est que par instinct ou par un sentiment irréfléchi, spontané, que l'enfant pense et se conduit. De là les nombreuses erreurs de cet âge, et la nécessité d'imprimer par l'éducation une direction salutaire aux idées.

Les sentiments de l'enfant ont le même caractère d'inconstance et de légèreté qu'on remarque dans ses idées; il est tout entier au moment présent, ne sent que le plaisir ou la peine de sa situation actuelle, se réjouit ou se désespère tour à tour et presque dans le même instant pour les motifs les plus frivoles. Naturellement bon, il se montre ingénu, docile, crédule, confiant, et sa faiblesse le rend plus ou moins timide et craintif. Il y a donc nécessité formelle de mettre sous ses yeux de bons exemples, et de faire entendre à son oreille des préceptes qui fortifient ses bonnes dispositions et détruisent ses pernicieux penchants.

Si l'on n'y prend garde, à la bonté, sentiment naturel de tous les êtres pensants; à la naïveté, qui est l'apanage de l'enfance; à la sincérité, qui forme le fond du caractère du jeune enfant, s'uniront la vanité et la jalousie, passions si précoces, qu'elles peuvent devancer les qualités que nous avons énumérées et en empêcher le développement.

Si l'on n'y prend garde, au lieu d'être toujours sincère et naïf dans son langage, l'enfant s'exercera à la dissimulation, parce qu'on lui aura appris à mépriser la vérité; il mentira, parce qu'on lui aura enseigné à se servir d'équivoques ou d'excuses, et qu'on l'aura laissé se dresser au mensonge; il sera bavard et méchant, parce qu'on ne lui aura pas fait connaître l'énormité de ces défauts.

Si l'on n'y prend garde, enfin, il s'attachera par reconnaissance à ceux dont il reçoit les soins et les caresses; ignorant l'amour, son cœur s'ouvrira entièrement à l'amitié; et malheur à lui s'il fait un mauvais choix dans les compagnons de ses jeux et de ses plaisirs, si l'on a confié son enfance à des gens pervers et corrompus!

Pourrait-il ne pas faillir? Non, puisque, n'ayant ni passé ni avenir, il est tout naturel que les enfants jouissent du présent (ce qui n'arrive guère à l'homme fait) : puisque, manquant de jugement et de raison, il est tout naturel qu'il s'égare. Raison de plus, je le répète, pour imprimer par l'éducation une direction heureuse et salutaire à ses pensées.

C'est chose d'autant plus facile que l'enfance dispose à la soumission, à l'ouverture du cœur. Se sentant faible, elle s'attache volontiers à un être plus fort, qui puisse la protéger et lui servir d'appui; et elle se livre avec d'autant plus de confiance à ce sentiment, qu'elle ne saurait encore calculer la portée de ses actes.

Aussi, bien que le sens moral ait acquis jusqu'à un certain point tout le développement convenable à cet âge, l'intelligence de l'enfant ne s'exerce guère que sur des objets qui ne sortent ni de son degré d'instruction, ni de la sphère de ses idées, ni de l'enceinte de la famille, ni de son entourage de collège. Ne possédant pas encore assez d'expérience des hommes et des choses pour se conduire avec prudence au milieu des dangers qui l'environnent dans cette société qu'il ne connaît point, pourrait-il agir d'après les seules inspirations de son âme? Non, et c'est parce que sa volonté suit presque toujours les impulsions de l'instinct, ou succombe sous le joug des organes et l'entraînement des sens, qu'il faut toujours, par tendresse ou par indulgence, tempérer à son égard la rigueur des punitions qu'il aurait méritées.

2° *Adolescence* ou *jeunesse*. Nous avons vu le nouveau-né n'exister que pour lui-même, jouir d'une vie purement végétative, et ne tenir à la vie morale par aucun lien. Nous avons assisté en quelque sorte au perfectionnement de ses sens, qui s'opère par la répétition constante de leurs actes; au développement de l'intelligence que les sensations contribuent à agrandir; à la naissance de quelques-unes de ses qualités et de ses défauts, que, dans son ignorance, il n'était pas en son pouvoir d'empêcher. Maintenant que la puberté s'est accomplie, la scène a complétement changé, l'adolescent porte en lui le germe d'une vie nouvelle; il tient d'une manière plus intime à l'espèce humaine; il croit encore, mais il est homme…, car il peut multiplier. Aussi ne remarque-t-on plus en lui cette timidité, cette gaucherie de l'enfance. Sa physionomie a pris un autre caractère, une empreinte plus mâle; le coton rare et doux qui croissait au bas de ses joues a bruni et pris de la consistance; son regard fier et vif a toujours une sainte innocence, mais ne conserve plus sa première imbécillité (*J.-Jacques*); sa démarche assurée, sa voix forte et sonore, tout annonce en lui qu'il sent et apprécie toute la dignité de son être, qu'il est apte à la génération.

Parvenu à cet âge de la vie, les sensations du jeune homme ont acquis toute l'étendue et toute la finesse dont elles sont susceptibles; elles pourraient acquérir encore partiellement une plus grande perfectibilité; mais il faudrait pour cela s'en occuper d'une manière toute particulière, ce qu'on ne fait guère à moins de se livrer à une profession qui exige l'exercice continuel d'un sens plutôt que d'un autre.

De même, l'intelligence du pubère a beaucoup plus de netteté et de portée. Sa *raison* a un peu mûri par l'étude; son *jugement* s'est formé; sa *mémoire* est plus facile et plus sûre. C'est alors l'époque éminemment brillante de l'imagination. Elle embellit la vie en prêtant à tous les objets un charme inconnu, nouveau, et en revêtant l'avenir des plus belles couleurs. L'adolescent se précipite donc vers lui avec tout l'enthousiasme de son âge; séduit par l'image de la beauté et ébloui par les prestiges de son imagination, qui lui fait tout apprécier par l'idéal de la forme et les plaisirs qu'elle procure.

A cette même époque, l'attention s'éveille, le goût s'épure, le sentiment des convenances qui survient comme d'inspiration met entre l'adolescent et l'enfant une énorme distance. Le jeune homme, pénétré du sentiment de ses forces, prend une certaine assurance, devient tranchant, brusque, rude, souvent grossier même, dans ses affections, parce que l'instinct de l'animal s'y mêle. Impatient d'agir, de se montrer, de paraître quelque chose, il a hâte de vivre.

Tout cela n'arriverait peut-être pas, si l'amour se glissait dans son cœur. Maître du champ de bataille sur lequel les passions tumultueuses viennent s'agiter, il absorbe la plus grande activité du pubère. Aimer est pour lui le plus délicieux des sentiments, la plus vive des jouissances, parce que la fonction à laquelle l'amour est attaché est, d'après les desseins de la nature, la plus noble et la plus importante. Dans son enthousiasme, il est prêt à s'écrier avec Mirabeau : « Oui, toutes les passions sont contre le bon sens, l'amour est la *seule* qui soit une vertu. »

Cela ne l'empêchera pas, il est vrai, d'être généreux envers les malheureux, dévoué à ses semblables; il recherche même les uns et les autres, parce que son cœur, plein de vie et d'amour, a besoin d'expansion et se soulage en donnant. Confiant et tendre, il se lie facilement, mais ses succès le rendent présomptueux, son amour-propre indiscret, et son tempérament volage. Néanmoins, il prend feu pour tout ce qui lui paraît juste, noble, sublime; il s'indigne contre l'iniquité, la fausseté, la bassesse. L'idéal l'emporte encore en lui sur la réalité, la triste expérience des hommes et des choses n'a pas encore refroidi son ardeur, ni abattu son zèle.

En deux mots, les volontés de la jeunesse sont énergiques, mais peu fixes, ses amitiés chaudes et durables, quoique très-faciles à former. Bonne, expansive, bienfaisante, généreuse et parfois prodigue, elle n'a véritablement plus rien à gagner du côté des sentiments ou des qualités du cœur, quand elle a été bien dirigée. Au contraire, entraînée par la véhémence de ses passions, manquant de temps et d'habitude pour la réflexion, raisonnant peu, jugeant vite, elle se trompe souvent si elle est trop tôt livrée à elle-même. De là encore la nécessité que la raison et l'expérience de ses devanciers lui servent de guide et de flambeau.

En analysant le développement moral du deuxième âge, on reconnaît qu'il n'atteint à la maturité de l'âge viril qu'en passant par les deux périodes de la jeunesse. L'une, pendant laquelle le pubère est dominé par les sensations instinctives et fébriles que la puberté provoque, et qui se traduisent par une agitation extrême et continue, des desirs vagues et inquets; l'autre qui est l'aurore de la maturité, pendant laquelle, la fougue de la période précédente étant passée, l'imagination et les sens n'ont plus autant d'empire, un peu d'expérience d'ailleurs ayant dissipé et detruit bien des illusions, et la fascination du plaisir n'étant plus la même. Alors la raison parle à la volonté qui l'écoute, jusqu'à un certain point, avant d'agir. Alors le jeune homme commence à préférer la vérité à la beauté, et à prendre du goût au solide. Et pourtant, c'est l'époque de la vie où l'homme est le plus hardi, le plus entreprenant; il l'est, parce qu'il a trop d'ardeur pour reculer devant le danger, ou n'a pas assez d'expérience pour le connaître, pas assez de prudence pour l'éviter. Plein de courage, et animé par l'ambition d'acquérir de la gloire et des richesses, il brave tous les dangers qu'il faut surmonter pour les obtenir; il ose tout, et se confie à sa fortune. Méconnaissant l'autorité paternelle, sourd au désespoir d'une mère, fougueux, il s'échappe du toit où s'abrita son enfance, et méprisant la vie, il s'expose au milieu des hasards et des plus grands périls.

Chez la femme, le caractère moral reçoit de la puberté une influence spéciale dont il conserve les traits non-seulement dans l'adolescence, mais encore dans tout le reste du jeune âge, ou l'époque heureuse et brillante de la vie. La finesse d'observation des personnes du sexe féminin, la grâce de leurs manières, leur dissimulation, leur coquetterie, la réserve qu'elles conservent, la pudeur qui les distingue, la ruse et la timidité qui naissent de leur faiblesse, sont propres à frapper l'attention de l'observateur le plus superficiel. Cette phase de son existence, à son insu, la jeune fille rêveuse et pensive; elle recherche la solitude et tombe souvent dans la langueur d'une douce mélancolie. Sensible à l'excès, elle pleure quelquefois sans motif, et reçoit un soulagement de ses larmes. Mais ces larmes, quelque délicieuses quelles puissent être, cessent bientôt de couler; les devoirs de la jeune fille envers sa famille et la société que les progrès de l'âge lui font mieux connaître; la variété de ses occupations, dont elle retire toujours un profit personnel; la pratique de bien des vertus ou les débordements du vice, attachant son esprit et son cœur à de nouveaux sentiments.

3° *Age adulte, virilité.* Arrivé à cet âge de la vie, l'homme peut jouir de la plus grande énergie physique et morale. Au physique, les organes ont pris leurs proportions et leurs forces; ils ont atteint le plus haut degré de perfection dont ils étaient susceptibles; c'est-à-dire que l'adolescence a fait place à la virilité (*homo adolevit*). Au moral, toutes les facultés intellectuelles et affectives sont arrivées aussi à leur summum de force et de puissance, et l'intelligence, qui se trouve également éloignée et du feu brillant de la jeunesse et de la caducité du vieillard, vit en paix ou en guerre avec sa conscience.

Heureusement que la réflexion appartient spécialement à cet âge. Au moyen de cette faculté, le principe pensant réagit sur les idées acquises et les travaille diversement. Il rapproche, lie et combine les unes; il distingue, sépare, divise et réduit les autres; il les soumet toutes à ses propres opérations; il les multiplie, il les augmente en y ajoutant le fonds de ses connaissances reflechies; il s'élève ainsi successivement aux opérations diverses à l'aide desquelles il aperçoit, il observe, il compare, il juge.

Ainsi, le principal avantage que l'homme acquiert dans l'âge mûr, c'est d'être beaucoup moins exposé aux tourments qui l'ont dévoré pendant sa jeunesse. La vivacité de son tempérament commence à se calmer. Il est bien susceptible d'illusions, d'enthousiasme, mais il est moins égaré par ses désirs; il écoute davantage la prudence. Le présent a cessé d'être tout pour lui; il commence à réfléchir sur le passé et à ménager l'avenir.

C'est donc alors seulement que l'homme commence à philosopher; alors seulement qu'il est capable de remplir les hautes positions sociales, celles surtout qui exigent davantage l'exercice constant des nobles facultés de l'entendement. Les avocats les plus célèbres, les médecins les plus renommés, les orateurs les plus marquants, les plus grands génies qui se sont illustrés dans l'art diplomatique, les souverains qui ont bien mérité de leur pays par une sage administration et par des institutions libérales, étaient, pour la plupart, parvenus à l'âge de la virilité, et tous devaient à la réflexion, unie au savoir et au courage, les actions glorieuses qui leur valurent les titres les plus honorables et les plus flatteurs. Mais, hélas! combien qui, s'ils brillent par leur haute capacité et par la puissance de leurs facultés intellectuelles, s'abaissent au niveau des peuples les plus grossiers par l'immoralité de leurs appétits sensitifs, qu'ils satisfont sans honte, et par la bassesse de leurs sentiments, qu'ils ne prennent pas la peine de dissimuler!

N'oublions pas de mentionner que l'âge mûr est la véritable époque de l'ambition, ce mot étant pris dans le sens le plus large, c'est-à-dire pour exprimer ce besoin d'agir, de faire, de produire, de manifester sa puissance d'une manière quelconque, d'acquérir, de posséder, de gouverner, besoin qui tourmente la plupart des hommes. Aussi, est-ce à cet âge que l'homme est le plus porté à se mêler des choses humaines, et surtout de la politique. Aimant le pouvoir, se sentant formé, posé, constitué dans la plénitude de ses forces, il veut les essayer; et s'il agit avec énergie et activité, ce n'est plus parce qu'il reçoit des impulsions vives, saccadées, capricieuses, comme en reçoit l'enfant et l'adolescent; ni parce qu'il est entraîné par l'enthousiasme et le zèle de la jeunesse; mais parce que sa volonté est fortement portée à l'action, parce qu'un sentiment de besoin profond agit constamment, régulièrement sur son esprit, et le porte à donner à toute sa conduite la suite, l'activité, la fermeté et la persévérance nécessaires pour atteindre le but de ses désirs.

La femme suit la même progression au physique et au moral. Son corps acquiert les plus belles proportions; sa raison s'éclaire et se fortifie; son goût s'épure, elle se passionne pour tout ce qui est beau et bon, s'élève au dessus de son sexe et d'elle-même; ou bien elle se traîne dans la fange du vice, ce qui amène souvent, comme chez l'homme, une vieillesse anticipée.

4° *Vieillesse.* La vieillesse est le temps du dépérissement; elle en a le sentiment et tout l'y. précipite. C'est la contre-partie de la jeunesse; elle tend à se concentrer, comme celle-ci à se répandre. L'une revient sur le passé et vit de regrets; l'autre se porte vers l'avenir et se nourrit d'espérance. Comme la vie lui échappe, le vieillard en devient avare autant que le jeune homme en était prodigue.

Nous devons toutefois remarquer que le torrent rapide qui entraîne la vieillesse vers la mort, que cette suite d'altérations successives qui amènent enfin en elle l'extinction complète de ses facultés organiques, vitales et morales, ne se font pas d'une manière également graduée et uniforme chez tous les individus dans cet âge de la vie, et que la décroissance, de même que l'accroissement, s'opère, pour les uns, par progrès lents et imperceptibles, et pour les autres par des transitions plus brusques et des mouvements plus rapides. Ce qui n'empêche pas que, dans l'un et l'autre cas, on puisse, avec le judicieux Sénèque (*Epist.* 30), comparer le corps du vieillard à un vieux bâtiment qui se détruit de toutes parts, et qui tombe en ruines d'un côté quand on le répare de l'autre.

Ainsi, quand le corps, parvenu une fois à son entier développement, commence à dépérir, les dégradations qu'il éprouve, en supposant qu'elles aient commencé déjà pendant la durée de l'âge viril, sont généralement si insensibles, qu'elles ne peuvent être facilement remarquées avant l'approche de la soixantième année. Alors, chez l'homme et chez la femme, tout prend une face nouvelle, tout se ressent du poids des années, tout retient l'empreinte plus ou moins manifeste de l'âge destructeur. Les systèmes organiques, les fonctions vitales et animales, reçoivent des modifications particulières, et les changements, dans cette période de la vie jusqu'au moment du trépas, dévoilent aux yeux du philosophe la vérité de cet axiome :

« La nature a mis un terme à tout, et l'homme est né pour mourir. » En vain cherche-t-on, au moyen de l'art, à échapper à cette loi commune imposée à tous les êtres; en vain voudrait-on différer de payer le tribut à la nature; le flambeau de la vie s'use et s'éteint. On ne jette pas l'ancre dans le fleuve de la vie, disait saint Bernard; il emporte également celui qui lutte contre son cours et celui qui s'y abandonne. *Fata volentem ducunt, nolentem trahunt.* (Aulu-Gelle.)

Mais avant d'arriver à ce terme fatal, l'homme, tant qu'il reste dans les limites de la verte vieillesse, jouit de toute la justesse et de la supériorité d'un jugement que l'expérience des hommes et des choses a formé. A la vérité, l'attention du vieillard, étrangère à tout ce qui l'entoure, ou si légère, que les impressions actuelles glissent sur lui sans l'atteindre, se concentre intérieurement et le fait beaucoup vivre en lui. Mais cette circonstance, en le rendant réfléchi et méditatif, lui donne un jugement plus sûr et lui dicte des conseils précieux à recueillir.

Pour le même motif, le grand âge rend à bon droit sentencieux, et le vieillard peut se permettre ce ton, parce que, revenu des illusions de la vie, dégagé des passions, voué par raison au culte de la philosophie, il juge d'autant plus sûrement que son imagination, refroidie ou éteinte, lui montre les objets tels qu'ils sont. Il jouit, du reste, de cet avantage, jusqu'au moment où l'oblitération graduelle de la pensée produit enfin l'état d'enfance ou de démence sénile.

A vrai dire, la *mémoire* des vieillards est courte et devient extrêmement infidèle à l'égard de tous les faits nouveaux; mais comme elle leur rappelle le plus souvent, avec une grande précision, les faits anciens et qu'ils aiment à les raconter, on gagne toujours beaucoup dans la conversation des hommes blanchis par les années. Ils reviennent bien quelquefois sur une même histoire, oubliant qu'ils viennent d'en faire le récit il n'y a qu'un instant; mais si l'on sait diriger leur esprit sur des sujets nouveaux, la mémoire devient une source féconde et intarissable pour leur imagination.

Du côté des sentiments, le vieillard est comme indifférent ou même étranger à tout ce qui l'environne. Peu impressionable, il réagit aussi bien moins vivement. La sensibilité émoussée, l'imagination affaiblie, n'apportent presque plus d'excitation à sa volonté; il ne se met guère en activité que par l'impulsion du besoin. Il n'aime point le mouvement des affaires, parce qu'il n'y peut plus prendre part, ni surtout les diriger; il est mécontent de tout ce qui se fait, parce qu'il n'a point pu le faire; il est convaincu que quand il s'en mêlait tout allait beaucoup mieux. De là l'apologie du passé, qui revient souvent dans ses discours, et qui n'est au fond que l'apologie de lui-même, où se glisse toujours une critique amère du présent. Devenant enfin de plus en plus exclusif, il rapporte tout à lui, se sépare ainsi de ceux qu'il a aimés, et tend au plus entier égoïsme.

Le sentiment de sa faiblesse et la crainte de manquer du nécessaire le rendent soupçonneux, méfiant et motivent son avarice. Exigeant, impérieux, dur à lui-même et aux autres, il perd ordinairement en vieillissant la plupart des qualités morales qui l'avaient rendu cher à ses amis.

Les déterminations de la vieillesse se rapprochent d'ailleurs de celles de l'enfance. Elle est absolue, mais changeante, et ses manières affectées ou naturelles remplacent les caprices du jeune âge. Ce n'est pas tout : car, de même que l'organe du goût est développé dès les premiers jours de l'existence, de même encore il semble être le dernier qui perd de son activité. Plus on avance en âge, plus on attache de prix à la bonne chère, plus elle semble devenir nécessaire. Quand les yeux éteints du vieillard ne lui laissent rien voir qu'au travers d'un nuage; quand il faut hausser la voix pour lui parler; lorsqu'il n'aperçoit plus sur lui-même qu'une peau desséchée, ridée et rude, il boit et mange encore à l'envi avec ses petits-enfants; et lorsque l'univers entier a disparu devant lui, que les muses et les autres dieux l'ont abandonné, Bacchus et Cérès lui sourient encore et l'accompagnent jusqu'au tombeau. Il se livrerait donc à l'intempérance si l'on n'y mettait obstacle.

Bref, inconstant et volontaire, le vieillard s'emporte et s'attendrit, gronde et caresse tour à tour, et ses facultés s'affaiblissant tous les jours davantage, il arrive à la caducité, que l'idiotisme de la décrépitude remplace enfin aux approches du tombeau.

Voulez-vous avoir une idée de la décrépitude, consultez Voltaire; il vous dira :

C'est l'âge où les humains sont morts pour les plaisirs,
Où le cœur est surpris de se voir sans désirs.

Dans cet état, il ne nous reste
Qu'un assemblage vain de sentiments confus,
Un présent douloureux, un avenir funeste,
Un triste souvenir d'un bonheur qui n'est plus.
Pour comble de malheur, on sent de la pensée
Se déranger tous les ressorts :
L'esprit nous abandonne, et notre âme éclipsée,
Perd en nous de son être et meurt avec le corps.

Tel est le tableau intellectuel et moral du dernier âge de la vie; il serait incomplet, si je n'ajoutais, ce que tout le monde sait d'ailleurs, que, par un heureux privilège de la nature, il est des hommes qui, comme Isocrate, le poète Cratinus, Platon, Sophocle, Ludovico Monadeschi, Théophraste, Morgagni, de Saint-Aulaire, Châteaubriand et quelques autres dont le nom se trouvera plus tard confondu avec les leurs sous ma plume, ont conservé jusqu'à leur dernier soupir toute la puissance de leur génie, la lucidité de leur esprit, un jugement sûr et droit, en un mot, cette intelligence peu commune à laquelle ils doivent leur réputation et leur gloire. Heureux ceux qui, comme l'illustre chantre des *Martyrs*, entrevoient une aurore nouvelle au delà des ténèbres de la tombe! Leur âme, communiquant par la foi avec la lumière d'un autre monde, sentira se rallumer déjà dans celui-ci le flambeau de la vie, et la mort ne sera pour eux qu'une transformation et le commencement d'une résurrection.

Nous avons suivi avec soin le développement intellectuel et moral de l'homme et de la femme, et nous avons pu remarquer en eux deux ordres de phénomènes distincts, à savoir : ceux qui appartiennent exclusivement à l'intellect, c'est-à-dire les facultés de l'entendement, et ceux qui, quoique dépendants aussi de l'intelligence, semblent néanmoins impressionner vivement le cœur; ce sont les facultés affectives ou les sentiments. Mais en dehors de cette diversité de phénomènes, nous avons pu remarquer aussi cette dualité du corps vivant admise de tout temps, et qui consiste à le considérer comme composé d'une âme unie à un corps, ou, pour parler le langage de Platon, comme une âme se servant du corps. Et comme les organes qui constituent le corps ne sont pas toujours dociles à l'intelligence qu'ils servent (*De Bonald*), on a, en définitive, considéré l'être humain comme se composant *d'une âme maîtresse d'un corps rebelle*.

Mais, sous quelque aspect qu'on envisage l'homme, en présence de tant de phénomènes merveilleux qu'il offre à nos méditations, on passe comme malgré soi d'un étonnement à un étonnement nouveau, d'une admiration à une admiration nouvelle, ce qui amène naturellement l'observateur à se demander : Quelle est donc la nature de notre être?

La solution de cette grave et importante question est on ne peut plus embarrassante, attendu que les philosophes qui se sont occupés de l'homme nous étonnent autant par la variété que par la singularité de leurs opinions. (*C. Bonnet.*) Ainsi, sans parler de l'antiquité, qui croyait que l'âme humaine, par exemple, était un composé d'atomes, un feu, un air subtil, une émanation, un souffle de la Divinité, mots qu'on répète sans les comprendre, nous voyons que, parmi les modernes, les uns, fondés sur ce que nous ne connaissons pas la nature intime des substances, ont cru que la matière pouvait penser et ont tout matérialisé; d'autres, confondant la pensée avec l'occasion de la pensée, ont nié l'existence de la matière et ont tout spiritualisé; quelques-uns, enfin, évitant sagement les extrêmes, ont admis l'existence de la matière et celle des esprits. Ils ont uni des substances matérielles à des substances spirituelles, ils en ont formé des êtres *mixtes*, au rang desquels ils nous ont placés. Mais attendu qu'ils ne se sont pas accordés sur la manière dont cette union s'opère, Bonnet en conclut que si ces hypothèses qu'ils ont imaginées sur ce sujet ténébreux ne sont très-souvent que des rêves philosophiques, il faut convenir qu'ils ont rêvé d'une manière digne de leur siècle.

Assurément je suis loin de contester la conclusion du savant psychologue; mais, à mon sens, cette manière de philosopher ne résout pas entièrement la question que nous avons posée. Obtiendrons-nous une solution plus complète, en disant avec M.

INTRODUCTION.

l'abbé Bautain : «L'homme est un être éminemment actif. Il agit par toutes les parties de son être, par son corps, par son esprit, par son âme. L'activité par le corps fait le mouvement physique ; l'activité par l'esprit, c'est l'exercice de l'intelligence et les opérations de la pensée ; l'activité par l'âme, c'est le vouloir ou l'acte de la volonté. Ces trois formes de l'activité humaine, qui ressortent des trois parties constitutives de l'homme, doivent s'harmoniser dans leurs fonctions comme les trois termes dont elles dérivent. Le développement du corps humain n'est régulier et normal qu'à ce prix. »

Je trouve dans ce passage de la *Philosophie morale* de M. l'abbé Bautain la confirmation de ma croyance sur la séparation de l'âme et de l'entendement passif, sur qui elle agit, comme elle agit sur le corps ; mais, n'en déplaise à ce remarquable écrivain, il ne nous apprend rien de plus que ce que nous savions de l'homme, si ce n'est qu'il agit en vertu de trois principes, le corps, l'esprit et l'âme. Je dis plus, il soulève une nouvelle difficulté à l'endroit du problème que nous avons à résoudre ; car à l'embarras que nous éprouvons de déterminer quelle est la source ou la cause de l'activité de l'esprit, s'ajoute celui de décider quelle est celle qui donne l'activité aux organes, à la matière. Nous ne reculerons pas néanmoins devant toutes ces difficultés, attendu que les mystères dont la science de la nature de l'homme se trouve enveloppée ne sont pas tout à fait impénétrables, et qu'ils ne le deviennent que pour les philosophes et les médecins qui, pour les sonder, ne veulent pas faire usage d'un flambeau dont ils redoutent l'éclat.

Pour nous, qui avons essayé bien des fois de nous en servir, nous le ressaisirons encore; nous pénétrerons aussi avant que possible dans la profondeur de ces mystères, et toutes les fois que nous craindrons de nous égarer, nous prendrons pour guide et pour moniteur celui qui, le premier, nous a conduit avec bonté et bienveillance dans le dédale obscur de la science de l'homme, et qui nous a permis d'y voir ce que des esprits prévenus n'y découvriront jamais. A qui désire connaître ce moniteur et ce guide, je nommerai M. le professeur Lordat, le digne continuateur de l'illustre Barthez.

D'après ces deux grands physiologistes une proposition incontestable est celle-ci :

« L'homme est composé de parties contenantes (solides), de parties contenues (fluides) et de deux causes d'action qui sont la nature et l'âme. »

Et puis celle-ci :

« Il faut reconnaître dans l'homme trois causes distinctes : 1° un agrégat matériel passif, composé d'un système d'instruments ; 2° un dynamisme vital qui met en jeu tout ce système pour opérer toutes les fonctions naturelles ; 3° un dynamisme psychologique, qui, s'associant au dynamisme vital, coopère à l'exercice des fonctions animales. »

Remarquons qu'à Montpellier on a toujours séparé par la pensée le dynamisme métaphysique d'avec le mécanisme, c'est-à-dire qu'on a distingué deux parties dans le dynamisme, à savoir : la force vitale et l'âme intelligente. Dès lors, si nous laissons de côté l'agrégat matériel (le physique) pour ne nous occuper que des dynamismes vital et moral, il ne nous sera pas impossible, je présume, d'arriver à la connaissance de *la nature de notre être*, proposition que nous devons aborder.

Pour en faciliter la solution, nous nous adresserons une nouvelle question : L'homme est-il un être distinct des autres êtres, ou bien n'est-il qu'un animal plus perfectionné ?

Un champ immense s'offre à nos regards : notre vue ne peut en apercevoir les limites ; car il embrasse Dieu et toutes les merveilles de la création : le passé, le présent et l'avenir. Dieu et la création, parce que le divin artisan, par les soins particuliers qu'il a mis à façonner l'homme, a déjà manifesté l'intention de mettre un intervalle entre sa propre créature et celles qu'il a commandé à la terre de former ; le passé, le présent et l'avenir, parce que, sa destinée étant bien différente de celle de l'animal, l'homme appartient au passé par les iniquités de ses premiers parents, au présent par ses œuvres, à l'avenir par son âme immortelle, qui doit reprendre son vol vers les cieux. Entrons dans quelques détails sur ces divers points.

Mystères de la création. — Parmi les philosophes qui ont écrit sur la création et ses mystères, les uns ont proposé un Dieu qui, trouvant une matière éternelle et existante par elle-même aussi bien que lui, l'a mise en œuvre et l'a façonnée comme le ferait un artisan vulgaire, contraint dans son ouvrage par cette matière et par ses dispositions qu'il n'a pas faites : sans jamais pouvoir comprendre que, si la matière est d'elle-même, elle n'a pas dû attendre sa perfection d'une main étrangère, et que si Dieu est infini et parfait, il n'a eu besoin, pour faire tout ce qu'il voulait, que de lui-même et de sa volonté toute-puissante. Les autres, au contraire, affirment que le Dieu de nos pères, le Dieu d'Abraham, le Dieu dont Moïse nous a écrit les merveilles, n'a pas seulement arrangé le monde, qu'il l'a fait tout entier dans sa matière et dans sa forme. Avant qu'il eût donné l'être, rien ne l'avait que lui seul. Il nous est représenté comme celui qui sait tout et fait tout par sa parole, tant parce qu'il fait tout par raison, que parce qu'il fait tout sans peine, et que pour produire de si grands ouvrages il ne lui en coûte qu'un seul mot, c'est-à-dire qu'il ne lui en coûte que de vouloir.

Et pour suivre l'histoire de la création puisque nous l'avons commencée, Moïse nous a enseigné que ce puissant architecte, à qui les choses coûtent si peu, a voulu les faire à plusieurs reprises et créer l'univers en six jours, pour montrer qu'il n'agit pas avec une nécessité ou par une impétuosité aveugle, comme se le sont imaginé quelques philosophes. Le soleil jette d'un seul coup et sans discontinuité tout ce qu'il a de rayons; mais Dieu, qui agit par intelligence et avec une souveraine liberté, applique sa vertu où il lui plaît et autant qu'il lui plaît. Ainsi, en procédant à plusieurs reprises, il fait voir qu'il est le maître de sa matière, de son action, de toute son entreprise, et qu'il n'a, en agissant, d'autre règle que sa volonté, toujours droite par elle-même.

Cette conduite de Dieu nous fait voir aussi que tout sort immédiatement de sa main. Les peuples et les philosophes qui ont cru que la terre, mêlée à l'eau et aidée, si vous le voulez, par la chaleur du soleil, avait produit d'elle-même par sa propre fécondité les plantes et les animaux, se sont grossièrement trompés. L'Ecriture nous a fait comprendre que les éléments sont stériles, si la parole de Dieu ne les rend féconds. Ni la terre, ni l'eau, ni l'air, n'auraient jamais eu les plantes ni les animaux que nous voyons, si Dieu, qui en avait fait et préparé la matière, ne l'avait encore formée par sa volonté toute-puissante, et n'avait donné à chaque chose les semences propres pour les multiplier dans tous les siècles.

Ceux qui voient les plantes prendre leur naissance et leur accroissement par la chaleur du soleil pourront croire qu'il en est le créateur; mais l'Ecriture nous fait voir la terre revêtue d'herbes et de toute espèce de plantes avant que le soleil ait été créé, afin de nous faire comprendre que tout dépend de Dieu seul.

Il a plu à ce grand ouvrier de créer la lumière avant même que de la réduire à la forme qu'il lui a donnée dans le soleil et dans les astres, parce qu'il voulait nous apprendre que ces grands et magnifiques luminaires, dont on nous a voulu faire des divinités, n'avaient par eux-mêmes ni la matière précieuse et éclatante dont ils ont été composés, ni la forme admirable à laquelle nous les voyons réduits.

Enfin, le récit de la création, tel qu'il est fait par Moïse, nous découvre ce grand secret de la véritable philosophie, qu'en Dieu seul résident la fécondité et la puissance absolue. Heureux, sage, tout-puissant, seul se suffisant à lui-même, il agit sans nécessité comme il agit sans besoins; jamais contraint ni embarrassé par sa matière, dont il fait ce qu'il veut, parce qu'il lui a donné par sa seule volonté le fond de son être. Par ce droit souverain, il la tourne, il la façonne, il la meut sans effort. Tout dépend immédiatement de lui; et si, selon l'ordre établi dans la nature, une chose dépend de l'autre, par exemple, la naissance et l'accroissement des plantes, de la chaleur du soleil, c'est parce que ce même Dieu qui a fait toutes les parties de l'univers a voulu les lier les unes aux autres, et faire éclater sa sagesse par ce merveilleux enchaînement. (*Bossuet.*)

Mais tout ce que nous enseigne l'Ecriture sainte sur la création de l'univers n'est rien en comparaison de ce qu'elle dit de la création de l'homme.

Jusqu'ici Dieu avait tout fait en commandant : *Que la lumière soit; que le firmament s'étende; que les eaux se retirent; que la terre soit découverte et qu'elle germe; qu'il y ait de grands luminaires qui partagent le jour et la nuit; que les oiseaux et les poissons naissent; que la terre produise les animaux selon leurs différentes espèces.* Mais quand il s'agit de produire l'homme, Moïse lui fait tenir un autre langage: *Faisons l'homme*, dit-il, *à notre image et ressemblance.*

Ce n'est plus cette parole impérieuse et dominante : c'est une parole plus douce, quoique non moins efficace. Dieu tient conseil en lui-même; il parle à quelqu'un qui agit avec lui, à quelqu'un dont l'homme est la créature et l'image; il parle à un autre lui-même; il parle à celui par qui toutes choses ont été faites; à celui qui dit dans son Evangile : *Tout ce que le Père fait, le Fils le fait semblablement.*

Ainsi, l'homme, si fort élevé au-dessus des autres créatures dont Moïse nous a décrit la génération, est produit d'une façon toute nouvelle. La parole de conseil dont Dieu se sert marque que la création qui va être faite est la seule qui peut agir par conseil et par intelligence. Tout le reste n'est pas moins extraordinaire. Jusque-là, nous n'avions point vu, dans l'histoire de la Genèse, le doigt de Dieu appliqué sur une matière corruptible. Pour former le corps de l'homme, lui-même prend de la terre, et cette terre arrangée, sous une telle main, reçoit la plus belle figure qui ait encore paru dans le monde. L'homme a la taille droite, la tête élevée, les regards tournés vers le ciel; et cette conformation qui lui est particulière, lui montre son origine et le lieu où il doit tendre.

Cette attention particulière, qui paraît en Dieu quand il a fait l'homme, nous montre qu'il a pour lui un regard particulier, quoique d'ailleurs tout soit conduit immédiatement par sa sagesse. Mais la manière dont il produit l'âme est beaucoup plus merveilleuse : il ne la tire pas de la matière, il l'inspire d'en haut; c'est un souffle de vie qui vient de lui-même.

Quand il créa les bêtes, il dit : *Que l'eau produise les poissons;* et il créa de cette sorte les monstres marins, et toute âme vivante et mouvante qui devait remplir les eaux. Il dit encore : *Que la terre produise toute âme vivante, les bêtes à quatre pieds et les reptiles.*

C'est ainsi que devaient naître les âmes vivant d'une vie brute et bestiale, à qui Dieu ne donne pour toute action que des mouvements dépendant du corps. Dieu les tire du sein des eaux et de la terre; mais cette âme, dont la vie devait être une imitation de la sienne, qui devait vivre comme lui de raison et d'intelligence, qui lui devait être unie en le contemplant et en l'aimant, et qui, par cette raison, était faite à son image, ne pouvait être tirée de la matière. Dieu, en façonnant la matière, peut bien former un corps admirable, mais en quelque sorte qu'il la tourne et la façonne, jamais il n'y trouvera son image et sa ressemblance. L'âme faite à son image, et qui peut être heureuse en le possédant, doit être produite par une nouvelle création ; elle doit venir d'en haut, et c'est ce que signifie ce *souffle de vie* que Dieu tire de sa bouche.

Souvenons-nous que Moïse propose aux hommes charnels des images sensibles, des vérités pures et intellectuelles. Ne croyons pas que Dieu souffle à la manière des animaux ; ne croyons pas que notre âme soit un air subtil, ni une vapeur déliée. Le souffle que Dieu inspire et qui porte en lui-même l'image de Dieu, n'est ni air, ni vapeur. Ne croyons pas que notre âme soit une portion de la nature divine, comme l'ont rêvé quelques philosophes. Dieu n'est pas un tout qui se partage. Quand Dieu aurait des parties, elles ne seraient pas *faites;* car le Créateur, l'Être incréé, ne serait pas composé de créatures. L'âme est *faite*, si tellement faite, qu'elle n'a rien de la nature divine. Or, une chose faite pour demeurer toujours unie à celui qui l'a formée, c'est ce que veut dire ce souffle divin, c'est ce que nous représente cet esprit de vie.

On voit, par ce qui précède, que l'homme et les animaux ont été créés séparément et animés différemment. Dieu, quand il a voulu peupler la terre, lui a commandé de produire toutes les espèces d'animaux que l'on rencontre aujourd'hui sur la surface du globe, et la terre les a produites par couples mâle et femelle. Mais quand il s'est agi de l'homme, Dieu n'a plus commandé, il s'est mis à l'œuvre lui-même, afin qu'il fût parfait dans toutes ses parties, dans tout ce qui le constitue; *qu'il fût à son image*. Et, chose remarquable, il ne créa qu'un seul homme ; mais nous étions tous dans cet homme. Ensuite il lui donna une âme douée d'intelligence et de raison, soit qu'il eût déjà créé cette âme auparavant, soit qu'il la lui communiquât en soufflant contre sa face ; et plus tard, pendant qu'il dormait, Dieu lui donna une femme pour se reproduire. Mais toute la race humaine devant venir du premier homme, Eve fut formée de l'os, de la chair et du sang d'Adam.

Voilà donc la terre habitée par Adam et Eve d'une part ; et d'autre part, par les animaux qui les entourent. Ils se distinguent de l'homme et de la femme, non pas seulement par le soin tout particulier que Dieu a mis à créer les père et mère communs du genre humain, mais encore par les facultés morales dont il les a dotés exclusivement à tout autre animal ; ceux-là mêmes qui se rapprochent le plus de nos premiers parents par leur agrégat matériel, l'homme de bois, le singe, par exemple, ne jouissant que des instincts fort curieux et très-étonnants, si l'on veut, de la bête, jamais des nobles sentiments de l'homme. Ainsi, si nous considérons notre espèce dans toutes les facultés que Dieu lui a départies, nous reconnaissons bientôt qu'elle a toutes les aptitudes et jusqu'à la férocité de certains animaux; mais, qu'en compensation, elle a une intelligence, une âme qui l'élève et l'ennoblit. Comparons, en effet, les habitudes ou la manière dont l'homme et les animaux vivent : que trouvons-nous dans cette comparaison? Que chaque espèce d'animaux vit à sa manière et suit ses propres penchants. Sitôt que le fruit de l'accouplement du mâle et de la femelle est assez fort pour se procurer sa nourriture et pourvoir à sa conservation par la défense ou par la fuite, son père et sa mère ne s'occupent plus de lui ou ne s'en occupent guère, à moins que ce ne soit par un cri d'alarme qui donne le signal du danger ; et, quoique livré à lui-même, il aura les mêmes instincts et les mêmes mœurs que les autres animaux de son espèce, ni plus ni moins nombreux, ni plus ni moins perfectionnés.

Tous les observateurs qui ont été à portée de voir de très-près certaines *monarchies* d'animaux travailleurs (quelques essaims d'abeilles), ou certaines *républiques* d'animaux pourvoyeurs (les greniers d'abondance des fourmis), ne peuvent se lasser d'admirer l'ordre qui y règne, l'activité de tous et l'obéissance de chacun. Voyez la soumission de l'abeille à celle qu'elle a élue pour reine ! Eh bien! les ruches d'aujourd'hui, où cet animal dépose son miel, ces greniers d'abondance dans lesquels la fourmi, par une sage prévoyance, enlève le germe des grains qu'elle entasse, afin d'en empêcher la germination, sont-ils mieux construits que les magasins et les ruches d'autrefois?

Voici, peut-être, le phénomène le plus merveilleux que les insectes nous présentent. La guêpe ichneumon attaque une chenille, la perce de son dard, et dépose ses œufs dans son corps ; par une prévoyance inexplicable, elle se garde bien de la tuer entièrement, il est nécessaire qu'elle vive encore quelque temps pour servir de berceau et de pâture aux petits animaux qu'elle renferme. Ces larves ainsi cachées dans le corps de la chenille, se filent de petites coques de soie, où elles se logent à leur aise; il semble qu'elles devinent que du prolongement de la vie de la chenille dépend aussi la leur, car elles ne dévorent aucun des organes nécessaires à son existence. La chenille marche sans paraître souffrir, et ce n'est qu'au moment où les larves ont atteint leur croissance qu'elles déchirent ses flancs et la tuent pour sortir de leur prison.

Tant de sagesse, dans ces êtres naissants, étonne notre esprit et notre raison ; plus âgés, feront-ils des choses plus merveilleuses? Non ; et quoique rien n'ait appris à l'ichneumon qu'il ne doit blesser la chenille qu'autant qu'il est nécessaire afin qu'elle vive encore le temps voulu pour que les larves qu'il y déposera s'y développent, quand le temps sera venu, il agira comme a agi sa mère. Ses faibles larves respecteront, comme il a respecté lui-même, les quelques parties du corps de la chenille qui, s'il les eût dévorées, eussent amené la mort de cet animal et sa propre perte à lui-même. Et il en est ainsi de génération en génération.

Partant, si nous jetons un regard rétrospectif sur les observations d'autrefois et sur celles que nous faisons aujourd'hui; si nous confrontons les récits que les auteurs nous ont faits des temps passés avec les récits des observateurs du temps présent, nous voyons que rien n'est changé dans les instincts et les habitudes des animaux. Qu'il y a loin de là aux mœurs, aux habitudes et aux facultés de l'homme! Mais n'anticipons pas.

Sans doute il est certaines espèces d'animaux qui sont susceptibles d'éducation; mais qui leur fait cette éducation? C'est l'homme : de là sa grande supériorité. Et puis voyez combien cette éducation est bornée. Le cheval qu'on a dressé fait des choses admirables et surprenantes; le chien qu'on a élevé à calculer, à faire le mort, à rapporter, s'en acquitte à merveille, quoique pas toujours avec la même perfection; mais, pour obtenir ce résultat, il faut que le cheval ou le chien aient été l'objet spécial des soins d'un individu assez patient pour leur apprendre ce qu'ils n'apprendraient jamais d'eux-mêmes. Je me suis beaucoup amusé à voir des serins qu'on avait dressés à représenter une petite scène fort curieuse. Ils faisaient l'exercice, puis un déserteur était jugé, condamné, fusillé; on faisait son convoi. Eh bien! ces animaux jouaient depuis longtemps ensemble (proportionnellement à leur existence) cette petite pièce; chacun s'acquittait de son rôle à la satisfaction des spectateurs. Supposons qu'on eût voulu intervertir leur rôle, à coup sûr pas un ne se serait acquitté de l'emploi d'un autre. Pourquoi? parce que chacun avait une *spécialité* absolue que l'éducation lui avait donnée. Le singe lui-même, si étonnant par ses dispositions à imiter tous les mouvements qu'il voit faire à l'homme, n'apprendra rien de ce que vous enseignerez devant lui à un autre singe; il faut le prendre à part et l'élever isolément, en attendant qu'on le réunisse à d'autres et qu'il concoure, pour sa part, à la représentation qu'ils devront donner. Inutile de dire que, malgré toute la patience de l'*instructeur*, l'éducation de ses singes aura des bornes. Leur intelligence, leur organisation, la souplesse de leur corps, permettent d'en faire d'excellents élèves sans doute; mais si l'on veut aller trop loin, on rencontre une barrière infranchissable. Or, s'il en est ainsi pour les mouvements, que sera-ce si nous parlons des facultés intellectuelles! Assurément j'ai vu des éléphants savants, des chiens savants, des chevaux savants, des singes savants; j'ai vu même des puces savantes; mais, tout en les admirant, j'ai bien plus admiré le génie de l'homme qui a ainsi dressé ces animaux, que les animaux eux-mêmes. Il fait plus, il les fait servir à son usage, et par son courage et sa force il les dompte, il les force à ramper à ses pieds. Qui n'a vu les Vanderburck, les Carter, traînés sur un char par des lions? Qui ne les a vus jouant avec l'hyène, et, par la puissance de leur regard fascinateur, réprimer la férocité du tigre?

Il est donc vrai que l'homme est le roi de la terre qu'il habite; car, non-seulement il dompte, prive, élève tous les animaux; il dispose, par son industrie, des produits du sol, des éléments, etc., mais encore il s'approprie, par la contemplation, les astres même dont il ne peut approcher. Qu'on me montre un autre animal sur la terre qui sache faire usage du feu, qui sache admirer le soleil. Quoi! je puis observer, connaître les êtres et leurs rapports; je puis sentir ce que c'est que l'ordre, la beauté, la vertu; je puis contempler l'univers, m'élever à la main qui le gouverne; je puis aimer le bien, le faire, et je me comparerais aux bêtes? Ame abjecte, c'est la triste philosophie qui te rend semblable à elles! ou plutôt, tu veux en vain l'avilir; ton génie dépose contre tes principes, ton cœur bienfaisant dément ta doctrine, et l'abus même de tes facultés prouve leur excellence en dépit de toi.

Donc, encore sous ce rapport, l'homme est d'une autre nature que les animaux. Passons à un autre ordre de phénomènes.

Hérédité des vices organiques et des instincts des animaux et de l'homme. Non hérédité des facultés intellectuelles de ce dernier. — M. Lordat, dans un article très-piquant d'originalité et d'érudition, et fort spirituellement écrit, s'est occupé de cette question : *Les lois de l'hérédité physiologique sont-elles les mêmes chez les bêtes et chez l'homme?* et il s'est essayé à démontrer les propositions suivantes :

« L'hérédité physiologique des qualités chez les animaux n'est contestée par personne. Les ressemblances des descendants avec leurs parents, les maladies constitutionnelles, les vices notables que l'on voit dans les générations successives, sont les preuves de ce fait les plus journalières et les plus vulgaires.

« Une chose qui n'est pas aussi commune et qu'il faut étudier avec soin, c'est que l'influence héréditaire ne se borne pas, chez les bêtes, à la transmission des qualités vitales des parents, telles que les effets vitaux ou anatomiques du climat, la disposition profonde de leur crase, soit en bien soit en mal; mais que cette influence s'étend à la transmission des qualités acquises par l'éducation, de ces perfectionnements qui semblent être le résultat d'une véritable instruction.

« L'homme est susceptible aussi d'une hérédité physiologique. Les ressemblances de la configuration du corps et des traits de la physionomie sont très-fréquentes. L'hérédité des tempéraments, des maladies, des tics ou des morosités, ne l'est pas autant; mais elle l'est assez pour qu'on ne puisse pas la nier, et pour que la ressemblance ne doive pas être considérée, dans ce cas, comme une coïncidence fortuite.

« Les qualités intellectuelles développées chez les parents, ou par une vocation intime, ou par l'éducation, ne se transmettent pas par la génération, comme se transmettent les qualités acquises des bêtes. »

De tous les faits qu'il a longuement énumérés et savamment discutés dans ses leçons, le professeur de Montpellier est arrivé à cette conséquence, que, « chez les animaux, toutes les qualités accidentelles reçues par les milieux ou par l'éducation se transmettent par la génération ; mais que, chez l'homme, il faut distinguer les qualités survenues dans la force vitale, et dans l'instinct qui en est une faculté, d'avec les qualités qui surviennent au sens intime soit par une propension spontanée, soit par l'éducation ; que les qualités attachées à la force vitale se transmettent par la génération, comme chez les animaux ; mais que les qualités indigènes ou exotiques du sens intime ne sont pas soumises à l'hérédité. Comme elles étaient nées spontanément ou qu'elles avaient été implantées, elles sont sans généalogie ascendante et descendante. »

La conclusion en est que l'éducation de l'homme ne s'applique pas à la même puissance que l'éducation des bêtes, puisque les bienfaits de l'éducation des animaux profitent à l'amélioration des descendants, tandis que les avantages de l'éducation de l'homme ne sont d'aucune utilité physiologique pour son fils ou pour sa postérité.

Cela posé, suivons M. Lordat dans l'exposition de ses idées.

Ma persuasion, dit-il, est en opposition avec les physiologistes de la capitale ; mais des contradictions pareilles sont assez fréquentes dans cette école, et il m'a paru qu'on ne les blâmait pas quand elles étaient motivées. Je vais tâcher de les justifier.

On trouve dans le Dictionnaire de Valmont de Bomare un passage abrégé de Buffon, où j'ai remarqué un enchérissement remarquable. Je l'abrège moi-même pour resserrer les idées relatives à notre objet.

« Les chevaux arabes sont les plus beaux que l'on connaisse.... Il n'y a point de précautions qu'on ne prenne en Arabie pour en conserver la race également belle.... Aussi les Bédouins, sorte d'Arabes qui se disent descendus d'Ismaël, *qui se soucient peu de la généalogie de leur famille, sont-ils très-curieux de celle de leurs chevaux :* ils les distinguent en trois races : 1° les *nobles*, 2° les *mésalliés*, et 3° les *roturiers*. La première est de race pure et ancienne des deux côtés ; la seconde est de race ancienne, mais offre de temps en temps des alliances à des juments communes ; et la troisième est celle des chevaux communs. Ceux-ci se vendent à bas prix ; mais ceux de la première classe et même ceux de la seconde.... sont toujours excessivement chers.

« Les Arabes ne font jamais couvrir les juments de cette première classe noble que par les étalons de la première qualité, ce qui se fait en présence de témoins qui en donnent une attestation signée et scellée par-devant l'un des secrétaires de l'émir ; dans cette attestation le nom du cheval et de la jument est cité, et toute la génération exposée et vérifiée. Lorsque la jument a pouliné, on appelle encore des témoins, on dresse une attestation dans laquelle on fait la description du poulain qui vient de naître, et on marque le jour de sa naissance. Ces billets donnent le prix aux chevaux, et on les remet à ceux qui les achètent. »

Ce soin que mettent les Arabes à former des chevaux de race ne m'étonne point, puisque, déjà sous les successeurs de Mahomet, la renommée du cheval arabe se répandait rapidement dans tout l'univers. Ainsi, en racontant les guerres que les premiers califes soutinrent contre les Romains, les auteurs célèbrent leurs petits chevaux si ardents, si prompts, si légers et surtout si maniables. Bien plus, M. Houël, dans son *Histoire du cheval chez tous les peuples de la terre*, nous apprend que les Arabes, par un traité conclu avec Constantin, s'obligèrent à payer à l'empereur un tribut annuel de trois mille écus, huit esclaves et *huit chevaux* de leurs meilleures races. Ceci vient à l'appui de l'opinion, si accréditée d'ailleurs, que les Arabes avaient, dès l'époque à laquelle nous faisons allusion, des races particulières dont ils soignaient attentivement les descendants.

Cette habitude qu'ont les Arabes de suivre avec soin la généalogie de leurs chevaux, habitude qui s'est déjà propagée en Angleterre et en France, se retrouve encore chez les Grecs, qui, à l'époque la plus florissante de leur histoire, voulant distinguer les différentes familles, les marquaient avec un fer rouge à la cuisse, d'une lettre de l'alphabet, de la figure de quelque animal ou de quelque emblème.

Ainsi, tous les peuples se sont occupés de la génération et de l'éducation du cheval, et il en est résulté que, dans l'Arabie, où cette coutume s'est toujours continuée, on peut distinguer trois races très-distinctes, savoir : celle de *Hiégaz*, ou des chevaux les plus nobles ; celle de *Neged* ou des chevaux les plus sûrs ; et celle de l'*Yémen*, ou des chevaux les plus durs au travail et les plus patients. Ces remarques de M. le chevalier d'H..... (*Voy.* son *Aurigie*), confirment entièrement la narration de Buffon. Mais revenons au travail de M. Lordat.

Que pensez-vous, dit-il, de cette indifférence des Arabes pour toute généalogie humaine, et de cette extrême jalousie pour celle de leurs chevaux ?..... Si l'on met à part leur orgueil national, ils ne veulent reconnaître de leurs ascendants que le père et l'aïeul ; ce sont les seuls qu'ils veulent honorer, et je m'imagine que ce n'est qu'en tant que ces devanciers sont encore vivants. Mais quand il s'agit de leurs chevaux, ils voudraient pouvoir les illustrer, par des suites non interrompues d'ancêtres, jusqu'au temps des auteurs de la nation, d'Abraham et d'Agar. Un tel goût pour l'obscurité familière de l'homme, joint au plaisir d'anoblir leurs chevaux, serait-il une aberration de l'esprit dans un peuple que Bruzen nous représente comme si sensé, si conséquent ?....

Pour qu'un pareil penchant ne soit pas considéré comme une folie, il faut absolument, 1° qu'il existe dans la nature une noblesse vraie, une succession héréditaire de valeur propre chez les chevaux ; et 2° que l'homme n'ait pas l'avantage d'une transmission innée, héréditaire et gratuite des qualités qui distinguent les supériorités individuelles.

Or, ces deux paradoxes sont des déductions rigoureuses de ce que je viens de dire touchant les résultats généraux de la comparaison de l'hérédité physiologique bestiale et de l'hérédité physiologique humaine.

Vous connaissez tous la manière de vivre et d'agir des chevaux sauvages, par exemple de ceux que l'on trouve en Amérique, et qui proviennent indubitablement des chevaux d'Espagne arrivés lors de la conquête du nouveau monde. Deux cents ans de liberté complète leur ont fait perdre toutes les qualités domestiques : la docilité, la familiarité, la soumission aux volontés du maître, le plaisir qu'ils trouvaient à se porter vers les lieux où il fallait se rendre, et le courage de braver tous les dangers. Vous ne trouverez plus ces vertus chez ces animaux. Si l'on veut s'en servir, il est très-difficile de les prendre ; ensuite l'éducation d'un individu est si pénible et si longue, qu'il est hors d'âge avant qu'il soit domestique. Pour se faire une idée de ce que l'éducation a donné à une race de chevaux, il faut comparer l'état du cheval sauvage avec celui d'un jeune cheval échappé d'une bonne race privée.

Quel est le motif qui engage le gouvernement à établir des haras si dispendieux, à rassembler dans certains lieux des chevaux de toutes les belles races connues du monde, à les confier aux soins de divers hommes intelligents chargés de les conserver, entretenir et panser journellement, suivant les besoins spéciaux que peuvent exiger des animaux nés dans des climats si divers ? Chacun le sait ; il travaille à ce que ces sortes d'esclaves, étrangers à l'humanité, si utiles à la plupart des citoyens, si nécessaires à la société pour la guerre et pour les travaux publics, s'améliorent dans les générations rapides de leurs successions.

Si tous les chevaux étaient capables des mêmes services, on n'aurait pas recours à des races différentes. Mais chaque race a ses aptitudes, et dans une société parvenue au plus haut point de la civilisation, tous les besoins se font sentir, et tous ceux qui sont capables d'y satisfaire y trouveront leur emploi.

Il est donc vrai que des races caractérisées par des actes artificiels, introduits au moyen d'une éducation pénible de plusieurs générations successives, se maintiennent intactes par la répétition facile des mêmes actes, pourvu qu'on ait le soin de les préserver de tout mélange. Les caractères acquis ne sont pas matériellement indélébiles ; témoin ce qui s'est passé en Amérique sur les chevaux espagnols. Mais qu'est-ce qu'une continuité d'habitudes domestiques, en comparaison des efforts qu'il a fallu faire pour imprimer cette forme artificielle sur le cheval de la nature ?

Ainsi, ne soyons pas surpris que l'intérêt ait pu conserver intacte et perpétuer une noblesse biotique, en perfectionnant les forces vitales successives, en favorisant le développement des facultés économiques, instinctives et synergiques, et en écartant les causes qui auraient pu les dégrader.

Les chiens ne sont pas moins susceptibles d'une noblesse pareille. Les races en sont multipliées. Chaque race a des penchants et des qualités que nous savons tourner à notre profit. Les uns deviennent, au besoin, notre compagnie, et nous tiennent lieu d'amis ; d'autres gardent notre maison, nos troupeaux ; il en est à qui nous pouvons confier notre personne dans quelques moments de danger. Ils sont nos zélés collaborateurs à la chasse, et le plaisir qu'ils éprouvent dans cet exercice, double le nôtre et accroît notre ardeur.

Mais cet animal, tel que la nature a pu nous le représenter, le chien sauvage, ressemble tant au loup, que les qualités qui nous le rendent si précieux doivent être considérées comme le résultat de la domesticité. Son dynamisme zoonomique était primitivement assez flexible pour se prêter à des impulsions que l'homme lui a données, et pour y répondre par des actes qu'on a de la peine à distinguer de ceux de l'intelligence. Cette flexibilité n'a jamais pu se trouver dans le loup, dans le renard, ni dans les autres espèces du même genre, qui, après avoir été soumises à une éducation semblable, sont restées indociles, sauvages, tout à fait pareilles à leurs parents.

En épiant les aptitudes spéciales des diverses races canines, l'homme les a cultivées et les a perfectionnées.

Aujourd'hui, nous les voyons assez avancées pour nous être utiles, seulement en vertu des qualités que les aïeux ont transmises à leurs descendants, sans que nous soyons obligés de prolonger leur éducation.... Cependant nous savons que l'on pourrait les rendre supérieures, multiplier, accroître et perpétuer leurs qualités, si nous voulions mettre une ligne de démarcation entre ces races, élever avec soin quelques individus, fonder des familles, interdire les mésalliances, et proscrire inexorablement les bâtards ; en un mot, si nous voulions faire pour les chiens ce que les Arabes et les Nubiens font pour les chevaux.

Au reste, ce que je propose a été fait récemment en Angleterre. Un curieux a eu la patience et le zèle d'établir dans son chenil une noblesse héréditaire de cette sorte pendant soixante ans. Comme les générations se succèdent rapidement dans la race canine, il y a déjà plusieurs lignées très-longues, c'est-à-dire dont les quartiers sont fort nombreux. Aussi l'instituteur se repose-t-il depuis bien des années, et jouit-il du fruit de ses travaux. Il a fait l'éducation des premières générations ; l'hérédité l'a continuée. Il ne s'agit que de fournir aux descendants actuels l'occasion d'exercer des talents que les pères leur avaient transmis avec leur sang. Le vieux proverbe *chasser de race* a été parfaitement vérifié au propre. Nous verrons plus tard si l'application qu'on en fait dans l'ordre moral est juste.

Convenons, pour le moment, que ce second exemple prouve aussi bien que le premier, dans les bêtes, l'hérédité des qualités vitales, non pas seulement économiques, mais encore des qualités *instinctives*, simulant les qualités morales... L'établissement d'une noblesse *pérenne* biotique est à la fois l'expression et la démonstration patente d'une vérité physiologique.

Maintenant, d'après quoi apprécierons-nous la valeur humaine? Quels sont les avantages qui donnent à un homme une supériorité incontestable, et lui obtiennent des hommages de la part de ses contemporains, et une mémoire honorable de la part de la postérité? Nous savons tous que ce sont les qualités morales.

Dans l'enfance de la civilisation, l'admiration pour un homme était commandée par l'idée que l'on se faisait de ses avantages intellectuels et de ses qualités corporelles. La stature, la régularité des membres et des traits, la beauté physique, la force, l'adresse, la rapidité de la course, étaient des éléments indispensables pour les héros d'Homère. Les choses ont changé à mesure que la civilisation se développait. Aujourd'hui, quand on veut savoir le degré de considération qu'on doit à un homme, on s'occupe, non de sa stature, mais de la capacité de son intelligence; non de la régularité de ses traits, mais du rapport harmonique qui peut exister dans ses aptitudes mentales; non de sa beauté physique, mais de son génie; non de sa force, mais de son courage; non de son adresse, mais de son habileté politique, stratégique, oratoire ou sociale; non de la prestesse de ses mouvements progressifs, mais de la facilité avec laquelle il porte avec la même justesse son attention et sa volonté sur un grand nombre d'objets disparates dans un temps très-court.

Ainsi, l'homme le plus grand, le plus admiré, et par conséquent le plus distingué et le plus *noble*, est celui dont l'âme est douée de plus d'idées rationnellement coordonnées, de plus de génie pour les employer aux grands objets, de plus de vertu qui le porte à s'oublier lui-même pour se consacrer au bien public, de plus de persévérance dans l'exercice de ces qualités. Voilà l'homme le plus noble *per se*.

Tout ce qui ne se rapporte pas à l'intelligence, aux actions publiques, aux affections civiles, n'entre plus dans la biographie d'un homme célèbre. On paraît dédaigner le portrait de son visage, la description de ses goûts, de ses habitudes particulières, de sa vie domestique. On ne veut plus entendre parler du caractère, en tant qu'il se rapporte à quelque singularité instinctive : s'il n'est pas purement moral et s'il n'est pas lié avec la vie publique, on ne le trouve pas digne d'être écrit. Qui s'intéresse à savoir quel était l'état des forces musculaires chez le maréchal de Saxe?... Donc les qualités morales chez l'homme servent, suivant qu'elles sont plus ou moins nombreuses et plus ou moins brillantes, à son estimation personnelle.

Mais les générations n'héritent pas de leurs auteurs les qualités morales et intellectuelles, les vertus et les vices qu'ils avaient acquis eux-mêmes, et qui étaient sous leur responsabilité.

Quant à la propagation des instincts vitaux, elle n'est pas rare; mais ce qui l'est extrêmement, c'est celle d'un assortiment de facultés mentales qu'on puisse regarder comme une continuation de l'âme du père et de la mère.

Quand je parcours un dictionnaire d'hommes célèbres, je suis étonné de voir tant de noms isolés et si peu qui fassent ligne intellectuelle. Ne confondez pas une *profession* de famille avec une lignée des mêmes qualités. Je trouve assez souvent des suites d'homonymes, mais peu de familles. Si je la remarquais, je la verrais comme une coïncidence fortuite.

A ces considérations générales par lesquelles il cherche à prouver la non-hérédité des qualités intellectuelles et affectives chez l'homme, M. Lordat fait succéder non-seulement l'appréciation de ces proverbes : *Père avare, enfant prodigue; Petit fils d'un grand homme*; mais encore l'opposition bien manifeste qui se trouve dans les sentiments des membres d'une même famille.

Ainsi, il fait remarquer que le fils de Cicéron fut un sot, un brutal, un débauché, un ivrogne; que l'atroce Domitien, le plus jeune des deux fils de Vespasien, autrement dit Flavius, n'avait rien au moral de son père et de son frère Tite. Celui-ci et Vespasien furent tous deux bons princes et méritèrent le titre de père de la patrie; mais il est à croire qu'ils agirent par des motifs différents. Le père obéissait à la raison, le fils à un besoin tendre d'aimer l'humanité et de la servir. Donc, quoique se ressemblant par leurs actions, ils n'avaient pas les mêmes qualités. Puis il nous montre le monstre Commode, devant le jour au sage et vertueux Marc-Aurèle; né de cet homme à qui le satirique Julien n'a pu faire d'autre reproche que d'avoir laissé son trône à un tel héritier. Laissons de nouveau parler M. Lordat.

On me cite, dit-il, Agrippine et Néron, une mère et son héritier, physiologiquement parlant. Agrippine a fait du mal par ambition, et parce qu'aucun principe ne pouvait l'arrêter, si son intérêt parlait; mais Néron procédait d'une autre source : le mépris absolu de l'humanité et le désir de le montrer par caprice et sans profit.

Étudiez Louis XI : vous le verrez peu guerrier, fils ingrat et dénaturé, père ombrageux, doué de grands talents, mais plein d'artifices, et n'ayant d'ailleurs rien dans son cœur qui l'empêchât d'atteindre le but dont il était occupé. Son père, Charles VII, avait été bon, insouciant, d'une capacité médiocre, clément. Le fils de Louis XI fut courageux, excellent capitaine, d'une bonté extrême. Des deux filles de Louis, l'une n'administra pas mal et sans éclat, et montra toujours du ressentiment contre le duc d'Orléans, depuis Louis XII, qui n'avait pas répondu à quelques sentiments tendres qu'elle avait éprouvés; et l'autre, vertu incarnée, a été béatifiée par Benoît XIV.

Quelle a été l'hérédité intellectuelle ascendante et descendante de Henri IV et de Louis XIV? La lignée de Charlemagne avait-elle été digne d'un pareil chef?

Donnez un coup d'œil sur l'histoire des savants.

La famille de Vossius semble devoir nous donner des générations semblables, d'autant que les circonstances extérieures étaient les mêmes. Gérard-Jean Vossius laissa cinq fils qui cultivèrent les lettres. Les quatre premiers eurent peu de succès. Isaac, le dernier, étudia beaucoup et se fit une réputation. Fut-il l'héritier intellectuel de son père? Point du tout. Les journalistes de Trévoux ont fait dans le temps une comparaison de ces deux personnages, et ils ont vu que leurs talents respectifs étaient leurs antipodes. Tous deux étaient laborieux, tous deux avaient de la capacité; mais l'un, amoureux de la vérité, indifférent pour les opinions, judicieux, positif, a laissé des travaux solides, dont il n'est pas permis de se passer quand on s'occupe des sujets qu'il a traités...; tandis que l'autre, dédaigneux de la vérité, avide de paradoxes, curieux de nouveautés, a composé des écrits utiles à son amour-propre, mais presque nuls pour la science.

Les deux Scaliger, père et fils, ont quelques ressemblances mentales : tous les deux laborieux, tous les deux vains, tous les deux méprisants. Ces qualités n'ont pas besoin, pour leur transmission, d'une hérédité physiologique : l'exemple suffit. Mais étudiez ces deux hommes de près : le premier, Jules-César, montra beaucoup d'esprit et un savoir médiocre ; le second, Joseph-Jules, beaucoup de savoir et peu d'esprit.

Je vous ai priés de ne pas prendre pour une hérédité physiologique les professions qui peuvent se trouver dans certaines maisons, et qui donnent une sorte d'uniformité aux individus successifs qui s'y engagent. Cette ressemblance n'est qu'extérieure ; pour travailler à notre problème, il faut caver plus profondément dans l'examen des membres, et étudier leurs capacités, leurs aptitudes mentales et leurs tendances.

L'illustre procureur général de la Cour de cassation, M. Dupin, dans un discours de rentrée, a voulu faire connaître les vertus et le caractère public de feu M. de Malesherbes, et, à cette occasion, il a retracé le signalement de la famille à laquelle il appartenait. Dans une vue tout à fait différente, j'ai cherché à pénétrer dans l'intérieur de cette honorable race.

La lignée des Lamoignon est fameuse en hommes distingués. Les hautes magistratures étaient chez eux une profession de famille. L'uniformité d'éducation, des préceptes et des exemples, semblait devoir donner une sorte de monotonie dans les portraits des membres successifs de la maison. Mais non, il n'est pas possible d'admettre dans cette galerie une hérédité mentale. Le plus éminent, le doux Lamoignon, l'ami de Racine et de Despréaux, nous offre un modèle accompli d'un ministre dans un État monarchique. Son fils fut remarquable comme intendant, mais il fut dur et hautain. Son petit-fils, Courson, eut tant de goût pour l'autorité arbitraire, qu'il ne put rester dans son intendance de Guyenne. Quant au vertueux et infortuné Malesherbes, il fut de bonne heure disgracié : pourquoi?... pour un libéralisme prématuré.

Le fameux auteur des *Lettres à un provincial*, etc., Bayle, aussi célèbre par son scepticisme que par sa grande capacité, était fils de parents protestants, si fermes dans leur croyance qu'ils en étaient fanatiques. Son scepticisme, ses hésitations en matière religieuse, furent un malheur affreux pour sa maison. Un jour que toute sa famille cherchait à se consoler chez un parent, le père aperçut une thèse de philosophie que le fils avait soutenue dans l'université et qu'il avait envoyée à ce cousin. Cette thèse en placard était ornée de gravures, comme c'était alors l'usage. En s'approchant, le père aperçoit la figure de la vierge Marie, et par-dessous la dédicace : VIRGINI MARIÆ DEIPARÆ. A cet aspect, l'indignation est portée au comble; les larmes ruissellent; les sanglots, les imprécations témoignent le dernier degré du désespoir.

C'est alors qu'il fut arrêté que le jeune homme n'entrerait plus dans la maison paternelle. Jugez, d'après cela, quelle était la foi des auteurs du philosophe, d'un homme qui s'est servi de toutes les ressources de l'entendement le plus vaste et de la dialectique la plus déliée, pour mettre tout en problème. Mais ce défaut de rapport entre son esprit et celui de ses aïeux n'empêcha pas qu'il héritât d'eux les vices de sa constitution vitale. Il sentit de bonne heure qu'il mourrait, avant le temps, de la maladie de poitrine dont étaient mortes sa mère et sa grand'mère, et le pronostic se vérifia quand Bayle avait cinquante-neuf ans.

Montesquieu eut un fils qui ne manqua point d'aptitude ; mais ce que ce fils aima le moins, ou plutôt dont il s'éloigna le plus, ce furent les objets qui ont le plus illustré son père et la France, la littérature et le droit. Il cultiva la physique et l'histoire naturelle ; mais il ne put jamais consentir à se laisser décorer d'une charge de magistrature qui était dans sa famille, qui était par elle-même très-honorable, et à laquelle l'auteur de *l'Esprit des lois* avait ajouté un éclat immortel.

Dernier fait, car il faut abréger par discrétion. André-Danican-Philidor, aussi célèbre comme compositeur que comme joueur d'échecs, appartenait à une famille honorable, dont la profession (je ne dis pas le talent) était de musicien exécutant. Un des Danican prédécesseurs, qui faisait partie de la musique du roi, reçut de Louis XIII le surnom de

Philidor, mot aussi euphonique que bienveillant. Tous les successeurs ont préféré, comme de droit, ce surnom *royal* à leur nom patronymique.

Dans cette longue série d'exécutants, André a été le seul, je crois, qui n'a pas eu la patience de cultiver un instrument. Il fut aussi le seul qui sentit en lui le vrai talent de la musique considérée sous le double rapport de la poésie et de la science. Un très-grand nombre d'opéras montrèrent son originalité et sa puissance sous les deux points de vue. Un événement peu important en lui-même contribua néanmoins beaucoup à l'appréciation de cet homme. La partition d'*Orphée* de Gluck était parvenue à Paris en 1763; ce chef-d'œuvre fut vivement critiqué par les artistes. Mais Philidor s'en déclara chaleureusement le défenseur, et il fit voir ainsi combien il était supérieur à ses compatriotes dans l'esthétique musicale, dans la vraie connaissance de l'harmonie, où se trouvent bien des règles implicites et des permissions tacites dont les savants vulgaires ne se doutent pas.... et dans cette conscience délicate qui prescrit d'admirer même ce qu'on n'ose pas espérer d'imiter.

Ce talent, qui n'était pas le résultat des éducations antérieures, ne sortit pas de cette tête, et ses enfants, d'ailleurs estimables, n'eurent pas la moindre étincelle des deux aptitudes qui l'avaient illustré. En les voyant un soir jouer aux échecs, il leur dit qu'ils étaient en contravention avec une ordonnance de la police, qui avait sévèrement défendu les *jeux de hasard*. Un de ses fils que j'ai longtemps soigné d'une maladie chronique, ne connaissait pas la gamme, quoique son profil ressemblât beaucoup à celui de son père. Ses frères et sœurs étaient à peu près étrangers à la musique. Il est bon de remarquer en passant que madame Philidor, sœur de M. Richer, célèbre maître de chant de cette époque, était, elle aussi, musicienne; qu'elle avait chanté à la cour et au concert spirituel les parties principales supérieures du *Carmen sæculare*, et qu'elle avait assez aimé l'art pour étudier avec soin le *sens des paroles* latines, leur prononciation exacte, leur prosodie, et pour tâcher, comme elle le dit elle-même, de prendre une teinture suffisante de l'esprit de cette langue transpositive.

Voilà les faits : ajoutons, et tout le monde en conviendra, que quelle que soit l'origine d'un homme, quels qu'aient été les mérites de ses ancêtres, quoi qu'aient pu faire la société et l'opinion pour les illustrer...... son éducation particulière ne peut pas être moins laborieuse que celle de ses aïeux. Souvenez-vous du mot d'Euclide au roi Ptolomée, fils de Lagus. Ce prince voulut être son disciple ; mais, rebuté par les premières difficultés, il demanda s'il n'y aurait point de voie plus aisée pour apprendre la géométrie. « *Non*, répondit Euclide, *il n'y en a point de particulière pour les rois.* »

Oui, dans l'espèce humaine, l'auteur, en tant qu'intelligent, ne transmet aux descendants que la substance sur laquelle résident les attributs essentiels du sens intime. Il leur donne sa *spécialité*, son humanité, et les met dans la continuité de la chaîne des enfants d'Adam. Mais, pour les qualités morales qui peuvent ou décorer ou enlaidir ce sens intime, elles ne sont pas imprimées dans cette force corporelle qui perfectionne les races bestiales.

Les génies sont des enfants trouvés et des célibataires. Leur naissance vient de la vocation, et la succession se maintient par une adoption tacite. Si, dans ces races perpétuelles, il se trouve des esprits supérieurs, incomparables...., posez-les, isolez-les, seuls, indépendants de l'idée de toute génération ascendante ou descendante. Qui sont en effet les parents ou les progénitures même adoptives des génies d'Homère et du Tasse, de Sophocle et de Racine, de Térence et de Molière, de Phidias et de Michel-Ange, d'Apelles et de Raphaël, de César et de Napoléon.

N'avais-je pas raison de vous engager à étudier comparativement l'hérédité physiologique chez l'homme et chez les animaux? N'arrivez-vous pas à ce résultat que, chez l'homme, les produits de l'éducation ne sont que pour celui qui l'a reçue, ne profitent point à son fils qui sera soumis aux épreuves de son père....; tandis que, chez la bête, ces produits sont un héritage au profit de sa postérité? Ne serez-vous pas persuadés, d'après cela, que le réceptacle de l'éducation de l'homme n'est pas le même que celui de la brute?

Quelque motivées qu'aient été ces conclusions du savant physiologiste dont j'ai exposé les idées, je ferais preuve d'ignorance si je disais qu'elles n'ont pas trouvé de contradicteur. Il en est sorti un, du sein même de la faculté de Montpellier, qui, s'il eût employé un langage plus parlementaire qu'il ne l'a fait, aurait probablement vu M. Lordat descendre dans l'arène et soutenir noblement le combat singulier auquel il était appelé à prendre part ; mais qu'a fait M. le docteur Broët ? sous le spécieux prétexte d'*exprimer quelques doutes touchant les lois de l'hérédité physiologique chez l'homme*, et avec toutes les apparences d'une humilité parfaite, il cache le désir de lutter d'esprit et de talent avec son maître. Et ce qui le prouve, c'est le ton tranchant et décisif qu'il prend petit à petit dans la discussion. Aussi, tout en formulant les quelques réflexions qui lui ont été suggérées par les deux leçons du savant physiologiste, il cherche à piquer son amour-propre, il l'excite, il l'aiguillonne, en avouant que ces questions qu'il a abordées sont un problème très-difficile à résoudre, insoluble peut-être, et en témoignant que les considérations auxquelles il s'est livré *soient de nature à donner encore au professeur* A PENSER (ce sont ses expressions). — J'en serais glorieux, dit-il, et déposant mon rôle fictif d'adversaire, j'attendrais avec pleine confiance qu'il voulût bien porter quelque lumière sur ces points demeurés obscurs.

Assurément M. Broët fait preuve d'esprit et d'habileté ; mais en manquant de courtoisie, en accusant son maître, répondant à une première attaque, d'user d'*artifices honnêtes, mais intéressés*, pour récuser les faits, de devenir imprenable, non par la force des preuves, *mais en échappant à une discussion qu'on veut rendre impossible*, c'était fermer la bouche à M. Lordat. Je le regrette d'autant plus que s'il eût pensé et parlé de nouveau, assurément la lumière se serait faite pour M. Broët, et nous tous en aurions profité.

A défaut, comme le travail de M. Broët pourrait avoir quelque influence sur certains esprits, nous allons apprécier la valeur des objections qu'il a faites aux opinions du professeur Lordat ; et, semblable aux vents chassant les nuages qui voilent le soleil, lui rendre toute sa clarté, en dissipant, je l'espère, les doutes que le jeune docteur a voulu élever sur les propositions du savant physiologiste.

Sa première objection repose sur ce qu'un même fait ayant une double signification, pourra être différemment interprété ; c'est-à-dire, par exemple, que, un fait d'hérédité physiologique complexe étant donné, l'un, ne voyant que l'élément physique ou vital qui concourt à sa formation, refusera d'admettre dans ce fait aucune hérédité mentale ; tandis que l'autre, considérant à la fois l'élément physique et l'élément psychologique, soutiendra que l'exemple en question peut être produit avec le même avantage pour les deux opinions contraires.

Autre exemple : Comme dans la nature il n'y a pas deux choses absolument semblables et identiques par leurs caractères, et que les êtres les plus rapprochés par leurs affinités offrent cependant des traits qui les spécifient, on s'empare avidement de ces qualités différentielles pour leur rapporter, comme à leurs causes respectives, les ressemblances héréditaires dont on est embarrassé. « Ainsi, dit-il, M. Lordat explique très-bien la cruauté d'Agrippine par l'ambition, tandis qu'il rapporte le génie cruel de Néron à son mépris pour l'humanité. Si vous parlez de Philippe de Macédoine et d'Alexandre, qui, plein d'impatience et d'admiration tout à la fois, disait en parlant de son père : *Il ne me laissera rien à faire !* on vous répondra : Dans ces deux hommes il n'y a qu'un seul grand capitaine, c'est Alexandre. Passionné pour la gloire militaire, il vainquit ses ennemis par l'épée ; Philippe les défit par la ruse et la séduction. Ou bien encore on vous dira : Philippe, il est vrai, fut vaillant guerrier comme Alexandre, mais ses exploits militaires eurent un autre mobile que ceux de son fils. Le premier s'arma pour affranchir son royaume de la tutelle de la Grèce, sous l'éclat de laquelle il demeurait caché depuis longtemps ; le second, au contraire, ne fut qu'un vaniteux, dont tous les grands travaux militaires s'expliquent par cette parole à lui échappée :

O Athéniens, qu'il en coûte pour être loué de vous ! »

Essayez de demander si l'on n'est pas obligé de reconnaître une hérédité mentale dans la famille des Philidor, et dites : Il est certain, quoi qu'on en pense, que l'art musical ne fut pas seulement une profession dans cette famille ; car le surnom de Philidor, donné à l'aïeul du compositeur, fait évidemment allusion à la suavité et à la perfection des accords qu'il tirait de son hautbois. Fort de ce raisonnement, vous pensez saisir votre adversaire au passage ; eh bien ! vous vous trompez, il vous échappera. Ecoutez-le : le génie musical qui se révèle à l'aide de l'instrument et dans l'exécution d'une œuvre étrangère est fort différent du génie musical qui se manifeste par la composition ; ce sont deux formes mentales distinctes, sans parenté, et que je me garderais bien de ranger dans la même catégorie. Aussi, Danican le compositeur n'est-il point l'héritier, physiologiquement parlant, de Danican le grand joueur de hautbois.

Vous le voyez, on ne peut être plus subtil ; je vous l'avais bien dit qu'il vous échapperait.

Mais je ne trouve rien de subtil dans cette explication ; j'y vois au contraire le jugement d'un homme qui, ayant étudié les arts et les sciences, ne veut pas que l'on confonde le *talent* de l'artiste qui se distingue par une exécution brillante et la suavité des sons qu'il tire de son instrument, avec le *génie* du compositeur. Assurément il y a une ligne de démarcation bien tranchée entre l'un et l'autre. Avec du temps, de la persévérance, de l'application, une heureuse conformation physique et quelques dispositions, on peut arriver à faire un instrumentiste distingué ; mais si l'on n'apporte pas en naissant le génie de la composition, on restera toujours dans la médiocrité. Et l'on voudrait confondre ces deux aptitudes comme ne formant qu'une seule et même faculté ! Et puis, du moment où M. Broët était en train de critiquer, pourquoi s'est-il arrêté en chemin, ne parlant que de l'artiste et du compositeur ? Pourquoi n'a-t-il pas dit un mot des enfants de Philidor, qui, tous frères et sœurs, étaient à peu près étrangers à la musique ? à ce point que celui d'entre eux qui ressemblait beaucoup à son père par le profil ne connaissait pas même la gamme !

Il parle de subtilités : mais ignore-t-il donc que M. Lordat admet l'hérédité physiologique des instincts et des aptitudes bestiales chez l'homme et les animaux, niant cette hérédité pour les facultés morales seulement ?

Quant à Philippe de Macédoine et à son fils Alexandre, quant à Néron et à sa mère, en supposant que les premiers aient été ambitieux et conquérants tous deux également, et les seconds également cruels, qu'est-ce que cela prouve ? Que, par exception, le père de celui-ci et la mère de celui-là, ont transmis à leurs enfants, l'un son ambition et sa valeur, l'autre sa cruauté, alors que tant d'autres donnent l'existence à des êtres qui n'ont rien de leurs sentiments. Remontez à la création du monde, qu'y voyez-vous? Dès que la terre commence à se peupler, les crimes commencent. Caïn, ce premier enfant d'Adam et d'Eve, fait voir au monde naissant la première action tragique, et la vertu commence alors à être persécutée par le vice. Là paraissent les mœurs contraires des deux frères. L'innocence d'Abel, sa vie pastorale et ses offrandes agréables; celles de Caïn rejetées, son avarice, son impiété, et la jalousie mère des meurtres! Et pourtant Adam et Eve n'avaient été qu'orgueilleux et désobéissants.

Dans d'autres temps, après Saül paraît un David; cet admirable berger, vainqueur du fier Goliath et de tous les ennemis du peuple de Dieu, grand roi, grand *conquérant*, grand prophète, digne de chanter les merveilles de la toute-puissance divine, homme enfin selon le cœur de Dieu, comme il le nomme lui-même, et qui, par sa pénitence, a fait même tourner son crime à la gloire de son Créateur. A ce pieux guerrier succéda son fils Salomon, sage, juste, *pacifique*, dont les mains pures de sang furent jugées dignes de bâtir le temple de Dieu. Cependant, son règne finit par de honteuses faiblesses. Il s'abandonna à l'amour des femmes, son esprit baissa, son cœur s'affaiblit, et sa piété dégénéra en idolâtrie. Son fils Roboam avait un orgueil brutal; il défendit d'aller sacrifier au temple de Jérusalem, et il érigea ses veaux d'or auxquels il donna le nom du Dieu d'Israël, afin que le changement parût moins étrange.

Quelle ressemblance physiologique-morale trouve-t-on entre Adam et Eve et leurs deux enfants ; entre David, Salomon et Roboam? Aucune : donc les facultés morales ne sont pas héréditaires. Mais revenons à M. Broët.

Il argue complaisamment de la fréquence, très-déplorable d'ailleurs, de l'aliénation mentale par la transmission héréditaire, et repousse toute explication qui reposerait sur des *coïncidences fortuites*, qu'on ne peut ni prouver ni comprendre. Vous ne voulez pas de ces explications, eh bien ! soit ; mais vous conviendrez du moins que le cerveau n'est que l'instrument de la puissance morale ; or ayant admis l'hérédité physiologique organique, les faits d'aliénation mentale héréditaire n'infirment nullement la proposition de la non-hérédité des facultés et des sentiments moraux. Qu'un individu, ayant un instrument bosselé ou englouti, procrée un individu qui porte un instrument qui est ou qui sera bosselé ou englouti, l'un et l'autre n'en pourront tirer absolument que le même parti ; donc, encore une fois, qu'est-ce que cela prouve à l'endroit de la question de l'hérédité des facultés de l'âme?

Avant de passer à d'autres objections, M. Broët oppose à ce proverbe : *Père avare, fils prodigue*, celui-ci : *Tel père, tel fils*. Croirait-il par hasard que le fils d'un grand homme est aussi généralement un grand homme? L'histoire démentirait une pareille assertion.

M. Broët croit se rendre inattaquable, quand, au lieu d'admettre franchement, avec tous les philosophes, que le génie est un don du ciel qu'on ne peut acquérir, il *préfère étayer son opinion sur des exemples plus constants et plus familiers.* — Il paraît que la multiplicité des hommes de génie sans héritiers de leurs talents ne lui suffit pas, ou qu'elle le gêne, et se contente de l'écarter, *sans néanmoins la récuser* ; c'est-à-dire qu'il en appelle soit à l'observation de ce qui se passe dans chaque famille, dans chaque cité ; soit à la part que les circonstances tirées de l'éducation, des révolutions politiques ou religieuses, des idées régnantes et de l'exemple, du climat, de la santé, peuvent avoir sur la destinée des hommes.

Mais, encore une fois, qu'est-ce que cela prouve? Notre spirituel confrère voudrait-il par hasard que, pour qu'on pût prouver la non-hérédité des facultés intellectuelles, il fallût que jamais un fils n'eût le caractère de sa mère ; que jamais un enfant ne fût le portrait de son aïeul; qu'il fallût encore que les influences climatériques ou autres fussent sans effet pour produire de grands artistes? Qu'ont de commun les ressemblances physiques de caractère, les riches enfantements du beau ciel de l'Italie, sous lequel sont éclos les Albane, les Tintoret, les Paul Véronèse, les Jules Romain, les Titien, les Carrache, les Perrugin, les Correggio, les Dominiquin, les Léonard de Vinci, les Raphaël, les Michel-Ange, avec l'hérédité des facultés de l'intelligence? Qu'il soit ravi d'admiration devant cet essaim de brillants génies ; qu'il veuille que tout s'explique ou par la transmission sanguine, ou par l'influence du climat, de la localité, ou par la contagion de l'exemple et la protection accordée aux arts par les Médicis ou les papes, je le conçois : mais s'il en est ainsi, pourquoi ce beau ciel, cette consanguinité, cette protection, n'ont-elles pas produit un plus grand nombre de le Tasse, de l'Arioste? Pourquoi les artistes d'aujourd'hui en Italie sont-ils si inférieurs aux grands noms que nous venons de citer? Est-ce que le climat aurait changé, ou seulement le génie des hommes? Est-ce que la consanguinité aurait pas autant de temps? Est-ce qu'il n'y a plus la même émulation parmi les artistes? Les souverains ont-ils cessé de les protéger?

Une chose que M. Broët a complètement oubliée, et qui, ce me semble, tranche la difficulté, est celle-ci : il y a dans l'homme deux ordres de facultés morales, les facultés intellectuelles et les facultés affectives. A celles-ci se rapportent les travers de caractère, les vices appétitifs, les airs de famille, les types d'une nation qui se transmettent quelquefois par l'hérédité ou se développent par suite des circonstances sus-mentionnées. Mais quant aux facultés de l'entendement, c'est différent. Ainsi, le ciel brumeux de l'Angleterre, sous lequel ne sont pas éclos de grands artistes, a vu naître cependant de très-grands philosophes ; et les descendants de ces grands philosophes, quoiqu'ils aient

DICTIONN. DES PASSIONS, etc.

vécu avec eux sous le même climat, sous leurs yeux, au milieu de toutes les conditions désirables pour hériter de leurs talents, n'en ont cependant pas hérité. Pourquoi? parce que les qualités de l'esprit ne sont pas héréditaires.

A l'aide de cette même distinction, il se serait expliqué encore les bizarreries instinctives ou vitales, les tics, les idiosyncrasies, qui tantôt se transmettent et tantôt ne se transmettent pas héréditairement du père aux enfants, cette sorte d'hérédité n'étant pas obligatoire, et mille causes pouvant l'empêcher de se produire.

Reste l'objection tirée de ces faits, que la famille des Bernoulli a fourni un grand nombre de géomètres, la famille des Audran, celle des Carrache, celle des Vanloo, celle des Coustou, etc., des artistes distingués; mais cette objection, toute sérieuse qu'elle paraît, tombe d'elle-même, si l'on convient, ce qui est incontestable, qu'il y a une différence entre l'aptitude aux sciences et aux arts, et le génie littéraire, ou l'aptitude pour les lettres. Dans les arts et les sciences, avec d'heureuses dispositions, l'enfant, celui surtout qui sera élevé par un père déjà très-capable, pourra devenir l'égal de son précepteur, le surpasser même, toute l'ambition du père étant de faire de son fils un sujet distingué qui soutienne un jour la réputation qu'il a acquise lui-même. Alors il le cultive avec amour, et il s'enorgueillit de ses succès. Il n'en est pas de même dans les lettres : avec d'heureuses dispositions et de l'application, l'enfant peut devenir un avocat renommé, un historien habile, un critique spirituel; mais s'il n'a pas le génie de l'éloquence, de l'invention littéraire qui est un don tout particulier de la nature, il restera toujours dans la médiocrité.

A la vérité il est des circonstances qui semblent infirmer cette proposition, et par exemple, l'histoire de la famille Davidson. On sait, par la *Revue de New-Yorck*, que l'année 1841 a vu s'éteindre une jeune muse américaine, *Marguerite* Davidson, qui, à l'âge de huit ans, disent les journalistes, faisait des vers ravissants de mélancolie et d'expression, des vers qui indiquent un amour réfléchi des beautés de la nature. Sa sœur, Lucretia, plus célèbre encore, a laissé, quoique morte très-jeune, un recueil de poésies fort estimées, et, chose remarquable, la mère de cette famille d'enfants sublimes était aussi remarquable par l'esprit que par les grâces et la beauté. Eh bien! je le demande, ce fait exceptionnel, mis en présence des noms propres que nous avons cités (Homère, Sophocle, Racine, Molière, etc.), infirme-t-il notre proposition? Parce que les deux filles de madame Davidson se sont distinguées fort jeunes par leurs poésies, ce fait unique serait-il plus probant que tous les autres faits? Mais si la condition de précocité intellectuelle paraît donner tant de force à l'opinion de l'hérédité, pourquoi n'avoir pas accumulé les exemples? Vous voulez de la précocité, eh bien! comment se fait-il qu'il n'y ait eu qu'un seul *le Tasse*? Nous savons tous qu'à dix-sept ans il était auteur du poëme de *Renaud*, et, à vingt-deux ans, de la *Jérusalem délivrée*. N'avait-il pas de famille? Comment se fait-il qu'on ne cite qu'un seul de *Bèze*? D'après Baillet, il aurait composé *de bonne heure* des vers et des épigrammes qui lui valurent *de bonne heure* le titre de bon poète, et, ce qui est digne de remarque, c'est que les vers qu'il fit avant d'avoir atteint sa vingtième année, sont en tout bien supérieurs à ceux qu'il fit postérieurement. Théodore de Bèze n'avait-il ni père ni mère, ni descendant? Comment se fait-il qu'on ne cite qu'un seul *Saumaise* (Claude)? Si l'on s'en rapporte à Guy-Patin, il avait traduit exactement Pindare à dix ans, et à quinze il avait publié deux autres ouvrages auxquels il avait ajouté des commentaires. Pourquoi l'historien ne parle-t-il ni de la précocité ni de la capacité de son père, le conseiller au parlement de Bourgogne, ni d'aucun autre de ses parents? Comment se fait-il qu'on ne cite qu'un seul *Grotius*, qui, avant Saumaise, se serait fait remarquer par un développement encore plus précoce des facultés intellectuelles? Son biographe rapporte qu'il avait fait paraître à huit ans une pièce de vers fort estimée, avait soutenu à quatorze ans avec succès des thèses publiques sur les mathématiques, la philosophie et la jurisprudence, et avait employé le reste de sa vie (il mourut à soixante-deux ans) à composer plusieurs ouvrages considérables. Grotius n'avait-il ni frères ni sœurs, ni ascendants ni descendants? Comment se fait-il, enfin, qu'on ne cite qu'un seul *de Rancé* (l'abbé)? A treize ans il avait traduit Anacréon et y avait ajouté des commentaires; un seul *La Grange-Chancel*? Assurément on ne peut être plus précoce que ce poëte, puisque à huit ans il composait des vers sur toute espèce de sujets; à quatorze il avait fait paraître la tragédie de *Jugurtha*, et quoiqu'il n'ait pas justifié la prédiction de Racine, qui croyait qu'il porterait le théâtre à un degré de perfection, où ni lui ni Corneille n'avaient pu atteindre, il a produit pendant sa longue carrière (il mourut à quatre-vingt-deux ans) un grand nombre de poésies diverses et de pièces de théâtre qui prouvent qu'il travailla beaucoup. La Grange-Chancel était-il fils unique de père et mère inconnus? J'oubliais un enfant dont parle Tissot, qui à huit ans connaissait parfaitement l'hébreu, le grec, le latin, le français et l'allemand, sa langue naturelle. Il mourut à dix-neuf ans. A quelle famille appartenait-il? Probablement elle était très-ignorée, puisqu'on ne nomme pas le petit prodige. Ainsi, malgré toutes les attaques fort habilement dirigées et très-bien conduites du reste, contre la doctrine de la non-hérédité des facultés intellectuelles, ce principe, n'ayant pas été entamé, reste dans toute sa force.

Mais à quoi donc attribuerons-nous les facultés intellectuelles? Je résoudrai cette question quand j'aurai traité de l'âme.

En avons-nous réellement une?

De l'âme. — Nous avons déjà dit que plusieurs philosophes, se fondant, les uns sur ce qu'on ne peut comprendre l'existence des âmes, les autres sur l'incompréhensibilité de leur union intime avec les corps, nient que l'humanité ait été dotée de cette *cause invisible* des effets visibles de la matière. Partant, ils considèrent cette cause comme également matérielle, et recourent, par conséquent, pour expliquer les phénomènes de la nature, à la proportion et au mélange des éléments. Ainsi l'école éléatique, par exemple, avait pour doctrine, et c'est là le premier principe de Zénon, que tout ce qui existe est, par cette raison, matière; et que les causes elles-mêmes sont toutes matérielles.

A ceux qui nient l'existence de l'âme par la seule raison qu'ils ne la comprennent pas, nous répondrons, avec l'immortel auteur du *Génie du Christianisme:* « C'est une mauvaise manière de raisonner, que de rejeter ce qu'on ne peut comprendre. A partir des choses les plus simples de la vie, il serait aisé de prouver que nous ignorons tout; et nous voulons pénétrer les ruses de la sagesse ! »

Je sais bien que si l'on me demande ce que c'est que l'âme, je suis forcé de répondre, avec les théologiens et les vrais philosophes, que l'âme est une substance spirituelle et simple, que Dieu réunit à un corps pour en former l'homme ; ou bien, attendu que divers peuples et différentes sectes philosophiques ne se sont formé que des idées obscures et rétrécies à ce sujet, de dire à ceux qui voudraient une réponse plus précise : *Ma foi, je n'en sais rien :* et, en cela, ma réponse serait celle de certains hommes impies ou matérialistes. Parmi eux, et à leur tête, nous placerons un des plus grands génies que la France ait enfantés, le philosophe de Ferney. Voici en quels termes il a osé confesser lui-même son ignorance :

« Nous osons mettre en question si l'âme intelligente est esprit et matière ; si, après nous avoir animés un jour sur la terre, elle vit après nous dans l'éternité ? Question sublime, mais question d'aveugle qui demande à d'autres aveugles ce que c'est que la lumière. L'âme est-elle esprit ? Est-elle matière ? C'est quelque chose de distinct de la matière. La preuve ? Qu'on ne sait pas ce que c'est qu'esprit, ce que c'est que matière. »

J'avoue que quatre mille tomes de métaphysique ne nous enseigneraient pas ce que c'est que notre âme; mais il en faut moins pour prouver qu'elle est spirituelle et n'a rien de matériel, quoique intimement unie à un corps.

Et quant à ceux qui ne nient l'âme que parce qu'ils ne comprennent pas son union avec le corps, nous leur demanderons s'ils comprennent mieux la différence qu'il y a entre l'homme vivant et l'homme cadavre ? S'ils comprennent mieux ce que c'est que la vie ? Et pourtant ils admettent bien que quelque chose doit se séparer du corps vivant pour devenir cadavre.

Le célèbre inventeur de la phrénologie, Gall, était tellement embarrassé pour expliquer ce mystère, qu'il se déclara pour l'animisme; et ce qui le prouve, c'est le passage suivant que j'ai extrait de son grand ouvrage in-4°, intitulé : *Anatomie et physiologie du système nerveux.*

« Voyez ce cadavre. L'homme tout à l'heure était plein de force et d'activité, plein de volonté et de raison ; le voici maintenant étendu sans vie......; sa main roide et glacée ne sent plus la main amie qui la presse; son oreille est sourde aux cris douloureux d'une épouse, son œil obscurci ne voit plus couler les larmes; le sang refroidi ne circule plus dans les veines ; dans ses entrailles les aliments fermentent et se corrompent : que le scalpel le plus exercé ouvre la tête, la poitrine, le bas-ventre, vous n'y découvrirez rien qui marque la différence entre la vie et la mort. Ainsi, les mêmes atomes, le même mélange, la même organisation qui naguère offrait une combinaison active de force et d'effets, ne sont plus qu'une masse inerte d'os et de chairs, qu'une machine ingénieuse, mais privée du mouvement. D'où ce contraste incompréhensible? Comment s'opère le passage de la mort à la vie et de la vie à la mort ? Au milieu de ces difficultés, que pouvait-on imaginer de mieux qu'un *être* vivant, actif, existant par lui-même, dont la présence répand la vie et l'activité sur toutes les parties du corps, et dont la séparation les abandonne à la mort et à la dissolution?»

Et afin qu'on ne se méprenne pas sur le sens qu'il attache au mot *être*, Gall consacre une partie de l'introduction de son ouvrage à se justifier de l'accusation de matérialisme portée contre lui. « Vous m'accusez, dit-il, de matérialisme, lorsque j'ai déclaré ne vouloir m'occuper ici que de recherches physiologiques, sans entrer en aucune manière dans les controverses des psychologistes sur la nature et les propriétés de l'âme, *dont j'admets d'ailleurs l'existence*. Vous m'accusez de matérialisme, parce que j'enseigne que nos dispositions intellectuelles et morales sont innées, et que leur exercice dépend des organes matériels du cerveau. Mais cette opinion est précisément celle que vous professez vous-même (puisque vous admettez avec tout le monde que le cerveau est particulièrement l'organe de l'âme), et ce qu'ont professé à diverses époques des hommes que vous ne pouvez récuser, les philosophes qui ont hautement proclamé que l'âme se règle toujours d'après l'état du corps, que ses facultés dépendent de l'organisation et de la santé, qu'une constitution plus heureuse du corps humain a toujours pour résultat des facultés intellectuelles plus développées.» Nous reviendrons plus tard sur cette doctrine; constatons seulement pour le moment que Gall n'était pas matérialiste.

D'ailleurs, les anti-animistes pourraient-ils nous dire d'où vient la pensée, l'imagination, le jugement et les autres qualités de l'esprit? Pourraient-ils nous dire ce qui nous fait sentir les angoisses du remords quand nous avons commis une faute grave, ce qui nous fait verser des pleurs au récit d'une belle action, les alarmes de notre conscience dans les cas douteux? Bien certainement ce n'est pas la matière vivante, puisque les animaux n'éprouvent pas ces sentiments; et si ce n'est pas la matière, ce doit être autre chose, un *je ne sais quoi* qui est distinct de la matière; et c'est ce je ne sais quoi immatériel qu'on appelle *âme*, pour le distinguer de la matière.

Mais tout cela, diront nos antagonistes, n'explique point l'union de l'âme avec le corps, et ne dit pas à quelle époque cette union s'opère. Je réponds avec Gall:

« Que nous importent ces questions subtiles, sur l'union incompréhensible de deux substances aussi opposées que l'âme et le corps? Qu'elles soient unies un peu plus tôt ou un peu plus tard; que leur action réciproque soit l'effet d'un médiateur plastique, ainsi que le pensent les anciens, ou celui d'un fluide éthéré, comme l'ont voulu beaucoup d'autres, ou encore le résultat de l'intervention immédiate de Dieu, selon que le prétend Mallebranche, c'est ce que nous ne pourrons jamais vérifier, quoi que fassent les psychologues. Ce qui prouve la futilité de toutes ces questions, c'est qu'elles n'ont contribué en rien à perfectionner la science de l'homme (et moins encore à le rendre meilleur), que tous ceux qui s'en sont occupés n'ont fait que tourner et retourner quelques mots vides de sens, sans sortir d'un même cercle. Il faut donc renoncer à dépecer l'homme, ainsi qu'on l'a fait jusqu'à présent, pour traiter isolément chacune des parties dont il est composé. L'homme physique et moral sont deux parties d'un tout indivisible; on ne peut les séparer sans détruire des chaînes utiles et tomber dans des abstractions dangereuses. Pour le vrai philosophe, la psychologie de l'homme est devenue inséparable de son histoire naturelle; tout ce qu'elle offre pour nous d'intelligible se réduit à ce qu'elle a de physiologique, c'est-à-dire à la manifestation des facultés de l'âme. »

Du reste, la seule bonne manière de penser sur le mystère de l'union intime de l'âme au corps, c'est de confesser naïvement son ignorance. C'était celle de Pascal, de Laromiguière, c'est aussi la mienne. Ecoutez ce que dit Pascal: « L'homme est de lui-même le plus prodigieux objet de la nature, car il ne peut concevoir ce que c'est qu'un corps et moins encore ce c'est qu'un esprit, et moins qu'aucune chose, le comment un corps peut être uni à un esprit, et cependant c'est son propre être. » Savons-nous davantage quelle est l'origine de l'âme?

Origine de l'âme. Quelle est-elle? Quel est son principe? — Trois faits principaux peuvent, par leur enchaînement, nous mettre sur la voie de la solution de ces questions. Le premier est celui-ci: Toute créature a besoin de nourriture et ne peut se nourrir foncièrement que du principe dont elle est. C'est l'expression d'une loi générale. Le besoin de l'alimentation est inné à l'être créé.

par cela même qu'il est créé. Il dépend nécessairement d'un autre, non plus seulement pour être posé en existant, mais encore pour être conservé. Toutes les créatures relèvent de ce dernier ressort du Créateur, mais immédiatement ou plus ou moins médiatement, selon leur rang dans l'échelle des êtres. Chacun tire son aliment de l'ordre des choses auquel il tient le plus prochainement ou de l'aliment dont il est, comme dans une chaîne chaque anneau dépend en définitive de l'anneau principal qui, soutenant le tout, reçoit cependant sa force directement de celui auquel il s'attache. Ainsi, en est-il de la nutrition de chaque être. Le genre de nourriture marque ce qu'il est au fond, ou le degré de sa nature; car il ne peut être nourri que de ce qui lui est homogène, et il n'y a vraiment nourriture que par l'assimilation de l'aliment ou la transformation d'une substance objective en la substance du sujet. Aussi les êtres qui vivent de substances physiques prouvent par le fait que leur nature est physique, leur vie physique, et l'espèce d'aliment qu'ils recherchent indique l'élément dont ils ressortent ou qui prédomine dans leur constitution.

Le second, fait purement psychologique et constaté par la conscience, s'énonce ainsi: L'âme humaine a besoin de nourriture; il y a en elle une faim toujours renaissante, insatiable. Quelle nourriture veut-elle? Ce n'est pas la substance physique. L'homme ne vit pas seulement de pain, mais aussi de toute parole de vérité. Il lui faut donc un aliment analogue à sa nature; c'est le *bien moral* pour la volonté, le *vrai* et la *science* pour l'intelligence; le *beau* pour l'imagination. L'âme veut vivre moralement, et bien vivre; c'est pourquoi elle désire et cherche ce qui *lui est bon*, ce qui peut lui faire *du bien*; elle aime spontanément, par instinct, ce qui lui donne de la vie, de la force, de la lumière, de la nourriture, de l'*être*, en un mot. Elle ne vit qu'en aimant, parce que c'est par l'amour qu'elle se nourrit ou attire en elle de quoi se reposer et se soutenir; heureuse quand elle aime ce qu'elle doit aimer. Comme intelligence, elle cherche le vrai, elle a faim de savoir et de connaître; elle est avide de sa part d'instruction; elle la mange, pour ainsi dire, la dévore, afin d'en retirer par la digestion un aliment substantiel par la pensée, et qui contribue à accroître son entendement, à fortifier son esprit. De là le besoin extrême qu'elle éprouve de voir, d'entendre, de converser, de lire, de penser.

Or, si l'âme ne peut vivre de ce qui est physique, matériel; si elle veut un aliment moral, spirituel, psychique; si l'intelligence s'alimente de vérité et de science, de ce qui est purement intellectuel, nous pouvons déjà en conclure que cela seul qui est intelligent et moral est homogène à sa nature, laquelle par conséquent n'est pas la matière.

Mais de quel principe est-elle? car la connaissance de son principe peut seule nous donner la connaissance de sa nature.

Ici vient un troisième fait de l'ordre moral, qui va nous fournir la donnée nécessaire pour compléter notre induction. Ce fait s'exprime dans la proposition suivante : Aucun objet fini ne peut satisfaire le besoin ou la faim de la nature humaine.

C'est ce que prouve l'insatiabilité de son désir, qui renaît toujours après avoir été assouvi, en sorte que l'âme va d'un objet à l'autre, les essayant, les goûtant tous dans l'espoir d'y trouver le bonheur, et n'en retirant qu'une joie superficielle qui lui échappe sans cesse. De là le vide qu'elle ressent, quand elle n'est en rapport qu'avec les existences de ce monde ; l'agitation, le malaise qu'elle éprouve quand elle ne vit que par les sens et de choses sensibles, parce qu'elle n'a pas ce qu'il lui faut, parce que son aliment foncier lui manque. De là l'illusion et le mécontentement des passions. Elles ne sont jamais plus heureuses qu'avant d'atteindre leur objet, espérant y trouver ce bien infini que réclame le cœur humain. Elles s'éteignent le plus souvent dans la jouissance, parce qu'elles y trouvent le désenchantement et la conviction de leur impuissance. Tous les désirs de l'homme aspirent donc à l'infini, et il ne goûte de joie profonde et de bonheur durable que s'il entre en commerce avec l'infini, par quelque voie, par l'art, par la science, par la justice, par la piété, par l'amour.

- Si donc l'âme ne peut vivre que de l'infini, si l'infini seul peut la satisfaire et rassasier sa faim, c'est qu'il est analogue à sa nature, c'est qu'il est son principe, et c'est pourquoi elle tend naturellement à y revenir. Quand elle n'est pas arrêtée par les liens du corps, elle gravite par son essence même vers le centre divin dont elle est sortie, comme la pierre vers le foyer terrestre dont elle émane ; si elle tend directement vers l'infini, c'est qu'elle en dépend immédiatement, c'est qu'elle ne relève que de Dieu ; elle a une nature analogue à sa divine origine, conclusion tout à fait identique à la parole de la Genèse : *Dieu créa l'homme à son image et à sa ressemblance.*

Ainsi, par l'observation et par l'induction, nous arrivons à justifier la parole sacrée en montrant qu'elle est en harmonie avec les faits de la nature et de l'homme ; nous atteignons la même vérité par deux voies contraires ; l'une transcendante, à laquelle il appartient surtout de l'établir catégoriquement, dogmatiquement, en vertu de l'autorité qui annonce et de la foi qui adhère ; l'autre inférieure, purement empirique, qui s'approche de la vérité peu à peu et en tâtonnant. (*L'abbé Bautain.*)

On ne peut développer avec une plus grande puissance de logique la nature divine de l'âme admise par Platon et son école. Aussi, sans chercher à nous égarer dans de nouvelles discussions métaphysiques, et abandonnant les rêveries des philosophes qui ont demandé si l'âme humaine fait partie de la substance même de Dieu, ou si elle fait partie du grand tout ; nous allons examiner si l'on ne trouve pas dans la *fin* de l'homme la confirmation des vérités que nous avons énoncées.

Fin de l'homme. — Les livres de Moïse donnent les premières notions de la nature de l'âme et de sa félicité. Nous avons vu l'âme, au commencement, faite par la puissance de Dieu, aussi bien que les autres créatures, mais avec ce caractère particulier, qu'elle était faite à son image et par son souffle, afin qu'elle comprît à qui elle tient par le fond, et qu'elle ne se crût jamais de même nature que le corps ; mais les suites de cette doctrine et les merveilles de la vie future ne furent pas alors universellement développées : c'était par degrés et surtout au jour de la venue du Messie que cette grande lumière devait paraître et découvert.

Dieu avait répandu quelques étincelles de cette vérité dans les anciennes Écritures. Salomon avait dit que *comme le corps retourne à la terre d'où il est sorti, l'esprit retourne à Dieu qui l'a donné.* — Les patriarches et les prophètes ont vécu dans cette espérance ; et Daniel avait prédit qu'*il viendrait un temps où ceux qui dorment dans la poussière s'éveilleraient, les uns pour la vie éternelle, et les autres pour une éternelle confusion, afin de voir toujours.* Mais en même temps que ces choses lui sont révélées, il lui est ordonné de sceller le livre, et de le tenir fermé jusqu'au temps ordonné de Dieu, afin de nous faire entendre que la pleine découverte de ces vérités était d'une autre saison et d'un autre siècle.

Encore donc que les Juifs eussent dans leurs Écritures quelques promesses des félicités éternelles, et qu'aux approches du temps du Messie où elles devaient être découvertes sans voile, ils en fissent plus souvent la matière de leurs entretiens, comme il paraît par les livres de la Sagesse et des Machabées, toutefois cette vérité faisait si peu un dogme universel de l'ancien peuple, que les Sadducéens, sans la reconnaître, non-seulement étaient admis dans la Synagogue, mais encore élevés au sacerdoce. C'est un des caractères du peuple nouveau, de poser pour fondement de la religion la foi de la vie future ; et ce devait être le fruit de la venue du Messie.

C'est pourquoi non content de nous avoir dit qu'une vie éternellement bienheureuse était réservée aux enfants de Dieu, il nous dit en quoi elle consistait. La vie bienheureuse est d'être avec lui dans la gloire de Dieu son Père ; la vie bienheureuse est de voir la gloire qu'il a dans le sein du Père dès l'origine du monde ; la vie bienheureuse est que Jésus-Christ soit en nous comme dans ses membres, et que l'amour éternel que le Père a pour son Fils s'étendant sur nous, il nous comble des mêmes dons ; la vie bienheureuse, en un mot, est de connaître ici-bas le seul vrai Dieu et Jésus-Christ qu'il a envoyé ; et de le connaître dans la vie à venir, de cette manière qui s'appelle la vue claire, *la vue face à face* et à découvert, selon ce que dit saint Jean, que *nous lui serons semblables, parce que nous le verrons tel qu'il est.*

Le dogme de l'immortalité de l'âme, sanctionné par la religion catholique, remonte donc à la plus haute antiquité, ainsi qu'il résulte des passages de l'Ecriture sainte que nous avons cités. Et pourtant on a longtemps mis en doute si les Hébreux croyaient à ce dogme. M. Munk a savamment discuté cette question (Tom. IV de la nouvelle Bible de M. Cahen), et il reste peu de chose à dire après lui. Voici, d'après M. Munk, le passage de Salomon où il est fait allusion à une existence future par ces mots de l'Ecclésiaste (chap. XII, vers. 8) : *La poudre retourne à la terre comme elle y était, mais l'esprit retourne à Dieu qui nous l'a donné.* Ce passage, dis-je, est assurément très-significatif; mais l'auteur ne borne pas là ses citations, et poursuit en ces termes :

« L'illustre Moïse ben Maïmoun dit que la croyance à la résurrection des morts forme une partie intégrante de la loi, et que c'est se séparer du judaïsme que de ne pas y croire. En effet, les allusions à la vie future abondent dans les écrits des rabbins, et pour en citer quelques-unes, on n'a que les embarras du choix. *Celui qui détruit n'aura point part au monde qui est à venir. — Quand tu vois chacun désirer ce monde-ci, toi, désire le monde qui est à venir.* » (Enseignement des philosophes, manuscrits de la Bibliothèque nationale, chap. XII, n. 24.)

« On lit dans les contes de Bidpaï : *Il vaut bien mieux pour toi qu'on te rende la pareille dans ce monde que si tu t'en allais chargé de ton iniquité dans le monde à venir.* » (*Ibid.*, n. 510, f° 43.)

« Et ailleurs : *Tout homme qui n'a point de fortune est réputé sans esprit. Or, quiconque est dépourvu d'esprit ne possédera ni ce monde-ci, ni le monde futur.* » (F° 61.)

Une autre preuve que le dogme de l'immortalité de l'âme était généralement répandu même dans l'antiquité, c'est que les savants Celtes, qu'on appelait druides, enseignaient cette belle philosophie, afin d'inspirer plus de courage à leurs guerriers (*Strabon*) ; c'est que ce dogme, aussi ancien chez les Egyptiens que leurs pyramides, était, avant eux, connu chez les Perses; c'est que la métempsycose des Indiens prouve qu'ils croyaient à une autre vie ; c'est que les Chinois révéraient les âmes de leurs ancêtres, etc., etc.

De nos jours ce principe est, à quelques exceptions près, généralement admis. Il est professé par les hommes éminents dont la parole a une grande influence sur cette jeunesse studieuse en qui les idées religieuses demandent à germer et à se féconder, et qui, nous devons l'espérer, saura elle-même les faire fructifier.

Ecoutez l'auteur de l'histoire de la civilisation en Europe ; il vous dira :

« Messieurs, je crois non pas avoir épuisé, tant s'en faut, mais exposé d'une manière à peu près complète, quoique bien légère, le fait de la civilisation ; je crois l'avoir décrit, circonscrit, et avoir posé les principales questions, les questions fondamentales auxquelles il donne lieu. Je pourrais m'arrêter ; cependant je ne puis pas ne pas poser du moins une question que je rencontre ici ; une de ces questions qui ne sont plus des questions historiques proprement dites, qui sont des questions, je ne veux pas dire hypothétiques, mais conjecturales ; des questions dont l'homme ne tient qu'un bout, dont il ne peut jamais atteindre l'autre bout, dont il ne peut faire le tour, qu'il ne voit que par un côté ; qui cependant n'en sont pas moins réelles, auxquelles il faut bien qu'il pense ; car elles se présentent devant lui, malgré lui, à tout moment.

« De ces deux développements dont nous venons de parler, et qui constituent le fait de la civilisation, du développement de la société d'une part, et de l'humanité de l'autre, lequel est le but, lequel est le moyen ? Est-ce pour le perfectionnement de sa condition sociale, pour l'amélioration de son existence sur la terre, que l'homme se développe tout entier, ses facultés, ses sentiments, ses idées, tout son être? Ou bien l'amélioration de la condition sociale, les progrès de la société, la société elle-même n'est-elle que le théâtre, l'occasion, le mobile du développement de l'individu ? En un mot, la société est-elle faite pour servir l'individu, ou l'individu pour servir la société ? De la réponse à cette question dépend inévitablement celle de savoir si la destinée de l'homme est purement sociale, si la société épuise et absorbe l'homme tout entier, ou bien s'il porte en lui quelque chose d'étranger, de supérieur à son existence sur la terre.

« Messieurs, un homme dont je m'honore d'être l'ami ; un homme qui a traversé des réunions comme la nôtre pour monter à la première place dans des réunions moins paisibles et plus puissantes ; un homme dont toutes les paroles se gravent et restent partout où elles tombent, M. Royer-Collard, a résolu cette question ; il l'a résolue, selon sa conviction du moins, dans son discours sur le projet de loi relatif au sacrilège. Je trouve dans ce discours ces deux phrases : « Les « sociétés humaines naissent, vivent et meu- « rent sur la terre ; là s'accomplissent leurs « destinées..... Mais elles ne contiennent pas « l'homme tout entier. Après qu'il s'est en- « gagé à la société, il lui reste la plus noble « partie de lui-même, ces hautes facultés par « lesquelles il s'élève à Dieu, à une vie fu- « ture, à des biens inconnus dans un monde « invisible... Nous, personnes individuelles et « identiques, véritables êtres doués de l'im- « mortalité, nous avons une autre destinée « que les Etats. »

« Je n'ajouterai rien, Messieurs, je n'entreprendrai point de traiter la question même, je me contente de la poser. Elle se rencontre à la fin de l'histoire de la civilisation ; quand l'histoire de la civilisation est épuisée, quand il n'y a plus rien à dire de la vie actuelle, l'homme se demande invinciblement si tout est épuisé, s'il est à la fin de tout ? Ceci est donc le dernier problème, et le plus élevé de tous ceux auxquels l'histoire de la civilisation peut conduire. Il me suffit d'avoir indiqué sa place et sa grandeur. »

Tel est le langage que tenait M. Guizot au nombreux et brillant auditoire qui se pressait autour de lui à la faculté des lettres de Paris en 1828, 1829, 1830; les pensées philosophiques de Royer-Collard, qu'il a reproduites, sont entièrement conformes à celles que, déjà depuis bien des années, un de ces hommes que le siècle actuel ne reniera pas glissait dans ses écrits : cet homme c'est Benjamin-Constant.

Pendant son exil en Allemagne, sous le gouvernement impérial, Benjamin-Constant, dont tout le monde a loué, encensé, admiré les talents et les principes, dit Châteaubriand dans ses *Etudes historiques*, s'occupa de son grand ouvrage sur la religion. Il rend compte à l'un de ses amis (M. Hochet) de son travail, dans une lettre autographe que j'ai sous les yeux. Voici un passage bien remarquable de cette lettre.

« Hardenberg, ce 11 octobre 1811.

« J'ai continué à travailler du mieux que j'ai pu au milieu de tant d'idées tristes. Pour la première fois je verrai, j'espère, dans peu de jours, la totalité de mon *Histoire du polythéisme* rédigée. J'en ai refait tout le plan et plus des trois quarts des chapitres. Il l'a fallu, pour arriver à l'ordre que j'avais dans la tête et que je crois avoir atteint ; il l'a fallu encore, parce que, comme vous savez, je ne suis plus ce philosophe intrépide, sûr qu'il n'y a rien après ce monde, et tellement content de ce monde qu'il se réjouit qu'il n'y en ait point d'autre. Mon ouvrage est une singulière preuve de ce que dit Bacon, qu'un peu de science mène à l'athéisme, et plus de science à la religion. C'est positivement en approfondissant les faits, en en recueillant de toutes parts, et en me heurtant contre les difficultés sans nombre qu'ils opposent à l'incrédulité, que je me suis vu forcé de reculer dans les idées religieuses. Je l'ai fait certainement de bien bonne foi, car chaque pas rétrograde m'a coûté. Encore à présent toutes mes habitudes et tous mes souvenirs sont philosophiques, et je défends poste après poste tout ce que la religion conquiert sur moi. Il y a même un sacrifice d'amour-propre; car il est difficile, je le pense, de trouver une logique plus serrée que celle dont je m'étais servi pour attaquer toutes les opinions de ce genre. Mon livre n'avait absolument que le défaut d'aller dans le sens opposé à ce qui, à présent, me paraît vrai et bon, et j'aurais eu un succès de parti indubitable. J'aurais pu même avoir encore un autre succès, car avec de très-légères inclinaisons, j'en aurais fait ce qu'on aimerait le mieux à présent : un système d'athéisme pour les gens comme il faut, un manifeste contre les prêtres, le tout combiné avec l'aveu qu'il faut pour le peuple de certaines fables, aveu qui satisfait à la fois le pouvoir et la vanité. »

On le voit, Benjamin-Constant, en écrivant son *Histoire du panthéisme*, devient religieux. Ce sentiment nouveau pour lui s'empare tellement de son esprit et le domine à ce point, que, malgré ses combats successifs, il se rend à l'évidence, et qu'il fait le sacrifice de sa vanité à la vérité, qui ne l'effraye pas, mais le subjugue.

Chose certaine, pour celui qui a des sentiments religieux le doute n'est pas permis ; car, si toute la destinée de l'homme eût consisté à vivre et mourir sur cette terre, s'il n'y a rien pour lui au delà quand il cesse d'exister, à quoi bon la venue du Christ, l'établissement de la religion catholique, sa morale, son culte? Jésus est venu pour racheter les péchés du monde, il est mort pour expier la désobéissance de nos premiers parents; avant de mourir il a institué des sacrements qui rendent à l'âme la pureté de son origine par le baptême, et la purifient de toutes ses souillures par la pénitence ; sa bouche qui n'a jamais menti annonce la résurrection des morts, le jugement dernier, la vie éternelle, et après ces promesses d'un Dieu qui meurt pour sauver l'humanité tout entière, l'humanité tomberait en pourriture pour ne se relever jamais! Les hommes en mourant mourraient tout entiers! Mais qu'est-ce donc que mourir?

Mourir est un mot vague qui n'est vrai que dans le sens populaire : pour le philosophe rien ne meurt; tout est immortel. Mourir c'est se diviser, c'est changer de forme : or, le *moi* est un, indivisible, et par conséquent impérissable. Le principe moral persiste donc après la mort, par sa nature même, analogue sous quelques rapports à Dieu même, dont il retrace une image imparfaite ; il est, il ne saurait perdre l'existence une fois qu'il l'a reçue, et il faudrait un acte formel de la puissance de Dieu pour la détruire, comme il en fallut un pour la créer. La matière partage sans doute cette prérogative, mais elle est indifférente à tel ou tel état ; sa forme passagère se renouvelant sans cesse, elle ne se ressemble jamais à elle-même dans aucun moment de son existence; sans cesse elle est agitée par des mouvements de destruction et de rénovation. L'âme au contraire est une forme simple qui ne peut perdre ses modifications naturelles ou acquises ; il est évident dès lors qu'elle ne peut être soumise aux altérations résultant d'un simple déplacement des parties qu'elle n'a pas.

D'ailleurs, on est parfaitement d'accord que l'activité appartient en propre à l'âme, même dans son état d'union avec le corps ; que les actes moraux ont lieu immédiatement par elle et en elle ; donc il ne doit pas, il ne peut pas y avoir cessation d'activité par sa séparation d'avec la matière, par le simple fait de la mort. C'est-à-dire, en d'autres termes, que le travail intellectuel, quoique subordonné à l'organisation, ne venant pas d'elle, la personnalité individuelle, l'identité psychologique n'est point détruite par la mort.

D'après ces considérations, qui sont les conséquences nécessaires des faits, le principe de la pensée, l'action et les matériaux de la pensée, tout serait hors de la matière et de l'empire de la mort. Dès lors l'âme peut penser après la mort, par cela seul qu'elle existe encore, et qu'elle avait une existence pensante pendant la vie. Elle peut continuer la série d'idées qui l'occupaient pendant le cours de celle-ci : et, rendue à elle-même, à elle seule, méditer dans la solitude du tombeau et dans le silence de la mort.

Dans cet état de choses, et après le premier étonnement, suite d'une situation si nouvelle, l'âme peut se rappeler le passé. Les détails minutieux de la vie ont sans doute disparu, mais elle retrace à son souvenir les idées fondamentales de l'existence ; elle se ressouvient surtout de ses actions morales, et alors commence la vie des remords ou des joies de la conscience. L'âme doit avoir une idée plus vive et plus nette de l'Etre suprême qui se manifeste en quelque sorte à elle par cela seul, et en attendant une manifestation plus intime et plus positive.

Ces conditions de ressouvenance et de conscience de l'âme étaient nécessaires, non pas seulement pour fournir un nouvel appui au dogme de son immortalité, mais aussi pour que notre foi en ce dogme pût nous rendre les maux de la vie moins cruels ; car, à quoi bon l'immortalité de l'âme, si elle ne devait pas penser après sa séparation d'avec le corps ; si elle ne devait pas ressentir un bonheur ineffable de participer aux béatitudes célestes, et les angoisses du plus violent désespoir, d'être privée de la vue de Dieu ? A quoi bon l'immortalité de l'âme, si les heureux sur la terre, si les hommes criminels et corrompus avaient la même fin et la même destinée que l'homme probe, consciencieux, qui souffre toujours, et se résigne à souffrir, en songeant à cette parole de son Dieu : *Bienheureux ceux qui souffrent ! car le royaume des cieux leur appartient.* Quand je n'aurais pour preuve de l'immortalité de l'âme, disait Jean-Jacques, que le triomphe du méchant et l'oppression du juste ici-bas, cela seul m'empêcherait d'en douter. Une si choquante dissonance dans l'harmonie universelle me faisant chercher à la résoudre, je me dirais : Tout ne finit pas pour nous avec la vie ; tout rentre dans l'ordre après la mort.

Ainsi l'espérance d'une vie à venir est ce qui console et réjouit l'homme ; c'est ce qui rend toute la nature riante autour de lui ; c'est ce qui redouble tous ses plaisirs et le soutient au milieu de toutes ses afflictions. Naguère, une jeune personne coquette et légère, absorbée pour un moment dans la douleur où la jetait la mort de son fiancé, disait à un de ses amis : « De grâce, monsieur, indiquez-moi quelques bons livres où l'on traite de l'immortalité de l'âme ; non que je doute, mais depuis qu'il a quitté la terre, depuis qu'il n'est plus là, j'ai besoin de me nourrir de cette pensée et d'en avoir l'intelligence. » Puis, après un profond soupir et un triste regard, elle murmura : Les hommes sont bien heureux de pouvoir se livrer à des études qui consolent !

C'est parce qu'il avait l'intelligence de l'immortalité de l'âme, que Socrate, au moment solennel où il attend son heure suprême, console et encourage ses disciples qui admirent son courage et pleurent sur lui. Aussi, quand la coupe fatale lui a été remise, il suspend aussitôt ses discours et élève ses vœux au ciel à peu près en ces termes : « Etre des êtres ! j'ai cherché par la raison que tu m'as donnée à m'élever jusqu'à toi et à l'idée de l'immortalité de mon âme. Il me semble que je ne me suis jamais écarté de la voie sévère des déductions légitimes ; mais si ma faible raison m'avait trompé, je ne perdrais pas pour cela toute espérance. Ce n'est plus au nom de ma faible raison que je te demande l'immortalité, c'est au nom de l'humanité tout entière qui en a toujours senti le besoin ; au nom de l'ordre social qui la réclame, au nom de tous les hommes qui, comme moi, ont sacrifié et sacrifieraient encore leur bonheur et leur vie à la loi du devoir. Tromperas-tu les espérances de l'univers qui croit en toi et à l'immortalité, et qui n'a jamais séparé ces deux sublimes idées ? » (*Œuvres de Platon*, trad. de M. V. Cousin, *du Phédon ou de l'âme*, t. I.)

Socrate n'est plus ; peut-il être mort tout entier ? Et lorsque le même tombeau aura confondu les cendres de la victime et du bourreau, ne différeront-elles aux yeux de l'éternelle justice, que par leur pesanteur physique ? Le vent les emportera-t-il également dans les airs, et ne restera t-il plus de Socrate et d'Anytus qu'un vain nom ? S'il existe un Dieu, n'y a t-il pas une immortalité ?

Facultés de l'âme. — Jusqu'à présent nous nous sommes occupé de l'existence de l'âme, de son union avec le corps, de son origine, de son immortalité ; reste à savoir quelle est l'étendue de ses facultés.

L'antiquité ne s'était pas occupée de cette question, et jusqu'à Platon qui, lui-même, ignorant sa nature, ne prononça pas positivement si elle est matérielle ou purement spirituelle, on s'était habitué à considérer cette sorte d'entité appelée par les uns *pneuma*, psychée par les autres, comme étant tout à la fois le principe de la vie et la source de toutes nos facultés.

Aristote, son disciple, alla plus loin, il accorda à l'âme des facultés qui lui étaient communes avec les animaux et des facultés qui lui appartenaient exclusivement.

Il n'en fut pas de même des Pères de l'Eglise. Instruits par les lumières de la révélation, de la nature spirituelle de l'âme, ils la regardèrent de plus comme une émanation immédiate de Dieu qui l'a faite à son image et à sa ressemblance. Dès lors la faculté de connaître et de vouloir était de toute certitude : dès lors l'homme était incontestablement l'être important de la création, et le seul au milieu des êtres matériels qui, à raison de son âme intelligente, fût capable de discernement et d'agir avec liberté. Les animaux ne furent plus que des machines grossières, incapables de faire aucun choix, et dont tous les mouvements étaient réglés par un immuable et aveugle destin.

Descartes, le plus illustre des philosophes qui vinrent après Bacon, admet ces grands principes. Celui-ci, pour rendre plus facile la théorie des facultés des êtres vivants, distingua deux âmes : l'une sensitive, qui était le principe de la sensibilité et du mouvement volontaire ; l'autre raisonnable, dont les facultés étaient l'entendement, la raison, le raisonnement, l'imagination, la mémoire et la volonté. Ainsi Bacon, malgré tout son génie, ne distingua pas l'entendement proprement dit des facultés de l'entendement ; il fit de celles-ci, la raison, l'imagination, la mémoire, autant de qualités de l'âme raisonnable.

Descartes fut plus conséquent, c'est-à-dire que, sans admettre ni rejeter explicitement les deux âmes que le chancelier d'Angleterre avait reconnues, il admit dans l'homme une âme avec quatre facultés : la sensibilité, l'imagination, l'entendement et la volonté.

Locke, génie sévère et méthodique, dont l'influence a été très-puissante sur les esprits du XVIIIe siècle, n'accorda à l'âme que deux facultés, l'entendement et la volonté ; ce qui diffère peu de l'opinion émise avant lui par Hobbes, qui avait reconnu dans l'âme les facultés de *connaître* et de *vouloir*.

Condillac, le plus remarquable des disciples de Locke, réduisit toutes les facultés de l'âme à la sensation. Dans son opinion, c'est l'âme seule qui connaît, parce que c'est l'âme seule qui sent, et il n'appartient qu'à elle de faire l'analyse de tout ce qui lui est connu par sensation. Ainsi, l'attention, la comparaison, le jugement, la réflexion, l'imagination et le raisonnement ne sont que des sensations transformées. A ce propos, nous devons remarquer que, malgré ces assertions, Condillac ne doit pas être classé avec les matérialistes. Sans doute il rapporte bien des facultés à la sensation, mais voici un passage de ses écrits qui vient confirmer mon opinion : « C'est dans les idées abstraites, dit-il, qui sont le fruit des différentes combinaisons, qu'on reconnaît l'ouvrage de l'esprit. Ainsi, les idées abstraites de couleur, de son, etc., viennent immédiatement des sens (c'est faux, mais ce n'est pas de cela qu'il s'agit pour le moment); celles des *facultés de l'âme* sont dues tout à la fois aux sens et à l'esprit ; et les idées de la *Divinité* et de la morale appartiennent à l'*esprit seul*, parce que les sens n'y concourent pas par eux-mêmes ; ils ont fourni les matériaux, et c'est l'esprit qui les met en œuvre. »

Je vous prie de vous arrêter un moment sur les dernières paroles de ce passage, dirai-je, de Laromiguière, et de vous demander s'il est vrai que Condillac ait nié l'activité de l'âme.

Enfin, C. Bonnet, le profond psychologue, ajoute aux facultés accordées par Locke quatre nouvelles facultés, le *sentiment*, la *pensée*, la *liberté* et l'*action*. « Je n'ai en effet qu'à rentrer en moi-même, dit-il, pour être convaincu que mon âme a le sentiment intime ou la conscience de ce qu'elle éprouve ; elle sent que c'est elle-même qui l'éprouve. J'ai déjà touché à cette grande vérité psychologique, elle est si claire que je craindrais de l'obscurcir en l'expliquant. Mon âme ne peut apercevoir, penser, agir, qu'elle ne sente en même temps que c'est elle-même qui aperçoit, qui pense et qui agit. Ce sentiment qu'elle a d'elle-même toujours un, toujours simple, toujours indivisible, est inséparablement lié à toutes ses perceptions, à toutes ses opérations. Il constitue cette unité, ce *moi* qui s'incorpore ou s'identifie en tout ce qui se passe dans l'âme, qui rassemble en lui tout cela, s'approprie le passé comme le présent et réunit ainsi dans une seule individualité, dans une seule existence, toute la suite des perceptions et des opérations de l'âme.

Quant aux philosophes modernes, ils varient sur le nombre des facultés attribuées à l'âme, et bien plus encore sur celui des facultés de l'entendement, et voilà tout. Mais toujours est-il qu'il y en a très-peu qui ont agité et résolu cette question importante : Le principe qui anime les hommes est-il le même que celui qui anime les animaux ? Tant il est vrai qu'en dehors des lumières de la foi, tout devient obscurité.

Pour celui qui observe, réfléchit et raisonne, non-seulement il est très-facile de reconnaître dans tous les êtres animés une force vitale qui préside à toutes les fonctions et à laquelle on peut les rapporter toutes ; mais on est forcé de reconnaître aussi une force inconnue qui n'est point aveugle, fatale, comme quelques-uns l'ont prétendu, mais d'un ordre plus élevé, qui exerce une grande influence sur l'homme.

Cette force inconnue n'est point la puissance psychique ; et l'opinion de leur non-identité, présentée par le père de la médecine, Hippocrate, moins comme un fait certain que comme une heureuse anticipation, a été défendue par les disciples de tous les siècles postérieurs, qui trouvaient, dans l'exercice de leur profession, la confirmation de ce dogme précieux. Aussi est-elle mise aujourd'hui hors de contestation, grâce aux travaux d'une école à laquelle j'appartiens et qui a écrit sur le fronton de son sanctuaire : *Olim Cous, nunc Monspelliensis Hippocrates*. Là encore la comparaison historique de la force vitale et de la puissance psychique faite avec plus d'exactitude et de rigueur qu'auparavant, a donné à la pensée hippocratique le caractère de la démonstration. En voici les preuves.

On a dit de très-bonne heure et l'on répète : La *puissance psychique* se sent, se connaît, rend compte de ses actions ; la *force vitale* ne se connaît pas, ne sait pas ce qu'elle fait,

Différence qui mérite la plus grande attention.

La force vitale s'est manifestée dans le ventre de la mère, quand elle a formé un système d'organes prodigieusement complexe;... tandis que la puissance psychique n'a manifesté son existence qu'après avoir été mise en relation, au moment de sa naissance, avec le monde extérieur.

La première a la science infuse et n'a besoin d'aucun apprentissage ;.... la seconde n'a que des aptitudes; elle n'est capable d'opérer que lorsqu'elle a été instruite par les sensations et par l'expérience.

Les premiers actes de la force vitale sont des coups de maître ;... ceux de la puissance psychique sont d'abord imparfaits, et ce n'est que par l'usage et par l'attention qu'ils acquièrent les plus hautes qualités qu'elle peut leur donner.

Dans la force vitale, les qualités accidentelles favorables ou défavorables, la beauté des formes, la santé, la laideur, la couleur, les affections morbides, se transmettent par la génération, et les enfants héritent ces modes de leurs parents ;... dans la puissance psychique les qualités intellectuelles et morales, qui sont le résultat de l'éducation, naissent et meurent chez l'individu, sans que les descendants puissent profiter des vertus de leurs parents, ni s'excuser de leurs vices sur les crimes de leurs ancêtres : leur éducation est toute à leur charge, et le fils du grand homme n'est pas dispensé de faire toutes les études qui ont contribué à l'illustration du père.

Enfin, la force vitale, dans sa course naturelle, s'accroît, se développe, se renforce pendant la première moitié de la vie humaine ; mais dans la seconde moitié de cette vie, il survient un décroissement progressif, une *vieillesse* progressive du système corporel, dont le terme infaillible est la mort.... La puissance psychique ne subit point nécessairement cette décadence ; si les maladies ne l'entravent pas, il dépend d'elle d'ajouter indéfiniment à sa valeur jusqu'au terme de la vie : de sorte que l'instant de la mort sénile, de la mort accompagnée du dernier degré de la décrépitude, peut être le moment où l'intelligence a montré le plus haut degré de l'élévation, de la justesse, de la capacité, de la sagacité.... dont elle est susceptible. D'où il suit que nous savons avec une certitude expérimentale que la force vitale doit s'éteindre, et que la mort du système est immanquable,.... mais qu'il est *philosophiquement* et *inductivement* impossible d'en dire autant de la puissance psychique, puisqu'elle n'a pas éprouvé la *vieillesse*, seul indice que je puisse avoir, dans l'ordre métaphysique, de la certitude d'une instinction future (1).

Ces vérités ne sont pas nouvelles, puisque dans son *Traité de l'âme*, Aristote s'est occupé du dynamisme des êtres vivants, et particulièrement de celui de l'homme et des animaux. Mais dans le livre d'Aristote le mot *âme* est employé dans le sens du dynamisme vital sans dualité; et par conséquent il n'a pas l'acception suivant laquelle l'école de Montpellier l'emploie habituellement. Ainsi, il observe l'âme dans l'homme, dans les animaux, dans les zoophytes, dans les plantes. L'*Intelligence* n'est *ordinairement*, suivant l'auteur, qu'une faculté de cette âme qui est douée de la nutrition et du mouvement spontané; seulement elle n'est pas aussi nécessaire que la nutrition, puisque les plantes en manquent. Je dis *ordinairement*, car Aristote n'est pas constant dans ses idées et dans son langage; quelquefois l'*Intelligence* est de sa nature immortelle ; il est même échappé à l'auteur de dire qu'*elle ne vieillit pas*. Cependant, en somme, suivant lui, l'âme, étroitement liée au corps d'une manière indissoluble, partage le sort de l'agrégat matériel, et par conséquent elle subit la mort et la dissolution, qui sont les terminaisons infaillibles des corps vivants.

Ces contradictions (soigneusement relevées par M. Lordat) et des assertions hasardées assez nombreuses nous font voir qu'un génie supérieur ne rend pas constamment l'esprit humain exempt d'imperfections ; et que la jeunesse, la précipitation, des préoccupations, le défaut d'une attention assez longue, peuvent exposer un grand homme à l'inconséquence et à l'erreur.

Sous le rapport de la dualité du dynamisme humain, le philosophe de Stagire est moins avancé que Platon son maître, et qu'Hippocrate leur prédécesseur, pour qui le *mens* de l'antiquité, le principe de la pensée, n'est pas l'*anima*, la force vitale, attendu que la première de ces puissances a un siège circonscrit, au lieu que la seconde est repandue dans tout le corps ; l'une commande, l'autre obéit. Leurs natures doivent être différentes, puisque le même aliment ne leur convient pas, et que chacune a une source spéciale où elle puise : selon ce philosophe, le *mens*, inné dans le ventricule gauche du cœur, d'où il régit le reste de l'âme, trouve une nourriture abondante dans le réservoir du sang ; tandis que l'autre se nourrit du boire et du manger qui vont à l'estomac. Ainsi, à part leurs erreurs, distinction des deux puissances par leurs sièges, par leurs fonctions, par leur hiérarchie, par leur nature, voilà une vérité hippocratique qu'*Aristote* aurait dû accepter pour l'homme, puisque les plus

---

(1) A la fin de sa trop courte, mais bien glorieuse carrière, le célèbre auteur de l'*Histoire des croisades*, Michaud, offrait un exemple évident de la vérité de cette proposition. Quinze jours avant sa mort, dit son collaborateur et ami, M. Poujoulat, nous nous promenions au bois de Boulogne, et je lui disais : « Vous m'êtes une preuve frappante que l'âme et le corps ne sont pas d'une même nature : vous pouvez à peine vous tenir debout, et vous planez dans le monde des esprits avec de larges et fortes ailes que rien ne peut lasser. — C'est le chant du cygne, » me répondit-il en souriant ; mais il ne le croyait pas, et moi non plus ; il y avait trop de vie dans ses discours pour que je pusse croire à une fin prochaine.

grands médecins en ont été persuadés, avant même que la démonstration en fût aussi bien formulée qu'elle l'est aujourd'hui.

En cherchant la cause de la *rétrogradation* d'Aristote, j'ai cru la voir dans la persuasion où il était que le dynamisme de tout être vivant, qu'il appelle l'*âme*, est de la même nature essentielle dans l'homme et dans les êtres vivants. En conséquence, il l'étudie et il recommande de l'étudier, non-seulement dans l'espèce humaine, mais encore dans les bêtes et même dans les plantes.

Vous savez que les naturalistes, en général, ont pris au mot le précepte de leur maître. Il en arrive que certains croient suffisamment étudier l'homme sur les animaux : préjugé dangereux, la dualité du dynamisme vivant n'étant prouvée que chez l'homme. Quoi qu'il en soit, on trouve dans le traité de l'âme du philosophe une comparaison que M. Lordat a parfaitement utilisée, en lui donnant une grande extension. Je la reproduis.

Au chapitre premier du second livre, § 13, on lit ces mots : « Ce qui reste obscur encore, c'est de savoir si l'âme est la réalité parfaite de l'entéléchie du corps, comme le passager est l'âme du vaisseau. » Cette question me frappe. L'auteur qui l'exprime n'est vraisemblablement pas content des assertions qu'il a énoncées sur l'intimité de l'âme avec le corps, sur l'impossibilité qu'il y a, suivant lui, de les séparer même par la pensée : il met en doute si l'âme n'est pas au corps ce que le passager est au navire. Or, évidemment, le passager et le navire ne sont pas inséparables.

Si dans tous les êtres vivants le dynamisme ressemblait à celui du nautile, dont il paraît qu'Aristote avait connu l'histoire, il aurait pu répondre affirmativement à cette question. Ce mollusque, de la nature des poulpes, est représenté muni d'une nacelle qu'il a formée et tirée de sa substance et qu'il vivifie. Cette nacelle, sortie de lui-même, lui sert de demeure, soit sur la terre, soit dans l'eau. Elle est son abri ambulant quand il rampe, et son navire quand il veut voguer ou plonger dans la mer. Pour que la comparaison d'un dynamisme vivant avec l'habitation d'un vaisseau réponde le plus à l'intention d'Aristote, souvenons-nous que le nautile, quand il veut changer de place sur l'eau, élève deux de ses bras entre lesquels est tendue une membrane qui lui sert de voile, et abaisse les autres pour en faire des rames.

Que l'âme d'Aristote ou le dynamisme animal ait des rapports avec celle du nautile, je ne m'y oppose pas ; en mettant à part les ressemblances corporelles trop évidentes, partout ce dynamisme trouve une demeure ambulante dans le système qu'il a formé ; il le conserve soigneusement et s'en sert pour ses mouvements de locomotion.

La navigation de l'homme ne ressemble pas à celle du nautile, ni à celle des autres animaux ; cependant la comparaison d'Aristote est, à mon avis, du plus grand intérêt, pourvu qu'elle soit moins incomplète. Je vais essayer de la poursuivre, parce que ce parallèle me paraît devoir faciliter l'intelligence des propositions que nous avons formulées.

Pour que l'*animation* d'un navire ressemble au dynamisme humain, je ne puis pas me contenter, comme Aristote, d'un voyageur quelconque. Il est possible que cela suffise pour l'animal. La bête n'a qu'un but, qui est sa conservation. Chez l'homme, la conservation n'est pas le but final, il n'est que le moyen. La véritable fin est morale. C'est une jouissance intellectuelle. Il faut satisfaire une soif de richesse, de gloire, de supériorité, d'amour, de repos sans inquiétude, d'un bonheur éternel. La plupart des hommes pensent comme parlait Cesar, voulant aller de Grèce à Brindes : *Il ne s'agit pas de vivre, il s'agit d'arriver.....* On vient ici-bas pour remplir un rôle dans l'immense épopée de l'humanité, suivant l'idée de Schelling.

Pour établir une comparaison entre l'homme et sa vie d'une part, et de l'autre un vaisseau qui voyage, il ne faut pas que le voyageur qui va m'occuper soit un voyageur d'occasion ou parasite, partie accidentelle de la cargaison. Le voyageur qui doit faire portion intégrante d'une cause animatrice du navire, c'est celui qui est chargé d'une mission, d'une expédition, un envoyé pour qui le vaisseau a été fait. C'est Néarque exécutant ce fameux périple par l'Océan Indien, de l'embouchure de l'Indus à celle de l'Euphrate, périple ordonné par Alexandre....; c'est Pizarre allant à la découverte du Pérou..... C'est Cortés allant faire la conquête du Mexique....; c'est un ambassadeur français se rendant à la cour de l'empereur de la Chine, pour conclure un traité par lequel deux grandes nations se promettent réciproquement des échanges de leurs denrées, de leurs produits industriels et de leurs idées.

Mais le vaisseau et le voyageur ne suffisent pas plus pour la navigation que l'agrégat matériel de l'homme et la puissance psychique ne suffisent à la vie humaine. Pour le premier, il faut un nautonier individuel ou collectif, qui conserve le navire et fasse la manœuvre de la navigation ; pour le second, il faut une force vitale qui remplisse les rôles analogues dans le système instrumental.

Afin que le parallèle soupçonné par Aristote puisse s'exécuter avec un profit scientifique, permettez que je mette dans le vaisseau toutes les conditions qui nous conviennent, et qui sont ou réelles ou toutes faciles à remplir.

Le navire a été fait par des constructeurs habiles, qui forment eux-mêmes l'équipage sous la direction d'un chef, leur architecte et leur capitaine. Durant la fabrication, on n'a jamais perdu de vue l'intérêt du futur voyageur pour qui tout avait été projeté. On n'a pas pourtant pu attendre ses volontés, ses goûts, ses convenances individuelles ; il était ou absent ou sans instruction relative ; il a fallu tout préparer d'après des règles générales communes. Le voyageur s'embarque au moment où le navire est lancé à l'eau. Il est muni d'ordres cachetés qui contiennent toutes les conditions de sa mission, et qui ne lui seront connus qu'à des hauteurs déterminées.

On est en mer. L'équipage, dirigé par son chef, prend le large. Le voyageur, frappé des objets qui lui étaient inconnus, et ignorant encore ses devoirs, ne songe qu'à satisfaire sa curiosité. Il veut voir de près ce qui lui plaît, et s'éloigner de ce qui lui déplaît. Il n'a aucune idée des moyens d'abréger ou d'augmenter les distances ; mais l'équipage est là pour obéir, et pour que le vaisseau suive sa marche au gré des désirs du voyageur, sauf la conservation du tout.

Quand le voyageur sait ce qu'il doit faire, il exprime la direction qu'il veut prendre, et sur-le-champ il voit que sa volonté est exécutée. Aperçoit-il un écueil, avant qu'il ait donné des ordres pour l'éviter, une inflexion de la route l'écarte du danger, comme notre paupière a déjà couvert l'œil avant que nous ayons eu le temps de délibérer sur le moyen de nous garantir du coup subit dont nous étions menacés.

Si, après avoir longtemps observé, longtemps médité, il sent la nécessité de se soustraire aux sensations et de se plonger dans le repos, il peut sans crainte satisfaire à ce besoin : l'équipage veille sans cesse, et la conservation du vaisseau n'est pas un instant oubliée.

Tout occupé de son expédition, des détails, des accessoires, des projets qui s'y rapportent, le voyageur, qui sait toujours où il est sur le globe, donne ses ordres, c'est-à-dire exprime le désir d'arriver à tel but, et il est promptement obéi par ceux qui connaissent les moyens d'opérer cette progression. Son ignorance de l'art de la navigation peut le rendre d'abord exigeant ; mais l'expérience ne tarde pas à modérer son ambition et à lui montrer les bornes du possible.

Quoiqu'il ne soit point portion substantielle du bâtiment, il ne peut pas être indifférent aux accidents qui touchent le sort du navire : les intérêts de sa demeure sont les siens. Il sait bien que si cette demeure périt, il court tous les risques de la submersion. Les dangers plus ou moins prochains doivent nécessairement lui inspirer des craintes proportionnées. Dans les secousses, dans les avaries du bâtiment, dans les troubles et les inquiétudes des manœuvres, il ressent les privations, les incommodités et les alarmes. Mais après tout, il n'est pas attaché à son vaisseau comme l'équipage, dont les matelots sont aussi identifiés avec les cordages et les agrès qu'une hamadryade avec son arbre, ou qu'un centaure avec son cheval. Il ne peut ni ne sait rien faire pour améliorer la position du vaisseau : il s'en rapporte à ceux qui en sont la providence locale. Si le naufrage est presque infaillible, si la mort est présente, il ne reste plus au voyageur qu'à se résigner avec fermeté et constance aux malheurs imminents, et à ne jamais perdre de vue la mission dont il est chargé, afin que si les temps deviennent meilleurs, il n'ait pas à rougir d'avoir suspendu ses travaux obligatoires, par la faiblesse la plus commune et, dans nos mœurs la plus honteuse, par *la peur*.

Avant d'aller plus loin, ne vous semble-t-il pas, messieurs, que nous tous réunis dans cette enceinte, nous sommes des bâtiments mobiles, des vaisseaux, dont les voyageurs respectifs sont des intelligences qui se sont donné rendez-vous ici à heure fixe, et dont les équipages ont vogué, par ordre de ces chefs d'expédition, jusque dans ce parage, et tiennent les navires en panne jusqu'après la conférence ?

Cette réunion a lieu uniquement dans l'intérêt des voyageurs. Nos équipages y sont étrangers. Leurs fonctions propres n'ont aucun rapport avec nos affaires. Ils ont des penchants et des besoins qu'il leur tarde de satisfaire, et il faut leur savoir gré de leur obéissance.

Si une des intelligences qui sont ici rassemblées voulait nous raconter son histoire, vous verriez combien cette histoire aurait de rapport avec celle du voyageur marin que je viens d'esquisser. Que peut me dire en général un individu questionné sur les éphémérides de son existence ?... « Je n'ai pas eu le choix. me dira-t-il, du système d'organes où je suis renfermé. Si j'avais été consulté, ce système serait plus solide, plus durable, plus commode, moins sujet aux détraquements, plus agréable à voir. Ne pouvant pas le changer, je me suis fait à lui. Dans le commencement, j'ai vécu à la merci des puissances internes et externes qui ont disposé de moi.

« Quand j'ai connu ma vocation ou ma destination, j'ai ordonné à l'ensemble de mes organes de me conduire au but ; ils ont obéi sans que j'aie pu les diriger, car j'ignorais leur mécanisme. Si le but n'a pas été atteint d'abord avec la précision que je désirais, les répétitions accompagnées de mon attention les ont mis en état de se donner une éducation, dont je profite aujourd'hui.

« Après de longues contentions d'esprit, après l'exercice de ma volonté, je sens la nécessité de me reposer. Mes organes, qui ne tombent jamais dans l'inaction, ont néanmoins eux-mêmes besoin de se soustraire à ma puissance. Nous suspendons nos relations pour quelques instants, c'est-à-dire, je m'endors, d'abord parce qu'ils veillent pour moi ; ensuite parce que, d'après l'expérience, on ne les surmène pas impunément.

« Quand il est survenu une maladie, j'ai eu foi à leur industrie, et je ne les ai pas contrariés dans leurs opérations conservatrices. Lorsqu'elles ont paru impuissantes, je ne me suis pas opposé aux secours de l'art salutaire. Quand les causes destructrices m'ont paru supérieures aux obstacles opposés par les forces vitales et par l'art, quand j'ai vu que les efforts médicateurs tournaient au détriment de mon corps......, j'ai rassemblé dans mon entendement toutes les forces morales pour me rendre indépendant des événements ;..... je me suis armé de constance et de courage, non pour braver le danger, mais pour demeurer *sans crainte*, s'il le faut, pour la ruine même de l'univers : *impavidum ferient ruinæ*. » Vous le voyez donc, la biographie du voyageur marin dans sa navigation est, jusqu'à présent, la même que la biographie de la puissance psychique dans le système humain. Un protocole historique conviendrait également à tous deux : nous n'aurions qu'à laisser les noms en blanc.

La comparaison d'Aristote est donc précieuse ; elle est à mes yeux plus scientifiquement utile que le livre même d'où je la tire. Pour en être convaincus, continuons ce parallèle.

Jusqu'à présent il a existé une telle harmonie entre le voyageur et son équipage, que je n'y ai vu constamment qu'une seule volonté, excepté au dernier moment du désespoir. Cependant on peut penser qu'une puissance qui a créé le vaisseau, qui le conserve et le gouverne, sans avoir besoin des ordres explicites d'un voyageur étranger à la manœuvre, que cette puissance a une *spontanéité*. Il est aisé de comprendre qu'un pouvoir collectif de l'ordre métaphysique peut avoir en lui des motifs d'action qui ne sont pas identiques avec ceux de la puissance associée.

Cette présomption *a priori* s'est souvent vérifiée dans les fastes de la navigation. L'histoire et les romans, qui en sont l'image, nous montrent fréquemment une discorde entre ces deux sortes de tendances. Il arrive chaque jour qu'un but important est manqué, non par des événements fortuits, ou par force majeure, mais bien par un défaut d'accord entre le voyageur et l'équipage, dans des cas où ces deux pouvoirs auraient dû coopérer de concert. A la fin du siècle dernier, n'a-t-on pas vu, dans un vaisseau chargé d'une compagnie de naturalistes qui faisaient le tour du monde, une scandaleuse et nuisible animosité entre cette compagnie et le capitaine ?

En serait-il de même quelquefois dans la nacelle humaine ? Le voyageur et le nautonier y seraient-ils soumis à des zizanies ?

La pathologie abonde en faits qui rendent évidente cette conjecture analogique. Des exemples de discordes physiologiques peuvent nous faire voir que le parallèle *aristotélique* doit se poursuivre plus loin que l'auteur ne le croyait. Donnons des exemples :

1° Dans la marine, les deux associés du navire peuvent être en mésintelligence. A qui la faute ? Il n'est pas toujours aisé de le déterminer. Quoi qu'il en soit, il n'y a plus d'entente. Tantôt l'équipage élude les volontés du voyageur, tantôt il lui ignore des choses qu'il lui importait de bien connaître. A son tour, le voyageur peut, par distraction, par préoccupation, par indifférence, rester sourd aux avertissements et aux invitations qui lui ont été faites : l'expédition est compromise.

Un défaut d'accord se fait remarquer aussi entre les deux puissances du système humain, lorsque, nonobstant l'intégrité des organes, la puissance vitale n'obéit pas aux ordres de la volonté, dans les moments où l'esprit en avait le plus besoin. Vous savez combien est capricieuse cette puissance, quand nous sommes à la recherche d'un mot, d'un nom, d'une épithète (car c'est elle qui est là dépositaire des *modes corrélatifs* mnémoniques des idées concrètes) : non-seulement elle ne fournit point ce que vous demandez, mais encore elle vous suggère un mot contraire.

Si la raison veut blanc, la quinteuse dit noir.

On me questionne dans ce moment pour un homme qui de temps en temps est privé du pouvoir de parler. Ce mutisme n'est que de quelques minutes, et dans un temps où la puissance intellectuelle a toute sa force.

Nous rencontrons fréquemment, dans la pratique médicale, des suspensions passagères des fonctions des sens externes. Les yeux ne rapportent point au sens intime l'impression de la lumière qui avait frappé la rétine. Les oreilles fournissent des exemples d'une pareille inaction pendant quelque temps. L'estomac, qui devait exprimer les besoins de la nutrition, ne fait point sentir la faim. Ces anesthésies *sans obstacle anatomique* ne nous permettent pas de méconnaître la relation contingente d'une puissance qui remplit son devoir ou le suspend, en vertu de sa spontanéité et des motifs internes qui le dirigent.

De son côté, la puissance psychique n'entend pas ou entend mal les rapports des sens, lorsque des préoccupations, une extase, un enthousiasme, des préventions, empêchent l'entendement de se prêter aux relations normales qui doivent exister *durant la veille* entre les deux éléments de notre dynamisme.

2° Rien de plus commun, dans *le bord*, que de voir le voyageur dupe d'un rapport erroné ou mensonger, qui lui vient de l'équipage. Une terreur panique, la superstition, l'amour du merveilleux, un goût de mystification, peuvent être la source d'une conduite très-nuisible à l'expédition.

Dans le dynamisme humain il se passe entre les deux puissances une transmission erronée tout à fait semblable : des sens externes s'ébranlent spontanément, et communiquent au sens intime des sensations fantastiques mensongères, dont les causes externes n'existent point. Ce fait, bien constaté depuis plus de cent ans, est connu sous le nom *d'hallucination*.

3° En mer, l'équipage peut avoir des penchants dont la satisfaction est contraire à la règle, et met le navire en danger : tels sont un désir d'aller à terre, un goût de rapine, l'amour du vin, du jeu, qui le rendent rétif aux avertissements du voyageur. Des propensions continuelles ou fréquentes peuvent alors rendre la vie très-dure à l'homme toujours occupé de sa mission ou de ses projets. Quand elles s'élèvent au plus haut degré, il en survient une révolte, et le voyageur est en danger. Qui ne sait que Christophe Colomb fut sur le point d'être jeté à la mer par un équipage mutiné, qui voulait tourner les voiles et regagner l'Espagne, à l'occasion d'une tempête, la veille du jour où l'illustre aventurier découvrit les Lucayes et par conséquent l'Amérique ?

Dans le cours de la vie humaine, une partie de la durée ne présente qu'une lutte de la raison contre l'instinct, dont les penchants sont en opposition avec le devoir. Ne nous plaignons pas de cette guerre quand elle est, pour la vertu, des occasions de triomphe. Mais vous savez que les tentations sont quelquefois plus violentes que celles de l'équipage séditieux de Colomb, et qu'elles conduisent une âme intelligente, juste, mais trop faible, ou au ridicule, ou à la honte, ou au gibet.

4° Nous avons vu, dans la navigation, un équipage occupé de ses intérêts et de ses penchants, persécuter le chef de l'expédition, et même, le menacer, pour obtenir un consentement formel à un acte de prévarication. Nous pouvons ajouter qu'une instigation coupable peut provenir du chef de l'entreprise, et que l'équipage peut résister quelque temps à une sollicitude contraire à la règle ; tant qu'il existe un refus, le mal ne s'opère pas, mais le dynamisme du vaisseau est malheureux ; il ne peut y avoir du calme entre deux puissances dont une demande en vain, et dont l'autre est obsédée. Mais il peut arriver que l'instigateur triomphe de la résistance de l'associé, que tous les deux s'accordent sincèrement pour l'entreprise illicite ; que, renonçant à une expédition honorable, ils deviennent flibustiers, corsaires ou écumeurs de mer, sauf à s'égorger mutuellement quand l'intérêt les divisera, à moins qu'ils ne rentrent dans la loi commune et qu'ils n'obtiennent une amnistie.

Les passions extravagantes et la folie sont, dans le système humain, un contrat aussi funeste et aussi contraire à l'ordre entre les deux puissances de son dynamisme. C'est l'ascendant pernicieux d'une puissance atteinte d'une affection morbide sur la puissance associée qui, après quelque résistance, cesse de se défendre, se laisse expulser et subit la contagion. L'histoire des folies et celle des traitements, qui ont le mieux convenu, prouvent la réalité de cette théorie.... et partant de cette analogie. Après un combat plus ou moins long entre la raison et l'instinct, l'agresseur subjugue le vaincu, et, à dater de cette victoire, les deux puissances déraisonnent de concert, soit partiellement, soit sur tous les objets, jusqu'à ce que le temps ou les secours de l'art aient ramené les anciens belligérants à leur état normal...; ou jusqu'à ce que tous deux tombent dans un engourdissement, dans une stupeur, qui les rend incapables de la vie humaine. Dans ce dernier cas, on ne sait plus ce qui reste de ce dynamisme autrefois si intelligent et si harmonique.

Si nous jetons un coup d'œil rétrospectif sur la comparaison aristotélique perfectionnée, nous découvrons un navire complet, muni de tout ce qui lui est nécessaire et flottant sur le vaste océan du monde. C'est le capitaine qui l'a construit qui le dirige, et il veille d'autant plus à sa conservation, que sa vie propre et celle de tout l'équipage à ses ordres est liée à l'existence du bâtiment. Ils réparent donc avec soin les avaries qu'il éprouve, veillent à ce qu'il ne se perde pas par de fausses manœuvres, et le disputent pièce à pièce à la destruction, chef et matelots devant tous périr à l'instant même où il s'engloutira dans les flots. Aussi, dès le jour qu'ils sont entrés sur le navire, qui doit être leur unique demeure, tout comme le jour où il tombera de vétusté ou se brisera sur un rocher, le plus parfait accord règne à bord ; c'est le même intérêt qui anime la troupe, et, attendu que le navire fait un service régulier, toujours le même, sur une mer tranquille, loin des récifs et des brisants, les manœuvres s'exécutent presque d'elles-mêmes et par une aveugle routine, tant elles deviennent faciles par leur répétition. Ce navire, c'est l'animal, n'importe sa classe et son espèce.

Mais voici le plus perfectionné des navires : son modèle a été façonné par l'intelligence suprême, le Créateur de toutes choses. Indépendamment de l'équipage qui le monte, il porte à son bord un navigateur qui, lui aussi, ne doit plus quitter le bâtiment tant qu'il restera à flot. Sur ce vaisseau, le capitaine et l'équipage ont une double mission : mission d'ordre intérieur et conservatrice, mission d'obéissance aux ordres du navigateur. S'il est curieux, il voudra explorer les côtes, et aborder à des rivages inconnus ; s'il est passionné, il voudra courir après mille jouissances ; tant que les hommes sous ses ordres seront attentifs, dociles, empressés à seconder ses désirs, le navire voguera sans péril, à moins qu'il ne soit battu par la tempête. Mais si l'équipage se révolte, ou si, aussi fou que le navigateur, il seconde ses extravagances, il se livre sans souci à la merci des flots, au moindre choc la carène du navire va s'entr'ouvrir et le bâtiment tout entier périra. Le navigateur seul survit à la perte du navire et à celle de l'équipage qui le montait : par sa nature spirituelle, non-seulement il surnage à la surface des eaux, mais plus léger que l'air il s'élève rapidement vers les cieux pour aller se perdre dans leur immensité.

J'ai reproduit avec fidélité une très-grande partie de l'*introduction* à la doctrine de l'alliance entre l'âme pensante et la force vitale chez l'homme, parce que les philosophes et bien des penseurs ne lisant pas les ouvrages physiologico-philosophiques de l'école de Montpellier, les seuls qui puissent donner une idée exacte de la science de l'homme, supposent sans fondement, qu'à quelques exceptions près, tous les médecins sont matérialistes. Ils s'imaginent que, quand ils ont nommé Bichat et quelques autres membres très-distingués d'ailleurs, de l'*école anatomique*, ils ont tout dit, tout prouvé, et qu'il n'y a plus qu'à s'incliner devant leurs affirmations : c'est une erreur. Depuis plus de deux mille ans les médecins qui s'essayent à philosopher, et qui pour la plupart le font de manière à soulever par l'éclat de leur talent les passions haineuses de la rivalité et de l'envie ; ces hommes éminents, dis-je, séparent dans leur esprit et dans leurs écrits la matière que la force vitale peut animer et mouvoir, de la matière qui vit, qui se meut par la spontanéité de la force vitale, mais qui est unie à une puissance morale qui pense, qui comprend par la réflexion ce que c'est que la matière animée, quel est le principe qui la fait agir ; qui comprend aussi ce qui se passe en elle ou hors d'elle ; pourquoi et comment elle agit ; en d'autres termes, le principe, la fin et les moyens de ses actes ; une puissance qui, par la liberté qui lui est inhérente, a le pouvoir d'admettre ou de repousser les influences qui agissent sur elle, le mouvement qui lui est communiqué, et aussi de donner par sa propre énergie telle direction à son activité : c'est ce qu'on appelle *vouloir*.

M. l'abbé Bautain, qui est un des philosophes spiritualistes les plus avancés, n'a tenu cependant aucun compte de cette force vitale que l'école barthézienne a adoptée pour l'explication des phénomènes de la vie. Pour lui, il y a une *force physique* et une *force morale* qui se distinguent et se séparent d'une manière tranchée, par un résultat remarquable de leur exercice ; mais comme cette force physique pourrait l'embarrasser, il en fait le synonyme d'activité physique. Il donne donc l'activité à la matière ; au corps en tant que corps.

Rien n'est plus rationnel sans doute que les attributions spéciales qu'il assigne à la force physique et à la force morale, et qui servent à les distinguer. Sans doute la première est soumise uniquement aux lois de la nature, fonctionne régulièrement, mais toujours de même sans paraître susceptible de perfectionnement ni de progrès. Oui, les procédés en sont constants, invariables ; ils ne comportent ni amélioration ni déchet : oui, les affinités chimiques sont les mêmes aujourd'hui qu'autrefois, qu'au commencement du monde ; les cours des astres n'ont point changé, l'attraction exerce toujours la même influence dans le système planétaire, et la loi de la chute des graves n'a point varié ; oui, les plantes germent, croissent, fleurissent et fructifient comme autrefois, et les instincts des animaux qui nous paraissent les plus ingénieux ne se sont pas perfectionnés. C'est toujours la même œuvre achevée et recommencée sur le même plan et de la même façon par les générations successives, car telle est la destinée de la force physique. Au lieu que la force morale, au contraire, tend sans cesse au progrès, à l'avancement, à l'agrandissement. Elle acquiert des formes en marchant, parce qu'elle a la puissance d'accumuler les produits de l'expérience, de s'assimiler le passé et de résumer en elle le savoir et le travail de ce qui l'a précédée. Par l'intelligence et la science, elle participe à tout ce qui a été pensé et fait avant elle, elle est forte et grande, de la force, de la grandeur des siècles. Son activité ne tourne point dans un cercle toujours parcouru ; son mouvement est progressif, elle aspire à s'étendre, à monter, à dominer, et on ne peut lui assigner d'autre terme que l'infini. C'est qu'en effet, l'infini est son principe, et, comme toute créature, elle tend irrésistiblement, par le penchant de sa nature, vers la source dont elle est sortie.

Rien de plus rationnel, dis-je, que ces distinctions ; mais si l'on demande à M. Bautain ce que c'est que *cette nature* dont les lois régissent l'*activité* de la force physique ; si on lui demande ce que c'est que cette force morale qui constitue à elle seule l'activité par l'esprit et l'activité par l'âme (car sans cette condition elle ne saurait vouloir et pouvoir s'approprier le passé et le présent et s'élancer dans l'avenir), on retombe dans les abstractions, à l'endroit de la force physique, dont l'*activité* est soumise aux lois de la *nature*. Or, qu'est-ce que la nature par rapport à l'activité par le corps, ou le mouvement physique ?

Mais grâce aux travaux de notre école, grâce surtout à la doctrine de l'alliance entre l'*âme pensante* et la *force vitale*, il n'est plus possible de confondre l'homme avec les animaux, de le considérer comme un animal plus parfait. Il sera animal si l'on veut, par son système humain (son corps), par sa force vitale et par quelques-uns de ses instincts appétitifs ou conservateurs ; mais il est un être à part par la dualité de sa puissance psychique. Il y aurait donc dans l'homme l'âme et la bête, pour nous servir des expressions de M. de Maistre. La *bête*, qui a tous les instincts de l'animal, mange, boit et fonctionne comme lui ; qui fera des sottises, si elle sort de ses habitudes instinctives, et toutes les fois qu'elle n'obéira pas à l'âme qui doit veiller à ce qu'elle agisse toujours dans l'intérêt commun. La *puissance psychique*, qui commande, pour certains actes, à la force vitale, qui profite des facultés de l'entendement, pour établir des relations avec le monde entier et profiter des avantages que ces relations peuvent lui procurer ; qui, parce qu'elle sent, croit et espère, vit dans la joie ou la tristesse, calme ou agitée, goûte les plaisirs de la terre, supporte patiemment les douloureux ennuis et les malheurs du présent, soupire enfin après l'éternité.

Et maintenant, si, revenant à la question relative à la nature de notre être, question non complètement résolue encore, nous en voulons enfin la solution, je crois qu'on peut la formuler en ces termes :

Conformément aux lois mystérieuses de la création, lois qu'on ne peut méconnaître, il y a dans chaque corps vivant une force vitale qui, agissant par sa spontanéité et en vertu de la science infuse qui lui a été accordée, a présidé à la fécondation, à l'incubation, au développement et à l'expulsion de ce corps du milieu qui le renfermait. C'est cette même force qui préside à tous les développements ultérieurs de ce corps, veille à ce que l'harmonie de ses fonctions ne soit point troublée, dispose des matériaux qui doivent servir à la réparation et à l'élimination de ceux qui ne lui sont plus nécessaires, fait sentinelle pendant que tout repose, et, toujours vigilante, maintient l'équilibre dans toutes les parties du système vivant, soit pendant la période de croissance, soit pendant la période stationnaire, soit pendant la période de dépérissement et de ruine, et donne enfin le signal, quand le trouble et le désordre éclatent à l'intérieur. Cette force vitale est commune à l'homme et aux animaux. Chacun a la sienne, et elle a les mêmes facultés chez tous. Voilà ce qu'ont de commun l'espèce humaine et les diverses sortes d'animaux : un agrégat matériel, une force vitale, une puissance instinctive et appétitive.

Mais voici un corps plus parfait que le corps de l'animal ; à une force vitale pareille à la sienne s'ajoute un principe immatériel, la puissance psychique, l'âme, qui, laissant à la force vitale l'administration intérieure du corps, peut, en vertu de l'autorité qui lui a été donnée par le Tout-Puissant, ordonner à cette force, sa subordonnée, de faire exécuter à ce corps tels ou tels mouvements qui doivent faciliter les relations de l'individu avec le monde extérieur, et tels autres qui ne peuvent lui devenir faciles que par un long et continuel exercice. Par cet accord entre la puissance psychique et la force vitale, l'éducation des sens commence, s'achève et se perfectionne au point que l'homme fait des ouvrages d'art admirables ; ou bien son intelligence, profitant du feu du génie qui l'anime, tout comme des ressources que les sens lui fournissent, il se fait remarquer par la fécondité de son esprit, la justesse et la lucidité de son jugement, l'immensité de son talent. Voilà ce qui le distinguera toujours des animaux.

Un dernier mot sur les deux puissances du dynamisme humain. Les faits de l'inhalation de l'éther, que l'on a remplacé plus tard par le chloroforme, étant au nombre de ceux qui établissent de la manière la plus claire la dualité de ce dynamisme, l'*alliance* normale des deux puissances, la défection de l'une à l'occasion d'une susception insolite et sans aucun changement anatomique, et l'indépendance réciproque de toutes deux, durant le temps du divorce, nous dirons que :

Les propositions doctrinales les plus rigoureuses, déduites des observations faites sur les effets de l'éthérisation, 1° sur la force vitale de l'homme ; 2° sur la puissance psychique ; 3° sur le dynamisme bestial, sont les suivantes :

A. *Sous l'empire de l'éthérisation, les fonctions* VITALES (de Galien), *les fonctions naturelles s'exécutent comme dans l'état normal de sommeil. Le pouls reste le même. On n'a remarqué aucune diminution notable de la calorification.*

B. *La couleur de la peau n'a pas la moindre trace de cyanose.* M. Longet, dans ses expériences sur l'éthérisation des animaux, a remarqué que l'insensibilité est complète avant que le sang ait éprouvé la moindre nuance vers le noir. Ainsi, l'élaboration pulmonaire du sang continue à se faire de la manière la plus régulière, et l'on ne trouve aucune différence importante et significative entre ce sang et celui de l'animal tué avant l'expérience. (*M. Lassaigne.*)

A ce propos, je dois faire remarquer que les choses ne se passent pas toujours ainsi, puisqu'il résulte des expériences auxquelles s'est livré notre savant confrère, M. J. Guérin, 1° que de faibles doses de chloroforme liquide, que l'on a substitué plus tard à l'éther et qui jouit des mêmes propriétés anesthésiques, n'agissent que consécutivement sur les centres nerveux, et non localement, d'une manière suffisante, au moins pour altérer la fonction de l'hématose ; 2° que les doses les plus élevées frappent immédiatement le système nerveux pulmonaire et paralysent plus ou moins complétement son action hématosante, de manière cependant à la laisser fonctionner encore, mais incomplétement ; 3° que des doses exagérées déterminent une espèce de sidération de tout le système, et arrêtent brusquement la vie.

Quoi qu'il en soit, il n'en demeure pas moins établi que, dans certains cas, la fonction de l'hématose n'est point altérée, alors que la sensibilité est éteinte.

C. *Les fonctions naturelles* (les réactions vitales à la suite des impressions et des susceptions) *que l'on a pu observer dans un temps aussi court, se sont tout de même anormalement exécutées.* (*M. le professeur Serre.*)

D. *Les mouvements musculaires de la respiration sont tout à fait pareils à ceux de la respiration normale.* Le rhythme de cette fonction instinctive n'a donc point changé dans l'éthérisation.

E. *La force vitale, après s'être séparée de la puissance psychique, continue d'exercer ses fonctions vitales et naturelles avec autant de régularité que dans l'état normal.* Ainsi, par l'effet de l'éthérisation, les douleurs utérines sont anéanties sans que les efforts naturels, nécessaires pour l'accouchement, soient suspendus. En d'autres termes, l'éthérisation peut suspendre, d'une manière plus ou moins complète, les douleurs naturelles, physiologiques de l'enfantement, sans suspendre ni les contractions utérines, ni même celles des muscles abdominaux ; et neutralise la résistance du plancher périnéal, sans paraître agir d'une manière défavorable sur la santé et la vie de l'enfant. (*M. le professeur P. Dubois.*)

Remarquons en passant que le fait de la parturition accomplie sans douleurs et sans conscience, peut devenir extrêmement grave quand, dans des intentions criminelles, on voudrait soustraire le part avec le consentement ou sans le consentement de la mère, ou que celle-ci voudrait accoucher réellement sans témoin, pour cacher son crime à tous les yeux. On se rappelle l'histoire de la comtesse de Saint-Géran, qui fut empoisonnée par un breuvage stupéfiant, pendant l'action duquel elle accoucha d'un garçon. Etonnée, à son réveil, de se voir baignée dans son sang, de la diminution du volume du ventre et de l'épuisement de ses forces, elle comprit qu'elle était accouchée pendant son sommeil et demanda l'enfant qu'on lui avait soustrait..... L'éther étant un moyen plus sûr et moins compromettant, l'attention de la justice doit être éveillée. (*M. le professeur Bouisson.*) Puisse-t-elle n'avoir jamais à réprimer de pareils excès !

Bref, tout le monde sait, parce que la plus grande publicité a été donnée aux expériences qui ont été faites, que les impressions les plus douloureuses que l'homme puisse ressentir ne sont point ou presque point perçues pendant l'assoupissement produit par l'inhalation de l'éther ; que les incisions, les pressions, les contusions, les déchirures, les ponctures, les brûlures, les arrachements, n'ont occasionné aucune sensation ingrate, et qu'après de pareils traitements, les forces médicatrices réparent tous ces dommages, comme dans les cas les plus ordinaires.

Il est donc certain, dirons-nous avec M. Lordat, que l'ivresse de l'éther suspend (à divers degrés) la communication *sensoriale* de la force vitale avec le sens intime, sans troubler sensiblement l'ordre des fonctions économiques *vitales* et naturelles du système.

Hâtons-nous d'ajouter que les essais faits dans ces derniers temps avec le chloroforme, qui agit peut-être d'une manière mieux tranchée encore que l'éther, mettent hors de doute cette *suspension à divers degrés* de la communication *sensoriale* dont il s'agit. Ainsi M. Blandin a observé bien des fois et notamment dans un cas de circoncision, que le malade conserve la conscience de ce qui se passe en lui (circonstance déjà signalée par M. Gerdy, *voir* ci-après), alors que la sensibilité est éteinte. Après l'opération les malades vous disent : Vous croyez que j'étais endormi; point du tout, j'ai entendu tout ce qui se disait autour de moi ; je n'ai pas perdu un mouvement ; j'ai senti tous les coups du bistouri, mais je n'ai point souffert.

Il est évident que dans tous ces cas la sensibilité n'était pas complétement abolie, ce qu'on doit attribuer sans doute à la petite quantité de chloroforme inspirée. Il est probable que si l'éthérisation eût été poussée plus loin, on aurait observé alors, ce qui se voit habituellement, les individus perdre successivement la sensibilité générale, puis la sensibilité tactile, puis la faculté locomotrice, et enfin la conscience.

Je dis *il est probable*, quoique j'eusse pu être plus affirmatif, attendu qu'il résulte des faits en général, et des expériences de M. Parchappe en particulier, que l'éther introduit sous forme gazeuse dans l'économie par l'appareil respiratoire, à des doses convenables, détermine la succession de trois périodes distinctes exprimant trois degrés différents d'action : l'ivresse avec diminution de la sensibilité, l'assoupissement avec abolition de la sensibilité; la stupeur avec des phénomènes d'asphyxie suivis de mort.

Dans le premier cas, l'opéré, conservant la persistance des mouvements et d'un certain éveil de l'intelligence, malgré l'abolition et même la diminution de la sensibilité, pourra parler et exécuter certains mouvements. C'est ce qui est arrivé à la jeune fille de Boulogne opérée par M. Gorré; avant de mourir elle écarta le mouchoir qu'il lui avait placé sur le visage, en disant *j'étouffe!*... C'est ce qui est arrivé à plusieurs personnes à qui on a arraché des dents pendant l'état anestésique. L'un a causé avec le dentiste avant et pendant l'extraction de la dent, sans avoir souffert de cette extraction; l'autre, quoique dans un état d'insensibilité rendue complète par l'inhalation de l'éther, n'en fut pas moins docile aux volontés de l'opérateur (M. Oudet), et sur son invitation ouvrit la bouche et se prêta très-bien à l'opération. Enfin, M. J. Guérin a consigné dans son journal (la *Gazette médicale*), qu'un de ses malades l'interpella au milieu de l'opération qu'il lui pratiquait, lui disant des choses très-suivies dont il ne se souvint plus après la cessation de l'état anestésique.

Reste que si chez tous ces malades la communication sensoriale avec le sens intime n'a pas été complétement interrompue, cela n'empêche pas qu'elle ne l'ait été dans la pluralité des cas observés jusqu'à présent ; d'où sa *suspension à divers degrés*.

Mais quelle est donc la manière d'être de la puissance psychique pendant cette séparation? se demande M. Lordat.

Ecoutons, dit-il, la déclaration d'un homme qui avait deviné le phénomène dix-sept ans avant que les médecins s'en fussent avisés; qui en a consigné la remarque dans un journal français, et qui, étranger aux principes de la science médicale, a exprimé tout ce qu'il a éprouvé, sans aucune prévention de secte, avec la dignité d'une haute intelligence et dans le style d'un élégant écrivain : je parle de Granier de Cassagnac.

« Je vais essayer, écrivait-il, de donner une idée de cette façon d'être, que j'ai reproduite souvent depuis, toujours avec les mêmes caractères et toujours avec la même surprise; car l'intelligence ne peut pas se familiariser, même par l'expérience, avec des phénomènes de quelques instants, qui ont pour résultat de supprimer complétement le monde extérieur, sans ôter à l'âme le sentiment de sa liberté. Faute de mot suffisant, j'appellerai cet état une ivresse; il vaudrait peut-être mieux lui donner le nom de *ravissement*, parce qu'en effet on se sent ravi, transporté de la réalité dans l'idéal. Le monde extérieur et matériel n'existe plus. Assis, on ne sent pas sa chaise; couché, on

DICTIONN. DES PASSIONS, etc. 3

ne sent pas son lit: on se croit littéralement en l'air. Mais si la sensibilité extérieure est détruite, la sensibilité intérieure arrive à une exaltation indicible..... On voit, on entend, on parle même absolument comme dans l'état ordinaire; seulement on éprouve une grande répugnance à se laisser distraire de cette joie infinie dont on est pénétré, et qui n'inspire que de l'éloignement et du dédain pour les choses de la vie, si amères ou si douces qu'on veuille les supposer. »

Dans la description que M. Gerdy a faite de sa première expérience sur lui-même, on voit que les sens externes n'ont pas été aussi exempts de toute anesthésie. L'ouïe particulièrement s'est affaiblie. A cela près, le sens intime a été dans les mêmes conditions que chez de Cassagnac. « Je me sentais, dit-il, les paupières pesantes, l'envie de dormir, et surtout de m'abandonner aux charmes dont j'étais enivré. Cependant, soit parce que ces phénomènes avaient acquis le maximum de leur développement, ce que j'ai peine à croire, soit parce que je voulais absolument m'observer jusqu'au dernier moment, je ne me laissai point aller à la tentation de m'abandonner aux séductions qui me charmaient, et je ne m'endormis pas. Je continuai donc à m'observer, et comme je venais d'examiner mes sensations, je portai mon attention sur mon intelligence. Je remarquai de suite qu'à *l'exception des sensations vibratoires d'engourdissement qui rendaient mes sensations tactiles générales et la douleur obtuses*, qu'à l'exception des bourdonnements d'oreilles, qui m'empêchaient de distinguer nettement ce que j'entendais..., mes perceptions, mes pensées, étaient très-nettes, et mon intelligence parfaitement libre. Mon attention était très-active, ma volonté toujours ferme, si ferme que je voulais marcher, et que je marchai, en effet, pour observer l'état de ma locomotion. Je reconnus alors que la musculature est un peu moins sûre, et moins précise dans ses mouvements, à peu près comme chez une personne légèrement enivrée ou au moins étourdie par des boissons alcooliques. A l'exception de la prononciation, qui est un peu embarrassée et plus lente, les autres fonctions de l'économie animale ne m'ont pas semblé sensiblement altérées. Une personne ayant exploré mon pouls au moment de mon profond engourdissement, n'a pas trouvé de différence dans le nombre et la force des battements artériels. »

Cet enivrement par l'éther n'était donc pas aussi avancé que celui de M. de Cassagnac, puisque M. Gerdy avait des *sensations obtuses*.

Une circonstance qui nous fait mieux connaître l'indépendance, l'isolement et la liberté de la puissance psychique dans l'état qui nous occupe, se trouve dans l'histoire que M. Gerdy a communiquée à l'Académie de médecine le 5 février 1847. Il s'agit d'une longue et pénible opération qui fut faite à un homme, pour extirper des fosses nasales plusieurs polypes qui ne permettaient plus le passage de l'air par ces ouvertures, et qui avaient déformé le nez. Le patient fut soumis à l'influence de l'éther sulfurique. On ne commença l'opération que lorsque l'insensibilité fut complète.

Le sens intime était éveillé. Pour engager le malade à ouvrir la bouche, afin de mettre un bouchon de liège entre les mâchoires, il fallut crier, parce qu'il était devenu sourd. Il obéit sur-le-champ.

L'opération dura *au moins un quart d'heure*. Voici le résultat sous le point de vue qui nous intéresse, c'est-à-dire par rapport à la doctrine de l'*alliance* : « Quoique ces manœuvres soient, pour les narines et les fosses nasales, chatouilleuses, désagréables, douloureuses; quoiqu'elles soient nauséeuses et accompagnées d'efforts convulsifs de vomissement et de suffocation pour la gorge, quoique le sang qui s'écoule dans le pharynx et quelquefois dans les voies aériennes, augmente encore ces sensations pénibles, ces angoisses cruelles qui sont accompagnent et causent des accidents de suffocation et des efforts de toux..... Le malade resta pendant tout le temps de l'opération dans l'insensibilité apparente la plus profonde. Il ne fit pas entendre la moindre plainte, le moindre gémissement; sa figure resta constamment calme et tranquille. Seulement il demanda une fois à se débarrasser la bouche des caillots de sang qui y avaient pénétré en coulant des narines. »

Plus tard l'historien termine ainsi : « L'engourdissement où le malade a été plongé a donc suffi, sans sommeil ni perte de connaissance, à le préserver des souffrances d'une opération des plus pénibles ; il n'est donc pas toujours indispensable ni absolument nécessaire de pousser l'éthérisation jusqu'à la perte de connaissance..... Enfin, il n'est pas non plus toujours indispensable de continuer les inspirations pendant les opérations, pour arracher les malades à la douleur. »

D'après ces faits, on ne saurait méconnaître que la puissance psychique peut être indépendante du système vital, et conserver l'exercice de toutes ses facultés, sa conscience, ses idées, sa raison, sa volonté, sa liberté, lorsque ce système est plongé dans l'*engourdissement*, et qu'il est hors d'état d'instruire le sens intime des impressions les plus violentes et les plus désorganisatrices que puisse éprouver l'agrégat matériel.

A propos de l'engourdissement garantissant l'âme de toute sensation douloureuse, la force vitale conservant toujours le pouvoir d'exercer ses fonctions vitales et naturelles, et d'opérer même plusieurs fonctions instinctives, M. Lordat fait la réflexion suivante à l'endroit de la séparation des deux pouvoirs dans le moment même de l'éthérisation :

La sensibilité, chez la plupart des éthérisés, n'est pas complètement éteinte, puisque l'intelligence communique avec le monde extérieur par plusieurs sens externes. Il y a donc une exception à l'interdit qui a été frappé sur la sensibilité. Mais quelle est la puissance qui pourra le plus s'en féliciter?.... Il est évident que la puissance psychique conserve ses relations avec le *non-moi*, en tant qu'elle est instruite de ce qui intéresse son intelligence. La force vitale est concentrée dans les événements qui influent sur la conservation du système matériel, et est privée du pouvoir d'en donner avis au sens intime, soit que les impressions amènent des modifications favorables, soit qu'elles déterminent des changements de nature douloureuse, ou *dolorifère*, si j'osais parler ainsi.

Répétons-le comme une vérité historique : quoique la force vitale ne puisse pas agir sur l'âme, il n'y a pas réciprocité complète. L'âme peut s'instruire activement des choses extérieures qui l'intéressent. Elle regarde, écoute, goûte, flaire avec succès. Les muscles opèrent quelques mouvements qui ont été commandés.

Quand l'âme n'est ni surprise ni effrayée de son *isolement*, elle peut être heureuse de se sentir dispensée des sensations plus ou moins pénibles que le système vital lui impose presque continuellement, selon la remarque de Haller, qui ne trouve pas que, dans le meilleur état de santé, nous soyons jamais complétement exempts de quelque sensation ingrate.

Le sens intime peut désirer, sous le rapport des sensations, ce que madame Deshoulières désirait tant sous le rapport des affections morales :

Ah! que mon cœur n'est-il de ces cœurs isolés,
Qui par aucun endroit ne tiennent à la terre!

Le sentiment du bien-être des éthérisés est-il autre chose que cette dispense de toute sensation pénible? Ce que je sais bien, d'après leur déclaration, c'est qu'il n'a aucun rapport avec ce que nous appelons des voluptés *sensoriales*.

Bref, sous l'empire des inspirations du chloroforme, l'âme s'isole en quelque sorte du système vivant, elle perd toute son influence sur certains de ses actes, ce qui fait que certains appétits bestiaux habituellement réprimés peuvent se trahir. En voici un exemple :

M. Magendie a vu une jeune fille bien élevée et de manières très-décentes, que l'on a éthérisée pour lui épargner les douleurs de je ne sais quelle opération, tenir dans cet état les propos les plus licencieux. — Je ne suis pas surpris que deux puissances dont l'une a des penchants désordonnés et qui s'étaient mutuellement observées, contenues par une veille normale et complète, se montrent telles quelles, lorsque leur *alliance* s'est relâchée ; preuve manifeste de leur *individualité*.

Nous ne saurions trop insister sur ce fait de la *dépendance* où se trouvent certains penchants de la puissance psychique, attendu qu'ils sont une protestation bien évidente de toute prétention contraire ou opposée. Je vais m'expliquer :

Origine des facultés intellectuelles et des sentiments moraux. — La plupart des philosophes, disions-nous naguère, ont placé les facultés intellectuelles et les sentiments moraux dans les attributions de l'âme, alors que quelques autres philosophes, en fort petit nombre, font provenir ces mêmes facultés et ces mêmes sentiments de la matière. Gall, partageant cette dernière manière de voir, sans nier toutefois l'existence d'un principe immatériel, a cherché non-seulement à faire considérer l'encéphale comme étant l'organe spécial des forces fondamentales de l'âme, mais encore comme ayant des parties déterminées qui sont le siége ou les organes de ces forces. Voyons d'abord son système.

Matérialisme. — *Le cerveau organe des facultés intellectuelles et affectives.* — La doctrine de Gall, qu'il a très-habilement exposée et savamment développée sous le nom de *cranioscopie* (phrénologie, cranologie), a séduit dans le principe un grand nombre de physiologistes et de gens du monde. Cette doctrine s'est généralement répandue et popularisée, à ce point qu'elle a ébranlé bien des convictions. Aujourd'hui elle a fait son temps, et pourtant, quoiqu'elle soit bien déchue de sa primitive splendeur ; quoique l'enthousiasme qu'elle avait excité se soit singulièrement refroidi ; quoique le nombre de ses admirateurs soit bien moindre et celui de ses défenseurs fort restreint, comme il existe encore quelques hommes qui la défendent envers et contre tous, nous devons nécessairement peser une à une les quatre propositions fondamentales qui la constituent, savoir :

1° Les penchants et les facultés des hommes et des animaux sont innés.

2° L'exercice de nos instincts, de nos penchants, de nos facultés intellectuelles et de nos qualités morales, quel que soit d'ailleurs le principe auquel on les rapporte, est soumis à l'influence des conditions matérielles et organiques.

3° Le cerveau est l'organe de tous nos instincts, de nos penchants, de nos sentiments, de nos aptitudes, de nos facultés intellectuelles et de toutes nos qualités morales.

4° Chacun de nos instincts, de nos penchants, de nos sentiments, de nos talents, et chacune de nos facultés intellectuelles et morales, a dans le cerveau une partie qui lui est spécialement affectée, un siége déterminé, et le développement de ces diverses parties, qui forment comme autant de petits cerveaux ou d'organes particuliers, se manifeste à la surface extérieure de la tête par des signes ou des protubérances visibles et palpables, de sorte que, par l'examen de ces protubérances ou bosses cranioscopiques, on peut reconnaître au tact ou à la vue les dispositions et les qualités intellectuelles et morales propres à chaque individu.

Reprenons une à une ces propositions.

I. *Les penchants et les facultés des hommes et des animaux sont innés.*

Je ne conteste pas cette proposition ; seulement je demanderai aux défenseurs du système cranologique si, comme je le suppose, Gall a prétendu que les penchants et les facultés des hommes et des animaux ont une origine commune chez les uns et les autres, ou, chez tous, telle origine pour les penchants et telle autre pour les facultés? La proposition du célèbre cranioscope n'est fondée qu'à cette condition; car, des penchants et des facultés non héréditaires ne peuvent provenir de la même source que des penchants et des facultés héréditaires, quoique également innés. Or, nous avons vu que les lois de l'hérédité physiologique ne sont pas les mêmes chez les animaux que chez l'homme, celui-ci ayant des facultés innées, non soumises à l'hérédité, facultés que l'animal ne possède pas. Cette proposition serait bien moins fondée encore, si l'on donnait aux penchants et aux facultés innés une origine matérielle, rien ne pouvant expliquer comment les espèces bestiales hériteraient en tout de leurs père et mère, alors que l'homme seul ferait exception, et n'hérite jamais des facultés de l'esprit et du cœur de ses parents.

II. *L'exercice de nos instincts, de nos penchants, de nos facultés intellectuelles et de nos qualités morales, quel que soit d'ailleurs le principe auquel on les rapporte, est soumis à l'influence des conditions matérielles et organiques.*

J'accorderai aux sectateurs de Gall la vérité de cette proposition, pourvu que nous nous entendions sur l'interprétation qu'ils donnent au mot *soumission* des instincts, des penchants, etc. Prétendent-ils, et je le crois, que les conditions matérielles et organiques ont une influence habituelle sur les aptitudes et les facultés qui deviennent plus ou moins évidentes à mesure que ces conditions sont plus ou moins opposées à leur manifestation? C'est incontestable; et il suffit de s'être livré quelquefois à l'observation de ce qui se passe quand nous voulons mettre en exercice les facultés de l'intelligence, soit pendant le travail de la digestion, soit quand le système nerveux est surexcité par l'électricité de l'atmosphère pendant un temps d'orage, ou dans toute autre circonstance qui modifie l'organisme, pour être convaincu que nos facultés, nos penchants, etc., sont *soumis* à l'influence des conditions matérielles et organiques.

Mais si, plus exclusifs, ils accordent à ces conditions matérielles et organiques une influence telle, sur les instincts, les penchants, les facultés intellectuelles et les qualités morales, que de cela seul que les individus, hommes ou animaux, seront dans telles conditions indiquées, telle qualité, telle faculté, tel penchant ou tel instinct se manifesteront inévitablement, oh! alors, je m'inscris en faux contre un principe qui ôte à l'homme son libre arbitre, et ne le rend plus coupable devant la loi des crimes qu'il pourrait commettre. Cette doctrine, entachée de fatalisme, a été généralement repoussée par les médecins légistes et les jurisconsultes les plus profonds.

Je n'ignore point que Gall, pour donner quelque autorité à la proposition que nous discutons, s'est appuyé sur ce fait, «que *l'éducation peut bien perfectionner, détériorer, comprimer ou diriger les facultés que l'homme et les animaux ont reçues de la nature, mais qu'elle ne peut ni détruire complétement celles qu'ils ont, ni leur communiquer celles qui leur ont été refusées.*» Je sais qu'il a signalé comme donnant une très-grande force à sa proposition, « en premier lieu, que tous les animaux à peine sortis du sein de leur mère ou de la coque qui les contenait exercent des actes même assez compliqués, sans aucune éducation préalable et avant d'avoir calculé si ces actes sont liés ou non à leur conservation; que, par exemple l'araignée, à peine éclose, tisse la toile qui doit lui procurer des mouches pour exister; que le fourmi-lion creuse la fosse dans laquelle doivent tomber les fourmis dont il doit se nourrir; que le cailleteau court avec une adresse admirable après les grains et les insectes qui doivent l'alimenter; que la tortue s'achemine aussitôt vers l'eau la plus prochaine, traînant après elle les débris de la coque qui la contenait; que le jeune chien, le petit chat, l'agneau, le veau, le poulain, cherchent aussitôt la mamelle où ils doivent puiser leur nourriture; que l'enfant presse de sa main débile le sein de sa nourrice, afin d'en exprimer le lait qu'il contient; que ce n'est point à l'éducation de sa mère que la guêpe maçonne doit l'adresse avec laquelle elle construit ses rayons; que l'oiseau n'a reçu de ses parents aucuns préceptes, ni sur la manière de construire son nid, ni sur le choix des matériaux qu'il doit employer, ni sur la route à tenir dans ses migrations et ses voyages; que ce n'est point aux instructions de son père que le jeune renard doit les tours et les ruses qu'il emploie dans ses chasses, etc., etc.

« En second lieu, que ses frères, ses sœurs, ses camarades et ses condisciples, quoique ayant tous reçu à peu près la même éducation, étant grandis au milieu des mêmes circonstances, et ayant été nourris, en quelque sorte, d'impressions analogues, étaient loin d'être arrivés à une même somme de connaissances, et d'avoir acquis une pareille maturité d'esprit; que parmi ceux mêmes dont l'éducation avait été la plus soignée, et auxquels on avait prodigué l'instruction en particulier, quelques-uns, malgré la meilleure volonté et les efforts les plus opiniâtres, étaient souvent restés fort en arrière de beaucoup d'autres pour la capacité et le nombre des idées acquises; que plusieurs n'avaient même pu s'élever jusqu'à la médiocrité, tandis que d'autres avaient obtenu presque sans efforts, et pour ainsi dire à leur insu, des succès prodigieux! » Mais les conséquences qu'il a déduites de ces observations, la plupart fort contestables, sont-elles logiques?

Non, s'il est prouvé qu'elles ne sont pas exactes. Eh bien, sur quoi s'appuie Gall pour établir sa proposition? Sur ce que *l'éducation ne peut ni détruire complétement chez l'homme les instincts, les penchants, les facultés qu'il a, ni lui communiquer celles qui lui ont été refusées;* or voici qui contredit positivement cette assertion :

On trouve dans les anciennes chroniques que le jeune Baudouin, roi de Jérusalem, qui joignait à un esprit pénétrant, à une mémoire heureuse, à une capacité peu commune chez un adolescent, un goût si prononcé pour les femmes et le jeu des osselets, que l'amour de l'un et de l'autre lui prenait plus de temps et lui tenait plus au cœur qu'il ne convenait à un roi, et surtout à un roi de la ville sainte, *se corrigea* avec les années. L'archevêque de Tyr, qui l'avait connu, remarque dans son *Histoire* qu'en avançant en âge il *réforma presque tous ses défauts* et *resta* avec ses bonnes qualités.

Cet exemple serait peu concluant, s'il était unique; mais tout homme qui s'occupe des hautes questions philanthropiques doit savoir que Robert Owen, placé par les circonstances à la tête d'une manufacture où deux mille ouvriers étaient assemblés avec les vices et les inclinations mauvaises si ordinaires chez les hommes de cette classe ainsi agglomérés, parvint en peu de temps à les ramener tous à la pratique du bien, *à les corriger de leurs penchants* AU VOL, AU JEU, A L'IVROGNERIE.

Agissant au milieu d'eux comme un père parmi ses enfants, les instruisant par de bons conseils, par de salutaires instructions, faisant en sorte qu'ils se servissent mutuellement de modèles, il fit de sa manufacture une colonie vraiment digne de fixer l'attention du monde entier. Bientôt, grâce à ses soins, toutes les améliorations possibles furent introduites dans une école fondée exprès pour eux, et les enfants reçurent les bienfaits d'une éducation solide : les malades furent soignés dans une infirmerie, les vieillards et les infirmes trouvèrent des ressources dans les bienfaits de l'association.

Dans l'Uraguay, les jésuites ont obtenu les mêmes résultats sur une plus grande échelle, avec cette différence que le ressort principal des Pères de Jésus était le sentiment religieux, le développement de la vertu fondé sur de véritables croyances, au lieu que Robert Owen ne mettait en jeu dans ses ateliers que l'amour-propre des ouvriers. Mais quel qu'ait été le mobile employé, il n'en est pas moins vrai que l'éducation détruit les mauvais penchants et en développe de contraires.

Gall s'appuie encore sur ce que, d'une part, les animaux à peine nés exercent des actes assez compliqués, sans aucune éducation préalable; et, d'autre part, que plusieurs individus placés dans des conditions analogues et recevant la même éducation, n'en profitent pas également. Ces différences chez les hommes, et ces ressemblances dans chaque espèce d'animaux, tiennent-elles à l'influence des conditions matérielles et organiques ?

Comme la solution de cette question se rattache aux troisième et quatrième propositions, ainsi conçues :

III. *Le cerveau est l'organe de tous nos instincts, de nos penchants, de nos sentiments, de nos aptitudes, de nos facultés intellectuelles et de toutes nos qualités morales.*

IV. *Chacun de nos instincts, de nos penchants, de nos sentiments, de nos talents, et chacune de nos facultés intellectuelles et morales, a, dans le cerveau, une partie qui lui est affectée spécialement, un siège déterminé, et le développement de ces parties qui forment comme autant de petits cerveaux ou d'organes particuliers, se manifeste à la surface de la tête par des signes ou des protubérances visibles et palpables, de sorte que, par l'examen de ces protubérances ou bosses cranioscopiques, on peut reconnaître au tact ou à la vue les dispositions et les qualités intellectuelles et morales propres à chaque individu.*

Nous ferons marcher de front la discussion de ces propositions, la question que nous nous sommes proposée devant se trouver complétement résolue par le seul fait des conséquences que nous déduirons des observations rapportées.

Les preuves que l'illustre phrénologue administre, ou du moins les faits auxquels il s'adresse pour appuyer son système organologique sont de trois ordres, savoir : ceux empruntés à la disposition anatomique du cerveau par rapport aux facultés intellectuelles, aux penchants, etc.; ceux tirés de la statuaire et de la peinture antique et moderne, appliqués à la représentation, je ne dirai pas de la tête, mais du crâne des hommes célèbres dans le bien ou dans le mal, dans les arts, les sciences, les lettres, la politique, la charité, la guerre; et enfin, ceux qu'il a demandés à ce qu'il a appelé la mimique et la pathognomonique des facultés. Discutons chacune de ses preuves.

1er *Ordre.* La disposition des propriétés de l'âme et de l'esprit est innée, et leur manifestation dépend de leur organisation. Ces propriétés, qui pour la plupart sont communes aux hommes et aux animaux, sont ennoblies chez les premiers, parce qu'ils offrent dans leur cerveau, et surtout dans les portions supérieures et antérieures, des parties que les animaux n'ont point, et les différences des effets se trouvent ainsi expliquées par la différence des organes.

Tous les anatomistes et les physiologistes pensent que les facultés augmentent chez les animaux à mesure que leur cerveau devient plus composé et plus parfait. Pourquoi l'homme ferait-il exception à cette règle? Les facultés intellectuelles, ou diminuent suivant que les organes qui leur sont propres se développent et se fortifient, ou s'affaiblissent. Et comme les divers systèmes nerveux se développent, se perfectionnent à des époques différentes; que les systèmes nerveux du bas-ventre et de la poitrine, par exemple, sont déjà presque entièrement formés, tandis que le cerveau ne semble encore qu'une matière pulpeuse, on peut supposer que leur développement est en harmonie avec les besoins organiques de l'individu. Voyez le nouveau-né ; on découvre à peine quelques traces de fibres dans les appareils qui servent à renforcer et à perfectionner le cerveau. Ces fibres se montrent plutôt dans le lobe postérieur que dans l'antérieur. La structure du cervelet ne devient visible que par degrés, et ce n'est qu'après plusieurs mois que les parties antérieures et supérieures du cerveau se montrent avec une certaine énergie. Ce dernier se forme et s'accroît graduellement, jusqu'à ce qu'il ait atteint sa perfection, et cette perfection n'a lieu que de vingt-quatre à quarante ans. A cette époque il ne semble plus y avoir de changement sensible pendant quelques années; mais à mesure que l'on avance en âge, l'usage du système nerveux diminue graduellement, le cerveau s'amaigrit, se rapetisse et ses circonvolutions sont moins rapprochées.

Lorsque le développement des organes des qualités de l'âme et de l'esprit ne suit pas l'ordre graduel ordinaire, la manifestation des facultés de ces organes s'écarte aussi de leur ordre accoutumé. Si le développement ou le perfectionnement des organes de l'esprit ou de l'âme n'a pas été complet, les manifestations des facultés respectives restent également incomplètes. On a beau être organisé de la manière la plus avantageuse, l'exercice est indispensable pour apprendre à combiner plusieurs idées. Une passion n'est que l'extrême degré d'une faculté particulière; voilà pourquoi il y a autant de passions que de qualités de l'âme et de l'esprit.

N'oublions pas que le cerveau est composé d'autant d'organes particuliers qu'il y a en nous de penchants, d'aptitudes, ou de forces fondamentales distinctes, et que ces forces s'exercent d'autant plus d'énergie, que l'organe ou la circonvolution qui en est le siège a acquis plus de développement; enfin, que ce développement se fait du centre à la circonférence, et se manifeste finalement à la surface du cerveau par une protubérance.

C'est ici le cas d'ajouter quelques éclaircissements aux explications que nous avons données de ce principe. Selon Gall, c'est une loi générale du système nerveux, que chaque nerf, après avoir été suffisamment renforcé dans son trajet, se ramifie et s'épanouit dans le lieu où il doit exercer son action; ainsi, dit-il, les nerfs de la sensibilité tactile s'épanouissent dans la peau, ceux du mouvement volontaire dans les muscles, et ceux des sens dans chacun des organes qui en est l'instrument extérieur. Or, c'est précisément ce qui a lieu, selon lui, à l'égard des organes du cerveau, qu'il regarde comme un gros nerf ajouté à la moelle allongée. Les différentes ramifications de ce nerf sont précisément les circonvolutions ou organes qui composent l'un ou l'autre hémisphère, et qui, en se renforçant du centre à la circonférence, forment une sorte de membrane nerveuse, épaisse d'une à deux lignes, et recouverte, dans toute sa surface, par les faisceaux fibreux plus ou moins considérables qui s'y épanouissent.

On peut se faire une idée de cet épanouissement, en se représentant des manchettes ou, comme il dit, un falbala plissé, de manière que chaque pli ait de douze à seize lignes environ de profondeur. Les duplicatures formées par ces objets offriront l'image des circonvolutions, et les espaces vides seront les anfractuosités reconnues par les anatomistes. L'épanouissement du nerf olfactif dans les cornets du nez forme aussi des plis ou de petites circonvolutions parfaitement analogues à celles du cerveau. Ici seulement elles offrent plus d'ampleur et de profondeur. On sait d'ailleurs qu'un cerveau où les circonvolutions sont inégalement développées présente à sa surface des enfoncements, des plats, et des protubérances plus ou moins sensibles; que ces circonvolutions offrent, dans leur développement, toutes sortes de formes et de directions; que dans tel organe le faisceau nerveux dont il est composé ne forme qu'une circonvolution, tandis que dans un autre il en forme plusieurs; enfin, que les formes fondamentales de ces circonvolutions sont, à quelques petites variations près, les mêmes dans tous les cerveaux humains et toujours congruentes d'un hémisphère à l'autre dans le même encéphale.

Il suit évidemment de toute cette doctrine que la nature a eu pour objet de multiplier les surfaces dans le cerveau, et que ses circonvolutions peuvent être regardées comme des rouleaux analogues à ceux sur lesquels les anciens inscrivaient leurs pensées; dans ce sens le cerveau est un livre dont les circonvolutions sont les feuillets et dont chacune présente tel ou tel chapitre de nos connaissances ou de nos dispositions; mais il faut bien remarquer qu'elles ne sont point bornées à cette seule fonction passive, et qu'elles sont en même temps le siège de certaines forces actives qui nous excitent et nous poussent vers certains objets déterminés.

Rien n'est plus affirmatif que ce langage, rien n'est plus ingénieux que toutes ces explications, et pourtant, si nous consultons Tiedeman, auteur d'un travail très-remarquable sur l'*anatomie du cerveau*, traduit par M. Jourdan, il nous dira:

« La doctrine de la pluralité des facultés, et par suite des organes cérébraux, ne me paraît pas admissible. Elle tire sa source d'une fausse application de ce principe qu'un organe ne peut accomplir à la fois plusieurs actes. On n'aperçoit pas de diversités réelles entre les objets que Gall désigne sous le nom de facultés fondamentales, et l'on ne voit, dans tout ce qu'il appelle ainsi, que des développements d'une seule et même activité liés au perfectionnement du cerveau, c'est-à-dire, à l'addition non de nouvelles parties, mais de nouvelles quantités de substance cérébrale. D'ailleurs, en admettant pour un instant les opinions de Gall, nous aurions à lui demander comment il peut se faire que les facultés de l'âme communiquant entre elles de manière à ce que plusieurs sont simultanément en action, comme cela arrive dans les moindres opérations intellectuelles, il n'y ait qu'un moi, qu'un sentiment de l'existence, qu'une seule conscience de l'être pensant ; c'est-à-dire, que chacun de ces membres de la puissance intellectuelle n'ait pas son moi, sa conscience, son sentiment intime de l'intelligence ?

Cette difficulté n'est pas la seule contraire à la doctrine de Gall ; il en est d'autres qui s'offrent naturellement quand il s'agit soit de la délimitation des facultés distinctes au milieu d'une masse dont la substance est continue partout, soit de la similitude des circonvolutions cérébrales dans les diverses espèces. Ainsi, pour se convaincre du défaut de similitude de ces circonvolutions, ou, si l'on veut, de leurs sinuosités chez l'homme, dans le même hémisphère de deux cerveaux différents, ou dans les hémisphères du même cerveau, il suffirait d'examiner avec quelque attention les planches très-exactes dans lesquelles MM. Cruveilher, Leuret et Foville ont fait représenter des cerveaux humains. Mais qu'on fasse mieux : qu'on se rapporte à la nature, qu'on mette les deux hémisphères l'un près de l'autre, et qu'on les examine par comparaison ; assurément on remarquera bien tout d'abord une certaine disposition générale des circonvolutions et des anfractuosités commune à l'un et à l'autre. On verra sur chacun d'eux, par exemple, qu'à la partie antérieure et à la partie postérieure de sa convexité, les sillons, et, par conséquent, les reliefs, affectent une forme particulièrement horizontale, quoique encore fort interrompue et fort tremblée ; tandis qu'à la partie moyenne ces reliefs et ces sillons offrent, mais d'une manière encore plus régulière, une direction plus oblique de haut en bas et du dehors au dedans. Çà et là encore, une circonvolution d'une partie déterminée de cette surface dans l'un des hémisphères, rappellera quelque circonvolution de la même partie dans l'autre. Mais qu'on entre plus avant et plus exactement dans le détail des circonvolutions ; qu'on les examine dans chacun d'eux, à partir de la ligne médiane ; on n'aura pas besoin de les parcourir tout entiers pour se convaincre du défaut de similitude de ces replis de leur surface. Là où, dans l'un, une circonvolution se courbe en avant, dans l'autre un repli analogue continue sa marche en dehors, ou se perd dans une anfractuosité : là où, dans le premier hémisphère, se creuse nettement un vaste sillon, dans le second se rencontre à peine une dépression légère, où s'élève une circonvolution magnifique ; à l'endroit où dans l'un des deux hémisphères s'élargit une circonvolution, celle-ci qui, dans l'autre, semble la représenter, s'étrangle ou s'allonge en une espèce de cap. Dans le premier hémisphère, vous serez parvenu, je le suppose, à trouver une circonvolution bien séparée de ses voisines par plusieurs anfractuosités profondes ; dans l'autre vous croiriez avoir rencontré une forme et une délimination à la rigueur équivalentes ; mais cherchez dans le fond d'une anfractuosité, vous verrez la circonvolution qui, dans le premier cas, se termine là fort nettement, ne subir ici qu'une dépression légère qui ne la distingue réellement pas de sa voisine.

Ces observations, de M. Lélut, sont toutes relatives à la non similitude des circonvolutions du cerveau, que Gall, se fondant en partie sur une fausse théorie, une théorie erronée de l'hydrocéphalie interne, considérait comme parfaitement identiques ; elles sont donc contradictoires à l'opinion du grand phrénologiste, qui veut qu'on attribue des facultés différentes soit à des portions diverses de la longueur d'une même fibre, soit à des faisceaux accolés de ces fibres. Pourrait-on croire, en effet, que des fibres de même nature, qui naissent du même point, qui se touchent et sont même unies intimement ensemble, possèdent des qualités différentes ?

Autre difficulté. En parcourant la longue série des animaux pourvus d'un organe encéphalique, nous voyons le cercle des facultés internes s'agrandir à mesure que les hémisphères du cerveau s'avancent vers le cervelet, et qu'ils finissent enfin par le couvrir tout entier dans l'homme. Est-il donc croyable que la partie antérieure de ces mêmes hémisphères ait le privilége de concentrer en elle les prérogatives les plus nobles de l'intelligence, puisque cette partie est celle qui se développe la première ? Et sans attacher plus d'importance aux organes postérieurs qu'aux antérieurs, n'est-il pas infiniment probable, certain même, que leur apparition se lie au développement le plus complet que l'on connaisse de la masse encéphalique, et par l'acte de la pensée, puisque autrement il aurait suffi, pour procurer une intelligence plus étendue, que les lobes antérieurs seuls acquissent plus d'ampleur et d'épaisseur ? Les faits d'anatomie nous serviront à résoudre ces questions. Bornons-nous à constater en ce moment que, quand on parcourt les divisions qu'établit la phrénologie, on est surpris de voir que, pour la commodité de leur système, les phrénologistes ont localisé tous les penchants, toutes les affections de l'âme aux points extérieurs du cerveau, déshéritant ainsi toute la partie inférieure, tout ce qui correspond à la base du crâne, de la faculté de représenter aucune des puissances de l'âme. Ce fait est grave, et peut faire supposer que le système cranologique est une pure création de l'esprit, enfantée en dehors d'une observation rigoureuse et exacte des faits.

D'ailleurs, quand même chaque portion du cerveau représenterait une faculté, la phrénologie nous semblerait encore une science vaine et futile ; car si deux ou trois organes sont déprimés, l'organe voisin fera saillie sans qu'il y ait en lui puissance réelle ; si plusieurs organes voisins sont uniformément développés, aucun d'eux ne sera appréciable.

En outre, quelles que soient les facultés de notre âme, il faut, pour qu'elles se manifestent par une action quelconque, que l'énergie vitale vienne à leur aide ; et si le tempérament, les constitutions, l'âge, le degré de force, l'alimentation et une foule d'autres causes peuvent modifier le développement de cette action, que devient la phrénologie avec ses déterminations absolues?

On ne connaît rien de la structure intime du cerveau, dit M. Flourens, et l'on ose y tracer des inscriptions, des cercles, des limites. La face externe du crâne ne représente pas la surface du cerveau, on le sait, et l'on inscrit sur cette face externe, l'un vingt-sept noms, l'autre trente-cinq (Spurzheim); certains, jusqu'à soixante et plus, etc. Chacun de ces noms est inscrit dans un petit cercle, et chaque petit cercle répond à une faculté précise ! Et il se trouve des gens qui, sous ces noms inscrits par Gall, s'imaginent qu'il y a autre chose que des noms !

Ceux qui, voyant les succès de la doctrine du médecin allemand, en concluent que cette doctrine repose sur quelque base solide, connaissent donc bien peu les hommes ! Gall les connaissait mieux. Il les étudiait à sa manière, mais il les étudiait beaucoup.

Aujourd'hui que l'engouement dont parle M. Flourens est passé, la cranioscopie est moins affirmative et plus prudente. Elle ne dit plus : Vous avez tel talent, telle passion ; mais bien : Vous êtes capable d'acquérir tel talent, d'éprouver telle passion, pourvu qu'aucune influence n'y vienne faire obstacle. On conçoit que de semblables pronostics n'exposent pas beaucoup à l'erreur.

On dit encore : L'organe est très-puissant, mais il est paresseux, il est neutralisé par d'autres.

Pour nous, qui croyons que l'exercice de certaines facultés peut développer plus ou moins tels ou tels organes, nous admettrons, si l'on veut, qu'on peut approximativement lire certains faits généraux dans certaines données physiologiques générales ; mais nous répugnons essentiellement à admettre la localisation morcelée de nos facultés. Nous ne pouvons absolument croire à un système qui matérialise en quelque sorte l'intelligence, et dont l'absolutisme tendrait à nier en partie l'influence des causes morales et l'indépendance de la volonté, en la soumettant à des nécessités mathématiques.

S'il y a quelque chose de vrai dans cette science, ce doit être que c'est la faculté qui développe l'organe, et non l'organe qui règle et influence la faculté. Nous voulons en tout et toujours la suprématie de l'intelligence et l'inviolabilité du libre arbitre. (*P. Belouino*.)

₃ Il est un autre point de vue sous lequel la question peut être considérée, et comme les déductions logiques qu'on peut en tirer sont également opposées aux pretentions des phrénologistes, je dois m'y arrêter un instant.

Nous avons déjà vu que le cerveau est un organe très-complexe, et que Gall et ses disciples, donnant des attributions arbitraires à certaines élévations encéphaliques, gardent le silence le plus absolu (ce qui n'est pas très-conséquent) sur les usages de la glande pituitaire des éminences olivaires, des ventricules, du corps calleux, etc. Restait à décider si chacune des parties constitutives de la masse cérébrale, auxquelles ils ont attribué une action propre, a un *moi* particulier?

On conçoit l'embarras de Gall et de ses sectateurs pour la solution de ce problème. Ils savaient tous, ce que personne ne nie du reste, que, quelque complexe que soit l'appareil cérébral, il existe une parfaite harmonie dans l'exercice de ses diverses parties. Or, comme de cette admirable harmonie résulte la liberté des actes d'un *moi* toujours actif et toujours présent ; comme la liaison des idées, cet inexplicable phénomène de psychologie, ne se conçoit que par la liberté de ce *moi*, son unité, son indivisibilité ; ne pouvant assigner à ce *moi* un organe particulier, ils ont préféré (pour la facilité de leur système) accorder un *moi* spécial à chacun des organes qui composent l'encéphale, sauf les exceptions signalées. C'est, ce me semble, substituer à une difficulté insurmontable une difficulté non moins grande ; car si le cerveau est composé de plusieurs organes, avec un *moi* pour chacun d'eux, pourquoi ne peut-on pas les exercer tous simultanément, être à la fois et dans le même instant grand poete, grand musicien, profond mathématicien, comme on peut déguster, voir, digérer en même temps, avec la même facilité ? Cette pluralité du *moi*, présidant à cette pluralité d'actions mentales, est donc inadmissible.

S'il était vrai, d'autre part, qu'une petite partie de l'encéphale acquérant un accroissement marqué, la manifestation d'une qualité morale soit par cela même plus énergique, comment se fait-il que ce développement se fasse précisément à la surface du cerveau ? Ne serait-il pas plus simple de l'observer à l'origine de chaque nerf, au point même où se fait la perception ? Supposerait-on que les besoins de la cranioscopie exigeaient que les protubérances fussent extérieures ?

Admettons qu'un développement partiel du cerveau produise un penchant déterminé quelconque ; mais alors pourquoi l'homme qui l'a reçu n'est-il pas toujours le même ? Pourquoi ce penchant ne se manifeste-t-il quelquefois que très-tard ? Pourquoi au contraire se perd-il souvent pour reparaître ensuite, comme il arriva à Lagrange et à d'Alembert, pour les mathématiques ? Pourquoi le même homme change-t-il tout à coup de goût et d'affections ? Ecoutons Gall lui-même.

« Il faut avouer, dit-il, que l'homme, dans plusieurs des mouvements les plus importants de sa vie, est soumis à l'empire d'un destin qui tantôt le fixe comme un rocher, comme un coquillage inerte, tantôt l'élève en tourbillon comme de la poussière. » C'est, il faut en convenir, faire jouer un fort beau rôle à un *inconnu*, au *destin*. Mais en supposant qu'il en fût ainsi, lorsque le tourbillon a lieu, les facultés mentales, les affections morales, ne devraient-elles pas toujours être dans la même direction, en raison de l'impulsion organique primitive? Eh bien, c'est ce qu'on n'observe pas toujours: les circonstances seules décident de cette direction. Le grand citoyen de Tusculum, philosophe et orateur incomparable, ayant passé sa vie à l'étude des lettres et du barreau, fit pourtant la guerre avec succès. Nommé gouverneur de Cilicie, il repoussa les Parthes, s'empara de la ville de Pindenissum, et fut salué par les soldats du nom d'*imperator*. Qui se serait attendu à trouver un guerrier dans l'auteur des *Tusculanes?* Ceci prouve combien était fausse l'amère raillerie que Salluste fit sur Cicéron, quand il dit que sa langue allait bien, mais que ses pieds allaient encore mieux. Les talents militaires de Cromwel ne parurent qu'à l'âge de quarante-deux ans. Richelieu, prêtre, grand politique, fit voir tout à coup, au siège de La Rochelle, de rares talents militaires. D'un avocat distingué de Rennes, la révolution fit de Moreau un grand capitaine. Et sans cette révolution qu'eût été Napoléon? Peut-être un géomètre, un mathématicien, et rien de plus. Le germe d'un empereur futur était-il irrévocablement fixé dans un recoin de l'encéphale?

Comme je ne sache pas qu'on ait répondu à ces questions, qui ne sont pas nouvelles, je persiste à considérer les faits sus-mentionnés comme entièrement contraires à la doctrine des phrénologistes.

Jusqu'à présent je ne me suis point servi des faits d'anatomie comparée ni de physiologie expérimentale, et cependant ils doivent trouver leur place dans le débat.

Dugès, qui est un des hommes qui ont le mieux observé, parce qu'il a observé sans passions, Dugès, dis-je, s'occupant de la prépondérance qu'offrent les parties céphaliques sur les rachidiens et sur l'homme, a conclu avec Sœmmering, Ebel, Cuvier, que plus la différence est grande, plus l'animal est intelligent. Mais il se hâte d'ajouter: « Cette opinion, quoique professée par des hommes très-recommandables, ne doit être admise qu'avec beaucoup de restriction, puisque les proportions qu'elle semble établir mettraient au même niveau le chien, le lapin, les oiseaux, et placeraient même le dindon plus avantageusement que la chouette et le faucon.

Une autre remarque que l'on a faite est relative au développement de telle ou telle circonvolution qui doit produire consécutivement et nécessairement le développement de telle faculté qui lui est affectée. Eh bien, si l'on examine le castor, qui possède à un haut degré le talent de l'architecture, on trouve son cerveau parfaitement lisse, tandis que le phoque, dont les hémisphères sont chargés de circonvolutions presque aussi nombreuses que celles de l'homme, ne manifeste aucun sens pour la mécanique et la construction. Il y aurait donc autre chose que le développement plus ou moins considérable de telle ou telle partie de l'encéphale, pour fonder les penchants et les facultés, les talents, etc.,

des hommes et des animaux pourvus d'un système nerveux centralisé.

Terminons par les conclusions que M. Bouillaud a tirées de ses *Recherches expérimentales sur les fonctions du cerveau*. D'après cet habile expérimentateur, on peut croire, 1° que les lobes cérébraux ne sont pas le siége de toutes les sensations, que peut-être même ils ne le sont d'aucune (il s'agit ici des sensations extérieures), que du moins diverses portions de ces lobes peuvent être enlevées ou désorganisées sans que les sensations soient anéanties. 2° Les sensations et les fonctions intellectuelles proprement dites sont essentiellement distinctes entre elles, bien que les unes et les autres concourent à un but commun. 3° Il est douteux que les lobes cérébraux soient le réceptacle unique de tous les instincts, de toutes les volitions. 4° Enfin, la partie antérieure ou frontale est le siége nécessaire à la manifestation de plusieurs facultés intellectuelles; sa soustraction détermine un état d'idiotisme.

2° et 3° *Ordre*. Les preuves que Gall a administrées, avons-nous dit, il les a tirées de la statuaire et de la peinture antiques et modernes, etc. Eh bien, interrogez les mouleurs, ils vous diront que jusqu'à présent on a très-peu de bustes fidèles; les artistes, au lieu de rendre hommage à la vérité et de copier servilement la nature, préfèrent idéaliser leur modèle. D'où il suit que deux bustes sortis des mains de deux artistes différents différeront toujours. Or, quelle valeur peuvent avoir les preuves que Gall tire des faits empruntés à la statuaire?

En sera-t-il de même de ceux qu'il a empruntés à la peinture? Quant à ceux-là, il faut le dire, ils paraissent plus concluants au premier abord, attendu qu'un certain nombre des portraits que Gall a fait graver sur les planches de son grand ouvrage, y représentent en effet les saillies organologiques pour lesquelles il les prend en témoignage. Ainsi, Rubens, par exemple, y comparaît pour l'organe du coloris, et son arc sourcilier n'y fait pas mentir la phrénologie. Savez-vous ce que cela prouve? Que dans le portrait de Rubens, c'est la phrénologie qui, au dire de M. Vimont, y fait mentir son arc sourcilier. Et cela doit être, puisque ce dernier ne craint pas de déclarer que Gall et Spurzheim ont évidemment exagéré, dans les portraits qu'ils ont donnés de Rubens, la saillie formée par l'organe du coloris, et qu'il s'en faut de beaucoup qu'elle soit aussi développée qu'ils la représentent.

Du reste, peut-on croire bien sincèrement que, sur les portraits par la peinture, le plus souvent *flattés*, il soit possible de se livrer à une appréciation organologique raisonnable? Et en supposant qu'ils fussent *parfaitement ressemblants*, peut-on ne pas voir ce que peuvent changer à la conformation phrénologique du crâne les fautes les plus légères, les inadvertances même les moins volontaires de la main la plus exercée, qui n'ôtent rien au fini du portrait? Écoutons

Broussais, dont le nom fait autorité : « Dans la partie la plus inférieure du front, par exemple, là où une ligne de plus ou de moins de substance produit des différences immenses, la moindre déviation du pinceau, une lumière un peu trop vive, ou une ombre un peu trop épaisse, peut créer ou anéantir des organes, et donner lieu par là aux inductions cranioscopiques les plus erronées. »

D'un autre côté, comment un phrénologue un peu prudent se hasarderait-il à noter dans la perspective d'une peinture tous les organes dont la science a surchargé un front humain, lorsque déjà il est si difficile de ne pas les confondre les uns avec les autres sur une tête en chair et en os, qu'on peut examiner et palper dans tous les sens ?

Ainsi, soit qu'on s'attache à la statuaire ou à la peinture, soit qu'on s'occupe des faits que Gall a recueillis durant le cours de ses voyages, dans les prisons, les hôpitaux, les écoles, les salons de l'Allemagne, de la Hollande, de Paris, et qu'il donne comme preuves mimiques et pathognomoniques, il résulte de l'analyse qu'on en fait, si l'on compte et si l'on pèse ses observations, d'une part, que les prétendus *historiques* donnés par Gall ne contiennent pas des *faits* ayant quelque valeur, pour la plupart, et que le plus souvent il n'a par devers lui que des historiettes, des anecdotes ; à ce point qu'on serait presque honteux de les citer. (*M. Dubois*, d'Amiens.) D'autre part, on découvre bien vite que ces observations sont en opposition bien manifeste avec les faits d'anatomie pathologique. Ceux-ci sont très-nombreux ; mais je n'en citerai que quelques-uns.

Bigonnet, membre du conseil des Cinq-Cents, avait l'organe de la vénération, qui fait croire en Dieu et à la religion, ceux de l'espérance et du merveilleux, qui lui viennent en aide dans cette tâche, très-développés ; et pourtant il était si peu religieux, qu'il ne voulut pas être enseveli avec les honneurs du culte ; il s'y opposa même par un codicile exprès de son testament.

Le jeune pâtre sicilien Vito Mangiamèle, qui promettait de donner à la patrie d'Archimède un successeur de ce grand géomètre, n'avait pas l'organe de la faculté du calcul. Cet organe manquait complètement, profondément et avec la plus pleine évidence, de son cerveau et de son crâne.

Le développement général du crâne de l'Empereur, ni son développement antérieur ou frontal, ne représentent, au point de vue de la matière, le puissant génie qui animait son cerveau. La tête de Napoléon n'avait rien que de très-ordinaire, rien qui fût en rapport avec la supériorité intellectuelle de l'homme à qui elle appartenait : ce qui avait fait dire à certains cranioscopes, conséquents du reste avec leurs principes, que c'était bien là la tête d'un homme assez médiocre, et que sa chute ne les étonnait pas. C'est pousser bien loin le fanatisme du sectaire. Assurément la postérité rendra plus de justice à celui qui se montra tout à la fois grand capitaine, habile politique et profond jurisconsulte.

En outre, Napoléon, qui, en fait d'aptitudes spéciales et d'un caractère scientifique, n'avait, à un degré un peu remarquable, d'autre aptitude que celle du calcul ; Napoléon, le membre de l'Institut de France dans la section de mécanique, ingénieur et artilleur au moins passable, n'avait pas non plus, loin de là, l'organe de la mécanique. Et quant à l'organe des localités, qui eût été bien nécessaire à la cranioscopie pour expliquer dans Bonaparte cette science de la géographie guerrière et cette sûreté de coup d'œil dans les batailles, dont les journées de Rivoli furent un si magnifique exemple, le crâne de Napoléon ne le présente pas non plus.

Qui ne sait que la dissection des cerveaux de Lacenaire et de Fieschi a montré que le développement de cet organe était en opposition manifeste avec la doctrine de Gall ?

Qui ignore que les idiots, pris en masse, et tenant compte de leur taille et de leur force, ont proportionnellement leur encéphale aussi lourd, s'il ne l'est davantage, que celui de la généralité des hommes, et qu'il est aussi développé, soit dans sa totalité, soit dans les cavités antérieures ? Cette remarque, qu'a faite M. Lelut, n'est pas la seule. Il a découvert en outre, au mètre et au compas, que sur le crâne et le cerveau des voleurs et des assassins il n'y a pas de développement, au temporal, plus considérable que sur le cerveau et le crâne des hommes qui n'ont ni volé ni tué, et qui n'ont pas de propension à cela.

Du reste, M. Parchappe, dans un travail très-remarquable sur les altérations anatomiques de l'encéphale dans l'aliénation mentale, a avancé qu'il n'existe pas d'altération encéphalique qu'on puisse regarder comme une condition essentielle de l'aliénation, et que la folie ne doit pas toujours être considérée comme une phlegmasie de la surface du cerveau, puisqu'elle peut exister à l'état aigu ; indépendamment de toute altération pathologique de l'encéphale... Entre l'organe altéré et la fonction troublée, dit-il, il y a même inconnu qu'entre l'organe sain et la fonction normale ; il y aurait donc témérité à avancer que les altérations encéphaliques sont la cause essentielle de la folie : elles n'en sont que l'expression organique.

C'est aussi l'avis de M. Brière de Boismont, dans un article fort intéressant qu'il a publié sur *la valeur des lésions anatomiques* dans la folie. Cet estimable écrivain a émis la pensée qu'il n'existe point de lésion anatomique propre à la manie et à la monomanie.

En somme, sous quelque point de vue que l'on considère la doctrine du docteur Gall, quelle que soit, des quatre propositions fondamentales qu'il a formulées, celle qu'on examine, on est forcé de reconnaître qu'il n'en est pas une seule qui résiste à la force et à la valeur des preuves qui s'élèvent contre elles.

Reste un fait sur lequel je m'arrêterai un

instant : si le système phrénologique était vrai, le cerveau étant peu développé avant la puberté et s'atrophiant quand on arrive à un certain âge, jamais on n'aurait des enfants précoces, toujours les facultés intellectuelles des vieillards s'affaibliraient. Eh bien! on n'a pas oublié sans doute les faits de *précocité* intellectuelle que j'ai cités à propos de l'hérédité des instincts chez les animaux et de la non-hérédité des facultés morales. Or, si à ces faits, sur lesquels je ne reviendrai point, nous ajoutons quelques exemples qui prouvent que l'intellect ne s'affaiblit point, et conserve au contraire toute la verdeur de la jeunesse dans un corps qui se courbe et une tête que les années ont blanchie ou dépouillée, la doctrine cranioscopique sera battue en brèche sur tous les points et doit s'écrouler sans de nouveaux combats.

On trouve dans les *Longèves* de Lucien deux exemples d'individus qui, dans un âge très-avancé, ont conservé assez de force d'esprit pour composer des ouvrages remarquables : ce sont Isocrate, qui composa sa harangue panégyrique à l'âge de quatre-vingt-seize ans, et le poëte Cratinus, qui fit une pièce de théâtre peu avant sa mort, arrivée dans la quatre-vingt-dix-septième année de sa vie.

Théophraste a écrit ses *Caractères* dans un âge très-avancé; et soit qu'il ait cessé de vivre à quatre-vingt-cinq ans, selon les uns, à cent sept, suivant saint Jérôme; soit qu'il ait écrit cet ouvrage à quatre-vingt-dix-neuf ans, d'après celui-ci, ou seulement à soixante-dix-neuf, d'après celui-là, il n'en est pas moins vrai qu'il a continué ses leçons et ses travaux littéraires jusqu'à sa vieillesse. Platon, octogénaire, tenait encore la plume, et Sophocle faisait des tragédies dans un âge très-avancé. On n'a point oublié que ses enfants, croyant que ses affaires en souffraient, se pourvurent en justice, demandant qu'il fût interdit pour cause d'incapacité, et que Sophocle pour toute réponse apporta, dit-on, et lut à ses juges son *OEdipe à Colonne*, qu'il venait d'achever. Il leur demanda ensuite si cette pièce paraissait être l'ouvrage d'un homme qui radotait. Comme on le pense bien, il fut renvoyé absous.

L'Europe, dans le xiv° siècle, présenta un cas fort rare de longévité intellectuelle dans la personne de Ludovico Monaldeschi, qui écrivit à cent quinze ans les Mémoires de son temps.

Enfin, dans le xviii° siècle, Morgagni écrivait ses lettres sur l'encéphale à l'âge de quatre-vingts ans.

En présence de pareils faits, que Voltaire ne devait pas ignorer, on doit être surpris que cet écrivain ait regardé comme un fait singulier l'excellent impromptu que fit madame de Saint-Aulaire, âgée de quatre-vingt-dix ans, en réponse à madame la duchesse du Maine, qui la nommait son Apollon.

Maintenant, je le demande aux phrénologistes, comment se fait-il, si les facultés dépendent de l'organisme, que l'intelligence de ces savants, tout comme celle de l'illustre Châteaubriand, n'a pas subi la loi commune? Est-ce que, par hasard, le cerveau serait susceptible de modifications particulières, individuelles, qui auraient fait de ces hommes d'élite des êtres à part? Qu'ils prennent garde à la réponse qu'ils vont faire; car la nature a des lois dont elle ne se départ jamais.

Encore une observation qui m'avait échappé. On dit généralement qu'une grosse tête décèle une vaste intelligence. Cette affirmation ne manque pas de faits à l'appui; et, par exemple, Napoléon enfant avait eu la tête trop grosse pour son corps, défaut commun, dit la duchesse d'Abrantès, dans la famille de Bonaparte. Cette sorte de difformité donne, ordinairement de celui qui l'a reçue, l'idée d'une forte prééminence sur les autres. Ici la chose s'est parfaitement justifiée; et pourtant il n'en faudrait rien conclure à l'avantage des grosses têtes ni au désavantage des petites. Qui a eu une plus petite tête que Voltaire? Eh bien! j'ai eu une armée de neveux et de nièces avec des têtes de Goliath sur des corps de pygmées; cependant il n'en résulte pas autre chose qu'une grosse tête sur un petit corps.

Broussais a fait à peu près la même remarque par rapport à la petite tête du philosophe de Ferney; il a soin de faire observer que du temps de ce philosophe il existait bien des littérateurs qui avaient un crâne plus volumineux que le sien, et qui étaient cependant bien loin d'avoir le même talent et la même imagination. M. Magendie, en signalant cette remarque de Broussais, raconte avoir été à même de soumettre à l'examen de plusieurs de ses confrères le cerveau d'un célèbre mathématicien de notre époque, en comparaison de celui d'une idiote morte dans les salles de la Salpêtrière. Presque tous regardaient celui de l'idiote comme ayant dû appartenir au savant exercé : tout en effet semblait confirmer cette opinion.

Voici un fait que je cite, à cause de sa singularité. Le docteur Louis Valentin a publié la description d'un crâne extraordinaire par sa grosseur. Ce crâne était conservé au musée anatomique de Marseille : c'est celui d'un nommé Borghini, né à Marseille, et qui mourut dans cette ville en 1816. Cet homme vécut jusqu'à cinquante ans. Il n'avait que quatre pieds de haut; sa tête avait trois pieds de tour par les côtés et un peu moins d'un pied de hauteur. Les os sont très-minces sans doute, à cause de la grande masse cérébrale. Le crâne est entr'ouvert, dans la largeur d'un écu, à l'endroit où la suture sagittale se rencontre avec la coronale, et celui où commence la suture lambdoïde. Bien que cet homme ait eu beaucoup de cervelle, dit Valentin, il n'avait pas plus d'esprit. C'est un proverbe qui courait dans Marseille, que la tradition a conservé : *A pas mai dé son qué Borghini* : Il n'a pas plus d'esprit que Borghini. Lorsqu'il devint âgé, cet homme fut obligé, ne pouvant plus soutenir le poids de sa tête, de porter sur chaque épaule un coussin qui l'assujettissait.

Je regrette que M. Valentin ne nous ait rien dit de la surface du crâne au point de vue de la phrénologie, dans le cas d'hydrocéphalie offert par Borghini, attendu que dans le compte rendu des séances de la société anatomique de Paris (1829), par M. Bérard aîné, on peut lire ce qui suit: « M. Lacroix présenta une observation d'absence complète et congénitale des lobes antérieurs du cerveau, remplacés par une sérosité transparente qui remplissait la cavité de l'os frontal et pouvait s'introduire librement dans les ventricules latéraux restés ouverts à la partie antérieure. Cet état physique, accompagné non de la perversion, mais de la nullité presque complète des actes intellectuels et moraux, voilà pour la physiologie de l'homme un résultat auquel on ne compare jamais ceux d'une ablation de parties dans une vivisection.

Mais ce fait pourrait se prêter à d'autres interprétations, presque aussi dignes d'intérêt. L'os frontal, décrivant à peu près sa courbure habituelle, malgré l'absence complète des lobes cérébraux antérieurs, semblait mettre en défaut la doctrine du cranioscopiste, en même temps qu'à l'intérieur la présence des impressions digitales et des éminences mamillaires de l'os frontal et des fosses sus-orbitaires venait déposer contre la théorie qui nous montre le crâne modelant ses contours sur ceux de l'organe important qu'il recèle. Enfin, dit M. Bérard, une occasion se présente de vérifier si, comme on l'a annoncé, le lobe antérieur du cerveau est à la fois le siège des phénomènes intellectuels qui président à la parole et le point de départ de l'influx nerveux qui régit les muscles de la langue. Cette enquête n'a pas été favorable à l'opinion dont nous examinons la valeur, puisque le jeune idiot articulait quelques mots sous l'influence de certaines sensations: celle de la faim, par exemple.

Résumons-nous. Rien ne justifie les prétentions des phrénologistes. Ce n'est pas le cerveau qui est *l'organe* de tous nos instincts, de nos penchants, de nos sentiments, de nos aptitudes, de nos facultés intellectuelles et de toutes nos qualités morales. Il n'est que l'instrument de l'âme, qui préside seule à la manifestation ou à la répression de nos instincts et de nos penchants. Et si l'on voulait admettre que le développement plus considérable de telle ou telle partie de l'encéphale, ou du moins de la totalité de sa masse, se rencontre avec une intelligence plus développée aussi, la seule bonne explication qu'on puisse donner de ce fait, c'est que, par l'exercice de la pensée, le cerveau qui est l'instrument de l'intelligence acquiert de plus grandes proportions. On voit chez les rameurs, les forgerons, les charpentiers, une poitrine développée, des bras vigoureux, et généralement des petites jambes, au lieu que les danseurs ont au contraire la jambe très-forte et les bras fort grêles. Pourquoi? parce que les parties les plus exercées se développent davantage que celles qui le sont peu. Or, pourquoi le cerveau ferait-il exception à cette règle? Voilà pour le matérialisme.

Animisme. — Quant aux spiritualistes, nous trouvons dans un programme de la philosophie au XII° et au XIII° siècle, que l'homme a en lui trois âmes, savoir: l'âme *végétative*, l'âme *sensitive* et l'âme *raisonnable*. Ces trois âmes avaient des fonctions particulières assez bien indiquées par leurs noms. La végétative, commune aux animaux et aux plantes, était chargée de tout ce qui regarde le soin du corps : elle présidait à son accroissement, au maintien de la santé, à la guérison des maladies. L'âme sensitive, matérielle comme la végétative, éprouvait exclusivement toutes les sensations: très-peu élevée au-dessus de l'âme des bêtes, elle remplissait des fonctions purement animales. Les besoins et les plaisirs du corps étaient son unique partage et l'absorbaient tout entière; tandis que l'âme raisonnable, d'une nature céleste, rayon émané de la Divinité, substance toute spirituelle, vivait au milieu des idées et dans la contemplation des essences ; elle seule connaissait les principes de la morale et de la religion, elle seule pouvait s'élever jusqu'à Dieu. Aussi l'appelait-on quelquefois *l'âme divine*.

Il y a certainement quelque chose d'ingénieux à avoir imaginé trois principes différents, quand l'observation semblait montrer dans notre nature trois différentes espèces de phénomènes. Mais comme ces trois principes n'avaient rien de commun, et que chacun dans cette hypothèse ignorait ce qui appartenait aux deux autres, on dut nécessairement s'apercevoir, plus tôt ou plus tard, qu'ils ne rendaient pas raison de ce qui se passe envers nous.

Des réflexions suggérées par le simple bon sens montrèrent l'insuffisance de ces hypothèses. L'expérience disait à tous les moments que l'âme raisonnable connaît très-bien tout ce qui se passe dans l'âme sensitive. Sur quoi portent en effet la plupart des pensées de l'âme raisonnable? A quoi songent habituellement le plus grand nombre des hommes? N'est-ce pas à leurs affaires, à leurs intérêts, à leur santé, à leur bien-être, toutes choses qui sont du ressort de l'âme sensitive?

Il fallut donc renoncer à cette trinité d'âmes et ne reconnaître qu'une âme unique; mais que fit-on? On composa cette âme unique de trois parties distinctes, l'inférieure, qui tenait la place de l'âme végétative ; la moyenne, qui correspondait à l'âme sensitive ; et la plus élevée, qui remplissait les fonctions de l'âme raisonnable.

Telle est la doctrine qui a eu des écoles en Europe pendant cinq à six siècles, c'est-à-dire jusqu'à Bacon qui rejeta l'âme végétative ; et puis jusqu'à Descartes, qui traça la ligne de démarcation qui sépare à jamais le domaine de l'intelligence de celui de la matière : à la matière il laissa le mouvement et rien que le mouvement ; la sensation comme la pensée appartint exclusivement à l'âme. Ce grand homme employa tout son génie pour distinguer tout ce qui, jusqu'à lui, avait été bien des fois confondu ou mal démêlé ; et depuis ce moment aucun vrai philosophe ne s'est écarté de sa doctrine.

Une seule chose embarrassait les penseurs. Ils se demandaient si c'était l'âme qui donnait la vie à la matière, et ne pouvant expliquer que par elle l'existence des êtres vivants, ils se décidaient pour l'affirmative. Il était réservé à une école dont la philosophie médicale est si mal appréciée par ceux qui, ne la connaissant pas, ne veulent pas même *se donner la peine* de l'étudier, il était réservé, dis-je, à cette école qui a Barthez pour chef et Lordat pour drapeau, d'assigner à la *matière* ses usages, à la *force vitale* ses fonctions, au dynamisme vivant ses facultés. La matière animée est susceptible de mouvements ; il lui sont imprimés par la force vitale qui, pour l'exécution de certains actes, agit *proprio motu*, et pour certains autres est subordonnée aux volontés de la puissance psychique ; et comme celle-ci préside aux facultés intellectuelles et à l'expression des sentiments moraux, rien ne reste inexpliqué. Voici qui le prouve.

Placé au milieu de la nature et environné d'objets qui le frappent dans tout son être, l'homme reçoit à chaque instant par son corps une infinité d'*impressions*, et par son âme une infinité de sensations ; par abréviation, des *sentiments-sensations*.

Que résulte-t-il de ces avertissements continuels qui invitent l'homme, qui semblent vouloir le forcer à prendre connaissance de tant d'affections diverses et des causes qui les produisent ?

Rien, si son âme est passive ; tous les trésors de l'intelligence, si elle est active. Semblable aux corps inanimés, dont la première loi est de persévérer à jamais dans leur état actuel, à moins qu'une force étrangère ne vienne le changer, une âme purement passive conserverait invariables et pendant toute la durée de son existence les modifications qu'elle aurait une fois reçues. Et puisqu'il est vrai que le moment présent, celui qui fuit et celui qui va suivre, nous trouvent toujours différents de nous-mêmes, il faut qu'il existe une force dont l'énergie surmonte l'inertie des sensations. Mais au lieu que la force qui fait passer le corps du mouvement au repos, ou du repos au mouvement, leur vient du dehors, celle qui donne la vie aux sensations, qui les perçoit, du moins qui les agite, qui les réprime, vient de l'âme elle-même et fait partie de son essence.

Que serait une âme réduite à la simple capacité d'être passivement affectée ? Accablée d'une foule d'impressions qui se cumuleraient sans cesse dans un sentiment confus, où rien ne serait démêlé ; heureuse sans *connaître* sa félicité, ou malheureuse sans aucune espérance de voir un terme à ses maux, sans pouvoir même en former le désir, sa condition la placerait au-dessous de tout ce qui a reçu le don de la vie, au-dessous de l'être qui l'a reçue au moindre degré.

Telle n'est pas l'âme. Appelée à connaître l'univers et l'auteur de l'univers, à jouir de la nature et d'elle-même, elle a tous les moyens d'entrer en possession de si grands biens, toutes les facultés nécessaires pour remplir sa destinée.

Non, l'âme n'est pas bornée à la simple capacité de sentir ; elle est douée d'une activité originelle inhérente à sa nature : elle est un principe d'action, une force innée, et en faisant un emprunt à la langue latine, *mens est vis sui motrix* : L'âme est une force qui se meut, c'est-à-dire qui se modifie d'elle-même, qui se commande à elle-même.

Veut-on la preuve de cette force qu'a l'âme et qu'elle puise en elle-même ou en ses propres sentiments ? Suivons son action dans une suite de manifestations qui nous serviront d'avance à éclaircir les formes abstraites d'une analyse ; assistons à la mort d'un martyr de la religion chrétienne.

« Renonce à ton Dieu. — Tu peux faire approcher la flamme et le fer : fais. — Ne crains-tu pas le supplice ? — Je le désire. La foi est plus forte que les tourments, et Dieu plus puissant que les bourreaux. Tu as pouvoir sur mon corps, non sur mon âme, et en détruisant l'un tu délivreras l'autre. — Ton orgueil s'imagine que le portes en toi quelque chose qui doit survivre à la matière ; mais tu vas retomber dans la poussière dont tu es sorti ; et, confondu avec la terre, tu n'auras plus même assez de vie pour regretter ta folie. Tu vois les apprêts du supplice, la flamme pétille, l'huile bouillonne, le fer étincelle, voici la coupe ; abjure ton Dieu et adore Jupiter. — Qu'est-ce qui se réjouit donc en moi ? Est-ce mon corps ? Insensé ! et la poussière peut-elle concevoir l'éternité ? Oui, mon Dieu m'a ordonné de chercher la joie secrète et intérieure de cette âme qui est faite à son image, et de fuir les plaisirs passagers de ce corps qui est le vrai Dieu que tu adores. Comprends donc mieux la félicité du martyr, et apprends à vivre en regardant mourir. — Voyons si tu soutiendras ce langage en face du supplice. Eh bien, ce fer qui déchire tes entrailles, et cette huile bouillante qui pénètre jusque dans la moelle de tes os te font reconnaître la réalité de la douleur. — Ils me révèlent mieux toute la puissance de l'âme. — Ne sens-tu point que ton corps fait partie de toi ? — Je m'en sépare. — Mais tu souffres ? — Non, je pense. »

Ces mots, que M. Alletz a prêtés au martyr dont nous avons retracé la mort et qui se sont échappés tant de fois avec le dernier soupir des lèvres glacées du chrétien expirant, prouvent mieux que la plus savante analyse la réalité des forces de l'âme et la vie d'un être qui se reconnaît distinct de la matière, supérieur aux sens, indépendant du corps, captif pendant la vie et libre après la mort.

Quel phénomène étrange vient de se révéler à nous !

Le corps peut être exposé aux souffrances les plus cruelles, et nous avons le pouvoir, par une force intérieure et immatérielle, de nous détacher de ce corps et de rompre toute alliance avec lui. Qu'on perce les entrailles de l'animal, qu'on le place sur les flammes d'un bûcher, il ne pourra point échapper au sentiment de la douleur, on ne le verra point jouer avec l'instrument de son supplice, ou demeurer paisible sur des charbons ardents. Tout son être s'absorbera dans la souffrance et dans les efforts de son organisme agité par le désir d'échapper aux angoisses de la douleur. Mais l'homme est possesseur d'une double nature; deux êtres vivent en lui, l'âme et l'animal. La force de sa volonté peut lui faire rompre le nœud qui unit ces deux mondes, et il peut s'attacher si fortement à l'un, qu'il parvienne presque à ignorer ce qui se passe dans l'autre.

Pour tout homme impartial, il est évident que l'âme tire sa force d'elle-même; qu'elle a des facultés, puisqu'elle raisonne, juge, veut, etc.; et des sentiments moraux, puisqu'elle croit, espère, etc. Mais comme ces facultés et ces sentiments sont à des degrés différents selon les individus, c'est-à-dire suivant leurs dispositions naturelles et l'éducation qu'ils ont reçue; comme l'étendue de ces facultés constitue l'homme ordinaire ou l'homme de génie; comme la nature des sentiments qu'il manifeste en fait un être bon et vertueux, ou un être vicieux et méchant, et plus encore; comme les actes de l'âme sont par leur nature invisibles comme elle, il lui fallait un instrument qui l'aidât à exprimer visiblement ses pensées, qui secondât ses désirs, quand elle voudrait se servir du corps soit en tant qu'il se meut et se déplace pour s'éloigner ou se rapprocher des objets qui nous plaisent ou nous déplaisent, soit en tant que, sentant l'impression des objets extérieurs, il communique ces impressions à la puissance qui perçoit la sensation, soit enfin en tant qu'il peut former des sons et les articuler par la parole, etc. Cet instrument, c'est le cerveau.

Remarquez que je ne dis pas que cet organe soit le *créateur* des facultés intellectuelles et l'*inspirateur* des sentiments moraux; je prétends qu'il n'est qu'un instrument dont l'âme se sert pour la manifestation de ces facultés et de ces sentiments, alors qu'elle veut qu'on sache qu'elle possède les unes et éprouve les autres. Masse nerveuse d'où partent des nerfs qui donnent la sensibilité soit aux organes des sens, soit à ceux qui servent aux fonctions de relation, c'est par eux et par elle que les impressions sensuelles extérieures sont transmises à l'âme, et par elle et eux que les actes réfléchis ou irréfléchis de cette âme se transmettent à l'âme des individus avec qui nous vivons, qui nous approchent ou avec qui nous correspondons à l'aide de leurs sens.

Ainsi, l'âme a une pensée, elle la médite, elle la féconde, et, profitant d'une inspiration heureuse, elle composera, si l'on veut, un morceau d'harmonie.

La puissance psychique ne peut communiquer à autrui sa pensée, et lui faire juger des effets de sa composition musicale qu'à l'aide de deux moyens, ou bien par un langage conventionnel, la musique écrite, ou bien par l'exécution instrumentale, d'un instrument surtout pouvant remplir à peu près toutes les conditions d'un orchestre.

Dans le premier cas, l'âme commande à la main de prendre du papier réglé, et d'écrire les diverses parties du motif et de l'accompagnement, et à l'œil de veiller à ce que la main ne s'égare. Mais la main et l'œil étant hors de la portée de l'âme, ils n'obéiront pas à sa volonté, si le *factotum* qui sert d'émissaire auprès d'eux ne leur transmet pas ses ordres. L'une restera immobile, et l'autre n'aura, en conséquence, aucune surveillance à exercer. Mais si le cerveau, par le moyen des nerfs, transmet l'ordre à la main et à l'œil, assez valides pour obéir, le papier sera bientôt couvert de notes de valeurs différentes et de signes qui permettront à un harmoniste d'apprécier, par la lecture, l'effet que l'exécution de cette musique peut produire sur les connaisseurs. A plus forte raison, un auditoire plus ou moins nombreux appréciera-t-il le mérite de cette composition, quand il l'exécutera.

Mais dans aucun cas ce n'est ni le cerveau ni l'instrument qui ont le mérite de la *création* musicale; c'est l'imagination, une des facultés de l'âme du compositeur. Celui-ci veut-il faire apprécier son œuvre, écrite tout entière dans sa mémoire, il se place devant un orgue expressif, dit *symphonium*, par exemple, et se pose convenablement de manière à ce qu'il puisse, des ses doigts, parcourir avec facilité les claviers, tirer ou repousser les registres, et de ses pieds presser ou laisser relever les pédales. A son commandement, ses mains et ses pieds se meuvent: il ralentit ou en précipite les mouvements; il observe les *forte* et les *piano*; il nuance son jeu, son expression, de manière à faire ressortir toutes les beautés de son ouvrage. Supposons un instant qu'au moment de l'exécution les mains et les pieds du compositeur-exécutant s'engourdissent ou se paralysent complétement, ou encore que les doigts cessent de faire mouvoir les touches, ou les pieds d'agiter les pompes, qu'il ne puisse y avoir, en un mot, d'intermédiaire *obligé* entre lui et l'orgue, il ne pourra plus faire entendre son œuvre. Or, s'ensuit-il qu'elle n'existe pas dans son intellect?

Eh bien! cet intermédiaire obligé entre le compositeur et l'orgue, c'est l'intelligence et les extrémités, le cerveau et les nerfs des mouvements volontaires. Si, malades, ils ne peuvent seconder les désirs du principe psychique, l'émanation de sa pensée n'aura point lieu ou sera mal transmise... Mais, de ce que les fils d'un télégraphe électrique seront rompus (je change d'exemple), et que le chef du gouvernement ne pourra plus s'en servir pour transmettre ses instructions à des subordonnés qui doivent les exécuter, s'ensuit-il que le chef n'aura pas eu la pensée de donner cet ordre, et qu'il n'a pas été donné, parce qu'il n'émanait pas de lui? Et dira-t-on que la pensée du *pouvoir* était dans les fils qui se sont rompus et qui, en se rompant, ont détruit l'idée?

Eh bien, pour le corps humain, en tant qu'*état monarchique*, l'âme nous venant de Dieu, la puissance psychique est le chef du gouvernement; le cerveau et les nerfs qui en partent forment l'appareil télégraphique complet, appareil animé qui transmet les ordres du chef, avec la rapidité de la foudre, aux agents, ses subordonnés, qui doivent publier ou exécuter ses décrets. Que l'appareil ne fonctionne pas ou qu'il fonctionne mal, n'importe pourquoi, alors des retards dans les communications, alors inaction complète des inférieurs, malgré les ordres les plus précis et les plus pressants, mais non transmis, du pouvoir souverain.

Remarquez bien que cette opinion ne détruit pas celle de tout temps professée, que le cerveau est l'*organe* des facultés intellectuelles. Il s'agit seulement de s'entendre sur l'action réelle de cet organe à l'endroit de ces facultés. Pour moi, je n'y vois pas une table rase, mais un grand registre sur les feuillets duquel l'âme inscrit journellement, pendant les heures où le registre reste ouvert (durant la veille), les idées diverses que les sensations différentes qu'elle éprouve font naître en elle. Elle les classe pour pouvoir se les rappeler, et afin de les comparer à d'autres sensations. Elle couche sur les divers feuillets de ce registre toutes les pensées qu'elle désire ne jamais oublier ; mais pour éviter de le feuilleter et de faire des recherches, souvent infructueuses, les caractères mnémoniques pouvant s'effacer ou se confondre avec d'autres caractères, l'âme préfère employer un autre moyen. L'homme écrit la pensée n'importe où, et quand l'âme veut se ressouvenir, elle remet sous les yeux l'écrit qu'il a fait, et la pensée retourne à l'âme d'où elle était partie.

Tout cela n'explique pas, me dira-t-on, comment il se fait, ainsi que l'ont hautement professé plusieurs grands philosophes, que l'âme se *règle toujours* d'après l'état du corps; comment il se fait que ses facultés dépendent de l'organisation et de la santé, à ce point, qu'une constitution plus heureuse du corps humain a toujours pour résultat des facultés plus distinguées. Cela n'explique pas non plus d'où vient que la plupart des médecins, depuis Hippocrate, ont également rapporté nos pensées, nos désirs, nos passions, notre humeur et notre caractère moral à des conditions corporelles.

Voici ce que je pense à l'égard de ces deux objections. D'abord tous ceux qui admettent l'âme, et c'est la presque unanimité des hommes, lui donnent pour prison le corps. A la vérité, quelques philosophes, ne sachant trop où la placer, la disséminent un peu partout sans distinction ; mais leur opinion ne réunit qu'un bien petit nombre de partisans, et cela devait être, attendu qu'elle aurait rendu à peu près inutile le principe souverain auquel on n'avait eu recours que pour centraliser le pouvoir, et qu'il était en conséquence indispensable de resserrer ce principe sur un point d'où il régentât l'organisme entier. Partant, tous les individus se réunirent pour rendre l'âme présente d'une manière spéciale à une des parties du corps. Ainsi, Pythagore, Hippocrate, Platon et Galien placèrent son siège dans le cerveau; Aristote et les stoïciens, dans le cœur. Les philosophes du moyen âge surtout demeurèrent en partie fidèles au sage de Stagyre dont ils n'accueillirent guère que les erreurs, tandis que les médecins, adoptant l'opinion de Galien (quoiqu'elle eût fait moins de bruit), en conservèrent la tradition, et elle résista ainsi aux injures du temps dont la faux moissonna presque jusqu'au souvenir de sa rivale. Inutile de dire que Descartes lui donnait pour siège spécial la glande pinéale; Lapeyronnie, le corps calleux; Servet, l'aqueduc; Sylvius, etc.; alors qu'Erasistrate l'avait placés dans les méninges.

Voilà donc l'âme emprisonnée dans le cerveau, dans un organe où toutes les impressions faites sur les sens vont retentir afin qu'il les transmette immédiatement à l'âme, qui doit devenir attentive à ces impressions pour percevoir les sensations. A l'aide de ce travail, aux idées innées s'ajoutent par les sens des idées nouvelles, et le domaine de l'intelligence s'agrandit.

Dans ces cas, l'influence corporelle est incontestable; l'âme se *règle* sur les sensations qui lui viennent par les organes des sens, pour juger, comparer et se faire des idées nouvelles des objets soumis à son attention. Alors ces idées seront plus ou moins nettes et précises, suivant que les organes en transmettront plus fidèlement les impressions à l'âme; il n'est donc pas étonnant que les facultés soient plus distinguées, quand l'homme est plus heureusement organisé. Mais s'il s'agit des travaux de l'imagination, de la réflexion, qui sont du ressort de l'âme quand elle se replie en elle-même et se recueille pour inventer du nouveau, créer quelque chose d'original, qui prouve une supériorité d'intelligence sur bien d'autres intelligences, il faut qu'elle s'isole complétement, non-seulement du monde extérieur, mais encore, en quelque sorte, de tout ce qui l'entoure; car si elle est distraite par le bruit, par les besoins de la faim ou par toute autre cause corporelle, adieu son activité. De même, quand, par un travail longtemps continué, ou par l'exercice d'une digestion laborieuse, ou toute autre cause physique ou vitale, le cerveau, devenu le siège d'une activité plus grande de la circulation capillaire artérielle, la circulation capillaire veineuse restant la même, il y a congestion cérébrale; si, dans ce moment, l'âme veut consulter son registre (le cerveau) pour retrouver les notes qu'elle y a classées, ses facultés peuvent être dans une sorte de désordre occasionné par cet état physiologique exagéré de l'encéphale dont j'ai parlé, et l'âme ne retrouvera ses notes qu'avec beaucoup de difficulté : de là un travail long et laborieux. Cela est si vrai que, quand l'âme se concentre absolument en elle-même, comme cela se remarque dans les cas de contention d'esprit ou d'absorption mentale, circonstances où les impressions extérieures les plus violentes ne peuvent la distraire, où les besoins les plus impérieux du corps ne sont pas sentis par elle, c'est alors, et alors surtout, qu'elle a le plus de fécondité. Voyez le somnambule : il a travaillé inutilement toute la journée à résoudre un problème, à rimer quelques vers : la fatigue ou le découragement s'empare de lui, il se couche et s'endort. Mais pendant que les organes sommeillent, l'âme veille, libre de toute sensation qui lui viendrait du dehors ou du dedans de sa prison; elle poursuit son travail; elle commande à l'encéphale, qui, lui aussi, a bien plus d'influence sur des organes que l'assoupissement rend plus dociles, et, le problème étant résolu ou les vers rimés, la main les trace sur la feuille qu'on avait en vain commencé à noircir avec des mots écrits et effacés. D'après cela, il ne serait pas exact d'affirmer d'une manière absolue que l'âme se règle toujours d'après l'état du corps, à moins que par les mots *se régler* on ne veuille dire autre chose que se soumettre exclusivement aux exigences du corps. Oui, le corps, par des sollicitations continuelles, occuperait continuellement l'âme, si elle voulait être toujours attentive à ses sollicitations et y céder. Mais comme elle peut s'en détacher, pour ainsi dire, par la contention, elle ne s'occupe plus de lui, elle ne se règle point d'après lui.

Et quant à l'objection tirée de l'opinion émise par quelques médecins, que nos pensées, nos désirs, nos passions, etc., doivent être rapportés à des conditions corporelles, attendu qu'elle rentre, pour les facultés intellectuelles, dans l'objection précédente, nous n'avons pas à en occuper. Restent donc les passions, l'humeur ou caractère moral, etc.

Nous avons vu que l'homme était animal et homme tout ensemble ; nous avons parlé de la dualité de son dynamisme ; eh bien, quand l'animal a des appétits, des besoins, des passions, des vices, il s'agite et rue quelquefois, il mord ; et, sous ce rapport, on a raison de dire que les passions et l'humeur de l'homme doivent être rapportées à des conditions corporelles. Cela n'empêche pas que l'âme ne les maîtrise quelquefois, c'est-à-dire qu'excepté les cas où l'animal *prend le mors aux dents*, ou bien alors qu'elle a elle-même quelque avantage à ce qu'il en fasse à sa tête, la plus grande part des jouissances qu'il doit goûter devant lui revenir, elle l'empêche de se laisser aller à ses inclinations.

Quoi qu'il en soit, n'oublions pas que, en dehors des passions bestiales qui abaissent l'homme, il y a les passions célestes qui l'agrandissent ; il y a l'amour de la patrie, l'amour du prochain, l'amour de la gloire, qui l'enflamment, et que tous ces sentiments passionnés ne peuvent être rapportés à rien de corporel. Inspirés par Dieu même à l'âme qu'il nous a donnée, c'est d'elle seule qu'ils dépendent, c'est à elle seule qu'ils doivent être rapportés ; et, quand une fois ils sont assez développés, ils font taire les plus longues souffrances, les tortures les plus violentes auxquelles le corps la soumet. Ainsi, les facultés intellectuelles et les sentiments moraux ou facultés affectives dépendent de l'âme : l'âme étant unie à un corps récalcitrant, elle ne peut s'affranchir tout à fait de ses exigences, mais de ce qu'il faudra que, pour certaines choses (pour les appétits, les penchants, les travers de caractère, etc.), elle succombe par faiblesse ou par plaisir, ou sorte victorieuse du combat ; de ce que les facultés intellectuelles et les facultés affectives trouvent aussi dans leur manifestation quelque opposition de la part du corps, s'ensuit-il qu'il faille rapporter au corps la souveraineté qui appartient à l'âme ? Je crois avoir prouvé le contraire.

L'âme, quoique dépendante de l'organisme sous bien des rapports, en est indépendante sous bien d'autres ; elle jouit donc d'une activité qui lui est propre. C'est à cette activité, qui constitue du reste son individualité, que la puissance psychique doit l'inappréciable avantage de posséder les deux ordres de facultés que nous lui avons de tout temps accordées, à savoir, les facultés intellectuelles et les facultés affectives.

Les premières, qui ne sont autres que les facultés d'une même faculté, *l'entendement*, s'appellent attention, comparaison, raisonnement (*Laromiguière*), jugement, réflexion, sensation, imagination (*Condillac*), etc., suivant l'acte de l'intelligence auquel l'âme se livre (toutes ces facultés et autres seront définies dans le cours du Dictionnaire) ; tandis que, au contraire, les facultés affectives sont très-variables par leur nature. Cela n'a pas empêché qu'on ne les ait réunies en groupes divers, étiquetés d'un nom collectif différent.

Ainsi, quand les sentiments moraux que l'homme éprouve sont tumultueux, passionnés, ils forment le groupe appelé *Passions*, et celles-ci, suivant qu'elles sont vicieuses ou vertueuses, le conduiront à la honte ou au déshonneur, à la distinction ou à la gloire, sans rien perdre de leur caractère. Aussi ne dirai-je pas d'une manière absolue, comme madame de Staël : « L'ennemi de l'homme c'est la passion ; elle seule fait la grande difficulté de la destinée humaine. » Il est vrai qu'elle ajoute, quelques pages plus loin de son livre *De l'influence des passions* : « Le plus grand argument à présenter contre les passions, c'est que leur prospérité est peut-être plus fatale au bonheur de celui qui s'y livre que l'adversité ; » mais s'il est incontestable que les passions sont le feu céleste qui vivifie le monde moral, que c'est aux passions que les arts et les sciences doivent leurs découvertes et l'âme son élévation, quoique l'humanité lui doive aussi ses vices et la plupart de ses malheurs, cela ne donne pas le droit au moraliste de condamner les passions et de les accuser de folie. (*Helvétius*.)

Mais, en outre de ces sentiments moraux

passionnés, il y a d'autres sentiments moraux non passionnés qui, eux aussi, sont vicieux ou vertueux : de là, par conséquent, le groupe *Vices* pour les uns, et le groupe *Vertus* pour les autres. Inutile de signaler maintenant les avantages de celles-ci et les inconvénients de ceux-là. Qu'il me soit permis cependant de citer un passage de lord Byron qui les caractérise : « Je commence à m'apercevoir que, dans ce monde damné, il n'y a de bon que la vertu. Je suis las du vice, dont j'ai goûté toutes les variétés. »

Enfin, il est quelques sentiments moraux qui, s'ils ne s'élèvent pas à la hauteur de la vertu, ou ne s'abaissent pas à la dégradation du vice, n'en forment pas moins un groupe distinct, sous le nom collectif de *Défauts*. Disons quelques mots de chacun de ces groupes.

Passions. — Les passions, ces modifications passagères et irrégulières de l'âme, ont été diversement et bien diversement définies par les écrivains qui s'en sont occupés. Pour les uns, c'est un mouvement de l'âme opposé à la droite raison; un appétit trop violent (*Zénon*) ; pour les autres, une affection vive et profonde qui nous attache fortement à son objet (*D'Alembert*) ; pour celui-ci, ce n'est autre chose qu'une sensation forte et continue (*Buffon*) ; pour celui-là, c'est un sentiment exalté par l'imagination, fortifié par les obstacles (*De Ligne*) ; pour Condillac, c'est un désir dominant tourné en habitude; pour Rivarol, un désir violent causé par les besoins de l'âme en souffrance jusqu'à ce qu'elle soit satisfaite; pour F. Bérard, le plus haut degré d'activité du moi, etc., etc. On sent au premier abord ce que de telles définitions ont d'incomplet, d'inexact, de vague. Celle qu'en a donnée Dugès n'a-t-elle pas ces défauts, et satisfait-elle comme il l'espérait à toutes les exigences de leur étude ? On va en juger. « Les passions, dit-il, sont des exagérations ou des dépressions momentanées du sentiment inséparable des facultés intellectuelles. En les définissant ainsi, ajoute-t-il, nous pourrons établir ici une division des passions exactement en rapport avec celle que nous avons adoptée pour ces opérations même, et sans chercher à la justifier par de longs détails, ni même à la rendre aussi complète qu'elle pourrait l'être, nous en donnerons un aperçu. » Voici cet aperçu du professeur de Montpellier.

« Aux opérations immédiates se rattachent tous les sentiments exagérés, mais simples et non raisonnés; aux sensations se rapportent l'émotion, la surprise, l'étonnement, la joie, la douleur, l'ennui ; à la mémoire, les regrets, les distractions ; à la volonté, l'entêtement, l'indécision, l'abnégation de soi-même, la colère.

« Pour ce qui concerne les opérations réfléchies, l'attention est la fonction de la curiosité, de l'impatience, de l'apathie ; la réminiscence est celle de la rancune et de la reconnaissance ; la comparaison, celle de la jalousie, de l'envie, de l'émulation, de la prédilection. Les jugements et les raisonnements tantôt justes, tantôt exagérés, tantôt déviés, sont l'origine de passions nombreuses, et qu'on peut partager suivant leur objet. S'agit-il de choses matérielles, ils enfantent le goût, l'aversion, l'avarice ; s'appliquent-ils à certains actes ou événements, il en résulte la satisfaction, l'admiration, l'enthousiasme, l'espérance, l'ambition, le chagrin, le désespoir, la honte, l'indignation. Quant aux personnes, ces jugements portés à l'extrême produisent la haine, le mépris, la pitié, la confiance, l'amitié, le respect, le dévouement et l'amour, quand il s'y mêle quelque influence de l'instinct. Se concentrent-ils sur le moi, ils amènent le courage, l'orgueil, l'humiliation spontanée, la peur, le découragement; enfin, se reportent-ils vers l'auteur de toutes choses, ils enfantent la componction, l'extase, la ferveur, le fanatisme. »

Cette exposition ou classification des sentiments divers que l'homme éprouve est très-artistement disposée, et doit séduire au premier aspect; mais si on l'analyse, on s'aperçoit bientôt qu'elle pèche par plusieurs points.

D'abord, elle pèche par sa base : car elle repose sur une définition qui tend à matérialiser les passions, ou tout au moins à leur donner l'intellect pour origine, alors qu'elles viennent surtout du cœur. Qu'est-ce en effet que des exagérations ou des dépressions du sentiment inséparable des facultés intellectuelles? Sentiment veut dire sensation perçue par l'âme et allant droit au cœur où elle retentit. Ainsi, d'après Dugès, pour qu'une passion se développe, il faut d'abord qu'il y ait exagération ou dépression du sentiment, et puis opération intellectuelle immédiate ; ce qui équivaut à ceci : impression suivie de sensation ou de perception de l'impression avec appel aux facultés intellectuelles qui doivent nécessairement être mises en jeu ; ce qui suppose toujours un jugement réfléchi. Or, en général, rien n'est plus irréfléchi que les passions.

Ce n'est pas tout : dans l'opinion du savant physiologiste, la passion serait le résultat primitif de cette dépression ou exagération du sentiment apprécié par l'intelligence, alors qu'elle n'est, en définitive, qu'un sentiment secondaire, dépendant quelquefois du sentiment, quoique pouvant naître spontanément sans lui. Je m'explique :

Une femme jeune et belle entre dans un salon où se trouvent plusieurs jeunes gens du même âge, tous bien constitués, tous plein d'ardeur. L'impression que cette femme fera sur l'organe de la vision sera la même pour tous; c'est-à-dire, que l'image de cette belle personne ira se peindre sur la rétine de chacun d'eux, et que la transmission de l'impression se fera également sur leur âme par l'intermédiaire des nerfs et du cerveau. Si l'âme fait un appel à la mémoire et compare cette image à des portraits disgracieux qu'elle a vus, elle dira en classant la sensation nouvelle : Qu'elle est belle ! Supposons maintenant que la sensation n'en reste pas là, et qu'elle aille frapper au cœur pour que le sentiment soit complet, eh bien ! chez l'un il trouvera l'indifférence ; chez l'autre, le plaisir et l'admiration ; chez le troisième, l'amour. Attribuera-t-on ces sentiments divers aux exagérations ou aux dépressions du sentiment primitif, réfléchi ou irréfléchi ? Et puis, qu'a de commun la passion *amour* avec le sentiment d'admiration que produit une belle personne ? Les jugements et les raisonnements, dites-vous, appliqués aux choses matérielles, produisent l'avarice ; mais si l'avare raisonnait et jugeait sainement, il ne dépérirait pas sur son grabat de misère et faim, pour grossir un trésor qu'il n'emportera pas dans la tombe.... Bref, la passion se sent ; mais elle ne peut se définir d'une manière assez précise et assez rigoureuse pour échapper à la critique.

Du reste, savez-vous ce qui fait le vice des définitions que j'ai réunies ? C'est que dans la plupart d'entre elles on a, ce me semble, méconnu la nature des passions en les rangeant, par exclusion, tantôt dans les facultés intellectuelles et tantôt dans les facultés morales, au lieu de tenir compte des deux ordres de phénomènes qu'elles présentent, et de l'influence réciproque des deux unités de l'homme. En vue de cette influence, nous nommerons *passions* toute perturbation morale combinée avec des excitations appétitives, naturelles ou factices, accompagnées, quand elle est violente, d'une véritable souffrance et de divers dérangements fonctionnels.

Par là nous ne préjugeons rien, et nous pouvons admettre, sans que notre opinion puisse infirmer notre définition, que les passions sont soumises à la volonté, et par conséquent susceptibles d'éducation. Elles ne sont donc pas matérielles et physiques, les organes n'en étant pas la cause essentielle et première, ni l'instrument direct. (F. *Bérard*.)

Classification des passions. — De même qu'il était très-difficile de définir les passions, de même nous éprouvons une très-grande difficulté à les classer. Cependant, d'après A. Smith, quelques-uns des meilleurs moralistes anciens auraient considéré les passions comme pouvant se diviser en deux classes différentes. Dans la première, ils rangeaient toutes les passions qui ne peuvent être réprimées même un seul instant, sans un grand empire sur soi-même ; et dans la seconde, toutes celles qu'il est facile de réprimer quelques instants ou pendant un court espace de temps, mais qui, par le pressant et continuel aiguillon du désir, entraînent presque toujours, dans le cours de la vie, à quelque faiblesse.

Cette classification est assez rationnelle ; mais elle a l'inconvénient de ne pas embrasser la totalité des passions. Ainsi nous savons tous qu'il est des passions si nobles, si grandes, si généreuses, qu'on ne saurait les confondre avec celles qu'il faut s'efforcer de réprimer ; or, dans laquelle des deux classes les placerons-nous ?

C'est pourquoi, sans perdre notre temps à des détails inutiles sur les divisions arbitraires, et par conséquent inexactes des passions; sans nous arrêter aux distinctions que l'on a voulu faire entre les passions gaies et les passions tristes, les passions bonnes et les passions mauvaises, les passions honnêtes et les passions viles, entre les passions fortifiantes et les passions affaiblissantes, nous arriverons de suite à la description que Bossuet a donnée de chacune des passions qu'il a cru devoir admettre.

« On compte ordinairement onze passions, que nous allons rapporter et définir par ordre. L'*amour* est une passion de s'unir à quelque chose et de l'avoir en sa puissance. La *haine*, au contraire, est une passion de nous éloigner de quelque chose. Le *désir* est une passion qui nous pousse à rechercher ce que nous aimons quand il est absent. L'*aversion*, autrement la fuite ou l'éloignement, est une passion qui empêche que ce que nous haïssons ne nous approche. La *joie* est une passion par laquelle l'âme jouit du bien présent et s'y repose. La *tristesse*, une passion par laquelle l'âme, tourmentée du mal présent, s'en éloigne autant qu'elle peut et s'en afflige. Jusqu'ici les passions n'ont eu besoin pour être excitées que de la présence ou de l'absence de leur objet. Les cinq autres y ajoutent la difficulté. L'*audace*, ou la *hardiesse*, ou le *courage*, est une passion par laquelle l'âme s'efforce de s'unir à l'objet aimé dont l'acquisition est difficile. La *crainte* est une passion par laquelle l'âme s'éloigne d'un mal difficile à éviter. L'*espérance* est une passion qui naît de l'âme, quand l'acquisition de l'objet aimé est possible, quoique difficile ; car lorsqu'elle est aisée ou assurée, on en jouit par avance et on est en joie. Le *désespoir*, au contraire, est une passion qui naît en l'âme quand l'acquisition de l'objet aimé paraît impossible. La *colère* est une passion par laquelle nous nous efforçons de repousser avec violence celui qui nous fait du mal, ou de nous en venger. » N'oublions pas de mentionner en passant, que les anciens rapportaient les six premières passions, celles qui ne présupposent dans leur objet que la présence ou l'absence, à l'*appétit* qu'ils appelaient concupiscible ; et les cinq autres, qui ajoutent la difficulté à l'absence ou à la présence, à l'*appétit* qu'ils appelaient irascible, ces mots pouvant être explicatifs. Mais revenons aux distinctions établies par Bossuet.

« Outre ces cinq principales passions, il y a encore : la *honte*, c'est-à-dire une tristesse ou une crainte d'être exposé à la haine et au mépris pour quelque faute ou quelque défaut naturel, mêlée avec le désir de le couvrir ou de nous justifier ; l'*envie*, qui est une tristesse que nous avons du bien d'autrui et une crainte qu'en le possédant il ne nous en prive ; ou un désespoir d'acquérir le bien que nous voyons déjà occupé par un autre, avec une haine invincible pour celui qui semble nous le détenir. L'*émulation*, qui naît en l'homme de cœur, quand il voit faire aux autres de grandes actions, enferme l'espérance dans le pouvoir faire, parce que les autres le font; et un sentiment d'audace qui nous porte à les entreprendre avec confiance. L'*admiration* et l'*étonnement* comprennent en eux la joie d'avoir vu quelque chose d'extraordinaire et le désir d'en savoir les causes aussi bien que les suites; ou la crainte que sous cet objet nouveau il n'y ait quelque péril caché, et l'inquiétude causée par la difficulté de le connaître, ce qui nous rend comme immobiles et sans action. L'*inquiétude*, les *soucis*, la *peur*, l'*effroi*, l'*horreur* et l'*épouvante*, ne sont autre chose que les différents degrés et les différents effets de la crainte. Un homme mal assuré du bien qu'il poursuit ou qu'il possède entre en *inquiétude*: si les périls augmentent, ils lui causent d'affreux *soucis*: quand le mal presse davantage, il a *peur*: si la peur le trouble et le fait trembler, cela s'appelle *effroi* et *horreur*: si elle le saisit tellement qu'il paraisse comme éperdu, cela s'appelle *épouvante*. Ainsi, il paraît manifestement qu'en quelque manière qu'on prenne les passions et à quelque nombre qu'on les étende, elles se réduisent presque toujours à onze que nous venons d'expliquer.

« Et même nous pouvons dire, si nous consultons ce qui se passe en nous-mêmes, que nos autres passions se rapportent au seul amour, et qu'il les renferme et les excite toutes. La haine d'un objet ne vient que de l'amour qu'on a pour un autre. Je ne hais la maladie que parce que j'aime la santé; je n'ai d'aversion pour quelqu'un que parce qu'il m'est un obstacle à posséder ce que j'aime. Le désir n'est qu'un amour qui s'étend au bien qu'il n'a pas, comme la joie est un amour qui s'attache au bien qu'il a. La fuite et la tristesse sont un amour qui s'éloigne du mal par lequel il est privé de son bien, et qui s'en afflige. L'audace est un amour qui entreprend, pour posséder l'objet aimé, ce qu'il y a de plus difficile; la crainte, un amour qui, se voyant menacé de perdre ce qu'il recherche, est troublé de ce péril. L'espérance est un amour qui se flatte qu'il possédera l'objet aimé; et le désespoir est un amour désolé de ce qu'il s'en voit privé à jamais, ce qui cause un abattement dont on ne peut se relever. La colère est un amour irrité de ce qu'on lui veut ôter son bien et s'efforçant de le défendre. Enfin, ôtez l'amour, il n'y a plus de passion; reposez l'amour, vous les faites toutes naître. »

Ce tableau est admirable d'ensemble, de détails et de ton. Le dessin en est correct et les couleurs bien fondues: on y reconnaît l'esquisse d'un grand maître et le fini d'un coloriste distingué. Seulement, en le regardant attentivement et avec calme, on croit s'apercevoir que c'est plutôt le produit d'une imagination vive, féconde, brillante, que la représentation fidèle des objets que le peintre avait à reproduire. On pourrait même dire que c'est du romantisme passionnel, au lieu d'être du classicisme, car tout y est rapporté à une seule passion, l'amour.

C'est pourquoi, quelle que soit ma vénération pour la haute intelligence dont j'ai exposé les idées, j'avouerai avec franchise que je ne saurais les partager. Pourquoi? parce que je ne puis comprendre comment l'amour résume en lui seul toutes les passions, même la haine. Je prends la passion que, dans sa classification, Bossuet a placée après l'amour.

La haine d'un objet, dit-il, *ne vient que de l'amour qu'on a pour un autre objet. Je hais la maladie, parce que j'aime la santé; je n'ai d'aversion pour quelqu'un, que parce qu'il m'est un obstacle à posséder ce que j'aime.* Mais, à ce compte, si je hais un tel, parce que par ses propos ou ses actes il a porté atteinte à ma réputation, sera-ce parce que je m'aime, parce que j'aime mon honneur? Si je hais une marâtre qui aura fait mourir son enfant (que je n'ai jamais vu) par ses mauvais traitements, sera-ce parce que j'aime l'humanité ou mon prochain comme moi-même? Enfin, si j'ai de l'aversion pour un être difforme, sera-ce parce que j'aime la beauté? — Si vous le voulez, je le veux bien, quoique je trouve ces conséquences beaucoup trop forcées. Mais ne vous est-il jamais arrivé d'avoir de l'aversion pour une personne généralement aimée et estimée, une de ces aversions dont il vous était impossible de vous rendre compte? Je ne l'ai jamais éprouvé, mais je sais que cela est arrivé à d'autres. Or, si l'on ne peut se rendre compte du motif de l'aversion qu'on ressent, pourra-t-on l'expliquer par un obstacle que cette personne met à ce que vous possédiez ce que vous aimez? Je ne le crois pas: et je trouve la chose inexplicable, à moins que vous ne prétendiez que, n'ayant de la place dans votre cœur que pour une seule aversion, vous en éprouvez pour une personne, parce qu'elle est un obstacle à ce que vous haïssiez toute autre personne que vous aimeriez de haïr!.... Autre exemple.

La tristesse est un amour qui s'éloigne du mal par lequel il est privé de son bien et qui s'en afflige. C'est-à-dire, d'après le grand écrivain, que dans la tristesse l'âme est tourmentée..... Mais si elle est *tourmentée*, comment se fait-il que tant d'individus se complaisent dans leurs tristes réflexions, fuient la société pour rester tristes, au lieu de fuir le mal par lequel ils sont privés de leur bien, et pour lequel ils ne veulent pas être distraits d'un sentiment qui fait leur consolation. « J'aime la solitude pour m'y livrer avec bonheur à mes tristes réflexions, » entend-on répéter chaque jour; « j'aime à y nourrir ma tristesse. » Et s'il en est ainsi, où trouve-t-on le *tourment* qui constitue la passion?

Enfin (car je ne puis prendre une à une toutes les passions), d'après Bossuet, *le courage est une passion par laquelle l'âme s'efforce de s'unir à l'objet aimé dont l'acquisition est difficile*. Assurément le grand écrivain n'avait en vue que la persévérance courageuse avec laquelle l'homme surmonte les difficultés ; car de combien de modifications diverses ce mot n'est-il pas susceptible ! Voyez le courage civil, le courage du guerrier, et dites-moi si l'athée, qui marche avec courage à la mort, désire et s'efforce de s'unir à l'objet aimé : quel objet ?

Ainsi, je le répète, le tableau que Bossuet nous a donné des passions est une belle page de poésie, mais ce n'est que de la poésie.

Ajoutons que cette page a été écrite sans doute sous l'inspiration des opinions d'Aristote, de Pythagore ou de saint Thomas. L'histoire nous dit que le sage de Stagyre et, d'après lui, l'école pythagoricienne, admettait, même au moyen âge, la génération suivante des passions : 1° Amour et haine ; 2° désir et aversion ; 3° espérance et désespoir ; 4° crainte et audace ; 5° colère ; 6° jalousie et tristesse : en tout onze passions que saint Thomas dispose ainsi dans sa *Somme théologique* : Six passions pour la faculté concupiscible : l'amour, la haine, le désir, l'aversion, la joie, la douleur ; cinq pour la faculté irascible ; l'espérance, le désespoir, la crainte, l'audace et la colère. Telles étaient, dans ce système, les passions-mères dont on faisait dériver toutes les autres. De la Chambre a suivi cette division dans son livre du *Caractère des passions*. Eh bien ! ce sont onze passions que l'évêque de Meaux a si bien caractérisées et rapportées toutes à une seule, l'*amour*. M. P. Belouino est le seul, que je sache, qui l'ait imité.

Il est inutile, je pense, de faire remarquer que cette opinion est non-seulement en opposition avec celle d'Aristote, de Pythagore et de ses disciples, de saint Thomas, et avec celle de Descartes, qui n'admettait que *six passions* primitives : l'admiration, l'amour, la haine, le désir, la joie et la tristesse, toutes les autres étant composées ; mais encore qu'elle n'a séduit ni Alibert, qui reconnaissait comme source de nos affections morales, *quatre pensées innées*, qui, à son avis, sont les lois primordiales de l'économie animale, à savoir : A l'instinct de conservation ; B l'instinct d'imitation ; C l'instinct de relation ; D l'instinct de reproduction ; ni M. Descuret, qui, dans sa *Médecine des passions*, les rapporte toutes à trois classes de besoins, c'est-à-dire, 1° à des besoins animaux ; 2° à des besoins sociaux ; 3° à des besoins intellectuels. Ce sont, dit-il, *trois souches* principales, desquelles elles s'élancent comme des tiges.

Je laisse à d'autres le soin de discuter le mérite de ces divisions, ne les ayant rapportées que pour mémoire. Qu'il me suffise donc de faire observer qu'il ne faudrait pas confondre les passions proprement dites avec les affections secondaires, ou les émotions fugitives, éphémères, que certains moralistes ont considérées comme de véritables passions, mais qu'il est plus rationnel de considérer comme les symptômes des passions, qu'elles suivent, qu'elles décèlent, ces affections n'étant en quelque façon que des états, des manières d'être de la passion élémentaire. Locke l'a dit : le plaisir et la douleur sont les deux pivots sur lesquels roulent toutes les affections humaines. Voilà comment les passions proprement dites peuvent trouver dans leur développement et dans leur marche, tantôt des chances heureuses ou de plaisir, tantôt des chances malheureuses ou de douleur. La passion, qui les prévoit ou les éprouve, détermine dans l'âme des mouvements divers ordinairement de peu de durée ; ces mouvements, ce sont les affections secondaires. Ainsi, la joie et toutes les passions expansives seront développées à l'occasion des chances heureuses prévues ou éprouvées ; la douleur ou les affections tristes, la colère et toutes les émotions dites convulsives, le seront à l'occasion des chances contraires.

Mais, passions primitives ou affections secondaires, il en faut à l'homme ; car l'âme qui n'est émue par aucune passion doit être pesante et malsaine ; il faut qu'elle en soit modérément agitée pour être plus pure et plus susceptible de la vertu. Mais s'il arrive que les passions s'y rendent trop violentes, elles y forment des orages qui troublent la raison, qui bouleversent les humeurs et qui changent toute la constitution du corps. (*De la Chambre.*) Je ne m'étonne donc pas que les physiologistes et les médecins aient remarqué que les émotions simples ou passionnées que l'âme éprouve, soit qu'elles viennent par les sens, soit qu'une disposition quelconque des organes vitaux en favorise la naissance et le développement, soit qu'elles naissent spontanément et par la seule influence de l'imagination, produisent des effets divers sur l'économie. Les unes augmentent l'activité organique ; telles sont la joie, le courage, l'espérance et l'amour partagé. D'autres, au contraire, ralentissent les mouvements vitaux, comme la crainte, la tristesse et la haine. D'autres, enfin, produisent ces deux effets contraires alternativement ou à la fois ; c'est ainsi que l'ambition, la colère, le désespoir, la pitié, revêtent, comme les autres passions, un nombre infini de nuances, selon l'intensité de leurs causes, la constitution individuelle de ceux qu'elles agitent, leur sexe, leur âge, etc. ; tantôt accroissent, d'autres fois diminuent l'action vitale, abattent ou relèvent les forces des organes.

C'était chose inévitable ; car l'âme et le corps unis par une étroite *couture* s'entrecommuniquent leur fortune. (*Montaigne.*) Remercions donc la nature d'avoir écrit sur la face de l'homme les secrets cachés de son cœur ; remercions-la d'avoir donné un corps à la pensée, en la rendant pour ainsi dire palpable à tous nos sens. En vain la timidité, la modestie, la honte, la fausse pudeur, se taisent sur les passions qui agitent le cœur humain ; en vain des aveux infidèles cherchent à donner le change au médecin éclairé ; son œil clairvoyant pénètre dans les replis les plus cachés de la pensée, il découvre, dans le jeu extérieur de la face et dans cette inquiétude dévorante qui agite l'homme, la passion profonde d'une âme troublée ; il la prend en quelque sorte sur le fait.

Reste qu'il y a des passions utiles, nécessaires, en ce qu'elles stimulent l'organisme; comme il en est aussi qui sont fâcheuses, funestes même, par leurs effets; heureusement, et je viens de le dire, que le sentiment moral trahit les souffrances du corps.

Sous un autre rapport, les passions, cette fièvre du moral qui doit avoir son invasion, son augment, son état et sa crise (*Lordat*), sont utiles et nécessaires, ou fâcheuses et funestes, suivant les circonstances; c'est-à-dire que quand l'homme se passionne pour son pays, pour la gloire, pour les sciences, etc., aucune difficulté ne l'arrête, aucun sacrifice ne lui coûte; une noble émulation l'anime, le soutient et l'encourage; il se surpasse, et chacun lui doit sa part d'admiration et de reconnaissance. Qu'on ne se méprenne donc pas sur l'importance que doit avoir pour l'homme *l'objet* pour lequel il se passionne : tel objet qui paraît peu susceptible d'inspirer de la passion, qui gagnera beaucoup cependant à ce qu'on s'enthousiasme pour lui. Et par exemple, tout le monde convient qu'un peu de passion contribue à faire accueillir même par les plus calmes beaucoup d'idées saines qui sans elle resteraient dans l'oubli. Elle les excite aussi à en concevoir de nouvelles, car les révolutions même qui passent comme un torrent sur le champ des vieilles théories, y laissent une source qui prépare la terre à la vérité. — La passion? dites-vous; vous glorifiez ici la passion! Oui, sans doute. La passion même des sciences exactes, dit un éloquent académicien, est une des plus puissantes sur les esprits qu'elle possède. Elle retint Pascal par l'attrait des découvertes, la nouveauté des expériences, la certitude des vérités, et consuma de travaux excessifs la plus grande partie de cette vie si courte et si tôt dévorée. (*Le professeur F. Ribes.*)

Mais s'il est vrai, d'une part, que les passions ont leur utilité, il est incontestable aussi, d'autre part, que la société humaine a été détruite et violentée par les passions. L'homme dominé par elles ne songe qu'à les contenter sans songer aux autres. *Je suis,* dit l'orgueilleux dans Isaïe, *et il n'y a que moi sur la terre*..... Toutes les passions sont insatiables : le cruel ne se rassasie pas de sang, l'avare ne se remplit point d'argent; ainsi chacun veut tout pour soi. La jalousie, si universelle parmi les hommes, fait voir combien est grande la malignité de leur cœur. Abel était plus heureux, ou plus industrieux et plus vertueux que son frère; il a été tué par Caïn. Une passion semblable expose Joseph à la fureur de ses frères. Ayant renoncé à le tuer, ils le vendirent. La médisance, le mensonge et le meurtre, et le vol, et l'adultère, ont inondé toute la terre. Ainsi, la société humaine, établie par tant de liens sacrés, est violentée par les passions, et, comme dit saint Augustin, il n'y a rien de plus sociable que l'homme par sa nature, ni rien de plus intraitable ou de plus insociable par la corruption.

Le plus grand déréglement de l'esprit, c'est de prendre les choses pour ce qu'on veut qu'elles soient, et non pour ce qu'elles son en effet. C'est la faute où nos passions nous font tomber. Nous sommes portés à croire ce que nous désirons et ce que nous espérons, soit que l'objet de notre vœu ou de notre espérance soit vrai, soit qu'il ne le soit pas. Quand nous craignons quelque chose, souvent nous ne voulons pas croire qu'elle nous arrive, et souvent aussi, par faiblesse, nous croyons trop facilement qu'elle arrivera. Celui qui est en colère en croit toujours les causes justes, sans même vouloir les examiner, et par là il est hors d'état de porter un jugement droit. Cette séduction des passions s'étend bien loin dans la vie, tant parce que les objets qui se présentent sans cesse nous en causent toujours quelques-unes, que parce que notre humeur même nous attache naturellement à de certaines passions particulières, que nous trouvons partout dans notre conduite, si nous savons nous observer.

Et comme nous voulons toujours plier la raison à nos désirs, nous appelons raison ce qui est conforme à notre humeur naturelle; c'est-à-dire une passion secrète qui se fait d'autant moins sentir, qu'elle fait comme le fond de notre nature, c'est pour cela que nous dirons : Le plus grand mal des passions, c'est qu'elles empêchent de bien raisonner, et par conséquent de bien juger, attendu que le bon jugement est l'effet d'un bon raisonnement.

Mais, indépendamment de cette passion secrète, passion dominante chez chaque homme et toujours la plus difficile à corriger (*Oxenstiern*), il y a dans le cœur humain une génération perpétuelle de passions, en sorte que la ruine de l'une est presque toujours l'établissement d'une autre, et à mesure que les grandes s'éteignent en nous, les petites s'allument davantage, de même qu'un sens se fortifie par la perte d'un autre.

Et comme les passions, source féconde de tant de biens et de tant de maux, sont le résultat obligé de notre nature, et que par sa nature l'homme tient ici-bas plus à la matière qu'à l'esprit, les plaisirs des sens l'attirent plus fortement que les plaisirs de l'esprit. Il est donc porté à sentir qu'à réfléchir, et c'est apparemment ainsi qu'il faut entendre ce que les moralistes nous disent de la corruption naturelle de l'homme. Ce n'est pas néanmoins que l'homme soit continuellement corrompu, mais il est essentiellement limité, et de ses limites résultent, en dernier ressort, toutes ses imperfections.

Ce doit donc être pour lui un motif puissant de ne point prendre les mauvaises habitudes vers lesquelles sa nature incline, ou de rompre celles qu'il aurait déjà contractées. Et comme, dès que l'enfant a vu le jour, les passions viennent l'assaillir dans son berceau, parcourent avec lui le chemin de la vie, pour ne le quitter qu'à la tombe; comme, trop ignorant ou trop faible à cet âge, il n'en comprend ni les séductions ni les dangers, et s'y livre avec confiance et bonheur, trompé qu'il est par leurs fallacieuses promesses de plaisirs sans mélange, c'est à ceux qui l'entourent à le guider dans son choix, et à donner une impulsion puissante aux passions qui peuvent porter les hommes aux nobles, aux grandes, aux généreuses actions; à les élever, à les grandir à l'égal de ceux que les siècles passés ont loués et estimés le plus, dont nous honorons la mémoire, et que nos derniers neveux offriront pour modèles à leurs descendants; à leur inspirer le désir, mais un désir violent, de ceindre, eux aussi, leur tête, d'une auréole pareille à celle de ce grand citoyen qui a bien mérité de la patrie par son amour et son dévouement pour elle; ou bien d'une auréole pareille à celle de ce saint prélat, qui a mérité l'admiration et les regrets de la France entière en *donnant son sang pour ses brebis;* ou bien encore, d'une auréole pareille à celle de ce guerrier intrépide et vertueux, qui doit son élévation et sa gloire à une grande valeur unie à une grande sagesse, etc., etc. : auréoles toutes brillantes et glorieuses, mais qui diffèrent entre elles par les actions qui en ont été le prix.

Oui, c'est en passionnant l'humanité pour tout ce qui est beau, grand, digne; c'est en montrant à chaque être son origine, sa fin, c'est-à-dire l'origine divine de son âme, sa nature impérissable et immortelle, comme la Divinité qui l'a créée; les tourments ou les joies qui l'attendent dans l'éternité, qu'il pourra puiser en lui-même les forces dont il a besoin pour suivre les règles sévères de la morale, pour pratiquer les vertus chrétiennes et remédier enfin à toutes ses imperfections; ou, pour parler de l'âme, que l'âme remédiera aux imperfections de sa prison, et sortira triomphante des luttes incessantes que les passions lui suscitent.

Mais cela ne suffirait point : car, indépendamment de ces insurrections de tous les jours, de tous les instants, de la part de la bête contre l'âme, insurrections dont celle-ci souffre beaucoup, elle a peut-être beaucoup plus à souffrir des combats qu'il faut qu'elle se livre également à elle-même, en vue des passions de chacun. Je l'ai déjà dit, la société humaine a été violentée par les passions, et comme les hommes sont dirigés par des passions contraires, qu'ils se rencontrent et se heurtent à chaque pas dans le chemin de la vie, il faudrait donc qu'ils eussent tous une bien grande philosophie ou un bien grand attachement aux vertus chrétiennes pour vivre et mourir sans reproche. C'est ce que je veux leur apprendre, en leur enseignant à faire un bon usage de certaines passions, et à en réprimer certaines autres.

Mais si l'homme a beaucoup à souffrir des révoltes de sa chair et des combats de tous les instants que son âme a à soutenir contre les passions qui l'agitent; si elle a également beaucoup à souffrir des tourments que lui causent les contrariétés sans nombre que le débordement des passions humaines lui occasionne, quand ces passions, en entraînant les autres hommes, froissent ses intérêts ou nuisent à ses plaisirs, par une réciprocité sans égale, chaque individu devient un objet de tourment pour autrui ; pour les ambitieux, s'il leur barre le chemin des emplois, des honneurs ou de la fortune ; pour les envieux, s'il témoigne publiquement d'une grande supériorité; pour l'enrichi d'hier on ne sait comment, si sa fortune a été acquise par ses aïeux dans des spéculations heureuses, mais honnêtes, dans un commerce lucratif et consciencieusement géré; pour le comte ou le baron de la veille, si son titre de marquis ou de duc date de plusieurs générations d'hommes toujours honorables, toujours respectés ; pour tous ceux, en un mot, qui oublieront que le mérite seul et un véritable talent peuvent *égaliser* les hommes, ou rendre celui-ci supérieur à celui-là.

Avec de telles dispositions, malheureusement trop communes aujourd'hui, chacun, selon qu'il cède à l'impétuosité de son caractère, ou qu'il est entraîné par ses besoins, son ambition et ses autres passions, pousse, culbute, provoque, tue, s'il le peut, par la langue, par la plume, par l'épée, par le feu, celui en qui il voit un concurrent préféré, un ennemi heureux, alors que ce concurrent et cet ennemi, le regardant à son tour du même œil de jalousie ou de rage, éprouvera peut-être, lui aussi, le désir de pousser, de culbuter, de tuer son antagoniste. Et l'on voudrait que la paix, l'harmonie et l'union continuassent à régner dans une société ainsi faite !... C'est impossible ; et tant que les hommes ne seront pas pénétrés de ces maximes fondamentales qui, parce qu'elles courent les rues, semblent avoir perdu tout leur prix : *Ne faites pas à autrui ce que vous ne voudriez pas qui vous fût fait; Rendez à César ce qui appartient à César,* et autres maximes évangéliques ; tant que ceux que Dieu appelle au commandement des empires, des royaumes, des États républicains, tout comme ceux qui sont placés à la tête des administrations, quelle que soit leur importance, accorderont tout à l'intrigue, et méconnaîtront le vrai talent; voudront la liberté pour eux et à leur profit, et l'esclavage pour tous autres qui ne seront pas leurs parents, leurs amis ou leurs affidés ; tant que la *fraternité* ne sera qu'un vain mot, ou qu'on la pratiquera comme la pratiquèrent Caïn, les enfants de Jacob, Romulus, etc.; tant que l'*égalité* n'aura d'autre principe que celui d'abaisser l'homme jusqu'à cette populace grossière qui se vautre dans la fange des passions, au lieu de l'élever à la hauteur des anges toujours si magnifiques et si resplendissants par leurs vertus, la société tout entière sera en butte à des guerres intestines; les passions armeront les citoyens les uns contre les autres, et ils s'entr'égorgeront entre eux..... C'est malheureusement ce qui arrive!

S'il en était autrement, si la vertu était récompensée et le vice flétri par l'opinion publique, si celui qui se distingue par ses bonnes qualités était recherché de tous, et celui qui n'a que des défauts était honni et délaissé de chacun, le monde entier, n'en doutons pas, se régénérerait. Mais non, si l'on a quelques encouragements pour les hommes vertueux et pour ceux qui sont remplis de bonnes qualités, on encourage bien plus encore, généralement, les gens pleins de défauts et vicieux. Le vice a tant d'attrait qu'on le recherche! Aussi sommes-nous tous désunis, au lieu de ne former qu'un seul peuple de frères amis et dévoués les uns aux autres. C'est à cela que nous devrions tendre désormais.

J'ai parlé de vertus à encourager, de vices à flétrir, etc., etc.; mais qu'est-ce donc que la vertu? et qu'est-ce que le vice? Qu'entend-on par défaut?

Vous demandez ce que c'est que la vertu? C'est le bon usage de la liberté, quand il se tourne en habitude (*Bossuet, De la connaissance, etc.*); attendu que : «Au mot vertu répond l'idée d'une habitude de vivre selon la raison (*Id., Logique*). » La vertu, c'est une disposition habituelle de l'âme à faire le bien et à fuir le mal ; une impulsion naturelle vers l'honnêteté (*Aristote*); une *harmonie*, un état de perfection, un certain accord, une certaine unité dans tous les sentiments de l'âme (*les pythagoriciens*). La vertu, nous répond la philosophie, est un désir constant de rendre toutes nos pensées, toutes nos actions, conformes aux lois divines et humaines... La vertu consiste à aimer Dieu par-dessus tout, et le prochain comme nous-mêmes... Sacrifiez votre intérêt à l'intérêt général, et vous serez vertueux... Vous serez vertueux, si vous immolez vos passions à la raison... Voilà quatre définitions qui ont été acceptées; gardez-vous de vous en plaindre; désirez plutôt au contraire qu'on les multiplie. Chacun montre la vertu sous de nouveaux points de vue, et mieux nous la connaîtrons, plus nous aurons de motifs de l'aimer (*Gérando*).

De quelque manière qu'on définisse la vertu, on peut donc appeler vertueux celui chez qui la volonté de l'être spirituel est plus forte que la volonté de l'être matériel. (*Aimé Martin.*) Lorsque la volonté de l'âme est la plus forte, elle fait servir les facultés de son intelligence à son triomphe; et lorsque au contraire la volonté animale a le dessus, toutes les facultés de l'âme s'effacent en lui obéissant, et l'homme cesse d'être vertueux.

Toujours est-il que la pratique de la vertu doit être *habituelle;* sans cette condition, l'homme ne peut être qualifié de vertueux. Ceux-là ne méritent pas ce titre, qui, dans certains cas particuliers, ont fait quelque acte de vertu. Aussi a-t-on eu le soin de faire remarquer que celui-là sera jugé le plus vertueux, dont la vertu sera le plus *habituelle*. La vertu ne consiste pas dans un trait; elle se forme de l'assemblage d'une multitude de traits, dont la variété et la beauté et l'accord composent une vie. (*Madame de Staël.*) Cela explique pourquoi une vertu parfaite à tous égards ne se trouve point parmi les hommes, la faiblesse de notre nature étant inséparable de l'humanité. Ne la jugeons donc pas à toute rigueur. (*Le chevalier de Jaucourt.*)

Ainsi, qu'il s'agisse de vertus terrestres ou de vertus célestes, vertus angéliques ou venant de Dieu, comme dit Châteaubriand, il faut que ces vertus soient *habituelles;* sans cela, je le répète, nul n'aura jamais le droit de prétendre au titre d'homme vertueux.

Inutile de dire quels sont les avantages que l'on peut retirer de la pratique de la vertu; peu d'hommes sont incapables de les connaître et de les apprécier ; qu'il nous suffise donc de rappeler en passant que les anciens Romains avaient fait construire deux temples joints l'un à l'autre : l'un était dédié à la Vertu, et l'autre à l'Honneur, de telle sorte néanmoins que l'on ne pouvait entrer dans celui de l'Honneur qu'en passant par le temple de la Vertu.

Deux temples pareils devraient être élevés dans chaque pays, dans chaque province et jusque dans la plus petite bourgade ; et les distinctions, les honneurs, les emplois, devraient être la récompense de ceux-là seuls qui les auraient fréquentés.

On comprendra la nécessité de ces temples, si l'on se persuade, chose bien facile, puisqu'elle est véritable, que la vertu est aussi essentielle aux États qu'aux particuliers. Bien loin que les lois les plus sévères suffisent sans les mœurs et sans la vertu, c'est de celles-ci au contraire qu'elles tirent toute leur force et tout leur pouvoir. Un peuple qui a des mœurs subsisterait plutôt sans lois, qu'un peuple sans mœurs avec les lois les plus admirables. La vertu supplée à tout, mais rien ne la peut suppléer. Ce n'est pas l'homme qu'il faut enchaîner, c'est sa volonté : on ne fait bien que ce qu'on fait de bon cœur; on n'obéit aux lois qu'autant qu'on les aime ; car l'obéissance forcée que leur rendent les mauvais citoyens, loin de suffire, est le plus grand vice de l'État. Quand on n'est juste qu'à cause des lois, on ne reste pas longtemps juste avec elles. Voulez-vous donc leur assurer un empire aussi respectable que sûr? Qu'elles soient fondées sur les principes de la plus stricte équité, et qu'on les fasse régner sur les particuliers vertueux.

Que dis-je, régner? Celui qui s'applique à la vertu n'a pas besoin de lois, s'il s'y applique fortement, attendu qu'il ne fait alors rien d'indigne de l'homme, ni de contraire à la droite raison.

On a demandé ce que c'est que le vice. C'est tout l'opposé de la vertu, c'est-à-dire qu'on appelle vicieux celui qui a des habitudes opposées aux lois naturelles et à ses devoirs. L'on ne mettra donc pas au rang des hommes vicieux ceux qui, par faiblesse ou autrement, se sont quelquefois laissés aller à commettre quelque action condamnable.

L'homme réellement vicieux est celui qui, sans proscrire ouvertement la vertu, ne la combat jamais sous ses véritables noms; qui, pour avoir le droit de la persécuter, lui en substitue d'odieux. Il affecte de la méconnaître, ou ennoblit les vices décorés de ses livrées. Il nomme imbécillité, la droiture et la bonne foi ; lâcheté, le pardon des injures ; gravité pédantesque, la sage circonspection ; le mépris de l'or, folie ; la générosité, fai-

INTRODUCTION.

blesse. Au contraire, l'ambition est transformée dans sa bouche en noble émulation ; la ruse et les tromperies sont de l'industrie, de l'adresse ; l'hypocrisie prend le nom de piété; la duplicité celui de fine politique; la feinte, les détours et la dissimulation sont des chefs-d'œuvre de prudence: l'emportement n'est que vivacité ; l'orgueil, grandeur de sentiments ; l'ardeur de se venger, un point d'honneur indispensable, et la férocité, bravoure. Ses éloges sont donc des outrages.

Rien n'est plus envahissant que le vice ; souple, rampant, gracieux et facile, il se glisse partout, il envahit tout, il infecte tout: témoin ces malheureux jeunes gens qui, dans leur indigence, espèrent s'enrichir en empruntant des vices qu'ils prennent pour de la hardiesse littéraire, d'immorales hardiesses ; qui comptent trouver des jouissances nouvelles dans la corruption, et ne voient pas qu'ils ne sont que les plagiaires de ces vieillards blasés qui croient rajeunir parce qu'ils se dépravent ou s'épuisent. (*De Salvandy.*)

Il faut donc leur en montrer les dangers ; il faut qu'ils sachent que la dégradation flétrit l'âme (*Madame de Staël*), et qu'il n'est rien de plus dégradant que le vice ; il faut qu'ils sachent que cet amour du mal (*Young*), appliqué aux vices, est un crime: que celui qui a beaucoup de vices a beaucoup de maîtres (*Pétrarque*), et que « ces maîtres laissent comme un ulcère en sa chair, une repentance en l'âme, qui toujours s'égratigne et s'ensanglante elle-même. » (*Montaigne*.)

Mais si l'on veut imprimer fortement dans l'esprit encore tendre des enfants et non encore endurci de la jeunesse, une forte et grande aversion pour le vice, il faut leur montrer, indépendamment du mépris, de la honte et du remords qui s'attachent habituellement à l'homme vicieux comme le vautour à sa proie, le pitoyable état où les hommes corrompus se trouvent réduits par la débauche, rien n'étant plus capable d'impressionner vivement leur âme et de les arrêter alors qu'ils courent ignorants, confiants et passionnés, se jeter tête baissée dans l'abîme. J'avoue, dit Horace, que c'est ce qui m'a préservé de tous les excès qui précipitent tant de jeunes gens à leur perte.

Ajoutons à cet enseignement, qu'être aimable et digne de récompense, ou en d'autres termes, *mériter l'amour et avoir droit à être récompensé* sont les principaux caractères de la vertu; tout comme *être odieux et punissable* sont les principaux caractères du vice (*A. Smith*); et nous pouvons être convaincus que, si nous n'avons pas affaire à des criminels endurcis ou d'un caractère que rien ne peut ployer, ils tendront *tous* vers l'amour et ses récompenses.

Et maintenant qu'entend-on par défaut ?

En morale, défaut est synonyme de vice et d'imperfection ; ces trois mots désignent en général une qualité répréhensible, avec cette différence, que *vice* marque une mauvaise qualité morale, qui procède de la dépravation ou de la bassesse ; *défaut* marque une mauvaise qualité de l'esprit, ou une mauvaise qualité purement extérieure, et qu'*imperfection* est un diminutif de *défaut*. Exemple. La négligence dans le maintien est une imperfection ; la timidité est un défaut ; la cruauté et la lâcheté sont des vices. (*D'Alembert*.)

Il est peu de gens exempts de défaut ; au contraire, tout le monde en a sa part ; mais, par un travers fort singulier, chacun s'aperçoit des défauts d'autrui ; il prend plaisir à les faire remarquer aux autres, sans songer à ceux qu'il peut avoir et dont probablement il ne s'aperçoit pas. Pourquoi en est-il ainsi? Parce que notre amour-propre nous dérobe à nous-mêmes ou diminue à nos yeux tous nos défauts. Nous vivons avec eux comme avec les odeurs que nous portons sur nous : nous ne les sentons plus, elles n'incommodent que les autres.

Cette vérité, qui frappe l'esprit le plus *ordinaire*, devrait, on en conviendra, nous faire tous rentrer en nous-mêmes, afin de nous étudier, en nous connaissant bien, à ne pas importuner *nos voisins*, ou à les importuner le moins que possible ; d'autant que, pour arriver à la sagesse, et c'est là que l'humanité devrait tendre toujours, il ne nous faut pas de sollicitation étrangère, il suffit de descendre en soi. Nous n'avons pas de meilleur livre que nous, dit Charron, et nous n'en faisons pas usage. Cependant, corrigera-t-on ses défauts si on ne les connaît pas ? Qui ignore ses besoins ne court pas aux remèdes ; le plus grand des maux est de vivre dans une sécurité trompeuse. Socrate fut jugé le plus sage des hommes, non point pour être le plus habile et le plus savant, mais pour mieux se connaître que les autres.

Il suffit donc que l'homme qui tend vers la perfection se persuade qu'il a des défauts qui lui sont inconnus; qu'il soit convaincu de la nécessité de s'en corriger, pour qu'il sache un gré infini à ceux qui lui témoigneraient assez de franchise et d'attachement pour l'en faire apercevoir. Mais, hélas ! il arrive tout le contraire ; et, sans s'inquiéter si c'est augmenter ses défauts que de les désavouer quand on nous les reproche (*La Rochefoucauld*), il n'est pas un seul d'entre nous qui ne prenne ces avertissements ou ces reproches en mauvaise part. C'est à peine si l'enfant consent à écouter ses parents quand ils les lui signalent, et c'est toujours de fort mauvaise humeur qu'il les entend. C'est un malheur, car il ne suffit pas, pour s'instruire, d'observer les défauts d'autrui et de savoir les conséquences fâcheuses qu'ils entraînent, il faut encore, et cela est indispensable, que nous ayons de bonne heure un *ami* qui nous signale nos propres défauts.

Que dis-je, un ami qui nous signale nos défauts? *La vie est un combat*, et l'homme est ainsi fait que, si on l'abandonne à lui-même, bien plus, si l'on n'exerce pas sur lui une surveillance attentive et continuelle, soit comme père, soit comme fils, soit comme ami dévoué, soit comme précepteur, il n'aura que les instincts et les penchants grossiers de la brute. Il faut donc le surveiller, l'éclairer, le diriger, et cela non-seulement pendant son enfance et sa jeunesse, mais aussi pendant sa virilité et sa vieillesse, toutes époques de sa vie durant lesquelles ses facultés intellectuelles, en se développant et se perfectionnant tous les jours davantage (à moins d'une altération dans l'instrument de la pensée), lui donnent par leur étendue, par leur nombre, par leur nature, etc., une supériorité incontestable sur tous ceux qui, moins heureux que lui, les auront laissés en germe ou se rabougrir en eux, faute de culture ; époques durant lesquelles aussi les facultés affectives de l'âme la gouvernant ou étant dominées par elle, l'individu s'abandonne à tous les déréglements de la licence la plus effrénée, s'abrutit et se perd ; ou bien, se fait respecter, estimer et aimer par la pratique des vertus sociales et religieuses. Elève de la nature, il pourra avoir ce qu'on appelle de *l'esprit naturel*, quelque intelligence ; mais, le plus souvent, il restera ignorant et borné ; il pourra avoir une *certaine* éducation ; mais, le plus souvent, il n'aura aucune connaissance des usages de la bonne compagnie, du mérite attaché aux bonnes mœurs, aux actions honnêtes, et fera bien des *inconséquences*, pour ne rien dire de plus.

La même chose arrivera si, sans l'abondonner à lui-même, on ne s'attache aux pas de l'homme que pour se ployer soi-même à ses caprices et à ses fantaisies, pour fermer les yeux sur ses défauts et ses faiblesses, pour encourager ses vices en les tolérant ; je dis plus, en cherchant à les pallier aux yeux de tous ; en un mot, si on ne le suit que pour se faire son complice et non pour exercer sur lui le ministère d'un juge équitable et sévère, d'un *Mentor*. Agir de la sorte, ce n'est pas aimer l'humanité, ce n'est pas aimer l'homme, ce n'est pas connaître ses véritables intérêts, c'est méconnaître le mandat que la Providence nous a donné.

Oui, notre devoir à tous, qui que nous soyons et quel que soit le rôle que nous sommes appelés à jouer dans cette société, riche de tant et de si beaux éléments d'amour, d'union, de concorde, de dignité, de prospérité, de grandeur ; mais dans laquelle aussi couvent et éclosent tant de ferments de haine, de division, de discorde, de corruption et d'abaissement ! notre devoir à tous, qui que nous soyons et quels que soient les liens qui nous unissent aux hommes au milieu desquels nous vivons, c'est de *nous connaître nous-mêmes* d'abord, et de profiter pour nous-mêmes des exemples et des avis des sages, pour nous former à leur image en vivant avec eux et comme eux. Par ce moyen il nous deviendra facile d'éclairer les autres sur l'origine de notre être, sur sa nature et la fin à laquelle nous devons tendre. Il nous sera facile aussi de savoir et d'apprendre à autrui quelles sont les passions que la morale et la religion ont frappées d'anathème et de réprobation, ces passions mauvaises, comme les vices, abaissant et dégradant l'homme, et le rendant un objet de dédain et de mépris pour ses semblables ; quels sont encore les défauts qui le déparent, le ridiculisent et l'avilissent ; enfin, quelles sont les passions et les vertus qui, en l'ennoblissant aux yeux du monde et de Dieu même, par une pratique *habituelle*, peuvent donner et conserver le calme à sa conscience, seul gage assuré du bonheur sur la terre et de l'immortalité bienheureuse dans le ciel.

C'est pour indiquer les moyens d'atteindre ce but que ce Dictionnaire a été écrit.

Encore une observation, et c'est par là que je termine.

La force vitale, avons-nous dit, a une très-grande influence sur les facultés intellectuelles et affectives. Cette influence devient manifeste, soit lorsqu'il y a simple exagération des fonctions organiques, sans état anormal, soit et surtout, lorsque cette exagération des fonctions est portée à ce point qu'il y a maladie. Dans cette dernière condition *corporelle*, le moraliste n'a qu'un rôle secondaire à remplir, et tout praticien qui sait que « les médecins qui guérissent le plus sont presque toujours des hommes habiles à manier, à tourmenter en quelque sorte l'âme humaine, à porter le calme dans l'imagination troublée du malade, à ranimer l'espérance » (*Cabanis*) ; ce praticien, dis-je, s'en acquittera à merveille. Dès lors ces cas ne nous regardent pas.

Mais ce qui nous regarde, c'est quand l'exagération des fonctions ou toute autre influence physique plus ou moins marquée se fait sentir incontestablement et augmente ainsi nécessairement, soit l'énergie des passions, soit les appétits instinctifs de la bête. Dans ces circonstances, comme les moyens tirés de la morale et de la religion, ordinairement assez puissants par eux-mêmes, dans les cas complètement normaux, demandent à être secondés par des moyens thérapeutiques qui remédient, avant tout ou tout à la fois, aux désordres physiques et aux aberrations de l'âme, j'indiquerai toutes les fois que je le croirai nécessaire, quels sont les moyens hygiéniques, physiques, qu'il faut absolument associer au traitement *philosophico-religieux*.

Je dis au traitement philosophico-religieux, afin qu'on ne se méprenne pas sur mes intentions qui sont de ne faire servir ni l'enseignement théologique ni le haut enseignement religieux à moraliser la société, cette tâche étant réservée, depuis bien des siècles, à des hommes spéciaux et partant très-capables, qui en font leur occupation journalière.

Mais quels que soient les moyens que j'emploierai, nous ne devons pas oublier qu'il faut savoir choisir les occasions ou l'opportunité en toutes choses. « Les poëtes et les peintres, on le sait, font de l'occasion un personnage allégorique de femme représentée avec un toupet de cheveux au-dessus du front et toute chauve par derrière. L'occasion est chauve, dit-on, pour marquer que quand on la laisse échapper on ne la recouvre plus. Les bonnes occasions n'ont qu'un moment qu'il importe éminemment d'utiliser. Profiter de ce moment, c'est presque assurer le succès de l'entreprise. C'est par cette tactique ingénieuse qu'au barreau l'orateur qui, en remuant l'âme des juges, a su faire naître l'occasion de les émouvoir, et qui a eu l'habileté d'en profiter, l'a entraînée en faveur de l'innocence accusée. C'est à elle que le général habile doit la gloire d'avoir sauvé son armée et son pays ; car un heureux instant mis à profit suffit pour triompher de son ennemi ; c'est encore à elle qu'un ministre adroit, rusé et expérimenté, doit le salut de la patrie, des trônes et des couronnes. Combien l'histoire de la société ne nous fournirait-elle pas de faits remarquables pour justifier cette opinion ! » (*Le professeur Golfin*.)

L'habileté à découvrir et à profiter de l'occasion ou de l'opportunité pouvant seule assurer les succès des moralistes, il doit nous suffire d'en avoir signalé la nécessité, pour que chacun la cherche et s'empresse de la saisir.

DICTIONNAIRE
DES PASSIONS, DES VERTUS,
DES VICES ET DES DÉFAUTS
QUI ÉLÈVENT OU ENNOBLISSENT, ABAISSENT OU DÉGRADENT L'HOMME,
ET DES MOYENS DE DÉVELOPPER LES UNES ET DE CORRIGER LES AUTRES.

Je donne mon advis, *non comme bon*, mais comme mien
MONTAIGNE.
Et cependant, j'ai observé avant de raisonner ; j'ai raisonné avant d'écrire.
LOKMAN, fabuliste indien.

A

ABATTEMENT (défaut), ABATTRE. — Abattement a été généralement employé par les moralistes comme synonyme des mots langueur, découragement, accablement.

Il suffit quelquefois de la moindre des causes pour nous faire tomber dans l'abattement. Cela a lieu surtout quand les forces physiques ou les facultés morales ont été affaiblies, soit par suite des fatigues que nous avons éprouvées, soit pendant le cours d'une maladie ou de plusieurs maladies que nous avons endurées, soit et surtout lorsqu'un malheur que nous avions prévu nous frappe, ou qu'un accident imprévu vient nous surprendre. Dans ces circonstances, nous nous abandonnons malgré nous à la tristesse, au découragement ; nous nous livrons involontairement à des réflexions amères ; et comme nous sommes sans courage, sans énergie, les jours se succèdent sans qu'aucun changement avantageux s'opère dans notre corps et dans notre esprit.

Il y a donc deux sortes d'abattement, savoir : l'abattement physique et l'abattement moral. Ce dernier, le seul qui doive nous intéresser, exprime : un *état de l'âme* tel, qu'elle ne résiste que bien faiblement, ou qu'elle succombe tout à fait sous le poids de ses peines et de ses chagrins.

L'abattement, par conséquent, a plusieurs degrés. Ils diffèrent par leur intensité, et aussi par la nature de la cause qui les produit, et plus particulièrement encore, suivant les dispositions morales individuelles ; c'est-à-dire que, se manifestant communément chez les personnes qui manquent d'énergie, de caractère et de cette résignation aux volontés de la Providence qui nous raidissent contre les événements, il doit nécessairement en résulter que ces personnes seront d'autant plus vivement affectées, qu'elles auront moins de cette énergie et de cette résignation.

De même, leur abattement sera plus ou moins considérable, selon qu'on se montrera plus ou moins indifférent aux témoignages d'affection qu'elles donnent, qu'on méconnaîtra davantage les services qu'elles ont rendus, mais principalement si elles ont le malheur de perdre la considération ou la fortune dont elles jouissaient. Je ne dis pas quand la mort leur enlève des parents ou des amis bien chers, parce que, alors, elles sont dans l'affliction. — Voir ce mot.

Il est du devoir du moraliste de faire comprendre à l'homme abattu par une de ces causes, que c'est manquer à la sagesse que de se laisser abattre de la sorte ; qu'il est de sa dignité de savoir supporter sans faiblesse ses malheurs, ou l'ingratitude de ceux qu'il aime, et à qui il a rendu quelques services; que rester accablé sous le poids de ses maux est folie, puisque cela ne sert qu'à le dégrader, tout être raisonnable résistant avec courage, ou se soumettant avec docilité aux épreuves que le ciel lui envoie.

Et comme il n'y a pas dans la vie de mal sans remède, il faudra inspirer à la personne abattue le goût des occupations sérieuses, des arts d'agrément, des voyages, et de tout ce qui pourrait le mieux par sa nature lui faire oublier les causes de son abattement. Mais avant toutes choses, il faut tenter de ranimer en elle la foi et l'espérance ; car celui qui croit et qui espère ne saurait rester longtemps abattu.

Toutefois il ne faudrait pas perdre de vue que la faiblesse physique peut favoriser et entretenir l'abattement ; que certaines maladies le produisent.

S'il en était ainsi, nul doute que les secours moraux employés *seuls* seraient insuffisants. Ils ne peuvent jouir d'une efficacité quelconque, qu'autant qu'on en secondera l'effet par l'action des autres moyens hygiéniques, et parfois de certains médicaments énergiques qui, en réparant les forces, relèvent le courage. Quant aux maladies, il faut un traitement qui soit approprié à leur nature, l'abattement qu'elles produisent n'étant qu'un symptôme de la lésion des propriétés vitales et organiques qui les accompagne.

Hors les cas de maladie, ce sont ordinairement les individus d'un tempérament lymphatique, à fibres molles et lâches, les anémiques, etc., qui se laissent le plus facilement abattre par les événements malheureux qui les frappent. Cela provient, des faits très-concluants l'ont constaté, de ce que la partie séreuse prédomine dans le système circulatoire sanguin, et qu'un sang appauvri, n'excitant pas convenablement le cerveau, instrument de la pensée, l'âme est en quelque sorte sans puissance sur un organe si peu capable de ressentir ses impulsions. Cette observation physiologique sert à expliquer comment il peut se faire que par l'emploi des martiaux, et de tous autres toniques associés aux changements de climat, aux distractions d'un voyage, etc., on parvient à tirer l'homme de son abattement. L'explication est fort simple. A mesure que le sang acquiert des conditions meilleures et se reconstitue, les conditions organiques de l'individu deviennent meilleures à leur tour, les instruments des fontions physiques reprennent leur activité normale, et le cerveau qui manquait de la stimulation nécessaire, n'en étant plus privé, reçoit plus facilement l'impression des influences morales. De là un nouvel ordre d'idées, toutes plus riantes et plus consolantes.

L'abattement moral dépendant de causes multiples, il faut donc, si l'on veut qu'il se dissipe avec toute la promptitude désirable, que la personne découragée fasse un usage simultané et bien entendu des moyens physiques et des secours moraux. J'insisterai davantage sur l'utilité de chacun d'eux, en traitant de la tristesse, dont le découragement ou l'abattement est une des formes.

ABNÉGATION (vertu). — Il est une vertu chrétienne, justement appréciée, mais bien peu pratiquée même par ceux qui prennent le titre de philosophes, dans laquelle chacun de nous peut puiser la force et le courage de renoncer à ses passions et aux biens terrestres, c'est-à-dire aux plaisirs et aux douceurs de la vie, aux privilèges et aux prérogatives de la naissance et de la fortune, à ses intérêts matériels les plus chers, en vue du salut, ou par amour pour la patrie et pour l'humanité. Cette vertu, c'est l'*abnégation de soi-même*, la première, la plus précieuse et la plus rare de toutes les vertus.

Il serait à désirer que cette heureuse et *sainte* qualité tant recommandée par l'Evangile, et dont le Père commun des hommes dépose le germe dans l'âme de tous ses enfants, y fût fidèlement cultivée et y fructifiât. On ne la verrait plus être le partage exclusif de quelques personnes animées par le seul espoir de conquérir, mériter et obtenir la couronne d'immortalité que Dieu a promise à *ceux qui font le bien ;* ou de ces êtres exceptionnels qui s'attachant par vertu à des sentiments moins élevés quoique sublimes, n'aspirent qu'au bonheur de se dévouer à la gloire et à la prospérité de la patrie, ou au perfectionnement de l'humanité.

Malheureusement il n'en est pas ainsi, et quelque éclatants que soient les exemples qui nous ont été donnés et peuvent l'être encore, s'ils ne sont pas entièrement perdus pour le plus grand nombre, ils sont, hélas ! bien rarement imités.

Hâtons-nous de dire que ce n'est pas de l'abnégation religieuse que je prétends parler, car aujourd'hui, comme autrefois, l'amour de Dieu et l'amour du prochain inspirent à de saintes filles, à d'humbles religieux et à nos zélés missionnaires, tout ce qu'il y a de plus digne et de plus pur en charité, en dévouement, en abnégation.

Aujourd'hui, comme autrefois, la religieuse fait l'échange de sa vie si douce et si paisible de jeune fille, de ses espérances d'épouse et de mère, contre la plus complète abnégation. Elle accepte une existence laborieuse, active, dure, pénible, pendant laquelle ses yeux verront tout ce que notre pauvre nature étale de plaies honteuses, d'infortunes inouïes, de souffrances atroces. Ses oreilles n'entendront que des cris de douleur et des râles d'agonie.

Elle sera l'humble servante des indigents, des criminels, quelquefois même de ces femmes immondes qui n'ont plus de nom pour des lèvres honnêtes.

Elle a renoncé au doux titre de mère, mais elle embrassera dans son amour tous ceux qui souffrent, tous ceux qui gémissent. Vous la verrez désormais au milieu des orphelins, des prisonniers, des malades. Comme l'ange de la souffrance elle veillera au chevet des douleurs et s'associera à toutes les agonies, appelant les bénédictions d'en haut par ses prières, adoucissant par ses consolations les terribles approches du tombeau.

« Et si nous allons dans les prisons, dans nos maisons pénitentiaires, là encore nous voyons des religieuses qui ont consenti à s'enfermer pour toujours avec les détenus; qui ont accepté l'existence la plus affreuse qu'on puisse imaginer, dans l'espérance de soulager quelques infortunes, de rendre quelques consciences au bien, quelques âmes à Dieu.

Aujourd'hui, comme autrefois, rien n'est admirable comme le dévouement et la charité des frères des écoles chrétiennes qui, calmes et silencieux, passent dans nos cités sous les sarcasmes et le rire de l'ignorance. Vêtus de bure, nourris comme les plus pauvres des hommes, ils ont fait vœu de pauvreté et de se dévouer à l'humanité. Ils ont renoncé à tout ici-bas, même à leur nom, pour se dévouer sans réserve à l'éducation des enfants du pauvre. Quelle est donc leur espérance? Ambitionnent-ils la fortune? Ils ne peuvent rien posséder personnellement. La domination? Ils vivent et meurent frères. Oui, si on veut savoir ce qu'ils deviennent quand ils ont rempli leur vie monotone de bonnes œuvres et de laborieux travaux, on apprend qu'ils s'éteignent ignorés du monde, indigents comme ils ont vécu, et ils n'ont au cimetière qu'une tombe sans inscription et sans faste, où nul ne vient verser des pleurs, car personne ne les connaît.

Aujourd'hui, comme autrefois, les moines du Saint-Bernard se dévouent à une œuvre qui les tue dans dix ans, celle de sauver des hommes perdus dans les Alpes. Séparés de l'humanité tout entière, soumis à l'action d'un froid éternel, environnés de neiges et de glaces, ils habitent la cime d'un rocher où la nature est morte, où pas un être vivant, pas un arbre, où rien ne réjouit leur solitude; mais ils sont la providence des voyageurs égarés.

En présence de tant de dévouement, de tant d'abnégation, ce ne sera pas nous, assurément, qui nous récrierons sur la rareté de *l'abnégation religieuse;* mais en est-il de même de *l'abnégation* patriotique? Non: et comme les exemples en sont loin d'être communs, c'est aux moralistes à recueillir avec soin ceux que les auteurs ont consignés dans leurs ouvrages, et à les mettre sous les yeux du public, afin que tous les peuples puisent dans ces mémorables exemples d'utiles et hauts enseignements. Voici ceux que ma mémoire me fournit en ce moment.

Le vingt-quatre avril 1554, le chevalier Guigues-Guiffrey de Boutières, lieutenant pour le roi en Piémont, fut remplacé dans son commandement — sans avoir démérité — par François de Bourbon, comte d'Enghien. Cédant à une noble susceptibilité, ce brave général s'était retiré dans son château de Touvet; mais ayant appris que l'armée se disposait à livrer bataille, il oublie l'injustice de la cour pour ne songer qu'au bien de l'État et au service du roi, et il accourut, lui vieux général, offrir son épée à un *jeune* homme de vingt-trois ans, demandant à commander sa compagnie de cinquante hommes, dans la même armée dont il était le chef quelques mois auparavant.

Touché de cette belle et généreuse conduite, d'Enghien força le généreux de Boutières d'accepter le commandement de la moitié de la cavalerie, et bien lui en valut, car l'intrépide général fut assez heureux, par une charge habilement faite, de donner la victoire au comte qui, n'ayant plus qu'une centaine de chevaux autour de lui, s'était jeté au plus fort de la mêlée, pour y trouver une mort glorieuse. L'honneur de cette journée appartenait donc au brave général, et d'Enghien fut le premier à la lui attribuer.

Voilà, assurément, un exemple bien remarquable d'une véritable abnégation patriotique, et je doute fort que nos généraux d'aujourd'hui en fussent capables; mais quelque grand qu'il soit, il n'égale pas cependant celui que donnait quelques siècles auparavant (1214), au monde entier, Philippe-Auguste, roi de France.

Personne n'ignore que, prêt à livrer la fameuse bataille de Bouvines, le monarque français, après avoir déposé sa couronne sur l'autel, s'écria en s'adressant aux généraux, aux officiers et aux soldats qui l'entouraient: « Français, s'il est parmi vous quelqu'un qui vous paraisse plus capable que moi de porter ce diadème, je suis prêt à lui céder et à lui obéir. » Est-il rien de plus admirable que ce langage? Peut-on pousser plus loin l'amour de la patrie? Est-il possible de s'élever plus haut par l'abnégation?

S'il n'est pas possible de s'élever plus haut que Philippe-Auguste par l'abnégation de soi-même, il a existé du moins avant lui des hommes qui ont eu le mérite de l'avoir devancé dans la manifestation d'un sentiment pareil et d'avoir offert ainsi un exemple sublime, qui, s'il a trouvé peu d'imitateurs dans les siècles passés, n'en trouverait point aujourd'hui que la fièvre de l'ambition agite tous les esprits et donne à chacun, quelle que soit la condition dans laquelle il se trouve placé, cette soif insatiable de la domination et du pouvoir qui les tourmente.

Quoi qu'il en soit, ces exemples ont été donnés, et je suis heureux de les extraire de l'histoire des croisades, pour les exposer à l'admiration de ceux qui ne les connaissent pas.

Avant de partir pour son pèlerinage en Palestine, Louis VII voulut consulter sa noblesse et son clergé sur le choix à faire de ceux qui devaient être chargés de l'administration du royaume en l'absence du roi.

Après que les barons et les prélats eurent délibéré sur ce choix important, saint Bernard, qui était leur interprète, adressa la parole au roi, et lui montrant Suger et le comte de Nevers : *Sire*, lui dit-il, *voilà deux glaives et cela nous suffit*. Ce choix de l'assemblée devait obtenir l'approbation du roi et les suffrages du peuple. L'abbé de Saint-Denis avait donné une longue paix à la France et fait la gloire de deux règnes ; il s'était opposé à la croisade, et ce qui atteste à la fois son mérite et son ascendant, il avait conservé sa popularité sans partager les opinions dominantes. Suger conseillait au roi de ne point abandonner ses sujets, et lui représentait que les fautes seraient beaucoup mieux réparées par une sage administration de son royaume que par des conquêtes en Orient. Celui qui avait donné ce conseil se montrait plus digne que tout autre de représenter son souverain ; mais Suger *refusa* d'abord un emploi dont il sentait le fardeau et le danger. L'assemblée ne voulut point faire un autre choix et *le roi lui-même eut recours aux prières* pour déterminer le ministre à le remplacer dans l'administration de son royaume. Le pape, qui arriva peu de temps après en France, *ordonna* à Suger de se rendre aux vœux du monarque, des grands et de la nation. Le souverain pontife, pour faciliter à l'abbé de Saint-Denis la tâche honorable *qui lui était imposée*, lança d'avance les foudres de l'Eglise contre tous ceux qui attenteraient à l'autorité royale pendant l'absence du roi.

Le comte de Nevers, désigné par l'assemblée des barons et des évêques, refusa comme l'abbé de Saint-Denis la charge dangereuse qu'on lui proposait. Vivement pressé d'accepter le gouvernement du royaume, il déclara qu'il avait fait vœu d'entrer dans l'ordre de Saint-Bruno. Tel était l'esprit du siècle que cette intention pieuse fut respectée comme la volonté de Dieu, et, tandis qu'on se félicitait de voir un moine sortir de son cloître pour gouverner la France, on vit sans étonnement un prince s'éloigner pour jamais du monde et s'ensevelir dans un monastère.

A une autre époque (vers l'an 1178,) Philippe comte de Flandre se trouvant à Jérusalem, le roi Baudouin dont la maladie empirait proposa à l'illustre croisé de prendre l'administration de son royaume et de gouverner à sa place la ville sainte. Celui-ci *refusa* disant qu'il n'était venu que pour se consacrer au service de Dieu.

Tels sont les exemples sur lesquels nous devrions méditer sans cesse et faire méditer à la jeunesse ; c'est le meilleur moyen de lui faire apprécier, aimer et vouloir mettre en pratique une vertu qui peut faire sa gloire et assurer son bonheur.

A ce propos je crois devoir rappeler que, il y a environ vingt-cinq ans, il prit fantaisie à quelques hommes de talent, mais remplis d'orgueil et d'ambition, de fonder une secte qui s'intitula pompeusement, secte ou religion saint-simonienne.

Celle-ci avait pour base fondamentale l'abnégation de soi-même au profit de l'humanité. L'abnégation devait même être portée si loin par les disciples du saint-simonisme, que, acceptant de gaieté de cœur, ou tout au moins sans opposition, le *degré de capacité* qui leur serait conféré par *les plus capables*, ou les chefs de la doctrine, ils devaient renoncer sans se plaindre à la *condition* que leur naissance ou leur richesse leur avaient faite, pour remplir n'importe *quelles fonctions* qui leur seraient dévolues par *les Pères*, fussent-elles les plus basses et les plus viles.

Cette secte, comme on le pense bien, n'a eu qu'une existence éphémère, soit parce que ses fondateurs ont commencé par se déclarer *les plus capables* et par conséquent les APÔTRES de la doctrine (chaque ville un peu importante avait le sien ou les siens), soit parce que dans notre France, où même les plus riches ne font pas l'abnégation de quelques misérables écus au profit de l'Etat, ou par amour du prochain, il ne s'est rencontré que quelques niais qui ont voulu renoncer à leur rang, à leur fortune et à leur famille pour se faire les humbles valets des graves docteurs prêchant les préceptes de Saint-Simon.

Et attendu que MM. les apôtres - prêcheurs se sont *toujours* considérés comme *les plus capables*, et se sont, en conséquence, arrogé le droit de *toujours* commander, d'être à jamais les chefs de la nouvelle doctrine, il en est résulté que, méconnaissant eux-mêmes la vertu qu'ils proposaient comme devant servir de fondement à l'édifice saint-simonien, celui-ci est resté debout tant qu'ont duré les illusions de quelques adeptes plus subjugués que convaincus. Les illusions détruites, l'édifice s'est écroulé, et il n'en reste plus que quelques ruines éparses, pour en conserver le souvenir.

Je ne parle pas de quelques autres principes de la religion saint-simonienne, les hommes sérieux et éclairés en ayant bien vite fait justice.

ABSTRACTION, ABSTRAIT (disposition bonne ou mauvaise de l'esprit).—On a différemment défini *l'abstraction morale*. Pour les uns, elle consiste dans « une activité de l'esprit par laquelle nous considérons quelques parties d'un tout sans faire attention aux autres parties ; » pour les autres, elle est caractérisée par « un détachement, qui se fait par la pensée, de toutes les circonstances qui peuvent accompagner une chose, pour la mieux considérer en elle-même ; » et certains, enfin, la considèrent comme « un manque d'attention causé par les idées intérieures qui occupent si fortement l'âme, qu'elles l'empêchent d'être attentive à toute autre chose qu'à ce qu'elles présentent. »

Afin de dissiper ce que ces définitions diverses peuvent avoir d'obscur, je vais citer un fait très-curieux de ce qu'on nomme abstraction.

Archimède, grand et profond mathématicien, avait été chargé par son souverain de calculer combien la couronne royale contenait d'alliage mêlé à l'or dont elle était formée.

Le savant avait longtemps inutilement réfléchi pour trouver la solution de ce problème, et désespérait presque d'y parvenir, lorsque, étant au bain, il eut le bonheur de le résoudre. Oubliant alors ce qu'il devait à la décence, et sans s'apercevoir qu'il était nu, il se prit à parcourir les rues de Syracuse en criant : « Je l'ai trouvé! je l'ai trouvé! »

Je dois faire observer que, dans ce cas particulier d'abstraction, comme dans tous ceux qui, comme lui, peuvent se rapporter à la dernière des définitions que j'ai données de cette faculté mentale, l'abstraction pourrait au premier aspect passer pour de la

DISTRACTION. Cependant l'une et l'autre diffèrent sous bien des rapports. L'individu abstrait est tellement absorbé par une idée, que rien ne saurait l'en distraire, ni les objets présents, ni les choses dont on veut l'entretenir, ni les sensations qu'il éprouve, rien ne le tire de son abstraction méditative; tandis que l'individu distrait prête si peu d'attention aux personnes et aux objets, que la présence d'un objet nouveau, la production d'une idée nouvelle, suffisent pour changer le cours de ses pensées. Il a un esprit si mobile, qu'il regarde un autre objet que celui qu'on lui présente, qu'il écoute d'autres discours que ceux qu'on lui adresse; ce qui l'entraîne à faire des sottises ou à répondre tout de travers. Partant l'abstraction serait tout l'opposé de la distraction.—Voir ce mot.—Elle s'empare à ce point de l'individu, qu'on lui a donné le nom d'absorption mentale, de contention d'esprit.—Voir CONTENTION.

On ne saurait considérer exclusivement l'abstraction morale comme un défaut, vu qu'elle est indispensable aux savants et aux artistes. Pourraient-ils perfectionner l'œuvre à laquelle ils consacrent leur temps et leurs veilles, une œuvre qui exige une attention soutenue et quelquefois de grands efforts d'imagination sans y apporter une sorte d'abstraction? Archimède aurait-t-il résolu son problème s'il n'y avait continuellement réfléchi, si au moment d'en obtenir la solution il avait pensé à autre chose ?

Néanmoins, malgré les avantages de l'abstraction, je ne conseillerai jamais à quelqu'un d'être abstrait dans le monde. Qu'on le soit dans le silence du cabinet ou dans l'isolement, soit; hors de là l'abstraction est un véritable défaut.

Et comme chaque défaut a ses inconvénients, celui-ci a le double désavantage que, 1° il rend l'homme abstrait d'une nullité absolue dans un salon; chacun le délaisse et le fuit, et, à moins que son mérite ne soit généralement connu et apprécié, tous portent de lui un jugement très-defavorable.—2° Continuellement dans son abstraction, l'homme abstrait ne profitera jamais des avantages qu'on retire communément dans le monde, de la fréquentation des personnes capables de nous former aux usages de la bonne compagnie et à féconder notre intelligence par la distinction de leurs manières, la pureté et l'élégance de leur langage, la fécondité de leur imagination; la fidélité de leur mémoire, la maturité de leur esprit.

Il est vrai qu'on ne se trouve pas toujours avec d'aussi bons maîtres; eh bien ! même dans ce cas; l'abstraction est un défaut : c'est manquer aux convenances que d'être abstrait.

Nous devons donc nous bien pénétrer de cette vérité importante; que tout homme, pour se faire bien valoir, doit ; quand il se trouve dans une réunion plus ou moins nombreuse, et à plus forte raison avec une ou deux personnes respectables, au lieu de se plonger dans les rêveries de l'abstraction, s'attacher au contraire à se montrer attentif et empressé.

En s'efforçant d'être attentif, il a tout à gagner, car les individus sont recherchés et considérés en proportion du soin qu'ils mettent à se faire estimer. C'est d'ailleurs le seul et vrai moyen de plaire et d'acquérir avec les qualités d'un homme de bon ton une instruction solide et durable.

ACARIATRE (défaut). — *Acariâtre* signifie : « une humeur difficile, aigre, criarde ; farouche. »

Une femme est-elle difficile à gouverner, crie-t-elle nuit et jour contre son mari ou ses enfants, gronde-t-elle ses domestiques, s'emporte-t-elle à propos de rien, on dit généralement qu'elle est acariâtre. N'est-ce pas que sous ce rapport il est bien des hommes qui ne le cèdent pas à la femme ?

Être acariâtre est un défaut qui ne se montre guère que dans l'âge adulte, et qui une fois développé, va malheureusement en se fortifiant de plus en plus à mesure que l'on vieillit. Aussi devient-il ordinairement insupportable chez les vieillards.

Ce défaut n'empêche pas, si l'on veut, que les gens acariâtres ne soient susceptibles de beaucoup d'aménité et de douceur *vis-à-vis des étrangers* ; mais plus ils affectent de paraître tels aux yeux de qui les voit et les connaît peu, et plus en revanche ce sont de véritables tyrans domestiques. On dirait qu'ils se dédommagent chez eux, de la contrainte qu'ils se sont imposée chez autrui.

Affaiblis par l'âge, eux seuls ne s'en aperçoivent pas, et ils voudraient tout faire plier à leur volonté ou à leurs caprices. Rien n'est bien que ce qu'ils font; rien n'est sensé que ce qu'ils disent. Toujours les premiers à faire de l'opposition, ils se plaignent qu'on n'est jamais de leur avis : toujours contrariants, ils trouvent qu'on les contrarie, et, par une étrange aberration de leur esprit, ils se le persuadent. Dès lors, on ne peut jamais discuter de n'importe quoi avec eux, que la discussion ne dégénère en dispute. Rien n'est donc plus à plaindre que les personnes obligées de vivre avec les gens acariâtres.

Et la femme acariâtre, dira-t-on ? Elle ! Mais c'est son bonheur que de tatillonner ;

et comme elle ignore toujours que son caractère soit parfaitement connu; comme elle ne soupçonne pas qu'elle inspire à tout le monde une sorte de répulsion; comme elle ne se doute pas qu'elle perd l'affection de sa famille, et que c'est son humeur qui éloigne d'elle ses proches et ses amis les plus intimes, se flattant toujours, elle se donne toujours satisfaction pleine et entière.

Doit-on croire qu'elle retirerait un salutaire enseignement de l'éloignement qu'on lui montre ou du délaissement dont elle est l'objet, si elle en connaissait le véritable motif? Cela devrait être, et pourtant cela ne serait pas. Pourquoi? parce que crier, gronder est un véritable besoin. C'est chose si naturelle, si habituelle, qu'elle ne pense pas qu'on puisse, sans injustice et sans caprice, trouver que c'est mal. Et si quelqu'un avait le courage de lui dire la vérité, il serait à coup sûr fort mal accueilli;... elle accuserait de singularité toutes les personnes qui la blâmeraient.

Et pourtant, si les *acariâtres* étaient accessibles à la vérité; si elles pouvaient réfléchir un instant aux maux qu'elles se préparent et aux tourments qu'elles font endurer à tout leur entourage; si elles considéraient l'isolement dans lequel se trouve un vieillard qu'on est forcé de délaisser parce qu'il n'est plus abordable; nul doute qu'elles seraient les premières à considérer comme un bien grand malheur d'avoir une pareille humeur, un si mauvais caractère, et qu'elles s'efforceraient de les modifier. Mais non: faibles et présomptueuses, elles ne s'aperçoivent pas de leurs défauts, nient en avoir, et par conséquent sont incorrigibles.

C'est pourquoi, quand on reconnaît dans une jeune personne des dispositions marquées à devenir *acariâtre*, il faut lui montrer tous les dangers qu'elle court, la faire assister, s'il est possible, à une petite scène qui mette ces défauts en relief, et lui faire comprendre que tout commerce devient impossible avec la femme dont l'intérieur du ménage est un enfer.

Mais c'est surtout en développant en elle des sentiments contraires, c'est-à-dire la bonté, la douceur, la tolérance, etc., qu'on peut plus sûrement atteindre le but qu'on se propose.

N'oublions pas que les personnes d'un tempérament nerveux et irritable sont celles qui sont le plus disposées à devenir acariâtres. Dans ce cas, ce n'est qu'en modérant par un régime rafraîchissant, par des bains tièdes, par des attentions soutenues, par des lectures agréables, cette exaltation du système nerveux, qu'on parviendra à modifier l'humeur chagrine de ces personnes, et d'empêcher, autant que faire se pourra, qu'elle ne se personnifie et se perpétue. Ce qui arriverait inévitablement, si on les livrait tout à fait à elles-mêmes.

ACCUSATEUR. *Voy.* DÉLATEUR.

ADMIRATION (sentiment). — Par le mot *admiration* on doit entendre une subite *surprise* de l'âme, qui fait qu'elle se porte à considérer avec attention les objets qui lui semblent rares et extraordinaires. Ainsi, à proprement parler, l'admiration n'est pas un jugement formé par l'intelligence, mais plutôt un saisissement ou une *captation* de l'âme, qui, frappée tout d'un coup de la perception d'un objet peu commun, s'arrête sans réfléchir et sans prendre d'autre parti que de considérer cet objet qui lui plaît.

L'admiration étant une conséquence de la surprise, nous compléterons notre article en traitant de celle-ci. *Voy.* SURPRISE.

ADORATION (sentiment vertueux et religieux), ADORATEUR, ADORATRICE. — L'adoration est l'hommage que le chrétien rend au Dieu créateur de toutes choses, et que les païens rendaient à des idoles ou à des créatures.

Il n'y a point de nation civilisée qui ne rende un culte public d'adoration à Dieu. Les Chinois, ce peuple qui se vante d'être le plus ancien de la terre, ont eux-mêmes reconnu un seul Dieu, de temps immémorial, et point de dieux subalternes. Dans ce vaste empire nulle dispute religieuse. Aussi, quoique subjugué deux fois, il s'est toujours conservé dans son intégrité; il a soumis ses vainqueurs à ses lois; et malgré les crimes attachés à la nature humaine, il est peut-être encore un des Etats les plus florissants de la terre.

Les mages de la Chaldée, les sabéens ne reconnaissent qu'un seul Dieu suprême, et l'adorent dans les étoiles qui sont son ouvrage.
— Les Persans l'adorent dans le soleil. La sphère posée sur le frontispice du temple de Memphis est l'emblème d'un Dieu unique et parfait nommé *Knef*, par les Egyptiens. — Cette adoration d'un Dieu suprême, que les Romains ont accordée au seul Jupiter, est confirmée depuis Romulus jusqu'à la destruction entière de l'empire et à celle de sa religion.

Bref, il n'y a point de nation civilisée qui ne rende un culte public d'adoration à Dieu. Les cérémonies ont partout quelque ressemblance et quelque différence; mais on adore Dieu par toute la terre.

Dieu seul est digne d'être adoré; et ceux qui l'adorent, soit en élevant en secret leur cœur jusqu'à lui pour le remercier de ses bontés et lui exprimer leur reconnaissance, soit en témoignant ces divers sentiments pour l'Eternel par un culte public qu'ils lui rendent; ceux-là, dis-je, sont appelés adorateurs ou adoratrices.

L'adoration en elle-même est moins une qualité ou une vertu qu'un sentiment inné dans le cœur de l'homme, un besoin de son âme, qui aime à épancher ses jouissances ou sa douloureuse résignation dans le sein d'un père bien-aimé à qui elle doit l'existence, et dont elle espère les récompenses. Ainsi, quand après la victoire le peuple accourt en foule pour y entonner le *Te Deum laudamus* et l'y chante; quand courbée sur le berceau de sa fille bien-aimée qu'un mal cruel dévore, une mère désolée se recueille et prie le Dieu de miséricorde de ne pas lui ravir celle dont les tendres caresses sont désormais nécessaires à son bonheur, c'est un hommage suprême de l'homme à Dieu, c'est une adoration. Quand surtout, au milieu du saint sacrifice de la messe, le prêtre élève au-dessus de sa tête le corps et le sang de Jésus-Christ offerts aux regards des fidèles, sous les apparences du pain et du vin, le chrétien s'incline et prie; c'est un culte suprême rendu au Créateur, c'est l'acte d'adoration par excellence.

Ce besoin, disons-nous, est inné dans le cœur de tous les hommes; heureux celui en qui l'éducation l'y développe et l'y fortifie. Mais comme il n'est jamais si pressant et si vif qu'alors qu'on en connaît les douceurs, et que nul ne saurait en savourer les délices sans une véritable croyance, source abondante qui doit le féconder, c'est en inspirant de bonne heure aux enfants et à la jeunesse, la foi en Dieu, la première de toutes les vertus, et le principe de tous les autres sentiments vertueux, qu'on les rendra pour toujours de fervents et zélés adorateurs.

Quelques-uns craignent qu'en adorant Dieu on ne devienne bientôt superstitieux ou fanatique; et bien des gens s'imaginent qu'il doit en être ainsi. Cela pourrait arriver à un esprit faible dirigé par des hommes qui seraient eux-mêmes fanatiques ou superstitieux; mais cela n'arrivera pas si on a une religion bien entendue. D'ailleurs, n'est-il pas à craindre qu'en le niant, en n'étant plus retenu par les craintes qu'un Dieu vengeur doit inspirer, on ne s'abandonne aux passions les plus atroces et aux crimes les plus affreux toutes les fois que notre intérêt ou notre nature nous y portera? Entre ces deux excès, n'y a-t-il pas un milieu raisonnable? Où est l'asile entre ces deux écueils? Le voici : Dieu et des lois sages.

Vous affirmez qu'il n'y a qu'un pas de l'adoration à la superstition. Il y a l'infini pour les esprits bien faits, et ils sont aujourd'hui en grand nombre. La vraie connaissance de la religion doit améliorer les mœurs publiques, et d'année en année le fanatisme de l'erreur qui couvrait la terre se voit enlever ses détestables usurpations.

Laissons donc les hommes adorer Dieu, et soyons sans crainte pour l'humanité, de la part de ceux qui adorent sincèrement celui qui nous a fait une loi de nous aimer les uns les autres.

ADRESSE (bonne qualité ou vice). — L'adresse est l'art de conduire ses entreprises d'une manière propre à les faire réussir. Elle demande de l'intelligence et un bon jugement, car les affaires difficiles réussissent rarement, si elles ne sont conduites avec une certaine habileté, tant de gens, tant de motifs, tant d'intérêts divers s'opposant parfois à leur réussite.

Souvent en agissant avec adresse on use de dissimulation : elle ne saurait être prise en mauvaise part tant que, dans ces sortes de cas, on n'emploie pas des moyens déloyaux, tout le monde applaudissant à l'adresse qui sait convenablement tourner les obstacles ou les surmonter.

Adresse est quelquefois synonyme de souplesse, finesse, ruse, artifice, qui tous se confondent dans un même sentiment, la dissimulation ou Déguisement. *Voyez* ce dernier mot.

AFFABLE, Affabilité (qualité, vertu). — *Affable* se dit de tout individu qui reçoit et écoute ses inférieurs d'une façon tout à la fois civile, douce, honnête, engageante, c'est-à-dire, sans avoir rien de sévère dans le regard, rien de rude dans le langage, rien de rebutant dans les manières, et tout en ayant bien mieux que cela.

Partant, on doit nommer *affabilité* ce sentiment des convenances qu'observe habituellement l'homme affable, et qui fait que dans ses relations avec ses inférieurs par la naissance, le rang ou la fortune — affabilité se dit rarement d'égal à égal, et jamais d'inférieur à supérieur — il se montre toujours ayant le sourire sur les lèvres, avec de bienveillantes paroles et toutes les formes d'un homme poli, prévenant et cordial.

L'affabilité est une vertu bien plus rare qu'on ne l'imagine. Si elle nous paraît plus commune qu'elle ne l'est réellement, c'est que nous confondons, avec bien des gens pas plus malins que nous, l'affabilité réelle, qui est le partage des personnes bien nées, et un certain patelinage ou sorte de dissimulation, dont se servent les individus haut placés par leur position sociale, à l'égard de ceux qui leur demandent des faveurs ou des services, ou même vis-à-vis de celui qui leur réclame une chose loyalement et légitimement méritée.

Ces gens-là vous accueillent parfaitement, avec empressement ils vous tendent la main; ils vous encouragent par une apparence de cordialité qui nous charme et nous séduit d'autant plus qu'ils trompent davantage. Toujours affectueux pour celui qui leur parle, et ne désapprouvant rien de ce qu'il propose, on croirait, en voyant combien ils entrent dans les vues, les raisonnements et les intérêts du solliciteur, qu'ils vont tout entreprendre pour l'obliger : étrange illusion! Qu'un autre visiteur survienne avec des intérêts opposés à celui qui vient de sortir, ils lui tiendront le même langage, le préviendront par les mêmes politesses; et c'est tout le contraire de ce qu'ils agréaient tout à l'heure qui obtient, l'instant d'après, leur approbation.

Par ces odieuses manœuvres, tous ces *donneurs d'eau bénite de cour* parviennent à capter la confiance et à acquérir cette estime publique à laquelle ils visent tant et toujours; mais pour si habiles qu'ils soient dans l'art de feindre, le moment arrive enfin où leurs coupables manœuvres sont démasquées, et où ils reçoivent le juste châtiment dû à leur basse dissimulation, le mépris universel.

Néanmoins, et malgré les fâcheuses conséquences que le patelinage entraîne à sa suite, pour celui qui joue l'affabilité, ce vice est tellement commun de nos jours, qu'il m'a semblé nécessaire de saisir la première occasion qui me serait offerte, pour le montrer dans toute sa laideur.

C'est pourquoi, dussé-je m'exposer pour plus tard à des répétitions inévitables, je me laisse entraîner en ce moment au besoin de prévenir la jeunesse, généralement si confiante et si crédule, qu'elle ne doit pas s'en laisser imposer par les dehors trompeurs de ces tartufes de notre époque, qui, pour mieux la tromper, se montrent à elle avec une affabilité affectée. (*Voy.* DISSIMULATION.) C'est d'ailleurs le meilleur moyen de lui faire connaître davantage tout le prix qu'elle doit attacher à une affabilité franche, sincère, et la rendre désireuse d'être affable à son tour par humanité, si elle ne l'est déjà par nature.

Je conçois qu'il doive en coûter beaucoup de contredire un solliciteur, même quand on y est forcé, et surtout de lui refuser ce qu'il demande ; mais ne peut-on le contredire avec ménagement et beaucoup de bienveillance? Ne peut-on diminuer l'amertume du refus en témoignant le déplaisir qu'on éprouve de ne pouvoir faire ce qu'il désire ? Et ne vaut-il pas mieux, quand on aura rassuré le solliciteur par un bon et franc accueil ; quand on aura été attentif à prévenir son embarras, à le mettre à l'aise, s'il est timide ; quand on l'aura écouté avec patience et bonté ; ne vaut-il pas mieux, dis-je, le renvoyer avec de consolantes paroles et sans le tromper en le berçant par de fallacieuses promesses, que de lui laisser emporter des espérances et une sécurité qui lui seront inévitablement préjudiciables? Faut-il croire le visiteur assez peu raisonnable pour que, s'il lui est prouvé que sa demande est inopportune, ses prétentions déplacées, qu'il est impossible qu'on fasse quelque chose pour lui, qu'on juge toute démarche inutile, croit-on, dis-je, qu'il en veuille à la personne qui lui tiendra franchement un pareil langage?

Je me prononce pour l'affirmative, quant aux premières questions, et négativement pour la dernière. Oui, on peut contredire le solliciteur ; oui, on doit ménager sa sensibilité et l'amertume du refus ; oui, il vaut mieux dire avec franchise qu'on ne peut rien pour lui que de le tromper : il n'en voudra pas, soyez-en certain, à celui qui s'excusera de son impuissance avec sincérité et bonne foi.

Pour ma part, je ne conçois pas différemment la véritable *affabilité*, et c'est parce qu'ils la concevaient et la pratiquaient de la sorte, que certains rois de France et quelques-uns des princes placés sur les degrés du trône, se sont acquis de tout temps l'affection et l'estime du peuple français.

Tel fut parmi eux le dauphin, père de Louis XV. Le capitaine de ses gardes avait ordre de ne jamais rebuter personne, et d'indiquer avec bonté un moment plus favorable à ceux qui se présentaient à contretemps. Il ne voulait pas même que ses officiers éloignassent ceux qui étaient connus pour être importuns. « Peut-être, disait-il, qu'ils ont quelque chose de meilleur à proposer aujourd'hui que les autres fois, et j'aime mieux éprouver quelque ennui, que de leur faire sentir avec trop de confusion qu'ils m'importunent. »

Un jour, entre autres, on voulait persuader à cet excellent prince qu'il était d'un accès trop facile. Il demanda si on l'en blâmait dans le public, et sur ce qu'on lui répondit qu'au contraire on l'en louait beaucoup : « Eh bien ! reprit-il, laissez-moi donc mériter ces louanges. »

De même, un des hommes qui ont joué un grand rôle sur la scène du monde, Cambacérès se montra toujours affable, comme je désirerais que tout le monde le fût. Voici le portrait qu'en fait la duchesse d'Abrantès : « Quand je l'ai connu, dit-elle, il était à cette époque conseiller à la cour des aides de Montpellier. Il n'était pas l'ami de mes parents, ce n'était qu'une simple connaissance, mais il était devenu le mien et celui de Junot. Jamais je n'ai requis un secours pour un service, quel qu'il fût, que je ne l'aie toujours trouvé prêt à agir ; ou bien, si c'était une chose impossible, il me le disait, et me donnait un moyen pour réussir, que lui n'aurait pas pu mettre en œuvre, soit par sa position, soit par la nature de la demande. Je l'ai entendu quelquefois dire à des personnes de Montpellier qu'il accueillait toujours à merveille, mais dont il ne pouvait pas servir les intérêts : — Je ne puis demander cette place pour vous, je l'ai demandée pour un autre. Jamais il ne donnait de ces promesses trompeuses dont les hommes sont si prodigues. Il avait pour cela une probité rigide. Mais j'ai tort de faire une exception : Cambacérès était un honnête homme. L'esprit de parti a voulu vainement mordre sur lui. Il avait de l'honneur, de la droiture et une grande bienveillance dans les manières, ce qui le faisait généralement aimer. »

Tous ces faits parlent trop haut pour avoir besoin de commentaires ; aussi me bornerai-je à conclure de tout ce qui précède, que l'affabilité est une des vertus les plus nécessaires, je dirai même indispensable à l'homme qui, par sa naissance, ses talents ou son courage, est arrivé à se faire une position telle qu'il puisse être utile à ses égaux ou à ses inférieurs. Sans elle, il ne se fera jamais aimer et estimer ; sans elle il ne goûtera en aucun temps les jouissances qu'elle procure.

Il ne faudrait pas cependant, et je ne dois pas le taire, que l'affabilité fût exagérée et dégénérât, comme cela a lieu quelquefois, en véritable FAMILIARITÉ. (*Voy.* ce mot.) — Sans doute on ne doit mépriser personne ; sans doute nous sommes tous égaux ; mais si l'affabilité par trop familière engendre le mépris, tout comme l'affabilité affectée, les gens instruits et bien élevés doivent, tout en étant très-affables avec les hommes grossiers et sans éducation, les tenir à distance par la noblesse de leurs manières et de leur langage.

Considérée en elle-même, l'affabilité est moins un sentiment, une qualité, une vertu, que l'expression ou la manifestation de la bonté. Celle-ci, qui se décèle par tant d'actes divers, n'existerait point si on la séparait de l'affabilité, sa compagne et sa fille; il faut donc rapporter tous les avantages que cette dernière procure, à la vertu, où elle puise sa source.

AFFECTATION (défaut), AFFECTÉ. — On peut définir l'affectation : une sorte de déguisement ou dissimulation qui se traduit à l'extérieur par des mœurs, des manières, un langage affectés, singuliers, originaux.

Affectation a plusieurs significations. Ainsi, étaler des qualités ou des vertus qu'on n'a pas, mais qu'on voudrait avoir, dans l'espoir d'en imposer à la multitude et de s'en faire un mérite, c'est de l'affectation.

Il est une autre sorte d'affectation qui, comme l'afféterie, avec laquelle on l'a confondue, appartient à la manière de se comporter. Elle consiste également dans l'éloignement du naturel; mais vous remarquerez qu'il y a cette différence entre l'une et l'autre, que l'affectation, dans ce cas, a pour objet les pensées, les sentiments, le goût dont on fait parade ; tandis que l'afféterie ne regarde que les petites manières par lesquelles on croit plaire.

Il y a encore cette différence entre l'affectation et l'afféterie, que la première est souvent contraire à la vérité et tend alors à décevoir ; et que, quand elle n'est pas hors de la vérité, elle déplaît tout de même, par la trop grande attention à faire paraître ou remarquer cet avantage. Quant à la seconde, toujours opposée au simple et au naïf, elle a quelque chose de recherché qui déplaît, surtout aux partisans de la franchise.

Enfin on tombe dans l'affectation en courant après l'esprit, et dans l'afféterie en recherchant des grâces.

En général, on n'est jamais si ridicule par les qualités qu'on a, que par celles qu'on affecte d'avoir. (*La Rochefoucault.*) — Je dis même que les qualités réelles ne rendent jamais ridicule que celui qui cherche à s'en trop prévaloir. Aussi a-t-on classé l'affectation parmi les défauts que certains caractères bien tournés ne peuvent jamais prendre, et que ceux qui les ont pris ne peuvent jamais perdre.

Un des graves inconvénients de toute affectation , c'est de finir par se déceler et de faire retomber l'individu au-dessous même de sa valeur réelle. C'est pourquoi je dirai avec Duclos : « Soyons donc ce que nous sommes , n'ajoutons rien à notre caractère ; tâchons seulement d'en retrancher ce qui peut être incommode pour les autres, et dangereux pour nous-mêmes. »

AFFECTION (sentiment). — Affection signifie, en morale, tout sentiment intérieur ou passionné de l'âme, qui attache l'homme à son semblable, le dispose et le porte à faire son bonheur ou à y contribuer.

Comme tous les autres sentiments affectueux tels que l'amour, l'amitié, etc. auxquels elle s'unit ou avec lesquels elle se confond, l'affection est innée dans le cœur de tous les êtres animés et s'y développe à l'aide d'une inclination naturelle ou sympathique. C'est pourquoi je ferai remarquer que les moralistes ont eu tort de tant généraliser la signification de ce terme, c'est-à-dire d'appeler *affection* le sentiment qui nous attache aux biens matériels, et de la faire, en un mot, synonyme d'*attachement*. Voyez ATTACHEMENT.

Pour ma part, je trouve que c'est pousser beaucoup trop loin l'analogie; je voudrais qu'on se servît de l'expression *attachement*, alors seulement qu'il serait question des objets physiques ; et que celle d'*affection* fût spécialement réservée pour la sympathie affectueuse qui nous attire vers les personnes. Ce n'est même que dans ce sens qu'on peut dire, avec madame Rolland, que « le bonheur tient plus aux *affections* qu'aux événements. »

Ce sentiment, ai-je dit, est inné dans le cœur de tous les hommes, comme l'amour, l'amitié, etc., avec lesquels il se confond ; j'ajoute qu'il ne faudrait pas pour cela le confondre entièrement avec l'amour proprement dit, l'affection étant plus réfléchie et plus raisonnée. Elle ne nous aveugle pas comme lui sur les défauts d'autrui : elle peut être modérée ou réprimée par une volonté un peu forte; elle s'efface facilement de notre cœur, du moment où nous reconnaissons que la personne objet de notre affection n'est pas digne de notre estime ; ce qui n'a pas toujours lieu pour l'amour proprement dit. Cela n'empêche pas qu'on ne fasse du bien à la personne qu'on n'affectionne plus, si les circonstances le commandent ; mais ce sera par bonté, par humanité, et non comme individu par nous affectionné.

Quoi qu'il en soit, comme l'affection est inséparable de l'amour, de l'amitié, etc., je crois qu'il serait convenable d'en former le premier degré de ces sentiments, c'est-à-dire de la considérer comme un amour, une amitié, faibles , modérés, dont il est facile de se rendre maître. Par ces motifs, je ne m'étendrai pas davantage sur ce sujet qui, d'ailleurs, ne me paraît pas susceptible d'autres développements spéciaux.

AFFÉTERIE (défaut). — Les auteurs ayant considéré l'affectation et l'afféterie comme deux sentiments analogues , j'ai dû , à leur exemple, traiter de celle-ci à l'occasion de celle-là, et faire connaître quels sont les points de contact et les dissemblances qui les rapprochent ou les séparent. Je n'aurais donc rien ajouté à ce qui a été exposé dans l'article AFFECTATION, et me serais borné à y renvoyer , si je n'avais voulu faire observer en passant que l'affectation est le partage de certains hommes, et l'afféterie de certaines femmes qui, par leur ton et leurs manières, forment une classe à part; ce qui avait fait dire à Diderot : « Il n'y a guère de petits maîtres sans affectation, ni de petites maîtresses sans afféterie. »

AFFLICTION (sentiment naturel), Affligé. — Le mot *affliction* sert à exprimer : le sentiment douloureux que l'âme éprouve quand un malheur ou quelque chose de fâcheux nous arrive, et principalement, quand la mort nous ravit une personne qui a des droits légitimes à notre affection.

Sous ce dernier rapport, l'affliction est un tribut que tout homme sage peut payer sans honte à la nature ; et rien en cela ne doit le distinguer des esprits faibles ou pusillanimes qui, eux aussi, s'affligent dans le malheur, que la modération avec laquelle il supporte cette perte.

On a confondu assez généralement, comme sa définition l'indique, l'affliction, la peine et le chagrin. Cela n'est pas rationnel, attendu que chacun de ces mots a une acception plus particulière pour telle ou telle chose plutôt que pour telle autre. Et par exemple : nous sommes *affligés* de la mort d'une mère chérie, d'un père tendre, d'un ami dévoué ; la perte d'un procès nous donne de l'humeur, du *chagrin*, et le malheur d'une personne que nous affectionnons nous fait de la *peine*. Ce seraient donc trois sentiments divers, ou, si l'on veut, trois variétés bien tranchées du même sentiment.

Néanmoins je préfère les séparer, à cause du plus ou moins d'importance du motif qui les détermine, et vu surtout qu'il n'est pas raisonnable, ce me semble, de donner le même nom à la douleur qu'on ressent de la perte d'un père, au chagrin que cause la perte d'un procès, fût-il ruineux, et moins encore à la peine qu'on ressent de la perte du procès d'un ami. Or, l'impression ressentie par l'âme ne pouvant être la même, on doit donc séparer ces trois sentiments et les distinguer entre eux, comme n'étant pas parfaitement synonymes.

D'ailleurs, que faut-il aux gens affligés, aux personnes tristes, ou aux individus qui ont une peine, pour les consoler ? Les affligés ont besoin d'amis qui s'affligent avec eux ; les personnes chagrines, de personnes gaies qui leur donnent des distractions, et ceux qui ont une peine, d'une occupation, quelle qu'elle soit, qui détourne leurs yeux de ce qui les attriste, pour les porter sur un autre objet.

Cette distinction que je prétends établir entre l'affliction, la peine et le chagrin, est bien peu importante, je l'avoue ; et cependant elle m'a paru nécessaire, à cause des motifs que j'ai déjà fait valoir ; et puis, parce que, s'il est vrai, d'une part, que l'homme peut, sans manquer à la sagesse, s'abandonner avec modération à son affliction, il est non moins certain, d'autre part, que la douleur *incessante*, qui naît du chagrin ou d'une peine, est la passion la plus insensée et la plus ridicule.

Est-il rien de plus ridicule, en effet, que de se plaindre de ce qu'on ne peut empêcher, et d'avoir continuellement du chagrin d'un fait accompli ? N'est-ce pas que les grandes âmes, loin de se laisser abattre par le chagrin, savent et peuvent en tirer parti ?

Ainsi, je le répète, l'affliction, la peine et le chagrin, sont trois variétés du même sentiment, ou trois sentiments divers, comme on voudra.

Quoi qu'il en soit, l'affliction quand elle est légitime, ne mérite jamais d'être blâmée, et conséquemment, nul ne saurait y trouver à redire. Mais si par hasard il s'en trouvait qui voulussent imiter ceux qui prêchaient à Solon de ne point pleurer la mort de son fils, car c'étaient larmes inutiles et impuissantes, nous leur répondrions avec ce philosophe : C'est pour cela qu'elles sont plus justes et que j'ai raison de pleurer.

Ce n'est pas que je veuille que l'on pleure toujours et qu'on ne se console jamais ; non, la douleur doit avoir des bornes, et, poussée trop loin, elle devient tout à la fois insensée et ridicule.

S'affliger quand on a perdu une personne qu'on aime, la pleurer avec modération, est un sentiment naturel et louable ; aussi le moraliste, loin de le blâmer, s'il s'intéresse à l'individu que le malheur est venu visiter, s'affligera avec lui, parce que c'est là une attention qui calme et qui console.

Cela ne saurait suffire, il doit lui montrer la foi et l'espérance, qui, si on les écoute, persuadent à l'âme douloureusement affectée, qu'elle doit se soumettre avec une résignation pieuse à cette triste épreuve que Dieu lui fait subir : pensée consolante qui soutient et encourage le véritable croyant.

J'ai beaucoup souffert et beaucoup regretté, disait Azaïs, après avoir perdu sa fille chérie : le Maître suprême ne le défend pas, au contraire, il approuve nos regrets quand ils sont légitimes. La souffrance est à nous, il nous l'a donnée. Le bonheur sans mélange n'est qu'à lui, il ne pouvait en faire part à ses créatures ; il ne nous interdit que le murmure, et il nous invite à être justes nous-mêmes, en reconnaissant sa justice et sa bonté.

Aussi, quand Dieu nous prive d'une personne qui nous est chère, répéterons-nous avec Bossuet : Nous devons adorer sa sévérité, qui n'est qu'amour. Pourquoi pleurerions-nous ceux qui ne pleurent plus et dont Dieu a essuyé les larmes ? C'est nous-mêmes que nous pleurons, et il faut passer à l'humanité cet attendrissement sur soi. Mais la foi nous assure que nous serons bientôt réunis aux personnes que les sens nous représentent comme perdues. Vivez de foi sous écouter la chair et le sang ; vous retrouverez dans notre centre commun, qui est le sein de Dieu, la personne qui a disparu à vos yeux.

Telles sont les consolations que la religion vient offrir à l'âme affligée ; et si elle les accepte avec bonheur, c'est qu'il n'est rien de plus doux, en effet, pour la personne qui pleure, que d'être persuadée que celui ou celle qui n'est plus repose dans le sein de

Dieu, et se trouve désormais à l'abri des peines, des chagrins et des souffrances qu'il nous faudra endurer encore avant de jouir, à notre tour, des félicités célestes que nous devons mériter. Ce n'est donc pas sur ceux qui meurent que nous devons pleurer, c'est sur nous-mêmes, car notre vie est un combat dont nous ne pouvons prévoir l'issue.

A ces consolations que la religion offre à tous, nous pouvons ajouter celles que l'amitié nous inspire, que l'étude donne, que le temps apporte. Les unes et les autres sont très-puissantes, attendu que si l'on aime à rencontrer sur son chemin ou à voir venir à soi un cœur ami qui compatisse à notre douleur et l'allége en la partageant; si l'étude, par les abstractions nécessaires qu'elle procure, nous distrait par moments de nos afflictions et nous les fait oublier; le temps, par une foule de circonstances qu'il sait habilement ménager, ne leur cède en rien sous le rapport de la puissance consolatrice.

Il est même un si grand consolateur, le temps, qu'on peut, sans crainte d'être démenti par l'expérience, dire hardiment à tous ceux qui s'affligent et ne veulent pas être consolés : Vous n'écoutez pas la voix de la raison et de la religion, eh bien, le temps fera presque nécessairement ce qu'elles n'auront pu faire, et vous aurez perdu le mérite du sacrifice.

Remarquons encore que, si l'affliction est portée jusqu'à l'exagération, elle devient parfois un jeu ridicule, le moyen dont se servent généralement ceux qui veulent se rendre intéressants et inspirer de la pitié. Aussi ne parlent-ils jamais de la perte qu'ils ont faite, qu'ils n'aient de l'émotion dans la voix, des larmes pleins les yeux. Et cependant, loin d'atteindre le but qu'ils se proposent, ils ne retirent de leur indigne comédie que le dédain et le mépris de ceux-là même qu'ils veulent tromper.

Oui, et c'est une remarque qui n'a point échappé aux observateurs, il y a dans les afflictions diverses sortes d'hypocrisie. Dans l'une, sous prétexte de pleurer la personne qui nous est chère, nous nous pleurons nous-mêmes; c'est-à-dire nous pleurons les plaisirs qu'elle nous procurait, les attentions et les soins qu'elle avait pour nous, la considération qu'elle pouvait nous donner, etc. Ainsi les morts ont l'honneur des larmes qui ne coulent que pour les vivants.

Il y a une autre sorte d'hypocrisie, c'est l'affliction de certaines personnes qui aspirent à la gloire d'une belle et immortelle douleur. Après le temps qui consume tout et fait cesser celles qu'elles avaient en effet, elles ne laissent pas de continuer opiniâtrément leurs pleurs, leurs plaintes, leurs soupirs; elles prennent, je l'ai déjà dit, un personnage lugubre, et travaillent à persuader, par toutes leurs actions, que leur déplaisir ne finira qu'avec la vie. Cette triste et fatigante vanité se trouve d'ordinaire dans les femmes.

On a remarqué une autre espèce de larmes, qui n'ont que de petites sources, qui coulent et se tarissent facilement: ainsi, on pleure pour avoir la réputation d'être tendre; on pleure pour être plaint; on pleure pour être pleuré; enfin, on pleure pour éviter la honte de ne pas pleurer.

Pauvres effrontés ou pauvres niais, qui ne s'imaginent pas qu'on se défie presque toujours de ces afflictions exagérées, qui ne savent pas que si leur feinte est un jour découverte, la défiance qu'elles inspireront deviendra telle qu'on suspectera jusqu'à leur véritable affliction.

Il faut donc éviter de tomber dans de pareils excès, la douleur fût-elle sincère et véritable. A plus forte raison ne doit-on jamais feindre, quelque intérêt que l'on puisse avoir à simuler l'affliction. La feinte, n'en doutons pas, tôt ou tard se découvre, et rien ne peut détruire alors l'impression fâcheuse qu'a produite sur les esprits positifs et loyaux une pareille découverte.

L'affliction a des effets divers sur l'organisme vivant, selon que son action est immédiate sur les principales fonctions qu'elle trouble ou suspend instantanément, ou suivant qu'elle agit d'une manière lente et graduée sur les viscères qu'elle altère; selon que nous nous sommes faits et habitués peu à peu à l'idée que nous éprouverons bientôt une perte irréparable, ou que nous apprenons tout à coup l'annonce d'un bien grand malheur; selon enfin que, par tempérament ou par notre idiosyncrasie, nous sommes plus ou moins impressionnables. Et par exemple :

L'histoire nous apprend que Charles VIII, dit l'Affable, s'était tellement fait aimer par sa bonté et sa douceur, que, frappé d'apoplexie au château d'Amboise, en 1498, à l'âge de 28 ans, deux de ses domestiques expirèrent en apprenant sa mort.

Montagne fait mention d'un Allemand qui fut tué au siège d'Offenbach, après avoir fait des prodiges de valeur. Un des officiers généraux voulut voir le corps de cet homme valeureux : on le lui montre, il reconnaît son fils et tombe. Voilà les tristes conséquences d'une affliction profonde.

Quand ils ne sont pas mortels, les effets d'une véritable affliction peuvent être suivis d'accidents immédiats plus ou moins fâcheux, comme le prouvent les faits suivants.

Tissot rapporte qu'un père de famille ayant perdu son, épouse qu'il aimait éperdument, devint subitement asthmatique. Un vieux praticien, routinier, s'imagina que la maladie de cet homme était à l'anus, et donna de très-forts médicaments pour produire un flux hémorrhoïdal. Ce malade mourut au bout de deux jours; on trouva le poumon très-enflammé et le cœur crevé.

Il n'y a pas longtemps, écrivait Zimmerman en 1773, qu'un Anglais tomba par terre, à Londres, à l'enterrement de sa femme, perdit l'usage de ses membres, et resta muet depuis ce temps-là.

J'ai connu une jeune dame qui, ayant eu le malheur de perdre son mari, qu'elle affectionnait beaucoup, devint subitement aveugle. Bien des années après, malgré les soins les plus éclairés et les plus assidus d'un très-habile praticien, elle n'avait pas encore recouvré la vue.

P. Franc raconte qu'une dame, à qui l'on avait donné la fausse nouvelle de la mort de son mari, en fut tellement affectée, qu'elle s'évanouit immédiatement, eut des convulsions, et en même temps une énorme tympanite.

Les faits de cette nature sont excessivement rares : les plus communs sont la syncope ; ou bien des accès hystériques ; ou encore quelques autres accidents nerveux passagers ; aussi sommes-nous forcés, pour expliquer la mort où la gravité des accidents chez ceux-ci, la syncope et l'attaque de nerfs chez ceux-là, de les attribuer soit aux dispositions organiques et vitales qui constituent l'idiosyncrasie des individus, soit à la différence qui doit nécessairement exister dans l'attachement que chacun portait à la personne qu'il a perdue.

Ce n'est pas tout. Si « la grande douleur est courte, disait Cicéron (*Gravis dolor brevis est*), » et très-funeste, la douleur qui n'anéantit pas si précipitamment les forces et les ressorts de la vie n'en est pas moins dangereuse. Une douleur lente est un vrai désespoir secret, qui tient l'âme encore moins libre que Prométhée sur le Caucase, et son état est d'autant plus à plaindre qu'elle se plonge volontairement dans le tombeau, où le corps va se précipiter involontairement.

Pourrait-il en être autrement ? Non, sans doute, puisque, par suite du lien étroit et sympathique qui unit le cerveau, instrument vivant de l'intelligence, avec le système digestif, le système circulatoire sanguin, et le poumon, instruments de nutrition ou d'hématose, les effets ordinaires d'une affliction vraie, profonde et continuelle, se font immédiatement ressentir dans toute l'économie.

Dès lors le sommeil ne clôt plus la paupière de la personne affligée, ou, si elle s'endort un instant, son repos ne relève pas les forces que la douleur a abattues. L'estomac ne sent que faiblement l'aiguillon de la faim, ou il y a inappétence complète, et si par raison on ingère quelques aliments dans ce viscère, les aliments qu'il reçoit sans les avoir appétés ou désirés commencent par le fatiguer, et en sortent ensuite sans avoir été suffisamment élaborés. De là, l'appauvrissement du sang, la lenteur de ses mouvements, la faiblesse générale, l'inertie des organes, l'impuissance où ils se trouvent de remplir convenablement les fonctions auxquelles ils sont destinés, la pâleur de la face et l'amaigrissement progressif. De là, ces douleurs névralgiques toujours plus rapprochées, toujours croissantes et sans cesse renaissantes de l'estomac ; ces flatuosités, ces spasmes, ces coliques, ces syncopes qui suivent les dérangements du ventricule ; ces suppressions d'hémorragies habituelles chez l'un et l'autre sexe ; ces constipations ou ces dévoiements qui résultent de l'atonie des intestins ; ces fièvres lentes, la consomption et la mort !

Il est facile de comprendre, d'après cette énumération des désordres organiques et vitaux, ou physiologiques, qui sont la triste et inévitable conséquence d'une affliction que rien n'a pu modérer, qu'il faille, comme dans l'abattement moral uni à l'abattement physique, associer les moyens hygiéniques et pharmaceutiques aux secours que la morale fournit ; il faut même se hâter d'autant plus à les combiner et à les mettre en usage, que ces désordres deviendront plus manifestes et par conséquent plus profonds. *Voy.* ABATTEMENT *et* TRISTESSE.

Je ne parle point des ménagements qu'il faut garder vis-à-vis d'une personne à qui nous avons une fâcheuse nouvelle à annoncer : pour si peu qu'on ait vécu dans le monde, on doit savoir qu'il faut ménager sa sensibilité et la préparer peu à peu à connaître la vérité tout entière ; les accidents les plus graves et les plus funestes pouvant être, ainsi qu'il a été précédemment démontré, la conséquence d'une impression morale très-vivement sentie et inattendue.

De même nous ne saurions trop, en annonçant une mauvaise nouvelle à des individus très-sensibles, leur recommander de ne point étouffer leurs sanglots. Je voudrais même qu'on cherchât, en émouvant leur sensibilité par l'énumération des qualités du défunt, à faire couler des larmes des yeux de la personne affligée ; les pleurs qu'elle verserait suffisant quelquefois pour éviter les accidents nerveux qui ne manquent pas de se manifester chez les gens qui *veulent montrer du caractère*. C'est par leur libre cours que ces accidents peuvent être prévenus ou dissipés ; il faut donc, si faire se peut, les provoquer ou les exciter. Que d'autres déclarent avec Platon « que les hommes ne doivent pas pleurer, que cela n'est permis qu'aux femmes ; » moi, je préfère à la sécheresse du philosophe la sensibilité du sage Solon.

Les écrivains ont employé le mot *Angoisse*, pour exprimer une grande *affliction* ou une douleur morale amère qui suit un événement accompli. Comme cette dénomination s'applique également aux maux du corps et à ceux de l'esprit, nous n'en ferons point le synonyme d'affliction, celle-ci ne devant jamais s'appliquer qu'aux peines du cœur.

ALARME, ALARMÉ ; APPRÉHENSION, CRAINTE (sentiments naturels). — L'ALARME est un sentiment d'inquiétude que nous éprouvons à l'annonce d'un danger réel ou qui n'est qu'apparent, qu'on croyait éloigné et qui nous menace.

Elle laisse beaucoup de jeu à l'imagination, dont le prestige ordinaire est de grossir les objets, et cela d'autant plus qu'on est moins courageux. C'est pourquoi, quand la présence de l'ennemi donne l'alarme aux habitants d'une cité, la sensation que chaque particulier éprouve est proportionnée à son énergie morale, c'est-à-dire à sa fermeté.

Il en est à peu près de même de

L'APPRÉHENSION. Dans celle-ci, nous sommes également inquiets; mais l'inquiétude que nous ressentons naît de l'attente du succès ou de l'insuccès d'une affaire à laquelle chacun des assistants porte un grand intérêt. Et, par exemple, dans une bataille ou pendant un combat singulier qui se prolonge par l'égalité des armes ou du sang-froid des adversaires, et dont par conséquent les résultats sont incertains, tous les témoins du duel sont dans l'appréhension, jusqu'à ce qu'enfin, l'adresse d'un côté, ou un heureux hasard de l'autre, décident de la victoire.

Ainsi, dans l'appréhension comme dans l'alarme, il y a toujours beaucoup d'inquiétude; mais dans l'alarme, l'inquiétude que nous éprouvons nous est personnelle, se rapporte à notre propre personne pour laquelle nous craignons, au lieu qu'elle se porte sur autrui dans l'appréhension.

Et quant à la

CRAINTE, elle ne diffère des deux autres sentiments que parce que l'impression que l'homme ressent et qui l'inquiète, naît de la connaissance qu'il a déjà acquise qu'un événement fâcheux vient de s'accomplir, et qu'il a dès lors tout à craindre de ses suites. Ainsi, supposons qu'une armée ennemie entrât triomphante dans Paris, et que la population fût forcée de se mettre à la merci du triomphateur: on conçoit d'avance que chaque citoyen, ayant à craindre pour sa famille et pour lui-même, craindra d'autant plus qu'il saura que le vainqueur est méchant et cruel.

Partant, dans les trois circonstances susmentionnées, à savoir: dans l'alarme, l'appréhension et la crainte, le sentiment moral est à peu près le même; seulement il naît d'une cause différente. Dans le premier cas, c'est de l'*annonce* du danger que chacun court ou croit courir; dans le second cas, de la *vue* du danger que courent nos amis ou du moins ceux à qui nous portons quelque intérêt; et dans le troisième cas enfin, de l'*incertitude* où l'individu se trouve pour lui-même et pour autrui, sur les suites d'un événement qu'on n'a pu empêcher.

Et comme la sensation que les hommes éprouvent dans ces sortes de cas, a beaucoup d'analogie avec celle qui accompagne la peur, la frayeur, etc., on a cru devoir considérer tous ces mots comme synonymes.

Je ne saurais partager l'opinion des auteurs à cet égard, vu que j'ai trouvé des nuances assez tranchées entre les uns et les autres pour les séparer.

Elles consistent en ce que l'effroi naît de ce qu'on *voit*; la terreur, de ce qu'on *imagine*; l'alarme, de ce qu'on *apprend*; la crainte, de ce qu'on *sait*; l'épouvante, de ce qu'on *présume*; la peur, de l'opinion qu'on a; et l'appréhension, de ce qu'on *attend*: donc ils ont une origine différente.

De même, la présence de l'ennemi donne l'alarme; la vue du combat cause l'effroi; l'égalité des armes tient dans l'appréhension; la perte de la bataille répand la terreur; les suites jettent l'épouvante parmi les peuples et dans les provinces; chacun craint pour soi; la vue d'un soldat ennemi fait frayeur; on a peur de son ombre.

On s'est donc étrangement mépris, en considérant tous ces sentiments, produits par des causes diverses, comme parfaitement identiques. Une dernière preuve qu'ils ne le sont pas, c'est, par exemple, qu'il faut craindre Dieu, et qu'on peut le craindre sans en avoir peur.

Quoi qu'il en soit, l'alarme, l'appréhension et la crainte étant des sentiments spontanés et du moment, nous ne devons pas les considérer comme un défaut et moins encore comme un vice. Néanmoins vous remarquerez qu'une crainte puérile rend ridicule, et que puisque le ridicule tue, tout homme sage et fort doit donc éviter ce travers, triste apanage des gens pusillanimes et sans courage.

L'alarme et l'appréhension ne paraissent pas avoir d'influence fâcheuse sur le physique et le moral de l'homme. Il n'en est pas de même de la crainte; car, comme l'a remarqué Lorry, et bien d'autres après lui, l'influence des affections morales est une des causes les plus propres à modifier la peau.

Parmi les faits nombreux que je pourrais citer à l'appui de cette proposition, je choisirai les suivants, parce qu'ils ne sont consignés, je crois, dans aucun ouvrage. C'est de mon ancien maître, du savant et érudit professeur Lordat que je les tiens.

« J'ai soigné en 1805, nous disait-il, au dépôt de mendicité, un Génois atteint de l'éléphantiasis des Arabes. Il était on ne peut mieux caractérisé, c'est-à-dire accompagné d'anesthésie. On pouvait donc enfoncer très-profondément des épingles dans la tumeur sans déterminer la moindre douleur. La peau de la jambe présentait une dureté considérable, etc., etc.

« En questionnant ce malade sur les circonstances commémoratives de sa maladie, voici ce que j'appris: cet homme avait été captif en Barbarie avec son père. Ayant commis une faute qu'il appelait légère, il fut menacé d'être puni par l'application de quelques coups de bâton à la plante des pieds. Il eut une grande crainte que la menace ne fût suivie d'exécution; cependant il en fut quitte pour la peur. Mais depuis lors, ce malheureux fut sujet à des terreurs paniques qui revenaient à chaque instant. Ce n'est pas tout: quelques jours après, son père l'avertit qu'il avait des boutons à la figure, ils s'accrurent de plus en plus et constituèrent enfin la maladie sus-dénommée. Elle datait donc de l'époque où cet individu avait été saisi de crainte au moment où il fut menacé de la bastonnade.

« J'ai vu une dame qui, ayant été assaillie dans sa chambre par deux voleurs, les esquiva en sautant par la fenêtre: peu de jours après, il survint une couleur rosée à la figure.

« J'ai connu une femme qui avait son nourrisson à la mamelle, lorsqu'on cria dans la rue qu'un enfant avait été écrasé sous les pieds d'un bœuf. Comme elle avait d'autres enfants, elle eut une grande crainte que ce ne fût un des siens. Dès ce jour le nourrisson fut atteint de convulsions, et la femme d'une dartre à la jambe droite, qu'elle garda pendant dix-huit ans, c'est-à-dire jusqu'à la mort. »

On le voit par ces exemples, que je pourrais multiplier : les effets de la crainte peuvent être assez puissants pour occasionner des maladies ; il ne faut donc jamais user d'un pareil moyen, même comme correction d'une faute grave.

ALLÉGRESSE (sentiment). — L'allégresse est une *joie* éclatante et générale qui vient d'une cause subite et inattendue, c'est-à-dire de l'annonce d'une nouvelle importante ou de l'accomplissement d'un événement qui nous satisfait pleinement. *Voy.* JOIE.

AMABILITÉ (qualité, vertu), AIMABLE. — Etre *aimable*, c'est réunir en soi les vertus et les qualités indispensables pour plaire et se faire estimer..... pour se faire aimer.

D'après cela, l'*amabilité*, loin d'être une vertu *simple*, serait constituée au contraire par l'assemblage de plusieurs vertus : la réunion de la franchise, de la prévenance, de la politesse, de la complaisance, de la douceur, de l'affabilité et même de la bienfaisance ; nul ne méritant le titre d'*aimable*, s'il ne réunit en lui toutes ces qualités, ou du moins le plus grand nombre d'entre elles.

C'est donc celui-là seul qui l'aura mérité, ce titre, qu'on doit proposer pour modèle à la jeunesse, toujours si désireuse de plaire, toujours si disposée à imiter ces *faux aimables* qui, jouissant ordinairement de la plus grande faveur auprès des femmes frivoles et légères, sont généralement recherchés par les jeunes gens.

Mais à quoi donc pourrait-on les reconnaître? En étudiant avec soin s'ils possèdent ou non les qualités et les vertus que j'ai dit constituer la véritable affabilité, et de plus, à l'indifférence que les faux aimables affectent pour le bien public, à leur ardeur de plaire à toutes les sociétés où leur goût et le hasard les jettent : ils sont prêts à en sacrifier chaque particulier pour y mieux parvenir.

Si on les suit, si on observe leur entourage, on découvre aisément que personne ne les aime, mais que tel qui les méprise, les recherche pourtant quelquefois, à cause des agréments qu'ils procurent.

C'est un malheur vraiment déplorable pour l'humanité qu'il en soit ainsi, et que tous les honnêtes gens, toutes les femmes raisonnables ne se réunissent pas pour repousser de leur société ces soi-disant *aimables*, ces aimables de cour ou de salon, comme on les appelait ironiquement autrefois, qui, quoique paraissant toujours occupés des autres, ne sont satisfaits que d'eux-mêmes ; et qui, dominés par le désir immodéré d'amuser ceux-là même dont ils font souvent le moins de cas, mais qui ont la bonhommie de les écouter et de les applaudir, immolent même leurs amis les plus intimes à la satisfaction de leur amour-propre.

Aussi dissimulés que dangereux, ils mettent, presque de bonne foi, la médisance et la calomnie au rang des amusements permis, sans s'inquiéter s'ils ont d'autres effets. Malheur à qui les hante, et plus malheureux encore celui qui veut les imiter ! Il pourra comme eux amuser et plaire un instant, obtenir le titre d'aimable, mais à quel prix, hélas !

Soyons donc véritablement aimables, s'il est possible; efforçons-nous du moins de le devenir, et nous obtiendrons nécessairement, tout à la fois, les avantages de la vraie et de la fausse *amabilité*, sans avoir à redouter les fâcheux inconvénients attachés à cette dernière.

AMBITION (sentiment passionné), AMBITIEUX. — Qu'un homme soit gouverné par le désir immodéré de sortir de sa sphère et de s'élever au-dessus des autres par ses talents et non par l'intrigue; que, dans le but d'obtenir des distinctions honorables, un poste important, de la gloire, la fortune et tout ce qu'elle donne, aujourd'hui que la richesse tient lieu de tout pour le plus grand nombre, on dira qu'il est ambitieux. Et on applaudira à son ambition, si, par sa capacité et son mérite, il justifie ses prétentions.

On le louera surtout si, dans les démarches qu'il fait et toutes les peines qu'il se donne pour atteindre le but auquel il aspire, il ne s'écarte en rien des règles prescrites par la plus stricte loyauté et la plus grande délicatesse.

L'ambition ainsi considérée, loin d'être une passion mauvaise, est au contraire une passion nécessaire; car, que deviendraient la science, les arts, l'industrie, etc., si les hommes étaient tous sans ambition ? Les verrait-on jamais concevoir un projet d'une exécution difficile et avoir les forces et la patience nécessaires pour l'accomplir ? Non, sans doute ; et l'ambitieux ne sera point coupable aux yeux même de ses rivaux, si, en les surpassant, il reste fidèle aux lois de l'honneur et de la probité.

L'ambition est toujours utile quand elle a un but honorable; elle est de toutes les époques, elle contribue au progrès; seulement, elle a plusieurs degrés, et, comme l'a très-judicieusement fait observer M. Saint-Marc Girardin, elle ne s'élève pas toujours à la même hauteur. Il ne faut donc pas l'approuver toujours et quand même.

Ce n'est pas tout, et je crois l'avoir déjà fait pressentir, non-seulement l'ambition domine l'homme capable et honnête, mais la médiocrité conçoit, elle aussi, les jouissances qu'elle doit procurer. Et alors combien de moyens coupables n'emploie-t-elle pas pour arriver à ses fins ! que d'intrigues n'ourdit-elle pas ! que de bassesses ne fait-elle pas pour parvenir ! Il faut paraître non pas tel qu'on est, mais tel qu'on nous souhaite : bassesse d'adulation, on encense et on adore l'idole qu'on méprise; bassesse de lâcheté, il faut savoir essuyer des dégoûts, dévorer des rebuts, et les recevoir presque comme des grâces; bassesse de dissimulation, point de sentiments à soi et ne penser que d'après les autres; bassesse de dérèglement, devenir les complices et peut-être les ministres des passions de ceux de qui nous dépendons, et entrer en part de leurs désordres pour participer plus sûrement à leurs grâces; enfin, bassesse même d'hypocrisie, emprunter quelquefois les apparences de la piété, jouer l'homme de bien pour parvenir et faire servir à l'ambition la religion même qui la condamne. Ce n'est point là une peinture imaginaire, ce sont les mœurs des cours et l'histoire de la plupart de ceux qui y vivent. Bref, la plupart des ambitieux sacrifient tout, et jusqu'à l'honneur même à leur élévation. Et comment ne le lui sacrifieraient-ils pas, du moment où, capables de tout pour se satisfaire, la fin, à leurs yeux, justifie les moyens, et le crime qui les exalte devient une grande action! Du reste, c'est par cette passion que le prince du mal a tenté le premier homme : *Tu deviendras semblable à Dieu*, lui a-t-il dit; *comme lui tu régneras et tu ne mourras point*. Et Satan lui-même est tombé, par le désir d'être égal à Dieu et de monter à sa place.

Il faut donc qu'il y ait dans la puissance une sorte de fascination, puisqu'on peut lui sacrifier justice, vérité, reconnaissance, amour, piété, tout ce qu'il y a de doux et de sacré dans le cœur, et qu'en général ceux qui l'ont une fois goûtée ne peuvent s'en rassasier et la regrettent toujours après l'avoir perdue.

C'est une grande calamité pour une époque quand l'ambition y devient générale. C'est le signe avant-coureur de la dissolution ; car la société ne subsistant que par l'ordre, et l'ordre demandant une hiérarchie, il n'y a plus d'obéissance possible là où tout le monde aspire à commander. Alors personne ne veut plus rester à sa place, chacun désire monter, et l'agitation règne à tous les degrés de la société. Tel est notre état présent : de l'avancement, voilà le cri de notre époque, et c'est ce qu'on appelle aimer le progrès! On veut avancer pour avoir plus d'argent, plus de pouvoir, et on veut l'un et l'autre pour jouir. Tous veulent s'élever, paraître, briller; on s'élance avec ardeur, on s'élance dans le vide pour retomber dans l'abîme.

Ainsi, l'ambition, suivant qu'elle aura tel but et emploiera tels moyens bons ou mauvais, fera le mérite de l'ambitieux ou constituera pour lui un défaut. Et si elle lui procure parfois les avantages de la réussite, elle peut, même dans ce cas, altérer son bonheur par bien des tourments, troubler sa joie, abréger le terme de sa vie. Voyez Cromwel, venu de si bas et monté si haut : fut-il heureux avec sa fortune et les grands talents qu'il possédait? Il vécut pauvre et inquiet jusqu'à l'âge de quarante-trois ans; il se baigna dans le sang, passa sa vie dans le trouble, et mourut avant le temps, à cinquante-huit ans.

Que l'on compare cette vie à celle de Newton, qui vécut quatre-vingts ans, toujours honoré et toujours tranquille; toujours la lumière de tous les êtres pensants, voyant augmenter chaque jour sa renommée, sa réputation, sa fortune, sans avoir jamais ni souci ni remords; et qu'on juge, après, lequel a été le mieux partagé. (*Voltaire*.) — Donc, l'ambition peut tout à la fois conduire au bonheur et au malheur.

Cette vérité n'a pas besoin aujourd'hui d'être démontrée; l'histoire est là qui nous enseigne, entre autres faits, que le vainqueur de l'Asie, Alexandre, dès l'âge tendre montra du dégoût pour les plaisirs frivoles; il avait des saillies pleines de vivacité et de pétulance pour des objets politiques, *des élans impétueux d'impatience vers la carrière de l'ambition et de la gloire*, une prédilection pour une vie dure et austère, le corps agile et très-dispos, une ardeur pour tout exercice propre à le faire exceller dans l'art de la guerre, une fermeté précoce et une résistance inexpugnable, si on employait la violence et la force, mais aussi une facilité à céder aux voies de la douceur et des remontrances amicales; une avidité insatiable de s'instruire dans les sciences et de posséder même exclusivement les plus élevées et les plus abstraites. A son avènement au trône, à vingt ans, que d'orages le menacent! Puissance chancelante au dedans, ennemis formidables au dehors, nations voisines impatientes du joug, et toute la Grèce dans un état d'effervescence ou plutôt de révolte. Alexandre trouve toutes ses ressources dans la magnanimité et l'audace. Il tombe, avec la rapidité de l'éclair, sur les rebelles qui l'avoisinent, défait le roi des Triballiens en bataille rangée, et le reste de sa vie n'est plus qu'un enchaînement de triomphes : explosion volcanique de sa vengeance contre la ville de Thèbes; ascendant irrésistible de son génie et de sa sagesse sur toutes les républiques de la Grèce; pressentiment profond de la conquête du monde, avec un sentiment d'admiration pour la pauvreté volontaire de Diogène; passage du Granique à la tête de son armée, et libre essor donné à la valeur la plus bouillante et la plus impétueuse dans une action décisive; modération dans la victoire; égards généreux et respect pour les princesses prisonnières; les succès non interrompus de ses armées dus autant à son courage qu'à la politique la plus profondément combinée; enfin, l'exécution très-avancée du projet le plus vaste et le plus philosophique qu'on ait jamais conçu, celui de civiliser les nations les plus sauvages de l'Asie et de transporter les arts, les sciences et les mœurs de la Grèce jusqu'aux dernières limites du globe.

Elle nous enseigne aussi, l'histoire, que toutes les belles actions de César « furent altérées et estouffées par *cette furieuse passion ambitieuse*, à laquelle il se laissa si fort emporter, qu'on peut aisément maintenir qu'elle tenait le timon et le gouvernail de toutes ses actions. D'un homme libéral, elle en rendit un voleur public, pour fournir à cette profusion et largesse, et luy fit dire ce vilain et très injuste mot, que si les meschans et perdus hommes du monde lui avoyent été fidelles au service de son agrandissement, il les chérirait et avancerait de son pouvoir aussi bien que les gens de bien. Somme toute, ce seul vice, à mon advis, » ajoute Montaigne, que nous citons ici, « perdit en luy le plus beau et le plus grand naturel qui fut onques, et a rendu sa mémoire abominable à tous les gens de bien, pour avoir voulu chercher sa gloire dans la ruine de son pays, et subversion de la plus puissante et fleurissante chose publique que le monde verra jamais. »

Elle nous enseigne enfin, l'histoire, que l'ambition domina Alexandre, Scipion, Pompée, et que c'est pour n'avoir pu résister à ses entraînements, que Bonaparte, après avoir agrandi l'auréole de sa gloire à l'égal de celle des plus valeureux capitaines et des plus grands conquérants, fut réduit enfin, de chute en chute, à n'avoir plus qu'un rocher pour abri.

L'ambition diffère de tous les autres sentiments passionnés, non-seulement parce qu'elle les domine, mais surtout à cause de sa persistance. Cela tient à ce que ces sentiments et l'amour lui-même ont quelque chose de sensuel ou matériel que la possession ou les obstacles affaiblissent et étouffent ; au lieu que l'ambition étant une passion toute spirituelle ou immatérielle, n'est point capable de satiété : elle s'augmente par la jouissance, et ne s'éteint jamais.

Lorsque nous marchons dans la campagne, nos regards sont bornés à l'horizon par un cercle qui se recule à mesure que nous avançons. Les enfants croient pouvoir arriver à ce cercle, mais les hommes sages sourient de leur simplicité. Tel est l'horizon des ambitieux : toujours il s'agrandit, toujours il fuit devant eux, et rien cependant, tant ils sont aveugles, ne ralentit leur course.

Ainsi, je le répète, tandis que les autres sentiments passionnés se calment par l'acquisition du bien qu'elles poursuivent, l'ambition, au contraire, s'accroît à mesure qu'on cherche à la satisfaire : semblable en cela à la soif des hydropiques que rien ne peut étancher.

Veut-on avoir une idée de l'influence que l'ambition exerce sur tous les ambitieux ? voici les principaux traits de leur caractère.

L'ambitieux ne jouit de rien : ni de sa gloire, il la trouve obscure ; ni des places, il veut monter plus haut ; ni de sa prospérité, il sèche et dépérit au milieu de son abondance ; ni des hommages qu'on lui rend, ils sont empoisonnés par ceux qu'il est obligé de rendre lui-même ; ni de sa faveur, elle devient amère dès qu'il faut la partager avec ses concurrents ; ni de son repos, il est malheureux à mesure qu'il est obligé d'être plus tranquille. L'ambitieux est donc fort à plaindre, alors même qu'il devrait être heureux. Mais il le sera bien plus encore, si la fortune et le pouvoir lui refusent leurs faveurs. Dans ce cas, l'obscurité de son nom l'importune ; il aime mieux périr, pourvu qu'il fasse du bruit en tombant, que de vivre ignoré. Ayant autant de maîtres qu'il y a de gens qui peuvent lui être utiles, mais ne voulant de bien qu'à soi seul, il tâche de persuader aux autres que c'est l'intérêt d'un chacun qui l'anime, afin que tous lui en fassent en le servant. Souple et flexible suivant les circonstances, hardi dans la conception d'un projet, constant et infatigable dans son exécution, tantôt plein de courage, d'audace et d'activité, tantôt humilié et rampant, il a enrichi l'histoire de sa vie, féconde en grandes vertus ou en grands crimes ; il a été l'effroi ou l'admiration de l'univers, et son existence, le plus souvent de courte durée, je l'ai déjà dit, a été presque toujours marquée au coin de la gloire ou de l'horreur.

En un mot, l'ambitieux n'a ni trêve ni repos, et unissant la dissimulation la plus profonde à la persévérance la plus opiniâtre, il arrive où il peut et comme il peut. Aussi l'a-t-on comparé à un hanneton qui vole en tournoyant attaché à un fil. En d'autres termes, celui qui est entraîné par ce vice ne jouit de rien, parce que toujours ce qu'il désire lui fait dédaigner ce qu'il possède. Il ne jouit ni de la gloire qui lui paraît faible ; ni des honneurs qu'on lui rend, parce qu'il en imagine de plus flatteurs ; ni de sa puissance, parce qu'il voit des hommes plus puissants que lui. Il est misérable dans le bonheur même, indigent au milieu de l'abondance : c'est Alexandre, maître du monde, et regrettant qu'il n'y ait pas un autre univers à conquérir : c'est Aman, favori d'un grand roi, plus puissant que son maître, et néanmoins malheureux, parce que le seul Mardochée refuse de fléchir le genou devant lui.

Maintenant le peuple est roi, dit-on ; pauvre roi ! que les ambitions des grands appauvrissent et mutilent ; il applaudit à la comédie que jouent ses maîtres, et il ne gagne à ce spectacle qu'ils donnent à ses dépens, que de s'associer à leurs mauvaises passions. L'ambition descend du faîte vers la base de la société, elle souffle dans les masses ses ardeurs dévorantes. Celles-ci s'ébranlent, s'agitent, triomphent, et ce sont ceux-là même qui ont fait le moins à qui revient la plus grosse part de gloire et de grandeurs.

Un forcené assassine Galéas, duc de Milan, et s'écrie en souffrant le dernier supplice : « Si ma mort est cruelle, ma renommée est sûre, et la postérité gardera la mémoire de ce qu'il ai fait. »

Pourquoi donc les hommes tourmentent-ils ainsi leur existence ? Ne sont-ils donc jamais convaincus que toutes ces vanités de l'ambition ne peuvent rien pour le bonheur ? Le passé n'est-il pas là tout entier, attestant les désastres de l'ambition ? De tout ces noms jetés à l'avenir par les ambitieux de tous les siècles, combien en est-il qui surnagent ? Les plus glorieux pâlissent au bout de quelques années, de nouveaux événements occupent l'attention du monde, et après un siècle, tout ce qui s'est passé de mémorable n'existe plus que d'une manière vague et confuse dans la mémoire des hommes. L'ambition force tellement toutes les lois et la conscience même, disent les docteurs de l'ambition, qu'il faut être partout homme de bien et perpétuellement obéir aux lois, sauf à ce point de régner, qui seul mérite dispense, étant un si friand morceau qu'il vaut bien que l'on en rompe son jeûne. S'il faut violer la loi, disait Suétone, il faut la violer pour régner ; en toute autre chose respectez-la religieusement : *Si violandum est jus, regnandi causa violandum est ; in cæteris pietatem colas.*

L'ambition foule et méprise encore la révérence et le respect de la religion, « témoins Hiéroboam (Jéroboam), Mahumet (Mahomet), qui ne se soucie de toute religion mais qu'il règne, et tous les hérésiarques qui ont mieux aimé être chefs de parti en erreur et menterie avec mille désordres qu'estre disciples de vérité : dont a dit l'Apôtre ; que ceux qui se laissent embabouinés à cette passion et cupidité, font naufrage et s'égarent de la foi, et s'embarassent en diverses peines.

« Bref elle force et emporte les propres loix de la nature : les meurtres de parens, d'enfans, de frères sont venus de là : témoins Absalom, Abimélech, Athalias, Romulus, Sci, roi des Perses, qui tua son père et ses frères : Soliman Turc, ses deux frères. Ainsi rien ne peut résister à la force de l'ambition : elle met tout par terre : aussi est-elle hautaine, ne loge qu'aux grandes âmes, voire aux anges.

« L'ambition n'a point de bornes ; c'est un gouffre qui n'a ni fond ni rive ; c'est le vide que les philosophes n'ont encore pu trouver en leur nature ; un feu qui s'augmente avec la nourriture qu'on lui donne. En quoi elle paye justement son maître ; car l'ambition est juste seulement en cela, qu'elle suffit à sa propre peine, et se met elle-même en tourmente. La roue d'Ixion est le mouvement de ses désirs qui tournent et retournent continuellement du haut en bas, et ne donnent aucun repos à son esprit. » (*P. Charron.*)

Le physique se ressent lui-même de cette influence, et si l'on considère l'ambitieux pendant qu'il rêve et médite ses projets, sa tête, légèrement inclinée sur sa poitrine ; ses sourcils, abaissés et rapprochés du côté du nez ; son front, labouré en bas par des rides profondes, qui vont se réunir toutes à l'épine nasale ; ses paupières, médiocrement ouvertes ; son œil, fixe et comme rempli d'une espèce de vague et qui *semble regarder sans rien voir*; la lèvre inférieure, contractée et poussée en haut vers la lèvre supérieure, contre laquelle elle s'applique fortement ; tous ses traits en général, contractés et roidis, annonceront toute l'activité d'une âme qui combine ses efforts.

Et c'est parce que l'âme de l'ambitieux est continuellement active et inquiète ; c'est parce que l'activité cérébrale qu'elle met continuellement en jeu, constitue une sorte de monomanie, que l'ambitieux ne paraît avoir des yeux que pour l'objet de ses désirs ; indifférent aux scènes les plus riantes de la nature, c'est à peine s'il s'aperçoit du renouvellement des saisons ; le printemps même n'a aucune grâce à ses yeux ; les vins, les mets les plus exquis sont pour lui sans saveur comme sans attraits ; son sommeil est court et troublé ; il prend ses repas à la hâte et d'un air rêveur ; on dirait qu'il craint de dérober à sa passion les instants nécessaires pour réparer ses forces épuisées. Que doit-il en résulter ? Que l'homme en proie à cette passion a bientôt le teint pâle ; ses sourcils se rapprochent, ses yeux se retirent dans leur orbite, son regard devient mobile et soucieux, ses pommettes saillent, ses tempes se creusent, et les cheveux tombent ou blanchissent avant le temps. Dévoré par cette activité que rien ne lasse, l'ambitieux est presque toujours essoufflé, comme un homme qui gravirait péniblement une montagne ; loin de dilater doucement son cœur, l'espérance même lui fait éprouver des palpitations douloureuses et une cruelle insomnie. Aussi son pouls est-il habituellement fébrile, son haleine brûlante, ses digestions imparfaites, la nutrition incomplète ; toutes ses fonctions, en un mot, sont tellement troublées, que l'individu maigrit et se consume toujours davantage. Qu'on me donne, disait Young, l'homme le plus robuste et de la santé la plus florissante, l'ambition en fera bientôt une ombre pâle et décharnée : heureux encore si, déçu dans son espérance et toujours plus passionné pour cette fille des désirs et de l'insatiable cupidité qui, comme un poison subtil, mine sourdement sa vie et abrège la durée de ses jours, cet homme arrive enfin au terme de son existence, sans avoir complètement perdu la raison : une ambition exaltée et trompée produisant quelquefois l'aliénation mentale. (*Pinel, Esquirol.*) Je dis *quelquefois*, c'est *le plus souvent* que j'aurais dû écrire ; car si les pathologistes ont signalé l'inflammation aiguë ou chronique des organes digestifs, les cancers de l'estomac ou du foie, les lésions organiques du cœur et l'apoplexie cérébrale (1) comme étant des terminaisons très fréquentes de l'ambition, ils ont remarqué aussi que la terminaison la plus ordinaire de cette passion est la mélancolie, et surtout la monomanie ambitieuse. Visitez les asiles consacrés au traitement des aliénés, et vous verrez avec étonnement que les malheureux qui se croient devenus généraux, ministres, souverains, pape et Dieu même, y sont en très-grand nombre.

L'ambition, ai-je dit, est louable, honnête, nécessaire ; dans ce cas, il faut l'encourager ; est-elle au contraire blâmable, ou doit alors, s'il est possible, la réprimer, l'étouffer. Mais, bonne ou mauvaise, il convient toujours d'en

(1) Tissot rapporte qu'un magistrat suisse tomba mort aux pieds de son heureux concurrent au moment où il voulut s'approcher pour le féliciter de l'avoir emporté sur lui dans une élection populaire,

modérer les élans, tout en ne se dissimulant pas que rien n'est plus difficile à diriger et à conduire qu'un ambitieux. Pourquoi? parce que d'une part la puissance de ce sentiment subjugue et entraîne la raison de l'homme; et d'autre part, parce que l'ambition se portant sur autant d'objets divers qu'il y a d'individus passionnés pour elle, on ne peut savoir, sans une bien grande connaissance du cœur humain, quel est le sentiment opposé qu'il s'agirait de développer en son âme pour le guérir de sa passion. C'est donc chaque fois une nouvelle étude à faire, et encore faut-il y être appelé. Pour faciliter cette étude, nous devons être prévenus que si l'instinct qui nous porte à nous agrandir n'est aucune part si sensible que dans l'ambition, il ne faudrait pas cependant confondre tous les ambitieux. Les uns attachent la grandeur solide à l'autorité des emplois; les autres, aux grandes richesses; certains, au faste des titres, etc.; plusieurs allant à leur but par nul choix des moyens, quelques-uns par de grandes choses, et d'autres par les plus petites : aussi telle ambition est vice, telle, vertu, telle, vigueur d'esprit, telle égarement et bassesse, etc. (*Vauvenargues.*) On conçoit dès lors, je le répète, que ce qui conviendrait dans un cas, serait préjudiciable dans un autre.

Toutefois, quel que soit l'objet de l'ambition, il faut, quand elle est désordonnée ou malheureuse, la combattre dès sa naissance, si l'on veut le faire avec succès. A cet effet, plusieurs préceptes généraux ont été posés; et par exemple :

1° On doit, nous dit-on, rappeler à tous les ambitieux, et ils ne le sentiront que trop eux-mêmes, que les peines de la carrière de l'ambition commencent dès les premiers pas; que bien des déceptions les attendent sur la route et entraveront leur marche avant qu'ils arrivent à leur but; que, ce but atteint, de nouveaux désirs naîtront en eux, et que, fussent-ils satisfaits, rien n'est plus difficile que de conserver la position qu'on s'est faite; que ce serait par trop se flatter que d'espérer avoir cet avantage, les succès que l'on a obtenus ayant pour ennemis la majorité des intérêts particuliers qui tous, n'ayant pas eu de lot dans le résultat actuel du sort, demandent dès lors un nouveau tirage qui doit amener un déplacement presque continuel. Mais comme on ne peut guère compter sur ces moyens qui, je le crois, n'ont jamais détourné personne de la voie ambitieuse, il faut :

2° Fatiguer à propos l'ambitieux par des obstacles sans cesse renaissants; humilier son orgueil, lui montrer le néant des objets qui le séduisent et l'incertitude des récompenses qu'il attend; mettre ensuite habilement sous ses yeux des individus dont la position soit beaucoup moins heureuse que la sienne; l'éloigner des grandes villes, de la cour, et surtout des parvenus; tâcher qu'il se lie d'amitié avec des hommes contents de leur sort, portés à l'enjouement, à la bienfaisance et ne voulant pas, par modestie ou par circonspection, s'élever à un état supérieur. Par leur fréquentation habituelle (tout est contagieux pour l'homme), il finira par se convaincre que gloire et bonheur ne sauraient s'allier ici-bas, et que la plupart des ambitieux ne sont que de malheureux esclaves qui ont péniblement gravi la route difficile de la vie pour arriver à la mort avec plus de bruit, mais avec de plus grandes infortunes que les autres hommes.

3° Avons-nous à combattre l'ambition chez un individu placé pendant longtemps sur un grand théâtre; mineur adroit, « attaquons la place avec les plus grandes précautions. Portons d'abord l'activité de notre malade sur d'autres points, et tâchons de l'y fixer; créons-lui insensiblement une habitude d'émotions nouvelles qui diffèrent de ses émotions anciennes. Quand nous aurons opéré, si nous réussissons enfin à opérer cette heureuse diversion, alors, seulement alors, nous pourrons commencer l'attaque avec succès. Si nous voulions rétrécir soudainement le cercle de ses idées habituelles, nous compromettrions infailliblement son existence, l'ambitieux étant comme un coureur de profession, qu'on tue bientôt si on le condamne à un repos absolu.

4° On peut enfin être appelé à donner des soins à un homme d'état dévoré d'ambition et brutalement disgracié, sans aucun titre honorifique, sans aucune récompense qui le dédommage de ses services, et qui puisse encore nourrir sa vanité. Ce cas, que le vulgaire appelle énergiquement une *ambition rentrée*, est l'un des plus graves que vous puissiez rencontrer : il se termine souvent par une mort subite; d'autres fois une fièvre consomptive s'empare de ces malheureuses victimes, et les conduit au tombeau par une marche lente, mais douloureuse. Dans cette seconde terminaison, il ne reste guère au médecin moraliste que le rôle de consolateur. Heureux alors celui qui peut se dire : Je suis parvenu à adoucir les derniers jours d'un infortuné. La religion est un puissant remède que j'ai vu plus d'une fois employer, avec succès, dit M. Descuret (*Médecine des passions*), contre de pareilles blessures.

Dans le beau climat de la Grèce, lorsque autrefois un infortuné se trouvait en proie à cette passion dévorante, les prêtres d'Esculape lui prescrivaient d'aller visiter les ruines du mont Ossa. Son ardeur se calmait en contemplant les gouffres épouvantables où furent précipités les Titans. Il écoutait le vain bruit des vagues du Pénée, qui s'élèvent avec fracas dans les airs et viennent mourir au pied des rochers. Il ne tardait pas à se convaincre qu'il faut remplir avec calme sa destinée, et que les jouissances inquiètes de la gloire sont loin de valoir le pur bonheur que le sage goûte dans une parfaite sécurité.

Tels sont les moyens proposés, et quelque douteuse que soit leur efficacité, comme on ne risque rien de les tenter (*tentare non nocet*); comme l'amour des belles-lettres, des arts libéraux, etc., rend ordinairement insensible à la cupidité, à l'ambition, et empêche souvent de les connaître ou d'en devenir l'esclave, il n'est rien de plus rationnel que d'en conseiller la culture, soit à celui qui montrerait de grandes dispositions à une ambition désordonnée, soit à tous ceux en qui ce sentiment est déjà développé. C'est le vrai moyen d'amortir, quand c'est possible, le développement de cette passion dans celui-ci, de la dominer, et de s'en rendre maître un jour dans ceux-là.

Il est un fait historique sur lequel les auteurs ne sont pas d'accord, et qui, à cause de cette dissidence d'opinions, mérite de trouver ici sa place ; il s'agit de décider si la guerre d'Auguste et d'Antoine, qu'on rapporte à l'ambition qu'ils avaient de se rendre maîtres du monde, était, ou non, un effet de la jalousie. Le commentateur de la Rochefoucault, qui avait posé la question, trouve dans les quelques mots de César, que rapporte Suétone au sujet d'Alexandre, une preuve éclatante qu'il n'était mu que par ce dernier sentiment. Cet empereur romain s'écriant, dès qu'il eut appris la mort du roi de Macédoine : *Quoi ! ce prince, à la fleur de son âge, meurt conquérant de tant de royaumes, et moi je n'ai encore rien fait ;* montre par là, qu'il agissait plus pour sa propre gloire que pour l'intérêt du peuple romain.

Je ne partage pas l'opinion du commentateur de la Rochefoucault ; je trouve dans les paroles de César le témoignage de son admiration pour Alexandre, et l'ambition d'acquérir une gloire pareille à celle de l'illustre guerrier. Peut-on appeler ce désir de l'égaler jalousie ? Quelle jalousie peut inspirer un homme qui n'est plus ?

AMI, AMITIÉ (bon sentiment du cœur). — « Le plus doux de tous les sentiments humains, celui qui s'alimente des misères et des fautes, comme des grandeurs et des actes héroïques ; celui qui est de tous les âges, qui se développe en nous avec le premier sentiment de l'être, et qui dure autant que nous ; celui qui double et étend réellement notre existence ; celui qui renaît de ses propres cendres et se renouvelle aussi serré et aussi solide après s'être brisé, ce sentiment-là, c'est *l'amitié*. » (G. Sand.)

C'est, en effet, ainsi que l'ont défini les romanciers, les poëtes et tous ceux qui cèdent aux entraînements d'une imagination exaltée ; mais pour le philosophe qui voit les choses et apprécie les sentiments avec le calme de la raison, l'amitié est, à quelques exceptions près, le lien sympathique qui unit les âmes (*Pythagore*) par tous les charmes d'une affection mutuelle, les porte à se désirer et vouloir réciproquement l'une à l'autre, et sans intérêt personnel, tout ce qui peut contribuer au bonheur de la vie présente et de la vie à venir.

En d'autres termes, l'amitié est le mariage de l'âme sujet au divorce (*Voltaire*) ; et mieux encore, une confusion de deux âmes pleines, très-libres, universelles. (*P. Charron.*)

L'amitié, dit Lorenzo (dans Azaïs) est le premier sentiment que le Ciel ait accordé au cœur humain, et il est destiné à servir lui-même de compensation aux peines de la vie.

C'est lui qui, une fois décidé par la convenance d'idées, de goûts, de caractères, et surtout par un penchant commun vers l'honneur et la justice, ne tient plus compte des défauts, ne se laisse pas affaiblir par les événements, par l'absence, par l'infortune, s'augmente au contraire par toutes les épreuves auxquelles le Créateur nous a soumis. Un ami supporte les torts de son ami, les excuse et aime davantage. Il jouit de ses qualités heureuses, et aime davantage. Son cœur est toujours satisfait et toujours occupé. Cet état, d'une activité douce et permanente, est plein de charmes. Des jouissances plus vives durent peu, et par cela même qu'elles sont très-vives, elles sont compensées par quelque violente amertume qui les précède, les accompagne et les suit ; mais l'amitié constante et simple ne s'alimente que de jouissances paisibles et de tristesse sans amertume. Oui, mon ami, je serai heureux toutes les fois que vous serez dans le bonheur ; quand vous n'y serez plus, je m'affligerai de vos peines, et ma tristesse même sera un plaisir.

Ce besoin de l'âme, fondé ordinairement sur l'égalité des conditions, naît des rapports de l'humeur, des goûts, des esprits, et parfois aussi du rapprochement de deux naturels opposés qui se comprennent et se modifient l'un par l'autre.

Une fois senti, il s'entretient par des attentions réciproques et une confiance sans réserve ; il augmente par l'estime, et devient d'autant plus vif que l'on en apprécie davantage les douceurs et le prix. Ah ! c'est que l'amitié aspire à la communauté complète non-seulement de fortune et de destinée, ce qui est extérieur, mais surtout de cœur, d'affection et de goût ; on veut trouver dans un ami un autre soi-même, y compter comme sur soi, plus que sur soi, afin d'y puiser au besoin de la consolation et de la force. Si les âmes sont unies au fond, elles s'uniront seulement par le reste, et de là les degrés de l'amitié ; suivant le milieu où les cœurs se rencontrent.

Si c'est dans la foi, dans la piété et dans le sentiment du bien, l'amitié a une base inébranlable, et elle prend plus d'élévation, parce qu'elle a plus de fond. Si elle est basée sur une similitude d'esprit, d'intelligence, de pensée, elle est moins sûre, parce qu'elle est moins intime, et qu'il y entre plus de personnel et d'humain, les idées, les vues, les pensées étant de l'homme et changeant avec lui.

Si la correspondance est dans les affections inférieures, dans des goûts semblables, dans la disposition de l'imagination, elle est encore plus faible, car rien n'est plus variable que les sentiments qui viennent du tempérament et de la chair, et partout où l'imagination domine, le caprice et l'ambition ont le dessus.

Si enfin les volontés ont été rapprochées par les intérêts du moment, par des positions analogues ou par des circonstances fortuites, ce sera un semblant, une ombre de l'amitié qui aura encore du charme tant la réalité est belle. L'amitié a le plus ordinairement une cause naturelle et tout à fait indépendante de notre volonté ; c'est une sympathie *sui generis*, qui se manifeste au contact des âmes ; c'est une sorte d'affinité élective par laquelle celles qui se conviennent se recherchent instinctivement et s'unissent quand elles se trouvent.

Et pourtant, quoique l'amitié soit un besoin qui se fait très-vivement sentir, et un des plus grands biens dont l'homme puisse jouir, on ne peut pas dire qu'elle soit une passion ; car, ainsi que madame de Staël en a fait la remarque, elle ne nous ôte jamais l'empire de nous-mêmes. Elle peut nous rendre indulgents pour les défauts de nos amis, sans pour cela nous les dissimuler : tout le monde est d'accord sur ce point.

Mais un point sur lequel on ne s'accorde pas également, c'est la durée de l'amitié. Ainsi, tandis que les uns considèrent ce sentiment comme pouvant s'affaiblir, mais jamais s'effacer complétement, les autres se plaignent au contraire de son peu de persistance.

D'où vient cette différence d'opinions entre les auteurs qui ont écrit sur l'amitié? Elle me paraît provenir de ce qu'ils n'ont pas établi une distinction assez tranchée entre les vrais et les faux amis. Pourtant rien n'était plus facile, et c'est ce que je vais faire.

Quand l'amitié est réelle, l'homme goûte un bonheur parfait à partager avec son ami tous les biens matériels qu'il possède ; il ressent ses peines, ses douleurs, ce qui les rend moins amères, tout comme il double la jouissance de ses plaisirs en les partageant avec lui. Aussi a-t-il des consolations pour toutes ses afflictions, des ressources pour toutes ses misères, une vie tout entière à lui sacrifier. C'est pour cela qu'il n'est jamais coupable de négligence et moins encore d'abandon ; c'est pour cela qu'il est toujours attentif à ses désirs et les prévient ; toujours vigilant à ses moindres besoins auxquels il pourvoit ; c'est pour cela enfin qu'il le soutient, l'encourage et l'excite dans ses travaux, qu'il applaudit à ses succès, veille à son chevet, s'il est malade, et voudrait mourir pour lui.

Aussi quel trésor qu'un ami véritable! *Heureux celui qui l'a trouvé*, dit l'*Ecclésiastique*. En effet, n'est-ce pas le plus grand de tous les biens qu'un ami sur lequel on peut compter comme sur soi, et mieux que sur soi, qui donnerait au besoin sa vie ? Son amitié est désintéressée, car son bonheur est de faire le bien à celui qu'il aime. Ses conseils sont toujours inspirés par son affection, et s'il se trompe, on est certain du moins qu'il n'a pas voulu tromper. On trouve en lui un guide que n'aveuglent pas les passions, et qui parle à son ami le langage de la sagesse et de la vérité. On sait que son dévouement est sans bornes, et qu'il n'abandonnera pas plus, s'il peut, son ami aux coups du malheur, qu'aux sarcasmes du monde. *Rien ne saurait être comparé à l'ami fidèle; son attachement est plus précieux que les richesses.* (*Eccli.* VI, 13.)

La véritable amitié est très-rare, et l'antiquité ne nous en a légué que quelques exemples. L'un des plus beaux est, sans contredit, celui que raconte Lucien dans ses *Dialogues*.

Eudamidas était pauvre ; il avait deux amis fortunés. Se sentant mourir, il les fit ses légataires. Son testament chargeait l'un de nourrir sa mère, et l'autre d'élever sa fille et de la doter. En cas de mort de l'un d'eux, il substituait le survivant dans cet héritage de l'amitié. A l'ouverture du testament, il y eut explosion d'hilarité de la part des auditeurs ; mais les deux amis s'empressèrent de l'exécuter. Celui qui avait pris la mère étant mort, l'autre s'en chargea, et plus tard il maria dans la même journée sa fille et celle d'Eudamidas, leur laissant à chacune la moitié de sa fortune.

Le docteur Dubreuil, à son lit de mort, nous a légué un touchant exemple d'amitié. L'intérêt qu'il inspirait avait conduit dans son appartement quantité de personnes de tout rang et de toute condition. Les pauvres pleuraient dans son antichambre. « Mon ami, dit-il à Pechmeja, qu'il chérissait avec tant de tendresse, il faut faire sortir tout le monde ; ma maladie est contagieuse, il ne doit y avoir ici que toi. » (*Alibert P. B.*) Toi seul, semblait-il lui dire, dois te sacrifier pour ton ami.

C'était ainsi que comprenait l'amitié le digne et vertueux de Thou, dont le dévouement à Cinq-Mars fut aussi grand que généreux. Ne pouvant plus vivre éloigné de celui qui lui avait inspiré un sentiment si profond, de Thou se rendit à Narbonne, où se trouvait Richelieu ; il se dénonça lui-même à ce ministre implacable, heureux d'adoucir la captivité de son ami, de partager son sort, de marcher à la mort avec lui, de ne s'en séparer jamais !

Voilà ce que peut la véritable amitié sur une âme capable de la bien comprendre, et voici comment la comprenaient à leur tour deux hommes dont la postérité la plus reculée redira avec amour le nom et la grandeur. L'un, Marc-Aurèle, remerciait avec joie les dieux d'avoir fait quelque bien à ses amis sans les avoir trop fait attendre ; l'autre, Henri IV, allait au-devant de l'ami dont il croyait avoir à se plaindre. Voici le fait :

Circonvenu par les ennemis de Sully et les siens, Henri de Béarn était arrivé un jour à suspecter la fidélité de son ministre. Sully voit le cœur du roi s'éloigner ; d'un mot il eût pu le ramener ; mais fort de son innocence, ce mot il ne veut pas le prononcer. Enfin, le monarque ne pouvant plus y résister : « Sully, lui dit-il, vous n'auriez rien ? — Quoi ? — Sully n'a plus rien à me dire ; eh bien ! c'est donc à moi de parler. » Alors il lui découvre son âme, lui retrace les combats qu'il a soufferts, lui peint les douleurs qui l'ont déchiré : « Cruel, comment pouviez-vous laisser à votre ami le désespoir de vous croire infidèle ! » Sully se jette aux genoux du roi : « Que faites-vous ? lui dit Henri ; relevez-vous, vos ennemis vous voient ; *ils croiront que je vous pardonne* ; ne leur donnez pas la satisfaction de croire que vous avez été un seul instant coupable ! »

Ces paroles seraient admirables dites d'égal à égal ; car c'est généralement de l'égalité que naît l'amitié ; mais dans la bouche d'un roi si puissant, elles sont sublimes.

Ajoutons que c'est de l'amitié, sentie et pratiquée comme la sentaient et la pratiquaient Marc-Aurèle, Henri IV et de Thou, qu'on peut dire avec Scudéri, qu'elle adoucit toutes les douleurs, redouble tous les plaisirs, et fait que, dans les grandes infortunes, on trouve de bien douces consolations.

Terminons par un exemple digne d'être répété. Il est fait mention, dans Cicéron et Valère-Maxime, de deux amis, Damon et Pythie, qui s'aimaient jusqu'à faire l'un pour l'autre le sacrifice de leur vie. L'histoire raconte que l'un, ayant été condamné par le tyran à mourir à certain jour et heure, « demanda le délai de reste pour aller pourvoir à ses affaires domestiques en baillant caution. Le tyran ayant accordé à cette condition que, s'il ne se représentait pas au temps, sa caution souffrirait le supplice, le prisonnier baille son ami, qui entre en prison à cette condition, et le temps venu, l'ami-caution se délibérant à mourir, le condamné ne faillit pas de se présenter. De quoi le tyran, plus qu'ébahi, les délivra tous deux, les pria de le vouloir recevoir et adopter en leur amitié par tiers. » (*P. Charron.*)

J'ai dit ce que c'était que la véritable amitié ; je vais maintenant esquisser à grands traits les caractères de la fausse amitié.

Le faux ami cherche à tromper ceux dont il recherche l'amitié, par un air gracieux, un visage riant, un accueil obligeant, empressé, de bienveillantes et affectueuses paroles, d'incessantes et toujours tendres caresses ; mais tout se borne là, et c'est vraiment fort heureux : car il en est qui deviennent si importuns par leurs prévenances, qu'ils feraient préférer un indifférent agréable ; si difficiles, qu'ils donnent plus de peine par leur humeur qu'ils n'apportent d'utilité par leurs services ; si impérieux enfin, qu'ils sont de vrais tyrans. Il faut haïr ce qu'ils haïssent. (*Saint-Evremont.*) — Voilà comment, tandis que rien ne contribue davantage au bonheur de la vie que la véritable amitié, il n'est rien qui en trouble plus le repos que les faux amis.

Mais pourquoi ? parce que nul sentiment d'égoïsme ou d'intérêt personnel n'anime le véritable ami ; au lieu que les liaisons contractées par les faux amis sont des liaisons par eux fondées sur divers genres de convenances. C'est-à-dire, qu'ils ne se lient d'ordinaire qu'avec les gens qui par leur position sociale peuvent flatter leur ambition ou leur vanité, et *surtout* leur être utiles. Aussi, pour mieux les tromper, se confondent-ils en *démonstrations* d'amitié. (*Le P. Bouhours.*)

Prenons garde de ne pas confondre les *démonstrations* d'amitié avec les *témoignages* d'amitié, les seuls qui disent réellement quelque chose, les seuls vrais gages de la sincérité de ce sentiment ; car, de même qu'il n'est rien de plus commun dans le monde que les faux amis, de même il n'est rien de plus rare que les amis véritables.

C'est une remarque qu'avait déjà faite, entre autres moralistes, madame Lambert. Elle s'étonne que l'amitié ayant été généralement considérée comme un des premiers biens de la vie, il s'élève cependant une plainte générale dans la société, sur ce qu'il n'y a point d'amis, et que cette plainte soit justifiée par l'histoire de tous les siècles ensemble, qui fournissent à peine trois ou quatre exemples d'une amitié parfaite. De là cette autre remarque : Je ne vois nul grand trait d'amitié dans nos romans, dans nos histoires, dans nos théâtres. Aussi a-t-on dit avec beaucoup d'à-propos :

En vieux langage on voit sur la façade
Les noms sacrés d'Oreste et de Pylade,
Le médaillon du bon Pirithoüs,
Du sage Acathe et du tendre Nisus,
Tous grands héros, tous amis véritables :
Ces noms sont beaux, mais ils sont dans les fables.

Oui, les vrais amis sont rares, et si vous voulez les compter, répéterai-je avec Bonaparte, soyez dans l'infortune. Oh ! alors il vous sera facile, par l'isolement dans lequel vous vous trouverez, d'en faire le dénombrement, heureux s'il vous en reste un seul. Les autres vous auront abandonné et justifieront leur conduite, en attribuant les revers que vous avez éprouvés à la négligence coupable que vous aurez mise à suivre leurs avis. Et comme rien n'est plus facile que de se louer soi-même, tout en abandonnant son ami ; comme il y a mille manières de le faire ; à la plus légère difficulté, au moindre embarras qu'on éprouve, tout le monde se décide à suivre ce parti. Malheur donc à qui aurait à faire une pareille épreuve !

Pour éviter d'en venir à cette bien triste et bien fâcheuse extrémité, il faut, à cet âge de la vie où le cœur s'ouvre entièrement aux doux sentiments de l'amitié ; à cet âge heureux de l'enfance, où se forment entre les individus du même sexe ces liaisons étroites qui peuvent subsister tant que durera l'existence, répéter bien souvent aux enfants cette importante vérité : que le choix d'un ami aura la plus grande influence sur leur destinée. Et comme ces enfants n'ont pas encore assez de discernement pour faire un bon choix, c'est aux parents et aux précepteurs à éloigner d'eux tous les camarades qui n'auront pas les qualités qu'on doit rechercher dans un ami, à les prémunir pour plus tard contre les manœuvres coupables des faux amis, et à leur prouver, l'histoire à la main, que presque tous les individus, hommes ou femmes, jeunes ou vieux, qui sont tombés dans le vice et le crime, y ont été entraînés, parce qu'ils avaient eu le malheur de se lier étroitement avec des êtres vicieux, corrompus, criminels. Ces précautions sont d'autant plus nécessaires, que, plus on avance dans la vie, plus on sent le besoin de l'amitié. C'est un sentiment qui devient une des premières nécessités de l'existence, à mesure que la raison se perfectionne, que l'esprit augmente en délicatesse, et que le cœur s'épure. Malheur donc à qui n'en est point capable ! il tient plus de la bête que de l'homme ; il n'a point vécu, s'il n'a pas connu la douceur de ce sentiment. (*Bacon*.)

Et c'est parce que Bacon a dit vrai, parce que l'on s'expose à de bien cruelles déceptions en faisant un mauvais choix, qu'il faut redire constamment à la jeunesse : Soyez très-réservée et très-difficile dans le choix d'un ami, et rappelez-vous bien qu'il vaut mieux n'avoir qu'un seul ami véritable, digne de ce titre, que plusieurs faux amis. Et si nul ne vous paraît mériter votre amitié, fermez votre cœur à ce doux sentiment, pour ne l'ouvrir qu'à l'amour de Dieu, à l'amour de l'humanité etc., qui vous en tiendront lieu et peuvent faire votre bonheur. Ce sont là d'autres sentiment qui vous permettent et vous obligent même à faire à vos semblables tout le bien que vous dicteraient les devoirs de l'amitié, et qui vous promettent des jouissances pures, répétées, durables, sans offrir les inconvénients que la fausse amitié procure, puisque vous n'attendez rien d'autrui, en échange de votre affection et de vos bienfaits.

Comme il importe de ne pas se méprendre sur les caractères de la vraie ou de la fausse amitié, j'emprunterai à Charron la distinction qu'il en a faite. Voici ce qu'il dit à l'occasion de la flatterie ou fausse amitié et de la vraie amitié :

1° La flatterie est bientôt suivie de l'*intérêt particulier*, et en cela se connaît : l'ami ne cherche point le sien. — 2° Le flatteur est changeant et divers en ses jugements, comme le miroir et la cire qui reçoivent toutes formes : c'est un caméléon, un polypus : feignez de louer ou vitupérer et haïr, il en fera tout de même, se pliant et accommodant selon qu'il connaîtra être en l'âme flatté : l'ami est ferme et constant. — 3° Il se porte trop ambitieusement et chaudement en tout ce qu'il fait, au su et vu du flatté, à louer et s'offrir à servir ; il n'imite pas l'amitié, il l'exagère. Il ne tient pas modération aux actions externes, et au contraire au dedans il n'a aucune affection : c'est tout au rebours de l'ami. — 4° Il cède et donne toujours le haut bout et la victoire au flatté et lui applaudit, n'ayant d'autre but que de plaire ; tellement qu'il loue tout et trop, voire quelquefois à ses dépens, se blâmant et s'humiliant, comme le lutteur qui se baisse pour mieux alterer son compagnon. L'ami va rondement, ne se soucie s'il a le premier ou second lieu, et ne regarde pas tant à plaire comme d'être utile et profiter soit-il doucement ou rudement, comme le bon médecin à son malade pour le guérir. — 5° Bref, j'achèverai par ce mot, que l'ami toujours regarde, sert, procure et pousse à ce qui est de raison, de l'honnête et du devoir : le flatteur à ce qui est de la passion, du plaisir, et qui est malade en l'âme du flatté. Donc il est instrument propre à toutes choses de volupté et de débauches et non à ce qui est honnête ou pénible et dangereux : il semble le singe qui, n'étant propre au service comme les autres animaux, pour sa part il sert de jouet et de risée. (*P. Charron*.)

Reste une dernière question : l'amitié peut-elle exister entre des personnes d'un sexe différent ? oui, mais il est rare qu'elle soit exempte d'amour. Une affection tendre entre un homme et une femme a toujours, même quand elle est pure, un caractère spécial. Elle est rarement exempte de danger. C'est comme une substance inflammable que la plus légère étincelle peut embraser. Nous ne prétendons pas qu'il faille condamner une pareille affection, mais il faut s'en défier ; elle est souvent trompeuse.

AMOUR. — *Généralités*. — D'après les auteurs, le mot *amour* signifie : « un sentiment affectueux et passionné pour une personne ou pour quelque chose ; » tandis que, à mon sens, ce n'est qu'un terme générique applicable à toutes les affections ; qui, à cause de la variété des objets auxquels il se rapporte, ne saurait les désigner tous également, et ne peut avoir, par conséquent, une signification réelle, qu'autant qu'il sera accompagné d'un adjectif qui désigne la signification spéciale à chaque variété. C'est pourquoi on dira de cette passion de l'âme, bien mieux définie par le cœur qui la sent que par l'esprit qui l'imagine (*De Bernis*), et alors qu'elle se renferme dans l'attachement sans bornes que les pères et les mères ont pour leurs enfants, que les enfants devraient avoir pour les auteurs de leurs jours, et réciproquement entre eux, qu'elle constitue l'amour *de la famille*. Il embrasse l'amour *paternel* et *maternel*, l'amour *filial*, et l'amour *fraternel*.

Et quand cette passion nous inspire le désir de posséder une personne d'un autre sexe que le nôtre, ou tout au moins le besoin d'être aimé de celle que nous aimons, elle constitue l'amour des *sexes* proprement dit, auquel s'associe l'amour *conjugal*.

Au contraire, si elle nous fait sacrifier nos parents, nos amis et nos intérêts les plus chers au bien de l'Etat, elle constitue l'amour *de la patrie*.

Nous porte-t-elle soit à nous distinguer dans les lettres, dans les sciences, dans les arts libéraux ou mécaniques ; soit à braver les dangers de la guerre et à affronter les hasards des combats, etc., elle constitue l'amour *de la gloire* en général, qui se subdivise en amour des *sciences*, des *lettres*, des *arts*, en un mot de tout ce qui est glorieux ou donne de la gloire.

Se borne-t-elle à ce sentiment philanthropique qui nous invite et nous détermine à nous aimer les uns les autres, selon l'esprit de l'Evangile ; à faire du bien à nos semblables alors même qu'ils ne nous en feraient pas, et à les traiter en frères, elle constitue l'amour du *prochain*.

Nous aveugle-t-elle sur nos qualités que nous voyons bien plus belles qu'elles ne le sont en réalité, sur nos défauts qu'elle dissimule, ou sur les uns et les autres ; ou bien, nous porte-t-elle à mettre en évidence ces mêmes qualités pour nous en faire un mérite, elle constitue l'*amour-propre*.

Se concentre-t-elle enfin, dans l'individu, de telle sorte qu'elle le rende continuellement attentif à sa conservation; à ses besoins, à ses intérêts matériels, à son honneur, à sa réputation, elle constitue l'amour de *soi-même*...., etc.

Donc, le mot *amour* seul, isolé, ne signifie autre chose que : sentiment vif et passionné. En ce sens il se rapporte généralement et s'applique également à toutes les espèces d'amour; ce qui oblige, je le répète, à le faire suivre de telle ou telle des qualifications susmentionnées, si l'on veut qu'il ait une signification réelle et positive. Disons quelques mots de chaque sorte d'amour.

1° AMOUR DE LA FAMILLE.

A. AMOUR PATERNEL ET AMOUR MATERNEL (sentiments naturels).— L'amour de la paternité et l'amour de la maternité ne sont pas, à proprement parler, une passion : ils peuvent le devenir et le deviennent le plus souvent, mais non généralement. Inné chez tous les êtres créés, sans exception aucune, ce sentiment s'accroît dans l'homme et dans la femme par les jouissances qu'il leur procure, et ne s'affaiblit pas, malgré les inquiétudes et les ennuis qui l'accompagnent quelquefois.

Et pourtant, il suffit que ce sentiment, tout naturel qu'il est, puisse, sans pour cela s'éteindre, s'affaiblir à ce point qu'il laisse les parents froids, indifférents, sur l'avenir de leurs enfants; ou les exalte de telle sorte, qu'ils s'aveuglent sur certains de leurs défauts qu'ils n'aperçoivent pas, ou qu'ils tolèrent par faiblesse, sans s'inquiéter d'ailleurs de l'influence que cette conduite peut exercer sur la destinée de chacun d'eux, pour que le moraliste intervienne au milieu de la famille et dicte au père et à la mère le rôle qu'ils doivent remplir.

Rempliront-ils, en effet, l'un, les devoirs de la paternité, l'autre, ceux que la maternité impose, s'ils n'en connaissent tous deux la nature et l'étendue ? Et doit-on les laisser suivre les impulsions de leur cœur ? Non, car dans bien des parents le cœur n'est que souillure ou faiblesse, et il faut le purifier ou le fortifier.

A la vérité, tout ce qui se rattache à l'énumération des devoirs que les pères et mères doivent remplir à l'égard de leurs enfants, serait beaucoup mieux placé dans un article sur l'éducation, dont il ferait le sujet et la matière; mais comme mon Dictionnaire roule tout entier sur l'éducation elle-même, et qu'il ne doit pas y avoir, par conséquent, un chapitre qui lui soit spécialement consacré, je vais, aussi brièvement que possible, indiquer les bases principales de ces devoirs.

Premièrement. Il est certain que si l'intelligence de l'homme et de la femme, ou plutôt l'abus qu'ils en font, ne servait quelquefois à dépraver les nobles instincts de leur âme, je n'aurais rien à dire de l'amour paternel et de l'amour maternel. Les brutes, les animaux les plus féroces, n'ont pas besoin de nos traités de morale pour apprendre à aimer leurs petits, à les nourrir, à les élever, à veiller sur eux jusqu'à ce qu'ils puissent se passer de leurs soins. Mais tandis que, chez l'animal, le rôle de père et de mère finit du moment où leurs petits peuvent se suffire, dans les êtres raisonnables, au contraire, quand leur âme n'est pas distraite du plus doux des sentiments par les sophismes d'une raison capricieuse, le rôle de la paternité et de la maternité répond toujours au vœu du Créateur comme chez les animaux, mais, loin de s'éteindre comme il s'éteint en eux, l'amour de la famille se fortifie en vieillissant et dure toute la vie.

Ainsi, dans les ménages dirigés par la même conformité de goûts, d'humeur, de caractère, par un égal degré de tendresse et de raison, chacun des époux doit participer, selon ses facultés et ses moyens, à l'éducation des enfants que le ciel leur envoie ; et si, dès que le nouveau-né a vu le jour, sa mère le nourrit de son propre lait, le garantit de tout accident, veille auprès de son berceau ; et croit qu'il n'y a pas dans la vie des instants mieux remplis que ceux qu'elle consacre à ces importantes et douces occupations ; de son côté, le père la seconde de son mieux, et à mesure que l'enfant se développe, se joint à la mère pour orner son esprit et former son cœur.

Revenons sur chacun des points que je n'ai fait qu'indiquer sommairement, afin de leur donner quelques nouveaux développements.

I. Dans l'amour des parents pour leurs enfants, il y a incontestablement, je dois le redire, un instinct naturel qui vient du sang et des liens de la chair, puisque les animaux sont susceptibles de cette affection, et l'éprouvent même à un haut degré. Il y a donc un amour de la chair, des affections, du sang, une tendresse animale, comme s'exprime M. l'abbé Bautain, et si cette espèce d'amour domine dans la famille humaine, l'enfant sera aimé, soigné, élevé comme le petit de la bête, c'est-à-dire en vue de son développement et de son bien-être physiques et de la manière la plus défavorable à la croissance intellectuelle et morale. Tout sera pour le corps, l'âme et l'esprit seront oubliés ou mis en arrière. En effet, on n'élève l'âme et l'esprit qu'en matant l'homme animal pour le discipliner, en le contrariant dans ses penchants, le réglant dans ses besoins, le bornant dans ses exigences, lui imposant des privations et des fatigues, afin de favoriser le développement psychique ; en un mot, en lui faisant une opposition, une guerre continuelle.

Les parents qui aiment surtout les enfants selon la chair n'en auront pas le courage, et par une tendresse toute d'instinct, ils leur nuiront croyant leur faire du bien.

Un amour éclairé et vraiment humain, au contraire, comprend le vrai rapport qui unit les parents aux enfants et le devoir qui en sort. Il sait maintenir l'influence charnelle en faveur de l'esprit, et chercher le bien véritable de l'enfant, même au prix de quelques sacrifices, de quelques douleurs réciproques. Voilà pourquoi il y a si peu de parents capables d'élever leurs enfants.

Ce n'est pas toujours la science, les connaissances, les moyens intellectuels qui leur manquent; c'est la force de caractère, la patience surtout; c'est de pouvoir résister, d'un côté, à l'instinct naturel par lequel ils s'aiment dans leur fruit et qui les rend toujours juges partiaux comme pour eux-mêmes; et de l'autre, à cette sympathie de la chair qui les émeut et les trouble quand leur enfant souffre. C'est un grand mal, et du moment où les parents ne croiraient pas avoir cette patience, posséder cette force indispensable, ils doivent renoncer à élever eux-mêmes leurs enfants.

II. L'amour de la famille semble se confondre tout entier dans le cœur des mères. C'est pourquoi, l'amour maternel est le sentiment le plus tendre et le plus profond que l'âme humaine puisse éprouver dans ses relations naturelles; ni le père ni l'enfant ne savent aimer comme la mère. Cette affection est encore plus innée que les autres, si l'on peut ainsi parler; c'est-à-dire que la raison et la volonté y ont moins de part, qu'elle est plus spontanée, plus instinctive. La femme aime son enfant comme elle s'aime elle-même, sans réflexion et par la seule impulsion de la nature. C'est qu'en effet son enfant c'est elle. Elle l'a porté en germe dans son sein avant la conception; il a été engendré, formé, organisé dans ses entrailles. Comme fœtus, il était implanté dans sa substance, se nourrissait de son sang et vivait dans la plus étroite sympathie avec elle. Tout ce qu'elle a senti, éprouvé, aimé, désiré, a retenti dans son fruit et s'est imprimé sur cette existence encore si tendre.

Puis, quand il a été expulsé de ses entrailles, il s'est attaché à son sein; il s'est blotti dans ses bras; elle l'a embrassé, serré contre son cœur, ne s'en séparant jamais qu'à regret.

Voilà la véritable mère, voilà la femme que toutes les femmes devraient se proposer pour modèle : car il n'est pas au monde un spectacle aussi touchant, aussi respectable que celui d'une mère de famille *entourée de ses enfants*, qu'elle soigne et élève avec amour. Mais sa tâche reste incomplète, soit dit en passant, si elle ne règle les travaux domestiques, procure à son mari une vie heureuse, et gouverne sagement sa maison : c'est là qu'elle s'y montre dans toute la dignité des honnêtes femmes; c'est là qu'elle impose vraiment du respect, et que la beauté partage avec honneur les hommages rendus à la vertu.

Une femme reçoit en naissant l'instinct de la maternité; elle en mêle déjà l'image à ses jeux enfantins;

Et d'un devoir futur déjà préoccupée,
Rêve le nom de mère en berçant sa poupée.

DICTIONN. DES PASSIONS, etc.

Ou bien :

Près de sa bonne, à ses genoux assise,
On peut la voir, de ses adroites mains,
Placer déjà des pompons enfantins
Sur ce jouet dont l'étoffe déguise
Aux yeux trompés les ressorts incertains.
Dans ce carton, dans ce joli visage
Que le pinceau vernit et colora,
L'aimable Rose a trouvé son image;
C'en est assez, elle l'embellira.
Et de l'instinct c'est le premier usage.
A ces cheveux elle enlace des fleurs,
Un nœud galant décore cette tresse;
Elle lutine, elle gronde, caresse
L'objet muet de tant de soins flatteurs.
Elle folâtre et redevient sévère,
Et ces leçons, qu'elle ose répéter,
Fidèle écho des leçons d'une mère,
Prouvent qu'au moins on sut les écouter.
RABOTTEAU.

Dès lors, quand une femme ne remplit pas ses devoirs de mère, on peut affirmer qu'une mauvaise éducation a étouffé en son cœur les délicieux instincts de la maternité. En effet, la mère qui en a vraiment le cœur ne néglige rien de ce qui peut resserrer et consolider son rapport avec son enfant. Elle est jalouse de son affection, et ne permettra jamais qu'il boive le lait d'une autre nourrice, si elle peut le nourrir elle-même; elle ne permettra pas qu'une autre personne cherche à développer son intelligence, à orner son esprit, à former son cœur.

A-t-elle toujours raison d'agir de la sorte? Non : car, 1° si la plupart des femmes qui remettent si facilement leurs enfants aux bras d'une étrangère ne savent pas de quoi elles se privent par leur faute; ignorent que l'enfant s'attache au sein qui l'a nourri et ne connaît point celui qui l'a porté; elles ignorent aussi, sans doute, que le lait est un extrait du sang, et le sang le véhicule de la vie; qu'avec le lait de l'étrangère passe son sang; avec son sang, sa vie; avec sa vie, quelque chose de son âme et de son esprit : d'où proviennent les dispositions, les penchants, les inclinations au bien ou au mal, qui s'infiltrent dans le nourrisson. Combien qui sont gâtés physiquement par le mauvais lait de leur nourrice! Combien qui y ont puisé les germes des maladies qui ont affligé le reste de leur existence, les virus qui ont infecté dès leur origine les sources de leur vie!

Bien plus, il est une idée, généralement répandue depuis la plus haute antiquité, que la plupart des médecins ont adoptée sans examen, et qu'un petit nombre seulement a examinée avec soin, qui consiste à attribuer au lait une influence marquée sur le caractère des enfants. Ce serait donc un motif nouveau de repousser l'allaitement par une femme étrangère.

Tout en me prononçant, je le dis d'avance, pour l'allaitement maternel; tout en admettant avec un de nos gracieux poëtes que la mère qui nourrit son enfant devient une seconde fois sa mère, j'avoue que je ne crois pas, comme on l'a prétendu, que les enfants nourris avec du lait de vache soient lents et moins gais que ceux qui l'ont été avec du lait de chèvre ; et que le caractère de la nourrice, quelle qu'elle soit, se transmette avec le lait à son nourrisson. Un des plus grands et des plus ardents défenseurs de cette opinion est Baldini ; mais Baldini avait à cœur d'accréditer sa méthode d'allaitement artificiel, et comme, quand on s'est fait un système, il arrive le plus souvent qu'on voit les choses plus comme on veut les voir que comme elles sont réellement, nous récuserons Baldini comme étant intéressé dans la cause.

D'ailleurs, je suis bien convaincu, parce qu'un grand nombre de faits le prouvent, que si la nature du lait, qui dépend beaucoup de la constitution physique et morale de la nourrice, exerce une influence *décidée* sur la *santé* et la *constitution* du nourrisson, et peut par là, *jusqu'à un certain point*, agir de cette manière sur son développement intellectuel et moral, je ne saurais admettre cependant une disposition plus directe, une disposition morale par le moyen du lait. J'ai vu trop de jeunes gens qui ont été nourris par leur propre mère, avoir tous les goûts et le caractère du père, alors même qu'ils l'ont peu connu ; j'ai vu trop d'individus avoir les aptitudes, les dispositions, les passions de leur mère, quoique nourris par une étrangère, pour ne pas repousser l'influence directe de la lactation. Je partage donc l'opinion de Desormeaux, qui pense que « lorsque la transmission morale a lieu, l'enfant la reçoit bien plutôt de l'imitation des manières de sa nourrice et de la sorte d'éducation qu'elle lui donne, que de la nourriture qu'il puise à sa mamelle. Reste que la mère n'est pas toujours tenue d'allaiter son enfant, qu'il ne faut pas lui imputer à crime quand elle a de bonnes raisons de s'en dispenser. (*Voy.* l'appendice de cet article.)

Dans tous les cas les soins d'un père et d'une mère à l'égard de leurs enfants ne consistent pas seulement à les nourrir, à préserver leurs corps de la corruption et à les fortifier, ils doivent encore cultiver de concert et avec soin cette jeune plante plutôt que de l'abandonner, si frêle et si fragile encore, aux soins d'un précepteur ignorant et corrompu. Un pareil abandon sera plus que de l'indifférence, ce serait un crime.

Veiller avec une touchante sollicitude sur le fruit de leurs amours, c'est donc non-seulement obéir au vœu de la nature, mais agir selon les préceptes de l'Evangile. Il suit en effet de ses leçons, que les époux doivent suivre et favoriser le développement du corps et de l'intelligence de l'être qui leur doit l'existence ; qu'ils doivent former sa raison et faire germer dans son sein les semences de toutes les vertus que le Créateur a déposées, base solide et durable du bonheur sur la terre.

Voulez-vous savoir ce que peut le sentiment de la paternité et de la maternité, considérez les unions illégitimes, où c'est un malheur et une punition d'avoir des enfants. A peine la créature est née qu'elle commande l'amour, et l'enfant né du péché ne supporte pas la peine du crime. Dieu l'a voulu ainsi. Il a mis dans les vagissements de ces innocentes créatures un devoir qui se fait entendre au cœur de l'homme, quelque faible que soit le cri qui l'y porte. L'homme n'avait pas demandé cet enfant, mais il est né, qu'il soit béni. Ainsi, lorsque l'antiquité expose les enfants, que la philosophie moderne les envoie à l'hôpital, le christianisme les nourrit et les élève, qu'ils soient légitimes ou non : car Jésus-Christ les a rachetés sans s'inquiéter du tort de leur naissance.

Voilà ce que le christianisme inspire au père et à la mère de l'enfant ; et maintenant, dites-moi si, comme on l'a prétendu, la loi de l'Evangile étouffe les sentiments naturels. Non : il ne les étouffe pas, il les purifie au contraire et les affermit. (*M. Saint-Marc-Girardin.*)

Gardons-nous de croire qu'il suffise aux époux, pour se conformer au vœu de la nature et aux préceptes de la religion, de recueillir et nourrir leurs enfants pendant les premiers mois ou les premières années de leur existence seulement ; ce serait là une erreur fort étrange ; car (et j'aime à le redire) ils doivent prendre le nouveau-né à son berceau, où les passions viennent l'assaillir, parcourir avec lui les différents âges de sa vie, pendant lesquels il est exposé à tant d'orages ; et le conduire à cet instant suprême où l'âme, se séparant du corps, l'abandonne et le rend à la masse commune de la matière à laquelle il appartient.

A la vérité, il y a pour chaque âge une éducation particulière ; mais ces éducations particulières doivent s'enchaîner l'une à l'autre, comme l'enfance s'enchaîne à la jeunesse, la jeunesse à l'âge mûr, et l'âge mûr à la vieillesse. L'éducation doit donner à chaque âge la perfection qui lui est propre, et en même temps le préparer à l'âge qui va venir. De cette manière, l'éducation n'est pas une course perpétuelle vers un but inconnu, elle nous fait relayer d'âge en âge, mettant toujours le but à notre portée ; puis, le but atteint, elle nous en montre un autre, et encourage ainsi nos efforts. Dans l'enfance, il faut voir l'homme : voilà le point de vue de l'avenir. Mais dans l'enfant il faut voir aussi l'enfant, c'est-à-dire qu'il y a pour la première enfance, comme pour les autres âges, un germe de perfection qui doit servir de but à l'instituteur, et à plus forte raison au père et à la mère de l'enfant.

Il me semble entendre certains esprits forts me demander : A quoi bon faire intervenir les femmes dans l'éducation des garçons ? D'une fille, passe !

A quoi bon ! Mais dans les sociétés modernes qui donne à l'enfant, n'importe son sexe, ses premières idées et ses premiers sentiments ? Sa mère.

Qui reconnaît le mieux le caractère et le génie de l'adolescent, applaudit à sa vocation, le soutient et l'encourage contre le mécontentement paternel, le console, le fortifie, et enfin le livre à la société ? Sa mère, encore sa mère.

Qui développe ou étouffe, en son fils comme en sa fille, les dispositions naturelles qu'ils apportent en naissant : dispositions qui deviennent des dons heureux quand une bonne et vertueuse mère les développe et les agrandit; ou qui sont à jamais des dons funestes qui avilissent ou dégradent, s'ils ne sont promptement corrigés par les leçons d'une saine morale et de salutaires exemples? Sa mère, toujours sa mère.

Ainsi, l'influence maternelle existe partout; partout elle détermine nos sentiments, nos opinions, nos goûts; partout elle fait notre destinée. « L'avenir d'un enfant, disait Napoléon, est toujours l'œuvre de sa mère : » et le grand homme se plaisait à répéter qu'il devait à la sienne d'être monté si haut. (*Byron*.)

L'histoire est là pour justifier ces mémorables paroles: et, sans m'arrêter aux exemples si connus de Charles IX et de Henri de Béarn, de l'élève de Catherine de Médicis et de l'élève de Jeanne d'Albret, je demanderai à mon tour : Louis XIII ne fut-il pas, comme sa mère, Marie de Clèves, faible, ingrat et malheureux, toujours révolté et toujours soumis? Ne reconnaît-on pas dans Louis XIV les passions d'une femme espagnole; ces galanteries tout à la fois sensuelles et romanesques; ces terreurs du dévot, cet orgueil du despote qui veut que tout se prosterne devant le trône comme devant l'autel? (*Mad. de Staël*.)

On a dit, et nous pouvons le croire, que la femme qui donna le jour aux deux Corneille avait l'âme grande, l'esprit élevé et les mœurs sévères ; et qu'au rebours, la mère du jeune Arouet, railleuse, spirituelle, coquette et galante, marqua de tous ses traits le génie de son fils; que Barnave, au moment de mourir, songeant à sa mère, lui rendit grâces du courage qui l'animait et qu'il porta à l'échafaud : vertu céleste, qui, au milieu des révolutions, est le plus beau présent qu'une mère puisse faire à son fils. Aussi, eut-il le soin d'écrire à sa sœur : « C'est ma mère qui doit élever vos garçons. Elle leur communiquera cette âme courageuse et franche qui fait les hommes, et qui a été pour mon frère et pour moi plus que le reste de notre éducation. » Kant aimait à répéter qu'il devait tout aux soins pieux de sa mère; et Cuvier rapportait à la sienne tout le bonheur de ses études et toute la gloire de ses découvertes.

Donc l'éducation maternelle est utile, nécessaire. Je dis plus, elle l'emporte sur l'éducation du professeur même le plus capable; car il ne fait jamais que des bons écoliers, au lieu que les mères font des hommes.

Et ce qui le prouve, c'est que les dispositions bonnes ou mauvaises que l'enfant apporte en naissant peuvent pénétrer en habitudes: tout le monde est d'accord sur ce point. Or, puisque ces habitudes, nées dans l'enfance, se fortifient dans la jeunesse, s'enracinent de plus en plus dans l'âge viril, et sont indestructibles dans la vieillesse, comme l'a très-judicieusement fait remarquer Charles Bonnet, qui découvrira le plus promptement et jugera plus sûrement de la nature de ces dispositions? N'est-ce pas sa mère?

Je sais, et cette opinion a fait assez de bruit pour mériter notre attention, que certains philosophes ont prétendu que nous naissons tous avec des dispositions spéciales tellement dépendantes de l'organisme vivant, qu'il serait impossible à l'homme de les changer. Et pour soutenir cette opinion, ils se basent sur ces faits, que Boileau, que la nature avait fait poëte, fut poëte en dépit de ses parents, qui auraient voulu faire de lui un avocat; que Pascal fut mathématicien contre la volonté de son père; et que rien ne put détourner Descartes de se livrer à la philosophie.

Ils auraient pu ajouter : 1° que Pétrarque n'était pas né pour être jurisconsulte ; il le sentit bientôt, et abandonna la jurisprudence qu'il avait commencé à étudier pour cultiver les muses; 2° que le père du grand Racine destinait son fils à l'état ecclésiastique ; il voulait qu'il fût chanoine : mais l'auteur de *Phèdre* et d'*Athalie*, exclusivement guidé par son génie qui l'entraînait vers la poésie épique, pressentit bien qu'il n'était pas né pour l'étude des sciences théologiques, et que sa destination était pour un genre entièrement différent; 3° enfin, que le père de Voltaire soutenait qu'il serait un jour conseiller au parlement, même après que les premiers succès de son fils dans la carrière littéraire lui eussent fait pressentir qu'il se trompait. Il y mit néanmoins une telle insistance, un si grand entêtement, que le prétendu conseiller, pour désarmer la colère paternelle excitée par son début dans le monde, et pour se soustraire aux rigueurs d'une étroite réclusion dont il était menacé. jugea qu'il n'avait rien de mieux à faire que de se jeter momentanément dans l'étude d'un procureur. Il le fit donc en promettant de s'attacher avec ardeur à l'étude du droit ; mais, sentant bientôt tous les dégoûts qu'il aurait à surmonter et le peu de progrès qu'il ferait dans une science qui lui semblait être un dédale, et pour laquelle il ne se croyait pas né, il l'abandonna pour suivre l'impulsion naturelle de son génie qui l'entraînait vers la culture des lettres.... Ces faits, unis à ceux qu'ils rapportent, donnent une plus grande autorité à leur proposition.

Une simple observation, étayée par quelques exemples très-concluants, je crois, suffira, je l'espère, pour réfuter une pareille opinion, qui, si elle était vraie et avait paru fondée, aurait, dès le principe, bouleversé toute notre législation criminelle. Que prouvent en effet les faits que j'ai cités? que parfois, et c'est l'exception, selon moi, l'homme éprouve pour telle ou telle profession, pour l'étude de telle ou telle science, pour la culture de tel art, un penchant tellement impérieux, irrésistible, qu'il ne saurait suivre une autre carrière. Il meconnaît alors, s'il le faut, l'autorité paternelle pour suivre sa *vocation*. Eh bien ! même dans ces cas, serait-il raisonnable de confondre cette vocation pour les arts, les sciences, les lettres, etc., avec les penchants vicieux qui portent l'homme au crime?

Pour ma part, je ne le pense pas; et si les moyens correctionnels que la justice inflige au coupable ne le corrigent pas, si la honte et l'infamie qui s'attachent à sa condamnation ne le retiennent pas, si son séjour dans les prisons ou au bagne ne change pas ses mauvaises tendances, c'est que la douleur physique s'efface vite, qu'on ne cherche pas à les rendre meilleurs par des exhortations morales, et que d'ailleurs le condamné trouve dans son compagnon de cachot ou de chaîne un bien dangereux conseiller. Combien qui en reviennent plus tarés, plus pervertis qu'ils ne l'étaient quand ils y sont entrés!

On l'a si bien senti dans ces derniers temps, que les législateurs se sont prononcés pour la prison cellulaire. C'est un système de réclusion contre lequel on a beaucoup crié, et contre lequel, il est vrai, il y a bien des choses à dire. Et pourtant, n'est-ce pas qu'au milieu de tant d'inconvénients qu'il offre on ne peut lui contester d'avoir l'avantage immense, sur la prison commune à tous les détenus, qu'il sépare l'individu qui a succombé à une première faute, faute quelquefois bien légère, de l'homme dépravé et endurci au crime, dont le contact est toujours dangereux? N'est-ce pas qu'après avoir subi leur peine la rencontre de deux forçats libérés peut nuire à celui qui ne voudrait plus retomber dans le crime, et quelquefois à tous les deux? Combien de mauvais sujets qui extorquent des sommes plus ou moins fortes à *d'anciens camarades* qui sont rentrés dans le bon chemin, en les menaçant de les perdre, de les décrier auprès d'un public qui ne les connaît point ou auprès de leurs protecteurs! Donc, mieux vaut l'isolement, malgré tout ce qu'il a d'odieux. — Je dis tout ce qu'il a d'odieux, quoique je sache bien que le système de *l'isolement complet* (joint au travail), généralement préféré à Philadelphie, ne paraît pas exercer plus d'influence sur la mortalité des détenus que le système contraire. Là on n'a pas besoin de recourir aux coups de fouet pour obtenir le silence; là les associations et les complots sont tout à fait inconnus, la discipline n'ayant à s'exercer que sur des volontés individuelles. Sans doute, à Philadelphie, le détenu séquestré peut bien quelquefois ne pas vouloir se livrer à un travail suivi; mais alors, enfermé dans un cachot obscur, il n'a plus que le choix d'une oisiveté continuelle au sein des ténèbres, ou d'un travail non interrompu dans sa cellule, et il se hâte presque toujours de redemander le travail. Dans le cas contraire, l'enlèvement de son lit et la diminution de sa nourriture ne tardent pas de le ramener à la discipline, quelles que soient la violence et la ténacité de son caractère.

Philosophes qui prétendez que rien ne peut changer nos inclinations naturelles, voulez-vous des exemples qui établissent incontestablement la puissance de la raison ou de l'éducation sur ces mêmes inclinations? Voyez Socrate : il était naturellement porté à tous les vices, c'est lui qui nous l'assure; et cependant il parvint, par une pratique constante de la vertu, à corriger ses défauts et à réprimer ses penchants vicieux. Voyez saint Augustin, qui, après avoir mené la vie la plus licencieuse, la plus dissolue, devient un des fervents défenseurs du christianisme, et édifie toute la chrétienté autant par ses vertus que par son éloquence. Voyez saint Jérôme, combattant continuellement et triomphant *toujours* des désirs brûlants de la concupiscence. Et dites-moi si, avec du bon vouloir, du courage et de la persévérance, l'homme ne peut pas maîtriser ses inclinations (1)?

Ajoutons un fait qui n'est pas sans importance, par rapport aux opinions que je combats.

Lycurgue, voulant donner à ses concitoyens une grande et utile leçon, éleva deux chiens issus des mêmes père et mère, et de la même portée, de manière que l'un fût dressé pour la chasse et l'autre un habitué de la cuisine.

A quelque temps de là il assembla les Lacédémoniens, et leur parla ainsi : « C'est une chose de très-grande importance, seigneurs Lacédémoniens, pour faire naître la vertu dans le cœur de l'homme, que la nourriture, l'habitude et la discipline; si vous en doutez, je vais vous le prouver. » Alors, ayant fait venir les deux chiens, il laissa échapper un lièvre d'un côté et mit un plat de viande de l'autre. L'un des chiens courut après le lièvre, et l'autre se jeta sur le plat. C'est de cette manière qu'il apprit aux habitants de Lacédémone combien l'éducation est nécessaire pour faire aimer la vertu et fuir le vice. Elle peut autant et plus que la nature.

On ne saurait trop le répéter : un des moyens les plus puissants pour former l'esprit et le cœur de l'enfance, de la jeunesse, de l'homme, c'est le bon exemple des pères et mères, uni à de sages conseils. Oui, le bon exemple avant tout, la première ambition de l'enfance étant de ressembler aux auteurs de ses jours, et tout nous invitant à lui donner de bonnes habitudes. Puis la vertu prend un air si ridicule dans la bouche de ceux qui ne la pratiquent pas! Combien doit donc être étonné l'enfant qui voit profaner dans sa famille tout ce que ses instincts lui indiquent comme respectable, maintenant surtout que bien des gens frondent tout ce qui déplaît! Dieu, religion, autorité, rien n'est respecté devant l'enfance : est-ce le moyen de former des générations vertueuses?

Pour tous ces motifs, les parents ont un grand intérêt à élever eux-mêmes leurs enfants. Et si par hasard les riches et les puissants du jour, afin de légitimer leur apathie, leur indifférence ou leur paresse, trouvaient que c'est s'abaisser que de se faire les instituteurs de

---

(1) *Voy.* l'Introduction, où j'ai réfuté la doctrine de Gall.

ceux qu'ils ont engendrés, je leur montrerais Caton le Censeur, qui gouverna Rome avec tant de gloire, élevant lui-même son fils dès le berceau, et avec un tel soin, qu'il quittait tout pour être présent quand sa nourrice, c'est-à-dire sa mère, le remuait et le lavait.

Je leur montrerais Auguste, maître du monde, qu'il avait conquis et qu'il régissait lui-même, enseignant ses petits enfants à écrire, à nager, leur donnant les premiers éléments des sciences, etc. Il les avait sans cesse autour de lui.

Je leur montrerais saint Louis assistant à tous les exercices de ses enfants, les conduisant lui-même dans la chaumière du laboureur et dans l'obscure demeure du pauvre, les excitant, par son exemple, à toutes les œuvres de piété.

Je leur montrerais la reine Louise ou Marie d'Anjou, au château d'Amboise, apprenant à lire à son fils malgré la défense expresse que lui en avait faite Louis XI, son royal époux, et s'exposant ainsi à la colère de ce monarque soupçonneux et cruel.

Je leur montrerais enfin l'infortuné et vertueux Louis XVI, dans sa prison, *au Temple*, s'occupant de l'éducation du Dauphin, dans un moment où toutes les passions déchaînées s'agitaient autour de son cachot. Ensuite je leur demanderais : Croyez-vous que c'est déroger que d'instruire soi-même ses enfants? Est-il un temps mieux employé que le temps consacré à l'éducation de créatures si dignes de toute la sollicitude paternelle et maternelle? Assurément ce n'est pas Louis XIV qui aurait cru déroger à sa dignité, lui qui veilla avec une attention toute particulière à l'éducation de son fils.

« Pour ne pas l'abandonner, dit Bossuet, à la mollesse où tombe nécessairement un enfant qui n'entend parler que des jeux, et qu'on laisse trop longtemps parmi les caresses des femmes et les amusements du premier âge, il résolut de le former de bonne heure au travail et à la vertu. Il voulut que dès sa plus tendre jeunesse, et pour ainsi dire dès son berceau, il apprît premièrement la crainte de Dieu, qui est l'appui de la vie humaine et qui assure aux rois mêmes leur puissance et leur majesté; et ensuite toutes les sciences convenables à un si grand prince, c'est-à-dire celles qui peuvent servir au gouvernement et à maintenir un royaume; et même celles qui peuvent, de quelque manière que ce soit, perfectionner l'esprit, donner de la politesse, attirer l'estime des savants.

« Il ne le privait pas pour cela des amusements; car il faut qu'un enfant joue et se réjouisse, cela l'excite et l'encourage, mais il voulut qu'on ne l'abandonnât pas de telle sorte au jeu des plaisirs, que le temps manquât ensuite pour le rappeler à des choses sérieuses, dont l'étude devient languissante si elle est trop interrompue. »

Et maintenant, si l'on désire des exemples d'une autre nature, ou du moins un exemple qui nous donne la mesure du dévouement maternel, je n'aurai qu'à raconter quelques faits de la vie de sainte Monique, mère du grand Augustin.

L'histoire de cette sainte femme nous apprend que c'est Monique qui veille sur son fils, qui demande à Dieu qu'il vienne à la foi chrétienne; elle prie et pleure : ses prières et ses pleurs l'emportent enfin.

Souvent, le voyant livré aux passions et aux fantaisies de la philosophie, inquiet, agité, mécontent de lui-même et des autres, sa mère s'est affligée; parfois même elle se décourage : elle est allée tout en pleurs consulter un évêque pieux, qui l'a rassurée en lui disant : « Allez en paix, et continuez de prier pour lui; car il est impossible qu'un fils pleuré avec tant de larmes périsse jamais. » Cet évêque croyait à la puissance des larmes d'une mère, et il avait raison.

Mais Monique avait mieux que la tendresse qui donne les larmes : elle avait la tendresse qui donne la patience et la force. Lorsque Augustin quitte Carthage pour aller à Rome, et qu'il part sans dire adieu à sa mère, sa mère monte sur un vaisseau et le suit à Rome. Une tempête éclate, c'est elle qui rassure les matelots : une mère qui va chercher son fils ne fait jamais naufrage.

De tout ce qui précède je conclus, avec le grand écrivain de notre époque, Châteaubriand, que développer l'esprit et former le cœur des enfants par l'éducation, tel est le but que les pères et les mères doivent se proposer : conclusion conforme à nos prémisses.

Ainsi, pendant que l'humanité se développe pour s'améliorer et s'avancer vers un but final, chaque génération doit contribuer au progrès, et la vraie manière d'y coopérer, c'est qu'elle avance elle-même par l'intelligence et la moralité. Or, chaque génération naissante est confiée d'abord à celle qui l'a engendrée, c'est-à-dire aux parents : c'est à eux qu'il appartient de la mettre dans la bonne route, en dirigeant les individus vers leur véritable destination.

Chacun des ascendants est employé, pour sa part, à élever et conduire ceux qu'il a mis au jour, et doit leur donner, par tous les moyens qui sont en son pouvoir, le perfectionnement intellectuel et moral que comporte sa condition. L'éducation fait la plus grande part de la responsabilité paternelle. La foi des parents se communique de bonne heure aux enfants; et si les parents n'en ont pas, les enfants en manqueront, à moins qu'une autre influence n'y supplée. Dans ce cas, néanmoins, l'action des père et mère étant défectueuse, ils répondront de ce qui manquera par leur faute à leurs enfants, et de ce qu'ils auraient dû leur transmettre s'ils eussent été ce qu'ils doivent être.

Il en va de même dans la suite de l'éducation. Les parents imposent aux enfants des règles de conduite, des devoirs, des préceptes moraux, des pratiques religieuses; mais trop souvent ils ne font pas ce qu'ils ordonnent, et se dispensent d'observer la loi qu'ils prescrivent. Or, qu'est-ce qu'un précepte démenti par l'exemple que l'on donne, et comment insister sur l'exécution d'une règle qu'on se permet d'enfreindre?

Cette contradiction entre la conduite et la parole paternelle a des conséquences déplorables. L'enfant, instruit par l'expérience, ne prend plus au sérieux les recommandations qu'on lui adresse. Il s'habitue à regarder ses devoirs comme des charges accidentelles imposées à sa faiblesse, et dont il se débarrassera à son tour quand il sera grand. A ses yeux il y a deux morales et deux religions, l'une pour les enfants et l'autre pour les grandes personnes; et, comme celle-ci est plus commode, il aspire à devenir grand pour profiter des dispenses qu'elle donne. Aussi voit-on déjà les adolescents se mettre au-dessus des obligations morales et religieuses, croyant s'élever par là, et trouvant dans leur négligence dédaigneuse un signe de bon goût, de force d'esprit et d'indépendance.

A qui la faute? Aux parents surtout, qui n'ont point donné l'exemple avec la règle, et qui leur ont appris à l'enfreindre en leur enjoignant de l'accomplir. Ils répondront pour leur part des fautes commises plus tard par leurs enfants, qu'ils ont négligé de former au bien, ou qu'ils ont pervertis par le mauvais exemple: car l'exemple produit le plus d'impression sur les hommes, surtout sur les enfants, et il est un fort stimulant pour le bien ou pour le mal.

La meilleure manière d'inspirer aux autres le goût de la vertu, c'est de l'aimer soi-même et de la pratiquer devant eux, non pas en quelques occasions seulement et dans des circonstances amenées à dessein, ce qui donne une comédie dont les enfants ne sont jamais dupes, mais habituellement, sincèrement, avec simplicité et jusque dans les choses les plus ordinaires.

Ainsi se forment et se consolident les familles honnêtes où la probité est héréditaire, parce qu'en même temps que les parents en transmettent aux enfants la disposition avec le sang et la vie, ils en développent la capacité et le désir dès le berceau par une bonne parole, et plus encore par de bonnes actions.

L'enfance écoulée, songez que, pour conduire un adolescent, il faut prendre le contre-pied de tout ce que vous avez fait pour le conduire enfant. Ne balancez point à l'instruire de ces dangereux mystères que vous lui avez cachés si longtemps avec tant de soin. Puisqu'il faut enfin qu'il les sache, il importe qu'il ne les apprenne ni d'un autre, ni de lui-même, mais de vous seul. Puisque le voilà désormais forcé de combattre, il faut, de peur de surprise, qu'il connaisse son ennemi.

Ceux qui veulent conduire sagement la jeunesse, pour la garantir des pièges des sens, lui font horreur de tout amour, et lui feraient volontiers un crime d'y songer, comme si l'union des cœurs était le partage exclusif des vieillards. Toutes ces leçons trompeuses que le cœur dément ne persuadent point. Le jeune homme, conduit par un instinct plus sûr, rit en secret des tristes maximes auxquelles il feint d'acquiescer, et n'attend que le moment de les rendre vaines. Tout cela est contre nature.

En suivant une route opposée j'arriverai plus sûrement au même but. Je ne craindrai plus de flatter en lui le doux sentiment dont il est avide; je le lui peindrai comme le suprême bonheur de la vie (quand il est vertueux et renfermé dans certaines limites), parce qu'il l'est en effet; et, en le lui peignant, je veux qu'il s'y livre. En lui faisant sentir quel charme ajoute à l'attrait des sens l'union des cœurs fondée sur l'estime et la confiance, je le dégoûterai du libertinage et je le rendrai sage en le rendant aimant.

Les premières leçons que prennent les adolescents et les jeunes filles, les seules qui fructifient, sont celles du vice, et ce n'est pas la nature qui les corrompt, c'est l'exemple.

Prenez un jeune homme élevé sagement dans la maison de son père en province, et l'examinez au moment qu'il arrive à Paris ou qu'il entre dans le monde, vous le trouverez pensant bien sur les choses honnêtes et ayant la volonté même aussi saine que la raison. Vous lui trouverez du mépris pour le vice et de l'horreur pour la débauche. Au seul nom d'une prostituée, vous verrez dans ses yeux le scandale de l'innocence. Je soutiens qu'il n'y en a pas un qui pût se résoudre à entrer seul dans les honteux réduits de ces malheureuses.

A six mois de là considérez-le de nouveau, vous ne le reconnaîtrez plus. A peine est-il lancé dans le monde, qu'il y prend une seconde éducation, tout opposée à la première, par laquelle il apprend à mépriser ce qu'il estimait et à estimer ce qu'il méprisait. On lui fait regarder les leçons de ses parents et de ses maîtres comme un jargon pédantesque, et les devoirs qu'ils lui ont prêchés comme une morale puérile qu'on doit dédaigner étant grand. Il se croit obligé par honneur à changer de conduite; il devient entreprenant sans désirs et fat par mauvaise honte. Il raille les bonnes mœurs avant d'avoir pris du goût pour les mauvaises, et se pique de débauche sans savoir être débauché. Je n'oublierai jamais, raconte Rousseau, l'aveu d'un jeune officier aux gardes-suisses, qui s'ennuyait beaucoup des plaisirs bruyants de ses camarades et n'osait s'y refuser de peur d'être moqué d'eux. « Je m'exerce à cela, disait-il, comme à prendre du tabac malgré ma répugnance : le goût viendra par l'habitude; il ne faut pas toujours être enfant. »

Ce fait seul suffirait pour prouver l'utilité des bons exemples et des bonnes leçons, si déjà il n'était établi par le raisonnement. Malheureusement le goût dominant de certaines époques a été de séparer un peu trop les études littéraires de la morale; de développer l'intelligence sans songer à l'âme; de cultiver celle-ci à l'exclusion de celle-là; de sacrifier enfin la partie qui raisonne à la partie qui aime. C'est par une heureuse combinaison des connaissances physiques et morales qu'on parviendra à redonner à notre jeunesse cette éducation qui jadis a formé tant de grands hommes. Il ne faut pas croire que notre sol s'épuise. Ce beau pays de France, pour prodiguer une nouvelle moisson, n'a besoin que d'être cultivé un peu à la manière de nos pères.

Et pourtant, nous ne devons pas nous le dissimuler, il faut pour notre jeunesse beaucoup d'indulgence et de miséricorde. Elle est généreuse, on le sait, et prête à se jeter dans les bras de quiconque lui prêchera les nobles sentiments qui s'allient si bien aux sublimes préceptes de l'Evangile : dans son ardeur de s'instruire, elle a un goût pour la raison au-dessus de son âge ; il faut donc éviter qu'elle fasse un mauvais usage de ces heureuses dispositions.

Secondement, une autre circonstance de la vie du jeune homme qui doit éveiller la sollicitude de ses père et mère, c'est *le choix d'un état*.

Assez souvent l'un et l'autre se montrent tout à fait indifférents et comme étrangers sur la carrière que suivra leur fils, et le laissent choisir telle ou telle profession, sans s'inquiéter s'il y est appelé par une vocation réelle ou par une pure fantaisie.

Que doit-il résulter d'une insouciance pareille ? Que s'il y a véritablement vocation, le jeune homme se distinguera ; mais si sa détermination n'a été prise que par pure fantaisie, il ne sera jamais apte à rien. Il risque de passer sa vie à tomber d'échec en échec, et de procurer ainsi à ses faibles parents des regrets éternels.

C'est donc à ceux-ci à ne pas céder par faiblesse ou par une indifférence coupable à tout ce qui n'est que caprice de la part de leur enfant.

Troisièmement, une dernière circonstance sur laquelle l'attention des pères et des mères de famille doit se fixer, circonstance commune aux individus de l'un et de l'autre sexe, c'est le choix d'un mari ou celui d'une femme.

C'est chose excessivement importante, difficile, délicate, attendu que si l'on considère chez les hommes et chez les femmes la pente secrète et ordinaire de l'inclination, lorsqu'elle n'est point traversée par des circonstances étrangères et que son cours est indépendant, on la voit se porter naturellement sur les dispositions et les qualités contraires à celles de l'individu qui l'éprouve. Combien d'hommes nés grands, très-forts, se laissent tendrement attirer par la beauté frêle et délicate ! Combien de fois l'impétuosité audacieuse ne se passionne-t-elle pas pour la langueur indolente et timide ! Et, de la part des femmes, combien de fois ne les voit-on pas sensibles à l'esprit, à la vivacité, à la modération, à la tendresse, selon qu'elles possèdent les facultés ou les dispositions contraires !

Jusque-là il n'y a pas grand mal, mais comme ce sont nos facultés qui déterminent nos qualités et nos défauts, il advient que l'homme paisible et tendre qui adresse ses vœux à une femme douée d'une âme trop généreuse, épouse, sans le savoir, la prodigalité, quelquefois la négligence. La jeune personne douce et timide, qui abandonne son cœur à un homme d'une vivacité fougueuse, se soumet, sans le savoir, à un dissipateur, quelquefois à un tyran. Il en est ainsi de tous les caractères de notre organisation ; ils ont tous de l'influence sur notre sort, parce qu'ils en ont une directe sur nos goûts et sur notre conduite.

Que veut donc la nature lorsqu'elle oppose ainsi les caractères ? La réponse est facile, dit Azaïs, elle veut le mélange, la combinaison, l'assortiment réciproque des qualités et des défauts qui en dépendent ; elle veut son principe universel, l'équilibre par compensation.

C'est là ce que nous devons enseigner à la jeunesse ; nous devons lui répéter souvent, alors que l'amour conjugal attire deux cœurs l'un vers l'autre : Voulez-vous savoir ce qui convient le mieux à chacun de vous ? Examinez votre caractère, votre position, et cherchez, dans celui ou celle qui doit embellir votre vie, les avantages quisont le mieux assortis à votre position et à votre caractère.

Cette manière de procéder est bien naturelle, bien simple, n'est-ce pas ? Eh bien ! toute raisonnable qu'elle est, elle n'est point suivie, et généralement, dans le mariage, tout en convenant qu'on doit plutôt consulter les mœurs, les goûts et le caractère de la personne à laquelle on veut unir son fils ou sa fille, chacune des parties intéressées commence par examiner le parti riche. Quand il y a de la fortune, il est rare qu'on s'informe du reste. Aussi est-ce de cette étrange conduite que naissent tous les désordres de la société.

Que peut-on attendre, en effet, si l'on marie une jeune fille coquette, altière, capricieuse et colère, à un jeune homme jaloux, entêté, absolu, emporté ? Plus ils seront riches, plus grand sera le désordre du ménage.

Au contraire, si l'on unit à un pareil jeune homme une femme douce, sensible, prévenante, affectueuse, modeste, honnête, malgré cette opposition de caractères, la paix pourra régner dans la famille, tant la patience, la bonté et la résignation ont de puissance sur le cœur de l'homme ! Voyez Pierre le Grand se calmer et devenir meilleur auprès de Catherine, ses projets de vengeance s'évanouir aux touchantes prières de celle qu'il aimait, et dites-moi s'il ne vaut pas mieux s'attacher aux qualités du cœur et de l'esprit qu'à la fortune, dans les unions qui, sous le rapport des convenances, paraissent le mieux assorties.

Donc il faut diriger les jeunes gens dans le choix qu'ils font : tout le monde est de cet avis, je le répète, et pourtant en est-il beaucoup qui s'y conforment ? Hélas ! non. Aujourd'hui on traite d'un mariage comme on traiterait d'une affaire de bourse. Un père qui a une fille à établir cote la valeur personnelle des prétendants sur la somme de ses revenus ; et sans se demander si les époux sont assortis par l'âge, si le futur plaît, on sacrifie une pauvre victime à un homme quelquefois usé par la débauche autant que par l'âge, et cela parce qu'il est riche ou titré. Et vous ne voulez pas qu'elle soit malheureuse ? Vous ne voulez pas que deux individus qui n'ont jamais sympathisé l'un pour l'autre se querellent, se brouillent et finissent par se haïr ?

Pour éviter un pareil abus, qui a existé de tout temps et est arrivé aujourd'hui à son *summum*; pour que le mariage ne fût plus un trafic honteux comme il ne l'est malheureusement que trop de nos jours, il faudrait renoncer aux unions disproportionnées par l'âge et se conformer à la législation de Solon par rapport à la dot à donner aux filles. *Tout* ce que chacune d'elles pouvait apporter à son mari, c'était *trois robes*.... Grande leçon qui fut donnée par cet illustre législateur à la Grèce ! Il voulait que ses concitoyens rendissent le mérite et la vertu préférables aux richesses, et il en formait la seule dot de la jeune fille. Combien les coutumes ont changé depuis Solon !

Quoi qu'il en soit, il faut persuader au jeune homme qu'on marie qu'il est destiné à faire le bonheur de la femme à laquelle il va s'unir, et le lui répéter encore de temps en temps, quoiqu'il ne l'oublie pas. Telle est sa destinée, sa mission, et il doit l'accomplir par tous les moyens qui sont en son pouvoir. Ces moyens, il les trouvera facilement dans son cœur, s'il aime véritablement sa femme. C'est donc à elle à se faire aimer de son époux par ses qualités et ses vertus.

De même, une chose dont une jeune personne doit être bien persuadée, c'est qu'elle est destinée à faire le bonheur d'un homme. Son éducation doit tendre à lui en faire connaître les moyens et à lui en inspirer le goût, en y attachant sa gloire.

Du reste, par une loi de la nature, les femmes, tant pour elles que pour leurs enfants, sont à la merci du jugement des hommes : il ne suffit donc pas qu'elles soient estimables, il faut qu'elles soient estimées ; il ne leur suffit pas d'être belles, il faut qu'elles plaisent ; il ne leur suffit pas d'être sages, il faut qu'elles soient reconnues pour telles ; leur honneur n'est pas seulement dans leur conduite, mais dans leur réputation, et il n'est pas possible que celle qui consent à passer pour déshonorée puisse jamais être honnête. L'homme, en bien faisant, ne dépend que de lui-même et peut braver le jugement public ; mais la femme, en bien faisant, ne fait que la moitié de sa tâche ; et ce qu'on pense d'elle ne lui importe pas moins que ce qu'elle est en effet. Il suit de là que le système de son éducation doit être, à cet égard, contraire à celui de la nôtre : l'opinion est le tombeau de la vertu parmi les hommes et son trône parmi les femmes.

APPENDICE.

§ 1. *Allaitement maternel.*

Afin de diminuer les regrets des mères qui seraient forcées de confier à une nourrice étrangère le soin d'allaiter leur enfant, trop de circonstances s'opposant à ce qu'elles le nourrissent elles-mêmes, je vais mettre sous leurs yeux quelques règles pratiques à cet égard.

Est réputé ne pas convenir à un nourrisson le lait d'une femme affectée de scorbut, de même que celui d'une femme scrofuleuse, rachitique ou phthisique, quoique, dans ces derniers cas, les femmes aient presque toujours une grande quantité de lait. Si elles nourrissent leurs enfants, il en arrive que, gras et frais pendant qu'ils tettent, ils dépérissent et deviennent chétifs après le sevrage et finissent presque toujours par être affectés des mêmes maladies de leur mère, qui s'épuise et meurt bientôt, pour avoir trop aimé. Or, s'il est un moyen de les soustraire à la funeste hérédité qu'ils ont reçue d'abord, n'est-ce pas principalement de leur faire teter le lait d'une nourrice pleine de santé et de vigueur, et d'un tempérament opposé à celui de la mère ? Je me prononce pour l'affirmative, considérant comme un paradoxe l'assertion suivante de Rousseau : « L'enfant ne peut pas avoir de nouveau mal à craindre du sang dont il a été formé. »

Ainsi, les femmes d'une constitution très-faible, quoique sans être attaquées d'aucune maladie, celles qui ont une trop petite quantité de lait, et, à plus forte raison les mères qui en manquent, ou, ce qui est plus commun encore dans les grandes villes, celles qui l'ont mauvais, ne sauraient mieux faire, et c'est un devoir pour elles que d'envoyer leurs enfants à la campagne. Ils y trouveront peut-être, dans un lait assaisonné par la tempérance et la frugalité, qu'une paysanne robuste leur fournira, un remède à des maux produits par les vices qui ont servi à les corrompre ; ils se dépouilleront, dans cette source pure, des levains infects qu'on leur a transmis avec la vie.

Ils y recevront une existence plus solide que celle qu'ils doivent à des parents énervés et à peine en état de soutenir la leur même. Il peut résulter de là des effets moraux capables de tempérer un peu celui de l'inégalité des conditions : autre avantage de l'allaitement étranger. Le riche nourri chez des paysans sera moins disposé, par exemple, à en mépriser l'honorable pauvreté, lorsqu'il sera livré aux prestiges et aux plaisirs de l'opulence, et que tout conspirera à lui faire oublier qu'il est homme.

Puis, dans ces moments où l'âme est bien plus facile à émouvoir et où la nature rappelle même l'homme vicieux à ses semblables, en voyant l'humble chaumière du villageois, il dira avec attendrissement : Voilà mon premier séjour ; voilà mon berceau. La frivole dissipation et le tracas brillant qui remplissent ma vie ne valent pas les jeux innocents que je goûtais dans mon enfance. Ceux qui l'habitent ne me devaient que des soins, et ils me prodiguaient cette tendresse que la nature ou l'innocence des mœurs peut seule inspirer. C'est là que se forment ces hommes vigoureux, dont la sueur fait germer les substances qui me nourrissent, et dont les bras défendent les foyers où je m'endors dans la mollesse... Que dis-je? S'il coule dans mes veines une goutte de sang qui soit exempte de corruption, s'il reste encore dans mon âme un sentiment honnête, je l'ai peut-être sucé avec le lait qu'ils m'ont donné ou puisé dans leurs vertueux exemples.

La corruption du sang de l'enfant est une nouvelle circonstance qui nous ramène aux avantages de l'allaitement maternel. Ainsi, quand l'enfant est atteint de maladies qui exigent qu'on imprègne le lait qu'il prend de principes convenables pour les combattre, il n'est guère que sa propre mère qui veuille et parfois qui puisse s'astreindre à un régime qui oblige pour l'ordinaire le sacrifice de ses goûts et de ses inclinations. Et puis l'examen que l'on fait des nourrices est-il propre à rassurer les parents? Ne savons-nous pas qu'il est beaucoup de maladies qui ne sont pas apparentes, d'autres qui ne se montrent qu'en certaines saisons, et qu'avant qu'elles deviennent manifestes pour la famille du nourrisson, il est déjà gangrené? Quelle sécurité les nourrices mercenaires offrent-elles? Donc, toutes les fois que des raisons majeures ne s'opposeront pas à ce qu'une mère allaite son enfant, c'est un devoir pour elle de ne pas le priver de son lait et de ses soins. Observons toutefois que si la mère, indépendamment qu'elle serait gâtée, était dans des conditions physiques telles, qu'il y aurait du danger pour elle à allaiter son enfant, on pourrait faire nourrir celui-ci par une chèvre, dont le lait se charge très-bien de principes médicamenteux. Il aurait les soins de sa mère, et n'aurait rien à redouter du lait d'une mercenaire.

§ 2. *Éducation morale des enfants.*

Pour bien élever un enfant, il faut, aussitôt qu'il commence à comprendre le langage, prononcer à son oreille le nom sacré de Dieu. A quoi bon, dira-t-on peut-être avec Jean-Jacques, annoncer Dieu à un être qui ne peut encore en avoir l'idée? Qu'est-ce qu'un mot sans idée? Une lettre morte, un mot vide: attendez donc qu'il comprenne la chose pour lui en donner le signe.

En vérité, c'est le moyen qu'il ne la comprenne jamais; car c'est justement pour le mener à l'idée qu'il faut d'abord lui dire le nom qui lui révèle l'objet. Tout enseignement on commence nécessairement de cette manière; car il faut avant tout poser devant le disciple l'objet de l'enseignement; ce qu'on ne peut faire que par un ou plusieurs mots, obscurs d'abord à l'ignorant, et qui s'éclairciront peu à peu, à mesure qu'il s'instruira ou que la science se formera en lui. Tous les hommes apprennent à penser en apprenant à parler, recevant d'abord les termes sans en comprendre le sens, répétant presque machinalement la parole qu'ils entendent, et finissant par y attacher une signification à mesure que leur intelligence, excitée par l'action continue du langage, aperçoit tous les rapports du mot avec la chose désignée par les circonstances diverses où le mot est placé. Il faut donc annoncer le nom de Dieu à l'enfant, pour que son cœur, touché par la vertu mystérieuse de ce nom, se tourne vers Celui qu'il représente et le cherche.

Mais pour que cette annonce ait tout son effet, il faut deux choses: la première et la principale est qu'elle soit faite avec foi et respect; la seconde, qu'à l'annonce du nom divin on joigne des explications convenables, pour que l'enfant conçoive ce qu'il peut comprendre de Dieu dans sa position, et surtout pour toucher son cœur et le tourner vers Dieu par l'amour.

Il faut d'abord lui représenter Dieu comme le père commun des hommes, la source de tout bien. Et puis plus tard, quand il aura la conscience de sa pensée, on doit lui parler de la science de Dieu, de son intelligence infinie, et il comprendra facilement que celui qui a tout fait et qui peut tout doive aussi tout voir et tout savoir. Si vous lui dites alors que Dieu lit dans son cœur ses moindres pensées, ses désirs les plus secrets, et qu'ainsi il ne peut rien lui cacher, il vous croira. Alors il ne sera plus tranquille quand il aura commis le mal à l'insu de ses parents, de ses maîtres, quand il aura déguisé la vérité; car il sera bien convaincu que Dieu l'a vu. Or, si Dieu le voit, comme il est son père, il le regarde avec plaisir quand il fait bien, avec peine quand il fait mal. Il le récompensera dans le premier cas; le punira dans le second; et ainsi se forme la croyance au juge suprême qui rend à chacun suivant ses œuvres, mais toujours avec plus de miséricorde que de justice, parce qu'il est père avant d'être juge.

Tout cela sans doute ne se fait point en un jour ni d'un seul coup. Ces points de vue divers sous lesquels Dieu est présenté aux enfants arrivent successivement avec les circonstances, mais ils ne peuvent manquer d'arriver quand une fois le nom de Dieu a été posé dans l'âme de l'enfant. L'homme reçoit alors, avec une curiosité avide, tout qu'on lui apprend à cet égard; et comme il a, dès l'âge le plus tendre, le goût du merveilleux, du surnaturel, tout ce qu'on lui dit de Dieu, de ses perfections, de sa providence, de ses miracles, du ciel, d'une autre vie, de l'éternité, etc., l'enchante et excite en lui le désir de connaître ce monde supérieur. C'est pourquoi les enfants aiment tant le récit de l'histoire sainte, où Dieu intervient et se révèle à chaque instant par de grandes manifestations de puissance.

Ceux qui ne veulent pas qu'on parle de Dieu à l'enfant dans le premier âge ne voient point qu'ils laissent sans objet et sans nourriture un des besoins les plus vifs de l'esprit et du cœur, et qu'en ne lui donnant pas un aliment convenable par la parole divine, ils le forcent à chercher de quoi se satisfaire dans les produits fabuleux, fantastiques et plus ou moins absurdes de l'imagination humaine. Si vous n'offrez pas à l'homme le vrai merveilleux, le merveilleux divin, il s'en fera un à sa guise; et en place d'une croyance simple et pure qui éclaire l'esprit en élevant le cœur, vous aurez les suppositions et les préjugés qui faussent trop souvent le premier développement. (*L'abbé Bautain*.)

C'est ainsi que doit commencer et continuer l'éducation de l'enfance et de tous les âges, car l'éducation commence et finit avec nous.

Elevez vos enfants dans l'amour de Dieu, dans la crainte de ses commandements; montrez-leur le chemin du temple, conduisez-les au pied de l'autel, donnez-leur de saintes habitudes. S'ils ont la foi pour les protéger, ils braveront les orages et le malheur : leur vie leur sera légère à supporter. Ils vous aimeront par reconnaissance, ils vous respecteront par devoir. Sachez bien que l'autorité paternelle n'a plus de base quand elle ne s'appuie pas en Dieu, et que l'enfant qui n'a pour frein ni son père ni Dieu déshonore sa famille et s'enfonce dans la perdition.

Elevez-les dans la charité et l'amour de vos semblables; ne détournez pas leurs yeux des ulcères du pauvre, habituez-les à voir ses souffrances pour les soulager; car tous les hommes sont frères, et l'égoïsme tue les sociétés. Ouvrez leurs mains à l'aumône et leur cœur à l'humanité. L'enfant du riche qui ne donne pas la moitié de son pain à l'enfant du pauvre ne sera pas heureux plus tard, et il méritera son sort.

Racontez-leur la gloire de votre patrie; que leur jeune cœur soit orné des beaux souvenirs qu'elle nous a légués. Identifiez-les avec son passé, pour qu'ils s'associent à son avenir. Montrez-leur, sur les places publiques, les statues des héros, des bienfaiteurs de la société, des savants qui l'ont illustrée, et vous aurez des droits à la reconnaissance de votre pays; car vos enfants sont les siens. Mieux vaudraient les pages de notre histoire que les romans (je reviendrai sur eux plus tard) qui alimentent la curiosité, allument les passions et pervertissent le cœur.

Veillez sur leurs regards, pour qu'ils ne s'égarent pas aux séductions du vice; enchaînez leurs désirs aux devoirs, attachez-les à la pratique de leurs devoirs. L'enfant libertin énerve son corps et abrutit son âme; sa mémoire s'éteint, son intelligence s'affaisse et les beautés de l'âme s'effacent avec la fraîcheur du visage et l'amaigrissement du corps.

Enseignez-leur comment on peut dominer les passions. Ne leur créez pas trop de besoins, et faites qu'ils soient capables de les satisfaire. N'énervez pas leurs membres dans la mollesse, car l'homme dont le bras ne vaut pas la dépense est un parasite ici-bas. Si vous êtes riche, montrez-leur à donner aux pauvres; si vous êtes pauvre, faites qu'ils puissent se passer du riche. Soignez les qualités qu'ils ont reçues de la nature, et ne cherchez pas à les façonner à votre guise; le bien n'est réalisable pour eux que dans le sens de leurs dispositions: le grand art est de les découvrir. Il n'est aucun homme propre à tout, il en est peu qui ne soient propres à rien. Etudiez vos enfants, voyez quelle est leur vocation, ce à quoi la Providence les destine. Déplacés, bien des hommes éminents n'auraient pas même été médiocres.

Faites-leur fréquenter les personnes instruites et vertueuses, rien n'étant plus capable d'inspirer des sentiments honnêtes et de détourner du sentiment qui mène droit au vice, que la pureté de leur parole, la fécondité de leur esprit, la régularité de leur conduite. Leur présence seule, même quand elles se taisent, parle et instruit. (*Rollin*.)

Faites qu'ils soient des hommes utiles; ne leur permettez les arts d'agrément que comme chose secondaire. Il y aura toujours assez d'histrions et de chanteurs. Vous devez à la patrie des citoyens vertueux, ne lui donnez donc pas des élégants, des oisifs ou des coquettes.

C'est dans l'accomplissement de ces devoirs que l'amour paternel et maternel doit puiser ses inspirations. Les pères et mères doivent aimer leurs enfants plus qu'eux-mêmes et que leur satisfaction personnelle; faire leur bonheur, assurer leur avenir dans le temps et dans l'éternité, voilà quel doit être leur but.

Mais c'est principalement aux mères qu'est réservée la tâche d'inspirer l'amour des bonnes mœurs à leurs filles. Elles s'en acquitteront avec fruit, non en leur disant incessamment: « Soyez sages; » mais en leur donnant un grand intérêt à l'être, en leur faisant sentir le prix de la sagesse, et la leur faisant aimer. Amener la vertu par la raison et par l'exemple, tel est le véritable devoir des mères.

Bien des parents commettent une grande faute en n'interdisant pas, en conduisant même leurs enfants au spectacle. Le théâtre, comme les romans, comme la vue des tableaux licencieux, mettent du faux dans l'esprit, en ce qu'ils font juger des hommes non d'après la réalité, mais d'après les idées qu'on en donne dans ces sortes d'ouvrages; ils allument l'imagination et mettent le désordre dans le cœur qu'ils amollissent.

Oui, c'est au théâtre que la jeunesse va recevoir les premières leçons de volupté, qu'elle va ouvrir son cœur aux molles langueurs de la passion. Certes, on n'y commet pas de mauvaises actions, mais c'est là qu'on s'y dispose. C'est au spectacle de ces intrigues amoureuses que le jeune homme, que la jeune fille, sentent le désir vague d'aimer et d'être aimés: bientôt ils choisiront un objet sur lequel ils épancheront ces premiers besoins du cœur trop tôt développés. C'est devant ces scènes menteuses d'une vie qui n'est point la vie réelle, que la sensibilité s'exalte et se fausse. C'est là qu'on va s'initier à toutes les infirmités du cœur, à tous les secrets, à toutes les ruses de la passion; c'est là qu'on s'intéresse aux coupables, et qu'on voit souvent la vertu, le devoir, sous un aspect au moins ridicule, s'il n'est odieux.

Presque jamais on ne met en scène l'homme ferme dans le devoir et maître de son cœur; il aurait trop peu d'attrait pour certains spectateurs. Ce qui leur plaît, ce qui les attire, c'est la peinture des faiblesses de l'humanité; c'est l'intrigue amoureuse surtout. Le jeune âge voit là comme on séduit, comment on succombe, quels sont les moyens de tromper un époux, de mettre en défaut la surveillance des parents.

Croyez-vous que la jeune fille reste froide devant ces scènes brûlantes de tendresse, de désespoir amoureux? Croyez-vous qu'elle ne désire pas souvent être l'héroïne de ces passions excentriques que rêve l'imagination exaltée, et qui sont tout à fait en dehors des réalités de l'existence? Croyez-vous que le jeune homme voie sans danger ces femmes, entourées du prestige de la scène, se prêter sans réserve aux situations les plus délicates de l'intrigue? Il faudrait ignorer grandement les dispositions du cœur et la facilité d'impressions du jeune âge.

A ceux qui voudraient, malgré tout, soutenir que le théâtre n'est pas dangereux, qu'il est au contraire une école de mœurs et de goût, nous demanderons pourquoi tout ce qui peut séduire l'âme par les yeux y est étalé sans réserve et sans pudeur? Quoi! ce n'est pas une école d'immoralité que ce lieu où la décence est foulée aux pieds, où des femmes apparaissent à peine vêtues, où la moitié du talent de l'actrice consiste à captiver les yeux et à exciter des désirs? (*P. Belouino.*)

Les romans ont tous les défauts du théâtre, moins la mise en scène; ils en ont de plus grands, en ce qu'ils disent au lecteur tout ce qu'on n'oserait dire à l'auditeur. En lisant un roman on n'éprouve point la honte qu'on éprouverait en entendant publiquement des choses trop libres ou même indécentes. C'est dans ce tête-à-tête qu'il a avec celui qui lit ses ouvrages, que l'auteur du roman fait passer les immoralités de toutes sortes, met sous ses yeux les scènes les plus expressives de débauche et de libertinage, et qu'il peut même franchir dans l'expression la réserve qu'exigerait le débit théâtral.

Les romans peignent à leurs lecteurs les charmes d'un état, d'une position, qui ne sont point les leurs; ils les identifient avec des personnes dont les actions, les aventures n'ont rien qui tienne au cours ordinaire de la vie. Les victimes des romans font un échange imaginaire de leur individualité contre celle du héros du roman; à force de désirer être ce qu'ils ne sont pas, ils finissent par oublier ce qu'ils sont réellement; et tel est le secret du vertige qui vient troubler leur raison.

C'est à la lecture de ces productions que nous devons cette foule innombrable de prétendus artistes, de femmes incomprises, de jeunes gens misanthropes et fatigués de la vie. C'est grâce à ces livres que tant de femmes jouent de funestes rôles dans des intrigues qui compromettent à la fois leur bonheur, leur repos et la paix de leur ménage. Ce sont les romans qui poussent tant de malheureux au suicide, tant de coupables au bagne et à l'échafaud.

Ce sont les romans qui jettent à la prostitution le plus grand nombre de ses victimes; qui souillent les existences les plus belles, les plus pures, et les cœurs les mieux prédestinés par Dieu au bonheur et aux douces jouissances de la vertu. Car le plus souvent, ce sont des âmes d'élite qui succombent, celles que la nature avait le mieux ornées; les autres échappent au danger, à couvert sous leur apathique indifférence et leur nullité morale. (*Belouino.*)

Il ne faudrait pas cependant les défendre impérieusement, ces livres, ces spectacles; car toutes les défenses blessent la liberté et augmentent le désir. Seulement il faut, autant que possible, en faire apprécier les inconvénients, et accoutumer de bonne heure l'enfant et l'adolescent à préférer, soit la lecture des ouvrages qui ornent l'esprit et le cœur, soit la contemplation de tous les chefs-d'œuvre de l'art qui passionnent l'âme pour tout ce qui est grand et beau, ou pour tout ce qui montre la nature dans sa pureté et sa simplicité.

« Quand l'âge critique pour la jeunesse approche, dit Jean-Jacques, offrez aux jeunes gens des spectacles qui les retiennent, et non des spectacles qui les excitent : donnez le change à leur imagination naissante par des objets qui, loin d'enflammer leurs sens, en répriment l'activité. A mesure qu'il acquiert des lumières, choisissez des idées qui s'y rapportent; à mesure que ses désirs s'allument, choisissez des tableaux propres à les réprimer. » Et si vous avez affaire à des naturels indociles, mieux vaut s'efforcer de les retenir par l'honneur et les sentiments, que par la crainte. Il est d'un père d'accoutumer son fils à faire le bien plutôt de son propre mouvement que par une crainte étrangère. C'est là ce qui met de la différence entre un père et un maître. Un père qui ne peut se conduire ainsi, doit avouer qu'il ne sait pas gouverner des enfants.

Les coups sont pour les bêtes qui n'entendent pas raison; les injures et les cris sont pour les esclaves. Qui y est une fois accoutumé ne vaut plus rien; mais la raison, la beauté de l'action, la ressemblance aux gens de bien, l'honneur, l'approbation de tous, la satisfaction qui en demeure au dedans, et qui au dehors est rendue par ceux qui la savent; et leurs contraires, la laideur et indignité du fait, la honte, le reproche, le regret au cœur, soit l'improbation de tous, ce sont les armes, la monnaie, les aiguillons des enfants bien nés et que l'on veut rendre honnêtes.

« Le premier de tous les préceptes, le principal et fondamental des autres, qui regarde le but et la fin de l'instruction, et que je désire plus inculquer à cause qu'il est peu embrassé et suivi, c'est d'avoir beaucoup plus et tout principal soin d'exercer, cultiver et faire valoir le naturel et propre bien, et moins amasser et acquérir de l'étranger; plus tendre à la sagesse qu'à la science et à l'art; plus à former bien le jugement et par conséquent la volonté et la conscience, qu'à remplir la mémoire et réchauffer l'imagination.» (*P. Charron.*)

B. AMOUR FILIAL.

Si le sentiment de la paternité et de la maternité, sans être une passion, impose des devoirs aux pères et aux mères à l'égard de leurs enfants, il en sera de même de l'amour filial par rapport aux pères et aux mères.

C'est en effet ce que l'on a remarqué dans tous les siècles; c'est-à-dire, qu'à moins que tout sentiment honnête soit entièrement éteint dans le cœur d'un enfant, ou qu'il soit complétement privé de la raison, il témoignera aux auteurs de ses jours, dans toutes les circonstances et dans tous les instants de sa vie, sa tendresse et son amour. Il leur sacrifiera même, s'il le faut, sa liberté et sa vie.

Tel fut, d'une part, Cimon, fils de Miltiade. Celui-ci étant mort en prison, Cimon, qui n'avait pas de quoi le faire enterrer, se vendit pour pourvoir à sa sépulture. Il ne secourut pas son père de son vivant, il ne le pouvait pas, mais mort, n'étant plus ni père ni homme. Que n'eût-il pas fait pour le secourir vivant, indigent? J'aime, dit Charron, à m'appesantir sur cet exemple; tous les enfants y devraient lire leurs devoirs.

D'autre part, tous ceux qui ont parcouru l'histoire romaine savent que Coriolan, exilé de Rome sa patrie, et prêt à s'en rendre maître, renonce à la gloire, à la vengeance, à la liberté, à l'existence, parce que sa mère est venue à lui en suppliante et qu'il n'a pu résister aux prières et aux pleurs de sa mère.

Enfin, on lit dans la biographie de Thomas Morus, que ce savant ayant été renfermé à la tour de Londres, Marguerite sa fille, livrée au plus affreux désespoir, demanda à être inscrite comme coupable, espérant, par ce moyen, partager la captivité de son père.

L'amour filial ne recommande pas seulement aux enfants de faire le sacrifice de leur liberté, ou d'exposer leurs jours pour leurs père et mère quand un danger les menace, il veut encore que si un fils ambitionne les honneurs et la fortune, ce soit pour les leur faire partager et pourvoir à tous leurs besoins; que, fût-il parvenu au faîte des grandeurs, quoique sorti d'une condition obscure, il obéisse à leurs volontés, prévienne tous leurs désirs, se soumette même à leurs caprices, et se consacre enfin tout entier à leur bien-être, à leur bonheur.

Les choses ne se passent pas toujours ainsi, et quoique, dans l'amour filial comme dans l'amour maternel, il y ait une partie instinctive qui règne dans l'enfant, tant que par sa faiblesse il a besoin de ses parents; quoiqu'il se soit d'abord attaché à eux, parce qu'il sort d'eux, parce qu'il est en eux-mêmes sous une autre forme, et cela jusqu'à ce que sa personnalité soit posée; il tend à s'en détacher par les progrès de son existence aspirant à se former lui-même une famille.

Il sent bien que la partie morale de la tendresse filiale c'est le respect des parents; c'est d'abord l'obéissance, la reconnaissance ensuite; et cependant, dans la jeunesse il est rare que le cœur comprenne tout ce qu'on doit à son père et à sa mère. Les distractions de tout genre, les passions qui bouillonnent, ne laissent guère de place aux réflexions sérieuses. On trouve naturels les sacrifices pécuniaires que fait le père et la touchante sollicitude de la mère. Ce n'est donc que quand l'âge mûr rend à l'âme son calme, quand l'esprit juge avec sérénité, c'est alors, dis-je, qu'on apprécie les bienfaits qu'on en a reçus, et qu'on sent se ranimer la reconnaissance pour tout ce que les parents ont fait, à leurs dépens et avec le sacrifice d'eux-mêmes, pour l'éducation de l'enfant, pour former un homme.

Mais si l'on devient père à son tour, c'est à ce moment surtout que l'on comprend tout ce qu'il y a de tendresse dans le cœur des parents; on regrette de ne l'avoir pas senti plus tôt; on se reproche d'avoir été injuste, de les avoir souvent affligés. Cela n'arriverait pas, si ceux qui doivent instruire les enfants, leur faisaient bien comprendre le double lien qui unit les enfants et leurs père et mère: le lien de la famille par la naissance, et le lien de l'humanité par le titre d'enfants de Dieu, que nous portons tous.

Au reste nous devons faire remarquer qu'il n'est point difficile de reconnaître l'intention du Créateur dans l'échange des sentiments mutuels entre un fils et son père. Il est évident que celui qui doit aimer le plus est celui dont la tendresse est le plus nécessaire à l'existence de l'autre; et le père ne tire aucun secours de son fils. Toujours le même plan, les mêmes vues dans la marche du monde. Le plaisir d'aimer est le premier des plaisirs, il est accordé en dédommagement aux travaux du père, à ses privations, à ses inquiétudes. L'enfant n'a rien à prévoir pour son père, il n'a rien à souffrir, à abandonner, à faire pour lui; il n'a pas le plaisir d'aimer autant que lui.

Mais suivons les progrès du temps, la marche des affections et les effets de l'âge. Tel enfant que l'on a vu peu caressant pour l'auteur de ses jours lorsqu'il en recevait des soins, le bien-être et la subsistance, ouvre son cœur à une véritable tendresse lorsque son père a perdu ses forces et réclame son secours. Le père et le fils échangent alors leurs relations et les sentiments de leur âme. Le vieillard est revenu à la faiblesse et aux besoins de l'enfance, le fils se trouve revêtu à son tour des fonctions paternelles; il est juste, il est nécessaire qu'il aime plus. C'est ce que l'on voit dans les familles où les mœurs se sont conservées. Les femmes surtout, dont le cœur est naturellement plus tendre, montrent ordinairement beaucoup d'égard pour les vieux auteurs de leurs jours. On voit encore assez fréquemment dans ces familles estimables ce même vieillard qui reçoit sans empressement les soins et les consolations [de son fils, aimer tendrement son petit-fils et le caresser en père. C'est qu'il ne reçoit rien de ce petit-fils ; c'est que l'âge l'en a rapproché par sa faiblesse, c'est que ce jeune enfant lui rappelle son propre fils ; c'est qu'enfin, en le caressant, il croit encore le servir.

Et il le sert en effet ; car le calme de l'âge donne aux vieillards les deux qualités que par-dessus tout les enfants demandent. Ces deux qualités sont la patience et la complaisance.

Mais comme on s'est aperçu de bonne heure que l'amour que l'enfant éprouve pour les auteurs de ses jours subit l'antagonisme des passions, des affections nouvelles de la famille, des relations sociales, et a moins de garanties d'existence que l'amour des parents, tous les législateurs l'ont rangé au nombre des devoirs de la famille. Dieu lui-même l'a mis sous la sauvegarde de ses commandements : c'est même le seul auquel il ait expressément attaché une récompense. *Honorez votre père et votre mère, afin de jouir d'une longue vie.* (*Exod.* xx, 2.)

A chaque page des saintes Ecritures on retrouve les mêmes préceptes et les mêmes promesses. *Malheur à l'homme qui maudit son père et sa mère ; pour lui le flambeau de la vie s'éteindra à jamais* (*Prov.* xx, 20). *La bénédiction du père assure la prospérité des enfants, mais la malédiction de la mère provoque leur ruine* (*Eccli.* iii, 11).

L'amour filial est une des bases de la société ; c'est lui qui place la conduite des enfants sous la sauvegarde des conseils de l'expérience, qui leur donne pour guide dans la vie ceux qui s'intéressent le plus à leur bonheur. Quel est celui en effet, qui aimant bien les auteurs de ses jours voudra faire quelque chose qui puisse leur déplaire ?

L'amour filial habitue les hommes à respecter l'autorité et la tradition, à garder les bonnes coutumes. Malheur à la société où les vieillards sont méprisés, où l'ingratitude les repousse ! Il y a quelquefois des mauvais pères, et leur conduite ferme le cœur de leurs enfants à l'amour filial. Dans ces malheureuses circonstances, ceux-ci, s'ils n'ont plus l'amour, doivent du moins garder pour eux la charité qui les rendra respectueux à leur égard, prompts à les secourir dans leurs besoins. La qualité de fils impose des devoirs absolus et dont on ne peut se dispenser.

Oui, elle les connaissait bien ces devoirs, Elisabeth de Cazotte, quand, se jetant, pour sauver son père, au-devant des haches révolutionnaires, elle fit reculer les bourreaux. Elle les connaissait bien aussi, mademoiselle de Sombreuil, quand, inspirée par le même sentiment et dans un but pareil, elle but une coupe de sang humain que lui présentaient d'horribles sicaires. Ah ! c'est que les hommes les plus animés par le sentiment de la haine ou de la vengeance se laissent désarmer par des actes peu communs de vertu. Voyez ce peuple exaspéré qui va frapper de mort un malheureux garde municipal de service aux Champs-Elysées, le 24 février 1848; mais qu'est-ce donc qui l'arrête ? Vous allez l'apprendre. Un digne et généreux officier des pompiers s'adressant à une jeune fille qui était près de lui, lui dit tout bas : Vous pouvez sauver cet homme, en le réclamant pour votre père. Saisissant avec joie et bonheur une si heureuse inspiration, et n'écoutant que la voix de l'humanité qui l'anime, cette jeune personne, prenant le soldat dans ses bras, s'écrie : *Epargnez mon père !* A ce cri chacun a tressailli, les armes se relèvent, toute pensée de meurtre se tait dans le cœur des combattants ; le soldat peut suivre sa libératrice. Dans tous les siècles, bons et méchants applaudiront au courage de la jeune fille : dans tous les siècles, le peuple admirera les braves qu'un cri d'amour a désarmés ; heureuse la mère patrie qui les compte parmi ses enfants !

Amour, respect, obéissance, dévouement, tels sont les sentiments que les enfants doivent éprouver pour leurs père et mère ; mais, pour si vifs que soient ces sentiments, ils ne doivent pas leur faire oublier que les père et mère ayant leurs défauts, un enfant *est obligé* de les leur faire connaître. Dans ce cas un bon fils doit agir avec beaucoup de prudence et avec une douceur respectueuse, et si, quelques précautions qu'il prenne, il trouve de la résistance, il s'arrêtera pour quelques moments, sans pour cela se rebuter. Les conseils donnés à un père ou à une mère attirent souvent sur le fils des duretés et des châtiments ; mais un fils doit souffrir en cette occasion, l'amour filial lui en fait une loi. Pourrait-il en murmurer ?

C. AMOUR FRATERNEL (sentiment naturel).

Comme un même sang, une même naissance, un nom commun, une même éducation et quelquefois un même caractère, une même conformité de goûts, forment le lien sympathique, le nœud de l'affection des frères entre eux, et qu'ils ont l'habitude de se regarder comme ne formant qu'un seul être ou comme les parties diverses d'un tout, il en résulte que le sentiment de l'amour fraternel sera plus ou moins fragile, ou plus ou moins durable, suivant la *nature* des individus composant une même famille. J'entends par *nature* leurs qualités morales.

Pour ma part, j'ai assez l'expérience des hommes, j'ai assez longtemps vécu au milieu de familles plus ou moins nombreuses, pour être convaincu que ce sentiment est généralement bien plus faible qu'on ne le supposerait d'abord.

Cela provient de ce que, avec la sympathie qui se fortifie par la consanguinité, pullulent entre frères et sœurs mille causes d'opposition, de division, de lutte, qui déchirent presque toutes les familles et les ruinent. La jalousie, surtout, symptôme infaillible de l'amour charnel, trône au milieu de la famille et tend sans cesse à diviser pour régner. *Rara est concordia fratrum*, s'écrie le poète païen, et la parole évangélique dit plus fortement encore, en parlant du vrai chrétien : *Inimici hominis domestici ejus.* Celui qui cherche par-dessus tout le royaume de Dieu et sa justice ne trouve nulle part plus d'obstacles et de contradictions que dans sa parenté, et même pour les affaires du monde et les intérêts de la vie terrestre, on peut rarement compter sur les siens. Cela provient peut-être de ce qu'il est bien difficile qu'un attachement profond s'établisse entre des hommes déjà liés par le sang. La chair est entre les âmes et les empêche de se toucher immédiatement. L'affection est trop naturelle pour devenir pure et désintéressée.

Et comment n'en serait-il pas ainsi, lorsque, du moment où les frères et sœurs ou les frères entre eux sont divisés d'intérêts, l'affection fraternelle survit à peine, ou s'éteint, si elle ne se change en haine; lorsque ce sentiment est entièrement étouffé par le ressentiment de l'envie, de la jalousie ou de l'ambition, et n'empêche pas le fratricide!

Voyez Caïn : dans sa fureur jalouse, il immole Abel, et le premier crime de l'homme, après la désobéissance d'Adam et d'Eve, fut le meurtre d'un frère par son frère.

C'est aussi parce qu'ils étaient poussés par un sentiment de jalousie que les enfants de Jacob vendirent à des marchands de l'Arabie leur frère Joseph qu'ils avaient voulu, quelques instants auparavant, immoler à leur ressentiment. Et dans une autre catégorie que voyons-nous? Abimélech, fils de Jerobaal, qui usurpe l'autorité par le meurtre de ses frères. Le jeune Cyrus, sauvé de la prison et de la mort par sa mère Parysatis, songeant à la vengeance, gagnant les satrapes par ses agréments infinis, traversant l'Asie Mineure, allant présenter la bataille au roi Artaxerxès son frère aîné, appelé Mnémon, dans le cœur de son empire, le blessant de sa propre main, et se croyant trop tôt vainqueur, périr par sa témérité. Les enfants de Cassandre, fils d'Antipater, se chassant les uns les autres du royaume de Macédoine. Le fils aîné de Sévère, Bassien ou Caracalla, ce faux imitateur d'Alexandre, qui, aussitôt après la mort de son père, tue son frère Géta, empereur comme lui, dans le sein de Julie leur mère commune. Romulus, immolant son frère Rémus, parce que, suivant les uns, il lui aurait disputé l'honneur de donner son nom à Rome; ou, suivant d'autres, parce qu'il aurait sauté, par dérision, le petit fossé qui marquait l'enceinte de cette ville; ou bien, selon Denis d'Halicarnasse (*Liv.* I, *chap.* 20), les murailles mêmes de Rome; car elles étaient achevées, et Rémus les sauta, quand il fut tué par Romulus. Qu'il en ait eu ensuite un si grand chagrin que les prières de Larentia furent seules capables de l'empêcher de se détruire, ainsi que l'a prétendu le même auteur; il n'en est pas moins vrai que ç'a été par les motifs les plus frivoles que Romulus fut porté à donner la mort à son frère, crime qui peut, en quelque sorte, donner la mesure de la force de l'amour fraternel. Et Soliman ne tua-t-il pas son frère pour régner? etc., etc.

Heureusement qu'à ces faits qui, grâce à Dieu, ne sont pas très-communs, on peut opposer quelques exemples, malheureusement bien plus rares, et par cela même bien précieux, d'un dévouement sublime, absolu, dicté par l'amour fraternel. Parmi ces exemples, je choisirai les suivants :

Au nombre des chevaliers compagnons de Raymond de Saint-Gilles qui revinrent dans leur patrie après la prise de Jérusalem, ou mieux, après la bataille d'Ascalon, qui fut la dernière de cette croisade, nous ne pouvons oublier, dit Michaud, Etienne et Pierre de Salviac de Viel-Castel, que leur siècle admira comme les modèles de la piété fraternelle. Etienne et Pierre de Salviac étaient deux frères jumeaux : la plus tendre amitié les unissait dès leur enfance. Pierre avait pris la croix au concile de Clermont; Etienne, quoique marié et père de plusieurs enfants, voulut suivre son frère en Asie et partager avec lui les périls d'un aussi long voyage : on les voyait toujours à côté l'un de l'autre dans les batailles; ils avaient assisté ensemble aux sièges de Nicée, d'Antioche et de Jérusalem. Peu de temps après leur retour dans le Querci, ils moururent tous deux dans la même semaine et furent ensevelis tous deux dans le même tombeau. Sur leur tombe on lit encore aujourd'hui une épitaphe qui nous a transmis le souvenir de leurs exploits et de leur touchante amitié.

De même, l'histoire est là pour nous redire tout ce que madame Elisabeth a su souffrir pour son frère, le vertueux et trop infortuné Louis XVI; elle est là pour nous apprendre que, semblable à un ange de paix et de miséricorde, placé sur la terre par Dieu même pour y être le soutien et la consolation des malheureux, cette princesse, aimable autant que bonne, respectée et chérie de tous ceux qui l'ont connue, et n'ayant pas encore accompli sa trentième année, suivit la famille royale au Temple, déploya dans sa prison les vertus les plus héroïques, et offrit, dans son martyre, le spectacle d'une vierge chrétienne envisageant sans effroi la mort qui allait la réunir à son frère et à sa digne épouse qui l'avaient précédée. Mais aussi quelle nature, quelle âme que l'âme de madame Elisabeth!

Voilà les sentiments que l'amour fraternel devrait toujours inspirer, puisque les devoirs des frères vis-à-vis les uns des autres consistent dans le soutien, la concorde et l'étroite union. Mais comme ces sentiments de la nature se corrompent facilement, c'est à regret que je le répète, on ne voit que trop journellement combien les liens de la fraternité sont faciles à rompre.

Ils le seront surtout dans les pays de luxe, où chacun ne songe qu'à soi ou ne vit que pour soi. Et quoique rien ne doive inspirer plus de dégoût et d'horreur que de voir les frères divisés et en discorde les uns avec les autres, cependant des tribunaux retentissent tous les jours des cris que le frère pousse contre son frère, la sœur contre sa sœur, les frères et les sœurs entre eux. Malheur au peuple témoin de ces sortes d'exemples et qui s'y accoutume! Malheur surtout à ceux qui les donnent, soit en dépouillant leur frère de tout ce qu'ils peuvent injustement lui ravir, soit en le laissant mourir de misère et de faim, plutôt que de retrancher quelque chose de leur luxe, plutôt que de se priver en rien de ces petites fantaisies si agréables à satisfaire, plutôt que de laisser quelques écus de moins à leurs héritiers. Oui, quand un frère dans l'aisance a dit à son frère, moins bien partagé que lui sous le rapport de la fortune : Je suis père de famille et je dois songer à mes enfants, il croit avoir tout dit. Est-ce là ce que veut l'amour de la famille?

Opposons à de si tristes vérités des faits d'une tout autre nature, et que je suis heureux de pouvoir consigner ici.

M. S....., que je ne nommerai point, soit pour ne pas blesser sa modestie, soit parce qu'il trouve sa conduite si naturelle, qu'il ne s'en fait pas un mérite et que je suis bien aise de le laisser dans sa noble simplicité, disait l'autre jour (1848) à une dame qui me les a racontés, les détails qui vont suivre.

« Entre frères, est-ce qu'on doit oublier que c'est le même flanc qui nous a portés, et que celui ou ceux qui sont dans l'aisance doivent faire des sacrifices en faveur de celui qui ne l'est pas? Que dis-je, des sacrifices ! Ce n'est pas en faire que de prêter secours et assistance à ses frères quand ils sont malheureux.

« Pour moi, ajouta-t-il, j'étais l'aîné de ma famille. Mon père avait de la fortune et je fus avantagé par lui, comme cela se pratique assez souvent. Le cadet de mes frères embrassa la carrière militaire, et le troisième et dernier se fit commerçant.

« Je prospérai dans l'exploitation de mes propriétés et de ma manufacture ; mais mon plus jeune frère ne fut pas heureux : en peu de temps il avait tout perdu. Voulant le tirer d'embarras, je lui cédai toute la portion dont j'avais été avantagé par mon père ; avec cet argent il reprit le commerce, et depuis lors tout marche au gré de ses desirs. Aussi Dieu sait s'il m'aime ! si nous nous aimons ! »

Ce fait me rappelle celui qui s'est passé en Italie en 1847, et que je vais mentionner, parce qu'il montre dans tout son jour non-seulement qu'il est des frères qui comprennent le sentiment de l'amour fraternel, mais encore que Sa Sainteté Pie IX est aussi bon qu'il est grand.

Un riche seigneur, père de deux garçons, voulait tout donner à l'aîné et laisser par conséquent le plus jeune dans la plus humble des conditions. L'aîné refuse de consentir à tout acte qui tendrait à dépouiller son frère, et déclare formellement que, le père mort, il partagera par égales parts avec son puîné.

N'ayant pu vaincre la généreuse susceptibilité de son fils, ce père dénaturé, mû par un sentiment que la nature et la religion réprouvent, et poussé par le plus odieux ressentiment, laissa entre les mains d'un officier civil ses dispositions testamentaires, par lesquelles il léguait ses biens au prêtre qui, le jour de son enterrement, dirait le premier la messe dans l'église où se feraient les cérémonies des funérailles.

Le seigneur mort, le dépositaire du testament, ne sachant quel parti prendre, eut le bon esprit d'aller consulter le saint-père, qui, après avoir pris connaissance du codicile, dit à celui qui le lui avait remis : « Laissez-moi cet acte, j'aviserai à ce qu'il faut faire. »

Le lendemain, à peine le jour commençait-il à poindre, que le pape quitte son palais. Il se rend à l'église où devait se célébrer le service funèbre pour le repos du mauvais riche. Il décline son nom ; les portes s'ouvrent devant lui ; il célèbre le premier le saint sacrifice et devient l'héritier du grand seigneur. Inutile de dire qu'il rendit aux héritiers naturels du defunt les biens dont le père avait voulu les priver.... Est-il rien de plus touchant et de plus admirable que la conduite de Pie IX en cette circonstance? Vit-on jamais bonté pareille? Espérons que ces exemples ne seront pas perdus.

2º AMOUR DES SEXES (passion).

L'histoire de l'amour des sexes, dans tous les pays civilisés, nous représente cette passion sous deux aspects bien différents ; c'est-à-dire qu'il est une sorte d'amour qu'on appelle *platonique* ou *immatériel* ; et une autre espèce d'amour qui, tout spirituel qu'il est, a néanmoins quelque chose de matériel ou de charnel qui oblige de le séparer du premier : ce qui n'empêche pas que, dans tous les cas, la peinture qu'on en fait devrait dépendre uniquement du sentiment qu'éprouve l'auteur qui l'exprime.

Et cependant, tel est l'ascendant qu'exercent sur les écrivains les mœurs des hommes qui les environnent, qu'ils y soumettent jusqu'à la langue de leurs affections les plus intimes. Et par exemple, il se peut que Pétrarque ait été plus amoureux dans sa vie que l'auteur de Werther, que plusieurs poëtes anglais, tels que Pope, Thompson, Otway; néanmoins ne croit-on pas, en lisant les écrivains du Nord, que c'est une autre nature, d'autres relations, un autre monde ? La perfection de quelques-unes de ces poésies prouve sans doute le génie de leur auteur ; mais il n'en est pas moins certain qu'en Italie, les hommes n'auraient pas composé les mêmes écrits quand même ils auraient ressenti les mêmes passions ; tant il est vrai que les ouvrages ayant le succès pour but, l'on y trouve communément moins les traces du caractère personnel de l'écrivain que l'esprit général de sa nation et de son siècle.

Ce jugement que madame de Staël a porté de l'amour platonique peut être porté également de l'amour que, par opposition, j'ai appelé charnel, quoique de tout temps confondu avec lui. En effet, demandez à un amant ce que c'est que l'amour ? sentir et aimer, vous répondra-t-il en deux mots ; et ses yeux, sa physionomie, tout en lui vous expliquera sa définition. Un homme mûr pourra faire la même réponse sans nous éclairer de même. Ainsi, l'amant qui parle d'amour en fait presque éprouver les sentiments, et l'homme non passionné ne le fait qu'envisager.

Le connaîtrons-nous mieux si l'on nous répond, avec une dame fort remarquable par les qualités de son esprit, à qui l'on demandait ce que c'était que l'amour? « Pour un homme, c'est être inquiet; et pour une femme c'est exister. » (*Alibert, Phys. des pass.*) Ou avec saint Grégoire : « C'est une fièvre cruelle qui a son froid et ses ardeurs, ses langueurs et ses accès, ses faiblesses et ses redoublements, ses rêveries, ses transports, ses fureurs? »

Non : et c'est probablement à ces différentes manières de sentir et d'exprimer l'amour, que nous devons les définitions diverses qu'on en a données.

L'amour est bien pour tous les auteurs une passion de l'âme que la nature inspire à tous les êtres de l'un et de l'autre sexe, et qui les porte à s'unir, à se posséder mutuellement et sans réserve ; mais comme le contentement de la passion se fait longtemps attendre, on a dit de cette sorte d'amour, qu'il consiste, soit dans une envie cachée et délicieuse de posséder ce que l'on aime après beaucoup de mystères (*La Rochefoucauld*); soit dans une passion tumultueuse qui nous possède et nous enivre; soit dans la fièvre de l'âme, qui voit et apprécie les qualités du corps et de l'esprit de la personne aimée avec l'œil de l'imagination et voudrait régner sur elle.

En d'autres termes, l'amour est l'enfant du loisir, ou, ce qui revient au même, l'occupation des gens désœuvrés (*Diogène*); la maladie des âmes oisives (*Platon*); un caprice de quelques jours; une liaison sans attachement; un sentiment sans estime; des simagrées de Sygisbé; une froide habitude; une fantaisie romanesque; un goût suivi d'un prompt dégoût : tout cela ayant été nommé amour. (*Voltaire*.)

Voilà ce qu'on a pensé, ce que probablement bien des gens pensent encore, ce qu'on dit généralement et ce qu'on dira peut-être toujours de l'amour. Voilà les contradictions nombreuses dans lesquelles les auteurs sont tombés en le définissant. C'est pourquoi, si nous voulons nous rendre compte de ces contradictions et les expliquer, nous serons forcés de nous arrêter à l'idée que ces auteurs ont confondu l'amour *des sexes* proprement dit avec l'amour *conjugal*.

Assurément, dans l'une et l'autre de ces sortes d'amour, le caractère de la passion est de remplir le cœur tout entier par l'idéal des perfections de la personne aimée; on la retrouve partout, tout en retrace l'image, tout en réveille les désirs. Le monde, la solitude, la présence, l'éloignement, les objets les plus indifférents, les occupations les plus sérieuses, le temple lui-même, les autels sacrés, les mystères terribles, pour parler le langage de Massillon, en rappellent le souvenir! Mais il y a entre eux cette différence, que l'un, purement organique ou sensuel, tient de la bête, ne peut se passer de la possession et s'éteint par elle; tandis que l'autre plus spirituel ou intellectuel, n'ayant rien ou presque rien de charnel, ne fait de la possession qu'un désir secondaire.

J'appellerai le premier de ces sortes d'amour, *faux amour*, parce que, pour l'homme comme pour l'animal grossier, il n'est qu'un simple besoin organique qui veut être satisfait; avec cette différence qu'il se fortifie et s'agrandit quelquefois dans l'espèce humaine, au milieu du faste, de la mollesse et de la magnificence : il trouve dans l'hyménée un tombeau.

Au contraire, j'appellerai le second, *amour vrai*, parce que ce besoin s'ennoblit par les préférences les plus délicates, par les sentiments les plus purs, par les idées les plus abstraites, et devient quelquefois le chef-d'œuvre du cœur humain, comme le plus haut degré de bonheur. (*Fréd. Bérard*.)

Quoi qu'il en soit, vrai ou faux, l'amour est, aux yeux du plus grand nombre, une passion *nécessaire*, sans laquelle le genre humain, se dépeuplant de jour en jour, retomberait dans le néant.

Oui, l'amour est une passion nécessaire, si on le considère au point de vue de la *multiplication* de l'espèce; mais si l'on en conclut généralement (on l'a fait), que le goût d'un sexe pour l'autre sert à les perfectionner tous les deux, je m'élèverai de toutes mes forces contre cette conclusion.

Que peut-on attendre en effet d'un amour impur engendré par une passion criminelle et entretenu par l'espoir ou par la réalité de la satisfaction sensuelle?

Que peut-on attendre de l'union de deux amants sans mœurs, ne formant entre eux qu'une association odieuse qui les fait entrer en commerce de vices, et établit entre eux deux une complicité réciproque de mauvais penchants, de coupables habitudes?

Pour la société, un bien déplorable et bien funeste exemple, et pour les amants, après une jeunesse remplie de jouissances matérielles, désordonnées, qui épuisent le corps et dégradent l'âme, une vieillesse précoce et chargée de regrets amers.

Veut-on un exemple qui prouve combien cette passion est avilissante? Assistons par la pensée à la bataille d'Actium, et nous y verrons Marc-Antoine n'ayant des yeux que pour Cléopâtre, l'objet de ses coupables amours et de ses voluptueux désirs, lui, chef d'un puissant parti, abandonner lâchement son armée pour suivre la reine d'Egypte et aller goûter mollement dans ses bras l'ivresse de la volupté. Donc l'amour ne perfectionne pas toujours les amants.

Et maintenant, si l'on compare les conséquences de l'amour impur avec celles de l'amour innocent, on ne s'étonnera plus que de Bernis ait écrit : « L'amour est le seul bien qu'on ne peut apprécier; l'amour est le seul mal auquel on ne trouve point de remède. Peignez-le comme un monstre dangereux, représentez-le comme un dieu bienfaisant, vous le retrouverez tout entier dans l'un et l'autre de ces portraits. »

On l'y retrouve, en effet, parce que l'âme et les sens obéissent à l'amour : tantôt il les enivre de ses jouissances, tantôt il les soulève et les bouleverse, comme l'ouragan fait les vagues. Il répand avec eux le plaisir et la joie, il les berce dans l'espérance, les endort dans la félicité ; puis il les réveille dans le désespoir, les plonge dans la noire jalousie, les livre aux fureurs de la colère : passion à la forme changeante, aux couleurs indécises, plus capricieuse que Protée, belle et suave comme le ciel et mauvaise comme l'enfer, nul pinceau ne peut la saisir et la rendre, nul langage ne peut la suivre dans le dédale de son vol.

A elle appartiennent les dévouements sans bornes et l'égoïsme le plus avide : elle immole tout à l'objet aimé, fait pour lui les sacrifices les plus sublimes ; d'autres fois elle le fait le jouet de ses caprices et de ses jouissances. Pour ses satisfactions, elle le rend esclave et malheureux ; elle poursuit son bonheur à elle-même à travers les larmes qu'elle lui fait répandre et les tortures qu'elle lui fait subir.

A elle d'élever l'homme et de le grandir jusqu'au ciel ; mais aussi de l'abaisser jusque dans la boue de la matière. A elle donc le crime et la vertu, la prière et le blasphème, le feu, le fer et le poison.

D'après ces distinctions, il est facile de comprendre que c'est de l'amour innocent et pur, de l'amour que nous avons appelé *véritable*, qu'on a pu dire qu'il est un bienfait de la Divinité. Sans cela, le christianisme, en faisant du mariage une institution sacrée, et en mettant la femme de moitié dans l'association humaine, aurait-il pu donner, comme il a donné en effet, une force jusqu'alors inconnue au lien conjugal et à toutes les affections qui en dérivent? Aussi, notons-le bien, est-ce de cette époque seulement que l'on a parfaitement conçu le véritable bonheur domestique.

Cela devait être, car trop de puissance déprave la bonté, altère toutes les jouissances de la délicatesse ; les vertus et les sentiments ne peuvent résister d'une part à l'exercice du pouvoir, de l'autre à l'habitude de la crainte. Par l'émancipation de la femme, la félicité de l'homme s'accrut donc de toute l'indépendance qu'obtint l'objet de sa tendresse ; il put se croire aimé ; un être libre choisit un être libre, obéit à ses désirs. Dès lors les aperçus de l'esprit, les nuances senties par le cœur, se multiplièrent avec les idées et les impressions de ces âmes nouvelles qui s'essayèrent à l'existence morale, après avoir longtemps langui dans la vie.

Oui, le sentiment de l'amour conjugal, quand il est bien senti, est un bienfait de la Divinité, puisqu'il rend la femme, généralement si faible et si craintive, courageuse et forte, le jour où elle peut exposer sa vie pour l'unique ami dont son cœur a fait choix ; le jour où, par quelque acte d'un entier et absolu dévouement, elle lui donne au moins une idée du sentiment qui oppressait son cœur par l'impossibilité de l'exprimer. C'est du moins ce qu'ont pu voir et admirer ceux qui ont traversé ces temps néfastes de la tourmente révolutionnaire. Une femme, condamnée à mort avec celui qu'elle aimait, laissait bien loin d'elle les secours du courage, et marchait au supplice avec joie. Heureuse d'avoir échappé au tourment de survivre à son amant, elle était fière de partager son sort ; et, présageant peut-être le terme où elle pouvait perdre l'amour qu'il avait pour elle, le sentiment profond qu'elle éprouvait lui faisait chérir la mort, qui détournait ce malheur.

Oui, il est un bienfait de la Divinité, ce sentiment qui, dans l'âge avancé, peut être plus profond encore que dans la jeunesse ; une passion qui rassemble dans l'âme tout ce que le temps enlève aux sensations ; une passion qui fait de la vie un seul souvenir, et dérobant à sa fin tout ce qu'elle a d'horrible, l'isolement et l'abandon, vous assure de recevoir la mort dans les bras même qui entourèrent votre jeunesse de tous les soins et de toutes les prévenances d'une tendresse aussi constante qu'affectueuse.

Déjà les poëtes latins avaient convenablement compris l'amour conjugal et s'étaient exprimés, à son endroit, avec beaucoup de sensibilité. Ainsi, lorsque les dieux voyageurs demandent à Philémon ce que Baucis et lui souhaiteraient de la faveur du ciel ? — Philémon leur répond : « Comme nous avons passé ensemble des années, toujours d'accord, nous demandons que la même heure termine notre carrière : que je ne voie pas le tombeau de mon épouse, et que je ne sois pas enseveli par elle. » (*Métamorphoses d'Ovide*.) Cette réponse est une touchante image de l'amour conjugal et du bonheur qu'il procure.

J'ai vécu dans l'intimité avec un respectable ménage, qui, quoique n'ayant jamais eu d'enfants, a dû éprouver, j'en suis certain, le même sentiment que Philémon et Baucis et, former le même vœu, puisque, après avoir atteint leur quatre-vingtième année environ dans une parfaite union, la femme s'éteignit en quelques jours de la douleur de survivre à son mari.

L'amour des sexes, ai-je dit, est en général tantôt un bien et tantôt un mal : pourrait-on établir une ligne de démarcation assez tranchée quant aux effets moraux qu'il a produits dans l'un et l'autre cas, pour pouvoir les distinguer ?

Je crois que oui ; et pour cela je n'ai qu'à comparer dans sa manifestation l'amour passionné dont Télémaque brûla pour la nymphe Eucharis, avec celui plein de douceur et de charmes que lui inspira plus tard la fille d'Idoménée. Ces deux tableaux, tracés de main de maître (par Fénelon), sont la représentation fidèle de ce qui se passe dans le monde.

« Ce prince malheureux est à peine débarqué depuis quelques jours dans l'île de Calypso, que l'enfant de Vénus y souffle la discorde. Les amants, en proie au trouble et à la violence d'une passion effrénée, ont le cœur brûlé par l'ardeur du désir et l'âme consumée par la honte. La jalousie de Calypso fait trembler Eucharis; la présence de Mentor devient importune à Télémaque. Ce n'est plus le fils d'Ulysse écoutant avec docilité les bons avis de son sage conducteur; c'est un séditieux qui se révolte contre tout ce qui s'oppose à sa passion.

« Au contraire, quand il fut arrivé dans l'Hispérie, il éprouva pour Antiope un sentiment aussi tendre que respectueux. Ce n'est plus ce feu dévorant de l'île de Calypso, c'est la douce chaleur du printemps qui échauffe la nature sans l'altérer. Il ne redoute plus ni la présence ni les leçons de Mentor; il va au-devant de lui, et ne craint pas de le faire le confident du sentiment qu'il a conçu pour la fille de son hôte. Et pourquoi l'aurait-il caché? Il reposait sur la vertu et soupirait après l'hyménée. »

Jusqu'à présent je ne me suis occupé de l'amour des sexes qu'en philosophe, je vais m'en occuper maintenant en physiologiste et en médecin.

A ce double titre, j'applaudis volontiers à cette pensée que de Bernis a exprimée, que «L'amour est un bien et l'amour est un mal,» parce que j'ai pu reconnaître et apprécier bien des fois que les effets de cette passion sur le physique et le moral de l'homme et de la femme, diffèrent selon que l'amour est *expansif* ou *concentré; partagé* ou *non partagé* (abstraction faite de la possession); *avec* ou *sans espoir de retour; désabusé* ou *trompé*. Ces remarques n'avaient pas échappé du reste aux observateurs de tous les siècles, qui ont constaté à l'envi qu'en observant un amoureux auprès de l'objet de son affection, on voit son amour se peindre dans son œil ouvert, vif, radieux, dans une prunelle dilatée et comme étincelante, dans ce regard *dévorant* qu'on ne peut décrire. Le front est épanoui et très-légèrement agité, le sourcil élevé en arc suit les mouvements du front; la joue prend une teinte rosée ou s'anime des plus vives couleurs, les ailes du nez sont agitées par le désir, la bouche se rétrécit; les lèvres, tantôt humides et tantôt desséchées, présentent quelquefois la douce inflexion du sourire.

Il y a souvent, dans tous les traits de la face, une sorte de trouble et de frémissement qui, joints à une contenance embarrassée, à une respiration haletante, gênée et comme suffocante, à une voix aigue et même tremblante, à la difficulté de la parole, à une sorte d'incapacité morale que la timidité produit, ne permettent pas de méconnaître l'amour et ses désirs.

D'un autre côté, les bizarreries les plus extraordinaires se font remarquer dans le caractère : on n'aime plus le travail ni les choses sérieuses; l'esprit, toujours en proie à de vagues rêveries, ne songe plus aux affaires; on devient tantôt taciturne et tantôt gai jusqu'à la folie; on aimait la solitude, on la fuit; on la fuyait, on la recherche; les personnes les plus chères deviennent insupportables; tout ce qui tient aux soins matériels de l'existence est l'objet d'un profond dédain; la fortune, la gloire, les plaisirs de toute sorte n'ont plus aucun attrait; on se montre dur avec ses parents; on manque d'égards à ses supérieurs; les déférences qu'on leur doit semblent tyranniques; on oublie même jusqu'à ses devoirs envers ses propres enfants; on reste froid auprès d'une épouse naguère chérie, aimée et l'objet des plus tendres caresses : ses questions déplaisent, ses observations embarrassent, on s'emporte au moindre reproche, on profite de la moindre querelle pour quitter le foyer domestique, où l'on ne revient qu'à regret et parce qu'on ne serait pas reçu ailleurs à ces heures-là; on quitte ses amis, on délaisse ses proches, on néglige ses affaires même les plus pressantes et les plus importantes; on renonce, autant qu'on le peut, à tout ce qui n'est pas l'objet de notre amour.

Dans certaines circonstances, bercé par les idées les plus riantes, on éprouve mille délicates jouissances de l'âme qui, absorbée dans une seule pensée, semble y rapporter toutes les sensations que l'on reçoit, et change la nature des impressions qu'elle éprouve. Tout prend alors la teinte de la passion dont on est agité et paraît l'augmenter : on ne voit qu'elle, on n'entend qu'elle; on n'écoute qu'elle : son nom seul fait tressaillir le cœur. La présence de l'objet adoré trouble et fait perdre la voix; le seul toucher de son vêtement fait bouillonner le sang dans les veines. Faut-il être étonné, demande Virey, si dans cette crise la voix de la raison est souvent à peine entendue? Elle l'est cependant dans les cas que le monde est convenu d'appeler l'amour sincère et véritable; car il inspire alors à l'amant le plus épris une délicatesse de sentiments telle, qu'il n'oserait dire une parole qui pût blesser la pudeur de sa bien-aimée, ni se permettre la moindre familiarité qui pût lui faire croire qu'il n'a pas pour elle tout le respect et l'estime que sa vertu commande. De là le *mutisme* et les embarras en présence de l'objet aimé. L'amour véritable est donc un frein contre les appétits sensuels.

Je dois aussi faire observer que, si rien ne vient en détruire les douces et suaves illusions, l'amour légitime, quand il est expansif et partagé, agrandit l'intelligence de l'homme. Bien plus, il se répand dans l'âme un bien-être, d'où il suit que toutes les fonctions vitales se réveillent, le cœur acquiert une force nouvelle, la circulation devient plus active, la chaleur augmente, la transpiration se montre plus abondante, la respiration est libre, en un mot toutes les fonctions s'exécutent avec une régularité si grande qu'elle annonce une harmonie parfaite entre la puissance morale et la puissance vitale.

Dès ce moment les digestions sont faciles et bonnes, la nutrition surabondante; le sang s'enrichit en globules rouges; toute la machine acquiert des forces nouvelles.

Au contraire, quand l'amour est concentré et sans espérance, son impression se faisant également sentir au physique et au moral, sa malheureuse victime est en proie au chagrin et à la tristesse. Il perd le sommeil et l'appétit; il digère difficilement, le chyle est mal élaboré et fourni en petite quantité par la masse alimentaire et les boissons : le sang ne se reconstituant pas s'appauvrit, la circulation se ralentit, les mouvements du cœur et les battements artériels diminuent de force et de fréquence, la transpiration diminue de quantité, les autres sécrétions sont presque nulles et même se suppriment tout à fait ; le corps maigrit, se consume, et la diarrhée vient parfois ajouter à la faiblesse déjà existante.

Tels sont généralement les effets d'un amour concentré : mais ces mêmes désordres étant le résultat de causes morbifiques diverses, comment pourra-t-on reconnaître qu'ils sont dus aux peines du cœur ?

En usant du même stratagème qui fut employé jadis par Erasistrate pour découvrir si la mélancolie qui consumait les jours d'Antiochus, fils de Séleucus, ne devait pas être attribuée à un amour qu'on n'osait faire éclater.

Quoique éperdument amoureux de Stratonice sa belle-mère, Antiochus, ne voulant révéler son secret à personne, finit par tomber malade. Il gardait le lit depuis longtemps sans éprouver la moindre douleur, et néanmoins perdant son embonpoint et se mourant de langueur.

Erasistrate fut appelé : cet illustre médecin ayant remarqué dans le jeune et intéressant malade l'abattement des yeux, la faiblesse de la voix, la pâleur du teint et les larmes qu'il répandait sans sujet, vit dans l'ensemble de ces symptômes la preuve d'une passion violente qu'il n'osait avouer.

Pour éclairer ses soupçons et découvrir l'objet d'un sentiment si vif, le docteur posa sa main sur le cœur du malade, dans la chambre duquel, il fit venir toutes les femmes du palais. Antiochus n'éprouva d'abord aucune espèce d'agitation ; mais à l'approche de Stratonice, le plus vif incarnat vint animer ses joues pâles et décolorées, son cœur battit avec violence, il fut inondé de sueur et saisi d'un tremblement général..... Il n'en fallut pas davantage pour changer les soupçons en certitude.

Avant Erasistrate, guidé par l'observation des phénomènes extrêmement variés que l'amour avait produits sur l'ensemble de la vie organique de Perdicas, roi de Macédoine, qu'on croyait phthisique, Hippocrate avait découvert la passion dévorante de ce prince pour Phila, la maîtresse de son père ; et plus tard Galien reconnut que cette même passion consumait les jours et menait insensiblement au tombeau une dame romaine éprise d'amour pour le danseur Pilade.

Ainsi dans l'amour concentré, l'âme s'abandonne à la tristesse la plus profonde, à la mélancolie la plus noire ; aux souffrances morales s'ajoutent bientôt les souffrances physiques, et l'amant malheureux dépérit, le flambeau de la vie manquant d'aliment.

Pareille chose arrivera, si, par suite d'une timidité qu'il ne peut surmonter, le patient refoule au fond de son cœur le sentiment qui l'agite. La timidité, on le sait, est l'effet immédiat d'une sensibilité extrême ; et dans quelle occasion, devant quelle tentative le jeune homme doit-il être timide, si ce n'est devant celle qui a son bonheur extrême pour objet? Au seul mot de l'amour toutes ses facultés étincellent ; les sentiments se succèdent, se confondent, s'excitent.... ; tant de bonheur pourrait-il être attendu, tant d'ivresse goûtée.... tant d'espérance être permise.... tant de vœux couronnés, tant de désirs accueillis et satisfaits ?.... Non, non, s'écrie douloureusement le jeune homme, ce serait trop demander, trop obtenir ; et un triste effroi le fait reculer involontairement devant l'audace même d'espérer une si grande félicité !.... Il se contente d'en poursuivre l'image.... Elle me repousserait.... Elle serait offensée !.... Cette crainte le glace d'épouvante ; il adore en silence, il passe ses jours à étouffer, à chercher à réprimer les expressions d'un hommage que tout décèle et qu'il croit déguiser.

C'est ainsi que s'écoulent quelquefois, dans les coupables délires d'une passion malheureuse, les plus beaux jours de la jeunesse. Au lieu de chercher dans une union légitime un remède à un mal si profond, on fait ses plaintes à la nature entière, on s'abandonne au découragement, à la tristesse : une accablante langueur jette sur les devoirs et sur les occupations le voile sombre du dégoût. L'imagination s'affaisse ; toute voie est fermée au plaisir, toute pensée à l'espérance. Le désir s'éteint, l'amour a disparu du monde ; le monde a disparu. (*Azaïs*.)

Heureusement cet état funeste ne dure pas longtemps, lorsque le jeune homme est atteint pour la première fois. Des circonstances étrangères à sa volonté lui rendent le service de l'arracher, malgré lui, à une douleur qu'il aime. Un voyage, un danger, un événement qui l'inquiète, ou seulement une situation nouvelle, viennent redonner de l'exercice à ses facultés, des distractions à son âme. Toutes ses forces se rétablissent avec vitesse....... et bientôt l'activité brûlante est rendue à son cœur. Celui qui ne voulait plus aimer, qui voulait mourir, va aimer de nouveau, il va recommencer à connaître les douceurs et les tourments de la vie. Le voilà épris d'un nouvel objet........, plus agréable que le premier ; car il a oublié le premier, et quelle image effacée peut entrer en concurrence avec une image récente, lors même que celle-ci serait belle! Nouveaux combats, nouveaux désirs ; nul espoir d'union légitime ; et obstacle, répulsion pour des satisfactions criminelles...Non, tant qu'un sentiment délicat coulera dans les veines d'un jeune homme, tant que son cœur et pur et honnête aura bien plus besoin de vertu que ses sens n'exigeront de jouissances ; tant qu'il prêtera à toutes les âmes la générosité de son âme, il n'osera point rechercher ce que sa conscience lui dit devoir lui être à juste titre refusé.

Venons enfin au terme de cet état critique.

Si, comme nous l'avons supposé, le jeune homme est honnête autant que sensible, et s'il a été heureusement entouré ; si son éducation a secondé les facultés de son âme ; si des malheurs, si l'amitié et quelquefois la retraite ont développé et fortifié en lui le sentiment des vertus qui font la gloire de l'homme ; si, trop faible pour être vainqueur de ses désirs, il est assez fort pour réprimer de honteuses faiblesses, ajoutons surtout, s'il est assez heureux pour ne point trouver auprès de lui-même l'occasion de succomber dans les moments, peu rares peut-être, où il ne serait point en état de faire une longue et vigoureuse résistance ; dès lors le temps arrive où, épuisé de combats, fatigué de tant de secousses intérieures, lassé de vaincre, de céder, de se défendre, il succombe au découragement ; la tristesse flétrit son âme ; son corps abattu s'affaisse et tombe ; plus de ressorts, plus de désirs, plus de désespoir. Il demande la mort, l'attend sans frayeur, l'appelle sans violence ; il souffre sans cesse de légers maux, pressés et inaperçus ; il languit, s'énerve, se décolore ; la nature se fane, se dessèche. Chaque jour une teinte lugubre est ajoutée à son voile funèbre.... Tout va finir !......

Cette fâcheuse influence du moral sur le physique est bien plus prompte et plus manifeste encore dans tous les cas d'un amour trompé. Alors ses effets sont immédiats, et l'on voit instantanément éclater chez certains individus, bien plus impressionnables ou plus épris que d'autres, tantôt une fièvre délirante, tantôt l'aliénation mentale, quelquefois des accidents hystériques et tous les symptômes de la fureur utérine si bien décrits par Avicenne, etc., etc., suivant les prédispositions des sujets. Parmi bien des faits fort curieux que je pourrais citer, je choisirai le suivant, à cause de sa singularité.

Tulpius raconte qu'un jeune Anglais, éprouvant un refus lors d'un mariage qu'il désirait ardemment, tomba roide comme un pieu, se tint un jour assis sur une chaise, dans la même attitude et les yeux ouverts, de sorte qu'on l'aurait pris plutôt pour une statue que pour un homme. Sur le soir, quelqu'un lui dit en riant : Allons ! sortez de cet état, et votre amante vous sera accordée. A l'instant même l'Anglais revint à lui, se leva brusquement : il était guéri.

L'amour étant un bien, l'amour étant un mal, quelle conduite devons-nous tenir, nous médecins ou moralistes, à l'égard de ces sortes de malades dans ces circonstances diverses ? Elle est fort simple. Dans les cas où l'amour porte l'empreinte d'une passion commencée par l'agrément du corps, entretenue par les qualités de l'esprit et du cœur, et augmentée par l'estime, s'ils sont assortis par l'âge et que l'inclination soit réciproque, il faut laisser cette inclination se développer, grandir, et la rendre durable, en resserrant les nœuds qu'ils ont formés par le sacrement du mariage. Et si l'amour n'était point partagé, soit que par timidité on n'ait pas osé l'avouer, ou pour tout autre motif, il faudrait faire comprendre à la personne affectée d'un amour malheureux que, loin de se noyer ou de se pendre, elle devrait écouter l'espérance du changement qui est aussi commun en amour qu'en affaires. (J.-J.)

De même, s'il n'y avait pas entre ces cœurs épris les rapports de convenance ni d'humeur, ce qu'il faut rechercher avant tout, il est du devoir des parents et des amis de les mettre en garde contre les dangers que l'amour fait courir. En outre des considérations religieuses, qui certainement sont les plus efficaces, ils pourront leur rappeler la triste et déplorable fin de l'auteur de la *Jérusalem délivrée*. Proscrit et malheureux dès l'enfance, auteur à vingt-deux ans d'un poëme épique, la gloire de sa nation, il fut atteint, au milieu des jouissances d'une célébrité précoce, de l'amour le plus violent et le plus infortuné pour la sœur du duc de Ferrare. Cette passion excessive, qui fut le prétexte des plus affreuses persécutions, empoisonna des jours consacrés aux muses, occasionna, hélas ! une mort trop prématurée, et enleva aux lettres et à la poésie un de leurs plus beaux ornements.

On leur montrera également ce terrible rocher de Leucate, renommé dans l'ancienne Grèce, comme le lieu d'où les amants infortunés se jetaient dans la mer pour se guérir de la *folie amoureuse;* moyen coupable, que la célèbre Sapho, malheureuse et délaissée, choisit aussi comme le dernier remède à ses maux.

En France, nous n'avons pas de rocher de Leucate, mais combien de jeunes filles qui, dans le délire d'une passion trompée, se précipitent dans les fleuves qui baignent nos cités ou dans les eaux qui vont fertiliser les campagnes ou qui servent à arroser nos jardins ! Telle fut Fleurette, la fille du jardinier de Nérac, la première victime de Henri le Béarnais. Séduite et abandonnée par Henri, Fleurette n'écoute que son désespoir et se jette dans la fontaine témoin de leurs amours.

Ce n'est pas tout, et comme il est des circonstances où l'amour ne saurait être partagé sans crime, sans conduire même à l'adultère, c'est alors surtout qu'il faut redoubler de zèle et d'efforts pour en effacer, s'il se peut, jusqu'au premier principe. C'est chose bien difficile à obtenir, je le sais, mais serait-ce un motif assez plausible pour ne pas le tenter ?

Non, et puisque le développement d'un autre sentiment passionné peut, s'il n'étouffe pas les besoins ou mieux les pensées coupables et impérieuses de l'amour, prévenir du moins, dans quelques cas, les crimes auxquels ils entraîneraient inévitablement, c'est aux moralistes, mais aux parents surtout, dont la parole a bien plus de force, à développer cet autre sentiment dans le cœur des personnes atteintes d'une passion si funeste. Cette diversion aura des effets d'autant plus heureux et plus efficaces, qu'elle sera mieux appropriée aux caractères et aux autres circonstances.

C'est ce que fit Joseph, qui, on le sait, avait inspiré un amour délirant à la femme de Putiphar. Nous empruntons à un auteur le récit de cette histoire de la Bible.

Un jour, cette malheureuse femme, le cœur attaché à son idée, abattue par la peine et brûlée par le désir, accourut à Joseph et lui dit : « Si tu ne m'aimes pas, je m'étrangle, ou je me jette dans un puits, dans un précipice. » — Je la regardai, dit le fils de Jacob, l'esprit de Bélial la possédait. Je priai le Seigneur et lui dis : « Pourquoi es-tu troublée et hors de toi? Tes péchés t'aveuglent; souviens-toi que si tu te tues, Sétho, ta rivale, la concubine de ton mari, frappera tes enfants et abolira ta mémoire dans ta maison. » — « Ah! s'écria-t-elle, tu m'aimes, car tu prends intérêt à ma vie et à mes enfants : je n'ai pas encore perdu tout espoir. »

Si j'ose dire ce que je pense, poursuit M. Saint-Marc Girardin, dont je transcris les expressions, ceci me semble sublime. — Vos enfants auront une belle-mère! cette seule parole renverse toutes les idées de l'amante désespérée : voilà son cœur changé. — Ses enfants frappés par Sétho! Quel discours, quelle éloquence contre le suicide eût valu ce mot-là! Cette femme qui venait furieuse, possédée par l'esprit d'impureté, un mot l'a attendrie, un mot l'a guérie; elle se souvient qu'elle est mère, elle ne veut plus mourir.

Eveiller dans le cœur des amants malheureux et désespérés un sentiment contraire à celui qui les agite et trouble leur raison ; favoriser en eux le développement d'une passion nouvelle, mais honnête; mettre sous leurs yeux l'impressionnable tableau des conséquences désastreuses, des excès coupables, dans lesquels nous jette un amour désordonné; leur inspirer du goût pour la culture des beaux-arts; leur faire entreprendre un long et agréable voyage; leur montrer le mépris public s'attachant à leur faiblesse, les liens de la famille rompus et brisés, etc., etc., voilà tout autant de moyens moraux qui peuvent devenir pour ces infortunés qu'une violente passion subjugue, entraîne, un remède salutaire dont l'effet est durable contre leur fatale passion.

Il en sera ainsi, croyons-le bien, s'ils n'ont pas entièrement perdu la raison, ou si la vigueur de leur tempérament l'emporte pas sur la puissance de l'âme. Dans ce dernier cas, tempérer leur ardeur par un régime très-sévère, composé de végétaux, de laitage, de quelques fruits, le tout pris en petite quantité; user exclusivement d'eau pure pour boisson; se livrer à des exercices corporels violents, poussés jusqu'à la fatigue et qui déterminent des sueurs abondantes; tenir le ventre libre, calmer l'effervescence du sang par des boissons rafraîchissantes, pratiquer même une saignée pour en diminuer la quantité et affaiblir l'individu quand les circonstances le commandent; le tenir longtemps et tous les jours plongé dans des bains d'eau tiède pure ou d'eau de son; lui faire éviter toute rencontre avec la personne aimée, soustraire à ses regards tous les tableaux voluptueux, tous les ouvrages licencieux, l'empêcher de rester longtemps couché, le priver même d'un peu du sommeil : tels sont les moyens ordinairement secondaires, et quelquefois principaux, que l'on doit associer forcément aux moyens moraux, si l'on veut triompher de la violence de la passion.

3° AMOUR DE LA PATRIE (passion).

Qu'est-ce que la patrie? La patrie est quelque chose de très-différent, suivant le degré et la forme de la civilisation. Pour l'homme physique, c'est le pays, c'est-à-dire l'endroit où il est né, où il a été élevé, et dont les impressions sont restées mêlées à tous les souvenirs d'enfance et de la jeunesse. L'instinct et l'habitude attachent l'homme à son pays.

Pour l'homme moral, en tant que citoyen et homme politique, la patrie est la chose publique (*res publica*) à laquelle il s'attache en raison des droits et de la puissance qu'elle lui confère, des avantages ou de la gloire qu'elle lui procure. Ainsi, la patrie est tout à la fois une personne, une chose, une abstraction ; car il y a dans ce qu'on appelle patrie des personnes, des choses, des conventions. La patrie du sauvage n'est pas la même chose que celle de l'homme policé; la patrie du villageois ne ressemble pas à celle des bourgeois; la patrie du prolétaire est tout autre que celle du citoyen, et cependant tous les hommes ont une patrie. Chacun l'aime à sa manière, y est attaché et a des raisons pour l'aimer, pour y tenir, pour désirer d'y vivre et d'y mourir

L'amour de la patrie peut donc être défini, l'amour du pays natal étendu à tous les hommes qui parlent le même langage et vivent sous la même loi : « C'est, dit madame de Staël, une fraternité plus large que celle de la famille, mais encore trop étroite pour notre âme. »

En d'autres termes, aimer sa patrie d'un amour véritable, c'est contribuer, autant qu'il est en notre pouvoir, à sa liberté, à sa prospérité, à sa puissance, à sa grandeur, et cela sans arrière-pensée de notre part, sans qu'un intérêt *personnel*, ou de *famille*, ou d'*amis*, nous anime; car le vrai citoyen est celui qui est prêt à sacrifier ce qu'il a de plus cher, sa vie même, au bonheur et à la gloire de son pays.

L'amour de la patrie était tellement développé dans le cœur des anciens Grecs et des Romains, des Français et de tous les peuples civilisés, qu'il a dominé chez certains d'entre eux tantôt le sentiment de la paternité et de la maternité, tantôt l'amour de soi-même, *a fortiori*, toutes les autres sortes d'amour.

Il a même éteint dans le cœur ulcéré des hommes que l'injustice de leurs concitoyens avait chassés de la mère-patrie, le ressentiment de la haine et de la vengeance, tout comme l'avait étouffé en Coriolan le sentiment de l'amour filial. Je vais en citer quelques exemples, rien ne pouvant mieux développer ce noble sentiment dans la jeunesse de notre époque et dans les générations futures, que le récit des actions éclatantes que l'amour de la patrie a fait accomplir.

J'ai dit d'abord que l'amour de la patrie dominait quelquefois le sentiment de la paternité ou de la maternité. Il en était du moins ainsi, de cette femme de Sparte dont l'histoire nous raconte le patriotisme. Elle avait cinq fils à l'armée, et attendait avec anxiété des nouvelles de la bataille. Un ilote arrive, elle lui en demande en tremblant.... « Vos cinq fils ont été tués. — Vil esclave, t'ai-je demandé cela ? — Nous avons gagné la victoire. » La mère court au temple et rend grâces aux dieux. Voilà la citoyenne!

Et elle n'était pas la seule à Sparte, cette femme, qui aimât ainsi sa patrie, puisque, quand on disait à une Spartiate : «Votre fils est mort en combattant, » elle répondait : « Je l'ai mis au monde pour cela. »

Il en fut de même de Paul-Emile. Ce grand capitaine ayant perdu ses deux fils le jour même où il mit fin au royaume des Macédoniens par la défaite de Persée, le dernier de leurs rois, il déclara au sénat romain, dans un très-beau discours qu'il prononça à cette occasion, que « la joie qu'il avait du bonheur public lui faisait *oublier* ses disgrâces particulières. »

Tel était aussi Junius Brutus. Il condamna à mort ses deux enfants pour avoir eu des intelligences secrètes avec Tarquin le Superbe, qui voulait ressaisir la couronne, et fut lui-même témoin de leur supplice.

J'ai ajouté que l'amour de la patrie l'emporte parfois sur l'amour de soi-même; j'en trouve la preuve dans les faits suivants:

Le Lacédémonien Pédarète s'étant présenté au conseil des trois cents et en ayant été rejeté, loin de s'en offenser, il s'en retourne tout joyeux de ce qu'il s'est trouvé dans Sparte trois cents hommes qui valent plus que lui.

Curtius, chevalier romain, fit beaucoup plus encore : il se jeta tout armé dans un abîme qu'un tremblement de terre avait ouvert sur la place publique de Rome, parce que les devins venaient de prononcer que : « L'empire serait éternel, si les citoyens jetaient dans cet abîme ce qu'ils avaient de plus précieux. »

Régulus préfère retourner à Carthage, où la mort l'attend, plutôt que de conseiller au sénat romain un échange de prisonniers qu'il était venu proposer, cet échange lui paraissant désavantageux à son pays.

Enfin, François Iᵉʳ aima mieux rester enseveli dans une prison et y mourir captif de l'empereur Charles-Quint, que de consentir au démembrement de son royaume. *Voy.* l'article Bravoure.

Mais, hélas! qu'il est peu d'hommes aujourd'hui qui aiment leur patrie comme l'aimaient les femmes de Lacédémone, Paul-Emile, Junius Brutus, Pédarète, Curtius, Régulus, François Iᵉʳ, et bien d'autres que je pourrais nommer? Combien, au contraire, qui, dans ces siècles d'égoïsme, emploient tous les moyens de séduction dont ils peuvent disposer pour s'élever au-dessus de leur condition ou arriver au pouvoir, et sacrifient journellement les intérêts de leur pays à l'amour de l'or qui donne la puissance, ou à l'amour des honneurs qui donnent de la considération!

C'est, je le dis à regret, la maladie de l'époque. Elle a détruit et détruira peut-être longtemps encore le développement des sentiments généreux qui font le vrai citoyen; et nous devons lui attribuer la rareté de cette précieuse qualité dans la tête et le cœur des hommes d'à présent.

Oui, on ne saurait trop le redire, c'est une qualité excessivement rare aujourd'hui qu'un attachement désintéressé à la patrie; et, pour ma part, je suis convaincu que, excepté les hommes du peuple qui, aux jours de danger pour les institutions et l'indépendance du pays, sortent de leur réduit, s'arment, combattent, font triompher le droit et la raison, et, sans ambition comme sans vanité, rentrent dans leur obscurité, ne demandant aucune récompense de leur glorieuse conduite, heureux de la satisfaction intérieure qu'ils goûtent d'avoir fait leur devoir et assuré le triomphe de leurs opinions, les autres, au contraire, n'ont qu'une seule pensée qui les dirige, c'est de *suivre* les événements et, le *danger passé*, de se mettre en évidence pour profiter, s'il se peut, des chances favorables qui peuvent *s'offrir de devenir quelque chose*. Aussi Bonaparte disait-il avec beaucoup de sens : « Les révolutions ne sont pas pour ceux qui les font, mais pour ceux qui en profitent. » Ainsi, à moins de quelques rares exceptions que je sais reconnaître, à moins de quelques noms marquants que je pourrais citer, mais que je ne dirai point pour qu'on ne m'accuse pas de flatterie, le plus grand nombre de nos *chauds* patriotes ne sont mus que par leur intérêt personnel, et tel qui, dans ses discours, dans ses écrits ou dans une conversation intime, affiche les sentiments du plus pur patriotisme, cache soigneusement au fond de son cœur les motifs secrets qui le font agir.

Les moralistes doivent donc s'efforcer d'inspirer aux générations naissantes, si heureusement disposées pour cela, l'amour sacré de la patrie, en le lui montrant comme une des plus grandes et des plus sublimes vertus. C'est également à eux à leur redire avec le grand Bossuet : « N'est-ce pas que la société humaine demande qu'on aime la terre qu'on habite en famille, veut qu'on la regarde comme une mère et une nourrice commune ? On s'y attache alors, et cela unit. Oui, les hommes se sentent liés par quelque chose de fort, lorsqu'ils songent que la même terre qui les a portés et nourris vivants, les recevra en son sein quand ils seront morts ; et c'est en général un des regrets de l'exilé que de fermer à jamais sa paupière, sans qu'il puisse goûter la consolation que sa terre natale recevra sa dépouille mortelle. »

A ce propos, il ne sera pas inutile, je crois, de faire remarquer que certains écrivains (et la plupart des médecins sont de ce nombre), se faisant une fausse idée du sentiment vertueux qu'on nomme amour de la patrie, le confondent avec le mal du pays ou la nostalgie.

Cette maladie qui consume les jeunes gens que le sort des armes tient éloignés de leurs foyers, et l'exilé que la force des lois ou la proscription ont condamné à chercher un refuge sur la terre étrangère, n'est pas, à mon avis, un sentiment qui puisse et doive être attribué spécialement au désir impérieux de revoir le sol de la patrie, de cette patrie dont il ne peut vivre éloigné. Pour lui

C'est le dégoût d'un sol que voudraient fuir nos pas ;
C'est un vague besoin des lieux où l'on n'est pas.
Ce souvenir qui tue; oui, cette fièvre lente
Qui fait rêver le ciel de la patrie absente.....
Venise.   C. DELAVIGNE.

Toutefois, savez-vous pourquoi Lorenzo a un vague besoin des lieux où il n'est pas et soupire après le bonheur de revoir Venise? Parce que cette ville renferme Héléna, sa bien-aimée.

De même, quand le *Ranz des vaches* décide le soldat suisse à déserter ses drapeaux; quand le *Lochaber nó more* (chant national écossais) fait languir et mourir les vrais highlandmans que les hasards de la guerre ont conduits dans des contrées éloignées, croirons-nous que c'est le souvenir de la patrie absente que ces chants leur rappellent, qui les impressionne et les tue? Évidemment ce n'est pas cela : car, tandis que celui-ci regrette *ses lacs, ses rocs, ses précipices* (Delille), celui-là retrouve dans cet air magique tout ce qu'il a perdu. Ainsi,

Il entend d'une oreille avide, émerveillée,
La flûte du pasteur, le chant de la veillée :
Il écoute le bruit des troupeaux gémissants,
De ses jeunes amis reconnaît les accents :
La voix, la voix surtout de sa mère chérie,
Sa mère! ah! tout son corps revole à sa patrie!
                                        MILLEVOYE.

Son cœur revole à sa patrie, oui : mais pourquoi? parce qu'il y a laissé une mère! Donc ce n'est pas sa patrie que pleure le Suisse qui a quitté son chalet, c'est sa mère bien aimée, et son amour, son mal du pays, c'est de l'amour filial. Disons en passant un fait très-peu connu de la puissance du *Lochaber no more* sur les enfants des montagnes d'Ecosse, de la force de cette étroite sympathie qui existe entre le physique et le moral, de cet amalgame d'éléments divers qu'une âme anime et qu'on appelle homme.

Le docteur Pusoston était chirurgien-major d'un régiment écossais : lors de la dernière guerre avec l'Amérique, il s'embarqua avec son régiment. A peine était-il arrivé que, malgré la beauté du climat et ce *health upon the gale*, dont parle le poëte, l'hôpital militaire fut encombré de soldats de la maladie desquels le docteur ne pouvait se rendre compte

Un soir qu'il se promenait aux environs de la caserne, les sons d'une cornemuse écossaise frappèrent son oreille. Il s'approche de la fenêtre d'une salle basse où se trouvaient une centaine de militaires : il regarde, il les voit qui écoutent avec une émotion profonde et un pieux recueillement le joueur de cornemuse. C'était celui du régiment, il faisait entendre l'air chéri du *Lochaber no more*.

Un instant après, les uns étaient couchés par terre, dans un état d'agitation extraordinaire ; les autres dans une espèce de stupeur, et ne manifestant ce qu'ils éprouvaient que par des larmes qui brillaient dans leurs yeux ; d'autres enfin étaient assis, se cachaient la figure avec les mains et cherchaient à étouffer leurs sanglots.

Le docteur Pusoston, sans plus tarder, envoya chercher le joueur de cornemuse, et, après lui avoir acheté son silence, lui recommanda de ne plus jouer cet air funeste. Le virtuose montagnard obéit, et dorénavant ne fit plus entendre que des mélodies gaies et légères ; ce qui opéra un tel changement sur la santé des Ecossais, qu'en très-peu de jours il n'y eut plus un seul malade dans le régiment.

Ainsi, il est si vrai que la nostalgie n'est pas l'amour de la patrie absente, le regret de l'avoir quittée, que l'enfant de trois ans qui pleure sa nourrice est nostalgique ; que la paysanne qui a abandonné ses montagnes pour venir habiter Paris, où elle dépérit et se meurt de langueur si elle ne le fuit, est nostalgique (Sauvages en a cité un exemple) ; que le collégien qui soupire après les vacances, pleure et maigrit d'ennui avant qu'elles arrivent, est nostalgique ; que le soldat qu'on a changé de garnison devient quelquefois nostalgique, à la manière de Lorenzo. Donc, d'après moi, comme d'après bien d'autres, la nostalgie c'est l'amour du foyer domestique, c'est l'amour d'une mère , c'est l'amour d'une amante, de *la payse*, et non l'amour du pays.

J'ai trouvé dans l'histoire des Croisades un fait on ne peut plus concluant, que je m'empresse d'ajouter à ceux que j'ai déjà cités.

A peu près vers l'an 1026 vivait à Plaisance le nommé Raymond. Appartenant à des parents qui n'étaient ni riches ni pauvres, il avait été mis à l'âge de dix-sept ans en apprentissage chez un cordonnier. Cet état n'étant pas du goût du jeune homme, il revint auprès de sa mère. Un penchant irrésistible l'entraînait vers la piété : on le voyait dans les églises, prosterné sans cesse devant la croix et les images des saints. Plaisance était alors un lieu de passage, et les troupes nombreuses de pèlerins traversaient cette cité pour se rendre à la Palestine. Le spectacle de ces pieuses caravanes pleines d'ardeur et récitant des cantiques avait fait une impression profonde sur l'âme de Raymond ; il tomba dans une profonde mélancolie, qui le conduisit insensiblement aux portes du tombeau. Longtemps il cacha la cause de son mal; on n'osait pénétrer jusqu'au fond de son âme pour y lire le sujet de ses peines. Vaincu enfin par les larmes de sa mère, Raymond lui découvrit l'état de son cœur : celle-ci, qui ne soupçonnait pas un aussi pieux motif aux chagrins de son fils, resta quelque temps muette de joie et de surprise. Raymond craignit d'abord de l'avoir affligée; mais sa mère, l'embrassant tendrement, le tira bientôt de cette inquiétude en lui disant : « Je suis veuve, et je puis imiter l'exemple de sainte Anne, qui dans son veuvage ne quitta plus le temple de Jérusalem, pas même la nuit. » Elle promit donc à son fils de l'accompagner. Ils firent leurs préparatifs, et malgré les fatigues d'un long voyage, ils arrivèrent sans accident à Jérusalem.

Ainsi donc ce jeune homme, que le violent désir d'aller pleurer sur le tombeau de Jésus-Christ consumait à ce point qu'une mort inévitable devait s'ensuivre, retrouva la santé et les forces, sitôt qu'il eut la certitude que son désir serait satisfait. N'est-ce pas là de la nostalgie?

Nostalgie ou non, toujours est-il qu'on trouve dans les faits précédents et dans ceux de dépérissement nostalgique par la seule influence du physique sur le moral, des preuves bien puissantes pour corroborer cette opinion. Malgré la longueur de cet article, je ne puis résister au désir d'en citer un exemple très-concluant.

Winkelmann, célèbre antiquaire, avait été engagé par un de ses amis à faire avec lui un voyage en Allemagne, où il était attendu par tout ce qu'il y avait de grand et de considéré.

Prévoyant l'agrément qu'il aurait dans ce voyage, Winkelmann se décida facilement à accepter la proposition de son ami; mais aussitôt qu'il eut quitté le sol de l'Italie, sur lequel il se trouvait si bien et se plaisait tant, une sombre mélancolie s'empara de lui, et s'accrut à ce point qu'il fut tenté plusieurs fois de revenir sur ses pas. Il résista courageusement pendant quelque temps au penchant irrésistible qui l'entraînait vers les lieux qu'il venait de quitter; mais il fut forcé de céder à sa puissance. Il s'en retournait donc, lorsqu'il fut assassiné, comme il approchait de Trieste.

A ceux qui ne croiraient pas que l'influence physique pût produire de pareils phénomènes, je leur apprendrai qu'Arétée fait mention d'un charpentier qui, tant qu'il restait renfermé dans son atelier, jouissait de toute l'intégrité de ses fonctions, et *délirait* sitôt qu'il en était sorti : il devenait stupide ; que Boerrhaave dit avoir connu ou vu plusieurs personnes qui ne pouvaient *vivre* que chez elles ; qu'il a été consigné dans les auteurs l'histoire d'une sœur de l'Hôtel-Dieu de Paris, qui ne pouvait supporter d'autre air que celui de l'hospice (notez qu'à cette époque cet hôpital était un vrai cloaque) : si cette sœur sortait pour aller voir sa famille, elle tombait malade, et malgré le meilleur traitement, elle ne se rétablissait que quand elle était rentrée dans l'hospice ; qu'il y avait enfin, à Pézenas, dans les premières années de ce siècle, une jeune fille incommodée par suite de suppression ; néanmoins tant que cette jeune personne était dans son appartement, elle était fort contente : sortait-elle pour exécuter l'ordonnance du médecin qui avait prescrit l'exercice pour rappeler l'écoulement périodique, à peine avait-elle franchi le seuil de la porte de sa maison d'habitation, qu'elle éprouvait un grand mal de tête et une bien grande faiblesse. Sitôt arrivée hors de la ville, elle tombait en syncope. Elle-même sentait la nécessité de faire de l'exercice, elle s'y prêtait volontiers, mais les accidents qui survenaient l'en empêchaient.... Je me rappelle avoir lu qu'un prisonnier qui était resté bien des années renfermé dans un cachot infect, ayant été gracié, fut forcé de solliciter comme une faveur d'y être renfermé de nouveau, un air plus salubre nuisant singulièrement à sa santé. Or, si le simple déplacement dans la même localité a pu occasionner de pareils désordres, le changement de climat ne pourra-t-il pas produire la nostalgie?

Concluons donc que le mal du pays n'est pas l'amour de la patrie ; et cessons de les confondre, car l'un a quelque chose de grand, d'élevé, de noble, que l'autre ne saurait avoir.

Et pourtant n'oublions pas de dire en passant que le médecin doit soutenir par d'innocents artifices l'espérance de ceux qu'il ne sera pas possible de rendre à la terre natale. Il devra aussi procurer à ces malheureux des distractions convenables, appeler leur imagination vers d'autres objets, et soutenir leurs forces défaillantes par un régime approprié. Les chefs des armées, les maîtres dans les collèges, ceux qui se font servir, ne devront pas oublier que de bons soins, que quelques complaisances, qu'une tolérance bien entendue, sont des moyens efficaces d'éloigner le regret du pays chez ceux qui pour la première fois l'ont quitté, tandis qu'une sévérité outrée augmente leurs chagrins et leur fait désirer davantage ce qu'ils ont perdu.

Reste une dernière remarque qu'avait faite Voltaire, et que je ne dois pas passer sous silence.

Ce célèbre écrivain a consigné dans ses écrits qu'il est certains individus qui, se faisant une fausse idée de l'amour de la patrie, s'imaginent que disputer sur les auteurs de notre nation, nous vanter d'avoir des meilleurs poëtes que nos voisins, préférer le produit de nos manufactures aux leurs, exalter la bravoure de nos soldats, etc., c'est du patriotisme ; c'est aimer sa patrie. Hélas ! non : c'est plutôt sot amour-propre, sot amour de nous-mêmes, qu'amour de notre pays.

Ayons donc une toute autre idée, une idée plus élevée de ce sentiment. Soyons patriotes, mais par véritable patriotisme, par celui qui nous fait nous immoler, s'il le faut, à la gloire, à la prospérité, au bonheur de la patrie.

4° **AMOUR DE LA GLOIRE.**—AMOUR DES SCIENCES, DES LETTRES, DES ARTS, etc. (passion).

Qu'entend-on par la gloire? C'est l'éclat de la renommée (*Marmontel*); le concert public et constant de louanges que l'on accorde généralement à l'homme qui se fait remarquer par des actions éclatantes ou des travaux importants, n'ayant rien de contraire à la vertu. Cette dernière condition est indispensable, car la gloire n'est jamais où la vertu n'est pas (*Le Franc*); l'un est l'ombre et l'autre le corps (*Sénèque*).

D'après cela, on peut définir l'amour de la gloire, ce sentiment louable ou passionné de l'âme, qui porte l'homme à faire tout ce qu'il est humainement possible de tenter pour mériter non-seulement les applaudissements d'une jeunesse généreuse et turbulente, mais encore et surtout, l'assentiment réfléchi des hommes capables et paisibles. C'est seulement alors qu'on peut dire de la gloire qu'elle éternise le nom de celui qui s'est distingué dans les armées, à la tribune, dans les sciences, dans les lettres, etc., attendu que c'est toujours par une coopération active au bien public qu'il a mérité cette faveur.

Voilà pourquoi un grand nom est si difficile à porter pour celui qui en hérite, ce nom rappelant avec lui le souvenir de l'admiration, du respect et de l'amour qu'a mérité ou mérite encore celui qui a su le rendre fameux.

Mais si la gloire consiste à faire usage de ses talents, de sa fortune, de son courage, pour le bonheur de l'humanité, il faut, pour qu'elle brille de tout son éclat, qu'aucune arrière-pensée de vanité ou d'ambition ne la ternisse.

Quelle est, en effet, la gloire qui rayonne sur le front de ce héros, si j'ose dire, de carnage et de sang, à qui l'esprit de domination fait tout entreprendre? un météore qui brille un instant et disparaît. La foule s'est passionnée pour lui, mais bientôt ouvrant les yeux et reconnaissant, quelquefois un peu tard, que celui qu'elle admire tant n'aspire qu'à la dominer, à l'asservir, elle le voue alors à l'exécration et se réjouit de sa chute.

Tels furent les habitants d'Athènes lors de l'assassinat de Philippe. Dans leur joie, qui passa les bornes de la décence, ils rendirent des actions de grâces aux dieux, et décernèrent une couronne à l'assassin de ce prince.

Mais revenons à l'amour de la gloire. Il doit n'avoir d'autre but et d'autre effet que de porter les hommes à la bienfaisance, à des actions utiles et généreuses, à faire des découvertes importantes, à se dévouer pour sa patrie. Dans toutes ces circonstances elle n'a rien qui en altère la majesté et la douceur. C'est pourquoi tous les citoyens la recherchent, chacun suivant ses moyens et ses facultés, et font tous leurs efforts pour l'obtenir.

Agir autrement ou mépriser toute espèce de gloire, ce serait, comme disait Tacite, mépriser les vertus qui y mènent: *Contempta fama virtutes contemnuntur.*

On a dit, et je ne prétends pas le nier, qu'il est impossible qu'un peu d'amour-propre ne se mêle pas à l'amour de la gloire, et on a voulu par là en diminuer le mérite. C'est un grand tort, car, de ce que l'amour-propre s'identifie presque toujours avec l'amour de la gloire, serait-ce un motif qui devrait nous empêcher d'admirer le soldat qui se jette au milieu de la mêlée, dans l'espoir de s'élever au-dessus de ses camarades en se montrant plus hardi et plus brave qu'eux?

D'ailleurs, tous les genres de gloire ne se prêtent pas également à flatter l'amour-propre. Aussi les auteurs ont-ils distingué la passion de la gloire proprement dite, d'avec la passion pour les sciences et les arts qui ne donnent souvent de la gloire à ceux qui les cultivent, qu'alors que, n'en craignant plus la rivalité, n'en jalousant plus le mérite, leurs rivaux eux-mêmes viennent déposer une couronne sur leur tombeau, hommage tardif dont ils ne goûtent pas les douceurs!

Ces deux passions se ressemblent beaucoup, tellement même, qu'elles semblent se confondre; mais comme l'une voudrait se former comme un être hors de nous, nous agrandir au dehors; et l'autre s'attache à étendre et à cultiver notre fonds, veut nous agrandir au dedans; donc celle-ci flatte beaucoup plus l'amour-propre que celle-là, et doit être moins méritante.

Elle l'est moins en effet à tous égards, puisque la gloire qu'on acquiert dans les combats est souvent un don du hasard, tandis que celle qu'on acquiert par la culture des sciences ou des arts n'est qu'un don de la nature; et la nature est si avare de ses dons!

A propos de gloire, nous ne devons pas garder le silence sur le sentiment de puérile vanité qui porte certains petits esprits à se faire une gloire de mieux danser qu'un autre, ou de quelque chose d'aussi bas. Assurément, ces gens s'est ne comprennent pas la véritable gloire: leur esprit est trop étroit pour qu'elle puisse s'y loger. Néanmoins, malgré leur peu d'intelligence, ils raisonnent juste, quand ils prétendent qu'elle n'est ni la vertu, ni le mérite: elle n'en est que la récompense. Mais comme la gloire excite au travail, aux actions louables et à tout ce qui peut élever l'homme, pourrait-on, sans se rendre coupable, ne pas ambitionner d'en acquérir?

Voyez toutes nos cités, grandes et petites, se disputer l'honneur d'avoir donné le jour à tel guerrier qui s'est distingué par sa valeur; à tel magistrat qui s'est fait remarquer par ses talents, son intégrité, son équité, que rien n'a pu corrompre; à tel savant qui s'est immortalisé par ses découvertes; voyez-les dresser sur leurs places publiques, dans l'enceinte des palais, des monuments destinés à éterniser leur mémoire, leurs hauts faits, et vous nous direz ensuite, j'en suis certain, qu'on ne saurait trop faire pour mériter un pareil honneur.

Heureuse et mille fois heureuse la nation qui peut mettre sous les yeux de ses enfants de si beaux et de si mémorables souvenirs ! Heureuse la France, notre mère-patrie, si fertile et si féconde en gloire et en grandeurs !

Malheureusement cette passion, comme du reste tout ce qui est passion, induit l'homme en erreur, parce qu'elle fixe son attention sur un côté de l'objet qu'elle présente, et ne lui permet pas de le considérer sous toutes ses faces. Un roi est jaloux du titre de conquérant : La victoire, dit-il, m'appelle au bout de la terre ; je combattrai, je vaincrai, je briserai l'orgueil de mes ennemis ; je chargerai leurs mains de fers, et la terreur de mon nom, comme un rempart impénétrable, défendra l'entrée de mon empire. Enivré de cet espoir, il oublie que la fortune est inconstante, que le fardeau de la misère est presque également supporté par le vainqueur et le vaincu ; il ne sent point que le bien de ses sujets ne sert que de prétexte à son humeur guerrière, et que c'est l'orgueil qui forge ses armes et déploie ses étendards. Toute son attention est fixée sur le char de la pompe et du triomphe ; il ne voit pas le peuple qu'il écrase sous ses pas. Insensé ! qui croit courir à la gloire en sacrifiant à son orgueil le sang de ses plus intrépides enfants !

5° AMOUR DU PROCHAIN (vertu).

Le sentiment qui nous porte à aimer les hommes, à les traiter en frères et à leur faire du bien, se nomme *amour du prochain*.

Inné dans le cœur de l'homme où Dieu l'a placé, *tout* nous fait un devoir de l'y conserver pur de toute souillure, de l'y développer de plus en plus, sans jamais nous lasser d'en suivre les inspirations.

Nous ne devons pas oublier que l'amour du prochain est une loi positive de l'Évangile, ce livre divin, écrit sous l'inspiration de l'Esprit-Saint : *Si, en vous présentant à l'autel, vous vous souvenez que votre frère a quelque chose contre vous, laissez là votre offrande, et allez vous réconcilier.* Par cet enseignement, la religion chrétienne nous fait savoir que, pour rendre un culte agréable au Père commun des hommes, il faut, avant tout, l'amour pour ses frères, l'amour de l'humanité, l'amour du prochain.

Cet amour est, de tous les sentiments affectueux, le plus noble, le plus fécond, après l'amour de Dieu lui-même ; car il est la source des sentiments d'humanité, de charité, de dévouement, etc., etc. ; et, conséquemment, aussi nécessaire à la société civile pour le bonheur de la vie, que dans le christianisme pour notre félicité éternelle. (*La Rochefoucauld.*)

C'est lui sans doute qui inspira à Saladin la sublime pensée de laisser par son testament des distributions égales d'aumônes aux pauvres, mahométans, juifs et chrétiens, afin de faire entendre au peuple, par cette disposition testamentaire, que tous les hommes sont frères, et que, pour les secourir, il ne faut pas s'informer de ce qu'ils croient, mais de ce qu'ils souffrent.

C'est lui qui faisait dire par Titus à ses courtisans, quand la journée entière s'était écoulée sans qu'il eût trouvé l'occasion de faire du bien à quelqu'un : « J'ai mal accompli ma journée. » Il disait également que « personne ne devait se retirer triste après avoir vu l'empereur. »

C'est encore l'amour du prochain qui animait saint Louis, lorsque, relevant à peine d'une maladie contagieuse qui avait failli l'emporter, il ne voulut jamais consentir à abandonner les débris de son armée, préférant, disait-il, mourir captif avec elle sur la rive étrangère, plutôt que de ne pas la ramener avec lui. C'était aussi ce même sentiment qui, entendu comme l'entendait Socrate, et comme le veut la loi de la nature, peut seul triompher de toutes les haines nationales qui divisent les peuples, et de toutes les guerres fratricides qui outragent l'humanité.

Deux traits de l'histoire de notre glorieuse France, pris au hasard parmi une multitude de faits pareils, suffiront pour montrer tout ce que peut, sous le rapport du dévouement et du courage, l'amour du prochain.

Lorsque, victorieux à Crécy, par l'indiscipline des soldats du roi de France (1346), Édouard VIII, roi d'Angleterre, vint assiéger Calais, il résolut de l'affamer. La famine produite, il voulait que tous les habitants se rendissent à discrétion, pour les rançonner et les faire mourir, ainsi qu'il le jugerait à propos. Mais, se relâchant plus tard de cet arrêt rigoureux, il exigea que six des plus notables seulement vinssent le trouver, la corde au cou, la tête et les pieds nus, tenant à la main les clefs de la ville et du château, promettant de pardonner au reste, après avoir disposé de ceux-ci à volonté.

Heureux de sauver leurs concitoyens, Eustache de Saint-Pierre, Jean Daire, son cousin, Pierre et Jacques Wisans, frères et parents aussi d'Eustache, et deux autres dont on a impardonnablement oublié les noms, se soumirent au martyre. Arrivés dans le camp ennemi, ces intrépides et généreux Calaisiens allaient être mis à mort, malgré les prières des officiers d'Édouard et les supplications de son fils, le prince de Galles, lorsque le Sauveur du monde envoya, pour les arracher au supplice, un ange au langage doux et persuasif, la reine d'Angleterre elle-même, qui, admirant la noble conduite de Pierre et de ses compagnons, joignit ses instances à celles du prince de Galles et des officiers de l'armée d'Édouard, et triompha enfin de la féroce résistance du monarque anglais.

A une autre époque (1770), Pléville étant lieutenant de port à Marseille, une frégate anglaise, *l'Alarme*, fut jetée par la tempête dans la baie, s'affala sur la côte et se trouvait au moment de se briser sur de nombreux écueils.

Instruit de cet événement, notre intrépide et vertueux lieutenant vole au secours des

Anglais, bien que la guerre fût déclarée alors entre leur gouvernement et le nôtre. Malgré l'obscurité la plus profonde et le temps le plus affreux, il rassemble quelques marins; mais les voyant hésiter à le seconder, il s'attache autour du corps un gros câble, il en saisit un autre qu'il fait amarrer à terre, descend par ce moyen du haut des rochers jusqu'au milieu des vagues de plus en plus irritées, menaçantes, parvient à la frégate, lui ordonne d'exécuter une manœuvre qu'elle exécute, et réussit ainsi à la faire entrer dans le port.

Son zèle ne se borna pas a ce premier service. Par ses soins le bâtiment anglais fut réparé avec promptitude et, vingt jours après, il repartait pour l'Angleterre.

Ainsi, dès que le danger devient pressant, Pléville oublie que le vaisseau qui est en péril porte le pavillon britannique et est monté par des Anglais; il n'écoute que la voix de l'humanité, et il expose ses jours pour sauver les jours des troupes et de l'équipage.

Voilà ce que l'amour du prochain peut, quand les hommes savent le conserver dans leur cœur avec toute la pureté de son origine céleste; car il vient de Dieu lui-même. Aussi, cet amour de l'humanité a-t-il été considéré dans tous les temps et dans tous les lieux comme un sentiment naturel, mais sublime, qu'il faut religieusement garder en soi et fortifier par une pratique non interrompue des vertus qu'il commande.

L'amour du prochain, disions-nous, est la source des sentiments de compassion, de charité, de générosité, etc. Ajoutons que certains moralistes trouvent qu'à la rigueur cette opinion manque d'exactitude. Ils prétendent que humanité ou compassion signifie amour des hommes en général, et plus particulièrement, un *besoin* de secourir nos semblables, qui, en se faisant sentir en nous, nous rend insupportable la vue du malheur d'autrui.

D'après ce principe, ils croient pouvoir dire que l'amour de l'humanité diffère de l'amour du prochain en ce qu'il y a beaucoup de réflexion dans l'un et un mouvement tout spontané dans l'autre; en ce que l'homme humain, se laissant attendrir par cette pensée que celui qui souffre est de la même espèce que lui, il se secourt pour ainsi dire lui-même dans les malheureux.

Pour ma part, je crois cette distinction plus subtile que réelle et raisonnable; mais l'ayant trouvée établie par quelques philosophes en renom, j'ai dû la signaler à mes lecteurs : libre à eux d'y ajouter quelque importance

6° AMOUR-PROPRE (qualité bonne ou mauvaise).

Le célèbre professeur Baumes a défini l'*amour-propre*: « une préoccupation de son propre mérite qui rend plein et bouffi de soi-même ; qui fait que de tout ce qui est de ce monde on n'estime que soi, et qui rend très-attentif à faire sentir à autrui la supériorité que l'on croit avoir sur lui. »

D'après cette définition, l'amour-propre devrait être toujours pris en mauvaise part et toujours considéré comme un défaut; et les moralistes auraient eu tort d'avancer qu'*il fait tous les vices et toutes les vertus*, selon qu'il est bien ou mal entendu. Cependant est-il rien de plus vrai que cette opinion ? N'est-ce pas que l'amour-propre ressort de nos mouvements, fait agir l'âme, et devient par là le plus puissant de tous les mobiles ? N'est-ce pas que sans l'amour-propre, l'homme ne mettrait aucun intérêt dans ses actions ? Que, principe moteur plein de force, son opération très-active suggère, presse, excite, pousse parfois et souvent à bien faire, à chercher le bonheur, et qu'il est d'autant plus fort que son objet est toujours plus présent ? Ou, pour parler plus clairement, n'est-ce pas que le défaut d'amour-propre ou besoin d'approbation engendre l'insouciance, la malpropreté et la paresse ; au lieu que son développement excessif produit la vanité et l'ambition avec toutes les nuances, depuis la passion de la parure et du luxe jusqu'à la soif immodérée de la célébrité, des honneurs et des conquêtes? Cela est incontestable; mais comme ce bonheur revêt toutes les formes que l'éducation, la coutume, les préjugés, lui donnent, il s'ensuit qu'ici l'humanité tend vers la nature angélique, et là descend au niveau de la bête. (*C. Bonnet.*) L'amour-propre nous conduit donc au bien ou au mal.

Pour moi, qui ai vu l'amour-propre s'identifier tellement avec l'amour de la gloire qu'ils paraissaient ne former qu'un seul et même amour, dans ce cas toujours beau, toujours grand, toujours louable quand on arrive à la célébrité par la vertu, je crois pouvoir concilier les opinions diverses que l'on a émises touchant ses effets bons ou mauvais, en disant que, s'il nous aveugle sur nos talents, nos qualités, nos perfections, à ce point nous devenons incapables de rendre justice au mérite des autres, l'amour-propre est alors le plus intolérable des défauts ; tandis que si, au contraire, il a pour but d'exciter l'émulation dans le cœur des hommes, si, semblable à un génie bienfaisant, il les conduit comme par la main à la véritable gloire, cet amour devra nécessairement prendre rang parmi les plus précieuses qualités dont on puisse désirer la possession.

Sans doute que c'est l'amour-propre dont chacun de nous est pétri qui donne tant de crédit aux flatteurs ; sans doute que nous sommes parfois, pour ne pas dire toujours, si prévenus en notre faveur, que nous prenons en nous pour des vertus ce qui n'est que des vices qui leur ressemblent, et que l'amour-propre déguise (*La Rochefoucauld*) ; sans doute que plus nous approchons, par nos lumières, de la médiocrité, et plus l'amour-propre nous rend vains et ridicules : et malgré cela, n'est-ce pas que le désir d'être approuvé est un sentiment bien naturel ?

On ne l'a jamais contesté, et ce qu'on ne

conteste pas non plus, c'est que les artistes médiocres, quand ils sont remplis d'amour-propre, et il y en a bien peu qui ne le soient pas, sont toujours si contents de ce qu'ils font, qu'ils concourent bien peu, s'ils y concourent parfois, à la perfection idéale vers laquelle ils ont rarement porté leur pensée. Et comment pourraient-ils jamais y concourir, lorsqu'ils sont toujours en admiration devant leurs productions, et que s'ils daignent comparer leurs ouvrages avec d'autres ouvrages, c'est d'ordinaire avec ceux des artistes leurs égaux, et plus souvent encore avec ceux des artistes beaucoup plus médiocres qu'eux, afin que la comparaison tourne toujours à leur profit. Aussi, un des caractères qui distinguent le mieux l'homme doué d'un véritable talent d'avec l'homme médiocre, c'est que l'un, juge pour lui trop sévère, n'est jamais content de ses propres œuvres, au lieu que l'autre, dans sa présomption, en est toujours très-satisfait.

Santeuil, l'ami de Boileau, était un de ces esprits médiocres qui s'admirent et se louent. Il écrivait en vers latins, avait la faiblesse de croire que ce talent d'écolier le mettait au rang des poëtes, et disait avec une satisfaction véritable : « Pour moi, je suis toujours content de mon œuvre. » Ce à quoi Despréaux répliquait avec une maligne ambiguïté : « Vous êtes le premier des grands hommes à qui cela soit arrivé. » (A. Smith.)

A ce caractère différentiel, tiré du jugement que l'homme de mérite et celui qui au contraire en manque, portent chacun en particulier de leurs propres œuvres, j'ajouterai le portrait d'un individu bouffi d'amour-propre, afin qu'il soit bien plus facile encore de le reconnaître.

L'homme plein de lui-même se tient droit, marche la tête haute et dressée, le front relevé et tendu. Ses sourcils, fortement arqués au milieu, entraînent la paupière supérieure, et découvrent un œil brillant et animé dont la prunelle dilatée se dirige en haut ; les narines présentent ce renflement, cette turgescence, si propres à l'orgueil ; les joues sont légèrement enflées et de forme globuleuse ; les lèvres sont jointes et un peu avancées ; quelquefois un sourire presque imperceptible les effleure ; c'est le sourire de la satisfaction.

Somme toute, l'amour-propre a un mauvais côté et des conséquences fâcheuses ; l'amour-propre a un bon côté et nous procure des avantages bien précieux. Il faut donc connaître et apprécier à leur juste valeur les uns et les autres, si l'on veut porter un jugement équitable sur la nature et l'importance de ce sentiment.

Mais de quelque côté qu'on l'envisage, il est quelques points incontestables et incontestés touchant certains effets de l'amour-propre. Ainsi, non-seulement il sert merveilleusement à exciter l'émulation des enfants et de la jeunesse, il concourt en les stimulant à perfectionner leur éducation ; mais encore, mis en jeu avec beaucoup de ménagement et d'adresse, il peut contribuer à la guérison de certaines maladies sur lesquelles l'influence de l'imagination peut quelque chose.

Sous ce rapport, les effets de l'amour-propre sont directs et indirects. Et par exemple nous citerons comme preuve de l'influence directe de l'amour-propre sur la santé, 1° l'histoire d'un jeune épileptique en présence duquel une personne grave affecta de dire : « Des maux semblables sont le partage des idiots et des imbéciles ; car on est toujours maître, quand on le veut fortement, d'en prévenir les attaques. » Ces propos firent une impression si profonde sur l'esprit du jeune malade, qu'il parvint à se maîtriser, et trouva dans sa volonté même le remède le plus efficace contre les accès d'épilepsie dont il était affecté.

2° Les faits de claudication et de déviation de la colonne vertébrale. Les jeunes personnes, quand elles commencent à boiter ou à se dévier, font des efforts musculaires si grands, au début de la maladie, ou dès qu'elles sont assez raisonnables pour s'apercevoir que c'est fort disgracieux, que la claudication devient bien moins appréciable, et que l'épine dorsale se dévie moins rapidement qu'elle ne se dévierait sans ces efforts. D'ailleurs, une chose dont nous devons être bien convaincus, c'est que si l'amour-propre, qu'on peut nommer coquetterie, si l'on veut, n'était mis en jeu, on n'obtiendrait jamais des enfants ou des adolescents qu'ils s'assujettissent avec une patience et un courage vraiment exemplaires à rester continuellement couchés et tiraillés par des appareils d'extension continue ; ou redressés à l'aide d'instruments d'une autre nature, qui tous occasionnent ordinairement, surtout dans les commencements, de la gêne, de la fatigue, si ce n'est de la douleur. Dans ces dernières circonstances, les effets de l'amour-propre sont tout à fait indirects, comme dans le cas qui va suivre.

Une dame de ma connaissance avait une petite fille de trois ans et demi, sur la joue de laquelle se développait une verrue. La mère aurait voulu l'en débarrasser ; mais toutes les fois que j'avais proposé d'en faire la ligature ou la section, l'enfant avait poussé de hauts cris, et nous y avions renoncé. Sur ces entrefaites, cette dame devient enceinte, et accouche d'une autre fille. Comme celle-ci n'avait pas de verrue à la figure, je dis à sa sœur aînée : « Vois-tu, ta sœur est bien plus jolie que toi, elle n'a pas de verrue ; si tu voulais, j'enlèverais la tienne, et tu serais bien plus belle... » Je ne sortis pas sans avoir lié la verrue, qui grossissait tous les jours davantage.

7° AMOUR DE SOI-MÊME (passion innée).

La grande passion, l'origine et le principe de toutes les passions, une passion qui naît avec l'homme et ne le quitte *jamais*, c'est *l'amour de soi-même* ; passion innée, primitive, antérieure à toutes les autres, et dont toutes les autres ne sont, en un mot, que des modifications. (*J.-J. Rousseau, Helvétius,* etc.)

Ce qui la constitue, en morale, cette passion, c'est un sentiment ou plutôt un désir pour ainsi dire instinctif, mais passionné, de fuir le mal et de rechercher le bien. C'est pourquoi, quand il se trouve tempéré, éclairé, dirigé par la sagesse, il est, comme l'ont prouvé la plupart des philosophes, un sentiment légitime, louable, nécessaire, indispensable.

Qu'est-ce en effet qui porte les femmes à rester pures, honnêtes, ou tout au moins à vouloir paraître telles aux yeux du monde ? N'est-ce pas l'amour de leur repos (*La Rochefoucauld*), de la considération, l'amour d'elles-mêmes ?

Qu'est-ce qui fait que les hommes qui s'estiment ne se laissent jamais manquer impunément, et que, mus par le sentiment de leur dignité blessée, fidèles aux devoirs qu'il leur impose, ils repoussent avec courage et par tous les moyens licites tout ce qui peut porter atteinte à leur réputation et à leur honneur ? N'est-ce pas l'amour d'eux-mêmes ?

Pourquoi cette jeune fille résiste-t-elle aux séductions dont elle est entourée, et préfère-t-elle sa pauvreté, son obscurité, à des richesses ou à des parures qu'il lui faudrait acheter par le sacrifice de sa vertu ? N'est-ce pas l'amour d'elle-même ?

Ainsi, quand le malheureux faquir se tient tout nu au soleil, chargé de fers, mourant de faim, mangé de vermine et la mangeant, et que, bercé par l'espérance d'aller au dix-huitième ciel, il regarde en pitié celui qui ne sera reçu que dans le neuvième ; quand la Malabare se brûle sur le corps de son mari, avec la croyance qu'elle le retrouvera dans l'autre monde et y sera plus heureuse que dans celui-ci ; tous sont mus par le sentiment de l'amour d'eux-mêmes. Donc cet amour de soi-même, c'est l'amour de l'estime, de la considération qu'on veut mériter ou conserver, c'est le désir d'obtenir les récompenses qui seront accordées à ceux qui pratiquent la vertu.

Nous devons remarquer toutefois qu'il faut, pour que l'amour de soi-même conserve ce beau caractère, qu'il soit renfermé dans de sages limites ; car s'il pèche par excès, et nous aveugle sur la nature de tel ou tel de nos sentiments, il devient alors un vice monstrueux, il tombe dans l'EGOISME (*Voy.* ce mot). C'est d'autant plus fâcheux pour celui qui ne saurait s'en défendre, qu'il ne peut plus parler ni s'occuper que de lui-même, il fait un dieu de sa personne, il lui sacrifie tout.

A ce propos, nous signalerons une erreur dans laquelle sont tombés et tombent encore bien des hommes fort instruits d'ailleurs, et qui n'ont pas assez réfléchi sur ce sujet. Pour eux, amour de soi-même et égoïsme sont parfaitement synonymes ; ils ne forment qu'un seul et même sentiment.

Bien certainement ils se trompent ; car il est facile de concevoir, d'après ce qui précède, que ces mots ne peuvent signifier une seule et même chose, avoir une seule et même acception.

Sans doute que dans l'un et l'autre cas les motifs qui dirigent l'être pensant sont essentiellement personnels ; mais comme celui qui le fait agir a, d'un côté, beaucoup de noblesse et de dignité ; et d'un autre côté, beaucoup de bassesse et d'immoralité, on devra conserver l'expression d'*amour de soi-même*, pour le premier, et celle d'*égoïsme* pour le second.

Est-il nécessaire de signaler quel est celui des deux qu'il convient de développer, et celui qu'on est obligé d'étouffer dans le cœur des hommes ?

ANTIPATHIE, AVERSION (sentiments naturels).—L'une et l'autre de ces expressions signifient également : un éloignement très-prononcé et qui tient de la haine pour une personne qui nous est indifférente, ou même pour un individu auquel nous sommes attachés par les liens du sang.

Dans l'un et l'autre cas, ce sentiment est naturel et involontaire ; mais ce qui fait la différence entre l'antipathie et l'aversion, c'est que, dans la première, les causes en sont toujours secrètes, inconnues, inexplicables, tandis que dans la seconde on peut les connaître et les expliquer.

En voulez-vous la preuve ? Pourquoi éprouvons-nous de l'antipathie pour une personne dont rien dans la conduite ne peut justifier l'éloignement que nous éprouvons pour elle ? Bonne, douce, complaisante, affectueuse pour tout le monde et pour nous-mêmes, elle possède, on ne le conteste pas, toutes les qualités qui sont généralement recherchées dans les individus qu'on aime à fréquenter ; son esprit est cultivé, sa parole facile ; nous lui rendons la justice de convenir qu'elle *est fort bien* à tous égards ; et cependant, par suite d'un *je ne sais quoi* qui vient de notre intelligence ou de notre cœur, probablement aussi, et mieux que cela, par une aberration incurable de l'âme à l'endroit de cette personne, nous ne pouvons la supporter. C'est une sorte de monomanie antipathique.

Il y a cependant ceci à remarquer, que le monomane est convaincu que ce qu'il pense est la réalité, tandis que dans l'antipathie nous savons que c'est un mensonge. Nous reconnaissons que c'est mal d'éprouver de l'antipathie pour quelqu'un qui n'y peut rien, et néanmoins notre faible raison succombe sous la puissance de ce sentiment. Une fois développé en nous, il y vit et y meurt avec nous ; il ne nous quitte plus.

Il n'en est pas de même de l'aversion ; elle naît, chacun le dit et le sent, d'une non-conformité de goûts, d'humeur, de caractère, qui fait qu'on a en horreur tous ceux dont les façons de sentir et d'agir diffèrent entièrement des nôtres, *a fortiori*, quand leurs opinions nous heurtent violemment. Dans ce cas, l'aversion va en s'enracinant de plus en plus.

Néanmoins, il ne faudrait pas croire que, comme l'antipathie, l'aversion soit incurable ; au contraire, il peut se faire que, changeant nous-mêmes de manière de voir, de sentir, de juger, ce que nous trouvions travers de l'esprit, singularité d'humeur en autrui, nous paraisse désormais bon sens, raison, sagesse : tout comme l'éducation, en faisant mouvoir les ressorts du sang et de la nature, peut amener des rapprochements on ne peut plus avantageux. Oui, dès que la raison reprend son empire, elle triomphe facilement de l'aversion.

La nature des causes qui produisent l'antipathie et l'aversion étant différente, la durée de ces deux sentiments n'étant pas la même, on aurait tort de les considérer comme identiques ; et c'est une des raisons les plus concluantes, pour s'efforcer de *maîtriser* l'une et de triompher de l'autre.

Nous disons *maîtriser*; car, quoique la raison soit impuissante quand il s'agit d'antipathies; quoique ce sentiment soit vif, profond durable, on peut, et dès lors on doit être assez maître de soi, pour ne pas le laisser deviner. C'est donc un devoir à remplir que de ne pas éveiller des soupçons du sentiment qui nous agite; je dis plus, ce serait manquer d'humanité que d'agir différemment.

Tout le monde sait que, généralement, on souffre beaucoup de la compagnie de certaines gens ; leur présence devient fatigante, importune ; mais est-ce un motif suffisant pour le leur faire sentir? Je réponds négativement, et je prétends qu'il vaudrait mieux, comme dans l'aversion, éviter toute liaison, toute communication avec les individus dont on regarde la société comme fort désagréable, que de leur faire la moindre impolitesse.

Ou si les convenances exigent qu'on les voie et les fréquente, du moment où (je l'ai déjà dit) on a assez d'empire sur soi pour se commander, ces mêmes convenances veulent impérieusement que l'on cache ses sentiments.

Il n'est qu'une occasion dans laquelle il soit permis de manifester son aversion, c'est quand les personnes qui nous l'inspirent affectent et affichent une révoltante immoralité dans leurs discours, dans leurs écrits ou dans leurs actes, se font les apôtres de certaines doctrines, qui, si elles étaient propagées et acceptées par la majorité, porteraient le trouble et le désordre dans l'État, dans les familles ; c'est quand elles n'ont qu'un seul principe arrêté, et que ce principe est celui-ci : Qui veut la fin veut les moyens, fallût-il se servir de la hache et du marteau, fallût-il décimer la société! Alors on ne saurait trop énergiquement exprimer à l'individu lui-même et à tout le monde l'invincible répulsion qu'il nous inspire, et il serait à souhaiter que tout honnête citoyen manifestât le même sentiment. Le blâme général, universel, ainsi que l'isolement qui s'ensuivrait pour l'être immoral et corrompu, pourraient peut-être le faire rentrer en lui-même et le corriger, toute personne, quelque vicieuse qu'elle soit, aimant encore, par goût ou par vanité, la fréquentation des gens vertueux.

Mais, avoir de l'aversion ou de l'antipathie pour quelqu'un qui ne nous déplaît nullement par ses qualités physiques ou morales, ou qui aura le désavantage de nous déplaire, parce que la nature l'aura conformé de telle sorte qu'il ne nous convient pas, et, dans l'un et l'autre cas, oublier qu'il possède tous les bons sentiments qui font l'ornement de son sexe (homme ou femme), ce serait se rendre bien coupable aux yeux de la morale et de la religion. On le sera beaucoup moins cependant quand il s'agit d'antipathies, celles-ci étant dues à un *je ne sais quoi* dont on ne peut se rendre compte et, par conséquent, effacer de son cœur.

Après nous être occupés de l'antipathie et de l'aversion par rapport aux personnes, il nous reste, ce me semble, à remplir une lacune que les moralistes ont laissé exister ; c'est-à-dire que nous devons porter maintenant notre attention sur ces sentiments considérés par rapport aux animaux qui nous sont antipathiques.

Généralement on se rit dans le monde de tout individu qui dit éprouver de l'antipathie pour tel ou tel animal. Le plus souvent on n'y croit pas, on suppose que l'individu veut se singulariser, et l'on tente des épreuves quelquefois bien funestes pour s'en assurer. Ou si ce sont des enfants qui montrent une grande antipathie pour n'importe quel insecte, leurs parents les grondent, les menacent, les châtient, jusqu'à ce qu'enfin, reconnaissant que cette antipathie est insurmontable, ils renoncent à les accoutumer à la vue ou au contact de l'objet pour lequel ils se montrent antipathiques.

Rien n'est plus mal, de la part des parents ou des étrangers, que ces mesures rigoureuses qu'ils emploient pour accoutumer et dompter les jeunes gens ou les adultes qui ont des antipathies, l'antipathie ayant par elle-même une influence morale et physique assez fâcheuse pour eux, ainsi qu'on peut l'établir par les faits suivants.

Zimmermann fait mention, dans son *Traité de l'expérience*, d'un sieur Guillaume Matthew, qui avait une antipathie telle pour les araignées, que la simple vue d'un morceau de cire noire, qu'on avait façonné de manière à représenter cet insecte, lui procura des accidents spasmodiques si violents, qu'ils inspirèrent quelques craintes à tous les assistants et au docteur lui-même, présent à cette scène.

Quand M. Matthew fut plus calme, poursuit Zimmermann, il regarda faire avec beaucoup de tranquillité une nouvelle petite araignée qu'on fabriqua également avec de la cire, mais il n'aurait pas été possible de la lui faire toucher. Il n'était cependant pas craintif.

Je connais un jeune homme très-vigoureux et ne manquant pas de courage, qui ne pousse pas si loin son antipathie pour les araignées, mais qui cependant ne resterai pas, fût-il avec plusieurs personnes, dans une pièce où il apercevrait un de ces insectes : il jetterait de hauts cris si l'araignée se laissait tomber sur lui.

En février 1848, en causant antipathie avec un individu dans les mêmes conditions physiques que le précédent, et non moins brave, il m'apprit qu'il ne pouvait supporter la vue d'un limaçon, et ne s'en approcherait pas sans être armé d'un coutelas avec lequel il pût le frapper et le tuer. Cependant est-il un animal plus inoffensif que le limaçon?

Enfin, on riait beaucoup, il y a une vingtaine d'années environ, dans la ville de Cette (Hérault), d'une scène fort amusante, qui se passa à la réception d'un franc-maçon; notez bien que le néophyte avait servi dans la garde impériale, ne manquait pas d'instruction, et possédait une taille de tambour-major : plus de six pieds. Il avait supporté avec le plus grand sang-froid les épreuves les plus difficiles, lorsqu'un de ses amis, qui connaissait son antipathie pour les souris, fut s'en procurer une chez un boulanger, et la fit pénétrer dans la salle où le récipiendaire se trouvait enfermé.

A peine a-t-il aperçu le petit animal, qu'il pousse de véritables hurlements, prie, supplie qu'on le tire de sa prison, déclarant qu'il renonçait à la maçonnerie..... Bref, après quelques instants on lui rendit la liberté, et on fit bien, car il était pâle, défait, tremblant, et agité de mouvements convulsifs.

Jusqu'à présent il a été question d'animaux incapables d'attaquer l'homme, mais vivants; que sera-ce si nous citons des exemples d'accidents pareils produits par des animaux sans vie? Ils sont non moins nombreux et plus concluants.

Erasme avait été invité à dîner par une personne qui assurément ne connaissait pas l'antipathie de son convive pour un mets qu'elle avait fait servir. On se met à table : Erasme paraît indisposé; il n'ose se plaindre, et bientôt il tombe en syncope. Chacun s'empresse à le secourir; néanmoins la syncope persiste, jusqu'à ce qu'enfin un de ses amis qui s'était attardé arrive. Il s'informe de ce qui se passe; jette un coup d'œil sur la table, aperçoit un poisson qui y figurait, le fait enlever, et aussitôt l'évanouissement d'Erasme cesse. Cet accident provenait de l'antipathie qu'Erasme avait pour le poisson.

Pétroz dit connaître un homme incapable de ressentir les effets de la crainte et au-dessus de toute prévention, qui ne peut supporter la vue d'une tête de veau *bouillie* sans s'évanouir. On trouve dans les *Mémoires* de Bussi l'histoire d'un maréchal d'Albret, à qui pareil accident arrivait quand il voyait la tête d'un marcassin. Densengius affirme avoir connu un individu qui ne pouvait voir la tête d'un cochon sans défaillir, et qui en mangeait sans dégoût quand on en avait retranché les oreilles. Enfin, combien n'y a-t-il pas d'accidents produits par d'autres antipathies!

On le voit par ces exemples, toute sorte d'antipathie veut être respectée; et cependant, si l'on voulait tenter de la guérir, les moyens les plus doux, les paroles les plus persuasives devraient seuls être employés et habilement ménagés, toute menace, toute épreuve, tout châtiment, étant criminels et dangereux.

Je dis plus, il est une espèce d'antipathie que j'appellerai *matérielle*, parce qu'elle est hors de toute influence morale, et diffère dès lors essentiellement des antipathies dont je viens de parler, qui sont toutes subordonnées au moral. Celle-ci ne doit *jamais* être heurtée, parce que des accidents quelquefois fort graves pourraient s'ensuivre. Comme les faits que je vais citer sont incompréhensibles pour les médecins mêmes, s'ils sont ennemis du vitalisme de l'école où j'ai puisé mes principes physiologiques et fait mon éducation médicale; comme surtout on pourrait ne pas y croire, vu leur singularité, j'en réunirai un assez grand nombre recueillis par des hommes très-recommandables et par moi-même, afin de ne laisser aucun doute sur les antipathies vitales du corps humain.

Christophe de Véga, professeur à Calcutta de Hénarès, raconte qu'il ne pouvait supporter les anchois, et que ce poisson avait déjà failli lui donner la mort.

Camérarius affirme avoir vu un homme d'une illustre naissance qui ne pouvait manger des œufs sans qu'aussitôt ses lèvres se gonflassent, que sa figure se couvrît de taches livides : on aurait dit qu'il éprouvait tous les symptômes de l'empoisonnement.

Loger-Villermay rapporte l'histoire d'un jeune homme de vingt-cinq ans, d'une bonne constitution, qui était parvenu jusqu'à cet âge sans avoir jamais mangé d'aucune viande. L'odeur de celles que l'on sert sur nos tables ne lui était pas désagréable; il mangeait avec plaisir la soupe faite avec leur suc, mais il lui était impossible de faire parvenir dans son estomac le moindre aliment solide gras. Lorsqu'il en introduisait un morceau dans sa bouche, il éprouvait à l'instant même un malaise général et un resserrement spasmodique de la gorge si intense, que le passage en était, en quelque sorte, interrompu. Il se manifestait en même temps un trismus incomplet des mâchoires, et des bourdonnements d'oreille très-incommodes.

M. Rostan dit connaître un architecte distingué, qui mange sans répugnance et sans accident des œufs lorsqu'ils sont médiocrement cuits, mais qui, au bout de quelques heures, tombe en défaillance, quand ces œufs sont durs.

M. Grand, inspecteur des écoles primaires de l'académie de Montpellier, m'a raconté, le 22 juin 1836, le fait suivant :

« J'ai un de mes amis, disait-il, qui mange avec plaisir des fraises, mais elles déterminent chez lui tous les symptômes de l'empoisonnement. Un jour que je l'avais à dîner, je le pressai beaucoup d'en manger; il s'en défendit longtemps; mais, cédant enfin à mes instances, il finit par en prendre trois sur mon assiette, qu'il avala. Bientôt après survinrent des vomissements si violents, que nous craignîmes un instant pour sa vie. Quand ils furent calmés, il nous apprit qu'une pareille chose lui était arrivée depuis peu, pour avoir mangé une seule fraise. Je les aime, ajouta-t-il, je les mange avec plaisir; mais elles sont un poison pour moi. »

J'ai connu moi-même une dame qui éprouvait les mêmes accidents pour la même cause. Un jour, voulant connaître jusqu'à quel point son estomac était antipathique pour ces fruits, elle se fit servir une glace à la fraise. Eh bien! malgré la propriété antiémétique de l'eau glacée, le vomissement survint comme à l'ordinaire. Cependant cette dame avait pris sa glace avec un bien grand plaisir.

Enfin, Pétroz affirme avoir connu une dame qui n'a jamais pu digérer le riz. Elle le mangeait avec goût, mais, au bout de quelques heures, souvent même après un second repas, elle le vomissait sans aucun mélange d'autres aliments.

Voilà des faits très-curieux d'antipathies hors de toute influence morale, puisque les personnes ne répugnaient pas aux aliments qui déterminaient en eux les accidents que nous avons mentionnés, mais comme on pourrait se prévaloir, pour expliquer ces faits et nier l'antipathie, des différences reconnues exister dans la sensibilité organique de l'estomac ou de l'œsophage, nous devons ajouter des faits bien plus étonnants, et pour lesquels on ne pourrait donner la même explication.

Alexandre Bénévole assure avoir vu un homme qui, lorsqu'il prenait du vin mêlé avec de l'eau, rendait, quelque temps après, le vin pur sans vomir l'eau. — « Je ne pouvais croire à la vérité de ce fait, nous dit M. le professeur Lordat, et je suis resté dans le doute jusqu'à ce qu'une observation qui m'est propre est venue me dessiller les yeux : la voici.

« Je soignais un individu âgé de quarante ans, qui avait reçu un coup de feu dans la poitrine. Il s'ensuivit une adhérence entre le poumon et la plèvre costale. Cet individu resta quatre années dans cet état, ne pouvant prendre que du lait pour toute nourriture : s'il usait d'autres aliments, il les rendait tous l'instant d'après.

« Un jour, lassé de boire continuellement du lait, il voulut savoir si, en y mêlant du café sucré, il ne le garderait pas de même. Il en prit donc. L'instant d'après, j'entrai chez lui, il venait de vomir, ou croyait avoir vomi, ne sachant si c'était prévention de sa part, le *café seul*, sans rendre une goutte de lait. J'examine et je trouve, quoi? le café sucré seulement! »

Ce n'est pas tout. Feu le docteur Chrestien m'a raconté, en 1834, qu'une de ses clientes en convalescence lui demandant un jour avec quoi elle déjeûnerait, il lui répondit : Avec du chocolat. — Il ne me fatigue pas, reprit-elle, ne me répugne pas, ne me pèse pas, et pourtant deux ou trois jours après je le vomis comme je l'ai pris. Ce n'est pas la seule chose qui produise chez moi cet effet. Si je mange du pain, dont la farine de froment soit mêlée à celle de maïs, quelque temps après *je vomis cette dernière seule*, tandis que la farine de froment reste dans mon estomac et est digérée.

Enfin, je tiens de la bouche du professeur Fages lui-même que, traitant un individu atteint de blennorrhagie, et désirant savoir jusqu'où pouvait aller la répugnance que son malade avait pour le fromage, répugnance qu'il avait connue en conversant avec lui, il en fit mettre *un peu* dans des pilules de térébenthine cuite qu'il lui prescrivit. Qu'en est-il résulté? Peu de temps après que cet homme eut avalé les pilules, il vomit *le fromage seul*, avec des efforts considérables.

Je n'en finirais pas de longtemps, si je voulais reproduire ici tous les faits qui me sont connus, de véritables antipathies vitales, ou non organiques ni morales; car on ne peut pas supposer que ni le moral ni l'organe aient pu coopérer à cette séparation du vin d'avec l'eau, du café d'avec le lait, des différentes farines entre elles, etc. Et pourtant, quoique ces faits soient plus que suffisants pour prouver que toute sorte d'antipathie doit être respectée, j'ajouterai que ce respect doit s'étendre jusqu'à certains médicaments pour lesquels aussi nous pouvons être antipathiques. Je m'explique.

Le frère du célèbre Barthez, étant atteint d'une fièvre intermittente pernicieuse, réclama les conseils d'un praticien très-distingué, le professeur Lafabrie, dont j'ai été le disciple. Il fut d'avis que le quinquina devait être administré pour arrêter les accès. Le malade s'y refusa d'abord, alléguant que ce médicament agissait sur lui comme un poison; mais il dut céder à l'insistance de son docteur, qui crut que c'était un prétexte dont il se servait pour se soustraire au dégoût d'avaler du quinquina. Il se soumit donc, mais le professeur Lafabrie et le médecin ordinaire ne tardèrent pas à se repentir d'avoir tant insisté; car, à peine cette substance fut-elle dans l'estomac, que des vomissements horribles, accompagnés de crampes des extrémités, se manifestèrent et persistèrent jusqu'à ce que le dernier atome du remède ingéré eût été expulsé.

De son côté, feu le docteur Chrestien, que j'ai déjà cité, me racontait un jour que, soignant une personne qui répugnait beaucoup à l'ipécacuanha, et voulant savoir par lui-même jusqu'à quel point l'organisme était antipathique à l'emploi de ce médicament, il fit mettre 30 grammes de la racine de cette plante dans une bouteille de vin, et donna au malade une cuillerée à soupe de cette préparation. Elle détermina des vomissements abondants et presque convulsifs.

Deux jours après, il en fit prendre une cuillerée à café : les vomissements furent moindres et moins violents. Deux autres jours écoulés, on réduisit la dose à une demi-cuillerée, et l'on eut encore des vomissements moindres. Enfin, soixante gouttes suffirent pour faire vomir.

Enfin, l'exemple le plus singulier de cette

antipathie de l'estomac est celui que rapporte Amatus Lusitanus. Il s'agit d'un jeune homme qui le consulta pour une maladie particulière. Ce médecin allait lui prescrire des médicaments dans lesquels il entrait des sirops, lorsqu'il fut interrompu par le malade, qui l'avertit que le miel et le sucre étaient pour lui de véritables poisons. Il ne pouvait manger aucun fruit, s'il n'était amer ou acide.

Je crois en avoir dit assez pour pouvoir poser en principe, qu'il faut respecter les antipathies morales ou matérielles, et que vouloir les brusquer, c'est s'exposer à des accidents que l'on aurait à déplorer.

ANXIÉTÉ, ANGOISSE (sentiments naturels). — *Anxiété* veut dire inquiétude, trouble, agitation de l'âme tourmentée par la pensée d'un événement heureux ou malheureux, prochain ou encore éloigné, qui doit nous arriver, ou arrivera à ceux que nous aimons.

Elle participe donc tout à la fois de l'*alarme*, qui naît de l'annonce d'un danger apparent ou réel, éloigné ou prochain, *qui nous menace*, et de l'*appréhension* qui exprime le même sentiment éprouvé pour autrui.

Dans aucun cas, l'anxiété ne saurait être un défaut, et moins encore un vice; car il est tout naturel qu'une personne dans l'attente d'un événement qui doit lui être agréable ou l'affecter péniblement, éprouve ce trouble et cette agitation inquiète que nous avons dit caractériser l'anxiété.

Mais comme celle-ci est généralement proportionnée à la cause qui la fait naître et aussi passagère qu'elle, il est inutile d'insister davantage sur ce sujet.

Ajoutons cependant que l'anxiété diffère de l'*angoisse* en ce que celle-ci consiste dans une *affliction extrême* qui naît d'un grand malheur qui nous est arrivé, c'est-à-dire d'un fait accompli et non d'une pensée se rapportant à un événement prochain dont l'idée nous inquiète; ou bien elle provient d'un mal physique qui se fait vivement sentir. Dans ce cas le mal est existant et non attendu. Ni l'un ni l'autre ne produisent l'anxiété: celle-ci, avons-nous dit, vient du tourment de l'attente, ou d'un événement futur; donc ce n'est pas le même sentiment.

Du reste ce serait, je crois, du temps perdu que de nous arrêter plus longtemps à des considérations qui se rapportent à des distinctions si minimes.

APATHIE (défaut). —Apathie signifie, une condition tout exceptionnelle de l'âme qui, par indolence ou par paresse pour toutes choses, ne recherche aucune émotion bonne ou mauvaise. Ainsi l'homme apathique ne court jamais après un plaisir qu'il pourrait facilement se procurer, et ne fuit pas une peine qu'il éviterait sans se donner beaucoup de peine.

On a fait le mot *apathie* synonyme d'*insensibilité morale* ou d'*impassibilité*. Je ne partage pas cette opinion, parce que, d'une part, l'insensibilité morale et l'impassibilité ne sont pas un seul et même sentiment, et ne sont pas dès lors synonymes entre elles: et, d'autre part, parce que l'*apathie*, l'*absence ou la privation* pour l'être humain, de tous les sentiments passionnés qui l'agitent, ne se retrouve pas ou se rencontre à un bien moindre degré dans l'insensibilité: elle manque complétement dans l'impassibilité.

Celle-ci peut bien résulter de l'insensibilité, mais son existence n'est réelle, il n'y a impassibilité véritable, qu'alors que, sensible à toutes les impressions, l'influence morale est assez puissante pour que l'homme ne trahisse pas les émotions que les sensations même les plus fortes lui font éprouver. C'est-à-dire, en d'autres termes, que l'*apathique* ne recherche ni le plaisir ni la douleur; que l'*insensible* n'est affecté ni par l'un ni par l'autre, et que l'*impassible* les ressent tous les deux, sans laisser paraître qu'il les éprouve.

Ce n'est pas tout: l'*apathique* et l'*insensible* renoncent volontairement à la dignité de leur être, et ne sont touchés ni de l'amour de la gloire, ni de l'amour du bien public; au lieu que l'*impassible* semble n'en faire aucun cas et n'y ajouter aucune importance. C'est pour cela que, malgré cette différence, l'impassibilité est aussi inutile à la société que l'apathie et l'insensibilité: toutes les trois, n'importe pourquoi, n'aimant que le repos et se bornant à la seule végétation. De là, l'absence de toutes les vertus, de toutes les passions qui germent et fructifient dans le cœur des hommes mieux partagés.

Faut-il les blâmer également de leur inutilité sociale? Ce serait être injuste envers quelques-uns, car l'*apathique* est coupable d'une paresse native, d'une insouciance involontaire, qui font que, sans désirs et sans passion, il vit heureux de son indolence; ce qui n'empêche pas qu'une émotion un peu forte ne le tire parfois de son apathie.

Nous n'en dirons pas autant de l'*insensible*: froid pour toutes choses et toujours *froid* par nature, aucune sensation ne peut l'impressionner, aucun aiguillon ne saurait l'exciter. Aussi le regarderons-nous comme moins coupable encore que l'apathique, qui, lui du moins, a l'avantage de sentir quelque chose.

Et quant à l'*impassible*, il ne sera condamnable que si son impassibilité n'a pas un but louable, attendu qu'il jouit ou souffre suivant la nature de l'impression qu'il ressent. Or, peu nous importe que, soit par vanité, soit par amour-propre, que sais-je, il reste calme, de telle sorte qu'on ne saurait décider s'il a ressenti ou non l'impression, pourvu que sa conduite ne nuise à personne ni à lui-même.

Bref, l'*impassibilité*, l'*insensibilité* et l'*apathie* sont des sentiments différents dans leur nature, et chacun de ces termes a, en particulier, une acception propre qui fait qu'on ne doit pas tous les employer indifféremment pour désigner le même objet. Et, par exemple, pourrait-on dire de la secte des stoïciens, qui affectaient la plus grande insensibilité, et prétendaient jouir d'un calme et d'une tranquillité d'esprit que rien ne pouvait altérer, être *impassibles* en un mot, qu'ils étaient apathiques? Assurément cette expression serait on ne peut plus impropre à leur égard ; car qu'est-ce qu'un philosophe qui serait *apathique* au plaisir et à la douleur? Qu'il s'y montre complétement insensible, qu'il fasse preuve de la plus grande impassibilité, cela se conçoit ; mais y être apathique !... Donc les mots *apathie, insensibilité* et *impassibilité* ne signifient pas une même chose, un même sentiment.

A propos des stoïciens, nous devons remarquer qu'il n'est guère croyable qu'il ait jamais existé des hommes assez heureusement dotés par la nature pour posséder cette faculté exceptionnelle, précieuse, qu'on attribuait aux sages du stoïcisme, à savoir, que leur âme était toujours paisible, toujours au-dessus des disgrâces humaines, et toujours impassible pour les plus petites comme pour les plus grandes choses.

Qu'ils aient possédé cette force de caractère, cette fermeté d'âme qui rend l'homme entièrement maître de lui-même, c'est-à-dire, de dissimuler ses sensations et d'affecter une sorte d'insensibilité physique et morale, d'être *impassible* en un mot, je veux bien le croire ; mais, je vous le demande, n'éprouvait-il pas un sentiment de noble fierté ou d'orgueil, ce stoïcien qui trouvait du plaisir dans le mépris du plaisir? Et s'il éprouvait l'orgueil de la satisfaction, était-il insensible à tout?

Prenez garde que je ne nie pas qu'il y ait du bon dans le stoïcisme. Au contraire, puisque les stoïciens, après avoir jugé l'esprit dominant de leur siècle, après avoir trouvé les ressorts du caractère et de la morale universellement relâchés, la volupté érigée en système, l'instinct personnel devenu le moteur de toutes les actions, et ces mots, *agir conformément à la nature*, servant de base, étant la maxime fondamentale de la doctrine, jugèrent que de tels maux exigeant de grands remèdes, il fallait un effort extraordinaire pour arracher les âmes à cette mortelle apathie ; de sorte que, si leur doctrine ne fut pas en général celle qui convient le mieux à l'homme, elle parut être du moins celle qui convenait le mieux aux hommes et aux temps pour lesquels elle avait été conçue. Ce qui a fait dire à M. Villemain que « la philosophie stoïcienne est la plus haute conception de l'esprit humain, et, dans le paganisme, la seule religion des grandes âmes. » Mais je vous prie d'observer que, qui dit *philosophie*, dit amour de la sagesse, qui est l'art de se bien conduire et de se rendre heureux : ce qui signifie moins que *religion*, qui, pour les principes, l'emporte d'autant plus sur la philosophie, que celle-ci ne peut faire aucun bien que celle-là ne le fasse encore mieux, et la religion en fait beaucoup que la philosophie ne saurait faire. (*J.-J. Rousseau.*)

Je vais plus loin, et je pense avec M. Saint-Marc Girardin, dont l'opinion vient confirmer ma manière d'interpréter la signification des mots *apathie, insensibilité* et *impassibilité*, que « le stoïcisme est une sorte d'égoïsme aristocratique, vice que la religion condamne et flétrit. » La preuve, la voici : Que disait-on au Portique? Soyez vertueux et méprisez le peuple. N'est-ce pas là de l'égoïsme?

Qu'il y a loin de là à la philosophie du christianisme, dont nous poursuivrons encore un instant le parallèle avec celle des stoïciens! Que dit l'Evangile? Soyez vertueux et aimez votre prochain comme vous-même ; aimez le peuple, que le stoïcien vous commande de mépriser, et aimez-le comme vous-même, plus encore que par un sentiment de fraternité.

Ainsi, pour que tout fût égal entre la morale du stoïcisme et la morale évangélique, il faudrait ôter la charité ; pour qu'Epictète valût l'Evangile, il faudrait encore ôter la charité ; mais comme l'Evangile a fait une loi de l'amour du prochain et du soin de son salut, c'est par là qu'il a conquis l'univers. Le stoïcien s'est dit : Que nous importe le peuple? Ce mépris-là l'a perdu ; et en dépit de sa morale élevée et de ses sages, il est mort inutile pour avoir vécu orgueilleux.

Ajoutons que les stoïciens soutenaient qu'il n'est qu'un seul mode d'assentiment convenable au sage, celui qui est absolu, inébranlable, d'une force complète, d'une application universelle ; ils ne permettaient au sage aucune opinion, c'est-à-dire aucun assentiment qui fût mêlé de quelque doute. (*Cicéron.*)

C'était une grande exagération : car entre la certitude parfaite et l'entière hésitation, il y a une foule de nuances variées qui correspondent à une probabilité plus ou moins grande. Et d'ailleurs il est tel sentiment, dont le sage et l'homme égaré croient être également pénétrés, qui agit avec la même force dans tous les deux, ne peut devenir leur arbitre et ne produira d'autre effet que de confirmer l'un et l'autre dans les préventions dont ils sont imbus. Deux hommes se disent, se croient mus par la même conviction ; quel moyen restera-t-il de décider lequel des deux est insensé ou sage, lequel des deux obéit à la certitude ou à l'opinion?

Reste que la philosophie du stoïcisme n'a donné qu'un Epictète, tandis que la philosophie du christianisme en forme des milliers dont la vertu est poussée jusqu'à ignorer la vertu même. (*Voltaire.*) Donc celui-là seul qui sera fermement et véritablement chrétien sera seul incontestablement vertueux.

Mais revenons à l'apathie, et constatons qu'elle est un vrai défaut, surtout en philosophie, puisqu'elle rend les hommes indolents dans la recherche de la vérité ; ce qui fait que la première opinion bonne ou mauvaise qui se présente est acceptée par eux. (*Thucydide.*)

Elle est également un défaut dans la pratique de la vie intellectuelle, en ce qu'elle peut nuire au développement de nos facultés morales, à nos progrès, et nous laisser tout à fait indifférents au bonheur de nos semblables, à la prospérité et à la gloire de notre patrie, et même à notre salut; ce qui est entièrement opposé à la mission que Dieu nous a donnée en nous créant.

Il n'est qu'un seul cas dans lequel l'apathie pourrait être excusée, c'est lorsqu'elle dépend d'une faiblesse constitutionnelle ou acquise. Dans ce cas, comme dans la Paresse (*Voy.* ce mot), il faut de toute nécessité agir non-seulement sur le moral qu'on secoue, mais encore opérer sur l'organisme vivant, qu'on doit fortifier à l'aide des moyens déjà proposés à l'article Abattement.

APPLICATION (faculté). — *Application*, en morale, s'emploie comme synonyme d'*attention* soutenue. On s'en sert généralement à l'occasion des sciences à l'étude desquelles on est plus *appliqué* qu'*attentif* ; ce qui bornerait l'utilité de ce mot plus à exprimer l'idée de l'écrivain qu'à désigner quelque chose de particulier, indépendant de l'attention.

APPRÉHENSION. *Voy.* Alarme.

ARROGANCE (vice), Arrogant. — L'arrogant, comme le mot l'indique, *ad se rogare*, est celui qui s'attribue spontanément la supériorité, ne pensant pas même qu'elle puisse lui être contestée, tant il est sûr de lui-même et de son droit, comme le lion de la fable qui s'adjuge la première part, parce qu'il s'appelle lion. Il veut en outre que les autres reconnaissent hautement ce qui lui paraît si évident, et de là ses prétentions à leurs hommages. Aussi le reconnaît-on facilement à ses manières hautaines, à ses prétentions hardies, à sa fierté, à son orgueil, à sa présomption, à sa morgue ; car il réunit le plus souvent quelques uns de ces vices et quelquefois tous. Ce qui a fait dire avec raison que l'arrogance se trouve dans les manières, les prétentions, etc., qu'*affectent* les personnes arrogantes.

L'arrogance est de tous les vices celui qu'on supporte le moins dans autrui ; il blesse l'amour-propre de tout le monde, à cause de sa supériorité qu'elle voudrait lui imposer ; et comme elle jouit de l'humiliation de tous, elle leur devient vexatoire. L'arrogance excite plus d'irritation que la hauteur, car celle-ci se renferme souvent dans le silence ou ne s'exprime que par le regard ; l'autre est plus exigeante, tracassière ; elle demande de la soumission ; il faut qu'on se découvre et qu'on plie le genou devant elle : il ne faut donc pas les confondre.

L'arrogance doit être toujours mal accueillie ; je ne dis pas que si un individu se distingue ou s'est déjà distingué par ses talents et ses brillantes qualités, il ne doive accueillir avec satisfaction, avec joie, les hommages que la foule s'empresse à lui rendre, et que le peuple rend d'autant plus volontiers qu'on l'exige moins ; c'est tout naturel : mais témoigner par son ton, par son langage, que l'on a droit à des hommages et qu'on y prétend, c'est du dernier ridicule.

Que doit-il résulter de ce travers d'esprit ? Rien de bon pour l'arrogant ; au contraire, puisque l'homme né libre et indépendant dans ses volontés, l'homme qui a du sens et de la raison, refuse obstinément ce qu'on exige de lui, ce qu'il aurait accordé de son propre mouvement si l'on n'avait pas montré les prétentions de l'y contraindre. Mieux vaut donc laisser les hommes libres de suivre leurs inspirations.

Nous avons signalé les inconvénients de se poser en arrogant ; rien de mieux, pour ne pas s'exposer à le devenir, que d'éviter par l'éducation le développement de ce vice en celui qui y serait disposé. Et pour obtenir ce résultat, il faudra lui montrer l'arrogant en proie au chagrin d'être haï et méprisé de ceux-là même dont il recherche les suffrages ou les hommages ; lui dire que le moindre mal qui puisse lui revenir de son arrogance, c'est d'être mécontent des autres, qui, eux aussi, seront très-mécontents de lui. Et comme il n'y a pas de position plus pénible, nul ne voudra s'y exposer, à moins que son intelligence soit inaccessible à de bonnes inspirations.

ASSURANCE (qualité, ou défaut, ou vice), Assuré. — Le sentiment intérieur qui donne à l'homme la force de se posséder en bien des circonstances, c'est-à-dire de parler de choses indifférentes ou essentielles, de faire des actions bonnes ou mauvaises, sans le moindre trouble dans la physionomie, sans la moindre contrainte et la moindre gêne dans les manières, sans la moindre hésitation dans le langage, se nomme *assurance*.

Et ce qui rend un individu *assuré* même dans les positions les plus difficiles, c'est ou bien qu'il est fermement convaincu n'avoir jamais rien avancé, jamais agi et ne vouloir jamais rien faire contre les règles de l'honneur et de la bienséance ; ou bien, qu'il n'a aucune connaissance ou qu'une connaissance imparfaite du monde, ou de l'acte qu'il va commettre ; ou bien enfin, qu'il puise dans son courage de quoi cacher ses véritables sentiments. Dans le premier cas, son assurance naît de la confiance naturelle et légitime qu'il a en lui ; dans le second, d'un manque d'éducation ; et dans le troisième, de la ferme résolution de ne point se trahir.

Mais, de quelque source que l'assurance provienne, il est nécessaire, dans des circonstances, de paraître à autrui beaucoup plus *assuré* qu'on ne l'est réellement. Et par exemple, quand un général, au moment de livrer bataille, adresse une allocution à ses troupes, n'est-ce pas que, tout incertain qu'il est sur l'issue de la bataille et le succès de ses armes, il doit montrer beaucoup d'assurance, en manifester bien plus qu'il n'en a, s'il veut faire passer dans le cœur du soldat ce feu sacré, cet enthousiasme que donne la victoire ?

De Chevert, officier de mérite et très-estimé de ses soldats, étant au siège de Prague, fit venir un grenadier : « Tu monteras par là sur le rempart, lui dit-il. — Oui, mon colonel. — On criera qui vive ! — Oui, mon colonel. — Tu ne répondras pas. — Non, mon colonel. — On tirera sur toi. — Oui, mon colonel. — On te manquera. — Oui, mon colonel. — Tu égorgeras la sentinelle. — Oui, mon colonel. — Et j'arriverai là pour te soutenir. — Oui, mon colonel. »

Les choses se passèrent conformément à cette singulière instruction, et, grâce à l'*assurance* de l'officier, grâce à l'intrépidité du soldat, la ville fut prise.

De même quand un avocat veut faire admettre l'innocence de l'accusé, n'est-ce pas qu'il doit en présenter la défense avec l'*assurance* d'un homme convaincu de la non-culpabilité de son client? Alors, rien n'est plus propre à faire passer la conviction dans l'esprit des jurés et des juges, que ce ton affirmatif et tranchant que prend le défenseur. S'il peut donc en imposer à tous en plaidant pour un criminel, que ne fera-t-il pas s'il parle pour un innocent!

Enfin, il n'est rien qui doive inspirer autant d'assurance que la certitude d'avoir fait une bonne action; cela donne le courage de l'avouer et d'oser s'en faire un mérite. Quand le prince Edouard d'Angleterre, poursuivi par les troupes du roi, trouva un asile dans la maison d'un seigneur, ce seigneur fut accusé d'avoir donné retraite au prétendant. Cité devant les juges, il s'y présente et leur dit : Souffrez qu'avant de subir l'interrogatoire, je vous demande lequel d'entre vous, si le prétendant s'était réfugié dans sa maison, eût été assez vil et assez lâche pour le livrer. A cette question, le tribunal se tait, se lève et renvoie l'accusé.

Ainsi l'assurance est une qualité que chacun de nous doit nécessairement posséder si nous voulons réussir, l'un dans les armées, l'autre au palais, celui-ci à la barre, celui-là dans le monde. Elle est indispensable au médecin s'il veut capter la confiance de son malade et avoir l'influence nécessaire pour guérir le moral, cause déterminante, dans bien des cas, des désordres physiques. S'il hésite dans ses affirmations, dans ses prescriptions, il peut être convaincu d'avance que les médicaments seront moins efficaces. *Voy.* CONFIANCE.

Après avoir dit les avantages de l'assurance, nous devons ajouter que si l'on s'en servait soit pour mentir avec effronterie, soit pour dissimuler ses vices, soit pour empêcher par un faux témoignage que la justice frappe le coupable, soit en un mot pour encourager les gens corrompus ou les criminels, oh! alors, l'assurance deviendrait un vice monstrueux que rien ne peut excuser.

D'après ces considérations, on peut ranger cette faculté parmi les qualités ou les vices, selon qu'il en sera fait un bon ou un mauvais usage, et ne la considérer que comme un simple défaut quand elle provient d'une éducation négligée ou manquée. Dans ce dernier cas, instruire l'ignorant, c'est presque le corriger; et dans les autres circonstances, éclairer les personnes sur les avantages et les inconvénients de l'assurance, c'est leur apprendre comment on peut s'en servir à propos, et la nécessité d'en faire usage.

ASTUCE (vice). — Il est un mot que les auteurs du Dictionnaire de Trévoux regardaient comme hors d'usage, et que cependant on trouve encore aujourd'hui dans les dictionnaires les plus modernes : c'est le mot *astuce*.

On s'en est servi, nous dit-on, pour désigner une *mauvaise finesse*, c'est-à-dire une finesse qui nuit ou qui peut nuire, et que néanmoins on emploie pour arriver à ses fins.

Pour ma part, je ne vois pas trop de quelle utilité peut être ce terme dans un traité de morale, alors surtout qu'il n'exprime qu'une des formes du DÉGUISEMENT ou de la DISSIMULATION (*Voy.* ces mots). Néanmoins, comme Marmontel voulait qu'il fût conservé, sans doute pour la variété et la concision du langage, j'ai dû en faire mention et le conserver comme lui et comme ses imitateurs; car il est partout. Il est vrai qu'il cherchait à justifier son opinion en disant qu'il y a dans l'astuce une certaine nuance particulière qui peut servir à la distinguer soit de la finesse, soit de la ruse dont on l'a faite synonyme; et cette nuance, c'est que l'astuce joint la finesse à la méchanceté. Elle participerait donc tout à la fois de l'une et de l'autre.

Cette assertion manque d'exactitude, aussi bien que la signification de *mauvaise finesse*, que l'on a généralement donnée dans ces derniers temps à l'astuce, et la qualification de *vice* dont on l'a gratifiée, l'astuce ayant, pour certains auteurs et dans certaines circonstances, un tout autre caractère.

A ceux qui auraient des doutes à cet égard, je ferai le récit de la *sainte et bénigne* astuce du comte d'Anjou, dans son pèlerinage à la Palestine. Ce comte arrive à Jérusalem : les portes du saint-sépulcre lui sont fermées par les Sarrasins : que fait-il? Voici comment s'exprime la chronique des comtes d'Anjou.

« Lois offrit le comte grant somme d'or pour le laisser entrer, mais ne voulurent consentir, sinon que le comte feist ce qu'ils disoient faire faire aux autres princes chrestiens. Le comte pour le desir qu'il avoit de y entrer, leur promit que il feroit tout ce qu'ils voudroient. Lors lui dirent les Sarrasins, que jamais ne souffriroient qu'il y entrast, s'il ne juroit de pisser et faire son urine sur le sépulcre de son Dieu. Le comte, qui eust mieux aimé mourir de mille morts (si possible lui fust), que l'avoir feist, voyant toutefois que autrement ne lui seroit permis de entrer à veoir le sainct lieu, auquel il avoit si charitable affection, pour la visitation duquel il estoit par tant de périls et travaux de lointain pays là arrivé, leur accorda ce faire, et fut convenu par entr'eux qu'il y entreroit le lendemain. Le soir se reposa le comte en son logis, et au lendemain matin print une petite fiole de verre assez plate, laquelle il remplit de pure, nette et redolente eau rose (ou vin blanc, selon l'expression d'aucuns), et la mit en la braye de ses chausses, et vint vers ceux qui l'enstrée lui avoient promise; et après avoir payé telles sommes que les pervers infidèles lui demandèrent, fut mis au vénérable de lui tant désiré lieu du sainct-sépulcre auquel Notre-Seigneur, après sa triomphante passion, reposa, et lui fut dist que accomplist sa promesse, ou que on le mestroit dehors. Alors le comte, soy disant prêt de ce faire, destacha une esguillette de sa braye, et feignant pisser, épandit de cette claire et pure eau rose sur le sainct sépulcre; de quoi les payens cuidant pour vrai qu'il eust pissé dessus, se prirent à rire et à moquer, disant l'avoir trompé et abusé; mais le dévot comte d'Anjou ne songeoit en leurs moqueries, estant en grands pleurs et larmes prosterné sur le saint-sépulcre. » D'après cette histoire, on ne saurait douter que, pour les chroniqueurs, l'astuce peut être sainte et bénigne, c'est-à-dire un sentiment tout opposé à l'astuce dont parle Marmontel.

Je me borne à signaler cette différence dans la manière dont les auteurs emploient le mot astuce, les inductions qu'on pourrait en tirer ne méritant pas de fixer plus longtemps notre attention.

ATARAXIE (sentiment). — Parler de l'ataraxie, c'est-à-dire de cette quiétude, de ce calme, de cette tranquillité de l'âme, qui la garantit de toutes les agitations, de toutes les craintes et de toutes les inquiétudes qui viennent de l'opinion, serait un non-sens dans un livre de cette nature, si nous n'avions à rappeler que les disciples de Pyrrhon, exagérant les maximes de Socrate, eurent le courage de placer la perfection de la sagesse dans la plus complète incertitude, dans l'inaction de l'esprit; et que c'est cet état d'immobilité et de repos, cette *inaction* de l'esprit, qui formaient le but de leur philosophie, qu'ils appelèrent *ataraxie*. (Sextus Empiricus.)

L'ataraxie est une vertu si difficile, qu'elle a été considérée comme la pierre philosophale de la morale : heureux donc, mille fois heureux, si on pouvait la trouver! Mais y parviendra-t-on jamais avec une philosophie basée sur le doute?

ATHÉE, Athéisme (vice). — Une des plus grandes et des plus belles prérogatives dont l'humanité a été dotée, c'est de s'élever, à l'aide des facultés que son Créateur lui a si généreusement départies, jusqu'à la connaissance de Dieu lui-même; de le contempler par la pensée, dans toute la majesté de sa grandeur, de sa puissance, de ses perfections, de sa gloire, et de l'adorer.

Cette inappréciable prérogative manquant à tous les êtres qui professent l'athéisme, on s'est demandé : Qu'est-ce qu'un athée? Serait-ce une âme privée d'intelligence et de raison?

On ne peut se prononcer pour l'affirmative sur cette dernière question, puisque l'*ignorance* de Dieu n'est pas plus l'*athéisme*, que l'état de doute dans lequel se trouvent quelques hommes à l'égard de Dieu ne le constitue formellement. Je ne voudrais donc pas que Bayle eût appelé *athées*, les Cafres et les Hottentots, les Topinambous et beaucoup d'autres petites nations qui, d'après des rapports de quelques voyageurs, n'ont point de Dieu. Remarquez qu'ils ne le nient ni ne l'affirment; ils n'en ont jamais entendu parler : dites-leur qu'il y en a un, et ils le croiront aisément; dites-leur que tout se fait par la nature des choses, ils vous croiront de même. Prétendre qu'ils sont athées est la même imputation que si l'on disait qu'ils sont anti-cartésiens; ils ne sont ni pour ni contre Descartes. Ce sont de vrais enfants : un enfant n'est ni athée ni déiste ; il n'est rien.

Cela n'empêche pas qu'il n'y ait des athées; mais comme l'athéisme est une doctrine qui repose entièrement sur une *négation* de l'existence du Père commun des hommes, auteur de toutes choses, nous dirons qu'un athée, c'est l'homme moins toutes les facultés de son intelligence qui pourraient l'élever jusqu'à Dieu.

Oui, de toutes *les facultés de son intelligence*, car c'est à l'aide de ces mêmes facultés, qui ont brillé de tout temps dans presque tous les grands philosophes, les Socrate, les Platon, les Descartes, les Newton, les Pascal, les Rousseau, les Voltaire, etc., etc., le genre hmain tout entier , moins l'athée, ont pu arriver jusqu'à croire en un Dieu éternel qu'on ne peut comprendre, mais qui n'en existe pas moins, quoique incompréhensible.

Or, quelle triste mutilation l'homme athée a-t-il donc exercée sur lui-même! Ne sait-il pas, le malheureux, que pour nier Dieu il lui a fallu retrancher de son être et le sentiment de l'infini qui n'a point d'aliment sur la terre, et le sentiment du beau, dont l'idéal ne se retrouve nulle part ici-bas, et le sentiment moral, dont la récompense doit être dans une autre vie, puisque dans celle-ci il ne rencontre que le poison et la croix. L'infortuné! il a tout effacé, tout étouffé, jusqu'à sa conscience, puisque la conscience est une révélation du pouvoir invisible; jusqu'à son jugement, puisque le jugement n'explique rien sans le secours d'un premier moteur : le voilà tel qu'il s'est fait lui-même, réduit à cette froide intelligence dont il est si fier et qu'il accorde pourtant aux animaux ! Ainsi, au point de vue de la notion de Dieu, il n'y a que la faculté de nier qui le sépare de la brute.

Et si l'on se récriait contre l'exagération de cette conclusion, qu'Aimé Martin a formulée à propos de l'athée, nous dirions à nos interlocuteurs : Interrogez le sauvage sur l'existence de Dieu, à coup sûr il vous montrera son fétiche. Mais demandez-lui qui a fait ce fétiche? — Moi, dira-t-il, j'ai coupé une branche de l'arbre sacré, et voilà mon Dieu. — Et qui a fait cet arbre? — La terre, sur laquelle, par reconnaissance, il répand son ombre. — Très-bien ; mais qui a fait cette terre dont le sein enfante et porte des forêts ? — Vois-tu, s'écriera le sauvage, en dirigeant ses regards vers l'horizon, c'est *le Grand Esprit* qui réside par delà les montagnes bleues. Ainsi, de déduction en déduction, le sauvage est arrivé à tout ce que l'esprit humain peut concevoir de plus grand.

Sa raison, qui tout à l'heure s'humiliait devant un fétiche, a tout à coup découvert l'invisible ; elle y croit, elle touche à l'infini. Or, les brutes peuvent-elles s'élever jusque-là ? Donc la comparaison que nous venons d'établir est exacte.

Oui, il faut que la raison de l'athée soit égarée par la plus étrange des aberrations, ou descendue, si elle n'y est toujours restée, au niveau des instincts de la brute, puisqu'il ne comprend pas qu'il est aussi ridicule de dire que l'arrangement du monde ne prouve pas un Auteur suprême, qu'il serait impertinent de dire qu'une horloge ne suppose pas un horloger. (*Voltaire*.) C'est pourtant à cette conséquence que conduit l'athéisme, et c'est ce qui nous confirme de plus en plus dans notre opinion, que l'athée n'a jamais possédé ou ne possède plus toute la lucidité de la raison humaine.

Pourrait-il en être autrement, lorsqu'il est notoire que les plus grands génies n'ont admis le dogme consolateur de la connaissance de Dieu qu'après être arrivés, par la déduction et la contemplation des œuvres du Créateur, à cette connaissance même ; qu'elle soit niée ou non par quelques sophistes, Dieu peut bien exister sans leurs suffrages. (*Chateaubriand*.)

Mais comment procéder soi-même, nous dira-t-on peut-être, pour arriver à cette certitude acquise par l'illustre chancelier de Vérulam (Bacon), « qu'une légère teinte de philosophie peut conduire à méconnaître l'essence première, mais qu'un savoir plus plein mène à Dieu ? » Qui osera entreprendre cette tâche, lorsque Pascal lui-même, avec tout son génie, et après avoir pénétré bien avant, éclairé par le flambeau d'une philosophie inductive puissante, *s'est rencontré dans une autre ignorance*, et n'a découvert Dieu que par *l'impossibilité* où il s'est trouvé de prouver que Dieu n'est pas ? Est-il permis de croire dès lors que les esprits médiocres, et c'est le plus grand nombre, y parviennent jamais ? Ne resteront-ils pas enveloppés dans les nuages épais de la science, qui cachent la Divinité aux regards de ses créatures ?

C'est chose certaine, à quelques exceptions près : eh bien ! ce doit être pour nous tous une raison de plus d'admettre une croyance qui, indépendamment des philosophes sacrés, range sous sa bannière les Platon, les Cicéron, les Clarke, les Bacon, les Leibnitz, les Mallebranche, les Pascal, les Rousseau, les Voltaire, les Châteaubriand, les Laromiguière, les Destutt de Tracy, les Cousin, etc., etc., qui tous croient et dont la plupart ont démontré métaphysiquement et presque géométriquement l'existence d'un Être souverain, éternel, tout-puissant.

Et s'il en est ainsi, pourquoi nierait-on toujours, pourquoi au contraire ne pas reconnaître le Dieu trois fois saint que reconnaît et adore le genre humain tout entier, et au nom duquel l'auteur du *Système du monde* découvrait et inclinait sa tête octogénaire ? Pourquoi enfin ne suivraient-ils pas M. Cousin, un des philosophes les plus renommés du siècle actuel. Nous copions les textes qui montrent sa foi en Dieu créateur, sans toutefois partager toutes ses idées sur la création.

« *Dieu est*. Il est avec tout ce qui constitue sa vraie existence, avec les trois moments nécessaires de l'existence intellectuelle. Il faut avancer, Messieurs, il faut aller de Dieu à l'univers. Comment y va-t-on ? et qui conduit de Dieu à l'univers ? La création.....

« Messieurs, le fait que je viens de vous signaler est universel. La réflexion, le doute, le scepticisme, appartiennent à quelques hommes ; l'aperception pure, la foi spontanée, appartiennent à tous : la spontanéité est le génie de l'humanité, comme la philosophie est le génie de quelques hommes. Dans la spontanéité il y a à peine quelque différence d'homme à homme. Sans doute il y a des natures plus ou moins bien douées, dans lesquelles la pensée se fait jour plus facilement et l'inspiration se manifeste avec plus d'éclat ; mais enfin, avec plus ou moins d'énergie, la pensée se développe spontanément dans tous les êtres pensants, et c'est l'identité de la spontanéité dans les races humaines avec l'identité de la foi absolue qu'elle engendre, qui constituent l'identité du genre humain. Quel est celui qui, se prenant sur le fait de l'exercice de la spontanéité de son intelligence, ne croit pas à lui-même et ne croit pas au monde ? Eh bien ! il en est de même pour celle de Dieu. Leibnitz a dit : Il y a de l'être dans toute proposition ; or, une proposition n'est qu'une pensée exprimée, et dans toute proposition il y a de l'être, parce qu'il y a de l'être dans toute pensée. Or, l'idée de l'être, à son plus bas degré, implique une idée plus ou moins claire, mais réelle, de l'être en soi, c'est-à-dire de Dieu. Penser, c'est savoir qu'on pense ; c'est se fier à sa pensée, c'est se fier au principe de la pensée, c'est croire à l'existence de ce principe. Comme ce n'est croire ni à soi, ni au monde, et comme c'est croire encore, il est clair que c'est croire, qu'on le sache ou qu'on l'ignore, au principe absolu de la pensée ; de sorte que toute pensée implique une foi spontanée à Dieu, et qu'il n'y a pas d'athéisme naturel. Je ne dis pas seulement qu'il n'y a pas de langue où ce grand nom ne se trouve ; non : quand on mettrait sous mes yeux des dictionnaires vides de ce nom, je n'en serais pas troublé ; je ne demanderais qu'une chose : Un de ces hommes qui parlent cette langue pense-t-il, a-t-il la foi dans sa pensée ? Croit-il qu'il existe, par exemple ? S'il le croit, cela me suffit ; car s'il croit qu'il existe, il croit donc que cette pensée qu'il existe est digne de foi ; il a donc foi au principe de la pensée, c'est Dieu. »

Telle est la puissance de logique avec laquelle M. Cousin arrive, de déduction en déduction, à prouver l'existence de Dieu par l'inexplicable mystère de la création de l'univers. Etablissant ses données sur un principe qui diffère de celui généralement admis par les philosophes des siècles passés et présent, il n'en arrive pas moins au même résultat, à l'existence d'un Créateur de toutes choses. Et cela devait être ; car, que Dieu ait tiré le monde du néant, comme le proclament les générations anciennes et modernes ; qu'il ait fait le monde de rien, et seul il le pouvait, car en lui seul est la puissance créatrice, et sans cette puissance il ne serait pas Dieu ; ou qu'il ait tiré le monde de lui-même, comme le veut le savant professeur de philosophie au collége de France, dont j'ai cité les propres paroles, il n'en est pas moins vrai, et c'est cette proposition que je voulais démontrer, que sans un Dieu créateur le monde n'aurait jamais existé, et que, puisque le monde existe, *Dieu est.*

Oui, Dieu est, et pour tout homme de bonne foi dans la recherche de la vérité, la raison n'a qu'à suivre son instinct naturel pour se persuader qu'il y a un Dieu créateur de tout ce que nous voyons. Lorsqu'elle jette les yeux sur les mouvements si réglés de ces grands corps qui roulent sur nos têtes, sur cet ordre de la nature qui ne se dément jamais, sur l'enchaînement admirable de ses diverses parties qui se soutiennent les unes les autres et qui ne subsistent toutes que par l'aide naturelle qu'elles s'entreprêtent, sur cette diversité de pierres, de métaux, de plantes, sur cette structure admirable des corps animés, sur leur génération, leur naissance, leur accroissement et leur mort, il est impossible qu'en contemplant toutes ces merveilles, l'esprit n'entende pas une voix secrète qui lui crie que tout cela n'est point l'effet du hasard, mais de quelque cause qui possède en soi toutes les perfections que nous remarquons dans ce grand ouvrage.

En vain s'efforcerait-on d'expliquer les ressorts de cette étonnante machine en disant qu'il n'y a en tout cela qu'une matière vaste dans son étendue et un grand mouvement qui la dispose et qui l'arrange, puisqu'il faut toujours qu'on nous dise quelle est la cause de cette matière et de ce grand mouvement ; et c'est ce qu'on ne saurait faire raisonnablement sans remonter à un principe immatériel, intelligent, qui a pu produire et qui conserve l'un et l'autre.

Quel moyen y a-t-il d'ailleurs de concevoir que cette masse morte et insensible soit un être éternel et sans principe ? Ne voit-on pas clairement qu'elle n'a dans elle-même aucune cause de son existence, et qu'il est ridicule d'attribuer au plus vil et au plus méprisable la plus grande de toutes les perfections qui est d'être par soi-même ? Je sens que je suis infiniment plus noble que cette matière ; je la connais, et elle ne me connaît point ; néanmoins, je sens en même temps que je ne suis pas éternel. Il faut donc qu'elle ait aussi bien que moi une cause de son être ; et cette cause ne pouvant être matérielle, elle est ce principe immatériel et tout-puissant que nous cherchons.

Mais s'il est ridicule de s'imaginer une matière qui subsiste par elle-même de toute éternité sans cause et sans principe, il est beaucoup plus de supposer un mouvement incréé et éternel ; car il est clair que nulle matière n'a dans soi-même le principe de son mouvement. Elle peut le recevoir d'ailleurs, mais elle ne peut se le donner à elle-même. Tout ce qu'elle en a lui est toujours communiqué par quelque cause ; et quand elle a cessé de se mouvoir, elle demeure d'elle-même dans un repos éternel.

Qui a produit ce grand mouvement que nous voyons dans toutes les parties du monde, puisqu'il ne naît pas de la même matière, qu'il n'y est pas attaché par une attache stable et fixe, mais qu'il passe d'une partie à une autre par un changement continuel ? Fera-t-on aussi de cet accident un être éternel et subsistant par soi-même ? Et ne doit-on pas reconnaître que puisqu'il ne peut être sans cause, et que cette cause n'est pas la matière, il faut qu'il soit produit par un principe spirituel ? C'est ce que l'on doit penser en effet en voyant l'ordre de ce monde, et juger qu'il y a une âme souverainement intelligente et puissante qui le maintient en harmonie dans les différents systèmes de l'univers.

Et qu'on ne dise pas, afin d'avoir une excuse pour refuser son assentiment à l'évidence : Je ne nie Dieu que parce que je ne puis le comprendre ; car alors je répondrais à ce sophisme, avec un orateur catholique (l'abbé de Bonnevie) : « Comment voulez-vous qu'un Etre qui embrasse tous les êtres se fasse assez petit pour être embrassé par votre étroite pensée ? » Ou bien, avec Châteaubriand : « Un homme peut bien comprendre un roi sans être roi ; mais un homme qui comprendrait Dieu serait Dieu. »

Ainsi, homme superbe, abaisse-toi ; sache que si l'Etre éternel ne se voit ni ne s'entend, il se fait sentir ; que s'il ne parle ni aux yeux ni aux oreilles, il peut parler au cœur. Dispute, si tu veux, contre son essence infinie ; mais si tu rentres en toi-même et si tu sondes les replis cachés de ta conscience, tu ne pourras le méconnaître de bonne foi. Humilie-toi donc devant lui, et l'adorant d'autant plus que tu le conçois moins, tu rediras avec J.-J. Rousseau, dont tu respectes, j'en suis sûr, l'autorité : « Etre des êtres, je suis parce que tu es ; c'est m'élever à ma source que de te méditer sans cesse. Le plus digne usage de ma raison est de s'anéantir devant toi : c'est mon ravissement d'esprit, c'est le charme de ma faiblesse, de me sentir accablé de ta grandeur. »

Maintenant que j'ai fourni mes preuves de l'existence de Dieu, je crois avoir le droit d'exiger de celui qui ne serait pas de mon avis, qu'il me montre les siennes ; je crois avoir le droit de sommer l'athée de prouver que la notion de Dieu est contradictoire, vu qu'il est *impossible* qu'un tel être existe ; et comme je ne suppose pas qu'il y ait au monde un seul individu, quelque présomptueux qu'il soit, qui ait la prétention de faire plus que n'ont pu faire Pascal et bien d'autres, moins bien intentionnés que lui, ils y renonceront, je l'espère, et y renoncer, c'est reconnaître que Dieu est.

Ces vérités ont été de tous les temps; et cependant on ne peut nier qu'il ait existé des athées; on ne peut nier qu'ils ont formé une secte qui, toutes choses égales d'ailleurs, était la plus dangereuse de toutes les sectes (*Mandeville*); mais est-il bien sûr que ces disciples de l'athéisme fussent de bonne foi, et ceux qui existent, s'il y en a, le sont-ils davantage? Leur conviction repose-t-elle sur leurs lèvres ou est-elle bien avant dans le cœur? L'examen de ces questions est de la plus grande importance; car bien des savants croient, et Bacon est de ce nombre, qu'il ne saurait y avoir d'athée convaincu. Pour l'être, il faudrait que son système l'eût conduit à la démonstration qu'il n'y a effectivement point de Dieu, ce qui n'a pas eu lieu. Et pourtant on ne peut nier que l'illusion n'ait été assez forte sur plusieurs génies pour voiler aussi pleinement à leurs yeux l'idée de Dieu que s'il n'en existait point: c'est pourquoi une fausse persuasion, un acquiescement précipité à des sophismes dont ils n'ont pas su se démêler l'esprit, ont retenu dans cette malheureuse erreur quantité de philosophes qui, par conséquent, ont été appelés à bon droit athées.

On ne s'en est pas tenu là: on a prétendu qu'il y a deux sortes d'athées distincts: l'une à laquelle se rallient tous les athées qui, conséquents dans leurs principes, déclarent qu'il n'y a point de Dieu, par conséquent point de différence essentielle entre le bien et le mal; que le monde appartient aux plus forts et aux plus habiles; et l'autre, auquel viennent se grouper les hypocrites de l'incrédulité, comme les appelle l'immortel auteur du *Génie du Christianisme*, absurdes personnages qui, par une feinte douceur, se portent à tous les excès pour soutenir leur système: ils vous appellent mon frère en vous égorgeant; les mots de moralité et d'humanité sont incessamment dans leur bouche; ils sont triplement méchants, car ils joignent aux vices de l'athée l'intolérance du sectaire et l'amour-propre de l'auteur.

Ces affirmations diverses sur l'existence des athées n'ont point empêché que d'autres aient soutenu que l'athéisme n'est point. Les grands, qui en sont soupçonnés, étaient trop paresseux pour décider en leur esprit que Dieu n'est pas: leur indolence va jusqu'à les rendre froids et indifférents sur cet article si capital, comme sur la nature de leur âme et sur les conséquences d'une vraie religion: ils ne nient ces choses ni ne les accordent, ils n'y pensent pas. (*P. Belouino.*)

Quoi qu'il en soit, il résulte des doctrines de l'athéisme que, si nous sommes forts et habiles, le monde nous appartient, nous pouvons nous en emparer; mais si nous sommes faibles et inhabiles, nous pouvons joindre la ruse à la méchanceté pour le conquérir. Ainsi, pour l'athée, substituer la force brutale au droit et à la justice pour arriver à ses fins, employer n'importe quels moyens, même les plus immoraux, pour atteindre le but, tel est le principe qu'il faut suivre. Est-il rien de plus révoltant?

Non, sans doute, et c'est parce que l'athée est pénétré de ces principes et ne peut tenir son âme en état de désirer qu'il y ait un Dieu, seule condition faite pour n'en pas douter, qu'il préfère en nier l'existence. C'était aussi l'opinion de Bacon, à qui nous devons cette maxime bien concluante: « Personne ne nie la Divinité, que ceux qui croient avoir intérêt à ce qu'il n'y en ait point. »

D'ailleurs, ceux qui professent l'athéisme pourraient-ils nous expliquer, s'ils sont de bonne foi, pourquoi, dans les divers accidents malheureux qu'il éprouve, l'homme qui a toujours nié Dieu s'adresse à un Être supérieur pour attirer sa compassion? Et d'où viennent les sentiments de reconnaissance qui le portent à lui rendre grâce d'un bonheur imprévu? (*Oxenstiern.*) Pourraient-ils nous dire pourquoi les braves de l'athéisme, au moment de mourir, tournant leurs regards vers la Divinité qu'ils avaient méconnue, se jettent dans ses bras avec confiance et amour, et édifient leurs parents, leurs amis et tous les témoins de leur conversion sincère, par la sublimité des sentiments religieux qu'ils professent?

Donc, à moins d'avoir l'esprit faux et borné, le cœur dur et l'âme basse, comme disait Voltaire, il ne peut y avoir de véritable athée; et il disait vrai, car le seul athée, vraiment tel, que j'aie rencontré en ma vie, n'avait, quoiqu'il fût resté fort longtemps au collège, ni instruction ni esprit naturel ou acquis, ni éducation, ni cœur ni âme: il tenait exactement de la brute. Aussi sa vie fut-elle toute *sensuelle*, et conséquemment fort courte: il mourut à trente-cinq ans.

Quiconque sera pénétré de ces vérités, que l'athéisme suppose toujours ou un défaut d'intelligence, ou une aberration de l'esprit, ou des intérêts matériels qu'on veut sauvegarder, celui-là, dis-je, qui n'aura rien à gagner en se montrant athée, se gardera bien d'en affecter les principes. Quel est celui, en effet, qui, sans motif, voudrait faire supposer qu'il manque de jugement, de droiture et de sensibilité? Personne.

C'est pour cela qu'il faut de très-bonne heure faire comprendre aux enfants et *a fortiori* aux jeunes gens, et graver profondément dans leur mémoire les perfections infinies de *Celui qui est*. C'est lui qui donne un but à la justice, une base à la vertu, un prix à cette courte vie employée à lui plaire; c'est lui qui ne cesse de crier aux coupables que les crimes secrets ont été vus, et qui fait dire au juste: Tes vertus ont un témoin. (*J.-J. Rousseau.*)

Du reste, il est indispensable que tous les hommes grands et petits reconnaissent un Dieu qui *ordonne* la vertu; que les princes et les ministres, et tous ceux qui sont au pouvoir, sachent que c'est un Dieu qui punit et pardonne. « Sans ce frein, dit Voltaire, je les regarde comme des animaux féroces, qui, à la vérité, ne me mangeront pas quand ils auront fait un bon repas qu'ils digéreront doucement sur un canapé avec leurs maîtresses,

mais qui certainement me mangeront s'ils me rencontrent sous leurs griffes quand ils auront faim; et, après m'avoir mangé, ne croiront pas avoir fait une mauvaise action.»
Dès lors, comme rien ne porte au bien les athées, que leur tempérament, quand ils l'ont sensible et bienfaisant; comme rien ne les empêche de commettre le mal, que le remords ou le gibet, il est plus que certain qu'ils seront méchants quand leur intérêt l'exigera, et toutes les fois qu'ils pourront l'être impunément. Donc, il n'est rien de plus dangereux que l'athéisme, et on devrait l'avoir en horreur, fût-il même, par impossible, démontré qu'il n'y a point de Dieu.

Au contraire, puisque l'espérance de revivre après la mort fait supporter patiemment les misères de cette vie et empêche de faire le mal ; puisque la crainte du châtiment arrête l'homme faible et entraîné par ses mauvais penchants ou ses passions sur la pente du vice; il est de l'intérêt de la société qu'il n'y ait point d'athées. C'est pourquoi on ne saurait trop répéter : Formez de bonne heure le cœur des enfants, des adolescents, à la vertu, car il ne se trouve pas d'homme sobre, modeste, chaste, équitable, honnête, probe, qui prononce qu'il n'y a point de Dieu.

La contagion de l'exemple étant extrêmement rapide et dangereuse, nous devons donc nous tenir en garde contre les sophismes de l'athée, qui tendent à relâcher les principes de la morale et à porter le trouble dans la société, l'athéisme tendant bien plus à diviser qu'à unir. Ce n'est pas tout : car si nous avions le malheur de rencontrer dans le monde un athée vrai ou faux, il faudrait essayer de le convertir à la loi de Jésus-Christ, tout en lui donnant les véritables notions des attributs de Dieu. Et, s'il arrivait jamais, ce qui serait bien plus déplorable encore, que cet athée cherchât à gagner un chrétien à l'athéisme, il serait de notre devoir de lui faire connaître l'énormité de son crime, soit aux yeux de son Créateur qu'il méconnaît, soit auprès des croyants qu'il outrage, soit auprès de la société qu'il dégrade.

Terminons cet article par un aperçu des principes philosophiques des hommes de notre époque à l'égard de Dieu : ce sera, je crois, la meilleure manière de conclure sur les propositions que nous avons discutées.

« Le christianisme, dit M. Cousin (voir son Rapport au ministre de l'instruction publique à l'occasion du concours pour l'agrégation de philosophie près les facultés de Paris et des provinces, le 15 novembre 1848), a été plus d'une fois entouré des hommages qui lui sont dus. Les grands principes de la révolution française étaient rappelés à tout moment avec une conviction sérieuse, et l'on sentait, sous les formes les plus diverses, une foi commune et profonde à cette philosophie qui se recommande par les grands noms de Socrate, de Platon, de Bossuet, de Fénelon, de Leibnitz, qui reconnaît et proclame comme ses croyances fondamentales, et en quelque sorte ses dogmes immortels, la sainteté de la liberté humaine, l'obligation morale, la vertu désintéressée, la spiritualité de l'âme, et par delà les limites de ce monde, un Dieu intelligent, par conséquent personnel et libre, qui seul a pu faire des êtres intelligents et libres, inexplicables sans lui, qui les a faits nécessairement dans un but digne de sa sagesse, qui veille sur eux et qui ne les abandonnera pas dans le développement mystérieux de leur destinée. La philosophie ne mérite l'intérêt et la protection de l'État qu'autant qu'elle enseigne dans les écoles nationales et inculque à la jeunesse ces grandes croyances qui ne sont pas des superstitions du cœur et des nécessités politiques, mais qui charment les cœurs, comme elles consolident les sociétés, parce qu'elles sont des vérités éternelles. »

ATTENTION (faculté). — Qu'est-ce que l'attention? Il est impossible de faire connaître cette faculté par des paroles. On ne définit pas les mots par des mots à l'infini. Lorsqu'on est arrivé à un mot primitif, à une idée première, on se trouve placé au commencement de tout : on est au terme où il faut nécessairement s'arrêter. Or, si l'attention est une des facultés premières de l'âme, elle est donc au delà de toute définition.

Il ne faudrait pas croire que, parce qu'il est impossible de définir l'attention, l'idée de cette faculté première laisse quelque chose à désirer du côté de la clarté ; les principes portent avec eux leur lumière, et c'est cette lumière qui éclaire toutes les définitions, toutes les démonstrations, et qui se projette sur tous les développements des sciences.

L'attention, ou la première manifestation de cette force qui, dans l'âme, modifie les sensations, les idées, et qui, hors de l'âme, produit les mouvements du corps qu'on appelle volontaires, ne se fait sentir que par son exercice ; elle ne peut donc être connue que par elle.

Ainsi, l'idée que nous avons de l'activité de l'âme lorsque nous sommes attentifs à un objet; l'idée de cette force qui se concentre pour rendre la sensation plus vive, n'est donc, pour le redire encore, susceptible d'aucune définition : il nous est impossible de l'exprimer par des paroles, et cette impossibilité même confirme la vérité de notre système.

Ce qui n'empêche pas que nous sachions que par l'attention nous découvrons les faits; que par elle, mais par une attention soutenue qui ne se lasse jamais, et qu'on a si bien appelée une longue *patience*, se montrent enfin ces idées heureuses qui annoncent la présence du génie; que par elle la sensibilité peut être concentrée sur un seul point ; qu'elle est enfin une des facultés qui ont été départies à la plus intelligente des créatures, à l'homme. Je dis plus, elle est la faculté première, le principe qui produit l'exercice de toutes les facultés.

Nonobstant ces observations, je ferai remarquer que le mot *attention*, au singulier, signifie : la direction volontaire de l'âme vers un objet particulier (*Lavater*), ou mieux, l'application de l'esprit à la perception par les sens ou par le souvenir d'une chose, d'un objet, d'une idée. Je dis à la perception, parce que si l'on n'appliquait pas les facultés de l'âme soit à l'impression que produit sur la rétine le corps lumineux qui vient s'y peindre, soit à celle que détermine sur l'organe auditif le son qui l'a frappé, etc., il en résulterait que la sensation ne serait pas perçue. Il faut donc, pour qu'il y ait *perception* de la sensation, 1° impression produite sur l'organe sentant; 2° intégrité de cet organe et des nerfs qui s'y rendent; 3° enfin, application des facultés de l'âme à l'effet produit par cette impression.

Un exemple, pris parmi un bien grand nombre, fera mieux sentir ce que je veux expliquer que de longs raisonnements. Saint François de Sales ayant été obligé de conférer pour une affaire de piété avec une dame de la cour, quelqu'un lui demanda ensuite si cette dame était belle? Le saint répondit qu'il n'en savait rien. — « Hé! ne l'avez-vous pas vue? répliqua-t-on. — Oui, dit-il, je l'ai vue, mais je ne l'ai pas regardée. » Ainsi il ne suffit pas de voir un objet pour le connaître, il faut le regarder attentivement. C'est du reste par cette application que notre éducation se fait et se perfectionne, ce qui nous a valu cet axiome de Lévis : « L'attention est le burin de la mémoire. »

A propos d'*impression*, d'*attention* et de *perception*, je dois faire remarquer en passant, que bien des philosophes, et Condillac est de ce nombre, ont déclaré qu'il n'est aucune de nos idées qui ne soit acquise par la succession des sens et de l'esprit, ce qu'Aristote avait déjà exprimé en ces termes : *Nihil est in intellectu, quod non prius fuerit in sensu.*

Laromiguière a combattu cette opinion. Il ne croit pas, lui, que la sensation soit la faculté originelle de toutes les autres, et fait au contraire tout dériver de l'attention. « L'âme, dit-il, n'est encore que passive tant qu'elle ne fait que recevoir des sensations, et elle ne commence à agir que lorsqu'elle s'applique à un objet déterminé, c'est-à-dire, qu'elle est attentive. » Par suite de cette attention, l'âme raisonne, tire des inductions, et l'on peut dire avec fondement que toute idée est un jugement, parce qu'on établit alors toute la distance du ciel et de la terre entre les mouvements de l'organisation physique et les intuitions immatérielles de l'intelligence. L'image d'une tour, d'un jardin, d'un site, que l'on aura vue, n'est pas une idée, mais une image purement matérielle, comme celles qui sont imprimées sur le cerveau de la brute; mais dès que l'âme s'applique à ces images, les associe et les compare, alors naissent les idées, ces vrais titres de la grandeur de l'âme, auxquels il faut toujours en appeler, lorsqu'on veut nous dégrader au point de nous assimiler à l'animal qui se trouve tout entier dans l'homme, mais dans lequel nous cherche-rions en vain la plus sublime partie de nous-mêmes.

Entendez-vous Socrate, sur son lit de mort et de gloire, cherchant à prouver à ses disciples qui l'entourent l'avenir immortel réservé à son âme, leur montrant que toutes nos pensées tirent leur origine d'un autre monde que l'univers physique? Il demande à Simmias, l'un d'entre eux, qui professait déjà la doctrine embrassée plus tard par Locke, comment, par exemple, l'idée d'égalité pouvait naître de la sensation produite par la simple vue de deux bâtons égaux. L'œil voit chaque bâton et en fournit une image à l'esprit : voilà tout ce que donne la sensation; mais l'idée de leur égalité, d'où sort-elle? Dieu le sait, car elle vient de lui. — J'affirme, répond Simmias, que les deux bâtons sont égaux, parce que j'ai mesuré la longueur respective. — Oui, répond le sage condamné, l'action de déterminer leur grandeur est en effet la condition nécessaire pour savoir si cette grandeur est la même; mais afin d'avancer, dans tel cas déterminé, que deux choses sont égales, ne faudrait-il pas savoir auparavant ce qu'est, en général, l'égalité? L'égalité appartient si peu à chacun des objets déclarés égaux, que, comparés séparément à d'autres objets, ils peuvent réveiller l'idée d'inégalité. Ainsi l'idée d'égalité est indépendante de la sensation; et à quelque temps qu'on remonte, elle se trouvera toujours antérieure à la première application qu'on en fera. Il faut donc que l'âme la tire d'une autre source que les impressions matérielles, qui ne doivent être considérées que comme les occasions du réveil de cette idée. (*Alletz.*)

Toutes nos idées, dit Locke, ont pour sources uniques la sensation et la réflexion; mais je pense, en m'appuyant sur le principe de Socrate, que toutes nos idées naissent à l'occasion des sensations, et se produisent pendant l'état de réflexion ; ce qui est très-différent. Nos idées ne viennent pas des sens, mais par les sens : cette distinction est capitale. A ceux qui me demanderont d'où elles viennent, je demanderai à mon tour d'où vient la voix de la conscience. Peut-être faudra-t-il reconnaître qu'il y a un autre monde que l'univers physique, et que de cet univers, où habite la vérité même, descend une lumière qui éclaire l'intelligence de tout homme venant en ce monde. Nos idées ne sont que les rayons de cette clarté divine. Les sensations représentent les matériaux d'un monument; la réflexion, le temps pendant lequel l'architecte les examine; et la pensée, le trait de génie qui les place dans l'édifice. Lorsque les pierres tirées des entrailles de la terre sont accumulées devant la place qui attend le monument futur, ne faut-il pas que l'image du palais tout construit existe déjà dans l'esprit de l'architecte, pour qu'il puisse ranger ces pierres dans l'ordre qui leur convient, les faire monter en colonnes, les arrondir en voûtes, et dessiner les proportions de l'ordre ionique ou corinthien?

Deux pierres élevées l'une auprès de l'autre dans les airs et formant un angle annoncent une idée. Le temple ne pourrait pas être construit sans les pierres; mais ce ne sont pas les pierres qui font le temple, c'est la pensée.

Sans doute rien n'est dans l'intelligence qui ne soit d'abord dans les sens. Cet axiome est rigoureusement vrai; car toutes les vérités sont enveloppées d'une forme sensible. Mais observons que les sens ne sont frappés que par la forme; ils ne peuvent pas connaître la vérité que cette forme enveloppe, et cette vérité est pour eux ce qu'est pour nous le contenu d'une lettre écrite dans une langue étrangère. Nous possédons bien la lettre, mais nous en ignorons le secret; le secret et la lettre sont cependant inséparables. Ainsi, quand l'intelligence découvre la vérité cachée sous une forme physique, elle n'obtient, en effet, qu'une chose qui était déjà au pouvoir des sens, puisqu'ils possédaient la forme, et que la forme est unie étroitement à la vérité; et, sous ce rapport l'axiome, *Rien n'est dans l'intelligence qui ne soit d'abord dans les sens*, est très-juste; mais, encore une fois, les sens possèdent la vérité sans la connaître; ils avaient le texte sans pouvoir le lire; et l'intelligence seule se rend maîtresse du sens caché sous les mots du livre. (*Alletz.*)

Je suis parfaitement de l'avis de M. Alletz, attendu que les perceptions de nos sens seraient presque inutiles, si l'esprit restait dans l'inaction quand les sens sont affectés. La brute paraît même nous imiter à cet égard. L'âme serait riche d'images et vide de pensées. Tout notre savoir se bornerait à la connaissance des choses individuelles. Il faut, malgré nous-mêmes, qu'en voyant nous soyons toujours dans une sorte d'activité; mais cette individualité ne doit pas se borner à la seule perception des choses individuelles. On doit les comparer avec tout autre qui peut leur ressembler et en savoir saisir promptement toutes les marques de ressemblance et de dissemblance. Nos sensations seront toujours des perceptions individuelles, si nous ne nous occupons pas à en comparer plusieurs à la fois, pour en sentir l'ordre et la liaison, en découvrir ainsi, comme d'un seul regard, toutes les variétés, rassembler ce qui est épars, différencier ce qui est différent, rapprocher ce qui peut l'être, et nous mettre par là en état de juger que telle chose est ou deviendra telle.

Il faut donc être continuellement attentif à tout ce qui se passe autour de soi, afin d'acquérir tous les jours des connaissances nouvelles; tout comme il faut être continuellement attentif en soi, afin que l'âme, se repliant sur elle-même, se ressouvienne et compare.

Ce n'est pas seulement par rapport à nos sensations que l'âme a besoin de se replier ainsi sur elle-même, c'est une opération qu'elle doit souvent répéter, afin de n'omettre rien de ses devoirs; l'âme qui se souvient ne manquant jamais d'exactitude. Et comme l'exactitude est une grande qualité, surtout dans les affaires même peu importantes, il en résulte nécessairement une double obligation d'être attentif : obligation pour soi et à cause de soi, obligation pour soi par rapport à autrui.

Ce n'est pas tout : être attentif pour soi et par rapport à soi ne se borne pas à l'instruction qu'on peut retirer d'une attention soutenue; cette attention a aussi pour avantage de nous faire considérer dans le monde comme une personne *très-bien* par les gens qui aiment qu'on prête une oreille attentive à leurs discours, ou qu'on examine avec soin ce qu'ils nous montrent. Ne pas agir de la sorte, ce serait manquer aux convenances, et nul n'a le droit de s'y soustraire. Je ne vois donc qu'un seul cas où il serait permis d'être distrait, c'est si l'on avait le malheur de se trouver en mauvaise compagnie. Ne pas faire attention à ce qui se dit ou se fait de mal est le vrai moyen d'imposer silence aux mauvais plaisants ou aux hommes sans mœurs.

Cela dit, quel jugement porterons-nous de la proposition suivante, formulée par Broussais : « L'attention ne dépend pas de l'intelligence; on est attentif à ce qui plaît, et ce qui plaît est ce qui convient à nos organes actuellement développés. L'intelligence n'est donc pas le régulateur de l'attention comme faculté générale. » Voici ma réponse :

A mon sens, la proposition de Broussais est le plus étrange des paradoxes; car nous sommes souvent forcément attentifs à ce qui nous déplaît, et ce qui plairait nous échappe. Exemple : Quel est l'individu qui éprouvant une sensation fort désagréable de l'inspiration du gaz qui se dégage de la fonte de l'asphalte, ne précipitera pas ses pas, quoique son regard se repose avec plaisir sur la plupart des objets qui s'offrent à sa vue? Dans ce cas, dira-t-on que c'est parce que cette odeur asphyxiante plaît à nos organes que nous sommes attentifs? Mais alors, dans cette circonstance, comment se fait-il que c'est la sensation qui déplaît à l'odorat qui l'emporte sur celle qui plaît à la vue? Comment se fait-il que c'est tout le contraire de ce que dit Broussais qui arrive? C'est parce que l'auteur de l'ouvrage sur l'irritation et la folie avait tort de vouloir que la sensation fût rapportée aux organes, et non à l'intelligence qui la perçoit. De là cette exclamation de M. Forichon : O Pythagore! ô Archimède, quand vous étiez attachés à vos problèmes jusqu'à perdre plus que le boire et le manger, vos organes trouvaient donc dans vos découvertes une bien grande volupté !

Au pluriel, *attentions* signifie *Egards* : chacun sait qu'il ne doit jamais en manquer. Mais, attendu que ces égards doivent être en rapport avec la qualité et la position des individus, avec leur âge, leurs manières, etc.; que le discernement avec lequel on en use fait preuve d'une belle éducation; c'est en perfectionnant celle-ci, qu'on apprendra dans quelles limites il faut savoir rester.

AUDACE (sentiment). — L'*audace*, la *hardiesse* et l'*effronterie*, ses synonymes, ont des points de contact si intimes, quoique différant entre elles sous certains rapports, que, pour répandre plus d'intérêt sur ces articles, nous les réunirons tous en un seul. *Voyez* HARDIESSE.

AUSTÈRE, AUSTÉRITÉ (vertu). — Ce mot se dit figurément, en morale, pour exprimer: une pureté, une sévérité de mœurs, telles qu'on ne s'écarte en rien, dans le commerce de la vie et dans ses relations avec ses semblables, des règles que la plus pure des philosophies et la religion nous enseignent.

Ainsi, d'après cette définition, une personne *austère* sera rigoureuse dans sa conduite, non-seulement à l'égard des sens, mais encore à l'égard de l'esprit; non-seulement à l'égard des choses, mais encore à l'égard des personnes. Tel, nous dit-on, fut Caton d'Utique, surnommé le Censeur à cause de l'austérité de ses mœurs. Appartenant à la secte des stoïciens, la plus sévère de toutes les sectes philosophiques, il fut, de tous les Romains, celui qui passait pour le plus vertueux et le plus grand défenseur de la liberté.

L'austérité n'étant autre chose que l'exercice libre, habituel de la prudence, de la chasteté, de la tempérance et de bien d'autres vertus non moins recommandables : c'est en nous habituant dès l'enfance et par amour pour elles à la pratique de toutes ces vertus, que nous pourrons acquérir un jour la qualification d'homme austère, qualification que nous devons tous ambitionner.

AVARE, AVARICE (passion). — Le désir de la propriété, maintenu dans les limites de la justice, est aussi utile à l'individu qu'à la société; car d'abord, il pousse au travail, vrai moyen d'acquérir, et ensuite, pour conserver et augmenter, il porte à l'épargne, et ainsi aux vertus économiques qui règlent et consolident les familles.

Ne confondons pas *l'intéressé*, le *parcimonieux* et *l'avare*. L'*intéressé* aime le gain, et ne fait rien gratuitement. Le *parcimonieux* aime l'épargne, et s'abstient de ce qui est cher; l'*avare* aime la possession, ne fait guère usage de ce qu'il a et voudrait pouvoir se priver de tout ce qui coûte. En d'autres termes : si l'épargne va trop loin, ce qui arrive quand la dépense est trop restreinte, elle mène à la *parcimonie*, qui est elle-même le chemin de l'avarice; or, pour arriver à celle-ci, il n'y a qu'un pas à faire, c'est de pousser à l'excès le désir d'acquérir des richesses non pour en faire usage, mais pour les posséder.

Aussi, à proprement parler, appelle-t-on *avarice* le désir d'avoir (*amor habendi*); mais d'avoir pour *accumuler* soit en grains, soit en meubles, en en fonds, ou en curiosités. Je ne dis pas qu'elle soit exclusivement un *attachement* excessif à l'or, parce qu'il y avait des avares bien avant qu'on eût inventé la monnaie. (*Voltaire*.)

On peut objecter à Voltaire que les vrais avares se soucient fort peu de meubles et de curiosités; ensuite que longtemps avant l'invention de la monnaie, qui est déjà très-ancienne, il y avait des valeurs représentatives que les avares devaient convoiter. Pour nous, qui vivons à une époque où l'on ne connaît que trop l'argent monnayé, nous ferons consister l'avarice dans la manie de thésauriser l'argent et surtout l'or. Montesquieu nous donne la raison de cette préférence.

« L'avarice, selon lui, garde l'or et l'argent, parce que, comme elle ne veut point consommer, elle aime des signes qui ne se détruisent point; elle aime mieux garder l'or et l'argent, parce qu'elle craint toujours de perdre, et qu'elle peut mieux cacher ce qui est en plus petit volume. » (*Esprit des lois*, XXII, ch. 9.)

On aurait donc tort d'appeler avare un homme qui, ayant vingt chevaux de carrosse dans ses écuries, n'en prêtera pas deux à son ami s'il en a besoin; ou bien qui, ayant deux mille bouteilles de vin de Bourgogne, destinées pour sa table, ne vous en enverra pas une demi-douzaine quand il sait que vous en manquez. S'il n'y songe pas, ou s'il croit que vous pouvez vous procurer tout cela facilement ailleurs, il ne sera coupable que d'un manque de prévenances, ou d'attentions délicates qu'on doit avoir pour ceux qu'on aime; mais s'il est persuadé que vous êtes forcé de renoncer à une partie de plaisir, ou à l'accomplissement d'une affaire importante faute de monture; ou bien de nuire à votre santé en ne buvant que de l'eau faute de vin, à coup sûr cet homme est un avare.

Donc je ne prétends pas, avec certains philosophes, qu'il faille appeler *avare* tout individu qui, en vous montrant pour cent mille écus de diamants, ne s'avisera pas de vous en offrir un de vingt-cinq louis; ni celui qui, gagnant deux millions chaque année dans les finances, ou dans les fournitures des armées, ou dans toutes autres grandes entreprises, se trouvant enfin riche de quarante et quelques millions, sans compter ses maisons de Paris et son somptueux mobilier, dépense pour sa table cinquante mille écus par année et prête quelquefois à de grands personnages l'argent à *cinq pour cent*; et cela, parce qu'il a toujours brûlé et brûle encore de la *soif d'avoir*; parce que le démon de la convoitise l'aura perpétuellement tourmenté, et qu'il accumulera ainsi jusqu'au dernier moment de sa vie. Je trouve que c'est mal user ou abuser de ses richesses; mais peut-on dire que c'est de l'avarice?

Qu'il soit appelé *avare*, parce que, pouvant faire beaucoup de bien aux pauvres, il ne s'en occupe pas ou refuse de leur donner une partie de son superflu, je le veux bien; mais l'accuser d'avarice, parce qu'il prête au lieu de faire le généreux envers des hommes qui dépensent quelquefois très-mal leurs revenus ou dissipent follement leur fortune; l'accuser d'avarice parce que, ayant une profusion de pierreries, il ne vous en offre pas une de quelque valeur, c'est, je crois, accorder une trop grande extension à cette passion.

C'est pourquoi, n'exagérant rien, nous

appellerons avarice un attachement excessif à la *propriété* en général, mais plus spécialement aux richesses.

Je dis *attachement*, parce que aimer l'or pour en jouir en le dépensant pour soi-même, ou pour faire des heureux en le répandant avec largesse; désirer acquérir pour dépenser, n'est point de l'avarice, car le plus souvent on est aussi prodigue qu'avide; on n'aime point alors la richesse pour elle-même, mais comme moyen, à cause de son usage et de ses effets; tandis que, être attaché à l'or, être possédé de l'amour pur de l'or, en être insatiable avec le desir de l'entasser; être possesseur d'une grande fortune, et en accumuler toujours les produits par une crainte folle de la misère; priver sa famille, les malheureux et soi-même des premières nécessités de la vie, pour *ne rien dépenser;* aimer l'or en un mot, pour l'or lui-même, pour se complaire dans la vue de l'or, le compter et le recompter aujourd'hui, demain, tous les jours, et plusieurs fois par jour, c'est ce qui constitue la passion de l'avarice, c'est ce qui constitue le caractère essentiel de l'avare et le rend à la fois absurde et ignoble, la forme la plus hideuse de l'égoïsme.

Oui, nous le répéterons, l'avare est en quelque sorte amoureux de son or, et sa plus grande joie est de le contempler, de le palper, de le caresser, de vivre avec lui. Il s'y pose tout entier, et le lui prendre c'est lui ôter la vie. C'est qu'en effet là est la racine la plus profonde de ce vice; il y a quelque chose de magique, de fascinateur dans l'or et l'argent.

Ces métaux, quand ils sont façonnés et surtout monnayés, exercent je ne sais quelle influence mystérieuse qui éblouit, enchante et subjugue, dès qu'on s'y complaît. Aussi, quand l'envie d'acquérir est par trop forte, il est bien difficile qu'elle reste dans les bornes de l'équité, et que la conscience ne soit pas compromise directement ou indirectement par les moyens employés. Aussi, l'or et l'argent sont-ils les moyens les plus subtils de la tentation pour séduire la probité ou corrompre la vertu. Jupiter pénétra dans la tour de Danaé sous la forme d'une pluie d'or..... L'avare se laisse prendre à cet attrait, et une fois fasciné il vit sous le charme. Il devient l'esclave de ce qu'il aime et par conséquent il tombe au-dessous de la matière à laquelle il a donné son âme. Dans les autres passions, l'homme use de la matière en l'appliquant à sa jouissance, il la tourne ou la transforme en sa propre substance; il la relève jusqu'à un certain point en se dégradant. Ici, au contraire, c'est lui qui s'assimile au métal. Il se fait or, boue, matière, autant qu'il est en son pouvoir; c'est le dernier degré de l'abaissement. En outre, c'est la prévarication la plus profonde, une espèce d'idolâtrie; car cette âme, faite par Dieu et pour Dieu, l'oublie pour son œuvre la plus infime, et voue une espèce de culte à la matière. Aussi les avares meurent ordinairement de la manière la plus misérable. C'est peut-être la seule passion qui ne soit pas désabusée d'elle-même aux approches de la mort.

Un autre trait de l'avarice qui la distingue encore des autres passions et fait ressortir sa monstruosité, c'est qu'elle rend l'homme ennemi de lui-même et le dénature au point de lui ôter l'amour de soi. L'avare se traite encore plus durement que les autres, et le comble de sa démence est de sacrifier sa vie à une possession qu'il perd avec la vie: c'est le fanatisme de la propriété. L'avarice, en outre, ne connaît point de terme, elle ne se dit jamais, C'est assez; et tandis que les autres passions s'affaiblissent avec l'âge, la force ou les organes leur manquant, celle-là, au contraire, s'augmente et n'est jamais plus intense que dans l'extrême vieillesse.

Bref, par un étrange contraste entre ce qui est et ce qui devrait être, ce n'est point l'avare qui possède son bien, mais c'est son bien qui le possède: il est toujours gueux malgré ses trésors, parce qu'il a également besoin de ce qu'il a et de ce qu'il n'a pas.

Un avare, idolâtre et fou de son argent,
Rencontrant la disette au sein de l'abondance,
Appelle sa folie une rare prudence,
Et met toute sa gloire et son souverain bien
A grossir un trésor qui ne lui sert de rien :
Plus il le voit accru, moins il en fait l'usage;
Sans mentir, l'avarice est une étrange rage!
BOILEAU.

Et c'est parce qu'il est passionné pour l'or et pour l'argent, dont il fait un dieu, que l'avare a été comparé avec raison à l'idolâtre. Quelle différence y a-t-il, en effet, entre l'homme qui adore le métal en monnaie et celui qui l'adore en statue? Aucune, n'est-ce pas? Donc l'avarice est une idolâtrie. (*Saint Paul.*)

Cette idolâtrie est même tellement enracinée dans le cœur de l'avare, nous le redirons sur tous les tons, qu'elle pervertit l'usage de l'argent destiné à ses besoins les plus pressants; il aime mieux se les refuser que d'altérer ou de ne pas grossir son trésor, unique objet de ses délices. En vue de certains événements dont il se défie sans cesse, il prend toujours des précautions excessives contre les instabilités de la fortune. Parle-t-on d'un vol, il frissonne, il tremble; ses parents, ses amis (s'il en a conservé), ses domestiques lui deviennent suspects; et tandis que par ses richesses il pourrait vivre heureux au sein de l'opulence, il dépérit de misère et de faim, en regrettant que son trésor qu'il voudrait emporter avec lui.

Donc, l'avarice dénature tellement la raison de l'avare, qu'il se refuse les choses les plus nécessaires à sa conservation, par amour pour lui-même, par la crainte de manquer de ces choses.

Mais s'il se comporte ainsi à propos de lui-même, que sera-ce à l'égard des autres? Molière va nous l'apprendre. Il a peint d'un seul trait l'avarice, en la personne d'Harpagon offrant *un verre d'eau* à une personne qui se trouve mal. N'est-ce pas la plus révoltante des offres, celle qui établit le plus la personnalité de l'avare?

Oui, de tous les penchants vicieux, celui qui fait le plus ressortir la personnalité de l'homme, c'est l'avarice. Elle s'empare tellement de son esprit et jette de si profondes racines dans son cœur, que, inquiet de l'avenir, il lui sacrifiera le présent. Je dis plus, sa personnalité va si loin, il s'aime tant, qu'il se prive de tout chaque jour pour embellir le jour suivant. (*Madame de Staël.*) En un mot, son avarice sera le principe de toutes ses actions, elle le forcera à lui sacrifier ses sentiments, ses parents, son honneur. On le verra, possédant une fortune immense, sans héritiers, se refuser, même sur les bords de la tombe, les besoins les plus ordinaires de la vie, et souffrir volontairement tous les maux les plus cruels et les plus accablants de l'indigence. (*Hume.*)

Et pourtant, si les avares savaient que c'est sottise que l'avarice, puisqu'elle ne sert le plus souvent qu'à faire des prodigues (*De Jaucourt*); s'ils voulaient comprendre que, généralement, tout le monde déteste les avares, parce qu'il n'y a rien à gagner avec eux, ils se corrigeraient peut-être! Mais non, ni les traits que les philosophes de toutes les époques ont lancés contre eux, ni la satire et le ridicule que les poëtes ont déversés sur leur conduite, rien ne saurait les changer, attendu que l'idolâtrie de l'or est la plus incorrigible des défauts.

Peut-être encore l'avare se corrigerait-il à la pensée salutaire de la mort, qui bientôt va lui arracher ses vaines richesses pour les distribuer à des héritiers qui le tourneront en ridicule en dévorant le fruit de son travail et de ses sueurs. Il se corrigerait peut-être, s'il pouvait un instant s'arrêter à songer combien cet or, inutile entre ses mains, sécherait de larmes, adoucirait de misères, arracherait de malheureux au désespoir et à la mort. Oui, s'il pouvait goûter les ineffables douceurs de la bienfaisance, Dieu sans doute aurait pitié de lui et retirerait la malédiction qu'il lui inflige par la bouche du grand Apôtre : *Sachez que l'avare n'est qu'un idolâtre qui ne recueillera pas l'héritage du Seigneur*. (*Ephes.* v, 5.)

Mais, hélas! l'avarice donne une autre direction aux pensées des hommes, étouffe leurs nobles instincts, égare tellement leur faible raison, que, toujours dominé par la crainte excessive et absurde de la possibilité de l'indigence et des maux qui y sont attachés, ils deviennent en tout semblables aux hypocondriaques, qui vivent dans des transes perpétuelles, qui voient partout des dangers et qui craignent que tout ce qui les approche ne brise leur existence.

C'est pourquoi, sans cesse agité par la crainte et se privant de tout, l'avare est la plupart du temps maigre et chétif; il a dans sa démarche quelque chose du sac adé, de sautillant; il a l'air affairé, marche vite et à petits pas. Il a la tête portée en avant, le front contracté vers la partie supérieure, où se dessinent des rides longitudinales, un sourcil fortement relevé; son œil est cave, enfoncé, mais ouvert, mais toujours en action; il regarde obliquement, épie, furète; son visage annonce l'inquiétude et la défiance; la bouche est rétrécie; les lèvres, légèrement serrées l'une contre l'autre, s'avancent dans leur milieu et font une espèce de moue; ou bien il a le rire sardonique de celui qui veut faire comprendre qu'il n'est point votre dupe : ses joues sont enfoncées et pâles, ses pommettes parfois légèrement colorées; la respiration est un peu pressée, mais elle se fait sans bruit : l'avare ose à peine respirer, son souffle l'effrayerait. Il reste les bras tendus, la main demi-ouverte; il répète souvent en parlant; son habitude extérieure est étroite et mesquine; presque toujours il a l'air misérable, on lui ferait volontiers l'aumône. Ses habits râpés, ordinairement trop courts et trop étroits, ne semblent pas avoir été faits pour lui. L'avare est très-minutieux et accorde un immense intérêt aux plus petites choses. Il est peu communicatif et s'isole le plus possible. Il aime l'or comme une mère aime le fruit de son sein. A son aspect, son cœur se dilate et ses sens éprouvent, en palpant cette matière inanimée et vile, des jouissances ineffables.

Voilà le portrait de l'avare : mais si vous voulez plus facilement le reconnaître qu'à ce portrait, examinez-le surtout dans deux moments bien importants pour lui : quand il reçoit et quand il donne. Lui fait-on un présent de quelque valeur, à l'instant sa main s'épanouit pour le recevoir, sa figure est radieuse, ses yeux sont humides de tendresse; il est dans l'extase, et sa bouche entr'ouverte ne trouve pas d'expression pour témoigner sa surprise et son contentement : il jouit. Faut-il, au contraire, qu'il donne quelques pièces d'argent, la scène est bien différente : ses traits se rembrunissent et se contractent; son bras s'alonge avec lenteur pour compter chaque pièce qu'il n'abandonne que difficilement après l'avoir serrée comme pour la dernière fois entre le pouce et l'index; puis son regard inquiet suit tristement jusque dans votre poche l'argent qu'il a dû tirer de la sienne : il souffre.

Il est une chose qu'il ne faut pas oublier quand on traite de l'avarice, c'est que le tempérament est pour beaucoup dans le développement de cette funeste passion, à peu près comme dans certaines aberrations de la sensibilité organique à laquelle on attribue telle ou telle affection nerveuse. Ainsi, d'une part, je trouve dans le livre du docteur Belouino, que, de même que l'homme d'un tempérament sanguin est enclin à la dépense, à la prodigalité, entraîné qu'il est le plus souvent par l'amour de la nouveauté et le désir de s'amuser; de même que le bilieux est magnifique, ne voit dans l'argent qu'un moyen d'ambition, de grandeur, d'ostentation, porte ses vues plus haut que la richesse; de même que le mélancolique est assez disposé à amasser, surtout par prudence, par défiance des hommes, pour se précautionner contre eux ou pouvoir s'en passer; de même aussi le tempérament lymphatique est le plus analogue à l'avarice, passion stagnante comme son humeur, et qui n'a ni force, ni mouvement, ni élévation.

Et quant aux aberrations de la sensibilité, voici ce qu'on peut lire dans Alibert : « J'ai connu une dame de haute condition qui était vaporeuse et mélancolique pendant six mois de l'année, et pendant tout ce temps usait de ses revenus avec une parcimonie sordide ; dès que les fonctions de cette dame reprenaient leur harmonie, elle se faisait adorer par une générosité sans bornes. »

Ce fait, s'il avait beaucoup d'analogues, tendrait à établir que le physique peut avoir une influence directe pour la production de l'avarice ; mais comme il est exceptionnel, il ne saurait empêcher qu'on ne regarde généralement cette passion comme une des plus violentes maladies de l'âme. Que le mode d'être spécial à chaque individu favorise beaucoup le développement de l'avarice, qu'une maladie puisse également avoir cette faculté, soit ; mais de ce que une condition anormale du cerveau rend l'homme plus accessible à telle ou telle manifestation des tendances de l'âme et inaccessible aux tendances qui pourraient neutraliser cette manifestation, s'ensuit-il que l'âme n'agit plus avec liberté et indépendance ? Les organes des sens ont leurs hallucinations, pourquoi le cerveau n'en aurait-il pas ? Il a bien ses délires monomaniaques !

Toujours est-il que l'avarice ne s'allie jamais ni à la fleur de la jeunesse, ni à une complexion robuste et vigoureuse : cela provient de ce que les êtres bien organisés, étant pleins de confiance dans l'avenir, ne peuvent se persuader que quelque chose leur manquera un jour, et cette confiance repousse l'avarice ; au lieu que celui qui avance en âge, l'adulte et le vieillard, craignant toujours de manquer du nécessaire même au sein de l'abondance, s'imposent les plus dures privations et font des bassesses. En veut-on un exemple ? Le voici :

Dans l'hiver de 1847, alors que le pain était excessivement cher en France, un avare possesseur d'une somme considérable, cachée dans quelques misérables haillons placés au fond d'une paillasse à moitié pourrie, tendait la main à de malheureux ouvriers logés sur le même carré que lui, et qui, n'ayant pas d'argent à lui donner, se privaient de manger pour partager leur pain avec lui. Ils se privaient pour secourir.... qui ? Un misérable enfouissant son or, un métal dont il aurait fait un si noble usage en le distribuant à ceux dont il implorait la pitié ! Mais non, il les savait compatissants, charitables, il spéculait sur leur bonté : *Ab uno disce omnes !*

L'avarice ne s'arrête pas là ; et si l'on veut savoir jusqu'où l'amour de la richesse peut porter les hommes possédés de la soif de l'or, parfois même sans avarice, on n'a qu'à parcourir l'histoire. Elle nous dit qu'une reine de Babylone, nommée Nicotris, avait ordonné que son tombeau fût placé dans l'un des quartiers les plus apparents de la ville, avec une inscription qui défendait à ses successeurs d'y porter la main.

Darius, l'un d'eux, poussé par une cupidité sordide, le fit ouvrir et n'y trouva que ces mots : *Si tu n'étais pas insatiable d'argent et dévoré de basse avarice, tu n'aurais pas violé le tombeau des morts.* Grande et sublime leçon que cette reine donna à son peuple !

Elle nous dit aussi, l'histoire, que si, dans les jours de la tourmente révolutionnaire qui a désolé la France à la fin du dernier siècle, les tombeaux des rois ont été violés à Saint-Denis, et leurs cendres jetées au vent, c'était moins par haine de la royauté morte au monde et silencieuse au fond de sa tombe, que par l'appât des richesses renfermées dans ces tombeaux, qu'une pareille profanation a été exercée.

Donc l'avarice peut conduire les hommes au comble de la dépravation et de l'immoralité.

En cela l'avarice ressemble beaucoup à l'ambition, passion aussi avide, aussi insatiable qu'elle ; elle en diffère pourtant, ainsi que l'a fait remarquer Duclos, en ce que l'une est mue par l'espérance, l'autre par la crainte ; c'est-à-dire, en d'autres termes, que celle-ci est le désir d'acquérir avec l'espoir de gagner ; celle-là, le désir de conserver avec la crainte pusillanime et mal fondée de perdre.

De tous les vices qui dégradent le cœur de l'homme, l'avarice est sans contredit le plus misérable et le plus odieux. Les autres passions peuvent du moins se rencontrer avec quelques vertus ou être relevées par quelques bonnes qualités ; l'avarice détruit toutes les vertus, ternit toutes les qualités et peut commettre tous les crimes. En effet, l'usure, l'inhumanité, l'ingratitude, le parjure, le meurtre, ne sont que trop souvent les fruits de ce vice monstrueux.

Ennemi de Dieu et de la société, l'avare, par un juste retour, est lui-même son propre bourreau. Les privations de tout genre qu'il s'impose, les craintes continuelles auxquelles son esprit est en proie, les visions de son imagination malade lui font éprouver de fréquentes et cruelles insomnies, qui amènent bientôt chez lui toutes les dégradations physiques que nous avons mentionnées.

Malheur donc aux parents qui jetteraient dans l'âme de leurs enfants les germes de l'avarice ; car ils en feront de mauvais pères, de mauvais parents, de mauvais amis, de mauvais citoyens, coupables, on ne saurait trop le répéter, du plus grand des crimes envers la famille et envers la société. Dieu veut que la richesse soit un fleuve qui désaltère le monde tout entier, l'avare en fait un étang ; il sent croître son avarice à mesure qu'il la satisfait. L'eau d'un ruisseau ne lui suffit pas, il veut puiser dans un fleuve, et les torrents irritent sa soif au lieu de l'éteindre. La charité, c'est la pratique d'une vertu suprême ; et l'avare ne donne jamais à sa porte le verre d'eau que le Dieu fait homme reçoit dans la personne du pauvre, son frère, et qu'il paye du bonheur céleste.

L'avare n'a pas un trésor pour en faire usage; il l'a pour le garder, pour le contempler, pour l'enfouir, pour n'en rien faire. L'avare est tout à la fois un malheureux, qui ne mérite pas qu'on le plaigne ; un coupable, qui se punit lui-même durement sans se corriger ; un insensé, qui ne voit pas que son honneur et sa vie doivent lui être plus chers que tout l'or du monde; qui ne sent pas que par sa faute il perd son trésor autant de fois qu'il en a besoin; qui ne comprend pas qu'on est riche par le seul usage des biens, et qu'on est pauvre avec des millions inutiles. (*Champion.*)

Heureusement pour la société, l'avarice n'est point, de sa nature, un vice envahissant et qui menace de s'étendre : c'est une lèpre qui n'appartient qu'à quelques êtres appauvris de corps et d'intelligence, et séparés du reste des hommes par le mépris commun. Une fois développée, cette lèpre s'attache tellement au cœur de l'homme, qu'au moment même où ses battements sont à peine sensibles et que le râle de l'agonie commence à se faire entendre, la vue de l'or semble rendre l'avare à l'existence. On raconte d'un vieux usurier agonisant que, lorsque le prêtre lui présenta le crucifix, il ouvrit ses yeux mourants, le considéra et s'écria, un moment avant d'expirer : « Ce sont de faux diamants, je ne puis prêter sur ce gage que dix pistoles ! » (*Hume.*)

Nous pourrions quelquefois tirer parti de cette connaissance de l'influence des passions sur le physique, pour rappeler à la vie des personnes tombées en léthargie.

Exemple : Une dame très-avare se trouvant dans cet état, on s'avisa de lui mettre dans la main quelques écus neufs ; à peine les eut-elle sentis, qu'elle se mit à les palper et qu'elle commença à recouvrer connaissance.

« Un de mes clients, dit M. Descuret, personnage très-opulent et également fort avare, sortit comme par enchantement d'un état comateux qui durait depuis vingt-quatre heures, aussitôt qu'il entendit ouvrir son secrétaire, où ses enfants avaient besoin de prendre de l'argent pour subvenir aux dépenses de la maladie. »

AVERSION (sentiment).—L'aversion est un éloignement naturel pour toutes les choses qui ne s'accordent point avec nos inclinations.

L'aversion diffère peu de l'antipathie, dont on l'a fait du reste le synonyme. *Voy.* ANTIPATHIE.

B

BABILLARD (défaut). — Si l'on voulait définir le *babil*, on pourrait dire que c'est une intempérance de paroles. *La chose n'est point comme vous la racontez,* dira le babillard à la personne qui l'entretient d'une affaire quelconque; *j'en suis informé dans le plus grand détail, et je vais vous en instruire, si vous avez la patience de m'écouter.* Si l'autre s'avise de répliquer : — *Fort bien !* poursuit-il en l'interrompant brusquement, *n'oubliez point ce que vous vouliez me dire ; votre remarque me rappelle ce que j'avais oublié dans mon récit ; voilà ce que c'est que de parler à propos : vous l'avez promptement deviné, et il y a longtemps que je vous observais pour voir si vous tomberiez précisément sur le même sujet que moi.*

C'est par de semblables prétextes qu'il cherche et qu'il saisit toujours l'occasion de parler, au point qu'il ne laisse pas même le temps de respirer à ceux qu'il entretient.

Il ne se borne pas à les assommer de son babil, chacun en particulier; il va se jeter sur un cercle tout entier, et force les hommes qui le composent à se séparer brusquement avant d'avoir fini leur conversation.

Si quelqu'un, voulant se délivrer de son babil, prétexte des affaires qui l'obligent de s'en aller, il l'accompagne officieusement, et ne le quitte point qu'il ne l'ait conduit jusqu'à sa maison. Il a soin de s'informer de tout ce qui se passe dans les assemblées publiques, afin d'avoir le plaisir d'en instruire les autres... Enfin, à force de babil, il fait oublier aux uns ce qu'il vient de raconter ; il endort les autres ou les force à le quitter avant même qu'il ait achevé de parler.

Au spectacle, il empêche qu'on entende ; à table, qu'on mange ; et il excuse sa conduite en disant : *C'est une chose bien difficile pour un babillard que de garder le silence ; il n'y a rien de si mobile que la langue. Quant à moi, poursuit-il, je ne saurais me taire, quand même je devrais passer pour être plus babillard qu'une hirondelle.*

Aussi écoute-t-il, sans en être affecté, toutes les railleries qu'on fait de lui sur ce sujet; même celles de ses propres enfants, qui, lorsqu'ils veulent se coucher, ne manquent pas de le prier de leur raconter quelque chose pour les endormir. (*Théophraste*, traduit par *Coray*.)

Babillard ayant été fait synonyme de PARLEUR (*Voy.* ce mot), nous y reviendrons plus tard.

BASSESSE (vice). — BASSESSE signifie défaut d'élévation dans les sentiments.

C'est un des vices les plus monstrueux et des plus redoutables pour la société ; car, par cela seul qu'un homme a l'âme *basse*, il est capable des actions les plus mauvaises et les plus coupables.

Pourquoi ne les commettrait-il pas, et par quoi serait-il arrêté ? Par sa répugnance à mal faire ? Mais il ignore ce que c'est que la probité, la délicatesse, etc. Par son amour pour la vertu ? Mais il ne sait pas seulement qu'il y a des vertus qu'on peut et qu'on doit pratiquer. Donc, comme il ne saurait rougir de rien, puisqu'il ne connaît pas la portée de ses actions, rien ne doit le retenir et l'empêcher de faire le mal ; et, en faisant le mal, il devient un véritable fléau pour l'humanité tout entière.

L'absence complète de tous les sentiments moraux constituant la *bassesse*, on ne peut donner de l'élévation à l'âme d'un être si mal partagé qu'en développant son intelligence, en lui enseignant quels sont les devoirs que la philosophie et la religion commandent ; en le formant, en un mot, à la pratique de toutes les vertus. Par là on peut espérer de modifier ou changer ses dispositions mauvaises, d'empêcher le développement de ses funestes penchants, et de mettre un frein à ses passions subversives de tout ordre et de toute morale.

On a fait *bassesse* synonyme d'*abjection* : ce n'est pourtant pas la même chose, puisque cette dernière est un état d'obscurité où nous nous jetons de notre propre volonté, soit par mépris pour le monde, soit par l'effet du mépris du monde pour nous. D'après cela, il y aurait réflexion, détermination volontaire dans l'*abjection*, tandis qu'il y a irréflexion, entraînement irrésistible dans la *bassesse*. Bien plus, il y a privation, absence complète de sentiments ; l'être est imparfait ou dégénéré ; il ne doit donc plus, tant qu'il reste dans cet état, occuper le rang où la nature et sa destinée l'avaient placé. Abruti par ignorance, ou dégradé par le vice, rien ne le distingue des animaux, dont il a tous les instincts, toutes les passions, que la faculté de renaître, par une bonne éducation, à la vie intellectuelle et morale. Veillons à ce qu'il l'obtienne.

BAVARD, BAVARDAGE (défaut). — J'appelle *bavard* celui qui aime à parler beaucoup sans jamais réfléchir sur ce qu'il dit. Un tel homme ne fait pas la moindre difficulté d'aborder une personne qu'il ne connaît point, de s'asseoir à côté d'elle, et d'entrer en matière en commençant par lui faire l'éloge de sa propre femme. Il lui raconte ensuite qu'il a rêvé la nuit passée, et bientôt après il lui fait le détail de ce qu'il a mangé la veille à son souper. La conversation une fois engagée, il se met à déclamer contre le temps présent, et soutient qu'on est beaucoup plus méchant aujourd'hui qu'on ne l'était autrefois. De là il passe aux blés, en observant qu'on les a vendus à bon prix dans le marché. Il ajoute qu'il y a beaucoup d'étrangers dans la ville, qu'une pluie ferait beaucoup de bien aux fruits de la terre, qu'il se propose de cultiver son champ l'année prochaine, et qu'on a bien de la peine à vivre. Il ajoute qu'il a eu une indigestion la veille, et il demande encore le quantième du mois. Il est capable d'obséder ainsi l'homme qui aurait la patience de l'écouter... Avec des gens de cette espèce, il n'y a d'autre parti à prendre que de se débarrasser brusquement de leurs mains et de s'en aller le plus vite possible, si l'on ne veut pas avoir la fièvre ; car il est bien difficile de se faire au commerce des gens qui ne savent discerner ni votre loisir ni le temps de vos affaires. (*Théophraste*, traduit par *Coray*.)

Bavard, *babillard* et *parleur* étant synonymes, nous devons renvoyer à ce dernier article les quelques considérations propres à compléter les deux autres. Voy. PARLEUR.

BÊTISE, PLATITUDE, STUPIDITÉ (défauts). — La *bêtise* provenant d'un manque complet d'instruction, de l'absence absolue des lumières de l'esprit en toutes choses, en un mot, d'un défaut d'intelligence occasionné soit par un vice d'organisation, soit par un vice d'éducation, je ne comprends pas que les écrivains qui se sont occupés des facultés de l'âme et des passions, aient parlé de la *bêtise*, et, qui pis est, de la *stupidité*, dont ils en ont fait le synonyme.

Qu'est-ce en effet que la *bêtise*? une *négation*, une privation de facultés intellectuelles, avec possibilité ou impossibilité de les développer, n'est-ce pas ? Or, à quoi que tienne cette négation, elle ne peut être ni une qualité, ni un défaut, et moins encore une passion, un vice, ou une vertu. Elle n'est *rien*. Donc il ne fallait pas s'en occuper.

Ou si l'on voulait en parler, ce devait être pour plaindre l'individu qui, hélas ! n'est *bête* que parce qu'on aura négligé de l'instruire, ou, ce qui est bien plus malheureux encore pour lui, parce que, par un vice de conformation cérébrale, les facultés de l'intelligence ne peuvent se développer, se manifester. En conséquence, ridiculiser la *bêtise*, comme on le fait généralement dans le monde, c'est, nous devons le dire en passant, manquer tout à la fois de réflexion, de sens, d'humanité.

C'est y manquer encore bien plus à l'égard des gens *stupides*. Chez eux, l'esprit, au lieu d'être privé de développement faute d'instruction, reste à l'état négatif, faute de sentiment. Moins bien organisés aussi dans ce dernier que dans l'autre, on ne parviendra jamais à leur donner ni instruction, ni capacité ; ils sont donc plus à plaindre qu'à ridiculiser.

Et quant à la *platitude*, que nous trouvons accolée dans certains dictionnaires avec la bêtise et la *stupidité* à titre de synonyme, je la livre aux sarcasmes des plaisants, parce qu'elle suppose de la prévention, et qu'il n'est rien de plat comme une prévention que rien ne justifie.

BIENFAISANCE (vertu). — La bienfaisance est une vertu qui nous porte à faire le bien ; elle est fille de la bienveillance et de l'amour de l'humanité ; aussi ne la séparerons-nous pas de ces deux sentiments. Voy. BIENVEILLANCE.

BIENSÉANCE (qualité). — La bienséance, en général, consiste dans la conformité d'une action avec le temps, les lieux et les personnes ; c'est l'usage qui nous rend sensibles à cette conformité : manquer à la bienséance expose toujours au ridicule, et marque quelquefois un vice. Un homme bien élevé et qui sait le monde ne va jamais contre les bienséances ; y manquer, c'est manquer à la POLITESSE. *Voy.* ce mot.

BIENVEILLANCE (qualité). — C'est le *désir* de faire le bien qui constitue la bienveillance ; et l'accomplissement de ce désir, la bienveillance mise en action, n'est autre que la bienfaisance qui accourt répandre ses bienfaits. Elles naissent naturellement l'une et l'autre de l'amour de l'humanité, et se confondent dans un même sentiment qui les embrasse et les étreint, parce qu'il en est la personnification. Il est connu sous le nom de BONTÉ. *Voy.* ce mot.

BIGOT, BIGOTERIE (défaut), CAGOT, CAGOTERIE (vice). — Les auteurs se sont indifféremment servis du mot *bigoterie* pour exprimer soit une dévotion aveugle, mal entendue, superstitieuse, qui n'est pas la vraie dévotion, la dévotion solide et éclairée; soit la fausse piété qu'affectent les gens qui ont un intérêt quelconque à tromper quelqu'un, en se montrant dévots exagérés. Et comme cette piété affectée, qu'on nomme aussi *cagoterie*, tient autant de la *tartuferie* que de *l'hypocrisie*, il en est résulté que tous ces termes ont été considérés comme synonymes les uns des autres.

Nous ne commettrons pas une pareille faute, attendu qu'à mon sens, il n'est pas rationnel d'admettre que même les expressions *cagoterie*, *tartuferie* et *hypocrisie* puissent également servir à désigner un même sentiment ou une même pratique ; la première, la *cagoterie*, s'employant *exclusivement* pour désigner la fausse piété, alors que les deux autres, la *tartuferie* et l'*hypocrisie*, ont pour objet, non-seulement l'*affectation* de tels ou tels principes politiques, mais aussi l'affectation de toutes les pratiques vertueuses, de tous les sentiments honnêtes et quelquefois même déshonnêtes qu'on sait être aimés, recherchés et pratiqués par les personnes à qui l'on veut plaire. Nous disons des sentiments déshonnêtes, car n'est-ce pas qu'il y a les hypocrites et les tartufes du vice comme de la vertu?

D'après ces considérations, qui nous paraissent concluantes, nous conserverons le terme *cagot* pour qualifier ces sortes de faux dévots que l'opinion publique flétrit ; et nous donnerons aux mots *tartufe* et *hypocrite* une acception beaucoup plus large, embrassant un champ plus vaste. *Voy.* TARTUFE et HYPOCRITE.

Et quant à la *bigoterie*, nous n'admettons pas non plus qu'on puisse la considérer comme le synonyme de la *cagoterie*, l'une et l'autre ne pouvant désigner également et tout à la fois ce qui *est* et ce qui *n'est pas* ; c'est-à-dire, tantôt les ridicules et les travers du *bigot*, sous le masque de dévotion, et tantôt la dévotion affectée du *cagot*; ces deux sentiments différant d'ailleurs par leur origine et leur but.

En effet, d'où provient la *bigoterie*? D'une grande faiblesse d'esprit unie à un bon fonds et à une timidité qui rend l'âme scrupuleuse en toutes choses. Aussi est-ce un défaut que l'on remarque plus particulièrement chez le peuple et chez toutes les personnes ayant des pratiques religieuses, mais d'une intelligence bornée.

Où nous conduit-elle? A nous exagérer l'étendue de nos devoirs religieux, à nous rendre les esclaves de nos faux principes, à nous tromper nous-mêmes, et à nous rendre ridicules aux yeux de tous les gens bien plus raisonnables que nous.

Au contraire, la *cagoterie* vient du besoin que l'on a de tromper tout le monde pour arriver à telles fins qu'on se propose ; et surtout de la nécessité d'en imposer à la multitude dont on réclame et espère les services. Son mobile, si l'on veut, ce sera l'ambition, l'amour, ou tout autre sentiment ; mais la pratique religieuse n'en sera pas moins un jeu, la *cagoterie* un masque. Elle peut nous conduire, il est vrai, aux honneurs, à la fortune, au pouvoir, à la possession de l'objet de notre convoitise ; mais à quelque but qu'elle nous mène, ce n'est pas par le bon chemin qu'elle nous fera arriver ; et, le but atteint, on n'en est pas moins coupable de feinte. C'est pourquoi, comme il est bien difficile, pour ne pas dire impossible, de jouer constamment son rôle avec le même talent, il en résulte que le moment arrive enfin où le fourbe est entièrement démasqué. Malheur à lui, car les hommes qu'il a trompés seront pour lui des juges sévères, inexorables !

Tout homme qui se respecte et veut être respecté, doit éviter ces deux excès, dont l'un décèle la faiblesse d'esprit, et par conséquent est un défaut, et dont l'autre cache la scélératesse, et conséquemment est un vice odieux. Le seul moyen d'y parvenir, c'est, avant que la *bigoterie* se manifeste, d'éclairer l'individu qui y serait disposé, sur les avantages d'une religion bien entendue et les inconvénients d'une dévotion aveugle et mal entendue ; tout comme, si déjà la *bigoterie* règne en souveraine dans le cœur du *bigot*, de lui faire comprendre combien sont fausses les idées qu'il s'est faites et qu'il se fait encore des devoirs que la religion lui impose ; combien est grand le tort qu'il fait au catholicisme. A coup sûr on le prendrait en aversion, si on le jugeait d'après les principes du bigot, aussi faux qu'ils sont étroits.

Et quant au *cagot*, ou *faux dévot*, que pourrait-on faire pour le corriger? Absolument rien, tant qu'il reste impénétrable sous le masque. Mais si le masque tombe et que le fourbe soit dévoilé, tout en lui jetant la honte à la face, tendons-lui une main secourable, et ouvrons son cœur au repentir.

BIZARRE, BIZARRERIE, FANTASQUE, CAPRICIEUX, QUINTEUX, BOURRU (défauts). — Il est un travers d'humeur et de caractère, un vrai défaut, commun à tous les hommes dits *bizarres*, *fantasques*, *capricieux*, *quinteux*, *bourrus*, auquel on a donné le nom générique de *bizarrerie*.

Il consiste, ce défaut, dans une mobilité d'esprit, de sentiments et de manières, telle, que ces individus, entraînés comme malgré eux, ne restent jamais longtemps dans la même situation, passent alternativement d'un extrême à l'autre, c'est-à-dire du sérieux le plus grave à la plus belle humeur, de la gaieté la plus folle à la misanthropie la plus noire, et deviennent par là insupportables à tout le monde, même à leurs amis, qui ne peuvent comprendre et tolérer de pareils changements.

Nous remarquerons toutefois que, malgré cette similitude qu'on remarque dans les manières d'être et d'agir du *bizarre*, du *fantasque*, du *capricieux*, du *quinteux* et du *bourru*; et quoique tous ces noms divers se trouvent réunis, confondus, et figurent comme synonymes les uns des autres; il ne faudrait pas croire qu'il n'y a pas, dans l'esprit et l'humeur de ces individus, la moindre petite nuance; au contraire, il en est certaines que l'on a signalées et que nous devons mentionner. Et par exemple :

Le *bizarre* n'est dirigé dans sa conduite et dans ses jugements que par une pure *affectation* de ne rien faire ou de ne rien dire qui n'ait un cachet particulier, singulier; aussi ne va-t-il pas sans l'extraordinaire.

Le *fantasque* n'est mû que par des idées chimériques dont il ne se départ jamais; qui lui font désirer dans les choses une sorte de perfection dont elles ne sont pas susceptibles; ou bien qui lui font remarquer en elles des défauts que nulle autre personne n'y voit.

Le *capricieux*, entraîné par la fougue de son imagination habituellement vive et exaltée, ne réfléchit pas et ne se fixe jamais. Inconstant et léger par caractère, son âme éprouve tout à coup, instantanément, des mouvements subits, divers, opposés les uns aux autres, qui, sans motifs raisonnables, lui font désirer ou vouloir, aimer ou haïr, rejeter ou accueillir, approuver ou blâmer, etc., tout ce qui lui passe par la tête.

Le *quinteux* éprouve des révolutions subites dans son mode d'être, de sentir, d'agir, qui l'agitent et l'affectent avec une sorte de périodicité.

Le *bourru*, enfin, agit avec une certaine rudesse qui vient moins du fonds que de l'éducation : c'est-à-dire, qu'un bourru, c'est Ménédème, à qui Chrèmes, son voisin, touché de l'affliction où il le voit, et venant lui en demander le sujet, reçoit pour toute réponse : Il faut avoir bien du loisir pour se mêler des affaires d'autrui.

A ces différences près, bien minimes et fort peu importantes, je le confesse, les mots *bizarre*, *fantasque*, *capricieux*, *quinteux*, *bourru*, peuvent être considérés comme ayant la même signification, ce qui explique pourquoi nous n'en faisons pas des articles séparés. Aussi, les confondant tous dans une même dénomination, la *bizarrerie*, nous dirons de celle-ci en général qu'elle est un défaut, mais un défaut très-opposé au bon ton, et peu toléré dès lors dans la bonne compagnie; qu'on est toujours blâmable d'avoir un goût et des manières qui s'écartent mal à propos et par singularité des goûts et des manières communes, habituelles aux gens bien élevés; qu'il faut tout mettre en œuvre et se faire violence pour comprimer nos mauvaises dispositions à la bizarrerie avant qu'elle ne se développe en nous, ou pour nous en corriger quand elle est développée; et ne pas oublier que, ce vice étant presque toujours la marque d'un esprit faux et plein d'amour-propre, c'est s'exposer à perdre toute confiance que de vouloir paraître ou passer pour bizarre. Et nous la perdons d'autant plus vite, que la plupart des hommes s'imaginent que le travers qui nous écarte ainsi de la route commune dans les petites choses, pourrait fort bien et très-facilement nous en écarter dans les grandes; de là, une série d'autres réflexions toutes à notre désavantage, et dont les conséquences peuvent devenir on ne peut plus fâcheuses pour nous en faisant suspecter notre moralité.

Il faut donc s'efforcer d'éviter la bizarrerie quand elle fait élection de domicile chez nous, et engager ceux que nous aimons à la consigner à la porte quand elle se présente chez eux. C'est là un mandat et un devoir que nous devons tous remplir les uns à l'égard des autres. On ne saurait y mettre trop de zèle, puisque, corriger le bizarre, c'est être utile tout à la fois à l'individu qui par sa bizarrerie peut s'attirer, s'il ne l'a déjà fait, la haine des gens positifs et fermes dans leurs principes, et à la société tout entière, qui aura à souffrir des travers du bizarre.

BON, BONTÉ (qualité, vertu). — Etre bon c'est avoir de l'affection, du dévouement pour tous les hommes en général, de la tolérance pour leurs opinions et pour leurs actes; c'est-à-dire être porté par une inclination naturelle, que le temps ou les mauvaises impressions n'auront point étouffée, à excuser leurs défauts, à tolérer leurs vices, à interpréter ce qu'ils font de la manière la moins défavorable, à les supporter malgré leurs travers, à leur faire du bien qu'il n'y a aucun retour à en attendre, et à ne leur jamais faire du mal quand même ils le mériteraient par leur conduite envers nous.

C'est sans doute à cette multiplicité de sentiments qui la constituent, que la bonté doit d'avoir été considérée comme la première de toutes les vertus (*Madame de Staël*); ou comme la vertu primitive, la source de toutes les vertus dont l'accomplissement est un bienfait.

La bonté prend sa source en notre âme et se décèle par des mouvements spontanés, presque involontaires, d'humanité et de charité, de générosité, de sensibilité. Voyez un jeune homme élevé dans une heureuse simplicité : il est porté par les premiers mouvements de la nature vers les passions tendres et affectueuses; son cœur compatissant s'émeut sur les peines de ses semblables, il tressaille d'aise quand il revoit son camarade, ses bras savent trouver des étreintes caressantes, ses yeux savent verser des larmes d'attendrissement; il est sensible à la honte de déplaire, au regret d'avoir offensé. Si l'ardeur d'un sang qui s'enflamme le rend emporté, colère, on voit, le moment d'après, toute la bonté de son cœur dans l'effusion de son repentir; il pleure, il gémit sur la blessure qu'il a faite ; il voudrait au prix de son sang racheter celui qu'il a versé; tout son emportement s'éteint, toute sa fierté s'humilie devant le sentiment de sa faute. Est-il offensé lui-même, au fort de sa fureur, une excuse, un mot le désarme; il pardonne les torts d'autrui d'aussi bon cœur qu'il répare les siens. L'adolescence n'est l'âge ni de la vengeance ni de la haine; elle est celui de la commisération, de la clémence. Oui, je le soutiens et je ne crains pas d'être démenti par l'expérience, un enfant qui n'est pas mal né et qui a conservé jusqu'à vingt ans son innocence, est à cet âge le plus généreux, le meilleur et le plus aimant des hommes. (*J.-J. Rousseau.*)

La bonté, quand une fois elle s'est fécondée et a germé dans le cœur de l'homme, est pour lui une source de jouissances toujours nouvelles et sans cesse renaissantes ; aussi y reste-t-elle constamment gravée, quels que soient les événements heureux ou malheureux qui viennent l'affecter. C'est pour cela qu'on a dit de l'homme bon : « Il est de tous les temps et de toutes les nations; il n'est pas même dépendant du degré de civilisation du pays qui l'a vu naître; c'est la nature morale dans sa pureté et dans son essence; c'est comme la beauté dans la jeunesse, où tout est bien sans effort. » (*Madame de Staël.*)

La bonté est donc une des vertus les plus brillantes et les plus précieuses qui puissent embellir l'existence, hélas! bien éprouvée de tous les humains. Pendant longtemps j'avais cru que cette vertu tirait son origine de l'amour de l'humanité, cet autre don du ciel, comme la bonté, qui porte l'âme à tant d'actes d'un généreux dévouement et d'oubli de soi-même pour le bonheur d'autrui; mais je suis revenu de cette opinion, assez généralement partagée du reste, et voici pourquoi.

Quand l'intelligence de l'enfant n'est pas encore assez développée pour sentir ce que c'est que l'amour filial, l'amour fraternel, et moins encore l'amour du prochain, il décèle déjà la bonté, s'il est naturellement bon, de bien des manières. Ainsi, il pleure en voyant pleurer son frère, il partage avec lui ou avec d'autres enfants les petites friandises dont il est très-gourmand; il se montre charitable..... Donc la bonté ne naît pas de l'amour du prochain.

Ce n'est pas tout : quand par amour pour le prochain nous faisons du bien à autrui, nous nous employons à le servir auprès de ceux qui peuvent lui être utiles; la satisfaction que nous en éprouvons peut être toute en dehors de nous, c'est-à-dire se rapporter exclusivement à l'individu lui-même dont nous soulageons la misère et voudrions calmer les douleurs. Ce n'est pas qu'on ne puisse aussi être heureux d'accomplir un devoir que la morale et la religion nous commandent; mais ce sentiment ne doit être que secondaire; car, sans cela, nous n'agirions plus par amour du prochain, et moins encore par bonté, puisque ce serait par obéissance à Dieu, qui nous a ordonné de nous aimer les uns les autres.

Au contraire, quand c'est par bonté que nous adoucissons les chagrins des autres, le plaisir que nous en ressentons a, ce me semble, quelque chose de plus personnel ; tout se passe en nous et paraît se rapporter à nous. Ainsi notre satisfaction a une triple origine, à savoir, cette joie intérieure et ineffable que l'on goûte en faisant le bien; joie naturelle, irréfléchie, comme l'action qui nous la procure; et puis, après réflexion, le contentement d'avoir obéi instinctivement à la voix de Dieu et satisfait à celle de notre conscience. On pourrait même dire, si je puis ainsi parler, qu'il y a une sorte de personnalité ou d'égoïsme dans la bonté, qui ne se retrouve pas dans l'amour du prochain. En d'autres termes, nous pouvons faire beaucoup par bonté et sans que nous éprouvions la moindre sympathie pour la personne objet de nos bontés ; souvent nous agissons pour elle sans la connaître : peut-on appeler cela agir par amour, du moins par amour naturel du prochain.

Ainsi, la bonté ne provient pas de l'amour de l'humanité. Je dis plus, il serait possible que ce dernier amour tirât son origine de la bonté, puisque nous sommes d'autant plus portés à aimer nos semblables que le Créateur a mis plus de bonté en notre âme, et que généralement celui qui n'est pas bon n'aime personne. Mais, attendu que ces deux sentiments sont innés en nous, que le germe y a été déposé en même temps, ce serait avancer un paradoxe que d'affirmer que l'un donne naissance à l'autre. Mieux vaut donc en faire deux sentiments séparés et distincts, ayant la même origine et les mêmes tendances, et pouvant même se confondre d'une manière si intime qu'on ne sache auquel des deux l'on a obéi.

La bonté a plusieurs manières de se manifester, je dirai même de se trahir; les actes les plus simples sont ceux qui la décèlent le mieux. Ainsi est-il rien de comparable à la bonté de Fénelon, ramenant à une pauvre famille de paysans de Cambrai une vache qu'elle se désolait d'avoir perdue ?

Louis XIII donna aussi un exemple très-remarquable de bonté, dans une circonstance qui mérite d'être rappelée. Un jour il était entré dans la maison d'un paysan, et, n'y ayant trouvé qu'un enfant endormi, il s'amusait à le bercer, lorsque mademoiselle de Lafayette arrive et le surprend dans cette occupation. Chut ! lui fit-il du geste.

Indépendamment de cette manière de se produire, la bonté a encore d'autres moyens de manifestation. Ainsi un de ses attributs est la *bienveillance*, ou ce sentiment que Dieu a imprimé dans tous les cœurs, et par lequel nous sommes portés à nous vouloir du bien les uns aux autres. La société lui doit ses liens les plus doux et les plus forts,

(*L. Yvon.*) C'est pourquoi, dès que la bienveillance se montre, elle attire l'approbation et mérite les suffrages de tous les hommes. (*L'abbé Sabatier.*) A celle-ci se rattache naturellement sa fille

La *bienfaisance*, vertu que l'on peut appeler multiple, parce qu'elle met en jeu plusieurs sentiments élevés qui tous participent de la bonté. C'est-à-dire, pour parler plus clairement, que le mot bienfaisance, pris dans son acception la plus large, désigne toutes les actions de la bonté. En ce sens, elle est moins bornée que dans son acception généralement admise ; mais, bornée ou non, elle ne perd rien de son élévation ni de la noblesse de son origine céleste.

Disons aussi en faveur de la bienfaisance qu'elle a l'avantage non-seulement de venir par tradition de Dieu même et de ne rien perdre de sa pureté en passant par la bienveillance, mais encore qu'elle naît de la nature et de la raison. Par conséquent, si Dieu nous invite à être bienfaisants par la bienveillance, la nature nous y invite à son tour par le sentiment du plaisir qu'éprouve celui qui fait quelque bien, et se renouvelle en voyant les heureux résultats qu'il a obtenus : et la raison nous y porte enfin, par l'intérêt que nous devons prendre nécessairement au sort des malheureux.

Et comment d'ailleurs se refuser à être bienfaisant, du moment où il n'y a rien qui nous rapproche plus de la Divinité que la bienfaisance; lorsque « secourir un mortel est pour un mortel une action toute divine » (*Cicéron*); lorsque « c'est l'œuvre de l'homme de bien et généreux, de bien faire et mériter d'autrui, même d'en chercher les occasions? » (*Saint Ambroise.*)

C'est ce que faisait Chélonis, qui nous a laissé un des plus beaux exemples qu'on puisse citer de ce que peut la bienfaisance. Voici cet exemple.

Chélonis était fille et femme de rois. Voyant avec douleur son père et son mari ennemis déclarés, elle suivit son père dans l'adversité et tâcha de lui faire oublier ses malheurs. La fortune changea, et le père de Chélonis devenant victorieux à son tour, elle le quitta alors, pour aller pleurer avec son mari et adoucir la rigueur de son sort. On peut dire que Chélonis était bienfaisante. (*Charron.*)

Oui, Chélonis était réellement passionnée pour cette belle vertu, puisqu'elle abandonna successivement son époux et son père pour s'attacher toujours au malheur. Est-il une plus admirable manière d'exercer la bienfaisance ?

A la vérité, on ne peut pas toujours rendre aux hommes des services importants, quelque bonne volonté qu'on ait, parce qu'on n'est pas toujours dans une situation avantageuse ; mais rien n'empêche de leur témoigner de l'amitié, de compatir à leurs infortunes, de les aider par des conseils, d'adoucir par des manières obligeantes la rigueur de leur sort, de leur procurer des soulagements soit par nos amis, soit par nos parents, soit par notre crédit. C'est augmenter les malheurs des hommes que de leur témoigner de l'indifférence. (*De Bellegarde.*) Mais revenons à la bonté.

Il ne faudrait pas la confondre avec la SENSIBILITÉ (*Voy.* ce mot), attendu que la *bonté* est dans l'âme elle-même, au lieu que la *sensibilité* tient à l'organisation. De telle sorte que, peu de justesse de sentiment et beaucoup de faiblesse, loin de constituer un bon cœur, ne décèlent au contraire qu'une âme sensible. Et Dieu nous garde des âmes sensibles! dirai-je avec M. Saint-Marc Girardin; car combien de femmes qui montrent la plus grande sensibilité, et se refusent à secourir un malheureux dont l'état les émeut et leur fait mal ! Elles le fuient par excès de sensibilité !

C'est ce que ne fait pas l'homme bon : il ne fuit pas les malheureux, il les recherche au contraire, il les soulage. Tel était Charles-Ferdinand d'Artois, duc de Berri. Les historiens de sa vie racontent que, chassant un jour dans la forêt de Saint-Germain, il dit à l'un des gardes : « Tu dois m'en vouloir, je me rappelle qu'à une de mes dernières chasses, n'ayant pas été heureux, je t'ai parlé avec vivacité ; donne-moi ta main. » — Le garde, plein de respect et de confusion, s'excusa. — « Tu m'en veux donc? ou donne-moi ta main. » — Le garde, confondu de tant de bonté, avança en tremblant la main : le prince la saisit et y glisse quelques pièces d'or. « Va, lui dit-il, je te connais bien, tu as cinq enfants. »

La bonté ne consiste pas seulement à faire du bien aux nécessiteux, elle nous excite également à empêcher que tels ou tels individus coupables d'une faute involontaire en soient punis ; à détourner d'une personne un malheur dont on la voit menacée. Je vais expliquer ma pensée par des exemples.

François I*er*, jeune encore, se livrait avec ses courtisans à un divertissement qui consiste à se jeter des pelotes de neige, quand un tison enflammé, lancé imprudemment par une fenêtre, atteignit le monarque à la tête et le blessa si dangereusement, qu'on craignit longtemps pour ses jours.

Il défendit expressément qu'on recherchât l'auteur de cet accident. « Le mal est fait, disait-il, je veux en souffrir seul. » Par cette bonté peu commune, François I*er* évita à celui qui l'avait blessé le châtiment que méritait son imprudence.

Avant lui, Charles VIII, surnommé l'Affable, avait offert le modèle d'une bonté si parfaite, qu'il put, à l'article de la mort, se rendre le témoignage de n'avoir jamais prononcé une parole offensante pour qui que ce fût.

Ainsi la bonté, qui est un des principaux attributs de l'Etre suprême, est aussi une des plus belles vertus des grands. On la retrouve également dans les classes inférieures de la société, où elle est bien plus précieuse encore, parce qu'elle est beaucoup plus méritante.

Nous pouvons conclure de ce qui précède que la bonté est innée dans le cœur de l'homme; qu'elle s'y développe suffisamment d'elle-même à mesure que l'intelligence s'agrandit et se perfectionne, à moins que de fausses doctrines et de funestes exemples ne viennent l'étouffer dans son berceau; à moins que la corruption ne l'atteigne dans le sanctuaire où elle réside. Il faut donc veiller sur ce don du ciel avec exactitude et amour, et faire sentinelle, si nous voulons le conserver grand et pur jusqu'à notre dernier souffle.

Prenons garde pourtant que la bonté, poussée trop loin, dégénère en *bonhomie*, en *faiblesse* même, et peut nous faire manquer au devoir sacré de la justice. Son absence constitue la *sécheresse du cœur*, l'*égoïsme* et la *méchanceté*. Voy. ces mots.

BOUDERIE, BOUDEUR (défaut). — La bouderie est un travers de caractère qui porte généralement les enfants gâtés, les gens faibles d'esprit, les femmes coquettes et capricieuses, les vieillards dont l'intelligence a baissé, à témoigner par leur silence, par leur mauvaise humeur, ou par des mouvements de mécontentement, qu'ils sont fâchés de quelque chose dont ils ne se plaignent pas, et dont, si on les interroge, ils ne veulent pas dire le motif.

Voyez cette personne à l'écart, sérieuse et silencieuse, faisant la moue; approchez-vous et adressez-lui la parole sur quelque sujet que ce soit : elle ne vous répondra pas, fera un signe d'épaule, et peut-être, elle vous tournera le dos. A plus forte raison si vous cherchez à connaître le motif de sa bouderie. Voilà, d'après d'Arconville, l'arme offensive et défensive du *boudeur*.

La bouderie est un défaut, tout le monde le sait et chacun en convient : ce défaut décèle un très-mauvais caractère, met mal le boudeur dans l'esprit de tout le monde et fait le tourment, pour ne pas dire le supplice, de sa famille et de tous ceux qui sont forcés de vivre avec lui; et néanmoins, on voit plus d'un enfant malin, plus d'une femme mignarde et prétentieuse, plus d'un rusé vieillard, qui *affectent* de bouder pour atteindre plus sûrement le but qu'ils se proposent, pour obtenir ce qu'ils savent bien qu'ils n'obtiendraient pas sans cette puissante manœuvre. Mais comme dans ce cas ce n'est plus véritablement de la *bouderie*, mais bien une vraie dissimulation, il est facile, sans être doué d'une bien grande pénétration, alors surtout qu'on a vécu quelque temps avec les gens, de savoir qu'ils cherchent à nous en imposer. *Madame* désire une frivolité, elle boude à *Monsieur*, qui refuse de lui passer sa fantaisie, voilà la bouderie *directe* : Madame sort, reprend sa physionomie gaie et riante, le cours de ses idées joyeuses; elle arrive dans sa famille, et la voilà prenant un air soucieux, inquiet, voilà la bouderie *affectée*. On sait bien que les parents voudront connaître la cause de cet air chagrin, et l'on se dit : Ou ils en parleront à mon mari, qui cédera à leurs observations, ou ils me donneront eux-mêmes l'objet de ma convoitise; et on manœuvre avec habileté pour en arriver là.

La véritable bouderie, ai-je dit, est un travers de caractère : j'ajoute après réflexion qu'elle est aussi un manque de jugement. La chose est facile à concevoir; car, de deux choses l'une : ou la cause de la bouderie est connue, ou elle ne l'est pas : si elle est ignorée, que veut donc le boudeur? Qu'on l'interroge? mais s'il ne doit pas répondre? S'il était plus raisonnable il se dirait : Si je laisse deviner le motif de ma bouderie et qu'on ne cède pas, à quoi donc me servira d'avoir boudé?

La bouderie étant un des défauts de l'enfance, on la voit généralement devenir de plus en plus rare chez le jeune boudeur à mesure qu'il avance en âge, et disparaître entièrement alors que son intelligence s'est développée par l'éducation; ou si elle persiste, c'est qu'elle tiendra à une aberration des facultés intellectuelles que rien ne saurait guérir. Dans tous les cas, comme bouder parfois ou souvent est toujours un défaut, et que ce défaut rend ridicule d'abord, insupportable ensuite, et finit par faire prendre en aversion le boudeur, il est indispensable de lui montrer le mauvais côté de la bouderie, afin qu'il puisse se corriger.

On conçoit qu'il y parviendra, si sa raison acquiert enfin assez de lucidité pour comprendre que la philosophie consiste à être content de ce qu'on possède, satisfait des bonnes intentions qu'on nous montre, et à ne jamais désirer ou envier que ce qu'on peut raisonnablement obtenir.

BOURRU. *Voy.* BIZARRE.

BRAVOURE (qualité), COURAGE (vertu), VALEUR (vertu), INTRÉPIDITÉ (vertu). — On est *brave*, *courageux*, *valeureux* ou *intrépide*, quand on ose affronter les dangers les plus grands. D'après cette définition, généralement admise, les mots *bravoure*, *courage*, *valeur* et *intrépidité* auraient la même signification : ils seraient donc synonymes.

Cependant, si l'on prend chacun de ces termes dans son acception rigoureuse, on trouvera qu'ils diffèrent entre eux sous quelques rapports, c'est-à-dire, par exemple, que la *bravoure* et la *valeur* se rapportent plus particulièrement aux hommes de guerre, tandis que le *courage* s'applique a tous les hommes en général. Ainsi, on peut être *courageux*, sans pour cela montrer de la *bravoure* et de la *valeur;* on peut être *brave* et *valeureux*, et néanmoins manquer de *courage*. Témoin ce fameux duc de Biron, qui avait si souvent bravé la mort sur les champs de bataille, et ne sut pas mourir. Aussi, malgré la brillante renommée qu'il s'était acquise, sa mémoire fut flétrie par les larmes qu'il versa sur l'échafaud, en considérant la situation où il était réduit, et en se rappelant de quel degré de faveur son imprudence l'avait fait déchoir. (*A. Smith.*)

C'est pourquoi, afin de mieux faire comprendre la propriété de chacune de ces expressions, j'ai résolu d'établir, dans cet article, les caractères différentiels qui existent entre la *bravoure*, la *valeur*, le *courage*, et

BRAVE ET BRAVOURE.

La *bravoure*, disions-nous, n'est guère d'usage que lorsqu'il s'agit des dangers de la guerre. Ainsi on est brave quand après avoir été exposé plusieurs fois aux périls de la guerre, on s'y expose de nouveau et de bonne grâce, préférant l'honneur à la vie.

Le brave après avoir monté vingt fois le premier à l'assaut, peut trembler en traversant la forêt battue par l'orage, fuir à la vue d'un phosphore enflammé, ou craindre les esprits, sans, pour cela, connaître la peur.

Il se contente de vaincre les obstacles qui lui sont offerts.

Il veut être guidé. Est-il blessé, il s'enorgueillit de sa blessure.

[texte central:] premier sur une redoute et frappé en pleine poitrine, il répond à une voix amie qui lui crie : « Descends ; tu recevras des prunes. » — C'est fait, mais n'en dis rien, on ne me suivrait pas...... Il reste debout

exemple avait entraînés.

Victorieux, il fait retentir l'air de ses cris de joie.

Il peut être ébranlé par la défaite.

Il est entraîné par l'exemple.

Il devient brave par amour de sa conservation, par ambition, par amour de la patrie. Ainsi les trois cents Lacédémoniens que Léonidas commandait aux Thermopyles, celui-là même qui s'échappa, furent braves, parce qu'ils aimaient leur pays.

[texte central:] Porsenna qu'il avait voulu poignarder, Titus s'arrachant des

Il ne peut rien contre les passions ; elles en font leur esclave ; mais s'il est provoqué par des rivaux, il soutient ses droits.

Conclusion. La bravoure est le devoir d'un soldat.

Et quant à l'*intrépidité*, cette compagne inséparable du courage, et, je le répète, une des qualités qui constituent la bravoure et la valeur, on peut affirmer que le brave soldat et le valeureux chevalier lui doivent leurs actions d'éclat. Dès lors elle serait, comme le courage, la vertu des héros.

VALEUR ET VALEUREUX.

La *valeur* se montre partout où il y a un péril à affronter, de la gloire à acquérir.

Le valeureux ne craint pas la tempête et moins encore les voleurs de la forêt. Il peut croire aux revenants, mais il se bat contre le fantôme.

Il cherche les obstacles ; s'il les voit, il s'élance et les brise...... quand c'est possible.

Il sait combattre ; et s'il reçoit une blessure grave, il songe moins à la vie qu'il va perdre, qu'à la gloire qui lui échappe.

impassible : la redoute est enlevée par ses soldats, que son

Couronné par la victoire, il soupire après d'autres combats.

Il peut être désolé d'un échec, sans pour cela se décourager.

L'exemple ne lui donne pas la valeur, mais les témoins la doublent.

Il est valeureux par vanité noble, et par l'espoir d'acquérir de la gloire. Ainsi Hercule terrassant les monstres, Persée délivrant Andromède, Achille courant aux remparts de Troie sûr d'y périr, étonnèrent le monde par leur valeur.

bras de Bérénice et pardonnant à Sextus, furent courageux.

Il est esclave de ses passions qu'il ne peut maîtriser ; mais il se venge avec éclat des outrages et combat son rival.

Conclusion. La valeur est la vertu du vrai chevalier.

En effet, n'est-ce pas qu'il est intrépide celui qui, montant le premier à l'assaut, plante son étendard sur le rempart ennemi, et meurt ou triomphe en le défendant ? N'est-il pas intrépide celui qui, de sang-froid, charge un poste défendu par une nombreuse artillerie ou se jette avec résolution au mi-

COURAGE ET COURAGEUX.

Le *courage* se déploie dans tous les événements de la vie.

Le courageux ne craint ni les revenants, ni les autres rêves de la superstition et de l'ignorance auxquels il n'a pas la faiblesse de croire.

Il raisonne sur les moyens de détruire les obstacles.

Il sait commander et même obéir. Blessé, il rassemble les forces que lui laisse encore sa blessure pour servir sa patrie. Tel se montra le capitaine Peraguay. Monté le

Triomphant, il oublie ses succès pour profiter des avantages que lui donne la victoire.

Il sait vaincre et être vaincu sans être défait.

Il n'a besoin ni d'exemples ni de témoins pour être excité.

La réflexion, les connaissances, la philosophie, le malheur et encore plus la voix d'une conscience pure, le rendent courageux. Il marche à la mort sans en être effrayé. Socrate buvant la ciguë, Régulus retournant à Carthage, Mucius Scévola apostrophant publiquement

Le courage rend maître des passions, pardonne en silence à l'outrage, et combat l'amour.

Conclusion. Le courage est la vertu du sage et du héros.

lieu de la mêlée pour y moissonner des lauriers ou y trouver une mort glorieuse? N'est-ce pas qu'il est intrépide et courageux tout ensemble, l'homme qui marche avec calme au supplice qu'il n'a point mérité?

Donc ce n'est pas sans raison qu'on a dit de l'intrépidité qu'elle consiste dans cette force extraordinaire de l'âme qui nous élève au-dessus des troubles, des désordres, des émotions que la vue des grands périls pourrait exciter en nous; que c'est par cette force que les héros se maintiennent dans un état paisible, et conservent l'usage libre de leur raison dans les circonstances accidentelles les plus surprenantes et les plus terribles? (*La Rochefoucauld.*) Donc Henri IV était intrépide au plus haut degré, soit à la bataille d'Arnay-le-Duc, où, sans canons, il attaqua, combattit et défit une armée qui en possédait; soit à la bataille de Coutras, qu'il gagna sur Joyeuse, et pendant laquelle, après avoir crié aux officiers de son armée qui s'étaient placés devant lui pour le préserver : *A quartier, je vous prie ; ne m'offusquez pas, je veux paraître :* il enfonce le premier rang des ennemis, se prend corps à corps avec le cornette Château-Renaud, qu'il fait prisonnier, en lui disant : *Rends-toi, Philistin!*

Donc ils étaient intrépides ces bourgeois et marchands de Dieppe, qui, dans un moment où notre flotte était complétement désorganisée, acceptèrent la mission périlleuse de délivrer nos côtes de la présence de la flotte flamande. Montés sur *dix-neuf barques* seulement qu'ils avaient armées, et commandés en chef par Louis de Bures, sieur d'Epineville, Dieppois lui-même, afin que tout l'honneur revînt aux enfants de la ville, qui seuls combattaient, ils atteignirent cette flotte, forte de *vingt-quatre bâtiments*, entre Douvres et Boulogne, et la mirent en fuite malgré sa supériorité.

Donc il était intrépide Jean Bart, quand avec *six frégates* il livre, au Texel, un combat décisif à l'amiral de Frise, commandant de *huit vaisseaux* hollandais (29 juin 1694). En une demi-heure il lui avait pris trois mâts, mis les autres en fuite, et ramenait à Dunkerque la flotte chargée de blé envoyée en France par la reine de Pologne. Deux bâtiments danois et un suédois qui escortaient cette flotte, restèrent neutres dans cette brillante affaire.

Ils furent non moins intrépides, pendant la guerre des Indes (1757), ces trois cents Français ayant pour chef un officier nommé Latouche. Entourés d'une armée de quatre-vingt mille baïonnettes qui menaçaient Pondichéry, ils pénétrèrent la nuit dans le camp ennemi, y tuèrent près de douze cents hommes sans perdre plus de deux soldats, jetèrent l'épouvante dans cette grande armée et la dissipèrent tout entière : fait d'armes, dit l'historien, bien supérieur à celui des trois cents Spartiates qui se firent massacrer au passage des Thermopyles, au lieu que les Français furent vainqueurs. Donc l'intrépidité, comme le courage, est la vertu des braves.

Maintenant que nous sommes fixés sur les véritables caractères de la *bravoure*, de la *valeur*, du *courage* et de l'*intrépidité*, nous avons à nous demander si tous ces sentiments sont des vertus.

Il paraîtrait que non, puisque, sitôt que l'âme du brave est émue par le sentiment des honneurs du triomphe qu'il désire mériter, ou par le besoin d'obtenir la récompense décernée aux actions d'éclat, ou enfin par ce sentiment de patriotisme qui fait dire à tout bon soldat : Il faut vaincre ou mourir ; alors il ne connaît plus le péril auquel il s'expose, et dans son enthousiasme il oublie tout.

La bravoure serait donc une espèce d'instinct par lequel l'homme raisonnable se laisse conduire et diriger, ou, si l'on veut, un mouvement aveugle et impétueux de la nature, qui, sans la participation raisonnée du brave, le conduit à la gloire. Et c'est sans doute cette irréflexion impétueuse qui a fait dire à Homère : Le brave est sujet à des transports fanatiques et à des agitations de frénésie. Partant, la bravoure n'est pas une vertu.

Mais qu'est-elle donc? Une des plus brillantes qualités de l'homme, une qualité innée, irréfléchie, qui ne se donne pas. (*Bonaparte.*)

Au contraire, le courage et la valeur sont des vertus ; mais la vertu du courage n'est pas aussi bornée que la vertu de la valeur, puisqu'elle se montre chez les personnes courageuses, dans toutes les épreuves difficiles qu'elles ont eu à subir. Ainsi, alors que toute la vertu du vrai chevalier consiste à mourir vaillamment, celle du citoyen courageux consiste à bien vivre d'abord, et puis à mourir noblement.

Nous disons à bien vivre, car il faut quelquefois un bien grand courage pour secouer le joug des préjugés de la nation, et se montrer vertueux au milieu d'un monde corrompu. Aussi, loin d'être irréfléchi comme la bravoure, le courage est un sentiment calme et réfléchi ; au lieu d'être inné et ne pouvant se donner comme la bravoure, il peut s'acquérir par l'habitude que l'on aura contractée de se commander à soi-même, et être toujours déterminé dans ses actions par un motif d'honneur et de gloire.

En définitive, le courage est une des vertus qui supposent le plus de grandeur d'âme. J'en remarque de beaucoup de sortes, à savoir, un courage contre la fortune, qui est philosophie ; un courage à la guerre, qui est valeur ; un courage contre les misères, qui est patience ; un courage dans les entreprises, qui est hardiesse ; un courage fier et téméraire, qui est audace ; un courage contre l'injustice, qui est fermeté ; un courage contre le vice, qui est sévérité, etc.

Tous les hommes sont susceptibles d'avoir ces différentes sortes de courage, mais on aperçoit généralement plus de vigueur d'âme dans les hommes dont les jeunes années ont été préservées d'une corruption prématurée, que dans ceux dont le désordre a commencé avec le pouvoir de s'y livrer ; et c'est sans doute une des raisons pour lesquelles les peuples qui ont des mœurs, surpassent ordinairement en bon sens et en courage ceux qui n'en ont pas. Ceux-ci brillent uniquement par je ne sais quelles qualités déliées qu'ils appellent esprit, sagacité, finesse ; mais ces grandes et nobles fonctions de sagesse et de raison qui distinguent et honorent l'homme par de belles actions, par des vertus, des œuvres véritablement utiles, ne se trouvent guère que dans les premiers. (*J.-J. Rousseau.*)

Si les Gaulois, dit César, autrefois plus belliqueux que les Germains, leur cèdent maintenant par la gloire des armes, c'est depuis que, instruits par les Romains dans le commerce, ils se sont enrichis et policés. De même, si ce qui est arrivé aux Gaulois est également arrivé aux Bretons, dit Tacite, c'est parce que ces deux peuples ont perdu leur courage avec leur liberté. De là cette remarque que le véritable courage (ou, pour employer la même expression dont s'est servi Helvétius), le courage *vertueux*, ne se conserve que chez les nations pauvres, ou chez les gens peu fortunés, le peuple.

De tous les peuples, les Scythes étaient peut-être les seuls qui chantassent des hymnes en l'honneur des dieux sans jamais leur demander aucune grâce, persuadés, disaient-ils, que rien ne manque à l'homme de courage. Soumis à des chefs dont le pouvoir était assez étendu, ils étaient indépendants, parce qu'ils cessaient d'obéir au chef lorsqu'il cessait d'obéir aux lois. Il n'en est pas des nations riches comme des Scythes, qui n'avaient d'autre besoin que celui de la gloire. Partout où le commerce fleurit, on préfère les richesses à la gloire, parce que ces richesses sont l'échange de tous les plaisirs, et que l'acquisition en est plus facile.

Or, quelle stérilité de vertus et de talents cette préférence ne doit-elle pas occasionner, la gloire ne pouvant jamais être décernée que par la reconnaissance publique, l'acquisition de la gloire étant toujours le prix des services rendus à la patrie, le désir de la gloire supposant toujours le désir de se rendre utile à la nation.

Il n'en est pas ainsi du désir des richesses. Elles peuvent être quelquefois le prix de l'agiotage, de la bassesse, de l'espionnage, et souvent du crime ; elles sont rarement le partage des plus spirituels et des plus vertueux. L'amour des richesses ne porte donc pas nécessairement à l'amour de la vertu. Les pays commerçants doivent donc être plus féconds en bons négociants qu'en bons citoyens, en grands banquiers qu'en héros.

Heureusement, si le courage s'enfuit du cœur amolli et gangrené du riche, il se réfugie dans le cœur ferme et pur de l'artisan et de l'ouvrier, qui, dans les jours de détresse et de danger pour les institutions du pays, prouvent par leurs triomphes que ce n'est pas impunément qu'on les brave et qu'on voudrait les asservir. C'est là ce que nous avons pu voir à différentes époques de notre histoire. Oui, toutes les fois qu'on a voulu en faire la triste épreuve, on a pu se convaincre qu'il y a peu de citoyens français qui ne courent volontiers au plus fort des dangers, au-devant de la mort ; pour qui le courage est chose si ordinaire, qu'il serait honteux d'en manquer.

Le courage réfléchi est non moins nécessaire au général, qui, comme citoyen, doit tout braver quand l'intérêt du pays le commande, et comme chef, ayant à diriger l'ensemble des opérations, doit conserver toujours son sang-froid au milieu des dangers les plus grands, c'est-à-dire rester maître de lui, avec toute la puissance de sa vue et de sa réflexion. Si, en présence des faits qui se passent sous ses yeux, il se laisse emporter par son courage ; si, ne sachant attendre, il compte sur sa bonne fortune et livre la bataille sans nécessité, alors que les chances du combat sont fort douteuses, ne compromettra-t-il pas son armée et son honneur ? Donc, en toutes choses, l'homme courageux doit se commander à lui-même.

Le courage qui sait se contenir et résister pendant longtemps est fort rare. On compte les grands capitaines capables de conduire une armée avec intelligence et résolution, surtout dans la défaite ou dans la retraite. Il en va de même pour tous les genres de dangers. Beaucoup peuvent s'y exposer ou les braver ; peu sont en état de les envisager de sang-froid, de les regarder venir, de les attendre et de les vaincre par la patience, par la prudence, quelquefois par l'inertie.

Celui qui est courageux par réflexion combat l'instinct de la conservation, qui fuit spontanément le danger, et résiste à l'entraînement de la sensibilité et de la peur ; car tout être vivant a naturellement horreur de ce qui peut diminuer, affaiblir ou détruire son existence.

Pour que l'homme s'expose volontairement au péril, il faut qu'un motif plus fort le pousse en avant ou le maintienne ; il est divisé en lui-même, sous l'influence des deux principes opposés auxquels correspondent les deux natures qui le constituent. La liberté doit décider entre les deux, et c'est pourquoi il y a un temps de délibération avant la résolution. L'alternative s'établit presque toujours entre l'existence physique et l'existence morale ; il faut compromettre l'une pour sauver l'autre. Le soldat ne peut reculer devant l'ennemi ; même quand l'instinct et la peur l'y portent, le devoir et la honte l'en empêchent. Combien de gens se battent en duel par respect humain, s'exposant à la mort par crainte de la raillerie ! Le magistrat qui maintient courageusement le droit devant la multitude soulevée et menaçante, l'homme qui refuse une promesse déshonorante que la violence veut lui arracher, la jeune fille qui préfère la mort au déshonneur, le martyr auquel on demande l'apostasie par des tortures, le croyant qui s'expose au ridicule pour accomplir ce que sa foi lui impose, et tant d'autres faits du même genre, nous montrent les motifs moraux aux prises avec les mobiles physiques, avec le désir de la vie, le soin de sa conservation, l'horreur de la souffrance et de la destruction. Dans ces cas, une force supérieure à la force physique soutient la volonté, l'excite, l'exalte même, tellement qu'elle se dégage des instincts de la nature inférieure et consent à subir ce qui peut affliger ou tuer le corps.

Cette force victorieuse est une force morale ; mais il y a plusieurs espèces et plusieurs degrés de force morale. Le guerrier qui affronte la mort pour se distinguer et obtenir de l'avancement ou un signe d'honneur puise certainement son courage dans un motif moral, dans l'amour de la gloire ; mais ce motif se résout à son tour dans l'amour de soi, puisque cet éclat ou cet avancement qu'il cherche, tend en définitive à son exaltation ou à sa jouissance. Il travaille pour lui : c'est donc un motif intéressé.

Il en est de même du courage immense déployé souvent par ceux qui courent après la fortune, et qui vont le chercher par terre et par mer, au milieu des plus grands périls, risquant mille fois leur vie pour acquérir la richesse ou pour la conserver.

Il y a dans l'exemple une force d'entraînement remarquable, à la guerre surtout, où le succès en dépend le plus souvent. Où l'un passe, les autres veulent passer. Mais il n'appartient pas à tout le monde de passer le premier : c'est le privilège de ceux qui commandent ; c'est par là qu'on justifie son rang, en se montrant digne d'être chef ; car le chef doit être la tête. On a honte de ne pas suivre celui qui se met en avant, qui expose sa vie pour nous frayer le chemin. Que de victoires ont été dues au courage du général s'élançant à la tête des bataillons incertains devant la mitraille! Arcole et Lodi peuvent le dire. Aussi la force des armées est principalement dans les officiers qui savent pousser les masses à la victoire ou à la mort. Dans ce cas, le courage d'un homme devient celui de toute une armée, qui ne fait plus qu'un cœur, un corps avec lui ; elle marche comme un seul homme.

Il en va de même pour les affaires civiles et dans les assemblées. Il y a des moments critiques qui demandent une décision ; et tant qu'une volonté énergique ne se prononce pas, l'incertitude plane sur l'assemblée immobile et vacillante. Qu'un homme de cœur se mette en avant, et il entraînera les autres. La voie ouverte, tout le monde s'y précipite.

Le courage se développe et s'affermit par l'habitude. On fait mieux ce qu'on fait souvent ; on le fait plus facilement, plus promptement et plus sûrement. Le courage nouveau, le jeune courage, est bouillant, impatient, téméraire. Le courage rassis, le vieux courage, est calme, prudent, et sait attendre. L'habitude émoussant les impressions, on s'émeut moins du danger quand on le rencontre tous les jours. Les vieux soldats de l'Empire, qui avaient survécu à tant de batailles et vu la mort sous tant d'aspects, conservaient leur sang-froid sous la grêle des boulets et des balles, et marchaient au combat comme à une fête.

Cet avantage de l'habitude est d'un grand secours à ceux qui commandent. Ils risquent moins d'être troublés par le bruit, l'embarras et le tumulte du moment. Leur imagination, accoutumée à ces excitations, ne s'exalte plus par la peur, ils conservent mieux la liberté du jugement et de la décision.

Mais ce n'est pas seulement à ceux qui commandent les armées que l'habitude d'affronter le danger est nécessaire, elle est non moins indispensable à ceux qui sont appelés à arrêter le flot populaire quand il mugit et gronde. Gloire donc à ceux qui ont assez de courage pour l'affronter et le voient venir se briser à leurs pieds.

Gloire donc à Boissy-d'Anglas, président de la Convention. Il n'est pas de Français qui ne sache que, le 1er prairial an III (20 mai 1795), une troupe d'hommes et de femmes armés se portèrent vers les Tuileries, où siégeait la Convention nationale. Après en avoir enfoncé les portes, ils se rendirent maîtres de la salle des séances. Boissy-d'Anglas prit alors le fauteuil de président qu'André Dumont venait de quitter pour donner l'ordre de faire évacuer les tribunes. Le jeune Ferraud, à la tête de plusieurs députés et de quelques gardes de la Convention, repousse deux fois les assaillants ; à la troisième attaque la Convention est envahie, et la plus grande partie des députés, protégés par quelques gardes, se réfugient sur les bancs supérieurs.

Ferraud est frappé d'un coup de pistolet au moment où il s'élançait à la tribune pour défendre le président. Transporté dans la salle de la Liberté, sa tête est coupée par une jeune fille nommée Aspasie Migelli, qui, bientôt après, rentre dans la salle des séances revêtue de l'écharpe du jeune représentant, marchant devant sa tête portée au bout d'une pique, et tenant encore le couteau dont elle s'était servie.

Le désordre était alors au comble. Les agents de l'étranger soudoyaient les assassins, on déchirait les procès-verbaux. Un jeune officier, fils du député Mailly, percé de trois blessures, tombait au pied de la tribune. C'en était fait de la représentation nationale... Mais c'est en vain qu'on menace Boissy-d'Anglas, qu'on lui présente la tête de son collègue ; il refuse de rouvrir la séance, et ferme à son poste, résigné à la mort, son courage en impose encore à ces hommes égarés.

A ce noble trait de courage civil, je ne connais de digne pendant que celui qu'a déployé M. de Lamartine dans une circonstance non moins difficile. La France entière a répété avec admiration les paroles qu'il prononça le 24 février à l'Hôtel-de-Ville pour motiver son refus d'accepter le drapeau rouge comme drapeau national. En imposant à la foule armée par son attitude noble et fière, dominant de sa voix le bruit de la multitude, il s'écria : — « Citoyens, vous n'aurez pas le drapeau rouge, parce que je ne le veux pas ; et savez-vous pourquoi je ne le veux pas ? Parce que sous la République et l'Empire les trois couleurs ont fait le tour du monde, tandis que le drapeau rouge n'a fait que le tour du Champ-de-Mars vautré dans le sang du peuple ! »

Il est des hommes assez heureusement dotés pour allier tout à la fois le courage militaire et le courage civil. A leur tête je placerai François I*er*, dont je vais rappeler un des principaux traits de courage.

Souverain d'un des plus florissants empires, vainqueur des Suisses à Marignan, mais cédant à la nécessité et fait prisonnier dans les plaines de Pavie témoin de son intrépidité héroïque (1525), François I*er*, après avoir écrit à sa mère du champ de bataille même, ce billet aussi simple que sublime : « Madame, tout est perdu fors l'honneur, » aima mieux s'ensevelir dans une prison perpétuelle, que de souscrire aux conditions que l'empereur Charles-Quint exigeait pour sa rançon, et qui avaient pour objet le *démembrement* de la France.

Ce n'est pas tout, après une assez longue captivité durant laquelle sa santé fut très-altérée par les souffrances physiques et morales, le monarque français prit tout à coup la généreuse résolution de s'immoler au salut de la monarchie, et eut le courage de remettre à la duchesse d'Alençon sa sœur, qui partageait sa prison, l'acte solennel de son abdication à la couronne. Par cet acte, il déliait ses sujets du serment de fidélité, les priait de le regarder *comme mort* et de couronner le Dauphin.

On le voit par cet exemple, François I*er* possédait tout à la fois et le courage du guerrier qui affronte les dangers sur les champs de bataille, ou risque sa vie dans les combats, et le courage du citoyen qui brave la mort et sait mourir noblement pour son pays.

BROUILLON, Brouillerie (défaut). — On appelle brouillon, en style familier, celui qui, par un travers de caractère que rien ne justifie, se mêle des choses auxquelles il n'entend rien et qui ne le regardent pas, pour y semer çà et là la confusion et le désordre ; ou, en d'autres termes, un brouillon, c'est un esprit remuant qui tâche de brouiller les affaires et, le plus souvent, les personnes entre elles. Sans doute les petites brouilleries sont sans importance, à moins cependant qu'elles ne se répètent trop souvent; car alors elles indisposent les individus entre eux et finissent par les diviser. Sans doute aussi, et on l'a dit assez souvent pour que nous y ajoutions foi, les petites brouilleries sont quelquefois utiles en amitié ; mais s'il est vrai que deux amis aient besoin d'être réveillés de la léthargie et de la langueur qu'accompagne une longue uniformité ; si une discussion vive, une querelle même les réchauffe et leur redonne une vie nouvelle, n'est-ce pas que la répétition en est dangereuse ?

De même, s'il en est de ces petits nuages dans le sentiment comme des rubans et des autres ajustements des femmes; si les changements de forme et les nouveaux plis leur rendent toute la fraîcheur et même toutes les grâces de la nouveauté... quoiqu'on répare facilement ses torts vis-à-vis de ceux qu'on aime ; malgré les ineffables douceurs du raccommodement... comme une brouillerie est souvent le germe d'une autre, et que plus on se brouille et plus il y a lieu de croire qu'on se brouillera de nouveau, mieux vaut ne se brouiller jamais. Donc on ne saurait trop blâmer dans le monde ceux qui se font un jeu d'y semer la discorde et la division, d'exciter chacun à la brouillerie.

Pour ma part, je trouve que le blâme ne suffit pas pour punir le brouillon : car, la peine doit être proportionnée à la faute commise et aux moyens employés pour brouiller les gens entre eux. Or, comme le brouillon se fait un jeu de la discrétion ; qu'il dit tout ce qu'il sait de vrai par indiscrétion ou par diffamation ; qu'il invente parfois d'infâmes calomnies pour être plus sûr de son fait, je voudrais qu'un tel individu fût banni de la bonne société comme indigne d'y être admis, ou qu'on l'évitât partout comme une peste qui infecte tout ce qu'elle approche.

La conduite des brouillons décelant toujours en eux, non-seulement un travers de l'esprit, mais encore et surtout un cœur méchant et dépravé, ce n'est guère qu'en développant dans leur âme les germes des sentiments contraires, la bonté, la conciliation, et tous les sentiments affectueux, qu'on pourra espérer de les corriger un jour de leurs dispositions mauvaises. Il est certains cas, cependant, où toute tentative peut devenir infructueuse, c'est lorsque le brouillon est mû par l'envie ou la jalousie. Alors, comme le plus souvent il a un intérêt caché qui le fait agir, il reste sourd à nos exhortations ou résiste à nos reproches. Ce ne doit pas être pourtant un motif d'y renoncer, si nous avons quelque autorité ou quelque influence sur lui.

BRUSQUERIE. *Voy.* Colère.

BRUTAL, Brutalité (défaut). — Voici de quelle manière Théophraste a peint la *brutalité* et le *brutal*.

« La *brutalité* est une certaine dureté et, j'ose dire, une férocité, qui se rencontre dans nos manières d'agir, et qui passe même jusque dans nos paroles. Si vous demandez à un homme brutal ce qu'est devenu un tel, il vous répond durement : « Ne me rompez pas la tête. » Si vous le saluez, il ne vous fait pas l'honneur de vous rendre le salut..... Il est inexorable à celui qui, sans dessein, l'aura poussé légèrement ou lui aura marché sur le pied : c'est une faute qu'il ne pardonne pas. La première chose qu'il dit à un ami qui lui emprunte de l'argent, c'est qu'il ne lui en prêtera point; il va le trouver ensuite et le lui donne de mauvaise grâce. Il ne lui arrive jamais de se heurter contre une pierre qu'il rencontre en son chemin, sans lui donner de grandes malédictions. Il ne daigne pas attendre personne, et si l'on diffère un moment à se rendre au lieu dont on est convenu avec lui, il se retire.» (*Théophraste*, traduit par *La Bruyère*.) « Quand il a quelque chose à vendre, au lieu de répondre à ceux qui lui en demandent le prix, il leur dit brusquement : « Combien en voulez-vous offrir? Si quelqu'un de ses amis lui fait l'honneur de l'inviter à souper ou de lui envoyer une portion de la victime qu'il vient de sacrifier aux dieux à l'occasion de quelque fête, il lui fait dire malhonnêtement qu'il n'est pas accoutumé à recevoir des présents... Il ne sait ce que c'est que d'avoir la complaisance de chanter dans un festin, de réciter a son tour quelques morceaux de poésie, ou de danser avec les autres.» (*Théophraste*, traduction de *Coray*.)

D'après ce tableau, rendu plus complet à l'aide des deux traductions, j'appellerai *brutalité* cette dureté désobligeante qu'on met dans le commerce de la vie : c'est dire par là que tout homme qui ne sait pas vivre avec ses semblables, qui ne ménage personne, qui rompt en visière aux gens et brusque tout le monde, est un *brutal*.

Ce qui fait que communément il agit de la sorte, c'est qu'il est dans son caractère de regarder les égards qu'on a pour lui comme des devoirs, et les honnêtetés comme des témoignages de reconnaissance. On trouve un trait de cette nature dans Diogène le Cynique, qui, invité pour la seconde fois à souper chez un particulier, lui répondit : « Je n'y viendrai point, parce que vous ne m'avez pas su gré du dernier repas que j'ai fait chez vous.» Peut-on pousser plus loin le ridicule ?

Il ne faudrait pas confondre la *brutalité* avec la *brusquerie*, l'*impatience* et l'*emportement*, défauts qui se rencontrent toujours chez le *brutal*, et sont dus à une cause appréciable quand ils ne tiennent pas à la *brutalité*, ce qui n'a point lieu pour cette dernière. C'est peut-être à cause de cela que les philosophes ont dit de la *brutalité* qu'elle est une disposition vicieuse de l'âme, causée apparemment par le tempérament ou par notre constitution organique, qui nous rend très-irritables ou tres-impressionnables à tout.

Il serait à désirer qu'il en fût ainsi, l'expérience nous ayant appris qu'on peut, par des moyens hygiéniques, physiques et moraux, changer le mode d'être organique des individus, tout comme on peut, par l'éducation, refaire le naturel des personnes en qui la brutalité ne tiendrait pas à un vice de constitution. Dans tous les cas, comme tenter ne peut nuire, il serait bon de combiner tous les moyens thérapeutiques que la science et l'art, la morale et la religion, ont mis à notre disposition.

Cette tâche est très-difficile, nous devons en convenir; d'autant plus que, si les moyens de persuasion manquent, on doit faire assaut de brutalité avec le brutal, rôle qu'on ne soutient longtemps que difficilement et qu'il faut être résolu d'avance à jouer jusqu'au bout : il faut le vaincre par lassitude. Mais avant d'en venir à cette extrémité, mieux vaut, par une étude attentive des habitudes du brutal, chercher à reconnaitre quelle est la nature réelle de sa brutalité, afin d'insister davantage sur les moyens physiques, si l'idiosyncrasie de l'individu le porte aux actes de brutalité qu'il commet; ou sur les secours moraux, si son mauvais caractère tient à un manque ou à un vice d'éducation.

C

CAGOT, Cagoterie. *Voy.* Bigot.

CALOMNIATEUR, Calomnie (vice). — Calomnier, c'est attribuer à autrui les vices qu'il n'a pas. Rien ne favorise davantage la calomnie que de se faire bien valoir des ennemis de la personne calomniée. Aussi le calomniateur, dont le propre est de nuire aux autres, affecte-t-il de calomnier une personne devant ses ennemis, sème-t-il sourdement dans le public les bruits qui peuvent la perdre, irritant, autant que possible, pour réussir plus sûrement, ceux qui ont l'esprit faible et sont le plus disposés à accueillir ses odieux mensonges.

Il a un double motif d'en agir ainsi ; d'abord celui de nuire, par jalousie, par envie, par esprit de vengeance, ou seulement par habitude, pour avoir le malin plaisir de mal faire; et puis, celui d'indisposer tout le monde contre la personne calomniée, et cela à ce point, que nul ne se donnant le temps de rechercher la vérité, elle sera condamnée sans merci. C'est ce que veut le calomniateur.

Excité par une sorte de besoin qui l'entraîne, ou dominé par une pensée coupable, il ne respecte rien, ni les liens du sang, ni le sexe, ni le caractère. Il calomnie ses proches s'ils lui font ombrage ou lui barrent le chemin pour arriver où son ambition le pousse; il calomnie la femme vertueuse, si elle repousse ses avances; il invente les anecdotes les plus dégoûtantes et les plus basses pour flétrir le prêtre. Parle-t-il du médecin, il le traite d'empoisonneur; d'un ministre, il l'accuse de trahison; d'un bon soldat, il en fait un lâche; d'un gros commerçant enrichi, il l'assimile aux voleurs : la seule différence qu'il met entre eux, c'est que le négociant vole en gros et sans s'exposer en rien ; tandis que le voleur joue sa liberté. S'agit-il d'un magistrat, il se laisse corrompre; d'un avocat, il n'a ni probité, ni jugement, ni talent; d'un banquier, c'est un juif qui tripote et vole à la Bourse, véritable forêt de Bondy, à l'aide des fausses nouvelles qu'il y débite; bref, rien n'est sacré pour lui, et il profite de ce qu'il y a de vrai dans les habitudes de certains individus, qui sont réellement capables de manquer à leurs devoirs, pour faire de fausses applications de leurs vices à ceux qui n'ont jamais failli.

Malheureusement, chacun a au dedans de soi, et c'est ce qui fait la force de la calomnie, un dégoût du présent et l'amour de la nouveauté, qui porte à prêter facilement l'oreille au récit des choses extraordinaires et incroyables. Et comme rien n'est plus aisé que d'attaquer un innocent qui ne se défend point, l'accusé, en cette rencontre, meurt comme un homme endormi qu'on tue dans une prise de ville.

Que faut-il donc faire en cette occasion? Tout homme sensé et sage doit fermer l'oreille à la calomnie, comme Ulysse au chant des Sirènes; examiner la chose par soi-même, sans avoir égard aux personnes et sans se laisser entraîner par les apparences. Et comme il faut se méfier des gens d'esprit qui en font un mauvais usage; comme il faut détester les méchants qui jettent leur fiel sur tout et mettent le désordre partout, on fuira le calomniateur qui est l'être le plus à craindre de la société, un être qui, par son souffle empesté, voudrait ternir la vertu la plus pure.

La calomnie étant une des formes du mensonge, je n'insisterai pas davantage sur ce sujet (*Voy.* Mensonge), me bornant à faire remarquer, en passant, que si les effets de la calomnie sont horribles, si elle ne fait que des victimes, le plus malheureux n'est pas l'homme innocent que la calomnie poursuit : n'eût-il que sa conscience et Dieu qui la remplit, il serait bien moins à plaindre que le calomniateur!... Peut-il être un sort plus affreux que d'éprouver toujours contre soi-même le sentiment de haine et de mépris qui s'attache à toute invention calomniatrice?

CANDEUR (vertu), Franchise (qualité bonne ou mauvaise), Naïveté (qualité bonne ou mauvaise), Ingénuité (bonne qualité), Sincérité (vertu). — Les sentiments divers que ces différentes dénominations nous rappellent ont entre eux des points de contact si intimes, qu'ils ne forment en quelque sorte qu'une seule et même famille. C'est pourquoi nous les réunirons tous sous un même chef.

Mais, de même que, dans chaque famille, chacun des membres qui la composent a, indépendamment d'un air de parenté, quelquefois fort apparent, une même conformité de goûts, de manières, de caractère, de manies même, qui leur vient de cette communauté d'origine, de soins et d'éducation qu'ils reçoivent et qui les distingue des autres familles; de même il y a aussi, dans les qualités ou les défauts, dans les vices ou les vertus de l'âme, des conditions particulières, spéciales à tel ou tel ou à tous, qui les distinguent les uns des autres. Voilà, du moins, ce qu'on peut observer en examinant ce que c'est que *candeur, franchise, ingénuité, naïveté, sincérité.*

On les a définies séparément, et on peut les définir en groupe : cet état de l'âme qui exclut toute espèce de dissimulation dans les différents actes de la vie. Dès lors, quel que soit de tous ces sentiments celui qui agit en nous, nous aurons une même tendance à dire toujours la vérité, ce qui pourrait faire supposer, comme nous le disions il n'y a qu'un instant, que c'est un seul et même sentiment ayant différentes dénominations.

Cette opinion ne manque pas d'une certaine vérité; mais, vu les conditions particulières dont nous parlions tout à l'heure, il ne sera pas sans intérêt, je pense, de consacrer quelques lignes à dire en quoi elles consistent. Et d'abord,

La *candeur* est un sentiment vertueux, réfléchi et raisonné, qui naît d'un grand amour pour la vérité. Elle suppose ordinairement *l'ignorance du mal*, et se peint admirablement avec une netteté parfaite dans les paroles, dans les actions, et même dans le silence de la personne candide.

Cette disposition de l'âme à rester toujours dans le vrai ne se rencontre guère que dans quelques adolescents élevés sous l'aile maternelle, ou dans quelques femmes privilégiées en qui elle réside avec bonheur : elle se perd aisément chez les jeunes gens et l'homme fait, par le commerce du monde. C'est pourquoi, devenant de plus en plus rare à mesure que la dépravation des mœurs devient plus commune, elle est d'une rareté telle, dans le siècle où nous vivons, et partant si appréciée, si estimée, si honorée, que les hommes les plus corrompus lui rendent hommage et y attachent un grand prix. Ce n'est donc pas sans raison qu'on affirme que la candeur est une vertu, et que cette vertu est le plus bel ornement de toute créature humaine.

Rappelons un des plus beaux exemples d'une véritable candeur. Tout le monde sait que la malheureuse princesse de Lamballe, si célèbre par sa beauté et ses liaisons avec Marie-Antoinette, accepta la mort avec résignation. Elle eût pu sauver ses jours en faisant serment de haïr la reine et la royauté; mais comme il aurait fallu mentir à sa conscience et à ceux-là mêmes qui, pour la sauver, la pressaient de prêter ce serment, elle leur répondit avec la plus aimable et la plus touchante candeur : *Il n'est pas dans mon cœur!*

A son tour, la *franchise* peut être considérée comme une vertu réfléchie et raisonnée, ou au moins comme une qualité très-précieuse; mais reste-t-elle toujours à cet état comme la candeur? Non, puisque celle-ci n'a pas de bornes, tandis que si la franchise est poussée trop loin, elle peut faire du tort à autrui et à la personne trop franche. Elle dégénère donc parfois en défaut, première différence qui la distingue de la candeur, laquelle ne dégénère jamais. De là cet ancien proverbe relatif à la franchise : *Les vérités ne sont pas toujours bien dites.*

Une autre différence à établir entre la *candeur* et la *franchise* est celle-ci : la première, tout en faisant parler comme on pense, et tout en empêchant de dissimuler, comme la candeur, se borne à dire la vérité *en paroles* seulement ; elle n'existe que dans le langage, tandis que, nous l'avons déjà noté, la candeur se peint dans les discours, dans les actions et même dans le silence.

Puis il y a plus de réflexion dans l'une que dans l'autre, c'est-à-dire que l'homme franc agissant d'après un sentiment irréfléchi, spontané et naturel, dit souvent plus qu'il ne devrait dire, plus même quelquefois qu'il n'aurait voulu dire ; ce qu'une personne candide ne fera jamais. Ainsi ces vers de Boileau :

Pour moi, j'aime à nommer les choses par leur nom,
Je dis qu'un chat est chat, et Rollet un fripon,

sont d'une franchise brusque, qu'un poëte moins satirique n'aurait pas écrits.

J'arrive à l'*ingénuité*, cette qualité d'une âme innocente qui, sans se préoccuper de ce qu'elle dit et fait, se montre telle qu'elle est, parce qu'il n'y a rien en elle qui l'oblige à se cacher. Ainsi, que fait la personne ingénue? Elle avoue ce qu'elle sait, ce qu'elle sent ; c'est souvent une bêtise, n'importe ; dans son ingénuité, elle ne saurait rien taire, rien cacher, ce qui a fait dire de cette qualité qu'elle est sœur de l'indiscrétion. C'est possible ; mais ce qui ne l'est pas moins, c'est qu'elle est plus dangereuse, parce qu'elle est plus aimable.

Du reste, l'ingénuité semble exclure la réflexion et le raisonnement, et l'on trouve dans cette exclusion, un nouveau point de dissemblance entre elle et la franchise ou la candeur.

Quant à la *naïveté*, elle consiste, on le sait, dans une pensée, un trait d'image, un sentiment qui nous échappe malgré nous, et qui, par conséquent, peut parfois nous faire beaucoup de tort.

Or, de cela seul que la naïveté est involontaire, on a pensé qu'elle était irréfléchie, ou mieux encore, on croit généralement que les gens naïfs oublient qu'ils ont réfléchi pour s'attacher à la pensée qui seule les fait agir. Et cela doit être, puisque la naïveté forme le fond du caractère de l'enfant, à qui elle sied parfaitement du reste, à quelques exceptions près ; et d'ailleurs aussi, parce qu'elle est naturelle en eux ; car on n'a pas encore perdu, à cet âge, l'amour du vrai sur lequel elle repose.

N'oublions pas pourtant de mentionner que la naïveté, loin d'être toujours une qualité, est quelquefois un défaut. Elle le devient assurément quand elle est l'expression de la légèreté, de la vivacité, de l'ignorance, de l'imprudence, de l'imbécillité, ou, comme cela arrive souvent, de tout cela à la fois. Oh ! alors, rien n'est blessant comme une naïveté pareille : exemple la naïveté des *enfants terribles*. Ignorant la portée de leurs expressions, ils mettent souvent leurs parents ou les amis qui sont à leur table, ou les étrangers qui viennent les visiter, dans le plus cruel embarras. *Maman! est-ce de monsieur que tu disais comme ça qu'il était embêtant de venir tous les jours? — Est-ce de madame que tu disais qu'elle était une folle d'avoir épousé un jeune mari qui ne l'avait prise que pour son argent, et qu'à coup sûr il lui en ferait voir !...* Et autres naïvetés pareilles. Est-il rien de plus désagréable que d'avoir auprès de soi des enfants si mal élevés?

Reste la *sincérité*. Cette vertu diffère de la franchise en ce que cette dernière, nous devons le répéter, *fait parler* comme on pense, au lieu que la sincérité empêche de parler autrement qu'on ne pense. Sous ce rapport, elle se rapprocherait de la candeur ; mais, attendu qu'elle est moins réfléchie, moins le fait du raisonnement qu'elle, ce n'est donc pas une vertu comme elle. Ou si l'on veut que la sincérité soit une vertu, et je l'admets volontiers, cette vertu n'ayant pas pour caractère distinctif l'*ignorance du mal*, apanage de la candeur, on aurait peut-être tort de les considérer comme une seule et même vertu. D'ailleurs, n'est-ce pas qu'il y a bien plus de pureté dans l'une que dans l'autre?

Après avoir énuméré, ou à peu près, les caractères distinctifs et différentiels de la *candeur*, de la *franchise*, de la *naïveté* et de la *sincérité*, il me reste à faire remarquer qu'il y a deux de ces sentiments qui paraissent tellement se confondre l'un avec l'autre, qu'il serait impossible de les séparer. Je veux parler de la naïveté et de l'ingénuité. Leurs rapports sont fort intimes, leur identité bien grande, on ne saurait le contester, et cependant, si l'on considère que l'ingénuité est dans le sentiment et la naïveté dans le ton ; que la première avoue, révèle, dit simplement ce qu'elle pense, et la deuxième peint, embellit ce qu'elle dit ; ou, pour parler plus clairement, que les expressions de celle-ci peuvent être naïves et les discours de celle-là ingénus, on ne voudra pas les confondre, parce qu'on ne les trouvera pas *parfaitement* identiques.

Ainsi, d'après tout ce qui précède, on doit renoncer à considérer comme un seul et même sentiment, la *candeur*, la *franchise*, l'*ingénuité*, la *naïveté* et la *sincérité*; et donner au contraire, à chacune de ces expressions, une acception particulière.

On y renoncera bien mieux encore, si l'on considère chacun de ces sentiments à part, mis en pratique. Que voyons-nous en effet dans le monde? qu'une personne candide dit *toujours* vrai ; qu'un homme franc ne dissimule jamais, il ne saurait ; qu'un enfant ingénu ne sait rien cacher, il est trop ignorant ou trop étourdi pour cela ; qu'une jeune fille naïve n'est guère propre à flatter, et que les gens sincères ne veulent point tromper.

C'est pour ces motifs, c'est-à-dire par cela seul que la candeur exclut toute dissimulation, qu'on l'aime et qu'on la recherche avec ardeur ; que la franchise, quand elle est raisonnable, ne nuisant à personne, plaît généralement et facilite le commerce des affaires civiles ; que l'ingénuité, ne sachant rien cacher, fait pécher contre la prudence ; que la naïveté, offensant quelquefois, risque de faire manquer à la politesse ; et que la sincérité, étant toujours estimable et estimée, fait le plus grand mérite dans le commerce du cœur.

En conséquence, ces diverses qualités ou vertus, qui toutes se présentent avec des caractères très-nettement dessinés, bien tranchés, ne doivent pas rigoureusement être considérés comme parfaitement identiques. Néanmoins, comme en les séparant dans des articles distincts nous nous exposerions à des redites qui nuiraient à l'exposition et à la clarté des matières, c'est-à-dire à l'appréciation exacte de ces vertus et de ces qualités dont quelques-unes dégénèrent en défauts, mieux a valu, je crois, les grouper toutes en un article unique, et le rendre par ce rapprochement bien plus clair et bien plus complet.

Maintenant que nous avons apprécié la valeur et l'utilité de ces différents sentiments, il ne nous reste plus qu'à tirer des considérations générales qui ont été développées les conclusions suivantes, savoir :

1° Que la candeur étant une vertu bien plus naturelle qu'acquise, c'est un bonheur de l'avoir conservée ; et nous devons désirer la trouver dans les personnes que nous affectionnons. C'est à en faire comprendre l'utilité, l'importance, aux jeunes personnes, que nous devons mettre tous nos soins et diriger nos efforts.

2° Que la franchise étant tantôt une qualité et tantôt un défaut, il faut savoir en tracer les limites, et les faire assez élevées pour que chacun puisse les apercevoir. Elle ne doit jamais sortir des règles de la convenance et de la plus exquise politesse, ne nous faire du tort en aucune façon, et encore moins en faire à autrui. C'est ce qu'on est sûr d'obtenir de toute personne honnête, si l'on peut lui persuader qu'il vaut beaucoup mieux se taire, quand il n'y a pas obligation de parler, que de parler alors que ce qu'on dirait ne peut intéresser personne.

3° Que l'ingénuité se trouvant fort recherchée parce qu'elle gagne l'esprit et le cœur par un commerce doux, agréable et facile, et fait supposer que la jeune fille qui la possède est riche de toutes les vertus, rien ne doit être négligé par elle, pour rester toujours ingénue. Sans doute, et nous en avons déjà fait l'observation, l'ingénuité peut pécher contre la prudence et devient alors nuisible ; mais n'est-ce pas qu'il est impossible de rester fâché contre un enfant, un adolescent, une jeune femme ingénue ? qu'ils nous désarment par leur ingénuité ?

4° Qu'il en sera de même de la naïveté. On l'estime parce qu'elle est aimable ; mais on la redoute parce qu'elle mord, parce qu'elle blesse, parce qu'elle tue parfois en ridiculisant, ou en dévoilant des *mystères* que l'on tenait soigneusement cachés. Exemple : *Maman! sais-tu que ma bonne est bien mal élevée ? — Comment cela, ma fille ? — Elle disait ce matin à papa :* Tu m'embêtes ! Et pourtant, malgré ces malencontreuses indiscrétions, peut-on en vouloir à l'enfant et même à la jeune personne qui nous aura trahis, offensés par la naïveté de ses paroles ?

5° Enfin, que la sincérité étant une vertu aux yeux de tous les hommes qui ont quelque mérite (et c'est peut-être à cause de cela qu'elle est considérée par certaines gens comme un défaut), on fera bien de la rechercher avec soin et de se faire une loi d'être toujours sincère. Mais plus on la recherche en autrui, plus il faut se méfier de cette espèce de fausse sincérité ou fine dissimulation dont se servent ceux qui veulent gagner notre confiance. Une sincérité pareille n'est qu'un odieux mensonge, qu'il faut savoir reconnaître, démasquer et punir.

Du reste, les personnes candides, franches, ingénues, naïves et sincères, éviteront facilement de tomber dans le piège, si elles se méfient des gens qui affectent de parler de leur franchise, de leur sincérité : tout comme elles éviteront les inconvénients que j'ai signalés précédemment, si elles contractent de bonne heure l'habitude de la réflexion, de la discrétion, de la bienveillance, en un mot de toutes les vertus, qui, profondément gravées dans nos cœurs et constamment mises en pratique, nous corrigeront de bien des travers, de bien des défauts, et même de beaucoup de nos vices.

CAPRICIEUX, Caprices (défaut). — Pour bien comprendre le capricieux, il faut le considérer sous deux aspects différents, à savoir, selon que, par un travers de caractère dont il ne se départ jamais, inconstant et léger, il éprouve alternativement des mouvements subits, spontanés, d'amour ou de haine, de désir ou d'aversion, de louange ou de blâme, etc., sans que la réflexion puisse modérer en rien l'exaltation de son esprit, ce qui le confond en quelque sorte avec le Bizarre (*Voy.* ce mot), le fantasque, le quinteux ou le bourru ; et selon que, semblable aux enfants gâtés, il est tout au rebours de ce qu'on voudrait qu'il fût, ce qui le confond avec le boudeur. La plupart des auteurs de dictionnaires ont donc eu tort de considérer le mot *capricieux* comme synonyme de *bizarre* seulement.

Sans doute il y a caprice ou bizarrerie de la part de cette jeune personne, qui sait qu'elle a une jolie voix, qui brûle du désir de se faire applaudir, et qui cependant ne veut pas chanter parce qu'on ne lui aura dit trop tard ou qu'on ne l'aura pas assez pressée. Sans doute il y a bizarrerie ou caprice de la part de cet enfant qui ne veut pas manger de la crème qu'il avait demandée, parce qu'on ne l'a pas servi tout de suite, ou qui refuse d'aller à la promenade, parce qu'on ne lui met pas son chapeau neuf, etc., etc. Mais dans tous ces cas c'est un caprice Boudeur (*Voy.* ce mot), bien différent du caprice simplement Bizarre. Aussi, quoique leur synonyme sous certains rapports, il mérite d'en être distingué et séparé sous quelques autres.

Quoi qu'il en soit, comme dans l'un ou l'autre cas le caprice tient à un manque d'éducation ou à une coupable faiblesse de la part des parents à l'égard de leurs enfants, il est rare qu'à mesure que la raison se forme et que l'enfant se fait un peu mieux aux usages de la bonne compagnie, cet *enfantillage* des personnes capricieuses n'aille s'affaiblissant de plus en plus et ne finisse par ne plus se montrer. On doit favoriser cette réaction par d'adroites remarques que l'on peut faire faire aux enfants qu'on veut corriger, et en y joignant quelques plaisanteries délicates sur les personnes qu'on leur fera remarquer. Il va sans dire que ce sont celles qui ont les mêmes défauts qu'eux.

Et quant aux femmes qu'à certains égards on nomme capricieuses, nous devons leur faire savoir, alors qu'elles l'ignoreraient, que si le caprice n'est pas toujours sans attraits, il nuit souvent à leur bonheur. Il semble d'abord, il est vrai, fixer auprès d'elles le cœur de celui qu'elles aiment ; aux premiers jours, il jette une sorte de variété jusque dans la constance ; mais bientôt il fatigue, il rebute. Dans le mariage, surtout, il est déplacé ; car un père de famille est livré à tant de soins qui demandent toute l'attention de son esprit, qu'il est bon pour lui de pouvoir aimer avec calme et sécurité.

CAUSTIQUE (faculté). — Caustique, esprit caustique, se dit, en morale, de cette faculté naturelle ou acquise que les gens d'esprit possèdent, et qui leur fait dire ou écrire, avec une malignité mordante ou satirique, des choses qui nous piquent ou nous blessent.

C'est la qualité dominante des écrits d'Horace, de Juvénal, de Martial, de Boileau, etc., qui dans leurs épigrammes, où parfois la méchanceté perce, ont déversé le ridicule sur bien des défauts, bien des travers, que la société tolère, malgré tout le sel dont ils ont assaisonné leur style piquant et original.

Leurs vers sont dans toutes les bouches, on les répète à tout propos, on se fait même un mérite de les réciter ; mais en sommes-nous devenus meilleurs ? Ne faisons-nous rien de ce qu'ils ont critiqué, blâmé ? Personne n'y songe : et si chacun de nous récite les vers de Boileau ou les épigrammes de Martial, c'est pour la satisfaction de notre amour-propre, pour avoir la réputation d'homme lettré, et non dans un but d'intérêt général : la réforme des mœurs.

Ce devrait être pourtant notre première pensée ; et si nous sommes doués d'un esprit caustique, nous devons en faire un bon usage. *Voyez*, pour les règles à suivre, SATIRE, SATIRIQUE, synonyme de caustique.

CHAGRIN (sentiment). — Celui dont l'âme est attristée par les revers, éprouve des chagrins. — Ceux-ci sont nombreux et fréquents, car ils viennent du mécontentement et des tracasseries de la vie ; et nous savons tous que le cours de notre existence en est semé.

Ils sont même tellement inhérents à notre nature, si inséparables de notre condition, qu'en quelque état de bonheur et de prospérité où nous soyons, nous devons nous attendre à ce qu'ils surviennent nous surprendre avec la cause qui les produit. Par là, si nous ne parvenons pas à les éviter, ils nous deviendront probablement moins sensibles, surtout si nous rapportons à Dieu nos malheurs et les accueillons avec la résignation du chrétien.

Préparez-vous, disait une mère à son fils, à essuyer les revers de la fortune et à souffrir divers accidents fâcheux, malgré toute la probité qui pourra se trouver en vous. Ce désordre apparent fait partie de l'ordre exact par lequel ce monde est gouverné. Comment serait-il, sans cela, le sage prélude d'un séjour à venir et le noviciat d'une vie infiniment meilleure que celle-ci ? Dans toutes vos adversités, armez-vous de la réflexion et de la patience. Ne vous plaignez jamais avec bassesse, mais regardez toujours à la Providence, et que votre soumission, votre résignation, vous mettent au-dessus de votre infortune.

De même, la raison veut qu'on supporte patiemment l'adversité, qu'on n'en aggrave pas le poids par des plaintes inutiles, qu'on n'estime pas les choses humaines au delà de leur prix, qu'on n'épuise pas à pleurer ses maux les forces qu'on a pour les adoucir, et qu'enfin, l'on songe quelquefois qu'il est impossible à l'homme de prévoir l'avenir et de se connaître assez lui-même pour savoir si ce qui lui arrive est un bien ou un mal pour lui. C'est ainsi que se comportera l'homme judicieux et tempérant en proie à la mauvaise fortune. Il tâchera de mettre à profit ses revers mêmes, comme un joueur prudent cherche à tirer parti d'un mauvais point que le hasard lui amène ; et, sans se lamenter comme un enfant qui tombe et pleure auprès de la pierre qui l'a frappé, il saura porter, s'il le faut, un fer salutaire à sa blessure, et la faire saigner pour la guérir. (*J.-J. Rousseau.*)

Le chagrin a des effets plus ou moins prompts, plus ou moins durables, plus ou moins profonds sur le physique de l'homme. Ainsi, 1° je trouve dans la *Bibliothèque des Croisades*, t. I, qu'à la diète de Ratisbonne, une foule de princes et de prélats ayant fait serment de défendre l'héritage du Christ, les intérêts les plus chers, les plus tendres affections, ne purent retenir ces princes et ces chevaliers dans leur patrie. De ce nombre était Frédéric, neveu de l'empereur ; il avait pris la croix, et ne se laissa point toucher par les larmes de son vieux père, le duc de Souabe, qui mourut de douleur malgré les consolations de saint Bernard. (*Otton de Fresengen*, chap. 37.)

2° Borsinius rapporte qu'une demoiselle de Sienne mourut subitement de regret en voyant partir le comte Curiale, son amant. L'histoire nous dit aussi, 3° qu'Isocrate mourut de chagrin peu de jours après avoir appris la défaite des Athéniens à Chéronée ; et Louis Carrache, pour avoir fait une faute de dessin dans la figure de l'ange de l'Annonciation, fresque qu'il peignait dans l'église de Saint-Pierre. Du reste, tous les auteurs de médecine font mention des désordres organiques et vitaux que les chagrins prolongés occasionnent dans le corps humain. Toutefois, comme ces désordres sont absolument les mêmes que ceux produits par la tristesse, nous renverrons à cet article les observations et réflexions qui doivent compléter celui-ci. *Voy.* TRISTESSE.

CHANGEANT, CHANGEMENT (défaut). — Poussés par un instinct naturel ou un sentiment irréfléchi, tous les hommes sont naturellement portés au changement; mais il est une chose qui les y porte bien davantage et dont il faut se défier en bien des circonstances, c'est le changement qui s'opère en eux lorsque leur intérêt personnel ou tout au moins leur satisfaction intérieure s'y trouve. Ainsi, suivant qu'ils seront dirigés par l'un ou l'autre de ces motifs, l'ambitieux ou le libertin, par exemple, changeront d'opinion, de condition, voleront à d'autres intrigues sans s'inquiéter si leurs paroles ou leurs actions les mettent en opposition formelle avec eux-mêmes. Le goût du changement s'étendant des personnes aux choses, l'homme inconstant changera ses chevaux, ses meubles, ses habitudes; se liera le lendemain avec la personne qu'il haïssait la veille, partira à la hâte pour la campagne, après avoir déclaré tout à l'heure que le séjour de la ville était délicieux et qu'il ne le quitterait jamais. Que sais-je?...

Si encore les hommes changeaient pour devenir meilleurs; si leur amour pour le changement se portait sur des réformes salutaires à introduire dans les mœurs, dans les coutumes, dans les usages de la société; si, après avoir suivi le torrent qui mène au vice et à l'irréligion, ils entraient franchement et ouvertement dans les voies de la vertu et des pratiques religieuses, ce changement serait glorieux; mais non, s'ils changent leurs habitudes, c'est par lassitude, par dégoût plus que par repentir; c'est pour avoir le plaisir du changement, après avoir épuisé l'autre plaisir.

Sous tous ces rapports, l'homme changeant ne diffère pas en quelque sorte, soit du bizarre, du fantasque, du capricieux, du quinteux (*Voy.* BIZARRE), soit de l'inconstant, du léger, etc. (*Voy.* INCONSTANCE), soit de l'HYPOCRITE (*Voy.* ce mot), qui, lui, professe toujours les opinions du moment, etc. On verra, en parcourant les articles auxquels je renvoie, quels sont les inconvénients de changer ainsi à tout propos, et par quels moyens on peut se corriger de ce travers.

CHARITABLE, CHARITÉ (devoir), COMMISÉRATION, ou PITIÉ, COMPASSION (sentiments affectueux). — Parmi les attributs de la bonté, un de ceux qui la caractérisent le mieux c'est la *compassion*, ou cette tendresse affectueuse de l'âme qui nous porte à plaindre les malheureux, qui nous fait entrer dans leurs peines et qui nous inspire le désir de les soulager.

Puis vient la *commisération* ou *pitié* (mots parfaitement synonymes), qui, elle aussi, est le sentiment d'une affection douce et tendre de l'âme qui s'émeut douloureusement à la vue des maux d'autrui; mais elle paraîtrait avoir quelque chose de plus que la compassion; elle semble ajouter à celle-ci un degré de plus de sensibilité.

Et quant à la *charité*, ce n'est autre chose que la compassion et la commisération mises en pratique : je m'explique. Quand touché de compassion ou de pitié à l'aspect d'un être souffrant et pauvre, ou seulement au récit de ses misères, nous sommes portés comme par instinct à voler à son secours et courons le consoler par de bienveillantes et fraternelles paroles, par d'abondantes aumônes, le sentiment naturel qui nous inspire et nous fait agir, c'est la compassion, c'est la pitié; les actes que nous accomplissons en suivant ces inspirations sont des actes de charité.

Il est si spontané, ce sentiment, placé si avant dans le cœur humain, que l'individu le plus personnel, tranchons le mot, le plus égoïste, ne le perd jamais (l'avare seul excepté), et conserve souvent ce penchant à faire le bien, quoiqu'il le mette en contradiction avec lui-même. C'est ainsi qu'on voit le voleur de profession qui dépouille le passant, couvrir encore la nudité du pauvre, et le plus féroce assassin soutenir dans ses bras un homme qui tombe en défaillance.

Considérées de la sorte, la compassion et la commisération, ou pitié, semblent devoir leur origine à la *bonté*, cette forte conception des maux de nos semblables. C'est qu'en effet, par une influence qui leur est commune avec celle de leur source originelle, *la bonté*, dès qu'un malheureux s'offre à nos regards ou que le souvenir de ses misères frappe notre esprit, l'imagination s'élève par degrés de l'idée du visible au sentiment réel, et notre âme émue par ce souvenir, ou touchée par ce spectacle, ne saurait nous laisser indifférents et inactifs. C'est pour cela que Fléchier a défini la pitié : *Une tristesse mêlée d'amour pour ceux qui souffrent.*

On a prétendu que, pour qu'il en soit ainsi, il ne faut pas que nous soyons heureux ou malheureux nous-mêmes, vu que dans l'une ou l'autre de ces situations les hommes ne sont ni compatissants ni charitables: l'homme heureux ne soupçonnant pas les horreurs de la pauvreté, l'homme malheureux se croyant toujours plus misérable qu'autrui. Avec une pareille ignorance et de telles pensées, ils doivent, dit-on, devenir indifférents ou égoïstes.

C'est, je crois, porter un faux jugement de l'esprit et des mœurs de la société en général que de la voir ainsi faite : ces récits journaliers que l'on entend sur les souffrances qu'endure celui qui voit ses enfants mourir de faim et n'a pas un morceau de pain à leur offrir; celui qui tremble de froid et n'a que des haillons pour couvrir ses membres glacés, etc., etc.; ces récits, dis-je, devant amollir le cœur de tous ceux à qui rien n'a jamais manqué, à qui rien ne manque. Je ne dis pas qu'il ne puisse y avoir quelques exceptions à cette règle (et quelle est la règle qui n'en a pas?); mais le plus grand nombre de riches ou de misérables seront touchés, soyez-en certains, de compassion ou de pitié, et leur main s'ouvrira pour répandre des bienfaits. Voyez la veuve de l'Evangile, elle n'a qu'un denier et elle le donne; n'était-elle pas bien malheureuse? pouvait-elle être plus charitable?

Voyez Clotilde de Bourgogne. N'étant encore que princesse, elle possédait déjà toutes les vertus chrétiennes. Sa réputation étant venue jusqu'aux oreilles de Clovis, le roi des Francs résolut de l'épouser, s'il était vrai qu'elle fût aussi bonne qu'on le disait. Afin de s'en assurer, il envoya en Bourgogne un de ses affidés nommé Aurélien. Celui-ci, déguisé en mendiant, est chargé de remettre à Clotilde un anneau que lui envoyait Clovis. Aurélien arriva donc sans se faire connaître, et trouva les deux filles de Chilpéric à la porte d'une église, entourées de pauvres, donnant aux uns et caressant les autres.

L'envoyé du monarque français s'approche de Clotilde, qui s'empresse de lui laver les pieds. Aurélien, se penchant alors vers elle, lui dit tout bas : « Maîtresse, Clovis, roi de France, m'envoie vers toi ; si c'est la volonté de Dieu, il désire vivement l'épouser, et pour que tu me croies, voici son anneau. » Clotilde accepta avec joie. Que ressort-il de ce fait historique? Que Clotilde, sans avoir jamais été malheureuse, savait compatir au malheur. Donc on y compatit dans toutes les conditions.

En voulez-vous d'autres preuves ? Examinez ce qui se passe tous les jours au sein de nos cités, dans cette classe qui connaît le malheur et dans celle qui est censée ne pas le connaître; et vous y verrez les pauvres se secourir les uns les autres : témoin ces femmes charitables qui, voyant un individu tomber d'inanition et n'ayant absolument rien à lui donner pour ranimer ses forces, vont quêtant de porte en porte, ou mendient de chaque passant quelques sous qu'elles s'empressent de lui porter ; les riches s'associer à des œuvres de charité dont les dames patronnesses font les frais avec un zèle et un dévouement vraiment admirables, et cela sans arrière-pensée. Et ils ont raison ; car malheur au riche qui resterait impassible et froid devant ces tableaux des misères de cette vie! Malheur à lui, puisqu'il s'isolera du monde qu'il aime tant, de ses frères qu'il doit soulager, tous les hommes ayant été créés pour s'aider et se secourir les uns les autres ! Que les très-heureux et les bien malheureux soient moins compatissants que les intermédiaires, c'est possible; mais dire d'une manière absolue qu'ils ne sont pas charitables, c'est aller au delà de la vérité.

Ainsi, soulager les malheureux qui implorent notre pitié ou que la honte de leur misère retient silencieux, c'est être charitable ; et la charité ainsi conçue n'est pas une vertu, c'est simplement un devoir que la philosophie païenne, les lois de la morale et les préceptes de l'Evangile commandent.

Je dis premièrement, *la philosophie païenne*. Il résulte en effet des explications que Sénèque, philosophe païen, a données relativement à la manière dont les hommes doivent honorer les dieux, et aux égards qu'ils se doivent les uns aux autres, que *ce n'est qu'en croyant aux dieux, en pratiquant des bonnes œuvres et en tâchant de les imiter dans leurs perfections, qu'on peut leur rendre un culte agréable*. Et ailleurs : *Tous les hommes doivent se regarder tous comme les membres d'un grand corps, la nature les ayant tirés de la même source et, par là, les ayant faits les parents les uns des autres.*

Tels étaient, on le sait, les préceptes que Sénèque enseignait et qu'il a résumés en quelque sorte dans ce beau vers qui explique toute sa pensée : *Homo sum, humani nihil a me alienum puto* : « Je suis homme et tout ce qui regarde les hommes ne m'est point étranger. »

J'ai dit secondement, *les lois de la morale*. La preuve, c'est qu'il suffit qu'un malheureux excite par ses souffrances ou par sa pauvreté notre compassion ou notre pitié, pour qu'aussitôt, par philanthropie, nous nous fassions un devoir de lui venir en aide, chacun suivant nos facultés et nos moyens.

A plus forte raison, troisièmement, *les préceptes du christianisme*, qui veut qu'on aime son prochain comme soi-même, et qu'on fasse à autrui ce que nous voudrions qu'il nous fit.

Sous ce rapport, je ferai remarquer que, ayant peu étudié la théologie, je ne puis comprendre pourquoi le catholicisme appelle la *charité* une vertu théologale, alors qu'on ne devrait, ce me semble, ne la regarder que comme l'*accomplissement* d'une vertu, et par exemple de la compassion, de l'amour de l'humanité ou tout autre sentiment vertueux. Laissant à de plus habiles que moi le soin de traiter cette question dans les Dictionnaires de théologie ou dans les ouvrages consacrés à l'examen de ces mêmes questions, je me bornerai, dans celui-ci, à dire quelle est l'idée que je me suis faite de la charité. Non que je prétende imposer mon opinion à personne, mais parce que je désire prouver que ce n'est pas à la légère que je l'ai adoptée. Cette discussion prouvera d'ailleurs que ce n'est pas sans fondement que je l'ai dit dans mon épigraphe : *J'ai observé avant de raisonner ; j'ai raisonné avant d'écrire.*

Entrons franchement en matière. En quoi l'Eglise fait-elle consister la charité? La charité, c'est l'Evangile en action (*Plenitudo legis charitas*). *L'amour est l'accomplissement de la loi*, dit saint Paul (*Rom.* xiii, 10). Ainsi considérée dans son ensemble, la charité c'est l'amour de Dieu comme le souverain bien, amour de Dieu pour lui-même (*Fénelon*); c'est l'amour du prochain en vue de Dieu, ou un zèle de religion pour le prochain (*Vauvenargues*). Et comme Dieu est inséparable de la morale évangélique, tout ce qu'on fait par amour pour Dieu est l'accomplissement de son Evangile, de ses dogmes.

Dès lors la charité aurait deux objets matériels (comme on parle dans l'école) sur lesquels elle s'exerce, à savoir : Dieu et le prochain.

Eh bien, j'avoue avec sincérité que je ne

comprends pas, je le répète, comment la charité ainsi ordonnée peut être une vertu. C'est peut-être parce que je ne donne pas au mot vertu le sens théologique. Mais toujours est-il que, quand par la pensée je m'élève de la créature au Créateur, je sens en mon âme un sentiment vif et profond de reconnaissance et d'amour, qui me crie : Tu dois aimer ton Dieu par-dessus toutes choses ; car il a mis en ton corps le principe qui l'anime, et il t'a donné ces nobles facultés qui te permettent de le considérer dans toute sa splendeur, sa magnificence et sa beauté. Tu dois donc tout faire, tout entreprendre, tout sacrifier, tout souffrir, mourir même pour ton Dieu, qui lui-même a tout fait, tout entrepris, tout sacrifié, tout souffert, jusqu'au supplice infâme de la croix, pour te racheter et te sauver.

Pénétré de ce sentiment qui me fait aimer mon Dieu de toute la puissance de mon âme, je deviens docile à sa parole et *j'aime mon prochain comme moi-même* par obéissance autant que par sentiment. Mais dans tout cela, je l'avoue, je ne vois pas une vertu ; j'y trouve un devoir sacré que je suis heureux de remplir, parce qu'il est en harmonie avec mes secrets penchants. Je dis plus : y verrais-je une vertu que je ne voudrais pas l'appeler charité. Je la nommerais *amour divin*, et je serais, je crois, conséquent avec mes principes, puisque, quand je dis mon acte de charité, c'est un acte d'amour que je récite : *Mon Dieu, je vous aime de tout mon cœur, parce que vous êtes infiniment bon, infiniment aimable, et j'aime mon prochain comme moi-même pour l'amour de vous.* Est-ce clair ?

Que cet amour de Dieu, que cet amour du prochain, quand ils sont bien sentis, rendent charitable, je le conçois ; car qui aime Dieu aime sa créature, et qui aime son prochain même en vue de Dieu ne peut manquer d'avoir toutes les vertus que cet amour commande. Et nous avons déclaré en commençant que la compassion et la commisération ou pitié font partie de ces vertus.

Mais être charitable ou faire la charité par compassion ou par commisération, par amour de Dieu ou par amour des hommes en vue de Dieu, c'est l'accomplissement ou la pratique d'un sentiment vertueux, et non la vertu elle-même. Une vertu, selon moi, c'est la pensée, c'est le sentiment spontané, irréfléchi, affectueux, qui nous fait agir ; et la pratique de cette vertu, ce sont les actes que nous accomplissons en vertu de ce sentiment. La définition théologique est peut-être un peu différente de la mienne.

Je sais que saint Paul, cet athlète de la charité, cette intelligence si vaste qu'elle embrassait tout, disait avec enthousiasme : *Quand je parlerais toutes les langues de la terre et que j'entendrais même le langage des anges, si je n'ai pas la charité, je ressemble à l'airain qui résonne ou à la cymbale qui retentit.* (Cor. XIII, 1.) Je sais que, pour nous enseigner quels doivent être les caractères de la charité chrétienne, il a écrit : *La charité est patiente, elle est douce, elle est bienfaisante. La charité n'est point envieuse, elle n'est pas vaine et* PRÉCIPITÉE, *elle ne s'enfle point d'*ORGUEIL. *Elle n'est pas dédaigneuse ; elle ne se* PIQUE *et ne s'aigrit de rien ; elle n'a point de mauvais soupçons. Elle ne se réjouit point de l'injustice, mais elle se réjouit de la vérité. Elle supporte tout, elle croit tout, elle espère tout, elle souffre tout.*

Eh bien, je le demande, ces caractères divers ne peuvent-ils pas convenir à l'idée que je me suis formée de la charité ?

J'ajoute, pour pousser plus loin encore mon argumentation, que je ne serais pas éloigné de croire que faire la charité en *vue de Dieu* peut être considéré, rigoureusement parlant, comme participant de l'amour de soi-même, Dieu nous ayant promis des récompenses proportionnées à nos bienfaits. Or, comme cette arrière-pensée pourrait fort bien guider notre main quand elle fait la charité, et que chacun peut se dire du fond de son âme : *Dieu me voit*, il doit s'ensuivre que *toutes* les actions même charitables qui sont faites par tels ou tels ne sont pas également méritantes, ne sont pas également vertueuses dans l'acception rigoureuse du mot vertu. D'ailleurs, « le geste naturel de l'homme sensible (pour compatissant) n'est-il pas d'ouvrir la main quand elle est pleine ? Ce n'est pas là une vertu : c'est *un plaisir.* » (Lamartine.)

Quoi qu'il en soit, soyons charitables et suivons à cette intention l'a belle règle que saint Augustin nous a tracée pour l'application de la charité. « Où la raison est égale, disait le grand écrivain, il faut que la raison décide. L'obligation de s'entr'aimer est égale dans tous les hommes et pour tous les hommes. Mais comme on ne peut pas également les servir tous, on doit s'attacher principalement à servir ceux que les lieux, le temps et les autres rencontres semblables, nous unissent d'une façon particulière comme par une espèce de sort. »

Ce n'est pas qu'il faille encourager les pauvres à se faire mendiants ; mais quand ils le sont, il faut les nourrir de peur qu'ils ne se fassent voleurs. Un liard est bientôt demandé et refusé ; vingt liards auraient payé le souper d'un pauvre que vingt refus peuvent impatienter. Qui est-ce qui voudrait jamais refuser une pareille aumône, s'il savait qu'elle peut sauver deux hommes, l'un d'un crime, l'autre de la mort ? (*J.-J. Rousseau.*)

Soyons charitables, on ne saurait trop le répéter, soit par compassion, soit par amour de Dieu, soit par amour du prochain, soit par amour de nous-mêmes, pourvu que les pauvres soient secourus. Mais soyons-le sans faste et sans ostentation : car de « même que la charité bien entendue sanctifie les actions les plus communes, de même l'orgueil souille et corrompt les plus sublimes actions. » (*La Rochefoucauld.*)

Oui, en toute occasion, quand vous vous sentirez porté vers quelque bien ; lorsque votre beau naturel vous sollicitera pour les misérables, hâtez-vous de vous satisfaire. Craignez que le temps, le conseil, n'emportent ces bons sentiments, et n'exposez pas votre cœur à perdre un si cher avantage.

« Mon bon ami, il ne tient pas à vous de devenir riche, d'obtenir des emplois ou des honneurs; mais rien ne peut empêcher d'être bon, généreux et sage. Préférez la vertu à tout, vous n'y aurez jamais, de regret. » (*Vauvenargues*.)

Et pourtant, si l'on étudie la charité dans la personnification de ses plus beaux dévouements, on se demande : Est-ce dans les palais, dans l'asile de l'opulence et des joies d'ici-bas que nous allons rencontrer la charité ? Faut-il aller, pour voir ses miracles, dans les lieux fréquentés des grands et des heureux du siècle ? Est-ce sur un brillant théâtre qu'elle répand ses bienfaits ? Va-t-elle, comme la science, par exemple, s'étaler aux regards et se repaître des approbations et des applaudissements ? La trouverons-nous dans ces brillantes assemblées où la vanité laisse tomber avec ostentation ses rares aumônes ? Oui, on l'y trouve, mais on la néglige ; on l'oublie, parce qu'elle se tient à l'écart ; on dirait que le bruit et l'éclat lui font peur. Aussi ne sont-ce pas les lieux qu'elle préfère ; on la rencontre plus sûrement dans l'humble réduit de la misère, au chevet d'un lit d'hôpital où gît la souffrance, où le pauvre agonise. Partout où l'humanité souffre; partout où l'homme a besoin d'un frère, d'un ami, d'un instituteur, d'un prêtre; partout où il y a des malheureux à soulager, des ignorants à instruire, des infidèles à convertir.

Figurez-vous la plus misérable demeure, l'antre le plus infect, l'atmosphère la plus empoisonnée, et là, sur un grabat, un pauvre en haillons, couvert d'ulcères dont l'odeur repousse, dont la vue épouvante; si vous voulez même, un misérable dont la débauche ait rongé la chair, un être que le crime a flétri.

Si ce malheureux n'a plus de mère, sans doute il va mourir abandonné dans les angoisses de la douleur et dans le désespoir. Qui donc viendrait auprès de lui ? Il y a peut-être, pour le secourir, des miasmes pestilentiels à braver ? La bienfaisance et l'humanité reculeront à ce spectacle ou n'y résisteront pas ? Approchez-vous et voyez : auprès du grabat il y a une femme, mais ce n'est point une femme ordinaire ; celle-ci a vaincu les susceptibilités, les faiblesses naturelles à son sexe ; car elle n'a point horreur de ce spectacle; elle panse les ulcères de ce malade, soutient sa tête alourdie, lui prodigue les soins les plus touchants, le console avec des paroles affectueuses et ne le quitte pas un seul instant. Cette femme, ce n'est point sa mère ni sa sœur; mais une chrétienne embrasée des feux de la charité; un ange que la Providence envoie pour consoler, secourir, n'importe lequel des frères de Jésus-Christ : c'est une religieuse.

Interrogez l'antiquité, interrogez toutes les religions, demandez-leur ce dévouement sublime de la femme. Que nos réformateurs nous donnent de semblables héroïnes, qu'ils inventent un mobile assez puissant pour enfanter de tels miracles !... (*P. Belouino*.)

Soyez charitables comme elles, et non comme ces hommes bouffis d'orgueil qui épient si on les regarde quand ils font une bonne œuvre, et qui la différeraient à tout jamais si elle ne devait pas avoir des témoins et des prôneurs. Soyez charitables comme les jeunes colons de Petit-Bourg qui, s'abandonnant à un sentiment dont ils n'auraient pu se rendre compte, s'imposèrent bien des privations pour secourir la vieillesse indigente ; ou comme les disciples de saint Vincent de Paul, qui pénètrent avec mystère et bonté dans la mansarde du pauvre pour verser le baume salutaire de la foi et de l'espérance dans son cœur, et d'abondantes aumônes dans sa main décharnée. Ou bien encore comme l'était le duc de Berry, petit-fils de Louis XV. Citons un des traits les plus remarquables de sa bienfaisance.

Avant de monter sur le trône, animé de cette ardente charité qui ne le quitta jamais, le vertueux Louis XVI s'occupait sans cesse à découvrir les pères de famille qui, tombés sans leur faute dans le malheur, essayaient de cacher leur misère aux yeux de tous. Déguisé sous l'habit le plus commun et accompagné d'un seul valet dont la discrétion lui était connue, il allait déposer des sommes considérables dans l'asile de l'infortune et se dérobait à tous les remercîments.

Surpris un jour par plusieurs de ses officiers, fort étonnés de le voir sortir d'une maison dont l'apparence était des plus pauvres, le prince leur répondit avec cette gaieté qu'inspire toujours le constant exercice des bonnes actions : « Vous conviendrez, messieurs, que je ne suis pas heureux : je ne puis essayer d'aller en bonne fortune qu'on ne le sache. » Ce fait n'a pas besoin de commentaire.

N'oublions pas de mentionner que la charité ne consiste pas seulement à porter des consolations aux malheureux et à leur faire d'abondantes aumônes ; elle s'exerce d'une manière bien plus profitable alors qu'elle empêche la calomnie et la médisance de répandre leur venin. Oui, celui qui ose heurter de front le calomniateur ou le diffamateur alors même qu'il n'agirait que pour faire le plaisant, et sans intention de nuire ; celui qui ose dire aux rieurs ou à ces mauvais cœurs qui encouragent la calomnie et la diffamation en lui prêtant l'oreille, ce que Jésus-Christ dit aux persécuteurs de la femme adultère : *Que celui qui est sans péché lui jette la première pierre;* cet homme-là, dis-je, accomplira un acte de charité.

CHASTETÉ et CONTINENCE (vertus). — Parmi les appétits sensuels que l'homme et la femme éprouvent, un des plus violents, des plus impérieux, est celui qui porte un sexe vers l'autre pour s'unir à lui dans un commerce charnel (*Voy.* AMOUR DES SEXES). Cet appétit leur est commun avec tous les animaux, quelle que soit leur espèce, la nature n'ayant pas moins veillé à la conservation des uns qu'à celle de tous les autres êtres animés. Dès lors, s'il est une puissance qui donne à l'homme la faculté de dompter ses appétits sensuels, une puissance qui l'épure et le tienne dans le respect sacré que la philosophie et la religion lui prescrivent d'avoir pour la femme, cette puissance sera une vertu. C'est aussi la qualification que l'on a donnée à la *chasteté*, et elle le mérite réellement, puisque c'est un sentiment honnête qui fait qu'on s'abstient des plaisirs de la chair *hors les cas légitimes*.

J'ai dit que la chasteté épure l'homme et le tient dans le respect que la philosophie et la religion imposent, afin de faire remarquer que les lois morales et les lois religieuses ne sont pas également étroites. Ainsi, tandis que l'une se borne à prescrire des règles à l'usage des plaisirs charnels, l'autre, allant beaucoup plus loin, *veut* qu'un regard, une parole, un geste mal intentionnés flétrissent la chasteté chrétienne. (*Diderot.*) Donc celle-ci serait bien plus sévère que celle-là.

A ce propos, je ferai observer, que la chasteté est de tous les temps, de tous les âges, de tous les états, tandis que la continence n'est que du célibat ; et il s'en manque beaucoup que celui-ci soit obligatoire. Or, si la chasteté est une vertu, à plus forte raison la continence en sera-t-elle une. Et cette vertu devient même d'autant plus méritoire, que, tandis qu'il en coûte peu d'efforts pour être chaste, alors surtout que la chasteté est une suite naturelle de l'innocence des mœurs, et que lorsque l'appétit se réveille il peut être satisfait par un commerce légitime, il en coûte beaucoup au contraire d'être continent, du moment surtout où les appétits sont très violents. C'est pourquoi, comme il y a beaucoup plus de mérite à être continent qu'à être chaste, comme la continence n'est que le fruit d'une victoire remportée sur soi-même, ce qu'on ne dit pas de la chasteté, l'une étant plus difficile que l'autre, elle a plus de droits à notre approbation et à nos encouragements.

Prenez garde que je n'ai entendu parler jusqu'à présent que de la chasteté selon la philosophie ; car, si nous étendions, comme on doit le faire, les limites de la chasteté jusqu'à la sphère des devoirs que le catholicisme nous a tracés, nous reconnaîtrons qu'il est aussi difficile d'être chaste que d'être continent. Je dis plus, il y a dans la vie une époque où il est plus facile d'être continent que chaste, c'est lorsque, arrivé à un âge avancé, l'impuissance physique de l'homme le force à la continence. Alors il est bien rare que les vieillards soient chastes ; et cela prouve qu'on peut être continent sans pratiquer la chasteté.

Gardons-nous d'imiter de pareils exemples, et sachons bien que plus une vertu est difficile, plus il y a de mérite à la pratiquer. Redisons-le souvent aux jeunes personnes, afin qu'elles n'ignorent pas que la pureté de l'âme et de la conduite est la première gloire des femmes, et, soyons-en certains, elles désireront toutes la conserver.

Et pourquoi ne le voudraient-elles pas, si elles sentent qu'il n'est rien de plus beau que de voir toute la terre à ses pieds, et de triompher alors de soi-même, de s'élever dans son propre cœur un trône auquel tout viendra rendre hommage ?

Pourquoi ne le voudraient-elles pas, si elles sont averties que les sentiments tendres et jaloux, mais toujours respectueux, l'estime universelle et la leur propre, payeront sans cesse en tribut et en gloire les combats de quelques instants ?

Pourquoi ne le voudraient-elles pas, enfin, lorsque, si les privations sont passagères, le prix en est permanent ; lorsqu'il n'y a pas de jouissance plus délicieuse pour une âme chaste que l'orgueil de la vertu unie à la beauté ?

Telle on vit Livie, femme de Tibère, belle parmi les plus belles et d'une sagesse surpassant sa beauté ; on l'a toujours citée comme ayant aimé uniquement son mari et comme le plus parfait modèle d'une grande chasteté et d'une haute vertu.

Dion raconte qu'un jour des hommes nus s'étant trouvés par hasard ou autrement devant cette princesse, le sénat était sur le point de les condamner ; mais Livie s'y opposa, disant que les hommes nus sont des statues pour des femmes chastes. Cette sentence est sans doute plus philosophique que chrétienne. Aussi, tout admirable que ce langage puisse être pour le philosophe, je préfère le naïf et le sublime des expressions dont se servit Suzanne pour résister aux vieillards qui l'avaient surprise au bain. Ayant les larmes aux yeux et Dieu dans le cœur, dit Daniel, elle leur répondit en ces termes : *Je ne vois que maux de toutes parts ; car si je me livre à ce que vous voulez de moi, je suis coupable ; et si je ne le fais pas, je n'échapperai point de vos mains........ Mais j'aime mieux tomber entre vos mains étant innocente que de commettre un péché devant Dieu qui me voit.*

Voilà quelle fut, dans les temps antiques, l'idée de la chasteté. Ce sentiment était également poussé fort loin dans la Chine, et c'est pour ne pas manquer à ses lois que les femmes ne convolaient jamais à de secondes noces.

Du reste, on ne saurait attacher trop d'honneur et de gloire à la chasteté des femmes ; car, sans ce frein, combien qui peut-être pousseraient bien plus loin la licence que les hommes !

Ce n'est pas seulement à ce point de vue que la chasteté mérite nos hommages ; et, si elle a de grands et de réels avantages à offrir aux jeunes personnes et à toutes les femmes, la modération dans les plaisirs a non moins d'avantages pour les hommes. Elle est nécessairement indispensable, d'abord à l'homme qui veut se conserver longtemps dans la fleur de l'âge, et qui aspire surtout à briller dans la carrière des beaux-arts.

Ainsi, toute grande œuvre intellectuelle exige dans sa génération la continence des plaisirs charnels. *Abstinuit* Venere *et vino, sudavit et alsit*, dit Horace, quoique peu fidèle quelquefois lui-même à ses préceptes, qui furent mieux observés par Virgile, pudique et réservé comme une jeune fille.

Ainsi, d'après le chancelier de Vérulam (Bacon), aucun des grands génies de l'antiquité n'a été très-adonné aux femmes, et tout le monde sait qu'un des plus grands physiciens dont s'honore l'Angleterre est mort vierge à l'âge de quatre-vingts ans.

Ainsi, suivant la remarque d'Arétée de Cappadoce (et cette observation a été vérifiée par tous les physiologistes), la continence imprime une tension et une vigueur extrême à toute la constitution, excite le cerveau et exalte la faculté de penser. De là viennent aussi le courage, la magnanimité et la force du corps. Ce qui explique pourquoi les athlètes vivaient dans le célibat, et pourquoi le législateur hébreu défendait aux hommes d'approcher de leurs femmes lorsqu'ils devaient aller à la guerre.

La chasteté n'est donc pas seulement nécessaire pour conserver au corps sa force et sa vigueur, mais encore pour conserver au cerveau toute l'activité qui lui est nécessaire. Une grande puissance cérébrale, quand elle n'est point dépensée par la méditation et par l'étude, ajoute extrêmement à la vigueur génitale, et la faculté génératrice quand on n'en abuse pas, reportant au contraire un surcroît d'énergie à la puissance cérébrale, les enfants qu'on procrée alors doivent s'en ressentir. C'est peut-être à cela qu'on doit rapporter la supériorité de vigueur physique ou d'intelligence que les bâtards ont sur les premiers-nés d'un mariage légitime ont sur leurs puînés.

Du reste, on a fait la remarque que le père de Michel Montaigne, revenu à trente-deux ans des guerres d'Italie, vierge encore, eut ce fils célèbre après une chasteté aussi remarquable; que le père de J.-J. Rousseau retournait de Constantinople, rapportant à son épouse le prix d'une longue fidélité, et qu'un grand nombre des hommes les plus distingués ont été engendrés hors du mariage ; ce qui confirme mon opinion. Parmi ces derniers on cite Homère, Galilée, Erasme, et, dans des temps plus modernes, d'Alembert et Jacques Delille. Ainsi, la chasteté conserve à l'homme toute la puissance de son génie, et cette puissance peut s'étendre aux fruits de leurs chastes amours.

Ce n'est pas tout encore : dans la vieillesse, l'homme que des habitudes vicieuses n'ont point dépravé et qui ne prend plus les désirs de son imagination pour des besoins réels, devient naturellement continent : sans désirs spontanés, sans goût pour des plaisirs dont la pensée seule lui reste, il trouve tout simple de fermer la porte du temple dans lequel il les goûta. Mais si, méconnaissant tout à fait le véritable état de ses forces, l'homme abusé sur sa position par la stimulation indirecte ou immédiate des organes de la reproduction, cherche encore des jouissances dans le rapprochement des sexes, ce qui lui reste de ses forces se dissipe bientôt dans l'ébranlement causé par les efforts prolongés qui le mènent à la jouissance.

Enfin l'hébétude de son esprit, le vertige, la langueur des fonctions digestives, le tremblement sénile, la paralysie et même l'apoplexie foudroyante sont là pour le frapper et l'avertir très-sévèrement des dangers inséparables d'un plaisir qui n'est plus de son âge, et qui excite une commotion dont la violence est incompatible avec sa faiblesse. (*Rullier.*) Ce dernier accident (l'apoplexie foudroyante) sera bien plus à craindre encore si le vieillard goûte ces jouissances immédiatement après le repas, Broussais ayant observé que les individus qui font la *sieste* avec leurs femmes (n'importe leur âge) sont fréquemment frappés d'apoplexie. Toutefois, il ne faut pas se le dissimuler, on ne peut guère, sans de très-grands efforts, être chaste selon l'esprit de l'Évangile, et à plus forte raison être continent. C'est pourquoi, afin d'exprimer avec force et vérité la violence des combats que l'esprit livre parfois à la chair révoltée, je laisserai parler saint Jérôme, qui, ayant longtemps combattu, a décrit avec une mâle éloquence toutes les angoisses de la continence.

Voici comment ce solitaire a constaté, d'après sa propre expérience, les combats de l'homme révolté contre la nature : « Au sein des déserts, dans ces vastes solitudes brûlées du soleil, combien de fois j'ai rêvé les délices de Rome ! Assis au fond de ma retraite, seul, parce que mon âme était pleine d'amertume, défiguré, amaigri, le visage noir comme celui d'un Éthiopien, mes membres se desséchaient sous leur sac hideux ! Tous les jours des larmes, tous les jours des gémissements ; je criais au Seigneur, je pleurais, je priais, et lorsque, oppressé par le sommeil et luttant contre lui, il venait me surprendre, mon corps épuisé tombait nu sur la terre nue. Je m'étais condamné à ce supplice pour échapper aux feux de l'enfer. Eh bien ! dans ces tristes déserts, environné de bêtes féroces et d'affreux reptiles, je me revoyais en idée parmi les chœurs des vierges romaines. Le visage était abattu par la pénitence, le cœur brûlé par d'infâmes désirs. Dans ce corps exténué, dans une chair morte avant l'homme, la concupiscence attisait ses feux dévorants. Alors j'invoquais le Seigneur, je mouillais ses pieds de mes larmes; le jour, la nuit, je criais me frappant la poitrine et ne cessais d'implorer Dieu, jusqu'au moment où il rendait le calme à mon âme. Je me souviens d'avoir passé des semaines entières sans manger, craignant même d'entrer dans ma cellule où j'avais nourri de si coupables pensées, cherchant des vallées profondes, d'âpres rochers, de hautes montagnes pour en faire un lieu d'oraison et de supplice, bourreau impitoyable de cette chair rebelle. »

J'ai dit les terribles effets de la continence ; reste à en peindre les douceurs. Je le ferai en empruntant la même palette et le même pinceau, afin de conserver à mon tableau absolument les mêmes traits et les mêmes couleurs que saint Jérôme a su lui donner. « Là, poursuit-il, Dieu m'en est témoin, après des torrents de larmes, les yeux attachés au ciel, *triomphant*, je m'élevais parmi les anges, et dans les ravissements d'une vision céleste je chantais : *Je suis arrivé jusqu'à vous, attiré par l'odeur de votre encens.* » On ne saurait le contester, les luttes incessantes du saint solitaire offrent un exemple bien remarquable de ce que peut la volonté de l'homme contre les appétits et les penchants qui pourraient l'entraîner. Mais suffit-il toujours, pour dompter sa chair et triompher de ses passions, de vouloir fortement et de prier avec ferveur ? Je réponds affirmativement, et cependant je connais l'histoire d'un pieux cénobite, d'un tempérament fougueux, qui, malgré les macérations, le jeûne et la prière, jointe à une forte volonté de chasser de son cœur les pensées mauvaises qui venaient l'agiter, ne pouvait se mettre dans son lit sans éprouver toutes les fureurs de ce qu'il appelait *le démon* de la chair..... L'occupation assidue du jardinage, ajoutée à ses pieux exercices, finit par le guérir.

Mais tous les continents, hommes ou femmes, ne sont pas aussi heureux que le furent saint Jérôme et le digne cénobite dont j'ai parlé : il en est, hélas ! qui en ressentent de terribles effets, soit qu'ils manquent de foi en celui qui donne la force, soit que, par un vice de leur organisation, le cerveau, disent des médecins, ébranlé par des secousses sans cesse renaissantes, perde de ses propriétés organiques et vitales. Il en résulte qu'après avoir combattu pendant quelque temps avec plus ou moins de succès, quelques individus qu'une longue continence sans grande piété surexcite, deviennent tristes, moroses, abattus. Ils se montrent avec un visage animé, le regard étincelant ; leur corps est agité et brûlant. Ils finissent, perdant la raison, par se livrer à des actes obscènes, révoltants, coupables. L'homme s'y porte avec toute la violence et la brutalité du satyre ; la femme avec toute la douceur de la nymphomane, restée au premier degré de la monomanie érotique ; c'est-à-dire, que d'abord elle provoque par des regards lascifs, des poses voluptueuses, des propos agaçants qui montrent qu'elle a perdu tout sentiment de pudeur et de retenue ; et cela dure ainsi jusqu'à ce qu'enfin, éprouvant toutes les agitations de la fureur utérine ou de la véritable aliénation mentale, elle se porte à des excès contre tout individu, fût-il dégoûtant, qui se refuserait à ses embrassements. Bicêtre et Charenton sont là comme témoins irrécusables de ces tristes faits.

On ne saurait donc trop se hâter de venir en aide à tous ceux qui, forcés de vivre *continents*, sentent trop vivement l'aiguillon de la concupiscence. Sans doute que les moyens employés par saint Jérôme pourraient être utilement employés ; mais, outre qu'il n'est guère possible aujourd'hui de s'isoler entièrement du monde, on trouverait peu d'hommes qui voulussent se hasarder à soutenir de pareilles luttes, ni livrer de semblables combats. Et le voudraient-ils, qu'il faudrait qu'ils fussent doués d'une force d'âme pareille à celle du pieux solitaire, pour triompher comme lui ; car je dois faire observer que le jeûne et l'abstinence, en amaigrissant le corps, favorisent la prédominance du système nerveux. Dès lors celui-ci, devenu bien plus irritable encore, passé à l'état d'hyperesthésie, entretient alors, si je puis ainsi parler, un feu continuel caché sous la cendre, lequel se rallume de temps en temps avec la dernière violence. Mieux vaut, en conséquence, s'il y a force majeure pour le continent, de rester tel, de lui conseiller les débilitants, toujours utiles pour calmer l'érétisme des organes sexuels, à moins que celui-ci ne tienne à la faiblesse.

On leur associera les cataplasmes relâchants, les fomentations de même nature et les frictions de camphre pulvérisé et mêlé à la salive que j'ai prescrite et vu employer avec avantage. Les boissons rafraîchissantes, les demi-bains et mieux les bains entiers tièdes, seront également conseillés. Le régime se composera de végétaux, de laitage et de toutes autres substances qui entretiennent le corps sans le trop nourrir. Le séjour à la campagne, la chasse, la pêche, l'horticulture, les arts mécaniques, tout ce qui, en un mot, peut occuper agréablement l'esprit et le distraire de son idée fixe, seront proposés et recommandés.

Mais tous ces moyens seront insuffisants si les individus restent trop longtemps couchés, et si leur lit est trop mou, la trop grande chaleur aux reins favorisant la fluxion du sang sur les organes générateurs ; s'ils ne se privent de la vue des tableaux, des spectacles, ballets, des cirques et autres lieux où les acteurs et actrices paraissent coquettement parés et demi-nus ; s'ils ne s'abstiennent d'aller dans ces salons brillants où tout respire la volupté, à ces bals, où une sorte de familiarité s'établissant entre les danseurs et les danseuses, ils restent longtemps enlacés et confondent pour ainsi dire leur haleine ; s'ils ne repoussent constamment ces livres où *tout* parle de l'amour et de ses plaisirs, et qui font de chacun de leurs faibles lecteurs autant de héros de roman ; si on ne leur défend expressément les boissons excitantes, spiritueuses, les mets salés et épicés, les viandes noires, rôties, les truffes, les farineux, et tout ce qui enfin, en enrichissant le sang, dispose à la luxure. Car il ne faut pas se dissimuler, et cette observation n'avait pas échappé à Strabon ni à Démétrius, quand nous nourrissons bien le corps, l'esprit se porte mieux, et plus il se porte bien, plus il est disposé aux plaisirs charnels.

Il n'est pas nécessaire, je pense, que je m'arrête longtemps à faire observer que si ces moyens réussissent contre les effets de la continence, ils réussiront bien mieux encore contre les pensées coupables qui deviendront plus rares.

Disons en terminant qu'il ne faudrait pas confondre la chasteté avec la *pudeur*. Elle diffère en ce que telle femme qui brûle au fond du cœur d'une flamme adultère ne laisserait pas cependant, par pudeur, voir ses bras nus à un homme (étrange contradiction!), et telle autre qui..... mais n'anticipons pas. *Voy.* PUDEUR.

On ne confondra pas non plus la chasteté avec la *décence*, qui consiste dans une grande conformité entre les actions extérieures et les lois, les coutumes, les usages, l'esprit, le point d'honneur et les préjugés de la société au milieu de laquelle nous vivons.

Je dis la société du pays où nous vivons : car on peut voir, en parcourant l'histoire des peuples, que la décence a varié d'un siècle à un autre chez le même peuple. Celle-ci, comme la *pureté*, est nécessaire à la chasteté, dont elles sont l'une et l'autre partie constituante, mais ne la constituent pas essentiellement. C'est pourquoi on les cherche chez toutes les femmes dont elles forment un des plus beaux ornements, tout comme chez les autres personnes qu'elles relèvent aux yeux des gens honnêtes et vertueux. Et souvent, quand une pensée coupable nous agite, si la chasteté nous apparaît toute brillante de décence et de pureté, elle nous désarme et nous fait ses esclaves.

Dans le sac de Toscanelle, on présenta à Charles VIII une jeune fille d'une rare beauté. Après avoir inutilement épuisé auprès d'elle toutes les flatteries que la galanterie lui suggérait, il était prêt d'user violemment du droit de vainqueur, lorsque la jeune personne, apercevant un tableau de la Vierge, se jette aux pieds du roi en fondant en larmes et s'écrie : « Au nom de celle qui par sa pureté a mérité d'être la mère de Dieu, ô roi ! sauvez-moi, sauvez mon honneur ! » Frappé par cette invocation inattendue, il la relève et la rend intacte à ses parents. (*Anquetil.*)

Autre exemple. Dans les premiers siècles du christianisme, il y avait en Egypte une esclave d'une rare beauté, nommée Potamienne. Son maître, devenu amoureux d'elle, voulut d'abord la séduire, et ensuite la ravir de force : repoussé par la vertueuse fille, il la livre au préfet d'Aquila comme chrétienne. Le préfet invita Potamienne à céder aux désirs de son maître ; sur son refus, il la condamna à être plongée dans une chaudière bouillante et la menaça de la faire violer par des gladiateurs. Potamienne dit : « Par la vie de l'empereur, je vous supplie de ne pas me dépouiller et de ne pas m'exposer nue, que l'on me descende peu à peu dans la chaudière avec mes habits. » Cette grâce lui fut accordée et Potamienne mourut, comme elle avait vécu, chaste et pure.

A ceux qui trouveraient cet exemple moins concluant que le premier, je leur ferai remarquer que la faveur accordée à Potamienne est immense, puisque à l'époque où cette esclave fut plongée dans la chaudière où elle devait mourir, les vertus, conséquences nécessaires du premier christianisme, faisaient haïr ceux qui les pratiquaient, parce qu'elles étaient un reproche aux vices opposés. En ces temps de barbarie, un mari chassait sa femme devenue sage, parce qu'elle était devenue chrétienne ; un père désavouait un fils autrefois prodigue et volontaire, transformé par le changement de religion en enfant soumis et ordonné. Ainsi en cédant aux désirs de la jeune fille, le préfet d'Aquila rendait un hommage éclatant à ses vertus. Elle obtenait donc un véritable triomphe : un triomphe plus grand, peut-être, que celui qu'obtenait sur Charles VIII la jeune fille qu'on lui avait livrée.

CIRCONSPECT, CIRCONSPECTION (vertu). — La circonspection est une vertu de société qui nous porte à juger avec retenue des actions d'autrui, et à mettre beaucoup de réserve ou de ménagement dans nos discours ou dans nos relations avec nos semblables. Et, par exemple, comme on ne peut lire dans le cœur des hommes, on doit être très-circonspect quand il s'agit de louer ou de blâmer leurs actes, dont le seul motif qu'on ne connaît pas fait seul le prix : et comme dans le commerce de la vie on se trouve journellement en rapport avec des gens qui ne partagent ni nos opinions politiques, ni nos croyances religieuses, il faut être très-circonspect dans son langage, toutes les fois qu'on aura à émettre son opinion sur des questions gouvernementales ou simplement de personnes. Deux bien vieux adages : *Ne dis à aucun ton secret ; Parle peu et bien*, me semblent résumer tout ce qu'on pourrait dire touchant la circonspection à l'égard de soi-même, tout comme celui-ci : *Tant que je ne vois pas le mal, je n'y crois pas, et le verrais-je, que j'en douterais encore*, montre l'étendue de la circonspection que l'on doit avoir à l'endroit des personnes.

Du reste, si l'on veut se faire une idée de tout ce que la circonspection embrasse, on n'a qu'à la considérer dans ses rapports intimes avec la retenue, la considération, les égards, les ménagements dont on l'a faite le synonyme. Nous reviendrons là-dessus en traitant de ces divers articles. *Voy.* CONSIDÉRATION, ÉGARDS, MÉNAGEMENTS, RETENUE.

CIVIL, CIVILITÉ (vertu). — Cette vertu sociale qui nous fait rendre à chacun les honneurs qui lui sont dus, c'est la civilité. Elle consiste, d'après La Bruyère, dans une certaine attention à faire que, par nos paroles et nos manières, les autres soient contents de nous. Elle a donc dans ses attributions l'*affabilité*, qui nous dispose à nous laisser facilement approcher par nos inférieurs et à les encourager par notre air gracieux et affectueux à oser tout nous dire, et la *politesse*, dont elle ne diffère qu'à certains égards. (*Voy.* AFFABLE et POLI.) Je n'en parle pas dans cet article, afin d'éviter les répétitions.

CLAIRVOYANT, CLAIRVOYANCE (qualité, faculté). — Être clairvoyant c'est avoir été doté par la nature des lumières de l'esprit que l'Homme éclairé (*Voy.* ce mot) ne saurait acquérir par l'étude et la réflexion.

Sous ce rapport, la *clairvoyance* ne diffère nullement de la Pénétration (*Voy.* ce mot), qui, elle aussi, est une qualité bien plus naturelle qu'acquise. L'instruction et l'éducation peuvent bien les perfectionner toutes, mais, quoi qu'il fasse, l'homme éclairé peut n'être jamais clairvoyant. C'est un don naturel qui ne s'acquiert pas.

CLÉMENCE (vertu). — La clémence est, à mon sens, la mise en pratique d'un sentiment multiple ou de plusieurs sentiments que nous connaissons déjà, à savoir : l'amour divin, l'amour de soi-même, l'amour du prochain, la bonté, la pitié, etc.; tous sentiments qui nous disposent à l'oubli des injures et nous portent à pardonner le crime. C'est la vertu des rois et de tous ceux qui exercent la souveraine puissance. Jésus-Christ, notre divin maître, placé sur un infâme gibet et mourant pour l'humanité qu'il voulait purifier de son sang pour lui ouvrir le royaume des cieux, en a donné aux monarques et aux peuples de la terre le plus grand, le plus magnifique, le plus sublime des exemples. Sentant que les forces l'abandonnent, et qu'il va bientôt rendre le dernier soupir, il oublie les outrages dont on l'a abreuvé pour pardonner même à ses bourreaux, et afin que Dieu le Père leur pardonne à son tour et pardonne aussi à tout le peuple juif, il rejette sur leur ignorance toute la monstruosité du déicide qu'ils commettent. *O mon Père*, s'écrie-t-il, *pardonnez-leur, ils ne savent ce qu'ils font* (*Nesciunt quid faciunt*). Belle et touchante exclamation que les échos répètent dans un âge, et qui est ainsi arrivée jusqu'à notre cœur qu'elle doit toucher et attendrir.

Les bienfaits de la clémence peuvent s'exercer, remarquons-le bien, soit que les coupables en ressentent immédiatement les effets, soit que ces effets se fassent plus ou moins attendre ; et, sous ce dernier rapport, la clémence céleste doit différer de la clémence humaine, excepté pourtant dans un cas que je citerai. — Je m'explique : le Christ mourant a prié pour le peuple juif, n'est-ce pas ? Eh bien ! ne peut-on pas raisonnablement supposer que, si les juifs n'ont pas ressenti immédiatement, le jour même où le Fils de Dieu fait homme a sollicité de son Père leur pardon ; si, dis-je, ils n'ont pas ressenti à l'instant même où le Juste priait pour eux, les effets de sa divine clémence, la prière du Fils de Marie pèsera un jour dans la balance qui doit alléger le poids de leurs iniquités ?

De même, quand le vertueux et infortuné Louis XVI, prêt à paraître devant l'Être suprême, prononça ces mémorables et ravissantes paroles que le bruit de la foule et le roulement des tambours ne purent entièrement couvrir : « Français, je meurs innocent, je pardonne à mes ennemis, je souhaite que mon sang soit utile aux Français et apaise la colère de Dieu, » ne peut-on pas affirmer que sa voix aura été entendue par le Tout Puissant, et que la prière du fils de saint Louis montant au ciel a déjà été bien des fois exaucée ? Alors, que d'autres coupables attendent leur tour !

Après avoir admis que la clémence était la mise en pratique d'un sentiment multiple ou du concours de plusieurs sentiments qui peuvent agir ensemble ou séparément dans le même moment, nous ajouterons que cette vertu est descendue du ciel et qu'il faut que le Père commun des hommes, en l'envoyant sur la terre, lui ait donné une douceur inexprimable, puisque les grands et le peuple lui-même envient aux souverains cette magnifique et puissante prérogative. « Vous n'avez rien de plus grand dans votre fortune, disait Cicéron à César, que le pouvoir de sauver des citoyens, ni de plus digne de votre bonté que la volonté de le faire. » Aussi l'histoire des monarques les plus fameux et les plus renommés nous les montre-t-elle toujours généreux et cléments. Pourraient-ils ne pas l'être, s'ils se rappellent qu'ils sont les imitateurs du Fils de Dieu fait homme, expirant pour sauver l'homme ; lorsque, si vaincre est d'un héros, pardonner est d'un Dieu ? (*Le grand Frédéric.*)

Oui, pardonner est quelque chose qui nous fait participants de la divinité de Jésus-Christ, dont elle emprunte la suavité, les délices et la majesté, pour en orner le pardon. Et, s'il en est ainsi, devons-nous être étonnés que tout le monde envie aux rois cette belle prérogative ? et que le peuple les condamne parfois de n'en pas user plus souvent ? Nous répondrons à ces questions par une simple observation : la clémence n'est pas sans avoir quelques inconvénients. Or, un des plus grands que je lui connaisse est de conserver quelquefois à la société des hommes qui sont un véritable fléau pour elle. Et par exemple : qu'un roi bon, par excès de clémence, fasse ouvrir le cachot d'un criminel et lui détache ses fers. N'est-ce pas qu'il peut se faire que ce criminel, s'armant d'un poignard au sortir de sa prison ou plus tard, coure massacrer un ou plusieurs des citoyens dont il croit avoir à se plaindre ? Donc il eût mieux valu, dans ce cas, la mort d'un seul qui, par ses crimes, avait mérité de mourir par la main du bourreau, que la mort de plusieurs innocents.

Ainsi, pour que la clémence soit réellement une vertu, il faut en user de telle manière qu'on soit irréprochable. Et un roi ne le serait pas, si le coupable est un de ces agitateurs qui portent partout le trouble et la division, excitent à la haine et ne se plaisent qu'au désordre ; un de ces hommes qui sèment des vents pour avoir le plaisir de récolter des tempêtes, et qui, entretenant les esprits dans une agitation continuelle, détruisent la confiance, anéantissent le commerce et l'industrie, et ruinent la nation. Dans ce cas, se montrer clément, c'est, disons-le bien haut, s'aveugler sur les véritables attributions de la clémence ; c'est faire un acte immoral, et commettre un crime de lèse-patrie, puisqu'on sacrifie les intérêts du pays tout entier au seul plaisir de faire grâce, d'enlever une tête au bourreau.

A Dieu ne plaise pourtant que nous prétendions qu'il faille manquer même une fois de clémence; au contraire, mieux vaudrait qu'on abusât du droit de pardonner, que si l'on péchait par trop de sévérité. Mais qui nous dit que, si on n'y prend garde, elle ne sera pas appliquée en aveugle à cause du bonheur qu'elle procure? Le calife Mamon, dans son enthousiasme pour le pardon, disait: « Si l'État savait tout le plaisir *que je me fais en pardonnant*, tous les criminels viendraient à moi pour sentir les effets de ma clémence.» Or, qui nous assurera, après cet aveu, que Mamon n'a jamais pardonné sans discernement? Voilà un tort qu'un souverain ne doit jamais avoir, voilà ce que je ne voudrais pas qu'on imitât.

Ce que je veux, au contraire, c'est qu'on se montre clément quand le coupable est plus égaré que pervers, quand le condamné, la patrie et le monarque doivent en tirer avantage.

C'est ce que fit Louis XII, surnommé le *Père du peuple*, à son avénement au trône. Après avoir soulagé le peuple, pardonné à ses ennemis et réprimé les excès des gens de guerre; après avoir ainsi réglé l'intérieur de ses États, il tourna ses vues vers le Milanais sur lequel il avait des droits du côté de son aïeule.

Louis Sforce, soldat sans fortune, scélérat audacieux, s'en était emparé. En moins de vingt jours Louis s'en rendit maître; mais Sforce y rentra bientôt. Le roi tente alors un nouvel effort, reprend sa première conquête, fait l'usurpateur prisonnier, *pardonne aux révoltés*, rétablit l'ordre, s'efforce de réparer les malheurs de la guerre et rentre en France heureux de ses triomphes.

Chose à peu près pareille arriva sous Louis le Juste. Quand les protestants, après avoir levé l'étendard de la révolte en France, se furent emparés de plusieurs places fortes et entre autres de la Rochelle et de Saint-Jean-d'Angéli, que fit Louis XIII? Il se mit à la tête d'une armée formidable, investit cette dernière place, et, après un siége meurtrier qui dura vingt-trois jours, il obligea les habitants à se rendre à discrétion. Ceux-ci s'attendaient à éprouver les effets de la vengeance du vainqueur, lorsque Louis fit publier un édit par lequel *il accordait aux rebelles grâce pleine et entière; leur assurait la liberté de conscience et la conservation de tous leurs priviléges.* N'est-ce pas que Louis XIII entendait bien la clémence?

Peuples et rois de la terre voulez-vous savoir ce que peut la clémence, portez vos regards sur la métropole du monde civilisé et vous y verrez Pie IX grâciant les détenus

---

(1) Cette page était écrite avant que Pie IX eût été forcé de fuir ses États et qu'on eût proclamé à Rome sa déchéance de la souveraineté temporelle. Néanmoins, je n'en retrancherai pas une syllabe, parce que si une partie de la population des États romains a été assez ingrate envers le souverain pontife pour oublier sa clémence, sa bonté et ses autres vertus apostoliques et royales, la majorité des esprits, n'en doutons pas, pleure en secret et gémit en silence

politiques Vous apprendrez aussi que, par cet acte qui signala son avénement au trône pontifical, il força les plus grands ennemis de la papauté à devenir papistes, il les gagna à sa cause, et ils sont aujourd'hui, on le sait, les plus fermes soutiens, les plus ardents défenseurs du successeur de saint Pierre, du grand apôtre de la civilisation et de la liberté des peuples.

Ainsi, j'aime à le répéter, par un acte de clémence auquel ont succédé des actes de tolérance, d'équité et d'amour pour son peuple (tous actes constitutifs de la clémence), Pie IX a changé les destinées de Rome et de l'Italie tout entière; il a préludé aux grands événements qui se sont accomplis dans notre patrie et qui se préparent aussi pour toute la terre, et il se trouve ainsi le plus grand des législateurs, le plus habile des réformateurs, le plus puissant, le seul vraiment puissant des potentats, sa puissance reposant tout entière non dans la gloire qui l'environne, mais dans l'affection et le dévouement *de ses enfants* (1).

Voilà comme on doit entendre le gouvernement des peuples et la clémence, voilà comme j'aime à la voir exercer.

Rien, du reste, ne fait plus d'honneur à l'autorité que le pardon des offenses et quelquefois celui des crimes. On admirera toujours la grandeur et la bonté d'âme de ce Romain qui préférait l'existence de mille ennemis aux risques de sévir contre un innocent. L'excès de clémence dans un prince excite rarement à la licence, au désordre; presque toujours il invite au repentir, imprime le remords, rappelle les devoirs; et qui les connaît devient rarement coupable.

C'est pourquoi, dans une république où l'on a pour principe la vertu, la clémence est moins nécessaire. Dans l'état despotique, où règne la crainte, elle est moins en usage, parce qu'il faut soutenir les grands de l'État par des exemples de sévérité. Dans les monarchies, où l'on est gouverné par l'honneur, qui souvent exige ce que la loi défend, elle est plus nécessaire. La disgrâce y est équivalente à la peine; les formalités même des jugements y sont des punitions. (*Montesquieu.*)

COLÈRE, EMPORTEMENT, VIOLENCE (passions). — Plusieurs auteurs, et Locke est de ce nombre, ont fait consister la *colère* dans « un désordre causé par une injure »: et certains, dans une violente émotion de l'âme offensée avec désir de la vengeance. A mon avis, ces définitions ne sont pas exactes; car l'homme peut, d'une part, se mettre en colère sans avoir été offensé, sans

---

de la violence exercée contre le Pape par quelques ambitieux qui voulaient arriver au pouvoir et au faîte des honneurs qui en sont le partage. Le temps viendra, et il n'est pas éloigné, je l'espère, où ce que j'ai écrit de Pie IX sera de nouveau l'expression des sentiments de tous les Romains, de ceux-là même qui sont assez aveuglés en ce moment pour méconnaître l'autorité du pontife et ses droits à l'affection de tous les peuples de la chrétienté

qu'on lui fasse injure; et, d'autre part, il peut être offensé ou injurié, sans que, pour cela, il soit animé du désir de se venger. Et, par exemple : qu'un domestique brise par maladresse un objet précieux, le maître gronde, crie, fait tapage, chasse même le maladroit domestique; mais pourrait-on supposer qu'une idée de vengeance soit entrée pour un moment dans le cœur de ce maître exaspéré? Pour ma part, je ne le crois pas : il y a trop d'irréflexion dans son esprit, il est trop rempli de la perte qu'il vient de faire et par le sentiment que cette perte a fait naître en lui, pour qu'une idée de vengeance puisse y trouver place.

De même, qu'un fils désobéisse à son père, qu'il commette une faute grave qui porte atteinte à son honneur et à celui de toute sa famille généralement estimée, respectée et honorée, dans son premier mouvement, ce malheureux père éclatera, s'emportera; mais le sentiment de la vengeance viendra-t-il l'exciter à se venger de son fils? Il faudrait n'avoir jamais été père pour répondre affirmativement : c'est pourquoi, laissant de côté les deux définitions qui font l'objet de ma critique, je voudrais qu'on définît la colère : une émotion plus ou moins violente qui naît d'une contrariété inattendue ou prévue, et qui nous impressionne de telle sorte que l'âme elle-même en est troublée, perd tout empire sur la raison, et permet ainsi que notre émotion se trahisse; ce qui a lieu assez souvent par des actes aussi violents qu'irréfléchis. Par là on retrouve dans ma définition, soit celle d'Horace qui appelle la colère *une courte fureur;* soit celle de Descartes, pour qui la colère est une *indignation* contre ceux qui font mal, etc., etc.

On m'objectera peut-être qu'un homme qui reçoit une injure sans l'avoir méritée, est bouillant de colère, et ne respire que la vengeance : mais, dans cette circonstance, est-ce, je le demande, l'indignation, l'amour de lui-même, ou la colère, qui l'agitent, ou la colère elle-même, est-elle le résultat de l'un des deux autres sentiments?

Dans tous les cas, nous ne devons pas nous le dissimuler, toute colère n'est pas blâmable; il en est au contraire de justes, de nobles, de légitimes, et nous ne serions coupables aux yeux du législateur, de la morale et de la religion, que tout autant que, perdant toute retenue sur les motifs les plus frivoles, et sans avoir égard au degré de l'offense, chacun se rendrait justice à lui-même en usant de la loi du plus fort.

On a pu remarquer que dans la définition que j'ai donnée de la colère, figurent les mots *assez souvent;* il importe d'autant plus d'insister sur ce point, que la passion qui nous occupe ne se manifeste pas toujours de la même manière. Dans certains cas, il arrivera donc que :

1° L'individu ayant assez de force morale ou d'empire sur lui-même pour se rendre presque entièrement maître de ses mouvements, il concentrera tellement sa colère, la refoulera si profondément dans son cœur, qu'on ne la reconnaîtra qu'à une *légère altération* de la voix, du geste, de la parole. Tel on vit Socrate : quand il était en colère, dit Plutarque, c'était alors qu'il parlait et plus rarement et plus doucement. On s'apercevait bien qu'il était ému, mais on voyait aussi qu'il se rendait maître de sa passion.

2° Il peut arriver encore que, suivant l'idiosyncrasie des individus, la colère se manifeste de l'une ou l'autre des deux manières différentes que je vais décrire, à savoir :

A. Si l'homme est entièrement emporté par elle, tous ses mouvements deviennent impétueux, énergiques; le visage rougit, parce que le sang se porte à la tête; la face est vultueuse et semble bouffie, les yeux étincellent, les lèvres sont tremblantes, les mâchoires éprouvent un resserrement spasmodique avec grincement des dents, les cheveux se hérissent, la respiration devient bruyante, difficile; les muscles se tendent, le cœur bat plus vite, la circulation s'accélère et devient impétueuse (on a compté jusqu'à cent quarante pulsations et plus par minute); la voix est entrecoupée, sourde ou sonore, meurt dans la gorge ou sort en éclats; des craquements se font entendre dans toutes les jointures, des trépignements attestent l'impatience intérieure, l'intelligence n'est plus maîtresse, la raison n'a plus d'empire; aussi la colère s'exhale en propos sans suite et incohérents, en paroles prononcées avec vivacité, en cris, en menaces ridicules, exagérées. Voilà le premier tableau de la colère. Si elle se porte à des excès inouïs, brisant, frappant tous les objets qu'elle rencontre, elle est poussée jusqu'à l'*emportement;* et si elle y joint les voies de fait contre les personnes, elle constitue la *violence.*

Mais, comme toutes les choses extrêmes, elle s'affaiblit par sa propre violence; quand elle éclate, elle n'a pas de durée. Parfois elle se tourne en pitié pour ses victimes, elle secourt ceux qu'elle vient de frapper, et verse des larmes sur le mal qu'elle a fait.

B. Quand au contraire le sang se porte tout à coup au centre du corps, le visage pâlit, les yeux se cavent, ils expriment l'indignation et la menace; les traits se contractent, les lèvres blanchissent et sont tremblantes; la respiration est gênée... il étouffe! la voix s'affaiblit et se perd, les battements du cœur sont précipités, les pulsations artérielles plus fréquentes, mais le pouls est petit et concentré, irrégulier; l'individu est tremblant, il ne peut plus se soutenir, l'estomac se resserre et une douleur névralgique s'y fait sentir, les ganglions, les plexus solaires, semi-lunaires, enfin, l'ensemble du système nerveux qui se distribue aux organes de la vie nutritive, reçoit particulièrement l'influence de l'excitation vive produite par cette passion sur toute l'économie animale; et c'est ce qui détermine les phénomènes qui en annoncent la force et l'impétuosité. Souvent alors le foie est sympathiquement affecté, la bile ne circule plus ou circule mal, ou est retenue par le spasme des conduits cystique ou cholédoque, elle est absorbée, répandue partout et donne lieu à l'ictère. D'autres fois, au contraire, cet organe éprouve d'une manière sensible une augmentation d'action, et, dans ce cas, la sécrétion et l'évacuation de la bile sont considérablement augmentées ; d'où les fièvres bilieuses et le choléra-morbus des pays chauds.

De ces trois manières d'être en colère, mieux vaut sans doute la concentration en nous-mêmes de ce sentiment passionné ; c'est même la seule qu'un homme sage et fort de sa propre puissance morale adopte. Par là, il se met au-dessus des faiblesses humaines et obtient l'heureux avantage de n'avoir pas à déplorer plus tard les fâcheuses conséquences que l'emportement ou la violence entraînent à leur suite. Maître de lui, ses paroles n'auront rien de blessant pour personne ; car la force de son esprit soutient sa faiblesse naturelle, tandis que quel peut être son appui quand la colère égare sa raison ? Indiscrète, elle révèle les secrets les plus sacrés et fait perdre en un instant les amis qu'il a employé des années entières à acquérir, tout comme, quelquefois, l'estime et la considération dont on jouissait. Maître de lui, il ne menace point, il ne frappe pas, tandis que s'il se laisse dominer par elle, la colère, au premier coup, en chasse et bannit la raison et le jugement, afin que la place lui demeure tout entière ; puis elle remplit tout de feu, fumée, ténèbres, bruit semblable à celui qui mit le maître hors de la maison, puis y mit le feu et se brûla vif dedans, et comme un navire qui n'a ni gouvernail, ni patron, ni voiles, ni avirons, qui court fortune à la merci des vagues, vents et tempêtes, au milieu de la mer courroucée.

Les effets en sont grands, souvent bien misérables et lamentables. La colère premièrement nous pousse à l'injustice, car elle se dépite et s'éguise par opposition juste et par la connaissance que l'on a de s'être courroucé mal à propos. Elle s'éguise aussi par le silence et la froideur, par où l'on pense être dédaigné et soi et sa colère : ce qui est propre aux femmes, lesquelles souvent se courroucent afin que l'on se contre-courrouce, et redoublent leur colère jusqu'à la rage, quand elles voient que l'on dédaigne nourrir leur courroux ; ainsi se montre bien la colère : être bête sauvage, puisque ni par défense, ni par excuse et silence, elle ne se laisse gagner ni attendrir. (*P. Charron.*) Bien plus, une colère injuste nous rend plus opiniâtres comme si une grande colère était la preuve d'une juste colère. (*Sénèque.*) Ce qui a fait dire de cette passion qu'elle est la plus déraisonnable de toutes, car loin d'être dirigée par la volonté, elle l'anéantit tellement, que ses accès sont une véritable folie, et que l'homme qu'elle entraîne n'a pas la plupart du temps conscience de ses actes. Elle ressemble proprement aux grandes ruines qui se rompent sur ce quoi elles tombent ; elle désire si violemment le mal d'autrui, qu'elle ne prend pas garde à éviter le sien ; elle nous entrave et nous enlace, nous fait dire et faire des choses indignes, honteuses et messéantes. Finalement, elle nous emporte si outrement, qu'elle nous fait faire des choses scandaleuses et irréparables, meurtres, empoisonnements, trahisons. Témoin Alexandre le Grand, meurtrier de Clytus. (*P. Charron.*)

Enfin quelquefois elle persévère dans ses emportements de crainte qu'on ne pense qu'elle a commencé sans motifs ; mais la plupart du temps elle a honte d'elle-même, elle avoue ses torts, implore son pardon et verse des larmes de repentir. C'est ce qui porte beaucoup de gens à penser du bien des personnes colères, parce qu'elles prennent le calme qui survient après la tempête, pour l'indice d'un bon cœur. Bref, on a tout à gagner au physique et au moral que de s'habituer à réprimer ses accès de colère, celle-ci étant, quand elle est répétée, un des principaux obstacles à la tranquillité de la vie et à la santé du corps.

Malheureusement il n'a pas été donné à tous les hommes de pouvoir maîtriser leur colère, peu ou contraire jouissent de cette faculté, et les autres, malgré que dans les moments de calme et de paix ils sachent bien ce à quoi ils s'exposent en se mettant en colère, l'oublient bien vite et se laissent entraîner par elle. D'où cela provient-il ? De ce qu'on ne s'est pas habitué de très-bonne heure à dompter ses passions et de la facilité avec laquelle on s'est laissé aller à l'influence de certains sentiments. Il en résulte nécessairement, que lorsqu'on a une disposition naturelle à s'emporter à propos de rien ou pour les motifs les plus frivoles, si on ne coupe court à cette fâcheuse disposition, elle prend racine et s'envenime à tel point par des accès souvent répétés, qu'elle éclate à tout propos. Heureux encore quand elle ne dépasse pas les limites de l'emportement pour arriver jusqu'à la violence.

Ainsi la colère entre dans l'âme par des voies bien différentes. Une des plus fréquentes est la mauvaise éducation. Un enfant qui n'a fait que ses volontés, qui a toujours eu raison contre tout le monde, résistera difficilement à la colère. La prospérité qui augmente la vanité, qui entoure les hommes des séductions de la puissance, des jouissances de la fortune, des adulations de la servilité, les dispose à ne rien souffrir qui les blesse ou les gêne. La volupté produit des effets analogues : elle amollit l'âme et le corps et les rend impropres à supporter quoi que ce soit. L'intempérance allume le sang, excite le cerveau et donne naissance à de terribles colères ; aussi est-il rare qu'après un bon repas, les discussions les plus simples et les moins animées d'autres moments ne dégénèrent en disputes très-violentes. Les travaux assidus de cabinet produisent les mêmes prédispositions ; la masse cérébrale étant le siège d'une fluxion sanguine habituelle, il y a surexcitation permanente du système nerveux, qui favorise les passions colériques. Aussi les gens de lettres, de science, etc., *s'allument*-ils à la moindre contrariété dans les choses, à la plus petite contradiction dans les paroles.

Les personnes bilieuses, mélancoliques et nerveuses sont également sujettes à cette passion, l'homme sanguin est plutôt porté à la vivacité et à l'impatience ; mais quel que soit le tempérament, si une fois on a pris l'habitude de la colère, les plus petites causes suffiront pour la produire : l'âme est alors comme ces substances inflammables qui détonnent au plus léger contact.

Cette habitude peut venir de fort loin, car l'enfant, à cette époque de la vie où sa raison n'est pas encore formée, est accessible à la colère : on sait que ces petits tyrans ont de violents accès de rage quand leurs désirs sont contrariés ; si leur nourrice ne devine pas la cause de leur mal, ils étouffent quelquefois dans les étreintes d'une convulsion. C'est ce qu'avait remarqué Jean-Jacques : « Souvent, dit-il, les enfants pleurent malgré tous les soins et toutes les peines qu'on se donne pour les calmer : alors on s'impatiente, on les menace ; des nourrices brutales les frappent même quelquefois. »

« Je n'oublierai jamais, ajoute Rousseau, d'avoir vu un de ces incommodes pleureurs ainsi frappé par sa nourrice. Il se tut sur-le-champ, je le crus intimidé. Je me disais : ce sera une âme servile dont on n'obtiendra jamais rien par la rigueur. Je me trompais, le malheureux suffoquait de colère, il avait perdu la respiration, je le vis devenir violet. Un moment après vinrent les cris aigus : tous les signes d'un ressentiment, de la fureur, du désespoir de cet âge étaient dans ses accents. Je craignis qu'il n'expirât dans cette agitation. Quand j'aurais douté que le sentiment du juste et de l'injuste fût inné dans le cœur de l'homme, cet exemple seul m'aurait convaincu. Je suis sûr qu'un tison ardent tombé par hasard sur la main de cet enfant lui eût été moins sensible que ce coup assez léger donné dans l'intention manifeste de l'offenser. »

Je suis complétement de l'avis du philosophe de Genève, attendu qu'un enfant très-jeune a beaucoup d'amour-propre, et qu'on peut beaucoup obtenir en le prenant par les sentiments.

A ces causes de la colère nous ajouterons la faiblesse d'esprit. On voit en effet, par expérience, les femmes, les vieillards, les enfants malades être très-colères, tout ce qui est faible étant naturellement porté à se plaindre ; tout comme la perte d'un denier ou l'omission d'un gain met en colère un avare.

J'ai dit, comme moraliste, que l'homme devait concentrer sa colère, et ne pas se laisser aller à ses emportements et moins encore à sa violence ; tiendrai-je le même langage comme médecin ?

Cette question est, ce me semble, excessivement délicate : car, si nous parcourons les auteurs qui ont signalé les effets de la colère considérée comme cause de maladies, nous y lirons que les accidents les plus graves, et la mort même, sont survenus, soit que la colère ait été concentrée, soit qu'elle ne l'ait pas été. Je suppose même que les accidents sont d'autant plus fréquents et d'autant plus graves qu'on la concentre davantage ; mais comme je ne sache pas qu'on ait fait le dénombrement ni des cas qu'on peut attribuer à cette passion refoulée à l'intérieur, ni de ceux qui ont été la suite de ses mouvements expansifs chez le colérique, je crois que c'est plutôt en combattant par des moyens hygiéniques sagement combinés la prédisposition naturelle que les individus ont à *s'enflammer*, à *s'emporter*, qu'on en modérera les élans, en rendra les accès plus rares, et finira par en triompher sans danger. Jusque-là je ne me prononcerai pas sur les avantages ou les inconvénients de la *concentration* en soi des mouvements tumultueux de la colère.

Mais, pour détruire cette prédisposition, que faut-il faire ? Il y a d'abord à examiner :

Premièrement, si l'individu est d'un tempérament sanguin, bilieux ou nerveux, chacun de ces tempéraments favorisant chez les colériques le développement de cette passion, et, à la suite de ses accès, un certain ordre de maladies.

Ainsi chez le sanguin on voit survenir des fièvres inflammatoires, des gastrites (*Pinel*), des apoplexies par hémorrhagie cérébrale, des amauroses par compression des nerfs optiques (*Richter*), des congestions pulmonaires qui peuvent rompre les vaisseaux et déterminer l'hémoptysie.

C'est cet accident qui occasionna la mort de Valentinien. Les Quates et les Moraves ayant été battus par les Romains, le Franc Mérobaud fut envoyé en députation à cet empereur, qui fut si choqué du costume du député, et si mécontent de ses excuses, qu'il entra dans la plus violente colère : c'est à ce point que le sang lui jaillit par la bouche, et il mourut suffoqué : un anévrisme s'était rompu.

Nous ne parlerons pas des hémorrhagies cutanées, ni des hémorrhagies supplémentaires qui surviennent dans quelques cas, parce que ces accidents sont bien moins graves que les précédents.

Par contre, on voit se manifester chez les bilieux des vomissements de bile, des diarrhées de même nature, le choléra-morbus, l'ictère et autres maladies qui toutes annoncent une trop grande sécrétion biliaire et un ébranlement considérable essentiel ou sympathique du système hépatique.

Enfin, chez les personnes nerveuses, on observera tantôt l'espèce d'apoplexie qui frappa Fourcroy, lorsqu'on lui annonça qu'il n'avait pas été nommé grand maître de l'Université ; et celle qui tua Chaussier, quand on lui annonça qu'il avait été destitué de cette charge éminente ; tantôt l'épilepsie (*Sauvages*) ; tantôt la catalepsie (*Mélanges des curieux de la nature*) ; tantôt l'aphonie (j'en ai vu un cas) ; tantôt l'aliénation mentale (*Pinel, Esquirol*) ; tantôt des accès d'hystérie (les faits que j'ai observés sont fort nombreux) ; tantôt des coliques nerveuses (*Zimmermann*), etc. Tourtelle dit avoir vu mourir deux femmes de colère : l'une dans les con-

'vulsions, au bout de six heures ; l'autre de suffocation, dans l'espace d'un jour. Brunaud affirme avoir vu, dans la rue de la Harpe, un homme mourir subitement dans un violent emportement de colère, et un autre devenir muet tout à coup pour la même cause : il n'a jamais recouvré la parole.

Et comme, dans tous ces cas, partie des maladies a éclaté après une colère concentrée, et partie après une colère expansive, je ne saurais rien conseiller, je le répète, au point de vue médical, sur la conduite que l'individu doit tenir dans ces circonstances, au moment de l'accès. Raison de plus d'employer les moyens convenables pour en empêcher le retour. Quels sont-ils? Si nous avons à faire à des enfants déjà colères, les préceptes généraux que l'on peut donner se réduisent aux suivants : 1° ne leur jamais accorder ce qu'ils demandent avec violence et même avec bouderie ; 2° les reprendre avec douceur lorsqu'ils se sont livrés à quelque emportement, et les punir de sang-froid quand ils seront devenus calmes. Il est d'autant plus nécessaire de reprendre les enfants avec douceur que, si, comme nous avons pu l'observer, la colère est héréditaire, et alors il serait moins coupable d'être colère, elle peut se communiquer aussi par l'influence du mauvais exemple. L'instinct d'imitation est généralement très-développé chez les enfants ; ne leur apprenons donc pas dans le moment même où nous voulons les corriger, un vice que nous leur avons peut-être transmis ; 3° leur montrer, suivant le conseil des sages, toute la difformité de cette passion, en les contraignant de se regarder dans un miroir pendant un accès ; 4° exercer progressivement les plus impatients à des travaux, à des jeux qui demandent beaucoup d'adresse, de temps, d'ordre et de tranquillité. S'agit-il des adultes en général ; ils doivent éviter autant que possible de surcharger leur esprit d'affaires et de se livrer à des études sérieuses et trop longues. Ils feront bien de se lier d'amitié avec des hommes calmes, modérés, patients, et de fréquenter la société des femmes douces et spirituelles. Si cette fréquentation ne les corrige pas entièrement, elle tempérera au moins d'une manière sensible la fougue de leur caractère.

Ce n'est pas tout, il est certaines règles à observer à l'égard du tempérament : ainsi on préférera pour le tempérament sanguin les débilitants et les rafraîchissants, qui, en modérant l'activité de la circulation du sang et la *susceptibilité* des individus, rendront le sujet moins accessible à la colère, et les fluxions sanguines moins faciles.

Tissot cite l'observation d'un enfant que la moindre contrariété faisait tomber dans un accès de fureur, et qu'on parvint à guérir uniquement par une alimentation légère et rafraichissante. Le même auteur rapporte qu'un jeune homme d'une bonne constitution et d'un caractère aimable, mais enclin à la colère, s'étant livré aux plus violents emportements à la suite d'un repas excitant, en conçut une telle honte, qu'il prit dès ce moment la résolution de ne vivre que de lait, de fécule, de fruits et d'eau pure. Ce régime, qu'il observa jusqu'à la fin de sa longue carrière, lui procura un état de calme parfait. On sait, du reste, que les brahmanes doivent la douceur qui les caractérise à leur grande sobriété et à la diète végétale qu'ils s'imposent pendant toute leur vie.

Pour le bilieux, les hémorrhagies artificielles par les vaisseaux hémorrhoïdaux, les laxatifs doux, un régime convenable pris parmi les *tempérants*, tous remèdes qui, en agissant directement sur le foie ou sur le système de la veine-porte, rendent l'individu moins disposé à s'emporter et la sécrétion biliaire moins abondante.

Enfin, pour les nerveux, il y a à examiner si la personne est forte ou faible, attendu que la force comme la faiblesse, mais principalement celle-ci, rendent les personnes nerveuses bien plus impressionnables, font par conséquent qu'elles se mettent plus facilement en colère, et que cette dernière, qu'elle soit ou non concentrée, est suivie d'accidents plus ou moins fâcheux. On conçoit donc qu'il faille tantôt débiliter, relâcher et tempérer ; tantôt tonifier, detendre et calmer, suivant que les individus se trouvent dans telle ou telle condition.

Inutile de dire que, pendant qu'on mettra en usage une des séries des moyens sus-mentionnés, il faut faire connaître au colérique les dangers qu'il peut courir en se livrant à la colère. C'est un moyen puissant qu'on ne doit jamais négliger ; exemple : Madame D***, que des principes religieux n'avaient pu guérir d'une disposition habituelle à la colère, telle que pour un rien elle s'emportait, ne fut délivrée que par la crainte de la mort. C'est-à-dire que, retenue par la crainte de mourir, cette dame parvint insensiblement, et après quinze mois d'une lutte assez pénible, à se maîtriser tellement que, pendant plusieurs années qu'elle vécut encore, son mari eut la satisfaction de ne plus la voir se livrer au moindre emportement, même envers ses domestiques, dont la plus âgée depuis longtemps à son service la mettait à de rudes épreuves par son impertinence et son entêtement. Cela eut lieu à la suite d'une violente syncope résultat d'une grande colère.

Profitant de cet enseignement, il faudra donc exhorter la personne colérique à la patience, à la tolérance et à la pratique de toutes les vertus qui, par leur nature, peuvent mettre un frein à ses emportements. Il faut aussi leur faire comprendre que si les actions auxquelles on est porté par la colère sont moins odieuses que celles qui naissent du désir des plaisirs, de l'ambition ; que si le meurtre lui-même est placé au nombre des crimes excusables par un jury éclairé, ce n'en est pas moins un acte contraire au droit naturel qu'on viole, que d'en agir ainsi. Et d'ailleurs si les jurés admettent les circonstances atténuantes, en sera-t-il de même de notre conscience ? et n'avons-nous pas à craindre qu'elle ne nous condamne au remords éternel ?

Quant aux suites fâcheuses, organiques, que la colère produit, nous ne devons pas oublier de mentionner en passant, et la perturbation qu'elle occasionne dans les appareils sécrétoires, et les troubles de l'estomac qui ne remplit plus convenablement ses fonctions. Ce sont deux choses fort importantes à noter; car, supposons qu'une nourrice ait été provoquée à se mettre en colère, dans ce cas elle doit se garder de donner le sein à l'enfant immédiatement après que l'accès est passé. Elle s'exposerait à le voir atteint de convulsions (*Hoffmann*), ou d'épilepsie (*Levret*), etc. Il est donc indispensable qu'elle fasse vider ses mamelles à l'aide de fumigations émollientes ou au moyen d'un aspirateur, et qu'elle attende une nouvelle *montée* de ce liquide dans les seins, avant de donner à teter à l'enfant.

De même, les troubles de l'estomac méritent d'être pris en considération, parce qu'ils imposent l'obligation d'attendre que tout dans l'organisme soit entièrement rentré dans l'ordre avant que de le soumettre à aucun travail. Cela résulte du moins des observations de Frédéric Hoffmann, qui a vu une femme délicate et sensible subitement atteinte du choléra pour avoir mangé une petite quantité de fraises immédiatement après un accès de colère; et dans une autre circonstance un individu éprouver un tremblement général et la nuit suivante un accès d'asthme convulsif pour avoir pris des aliments dans les mêmes conditions. Donc il faut attendre que l'estomac soit *entièrement* remis de la secousse qu'il a éprouvée avant que d'y introduire quelques mets.

Enfin, cet article serait incomplet, si, après avoir parlé des graves inconvénients que nous courons tous en nous mettant en colère, nous ne disions que, 1° il y a des gens pour qui c'est un besoin que de se mettre en colère, et qui s'y mettent tous les jours, sans que cela leur cause la moindre maladie ; ils se portent même beaucoup mieux après qu'avant un grand accès d'emportement, c'est-à-dire qu'ils sont plus actifs, plus vigoureux qu'auparavant (*Zimmermann*). On conçoit que, dans ce cas, loin de leur en faire un crime, il faut les laisser faire. 2° Dans quelques cas, le médecin peut tirer parti du bouleversement général produit dans les systèmes circulatoires, nerveux, etc., par la colère, pour obtenir la guérison de certaines maladies chroniques. Ainsi, Gaubius', Variola, ont dissipé des paralysies ; Borrichius, Bosquillon, etc., ont arrêté les accès de fièvres intermittentes, en provoquant chez leur malade une violente colère.

A ceux qui trouveraient que tous ces détails médicaux conviennent peu ou n'intéressent pas le moraliste, voici ma réponse : La colère est considérée généralement comme un défaut, toute motivée, toute légitime qu'elle paraît en bien des circonstances. Or, à ce point de vue il faudrait la blâmer toujours. Mais si le médecin peut en tirer parti en la provoquant, n'est-ce pas qu'il est bon parfois de savoir et pouvoir faire mettre quelqu'un en colère ? Donc le blâme doit être relatif.

Reste une dernière observation. Aristote a prétendu que la colère sert parfois d'armes à la vertu et à la vaillance ; il se trompe beaucoup : quant à la vertu, cela n'est pas vrai ; et quant à la vaillance, on a répondu assez plaisamment, qu'en tout cas c'est une arme d'un nouvel usage ; car, dit Montagne, « nous remuons les autres armes, et celle-ci nous remue ; notre main ne la guide pas, c'est elle qui guide notre main ; nous ne la tenons pas. »

COMMISÉRATION (vertu). — La commisération est un sentiment de pitié que nous éprouvons à la vue des maux d'autrui. Elle paraît ajouter à la compassion un degré de sensibilité. Il semble qu'elle doive son origine à secourir les malheureux et à devenir CHARITABLES. (*Voy.* ce mot.)

Elle ne diffère, avons-nous dit, de la compassion qu'en ce qu'elle y ajoute un degré de SENSIBILITÉ. (*Voy.* également ce mot.)

COMPASSION (vertu). — La compassion est la peine que nous causent les souffrances d'autrui. Il semble qu'elle doive son origine à une conception forte de ces souffrances, que le tempérament ou l'idiosyncrasie du sujet favorise plus ou moins.

Il n'est donc pas étonnant qu'on ait remarqué que le tempérament sanguin est celui qui se laisse plus facilement émouvoir et toucher, mais qu'il est aussi le moins apte à garder l'impression à cause de la rapidité avec laquelle les émotions se succèdent.

Au contraire, le tempérament phlegmatique s'appitoye difficilement par défaut de sensibilité ; les hommes de ce tempérament ne s'émeuvent presque pas pour eux, pourraient-ils s'émouvoir pour les autres ?

Au rebours, le tempérament nerveux et mélancolique est susceptible d'une compassion très-vive quand on parvient à triompher de sa concentration. Dans ce cas la pitié des personnes mélancoliques se manifeste ordinairement par des mouvements brusques, par des échappées de sensibilité et des boutades de bienfaisance.

Le tempérament bilieux enfin, qui n'est guère moins irritable que le nerveux, est dès lors très-accessible à la pitié; mais d'un autre côté il porte tellement au commandement et à l'action, que la sensibilité est dominée par l'activité : les hommes de ce tempérament sont trop occupés à penser, à vouloir, à agir, pour entrer dans l'existence des autres et sympathiser avec leurs peines, ou bien s'ils y entrent, c'est avec chaleur, avec passion, avec dévouement.

La compassion est un sentiment inné, que l'éducation développe et fortifie et que nous devons mettre en jeu en autrui, quand nous en sommes animés nous-mêmes, pour qu'il vienne à aide à ceux qui souffrent et pleurent. Mais comme en outre des différences que le tempérament produit, il y en a d'autres qui proviennent de la disposition du moment et que cette disposition est le résultat de mille causes diverses internes ou externes, physiques et morales, dont les influences se compliquent à chaque instant ; il en résulte qu'il faut savoir choisir le temps propice, quand on veut exciter la compassion d'une personne et en obtenir une marque d'intérêt ou un soulagement.

Que dis-je, le temps propice c'est le *moment* propice qu'il faut savoir choisir, attendu que le même individu pouvant être tout autre de matin que le soir, à son lever ou dans le courant du jour, avant ou après le repas, l'été ou l'hiver, par un temps sec ou par un temps humide et selon le vent qui souffle il faut épier l'instant favorable où ce qu'on lui dira peut l'impressionner, pour qu'une réaction avantageuse s'ensuive et qu'il agisse.

Ces observations sont utiles dans le commerce de la vie, et le discernement qu'elles donnent entre pour beaucoup dans ce qu'on appelle le tact, l'esprit de conduite ou la manière de traiter avec les hommes. A nous donc d'en profiter.

Être compatissant est une vertu qui nous dispose à être charitables, et faire la charité est un devoir que chacun de nous doit remplir. *Voy.* à l'art. CHARITÉ quelle est la nature de ces devoirs et comment on les remplit.

COMPLAISANCE, COMPLAISANT ; (qualité). — On a défini la complaisance : « une condescendance honnête aux volontés des autres. » Ainsi définie, la complaisance ne saurait être un sentiment unique ; ce sera, si l'on veut, une vertu sociale, mais une vertu composée de presque toutes les autres vertus, et plus particulièrement de la bonté dont elle est un des attributs, de la douceur, dont elle naît, et de l'amour de l'humanité à l'aide duquel elle s'entretient et auquel elle doit l'indulgence qu'elle témoigne pour les défauts de chacun et de tous ; ce qui en fait le principal caractère. C'est pour cela que la complaisance est une vertu très-douce et fort aisée à pratiquer.

Quoi de plus satisfaisant, en effet, pour l'homme complaisant que d'être toujours content de tout le monde, ou, s'il ne l'est pas, d'avoir assez de force de caractère, de facilité d'esprit et de raison, assez de souplesse, pour cacher avec adresse le ressentiment qu'il éprouve de ne l'être pas, et cela de manière à ce que personne ne se doute de l'impression fâcheuse qu'il en a ressentie ! C'est pourtant ce qui a lieu, car un homme complaisant ne se plaint guère de ce qu'on ne le sert pas avec chaleur, parce qu'il se persuade qu'on est allé au-devant de ce qu'on lui devait ou parce qu'il n'aime pas à se plaindre ; il grossit l'idée des bons offices qu'on lui rend pour en avoir plus de reconnaissance, ou dissimule la fâcheuse impression qu'il ressent de n'en recevoir que des mauvais. Il tâche de trouver des raisons pour excuser les fautes que l'on fait à son préjudice ; ou quand il n'en peut trouver, il excuse les gens sur leurs bonnes intentions. Il serait à désirer que tous les hommes eussent les uns pour les autres une pareille complaisance ; leur société serait délicieuse, leur vie s'écoulerait dans la tranquillité et le repos, ils n'auraient pas besoin d'en venir à des éclats pour des misères et des riens. Aussi, n'est-ce pas sans raison qu'on a dit de la complaisance qu'elle est l'âme de l'association, de l'union des hommes entre eux ; que c'est elle qui en fait l'agrément, qui entretient la douceur du commerce des gens honnêtes, et qui accoutume à toutes sortes d'humeurs par l'habitude qu'elle donne de les supporter.

Entendue de la sorte, la complaisance n'a pas besoin de prôneurs : car comment une personne raisonnable, qui comprend tout le charme qu'il doit y avoir dans la pratique de la complaisance, pourrait-elle résister au désir d'en goûter le bonheur ? Comment y renoncerait-elle du moment où elle sait qu'on estime et qu'on affectionne généralement dans le monde tous les individus qui savent s'accommoder et se plier aux caractères même les plus difficiles ; qu'on les recherche et les accueille avec empressement, à cause de ce liant de l'esprit, de cette tournure facile qui les distingue. N'est-ce pas que pour si peu qu'elle s'aime, elle voudra à son tour être recherchée, estimée, aimée ? Elle deviendra donc complaisante et très-complaisante.

Du reste, un des meilleurs moyens d'apprécier ce que vaut la complaisance et les avantages qu'on en peut retirer, c'est la fréquentation des personnes qui sont douées de cette vertu. On les trouve si douces, si commodes, qu'elles entrent dans tous nos sentiments ; qu'elles vont au-devant de tout ce qui peut nous plaire. Elles sont à notre égard d'une humeur toujours égale, et ne se rebutent ni de nos caprices, ni de nos défauts ; ce qui fait que, insensiblement, et comme malgré nous, elles gagnent notre affection. Or, si nous nous attachons à de pareils individus, ce sera à coup sûr à cause de leurs bonnes qualités et, en pareil cas, nous serons naturellement portés à les imiter : d'abord nous deviendrons complaisants par imitation au lieu de l'être par nature, et puis ce sera tout à fait par sentiment.

Et pourtant, nous ne devons pas nous dissimuler que, quand on veut s'habituer à la complaisance, il faut de très-bonne heure commencer à faire taire ses goûts et à rompre ses habitudes, vu que, à mesure qu'on avance en âge avec de mauvaises dispositions, rien n'est plus difficile ensuite que de les ployer.

Quoi qu'il en soit, tâchez de mettre des bornes à votre complaisance, et rappelez-vous que, poussée trop loin, elle est importune et fait mépriser de ceux-là même envers qui on se montre complaisant. Et comme la véritable complaisance n'applaudit jamais aux sottises ni aux vices d'autrui, n'oubliez pas que c'est être sot ou flatteur que de n'oser contredire ceux qui débitent des extravagances, des inepties, ou font des bêtises.

A plus forte raison devrait-on les blâmer s'ils tenaient des propos obscènes ou affichaient la plus grande immoralité. Oh! alors, nous le répéterons, la complaisance deviendrait un défaut, puisqu'elle rend coupable de tous les vices des autres. (*Massillon*.)

D'après ce, la complaisance doit être un sentiment naturel, et non une vertu *affectée*, car nous savons tous que ce qui sent l'affectation mérite d'être pris en mauvaise part. Or, un homme dit complaisant, dans le sens que j'ajoute à ce mot, étant celui qui, assidu auprès des autres hommes, ne s'attache qu'à leur plaire dans une vue d'intérêt personnel, c'est-à-dire pour les gagner et se les rendre propices, il cherchera donc, pour atteindre plus sûrement ce but, plus ce qui peut leur être agréable que ce qui est honnête, et mentira ainsi à sa conscience et à autrui.

Au contraire, le véritable complaisant n'applaudit jamais aux vices ni aux sottises; il ne flatte pas, attendu que ce n'est même pas être complaisant que de louer les gens, sans choix, sans discernement, sans distinction, à plus forte raison quand on sait garder le silence. Mais on est complaisant quand on supporte patiemment les nombreux travers d'autrui, qu'on désapprouve en secret; quand on ménage l'amour-propre de ceux qui vivent avec nous, sans pourtant les flatter; quand on excuse adroitement leurs fautes sans les approuver; quand on entend louer les autres sans jalousie; quand on se fait un devoir d'obliger ceux qui s'adressent à nous, et qu'on ne méprise personne.

Ainsi nous devons reconnaître qu'il y a deux sortes de complaisances et de complaisants : l'une qui est le fruit de la sottise, de la flatterie, de l'hypocrisie; et l'autre qui naît de la bonté de notre âme et de la délicatesse de notre cœur. A nous tous d'aimer celle-ci, comme on aime une qualité précieuse, et de la rechercher; à nous tous de détester celle-là comme on déteste un vice honteux, et de la fuir.

COMPLIMENTEUR (défaut ou qualité). — Un compliment, dans le sens attaché au mot complimenteur, est un choix de paroles civiles, obligeantes, affectueuses et parfois outrées, que nous adressons à nos supérieurs, à nos égaux et à nos inférieurs, à toute personne à qui nous voulons témoigner de l'estime, ou la part que nous prenons tous à quelque chose d'intéressant qui lui arrive; et cela dans le but de nous bien faire valoir d'eux, quelquefois même en les trompant.

Par suite, un *complimenteur*, dans l'acception rigoureuse du mot, c'est un de ces hommes fades, un de ces faiseurs de compliments à tout propos qu'on recherche d'abord, mais dont on se dégoûte bien vite et qu'on finit par trouver insupportables, parce qu'ils sont toujours les mêmes à tous égards. Aussi le mot complimenteur est-il généralement pris en mauvaise part par les philosophes et tous les amis de la vérité.

Il est une espèce de complimenteurs qu'on ferait bien mieux d'appeler *flatteurs*, en

DICTIONN. DES PASSIONS, etc.

ce qu'ils flattent continuellement les goûts, les travers, les caprices, les défauts, et jusqu'aux vices des femmes, par qui, du reste, ils sont très-recherchés : elles aiment tant à être approuvées, applaudies, et ce sentiment est si naturel!

Pourtant, et c'est justice à rendre à celles qui ne sont point vicieuses, du moment qu'elles s'aperçoivent qu'on les loue moins par réflexion que dans le but de leur plaire et de les séduire par un artificieux langage, ou si l'on veut bien plus par habitude que par raison, oh! alors, reconnaissant leur erreur, elles ne peuvent plus souffrir le complimenteur. C'est, du reste, chose si naturelle, que personne n'en est surpris, chacun faisant fi de la fausse monnaie, et un compliment, d'après Marmontel, étant la *fausse monnoie* du monde.

Revenons au compliment proprement dit. Il serait ridicule que nous renonçassions entièrement à en adresser jamais à qui que ce soit. Nous pouvons être exposés sans doute à ce que notre compliment soit une fadeur, une inutilité, un mensonge; et, néanmoins, il est des circonstances où, fût-il tout cela, notre devoir est de n'y pas manquer. (*D'Alembert*.) Toutefois, comme il y a loin entre remplir un devoir de convenance quand les circonstances l'exigent, et débiter des compliments à tous propos, et sans sujet, sachons obéir à notre devoir, tout en blâmant l'exagération du complimenteur.

Il est des circonstances, avons-nous dit, dans lesquelles nous sommes forcés d'adresser un compliment à quelqu'un, sous peine de passer pour un homme grossier, sans éducation ou pour un sot. Dans ce cas, il faut rester dans le vrai, ou si nous sommes forcés de flatter, que ce soit avec modération, rien n'étant plus dédaigné qu'un *flatteur*. *Voy.* FLATTERIE.

COMPONCTION (vertu). — En théologie le mot *componction* signifie : le regret d'une âme douloureusement affectée d'avoir offensé Dieu. Mais en dehors du langage théologique, ce terme a une signification beaucoup plus étendue, puisqu'on l'emploie pour exprimer un sentiment pieux de douleur, de tristesse et de dégoût, qui a des motifs différents. Voilà comment les misères de l'humanité, le triomphe des méchants, le peu d'estime et le peu d'égards qu'on témoigne aux gens vertueux, le danger où l'on est continuellement exposé de tomber dans le vice, sont, pour les hommes de bien, des sujets d'une véritable componction.

On la dit faible ou forte, suivant le degré auquel elle s'élève, ou suivant la profondeur à laquelle elle arrive dans le cœur de l'homme religieux.

CONCUPISCENCE ou LASCIVITÉ; DÉBAUCHE ou LIBERTINAGE; DÉBAUCHÉ ou LIBERTIN (vices). — La concupiscence consiste dans un état de dégradation de l'âme, qui incline au mal, c'est-à-dire aux choses illicites, et surtout aux plaisirs charnels, pour lesquels elle éprouve des *désirs* déréglés.

Sous ce dernier rapport, la concupiscence est parfaitement synonyme de *lascivité* qui, à son tour, est une forte *inclination* à la luxure.

Jusque-là, c'est-à-dire tant que l'âme n'éprouve que des désirs violents, immodérés, et qu'elle puise dans ses propres forces la puissance de les réprimer, la concupiscence ou lascivité n'est point un vice formel; elle est, nous le répéterons, une forte *inclination* à des actes vicieux, sans pour cela être décidément vicieuse par elle-même. Pour qu'il en soit réellement ainsi, il faut donc, non-seulement que l'homme soit disposé à l'incontinence, porté même à l'incontinence par la lascivité, mais encore qu'il y consente et succombe; sinon, elle ne saurait mériter la censure des moralistes.

Mais du moment où il est coupable, comment ne la mériterait-il pas alors, puisque cette passion des hommes pour les femmes et des femmes pour les hommes les rend tous lubriques, impudiques, et fait que les femmes se prostituent?

Se prostituent! connaît-on toute l'abomination de ce mot? Puis-je, sans salir ma plume, dire que la femme prostituée est celle qui, par excès de libertinage, et par dérèglement des mœurs, fait abandon de son honneur et se livre à la lubricité des hommes pour quelque motif vil ou mercenaire?

Pourquoi ne le ferais-je pas, lorsque mon rôle est de flétrir tout ce qui est infâme, et que cette flétrissure peut avoir une heureuse influence sur la plupart de ceux qui, par ignorance, par imitation ou par vice, pourraient se laisser aller à leurs abominables penchants; car il ne faut pas se le dissimuler, nous inclinons plus au mal qu'au bien; nous suivons plus volontiers les mauvais exemples que les bons.

Aussi dirons-nous sans hésitation que le vice de l'incontinence, cette fille de la concupiscence, est un vice monstrueux, qui, s'il procure quelques instants de satisfaction sensuelle à ceux qui le goûtent, nuit le plus à la tranquillité et au bonheur de la société. *Voy.* INCONTINENCE.

Et pourtant, chose bien déplorable, la corruption des mœurs ne se borne pas à des désirs violents que l'on satisfait à plaisir ; comme la lassitude et le dégoût suivent bientôt ces odieux rapports dont certains hommes sont avides, insatiables, il en résulte que, pour ranimer l'amour des sexes qui s'évanouit, ils le stimulent par ce que la *débauche* ou *libertinage* a de plus raffiné. *Voy.* LIBERTIN.

J'ai prononcé les mots débauche ou libertinage, et j'ai dit que les gens lascifs l'unissaient à la luxure; ce ne serait donc pas la même chose que l'incontinence ? si ; mais la débauche a de plus que cette dernière qu'elle ne se borne pas aux plaisirs charnels. Le dérèglement des mœurs est tel chez le débauché, qu'aux jouissances goûtées d'homme à femme et de femme à homme s'ajoutent celles de l'INTEMPÉRANCE (*Voy.* ce mot) et toutes les raffineries de l'impudicité la plus révoltante.

Oui, et c'est avec amertume que je le dis, la corruption des mœurs a été portée de nos jours à ce point de dégradation que les hommes et les femmes rougissent moins aujourd'hui de paraître débauchés que de paraître amoureux. Le sentiment du beau est banni de la *bonne compagnie;* c'est du bon ton d'afficher le libertinage et presque du mauvais que de le blâmer. On quitte les femmes pour une actrice ; les femmes préfèrent les hommes à la mode, des hommes *colifichets*, à leurs maris. En vérité, je serais tenté de croire, avec M. Saint-Marc Girardin, que les lettres et les arts, loin de contribuer à épurer les mœurs, ne s'attachent qu'à les corrompre, et que le siècle le plus éclairé est le siècle de la débauche.

C'est du moins ce qui arrive et ce qu'on ne peut guère empêcher dans les pays civilisés où, par une opposition systématique, les grands et le peuple sont complètement opposés de goûts et d'opinions, quand ils ne sont pas également corrompus. Je m'explique:

A la fin du règne de Louis XIV, le libertinage était devenu à la fois une lettre de disgrâce à la cour et de faveur aux yeux de la nation. Comme il y avait une sorte de courage à fronder par la liberté de ses mœurs ce que l'on appelait la bigoterie de madame de Maintenon, l'esprit d'opposition, qui éclate toujours par quelque endroit, avait trouvé commode de prêter ainsi au vice une sorte de dignité.

A la fin du règne de Louis XV, ce fut tout le contraire : les débauches du roi et les scandales de ses amours firent par contre-coup renaître une sorte de décence et d'honneur public. On se fit vertueux pour contrarier la cour, et toutes les ambitions déçues parlèrent à l'envi des devoirs de la morale.

Ainsi, soit par opposition, soit par goût, les vices et les défauts naturels seront toujours d'un entraînant et pernicieux exemple pour les sociétés. A la vérité, ce que l'on vient de lire semblerait opposé à cette proposition, et pourtant, malgré cette exception, qui avait un très-puissant mobile sur l'esprit du peuple (l'opposition), la règle n'en existe pas moins et Louis XV lui-même nous en fournit la preuve.

Ceux qui ont lu l'histoire de ce monarque, dit le *Bien-Aimé*, savent combien, dans sa jeunesse, il avait de respect pour la religion, de vénération pour ses ministres, et abhorrait les impies, malgré qu'il eût été placé sous la tutelle d'un régent, le duc d'Orléans, mieux connu par ses vices que par ses vertus. Mais plus tard tombé dans les pièges que d'infâmes courtisans tendirent à son innocence, il se corrompit comme eux, persévéra dans ses désordres jusqu'à sa vieillesse et puisa dans le sein de la débauche, la maladie qui le conduisit au tombeau.

C'est chose du reste dont saint Augustin se plaignait amèrement, que cette funeste contagion de l'exemple sur l'esprit des hommes portés à la lascivité. « Ce que je voulais, » dit-il dans ses *Confessions*, « ce que je souhaitais, c'était d'aimer et d'être aimé ; je ne m'arrêtais pas aux bornes de l'amitié, mon cœur m'emportait plus loin; il s'exhalait du fond de ma concupiscence je ne sais quel brouillard et quelle vapeur de jeunesse qui troublait toute mon âme et me faisait confondre l'aveuglement de la passion avec le pur bonheur de l'affection. C'est alors, qu'il eût fallu donner le mariage pour digue au torrent de mon âge ; mais mon père s'inquiétait bien plus de mon éloquence que de mes mœurs, et de mes succès de rhéteur que de ma conduite de jeune homme. »

« C'est en vain que ma mère me détournait du péché ; ses paroles me semblaient des paroles de femme et je rougissais d'y obéir. Il y a plus, j'avais honte entre mes camarades d'être moins perdu qu'eux, et comme je les entendais se vanter hautement leurs désordres et que je les voyais d'autant plus fiers et d'autant plus applaudis qu'ils étaient plus libertins, j'avais hâte aussi de pécher moins par plaisir que par vanité. Ordinairement le blâme suit le vice ; mais pour éviter le blâme je cherchais le vice, et comme je voulais à tout prix m'égaler à mes camarades, je feignais des péchés que je n'avais pas faits, afin de gagner un peu de leur pernicieuse estime. »

Ces passages des *Confessions* du grand Augustin renferment plus d'un enseignement précieux. Ils montrent d'abord quel fut le penchant naturel du jeune homme, alors qu'il était dans toute la fougue de la jeunesse ; la coupable insouciance du père qui, loin de chercher à étouffer dans les liens du mariage ou par une surveillance attentive et sévère les fâcheuses et déplorables inclinations de son fils, ne s'occupait que de ses études littéraires ; la tendre sollicitude de Monique, dont la vigilance et les efforts sont impuissants pour arrêter un jeune présomptueux qui croit devoir mépriser les conseils d'une femme ; et enfin, ce que peuvent les pernicieux exemples des hommes corrompus sur l'imagination d'un adolescent, qui se perd par honte de la vertu et par vanité pour le vice. Heureux encore quand tout se borne là et que l'adolescent, tombant de faute en faute, n'arrive pas ainsi de chute en chute au comble de la dégradation physique et morale ! *Voy.* INCONTINENCE.

Nous avons posé en principe que la concupiscence ou lascivité *disposaient* à la luxure ou incontinence ; et que la débauche ou le libertinage, renchérissant sur la concupiscence, *disposaient* à l'incontinence et de plus à l'intempérance ; or, comme la disposition à un vice ne le constitue pas essentiellement, et que les désordres physiques et moraux qui accompagnent une vie lâche, efféminée, crapuleuse, dépendent bien plus de la pratique des actes vicieux que de la disposition à ces actes, différence que les auteurs n'ont pas encore faite à l'endroit de la débauche et de la concupiscence qu'ils regardent comme synonymes de la luxure, nous renverrons à l'article INCONTINENCE ou LUXURE le complément des observations qui composent celui-ci. Sans doute il y a une très-grande solidarité entre les unes et les autres ; les unes n'existeraient pas sans les autres ; et cependant à la rigueur l'un n'est pas l'autre. La débauche peut exister sans incontinence, mais l'incontinence ne saurait exister sans lascivité ; en un mot, le lascif peut résister et ne pas succomber, l'incontinent a succombé ; il n'y a donc pas parité.

Je n'insisterai pas davantage sur ces distinctions qui, tout oiseuses qu'elles peuvent paraître, n'en sont pas moins fondées, et méritaient dès lors de trouver place dans un livre où tout doit être *sévèrement* classé et distingué.

CONFIANCE, CONFIANT (sentiment naturel). — La confiance est un sentiment indéfinissable qui nous porte à accepter comme vrai ce que nous dira telle personne, à suivre aveuglément ses conseils, et à nous ouvrir entièrement à elle... Ce sentiment naît ordinairement de la connaissance que chacun de nous peut acquérir des qualités de cette personne, ou bien il est le résultat de la bonne opinion que nous pouvons nous en faire en vue de nos besoins, de nos desseins, de nos intérêts.

La confiance en tel individu, préférablement à tel autre, vient communément comme par instinct. Naturellement, à l'instar de la sympathie, elle se fortifie ou s'affaiblit dans les rapports plus ou moins intimes qui s'établissent entre nous et cet individu ; et elle devient dans certains cas si absolue, que nous préférerons nous en rapporter plutôt aux avis des gens qui, volontairement ou involontairement, se sont emparés de notre esprit, qu'à nous-mêmes, pour les affaires qui nous intéressent beaucoup ou qui nous sont personnelles. C'est pourquoi, du moment où notre confiance leur est acquise et que nous sommes sûrs (ou croyons être sûrs) de leur discrétion et de leur bon vouloir, tout aussitôt nous sommes enclins à leur révéler bien des choses qu'il nous importe beaucoup de laisser ignorées, et nous les prenons pour confidents. Voilà qui explique comment on est arrivé à considérer la confiance comme l'origine de la confidence ; opinion toute naturelle, puisque cette dernière ne marche jamais sans l'autre et ne la précède jamais. Quoi qu'il en soit, la confiance perd son caractère et cesse plus ou moins à marquer de l'estime à mesure qu'elle devient plus générale. (*Diderot.*)

Il y a deux choses à considérer dans la confiance, à savoir : la disposition où nous sommes à être confiants ; les actes que nous faisons en vertu de cette confiance. Dès lors, être confiant n'est pas absolument une qualité, puisqu'on l'est tantôt instinctivement et par irréflexion, et tantôt au contraire par un acte libre et réfléchi. Ce n'est pas non plus un défaut, car, si nous plaçons mal notre confiance, cela peut provenir d'une erreur de jugement, ou bien parce qu'on aura mis beaucoup d'art à la capter. Toujours est-il que, dans tous les cas, il faut ne pas l'accorder aveuglément, être très-réservé même après l'avoir accordée, et s'en tenir à cette sage maxime de Mazarin : *Croyez tout le monde honnête, et vivez avec tous comme avec des fripons.*

On conçoit qu'en suivant ce précepte, nul ne fera d'autres confidences que celles qu'il jugera indispensables, nul n'agira de telle façon plutôt que de telle autre, et à coup sûr il s'en trouvera bien; car quel est parmi les hommes celui qui n'a pas à se plaindre d'avoir été trop confiant?

Aucun, je crois; et, chose remarquable, par suite de la perversité humaine, ce sont en général ceux qui, ayant beaucoup de droiture et de sincérité, ne suspectent personne de mauvaise foi, qui sont les plus trompés et dont on abuse le plus de cette facilité avec laquelle ils se confient. Aussi on ne saurait trop leur rappeler la maxime du cardinal.

Pour éviter de tomber dans les extrêmes qui résulteraient d'une confiance sans limites et d'une défiance universelle, il faut étudier longtemps les mœurs, le caractère et la capacité des individus, avant de placer en eux notre confiance ou de la leur refuser, et surtout avant de leur confier nos secrets les plus intimes. La prudence et notre intérêt nous en font une loi.

La confiance doit être considérée sous deux aspects opposés, à savoir : suivant qu'on l'accorde à autrui, ou suivant que nous voudrions la mériter du public en général, ou de telle personne en particulier. Dans le premier cas, il faut faire en sorte de ne la placer que dans les hommes généralement reconnus pour être probes, consciencieux, vertueux. A la vérité, ceux qui en ont la réputation ne la méritent pas toujours; mais c'est déjà une très-grande présomption en leur faveur que cette estime qu'ils ont su acquérir, et une bien grande garantie morale pour nous.

Et, quant à la manière dont nous devons agir dans le deuxième cas, elle est relative à la position que chacun occupe dans le monde. Ainsi, les hommes qui ont en leurs mains le pouvoir et les destinées d'une nation, devront se montrer modérés dans leurs principes, fermes dans leurs décisions, sages dans leur conduite publique et *privée*, être accessibles pour tous, justes et équitables envers tous : les magistrats tiendront d'une main ferme et vigoureuse la balance de la justice; ils rendront des arrêts et non pas des services, c'est-à-dire que leurs jugements reposeront sur la plus exacte équité, sans distinction de rang, de condition, de fortune; l'avocat, examinant avec la plus grande attention les pièces d'un procès, ne se chargera de la défense qu'alors qu'il aura acquis la conviction intime que les prétentions du demandeur ou du défendeur sont fondées; et, dans le cas où il jugerait qu'elles ne le sont pas, il le dira franchement et refusera son assistance : le médecin, s'il connaît le serment qu'Hippocrate faisait prêter à ses élèves, qu'on prête encore à la Faculté de Montpellier en recevant le bonnet de docteur, et qu'on devrait faire prêter partout à celui qu'on investit du droit d'enseigner et d'exercer la médecine; le médecin, dis-je, « fidèle aux lois de l'honneur et de la probité, dans l'exercice de la médecine, donnera des soins gratuits à l'indigent et n'exigera jamais un salaire au-dessus de son travail. Admis dans l'intérieur des maisons, ses yeux ne verront pas ce qui s'y passe, sa langue taira les secrets qui lui seront confiés, et son état ne servira point à corrompre les mœurs et à favoriser le crime. » Il tâchera de guérir ses malades *tuto, cito et jucunde*, et deviendra l'ami véritable de ses clients; bref, chacun, dans sa profession, fera preuve de moralité, de délicatesse, de stricte probité, et par là ils seront tous dignes de confiance.

N'oublions pas de mentionner qu'on dit au figuré, en parlant d'un jeune homme hardi et présomptueux, parce qu'il a trop bonne opinion de sa personne, qu'il est *confiant*. Cette manière d'être confiant s'éloigne tellement de celle qui résulte de la confiance accordée à quelqu'un, qu'il me suffira, je pense, d'en avoir fait l'observation, pour être dispensé d'entrer dans de plus longs détails. D'ailleurs, cette sorte de confiance en soi est toujours prise en mauvaise part, attendu qu'elle n'est autre que de la *suffisance*, qu'on serait bien en peine de justifier. *Voy.* SUFFISANCE.

CONSCIENCE (sentiment naturel), SCRUPULE (défaut). — La conscience est cet instinct pur et céleste, cette science innée, cette voix de l'âme qui nous distingue si bien des animaux; cette raison par excellence qui luit sur toutes les actions des hommes, qui rassure l'innocent et agite le coupable. C'est le juge sévère qu'on ne peut tromper; c'est la loi inflexible à laquelle on ne peut se soustraire. Dieu et les hommes pardonnent, la conscience ne pardonne pas. (*Alibert.*)

Et cela devait être, car toute la moralité de nos actions est dans le jugement que nous en portons nous-mêmes. S'il est vrai que le bien soit bien, il doit l'être au fond de nos cœurs comme dans nos œuvres, et le premier prix de la justice est de sentir qu'on la pratique, comme le premier châtiment du crime est de reconnaître et sentir qu'on l'a mérité.

C'est aussi ce qui arrive, vu que les actes de la conscience ne sont pas des jugements, mais des sentiments; et comme les idées qui apprécient nos sentiments sont au-dedans de nous, c'est par elles seules que nous connaissons la convenance ou disconvenance qui existe entre nous et les choses que nous devons fuir ou rechercher. (*J.-J. Rousseau.*)

En d'autres termes, la conscience est cet acte de l'entendement humain, par lequel notre âme distingue ce qui est bon de ce qui est mauvais dans nos actions, et prononce sur les choses que nous avons faites ou les opinions que nous aurons émises, par comparaison avec les idées qu'elle a acquises à l'aide d'une certaine règle nommée *loi*.

Tout le monde est d'accord sur ce point, que le sentiment primitif de l'équité est l'origine naturelle de la conscience morale; c'est l'instinct de la justice et comme l'aurore de la moralité dans les ténèbres de l'égoïsme de l'homme moral. Cependant cet instinct ne suffit pas pour constituer l'agent moral; il doit être développé, épuré, dirigé; d'où la nécessité d'une action objective qui le cultive par l'éducation.

Sans l'éducation l'instinct moral reste vague, indécis, au milieu des sentiments et des tendances du cœur humain; et comme l'homme est porté à s'attribuer ce qui se passe en lui et à rapporter à sa volonté tout ce qui le pousse, il confondrait facilement son devoir et son pouvoir, et prendrait facilement la mesure du bien et du mal dans sa propre volonté.

Nous ne sommes que trop portés à trouver bien ce qui nous plaît, mal ce qui nous répugne; et le plus souvent nos sens, l'imagination et l'affection décident de nos jugements moraux. Que serait-ce donc si nous étions abandonnés au seul sentiment, n'ayant d'autre règle d'action qu'un instinct délicat si facilement comprimé ou faussé par la violence du désir et le tumulte de nos pensées? En outre, que de peine n'avons-nous pas à revenir en nous-mêmes pour apercevoir ce qui s'y passe, écouter la voix de la conscience, constater ce qu'elle exige dans les temps ordinaires, au milieu du silence des passions! (*M. l'abbé Bautain*.)

Et pourtant il faut bien qu'on l'écoute; car c'est à la suite du jugement que chacun porte en soi de ses propres actions, quand il la consulte, que naît dans tout son être une douce tranquillité ou une inquiétude importune; la joie et la sérénité, ou ces remords cruels si bien figurés par le vautour de la fable qui déchire sans cesse le cœur de Prométhée.

Il va sans dire qu'il éprouvera l'un ou l'autre de ces sentiments, suivant que ses actions seront plus conformes aux nobles instincts de la conscience ou s'en éloigneront davantage. Mais pour avoir la faculté de faire ces comparaisons qui permettent de distinguer si nos actions se rapprochent ou s'éloignent des lois d'une bonne conscience, il faut, je le répète, avoir observé, senti et jugé, car c'est peu à peu que l'homme se développe. Enfant, tout ce qu'il perçoit d'abord est confus et nébuleux, il ne saisit point les rapports qui existent entre les choses; il est même obligé d'attendre les leçons de l'expérience pour avoir les notions les plus simples, pour savoir, par exemple, les conséquences matérielles des actions. Que sera-ce donc quand il faudra qu'il apprécie la bonté morale des actes, qu'il pèse le bien et le mal, le juste et l'injuste?

De si hautes notions sont lentes à se développer, et la conscience, cet œil de l'intelligence, n'éclaire souvent des actes humains que bien tard dans la vie. On rencontre souvent des personnes fort intelligentes, chez lesquelles le sens moral est encore imparfait. Il y a une certaine vivacité d'esprit, une spontanéité d'idées, qui excluent la réflexion et sont un obstacle immense aux progrès de la conscience. Le sens moral n'est parfait que lorsque l'intelligence a acquis tout son développement, que lorsque l'expérience a permis de faire de nombreuses comparaisons.

Ces comparaisons, avons-nous dit, doivent porter sur les idées que l'âme a d'une certaine règle nommée *loi*, parce que les règles de cette nature, quoiqu'elles n'aient pas été faites pour les hommes de conscience et d'honneur (*Richardson*), n'en forment pas moins un code que tous les hommes sans moralité et sans probité, pour qui il fut rédigé, devraient consulter et suivre.

C'est même chose si nécessaire, tellement indispensable, que je nie formellement à qui que ce soit le droit de faire une chose grave, par cela seul qu'il s'imagine qu'elle lui est prescrite ou permise par sa conscience, celle-ci ayant une élasticité telle, pour certaines gens, qu'elle leur laisse la faculté de la raccourcir ou de l'allonger à volonté, de la même façon qu'un cavalier raccourcit ou allonge les étriers de sa monture pour les mettre à son point. C'est pourquoi, il serait à désirer que tout le monde se pénétrât bien des deux règles suivantes, règles très-faciles à suivre et qui, par leur simplicité, doivent être adoptées pour chaque cas particulier.

La première règle consiste à examiner avec soin, avant que de se déterminer, si l'on a les lumières indispensables pour juger de la chose dont il s'agit, car, si l'on manque de ces lumières (et dans ce cas il ne faut que de la bonne foi et du sens commun exempt de présomption pour le décider), il ne faudrait pas se prononcer, et moins encore rien entreprendre sans conseil. Agir différemment ce serait une témérité inexcusable et dangereuse.

C'est précisément le danger auquel s'exposent tous les individus qui prennent parti dans des discussions ou dans des disputes de morale, de politique ou de religion, etc., sans avoir jamais ouvert un livre qui traite de ces graves questions, sans avoir peut-être même jamais entendu les hommes compétents disserter sur ces matières. Dès lors, je le demande, pourront-ils être justes, conséquents dans leurs jugements avec une ignorance pareille?

Et quant à la deuxième règle, nous supposerons, pour pouvoir l'expliquer, que tout homme possède les connaissances nécessaires pour juger de la chose dont il s'agit. Et, cette supposition faite, nous lui prescrirons de se conformer exactement à cette règle, s'il veut se porter sans autre examen à ce que sa conscience lui suggère. Cela est d'autant plus nécessaire que, dans le négoce, par exemple, tout comme dans les autres affaires industrielles, la plupart des gens se laissent aller tranquillement à des obliquités et à des injustices dont on verrait facilement les turpitudes si on faisait attention à des principes très-clairs dont on ne peut s'écarter et qu'on reconnaît d'ailleurs en général. (*Puffendorf* traduit par *Barbeyrac*.)

Eh bien! la règle dont il s'agit c'est le sentiment du bon, de l'honnête que chacun porte au-dedans de soi, quand il n'a pas étouffé en son cœur les nobles élans de sa conscience et s'est accoutumé à en suivre les inspirations. Oui, tout individu porte en lui-même un véritable Caton, comme s'exprime Jean-Jacques; je veux dire un censeur sévère de ses mœurs qui, s'il est écouté, ne lui laissera que très-rarement faire volontairement des actes dont il ait sujet de se repentir.

Ce censeur, c'est la voix de Dieu qui parle à tous les hommes, les inspire et les guide comme par la main, dans les circonstances difficiles dont la vie est semée, tant que les sophismes d'une raison corrompue n'ont pas dénaturé dans leur âme les sublimes instincts de la conscience. Alors toujours prêt à nous soumettre à ses décisions, nous pourrons nous écrier encore avec le philosophe genevois: « Conscience, conscience! instinct divin, immortelle et céleste voix, guide assuré d'un être ignorant et borné, mais intelligent et libre, juge infaillible du bien et du mal, qui rends l'homme semblable à Dieu, c'est toi qui fais l'excellence de sa nature et la moralité de ses actions; sans toi je ne sens rien en moi qui m'élève au-dessus des bêtes, que le triste privilège de m'égarer d'erreur en erreur, à l'aide d'un entendement sans règle et d'une raison sans principe. »

Mais ce n'est pas assez que ce guide existe, il faut savoir le reconnaître et le suivre, et c'est ce qu'on ne fait pas. Au contraire, on ne le reconnaît plus, on l'oublie, ou, si on se le rappelle, on ne le consulte jamais, on ne respecte pas ses décisions. C'est ce qui explique comment il peut se faire que, parlant à tous le même langage, il y en ait si peu qui l'entendent. Veut-on savoir pourquoi les choses se passent ainsi? C'est parce que la conscience a une morale sévère que le tourbillon du monde fait oublier. D'ailleurs, elle est timide, la conscience; elle aime la retraite et la paix, le monde et le bruit l'épouvantent, les préjugés dont on la fait naître sont ses plus cruels ennemis; elle fuit ou se tait devant eux; leur voix bruyante étouffe la sienne et l'empêche de se faire entendre; le fanatisme ose la contrefaire et dicter le crime en son nom. Elle se rebute enfin, à force d'être éconduite, elle ne nous parle plus, ne nous répond plus, et, après de longs mépris pour elle, il en coûte autant de la rappeler qu'il en coûta de la bannir.

Il faut éviter ces extrêmes, et puisque la conscience est un sentiment inné et révélé du juste et de l'injuste; un sentiment qui résulte du jugement que l'homme porte lui-même de ses propres actions; il doit toujours s'efforcer d'être en paix avec elle et digne de répéter avec Cicéron: « Je préfère le témoignage de ma conscience à tous les discours que l'on peut faire de moi. »

Il lui en coûtera peu d'efforts pour être en paix avec sa conscience, si une religion pure, une morale pure, inspirées de bonne heure, façonnent si bien la nature de l'homme que son âme soit continuellement sur le qui vive, car nous savons fort bien que jusqu'à seize ou dix-sept ans et plus, on ne fait pas une mauvaise action sans que la conscience en fasse un reproche. Mais comme les émotions ou les passions violentes qui combattent la conscience et qui l'étouffent quelquefois, ne tardent pas à se montrer, il faut, pendant le conflit, si nous sommes sages et que nous soyons tourmentés par cet orage, nous abriter derrière d'autres hommes plus capables que nous.

C'est ici le cas de consulter un casuiste. Parmi les anciens, un des plus circonspects a été Cicéron, dans son livre *des Offices* ou des devoirs de l'homme. Il avait été précédé par Zoroastre, qui a paru régler la conscience par le plus beau des préceptes: « Dans le doute abstiens-toi.» C'est du reste le meilleur moyen de rester en paix avec sa conscience.

En parlant de cette paix de conscience, que chacun de nous doit être jaloux de conserver, nous poserons en principe qu'il ne faudrait pas acheter cette paix, l'échanger même contre les supplices qu'endure le

Scrupuleux. — Sa vie, continuellement agitée par le doute, le trouble et l'inquiétude qui naissent des erreurs d'une conscience qui fait regarder comme une faute ce qui n'en est pas une, ou comme un crime ce qui n'est qu'une faute légère, empoisonne son existence, et lui fait endurer, sans l'avoir mérité, tous les tourments du remords.

Cela arrive surtout, nous ne saurions nous le dissimuler, quand l'amour sincère de la probité est joint à l'ignorance et accompagné de la petitesse ou de la fausseté de l'esprit. Alors le scrupuleux hésite en toutes choses, dès que le plus petit doute sur leur *bonté morale* vient alarmer sa conscience, ou du moment que cette bonté morale ne lui est pas suffisamment établie. C'est pourquoi rien n'est plus insupportable dans le monde que les personnes scrupuleuses; elles sont toujours chancelantes: un rien les empêche d'agir, même de faire le bien. Elles souffrent mille tourments et en font endurer de bien plus grands encore aux gens qui les entourent, et avec qui elles sont obligées de vivre.

Le scrupule étant un vice qui n'affecte guère que les ignorants, les bigots, les gens faibles d'esprit, souvent très-bien intentionnés d'ailleurs; redresser le jugement des uns et des autres, c'est donc remédier autant que possible à cette disposition de l'âme qui permet au scrupule de s'y implanter; c'est éviter par là les inconvénients attachés à ce défaut.

CONSIDÉRATION. *Voy.* CIRCONSPECTION.

CONSTANCE, FERMETÉ, FIDÉLITÉ, PERSÉVÉRANCE (vertus). — Ces quatre mots ne sont pas parfaitement synonymes, mais ils ont entre eux des rapports si intimes, qu'il m'a paru préférable de les réunir tous en un seul article, plutôt que de les séparer, ce rapprochement pouvant servir à mieux les faire connaître et à mieux les différencier. Montrons d'abord les caractères qui leur sont communs, et je dirai ensuite quels sont ceux qui sont spéciaux à chacune des vertus qu'ils désignent.

Constance a plusieurs significations. Ce mot sert à exprimer tout à la fois, soit cette vertu de l'âme par laquelle nous persistons dans notre attachement pour tout ce que nous croyons devoir regarder comme vrai, beau, bon, décent et honnête ; soit cette force qu'elle donne au cœur et qui l'empêche de céder contre les attaques qu'on lui porte. Par là elle ne diffère point de la

Fermeté, qui, elle aussi, est cette espèce de constance qui empêche de céder dans les circonstances difficiles même à la violence.

Elles naissent donc l'une et l'autre de la résistance et produisent ordinairement un éclat de victoire, résultat certain d'un courage inébranlable dans l'adversité.

Fidélité a également plusieurs acceptions, c'est-à-dire que cette expression s'applique tantôt à l'observation constante de ses devoirs et plus particulièrement de ses engagements, et tantôt à cet amour véritable que les hommes éprouvent pour la femme qui a su le leur inspirer. Sentiment exclusif qui fait qu'ils ne sauraient aimer qu'elle, et ne lui sont jamais infidèles. Nous reviendrons plus tard sur ce sujet.

Et quant à la *persévérance*, elle n'est, à son tour, qu'une force ou puissance de l'âme qui résiste *constamment* aux obstacles.

Dès lors, si l'on considère la fermeté, la fidélité et la persévérance dans les traits principaux qui les caractérisent, on retrouve en elles la *constance*. Celle-ci est donc leur compagne inséparable ; ce qui me justifie du reproche qu'on aurait pu m'adresser de les avoir groupées.

Mais s'il est vrai que la constance forme le principal caractère ou le fond de ces divers sentiments, par quoi donc pourront-ils être distingués ? Par des signes bien faciles à saisir, et par exemple :

On sait que, pour le plus grand nombre, les mots *fidélité* et *constance* sont synonymes. Eh bien, c'est une erreur populaire dans laquelle les philosophes ne sont point tombés. Pour eux et à leur point de vue, la fidélité en amour, car c'est d'elle seule que je parle en ce moment, est une vertu plus délicieuse, plus scrupuleuse, plus rare que la constance ; ce n'est donc pas celle-ci.

D'où vient cette différence ? De ce qu'on voit généralement dans l'espèce humaine beaucoup d'amours constantes, tandis qu'il s'en trouve bien peu de fidèles. Je dis plus : combien ne voit-on pas de maris constants être néanmoins infidèles ! Combien ne rencontre-t-on pas d'amants qui attendent avec une patience vraiment exemplaire le jour heureux où ils obtiendront un aveu de celle qui les enchaîne à son char et qu'ils espèrent attendrir, qui se montrent tous les jours plus empressés, plus attentifs, plus tendres, plus respectueux, et qui, en les quittant, volent se précipiter dans les bras d'une autre femme pour y satisfaire leurs goûts et leurs penchants impudiques, un caprice peut-être ! Peut-on appeler cet amour, tout véritable qu'il est, de la fidélité ?

Décidément, non : car, ne nous y trompons pas, la fidélité est exempte de pareils écarts. L'amant fidèle est trop préoccupé de l'objet de ses affections, trop sincère dans les serments qu'il a faits à celle qui possède son cœur, pour devenir parjure. Toujours passionné, toujours vrai, toujours le même, il n'existe, ne pense et ne sent que par l'objet aimé, qu'il soit présent ou absent. Donc la fidélité n'est pas la constance.

Mais ce n'est pas seulement en amour que ces deux sentiments diffèrent et qu'on peut les distinguer ; on les retrouve encore bien distincts dans l'homme, en tant que citoyen. Je m'explique.

Croit-on que tous ces magistrats, militaires, administrateurs, employés de tous grades, etc., qui, pendant ou immédiatement après les orages d'une révolution, et avant que d'être déliés du serment qu'ils ont prêté à la royauté déchue, se hâtent de jurer fidélité à la royauté nouvelle ; croit-on, dis-je, que tous ces hommes aient cessé d'être constants à leurs principes politiques ? Pour ma part, je suis convaincu qu'ils gardent leurs principes, sont constants à leur opinion, mais que manquant de fidélité au monarque qui tombe, ils se hâtent, *par nécessité*, de prêter un nouveau serment qu'ils sont toujours prêts à violer si leur intérêt personnel l'exige.

Telle est malheureusement aujourd'hui la pensée dominante dans l'esprit des hommes, et telle est la dégradation dans laquelle sont tombés la plupart de ceux qui devraient donner à la nation des exemples contraires. Aussi voit-on tous les jours des hommes pervers se souiller par le faux témoignage et dérober ainsi les coupables à la sévérité des lois ! voit-on les rois parjures vouloir briser le pacte solennel qui les lie envers le peuple, s'essayer au despotisme, et, malgré leurs serments, violer la constitution qu'ils avaient juré de respecter. Mais le peuple, qu'on ne trompe pas impunément, sait se faire justice de ces rois parjures, et, de la même main qu'il défend ses droits méconnus et sa liberté, il traîne dans la boue et chasse à l'étranger la royauté coupable et tyrannique. *Et nunc intelligite, reges.*

Et pourquoi en est-il ainsi ? Parce qu'on ne croit plus à la sainteté du serment ; parce que les rois et les ministres parlent de soulager les misères publiques, d'adoucir l'infortune du pauvre, de se sacrifier au bonheur et à la prospérité de la nation, alors que, constants à l'idée exclusive qui les a toujours poursuivis, l'un ne fait de son diadème, et les autres de leur portefeuille, qu'un moyen de satisfaire leur ambition insatiable pour le pouvoir qui donne la fortune. Aussi, en présence de tant de serments prêtés et trahis, l'Assemblée nationale a-t-elle décidé que c'était une formalité dérisoire, et que les représentants, tout comme les hauts fonctionnaires, tout comme la France entière, en seraient dispensés. Malheur à ceux qui nous ont conduits à ce point de démoralisation en se jouant de la fidélité qu'ils avaient jurée à nos institutions! Gloire à ceux qui, ne désespérant pas de la société, ont assez de confiance dans les hommes du jour pour croire à leur vertu, à leur probité!

Que pouvait-il résulter de cette dégradation générale partie de si haut, et gagnant toutes les sommités administratives, scientifiques, artistiques, etc.? Que chacun voulant être l'artisan de sa fortune, n'importe par quels moyens, les particuliers n'apportent plus entre eux dans leurs relations, ni cette *fidélité* à la parole donnée, ni cette *fidélité* dans les rapports, seule base de presque toutes les opérations politiques, industrielles et commerciales. Aussi voit-on les négociants jouer au plus fin de l'acheteur et du vendeur et tenter de se tromper l'un l'autre; le capitaliste qui joue sur la rente ou sur les actions des chemins de fer ou autres, débiter à la Bourse telle nouvelle controuvée, qui, devant opérer la hausse ou la baisse, va enrichir celui-ci aux dépens de celui-là. Aussi voyait-on naguère le ministre corrupteur et corrompu entouré de députés corrompus et corrupteurs à leur tour, qui eux-mêmes ne formaient qu'un avec l'électeur influent, qui n'était pas difficile à corrompre. Or savez-vous pourquoi il en était et il en serait encore ainsi, si l'on en avait les moyens? C'est parce que l'amour du faste, de l'ostentation, de la représentation, du bien-être, s'est tellement emparé de tous les esprits, que chacun désire se procurer tout cela, et met la délicatesse de côté pour aller plus droit au but. Croyez-vous qu'on les blâme? Pas le moins du monde, puisque, quand un individu parvient à s'enrichir par la fraude, le mensonge ou autrement, la foule, fermant les yeux sur les moyens pour ne voir que les résultats, s'écrie dans son admiration : Voilà un habile homme!

Il sait bien, cet homme, que manquer à ses engagements, c'est être vicieux et malhonnête, une canaille; il sait bien qu'une fortune mal acquise profite peu, est la marque d'une âme cupide et indélicate; mais il se garde bien d'apprendre au public comment il s'est enrichi; au contraire, et pour l'oublier lui-même, il cherche à s'étourdir par mille plaisirs divers que son rang et sa fortune lui permettent de goûter, et en s'entourant de flatteurs.

Ouvrez-leur vos salons brillants, vous tous spéculateurs engraissés des dépouilles du riche et des épargnes du pauvre, vous verrez bien vite accourir et se grouper autour de vous tous ces hommes légers, toutes ces femmes frivoles qui se heurtent partout où l'on goûte un plaisir.

Au contraire, la *fermeté* unit à la constance dans ses déterminations et à la fidélité dans ses promesses, le courage nécessaire pour n'y pas manquer. Elle est la preuve évidente de la foi en Dieu; l'effet d'une probité bien grande, la conséquence de l'amour de soi-même ou de sa dignité, qu'on ne voudrait compromettre à aucun prix. Ainsi François Iᵉʳ, captif, mais toujours ferme et constant dans son affection pour ses chères provinces, ce précieux joyau de sa couronne, prend la résolution d'abdiquer et de mourir prisonnier de l'empereur Charles-Quint, plutôt que de souscrire à ses humiliantes conditions, et il a la fermeté et le courage d'accomplir son dessein. (*Voy.* BRAVOURE.) De même, que ne fait pas faire la foi? C'est en elle que le sexe le plus faible trouve cette fermeté qui fait les grands dans les circonstances difficiles de la vie. C'est dans ses fortes convictions que Charlotte Corday emprunta cette force surnaturelle qu'elle a toujours montrée, et c'est encore ce qui lui dicta cette sublime réponse, faite à l'un des membres du tribunal révolutionnaire chargé de l'interroger dans sa prison : « Dieu seul est mon juge. »

C'est dans le sentiment d'une foi chrétienne qu'un jeune frère, dont je n'oublierai jamais la mort édifiante et la fin généreuse, puisa cette force, ce courage et cette fermeté qui le soutinrent jusqu'à son dernier soupir. Voici son histoire :

« Il était jésuite et missionnaire. Le bâtiment qui le portait à la Chine venait de s'échouer et de s'entr'ouvrir sur un écueil à fleur d'eau, en vue de l'île de Poulo-Pinang. C'était par un temps qui n'avait rien d'orageux, et sur une mer qui n'avait rien d'intempestif; c'était par la méchanceté du pilote Malais, qui l'avait fait entrer à pleines voiles au milieu de cet archipel de rescifs, et le traître avait commencé à s'esquiver dans le canot du navire.

« Cependant le bâtiment s'enfonçait d'un pied par minute; il y avait quarante-deux personnes à sauver, et la chaloupe ne pouvait en contenir plus de trente-quatre, à moins de couler bas; enfin, l'on n'avait ni le temps ni les moyens de confectionner des radeaux, et le capitaine ordonna le tirage au sort pour le sauvetage de trente-trois hommes.

« Ce capitaine était l'honorable M. Magon de Boisgarin, de famille malouine. Il ne fallut pas songer à le faire descendre dans la chaloupe, et son équipage ne put jamais l'obtenir de lui. — Le poste d'un capitaine est son bâtiment jusqu'à la fin! Je suis votre capitaine, et je suis le plus vieux, disait-il : partez, mes enfants, dépêchez-vous, et tâchez de sauver le Père d'Estélan !

« Le jeune missionnaire avait été favorisé par le sort, mais il déclara qu'il imiterait le capitaine et qu'il ne quitterait pas le théâtre du naufrage. — Embarquez-le malgré qu'il en ait! s'écriait le marin; embarquez-le, parce qu'il est vicaire apostolique, et n'oubliez pas qu'il est chargé d'un bref du pape pour Mgr l'évêque de Synite! — Donnez-moi bien vite votre absolution, mon révérend Père !... — Allons donc, mes gars, à la chaloupe ! à la chaloupe ! obéissez-moi pour la dernière foi !

« On ne put rien gagner sur la ferme résolution du missionnaire, et la chaloupe était à peine à quarante brasses du bord, que le bâtiment s'engloutit sous les flots et disparut dans un tourbillon formidable.

« La plupart des naufragés reparurent à la surface du gouffre au bout de quelques minutes, et les sauvetages distinguaient le Père d'Estélan qui nageait infatigablement d'un homme à l'autre en les soulevant dans ses bras pour les exhorter, les écouter et les bénir. Il absolvait ensuite, et déposait chacun de ses pénitents sur la vague qui allait l'ensevelir au lieu de linceul, et puis il recommençait à nager dans une autre direction, pour un autre malheureux, — avec une énergie sublime et jusqu'à la fin d'un apostolat si laborieux et si méritoire en vérité! On en conviendra, fût-on protestant de Genève ou janséniste d'Utrecht.

« C'était visiblement la providence de Dieu qui l'avait soutenu dans l'exercice de son ministère, ayant, non-seulement un pied ni les deux pieds, mais tout son corps dans l'abîme! avec la certitude et l'effroyable vision d'une mort affreuse, infaillible, inévitable pour lui!

« Les témoins de cette admirable scène évangélique ont déclaré qu'il avait disparu le neuvième et le dernier. J'ai su tous ces détails de mon vénérable ami le duc de Penthièvre, à qui les registres et les bureaux de sa grande-amirauté de France en avaient donné l'information. » (*La marquise de Créquy.*)

Et quant à la *persévérance*, cette force surnaturelle donnée à l'homme pour résister *toujours* aux difficultés qu'il rencontre sur le chemin de la vie, aux tortures même du supplice, on la retrouve tout entière dans saint Laurent, mourant martyr de sa foi en Jésus-Christ.

Etendu sur le gril dont le bourreau attisait continuellement le feu, persévérant dans l'amour pour son Dieu qui le soutient, l'encourage et lui donne cette fermeté qu'il a accordée à tous les martyrs, saint Laurent se tournant vers l'empereur Valérien qui ne cessait de l'exhorter à sacrifier aux idoles, lui dit avec un visage placide : « Ne vois-tu pas que ma chair est assez rôtie d'un côté? tourne-la donc de l'autre et t'en rassasie à ton plaisir! »

Ainsi conçues, la *constance*, la *fermeté*, la *fidélité* et la *persévérance* constituent chacune individuellement une vertu ; et toutes ces vertus, quoique réunies en un seul faisceau par un lien unique, *la constance*, ne la constituent pas essentiellement. Elles diffèrent d'elle en ce que, 1° la *fidélité* est plus pure, plus délicate, plus difficile et partant bien plus rare qu'elle ; 2° la *persévérance* marque la poursuite d'un bien que la constance se contente d'attendre, et 3° enfin, la *fermeté* participe tout à la fois du courage et de la résistance, ce qu'on ne retrouve pas toujours dans l'homme constant.

Remarquons toutefois que, pour être une vertu, la fermeté doit se borner à cette résolution invariable, à cette grandeur d'âme qui la caractérisent, et ne point provenir de l'INSENSIBILITÉ ou de l'ENTÊTEMENT. (*Voyez* ces mots.)

Ainsi, du moment où nous avons reconnu et apprécié ce que valent et peuvent la fidélité à remplir les engagements que l'on a sérieusement contractés, la constance invariable à vouloir et pratiquer ce qui est équitable ; la fermeté et la persévérance qui donnent la force nécessaire pour surmonter les difficultés qu'on peut rencontrer dans leur accomplissement ; nous ne devons cesser de répéter à ceux qui ne les connaîtraient pas, qu'à l'exemple des anciens preux, ils doivent rester constamment fidèles à leur Dieu, à leur roi, à leur dame. A leur Dieu, pour l'aimer et le servir par leur fidélité constante à suivre ses préceptes ; à leur roi, pour l'aimer, le servir, le défendre et lui rester toujours fidèles au péril même de leur vie ; à leur dame, pour n'aimer que celle à qui ils sont unis par des liens légitimes. Par là, ils seront fidèles, constants, fermes, persévérants.

Et quant aux mères tendres et dévouées au bonheur de leurs filles, aux institutrices qui comprennent leur mandat, elles doivent apprendre aux jeunes personnes, alors qu'elles sont encore parées de leur robe d'innocence, belle et éclatante de blancheur que la fidélité constante à remplir leurs devoirs sociaux est une vertu que Dieu donne et qu'elles ne sauraient jamais salir sans se rendre coupables. On doit surtout leur faire un devoir sacré de la fidélité conjugale ; la leur faire aimer par des préceptes et par des exemples, et leur raconter souvent comment Pénélope parvint à reconnaître son époux qu'une longue absence, l'âge et le malheur avaient défiguré à ce point qu'il était méconnaissable aux yeux même de sa chaste épouse.

Quand il se fut annoncé à la reine d'Ithaque comme étant Ulysse, cet Ulysse qu'elle avait tant pleuré et qu'elle pleurait encore ; à cette reine qui avait toujours été entourée d'adorateurs et de prétendants à sa main, parce qu'elle était belle et portait un diadème, elle lui dit : « Noble étranger, mène-moi à la chambre nuptiale, je t'y suivrai. » Et y étant arrivés, elle le pressa affectueusement sur son cœur en lui disant : « Les dieux ont eu pitié de mes souffrances, puisqu'ils m'ont rendu mon époux. Oui, c'est bien lui que j'embrasse ; car nul autre que lui ne m'aurait conduite dans ce sanctuaire, nul autre que lui n'y ayant jamais pénétré. »

CONSTERNATION (sentiment). — La consternation est le dernier degré de la frayeur. On y est jeté par l'attente ou la nouvelle d'un grand malheur. Je dis l'*attente* ou la *nouvelle*, parce qu'il me semble que le mal arrivé cause de la douleur, mais que la consternation n'est l'effet que du mal qu'on craint. La perte d'une bataille ne répandrait pas la consternation dans les provinces, si elles ne craignaient les suites les plus fâcheuses. Ainsi, en pareil cas, n'y a-t-il proprement que les provinces voisines du champ de bataille qui soient consternées. Si la mort de Germanicus eût été naturelle, Rome n'aurait été plongée que dans la plus grande douleur; mais comme on y a soupçonné le poison, les sujets tournèrent les yeux avec effroi sur les monstres qui les gouvernaient, et la douleur fut mêlée de consternation. (*Diderot*.)

J'ai dit, d'après Diderot, qu'il n'y avait proprement que les provinces voisines du lieu de combat qui fussent consternées de la perte d'une bataille; cela est exact si on ne considère que les conséquences fâcheuses qui doivent s'ensuivre à l'endroit du théâtre de la guerre; mais comme elles ne se bornent pas toujours là, ces conséquences, il doit nécessairement en résulter aussi, que les limites de la consternation doivent être beaucoup plus éloignées, s'étendre même à toute la nation. Ainsi, quand en France nous apprenions qu'à Waterloo l'armée, après des prodiges de valeur, avait été forcée de céder à la supériorité numérique des ennemis, chacun, en répétant avec admiration ces paroles gravées au fronton du temple de l'immortalité : *La garde meurt, elle ne se rend pas!* chacun, dis-je, fut saisi d'une véritable consternation à l'aspect de ces aigles abattues et qui ne devaient plus se relever : la perte de la bataille de Waterloo, c'était la chute de l'Empire, c'était la dernière des gloires de l'aigle impériale; c'était la mort des Bonapartistes : de près ou de loin, ils en furent tous consternés.

De même, quand une maladie épidémique éclate n'importe en quel point d'un État républicain, la consternation que cette nouvelle répand ne se borne pas aux provinces voisines de la commune attaquée par le fléau dévastateur, elle s'étend au contraire avec une rapidité, qui devance celle de l'épidémie, jusqu'aux bourgades les plus éloignées. Ainsi, les limites de la consternation sont resserrées ou indéterminées suivant la nature de la cause qui l'occasionne, et selon l'aspect sous lequel on considère cette cause elle-même.

CONTEMPLATION, EXTASE (sentiment). — Les mystiques se sont servis du mot *contemplation* pour désigner un regard d'amour jeté sur Dieu comme présent à l'âme : elle signifie, d'après les philosophes, l'action de fixer une pensée ou un objet dans notre entendement, et de l'examiner de tous les côtés différents, afin d'arriver par ce moyen à la connaissance des choses et à la découverte de la vérité.

Ainsi, d'après cette définition, le mot contemplation, en morale, serait synonyme d'attention forte, exclusive; de CONTENTION D'ESPRIT (*Voyez* ce mot), le contemplatif étant un homme qui examine très-attentivement.

Quant à l'*extase*, elle consiste dans la suspension des sens causée par une forte contemplation, accompagnée ou suivie d'une admiration profonde; c'est la contemplation unie à l'admiration. C'est pour cela qu'on dit qu'un individu *s'extasie* à l'aspect des beautés de la nature ou des merveilles de l'art qui frappent ses sens, étonnent son esprit et le saisissent d'admiration.

Son aspect a quelque chose de particulier qui arrête l'observateur; c'est-à-dire que, du moment où il est plongé dans son admiration profonde, son attention absorbante paralyse momentanément ses sens et ses mouvements, ils sont complètement suspendus. Sur son front et dans ses sourcils relevés, dans ses yeux qui sont plus ouverts, plus saillants, plus enflammés, qui cachent leur prunelle sous la paupière supérieure, l'admiration se peint tout entière. Aussi la respiration pressée et presque haletante se fait avec des soupirs; les narines s'entr'ouvrent démesurément et semblent gonflées, la bouche est presque béante; et les traits, plus tendus, restent jusqu'à la fin de l'accès dans un état d'immobilité frappante.

Nous en avons dit assez; je crois, pour faire comprendre ce que c'est qu'un homme contemplatif et un individu dans le ravissement extatique; c'est pourquoi la contemplation et l'extase ne constituant ni une qualité ni un défaut, et bien moins encore une vertu ni un vice, la contemplation et l'extase étant un sentiment irréfléchi, spontané, absolu, sur lequel on ne peut absolument rien, il est inutile de nous en occuper davantage.

CONTENTEMENT, SATISFACTION (sentiments). — D'après les auteurs, *contentement* signifie l'état de quiétude d'une âme qui n'a ni désirs ni chagrins. Et quand l'homme est complètement *content* du calme et de la tranquillité dont il jouit, ce *contentement* qu'il éprouve en son âme peut être appelé *satisfaction*.

D'après ces considérations, *contentement* et *satisfaction* seraient parfaitement synonymes; seulement, et c'est à cela qu'on peut les distinguer, il est quelques traits, bien peu importants sans doute, qui sont plus particuliers à celui-ci qu'à celui-là. Un mot sur chacun d'eux, malgré leur peu d'importance.

Et d'abord, en premier lieu, les moralistes ont prétendu que le *contentement* regarde plus particulièrement l'intérieur du cœur, et que la satisfaction s'attache plus particulièrement aux passions de l'âme.

Assurément, c'est un non-sens que de faire intervenir le cœur comme étant le siège du *contentement*, c'est-à-dire à l'occasion d'un sentiment de calme parfait dont jouit une âme tranquille. Que cette privation de chagrins et de désirs, que cet état de quiétude que rien ne trouble, que le contentement en un mot que l'homme éprouve le réjouisse, c'est naturel; mais, si pour exprimer ce sentiment, on dit que le cœur de l'homme se réjouit, on parle au figuré, attendu que ce n'est point par le cœur que l'homme sent : nous avons vu ailleurs (*Introduction*) que le sentiment est une sensation perçue par l'âme et qui va retentir au cœur; or, où est la sensation, alors qu'il s'agit d'un calme parfait, d'un état de quiétude de l'âme? Donc le contentement ne serait pas dans le cœur; le mot cœur, dans le cas d'une distinction quelconque, ne devant jamais être employé au figuré.

Et si le contentement n'est pas dans le cœur, là où l'ont placé les moralistes, où sera-t-il? dans l'âme comme la satisfaction. Mais avec cette différence dans la manière dont l'âme les sent l'un et l'autre que, tandis que tout à fait contente, *elle* ne cherche pas des émotions nouvelles et reste inactive, car sans ces conditions elle ne serait pas réellement contente; *elle* fait au contraire un retour sur le passé, alors même qu'elle est satisfaite, à l'occasion peut-être d'un succès qu'on aura obtenu, et s'en applaudit. Ce sera, si on veut, un état délicieux, une jouissance agréable, mais peu durable, qu'elle se procure; néanmoins c'est un nouveau plaisir qu'elle goûte par le souvenir.

Il ressort évidemment de ces explications, que la manière dont l'âme ressent les effets du contentement et de la satisfaction n'est pas la même, en ce sens que, d'une part, le contentement, tout en étant l'ennemi de l'inquiétude, à l'instar de la satisfaction, ne peut rester tel, qu'à la condition que l'âme sera dans un état négatif, n'ayant ni passions ni désirs autres que ceux dont elle se contente; tandis que la satisfaction ne peut être réellement goûtée, qu'à la condition que l'âme, en vertu de son activité, ramène l'esprit à d'agréables pensées, se rapportant à nos actes ou à nos discours.

Et par exemple, celui qui peut répéter gaiement ce vieux quatrain d'un égoïste :

Quand j'ai fait mes quatre repas
Et que j'ai dormi d'un bon somme,
Il ne m'importe guère comme
Chacun de moi pense ici-bas.

Celui-là, dis-je, pourra vivre heureux et content; mais ceux qui savent qu'ils ont une mission philanthropique à remplir sur cette terre, ceux-là ne seront satisfaits que s'ils ont fait beaucoup de bien, s'ils peuvent se dire qu'on leur appliquera peut-être un jour ces paroles écrites à l'endroit de notre divin Maître : *Pertransiit benefaciendo.*

En second lieu, et c'est en ceci qu'on peut plus facilement saisir les nuances du sentiment de *contentement* d'avec celui de *satisfaction*, il n'est guère possible, par exemple, à un homme éclairé d'être satisfait de son travail, quoiqu'il soit content du choix du sujet. Callimaque, qui taillait le marbre avec une délicatesse admirable, était content du cas singulier qu'on faisait de ses ouvrages, tandis que lui-même n'en était jamais satisfait. J'ai connu moi-même, très-particulièrement, un professeur qui était on ne peut plus content du cas qu'on faisait de ses discours, et qui cependant, malgré les applaudissements répétés qu'il obtenait, n'était jamais entièrement satisfait de son œuvre; il la revoyait avec soin, et ne l'aurait pas livrée à l'impression sans de nouvelles corrections. Certainement il n'avait pas besoin qu'on lui recommandât :

Cent fois sur le métier remettez votre ouvrage;
Polissez-le sans cesse, et le repolissez...

Car il y était naturellement porté par le désir et l'espoir de faire encore mieux.

En troisième lieu, enfin, si des travaux, n'importe leur nature, nous passons aux actions, pour les apprécier eu égard à nous-mêmes, combien de fois n'arrivera-t-il pas que nous ne serons pas contents après nous être satisfaits!.... Vérité qui peut être d'un grand usage en morale. (*Le chevalier de Jaucourt.*)

Ainsi, l'homme *content*, nous le répétons, c'est celui qui ne désire rien de plus que ce qu'il a, ou de ce qu'on lui accorde; et l'homme *satisfait*, c'est celui qui voudrait bien plus encore qu'il n'a obtenu. Dans l'un, l'âme est complètement tranquille, elle ne ressent ni passions ni désirs; et dans l'autre, il y a du trouble, elle désire : voilà à peu près toute la différence.

Je me trompe, il en est une autre que j'oubliais, malgré qu'elle ait été signalée, et que je vais mentionner, parce qu'elle ajoute un caractère différentiel de plus à ceux déjà indiqués. Je veux dire qu'il y a quelque chose de plus personnel dans le *contentement* que dans la *satisfaction;* et c'est ce qui explique pourquoi il sert peu d'être content de soi si l'on n'est pas satisfait des autres. Cela fait que notre contentement ne peut être que momentané. Et comment en serait-il autrement dans ce siècle d'égoïsme et de corruption? Aussi, nous a-t-on conseillé, comme le meilleur moyen d'être content de la position que le sort nous a faite, de la comparer toujours à une plus mauvaise. A cette condition on peut en effet être content, quoiqu'on ne soit pas satisfait.

Dans tous les cas, et malgré qu'on puisse le désirer et le vouloir, il ne faudrait pas prétendre contenter tout le monde; à coup sûr ce serait le vrai moyen de ne contenter personne (*De Retz*), et de n'éprouver soi-même aucune satisfaction. A plus forte raison devons-nous renoncer à satisfaire les envieux et les jaloux; c'est chose à laquelle on ne parviendra jamais. (*Vauvenargues.*)

CONTENTION (faculté intellectuelle). — *Contention* veut dire application forte, soutenue et pénible de l'esprit à quelque objet digne de méditation. La contention suppose de la difficulté et même de l'importance de la part de la matière, de l'opiniâtreté et de la fatigue de la part du philosophe. Il y a des choses qu'on ne saisit que par la contention. (*Diderot.*)

Envisagée de la sorte, la *contention* n'est autre chose que l'attention soutenue, l'APPLICATION, l'ABSTRACTION (*Voy.* ces mots); seulement elle a de particulier avec cette dernière que l'âme abîmée pour ainsi dire dans cette sorte d'absorption mentale n'est plus accessible à aucune espèce de sensations.

La *Contention* et l'*absorption* seraient donc le *summum* de l'attention.

C'est pourquoi, revenant sur ces matières que je me proposais de compléter dans cet article, je vais entrer dans quelques nouveaux détails sur les avantages de l'attention soutenue ou application, et sur ceux de l'abstraction ou contention.

Les auteurs sont d'accord sur ce point, que l'envie d'acquérir des connaissances ou le désir de faire usage de celles que nous avons déjà acquises peuvent, sans difficulté, se ranger parmi les passions ; cette envie et ce désir étant si forts dans quelques personnes, qu'ils y absorbent toutes les autres passions.

On conçoit que l'application, quand elle est portée à ce degré, puisse et doive servir au progrès ; mais que de maux n'entraîne-t-elle pas à sa suite ! On peut les lui attribuer *tous*, depuis les plus simples désagréments de la distraction jusqu'à la perte complète de la raison pour le moral ; et depuis une indisposition fort légère (le coryza, par exemple), jusqu'à la mort, pour le physique. Ne pouvant les énumérer en totalité, voyons du moins d'en indiquer les principaux.

Les gens de lettres comme tous les hommes appliqués à l'étude, qui ne prennent aucun exercice et se tiennent continuellement les yeux fixés sur leur ouvrage, une plume, un compas ou une loupe à la main, sont très-sujets à des fluxions sanguines cérébrales, c'est-à-dire qu'une forte application d'esprit, en dirigeant vers la tête la plus grande partie des forces vitales, fait de cerveau un centre d'activité qui ralentit d'autant celle de tous les autres organes. Une personne profondément occupée n'existe que par la tête ; elle semble à peine respirer ; toutes les autres fonctions se suspendent ou se troublent plus ou moins. L'appétit diminue à mesure que l'estomac s'affaiblit, et celui-ci ne digère que bien difficilement les aliments même les plus légers qu'on y fait pénétrer. La digestion en souffre donc : des flatuosités quelquefois douloureuses se dégagent et les sucs mal élaborés deviennent plus propres à former des embarras ou de mauvais levains qu'à réparer les déperditions qui sont une suite nécessaire du mouvement qui entretient la vie. Le corps privé des sucs qui le renouvellent, ou souillé par des humeurs excrémentitielles qui y séjournent trop longtemps, languit, se fane et tombe comme un tendre arbrisseau planté dans un terrain aride et dont l'ardeur du soleil a desséché les branches ; ou bien, le principe vital qui surveille les organes trop longtemps fixé loin d'eux, parce qu'il était occupé ailleurs, y rencontre, quand il y est appelé, des matières étrangères, dégénérées. Alors il se trouble, s'agite pour les chasser, et ouvre cette scène tumultueuse de mouvements irréguliers qu'on nomme vapeurs ou hypocondriacisme.

Il n'est donc pas étonnant que Celse ait remarqué que presque tous les gens de lettres ont l'estomac faible et sont par cette raison presque tous pâles, maigres et tristes. Tel était Cicéron ; il mangeait si peu et si rarement à cause de la faiblesse de son estomac, il était si maigre qu'il ne semblait composé que de peau et d'os. (*Plutarque*.) Tels furent aussi Voltaire, dont le visage amaigri ressemblait à un triangle ; Wieland, qui avait les jambes comme des flûtes ; Rousseau, qui, quand il ne parlait pas, penchait la tête jusque sur la poitrine, attitude de la réflexion et de la tristesse ; attitude de l'hypocondriaque.

Les maladies vaporeuses ou nerveuses, familières aux gens de lettres, seraient une suite plus naturelle et plus infaillible d'une étude sérieuse, dans les femmes qui seraient assez dupes pour s'y livrer. Leurs organes délicats se ressentiraient davantage des inconvénients inévitables qu'elle entraîne. Aussi, un instinct salutaire semble-t-il les en écarter comme d'un précipice qui, pour être couvert de fleurs, n'en est pas moins affreux et dirige leurs goûts vers les objets frivoles. Ou si, par de rares exceptions, il en est quelques-unes qui cultivent les lettres et les arts, il y a chez elles une exaltation telle de la sensibilité, que les accidents que nous avons signalés leur rendent bien chers leurs succès et leurs triomphes.

Observons toutefois que s'il est peu de femmes auteurs, il en est beaucoup au contraire qui se passionnent pour les romans, dont la lecture les attache à ce point qu'elles y consacrent une partie d'un temps qui devrait être consacré au repos, et qu'elles emploient au contraire à se créer des émotions sans cesse renaissantes. Ces veilles prolongées, ces heures d'agitation fébrile ont les mêmes dangers que les études sérieuses qui occupent fortement l'esprit sans en avoir l'utilité. Elles usent les ressorts de la vie, flétrissent les fleurs de la jeunesse et abrégent la durée de la vie sans que leur esprit et leur cœur gagnent à cette occupation, sans que la société en retire aucun avantage. Qu'on se laisse entraîner au désir modéré de s'instruire ; qu'on ruine sa santé en se dévouant à la fonction pénible et ingrate d'éclairer ses semblables, passe : mais lire des feuilletons !...

La dyspepsie, la faiblesse de l'estomac, des mauvaises digestions, l'amaigrissement, la tristesse et la mélancolie ne sont pas les seuls inconvénients attachés à une trop grande application des travaux de l'esprit ; quelques individus, parmi les savants ou ceux qui s'efforcent de le devenir, éprouvent des névralgies cérébrales très-inquiétantes, et certains, des ardeurs d'entrailles qui ne les quittent plus : Bayle mourut de cette maladie. Les autres sont sujets à la dyscécie ou sont exposés à toutes sortes d'obstructions, à des cours de ventre et à des affections nerveuses souvent fort singulières. Ainsi Epicure avait si fort affaibli son corps par les travaux continuels, que, sur les derniers temps de sa vie il ne pouvait même souffrir aucun habit sur lui ni quitter son lit, ni soutenir l'éclat de la lumière, ni regarder le feu.

Fontenelle rapporte que le savant Tschirnausen avait vu souvent voltiger autour de lui, pendant la nuit, beaucoup d'étincelles brillantes qui disparaissaient lorsqu'il voulait les regarder fixement, mais qui duraient presque autant que son travail lorsqu'il n'y faisait pas attention, et que leur éclat et leur force augmentaient même alors. Enfin, il les vit pendant le grand jour sur une muraille blanchie ou sur du papier lorsqu'il eut acquis une certaine facilité à réfléchir. Ces étincelles, ajoute Pinel, qui n'étaient visibles que pour lui, étaient sans doute l'effet d'un travail assidu de cabinet et de longues veilles qui excitent fortement le cerveau et déterminent une fluxion d'humeurs sur ce viscère.

Je n'ai pas tout dit : la plupart des hommes de cabinet sont sujets à des insomnies opiniâtres ; ils évitent les plaisirs dont les attraits minent et dévorent ; ils éprouvent des inquiétudes dans tous les membres, un malaise qu'ils ne peuvent définir, et à force de cultiver leur esprit ils perdent la raison. Et qu'on ne croie pas que j'exagère, car Zimmermann raconte d'une manière fort piquante avoir été appelé chez une dame qui avait été atteinte de folie après une profonde mélancolie. « Un bon curé de campagne qui ne me connaissait pas, dit le docteur, arriva chez elle sur ces entrefaites et me déclara que cette maladie ne venait que d'une lecture trop assidue. Il me semble que vous lisez peu (observation fort impertinente même pour un Zimmermann). — Peu ou point, répliqua-t-il d'un ton fort modéré ; croyez-moi, monsieur le médecin, tous les gens qui lisent beaucoup deviennent fous à la fin. »

Fort bien trouvé, dit le docteur en lui-même. En effet, la raison et l'imagination se troublent peu à peu par la trop grande application, et à la fin, cette vraie sagesse est quelquefois une véritable folie, où, comme le dit Rousseau, l'homme revient à sa stupidité première.

Plusieurs grands médecins ont également fait cette remarque. Ainsi Boerhaave a affirmé que cette trop grande application des gens de lettres fait tomber le cerveau dans l'atrophie : la vue s'obscurcit peu à peu, l'ouïe devient dure, enfin, on perd l'usage de ses sens et on tombe dans une privation absolue de pensées. A son tour, Van-Swieten, le commentateur de Boerhaave, a fréquemment vu des gens savants perdre l'esprit, devenir indolents et périr enfin par un coup d'apoplexie. Ce n'est donc pas sans raison que Jean-Jacques a conclu de ses observations, que « les gens de cabinet sont de tous les hommes ceux qui vivent le plus assis, *pensent le plus* et sont par là, les plus malades et les plus malheureux de tous les hommes. »

Les gens de lettres et les savants ne sont pas les seuls que l'application et des travaux opiniâtres de l'intelligence rendent malades et tuent ; combien ne voyons-nous pas de jeunes gens, des enfants mêmes qui, excités par une noble émulation et appliquant toutes les facultés de leur esprit à l'étude des langues ou des sciences, sont atteints d'une maladie grave qui les mène au tombeau !

Parmi les faits que je pourrais rapporter je choisirai le suivant. J'ai connu un jeune garçon de quinze à seize ans environ, si passionné pour les mathématiques, qu'il renonçait volontiers à tous les amusements de son âge pour aller s'enfermer dans son cabinet et y travailler avec ardeur. Il y consacrait même ses heures de récréation.

Son père, un des savants les plus distingués que l'académie des sciences, compte parmi ses membres correspondants, voyait avec bonheur le goût dominant de son fils pour une science qu'il affectionnait beaucoup lui-même et dans laquelle il avait su, par ses écrits, se placer au premier rang parmi les plus capables ; son père, dis-je, tout en encourageant ses goûts, aurait voulu cependant qu'il s'y livrât avec moins d'assiduité, et cherchait quelquefois à l'en distraire. L'enfant, soit par condescendance aux volontés de ses père et mère, car il était parfaitement bien élevé et soumis à ses parents, soit par complaisance pour ses sœurs, consentait souvent à partager leurs jeux, mais il s'échappait bientôt pour retourner à son occupation favorite..... Il mourut avant sa seizième année d'une maladie cérébrale.

A ce propos, nous ferons remarquer que, si ces abus de l'étude minent les facultés de l'intelligence, usent les ressorts de la vie et tuent les hommes faits et les pubères, à plus forte raison ils auront cette fâcheuse influence dans l'enfance. Aussi, ne saurions-nous trop nous élever contre ces parents stupides qui veulent forcément que leurs enfants deviennent, dès l'âge le plus tendre, de *vrais génies*. Pour atteindre ce but, ils imposent à l'instituteur de leur fils l'obligation d'en faire tout de suite un savant, et forcent la malheureuse créature, sous les peines les plus rigoureuses, de se remplir la tête de mots qu'elle ne comprend pas. Qu'en doit-il résulter ? Que ces enfants qui, pour la plupart, avaient montré beaucoup d'intelligence, deviennent lourds, bouchés, indolents ; ont de fréquents étourdissements, n'en oublient que plus aisément, parce qu'au lieu de leur cultiver la raison on ne fait que les fatiguer et affaiblir la mémoire par ces exercices forcés. On les oblige à prononcer une même chose quinze ou vingt fois pour la leur imprimer dans la tête au lieu de la leur faire considérer et examiner pour en comprendre le sens. Pitoyable méthode d'instruire, disait Boerhaave. Haller ajoutait : Cela n'est que trop vrai, car loin de leur analyser une idée composée, et de leur faire sentir avec justesse les idées simples qu'elle renferme, on ne leur apprend que les syllabes et les sons qui les expriment, on met par là obstacle sur obstacle au développement d'aucune idée, ou si quelque idée s'en fait sentir légèrement, l'impression n'en est que passagère et disparaît avec soin. C'est pourquoi on voit, d'une part, beaucoup de jeunes gens qui s'étaient fait remarquer dans les écoles par le nombre de prix qu'ils y ont obtenus tous les ans, ne tenir que le dernier rang dans les facultés ou dans le monde; et d'autre part, tant d'enfants qui donnaient les plus belles espérances, devenir idiots ou mourir.

Tous les gens instruits connaissent l'histoire d'un enfant qui, à quatre ans, parlait le latin et l'hébreu; à six ans était grand mathématicien, et à neuf ans, fit un excellent ouvrage. Cet enfant, remarquable par sa capacité intellectuelle, fut promené par curiosité, et fit plaisir à tout le monde, excepté à Frédéric II, roi de Prusse, qui n'aimait pas les sciences. Loin donc de le flatter, ce souverain lui demanda en raillant, s'il connaissait le droit public. L'enfant répondit que non; mais aussitôt il se met à l'œuvre, il l'étudie, et un an après il soutient deux bonnes thèses..... Il mourut de cette étude forcée!

La contention est sujette aux mêmes avantages et aux mêmes inconvénients que l'application, à savoir: d'une part, un développement plus considérable des facultés de l'entendement et une aptitude plus grande à la solution des problèmes les plus difficiles à résoudre et qu'on ne résoudrait pas probablement sans elle; et d'autre part, des distractions, des maladies, la mort!

J'ai dit la solution des problèmes les plus difficiles. A ce propos, j'ajouterai au fait déjà cité à l'art. ABSTRACTION, dans lequel Archimède a été représenté courant tout nu les rues de Syracuse, oubliant qu'il sortait du bain, le fait que je vais narrer et qui n'est pas moins remarquable.

Le célèbre mathématicien Viète, fameux dans le XVIe siècle, et sans contredit le plus fort de son temps; le même qui a rendu les plus grands services à la science des nombres en désignant, le premier, les quantités par des lettres, donna un jour au roi de France une preuve évidente de son talent.

Ce monarque avait fait intercepter des lettres écrites par le roi d'Espagne au gouverneur des Pays-Bas, qui étaient alors sous la domination espagnole. Elles étaient écrites en caractères de convenance qu'on appelait chiffres, et par conséquent inexplicables. Voulant mettre à profit la science des combinaisons, Viète fut chargé par son souverain de connaître le contenu de ces lettres.

L'historien raconte que le mathématicien resta un jour et demi le coude appuyé sur une table, la tête reposant sur sa main, sans faire le moindre mouvement. Il était comme cataleptique, ou comme un cadavre, ne mouvant pas même les paupières. Tout à coup il sort en sursaut de cet état de contention et dit au roi: « Sire, je tiens la rédaction des lettres que vous m'avez confiées. »

J'ai dit encore que la contention d'esprit donne des distractions; j'ajoute que celles-ci sont de différentes espèces. Ainsi on raconte qu'un jour le domestique de Budé courut tout effrayé au cabinet de son maître le prévenir que sa maison était près d'être incendiée! « Avertissez ma femme, répondit froidement le savant Budé; vous savez bien que je ne me mêle point des affaires du ménage; » et au lieu d'interrompre ses travaux, il les continue malgré le pressant danger où il se trouvait et qu'il eut de suite oublié.

Le grand Corneille, surpris dans son cabinet par le fiancé de sa fille qui venait lui apprendre que l'état de ses affaires le forçait de rompre le mariage et de retirer sa parole, se contenta de lui répondre: « Ne pouviez-vous pas bien, sans m'interrompre, parler de tout cela à ma femme? Montez chez elle, j'entends rien à toutes ces affaires-là; » et il reprit son œuvre.

Enfin, j'ai lu quelque part que Cardan, médecin de mérite, et qui cependant, à cause de la singularité de son esprit et de ses manières, avait été surnommé le plus fou des philosophes, Cardan était également sujet à ces sortes d'absorptions mentales; dans cet état la oubliait ses affaires et devenait complètement insensible à l'impression des objets extérieurs sur les organes des sens.

Un jour qu'il se trouvait dans sa voiture, plongé dans une espèce de méditation profonde, son cocher, ne connaissant pas le chemin par où il devait passer, interrogea son maître, et n'en obtenant aucune réponse, il se laissa guider par les chevaux qui le menèrent près d'un gibet. Là, Cardan sortit de son état de contention et il se mit dans une grande colère, qui cessa aussitôt qu'il eut appris la cause de cette déviation. Notons que pendant tout ce temps Cardan avait réellement travaillé. Il ne fut donc quitte pour quelques moments perdus.

Au contraire, Archimède paya de sa vie un moment de trop grande contention qui ne lui permit pas de juger le danger de sa situation. Plutarque raconte que, très-sujet à ces sortes d'abstractions, ce philosophe, sitôt qu'il était seul, s'amusait à tracer des figures géométriques sur la cendre de son foyer. Quelque temps après qu'il eut résolu le grand problème dont nous avons parlé déjà plusieurs fois, la ville de Syracuse ayant été prise par les Romains, le général, pour soustraire Archimède aux dangers qui le menaçaient, lui envoya un de ses soldats avec ordre de le lui amener. Celui-ci trouva le philosophe occupé, pendant le tumulte, à résoudre un nouveau problème pour lequel il avait tracé des figures sur le sable. Aussi, tout occupé de son problème il ne répondit que ces mots: « Soldat, ne dérange pas ma figure. » Le soldat prit ce langage pour une désobéissance, et peut-être même pour une dérision, et crut bien faire en lui donnant la mort.

Heureusement que la contention n'a jamais occasionné depuis des résultats aussi déplorables, à moins qu'on ne veuille considérer comme tels les morts subites par apoplexie que de trop fortes contentions d'esprit peuvent occasionner; et cependant, même hors ces circonstances, l'absorption mentale prolongée, une application trop forte, ne sont pas sans danger. Ainsi, il peut se faire que, comme Macris, poète italien, auteur de l'Ado-

nis, nous soyons tellement absorbés dans nos pensées que nous nous brûlerons les jambes sans le sentir ; ou que, comme Carnéade, nous oublierons les soins ordinaires à donner au corps, même celui de manger ; ou que, comme tant d'autres, nous ne sentirons ni le besoin de rendre nos urines, ni que le froid nous saisit tout au moins aux pieds; et toutes autres circonstances qui favorisent les fluxions cérébrales, la formation des calculs vésicaux, le développement des maladies catarrhales, et de bien d'autres infirmités.

Voilà les inconvénients attachés à la contention ; et voici les conseils à donner à ceux pour qui, l'amour des lettres, l'amour des sciences et des arts est une passion, et qui s'adonnent à leur étude avec trop d'assiduité.

Réduisez, leur dirons-nous, vos heures de travail : suspendu, ne le reprenez que lorsque vous vous sentirez délassé : si pendant l'interruption de votre travail vous avez pris votre repas, attendez que la digestion soit terminée (2 heures et demie environ), avant de vous y remettre. Ne prolongez pas vos études trop avant dans la nuit, interrompez-les de temps en temps, soit pour faire un peu d'exercice à l'air libre, soit pour vous livrer à quelque délassement agréable, la musique par exemple. Changez de temps en temps, s'il est possible, la nature de vos occupations, vu qu'en changeant de sujet, l'esprit se fatigue moins qu'en le tenant constamment fixé sur le même ordre d'idées. Oui, le changement de travail est une sorte de délassement pour l'esprit ; la différence qui existe entre les premières et les secondes impressions qu'il reçoit et la manière dont elles le frappent, suffit très-souvent pour modérer l'activité de ses opérations, soit en changeant son mode d'exercice, soit enfin en cessant d'inciter les autres fonctions de l'entendement de la même façon et avec le même degré de force. Aussi, convient-il, pour éviter le danger qui peut résulter des contentions habituelles de l'esprit, de varier ses travaux de temps à autre quand on ne peut se déterminer à les suspendre tout à fait : un grand nombre d'hommes de lettres étaient dans cette habitude.

Lisez les biographes, ils vous diront que Crébillon parcourait quelquefois des romans, surtout ceux de La Calprenède, dont il faisait ses lectures favorites. D'Aubanton aimait aussi ce genre de lectures qu'il appelait la diète de l'esprit. Un pareil moyen cependant est bien moins favorable au délassement de la pensée, que la suspension entière et momentanée de n'importe quelle occupation. C'est pourquoi lorsqu'on éprouve cette tension incommode du cerveau qui produit l'embarras et la confusion des idées, il serait beaucoup plus avantageux de les quitter entièrement pour ne les reprendre que quelques heures après, et d'employer ces moments à des récréations convenables ; mais surtout à des exercices capables de rétablir entre le cerveau et l'ensemble du système musculaire, l'équilibre qui doit nécessairement exister entre eux, et qui ordinairement est détruit par une application trop constante aux travaux de cabinet.

Ces précautions ne suffiront pas si l'on n'y fait concourir les préceptes suivants : Manger régulièrement aux mêmes heures ; prendre peu de nourriture et bien broyer les aliments, afin qu'ils s'imprègnent d'une plus grande quantité de salive ; choisir des mets nourrissants, mais légers et de facile digestion ; boire peu de vin pur, mais bien de l'eau rougie ; se priver de liqueurs alcooliques et de tout autre excitant liquide ou solide.

Quand le sommeil nous gagne et que l'heure de dormir a sonné, il faut se mettre au lit et faire durer le repos du cerveau en proportion de la fatigue morale de la journée. On ne doit pas lutter contre le besoin de dormir, ni vouloir se tenir éveillé en buvant du café. Celui-ci, par l'excitation qu'il produit, peut bien prolonger la veille, ranimer l'imagination qui s'éteint par lassitude ; mais c'est toujours aux dépens de l'estomac qu'il irrite, et de tout le système nerveux qu'il surexcite. Mais si, au contraire, nous sommes tourmentés par l'insomnie et que, malgré notre bon vouloir de dormir aux heures de la nuit où tout repose dans la nature, il nous est impossible de fermer l'œil, il n'est qu'un moyen d'y parvenir ; vous croirez peut-être que c'est l'usage de l'opium ou de ses préparations ou de ses succédanés, détrompez-vous, il augmenterait l'insomnie ; le véritable moyen, ce sont des exercices violents ; rien ne détruisant la *surexcitation cérébrale* qui produit l'insomnie, comme une *surexcitation physique* poussée jusqu'à la fatigue.

C'est le seul moyen qui m'ait réussi contre une insomnie très-importune qui m'était survenue durant un concours pendant lequel j'avais passé un grand nombre de nuits à travailler. Malgré la satisfaction qu'amène le succès, je suis resté bien des nuits encore entièrement éveillé, et je ne suis parvenu a me débarrasser de mon insomnie, qu'en faisant pendant plusieurs jours de suite cinq à six lieues par jour, dans des chemins impraticables, un sac de chasse sur le dos et le fusil sur l'épaule. Je me rappellerai toujours, qu'après ma première journée de fatigue, je dormis trois heures la nuit suivante, ce qui me décida à faire deux lieues de plus le lendemain. Elles me valurent deux heures de plus de sommeil. Aussi je recommande le moyen comme excellent.

Les autres précautions à prendre consistent à se tenir le ventre toujours libre ; à vider la vessie sitôt que le besoin se fait sentir; à veiller à ce que les extrémités inférieures, les pieds surtout, ne se refroidissent pas, la plupart des maux provenant de cette cause ; à avoir la tête constamment découverte dans l'appartement, et très-légèrement couverte au lit. Il n'y aurait pas d'inconvénient à coucher nu-tête, mais on s'expose à ce que les insectes s'introduisent dans l'oreille et y déterminent des douleurs intolérables (cela m'est arrivé). Enfin, on doit prendre de temps en temps un bain tiède et puis...... à la garde de Dieu.

CONTINENCE (vertu). — La continence est une vertu morale par laquelle nous résistons aux impulsions de la chair. Il y a cette différence entre la continence et la Chasteté (*Voy.* ce mot), que celle-ci autorise les jouissances charnelles quand elles sont légitimes et renfermées dans de sages limites ; tandis que la continence les *défend* entièrement, et en ordonne la privation complète. Aussi faut-il avoir acquis un grand empire sur soi-même et sur la fougue de ses appétits sensuels, pour observer rigoureusement les lois de la continence.

On y attachait un si grand prix chez les Germains, qu'un jeune homme qui perdait sa virginité avant vingt ans, en restait diffamé. Nous n'en serons pas étonnés, si nous réfléchissons qu'on tenait beaucoup autrefois à la multiplication de l'espèce, et à ce que les hommes fussent fortement constitués. Or, les auteurs attribuant avec raison, à la continence durant la jeunesse, la fécondité des pères et la vigueur des enfants, serons-nous étonnés que ces peuples aient attaché la flétrissure à la perte précoce de la virginité ?

Il serait très-avantageux de prolonger beaucoup cette époque, et il y a peu de siècles que rien n'était plus commun, même en France. Entre autres exemples connus, je citerai le père de Montaigne, homme non moins scrupuleux et vrai que fort et bien constitué. Il jurait s'être marié vierge à trente-trois ans, après avoir servi longtemps dans les guerres d'Italie, et l'on peut voir dans les écrits du fils quelle vigueur et quelle gaieté conservait le père à plus de soixante ans.

Ayant énuméré les avantages de la continence en parlant de la chasteté, nous ne reviendrons pas sur ce sujet.

CONTRADICTION (vice). — La contradiction est une espèce de démenti que l'on reçoit quand on parle, ou qu'on donne soi-même à celui qui parle. Par conséquent, contredire quelqu'un, c'est lui faire voir qu'il ment ou qu'il se trompe ; deux conditions fort désagréables pour lui.

Ce vice, car c'en est un, lorsqu'on en a l'habitude, prend quelquefois sa source dans l'irréflexion, mais, plus souvent encore, dans l'amour-propre ou la vanité. Il est inspiré, je crois, par une humeur maligne ou le désir de briller qui porte les gens à se contredire les uns les autres, soit par simple esprit de contradiction, soit, je le répète, avec la prétention de montrer plus de connaissances, plus de lumières, que celui que l'on contredit. D'où il suit que l'homme contrariant présente à l'autre deux idées très-pénibles à accueillir, savoir : qu'il manque d'instruction ; ou bien que, tout capable qu'il est, il se trouve néanmoins en présence d'un plus capable que lui. Il sera donc humilié par la première de ces idées ; porté à la jalousie ou froissé dans son amour-propre pour la seconde ; et, dans l'un et l'autre cas, il prendra le contrariant en aversion, si celui-ci ne lui devient odieux. Voilà une des fâcheuses conséquences de la contradiction.

Il en est une autre non moins fâcheuse : elle arrive quand on contredit quelqu'un pour le simple désir ou le malin plaisir de trouver à contredire, c'est-à-dire par irréflexion. Dans ce cas, si l'on n'a pas assez de jugement et d'esprit pour soutenir avantageusement la controverse, on met à jour sa propre ignorance, et alors, je le demande, est-il rien de plus mortifiant que d'avoir soulevé soi-même la discussion ?

On ne saurait donc trop signaler ces inconvénients aux jeunes gens qui ont de l'esprit naturel, mais pas encore des connaissances très-étendues et bien positives, car ce sont eux qui ordinairement se montrent contrariants par irréflexion ; tout comme à ces personnes très-instruites, mais enflées de leur propre mérite, et celles-là, on le sait, ne le cèdent guère à la jeunesse quand il s'agit de contrarier quelqu'un. Sans cette recommandation, et quelques exemples bien choisis, comment les présomptueux éviteront-ils ce dangereux travers ?

Au contraire ils l'éviteront tous, si on leur persuade bien, car c'est la vérité, que rien n'est plus désagréable pour la personne qui fait les frais de la conversation, que cette espèce de démenti qu'on lui donne. Et comme, généralement, cette personne ne parle que pour se faire valoir ou tout au moins pour qu'on la trouve aimable, c'est la blesser profondément que de la contredire ; et, à plus forte raison, de se montrer d'une manière plus avantageuse qu'elle ; de lui faire manquer, en un mot, ce qu'elle désire tant d'obtenir, l'approbation de toutes les autres personnes présentes.

Quoi qu'il en soit, si l'on a ce défaut et qu'on ne puisse s'en corriger, ce qui est assez difficile, car, quelque susceptible que chacun puisse être pour lui quand on le contrarie, il en est beaucoup, et j'en connais, qui sont très-contrariants, et qui, tout en provoquant des discussions par leur opposition, se plaignent d'être toujours contrariés ; dans ce cas, dis-je, il faut, autant que faire se peut, être calme dans la discussion et mesuré dans les expressions. N'en venir jamais à des personnalités, ni à des allusions piquantes que votre antagoniste puisse prendre pour lui ; sans cela la discussion la plus calme dans les commencements, peut dégénérer en dispute très-vive, même entre deux bons amis. En observant ces règles, on évitera le plus souvent d'aigrir davantage les gens que l'on contrarie, à moins que ce ne soient des gens de très-mauvais esprit ; et on conservera soi-même son sang-froid, chose plus importante qu'on ne le pense : car, quand on contredit avec trop de chaleur ou qu'on s'emporte, on perd ordinairement beaucoup de sa force logique. Pourquoi cela ? Parce qu'on ne jouit plus de toute la lucidité de son esprit, condition nécessaire, indispensable même, pour mettre de l'ordre et de la clarté dans les faits qu'on allègue, dans les preuves qu'on administre ; pour exposer avec précision et pureté de diction, nos raisons les plus puissantes, et ne rien oublier, enfin, de ce qui peut, en rangeant les auditeurs de notre côté, nous élever au-dessus de nos adversaires.

Il est une autre sorte de contradiction ; c'est celle qui résulte de l'impossibilité où l'on est d'obtenir ce qu'on désire ardemment, à savoir : le soldat, de l'avancement ou la croix ; le solliciteur, une place : le prisonnier, sa liberté, etc. Le moyen de supporter un jour avec philosophie ces contrariétés, c'est d'accoutumer doucement les enfants à toutes sortes de contradictions, afin qu'ils n'espèrent jamais avoir toutes les choses qu'ils désirent, et qu'ils soient préparés et habitués de bonne heure aux contrariétés dont la vie est semée. (*Fénelon.*)

CONVICTION. *Voy.* PERSUASION.

COQUETTERIE et MINAUDERIE (vices).
— La *coquetterie* est un désir immodéré de plaire ; et l'art que les femmes emploient pour contenter ce désir, c'est-à-dire l'emploi de toutes les petites manières dont elles se servent pour se rendre agréables à ceux qu'elles veulent enlacer de leurs filets, constitue la *minauderie*.

La *minauderie* n'est donc par elle-même, ni un vice ni un défaut, mais tout simplement la mise en action des moyens de plaire que la coquetterie inspire ; dès lors je n'ai pas à m'en occuper.

Et quant à la *coquetterie*, ce vice de la femme coquette, car c'en est un, elle naît ou de la manie que ces femmes ont de se faire courtiser, ou d'un sentiment d'orgueil et de vanité plutôt que de libertinage.

Faut-il vous montrer jusqu'où peut aller la coquetterie ? Voyez Béatrix Cinci : elle supporta sans rien avouer les plus cruelles tortures, mais le tribunal de l'inquisition ayant ordonné au bourreau de lui couper ses beaux cheveux, elle se décida alors à parler. A la vérité, peu de femmes pousseraient la coquetterie jusque-là. Mais malheureusement, pour un trop grand nombre, surtout dans nos cités, allumer, dans le cœur de l'homme, par des manières agaçantes, par des poses voluptueuses, une passion qu'on ne songe même pas à partager ; exciter en lui des désirs brûlants et lui faire espérer un bonheur qu'on se propose bien ne jamais accorder ; et, à l'aide de ce manége, se faire rechercher et aimer par plusieurs à la fois, est un désir si vif, un besoin si impérieux, qu'elles en font leur seule et unique pensée ; c'est le seul plaisir qu'elles veuillent goûter. Qu'il soit satisfait, elles puissent en tirer vanité aux yeux de leurs compagnes et du monde, voilà tout ce qu'elles envient.

Mais comme cette pensée est une pensée coupable ; comme la coquetterie, quelle que soit l'idée dominante qui anime la femme, suppose un déréglement moral, si ce n'est une dépravation honteuse de l'esprit ; comme, généralement, on a dans la société une fort mauvaise idée des coquettes, et cela parce que, à quelques rares exceptions près, une jeune personne qui minaude court à sa perte, si elle n'est déjà perdue ; comme une fille coquette peut bien n'être pas criminelle, mais n'est jamais innocente ; comme enfin, chez quelques-unes la minauderie est l'expression mimique de la luxure, on ne saurait trop s'élever contre la coquetterie, dont le moindre mal, je l'ai déjà dit, est d'allumer dans le cœur de l'homme une flamme impure que la coquette sait alimenter.

La coquetterie est un des ornements et en même temps l'un des plus grands vices des femmes. Poison qu'elles jettent dans l'air et que respirent ceux qui les approchent ; poison qui produit au cerveau des vertiges et obscurcit la raison ; qui souffle dans le cœur les ferments du désir, de l'amour malheureux ; il fait à lui seul plus de mal aux hommes, aux jeunes gens surtout, que toutes les impulsions de leur propre nature.

Je ne dis point que les coquettes, malgré leurs minauderies, ne manquent pas le plus souvent le but qu'elles se sont proposé ; et c'est ce qui arrive surtout à la médiocrité qui, ayant besoin de recourir au manége, à la fausseté, pour attirer les regards, devient si exagérée dans ses mines, qu'elle opère un effet contraire et se rend ridicule aux yeux des personnes sensées qu'il est d'ailleurs très-difficile de tromper.

Je ne dis pas que les hommes les plus dépravés n'éprouvent une sorte de répulsion pour les coquettes déhontées ; mais qui dira aux jeunes personnes les dangers qu'elles courent en entrant dans le monde, si elles s'attachent à la coquetterie, et la répulsion qu'elle fait éprouver ? Sera-ce les femmes âgées, dont l'expérience ou l'usage du monde a formé la raison ? Hélas ! les jeunes personnes écoutent peu les femmes qui ont cessé d'être coquettes, et celles qui conservent de la coquetterie en vieillissant, seraient de bien mauvaises conseillères, puisqu'elles sont pires que les jeunes.

Oui, une femme coquette ne se rend point sur la passion de plaire et sur l'opinion qu'elle a de sa beauté. Elle regarde le temps et les années comme quelque chose seulement qui ride et enlaidit les autres femmes ; elle oublie du moins que l'âge est écrit sur le visage. La même parure qui a autrefois embelli sa jeunesse, défigure enfin sa personne, éclaire les défauts de sa vieillesse. La mignardise et l'affectation l'accompagnant dans la douleur et dans la fièvre : elle meurt parée et en rubans de couleur.

Lise entend dire d'une autre coquette, qu'elle se moque de se piquer de jeunesse et de vouloir user d'ajustements qui ne conviennent plus à une femme de quarante ans. Lise les a accomplis, mais les années pour elle ont plus de douze mois et ne la vieillissent point. Elle le croit ainsi, et pendant qu'elle se regarde au miroir, qu'elle met du

DICTIONN. DES PASSIONS, etc.   12

rouge sur son visage et qu'elle place des mouches, elle convient qu'il n'est pas permis à un certain âge de faire la jeune, et que Clarisse en effet, avec ses mouches et son rouge, est ridicule. (*La Bruyère*.)

C'est à vous toutes, mères de famille, que ce soin est réservé. Epiez les inclinations de vos filles, et si vous découvrez en elles la moindre tendance à devenir coquettes, montrez-leur ce vice dans toute sa nudité, afin qu'elles puissent le reconnaître et le haïr. Dites-leur que c'est un très-mauvais parti pour une femme que d'être coquette. Il est rare que celles de ce caractère allument de grandes passions : ce n'est pas à cause qu'elles sont légères, comme on croit communément, mais parce que personne ne veut être dupe.

Mais ce n'est pas assez, et vous devez avant toutes choses leur inspirer l'amour de la chasteté selon l'Evangile. Alors, n'en doutez pas, il leur sera facile de se retenir sur la pente glissante du précipice dans lequel leur réputation et leur vertu iraient s'engloutir.

Quelques auteurs ont considéré la *coquetterie* comme synonyme de *galanterie*; c'est une erreur que je me propose de démontrer dans un autre article. *Voy.* GALANTERIE.

Encore une observation et je termine. Quelques esprits qui se plaisent à exagérer en toutes choses, prétendent que le plaisir d'aimer et de plaire c'est de la coquetterie. Ils se trompent : le désir d'aimer et de plaire mène à la coquetterie, mais ce n'est pas elle ; tout comme la coquetterie n'est point encore l'inconduite ; mais elle y mène. La route est glissante ; la nature même a placé les femmes au début, mais elle leur a donné, pour les retenir, la pudeur et le don de connaître jusqu'au plus haut degré les affections tendres et profondes. (*Azaïs*.)

CORRUPTION (moyen mauvais , vice), CORROMPU. — *Corruption* est une expression empruntée de ce qui se passe dans la gangrène du corps, et transportée à l'état de l'âme : ainsi, un cœur corrompu est un cœur dont les mœurs sont aussi malsaines en elles-mêmes qu'une substance qui tombe en pourriture ; et aussi choquantes pour ceux qui les ont innocentes et pures, que le spectacle de cette substance et la vapeur qui s'en exhale le seraient pour ceux qui ont les sens délicats. (*Diderot*.) En d'autres termes, un homme corrompu, c'est celui qui a été accessible à la corruption.

Je dis *a été accessible*, car, tant qu'il n'a pas succombé aux moyens de séduction que les corrupteurs emploient pour l'entraîner dans leurs desseins, il n'est pas fautif et moins encore coupable.

Partant, la corruption, considérée en elle-même, ne constitue point un vice ni un défaut ; c'est une pratique infâme que mettent en usage les gens vicieux ou immoraux pour pousser au déshonneur ou au crime ceux dont ils veulent faire les instruments de leurs passions. Et ceux-ci succombent d'autant plus facilement, qu'ils se sont déjà écartés davantage du sentier de la vertu.

La corruption a plusieurs degrés ; et cela devait être, puisque, n'est-ce pas qu'elle est d'autant plus révoltante qu'elle vient de plus haut ?

Que peut-on attendre d'un Etat dont les citoyens se laissent aisément corrompre : l'un, par l'espoir dont on le flatte de s'élever à un poste important ; l'autre, parce qu'on sait l'étourdir par l'appât de l'or, cette clef des fées avec laquelle on arrive à tout : celui-ci, parce qu'on lui promet de *bien poser ses enfants* ; celui-là, parce qu'on lui a persuadé qu'il l'emportera ainsi sur son concurrent : les femmes, parce qu'on aura l'art de les éblouir par tout ce que le luxe et la magnificence ont de plus éclatant ? etc., etc.

Que, par suite de cette malheureuse contagion qui se communique tant par les mauvais exemples, le peuple lui-même se laissera facilement séduire par les illusions plus ou moins enivrantes dont le berce le corrupteur. Et il croira d'autant plus, le peuple, à la réalité de ces illusions, qu'il sera moins défiant, moins éclairé et plus près de la misère.

Il sentira bien en lui-même comme un remords de sa conscience qui lui crie : Malheur à toi ! mais, après quelques instants d'hésitation, il succombera en disant : Pourquoi aurais-je plus de désintéressement que nos riches capitalistes et nos banquiers ; plus de loyauté que certains de nos magistrats ; plus de fidélité à mes serments que la plupart des hauts dignitaires ; plus de probité que tel commerçant, *très-considéré* d'ailleurs ; plus de vertu que nos grandes dames ?.... Et il pourra le dire, le peuple, parce qu'il lit les journaux, et qu'il peut apprendre en les parcourant, qu'il est peu d'asiles où la corruption n'ait pas encore pénétré.

C'est un malheur que nous ne saurions trop déplorer, et qui, si on n'y porte remède au plus vite, finira par envahir la société tout entière, si accessible, hélas ! à la corruption. Oui, si on ne cherche à rendre meilleurs ceux d'où nous viennent les bons et les mauvais exemples ; si on ne fait comprendre aux pères et aux mères de famille de toutes les classes, qu'ils doivent être probes, honnêtes, vertueux, et s'offrir pour modèles à leurs enfants : bientôt la corruption aura tout envahi, et le monde entier s'en ira en pourriture !

J'ai dit qu'il faut rendre meilleurs ceux dont nous viennent les bons et les mauvais exemples, parce qu'on a fait la remarque, que généralement ce n'est point sur le terrain du luxe et des richesses, mais sur celui de la pauvreté, que croissent les sublimes vertus : rien de plus rare que de rencontrer des âmes élevées dans les empires opulents ; les citoyens y contractent trop de besoins. Quiconque les a multipliés, a donné à la tyrannie des otages de sa bassesse et de sa lâcheté. La vertu qui se contente de peu, est la seule qui soit à l'abri de la corruption. C'est cette espèce de vertu qui dicta la réponse que fit au ministre anglais un seigneur distingué par son mérite. La cour avait besoin de l'attirer à son parti. Walpole va le trouver. Je viens, lui dit-il, de la part du roi vous assurer de sa protection, vous marquer le regret qu'il a de n'avoir encore rien fait pour vous, et vous offrir un emploi plus convenable à votre mérite. *Milord*, lui répliqua le seigneur anglais, *avant de répondre à vos offres, permettez-moi de faire apporter mon souper devant vous*. On lui sert au même instant un hachis, fait du reste d'un gigot dont il avait dîné. Se tournant alors vers Walpole : *Milord*, ajouta-t-il, *pensez-vous qu'un homme qui se contente d'un pareil repas soit un homme que la cour puisse aisément gagner? Dites au roi ce que vous avez vu : c'est la seule réponse que j'aie à lui faire*.

Puissions-nous nous-mêmes avoir bientôt beaucoup d'exemples pareils à citer! puissions-nous avoir à enregistrer à notre tour les noms les plus honorables parmi les plus marquants ! La société tout entière y gagnerait, car ce serait un pas immense fait vers le progrès.

COURAGE (vertu). — Il est un sentiment que la force de l'âme inspire et qui par conséquent, est de tous les temps, de tous les âges, de toutes les conditions sociales ; qui met l'homme au-dessus des événements; ce sentiment, c'est le courage. Tous les êtres doués de la raison le portent partout avec eux : au combat contre l'ennemi, dans un cercle, en faveur des absents que la calomnie ou la médisance déchirent ; dans le lit, contre les attaques de la douleur et l'attente du trépas, et jusque sur l'échafaud en présence de la mort qu'ils bravent. Jamais il ne se dément, parce qu'il vient d'en haut, et que, quand c'est la volonté de Dieu qui fait la force de notre esprit, nous sommes invincibles. (*Sénèque*.)

Ayant dit ailleurs comment j'entendais le véritable courage (*Voy.* BRAVOURE), je n'ai pas à revenir maintenant sur un sujet déjà assez longuement traité; cependant je ferai remarquer que le courage réfléchi, le vrai courage, tirant sa source du sentiment du devoir, de l'obligation où l'homme est de résister aux atteintes portées contre son honneur, sa dignité, sa vie, et sa force dans sa propre nature, il n'est pas étonnant que des individus faibles, chétifs, timides même, incapables d'une action physique énergique, longtemps soutenue , puissent en être doués. Aussi, cette espèce de courage a-t-il été considéré comme une des plus belles manifestations de la liberté de l'être pensant qui peut, quand il *le veut*, dominer ses instincts et vaincre les tendances que la nature à mises en lui; c'est-à-dire qu'il peut, en présence d'un danger réel qu'il apprécie et qu'il redoute , sacrifier son repos et sa tranquillité au soutien d'un principe équitable, ou mettant l'instinct physique de sa conservation au-dessous de la dignité morale, faire un noble sacrifice de lui-même.

Cela a lieu surtout pour le courage du guerrier, une des vertus les plus nobles, le plus utile rempart de la patrie. C'est lui qui la couvre au dehors et la maintient forte au dedans. C'est lui qui veille pour le salut de tous et qui donne sa vie sans hésiter. Kléber, aux champs de la Vendée, pressé par l'armée royaliste, dit à un officier : « Vous voyez ce poste dangereux, vous allez vous y faire tuer pour le salut de l'armée. » — Oui, mon général, répondit celui-ci, et il tint parole.

Notre histoire de France est pleine de traits semblables, et ce n'est pas une prétention mal fondée, que de dire que nul peuple au monde n'a tant brillé par son courage que le peuple français. Courage bouillant, valeureux, emporté quelquefois, mais plein de générosité et de noble dévouement, toujours au service de la justice et de la faiblesse, couvrant de son glaive tout ce qui implore sa protection. (*P. Belouino.*)

COURROUX (défaut). — Une agitation violente qui éclate en notre sein contre celui qui nous a offensés ou qui nous manque dans l'occasion, constitue le courroux. On l'a fait synonyme d'*emportement*, qui n'est lui-même qu'une violente COLÈRE. (*Voy.* ce mot.)

Nous n'aurions donc pas à nous occuper de ce sentiment, si l'on n'avait pas voulu, à tort ou à raison, le différencier de l'emportement, en disant que le courroux est plus intérieur, tout à fait intérieur, et ne respire que la vengeance et la punition; ce qui fait qu'on l'emploie généralement dans le style poétique ; tandis que l'emportement est plus à l'extérieur, éclate par des paroles et des mouvements brusques et sans ordre, qui passent vite. De là cette conclusion que l'on tient à l'effervescence du sang, à la pétulance de l'imagination, à l'exaltation de la sensibilité, à la vivacité du caractère, l'esprit et le cœur n'y ayant point de part : tandis que le courroux est dans l'âme, naît d'un grand amour-propre blessé , ou de toute autre passion mise en jeu, et ne s'apaise que difficilement.

Il est facile de comprendre qu'on doit agir différemment vis-à-vis d'un homme qui s'emporte, et vis-à-vis de celui qui entre en courroux. Il suffit de laisser le premier se livrer sans danger pour lui ou pour autrui à son emportement, pour qu'il se calme bientôt de lui-même; tandis qu'il faut faire comprendre à l'homme en courroux , que la morale et la religion condamnent la vengeance qu'il médite.

J'ai dit qu'on avait voulu , *à tort ou à raison*, distinguer le courroux de l'emportement, parce que je ne vois pas trop la nécessité de ces distinctions. Dans l'un et l'autre cas, il y a un même sentiment d'agitation intérieure qui nous anime ; mais il se manifeste de deux manières opposées, à savoir : pour celui-ci, par la concentration de l'agitation et les projets de vengeance ; pour celui-là, par des mouvements brusques, désordonnés, des discours extravagants. Mais s'ensuit-il de là que ce ne soit pas un même défaut? Non pas précisément, car s'ils ont des effets contraires, et s'il faut des moyens opposés pour les combattre, donc ils ne sont pas tout à fait identiques.

COURTISAN, COURTISANE (défaut, vice). — Il est une classe d'hommes qui, pour la plupart, ne manquent pas d'esprit, qu'on trouve partout dans les antichambres des cours et jusque sur les marches du trône; toujours prêts à prodiguer la louange la plus outrée, même pour les actes les plus révoltants : hommes sans principes, sans probité, sans dignité, sans vertu, mais cupides, ambitieux et rampants; ces hommes-là on les nomme des courtisans. La classe en est nombreuse, et comme ils ne diffèrent pas des flatteurs, nous renverrons à cet article tout ce qui les concerne.

De même, on trouve dans le monde, et malheureusement on n'y en rencontre que trop, des femmes qui se livrent publiquement à la débauche et font un infâme métier de la prostitution : ces femmes se nomment courtisanes.

Dire les effets de la débauche à laquelle se livrent les courtisanes et avec elles les jeunes gens que le vice corrompt de bonne heure, tout comme le vieillard que le libertinage a flétri, ce serait nous exposer à des répétitions; mieux vaut donc réserver ces détails pour l'article DÉBAUCHE, DÉBAUCHÉ.

CRAINTE (sentiment). — Nous avons vu à l'article ALARME, que la crainte est un sentiment distinct de la peur, avec laquelle on a souvent eu le tort de la confondre. C'est, avons-nous dit, une appréhension pénible causée par la pensée d'un mal à venir, c'est le résultat d'un jugement, d'un examen de l'esprit, quelque chose de réfléchi, tandis que la peur est plutôt une impression qui frappe d'une manière subite et imprévue.

La crainte a cela de fâcheux, que souvent c'est la seule appréhension que nous en avons qui nous rend mal ce qui ne l'est pas, et tire de notre bien même, du mal pour nous en affliger. Combien en voyons-nous tous les jours qui, de crainte de devenir misérables, le sont devenus tout à fait et ont tourné leurs vaines peurs en misères certaines ! Combien qui ont perdu leurs amis pour s'en défier ! combien de malades de peur de l'être ! Tel a tellement appréhendé que sa femme lui faussât la foi, qu'il en est séché de langueur; tel a tellement appréhendé la pauvreté, qu'il en est tombé malade. Bref, il y en a qui meurent pour la crainte de mourir : et ainsi on peut dire de tout ce que nous craignons ou de la plupart; la crainte ne sert qu'à nous faire trouver ce que nous fuyons.

Certes, la crainte est de tous les maux le plus grand et le plus fâcheux ; car les autres maux ne sont maux que tant qu'ils sont, et la peine n'en dure que tant que dure la cause ; mais la crainte est de ce qui est et de ce qui n'est point, et de ce qui, par aventure, ne sera jamais, voire quelquefois de ce qui ne peut être. Pourquoi cela? Parce que, non moins puissante que l'orgueil, la crainte a pour effet de ne point permettre de considérer les objets sous leur véritable aspect. Ainsi, on la voit créer des spectres, les répandre autour des tombeaux, et dans l'obscurité des bois, les offrir aux regards du voyageur effrayé, s'emparer de toutes les facultés de son âme, et n'en laisser aucune de libre pour considérer l'absurdité des motifs d'une terreur si vaine.

Il est d'autant plus difficile de séparer la crainte de la peur, que les effets de l'une sont également les effets de l'autre : ainsi, quand Charron nous dit : « Dans la crainte, les sens n'ont plus leur usage, nous avons les yeux ouverts et n'en voyons pas ; on parle à nous, et nous n'écoutons pas ; nous voulons fuir, et ne pouvons marcher » : cela s'applique aussi bien et beaucoup mieux à la peur qu'à la crainte. Et quand il ajoute : « La médiocre nous donne des ailes aux talons; la plus grande nous cloue les pieds et les entrave. Ainsi la peur renverse et corrompt l'homme entier et l'esprit (*Pavor sapientem omnem mihi ex animo expectorat*) ; » cela s'applique également à une grande crainte.

De même, si l'on étudie certains autres effets de la crainte, si on la voit, à l'exemple de la tristesse ou des chagrins profonds, déterminer un spasme général à la peau, une inappétence complète avec impossibilité pour l'estomac de recevoir des aliments, toutes les voies digestives étant en contraction ; une anxiété inexprimable ; la contraction de la vessie avec expulsion involontaire de l'urine ; si on observe en outre que les mouvements du cœur se concentrent et deviennent moins vifs, le pouls est petit et serré, l'action musculaire perd de sa force et de sa vigueur, la face est pâle et décolorée, les traits altérés, grippés et abattus ; on se dira : tout cela est aussi l'effet de la peur.

Ce ne serait donc que quand il s'agit des barrières que les lois et la religion opposent aux passions humaines, qu'on peut se servir exclusivement du mot crainte. L'homme qui obéit à ses convictions, qui fait céder ses passions à ses devoirs et tremble d'enfreindre les règles sacrées de la morale et de l'honneur, est mû d'une noble et légitime crainte. Quand l'amour ou le respect la font éprouver, elle constitue un sentiment filial qui maintient dans les familles et dans les hiérarchies l'ordre au bien de tous. L'âme basse et sans dignité, qui n'est mue que par la seule appréhension du châtiment, éprouve la crainte servile des animaux et des esclaves; mais ni les uns ni les autres ne sont sous l'empire de la peur. (*Voy.* ce mot.)

Dans tous les cas, on ne peut remarquer de plus grande folie dans un homme que celle de courir au-devant de ses malheurs, de les sentir avant qu'ils le touchent, et de perdre le présent par la crainte du futur. (*Sénèque.*) Or, que peut-on contre cette espèce de folie ? Il faut remonter à la cause, et, la cause connue, tâcher de la détruire. Ainsi, s'il y a faiblesse d'esprit, on fortifiera la raison ; s'il y a faiblesse physique, qui, elle surtout rend les hommes craintifs et pusillanimes, on relèvera les forces par des moyens convenables.

CRÉDULE, Crédulité (défaut). — Qu'un homme par faiblesse d'esprit ou par une trop grande confiance en autrui, soit porté à donner ou donne son assentiment, sans en avoir pesé les preuves, à des propositions émises et à des faits avancés comme vrais, quoique peu probables, on dira de cet homme qu'il est *crédule*. La crédulité suppose donc une trop grande facilité à croire sans examen, ou bien une *légèreté* à croire; car, comme dit l'Ecclésiaste : *Qui croit trop vite a l'esprit bien léger*. Il y a une pensée semblable dans Pétrone : *Numquam recte faciet, qui cito credit*.

La crédulité est plutôt une erreur qu'une faute, et elle se glisse facilement dans l'esprit même des meilleurs hommes ; néanmoins, nous la considérons comme un défaut que chacun sait être le partage des gens de bien (*Louis XIV*), des malheureux et des amants: des premiers, parce que, dans la persuasion où ils sont que tous les gens sont sincères et de bonne foi comme eux, ils ne supposent pas qu'on veuille et qu'on puisse jamais les tromper; des seconds, parce que le malheur affaiblit généralement l'intelligence, ou raisonne peu, ou juge mal, ce qui rend ordinairement l'homme plus facile et plus disposé à tout croire ; des derniers, parce que les amoureux, voyant tout avec les yeux de l'imagination qui les flatte toujours, avec le sentiment de l'amour-propre qui les flatte souvent, ils sont on ne peut plus portés à être crédules ; de bien d'autres individus enfin, pour toutes choses, attendu que chacun aime mieux croire que juger. Alors l'erreur passant de mains en mains nous entraîne avec elle et nous fait tomber dans le précipice ; l'habitude même de donner son assentiment n'est pas sans danger. (*Sénèque*.)

Puis, soit que les hommes aient généralement une plus grande foi dans les choses qu'ils ne comprennent pas, soit que l'envie de savoir, propre à l'esprit humain, leur fasse croire plus volontiers les choses obscures (*Tacite*) : vérité que Lucrèce a proclamée en beaux vers :

*Omnia enim stolidi magis admirantur, amantque,
Inversis quæ sub verbis latitantia cernunt*, etc.,

il n'en résulte pas moins que la plupart croient trop légèrement les choses même les moins croyables.

Bref, la crédulité est un défaut dont il faut se défaire et dont nous devons chercher à corriger les autres ; ce qu'on obtiendra peut-être, si, après avoir recherché avec soin et découvert d'où provient cette légèreté à croire, on combat avec vigueur cette cause. Et par exemple : tient-elle à une faiblesse d'esprit ? l'instruction et l'éducation y remédieront ; cette dernière surtout, qui y remédie du reste avec l'âge chez les enfants généralement très-crédules. Naît-elle d'une trop grande confiance dans les hommes ? Il faut redire au crédule la bien méchante mais très-juste maxime de Mazarin : Croyez que tous les hommes sont des honnêtes gens, mais vivez avec eux comme s'ils étaient des fripons.. ; et, s'il ne suit pas ce sage conseil, une bien malheureuse expérience ne lui apprendra que trop un jour, à les mieux connaître.

La vérité et le mensonge, nous le savons, ont leurs visages conformes, le port, le goût et les allures pareilles ; nous les regardons du même œil, et c'est mal. L'on ne doit croire d'une personne que ce qui est humain, s'il n'est autorisé par approbation surnaturelle et surhumaine qui est Dieu seul, qui seul est à croire en ce qu'il dit, pour ce qu'il dit ; et même ce qui est humain et qui paraît incroyable ne doit être cru qu'après information du fait en lui-même et de la moralité de l'individu.

C'est pourquoi tout père de famille, tout instituteur, tout directeur dont la mission est d'éclairer celui qui est encore dans les ténèbres de l'ignorance, doit redire à tout propos aux crédules : « Méfiez-vous de tout le monde dont vous ne connaîtrez pas le mérite et la moralité ; soyez méfiant jusqu'à ce que vous ayez appris, peut être à vos dépens, à connaître ceux qui vous approchent, et n'ayez foi en leurs promesses, en leur protestation d'amitié, de dévouement, qu'alors que vous aurez acquis la certitude qu'ils sont incapables d'abuser de votre confiance en eux ; et si par une de ces aberrations fort communes, mais qui néanmoins se rencontrent souvent, le crédule refusait de croire en vous, lui qui croit tout en autrui, appelez-en à leur expérience. L'épreuve en sera triste, je l'avoue ; mais comme elle seule peut éclairer et convaincre, nul ne saurait sagement s'en affranchir ; malheur donc à ceux qui n'auront pas cette sagesse !

Il est une règle indispensable à suivre dans cet examen : c'est de procéder avec beaucoup de calme et de modération, afin que, pour éviter un défaut, nous ne nous exposions pas à tomber dans un plus grand ; rien n'étant plus affreux qu'une défiance extrême, invincible, à l'égard de tous les hommes.

CRITIQUE (faculté). — La critique n'est pas seulement l'art de juger un livre dans lequel l'auteur a déployé de grandes connaissances et dépensé beaucoup de son esprit ; c'est encore une censure équitable ou maligne que l'on fait des perfections ou des imperfections d'un ouvrage que nous sommes obligés de juger, ou des qualités et des défauts d'une personne que nous devons faire connaître à chacun et à tous.

Assurément le rôle de critique est un des plus beaux que l'homme de talent soit appelé à jouer ; et pourtant, si l'on envisage toutes les difficultés qu'il y a à vaincre, toutes les connaissances qu'il est indispensable de posséder pour faire une critique fine, éclairée, consciencieuse, spirituelle ; qu'il faudra dissiper bien des préventions pour la faire goûter d'un public souvent mal disposé et toujours si difficile : qui d'entre tous les hommes voudra s'en charger ?

Vous et moi, lecteur, nous le ferons, quoiqu'on ait écrit : « La critique souvent n'est pas une science : c'est un métier où il faut plus de santé que d'esprit, plus de travail que de capacité, plus d'habileté que de génie.» (*La Bruyère.*) Nous le devons d'ailleurs, car tout est profit pour celui qui sait faire une appréciation exacte du mérite d'autrui ou de ses fautes ; qui étudie les travers et les vices de l'espèce humaine, pour se corriger de ses propres vices avant de vouloir en corriger les autres.

Pour faire cette appréciation, pour devenir meilleur, afin d'avoir le droit de critiquer les autres et de les porter au bien, s'ils font mal, il faut auparavant avoir une idée exacte de ce que c'est que vice, vertu et défaut, et avoir un certain mérite littéraire ; car comment signaler à un auteur, ou à ceux dont il espère être lu, ce qu'on trouve de bien dans ses opinions, dans ses doctrines, dans son langage ; ou ce qu'on trouve de mal dans ses principes, dans son système, dans son style : ce qu'on approuve comme moral, ou ce qu'on blâme comme immoral ; ce qu'on signale enfin comme vrai ou faux, correct ou incorrect, digne ou inconvenant ; si on n'est pas capable d'apprécier soi-même la valeur de la louange, la portée du blâme, et de justifier toutes les accusations que l'on a réunies ?

Aussi, comme c'est chose très-difficile, je le répète, que la manière dont la critique peut-être généralement entendue et exercée, il ne sera pas hors de propos, sans doute, que nous posions quelques règles à ce sujet.

Et d'abord, il est un principe sur lequel tous les critiques doivent être bien fixés, c'est que les actions vicieuses sont les seules qu'on doive blâmer, tout comme les actions vertueuses sont les seules qu'il faille louer. C'est qu'une bonne et saine morale est la seule qui puisse être tolérée ; tout comme un hommage rendu aux actions déshonnêtes doit être sévèrement flétri. Je dis plus, on ne doit jamais aller fouiller dans la vie privée de nos adversaires, et si nous parvenons à découvrir leurs défauts, nous ne devons jamais nous faire un malin plaisir de les exposer au grand jour, si on n'a aucun intérêt honnête à en retirer ni aucun mandat pour cela. Que pourrait-il résulter d'une conduite opposée ? qu'on peut et doit déplaire avec beaucoup d'esprit et qu'on s'expose soi-même à être sévèrement critiqué et jugé, nul parmi les hommes, à moins de bien rares exceptions, ne pouvant se flatter d'avoir toujours mené une vie assez pure pour se donner le droit de censurer celle des autres.

De même on aurait tort, sans avoir une instruction solide et variée, sans être doué d'un esprit pénétrant, d'un jugement droit et sûr, de faire une critique partiale de nos contemporains. Hélas! il y a si peu de choses parfaites dans leurs ouvrages, les imperfections y abondent tellement, et nous sommes si faillibles nous-mêmes, qu'il faut, tout en s'armant de beaucoup de sévérité, s'approvisionner aussi de beaucoup d'indulgence ; ne jamais perdre de vue que le flambeau de la critique doit éclairer et non brûler (*Favart*); et qu'en bonne conscience, il faut continuellement mettre l'éloge à côté du blâme.

Il faut aussi étouffer en soi tout esprit de rivalité ; sans cette condition, adieu l'impartialité du critique. Il verra les beautés d'un ouvrage en aveugle et les sentira en paralytique, tandis que les défauts lui paraîtront monstrueux, vus à la loupe de l'envieux. Les inimitables tragédies de Racine ont été critiquées, et très-mal ; pourquoi ? c'est qu'elles l'étaient par des rivaux. Les artistes sont juges compétents de l'art, il est vrai, mais ces juges sont presque toujours corrompus.

Ainsi, quoiqu'on sache bien que les critiques injustes, plates et violentes, font beaucoup moins de mal qu'une critique sage et modérée ; et que les éloges prodigués sans discernement, loin d'être avantageux à l'auteur, lui sont on ne peut plus nuisibles (*Grimm*) ; quoiqu'on sache bien que quand on s'arme du flambeau de la critique, on doit être avec la ferme résolution de s'en servir pour faire un acte de justice et non de calcul ; pour discuter sur le mérite et les imperfections d'un livre avec calme, sang-froid, dignité et impartialité (ce qui n'exclut pas une piquante mais honnête malignité), et non avec la passion jalouse du rival ; que font presque tous les critiques quand ils prennent la parole ou qu'ils tiennent la plume pour disserter sur tel auteur ou sur tel ouvrage ? Sont-ils animés par des intentions louables ? hélas ! non : car le plus grand nombre, soit avec beaucoup de finesse d'esprit, soit avec la plus grande rudesse de langage, louent ou blâment, c'est un parti pris, *tous* les actes du gouvernement qui ne les appelle pas aux hauts emplois, ou qui ne les gorge pas d'honneurs ; *tous* les discours d'un orateur qui est ou n'est pas de leur bord ; *tous* les principes d'un législateur qui siège à tel ou tel côté de la Chambre ; *toutes* les propositions d'un homme d'Etat lié avec tel ministre, ou son plus grand ennemi ; *tous* les articles de certains journaux qui ont ou n'ont pas la couleur de celui qu'ils rédigent. Ils savent bien qu'ils mentent au pays et à leur conscience en louant ou en approuvant *tout*, mais peu leur importe : ils font leur métier.... Je ne dis pas qu'il n'y ait des honorables exceptions ; mais hélas ! combien elles sont rares !

Et qu'on ne croie pas que je calomnie la presse en l'accusant ainsi d'injustice ou de partialité ; car je me défendrais de cette accusation à l'aide du passage suivant de Voltaire, qui peint parfaitement notre époque : « Il y a toujours eu dans la fange de notre littérature plus d'un de ces misérables qui ont vendu leur plume et cabalé contre leurs bienfaiteurs mêmes. Cette remarque est bien étrangère à l'article *Ame*; mais faudrait-il perdre une occasion d'effrayer ceux qui se rendent indignes d'hommes de lettres, qui prostituent le peu d'esprit et de conscience qu'ils ont à un vil intérêt, à une politique chimérique ; qui trahissent leurs amis pour flatter des sots, qui broient en secret la ciguë dont l'ignorant puissant et méchant veut abreuver des citoyens utiles ? »

Ainsi, loin de blâmer Voltaire de sa digression, dont j'ai pu profiter, j'en ferai une à mon tour, pour dire que le philosophe de Ferney n'a pas toujours apporté dans ses travaux cette sévérité scrupuleuse d'examen qu'il aurait voulu trouver dans les littérateurs. Et par exemple : en s'appuyant *avec un grand air de sécurité* sur les mémoires imprimés de mademoiselle de Montpensier et sur le journal manuscrit du marquis de Dangeau, Voltaire avait publié la chose du monde la plus curieusement inexplicable, savoir, que Louis XIV aurait pris le deuil à la mort de Cromwel.

Quand on va chercher la preuve de cette assertion dans les Mémoires de la princesse, on trouve qu'elle y dit précisément le contraire, et quand on a vu paraître le Mémorial de M. de Dangeau, il s'est trouvé qu'il n'en disait rien.

De même, la première fois que j'ai entendu parler du *Masque de fer*, dit madame de Créquy, c'était par Fontenelle, qui venait d'en entendre parler à Voltaire, lequel avait ajouté en avoir ouï parler au duc de Richelieu, qui — disait Voltaire, — avait appris la chose par le duc de Noailles son beau-père, lequel duc de Noailles était censé le tenir de son oncle le maréchal de Roquelaure, et de son beau-père M. Boyer de Villemoison, ancien intendant de Provence. — Voilà qui est singulièrement bien arrangé, nous dit le maréchal de Richelieu ; il est très-vrai que j'ai ouï parler de cet homme au masque de fer, mais c'est uniquement par Voltaire et nullement par le duc de Noailles. Je vous donne ma parole que celui-ci n'a jamais parlé du vieux Boyer, son beau-père, à âme qui vive !...

Cette manière d'écrire l'histoire est d'autant plus fâcheuse que, venant d'un homme qui avait beaucoup de lecture et de vogue, elle corrompt ou trompe le lecteur et l'écrivain. Mais revenons-en aux critiques.

Ils ne sont ni plus exacts, ni plus vrais, ni plus scrupuleux, ni plus conséquents ; et la preuve, la voici : Si nous demandons aux feuilletonistes ou à leurs feuilletons, ce qu'ils pensent de tel acteur, de telle actrice, ou de tels artistes (je n'ajoute pas de tel littérateur, parce que je sais d'avance qu'ils en diront un peu de bien pour avoir le droit d'en dire beaucoup de mal) : c'est un piocheur, il a de l'esprit, ne manque pas de jugement ; mais... Quant aux autres, ils en exalteront ou en rabaisseront le mérite ou le talent, selon que l'acteur, l'actrice ou les artistes se seront montrés faciles ou difficiles à satisfaire leurs désirs ; tranchons le mot, leurs exigences. Et on appelle cela de la critique !

Ne croyez pas que tout se borne là. Fort souvent aussi on voit la critique littéraire être le partage de quelques auteurs infortunés qui n'ont jamais pu par eux-mêmes exciter la curiosité du public. Dans leur infortune et leur désespoir, ils attendent toujours l'occasion de quelque ouvrage qui réussit pour l'attaquer, non par jalousie, car sur quel fondement seraient-ils jaloux ? mais dans l'espoir qu'on se donnera la peine de leur répondre et qu'on les tirera de l'obscurité où leurs propres ouvrages les auraient laissés toute leur vie.

Quelquefois, enfin, les journaux se négligent ou le public s'en dégoûte par pure lassitude, ou parce que les auteurs ne fournissent pas des matières assez agréables : alors les journaux, pour réveiller le public, ont recours à un peu de satire, se souciant fort peu de manquer à la raison et à l'équité.

Voilà tout autant d'écueils que nous devons éviter, quand nous voudrons (et nous devons le vouloir toujours) que la critique par nous exercée soit généralement bien accueillie et goûtée par tous les hommes probes et impartiaux, c'est-à-dire, que tout critique consciencieux doit suivre exactement les règles que j'ai posées, tout en ne s'écartant pas, en critiquant, de la plus exquise politesse envers tout le monde, mais plus particulièrement envers les auteurs d'une réputation justement acquise. A ceux-là, on leur doit toutes sortes d'égards, et ces égards consistent non-seulement à leur donner les louanges qu'ils ont méritées par leurs écrits, marqués au coin du génie, mais encore à louer ce qu'il y a de bon dans les endroits même qui sont l'objet de la critique. Il est rare que les grands hommes fassent de pures fautes et qu'on n'ait pas sujet de les louer dans le temps même qu'on a de les reprendre. (*Trublet.*)

Somme toute, il faut être juste dans le jugement qu'on porte d'un ouvrage et éviter que le plaisir de la critique nous empêche d'être touché des plus belles choses. (*La Bruyère.*) Il faut être juste, mais indulgent sur les défauts d'autrui, et ne les divulguer que quand l'intérêt social l'exige. Il faut profiter des critiques qu'on fait des vices des autres, pour nous corriger de ceux dont nous sommes atteints. C'est une leçon qu'on nous donne sous le nom d'autrui. (*Epictète.*) Enfin, il faut faire, en un mot, pour les autres, ce que nous voudrions qu'ils fissent pour nous-même ; les lois de la morale et de la religion nous le commandent.

CRUAUTÉ, Cruel, Inhumanité, Inhumain, Férocité, Féroce, Sanguinaire (vices). — Les auteurs anciens et modernes considèrent les mots *inhumanité* et *cruauté* comme synonymes. Ils le sont en effet jusqu'à un certain point, attendu que l'un est renfermé dans l'autre, c'est-à-dire que la cruauté est le plus haut degré de l'inhumanité. Mais comme celle-ci ne peut arriver jusqu'à celle-là sans changer de nature, sans une modification dans les mœurs et le caractère de l'homme inhumain, nous devons en faire ressortir les dissemblances.

L'*inhumanité* est l'absence, dans le cœur de l'homme, de tout sentiment de pitié ou de commisération. Il faut, de toute nécessité qu'elle se borne à cette sorte d'indifférence aux maux d'autrui, pour rester *elle*, sans cela, c'est-à-dire si elle sort de cet état pour acquérir, en mal, quelque chose de plus, elle devient alors de la *cruauté*.

Ainsi un homme *inhumain*, c'est celui qui reste froid, insensible aux malheurs de son prochain, ou qui les occasionne sans pitié, ni chagrin; et un homme *cruel*, c'est celui qui ajoute à cette insensibilité la rigueur et la dureté. L'*inhumain* n'aime que lui, il se fait un jeu de la révélation d'un tort ignoré, devient indifférent aux infortunes de ses frères, mais il répugne à voir souffrir et plus encore à tourmenter ceux qui souffrent : il en détourne la vue et s'éloigne. Le *cruel*, au contraire, hait tout ce qui l'environne; il trouve du plaisir à voir souffrir ou à tourmenter ses ennemis, ou ceux qui lui déplaisent. C'est pourquoi on a dit de l'inhumanité qu'elle doit son origine à l'insensibilité de l'âme et à un sentiment d'égoïsme qui domine tout autre sentiment; et de la cruauté qu'elle naît de la lâcheté, de la dureté d'un cœur que la vue des combats, la crainte, la méfiance et quelquefois le fanatisme endurcissent encore. De là cette remarque, qui n'est pas sans vraisemblance, que les hommes extrêmement heureux ou malheureux sont plutôt portés à l'inhumanité; mais que les conquérants, les chasseurs, les paysans de certaines contrées, les individus qui par profession font couler le sang, sont enclins à la cruauté.

Louis XI y était tellement porté, qu'il s'est montré cruel dans bien des circonstances. Celle qui excite encore aujourd'hui le frémissement et l'indignation dans l'âme de ceux qui lisent l'histoire de sa vie, c'est le raffinement de barbarie qu'il inventa pour le supplice de Jacques d'Armagnac, duc de Nemours (1477). Au lieu de l'échafaud de pierre qui était permanent aux halles de Paris, le roi ordonna qu'il en fût placé un autre qui serait couvert de planches mal jointes et qu'on plaçât au-dessous les fils d'Armagnac, afin que le sang de leur père ruisselât sur leur tête. (*Anquetil*.)

Après cet exemple, je n'en connais pas de plus épouvantables que ceux dont Néron s'est rendu coupable. Peu de personnes ignorent que l'incendie de Rome, dont on accusa les chrétiens, que l'on confondait avec les juifs, produisit la première persécution. Les martyrs, dit l'historien, étaient attachés en croix comme leur *Maître*, ou revêtus de peaux de bêtes et dévorés par des chiens, ou enveloppés dans des tuniques imprégnées de poix, auxquelles on mettait le feu; la matière fondue coulait à terre avec le sang. Ces premiers flambeaux de la foi éclairaient une fête nocturne que Néron donnait dans ses jardins; à la lueur de ces flambeaux, il conduisait des chars!... Néron ne s'arrêta pas là : il fit mourir sa propre mère!!! Peut-on pousser plus loin la férocité?

Je me suis servi du mot *férocité* pour faire une remarque de peu d'importance, sans doute, mais que néanmoins je ne pouvais passer sous silence : c'est que la férocité fait participer l'homme à la nature de la bête et le rend *sanguinaire*. Elle ajouterait donc un degré de plus à la cruauté. *Voy.* Féroce, Sanguinaire.

Nous avons prétendu que l'exercice de certaines professions, entre autres de la chasse, rendait les hommes cruels. C'est, nous dit-on, parce que Charles IX l'a beaucoup cultivée, et parce qu'il se livra beaucoup à l'art de tuer les bêtes, qu'il contracta dans les forêts l'habitude de voir couler le sang : probablement que sans cette circonstance on eût eu beaucoup plus de peine à lui arracher l'ordre de la Saint-Barthélemy. La chasse, ajoute-t-on, est un des moyens les plus sûrs pour émousser dans les hommes le sentiment de la pitié pour leurs semblables : effet d'autant plus funeste, que ceux qui l'éprouvent, placés dans un rang plus élevé, ont plus besoin de ce frein. (*Voltaire*.)

Assurément je ne conteste pas l'influence que la vue du sang qu'on fait couler peut avoir sur le caractère des hommes; mais je crois cependant que Charles IX a été plus cruel par faiblesse pour sa mère, qui le dominait, que par goût. Et s'il était nécessaire d'opposer exemple pour exemple, afin de prouver que la chasse n'a pas toujours cette influence, je citerais le duc de Berry, qui, tout passionné qu'il fût pour cet exercice, n'en demanda pas moins *grâce pour l'homme* qui l'avait assassiné! et Charles X, son père, non moins amateur de la chasse, qui préféra l'exil au malheur de prolonger d'un seul jour la guerre civile qui ensanglanta la capitale en juillet 1830.

D'ailleurs, combien ne voit-on pas de chasseurs déterminés et intrépides, qui néanmoins sont très-bons et très-compatissants, qui ont en horreur de voir couler le sang humain, à plus forte raison de le verser! Mais ceux-là, nous devons en convenir, ont l'esprit cultivé, et c'est probablement cette condition qui a dressé la barrière que la cruauté n'a pu franchir pour pénétrer jusqu'à leur cœur.

A propos du malheureux, affreux et épouvantable massacre de la Saint-Barthélemy, je relèverai une nouvelle inexactitude historique qu'a commise Voltaire, assertion dont l'influence sur les esprits a été si fâcheuse et si profonde, que son impression n'en est pas encore effacée. Nous laisserons parler la marquise de Créquy, qui a beaucoup critiqué ce philosophe, relativement aux erreurs qu'il a trop légèrement glissées dans ses écrits.

« Dans les notes de sa première édition de la Henriade, Voltaire avait avancé que Charles IX a tiré des coups de carabine sur les huguenots qui s'enfuyaient du quartier du Louvre, à l'heure de la Saint-Barthélemy; et la preuve qu'il en donnait, c'est que le maréchal de Tessé aurait connu le gentilhomme qui avait chargé cette carabine du roi Charles, à plusieurs reprises, lequel, gentilhomme ordinaire de Charles IX en avait fait la confidence à ce maréchal, au bout de quatre-vingt-dix ans.

« Il faut vous dire que Voltaire ne s'était jamais trouvé *une seule fois* dans sa vie avec mon oncle de Tessé, et qu'il ne savait autre chose de lui que ce qu'il en pouvait attraper en me questionnant, et, s'il faut tout dire, en m'impatientant quelquefois par ses questions. Je dois déclarer que le maréchal de Tessé n'a *jamais* rien dit de semblable à ceci devant aucune personne de sa famille ; et j'en parlai si haut et si clair, que Voltaire en a supprimé cette fausse indication dans toutes les éditions suivantes.

« La Convention, le Directoire et le gouvernement des consuls n'ont voulu tenir aucun compte à Voltaire de cette correction dans les notes de son poëme, et dans son amende honorable en désaveu tacite. On voit encore, en cette présente année 1808, l'inscription suivante au-dessous d'une croisée de la galerie du Louvre, au rez-de-chaussée.—Les caractères en ont au moins deux pieds de hauteur : *C'est de cette fenêtre que l'infâme Charles IX, d'exécrable mémoire, a tiré sur le peuple avec une carabine.* — Comme cette partie du Louvre n'a été construite que sous le règne de Henri IV, il est difficile que cette fenêtre ait existé du temps de Charles IX. »

Ce que j'en dis, d'après les souvenirs de la marquise, n'est pas pour justifier Charles IX de son crime : le sang des protestants massacrés a laissé sur sa vie une tache que le temps n'effacera jamais ; mais j'ai voulu rectifier une erreur généralement accréditée, et qui va se répétant de bouche en bouche, à ce point, que naguère encore on me montrait la prétendue fenêtre, et qu'un journal de la province a reproduit cette accusation à l'occasion des derniers troubles de Naples.

A ceux qui ne voudraient pas s'en rapporter au témoignage de la marquise de Créqui, je répéterai un passage emprunté à M. Roisselet de Sauclières. Cet estimable écrivain, dans une note de son intéressant ouvrage, sur l'histoire du calvinisme en France, s'exprime de la manière suivante :

« Je terminerai cette note en disant quelques mots de la fameuse carabine de Charles IX. Brantôme est le seul qui en ait parlé ; d'Aubigné en dit un mot, mais avec tant de discrétion, contre son ordinaire, qu'il semble craindre de rapporter cette fable ; de Thou n'en a point parlé, et certainement ce n'est pas pour ménager Charles IX, qu'il appelle un *enragé*. Brantôme même a soin de dire que la carabine ne pouvait pas porter si loin. Mais je demande où cet historien a pu prendre ce fait : il était absent. « Alors j'étais, dit-il (*Disc. sur Catherine de Médicis*), à notre embarquement de Brouage. » Ce n'est donc qu'un ouï-dire que personne n'a osé répéter dans le temps, et que le duc d'Anjou (Henri III) n'aurait pas omis dans son récit à Miron, attendu qu'il parle de cette même fenêtre d'où on prétend que Charles IX tirait sur ses sujets (c'est le balcon du Garde-Meuble, qu'on abattit en 1758). Si Charles IX eût tiré sur ses sujets, c'était une circonstance à ne pas omettre : c'était presque la seule qui pût faire tomber presque tout l'odieux du massacre sur ce roi ; et il est probable que le duc d'Anjou n'en aurait pas laissé échapper l'occasion. C'est donc une véritable allégation d'autant plus dépourvue d'apparence, que la rivière était moins couverte de fuyards que de Suisses, qui passaient l'eau pour aller achever le massacre dans le faubourg Saint-Germain. Et d'ailleurs, comment accorder cette inhumanité réfléchie avec ce mouvement d'horreur qui le saisit, ainsi que sa mère et son frère, au premier coup de pistolet qu'ils entendirent? « Nous entendîmes tirer un « coup de pistolet, dit le duc d'Anjou, et ne « saurais dire en quel endroit, ni s'il offensa « quelqu'un ; bien sais-je que le son seule- « ment nous blessa tous trois si avant dans « l'esprit, qu'il offensa nos sens et notre ju- « gement. »

Quoi qu'il en soit du degré de confiance que l'on voudra accorder aux autorités dont j'invoque le témoignage, toujours est-il que, laissant de côté le massacre de la Saint-Barthélemy, on peut poser en principe que, s'il est vrai que les conquérants, les montagnards, les chasseurs, etc., sont enclins à la cruauté, il n'en est pas moins certain que bien des enfants apportent en naissant des dispositions à ce vice ; dispositions qui tiennent probablement à leur ignorance du bien et du mal, mais qui cependant, si on n'y remédie dans le principe, peuvent devenir plus tard, un véritable penchant que rien ne surmontera.

La preuve que la plupart des enfants sont cruels par ignorance, c'est que ce même enfant qui martyrisera un petit animal, qui courra au supplice d'un malfaiteur, qui entretiendra volontiers son imagination de sang et de tortures, donnera son déjeuner à un pauvre affamé, ou s'attendrira sur son sort, s'il le voit exposé aux injures des saisons : c'est qu'il a lui-même senti la faim et le froid, et qu'il rapporte les souffrances dont il est témoin aux souffrances personnelles dont il a conservé la mémoire ; en un mot, il connaît alors ce qu'il voit et il plaint ce qu'il connaît. Il faut donc l'instruire de bonne heure de ce qu'il ignore, si l'on veut combattre à temps et détruire pour toujours ses funestes dispositions à la cruauté.

Comment s'y prendre ? En imitant une dame que j'ai beaucoup connue, femme d'un très-grand mérite et possédant toutes les qualités requises pour bien élever les enfants. Les siens ont une éducation parfaite et la lui doivent.

Un jour que cette dame avait surpris son fils, alors âgé de sept à huit ans, s'amusant à plumer un oiseau vivant, elle l'attira à elle et se mit à lui tirer les cheveux avec force. Le petit garçon poussa de hauts cris : « Tu me fais mal, disait-il à sa mère. — Crois-tu, reprit celle-ci, que le petit oiseau que tu tiens dans ta main ne souffre pas quand tu lui arraches ses plumes ? Que t'a-t-il donc fait pour le faire souffrir ainsi ? Tu n'es qu'un méchant enfant ; va-t-en, et que je ne te surprenne plus martyrisant ainsi des animaux. » La leçon fut bonne, et M...... n'a pas eu besoin d'une nouvelle correction. Il est vrai de dire que sa bonne mère développait chaque jour davantage dans son âme les semences de toutes les vertus que Dieu y avait déposées, et qu'elle était heureuse d'y faire fructifier, comme elles avaient fructifié en elle.

Il est un autre moyen que l'on peut tenter pour arriver aux mêmes fins : c'est le régime alimentaire, qui, on le sait, influe très-puissamment sur les mœurs des peuples. A ceux qui en douteraient encore, je leur montrerai les Hindous, qui, au rapport de tous les voyageurs, sont les plus sobres et les plus tempérants des peuples, ne vivant que de fruits et de légumes. Rien n'égale leur douceur et leur humanité. Leurs annales ne sont pas souillées de ces grands crimes qui font la honte de la plupart des nations. Ils ont en horreur le sang, et cette horreur va même jusqu'à respecter celui des animaux. Voyez, leur dirai-je, les Banianes : ils ne mangent point de chair; ils craignent même de tuer le moindre insecte; ils jettent du riz et des fèves dans l'eau pour nourrir les poissons, et des graines sur la terre pour les oiseaux. Lorsqu'ils rencontrent un chasseur ou un pêcheur, ils le prient instamment de se désister de son entreprise; et s'il est sourd à leurs prières, ils offrent de l'argent pour le fusil et pour les filets; quand on leur refuse, ils troublent l'eau pour épouvanter les poissons, et crient de toutes leurs forces pour faire fuir le gibier et les oiseaux. (*Histoire des Voyages.*)

Il n'en est pas de même des nations carnassières; aussi est-ce parmi elles que se répètent fréquemment le spectacle de ces grands crimes qui outragent et révoltent la nature.

N'oublions pas que la cruauté exercée envers ceux qui avaient des tendances à résister à l'oppression, fut un moyen tout naturel dont se sont servis les conquérants, qui savaient que l'épouvante fait plus de la moitié des conquêtes. Faut-il dominer à ce prix, et le commandement est-il si doux que les hommes le veuillent acheter par des actions si inhumaines? Les Romains, pour répandre partout la terreur, affectaient de laisser dans les villes prises des spectacles de cruautés (Polyb., lib. x, c. 15), et de paraître impitoyables à qui attendait la force, sans même épargner les rois qu'ils faisaient mourir inhumainement, après les avoir menés en triomphe, chargés de fer et traînés à des chariots comme des esclaves. Cette politique abominable a pu servir les projets de quelques ambitieux, et servirait peut-être encore dans certains pays à dompter les populations que de pareils spectacles glacent d'épouvante et d'effroi. Mais malheur à celui qui en userait : la crainte d'une longue et douloureuse captivité ou de la mort peut bien, pour un moment, amollir et paralyser les forces et le courage d'une nation, mais elle les retrouve tôt ou tard, en use avec une énergique persévérance; et quand l'heure de la délivrance a sonné, reste celle de la vengeance!... Elle est terrible!

CUPIDE, Cupidité (vice). — La cupidité est ce désir immodéré que l'homme éprouve en vue du plaisir, des honneurs, de la gloire, des richesses, et généralement de toutes les choses qui excitent sa convoitise.

Généralement, la cupidité est le vice des petits esprits qui, ne réfléchissant pas, sont continuellement tourmentés par des désirs sans cesse renaissants à mesure qu'ils sont satisfaits. Aussi est-il très-difficile de changer le naturel des gens cupides.

Néanmoins, on ne doit pas désespérer de faire taire ces désirs insatiables, quelque variés qu'ils soient, et le moyen à mettre en usage est on ne peut pas plus simple. Il consiste à montrer à l'homme cupide le calme et la tranquillité dont jouissent les personnes sages, raisonnables, qui, contentes de ce qu'elles possèdent, c'est-à-dire de la part que Dieu leur a faite sur cette terre, sont sans désirs, sans besoins, et conséquemment, jouissent d'un bonheur sans mélange, espérant toujours un bien à venir qu'ils accepteront avec joie, mais dont l'attente ne trouble pas leur félicité.

A cette vue, si l'homme cupide a conservé sa raison ou l'a développée de manière à pouvoir comparer les douceurs de la vie du sage avec les agitations que la cupidité fait naître en notre cœur; s'il a assez d'empire sur lui-même pour vouloir égaler le modèle que vous aurez placé sous ses yeux, alors, n'en doutez pas, à ces désirs violents, impérieux, d'où naît la cupidité, à ces agitations tumultueuses succédera enfin une douce sérénité.

La cupidité, disons-nous, est la fille du désir : si on pouvait la saisir à son origine pour l'étouffer, nul doute qu'elle ne nous tyranniserait jamais; il faut donc remonter à sa source pour la guérir plus sûrement. *Voy.* Désirs.

CURIOSITÉ (penchant naturel). — Le désir de connaître ce que nous ne connaissons pas, et de connaître mieux ce que nous ne connaissons qu'imparfaitement, voilà ce qui constitue la curiosité.

L'homme, dès qu'il existe, éprouve le besoin de savoir. A peine est-il au monde que son âme interroge tout ce qui l'environne, demandant aux effets leurs causes, aux causes les effets qu'elles peuvent produire. Son intelligence et ses sens travaillent sans cesse à scruter ce qui les frappe, à chercher à chaque chose des explications. Il y a donc une curiosité instinctive qui nous porte malgré nous à chercher à agrandir le cercle de nos connaissances.

Ce n'est pas la seule, et nous devons signaler cette curiosité vulgaire et puérile qui s'attache aux petites choses, et qui, chez certains esprits médiocres, tient lieu de toute activité. Cette passion des âmes futiles les porte à désirer tout savoir, sans prendre même aucun intérêt aux choses sur lesquelles leur curiosité s'exerce. Rien n'est ennuyeux comme les personnes atteintes de cette sorte de curiosité : continuellement à la recherche de nouvelles sans importance, d'événements qui ne méritent pas la moindre attention, elles questionnent de la façon la plus indiscrête tous ceux qu'elles rencontrent; elles s'immiscent dans toutes les affaires. Rien n'est muré pour elles, ce sont les moustiques de la société; elles incommodent sans cesse les honnêtes gens, et leur impertinente curiosité pénètre jusque dans l'intimité des demeures privées.

La curiosité serait donc un sentiment mixte, c'est-à-dire tantôt réfléchi et tantôt irréfléchi. Réfléchie, la curiosité est une qualité ou devient un défaut suivant la nature des recherches auxquelles elle nous porte; irréfléchie, elle n'est ni une qualité ni un défaut. C'est le premier attribut du système affectif; la première faculté de notre entendement qui se développe chez l'enfant en même temps que les organes des sens acquièrent plus de justesse. C'est par elle que se forme son *intellectualité* dont l'idiot ne connaîtra jamais le caractère: ce qui a fait dire de l'enfant que, plus il se montre curieux, plus il aura d'intelligence. C'est même déjà un signe d'intelligence que sa curiosité. — Et il devait en être ainsi, puisque l'enfance aime les plaisirs, et que la faculté de pouvoir prendre du plaisir est mesurée par un indice certain, par la curiosité. C'est elle qui alimente le désir: et quel peut être l'âge de la curiosité, si ce n'est l'enfance? Plus heureux et encore plus mobile que le papillon volage, l'enfant trouve partout à exprimer le suc d'une fleur. L'activité des sensations lui fournit sans cesse une épreuve utile, et l'immense fécondité de la nature inconnue présente un aliment continuel à l'activité de ses sensations.

Aussi, est-ce sur cette heureuse propriété de l'enfance, dirons-nous par anticipation, qu'est fondé le pouvoir de l'éducation; c'est parce que l'imagination et le cœur des enfants, semblables à des vases encore vides, reçoivent tout ce qu'on y jette; qu'il faut choisir avec soin les semences qu'on leur confie, et se reprocher une erreur, encore plus une injustice, un mauvais exemple, comme une source de productions funestes qui croîtront et ne mourront que difficilement. Et ici nous sommes ramenés à l'effet constant de cette vérité que l'auteur suprême a mise dans l'organisation du monde. Ce que l'on appelle les leçons de l'instituteur forme la moindre partie de l'éducation, qui se compose de tout ce que l'enfant peut voir, entendre, éprouver, sentir, en un mot de tout ce qu'il apprend; et comme parmi les sensations extérieures il en est pour lui d'agréables, il en est d'autres qui sont douloureuses et que toutes concourrent au développement de ses facultés; il en est de même parmi les causes d'impressions intérieures qui l'affectent sans cesse, un mélange plus ou moins proportionné de bien et de mal dont le résultat pour l'avenir est un mélange d'idées saines à rappeler, d'impulsions à suivre, d'erreurs à détruire et d'inclinations à étouffer.

Je pense donc, avec Azaïs et tous les moralistes, que, pendant l'éducation d'un enfant, il faut éloigner de lui, autant que possible, les occasions de voir et d'entendre ce qui peut égarer son esprit et altérer son innocence.

La curiosité est naturelle à l'homme, aux singes et aux petits chiens. Menez avec vous un petit chien dans votre carrosse, il mettra continuellement ses pattes à la portière pour voir ce qui s'y passe. Un singe fouille partout, il a l'air de tout considérer. Pour l'homme, vous savez comme il est fait; Rome, Londres, Paris, passent leur temps à se demander ce qu'il y a de nouveau. Heureusement pour l'homme que sa curiosité ne lui devient pas inutile comme elle l'est pour le singe et le chien, et que, grâce à son intelligence, qui le distingue de la bête, il fait servir sa curiosité à orner son esprit.

Indépendamment de la curiosité instinctive et de la curiosité réfléchie, on a admis deux autres sortes de curiosité: l'une d'intérêt, qui nous porte à désirer d'apprendre ce qui peut nous être utile, et l'autre d'orgueil, qui nous vient du désir de savoir ce que les autres ignorent. Nous y en ajouterons une troisième, ou celle qui naît du désœuvrement et du besoin d'employer son temps à quelque chose. On aime mieux des émotions douloureuses, des nouvelles chagrinantes que l'absence complète d'émotions et de nouvelles. Les enfants grimpaient sur les arbres pour voir la bataille de Fontenoy; à Liége, les dames se firent apporter des chaises sur un bastion pour jouir du spectacle de la bataille de Rocoux. Lors des journées de juillet et de février, à Paris, nombre de femmes furent tuées, victimes de leur curiosité, qui seule leur faisait braver le danger dans les rues. Depuis que la place de Grève n'est plus un lieu d'exécution, les maisons qui l'environnent ont considérablement perdu de leur valeur locative; toutes les fenêtres étaient louées fort cher les jours d'exécution: des personnes de tout âge, de tout sexe et de tout rang, assistaient en foule à ces affreux spectacles.

Cette adjonction (la curiosité des gens oisifs) est d'autant plus nécessaire, que, sans elle, on ne comprendrait pas comment une curiosité d'intérêt, qui nous porte à désirer d'apprendre ce qui peut nous être utile, et une curiosité d'orgueil, qui vient du désir de savoir ce que les autres ignorent, distinction établie par la Rochefoucauld, ont pu être considérées en général par Pline le Jeune comme un péché de l'esprit plus fréquent dans les gens oisifs que dans les autres.

Que les gens désœuvrés soient curieux comme les autres, c'est incontestable; mais ils ne le seront guère que pour des choses dont ils ne peuvent rien tirer d'utile, ni pour leur instruction, ni pour satisfaire leur vanité; ils ne se piquent de curiosité que pour des choses ordinairement frivoles, qui seules les désennuient, soit quand ils les apprennent, soit et plus encore quand ils les répètent. On voit qu'il y a loin de cette curiosité aux autres.

La curiosité, quand elle est un sentiment réfléchi ou volontaire, est une qualité ou un défaut suivant la nature des recherches auxquelles elle se livre. S'agit-il de choses instructives, nécessaires à l'éducation et aux intérêts véritables de l'individu : est-elle assez discrète pour ne pas le porter à vouloir connaître ce qu'il est inutile de savoir : assez constante pour ne pas nous faire voler d'objet en objet, sans en approfondir aucun? Oh! alors, la curiosité est une bien grande qualité, une vertu même, si l'on veut, car elle fait tout tourner au profit du curieux. Telle est la curiosité que l'on rencontre généralement dans les hommes de lettres, les artistes, etc.

Au contraire, quand la curiosité ne porte que sur des choses frivoles ou simplement curieuses, sans portée, sans sujet d'instruction ; quand elle n'est employée qu'à amuser nos loisirs et très-souvent à rendre les autres indiscrets afin d'avoir la faculté de le devenir à notre tour ; dans ce cas elle est un défaut, et c'est presque toujours à ce titre qu'on la rencontre chez la plupart des femmes. Ajoutons bien vite pour être vrai que bien des hommes sur ce point sont encore pires que les femmes.

Chez les enfants, la curiosité n'est ni une qualité ni un défaut, c'est un sentiment instinctif, avons-nous dit, qui annonce en eux de l'intelligence. Sous ce rapport, je me trouve différer d'opinion avec madame de Puisieux, qui affirme que : « La curiosité est le défaut des *enfants* qui ne savent rien, et des *sots* qui s'occupent des sottises d'autrui. »

Il en serait ainsi, nous en conviendrons, si l'on répétait avec la Bruyère: « La curiosité n'est pas un goût pour ce qui est bon et beau, mais pour ce qui est rare ; » ou si l'on n'était curieux que des affaires d'autrui, de la chronique du jour, afin d'avoir le malin plaisir d'aller les colporter d'un endroit à l'autre ; mais ce n'est pas ce qui préoccupe l'enfant : il est curieux par instinct, et quoiqu'il soit généralement aussi bavard que curieux, on ne doit pas prendre sa curiosité en mauvaise part tant qu'il ne connaîtra pas la portée de ses actes. Cette manière de juger des actions de l'enfance est conforme du reste à ce passage de Fénelon : « La curiosité des enfants est un penchant naturel qui va au-devant de l'instruction. »

D'où vient cette différence d'opinion entre les moralistes ? De ce que madame de Puisieux et la Bruyère se sont occupés, je suppose, de la curiosité prise en mauvaise part. Sans cela ils avaient l'esprit trop bien tourné et une trop grande connaissance du cœur humain pour se prononcer d'une manière aussi absolue.

Pour ma part, je considère la curiosité comme une des qualités de l'enfance ; j'aime à l'y rencontrer ; je la soutiens, je l'encourage, mais je la dirige ; car, puisque sans étudier dans les livres, l'espèce de mémoire que peut avoir un enfant ne reste pas pour cela oisive ; puisque tout ce qu'il voit, tout ce qu'il entend, le frappe ; qu'il s'en souvient et tient registre en lui-même des actions, des discours des hommes, et que tout ce qui l'environne est le livre dans lequel, sans y songer, il enrichit continuellement sa mémoire en attendant que son jugement puisse en profiter ; c'est dans le choix des objets, c'est dans le soin de lui présenter sans cesse ceux qu'il peut connaître et de lui cacher ceux qu'il doit ignorer, que consiste le véritable art de cultiver en lui cette première faculté ; et c'est par là qu'il faut tâcher de lui former un magasin de connaissances, qui serve à son éducation dans sa jeunesse et à sa conduite dans tous les temps. Cette méthode, il est vrai, ne forme point de petits prodiges et ne fait pas briller les gouvernantes et les précepteurs ; mais elle forme des hommes judicieux, robustes, sains de corps et d'entendement, qui, sans s'être fait admirer étant jeunes, se font honorer étant grands.

Le même instinct anime toutes les diverses facultés de l'enfance. A l'activité du corps qui cherche à se développer succède l'activité de l'esprit qui cherche à s'instruire. D'abord, les enfants ne sont que remuants, ensuite ils sont curieux, et cette curiosité bien dirigée est le mobile de l'âge où nous voilà parvenus. Distinguons toujours les penchants qui viennent de la nature de ceux qui viennent de l'opinion. Il est une ardeur de savoir qui n'est fondée que sur le désir d'être estimé savant ; il en est une autre qui naît de la curiosité naturelle à l'homme pour tout ce qui peut l'intéresser de près ou de loin. Le désir inné du bien-être et l'impossibilité de contenter pleinement ce désir lui font rechercher sans cesse de nouveaux moyens d'y contribuer. Tel est le premier principe de la curiosité, principe naturel au cœur humain, mais dont le développement ne se fait qu'en proportion de nos passions et de nos lumières. Supposez un philosophe relégué dans une île déserte avec des instruments et des livres, sûr d'y passer seul le reste de ses jours, il ne s'embarrassera plus guère du système du monde, des lois de l'attraction, du calcul différentiel : il n'ouvrira peut-être de sa vie un seul livre ; mais jamais il ne s'abstiendra de visiter son île jusqu'au dernier recoin, quelque grande qu'elle puisse être. Rejetons donc encore de nos premières études les connaissances dont le goût n'est point naturel à l'homme, et bornons-nous à celles que l'instinct nous porte à y chercher.

Ne tenez pas à l'enfant des discours qu'il ne peut entendre. Point de descriptions, point d'éloquence, point de figures, point de poésie. Il n'est pas maintenant question de sentiment ni de goût. Continuez d'être simple, clair et froid : le temps ne viendra que trop de prendre un autre langage.

S'il vous questionne lui-même, répondez autant qu'il faut pour nourrir sa curiosité, non pour la rassasier : surtout quand vous voyez qu'au lieu de questionner pour s'instruire, il se met à battre la campagne et à vous accabler de sottes questions ; arrêtez-vous à l'instant, sûr qu'alors il ne se soucie plus de la chose, mais seulement de vous asservir à ses interrogations. Il faut avoir moins d'égards aux mots qu'il prononce qu'au motif qui le fait parler. Cet avertissement, jusqu'ici moins nécessaire, devient de la dernière importance aussitôt que l'enfant commence à raisonner.

Quand il en est arrivé là, s'il vous montre un moulin, enseignez-lui comment on fait le pain; si vous êtes aux champs, enseignez-lui comment germent les plantes; si vous passez devant une église, instruisez-le des mystères de la religion, etc. Profitez même des fautes que son irréflexion, son ignorance ou son inexpérience lui font commettre, pour faire son éducation, qui, sachons-le bien, sera d'autant plus longue, que l'enfant se montrera moins curieux, c'est-à-dire moins désireux de connaître.

Voilà comment nous devons chercher à tirer parti de la curiosité des enfants. Et quand on la rencontre chez des personnes en qui elle ne porte que sur des sujets frivoles, bornez-vous à leur faire observer le vide que ces recherches laissent dans l'esprit, et le peu de profit qu'on en retire. Cette seule observation peut suffire, parfois, pour décider ces personnes à faire un meilleur usage des facultés de leur intelligence.

Il est une dernière observation que nous devons faire aux curieux : c'est que souvent la curiosité est un feu qui consume ceux qui veulent l'approcher de trop près. Ainsi les papillons de nuit se brûlent les ailes à la lumière; nous pourrions comparer à ces papillons nocturnes les savants orgueilleux qui veulent approfondir tous les mystères de la nature, scruter les secrets du Très-Haut; Dieu confond leur orgueil, et leurs systèmes s'évanouissent comme l'ombre.

Nous leur comparerons encore ces vaniteux qui placent leur félicité dans la réputation dont ils jouissent, dans les flatteries qu'on leur prodigue, qui ont la maladresse de chercher à savoir, et qui arrivent à savoir en effet ce qu'on pense réellement d'eux. Cicéron, ce roi des orateurs, ce sauveur de la patrie, si célèbre dans Rome, et qui croyait l'être dans tout l'univers, fut un jour curieux de s'enquérir de lui-même à quelques lieues de cette capitale; il eut la mortification d'apprendre qu'on ne le connaissait pas. Un illustre général, enflé de ses succès, environné de courtisans, sortit une nuit de sa tente et écouta les soldats causer dans les leurs : il apprit qu'ils le détestaient, qu'on l'accusait de dureté, d'ignorance, et qu'on dépréciait ses victoires. Combien de gens qui imitent ce général et qui sont bien mortifiés de ce qu'ils entendent ! Aussi répète-t-on souvent dans nos cités méridionales avec l'idiome du pays. *Qué vai per escoutous, escouta sas doulous!* Qui va aux écoutes entend ses douleurs !

Hélas ! il n'est pas nécessaire que nous allions ainsi secrètement aux écoutes, puisque malheureusement pour l'humanité il y a tant d'individus dans le monde qui, sous le vain prétexte de nous prouver leur amitié, nous répètent tout le mal qu'on dit de nous, nous font connaître de l'opinion publique tout ce qui peut nous désobliger. Grâce à eux et grâce à notre curiosité qui nous fait prêter l'oreille à tous leurs propos, nous détestons une foule de personnes qui ne sont coupables que de cette malignité qui ne va pas plus loin qu'un bon mot, que l'envie de causer de quelque chose, et qui, dans le fond, ne sont pas mal disposées pour nous.

Il est encore d'autres curieux que nous comparerons, avec notre confrère le docteur Belouino, aux papillons imprudents dont nous parlions : ce sont ces hommes dont la curiosité jalouse surveille sans cesse la conduite de ceux qui les intéressent. Ils devraient considérer que leur curiosité est inutile ou dangereuse, et dans tous les cas s'abstenir. S'il était quelqu'un plus à blâmer qu'eux, en pareille occurrence, ce serait celui qui troublerait leur repos en les instruisant de ce qu'ils devraient toujours ignorer.

Le plus souvent les curieux devraient imiter la conduite des Athéniens : étant en guerre avec Philippe de Macédoine, ils surprirent des lettres que ce prince écrivait à Olympias ; ils les renvoyèrent sans les lire. Marc Antonin livra aux flammes les papiers qu'on avait saisis chez des gens suspects, ne voulant, disait-il, avoir aucun sujet de ressentiment contre personne. Les lois des anciens Crétois défendaient, sous peine d'être fustigés, de jamais s'informer d'un étranger qui il était, d'où il venait, ce qu'il voulait ; et celui qui satisfaisait une telle curiosité par ses réponses était privé de l'eau et du feu. « Grand Dieu ! dit le comte Oxenstiern, si pareille loi s'observait en Europe, combien de femmes ne verrait-on pas au carcan, et quelle prodigieuse quantité d'hommes seraient obligés à leur faire compagnie. »

D

DÉBAUCHE (vice), DÉBAUCHÉ. — La débauche consiste dans les excès et l'abus des plaisirs permis ou illicites. L'homme abuse-t-il des plaisirs de la table, il est intempérant (*Voy.* INTEMPÉRANT) ; satisfait-il avec passion ses appétits charnels, il est concupiscent (*Voy.* CONCUPISCENCE) ; associe-t-il par un raffinement de Sybarite l'un et l'autre plaisir, qu'il goûte sans mesure et sans pudeur, c'est un vrai libertin (*Voy.* LIBERTINAGE). Donc, considérée en elle-même, la débauche est la *pratique* de certains actes que l'intempérance ou la concupiscence font naître en nous, et auxquelles nous ne résistons pas.

DÉCENCE (qualité). — Nous avons défini la décence, une grande conformité entre les actions extérieures et les mœurs du pays dans lequel on vit (*Voy.* CHASTETÉ), et nous avons parlé de ses variations qui ont subi nécessairement les caprices de la mode, cette étourdie qui fait faire tant de sottises à la *folle du logis.* Aussi devrons-nous nous borner à une simple observation.

Elle est relative à la manière dont on s'habille aujourd'hui pour les soirées dansantes, ou pour aller à l'*Opéra-National* ou aux *Italiens.* Je voudrais que toutes les personnes raisonnables inspirassent à celles qui donnent le *ton* dans le monde, si déjà elles n'en avaient eu la pensée, de se montrer vêtues de manière à ménager tout à la fois les agréments de leur personne, et la propension d'un sexe admirateur de leurs charmes à la sensualité. Je m'explique.

Toutes nos belles dames ont aujourd'hui l'habitude de se découvrir les bras, les épaules, une partie de la poitrine, et se posent si bien, prennent des postures si gracieusement coquettes, qu'elles découvrent au delà de ce qu'elles paraissent vouloir cacher. Or, ce manége en permettant à l'œil curieux et avide d'une ardente jeunesse de plonger bien au delà d'un voile qu'on a étalé que pour la forme, il en résulte qu'elles allument dans le cœur du jeune homme les désirs brûlants de la concupiscence qu'il voudrait à tout prix faire partager. C'est généralement ainsi que commencent ces intrigues amoureuses, qui se continuent avec mystère, et qui finissent par le scandale, la honte, l'infamie, le crime et le remords.

Il serait donc à désirer que dans leur manière de s'habiller les femmes adoptassent simplement ce qui peut favoriser la grâce et les proportions de la taille, fortifier le corps tout entier, et le préserver des rigueurs du froid en hiver ou de la trop grande chaleur en été. Il serait très-facile, je crois, de trouver des costumes qui réuniraient ces conditions, sans nuire en rien à l'élégance de la tournure, que je ne voudrais pas qu'on sacrifiât.

A vous, Mesdames, de le chercher, de l'adopter, et de le faire adopter à vos compagnes. Vous y gagnerez, et nous tous, nous y gagnerons comme vous.

DÉCISION (faculté). — La décision est un acte de l'esprit par lequel, après un examen superficiel ou profond, on se détermine à faire telle ou telle chose.

Nul ne prenant jamais un parti sans auparavant en connaître la moralité, il va sans dire que nos décisions devraient être toujours fondées sur l'équité et l'honnêteté. Cependant c'est une chose à laquelle les jeunes gens et les femmes ne portent pas une assez grande attention. Leurs décisions n'ayant ordinairement d'autre fondement que l'imagination et le cœur, il en résulte que le plus souvent le repentir suit une décision prise trop précipitamment ou pas assez pesée. Ne les imitons pas, et faisons que toute décision, pour être à l'abri des reproches de notre conscience et d'autrui, repose sur un jugement soigneusement motivé. Or, comme nous ne saurions bien motiver nos jugements sans que notre raison soit parfaitement éclairée et notre conscience droite, c'est par l'instruction d'une part, et l'éducation de l'autre, que nous arriverons à asseoir presque toujours nos décisions sur les bases de la morale la plus pure et de la plus stricte équité.

DÉDAIN (défaut). — On a considéré le dédain sous deux aspects, à savoir : comme dénotant un sentiment qui nous empêche de nous familiariser, ou qui nous éloigne des personnes que nous croyons au-dessous de nous, par la naissance, les biens ou les talents ; ou bien, comme le résultat de la fierté ou de l'amour-propre, qui nous rend dédaigneux à l'égard de ceux que nous regardons comme nos inférieurs. (*Voy.* FIERTÉ.) Il repose aussi, sur le peu de cas que nous faisons des autres, et alors il tient du MÉPRIS (*Voy.* ce mot).

Le dédain est la marque d'un esprit faux ou d'un mauvais cœur, de l'ignorance et de la présomption de l'orgueil ; car à moins d'avoir ces travers de l'esprit, on ne se prévaudra jamais d'un rang, d'une naissance, d'une fortune que le hasard nous a donnés, ou dont nous sommes les artisans ; et, nous devons le dire, ce sont malheureusement les *parvenus* qui se montrent les plus dédaigneux. Tout comme, à moins d'avoir le cœur méchant ou l'âme d'une susceptibilité outrée, on ne dédaignera pas un malheureux qui aura fait une faute. Ce serait manquer de charité que de l'accabler de nos dédains.

Prenez garde que je ne prétends pas qu'on doive se lier d'une manière très-intime avec tout le monde ; ce que je veux, c'est que l'éducation seule et la moralité soient la barrière qui sépare le riche du pauvre, le grand seigneur de l'ouvrier : je veux que si nous ne nous familiarisons pas avec nos inférieurs ou les gens coupables, du moins nous ne les dédaignions pas.

DÉFIANCE, DÉFIANT ; MÉFIANCE, MÉFIANT (qualités bonnes ou mauvaises). — *Défiance* et *méfiance* sont des expressions synonymes, qui annoncent également un état de crainte que l'homme éprouve à l'idée qu'il se trompe, qu'il peut se tromper ou qu'on veut le tromper.

Il y a pourtant cette différence entre la crainte de l'homme *défiant* et celle de l'homme qui se *méfie,* que, tandis que le premier craint d'être trompé par des gens qu'il ne connaît pas ; le second craint de l'être par des personnes qu'il suspecte être de mauvaise foi, et, par conséquent, capables de dissimulation et de duplicité. Ainsi, l'un se *défie,* parce que, éclairé par l'expérience qu'il a acquise des habitudes et des mœurs de la société, il est devenu prudent, et que la prudence veut que toutes les fois qu'on a affaire à un individu qu'on ne connaît pas, on se défie de lui, rien ne nous ayant appris si nous devons en avoir une bonne ou une mauvaise opinion ; l'autre, au contraire, s'il se méfie de l'individu à qui il a affaire ; c'est que, naturellement soupçonneux et craintif, comme tous les gens qui, comme lui, ont un tempérament mélancolique, *il s'est formé* à tort ou à raison une mauvaise opinion de cet individu. Partant, la méfiance aurait un tout autre motif que la défiance.

Dans tous les cas, on ne saurait considérer l'un et l'autre de ces sentiments comme un défaut : qu'ils le deviennent quand on les pousse trop loin, c'est incontestable, et cependant cette conclusion n'est pas sans appel. Je m'explique.

La défiance et la méfiance se rapportent, nous venons de le dire, soit à autrui, soit à soi-même ; eh bien, je le demande : n'est-il pas permis de se défier de tous ceux qui, dans leurs rapports avec nous, n'ont en vue que leur intérêt personnel, n'ont que lui seul pour principal ou unique mobile ? Ne peut-on pas, tout en les croyant de fort honnêtes gens, se conduire avec eux comme s'ils ne l'étaient pas ?

Prenez garde que si je reçois une réponse négative, je demanderai alors ce que signifie ce proverbe tant et tant de fois répété et qui a reçu la sanction de la multitude : La méfiance est la mère de la sûreté..... Donc, la méfiance et la défiance en autrui ne sont pas toujours des défauts.

Et quant à la défiance et à la méfiance que chacun de nous peut avoir de soi-même, elles deviennent le plus souvent une vertu. Telle était du moins l'opinion de certains philosophes, et Hope est de ce nombre, qui sont tous d'avis qu'il est sage de se défier de soi-même, et que cette défiance est le partage de ceux qui devraient le moins en avoir. Tel était aussi le sentiment d'un auteur dont le nom m'est échappé, qui a dit : Plus j'ai avancé en âge, et plus j'ai appris à me défier de mes propres sentiments et à respecter celui des autres.

Mais si le sage doit se défier de ses jugements en ce qui le concerne, il doit se défier également des faveurs de la fortune, tout en apportant dans le monde une confiance éclairée. Cette défiance l'empêchera de par trop compter sur les événements, de croire à l'instabilité et à la durée des choses d'ici-bas ; de telle sorte que s'il se trouve un jour sous les coups de l'adversité il en ressentira moins vivement les effets, son esprit y étant préparé.

Il y a enfin une défiance qui est non moins permise et non moins nécessaire, c'est de ne pas croire trop facilement le mal qu'on nous dit d'autrui..... On découvre tant de choses indignes, et on en entend si souvent d'imaginées par la calomnie, qu'on ne sait plus que croire. Plus on a d'inclination à aimer la vertu et à s'y confier, parce qu'elle est aimable, plus on est embarrassé et troublé en ces occasions. Il n'y a que le goût de la vérité et un certain discernement de la sincère vertu, qui puissent empêcher de tomber dans l'inconvénient d'une défiance universelle, qui serait un très-grand mal.

Ainsi, d'après ce qui précède, la méfiance et la défiance peuvent être considérées, dans certains cas, comme fort utiles. Je dis plus, elles sont indispensables dans le commerce de la vie, toutes les fois que l'on aura des intérêts à démêler avec les gens qui sont portés eux-mêmes à suspecter tout le monde. Méfiez-vous des défiants, disait Sivry, et il avait raison. Il n'y a, du reste, que les gens à qui tout a réussi et qui ont toujours prospéré, qui soient exempts de défiance, car elle est la fille du malheur. (*Lafitte.*)

C'est pourquoi, il faut que nous ayons un bien grand goût pour la vérité, et que nous possédions un certain discernement de la sincère vertu, pour que la société tout entière ne soit pas en proie à une défiance universelle, et n'en éprouve pas les conséquences fâcheuses, alors qu'elle est poussée trop loin. C'est un inconvénient dont elle aurait, et dont nous aurions tous, par conséquent, beaucoup à souffrir. Mais, attendu que la prudence veut que nous agissions avec une certaine réserve, c'est-à-dire que nous ayons une défiance raisonnée de notre jugement, de notre esprit, de nos connaissances, de nos forces, et que nous sachions discerner quel est le degré de confiance que nous devons accorder aux autres ; il faut, dans toutes les circonstances, dans celles qui paraissent même d'une minime importance, se comporter en homme *raisonnablement* défiant.

On a si bien senti, d'ailleurs, que la méfiance et la défiance pouvaient être fondées sur des motifs plausibles, qu'on les a qualifiées des adjectifs juste, sage, légitime. Auraient-elles ces qualités, si elles étaient toujours un défaut ?

DÉGOUT (sentiment). — Dégoût, en morale, signifie tantôt une *aversion* prononcée pour une personne (*Voy.* ANTIPATHIE et AVERSION) ; tantôt une répugnance plus ou moins grande pour le travail, l'étude, ce qui constitue l'APATHIE, la PARESSE, etc. (*Voy.* ces mots), et quelquefois une sorte de lassitude, de découragement, qui porte l'homme à désirer la mort et parfois le suicide. Dans ce dernier cas, le dégoût de la vie provient d'un ABATTEMENT MORAL (*Voy.* ce mot), qui puise lui-même sa source dans un autre sentiment, de telle sorte que le dégoût n'est, en définitive, qu'un sentiment consécutif. Il ne constitue donc pas essentiellement un défaut *per se*.

DÉGUISEMENT, DISSIMULATION, DISSIMULÉ, POLITIQUE (défauts ou vices). — La *dissimulation*, que je définirai tout à l'heure, est le défaut des gens dissimulés. L'homme *dissimulé* est capable d'aborder ses ennemis, de vouloir entrer en conversation et d'agir avec eux de manière à leur faire croire qu'il est bien loin de les haïr. Il loue en leur présence ce qu'il attaque en secret, et prend part à leurs revers ou à leurs mauvais succès. Il fait semblant de pardonner à ceux qui disent du mal de lui, et raconte sans se fâcher ce dont ils l'accusent. C'est avec le même sang-froid qu'il répond à ceux qui s'indignent de ses injustices et qui les lui reprochent avec chaleur. Il renvoie à un autre temps ceux qui s'empressent de lui parler de quelque affaire. Il n'avoue jamais rien de ce qu'il fait ; il dit qu'il est encore à en délibérer, sous prétexte qu'il ne fait que rentrer chez lui, qu'il n'y est revenu que fort tard, ou qu'il est indisposé. Il répond à ceux qui désirent lui emprunter de l'argent ou qui font une collecte pour subvenir aux besoins d'un ami, qu'il ne vend absolument rien. Il fait semblant de n'avoir ni vu ni entendu des choses qui se sont passées sous ses yeux ou dites en sa présence : et après avoir pris des engagements avec quelqu'un, il feint de ne plus s'en souvenir. Il dit à ceux qui lui parlent d'affaires : *J'y penserai; j'ignore ce que vous me dites : j'en suis étonné ; ou j'en ai déjà pensé comme vous*. En un mot, ses expressions favorites sont : *Je ne crois pas; je ne le pense pas; cela me surprend ; il faut que je sois bien changé; cependant, le récit qu'il m'en a fait diffère du vôtre; la chose me paraît bien singulière; à d'autres, s'il vous plaît; je ne sais à qui croire, de vous ou de lui*. Il n'y a rien de plus pernicieux que ces sortes d'expressions tortueuses et contradictoires ; prenez garde d'y ajouter foi trop légèrement. Défiez-vous de ces hommes faux et insidieux qui sont plus à craindre que les vipères. (*Théophraste, Coray*.)

D'après ce tableau de l'homme dissimulé, on peut dire de la *dissimulation* et de son synonyme le *déguisement*, qu'ils sont des artifices que l'homme met en jeu pour cacher la vérité ; ou mieux, un raffinement d'art employé par lui, pour ne pas laisser surprendre les pensées, les projets, les sentiments qui l'animent, en composant ses paroles et ses actions de manière à en imposer à ceux qu'il veut tromper. Il va sans dire qu'il agit de la sorte dans de bonnes ou de mauvaises intentions, c'est-à-dire pour une bonne comme pour une mauvaise fin.

De même, en paraphrasant le tableau que Théophraste nous a laissé de l'homme *dissimulé*, nous dirons que c'est celui qui débite des paroles mensongères, émet des propositions fausses, met en jeu certaines manœuvres, certains gestes, avance des faits controuvés, *ment*, en un mot, à autrui pour le tromper ; ou encore, celui qui, par finesse ou par ruse, emploie des moyens artificieux pour arriver au même résultat. Dès lors le déguisement et la dissimulation comprendraient tout à la fois le *mensonge*, qui est la dissimulation en paroles ou en écrits, et la *finesse* ou la *ruse*, qui est le déguisement en actions.

Nous ne devons pas oublier de mentionner qu'il y a dans les faits et actes, les paroles et les écrits des gens qui dissimulent, ou des personnes qui déguisent, une certaine petite nuance qui distingue ces deux sentiments l'un de l'autre. Cette nuance consiste en ce que, premièrement, l'homme qui *déguise* sa pensée, se montre tout le contraire de ce qu'il est, tandis que celui qui *dissimule* s'attache à ne pas laisser apercevoir ce qu'il est ; secondement, il faut beaucoup d'art et d'habileté pour *dissimuler*, ce qui a fait dire que la dissimulation est le grand art du flatteur : il suffit, au contraire, du travail et de la ruse pour *déguiser* ; troisièmement, enfin, la personne qui *dissimule* doit continuellement veiller sur les autres, afin de ne pas leur permettre de pénétrer et connaître ses desseins ; au lieu que celle qui *déguise* ce qu'elle est, le cache avec beaucoup de soin, afin de donner le change.

Mais qu'ils diffèrent ou non par ces nuances sans importance, le déguisement et la dissimulation sont devenus tellement de mode aujourd'hui (on peut le dire hautement, sans crainte d'être démenti), que non-seulement les paroles ne signifient plus ou presque plus les pensées, mais encore, que nul ne dit réellement et sincèrement ce qu'il pense : qu'un tel témoigne de l'amitié ou des égards aux gens qu'il déteste ou qu'il méprise le plus ; et que celui qui se déclarerait ouvertement contre cette manière d'agir, passerait pour un *mal appris*, ou pour n'avoir aucune éducation.

C'est là un des grands travers de l'époque, nous devons en convenir ; et il est vraiment fâcheux que les iniquités du siècle rendent en quelque sorte nécessaire cette imposture réfléchie, comme l'appelle Vauvenargues. Aussi, ce serait avancer une erreur grave, que de prétendre qu'au point de vue de la prudence humaine, le déguisement et la dissimulation sont toujours des défauts. Ou si l'on veut absolument que déguiser et dissimuler soient toujours des défauts, il faudra convenir, nous le répéterons, que, pour les prudents du siècle, ces défauts sont parfois *une nécessité*, une foule d'occasions et de circonstances dans lesquelles il faut forcément se servir du déguisement ou user de dissimulation, s'offrant journellement, pour ainsi dire, à l'homme qui s'occupe d'affaires sérieuses. D'ailleurs, qu'entend-on par un bon politique ?

Bon politique se dit généralement de certains individus qui ont reçu en partage, acquis par l'étude ou par l'usage du monde, toutes les qualités nécessaires pour bien conduire les affaires diplomatiques et faire réussir leurs projets : ou, si l'on préfère, on appellera *bon politique*, tout homme qui possède l'art de bien déguiser ses desseins, de dresser secrètement et adroitement ses plans, de faire de fausses manœuvres pour mieux tromper ceux qui voudraient le tromper lui-même... ce qui avait fait dire à Louis XI : « Pour savoir régner, il faut savoir dissimuler. Cette maxime, bien comprise, est vraie, même dans le gouvernement domestique.

Et pourtant, ne nous abusons pas, cette adresse honteuse, qui malheureusement devient commune dans les sociétés dont la civilisation est avancée; cet art de tromper sans qu'on puisse être accusé d'imposture ; qui donne le change sur les véritables intentions, en feignant de n'en avoir que de généreuses et de favorables aux personnes avec qui l'on traite, qui met toute son adresse à cacher ce que l'on désire et à les faire désirer par celui que l'on veut surprendre. La dissimulation, en un mot, est, sous certains rapports, bien plus fatale à l'homme qui l'emploie qu'à celui qui d'abord en est victime. Par elle on fait quelques petits profits ; mais on fait en dernier résultat une perte bien considérable : on perd sa sincérité, le contentement de son âme ; on se réduit à être toujours en garde, à se rappeler toujours ce que l'on a fait, ce que l'on a dit, afin de n'être point en contradiction avec soi-même ; on n'a plus d'ami sur la terre ; on se défie de tout le monde ; on ne livre plus son cœur ; on ne sait pas si l'on ne va pas être trompé. Quelle existence déplorable !... Et le plus souvent on ne parvient pas même aux faibles avantages pour lesquels on a fait de si grands sacrifices ; on trouve plus dissimulé que soi ; on n'a gagné que des mortifications cuisantes ; plus souvent encore on est dépouillé et précipité par un de ces événements terribles qui ne sont point des coups du hasard, mais les justes résultats d'une fausse conduite. En trompant tout le monde on s'est isolé de tout appui ; on tombe à la grande satisfaction de tout le monde ; on n'a que la honte et le désespoir pour compagnie éternelle. Voilà le sort des hommes qui deviennent dissimulés par avidité ou par ambition. C'est pourquoi, plutôt que de tomber dans un si grand malheur, en se laissant aller à un si grand défaut, mieux vaudrait passer toute notre vie dans l'obscurité et l'indigence.

Sous d'autres rapports, c'est mal que de dissimuler en quoi que ce soit, à moins d'une nécessité rigoureuse, et cela parce que, si la dissimulation est poussée trop loin, le rôle de politique devient trop difficile, ne peut être longtemps soutenu, et offre alors le grave inconvénient d'être pris en flagrant délit de mensonge. Que peut-il advenir d'une telle découverte ? que, comme la plus mauvaise des politiques est de savoir mentir effrontément, les hommes qui se sont montrés habiles à se servir de la dissimulation, deviennent suspects à tous et pour tous, et restent entachés de suspicion toute leur vie. Ce n'est pas assez, on ne les croit plus, même alors qu'ils disent franchement la vérité, et n'ont que de fort bonnes intentions : or, je le demande, est-il rien de pire ?

Tout être raisonnable doit donc se montrer toujours vrai et sincère : son intérêt personnel l'exige ; et, quoique *la bonne politique ne diffère pas de la saine morale* (Mably) [au point de vue de la politique gouvernementale, s'entend], à moins que d'y être contraint, on ne saurait trop le redire, par la loi impérieuse de la nécessité, il doit se rappeler, quelle que soit sa position sociale, que c'est se manquer à soi-même, à plus forte raison aux autres, que de déguiser ou dissimuler ses véritables pensées et ses sentiments, et que, si rien ne l'oblige à dire tout ce qu'il pense, à faire connaî- tre ce qu'il médite et ce qu'il est, il doit du moins penser tout ce qu'il dit et se montrer tel qu'il est.

Et maintenant, si l'on exigeait de moi que je classasse définitivement le déguisement et la dissimulation, je dirais de l'un et de l'autre ce que La Bruyère disait de la finesse : *Ils flottent entre le vice et la vertu*, et l'on ne doit pas, par conséquent, toujours les condamner, ni toujours les absoudre.

DÉLATEUR, DÉLATION (vice), DÉNONCIATEUR, DÉNONCIATION (qualité bonne ou mauvaise) ; ACCUSATEUR, ACCUSATION (qualité bonne ou mauvaise). — Il est certains actes à l'accomplissement desquels une âme bien placée répugne excessivement, parce que les préjugés de l'époque déclarent *infâme* tout individu qui fait de pareils actes. On comprend que c'est de la délation, de la dénonciation et de l'accusation qu'il s'agit.

Ces mots, on le sait, sont toujours pris en mauvaise part, c'est-à-dire qu'on donne toujours, ainsi que je viens de le dire, une qualification injurieuse au délateur, au dénonciateur et à l'accusateur. Et cependant, n'est-ce pas que ceux à qui on donne un de ces titres agissent, dans la plupart des cas, non pour commettre une action coupable, mais dans des intentions fort louables ?

C'est en effet ce qui arrive le plus souvent ; mais comme un signe de réprobation est également attaché à celui que l'opinion publique désigne comme un dénonciateur, tout comme à l'accusateur et au délateur, nous devons dire quelques mots pour prouver qu'on a tort de les condamner tous également.

Et d'abord nous mettrons en fait que le dénonciateur n'est jamais condamnable d'avoir dénoncé un coupable, lorsque l'attachement sévère que nous devons tous avoir pour *la loi* est le seul et véritable motif qui le fait agir.

Par *la loi*, j'entends les sentiments d'amour de la patrie, ou de l'humanité, qui commandent à tout citoyen de dénoncer le crime et de nommer celui qui l'a commis. Et comme c'est ordinairement un de ces sentiments qui anime le dénonciateur, loin d'agir dans l'ombre, il agit au grand jour et ne se cache jamais.

De même, c'est ordinairement parce qu'il est animé par un sentiment d'honneur ou par un mouvement de vengeance qu'il croit justifiable, que l'accusateur révèle le criminel et poursuit le crime. Aussi se nomme-t-il hardiment, et se montre-t-il la tête haute. Mais comme il est intéressé *personnellement* à tenir cette conduite, il en résulte qu'il y a beaucoup moins de mérite dans l'accusation que dans la dénonciation.

Je n'en dirai pas autant de la délation et du délateur. Celui-ci se plaît à faire du tort à quelqu'un pour des motifs presque tou-

DICTIONN. DES PASSIONS, etc. 13

jours bas, honteux, vils et mercenaires, serviles même, ou par méchanceté. C'est pourquoi n'attendant aucun avantage social ou moral de sa délation, craignant au contraire le mépris public qui s'attache aux actes déloyaux, il se cache toujours, de peur d'être obligé de légitimer sa méchanceté, sa vengeance ou sa cupidité qu'il sait bien ne pouvoir justifier.

En conséquence, si les gens raisonnables veulent prendre en considération les conditions bien différentes dans lesquelles se trouvent le dénonciateur, l'accusateur et le délateur, ils reconnaîtront sans peine que le premier est un homme vertueux, mais indigné ; le second, un homme peut-être vertueux aussi, mais irrité ; et le troisième enfin, un homme vicieux et vendu. Et pourtant ils sont tous également odieux au peuple ! et personne ne prend la peine de le désabuser.

Eh bien, c'est parce que nous reconnaissons qu'il serait fort utile qu'on habituât ce même peuple à ne pas regarder du même œil la dénonciation, l'accusation et la délation, que j'ai tenté d'établir dans un même article qu'il est des circonstances où le philosophe le plus rigide ne saurait s'empêcher de louer le dénonciateur et l'accusateur, d'applaudir à la dénonciation.

Pourrait il en effet, ce philosophe, ne pas louer celui qui, secouant le joug des préjugés, dénonce un complot qui peut amener la guerre civile ou un meurtre isolé ? le représentant qui, s'apercevant qu'on dilapide les finances, dénonce à l'Assemblée nationale ces infâmes dilapidations ? le citoyen qui le premier, et quoiqu'il sache bien à quoi il s'expose, dénonce le crime secret d'un souverain et fait que, se communiquant de bouche en bouche, il parvient bientôt au tribunal redoutable de l'opinion publique ? Dans un siècle corrompu comme notre siècle, où il se commet tant d'actes iniques de fraude, de corruption, de faux témoignages, d'attentat aux mœurs, à la sûreté des institutions, citoyens, magistrats, militaires, hommes de toute condition, journalistes, tous s'empressent à l'envi de porter ces actes à la connaissance du public, et quelqu'un songe-t-il à leur en faire un crime ? Au contraire, on les invite à persévérer dans cette voie par un murmure approbateur pour le dénonciateur, et un murmure d'indignation pour les coupables.

De même pourrait-on ne pas approuver ce fils éploré qui, par son accusation, traînera le meurtrier de son père sur les bancs où les assassins sont forcés de s'asseoir ?

Que les populations indignées blâment le délateur, soit, car il est trop méprisable pour qu'on puisse l'absoudre ; mais qu'elles b'âment *également* le délateur, le dénonciateur et l'accusateur, c'est être injuste envers les derniers. Ils accomplissent souvent un devoir sacré, et le délateur commet un crime.

Il convient donc de distinguer la dénonciation, l'accusation et la délation, par la nature même du sentiment qui les constitue, du motif qui les détermine, afin de donner au dénonciateur et à l'accusateur les encouragements qu'ils méritent et de flétrir énergiquement le délateur.

Ou, si l'on ne voulait pas même approuver les uns ; si même, par une susceptibilité sans exemple, et dont on n'est pas toujours le maître, quelqu'un se refuse à les approuver, je l'inviterais à réfléchir un instant avec calme et sang-froid, aux véritables intentions du dénonciateur et de l'accusateur, et il trouvera, j'en suis certain, des circonstances atténuantes à leur appliquer.

Nous n'aurons pas les mêmes égards pour le délateur. Nouveau Judas qui trahit son Dieu et maître pour trente deniers, n'ayant par conséquent dans son âme, ni le moindre vestige de délicatesse, ni la moindre trace d'honnêteté, pas même l'ombre de la probité, de la bonté ou de la délicatesse, etc., il peut être livré à la vindicte publique sans merci ; il n'inspire aucune pitié.

Supposerait-on qu'avec une pareille opinion de la délation, il y eût cependant des hommes assez vils, assez méprisables pour la payer ? et des êtres assez lâches pour en recevoir le prix ! Cela s'est vu à différentes époques et cela se verra peut-être encore, tant est grande la corruption de la société actuelle ; la fin première étant de faire fortune, est-ce qu'on peut être arrêté par les moyens ? la poudre d'or peut recouvrir tant de taches ! Aussi, et cela ne vous étonnera pas, les délateurs ont abondé de tout temps, là où la délation fut récompensée. (*Godwin*.) En France, on la paye magnifiquement.

En voilà assez, je crois, pour faire la part de la délation, de l'accusation et de la dénonciation, et pour apprécier chacune d'elles à sa juste valeur, c'est-à-dire pour faire de la première un vice odieux, et des deux autres une qualité rare qu'on pourrait considérer comme une vertu.

DÉLICAT, Délicatesse (vertu). — Il est très-difficile de définir la *délicatesse*. On a bien dit qu'elle consiste dans *une susceptibilité de l'âme* (Bossuet, Fléchier, etc.); une finesse et une justesse de l'esprit (Bussy) ; mais si nous consultons les auteurs pour savoir de quelle *nature* sont cette susceptibilité de l'âme, ces finesse et justesse de l'esprit, ils n'ont absolument rien à nous apprendre, si ce n'est qu'il y a une délicatesse de l'esprit lui-même, une délicatesse de sentiments et une délicatesse de procédés.

C'est pourquoi, après avoir longtemps réfléchi sur l'*essence* de ce sentiment, si je puis m'exprimer ainsi, j'ai trouvé une si grande analogie entre la *délicatesse* de l'âme et la *délicatesse* d'une conscience toujours pure et qui veut rester telle, parce qu'elle a la conscience du bien et du mal, que je me suis arrêté à l'idée que c'était un seul et même sentiment, si ce n'est qu'il y a une délicatesse dans ses mœurs, sa conduite, ses affections, si elle n'agit d'après les inspirations d'une conscience sans reproche ; ni être en paix avec elle, si elle manque de délicatesse. Il n'est donc pas étonnant que l'on ait considéré celle-ci comme une vertu excessivement rare, rien n'étant plus rare, en effet, que de rencontrer dans le monde des gens réellement consciencieux.

D'où cela peut-il provenir? De ce que, pour être délicat ou consciencieux, il faut être doué tout à la fois d'un bon cœur et d'un bon esprit. Or, comme des êtres pareils ne sont pas communs, il en résulte nécessairement que le plus grand nombre ne sait pas, ne soupçonne même pas ce que c'est que la délicatesse. De là vient sa rareté.

Mais rare, ou non, si l'on nous demande de donner une idée de la délicatesse, nous répondrons : être délicat, c'est ne pas accepter le poste éminent qui nous est offert, si nous ne nous sentons pas capable d'éprouver de la reconnaissance pour celui qui veut nous y élever. C'est imiter, par conséquent, un digne et vénérable ecclésiastique auquel j'étais attaché par les liens du sang qui, bien des années après son retour de l'émigration, refusa le titre d'évêque et d'aumônier de Joséphine (l'eximpératrice), résidant alors à la Malmaison, parce qu'il désirait ardemment le retour de la branche aînée, et ne se croyait pas capable d'éprouver jamais un sentiment de reconnaissance pour l'empereur et la femme qu'il avait répudiée. « Je n'aimerai jamais ces gens-là, disait ce digne prêtre, pour motiver son refus ; puis-je accepter leurs bienfaits? »

Être délicat, c'est imiter le maréchal vicomte de Turenne, à qui une ville considérable ayant fait offrir cent mille écus pour que l'armée qu'il commandait ne passât pas sur son territoire, répondit à ses envoyés : « Comme votre ville n'est point sur la route où j'ai résolu de faire passer mes soldats, je ne puis prendre l'argent que vous m'offrez. »

Être délicat, c'est refuser pour soi-même ou pour autrui un emploi qui nous serait offert, et pour lequel nous n'aurions pas ou nous ne trouverions pas dans notre protégé la capacité nécessaire pour le remplir. L'illustre docteur Corvisart nous en a laissé un bien bel exemple.

Il sollicitait depuis longtemps de l'empereur, dont il était le médecin, une place convenable pour son frère, lorsqu'un matin Napoléon lui dit avec bonté : « Docteur, je suis bien aise de vous apprendre que je viens de nommer votre frère à tel emploi. — Sire, répondit le savant et délicat Corvisart, permettez-moi de refuser pour lui cette faveur insigne ; il n'a pas, je crois, une instruction suffisante pour remplir dignement et convenablement le poste honorable où Votre Majesté l'a élevé. Quoiqu'il ne soit pas riche, il peut attendre, j'y pourvoirai. » Après avoir lu ces faits, chacun se dira, j'en suis certain, que Corvisart, Turenne et le prêtre étaient très-délicats.

Ce n'est pas tout : il est d'autres moyens de faire preuve de beaucoup de délicatesse ; ils consistent à ne jamais dévier de la ligne de nos devoirs envers la société. Ainsi tout homme accessible aux sentiments de justice, de probité, *délicat*, doit élever jusqu'à lui et conduire à l'autel la jeune fille appartenant à des parents pauvres, mais honnêtes et d'une origine irréprochable, qui, innocente et pure, n'aura consenti à se donner à lui et à se déshonorer, que sur la promesse qu'il lui aura faite que le mariage saura tout réparer : l'homme délicat s'empressera de rendre aux héritiers naturels, fussent-ils des collatéraux, une fortune que, dans un moment d'humeur ou de colère, un instant de faiblesse ou de délire, un ami mourant lui aura léguée, afin d'en frustrer ceux dont il croit avoir à se plaindre, etc., etc.

A ce propos, je me rappelle un autre trait de délicatesse du vénérable prêtre dont j'ai déjà parlé. Aumônier de madame la comtesse de B........, qui avait pour lui une confiance illimitée, qu'il justifiait d'ailleurs, il en profita en toutes occasions pour faire le bien. Un jour, entre autres, où cette excellente dame se trouvait dans un *accès* de générosité, elle lui proposa de lui faire don d'une magnifique terre qu'elle possédait dans les environs de Paris, ne voulant pas, disait-elle, que ses enfants qui étaient des dissipateurs en consacrassent la valeur à passer leurs folles fantaisies.

Celui qui avait eu le courage de refuser un évêché devait avoir la force de refuser un château et ses dépendances ; il n'accepta donc pas l'offre généreuse de la comtesse, et lui fit comprendre qu'il valait mieux qu'elle donnât la propriété de cette terre à sa petite fille, à la condition qu'il y aurait tous les jours une distribution de soupe, d'un morceau de viande et d'une livre de pain aux douze pauvres qui se présenteront les premiers pour demander la charité. Ce codicile figure en effet dans le testament de cette charitable dame.

Voilà, à n'en pas douter, des actes qui sont dictés par une bien grande délicatesse : ainsi conçue et pratiquée, renfermée surtout dans de sages limites, on peut assurer qu'elle est une vertu empreinte de beaucoup de douceur, et qu'elle ne manque pas de puissance, puisqu'elle triomphe de l'ambition et de l'amour des richesses. Cependant, tant il est vrai que l'exagération est toujours nuisible même en toutes choses, si cette vertu est poussée trop loin elle peut empêcher d'être heureux.

En cela, l'homme délicat s'assimile encore à l'homme consciencieux qui, lui aussi, par un amour mal réglé pour la probité ou par petitesse d'esprit (et les gens délicats ne sont pas exempts de ces travers), devient scrupuleux. Donc, ainsi que je l'ai avancé dans le principe, être délicat ou consciencieux, est un seul et même sentiment.

DÉNONCIATEUR, DÉNONCIATION (qualité ou vertu). — Tout homme qui, par respect pour la loi, par amour pour son pays, ou par un sentiment de probité, bravant les préjugés populaires et la haine des partis à laquelle il s'expose, dénonce aux magistrats le dol, la fraude, les trames que de mauvais citoyens ourdissent contre le pouvoir, doit être appelé *dénonciateur*. Les motifs qui le font agir sont tellement honorables qu'il faut bien se garder de le confondre avec le *délateur* (*Voy.* ce mot), dont on l'a fait synonyme.

DÉPRAVATION (vice), DÉPRAVÉ.—On entend par *dépravation*, une corruption scandaleuse d'beaucoup de goût, et de sentiments, qui avilit l'homme au dernier point; c'est-à-dire que l'homme dépravé ayant l'âme aussi vile que ses goûts, pousse jusqu'aux dernières limites l'oubli de lui-même, et la bassesse des sentiments, et se rend par là méprisable aux yeux de tous.

Les gens dépravés doivent donc être évités avec beaucoup de soin. Mais, hélas! est-ce qu'on y songe? Et ceux-là même qui les blâment et les flétrissent par leurs discours, ont-ils le courage de les fuir ou de les bannir de leur présence? Au contraire, on voit ces individus aller dans le monde, être admis comme familiers dans certaines sociétés où on les trouve fort aimables, amusants, où on les désire et les recherche fort souvent. Sait-on ce que cela prouve? Que la dépravation *seule*, *isolée*, malgré qu'elle soit le tombeau de la raison et de la vertu, est pourtant tolérée dans le riche ou les hommes d'esprit. Que la société elle-même est assez corrompue pour supporter complaisamment tel débauche qui, par lâcheté ou par ambition, rampe devant le pouvoir et lui vend sa plume et sa conscience; et tel autre qui se fait l'esclave des hommes puissants dont il recherche les faveurs!

Ainsi, vous tous qui êtes dépravés, voulez-vous être accueillis avec empressement et fêtés dans nos cercles brillants, montrez-vous agréables; diffamez, calomniez la vertu auprès des coquettes et des femmes galantes; la probité auprès des hommes sans droiture et sans bonne foi dans les affaires; les ministres de la religion auprès des impies et des libertins : exaltez les livres qui ont la morale la plus relâchée, les spectales les plus licencieux; ayez un esprit, mais un esprit bien méchant, de celui qui flatte nos passions et nos vices, qui nous amuse, parce qu'il déchire tout autre que nous, et met tout le monde à notre niveau en rabaissant ceux qui nous écrasent par leur supériorité ou par les qualités les plus brillantes; en un mot, soyez une nécessité pour nos belles dames qui ne songent qu'à se distraire, qu'à s'étourdir, et vous réussirez au delà de vos espérances.

Et l'on s'étonnera ensuite que la dépravation se répande de proche en proche avec une facilité effrayante! qu'après avoir élu domicile chez les grands elle gagne insensiblement et de proche en proche les autres classes de la société! Il en sera ainsi, disons-le bien haut, jusqu'à ce que la portion la plus éclairée et la moins corrompue d'une nation, déverse le mépris sur les êtres dépravés et sur ceux qui les hantent : je veux dire, jusqu'à ce que toute personne qui se respecte et qui a conservé quelques restes de la pureté des mœurs primitives de nos premiers pères, éprouve une véritable répulsion pour l'homme dépravé et le repousse loin d'elle avec dégoût.

Donnons nous-mêmes les premiers cet exemple; osons jeter le gant au dépravé; combattons-le partout où nous le rencontrerons; formons une ligue avec les gens honnêtes; concentrons nos efforts, agissons de concert soit par amour pour la vertu, soit par amour de l'humanité, soit enfin par amour de nous-mêmes; et bientôt, soyons-en certains, l'esprit du siècle s'épurera.

Et comme les tendances de la jeunesse éclairée et studieuse sont bien manifestement portées en ce moment vers le retour à des sentiments équitables, désintéressés, vertueux et religieux, sachons profiter de cette tendance pour opérer, sur nos frères égarés par de fausses maximes ou entraînés par de pernicieux exemples, une réforme salutaire : eux et nous y gagnerons.

DÉSESPOIR (défaut).—Je définis le *désespoir*, une inquiétude de l'âme causée par la certitude que l'on a acquise qu'un bien après lequel on soupire ne peut être obtenu et possédé (*Descartes*, *Locke*); qu'un mal qu'on abhorre ne peut être évité (*Diction. encyclopédique*); ou que le bien qu'on possédait est perdu sans espoir de le ressaisir et peut-être sans retour.

Dans l'un et l'autre de ces divers cas, s'abandonner à son désespoir est, dans l'ordre de la nature, une marque certaine de faiblesse morale ou le cachet d'un esprit étroit. C'est aussi un défaut de jugement qui nous ferme les yeux sur les ressources qui peuvent nous rester, une absence de courage dont l'homme aurait besoin pour se relever : d'où il résulte qu'il perd à se désespérer d'un mal plus de temps qu'il ne faudrait pour y remédier (*Turnbull*), et qu'il oublie trop facilement que, si grand que soit un malheur, le sage peut s'en tirer avec avantage. Sous ce rapport, le désespoir a la plus grande analogie avec l'abattement moral. Il y a cependant entre eux cette différence que, tandis que l'homme abattu reste accablé, anéanti sous le poids de sa douleur, l'homme réduit au désespoir se livre au contraire à des actes de violence, soit envers autrui, soit envers lui-même. Et par exemple :

Pour qui ce bûcher sur lequel une femme va mourir? C'est celui que Didon a fait dresser pour elle. Délaissée par Énée qu'elle retenait depuis longtemps à sa cour, la reine de Carthage ne trouve de remède à son désespoir que dans les horreurs du trépas, et se livre à la mort.

Pourquoi cette détonation que je viens d'entendre? C'est un malheureux père de famille qui, ayant perdu dans de fausses spéculations les seules et dernières ressources qui lui restaient, n'a écouté que la lâche voix du désespoir et s'est suicidé, livrant ainsi sa femme et ses enfants à toutes les angoisses de la douleur et de la misère.

Quel est donc ce cadavre qu'on retire des eaux de la Seine? C'est celui d'une jeune fille, autrefois heureuse, parce qu'elle était chaste, et qui, au désespoir d'avoir été abandonnée par celui qui lui a ravi tout à la fois son innocence et l'honneur, n'a pu survivre à sa honte.

On le voit par ces exemples, celui qui par faiblesse se livre à de pareils actes de désespoir blesse tout à la fois les lois de la morale et de la société. A plus forte raison blessera-t-il les lois du catholicisme, tout acte violent et coupable de désespoir étant, dans l'ordre religieux, un des plus grands crimes : et cela, parce qu'il attaque directement la bonté et la providence de Dieu, deux attributs que le christianisme veut que l'homme honore spécialement dans cette vie.

En conséquence, toutes les fois que le malheur viendra nous visiter, tâchons de l'accueillir en philosophe et en chrétien, et n'oublions pas que si nous devons peu espérer dans ce monde, nous ne devons aussi désespérer de rien (*Lamotte, Lavoyer*). Sachons surtout qu'avec du courage et de la persévérance on peut triompher de ses passions, refaire une fortune que l'on aura malheureusement dissipée, reconquérir l'estime de ses concitoyens; et cette confiance sera le baume salutaire qui cicatrisera dans notre cœur la plaie profonde que le malheur y a faite. Ouvrons, un mot, notre âme à l'espérance, qu'elle la remplisse tout entière, et le sombre désespoir ne pourra y pénétrer.

C'est chose d'autant plus nécessaire, que si vous ôtez à l'homme la foi en Dieu et à une autre existence ; si vous supposez une âme vide de tout sentiment religieux, en même temps qu'elle est désolée, ravagée par le malheur, dépouillée de tout secours naturel et humain, il vous sera facile de comprendre son désespoir. Mais il sera bien plus affreux encore son désespoir, si croyant en Dieu, elle est tout émue et tremblante devant lui, n'osant plus invoquer sa miséricorde, tant elle a manqué à la justice. A cet homme-là il faut montrer Dieu bon et miséricordieux, pardonnant à la femme adultère, au bon larron, à ses bourreaux, et cette vue ramènera le calme dans son cœur.

N'oublions pas aussi que « quand le désespoir s'est logé chez nous, il tourmente tellement notre âme de l'opinion de ne pouvoir obtenir ce que nous désirons, qu'il faut que tout lui cède, et que pour l'amour de ce que nous pensons ne pouvoir obtenir, nous perdons même le reste de ce que nous possédons. Cette passion est semblable aux petits enfants qui, par dépit de ce qu'on leur ôte un de leurs jouets, jettent les autres dans le feu : elle se fâche contre soi-même, et exige de soi la peine de son malheur. » (*P. Charron.*)

DÉSHONNÊTE, DÉSHONNÊTETÉ (vice). — On applique généralement le terme injurieux de *déshonnête* à tout individu qui, par ignorance, par manque d'éducation, ou dans un moment de colère, blesse la pudeur dans ses discours, ou la pureté dans ses manières. En d'autres termes, employer, quand on parle de sang-froid ou avec chaleur, des mots auxquels les personnes *comme il faut* attachent une mauvaise idée et dont la politesse défend de se servir; ou bien avoir dans le maintien, dans le regard, dans le geste, dans les allures quelque chose de contraire à l'honnêteté, c'est être déshonnête.

La déshonnêteté est donc le vice dont sont entachées les personnes déshonnêtes ; et il a cela de fâcheux pour elles, qu'il n'est ordinairement toléré dans le monde que par les gens mal élevés et qui ne sont pas de meilleure compagnie. Le reste de la société les blâme, les délaisse, les déteste ou les fuit, comme on fuit ces fléaux immondes dont le contact est toujours dangereux, soit à la masse commune qu'ils infectent, soit à chaque particulier qu'ils gâtent et corrompent. Pourquoi ? parce qu'il est dans notre nature de ne pouvoir résister longtemps aux déplorables entraînements du mauvais exemple, et que la plupart d'entre nous deviennent, sans le vouloir, les serviles imitateurs des gens qu'ils fréquentent assidûment. Cela est si vrai, qu'il a toujours suffi de la fréquentation volontaire et constante d'un homme déshonnête, pour nous faire suspecter de ne pas valoir plus que lui. De là ce vieux proverbe plein de sens et de raison : *Dis-moi qui tu hantes, je te dirai qui tu es.*

L'intérêt social et l'intérêt individuel exigent donc non-seulement que tous les hommes capables de déshonnêteté soient constamment éloignés des jeunes garçons, des petites filles et surtout des enfants, qu'ils gâteraient ; mais encore que nous évitions nous-mêmes de tomber dans le même vice en les imitant, rien ne flétrissant et ne dégradant davantage un individu, que d'avoir dans son langage et dans ses actions un ton, un laisser-aller lestes, inconvenants, et qui n'appartiennent qu'aux gens du plus bas aloi.

Je dis plus : on doit éviter avec le plus grand soin de devenir déshonnête et de se montrer tel, même dans les moments de colère et d'emportement. Chacun de nous sait que quand l'homme est entraîné par la violence de ses sentiments, il n'est plus assez maître de lui-même pour rester mesuré dans ses expressions et conserver de la retenue dans les manières. Eh bien, ce doit être une raison de plus pour nous de vouloir être placés dans la catégorie des exceptions, de celui qui se distingue par là des ignorants et des grossiers.

Voyez le gamin de Paris dans ses poses les plus familières, ou la femme des halles dans ses moments de vivacité ; écoutez les mauvaises plaisanteries de l'un, les dégoûtantes expressions de l'autre, et vous vous ferez facilement une idée pratique de la déshonnêteté.

Cette simple audition et ce dégoûtant spectacle vous inspireront, j'ose l'affirmer, une telle horreur, qu'il suffira de vous les remémorer de temps en temps pour vous ôter toute idée d'imitation. A plus forte raison, si vous êtes bien convaincus que notre réputation tient *essentiellement* à la manière distinguée avec laquelle nous nous présentons dans le monde et savons nous y comporter, même dans les circonstances les plus difficiles, tout comme au choix de nos amis ou des personnes que nous fréquentons habituellement.

Sans ces conditions, et surtout si l'on n'applique généralement un sceau de réprobation sur le front des gens déshonnêtes, la déshonnêteté gagnera insensiblement du terrain, et viendra bientôt peut-être le moment où il faudra désespérer de l'humanité. Réunissons donc tous nos efforts pour opposer une digue aux épouvantables envahissements de la déshonnêteté, et nous aurons bien mérité de la société tout entière.

Echue en partage à l'homme vicieux, la déshonnêteté, considérée en elle-même, n'est ni un vice, ni un défaut. C'est la fille de l'ignorance, la suite de mauvaises habitudes, la conséquence d'une mauvaise éducation; aussi n'est-ce guère que dans les dernières classes de la société qu'on la rencontre. C'est là qu'elle séjourne, c'est là qu'elle se plaît, c'est là qu'elle se perpétue et se perpétuera jusqu'à ce qu'on soit parvenu à moraliser le peuple. La tâche est fort difficile, mais je ne la crois pas impossible; et si nous voulons la remplir fidèlement, loin de descendre jusqu'au peuple pour lui emprunter ses mœurs et ses coutumes, élevons-le au-dessus de lui-même en lui donnant de bons exemples et de fructueuses leçons.

DÉSINTÉRESSEMENT (vertu), DÉSINTÉRESSÉ. — Le désintéressement est le détachement et l'oubli de soi-même en vue de faire le bien; c'est une sorte d'abnégation en faveur d'autrui ou de la fortune publique. Ce qui a fait dire généralement de ce sentiment, qu'il consiste moins à savoir se passer des richesses qu'à en faire un bon usage.

Le désintéressement est la marque certaine d'une belle âme; ce qui le prouve, c'est que les hommes désintéressés vont au-devant des désirs de ceux qui souffrent, des besoins de l'Etat, et évitent ainsi, au pays une partie des calamités que la misère entraîne; aux malheureux, l'humiliation qu'ils auraient éprouvée en exposant leurs besoins à autrui. Le désintéressement a donc pour mobile l'amour de l'humanité, l'amour de la patrie, et s'associe à ses sœurs, la générosité, la charité, etc.

C'est pourquoi, l'homme désintéressé ne soupire pas après une plus grande fortune que celle qu'il possède; ou, s'il ambitionne d'en acquérir une plus considérable, ce n'est que pour la répandre immédiatement avec plus de profusion. Il aime tant l'humanité, son pays, et surtout les infortunés, cet homme, que, semblable à l'ange de l'aumône qui l'inspire, il fait entendre au pauvre la voix de l'espérance et laisse tomber dans sa main des offrandes plus douces encore que les paroles dont il les accompagne : pour lui c'est le bonheur.

Il devrait en être ainsi de tous les hommes, la société tout entière y gagnerait; mais loin de là, dans le siècle d'égoïsme et de basse cupidité dans lequel nous vivons, on trouve l'intérêt personnel partout et le désintéressement nulle part. On en est arrivé même à ce point d'*individualisme* que tous les moralistes répètent à l'envie : *Regardez comme des exceptions les sentiments désintéressés, et vous serez avancés dans la connaissance de l'homme.*

Pourquoi donc un jugement si sévère de leur part? parce qu'il n'y a vraiment de désintéressement que dans quelques êtres privilégiés, et le nombre en est bien petit, qui attachent leur bonheur aux jouissances qu'ils procurent aux autres, et se procurent par conséquent à eux-mêmes, par le bon et judicieux usage qu'ils font de leurs biens et de leurs richesses; tandis que, au contraire, il faut à la plupart, pour jouir de la vie, des jouissances sensuelles ou matérielles qu'ils tâchent de se procurer. Or, comme ces derniers ne savent pas goûter les *satisfactions morales*, ce plaisir indicible qui accompagne toujours les actes de désintéressement, il en résulte nécessairement que le nombre des gens désintéressés doit être excessivement limité.

Et il le devient d'autant plus, que nul ne peut faire preuve d'un véritable désintéressement, que tout autant qu'il aura dans le monde une position qui lui permette d'être désintéressé, les occasions se présentent bien rarement aux gens qui n'ont pas de fortune. D'ailleurs, une des principales causes du petit nombre d'exemples qu'on a recueillis, c'est que tout le monde ne met pas en évidence les actes de désintéressement qu'il accomplit, circonstance qui ne détruit pas cependant la règle que nous avons posée.

Quoi qu'il en soit, comme les effets que produit la fortune sur l'esprit des hommes, qu'elle leur parvienne par héritage ou qu'ils l'aient acquise à la sueur de leur front, ne sont pas les mêmes sur tous; comme elle rend communément ceux-ci dissipateurs ou injustes, et ceux-là, doux, complaisants, généreux, il en résulte évidemment qu'elle forme ainsi deux camps qui se distinguent par des caractères opposés, à savoir : le caractère de la majorité, qui ne croirait pas avoir de la fortune si elle ne la resserrait soigneusement ou ne la consacrait à son propre usage, et le caractère de la minorité, qui la distribue continuellement aux malheureux.

Mais que cette dernière façon de penser et d'agir est éloignée de nos mœurs!... Oui, et c'est à dessein que je le répète, dans ces temps désastreux où la misère publique s'offre incessamment à nos regards, les cœurs qui devraient être ouverts à la compassion contractent une dureté nouvelle. On craint de se laisser surprendre à ces mouvements que la nature inspire en faveur des pauvres. On fait plus, car en dévorant en secret les tristes restes d'une maison ruinée, on affecte des dehors de sensibilité, comme si des attendrissements stériles pouvaient compenser les secours qu'on refuse. Heureusement que le désintéressement, comme la charité, sa bonne sœur, tire son origine d'une source qui leur est commune; je veux dire la compassion, la commisération ou pitié : indépendamment d'une autre source, l'amour du pays, à laquelle nous avons dit que le désintéressement remontait. C'est pour cela que parmi tant de milliers d'âmes sordides et intéressées, il s'en trouve encore quelques-unes qui, grâce à Dieu, savent compatir au malheur, et sont tout à la fois désintéressées et charitables.

Je dis *tout à la fois* charitables et désintéressées, afin qu'on ne se méprenne pas sur mes opinions, et qu'on ne croie pas que je considère la charité et le désintéressement comme étant l'une et l'autre l'expression du même sentiment. L'homme charitable et l'homme désintéressé peuvent bien se tenir par la main pour faire l'aumône; et cependant, combien d'hommes charitables qui ne sont pas désintéressés; et par contre, combien de désintéressés qui ne sont pas charitables !

Partant, le désintéressement aurait à mes yeux une origine que la charité n'a pas, une autre origine que la sienne, tout en ayant néanmoins la même origine; c'est-à-dire qu'ils naissent tous deux d'un même sentiment quand il s'agit de soulager les misères du peuple; mais que le désintéressement a de plus quelque chose de spécial dans sa nature (j'ai déjà nommé l'amour de la patrie), alors qu'il s'applique aux deniers de l'Etat : expliquons ma pensée par des exemples.

Que se passe-t-il depuis quelque temps devant nos cours souveraines et nos tribunaux? Partout des procès scandaleux qui démontrent que la cupidité n'a point de bornes quand il s'agit de *mordre* au budget. Or, pense-t-on que la société aurait à gémir aujourd'hui d'un pareil scandale, si les hommes qui ont été jugés et condamnés, tout comme ceux qu'on poursuivra peut-être encore et qui seront, si non condamnés, du moins flétris par l'opinion publique, avaient eu plus de délicatesse, plus de probité, plus de désintéressement? Pense-t-on que si les députés fonctionnaires et les commensaux d'un ministère corrupteur et corrompu avaient été désintéressés, ils auraient augmenté la dette publique et écrasé la France d'un impôt monstrueux dont ils s'engraissaient?

Hâtons-nous de jeter un voile épais sur de si déplorables tableaux et sur la conduite de certains hommes dont le pays du reste a fait justice; et opposons à ces déplorables récits de la démoralisation actuelle plusieurs exemples bien remarquables du plus noble et du plus pur désintéressement.

Geoffroi-Camus de Pontcarré ayant reçu en présent du roi Henri III une somme de 20,000 écus recueillis par l'Etat d'un juif mort sans héritiers, ce digne magistrat, aussi désintéressé que Henri s'était montré libéral, donna toute cette somme à trois négociants associés qu'un incendie venait de ruiner.

En 1797, Pléville le Peley, étant ministre de la marine, reçut du gouvernement l'ordre de faire une tournée sur les côtes de l'Ouest. 40,000 fr. furent mis à sa disposition pour exécuter ce voyage. Loin de spéculer sur cette mission, le ministre désintéressé ne prit que 12,000 fr. sur la somme qui lui était allouée : il n'en dépensa que 7000 et voulut verser le restant dans les caisses de la trésorerie. Mais le gouvernement, à qui les 40,000 fr. avaient été déjà portés en compte, loin d'accepter ce remboursement, fit remettre à Pléville les 28,000 fr. qu'il avait laissés avant son départ.

Bien que sa fortune fût médiocre et sa famille fort nombreuse, le ministre, qui ne pouvait empêcher cette générosité, persévéra dans l'intention de ne pas en profiter, et l'employa à l'exécution du télégraphe qui a surmonté pendant bien des années l'hôtel du ministère de la marine. Il est à regretter que ce monument historique ait été détruit.

Tels se sont montrés tour à tour Pontcarré et Pléville. Ces faits, on le sait, appartiennent à l'histoire et ne sont pas restés dans l'oubli, et pourtant ont-ils trouvé beaucoup d'imitateurs? Hélas! non..... Mais ne soulevons pas de nouveau le voile que nous avons si douloureusement abaissé.

Disons cependant que le hideux tableau qu'il recouvre est la représentation fidèle des tristes et déplorables conséquences de la dissolution des mœurs, qui tient elle-même à la propagation du luxe, et d'une foule de nouveaux besoins que nous nous sommes tous créés, c'est-à-dire à notre amour du bien-être, à notre vanité, à notre orgueil, à notre passion pour toutes les jouissances d'ici-bas; et que cet état alarmant de dégradation persistera, jusqu'à ce que les hommes qui sont la lumière du peuple deviennent les bienfaiteurs de la patrie en donnant de bons et profitables exemples. Puissent-ils donc se hâter !

DÉSIR (sentiment naturel). — Le désir est une espèce d'inquiétude de l'âme, causée par la privation d'une chose qu'elle suppose devoir lui donner du plaisir (*Locke*), ou du moins, à laquelle elle attache une idée de plaisir.

D'après cela, le désir provenant de l'agitation inquiète de l'âme qui soupire après la possession *d'un quelque chose* qu'elle espère lui être agréable, il sera d'autant plus faible que cette agitation sera faible elle-même, ce qui constitue une velléité, ou d'autant plus forte que cette agitation devient plus ardente; et c'est alors une passion. Dans l'un et l'autre cas, que le désir provienne de la source que nous avons indiquée et tende vers la possession d'un objet (*Descartes*), ou bien qu'il soit le résultat d'un élan spontané du principe actif vers un état meilleur (*Buffon*), il forme le *fond capital* de toutes les facultés intellectuelles et affectives de l'homme, et, sous ce rapport, il est la partie essentielle de tous nos sentiments moraux. D'où il résulte que le vrai et seul moyen de se procurer le bonheur sur la terre, consiste à donner des bornes à nos désirs et à en diminuer le nombre. « C'est bien assez, disait très-judicieusement madame de Lafayette, c'est bien assez que d'être, sans que pour cela nous soyons à nous tourmenter toujours à vouloir satisfaire des désirs sans cesse renaissants. »

C'est pourtant ce qui a lieu. « Il ne naît et ne s'élève point tant de flots et d'ondes en la mer, comme de désirs au cœur de l'homme; c'est un abîme, il est infini, divers, inconstant, confus et irrésolu; souvent horrible et détestable, mais ordinairement vain et ridicule en ses désirs. Les uns sont naturels, justes et légitimes, les autres outre mesure, artificiels, superflus (*P. Charron*), mais tous plus ou moins impérieux et tyranniques. »

Il ne pourrait en être autrement, puisque le besoin ne trouble notre repos, ou ne produit l'inquiétude que parce qu'il concentre les facultés du corps et de l'âme sur des objets dont la privation nous fait souffrir. Quand nous ne les avons plus, nous nous retraçons le plaisir qu'ils nous ont fait : la réflexion nous fait juger de celui qu'ils pourraient nous procurer encore; l'imagination l'exagère, et pour jouir de nouveau, nous nous donnons tous les mouvements dont nous sommes capables; toutes nos facultés se dirigent donc sur les objets dont nous sentons le besoin, et cette direction est proprement ce que nous appelons *désir*.

Que doit-il en résulter? que cet élan de toutes les facultés morales vers une chose ou vers un but, se présentant à l'imagination entouré de tous ses prestiges, le physique prend un aspect tout particulier. Ainsi on a remarqué que la tête s'avance avec rapidité, le front est ouvert, les sourcils doucement relevés; les yeux s'agrandissent, saillent et pétillent; les narines se gonflent; la bouche s'entr'ouvre; le teint s'anime : il y a dans tous les traits de la face quelque chose d'indicible qui semble s'élancer vers l'objet du désir.

Le désir étant l'origine de toutes les passions, c'est avoir une très-bonne philosophie que de s'efforcer d'y mettre un terme. En agissant toujours de la sorte, chacun de nous peut espérer de goûter le bonheur ou s'attendre à être malheureux, suivant l'empire qu'il aura pris sur lui-même; la nature de nos désirs étant celle de nos joies et de nos chagrins.

D'ailleurs, il est bien plus facile d'éteindre un premier désir que de satisfaire ceux qui le suivent, et si nous en contractons l'habitude, il nous en coûtera peu de la conserver. La chose deviendrait assez aisée si nous cherchions à apprécier la nature de nos désirs; car : « si nous connaissions bien parfaitement ce que nous désirons, nous ne désirerions guère de choses avec ardeur. Or, le vrai moyen de savoir si ce qui fait l'objet de nos désirs mérite notre empressement, est d'examiner auparavant quel est le bonheur de celui qui l'a possédé. » (*La Rochefoucauld*.)

DÉVOT, DÉVOTION (sentiment, vertu). — Être dévot, c'est, en général, pratiquer avec exactitude et empressement tous les devoirs que la religion commande : accomplir ainsi ces devoirs, c'est avoir de la dévotion.

La dévotion, considérée de la sorte, ne peut être ni une passion, ni une vertu, mais seulement la conséquence de la foi en Dieu à qui nous devons l'être, et des sentiments d'amour et de reconnaissance que cette croyance doit inspirer à tous les fidèles. C'est pour cela que l'homme dévot, c'est-à-dire celui qui, s'humiliant devant son créateur, lui fait le sacrifice de ses inclinations vicieuses, de ses mauvais penchants, de ses haines et de ses plus chères affections; celui-là, dis-je, sent au fond de son cœur qu'il n'a plus rien à chercher sur la terre; qu'il doit en détacher son âme, car il est arrivé à tout ce qui seul est réellement bon et bien.

Il aura des chagrins, sans doute, mais il aura aussi une consolation puissante et la paix au fond du cœur au milieu des plus grandes peines. (*Madame de Maintenon*.) C'est probablement aussi ce qui a fait dire à La Bruyère : « Je ne doute pas que la vraie dévotion ne soit la source du repos. » D'ailleurs, pourrait-il en être autrement lorsque tout le monde s'accorde à reconnaître que la véritable dévotion est la passion la plus noble dans son objet, *Dieu*; la plus raisonnable dans son but, *le bonheur éternel?* (*Boiste*.)

Donc la dévotion, quand elle est bien entendue, ne mérite jamais le moindre blâme; au contraire, elle est digne de tout éloge, et il ne faut pas la confondre avec la bigoterie ou la cagoterie, qui sont des défauts. *Voy.* BIGOTERIE, CAGOTERIE.

Bien plus, comme la dévotion proprement dite, ou la véritable dévotion, est l'accomplissement volontaire de nos devoirs religieux, devoirs que nous remplissons d'autant plus volontiers, que nous y sommes invités davantage par notre piété, ce sentiment spirituel qui nous vient de Dieu, qui est de la plus exquise délicatesse, et auquel la dévotion remonte comme à sa source, nous reverrons à l'article PIÉTÉ, PIEUX, tout ce que je ne dirai point dans celui-ci, touchant la dévotion et les dévots.

Mais auparavant faisons remarquer que ce sentiment, à cause de sa nature spirituelle et de son extrême délicatesse, exige qu'on l'observe de bien près et avec de grandes précautions pour ne s'y pas tromper.

A cet effet, nous devons savoir que c'est dans l'adversité qu'il faut juger si on a une dévotion sincère. La vertu est incertaine tant qu'elle n'est pas éprouvée par le malheur. Toute dévotion est fausse, qui n'est point fondée sur l'humilité chrétienne et la charité envers le prochain.

Or telle est la dévotion de certaines femmes. Comme elle n'est pas réelle, il en résulte que si, dans leur élévation sublime, quoique affectée, elles daignent s'abaisser à quelque acte de bonté, c'est d'une manière si humiliante, leur justice est si rigoureuse, leur charité est si dure, leur zèle est si amer, leur mépris ressemble si fort à de la haine, que l'insensibilité même des gens du monde est moins barbare que leur commisération. L'amour de Dieu leur sert d'excuse pour n'aimer personne; elles ne s'aiment pas même l'une l'autre. Vit-on jamais d'amitié véritable entre les fausses dévotes? Mais plus elles se détachent les unes des autres, plus elles en exigent; et l'on dirait qu'elles ne s'élèvent à Dieu que pour exercer son autorité sur la terre.

Je n'aime pas, disait Rousseau, qu'on affiche la dévotion par un extérieur affecté, et comme une espèce d'emploi qui dispense de tout autre. Madame Guyon eût mieux fait, ce me semble, de remplir avec soin ses devoirs de mère de famille, d'élever chrétiennement ses enfants, de gouverner sagement sa maison, que d'aller composer des livres de dévotion, disputer avec des évêques, et se faire mettre à la Bastille pour des rêveries où l'on ne comprend rien.

DÉVOUEMENT (vertu). — Se *dévouer*, c'est s'abandonner entièrement, sans réserve, aux volontés ou au service d'autrui; c'est-à-dire, aux intérêts de sa patrie, de sa famille, de ses parents, de ses amis, de ses chefs, et au bonheur de tous.

Le dévouement n'est pas en lui-même un sentiment passionné : c'est l'expression, la preuve évidente, incontestable, la manifestation d'une foule de qualités ou de vertus que l'homme porte au fond de son cœur, et qui lui rendent faciles les rudes épreuves d'une abnégation absolue, sans laquelle il n'y a pas de dévouement.

Veut-on savoir quelles sont ces qualités et ces vertus? L'histoire va nous l'apprendre. Elle nous dit que c'est par amour de l'humanité, et soutenus par l'esprit de Dieu, que nos zélés missionnaires se *dévouent* à la conversion des idolâtres, et vont prêchant partout sur la terre étrangère la foi en Jésus-Christ, malgré les tortures qu'on leur fait endurer, malgré le martyre qui leur est réservé. Elle nous dit que c'est par *amour de l'humanité*, et soutenus par l'esprit de Dieu, que nos vierges chrétiennes se *dévouent* à instruire les enfants, à secourir la vieillesse infirme ou indigente, à donner des soins assidus, empressés, de tous les instants, aux malades qui encombrent nos hôpitaux, à affronter sans effroi la contagion et ses affreux ravages.....

De même, l'histoire de France nous montre tour à tour saint Louis soignant les pestiférés à Damiette; saint Vincent de Paul bravant la neige et les frimas, pour recueillir les pauvres petits enfants que des mères dénaturées abandonnaient sans pitié, comme on se débarrasse d'un lourd fardeau qu'on ne peut plus porter, ou d'un vêtement qui gêne; ou qu'elles déposaient soigneusement, avec l'espérance qu'il ne tarderait pas à les réchauffer dans son sein; le chevalier Rose et l'évêque de Belzunce donnant des secours spirituels et temporels aux pestiférés de Marseille; Mgr de Quélen, quittant sa retraite pour secourir les petits orphelins dont les parents avaient été moissonnés par le choléra, et fondant un hospice où ils durent trouver du pain et un abri; Mgr Affre, archevêque de Paris, qui, sous l'impulsion d'un zèle vraiment sacerdotal, animé du feu de la charité chrétienne, affronta, pour remplir son devoir de bon pasteur, le péril même de la vie, et, voulant éteindre la guerre civile qui venait d'éclater, détourner de son troupeau les haines, les discordes, les meurtres, et les rappeler, par l'effet de son amour, à des sentiments de paix et de concorde, ne balança pas à se jeter au milieu des combattants et à donner sa vie pour ses brebis. (*Lettre de Pie IX aux vicaires capitulaires de Paris.*)

Enfin l'histoire nous raconte encore, car elle est féconde, notre histoire, le dévouement de Jeanne d'Arc à Charles VII; le dévouement du chevalier d'Assas à ses frères d'armes; le dévouement du maréchal Bertrand à Napoléon; le dévouement du trompette Escoffier à son capitaine et à son pays, etc., etc.

Ce dernier fait de dévouement est si beau, fait tant d'honneur au soldat qui en fut capable et à l'officier qui en a été l'objet, qu'il mérite une mention toute particulière : j'en reproduirai donc la relation, d'après le rapport qu'en fit le brave général Lamoricière, qui s'est empressé de le porter à la connaissance de notre vaillante armée, de la France, et des nombreux pays où nos journaux peuvent pénétrer.

Mais auparavant je raconterai un trait de la vie de Mgr de Belzunce, fait de dévouement trop peu connu pour ne pas être répété. Nous l'avons nommé comme ayant été secondé et secondant le chevalier Rose, dans les soins qu'il donnait aux pestiférés de Marseille, faisant ensevelir les morts à mesure que la mort les frappait, et leur ouvrant, avant qu'ils ne rendissent le dernier soupir, les portes d'une vie qui n'aura point de fin. Eh bien! la charité de M. de Marseille fut aussi inépuisable que son dévouement était noble et généreux. Mais laissons parler madame de Créquy, qui cite le fait comme étant un des témoins de cet admirable épisode.

« A notre passage en Provence, nous n'avions pu voir, dit-elle, M. de Marseille, qui ne sortait guère de sa ville épiscopale, et qui nous avait fait conseiller de n'y pas séjourner avant que l'air de la peste ne fût tout à fait évaporé. M. de Créquy voulut rentrer en France par la Provence, où il avait tenu garnison dans sa première jeunesse, et où il avait commandé depuis ce temps-là. Il voulut revoir encore une fois sa chère Provence et ce digne M. de Marseille, qui nous reçut avec une cordialité paternelle. Son pauvre palais était encore dans un état de délabrement et de nudité qui me parut attendrissant; nous y mangeâmes sur de la faïence. « Je n'ai con-
« servé que ma croix d'or et ma crosse d'ar-
« gent doré, nous dit-il un jour avec une sim-
« plicité qui me fit venir les larmes aux yeux;
« personne n'a voulu me les acheter; mais

« tous les orfèvres en ont payé cent fois la
« valeur, et à plus de vingt reprises. Quand
« je n'avais plus rien, je renvoyais ma crosse
« et ma croix se promener dans toute la ville
« de Marseille, afin d'y trouver un acheteur
« de porte en porte; on me les a toujours
« rapportées avec quant et quant de bois-
« seaux d'écus. C'était comme un talisman. »

Voici maintenant le rapport du général Lamoricière : « M. de Coste, capitaine adjudant-major, venait d'avoir son cheval tué sous lui en abordant l'infanterie arabe. Retardé par une ancienne blessure à la hanche, qui ne lui permettait pas de courir, sa perte était certaine, lorsque le trompette Escoflier, retournant de plus de trois cents mètres et mettant pied à terre, lui dit : *Mon capitaine, prenez mon cheval; c'est vous et non pas moi qui rallierez l'escadron.* Le capitaine le rallia en effet, et contribua pour une grande part au succès du combat. » Escoflier, fait prisonnier, a été rendu à la France; la croix des braves brille aujourd'hui sur sa poitrine : celui-là du moins l'a méritée!

Je n'en finirais pas si je voulais citer tous les exemples de dévouement que nos annales historiques renferment. J'ai pris au hasard ceux qui se sont offerts à mon esprit; et si je m'arrête dans mes citations, c'est qu'il est des bornes pour chacun de mes articles, dans lesquels je dois, bon gré mal gré, me renfermer. J'ai la confiance pourtant que les quelques faits que j'ai énumérés, ajoutés à ceux que mes lecteurs ont classés dans leur mémoire, suffiront pour prouver que notre belle France, si féconde et si riche de traits pareils, peut être heureuse et fière de les voir tous les jours s'accumuler davantage. A nous, Français, de nous en enorgueillir et à vouloir en grossir le nombre.

Encore deux exemples que ma mémoire me rappelle et que je me reprocherais de n'avoir pas racontés. Je les ai trouvés l'un et l'autre dans l'*Histoire des Croisades*, par Michaud.

1° Sous le règne de Hakem, le troisième des califes fatimites, règne remarquable par tous les excès du fanatisme et de la démence, il n'est pas de genre de persécutions auxquelles les chrétiens n'aient été en butte. Parmi les traits de barbarie cités par les historiens, il en est un qui a donné au Tasse l'idée de son touchant épisode d'Olinde et Sophronie. Un des ennemis les plus acharnés des chrétiens, pour irriter davantage la haine de leurs persécuteurs, jeta pendant la nuit un chien mort dans une des principales mosquées de la ville. Les premiers qui vinrent à la prière du matin furent saisis d'horreur à la vue de cette profanation. Bientôt des clameurs menaçantes retentissent dans toute la ville; la foule s'assemble en tumulte autour de la mosquée. On accuse les disciples du Christ; on jure de laver dans leur sang l'outrage fait à Mahomet. Tous les fidèles allaient être immolés à la vengeance des musulmans; déjà ils se préparaient à la mort, lorsqu'un jeune homme, dont l'histoire n'a pas conservé le nom, se présente au milieu d'eux : « Le « plus grand malheur qui puisse arriver, leur « dit-il, est que l'Eglise de Jérusalem périsse.
« L'exemple du Sauveur nous apprend qu'un
« seul doit s'immoler au salut de tous : pro-
« mettez-moi de bénir tous les ans ma mé-
« moire, d'honorer toujours ma famille, et
« j'irai, avec l'aide de Dieu, détourner la mort
« qui menace tout le peuple chrétien. » Les fidèles acceptèrent le sacrifice de ce généreux martyr de l'humanité, et jurèrent de bénir à jamais son nom. Pour honorer sa race, il fut décidé sur l'heure même que dans la procession solennelle qui se fait tous les ans aux fêtes de Pâques, chacun de ses parents porterait parmi des rameaux de palmiers l'olivier consacré à Jésus-Christ. Content de l'honneur qu'il obtenait en échange de sa vie périssable, le jeune chrétien quitte l'assemblée, qui fondait en larmes, et se rend auprès des juges musulmans, devant lesquels il s'accuse du crime qu'on imputait à tous les disciples de l'Evangile. Les juges, peu touchés de cet héroïque dévouement, prononcèrent contre lui seul la terrible sentence : dès lors le glaive ne fut plus suspendu sur la tête des fidèles, et celui qui s'était immolé pour eux alla recueillir dans le ciel le prix réservé à ceux qui brûlent du feu de la charité... Et l'on a pu en oublier le nom!

2° Ce fut pendant le séjour de l'armée chrétienne à Joppé, que Richard, roi d'Angleterre, courut le danger de tomber entre les mains des musulmans. Etant un jour à la chasse dans la forêt de Saron, il s'arrêta et s'endormit sous un arbre. Tout à coup il est réveillé par les cris de ceux qui l'accompagnaient : une troupe de musulmans accourait pour le surprendre. Il monte à cheval et se met en défense; mais, entouré de toutes parts, il allait succomber sous le nombre, lorsqu'un chevalier de sa suite, que les chroniques nomment Guillaume de Pratelles, s'écrie dans la langue des musulmans : « Je suis le roi, sauvez ma vie! » A ces mots, ce généreux guerrier est entouré par les musulmans, qui le font prisonnier et le conduisent à Saladin. Le roi d'Angleterre, sauvé ainsi par le dévouement d'un chevalier français, échappe à la poursuite des ennemis et revient à Joppé, où son armée apprend avec effroi qu'elle a couru le danger de perdre son chef. Guillaume de Pratelles fut conduit dans les prisons de Damas; et Richard ne crut point, dans la suite, trop payer la liberté de son fidèle serviteur, en rendant à Saladin dix de ses émirs tombés au pouvoir des croisés.

Malheureusement, à l'idée si riante, si consolante, si flatteuse, que fait naître en notre esprit le souvenir de tous ces faits, vient se mêler une idée qui attriste, révolte et décourage : c'est que le dévouement à la patrie étant la première des vertus (*Bonaparte*), et le dévouement à ses semblables une vertu, ou tout au moins la plus éminente des qualités, il en est résulté que bien des gens ont joué autrefois, et le plus grand nombre jouent aujourd'hui ce sentiment, de manière à s'y méprendre.

C'est chose d'autant plus facile, que l'*affectation* du dévouement se fait toujours de telle sorte, que c'est ordinairement *l'inférieur* qui paraît se dévouer pour son supérieur, et que l'homme étant plus vain et plus orgueilleux à mesure qu'il est placé plus haut dans la hiérarchie du pouvoir et des dignités, ou par sa fortune, il croit à la sincérité de celui qui essaye de le tromper, et regarde comme lui étant très-dévoués tous ceux qui affirment l'être. S'il était moins présomptueux, il reconnaîtrait que c'est sa fortune et sa puissance que l'on encense, et s'armerait d'une louable défiance. Mais non; il s'aveugle sur son mérite, et croit, je le répète, à la sincérité de ses flatteurs, jusqu'à ce que, tombant un jour du faîte des grandeurs et de la puissance, il peut alors, mais trop tard, estimer la valeur des démonstrations de dévouement qu'il a reçues. Rois déchus, ministres disgraciés, riches que la fortune a trahis, dites-nous si tous *ceux* qui la veille se pressaient autour de vous, pour mendier un regard ou quelques bienveillantes paroles, s'y sont rencontrés le lendemain de votre déchéance, de votre disgrâce ou de votre ruine?

Il serait donc nécessaire, je crois, de distinguer pour le dévouement, comme nous l'avons fait pour l'amitié, les *démonstrations* d'avec les *témoignages*, tous les flatteurs étant on ne peut plus prodigues des premières et, par contre, on ne peut plus avares des seconds. Cela vient de ce qu'on ne hasarde rien à affecter le dévouement, et qu'il en peut coûter beaucoup de se dévouer sincèrement.

A nous tous, hommes de tous les âges, de tous les rangs et de toutes les conditions, à savoir les discerner, en les soumettant à de petites épreuves, et à les faire discerner à ceux que nous sommes chargés de diriger et de conduire. Qu'ils soient prévenus, et notre tâche sera remplie.

DISCRET, DISCRÉTION (qualité, vertu). — On doit faire consister la discrétion, dans la fidélité au secret, soit en paroles, soit en actions qui pourraient le trahir; c'est-à-dire que la discrétion exige que chacun de nous sache taire ce qui ne doit pas être dit ou répété; agisse avec une certaine retenue en composant son ton et ses manières, de façon que rien ne transpire de ce qu'il a pu voir, de la chose qui lui a été confiée, ou de ce qu'il projette de faire. A ces conditions, nous aurons tous la qualité *d'homme discret*.

Cette qualité est généralement très-recherchée dans la société, où elle est indispensable à tous ceux qui, pour réussir, ont besoin de se faire estimer. Et comme elle est assez rare par le temps qui court, comme les jeunes gens, quand ils sont lancés dans le monde, sont bien plus portés à être bavards, présomptueux, indiscrets, qu'à être réservés et silencieux, ou discrets; il en doit nécessairement résulter que ceux qui ont été jugés tels, ceux qui se font remarquer par leur discrétion, sont généralement bien vus par les gens honnêtes qui les prennent sous leur patronage, et par les femmes vertueuses qui les ont distingués. A plus forte raison par les femmes légères, qui craignent avant tout les indiscrétions.

Pourrait-il, d'ailleurs, en être autrement, lorsqu'on est convenu, 1° que la discrétion est le raffinement de la raison, et un guide fidèle de tous les devoirs de la vie? 2° Qu'elle donne d'autant plus d'autorité à nos paroles, et gagne de plus en plus la confiance, à mesure qu'elle se met davantage en évidence? 3° Qu'on la retrouve communément dans les personnes d'un sens exquis et d'un génie supérieur? 4° Enfin, qu'elle a toujours en vue les fins les plus nobles, qu'elle poursuit par les voies les plus justes et les plus honnêtes?

Oui, la discrétion est tout cela, et c'est ce qui a fait dire à Bacon : La discrétion est à l'âme ce que la pudeur est au corps. Partant, la discrétion serait une vertu. Cette conclusion est conforme à l'idée que les philosophes s'en étaient faite; mais vu sa rareté et sa sublimité, les anciens Romains avaient cru pouvoir faire une divinité du secret sous le nom de *Tacita*.

Pour ma part, je ne pousserai pas aussi loin qu'eux mon admiration pour la discrétion. J'admettrai bien, si l'on veut, avec les pythagoriciens, qu'elle est une vertu éclatante; mais j'y mettrai la condition qu'elle ne se bornera pas seulement à garder les secrets de ceux qui ne méritent pas qu'on les divulgue, mais encore que cette fidélité au secret s'étendra jusqu'à celui qui y manquerait envers nous. Dans ce dernier cas, comme il faut beaucoup de grandeur d'âme pour ne pas se venger d'une indiscrétion par une indiscrétion, d'une malice ou d'une méchanceté par une méchanceté pareille, la discrétion, nous devons l'avouer, devient une vertu.

Mais pense-t-on que cette attention à garder un secret surpris ou confié, dû à un pur hasard ou à la confiance qu'on nous accorde, soit une vertu, alors que la personne dont nous connaissons les pensées ou les actes les plus cachés ne mérite pas que nous les révélions? Non, à moins qu'on ne dise que l'on est vertueux toutes les fois qu'on ne fera pas une perfidie, qu'on ne commettra pas une faute qui serait inexcusable. D'ailleurs, il est certaines professions, comme certaines conditions de la vie, il en est peu d'exceptées, dans lesquelles être discret, est un devoir impérieux à remplir plutôt qu'une vertu à exercer. Et par exemple :

Qu'un chef d'état-major de l'armée connaisse le plan de campagne du général en chef, sache quelle sera la disposition des différens corps qui doivent prendre part à la bataille qui doit se livrer très-incessamment, et préjuge quels seront les ordres qui seront donnés aux différents chefs de corps, sera-t-il vertueux de ne rien dire à âme qui vive de ce qu'on lui a laissé voir, de ce qu'on lui a dit, et de ce qu'il devine ou suppose? Il serait traître à son pays, lâche et déloyal, indigne de la confiance de son supérieur, s'il le laissait connaître même aux généraux qui ne seraient pas dans la confidence; à plus forte raison s'il les communiquait à l'ennemi. Or, si, ne disant rien, et ne laissant rien soupçonner, il n est ni traître, ni lâche, ni déloyal, ni infâme, s'ensuivra-t-il que son silence et sa réserve, qu'on nomme discrétion, seront une vertu? Non ; il remplit un devoir que tout soldat doit remplir.

De même, cet assassin qui, soit devant ses juges qui le pressent, soit sur l'échafaud sur lequel sa tête va tomber, ferme, inébranlable, tait le nom de ses complices, et préfère mourir seul que de les perdre avec lui ; ce misérable fera-t-il, en se taisant, un acte de vertu ? C'est un devoir de. conscience qu'il remplit ; il ne veut pas, par ses révélations, ajouter un nouveau crime à son crime, et voilà tout.

J'ai parlé des professions, n'est-ce pas ? Eh bien, ignore-t-on que, parmi les devoirs que la morale et la religion imposent aux médecins, le premier de tous est la discrétion ? Que le médecin devenant l'ami, l'intime confident des familles et de son client, ce serait manquer aux lois de l'honneur, de la probité, se rendre indigne de la confiance du public, que de n'être pas toujours très-discret ? Dès lors, si, pour éviter ces reproches ; si, pour n'être point coupable envers la société, il reste muet sur les confidences qu'il a reçues, en sera-t-il plus vertueux ? A mes yeux il fait son devoir, et faire son devoir ne constitue pas toujours une vertu.

Au rebours, et c'est ici l'exception, il est certaines conditions qui peuvent, en quelque sorte, dispenser les hommes d'être discrets. Ainsi, qui niera que, dans un Cromwel comme dans un cardinal de Retz, la discrétion n'eût pu paraître une vertu bourgeoise incompatible avec les vastes desseins qui occupaient leur ambition et leur rage ; et que cette qualité eût été peut-être, même pour eux, un défaut ? (*Hume*.) Qui niera que, dans un Bonaparte méditant la conquête de l'Europe, la discrétion à l'égard des puissances étrangères qu'il asservissait à ses lois, eût été de la puérilité ? Les fautes de nos ennemis, quand ils en commettent, ne nous regardent pas, et il est de bonne guerre de les divulguer quand l'intérêt de la patrie le réclame.

Quoi qu'il en soit, comme chaque siècle n'enfante pas un Cromwel, ni un de Retz, ni un Napoléon ; comme il n'a été donné qu'à très-peu d'hommes d'avoir leur génie, leur activité, leur persévérance, chacun de nous devra se rappeler que, par devoir ou par vertu, n'importe comment, il n'y a rien de tel pour être considéré et parcourir avec honneur le chemin de la vie, que d'acquérir, par notre droiture et notre probité, notre silence et notre retenue, la qualification d'homme discret.

Mais, nous devons le dire, parce que c'est notre conviction et qu'il faut que tout le monde soit prévenu, ce ne sera jamais qu'avec une volonté ferme, bien arrêtée, et surtout en nous mettant toujours en garde contre nous-mêmes, que nous éviterons les indiscrétions, mille circonstances imprévues pouvant nous faire manquer, *sans le vouloir*, à la fidélité du secret que nous devons garder. Sans doute qu'à mesure qu'on avance dans la vie on devient plus sûr de soi, et que l'habitude une fois contractée, on a moins à se défier de sa langue et on reste discret sans effort. Mais dans la jeunesse, combien il est facile de laisser échapper ou surprendre un secret !

Cela peut et doit arriver surtout dans certains moments de faiblesse, de chaleur, de haine ou d'emportement ; de même que dans quelques instants de plaisirs ou d'ivresse durant lesquels la personne la mieux disposée à rester discrète se trahit pourtant elle-même et trahit les autres. C'est pourquoi, quand on a un secret à garder, il est sage, il est raisonnable d'éviter tous les excès qui blessent la dignité de l'homme et l'empêchent d'être *impénétrable*, selon l'énergique expression de Bossuet.

DISSIMULATION (vice). — L'art de se montrer différent de ce que l'on est constitue ce que nous entendons ici par le mot *dissimulation*. Ce vice a toujours été à l'usage des hommes qui, par les besoins qu'ils se sont créés, se sont fait un jeu de déguiser leur pensée et de prendre un masque qui les défigure complétement.

La religion seule aurait assez de puissance sur l'esprit de l'homme pour rompre cette habitude qu'il contracte et qu'il apporte souvent dans les affaires les plus délicates. Et ce qui le prouve, c'est l'idée avantageuse que nous pouvons prendre de la société par les rapports que fait l'Évangile de l'état où elle se trouvait parmi les premiers chrétiens. « Ils n'avaient, dit-il, qu'un cœur et qu'une âme : *Erat cor unum et anima una.* » Or, dans cette disposition d'esprit, avait-on besoin de la dissimulation ? Un homme se dissimule-t-il quelque chose à lui-même ? Et ceux qui vivraient les uns par rapport aux autres, dans la même union où chacun de nous est avec soi-même, auraient-ils besoin des précautions du déguisement ?

Ayant traité assez longuement de la dissimulation à l'article DÉGUISEMENT, nous nous contenterons pour le présent de ces quelques observations.

DISTRACTION (vice), DISTRAIT. — Ecouter notre voisin de gauche qui cause avec un tiers de choses indifférentes, et ne prêter aucune attention à notre voisin de droite qui nous raconte une histoire intéressante, ou nous fait une question à laquelle nous devons nécessairement répondre ; regarder çà ou là, et non l'objet qu'on nous montre ; oublier qu'on a à s'occuper d'une affaire importante pour s'occuper d'une bagatelle ; emporter le chapeau d'autrui au lieu de prendre le sien ; monter dans l'omnibus qui se dirige vers la Bastille quand on va à la Madeleine ; oublier d'aller à un rendez-vous, inviter une dame pour le premier quadrille et danser avec une autre ; occuper le fauteuil d'une jeune personne pendant la valse, et rester assis quand elle est là debout devant vous qui attend que vous le lui cédiez, etc., tout cela est ce qu'on nomme avoir des distractions.

La distraction signifierait donc une mobilité ou légèreté de l'esprit qui fait que nous ne pouvons fixer notre attention sur ce qui la mérite le plus, *eu égard aux convenances.* J'insiste sur ce dernier membre de phrase, parce que, quelle que soit la nature de nos occupations et les obligations qu'elles nous imposent, *rien* ne nous autorise à être impoli ou grossier vis-à-vis de qui que ce soit ; et c'est impolitesse ou grossièreté que de manquer aux égards que l'on doit à autrui.

Tout le monde est sujet à avoir des distractions, ce qui ne nous empêchera pas d'en faire un défaut, attendu que, indépendamment des inconvénients que j'ai signalés comme étant de leur fait, il en est de plus grands encore, celui de nous être préjudiciable dans certains cas, et celui de nuire à autrui dans certains autres. Et, par exemple : qu'un solliciteur obtienne une lettre d'audience d'un ministre, croirons-nous que si ce solliciteur oublie le jour et l'heure qu'on lui a donnés il ne se porte pas quelquefois un préjudice notable? Qu'une garde-malade, soignant un individu d'une fièvre pernicieuse, oublie de lui faire prendre la quinine à l'heure prescrite par le médecin, ou bien que le pharmacien ait oublié de faire dissoudre ce médicament et l'ajouter à la potion prescrite, ne peut-il pas en résulter la mort du malade? etc., etc. Donc les distractions peuvent être préjudiciables, dangereuses, fatales.

Quelques faits dont j'ai été témoin suffiraient au besoin pour justifier nos conclusions.

J'ai assisté autrefois à une partie de piquet *très-intéressée*, dans laquelle un des joueurs, très-fin et très-capable d'ailleurs, oubliant par distraction de compter une tierce basse, perdit une bien belle partie qu'il aurait gagnée en comptant ces trois points. J'ai vu une autre fois le même individu tenant les cartes dans une partie d'écarté où l'on jouait très-gros jeu, et où il était intéressé lui-même pour une très-forte somme, écarter les à-touts pour garder de mauvaises cartes. Heureusement que ses partenaires l'en firent apercevoir.

Il n'y a pas longtemps que les journaux citaient un fait de distraction assez piquant. En voici le sommaire : un mari avait sa femme à la campagne et sa maîtresse en ville. Il leur écrit au même instant à toutes les deux, et en pliant les lettres il met sur l'adresse de la lettre à sa femme le nom de sa maîtresse, *et vice versa*. Il se brouilla pour le coup avec toutes les deux.

Puisque nous sommes en train de plaisanter, j'ajouterai un fait qui m'est personnel. Un pauvre diable, ancien soldat, m'avait prié de lui écrire une pétition. Je m'étais procuré une feuille de papier-ministre, et j'avais mis tous mes soins à faire une belle écriture, lorsque, pour avoir plus tôt fait, mon individu était là qui attendait, je prends le sablier pour sécher mon papier. Le sablier c'était l'écritoire ! jugez du désappointement du pauvre diable et du mien !

Nous n'en finirions pas s'il me fallait énumérer toutes les sortes de distractions auxquelles nous sommes sujets. Ce que j'en ai dit doit suffire pour engager les jeunes gens à éviter d'en avoir.

DOCILE, DOCILITÉ (vertu). — *Docilité* se dit d'une disposition naturelle de l'homme qui, cherchant à s'instruire, reçoit avec douceur et reconnaissance les leçons et les conseils qui lui sont donnés. C'est quelquefois aussi le fruit de la réflexion et de l'amour de la vérité qui fait taire les murmures de l'amour-propre ; mais quelle qu'en soit la cause, elle est toujours la marque d'un bon esprit et d'un heureux naturel.

D'après cette manière de considérer la *docilité*, cette disposition naturelle appartiendrait à un sentiment multiple, réfléchi, ou irréfléchi, qui se compose de la curiosité bien entendue ou désir de savoir et connaître, de la douceur, de la reconnaissance, etc., sous l'influence ou la domination desquelles elle se trouve placée. C'est pourquoi nous n'entrerons pas dans de bien grands détails en ce qui la concerne.

Nous dirons cependant que, par suite d'un préjugé généralement accueilli ou presque généralement répété, la docilité a été considérée comme une vertu particulière aux jeunes gens, aux ignorants et aux simples. C'est une erreur, car elle est de tous les âges, de tous les temps et de toutes les conditions. Sans doute qu'elle n'est pas également développée dans les esprits, et que suivant l'éducation que chacun reçoit, il se rendra plus ou moins sans répugnance avec bonté et douceur à la raison et à l'autorité ; néanmoins on ne peut nier que le manque de docilité nuit au développement de l'intelligence, au perfectionnement de l'esprit, de nos mœurs et de nos manières.

C'est pourquoi, quand on veut acquérir les connaissances dont nous avons tous besoin, il faut travailler tôt ou tard à vaincre les dangereuses préventions que des idées d'indépendance ou un orgueil déplacé ne manquent pas d'inspirer : il faut, en un mot, être docile et se montrer tel.

Chacun de nous doit avoir cette conviction et la faire passer dans l'âme des autres ; sans cela, adieu la docilité!... Comme elle s'allie à la douceur, je n'insisterai pas davantage. *Voy.* DOUCEUR.

DOUCEUR (qualité, vertu). — Pour les moralistes, le mot *douceur* signifie une facilité de caractère, ou mieux, une qualité innée dans l'homme, mais surtout dans la femme, qualité que l'éducation et la réflexion développent et fortifient, et à l'aide de laquelle chacun défère toujours avec complaisance et docilité aux volontés d'autrui.

La douceur, comme toutes les autres qualités, étant aussi nécessaire au commerce du monde qu'au bonheur domestique, est, par conséquent, généralement aimée et recherchée même par ceux qui n'en ont pas. Pourquoi? dira-t-on. Parce que la douceur nous rend attentifs et prévenants pour tous, et plus communément pour les personnes avec qui nous vivons plus intimement. Elle n'est jamais satirique et contrariante; elle supporte patiemment les reproches, même les injures, ou les repousse sans colère et sans amertume; elle prend avec ses inférieurs ce ton affectueux qui gagne l'amitié, inspire la bienveillance et l'amour, sans pourtant engendrer la familiarité. En un mot, elle sait s'accommoder aux faiblesses diverses de l'humanité.

Et c'est parce qu'elle réunit tous ces avantages qu'on a distingué plusieurs sortes de douceurs, à savoir : 1° Une *douceur d'esprit*, qui consiste soit à nous faire juger des choses sans aigreur, sans passion, sans préoccupation de notre propre mérite et d'une prétendue infaillibilité; soit à proposer nos sentiments sans vouloir les imposer aux autres, et sans repousser avec mépris et dédain les vices qu'ils peuvent avoir. 2° Une *douceur de cœur*, qui fait vouloir les choses sans entêtement, d'une manière juste et raisonnable. 3° Enfin, une *douceur de mœurs et de conduite*, qui porte tous les êtres animés à agir avec beaucoup de droiture, de simplicité, mais sans avoir la prétention de reformer quelqu'un, à moins qu'ils n'y soient invités.

Pour moi, qui trouve ces distinctions bien plus subtiles que réelles, je rapporte toutes ces qualités aux heureuses dispositions naturelles que l'âme a reçues en partage et qu'elle a su conserver. Et attendu que ces heureuses dispositions peuvent s'y développer de plus en plus par l'éducation, il est à souhaiter que chacun de nous s'en préoccupe sérieusement et qu'il la cultive en soi-même.

C'est chose d'autant plus nécessaire, que la douceur peut s'acquérir par ceux-là même qui en ont laissé dénaturer le germe en leur sein. Sans doute qu'il devra alors leur en coûter beaucoup d'efforts pour l'assainir et le faire fructifier; sans doute que ce ne sera qu'après bien des épreuves et bien des chutes qu'on pourra se montrer toujours plein de douceur; mais si les avantages qu'elle donne ont un si grand prix aux yeux du monde, croirait-on l'acheter trop cher que d'y consacrer les quelques instants dont nous pouvons disposer pour nous former le cœur et le caractère? Non, car dans toutes les circonstances de la vie, la douceur est une vertu.

Cette vertu est même si méritante, qu'on ne saurait trop en inspirer le goût aux jeunes personnes. Elle leur est indispensable, attendu qu'étant faite pour plaire à un être aussi imparfait que l'homme, souvent si plein de vices et toujours si plein de défauts, elles doivent apprendre de bonne heure à souffrir mille contrariétés et même l'injustice. Ce n'est pas pour lui, c'est pour elles-mêmes qu'elles doivent être douces. L'aigreur et l'opiniâtreté des femmes ne font jamais qu'augmenter les maux et les mauvais procédés des maris; ils sentent que ce n'est pas avec ces armes-là qu'elles doivent vaincre. Le ciel ne les fit pas si insinuantes et persuasives pour devenir acariâtres; il ne les fit pas faibles pour être impérieuses; il ne leur donna pas une voix si douce pour dire des injures; il ne leur fit pas des traits si délicats pour les défigurer par la colère. Quand elles se fâchent, elles s'oublient; elles ont souvent raison de se plaindre, mais elles ont toujours tort de gronder; chacun doit garder le ton de son sexe. (*J.-J. Rousseau.*) Bref, les femmes doivent savoir que le plus sûr moyen d'avoir raison est d'être douces. (*Edgeworth.*)

Mais si la douceur est nécessaire à la femme, elle est non moins utile à la jeunesse et même aux hommes d'un âge mûr. Néanmoins, toute nécessaire et utile qu'elle est, et toute recherchée qu'elle peut être, elle est bien moins commune qu'on ne pourrait le supposer, et cela parce qu'il n'y a que les personnes qui ont beaucoup de force de caractère (autre qualité fort rare elle-même), qui puissent avoir quelque douceur.

Oui, sans cette force, sans cet empire qu'il a sur lui-même, il est impossible à l'individu le mieux disposé à se montrer doux, de modérer son humeur, son impatience, son irritabilité, sa colère, tous ces sentiments étant tellement opposés à la douceur, qu'ils l'emportent nécessairement sur elle dans la plupart des circonstances, et l'étouffent entièrement.

Ainsi, que la douceur vienne d'une disposition native ou qu'elle soit le résultat d'un effort répété, continuel, qu'on fait sur soi-même; qu'on la considère comme une qualité ou comme une vertu, elle mérite tous nos hommages et nos encouragements.

Il ne faudrait pas cependant que notre enthousiasme nous fît accorder les uns et les autres aux personnes qui se montrent douces, avant de nous être assurés si la douceur que nous admirons en elles est feinte ou réelle, certains individus qui connaissent tout le prix qu'on attache à la véritable douceur, *affectant* une douceur pareille. Expliquons ma pensée:

On voit dans le monde bien des gens qu'on juge et trouve d'une douceur vraiment exemplaire, admirable, tant ils ont l'air de faire leur volonté, tout en ayant l'air de condescendre aux désirs des autres. Ces gens-là connaissent si bien le cœur humain, et par conséquent le côté faible de chacun de leurs intimes; ils savent si bien que celui-ci cède par faiblesse, celui-là par bonté, plusieurs par timidité, quelques-uns par déférence, que, agissant d'après ces connaissances et les avantages qu'elles leur donnent, ils font tout plier, en toute occasion, autour d'eux, alors qu'on croirait que c'est eux seuls qui plient toujours. Tout cela se fait naturellement et presque sans effort. Quelle douceur, dites-vous, quelle admirable patience! Vous vous trompez; et pour vous désabuser sur cette prétendue douceur, mettez-la à quelque épreuve où elle puisse se démentir sans risque. Vous qu'on ne craint point, et qu'on peut contredire sans conséquence; vous-même, dont on connaît la douceur ou dont on méprise la colère, essayez de mortifier en quelque chose la vanité de cette personne qui paraît si modeste et si modérée, trouvez à redire à sa conduite, faites mauvais accueil à quelqu'un de ses amis, reprenez-la d'un léger défaut ou relevez une inconséquence, soyez d'un autre avis qu'elle sur une bagatelle: instruit à vos dépens de son vrai caractère, vous changerez bientôt d'opinion sur son compte. Vous ne trouverez qu'aigreur, que caprice, qu'impatience, qu'orgueil, qu'entêtement, où vous aviez cru voir le naturel le plus heureux.

C'est sans doute fort mal agir que de se déguiser de la sorte, pour se démentir ensuite à la moindre occasion; et cependant, si l'on manque de cette douceur véritable qu'on recherche partout et qui est un des principaux ornements de la femme, mieux vaut encore affecter toujours ce sentiment que de se montrer parfois avec rudesse.

Terminons par un exemple digne d'être répété: Un jour d'été qu'il faisait très-chaud, le vicomte de Turenne, en petite veste blanche et en bonnet, était à la fenêtre de son antichambre. Un de ses gens survint, et, trompé par l'habillement, il le prend pour un aide de cuisine avec lequel ce domestique était familier. Il s'approche doucement par derrière, et d'une main qui n'était pas légère, lui applique un grand coup sur les fesses. L'homme frappé se retourne à l'instant. Le valet voit en frémissant le visage de son maître. Il se jette à genoux tout éperdu. « Monseigneur, j'ai cru que c'était Georges... — Et quand c'eût été Georges, s'écrie Turenne en se frottant le derrière, il ne fallait pas frapper si fort! »

DUPLICITÉ (vice). — La duplicité consiste à se montrer sous les apparences d'un homme d'honneur, alors qu'on sait fort bien qu'on n'en a pas les qualités.

La duplicité serait donc un calcul de l'homme *double* qui s'est dit à lui-même: soyons toujours assez adroit pour nous montrer honnête homme, mais ne faisons jamais la sottise de l'être. Partant, la duplicité serait un vice odieux qu'il faut éviter pour soi et chercher à découvrir dans les autres.

Pour y parvenir, il est indispensable de se rappeler que la duplicité est une sorte de DÉGUISEMENT ou de DISSIMULATION (*Voy.* ces mots), et procéder, en conséquence, de la même façon qu'on agirait en cherchant à reconnaître si l'individu dissimule; c'est-à-dire, qu'il faudra avoir égard au ton, au geste, au jeu de la physionomie et à l'expression plus ou moins naturelle que met dans son langage et ses actions celui qu'on soupçonne de duplicité, ou toute autre personne en qui nous n'aurions pas une entière confiance.

Cette précaution est d'autant plus nécessaire, que tout particulier qui croit avoir un intérêt quelconque à en imposer par une apparence de probité et de candeur, d'honnêteté et de vertu, se compose ordinairement de telle sorte, que son véritable caractère et sa manière réelle de sentir échappent souvent aux regards les plus méfiants, les plus exercés et les plus investigateurs. Demandez au plus défiant des hommes s'il peut se vanter de n'avoir jamais été la victime de la duplicité d'autrui, il vous répondra que non.

La duplicité comme le déguisement, comme la dissimulation dont elle est la très-digne et très-infâme sœur, constitue, avons-nous dit, un vice odieux. On conçoit dès lors qu'il faille, aussitôt qu'il se montre à nu ou qu'on le surprend, l'anéantir ou le détruire.

On n'y parviendra qu'à la condition de ranimer en soi quand on est atteint de ce vice, ou de développer en ceux qui y seraient disposés, les inappréciables sentiments connus sous les noms de franchise, sincérité, probité, honnêteté, etc., etc., et tous autres sentiments vertueux complètement opposés, par leur nature, au vice que l'on veut combattre.

Ici, comme dans la dissimulation ou le déguisement, ce n'est pas chose toujours facile, l'homme double étant plus ou moins adroit, plus ou moins fin, ayant plus ou moins la pratique ou l'habitude de la duplicité. Or, si l'on ignore qu'il est vicieux à ce point, comment songer à le corriger? En agissant directement et ouvertement sur les masses, en répétant tout haut et avec chaleur combien sont criminels, aux yeux de la philosophie et de la religion, tous ces gens qui se jouent de la bonne foi et de la crédulité d'autrui, et les dangers qu'ils courent quant à leur moralité, si on les juge coupables de duplicité. Ceux qui n'y seront pas disposés et qui connaissent ces dangers persévéreront dans le bien et marcheront sans crainte dans cette voie; ceux au contraire, qui y auraient des dispositions, ou qui déjà s'y seraient exercés, ceux-là, dis-je, pourront trouver dans nos paroles et nos conseils un avertissement salutaire.

DUR, DURETÉ (vice). — On dit généralement de quelqu'un qu'il est *dur*, lorsqu'on reconnaît qu'il n'a plus dans son âme ni compassion, ni bienveillance, ni amour de l'humanité; qu'il n'est ému ni par les misères du malheureux, ni par les pleurs de l'indigence; qu'il reste sourd aux cris de la douleur. Être ainsi fait, c'est de la *dureté* et presque de la cruauté, dont elle ne diffère que par le plus ou le moins d'inhumanité; le plus rendant *cruel*, et le moins, *dur*.

On a prétendu que la *dureté*, participant tout à la fois de l'absence de tout sentiment de bonté, de pitié, et de la présence des sentiments opposés, il en résultait nécessairement que ce vice rend les hommes toujours malheureux, l'état de leur cœur ne comportant aucune sensibilité surabondante qu'ils puissent accorder aux peines d'autrui. Nous sommes loin de dire le contraire; mais, dans notre pensée, rendre les hommes malheureux doit s'appliquer à l'humanité, qui a tant à se plaindre de la dureté de la plupart de ses membres, et non des hommes durs eux-mêmes, qui, croyons-le bien, ont trop d'égoïsme, employons le vrai mot, trop de *dureté* dans le cœur, pour souffrir le moins du monde des soucis, des chagrins, du malheur de leurs semblables.

Et cela devait être; car les gens durs le sont par caractère, par nature; on a dit même qu'on pouvait le devenir par habitude de voir souffrir; d'où l'on a inféré, sans chercher à vérifier le fait, que les médecins et les chirurgiens sont peu compatissants.

Sans m'inscrire formellement en faux contre cette proposition, je nie que la vue des ravages du mal ou l'aspect du sang endurcisse l'âme des hommes qui exercent la médecine. Chacun, quand il faut en verser ou mutiler son semblable, sent son courage l'abandonner ou ses forces faillir; mais l'idée de conserver à la société un de ses enfants, à la famille un de ses soutiens, à l'Etat un de ses défenseurs, aux sciences et aux arts un de ses ornements; cette idée, dis-je, ranime son courage et lui donne la force d'en imposer à la foule et au patient lui-même, par son impassibilité et cette sorte d'insensibilité dont on l'accuse. Ils savent tous que le malade épie les regards, les gestes de l'opérateur, pour y lire son arrêt ou ses espérances; et c'est par ce qu'ils ne l'ignorent point, que s'exerçant de très-bonne heure à dissimuler leurs sensations, ils finissent par devenir impénétrables à tous les yeux. Et on appelle cela de l'insensibilité!

Pendant le cours de mes études médicales et les premières années de mon doctorat, j'ai vécu dans l'intimité avec trois professeurs de la Faculté de Montpellier, tous les trois mes maîtres. L'un était le modeste Lafabrie; le second, le savant Victor Broussonnet, et le troisième, le célèbre Delpech. Un trait de la vie de chacun de ces hommes suffira pour prouver leur bonté, leur bienveillance, leur charité.

Lafabrie avait un coup d'œil médical si sûr, qu'il était devenu le médecin des médecins : sa réputation comme praticien égalait sa modestie. Néanmoins il ne faisait pas de clientèle en ville ni ailleurs : il n'en voulait pas. Eh bien! cet homme qui refusait de voir des malades, s'est levé fort souvent la nuit pour courir chez le pauvre qui réclamait ses soins. Voici du reste un colloque qui a été bien des fois répété : « Monsieur, on vous demande pour un malade. — Est-il riche ? — Oui. — Eh bien, qu'il fasse demander M. tel ou M. tel, qui ne demandera pas mieux. » Mais si on répondait : « Le malade est sans fortune, » il s'empressait d'accourir, en attendant que le médecin de la charité eût été prévenu et fût venu consulter avec lui.

J'ai ouï raconter, de la bouche même du professeur Broussonnet, le fait suivant : « Une bonne femme de la campagne est venue hier me consulter. Après l'avoir examinée avec soin et lui avoir donné mon avis, elle me dit : « Comme j'ai peu de mémoire, je voudrais une consultation écrite. — C'est bien : passez sur les six heures, je vous la remettrai. » La malade fut exacte, le professeur l'avait été aussi. Elle le remercia beaucoup et déposa sur son bureau une pièce de trente sous !... « Vous l'acceptâtes, dit un des auditeurs au docteur Broussonnet. — Pourquoi pas? Puisque Fénelon acceptait d'un pauvre paysan la modique somme de vingt sous pour lui dire une messe, je pouvais bien accepter à mon tour trente sous pour ma consultation. D'ailleurs, j'aurais mortifié cette femme par un refus, et je ne voulus pas l'humilier. »

Quant à Delpech, les personnes qui ont habité le Midi savent qu'il avait la réputation de se faire *bien payer*; c'est vrai : mais voici qui prouve qu'il n'était ni dur ni insensible; je dis plus, qu'il était bon et charitable. Entre autres faits que je tiens du professeur René, qui fut son élève et son ami, et que je crois être encore le mien, je choisirai les suivants :

Une cantatrice célèbre, ayant perdu sa voix, se rendit à Montpellier, descendit dans un des meilleurs hôtels, et fit appeler Delpech. Celui-ci, après quelques mois de soins, fut assez heureux pour obtenir une guérison parfaite; mais il ne s'en tint pas là : un jour sa cliente lui paraissant fort triste, il lui en demanda le motif, et reçut pour toute réponse qu'elle était sans ressource, les fonds qu'elle attendait de Paris n'étant pas arrivés. « Ce n'est que cela! dit le docteur; venez demain soir chez moi, et apportez quelques-uns de vos plus jolis morceaux. » Mad...... n'y manqua pas. Delpech avait convié tous ses amis et ses nombreuses connaissances à une réunion musicale. Avant la fin de la soirée, il fit lui-même, *en secret*, une quête qui produisit......, on n'a pu me dire la somme, mais ce qu'on a su, c'est que la cantatrice recevait le lendemain des mains de son docteur un rouleau de vingt-cinq louis.

A quelques jours de là, cette dame, qu'une si jolie recette avait alléchée, dit à Delpech que les vingt-cinq louis ayant été insuffisants pour payer toutes ses dépenses, elle désirait donner un second concert, dont le revenu lui permettrait, disait-elle, d'acquitter ses dettes et de retourner chez elle. Le médecin, qui ne voulut pas frapper une nouvelle contribution sur ses habitués, répondit à cette dame : « Malgré tout votre talent, je doute fort que notre seconde soirée soit aussi productive que la première; m'est avis que vous devez y renoncer; mais ne vous inquiétez pas de cela, je réfléchirai ce soir au parti que nous avons à prendre, et demain je vous dirai ce que j'ai arrêté dans vos intérêts. »

Le lendemain, en effet, Delpech se rendit chez Mad......, et lui remettant un nouveau rouleau de vingt-cinq louis, il lui dit : « Voilà la somme que vous m'avez déclaré vous être indispensable. Payez vos dépenses et retournez à Paris. Si vous conservez votre voix et si vous avez des succès, vous vous rappellerez que je vous *ai prêté* cinq cents francs;

sinon, qu'il n'en soit plus question, ils sont à vous. »

Autre fait. Un officier en demi-solde, père d'une nombreuse famille, habitant une petite ville des environs de Montpellier, alla trouver Delpech pour se faire opérer par lui. Après que le docteur eut pris connaissance de l'état de son malade et de sa position, il lui conseilla d'entrer à l'hôpital, où il le verrait tous les jours : « Je le voudrais bien, répondit l'officier, mais comme j'ai toujours été un des premiers atteints des maladies épidémiques qui éclatent dans les hôpitaux, j'ai une répugnance insurmontable à y entrer : j'ai fait quelques économies, et je les sacrifie à ma guérison. — Puisqu'il en est ainsi, reprit Delpech, venez me voir demain à Saint-Eloi après ma clinique. » L'officier n'y manqua pas : le professeur l'accueille avec bienveillance, et le fait monter dans une chambre en face de l'hospice. « Je désire que vous l'occupiez, dit-il à son client, parce que je pourrai vous voir tous les jours, ma visite à l'hôpital terminée. »

Bref, le malade fut soigné, opéré, guéri. Voulant remercier *son sauveur*, il se rendit chez le professeur René pour le prier de l'accompagner chez son collègue, qu'*on disait très-intéressé et fort cher*, à l'effet de le disposer à se contenter de la faible somme qu'il avait à lui offrir. René y consentit, et se rendit avec l'opéré chez Delpech : voici ce qui s'y passa. « Vous êtes content des soins que je vous ai donnés, n'est-ce pas ? dit l'opérateur : eh bien ! la seule manière de me témoigner votre reconnaissance, c'est de venir dîner avec moi demain, en compagnie de ma femme et de mon confrère. » L'invitation fut acceptée, et il fut convenu entre le docteur René et l'officier que celui-ci irait le prendre pour revenir ensemble chez Delpech.

A l'heure indiquée l'officier arrive ; il était dans un enthousiasme délirant : Delpech avait payé le mois de loyer de la chambre et acquitté la note du pharmacien ; de telle sorte que les économies que le malade avait faites, furent consacrées à acheter des cadeaux pour ses enfants.

Et qu'on vienne nous dire après avoir lu ces faits, qu'il me serait bien facile de multiplier, soit en déroulant le tableau de la vie des mêmes hommes, soit en empruntant à d'autres noms des faits non moins concluants ; qu'on vienne affirmer, disons-nous, que les médecins et les chirurgiens sont *durs, insensibles, peu compatissants*, et qu'ils doivent la dureté et l'insensibilité de leur cœur, leur inhumanité, à l'habitude qu'ils contractent à voir des malheureux ou à faire couler le sang !

Non, ce ne sont pas ces causes qui, chez la plupart des médecins et des chirurgiens, produisent cette *dureté* véritable et la vraie insensibilité qu'on attribue au plus grand nombre. La seule, l'unique cause de cette aberration intellectuelle et morale, c'est la mauvaise éducation que les jeunes gens reçoivent ou se donnent. Livrés à eux-mêmes dans un âge où les passions les débordent et où elles sont le plus difficiles à éviter, on ne leur enseigne guère qu'à soigner plus ou moins bien un malade, on ne s'occupe guère qu'à en faire des praticiens routiniers ; mais quant aux qualités morales que doit avoir un médecin, c'est ce à quoi on pense le moins ; et n'était l'école de Montpellier, qui, animiste et vitaliste, développe dans son enseignement des doctrines philosophiques que la morale la plus pure et la religion chrétienne ne répudieraient pas, la médecine, loin d'être une science, ne serait plus qu'un métier relevé ; et nul ne contestera que l'exercice d'un métier forme des ouvriers habiles de leurs mains, mais non des artistes ; il exerce le corps aux dépens de l'esprit et du cœur. Que l'enseignement soit réformé ; que les professeurs saisissent toutes les occasions qui pourront s'offrir à eux de parler des devoirs du médecin envers la société en général et les individus en particulier ; qu'ils persuadent aux élèves qu'ils sont appelés à devenir les amis les plus intimes, les confidents les plus discrets de leurs clients ; que leur ministère est de soulager, de guérir et surtout de CONSOLER les malheureux ; que bien souvent la misère, l'affreuse misère est assise au chevet du malade, et que le médecin doit l'en chasser ; que la honte est près de rougir le front d'une coupable, et que le médecin doit l'empêcher d'y monter ; que la pourriture va envahir tout le corps d'un misérable débauché, et que le médecin doit dire à cette pourriture : Tu n'iras pas plus loin !.. qu'ils leur fassent comprendre tout ce qu'il y a de grandeur dans le mandat que la Providence nous a donné, tout ce qu'il y a de douceur à essuyer les larmes de la mère qui pleure, à calmer les douleurs de l'enfance qui souffre, à prévenir les infirmités qui affligent la vieillesse, à être aimé, béni et vénéré de tous ; alors, n'en doutons pas, on pourra dire que les médecins *affectent*, car ils le doivent, la dureté et l'insensibilité ; mais on n'osera affirmer, parce que ce serait une fausseté révoltante, que les médecins sont durs, insensibles, peu compatissants.

E

ÉCLAIRÉ, CLAIRVOYANT (facultés). — Ces termes, d'après Diderot, sont relatifs aux lumières de l'esprit. *Eclairé* se dit des lumières nouvelles, acquises ; *clairvoyant*, des lumières naturelles : ces deux qualités seraient donc entre elles comme le sont la science et la pénétration.

Il y a des occasions où toute la pénétration possible laisse l'homme incertain, indécis sur le parti qu'il convient de prendre ; dans ces cas, ce ne serait point assez que d'être clairvoyant, il faut être éclairé, il faut que notre jugement, que le raisonnement et l'expérience ont formé, décide. De même, il est des circonstances où la science la plus étendue, la plus profonde, laissant les individus dans l'incertitude et l'indécision, il ne suffit pas qu'on soit éclairé, il faut encore être clairvoyant.

Avec un esprit éclairé, l'homme possède la connaissance des faits accomplis, des lois rendues, des observations recueillies, des expériences tentées, etc., de manière à n'être pas forcé de s'abandonner à des conjectures. Il sait ce qui s'est fait, parce qu'il a beaucoup lu dans les livres, longtemps assisté aux leçons et aux essais des savants. Avec un esprit clairvoyant, dans tous les cas où il s'agit au contraire de conjectures ou de probabilités, les hommes peuvent deviner ce qui se fera, parce qu'ils ont une sorte de prescience qui leur permet de lire dans les imaginations, ou de se fonder sur les raisons que leur intelligence leur donne.

Il y aurait donc cette différence entre l'homme clairvoyant et l'homme éclairé, que l'un connaît les choses purement et simplement, et que l'autre non-seulement les connaît, mais sait encore en faire une application convenable : néanmoins ils ont de commun, que les connaissances acquises sont toujours la base de leur mérite. Sans l'éducation, les personnes éclairées auraient été des gens fort ordinaires ; on ne peut pas dire cela des clairvoyants. Bref, il y a beaucoup d'hommes éclairés et fort peu de clairvoyants, la nature nous accordant très-volontiers les qualités nécessaires pour nous instruire, mais refusant à la plupart les dons de la clairvoyance. Parfois, mais plus rarement encore, elle les réunit dans le même individu, seuls ou accompagnés de la pénétration, de la perspicacité, etc., ce qui constitue *l'homme de génie*. (Voy. ce mot.)

EFFROI, EFFRAYÉ. — L'effroi est une agitation vive et violente causée par la présence imprévue d'un danger qu'on n'a pas eu le temps d'apprécier, et qui existe tant qu'on croit le danger réel et présent. L'effroi est donc la continuation de la FRAYEUR (Voy. ce mot), qui n'est que passagère, et s'efface bientôt. Leurs effets physiques étant les mêmes, nous renverrons à l'article PEUR ce que nous pourrions dire des conséquences organiques et vitales de l'effroi.

EFFRONTERIE, EFFRONTÉ (vice). — L'effronterie est un défaut d'éducation par lequel nous manquons à la pudeur et aux règles de la bienséance. C'est le vice habituel des gens grossiers, sans instruction, mal élevés : c'est le défaut accidentel des intempérants ; les hommes qui sont excités par l'ivresse que produisent les vins généreux ou les liqueurs fermentées, n'ayant pas plus de raison et de retenue que ceux qui n'en ont jamais su apprécier les avantages. Aussi l'homme effronté a le ton haut et parle d'un air insolent ; s'il agit, ses manières ont un laisser-aller qui font rougir les personnes les moins pudiques, et pourtant il n'en rougit pas lui-même ; ignorant les devoirs de l'honnêteté et les usages de la politesse, pourrait-il craindre le blâme de ce qu'il ne s'y conforme pas ?

La plupart des petits garçons qu'on appelle *espiègles* sont enclins à devenir effrontés, et le deviennent si, au lieu de les réprimander quand ils agissent contrairement à la pudeur, à la politesse et à l'honnêteté, on rit de leurs espiègleries. Dans leur vanité d'enfant, ils s'imaginent être très-aimables, fort gentils, et, visant à l'effet de paraître tels, ils se montrent parfois d'une effronterie révoltante. Peu à peu ils en contractent l'habitude, et, le pli une fois pris, c'en est fait d'eux, ils ne se corrigeront jamais.

C'est pourquoi il ne faut jamais rire, et moins encore avoir l'air d'applaudir aux singeries, aux extravagances, aux gestes libres et immoraux des enfans. On doit au contraire être d'une très-grande sévérité envers eux à cet égard, et d'une sévérité bien plus grande encore quand l'effronté est assez âgé pour comprendre la valeur et la portée de ses paroles, la convenance ou l'inconvenance de ses actes.

ÉGARDS. — Nous avons vu à l'art. ATTENTION, que ce mot, au pluriel, signifie égards, ou cet attention réfléchie, mesurée, sur la façon d'agir et de se conduire dans le commerce du monde par rapport à soi et à autrui : à soi, relativement aux égards, aux ménagements, à l'estime, à la considération que l'on croit mériter ; aux autres, quant à la déférence et aux témoignages d'intérêt, de justice, de reconnaissance, de circonspection, de discrétion, etc., etc., qu'on leur doit, n'importe dans quelle position ils se trouvent placés. Ainsi, ce serait manquer aux égards dus au magistrat que de faire en sa présence la satire des hommes appelés à rendre la justice ; ce serait manquer d'égards envers le négociant, que d'accuser de friponnerie tous les gens qui font le négoce, etc., et cela lorsque l'un et l'autre sont par leur probité à couvert de tout reproche. On pourrait dire, à plus forte raison, s'ils étaient coupables ; car alors, les blesser par nos discours, ce serait souvent mal agir, attendu qu'il ne suffit pas toujours qu'un reproche soit fondé, pour justifier celui qui le fait méchamment ou à contre-temps. De même, les égards demandent qu'on n'affecte pas un air content devant une personne affligée.

Les égards sont la marque d'une bonne éducation. Ils doivent être réciproques entre tous les hommes, parce que tous les hommes étant égaux, quoique d'une condition différente, les égards doivent être égaux aussi, quoique d'espèces différentes. Voici en quoi elles consistent : les égards du supérieur, par exemple, envers son inférieur, consistent à ne jamais laisser apercevoir sa supériorité, ni donner lieu à croire qu'il s'en souvient. C'est en quoi consiste la véritable politesse des grands, la simplicité doit en être le caractère.

Cependant, nous ne devons pas oublier que trop de démonstrations extérieures nuisent souvent à cette simplicité : elles ont un air de faveur et de grâce sur lequel l'inférieur ne se méprend pas. Pour peu qu'il ait de la finesse dans le sentiment, il croit entendre le supérieur lui dire, par toutes ces démonstrations : « Je suis fort au-dessus de vous ; mais je veux bien l'oublier en ce moment, parce que je vous fais l'honneur de vous estimer, et que je suis d'ailleurs assez grand pour ne pas prendre avec vous tous mes avantages. » Une pareille intention et une manifestation pareille seraient une insulte que nul ne voudrait tolérer.

Les égards, disions-nous, sont la marque d'une bonne éducation. On peut les rencontrer aussi chez des gens grossiers, mais bons, qu'on aura élevés dans le respect et la déférence que les hommes se doivent les uns aux autres. Chez eux, quoiqu'il y ait absence d'éducation, il y a une sorte d'éducation partielle qui enseigne au serviteur qu'il doit des égards à ses maîtres ; à l'ouvrier, qu'il doit des égards à ses chefs ; au soldat, qu'il doit des égards à ses officiers ; au sexe le plus fort, qu'il doit des égards au sexe le plus faible ; à l'enfance, qu'elle doit des égards à la vieillesse, etc., etc. ; et cette éducation isolée suffit quelquefois pour que la plus parfaite harmonie existe en tous lieux. Pourrait-elle être troublée quand l'inférieur ne manque pas à son supérieur, et que celui-ci est rempli d'attention, de douceur, d'affabilité pour ses inférieurs ?

Être rempli d'égards pour tous et pour chacun est une qualité ; mais ce ne sont pas les égards eux-mêmes qui constituent cette qualité, ils sont l'expression ou la manifestation d'une foule de sentiments qui nous y portent. Ainsi, l'amour de l'humanité exige que nous ayons des égards pour ceux qui sont nés pauvres et qui sont restés pauvres et ignorants ; l'honnêteté veut que nous ayons des égards pour tout le monde indifféremment, et surtout pour les personnes vertueuses ; l'amour filial veut que nous ayons des égards pour les auteurs de nos jours, et que nous les leur continuions même après que leur intelligence affaiblie ne leur permettra plus d'apprécier le moindre de nos actes, etc., etc. Dès lors, n'est-ce pas un tort d'en avoir fait un article spécial ?

Chacun est autorisé à le penser ; mais une simple observation suffira, je l'espère, pour justifier cet empiétement, c'est-à-dire que s'il avait fallu rattacher nécessairement les actes à un principe déterminant, il en résulterait qu'on ne saurait trop, en définitive, où les classer. Et, par exemple, où aurions-nous placé les égards ? Est-ce à l'amour filial ? à l'obéissance ? à l'amour du prochain ? à l'amabilité ? à l'amour des sexes ? L'embarras du choix eût été fort grand ; mieux valait donc en faire un article distinct.

ÉGOISME (vice), ÉGOÏSTE. — L'*égoïsme* est un sentiment d'amour de soi-même si exagéré, qu'il rend l'homme idolâtre de sa personne. Dans son idolâtrie, il ne parle en tout temps et en toute occasion que de lui, rapporte tout à lui, n'estime rien au-dessus de lui, ne s'occupe que de lui, en sorte que, seul ou associé à d'autres, vous êtes sûr qu'il cherche son intérêt avant tout, que son *moi* est le principe dominant ou le ressort caché de ses sentiments, de sa volonté, de ses actes, et que, faisant un dieu de lui-même, il lui sacrifie tout !.. Aussi a-t-on dit de l'égoïste qu'il a le cœur dans la tête.

En d'autres termes, l'égoïsme est l'amour *exclusif* de soi, se préférant *dans tous les cas* au devoir et à autrui ; c'est le refus tacite que fait l'homme d'accomplir les obligations qui lui sont imposées par Dieu, à l'égard de ses semblables : obligations d'amour, de sacrifices, qui sont l'une des conditions les plus essentielles du bonheur à venir, le seul en vue duquel il faille définitivement agir.

On peut être égoïste de plusieurs manières et sous plusieurs formes. Il y a l'égoïsme par orgueil ; c'est encore le plus noble : il est au moins capable de sacrifier les intérêts inférieurs à un intérêt plus relevé, celui de sa gloire. Il y a l'égoïsme par intérêt : intérêt d'argent ou d'ambition. Le premier cas rentre dans l'avarice, le second, dans la passion du pouvoir. Il y a enfin l'égoïsme par l'amour de la jouissance, ou l'épicurisme : c'est celui de l'homme sensuel, passionné pour le plaisir, et le demandant au ciel et à la terre, à la nature et à la société, et s'exploitant, lui, les autres et tout ce qui l'entoure pour l'obtenir. C'est l'homme parfait d'Épicure, dont la vertu consiste à chercher le bonheur par toutes les voies, et à éviter avec soin tout ce qui pourrait troubler son cœur et l'empêcher de jouir ; car le souverain bonheur, qui est aussi la perfection suprême, consiste dans le calme de l'âme, et plus encore dans l'absence de la douleur que le plaisir.

Cette passion est la plus impénétrable qui existe ; elle se montre partout, et partout elle est insaisissable ; nulle part on ne peut la surprendre. Menteuse, habile, elle a des formes qui trompent et qui ne sont jamais en rapport avec ses effets.

Jamais, à aucune époque, l'égoïsme ne fut plus développé que de nos jours. Une philosophie subversive tend à mettre en doute tous les devoirs ; les vertus ne sont plus honorées ; la conscience passe pour un préjugé ; et si la foi n'est pas éteinte, les hommes s'endorment dans une mortelle indifférence sur les choses de l'autre vie. Nécessairement, dans de telles conditions, l'égoïsme doit se faire jour et remplacer dans le cœur toutes les vertus, toutes les nobles tendances qui en sont l'ornement.

Ce vice est devenu pour nous une science qui consiste à savoir profiter le plus possible de tout, en rendant le moins qu'on peut : c'est une véritable exploitation des personnes et des choses au milieu desquelles on vit. Pour être égoïste dans ce sens, il faut une certaine habileté ; car il s'agit d'attirer l'affection des hommes en ne méritant que leur haine, d'obtenir leur estime en n'étant digne que de leur mépris, de gagner leur confiance en les trompant tous les jours.

Parfois il arrive cependant que l'égoïsme

n'est point ainsi le produit d'un calcul habile, d'un système profondément combiné. Il naît des dispositions naturelles de l'individu, et de certaine insuffisance ou faiblesse de l'esprit et du cœur. Ce genre d'égoïsme n'a point le caractère vicieux du précédent; il est moins dans la raison que dans la pente naturelle du caractère. Dépourvu d'habileté, il y a quelque chose de matériel et de brutal qui se montre à nu sans précaution et sans honte.

L'égoïste viole tous les sentiments que la nature inscrivit au cœur de l'homme; il foule aux pieds tous les devoirs que la société et la morale imposent. Voyez-le, dans le sein de la famille, se refusant aux plus douces jouissances, méconnaissant la voix du sang, et brisant les liens d'affection que la nature établit entre les parents. Il ne voit dans son père et sa mère que des êtres qui ont accompli vis-à-vis de lui des devoirs qu'ils s'étaient volontairement imposés, et qui, du reste, ayant reçu des soins de leurs ancêtres, les devaient à leur descendance.

Mais bientôt il ne s'en tient plus à cette horrible ingratitude. De quoi n'est pas capable celui qui oublie le premier des bienfaits, celui de l'existence? Il finit par regarder les auteurs de ses jours comme des surveillants incommodes qui lui imposent des égards gênants, qui le restreignent dans ses goûts, dans ses passions. Il voit en eux les détenteurs de biens qui lui permettraient de vivre heureux, et d'horribles pensées, de criminels désirs traversent son cœur. Qui sait même si le malheureux, agenouillé près du lit de mort de son père, n'a pas suivi de l'œil les progrès du mal, dans de parricides espérances d'indépendance et de fortune?

L'égoïste regarde son frère comme un être qui vient lui ravir une part d'héritage et d'affection. Dans ses enfants, il ne voit que des charges pour lui, ne pense qu'aux privations qu'il faudra s'imposer pour eux; il regrette de leur avoir donné le jour et néglige de les instruire par avarice; ou bien, tombant dans un excès contraire, ou les aimant pour ses jouissances, il ne les contrarie en rien, ne corrige pas leurs mauvais penchants, et prépare ainsi l'infortune de leur vie tout entière.

Si l'égoïste est mauvais fils et mauvais père, sera-t-il bon citoyen? Sera-t-il capable d'aimer sa patrie, de se dévouer pour elle? Quoi! la chose publique pourrait intéresser celui qui n'a d'autre dieu que lui-même! Ne croyez pas qu'il veuille exposer son repos, sa fortune ou ses jours pour ses concitoyens. La patrie est un mot vide de sens; il ne commettra jamais l'ineptie de se sacrifier pour des inconnus, pour des hommes qui ne lui en auraient aucune obligation, et qui, du reste, ne lui rendraient ni sa fortune, ni sa vie. Les héros morts sur les champs de bataille et immortalisés par l'histoire ne sont, pour lui, que des fanatiques.

L'égoïsme a poussé, de nos jours, sur la foi politique; il a éteint dans les cœurs l'amour sacré de la patrie; il a fait de la France une nation abâtardie, prête à subir toutes les tyrannies au dedans et toutes les humiliations au dehors. Chacun se préoccupe exclusivement du bonheur personnel; le faisceau commun se disjoint, la décadence arrive à pas de géant.

Oui, quand l'esprit national, quand le patriotisme, quand l'esprit de corporation, tout esprit exclusif en un mot, n'est que de l'égoïsme étendu sur une plus grande surface, et acquérant de l'obstination, de la passion, de la violence, comme il le fait malheureusement aujourd'hui, l'homme, haïssant ses rivaux et ceux qui lui sont supérieurs, ne voudra point leur prêter l'appui de son bras, de son crédit, de sa fortune pour faire le bonheur de tous : il ne voit et ne veut que le sien! voilà bien l'égoïste!

L'égoïste, n'aimant que lui au monde, ne connaît pas la pitié, l'humanité : son cœur n'est accessible qu'aux malheurs qu'il éprouve ou qu'il craint; s'il est fâché qu'il y ait des infortunés sur la terre, c'est que leur présence et l'aspect de leurs misères troublent son repos et choquent ses yeux. Jamais il ne descend dans l'asile de la pauvreté pour y semer l'aumône ou les consolations. Sa porte est fermée à tous les malheureux; il mange son pain dans l'isolement, et ne permet pas que le pauvre en ramasse les miettes.

Si parfois il écoute avec intérêt le récit d'un malheur, les plaintes d'un cœur en proie à la souffrance, c'est pour se féliciter intérieurement de n'être pas dans la même position. Dans les calamités publiques, il cherche quel profit il pourrait tirer des circonstances : son principe, c'est que les autres hommes sont égoïstes, ainsi que lui, et qu'il serait bien fou d'être leur dupe. Il est, dit-il, ici-bas pour faire son bonheur, et il ressemble à tout le monde en se préférant à tout. (*P. Belouino.*)

L'égoïsme, dans le cours de l'histoire de l'âme, est un défaut qui ne se trouvait guère autrefois que chez les vieillards, mais qu'on rencontre beaucoup aujourd'hui chez des personnes moins âgées. Et si, par là, après tout ce que nous avons dit, il se trouvait quelqu'un qui en doutât, nous lui demanderions si, ayant réclamé un service d'un individu dans la maturité de l'âge ou d'un jeune homme avantageusement placé pour le lui rendre, il ne les a pas trouvés insensibles et froids à sa prière, craignant de se déranger, de se fatiguer, de se rendre malades? Personne, je crois, ne niera que c'est la vérité. or, leur insensibilité et leur froideur, qu'est-ce, sinon l'égoïsme déguisé sous un autre nom?

Donc, si l'égoïsme est le défaut du vieillard, il se montre aussi, mais plus rarement peut-être, dans une époque moins avancée de la vie, et est, *par cela même*, d'autant plus odieux qu'il s'y développe plus tôt.

Oui, l'égoïsme est odieux, parce que, *par nature*, la jeunesse doit toujours être ardente et généreuse, aimante et expansive, et que, pour devenir égoïste, il faut ne plus avoir ni cœur ni entrailles.

C'est pourquoi il ne faudrait pas prendre pour de l'égoïsme la manie qu'ont la plupart des jeunes gens d'occuper les autres d'eux. Nous savons tous qu'en général la jeunesse est disposée aux plus grands sacrifices pour bien des personnes qui ne lui en tiennent aucun compte, et qui n'éprouvent point à beaucoup près des dispositions semblables. Aussi dirons-nous que ce qui pourrait en imposer à son endroit, c'est que le jeune homme a le principal caractère de l'égoïsme, qui est, je le répète, de beaucoup occuper autrui de lui-même : il en parle vivement, c'est pour lui un grand plaisir; et s'il le goûte aussi souvent et aussi longtemps que possible, il le fait sans qu'une pensée d'intérêt personnel, absolu, vienne s'offrir à son esprit. Or, ce n'est point là de l'égoïsme.

L'égoïsme étant un sentiment que tous les égoïstes dissimulent, les moralistes sont rarement appelés à le combattre. D'ailleurs le fussent-ils, qu'ils parviendraient difficilement à les guérir. Pourquoi cela? Parce que ce défaut est un de ceux dont on ne se corrige jamais, passer de l'occupation de soi-même à celle de tout autre objet étant une régénération morale dont il existe bien peu d'exemples (*Madame de Staël*); et puis parce que la principale cause de l'égoïsme se trouvant dans la sécheresse du cœur, et peut-être même dans une altération organique du cerveau qui trouble et pervertit l'intelligence, il n'est guère possible de remédier à cette altération ou de dissiper cette sécheresse.

Quoi qu'il en soit, comme *tentare non nocet*, il est toujours bon de chercher à s'emparer de l'esprit de l'égoïste, jeune ou vieux, et de le disposer, si faire se peut, à l'amour du prochain, ou mieux encore à l'en pénétrer, ce sentiment, bien développé, dominant toujours les passions mauvaises.

Mais que cela puisse suffire ou non, il n'en faut pas moins s'élever fortement et hautement contre la bassesse et la perversité de l'égoïsme. Qu'il soit donc flétri dans tous les discours et dans tous les écrits par les qualifications les plus accablantes, afin que, si l'âme de l'égoïste n'était pas entièrement corrompue et dégradée, si un sentiment honnête pouvait y trouver place, nous pussions y revivifier, avec l'amour de l'humanité, le germe de toutes les vertus que Dieu y a jetées, et qu'on ne peut y laisser mourir sans crime.

EMPORTÉ, Emportement (défaut). — L'emportement, avons-nous dit à l'art. Colère (*Voy.* ce mot), est un mouvement impétueux de colère qu'on ne peut réprimer, causé ordinairement par la vivacité du tempérament, et favorisé par la négligence qu'on a mise à se commander à soi-même.

Ses causes et ses effets physiques et moraux étant les mêmes que ceux d'une violente colère, je n'insisterai pas davantage sur ce sujet.

ÉMULATION (vertu). — L'émulation est une passion noble et généreuse qui, admirant le mérite et les belles actions, les talents et les brillantes productions de l'intelligence, les magnifiques travaux et tous les perfectionnements de l'adresse unie à la patience d'autrui, tâche de les imiter et même de les surpasser en y travaillant avec courage, soutenue par des sentiments honorables et vertueux. De là cette définition que de la Chambre en a donnée : « L'émulation est un mélange de la douleur que l'on sent de n'avoir pas les perfections qu'on se figure en autrui, et de l'espoir de les acquérir. »

Cette passion élève donc et multiplie les forces de l'âme ; c'est par elle que l'homme grandit pour ainsi dire à l'aspect de celui qu'il se propose pour modèle (*Alibert*); aussi ne la rencontre-t-on guère que dans les personnes faisant les mêmes études, cultivant le même art, exerçant la même profession, parcourant la même carrière, tirant le même parti de leurs lumières et de leur génie, et étant de la même condition ou d'une condition inférieure à celui qu'on veut atteindre ou dépasser. Et il devait en être ainsi, puisque, comme l'a très-bien fait remarquer La Bruyère, «un homme d'esprit n'est pas l'émule d'un ouvrier qui a travaillé une bonne épée, ni d'un statuaire qui vient d'achever une belle figure ; il sait qu'il y a dans les arts des règles et une méthode qu'on ne devine point; qu'il y a des outils dont il ne connaît ni l'usage, ni le nom, ni la figure ; et il lui suffit de penser qu'il n'a point fait l'apprentissage d'un certain métier, pour se consoler de n'y être point maître. »

L'émulation a une foule de points de contact avec la jalousie, l'ambition et l'envie, sans pour cela tenir en rien ni de l'une ni de l'autre. Si elle court après les dignités, les charges, les emplois, c'est l'honneur qu'ils procurent qu'elle recherche ; c'est l'amour de la patrie et du devoir qui l'anime. Tout comme, en briguant les palmes académiques ou les applaudissements de la foule, c'est de la gloire qu'elle voudrait obtenir. Tel était du moins le sentiment honorable et honnête qui animait le grand Corneille. « Les succès des autres, dit-il dans la préface d'une de ses pièces (*La Suivante*), ne produisaient en moi qu'une vertueuse émulation qui me faisait redoubler mes efforts, afin d'en obtenir de pareils. »

Assurément des sentiments aussi beaux, dans un homme comme Corneille, mettent le comble au mérite de cet auteur.

Ce n'est pas que le grand objet de l'émulation ne soit, comme l'objet de l'ambition, d'arriver un jour à mériter le respect et l'admiration des peuples, et d'en jouir avec ou sans trouble, pourvu qu'on en jouisse ; mais deux routes différentes s'offrent à nous, qui toutes les deux conduisent au but que nous désirons d'atteindre. L'une est l'étude de la sagesse et la pratique de la philosophie ; l'autre, l'acquisition des richesses et de la grandeur. (*A. Smith.*) Or, je le demande, est-ce le même sentiment qui nous soutient et nous encourage? Et si ce n'est pas le même sentiment, quel est celui des deux que nous devons choisir? Le choix ne peut être douteux : il porte nécessairement sur l'émulation, qui est foncièrement une vertu; et non sur l'ambition, qui, si elle est insatiable, devient un vice. *Voy.* AMBITION.

D'ailleurs, quel est le sentiment réfléchi, volontaire, puissant, qui féconde l'esprit, élève l'homme aux plus hautes conceptions, lui donne la patience nécessaire pour perfectionner ses ouvrages, et soutient son courage? l'émulation. Quel est ce sentiment qui nous fait profiter des grands exemples qu'il a su choisir ou se sont offerts d'eux-mêmes, et qui, par l'enthousiasme qu'il sait nous inspirer, fait que nous surpassons quelquefois ceux que nous admirons le plus? l'émulation. Donc, il ne faut pas s'étonner si, dans tous les temps, et chez toutes les nations, on a tout mis en œuvre pour exciter dans le cœur des citoyens une noble et digne émulation, de celle surtout qui s'allie d'une manière si intime avec l'amour de la patrie ou l'amour de la gloire, amours auxquels il faut toujours l'associer.

Rien n'est changé dans le monde d'aujourd'hui, ce meilleur des mondes! Aujourd'hui plus que jamais, toutes les ambitions peuvent être satisfaites, et une émulation louable doit animer tous les esprits, tous les citoyens étant égaux devant la loi, et pouvant également arriver même au pouvoir. Oui, nous devons le remarquer, sans cette première condition de l'émulation sociale, l'égalité des citoyens devant la loi, il n'y a pas de concurrence possible, celle-ci ne se faisant qu'entre égaux. Partout où les rangs sont tellement fixés qu'on ne peut passer de l'un à l'autre, l'émulation est ôtée avec la possibilité du mouvement, et il arrive aux esprits ce qui arrive pour la propriété de mainmorte : le travail et la production sont entravés, diminués.

Là au contraire où toutes les positions sont accessibles à tous, elles s'offrent sans cesse comme prix au désir et à l'activité de chacun, et de là un concours qui excite vivement les ambitions et enfante des prodiges. Avec ces prodiges, il est vrai, naissent de graves inconvénients; car l'émulation, devenue le principe dominant de la conduite, exalte singulièrement les hommes, les remplissant d'orgueil s'ils réussissent; de jalousie et d'envie, s'ils restent en arrière.

Aujourd'hui comme autrefois, comme toujours, chacun s'agite à l'envi pour recueillir les palmes de la gloire, soit dans les modestes écoles de nos plus pauvres villages, soit dans les ateliers, soit dans les collèges, soit dans les lycées, soit dans les écoles, soit dans les facultés, soit dans les académies, soit dans les administrations, soit à l'armée : ici comme là, comme partout, chaque écolier, chaque élève, chaque apprenti, chaque employé, chaque soldat, brigue l'insigne honneur de mériter le prix décerné au plus appliqué, au plus laborieux, au plus capable, au plus vertueux, etc., etc., et se sent heureux et fier de l'obtenir.

Mais dans ces sortes de luttes, remarquons-le bien, l'égalité devant la loi ne suffit pas; il faut encore l'égalité des conditions. Je m'explique. Quand un enfant, par exemple, perd l'espoir de se distinguer, parce qu'on le met en concurrence avec des camarades qui lui sont de beaucoup supérieurs, il devient incapable de travail et d'une application vive. La crainte même du châtiment est alors impuissante, attendu qu'elle ne lui inspire pas cette ardeur studieuse, seul garant des grands succès. C'est l'émulation qui produit les génies, et c'est le désir de s'illustrer qui crée les talents; c'est du moment où l'amour de la gloire se fait sentir à l'homme, et se développe en lui, qu'on peut dater les progrès de son esprit. Or, si à ce moment, on le décourage par l'inégalité de ses forces avec les forces de son adversaire, tout son avenir est brisé, il n'aura plus ou n'aura que fort tard cette émulation qui préside aux bonnes études et prélude au développement du génie.

Sans doute qu'en montrant à la jeunesse la couronne qui doit ceindre la tête du vainqueur; en disant aux défenseurs de la patrie : *Soldats, du haut des pyramides vingt siècles vous contemplent!* ou en faisant luire à leurs yeux l'étoile qui doit décorer la poitrine du plus brave; sans doute qu'en prononçant chaque année dans nos cours de justice l'éloge des hommes éminents qui ont illustré la magistrature; en proclamant, dans nos facultés, le nom des lauréats; en distribuant aux savants des titres académiques ; en accordant aux ouvriers et aux artistes des médailles d'encouragement, on excite en tous cet enthousiasme de l'émulation qui les fait se surpasser les uns les autres. Mais à cet âge de la vie où chacun de nous peut briguer un pareil honneur, chacun de nous aussi a assez de discernement et de connaissance de son propre mérite, pour ne s'essayer qu'avec ceux dont il ne redoutera pas la supériorité. Au contraire, l'enfant privé de ce discernement a besoin d'un bon guide; malheur à lui si ce guide ne sert qu'à l'égarer!

En définitive, l'avenir de l'enfant dépend beaucoup de la manière dont on saura exciter son émulation. La louange lui est chère par elle-même primitivement, et il finit par l'aimer secondairement et par la réflexion des avantages qu'elle procure. Il est sensible à l'éloge et au blâme, du moment où il a déjà le sentiment vague de la dignité de l'homme et de la perfection dont il est capable; et s'il aime la louange, n'est-ce pas parce qu'il sent qu'elle le relève? Il y a donc, dans le désir naturel de l'estime, quelque chose qui ennoblit l'homme, et par quoi on peut l'arracher aux appétits et aux influences grossières. L'honneur et la bonté deviennent des moyens puissants pour le diriger; heureux l'enfant qui en est susceptible de bonne heure, et qu'on peut stimuler autrement que par des récompenses matérielles et les satisfactions inférieures de l'appétit et du goût!

Ceux qui élèvent et instruisent les enfants savent quel parti on peut tirer de ces deux ressorts employés à propos et avec discernement. Une bonne note, une marque de distinction, un ruban, un signe quelconque excitent de grands efforts dans les plus petits enfants, et c'est un grand avantage que de les mener avec ces moyens délicats, qui dispensent des châtiments corporels, développent les sentiments du cœur et l'activité de l'esprit.

Ce n'est pas tout, car on courrait risque de décourager les enfants, si on ne les louait jamais lorsqu'ils font bien. Quoique les louanges soient à craindre à cause de la vanité, il faut tâcher de s'en servir pour animer les enfants sans les enivrer. Nous voyons que saint Paul les emploie souvent pour encourager les enfants et faire passer plus doucement la correction. Les Pères en ont fait le même usage. Il est vrai que, pour les rendre utiles, il faut les assaisonner de manière qu'on en ôte l'exagération, la flatterie, et qu'en même temps on rapporte tout à Dieu comme à sa source.

L'enfant est moins sensible à la honte, parce qu'il n'en comprend pas bien les conséquences; aussi, faut-il employer plus rarement à son égard les signes de mépris, de peur qu'il ne les supporte sans peine et ne s'y habitue. Les filles craignent plus la honte que les garçons, et ceux-ci sont plus sensibles à l'honneur.

Que ne fait-on pas dans la société avec des récompenses honorifiques! Que d'exploits, que de grandes actions ont été provoquées par la croix d'honneur! Ce n'est donc pas sans sujet que l'on a avancé que la science de l'éducation n'est peut-être que la science des moyens d'exciter l'émulation. Un seul mot l'éteint ou l'allume. L'éloge donné au soin avec lequel un enfant examine un objet, et au compte exact qu'il en rend, a quelquefois suffi pour le douer de cette espèce d'attention à laquelle il a dû, dans la suite, la supériorité de son esprit; tout comme les encouragements et les applaudissements des savants et des peuples, font surgir à la fois, dans le sein des nations, une pépinière immense d'artistes, de lettrés, de héros. C'est l'émulation qui les y fait germer et fructifier.

ENJOUEMENT, Enjoué (qualité). — L'enjouement est la gaieté de l'esprit. Né d'une imagination riante qui badine et plaisante sur les objets qui l'exercent, il annonce ordinairement, chez les hommes qui en sont doués, des connaissances assez vastes pour qu'ils soient maîtres de la matière.

Les gens enjoués sont généralement désirés et recherchés dans la société, parce qu'ils sont de fort bonne compagnie. La gaieté de leur caractère les rend peu accessibles au chagrin, et ce qui serait un sujet d'affliction pour les autres les affecte si peu, et pour un temps si court, qu'ils ne sauraient perdre longtemps leur enjouement.

Cette qualité est ordinairement le résultat d'une santé parfaite et d'une conscience pure; alors tout est pour le mieux. Elle peut s'associer aussi à des mœurs dissolues et à de mauvaises habitudes; mais comme cela ne change rien à sa nature, nous n'avons pas à nous en occuper.

ENNUI (sentiment), Ennuyé. — L'homme accablé par l'ennui ne sait guère définir ce qu'il éprouve. C'est ordinairement une inquiétude accablante, une langueur indéfinissable dans l'exercice des fonctions; une torpeur qui enchaîne et qui engourdit tous les membres; une impuissance de réfléchir et d'agir, un dégoût invincible pour tous les biens et les plaisirs de l'existence, une difficulté de vivre et de jouir. (*Le docteur Alibert.*)

A cette description aphoristique près, qui nous peint à grands traits l'homme que l'ennui dévore, nous ne savons guère ce qui constitue en propre ce sentiment. On dit bien, et c'est là l'important, qu'il consiste dans un désir vague d'émotions nouvelles (*La Harpe*), désir qui vient de la satiété ou du malaise de l'âme, causé par un défaut d'occupations utiles ou agréables (*Dupaty*); mais est-ce bien cela? C'est probable, et comme il nous importe fort peu de savoir quelle est sa *nature*, pourvu que nous en connaissions les causes et les effets, nous renoncerons à en donner une définition exacte, pour nous borner à la recherche plus importante de son origine et de ses influences fâcheuses sur l'organisme vivant.

L'ennui, avons-nous dit, est caractérisé par une langueur, un abattement de l'âme, qui font qu'on est las de tout, qu'on ne prend plaisir à rien. Il se manifeste quand la sensation ou la pensée ne suffisent pas pour occuper l'activité de notre esprit; quand nous l'appliquons à une chose dépourvue d'intérêt, monotone, déplaisante ou trop prolongée; quand l'organisme, fatigué ou mal disposé, refuse son concours à l'intelligence, ou bien lorsque le système sensible est saturé de sensations.

L'ennui entre dans l'âme de mille façons différentes. Pour en être atteint il suffit qu'on soit arraché à certaines habitudes, que certaines relations d'amitié, d'affaires, soient rompues, qu'on change des occupations habituelles contre le repos. Il s'empare fréquemment des campagnards qui viennent habiter les villes, et des citadins qui vont vivre à la campagne. Il sévit souvent contre ceux qui sont enlevés aux lieux qui les ont vus naître, où ils ont longtemps vécu, qui sont privés de leur liberté, qui ont éprouvé des revers de fortune ou des déceptions dans leurs projets. C'est surtout chez les hommes oisifs que l'ennui se fait sentir. Tous ces favoris de la fortune qui ne se livrent pas au travail, sont exposés bien plus que d'autres à le ressentir.

Ainsi, le millionnaire, que le public envie, est souvent, malgré sa fortune colossale, le plus malheureux des hommes. Après avoir usé de tout, il éprouve le dégoût de tout; nonchalamment étendu sur de moelleux coussins, il ne sait que faire de son temps, de ses immenses richesses; ses membres sont engourdis par la paresse, son âme est affaissée sous ses ennuis, il souffre plus que le misérable qui gagne péniblement le pain de la journée.

La coquette qui ne rêve que fêtes, qui règne en souveraine dans ces réunions où sa beauté, son élégance, font l'admiration de tous, s'ennuie horriblement dans les intervalles des plaisirs. Plus l'âme ressent de jouissances vives, plus elle éprouve d'ennui quand elles sont épuisées. La satiété dégoûte bien vite de toutes les distractions du grand monde.

Bref, l'ennui décolore l'existence tout entière, verse son poison funeste sur nos plus pures jouissances, courbe sous sa désolante influence tous les âges, tous les sexes et tous les rangs; nul ne saurait l'éviter. Il est partout, dans nos pensées, dans nos sensations; il surgit au milieu des plaisirs, jette ses teintes lugubres sur les beautés de la nature et traîne, avec lui le découragement et le dégoût même de la vie. Parfois il invoque la mort, il conduit au suicide.

Nous ne serons donc pas étonnés si madame de Maintenon écrivait à une de ses amies : « Que ne puis-je vous faire voir l'ennui qui dévore les grands, et la peine qu'ils ont à remplir leur journée! Ne voyez-vous pas que je meurs de tristesse au sein d'une fortune que l'on aurait eu peine à imaginer? J'ai été jeune et jolie, j'ai goûté des plaisirs, j'ai été aimée partout; et dans un âge plus avancé j'ai passé bien des années dans le commerce de l'esprit; je suis venue à la fortune, et je vous proteste que tous les états laissent un vide affreux. » Satiété de bonheur! peut-il être un mal plus insupportable? L'excès même du malheur permet au moins l'espoir.

C'est donc le manque de la vie intellectuelle et morale qui produit dans l'esprit et dans l'âme un vide qui se déclare par l'ennui. L'ennui ronge et dévore l'esprit comme l'inaction mine et consume le corps; c'est la plus triste maladie de l'être intelligent, parce qu'elle attaque directement en lui la source de la vie en le rendant incapable de recevoir la nourriture, de la goûter, de l'assimiler, et par conséquent de se refaire et de se fortifier. Le plus terrible ennui et le plus difficile à guérir est celui d'une âme blasée, dégoûtée de tout, parce qu'elle a abusé de tout et qu'elle ne sait où porter son désir, son activité, ni à quoi demander de la vie : comme dans l'ordre physique les estomacs surchargés ou gâtés perdent l'appétence de la nourriture et ne peuvent plus supporter d'aliment. Au physique et au moral, cet état prolongé amène la consomption ou l'éthisie. (*M. l'abbé Bautain.*)

Toutes les relations sociales, tous les amusements, tous les plaisirs inventés contre l'ennui étant souvent une source d'où il coule à flots, ce ne peut être qu'en combinant avec sagesse l'exercice de la pensée, le travail du corps et les amusements permis, que nous éviterons l'ennui. Voyez le peuple, il ne s'ennuie guère, tant sa vie est active. Si ses divertissements ne sont pas variés, ils sont rares; beaucoup de jours de fatigue lui font goûter avec délices quelques jours de fête. Une alternative de longs travaux et de courts loisirs tient lieu d'assaisonnement aux plaisirs de son état.

Un homme intelligent, un homme de cœur, un chrétien, devraient rougir d'avouer éprouver de l'ennui. Comment s'ennuyer quand on a tant besoin de s'instruire, de se rendre meilleur, et tant de devoirs à accomplir? Comment s'ennuyer, lorsque tant de malheureux ont besoin d'assistance?

Grands du monde, qui vous endormez dans la paresse, qui souffrez, dans les bras de la nonchalance, tous les tourments de l'ennui, réveillez-vous, venez contempler le laboureur qui vous nourrit, l'artisan qui façonne tous les matériaux de votre aisance, le prêtre à la tête de son troupeau, veillant au bonheur de tous; demandez-leur s'ils connaissent l'ennui? Non, vous diront-ils ; nous n'avons pas le temps de l'éprouver. Faites comme eux, sachez vous rendre utiles : c'est le secret du bonheur.

Femmes oisives et nonchalantes, qui passez des bras du sommeil sur les coussins moelleux de vos divans, qui ne voyez jamais le lever de l'aurore, et qui ne payez point à la société votre dette, l'ennui vous consume, répand ses langueurs sur vos traits : il vous consume et vous tue au sein de tant d'amusements rassemblés à grands frais pour vos plaisirs, au milieu de tant de gens concourant à vous plaire. Vous passez, dites-vous, votre vie à le fuir et à en être atteintes, vous êtes accablées de son poids insupportable; il se transforme pour vous, sous le nom de *vapeurs*, en un mal horrible qui vous ôte quelquefois la raison et consume votre existence? Venez voir ces mères de famille qui se font un bonheur du travail; ces saintes filles qui sont la providence du malheur, les anges de la souffrance. Là vous trouverez le remède à l'ennui qui vous ronge; vous serez frappées de honte en voyant leur vertu payer la rançon de votre inutilité, et vous vous demanderez comment vous avez pu oublier que la paix du cœur et le repos de l'âme ne s'allient qu'à la pratique des devoirs, et jamais à la fainéantise.

Les seuls et véritables moyens de nous sauver de l'ennui consistent donc dans le travail manuel et le travail de la pensée. Je ne parle pas des plaisirs des sens, qui dissipent momentanément l'ennui, parce qu'il reparait aussitôt avec bien plus de vivacité, du moment où ces plaisirs ont été goûtés.

Mais quant aux travaux manuels et aux travaux de l'intelligence, on peut affirmer, sans crainte d'être démenti, que tous les artisans, les artistes, ceux qui cultivent les sciences, ceux-là surtout que leurs occupations obligent à réfléchir continuellement sur ce que l'on sent en soi, sur ce qu'on éprouve ou sur ce qu'il faut faire, tous les *travailleurs*, en un mot, se sauvent, par le travail de leur industrie, de l'ennui et des vices auxquels il entraîne. D'où la vérité et la justesse de ce proverbe fort connu : « Le travail est la sentinelle de la vertu. »

Par malheur pour l'espèce humaine, tout le monde n'est pas également enclin au travail ; au contraire, les gens y sont d'autant moins portés, qu'ils ont plus d'aisance. C'est pour cela que l'ennui s'empare impitoyablement et sans miséricorde de tous ceux qui ne forment aucun vœu qu'il ne soit accompli, qui n'ont aucun désir qu'il ne soit immédiatement satisfait. Parlez à ces gens-là de travailler, de s'occuper utilement : A quoi bon? vous diront-ils. Et l'on s'étonnera ensuite que *l'ennui est le malheur des gens heureux!* (*H. Walpole.*)

Il ne saurait en être autrement : car, entré dans le monde par la paresse, l'ennui y est entretenu par l'inaction et l'oisiveté, et il pousse les hommes à la recherche des jouissances les plus vives. Peuvent-ils les goûter à souhait, ils s'en rassasient, et l'ennui revient bientôt en la compagnie de la plus profonde mélancolie.

Au contraire, celui qui s'est fait un genre de vie tel, que le travail est tout à la fois son occupation favorite et son délassement, celui-là a assez de quoi occuper ses sens et son esprit, pour ne pas courir après les plaisirs frivoles ; ou s'il en jouit quelquefois, ce n'est pas assurément pour se distraire et chasser l'ennui : il ne le connaît pas.

Nous devons donc tous travailler sans relâche; mais il convient que nous variions nos travaux, quand c'est possible, non-seulement parce que *l'ennui naquit un jour de l'uniformité*, mais encore parce que, par le changement d'occupations, on évite la fatigue, et nous ne devons pas oublier que plus on avance en âge, plus on a besoin de s'occuper pour éviter l'ennui. Pourquoi ? parce que, l'esprit devenant alors plus solide et le goût des passions frivoles s'affaiblissant de plus en plus, les plaisirs à leur tour deviennent moins vifs et font place à l'ennui qui devient encore plus cruel.

Une chose qu'il ne faut pas oublier non plus, c'est que, si enfants il nous faut des amusements et des jeux ; si jeunes gens il nous faut des jouissances et des études ; hommes faits, il nous faut des affaires : et qu'en l'absence de tout cela, « le travail est une meilleure ressource contre l'ennui que les plaisirs. » (*L. Trublet.*)

Si quelqu'un, pour s'affranchir de toute contrainte, prétendait ne jamais s'ennuyer en restant oisif, je serais d'avis qu'on pensât de lui, avec madame de Sommery, que c'est un sot ou un menteur, s'il n'est l'un et l'autre.

ENTENDEMENT (faculté). — L'entendement est la lumière que Dieu nous a donnée pour nous conduire. On lui donne différents noms suivant la nature de ses actes. Ainsi, en tant qu'il invente et qu'il pénètre, il s'appelle *esprit* ; en tant qu'il juge et qu'il conduit au vrai, il s'appelle *raison* et *jugement*. L'un et l'autre se perfectionnent par l'éducation.

C'est par elle en effet que nous apprenons à connaître le vrai, le faux, et à les distinguer l'un de l'autre ; par elle nous jugeons des sensations que les organes des sens nous transmettent ; mais nous devons remarquer que ceux-ci ne nous apportent que leurs propres sensations, et laissent à l'entendement à juger des dispositions spéciales qu'il remarque dans les objets et qui servent à les caractériser. A proprement parler, il n'y aurait donc que l'entendement qui pût errer. Je dis à proprement parler, car il n'y a pas d'erreur dans le sens impressionné : il fait toujours ce qu'il doit faire, puisqu'il a été formé pour opérer selon la disposition non-seulement des objets, mais des organes. Or, si c'est l'entendement qui doit juger des impressions ressenties par les organes mêmes ; si c'est à lui à tirer de ces impressions des avertissements, et de ces avertissements des conséquences nécessaires ; si parfois il se laisse prendre, c'est assurément lui qui se trompe. (*Bossuet.*)

Oui, c'est l'entendement seul qui se trompe ; mais du moment où il ne reçoit la transmission de l'impression perçue par l'organe que par l'intermédiaire du cerveau ; du moment où il n'apprécie la sensation que par la comparaison qu'il en fait avec d'autres sensations antérieurement reçues, pourrait-il ne pas se tromper, si par un vice primitif, naturel, ou bien par un changement organique ou vital survenu dans l'organe des sens, celui-ci éprouve de fausses perceptions? Expliquons ma pensée à l'aide de quelques exemples.

Philis, le célèbre professeur de musique vocale, racontait fort souvent avoir donné des leçons de chant à un jeune homme qui paraissait ne faire aucune différence entre deux tons. Le maître montait la gamme, et quand l'élève voulait l'imiter, celui-ci jetait des cris discordants et ridicules, tout en croyant imiter son professeur : il était fort étonné quand ce dernier lui disait : Ce n'est pas cela. Assurément il y avait erreur de la part de l'entendement chez ce jeune homme ; mais à quoi attribuerons-nous cette erreur de l'entendement si ce n'est à un vice d'organisation du sens de l'ouïe?

J'ai connu moi-même à Montpellier un étudiant en médecine qui se trouvait absolument dans le même cas. Il croyait si bien chanter juste, tout en chantant excessivement faux, qu'il se fâcha sérieusement un jour avec son maître de musique vocale, parce qu'il lui reprochait toujours d'être à côté du ton. Etant allé trouver un autre professeur, et celui-ci lui ayant conseillé franchement d'épargner son argent, il fut cette fois assez raisonnable pour goûter cet avis. Ainsi, voilà encore un vice primitif de l'audition qui servait à induire en erreur l'entendement, sur le jugement à porter à propos de la justesse des sons produits par l'individu lui-même. Mais ce n'est pas tout.

Ceux qui sont versés dans l'histoire de la

peinture savent que le coloriste par excellence, le Titien, devenu vieux, voulut retoucher tous ses tableaux : ils ne lui convenaient plus. Ses élèves alarmés en voyant ce vieillard, âgé de plus de quatre-vingt-cinq ans, prêt à gâter ce qui faisait son plus beau titre de gloire, imaginèrent, pour épargner ses ouvrages, de préparer les couleurs avec une huile qui ne fût pas siccative. De cette façon, sitôt que le Titien avait barbouillé son tableau, ils en enlevaient la couleur avec une éponge, et lui rendaient sa beauté.

Pourquoi cette manie du vieillard? parce qu'une altération, survenue sans doute dans les humeurs de l'œil, fit que le peintre ne voyait plus les couleurs avec les mêmes teintes qu'il les voyait autrefois. Dès lors, par un vice consécutif survenu dans le globe oculaire, l'entendement ne recevant plus la même sensation, celle-ci comparée à une sensation précédente, il était nécessairement induit en erreur par la sensation nouvelle. Il se trompait, il est vrai, mais c'est parce qu'il était trompé lui-même.

Or, comme il est certains actes de notre entendement qui suivent de si près les sensations, qu'il devient facile de les confondre avec elles, à moins d'y bien prendre garde ; et que, même en y faisant bien attention, on court le risque de se tromper ou d'être trompé, il nous importe donc beaucoup d'exercer notre jugement sur les sensations qui nous donnent la mesure de l'ordre, des proportions, de la forme, etc., etc.; ce qui constitue l'éducation du sens et de l'entendement. Sans elle, il serait impossible d'avoir un bon entendement, puisque le vrai de cette faculté est de bien juger.

Pour nous, enfants de la civilisation, ce sera chose facile si nous y mettons un peu de bonne volonté: car notre existence à son début est si douce et si facile ! Pendant notre enfance, en même temps que notre corps grandit au milieu des soins maternels, notre esprit se développe, s'agrandit, s'orne, se perfectionne grâce à l'influence d'une culture attentive, sans secousses, sans épreuves pénibles. Nos parents n'ont qu'un souci: subvenir à nos besoins, prévenir toutes nos exigences, écarter de notre esprit toute inquiétude, de notre corps tout danger. Ce n'est que plus tard que pour nous la vie devient sérieuse et nous trouve souvent énervés et amollis.

Disons cependant que, pour parvenir à nous former enfin un bon jugement, il est indispensable que nous mettions en exercice plusieurs facultés de notre intelligence : je m'explique.

C'est autre chose d'entendre une première fois une vérité, autre chose de la rappeler à notre souvenir après l'avoir sue. L'entendre la première fois s'appelle simplement *entendre*, tandis que, rappeler à notre esprit ce qu'il a conçu, appris, s'appelle se *ressouvenir*. — De même, on distingue la *mémoire* qui s'appelle *imaginative*, où se retiennent les choses sensibles et les sensations, d'avec la mémoire *intellectuelle*, par laquelle se retiennent les vérités et les choses de raison et d'intelligence : tout comme on distingue les pensées de l'âme qui tendent directement aux objets, et celles où elle se retourne sur elle-même et sur ses propres opérations, par cette manière de penser qu'on appelle *réflexion*. Par la réflexion l'esprit juge des objets, des sensations, de lui-même et de ses propres jugements qu'il redresse ou qu'il confirme. Ainsi, il y a des réflexions qui se font sur les objets et les sensations seulement, et d'autres qui se font sur les actes même de l'intelligence : celles-ci sont les plus sûres et les meilleures.

Bref, c'est par la répétition des sensations appréciées par l'intelligence que notre entendement acquiert tous les développements et les perfectionnements dont il est susceptible ; heureux ceux qui naissent dans des conditions telles qu'ils puissent cultiver convenablement ce don du ciel !

En disant dans des *conditions telles*, je veux parler des conditions favorables ; car, premièrement, pour cultiver avec succès ce don de Dieu, il faut que la curiosité, premier attribut du système sensitif et première faculté de notre entendement, s'éveille et soit unie à la raison ou dirigée par une personne qui en soit douée ; sans cela, l'homme intelligent serait semblable à un idiot qui perçoit les mêmes sensations, mais qui ne saurait, comme lui, leur donner le caractère de l'intellectualité. Secondement, que les individus chargés de notre éducation et de satisfaire notre curiosité, de l'exciter même, s'il le faut, aient un sens droit, une instruction suffisante, un jugement *convenable*, s'il n'est parfait, des mœurs pures et de bonnes intentions à notre égard ; car, si par leurs conseils, leurs exemples, les ouvrages qu'ils mettront dans nos mains, les peintures qu'ils étaleront sous nos yeux, ils faussent notre jugement et donnent une mauvaise direction à notre entendement, il en résultera inévitablement, qu'égaré par de fausses perceptions mentales, comme il l'a été par les fausses perceptions des sens, notre entendement mal cultivé, mal éduqué, se trompera toujours.

Ainsi, de même qu'il ne suffit pas d'être curieux et qu'il faut que la curiosité soit satisfaite par la mise en pratique des sens ; de même il faut que le sens intime soit poussé dans une bonne direction. Cela est si vrai, que, si l'on se porte par l'imagination jusqu'aux premiers moments de l'existence du genre humain, il est permis de croire, 1° que les premières sensations ont été purement directes, c'est-à-dire qu'on a vu sans précision, ouï confusément, flairé sans choix, mangé sans saveur et joui sans brutalité. Puis, toutes ces sensations ayant pour centre commun l'âme, attribut spécial de l'espèce humaine, et cause toujours active de perfectibilité, elles y sont réfléchies, comparées, jugées, et bientôt tous les sens ont été amenés au secours les uns des autres, pour l'utilité et le bien-être du moi sensitif, ou, ce qui est la même chose, de l'individu. 2° Il est permis de croire aussi que, s'il était possible qu'un être animé parvînt à la maturité de l'âge dans quelque lieu inhabité et sans aucune communication avec son espèce, il n'aurait pas plus l'idée de la convenance ou de l'inconvenance de ses sentiments et de sa conduite, de la perfection ou de l'imperfection de son esprit, que de la beauté ou de la difformité de son visage. Il ne pourrait voir et connaître ces diverses qualités, parce que naturellement il n'aurait aucun moyen de les discerner, et qu'il manquerait pour ainsi dire du miroir qui pût les réfléchir à sa vue. Placez cette personne dans la société, et elle aura le miroir qui lui manquait ; elle le trouvera dans la physionomie et dans les manières de ceux avec lesquels elle vivra. (*A. Smith.*) Or, si l'éducation forme le jugement, cette faculté primitive de notre entendement, il faut donc que les physionomies que l'enfant voit soient ouvertes et sans masque ; que les manières qu'il étudie soient franches et de bon ton ; que les conversations qu'il entend soient instructives, pleines de raison et d'honnêteté ; que les ouvrages qu'il parcourt soient clairs, concis, instructifs, moraux et marqués du cachet d'un véritable talent ; que les objets d'art qui seront exposés à sa vue approchent de la perfection s'ils ne l'atteignent, et n'aient rien de voluptueux ou d'immoral ; car, sans toutes ces conditions, mieux vaudrait laisser l'homme languir dans son ignorance ; celui qui pèche parce qu'il manque d'instruction, étant bien moins coupable que celui qui a un jugement faux ou dépravé. On remédie à l'un, jamais à l'autre.

Jusqu'à présent, il a été question de l'entendement considéré en tant qu'il perçoit par les sensations, qu'il raisonne et qu'il juge ; reste à expliquer comment il met en jeu les opérations de l'esprit.

Ces opérations sont de trois sortes, et c'est chose principale en cette matière que de les bien comprendre. C'est pourquoi j'emprunterai à Bossuet les distinctions qu'il en a faites.

« Dans une proposition, dit l'illustre prélat, c'est une chose d'entendre les termes ; par exemple, entendre que Dieu veut dire la cause première, c'est ce qui s'appelle *conception*, simple appréhension, et c'est la première opération de l'esprit.

« Assembler ou disjoindre les termes, c'est en affirmer un de l'autre ou en nier un de l'autre. En disant : Dieu est éternel, l'homme n'est pas éternel ; c'est ce qui s'appelle proposition ou *jugement*, qui consiste à affirmer ou à nier ; et c'est la deuxième opération de l'esprit.

« Que si nous nous servons d'une chose claire pour en rechercher une obscure, cela s'appelle *raisonner*, et c'est la troisième opération de l'esprit. »

Ainsi, en nous résumant, nous pouvons dire, avec le grand orateur, que l'entendement n'est autre chose que l'âme en tant qu'elle *conçoit*, et ses facultés en tant qu'elle les met en exercice ; c'est-à-dire la *mémoire*,

en tant qu'elle retient et se souvient ; la *volonté*, en tant qu'elle veut et qu'elle choisit ; l'*imagination*, en tant qu'elle s'imagine toutes les choses à la manière qui a été dite ; la *faculté visive*, en tant qu'elle voit, et ainsi des autres.

ENTÊTEMENT (défaut), ENTÊTÉ. — On dit d'un homme qu'il est entêté, quand il a un si fort attachement à son opinion et à ses sentiments, qu'il devient insensible aux meilleures raisons de ceux qui veulent lui persuader le contraire. La ténacité avec laquelle il les défend constitue l'*entêtement*.

Celui-ci a plusieurs sources. Le plus souvent il provient de la haute idée que chacun de nous peut se faire de sa capacité ; idée qui fait que nous regardons notre opinion comme la meilleure. Néanmoins, il peut provenir aussi d'un manque d'intelligence tout comme d'un mauvais jugement. De là cette opinion assez généralement adoptée que l'entêtement est le défaut des ignorants, des sots et des orgueilleux.

Oui, l'entêtement est le défaut des ignorants, et c'est pour cela qu'on le rencontre communément chez le peuple. Mais n'est-ce pas que chez lui ce défaut est en quelque sorte excusable ? Dépourvu d'instruction ou n'ayant reçu qu'une éducation bornée, il croit de bonne foi être dans le vrai, et il le soutient malgré les meilleures raisons qu'il ne comprend pas du reste. Et comme ce sont communément les individus qui ont le moins d'idées qui se montrent les plus entêtés, l'ignorant qu'on ne peut éclairer persiste dans son entêtement.

Il n'en sera pas de même de l'homme instruit. Appartenant soit à la classe du peuple, soit à la classe aisée ; chez lui l'entêtement est grossièreté ou fatuité, parce qu'il a assez d'intelligence pour apprécier la valeur des raisons données contre son opinion ; et attendu que l'un et l'autre de ces défauts décèlent un mauvais esprit ou un mauvais caractère, le public qui lui en tient compte le désapprouve et le condamne.

L'entêtement est bien plus condamnable encore chez les riches et les gens titrés, en qui il décèle la sottise ou l'orgueil. Dans ces circonstances, il peut être poussé au point de les faire mépriser et détester, en leur faisant commettre les actes les plus injustes et les plus tyranniques. Enflés de leur propre mérite, fiers de leur position, ils veulent que tout cède à l'ascendant de leur nom, de leurs titres, de leur fortune ou de leur position ; et si on leur résiste, ils cherchent à éluder la force des raisonnements les plus convaincants, par de mauvais subterfuges. Ils croiraient se déshonorer s'ils se relâchaient de leurs sentiments ! Est-il rien de plus puéril et de plus sot ?

Quoi qu'il en soit, et de quelque part que l'entêtement provienne, il ne doit pas être confondu avec l'*opiniâtreté*, qui, elle aussi, consiste dans le trop grand attachement qu'on a à son opinion et à ses sentiments. Ils ne diffèrent, il est vrai, que du plus au moins; mais on peut réduire l'entêté en flattant son amour-propre, jamais un opiniâtre. Il est inflexible et inébranlable dans sa résolution; il défend résolument les idées ou les doctrines les plus absurdes.

Encore moins devra-t-on confondre l'entêtement avec la *fermeté*, un vice avec une vertu. Ici la différence est tranchée; l'homme entêté n'examine rien, ne voit rien, n'écoute rien, n'entend rien, parce qu'il ne veut rien voir, rien examiner, rien écouter, rien entendre; son opinion fait sa loi : tandis que l'homme ferme voit et juge, soutient, défend et exécute ce qu'il croit conforme à ses devoirs, après en avoir pesé les raisons pour et contre. Le fait suivant, emprunté à l'histoire populaire de Napoléon, publiée par M. Marco Saint-Hilaire, fera mieux connaître ce qui les différencie que de plus grands développements.

Napoléon étant au camp de Boulogne, où chacun rendait hommage à sa justice, à sa bonté, à la politesse exquise de ses manières, manqua cependant de générosité, et fut injuste envers un des hommes qui lui avaient rendu les plus grands services (l'amiral Dubruix), à propos d'un ordre qu'il refusa d'exécuter.

Le despotisme de l'empereur fut d'autant plus blâmé en cette circonstance, que l'événement justifia bientôt la résistance de l'amiral. Voici ce dont il s'agit :

Bonaparte voulait passer la revue de l'armée navale en pleine mer. En conséquence, des ordres furent transmis à l'amiral; mais celui-ci crut ne devoir pas les suivre, parce qu'une tempête se préparait. Napoléon, habitué qu'il était à ce qu'on lui obéît, insiste; Dubruix ose résister, ne voulant pas avoir à se reprocher, dit-il, la mort des braves soldats de Sa Majesté.

Loin de se rendre à des raisons si louables et si légitimes, l'empereur, que la courageuse résistance de l'amiral irrite de plus en plus, renouvelle ses ordres. Dubruix, que rien ne saurait ébranler, parce qu'il fait son devoir, répond avec noblesse : *Sire, je n'obéirai pas*. Napoléon tenait en main une cravache; il fait un geste insultant et menaçant; l'amiral, sans se déconcerter, porte la main à la garde de son épée et poursuit avec calme et dignité : *Sire, je ne suppose pas que Votre Majesté veuille me déshonorer et se déshonorer elle-même*.

Bref, Dubruix fut disgracié, et le contre-amiral Margon fut chargé de faire exécuter à l'armée navale le mouvement que l'empereur avait commandé le matin. A peine le mouvement est-il exécuté par la flotte et les dispositions sont-elles prises, qu'une tempête effrayante, prévue et prédite par l'amiral, disperse les bâtiments...... Le lendemain avant le jour, la mer avait déjà rejeté sur la plage plus de deux cents cadavres !!

Ainsi, dans la discussion qui s'éleva entre l'empereur et l'amiral, le premier fit preuve d'un entêtement opiniâtre, tyrannique, et, dans son orgueil de despote, il aima mieux sacrifier la flotte plutôt que de se rendre aux excellentes raisons d'un marin intrépide et expérimenté. Le second, au contraire, donna à l'armée et à la marine l'exemple le plus rare et le plus grand d'une fermeté noble, courageuse, digne, telle, en un mot, qu'on devrait la rencontrer dans tous les hommes appelés à commander, à protéger, à défendre ceux que les lois du pays ont placés sous leurs ordres.

Qu'en advint-il ? que l'empereur, humilié par tant de grandeur, éprouva d'abord un secret dépit de n'avoir pu vaincre l'admirable et généreuse résistance de Dubruix, et plus tard des regrets amers de voir ses vaisseaux brisés et perdus, ses soldats engloutis et vomis par les flots de la mer; tandis que l'amiral après avoir reçu les félicitations *tacites* de l'état-major de l'armée, à qui la présence et la mauvaise humeur de Napoléon ne purent en imposer, emporta dans sa disgrâce une double satisfaction : celle d'avoir été compris et approuvé par les braves officiers témoins de sa résistance héroïque, et celle plus grande encore de s'être immolé au salut de l'escadre dont il quittait le commandement.

Après ce récit et les considérations générales dans lesquelles nous sommes entré précédemment, il est inutile, je crois, d'insister plus longtemps à démontrer les conséquences plus ou moins fâcheuses qui s'attachent à l'entêtement, rien ne pouvant ni le justifier ni le légitimer.

ENTHOUSIASME (sentiment), ENTHOUSIASTE.— Qu'entend-on par enthousiasme ? Ce mot signifie émotion d'entrailles, ou cette agitation intérieure qui naît de notre admiration passionnée pour tout ce qui est grand, beau, sublime, pour tout ce qui parle éloquemment à notre intelligence et à notre cœur. Aussi, que de nuances l'enthousiasme n'offre-t-il pas! Approbation, sensibilité, émotion, trouble, saisissement, passion, emportement, démence, fureur, rage : voilà tous les états par lesquels peut passer cette pauvre âme humaine qui se prend d'enthousiasme.

Cet état d'exaltation d'une âme enthousiaste est généralement nécessaire, indispensable même, soit à tout homme qui veut s'élever au-dessus de lui-même par les productions de son esprit, soit à tout individu qui veut apprécier les œuvres littéraires et juger des arts et des artistes; « celui qui n'en a pas reste juste, mais froid » (*Suard*), et c'est un défaut.

Observons ce qui se passe à la représentation d'une tragédie touchante, et nous aurons la preuve de ce que j'avance. Ce géomètre qui y assiste remarque seulement qu'elle est bien conduite. Un jeune homme à côté de lui est ému, et ne remarque rien; une femme pleure, un autre jeune homme est si transporté que, pour son malheur, il va faire une tragédie. Il a pris la maladie de l'enthousiasme.

Et comment le jeune homme ne serait-il pas enthousiaste ? Il conçoit tout ce qui est élevé : il sent tout ce qui est passionné et sublime ; une vive chaleur le porte vers tout ce qui est généreux ; il ne sait point que cette chaleur s'affaiblira en lui-même par les progrès de l'âge, et il la suppose encore réunie à tous les avantages que donne l'âge plus avancé. Que de jeunes gens embellissent de leurs récits l'homme médiocre, l'homme qui leur est inférieur ! Avec quelle bonne foi, quelle ardeur, ils leur donnent des éloges qui prouvent seulement combien d'éloges ils méritent eux-mêmes par les fictions généreuses de leur propre cœur !

Comme on le voit, l'enthousiasme, avec toutes ses nuances diverses, ne peut avoir que deux degrés : l'enthousiasme raisonnable et l'enthousiasme exagéré ou délirant ; César versant des larmes en voyant la statue d'Alexandre nous donne la mesure du premier ; Didon mourant sur un bûcher par amour pour Énée nous montre la folie du second. Aussi dirons-nous, avec les auteurs, que l'enthousiasme ne doit jamais dépasser certaines limites, et joindre, chose excessivement rare, la raison à l'expérience.

Malheureusement, l'expérience ne s'acquiert guère qu'avec l'âge, et à mesure que nous avançons en âge, l'imagination se refroidit et se glace. Aussi il en résulte que l'enthousiasme manque toujours par l'une ou l'autre de ces deux conditions, c'est-à-dire qu'il est raisonné et froid dans l'âge mûr, bouillant et peu réfléchi dans la jeunesse. Ce jugement confirme ma proposition.

Remarquons toutefois qu'il est une classe d'hommes privilégiés en qui l'enthousiasme bien entendu est de tous les âges. Je veux parler non-seulement des grands poëtes, des grands orateurs, qui, toujours animés d'un feu sacré, sont susceptibles, à toutes les époques de leur vie d'homme, d'avoir ces élans du génie qui les élèvent aux plus sublimes conceptions et impriment à leurs œuvres le sceau de l'immortalité, ce qui a fait croire autrefois qu'ils étaient inspirés des dieux (cela n'a pas été dit seulement des artistes [*Voltaire*]), mais encore de certains hommes fort instruits et capables d'apprécier ce qu'il y a de vraiment remarquable dans les productions littéraires d'autrui. J'ai connu un très-habile chef d'institution, qui ne récitait jamais sans une véritable émotion le dernier vers de la description de la mollesse par Boileau :

Soupire, étend les bras, ferme l'œil et s'endort.

Assurément chez cet homme l'enthousiasme était raisonné quoique vif.

Avouons que c'est une exception : car, généralement, l'enthousiasme est si peu raisonné, que les hommes qui en sont transportés voient au delà de la vérité ; ils exagèrent, et c'est en quoi ils sont dangereux : ils mettent de la chaleur à tout, même aux choses les plus indifférentes ; ils jugent des autres par eux-mêmes, et croient que pour émouvoir les âmes il faut les déchirer. Ils agissent en conséquence de ce principe ; aussi leur arrive-t-il quelquefois de séduire ; mais ils ne persuadent presque jamais. Ils devraient savoir, cependant, que la chaleur et l'enthousiasme qu'on met ordinairement aux choses qu'on veut persuader aux autres, produisent souvent un effet contraire. La vérité n'a besoin, pour persuader les têtes bien faites, que de leur être présentée d'une façon claire et précise.

En signalant les défauts de l'enthousiasme, nous ne prétendons pas qu'il faille le comprimer ou l'étouffer ; nous voulons seulement que certains d'entre les hommes le modèrent et le limitent. Et quant aux artistes et aux savants, nous les laisserons paisiblement suivre les heureuses inspirations d'une imagination créatrice et poétique, l'âme, dans les moments d'exaltation, produisant ces chefs-d'œuvre inimitables qui conduisent l'homme au temple de l'immortalité.

S'il veut y entrer et qu'il en soit capable, par la hardiesse et la beauté des conceptions de son esprit, interdire à son âme ses sublimes élans, c'est étouffer le génie prêt à éclore, c'est faire un acte de vandalisme révoltant ; car, ôtez l'enthousiasme, héroïsme et art, tout s'évanouit.

Au contraire, si vous savez provoquer l'enthousiasme du savant, de l'artiste, du soldat et de tous les citoyens, vous verrez surgir de tous côtés de grands poëtes, de grands orateurs, de grands peintres, des héros, des défenseurs de la patrie.

ENVIE (passion). — L'envie est une passion de l'âme qui *voit* avec une *aversion maligne* la prééminence de ceux qui ont des droits véritables à être placés au-dessus des autres (*A. Smith*) ; aussi l'a-t-on désignée dans l'Écriture sous le nom de *mauvais œil*.

L'envie n'a ni but ni terme (*Mad. de Staël*), c'est-à-dire qu'elle dure toujours plus que le bonheur de ceux qu'on envie (*La Rochefoucauld*), et ne promet par conséquent aucune jouissance, pas même de celles qui amènent le malheur à leur suite.

Et comment ce sentiment de haine mêlée de désirs qu'on appelle envie, ce sentiment qui naît dans le cœur de l'homme par suite du chagrin qu'il éprouve de voir posséder par autrui un bien qu'il désire obtenir, ne serait-il pas un tourment pour lui, puisqu'il est un tourment pour tous ceux que l'envie dévore ? Comment cette fille de l'impuissance et du désir, de l'amour-propre et de la vanité ne porterait-elle pas à des excès les personnes qu'elle aigrit ? Donc il n'est pas étonnant que Voltaire se soit écrié : « Après les excès où j'ai vu l'envie s'emporter, après les impostures atroces que je lui ai vu répandre, après les manœuvres que je lui ai vu faire, je ne suis plus surpris de rien à mon âge. »

Ah ! c'est que de toutes les passions l'envie est la plus détestable. Loin de s'attendrir, comme la compassion, sur l'infortune des hommes, l'envie s'en réjouit et trouve sa joie dans leurs peines.

Il n'est point de passion qui ne se propose

quelque plaisir pour objet. Le malheur d'autrui est le seul que se propose l'envie.

Le mérite s'indigne de la prospérité du méchant et du stupide ; l'envie, de celle du bon et du spirituel.

L'amour et la colère allumés dans une âme y brûlent une heure, un jour, une année; l'envie la ronge jusqu'au tombeau.

Sous la bannière de l'envie marchent la haine, la calomnie, la trahison et la cabale; heureux encore quand la rivalité ne pousse point au crime ! ce qui est arrivé quelquefois.

Et par exemple, le peintre André de Costagno, Florentin, envieux du succès de Dominique de Venise, attendit un soir son confiant ami, et le blessa mortellement par trahison. L'infortuné Dominique était si loin de soupçonner l'auteur de sa blessure, qu'il se fit transporter chez son ami André, et il expira dans ses bras. La vérité ne fut connue que par l'aveu de l'assassin à son lit de mort.

Le poëte Murtola, également envieux de Marini, l'attend au coin d'une rue de Turin, et lui tire un coup de pistolet qui, heureusement, le manqua, etc., etc.

Partout l'envie traîne à sa suite la maigreur de la famine, les venins de la peste et la rage de la guerre.

L'envie ne touche point aux petites choses, aux choses médiocres; elle ne s'attache qu'à celles qui sont élevées. *Intacta invidia media sunt, ad summum fere tendit.* (Tit. Liv.)

Bref, ignoble assemblage d'orgueil et de bassesse, d'ambition et d'égoïsme, l'envie est l'ennemie jurée de toutes les vertus. Elle aime tous les penchants vicieux, et s'en nourrit; elle déteste tout ce qui est bien, et y attache sa rouille; ce qui l'a fait nommer par l'Ecriture *la carie des os*, expression figurée, qui ne donne encore qu'une bien faible idée de cette lèpre morale.

L'envie n'est point une passion primitive qui ait sa source dans la nature : la preuve, c'est que les animaux ne l'éprouvent pas. On ne voit pas le cerf timide porter envie à la force du lion ; l'oiseau trouver son plumage et son chant inférieurs à ceux d'un autre. Cette passion est toute sociale, elle est née du jour où la pensée de l'homme a compris la supériorité d'autrui et s'en est affligée.

Cette considération nous porte à établir que l'envie vient de l'infériorité, jamais de l'insuffisance absolue. Il faut qu'un commencement de rivalité puisse s'établir; aussi on ne porte pas envie aux hommes d'un autre temps, d'un autre pays. Le pauvre, envieux de la fortune du parvenu son voisin, ou de la modeste aisance d'un ouvrier comme lui, ne le sera pas de la fortune d'un banquier ou d'un grand seigneur. Le militaire verra sans peine les succès de l'homme de lettres, et celui-ci ne sera point troublé dans son sommeil par les lauriers qui moissonne le courage. Un employé sera envieux de son chef de bureau, et ne le sera point d'un ministre. Une jolie femme le sera d'une autre femme son égale, et même d'une femme d'une classe supérieure à la sienne; elle ne le sera pas d'une princesse ou d'une étrangère dont la beauté fait bruit.

L'envie tue le plus petit, dit Job. C'est qu'en effet toute supériorité déplaît. Les hommes disgraciés de la nature, contrefaits, privés des avantages physiques, de la force ou de la grâce, sont portés à cette passion. La faiblesse des facultés de l'âme la fait naître aussi bien souvent chez les vieillards et les enfants. Les subalternes, les domestiques, sont généralement envieux.

Ceux qui ont fait une grande dépense de soins, d'esprit ou de fortune pour arriver à un but, sont envieux de ceux qui l'ont atteint sans peine ; et la plupart qui, par la grande réputation qu'ils se sont faite, ou la haute position qu'ils occupent, sembleraient n'avoir rien à envier à autrui, ceux-là, dis-je, sont tourmentés par la célébrité que certains hommes ont acquise. C'est ainsi que Voltaire se montrait envieux du *Roué* dont on parlait tant; que Napoléon, ce colosse de gloire, était importuné de la réputation de Geoffroy, critique mordant et spirituel, le Fréron de l'époque. Le grave Boileau disait à Fréret : « Jeune homme, il faut penser à la gloire ; je l'ai toujours eue en vue, et n'ai jamais entendu louer quelqu'un, fût-ce un cordonnier, que je n'en aie ressenti un peu de jalousie. » (*Mémoires de Duclos.*)

L'envie est une passion si impérieuse, qu'elle ne saurait se cacher. Elle accuse et juge sans preuves; elle grossit les défauts ; elle a des qualifications énormes pour les grandes fautes. Son langage est rempli de fiel, d'exagération et d'injure. Elle s'acharne avec opiniâtreté et avec fureur contre le mérite éclatant. Elle est aveugle, emportée, brutale. » (*Vauvenargues.*)

Malgré que l'envie exhale son venin, l'homme qu'elle tyrannise est le plus infortuné des hommes. La félicité d'autrui alimente à chaque instant sa souffrance. Il suffirait d'une seule personne heureuse pour le rendre éternellement misérable. Toutes les vertus, toutes les gloires, sont l'objet de ses haines, qui tombent comme la foudre sur tout ce qui s'élève.

L'envie est si méprisée dès qu'elle se montre, que, pour pouvoir se produire au grand jour, elle prend le masque de la vertu.

L'amour du bien public, de la probité, de l'honnêteté, de la morale, sont les prétextes qu'elle met en avant. Alors elle devient audacieuse, emportée, cherche des motifs impurs à toute belle action; elle souille de ses calomnies les hommes les plus recommandables, détourne loin d'eux le parfum suave des éloges ; elle y substitue l'odeur empestée de la critique; elle est sans respect pour les choses les plus saintes; elle jette sa boue à la face du génie; elle appelle à son secours les plus ignobles passions.

Les hommes alors l'admirent et la soutiennent de leurs approbations ; l'envie de chacun d'eux vient s'adjoindre à elle. «Ceux qui insultent les grands hommes, dit Sophocle, sont sûrs d'être applaudis. » Elle se pique de grandeur, et dit au monde qu'elle n'attaque les individus éminents, que parce qu'elle voit en eux des défauts ou des vices; mais s'élever en abaissant les autres, voilà son véritable but.

Sous prétexte de bon goût, elle se livre à la critique la plus injuste; rien ne lui paraît digne d'admiration. Si elle approuve, ce n'est jamais qu'avec d'infinies restrictions; toujours, à l'entendre, le talent pèche par quelque côté.

L'envie a, comme le serpent, une marche cachée et sinueuse; elle n'ose pas aborder franchement l'attaque. Souvent pour calomnier, elle débute par des éloges, si elle veut perdre un homme vertueux : « C'est grand dommage, dit-elle, que tant de mérite soit déparé par quelques défauts : c'est le fait de l'imperfection de notre nature, nul n'est impeccable. »

Parle-t-on d'un ouvrage, il contient de bonnes vues, de bonnes intentions; il y a du talent sous cette œuvre; mais il faut du temps, de l'expérience, un peu plus d'étude.

L'envie tâte son terrain : quand elle est bien reçue à médire, elle se développe avec bonheur; elle verse son fiel avec délices; l'ironie, le sarcasme, coulent de ses lèvres comme de source. Elle jette à pleines mains le ridicule sur les absents et les déchire. Si ses efforts atteignent le but qu'elle se propose; si elle a pu nuire à ses ennemis, elle est au comble de ses vœux; et pour être parfaitement heureuse, il ne lui faudrait plus qu'une chose, nuire encore à tous ceux qui sont au-dessus d'elle.

L'envie s'attache surtout aux grands hommes; le jour de la gloire ne luit presque jamais que sur leur tombe; vivants, nous les haïssons; à peine ne sont-ils plus sous nos yeux que nous les regrettons.

Virtutem incolumem odimus,
Sublatam ex oculis quærimus invidi.
(HORAT., l. III, od. 18, v. 31, 32.)

Qui mérite l'estime, rarement en jouit; et qui sème le laurier se repose rarement sous son ombrage.

La nature a fait l'homme envieux. Vouloir le changer à cet égard sans le secours surnaturel du Créateur, c'est vouloir l'impossible. Prétendre se flatter d'anéantir l'envie, c'est folie. Tous les siècles ont déclamé contre ce vice. Qu'ont produit ces déclamations? Rien. L'envie existe encore et n'a rien perdu de son activité, parce que rien ne change la nature de l'homme envieux.

Pour celui qui connaît le cœur humain, c'est un spectacle bien digne de pitié, souvent hideux, que l'envie; car un des principaux tourments de l'envieux, c'est d'être aussi affligé et plus affligé même de la prospérité d'autrui que de sa propre adversité; d'avoir à écouter les éloges qu'on fait du mérite des autres, alors qu'on ne fait pas le sien, et de découvrir dans quelques individus ce qu'il voudrait pour soi seul. Aussi le voit-on prendre en aversion et quelquefois en haine tous ceux qui jouissent de quelque estime ou de quelque considération. Toutes leurs bonnes qualités lui deviennent odieuses : la beauté, la jeunesse, la valeur, la prudence, le talent, les nobles actions et toutes les vertus modestes ou éclatantes excitent son chagrin; ou s'il veut le dissimuler, il le fait de très-mauvaise grâce, c'est-à-dire que l'envieux, tout en voulant louer en autrui un sentiment louable, s'y prend si mal qu'on a pu dire de l'envie : elle est un hommage maladroit que l'infériorité rend au mérite (*Lamotte*), tout comme on a dit de l'envieux qui ne sait pas bien dissimuler et se montre soucieux et triste : On ne sait s'il lui est arrivé du mal, ou du bien aux autres. (*Bion*.)

L'envie, dans le cours de la vie humaine, se fait sentir d'assez bonne heure. Elle prive du sommeil, fait perdre l'appétit, dispose à des mouvements fiévreux. Un homme qui n'a pas cultivé ses talents et dont l'envie s'empare à la vue d'un autre qui les a cultivés et qui parvient, prend un air sombre et mélancolique; ses yeux caves dirigés obliquement offrent cette espèce de rayonnement que tous les physionomistes y ont remarqué; quelquefois l'un est presque fermé et l'autre mi-ouvert; le front se ride à l'épine nasale; d'autres rides sillonnent le front en tout sens, et encadrent sa bouche comme dans une sorte de triangle. Les muscles sont saillants comme des cercles; le sourcil s'abat et se fronce; la paupière est clignotante; les narines s'ouvrent; appliquée contre la lèvre supérieure, l'inférieure la pousse en haut; leurs commissures sont inégalement retirées en arrière; la bouche éprouve un mouvement de distorsion, et le sourire sardonique de l'envie se prononce.

L'envieux est ordinairement petit et grêle; soyez sûr qu'il pèche par quelque côté; c'est un être dépourvu de qualités physiques ou morales. Il est défiant, flatteur, souple et adroit; son langage est arrangé, plein de formules bénignes; son regard est velouté et vise à la douceur. Mais quoiqu'il fasse l'hypocrite, son œil éclate parfois de malice et de rage, et sa parole incisive et mordante trahit l'état de son âme; ses lèvres se crispent et s'affrontent; quand vous ne le voyez pas, il vous regarde comme un tigre un homme; ses cheveux sont habituellement en désordre. On dirait, à la coloration de sa peau, que la bile circule dans ses veines. Oui, quand la gangrène-envie a corrompu le cœur, l'habitude extérieure manifeste les secrets ravages de cette fureur de l'âme. La peau est décolorée, les yeux enfoncés, l'intelligence exaltée; les membres frissonnent, et des grincements de dents montrent la rage qui torture l'âme. (*Saint Grégoire*.) S'il voit accorder à autrui les avantages et les prérogatives qu'il croit lui appartenir, il suffoque. La bonne réputation des personnes dont il cherche à se venger par la calomnie et le mépris est comme le glaive de Damoclès suspendu sur sa tête; il cherche à lui nuire et ne cesse de se nuire à lui-même; il est toujours troublé à la vue du bonheur qu'il se forme toujours plus grand qu'il n'est réellement, et qui nourrit en son cœur un feu dévorant qui le brûle et le consume.

Il n'est pas jusqu'au sot lui-même qui ne devienne sombre, taciturne, dès que l'envie s'empare de son âme. Il est d'autant plus tourmenté qu'il s'efforce en vain d'abaisser ceux qui lui sont supérieurs, qui ont un mérite qu'il n'a point : il roule les yeux, fronce le sourcil, va tête baissée, devient fâcheux, boudeur, revêche. La sérénité reparaît sur son front, si un flatteur le distrait des idées dont il s'occupe, et l'élève autant qu'il voudrait voir humiliés ceux qui lui ravissent sa gloire ou les avantages auxquels il aspire.

L'envieux reçoit en ce monde la punition que lui méritent ses pernicieux penchants. Son châtiment commence quand il ne peut plus supporter la vue de la prospérité d'autrui ; alors il fuit la société, et sa rage est comme un ver rongeur qui dévore les entrailles. Détestant tout le monde, à son tour détesté, il est l'effroi des gens honnêtes qui pensent, en le voyant pâle et défait, que le remords de quelque crime pèse sur sa conscience. Il vit dans l'isolement, inaccessible à tous ces sentiments si doux de bienfaisance, de charité, d'amitié, d'amour, qui font vivre le cœur et peuvent seuls rendre la vie supportable.

Peu à peu cette torture intérieure dévore son organisation. L'excitation morale continuelle de l'envieux, l'exaltation maladive de son intelligence, fatiguent son cerveau ; les fonctions se pervertissent, la circulation s'accomplit mal, les viscères abdominaux s'engorgent, l'hypertrophie du foie entrave ses digestions ; bientôt, amaigri, le teint hâve, il meurt dans les souffrances atroces des obstructions, de l'anévrisme ou du cancer.

Rien de plus commun que d'entendre confondre l'envie et la jalousie ; cependant elles ont des objets bien différents. On appelle jaloux un amant, un mari ; mais on ne leur donne jamais le titre d'envieux. De même on ne saurait appeler jalousie le sentiment dénaturé qu'éprouvent quelquefois les mères pour les enfants d'un autre lit.

Ce malheur est très-fréquent, et de jeunes enfants que l'on croyait confier à de nouveaux soins maternels, mettre à l'abri d'un nouvel amour, deviennent les martyrs de leurs marâtres. Il est impossible d'imaginer quelles souffrances on leur fait subir, par quelle série de douleurs ils sont obligés de traverser leur enfance.

La belle-mère garde tous ses soins, toute sa tendresse pour ses enfants à elle. Jamais un baiser, jamais de caresses pour les autres. Le père lui-même, de peur d'aiguillonner l'envie de sa femme, n'ose pas les dédommager par les preuves de son affection. Véritables parias sous le toit paternel, ces petits malheureux boivent de bonne heure les amertumes de la vie. N'avoir jamais été aimé, n'avoir aimé personne dans son enfance, c'est un affreux pronostic de malheur à venir. Il est des plantes qui ne fleurissent que sous les rayons bienfaisants du soleil, le cœur humain ne s'épanouit qu'aux rayons de l'amour d'une mère. (*P. Belouino.*)

L'envie ne fait de mal (au physique, s'entend) qu'à ceux qui ne peuvent pas satisfaire d'une manière ou d'une autre leur esprit inquiet et malade, et sont obligés d'avaler, comme on dit, la plus grande partie de leur fiel.

C'est d'autant plus fâcheux pour les envieux, que, s'ils deviennent réellement malades, ce n'est que par hasard qu'on connaît la cause de leurs maux, et même, dans ce cas, ne conviennent-ils pas que ce soient les tourments de l'envie qui ruinent leur santé. La plupart l'ignorent eux-mêmes, tant ils sont préoccupés du motif qui trouble leur raison et rend leur existence amère. Aussi a-t-on dit avec beaucoup de raison : « Les malheureux sont moins à plaindre que les envieux ; ils ne souffrent que de leurs maux, au lieu que les envieux sont tourmentés du bonheur des autres autant que de leur propre malheur. » (*Théophraste.*)

Qu'opposerons-nous à l'envie ? c'est chose assez difficile à décider, attendu que, d'une part, l'envieux la dissimule ; et d'autre part, il se défend d'en être possédé. Dans l'un et l'autre cas, il se rira de nos conseils, et notre voix ne sera pas entendue. C'est donc un mal qui devient incurable ou tout au moins peu susceptible de guérison, soit à cause des motifs que j'ai fait valoir, soit parce que, jetant de profondes racines dans le cœur humain, l'envie y étouffe tous les sentiments généreux. Néanmoins on doit chercher à les faire revivre, ces sentiments, et associer au traitement moral, les quelques autres moyens hygiéniques que nous avons conseillés pour les passions asthéniques, telles que l'abattement, l'affliction, le chagrin, etc. Un des plus puissants après ceux que fournissent les principes religieux, c'est l'éloignement du malade de la personne ou des personnes qu'il serait tenté d'envier.

J'oubliais de faire remarquer qu'en bonne politique on se sert quelquefois avec avantage de l'envie ; c'est même le seul cas où elle soit utile à quelque chose. Ainsi chacun sait que Lacédémone et Athènes ne permettaient point à la Grèce de demeurer en repos ; que la guerre du Peloponèse et les autres furent toujours causées par l'envie que se portaient ces deux villes ; mais que ces mêmes envies qui troublaient la Grèce, la soutenaient en quelque façon, et l'empêchaient de tomber dans la dépendance de l'une ou de l'autre de ces républiques.

Les Perses aperçurent bientôt cet état de la Grèce ; aussi tout le secret de leur politique était d'entretenir ces sentiments et de fomenter ces divisions. Lacédémone, qui était la plus ambitieuse, fut la première à les faire entrer dans les querelles des Grecs. Ils y entrèrent dans le dessein de se rendre maîtres de toute la nation, et soigneux d'affaiblir les Grecs les uns par les autres, ils attendirent le moment de les accabler tous ensemble.

Reste une dernière observation. L'envie a en elle-même quelque chose de si repoussant, que, pour en masquer l'odieux, on l'a décorée, dans quelques circonstances, du nom d'émulation. Gardons-nous de croire à une pareille métamorphose, et surtout de confondre ensemble ces deux sentiments; l'un, ainsi que nous l'avons vu par l'exemple du grand Corneille, ennoblissant l'homme à qui elle ne conseille rien que de très-honorable, de très-avantageux, tout ce qui peut embellir la vie; l'autre, au contraire, ne lui inspirant jamais que ce qui peut troubler sa raison, empoisonner des jours faits pour être consacrés au bonheur de l'humanité et de soi-même.

ÉPOUVANTE (sentiment), ÉPOUVANTÉ. — L'épouvante est l'état d'agitation, de trouble d'une imagination livrée à la peur, qui, ne pouvant calculer le danger, se l'exagère toujours, et, incapable d'y résister, cherche dans une prompte fuite le moyen de s'y soustraire.

Au figuré, l'épouvante a son point de départ d'une idée *particulière*, qui naît, dans notre esprit, à la vue des difficultés à surmonter pour réussir dans une entreprise, et des suites d'un mauvais succès. Cette sorte d'*épouvante* ne doit pas être confondue avec la première, attendu que dans celle-ci on craint tout pour soi, et que dans celle-là ce n'est que le sort d'autrui qui nous émeut et nous inquiète. C'est pourquoi nous rattacherons l'une à la FRAYEUR, la PEUR (*Voy.* ces mots), et l'autre à l'APPRÉHENSION, la CRAINTE. (*Voy.* ces articles.)

Du reste, un des caractères distinctifs de l'épouvante d'avec l'alarme et l'effroi, autres sentiments avec lesquels on pourrait la confondre, c'est qu'elle est plus durable qu'eux, et ôte presque toujours la réflexion. (*D'Alembert*.)

ÉQUITÉ (vertu). — On entend communément par le mot *équité*, un amour de la justice fondé sur la raison et la conscience. Ce sentiment est si grand, si digne, qu'on a pu dire de lui sans opposition aucune :

Dans le monde il n'est rien de beau que l'équité :
Sans elle la valeur, la force, la beauté,
Et toutes les vertus dont s'éblouit la terre,
Ne sont que faux brillants et que morceaux de verre.
DESPRÉAUX.

De tout temps *équité* a été considéré comme synonyme de justice. Nous ne prétendons pas le contraire ; mais nous ferons observer qu'il y a peut-être, en un sens, dans l'équité, quelque chose de plus noble, de plus généreux que dans la justice, prise dans le langage vulgaire. Et, par exemple, combien n'y a-t-il pas de choses que la loi humaine autorise, mais que l'équité défend ! Pourquoi cela? parce que cette loi est l'ouvrage des hommes, et que, s'y conformer, c'est agir conformément aux règles que la justice impose; tandis que l'équité est un sentiment qui nous vient du ciel et que Dieu nous envoie, qui a toute la pureté du temple d'où elle descend sur la terre, et toute la majesté de son divin auteur.

ESPÉRANCE (vertu). — L'attente du bien qu'on désire et qui parait devoir arriver, ou bien une disposition de l'âme à se persuader que ce qu'elle désire arrivera (*Descartes*), voilà ce qui constitue l'*espérance*. C'est pourquoi on a dit de l'espérance qu'elle est un fait complexe dans le cœur humain, c'est-à-dire la connaissance du bien, le désir de le posséder, et la croyance à la possibilité de satisfaire ce désir. L'espérance est donc une vertu mixte, qui se compose du désir et de la constance, et consiste en un sentiment de confiance qui soutient l'homme dans l'attente d'un bien que la fortune semble lui promettre, et qui l'en fait jouir par la pensée avant même de l'avoir obtenu.

Ainsi, pour quelques philosophes, l'espérance serait une espèce d'intuition d'une possibilité heureuse, la prévoyance d'un bonheur qu'on souhaite et dont on jouit d'avance, un rêve heureux du désir ou de toutes les sensations agréables ; car toutes peuvent être décidées par l'espérance. Il n'est donc pas étonnant qu'un de nos spirituels auteurs ait dit, avec un peu d'exagération peut-être :

D'un ami le retour sait plaire
Longtemps avant qu'il ne soit là :
Et le bonheur que l'on espère,
Vaut presque le bonheur qu'on a.

L'espérance est l'amour, plus le désir, plus la croyance à la possibilité de le satisfaire; croyance qui suppose, la plupart du temps, un exercice assez compliqué de la pensée, pour discerner les rapports de l'objet à nous, et des moyens à la fin où nous tendons. C'est pourquoi l'espérance est propre à l'être raisonnable, tandis que le désir, à son plus bas degré, est commun à l'homme et à l'animal, qui est capable aussi, lui, d'une certaine manière, de connaître par les sens. Et comme dans ce monde nous avons toujours quelque chose à désirer, et que dès lors nous espérons toujours, on peut dire que notre existence terrestre n'est que l'espoir incessant d'un bonheur qui nous échappe ici-bas et que nous devons trouver ailleurs; ou, en d'autres mots, que l'homme passe en voyageur sur cette terre ; qu'il n'est pas fait pour s'y fixer et que sa patrie est plus haut.

Par ces motifs, l'espérance est un des aiguillons les plus vifs de la volonté, qu'elle stimule surtout par l'imagination ; elle adoucit singulièrement les maux de la vie présente, qu'il serait impossible de supporter sans elle ; elle soutient, elle relève chacun dans sa route, si diverse qu'elle soit, depuis le chrétien fidèle, qui croit aux promesses divines et salue de loin le terme désiré qu'elles lui font entrevoir, jusqu'à l'homme du monde, qui a le malheur de poser son amour dans les biens de la terre, et qui appelle toujours de ses vœux une fortune propice, un bonheur plus grand pour l'avenir. Aussi, l'espérance est-elle une source éternellement jaillissante dans le cœur humain. L'homme n'est jamais heureux, quoique toujours à même de l'être ; l'âme, inquiète et exilée du lieu de son origine, s'arrête dans l'idée d'une vie à venir, et se perd dans son immensité. (*Pope, Saint-Simon.*)

En théologie, l'espérance est encore mieux que cela. Elle est un très-grand bien, puisqu'avec son appui nos maux deviennent plus légers, et qu'en s'aidant de la patience, de la fermeté et de la résignation aux décrets de la Providence, elle nous fait supporter les disgrâces présentes, surmonter les obstacles, et nous montre, pour récompense de notre foi et de nos efforts, l'immortalité.

Partant, demandez au vrai croyant ce que c'est que l'espérance? Il vous répondra : Pour moi c'est l'image d'une riante perspective qui flatte la vue, réjouit le cœur, élève l'âme jusqu'au Créateur de tant de merveilles, soutient ainsi les forces, ranime le courage, et cache le terme du voyage à la vieillesse et au malheur. Pour moi le passé meurt, le présent n'est qu'un songe pénible qui va bientôt s'évanouir, et l'avenir n'est qu'une espérance.

Une espérance, ô mortel, voilà ta grandeur ! Au milieu d'un monde de destruction, en présence de la mort et de l'oubli, lorsque tout finit autour de toi, tu espères une vie qui ne doit point finir ; le mot éternité n'étonne point ton âme, elle y répond par l'infini ; sentiment sublime qui nous détache de l'espérance et du temps, et nous ravit au sein de Dieu !

L'espérance ! c'est le soutien de notre volonté ; c'est elle qui met sans cesse un but devant nos efforts, qui nous console dans l'infortune et nous encourage dans le triomphe. Tous les hommes, chacun dans la route que lui a tracée la Providence, marchent à la lumière de ce flambeau.

Grâce à ce sentiment consolateur, qui nous promet toujours un lendemain plus prospère, nous soutenons les maux, les traverses de la vie présente, qu'il faudrait sans lui déserter par le suicide ; mais l'espérance est là devant nous, qui nous tend la main, nous promettant le bonheur ; et nous la saisissons avec joie.

D'ailleurs, le chrétien qui ne s'abuse pas sur la destinée de l'homme et qui met son espérance plus haut que la terre, accepte les misères d'ici-bas comme un calice d'expiation ; il sait que Dieu lui payera en félicités suprêmes la dernière de ses larmes et la moindre de ses douleurs, et il se réjouit d'avoir tant à souffrir. Qu'elle est donc sublime l'espérance qui produit ainsi la résignation d'esprit, ferme la bouche au murmure, ouvre le cœur aux sacrifices de toutes sortes, et verse sur les douleurs du temps qui s'envole le baume des consolations éternelles ! Quel remède que l'espérance pour l'âme chrétienne et pieuse ! Comme elle sait reveiller les passions languissantes, calmer les passions tumultueuses, répandre un baume salutaire sur les plaies du cœur, adoucir les maux de la vie, faire taire la douleur ou aimer à la supporter ! Oui, l'espérance est le présent qu'un Dieu plein d'amour fait à sa créature ; c'est l'ange invisible qu'il a envoyé sur la terre pour que l'âme inquiète se repose et se promène dans la vie à venir, oubliant les maux présents. Ce sont ses prestiges brillants qui bercent doucement notre existence ; l'espérance du bonheur est presque le bonheur lui-même !

Au contraire, voyez cette jeunesse ardente et passionnée, animée par une autre espérance : ayant devant elle l'immensité de l'avenir, elle est assez malheureuse pour assujettir sa pensée aux choses terrestres, pour aveugler son amour de manière à le détourner de son but en l'enchaînant aux jouissances de ce monde ; dans son besoin de vivre et de jouir, elle s'y précipite par le désir, elle en prend possession par l'imagination. De là les rêves dorés de cet âge, si peu conformes, hélas ! à la réalité. Ils embellissent son avenir d'illusions, effacent par leurs promesses les déceptions de son cœur, lui cachent sous des fleurs le sentier du tombeau, transforment ses projets en réalités futures. Ainsi l'espérance, quand elle nous trompe, c'est le bonheur d'ici-bas qu'elle nous promet : mais, hélas ! n'est-ce point aussi la malédiction pour l'éternité ?

Oui, une espérance trop facile dans les jouissances temporelles suppose ignorance et faiblesse de raison : elle jette l'homme dans une activité imprudente et sans fruit. Néanmoins, mieux vaut encore céder à ses entraînements que de ne jamais espérer, le défaut d'espérance amenant le découragement, puis le désespoir qui tue l'activité en lui ôtant son aiguillon.

Quoi qu'il en soit, l'espérance doit entrer dans toutes les catégories des passions que le moraliste mettra en jeu pour adoucir les souffrances morales de toute personne qui n'espère plus. Son effet est assuré pour toutes celles qui la retrouvent après l'avoir perdue ; car, dès qu'il a la foi, l'homme ne désespère plus. Il met toute sa confiance en Dieu, en sa providence, sa bonté, sa puissance, sa miséricorde, et Dieu devient son appui au milieu des plus vives douleurs et de ses plus grandes infortunes. Dès ce moment, quand il perdrait tout le monde et le monde lui-même, quel que soit son abattement, le suicide est impossible : plus tard il se relèvera de sa faiblesse.

Il n'en est pas tout à fait de même de l'espérance *mondaine* ; néanmoins elle sera fort bien placée dans toutes les formules des passions que le médecin moraliste cherche à décider en ceux qui souffrent. Mais comme elle a ses racines dans le cœur, les fruits qu'elle porte ne sauraient mûrir sans culture. Il faut donc leur redire chaque jour les motifs qu'ils ont d'en concevoir, et chaque jour leur présenter de nouveaux moyens de succès : la douleur vient si souvent détruire tous les effets d'une première persuasion !

Il y a cependant quelques restrictions à faire à cette règle : ainsi, dans des maladies qui peuvent avoir une terminaison fâcheuse, il ne faudrait pas tout d'un coup donner de trop grandes espérances. Quand les faits viennent les démentir, l'effet moral est d'autant plus fâcheux qu'on aurait promis davantage.

Ainsi, dans les souffrances morales et physiques, il faut nourrir l'homme d'une double espérance; mais lui, loin de soupirer après les félicités célestes, jeté sur la terre pour y faire un plus ou moins long, mais toujours pénible pèlerinage, il s'attache le plus souvent dans sa route aux choses matérielles qui flattent ses sens, il se passionne pour elles, il en désire ardemment la possession et souffre d'en être privé. D'où il résulte que ses espérances, quand il en a, sont un mélange de joie et de douleurs, dans lequel la douleur l'emporte souvent. Alors l'espérance ne saurait être une vertu, qu'à la condition de nous faire supporter avec patience et résignation les angoisses de l'attente.

Evidemment cela devait être : car est-il vertueux celui qui, désirant se faire un nom et une brillante position, fait absolument *tout* ce qu'il est nécessaire de faire pour arriver, et *espère* dans les moyens, quelquefois bien coupables, qu'il emploie pour atteindre plus facilement le but?

Est-il vertueux celui qui, bercé par un songe d'homme éveillé (*Aristote*), soupire après mille jouissances, et souffre, tout en *espérant* les obtenir, de ne pas en jouir encore? Non, car l'espérance ainsi sentie est bien près du vice (*Bonaparte*), et, toute consolatrice qu'elle est, elle n'en est pas moins dangereuse, à cause des mécomptes qu'elle nous prépare. Le moindre mal qui en arrive, dit madame Lambert, c'est de laisser échapper ce qu'on possède en attendant ce qu'on désire.

Et pourtant, comme le pire de tout est de ne plus rien espérer du présent et de l'avenir en ce monde, mieux vaut, je le répète, céder aux illusions d'une espérance mensongère, que de se laisser aller au découragement dans lequel tombe nécessairement celui qui n'espère plus. Dans son malheur, il devient sourd à la voix de l'amitié qui console souvent, et à celle de la religion qui console toujours et nous encourage, en nous montrant du doigt une autre espérance, celle d'en haut qui ne nous trompe jamais.

Au contraire, c'est l'espérance qui console tous les malheureux; elle pénètre dans l'asile de l'infortune, adoucit toutes les douleurs, guérit toutes les souffrances; elle s'assied au chevet du malade et lui promet la santé; elle perce la grille du cachot et parle de liberté aux pauvres prisonniers; elle promet du pain à l'indigence; elle montre à l'exilé sa patrie; elle fait entrevoir sa grâce à celui qu'attend l'échafaud. Elle est le ressort le plus puissant de la société, le remède à toutes les souffrances de l'humanité. Du point de vue où nous l'avons considérée d'abord, l'espérance est la chaîne qui unit la terre au ciel, en rappelant sans cesse à l'homme ses hautes destinées, le divin héritage que Dieu lui a promis. Aussi ceux qui espèrent en Dieu sentent-ils leurs forces accroître; on dirait qu'ils volent avec les ailes de l'aigle; ils courent sans que leur ardeur se ralentisse; ils marchent sans jamais éprouver de lassitude. (*Isaïe*, chap. XL, v. 31.)

Du reste, si nous étudions les effets de l'espérance, que voyons-nous? que, comme toutes les affections douces ou gaies, elle imprime à l'organisme une salutaire influence. Ainsi la voix a plus de fermeté; la circulation, active et bien réglée, ne laisse point le sang s'accumuler dans les organes; la digestion est prompte, toutes les fonctions s'exécutent avec facilité. La vigueur se répand dans les membres; la santé devient florissante. Le visage, épanoui, dilaté, semble vouloir s'épandre; les rides disparaissent, le front s'élève et le sourire embellit la physionomie; le regard limpide et animé annonce la félicité intérieure.

De son côté, l'intelligence devient plus vive, plus spontanée; le travail lui est facile, et les idées abondent au cerveau. Quand on espère, l'âme est accessible à tous les sentiments généreux, à toutes les nobles inspirations. On est heureux, on veut que tout le monde participe au bonheur que l'on éprouve. La valeur, le courage, la patience et une foule d'autres passions estimables sont entées sur celle-là. L'avenir n'est plus sombre, toutes nos pensées nous élèvent vers les cieux.

Puissent donc tous les hommes se bien persuader que la terre qu'ils habitent n'est qu'un lieu d'exil d'où ils s'échapperont un jour pour, s'ils ont bien mérité de leurs concitoyens et de leur conscience, retourner heureux et triomphants dans la mère-patrie!

ESPRIT (mot générique, faculté). — L'esprit n'est autre chose qu'une certaine facilité à voir clairement tous les objets, soit ceux qui existent réellement, soit ceux que l'on peut imaginer, et de concevoir tout d'un coup les divers rapports et les différences qui sont entre ces objets. Ainsi, quand quelqu'un exprime sa pensée, un esprit vif se le peint à l'instant dans son imagination et en aperçoit d'un coup d'œil la justesse et les défauts. Bref, plus l'homme est habile à saisir les rapports et les dissemblances que les objets ont entre eux, plus il a d'esprit.

Quoique l'esprit humain, à le considérer dans sa substance, soit le même dans tous les hommes, cependant ses opérations sont si différentes, qu'on le croirait lui-même différent, si l'on ne savait pas que, tenant en quelque sorte à la Divinité, il est dans l'homme ce que Dieu est dans l'univers, c'est-à-dire agissant différemment, mais toujours le même. Nous les voyons, ces différentes opérations, dans ceux dont il conduit la langue et la main. Les uns, poètes, parlent aisément la langue des dieux; les autres, orateurs, enchaînent les esprits des hommes. Les uns, d'un style coulant, ont le don de la narration; les autres, réfléchissant beaucoup, nous laissent des volumes de réflexions. Les uns, pensant pour tout le monde, donnent à leurs pensées une longue étendue; les autres, ne pensant que pour leurs semblables, font plutôt des esquisses que des tableaux. Et d'où vient cette diversité de génies, sinon des caprices de la nature dont on ne peut rendre raison? (*La Rochefoucauld.*)

Ainsi, ce qu'on appelle esprit est tantôt une comparaison nouvelle, tantôt une allusion fine; ici l'abus d'un mot qu'on présente dans un sens, et qu'on laisse entendre dans un autre; là, un rapport délicat entre deux idées peu communes : c'est une métaphore singulière, c'est une recherche de ce qu'un objet ne présente pas d'abord, mais de ce qui est en effet dans lui ; c'est l'art ou de réunir deux choses éloignées, ou de diviser deux choses qui paraissent se joindre, ou de les opposer l'une à l'autre. C'est celui de ne dire qu'à moitié sa pensée pour la laisser deviner.

Le mot *esprit*, quand il signifie une qualité de l'âme, est un de ces termes vagues auxquels tous ceux qui les prononcent attachent presque toujours des sens différents : il exprime autre chose que jugement, génie, goût, talent, pénétration, étendue, grâce, finesse; et il doit tenir de tous ces mérites : on pourrait le définir, *raison ingénieuse*.

C'est un mot générique qui a toujours besoin d'un autre mot qui le détermine; et quand on dit : Voilà un ouvrage plein d'esprit, un homme qui a de l'esprit, on a grande raison de demander du quel. L'esprit sublime de Corneille n'est ni l'esprit exact de Boileau, ni l'esprit naïf de La Fontaine; et l'esprit de La Bruyère, qui est l'art de peindre singulièrement, n'est point celui de Mallebranche, qui est de l'imagination avec de la profondeur.

Quand on dit d'un homme qu'il a un esprit judicieux, on entend moins qu'il possède ce qu'on appelle de l'esprit qu'une raison épurée.

L'esprit, dans l'acception ordinaire de ce mot, tient beaucoup du bel-esprit; cependant il ne signifie pas précisément la même chose, car jamais ce terme, *homme d'esprit*, ne peut être pris en mauvaise part, et *bel esprit* est quelquefois prononcé ironiquement.

Sauf cette dernière circonstance, c'est principalement dans la clarté, le coloris de l'expression et dans l'art d'exposer ses idées, que consiste le bel esprit, auquel on ne donne le nom de beau que parce qu'il plaît et doit réellement plaire le plus généralement. En d'autres termes, c'est à l'art de bien dire que doit être spécialement attaché le titre de bel esprit.

Il ne faudrait pas conclure, d'après cette idée, que le bel esprit n'est que l'art de dire élégamment des riens; attendu que, s'il en était ainsi, un ouvrage vide de sens ne serait qu'une continuité de sons harmonieux, qui n'obtiendrait aucune estime, et que le public ne décore du titre de bel esprit que ceux dont les ouvrages sont pleins d'idées fines, grandes, intéressantes. Il n'est donc aucune idée qui ne soit du ressort du bel esprit, si l'on en excepte celles qui, supposant trop d'études préliminaires, ne peuvent être mises à la portée des gens du monde.

L'esprit humain, avons-nous dit ailleurs (art. ENTENDEMENT), est l'entendement en tant qu'il invente ou qu'il pénètre. C'est un don que Dieu a fait à tous les êtres animés pour qu'ils l'utilisent. Nous devons ajouter maintenant qu'on s'est demandé si tous les hommes sont nés avec le même esprit, les mêmes dispositions pour les sciences, et si tout dépend de leur éducation et des circonstances où ils se trouvent? Un philosophe qui avait droit de se croire né avec quelque supériorité, prétendit que les esprits sont égaux ; cependant on a toujours vu le contraire. De quatre cents enfants élevés ensemble sous les mêmes maîtres, dans la même discipline, à peine y en a-t-il cinq ou six qui fassent des progrès bien marqués. Le plus grand nombre sont des enfants médiocres, et parmi ces médiocres il y a des nuances; en un mot les esprits diffèrent plus que les visages.

Dans tous les cas, l'esprit étant une des facultés de notre entendement, mon intention n'est pas, en écrivant cet article, d'enseigner comment on parvient à le développer. Tout individu qui a reçu quelque instruction le sait et peut le dire à ceux qui l'ignorent ou voudraient l'ignorer. C'est pourquoi je me bornerai à poser les quelques principes auxquels nous devons nous conformer pour ne pas perdre les avantages que l'esprit procure, et cela surtout dans un siècle où bien des gens sont prêts à tout sacrifier pour acquérir la réputation d'hommes d'esprit.

Premièrement, avoir de l'esprit et *le faire valoir à propos* sont deux conditions indispensables pour mériter cette réputation : car on peut déplaire avec beaucoup d'esprit, alors qu'on ne s'applique à le faire paraître qu'aux dépens des autres. Il va sans dire que dans ces circonstances le plaisir que chacun éprouve à montrer sa supériorité n'étant obtenu qu'en blessant l'amour-propre d'autrui, et quelquefois aux dépens de sa réputation, il en résulte que c'est un défaut que de vouloir, à ce prix, faire briller son esprit.

A plus forte raison sera-ce un défaut, si l'on n'a pas assez d'esprit pour justifier les prétentions qu'on affiche. Alors l'empressement mis à en montrer est le plus sûr moyen de n'en point avoir et de gâter la société la plus brillante. (*Voltaire.*) C'est pour cela que les véritables gens d'esprit deviennent la plus sotte compagnie du monde ; ce qui faisait dire à d'Aguesseau : « Le bon esprit n'a pas d'ennemi plus sûr que le bel esprit. » L'un concilie les hommes, l'autre les divise.

C'est donc un motif pour que les personnes qui ont de l'esprit témoignent beaucoup de bonté à ceux qui en ont moins ou qui en seraient privés. Sans cette condition, au lieu de l'estime et de la considération après lesquelles ils courent, ils n'obtiendront jamais que la désaffection, la haine ou le mépris; tout nous éloignant invinciblement des personnes qui nous oppriment ou cherchent à nous opprimer par la supériorité de leur esprit; à plus forte raison, si elles visent à nous le faire sentir. Ce n'est pas tout.

Secondement, les gens d'esprit doivent être

on ne peut plus mesurés dans leur langage. Connaissant toute la valeur et la portée des expressions dont ils se servent, ils ne peuvent ignorer que les mêmes choses qu'un sot peut dire sans offenser, offensent au contraire dans la bouche des hommes d'esprit, et cela parce qu'on ne prend pas garde à ce que dit un sot (il n'y prend pas garde lui-même), et on méprise ses propos; tandis qu'on pèse chaque parole de l'homme d'esprit. L'un, en voulant offenser, n'offensera pas; par contre, l'autre offense sans le vouloir, l'offense se mesurant toujours à la capacité et au mérite de l'offenseur.

Quoique j'aie avancé tout à l'heure que je ne dirais pas comment l'esprit s'acquiert, c'est chose par trop connue, je me permettrai cependant quelques observations qui ne sont pas, je crois, sans importance.

En premier lieu, la meilleure manière de faire usage de l'intelligence que Dieu nous a donnée, consiste à l'occuper de la lecture du petit nombre de bons ouvrages écrits par des hommes de cœur ou de talent, ou par des femmes d'une grande raison, d'une vive sensibilité et d'une exquise délicatesse, soit en France, soit à l'étranger. Par ces lectures et par les conversations réitérées que l'on peut avoir avec des personnes ayant un entendement vigoureux et réglé, notre esprit se fortifie et s'étend, au lieu qu'il baisse, s'abâtardit et se perd par la fréquentation et le commerce continuel que nous avons avec les esprits bas et maladifs. Il n'est contagion qui s'épande comme celle-là, disait Montaigne.

Une autre observation que nous devons noter, est celle qui est relative au faux jugement que l'on porte communément dans le monde de certains hommes d'esprit, et particulièrement de ceux qui parlent peu en société. Quand ces gens-là, ce qui leur est assez habituel, ne prennent pas part à la conversation, on attribue fort souvent leur silence à l'orgueil, c'est-à-dire qu'on les accuse de ne pas daigner parler devant des personnes qu'ils ne croient pas capables d'apprécier leur talent. Dans leur vanité, pourraient-ils prendre la parole et montrer leur capacité, leur facilité, lorsqu'il n'y a pour eux aucune gloire à recueillir?

On va plus loin : on suppose qu'ils n'ont rien de bon à dire; que, désirant ardemment de briller et ne le pouvant pas, ils préfèrent se taire plutôt que de montrer leur nullité.

Pour ma part, j'avouerai que ce jugement à l'égard des gens d'esprit n'est pas toujours injuste; cependant on aurait tort de l'appliquer à tous les hommes qui n'en manquent pas, la plupart étant de la meilleure compagnie. Et quant à ceux qui ont une réputation usurpée, mieux vaut encore qu'ils se taisent que de ne pas être à la hauteur de leur réputation.

Maintenant, que dirons-nous des gens qui manquent d'esprit? que la plupart sont pardonnables si leur ignorance est involontaire et s'ils savent se connaître, tous les hommes n'ayant pas le même degré d'intelligence; mais si, **semblables à ces esprits** bornés, suffisants et présomptueux, qu'on rencontre à chaque pas dans le monde, ils témoignent le plus souverain mépris pour tout ce qui s'appelle étude et connaissances, et, dans d'autres circonstances, affectent certains airs de supériorité vis-à-vis des gens remplis de mérite qu'ils ne connaissent pas et qui néanmoins, et peut-être à cause de cela, auront assez de complaisance pour se taire; oh! alors rien ne s'oppose à ce que, par de sages conseils et quelquefois même par une mystification plus ou moins légère, on ne leur fasse sentir le ridicule de leurs prétentions.

Cela me rappelle l'histoire assez piquante d'un jeune docteur, arrivé depuis peu de la province à Paris, que j'ai rencontré pérorant dans un salon où se trouvait une de nos illustrations médicales. Ce jeune homme parlait beaucoup, se vantait beaucoup, et, pour se donner un air plus important encore, il se disait dans les meilleurs termes avec *tous* les professeurs de la capitale qui lui témoignaient beaucoup d'estime. — « Tous, monsieur? en êtes-vous bien sûr? » lui dit malicieusement une dame qui se trouvait causant familièrement, juste avec un professeur en médecine qui, écoutait lui, avec sa bonhomie habituelle, les discours mensongers de notre imberbe docteur. — « Oui, madame, de tous sans exception. — En ce cas je suis fort étonnée, reprit-elle, que vous n'ayez pas encore présenté vos civilités à M....., auxquels leçons duquel vous n'avez probablement jamais assisté, et qui ne vous tend pas la main en témoignage d'amitié. » Je ne sais si mon jeune confrère s'est corrigé de la manie de se faire valoir; mais ce qu'il y a de certain, c'est que la leçon fut forte et bonne. J'en fus fâché pour lui, mais, soit dit en passant, la jeunesse oublie trop facilement dans le monde que : *le moi est insipide*, comme disait Montaigne.

ESTIME, ESTIMABLE. — Qu'est-ce que l'estime? C'est, nous dit-on, l'hommage intérieur et public que l'on rend à la vertu, rien n'étant estimable comme elle (*Fénelon*), et l'homme ne pouvant être heureux s'il n'est estimé des autres hommes.

D'après cette définition, l'estime, considérée en elle-même, ne serait ni une qualité ni une vertu spéciale à l'âme, et nous n'aurions pas à nous en occuper, si Fénelon n'eût voulu dire en passant que nul ne peut goûter le vrai bonheur sur la terre s'il ne jouit au moins de sa propre estime, c'est-à-dire si, s'appréciant à sa juste valeur, il ne croit pas pouvoir prendre rang parmi les hommes généralement estimés et qui doivent la considération dont ils jouissent, plus encore à leur caractère et à leurs vertus, qu'à leur condition et à leur fortune. Je dis de sa propre estime, car il peut arriver qu'avec le désir le plus vif et la persévérance la plus attentive pour obtenir celle d'autrui, on n'y parvienne jamais. Eh bien! n'est-ce pas qu'il doit nous suffire alors de l'avoir méritée?

Quelques auteurs ont prétendu que l'amour de l'estime c'est l'amour de soi-même. Je suis entièrement de leur avis, mais à la condition qu'ils ne confondront pas, comme la plupart d'entre eux l'ont fait, l'amour de soi avec l'orgueil. Oui, l'amour de l'estime est pour tout homme vertueux l'amour de soi-même, et la preuve, c'est que, d'un avis unanime, il n'est pas de bien plus réel pour l'homme que d'exciter l'admiration, l'assentiment, les suffrages, les sympathies de ses concitoyens et de tous les peuples, la possession et la manifestation ou pratique des qualités et vertus qui rendent les hommes véritablement estimables. Or, n'est-ce pas que celui qui s'aime ambitionne cette admiration, cet assentiment, cette sympathie, etc., et veut à tout prix l'obtenir?

De même, s'aime-t-il, celui qui, se souciant fort peu d'être estimé de ses concitoyens, s'en montre dès lors indigne? (*Le grand Frédéric.*) Non: donc l'amour de l'estime, c'est l'amour de soi-même bien entendu, cet amour qui fait que nous nous rendons estimables afin de pouvoir être unis et dans les meilleurs rapports avec les gens généralement estimés et honorés, sentiment qui entre pour beaucoup dans les efforts que nous faisons pour atteindre ce but.

Toutefois, l'amour de l'estime fût-il renfermé absolument dans l'amour de soi-même, qu'on devrait encore le considérer, je le répète, comme le plus grand des biens, la qualité d'homme vraiment estimable ne s'acquérant sans usurpation qu'alors qu'on est véritablement probe, honnête, vertueux, et une seule faiblesse qui nous entraînerait, nous faisant perdre tous nos droits à l'estime.

ÉTONNEMENT (sentiment).—On a fait le mot *étonnement* synonyme d'admiration, parce que ces deux expressions signifient également un mouvement de surprise; avec cette différence que l'admiration est un sentiment vif et subit de plaisir, qui s'excite en nous à la vue d'un objet dont la perfection nous frappe; tandis que l'étonnement est au contraire un sentiment de peine qui naît à la vue d'un objet dont la difformité est peu commune. Ainsi, ces deux petites passions sont opposées l'une à l'autre, et n'auraient rien de commun, si toutes deux n'excitaient la SURPRISE. (*Voy.* ce mot.)

EXAGÉRATION (défaut).—L'exagération est cette opération de l'esprit par laquelle on augmente la bonne ou la mauvaise qualité des choses, le plus ou moins de beauté et de moralité d'une personne ou d'une action, proportionnellement à ce qu'elles sont réellement.

M. de Maistre l'a surnommée le *mensonge de l'honnête homme.* Cela n'est pas rigoureusement vrai; mais elle en approche tellement, qu'on finirait par la confondre et se familiariser avec lui, si l'on contractait l'habitude de l'exagération. Celle-ci annonce donc des dispositions vicieuses dans celui qui exagère: il ignore peut-être ce proverbe: *Qui veut trop prouver ne prouve rien;* sans cela il s'abstiendrait de toute exagération, exagérer étant un défaut.

Je sais bien qu'exagérer est le propre de l'esprit humain: tant pis, puisque c'est un tort, et que quiconque fait un récit a besoin d'être scrupuleux; tout comme s'il juge de quelque chose, ce doit être avec la plus rigoureuse exactitude. Je sais encore que bien des gens exagèrent un peu afin d'avoir le plaisir de se faire écouter; c'est encore un tort, et, soit dit en passant, c'est celui qui a tant discrédité les voyageurs: aujourd'hui tout le monde s'en défie. Et cela devait être; car si l'un d'eux dit avoir vu un chou grand comme une maison, l'autre a vu la marmite faite pour le chou, et ainsi des suivants. Aussi n'est-ce qu'une longue unanimité de témoignages valides qui puisse mettre enfin le sceau de la probabilité aux récits extraordinaires.

L'exagération est un défaut, à quoi qu'elle s'applique. S'agit-il d'un éloge, elle a le tort de nuire également à celui qui le donne et à celui qui le reçoit: à l'un, parce que l'on n'exagère jamais qu'aux dépens de la vérité, et si l'on va au delà, on flatte, on devient flatteur; à l'autre, parce qu'il ne peut soutenir la comparaison de ce qu'il est réellement avec ce qu'on voudrait le faire paraître; et il faut le dire, c'est toujours fâcheux que d'être au-dessous de sa réputation. Souvent il suffit que nous soyons prévenus sur la beauté d'une femme, le talent d'un artiste, les agréments d'une habitation, pour que, à une première vue, nous les trouvions au-dessous de l'idée avantageuse que nous nous en étions faite, et cela quand la femme est réellement belle, l'artiste un sujet très-distingué, l'habitation un séjour délicieux, à plus forte raison s'ils n'ont pas, chacun en particulier, un véritable mérite.

S'agit-il des pensées, l'exagération annonce un esprit faux, une intelligence bornée, un caractère vain, et en toutes choses une grande faiblesse de raison. Partant, ce n'est pas sans fondement que Malesherbes a affirmé que: « Sur douze personnes exagérées, il y a un fou, un sot et dix hypocrites. » En présence d'une classification pareille, Dieu nous garde, dirons-nous, de l'exagération!

Oui, Dieu nous en garde! car celui qui exagère, en se nuisant à lui-même par la réputation qu'il se fait, nuit beaucoup aussi à la société. Et, par exemple, qu'une personne habituellement exagérée se présente dans un cercle où elle est parfaitement connue, et invite les hommes à prendre les armes, l'émeute étant là à la porte qui gronde menaçante, chacun dira à part soi: Je parierais que ce sont les gamins du quartier qui s'amusent à effrayer les passants; et pas un ne bougera. Que, dans un autre moment, cette même personne accoure annoncer qu'un quartier est la proie des flammes, tous les assistants croiront à un simple feu de cheminée et ne se dérangeront pas. Qu'elle crie, avec les marques du plus violent désespoir : Au secours! je me meurs! — Est-elle folle! répétera-t-on ; et croyant qu'elle exagère, on la laissera sans secours. Ainsi les uns sont victimes de l'émeute, les autres de l'incendie, la personne exagérée, du manque d'assistance : pourquoi? Parce qu'elle a la réputation de toujours exagérer.

Mentionnons une remarque qui a été généralement faite : c'est que nous n'exagérons jamais plus volontiers que lorsque nous trouvons des contradicteurs, ou qu'on nous accuse d'exagération. Cela se conçoit ; car la contrariété aigrit beaucoup le caractère, excite l'imagination, et, pour si peu qu'on soit porté à se laisser aller à sa vivacité ou au désir que l'on a de prouver qu'on n'exagère point, on exagère alors tout de bon. C'est-à-dire qu'à moins d'avoir sur soi-même un bien grand empire, on exagère d'autant plus qu'on s'anime davantage. Du reste, c'est chose très-familière aux peuples des provinces méridionales, qui, sans doute à cause de la vivacité de caractère et de cette fougue de l'imagination qui les distingue des autres peuples, sont tellement sujets à exagérer, qu'on les traite tous de *Gascons*.

Nous devons nous garder de toute exagération ; et fussions-nous nés sur les bords de la Garonne, eussions-nous de grandes dispositions à exagérer, qu'avec un peu de réflexion nous parviendrions à nous corriger de ce défaut. Il suffit, en effet, de réfléchir un instant aux conséquences de l'exagération, pour être convaincu qu'en exagérant, on dépasse toujours le but sans jamais l'atteindre, et que, la réputation d'exagérer une fois faite, tout le monde se défiera de nous.

F

FACHEUX. — On entend par *fâcheux* un importun qui nous accable de ses assiduités, survient dans un moment où la présence même d'un ami est de trop, et celle d'un indifférent embarrasse ; qui, s'apercevant qu'il vous gêne, ne se presse pas davantage à s'éloigner ; qui vous interrompt quand vous dites quelque chose d'important ou de pressé, ou vous embarrasse quand vous faites une chose qui ne doit pas être différée ; qui ne paye pas quand vous comptez le plus sur l'argent qu'il vous doit ; qui, en un mot, fait tout hors de propos.

Ce n'est pas tout encore : le fâcheux entre dans la chambre d'une personne qui vient de s'endormir, et la réveille pour lui parler. Prêt à partir pour quelque voyage, il se promène sur le rivage, et empêche qu'on ne mette à la voile, en priant ceux qui doivent s'embarquer d'attendre qu'il ait fini sa promenade. Il arrache un enfant du sein de sa nourrice, lui fait avaler des choses qu'il a mâchées, et le caresse en lui parlant d'une voix contrefaite. A table, il ne fait aucune difficulté de raconter à ses convives que, s'étant purgé avec de l'ellébore, il est allé par le haut et par le bas. « Cette sauce, poursuit-il, en leur montrant quelque plat, est moins noire que ne l'est la bile que j'ai rendue avec les excréments. » (*Théophraste*.) Bref, sans causer un tort réel à personne, il devient insupportable à tous.

On n'est fâcheux que par un manque d'éducation ; et c'est un défaut dont on peut se corriger tous les jours en s'étudiant à connaître les mœurs, le caractère et les habitudes des personnes avec qui l'on est obligé de vivre, ou auprès de qui on va faire une démarche. En s'y conformant, on ne devient jamais importun pour elles, à moins que ce ne soit sans le savoir, et alors ce n'est point un défaut, puisque c'est involontaire. Dans tous les cas, ne faire jamais à autrui ce que nous ne voudrions pas qu'il nous fît est un moyen sûr et certain de n'être jamais sciemment et volontairement fâcheux.

FAIBLE, FAIBLESSE (défaut), FACILE. — La faiblesse en morale est une disposition habituelle et passagère de l'âme, qui fait manquer, malgré soi, soit aux lumières de la raison, soit aux principes de la vertu. Les effets de cette disposition s'appellent également *faiblesse*.

Assurément personne n'en est exempt ; mais, heureusement pour l'humanité, tout le monde n'est pas également faible et ne le devient pas pour la même cause. Ainsi, le faible du cœur n'est point le faible de l'esprit ; le faible de l'âme n'est pas celui du cœur. Ainsi, une âme faible est sans ressort et sans action, elle se laisse aller à ceux qui la gouvernent : un cœur faible s'amollit aisément, mais change facilement d'inclination ; ne résiste point à la séduction, mais l'ascendant qu'on prend sur lui ne peut longtemps subsister. De même l'un se montre faible par timidité, par mollesse ou par crainte de déplaire en affectant trop de rigueur ; l'autre est faible parce qu'ayant laissé prendre de l'empire sur lui, il ne peut jamais résister ni à de feintes larmes, ni aux marques d'un désespoir bien joué, ni à de tendres caresses, ni à de séduisantes paroles, etc. ; mais, quel qu'en soit le motif, la faiblesse n'en est pas moins un défaut. Heureux encore quand on n'est pas faible par lâcheté. Alors c'est la plus ignoble des faiblesses, et il ne faudrait pas confondre cette avilissante espèce avec les précédentes, l'une n'ayant jamais rien de vil et de repoussant, tandis que les autres peuvent s'allier au vrai courage. Exemple : Charles IX qui, bien que très-brave et courageux, se laissa cependant dominer par sa mère.

Du reste, la faiblesse a bien des étages. Il y a très-loin, chez les gens faibles, de la velléité à la volonté, de la volonté à la résolution, de la résolution au choix des moyens, du choix des moyens à l'application. (*Le cardinal de Retz*.) Mais, dans aucun cas, il ne faudrait confondre ensemble la faiblesse à faire quelque chose et la facilité avec laquelle on a consenti à la faire. Cette distinction est d'autant plus importante, qu'être faible indique toujours un défaut ; tandis que ce n'en est pas toujours un d'être facile ; au contraire, c'est souvent une qualité. Je m'explique. Quand être facile désigne un esprit qui se rend aisément à la raison, à la justice, en un mot, un homme facile à vivre, dans ce cas la facilité est une qualité bonne en soi et que tout le monde recherche. Ce serait donc une grande faute que de la condamner à l'égal de la faiblesse.

Au contraire, quand le mot facile est employé pour désigner un esprit crédule, faible, qui se laisse gouverner, dans ce cas cette dénomination indique un défaut que la société ne pardonne pas. Aussi se sert-on volontiers de ce mot pour injurier une femme qui résiste peu aux séductions dont on l'environne : c'est une femme *facile*, dit-on.

Chacun doit donc se préserver, autant que possible, de toute faiblesse inexcusable ou d'être par trop facile ; et s'il est incapable de résistance, il faut qu'il recherche à quoi peuvent tenir sa faiblesse et sa facilité, pour trouver plus aisément dans cette connaissance le moyen d'y remédier.

On lui eût peut-être évité cette épreuve et cette peine si, dès sa tendre enfance et alors que, trop jeune pour se gouverner, former son caractère et réformer ses mauvais penchants, ceux qui furent chargés de le diriger s'étaient opposés de tout leur pouvoir à ce que ces défauts se développassent et prissent domicile en son âme ; s'ils avaient eu le talent de lui inspirer des sentiments contraires et de lui faire sentir l'odieux de la faiblesse ou d'une certaine facilité par des faits frappants de force et de vérité. Et, par exemple, pour montrer aux enfants qu'on a besoin de la grâce pour être fidèle, il faut leur raconter l'histoire de saint Pierre ; le représenter qui dit d'un ton présomptueux : *S'il faut mourir, je vous suivrai ; quand tous les autres vous quitteraient, je ne vous abandonnerai jamais*. Puis on leur dépeint sa chute : il renie trois fois Jésus-Christ ; une servante lui fait peur : on leur dit pourquoi Dieu permit qu'il fût si faible. On se sert ensuite de la comparaison d'un enfant ou d'un malade qui ne saurait marcher tout seul, et on leur fait entendre que nous avons besoin que Dieu nous porte comme une nourrice porte son nourrisson : par là on rend sensibles les mystères de la grâce.

Mais on n'est pas toujours enfant, et, quels qu'aient été les avis qui lui ont été donnés, tout homme d'une sensibilité exquise doit savoir que c'est un devoir pour lui d'augmenter sa force intérieure, et qu'à défaut de la grâce la sagesse lui en fournit les moyens. C'est un devoir pour lui, parce que les personnes avec qui il est liée par des rapports intimes, souffrent fréquemment de sa faiblesse ; parce qu'il est un grand nombre d'occasions où un homme faible est plus embarrassant ou même plus dangereux qu'utile. Que cet homme se fortifie par l'exercice de la sagesse, qu'il acquière cette fermeté modérée qui appartient naturellement à l'homme dont le caractère a été placé primitivement à égale distance des extrêmes ; et alors il ajoutera tous les avantages qui appartiennent à cet homme, à tous les dons qu'il tient de sa nature, douce et délicate.

FAINÉANT, FAINÉANTISE (vice). — La fainéantise proprement dite peut être définie : l'amour du désœuvrement, la haine de l'occupation et l'éloignement pour toute espèce de travail. Elle a la plus grande analogie avec la paresse, son synonyme, dont elle ne diffère d'ailleurs que par quelques points bien peu importants, dont nous ferons l'énumération un peu plus tard. *Voy.* PARESSE.

FAMILIARITÉ (défaut), FAMILIER. — La familiarité n'est par elle-même, ni une qualité, ni un défaut, puisqu'elle consiste dans une absence de toute gêne, de toute cérémonie (sans grossièreté) dans les entretiens, les manières, les gestes, les procédés en société, déterminée par l'affection, l'habitude, la confiance et l'égalité des conditions. C'est le sans-façon de la bonne compagnie

C'est pourquoi je me serais dispensé d'en parler, si je n'avais voulu faire remarquer que, *poussée trop loin*, la familiarité, en quoi qu'elle se montre, a été considérée, par les moralistes, en général, et par les gens bien élevés, en particulier, comme un véritable défaut. En conséquence, je me vois forcé d'entrer dans quelques détails en ce qui la concerne.

Généralement, ce sont surtout les distinctions de rang, d'état, plus encore que la concurrence et les chances de la fortune, qui empêchent qu'une douce et étroite familiarité s'établisse entre les enfants et les jeunes gens assez enorgueillis de leurs titres et de leur naissance pour s'éloigner de ceux qui n'en possèdent pas de pareils. Aussi ne reste-t-elle que dans le peuple, qui, lui du moins, a su la conserver. Et il a raison : car la familiarité bien entendue est le charme le plus séduisant, le lien le plus doux de l'amitié. De même elle montre l'estime que le supérieur a pour l'inférieur, tout comme la réciprocité de goûts, de convenances, de sentiments, parmi les égaux entre qui elle s'établit.

Et pourtant la familiarité doit nécessairement avoir des bornes. La conserver avec ceux qui sont au-dessus de nous, ou bien plus âgés que nous, devient un défaut, en ce qu'elle dénote, dans l'homme familier, une sotte illusion de l'amour-propre, qui l'aveugle à ce point, qu'il se croit l'égal de tout le monde, en vertu de ce principe : Tous les hommes ne sont-ils pas de chair et d'os ?

Sans doute que nous sommes pétris du même limon, et qu'ayant une origine commune, nous aurons une même fin : *Memento, homo, quia pulvis es, et in pulverem reverteris*. Je dis plus : nous sommes tous frères en Jésus-Christ ; mais il suffit qu'on admette dans la société une supériorité de naissance, de talents, de mérite, d'éducation, pour que ceux qui n'ont rien de tout cela évitent de se montrer familiers avec ceux qui en peuvent jouir.

De même, les hommes bien élevés doivent se défendre de toute familiarité avec les personnes d'un autre sexe. En se montrant très-familiers avec elles, ils pourraient faire supposer des relations par trop intimes; ce qui doit être toujours évité, en supposant même que ces relations eussent existé, la réputation des femmes devant être une chose sacrée, qu'il faut respecter, y porter atteinte leur étant toujours préjudiciable.

J'ai dit : en supposant même qu'elles eussent vécu avec nous dans la plus grande intimité, attendu que de deux choses l'une : ou bien la femme a succombé par faiblesse et gémit de sa faute, tout en la commettant peut-être encore ; ou bien c'est une femme perdue qui a jeté le masque de l'honnêteté, masque que quelques-unes de ces femmes aiment et savent toujours porter. Eh bien ! dans l'un et l'autre cas, tout individu qui se respecte évitera de se montrer familier, soit avec l'une, soit avec l'autre de ces femmes : avec la première, parce qu'il voudra que chacun estime celle dont lui seul connaît la faiblesse, et qu'il doit alors faire respecter en cachant soigneusement une faute que trop de familiarité ferait peut-être soupçonner (et l'ombre d'un soupçon ne doit jamais peser sur la femme qui nous aime) ; avec la seconde, parce que c'est se dégrader soi-même, que d'afficher une certaine familiarité avec une personne qui s'est prostituée.

Nous avons parlé de l'âge, et nous reviendrons sur cette observation, afin de faire remarquer que la jeunesse ne doit jamais se permettre des familiarités trop marquées vis-à-vis des vieillards, pour si obscure que soit leur naissance, pour si ridicule que puisse être leur personne : une tête blanchie par les années et sur laquelle les ravages du temps ont laissé bien des traces, un corps que le travail et souvent le malheur ont courbé, méritant toujours la vénération et le respect.

Il a été également question d'une supériorité de naissance, de mérite, etc. Nous ferons remarquer, à cet égard, que si nous avions nous-mêmes cette supériorité, ce ne devrait pas être un motif d'être familiers avec tout le monde. On peut bien, on doit bien même l'être un peu, car trop de raideur pourrait être prise pour du mépris, et l'on ne doit mépriser personne, le pauvre pas plus qu'un autre ; mais je prétends qu'il faut se défendre d'une trop grande familiarité, le *trop* étant toujours blâmable. On y supplée en se montrant simple, bon, affectueux, mais avec réserve et convenance, envers les personnes de tous les rangs et de toutes les conditions ; car, en agissant de la sorte, l'homme *supérieur* est toujours sûr de se faire estimer et respecter. Il n'y a que la familiarité exagérée, absolue, nous le répétons, qui rende méprisable (*Mirabeau*) ; et cela, parce que le grand inconvénient qui naît d'une trop grande familiarité, c'est qu'on ne se gêne pas entre soi et que chacun donne l'essor à ses défauts : d'où est venu probablement ce proverbe : La familiarité engendre le mépris.

Qu'arrive-t-il, du reste, aux individus bien nés, bien élevés, ayant de la fortune, qui, pour un motif quelconque, mais que la morale réprouve, se rendent familiers avec des gens sans aveu et de la plus basse extraction, sans éducation, sans mœurs ? Qu'ils sont bientôt aussi crapuleux que leurs nouvelles connaissances : ce qui éloigne d'eux leurs anciens amis, qui les méprisent.

Gardons-nous donc, je le redis encore, de nous laisser aller aux illusions de la familiarité vis-à-vis des personnes qui ne sont pas d'une même condition que nous, et surtout qui n'ont pas une bonne réputation de moralité. Se montrer familiers avec les uns ou les autres, c'est s'exposer, 1° à ce que nos inférieurs croient devoir se défier de nos intentions ; et cela doit être, attendu que les grands et les riches ne se familiarisent guère avec le bas peuple, surtout avec l'homme du peuple mal famé, qu'alors qu'ils ont besoin de lui ; et ils le regardent *du haut de leur grandeur*, du moment où ils peuvent se passer de ses services : ce qui fait que le peuple les méprise d'aller jusqu'à lui ; 2° à ce que l'aristocratie nobiliaire ou financière nous méprise d'oser nous élever jusqu'à elle.

Donc, d'une façon ou d'autre, la familiarité conduit à mal, et au pire des maux : le mépris.

FANATIQUE, FANATISME (vice). — Un individu est-il dans un état d'exaltation, de délire, occasionné par une idée dominante qui le poursuit et l'entraîne, on dit de lui : C'est un fanatique. De là cette définition du fanatisme : C'est un zèle passionné pour une religion, pour un parti, pour une opinion, qui maîtrise et gouverne l'homme à ce point, qu'il se porte à tous les excès et même au crime. Ce sentiment est donc toujours le même, quelle que soit la cause qui le produit.

Le fanatisme est un vice mixte, attendu qu'il tire sa source de la présomption ou de l'orgueil joint à l'ignorance ; et ces conditions se trouvant réunies chez un individu à l'âme ardente, à l'imagination exaltée, aux passions vives, il s'ensuit que, cédant à ses propres inspirations, ou entraîné par l'ascendant *d'un chef de parti*, il prend des résolutions extrêmes, qu'il tente d'accomplir, alors surtout qu'il n'est pas dépourvu de force et de hardiesse, et qu'il est pénétré de l'idée qu'il peut mépriser, qu'il doit mépriser même les lois communes de la raison, de la morale, de la prudence, du pays. Qu'importent, en effet, au fanatique ignorant et bigot, les lois qui doivent gouverner les hommes ? Il se croit illuminé par la grâce, et, s'animant d'une sainte rage, comme s'exprime d'Holbach, pourrait-il résister au sentiment qui l'anime ? Qu'importent encore les lois divines et humaines à ce patriote ignorant et sans jugement, qui croit s'immortaliser en égorgeant les tyrans de sa patrie, heureux de mourir, s'il le faut, martyr de la liberté ?

Sous ce rapport je dois le dire, parce qu'on a pu le remarquer, le fanatisme n'est pas seulement le partage de l'ignorance associée à l'orgueil ou à la présomption; on le rencontre aussi chez tous les individus doués d'une imagination forte et mélancolique. Chez eux, la frénésie du zèle fanatique est si forte, qu'ils ne sauraient se soustraire à sa puissance : témoin tous ces grands hommes, dont l'histoire a recueilli les noms et les actes, qui malheureusement n'ont pu s'en garantir, et qui, s'ils n'ont pas frappé eux-mêmes la victime, ont été les instigateurs de ces troubles qui ont fait répandre tant de sang à différentes époques, et le sont encore aujourd'hui de ces guerres civiles qui divisent nos malheureux voisins.

En présence de pareils faits, quelques moralistes ont pensé devoir admettre que le fanatisme a sa source dans le tempérament. Je crois que c'est une erreur. J'admets bien que, suivant qu'un individu aura tel ou tel tempérament, il sera plus facile à accepter telle ou telle idée, plus ou moins bien disposé à mettre tout en œuvre pour effectuer les projets qu'elle lui dicte, plus ou moins entreprenant et persévérant ; mais dans ce cas le tempérament n'a qu'une influence secondaire. L'influence première, capitale, c'est le fanatisme, c'est l'exaltation d'une fausse conscience qui abuse des choses sacrées ou de la puissance qui lui a été donnée, pour asservir les hommes qui ne professent pas les mêmes principes, aux caprices d'une imagination en délire et aux déréglements des passions. Les effets de cette influence sont d'autant plus terribles, qu'ils étouffent les remords du crime et mettent l'homme hors d'état d'avoir recours à sa raison ou au repentir : tel on nous montre Julien l'Apostat; son apostasie le conduisit au fanatisme, et du fanatisme à la persécution. Quand l'homme a commis une faute qu'il suppose irréparable, l'orgueil lui fait chercher un abri dans cette faute même. Julien essaya deux choses difficiles : réchauffer le zèle des idolâtres pour un culte éteint, provoquer des chutes parmi les chrétiens. Embaucheur de la cupidité et de la faiblesse, il offrait de l'or et des honneurs à l'apostasie ; il échoua contre la foi fervente et contre la foi tiède. Lui-même se plaint de ne trouver presque personne disposé à sacrifier ; il avoue que son discours hellénique au sénat chrétien de Berée, loué pour la forme, n'eut aucun succès pour le fond : il gourmande les habitants d'abandonner les dieux d'Alexandre pour un Verbe que ni eux ni leurs pères n'ont jamais vu.

Il ne s'en tint pas là : décidé à rendre au temple et au bois de Daphné son ancienne pompe, Julien fit enlever les reliques de saint Babylas du cimetière chrétien ; le peuple se mutina, le temple d'Apollon fut brûlé. L'empereur, irrité, ordonna à son oncle Julien, comte d'Orient et apostat comme lui, de fermer la cathédrale d'Antioche et de confisquer ses revenus. Le comte mit en interdit les autres églises, souilla les vases sacrés et condamna à mort saint Théodoret. Gaza, Ascalon, Césarée, Héliopolis, la plupart des villes de la Syrie, se soulevèrent contre les chrétiens, non par ardeur religieuse, mais par cupidité, haine et envie. Après avoir déterré les morts, on tua les vivants ; on traîna dans les rues des corps déchirés ; les cuisiniers perçaient les victimes avec leurs broches, les femmes avec leurs quenouilles; les entrailles des prêtres et des recluses furent dévorées par des cannibales, ou jetées mêlées d'orge aux pourceaux. Quelques serviteurs du Christ périrent égorgés sur les autels des dieux.

En définitive, la source la plus commune du fanatisme, c'est une éducation manquée et vicieuse, qui a empêché que les bons sentiments que Dieu a déposés dans l'âme du fanatique aient pu y fructifier. N'ayant ni principes, ni modération, ni patience, ni résignation, ni sagesse, aucun de ces sublimes sentiments que la philosophie enseigne, aucune des vertus que le christianisme commande, pourrait-il se commander à lui-même et ne pas se laisser entraîner par ses passions ou par les hommes influents ? Je crois que non, puisque le fanatisme, quelque soit son objet, n'est autre chose au fond que la préoccupation d'un élément de la pensée dans le dédain ou l'ignorance de tous les autres. (*M. Cousin*).

De tout temps le fanatisme a régné dans le monde. Le catholicisme a toujours répudié et condamné les fanatiques qui, sous le voile de la religion, oubliant les préceptes de leur divin maître, inondèrent à bien des reprises les provinces du monde chrétien d'un sang que la morale évangélique leur défendait de répandre.

Certes nous sommes les premiers à le dire, le fanatisme, chez nous comme partout, a commis bien des crimes, bien des attentats ; mais nous prétendons aussi que les reproches qu'on lui adresse à cet égard sont exagérés de beaucoup, c'est-à-dire que souvent les massacres, les persécutions, les assassinats judiciaires qu'on lui impute, ont été commis dans un but politique ou de vengeance particulière, par des hommes qui se servaient du prétexte de la religion. Ainsi, la Saint-Barthélemy, par exemple, est-elle bien imputable au fanatisme religieux ? N'est-elle pas plutôt le résultat d'une combinaison politique et de passions personnelles ? Beaucoup d'auteurs le soutiennent, et nous nous rangeons de leur avis.

Du reste, bien des personnes, qui se prétendent philosophes, ont pris à tâche d'attaquer la religion par les reproches du fanatisme qu'ils lui adressent. Fanatiques eux-mêmes à leur manière, ou de la plus honteuse des passions, l'intolérance religieuse, ils se servent du mot fanatisme pour effrayer tous ceux qui croient en Dieu, et principalement ceux qui se soumettent aux dogmes et aux pratiques du catholicisme. Ils l'attaquent sans cesse par tous les moyens, même les plus honteux, le mensonge et le scandale. Comme ces requins voraces qui suivent les navires pour dévorer les immondices qu'on jette à la mer, ils suivent le vaisseau de l'Église, et s'il rejette de son sein quelque impureté, s'il livre aux flots quelque pestiféré, ils s'en emparent, car ils sont là pour ramasser tout ce qui tombe, et tant qu'il reste un lambeau de cette proie infecte, ils le lancent et le reprennent pour le lancer encore contre le vaisseau glorieux, qui poursuit sa course vers l'éternité, sans s'inquiéter des ordures qui flottent dans son sillage.

Oui, *fanatisme!* est le mot de ralliement des ennemis de la religion; c'est le thème éternel, le canevas de toutes les déclamations, l'épithète ridicule qu'ils prodiguent à tort et à travers à tous ceux qui ne pensent pas comme eux; avec la plus insigne mauvaise foi, ils confondent sans cesse la religion avec l'abus; ils lui attribuent ce qui ne provient que des passions, et lui font un crime du crime de ses enfants coupables, qu'elle est la première à condamner.

Mais cette rage aveugle qui les emporte, qui les rend injustes, intolérants et absurdes, qu'est-ce donc, si ce n'est un fanatisme d'un autre genre? C'est lui qui faisait à Nantes les noyades des prêtres, qui les assassinait à Paris dans les prisons, qui les chassait partout de leurs églises, pour les envoyer à l'échafaud ou en exil, et violentait les consciences de tout un peuple.

Donc toutes les croyances ont eu des fanatiques, nous en avons fourni la déplorable preuve; et nous avions besoin, tout en stigmatisant les abus coupables de l'esprit faussement religieux exploité par les passions humaines, de stigmatiser aussi le fanatisme de l'irréligion. Quant à choisir entre les deux, pour l'honneur et pour le bien de l'humanité, nous préférerions le premier; et les motifs de notre préférence, nous les copions dans Rousseau. Nous voulons laisser cet écrivain les dire lui-même, malgré sa tendance à ne nous faire entendre la vérité qu'à demi, en raison de ses sympathies philosophiques.

« Le fanatisme, quoique sanguinaire et cruel, dit-il, est pourtant une passion grande et forte, qui élève le cœur de l'homme, qui lui fait mépriser la mort, qui donne un ressort prodigieux, et qu'il ne faut que mieux diriger, pour en tirer les plus sublimes vertus; au lieu que l'irréligion, et en général l'esprit raisonneur et philosophique, s'attache à la vie efféminée, concentre toutes les passions dans la bassesse de l'intérêt particulier, dans l'abjection du moi humain, et sape ainsi à petit bruit les vrais fondements de toute société. » Plus loin : « L'indifférence philosophique ressemble à la tranquillité de l'État sous le despotisme : c'est la tranquillité de la mort; elle est plus destructive que la guerre même. »

Tous les fanatismes doivent donc être maudits; et ils le seront, si les paroles que prononçait saint Bernard : *Fides suadenda, non imperanda;* La foi doit être persuadée et non pas commandée, servent de devise à toute liberté, à tout pouvoir.

Somme toute, le fanatisme est l'arme la plus redoutable du despotisme, à qui il inspire de violenter les consciences, de tuer pour convertir, et souvent sous prétexte de convertir. Il est maudit par la vraie religion, qu'il tend à déshonorer, en la faisant servir de prétexte aux inquisiteurs et aux bourreaux. Elle anathématise ceux qui se servent d'elle pour commettre ainsi des crimes, se voile la tête de douleur en ces jours de deuil et de malédiction, et Dieu garde ses vengeances contre les audacieux qui méprisent ses commandements, et qui font de la loi d'amour et de fraternité qu'il a donnée aux hommes une loi de haine et de sang.

N'oublions donc pas tous tant que nous sommes, que le fanatisme est l'abus le plus terrible du sentiment religieux, parce qu'il en est la perversion la plus profonde. C'est un zèle qui n'est pas selon la science, et qui rend capable de tout, parce qu'on croit agir pour Dieu et par son inspiration. L'erreur du fanatisme consiste à prendre une volonté humaine pour une volonté divine, s'employant tout entier et sans réserve à l'exécuter au nom de Dieu. Les sectes, les partis, poussent en général au fanatisme; ils tendent à convaincre leurs adeptes que leur drapeau est celui de la vérité, et que Dieu veut ce qu'ils demandent. Or, en face d'un parti est un autre parti; en face d'une secte est une autre secte; et comme chacun prétend avoir pour soi la vérité ou la parole de Dieu, tous concluent que leurs adversaires sont des instruments de mensonge et d'erreur. De là ces haines aveugles et d'autant plus terribles, qu'elles s'autorisent de la sanction divine, et croient servir la Divinité en se satisfaisant. Ainsi la violence, le meurtre, l'assassinat, la dévastation, le carnage et tous les genres de persécution ont pu être ordonnés au nom de la religion, et comme si Dieu les réclamait. L'homme, dans ce cas, a mis sa volonté passionnée à la place de Dieu, et en s'imaginant soutenir la cause divine, il l'a en effet déshonorée à la face de la terre par les horreurs commises en son nom.

Ainsi, le fanatisme est, dans la sphère religieuse, ce que le despotisme est dans la sphère politique; c'est la volonté ou l'intérêt de l'homme substitué à la volonté divine d'un côté, à la loi ou à l'intérêt public de l'autre. Les plus grands crimes dont le monde a été effrayé ont été accomplis par le fanatisme, qui, le plus souvent, les excite froidement, avec le calme d'une conviction profonde, et comme des œuvres agréables à Dieu.

Cette aberration du cœur qui fait supposer une grande ignorance, ou une intelligence foncièrement pervertie, doit donc être prévenue; et, s'il en est temps plus temps de la prévenir, ardemment et fortement combattue par tout ce que la persuasion a de plus puissant.

Philosophes, faites cesser cette préoccupation; développez dans l'âme des fanatiques, s'il en est temps encore, les autres éléments de la pensée; faites surtout qu'ils aiment l'humanité d'un véritable amour, et nous n'aurons plus à déplorer les coupables excès auxquels ils pourraient se livrer.

FANFARON, Fanfaronnade (défaut). —

Faire parade d'un courage qu'on n'a pas est une *fanfaronnade*, et l'homme qui a ce travers est un *fanfaron*.

L'usage a un peu étendu l'acception de ce mot ; c'est-à-dire qu'on l'applique communément, soit à tout individu qui exagère ou qui montre avec trop de confiance qu'il est brave ; soit, et plus généralement, à celui qui se vante d'une vertu ou d'une qualité, quelle qu'elle soit, au delà de la bienséance. (*Diderot*.)

La fanfaronnade rend ridicule, et chacun se rit tout bas, si ce n'est tout haut, des prétentions du fanfaron. Il suffira donc d'en signaler les inconvénients aux jeunes gens qui auraient des dispositions à ce travers pour inspirer à chacun le désir de s'en garantir.

FANTAISIE. — Il est une passion d'un moment, qui éclate principalement dans le premier âge de la vie, se continue chez les jeunes gens, et surtout chez les femmes frivoles et coquettes, et dont les hommes d'un âge mûr, qui ont plus d'imagination que de bon sens, ne sont pas exempts ; une passion qui naît du désœuvrement, et qui, berçant agréablement notre âme parfois si mobile dans ses sentiments par l'espoir d'une jouissance qu'on espère se procurer, l'attache et la retient quelques instants sans la captiver : cette passion se nomme *fantaisie*.

Elle naît, ai-je dit, du désœuvrement, et se manifeste du moment où, s'exagérant plus encore l'agrément que le mérite de la chose dont on rêve un instant la possession ; plus la satisfaction que son orgueil ou sa vanité peuvent retirer de l'acquisition de cet objet que sa valeur et son utilité ; le fantasque est exposé à faire bien des sacrifices pour satisfaire ses fantaisies. Aussi éprouve-t-il plus tard des regrets proportionnés à l'importance de la fantaisie qu'il a voulu satisfaire. Et il devait en être ainsi, puisque ce sentiment a quelque chose de si vague, de si léger, qu'on l'a comparé à une bulle d'air qui s'élève à la surface d'un liquide et qui retourne s'y confondre, ou à une volonté d'enfant qui nous ramène pendant sa courte durée à l'imbécillité du premier âge. De là des fantaisies irréfléchies, frivoles, extravagantes.

Disons toutefois qu'elles ne sont pas toutes de ce genre, et qu'il est des fantaisies de mode qui, pendant quelque temps, sont des fantaisies de tout un peuple, malgré leur frivolité ; il en est aussi d'utiles, d'héroïques même. Donc il ne faudrait pas leur donner à toutes la même importance.

Quoi qu'il en soit, comme généralement plus on est léger, irréfléchi, plus on a de fantaisies, et qu'il est possible d'avoir mille fantaisies sans avoir un seul goût (*Mad. Necker*), mieux vaut raisonner sur nos désirs et sur nos besoins, que de nous laisser aller à nos fantaisies, qui, le plus souvent, sont pour nous sans utilité et sans profit. Heureux encore quand tout se borne là !

FANTASQUE (défaut). — Le mot *fantasque*, qui a la plus grande analogie avec le terme *bizarre*, désigne communément un caractère inégal, changeant, brusque.

Toute idée d'agrément et de bon goût ne saurait s'allier à cette expression, vu qu'elle les exclut indifféremment, ce qui est d'autant plus singulier que fantasque dérive de fantaisie, et que nous avons pu remarquer précédemment qu'il y a des fantaisies agréables. C'est chose d'autant plus bizarre, que le fantasque l'est lui-même par ses manies, ses goûts, ses actes, toute sa personne ; d'où l'impossibilité de trouver en lui ni agrément ni plaisir.

Et comment n'en serait-il pas ainsi, lorsque le fantasque est dirigé dans ses jugements par des idées chimériques qui lui font exiger dans les choses une perfection dont elles ne sont pas susceptibles, ou qui lui font remarquer en elles des défauts que personne n'y voit ?...

Il est facile de concevoir tous les désagréments qu'un pareil caractère peut procurer à une personne qui désire être agréable à tout le monde, et cette connaissance suffira nécessairement pour qu'on tente de s'en corriger.

FAROUCHE ET SAUVAGE (vices). — Ces deux termes ont la même signification, toute idée de race à part, c'est-à-dire qu'ils ont été généralement employés pour désigner ces hommes qui, par humeur ou par une grossière ignorance des mœurs, des coutumes ou des habitudes des nations, éprouvent pour la société tout entière un éloignement si grand, si invincible, si extraordinaire, qu'ils semblent plutôt faits pour vivre dans les bois qu'avec leurs semblables.

Il est bon de distinguer les deux causes qui viennent d'être mentionnées (le travers de caractère ou humeur, et l'ignorance), attendu que, par l'une, l'homme devient farouche ; tandis que l'autre rend l'homme sauvage. Chacune d'elles aurait donc une influence toute particulière, spéciale, sur ces différents individus, et les modifierait à sa manière. De là des opinions et des tendances diverses.

Ainsi, tandis que l'homme qu'on nomme *farouche*, doué d'une imagination ardente, d'une âme dure, inflexible, inaccessible à tout sentiment de sympathie et d'affection, ne voit la société qu'à travers son humeur noire ou sous un jour odieux, et dès lors ne peut devenir sociable, l'homme qu'on appelle *sauvage*, méfiant, timide, craintif, comme le sont les enfants auxquels il ressemble beaucoup, parce que comme eux il n'a pas un caractère déterminé, ni plus de connaissance du monde qu'eux, n'est point social.

Le premier ne se plaît pas avec les hommes, parce qu'il les hait, et que, se renfermant dans sa haine, il n'aperçoit que leurs vices. Il serait désolé de leur trouver des vertus, quoiqu'il en ait lui-même et qu'il soit exempt de vices ou n'en ait que très-peu. Le second ne saurait se plaire davantage avec eux, attendu que, ne les connaissant pas, il ne voit autour de lui que des ennemis ou des gens disposés à le tromper. Partant, l'un fuit le monde parce qu'il en a peur, et l'autre s'en éloigne parce qu'il le déteste. Et c'est parce que personne n'ignore la force et l'empire des sentiments haineux de celui-ci, que chacun tremble à son aspect : il jette partout l'épouvante. Aussi, on le redoute d'autant plus que, antipathique pour ses frères, il est sans amour pour eux, par conséquent sans ménagement ni pitié.

Bref, qu'un individu soit farouche ou sauvage, il est sous l'empire d'un sentiment fâcheux, et c'est un défaut dont il faudrait le corriger s'il était accessible. C'est pourquoi, à choisir entre les deux, si tant est qu'on fût forcé d'avoir l'un ou l'autre, mieux vaudrait préférer le second, qu'il serait facile de guérir par une instruction solide et une éducation soignée.

On peut y joindre avec fruit le développement des sentiments affectueux, seul et véritable moyen qui puisse modifier ou changer l'humeur ou le caractère de l'homme *sauvage*.

FASTE (défaut), FASTUEUX. — On a toujours cherché, dans les jours de solennité, à étaler quelque appareil dans ses vêtements, dans sa suite, dans ses festins. Cet appareil étalé en d'autres jours s'est appelé *faste*. Il n'exprime que la magnificence dans ceux qui, par leur état, doivent *représenter* ; il exprime la vanité dans les autres.

Ainsi, tous ces hommes qui, poussés par le désir de paraître tout ce qu'ils sont, et même bien plus que ce qu'ils sont ; tous ces gens qui affectent, par des marques extérieures, de donner à tout venant une haute idée de leur naissance, de leurs richesses, de leur puissance, de leur grandeur, tous ces gens, dis-je, peuvent être appelés *fastueux*, parce qu'ils étalent du faste.

Sous ce rapport, le faste se rapproche beaucoup de l'ostentation, dont il diffère cependant en ce que, dans ce dernier cas, les hommes font parade, non point de leur nom, de leur or, de leur luxe, mais des qualités, des talents ou des vertus qu'ils possèdent ou croient posséder. On a nommé ceux-ci *ostentateurs* (*J.-J. Rousseau*), parce qu'ils ont de l'ostentation. (*Mirabeau*.)

Dans les uns et les autres de ces hommes, cette affectation de paraître est un sentiment qui naît de l'amour-propre, de l'orgueil, de la vanité, de la présomption, et qui, par conséquent, ne saurait être considéré comme un défaut, n'étant lui-même que la manifestation, la libre pratique d'une ou de plusieurs des passions vicieuses que je viens de mentionner.

Cependant, comme les moralistes attribuent au faste et à l'ostentation tels ou tels effets qu'on ne saurait raisonnablement leur attribuer, puisqu'ils sont eux-mêmes la conséquence ou le déploiement de l'orgueil, de la vanité ou de la présomption, qui se mettent ainsi en évidence, nous nous arrêterons un instant à signaler l'erreur dans laquelle ils sont tombés quant au faste, nous réservant de parler plus tard des effets attachés à l'ostentation, et nous dirons en passant, non-seulement ce en quoi ces effets consistent, mais encore quels sont les inconvénients que le faste entraîne.

Et d'abord, établissons en principe que, si c'est un grand défaut que d'afficher le faste, c'est-à-dire de faire un grand étalage d'éclat, de parures, de magnificence, de luxe d'apparence et non de commodité, et de tous ces riens par lesquels les grands prétendent manifester leur rang et leur fortune au reste des hommes, le faste est bien plus condamnable encore, quand les mêmes moyens sont mis en usage par ceux que les hasards de la fortune ou une coupable industrie ont enrichis, afin d'en imposer à la multitude, qu'ils espèrent éblouir par cet éclat dont ils s'environnent. Les uns et les autres, nous ne saurions le taire, se rendent ridicules et font sourire de pitié toute personne sensée qui estime le néant des grandeurs d'ici-bas ; tout comme ils deviennent un sujet d'aversion et de haine pour les malheureux qu'ils devraient soulager de leur superflu.

A ce propos, nous ferons remarquer qu'on disait autrefois, et qu'on entend répéter bien souvent aujourd'hui que le faste entretient les manufactures, fait fleurir le commerce, et devient par là une ressource pour le peuple de nos cités. Cela peut être vrai ; mais n'est-il pas vrai aussi que si le luxe, par exemple, nourrit cent pauvres de nos villes, il en fait périr cent mille dans les campagnes ? (*J.-J. Rousseau*.) Voy. LUXE.

Je dis plus, comme l'amour du faste en général, et du luxe en particulier, se communique facilement du riche à celui qui ne l'est pas, chacun de nous ayant sa petite dose d'orgueil et de vanité, il peut se faire que personne ne *profite* de la magnificence des grands ; à moins qu'on appelle *profiter*, satisfaire soi-même, selon ses moyens, son goût pour le luxe, l'argent répandu des riches favorisant ce goût dans les classes peu aisées. Or, comme je ne pense pas qu'on veuille interpréter de la sorte le mot *profiter*, je trouve dans les us et coutumes du riche et du pauvre d'aujourd'hui la confirmation de cette sentence de Delille :

L'orgueil produit le faste, et le faste la gêne.

Il fait plus, il entraîne la corruption des mœurs, la dissolution de la société, et, comme l'avait fait observer le chancelier de Verulam (*F. Bacon*), il annonce la décadence des empires.

En doutez-vous ? Ouvrez notre histoire. Elle vous apprendra, par exemple, si vous l'ignorez, que François 1er, qui manifesta, en maintes circonstances, un goût déréglé pour la prodigalité, le faste, la magnificence des fêtes, des cérémonies, et pour toutes les puérilités qu'on nomme vulgairement la *splendeur* du trône, fut, à cause de ses défauts, un véritable fléau pour son peuple. Un vrai fléau, parce qu'il étala une telle magnificence dans son entrevue avec Charles-Quint, entre Guigues et Argues (1520), entrevue surnommée le *Camp du drap d'or*, qu'il entraîna la ruine de tous les seigneurs qui y assistèrent et voulurent imiter leur souverain. Un vrai fléau, parce que, au mariage de sa nièce Jeanne d'Albret, avec le duc de Clèves, qui eut lieu à Châtellerault en 1541, il afficha un luxe si extravagant, qu'il fallut, pour combler le déficit de ses finances, frapper un impôt sur le sel. De là le nom de *noces salées* que le peuple donna à cette cérémonie. Un vrai fléau, enfin, parce qu'en donnant l'exemple de la débauche, il favorisa la corruption dans son royaume.

L'histoire nous apprendra encore que, sous Louis XIII, les Parisiens imitaient tellement les manières et le luxe des nobles, qu'il fallut des ordonnances royales pour arrêter les progrès de ces vices, qui amenaient les plus grands désordres dans les familles, etc., etc. Donc il n'y a rien de bon pour la société dans le faste. Du reste, voici quelques faits qui prouvent combien le luxe était excessif, même à la cour de Henri le Grand.

Ce roi, disent les historiens, aurait sans doute préféré la simplicité ; mais il n'en était pas ainsi de ses maîtresses et de ses courtisans. Bassompierre raconte que, pour la cérémonie des fiançailles de Henri, il avait fait faire un habillement qui lui coûta quatorze mille écus ; il en paya six cents pour la façon seulement. Il était composé d'étoffes d'or brodé en perles. Il acheta de plus une épée garnie de diamants, qu'il paya cinq mille écus : il avoue qu'il fit cette dépense extraordinaire avec de l'argent gagné au jeu !...

Au baptême du fils de madame de Sourdis, en 1594, Gabrielle d'Estrées parut vêtue d'une robe de satin noir, si chargée de perles et de pierreries, dit l'Estoile, qu'elle ne se pouvait soutenir. Le même auteur ajoute peu après : Samedi, 12 novembre, on me fit voir un mouchoir qu'un brodeur de Paris venait d'acheter pour madame de Liancourt (Gabrielle d'Estrées), laquelle devait le porter le lendemain à un ballet et en avait arrêté le prix à dix-neuf cents écus, qu'elle devait payer comptant. (*Dulaure*.)

De nos jours on ne cite pas de pareilles extravagances ; mais combien de nos philosophes qui, s'ils fréquentaient nos théâtres ou les salons somptueux de nos gros financiers, pourraient dire tout bas à plus d'une de nos grandes dames ce que l'illustre Thomas Morus, chancelier d'Angleterre, disait plaisamment à une jeune personne fort parée, toute brillante de pierreries, qui se plaignait de la chaleur excessive : « Vous portez sur vous des maisons tout entières, des vignes, de grands héritages ; je ne m'étonne pas que vous succombiez sous le faix. » Quoi qu'il en soit, le faste était à son *summum* dans ces dernières années en France ; en étions-nous plus heureux ? La dissolution des mœurs n'allait-elle pas croissant ? L'amour du faste ne favorise-t-il pas la débauche ?

Passons à une nouvelle observation. Je crois que l'on s'est mépris sur la véritable acception du mot faste, et voici pourquoi. Certains auteurs ont prétendu qu'il entrait du faste dans la vertu des stoïciens ; qu'il y en a toujours dans toutes les actions éclatantes ; que c'est le faste qui élève jusqu'à l'héroïsme certains hommes à qui il en coûterait d'être honnêtes ; que c'est lui qui rend la générosité moins rare que l'équité, et les belles actions plus faciles par l'habitude d'une vertu commune.

Assurément, dans toutes ces circonstances, on confond le faste avec l'orgueil et la vanité ; le sentiment avec l'action qu'il inspire, et cela ne devrait pas être ; car si le fastueux pèche par ces deux défauts, ne sont eux qu'il faut accuser, et non le faste, qui n'est qu'une forme de ces défauts.

On me dira peut-être que, dans les cas dont il est question, les auteurs ont voulu parler au figuré, c'est possible ; et s'il en est ainsi, mon observation, quoique sans portée *ad hoc*, n'en est pas moins juste. Elle prouverait, ce que je cherche à établir partout, la nécessité d'être très-rigoureux en ce qui concerne les termes qu'on emploie quand on écrit.

On a prétendu encore que le faste éteint tout sentiment de bienfaisance. Pour ma part, je suis loin de le croire ; car combien de fastueux qui font des largesses, ou qui, s'ils n'en font pas, c'est qu'étant eux-mêmes dans la gêne, ils ne peuvent satisfaire tout à la fois et en même temps deux sentiments très-opposés, l'amour des plaisirs et l'amour de l'humanité.

Que le faste empêche d'exercer la bienfaisance autant qu'on le pourrait et le devrait si l'on n'était pas fastueux, c'est vrai ; mais, nous devons le répéter, il est beaucoup de fastueux qui font des largesses ; ils sont donc bienveillants. C'est par vanité, s'écriera-t-on : qui peut l'affirmer ? Quant à moi, comme je connais beaucoup de fastueux exerçant en secret la bienfaisance, je repousse l'accusation que madame de Sommery a portée contre les hommes qui étalent le faste et la magnificence, comme trop absolue, et je répète : Non, le faste n'éteint pas *tout* sentiment de bienfaisance.

Dans tous les cas, attendu que le faste entraîne à d'autres défauts, et que de chute en chute les fastueux tombent dans la fange du vice, à moins qu'ils n'aient une brillante fortune ; il faut, en inspirant aux jeunes gens des goûts simples et en leur donnant des habitudes de bienveillance, de cordialité et de générosité, les disposer à faire un meilleur usage de leurs richesses.

FASTIDIEUX (défaut). — Tout individu ennuyeux, importun, fatigant par ses discours et ses manières, devient *fastidieux*.

Ce défaut, car c'en est un, formant un des caractères de l'importunité, nous renverrons à l'article IMPORTUN (*Voy*. ce mot) tout ce qui y est relatif.

FAT, FATUITÉ (défaut). — Qui dit fatuité indique les défauts du *fat* ou son mode d'être dans le monde ; et qui prononce le mot *fat* veut désigner tout individu dont la vanité seule forme le caractère, qui n'agit que par faste et ostentation, qui se croit aimable et cherche à le paraître avec l'esprit d'autrui, sans que cela y paraisse, qui prétend savoir tout ; qui, en un mot, a toutes sortes de prétentions.

Écoutez un fat : il se glorifie de la protection de celui-ci, de ses liaisons avec celui-là, et même de l'amitié d'un grand dont il n'est pas connu. Voyez faire un fat : il étale tout ce qu'il possède aux yeux de tout le monde et se fait toujours beaucoup plus riche qu'il n'est réellement ; bref, il est vain dans toutes ses paroles, dans toutes ses actions et jusque dans son silence.

C'est la suffisance qui mène à la fatuité. Elle en est le dernier degré et la forme la plus extrême ; car l'esprit, à force de s'exalter et de se complaire en lui, devient insensé, vide, fade ou fou (*fatuus*) : c'est Narcisse épris de sa beauté et consumant sa vie à en contempler l'image ; c'est plus encore, car, d'après la Bruyère, le fat aurait, de plus que sa propre admiration, celle des sots qui lui croient de l'esprit.

Toujours est-il que celui qui est infatué de lui-même ne vit aussi qu'en se regardant, se mirant et s'admirant ; son plus grand soin est de paraître au dehors ce qu'il pense être au dedans, un modèle et presque un idéal d'esprit, de goût, d'élégance et de bon ton ; car, quoiqu'on puisse être fat de bien des manières, c'est surtout aux avantages extérieurs que ce vice s'attache, et la vanité dans ce cas devient superficielle comme l'objet dont elle se prévaut.

La fatuité ne saurait vivre dans l'isolement et la retraite, il faut qu'elle apparaisse et se montre ; aussi il en est des fats comme des coquettes, qui préfèrent le désagrément de la censure publique à celui d'un oubli universel.

Évitons ce travers ; sachons nous affranchir de la fatuité, car elle engendre le mépris ; et souvenons-nous que si dans le monde grands et petits méprisent un sot, ils méprisent bien plus encore un fat, la fatuité étant l'ouvrage de l'homme, au lieu que la sottise est celui de la nature.

FAUSSETÉ (vice), FAUX. — La *fausseté*, en morale, consiste dans l'*imitation* du vrai ; ce qui veut dire que l'homme faux s'attache à montrer des sentiments qu'il n'a pas, à témoigner un attachement véritable aux personnes qu'il n'aime pas ou qu'il déteste, à louer les choses qu'il méprise, à afficher un grand amour pour la vertu quand il n'éprouve de la sympathie que pour le vice.

On distingue deux sortes de *faussetés* : celle de l'esprit et celle du cœur. On dit qu'un homme a de la *fausseté* dans l'esprit quand il prend presque toujours à gauche ; quand, ne considérant pas l'objet entier, il attribue à un côté de l'objet ce qui appartient à l'autre, et que ce vice de jugement est tourné chez lui en habitude.

Au contraire, on prétend qu'il a de la *fausseté* dans le cœur quand il s'est accoutumé à flatter et à se parer de sentiments qu'il n'a pas. Cette fausseté est pire que la dissimulation, et c'est ce que les Latins appelaient *simulatio*.

Pour nous, qui rapportons tous nos sentiments à l'âme, nous devons faire remarquer que ces deux manières de se montrer faux ne sont nullement le fait, l'une de l'activité de l'esprit, et l'autre du langage du cœur, puisque l'âme seule est active et préside à nos actes ; nous les avons mentionnées pourtant, pour montrer qu'on peut être faux, soit en mettant en jeu les facultés intellectuelles, soit en faisant un appel aux facultés affectives.

Mais comme, dans l'un et l'autre cas, la *fausseté* n'est autre que de la dissimulation ou du déguisement employés de cette manière plutôt que d'une autre, nous n'insisterons pas davantage sur ce point, ayant déjà signalé tous les dangers attachés à la DISSIMULATION (*Voy*. ce mot).

FERME, FERMETÉ (vertu). — La fermeté est une vertu qui empêche l'homme de céder, en lui donnant les forces suffisantes pour résister aux attaques qu'on lui porte.

Elle naît, chez les uns, de cette rectitude d'une âme éclairée, de cette droiture de la conscience, qui nous convient à l'envi d'opposer une noble et insurmontable résistance à toute atteinte portée à notre honneur, à nos croyances, à la fidélité que nous devons au secret, à nos serments, à notre amour pour la patrie et pour l'humanité ; chez les autres, d'un sentiment d'amour-propre, d'une opiniâtreté irréfléchie, d'une ignorance brutale, qui fait qu'ils endurent les tourments les plus affreux et la mort même plutôt que de se rendre, soit aux perfides insinuations de la flatterie, soit aux menaces les plus effrayantes, soit aux atroces souffrances de la torture. Et si les uns et les autres résistent, c'est qu'ils ont la volonté, le courage ou la résignation nécessaires pour ne jamais fléchir quand les lois du devoir, de l'amour de Dieu et des hommes ordonnent de résister, fût-ce même au prix de la vie.

Nous avons vu (art. CONSTANCE), par la fermeté de François 1er, prisonnier de Charles-Quint ; par la fermeté du jeune missionnaire qui, ne pouvant conserver aux matelots qui l'entouraient la vie temporelle, voulut du moins, en mourant avec eux, leur assurer la vie de l'éternité, ce que peuvent sur les âmes bien nées l'amour de la patrie et l'amour de l'humanité ; et si nous ajoutons que saint Jean Népomucène mourut martyr du secret de la confession, alors que tant de saints sont morts martyrs de leur foi en Jésus-Christ, nous avons la certitude que la fermeté nous est inspirée par les plus grands, les plus nobles, les plus sublimes sentiments.

Encore une observation. Sénèque dit que le don de souffrir constamment les malheurs qui nous arrivent est préférable à la faveur d'être toujours heureux. Assurément, c'est une hyperbole qu'il a employée, pour nous faire sentir combien est précieuse la fermeté dans l'adversité. Elle l'est d'autant plus, qu'elle montre une très-grande force d'âme unie à une très-forte raison. Toujours est-il qu'avec elle les malheurs ne sauraient nous abattre, les violentes douleurs ne sauraient nous ébranler, l'aspect de la mort ne nous fera point fléchir.

C'est la foi, l'espérance et la charité qui seules peuvent nous soutenir dans les épreuves de l'adversité ; si elles s'affaiblissent en nous, empressons-nous de les y raviver, et nous sentirons se ranimer ainsi avec elles, cette fermeté qui fait les grands hommes et les saints.

FÉROCE, FÉROCITÉ (vice).—Féroce est l'épithète que l'homme a inventée pour désigner cette disposition naturelle et instinctive qu'ont, à l'attaquer, certains animaux qui partagent la terre avec lui : dénomination que tous les animaux, sans exception, lui rendraient à juste titre, s'ils avaient une langue ; car quel est l'animal dans la nature qui est plus féroce que l'homme ?

De même, les auteurs ont appliqué cette dénomination, à tout individu qui porte contre ses semblables la même violence et la même cruauté que l'espèce humaine entière exerce sur tous les êtres sensibles et vivants. Mais si l'homme est un animal féroce qui immole les animaux, quelle bête est le tyran qui égorge les hommes ou les fait égorger sans merci, alors qu'ils sont sans défense ? (*Diderot.*)

L'histoire redira toujours avec horreur les noms de Caligula, de Néron, de Domitien, de Commode, de Caracalla, de Gallien, et autres empereurs romains dont la vie a été souillée par des crimes épouvantables. Celui de Galère a été également voué à l'exécration de tous les siècles, et il suffira à tout être sensible d'un pareil enseignement, pour qu'il étouffe à jamais en son cœur le plus petit germe de férocité qui tendrait à y germer.

FIDÈLE, FIDÉLTIÉ.—Fidélité, pris d'une manière générale, absolue, signifie une constante observation de nos devoirs et particulièrement de nos engagements ; considérée au contraire dans ses acceptions diverses, *fidélité* s'applique, tantôt à celui qui s'est chargé d'une commission, et qui, volontairement, la remplit avec exactitude ; tantôt à un ami qui garde religieusement le secret de son ami ; tantôt à un domestique qui se dévoue à son maître et pousse la discrétion quelquefois jusqu'à l'héroïsme ; tantôt, enfin, à l'attachement délicat et exclusif que l'amant a pour celle qu'il aime.

Chacun de nous peut trouver le bonheur dans l'accomplissement de ses devoirs de citoyen ou d'ami : citoyen, il doit rester fidèle aux lois qui régissent sa patrie, aux hommes à qui le pouvoir est confié, alors du moins qu'ils n'en font pas un mauvais usage, et qu'ils ne sont pas les premiers à violer les institutions gouvernementales qu'ils doivent faire respecter ; ami dévoué, il sera secret comme le tombeau, toutes les fois que la moindre indiscrétion pourrait devenir préjudiciable à celui qui a mis en lui toute sa confiance.

Du reste, dans quelque condition qu'il soit placé et quelles que soient les circonstances, tout homme éprouve toujours une satisfaction véritable dans la fidélité avec laquelle il remplit ses engagements, et trouve, dans sa conscience même, la récompense des efforts qu'il lui a fallu faire parfois pour ne pas y manquer. Il la trouve aussi, sa récompense, dans l'estime de ses concitoyens, qui, sachant bien que la fidélité est la preuve d'un sentiment très-vrai et d'une probité bien grande (*Margenci*), proclament honnêtes, vertueux, estimables, tous les apôtres de la fidélité.

Il n'est donc pas étonnant que la fidélité ait été considérée comme la source de presque tout commerce entre les êtres raisonnables, comme le nœud sacré qui fait l'unique lien de la confiance dans la société, de particulier à particulier, c'est-à-dire de tous les hommes entre eux. Qu'elle soit bannie de la terre, et nous retomberons tous dans la barbarie des premiers âges, ou des siècles pendant lesquels les peuples n'avaient absolument ni foi ni loi.

Prêchons donc la fidélité aux grands et aux petits, aux faibles et aux forts, aux riches et aux pauvres ; mais prêchons-la-leur par l'exemple plus encore que par la parole ; c'est le vrai moyen d'en faire connaître le prix, et d'assurer la prospérité et le bonheur du monde entier.

FIER, FIERTÉ (qualité bonne ou mauvaise). — Fierté est une de ces expressions qui, n'ayant d'abord été employées que dans un sens odieux, ont été détournées ensuite à un sens favorable.

C'est un blâme très-mérité quand on lui fait signifier la vanité altière, hautaine, orgueilleuse ; c'est presque une louange quand il signifie la hauteur d'une âme noble. De là cette comparaison ingénieuse et brillante de la sultane Eldir : « La fierté est comme l'oiseau qui balance ses ailes pour s'envoler ; l'orgueil est comme une corde tendue, toujours prête à se rompre. » De là aussi cette définition, bien plus exacte encore, qu'en a donnée cette dame anglaise, qui, réprimandée sur son orgueil, répondit qu'il n'était que fière, et ajouta : « L'orgueil est offensif, et la fierté défensive. »

Ainsi, en se faisant une idée juste de la fierté, on peut avancer, sans crainte d'être démenti, que la fierté de l'âme sans hauteur est compatible avec la modestie : c'est de la grandeur, parce qu'elle est fondée sur l'estime que l'on a de soi-même ; au lieu que la fierté dans l'air et les manières, la fierté dans l'extérieur, choque et déplaît toujours, même dans les rois, parce qu'elle est l'expression de l'orgueil. Cette fierté est tellement un défaut, que les petits, qui louent bassement les grands de ce défaut, sont obligés de l'adoucir, ou plutôt de le relever par une épithète : cette *noble* fierté. (*Voltaire.*)

Du reste, les nuances qu'on remarque entre ces différentes sortes de fierté sont tellement délicates, que si esprit fier est un blâme, et âme fière une louange, c'est que, je le répète, on entend par esprit fier, un homme qui pense avantageusement de lui-même, et par âme fière, des sentiments élevés.

Toujours est-il que la fierté, quand elle part d'un sentiment noble et louable, étant une vertu (alors qu'elle est réglée, s'entend), il est des occasions où il sied bien à un homme d'être fier : c'est quand il a le mérite d'une bonne action, et qu'il n'a à s'en prévaloir qu'auprès d'un public qui l'approuve. Ainsi, soldat valeureux, il sera heureux et fier de voir briller sur sa poitrine l'étoile des braves, juste récompense de ses services et de son courage ; citoyen, il éprouvera un sentiment de noble fierté, si par sa capacité, son dévouement et son intrépidité, il mérite le titre de bienfaiteur de sa patrie; magistrat, il apportera dans sa retraite le sentiment d'une délicieuse fierté, s'il n'est descendu de son siége que pour ne pas forfaire à l'honneur que la magistrature doit sauvegarder, etc., etc.

FILOU, FILOUTERIE. *Voy.* FRIPON, FRIPONNERIE et VOL.

FIN, FINESSE. — On appelle *finesse*, en morale, cette faculté qui a été donnée à l'homme, pour qu'il puisse saisir les rapports superficiels des choses (*Marmontel*) ; tout comme cette faculté à l'aide de laquelle, soit par prudence ou autrement, sa pensée et ses intentions échappent à l'œil le plus exercé qui épie toutes ses démarches et ses actions pour surprendre son secret.

On admet bien encore une autre sorte de finesse, la finesse dans la conversation comme dans les ouvrages d'esprit, qui consiste dans l'art de ne pas exprimer directement sa pensée, mais de la laisser aisément apercevoir ; c'est une énigme dont les gens d'esprit devinent tout à coup le mot ; mais comme celle-ci n'est que la conséquence d'une faculté primitive de l'intelligence, nous n'avons pas à nous en occuper.

Restent donc deux sortes de finesse : la finesse de l'esprit et la finesse de caractère. La première, qu'il est impossible d'acquérir, peut cependant se développer jusqu'à un certain point, par la culture de l'esprit lui-même, qui gagne d'autant plus qu'on le cultive davantage, et devient ainsi une qualité très-précieuse, si on ne le fausse pas : et c'est précisément ce qui arrive, parce qu'il est trop fin, ou si l'on veut, que c'est un corps trop délié pour avoir de la consistance. Cela vient de ce qu'un travers de la finesse est d'imaginer au lieu de voir, et qu'à force de supposer elle se trompe.

Et quant à la finesse de caractère, qu'on la considère, avec F. Bacon, comme le chemin couvert de la prudence, ou avec Duclos, comme le mensonge en action, du moment où elle n'est que le fruit d'une attention fixe et suivie, d'un esprit médiocre que l'intérêt anime et qui cherche à tromper ; du moment où elle devient une des nombreuses formes du déguisement ou de la dissimulation (*Voy.* DÉGUISEMENT), il est inutile, je pense, d'insister davantage sur ce sujet. C'est pourquoi je me bornerai à faire, en passant, quelques remarques.

1° On peut être plus fin qu'un autre, mais non pas plus fin que tous les autres (*La Rochefoucauld*) ; et on risque d'être attrapé en jouant au plus fin. 2° La plus subtile de toutes les finesses est de savoir feindre de tomber dans les piéges qu'on nous tend. 3° On n'est jamais si aisément trompé que quand on songe à tromper les autres. 4° Le vrai moyen d'être trompé, c'est de se croire plus fin qu'autrui. Avec cette idée, on se tient moins en garde contre les artifices, et, par conséquent, on est bientôt trompé. 5° La finesse, c'est l'occasion prochaine de la fourberie : de l'une à l'autre il n'y a qu'un pas, et il est glissant : le mensonge seul en fait la différence.

On voit, par ce qui précède, que je ne blâme pas l'homme fin ; je veux au contraire qu'il le soit, et surtout qu'il sache combien il est essentiel pour lui, comme pour toutes les personnes d'ailleurs, de connaître toutes les finesses, à la condition qu'il n'usera de son savoir que pour ne pas être trompé, et non pour essayer de tromper les autres. Et comme le plus souvent c'est à ce dernier et odieux usage que la plupart des hommes appliquent les ressources de leur esprit et la souplesse de leur caractère, il ne sera pas inutile, je suppose, d'ajouter quelques observations aux remarques que j'ai déjà faites, ne fût-ce que pour compléter ce que j'ai omis à l'article DÉGUISEMENT.

La finesse, nous dit-on, dénote toujours un cœur bas et un petit esprit. Cela est si vrai que, en général, on n'est fin qu'à cause qu'on veut se cacher, n'étant pas tel qu'on devrait être, ou que, voulant des choses permises, on prend, pour y arriver, des moyens indignes, faute d'en savoir choisir d'honnêtes. Il faut donc faire remarquer aux enfants l'impertinence de certaines finesses qu'ils voient pratiquer ; le mépris qu'elles attirent à ceux qui les font, et enfin leur faire honte à eux-mêmes quand on les surprend dans quelque dissimulation ; les priver de temps en temps de ce qu'ils aiment le mieux, parce qu'ils ont voulu y arriver par la finesse, et déclarer qu'ils l'obtiendront quand ils le demanderont simplement.

Il conviendrait aussi de les désabuser des mauvaises subtilités par lesquelles on veut faire en sorte que le prochain se trompe, sans qu'on puisse se reprocher de l'avoir trompé : il y a encore plus de bassesse et de supercherie dans ces raffinements que dans les finesses communes. Les autres gens pratiquent, pour ainsi dire, de bonne foi, la finesse, mais ceux-ci y ajoutent un nouveau déguisement pour l'autoriser. Nous dirons donc à l'enfant que Dieu est la vérité même, que c'est se jouer de Dieu que de se jouer de la vérité dans ses paroles; qu'on doit les rendre précises et exactes, et parler peu pour ne rien dire que de juste, afin de respecter la vérité.

Gardons-nous bien enfin d'imiter ces personnes qui applaudissent aux enfants, lorsqu'ils ont marqué de l'esprit par quelque finesse. Bien loin de trouver ces tours jolis et de nous en divertir, reprenons-les sévèrement, et faisons en sorte que tous leurs artifices réussissent mal, afin que l'expérience les en dégoûte. En les louant sur de telles fautes, on leur persuade que c'est être habile que d'être fin.

A l'égard des femmes, comme elles sont nées artificieuses et qu'elles usent de longs détours pour arriver à leur but; comme elles estiment la finesse, vu qu'elles ne connaissent point de meilleure prudence, et que c'est d'ordinaire la première chose que la prudence leur a enseignée; comme elles ont un naturel souple et propre à jouer toutes sortes de comédies, des larmes qui ne leur coûtent rien, des passions vives, des connaissances bornées, de là vient qu'elles ne négligent rien pour réussir, et que les moyens qui ne conviennent pas à des esprits plus réglés leur paraissent bons. Elles ne raisonnent guère pour examiner s'il faut désirer une chose, mais elles sont industrieuses pour y parvenir.

Ajoutons qu'elles sont timides et pleines de fausse honte, ce qui est encore une source de dissimulation.

Le moyen de prévenir un si grand mal, est de ne les mettre jamais dans le besoin de la finesse, et de les accoutumer à dire ingénument leurs inclinations sur toutes choses permises. Qu'elles soient libres pour témoigner leur ennui quand elles s'ennuient; qu'on ne les assujettisse point à paraître goûter certaines personnes ou certains livres qui ne leur plaisent pas. (*Fénelon.*)

FLATTERIE (défaut), FLATTEUR. — La flatterie est une profusion de louanges fausses ou exagérées, inspirée à celui qui les donne, par un sentiment d'égoïsme ou d'intérêt personnel; ou bien, en d'autres termes, un commerce honteux de mensonges, fondé, d'un côté sur l'intérêt, et de l'autre sur l'orgueil : c'est l'arme du flatteur.

Née parmi les hommes du besoin qu'ils ont, les uns d'être trompés, et les autres de tromper, la flatterie est plus ou moins coupable, basse, puérile, selon ses motifs, son objet et les circonstances.

Dans tous les cas, on pourrait regarder la flatterie comme une conversation honteuse qui tourne au profit du flatteur. En voulez-vous la preuve? Ecoutez Théophraste : « S'il vous arrive qu'un tel homme vous accompagne quelque part, écrivait ce moraliste, il vous dit en chemin : *Voyez-vous comment tout le monde a les yeux sur vous? Dans toute la ville il n'y a que vous à qui cela arrive : on ne parle que de vous, on ne vante que vos mérites.* Il ajoute mille choses de cette nature. Si vous allez raconter quelque chose, il impose silence aux assistants, il leur exalte votre personne et vos discours de manière que vous puissiez l'entendre; et aussitôt que vous avez cessé de parler, il est le premier à applaudir par les acclamations les plus flatteuses. S'il vous échappe quelque froide plaisanterie, il rit de bon cœur et porte le bout de son habit à sa bouche, comme s'il voulait s'empêcher d'éclater..... Il achète des fruits pour les apporter à vos enfants; il a soin de les leur distribuer en votre présence, et il les baise et les caresse beaucoup..... Si vous donnez quelques repas, il est le premier des convives à louer votre vin..... Il vous choisit les morceaux..... Il vous demande si vous n'avez pas froid, si vous voulez qu'on vous apporte de quoi vous couvrir; il pousse même la complaisance jusqu'à vous couvrir lui-même. Non content de ces démonstrations publiques d'intérêt et d'amitié, il vous parle tout bas en se penchant à votre oreille, et il n'adresse la parole aux autres qu'en tenant les yeux fixés sur vous..... » En un mot, le caractère du flatteur consiste à dire et à faire tout ce qu'il croit pouvoir le rendre agréable.

De tout temps une sorte de réprobation générale a pesé sur la tête du flatteur. On sait depuis longtemps aussi que *tout flatteur vit aux dépens de celui qui l'écoute*, et pourtant, comme généralement tout le monde aime à être flatté, on devient quelquefois flatteur par pure galanterie, alors surtout qu'on ne craint pas d'être accusé d'agir d'après une pensée coupable. Eh bien ! même dans ce cas, c'est mal de flatter, parce que les éloges que l'on donne rendent vains, orgueilleux, présomptueux, etc., ceux à qui ils s'adressent.

Cependant, c'est ce qui arrive tous les jours, c'est-à-dire que tel flatte pour se faire bien valoir ou de peur de se faire mal valoir; et tel autre pour se donner le plaisir de faire un échange de flatteries. A les entendre, il n'est rien de pire que la louange exagérée ou fausse; on doit rougir de s'entendre louer sans l'avoir mérité, et dès lors on se garderait bien de flatter autrui sans sujet. Néanmoins, à peine ces *sortes de sages* se sont ainsi prononcés contre la flatterie à leur adresse ou à l'adresse des autres, qu'ils se laissent caresser par elle, et sont entraînés à s'en servir.

Pourquoi? dira-t-on : parce que l'amour-propre est le plus grand de tous les flatteurs, et que malheureusement chacun de nous est rempli d'amour-propre; parce que nous devrions tous savoir, ou du moins nous devons pas ignorer que l'amour-propre, tout en étant le plus grand des flatteurs, est aussi par conséquent la cause de tous les maux. « Il vaut mieux, dit Antisthène dans ses Sentences, tomber dans les serres des corbeaux que dans les mains des flatteurs ! » Puissions-nous ne pas l'oublier!

Ce n'est pas la seule sentence que l'on ait portée contre la flatterie. Charron disait d'elle : « La flatterie est pire que le faux témoignage; celui-ci ne corrompt pas le juge : il ne fait que le tromper ; au lieu que la flatterie corrompt le jugement, enchante l'esprit, et le rend inaccessible à la vérité. » Et l'auteur d'un recueil de pensées morales et critiques écrivait à son tour : « J'ai entendu quelquefois comparer les flatteurs aux voleurs de nuit, dont le premier soin est d'éteindre les lumières ; » et la comparaison m'a paru juste; car les flatteurs des rois ne manquent jamais d'éloigner de leur personne tous les moyens qui pourraient les éclairer.

Une chose assez bizarre, c'est qu'on condamne en idée la flatterie, et qu'on n'en aime pas moins la séduction ; on rougirait d'avouer qu'on en est le jouet ; mais l'on n'en est pas moins dépendant, moins esclave. Cela provient de ce qu'il n'y a que la flatterie grossière qui offense un homme délicat, au lieu de lui plaire, et alors elle est ordinairement punie par le mépris ; tandis que, quand c'est une main habile qui l'a préparée, qu'elle a su épargner la pudeur de celui qui est flatté, et contenter sa vanité, il faut avoir beaucoup d'esprit pour la rejeter.

La conclusion de tout ceci, c'est que la flatterie n'est jamais permise, le moindre de ses effets étant de laisser dans l'antre du vice bien des orgueilleux et des vaniteux qu'on en retirerait peut-être, si on leur disait la vérité avec ménagement, mais sans déguisement ; si on leur inspirait surtout un véritable dégoût pour la flatterie qui met le mensonge dans la bouche du flatteur, et fait autant de dupes qu'il y a d'orgueilleux et de sots.

FOI (vertu). — La foi est une vertu chrétienne par laquelle on croit à tout ce que Dieu et l'Eglise nous ordonnent de croire.

Il est impossible que celui qui croit en Dieu (et tout homme qui n'est pas insensé doit y croire) n'ait pas la foi, et il est également impossible que celui qui croit en Dieu et a la foi ne croie pas à l'Eglise que Jésus-Christ a établie sur la terre. Dès lors, s'il croit à une Eglise contre laquelle les foudres de l'impiété ne prévaudront jamais, il croira aussi aux vérités que cette Eglise nous enseigne, parce que son divin fondateur les lui a révélées, et qu'il ne peut ni se tromper ni nous tromper.

Il a été de tout temps des philosophes qui ont osé crier contre la foi, et prétendu que c'est renverser tous les principes de la raison que de croire sans examen et sans preuves. Oui ; mais où voient-ils qu'on a cru sans examen et sans preuves ? Assurément, s'ils étaient conséquents, ces philosophes, ils reconnaîtraient que la foi et la raison sont d'accord sur la plupart des devoirs et des actions des hommes ; que les choses dont la religion nous éloigne sont souvent aussi contraires au repos de cette vie qu'au bonheur de l'autre, et que la plupart de celles où elle nous porte contribuent plus au bonheur des hommes et à la tranquillité de la société, que tout ce que notre ambition et notre vanité nous font rechercher avec tant d'ardeur.

Ce n'est pas tout ; la philosophie, nous l'avons prouvé, conduit à croire qu'il n'y a qu'un Dieu. Or, ce Dieu étant la vérité éternelle, nous devons croire ce qu'il a voulu enseigner à toutes les nations, et avoir la certitude que c'est se conformer aux principes de la raison, que d'adopter les préceptes d'une religion qu'il a fondée. Ainsi, soit que, s'adressant à Pierre, il lui ait dit : *Tu es Pierre, et sur cette pierre je bâtirai mon Eglise;* soit qu'il ait ordonné aux apôtres d'aller instruire les peuples et d'enseigner toutes les nations au nom du Père, du Fils et du Saint-Esprit, il nous a invités par là à avoir la foi en cette Eglise dont saint Pierre fut le premier chef, et en une religion catholique prêchée d'abord par de pauvres pêcheurs qui, sans instruction, première, mais inspirés de ses divines pensées, ont converti à cette religion ceux-là mêmes qui les persécutaient.

Hommes de peu de foi, laissez-nous avoir nos croyances. Laissez-nous avec l'espérance, qui se mourrait dans notre âme sitôt que le flambeau de la foi cesserait de l'animer. Laissez-nous avec la conviction que les liens de la famille rompus en ce monde par la faux de la mort se renoueront un jour dans l'éternité ; que tout ce que nous avons aimé, nous pourrons l'aimer encore, et que tout ce que nous aurons souffert en cette vie avec résignation, nous donne des droits aux récompenses que le Rédempteur a promises à ses élus. Laissez-nous croire enfin avec Newton, Pascal, Bossuet, Fénelon, c'est-à-dire les hommes de la terre les plus éclairés dans le plus philosophe des siècles, et dans la force de leur esprit et de leur âge, ce que le grand Condé mourant répétait avec foi : « Oui, nous verrons Dieu comme il est. » *Sicuti est, facie ad faciem!*

FOURBE (vice), FOURBERIE. — Quand un homme joint la finesse au mensonge, et se sert du déguisement pour nuire, les actes qu'il accomplit dans cette intention constituent la fourberie.

La fourberie naît de la lâcheté et de l'intérêt qu'on a à cacher la vérité. Ce vice rompt tous les accords faits dans la société, en pervertissant tous les signes extérieurs des sentiments.

De toutes les fourberies, la plus noire est celle qui abuse du nom sacré de l'amitié, pour trahir ceux qu'elle a dessein de perdre ; tout comme de tous les caractères vicieux, le fourbe est, sans contredit, celui qui mérite le plus notre exécration. Les autres caractères s'annoncent ordinairement pour ce qu'ils sont : ils nous avertissent eux-mêmes de nous tenir sur nos gardes ; au lieu que le fourbe nous conduit dans le piège, lors même qu'il prétexte de nous en garantir. C'est un hypocrite qui ourdit la trame de ses noirceurs avec ce que les hommes respectent le plus.

Toute la conduite du fourbe étant fondée sur la dissimulation, la finesse, l'hypocrisie, dont il use largement pour nous mieux tromper, c'est en étudiant ces divers vices qu'on apprendra à se mettre en garde contre la fourberie.

FRAGILE, Fragilité (défaut). — La fragilité est une disposition à céder aux penchants de la nature, malgré les lumières de la raison (*Dict. encyclopédique*); et on appelle *fragiles* les malheureux qui se laissent entraîner plus fréquemment que les autres, soit par tempérament, soit par goût, au delà des limites posées par les législateurs d'une saine morale. Et comme il est très-facile d'oublier pour les plaisirs, le devoir, la raison et le bonheur lui-même, il en résulte que la fragilité est, du plus au moins, le caractère de tous les hommes, les sages exceptés. Mais ils sont si rares, les sages!

Et puis il y a si loin de ce que nous naissons à ce que nous voulons devenir; l'homme tel qu'il est, est si différent de l'homme qu'on veut faire; la raison universelle et l'intérêt de l'espèce gênent si fort les penchants des individus; les lumières reçues contrarient si fort les instincts; il est si rare qu'on se rappelle à propos ce plan de conduite dont on va s'écarter, cette suite de la vie qu'on doit démentir; le prix de la sagesse que montre la réflexion est vu de si loin; le prix de l'égarement que peint le sentiment est vu de si près; l'attrait des jouissances l'emporte tellement sur notre faible raison, parfois ou presque toujours si oublieuse de nos propres intérêts, quand le plaisir lui adresse un sourire, que nous succombons ordinairement sans opposer la moindre résistance.

Toujours est-il qu'une des principales causes de la fragilité parmi les hommes, c'est l'opposition de l'état qu'ils ont dans la société où ils vivent, avec leur caractère. Ainsi, le hasard et les convenances de fortune les destinent à une place, et la nature leur en marquait une autre.

Il ne faudrait pas confondre l'homme *fragile* avec l'homme *faible*. La fragilité suppose des passions vives, et la faiblesse l'inaction et le vide de l'âme. L'homme fragile pèche contre les principes, l'homme faible les abandonne. Le premier est incertain de ce qu'il fera, et le second de ce qu'il veut. Il n'y a rien à dire à la faiblesse; on ne la change pas; mais la philosophie n'abandonne pas l'être fragile. Elle lui prépare des secours, et lui ménage l'indulgence de tous les hommes. Elle l'éclaire, elle le conduit, elle le soutient, elle lui pardonne. Il faut donc se hâter d'inspirer à l'homme fragile l'amour de la sagesse, et mieux encore l'amour de la religion, qui le fortifieront et le soutiendront, soyons-en certains, contre les tentations qui peuvent le faire succomber.

FRANC, Franchise (qualité ou défaut).— Nous avons démontré à l'art. Candeur, que la franchise comme celle-ci, comme l'ingénuité, comme la naïveté et comme la sincérité, exprimait cet état de l'âme qui exclut toute dissimulation et ne trahit jamais la vérité. Sous ce rapport, disions-nous, elle devient une qualité très-précieuse, alors surtout qu'elle est réfléchie et raisonnée, qualité d'autant plus recherchée qu'elle est plus rare.

Mais, avons-nous ajouté, la franchise n'est pas exempte de défauts. Or, comme l'énumération de ces défauts a déjà été faite à l'article précité, en même temps qu'il a été donné des préceptes à l'usage des hommes *francs*, nous y renverrons le lecteur, pour ne pas tomber dans des répétitions inutiles.

FRAYEUR (sentiment).— La frayeur est un sentiment de crainte qui nous est inspiré par la présence d'un danger apparent et subit qui nous menace personnellement.

Ce sentiment est si connu, il est si rare qu'un individu ne l'ait pas éprouvé; et quand une fois on l'a éprouvé, on sait si bien ce que c'est, qu'il m'a semblé inutile de chercher à le décrire, cette description devant trouver place à l'art. Terreur (*Voy.* ce mot).

FRIPON, Friponnerie (vice). — Friponnerie et filouterie désignent l'action de prendre ce qui ne nous appartient pas, avec cette différence, que le fripon prend par finesse, il trompe; au lieu que le filou prend avec adresse et subtilité, il escamote. Ces deux modes de s'emparer du bien d'autrui se rattachent nécessairement au vol, qui consiste à prendre de toutes les manières, c'est-à-dire en employant même, quand il le faut, la force et la violence. *Voy.* Vol.

FRIVOLE, Frivolité (défaut).—La frivolité est le goût de la bagatelle, la marque d'un petit esprit. Elle est généralement prise en mauvaise part, ce qui n'empêche pas que toutes les fois qu'une personne est intéressée à paraître frivole aux yeux des gens qui le sont, elle ne manque pas d'affecter beaucoup de frivolité, ce mensonge étant le seul moyen de gagner leur confiance et leur amitié. Il y a tant d'individus qui n'aiment que ceux qui leur ressemblent, et auxquels leur imagination prête souvent leurs bonnes ou leurs mauvaises qualités!

La frivolité a des origines diverses. Elle naît ou de l'ignorance, qui fait que l'esprit, n'étant pas assez étendu, ne peut estimer le prix des choses, mesurer la course du temps et la durée de l'existence; ou de la vanité, qui veut que, pour plaire à chacun et à tous, on se laisse emporter par les exemples que l'on a journellement sous les yeux; on se conforme aux usages adoptés par ceux qui peuvent nous être favorables; on adopte leurs goûts et leurs idées; on se fasse, en un mot, leur servile imitateur.

L'homme peut donc être frivole, même sans passions ni vices, mais par désœuvrement ou par intérêt. C'est-à-dire que souvent, pour se délivrer de l'ennui, il se livre chaque jour à quelque amusement qui cesse bientôt d'en être un, et il se rejette alors sur les fantaisies. Dès ce moment, il passe avidement d'objets en objets, sans s'arrêter à aucun, sans en chercher la valeur, sans vouloir en connaître les avantages, ce qui fait que le cœur reste toujours vide. Aussi a-t-on dit de la frivolité que, si elle pouvait exister longtemps avec de vrais talents et l'amour de la vertu, elle les détruirait tous; et que l'homme honnête et sensé se trouverait précipité dans l'ineptie et la dépravation.

Heureusement qu'il n'en est pas ainsi, et que la frivolité est communément le partage des sots, des ignorants ou des orgueilleux.

A ce propos, nous ferons remarquer que le mot frivolité s'applique également aux hommes et aux objets. Les objets sont frivoles, quand ils n'ont pas nécessairement rapport au bonheur et à la perfection de notre être; les hommes sont frivoles, quand ils s'occupent sérieusement des objets frivoles et quand ils traitent légèrement des objets sérieux. Cette conduite tient assurément à l'ignorance ou à l'irréflexion, qui peuvent être facilement corrigées, quand ce n'est pas un grand travers de caractère; tandis que, dans ce dernier cas, la tâche devient plus difficile.

Quoi qu'il en soit, il y aura toujours, pour tous les hommes, un remède contre la frivolité : l'étude de leurs devoirs comme homme et comme citoyen. Leur dire quels sont ces devoirs et leur inspirer le désir de les accomplir, tel doit être le but des efforts du philosophe. Il ne s'en tiendra pas là : mais il s'efforcera également de leur faire aimer les lettres et la philosophie; vu que celui qui les aime devient l'ennemi de tout ce qui a rapport à la frivolité.

Je ne parlerai point de la frivolité simulée; car qui dit simulation dit déguisement, ou négation de la chose dont il s'agit.

FRUGAL, FRUGALITÉ (vertu). — La frugalité est une simplicité de mœurs et de vie. Le docteur Cumberland la définit une sorte de justice, qui, dans sa société, consiste à observer; et qui a pour dispositions contraires, d'un côté, la prodigalité envers des particuliers, et de l'autre, une sordide avarice.

On entend ordinairement par frugalité, la tempérance dans le boire et le manger; mais cette vertu va beaucoup plus loin que la sobriété; elle ne regarde pas seulement la table, elle porte sur les mœurs, dont elle est le plus ferme appui. Les Lacédémoniens en faisaient profession expresse; et les Curius, les Fabricius, les Camille ne méritent pas moins de louanges par leur frugalité que par leurs grandes et belles victoires. Phocion s'acquit le titre d'*homme de bien* par la frugalité de sa vie; conduite qui lui procura les moyens de soulager l'indigence de ses compatriotes, et de doter les filles vertueuses que la pauvreté empêchait de s'établir.

Je sais que, dans nos pays de faste et de vanité, la frugalité a bien de la peine à maintenir un rang estimable. Quand on n'est touché que de l'éclat de la magnificence, on est peu disposé à louer la vie frugale des grands hommes, qui passaient de la charrue au commandement des armées; et peut-être commençons-nous à les dédaigner dans notre imagination. La raison néanmoins ne voudrait pas que nous en jugeassions de la sorte; et puisqu'il ne serait pas à propos d'attribuer à la libéralité les excès des prodigues, il ne faut pas non plus attribuer à la frugalité la honte et les bassesses de l'avarice.

FUREUR (passion), FURIEUX. — Les auteurs se servent de cette expression pour désigner les passions violentes, portées à un degré extrême. On s'en est servi également pour exprimer le sentiment d'une grande COLÈRE (*Voy.* ce mot).

G

GAI, GAIETÉ (sentiment). — La gaieté, ce don heureux de la nature, est une situation agréable de l'esprit, qui vient du tempérament ou d'une harmonie parfaite dans l'exercice de toutes les fonctions de l'économie. Rien ne la trouble ou ne la peut troubler qu'un instant, tant les inquiétudes physiques et morales sont passagères, et laissent peu de trace sur l'âme de ceux qui jouissent d'un pareil don et d'une semblable organisation.

C'est pourquoi, un homme gai est désiré de toutes les sociétés, dont il fait les délices. A son arrivée, surtout lorsqu'il s'est fait attendre, le sourire de satisfaction se répand sur tous les visages, une exclamation de plaisir s'échappe de toutes les bouches, la conversation s'anime et les jeux interrompus ou non encore commencés reprennent une nouvelle activité.

La gaieté est donc estimable et mérite notre affection et notre bienveillance. Elle les mérite même d'autant plus, qu'il n'y a point de qualité qui se communique plus promptement, et conséquemment, qu'on soit plus disposé à montrer. Dans la conversation elle est cette flamme légère qui gagne bien vite le cercle, et s'étend à ce point que les personnes les plus graves et les plus tristes ne peuvent s'empêcher d'en sentir les impressions. Ainsi, par ce double effet que la gaieté a de se communiquer aux autres, et de s'attirer leur approbation, nous reconnaissons qu'il est des qualités qui, sans autre utilité et sans avoir pour but le bien-être de la société, ni même celui de la personne qui les possède, ne laissent pas de se concilier l'estime et l'amitié des hommes, par le plaisir qu'elles causent à tous ceux qui les voient en jeu; et comme nous ne pouvons nous empêcher d'aimer ce qui nous plaît, il s'élève en nous un mouvement favorable pour la personne qui nous communique sa gaieté. Le spectacle de son humeur enjouée nous anime; sa présence répand sur nous la joie et la sérénité; notre imagination, captivée par ses sentiments et par son caractère, est remuée d'une façon plus agréable que lorsqu'une personne grave, soucieuse et mélancolique, se présente à nos regards. De là naît l'affection que chacun porte à l'homme gai, l'aversion et le dégoût avec lesquels il voit l'homme triste. (*Hume*.)

On aime les gens gais, parce que l'on se persuade qu'ils sont heureux, et que l'aspect d'une personne heureuse et gaie repose l'esprit et le cœur; c'est bien, par rapport à nous; mais c'est souvent une erreur de jugement par rapport à ceux dont nous aimons et envions la gaieté. Dans ce cas, nous jugeons trop du bonheur sur les apparences; nous le supposons où il est le moins, nous le cherchons où il ne saurait être; la gaieté n'est qu'un signe très-équivoque. Un homme gai n'est souvent qu'un infortuné qui cherche à donner le change aux autres et à s'étourdir lui-même. Ces gens si riants, si ouverts, si sereins dans un cercle, sont presque tous tristes et grondeurs chez eux, et leurs domestiques portent la peine de l'amusement qu'ils donnent à leurs sociétés. Le vrai contentement n'est ni gai, ni folâtre ; jaloux d'un sentiment si doux en le goûtant, on y pense, on le savoure, on craint de l'évaporer. Un homme vraiment heureux ne parle guère, ne rit guère; il resserre, pour ainsi dire, le bonheur autour de son cœur.

Quoi qu'il en soit, mieux vaut encore, quoi qu'il puisse nous en coûter d'efforts et de violence, paraître dans le monde avec un semblant de gaieté qui nous y fait bien accueillir, que de s'y montrer avec un visage sévère, des manières brusques et froides, qui répandent dans tous les esprits l'ennui et la tristesse.

GALANT, GALANTERIE (qualité ou vice). — On peut considérer la galanterie sous deux aspects différents, savoir : 1° comme une attention marquée, chez les hommes bien élevés, à dire aux femmes d'une manière fine et délicate des choses convenables et qui leur plaisent ; 2° comme un vice du cœur (le *libertinage*), auquel on a donné un nom honnête. C'est ce que font en général les peuples : ils masquent leurs vices par des dénominations honnêtes. (*Voltaire*.)

La galanterie peut donc être considérée tout à la fois comme un sentiment et comme une pratique honteuse. Sentiment, elle pourrait rendre les femmes meilleures et les consoler de leurs disgrâces, s'il était bien exercé; mais il ne sert trop souvent qu'à les corrompre. Pratique, elle les plonge de plus en plus dans la fange du vice, et les perd sans retour. Science et pratique, elle profite habilement de l'empire que les émotions exercent sur le jugement, d'une manière vraiment extraordinaire. Aussi on a vu des femmes, de beaucoup d'esprit, professer sérieusement, dogmatiquement, des doctrines religieuses et philosophiques, ou embrasser chaudement une cause politique, par cela seul qu'un théoricien ou un chef de parti, élégant diseur ou aimable convive, avait admiré, dans un accès de galanterie, leurs jolies mains ou leurs jolis pieds. Mais que l'admiration fasse place à un indifférent oubli, que le théoricien ou le chef de parti interrompe ses aimables causeries, la secte sera exposée à perdre son plus ardent apôtre, et la cause politique son plus séduisant avocat. Les convictions pénètrent dans l'intelligence de la femme par la voie du cœur, disons mieux, par la voie des émotions. C'est ainsi que les rondes du sabbat, les épreuves du baquet de Mesmer, les oracles du somnambulisme, les prodiges de l'homœopathie, etc., ont successivement pris possession de sa raison, toujours prête à se soumettre aux influences contestées, aux émotions fortes et exceptionnelles. Le dialecticien le plus habile est sans succès auprès d'elle si la fibre sensible n'a point été préalablement émue. Quand la corde a vibré, le tour est fait, la conviction est acquise, et la dialectique est superflue. Si vous voulez savoir combien cette conviction durera, vous n'avez qu'à calculer la durée des émotions. (*Roussel*.)

J'ai dit ailleurs (art. COQUETTERIE) que je m'occuperais, dans cet article, de la démonstration de l'erreur dans laquelle sont tombés les auteurs qui ont considéré ou qui considèrent encore comme synonymes la coquetterie et la galanterie. Cette tâche est assez facile, du moment où il suffit de les rapprocher et d'en comparer les principaux caractères, pour qu'on en saisisse aussitôt la différence. Que se passe-t-il en effet dans l'une et dans l'autre? que la femme coquette, n'étant inspirée que par un sentiment d'orgueil ou de vanité, est satisfaite qu'on la trouve aimable, de passer pour belle, et d'être recherchée; au lieu que la femme galante, ne pouvant éprouver de véritable satisfaction que dans les jouissances des sens, veut non seulement être aimée, mais qu'on satisfasse à ses désirs, à sa passion. Pour cela, elle cherche à séduire par mille moyens agréables; elle a plusieurs amusements à offrir, et les offre avec mystère et réserve, sans vouloir s'engager; au contraire, la coquette va successivement d'un engagement à l'autre, sans jamais cacher ses séduisantes manœuvres. C'est pourquoi sa vie est un travail continuel dans l'art de plaire pour tromper, pour tout faire espérer et ne rien accorder; tandis que la galante séduit et attache à elle celui à qui elle se donne moins par attachement que par goût, et qu'elle s'efforce de retenir dans ses liens en variant ses plaisirs. D'où il suit que l'une, légère et dissimulée, n'est entraînée que par un déréglement honteux de l'esprit qui la fait mépriser, sans qu'elle soit coupable de faiblesse; quand l'autre, entraînée par la force de sa complexion, est méprisée, parce qu'elle provoque et cède sans avoir combattu. Donc la coquetterie n'est pas la galanterie. *Voy*. CHASTETÉ.

GÉNÉROSITÉ, LIBÉRALITÉ (vertus), PRODIGALITÉ (vice). — Un des attributs de la bonté, c'est la *générosité*, et ses sœurs sont la *libéralité* et la *prodigalité*, qui, quoique ayant une même origine, diffèrent cependant sous bien des rapports : semblables à ces sources dont les eaux coulent limpides et transparentes, ou troubles et fangeuses, selon que, sortant de leur lit, et prenant des directions diverses, elles traversent, avant d'y rentrer, des plaines sablonneuses, où elles se clarifient, ou des terrains marécageux, sur lesquels les pluies s'amassent et croupissent.

Essayons de démontrer cette proposition.

L'amour du prochain, l'amour de l'humanité, et la bonté ont plusieurs manières de se manifester. Ainsi l'homme, en remplissant avec exactitude les devoirs que Dieu lui a prescrits ou qu'il lui inspire, agit selon les règles de l'honnêteté ; et s'il va plus loin, c'est-à-dire s'il dépasse la limite de ces devoirs, il avance en vertu, et cette vertu, quand elle consiste en un *dévouement* aux intérêts des autres qui le porte à leur sacrifier ses avantages personnels, constitue la *générosité*. C'est pourquoi on a dit de l'âme généreuse qu'elle s'élève au-dessus de l'honnêteté, en portant le dévouement jusqu'à la générosité ; et de celle-ci, qu'elle est aussi utile que la bienfaisance, aussi tendre que l'humanité. Partant, la générosité serait une vertu mixte, puisqu'elle est le résultat de plusieurs vertus ; mais elle est bien plus parfaite qu'aucune d'elles, car elle peut les suppléer. Ce n'est donc pas sans raison qu'on l'a considérée comme le plus sublime de tous les sentiments, le mobile de toutes les actions. Elle peut être le germe de toutes les vertus, vu qu'il y en a peu qui fassent le sacrifice d'un intérêt personnel à un intérêt étranger.

En est-il de même de la *libéralité* et de la *prodigalité* ? Non, car ces dernières, au lieu de s'étendre, comme la générosité, soit à cette grandeur d'âme, qui fait qu'on pardonne et qu'on oublie les injures, que l'on se montre indulgent pour autrui en toute circonstance ; soit à ce dévouement absolu aux intérêts des autres, qui porte l'homme généreux à se priver lui-même de bien des choses pour donner davantage à ceux qu'il veut secourir; la libéralité et la prodigalité se bornent exclusivement, l'une à donner son superflu, mais à le donner à propos, avec discernement, ce qui est un mérite ; l'autre, à donner sans réflexion, sans mesure, sans nécessité, ce qui devient un défaut.

Tels furent, dans les temps antiques, Antoine, qui fit présent d'une ville à un cuisinier, parce qu'il avait apprêté un repas du goût de Cléopâtre ; dans les temps plus modernes, Richard VIII, qui éleva un domestique à une dignité considérable, parce qu'il avait fait rôtir à propos un marcassin ; et nos faibles monarques, qui donnaient à leurs maîtresses des habitations, des équipages, des toilettes et autres témoignages de prodigalité qui tenaient du ridicule le plus déhonté, si ce n'est de la démence.

Ou'il y a loin de la prodigalité d'Antoine, de Richard, de nos rois libertins, à la libéralité d'un Pontcarré, d'un Voiture, d'un La Rochefoucauld-Liancourt, etc., ou à la générosité d'Henri IV, de Louis XVI, de Madame Elisabeth, etc.

Voiture savait obliger sans faste et d'une manière qui était encore au-dessus du bienfait. On raconte que Balzac lui ayant envoyé demander quatre cents écus à emprunter, il lui livra aussitôt cette somme, et prenant la promesse de Balzac, y écrivit, en la renvoyant : « *Je reconnais devoir à M. Balzac* HUIT CENTS ÉCUS, *pour le plaisir qu'il m'a fait de m'en emprunter quatre cents.* »

La Rochefoucauld, n'ayant d'autre passion que celle du bien, avait six places qui *lui rapportaient* par an deux mille écus *de dépense*.

Restent donc les exemples de générosité.— A la prise de Brescia par les Français, en 1512, le chevalier Bayard reçut une dangereuse blessure et fut transporté dans une maison habitée par une dame et ses deux filles, dont il reçut beaucoup de soins. Lorsqu'il fut guéri et qu'il se disposait à partir, cette dame vint le prier d'accepter une petite boîte renfermant 2,500 ducats, que le bon chevalier n'accepta qu'après beaucoup d'insistance, en la priant de faire venir ses filles : « Voici votre dame de mère qui m'a donné deux mille cinq cents ducats ; je vous en donne à chacune mille pour vous aider à marier, et, pour ma récompense, vous prierez, s'il vous plaît, Dieu pour moi. » Puis, s'adressant à l'hôtesse : « Madame, je prendrai ces cinq cents ducats à mon profit, pour les départir aux pauvres religieuses qui ont été pillées, et vous en donne la charge ; car mieux entendrez la nécessité que toute autre. »

A quelque temps de là, vers la fin du même siècle, Paris s'étant soumis à Henri IV dès qu'il se fut fait catholique, ce prince signala sa bonté, dans sa capitale, par un trait d'un grand éclat. Des sergents avaient arrêté l'équipage de *La Noue*, pour des engagements que son père avait pris en faveur de la bonne cause, ce fier et valeureux officier vint se plaindre à l'instant d'une insolence si marquée : « La Noue, lui dit publiquement le roi, il faut payer ses dettes ; je paye bien les miennes ! » Après cela, il le tire à l'écart et lui donne ses pierreries pour les engager aux créanciers à la place du bagage qu'ils lui avaient pris.

Plus tard encore, Louis XVI ayant été informé qu'à la suite du rigoureux hiver de 1784, les digues avaient été rompues, qu'une grande mortalité sur les bestiaux a ruiné les gens de la campagne, qui, dans l'impossibilité de payer leurs impôts, courent risque de perdre leur liberté ; qu'il faut sur-le-champ sept millions pour faire face aux besoins les plus pressants, et que le trésor public se trouve momentanément dans l'impossibilité de les fournir, il s'adresse à son ministre des finances, et lui dit : « De tels malheurs, monsieur, nécessitent un prompt secours ; avisez à tel expédient qu'il vous plaira : *retranchez sur moi, retranchez sur la reine*, mais il faut que ce nécessaire se trouve. En effet, des réductions furent faites sur les dépenses du roi et de la reine, et tous les maux des gens de la campagne furent réparés.

Enfin, madame Elisabeth refusait souvent d'acheter soit des bijoux, soit des objets de parure, préférant *soutenir quelques malheu-*

reux de plus avec ce que cela coûterait. Un marchand étant venu un jour lui offrir un ornement de cheminée d'un goût nouveau, et qui ne coûtait que quatre cents francs, en reçut pour réponse: *Avec quatre cents francs je puis monter deux petits ménages!*

J'ai voulu insister sur le récit de tous ces exemples, afin de justifier les conclusions suivantes, savoir : que la prodigalité peut être considérée comme un vice dégradant, la libéralité comme une qualité, et la générosité comme une vertu.

Et comme cette pratique vertueuse rend l'homme supérieur à son être, tout doit l'inviter à la générosité exercée sans prétention et sans faste; car, il ne faut pas se le dissimuler, celui qui n'oblige que dans une vue d'intérêt, soit de récompense, soit de reconnaissance, n'est pas généreux. Oui, la récompense de la générosité doit être au fond du cœur de celui qui l'exerce, et non ailleurs ; ce qui a fait dire à Saint-Evremont : *Il y a beaucoup moins de généreux qu'on ne pense.*

Je vais terminer par un exemple qui donnera une idée du parti que l'on peut tirer de la générosité. Un négociant ruiné par suite de mauvaises spéculations s'abandonna au chagrin, à la tristesse, et finit par devenir gravement malade. Bouvard, son médecin, connaissant la cause du mal, laissa un jour l'ordonnance suivante : *Bon pour trente mille francs payables chez mon notaire.....* Le malade fut aussitôt guéri.

GÉNIE (faculté). — On appelle *génie* l'aptitude que tout homme reçoit de la nature pour faire bien et facilement certaines choses que les autres ne sauraient faire que très-mal, même en prenant beaucoup de peine ; ou, si l'on préfère, un haut degré d'esprit, accompagné d'un haut degré de justesse et de pénétration; ce qui veut dire encore un haut degré de perfection dans toutes les facultés intellectuelles.

C'est donc la nature qui forme les hommes de *génie* : ou plutôt c'est un don de Dieu qui, par une faveur toute spéciale, accorde à certains êtres l'heureux privilège de cette raison active qui s'exerce avec art sur un sujet, qui en recherche industrieusement toutes les faces réelles, tous les possibles; qui en dissèque méthodiquement les parties les plus fines, en mesure les rapports les plus éloignés ; car le génie est un instrument éclairé qui fouille, qui creuse, qui perce sourdement, sa fonction consistant non à imaginer ce qui ne peut être, mais à trouver ce qui est.

En conséquence, pour être homme de génie, il faut réunir tout à la fois l'étendue de l'esprit, la force de l'imagination et cette activité de l'âme, qui s'inspirent et créent, qui trouvent les rapports ordinaires entre les grands objets et les rapports très-éloignés entre les choses ordinaires; tout ce qui, en un mot, est le caractère propre d'un auteur.

C'est pourquoi, tandis que le génie était, pour le grand Frédéric, une lumière et un feu d'esprit qui conduit à la perfection par des moyens faciles, l'homme de génie était celui qui joignait à une âme forte et à un esprit étendu, profond, un caractère original.

Mais, de même qu'il y a différentes sortes de génies, il y a aussi différentes espèces d'hommes de génie, et même des grands génies de différents genres et de différents mérites. C'est-à-dire qu'on a admis, 1° le génie qui demande plus d'imagination que d'esprit : il est familier aux poètes (et aux peintres ; 2° celui qui exige plus d'intelligence que d'imagination : il est le partage des physiciens et des mathématiciens; 3° enfin , celui qui réclame autant d'intelligence que d'imagination : il fait les grands politiques, les grands généraux, les grands médecins. Inutile de dire que l'un et l'autre de ces génies peuvent se trouver réunis en un même individu.

A propos de ces différentes sortes de *génies*, je citerai un fait que racontait autrefois Voltaire. « Il n'y a pas longtemps, écrivait-il, que l'on agitait dans une compagnie célèbre cette question usée et frivole : Quel était le plus grand homme qu'il y ait eu sur terre? Si c'était César, Alexandre, Tamerlan, Cromwel, etc. » Assurément il aurait ajouté Bonaparte, s'il l'eût connu.

« Quelqu'un répondit que c'était certainement Isaac Newton. » Cet homme avait raison : car si la vraie grandeur consiste à avoir reçu du ciel un puissant génie et à s'en être servi pour s'éclairer soi-même et les autres, un homme comme Newton, tel qu'il s'en rencontre à peine en dix siècles, est véritablement le grand homme; et ces politiques et ces conquérants, dont aucun siècle n'a manqué, ne sauraient lui être comparés. Mais revenons aux distinctions indiquées.

J'ai dû établir différentes espèces de génie, parce qu'on voit bien des individus, et principalement les poëtes, chercher le fond du génie dans la force de l'imagination. Un poëte de cette espèce a droit de penser comme il veut de sa propre grandeur; il lui est même permis de penser qu'il y a plus de grandeur à faire un vers qu'à conduire un empire, et même plus à chanter un héros qu'à l'être soi-même; mais, je dois le dire, c'est un principe faux qui a fait avancer bien des choses fausses à l'endroit du génie. On a même été jusqu'à refuser un certain degré de raison au génie, parce qu'on a pris les écarts et les transports fougueux d'une imagination déréglée pour le génie lui-même. Or, si la fougue de l'imagination faisait le vrai génie, il ne faudrait donc abandonner la conduite d'une armée ou d'un Etat qu'à ceux qui ont plus de finesse que de prudence, plus de feu que de force, plus d'inconstance que d'uniformité, qui voient toujours plus qu'on ne peut dans la nature, et qui ne cherchent que par des boutades ce qui est véritablement grand. Malheur à ceux qui seraient dirigés par un tel homme !

Ce n'est pas tout : autrefois le génie consistait, pour certains, dans un haut degré de bon sens, l'ordre dans l'élévation; c'est-à-dire, au moral, la vertu, et en littérature le bon goût; de là cette remarque de Shakspeare : Le goût et le génie sont inséparables. Aujourd'hui, au contraire si l'on s'en rapporte à M. Saint-Marc Girardin, le génie serait quelque chose de capricieux, de bizarre, de désordonné, et pas autre chose. C'est à ces dehors qu'on le reconnaît, et c'est par ces dehors aussi que les prétentions le singent et le copient.

Ce ne serait rien encore, dit-il, si le génie avait des règles et des devoirs à observer. Mais, toujours mauvais fils, mauvais mari, mauvais père, n'ayant ni vertu, ni honneur, ni susceptibilité, que lui importe tout cela ? soyons homme de génie, et cela répond à tout. C'est qu'en effet, l'homme aime mieux ce qui est grand, dût cette grandeur l'écraser, que ce qui est bon, dût cette bonté le soulager. L'espèce humaine est ainsi faite : elle aime à être battue ! Elle a pour la grandeur qui se dispense de la vertu je ne sais quel respect imbécile et immoral. De là une funeste tentative, pour toutes les mauvaises âmes, de singer le génie, de viser au grand et de faire de leurs fautes un piédestal insolent. Le vice, au lieu de rester dans son ordure, se pare et se drape ; le crime, au lieu d'être honteux et tremblant, a pris le ton rogue et fier ; il parle tout haut à la société, qui a trop souvent la bêtise de l'écouter chapeau bas. Voilà où nous en sommes venus avec cette manière de croire que le génie est tout, avec ce culte du grand que chacun a empêché par amour-propre.

Pour éviter tous ces inconvénients, il faut se former une idée du génie d'après les ouvrages des grands artistes grecs et de ceux qui leur ressemblent, à quelque degré que l'emporte d'ailleurs, dans le génie, l'imagination retenue qui ne connaît de limites que celles de l'esprit le plus élevé. L'abbé Winckelman, qui avait le talent si rare de pénétrer jusque dans l'intérieur de tous les objets, et d'y apercevoir nombre de choses qui ont échappé et peuvent échapper à tant d'autres, a remarqué que la force active du corps et l'expression des passions ne se sentent en rien, dans ces restes de l'antiquité, de la moindre contrainte, ni de ce qui peut porter atteinte au vrai et à l'expression de la nature.

Quoi qu'il en soit, on ne doit pas oublier que, pour devenir un homme de génie, il faut avoir beaucoup observé ; on ne saurait être créateur sans cette condition, et réciproquement on ne sera observateur que pour être en état de créer. Cela est d'autant plus nécessaire que l'esprit, livré à lui-même, n'emploie pas toujours ses forces avec justesse, et qu'il ne s'occupe que de hasards dans l'immensité des choses qui se présentent à lui, tant qu'il n'est pas déterminé par quelque objet capable de le fixer. Il faut nécessairement connaître quelque chose de certain, avant que de se porter vers des objets inconnus. C'est l'expérience des autres qui doit nous instruire, leurs pensées nous éclairer, et pour ainsi dire,
leur aile nous porter, avant que nous puissions être inventeurs. Il est rare de voir un génie trouver une science dans son propre fonds.

Sans doute que dans les sciences, le génie, semblable au navigateur hardi, cherche et découvre des régions inconnues ; sans doute que, dans les arts, le génie peut être comparé à un coursier superbe qui d'un pied rapide s'enfonce dans l'épaisseur des forêts, et franchit les halliers et les fondrières; sans doute enfin que ce génie saisit toutes les règles fixes qui assurent le succès. Mais s'ensuit-il que le génie puisse féconder un champ qu'il n'aura jamais cultivé ? Au contraire, les hommes d'esprit, quand ils ont longtemps observé attentivement et médité avec soin leurs modèles, sitôt que le moindre objet les appelle, ils s'y livrent avec ardeur, et cela parce que en acquérant toujours des connaissances nouvelles qui étendent le fonds de leur esprit, ils en préparent la fécondité. C'est ce qui a fait dire avec quelque fondement par certains philosophes, que la force du génie change en bonne nourriture les préceptes les plus mal digérés, tout comme une mauvaise graine donne un bon fruit dans une terre excellente.

Ainsi, en fait de *génie*, il y a celui des découvertes dans les sciences, celui de l'invention dans le fond et le plan d'un ouvrage, et enfin celui de l'expression. De telle sorte que, selon les divers genres auxquels chacun applique ses facultés, l'une ou l'autre de ces différentes espèces de génie sera plus ou moins désirable. Dans la poésie, par exemple, le génie de l'impression est, si j'ose le dire, le génie de nécessité. Le poëte épique le plus riche dans l'invention des fonds n'est point lu s'il est privé du génie de l'expression, tandis qu'au contraire un poème bien versifié et plein de beautés, de détail et de poésie, fût-il d'ailleurs sans invention, sera toujours favorablement accueilli du public. Observons toutefois que, si le génie suppose toujours l'invention, toute invention ne suppose pas le génie. Pour obtenir le titre d'homme de génie, il faut non-seulement que l'invention porte sur des objets généraux et intéressants pour l'humanité; mais encore que l'auteur soit né dans le moment même où par ses talents et ses découvertes, il puisse faire époque dans les arts et les sciences qu'il cultivera avec zèle, et aux progrès desquels il contribuera. Chose digne de remarque, cette activité de l'esprit qui caractérise l'homme de génie semble s'exercer aux dépens du physique, c'est-à-dire, que rarement le génie se montre chez des hommes fortement constitués, comme si des formes herculéennes et l'épaisseur des muscles étouffaient l'intelligence. Il faut bien qu'il en soit ainsi, puisque les hommes corpulents manquent généralement d'esprit et d'imagination, tandis que tous les écrivains, les poètes, les savants de toute espèce, ont un extérieur chétif et souffrant ; le physique, chez eux, semble étiolé et amoindri ; mais leur front noble et développé révèle une haute capacité, et leur regard étincelle du feu de la pensée. C'est donc dans ces constitutions débiles et frêles, transparentes en quelque sorte, qu'existent les plus puissantes intelligences, celles qui sont destinées à éclairer, à dominer et à transformer le monde.

Mais, pour en arriver là, que d'efforts les grands génies n'ont-ils pas à faire pour que les autres hommes leur pardonnent cette supériorité qui fait leur gloire! Toujours en butte aux traits envenimés de l'envie, qui sait les calomnier, ils ne peuvent se soustraire à ses traits empoisonnés; mais ils s'en consolent aisément, parce qu'ils savent tous que la plus grande des satisfactions que celui qui a reçu le génie en partage puisse goûter, c'est de le consacrer à éclairer, instruire et perfectionner l'humanité; et que si quelques esprits jaloux tendaient à ternir sa réputation, les applaudissements de la foule et le calme de sa conscience suffiraient à son bonheur.

GLORIEUX (défaut). — La gloire, avons-nous dit à l'article AMOUR DE LA GLOIRE, est la bonne réputation fondée sur l'estime. Elle est au comble quand l'admiration s'y joint.

La gloire suppose toujours des choses éclatantes en actions méritantes, en talents recommandables, en vertus, et toujours de grandes difficultés surmontées. César, Alexandre, ont eu de la gloire. On ne peut guère dire que Socrate en ait eu. Il attire l'estime, la vénération, la pitié, l'indignation contre ses ennemis; mais le mot de gloire serait impropre à son égard; sa mémoire est respectable plutôt que glorieuse. Charles XII a encore eu de la gloire, parce que sa valeur, son désintéressement, sa libéralité, étaient extrêmes.

Dès lors il ne faudrait pas confondre la vraie gloire avec la vaine gloire, qui forme le caractère du glorieux: celle-ci est une petite ambition qui se contente des apparences, qui s'étale dans le plus grand faste et ne s'élève jamais aux grandes choses. Elle est si séduisante qu'on a vu des souverains qui, ayant une gloire réelle, ont encore aimé la vaine gloire et recherché les louanges par le grand appareil de la représentation.

Mais, de même que c'est l'amour de la vraie gloire qui pousse les hommes aux actions excellentes (*Socrate*, *Xénophon*), de même la vaine gloire excite les passions différentes à s'insulter réciproquement, et cela chez ceux-là même qui devraient la dédaigner. Mais non, et quoiqu'on sache bien qu'il n'est pas de plus triste caractère que le caractère du glorieux; quoiqu'on n'ignore pas que ce soit le masque de la grandeur, l'étiquette des hommes nouveaux, la ressource des hommes dégénérés et le sceau de l'incapacité, la sottise en a fait le supplément du mérite et cherche à s'en targuer.

A la vérité, on suppose souvent ce caractère où il n'est pas. Ceux dans qui il est, croient presque toujours le voir dans les autres; et la bassesse qui rampe aux pieds de la faveur le distingue rarement de l'orgueil qui méprise la fierté, qui repousse le mépris.

On confond aussi quelquefois la timidité avec la hauteur du glorieux; elles ont, en effet, dans quelques situations, les mêmes apparences. Mais l'homme timide qui s'éloigne n'attend qu'un mot honnête pour se rapprocher; et le glorieux n'est occupé qu'à étendre la distance qui le sépare, à ses yeux, des autres hommes. Plein de lui-même, il se fait valoir par tout ce qui n'est pas lui: il n'a point cette dignité naturelle qui vient de l'habitude de commander et qui n'exclut pas la modestie. Il a un air impérieux et contraint qui prouve qu'il était fait pour obéir. Le plus souvent son maintien est froid et grave; sa démarche est lente et mesurée; ses gestes sont rares et étudiés; tout son extérieur est composé. Il semble que son corps ait perdu la faculté de se plier. Si vous lui rendez de profonds respects, il pourra vous témoigner en particulier qu'il fait quelque cas de vous, mais jamais en public il ne vous accueillera avec bienveillance. Faire un livre, selon lui, c'est se dégrader; il serait tenté de croire que Montesquieu a dérogé pour ses ouvrages. Il n'eût envié à Turenne que sa naissance; il eût reproché à Fabert son origine. Il affecte de prendre la dernière place pour se faire donner la première; il prend *par distraction* celle d'un homme qui s'est levé pour saluer. Il représente dans la maison d'un autre; il dit de s'asseoir à un homme qu'il ne connaît pas, persuadé que c'est pour lui qu'il se tient debout; c'est lui qui disait autrefois: *Un homme comme moi;* c'est lui qui dit encore des grands: *Des gens comme nous;* et à des gens simples qui valent mieux que lui: *Vous autres!* Enfin c'est lui qui a trouvé l'art de rendre même la politesse humiliante. (*Diderot*.)

Ainsi le glorieux, plein de lui-même, voudrait aussi que tout le monde en fût rempli; il parle sans cesse de lui, se met en scène à tout propos, se drape devant les autres, et réclame les regards, l'admiration et l'hommage de tous. Dans son enivrement de lui-même, il prétend même à l'apothéose. Quand il a dépassé toutes les grandeurs de la terre, il aspire à celles du ciel, et veut passer du trône sur l'autel. Les empereurs romains se déifiaient sans pudeur.

Cette passion peut aller jusqu'à l'absurdité. Il y a des gens qui veulent faire parler d'eux à tout prix, fût-ce en mal, pour des crimes ou des inepties, Erostrate brûla le temple d'Éphèse, afin de transmettre son nom à la postérité.

Les passions différentes s'insultent réciproquement. Voilà pourquoi le glorieux, qui méconnaît le mérite dans une condition médiocre, qui le dédaigne et qui voudrait le voir ramper à ses pieds, est, à son tour, méprisé des gens éclairés. Insensé, lui diraient-ils volontiers, homme sans mérite et même sans orgueil, de quoi t'applaudis-tu? Des honneurs qu'on te rend? Mais ce n'est point à ton savoir, à tes qualités, à tes vertus, c'est à ton faste et à ta puissance qu'on rend hommage. Tu n'es rien par toi-même; si tu brilles, c'est de l'éclat que réfléchit sur toi la faveur du souverain. Regarde ces vapeurs qui s'élèvent de la fange des marécages : soutenues dans les airs, elles s'y changent en nuages éclatants; elles brillent comme toi, mais d'une splendeur empruntée au soleil; l'astre se couche, l'éclat du nuage a disparu.

Il serait à désirer que le glorieux entendît souvent un langage si vrai et si sévère, de la bouche des hommes à qui il ne peut s'empêcher d'accorder les hommages dus aux hommes probes et doués d'un véritable talent; peut-être ferait-il un retour sur lui-même, et il s'opérerait dans son caractère une réforme salutaire.

Mieux vaudrait encore, à cet âge où se forment notre humeur et nos habitudes, prévenir, par des réflexions pleines de sagesse faites à l'endroit du glorieux et de ses travers, le développement des traits qui le caractérisent.

GOURMANDISE (qualité bonne ou mauvaise). Je ne définirai pas la gourmandise, comme l'ont fait certains auteurs, « la prédilection des bons morceaux, » c'est-à-dire un acte de notre jugement qui accorde la préférence aux choses qui sont agréables au goût, sur celles qui n'ont pas cette qualité, parce que je ne crois pas qu'il soit mal d'aimer ce qui flatte le goût. Le Créateur, en attachant le goût à l'exercice de nos sens, nous invite à accomplir les fonctions auxquelles nous sommes destinés, et il est sage de croire que les choses qu'il a voulues ne sauraient l'offenser. (*Brillat-Savarin*.)

Toujours est-il que cette préférence raisonnée, habituelle, et parfois passionnée pour les objets qui flattent le sens du goût, comprend, d'une part, la *friandise*, qui n'est autre que la préférence accordée aux mets délicats et de peu de volume; et, d'autre part, l'*intempérance*, qui vient de ce que l'âme du gourmand est toute dans son palais.

Ainsi considérée, la gourmandise proprement dite sera donc tantôt un petit défaut, presque une qualité, qui, pour certains, mérite plutôt des encouragements que le blâme; et tantôt, au contraire, un défaut réel. Elle devient une qualité, quand, se rapportant au physique, elle est le résultat et la preuve de l'état sain des organes destinés à la digestion; ou bien, en se rapportant au moral, elle annonce une résignation volontaire aux ordres du Créateur, qui, nous ayant ordonné de manger pour vivre, nous y invite par l'appétit, nous soutient par la saveur, et nous en récompense par le plaisir.

Par contre, la gourmandise constitue un défaut véritable, lorsque le gourmand, faisant un dieu de son ventre, se livre immodérément, souvent même sans besoin, à son goût pour les bons morceaux, et devient intempérant.

Remarquez que je n'appelle gourmand ni le *goinfre*, qui se gorge indistinctement de tous les mets, mange à pleine bouche, et mange pour manger; ni le *goulu*, qui avale plutôt qu'il ne mange (une bouchée n'attend pas l'autre); il ne fait, comme on dit, que tordre et avaler; ni enfin le *glouton*, qui, plus vorace que le goulu, se jette sur les morceaux qu'il dévore salement et avec bruit; il engloutit tout; ces gens-là doués d'un appétit brutal, mangeant plutôt pour assouvir leur faim dévorante que par gourmandise.

D'ailleurs, en supposant que le *goinfre*, le *goulu*, le *glouton* et l'*intempérant* constituent autant d'espèces du genre gourmandise, il faudrait admettre que, dans ces cas divers, la gourmandise, tout en conservant son nom, échappe aux attributions de l'homme du monde, et de la société en général, qui ferme les yeux, pour tomber dans celles du moraliste ou du médecin : du premier, qui, la considérant comme un vilain défaut, dirigera le gourmand par ses conseils; du second, qui, reconnaissant dans une altération organique la cause de cette gourmandise, s'essayera à la guérir par des moyens appropriés. Ainsi, à la rigueur, ce ne serait donc pas la gourmandise.

Gourmandise ou non, fidèle à mon principe que celle-ci n'est pas toujours un défaut, je commence par déclarer que la morale sévère qui proscrit toute jouissance procède d'un faux jugement. Elle ressemble à ces vieillards chagrins, qui ne pardonnent pas aux jeunes gens d'aimer le plaisir et les distractions. Il ne faut pas tomber dans les extrêmes, et savoir distinguer l'exercice agréable et légitime de nos sens de leur abus coupable et dangereux.

Ainsi, en premier lieu, tant qu'on ne s'écartera pas des principes suivants : Beaucoup de propreté sans étude; beaucoup de liberté sans manquer à la politesse; peu de plats, mais bons; peu de vin, mais du meilleur; choisir bien ses convives, et vivre avec eux, quels qu'ils soient, comme si la table égalait toutes les conditions, c'est rester dans les limites que les plaisirs de la table permettent. Or, voilà précisément en quoi consiste la meilleure chère des Français délicats. Que dans bien des cas ces principes dégénèrent en passion, et qu'ils portent l'homme à des excès qui le rendent digne de mépris, c'est incontestable; et tout moraliste doit proscrire ces vices, les considérer comme étant le résultat d'une aberration des facultés intellectuelles, et les combattre avec persévérance, afin de les dissiper.

En second lieu, la gourmandise est une des ressources de la vieillesse. A cette époque de la vie où l'esprit de l'homme n'a plus d'activité, le désœuvrement vient aider ses penchants matériels, et c'est alors que les séductions de la gourmandise ont une puissance inaccoutumée. Elle agit surtout sur ces heureux du siècle qu'un travail pénible ne vient pas distraire, qui n'ont point à souffrir des atteintes de la misère, et qui s'endorment chaque soir sans souci du lendemain. Tels on nous montre ces hommes de banque et de finance, à qui tout le monde cède le pas quand il s'agit de gourmandise.

Ce sont eux, en effet, qui sont les Sardanapales de notre époque ; et il leur en coûte peu, car peu de dépenses intellectuelles, de grands loisirs, beaucoup de fortune, une vanité sans égale, voilà plus de conditions qu'il n'en faut pour être entraînés. Aussi rien n'approche de l'ostentation des hommes de cette classe peu faits, pour lutter d'intelligence et de bon ton ; ils croient s'élever par le luxe de leur table et de leurs équipages, et ils n'épargnent rien pour nous éblouir.

J'ai trouvé, en parcourant les *Souvenirs de la marquise de Créquy*, une historiette que je vais reproduire, à cause de sa singularité. « La famille de finance la plus renommée pour ses prétentions, ses recherches gastronomiques et ses autres ridicules, était celle de la Reynière. Il est inutile de vous en rapporter des détails qui traînent partout ; je ne vous parlerai pas non plus de la sotte vanité de madame de la Reynière, née de Jarente, ni des affections populacières de M. son fils. Je ne vous en rapporterai qu'une historiette, et c'est parce que je ne l'ai vue citée nulle part.

« Le père la Reynière, qui revenait d'une inspection financière, entre dans une auberge de village, et s'en va bien vite à la cuisine afin d'y faire quelque bonne remarque, et pour y procéder à l'organisation de son souper. Il y voit devant le feu sept dindes à la même broche, et pourtant l'aubergiste n'avait à lui donner, disait-il, que des fèves au lard. — Mais toutes ces dindes ? — Elles sont retenues par un monsieur de Paris. — Un monsieur tout seul ? — Comme j'ai de pique ! — Mais c'est un Gargantua comme on n'en vit jamais. — Enseignez-moi donc sa chambre.....

« Il y trouva son fils qui s'en allait en Suisse. Comment donc, c'est vous qui faites embrocher sept dindes pour votre souper. — Monsieur, lui répondit son aimable enfant, je comprends que vous soyez péniblement affecté de me voir manifester des sentiments vulgaires et si peu conformes à ma naissance ; mais je n'avais pas le choix des aliments ; il n'y avait que cela dans la maison. — Parbleu ! je ne vous reproche pas de manger de la dinde à défaut de poularde ; en voyage, on est bien obligé de manger ce qu'on trouve ; c'est une épreuve à supporter, et je viens d'en avoir de rudes ! Mais la chose qui m'étonne est ce nombre de sept, et pourquoi donc faire ? — Monsieur, vous avais-je dire assez souvent qu'il n'y a presque rien de bon dans une grosse dinde, et je ne voulais en manger que les *sot-l'y-laisse*. — Ceci, répliqua son père, est un peu dispendieux (pour un jeune homme), mais ce n'est pas déraisonnable. »

En troisième lieu, je trouve qu'on s'est mépris sur le compte de la friandise, qui, si elle expose à moins de dangers que l'intempérance, n'en a pas cependant de moins réels, comme je le prouverai tout à l'heure.

Ces explications étaient nécessaires pour comprendre pourquoi nous avons consacré un article à la gourmandise et à ses filles, la friandise, la gloutonnerie, la voracité, etc. ; sans doute que si elles se bornaient à cette préférence que chacun a pour tel ou tel mets ; si elles avaient pour but plus le plaisir que l'on peut goûter à se trouver à table avec de gais convives, nombreuse et bonne compagnie, que le bonheur de satisfaire sa passion pour les mets recherchés, les vins les plus renommés, je me serais donné de garde de m'y arrêter ; mais comme la gourmandise conduit à l'intempérance, comme la gueule en tue plus que l'épée, *Plus occidit gula quam gladio* (Hippocrate), je dois blâmer hautement ce défaut, qui, soit dit en passant, se propage tous les jours davantage, par suite des nouveaux perfectionnements introduits dans l'art culinaire.

Cette propension à la gourmandise est d'autant plus étonnante, que ceux-là même qui frémissent au seul mot de poison, quoiqu'il n'y ait pas un seul homme sur mille qui en meure, se livrent sans frein à l'intempérance qui en emporte tant de milliers. Pourquoi cela ? parce que l'homme est le seul des animaux qui abuse de ses organes digestifs. (*Alibert*.)

Cet abus que les hommes font de leurs organes digestifs a plus d'un grave inconvénient au moral. Et par exemple, si l'on observe à table les MANGEURS, le goinfre, le goulu et le glouton se décèlent en un instant ; ils nous dégoûtent : aussi nos regards ne pouvant s'arrêter longtemps sur cette race carnassière, vont se fixer de préférence sur le gourmand proprement dit. En voici le portrait.

Ce héros de la table est tout ramassé pour être plus près de son assiette ; les bons et gros morceaux qu'il s'administre ne l'empêchent ni de parler, ni de rire ; ses deux mains travaillent à la fois ; sa physionomie est toute jouissance ; ses lèvres sont luisantes ; sa langue promeneuse enivre son palais de délices ; de temps en temps, il allonge le cou, incline le nez à gauche, et rend ainsi ses arrêts approbateurs. Mais, hélas ! ici-bas tous nos plaisirs ont des bornes : notre gourmand a longtemps et beaucoup mangé ; déjà sa mâchoire fatiguée n'a plus ce mouvement rapide et régulier qui annonçait une mastication à la fois agréable et facile ; son estomac, malgré sa vigueur et sa capacité, semble faiblir et demander grâce. Soudain apparaît quelqu'un de ces mets (*irritamenta gulæ*), connus des adeptes sous le nom d'*éprouvettes gastronomiques*. L'homme sobre, dont l'appétit est satisfait, les regarde d'un air froid ; ses traits restent immobiles. Mais à cette fois, toutes les puissances dégustatrices du gourmand sont ébranlées ; l'eau lui revient à la bouche ; on aperçoit dans ses yeux l'éclair du désir et sur ses lèvres entr'ouvertes l'irritation de l'extase ; sa sensibilité gastrique, profondément surexcitée, lui fait oublier qu'il a dîné.... Il recommence. Pas n'est besoin de dire qu'il boit à l'avenant, et sans avoir l'air d'y toucher.

Jusqu'à présent tout va à merveille ; mais il ne suffit pas d'ingérer, il faut digérer, et c'est ici que le rôle du gourmand commence à devenir fort triste. Consultons, en effet, parmi les gourmands de profession, ceux-là même dont l'estomac est le plus robuste ; ils nous diront que le sentiment de pesanteur et de malaise, que l'agitation et l'insomnie qu'ils éprouvent ordinairement à la suite des grands repas, compensent fortement le plaisir qu'ils ont pu goûter en se livrant à leur sensualité. Comment alors concevoir que ces gens-là ne se corrigent pas d'un tel défaut? C'est que chez eux l'instinct parle plus haut que la raison; c'est qu'ils sont gourmands, intempérants; autrement dit, c'est qu'ils tiennent plus de la brute que de l'homme.

De même, en portant l'homme à faire un dieu de son ventre, la gourmandise le conduit aussi à n'avoir d'amis qu'à table; à être sans pitié pour toutes les misères; à oublier ses devoirs pour ses jouissances : il dévore le patrimoine de sa famille, sans s'inquiéter de son avenir.

A la vérité, il ne tarde pas à être puni par là même qu'il pèche; mais dans son aveuglement, il ne s'inquiète guère si son intelligence elle-même est également victime de la gourmandise. Il sait par expérience, qu'en chargeant son estomac d'aliments, il n'est plus capable d'aucun exercice intellectuel ; les forces vitales, en se concentrant sur ce viscère par le travail de la digestion, privant le cerveau de l'excitation qui lui est nécessaire pour se prêter aux opérations de l'âme. Il sait aussi que, si ces actes matériels se répètent trop fréquemment, l'intelligence s'énerve complétement ; d'où cette remarque qu'on voit rarement les gros mangeurs devenir ou rester des hommes de mérite; et cependant, ou ils se bornent à l'usage journalier des friandises, en usent sans modération, et s'exposent ainsi à un affaiblissement plus ou moins considérable de l'appareil de la digestion, au développement des maladies vermineuses, et à bien d'autres maux qui dépendent de cet affaiblissement; ou bien ils poussent la gourmandise jusqu'à l'intempérance, et celle-ci finit à la longue par rendre l'individu pléthorique, s'il ne l'est déjà.

Ce n'est pas tout : bientôt l'estomac perdant son ressort, les indigestions deviennent fréquentes; peu à peu cet organe s'irrite, s'enflamme et est le siége des souffrances les plus vives. Bientôt surviennent aussi l'inflammation des intestins, des hémorrhoïdes, des maladies des voies urinaires, la répétition ou l'apparition des accès de goutte, l'apoplexie sanguine, en un mot toutes les affections qui dépendent d'un sang trop riche et trop abondant, auquel on en ajoute encore, par une nourriture trop abondante, trop substantielle, trop excitante, et par des boissons sucrées ou alcooliques.

Voilà bien des maux produits par la gourmandise; et pourtant je n'en ai pas encore fini l'énumération. Il en est d'autres qui, quoique moins dangereux, n'en sont pas moins déplorables. Et par exemple, combien ne voit-on pas de gourmands négliger leurs affaires les plus essentielles, pour rester un moment de plus assis devant une table bien servie, et ne la quitter qu'alors que leur raison égarée ne leur laisse d'autre liberté que celle de faire des sottises! Combien ne voit-on pas d'hommes d'esprit et de talent se *bourrer* tellement en un festin, qu'ils ne sont plus bons à rien en sortant de table, parce que leur intelligence est descendue au niveau des instincts de la brute!... C'est pourquoi les hommes raisonnables ne doivent dédier un temple à la gourmandise que tout autant qu'elle ne dépassera point certaines limites, c'est-à-dire qu'elle ne détournera pas les gens qui aiment et recherchent la bonne chère, de la ligne de leurs devoirs, et ne les entraînera pas hors du sentier de la vertu et de ce qu'ils doivent à leur famille.

De même, si, pour plaire aux amateurs d'un bon repas, j'avoue que la gourmandise entretient les liens de l'amitié en réunissant souvent à la même table ceux qui sans cela vivraient trop éloignés les uns des autres, c'est à la condition expresse que la dissolution de Sardanapale et les excès de Vitellius ne seront pas pour eux sans enseignement; qu'ils se souviendront que l'intempérance ruine la santé, et que, quand celle-ci est détruite, on n'est plus sensible à aucun plaisir; qu'ils n'oublieront pas, enfin, l'histoire du célèbre Vénitien Cornaro. Il fut attaqué dès l'âge de vingt-cinq ans de maux d'estomac, de douleurs de côté, de fièvre lente et de la goutte. Sa santé continuant à être délabrée à l'âge de quarante ans, malgré tous les secours des médecins, il abandonna tous les médicaments et s'imposa un régime sobre et simple. L'effet de ce genre de vie fut tel, que ses infirmités disparurent pour faire place à la santé la plus heureuse, avec laquelle il vécut plus de cent ans.

Ayant dit que la gourmandise était un léger défaut, presque une qualité, pourrons-nous concilier cette opinion avec celle de tous les peuples et de tous les philosophes qui l'ont considérée comme un vice; avec la religion chrétienne, cette expression sublime de la vérité et de la morale éternelle, qui l'a rangée au nombre des sept péchés capitaux? Pourquoi pas? S'il est vrai que la gourmandise n'est pas toujours le résultat d'une disposition du moral qui recherche un plaisir et dépend *fort souvent* d'une condition organique anormale ou d'un état morbide qui excite une faim insatiable; exemple : Tarare, Bijou et autres individus auxquels il fallait *nécessairement* des masses d'aliments pour apaiser la faim insatiable qui les tourmentait. Pourquoi pas? si les plaisirs de la table, bornés à d'étroites limites, ont moins pour objet la satisfaction sensuelle que le bonheur d'être au milieu de ses parents, de ses amis, et de les retenir auprès de soi par tout ce qui peut flatter leur goût pour la bonne chère. Aussi serais-je d'avis qu'il faut séparer complétement la gourmandise de l'intempérance, qui elle du moins n'est jamais excusable. Par là nous unissant aux philosophes et aux docteurs de l'Eglise, nous lancerions l'anathème contre les intempérants, et nous pourrions, sans craindre le blâme ni la censure, nous mêler aux gourmands qui auraient des plats très-délicats ou les vins les plus fins à nous offrir.

Cette séparation de la gourmandise d'avec l'intempérance a une autre utilité : elle expliquerait aux gens superficiels, qui blâment les choses les plus avantageuses à l'humanité et se récrient contre les règles que les législateurs catholiques ont imposées aux croyants, pourquoi l'on pèche en désobéissant à la règle qui traite de la gourmandise. On ne pèche pas parce qu'on choisit ses mets et ses vins, ce qui constitue la gourmandise proprement dite à notre point de vue, mais parce qu'on mange trop et que l'on boit trop, ce qui caractérise l'intempérance. Ce sont les excès que la religion condamne, et en cela elle est d'accord avec les lois de la politique et de la morale, son but étant essentiellement moral, politique et social.

A la vérité, la variété des mets entraîne à l'intempérance, tout comme le changement réitéré des vins dispose à l'ivrognerie, vice que l'on a confondu avec la gourmandise ; eh bien ! ce doit être une raison de plus pour tirer une ligne de démarcation entre la gourmandise et l'intempérance, cette distinction pouvant mettre tout le monde d'accord.

Quoi qu'il en soit, n'oublions jamais que les imperfections de l'enfance deviennent des vices de l'âge mûr ; qu'à cette époque de la vie où toutes les prédispositions sont en germe, c'est l'éducation qui les développe : bonne ou mauvaise, elle fait des hommes sages ou vicieux. Dès lors, pour que l'enfant ne devienne pas gourmand ou intempérant plus tard, il ne faut pas lui laisser suivre le penchant de la nature. Des repas simples, mais fréquents ; une nourriture frugale, mais abondante, voilà ce qui lui convient ; tout comme il convient à ceux qui veulent jouir de tout la plénitude de leurs facultés physiques et morales, de prendre en considération les avis renfermés dans le distique suivant :

> Voici trois médecins qui ne nous trompent pas:
> Gaîté, doux exercice et modeste repas.

Cela n'empêche pas qu'on sorte de temps en temps de ses habitudes quand tout nous y convie et que le moral n'aura pas à en souffrir. Sans doute le moment peut arriver où le gourmand cessera de l'être, afin de se rendre utile et de vivre pour ses devoirs sociaux et religieux. Mais si ces nobles mobiles n'ont plus d'écho dans l'âme, elle restera la vile esclave de la brute humaine qui lui sert de prison. Mieux vaut donc s'en délivrer avant qu'elle nous entraîne et nous asservisse.

N'oublions pas que si la gourmandise peut devenir la source de bien des maux pour le gourmand en particulier, elle peut également devenir nuisible à la société tout entière, soit à cause de sa contagion, soit pour bien d'autres motifs. Je m'explique : Les journalistes ont prétendu, et bien des gens ont répété avec eux, que naguère, sous nos gouvernements constitutionnels, la gourmandise était parfois employée comme un puissant levier politique sur des *enfants* de quarante ans, dont le cœur n'avait pas d'étoffe, et auxquels on donnait méchamment le nom de *ventrus*. Si par malheur cette assertion était vraie, et qu'elle dût se renouveler, il faudrait répéter avec un de nos meilleurs poëtes :

C'est donc par des dîners qu'on gouverne les hommes !

et désespérer d'un pays où les citoyens manqueraient sans honte à leur mandat et à la confiance dont ils seraient investis.

GOUT (faculté). — Le goût peut être considéré sous un triple aspect, c'est-à-dire selon qu'il se rapporte, 1° au sens du goût : je n'ai plus à m'occuper de celui-ci, en ayant assez longuement parlé à l'article GOURMANDISE ; 2° aux produits de l'intelligence des autres et de soi-même ; 3° au jugement que l'on porte des objets d'art, des mœurs, etc., etc.

D'après cela on doit comprendre combien il est difficile d'en donner une définition irréprochable. C'est pourquoi un philosophe on ne peut plus compétent en cette matière disait autrefois, ce qui est vrai encore aujourd'hui : « Plus on va chercher loin les définitions du goût, et plus on s'égare : le goût n'est que la faculté de juger de ce qui plaît ou déplaît au plus grand nombre. Sortez de là, vous ne savez plus ce que c'est que le goût. »

Néanmoins, il est des auteurs qui ont essayé de le définir. Ainsi, par exemple, madame Dacier a prétendu qu'il consiste *dans une harmonie, un accord de l'esprit et de la raison, et que l'on a plus ou moins*, selon que cette harmonie est plus ou moins juste.

D'autres ont avancé que le goût est une union du sentiment et de l'esprit, et que l'un et l'autre, d'intelligence, forment ce qu'on appelle le jugement. Pour ceux-ci, goût et jugement seraient donc synonymes.

Cette opinion serait très-séduisante, attendu qu'il est assez naturel de supposer qu'on ne peut pas discerner ce qui doit plaire ou déplaire au plus grand nombre, quand on n'a pas un bon jugement. Cependant, avec un peu de réflexion sur la manière dont le goût se développe, on reconnaît bientôt qu'il y a une différence entre le goût et le jugement, le premier tirant plus du sentiment que de l'esprit, et le second, au contraire, plus de la raison que du sentiment. Du reste, si j'affirme qu'il en est ainsi, c'est parce qu'il est impossible que quelqu'un rende raison de son goût : il ne sait pas même pourquoi il sent. Pourrait-il dès lors expliquer ce sentiment ? tandis que, au contraire, il rend toujours raison des opérations de son esprit et de ses connaissances.

Et puis, n'est-ce pas que le goût nous vient naturellement et ne s'acquiert pas, alors que le jugement peut se développer et se perfectionner par l'étude et la réflexion ?

On dit qu'il ne faut pas disputer des goûts, et on a raison quand il n'est question que du goût sensuel, c'est-à-dire de la répugnance que celui-ci a pour une certaine nourriture, ou de la préférence que celui-là donne à d'autres mets, etc. Or, pourquoi disputer sur ce point, du moment où le goût est un sentiment qui vient de la puissance vitale? Mais il n'en est pas de même du goût dans les arts; ceux-ci ayant des beautés réelles, il doit y avoir dès lors un bon goût qui les discerne et un mauvais goût qui les ignore, et qui explique la nécessité de la dispute. Par elle on corrige souvent le défaut de connaissances qui donne un goût de travers.

Il est enfin des âmes froides, des esprits faux, qu'on ne peut échauffer ni redresser; eh bien! c'est avec ceux-là surtout qu'il ne faut pas disputer des goûts : ils n'en ont point.

Le meilleur goût en tout genre, c'est d'imiter la nature avec la plus grande fidélité, de force et de grâce : ce qui n'est pas difficile, quand notre astre, en naissant, au lieu de nous former poëte, nous a formé homme de bon goût.

Sans doute que le goût acquis peut s'ajouter au goût naturel, et que le mélange de l'un et de l'autre est la perfection de tous les deux (*Kératry*); mais cela ne change rien à la proposition que j'ai avancée, que le goût est un sentiment inné.

Ce n'est pas tout : quelques écrivains ont pensé que le goût dépend de deux choses, à savoir : d'un sentiment très-délicat dans le cœur, et d'une grande justesse dans l'esprit. Il est certain qu'avec ces deux qualités, l'homme bien né aura le sentiment des convenances, et apportera dans le commerce du monde une délicatesse qui lui fera toujours ménager l'amour-propre d'autrui, et, par conséquent, lui méritera la réputation d'homme de goût. Mais est-il besoin d'avoir une grande justesse d'esprit pour cela? Il suffit d'avoir reçu une bonne éducation. Avec elle s'acquiert l'art d'observer les convenances ; par elle se perfectionnent les aptitudes que l'on peut avoir pour discerner le beau et le bon; mais ces aptitudes peuvent se faire jour sans elle. Assurément la servante de Molière n'avait aucune éducation ; et cependant, à voir la facilité avec laquelle elle saisissait toutes les critiques fines et spirituelles de l'inimitable auteur des *Femmes savantes*, des *Précieuses ridicules*, etc., etc., quand il lui lisait ses comédies, on ne peut refuser à Nicole d'être une fille de goût.

Reste enfin l'opinion de La Rochefoucauld, qui affirme que le bon goût vient *plus* du jugement que de l'esprit. Certainement le jugement doit servir à le perfectionner; mais combien n'est-il pas de circonstances où le goût est indépendant du jugement! Une d'elles, c'est lorsque le goût est un amour habituel de l'ordre, et s'étend sur les mœurs aussi bien que sur les ouvrages d'esprit ; la symétrie des parties entre elles et avec le tout étant aussi nécessaire dans la conduite d'une action morale que dans un tableau. Ajoutons toutefois que cet amour est une vertu de l'âme qui se porte à tous les objets qui ont quelque rapport à nous ; qu'il prend le nom de goût dans les choses d'agrément, et retient celui de vertu quand il s'agit de mœurs. (*Batteux.*)

Maintenant, si, résumant ce qui précède, je voulais donner une autre définition du goût, je serais forcé d'avouer, pour ma part, qu'il n'est pas de nature à en souffrir aisément une nouvelle. Le goût, dirais-je avec M. Raynaud, est un objet mixte, composé d'une qualité de l'esprit et d'un sentiment du cœur; or, tout ce qui tient au sentiment ne peut se définir. Le goût n'est donc indéfinissable qu'en partie : le reste ne peut le faire concevoir que par des exemples.

Le goût renferme une qualité de l'esprit : la facilité à voir d'un coup d'œil et à saisir dans l'instant le point qui convient à chaque sujet que l'on traite, ou qui se trouve dans chaque expression qu'on lit ou qu'on entend. Cette qualité est habituelle : par conséquent, elle se forme par la lecture, s'épure par la comparaison que l'on fait entre divers ouvrages, se fortifie par les réflexions, s'étend par des exemples et s'affermit par l'imitation des endroits choisis. Le goût ne se peut définir, puisque c'est un sentiment; il ne s'acquiert pas : c'est une qualité que donne la nature. Sentiment du vrai, droiture de raison, voilà ses principes ; justesse de pensées, netteté d'expressions, voilà ses règles; souplesse de l'esprit à la loi des bienséances, sagesse de détail qui adopte le nécessaire et l'utile, rejetant le superflu, économie dans l'ordonnance, voilà ses qualités. Le goût, observé dans celui qui le possède, est le talent de discerner avec promptitude et délicatesse ce qu'il y a de bon et de beau dans un sujet, quel qu'il soit. Il est aisé de contester et très-difficile de réunir tous les sentiments, surtout en matière de goût, et plus encore quand on cherche quelle en est la nature. On peut soutenir que le beau seul est l'objet du goût; on peut prétendre que, dans les choses susceptibles de l'un et de l'autre, le beau et le bon se confondent.

Dans les arts et les sciences, le goût est ce sentiment qui prend le public adopte l'opinion des gens instruits, et ne se prononce pas de lui-même à un jugement : c'est ce qui a lieu surtout pour la géométrie, la mécanique et certaines parties de physique, de peinture, de sculpture, etc. Dans ces sortes d'arts ou de sciences, les seuls gens de goût sont les gens instruits ; et le goût n'est, en ces divers genres, que la connaissance du vraiment beau.

Pourtant, et c'est une chose importante à noter, les hommes les plus remarquables ne sont pas les meilleurs juges dans le genre même où ils ont le plus de succès. Quelle est, me dira-t-on, la cause de ce phénomène littéraire et artistique? C'est, répondrai-je, qu'il en est des écrivains comme des grands peintres : chacun d'eux a sa manière. Crébillon, par exemple, exprimait quelquefois ses idées avec une force, une chaleur, une énergie, qui lui sont propres ; Fontenelle les présentait avec un ordre, une netteté et un tour qui lui étaient particuliers ; Voltaire les rendait avec une imagination, une noblesse et une élégance fréquentes. Or, chacun de ces hommes illustres, déterminé par son goût à regarder sa manière comme la meilleure, devait, en conséquence, faire souvent plus de cas de l'homme médiocre qui le suivait, que de l'homme de génie qui marche sans guide. De là les jugements différents que portent souvent sur le même ouvrage l'écrivain célèbre, l'artiste renommé et le public, qui, sans estime pour les imitateurs, veut qu'un auteur soit lui, et non un autre.

Mais, si le goût se rapporte à ces divers genres de talent, il s'exerce aussi sur les choses indifférentes ou d'un intérêt d'amusement, laissant ordinairement de côté celles qui tiennent à nos besoins. Pour juger de celles-ci, le goût n'est pas nécessaire, le seul appétit suffit. Voilà ce qui rend si difficiles, et ce semble si arbitraires, les pures décisions du goût; car, hors l'instinct qui le détermine, on ne voit plus la raison dans ses décisions.

Le goût est naturel à tous les hommes; mais il ne l'est pas pour tous en même mesure; il ne se développe pas dans tous au même degré, et dans tous il est sujet à s'altérer par diverses causes. Quoi qu'il en soit, la mesure du goût que chacun peut avoir dépend de la sensibilité qu'il a reçue en partage, de sa culture, tout comme des sociétés où il a vécu.

Somme toute, le goût est un sentiment naturel, une faculté de l'âme indépendante des autres sentiments et des autres facultés, mais pouvant se perfectionner par eux.

GRACIEUX (qualité). — Gracieux se dit d'un individu qui se présente avec un visage doux et riant, ouvert, sur lequel respire la bienveillance, et qui joint à un physique si avenant, des paroles affectueuses et des manières polies.

En général, les auteurs font du mot gracieux le synonyme d'agréable. Il est certain qu'une personne gracieuse est ordinairement très-agréable et nous séduit; mais on a remarqué cependant que c'est plus communément l'air et les manières qui rendent gracieux, au lieu que l'humeur et l'esprit rendent agréables. Certains ont même été jusqu'à faire une distinction à l'égard des personnes dites gracieuses; ainsi, d'après eux, il semblerait que « c'est plus par les *manières* que par *l'air* que les hommes sont gracieux, au lieu que les femmes le sont plutôt par leur *air* que par leurs *manières*, quoiqu'elles puissent l'être par celles-ci. Toutefois, il s'en trouve qui, avec l'air gracieux, ont les manières rebutantes. » (*Neuville.*)

Quoi qu'il en soit, on aime à la rencontre d'un homme gracieux; il plaît. On recherche la compagnie d'une femme agréable; elle distrait et amuse : soyons l'un et l'autre, s'il est possible, et n'oublions pas que ce n'est pas assez pour la société que d'être d'un abord gracieux et d'un commerce agréable, qu'il faut encore avoir le cœur droit et la bouche sincère.

GRANDEUR D'AME (vertu). — On appelle ainsi l'amour des grandes choses, ou cet attachement de l'âme pour le beau, le grand, le difficile, l'honnête.

Elle est généralement le fruit de la réflexion, et a été définie par Formey dans les termes suivants : « La grandeur d'âme est un instinct élevé, qui porte les hommes au grand, de quelque nature qu'il soit; mais qui la tourne au bien ou au mal, selon leurs passions, leurs lumières, leur éducation, leur fortune, leur état. Egale à tout ce qu'il y a sur la terre de plus élevé, tantôt elle cherche à soumettre, par toutes sortes d'efforts et de voies, les choses humaines à elle; et tantôt, dédaignant ces choses, elle s'y soumet elle-même sans que sa soumission l'abaisse : pleine de sa propre grandeur, elle s'y repose en secret, contente de se posséder. Qu'elle est belle, quand la vertu dirige tous ses mouvements! mais aussi qu'elle est dangereuse alors qu'elle se soustrait à sa règle!... »

Il me semble que, sous quelques rapports, Formey s'est fait une fausse idée de ce qu'on doit entendre par grandeur d'âme ; car, qui dit grandeur, veut exprimer la magnanimité, le désintéressement, la force ou l'empire que l'homme a sur ses passions ; ou, comme l'a dit Vauvenargues, d'après Formey lui-même, « cet instinct élevé qui porte aux grandes actions. » Or, peut-on appeler grandeur l'instinct qui tourne tous les hommes au mal, quand ils se soustraient à la règle de la vertu?

Quoi qu'il en soit, c'est le comble de la vertu que de vouloir faire tout le bien qu'on peut (*Pline le Jeune*) ; de ne rien désirer de ce qui est à autrui ; d'être bien persuadé qu'on ne peut, ni sur le trône, ni dans aucune autre condition, conserver ni courage ni honneur, si l'on se laisse séduire par les désirs que la justice condamne ; si l'on se laisse abattre par l'adversité; si l'on se laisse surprendre par la crainte; ou si l'on se laisse entraîner par le vice; que pour posséder en un mot la vraie grandeur, il faut qu'elle ait été mise à l'épreuve de la jalousie ou de toute autre passion, attendu qu'il n'y a que la grandeur véritable qui rende les hommes meilleurs, qui fait qu'ils pardonnent en pouvant se venger impunément, qu'ils avouent leurs torts par amour de la justice, qu'ils cèdent un honneur qui leur était réservé à celui qui leur en paraît plus digne : voilà, je le répète, la véritable grandeur. On n'est grand qu'en faisant de grandes choses (*Aristote*) ; mais aussi qu'ils sont rares les hommes qui possèdent cette grandeur d'âme! C'est peut-être à cette rareté que nous devons le passage suivant de Fontenelle.

« Il ne se trouve plus de ces âmes vigoureuses et roides de l'antiquité. Est-ce que la nature s'est épuisée et qu'elle n'a plus la force de produire ces grandes âmes, quoiqu'aucun de ses ouvrages n'a encore dégénéré? Cependant on dirait que les hommes dégénèrent : il semble que la nature nous ait montré quelque échantillon de ces grands hommes, pour nous persuader qu'elle en aurait su faire, si elle avait voulu, et qu'ensuite elle eût fait tout le reste avec négligence. Dans le fond, on pourrait répondre que ce qui fait qu'on est si prévenu pour l'antiquité et ces grands hommes qu'on nous vante et que nous n'avons pas vus, c'est qu'on a du chagrin contre son siècle; et l'antiquité en profite. On met les anciens bien haut, pour abaisser ses contemporains. »

Toujours est-il que l'antiquité est riche d'exemples de cette grandeur d'âme qui fait les grands hommes. Parmi ceux qu'elle nous a légués, je citerai celui d'Alexandre buvant avec calme la potion que lui présente son médecin Philippe, pendant que celui-ci lit une lettre où on l'accuse de vouloir empoisonner le roi, lettre que le roi lui-même lui a remise. Ce trait de la vie d'Alexandre est un des plus remarquables de la force de la volonté, de la puissance de la liberté, et de la grandeur d'âme qui en sort. Ce n'est donc pas sans raison qu'on a dit de ce sentiment, qu'il ne peut être imité par l'orgueil; ou mieux, que « c'est une qualité naturelle qui se fait connaître d'elle-même, et dont aucune autre passion ne saurait prendre le masque. » (*Cicéron*.)

Don de la nature, chacun doit vouloir jouir de ce sentiment; mais il n'y parviendra que tout autant qu'il conservera religieusement en son âme ce dépôt précieux de tous les autres bons sentiments, ou qu'il puisera à la source d'où ils proviennent. Puisse-t-il en avoir le courage et la force !

GRAVE, GRAVITÉ (qualité). — Le ton sérieux que répand sur son maintien, sur ses discours, sur ses actions, un homme habitué à se respecter lui-même et à apprécier la dignité, non de sa personne, mais de son être, s'appelle *gravité*.

Cette qualité est indispensable aux individus âgés et aux personnes exerçant certaines professions, c'est-à-dire les magistrats, les médecins, etc.; mais autant elle est nécessaire chez eux, quand elle n'est pas affectée, autant elle devient ridicule dans les enfants, les sots et les gens avilis par des métiers infâmes.

Il est vrai que, chez eux, la gravité, loin d'être naturelle (elle l'est rarement chez les autres, et à plus forte raison chez l'enfant, le sot, etc.), ne se montre le plus souvent qu'avec affectation de la part du plus grand nombre, et généralement de la part de ceux-là même qui en ont le moins besoin. Aussi La Rochefoucauld a-t-il dit : « Elle n'est que l'écorce de la sagesse, un mystère du corps inventé pour cacher les défauts de l'esprit. » Néanmoins, m'est avis qu'il vaut mieux encore celle-là que d'en manquer, et *a fortiori* que d'avoir trop de laisser-aller. Je dis plus, comme la gravité sert de rempart à l'honnêteté publique, au lieu que le laisser-aller produit un effet contraire, ce serait mal que de préférer celui-ci.

Quelques auteurs ont confondu la gravité avec la *décence* et la *dignité* : c'est une erreur; car, d'une part, la décence renferme les égards que l'on doit au public; la dignité, ceux que l'on doit à sa place, et la gravité, ceux que l'on se doit à soi-même (*Diderot*);
et, d'autre part, la gravité renferme la décence et la dignité, alors que l'on peut être décent et digne sans être grave.

La gravité est donc une qualité plus parfaite que la décence et la dignité, et c'est parce qu'il en est ainsi, que l'homme grave parle avec dignité, avec circonspection, avec sagesse; or, cela devait être, attendu qu'on n'est réellement grave, qu'autant qu'on a de la maturité d'esprit et de la raison. N'oublions pas que cette sagesse et cette maturité d'esprit qui appartiennent à la gravité, sont les caractères qui servent à la distinguer du *sérieux*, qui ne proviennent que du tempérament et de l'humeur.

La gravité naît de l'amour de soi-même; et, comme tout le monde sait qu'elle sert toujours à se faire honorer et estimer, tous les hommes se montrent jaloux et empressés d'affecter le ton et les manières des personnes graves. Qu'on le soit dans la jeunesse et l'âge mûr, à la bonne heure; mais vouloir paraître grave alors qu'on est encore enfant ou très-jeune, c'est se couvrir de ridicule, la gravité, je le répète, n'étant pas convenable à tous les âges et à toutes les conditions.

Les auteurs admettent une autre sorte de gravité; mais comme cette nouvelle espèce provient du tempérament et de l'humeur, nous la considérerons avec eux comme synonyme de SÉRIEUX. (*Voy.* ce mot.)

GRONDEUR. Le grondeur est celui qui, toujours mécontent des autres, s'occupe constamment à les contredire et à les reprendre.

Ce défaut naît de la disposition du tempérament, de l'inoccupation, d'un manque d'éducation, et surtout d'un vice de l'esprit qui étouffe le jugement.

Être grondeur, a-t-on dit, est pour le sexe masculin ce que être acariâtre est pour la femme. Je ne vois pas à quoi cette distinction peut être utile, l'homme pouvant très-bien se montrer acariâtre et la femme grondeuse; mais c'est chose si peu importante que les observations de cette nature, qu'au lieu d'insister sur ce point, je me bornerai à faire remarquer que grondeur et acariâtre sont un même défaut qui entraîne les mêmes conséquences.

Ajoutons une observation qui nous est échappée en rédigeant l'article ACARIATRE : c'est que les gens avec qui le grondeur vit, sachant que c'est chez lui une habitude de gronder, ils ne font, dans la plupart des cas, aucune attention à ce qu'il dit. De telle sorte que, lors même qu'il reprend avec raison, ils croient que c'est tout bonnement pour exhaler sa mauvaise humeur qu'il gronde. Donc il ne corrigera personne. Y songe-t-il ? Nous ne le pensons pas; car s'il grondait par raison bien plus que par habitude ou besoin, loin de le condamner, nous trouverions sa conduite très-louable. Mais comme il n'en est rien, je voudrais qu'on persuadât au grondeur, d'une part, qu'il est fort désagréable d'être grondé par lui, et, d'autre part, qu'il se fait détester, haïr par ceux qu'il contrarie ainsi, et leur rend la vie dure. Peut-être qu'en agissant de la sorte, on l'amènerait insensiblement à réformer ses habitudes; ce qui serait on ne peut plus avantageux pour lui-même d'abord, et puis pour ses parents, ses amis ou les personnes qui sont obligées de le voir souvent.

GROSSIÈRETÉ. *Voy.* RUSTICITÉ.

H

HAINE (vice), HAINEUX. — La haine est ce sentiment de déplaisir et de peine qui naît en nous subitement ou à la longue, pour un motif quelconque qui nous froisse dans notre amour-propre ou dans nos intérêts, qui nous pénètre plus ou moins fortement, qui nous agite et nous tourmente avec plus ou moins de violence, et dont la durée varie selon la cause qui l'a produite, c'est-à-dire suivant le tort que nous croyons avoir reçu de la personne que nous haïssons. Ce sentiment existe donc dans toute sa force, que cette personne soit absente ou présente, proche ou éloignée.

Cette définition, que j'ai cherchée à rendre complète, a cependant l'inconvénient d'être applicable à bien d'autres sentiments qui ne sont pas la haine; c'est pourquoi, vu les difficultés qu'il y a à en donner une meilleure, je vais essayer de faire ressortir les différences qu'on a remarquées entre le sentiment haineux et les autres sentiments qui lui ressemblent.

Et d'abord, on a dit de la haine, alors qu'on la considère comme une inclination vicieuse, se rapportant à tel individu dont on croit avoir, ou dont on a réellement à se plaindre, et à qui l'on veut du mal, qu'elle est le même sentiment que la colère (*Nicole*); ou bien, une colère retenue et durable (*Duclos*); une colère enracinée (*Tissot*); un besoin du mal d'un ennemi dont on veut se venger (*Rivarol*), etc. Cependant, si l'on pénètre dans les pensées les plus intimes de l'homme haineux et de l'homme colère, on y découvre que la haine s'affermit dans le cœur et peut y exister longtemps, toujours, et en quelque sorte sans émotion; au lieu que la colère s'efface bien vite et disparaît avec la cause qui l'a provoquée. Cela tient sans doute à ce qu'il y a plus d'éloignement et d'aigreur dans l'une, et plus d'impétuosité dans l'autre.

De même, on a confondu la haine avec l'*envie*, dont elle diffère pourtant essentiellement. Et par exemple, la haine particularise son désir funeste; l'envie l'étend en général à tous ceux qui ont du mérite : la haine en veut à l'homme; l'envie n'en veut point, n'en a jamais voulu à la personne. Donc, sous ces rapports, la haine n'est pas plus l'envie qu'elle n'est la colère.

Ont-elles la même origine ? Non; car tantôt une répugnance par incompatibilité d'humeur et de caractère, tantôt une opposition de goûts et de mœurs, peut nous faire haïr un individu, mais non lui porter envie et nous faire mettre en fureur; parfois l'élévation, à notre détriment, d'un concurrent sans mérite, peut exciter notre colère contre les auteurs de cette injustice, et notre haine contre celui qui en est la cause; mais notre colère ne saurait arriver jusqu'à lui, et nous nous garderions bien de lui porter envie, si, pour s'élever, il se dégrade.

Ce ne serait que dans les cas où nous éprouverions de la jalousie pour telle personne obtenant une préférence que nous voudrions pour nous, ou pour telle autre ayant commis à notre égard un acte d'injustice révoltant, qu'un accès de colère et un sentiment de haine pourraient tout à la fois éclater en nous. Eh bien, même dans ces circonstances, la colère se dissipe bientôt, et il ne reste plus que la haine.

Quoi qu'il en soit, il n'est pas de sentiment qui ait des sources plus nombreuses que la haine. Nous haïssons celui qui nous prive de richesses, de liberté, de gloire, d'honneurs et de beauté. Le malheureux orphelin hait le tuteur avide qui le dépouille de son héritage; le captif gémissant hait le juge dont la condamnation l'a chargé de fers; l'homme dont la gloire ou la réputation est flétrie par une langue envenimée, hait son impur calomniateur; le ministre tombé hait le concurrent dont le crédit l'a précipité; la femme orgueilleuse hait la rivale qui lui ôte en quelque sorte sa beauté par un voisinage d'attraits supérieurs. Nous haïssons tout ce qui nous surpasse. Les haines occasionnées par la rivalité de puissance s'étendent aux actions même. La nation conquise hait le peuple qui envahit son territoire; la puissance ambitieuse hait la puissance rivale qui balance l'autorité de sa politique.

N'oublions pas que, quoique la haine soit un sentiment moral, il est des tempéraments qui y disposent plus ou moins. Ainsi, le sanguin et le lymphatique sont ceux qui y portent le moins : le premier, parce que la variabilité de ses passions et de ses sentiments apporte bien vite le remède après le mal, et couvre d'oubli ses douleurs; le second, parce que, renfermé dans son apathie, il déteste aussi peu qu'il aime, et que son cœur est une enceinte fermée à tout ce qui émeut les autres hommes.

Au contraire, les nerveux, les mélancoliques et les bilieux surtout, sont très-haineux; l'intensité de leurs passions, leur ténacité, donnent à leurs haines un caractère très-prononcé. Ils sont rancuneux, et gardent la mémoire de leur éternelle antipathie. C'est en eux que se couvent les vengeances; c'est par eux que s'aiguisent les poignards et se préparent les poisons.

Tout le monde sait combien la haine des Espagnols, des Italiens et des Corses est persistante et terrible : ces hommes vous haïssent froidement et sans qu'il y paraisse;

le temps n'efface rien ; l'occasion propre arrivée, ils se vengent avec rage, ils vous empoisonnent ou vous tuent. Les sauvages que la civilisation n'a point adoucis gardent des haines redoutables que rien ne peut éteindre ; elles passent de génération en génération ; les enfants les prennent au lit de mort de leurs pères ; elles font partie de l'héritage. On a vu des familles entières se dévouer à l'œuvre de haine et de vengeance, qu'un mourant avait commandé d'accomplir.

Reste que cette passion peut naître subitement comme l'amour : il ne faut qu'une impression pour la produire, un instant pour la rendre implacable.

Reste que la haine est une passion aveugle ; il suffit, pour s'en convaincre, de considérer quelle est parfois la futilité de ses motifs, l'injustice de ses poursuites, et son obstination.

Exemples, ces haineux politiques qui ne rêvent qu'exil et proscription pour tous ceux qui ne sont pas *de leur bord* ; qui goûtent les douceurs d'une satisfaction pleine et entière en arrachant sans pitié du sein maternel ou des bras d'une épouse, et en jetant sur la terre étrangère des malheureux qui n'ont d'autres torts envers le pays, la société, et ceux-là même qui les proscrivent, que d'être issus d'un sang royal, d'habiter un palais, ou d'avoir voulu le triomphe de leurs principes.

Exemples aussi, ces haines de religion, que, par un fatal et déplorable aveuglement de la raison, les pères lèguent à leurs enfants comme ils leur transmettraient l'héritage le plus précieux ; méconnaissent ainsi la doctrine d'un Dieu de miséricorde et d'amour, qui est mort sur un gibet infâme en prononçant ces mots sublimes : Oubli et pardon. Sachons imiter l'exemple que Jésus-Christ nous a laissé, et, quoi qu'il advienne, fermons notre cœur à la haine.

A la vérité, il semblerait, au premier abord, que , haïr ceux qui nuisent à nos intérêts, s'opposent à notre avancement, et nous empêchent d'arriver aux honneurs et à la fortune ; vouer une haine éternelle à celui qui, par rivalité, brise notre carrière , contrarie nos projets, nous enlève la femme que nous aimons , nous ravit le bonheur , etc., est un sentiment si naturel, qu'il doit être à l'abri du blâme et de la censure ; pourtant il n'en est pas ainsi ; et c'est manquer à la sagesse. Chacun de nous ayant son libre arbitre sur la terre, il doit en profiter pour arriver à un but honorable par des moyens honnêtes et irréprochables , mais non pour haïr et se venger : Dieu lui en fait une loi.

Le seul sentiment d'aversion et de haine qu'il autorise, c'est celui que doivent nous inspirer les êtres pervers et corrompus qui se dégradent ; et encore il ne nous permet que de haïr leurs vices et non leur personne, et condamnerait notre haine si elle n'était pas sans désir de leur faire du mal. Il veut donc qu'on les fuie et les évite , mais avec l'intention que cet éloignement tournera à leur profit. Ce qu'il veut aussi, c'est qu'on haïsse le vice et non la vérité. Cependant on ne le fait pas ; au contraire, les grands surtout , les grands haïssent celle-ci, parce qu'elle les rend haïssables (*Massillon*), et pr uvent par là qu'on aurait raison de les haïr, si la haine était permise.

Mais si la haine, même quand elle est modérée , devient condamnable, à plus forte raison devra-t-on la condamner quand elle est si forte , si invétérée , qu'elle dégénère en *rancune*. Dans ce cas, semblable à un ver rongeur qui le tourmente sans cesse, le haineux garde continuellement en son cœur un désir secret d'exercer sa haine contre ceux qui en sont l'objet. Aussi, l'individu absorbé par une passion si funeste est-il généralement fort à plaindre.

Oui, la haine rancunière est un sentiment funeste , en ce qu'elle décèle ordinairement un caractère méchant et vindicatif ; caractère que tout le monde abhorre. Il semblerait même, d'après Dumoustier, qu'il serait plus familier aux femmes, chez lesquelles la rancune est comme un vrai levain ; plus il vieillit, plus il fermente ; mais je crois pouvoir avancer qu'il n'en fermente pas moins chez les hommes, qui, s'ils deviennent haineux en vieillissant, finissent par tomber dans la mélancolie la plus sombre et la plus farouche.

Du reste, quelle que soit l'époque de la vie pendant laquelle la haine germe et se développe, les effets de cette passion sont ordinairement les mêmes. Ils consistent dans une agitation continuelle, une sorte d'inquiétude qui devient d'autant plus vive, qu'on verra plus souvent la personne haïe, ou qu'on entendra parler d'elle avantageusement. C'est pourquoi le haineux porte sur son visage l'empreinte d'une tristesse profonde. Ses cheveux sont ramassés sur la figure par la contraction des muscles ; son front est fortement ridé, ses sourcils sont abaissés, ses yeux brillent de clartés sinistres ; son regard est fixe et comme animé par la vengeance. Les lèvres sont contractées, tous les traits de la face tendus ; les masticateurs saillent sous la peau, les mains restent serrées, la parole brève , caverneuse ; le corps se tient entièrement voûté ; la progression est lente , parfois brusque et saccadée. En même temps l'appétit diminue ou cesse d'inviter à prendre des aliments, les fonctions digestives ne s'accomplissent pas, la face pâlit, tout le corps dépérit et se consume ; une fièvre lente mine insensiblement le flambeau de la vie, et des accidents nerveux par asthénie ou faiblesse viennent ajouter des nouvelles souffrances aux souffrances déjà existantes, jusqu'à ce qu'enfin la mort mette un terme à tant de maux. Ainsi, la haine invétérée dessèche sa victime , la ronge au cœur, ou la conduit au trépas à travers les souffrances les plus vives. Ainsi, comme toutes les passions tristes , elle inscrit rapidement ses ravages sur le corps vivant ; ou bien elle produit à la longue des congestions, des anévrismes, des engorgements dans les organes essentiels à l'accomplissement des fonctions vitales.

Dans les cas de cette nature, tout comme lorsque la haine est assez modérée pour n'avoir pas impressionné l'organisme d'une manière fâcheuse, le moraliste doit rechercher avec soin la véritable cause du sentiment haineux, afin de soustraire, s'il est possible, ceux qui en sont vivement et fortement tourmentés à sa funeste influence.

Et quant à ceux en qui la haine est moins vive, il faut dérouler à leurs yeux l'affreux tableau des souffrances morales et physiques auxquelles s'expose celui qui se laisse entraîner à cet affreux penchant; ce tableau des misères de l'humanité, pouvant le disposer, par le raisonnement et l'habitude de voir, à juger sans passion du mérite et des actions d'autrui, de ceux-là surtout qui semblent avoir été jetés sur leur passage pour être leur concurrent acharné. Il pourra peut-être aussi voir leurs succès sans jalousie, sans envie, sans haine. Et comme, quand le cœur est rempli de haine pour quelqu'un, cela n'étouffe pas dans ce même cœur tout sentiment de pitié pour autrui (*M. Thiers*), c'est en développant de plus en plus ce dernier sentiment, qu'on amortira davantage celui qu'on veut détruire.

Il va sans dire que, si la haine avait déjà exercé ses ravages sur le physique du haineux, il faudrait, par l'emploi des toniques seuls ou associés aux anti-spasmodiques, rétablir l'harmonie dans le système physique et moral de l'individu.

Mais on n'y parviendra point, sachons-le bien, si on ne se souvient que les moyens les plus efficaces pour *affaiblir* tout sentiment haineux, sont puisés dans les préceptes de la religion et de la morale ; et que leur efficacité sera bien plus marquée si l'on fait concourir au même but les distractions sagement ménagées, un exercice agréable, un travail assidu, mais sans fatigue.

Je dis *affaiblir*, car vouloir déraciner complétement la haine et l'extirper du cœur humain ; vouloir surtout la chasser de la terre, ce serait tenter l'impossible : ne l'espérons pas. Pour ma part, je suis de ceux qui croient au perfectionnement continu, mais non indéfini, de l'humanité : je crois au progrès individuel sous l'influence religieuse, et voilà tout.

HARDIESSE (qualité bonne ou mauvaise), Résolution (qualité), Audace (qualité bonne ou mauvaise), Effronterie (vice), Insolence (vice). — *Hardiesse* a plusieurs significations. Pris en bonne part, ce mot est synonyme d'*assurance*, de *résolution*, de *courage*, de *témérité*, et sert à désigner le courage de l'âme à exécuter les choses les plus dangereuses (*Descartes*), ou ce sentiment de ses propres forces que l'homme possède et qui le porte à attaquer le mal pour le détruire.

Au contraire, si l'on prend la hardiesse en mauvaise part, on la verra donnant la main à l'effronterie, à la licence, à l'impudence, à l'insolence ses sœurs, et on la définira, avec La Bruyère : « Le mépris de l'honneur public ; » ou avec d'autres : « L'absence de toute retenue et de tout sentiment qui dispose d'être vicieux à se montrer tel aux yeux de tous. »

Partant, nous dirons : 1° que la *hardiesse* bien entendue, ayant quelque chose de plus mâle que l'audace et l'effronterie, fait parler avec fermeté, sans s'arrêter à la qualité, ni au rang de la personne à qui l'on s'adresse, et est de mise auprès des grands, parce qu'elle ne manque pas de courage. Et par exemple, on peut appeler *hardiesse* la noble résistance de Dubruix à Napoléon. 2° Que l'*audace*, parce qu'elle a quelque chose de plus emporté que les autres, fait parler d'un ton haut et oublie ce qu'elle doit à ses supérieurs. Elle les indispose même à ce point, qu'ils ne veulent pas se rendre utiles à l'audacieux. Il perd donc à ce jeu et se nuit à lui-même, les hommes titrés et influents voulant qu'on leur témoigne beaucoup de déférence, si toutefois on ne leur marque pas de la soumission, si l'on ne veut pas ramper devant eux. 3° Enfin, et quant à l'*effronterie*, comme elle a quelque chose d'incivil, comme elle frise l'impudence et fait parler insolemment, c'est-à-dire sans avoir égard ni aux usages, ni à la politesse ; ni aux devoirs de l'honnêteté et de la bienséance, il en résulte que l'effronté se porte un préjudice notable en découvrant ce qu'on pardonne le moins dans le monde, une éducation manquée, des sentiments vils et immoraux. Dès lors, il ne faudrait pas considérer comme synonymes, ainsi qu'on l'a fait même de nos jours, les mots hardiesse, audace et effronterie, dont le fond, la forme et les conséquences diffèrent essentiellement. C'est pourquoi, je proposerai de conserver l'expression *hardiesse*, pour désigner les grandes qualités de l'âme qui caractérisent l'homme courageux, résolu, entreprenant ; et de consacrer celles d'*audace* et d'*effronterie* à des actions moins élevées.

Il est un autre motif qui doit nous porter à admettre les distinctions que j'ai déjà établies ; il se tire des remarques que L. Girard a faites en comparant ces trois sentiments entre eux. Voici, du reste, comment il s'exprime à ce sujet : « Il me semble que la hardiesse est pour les grandes qualités de l'âme ce que le ressort est pour les autres pièces d'une montre : elle met tout en mouvement sans rien déranger ; au lieu que l'audace, semblable à la main impétueuse d'un étourdi, met le désordre et le fracas dans tout ce qui était fait pour l'accord et pour l'harmonie. A l'égard de l'effronterie, elle n'agit point du tout sur les grandes qualités, parce qu'elles ne se trouvent jamais ensemble ; son influence ne regarde jamais que ce qu'il y a de mauvais. Elle répand sur les défauts de l'âme un coloris qui les rend plus laids qu'ils ne sont par eux-mêmes. »

J'ai dit, en montrant les différences qui existent entre la hardiesse, l'audace et l'effronterie, ce que la première a d'avantageux et ce que les autres ont de préjudiciable : supposant que ces considérations peuvent suffire à ceux-là même qui n'ont pas une bien grande instruction, je n'insisterai pas davantage sur ce point.

HAUTAIN (défaut). — *Hautain* a été employé pour caractériser un orgueil qui s'annonce par un extérieur arrogant. Il est toujours pris en mauvaise part, et devient le plus sûr moyen de se faire haïr, ce défaut blessant l'amour-propre d'autrui, et l'amour-propre blessé pardonnant rarement.

Gardons-nous de confondre un homme *haut* avec un homme *hautain*, attendu que certaines circonstances permettent d'être *haut*; ou, si l'on veut, qu'il est des occasions où nous pouvons être *hauts* sans blesser les convenances. Exemple : Un ambassadeur peut et doit rejeter avec hauteur toute proposition qui serait humiliante pour son pays; mais il doit le faire avec dignité, et non en prenant un ton et un air hautains. De même on ne confondra pas l'âme haute ou l'âme grande avec l'âme orgueilleuse ou hautaine, vu qu'on peut avoir le cœur haut avec de la modestie, au lieu que l'âme hautaine est l'âme superbe, qui ne va pas chez l'homme sans les manières hautaines, sans un peu d'insolence.

Nous devons donc soigneusement nous corriger de ce défaut quand nous l'avons, et l'empêcher de prendre racine dans les enfants qui y sont disposés. Pour y parvenir on développera chez eux, autant que faire se peut, la modestie, l'affabilité, la politesse, tout ce qui, en un mot, est opposé à l'Orgueil (*Voy.* ce mot), qui fait le fond du caractère du hautain.

HAUTEUR (vice).—La hauteur implique un mélange d'orgueil et de dédain, comme si on ne s'élevait que pour rabaisser les autres, et se moquer de leur abaissement.

Celui qui a de la hauteur jette donc un regard méprisant sur ses inférieurs ; il les regarde du haut en bas, et paraît se complaire à leur faire sentir sa supériorité.

On conçoit qu'un sentiment pareil nous fasse perdre le prix des talents et des qualités que nous pouvons posséder, et nous attire ordinairement le mépris de tous les gens qui pensent et raisonnent.

A nous donc d'éviter ce vice on ne peut plus fâcheux dans ses effets.

HÉROISME (vertu), Héros. — Pour les hommes peu réfléchis autant que pour ceux qui n'aiment pas à étendre la sphère des plus sublimes sentiments, l'héroïsme se bornerait au seul courage des guerriers, et il n'y aurait par conséquent des héros que parmi les hommes de guerre.

Il faut avouer que c'est bien mal comprendre l'héroïsme, que d'en faire ainsi le partage d'une seule classe de citoyens, des hommes d'armes surtout, en qui cette vertu deviendrait bien facile s'il ne s'agissait que de voler de victoire en victoire; au lieu qu'elle devient d'une pratique très-difficile, alors que, avec les vrais philosophes, on considère l'héroïsme sous toutes ses faces ; c'est-à-dire, du moment où celui qui tombe, du faîte des grandeurs et de la richesse, dans un abîme de misère et de pauvreté, fût-il roi, ministre ou citoyen, doit supporter ces revers avec la résignation du philosophe et du chrétien, et endurer son malheur sans se plaindre, s'il veut être compté parmi les héros; du moment où, pour agir en héros, il faut porter l'héroïsme jusqu'à se sacrifier soi-même au bien public ou à sa patrie.

Et qu'on ne croie pas que cette sorte de héros soit rare; car, si nous jetons un regard sur le passé, nous rencontrons dans tous les âges de vrais et bien nombreux héros et héroïnes. Et par exemple, combien la révolution seule n'en a-t-elle pas fait !

J'avais besoin de faire considérer l'héroïsme sous son véritable aspect, afin d'établir une ligne de démarcation entre un héros véritable, c'est-à-dire l'homme qui se dévoue à son pays, à ses concitoyens, et remplit ces actes de dévouement avec noblesse et dignité ; et les grands conquérants que l'on a appelés des héros, parce qu'ils gagnaient des batailles : ceux-là peuvent bien avoir le caractère et la bravoure des héros; mais comme ils traînent après eux le carnage et l'effroi; comme ils font subir aux peuples un joug honteux et humiliant, et les traitent pour la plupart en despotes, nous devons leur refuser le titre de héros. En cela nous sommes parfaitement d'accord avec Sacy, qui ne veut pas qu'on croie être un héros dès que l'on est conquérant; qui le croit pas non plus que traîner après soi le carnage et la fureur, que faire gémir dans les fers cent peuples désolés, soit le caractère de l'héroïsme. On n'est héros que lorsqu'on pratique les grandes vertus.

S'il ne s'agissait en effet, pour mériter le titre de héros, que de courir sans cesse de péril en péril, de s'y précipiter d'autant plus impunément qu'il paraît plus affreux, de voir sans inquiétude couler le sang, d'attendre sans pâlir la mort qui vient à vous, combien de pirates et de gladiateurs faudrait-il ériger en héros ! (*Sacy.*)

Est-on héros pour avoir mis aux chaînes
Un peuple ou deux ? Tibère eut cet honneur.
Est-on héros en signalant ses haines
Par la vengeance ? Octave eut ce bonheur.
Est-on héros en régnant par la peur?
Séjan fit tout trembler, jusqu'à son maître.
Mais de son feu éteindre le salpêtre,
Savoir se vaincre, et réprimer les flots
De son orgueil, c'est ce que j'appelle être
Grand par soi-même; et voilà mon héros.
ROUSSEAU.

On le voit par ce qui précède, l'héroïsme, loin d'être une vertu simple, c'est-à-dire n'ayant qu'une seule et même manière de se manifester, est au contraire une vertu mixte, qui s'accomplit par la pratique de plusieurs vertus difficiles. Et comme il puise sa force, son intrépidité et sa constance dans l'amour de Dieu, l'amour du prochain, l'amour de la patrie, etc., etc., c'est en rendant les hommes réellement vertueux qu'on les prépare à être des héros.

HONNÊTE, HONNÊTETÉ (qualité).—L'honnêteté est cette heureuse disposition de l'âme qui fait que l'homme ne se permet rien de ce qui est contraire à la pureté des mœurs et de la vertu ; ou, comme dit Vauvenargues, « un attachement à toutes les vertus civiles et morales, » une droiture du cœur et de l'esprit, avec attachement sévère aux devoirs qu'elle impose.

L'honnêteté ainsi entendue, n'y aurait-il donc aucune différence entre ce sentiment et la vertu elle-même ? Non, puisque être vertueux ou honnête est parfaitement synonyme, et que le bon usage que chacun fait de sa liberté, quand il la tourne en habitude, s'appelle vertu. Je dis plus : on ne peut être réellement vertueux que tout autant qu'on aura *l'habitude* d'agir conformément aux lois de la nature et aux devoirs de la morale et de la religion ; tout comme on ne sera jamais un honnête homme sans l'accomplissement *habituel* et volontaire de ces lois et de ces devoirs.

J'insiste d'autant plus sur le mot *habitude*, que bien des gens s'imaginent qu'ils peuvent mériter le titre de vertueux ou d'honnête, du moment où, dans certains cas particuliers, ils font un acte de vertu. C'est une erreur. Pour qu'il en soit ainsi jugé, il faut que la vertu, en eux, soit habituelle ; car la vertu ne consiste pas dans un trait, elle se forme de l'assemblage d'une multitude de traits dont la variété, la beauté et l'accomplissement forment une vie (*Madame de Staël.*)

De même, pour mériter le titre d'honnête, il ne suffit pas de se montrer tel dans telles circonstances, mais de l'être toujours. C'est pour cela qu'il est si rare que quelqu'un puisse se dire, dans le for intérieur de sa conscience : *Je suis honnête homme*, rien n'étant plus difficile que de le rester tel.

En effet, quel est l'individu, quelque attaché qu'il soit aux vertus sociales, et qui les pratique par réflexion, par sagesse, qui puisse se promettre d'avoir toujours, et aura réellement toujours la force et le courage de prendre constamment l'honnêteté pour lui et de la tourner au profit des autres ? Quel est celui qui habituellement se privera d'un plaisir qui peut nuire à autrui ; qui se refusera à toute justification d'une calomnie qui le poursuit, quand il ne peut le faire qu'en divulguant des secrets qui assurent la tranquillité d'une famille ; qui fera du bien à celui qui lui a nui ou voulu lui nuire, et cela afin de lui mieux faire sentir son injustice ; qui ne perdra pas de réputation un commerçant par qui il aura été trompé, se bornant à lui faire des reproches en tête-à-tête et avec discrétion ; qui ne fera jamais une démarche, même innocente, qui pourrait être mal interprétée, et malgré tout l'amour qu'il a pour sa famille et ses amis, ne leur sacrifiera jamais la justice, ou refusera un emploi, parce que celui qui l'occupe en a besoin pour nourrir sa famille ? Peu de personnes, sans doute.

Pourquoi cela ? parce qu'à moins d'être fortement pénétré de l'amour de Dieu et de l'amour du prochain ; à moins d'être éminemment religieux, l'homme ne se dépouillera jamais de ses droits pour respecter ceux des autres. Et cela parce qu'il en coûte bien plus qu'on ne pense, de s'acquitter envers la société de tout ce qu'on lui doit. Les passions en murmurent ; l'humeur s'y oppose, la nature y répugne, l'amour-propre s'en alarme, et à moins d'être réellement vertueux, ou, je le répète, de trouver dans la religion un appui qui le soutienne, l'homme succombera.

Serons-nous étonnés, après cela, que l'honnêteté soit une vertu si rare ? Non, puisqu'elle succombe sous les faiblesses de l'humanité. Ce doit donc être un motif de la rechercher, l'honnêteté étant la vertu des sages ou la sagesse elle-même. Aussi je ne m'étonne pas que N. S. P. le pape Pie IX ait dit, dans une circonstance solennelle : « Si l'honnêteté quittait la terre, elle devrait se retrouver dans le cœur d'un pape, et je suis pape ! »

Il ne faudrait pas confondre l'honnête homme avec l'homme honnête, si différents d'ailleurs l'un de l'autre. Le premier, attaché à ses devoirs par *goût*, *pour l'ordre et par amour pour la vertu*, fait des actions honnêtes que son goût et son amour seuls lui inspirent ; le second, au contraire, attaché aux devoirs de la société par *amour pour la politesse*, et quelquefois *par penchant*, agit d'après ces derniers sentiments ; de telle sorte qu'il peut être un fort malhonnête homme et avoir cependant dans le monde ces attentions délicates pour les autres qui les feront rechercher et estimer de chacun ; rien n'étant plus doux que leur commerce. On conçoit dès lors que nous ayons établi entre eux une ligne de démarcation bien tranchée.

HONNEUR (sentiment). — De même que l'honnêteté est l'instinct de la vertu, l'honneur est le désir d'être honnête. Et quand ce désir est soutenu par une grande force et un grand courage, toutes les actions qui demandent plus que de la volonté, en acquièrent un éclat brillant qui rejaillit autour de nous aux regards de tous ; ou qui, se concentrant en nous-mêmes par la réflexion, tourne toujours à notre contentement et à notre satisfaction.

Avoir de l'honneur, c'est donc se conduire en honnête homme ; mais il faut que ce soit dans le monde, c'est-à-dire dans les relations que chacun a avec lui ; car on ne saurait dire d'un solitaire qu'il a de l'honneur. Ce mot est réservé pour le degré d'estime que, dans la société, les gens honorables tiennent à attacher à leur personne.

C'est pourquoi, être honnête ou honorable, avoir de l'honnêteté ou de l'honneur, sont des expressions synonymes. Cependant, je dois le dire, on a une idée beaucoup plus restreinte, bien plus bornée, de l'honneur que de l'honnêteté. Et par exemple, si vous demandez à certains militaires, à tels juges ou à la plupart des femmes, en quoi consiste l'honneur, ils vous répondront différemment, c'est-à-dire que, pour les premiers, l'honneur consiste dans le courage ; pour les seconds, dans l'intégrité, et pour les femmes, dans la chasteté : de telle sorte que chacune des personnes interrogées, ne prenant qu'une partie de ce qui constitue l'honneur, croit l'adopter tout entier. C'est un préjugé.

J'en signalerai un autre non moins frappant, c'est celui qui est propre à certains individus qui s'imaginent qu'il leur suffit, pour conserver l'honneur, de paraître irréprochable aux yeux du monde. Ils sont dans l'erreur la plus complète, attendu qu'il ne suffit point de paraître sans reproche aux yeux du monde, de l'être même à nos propres yeux, mais qu'il faut encore que nous le soyons aux yeux de Dieu même, qui, seul, sait apprécier le véritable honneur.

A ce propos, je dois faire une observation qui n'est pas sans importance. Je veux parler de la fausse interprétation que l'on donne au mot honneur, alors qu'on l'applique au soit-disant point d'honneur, qui veut que les hommes s'égorgent entre eux pour les motifs les plus frivoles.

Il est vraiment déplorable que l'esprit humain soit arrivé à ce point d'immoralité, qu'il faille, pour conserver son honneur, que l'homme soit victime ou assassin. Et pourtant c'est ainsi qu'il arrive journellement. Pourquoi ? parce que personne ne se place au point de vue vraiment moral et religieux, ne s'inquiète si l'un des deux adversaires est plus adroit ou plus habile, et moins encore s'ils sont tous les deux nécessaires à leur famille. Du moment où il y a insulte, le faux point d'honneur veut qu'ils se battent.

L'honneur ! mais n'y manque-t-on pas à l'honneur, quand on tue à vingt-cinq pas un homme qu'on a insulté, alors qu'on peut abattre une poupée à cinquante : fi d'un honneur qui rend assassin pour conserver l'honneur ! Ainsi, se mesurer sur le terrain avec un adversaire qui nous aura offensé ou que nous aurons offensé peu honorable ; ce n'est point le cas de défense légitime, mais bien un attentat contre la vie de l'homme, un crime. Les circonstances qui l'amènent et dont on l'environne peuvent peut-être atténuer le crime, mais ne le justifient jamais ; et c'est une erreur déplorable, une grande immoralité, que de le prôner comme une action glorieuse. Il y a dans le duelliste l'intention de prendre la vie de son adversaire même au péril de la sienne et sans y être *contraint* pour sa défense, puisqu'il s'y expose volontairement et malgré la société qui le protège. Le duel est donc un crime de lèse-société, car il tend manifestement à la renverser en sapant le principe sur lequel elle repose. La première condition de l'état social est que l'existence et les droits de chacun soient maintenus par la loi et par la force publique. Or, deux particuliers qui se provoquent pour vider une querelle ou venger une injure en se mettent de leur volonté propre hors la loi. Ils bravent la puissance établie, attentent à la dignité de la société en méprisant ses lois, reprennent leur indépendance naturelle, et rentrent, autant qu'il est en eux, dans l'état sauvage, où chacun ne peut s'en remettre qu'à lui-même du soin de sa conservation. (*L'abbé Bautain.*)

Et l'honneur du joueur, qu'en dirons-nous ? Voyons-en les conséquences. Cet honneur veut que chacun paye les dettes qu'il a faites sur parole, même au filou qui l'a volé. Il veut que, pour acquitter une dette *d'honneur*, l'imprudent joueur, dépouillé de tout, consomme sa ruine, plonge sa femme et ses enfants dans la misère et la désolation. — Mais cela peut le conduire au suicide ! Qu'importe : la dette est *sacrée*; qu'il se tue, s'il le veut ; mais d'abord qu'il paye !

C'est ainsi que raisonnent les joueurs de profession : Voulez-vous être honorables, disent-ils, payez exactement les dettes du jeu. Il est vrai qu'eux-mêmes sont esclaves de leurs principes et qu'ils payent sans retard leurs dettes ; mais que donnent-ils à la société ?.... Pour moi, je ne saurais décorer de pareils actes du nom d'honneur. Je ne dis pas que le joueur doive manquer à sa parole ; mais je voudrais que si, pour ne pas forfaire à l'*honneur* du débiteur, il forfait à l'honneur de mari et de père, on n'appelât pas une pareille action, une action d'honneur ; qu'on lui donne le nom le plus relevé qu'on voudra, mais du moins qu'on ne l'appelle pas honneur.

De même, je ne regarderai pas comme un homme d'honneur celui qui, après avoir été l'agresseur, laissera sur le terrain le malheureux qui aura voulu se venger de l'affront qu'il a reçu. L'agresseur savait bien qu'il eût été beaucoup plus honorable pour lui d'aller trouver l'offensé et de lui faire agréer des excuses plutôt que de lui ôter la vie, après l'avoir blessé par des paroles offensantes ou par des outrages qu'il ne pourrait supporter sans honte ; mais il ne l'a pas voulu, un faux honneur l'a retenu.

Réservons donc, je le répète, le mot honneur pour des actions plus dignes, pour les actes d'un noble courage, d'une rare probité, en un mot pour l'observation constante de tous les sentiments vertueux ; et nous lui conserverons ainsi sa seule et véritable acception.

L'honneur est une qualité naturelle, qui se développe par l'éducation, se soutient par les principes, et se fortifie par les exemples. On ne saurait donc trop en réveiller les idées, en réchauffer le sentiment, en relever les avantages et la gloire, et attaquer tout ce qui peut y porter atteinte. (*Duclos.*)

HONTE (sentiment). — Reproche de la conscience ; remords d'une mauvaise action qui nous fait rougir ; trouble de l'âme causé par le déshonneur ; conviction du mépris encouru (*Vauvenargues*) ; tristesse de l'âme causée par la crainte ou la certitude du blâme (*Descartes*) : telles sont les définitions que l'on a données de la honte.

On a dit encore de la honte, qu'elle est une sorte de tristesse ou de douleur morale subite et profonde, à laquelle se joint subitement aussi la crainte du mépris, ce qui concentre tout à coup les forces et l'action vitales, en même temps qu'elle agit puissamment sur le cœur, de manière à augmenter l'activité de ses mouvements. De là ces action et réaction organiques, vives et instantanées qui, s'opérant soudainement en sens inverse, donnent lieu à des palpitations violentes et tumultueuses que l'on ressent à la région précordiale, et qui peuvent être suivies des plus grands dangers, si la résistance ou la force des fibres musculaires de l'organe central de la circulation ne triomphe pas de cet état spasmodique. De là, en un mot, des affections graves et même la mort. Ainsi, au rapport de Diogène de Laërce, Diodore le Dialecticien serait mort de honte de n'avoir pu répondre à un argument qu'on lui présenta en présence de Ptolomée Soter.

En considération de ces résultats attribués à la honte, celle-ci pourrait être classée parmi les bonnes qualités, si elle n'était le résultat d'une faute, qui lui ôte tout son mérite. Néanmoins, il est bon que chacun soit accessible à ce sentiment, attendu que celui qui le connaît s'efforce d'éviter de mal faire, retenu qu'il est par la crainte du déshonneur, et pour n'avoir pas à rougir, par conséquent, devant les gens de bien. C'est pourquoi nous dirons de la honte, qu'elle est quelquefois le fidèle gardien de la probité chez l'homme, ou de la vertu des femmes, très-peu étant vertueuses pour la vertu même. (*Madame Lambert*.)

Mais quant à cette honte qui nous empêche de faire le bien; quant à ce misérable respect humain qu'on décore du nom de honte; c'est un défaut qui vient quelquefois de la timidité et plus souvent de la faiblesse, et qui, dès lors, est condamnable dans tous les cas.

HUMAIN, Humanité (vertu). — C'est l'amour des hommes, ou ce sentiment de bienveillance pour notre prochain qui nous porte à contribuer à son bonheur, qui constitue l'*humanité*, ou la vertu de l'homme humain.

Rien n'avait plus de pouvoir sur l'esprit des anciens païens que les devoirs religieux qui rappelaient les hommes à l'humanité. Chez eux, violer l'hospitalité, rejeter les suppliants qui n'avaient pour armes que leur misère, d'humbles prières et des branches d'olivier, c'était un crime qui attaquait la Divinité même. Chez eux, la religion naturelle, quoique défigurée par la superstition, régnait dans toute sa force, et changeait en devoirs religieux ces devoirs que l'humanité prescrit. Que les temps sont changés!...... Il suffit aujourd'hui non-seulement d'être dans la misère et la pauvreté pour manquer de toute espèce de secours, mais encore, du moment où les citoyens, les membres d'une même famille sont divisés d'opinion, on les voit devenir, *politiquement*, ennemis implacables et irreconciliables. Aussi, tout observateur impartial peut-il se convaincre, d'une part, que les riches se montrent disposés à aider celui qui peut se soutenir sans leur secours; mais qu'ils rejettent avec mépris celui qui est entièrement malheureux, et l'abandonnent sans pitié à toutes les horreurs de la souffrance et de la faim; et, d'autre part, que les haines, les querelles, les combats d'homme à homme, les guerres civiles qui ensanglantent et couvrent d'un crêpe funèbre quelques-unes de nos cités, n'ont d'autre mobile que le FANATISME POLITIQUE, étouffant dans le cœur des hommes tout sentiment d'humanité.

Heureusement, et c'est ce qu'il faudrait encourager, que ce sentiment n'a pas toujours été *absolument*, et n'est pas même encore *entièrement* un vain mot pour la plupart des hommes, chacun des siècles qui ont suivi ces temps d'heureuse souvenance, où les devoirs de l'hospitalité étaient religieusement remplis, les actes de charité pieusement accomplis, etc.: chaque siècle, dis-je, ayant produit des hommes honnêtes, qui se sont fait ou se font encore remarquer par des actions éclatantes et dignes de notre admiration. Témoin ces dons généreux qui tous les ans viennent alimenter nos hospices, ou que des personnes bienfaisantes versent tous les jours dans les mains de l'indigence; témoin ces exemples de dévouement au bien public, qui prouvent jusqu'à l'évidence que, dans les circonstances les plus difficiles, ce n'est pas en vain qu'on en appelle à la fraternité de l'homme. Aux faits que j'ai déjà cités (*Voy.* AMOUR DU PROCHAIN, DÉVOUEMENT, etc.) j'en ajouterai un nouveau très-concluant.

Lors des troubles de Rennes, à l'occasion du timbre (1787), la ville était dans un état de fermentation et d'irritabilité qui devait amener un éclat. La magistrature et la noblesse s'étaient réunies pour protester contre toute atteinte portée à leurs droits. La noblesse alla plus loin, elle déclara *infâme* ceux qui accepteraient un des nouveaux emplois, et elle envoya cette protestation par des députés qui furent arrêtés en chemin par ordre des ministres.

« Un matin (je laisse parler madame d'Abrantès), mon frère est réveillé par un grand tumulte. Il apprend que Bertrand de Malleville et le comte de Thiars, ayant voulu faire enregistrer ces édits, courent les plus grands dangers. Il s'habille, prend son épée, ses pistolets, et court aussitôt du côté des casernes du régiment de Rohan-Chabot, qui était alors en garnison à Rennes; il y avait plusieurs amis, et craignait pour leur sûreté, quoiqu'il connût la noble manière de penser de la plupart d'entre eux. L'effervescence était au comble, lorsqu'il arriva sur le lieu du tumulte. Les soldats eux-mêmes, irrités des injures du peuple, perdaient aussi patience, et la scène allait devenir sanglante, lorsqu'un homme, dont le nom n'est pas assez connu, s'immortalisa dans cette journée par sa belle conduite. Le peuple s'avançait avec des dispositions qui faisaient tout craindre de lui. Les soldats n'attendaient que l'ordre de tirer, lorsque *M. Blondel de Nonanville*, capitaine dans Rohan-Chabot, est commandé pour diriger la triste expédition de la force contre le peuple; il se jette au milieu de la foule et jetant ses armes, il s'écrie : « Mes amis, qu'allez-vous faire? Ne vous égorgez pas........ Ne sommes-nous pas tous frères? Soldats, halte ! »

« Quel est le cœur français qui n'entendrait pas un tel cri? La troupe et le peuple s'arrêtent au même instant; mais ils se réunissent aussitôt pour entourer M. de Nonanville, le prendre, le porter en triomphe, montrant ainsi que tout appel fait par une voix généreuse est toujours entendu et compris par un peuple comme le nôtre. »

Hommes! soyez humains! c'est votre premier devoir; soyez-le pour tous les états, pour tous les âges, pour tout ce qui n'est pas étranger à l'homme. Quelle sagesse y a-t-il pour vous hors de l'humanité?

Hommes! soyez humains! car un homme véritablement humain peut n'être pas l'ami d'un autre homme, mais il n'est jamais son ennemi. L'humanité ne connut jamais la vengeance. Nous regrettons les temps heureux de l'âge d'or. Nous voudrions vivre dans ces républiques dont les vastes génies ont tracé le plan imaginaire : soyons humains, aimons-nous; ces fables, ces chimères se réaliseront bientôt.

HUMEUR (faculté).—On donne le nom d'humeur à la *disposition* avec laquelle l'âme reçoit les impressions que les corps, les paroles ou les actions exercent sur lui.

Cette disposition de l'âme est-elle bonne? Sommes-nous de bonne humeur? c'est de la sérénité, de la gaieté que nous éprouvons. Est-elle mauvaise? c'est de la bizarrerie, et pire que cela. Aussi n'est-il rien de plus insupportable que les gens qui sont toujours de mauvaise humeur, et rien de plus recherché au contraire que les individus toujours de bonne humeur; cette espèce d'épanouissement d'une âme contente, produite par l'heureuse harmonie du corps et de l'esprit, se répandant non-seulement sur tout ce qu'ils font, mais encore sur tout ce qui les environne. N'oublions pas que cette disposition favorable de l'âme, ce don précieux de la nature ne pouvant s'acquérir, toute personne qui en a été dotée doit s'efforcer de la conserver, alors même que le malheur vient la visiter.

Elle y parviendra, si elle a su conserver aussi les vertus qui donnent la patience, la résignation et l'espérance : vertus qui rendent l'homme inaccessible au chagrin et à la tristesse.

Disons pourtant que cela serait insuffisant, vu qu'il est une condition anormale du corps humain qui l'expose à la mélancolie, et change l'humeur et le caractère des individus. Dans les cas de cette nature, si l'on ne remonte à la cause de ce changement; si, par un traitement approprié, on ne remédie aux désordres physiques déjà survenus, adieu le calme et la joie, la gaieté douce, égale, uniforme, constante, qui faisaient le bonheur de leur vie : ils auront disparu sans retour.

HUMILIATION (sentiment). — L'humiliation est l'état où nous plongent les reproches, les affronts, et généralement tout ce qui blesse notre amour-propre, mortifie notre orgueil, nous abaisse ou nous avilit devant les hommes.

C'est parce qu'on trouve humiliante toute chose qui rabaisse l'homme au-dessous de la dignité qui convient à sa nature, à sa condition, à son état, à son mérite, à ses prétentions, qu'on a dit, de l'humiliation, qu'elle est un des chagrins qui nous affectent le plus et dont nous nous consolons le moins. (*D'Arconville*.)

Voilà pourquoi il ne faudrait pas se faire une fausse idée de ce sentiment, et, par une trop grande susceptibilité, se trouver humilié de bien des choses qui n'humilient aucunement. Et par exemple, que celui qui s'est toujours respecté se sente humilié si, commettant une mauvaise action, il est surpris par ceux-là même dont il voudrait à tout prix conserver l'estime, cela se conçoit, et nul ne le blâmera ; mais être humilié parce qu'on est obligé d'exercer une profession qui ne nous élève pas à l'égal de ceux avec qui nous nous trouvons, est une puérilité condamnable. Je dis plus, c'est une faiblesse, un amour-propre déplacé, puisque l'homme honorable reste tel, s'il sait rehausser son état par la manière dont il l'exerce.

HUMBLE, HUMILITÉ (vertu). — L'humilité est une vertu qui nous fait connaître nos défauts, qui nous les rend présents, et qui nous empêche, par ce moyen, de tirer vanité de nos bonnes qualités ou de nos autres vertus, et de nous prévaloir de la haute position qu'elles nous ont acquise. Développons l'idée-*mère* qui ressort de cette définition, par un exemple qui, j'en suis certain, ne trouverait pas aujourd'hui un seul imitateur.

Peu de temps après la prise de Jérusalem et la première délivrance du Saint-Sépulcre, les Croisés s'occupèrent de relever le trône de David et de Salomon, et d'y placer un chef qui pût conserver et maintenir une conquête que les chrétiens venaient de faire au prix de tant de sang. Après bien des hésitations de la part des princes et des autres principaux chefs, il fut décidé que le roi serait choisi par un conseil composé de dix hommes les plus recommandables du clergé et de l'armée. Ces électeurs, après avoir mis tous leurs soins à étudier l'opinion des officiers et des soldats sur chacun des chefs dignes d'être élus, se déclarèrent en faveur de Godefroy de Bouillon, qui avait pour lui les suffrages du peuple et de l'armée, et dont l'élévation, de tout point conforme à l'esprit du temps, avait été annoncée d'avance par des révélations miraculeuses, comme si Dieu eût voulu que rien ne manquât à ses droits au rang suprême. Le nom de Godefroy fut donc proclamé.

« Cette nomination, dit Michaud, causa la plus vive joie dans l'armée chrétienne, qui

remercia le ciel de lui avoir donné pour chef et pour maître celui qui l'avait si souvent conduite à la victoire. Par l'autorité suprême dont il venait d'être revêtu, Godefroy se trouvait le dépositaire des intérêts les plus chers des Croisés. Chacun d'eux lui avait en quelque sorte confié sa propre gloire en lui laissant le soin de veiller sur les nouvelles conquêtes des chrétiens. Ils le conduisirent en triomphe à l'église du Saint-Sépulcre, où il prêta serment de respecter les lois de l'honneur et de la justice. Néanmoins Godefroy refusa le diadème et les marques de la royauté, en disant *qu'il n'accepterait jamais une couronne d'or dans une ville où le Sauveur du monde avait été couronné d'épines.*
« Il ne volt (disent les *Assises*) estre sacré
« et corosné roy de Jérusalem, parce qu'il
« ne vult porter corosne d'or là où le Roy des
« roys, Jésus-Christ, le Fils de Dieu, porta
« corosnes d'espines, le jour de sa passion. »
Il se contenta du titre modeste de défenseur et de baron du Saint-Sépulcre. On a prétendu qu'il ne fit en cela qu'obéir aux insinuations du clergé, qui craignait de voir l'orgueil s'asseoir sur un trône où l'esprit de Jésus-Christ devait régner. Quoi qu'il en soit, Godefroy mérita par ses vertus le titre de roi, que l'histoire lui a donné, et qui lui convenait mieux sans doute que le titre de royaume ne convenait à ses faibles Etats. »

L'humilité naît donc de la défiance originelle ou acquise que nous avons de nous-mêmes, des réflexions qu'elle nous inspire sur notre faiblesse, sur la facilité avec laquelle nous avons succombé et pourrions succomber encore à commettre telles ou telles fautes, et surtout de l'idée que nous nous sommes faite de la supériorité des autres à notre égard.

Mais, quelle que soit son origine, l'humilité étant une vertu des âmes bien nées, qui les empêche de s'enorgueillir de leurs bonnes qualités, la plupart des auteurs en ont inféré qu'humilité et modestie étaient synonymes, la même définition leur étant également applicable.

Il est vrai qu'ils ont cru trouver entre elles cette différence, que l'homme modeste, tout en connaissant sa valeur, peut s'étudier à ne pas la faire paraître; au lieu que l'homme humble ne s'estime pas ce qu'il vaut et ne se fait pas apprécier comme il le devrait. Mais cette différence est de si peu d'importance, comparativement aux nombreux points de contact qu'il y a entre l'humilité et la modestie, qu'on peut, à la rigueur, les considérer comme un même sentiment. Toujours est-il que l'une et l'autre sont un véritable ornement pour les personnes qui, quoique ayant un mérite réel, connu, distingué, n'en font cependant pas parade. Et cela doit être; car, si l'on observe le ton et les manières des gens modestes, on les voit agir avec tant de simplicité, qu'on ne peut que les admirer. Sont-ils dans le monde, ils agissent toujours uniment et sans façon, ne cherchent point à se faire valoir, et ne mendient jamais les applaudissements. Leur en donne-t-on pour des choses qui ne le méritent pas, ils n'en sont que médiocrement touchés; et si on leur refuse injustement ceux qu'ils ont mérités, ils ne s'en fâchent pas. Bien plus, n'ayant pas une très-haute idée de leurs éminentes qualités, ils rendent justice avec plaisir aux qualités des autres, ils les louent sans répugnance quand ils font quelque chose de louable, et entendent sans envie les éloges qui leur sont donnés. Il n'y a qu'une âme bien forte qui soit capable de ces sentiments; ce qui a fait dire à Bellegarde, que « la modestie est une espèce de vernis qui relève nos talents naturels et leur donne du lustre. »

J'ai affirmé que l'humilité est une vertu : en cela je suis en contradiction avec certains philosophes qui ont agité cette question et se prononcent pour la négative. Mais ce en quoi tout le monde est d'accord, c'est que rien n'est plus rare.

Quant à ceux qui doutent que l'humilité soit une vertu, cela provient de ce qu'ils la confondent quelquefois avec une feinte soumission dont l'homme se sert pour soumettre les autres hommes. Celle-ci, on le sait, est un artifice de l'orgueil qui s'abaisse pour s'élever; et, bien qu'elle se transforme en mille niaiseries, elle n'est jamais mieux déguisée et plus capable de tromper que lorsqu'elle se cache sous la figure de l'humilité. (*La Rochefoucauld.*)

Mais s'il en est ainsi, peut-on appeler cet artifice de l'humilité? Non : c'est du déguisement, de la dissimulation, une fausse humilité qui manque des caractères qui constituent la vraie humilité, lesquels caractères peuvent seuls en faire une vertu, et l'élever ainsi au rang que nous lui avons donné.

Quoi qu'il en soit, l'humilité est la preuve véritable, la compagne inséparable des vertus chrétiennes: sans elle nous conservons tous nos défauts, couverts qu'ils sont seulement par l'orgueil qui les cache à autrui et souvent à nous-mêmes.

C'est peut-être à cause de cela, et vu la nécessité qu'il y a pour tout le monde d'être humble, que les anciens philosophes nous en ont fait un devoir. Voyez Platon : il recommande beaucoup l'humilité dans le quatrième livre des *Lois;* il ne veut point d'orgueilleux, il veut des humbles. Voyez Epictète : il prêche l'humilité en vingt endroits. « Si tu passes, dit-il, pour un personnage dans l'idée de quelqu'un, méfie-toi de toi-même. Point de sourcil superbe. » — « Si tu cherches à plaire, te voilà déchu. » — « Cède à tous les hommes, préfère-les tous à toi, supporte-les tous. »

De même, la philosophie moderne nous enseigne qu'il n'y a point de devoir plus essentiel ni de plus nécessaire à l'homme, que celui de s'humilier toujours, Dieu n'aimant point les superbes. Et d'ailleurs, n'est-ce pas que la vérité et la justice nous obligeant à reconnaître ce que nous sommes, notre humiliation à cet égard n'est que de la reconnaissance pour l'Etre suprême qui a tant fait pour nous? N'est-ce pas que, si nous

nous humilions de nos défauts, cette humilité nous empêchera de nous enorgueillir des qualités que nous possédons ou que nous croyons avoir?

Reste que l'humilité est la modestie de l'âme, le contre-poison de l'orgueil. Et pourtant, je dois le dire, nous nous en ferions une idée inexacte, si nous ne reconnaissions, par exemple, qu'elle ne devait pas empêcher Rameau de croire qu'il savait plus de musique que ceux auxquels il l'enseignait; tout comme, dans son humilité, il pouvait très-bien convenir qu'il n'était pas supérieur à Lulli dans le récitatif

Qui que vous soyez, pratiquez ainsi l'humilité, et, soyez-en certains, vous ne serez jamais blâmés par les gens impartiaux... Quant aux autres, leur blâme ne saurait vous atteindre.

HYPOCRITE, Hypocrisie (vice). L'hypocrisie est une sorte de dissimulation, qui consiste à montrer un caractère autre que celui qu'on a, ou, si l'on préfère, une fausse apparence de sentiments vertueux.

C'est pourquoi le nom d'hypocrite a été plus particulièrement appliqué à ces hommes constamment faux et pervers, qui, n'ayant ni religion ni vertus, prétendent faire respecter en eux les plus grandes vertus et l'amour de la religion dont ils se disent pénétrés. Ils sont zélés pour se dispenser d'être honnêtes, héros ou saints pour se dispenser d'être bons. Des fanges du vice, ils élèvent une voix respectueuse pour accuser le mérite ou de crime ou d'impiété;

Le ciel est dans leurs yeux, et l'enfer dans leur cœur.
VOLTAIRE.

De là cette maxime de La Rochefoucauld: « L'hypocrisie est un hommage que le vice rend à la vertu. »

Je trouve que c'est pousser trop loin l'amour des comparaisons; car, ainsi que l'a fait observer J.-J. Rousseau : l'hypocrite qui s'incline devant la vertu, c'est l'assassin de César se prosternant à ses pieds pour l'égorger plus sûrement. Donc la maxime de La Rochefoucauld, toute brillante qu'elle est et quelque autorité que lui donne le nom de son auteur, n'en est pas plus juste pour cela. Dira-t-on jamais d'un filou qui prend la livrée d'une maison pour faire son coup plus commodément, qu'il rend hommage au maître qu'il vole?

Quoi qu'il en soit, si l'on veut admettre, avec certains, que l'hypocrisie fait généralement l'éloge des mœurs; il faudra reconnaître également que, depuis que la société est animée de meilleurs sentiments, les hypocrites reparaissent plus nombreux et plus effrontés que jamais; que chacun d'eux, suivant son intérêt et ses passions, affecte des sentiments contraires à ceux qu'il éprouve. Et combien, par exemple, qui se couvrent du manteau de la religion pour cacher leur impiété et leurs vices! Combien qui, comme ces courtisans dont la vie est une hypocrisie continuelle, mentent toujours à autrui et à eux-mêmes!

L'hypocrisie est un vice d'autant plus odieux, qu'il est communément le prix du calcul. Aussi est-il impossible qu'on en guérisse jamais. Si l'on en doutait, j'en appellerais à l'expérience. Elle constate qu'on a vu de grands scélérats rentrer en eux-mêmes, achever saintement leur carrière et mourir en prédestinés. A-t-on jamais vu un hypocrite devenir homme de bien? Non : de là cette comparaison de Jean-Jacques, remarquable par sa justesse: « L'âme vile et rampante de l'hypocrite est semblable à un cadavre dans lequel on ne trouve plus ni feu, ni chaleur, ni retour à la vie. »

Du reste, celui qui voudra avoir la mesure de ce qu'on doit penser de l'hypocrisie, n'a qu'à poursuivre ce rapprochement, et à la comparer avec la scélératesse; il verra que le scélérat est bien moins à craindre que l'hypocrite. L'un, agissant toujours à découvert, fait qu'on se méfie de lui ; l'autre, agissant dans l'ombre, nous frappe sans qu'on le soupçonne d'en être capable.

Méfions-nous donc des hypocrites, et surtout ne les imitons pas.

I

IDÉE (faculté). — Nous avons vu à l'art. ENTENDEMENT que l'homme n'est pas encore en état de réfléchir lorsqu'il reçoit les premières impressions des objets ; que ce n'est que longtemps après, au moment où l'exercice de la réflexion commence, qu'il jouit de cette faculté; mais alors, comme ses sensations se trouvent modifiées en mille manières par les effets de l'habitude, de là vient l'extrême difficulté qu'il a de connaître l'état primitif de son entendement, et, avec lui, la source de nos relations intellectuelles avec les êtres qui nous entourent. (*Gérando*.)

Il arrive donc un moment où l'homme, que le feu sacré de la vie anime, ne se borne pas à sentir; où il juge qu'il sent, c'est-à-dire qu'il réagit sur ses propres sensations, se replie sur elles et sur lui-même, pour ainsi parler, et se voit dès lors distinct de celles-ci. Par suite de cette opération de réflexion sur lui-même et sur ses sensations, il rapporte celles-ci au-dehors et aux objets extérieurs, et, réunissant sur chacun d'eux celles que chacun d'eux lui fournit, il se représente les objets extérieurs sous divers points de vue. Il peut se représenter de la même manière ses propres modifications, et s'observer en quelque sorte en perspective et hors de lui-même, avoir des images, des idées de ces objets et de lui-même; et de cette double source se tirent toutes ses idées, toutes ses connaissances. (*Fréd. Bérard*.)

L'idée a donc deux faces, l'une dirigée vers nous, qui est notre perception ou la modification de notre susceptibilité ; l'autre tournée vers l'objet même, qui n'est autre qu'un jugement, une déduction des sensations, qui nous rend manifestes les caractères de l'objet par les signes des perceptions différentes.

En conséquence, l'idée suppose une vue nette et distincte de la perception. Et en effet, pour distinguer une chose, il faut la comparer à plusieurs autres et avoir l'idée de celles-ci. Le plus souvent c'est par l'opposition de deux choses contraires que l'on acquiert une notion claire de l'une et de l'autre; donc l'idée suppose plusieurs comparaisons, et, par conséquent, un travail très-étendu et très-compliqué. Ainsi, par exemple, l'idée exige un grand nombre de souvenirs, le rappel d'une foule de jugements antérieurs qui n'en existent pas moins quoique inaperçus, par suite de leur répétition. Elle est par conséquent le résultat de l'attention, de la réflexion, c'est-à-dire que quelque multiples, quelque variées qu'elles soient, les idées sont le résultat de l'action du *moi*, qui, je le répète, se replie sur ses sensations, qui en a une conscience plus spéciale et les combine de telle manière plutôt que de telle autre.

Mallebranche lui-même établit une distinction analogue. Il faut bien remarquer, dit-il, qu'afin que l'esprit aperçoive quelque objet, il est absolument nécessaire que l'idée de cet objet lui soit actuellement présente; il n'est pas possible d'en douter. Toutes les choses que l'âme aperçoit sont de deux sortes : ou elles sont dans l'âme, ou elles sont hors de l'âme. Celles qui sont dans l'âme sont ses propres pensées, c'est-à-dire toutes ses différentes modifications. *Or, notre âme n'a pas besoin d'idées pour apercevoir toutes ces choses de la manière dont elle les aperçoit;* mais pour les choses qui sont hors de l'âme, nous ne pouvons les apercevoir que par le moyen de nos idées, supposé que ces choses ne puissent pas lui être intimement unies. D'après cela, il est évident que Mallebranche n'avait pas une notion plus exacte de l'idée, puisqu'il déclare que nous n'avons pas l'idée de nous-mêmes et de nos opérations, ce qui est très-faux.

En définitive, l'idée n'est autre chose qu'un sentiment démêlé d'avec d'autres sentiments, un sentiment distingué de tout autre sentiment, un sentiment distinct.

Mais quelle est la nature des idées? Sont-elles de simples signes qui n'existent que dans les dictionnaires : de purs mots? et faut-il être *nominaliste?* Nullement; car les noms, les mots, les signes à l'aide desquels nous pensons, nous ne pouvons les admettre qu'à la condition de les comprendre, et nous ne pouvons les comprendre qu'à la condition de nous comprendre et de nous entendre nous-mêmes, c'est-à-dire, précisément à la condition de ces trois idées qui gouvernent et dirigent toutes les opérations de la pensée.

Les signes sont sans doute des auxiliaires puissants pour la pensée, mais ils n'en sont pas le principe interne : il est trop clair que la pensée préexiste à son impression, que nous ne pensons pas parce que nous parlons, mais que nous parlons parce que nous pensons et parce que nous avons quelque chose à dire. Si l'on repousse le nominalisme, faut-il être *réaliste?* faut-il admettre que les idées sont des choses qui existent comme tout le reste, et, comme le dit Mallebranche, *que ce sont des petits êtres qui ne sont point méprisables?* Pas davantage; non, les idées ne sont point des choses comme les autres. Qui est-ce qui a vu des idées? Si, ce dont je doute fort, les réalistes ont voulu parler de l'existence extérieure des idées, ils sont tombés dans la plus évidente absurdité. Je suis tenté de ne pas la leur imputer; mais enfin, on la leur prête, à tort ou à raison.

Pour y échapper, nous adresserons-nous aux *conceptualistes?* Il le faut, si nous voulons parcourir le cercle connu des trois grandes écoles françaises du moyen âge, sur la question des idées; le *conceptualisme*, que les philosophes chrétiens ne trouvent pas irréprochable, étant le système auquel on s'est généralement arrêté. Je poursuivrai donc avec M. Cousin : « Entendons-nous, Messieurs; je suis prêt à accorder que les idées ne sont que des conceptions de la raison, de l'intelligence, de la pensée, si l'on veut bien s'entendre avec moi sur la nature de la raison, de l'intelligence et de la pensée. Songez-y bien, la raison est-elle humaine, à parler rigoureusement, ou bien n'est-elle humaine que par cela seulement qu'elle fait son apparition dans l'homme? La raison vous appartient-elle? Est-elle vôtre? Qu'est-ce qui vous appartient? Qu'est-ce qui est vôtre en vous? C'est, Messieurs, la volonté et ses actes. Je veux mouvoir mon bras, et je le meus; je prends telle résolution, cette résolution est exclusivement mienne, je ne puis l'imputer à aucun de vous; elle m'appartient, elle est ma propriété, et cela est si vrai que, s'il me plaît, je prends à l'instant une résolution contraire. Je veux autre chose, je produis un autre mouvement, parce que c'est l'essence même de ma volonté d'être libre de faire ou de ne pas faire, de commencer une action ou de la suspendre, ou de la changer quand et comment il me plaît.

« On ne peut s'empêcher de sourire quand, de nos jours, on entend parler contre la raison, en tant qu'individuelle. En vérité, c'est un grand luxe de déclamation; car il n'y a rien de moins individuel que la raison; si elle était individuelle, elle serait personnelle, elle serait volontaire et libre, nous la maîtriserions comme nous maîtrisons nos résolutions et nos volontés; nous changerions à toute minute ses actes, c'est-à-dire ses conceptions..... Si la raison n'est pas individuelle, elle est donc universelle, et doit donc être rapportée à la raison universelle, absolue, infaillible, à la raison éternelle, hors de l'espace et du temps; à cette intelligence que la nôtre réfléchit et d'où elle tombe dans l'humanité pour être en rapport avec les sens, les passions et l'imagination qui la rendent faillible.

« Les idées ne sont pas de purs mots, ce ne sont pas non plus des êtres, ce sont des conceptions de la raison humaine, et même la rigueur de l'analogie force de les rapporter au principe éternel de la raison humaine, à la raison absolue. C'est à cette raison seule qu'elles appartiennent, elles ne sont que trop prêtées en quelque sorte à toutes les autres raisons. C'est là qu'elles existent. »

Il me semble que M. Cousin pousse trop loin la rigueur de l'analogie, et je préfère admettre, avec Platon et son école, que les idées sont immédiatement placées dans notre âme par la Divinité elle-même; c'est-à-dire que, pour moi, les idées sont en Dieu, et l'âme épurée peut, par une communication directe, en raviver les traces primitives. Cette opinion, je le sais, est entièrement opposée à celle d'Aristote et de son école, qui ont prétendu que *rien n'arrive à l'intelligence que par les sens*. Mais, attendu qu'il résulte de la discussion à laquelle je me suis livré pour combattre cet axiome (*Voy.* ATTENTION, col. 251 et suiv.), que si les idées *peuvent arriver par les sens*, ce n'est pas à dire qu'elles soient le *produit* des sens. Nous dirons des sensations qu'elles réveillent les désirs ou toutes autres idées qui sont endormies en nous; qu'elles en sont la cause occasionnelle et servent, en un mot, de préparation et d'introduction à des connaissances plus relevées. (*Voy.* l'art. SENTIMENT, où je reprends cette discussion.) Ainsi, tout en n'admettant pas les principes de M. Cousin, je me plais à reconnaître le mérite de la discussion établie par lui, et c'est parce que je l'apprécie, que je l'ai transcrite textuellement.

Du reste, telle est la force des choses, que Condillac, dans son *Traité sur l'origine des connaissances humaines*, s'écrie en commençant : |« Soit que nous nous élevions dans les cieux, soit que nous descendions dans les abîmes, nous ne sortons pas de nous-mêmes, et ce n'est jamais que notre propre pensée que nous apercevons. » Il est donc évident que Condillac était idéaliste ; ce n'est donc pas sans raison que ce reproche lui fut adressé en son temps par l'auteur des *Lettres à un Américain*.

ILLUSION (sentiment). — C'est une pensée imaginaire ou chimérique que l'âme se crée, et par laquelle elle goûte un plaisir ou sent une douleur plus ou moins vifs, suivant la force de nos désirs et de nos passions, et suivant la faiblesse de notre raison.

L'illusion flétrit donc ou embellit toutes les jouissances, pare et ternit toutes les vertus, et, du moment où l'on a le malheur de les perdre, quand elles sont agréables, on tombe dans l'inertie et le dégoût.

Le cœur est la source la plus ordinaire des illusions de l'esprit (*Nicole*), et celui-ci les garde tant que le cœur conserve des désirs (*Chateaubriand*) et des espérances. Du reste, y a-t-il dans la vie quelque chose qui ne soit pas des illusions (*Madame de Deffand*) ou qui n'en procure ?

Heureux ceux qui, dans le calme d'une vie pure et sans reproche, peuvent borner leurs désirs à de bien douces illusions qui les bercent et les enivrent sans danger ! Mais malheur à celui qui, bourrelé par la conscience, cherche à étouffer le cri de ses remords par les illusions dont il aime à se nourrir ! Il a beau se faire illusion, croire que ses vices restent cachés et que le mépris de ses concitoyens ne viendra pas l'atteindre, il se trompe cruellement. Bientôt, au contraire, la vérité lui apparaîtra tonnante et armée pour son châtiment.

IMAGINATION (faculté). — La plupart des écrivains qui, jusqu'à présent, ont traité de l'imagination, ont trop restreint ou trop étendu la signification de ce terme. Et pourtant pour attacher une idée précise à cette expression, il suffisait de remonter à l'étymologie du mot *imagination*, qui dérive, on le sait, du mot latin *imago*, image. C'est-à-dire que, quand un objet une fois senti par le dehors demeure intérieurement ou se renouvelle dans ma pensée avec l'image de la sensation qu'il a accusée à mon âme, c'est ce que j'appelle *imaginer*. Ainsi, par exemple, quand ce que j'ai vu, ou ce que j'ai ouï dire me revient dans le silence, je ne dis pas que je le vois ou que je l'entends, mais que je l'imagine. (*Bossuet*.)

L'imagination est donc cette faculté que l'âme a de se représenter les corps (*De Bonald*), ou de se former des images, ou de combiner celles qu'elle a déjà reçues ; en un mot, de reproduire les perceptions ou les images des choses absentes (*Wolff*) ; ce qui faisait dire à Voltaire que : « Celui qui prend le plus d'images dans le magasin de sa mémoire est celui qui a le plus d'imagination. »

Celle-ci, qui consiste aussi dans une combinaison, un assemblage nouveau d'images, est en rapport de convenances aperçues entre ces images et le sentiment qu'on veut y exciter. Est-ce la terreur, l'imagination donne l'être aux Sphinx, aux Furies ; Est-ce l'étonnement ou l'admiration, elle crée le jardin des Hespérides, l'île enchantée d'Armide, etc. Partout l'imagination est l'invention en fait d'images, comme l'esprit en fait d'idées. Ce n'est pas tout : selon quelques-uns, l'imagination serait le pouvoir que chaque être invisible sent en soi de représenter dans son cerveau les choses sensibles ; pouvoir ou faculté, qui, comme on le pense bien, est dépendante de la mémoire. Par elle on voit des hommes, des animaux, des jardins ; ces perceptions arrivent jusqu'à l'âme à l'aide des sens et du cerveau ; la mémoire les retient ; l'imagination les compare...., elle compose. Voilà pourquoi les anciens Grecs appelèrent les Muses *les filles de la mémoire*.

Il est très-essentiel de remarquer que ces facultés de recevoir les idées, de les retenir, de les composer, sont au rang des choses dont nous ne pouvons nous rendre compte par la raison. Ces ressorts invisibles de notre être sont de la main de Dieu et non de la nôtre. Peut-être même ce don de Dieu, l'imagination, est-il le seul instrument avec lequel nous composons des idées et même les plus métaphysiques.

Quoi qu'il en soit, on distingue l'imagination en tant qu'elle est active ou passive. L'imagination active, ou celle qui joint la réflexion, la combinaison ou la mémoire, rapproche plusieurs objets distants, sépare ceux qui se mêlent, les ordonne et les change ; elle semble créer quand elle ne fait qu'arranger ; car il n'est pas donné à l'homme de se faire des idées, il ne peut que les modifier. Et par exemple, après avoir vu qu'on soulevait avec un bâton une grosse pierre que la main ne pouvait remuer, l'imagination active a inventé les leviers, et ensuite les forces mouvantes composées, qui ne sont que des leviers déguisés : c'est-à-dire que pour exécuter des machines, il faut se les peindre d'abord dans l'esprit, en calculer ensuite les effets, et proportionner leur force à la somme des résistances qu'elles devront éprouver.

L'imagination active a aussi une partie de détail, et c'est celle qu'on appelle communément imagination dans le monde. C'est elle qui fait le charme de la conversation ; car elle présente sans cesse à l'esprit ce que les hommes aiment le mieux, des objets nouveaux. Elle peint vivement ce que les esprits froids dessinent à peine. Elle emploie les circonstances les plus frappantes ; elle allègue des exemples, et quand ce talent se montre avec la sobriété qui convient à tous les talents, il se concilie l'empire de la société. « Nonobstant tous ces avantages, l'homme est tellement machine, dit Voltaire, que le vin lui donne quelquefois cette imagination que l'ivresse anéantit ; il y a là de quoi s'humilier et de quoi admirer. Comment se peut-il faire qu'un peu d'une certaine liqueur, qui empêchera de faire un calcul, donnera des idées brillantes ? »

L'explication en est fort simple. Mais pour cela il faut paraphraser les propres expressions de Voltaire. Il dit que le vin donne quelquefois cette imagination que l'ivresse anéantit. Or, du moment où il s'agit d'ivresse, il ne doit plus être question d'un peu d'une certaine liqueur qui empêche de faire un calcul, mais au contraire, de beaucoup de cette liqueur, à moins que, par exception, l'individu ne puisse supporter une petite quantité de vin. Eh bien ! dans l'un et l'autre cas, le cerveau, cet instrument de la pensée, se trouvant privé, par suite de l'état de torpeur dans lequel il est plongé, de répondre librement et spontanément aux sollicitations de l'intelligence, il en résulte que l'imagination est impuissante ; tandis qu'elle devient plus active dans la généralité des cas, lorsqu'une petite dose d'une liqueur stimulante excite et facilite les fonctions cérébrales. Donc l'homme, tout machine qu'il est, au dire de Voltaire, peut, à son gré, s'il est sage et raisonnable, réveiller jusqu'à un certain point son imagination endormie, l'exciter et la rendre productive.

Du reste, c'est l'imagination active qui fait les poëtes, leur donne l'enthousiasme, c'est-à-dire, selon le mot grec, cette émotion interne qui agite en effet l'esprit, et qui transforme l'auteur dans le personnage qu'il fait parler.

Quoi qu'il en soit, dans tous les arts, la belle imagination est toujours naturelle. Forte, elle approfondit les objets ; faible, elle les effleure : douce, elle repose dans la peinture agréable ; ardente, elle entasse images sur images ; sage, elle emploie avec choix et discernement tous ces différents caractères, et rejette toujours le faux, quoique admettant quelquefois le bizarre. Fausse, elle assemble au contraire des objets incompatibles, et pousse la bizarrerie jusqu'à peindre des objets qui n'ont ni analogie, ni allégorie, ni vraisemblance.

Et quant à l'imagination passive, elle n'est presque autre chose que de la mémoire, même dans un cerveau vivement ému. Les hommes, ébranlés par les images, les discours, les gestes qui les frappent, se montent, s'exaltent et se laissent entraîner, par irréflexion, à des actes éclatants de vertu, ou à des actions dégradantes et criminelles.

De là cette conclusion : L'imagination, quand elle est active, a, sous bien des rapports, une grande analogie avec la croyance. Dans son essor rapide et spontané, elle entraîne avec elle toutes les facultés de notre intelligence ; elle leur communique l'impulsion dont elle-même est animée ; elle interdit surtout à l'esprit tout mouvement rétrograde ; elle se prosterne devant l'idole qu'elle s'est faite : plus son jeu a de promptitude et d'énergie, moins il peut être analysé ; et moins il est analysé, plus il doit être difficile d'en pénétrer l'artifice.

Du reste, l'imagination des poëtes, des peintres et des musiciens, ne marche point au hasard dans leurs compositions, et d'une manière arbitraire, ainsi qu'on a coutume de le supposer. Le peintre est soutenu par les proportions, le poëte par le mètre ; la rime elle-même seconde et soutient son génie bien plus encore qu'elle ne le gêne. Bref, toutes les règles de la composition, dans les beaux-arts, ne sont que l'expression des lois que l'imagination suit dans son essor. Et par exemple, la musique ne trouve dans la nature que des sons isolés, discordants ; elle les saisit, les compare ; elle découvre les rapports harmoniques, et dès lors la suite des accords se déploie comme d'elle-même ; l'imagination du spectateur, à laquelle le mouvement a été imprimé dès le début, devance d'elle-même l'exécution de l'artiste ; et, à moins que cette exécution ne soit défectueuse, à moins que des sons discordants ne viennent frapper désagréablement l'oreille, l'auditeur éprouvera la plus suave comme la plus vive des jouissances.

C'est dans la jeunesse que l'imagination jouit de son premier éclat. C'est de cette seule faculté toute divine, partage heureux des poëtes et des peintres, que ceux-ci tirent la forme, la chaleur, la vie dont ils embellissent leurs tableaux. Mais cet état se prolonge aussi pendant les années de l'âge mûr, et même chez quelques êtres privilégiés, jusqu'à une époque avancée de la vieillesse :

témoin l'illustre auteur du *Génie du Christianisme* et de tant d'autres excellents ouvrages.

Et pourtant, quoique l'imagination soit vive et brillante dans l'âge mûr et chez quelques vieillards, je ne saurais contester qu'elle est plus particulièrement le partage des jeunes gens : âge heureux des illusions et des châteaux en Espagne, époque de la vie où l'imagination n'a point de bornes. Aussi est-elle souvent sujette à des écarts ! Malheur à ceux qu'elle jette dans la fange du vice et de la dépravation ! Malheur à ceux qu'elle entraîne dans l'habitude pernicieuse des jouissances prématurées, solitaires et excessives, évidemment contraires au but de la nature, en ce qu'elles troublent la raison et ruinent la santé. Oui, malheur à eux ! car, indépendamment des illusions nocturnes, mères et filles du libertinage (*Voyez* DÉBAUCHE), dont je ne veux pas m'occuper, il y a encore les illusions de la veille, illusions parfois si étranges d'une imagination qui s'exalte, s'égare, qu'on l'a appelée *la folle et la menteuse de la maison*.

Pourrait-il ne pas en être ainsi, lorsque les égarements de l'imagination ne sont autre chose que ce flot des idées soulevé par la tempête des émotions tumultueuses, et lorsque les désordres de la sensibilité ne sont souvent que le tumulte des émotions enfantées par la fantaisie ou le caprice !

Pour éviter qu'il en soit ainsi, il faut empêcher, quand on le peut, les écarts de l'imagination ; c'est-à-dire que chacun doit veiller avec une touchante sollicitude sur soi-même, tout comme sur ses enfants, sur ses amis ou sur ses proches, qui, ayant beaucoup d'imagination, pourraient l'exercer sur des sujets frivoles, alors qu'il serait si utile et si glorieux pour eux de s'en servir, au contraire, soit pour célébrer avec le feu sacré du génie, tout ce qui est grand et beau, soit pour flétrir le vice avec les armes d'une raison éclairée.

Une chose qu'il faudrait surtout leur persuader, c'est que plus on a d'imagination ou de fécondité, plus on doit réclamer les conseils de ces hommes dont les ans ont calmé la fougue et la vivacité des passions ; ces sages mentors ayant été placés sur le passage d'une jeunesse ardente et passionnée, pour la conduire et la diriger dans les sentiers fleuris où elle risque de s'égarer.

Ils lui diront, j'en suis certain, qu'une chose à laquelle elle doit songer sérieusement, c'est de se rendre utile à la société ; et puis, dans les ouvrages qui demandent beaucoup d'imagination, de mettre l'esprit à l'abri des distractions qui peuvent l'éteindre.

Qui ne sait que le fameux actionnaire Law ne mangeait de toute la journée qu'un petit morceau de poulet pour jouer plus heureusement ; que Newton se contentait d'un peu de biscuit et d'un filet de vin des Canaries, lorsqu'il écrivait son *Traité des couleurs*. Aussi Boerrhaave disait-il souvent qu'il était surpris toutes les fois qu'il voyait dans ses lectures ou entendait dire que les philosophes croient que leurs pensées dépendent d'eux, alors qu'il est certain que la nourriture éteint pour ainsi dire l'esprit, et que le mathématicien qui, avant de se mettre à table, aurait résolu le problème le plus difficile, est comme stupide et assoupi après un grand repas.

Or, du moment où l'imagination est plus active généralement, dans les instants qui succèdent à d'agréables récréations, à un exercice doux et modéré, à des promenades faites dans des lieux où les beautés de la nature animent les sensations et augmentent l'activité des facultés de l'entendement ; du moment où l'imagination est plus active, après les instants consacrés aux plaisirs purs que l'on goûte au sein d'une société de son choix ; et ceux où les enchantements de la musique ont récréé l'esprit et excité agréablement l'intelligence, on doit se servir de ces moyens pour reposer l'imagination fatiguée, ou la détourner des folles illusions qui la bercent, et attendre, pour la mettre en jeu, que toutes les circonstances soient favorables, c'est-à-dire les moments où le mouvement circulatoire est légèrement augmenté, et où cette espèce de fièvre factice et momentanée qu'on observe dans un auteur, fait jaillir de sa pensée, avec aisance et liberté, des productions qui nous étonnent ; ceux enfin où l'on se sent pressé par une foule d'idées dont l'esprit surabonde quelquefois, ou qui naissent et se succèdent rapidement et sans effort.

Dans ces dispositions, pourvu que l'on sache tenir l'intellect dans une sorte de contention, l'imagination deviendra active et féconde ; et il faut cela : car on ne peut perfectionner un ouvrage d'esprit sans une véritable absorption mentale prolongée et presque permanente, ou du moins facilement renouvelée (*Voy.* CONTENTION) ; ce qui veut dire qu'il faut aussi l'absence de trop fréquentes distractions ; or, il est si facile d'être distrait !

Cette remarque s'applique principalement aux gens de lettres, qui bien souvent, sans le vouloir, ont des distractions fort nuisibles. Le fait est très-facile à établir.

Tout le monde peut savoir que, quand on est couché dans son lit bien chaudement, dans une position horizontale, la tête bien couverte, si l'on pense à l'ouvrage qu'on a sur le métier, l'imagination s'échauffe, les idées abondent, les expressions les suivent. Comme il faut se lever pour écrire, ou s'habiller, on quitte son bonnet de nuit, et on se met à son bureau ; mais voilà que tout à coup on ne retrouve plus ce qu'on avait si facilement trouvé, et fort souvent on est contraint d'ajourner le travail à un jour plus heureux.

Tout cela s'explique facilement, dit Brillat-Savarin, par l'effet que doit produire sur le cerveau le changement de position et de température. Je le suppose comme lui, mais ne peut-on pas en accuser aussi l'interruption d'une idée par d'autres idées ? Positivement oui : car l'homme abstrait a beau laisser refroidir son corps et changer de posture, il ne perd plus son idée favorite. Cette idée l'absorbe tellement qu'il ne sent pas le refroidissement qui le gagne, et qu'il prend machinalement telle ou telle position qui lui convient. Dès lors ce ne serait point le froid ou le changement de posture qui lui ferait perdre le fil de ses idées, mais bien ses distractions. Sachons donc les éviter.

IMPASSIBLE, IMPASSIBILITÉ (faculté). — Celui qui n'est susceptible ni de souffrance, ni d'intérêt, ni de sympathie, etc., est appelé *impassible*.

Est-il des êtres en qui cette impassibilité existe réellement? Je ne le crois pas, attendu qu'il n'est pas croyable qu'il y ait des individus organisés de telle façon que leur moral et leur physique restent complétement dans les conditions voulues par la définition que l'on a donnée de l'impassibilité.

J'ai bien admis ailleurs (art. APATHIE) que le stoïcien, ayant une force d'âme peu ordinaire, pourra supporter les souffrances les plus cruelles, les sensations les plus vives, sans déceler, par une émotion quelconque, qu'il souffre au physique ou au moral; mais, je le répète, il y a loin de cette *impassibilité* à l'*insensibilité* (terme qui équivant à non susceptible) de l'homme impassible. Donc il ne faut pas confondre ces deux sentiments.

De même, on ne confondra pas l'impassibilité du stoïcien avec l'impassibilité de l'être vicieux qui dissimule : l'une étant l'apanage des grands caractères et trouvant sa force dans la pureté d'une vie irréprochable ; et l'autre étant un raffinement du vice, que les fourbes et les méchants réussissent assez souvent à *affecter*.

Tel est, par exemple, ce criminel endurci, que les témoignages les plus écrasants, les preuves les plus accablantes ne peuvent émouvoir. C'est en vain que la victime qu'il a immolée à sa vengeance, ou à sa jalousie, ou à sa cupidité, etc., est là, sous les yeux! C'est en vain que l'instrument avec lequel il l'a frappée lui est représenté et qu'il le reconnaît ; c'est en vain que plusieurs voix s'élèvent pour répéter : C'est lui qui est l'assassin, je l'ai vu, je le reconnais parfaitement.... il reste impassible et froid et ose effrontément protester de son innocence. C'est, dira-t-on, le comble de la perversité : oui, mais cela se voit fort souvent. Remarquons, cependant, que cette impassibilité feinte qu'aucune émotion n'accuse ni chez le prévenu, ni chez le coupable, quand il entend l'arrêt qui le condamne, et qu'il affecte jusque sur les marches de l'échafaud, se trahit pourtant à l'œil exercé des observateurs, par une altération des traits du visage que l'aspect de la mort peut déterminer. Ainsi l'illustre professeur Fouquet disait avoir observé cet aspect particulier de la face, que les médecins appellent la *face hippocratique*, chez un grand nombre de criminels que l'on conduisait au supplice ; il l'a vu même dans ceux qui montraient le plus de tranquillité d'âme en y marchant.

Voici, d'après Hippocrate, quels sont les caractères de la décomposition de la face que l'on a nommée depuis, FACE HIPPOCRATIQUE

nasus acutus, oculi cavi, tempora collapsa, aures frigidæ ac contractæ, et extremitates aurium reversæ; cutis circa frontem dura et circumcenta ac arida; color totius faciei pallidus aut etiam niger, et lividus, et plumbeus. — Le célèbre docteur Double a augmenté le nombre de ces signes ; mais j'ai préféré m'en tenir à ceux signalés par Hippocrate, eux seuls se manifestant habituellement et constamment chez les condamnés à l'heure de la mort.

IMPATIENCE (défaut), IMPATIENT. — L'impatience est une sorte d'inquiétude de l'âme, qui attend avec agitation l'accomplissement de ses désirs ou la fin de ses souffrances.

Ce mouvement est d'autant plus vif, que l'imagination est elle-même plus facile à s'exalter, et d'autant plus prononcée, que, par suite de cette irritabilité nerveuse qui forme le fond du tempérament nerveux, ou se mêle à d'autres tempéraments, l'individu a moins de force qu'il ne lui en faudrait pour réprimer ses mouvements impétueux.

Du reste, il en est de l'impatience comme de la COLÈRE (*Voy*. ce mot) : une fois que nous en avons contracté l'habitude, un rien, une bagatelle suffisent pour l'allumer, l'exciter, et bientôt nous ne pouvons plus en maîtriser les élans. On pourrait bien y remédier par l'éducation : mais celle-ci doit être *manquée*, puisque l'impatient est *habituellement* impatient : ce qui prouverait qu'il n'a jamais rien fait pour modérer son impatience et modifier son caractère. C'est là un des travers des grands, qui, se croyant tout pouvoir, se livrent sans réflexion à leur impatience, semblables aux enfants, qui rompent les branches des arbres pour en cueillir le fruit avant qu'il ne soit mûr. Ils devraient savoir cependant qu'il faut être patient pour devenir maître de soi et des autres.

Loin donc que l'impatience soit une force ou une vigueur de l'âme, c'est une faiblesse et une impuissance de souffrir la peine. Elle tombe en pure perte, et ne produit jamais aucun avantage. Oui, quiconque ne sait pas attendre et souffrir, ressemble à celui qui ne sait pas taire un secret. L'un et l'autre manquent de force pour se retenir.

L'impatience est un défaut ; elle nuit au bonheur domestique ; elle relâche ou brise les liens sociaux en froissant quelquefois les intérêts de l'amour-propre d'autrui ; elle retarde nos succès ou gâte tout par trop de précipitation ; elle trouble enfin nos principales fonctions.

Et pourtant on aurait tort de la prendre toujours en mauvaise part, l'impatience, ainsi que le fait observer Edgworth, ayant parfois la couleur d'une vertu. C'est ce qui arrive, par exemple, dans une âme honnête et dévouée, lorsqu'elle a pour but l'amour du bien qu'elle voudrait accomplir, ou de la haine du mal qu'elle voudrait empêcher.

Il est aussi une circonstance où, sans avoir cette nuance de vertu, l'impatience trouve une excuse dans sa propre cause : c'est lorsqu'elle tient à un état de surexcitation nerveuse constitutionnel, ou entretenu par un régime irritant et échauffant. Dans ce cas, on aurait beau exhorter la personne impatiente à la modération, à la patience, à rester calme ; le mouvement une fois imprimé à sa machine, il faut qu'elle s'agite, et elle s'agitera d'autant plus, qu'elle sera plus faible.

Il importe donc de remonter à la cause de l'impatience, afin que, s'il y a surexcitation nerveuse avec atonie, on associe les médicaments toniques aux antispasmodiques, et ceux-ci aux moyens hygiéniques, parmi lesquels les *animi pathemata* devront figurer sur le premier plan : tandis que s'il y a surexcitation nerveuse avec sthénie ou excès de forces, les relâchants, les tempérants, les antiphlogistiques eux-mêmes, devront remplacer les toniques. Mais s'il n'y avait pas un état anormal disposant à l'impatience, et que celle-ci fût l'unique résultat d'un mauvais caractère, on conçoit qu'il faudrait, dans ce cas, agir de manière à pouvoir, par un traitement moral, réformer et détruire ces mauvaises habitudes.

IMPERTINENCE (défaut), IMPERTINENT. — L'usage a changé le sens du mot impertinence : autrefois il exprimait une action ou un discours opposé au sens commun, aux bienséances, aux petites règles qui composent le savoir-vivre ; on ne s'en sert guère généralement aujourd'hui, que pour caractériser une vanité dédaigneuse, conçue sans fondement, et montrée sans pudeur. (*Boucher d'Argis.*) *Voy.* VANITÉ.

L'impertinent a cela de particulier qu'il ne distingue ni les lieux, ni les choses ; que les circonstances ne peuvent l'arrêter, et qu'il n'a jamais égard aux personnes. Parle-t-il, il offense ; parle-t-il encore, il offense encore. D'où cela provient-il ? que, sans manquer d'esprit, il est sans éducation, sans jugement, sans délicatesse ; c'est pourquoi il rebute par ses propos, il aigrit par ses discours, il indispose par ses manières.

L'impertinence étant un défaut, nous devons faire tous nos efforts pour corriger les impertinents. Pour cela, je serais d'avis de les mettre en présence d'autres impertinents, quoiqu'il ne soit pas sûr qu'ils se reconnaissent et soient fort sensibles aux enseignements d'une semblable découverte. Mieux vaudrait donc, peut-être, les lancer dans la bonne société, le grand usage du monde corrigeant ordinairement l'impertinence qui tient à une mauvaise éducation. D'ailleurs, il s'y trouve des hommes et surtout des femmes qui savent mettre à leur place ceux qui s'en écartent ; c'est-à-dire RELEVER très-habilement un impertinent. Or, comme ce serait pour lui une fort bonne leçon, il doit être avantageux de l'exposer à la recevoir, ou d'être témoin de la mortification qu'un de ses pareils éprouverait en telle circonstance. L'amour-propre blessé est un si grand maître !

IMPIE, IMPIÉTÉ (vice). — L'impie est un homme qui, tout en croyant en Dieu et à la religion qu'il a fondée, en parle avec mépris, nie la vérité de ses mystères et la sainteté de sa doctrine.

Il n'est pas de plus grand crime aux yeux de la société et de la morale que l'impiété, celle-ci étant une injure faite à Dieu même en qui l'impie croit, tout en niant son existence ; et puis, parce que nul n'est vertueux tant qu'il méprise les choses sacrées. Or, est-il rien de plus sacré que notre divine religion ? est-il rien de plus sublime que ses préceptes ? Donc, les mépriser, c'est le comble de la dégradation.

Bien des gens s'imaginent qu'on n'est impie que parce qu'on ne croit pas ; c'est une erreur ; il y a cette différence entre l'impiété et l'incrédulité, que, dans le premier cas, on croit, mais on renie ses croyances ; au lieu que dans le second cas on ne croit pas véritablement. Cette différence n'est pas la seule, comme nous le verrons plus tard à l'article INCRÉDULITÉ.

IMPORTUN, IMPORTUNITÉ (défaut). — J'appelle importunité cette ignorance de l'à-propos, qui fait que nos discours ou nos actions incommodent ceux à qui nous avons affaire. L'homme importun choisit précisément le moment où quelqu'un est occupé de ses affaires, pour le consulter sur les siennes.... Il invite à se promener avec lui des gens qui viennent de faire une longue route... S'il assiste à un jugement arbitral, il se comporte de manière à brouiller de nouveau les deux parties, quoiqu'elles se montrent très-disposées à terminer leur différend à l'amiable. (*Théophraste-Coray.*) En d'autres termes : un importun est celui qui, à l'instar du FACHEUX (*Voy.* ce mot), embarrasse, incommode et ennuie par sa présence, par ses discours et ses actions toujours hors de saison. L'importunité naît de l'ignorance, ou, ce qui revient au même, de la sottise. Cela est si vrai que c'est le rôle d'un sot d'être importun ; qu'un homme habile sent bientôt s'il convient ou s'il ennuie. Alors il sait disparaître au moment qui précède celui où il serait de trop quelque part ; ce que ne fait jamais un SOT (*Voy.* ce mot).

Les moyens de corriger un importun n'étant pas autres que ceux indiqués pour le FACHEUX, nous ne reviendrons pas sur leur énumération.

IMPRUDENCE (défaut). — Toutes les fois que nous faisons un acte ou une démarche qui peut nous être préjudiciable, nous commettons une imprudence. Celle-ci dépend communément de l'ignorance de l'acte ou de la démarche que nous accomplissons, tout comme elle peut provenir généralement d'un manque de réflexion. C'est pourquoi les jeunes gens font beaucoup de fautes par étourderie, et la plupart des femmes imprudentes deviennent coupables faute d'avoir assez réfléchi aux conséquences de leur conduite. Ne se méfiant pas assez de leur sensibilité et de l'exaltation des sens, elles comptent sur des forces qu'elles sont loin de posséder, et sur une vertu, hélas! bien fragile. Qu'en advient-il? qu'après une première faute qu'elles n'ont commise que par imprudence, elles suivent la pente sur laquelle les entraînent leurs mauvais penchants et se perdent sans retour.

En présence d'un malheur pareil, on ne peut que répéter aux jeunes personnes : Voulez-vous rester chastes et pures, évitez les occasions ; réfléchissez beaucoup avant de vous décider à faire n'importe quoi, pour savoir s'il ne peut point vous compromettre; rappelez-vous que la prudence est la mère de la sûreté, et méditez longtemps sur cette vertu (*Voy.* PRUDENCE), qui, plus on la considère, plus on l'apprécie.

IMPUDENCE (vice). — Il n'est pas difficile de définir l'impudence : c'est une profession ouverte de cette plaisanterie qui blesse la décence ; ou bien, d'après Abbadie, une hardiesse insolente qui nous porte à commettre de gaieté de cœur des actions dont les lois soit naturelles, soit morales, soit civiles, ordonnent qu'on rougisse ; à plus forte raison les lois religieuses.

On conçoit qu'il faille nécessairement cette condition pour devenir impudent ; car, serait-on blâmable de n'avoir pas honte d'une chose qu'aucune loi ne défendrait, alors surtout qu'il est honteux d'être insensible aux choses qui sont déshonnêtes en elles-mêmes?

L'impudence est le dernier échelon du vice, puisque l'impudent fait mépris de la gloire comme de la honte (*Descartes*), qu'il ne rougit de rien (*La Bruyère*), et manque tout à la fois, sans honte ni remords, à la pudeur qu'il doit avoir pour lui-même, et au respect qu'il devrait montrer à autrui.

Considérez l'impudent : il se tient dans le monde d'une manière indécente. Au spectacle il bat des mains longtemps après que les autres ont cessé d'applaudir, et siffle précisément ceux des acteurs que le public voit avec plaisir.... Il pousse de sales hoquets sous le nez de ceux qui sont assis près de lui.... Il appelle par leurs noms des passants qu'il ne connaît pas familièrement ; et il oblige de l'attendre des personnes qu'il voit très-pressées.... Ce n'est pas tout : à force d'impudence ou finit par tomber dans l'impudicité, vice bien plus révoltant encore. (*Théophraste.*) — *Voy.* IMPUDICITÉ.

Mais, sous quelque aspect que l'impudence se manifeste, elle est toujours un vice de l'éducation, et plus encore le résultat d'un caractère sans pudeur ; en sorte que l'impudent est une espèce de proscrit naturellement frappé par les lois de la société.

Il n'y a qu'une éducation meilleure et une réforme salutaire dans l'humeur et le caractère de l'impudent, qui puisse lui faire espérer de se réhabiliter dans l'opinion publique qui l'a flétri par la proscription. Puisse-t-il avoir encore au fond de l'âme une étincelle de l'amour de soi-même bien entendu, cette vertu qui vivifie pouvant l'aider, en se ranimant, à triompher de ses mauvaises habitudes. Ayant tout à gagner dans ce changement, pourrait-il faire trop d'efforts pour l'obtenir?

IMPUDICITÉ, IMPURETÉ (vice). — L'*impudicité* est le terme générique dont on s'est servi pour exprimer tous les déréglements honteux de la chair. Ainsi la fornication, l'adultère, l'inceste, les regards lascifs, les pensées sales, les discours obscènes, sont autant de différentes espèces d'*impureté* (*Dictionnaire encyclopédique*) ou d'*impudicité*.

En aucun temps, que je sache, l'impudicité n'a été poussée aussi loin sous le règne exécrable, parmi tant d'autres règnes exécrables, du vil, du voluptueux et prodigue Elagabale. Ce que l'imagination des Arabes a produit de plus merveilleux en fêtes, en pompes, en richesses, ne semble qu'une tradition confuse du règne du prêtre du soleil. Le vice qui gouverna plus particulièrement le monde sous Elagabale fut l'impudicité : ce prince choisissait les agents du pouvoir d'après les qualités qui les rendaient propres à la débauche ; dédaignant les distinctions sociales ou les avantages du génie, il plaçait la souveraineté politique dans la puissance qui tient le plus de l'instinct de la brute.

Il arriva qu'ayant pris plusieurs maris, il se donna pour maître tantôt un cocher du cirque, tantôt le fils d'un cuisinier. Il se faisait saluer du titre de *domina* et d'*impératrice*; il s'habillait en femme, travaillait à des ouvrages en laine. Homme et femme, prostitué et prostituée, il n'aurait pas été plus pur quand il se serait consacré au temple de Cybèle, comme il en eut la pensée. Il donna un siège à sa mère dans le sénat auprès des consuls, et créa un sénat de femmes qui délibérait sur la préséance, les honneurs de cour, et la forme des vêtements.

Ainsi chaque empereur, en passant au trône, y laissait quelque chose pour la destruction de l'empire, mais tout se réunissait sous Elagabale pour le perdre complètement. Exagération dans les ameublements, les vêtements et les repas; profusion de la soie et de l'or; largesses aux légions, encouragements à la débauche : voilà ce qui marqua le règne de ce souverain. Que pouvait-il en résulter? la perdition de tous ses sujets; car, « la société vit plus par ses mœurs que par les lois, et les nations qui ne sauvent pas leur innocence périssent souvent avec leur sagesse. » (*Chateaubriand.*) Anathème donc contre les impudiques, en général, mais miséricorde et pitié pour ceux, en particulier, qui, par leur organisation physique, sont portés, malgré eux, à l'impudicité, celle-ci, comme la concupiscence (*Voy.* ce mot), ayant assez souvent sa source dans une excitation anormale des sens. Elle est même parfois si *exigeante*, cette excitation, qu'elle ôte au sexe toute retenue, et le fait tomber dans le dernier degré de la dépravation. Il n'est donc pas étonnant que saint Jérôme ait écrit : « On ne saurait garder les femmes impudiques : celles qui sont pudiques n'ont pas besoin qu'on les garde. » Le contre-poison de l'impudicité serait donc la Chasteté (Voy. ce mot) d'une part; et de l'autre, l'emploi des moyens que nous avons proposés, article Libertinage.

INCERTAIN, Incertitude (défaut). — Dans les cas où le mot *incertain* est employé comme synonyme d'*irrésolu*, il marque, ainsi que ce dernier, une indécision ou manque de résolution; mais avec cette différence, que l'*incertitude* vient de ce que l'événement des choses est encore inconnu; et l'*irrésolution* de ce que la volonté a de la peine à se déterminer. Ainsi on est incertain sur le succès de ses démarches et dans l'irrésolution sur ce qu'on veut faire. (*Girard*.)

L'incertitude et l'irrésolution sont, après le désespoir, les états les plus difficiles à supporter. (*Michon*.) Quoi de plus pénible en effet, de plus désespérant, que de flotter toujours indécis entre deux motifs qui paraissent également déterminants! Quelle perplexité pour l'âme, que ce combat qui s'élève souvent entre les passions et la raison, et où les passions triomphent presque toujours! — Aussi ferons-nous remarquer, avec le cardinal de Retz, que : « Les hommes irrésolus de leur nature ne se déterminent que difficilement pour les moyens, quoiqu'ils soient déterminés pour la fin. »

Voilà pourquoi l'irrésolu aime qu'on le tire de son indécision : il sent que c'est faiblesse, il se condamne; mais il manque de force et de courage : il n'a pas même l'audace qu'il lui faudrait; l'audace, qui est tout dans les événements incertains. Il voudrait donc qu'on l'excitât, qu'on l'aiguillonnât, qu'on l'entraînât, si toutefois on a assez d'empire sur son âme pour triompher de son irrésolution.

Observons toutefois qu'il n'en est pas toujours ainsi; c'est-à-dire qu'il est des circonstances où l'homme prend son irrésolution pour de la prudence, et s'en applaudit. Alors comme sa résistance est motivée par lui et pour lui, il faut, si on le veut tirer de son indécision, l'éclairer, l'instruire, le persuader, le convaincre par l'autorité que le raisonnement peut avoir sur son esprit. Et, chose remarquable, cela deviendra plus ou moins facile, suivant que la personne sera incertaine ou irrésolue. Facile, quand il est question d'un individu irrésolu, puisque, pour le déterminer et le faire agir, il suffit de lui parler raison, son âme étant ordinairement bien disposée quand il s'agit d'une bonne action à accomplir, ou tout au moins d'une action que la morale la plus relâchée ne saurait désapprouver; difficile, au contraire, du moment où il faut triompher de la résistance d'un homme qui n'est incertain que parce qu'il ignore, et peut avoir raison de douter.

Et quant à celui qui se complaît dans son irrésolution, s'en félicite et s'en fait gloire, comme il est impossible qu'il se laisse diriger, ce serait presque de la témérité de le tenter. Cependant, témérité ou non, on ne doit jamais reculer devant cette tâche, quand l'intérêt social et particulier sont en jeu.

INCLINATION (sentiment). — L'inclination est une disposition de l'âme à aimer une chose par goût et par préférence. Les inclinations diffèrent du penchant, en ce qu'elles sont moins fortes : elles diffèrent aussi des passions, en ce que celles-ci sont plus violentes.

Les inclinations sont naturelles, mais elles peuvent provenir et proviennent plus souvent de l'éducation que du mécanisme des organes. C'est pourquoi les parents et les instituteurs doivent épier attentivement le développement de ces inclinations naissantes, pour les détruire, si elles sont mauvaises, ou pour en favoriser les tendances, quand elles peuvent nous conduire à bien mériter de nos concitoyens.

INCONSTANCE (défaut), Inconstant. — Inconstant, synonyme de *léger*, *volage*, se dit indifféremment des individus qui changent très-facilement d'état, d'opinion, de goût, d'inclination, d'affection, de passion, de conduite. Il n'y a qu'une seule différence dans ces expressions. Elle consiste en ce que l'*inconstant* ne s'attache pas pour longtemps et passe d'autant plus vite à un autre objet qu'il s'est dégoûté plus facilement de celui qui le captivait; il ne veut plus aujourd'hui ce qu'il voulait hier, ce qui l'a fait comparer à la girouette, qui tourne à tout vent : le *léger* s'attache peu fortement, parce que l'objet n'a pas l'art de le fixer; et le *volage* ne s'attache pas à un seul, son inclination le portant à varier ses jouissances. Ainsi on pourra dire d'une femme qu'elle est *inconstante*, dès qu'elle n'aime plus celui qu'elle aimait; qu'elle est *légère*, sitôt qu'elle en aime un autre; et qu'elle est *volage*, quand elle ne sait si elle aime ni ce qu'elle aime.

C'est donc de l'inconstance, prise dans un sens général, qu'on peut dire qu'elle est la facilité que nous avons à changer d'opinion, de résolution, de passion, de conduite, de sentiments, de goût.

Elle naît de la multiplicité de nos désirs et de l'appétit insatiable que nous avons pour les jouissances. A chaque instant, l'homme veut et espère en goûter de nouvelles; mais il éprouve chaque jour de nouvelles déceptions, et il sent s'échapper les choses sur lesquelles il avait compté pour être heureux. Dès lors son âme, flottante et indécise, attache successivement ses affections à tout ce qui s'offre à elle. Rien ne peut la satisfaire. Ainsi le malade tourmenté par l'ardeur de la fièvre ne peut étancher la soif qui le brûle.

Remarquons que l'âge et le sexe ayant une influence différente sur nos sentiments, il n'est pas étonnant que les enfants, dont l'esprit n'est pas formé par la réflexion, et les femmes, qui sont des enfants presque toute leur vie, soient plus inconstants que les hommes. Il en est de même des tempéraments. Ainsi, les individus d'un tempérament sanguin sont plus inconstants que les lymphatiques et que les bilieux : les uns et les autres sont moins constants que les personnes nerveuses, qui ressentent très-vivement, mais se lassent vite de la répétition des mêmes impressions.

L'oisiveté, la fortune, le manque d'instruction, disposent aussi à cette passion, généralement peu commune parmi les gens pauvres, les travailleurs et les ignorants. Fille de l'imagination, se montrerait-elle chez des gens en qui cette faculté est peu développée?

L'inconstance se manifeste dans l'enfant par un caractère changeant et bizarre ; dans l'adolescent, par l'ardeur avec laquelle il recherche des émotions nouvelles, chacune de celles qu'il ressent faisant place à d'autres qui révèlent en lui cette étonnante mobilité d'impressions, de sentiments, de projets, qui viennent des bouillantes aspirations de son cœur et tiennent à la vigueur de sa constitution.

L'inconstance poursuit l'homme fait au milieu des choses sérieuses de la vie. Quelle que soit la carrière qu'il ait embrassée et les succès qu'il y obtienne, il ne tarde pas à la regarder comme un obstacle qu'il s'est créé, comme une chaîne qu'il voudrait briser. D'autres soins, d'autres projets le séduisent ; il se laisse entraîner à ces illusions perfides : il change d'état et de patrie, il compromet son avenir sur la foi de l'espérance, qui lui montre le bonheur partout ailleurs que là où il pourrait le trouver ; c'est-à-dire en lui-même. Le monde est plein de ces hommes incapables de se fixer à rien ; ils essayent de tout, ils changent journellement de spéculations, d'entreprises. Toujours ennuyés de ce qu'ils ont, envieux de ce qu'ils n'ont pas, leur vie n'est qu'une course continuelle après le fantôme du bonheur, qui leur apparaît sous mille formes diverses. Ainsi l'habitant des campagnes quitte sa paisible demeure et sa belle nature pour le tumulte des cités. L'homme qui vivait tranquille sous le toit héréditaire, ambitionne tout à coup une vie aventureuse sous d'autres climats ; il confie à un faible esquif sa fortune et ses jours, et va chercher le bonheur au delà des mers.

L'homme change toutes les sortes de projets et de vœux : tantôt il veut une femme, tantôt il veut une amie ; tantôt il veut régner, tantôt il n'y a pas de serviteur plus officieux que lui : aujourd'hui il répand l'argent, demain il le dérobe ; tantôt il paraît frugal et grave, tantôt prodigue et frivole ; nous changeons à chaque instant de masque. (*Sénèque.*)

« L'homme est l'animal le plus difficile à sonder et à connaître ; car c'est le plus double et contrefait, le plus couvert et artificiel ; et il y a chez lui tant de cabinets et d'arrière-boutiques dont il sort tantôt homme, tantôt satyre ; tant de soupiraux dont il souffle tantôt le chaud, tantôt le froid, et d'où sort tant de fumée ! Tout son branler et mouvoir n'est qu'un cours perpétuel d'erreurs : le matin naître, le soir mourir ; tantôt au cep, aux fers, en esclavage, tantôt en liberté ; tantôt un Dieu, tantôt une mouche. Il rit et pleure d'une même chose. Il est content et mal content ; il veut et ne veut pas, et ne sait enfin ce qu'il veut. Tantôt il est si comblé de joie et d'allégresse, qu'il ne peut demeurer en sa peau ; tantôt tout lui déplaît et ne se peut souffrir soi-même. » (*P. Charron.*)

L'inconstance n'est un vice que quand elle naît des déréglements de l'esprit, qui veut obtenir des hommes et des choses plus qu'ils ne peuvent donner, c'est-à-dire quand elle naît de cette versatilité capricieuse qui n'aime que le changement, ou bien de l'abus coupable des jouissances physiques. Telle fut pourtant la source de l'inconstance chez la plupart des hommes. Bien souvent elle est le symptôme d'une mauvaise conscience, qui cherche des distractions à ses remords, et qui veut absolument s'étourdir.

Dans tous les cas, être inconstant, c'est un défaut qui peut nuire au bien-être présent et à la fortune à venir. Il fait qu'on se laisse facilement rebuter par le moindre obstacle, ou qu'on change autant par amour du changement que par caprice. Le code de l'expérience prouve cependant que la vie si courte de l'homme est encore d'une plus longue durée que le jugement et les affections de ses contemporains. (*Mad. de Staël.*) Ainsi, s'attacher à la légèreté, c'est donc confier son bonheur à un papillon.

L'inconstance étant le défaut opposé à la constance et à la persévérance, vertus on ne peut plus précieuses, c'est en développant celles-ci qu'on peut espérer d'empêcher le développement de celle-là.

INCONTINENCE (vice). — Nous entendons ici par *incontinence* l'excès dans l'usage des plaisirs charnels ; c'est le fruit de la CONCUPISCENCE (*Voy.* ce mot).

Par elle l'homme se nuit à lui-même, en ce qu'il méconnaît la sainteté du mariage, les devoirs de l'amitié, de la charité, de la parenté, du citoyen ; et pourtant il se flatte de n'avoir jamais manqué à la société, dont il trouble la tranquillité et le bonheur, ni à ce qu'il doit à la patrie, dont il n'entend pas la voix, quand ses droits sont en compromis avec les attraits de la volupté. Aussi n'est-il pas rare qu'un homme qui se livre à l'incontinence cesse d'être lui-même. Aveuglé par cette passion, une des plus tyranniques pour l'espèce humaine, il tombe dans une sorte d'humeur sombre et farouche, et, dans ses transports, il se porte aux plus violents excès. Est-il étonnant, d'après cela, que les plus tragiques événements de l'histoire et les signes les plus pathétiques qu'ait inventés la fable, ne nous montrent rien de plus affreux que les effets de l'incontinence?

L'incontinence peut provenir des mauvaises habitudes qu'une imagination exaltée et la corruption des mœurs ont fait contracter. Plusieurs causes entretiennent ces habitudes ; et comme on ne peut guérir l'incontinent qu'à la condition de combattre ces causes, il est indispensable que nous les énumérions. Les unes sont physiques et les autres morales. Parmi les premières, l'alimentation est une de celles dont l'influence se fait sentir au plus haut degré. Ceux qui mangent beaucoup, qui font usage de viandes succulentes, de vins généreux, sont plus portés que d'autres aux jouissances sensuelles. Ceux, au contraire, qui vivent de peu, qui se nourrissent de végétaux, sont moins esclaves de leurs sens. Mais, chose remarquable, tandis que les premiers, grossiers et matériels, n'éprouvent que des besoins physiques, les autres sont en proie aux tentations incessantes de l'imagination. Le froid dispose à l'amour physique; la chaleur aux affections sentimentales et à la débauche, qui naît de la dépravation de l'esprit plutôt que de l'abus des sens.

Je ne parle pas de certaines substances que les libertins emploient pour ranimer, dans leurs organes flétris, une vie qui s'éteint; à nous de dire comment on peut arriver à corriger le vice; mais enseigner aux hommes à se rendre encore plus vicieux, jamais!

Au nombre des causes de l'incontinence par influence morale, nous citerons la fréquentation des femmes immodestes, des personnes licencieuses, des spectacles et des sociétés d'où la pudeur est bannie; la vue des tableaux obscènes, la lecture des romans immoraux, etc., etc. On comprend que de pareils spectacles, de pareilles sociétés, de telles œuvres agissant sur des imaginations exaltées, toute l'économie s'en ressent, et que, malgré lui, l'homme se laisse aller à ses goûts pour l'incontinence.

L'incontinence formant un des caractères du LIBERTINAGE, nous renverrons à cet article l'énumération des moyens qu'il faut mettre en usage pour corriger les incontinents (*Voy.* aussi AMOUR DES SEXES, CONTINENCE), nous bornant, dans celui-ci, à poser en principe que : « s'il est constant que la société se ressent toujours de la maligne influence des désordres qui paraissent d'abord ne lui donner aucune atteinte, il est constant aussi que les moyens fournis par la religion sont le meilleur frein pour les arrêter. De là il s'ensuit qu'il faut recourir à ses divines inspirations et à la grâce de ses sacrements, si l'on veut étouffer, dans le cœur de l'incontinent, la flamme de la concupiscence, assurer ainsi la paix à son âme, et à la société le bonheur. »

INCRÉDULE, INCRÉDULITÉ (vice). — On appelle *incrédule* tout individu qui refuse de croire les vérités de la foi; et, par extension, celui qui ne croit pas les vérités que l'histoire et la philosophie enseignent.

Plusieurs causes produisent l'*incrédulité*. On a placé en première ligne l'abus de la raison et l'aveuglement des hommes; nous y joindrons l'ignorance, mais en faisant observer, toutefois, que l'ignorant est moins coupable que le raisonneur, le savoir imposant l'obligation de croire, parce qu'il en donne la possibilité, en ouvrant la voie à celui qui veut y entrer de bonne foi et sans préjugés. Dès lors, le philosophe qui refuse de croire a tort, attendu qu'il fait un fort mauvais usage de la raison qu'il a cultivée, et qu'il peut se mettre en état d'entendre les vérités qu'il rejette. Tout ce que l'on peut dire pour diminuer ses torts, c'est que, si un tel homme parvient à un âge avancé sans croire à ces vérités, il peut se faire que son incrédulité tienne à son aveuglement; mais nous devons confesser que cet aveuglement est toujours coupable en sa source.

Reste que le plus grand des maux que l'incrédulité ait produits et produit encore, c'est de conduire à l'irréligion, et de là aux conséquences fâcheuses que celle-ci entraîne. *Voy.* IRRÉLIGIEUX.

INDÉCENCE (vice), INDÉCENT. — L'indécence consiste dans la mise en pratique de tout ce qui est contraire aux devoirs de la bienséance et de l'honnêteté. Nous savons tous qu'un des principaux caractères qui peignent une belle âme, c'est lorsque, portant le sentiment de la décence à l'extrême délicatesse, la nuance et l'empreinte s'en répandent partout, sur nos discours comme sur notre silence, sur nos écrits comme sur nos actions, sur le geste comme sur le maintien.

Bien plus, elle relève le mérite distingué; elle pallie la médiocrité; elle embellit la vertu, elle donne enfin de la grâce à l'ignorance.

Qu'il y a loin de là aux effets produits par l'indécence. On y trouve tout l'intervalle qui sépare deux points opposés ayant une action contraire.

L'indécence a pris racine dans nos mœurs et s'y perpétue, parce qu'on la pardonne aux hommes quand elle est accompagnée d'une certaine originalité de caractère, d'une gaieté particulière et cynique qui la met au-dessus des usages. C'est un grand tort : car la corruption des mœurs est une des déplorables conséquences de cette inconcevable tolérance, et nous savons tous où conduit cette corruption.

Pères de famille, voulez-vous que vos enfants ignorent longtemps ce que c'est que le vice et ses entraînements, loin d'applaudir à l'indécence *originale* de certains hommes, de rire avec eux de leur gaieté *dévergondée*, chassez l'homme indécent de votre salon, assimilez-le à la femme indécente, que les hommes même les plus dépravés trouvent *insupportable*.

Imitez Diderot, qui, dans le sentiment d'une juste indignation, compare une belle femme indécente à un agneau qui aurait de la férocité. Avec une pareille opinion, vous ne voudrez pas d'elle pour compagne de vos jeux et de vos plaisirs; vous en détournerez la vue; vous la flétrirez aux yeux de tous; et les bonnes mœurs y gagneront.

INDÉCIS, INDÉCISION (faculté). — Indécision est un terme générique, qui sert à désigner un esprit qui flotte par incertitude ou par irrésolution.

C'est pourquoi l'homme indécis balance toujours entre les différents partis qu'il doit prendre ou adopter, sans pencher plutôt vers l'un que vers l'autre, sans s'arrêter définitivement à aucun. Aussi ne réussit-il jamais dans tout ce qui demande qu'on fasse instantanément des combinaisons rapides, et que l'on juge d'un coup d'œil, même sur de simples probabilités, comme dans les jeux de bourse, par exemple. La grande erreur des Pyrrhoniens consistait à faire, selon leur propre aveu, un but constant de cette hésitation de l'esprit, qui ne doit être qu'un moyen et un passage. (*Sextus l'Empirique.*) Cet état habituel d'hésitation leur paraissait le plus haut degré de la sagesse ; et tandis qu'ils rejetaient tous les arts utiles, ils se faisaient un art de trouver les moyens propres à confirmer cette disposition. C'est à mes yeux un manque de sagesse, que cette décourageante doctrine des sceptiques, qui veut qu'on désespère d'arriver jamais à la certitude, alors qu'on peut être certain de tant de choses.

L'indécision, disions-nous en commençant, tient de l'incertitude et de l'irrésolution. Elle peut dépendre, comme elle, de la faiblesse d'esprit et de caractère, ou de l'ignorance. Il faut donc remédier à ces sources diverses de l'indécision, si l'on veut que l'individu puisse en triompher.

INDIFFÉRENCE (sentiment), INDIFFÉRENT). — Elle est une espèce d'équilibre de l'âme, que la moindre cause ou la moindre raison peut rompre. Et il se rompra plus ou moins facilement, cet équilibre, suivant que l'âme apercevra plus ou moins distinctement cette raison ou cette cause, ce qui provient de l'attention plus ou moins grande qu'elle y porte. Mais comme elle n'y consacre que quelques degrés d'attention, il en résulte qu'elle reste dans l'indifférence, alors que quelques degrés d'attention de plus transformeraient ces raisons restées sourdes en raisons distinctes. C'est ce que tout homme qui pense peut éprouver chaque jour.

L'indifférence est toujours coupable quand elle s'applique au bien qu'on pourrait faire, ou au malqu'on pourrait éviter. Elle est pour le cœur ce que l'hiver est pour la terre. (*Mme Deshoulières.*) Elle désespère l'amour.

Malheur à qui reste indifférent et sans passions ! mais malheur surtout s'il sort de son indifférence pour se livrer à des hommes bas et corrompus ou à des femmes sans mœurs ! Mieux lui vaudrait mille fois son indifférence. Il faut donc, si on veut l'en sortir, parler à son imagination et à son cœur avec des paroles que les oreilles chastes puissent entendre, et avec des exemples qui le conduisent à l'immortalité, s'il sait les imiter. *Voy.* APATHIE.

INDIGNATION (sentiment). — C'est le sentiment de mépris et de colère qu'une mauvaise action excite en notre âme. Il est d'autant plus vif, que la cause qui la détermine nous touche de plus près dans notre personne, dans nos affections, dans nos intérêts.

L'indignation serait donc une passion mixte, résultant de la colère, du mépris, et parfois aussi de la colère et de la tristesse. C'est pourquoi les gens sensés, qui forment ordinairement la plus petite portion des hommes, seraient journellement tourmentés par cette passion, à cause des ridicules et des absurdités du plus grand nombre, qui font l'autre portion, s'ils ne se disaient pas : *qu'un être sage n'a point de repos avec les fous, qu'il gronde ou qu'il rie.* Et malheureusement, comme l'a écrit très-spirituellement Lamotte,

Le monde est plein de fous, et qui n'en veut point voir
Doit s'enfermer tout seul et briser son miroir.

Mieux vaut donc fermer les yeux et les oreilles sur les défauts et les vices de la société, quand on n'a pas la puissance de les réformer, que de s'exposer à tout instant à être saisi d'une juste mais toujours nuisible indignation. Nuisible, en ce que, d'une part, elle nous expose à l'animosité, à la haine et à la vengeance de ceux contre qui notre indignation aura éclaté, et qu'ils deviennent pour nous des ennemis irréconciliables ; et, d'autre part, parce qu'elle produit sur notre moral et notre physique des impressions fâcheuses et même mortelles.

Ainsi, on l'a donc accusée de produire le vertige, des nausées, une douleur violente au côté, un serrement extrême de poitrine, lequel lie la langue aussi bien que la sagesse. En veut-on des exemples ? Haller raconte qu'une dame de condition s'étant laissé séduire, conçut une si grande indignation après sa faute, qu'elle devint sourde et aveugle. Pendant vingt-quatre heures il y eut suppression d'urines, cessation du pouls et de la respiration, de sorte qu'elle ne ternissait même pas la glace d'un miroir porté sur sa bouche..... Haller la guérit. — Valère-Maxime rapporte que la femme de Nausimène l'Athénien ayant surpris son fils et sa fille en un commerce incestueux, devint muette sur-le-champ et resta telle toute sa vie. Zimmerman fait mention d'une fille qui, trouvant son amant dans les bras de sa mère, en perdit l'esprit sans retour.

J'ai parlé de la mort de Fourcroy et de celle de Chaussier comme ayant été le résultat d'une colère concentrée : ne pourrait-on pas en accuser plutôt une indignation violente qu'une véritable colère ? Vu les définitions de l'une et de l'autre, je me prononce pour l'affirmative. *Voy.* COLÈRE.

Et cela, surtout, parce que l'indignation paraît tenir tout à la fois d'une colère violemment concentrée et d'un sentiment vif et subit de tristesse, d'étonnement et de douleur profonde ; or, cette passion, en quelque sorte mixte, étant presque toujours le partage des gens sages, honnêtes, des âmes pures et élevées, n'est-ce pas elle qui, composée d'éléments très-disparates et très-profonds, a produit sur eux ces effets violents, capables d'entraîner les accidents les plus graves ?

Il en fut de même d'un magistrat de Dantzick, dont Stanislas-Auguste, roi de Pologne, rapporte lui-même l'histoire. « Ce magistrat, dit le roi, fut frappé de mort subite par la force de la douleur et de l'indignation qu'il éprouva en me voyant malheureux, abandonné, obligé de fuir et de passer, à l'aide d'un déguisement, à travers les lignes de l'ennemi, pour me soustraire aux effets de ses menaces. »

L'indignation étant un sentiment instantané qui n'appartient guère qu'aux personnes vertueuses, il est probable que, habilement ménagée, on en retirerait un parti bien plus grand que celui qu'on en a obtenu jusqu'à présent. Je m'explique :

On lit dans l'ouvrage de Demangeon, *sur l'influence de l'imagination*, qu'il donnait des soins à une jeune fille atteinte de paralysie. Tous les moyens mis en usage ayant été infructueux, il imagina de simuler un attentat à la pudeur. En ayant demandé et obtenu l'autorisation des parents de la paralytique, il se mit aussitôt à l'œuvre, et détermina ainsi chez la jeune personne une si énergique indignation, que les muscles paralysés se contractèrent. Elle fut guérie.

Voici une histoire non moins surprenante, mais plus singulière : Un mari jaloux voyageait à petites journées dans une voiture publique, avec sa femme, jeune et de la plus grande beauté. Notons bien que ce mari était aphone depuis longtemps. Pendant le voyage, il crut remarquer que sa compagne était l'objet des assiduités d'un autre voyageur, et se promit de les épier. Arrivés à une côte un peu rude, tout le monde mit pied à terre, et notre jaloux, qui n'était plus jeune, formait à lui seul l'arrière-garde, lorsque, ayant cru s'apercevoir d'une petite familiarité de la part de sa femme à l'égard du voyageur, il retrouva la voix pour lui crier : *Je te vois !*

Ces faits, que l'on pourrait facilement multiplier, établissent incontestablement qu'en ménageant avec soin les sentiments vertueux ou autres (*Voy.* TERREUR), on peut guérir les maladies nerveuses les plus rebelles aux secours de l'art, mais non à l'intelligence et au génie du savant.

INDISCRET, INDISCRÉTION (défaut et vice). — Accuser quelqu'un d'*indiscrétion*, c'est lui reprocher d'avoir tellement manqué de retenue dans ses discours et dans ses actes, qu'il a dit ou qu'il a dû laisser deviner ce qu'il devait taire. C'est un vice qui nous rend insupportable dans la société, et l'on est d'autant plus inexcusable d'y être sujet, que c'est peut-être de tous les défauts celui dont il est le plus facile de se corriger.

Ceux-là sont donc à plaindre, qui ne savent pas garder un secret ou une confidence. Quand je dis *garder*, j'entends qu'il ne suffit pas, non-seulement de le divulguer soi-même, mais encore qu'il faut le taire complètement. Aussi, je regarde comme coupable d'indiscrétion : 1° celui qui répète sous le sceau du plus grand mystère la confidence qui lui a été faite, même avec la condition de ne la redire à personne. Cette indiscrétion, eût-elle été commise dans une effusion de cœur, serait une faute. Elle fut commise par Silvio Pellico dans sa prison au Spielberg, et voici comment il s'en accuse : « J'avais juré à Gioliano de ne confier à personne, en découvrant son vrai nom, les relations qui avaient existé entre nous. Je contai tout à Oroboni, en lui disant : « Dans le monde, rien de cela « ne serait jamais échappé à mes lèvres ; mais « ici, nous sommes dans un sépulcre, et je « sais d'ailleurs que si tu en sors, on peut se « fier à toi. » Mon ami se taisait. — « Pour- « quoi ne me réponds-tu pas ? » lui dis-je. Il se prit à me blâmer sérieusement d'avoir violé un secret. Son improbation était juste. Il n'est point d'amitié, quelque intime qu'elle soit, quelque vertu qui la cimente, qui puisse autoriser cette violation de confiance. » — Est encore coupable d'indiscrétion, 2° celui qui ne pousse point la discrétion jusqu'à empêcher qu'on puisse soupçonner qu'il est dans la confidence du secret de quelqu'un, à plus forte raison s'il laisse deviner ce secret ; 3° enfin, celui qui, ayant surpris une confidence ou vu certains actes s'accomplir dans l'ombre et loin des regards indiscrets, se hâte, sans intérêt aucun, de les divulguer, ce qui doit nécessairement nuire à autrui.

L'indiscrétion ne se borne pas là : elle nuit encore à l'indiscret lui-même, qui, par manie, raconte ordinairement à qui veut l'écouter toutes ses affaires personnelles, même celles qui peuvent porter atteinte à sa délicatesse et à son honneur. Pourrait-il gagner ainsi dans l'estime des hommes ?

Généralement l'amour-propre est le conseiller de l'indiscret : il ne pouvait pas plus mal choisir ; et plus il a de la mémoire, plus il est à plaindre. Imprudent, étourdi ou orgueilleux, il aime à faire parade de ce qu'il sait, de la confiance qu'on lui témoigne ; et s'il se souvient, sa mémoire devient sa plus dangereuse ennemie. Il commet des indiscrétions avec ou sans méchanceté, mais toujours par irréflexion. Il nuit souvent sans croire nuire.

Néanmoins, par une bizarrerie étrange de l'esprit humain, malgré l'espèce de répulsion générale que les indiscrets inspirent à chacun par rapport à soi, tout le monde les recherche et les accueille. On les entoure dans la société, parce qu'ils y sèment la médisance, et que c'est un langage qui flatte agréablement l'oreille des désœuvrés et surtout des personnes vicieuses. Elles aiment beaucoup qu'on leur dise qu'elles ne sont pas seules à faire le mal, et provoquent les indiscrétions. Aussi, remarquez-le bien, ce sera ordinairement une femme galante ou un libertin qui encourageront l'indiscret, s'ils ne sont pas eux-mêmes le coupable.

C'est pourquoi, dès que l'enfant peut commencer à comprendre tous les avantages de la discrétion et les désavantages de l'indiscrétion, il faudra les lui mettre continuellement en parallèle, et former son jugement de telle façon qu'il préfère toujours l'une à l'autre. *Voy.* DISCRÉTION.

Cela est d'autant plus utile, que d'ordinaire l'enfance est indiscrète : de là la dénomination d'*enfant terrible* qu'on lui a donnée. Or, si on ne les guérit au plus tôt de ce défaut; si on ne tente leur guérison dès qu'il se développe en eux ce défaut, il dégénère en habitude, et nul d'entre nous ne se récriera contre ce dicton populaire : *Dieu nous garde des habitudes vicieuses !* l'indiscrétion est de ce nombre.

Voici du reste quelques préceptes relatifs à l'indiscrétion.

L'indiscrétion est un crime où l'injustice se joint à l'imprudence. Révéler le secret ou d'un ami, ou de tout autre, c'est disposer d'un bien dont on n'était pas le maître; c'est abuser d'un dépôt, et cet abus est d'autant plus criminel qu'il est toujours irrémédiable. Si vous dissipez des fonds qu'on vous a donnés en garde, peut-être ne sera-t-il pas impossible de les restituer un jour; mais comment faire rentrer dans les ténèbres du mystère un secret une fois divulgué?

Qu'on ait promis de garder le silence, ou qu'on ne l'ait pas promis, on n'y est pas moins obligé, si la confidence est telle qu'elle l'exige d'elle-même : l'écouter jusqu'au bout, c'est s'engager à ne la point révéler.

Quand celui qui nous donne sa confiance l'aurait partagée avec d'autres, ce n'est pas une raison qui vous dispense du secret; vous le devez toujours garder inviolablement, sans vous ouvrir vous-même aux autres confidents qu'on vous a associés... Encore un coup, vous êtes chargé d'un dépôt : nul ne peut vous libérer que celui qui vous l'a remis. La personne de qui vous tenez le secret est seule en droit de vous délier la langue.

Une rupture même survenue entre deux amis n'est point un titre qui éteigne l'obligation du secret. On n'est pas quitte de ses dettes, en se brouillant avec son créancier. Quelle horrible perfidie que d'employer à son ressentiment des armes qu'on aurait tirées du sein même de l'amitié! Quoiqu'on ait cessé d'être unis par cette tendre affection, est-on affranchi pour cela de la droiture et de la bonne foi?

On doit, pour ainsi dire, loger le secret d'autrui dans un recoin de sa mémoire, où l'on ne fouille jamais; il faut, s'il est possible, se le cacher à soi-même, dans la crainte d'être tenté d'en tirer quelque avantage. S'en prévaloir au préjudice de celui dont on le tient, ou pour sa propre utilité, ce serait user d'un bien dont on n'est pas propriétaire, usurpation que le désir de la vengeance, déjà criminel par lui-même, n'est pas capable d'excuser.

INDOCILE, INDOCILITÉ (défaut). — L'*indocilité* est un défaut entièrement opposé à la DOCILITÉ. (*Voyez* ce mot.) On ne se sert guère de ce terme indocile que pour désigner cet entêtement et cette opiniâtreté avec lesquels les enfants et la jeunesse repoussent nos conseils, se raidissent contre toute autorité, sont insensibles à des avis bienveillants, font fi de nos réprimandes, et supportent même quelquefois les punitions qu'on leur inflige.

L'indocilité est un travers d'humeur et de caractère assez commun aux enfants gâtés et habitués à faire leur volonté. Je ne dis pas aux enfants capricieux, parce que ceux-ci sont tantôt indociles, et tantôt au contraire d'une docilité admirable ; mais des enfants *volontaires*, qui ne veulent jamais plier devant qui que ce soit, ni admettre les meilleures raisons. C'est pourquoi, comme rien n'est plus variable que le caractère des enfants, il faut étudier avec soin celui des indociles, afin de découvrir quel est le côté faible par lequel on peut les attaquer. Ainsi, chez ceux-ci, il sera bon d'exciter l'émulation ; chez ceux-là, de mettre en jeu l'amour-propre, et chez la plupart, de blesser leur orgueil et leur vanité, si l'on veut arriver un jour à les rendre dociles.

Mais, quel que soit le moyen qu'on emploie, il faut qu'il soit fondé sur l'équité qui se trouve en rapport avec les facultés de l'enfant, et qu'il soit maintenu avec fermeté ; sans cela vous ne ferez jamais rien de votre élève : votre faiblesse lui donnerait des ailes, tout comme votre injustice le révolterait ; il ne faut donc user ni de l'une ni de l'autre.

INDOLENCE (défaut). — L'*indolence* est un état d'inaction, une paresse de l'âme, une privation d'affectibilité intellectuelle, une sorte d'apathie morale, qui prive l'homme de ses plus belles facultés et de ses plus nobles prérogatives. Ainsi les gens indolents renoncent à la dignité de leur être, et ne sont touchés ni de l'amour de la gloire et des grandeurs, ni de celui du bien public; ils n'aiment que le repos ; ils se bornent à la seule végétation, ou mieux à la vie de la brute; leur existence ne consistant que dans la conservation ou la ruine d'un corps qui n'est plus qu'une simple machine servant de prison à une âme immortelle.

Quoique l'indolence agisse avec une bien grande lenteur, elle sape les fondements de la sagesse, et étouffe insensiblement le germe de toutes les vertus. Il faut donc, bon gré malgré, réveiller cette âme endormie de son assoupissement funeste ; car il n'est rien de pire pour l'être humain que cette rouille de l'esprit, qui tache et donne une mauvaise teinture à tout ce qu'il fait. *Voy.* APATHIE.

INDULGENCE (vertu). — L'indulgence est cette vertu d'une âme éclairée, qui nous dispose à supporter les défauts des autres, à faire une appréciation avantageuse pour eux de leur mérite, de leurs talents et de leurs qualités, et à pardonner leurs fautes.

C'est le propre de l'ignorance d'être peu portée à l'indulgence ; n'ayant pas autant réfléchi que les hommes instruits, elle ne connaît pas la fragilité de notre nature, et combien il est injuste d'user de sévérité envers autrui.

De même, pour un cœur qui n'est pas naturellement bon et juste, l'indulgence est le plus grand effort de la raison humaine ; car celui qui ne naît pas juste et bon doit naître méchant et injuste, conditions qui doivent nécessairement nous porter à l'indulgence pour nous, à la rigueur pour autrui. C'est pourquoi leurs faiblesses ont à nos sens un relief qui les rend infiniment sensibles, au lieu que les nôtres sont à nos yeux comme ces traits effacés qui demandent l'attention la plus forte pour être reconnus.

Le don inappréciable d'excuser les fautes des hommes est donc, de toutes les qualités qu'on peut acquérir, la plus laborieuse et la plus sensible. Et il devait en être ainsi : car c'est le propre d'un esprit souverainement vrai, judicieux et profond, qui a su se connaître et qui connaît l'humanité et sa faiblesse, d'être indulgent. Aussi ne trouve-t-on jamais un homme d'une indulgence générale et décidée, abstraction faite d'une bonté rare, sans une raison supérieure, infiniment plus estimable que tout le génie et tout le bel esprit du monde.

Tel était Oroboni, l'ami de Sylvio Pellico. « Habile à porter son attention sur les motifs qu'a l'homme d'être indulgent même envers ses ennemis, dit son compagnon de captivité, si je lui parlais de quelqu'un que je haïssais, aussitôt il prenait adroitement sa défense, non-seulement par ses discours, mais encore par des exemples. Plusieurs lui avaient nui ; il en gémissait, mais il pardonnait à tous ; et s'il pouvait me rapporter une action louable de quelqu'un d'entre eux, il le faisait volontiers.

« L'irritation qui me dominait et me rendait irréligieux depuis ma condamnation, dura encore pendant plusieurs semaines, puis cessa entièrement. J'étais dominé par la vertu d'Oroboni : si je ne pouvais l'atteindre, je me mis du moins sur ses traces. Lorsque je pus prier sincèrement pour tout le monde, et n'avoir plus de haine, mes doutes cessèrent. *Ubi charitas et amor, Deus ibi est!* Où l'on trouve amour et charité, Dieu est là ! » Ainsi l'exemple du vertueux Oroboni ramenait insensiblement Pellico à la vertu.

Agir sur l'entendement humain, de manière à former la raison, à l'éclairer et à lui donner une juste idée des hommes et des choses, c'est donc, n'en doutons pas, l'unique moyen de disposer à l'indulgence celui que nous devons élever à la pratique de cette vertu. Mais il est une chose sur laquelle il faut principalement insister : c'est que, dans le commerce de la vie, chacun doit apporter beaucoup de douceur et d'indulgence pour la société, surtout quand on a plus d'esprit et d'avantages que les autres.

Cette indulgence n'est qu'une justice : quels sont nos droits d'exiger de la raison, de la sensibilité, de la force, des personnes à qui la nature n'en a point accordé ? Lorsque nous rencontrons un aveugle, nous le plaignons, nous ne nous fâchons pas contre lui de ce qu'il ne peut nous voir ; nous nous adressons aux sens qui lui restent ; si nous agissions de même à l'égard des hommes qui sont privés de quelques-unes des facultés intellectuelles, si nous nous adressions à celles qui lui restent, ils nous entendraient, ils nous serviraient, nous serions heureux. (*Azaïs.*)

INGÉNU, INGÉNUITÉ (qualité). — L'*ingénuité*, cette sœur de la candeur, de la franchise, etc., dont elle diffère pourtant par quelques traits, est une qualité précieuse d'une âme innocente, qui se montre sans voile et sans parure, parce qu'il n'y a en elle ni tache, ni laideur, ni difformité, qui l'obligent à se cacher.

Le commerce des personnes ingénues est communément agréable et doux, parce que leur âme vient se peindre sur leurs lèvres, dans leurs yeux et dans leurs expressions, et qu'on est forcé d'applaudir ou de pardonner à tout ce qu'elles peuvent faire ou dire. Aussi leur découvre-t-on son cœur avec d'autant plus de liberté, qu'on voit le leur tout entier.

L'ingénuité a, avec la candeur, la franchise, la naïveté et la sincérité, des points de contact si remarquables, que nous avons pensé devoir les confondre tous dans un même article, leur rapprochement devant offrir un intérêt qu'elles n'offriraient pas isolément. *Voy.* CANDEUR.

INGRAT, INGRATITUDE (vice). — L'*ingratitude* n'est pas l'oubli, mais la *méconnaissance* du bienfait que l'on a reçu.

Ce vice odieux, contre nature, étant le plus souvent une révolte de l'orgueil contre le bienfaiteur, ce ne serait donc pas une passion, mais seulement un état négatif du cœur, qui se ferme aux sentiments de la reconnaissance et aux devoirs qu'ils imposent. Ce ne serait pas non plus de la haine pour celui qui nous a fait du bien, comme l'a prétendu Descartes, mais quelque chose de bien plus coupable ; car si la haine ne se développe pas dans l'âme sans un motif quelconque, au contraire l'ingratitude étouffe dans le cœur de l'homme les sentiments de reconnaissance et d'amour qu'un bienfait doit nécessairement y développer. C'est pourquoi l'ingratitude devient d'autant plus condamnable, que le bienfaiteur se trouve moins dans l'obligation d'être utile.

Par malheur dans le siècle où nous sommes, il est bien facile et très-commun de faire des ingrats. On a beau répéter, avec Cicéron, que l'ingratitude attise la haine générale, attendu qu'en décourageant les personnes bien disposées en faveur de leur prochain, il peut en résulter qu'elles peuvent devenir avares de leurs dons et de leurs services ; néanmoins, comme presque tous les individus trouvent trop lourd le fardeau de la reconnaissance, ils préfèrent devenir ingrats plutôt que de le porter. Et pourtant est-il rien de si doux que d'être RECONNAISSANT (*Voy.* ce mot) ?

C'est parce que la plupart des hommes méconnaissant les douceurs de la reconnaissance, préfèrent devenir et se montrer ingrats plutôt que d'en porter le fardeau, que l'ingratitude a été considérée comme un des vices qui révoltent le plus la conscience. Et cela devait être, car en feignant d'oublier les bienfaits dont il a été l'objet, l'ingrat blesse vivement, en celui qui en est la victime, les sentiments de l'équité. De là l'impression pénible qu'il éprouve, et qui se manifeste ordinairement par une réaction plus ou moins violente de plaintes ou d'indignation. Il est vrai que, généralement, à la justice offensée se joint presque toujours le ressentiment de l'amour-propre blessé (ce qui ne devrait jamais être); et c'est ce qui explique pourquoi on risque souvent de satisfaire sa vanité, sous prétexte de venger la justice. Il serait donc plus équitable et plus noble de comprimer sa colère, ou de supporter en silence et avec calme l'offense de l'ingrat, que d'en témoigner du mécontentement.

Du reste, l'antiquité, pour punir l'ingratitude, infligeait par la loi une peine aux ingrats. Une telle mesure honore la moralité du législateur, disons-nous avec M. l'abbé Bautain, mais elle pousse trop loin l'influence légale; car la puissance civile ne peut guère intervenir dans les relations intimes de la bienfaisance, dont le secret doit être gardé le plus souvent, par la générosité du bienfaiteur et pour la réputation de l'obligé.

Toujours est-il que l'ingratitude serait plus rare, si les bienfaits à usure étaient moins connus. On aime ce qui nous fait du bien, c'est un sentiment si naturel! L'ingratitude n'est pas dans le cœur de l'homme; mais l'intérêt y est; il y a moins d'obligés ingrats que de bienfaiteurs intéressés.... Voit-on jamais qu'un homme oublié par son bienfaiteur l'oublie? Au contraire, il en parle toujours avec plaisir, il n'y songe point sans attendrissement : s'il trouve une occasion de lui montrer par quelque service inattendu qu'il se ressouvient des siens, avec quel contentement intérieur il satisfait alors sa gratitude! Avec quelle douce joie il se fait reconnaître! Avec quel transport il lui dit : Mon tour est venu! Voilà vraiment la voix de la nature! (*Jean-Jacques.*)

Malheureusement elle ne parle pas toujours ainsi : au contraire, et les causes de l'ingratitude sont nombreuses. Et par exemple, elle vient quelquefois, dit-on, d'un vil intérêt, qui ne rougit pas d'accepter le bienfait, mais qui ne veut pas le rendre; ce qui constitue une sorte d'avarice qu'on ne saurait trop flétrir. En effet, l'homme qui calcule qu'il est très-avantageux de recevoir, mais qu'il en coûte de restituer, viole, on ne saurait le contester, les lois inviolables de l'équité. Il rompt ainsi le pacte des rapports sociaux; c'est non seulement un crime moral qu'il commet, c'est presque un vol matériel; car, d'après les lois divines et humaines, nul n'a le droit de vivre aux dépens des autres.

Ce n'est pas tout : chez les âmes à la fois pétries d'orgueil et de bassesse, l'ingratitude prend le plus fâcheux caractère; elle rougit du bienfait, s'irrite de la dette et se change en aversion. Ah! c'est qu'il semble à l'ingrat que le bien reçu tourne en poison dans son cœur, comme le rayon solaire dans les plantes vénéneuses qui le pervertissent en se l'assimilant. Voilà pourquoi il ne peut supporter la présence ni le souvenir de celui qui lui a rendu service; il y trouve une cause d'humiliation qui irrite son orgueil, ou un reproche qui tourmente sa conscience; il le considère comme un importun dont on aime à éviter le regard, comme un ennemi qu'on doit fuir. Voilà pourquoi on voit des hommes persécuter ceux qui leur ont fait du bien, les mettre même à mort, pour s'épargner le remords de leur présence. Quand la nature humaine s'égare dans ses propres voies, et qu'elle suit les impulsions de son orgueil, elle devient capable de tout.

N'oublions pas que l'ingratitude est souvent un châtiment dont Dieu punit ceux qui ont mis leurs espérances dans les choses de la terre. Que deviennent les grands hommes, la plupart du temps? Tristes jouets de l'ingratitude de leurs semblables, ils finissent dans la douleur une carrière que l'ambition avait rendue utile au monde. Combien de fois les supplices, l'exil et la prison n'ont-ils pas payé les services les plus éminents? Faut-il rappeler ici les grands hommes de l'antiquité, si tristement célèbres par l'ingratitude de leurs concitoyens! Aristide et Socrate furent-ils récompensés du bien qu'ils avaient fait?...

Reste que, de l'aveu de tout le monde, l'ingratitude est une chose monstrueuse, et pourtant elle est fréquente. Cela vient à l'appui de cette vérité, que l'homme vaut moins que sa conscience; qu'il a au-dessus de lui une règle que ses passions lui font violer, et qu'il n'enfreint la plupart du temps que parce qu'il le veut bien. (*P. Belouino.*) Est-il rien de plus affligeant?

Quoi qu'il en soit, malgré ce sentiment de juste et louable indignation que l'ingratitude soulève dans le cœur de l'homme bienfaisant, celui-ci ne doit jamais cesser d'exercer la bienfaisance de peur de rencontrer des ingrats; je dis plus, même tout en sachant qu'il en fait. Être arrêté par de pareils motifs, ce serait ne posséder que les demi-vertus de la bienfaisance.

A la vérité, la crainte de faire des ingrats ou la certitude qu'on en fait est bien propre, sans doute, à nous décourager; mais est-on malheureux d'avoir fait cent ingrats pour rencontrer un ami? Non. Mieux vaut donc agir comme d'Alembert, qui cherchait toujours à en acquérir un nouveau, plutôt que de s'exposer à manquer de générosité envers les malheureux, ou du moins envers ceux qu'il pouvait obliger.

Sachez donc, cœurs bienfaisants, qu'il n'est pas moins beau de faire des ingrats que de faire des heureux. Continuez à répandre vos dons, et quand tout l'un vers serait peuplé d'ingrats, ne cessez de semer vos bienfaits.

> Il vaut mieux, d'un soin généreux,
> Servir une foule coupable,
> Que de manquer un misérable
> Dont vous pouvez faire un heureux.
>
> GRESSET.

Ajoutons qu'il est des ingratitudes de toute espèce, et parmi elles je n'en vois pas de plus révoltante que celle dont on use à l'égard des vieillards qui ont bien mérité de la patrie. Quatre provinces conquises, trente-cinq ans de gouvernement qui avait fait le bonheur et la gloire du peuple vénitien, semblaient devoir assurer au doge François Foscari un vieillesse honorable et tranquille ; mais son ingrate république flétrit ses lauriers et déshonore ses vieux ans par une disposition inouïe jusqu'à lui.

Ainsi la fleur, la gloire de nos parterres, est-elle foulée aux pieds de l'ingrat cultivateur, dès qu'elle a perdu la fraîcheur et l'éclat qui la distinguaient parmi les filles de l'aurore.

Somme toute : toujours recevoir, ne jamais rendre, telle est la marche ordinaire des ingrats : toujours recevoir, jouir d'un bienfait, profiter de tout, ne rendre que de mauvais offices à ses bienfaiteurs, c'est le comble de l'ingratitude. Voyez ce gouffre qui absorbe tout ce que la pente de ses bords entraîne dans ses abîmes, et n'exhale qu'une odeur infecte ; tel est le cœur de l'homme ingrat. Cependant, répétons-le encore, il ne faut pas manquer de bienfaisance par la crainte de faire des ingrats.

Mais comment éteindre dans le cœur de tous les êtres disposés à l'ingratitude le sentiment qui vient s'y fixer ? En détruisant les causes qui le produisent, c'est-à-dire qu'après avoir fait sentir aux ingrats que l'ingratitude est toujours une injustice, et une injustice d'autant plus criante qu'elle rend le bien pour le mal ; qu'après avoir fait remarquer que la mauvaise volonté qui accompagne l'ingratitude est une des affections les plus ignobles du cœur humain, il faudra frapper fort sur leur égoïsme et leur orgueil, qui, tous deux, engendrent facilement la malveillance et presque la haine contre ceux dont le bienfait revient au cœur, comme un reproche ou comme une injure. (*Voy.* aux art. ÉGOÏSME et ORGUEIL les moyens proposés pour cela.)

INHUMAIN, INHUMANITÉ (vice). — Les gens sont sans pitié, ne sympathisent pas avec leurs semblables, quand ils perdent les caractères énergiques de l'humanité : ils deviennent alors *inhumains*, *dénaturés*, parce qu'ils n'ont plus tous les sentiments les plus dignes de l'homme, ce qui annonce une dépravation de la nature en lui.

Cette insensibilité à la peine, au malheur d'autrui, vient presque toujours de l'égoïsme, et principalement de l'orgueil, de l'ambition, de l'avarice et de la sensualité. Et cela devait être, car quand on n'aime que soi, on ne voit plus dans les autres que des obstacles ou des instruments. On est toujours prêt à les sacrifier à son intérêt, on tient peu compte de leurs souffrances, pourvu qu'elles nous servent. Ainsi, l'orgueilleux plein de lui-même, n'aime que ce qui le relève. Il méprise les autres et les foule aux pieds, s'il le faut, pour se grandir. Ainsi l'ambitieux sacrifie des milliers d'hommes à sa gloire ; et le sang et les larmes qu'il fait couler ne l'arrêtent jamais dans sa course vers le pouvoir ; il s'en inquiète peu, pourvu qu'il arrive.

Ainsi, l'avare n'est sensible qu'à l'éclat de l'or et de l'argent ; le cri du pauvre ne l'émeut pas ; il verra d'un œil sec toutes les misères, il les pressurera même pour en tirer des richesses. A son tour, la sensualité, devenue passion, rabaisse l'homme au niveau de la bête, et lui ôte la capacité morale avec les sentiments d'humanité. Elle le rend presque toujours cruel, et les tyrans voluptueux lui doivent leurs goûts sanguinaires. En doutez-vous ? voyez ce qui s'est passé pendant ces époques de corruption, où tous les cœurs étaient flétris par la débauche. C'est alors qu'on a remarqué le plus de barbarie dans le peuple, et que les crimes les plus horribles sont venus épouvanter le monde.

Et c'est parce qu'il est sous l'empire des vices les plus honteux (l'égoïsme, l'orgueil, l'avarice, la luxure, etc.), desquels l'inhumanité tire son origine, que l'être inhumain, qui ne connaît, du reste, aucun des sentiments affectueux qui pourraient éteindre en lui ses mauvais penchants, s'il savait affermir les uns pour étouffer les autres, commence généralement par rester indifférent aux peines et aux misères de l'humanité, et finit par donner accès à la cruauté et à la férocité les plus raffinées. (*Voy.* tous ces mots.)

Pour lui épargner les suites d'un pareil changement, il faut, dès qu'on s'aperçoit de ses dispositions à l'inhumanité, chercher à ranimer en son cœur tous les bons sentiments qui y dorment d'un sommeil léthargique ; ils peuvent seuls combattre une à une les causes qui le rendent inhumain, et opposer une digue insurmontable aux débordements de ses instincts cruels qu'il ne peut maîtriser.

Le plus fort et le meilleur de ces sentiments, c'est l'amour du prochain. Faites que l'homme inhumain voie des frères dans tous les hommes, qu'il les aime à l'égal de lui-même, et vous n'aurez plus rien à craindre de sa cruauté : elle se sera assoupie pour ne plus se réveiller.

INJUSTE, INJUSTICE (vice). — C'est la violation des droits d'autrui qui la constitue. Aussi n'est-il personne qui, à tort ou à raison, ne se plaigne d'avoir été la victime de l'injustice des hommes et du pouvoir. Cela n'a rien d'étonnant, vu la disposition d'esprit dans laquelle se trouvent tous les êtres ; ils crient contre l'arbitraire et la déloyauté, et cependant ils sont tous disposés à devenir injustes eux-mêmes, intolérants, despotes, du moment où les intérêts de l'humanité sont en présence de leur propre intérêt. Tous voient avec une satisfaction véritable que la justice frappe de son glaive le grand comme le petit criminel, venge l'innocent opprimé et pèse avec une bien grande exactitude les droits de chacun. Tous songent avec bonheur que l'Éternel, au jour du jugement, punira d'une manière exemplaire et terrible ceux que les lois humaines n'ont pu atteindre, et, pourtant, malgré cette consolation pour le faible, malgré ce frein puissant pour le pervers, que d'injustices ne se permettent-ils pas !

C'est ainsi que nous sommes tous faits, toujours tonnant contre l'injustice, et toujours injustes nous-mêmes jusque dans nos jugements. Injustes, non-seulement en faisant ce qu'on ne doit pas faire, mais encore en ne faisant pas tout ce qu'on doit faire (*Marc-Aurèle*); injustes, en taisant une injustice qu'on voit et qu'on ne dénonce pas. (*J.-J. Rousseau.*)

Le moraliste ne peut que déplorer un pareil scandale. En présence d'une société dont chaque membre proteste de son amour pour la justice, de son respect pour les lois, et se révolte à l'idée d'une injustice, il n'ose soulever le voile, et applaudit aux sentiments que tout le monde exprime.

Il est certain que ces sentiments, quand ils sont réels, forment une barrière que l'injustice ne saurait franchir qu'avec beaucoup de difficulté, et qu'elle franchirait bien plus difficilement encore, si cette barrière était étayée par les sentiments d'une sincère et véritable piété.

INNOCENCE (vertu). — Il n'est rien de plus parfait, de plus pur qu'une âme innocente; l'innocence étant dans les enfants l'ignorance du mal, et dans les hommes la simplicité des mœurs, la pratique du bien, le témoignage d'une bonne conscience. En d'autres termes, l'assemblage de toutes les vertus dans le cœur humain, ou du moins l'exclusion de tous les vices hors de l'âme, voilà l'innocence.

Et comme il n'y a que les personnes qui ont des principes religieux bien arrêtés et qui pratiquent en vrais chrétiens notre divine religion, qui puissent conserver en leur âme l'innocence du premier âge, il faut donc donner à chacun ces principes, sitôt que son intelligence pourra les comprendre, c'est-à-dire habituer de bonne heure les enfants à la pratique des devoirs religieux, en les remplissant avec eux.

INQUIET, INQUIÉTUDE (sentiment). — L'inquiétude est un mécontentement de l'âme qui naît ordinairement de l'opposition qui se trouve entre notre état et nos désirs. Ainsi l'homme est inquiet lorsqu'il est obligé de faire une chose pour laquelle il n'a aucun goût; il est inquiet quand il ne réussit pas dans ce qu'il a entrepris; il est inquiet, enfin, s'il ne peut posséder un bien qu'il désire.

L'inquiétude, quand elle se prolonge, devient permanente : acquiert-elle un degré de plus, elle dégénère en TRISTESSE (*Voy.* ce mot), et produit toutes les conséquences fâcheuses que cette dernière traîne à sa suite. Nous serions à l'abri de l'une et de l'autre, si ceux qui ont été chargés de notre éducation avaient su nous rendre complaisants, faciles et patients, de telle sorte que les contrariétés qui nous donnent de l'inquiétude nous trouvassent disposés à les supporter avec calme, alors toutefois que ce qu'on exigerait de nous n'aurait rien d'immoral et de préjudiciable à nos intérêts; alors que les difficultés sans nombre qui s'opposeraient à l'exécution de nos desseins n'auraient rien de blessant pour nous et les nôtres; alors, enfin, que la non-obtention de l'objet de notre convoitise n'aurait point de motif offensant pour personne.

Telle est la ligne de conduite à tenir à l'égard de ceux que nous devons élever et instruire.

INSENSIBLE, INSENSIBILITÉ (vice). — L'insensibilité morale consiste dans l'absence complète de tout sentiment d'humanité, de générosité, d'affection. C'est le premier degré de l'inhumanité, à laquelle elle conduit inévitablement.

Reconnaissant les mêmes causes que celle-ci, et ayant les mêmes conséquences, il doit donc falloir employer les moyens proposés pour la destruction de ces causes, afin d'obtenir par là les mêmes résultats. *Voy.* INHUMANITÉ.

INTÈGRE, INTÉGRITÉ (vertu). — L'intégrité est la pratique de la justice dans toute son étendue et dans toute sa rigueur la plus scrupuleuse. Elle n'a d'autres caractères et d'autres effets que ceux qui appartiennent à la probité et à tout ce qui constitue celle-ci. *Voy.* PROBITÉ et JUSTICE.

INTEMPÉRANCE (vice). — Le besoin de prendre des aliments se montre chez l'homme avec la vie et ne disparaît qu'avec elle. Il est le premier qui sollicite la faculté d'aimer et qui éveille des passions. Mais l'abus touche de très-près à la satisfaction licite et normale, et la pente est si facile, que bien souvent la passion a jeté de profondes racines avant même que l'âme ait été avertie. Du reste, ce besoin étant le plus grossier de tous ceux que nous éprouvons, l'intempérance qui en émane est aussi le plus grossier de nos penchants vicieux.

Cela posé, nous définirons l'intempérance : l'habitude de se livrer immodérément aux jouissances du sens du goût.

J'ai spécifié le SENS DU GOUT, parce qu'à cette sorte d'intempérance, admise généralement par tous les auteurs, certains d'entre eux ajoutent une *intempérance de langue* : voulant probablement distinguer par-là l'homme qui parle beaucoup par le seul désir d'occuper de lui et de se faire valoir, sans songer à mal dans ce qu'il dit, du parleur proprement dit, ou de l'individu qui parle beaucoup aussi, mais dont la langue exprime le venin de la malice ou de la méchanceté, le distille goutte à goutte sur les plaies de l'humanité, qu'il serait plus sage de cicatriser que d'envenimer ou de montrer dans leur laideur. C'était là (parmi tant de vices déhontés qui la rendaient méprisable aux yeux de tous) un des principaux défauts de la duchesse d'Orléans, femme du régent et mère d'Égalité : défaut dont elle fut parfois sévèrement reprise, comme nous le verrons plus tard (*Voy.* PARLEUR), réservant cet article à l'intempérance du goût, la seule véritable pour moi. Partant, je dirai de celle-ci que, bornant ses jouissances à des plaisirs purement matériels, elle rend l'homme passionné pour la bonne chère et les liqueurs enivrantes. L'entraîne-t-elle à dépasser les limites de ses besoins naturels alimentaires, elle le conduit à la *gourmandise*. Le porte-t-elle à contracter l'habitude de prendre immodérément de toutes ces liqueurs, elle en fait un *ivrogne*. Ayant déjà traité de la première

(*Voy.* Gourmandise), nous renverrons à la seconde (*Voy.* Ivrognerie) tout ce qui aurait trouvé sa place à l'article Intempérance, si nous ne l'eussions pas divisé en deux articles distincts, comme les passions auxquelles elle donne naissance.

INTÉRESSÉ (défaut). — L'intérêt est le principal et quelquefois l'unique mobile des actions des hommes. Son penchant est généralement si décidé pour tout ce qui le touche, qu'il devient vertueux sans effort quand son âme a un véritable attachement pour la vertu ; tandis que si l'objet que l'âme affectionne change de nature, le disciple de la vertu devient l'esclave du vice, sans avoir changé de caractère : ce qui a fait dire par Duclos, de l'intérêt, qu'il peint avec les mêmes couleurs les monstres et la beauté.

Je n'impute pas à crime à l'homme de veiller soigneusement à ses intérêts ; au contraire, il le doit, et c'est un devoir qu'il remplit ; mais s'il fait de l'intérêt *personnel* sa seule et exclusive loi, du moment où ses intérêts seront compromis, il n'aura plus ni le patriotisme, ni la probité, ni la franchise, qui font le citoyen honnête et vertueux.

C'est aux hommes qui sont aussi mal partagés, qu'il faut parler chaleureusement amour de la patrie, amour de l'humanité, désintéressement, afin de leur montrer ce qu'il y a de beauté, de grandeur, de douceur dans ces sentiments, et leur en inspirer le goût.

> Otez l'intérêt de la terre :
> Vous en exilerez la guerre ;
> L'honneur rentrera dans ses droits ;
> Et, plus justes que nous ne sommes,
> Nous verrons régner chez les hommes
> Les mœurs à la place des lois. Rousseau.

INTOLÉRANCE, Intolérant (vice). — L'intolérance est une faiblesse d'esprit par laquelle l'homme, oubliant que les autres hommes sont ses semblables, ses pairs, les traite avec une rigueur sans pareille, parce qu'ils auront une opinion différente de la sienne.

Il existe bien peu d'individus exaltés qui, s'ils en avaient le pouvoir, n'employassent pas les tourments pour faire adopter leurs principes. Ils savent, et tout être qui jouit encore de sa raison sait comme eux, que c'est agir contre les lois de la nature, de la morale et de la religion, que d'imposer ses opinions ; ils savent aussi que rarement on gagne le citoyen libre par les châtiments et la rigueur ; et cependant, emportés par leur penchant naturel, l'esprit de domination, ils se laissent entraîner à se servir des persécutions les plus rigoureuses, alors que par la persuasion, la douceur, la tendresse, la charité, ils pourraient si facilement se faire des partisans.

Du reste, la vérité comme la morale, les doctrines politiques comme les doctrines religieuses, ont tant d'attrait, qu'elles forcent le cœur, pour ainsi dire, sans qu'on soit obligé de l'opprimer pour le ranger sous leur bannière. Je ne dis pas pour le gagner ; car l'oppression n'a jamais gagné personne, au contraire. Aussi n'ai-je jamais compris, ni que ce moyen ait été conseillé aux souverains et aux hommes qui sont au pouvoir, ni que ceux qui ont voulu s'opposer au développement de telle ou telle secte religieuse en aient fait usage. Voyez les premiers pasteurs de l'Eglise : les disciples de Jésus-Christ, travaillant de concert à l'établissement du christianisme : ont-ils persécuté les idolâtres ? Non : doux, affables, et par-dessus tout tolérants, ils opposaient au contraire à la persécution et aux tourments qu'on leur faisait endurer, la patience et la résignation du martyr. Et c'est, croyons-le bien, à la simplicité de leurs mœurs, à la pureté de leur morale, à la sainteté de leur vie, à la fermeté qu'ils ont montrée, que le catholicisme dut d'acquérir un développement que la force brutale, si elle eût été en leur pouvoir, ne leur aurait jamais donné.

En effet, est-il dans la nature que l'intolérance n'aigrisse pas, n'endurcisse pas le cœur de l'opprimé ? Celui-ci voudra-t-il embrasser les opinions, servir la cause de l'intolérant qui le blesse, s'attacher à sa personne et suivre ses pas ? Jamais. Donc rien n'est pire, dans les Etats libres surtout, que l'intolérance.

En conséquence, il faut lui opposer la tolérance, cette vertu si parfaite, que le cardinal du Bellay l'aurait *popularisée* si l'on eût suivi à la lettre la maxime suivante, qu'il a beaucoup répétée : « Tout homme raisonnable doit être Tolérant (*Voy.* ce mot), même *pour les intolérants*, et ne haïr que les persécuteurs. » (*Voy.* Persécution.) Toutefois il ne suffit pas d'opposer soi-même la tolérance à l'intolérance : il faut encore substituer l'une à l'autre, s'il est possible, dans le cœur de l'intolérant. C'est le vrai moyen d'éviter que le trouble, la discorde, les haines homicides, viennent diviser à jamais les sociétés ; et assurer par-là la paix, la tranquillité et le bonheur à sa patrie. Est-il un plus puissant motif d'y travailler ?

INTRÉPIDE, Intrépidité (vertu). — Conserver pendant les troubles qui éclatent autour de nous, ou au milieu des désordres dont nous pouvons être la victime, et durant les émotions douloureuses que la vue des grands périls fait naître en notre âme, cette force d'esprit et ce calme de la raison qui mettent au-dessus des événements les plus graves, les plus étonnants et les plus terribles, voilà ce qui constitue l'*intrépidité*.

Comme je me suis très-longuement étendu, à l'art. Bravoure (*Voy.* ce mot), sur les caractères particuliers qui distinguent l'homme intrépide de l'homme brave, courageux, valeureux, et sur tout ce qui tient ou participe de l'intrépidité, je ne reviendrai pas sur des détails dont la répétition serait inutile.

IRRÉLIGIEUX, Irréligion (vice). — L'*irréligieux* est celui qui, n'ayant point de religion, ne connaît aucun culte auquel il doive se conformer, et parle avec dédain de tous ceux qu'il trouve établis sur la terre, même du culte de l'Eglise catholique, que Jésus-Christ lui-même a fondé avant de mourir pour les pécheurs. Cette disposition d'esprit, dans laquelle l'être irréligieux se trouve et se complait, constitue son *irréligion*.

L'*irréligion* reconnaît plusieurs causes. Ainsi la principale, je dirai presque sa seule et véritable cause pour la plupart des hommes, est dans leurs passions, que condamne et réprouve la sévérité de la morale catholique. Pour eux, l'obscurité de ses mystères n'en est que le prétexte; ils croiraient sans peine et même sans réflexion, s'il suffisait de croire pour être sauvé.

L'irréligion vient encore de l'aveuglement le plus profond, ou de l'ignorance la plus crasse, ou de l'apathie la plus blâmable; car si les hommes irréligieux prenaient la peine d'examiner les choses avec attention et bonne foi, ils reconnaîtraient bientôt, par une étude consciencieuse des mœurs et des coutumes des premiers peuples, que les hommes les plus sages et les plus habiles étaient religieux. Seulement ils se sont trompés sur l'objet de leur culte, lorsqu'ils n'ont pas eu le bonheur de posséder la vraie lumière. Et, par exemple, le premier précepte de Pythagore était d'honorer les Dieux. Socrate, le plus renommé des païens pour la prudence et la vertu, pria ses amis, dans les derniers moments de sa vie, d'OFFRIR UN COQ A ESCULAPE. Xénophon nous apprend que son prince, qu'il donne comme le modèle de tous les autres, n'eut pas plutôt senti les approches de la mort, qu'il fit offrir un montagnes des victimes à JUPITER. Enfin, on affirme que les épicuriens et les philosophes atomistes marquaient beaucoup de discretion à cet égard, puisque, malgré leur système de physique, ils se bornaient à nier la Providence, tout en soutenant en général qu'il y avait DES DIEUX qu'il fallait honorer. (*Adisson*).

Or, si nous supposons un instant que, à l'instar des philosophes païens, qui TOUS étaient dans l'erreur sur l'objet de leur culte, les philosophes du moyen âge et du temps présent, tout en admettant une religion purgée des erreurs du paganisme, ne sont guère plus conséquents, et que, poussant plus loin, nous voulions, contre toute raison, en tirer des conclusions au détriment de la vraie religion : voyez de combien de douceurs notre irréligion va nous priver. Nul sentiment ne pourra nous consoler de nos peines; nulle voix ne parlera à notre âme pour la porter aux nobles, aux généreuses actions que nous pouvons accomplir sans témoin; nulle espérance ne nous appartiendra au delà du tombeau : dès lors quel prix attacherons-nous à la pratique des vertus? et comment envisagerons-nous la mort?

Au contraire, quel argument contre l'irréligeux, que la vie du vrai chrétien! Quel moment pour son cœur, quand ses amis, ses enfants, sa femme, concourront tous à l'instruire en l'édifiant! quand, sans lui prêcher Dieu dans leurs discours, ils ne lui montreront que les actions qu'il inspire dans ces vertus dont il est l'auteur, dans le charme qu'on trouve à lui plaire. Ah! du moment où il verra briller l'image du ciel dans sa maison,

quand, une fois le jour, il sera forcé de se dire : « Non, l'homme n'est pas ainsi par lui-même; quelque chose de plus qu'humain règne ici... (*J.-J. Rousseau*)! » alors, n'en doutons pas, un rayon de vérité pénétrera dans son âme, il se rendra à l'évidence, il aura la foi.

N'oublions pas de faire remarquer qu'il y a parmi ces hommes irréligieux de beaux esprits, quelques savants. Peut-être même s'en trouve-t-il qui ont des principes d'honneur et de probité, des vertus de tempérament. Mais qu'il y en ait qui joignent à la pureté du cœur et des mœurs un grand savoir, voilà ce que j'ai bien de la peine à croire. Quand on se conduit en vrai honnête homme, et qu'on joint à cette vraie probité beaucoup de lumières, on serait fâché de n'être pas chrétien, c'est-à-dire de n'être pas récompensé un jour de sa vertu.

Quoi qu'il en soit, comme l'irréligion prive ceux qui s'en font les apôtres de tous les avantages que la religion offre aux fidèles, nous devons mettre sous les yeux des hommes irréligieux, sans passions et sans haine, tout ce que le catholicisme offre d'espérance et de consolations. Ce tableau les ramènera, soyons-en certain, à de meilleurs sentiments, leur inspirera un autre ordre d'idées, d'où pourront naître celles qui doivent nous assurer à tous les brillantes destinées de l'avenir. *Voy.* RELIGIEUX, RELIGION.

IRRÉSOLU, IRRÉSOLUTION (défaut). *Voy.* INDÉCISION.

IVROGNERIE (vice). — L'*ivrognerie*, cette fille de l'intempérance, consiste dans l'usage habituel et excessif des liqueurs spiritueuses.

Il ne faut pas confondre l'*ivrognerie* avec l'*ivresse*. L'une étant un vice, et l'autre un accident passager dans lequel peut tomber une personne habituellement sobre. Aussi est-il peu d'hommes qui ne se soient trouvés une fois dans leur vie en état d'ivresse.

Un état semblable n'affecte l'organisme et l'intelligence que d'un trouble éphémère; l'ivrognerie, au contraire, abrutit sa victime, dégrade son âme, énerve son corps, et mène à toutes choses indignes. Témoin Alexandre, grand prince, taché de ce vice, qui, dans l'emportement de l'ivresse, tua son plus grand ami, Clytus, et puis, revenant à soi, se voulait tuer (*Plutarque*). Bref, telle est la puissance illimitée du vin, qu'il fait déraisonner la sagesse elle-même, et retomber en enfance la vieillesse. Mais n'anticipons pas.

Cette passion avilissante existe chez un grand nombre d'individus. Elle affecte surtout les classes infimes de la société, et se montre principalement chez les garçons d'amphithéâtre, les chiffonniers, les infirmiers, les tambours, les peintres en bâtiments, les brasseurs, les chapeliers, les cochers, les maquignons, les forgerons, les fondeurs, les imprimeurs, les musiciens, les chiffonnières, les blanchisseuses, les garde-malades, le soldat et le marin, etc., etc. Parfois aussi elle salit les rangs les plus élevés : on l'a vue se vautrer sur la pourpre des trônes, souiller la gloire des héros, frapper d'impuissance les plus beaux génies ; et, pour porter à son comble l'abjection humaine, pour dépoétiser les choses les plus saintes et les plus belles, traîner dans sa fange jusqu'à ce sexe charmant que nous n'aimons à voir qu'environné de candeur et d'innocence.

Heureusement que ces cas sont exceptionnels, et que l'ivrognerie n'est habituelle que chez les hommes qui, n'ayant pu profiter des bienfaits de l'éducation, ou ne possédant aucune ressource contre l'oisiveté, évitent rarement les excès du vin. Leur désœuvrement en est une des causes les plus fréquentes, tout comme il l'est des autres vices auxquels l'oisiveté entraîne.

A son tour l'exemple est une des causes les plus puissantes et les plus funestes de l'ivrognerie. Il est d'autant plus funeste pour l'humanité, que ceux qui en sont témoins sont plus jeunes. Et cela parce que l'enfance reçoit avec avidité ses leçons, surtout quand elles viennent flatter les mauvais penchants qui sont en germe dans le fond de notre propre nature. Qu'il est donc coupable le père de famille qui se montre a ses enfants en état d'ivresse! Dépositaire et représentant de l'autorité divine, il traîne dans l'ignominie le mandat sacré qu'il a reçu. Le respecteront-ils désormais quand ils l'auront vu, pitoyable jouet de l'ivresse, poursuivi des sarcasmes d'une foule d'enfants comme eux ? Quand ils l'auront vu, se livrant à tous les écarts d'une joie ridicule, proférer des paroles obscènes et tourner en dérision les choses saintes ?....

Enfin, aux causes que nous avons énumérées viennent s'ajouter l'hérédité, les revers de fortune, la grossesse, certaines maladies, et les influences climatériques.

A ceux qui douteraient de cette influence je répéterai avec Montesquieu :

« L'ivrognerie se trouve établie par toute la terre dans la proportion de la fraîcheur et de l'humidité du climat. » Peut-être le climat et les saisons exercent-ils sur ce vice une influence moindre que celle qu'on lui attribue; peut-être que le degré de civilisation et l'état moral des peuples influent plus sur le développement de l'ivrognerie que la nature du climat; mais de ce que leur influence serait moindre qu'on l'avait cru, moindre surtout que celle de la civilisation et de l'état moral des populations, leur contestera-t-on cette influence ?

Prenez garde que je ne nie pas que si on étudie comparativement la fréquence de l'ivrognerie chez les différentes nations, on voit, par exemple, que les sauvages de l'Amérique, qui occupent des lieux différents sous le rapport du climat, poussent presque tous cette passion jusqu'à la frénésie; que chez les Russes, au contraire, dans les classes élevées, dont la civilisation a déjà poli les mœurs, elle devient de plus en plus rare ; et enfin, que chaque jour elle diminue en Espagne, en Italie, en Suisse, en Allemagne, aux États-Unis et même en Angleterre; mais de pareilles observations détruisent-elles les idées reçues de l'influence des climats sur le développement de l'ivrognerie?

A ce propos, je ferai deux remarques. La première, que, de nos jours, l'ivrognerie est encore très-commune en Angleterre. Un curieux a calculé que, malgré les sociétés de tempérance, chaque samedi matin, de cinq à deux heures, il entre chez un certain marchand d'eau-de-vie de Manchester, au moins deux mille personnes, dont la plus grande partie se compose de femmes. Il a également constaté que les quatre principaux débitants d'esprit de genièvre à Londres reçoivent chaque semaine 142,458 hommes, 108,598 femmes, et 18,391 adolescents, chiffres qui présentent un total de 269,447 buveurs. La seconde remarque est celle-ci : L'ivrognerie est beaucoup moins commune en France qu'en Angleterre; elle l'est toutefois assez pour être considérée comme l'une des principales causes des maux qui accablent la classe ouvrière. C'est chez elle une véritable plaie dont il serait à souhaiter qu'on pût la guérir.

Et maintenant que nous avons étudié l'étiologie de l'ivrognerie, si nous voulons faire le portrait de l'ivrogne, nous éprouverons de grandes difficultés, chaque individu étant modifié diversement, eu égard à sa constitution, et aux boissons auxquelles il s'adonne. On ne peut donc, comme en toute description qui n'est pas purement individuelle, que se créer un type à l'aide de caractères généraux.

L'ivrogne a généralement l'air honteux, gauche et lourd ; il supporte difficilement le regard. Son visage est vultueux et bouffi, hâlé, cuivreux ; des végétations s'y élèvent çà et là; les paupières sont gonflées, l'œil terne et languissant, injecté; les lèvres grosses et renversées, bouffies et pendantes, agitées par un mouvement continu; le nez gros, rouge et enluminé, paraît couvert d'excroissances et de boutons; l'haleine est fétide ; l'aspect général de la face est stupide, sale et repoussant; la parole est embarrassée, hésitante. L'ivrogne n'a plus rien de cette majesté qui décore la face humaine ; abruti comme un animal immonde, il tourne vers la terre un regard qui n'a pas d'éclat, d'admiration, d'amour ni d'espérance. Le corps est voûté, le ventre gros, ballonné; la démarche chancelante, incertaine. Les jambes sont prêtes à fléchir sous le poids du corps. La peau a perdu sa couleur ; elle est d'un jaune particulier, flasque et couverte de rides prématurées. Les membres n'ont plus de vigueur; les muscles sont sans force; des tremblements auxquels on ne peut se soustraire, surtout le matin et le soir, rendent les mouvements incertains. C'est à ce point que les mains ne peuvent rien saisir qu'en tremblant; enfin, la respiration est haute comme celle des asthmatiques.

L'intelligence subit une dégradation extraordinaire. L'ivrogne n'est pas capable d'application sérieuse ; sa mémoire s'envole, son jugement s'altère. Indifférent pour tout ce qui n'est pas boisson, il mange peu, néglige de se vêtir, se couvre de sales et hideux haillons, et c'est alors qu'on peut appliquer à cet état ignoble le mot énergique des Latins, CRAPULA !

Ce n'est pas tout, l'âme devient complétement insensible, rien de ce qui lui plaisait autrefois ne peut plus l'émouvoir ; plus rien ne la fait vibrer de tendresse, de noble orgueil, elle est assoupie dans une léthargie de plomb. Ou s'il arrive parfois qu'elle fasse effort, elle se relève alors exaltée par un beau souvenir de grandeur et de puissance ; mais bientôt, comme un esclave enchaîné, elle retombe dans sa torpeur et son découragement. Pour l'ivrogne, sont morts désormais les sentiments de l'humanité, les tendresses de l'amitié, les doux épanchements de l'amour. Pour lui, plus d'harmonie dans la nature ; plus de printemps, plus de nuits étoilées qui font rêver l'âme ; plus de ces sublimes extases qui emportent la pensée au delà de ce monde, pour l'abreuver de délices jusqu'au sein de Dieu même.

Une seule chose désormais occupe la pensée de celui qui s'adonne à l'ivrognerie ; et comme s'il était poussé par une sorte de fatalité, il faut qu'il se plonge incessamment dans les sales jouissances qui le déshonorent et le tuent. Aussi, quand cet être énervé veut retrouver momentanément quelque vigueur, et procurer à son cerveau une excitation fébrile nécessaire, il doit recommencer son excès de la veille et appeler l'ivresse à son aide. *Quand pourrai-je me lever ? Quand recommencerai-je à boire ?* (*Prov.* XXIII, 35.) Voilà ce qui l'occupe à son réveil.

J'ai peint l'ivrognerie dans son ensemble ; je vais la peindre dans ses détails ; c'est-à-dire que je vais essayer de décrire les divers degrés de l'ivresse.

De nombreux convives sont assis autour d'une table somptueusement servie ; le commencement du repas est silencieux ; une sorte d'embarras et de gêne tient chacun dans l'isolement ; on s'observe, on s'étudie. Mais bientôt un vin généreux a circulé dans les coupes, les physionomies s'éclairent, les yeux s'animent, le visage entier s'épanouit, les rides de la tristesse ont disparu, et le sourire vient entr'ouvrir les lèvres ; un aimable abandon remplace la contrainte, toutes les facultés de l'esprit et du corps s'épandent, les organes sont plus souples, il semble que la vigueur et le courage les pénètrent. La pensée devient vive, spontanée. L'esprit sémillant brille par des bons mots qui coulent avec rapidité. La conversation est animée, enjouée ; chacun y prend part, et lance comme des éclairs les saillies heureuses, les mots piquants, le couplet satyrique : *Le vin réjouit le cœur et fortifie le corps.* (*Eccl.* XXXI, 57.)

Les perceptions sont promptes, les sentiments abondent et éclatent dans l'âme ; on est facile à émouvoir ; les pleurs et les ris se succèdent dans le même moment. Les désirs se font sentir ; on ose risquer les tendres aveux, et la pudeur de celle qui les reçoit n'en est plus autant offensée. *Les yeux s'attacheront à la femme débauchée, et votre cœur s'abandonnera à la dissolution.* (*Prov.* XXXIII, 35.) On devient communicatif et confiant, les secrets s'échappent ; l'espérance vient réjouir le malheur, et le courage prend la place de la timidité. Une gaieté folâtre anime l'assemblée, les chansons excitent le plaisir. Les fumées du champagne ne font voir, à l'horizon, que fortune et bonheur. La vie n'est plus ce chemin aride où quelques fleurs à peine se montrent au milieu des aspérités et des ronces ; c'est un Éden : le monde est un séjour de délices.

Mais peu à peu les propos deviennent indiscrets, et la langue épaissie commence à bégayer. Le vin bouillonne dans les coupes, la joie est bruyante, emportée ; la soif s'allume et les convives boivent, sans les goûter, les vins les plus exquis. Tout le monde prend la parole à la fois, les voix s'élèvent mêlées au tintement des verres ; on crie, on hurle pour se faire entendre ; chacun n'entend plus les autres ; les yeux sont larmoyants, voient double ; le sang monte à la tête ; le visage est rouge, bouffi ; les traits grimacent de hideux sourires. Les buveurs s'abandonnent aux discours les plus obscènes, aux actions les plus brutales ; les mouvements ne sont plus volontaires. La tête tombe appesantie sur la poitrine. La lèvre inférieure est pendante, couverte de bave écumeuse. On est ébloui ; des battements se font entendre dans le cerveau ; quelquefois un délire furieux se manifeste ; le pouls est fort, accéléré ; les vaisseaux du cou sont gonflés, la respiration précipitée. On crie, on joue, on s'emporte, on brise tout. Parfois la colère ensanglante la place du banquet.

L'ivresse produit donc l'emportement, excite la colère et occasionne les événements les plus funestes ; ou si elle n'arrive pas jusqu'à produire ces rixes sanglantes qui viennent couronner l'orgie, elle est néanmoins assez prononcée pour que toute retenue ait disparu. Alors, tel qui était décent se montre libertin ; tel qui était pusillanime devient insolent ; et l'homme paisible est saisi d'accès de fureur. Les passions érotiques sont excitées, mais on est impropre à les satisfaire. Les objets apparaissent doubles ; on veut saisir ce qui est éloigné ; le verre qu'on porte à la bouche glisse des mains et se brise ; veut-on se lever, la jambe est flageollante, on chancelle, on roule sous la table : un sommeil profond, une torpeur générale, avec respiration stertoreuse, s'emparent alors de l'homme ivre, ou plutôt ivre-mort. Dans cet état l'émission des urines, l'excrétion des matières fécales ne sont plus soumises à la volonté. Des rapports aigres, des envies de vomir et même des vomissements abondants se manifestent ; quelquefois, enfin, c'est dans les restes dégoûtants de l'orgie que l'on voit l'ivrogne cuver et digérer son vin. Je me rappelle avoir vu à Toulon, en 1840, un matelot des équipages du vaisseau *le Montébello* (faisant partie de l'escadre de la Méditerranée commandée par l'amiral Lalande) qui avait passé la nuit à la belle étoile en pleine rue, littéralement inondé soit par les matières qu'il avait vomies, soit par les selles qu'il avait rejetées ou les urines qu'il avait rendues. Il était là gisant sur le pavé, plongé dans un assoupissement profond, et, par conséquent, ne se doutant pas qu'il était un objet d'horreur et de dégoût pour tous les passants.

L'état d'ivresse peut durer longtemps; on l'a vu se prolonger vingt-quatre et même trente-six heures. Mais si, pendant le sommeil, la sueur est abondante, la fin de l'accès est plus prompte, c'est-à-dire que peu à peu les fonctions se rétablissent. Néanmoins, la tête reste douloureuse, la langue couverte d'un enduit saburral, la bouche mauvaise. Une soif vive tourmente l'individu. Un sentiment de brûlure existe à l'estomac, son appétit est nul; et une lassitude générale se fait encore longtemps sentir.

Dans les cas contraires, c'est-à-dire quand l'ivresse est poussée plus loin qu'il n'a été dit, ceux qui en sont atteints n'ont plus conscience de leur être; ils sont comme frappés d'apoplexie. En d'autres termes, les symptômes susmentionnés augmentent d'intensité, le coma se déclare, et cet état, qui peut durer de trois à quatre jours, se termine souvent par la mort.

N'oublions pas de faire observer que des différences notables ont été remarquées dans l'ivresse : c'est pourquoi on a dit d'une manière absolue, par exemple, que dans les pays chauds elle fait tomber l'homme dans la frénésie, et dans les pays froids elle le rend stupide. Je crois que cette différence tient plutôt aux circonstances individuelles, ou, si l'on veut, à la constitution du sujet et à son caractère, qu'à la quantité et à la nature de la boisson prise, qu'à l'influence du climat. Et ce qui le prouve, c'est que, de plusieurs individus qui se seront grisés en vidant les mêmes flacons, l'un devient sombre et rêveur; des idées tristes voltigent autour de son cerveau; rien ne peut le faire sortir de sa mélancolie (*Eccli.* xxxi, 39); l'autre, au contraire, est d'une gaieté folle, expansive; il saute, il danse, et veut que tout le monde partage son bonheur. Celui-ci devient d'une bonté, d'une sensibilité extrême; celui-là est agité de fureur, rien ne le calme; il frappe les personnes qu'il aime le mieux... Dans ces circonstances, les différences observées chez les divers individus tiennent-elles à autre chose qu'à leur mode d'être habituel et spécial à chacun d'eux?

Et quant à celles qui proviennent du genre de boissons dont on fait usage, nous emprunterons à plusieurs auteurs, et entre autres à Poynder, célèbre observateur anglais, les caractères différentiels qu'ils ont signalés. Ils sont relatifs au vin, à l'eau-de-vie et à la bière.

(1) Hogarth a aussi saisi d'une manière frappante la différence qui existe entre l'ivresse produite par la bière et celle produite par l'eau-de-vie dans les caricatures qu'il a publiées sous ce titre : *Gin-lane*

DICTIONN. DES PASSIONS, etc.

Il suffit généralement d'une petite quantité d'eau-de-vie pour produire l'ivresse; il faut une assez grande quantité de vin; et comme cette boisson contient une plus grande proportion d'alcool que la bière, celle-ci doit être prise en grande quantité pour enivrer. Partant, les effets de ces différentes espèces de liqueurs varieront quant aux altérations physiques et morales qu'ils peuvent produire. On verra bien chez tous une série de phénomènes qui annoncent les différentes phases de la gastrite la plus légère jusqu'à l'inflammation gastro-intestinale la plus invétérée; mais tandis que l'ivrognerie par le vin et l'eau-de-vie maigrit et dessèche le corps, celle par la bière, liqueur très-nourrissante, rend l'individu qui s'y adonne plus généralement gras et lourd (1).

Le vin, en général, procure une ivresse gaie, radieuse; quelques verres suffisent pour enivrer; tout l'effet se passe au cerveau qui s'exalte. L'eau-de-vie concentre beaucoup plus son effet. Elle rend stupide; elle excite les passions; elle rend violent, agile et plus capable d'exécuter les crimes. A son tour, la bière rend l'homme lourd, hébété, puis enfin insensible. Il est positivement plus ivre que s'il s'était enivré avec le vin ou l'eau-de-vie. Aussi se vautre-t-il davantage, et s'affaisse jusqu'à rouler dans les rues; mais son abrutissement fait la sécurité des autres. En deux mots, l'ivresse du vin porte aux actions gaies, aux plaisanteries; celle de la bière, aux actions brutales et grossières, et celle de l'eau-de-vie, aux actions hardies et criminelles : aussi les unes se dissipent-elles bien plus vite que les autres.

Remarquons encore que si, dans les premiers moments des effets du vin, on voit s'échapper de l'esprit ces saillies heureuses qui nous amusent; si les poètes exaltent cette liqueur dont les propriétés aimables réveillent leur muse, exaltent les facultés poétiques de l'âme, les autres boissons dont nous avons parlé ne semblent pas faites pour aider les élans du génie; jamais aucune lyre ne les a célébrées.

Hors ces différences, l'ivrognerie (n'importe par quelle liqueur) produit communément, dans l'appareil digestif des individus adonnés à ce vice, une disposition telle à l'inflammation, qu'il devient presque tout entier inflammable, si je puis ainsi m'exprimer; c'est-à-dire que, par suite de cette phlogose de l'estomac, l'organe devient le siège d'une douleur ardente, les aliments ne sont plus gardés, le conduit alimentaire remplit mal ses fonctions; on voit les individus tomber soudain et presque complètement incinérés, ou du moins tellement ravagés par le feu intérieur qui les consume, que leur chair noircie se détache des os et tombe en lambeaux à demi comburée.

De même le cerveau, habituellement sur-

and ale alley. Son ivrogne de bière est gros, comme on représente John Bull, et l'ivrogne d'eau-de-vie, maigre, désespéré, furieux. (*M. Descuret.*)

19

excité par les vapeurs alcooliques, est sujet à des fluxions sanguines plus ou moins violentes, qui laissent souvent, après des congestions cérébrales, des paralysies partielles et quelquefois l'apoplexie. Que de fois n'a-t-on pas vu des malheureux surpris par le froid à la sortie d'une débauche, tomber morts sur la route! d'autres, étant encore à table, frappés avec la rapidité de la foudre, tomber au milieu des buveurs pour ne plus se relever! Ce n'est pourtant généralement qu'après avoir eu plusieurs coups de sang qu'ils succombent.

Jusqu'à présent je ne me suis occupé que de l'ivresse, considérée au point de vue du physique et du moral de l'ivrogne; j'ajoute que le tableau que j'en ai tracé serait incomplet si je ne disais, d'une part, que dans l'ivresse arrivée à un certain degré, la passion dominante se montre ordinairement à découvert..... Alors celui qui use du vin, « ce grand délieur de langue, » comme le dit Montaigne, quand on en prend peu, fait débonder ses plus intimes secrets, s'il en prend outre mesure. Il se porte ainsi parfois un préjudice notable. *In vino veritas* est un proverbe aussi ancien que vrai.

D'autre part, les effets sociaux de cette passion ne sont pas moins funestes. Et, par exemple : 1° Au rapport de M. Stone, qui, pendant neuf années, a dirigé l'hospice de Boston, c'est l'ivrognerie qui a amené dans cet établissement les sept huitièmes des pauvres. 2° M. Cole, juge de police d'Albany (New-York), a attesté que, sur cent délits, quatre-vingt-seize étaient le résultat de l'intempérance. 3° D'après Wilson, c'est à l'excès des spiritueux consommés à Londres qu'il faut attribuer la moitié des aliénés; proportion bien moindre en France, où ce vice est beaucoup moins commun, puisque, au dire de M. Desportes, sur 8272 aliénés, 414 seulement ont perdu la raison par ivrognerie. 4° Enfin, suivant M. Descuret, il résulterait d'un relevé fait par lui dans le quartier de l'Observatoire à Paris, qu'il y a un sixième des suicides qui se sont accomplis pendant l'état d'ivresse, et que le choléra, surtout à son début, faisait incomparablement plus de ravages chez les ivrognes que parmi les individus tempérants : remarque que j'ai faite moi-même, à cette époque, dans d'autres quartiers de la capitale. Résumant donc avec lui les funestes effets de l'ivrognerie, nous conclurons : premièrement, qu'elle abrège la durée de la vie, augmente le nombre et l'intensité des maladies, souvent même elle en rend la guérison impossible; secondement, sous le rapport religieux, qu'elle pousse au libertinage, à la colère, au meurtre, au suicide; troisièmement, sous les rapports légaux et sociaux, qu'elle augmente prodigieusement le nombre des crimes, est une des causes principales du paupérisme, des accidents qui arrivent; fait commettre aux hommes chargés de fonctions importantes des fautes graves et souvent irréparables. On rapporte à ce sujet qu'un des plus grands administrateurs que les Etats-Unis aient produits, Thomas Jefferson, le troisième président du gouvernement fédéral, disait quelquefois à ses amis : L'habitude des boissons spiritueuses chez les hommes en place a fait plus de mal au service public et m'a causé plus d'embarras qu'aucune autre circonstance. Maintenant que je suis éclairé par l'expérience, si je recommençais mon administration, la première question que je ferais à l'égard de chaque candidat aux emplois publics, serait celle-ci : *Est-il adonné à l'usage des boissons spiritueuses?*

A présent que nous savons ce que c'est que l'ivrognerie, et que nous en connaissons les dangers, il nous reste à examiner s'il y a des moyens de corriger les ivrognes. Pour ma part, je ne le pense pas, attendu que la répétition très-fréquente de l'ivresse tourne bien vite en habitude, et que de toutes les habitudes, celle de l'ivrognerie est une des plus impérieuses et des plus tyranniques. A la vérité, un travail forcé, continuel, agréable même, pourra distraire un instant l'ivrogne du désir de boire; mais comme il est nécessaire qu'il fasse au moins deux repas par jour, qu'arrive-t-il? que dès qu'il se trouve à table, les meilleures résolutions s'évanouissent, les promesses les plus formelles sont oubliées ou méconnues; *serment d'ivrogne*, dit-on communément : pourquoi? parce que le besoin de la satisfaction l'emporte.

Ajoutons bien vite, pour être vrai, que cette règle n'est pas sans exception, et que, quoique l'ivrognerie soit une des passions *les plus difficiles* à déraciner, il ne faut souvent qu'un mouvement généreux, inspiré par quelque circonstance fortuite, pour en déterminer la guérison. Je m'explique :

On lit dans la biographie du général Cambrone, que ce brave officier se livrait dans sa jeunesse à cette passion funeste, et que, soutenu par un sentiment d'honneur, il surmonta son penchant par la seule puissance de sa volonté. Voici quelles furent les circonstances qui amenèrent de sa part la résolution de ne plus s'enivrer.

Il servait, en 1793, dans un régiment en garnison à Nantes, lorsqu'un jour, s'étant enivré et s'abandonnant à la violence naturelle de son caractère, il s'oublia jusqu'à frapper publiquement un de ses supérieurs, le menaçant en outre de recommencer à la première occasion. Les lois militaires sont précises en pareil cas : il fut traduit devant un conseil de guerre, et son arrêt de mort fut prononcé.

Cependant le colonel qui, de cette époque, avait deviné sous une enveloppe un peu rude, Cambrone cachait toutes les qualités d'un bon militaire, trouva moyen de faire suspendre l'exécution du jugement, et obtint d'un représentant du peuple en mission à Nantes, la promesse formelle de la grâce du coupable, à la condition qu'il s'engagerait à ne plus s'enivrer.

L'ayant alors fait amener devant lui, il lui dit que, s'il promettait d'être plus sobre à l'avenir, on pourrait peut-être faire commuer sa peine.

Je ne le mérite pas, mon colonel, répondit Cambrone ; ce que j'ai fait est abominable : on m'a condamné à mort, il n'y a rien de plus juste, et il faut que je meure..... — Je te répète que tu ne mourras pas, que tu auras ta grâce, si tu me jures de ne plus te griser. — Comment voulez-vous que je vous jure cela, si je continue à boire du vin ? J'aime mieux me brouiller tout à fait avec lui..... — Te sens-tu capable d'une pareille résolution ? — Oui, puisque vous êtes capable d'une si généreuse bonté.

La chose étant ainsi convenue, Cambrone obtint sa grâce pleine et entière.

L'année suivante, le digne colonel quitta le service, et oublia le serment que lui avait fait Cambrone, qu'il ne revit plus que vingt-deux ans après, au mois d'avril 1815. A cette époque, l'intrépide général venait, comme on sait, d'accompagner Napoléon depuis Cannes jusqu'à Paris. Invité à dîner par son ancien colonel, qui avait appris son arrivée par les journaux, il se rend avec empressement à cette invitation. Après le potage, son hôte lui offre un verre de vin de Bordeaux, qui avait vingt-deux ans de bouteille.

Ah ! mon commandant, s'écrie le général, qui continuait à donner ce nom par amitié à son ancien colonel, ce n'est pas bien ce que vous faites là..... — Comment, ce n'est pas bien ! si j'en avais de meilleur, je vous l'offrirais. — Du vin ! à moi ! Vous ne vous rappelez donc pas ce que je vous ai promis ? — Non, en vérité.

Cambrone alors rappela à son libérateur l'engagement qu'il avait pris à Nantes en 1793. « Depuis ce jour, ajouta-t-il, je n'ai pas bu une goutte de vin : c'était bien la moindre chose que je pusse faire pour l'homme qui m'avait sauvé la vie ; si je n'avais pas tenu mon serment, je me serais cru indigne de ce que vous aviez fait pour moi. » Que d'enseignements pour la société dans ces paroles et dans la conduite de l'illustre général !

Autre exemple, mais d'une autre nature, car le choix n'est pas permis : il est si difficile de les multiplier ; ils sont si rares !

M. de R....., l'un des premiers magistrats d'une ville du département du Pas-de-Calais, était marié depuis un assez grand nombre d'années, lorsqu'il s'aperçut que sa femme, qui jusqu'alors s'était montrée sobre, prenait la funeste habitude des liqueurs spiritueuses. Quelques observations faites avec beaucoup de délicatesse ne la corrigèrent pas ; seulement elles la rendirent beaucoup plus attentive à cacher son penchant. Mais la contrainte qu'elle s'imposait fit bientôt de ce penchant une passion très-vive, et madame de R....., ne pouvant toujours se procurer par elle-même les moyens de la satisfaire, finit par avoir recours à une de ses femmes, qui lui achetait secrètement de l'eau-de-vie.

Averti de ce désordre, et rougissant de honte pour celle qui portait son nom et qu'il aimait d'ailleurs tendrement, M. de R..... employa, sans aucun éclat, un moyen singulier pour la corriger : il fait venir chez lui une pipe d'eau-de-vie, la fait descendre dans un caveau où l'on pouvait aller sans être vu des domestiques de la maison, et montant ensuite chez sa femme, il lui dit gravement en lui remettant la clef du caveau : « Madame, j'ai fait une ample provision de la liqueur que vous aimez, afin que désormais vous ne soyez plus obligée d'en faire acheter clandestinement par votre femme de chambre. Lorsque cette provision sera épuisée, avertissez-moi ; que je sois du moins le seul confident d'une passion qui vous déshonore et qui peut être du plus funeste exemple pour ceux qui vous servent..... »

Ces mots, prononcés avec l'accent d'une profonde douleur, produisirent sur madame de R..... l'effet que son mari en avait attendu : éperdue, elle n'ose d'abord lever les yeux sur lui ; mais bientôt lui saisissant la main : « Pardon ! mille fois pardon ! s'écriat-elle ; je vous ai affligé, je vous ai forcé à rougir de moi ; vous ne rougirez plus, je vous l'atteste : à dater de ce jour, je renonce à l'odieux penchant qui fait ma honte ; pour m'en préserver, je n'aurai qu'à songer à la leçon que je viens de recevoir. »

Aidée de la religion, qu'elle avait jusque-là abandonnée, madame de R..... a si rigoureusement tenu parole qu'elle fut citée comme un modèle de tempérance.

C'est aux moralistes à prendre pour modèle le colonel du brave Cambrone et M. de R.....; c'est aux ivrognes à imiter la conduite du général et de madame de R..... dans la résolution qu'ils ont prise de se corriger, et la fidélité avec laquelle ils ont tenu leur promesse.

A l'art de solliciter l'exercice des bons sentiments chez l'ivrogne, c'est-à-dire d'exciter l'amour-propre de celui-ci, la tendresse de celui-là, la crainte de manquer de circonspection chez quelques-uns, d'offenser Dieu chez tous, etc., faudra-t-il ajouter l'action des moyens que la médecine fournit ? sans doute ; car, à moins que l'habitude de s'enivrer soit ancienne, à moins que l'organisation n'ait été profondément altérée, on ne doit jamais désespérer de l'efficacité des conseils que le médecin peut donner. Je ne dis pas qu'on doive avoir en eux beaucoup de confiance, mais serait-ce un motif de s'en abstenir ? non, jamais, attendu qu'il vaut mieux user d'un moyen douteux que de n'en employer aucun.

Par ces motifs, si l'ivrognerie est récente et que le sujet soit vigoureux, doué d'un certain degré d'énergie, le médecin devra prescrire l'abstinence absolue des liqueurs enivrantes. Il recommandera les distractions, l'exercice, les voyages ; il exigera qu'on s'adonne à des occupations sérieuses, qui tiennent l'esprit et le corps en haleine. Il invitera celui qui veut guérir à fréquenter des personnes de bonne compagnie, et à fuir la société des ivrognes, vu, qu'en général, on prend pour modèle les personnes qu'on voit souvent ; que les bonnes ou mauvaises habitudes naissent facilement, je le répète, des exemples que l'on a sous les yeux.

Au contraire, lorsque cette funeste passion existe depuis longtemps, que les organes ont besoin pour fonctionner de cette excitation factice, mais devenue nécessaire, que donnent les liqueurs enivrantes, il serait dangereux de supprimer tout à coup ces boissons, et bien plus rationnel de n'y arriver que peu à peu, avec de grandes précautions, c'est-à-dire que tous les jours on en diminuera la quantité, on les rendra moins délétères en y ajoutant de l'eau, ou bien on les remplacera par de moins fortes. On suivra, en un mot, pour guérir cette passion, la marche inverse de celle qu'elle aura suivie pour s'agrandir.

Toutefois, si les organes du goût ont absolument besoin d'être excités par des boissons très-sapides, on donnera l'eau de Seltz, les limonades. Si l'estomac, habitué pour digérer à emprunter une force étrangère, ne peut fonctionner que péniblement, on aidera son action par des épices, du café, du thé. L'exercice, si le malade peut s'y livrer, sera l'aide le plus puissant de la digestion. Peu à peu l'organisme reprendra sa force et son énergie, à moins, je le redis, que ses ressources n'aient été complétement ruinées par des excès nombreux et répétés.

Dans ce dernier cas, comme l'ivrognerie s'accompagne d'une inflammation chronique viscérale fort intense, ou bien de cancer, d'obstructions considérables ou d'autres dégénérescences organiques, les secours de l'art seront tout à fait impuissants.

Hors ces circonstances, souvenons-nous qu'on a souvent réussi à dégoûter des liqueurs enivrantes certains ivrognes peu perspicaces, en mélangeant à ces boissons des substances désagréables au goût ou capables de provoquer des vomissements. Dans ces intentions on a choisi tour à tour le sulfate de quinine, la gentiane, la résine de jalap, la centaurée, l'émétique, la strychnine, etc. Ces médicaments doivent être employés avec beaucoup de réserve, leur emploi n'étant pas sans danger.

Souvenons-nous aussi que le régime qu'on fera suivre aux convalescents doit être doux et sédatif, c'est-à-dire se composer de viandes blanches, de laitage, de fruits, de légumes, etc. On ne permettra pas qu'ils prennent plus de repos qu'il ne sera nécessaire, ni qu'ils couchent sur des lits mous, l'oisiveté et la mollesse étant la source où les passions dominantes puisent ordinairement leurs forces.

Et si les personnes qu'on veut guérir sont intelligentes et capables de comprendre la valeur des motifs puisés dans la morale et les principes religieux, on leur exposera, je ne saurais trop le redire, quelle honte résulte pour l'homme de s'abrutir ainsi dans les dégoûtants plaisirs de l'orgie. On leur fera comprendre qu'elles ont ici-bas des devoirs à remplir, des services à rendre. On les épouvantera par le tableau des maux cuisants qui peuvent être la punition de leur aveugle passion, par la menace d'une mort prochaine et subite qui les jettera tout couverts de vice et d'opprobre dans les mains de l'éternelle justice. On leur dira enfin, si le sentiment de la paternité ou de la maternité n'est pas complétement éteint dans leur cœur, que l'ivrognerie est doublement héréditaire : héréditaire par le sang, héréditaire par l'exemple, et que cette habitude vicieuse peut exercer une fâcheuse influence sur la destinée de leurs enfants.

Il est une chose qui ne doit pas non plus être oubliée ; c'est qu'on ne saurait mettre trop d'insistance, trop de patience, trop de persévérance dans l'emploi de tous ces moyens, combinés les uns avec les autres, la passion dont nous venons de faire l'historique étant une des plus difficiles à guérir, comme elle est une des plus funestes à l'humanité. Aussi tous les moralistes l'ont flétrie, tous les législateurs l'ont redoutée, et l'Écriture sainte l'a stigmatisée en ces termes :

A qui malheur ? au père de qui malheur ? pour qui les querelles ? pour qui les précipices ? pour qui les blessures sans sujet ? pour qui la rougeur et l'obscurcissement des yeux ? sinon pour ceux qui passent le temps à boire du vin, et qui mettent leur plaisir à vider les coupes ?

Ne regardez point le vin lorsqu'il paraît clair : lorsque sa couleur brille dans le verre, il entre agréablement, mais il mord à la fin comme un serpent ; il répand son venin comme un basilic. (*Prov.* XXIII, 29-32.)

J'ai dit que les législateurs redoutaient l'ivrognerie ; j'ajouterai qu'ils s'en sont préoccupés plus ou moins, suivant que les peuples qu'ils avaient à *réglementer* y étaient plus ou moins enclins. Ainsi, chez les Juifs, qui étaient naturellement sobres, la loi est muette sur tout ce qui a rapport à l'ivrognerie ; de nos jours encore, ce peuple conserve une telle prévention pour ce vice, qu'on voit chez lui très-peu d'individus s'y adonner.

Au contraire, chez la plupart des peuples de l'antiquité, les législateurs avaient rendu des lois quelquefois fort sévères. Ainsi Dracon, chez les Athéniens, punissait l'ivresse de mort. Lycurgue, à Sparte, fit d'abord enivrer ses esclaves pour montrer aux jeunes gens l'ignominie d'un pareil état ; mais, voyant l'inutilité de son remède, il ordonna d'arracher toutes les vignes. Sur quoi Plutarque fait cette remarque, que « le législateur eût mieux fait de laisser croître les vignes, mais d'en approcher les nymphes, c'est-à-dire d'ordonner le mélange de l'eau avec le vin, et qu'ainsi il aurait contenu la fougue de Bacchus à l'aide d'une divinité plus sage. Pittacus, à Mitylène, dont il était le roi, avait rendu une loi qui infligeait une double peine à celui qui avait commis un crime pendant l'ivresse : la première était pour son crime, la seconde pour s'être mis, par intempérance, dans le cas de le commettre. Séleucus, roi et législateur des Locriens, ne permettait l'usage du vin qu'aux infirmes, sur l'ordonnance des médecins, et il le défendait à tous les autres sujets, sous peine de mort. Pythagore, comme on le sait, interdisait l'usage du vin à ses disciples, assurant que cette boisson était l'ennemie de la sagesse et amenait une disposition prochaine à la folie.

Mais bientôt la morale se relâcha. Platon permit aux hommes de 40 ans de s'enivrer; Épicure prêcha les jouissances des sens; les souverains donnèrent l'exemple de ce vice honteux, et, comme je l'ai fait remarquer au commencement de cet article, la fange de l'ivrognerie vint souiller la couronne des monarques. Philippe de Macédoine meurt assassiné à la suite d'une orgie; son fils, Alexandre, meurt dans les étreintes de l'ivresse; Athènes et Corinthe associent leur renommée à celle de Capoue la dissolue!... La Grèce perd dans les excès de la table et dans la débauche cette mâle vigueur qui lui donna tant de gloire.

Nous retrouvons dans une ancienne loi romaine la même sagesse des lois de Pittacus, de Séleucus et de Pythagore. Comme elles, elle prescrivait à tout citoyen de bonne famille de ne boire du vin qu'à trente ans, et encore avec modération. La même loi interdisait entièrement aux femmes l'usage de cette liqueur. Equatius Métellus tua sa femme pour l'avoir surprise buvant du vin au tonneau, et il fut absous. Fabius Pictor fait aussi mention d'une dame de qualité que ses parents firent mourir de faim, parce qu'elle avait forcé le coffre dans lequel étaient les clefs de la cave. Dans la suite, on se borna à priver de leur dot les femmes qui enfreignaient la loi, et plus tard on leur permit l'usage du vin fait avec des raisins secs.

N'oublions pas de mentionner aussi qu'à Rome, tout individu rencontré ivre sur la voie publique était immédiatement mis en prison : mesure éminemment sage qui devait diminuer le nombre des ivrognes en même temps qu'elle pourvoyait au maintien de l'ordre et à la sûreté des citoyens.

Mais de même que la morale s'était relâchée chez les Grecs, de même elle se relâcha chez le peuple romain. Cela arriva surtout lorsque les lois sévères qui s'opposaient aux débordements de l'ivrognerie restèrent impuissantes devant les excès des grands. Ainsi il fut un temps où les empereurs donnèrent à leurs sujets les plus funestes exemples. Néron, on le sait, s'enivrait sans cesse, et l'on sait aussi que l'esprit sarcastique des Romains changea le nom de TIBERIUS (Tibère) en celui de BIBERIUS.

Reste que, en Arabie, d'où nous est venu l'art de distiller, l'ivrognerie était tellement répandue, que Mahomet crut devoir proscrire entièrement l'usage du vin, proscription qu'on retrouve dans le Nord, comme on en peut juger par les codes de ces pays;

Qu'au rebours, l'Espagne et le Portugal ont eu peu besoin de lois répressives, les exemples d'ivrognerie y étant peu communs;

Qu'en France, enfin, les seigneurs, en temps de guerre, préludaient aux combats par de copieuses libations; en temps de paix, ils charmaient dans les plaisirs de la table les ennuis de leur oisiveté. Dans le XVI° siècle, beaucoup de personnes croyaient que pour entretenir la santé, il était nécessaire de s'enivrer une fois par mois, et puis il fut de bon ton de s'enivrer de temps en temps. Rarement on sortait de table avec sa raison: on se provoquait à boire, et c'était une honte que de reculer devant un tel défi. Les abus devinrent parfois si grands, que les rois furent souvent dans la nécessité de mettre des entraves à l'excessive consommation du vin, soit par des impôts proportionnés, qui devaient en même temps alléger les charges de l'État, soit par des voies de rigueur qui sont toujours tombées en désuétude. Ainsi, on vit François I°r publier, en 1536, un édit très-sévère à cet effet. Tout homme, y est-il dit, convaincu de s'être enivré, est condamné pour la première fois à subir la prison au pain et à l'eau; pour la seconde fois, il sera en outre fouetté; pour la troisième fois, il le sera publiquement: en cas de rechute, il sera banni avec amputation des oreilles. A quelque temps de là, Charles IX ordonna d'arracher les vignes. A son tour, Louis XIV se montra très-rigoureux envers les personnes de sa cour qui s'enivraient. Ainsi les mesures que prirent ces souverains, et surtout une discipline mieux entendue donnée aux troupes, dans les XV° et XVI° siècles, contribuèrent à rendre l'ivrognerie moins fréquente dans les hautes classes de la société. Mais le peuple, cet éternel et servile imitateur des grands, qui semble destiné à subir après eux tous les vices dont ils se dépouillent, se livra bientôt aux plus honteux excès. Les vignes se multiplièrent; l'eau-de-vie, que l'on avait d'abord vendue chez les pharmaciens, devint d'un usage fréquent. Des marchands de vin s'établirent partout, et l'ivrognerie fut bientôt la lèpre de la basse classe.

Cette sollicitude des souverains pour leurs sujets, aux différentes époques de la civilisation, montre qu'on s'était aperçu de bonne heure que le vice dégoûtant de l'ivrognerie dégradait tout à la fois l'homme et la société, était la perdition et la ruine des États. C'est pourquoi, si l'on en excepte les monarques qui étaient enclins eux-mêmes à cette avilissante passion, tous, ou à peu près tous se sont efforcés, par des lois sages, d'éteindre ou tout au moins de calmer, si je puis ainsi dire, l'incendie horrible qui menaçait de tout embraser. Y sont-ils parvenus? Hélas! non : ce qui m'est une nouvelle preuve de ce que je disais dans un autre article, que ce n'est point par des lois sévères qu'on peut porter les hommes à la vertu et à fuir le vice, mais bien en leur faisant aimer l'une et détester l'autre.

Arrêtons-nous un instant à décrire le traitement de l'ivresse, et c'est par là que je termine. Le plus ordinairement l'ivresse se passe naturellement, de telle sorte que les malades n'ont besoin la plupart du temps que d'être couchés convenablement et abandonnés à eux-mêmes. Quelquefois, au contraire, il est bon de leur donner de l'eau tiède, pour faciliter les vomissements qui les soulagent beaucoup, quand l'estomac contient encore une partie des liquides ingérés. Si l'on n'a pas de l'eau tiède sous la main on se bornera à titiller le gosier avec les barbes d'une plume trempée dans l'huile. Quand ces moyens ne réussissent pas, on peut avoir recours à l'ipécacuanha, mais il faut se garder de donner l'émétique. Les lavements purgatifs ont aussi leur utilité, en occasionnant une dérivation sur le tube digestif. Du café, du thé, des limonades, produisent parfois de bons effets, alors que l'ivresse est légère. Mais si elle est profonde, si, pendant sa durée, on remarque chez le malade des dispositions apoplectiques ; immédiatement on le couchera la tête élevée ; on lui débarrassera le cou de tout ce qui pourrait y gêner la circulation ; on pratiquera des émissions sanguines proportionnées à la force du sujet; l'application des sangsues derrière les oreilles, des sinapismes aux extrémités inférieures, sera quelquefois utile. Les fomentations froides sur la tête ont souvent réussi, ainsi que l'exposition de l'ivrogne à l'air froid, et pourtant on ne doit pas s'en servir dans tous les cas, attendu que ces moyens seraient dangereux, si la peau était le siège d'une transpiration abondante. Au contraire, l'eau bouillante sur les cuisses, un large vésicatoire sur la colonne vertébrale entre les deux épaules, peuvent avoir de l'efficacité.

On a beaucoup vanté l'ammoniaque. Sans doute que, dans l'ivresse légère, comme le prouvent les observations de Girard et celles de M. Chevalier (*Revue médicale*, nov. 1823), on retire quelques bons effets de l'emploi de ce médicament à la dose de 15 à 20 gouttes dans un verre d'eau sucrée, quoique M. Chantourelle invoque aussi les faits pour combattre cette opinion ; mais quand l'ivresse est portée à un haut degré, il est trop vrai que l'alcali volatil est insuffisant. Toutefois, si on voulait s'en servir, voici les règles le plus généralement admises en France pour son administration. On en donne de 20 à 25 gouttes dans un verre d'eau sucrée, comme il a été dit ci-dessus, et s'il est vomi, on réitérera. Quand il n'est pas vomi, et que l'ivresse ne diminue pas au bout de cinq à six minutes, il faut en donner une demi-dose.

Si l'ivresse est convulsive, aux moyens précédents on joindra ceux que la prudence recommande: pour contenir le malade on lui mettra la chemise de force, on maintiendra le tronc et les genoux avec des draps pliés et assujettis aux côtés du lit. Il faudra faire attention à la langue qui pourrait être coupée entre les dents ; ce qu'on peut éviter en mettant des petits coins de liège pour maintenir les grosses molaires écartées. Quand l'ivresse est due à des substances narcotiques, on doit chercher à tenir les malades éveillés ; Astley Cooper s'est bien trouvé de ce moyen. On donne aussi des lavements purgatifs énergiques, des boissons acides, des éthers ; on fait des frictions sur les membres avec des brosses rudes.

Enfin quand l'accès d'ivresse est passé, le malade doit rester quelque temps au régime, prendre des bains, ne revenir à son genre de vie ordinaire qu'en augmentant peu à peu chaque jour, la quantité de ses aliments, se comporter, en un mot, d'après les avis qui ont été précédemment indiqués.

J

JACTANCE (défaut). L'abbé Sabatier l'a définie : une intempérance d'estime de soi-même, qui nous porte à dire tout le bien que nous pensons de nous, et souvent plus que nous n'en pensons.

Il y a plusieurs manières de laisser percer ce défaut qui, du reste, prend sa source dans une vanité déplacée; ou mieux, n'est que la vanité en action. *Voy.* VANITÉ.

Et ce qui le prouve, c'est que poussé par sa vanité, l'homme vain étale avec jactance, avec orgueil, avec une complaisance emphatique, tout son mérite ; fait valoir avec adresse toutes ses qualités, en fait connaître avec soin les circonstances, ainsi que les motifs des bonnes actions qu'il a faites et des fautes qu'il a évitées.

Cette manie n'a pas épargné les grands esprits, témoins Homère et Cicéron; témoins de nos jours la plupart de ceux qui se croient des grands hommes. Mais qu'on soit ou non grand homme, la jactance n'est pas permise; à plus forte raison ne le sera-t-elle pas, si on n'a point la capacité voulue pour se faire pardonner cette sotte manie que nous avons tous, plus ou moins, de nous faire valoir. Réfléchissons, en effet, un instant en quoi les relations sociales peuvent être utiles : à faire notre éducation; c'est-à-dire à nous orner l'esprit et le cœur et à nous faire acquérir le ton et les manières de la bonne compagnie, soit en écoutant les discours des personnes instruites, soit en étudiant les gestes et le maintien des hommes du monde. Or, comment profiterons-nous de ces relations si c'est nous qui parlons, si c'est de nous que nous occupons l'assemblée. Après une heure ainsi passée dans un cercle, nous en sortirons tels que nous y sommes entrés, sans avoir rien gagné, ni rien acquis.

Donc la jactance a cela de fâcheux, qu'au lieu de nous laisser goûter le fruit d'une aimable et spirituelle conversation, de nous laisser profiter du bon exemple que nous avons devant les yeux, nous imprégnons les autres de nos défauts et quelquefois de nos vices. Et comme le besoin d'occuper de soi rend l'homme PARLEUR (*Voy.* ce mot); comme le parleur fatigue, ennuie et se nuit à lui-même tout en nuisant quelquefois à autrui, sachons éviter la jactance, et nous aurons toujours à nous en applaudir.

JALOUSIE. — La jalousie est une disposition ombrageuse d'une personne qui aime et qui craint que l'objet aimé ne fasse part de son cœur, de ses sentiments, et de tout ce qu'elle prétend lui être réservé, s'alarme de ses moindres démarches, voit dans les actions les plus indifférentes, des indices certains du malheur qu'elle redoute, vit en soupçons, et fait vivre une autre dans la contrainte et le tourment.

Elle est si fort semblable par sa nature et ses effets à l'envie (*Voy.* ce mot), dont elle est la sœur, qu'on a cru pouvoir la définir comme celle-ci : cette inquiétude de l'âme qui la porte à envier la gloire, les talents et le bonheur d'autrui. (*Le chevalier de Jaucourt.*)

D'après cela, ces deux passions se confondraient tellement ensemble, qu'il serait impossible de les différencier. Néanmoins je voudrais que, généralisant l'acception du mot *envie*, on ne l'appliquât qu'aux inquiétudes que nous procurent les succès scientifiques et littéraires de celui-ci, industriels de celui-là, politiques de quelques-uns, et à toutes autres inquiétudes de ce genre ; faisant une exception pour l'inquiétude en amour, qui ne nous inspirerait que de la jalousie. Dans l'une d'ailleurs, l'envie, nous désirons tout ce qui arrive d'heureux aux autres et nous souffrons de leur bonheur ; tandis que, dans l'autre, la jalousie, nous nous chagrinons, soit d'une simple préférence, soit de voir posséder par un autre une femme que nous voudrions exclusivement pour nous, soit enfin de la crainte d'être troublé dans notre possession.

On doit être prévenu, du reste, que quand je me suis servi du mot amour, je n'ai pas prétendu l'employer comme un mot générique, mais l'appliquer spécialement à l'amour des sexes et à l'amour maternel, qui seuls, à mon avis, déterminent une véritable jalousie. Je dis l'un et l'autre, attendu que, de même que la jalousie éclate chez les jeunes gens, les adultes et les vieillards du moment où l'amour des sexes peut s'allumer dans leur cœur ; de même, les enfants en bas âge y sont également portés dès qu'ils commencent à connaître leur mère. Ainsi, saint Augustin dit dans ses Confessions avoir vu un tout petit enfant jaloux : il ne savait pas encore parler, et déjà, avec un visage pâle et des yeux irrités, il regardait l'enfant qui tetait avec lui. De là cette autre remarque de Fénelon, que la jalousie est même plus violente en eux qu'on ne saurait l'imaginer. On en voit quelquefois, dit l'illustre prélat, qui sèchent et dépérissent d'une langueur secrète, parce que d'autres sont plus aimés et plus caressés qu'eux.

A ce propos, je dois faire observer, afin qu'on ne puisse l'ignorer, que l'enfant, même vers la fin de la première année de sa vie, éprouve des accès de jalousie plus fréquents qu'on ne pense : c'est surtout quand sa nourrice lui retire le sein pour le donner à un autre enfant, qu'on voit tous ses traits se contracter, et ses bras débiles chercher à écarter l'importun qui vient lui disputer la source où il puise la vie. Mais ce n'est pas seulement à cet âge qu'il se montre jaloux : sans doute que plus tard, de cinq à sept ans, la jalousie peut s'emparer du cœur de l'enfant ; mais dans ce cas c'est bien plus le besoin d'affection qu'un tout autre besoin qui l'excite. Toutefois, et quel qu'en soit le motif, on voit souvent alors cette passion marcher sourdement et revêtir à son début un caractère chronique. Dès ce moment plus d'enjouement, plus de gaieté, pour ces petits malheureux ; le besoin de prendre des aliments ne se fait plus sentir ; loin de rechercher les plaisirs bruyants et la société de leurs camarades, ils se retirent dans les lieux écartés et obscurs. La fraîcheur de leur teint s'efface, leur peau s'étiole ; leurs membres maigrissent, leurs forces s'épuisent, ils tombent dans le marasme, et le flambeau de leur vie s'usant petit à petit, la mort vient lentement terminer cette sombre mélancolie, dont les parents eux-mêmes n'ont pas deviné la cause.

Complétons le tableau symptomatologique des effets de la jalousie dans l'enfance, par une observation empruntée à M. Descuret.

« Le jeune Gustave G***, doué d'une bonne complexion, avait joui jusqu'à sa septième année de la santé la plus parfaite, lorsque tout à coup sa santé s'altéra d'une manière sensible. Son teint habituellement frais et vermeil perdit chaque jour son éclat ; ses yeux naguère animés devinrent ternes, sans expression, et semblaient se perdre dans leur orbite. Son embonpoint diminuait notablement, ainsi que son appétit, son sommeil et sa gaieté.

« L'air soucieux de cet enfant, une ride perpendiculaire que je remarquai entre ses sourcils, qui étaient assez développés et en désordre, me firent soupçonner qu'il était atteint de jalousie, et je crus devoir en avertir les parents que je rencontrais assez souvent chez une de mes malades. A peine eussé-je prononcé le mot jalousie, que la mère de Gustave, femme assez spirituelle, mais encore assez légère, me répondit ironiquement que l'enfant n'avait aucun motif de jalousie ; qu'elle ne pouvait attribuer son malaise qu'à l'ennui, et qu'en conséquence elle allait l'envoyer dans une école, pour qu'il eût plus de distraction qu'à la maison paternelle, où il n'avait pas de camarades avec lesquels il pût jouer, son jeune frère, âgé de onze mois, étant encore à la mamelle.

« Loin que ce moyen apportât quelque amélioration dans la santé de Gustave, elle ne faisait que dépérir de jour en jour. Ce petit malheureux, après avoir passé plusieurs heures dans la salle d'étude, y restait encore pendant que ses camarades allaient s'ébattre dans un petit jardin attenant à la maison. Plusieurs fois son maître le trouva assis dans une encoignure, la tête appuyée entre les mains et le dos tourné vers la lumière. L'ayant un jour pressé de questions pleines de bonté et d'intérêt sur sa tristesse habituelle : « Je suis bien malheureux ! dit tout à coup l'enfant, en laissant échapper des larmes et de profonds soupirs ; oui, monsieur, j'ai bien du chagrin, si vous saviez ! on ne m'aime plus à la maison ; on ne m'envoie à l'école que pour tout donner à mon petit frère pendant que je n'y suis pas.

« L'honnête instituteur fit à l'instant même conduire Gustave à ses parents, leur écrivant ce qui venait de se passer, et les engageant à ne plus renvoyer cet enfant à l'école, si l'on ne voulait pas le voir périr victime de la maladie qui le dévorait.

« Mon diagnostic ne se trouvant que trop confirmé, M. et madame G.... s'empressèrent de m'écrire ; ils me suppliaient de venir donner mes soins à leur enfant, dont j'avais si bien caractérisé la maladie dès son début ; en même temps ils me faisaient connaître les aveux que lui avait arrachés son maître d'école.

« L'enfant, que je n'avais pas vu depuis près de deux mois, me parut horriblement changé. Son visage était d'une pâleur livide, et son corps d'une maigreur extrême, à l'exception de l'hypocondre droit, où le foie faisait une saillie considérable sous les dernières fausses côtes : la teinte de la peau était légèrement ictérique, la langue présentait de la rougeur sur les bords et le pouls de la fréquence ; il y avait en même temps constipation et soif intense. Je commençai par caresser l'enfant et défendis formellement qu'on le fit retourner de longtemps à l'école. Puis, remarquant qu'il fronçait les sourcils chaque fois que ses regards se portaient sur son petit frère, dans ce moment au sein de sa mère : « Madame, dis-je tout à coup à cette dernière, voici un petit drôle qui se porte à merveille et boit votre lait qui serait nécessaire au petit Gustave dont la santé est mauvaise. Votre petit a plus d'un an ; il faut le sevrer, et donner votre sein quatre fois par jour à votre bon Gustave, que par ce moyen vous guérirez très-promptement. — Plus souvent que maman voudrait me donner à téter à la place de mon frère ! elle l'aime trop pour cela. — Mon ami, reprit la mère avec bonté, je t'ai nourri deux mois de plus que ton frère ; mais puisque tu es malade, et que le médecin pense que mon lait t'est nécessaire, je vais le sevrer et te ferai téter à sa place quand tu voudras. — Tout de suite ! s'écria l'enfant ; et il se jeta sur le sein de sa mère où il resta tant que la pauvre dame eut une goutte de lait.

« Dès ce moment Gustave continua à prendre le sein quatre fois par jour à la place de son jeune frère, qui fut envoyé en sevrage à la campagne ; son père et sa mère le comblèrent à l'envi de caresses, et au bout de trois semaines sa santé commençait déjà à revenir à vue d'œil. J'avais en même temps prescrit de légers potages au bouillon de poulet, de l'eau gommée pour tisane, des cataplasmes émollients sur l'hypocondre droit ; deux bains tièdes par semaine, et de petites mais fréquentes promenades en voiture.

« Trois mois s'étaient à peine écoulés que l'enfant était entièrement rétabli. L'année suivante, les parents, d'après mon conseil, firent revenir son jeune frère de la campagne ; ils évitèrent d'abord de le caresser devant lui, et affectaient même de le gronder bien fort lorsqu'il criait ou qu'il avait quelque petit caprice. Bientôt Gustave, dont le cœur était naturellement bon, commença à demander grâce pour son jeune frère. Satisfait de la victoire qu'il avait remportée, son jeune orgueil était encore flatté quand on accordait à ses prières une faveur que l'on refusait aux pleurs du jeune enfant. Enfin, à l'aide de ces innocents artifices, qui furent continués avec la plus grande circonspection pendant plus d'une année, Gustave finit par porter à son frère l'amitié la plus tendre, et qui depuis ne s'est jamais démentie. »

Voilà ce qui se passe dans le cœur de l'enfant, quand il est atteint de jalousie. Mais c'est surtout dans la jeunesse, dans l'âge mûr, et parfois dans la vieillesse, que la jalousie éclate ; peu d'hommes et peu de femmes en sont exempts : les amants délicats craignent de l'avouer, les époux en rougissent. Pour les uns comme pour les autres deux éléments sont nécessaires en amour : le sentiment de leur valeur personnelle, et la confiance dans l'objet de ses affections. Or il est rare que ces deux éléments marchent ensemble : ils s'éloignent, au contraire, attendu que la jalousie nous apprend à douter de nous-mêmes, ou tout au moins à soupçonner la personne que nous aimons, dépréciant ainsi notre propre valeur et mésestimant l'objet aimé.

De là encore le motif pourquoi la jalousie est la folie du vieillard qui vous avoue son impuissance ; et celle des habitants des pays chauds qui connaissent le tempérament de leurs maîtresses ou de leurs épouses. Ainsi, filles et garçons, hommes et femmes, jeunes et vieux, tous ressentent les aiguillons de cette poignante passion.

Il n'est pas jusqu'à certains animaux domestiques qui ne puissent en ressentir les atteintes. Les personnes qui en ont élevé ou en élèvent, peuvent reconnaître que les chiens, par exemple, aiment nos caresses, nos soins, et que, s'ils en sont privés pour d'autres, leur souffrance est manifeste. Un de ces animaux ne voit pas sans colère son maître en caresser un autre devant lui. « Un de mes amis, dit M. Belouino, avait un chien anglais, fort intelligent, et qui lui était très-attaché ; on lui apporta un matin un jeune dogue qu'il voulait élever. A la vue de cet étranger, Fox témoigne son étonnement : il le flaire, l'examine, puis regarde son maître, comme pour savoir ses intentions à son égard. Sa tristesse est extrême, et il ne veut pas souffrir que le jeune chien joue avec lui ; il s'en éloigne le plus possible, il refuse de manger, il sort de la maison, puis revient au bout de quelques heures. Il recommence à observer tristement le petit chien ; il revient à son maître d'un œil inquiet, part une seconde fois, et ne revient plus. Il avait compris que le nouveau venu lui enlèverait une part des caresses qu'il recevait habituellement.

Que le chien soit susceptible d'être atteint

de jalousie, cela n'étonnera personne ; il suffit d'avoir élevé quelques chiens, pour savoir qu'ils sont excessivement jaloux des caresses que leur maître fait à d'autres chiens. Mais ce qui pourra surprendre bien des gens, ce sont les accès de jalousie auxquels les chevaux sont sujets. Ces accès deviennent quelquefois si prononcés, qu'on a vu les accidents les plus graves survenir, parce qu'on n'avait pas assez ménagé chez eux la susceptibilité de cette passion. En voici un exemple.

Une jument était habituée depuis cinq années à habiter seule une petite écurie, où elle était visitée, caressée et gâtée par toutes les personnes de la maison, notamment par son maître, le docteur Pinel-Grandchamp. Dans les premiers jours de 1841, Cocotte était paisible dans son écurie, lorsqu'on amena une autre jument qui devait partager avec elle sa proprette habitation. Elle n'a pas plutôt senti l'approche de cette étrangère, qu'elle paraît inquiète, s'agite, baisse les oreilles et se retourne en inclinant la tête vers la porte de l'écurie, d'où elle n'avait pu rien voir. Deux ouvriers menuisiers y étaient occupés à terminer une séparation, lorsque la nouvelle jument fut imprudemment introduite. A sa vue, Cocotte entre dans un accès de jalousie dont rien ne saurait peindre la violence : elle mord les planches et les brise, se met à ruer sur tout ce qui l'entoure, fracasse l'échelle sur laquelle était monté un des ouvriers, et, bien que maintenue à l'aide de deux longes par son maître qu'elle affectionne vivement, elle ne cessa de ruer que lorsqu'il l'eut abattue en faisant fléchir une jambe de devant pendant que les deux de derrière étaient en l'air. On profita de cet instant pour faire sortir la malheureuse jument qui avait reçu plusieurs ruades dans le poitrail et dans les flancs, sans opposer la moindre résistance dans une demeure qui n'était pas la sienne. Elle était à peine emmenée que Cocotte s'approcha doucement de son maître et se mit à lui lécher la figure et les mains avec une expression singulière de bonheur, de tendresse, comme si elle le remerciait de l'avoir débarrassée de cette rivale importune qui prétendait partager sa demeure et les caresses dont elle était journellement l'objet.

Et si des animaux nous retournons à l'homme, il est facile de constater que l'amour vrai et la jalousie naissent simultanément dans le cœur de l'un et de l'autre sexe. Passion cruelle qui vient mêler son fiel aux sentiments les plus doux, aux félicités les plus pures de l'âme. Poison funeste qui rend amère pour nos lèvres la coupe enivrante des plaisirs. C'est pourquoi, quand cette triste passion se glisse dans nos cœurs et s'en empare, elle prend toutes les formes ; tantôt elle est triste et résignée, et cache soigneusement à tous les regards les souffrances cuisantes qu'elle endure ; tantôt elle se manifeste avec violence et se tourne en fureur. Ainsi Médée, apprenant que Jason l'abandonne pour épouser la fille de Créon, roi de Corinthe, ne se possède plus : elle poignarde les deux enfants qu'elle avait eus de Jason et fut précipitamment s'enfermer dans son palais. Ainsi Fausta, femme de Constantin, devient la cause volontaire de la mort de Crispus, dont elle était la marâtre. Voici ce que l'histoire nous apprend à ce sujet. Constantin avait eu de sa première femme, Minervine, un fils du nom de Crispus, doué d'une grande valeur et d'une remarquable beauté, élevé par Lactance. Soit que ce prince inspirât une passion à sa marâtre, soit que Fausta fût envieuse pour ses propres enfants des qualités de Crispus, elle l'accusa auprès de son mari et renouvela la tragique aventure de Phèdre. Constantin fit mourir son fils..... Bientôt, instruit par sa mère Hélène de l'innocence de Crispus et des mœurs dépravées de Fausta, Constantin ordonna la mort de cette femme qui fut étouffée dans un bain chaud. Ainsi, que de plaintes, que de menaces ! quelle vengeance terrible la jalousie n'appelle-t-elle pas à son aide !

La jalousie, quand elle est furieuse, produit plus de crimes que l'intérêt et l'ambition ; elle dévore comme un ver rongeur les entrailles de sa victime.

Cœurs jaloux, à quels maux êtes-vous donc en proie ?
Vos chagrins sont formés de la publique joie.
Convives dégoûtés, l'aliment le plus doux,
Aigri par votre bile, est un poison pour vous.
VOLTAIRE.

Aussi rien ne peut contenter le jaloux, qu'un amour aussi vif que le sien. Les assurances les plus fortes, les expressions les plus tendres, les complaisances les moins équivoques, ne sauraient calmer son esprit, s'il n'est persuadé que la satisfaction est réciproque. Il voudrait s'ériger en une espèce de divinité à l'égard de la personne qu'il aime ; il voudrait être l'unique objet de son cœur, de ses yeux, de ses pensées. Il est toujours sur le point de se plaindre et de se fâcher, si elle loue ou admire quelque autre chose que lui.

Heureusement ce sont là des exceptions, et dans la plupart des cas, je le répète, la jalousie ronge et déchire dans le silence celui qui n'ose se plaindre d'en être la victime ; néanmoins, combien de signes qui décèlent en lui les ravages du mal qu'il endure ! Voyez quelle tristesse est empreinte sur le visage du jaloux ! Comme le chagrin a sillonné sa physionomie ! Son regard est inquiet, sa bouche rarement effleurée par le sourire, si ce n'est celui de l'ironie amère. Le front est marqué de rides horizontales ; les sourcils sont mobiles, habituellement froncés et abaissés sur les yeux ; deux rides perpendiculaires les séparent, produites par l'habitude des réflexions tristes ; la teinte du visage est plombée. De profonds soupirs viennent de temps en temps soulager sa poitrine oppressée. Le sommeil s'enfuit, l'appétit se perd ; les digestions s'altèrent ; l'ictère survient, la maigreur apparaît, la fièvre s'allume, la consomption se manifeste, et, d'après la remarque de Tissot, l'on voit les symptômes les plus fâcheux se réunir et se terminer de la manière la plus funeste.

Bref, la jalousie est dangereuse en amour, dit Zimmermann; il n'est pas de maux qu'elle n'enfante. L'ambition rend téméraire et précipite souvent; mais la jalousie rend furieux et frénétique. J'ai eu occasion de voir les grands hôpitaux de Paris; j'y ai remarqué trois espèces de fous. Les hommes l'étaient devenus par orgueil, les filles par amour, les femmes par la jalousie; celles-ci m'avaient l'air d'autant de furies.

La jalousie, comme si elle n'en avait pas assez pour se satisfaire, des souffrances qu'elle fait endurer au jaloux, inflige aussi, même à ceux qui sont les tristes objets des plus injustes soupçons, bien des peines et bien des tourments. *La femme jalouse*, dit l'Ecriture, *est un sujet de douleur et d'amertume*; ailleurs, elle ajoute : *Mieux vaut habiter sur le toit de la maison que de rester avec elle*. C'est qu'en effet rien n'est cruel comme d'avoir à supporter les effets de cette passion ; elle dénature les actions les plus innocentes, elle interprète de la façon la plus étrange les choses les plus simples. Etes-vous tendre, affectueux, c'est que vous voulez cacher vos intrigues et donner le change sur votre conduite ; une pensée sombre, une réflexion sérieuse, un léger nuage, viennent-ils obscurcir votre visage, c'est l'ennui qui vous atteint ; c'est que vous n'aimez plus et que vous avez ailleurs des affections qui vous dédommagent ; si vous parlez à quelque personne d'un autre sexe, c'est évident, vous l'aimez ; si vous ne lui parlez pas, c'est évident encore, vous l'aimez, mais vous savez feindre.

C'est ainsi que la personne jalouse vous torture à chaque instant ; chaque jour les reproches amers, les accusations injustes, les larmes, les sanglots, les tourments de toutes sortes viennent vous navrer le cœur ; ce qui confirme pleinement cette remarque de Montaigne : « Lorsque la jalousie saisit ces âmes faibles et sans résistance, c'est pitié comme elle les tirasse et tyrannise cruellement. La vertu, la santé, le mérite, la réputation du mary sont les boutefeux de leur rage : cette fiebvre laidit et corrompt tout ce qu'elles ont de bel et de bon d'ailleurs, et d'une femme, jalouse, quelque chaste qu'elle soit et mesnagierre, il n'est action qui ne sente à l'aigre et à l'importun. »

Quant aux différences que présente la jalousie dans les deux sexes, on observe que cette passion est beaucoup plus fréquente et en même temps plus grossière chez l'homme que chez la femme. L'homme soupçonne plus facilement la femme d'être capable d'une infidélité matérielle, et redoute par-dessus tout un affront qui, dans nos mœurs, le rend un objet de risée ; la femme au contraire craint davantage la perte du cœur de celui qu'elle aime, et tant qu'elle croit posséder son affection, elle peut encore supporter le partage de ses caresses. Les annales de la jalousie attestent que c'est presque toujours la femme qui expie les atteintes portées à la foi conjugale. La femme en effet pardonne ordinairement à l'homme les infidélités qu'elle découvre, et fait tomber son ressentiment sur ses rivales : l'homme pardonne plus facilement à son rival, et rapporte toute sa vengeance sur celle dont l'inconduite peut introduire un étranger dans la famille. Sans doute, les exceptions à cette règle peuvent être nombreuses, mais elles ne l'infirment pas. Quoi qu'il en soit, sachons dire au jaloux, quel que soit son sexe, après lui avoir fait comprendre quels sont les dangers de la jalousie : Il faut un amour bien grand, par conséquent bien plus vrai que vous ne le supposez être, pour qu'on vous reste attaché malgré vos emportements ; car la jalousie enlaidit les femmes, et frappe les hommes d'un effroyable ridicule. Pour peu que l'amour soit léger, il s'effacera, si vous l'accablez du poids de vos importunités ou de vos tourments.

Par ces motifs, la jalousie est le plus grand de tous les maux, et, chose assez bizarre, celui qui fait le moins de pitié aux personnes qui le causent. (*La Rochefoucauld*.)

Peut-on triompher de la jalousie ? c'est bien difficile ; cependant on la guérit assez vite chez les enfants, en redoublant chez eux d'attention et de caresses, et en évitant surtout de les rendre témoins des prévenances et des caresses qu'on aura pour tout autre.

Mais si mari ou femme sont jaloux l'un ou l'autre sans être assurés d'une affection réciproque, ce n'est que par la confiance que chacun doit avoir en soi et en celui ou celle à qui il s'est uni, qu'on peut espérer triompher d'une passion si tyrannique. Heureux ceux qui, déplorant d'exciter un sentiment aussi impétueux, auront assez de douceur, assez de tendresse, assez de dévouement, pour éviter toutes les occasions de ranimer un feu qui ne demande qu'à s'éteindre !

N'oublions pas, toutefois, que la jalousie est un gouffre qui dévore : plus on lui donne, plus elle demande ; plus on lui fait de sacrifices, plus elle en exige. C'est une plaie gangréneuse dans laquelle il faudrait avoir le courage de couper au vif, dans son cœur ; mais être ferme en même temps que juste, forcer la raison de la personne jalouse à se rendre à l'évidence d'une conduite honnête, sont les meilleurs moyens moraux de traiter cette maladie.

Il est encore certains moyens qui peuvent puissamment concourir au même but. Le premier de tous, c'est de diriger vers Dieu l'esprit de la personne jalouse et de lui inspirer l'amour de l'humanité ou l'amour du prochain et tous autres sentiments religieux dont la pratique affaiblit généralement toute passion funeste, et nous aide à en triompher. Et si, par cas, le jaloux s'y refuse, n'importe pour quel motif, il faudra le lancer, s'il se peut, dans la voie de l'ambition, qui a la faculté d'étouffer l'amour ; ou l'attacher à l'étude des sciences exactes et métaphysiques, qui, par l'attention continuelle qu'elles exigent, amortissent évidemment les sentiments passionnés.

Je ne terminerai pas sans faire remarquer que la jalousie peut être utile à quelque chose, et par exemple, comme il faut de la réciprocité en amour, la préférence qu'on accorde, on veut souvent l'obtenir. Pour être aimé, il faut se rendre aimable; pour être préféré, il faut se rendre plus aimable encore, plus aimable qu'un autre, plus aimable que tout autre, au moins aux yeux de l'objet aimé. De là peut naître l'amitié et la bonté du caractère. Celui qui sent combien il est doux d'être aimé, voudrait l'être de tout le monde, et tous ne sauraient vouloir de préférence, qu'il n'y ait beaucoup de mécontents. Partant, on peut venir en aide aux esprits jaloux, et les exciter pour une bonne fin. C'est un conseil qu'a donné Fénelon. Après avoir blâmé les mères cruelles qui font endurer à leurs enfants les tourments de la jalousie, il ajoute: « Mais il faut savoir employer ce remède dans les besoins pressants, pour exciter leur émulation et les tirer de leur indolence. Mettez devant l'enfant que vous élevez d'autres enfants qui ne font guère mieux que lui, et vous les exciterez à bien faire, au lieu que des exemples disproportionnés à sa faiblesse achèveront de le décourager. Donnez-lui de temps en temps de petites victoires sur ceux dont il est jaloux, et vous le conduirez à mieux faire. »

JOIE, ALLÉGRESSE, GAIETÉ (sentiments). — Quand les populations font spontanément éclater leur joie par des cris, par des chants et autres manifestations publiques, on dit qu'elles sont dans l'ALLÉGRESSE.

C'est un sentiment qui s'est renouvelé souvent chez les Romains et dans plusieurs autres Etats de l'Italie, depuis l'avénement de Pie IX au souverain pontificat. A chaque nouveau pas qu'il a fait dans la voie du progrès, on a vu la population tout entière accourir au Vatican et témoigner par ses vivat et ses chants d'amour, son affection, son dévouement et sa reconnaissance à son bien-aimé souverain.... Que les temps sont changés!...

L'ALLÉGRESSE ne diffère donc pas de la JOIE; seulement le plaisir que l'âme ressent dans cette dernière, naît lorsqu'elle considère la possession d'un bien présent ou d'un bien futur qu'elle regarde comme assuré (*Locke*); tandis que l'allégresse éclate, lorsqu'il y a certitude de possession : elle est l'expression d'une bien grande joie.

A ce propos, nous devons distinguer aussi la *gaieté* de la *joie* : l'une consistant généralement dans un sentiment délicieux de l'âme, et l'autre dans une agréable situation de l'esprit. La première, la joie, est ordinairement le prix de l'innocence ou de la vertu, abstraction faite de tout autre sentiment qui la produit spontanément; et la seconde, la gaieté, le résultat d'une bonne constitution, d'un bon naturel et de l'exercice libre et facile de toutes les fonctions.

Les causes qui font naître la joie sont très-nombreuses. Nos illusions sont si fréquentes, nos espérances si promptes à se former, que les choses les plus frivoles nous semblent de nature à nous rendre heureux. Ainsi tout plaisir, toute jouissance, qui viennent caresser notre âme, nous semblent destinés à combler nos désirs. Nous les saisissons avec avidité et ne les rejetons qu'après avoir exprimé jusqu'à la dernière goutte le bonheur qu'ils contenaient. Tout ce qui flatte les sens, les penchants, tout ce qui correspond aux désirs de l'âme, fait naître la joie, et elle est plus ou moins vive, suivant que nous sommes plus ou moins disposés à nous y livrer.

De même le tempérament dispose plus ou moins à la joie et la modifie de bien des manières : par exemple, les observateurs ont remarqué que les individus sanguins, doués d'une excessive mobilité d'impressions, prompts surtout à saisir les événements par le côté avantageux, se livrent facilement et sans réserve à la joie; mais ils ne l'éprouvent pas très-vivement. Tout est superficiel chez eux.

Au contraire, les personnes nerveuses sont excessives dans leurs joies comme dans leurs chagrins. Rien n'est exalté comme les satisfactions qu'elles éprouvent : jamais la raison ne modère l'expression de leurs sentiments. Leur joie déborde impétueuse, comme déborderait la douleur.

Et quant au bilieux, au lymphatique et au mélancolique, le premier y est quelque peu accessible, le second l'est moins, et chez le dernier la joie est un phénomène insolite, qui ne se manifeste qu'à de très-rares intervalles. Cependant, la joie que Cicéron a définie, *un transport voluptueux de l'âme*, emporte généralement l'homme plus loin que les transports de la douleur, et aussi loin que ceux de la colère et de la rage. Cela prouve qu'on ne saurait trop veiller sur les passions, de quelque nature qu'elles puissent être, les emportements de la joie n'étant pas moins dangereux pour nous, que les autres mouvements du cœur qui passent pour les plus dangereux.

Le moindre mal qui puisse arriver, quand elle est subite et se transforme en état maladif momentané, c'est de produire un rire quelquefois vif et saccadé spasmodique, inextinguible, tant les secousses du diaphragme se succèdent rapidement, rire qui devient même suffocant, par suite de sa persistance et de sa continuité. Il s'accompagne d'un resserrement presque douloureux de l'épigastre, de palpitations violentes, d'une respiration entrecoupée; et, le cerveau, comme oppressé, ne paraît plus susceptible d'impressions extérieures. La voix expire sur les lèvres, et les membres tremblants refusent leur appui. Quelquefois une syncope complète ne permet plus qu'un exercice lent et pénible de la circulation.

La joie poussée un peu moins loin se manifeste d'une autre manière : elle fait verser des larmes; c'est un phénomène qui n'est pas rare, et il est peu d'hommes qui n'aient éprouvé ce qu'il y a de douceur à pleurer ainsi. Heureux ceux dont les succès, les triomphes, les belles actions, ont fait couler les larmes des yeux de leurs parents !

Les hommes saisis par une joie soudaine ne peuvent quelquefois se contenir ; il faut qu'ils se laissent aller au mouvement impétueux qui les agite. Ils sautent, ils courent, ils dansent, leur voix s'échappe en bruyants éclats ; ils se livrent à toutes sortes d'extravagances. Parfois, au contraire, et cela à cause de l'idiosyncrasie des individus, une joie très-vive est suivie d'un trouble passager de la raison ; heureux encore quand elle ne s'accompagne pas d'une véritable folie, ou de mort subite ! Nous trouvons dans les *Actes des apôtres* le fait suivant, fait très-remarquable, qui nous montre un de ces résultats de la joie dans toute sa vérité naïve. Saint Pierre étant sorti de prison, *vint à la maison de Marie, mère de Jean, surnommé Marc, où plusieurs étaient assemblés en prières. Quand il eut frappé à la porte, une fille, nommée Rhode, vint pour écouter qui c'était. Et ayant reconnu la voix de Pierre, elle eut une si grande joie, qu'au lieu de lui ouvrir, elle courut dire à ceux qui étaient dans la maison que Pierre était à la porte.* (Chap. xii, v. 12, 13, 14.) Ce fait trouve son analogue, quoique à un plus haut degré pourtant, dans l'histoire de la mère de Thamar-Koulikhan, qui, en apprenant la victoire de son fils sur les rebelles, fut prise d'un délire qui dura trois jours. (*M. l'abbé Forichon.*) Combien que la joie a rendus fous !

Une des histoires les plus frappantes qui s'offrent en ce moment à mon esprit, est celle de cet individu qui, ayant gagné à la loterie de Francfort un domaine et ses dépendances, perdit la raison à l'instant même où il apprit la nouvelle que les chances du hasard lui avaient été favorables. Il n'a jamais pu jouir des avantages que ce *malheureux* bonheur lui aurait procurés, si, moins impressionné, il avait conservé le libre exercice de ses facultés intellectuelles. De pareilles histoires sont trop connues pour que je m'arrête à en narrer de nouvelles.

Restent les cas de morts subites. Ils sont assez nombreux et fort connus, et par exemple, Sophocle, devenu vieux, voulant prouver qu'il jouissait encore de toutes les facultés de son intelligence malgré son grand âge, fait une tragédie et meurt en recevant la couronne qui lui est décernée. Le lacédémonien Chilon embrasse son fils qui venait de recevoir le prix aux jeux Olympiques, et expire de joie dans ses bras. Juventius Thalna, apprenant qu'il avait les honneurs du triomphe pour la conquête qu'il venait de faire de l'île de Corse, tombe et meurt de joie devant l'autel où il sacrifiait en actions de grâces. Une dame française, nommée Châteaubriand, mourut de l'excès de joie en voyant son mari revenu d'une expédition lointaine, où il avait accompagné saint Louis. Le fameux Fouquet cesse de vivre en apprenant que Louis XIV lui rend la liberté. La nièce de Leibnitz, ne se doutant pas qu'un philosophe pût laisser de l'argent, et ayant trouvé, après la mort de son oncle, soixante mille ducats dans un coffre placé sous le lit du défunt, meurt en les apercevant. Je fus témoin, après les guerres de l'Empire, de la mort subite d'un marchand de vin, occasionnée par le retour de son fils qu'il ne croyait plus revoir. Ce fait rappelle cette Romaine qui avait cru son fils tué à la bataille de Cannes, et qui mourut en le revoyant. Il en est un autre qui a beaucoup d'analogie avec lui : c'est celui d'une jeune fille qui, ravie de l'arrivée de son frère que l'on croyait perdu, se prit à rire sans pouvoir exprimer autre chose. Cet état convulsif du diaphragme dura trois jours, au bout desquels elle mourut. Enfin, Loyer-Villermay rapporte un exemple très-remarquable des effets malheureux d'une joie subite et trop vive : « Un vieillard, père tendre et citoyen vertueux, dit-il, apprend l'arrestation de son fils pour cause de fédéralisme : il tremble pour sa vie, part, et bientôt arrive à Paris. Il sollicite et obtient la liberté du soutien de ses derniers jours ; mais ce vœu de la tendresse paternelle exaucé plonge le fils dans la douleur la plus amère. Celui-ci apprend, en sortant des cachots, que son père, trop sensible au bonheur de le revoir, a succombé à sa joie. »

J'ai dû insister sur l'énumération des différents effets de joie et sur les causes diverses qui, en la provoquant, ont déterminé instantanément une étourderie chez celle-ci, le délire chez celle-là, et la mort instantanée chez quelques-uns, afin que chacun soit convaincu que, comme dans l'affliction, il faut mettre beaucoup de ménagements dans l'annonce d'une nouvelle qui peut occasionner une grande joie ; l'excès de celle-ci produisant une si forte secousse dans les systèmes circulatoire et nerveux, qu'il en peut résulter les accidents les plus fâcheux.

Heureusement, hâtons-nous de le dire, les effets de la joie ne sont pas toujours funestes ; au contraire, il est des circonstances, et ce sont les plus communes, où la joie dissipant la tristesse qui environne le cœur, l'illumine de ses vivifiantes clartés ; tout l'organisme, qui naguère était affaissé, morne et sans éclat, reprend son énergie, sa beauté, sa splendeur. Les fonctions, qui languissaient tout à l'heure, s'accomplissent largement ; le sang circule aisément dans les vaisseaux ; les poumons, dilatés par de puissantes inspirations, s'emplissent abondamment d'oxygène, qui, en se mêlant au sang veineux, lui rend de nouveau ses propriétés nutritives et stimulantes. Il n'est donc pas étonnant que ce liquide ayant une impulsion plus forte et des qualités supérieures, étant mieux constitué, des couleurs plus vives se dessinent sous la peau ; que les mouvements, devenus plus libres, plus dégagés, s'exécutent avec facilité, que le corps tout entier sente sa vigueur augmentée. Voilà pourquoi le visage s'épand, les rides s'effacent, le front s'agrandit, l'œil brille impétueux dans son orbite, la confiance et la majesté éclatent de toutes parts dans la physionomie. Il semble, je le répète, qu'un surcroît de vie ayant été versé dans le système capillaire sanguin, tout l'organisme s'en trouve pénétré.

Au moral, cette passion entretient dans l'âme le calme, la quiétude nécessaire à l'exercice de la pensée; sous son influence, le travail intellectuel est beaucoup plus facile. Il est presque aisé d'avoir de l'esprit et du génie quand on est heureux. L'homme qui éprouve ce sentiment en imprègne ses écrits; on sent qu'il y a épanché le trop plein de son cœur : son style, ses pensées, ont une aisance, une grâce, une fraîcheur qu'on ne retrouve jamais dans les pages tracées par un écrivain malheureux.

Partant, la joie peut devenir un puissant moyen de guérison contre certaines maladies, si nous sommes assez habiles pour en tirer parti ; mais pour qu'il en soit ainsi, il faut savoir la procurer, l'augmenter ou la modérer graduellement, et en user avec beaucoup de discernement ; c'est-à-dire que, si l'on veut l'opposer aux affections tristes, on ne devra jamais perdre de vue les phénomènes nerveux qu'elle produit.

JOUEUR (vice). — Parmi les moyens que les hommes ont inventés pour alléger le poids de la vie et se soustraire à l'ennui et à l'inutilité, il en est un qui, comme un fleau contagieux, désole la société, et n'est pas moins funeste aux mœurs qu'à la santé, parce qu'il produit le double effet de la paresse et d'une passion vive : ce moyen-là, c'est le jeu.

La manie du jeu remonte à la plus haute antiquité, et l'on eu trouve des traces chez tous les peuples. Les Juifs, il est vrai, paraissent en avoir été exempts avant leur dispersion ; mais ils les gagna dès qu'ils eurent fréquenté les Grecs, qui jouaient déjà avant le siège de Troie, et les Romains qui devinrent joueurs longtemps avant la destruction de leur république. En vain les lois romaines ne permirent de jouer que jusqu'à une certaine somme; en vain Juvénal s'attacha à flétrir ces hommes qui apportaient au jeu des cassettes pleines d'or, pour les risquer en un seul coup de dés : la passion des jeux de hasard fit de tels progrès à Rome, que, vers le temps où Constantin abandonna cette ville, pour n'y plus revenir, tout le monde, et jusqu'à la populace, s'y livrait avec fureur ; en détruisant Corinthe, les Romains ne s'enrichirent guère que de ses vices.

Suivant le témoignage de Tacite, les Germains furent également en proie à ce funeste vertige, et le poussèrent même jusqu'à un tel excès, qu'après avoir tout perdu au jeu de dés, ils se jouaient eux-mêmes en un seul coup. Alors le vaincu, quoique plus jeune et plus fort que son adversaire, se mettait volontairement à sa merci, et se laissait garrotter et vendre aux étrangers. Le préjugé qui regarde les dettes du jeu comme les plus sacrées de toutes, comme *dette d'honneur*, nous est probablement venu de l'exactitude rigoureuse des Germains à remplir ces sortes d'engagements.

Les Huns allaient plus loin encore : saint Ambroise rapporte qu'après avoir mis au jeu ce qu'ils avaient de plus cher, leurs armes, ils y exposaient leur vie, et se donnaient quelquefois la mort malgré le gagnant. Des excès à peu près analogues se sont renouvelés dans ces temps modernes. A Naples et dans plusieurs autres villes de l'Italie, des hommes du peuple jouaient leur liberté pour un certain temps. On assure qu'un Vénitien joua sa femme et ses enfants. A Moscou, à Pétersbourg, on joue non-seulement son or, ses meubles, ses terres, mais encore ceux qui les cultivent; en sorte que les familles entières passent successivement à plusieurs maîtres en un seul jour.

En France, ce ne fut d'abord que parmi la noblesse que l'amour des jeux de hasard se manifesta, et ce n'a été que longtemps après qu'il se répandit parmi les classes inférieures. Ainsi, ce fut du palais des rois et des salons des grands que vint ce goût qui gagna tout Paris et les provinces. A diverses époques, avant François I", des ordonnances émanées de la cour interdirent au peuple les jeux de hasard; mais l'essor étant donné, la contagion finit par se répandre. Sous Henri II, François II, Charles IX et Henri III, les joueurs ne furent presque pas inquiétés. Ils eurent une entière liberté sous Henri IV; et les grands seigneurs d'alors se faisaient une sorte de mérite d'acheter des joyaux avec les bénéfices que le jeu leur procurait quelquefois. (*Voy.* l'art. FASTE.) En aucun lieu on n'avait joué avec autant d'acharnement qu'à la cour de ce prince; de toutes parts des académies de jeu se formèrent ; les dupes s'y précipitèrent en foule; l'usure, cette plaie des familles, osa se montrer dans toute sa turpitude ; les procès se multiplièrent et le mal devint général. Il fut réprimé sous Louis XIII. Ce roi, qui avait une véritable passion pour le jeu des échecs, se montra l'ennemi juré des jeux de hasard, et les interdit sévèrement. Le cardinal Mazarin en rétablit l'usage à la cour de Louis XIV, d'où cette nouvelle épidémie se répandit une seconde fois sur tous les points de la France, et s'y naturalisa si bien, que depuis elle ne cessa d'y faire des ravages, selon qu'elle fut plus ou moins favorisée par les circonstances. Chose scandaleuse! pendant les XVII" et XVIII" siècles, c'était un état que d'être joueur, et ce titre tenait lieu de naissance, de fortune et de probité. On voyait alors assis à la même table et souper ensemble, le prince et l'aventurier, la duchesse et la courtisane, l'honnête homme et le fripon; à cette époque, le jeu seul avait le privilège de niveler toutes les conditions. (*M. Deseuret.*)

De nos jours, cette passion dévorante des jeux de hasard a de nouveau envahi nos malheureuses cités; et si, parmi ces hommes simples et honnêtes, qui vivent retirés du monde et dans la plus complète ignorance de ses vices, il s'en trouvait un seul qui pût en douter, nous n'aurions qu'à les conduire, non point dans ces maisons clandestines, je n'en connais pas le chemin, où la police exerce ses razzias sitôt qu'elle en découvre l'existence ; mais bien et surtout dans ces salons dorés dont les murs retentissaient autrefois des sons les plus suaves et les plus harmonieux, hélas! bien silencieux aujourd'hui. Pourquoi? Parce que la longue table au tapis vert y a remplacé les pupitres et les pianos ; parce que l'artiste a cédé la place au joueur! Et l'on ose s'applaudir des progrès de la civilisation!

Pour ma part, je ne puis que gémir d'un changement pareil, d'une telle métamorphose. Je ne puis que déplorer cet aveuglement funeste, qui pousse le père de famille à perdre dans sa soirée tous ses revenus d'une année; le petit ou le gros employé, leurs appointements du mois; le militaire, sa solde; les hauts fonctionnaires, leur traitement, etc. : et puis, rentrer tous au logis la douleur dans l'âme et le cœur bourrelé par les regrets. Je n'oublierai de longtemps une jeune et charmante actrice d'un de nos petits théâtres de Paris, qui, ayant une santé délicate, m'avait fait prier de lui donner quelques conseils. Un jour de novembre 1846, je me rendis chez elle, comme d'habitude, vers les onze heures du matin, et la trouvai dans un état de surexcitation nerveuse très-intense. Il avait été occasionné par une nuit d'agitation et d'émotions diverses éprouvées au jeu, et par une perte d'argent assez considérable qu'elle avait faite. « Imaginez, me dit-elle, ce que j'ai dû éprouver en définitive lorsque, au lieu de 200 fr. de gain que j'avais devant moi à deux heures du matin, il m'a fallu revenir ici une demi-heure après à pied, n'ayant pas même de quoi me payer une voiture, et aucun cavalier ne m'ayant fait la galanterie de me reconduire! Joignez à cela l'insomnie et les réflexions cruelles que j'ai faites depuis que j'ai quitté la table du jeu, et vous aurez la raison de l'état peu habituel dans lequel vous me trouvez en ce moment. Je voudrais voir anéantir toute espèce de jeux. » Je n'avais pas d'autre pensée, et il me fut facile de me faire comprendre de l'aimable actrice en lui parlant le langage de la raison qui, si elle était constamment consultée et écoutée, nous empêcherait de faire bien des sottises.

Mais d'où vient donc cette passion si entraînante, que nul n'y résiste s'il se laisse aller une fois à ses séduisantes amorces? Quelques-uns parmi les habiles ont prétendu que c'est l'espoir du gain ou l'avarice qui en est l'âme; mais que, pour mieux la déguiser, les joueurs lui ont donné le nom d'amusement et de jeu. Un amusement! Peut-on croire qu'elles s'amusent réellement les personnes clouées sur une chaise, dont le corps est immobile, autour d'une table, dans une atmosphère viciée et corrompue; tandis que leur esprit est dans une agitation extrême; alternativement ballotées par l'espoir et par la crainte? S'amusent-elles d'être ainsi exclusivement occupées du soin de captiver les faveurs de l'aveugle dieu auquel elles sacrifient ; et se laissant entraîner au gré de la passion qui les anime, d'oublier les devoirs qui les rappellent et les heures qui s'écoulent? S'amusent-elles enfin, de ne sortir de ce violent accès, que la perte produit, que pour se plonger dans des chagrins plus réfléchis? Je ne puis le croire; je doute même que celui qui gagne s'amuse toujours; oui, je doute que le joueur riche ou aisé, s'il est humain, puisse s'amuser à gagner l'argent de l'artisan, de l'ouvrier, du commis et même de l'héritier d'une grande famille, qui dans leur désespoir n'auront peut-être pas de lendemain!

Quoi qu'il en soit, il n'est personne d'un certain âge qui, au moins quelquefois dans sa vie, n'ait été entraîné à jouer; mais si tout le monde joue ou à peu près, tous les joueurs n'y apportent pas le même esprit; ainsi celui-ci joue par complaisance, celui-là pour se distraire, quelques-uns par goût, mais sans passion. Or, comme c'est la passion du jeu qui constitue le joueur, on ne doit pas donner ce nom à tous ceux qui font la partie, cette qualification devant être réservée à celui pour qui il n'y a rien de plus difficile à supporter, non point que l'idée d'avoir perdu, mais que l'obligation de cesser de jouer (*Madame de Staël*), la plupart des hommes cherchant à trouver le bonheur dans l'émotion, c'est-à-dire dans cette sensation rapide qu'il éprouve et qui gâte souvent un long avenir.

D'après ces considérations préliminaires, nous considérerons la passion du jeu comme un besoin habituel de se livrer aux chances du hasard, ou à des combinaisons incertaines, dans lesquelles l'habitude a plus ou moins de part.

Parmi les causes que l'on a signalées, l'oisiveté et la recherche d'émotions variées occupent le premier rang après la soif de l'or et l'espoir outré d'un gain facile. Il n'est donc pas étonnant que cette passion s'empare des individus appartenant à toutes les conditions, à tous les états, dans toutes les positions sociales. Toutefois on a remarqué que les joueurs les plus ardents, et comparativement les plus nombreux, appartiennent à la classe riche et sans profession; et puis, que ce sont, 1° les individus pauvres et sans état ; 2° les banquiers et les négociants; 3° les médecins; 4° les étudiants des diverses facultés; 5° les ouvriers de toutes les classes, etc., qui se montrent les plus passionnés pour le jeu.

Les climats ne semblent pas exercer une influence spéciale sur le développement de la passion qui nous occupe; toutefois, si l'on en croit un ancien joueur, devenu depuis sa guérison l'un des premiers employés de la ferme des jeux à Paris, alors que le gouvernement les tolérait, il résulterait des observations qu'il avait été à même de faire pendant douze années, qu'on pouvait classer les joueurs passionnés dans l'ordre suivant : A Anglais; B Anglo-Américains; C Italiens; D Espagnols; E Russes; F Allemands; G Polonais; H Belges; I Hollandais; J enfin, Français. Il avait également remarqué que les deux tiers des sommes englouties dans les sept maisons de jeu ouvertes à Paris provenaient des étrangers qui ne manquaient pas de nous payer le tribut de leur séjour au milieu de nous. Pour que ses observations fussent concluantes à l'endroit de la population flottante de la capitale, il faudrait savoir si le nombre d'étrangers venus à Paris est égal pour chacune des nations dont nous avons donné le tableau.

Toujours est-il que, dans les Etats civilisés, les causes du penchant au jeu sont fort nombreuses. J'ai déjà parlé de la soif de l'or, de l'oisiveté, de la recherche d'émotions variées, des influences climatériques et professionnelles ; il ne me reste donc, pour en compléter l'étiologie, que d'indiquer le luxe, le désœuvrement, la misère, le chagrin, le mauvais exemple, la fréquentation des chevaliers d'industrie, et par-dessus tout, l'occasion, qui en est la source la plus puissante. Et cela doit être ; car, si malheureusement pour celui qui se décide à jouer pour la première fois, le succès vient lui sourire dès son début, alors, soyons-en certains, il n'aura plus de frein, et l'habitude qu'il prendra insensiblement deviendra incurable, ce jeu devenant une source perpétuelle d'illusions et de vicissitudes qui animent tour à tour le joueur sans jamais l'assouvir.

Par tous ces motifs, il est facile de concevoir que rien n'est plus capable de troubler l'ordre des fonctions animales et la régularité des mouvements vitaux, qu'un pareil défaut d'équilibre entre le moral et le physique ; que les humeurs, viciées par un défaut de sécrétion, peuvent, en se jetant sur la peau, y produire des éruptions psoriques ou autres qui en détruisent le poli, la souplesse et l'éclat, tout comme elles produisent l'engorgement des viscères abdominaux.

Ajoutons que cette agitation fébrile, souvent répétée, doit, à la longue, changer le caractère, le rendre irascible, et donner à la sensibilité une énergie vicieuse, qui tourne toujours au détriment de la machine.

Ainsi, une femme qui aurait quelque chose de plus à risquer que sa santé serait doublement intéressée à éviter le jeu.

Il semble, à la vérité, que les femmes le supportent mieux que les hommes ; ce qui vient sans doute de ce que les sensations dans ceux-ci sont plus profondes, et que l'attention superficielle avec laquelle les femmes effleurent les objets les sauve de la fatigue que leurs impressions produisent. Il se peut aussi que les travaux sérieux et contentifs auxquels les hommes se livrent pendant le jour, leur rende le calme bienfaisant du sommeil plus nécessaire. Il est néanmoins toujours vrai que la lumière artificielle par laquelle on tâche de remplacer celle du soleil, nuit aux ressorts de la vue, et que plus on multiplie les foyers, plus on en augmente les mauvais effets, sans en corriger l'uniformité fatigante.

Enfin, par la clôture continuelle que le jeu exige, on se dérobe aux influences salutaires de l'air, qui est un des agents les plus nécessaires à notre existence, qui nous anime et donne à tous les organes le ton convenable ; tout comme la fraîcheur d'un beau matin, les émanations restaurantes des végétaux, et le spectacle ravissant de la nature, sont perdus pour une personne qui passe la nuit à jouer et le jour à dormir.

La passion du jeu entraîne donc après elle les conséquences les plus funestes. Elle substitue la misère à l'aisance, et même à l'opulence ; elle détruit les liens de la famille et finit par le suicide. Ne nous étonnons donc pas si tous les gouvernements sages poursuivent le jeu et infligent des peines fort sévères à ceux qui tiennent une maison clandestine, où la jeunesse va perdre son or, sa santé, son bonheur. Secondons de tous nos efforts les vues du législateur, en cherchant à étouffer de bonne heure, le penchant que les jeunes gens témoignent pour le jeu, ce penchant devant inévitablement les conduire à leur perte. Il y a tant de distractions utiles, agréables, pour occuper leurs loisirs ! Il y a tant d'occupations honorables et avantageuses pour éviter l'ennui ! Signalons-leur les unes et les autres, tout en leur inspirant le goût des sentiments qui resserrent de plus en plus les liens de la famille et les liens sociaux, tous les liens, en un mot, qui développent les nobles facultés de notre intelligence. Par là, on en fera de bons fils, de bons pères, de bons citoyens. Il est enfin une chose que nous ne devons pas oublier, attendu qu'elle fournit matière aux objections que le joueur ne manque pas de faire aux moralistes. Elle consiste à considérer le jeu comme un passe-temps aussi innocent qu'agréable. Je ne conteste pas que cela soit quand on joue avec modération et dans le seul but de donner quelque délassement à son esprit ; alors, je l'ai déjà dit, on n'est pas encore un joueur ; mais si l'on est porté au jeu avec trop d'ardeur, il change de nature et mérite le blâme. Dans ce cas, il est prudent d'y renoncer, s'il en est temps encore ; sinon, je ne saurais trop le répéter, l'habitude en fait un besoin aussi impérieux que coupable ; et, partant, d'autant plus à craindre que :

Le désir de gagner, qui nuit et jour occupe,
Est un dangereux aiguillon ;
Souvent, quoique l'esprit, quoique le cœur soit bon,
On commence par être dupe,
On finit par être fripon.
Madame DESHOULIÈRES.

D'ailleurs, je le redis encore, n'est-ce pas que les suites les plus habituelles du jeu sont la misère, l'infamie, le suicide ? Quelle alternative pour le joueur !...

JUGEMENT (faculté). — L'entendement forme un jugement toutes les fois qu'il aperçoit le rapport ou l'opposition qu'il y a entre deux ou plusieurs choses. L'assemblage d'un certain nombre de jugements compose ce qu'on appelle le raisonnement. (*Bossuet*.)

Les jugements sont donc des fonctions logiques de notre entendement (*Kant*), et suivant qu'ils s'appliquent tout à la fois à développer nos connaissances, et à expliquer les données que nous possédons, alors qu'ils reposent sur l'identité seule, on les appelle ANALYTIQUES ; tandis que lorsqu'ils sont fondés sur les relations de coexistence, mais qu'ils ont pour effet d'*étendre* nos connaissances, d'en augmenter le nombre, et qu'ils exigent une addition de l'esprit ils sont dits SYNTHÉTIQUES.

Or, pour appliquer les facultés de notre entendement à former ces deux sortes de jugement, il faut être capable de juger sainement des choses, ce qu'on n'obtient qu'en réunissant au savoir un esprit éclairé et maître de s'approprier les pensées et le savoir d'autrui ; c'est-à-dire qu'il faut qu'on nous ait appris à raisonner, et que notre jugement se soit en outre formé par l'étude des hommes capables et des écrits qu'ils nous ont laissés. Instruits par elle des progrès réels que les sciences ont faits, de ce qu'elles ont de certain, de douteux ou de tout à fait ignoré ; de la manière dont il faut discuter et éclaircir ce qui n'est pas prouvé ; comment on doit chercher à apprendre ce qu'on ignore, nous saurons enfin ce que nous devons examiner, et, après examen, ce qu'il faut rejeter ou adopter.

Mais si l'on n'a déjà acquis le discernement critique qui est dû à l'esprit seul, et que l'instruction donne, cette étude, loin d'être avantageuse, ne servira qu'à gâter le jugement et même à affaiblir l'esprit, l'ignorance, jointe à la présomption, obscurcissant la raison, et le voile qui la couvre devenant d'autant plus épais, qu'on croit savoir beaucoup de choses, alors qu'on n'en connaît aucune.

Indépendamment de cette condition, il en est une non moins importante : c'est que, en parcourant les auteurs en qui nous voulons trouver les lumières qui nous sont nécessaires, notre esprit soit affranchi de tout préjugé ou de toute passion qui pourait le gouverner. Sans cela, entraînés par la force des uns ou des autres, nous ne verrons, même avec le meilleur esprit d'observation, que ce que nous voulons ou ce que les autres voudront nous y faire voir. Aussi a-t-on dit de cette recherche INTÉRESSÉE de la vérité, qu'elle est la principale source de tous les faux jugements de l'homme et de toutes les erreurs qui le déshonorent ; les préjugés et les passions qui le gouvernent ne lui laissant pas la pleine liberté dont il a un si grand besoin.

Observons toutefois que les préjugés sont moins despotiques et moins nuisibles que les passions : eux du moins laissent encore quelques voies ouvertes aux avis, aux exemples ; de telle sorte qu'il n'est pas de préjugé, si grand qu'il soit, qui tienne en même temps et constamment l'esprit occupé d'un objet sous le même point de vue. Une réflexion avancée par un événement favorable dessille les yeux, et ce fantôme disparait, quand surtout les préjugés ne tiennent point à quelque chose de mystérieux : c'est ce qui se voit tous les jours. Au contraire, la passion s'empare de toutes les avenues de l'âme, se loge dans tous les replis du cœur, et possède l'homme tout entier. La résistance et les obstacles ne font que la fortifier en l'irritant. Voilà pourquoi l'homme le plus capable, le plus clairvoyant en mille choses, ne peut plus rendre justice à l'esprit et aux sentiments d'autrui, quand il est conduit par ces maîtres impérieux. Aussi a-t-on dit avec fondement : plus nos passions se mêlent dans nos jugements, moins nous sommes en état de dire notre avis.

Une autre source d'erreur pour les jugements que nous portons vient souvent de ce qu'on se fonde sur une analogie souvent trompeuse. On sait par expérience que telle ou telle chose conduit à un certain but, on s'imagine aussitôt, et souvent sans raison, pouvoir y parvenir dans tous les cas ; c'est une précipitation qui ne conduit qu'à l'erreur. Et comme, en général, l'homme est plus animal d'habitude que réfléchissant, ou, selon Wolf, « comme sa prudence ne consistant qu'à imiter les actions des autres, ou ses propres actions précédentes, on ne se met pas en peine d'examiner si, dans le cas individuel d'après lequel on porte un jugement, il n'y a pas quelque circonstance particulière qui ne se trouve pas dans l'autre ; » on ne craint pas de raisonner de la manière suivante : cette conduite m'a réussi dans un cas semblable, donc elle doit me réussir dans le cas actuel et dans tous les cas semblables. De là cette réflexion de Leibnitz : L'attente des cas semblables tient lieu de raison aux bêtes ; n'aurait-il pas pu en dire autant du plus grand nombre des hommes.

On le voit par ce qui précède, les erreurs du jugement sont faciles ; et elles le deviennent quelquefois d'autant plus, que notre amour-propre blessé ou des passions violentes obscurcissent notre raison. Ce doit donc être un motif puissant, si nous sommes raisonnables, de bien observer et de bien réfléchir sur les faits observés, avant que de donner nos conclusions, et, dans le doute, de nous abstenir, jusqu'à ce que nous ayons recueilli les avis d'un ou de plusieurs de ces hommes qui, par leur vaste savoir et leur expérience, sont les lumières des nations.

JUSTESSE. *Voy.* PRÉCISION.

JUSTICE. (vertu). — La justice est une vertu qui fait que l'on rend à chacun ce qui lui appartient ou ce qui lui est dû.

Les jurisconsultes distinguent deux sortes de justice : l'une qu'ils appellent *distributive* ou qui sert à régler d'après la loi les différends que les hommes ont entre eux ; l'autre qu'ils nomment *commutative*, ou qui met de la droiture dans le commerce de la société. La première est celle des magistrats et des rois ; la seconde est celle des particuliers.

Je ne sais si je m'abuse, mais il me semble que la justice *commutative* est autant à l'usage des magistrats et des souverains que la justice dite *distributive* : car n'est-ce pas que c'est mettre de la droiture dans ses actes, que de faire une exacte appréciation des services rendus, une sage distribution des récompenses méritées? etc. Ici, remarquez-le bien, il n'est plus question d'un différend élevé entre les hommes, il ne s'agit que d'un choix judicieux à faire ; or, à quelle sorte de justice rapporterons-nous ces actes ?

Quoi qu'il en soit, comme l'utilité publique doit être la véritable règle de la justice, les citoyens, les magistrats, les rois, tous les hommes enfin, doivent l'aimer souverainement, inviolablement, et se faire un devoir de la pratiquer. Ils le doivent même d'autant plus que : « Être juste, c'est l'image de Dieu sur la terre » (*Bonaparte*) ; c'est avoir une âme assez noble pour rendre justice même à ceux qui nous la refusent. Aussi, n'est-on susceptible d'une pareille vertu qu'autant qu'on a précieusement conservé en son âme une grande rectitude de pensée et de jugement.

Justice suppose lois établies. Observation de la justice suppose équilibre de la puissance entre les citoyens ; et comme il est fort difficile de maintenir cet équilibre, on en a inféré avec raison qu'il est le chef-d'œuvre de la science et de la législation. Toujours est-il que son existence est assurée tant qu'une crainte mutuelle et salutaire force les hommes d'être justes les uns envers les autres ; mais que cette crainte cesse d'être réciproque, ou que l'amour de la justice s'efface du cœur de certains, alors tout retombe dans l'arbitraire et doit se taire devant la loi du plus fort. Voici ce qui le prouve.

Supposons un naufragé d'une constitution chétive et délicate, qui arrive dans une contrée inhabitée, y établit sa demeure, cultive la terre et s'en rend propriétaire, nul n'étant là pour la lui disputer ; qu'un homme fortement constitué, et jouissant de toute la vigueur de la jeunesse, aborde sur le même rivage, et que, convoitant la propriété de cette même terre, il veuille s'en emparer ; à coup sûr celui qui l'avait devancé opposera son droit de premier occupant. Que répondra l'autre ? — « Si le hasard t'a conduit en ce lieu, le même hasard m'a donné la force pour t'en chasser : auxquels des deux droits donner la préférence? Veux-tu connaître toute la supériorité du mien ? Lève les yeux au ciel : tu vois l'aigle fondre sur la colombe ; abaisse-les sur la terre : tu vois le cerf déchiré par le lion ; porte les regards sur la profondeur des mers : tu vois la dorade dévorée par le requin. Tout cela, dans la nature, t'annonce que le faible est la proie du puissant. La force est un don des dieux. Par elle je possède tout ce que je puis ravir. En m'armant de ce bras nerveux, le ciel t'a déclaré sa volonté. Fuis ces lieux : cède à la force ou combats. » — Que répondre au discours de ce sauvage ?

Et quant à l'homme policé, qui connaît les lois et les respecte, aime-t-il la justice pour elle-même ? ou sera-ce parce qu'il en redoute les arrêts ? C'est à l'expérience à nous instruire. (*Helvétius*.)

Sous bien des rapports, cette expérience a parlé. Exemple : dans les quelques heures de la glorieuse révolution de février 1848 (22, 23 et 24), le peuple, armé et vainqueur dans la capitale, pouvait, n'est-ce pas, porter atteinte à la propriété et à la vie des citoyens, sans avoir à craindre les lois : le sceau en était brisé. Eh bien ! dans ce moment de liberté ABSOLUE, ayant été sans peur au combat comme le chevalier Bayard, il a voulu, lui aussi, être sans reproche après la victoire, et nul acte coupable n'est venu en ternir l'éclat. A quoi devons-nous attribuer sa modération et son respect pour la fortune publique, son mépris des richesses ? A l'amour de la gloire et de la justice. Le *roi des barricades* avait manqué à ses engagements envers le peuple des barricades, celui-ci ne craignit pas de se faire justice en chassant le parjure d'un trône qu'il lui avait donné, et qu'il était bien le maître de lui reprendre. Donc tout, dans la conduite des combattants, a prouvé qu'ils aiment la justice pour elle-même. Malheureusement il y a beaucoup d'exceptions ; la plupart ne l'aiment qu'alors qu'elle les protège, et ne s'y soumettent à l'égard des autres, que par la crainte que le jugement sévère des magistrats peut leur inspirer. C'est à eux à les maintenir dans cette crainte par une distribution de la justice égale pour tous et toujours impartiale, c'est-à-dire toujours fondée sur le droit, et abstraction faite de toute coterie ou esprit de parti. Sans cela, nous devons désespérer de la société : car, comme rien n'est aussi redoutable que les passions quand elles viennent s'asseoir au fauteuil du juge, il doit en résulter alors, que le magistrat mettant ses propres sentiments, ses préjugés et ses haines, à la place de l'équité, il descende des sublimes hauteurs où l'a placé la loi, il abdique son divin caractère, pour redevenir un homme comme les autres. Au lieu de tenir la balance d'une main ferme, impassible, il l'incline du côté où il a mis ses passions, et manque ainsi à ses devoirs envers Dieu, envers les hommes et envers lui-même. Quelle moralité le peuple tirera-t-il d'une conduite si coupable ? Ne croyant plus à la justice humaine, il se fera justice lui-même, s'il n'est pas assez religieux pour s'en remettre à la justice divine, quelquefois bien tardive, mais toujours équitable et certaine. Anathème donc sur un pareil juge ! Oui, anathème sur lui, si, au milieu des querelles des partis, des collisions sociales, protégé par son inamovibilité, il devient accessible à toute autre impulsion qu'à celle de la justice qu'il représente ; s'il laisse voir en lui l'homme vénal et partial, au lieu du magistrat intègre chargé de juger, à l'aide de la vérité immuable, éternelle, les actes de chacun.

Pourtant c'est ce qui arrive quelquefois ; et c'est pourquoi le peuple ne croit guère à la justice du magistrat ; il croit à ses haines, à sa partialité et à ses rancunes politiques. Et comment n'y croirait-il pas ? N'avons-nous pas vu, depuis plus de cinq cents ans, certains de nos tribunaux se prêter à toutes les passions du gouvernement, à toutes les vengeances des partis : et des juges par trop *dévoués* au pouvoir, lui donner *toujours*, sans trop se rendre compte de leur forfaiture, l'appui qu'il leur demandait?... Il y a eu des juges pour toutes les horreurs de la première révolution, pour exécuter les volontés despotiques de l'Empire ; il y en a eu pour la réaction de la Restauration ; il y en avait pour les besoins du gouvernement de Juillet. On a inventé des juridictions, parce que l'on trouvait le jury, cette conscience nationale, trop indépendant ; on a fait de monstrueux procès et rendu d'iniques décisions.

Pourquoi cela? parce que les juges sont des hommes, et il faudrait qu'ils fussent presque des dieux ; parce qu'il en est peu qui aient le caractère assez ferme, l'âme assez énergique, pour résister aux influences qui les tourmentent sans cesse; qui puissent se placer par la volonté au-dessus des choses de ce monde, et les voir toutes d'en haut sans y prendre part.

S'il désire qu'il en soit ainsi (et il doit toujours le vouloir) le juge en entrant en fonctions cessera d'être un citoyen comme les autres ; il n'aura plus de sympathies, d'affections que pour la vérité, et ne descendra jamais dans les questions de personnes. Et pourtant, je le dis avec douleur, c'est ce qu'il n'a pas toujours fait et ce que certains ne feront peut-être pas à leur tour. Les moralistes ne sauraient donc rester impassibles en présence d'un si grand scandale ; ils doivent soulever l'indignation publique contre de pareils abus, attendu que si les lois du pays, de la morale et de la religion imposent à tous les hommes en général, le respect pour les décisions de la justice ; elles imposent aux juges en particulier, le devoir de la rendre avec loyauté et impartialité. Rendre à Dieu ce qui appartient à Dieu, à César ce qui appartient à César, au peuple ce qui appartient au peuple ; protéger l'innocent et punir le coupable ; voilà ce qu'ils doivent toujours faire en vue des intérêts de la société, qui a les yeux constamment fixés sur eux, de qui elle attend des exemples pratiques et d'utiles leçons. Je vais plus loin : c'est l'usage de notre pays, dit Montaigne, d'en condamner aucuns pour l'avertissement des autres. Eh bien ! continuons dans cette voie, non pas qu'il faille les condamner parce qu'ils ont failli, ce serait bêtise, car ce qui est fait ne peut se défaire (*Platon*), mais c'est afin qu'ils ne faillent plus de même, ou qu'on paye l'exemple de leur faute. On ne corrige pas celui qu'on pend : on corrige les autres par lui.

Avouons qu'il faut que l'humanité soit bien passionnée et bien faible, pour manquer à la justice, puisque l'amour de celle-ci a de si grands attraits, que la plupart des rois eux-mêmes se sont empressés de la rendre à leur peuple ! Oui, nous l'avouerons, et comme les exemples donnés par les souverains sont généralement profitables à tous les citoyens, je vais choisir, parmi un grand nombre de faits que je pourrais citer, ceux qui peuvent nous enseigner de combien de manières l'homme juste peut se révéler

L'histoire de France nous apprend que saint Louis avait un si grand amour pour la justice, qu'il la rendait lui-même, soit sous les arbres du bois de Vincennes, soit dans le jardin de son palais (aujourd'hui la place Dauphine) ; il la rendait même contre sa propre famille. Ainsi, pendant son règne, un de ses frères, le comte d'Anjou, prince d'un caractère violent, ayant fait mettre en prison un chevalier avec lequel il avait eu un différend d'intérêt, le roi, indigné d'une pareille conduite, dit à son frère : « Croyez-vous qu'il doive y avoir plus d'un roi de France, et que vous serez au-dessus des lois, parce que vous êtes mon frère ? » Aussitôt il fit sortir le chevalier de prison : le différend entre lui et le comte d'Anjou fut jugé, et comme le bon droit n'était pas du côté de ce dernier, le chevalier obtint gain de cause.

Louis XII, surnommé le *Père du peuple*, avait une autre manière de témoigner de son amour pour la justice. Afin de ne placer dans la magistrature que des gens qui en fussent dignes, il écrivait le nom de ceux qui se distinguaient par leurs talents, et lorsqu'une charge importante était vacante, il consultait sa liste, et nommait le sujet qui lui paraissait le plus propre à remplir cet emploi. Il ordonna aussi que lorsqu'il appellerait un de ses sujets à occuper un office de président ou de conseiller, le parlement procéderait à un examen sévère du savoir et des mœurs du nouveau promu.

Voici un trait de la vie de Louis XVI, qui prouve son zèle ardent pour la justice. Une longue liste, contenant des nominations d'officiers, avait été présentée à sa signature par le ministre de la guerre, le prince de Montbarrey. Le roi prend son crayon et efface de la liste tous ceux qui sont recommandés par de grands personnages de sa cour. Cette méthode sembla toute nouvelle au ministre, qui se permit alors d'en faire l'observation à Sa Majesté. « Hé ! monsieur, lui dit Louis XVI, ne voyez-vous pas que ceux qui ont d'aussi bons appuis sauront toujours se tirer d'affaire, et qu'il est de justice que moi, le père commun de mes sujets, je m'établisse le protecteur de ceux que je vois privés de toute protection ? »

Et la réponse si simple et si naïve du meunier Sans-Souci au grand Frédéric, ne prouve-t-elle pas sans réplique, la confiance du peuple et le respect du roi pour la justice? etc.

Ainsi, je le répète, les plus grands rois ont été justes, et il ne pouvait en être autrement, puisque la justice est la bienfaisance des rois. (*Maury.*) — Apprenons par leur exemple à être justes nous-mêmes, et nous mériterons bien de la patrie et de l'humanité.

L

LACHE, Lâcheté (vice). — Un lâche est un homme sans cœur et sans courage. On a fait *lâcheté* synonyme de *poltronnerie*; cependant il y a quelques différences dans la manière dont le lâche et le poltron se comportent. L'un, le *lâche*, ne sait pas résister à celui qui veut l'opprimer; l'autre, le *poltron*, ne saurait donner aucun secours, même quand le danger est pressant. Le premier ne se défend pas; le second n'attaque jamais, mais s'expose aux dangers malgré la crainte qu'ils lui inspirent. Partant la lâcheté est un vice, au lieu que la poltronnerie n'est qu'une faiblesse causée par la surprise d'un danger et l'amour de la conservation.

A propos d'amour de sa conservation, je dois rappeler qu'il fait partie de l'amour de soi-même, qui comprend, on le sait, pour l'homme, l'amour de la considération, de l'estime des gens honorables et considérés; et pour les femmes, l'amour de leur réputation, de l'honnêteté, etc. Or, il est à croire que, dans l'un ou l'autre sexe, le sentiment de l'amour de soi-même est incomplétement développé, puisque l'amour de la conservation absorbe les autres amours. Il importe donc de faire ce que la nature et l'éducation n'ont pas encore fait, c'est-à-dire de substituer, au besoin, ces estimables amours à l'amour de la vie, pour faire d'un lâche un être courageux.

Dans le peuple, le courage est ordinairement, ou l'effet de la vigueur du corps, ou celui de cette confiance aveugle en ses forces qui cache aux hommes la moitié du péril auquel ils s'exposent; ou l'effet d'un violent amour pour la patrie, qui leur fait dédaigner les dangers. Or, le luxe, en tarissant à la longue, d'une manière indirecte, si l'on veut, mais non moins réelle, ces diverses sources du courage, devient préjudiciable aux nations, qui trouvent leur force et leur puissance dans le courage des citoyens. L'histoire est là pour nous l'apprendre. Elle nous dit que la pauvreté de Rome commanda à la richesse de Carthage, et conserva à cet égard l'avantage que toutes les nations pauvres ont eu sur les nations opulentes. D'ailleurs, n'a-t-on pas vu la frugale Lacédémone triompher de la riche et commerçante Athènes, les Romains fouler aux pieds les sceptres d'or de l'Asie? N'a-t-on pas vu l'Egypte, la Phénicie, Tyr, Sidon, Rhodes, Gênes, Venise, subjuguées et humiliées par des peuples que l'on appelait barbares?

Généralement on parle peu de la lâcheté des femmes; c'est, je crois, qu'elles sont plus poltronnes que lâches. Donnez aux femmes les mêmes occasions que les hommes ont de montrer leur courage, et vous les verrez braves et courageuses. Chez beaucoup, sans doute, la faiblesse native de leur organisation les dispose à la crainte; mais on leur doit cette justice, qu'il en est beaucoup de courageuses.

Toutes devraient l'être; car la lâcheté est méprisable partout, partout elle a de mauvais effets. Elles devraient l'être, parce qu'une femme doit savoir résister à de vaines alarmes; être constamment ferme contre les plaisirs imprévus; ne pleurer et ne s'effrayer jamais que pour de grands sujets; et encore doit-elle se soutenir par la vertu.

Du reste, quand on est chrétien, de quelque sexe qu'on soit, il n'est pas permis d'être lâche, l'âme du christianisme, si l'on peut ainsi parler, étant le mépris de cette vie et l'amour de l'autre. (*Fénelon.*)

Demandons donc à la religion la puissance de raison qu'il nous faut pour n'être point lâches : car sans la force qu'elle peut nous donner dans les cas où nous en manquerions, nous risquerions de faire quelque acte d'une insigne lâcheté.

Voyez saint Pierre : il jure à son maître qu'il mourra plutôt que de l'abandonner; et pourtant il le renie trois fois, ainsi que le Christ le lui avait prédit; il le renie aux questions d'une servante! Nous avons dit ailleurs que c'était par faiblesse; soit, mais si, soutenu par la grâce, saint Pierre avait eu du courage, se serait il montré si faible?

LANGUEUR (sentiment). — C'est l'inaction ou *l'abattement* dans lequel se trouve l'âme, lorsqu'elle n'a ni les moyens, ni l'espérance de satisfaire un désir qui la remplit, qui constitue la langueur. Les hommes froids sont plus sujets que les autres hommes à cette sorte d'ABATTEMENT (*Voy*. ce mot), dont les jeunes gens et les personnes qui ont un sang vif et bouillant éprouvent bien rarement les atteintes. D'où cela provient-il? De ce que les premiers semblent, par nature, se complaire dans cet état et n'ont pas la force d'en sortir; tandis que les autres, dès qu'ils ont la certitude que la passion qui les tourmente ne peut être satisfaite, loin de se laisser aller à la tristesse, renoncent bien vite à cette passion, soit par raison, soit par amour du changement. Dans ce cas, ils font succéder au sentiment pénible qui les fait languir, un sentiment contraire.

Assurément il n'est pas de meilleur moyen, pour éviter les ennuis de la langueur habituelle, que d'entretenir l'âme dans la plus grande activité, c'est-à-dire de la faire passer d'objet en objet; mais nous devons faire observer que, loin de porter sur des sujets frivoles, comme le désir qui cause quelquefois la langueur, son attention doit se fixer sur les travaux de l'intelligence qui fortifient la raison et ornent l'esprit, ou sur la pratique des devoirs religieux, qui, en donnant une direction plus élevée à notre pensée, la détachent des choses matérielles qui sont ici-bas l'objet de notre convoitise. Que ce but soit atteint, et aussitôt, soyons-en certains, la langueur se dissipera.

LASCIF, Lascivité (vice). — La lascivité est une inclination de l'homme et de la femme aux plaisirs sensuels; à cette sorte de mollesse, fille de l'oisiveté, de l'aisance et du luxe. très-poétiquement nommée, *lascivia nobilium*, les plaisirs des grands, par le spirituel auteur de l'*Adrienne* (Térence). Voici comment il nous a tracé son caractère et ses effets : « Couchée mollement, dit-il, sous un berceau de fleurs, elle mendie les regards des enfants des hommes ; elle leur tend des pièges et des amorces dangereuses. Son air est délicat, sa complexion faible ; sa parure est un négligé touchant ; la volupté est dans ses yeux, et la séduction dans son âme. Fuis ses charmes, ferme l'oreille à l'enchantement de ses discours; si tes yeux rencontrent la langueur des siens ; si sa douce voix pénètre jusqu'à ton cœur; si, dans ce moment, elle jette ses bras autour de ton cou, te voilà son esclave, elle t'enchaîne à jamais. »

La lasciveté est un vice déplorable, qui incline fortement ses esclaves vers l'impureté. Elle est l'agent provocateur sans lequel nous ne serions jamais inconstants ; mais par les actes honteux auxquels elle pousse ses tristes victimes, elle a pour résultats l'ignominie, la misère, le repentir, la maladie et ses ravages, qui tous marchent à sa suite. C'est pourquoi, affaibli par les excès de la débauche, endormi par les séductions de la mollesse, énervé par les douceurs de l'inaction, l'homme lascif tombe dans l'abattement et la langueur; le cercle de ses jours se restreint de plus en plus, et celui de ses angoisses s'agrandit et s'étend tous les jours davantage ; sa vie s'écoule sans gloire, et ses malheurs n'excitent ni larmes ni pitié.

Evitons donc de nous laisser entraîner par les désirs coupables que ce vice dangereux fait naître en nous ; et si par hasard nous manquions de la force et du courage nécessaires pour résister à ses séductions, invoquons l'appui de Dieu, recourons à son divin Fils, qui fut la pureté même et le modèle de toutes les vertus. C'est Dieu qui a soutenu Joseph contre les sollicitations infâmes de la femme de Putiphar ; c'est lui qui a fait triompher saint Jérôme des attaques brûlantes de la concupiscence. Or, si nous embrassons la croix, si nous prions avec ferveur, nous triompherons de même, des attaques voluptueuses de la lasciveté. (*Voy.* CONCUPISCENCE.)

LASSITUDE (sentiment). — La lassitude morale est une fatigue de l'intelligence qui vient du dégoût ou de l'excès de travail.

Ce sentiment n'est ni une qualité, ni un défaut ; il est le résultat inévitable des occupations continuelles auxquelles nous assujettissons notre intellect, alors que ces occupations cessent de nous plaire ; et principalement quand elles se prolongent de telle sorte que nos forces s'épuisent. C'est alors surtout que la lassitude se fait sentir ; mais il dépend de nous de la faire cesser. — Deux moyens nous sont offerts : le changement et le repos

LÉGÈRETÉ (défaut). — On a fait *légèreté* le synonyme d'*inconstance*. Il y a cependant entre ces deux sentiments quelques nuances assez légères qui servent à les distinguer, mais sur lesquelles nous ne reviendrons pas, les différences qu'elles établissent ayant été signalées précédemment. (*Voy.* INCONSTANCE.)

LIBÉRALITÉ (vertu). — La libéralité est une disposition de l'âme qui porte l'homme à faire part aux autres hommes de ses propres biens. Quoique restreinte à un objet pécuniaire, elle est cependant une grande vertu, lorsqu'elle est fondée sur la justice et le soulagement des malheureux.

La libéralité, avons-nous dit à l'article GÉNÉROSITÉ (*Voy.* ce mot), consiste à donner son superflu à ceux qui sont dans le besoin ; d'où l'on a conclu, qu'elle ne peut être exercée que par des particuliers, qui, eux, ont des biens qui leur sont propres ; tandis qu'elle est injuste et dangereuse dans les souverains. Je ne suis pas de cet avis, attendu que je crois avoir prouvé, par les exemples de Henri IV, de Louis XVI, etc., que les rois libéraux peuvent toujours faire sans injustice et sans dangers, de plus ou moins grandes libéralités. L'exemple suivant ne change rien à mon opinion

Le roi de Prusse, dit le chevalier de Jaucourt, n'étant encore que prince royal, avait récompensé généreusement une actrice célèbre. Il la récompensa beaucoup moins lorsqu'il fut roi, et il lui dit, à cette occasion, ces paroles remarquables : « Autrefois je donnais mon argent, et je donne aujourd'hui celui de mes sujets ! »

Dans ce fait, très-remarquable en effet, que voyons-nous? Un monarque qui désire faire un plus noble usage de ses deniers que de les donner à une actrice ; mais eût-il été injuste, si, par exemple, il avait choisi, parmi tant d'objets précieux et inutiles qu'un souverain possède, quelque chose d'un grand prix?

Prenez garde que je n'approuve aucunement les *cadeaux* faits par des princes à des personnes qui peuvent s'en passer, et surtout à des concubines, ni tout autre acte de libéralité de cette nature ; mais c'est le principe que je défends, et ce principe est, qu'avec de la bonne volonté un souverain peut, sans encourir le blâme, se montrer libéral.

Dans tous les cas, on ne peut qu'applaudir à la libéralité, vu qu'une âme vraiment grande et libérale est comme un feu qui continuellement étend sa sphère ; elle se porte partout où il y a des besoins.

On a demandé s'il faut être libéral, même à l'égard des méchants? Oui, parce que le méchant lui-même, dès qu'il est indigent et malheureux, a, en cette qualité, bien des droits sur les largesses d'un bon cœur.

A plus forte raison doit-on secourir la vertu malheureuse : c'est un conseil qu'on ne saurait trop donner aux riches, dont la plupart ne comprennent pas qu'ils n'ont des richesses que pour faire des heureux, et qu'ils doivent être comme des immenses réservoirs dont les eaux sont uniquement destinées à embellir et fertiliser nos jardins.

C'est ce qu'ignorait le duc d'Enghien quand il était jeune, et ce que lui apprit un peu brusquement son oncle, le duc de Montmorency.

On lit dans un mémoire estimé que ce dernier, passant par Bourges pour se rendre dans son gouvernement du Languedoc, y vit le duc d'Enghien, son neveu, depuis le grand Condé, qui étudiait chez les jésuites de cette ville : le duc donna au jeune prince une bourse de cent pistoles pour ses menus plaisirs. A son retour, il le vit encore, et lui demanda ce qu'il avait fait de ses cent pistoles. Le duc d'Enghien lui présenta sa bourse toute pleine. Alors le duc de Montmorency, prenant la bourse, la jeta par la fenêtre, et dit au jeune prince : « Apprenez, monsieur, qu'un aussi grand seigneur que vous ne doit point garder d'argent; vous deviez le jouer, ou en faire des aumônes et des libéralités. »

J'approuve fort la conduite du duc de Montmorency, mais je n'aurais pas voulu que, dans sa mercuriale, il eût été question de jeu, vu que l'argent que le prince y aurait perdu n'eût servi qu'à favoriser les vices des grands ; au lieu que les libéralités et les aumônes qu'il aurait faites auraient adouci bien des chagrins et séché les larmes de l'indigence. C'est dans ses mains que doit venir se perdre notre superflu.

LIBERTIN, Libertinage (vice). — On nomme *libertin*, celui qui n'a pas de bonnes mœurs ; et on entend par *libertinage*, l'abus que l'homme fait de sa liberté, alors qu'il n'en use que pour pécher contre ces mêmes mœurs, se livrer à ses passions, et donner dans toutes sortes de travers.

Il me semble que c'est accorder une trop grande extension aux mots LIBERTIN et LIBERTINAGE que de les définir ainsi, puisque je crois avoir établi, art. DÉBAUCHE, que le libertinage est l'association de l'INCONTINENCE, ou l'abus des plaisirs charnels, avec l'INTEMPÉRANCE, ou l'abus des plaisirs de la table. Or, si le libertinage se borne à ces deux passions, peut-on dire qu'il s'étende, ainsi que sa définition l'indique, à tous les travers et à toutes les passions auxquelles l'homme se livre? C'est pourquoi, attendu que j'ai traité dans plusieurs articles précédents (*Voy.* INTEMPÉRANCE, GOURMANDISE, IVROGNERIE, CHASTETÉ, LUXURE et INCONTINENCE), de tout ce que j'ai trouvé d'abord se rapportant à ces deux vices constitutifs du libertinage, je me serais dispensé d'entrer dans de nouveaux détails, si je n'avais à y ajouter quelques développements importants, qui rendront les quelques considérations déjà exposées dans ces articles et plus complètes et plus concluantes.

Et d'abord, revenant sur le libertinage en tant qu'il a pour objet l'INCONTINENCE, nous dirons que son origine remonte aux époques les plus reculées et se perd dans la nuit des temps, comme on peut le voir par l'histoire que nous a donnée de ses débordements chez les différents peuples, aux différentes époques de la barbarie et de la civilisation, M. Belouino, auteur d'un savant ouvrage sur LES PASSIONS. Voici du reste comment il s'exprime à ce sujet.

« Depuis la chute d'Adam, la partie animale des êtres ayant acquis une puissance qu'elle n'avait pas auparavant, l'homme est par lui-même entièrement assujetti. Il a fallu l'intervention divine pour le retirer de l'abrutissement dans lequel il était tombé, et pour l'empêcher de s'enfoncer de plus en plus dans les abominations matérielles de la chair. Depuis le jour fatal où notre premier père obscurcit en lui-même la sainte image du Créateur, jusqu'à la grande réhabilitation de la montagne du Calvaire, l'humanité, abandonnée, en proie aux appétits charnels, se vautra dans les vices les plus fangeux, les plus immondes, et l'histoire tout entière en fait foi. En vain le déluge universel vint engloutir un monde corrompu ; sitôt que les descendants de Noé furent assez nombreux, ils se livrèrent au libertinage, et les hommes en se dispersant répandirent la corruption. En vain Sodome et Gomorrhe périrent par le feu du ciel : l'impudicité ne cessa pas ses ravages.

« Le peuple élu du Seigneur, le peuple hébreu lui-même, fut infecté de cette lèpre affreuse du libertinage à un degré extraordinaire : à chaque page, les livres saints lui lancent à ce sujet l'anathème. De l'inceste d'un père avec ses deux filles naissent les tiges de deux peuples : les Moabites et les Ammonites. Thamar, après avoir été successivement l'épouse des fils de Juda, se prostitue avec son beau-père. Onan donne son nom à un crime qui viole les lois naturelles ; David, le saint roi, devient par son adultère avec Bethsabée, le scandale de son peuple ; Salomon lui-même, se forme un sérail composé de sept cents femmes et de trois cents concubines.

« Le verset 19 du chapitre XXII de l'Exode prononce la peine de mort contre le crime de la bestialité. Le Lévitique, chap. XVIII, prononce aussi des peines contre les turpitudes que l'on commettait devant l'idole du dieu Moloch. Ce même chapitre défend aux femmes de se prostituer à des animaux. La peinture que fait Salomon des prostituées de son siècle et de leurs habitudes, nous retrace exactement les mêmes infamies que nous voyons dans nos cités. Ezéchiel, inspiré par la colère divine, et personnifiant des cités et des peuples dans les emblèmes d'Ollah et d'Olihah, atteste la profonde corruption et le libertinage infâme du peuple hébreu.

« Si cette nation choisie, vivant à l'abri des lois divines et sous la protection spéciale du Très-Haut, se livrait à tous les débordements, qu'étaient donc les autres nations?

« Les Egyptiens étaient si profondément corrompus, qu'on ne livrait les corps des femmes aux embaumeurs que quand la corruption commençait à s'en emparer, de crainte de profanations honteuses. La fille de Chéops fit bâtir une pyramide par ses amants, et la hauteur du monument, sa masse imposante, disent à tous les siècles l'infâme vanité et le libertinage effréné de cette princesse. Cléopâtre, cette beauté célèbre, qui fut la maîtresse de César et d'Antoine, se déguise en prostituée pour aller plus facilement satisfaire sa dépravation. Des femmes, dans les fêtes publiques, dit l'abbé Mignot, d'après Hérodote, portaient processionnellement le *phallus* ou représentation des parties de la génération.

« Toutes les cités, toutes les nations de l'Orient, la Syrie, la Chaldée, Sidon et Tyr, partageaient ces débordements. Les Babyloniennes étaient obligées, par les lois religieuses, de se donner dans les temples au moins une fois dans leur vie aux voyageurs étrangers. Il en était de même des Carthaginoises, des femmes de Byblos, et saint Augustin rapporte que, de son temps encore, ces infamies religieuses étaient prescrites chez les Phéniciennes. Tous les dieux de ces peuples n'étaient que des personnifications de la débauche. Beaucoup de leurs idoles n'étaient que d'immondes ressemblances. La pudeur des femmes était étouffée au berceau. Les plus recherchées, chez les Libyens, étaient celles qui avaient le plus prostitué leurs charmes.

« De semblables abominations existaient partout, et les peuples qui ont jeté jusqu'à nous le plus vif éclat de gloire et de civilisation étaient, sous ce rapport, les plus souillés peut-être.

« C'est en Grèce qu'on retrouvait les premières traces de l'amour masculin, qu'une loi autorisait en Crète, suivant Aristote, pour s'opposer aux progrès de la population. Le jeune Troïle fut immolé par Achille pour n'avoir pas voulu se prêter à ses désirs infâmes. Ces horreurs étaient justifiées par les exemples des dieux : Jupiter et Ganimède, Apollon et Hyacinthe les enseignaient aux mortels. Les poètes, les tragiques, en parlaient dans leurs ouvrages. Les processions du *phallus* avaient aussi lieu dans ce pays, et des jeunes filles mêlées à des hommes vêtus en femmes, à des groupes de satyres, exécutaient les danses les plus lascives. Les plus infâmes débauchés, dit le chrétien Théodoret, n'oseraient se livrer, dans le silence des demeures privées, aux abominables actions que commettent publiquement les acteurs de ces horribles saturnales.

« Les prostituées, chez les Grecs, vivaient dans l'intimité des hommes d'État, des guerriers, des philosophes : témoin Sapho, Laïs, Aspasie, Thaïs, la maîtresse d'Alexandre. Les hommes de toutes les classes fréquentaient les lieux de débauche. Solon encourage la prostitution, qui, plus tard, est mise sous la protection des dieux, et se répand dans toute la Grèce ; ses écoles de philosophie deviennent des lieux de débauche. Socrate ne craint pas d'avoir de pareilles relations, et l'histoire lui en reproche de plus honteuses encore. Démosthène y va marchander les attraits de Laïs et les trouve d'un prix trop élevé. Beaucoup de ces amitiés antiques, qui nous paraissent si nobles et si dévouées, renferment des mystères d'infamie et de libertinage. Ces liaisons furent très-fréquentes chez les peuples dont nous parlons.

« Si nous jetons un coup d'œil sur l'immoralité romaine, nous serons repoussés d'horreur en voyant ce peuple, dernière expression des puissances de l'humanité livrée à elle-même, résumer en lui toutes les turpitudes, comme il résumait toutes les gloires. Jamais rien n'a égalé ni n'égalera l'affreuse débauche des maîtres du monde, et l'encre se fige dans la plume, quand il faut retracer cette série d'abominations. Arrivant tout de suite au temps des empereurs, nous voyons le premier des Césars, cette grande figure historique que tous les genres de gloire placent auprès de notre Napoléon ! Mais le sang se glace et s'arrête au cœur, l'horreur voile l'admiration, quand les auteurs contemporains nous apprennent qu'il se vantait d'être le mari de toutes les femmes et la femme de tous les maris. Bientôt, c'est Auguste, à qui sa femme Livie cherche elle-même des jeunes filles ; auprès de lui, c'est Julie, sa fille, l'une des plus grandes prostituées de Rome. On vendait publiquement des philtres pour allumer la concupiscence. On employait à cet usage tous les aphrodisiaques alors connus. Les danses lascives qu'on exécutait sur les théâtres, les pantomimes dégoûtantes qu'on y jouait, n'étaient pas des excitants assez énergiques pour ce peuple blasé. Bientôt apparaissent les rois de la débauche, ceux qui peuvent se vanter de l'avoir poussée à ses plus infâmes limites : Tibère, Caligula, Néron, Commode, Héliogabale ; Tibère, qui, dans son île de Caprée, se livre à des débauches, que notre langue n'aurait pas d'expression pour les rendre. Tibère, qui, pour ses infâmes voluptés, fait enlever des enfants presque à la mamelle ; Caligula commet l'inceste avec toutes ses sœurs, au milieu des festins, en présence même de sa femme. Il avait établi dans son palais un lieu de prostitution, et nous n'osons répéter ce que nous disent les écrivains, Ausone, par exemple. Au milieu de toute cette fange, on voit Messaline, cette impératrice si honteusement célèbre, qui, non contente d'afficher publiquement ses intrigues, descendait dans les mauvais lieux pour y lutter d'impudicité, publiquement, et avec les plus infâmes prostituées.

« Bientôt Néron commet le plus grand des crimes avec sa propre mère. Ici nous ne nous sentons pas le courage d'aller plus loin. Qu'il nous suffise de dire que ces monstres ne laissèrent à commettre aucun des crimes honteux et contre nature que pourrait imaginer l'âme la plus crapuleuse et la plus pervertie, et qu'ils étalèrent aux yeux de tous leur honte et leurs forfaits.

« Comme on le voit, l'humanité, de plus en plus entraînée sur la pente du vice, s'abrutissait dans la fange et l'ordure ; la matière et ses sales voluptés étouffaient tous les sentiments honnêtes. Le grand mystère de la rédemption s'accomplit, et l'œuvre de la régénération fut commencée. Peu à peu le christianisme fit disparaître ces monstrueux excès, et rentrer l'humanité dans des voies nouvelles, en restituant à l'âme sa dignité, à la morale son empire. Cependant la nature humaine, en se relevant, ne dépouilla pas complétement ses infirmités; et si le règne du crime fut affaibli, il ne fut pas détruit entièrement. Le monde devint meilleur, mais toujours on vit des individus plus coupables en cela que les anciens païens, rejetant loin d'eux les secours de la grâce nouvelle et le bénéfice du sacrifice d'un Dieu, se livrer encore au libertinage, et préférer leurs appétits sensuels à la règle divine.

« Quelquefois même des hommes puissants, des dominateurs des nations, exercèrent sur leur siècle une fatale influence. Les Borgia, les Medicis de Florence poussèrent aux derniers excès l'immoralité. Louis XIV donna, tout en gardant les apparences de la décence, les plus funestes exemples à son peuple. Philippe d'Orléans et son ministre, l'infâme Dubois, rappelèrent les plus honteuses débauches des Romains. Louis XV mit une prostituée à côté du trône... Mais, au milieu de tous ces scandales, le christianisme restait debout, planant sur l'humanité, comme un phare sur les mers ; et, désormais, nul effort ne pourra précipiter le monde dans l'abîme d'où le Christ l'a tiré. Quels que soient les désordres isolés de quelques particuliers, la société entière ne peut plus être infectée en masse des vices qui la déshonoraient autrefois; elle ne souffrirait pas non plus qu'ils se montrassent en public avec le même cynisme. »

Le libertinage étant issu de la concupiscence, toutes les causes qui peuvent enflammer les désirs de celle-ci, doivent entraîner l'homme à se laisser aller à celle-là. Aussi sont-elles aussi nombreuses que variées. Personne, que je sache, ne les a réunies avec plus d'art que M. Belouino ; c'est pourquoi malgré les emprunts que nous lui avons faits, lui empruntons-nous encore quelques nouveaux détails.

Les causes productrices du libertinage sont nombreuses ; elles sont particulières, et agissent sur les individus ; ou bien elles sont générales, et agissent sur des cités, sur des nations. Elles sont dans l'organisme, dans l'éducation, dans les croyances, dans les climats, dans les gouvernements.

L'homme, comme nous l'avons déjà dit, doué d'une liberté illimitée, d'une puissance de désirs qui surpasse toujours celle de ses facultés, d'une imagination qui va toujours au delà d'où le possible et du juste, de toutes les créatures, la plus disposée à s'abandonner aux égarements de la chair. Une alimentation succulente, des boissons spiritueuses, allument son sang et surexcitent ses organes. L'usage des vêtements amollit son corps ; les soins continuels qu'il donne à son bien-être le disposent aux jouissances. La station verticale, en obligeant le sang à se porter vers les régions du bassin, contribue à exciter les organes génitaux. Si malheureusement la nature l'a doué d'une constitution énergique et nerveuse, d'une de ces constitutions ardentes et volcaniques, qui s'émeuvent au moindre souffle de la passion, il se laissera facilement entraîner, et la voix des sens dominera celle de la raison.

Les hommes sont, en général, plus esclaves de leur organisation que les femmes. Il est peu de ces dernières pour qui les plaisirs des sens aient beaucoup d'attraits. On trouve rarement des femmes voluptueuses. Parmi celles qui s'abandonnent au libertinage, il est un grand nombre qui obéissent plutôt aux séductions du cœur et de l'esprit qu'à celles des sens. Mais, chose remarquable, quand une femme a franchi l'intervalle qui sépare la froideur de la volupté, elle est infiniment plus fougueuse et plus ardente que l'homme.

Parmi les causes les plus fréquentes du libertinage, il faut citer l'irréligion. Pourquoi l'homme retiendrait-il la bride à ses passions si rien en dehors de lui le condamne ? S'il n'y a pas de loi surhumaine, qu'opposera-t-on à ces lois naturelles, qui se font sentir dans l'intimité de l'organisme, et qui récompensent celui qui les suit, en le payant voluptés ? Est-ce l'intérêt personnel qui pourra le retenir, c'est-à-dire la crainte de s'énerver ou de mourir par suite des fatigues ou des maladies que traîne à sa suite l'abus des jouissances ? Rien de tout cela n'aura de puissance suffisante. Si la vie n'a pas de lendemain et la vertu de récompense, mieux vaut un jour de bonheur qu'une année de privations. Du reste, si quelques-uns succombent victimes du plaisir, n'en voit-on pas beaucoup qui, par un heureux privilége, ont résisté à ses étreintes. N'avons-nous pas de ces vieillards luxurieux, qui ont abusé de tout, et qui nous révèlent encore, sous la cendre de leur passé, une ardeur juvénile de corps et d'esprit ? Pour être sage, il faut à l'homme des motifs surhumains ; s'il s'affranchit de ce frein salutaire, rien ne le retiendra sur la pente du vice.

Parmi les causes les plus puissantes du libertinage, nous rangerons l'hérédité ; les penchants suivent le sang, et, chose terrible, la mère sème dans le sein de sa fille le germe des désordres qui la perdront un jour. Le mauvais exemple des parents est, pour les enfants, tout aussi funeste. La fréquentation des bals, des spectacles, la lecture des romans surtout, les mauvaises compagnies, la société des personnes débauchées, sont encore d'actifs pourvoyeurs du libertinage.

Le séjour des grandes villes est une cause fréquente de désordres ; c'est surtout dans les cités manufacturières que le libertinage est porté à un degré extraordinaire. On entasse pêle-mêle, dans les ateliers, des personnes de tout âge, de tout sexe. On ne s'occupe que de leur travail, et pas du tout de leur moralité. Ceux qui sont âgés deviennent pour les autres des instituteurs de dépravations. Dans certaines villes, à Mulhouse, par exemple, on compte une naissance illégitime sur cinq. On y voit des enfants de quinze, seize, dix-sept ans, déjà pères de famille. A Lille, rue des Etaques, les ouvriers employés aux manufactures couchent sur le même grabat, hommes, femmes, enfants et vieillards. Aussi l'innocence du jeune âge n'est-elle flétrie avant que la raison soit développée; les enfants sont vicieux par habitude, avant même de savoir ce que c'est que le vice. C'est le seul héritage que ces pauvres malheureux reçoivent de leur mère ; ils le reçoivent en naissant. Ils sucent la corruption avec le lait impur qu'elles leur donnent. On se sent, en présence de ces faits, saisi d'une profonde pitié : quand on rencontre ces êtres souillés, empoisonnés dès leur berceau, l'anathème s'arrête sur les lèvres, et l'on se demande si la justice de Dieu elle-même pourra compter avec eux, suivant la mesure des sévérités.

A Reims, les jeunes filles employées aux manufactures se prostituent dès l'âge de douze à treize ans (1). Cette ville comptait, en 1836, plus de cent prostituées qui n'avaient pas quinze ans. Sur ce nombre, dix à douze n'avaient pas atteint la douzième année. En présence de ces résultats, il est bien permis de se demander s'il ne vaudrait pas mieux fermer ces ateliers, véritables catacombes de la population, que de les laisser ainsi dépraver, dévorer les générations.

A Yorkshire, la moitié des enfants employés aux fabriques meurt avant dix-huit ans.

Nous savons bien qu'on nous taxera ici d'exagération. Mais alors qu'on moralise le peuple, qu'on lui donne des principes religieux, qu'on ne le laisse pas pourrir dans la misère qui engendre les vices, comme la corruption des vers, qu'on ne le livre pas, comme une proie, aux infâmes spéculations d'hommes qui l'exploitent comme des négriers. Ils se servent du corps et jettent l'âme à la corruption, au libertinage, sans songer qu'avilir ainsi l'humanité, c'est un forfait horrible, le plus grand de tous, pour lequel, au dernier jour, Dieu n'aura pas assez de malédictions, de châtiments.

Nos prisons elles-mêmes, ces lieux soumis à l'action du gouvernement, sont des antres de corruption qui infectent tout ce qui les touche. Quiconque y entre pur de corps, en sort pollué. On recule d'horreur, quand on songe que ces lieux vomissent tous les ans sur la France, environ cinquante mille individus qui ont achevé de s'y dégrader et de s'y perdre. Ce levain d'immoralité se répand dans nos villes et dans nos campagnes pour les infecter et les corrompre.

Partout où des individus du même sexe sont réunis, on doit exercer la plus grande surveillance pour empêcher ces commerces infâmes, ces relations illicites qui outragent la nature. Partout la chair attire la chair, et, c'est un fait déplorable à dire, mais vrai, les pensions, les collèges, les casernes, les vaisseaux nous offriraient la preuve de ce que nous avançons. Chez les jeunes gens, c'est la masturbation qu'on découvre ; chez les adultes, ce sont d'autres désordres plus révoltants encore.

Les climats ont toujours exercé une influence immense sur les désordres des mœurs. Dans les contrées chaudes de l'Afrique, de l'Asie surtout, on a constaté de tout temps la profonde immoralité des peuples. L'énervante chaleur qui les oblige à se renfermer, à se coucher la plus grande partie du jour, à prendre des bains, à se parfumer, amollit le corps, et ouvre tous les sens à la volupté. Les hommes enferment des troupeaux de femmes dans des harems. Là, abandonnées à elles-mêmes, oisives et ignorantes, elles recherchent de toutes les façons possibles à satisfaire leurs désirs déréglés. Elles se livrent entre elles à des désordres inouïs, tandis que, de leur côté, les hommes, fatigués de jouissances trop faciles, vont outrager la nature dans des voluptés illicites. C'est ainsi que tout l'Orient est infecté de la lèpre de la sodomie. Partout où existe la polygamie, où le nombre des femmes surpasse celui des hommes, on voit régner le libertinage.

Les peuples qui vivent sous un climat tempéré sont plus chastes que ceux qui éprouvent l'action du soleil brûlant, à moins que d'autres causes ne les aient corrompus. Au nombre de ces causes qui livrent les nations au libertinage, il faut placer la fausse civilisation. C'est dans les pays éclairés, avancés en civilisation, qu'on trouve le plus d'immoralité. Ce sont nos grandes villes et nos départements manufacturiers qui fournissent le plus d'attentats à la pudeur, le plus de prostituées. Depuis que nous marchons dans la voie des améliorations de toutes sortes, que nous ont léguées nos révolutions, nous faisons aussi d'immenses progrès en démoralisation. Maintenant on compte, chaque année, moitié plus d'attentats à la pudeur commis sur des enfants de moins de quinze ans, qu'on n'en comptait en 1825.

Le despotisme est encore une cause très-active du libertinage : partout où il y a des maîtres et des esclaves, ces derniers sont obligés de tout souffrir des caprices, des brutalités des premiers. En Russie, des boyards abusent impunément des femmes de leurs serfs. Celles-ci se font une honteuse gloire de séduire leur seigneur.

Partout où les conditions sont trop inégales, les hommes abjurent leur dignité, les uns pour mésuser de leur autorité, les autres pour se laisser avilir. Il est beaucoup de femmes réputées vertueuses qui consentiraient à devenir la MAITRESSE d'un monarque, ce titre devant flatter leur vanité !

Les effets du libertinage se font remarquer tout à la fois sur le physique et sur le moral ; mais les désordres de l'intelligence, quoique bien grands, sont néanmoins beaucoup moins sensibles, moins apparents que ceux qu'on observe sur l'organisme. C'est là surtout que le libertinage imprime d'une manière effrayante ses honteux stigmates. Il nuit au développement du corps et l'empêche d'acquérir les proportions auxquelles il serait arrivé, et dont il est susceptible. Il épuise et tarit les forces vitales dans leurs sources les

---

(1) En 1840, on m'a dit, à Grenoble, la même chose des jeunes ouvrières de cette ville. (A. P.)

plus intimes, en dépensant, avec le plus pur du sang, l'influx nerveux qui ne semble départi à chaque être que dans certaines proportions. Il courbe avant le temps ses victimes et leur arrache les insignes de la dignité, de la noblesse humaine, pour les marquer du sceau de la débauche. L'homme qui eût pu deven r grand, fort et vigoureux, ou qui l'était déjà, reste ou devient chétif et débile, chacun de ses membres, chacune des cavités du tronc est le siége de quelque douleur et de quelque souffrance prématurée. La physionomie, qui naguère resplendissait des clartés de l'innocence, qui étalait avec orgueil les teintes rosées de la santé, qui semblait s'épanouir de bonheur, est maintenant pâle et décolorée; son expression stupide ou ignoble inspire le mépris et le dégoût. Le regard, effronté ou hésitant, annonce l'audace ou la honte du vice; l'œil, eteint dans son orbite, ne s'éveille plus qu'à la vue d'un objet qui excite la passion dominante, ou à ces discours pervers qui sont la débauche de l'imagination. Le front, comme humilié sous l'opprobre, ne semble plus être le siége de la pensée; la tête, qui prête à l'homme une si imposante majesté, quand le travail ou le malheur l'ont dépouillée ou blanchie, donne à l'individu un aspect repoussant, lorsque c'est le libertinage qui a produit ces résultats. La démarche est hardie, lubrique, ou hésitante et embarrassée. Le vice, il n'y a pas de milieu, brave la honte ou la subit. En deux mots : une démarche hardie, un regard lubrique, une bouche voluptueuse, un teint pâle ou couperosé, des manières et des paroles plus ou moins indécentes, une haleine impure qui dégoûte et repousse, tout fait reconnaître à l'observateur le moins exercé l'individu livré aux excès de la débauche.

Ce n'est pas tout : la vie humaine, usée par les désordres de toutes sortes, n'atteint pas les limites naturelles, et l'esprit ne présente plus le caractère de la beauté et de la force originaires. A chaque pas, parmi nous, on rencontre des jeunes gens épuises avant d'être hommes; blasés sur les plaisirs avant le temps fixé par la nature pour les éprouver; énervés avant d'avoir acquis le développement auquel ils étaient destinés. Quelques-uns se font gloire de leur inconduite et de ses résultats; ils affectent de ne rien pouvoir sentir, d'être blasés sur les plaisirs du cœur et sur ceux des sens, de même qu'ils affectent de se refuser à toute croyance morale ou religieuse.

Des maladies de toute nature sont enfin la triste conséquence de cet abus des jouissances, et les ravages qu'elles exercent sont incalculables. Pour s'en faire une idée, on n'a qu'à visiter ces asiles où des jeunes filles au visage frais, et belles encore jusque dans ce lieu fatal, seraient dévorées par un mal immonde, si une main habile n'en arrêtait les progrès : trop heureuses encore, quand, après de souffrances inouies, elles n'emportent pas, en sortant de l'hospice les marques évidentes de leur inconduite.

A ces désordres physiques s'ajoutent bien des phénomènes moraux. Ainsi j'ai toujours vu que les jeunes gens corrompus de bonne heure, et livrés aux femmes et à la débauche, étaient inhumains et cruels : la fougue du tempérament les rendait impatients, vindicatifs, furieux; leur imagination, pleine d'un seul objet, se refusait à tout le reste; ils ne connaissaient ni pitié ni miséricorde; ils auraient sacrifié père et mère et l'univers entier au moindre de leurs plaisirs. (*J.-J. Rousseau.*) Ce n'est pas assez, car le libertinage abrutit l'être intellectuel : il étouffe de très-bonne heure en lui le germe des plus belles facultés, empêche le développement des plus heureuses dispositions, et transforme les hommes les mieux prédestinés au talent, au génie, en des êtres stupides! Oui, la débauche a toujours été funeste à la population. S'y livrer n'est point suivre les lois de la nature, mais les violer; et l'on sait pourquoi Lycurgue voulait que les hommes ne vissent leur femme qu'à la dérobée : c'est parce que tous ceux qui se sont distingués par leur courage dans les combats; dans les sciences et les arts, par leurs remarquables travaux, ont été chastes; les quelques exemples du contraire que l'on rencontre ne suffisant pas pour infirmer une vérité établie par la grande majorité des faits.

Jusqu'ici je ne me suis occupé que de l'habitude extérieure des individus qui se livrent à la débauche, et de quelques-unes des perturbations organiques, vitales et morales, qui sont le résultat accoutumé du libertinage. L'esquisse que j'en ai tracée laisserait mon tableau incomplet, si je n'y ajoutais les caractères particuliers que l'on a tour à tour indiqués; et si je ne disais aussi, qu'indépendamment des maladies honteuses qui sont le résultat presque immédiat d'un contact impur, il est une foule de maux divers qui, par leur ensemble, constituent une maladie particulière que, dans un travail inédit, j'ai appelé *anémie par incontinence*. Mon dessein est donc d'insister d'autant plus sur l'énumération de ces désordres, qu'étant la conséquence inévitable des plaisirs solitaires ou de l'incontinence, les parents, les instituteurs, etc., doivent être assez experts en cette matière, pour découvrir ce qu'on cherche toujours à leur cacher avec soin, ces maux pouvant d'ailleurs se manifester, je le répète, sans que les individus soient en communication avec des libertins ou avec des prostituées; ce qui généralement nous donne l'éveil. Mais auparavant je ferai remarquer, que ces mêmes phénomènes morbides peuvent se manifester dans tous les cas d'*anémie spontanée*; et cela afin que chez les jeunes personnes, en qui cette dernière se montre très-familièrement, on ne soit pas porté à les suspecter d'avoir de mauvaises habitudes. J'entre en matière.

Si l'on remonte aux siècles les plus reculés de l'ère médicale, on voit que, dès l'origine, les observateurs se sont aperçus que les jeunes personnes qui avaient de mauvaises habitudes ou des penchants funestes (qu'on n'avoue que difficilement, si toutefois on les avoue), étaient atteintes d'une maladie qui commence par la faiblesse, l'amaigrissement et la pâleur, et finit par la consomption et la mort. Terminaison fatale, mais inévitable si, malgré les souffrances qu'il endure, l'individu cache constamment sa faute, continue ses abominables manœuvres, ou se livre sans retenue à ses appétits charnels.

Cette maladie, qu'Hippocrate a connue et décrite sous le nom de *consomption dorsale*, nom adopté du reste par la plupart des écrivains, je l'ai appelée *anémie* par onanisme ou par incontinence, parce que cette dénomination indique tout à la fois et sa cause occasionnelle et sa nature : sa *cause occasionnelle*, puisqu'elle attaque les jeunes époux qui, entraînés par tout ce que les jouissances physiques ont de voluptés, les goûtent sans frein et sans mesure, et les répètent alors même que leur constitution délabrée tombe en ruine et s'écroule, tout comme elle dépérit chez les individus qui cherchent l'isolement pour s'y livrer souvent et en secret, à des actes aussi coupables que honteux, à la masturbation ; sa *nature*, attendu que la cause de la consomption dorsale des auteurs, consiste dans une altération des propriétés physiques du sang, et dans une diminution notable de ce liquide.

Profitant donc des travaux du vieillard de Cos, de Celse, d'Arétée, de Galien, d'Aétius, d'Hoffmann, de Boerrhaave, de Van-Swieten, de Senac, etc., etc., et principalement de Tissot et de l'*Onania*, ouvrage anglais empreint de beaucoup d'exagération, je vais offrir à mes lecteurs le tableau symptomatologique de la maladie qui nous occupe, m'attachant à la description de chacun des *points* principaux sur lequel ces auteurs ont fixé leur attention, de manière à ce que chaque *objet* particulier puisse être facilement saisi par tous ceux qui aiment à observer. Et d'abord je placerai en tête de mon tableau :

LES DÉRANGEMENTS DE L'ESTOMAC ET DES INTESTINS. Ces dérangements, qui se montrent généralement dans le principe, c'est-à-dire dès le début de l'anémie, s'annoncent, chez les uns, par la perte de l'appétit ou par des appétits irréguliers : chez les autres, par des douleurs vives, surtout pendant le temps de la digestion, par des vomissements qui résistent à tous les remèdes, tant que l'individu reste dans ses mauvaises habitudes. A la vérité, il est certains malades en qui l'appétit est conservé, qui mangent bien (*Hippocrate*) ; d'autres qui ont une faim dévorante (*Tissot*), ce qui pourrait en imposer ; mais, hâtons-nous de le dire, ce n'est pas dans la majorité des cas que les choses se passent ainsi, au contraire, et pour ma part, j'ai toujours vu, dans les quelques cas que j'ai observés, la dyspepsie et des mauvaises digestions accompagner l'anémie des masturbateurs et des incontinents.

De même, les fonctions du tube intestinal sont parfois notablement dérangées, et quelques sujets se plaignent de *constipation* opiniâtre. Et comme le trouble de l'appareil digestif ne peut exister, et la digestion être imparfaite, sans que la *nutrition* d'où dépend la réparation des forces vitales et des pertes que le corps éprouve, soit à son tour également imparfaite, il en résulte que les sujets maigrissent, se consument (*Hippocrate*), tombent dans le desséchement (*Aétius*) : tout leur corps se détruit peu à peu (*Hoffmann*), et l'accroissement, quand il n'est pas fini, est considérablement dérangé (*Onania*).

Le VISAGE, ce miroir fidèle de l'état de l'âme et du corps, est ordinairement le premier à nous manifester ces dérangements et tous autres troubles intérieurs qui les accompagnent. L'embonpoint et le coloris, dont la réunion forme cet air de jeunesse qui seul peut tenir lieu de beauté, et sans lequel la beauté ne produit plus d'autre impression que celle d'une admiration froide ; l'embonpoint, disje, et le coloris, disparaissent les premiers ; la pâleur, la maigreur, le teint plombé, la rudesse de la peau leur succèdent immédiatement. Les YEUX perdent leur éclat, se ternissent, et peignent par leur langueur celle de toute la machine. Les lèvres perdent leur vermillon, les dents leur blancheur ; enfin, il n'est pas rare que la figure reçoive un échec considérable par la déformation totale de la taille.

Les organes des SENS participent également à l'affaiblissement de toute la machine. Ainsi l'*ouïe* s'affaiblit, et l'individu éprouve parfois des tintements d'oreille continuels ; ou bien, ainsi que je l'ai observé, l'audition est si obtuse, que le malade entend à peine ce qu'on lui dit. Ainsi, chez un enfant de onze ans, l'organe auditif était tellement affaibli, qu'il me fallait hausser la voix pour qu'il pût entendre les questions que je lui adressais. Il y répondait alors avec justesse, mais aussi avec beaucoup de lenteur en me regardant d'un air hébété. De telle sorte que je n'ai pu savoir si cette hébétude tenait à la dysécée ou à l'affaiblissement de l'intellect. Peut-être tenait-il à tous les deux. La *vue* de ce jeune garçon était aussi considérablement affaiblie, et les pupilles dilatées, ce qui tenait sans doute à l'inertie de la membrane pupillaire. Je ne donne pas ce fait comme exceptionnel ; car l'amblyopie a été remarquée par tous les médecins, et en particulier par Fréd. Hoffmann, qui assure avoir reconnu dans deux cas des véritables gouttes sereines : Wetzprima a fait une fois la même remarque.

Les FONCTIONS RESPIRATOIRES ne sont pas d'abord notablement altérées ; mais du moment où la faiblesse est très-grande, la *respiration* devient difficile, et des essoufflements se manifestent soit dès que le malade se donne un mouvement un peu violent (*Tissot*), soit quand il se promène sur des routes pénibles (*Hippocrate*). Quelques malades sont tourmentés par une *toux* sèche, ou par des efforts de toux, qui amènent l'expectoration de matières calcaires. La *voix* est habituellement faible et rauque.

Le SYSTÈME CIRCULATOIRE ralentit ses mouvements. Ceux du *cœur* sont généralement faibles, même quand il est agité de palpitations. Alors le choc qu'il produit sur les parois de la poitrine n'ont point lieu, et les bruits n'ont pas toute leur énergie normale. Un bruit de souffle y devient appréciable, et cela surtout lorsque le malade s'est livré à de grands mouvements, ou monte une côte rapide, un escalier. Alors les battements du cœur sont bien plus violents, et les artères du cou elles-mêmes éprouvent des battements évidents à l'œil nu. Mais le plus généralement les *pulsations artérielles* sont petites, profondes, c'est-à-dire que le pouls est faible et facile à déprimer. Je l'ai trouvé tel chez un enfant de douze à treize ans, qui se masturbait. Cet enfant, qui présentait d'ailleurs la plupart des symptômes qui caractérisent la fièvre hectique des auteurs, n'était pas cependant dans un état anémique très-prononcé, ce qui implique contradiction avec le passage suivant d'Hippocrate. Ils n'ont point de fièvre...... Une fièvre lente termine leurs jours...... Ce qui veut dire que la fièvre ne se manifeste qu'alors que la maladie est très-avancée : j'ai vu le contraire.

Les ORGANES DE LA GÉNÉRATION éprouvent aussi leur part des misères dont ils sont la première cause..........

Courant, comme le libidineux, la même carrière de manœuvres, la femme s'expose aux mêmes dangers. Ainsi, outre les phénomènes morbides dont nous avons parlé, on voit survenir des accès d'hystérie plus ou moins violents, ou des *vapeurs* affreuses, des jaunisses incurables, des crampes cruelles de l'estomac ou du dos ; et du côté des organes sexuels, un état de surexcitation tel, qu'elles sont portées à des actes que la raison et la pudeur réprouvent, actes qui les mettent au niveau des brutes les plus lascives, jusqu'à ce qu'une mort prématurée les arrache aux douleurs et à l'infamie. (*Tissot.*)

En outre, l'homme et la femme restent plongés dans un *assoupissement* presque continuel, ou ne dorment pas du tout ; et si le sommeil ferme un moment leurs paupières, il est troublé par des rêves inquiétants qui ne réparent pas les forces.

Enfin, la *sensibilité* de l'un et de l'autre sexe est dans un tel état de perversion, qu'une *hyposthésie* plus ou moins profonde, ou une *hypersthésie* plus ou moins prononcée, donnent lieu à des phénomènes morbides plus ou moins inquiétants. — Ainsi, tantôt les malades sentent leur *chaleur animale* diminuer sensiblement; tantôt ils sont saisis par une sensation très-incommode et continue de *froid*, qui se fait sentir partout le corps, ou seulement dans les membres (*Hippocrate*), quoique la température de leur peau reste à peu près à l'état normal (c'est du moins ce que j'ai observé) ; tantôt, au contraire, l'individu se plaint d'une sensation de chaleur générale (*Van-Swieten*), ou de quelques points isolés que l'anémique désigne. Un

d'eux écrivait à Tissot : Mes mains sont sans force, toujours brûlantes et dans une sueur continuelle. Ce dernier fait est une exception, car dans tous les cas la *transpiration* n'a pas lieu ou se fait mal.

Quelquefois aussi les DOULEURS les plus vives sont, pour eux, un sujet de plaintes continuelles. L'un se plaint de la tête ; l'autre, de la poitrine; celui-ci, de l'estomac ; celui-là, des intestins ; certains, de douleurs rhumatismales extérieures ; quelques-uns, d'un engourdissement douloureux dans toutes les parties du corps, dès qu'on les comprime très-légèrement. Il y a parfois *dysurie*, *strangurie*, ou des ardeurs d'urine qui font cruellement souffrir ; et parfois au contraire *énurésie*.

Dans quelques cas, les sujets ont cru sentir des fourmis descendre le long de l'épine du dos (*Hippocrate*) ; ce qui avait lieu habituellement chez celui dont parle Wetzprima, quand il se baissait pour ramasser quelque chose. D'autres ont des *douleurs* dans les membranes du cerveau (*Boerrhaave*). Il en est qui éprouvent un *tremblement général* de tous les membres sans perte de connaissance (des *convulsions*), ou de véritables *accès d'épilepsie* (*Zimmermann*). Boerrhaave a vu la *rigidité* générale de tout le corps, accident fort rare sans doute, puisque Tissot ne l'a observé que deux fois, et je ne sache pas que d'autres l'aient observée. La *paralysie* au contraire s'est montrée plus généralement.

Inutile de dire que ces désordres organiques et vitaux, à peine appréciables dans le principe, se prononcent de plus en plus à mesure que les actes coupables qui en sont la cause occasionnelle sont plus souvent répétés, et qu'ils vont en s'aggravant tous les jours davantage, jusqu'à ce que le flambeau de la vie soit entièrement consumé.... Il s'éteint enfin !

Quant au MORAL, je dirai, avec tous les auteurs, que lâches, engourdis, paresseux, les individus sentent leurs facultés intellectuelles ; la mémoire surtout s'affaiblit journellement et d'une manière sensible. D'abord ils sont tout-à-fait inhabiles à l'étude, et, ce qui est plus affligeant encore, incapables de prendre part aux conversations qui font le charme des sociétés. Bientôt leurs idées s'obscurcissent ; ils deviennent stupides, tombent dans une légère démence ou dans une véritable manie ; ou bien encore ils éprouvent seulement une espèce d'inquiétude intérieure continuelle, une angoisse habituelle, un reproche de leur conscience si vif, qu'ils versent souvent des larmes. En un mot, hypocondriaques, ou mélancoliques, ou hystériques, ils sont accablés de tous les accidents qui accompagnent ces fâcheuses névroses, à savoir, la tristesse, des soupirs, des pleurs sans sujet, des palpitations, des suffocations, la syncope (1).

(1) Si quelqu'un prétendait que le tableau symptomatologique de l'anémie par libertinage, que je viens de tracer, ne devrait trouver place que dans les ouvrages de médecine, je leur dirais que je ne suis pas entièrement de leur avis, et que j'ai la conviction in-

time, qu'il ne sera pas déplacé dans ce dictionnaire ; tout ce qui peut éclairer les hommes qui, par devoir ou par état, se livrent à l'éducation, et leur permet de lire dans le fond du cœur de ceux qu'ils sont chargés de diriger avec soin, de surveiller avec solici-

Quels moyens emploierons-nous pour arrêter les débordements du libertinage? Ceux que nous avons indiqués contre l'incontinence et sa mère, la concupiscence : ils doivent avoir pour objet d'amortir les appétits sensuels par des moyens propres à calmer l'excitation des sens, et d'agir sur l'imagination, par des secours empruntés à l'étude des sciences, à la morale et à la religion.

Aux moyens qui ont été conseillés et que j'ai conseillés moi-même à l'art. CHASTETÉ, pour amortir les feux de la concupiscence, nous ajouterons, à l'endroit de l'alimentation, la proscription ABSOLUE de certaines substances que l'on a signalées comme produisant cette surexcitation sensuelle qu'il faut prévenir ou étouffer. On défendra donc à ceux qui doivent s'abstenir des plaisirs de la chair l'usage de certains aliments venteux, comme les fèves, les pois, etc., qui, suivant la remarque de Galien, produisent un effet aphrodisiaque, probablement dû, d'après Barthez, à une espèce d'orgasme ou de raréfaction sourde qui se communique sympathiquement des intestins aux parties de la génération. Je ne sais si l'effet de ces substances est conjectural, comme certains l'affirment; mais ce qu'il y a de positif, c'est que saint Jérôme, dans une épitre à des religieuses, leur interdit l'usage des légumes (comme des fèves), qu'il croit être âcres et irritants, parce qu'ils causent, dit-il, des titillations dans les parties sexuelles (*in partibus genitalibus titillationem producunt*).

Plutarque dit aussi : Pourquoi la loi défend-elle à ceux qui doivent vivre chastement de manger des légumes?... Il finit ses réponses à cette question en disant : Est-ce parce qu'ils provoquent à la luxure d'autant qu'ils sont flatueux? En supposant que l'effet aphrodisiaque de ces substances soit douteux, mon opinion est qu'on doit s'en priver en vertu de cet axiome : *Dans le doute, abstiens-toi*.

Ces remarques faites; l'omission des aliments venteux, à propos du régime des personnes chastes et qui veulent rester telles, réparée; j'arrive aux secours qu'on peut retirer de l'étude des sciences. Cette étude est éminemment utile, d'autant plus précieuse même que, quand on consacre sa vie à la recherche du vrai, on a généralement peu de penchant à l'amour physique. La morale basée autant sur les faits que sur de salutaires avis a les mêmes avantages.

Un exemple suffira pour prouver combien tel spectacle, opportunément représenté, a d'influence sur la destinée de la jeunesse. Un vieux militaire, qui s'est distingué par ses mœurs autant que par son courage, m'a raconté (c'est Jean-Jacques Rousseau qui parle) que, dans sa première jeunesse, son père, homme de sens, mais très-dévot, voyant son tempérament naissant se livrer aux femmes, n'épargna rien pour le contenir; mais enfin, malgré tous ses soins, le sentant prêt à lui échapper, il s'avisa de le mener dans un hôpital de vérolés, et sans le prévenir de rien, le fit entrer dans une salle où une troupe de ces malheureux expiaient par un traitement effroyable le désordre qui les y avait exposés. A ce hideux spectacle, qui révoltait à la fois tous les sens, ce jeune homme faillit à se trouver mal. *Va, misérable débauché*, lui dit alors son père, *suis le vif penchant qui t'entraîne; bientôt tu seras trop heureux d'être admis dans cette salle, où, victime des plus affreuses douleurs, tu forceras ton père à remercier Dieu de ta mort*.

Ce peu de mots, joints à l'énergique tableau qui frappait ce jeune homme, lui firent une impression qui ne s'effaça jamais. Condamné par son état à passer sa jeunesse dans les garnisons, il aima mieux essuyer toutes les railleries de ses camarades que d'imiter leur libertinage. *J'ai été homme*, me dit-il, *j'ai eu des faiblesses; mais parvenu jusqu'à mon âge, je n'ai pu voir une fille publique sans horreur*. Maîtres, peu de discours, mais apprenez à choisir les lieux, les temps, les personnes, quand vous donnez vos leçons ou que vous citez vos exemples, et soyez sûrs de leur effet.

Enfin, quant à la religion, elle est bien plus puissante encore que la simple morale, parce que tout ce qui peut élever l'homme à ses propres yeux, et lui faire connaître l'étendue de ses devoirs envers le Créateur qui l'a comblé de ses bontés, envers le monde qu'il doit édifier par sa conduite, envers lui-même qu'il doit préserver de toute souillure morale et de toute dégradation et corruption physique, la religion le lui inspire, tout comme ses sacrements donnent une force inaccoutumée à ceux qui réclament son appui.

L'une et l'autre nous répètent, que le seul sentiment d'une âme satisfaite, ce doit être la jouissance réfléchie d'un bien; tout plaisir qui n'a pas ce motif pour objet étant mêlé de quelque amertume et suivi de repentir. L'une et l'autre nous répètent avec Hume : « Ce n'est pas sur un lit de roses qu'habite le repos; ce n'est pas dans la saveur d'esprit ni dans les fumées du vin que vous trouverez le vrai plaisir, mais dans l'amour des hommes, dans la pratique du bien, dans la vertu. Votre indolence deviendra une fatigue, et la volupté se changera en dégoût. » L'une et l'autre répètent encore, avec madame de Saint-Lambert : « La plus grande et la plus nécessaire disposition pour goûter les plaisirs, c'est de savoir s'en passer. Les plaisirs du monde sont trompeurs; ils promettent plus qu'ils ne donnent; ils nous inquiètent dans leur recherche, ne nous satisfont point dans leur possession, et nous désespèrent dans leur perte. » L'une et l'autre répètent enfin, avec de Londres : « Les plaisirs qui viennent des faiblesses du cœur troublent le repos de la vie, gâtent le goût, et rendent insipides tous les plaisirs simples.

tude, d'instruire avec dévouement, pouvant leur être éminemment utile, et cela alors surtout que ces mêmes individus s'enveloppent du plus profond mystère pour cacher aux yeux les plus vigilants leurs funestes penchants et les habitudes plus funestes encore qui en sont la triste et toujours fatale conséquence.

Il faut ménager ses goûts : nous ne tenons à la vie que par eux. C'est l'innocence qui les conserve; c'est le déréglement qui les corrompt. Les plaisirs bruyants sont le vain et stérile bonheur des gens qui ne sentent rien et qui croient qu'étourdir la vie c'est en jouir. S'abstenir pour jouir, c'est l'épicuréisme de la raison. »

La vie humaine a d'autres plaisirs : quand ceux de la jeunesse lui manquent, et qu'il n'est plus temps de se faire une occupation de ses désirs, il faut alors se borner prudemment aux goûts dont on peut jouir. En courant vainement après les plaisirs qui fuient, on s'ôte encore ceux qui nous sont laissés. Changeons de goûts avec nos années, ne déplaçons pas plus les âges que les saisons; il faut être soi de tous les temps, et ne point lutter contre la nature : ces vains efforts usent la vie et nous empêchent d'en user.

Du reste, dirons-nous avec Charron : « Renoncer aux plaisirs, c'est folie; les régler, c'est le chef-d'œuvre de la sagesse. Elle ne condamne pas les plaisirs; elle apprend à les gouverner. Certaines gens, qui font profession d'une certaine piété, méprisent toute espèce de délassement, et tâchent de passer cette vie sans y goûter aucun agrément. Non-seulement les récréations leur sont suspectes, mais encore les nécessités que Dieu a assaisonnées de plaisir sont pour eux une espèce de corvée; ils n'y viennent qu'à regret. »

Ainsi, qu'on ne s'y trompe pas, quelquefois c'est orgueil, c'est folie, c'est faiblesse, c'est bigoterie, c'est envie de se distinguer. Ils veulent être des anges sur la terre; ils n'ont que la vanité de ceux qui furent précipités du ciel. L'homme a un corps dont il est comptable; le maltraiter, le haïr, le tourmenter, si ce n'est dans les vues et les bornes déterminées par la religion, c'est une espèce de suicide, c'est contre nature, c'est déplaire à Dieu.

Une action n'est pas vicieuse parce qu'elle est naturelle; Dieu a réuni la nécessité et le plaisir; la nature nous a donné des besoins, et veut que ce goût s'y trouve avec la raison. Et néanmoins on entend dire tous les jours : Fuyez le monde, méprisez le monde, renoncez au monde. Qu'entendez-vous par là, demanderais-je volontiers? Qu'est-ce que mépriser le monde? Qu'est-ce que ce monde? Est-ce le ciel, la terre, la créature? Ce serait une absurdité. Est-ce l'usage, le profit, le service qu'on en retire? Ce serait ingratitude envers celui qui les a créés. Comment peut-on s'en passer? C'est, dit-on, les folies, les débauches qui sont dans le monde. Alors j'aimerais mieux qu'on le dit nettement et explicitement. Toutefois, comme il pourrait se faire, en répétant cette phrase à des esprits noirs et faibles, qu'ils contractent insensiblement une haine pour le genre humain qui les obligera de décompter dans l'autre monde, il faudrait leur dire, au contraire : Demeurez dans ce monde, mais apprenez à vous y bien conduire; ou avec Montaigne : « Le plaisir est comme une belle qui vous aborde d'un air riant, avec des yeux pleins de feu et une grâce admirable, mais qui se retire tout en désordre, honteuse et convaincue de son imperfection.

« Les plaisirs nous chatouillent pour nous étrangler. Si la douleur de tête nous venait avant l'ivresse, nous nous garderions de trop boire; mais la volupté, pour nous tromper, marche devant et nous cache sa fuite. » Reste, ainsi que l'a fait remarquer Trublet, qu'en matière de plaisir il faut calculer, et que la sagesse doit toujours avoir les jetons à la main. Combien valent ces plaisirs-là, doit-on dire? et combien valent les peines dont il faudrait les acheter ou qui les suivraient? Ces considérations peuvent non-seulement nous empêcher d'agir en conséquence de nos désirs, ce qui est déjà un grand avantage, mais encore réprimer, ou du moins modérer les désirs eux-mêmes. Si le cœur a autant de pouvoir sur l'esprit, comme une fâcheuse expérience ne nous l'apprend que trop, il est certain aussi que l'esprit peut quelque chose sur le cœur.

Et ne craignons pas de présumer trop de nous-mêmes, en croyant ce pouvoir de notre raison sur nos passions plus grand qu'il ne l'est en effet; car, du moment où ce pouvoir consiste en grande partie dans l'idée que nous en avons, une juste confiance doit nécessairement augmenter nos forces. A la vérité, il ne faudrait pas que cette confiance fût poussée trop loin, attendu que non-seulement l'humilité mondaine et à plus forte raison l'humilité chrétienne veut que chacun se défie de sa faiblesse et prenne contre elle de sages mesures; mais encore parce qu'il y a aussi une humilité LIBERTINE dans son principe, ou du moins très-propre à conduire au libertinage, qui exagère cette même faiblesse, et en fait une impuissance absolue. On rabaisse la raison, pour se dispenser de la suivre; on s'égale aux bêtes, pour pouvoir vivre comme elles, sans honte et sans remords. D'ailleurs l'amour des plaisirs est ordinairement ennemi de la vertu. Il est vrai qu'il s'est trouvé de grands hommes qui ont aimé le plaisir; mais, outre qu'ils en avaient honte eux-mêmes, et qu'ils n'en jouissaient qu'en passant, ce n'a pas été par là qu'ils ont été grands. Ils ont eu besoin de toutes les autres qualités, jointes ensemble, pour balancer le tort qu'un médiocre attachement au plaisir leur a fait; et même, si vous voulez bien prendre garde, c'est ce qui leur a enlevé le fruit de tous les autres avantages de la fortune et de la nature.

Un seul plaisir a souillé la gloire d'Alexandre et lui a fait perdre la vie dans sa première jeunesse. Les délices de Capoue enlevèrent à Annibal le fruit de ses victoires. Ces plaisirs de quelques jours eurent une suite si funeste, qu'ils ont coûté à sa patrie l'empire du monde et ensuite sa liberté.

Nous avons étudié le libertinage en tant qu'il a pour objet le plaisir de la chair, les dangers qui y sont attachés, etc.; il nous resterait maintenant à le considérer sous un autre point de vue, c'est-à-dire en tant que le libertin se passionne et se livre sans retenue à la GOURMANDISE et à l'IVROGNERIE, ces deux filles déhontées de l'INTEMPÉRANCE, qui lui font payer bien cher les plaisirs qu'elles procurent; mais, ayant assez longuement disserté sur ces objets dans les divers articles précités, je me borne à y renvoyer le lecteur. *Voy.* GOURMANDISE, IMTEMPÉRANCE, IVROGNERIE.

LUXURE. *Voy.* INCONTINENCE

M

MAGNANIME, MAGNANIMITÉ (vertu). — Tout en prétendant que la magnanimité est assez désignée par son nom, on a cru néanmoins devoir la définir, avec La Rochefoucauld : le bon sens de l'orgueil, et la voie la plus noble pour recevoir des louanges.

Cette définition me paraît fort exacte, attendu que la magnanimité a cela de particulier, qu'elle ne connaît pas l'envie, qu'elle méprise les injures et ne s'attache qu'aux grandes choses. Formant l'apanage des grands hommes, nul individu ne peut mériter ce titre quand il en manque; et comme il y a peu d'hommes magnanimes, on a dit de la magnanimité : qu'elle est la vertu de peu de gens. Veut-on savoir ce qui en fait la rareté? C'est que, pour la posséder, il faut se rendre maître de soi-même, et cela surtout si l'on veut se rendre maître des autres, chose excessivement difficile à obtenir. C'est pourquoi, quel que soit le motif qui la fera naître, ceux qui en seront pourvus mériteront d'être considérés et fort estimés.

On a dit de la magnanimité qu'elle est le plus beau fleuron de la souveraineté. Je le crois, car c'est elle qui en effet, donne aux monarques ces vues grandes qui les font admirer, et ces sentiments nobles et élevés qui les font aimer. C'est elle qui les met et les tient au-dessus des passions, qui les rend supérieurs à la haine, et les fait triompher du cruel plaisir de la vengeance. Un prince magnanime n'a point de joie plus pure que celle de pardonner, et c'est principalement à cette joie qu'on reconnaît sa magnanimité.

Il y avait autre chose que de la joie dans la magnanimité d'Antiochus Sidètes envers le peuple de Dieu, renfermé dans la ville de Jérusalem, qu'il tenait assiégée. Voici comment s'exprime Bossuet, à qui j'emprunte la narration de ce fait historique.

« La religion judaïque eut un grand éclat et reçut de nouvelles marques de la protection divine, alors que Jérusalem était assiégée et réduite à l'extrémité par Antiochus Sidètes, roi de Syrie. Cette ville fut délivrée de ce siège d'une manière admirable. Ce prince fut touché d'abord de voir un peuple affamé plus occupé de religion que de son malheur; il lui accorda une trêve de sept jours, en faveur de la semaine sacrée de la fête des Tabernacles. Loin d'inquiéter les assiégés durant ce saint temps, il leur envoyait, avec une magnificence vraiment royale, des victimes pour les immoler dans leur temple, sans se mettre en peine que c'était en même temps leur fournir des vivres dans leur extrême besoin. Selon la remarque des chronologistes, les Juifs venaient alors de célébrer l'année sabbatique ou de repos, c'est-à-dire la septième année, où, comme parle Moïse, la terre qu'on ne semait point devait se reposer de son travail ordinaire. Tout manquait dans la Judée, et le roi de Syrie pouvait d'un seul coup perdre tout un peuple qu'on lui faisait regarder comme toujours ennemi et toujours rebelle. Dieu, pour garantir ses enfants d'une perte si inévitable, n'envoya pas comme autrefois ses anges exterminateurs; mais, ce qui n'est pas moins merveilleux, quoique d'une autre manière, il toucha le cœur d'un roi qui, admirant la piété des Israélites, que nul péril n'avait détournés des observances les plus incommodes de la religion, leur accorda la vie et la paix. » (*Disc. sur l'histoire universelle.*) — N'est-ce pas qu'Antiochus, en agissant de la sorte à l'égard d'une ville ennemie, s'est montré grand, généreux, humain, *magnanime?*

Saint Louis s'est montré également magnanime lorsque, après avoir vaincu Lusignan et pris Fontenay, où le jeune comte de Lamarche s'était jeté avec l'élite de ses chevaliers, il leur pardonna à tous, répondant à ceux des siens qui lui demandaient la mort des vaincus, et surtout celle du comte. « Je ne veux pas punir un fils d'avoir obéi à son père ! »

Charles VIII, surnommé l'Affable, fut, lui aussi, magnanime, quand sortant de tutelle, le premier usage qu'il fit de son autorité fut de tirer de prison le duc d'Orléans (depuis Louis XII) qui avait été pris en combattant contre lui.

A son tour, Louis XII fit preuve d'une grande magnanimité, quand, excité à tirer vengeance de la Trémouille qui l'avait vaincu et fait prisonnier lorsqu'il n'était que duc d'Orléans, il fit à ses courtisans cette memorable réponse : « Un roi de France ne venge point les querelles d'un duc d'Orléans. Si la Trémouille a bien servi son maître contre moi, il me servira de même contre ceux qui seraient tentés de troubler l'État. »

Dans une autre circonstance, c'est-à-dire lorsqu'on lui présenta la liste générale de ceux qui occupaient tous les emplois, il marqua d'une croix rouge les noms des hommes qui avaient été ses ennemis avant son avénement au trône ; comme en peut le croire, ils ne tardèrent pas à recourir à de puissants protecteurs pour obtenir leur pardon. « En apposant à leur nom, dit le roi, le sceau de la rédemption, j'ai cru avoir annoncé que tout était pardonné; Jésus-Christ est mort pour eux comme pour moi. »

Les touchantes paroles que Louis IX et Louis XII ont prononcées, les admirables exemples qu'ils ont donnés, rien n'a été perdu pour leurs successeurs; au contraire, puisque la plupart se sont montrés éminemment magnanimes: tels furent François I*r* envers Charles-Quint, Henri IV, soit vis-à-vis des habitants d'Eause, soit vis-à-vis des complices de Pierre Barrière, soit vis-à-vis de la duchesse de Montpensier, du duc de Mayenne, etc., etc.; Louis XIII, pour les protestants révoltés, etc.; Louis XIV, pour Jacques II, roi d'Angleterre, détrôné par son gendre Guillaume III, etc.; Louis XV, au sujet des soldats français ou ennemis blessés dans la fameuse bataille de Fontenoy, etc.; Louis XVI, envers ceux qui n'ayant su ni le connaître ni l'apprécier, lui avaient fait tant de mal etc., etc. Après la citation d'un trait aussi sublime on ne peut que déposer la plume, et s'écrier, dans une admiration profonde: Potentats, et vous tous qui avez à vous plaindre de l'injustice des hommes, voilà votre modèle: efforcez-vous de l'imiter!

MAGNIFICENCE, MAGNIFIQUE (dans le sens de défaut.)— Comme le luxe et le FASTE (*Voy.* ce mot), la magnificence est le défaut des gens qui font ÉTALAGE de leurs richesses et de leur opulence; c'est pourquoi on dit ironiquement d'un particulier qui se plaît à cet étalage, qu'il est magnifique.

En général, ce mot est pris en mauvaise part. Pourquoi? parce qu'au lieu d'être le partage exclusif des souverains et de la noblesse ou de la grande autorité, la magnificence est tombée dans le domaine de ces nouveaux enrichis qui se piquent d'être MAGNIFIQUES dans l'espoir de faire oublier la bassesse de leur origine. Insensés, qui ignorent que la vertu modeste ennoblit les plus humbles origines et les plus basses conditions!

MALAISE (sentiment). — Avoir besoin d'une chose, c'est souffrir parce qu'on en est privé. Cette souffrance dans son plus faible degré, et moins une douleur qu'un état où nous ne nous trouvons pas bien, un état où nous ne nous trouvons pas à notre aise. C'est pourquoi je nomme cet état *malaise*.

Le malaise moral naît donc de la privation d'un QUELQUE CHOSE qui nous est nécessaire, indispensable. Il nous porte en conséquence à nous donner du mouvement pour nous le procurer. Il dure jusqu'à ce que nous l'ayons obtenu; il s'efface dès que nous sommes satisfaits.

Ce besoin d'un *je ne sais quoi* (car l'objet varie selon les individus), étant la cause du malaise qu'on endure, nous devons chercher à connaître le motif qui détermine ce dernier, afin d'aider à en trouver le correctif. Il differera selon les personnes, les lieux et les circonstances, je le sais; mais il est un moyen inévitable et sûr d'éviter ce sentiment, c'est d'avoir assez de philosophie pour savoir se passer sans inquiétude, de ce qu'on n'a pas, et qu'il est impossible d'obtenir.

MÉCHANCETÉ, MÉCHANT (défaut). — On appelle MÉCHANT celui qui, par plaisir autant que par intérêt, fait du mal à autrui; l'acte qu'il accomplit pour satisfaire ce plaisir est une MÉCHANCETÉ. Celle-ci a plusieurs degrés, c'est-à-dire qu'elle varie depuis la simple espièglerie des enfants jusqu'à la cruauté la plus raffinée; si tant est, du moins, qu'on puisse appeler méchanceté, l'espièglerie et la malice. Quoi qu'il en soit, ce sont ordinairement les gens d'une très-médiocre capacité, en qui la méchanceté proprement dite s'établit de préférence.

On a bien dit aussi qu'elle était un vice de tempérament; mais comme le tempérament d'un individu se compose des conditions morales aussi bien que des conditions physiques qui lui sont propres, il en résulte que, si l'on étudie le caractère du méchant, on reconnaît que sa méchanceté tient plus à sa sottise et à son ignorance qu'à sa constitution. Ce qui confirme l'observation qu'avait faite de Bonneval, et qu'il a formulée en ces termes. « Rien n'est si méchant qu'un sot ou que les gens dépourvus d'intelligence; ils se rapprochent par là de la bête, qu'ils surpassent en férocité.»

L'âge et le sexe paraissent disposer plus ou moins à dire ou faire des méchancetés. Ainsi, on a cru remarquer que, généralement, les femmes sont plus malicieuses que les hommes; ceux-ci plus méchants que les femmes, et que les enfants reunissent parfois la malice d'un sexe à la méchanceté de l'autre.

A la vérité, ces deux mauvais penchants sont, à l'origine, peu développés et superficiels; mais ils dégénéreront facilement en habitude et deviendront aussi puissants que durables, si l'on ne s'occupe de bonne heure à modifier chez les jeunes sujets leurs dispositions natives à la malice et à la méchanceté.

J'insiste sur ces mots de DISPOSITIONS NATIVES, parce qu'ils me conduisent à la question suivante: L'enfant naît-il méchant? Non, sans doute, car il n'y a point de méchanceté là où n'intervienment pas l'intelligence et la liberté. Il obéit simplement à la loi de sa nature organique qui le domine à cet âge. Et s'il en est ainsi ne peut-on pas déclarer qu'il naît animal, c'est-à-dire avec les instincts et les penchants de l'animalité? ce qui nous conduit à cette autre conséquence, que sa méchanceté n'est qu'instinctive.

Observons toutefois, que cette opinion n'est pas généralement adoptée; ainsi il est des individus qui prétendent que l'enfant devient méchant absolument comme il devient malade. Assemblez, disent-ils, tous les enfants de l'univers, vous ne verrez en eux que l'innocence, la douceur et la crainte; s'ils étaient nés méchants, malfaisants, cruels, ils en montreraient quelque signe, comme les petits serpents qui cherchent à mordre, et les petits tigres à déchirer. Mais la puissance créatrice n'ayant pas donné à l'homme plus d'armes offensives qu'aux pigeons et aux lapins, elle ne leur a pu donner un instinct qui les porte à détruire.

L'homme n'étant pas né mauvais, pourquoi donc plusieurs sont-ils infectés de cette peste de la méchanceté ? C'est que ceux qui sont à leur tête, étant pris de la maladie, la communiquent au reste des hommes, comme une femme infectée répand le venin de la contagion d'un bout de l'Europe à l'autre.

Les premiers ambitieux, Adam et Eve, ont corrompu la terre; tout comme leur premier-né, Caïn, a, par le meurtre de son frère Abel, transmis à ses descendants l'exemple le plus effroyable de la méchanceté que l'envie ou la jalousie inspire, exemple qui n'a eu, hélas! que trop d'imitateurs! Et pourtant, je me plais à le mentionner, me fiant en cela au récit des voyageurs, il y a des nations entières qui, rigoureusement parlant, ne sont point méchantes; ainsi les Philadelphiens, les Bandaus, n'ont, dit-on, jamais tué personne.

L'absence de cette sorte de méchanceté est chose d'autant plus rare, que, quand une fois l'homme est devenu méchant il est plus à craindre que la bête féroce dont il se rapproche, et malheureusement, je le répète, les exemples sont éminemment contagieux. Comment cela? parce que la bête féroce ne peut se servir pour nuire que des seules armes qu'elle a reçues de la nature, tandis que l'homme emploie les moyens les plus odieux et les plus coupables pour arriver à ses fins. Et comme rien n'est sacré pour lui, il se sert indifféremment de la ruse, du mensonge, de la médisance, de la calomnie même, cette arme de don Basile, qui blesse inévitablement, *et dont il reste toujours quelque chose.*

De là ces remarques si énergiquement exprimées : La bouche du méchant, c'est un trou puant et pestilentiel; la langue médisante, meurtrière de l'honneur d'autrui, c'est une mer et université de maux, pire que le fer, le feu, le poison, la mort, l'enfer. (*P. Charron.*) La langue du méchant est un feu, un monde d'iniquités, un mal qui tourmente; elle est pleine d'un venin mortel. (*S. Jacques.*) La mort qu'elle cause est une mort très-malheureuse, et le tombeau vaut encore mieux. (*Eccl.* XXVIII, 25.)

Malherbe, qui avait un très-grand mépris pour les hommes en général, voulant peindre en quelques mots leur méchanceté, fait d'abord le récit du péché de Caïn, et ajoute : «Voilà un beau début! ils n'étaient que trois ou quatre au monde, et l'un va tuer son frère! »

Heureusement que pour la plupart, leur méchanceté ne va pas jusque là ; chez eux, elle s'arrête à la malice, non à cette malice qui tient de l'espièglerie, et qui est naturelle aux enfants, mais à cette malice qui fait que, par obstination, ou par caprice, ou par rage, la personne cherche à nuire. Aussi suffit-il de céder au malicieux pour l'apaiser.

Ce n'est pas ainsi qu'on calme le méchant : mauvais par nature et par habitude, s'il est dangereux, s'il nuit, c'est par inclination. La douceur, la patience, la soumission, rien ne le désarme ; et quand on veut être à l'abri de ses atteintes, il faut le fuir. Il n'est donc pas étonnant qu'avec une organisation physique et morale pareille l'homme soit plus à redouter que le tigre et le léopard.

En conséquence, il faut s'occuper de bonne heure des instincts de l'enfance à l'endroit de la malice et de la méchanceté, mais de cette dernière surtout; car elle est semblable à ces fleuves qu'on passe très-facilement à leur source, mais qui, en s'éloignant, deviennent si larges, qu'on ne peut plus les franchir.

Il est un autre motif qui veut qu'on mette le plus grand empressement à corriger le mauvais naturel des enfants. Ce motif consiste en ce que toute méchanceté devient faiblesse : or, l'enfant n'étant méchant que parce qu'il est faible, si l'on se hâte de le rendre fort il sera bon. « Celui qui pourrait tout ne ferait jamais de mal. » (*J.-J. Rousseau.*) Et puis n'avons-nous pas dit cent fois que la répétition de certains actes dégénère en habitude?

Enfin, une dernière raison, c'est que les plus éminentes qualités dont les enfants peuvent être doués ne leur feront jamais pardonner leur méchanceté, attendu qu'elles ne sauraient rendre à la société tout le bien nécessaire pour compenser le mal que la méchanceté lui fait.

Observons toutefois, que la méchanceté peut avoir son bon côté. Cela doit paraître un paradoxe; aussi vais-je en donner l'explication. On sait généralement que les méchants sont toujours malheureux : en cela, ils servent donc à la plupart, pour se préserver de tous actes dont les conséquences sont fâcheuses à qui les commet. Ce n'est pas tout : leur méchanceté sert souvent à éprouver le petit nombre de justes répandus sur la terre : ce qui a dicté cette sentence pleine de vérité : « Il n'y a pas de mal dont il ne naisse un bien. » (*Voltaire.*) — Il est certain, du reste, que s'il n'y avait que du bien et point de mal sur la terre, ce serait alors une autre terre; l'enchaînement des événements serait un autre ordre de sagesse. Or, cet ordre, qui serait parfait, ne peut être que dans la demeure éternelle de l'Être suprême, de qui le mal ne peut approcher. (*Voltaire.*) Dès lors, la méchanceté des uns est utile au bonheur éternel des autres. Donc les coups de la méchanceté sont les épreuves que le ciel leur envoie; et s'ils les supportent avec courage et résignation, c'est à bon droit qu'on peut dire que la méchanceté est bonne à quelque chose. On pourrait dire encore que sous certains rapports, mauvais sans doute, mais pourtant réels, la méchanceté tient souvent lieu de mérite à bien des gens qui n'en ont pas d'autre, et qu'elle leur donne de la considération aux yeux de certains, alors surtout qu'elle est unie à l'esprit (*Duclos*); mais qui ignore que l'homme méchant n'est pas heureux (*Juvénal*)? et cela parce que, s'il est absous par ses semblables il a communément de plus qu'eux une conscience qui le châtie.

Mieux vaut donc rendre tous les hommes bons, doux, affables, etc., en étouffant en eux dès le berceau la malice, la méchanceté et toutes les inclinations mauvaises, qui tendent à leur donner des habitudes bien plus mauvaises encore. La société tout entière y gagnerait, et eux tous les premiers.

MÉDISANCE, MÉDISANT (vice). — La médisance est cette passion de l'âme qui fait qu'on se plaît à mal parler des autres. Si vous demandez à un médisant, au sujet de quelqu'un : *Dites-moi quel est cet homme?* il le dépréciera. Ce n'est pas tout : s'il se trouve parmi d'autres médisants, il les aide à déchirer la réputation d'une personne absente. *Et moi aussi,* dit-il ; *c'est, de tous les hommes, celui que je hais davantage. Sa physionomie seule suffit pour inspirer de l'horreur; pour ce qui est de sa conduite privée, il est impossible qu'on trouve un autre homme aussi vilain que lui : la manière dont il traite sa femme en est la preuve. Il n'épargne ni les auteurs de ses jours, ni ses amis; les morts mêmes ne sont point à l'abri de sa mauvaise langue.* (*Théophraste*.) La médisance est le plus lâche de tous les vices, en ce qu'elle attaque les absents hors d'état de se défendre. De là cette observation, on ne peut pas plus juste et vraie, des païens : « La médisance est criminelle, soit quand on la débite, soit lorsqu'on ajoute foi à celui qui la débite. » Ajoutons : ce qui ne manque pas d'encourager les médisants.

Et pourtant il n'y a rien qui nous paraisse plus léger que la médisance, rien qu'on ne hasarde plus volontiers, rien qui ne soit reçu avec plus de satisfaction, rien qui ne se répande plus universellement. Savez-vous pourquoi? Parce que la médisance naît de l'envie, de la haine ou de la vengeance, qui portent à nuire; ou bien de l'irréflexion jointe au désir de paraître aimable, alors que tant d'oreilles sont disposées à bien accueillir les propos du médisant. Or, comme cela a lieu presque toujours quand ces propos sont tenus par une personne spirituelle, celle-ci ne manque jamais une occasion de se montrer telle à ses encourageants auditeurs.

Ce travers de l'époque, qui a été celui de toutes les époques, ne périra probablement jamais, attendu que, pour l'extirper du sein de la société, il faudrait une régénération complète dans l'esprit et le cœur du médisant et de ceux qui lui prêtent une oreille attentive. C'est-à-dire qu'il serait indispensable que ceux-ci travaillassent avec ardeur à bannir de leur esprit cette curiosité criminelle, qui s'entretient et s'enflamme toujours au récit des secrets qui tendent à flétrir la réputation des autres; et que ceux-là, animés par des sentiments de bienveillance, de charité, de tolérance, etc., pour l'humanité, ne répétassent jamais ce qui pourrait être nuisible à leur prochain. Une réflexion bien simple leur suffirait, s'ils la faisaient, pour couper court à la médisance : elle consiste, après être rentré en soi-même et après avoir

DICTIONN. DES PASSIONS, etc.

considéré nos imperfections, de se dire : N'est-ce pas que je suis bien loin d'être parfait? N'est-ce pas que mes défauts et mes vices fourniraient une abondante pâture à la médisance? Voudrais-je servir de point de mire à la curiosité publique, et faire rire à mes dépens, si on ne faisait pis que cela?... Qu'avant d'ouvrir la bouche pour médire, ou de prêter l'oreille à la médisance, chacun de nous s'adresse ces questions, personne ne voudra plus médire, ni entendre les propos des médisants, s'il lui reste encore quelque vertu.

MÉFIANCE, MÉFIANT (vice). — Je donne le nom de *méfiance* au vice qui nous porte à croire que tout le monde est capable de nous tromper. L'homme méfiant, lorsqu'il envoie quelqu'un de ses esclaves au marché pour y acheter des provisions, le fait suivre de loin par un autre esclave chargé de s'informer du prix auquel il les a achetées. Il lui arrive souvent, quand il est couché, de demander à sa femme si elle a fermé son coffre-fort, si sa cassette est scellée, si la porte de la cour est bien barricadée. Quoiqu'elle l'assure que tout cela est en très-bon ordre, sans avoir aucun égard à sa réponse, il quitte le lit, allume la lampe, fait le tour de la maison, pieds nus et en chemise, pour s'en assurer par ses propres yeux; et malgré cette recherche, il a encore bien de la peine à s'endormir. Il dit à ceux qui veulent acheter quelque chose de lui à crédit, et qui le prient de le mettre sur leur compte : Laissez-le, car je n'ai point de loisir d'envoyer chercher mon argent. (*Théophraste*.)

Nous avons indiqué précédemment (*Voy.* DÉFIANCE) à quels caractères spéciaux on pourrait distinguer l'homme qui se méfie de l'homme qui se défie; nous avons dit également à quels dangers ils étaient exposés tous les deux : ce serait donc nous exposer à des répétitions inutiles que de prolonger davantage cet article.

MÉLANCOLIE (sentiment). — La mélancolie, en morale, est le sentiment habituel de notre imperfection. Elle est opposée à la gaieté, qui naît du contentement de nous-mêmes ; elle est le plus souvent l'effet de la faiblesse de l'âme et des organes; elle l'est aussi d'une certaine perfection qu'on ne trouve ni en soi, ni dans les autres, ni dans les objets de ses plaisirs, ni dans la nature.

Elle se plaît dans la méditation, qui exerce assez les facultés de l'âme pour lui donner un sentiment paisible et doux de son existence, et qui, en même temps, la dérobe au trouble des passions, aux sensations vives, qui les plongeraient dans l'épuisement. La mélancolie n'est point l'ennemie de la volupté; elle se prête aux illusions de l'amour, et nous laisse savourer les plaisirs de l'âme et des sens. L'amitié lui est nécessaire; elle s'attache à ce qu'elle aime, comme le lierre à l'ormeau. (*Le chevalier de Jaucourt*.)

Il y a une *mélancolie religieuse*, qui n'est qu'une tristesse née de l'idée exagérée que la religion proscrit les plaisirs innocents et

21

qu'elle n ordonne aux hommes, pour les sauver, que le jeûne, les larmes et les contritions du cœur.

Cette tristesse est tout ensemble une maladie du corps et de l'esprit, qui procède du dérangement de la machine, de craintes chimériques et superstitieuses, de scrupules mal fondés, et des fausses idées qu'on se fait de la religion.

Ceux qui sont attaqués de cette cruelle maladie regardent la gaieté comme le partage des réprouvés, les plaisirs innocents comme des outrages faits à la Divinité, et les douceurs de la vie les plus légitimes comme une pompe mondaine, diamétralement opposée au salut éternel.

Je dis que la tristesse qui constitue la mélancolie naît tout à la fois ou séparément d'une maladie du corps, ou d'une aberration des facultés intellectuelles, parce que s'il est avéré, d'une part, par tous les observateurs, que du moment où la santé, qui nous est si chère et qui n'existe qu'à la condition que toutes les fonctions pour lesquelles nous sommes faits s'exerceront avec facilité, avec confiance et avec plaisir, est altérée, parce qu'on aura exténué le corps par une conduite qui le mine, les fonctions ne s'exécutant plus alors avec cette facilité, cette confiance et ce plaisir nécessaires, l'âme sera chagrine et portée au découragement ; il est non moins avéré, d'autre part, qu'avec une bonne santé notre existence est consumée par des désirs sans cesse renaissants, traversée par des contrariétés sans nombre, agitée par mille passions impétueuses que nous ne pouvons satisfaire, et qui peuvent nous conduire insensiblement au plus sombre désespoir. Voilà pourquoi je me suis arrêté à l'idée que la mélancolie n'est autre chose qu'un abattement moral, ou qu'une tristesse profonde, ou qu'un chagrin violent, ou qu'une affliction vive, ou, en un mot, qu'une passion malheureuse, qui, comme tous les sentiments qu'elle exprime, provient tantôt d'une inertie de notre intelligence, tantôt d'un mode d'être anormal de l'organisme, et tantôt enfin d'une passion affectueuse ou haineuse non encore satisfaite, ou qu'on ne satisfait pas suffisamment. Et comme, à l'instar de ces passions, la mélancolie est tout ensemble et à la longue une maladie du corps et de l'esprit, après avoir été pendant quelque temps une maladie ou du corps ou de l'esprit, il en résulte que tous nos efforts doivent avoir pour but de combattre la véritable cause de la mélancolie, et cela en vertu de cet axiome : *Sublata causa tollitur effectus.*

Toutefois, comme j'ai rangé parmi les causes de la mélancolie morale la fausse idée qu'on se fait de la religion, je dois ajouter maintenant que ce serait mal la connaître de ne pas savoir que, pour une personne sincèrement pieuse, mais pieuse sans exagération, ayant une piété bien entendue et reposant sur une instruction solide, la contemplation de l'Être suprême et la pratique des devoirs religieux dont nous sommes capables servent si peu à bannir la joie de l'âme, qu'elles sont au contraire une source intarissable de contentement et de sérénité. Et si je voulais me servir d'une comparaison, je dirais que les uns, ceux qui se forment de la religion une fausse idée, ressemblent aux espions que Moïse envoya pour découvrir la terre promise, et qui, par leurs faux rapports, découragèrent le peuple d'y entrer; au lieu que les autres, c'est-à-dire ceux qui nous la font voir, procurant la joie et la tranquillité, ressemblent aux espions qui rapportèrent des fruits délicieux, pour engager le peuple à venir habiter le pays charmant qui les produisait. Bref, la religion, bien plus que les vertus morales, ne doit pas être employée à extirper toutes les affections, mais seulement à en régler certaines.

MÉMOIRE (faculté). — *La faculté mémorative est le gardoir et le registre de toutes les espèces et images aperçues par les sens, réitérées et comme scellées par l'imagination;* ou, en d'autres termes, c'est la faculté que possède l'âme de se souvenir, c'est-à-dire de conserver et réveiller ses idées.

C'est dans la seconde enfance (*pueritia*) que la mémoire se développe; c'est aussi le moment de la cultiver, si l'on ne veut pas s'exposer à la perdre, ou du moins à la rendre ingrate, paresseuse et mauvaise.

De toutes les facultés qui demandent de l'exercice, il n'en est aucune qui mérite plus que la mémoire d'être cultivée, soit parce que, ainsi que le disait l'abbé Frayssinous dans son discours de réception à l'Académie française, « L'esprit, c'est; le plus souvent, de la mémoire; » soit parce que son étendue dépend ordinairement de l'usage journalier qu'on en fait. De là cette comparaison ingénieuse de Locke : « La mémoire est une table d'airain remplie de caractères que le temps efface insensiblement, si on n'y repasse quelquefois le burin. » Mais quelque fidèle, sûre et facile qu'elle puisse devenir, par un exercice assez fréquent de la pensée, il est, sans contredit, certaines organisations auxquelles on n'en donnera jamais ; tout comme il est des individus si bien partagés, qu'ils ont une mémoire prodigieuse sans l'avoir jamais exercée. Mais, don naturel ou non, n'oublions pas qu'il serait très-dangereux d'exiger des enfants une application trop forte, pour graver dans leur mémoire une somme de connaissances incompatibles avec leur âge, des études trop sérieuses ou trop prolongées rendant les enfants de la plus belle espérance épileptiques, stupides (*Van-Swieten*), et usant très-rapidement en eux le flambeau de la vie. *Voy.* Contention.

N'oublions pas non plus que, considérée d'un point de vue plus élevé, la mémoire, si elle ramène au cœur les tristesses infinies et les noirs soucis, y rapporte aussi ces émotions profondes qui le remplissent d'une douce joie. Ainsi, Dieu prête seulement les biens qu'il envoie, et puis il les retire; mais il laisse le souvenir, ce long parfum des belles choses qui reste dans l'âme, ce mélancolique crépuscule après la fuite du jour. Dieu laisse le souvenir pour éveiller le courage, ranimer l'espoir et entretenir l'autorité des leçons utiles : c'est comme le portrait des aïeux; qui est toujours là pour exciter à bien faire; ce sont les armures paternelles suspendues au mur du foyer, et dont la vue inspire les sentiments forts, les projets sublimes. (*M. Poujoulat.*) Gardons-nous donc d'être sourds à la voix si éloquente de pareils souvenirs; car du moment où ils n'exciteraient plus notre enthousiasme, nous deviendrions semblables à ces êtres stupides pour qui les événements passés ne laissent dans l'esprit aucun enseignement, et les plaisirs présents n'auront pas de lendemain pour notre âme. Tout y est effacé : la leçon et la jouissance.

MENSONGE (vice), MENTEUR. — Le mensonge est une déclaration extérieure de nos pensées et de nos mouvements intérieurs contraires à ces pensées et à ces mouvements. Tout mensonge est un démenti que nous donnons à la vérité, c'est-à-dire aux hommes, à qui on la doit quand on leur parle, et à Dieu, qui est la vérité même, surtout quand nous le prenons à témoin de la sincérité de notre langage, lui qui connaît nos pensées et nos dispositions les plus cachées.

Dans l'un et l'autre cas, mentir, c'est manquer à nos devoirs envers la société, à l'égard de laquelle nous prenons tous l'engagement tacite de n'user jamais de tromperie et de duplicité envers nos frères en Jésus-Christ. C'est d'ailleurs d'un très-funeste exemple, la tromperie ayant souvent pour but de prouver l'avantage du menteur au préjudice de celui qu'il trompe.

Qu'en résulte-t-il? Que celui qui trompe les autres en déguisant la vérité, pour obtenir un bien temporel, est trompé lui-même, parce qu'il marche dans une voie d'illusions et d'erreurs. Il a beau vouloir nuire aux autres par le mensonge il ne pas se nuire à lui-même, tôt ou tard il est la victime de son imposture. Je dis plus : il se nuit instantanément beaucoup plus qu'aux autres, en se privant de la charité et de la vérité, au préjudice de la santé ou de la vie de l'âme, que tout mensonge ou diminue ou détruit : il est donc trompé.

Est-il des cas où le mensonge soit permis ? Le théologien n'en admet point; mais le politique en admettrait. Celui-ci trouvera que le fondateur de l'empire des Incas a fait sagement de s'annoncer d'abord aux Péruviens comme le fils du Soleil, et de leur persuader qu'il leur apportait des lois que lui avait dictées Dieu son père : ce mensonge, en imprimant aux sauvages plus de respect pour sa législation, pouvait être réellement utile à cet État naissant; dès lors cette utilité le justifiera aux yeux du politique, placé à un autre point de vue que celui de l'homme pénétré de la morale religieuse. Mais, après avoir assis les fondements de sa législation, et s'être assuré, par la forme même du gouvernement, de l'exactitude avec laquelle les lois seraient toujours observées, il fallait que, moins orgueilleux ou plus éclairé, ce législateur prévît les révolutions qui pourraient arriver dans les mœurs et les intérêts de ses peuples et les changements qu'en conséquence il faudrait faire dans ces lois ; qu'il déclarât à ces mêmes peuples, par lui ou par ses successeurs, le mensonge utile dont il avait cru nécessaire de se servir pour les rendre heureux; que, par cet aveu, il ôtât à ses lois le caractère de divinité qui, les rendant sacrées et inviolables, devait s'opposer à toute réforme même salutaire et nécessaire.

C'est pourquoi , comme on ne peut conserver une vertu toujours forte et pure sans avoir habituellement présent à l'esprit le principe d'utilité publique, si nous voulons être conséquents à ce principe, nous définirons avec Fontenelle le mensonge : *Taire une vérité qu'on* DOIT.

Partant, la vérité doit présider à la composition de l'histoire, à l'étude des sciences et des arts ; elle doit se présenter aux grands, et même arracher le voile qui couvre en eux les défauts nuisibles au public; mais elle ne doit jamais révéler ceux qui ne nuisent qu'à l'homme même. C'est l'affliger sans utilité; sous prétexte d'être vrai, c'est être méchant et brutal ; c'est moins aimer la vérité, que se glorifier dans l'humiliation d'autrui. (*Helvétius.*)

Hors ces circonstances et toutes les autres de même nature, où , sans mentir, on peut cependant taire la vérité, il est bon de s'accoutumer à la dire en toutes choses, de peur de contracter une mauvaise habitude ; car il arrive de là qu'on tombe insensiblement, par de petits mensonges, que bien souvent l'amour-propre fait regarder comme des fautes légères, dans les plus grands dérèglements.

L'horreur du mensonge doit donc entrer pour beaucoup dans l'éducation de la jeunesse, et devrait faire la base de celle de tous les gens haut placés. A ce propos, on ne saurait trop applaudir les Perses pour le soin tout particulier qu'ils portaient à élever les enfants des rois. Cette sollicitude qu'ils y apportaient fut admirée par Platon et proposée aux Grecs comme le modèle d'une éducation parfaite. Dès l'âge de sept ans , on les tirait des mains des eunuques pour les faire monter à cheval et les exercer à la chasse. A l'âge de quatorze ans , lorsque l'esprit commence à se former, on leur donnait pour leur instruction quatre hommes DES PLUS VERTUEUX ET DES PLUS SAGES de l'État. Le premier, dit Platon, leur apprenait la magie, c'est-à-dire, dans leur langage, le culte des dieux selon les anciennes maximes et selon les lois de Zoroastre , fils d'Oromase. Le second les ACCOUTUMAIT A DIRE LA VÉRITÉ et à rendre la JUSTICE. Le troisième leur enseignait à ne se LAISSER PAS VAINCRE PAR LES VOLUPTÉS, afin d'être toujours LIBRES ET VRAIMENT ROIS, maîtres d'eux-mêmes et de leurs désirs. Le quatrième FORTIFIAIT LEUR COURAGE contre la crainte qui en fait des esclaves et leur ôte la confiance si nécessaire au commandement. Les jeunes seigneurs étaient élevés à la porte du roi AVEC SES ENFANTS. On prenait un soin tout particulier qu'ils ne VISSENT ni N'ENTENDISSENT rien de malhonnête. On rendait compte au roi de leur conduite. Ce compte qu'on lui rendait était suivi, par son ordre, de châtiments ou de récompenses. La jeunesse qui les voyait apprenait de bonne heure, avec la vertu, la science d'OBÉIR et de COMMANDER.

Voilà, soit dit en passant, le meilleur programme d'éducation qu'on puisse offrir aux parents et aux instituteurs. Il ne demande qu'à être modifié suivant les temps et les circonstances. Mais nul ne doit ignorer que sa tâche serait incomplète, si, dès qu'il est parvenu à l'âge de la puberté et dans les âges suivants, le jeune homme est entièrement livré à lui-même. C'est parce qu'ils ne s'en occupèrent pas assez, ces mêmes Perses, que j'ai proposés pour modèle, et dont une institution si belle que celle qu'ils avaient adoptée aurait dû assurer des rois, des princes et des sujets éminents et remplis des plus brillantes qualités, que leurs élèves se laissèrent entraîner dans les plaisirs contre lesquels aucune éducation ne peut tenir, quand les mœurs sont entièrement corrompues. Ainsi, si l'on n'y prend garde, l'adolescent, en avançant en âge, perd insensiblement les bons principes qu'on s'est efforcé de lui inculquer, et ne retire aucun bénéfice ni de l'éducation distinguée, ni de l'instruction variée qu'on lui aura données. Sachons profiter tout à la fois de leurs bons exemples et de leurs fautes.

Reste un fait que nous ne devons pas oublier de signaler aux gens crédules. Il existe une classe spéciale de menteurs que l'on a nommés NOUVELLISTES, parce qu'ils FORGENT à plaisir des nouvelles et qu'ils composent des discours aussi dépourvus de vérité que de fondement.

Ces gens-là, après avoir inventé les nouvelles, prétendent les tenir de témoins oculaires, choisissent leur autorité parmi des personnes qu'on ne puisse récuser; et prient l'auditeur de garder pour lui seul ce qu'ils viennent de lui communiquer. Et cependant ils l'ont déjà débité la veille.

La conduite de ces *fabricants de nouvelles* m'a toujours étonné, et je n'ai jamais pu concevoir quel pouvait être le motif qui les porte à forger des mensonges; car, sans parler de la bassesse de mentir, il arrive souvent qu'ils en éprouvent mille désagréments. Aussi répéterai-je avec Montaigne : « En vérité, mentir est un maudit vice. Nous sommes hommes, et nous ne tenons les uns aux autres que par la parole : si nous connaissions l'horreur et le poids du mensonge, nous le poursuivrions à feu plus justement que d'autres crimes. »

MÉPRIS (sentiment). — Les hommes ne peuvent vivre en société qu'à la condition d'observer les devoirs de la bienfaisance, de la probité, etc., à l'égard les uns des autres; de l'honneur et de la vertu à l'égard de tous. Ces rapports fréquents, qui s'établissent entre les divers membres de la grande famille qui constitue le pays, ne pouvant exister et durer qu'à la condition d'être fondés sur l'estime réciproque, il en résulte nécessairement que, du moment où un citoyen commet un acte de bassesse, d'improbité, forfait en un mot aux lois de l'honneur et de la vertu, il assume sur sa tête la réprobation des gens de bien, et cette réprobation n'est autre que le mépris.

Le mépris serait donc la punition de ces êtres insociables qui vivent parmi les autres hommes comme des sauvages, ou comme des ennemis toujours en lutte ouverte avec certains d'entre eux.

En outre, le mépris doit être considéré sous un autre point de vue, à savoir, suivant qu'il s'attache à notre personne, quand nous nous sommes rendus méprisables par notre inconduite, ou pour avoir manqué à nos engagements, à l'honneur, à la vertu, ou suivant qu'il retombe sur celui qui s'est rendu coupable envers nous.

Sous ce rapport, nous ferons remarquer que, pour certains auteurs, l'amour excessif de l'estime fait que nous avons pour notre prochain ce mépris qui serait mieux nommé INSOLENCE, DÉDAIN (*Voy.* ces mots), alors qu'il a pour objet nos supérieurs, nos inférieurs ou nos égaux. Dans ce cas, nous cherchons toujours, d'après ces auteurs, soit à abaisser davantage ceux qui sont au-dessous de nous, croyant nous élever à mesure qu'ils descendent plus bas; soit à faire tort à nos égaux, pour nous ôter du pair avec eux; soit même à ravaler nos supérieurs, parce qu'ils nous font ombre par leur grandeur. En supposant qu'il en soit ainsi, peut-on appeler cette conduite du mépris? Non; car notre orgueil se trahit visiblement en tout cela, c'est-à-dire que si les hommes dont il s'agit étaient réellement un objet de mépris pour certains, pourquoi ceux-ci ambitionneraient-ils leur estime? Pourquoi, si leur estime est digne de faire la plus forte passion de nos âmes, pouvons-nous les mépriser ainsi? Ne serait-ce pas que ce mépris du prochain est plutôt affecté que véritable? Donc il ne faudrait pas confondre le sentiment qui s'annonce avec hauteur, qui n'est ni indifférence ni dédain, mais bien le langage de la jalousie, de la haine et de l'estime voilé par la haine (car la haine prouve souvent plus de motifs d'estime que l'aveu même de l'estime sincère [*Duclos*]), avec le mépris véritable que ces actions qui dégradent et avilissent les hommes inspirent à tous les honnêtes gens. Le mépris des premiers, loin d'être blessant, est plutôt un titre honorable pour l'individu à cause du motif qui l'excite chez l'orgueilleux; tandis que le mépris des seconds, au contraire, est une flétrissure, en ce qu'il est ordinairement mérité. On le mérite du moment où, en s'éloignant des lois morales et religieuses, qui ont été de tous temps respectées, l'homme blesse sa propre grandeur d'âme et devient un objet de réprobation pour la société.

Aussi le mépris est le fruit des mauvaises mœurs, et l'homme méprisé reconnaît d'autant plus facilement ceux qui le méprisent, qu'ils lui refusent davantage les egards auxquels il aurait droit de prétendre en sa qualité d'homme. Ainsi ils évitent de se rencontrer avec lui, de lui parler, de le regarder; ou s'ils portent les yeux sur lui, c'est pour le mesurer dédaigneusement du regard, de la tête aux pieds : ils le toisent comme pour lui dire : Es-tu bas !

Souvent le silence et la froideur réservés qu'on garde avec lui en disent plus que tout le reste. Ils laissent supposer tout ce qu'on ne dit pas, et infligent à celui qui les subit le supplice accablant du doute et de l'attente.

Enfin on laisse encore percer son mépris en dédaignant de se venger lorsqu'on le peut, et en montrant que, si l'on s'en abstient, c'est à cause du peu de cas qu'on fait de l'insulte d'un homme qu'on n'estime pas.

Ainsi à tout prendre, le mépris est la peine afflictive dont l'indignation publique frappe les coupables, ceux-là même qui sont protégés par l'insuffisance des lois. Combien de débauchés, de lâches, de voleurs, qui échappent à la vindicte publique, parce qu'ils ont agi avec assez de réserve et de mystère, ou de finesse, ou d'adresse, pour que les magistrats aient été impuissants dans les poursuites qu'ils ont dirigées contre eux. En sont-ils plus heureux ? non assurément, attendu que, s'ils ont pu échapper à l'arrêt des magistrats équitables, il est un tribunal infiniment plus redoutable encore qui les jugera ; c'est celui de l'opinion, et malheur à eux quand elle les condamne!

Nous avons dit que l'inconduite, le dol, la fraude, etc., engendrent le mépris : nous devons ajouter qu'il n'est rien qui s'y attache davantage que la vanité et l'orgueil. Aussi on voit tel aristocrate de la finance ou tel noble entiché de ses titres, qui fera fi d'un homme capable et *excessivement bien* sous tous les rapports, par la raison qu'il est de basse extraction; ils daigneront bien en faire quelque cas, mais ils ne s'allieront jamais à lui. Combien de jeunes gens ou de jeunes personnes qui ont été sacrifiées à ce déplorable préjugé ! Il en est de même de cet sotte vanité du riche, qui lui fait mépriser le pauvre. Le pauvre! qui lui, du moins, a pour partage la résignation courageuse, vertu grande et forte, avec laquelle il supporte la misère et les privations qu'elle impose; au lieu que le riche n'apporte, avec le peu d'or qu'il a quelquefois amassé dans la boue, que des dégoûts inspirés par ses vices à la société. Heureusement que celle-ci, dans son impartiale justice, frappe au visage le riche méprisable, et pose une couronne sur le front de la pauvreté vertueuse.

Sachons donc distinguer le mépris qui naît des préjugés, mépris que l'homme peut supporter sans rougir, avec le mépris réprobateur résultant de la forfaiture. La flétrissure de celui-ci est aussi indélébile que celle qu'imprime le bourreau, et ses malheureuses victimes, une fois dégradées par lui, ne recouvrent jamais cette dignité de l'âme que nous recevons sans tache en naissant, et dont la virginité peut-être déflorée par la plus légère atteinte. Evitons d'encourir celle-ci, en opposant le calme de la conscience et la dignité qu'elle nous donne, à l'injustice de celle-là. Rappelons-nous bien que dans aucun cas nous ne devons afficher ni hardiesse, ni effronterie, que dans aucun cas nous ne devons marcher sur les traces de ces hommes tarés, qui ne craignent plus les affronts, ne sentent plus les humiliations, se pavanent et bravent les honnêtes gens ; ils font bien quelquefois baisser les yeux à la vertu, mais qu'y gagnent-ils ? Qu'on les méprise encore davantage

Mieux vaut, en conséquence, ne pas s'exposer à être méprisé. On y parviendra si l'on se souvient que le mépris est la peine la plus terrible que puissent s'infliger les hommes entre eux ; qu'il n'est pas de moyens pour s'y soustraire; qu'aucun tribunal ne peut relever de la flétrissure ; que si cette peine est justement appliquée, le malheureux qui la subit ne peut trouver nulle part ni consolations ni repos. Toutes les facultés physiques et morales s'étiolent sous cette accablante contrainte. Le mépris, comme la robe empoisonnée qui brûlait Médée, dessèche la moelle des os, et tarit dans son principe la sève de la vie. Rien n'est terrible comme cet affreux anathème, qui place un individu en dehors des relations sociales, qui porte chacun à le fuir et à le craindre, comme on fuit et redoute les miasmes pestilentiels qui s'élèvent des marais fangeux et répandent partout les terribles fléaux de la contagion ; qui condamne l'être méprisé à vivre et mourir, sans oser regarder personne en face, et qui lui laisse croire qu'à son lit de mort un seul sentiment, la pitié, lui accordera des secours et quelques témoignages d'intérêt

On y parviendra aussi, si l'on se persuade bien de bonne heure que le vrai bonheur sur la terre, c'est de mériter l'estime de ses concitoyens; car, puisque l'être méprisé, loin de goûter le bonheur temporel, éprouve au contraire toutes les tortures d'un enfer anticipé, digne appréciateur des douceurs de l'un et des souffrances de l'autre, son choix ne saurait être incertain.

MISANTHROPE, MISANTHROPIE (vice). — La MISANTHROPIE est une maladie de l'âme qui naît du dégoût que lui inspirent les hommes, et s'accompagne d'une aversion profonde pour tout commerce avec eux. *Voy.* AVERSION et DÉGOUT. Ce sentiment, une fois développé, s'entretient dans le cœur du misanthrope, par le mécontentement qu'il éprouve de tout le monde en général, et de lui-même, dont il est peu satisfait; et surtout par les réflexions continuelles auxquelles il se livre sur les misères de l'humanité, les désagréments de la société, la duplicité, la dissimulation de tous, etc. On conçoit que des réflexions pareilles doivent l'entretenir dans sa misanthropie.

Mais y a-t-il réellement des misanthropes? Jean-Jacques Rousseau se prononce pour la négative, ajoutant que s'il en existait un seul, ce serait un monstre ; il ferait horreur !

Je suis complétement de son avis. Je ne dis pas pour cela qu'on ne doive pas avoir du dégoût pour des hommes qui mentent tout à la fois à leur Dieu, à la loi, à leurs pères, à leur conscience ; je ne dis pas qu'on ne doive aussi prendre en aversion cet énergumène, par exemple, qui crie contre le pouvoir, parce qu'il n'est pas en ses mains, ni aux mains de ses amis ; qui voudrait plus de liberté pour lui et ses pareils, et des chaînes pour les autres ; qui tonne constamment contre les riches, parce qu'il a dissipé sa fortune ; contre la noblesse, parce que, noble lui-même, il a souillé le nom qu'il portait, etc., etc. Mais comprendre dans son aversion et avoir en dégoût la société tout entière ; confondre dans sa haine le bon et le méchant, le vertueux et le vicieux, le patriote et l'égoïste, c'est être insensé et dès lors fort à plaindre.

MODÉRATION (vertu), MODÉRÉ. — La MODÉRATION consiste dans une force de l'âme qui, au moment où les passions viennent agiter l'homme, le retient dans une sage mesure, et l'empêche de s'abandonner à leur funeste influence.

Modération se dit surtout à l'occasion de la colère, que cette vertu modère et réprime dans ses excès ; et comme elle sait mettre des bornes à nos désirs, on la considère comme une des vertus les plus utiles, les plus nécessaires

La modération est fille de la réflexion et de la fermeté ; aussi est-elle presque entièrement inconnue à la jeunesse, toujours assaillie, toujours si agitée par les passions. Si on la rencontre dans le monde, c'est chez les hommes d'un âge mûr, ou chez quelques vieillards qui, après bien des combats qu'ils se sont livrés à eux-mêmes, ont eu la puissance de modérer la fougue de leur caractère. A leur tête on peut placer Socrate, qui fut de son temps la preuve évidente que cette vertu peut s'acquérir. Né violent et emporté, la pratique de la philosophie le rendit le plus doux et le plus modéré des hommes. Louis XII et Louis XIV donnèrent aussi tour à tour l'exemple de la plus grande modération. Voici les faits :

L'Alviane ayant été pris à la bataille d'Agnadel fut conduit au camp français, où il fut traité avec tous les égards dus à son rang. Néanmoins, ce général, plus aigri par l'humiliation de sa défaite que par l'humanité du vainqueur, ne répondit à l'accueil le plus flatteur que par une fierté brusque et dédaigneuse. Louis XII se contenta de le renvoyer au quartier où on gardait les prisonniers : « Il vaut mieux le laisser, dit-il ; je m'emporterais, et j'en serais fâché. Je l'ai vaincu, il faut me vaincre moi-même. »

Quant à Louis XIV, les deux circonstances les plus remarquables où il a fait preuve de modération sont relatives à Lauzun.

Celui-ci, enivré de la faveur dont il jouissait à la cour, y parla un jour d'une manière si insolente au roi lui-même, que Louis, s'approchant d'une fenêtre, y jeta sa canne en disant : « A Dieu ne plaise que je m'en serve pour frapper un gentilhomme ! » Et dans cette autre occasion, où le même seigneur avait encore blessé l'amitié qu'il savait que le roi avait pour lui, le monarque se contenta de dire : « Ah ! si je n'étais pas roi, comme je me mettrais en colère ! »

Mais ce n'est pas seulement à calmer les mouvements impétueux de la colère que la modération doit s'appliquer ; elle doit aussi s'attacher à d'autres sentiments non moins impérieux et non moins répréhensibles, et y peser de tout le poids de la vertu qu'elle caractérise : c'est du moins ainsi qu'agissait le sage Marc-Aurèle. Ayant trop de modération pour s'abandonner entièrement à l'esprit de haine dont étaient animées les écoles philosophiques, il écrivit, la dixième année de son règne, à la communauté du peuple de l'Asie Mineure, assemblée à Éphèse, une lettre de tolérance. Il alla même plus loin que ses devanciers, car il disait : « Si un chrétien est attaqué comme chrétien, que l'accusé soit renvoyé absous, quand même il serait convaincu d'être chrétien, et que l'accusateur soit poursuivi. » Il est vrai qu'il était difficile à lui de lutter contre la superstition et la philosophie entrées dans une alliance contre nature pour détruire un ennemi commun ; mais c'est par cela même que c'était chose difficile, que Marc-Aurèle faisait preuve d'une véritable modération, d'une bien grande tolérance

Je dis en outre que cet empereur possédait la vraie modération, c'est-à-dire cette modération dont parle Azaïs, qui, « semblable à toutes les vertus, ne peut être acquise que par un effort intérieur fait avec constance, reposant sur des motifs élevés, et qui apportent plus de satisfaction que ne peuvent en produire des motifs inférieurs. » C'est celle-là surtout que nous devons être jaloux de posséder

MODESTE, MODESTIE (vertu). — La modestie est la vertu de ces âmes bien nées, ou le sentiment d'humilité qui nous éclaire sur nos défauts et nous empêche de nous enorgueillir de nos vertus ou de nos talents.

On l'a encore définie : un sentiment de l'âme qui nous porte à nous regarder comme peu de chose en nous-mêmes, ou comparativement à nos semblables et à l'idéal que la raison et la foi nous prescrivent d'imiter. (*P. Belouino.*)

On comprend, d'après cette définition, que la modestie ait été considérée par les moralistes comme *un ornement* pour les personnes qui peuvent prétendre aux plus hauts rangs, tout comme pour celles qui ont un mérite connu et distingué.

Cet ornement est utile aux uns et aux autres, quand la modestie est raisonnable, en ce qu'elle donne du relief à l'éloquence et à tous les grands talents qu'un homme possède, et rehausse l'éclat de toutes les vertus qu'elle accompagne. Elle produit le même effet que les ombres dans les tableaux ; c'est-à-dire qu'elle relève et arrondit chaque figure, et rend ses couleurs plus belles et plus douces, quoiqu'elle en diminue la vivacité.

Elle a encore cet autre avantage, qu'elle est une espèce de vernis qui relève nos talents naturels et qui leur donne du lustre. Il est certain qu'un grand mérite touche bien davantage quand il est accompagné de sentiments modestes, et, qu'au rebours, quelque mérite qu'aient les hommes, on se révolte contre eux quand ils s'en font trop accroire.

Nous venons d'étudier la modestie dans ses effets; reste à établir que ce sentiment est une vertu que le tempérament nerveux favorise et qu'une bonne éducation développe.

Je désigne seulement le tempérament nerveux, parce que les personnes nerveuses sont en général les plus disposées à la modestie. Continuellement portées à la défiance, elles s'isolent, se cachent et fuient le grand jour. Sans cesse elles hésitent à se mettre en contact avec les hommes marquants; elles ont avec cela peu de force morale et intellectuelle; les rêves de la gloire, les aiguillons de l'amour-propre n'exciteront point leur âme; elles éprouveront un penchant invincible pour la retraite, l'isolement et la tranquillité.

Il en est de ces personnes comme des femmes, en qui la modestie comme la pudeur tient à quelque chose d'intérieur, de mystérieux, qu'elles éprouvent sans s'en rendre compte. C'est un résultat de leur faiblesse organique, de leur timidité naturelle, de la vie tout entière qu'elles mènent, de l'habitude où elles sont de se maintenir sans cesse, de modérer les manifestations de leurs penchants, et de l'espèce d'assujettissement qui leur est imposé. Une femme elle-même ne pourrait pas dire pourquoi et comment elle est modeste; c'est un des nombreux mystères de son cœur, fait pour sentir sans comprendre et se rendre compte.

Mais moins la femme se rend compte de sa modestie, plus celle-ci doit avoir de mérite aux yeux de ceux qui savent la découvrir: de là ces grands avantages pour toutes les femmes. Elle augmente leur beauté, elle sert de voile à leur laideur, elle en est même le supplément.

Remarquons que cette vertu est non moins avantageuse, et par conséquent non moins prescrite aux hommes. Voyez un auteur véritablement modeste : il l'est aussi bien lorsqu'il se trouve seul qu'en compagnie, et il rougit dans son cabinet de même que lorsqu'une foule de gens ont les yeux attachés sur lui. Ce beau rouge de la nature, qui n'est point artificiel, est la vraie modestie; c'est le meilleur cosmétique qui soit au monde.

Quand la modestie est ainsi développée, elle est généralement aimée de tous, parce qu'elle ne heurte pas leurs prétentions, le limite pas leur orgueil et leur vanité; parce qu'elle accorde tout et ne demande rien. Loin de contester le bien chez autrui, elle va souvent jusqu'à le supposer. Elle fait volontiers l'éloge des autres ; quant au sien, elle ne le fait ni ne veut l'entendre. Elle reçoit les conseils, ne s'irrite pas des corrections, laisse aux autres la première place et l'occasion de briller. Quelle que soit la récompense qu'on lui donne, elle trouve avoir trop pour son mérite.

Telle était la modestie de La Fontaine par rapport à ses ouvrages, que seul peut-être il n'a pas cherché à les apprécier.

Reste que la modestie est nécessaire dans la société et dans nos mœurs, pour permettre aux prétentions mutuelles, aux amours-propres individuels, de s'approcher sans se heurter, sans se blesser. Elle est nécessaire comme laissez-passer du talent, de l'opulence, de la vertu, même du bonheur.

Soyons donc tous modestes ; car ce n'est pas assez, pour acquérir l'estime et l'affection des hommes, que d'avoir de rares talents et d'éminentes qualités ; il ne faut point s'en applaudir ni les étaler pompeusement. En laissant entrevoir le peu d'estime que nous avons pour les autres, et la haute opinion que nous professons pour nous-mêmes ; en voulant prendre un trop grand ascendant sur tels ou tels, on révolte inévitablement tout le monde contre soi, et cela parce que chacun sent un secret dépit contre ceux qui l'effacent, et n'épargne rien pour se dédommager d'une superiorité si gênante.

MOLLESSE (vice), Mou. — La MOLLESSE est cet état d'indolence et de tranquillité où la volupté nous plonge..... C'est la délicatesse d'une vie efféminée.

La *mollesse* est fille du luxe et de l'abondance ; elle crée de faux besoins que l'habitude rend ensuite nécessaires, et qui renforcent ainsi les liens qui nous attachent à la vie; aussi, que de regrets l'approche de la mort ne donne-t-elle pas ! Ce vice a encore l'inconvénient de redoubler tous les maux qu'on souffre, sans pouvoir donner les plaisirs solides et durables qu'il promet.

Ce ne serait rien sans doute que ces déceptions que donne la mollesse, puisque le remède serait à côté du mal ; mais l'homme qui s'y abandonne devient incapable de ces belles actions qui font les héros et les grands hommes, et c'est là le pire de toutes les conditions. En serait-il autrement lorsque, content de trouver ce qu'il croit être le bonheur dans cette satisfaction intérieure qu'il éprouve au fond de son cœur, l'individu ne le cherche pas là où il est réellement, et renonce à la gloire pour le plaisir?

Ce n'est pas tout : on a également signalé parmi les inconvénients de la mollesse celui qu'elle a réellement de nuire au perfectionnement physique et moral de l'espèce humaine. Ainsi, toute personne qui aime à goûter les douceurs d'une vie efféminée, et les goûte, cette personne, dis-je, loin d'acquérir jamais cette constitution forte et robuste qui est l'apanage du bon cultivateur accoutumé aux travaux pénibles de la campagne, reste toujours au contraire chétive et rabougrie, où bien elle s'étiole comme la plante laissée sans culture, ou dépérit comme l'arbre de nos vergers sur lequel un jardinier laisse beaucoup trop de fruits à mûrir.

Évitons donc la mollesse, ayons sans cesse présent à notre esprit que, par suite des progrès de la civilisation, l'esprit humain a considérablement dégénéré, et que, suivre les inspirations qu'il nous suggère, c'est s'écarter entièrement des voies de la sagesse.

Sans doute que si l'homme n'était né que pour songer à lui *seul*, ne s'occuper que de lui *seul*, être utile à lui *seul*; s'il n'avait pas des devoirs à remplir envers la société, son goût pour le plaisir n'aurait rien de répréhensible, et il pourrait s'y livrer sans contrainte. Mais comme la volupté ne dure qu'un instant et cesse bientôt pour celui qui s'y abandonne entièrement ; comme les sens, qui sont les organes des jouissances voluptueuses, se fatiguent par un trop long exercice, et ressentent bientôt la douleur, l'homme ne tarde pas à reconnaître combien il est dangereux pour lui de se laisser bercer et endormir dans les bras de la mollesse. Ainsi, telle est la sagesse de la Providence, qu'elle veille sans cesse à l'harmonie de l'univers, et fait que celui qui s'écarte des devoirs qui lui sont imposés par la morale et la religion, en reçoit à l'instant la peine, par les choses même qui semblaient devoir assurer son bonheur.

Ce n'est donc pas sans raison qu'Horace a dit

Mais que n'altèrent point les temps impitoyables !
Nos pères plus gâtés que n'étaient nos aïeux,
Ont eu pour successeurs des enfants méprisables,
Qui seront remplacés par d'indignes neveux.

Au souvenir de ces tristes prédictions que chacun doit méditer et répandre, tout individu qui aurait un tendre penchant pour la mollesse sentira se réveiller en lui-même, je l'espère, les sentiments de sobriété, de tempérance, d'ambition, de gloire et de grandeur, qui se sont assoupis et y sommeillent dans son cœur, hélas ! trop rempli d'illusions; et ces sentiments suffiront, n'en doutons pas, pour le faire triompher des nouvelles embûches que la mollesse ne tardera pas à lui tendre.

Il y résisterait du reste bien plus facilement encore, s'il se persuadait bien qu'en s'abandonnant à la mollesse, il manque tout à la fois à ce qu'il doit à Dieu, aux hommes, à lui-même. A Dieu, qui a créé l'homme pour qu'il TRAVAILLE SANS CESSE, soit au bien-être matériel de la société par les produits de son industrie, de son intelligence, etc. ; soit à la perfection morale de chacun, par de bons, d'utiles et profitables exemples ; c'est-à-dire des pratiques vertueuses bien éloignées ou tout opposées sans doute aux pratiques de la mollesse. Aux hommes, devant qui tout homme doit se montrer chaque jour sous l'aspect le plus favorable, le seul digne de lui, en homme qui se consacre tout entier au bonheur de tous, qui lutte avec énergie contre les obstacles, qui ne se laisse point abattre contre l'adversité, et triomphe sans cesse de ses passions : la vie active et *bien* remplie d'un tel homme devant ranimer dans le cœur des indolents ou des indifférents l'aiguillon de l'amour-propre, aiguillon puissant, qui peut et doit le porter à ne pas vouloir rester au-dessous de celui qui s'offre naturellement, on peut être proposé pour modèle. A lui-même, enfin, à qui le Tout-Puissant n'a donné la vie et l'*activité* qu'afin qu'il en fasse un noble et digne usage, et lui serve à mériter un salaire qui ne sera accordé qu'à l'ouvrier laborieux, intelligent, *infatigable*, qui aura diligemment et honorablement terminé la tâche que le *Maître* lui a donnée. De là la nécessité d'une éducation religieuse

MOQUERIE (défaut), MOQUEUR. — La moquerie, que les auteurs font synonyme de *plaisanterie*, de *raillerie*, de *persiflage*, est une dérision qui marque le MÉPRIS qu'on a pour quelqu'un ; c'est même une des manières dont ce mépris se fait le mieux entendre. Aussi la moquerie est-elle toujours prise en mauvaise part, en plus mauvaise part même que l'injure lancée dans un mouvement de colère, celle-ci n'étant pas incompatible avec l'estime qu'on peut avoir pour la personne injuriée ; au lieu que se moquer froidement de quelqu'un, c'est le mépriser complétement.

Sous ce rapport, il faut bien se garder de confondre la *moquerie* avec la plaisanterie, la raillerie et le persiflage, dont elle diffère à bien des égards. Et par exemple :

La PLAISANTERIE peut généralement être de très-mauvais goût, comme la moquerie ; mais ordinairement elle est bien moins offensante qu'elle. Le plus souvent même elle se borne à un badinage fin et délicat, que les gens polis, et à plus forte raison les amis, emploient pour se railler les uns les autres. Et pourtant, disons-le bien vite, hors de ce cercle, la plaisanterie n'est pas sans danger, et ce doit être un motif puissant de se souvenir, dans le monde, que la plaisanterie a des bornes qu'il ne faut jamais dépasser ; c'est-à-dire qu'il ne faudrait pas s'amuser à *plaisanter* sur le compte de quelqu'un, quand, par les plaisanteries qu'on débite à son endroit, on peut porter atteinte à sa réputation, ou le pousser à des excès condamnables.

Quant à la RAILLERIE, ou cette injure déguisée et pleine de malignité que se permettent certaines gens, elle n'est pas aussi sans dangers. Elle peut bien tomber sur des défauts si légers que la personne intéressée en plaisante elle-même ; mais comme de la plus douce raillerie à l'offense il n'y a qu'un pas à faire, on a toujours à craindre que ce pas ne soit tôt ou tard franchi.

Du reste, une chose dont il faut bien se persuader aussi, c'est qu'il n'est rien de plus pénible, en société, que le rôle de la personne qu'on raille. Et cela, parce qu'il est convenu, il est dans l'ordre, que c'est une espèce de ridicule que de se fâcher de la raillerie : mieux vaudrait donc pour le raillé qu'il fût injurié, le même ordre lui permettant de repousser une injure.

Ce n'est pas tout : il est rare que la raillerie ne s'attaque pas aux gens faibles. Dans ce cas, je dois le dire, c'est une bassesse, une méchanceté. Eh quoi! parce que vous avez de l'intelligence, de l'esprit, du courage, vous profitez de ces avantages pour insulter ceux qui n'ont ni l'un ni l'autre !.... C'est plus que de la bassesse, c'est de la lâcheté.

A ce propos, il est bon de faire remarquer qu'on aurait tort de croire que celui qui se laisse tranquillement railler soit inévitablement un ignorant, ou un sot, ou un imbécile, puisque le silence qu'il garde dans cette circonstance peut être la marque d'une raison éclairée et d'une parfaite modération.

C'est du moins ainsi que j'interprète la conduite que tint un jour le Tasse. Ayant été raillé d'une manière fort désobligeante, il conserva un calme impassible, un sang-froid qui étonna le railleur lui-même. Cependant une personne de la compagnie ayant dit, d'un ton assez haut pour être entendue, qu'il fallait être fou pour ne pas parler en pareille occasion : « Vous vous trompez, répondit le Tasse, un fou ne sait pas se taire. »

Reste le *persiflage*; c'est bien comme la raillerie une injure déguisée, mais on la déguise presque toujours avec tant d'art, que l'individu qu'on persifle ne s'en aperçoit pas. Et puis cet art, que bien des gens d'esprit possèdent à un haut degré, s'ils cherchent à en tirer parti, c'est bien plus pour se faire valoir que pour ridiculiser quelqu'un.

En doutez-vous? suivez-les dans le monde et vous verrez que, dans leur désir d'y briller, ne fût-ce que par un bon mot, ils sacrifieront, s'il le faut, leur ami le plus intime, si, en le persiflant, cela doit leur attirer des applaudissements : que sera-ce des individus pour lesquels ils n'éprouvent aucun sentiment affectueux ou qui leur sont antipathiques? C'est pourquoi, tout en admettant, avec Duclos, que le persiflage est un amas fatigant de paroles sans idée, une volubilité de propos qui font rire les fous, scandalisant la raison et déconcertant les personnes honnêtes et timides, je n'admets pas que ces travers rendent la société des persifleurs insupportable. Pour les hommes sages et sensés, oui; mais sont-ils nombreux? Et puis, du moment où l'on recherche les persifleurs, c'est faire plus que de les supporter.

Quoi qu'il en soit, il faut s'abstenir, devant les enfants surtout, de contrefaire les personnes ridicules, car ces manières moqueuses et mimiques ont quelque chose de bas et de contraire à l'honnêteté. Il est à craindre que les enfants ne s'en emparent, parce que la chaleur de leur imagination et la souplesse de leur corps, jointes à leur enjouement, leur font aisément prendre toutes sortes de formes pour représenter ce qu'ils voient de ridicule; ce serait donc un mauvais exemple à leur donner, un tort de le tolérer en eux. On ne doit non plus hasarder jamais la plus légère plaisanterie, celle qui est la plus permise, qu'avec les gens polis, spirituels et raisonnables ; ne jamais plaisanter de la religion, du gouvernement, des malheureux ; car la plaisanterie est une arme à deux pointes et à deux tranchants ; si elle ne tue pas, elle blesse grièvement.

J'ai dit qu'il ne fallait pas plaisanter de la religion; j'ajoute qu'il ne faut même jamais, surtout devant des enfants, prendre la liberté de faire certaines railleries sur des choses qui ont du rapport avec la religion. On se moquera de la dévotion de quelques esprits simples ; on rira de ce qu'ils consultent leur confesseur sur les pénitences qui leur sont imposées ; on croit que tout cela est innocent, mais on se trompe : tout tire à conséquence sur cette matière. (*Fénelon*.)

Déclarons cependant que si la raillerie était employée pour bannir le vice et la folie du monde, elle pourrait être de quelque usage dans les sociétés civiles ; mais, au lieu de cela, on ne l'emploie d'ordinaire qu'à se moquer du bon sens, de la vertu, et à combattre ce qu'il y a de plus respectable et de plus digne d'éloge. Peut-on rien voir de plus navrant?

C'est pourquoi je poserai pour principe, en terminant, qu'on ne doit, en aucun cas, se permettre la raillerie, même la plus légère, vis-à-vis de ceux qui, par leurs travers, leurs ridicules, etc., y prêtent considérablement, et à plus forte raison, vis-à-vis de ceux que leur âge, leur caractère et leur rang placent au-dessus de nous : la raillerie à leur égard serait une insulte, et rien ne l'autorise; au contraire, tout la condamne.

Du reste, il y aurait moyen peut-être de guérir les moqueurs, les railleurs, les mauvais plaisants et les persifleurs de leur sotte manie : ce serait de leur faire remarquer, d'une part, que, si Dieu n'a pas également réparti parmi tous les hommes et la beauté physique et les qualités morales, tel qui se moque de son voisin, le persifle ou le raille, parce qu'il n'a pas été bien partagé, se trouve parfois au milieu de gens qui lui sont infiniment supérieurs, et qui pourraient fort bien diriger sur lui, railleur, des traits d'autant plus blessants, qu'il en sentirait davantage la piqûre ; et, d'autre part, que faire parade de sa supériorité aux dépens d'autrui, soit en lui jetant à la face la boue du mépris, soit en le rendant un objet de dérision, est un acte déloyal, malhonnête, infâme. Ajoutez à cela une certaine affectation de hausser les épaules de pitié aux discours ou aux gestes du railleur, d'accueillir avec le sourire du dédain leurs fines comme leurs grossières plaisanteries, de dire tout haut qu'elles sont indignes d'un galant homme, des gens de bonne compagnie! et cela suffira plus d'une fois, croyez-m'en, pour que tel propos spirituel, mais offensant, telle manière originale, mais déplacée à l'endroit de quelqu'un, soient promptement réprimés. Le bon mot viendra expirer sur les lèvres, et le geste sera paralysé.

A plus forte raison, guérira-t-on les gens qui se font un jeu ou une arme de la moquerie ou de la plaisanterie, etc., si on remonte à la cause qui les porte à s'en servir. Or, comme elle est le résultat ou d'un mauvais cœur ou d'un amour-propre excessif et déplacé, c'est en remédiant à ces deux mauvaises dispositions de leur personne, qu'on pourra espérer d'arriver un jour à la fin qu'on se propose.

MORDANT. *Voy.* SATIRIQUE.

N

NAIF, NAÏVE, NAÏVETÉ. — La NAÏVETÉ est ce qui constitue dans le langage ce ton simple, gracieux, naturel, plein de vérité, de vraisemblance, de lumières, qui nous plaît tant et nous séduit. Elle fait le charme du discours et est le chef-d'œuvre de l'art dans les hommes en qui elle n'est pas naturelle. Il ne faudrait donc pas confondre *la naïveté* avec *une naïveté.*

Ce qu'on appelle une naïveté est une pensée, un trait d'imagination, un sentiment qui nous échappe malgré nous, et qui peut quelquefois nous faire beaucoup de tort à nous-mêmes. C'est l'expression de la vivacité, de l'irréflexion, de l'imprudence, et de l'ignorance des usages du monde. On en trouve des exemples soit dans la réponse que fit une femme à son mari agonisant qui, pour la consoler de sa perte, lui désignait un autre époux : « Prends un tel, lui disait-il ; il te convient, crois-moi. — Hélas ! répondit-elle, j'y songeais ! Soit dans cette autre qui, pendant les douleurs d'un enfantement laborieux, disait à son mari, qui était là, pleurant à son chevet : « Eh! mon Dieu, pourquoi te désoler ainsi ? tu sais bien que si je souffre, *tu n'en es pas la cause !* Elle ajouta bien vite : « La cause des douleurs que j'éprouve en *ce moment.* »

On a beaucoup ri de ces histoires, comme on rira toujours, du reste, d'une naïveté. Il faut donc éviter d'en dire..... fût-ce avec l'espoir de passer pour une personne candide, ingénue, etc., les gens instruits distinguant très-bien une naïveté d'avec la CANDEUR, l'INGÉNUITÉ, etc. (*Voy.* ces mots), avec lesquelles nous nous garderons bien de la confondre. Et quant à la naïveté du langage, c'est aux traités de logique à nous dire quel est son usage, et le parti que les écrivains en peuvent tirer.

NONCHALANCE (défaut). — La nonchalance est une espèce de paresse ou de mépris des choses et des événements, qui laisse l'homme calme et tranquille, en repos, dans tous les cas où chacun s'agite, se presse et se tourmente.

Nous disons *une sorte* de paresse, parce qu'elle en a tous les caractères, moins cette seule circonstance exceptionnelle, que nous naissons nonchalants, tandis que nous devenons paresseux, que nous sommes nonchalants par nature et restons tels par habitude; au lieu que nous devenons paresseux par amour pour la paresse. Celle-ci serait donc un défaut que nous acquérons. Du reste, la nonchalance, comme la paresse, tient souvent à la faiblesse de l'organisation, et dans ce cas on peut s'en corriger en fortifiant le corps, tout comme on peut la prévenir ou la détruire, soit en donnant une bonne éducation à ceux qui y sont portés, soit en leur faisant comprendre que si Dieu nous a laissé notre libre arbitre, ce n'est point pour que nous nous laissions aller aux douceurs de la nonchalance, mais pour que nous nous consacrions corps et âme au service de l'humanité. Et il ne pouvait en être autrement ; car la nonchalance, en produisant peu à peu le désordre des affaires et le mépris des vertus, a des suites très-fâcheuses. Elle est, je le sais, ordinairement accompagnée de la volupté ; mais cette volupté n'est pas agissante ni vive; elle ne court point après le plaisir, comme la mollesse; mais elle l'accepte volontiers, et c'est en cela qu'elles diffèrent. Néanmoins, attendu qu'on n'est jamais pardonnable de s'étourdir sur toutes choses par nonchalance, nous devons éviter ce défaut, dont j'ai dit les conséquences funestes.

O

OBÉISSANCE (qualité), OBÉISSANT. — On entend par *obéissance* un devoir dont nul sur la terre ne peut s'affranchir sans être coupable. Ainsi, par devoir, tout enfant doit obéissance à ses père et mère, tout citoyen et tout souverain aux lois du pays et aux préceptes de la morale et de la religion. Malheur donc à ceux qui s'y refusent! l'exemple de nos premiers parents est là pour nous l'apprendre. Ils voulurent toucher au fruit défendu, et toutes les générations auxquelles ils ont donné naissance portent encore aujourd'hui la peine de leur crime. Du reste, personne n'ignore que, dans les siècles les plus reculés, on enseignait aux enfants l'obéissance passive aux volontés du chef de la famille ; on sait aussi que les réchabites, pour obéir à leur père, se privèrent de boire du vin toute la vie (*Jerem.* xxxv, 6), et qu'Isaac ne fit pas de difficulté de tendre le cou au glaive d'Abraham.

Voici en quels termes le grand Bossuet nous rapporte ce fait, le plus étonnant peut-être de l'obéissance du fils à son père, comme le plus admirable de l'obéissance d'Abraham aux ordres de Dieu :

« Il était déjà grand, ce bénit enfant, et dans un âge où son père ne pouvait espérer d'avoir d'autres enfants, quand tout à coup Dieu lui commanda de l'immoler. A quelles épreuves la foi est-elle exposée ? Abraham mena Isaac à la montagne que Dieu lui avait montrée, et il allait sacrifier ce fils, en qui seul Dieu lui promettait de le rendre père, et de son peuple et du Messie. Isaac présentait le sein à l'épée que son père tenait toute prête à frapper. Dieu, content de l'obéissance du père et du fils, n'en demande pas davantage. Après que ces deux grands hommes ont donné au monde une image si vive et si belle de l'oblation volontaire de Jésus-Christ, et qu'ils ont goûté en esprit les amertumes de sa croix, ils sont vraiment dignes d'être ses ancêtres : la fidélité d'Abraham fait que Dieu lui confirme toutes ses promesses, et bénit de nouveau, non-seulement sa famille, mais encore, par sa famille, toutes les nations de l'univers. »

Peu à peu on s'est relâché de ces principes, et c'est à peine si aujourd'hui les parents ont conservé un reste d'autorité sur leurs enfants. Combien qui en toute chose cherchent à se soustraire à l'autorité paternelle! Qu'ils sont rares ceux qui tiendraient le langage de Bayard, parlant à son père : « S'il vous plaît, lui disait-il, je suivrai la carrière des armes, ayant enraciné dans mon cœur les bons propos que vous me récitez chaque jour des nobles hommes des temps passés. »

S'il vous plaît! Ainsi, malgré tout l'attrait que cette carrière avait pour celui qui mérita plus tard d'être surnommé le *Chevalier sans peur et sans reproche*, il y aurait renoncé, si son vertueux père ne l'y avait autorisé...... Que les temps sont changés!

La faiblesse des parents pour leurs enfants est la cause première de la désobéissance de ceux-ci. Ils en profitent même, dès leur plus tendre enfance, pour suivre leurs caprices, et plus tard, leurs mauvais penchants et leurs vices. C'est alors, mais alors seulement, que le père et la mère, reconnaissant leur faute, voudraient ressaisir l'autorité qu'ils ont laissé échapper de leurs mains : il est trop tard! Rien ne peut redresser le vieil arbre que les années ont courbé; de même rien ne changera le naturel du jeune homme, et moins encore d'un adulte, qu'une mauvaise éducation aura gâté.

OBSCÈNE, Obscénité (vice). — L'obscénité consiste dans ce qui est contraire à la pudeur. Elle est l'indice certain de la corruption du cœur.

En général, on remarque l'obscénité chez les sots, les ignorants, les libertins et les gens sans éducation ; c'est-à-dire que ces sortes de gens sont fort obscènes dans la conversation, et se font remarquer par leurs manières aussi sales que dégoûtantes, tout comme les individus qui nous révoltent par leur Impudicité (*Voy.* ce mot), son synonyme.

OBSTINATION (défaut), Obstiné. — L'obstination est une volonté permanente de faire quelque chose de déraisonnable. Ainsi on est *obstiné* quand on agit de telle ou telle sorte, dans tel ou tel but, malgré l'opposition d'un conseil désintéressé ou d'un avertissement raisonnable.

L'obstination naît de l'ignorance, de l'irréflexion ou d'un sot amour-propre. C'est pourquoi, dans la plupart des cas, on renoncerait à se montrer obstiné si on voulait réfléchir, examiner, analyser les raisons pour et contre, et suivre les impressions d'une voix amie ou d'une personne sage et expérimentée ; mais comme l'obstination est un défaut qui tient autant, je le répète, au caractère de l'individu qu'à la mauvaise éducation qu'il a reçue, il n'est guère possible de changer l'un, et ce n'est qu'à la longue qu'on pourra modifier l'autre, si toutefois on y parvient jamais.

Ce doit donc être un motif, pour les moralistes, d'agir d'une manière très-active dans ce double but ; car sans cela l'obstination acquérant tous les jours une force nouvelle, à mesure qu'on avance en âge, il ne sera guère plus facile d'en triompher qu'on triomphe de l'entêtement, dont il ne diffère guère, quant à sa nature, et point par ses conséquences.

OISIF, Oisive, Oisiveté (défaut). — L'oisiveté est un manque d'occupations utiles et honnêtes. Ce défaut est d'autant plus condamnable qu'il nous laisse aller à presque tous les désordres qui affligent la société ; ce qui a fait dire qu'il en est la source. Voici en quels termes La Bruyère a voulu peindre les gens oisifs :

« Il y a des créatures de Dieu qu'on appelle des hommes, dont toute la vie est occupée et toute l'attention est réunie à scier du marbre ; c'est très-peu de chose. Il y en a beaucoup d'autres qui sont entièrement inutiles, et qui passent les jours à ne rien faire : c'est bien moins que de scier du marbre. » N'est-ce pas là le portrait de l'oisif?

De tout temps les législateurs ont porté leurs vues sur les moyens de prévenir l'oisiveté des grands et du peuple. Ainsi, Solon, qui accommodait ses ordonnances aux choses, et non pas les choses à ses ordonnances, voyant que son territoire de l'Attique était si peu productif qu'à peine il donnait de quoi nourrir les laboureurs, et qu'il était impossible par conséquent de soutenir une si grande quantité d'oisifs, crut devoir relever et mettre en honneur les métiers. Il ordonna donc que la cour souveraine, l'Aréopage, s'enquît de quoi chacun des habitants vivait, et châtiât tous ceux qu'elle trouverait oisifs et fainéants. (*Plutarque.*)

Solon ne se borna pas à faire un crime de l'oisiveté ; il voulut que chaque citoyen rendit compte de la manière dont il gagnait sa vie. C'était fort sage, attendu que, dans une bonne démocratie, on ne doit dépenser que pour le nécessaire, et chacun doit l'avoir. Or, de qui le recevrait-on, si tous les citoyens vivaient dans l'oisiveté? Ce n'est pas tout : car, ainsi que le remarque très-bien Montesquieu, dont je vais paraphraser la pensée, on doit d'autant plus éviter de rester inactif, que celui qui mange, dans l'oisiveté, ce qu'il n'a pas gagné, lorsque des conditions de société l'y obligent, le vole. Un employé que l'État paye et qui ne s'acquitte pas de sa charge, ne diffère guère, à mes yeux, d'un brigand qui vit aux dépens des passants. En dehors des obligations imposées par des contrats ou des conditions, l'homme isolé a droit de vivre comme il lui plaît; mais il se trouve souvent dans un cercle de devoirs qu'il doit remplir sous peine de vivre aux dépens des autres. C'est pourquoi, travailler est un devoir indispensable à l'homme social.

Ce devoir est même si impérieux, que les personnes oisives, tout en nuisant à la société qu'elles privent des productions de leurs bras ou de leur intelligence, se nuisent considérablement à elles-mêmes. Comment? En ce que l'excessive indolence détruit à la fois la santé, et puis ce que les femmes aimeraient mieux conserver que la santé si elles pouvaient subsister sans elle, je veux dire la beauté. Il en est ainsi, parce que l'oisiveté, outre qu'elle empêche les organes d'acquérir cette fermeté qui rend leurs mouvements plus efficaces et plus assurés, fait que les humeurs n'éprouvent point cette transgression qui les épure, en les faisant passer fréquemment par les différentes filières et les différents vaisseaux ; forcées de croupir, faute d'action de la part des solides, elles s'altèrent par le repos; leur mixtion se dérange, les principes qui la formaient se séparent et produisent des combinaisons malfaisantes. Le mal ne s'arrête pas là. La surexcitabilité nerveuse s'y montrera bientôt sous toutes les formes. Les femmes nerveuses, dit le docteur E. Auber, sont pâles, défaites et languissantes ; leur peau est sèche, froide et brûlante; elles ont l'œil abattu ou hagard, timide ou caressant ; le teint couvert, la physionomie langoureusement expressive et très-mobile. Il est rare qu'elles n'aient pas quelques traits particuliers : leur démarche est tantôt nonchalante, tantôt vive, heurtée, précipitée ; elles parlent de tout avec chaleur, avec enthousiasme et même avec une sorte d'exaltation qui tient chez elles à l'exagération du sentiment, ce qui leur donne par moments un air vraiment inspiré.

Ce n'est pas tout : des troubles particuliers se font sentir dans les diverses parties de l'organisme ; chez les unes vagues et extrêmement fugaces ; chez d'autres fixes et affectant tous les caractères d'une liaison organique. De là les deux aspects différents que présente la surexcitation nerveuse, l'aspect variable ou protéiforme, et l'aspect fixe ou habituel.

Au premier se rapportent les agitations morales qui tourmentent les oisifs. Chacun sait qu'il est des personnes auxquelles tout, autour d'elles, semble sourire, et que dévorent les ennuis de l'oisiveté. C'est pourquoi le besoin d'émotions nouvelles se faisant toujours sentir, le besoin d'émotions plus vives devenant plus pressant, elles s'agitent et s'inquiètent, vont, viennent, prennent des déterminations soudaines, contradictoires et souvent sans résultat, qui se succèdent sans relâche. Aussi ce besoin qui conduisait les légions romaines aux amphithéâtres où l'homme était dévoré par les bêtes féroces ; ce besoin qui conduit encore de nos jours tant de femmes soit aux combats de taureaux, soit aux exécutions sanglantes ; ce besoin s'exprime par les agitations les plus douloureuses : c'est la satiété avec ses terribles ennuis ; c'est l'insatiabilité avec ses incroyables tourments ; c'est, dans tous les cas, le plus caractéristique des symptômes qui accusent l'absence *d'un but d'activité* honorable et sérieux.

Il résulte de ce vide affreux d'une âme qui appelle sans cesse des émotions pour la remplir, et à laquelle les émotions invoquées font impitoyablement défaut, que la femme cherchant à se fuir elle-même, se trouve toujours en présence d'elle-même. Elle est en proie à des inquiétudes graves à propos d'un malaise léger. Elle recourt, pour dissiper ses inquiétudes, à mille moyens qu'elle abandonne bientôt pour y recourir encore. De là l'impatience, la colère dont les explosions répandent le trouble et l'effroi dans les familles.

Tout cela est extérieur; ajoutez maintenant le délire secret d'une imagination pour laquelle les événements de la vie ne sont que déception, désenchantement et misère. Aux prises avec le monde qui la brise par ses impitoyables et prosaïques réalités, cette personne, qui avait convoité dans ses rêves l'empire de la beauté et l'éclat d'une brillante jeunesse, se livre à toutes les angoisses du désespoir. En vain veut-elle cacher ses souffrances ; tout, dans ses paroles, dans son silence, dans sa mise, dans ses actes, les trahit et les proclame. Qui pourra jamais suivre dans toutes ses péripéties douloureuses une existence aussi livrée aux hasards des influences que la civilisation multiplie chaque jour, et contre lesquelles la raison subjuguée est impuissante à faire un choix ! Ce sont tantôt des préoccupations de vanités ou des atteintes d'hypocondrie; tantôt des inspirations mystiques ou des agitations mondaines se montrant isolément ou se succédant les unes aux autres pour produire tour à tour des accès de colère, d'envie, de jalousie, de terreur, de remords, d'anxiété, de désespoir, etc.

Ce besoin impérieux d'émotions est quelquefois tel, que l'on a vu des femmes, entourées des plus tendres affections, s'administrer en secret et sans nécessité des médicaments dangereux, s'imposer un régime nuisible, se livrer à des exercices funestes, courir même les chances d'une grave maladie, afin d'appeler sur elles une attention plus inquiète et une sympathie plus affectueuse, afin de concentrer sur elles les hommages d'une vive sollicitude. On en voit qui, déployant, pour se soustraire au calme des plus douces relations, toutes les ressources que d'autres consacrent à les conquérir, recherchent avec une frénétique ardeur les prétextes d'une rupture imprévue et les agitations d'une explication impossible. Les larmes amères de la déception ont pour plusieurs un charme que n'ont point tous les naïfs épanchements de l'amitié ; on les désire, on s'y complaît ; c'est l'émotion d'une victime imaginaire qui s'enorgueillit de son magnanime supplice. L'amour du sacrifice, chez la femme, peut aller jusque-là.

J'ai voulu rendre aussi complet que possible le tableau des désordres physiques et moraux auxquels l'oisiveté entraîne ceux qui se laissent aller à ses funestes tendances, afin de mieux faire sentir les avantages que chacun de nous peut retirer d'un exercice régulier, habituel, modéré et non excessif. Ses produits matériels ou intellectuels sont utiles au pays, dans lequel il apporte sa part d'industrie et d'aisance, et aux citoyens, dont il mûrit le jugement et la raison, dont il orne l'esprit en leur communiquant les productions de son génie.

Mais, indépendamment de ces avantages généraux, combien le travailleur n'en retire-t-il pas de particuliers pour son propre profit ! Sa constitution se fortifie par la satisfaction qu'il éprouve de concourir au bien général, et l'espoir de bien mériter, par là, de ses concitoyens, le soutient et l'encourage; son imagination se porte sur des idées moins riantes peut-être que celles dont il aimait à la bercer; mais elles ne produisent pas dans le logis ces ébranlements, ces secousses qui lui sont si nuisibles. Il est si vrai que l'imagination veut être distraite des idées fixes qui l'absorbent tout entière, que si un mélancolique, à qui une promenade à la campagne aura été conseillée comme moyen hygiénique, s'en va continuellement et toujours devant lui, les bras pendants, le corps ici et l'esprit ailleurs, il ne retirera aucun bien de cette promenade. C'est pourquoi, quand, pour distraire un hypocondriaque, on lui ordonne l'exercice en voiture, on y met la condition qu'il conduira lui-même les chevaux, l'attention qu'il devra porter à éviter les accidents détournant son imagination de l'idée fixe qui le tourmente. De même, quand on prescrit à une jeune personne de faire une course à travers les champs, on doit l'inviter à cueillir quelques fleurs, à chasser des papillons, à fixer son attention enfin sur quelque chose; chaque objet, un rien qui s'offre à ses regards, suffisant pour lui faire oublier ses ennuis et ses souffrances. Exemple :

J'ai connu une dame que son âge et ses infirmités condamnaient à une sorte d'oisiveté qu'elle aurait voulu éviter. Cette inactivité forcée la rendait mélancolique, et comme elle était fort docile à mes avis, je cherchais par divers moyens à lui procurer quelques distractions agréables. Pour cela, elle sortait souvent en voiture; mais, chose remarquable, un jour elle retirait de cet exercice un bien infini, tandis que, le jour suivant, elle rentrait plus malade; et ainsi alternativement les jours suivants, tantôt du bien, tantôt du mal, tantôt ni l'un ni l'autre. J'eus bientôt l'explication de ces phénomènes. Quand madame *** sortait *exprès* pour se promener, afin de se conformer à mon ordonnance, et qu'elle se disait à part soi, blottie au fond de sa voiture : « Ce que c'est pourtant que d'être ainsi *patraque!* me voilà obligée d'occuper un domestique et des chevaux exclusivement pour moi; je suis bien malheureuse ! » ou toute autre réflexion de même nature. Eh bien, dans ce cas, madame *** rentrait fatiguée, abîmée; son esprit avait trop mal travaillé. Mais si, au contraire, madame *** allait surprendre une de ses voisines de campagne, l'idée qu'elle se faisait en route de la surprise qu'elle ménagerait à son amie, jointe aux distractions d'une conversation vive, intéressante, et qui n'avait pas tari, les réflexions agréables que tout cela lui inspirait au retour, le narré exact et spirituel qu'elle faisait le soir à sa famille, de l'agrément qu'elle avait retiré de sa journée, tout contribuait à rendre le calme à son âme et la paix à son cœur.

Voilà les inconvénients de l'oisiveté, et les avantages d'une occupation utile et honnête. Le choix entre les uns et les autres est par trop facile pour qu'il soit nécessaire de l'indiquer.

OPINIATRE, OPINIATRETÉ (défaut). — L'OPINIATRETÉ comme l'OBSTINATION présente à l'esprit un fort et DÉRAISONNABLE attachement à ce qu'on a une fois conçu ou résolu d'exécuter.

Ayant traité, à l'art. ENTÊTEMENT, de ce qui caractérise l'opiniâtreté, et ses dangers, je me bornerai dans cet article à quelques maximes que les auteurs nous ont laissées, et qui se rapportent presque exclusivement aux causes de l'opiniâtreté.

La petitesse de l'esprit, l'ignorance et la présomption font l'*opiniâtreté*, parce que les opiniâtres ne veulent croire que ce qu'ils conçoivent, et qu'ils ne conçoivent que fort peu de choses. (*La Rochefoucauld.*)

Elle part aussi communément d'un caractère rétif, d'un esprit sot ou méchant, ou méchant et sot tout ensemble, qui croirait sa gloire ternie, s'il revenait sur ses pas lorsqu'on l'avertit qu'il s'égare. Ce défaut est l'effet d'une fermeté mal entendue, qui confirme un homme opiniâtre dans ses volontés, et qui, lui faisant trouver de la honte à avouer son tort, l'empêche de se rétracter.

Aussi voit-on que presque tous les opiniâtres sont ignorants. Ils ne démordent jamais de leur sentiment, parce que, leur esprit étant aveuglé, ils ne voient rien de mieux pensé que ce qu'ils ont pensé. Vous ne les trouverez jamais en bon sens, parce qu'ils n'en ont point; on ne gagne rien sur eux par des raisons, parce qu'ils ne sont pas capables d'en recevoir aucune. (*Amelot de la Houssaye.*)

D'ailleurs, on ne se soucie pas tant d'avoir raison que l'on se soucie de faire croire qu'on a raison; c'est ce qui fait que l'on soutient son opinion avec opiniâtreté, après même qu'on a connu qu'elle est fausse.

C'est d'autant plus mal agir, que, savoir mollir et se prêter en certaines occasions, même lorsqu'on n'a pas tort, est une marque de prudence. L'habile pilote baisse les voiles, lorsque le vent souffle avec beaucoup de véhémence, au lieu que le fou va à pleines voiles à sa ruine. L'ignorance et l'opiniâtreté se tiennent par la main, et le sot croit toujours qu'il y va de son honneur à soutenir sa fausse opinion ; dès lors il aime mieux quelquefois perdre l'amitié des gens dont il a besoin, que de démordre de son sentiment. (*Oxenstiern.*)

ORGUEIL (qualité bonne ou mauvaise), ORGUEILLEUX. — On a fait le mot *orgueilleux* synonyme d'*altier*, *fier*, *hautain*, *vain* ou *vaniteux*, et cela parce qu'on a cru remarquer que toutes ces différentes dénominations, appliquées aux sentiments du cœur et de l'esprit, plus qu'à ceux de l'âme (à moins qu'elle ne soit aveuglée par un sot amour-propre), expriment également, mais à un degré plus ou moins prononcé, une certaine présomption de l'homme qui, se croyant supérieur aux autres hommes, voudrait le persuader à tout le monde.

Il est certain que si, de cela seul que cette définition s'applique également aux termes *orgueilleux*, *altier*, *fier*, *hautain*, *vain* ou *vaniteux*, on devait admettre rigoureusement leur synonymie, ces expressions seraient TOUTES parfaitement synonymes entre elles ; mais comme TOUTES n'ont pas dans les traits qui les caractérisent une identité parfaite, je dirai quels sont les points de ressemblance qui les rapprochent, tout comme les nuances qui les séparent, nuances si minimes parfois, qu'il semblerait inutile de nous y arrêter. Nous nous y arrêterons cependant, ne fût-ce que pour faire connaître quelle a été l'opinion des écrivains à ce sujet.

Mais avant tout je vais m'attacher à décrire l'orgueil considéré en lui-même et séparé de tout autre sentiment, même de ses synonymes, afin d'en donner une idée plus précise, qui nous serve de terme de comparaison.

A mon sens, avoir de l'orgueil, c'est accorder à soi-même une certaine estime ; posséder un amour-propre bien placé, ou une fierté digne, qui nous rend susceptibles, irritables même, pour tout ce qui touche à notre existence morale, et peut nous dégrader dans notre propre opinion et dans celle d'autrui. Telle est la disposition dans laquelle tous les hommes devraient être maintenus, jusqu'à ce qu'ils aient acquis la pleine conscience, l'entier discernement du bien et du mal, de ce qui est juste et convenable, tout comme de ce qui n'est ni juste ni convenable ; ce qui a fait dire de cette disposition, qu'elle est la PUDEUR DE LA MORALITÉ. A coup sûr, ce n'est pas de cet orgueil-là qu'on dira que c'est un défaut. Au contraire, puisque cette disposition ou amour de la moralité, a, de tout temps, été le partage des âmes nobles, des cœurs purs, qui, s'ils ont su la conserver, éprouvent d'abord inévitablement ce sentiment qui porte toute créature animée à s'estimer, à se respecter elle-même, c'est-à-dire à avoir de l'estime et du respect pour elle-même, tout en se faisant aimer et respecter par autrui, ce qui doit nécessairement lui donner, en face de ses semblables, une position digne et l'assurance nécessaire pour parler et agir avec efficacité.

Mais le mal ou le vice de l'orgueil se montre, ce défaut commence à se manifester du moment où, franchissant les bornes que nous lui avons posées, l'amour de soi-même, exagère à un tel point dans un individu l'estimation de sa valeur personnelle, que, soit par la réflexion des avantages, des qualités ou des mérites qu'il croit posséder, soit par la supériorité irréfléchie qu'il s'arroge, toute proportion cesse d'exister entre la réalité et l'opinion qu'il en a conçue. Dans ces circonstances, l'homme s'exalte par l'effort de son propre esprit, par la contemplation incessante de lui-même, et faisant une fausse application du *Nosce teipsum* ; connais-toi toi-même, ou mieux une fausse appréciation de ce qu'il vaut réellement, il se remplit, il se gonfle ! Et comment pourrait-il en être autrement, alors que son *moi* devient l'objet de sa passion ; qu'il y pose son désir, son amour, sa vie ; alors que, comme dans tout sentiment passionné, son cœur est dominé par ce qu'il aime en lui, qu'il jouit en secret ou aux yeux de tous, du bonheur de se posséder, qu'il croit en lui-même, qu'il admire naïvement sa propre excellence, et manifeste tout aussi naïvement son admiration et sa joie ! Dès lors, il n'est pas étonnant qu'en général l'orgueilleux soit tellement sûr de lui, ait une telle conviction des bonnes qualités de sa personne, qu'il ne croit pas avoir besoin de l'approbation des autres ; il trouve sa gloire en lui-même, et il lui importe peu qu'elle se trouve aussi dans leur opinion, puisque ce lui est une grandeur de plus que de s'en passer. Quoi qu'il en soit, l'orgueil a plusieurs nuances principales, suivant qu'il est ou n'est pas limité ; de là les qualifications de *noble* orgueil, ou, par opposition, de *sot* orgueil, ou même d'orgueil *ridicule*, etc., selon les prétentions et les tendances des orgueilleux.

A la rigueur, ces prétentions ou ces tendances peuvent tenir aux sources diverses auxquelles l'orgueil puise son origine, et qui lui impriment, chacune en particulier, une sorte de cachet spécial, qui sert à faire reconnaître les idées dont il s'est bercé. Ainsi, pour si peu qu'on ait vécu, vu, observé et réfléchi, on se sera inévitablement aperçu que toute personne qui s'estime naturellement au delà de ce qu'elle vaut, est originellement remplie d'orgueil en toutes choses, mais plus particulièrement pour telle ou telle chose : ainsi l'un s'engoue pour les avantages extérieurs ; l'autre pour les qualités purement naturelles ; la plupart pour des talents futiles, etc., ce qui n'étonnera personne, si l'on considère un instant, et c'est chose que l'on a remarquée, qu'en général ce sont les petits esprits et les ignorants qui se font le plus d'illusions à leur endroit.

Du reste, l'orgueil s'accroît, et cela devait être, en proportion de l'ignorance. Aussi rencontre-t-on l'orgueil le plus cru dans les derniers rangs de la société. La plus humble condition n'en préserve pas le cœur humain, tant il y est naturellement enclin. Le paysan qui possède quelques arpents en est souvent plus fier qu'un potentat ; et, dans la classe des serviteurs, que le besoin oblige de mettre leur personne et leur volonté à la disposition ou sous la direction d'autrui, combien y en a-t-il qui sachent supporter un reproche ou même accepter une leçon ?

De même l'orgueil de l'artiste est ordinairement en raison inverse de son talent et de l'importance de son art. Ceux qui ont du génie sont en général les plus modestes, ou les moins orgueilleux. Comme ils sont en rapport avec l'idéal, ils jugent mieux ce qui leur manque, et ils se croient à une grande distance de la perfection. Aussi ne sont-ils jamais contents d'eux ni de leurs œuvres, le sentiment de leur infériorité, en face de l'idéal, les rabaisse à leurs propres yeux.

L'artiste sans talent ne comprend au contraire ni la nature, ni l'idéal, ni l'art. Mettant tout son travail dans une œuvre, il y met aussi son amour-propre, il l'estime en raison de la peine et des efforts qu'elle lui a coûtés. Il s'infatue de son ouvrage comme de lui-même, et n'ayant aucune idée du parfait, il ne conçoit pas qu'on puisse faire mieux que lui. Il n'admet ni conseil ni critique, parce qu'il se croit le meilleur juge, et c'est une raison de plus pour qu'il ne sorte jamais de sa médiocrité. Les arts les plus futiles, ceux qui contribuent le moins à la perfection de l'esprit et de l'âme, et dont le but est plutôt de plaire ou même d'amuser, que d'instruire ou de perfectionner, sont justement ceux qui exaltent davantage l'orgueil, et donnent lieu aux prétentions les plus exagérées et les plus burlesques. Les petits poëtes, les musiciens, les chanteurs, les comédiens, les danseurs, les histrions et les baladins de toute espèce sont communément les hommes les plus convaincus de leur mérite, et ils s'indignent qu'on ose le mettre en doute. De là leur grande susceptibilité, et par suite leurs jalousies et leurs collisions.

Nous avons encore l'orgueil de la naissance. Il peut être utile quand il est renfermé dans de justes bornes. Son utilité provient de la solidarité naturelle entre les parents et les enfants. C'est la même vie, le même sang, la même chair, et ainsi il doit exister entre eux une communauté d'honneur et de gloire; comme il y a une communauté de fortune et de biens. On hérite du nom de ses ancêtres aussi bien que de leurs richesses, et, pour un cœur généreux, un nom pur et glorieux est le plus précieux des héritages. Dans tous les siècles et chez tous les peuples, les descendants ont été excités à bien faire par la mémoire des actions de leurs aïeux. Les traditions de famille et jusqu'aux images des ancêtres ont partout servi d'aiguillons au courage et à la vertu. C'est une fierté bien placée, un noble orgueil, que de vouloir conserver et transmettre sans tache le nom recommandable qu'on a reçu. Il en résulte dans la société une propagation d'honneur et de vertu qui est un des meilleurs gages de la perpétuité des familles et de la consolidation de l'État.

Mais l'orgueil nobiliaire tourne au vice quand il s'infatue de la noblesse du sang au point de la mettre au-dessus de tout, et de croire qu'elle tient lieu de mérite. Alors viennent les prétentions exagérées de ce qu'on appelle la caste privilégiée. En général, ce n'est point l'ancienne et bonne noblesse qui s'en targue le plus, mais la plus récente et la moins glorieuse, celle qui s'achète, la noblesse des parvenus. Il en est de même de l'orgueil du pouvoir et de la richesse, avantages encore plus extérieurs que celui de la naissance qui est au moins dans le sang : car la puissance et la fortune s'acquièrent de mille manières et souvent par des moyens peu honorables. La société actuelle, bouleversée, refondue, et sans cesse agitée par les révolutions, nous présente bien des exemples de la *pédanterie* du pouvoir et de l'infatuation de la richesse.

L'orgueil se présente donc sous un bon et un mauvais aspect. Pris en mauvaise part, on le reconnaît en ce que l'orgueilleux n'est jamais équitable ; toujours il s'exagère son propre mérite et rabaisse celui des autres. Comment pourrait-il se peser à son propre poids, quand c'est lui qui tient la balance? Il jouit de lui-même avec toute la naïveté de la plus profonde admiration. Il se croit tellement supérieur aux autres, se complaît tellement en lui-même, qu'il dédaigne l'estime et les suffrages. Son âme se gonfle dans la contemplation intime de sa propre valeur; il croirait être faible s'il se souciait de l'approbation d'autrui.

Le propre de notre orgueil, dit Aristote, est de nous cacher à nous-mêmes. Egal dans tous les hommes, il n'y a de différence qu'aux moyens et à la manière de le mettre à jour. L'ambition, la vanité, la présomption, sont les branches de l'orgueil. Cette malheureuse tige a sa racine dans le cœur de l'homme, et il n'est pas jusqu'au paganisme qui n'ait connu cette vérité, sinon dans son principe, du moins dans ses effets. *Ambitionis vitium singulos occupat.*

L'orgueilleux a la démarche fière et assurée, les yeux élevés comme pour commander, les bras écartés du tronc comme pour occuper plus d'espace et se dilater davantage. Il regarde en haut, parce qu'il se croit supérieur; de côté et d'autre, comme pour juger ce qui l'entoure. Quelquefois le signe de la pitié méprisante ou du dédain se montre sur son visage. Il parle peu, et son langage vise toujours à établir vis-à-vis d'autrui la supériorité qu'il s'attribue. Le *moi* est dans ses habitudes ; il manque d'égards pour tout le monde, parce qu'il croit n'en devoir à personne. Il est original, singulier, parce qu'il ne s'astreint pas aux usages et aux règles vulgaires; quelquefois il devient insolent, brutal. Il est rarement défiant, il croit qu'on lui rend suffisamment justice; il parle de ses bonnes actions et les fait ressortir par le contraste du mal que font les autres.

L'orgueil, avons-nous dit, a des points de

ressemblance intimes avec la fierté, la vanité, etc., etc. Elle a aussi des ressemblances manifestes avec elles ; quels sont-ils et quelles sont-elles ?

La ressemblance qu'il y a entre l'homme fier et l'homme orgueilleux, c'est que l'un et l'autre peuvent être mus par un sentiment louable, noble même, et constituer, quand la fierté et l'orgueil sont bien réglés, une qualité, une vertu. Ainsi on peut dire également d'une âme fière qu'elle a de la grandeur, et d'un cœur orgueilleux qu'il a de la noblesse, quand cette fierté et cet orgueil tiennent à l'estime méritée que chacun a de soi-même.

Ce n'est pas tout : tous les deux doivent, pour que la fierté de l'un ou l'orgueil de l'autre puissent être approuvés, non-seulement être entièrement contents d'eux-mêmes ; mais encore ne pas manquer de cœur, être bons amis, n'adresser leur amitié qu'à la personne seulement ; bref, avoir bien des qualités et de bons sentiments qui effacent les quelques légers défauts qui pourraient venir les déparer, et dont, hélas ! personne n'est exempt

Néanmoins, je dois le redire, la fierté comme l'orgueil suppose parfois nécessairement un petit esprit. Est-elle dans les manières, on la rencontre chez les sots et les ignorants seulement, car le vrai mérite n'a pas besoin de fierté. Cependant, et cela prouve combien nous sommes faibles, que de gens de mérite qui sont assez fiers pour désirer que tous ceux qui sont en relation avec eux soient riches comme eux, et qui ont honte de leurs parents et de leurs amis ! (*Hume*.) Donc, sous tous les rapports, la fierté comme l'orgueil a un bon et un mauvais côté, et il n'est pas étonnant qu'on les ait faits synonymes. J'ai peint l'homme fier et l'orgueilleux avec leurs qualités et leurs défauts. En quoi diffèrent-ils du glorieux ? En ce que celui-ci n'est *jamais* dirigé par des intentions honnêtes. Il songe peu à être content de lui, pourvu qu'il soit certain de contenter les autres. Faible et sans courage, il n'a que les prétentions de persuader à autrui qu'il est brave et fort. Il joue les vertus qu'il ne possède pas, qu'il ne se soucie même pas de posséder pour en imposer à la multitude. N'aimant personne, pourrait-il avoir des amis ? Aussi, s'en soucie-t-il fort peu, et s'il s'en soucie, s'il cherche à former quelque liaison, il s'attache plutôt à l'éclat qu'au mérite de la personne. Sous ce rapport, le glorieux se rapproche beaucoup de l'homme hautain, qui, comme lui, a un air impérieux et contraint. Peu fait pour commander, on le reconnaît aisément à son maintien froid et grave, à sa démarche lente et mesurée ; à ses gestes rares et étudiés, et à son extérieur composé. On dirait que son corps a perdu la faculté de se plier. *Voy.* HAUTEUR.

Bienveillant chez lui pour ceux qui lui témoignent des égards, le glorieux témoigne à son tour qu'il fait quelque cas de vous ; mais le retrouvez-vous dans le monde, dans un salon, soyez sûr qu'il ne vous verra pas. Il ne reconnaît en public que ceux qui, par leur rang, peuvent flatter son amour-propre. Sa vue est si courte, comment pourrait-il distinguer les autres ? Aussi, n'est-ce pas sans raison qu'on a dit des glorieux : « Ils sont comme des ballons, brillants et vides. » *Voy.* GLORIEUX. Quant à la personne vaine, sa manière d'être, dans le monde, ne diffère point de celle des gens hautains, fiers et glorieux. A leur exemple, elle recherche la société de ses supérieurs, s'imaginant que la grandeur de ces hommes haut placés peut se réfléchir sur tous ceux qui s'en approchent.

Est-elle admise à la table des grands, elle en tire vanité, et fait parade de la familiarité dont ils l'honorent. Mais si la fortune les abandonne, elle est des premières à fuir · elle éviterait même son meilleur ami en pareille circonstance. Rampant et flattant tout ce qu'il y a de *comme il faut*; témoin chaque jour des hommages et du respect que l'on accorde généralement au rang et à la fortune ; la vanité aime à fréquenter les grands et les riches, espérant usurper à son profit ce respect, aussi bien que celui que les vertus et les talents obtiennent, et c'est pour y réussir qu'elle étale dans ses vêtements, dans ses équipages, dans son genre de vie, un faste bien au-dessus de sa condition et de sa fortune réelle. De telle sorte que, pour soutenir pendant la première moitié de sa vie ces manières trompeuses et extravagantes, elle se réduit pour l'autre moitié aux embarras et à la misère.

Bref, l'homme vain n'a pas la moindre sincérité dans ses actions, ni dans le fond de l'âme ; il est rarement convaincu de sa supériorité ; aussi voudrait-il que les autres le jugeassent plus favorablement qu'il ne peut se juger lui-même, s'il se met à leur place, même avec la conviction qu'il en est parfaitement connu.

S'il a rendu quelque service, il le rappelle à la personne qui l'a reçu et la force d'en convenir à la vue de tout le monde... N'attendez pas qu'un homme de cette espèce vous aborde et qu'il vous parle le premier. (*Théophraste*.)

On le voit par ce qui précède, l'orgueilleux diffère des autres en ce que celui-là du moins ne flatte JAMAIS ceux qui sont au-dessus de lui, et c'est à peine même s'il est poli avec eux. Pour lui, gêné avec ses égaux et ses supérieurs, il n'est jamais mieux à l'aise qu'avec ses inférieurs, dont le commerce est le seul qui puisse lui plaire. Aussi, loin de s'abandonner aux folles dépenses des vaniteux, il trouve dans le sentiment de sa propre dignité de quoi justifier son indépendance. Et si sa fortune est bornée, tout en étant rangé dans ses dépenses, il manque rarement d'être attentif à la considération qu'elles donnent.

Ce n'est pas la seule différence qui distingue le vaniteux et l'orgueilleux : car celui-ci est toujours sincère ; il croit au fond de son cœur qu'il a réellement une supériorité incontestable, sans pouvoir dire sur quoi elle est fondée, et ne désire rien autre chose que d'être vu par les autres tel qu'il se verrait réellement lui-même s'il était à leur place. (*A. Smith.*)

Il résulte de tout ce qui précède que l'orgueil et la vanité sont des travers de l'esprit et du cœur; mais l'un est bien plus relevé que l'autre, et, par suite, moins commun, attendu, comme l'a dit l'abbé Lamennais, qu'il est peu d'âmes faites pour s'élever jusqu'à l'orgueil, presque toutes croupissent dans la VANITÉ. (*Voy.* ce mot.)

Et il disait vrai; car, tandis que l'orgueilleux, en réfléchissant sur les perfections dont il se croit orné ou sur les avantages dont il jouit, se sent satisfait de lui-même, et, se faisant une opinion trop avantageuse de ses qualités, dédaigne ou méprise les talents ou les perfections d'autrui, le vaniteux, au contraire, jaloux d'occuper tout le monde de lui-même, et ne respirant qu'exclusions et préférences, fait étalage de tous ses avantages. Il y est d'autant mieux porté, d'ailleurs, que, dans son idée, il possède tout ce qu'il y a de plus parfait en chaque genre. Ainsi, dans son opinion, ses équipages sont les plus brillants, ses meubles les mieux choisis, ses habits du goût le plus recherché, ses chiens et ses chevaux de bien meilleure race que ceux des autres. (*Hume.*) La vanité s'attache donc à tout ce qui n'a de valeur réelle ni en soi, ni dans autrui; à tout ce qui offre des avantages apparents, des effets passagers : elle vit du rebut des autres passions, et quelquefois se soumet à leur empire. *Voy.* VAIN, *Vanité.*

L'orgueil est une qualité louable; l'orgueil est un défaut : que faut-il faire, dans l'un et l'autre cas, à l'égard de l'orgueilleux? Ce qu'on fait généralement quand on veut développer un sentiment honorable, ou quand on veut annihiler des dispositions mauvaises. Ainsi, dans ce dernier cas, la seule conduite à tenir est celle que nous trouverons décrite à l'article VAIN, *Vanité*, dont l'orgueil bas et rampant ne diffère nullement, tandis que, dans le premier cas, comme l'orgueil, considéré dans ses effets, est on ne peut plus utile, vu qu'il peut être le germe de bien des vertus et de bien des talents, il serait imprudent, pour ne pas dire mauvais, de tenter de l'affaiblir ou de le détruire. Mieux vaut donc le diriger toujours vers les choses honnêtes, l'empêcher de se diriger vers celles qui ne le sont pas, et l'encourager toutes les fois qu'il s'agit de combattre. N'oublions pas surtout qu'il est des circonstances où il est bon de l'exciter, pour secouer la paresse et vaincre l'inertie de certaines gens, c'est-à-dire qu'on doit se servir de tel ou tel orgueil, qu'on stimulera à propos, pour obtenir d'excellents résultats; tant il est vrai que tout est relatif en ce monde, où les poisons eux-mêmes peuvent servir de remède. Oui, l'orgueil, uni à quelque force d'âme et à un certain talent, peut parfois leur donner de l'élan, un grand désir de réussir, et faire redoubler d'efforts en animant le travail, tout comme la crainte de déchoir stimule vivement celui qui a une haute opinion de lui-même et l'empêche de faillir.

Ainsi l'orgueil, bien senti, bien dirigé, peut faire braver la douleur, l'infortune et la mort. Tel on voit le sauvage captif supporter les plus cruels tourments sans pousser un gémissement, sans sourciller; il accable son vainqueur de ses injures ou de son silence, le défiant de lui arracher un signe de douleur, et triomphant de sa barbarie par une apparente impassibilité; la mort lui semble mille fois préférable à l'humiliation devant son ennemi. Il y a certainement dans cet orgueil farouche une grande force morale; l'âme, exaltée par l'opinion qu'elle a de sa dignité, domine le corps, méprise la douleur et se rit des supplices. Tel est encore le stoïcien antique. Chrétiens, nous blâmons Caton de s'arracher à la vie, parce qu'il préféra la mort à la honte de la défaite; et cependant n'est-ce pas que sa fierté nous inspire du respect? Tel fut enfin Mucius Scævola, brûlant devant Porsenna la main qui n'a pas su le frapper; il montre dans cette sorte d'insensibilité un orgueil tout romain, qui le rend assurément bien supérieur à celui qui cède à une douleur atroce.

Mais s'il est certain qu'une noble fierté ou un noble orgueil a beaucoup de mérite aux yeux de tous les cœurs capables d'apprécier les grandes choses et les belles actions, il n'en est pas moins vrai, je le répète, que les funestes effets d'un sot ou fol orgueil sont évidents; ils retombent sur l'orgueilleux comme sur tous ceux qui l'approchent. Il est la première victime de sa folie, parce que, plein de lui-même et prétendant se suffire, il ne peut avancer ni se perfectionner.

Sous ce rapport, nous ferons observer, en terminant, que l'orgueil est le principe du mal; et, ce qui en est la preuve, c'est qu'il se trouve mêlé aux diverses infirmités de l'âme : il brille dans le sourire de l'envie, il éclate dans les débauches de la volupté, il compte l'or de l'avarice, il étincelle dans les yeux de la colère, et suit les grâces de la mollesse. (*Châteaubriand.*) Ce qui doit être un motif déterminant de l'étouffer dès qu'il se montre, quand rien ne le justifie et ne le rend pardonnable.

OSTENTATEUR, OSTENTATION (défaut).— L'ostentation, disions-nous ailleurs (art. FASTE), est un sentiment de vanité qui nous porte à faire parade de nos qualités, ou de nos talents, ou de nos actions. Elle met en jeu la jactance ou cette intempérance d'estime de soi-même que bien des hommes ont, et qui les pousse à ne parler que d'eux-mêmes dont ils élèvent le mérite et les vertus.

Quand cette vaine gloire est fondée, on sourit de pitié en écoutant les louanges que chaque ostentateur débite sur son propre compte; mais si elle se trouve mal fondée, en le rendant le jouet de sa folie, elle le couvre de ridicule aux yeux de tous.

L'ostentation décèle, en général, dans l'individu qui se targue de ses qualités, des vertus ou des talents qu'il possède ou croit posséder, une ignorance profonde des usages du monde, un manque d'éducation. C'est pourquoi nous devons tous éviter de nous montrer dominés

DICTIONN. DES PASSIONS etc.

par ce défaut, dont les effets ne diffèrent en rien de ceux qu'on attribue à la Vanité (*Voy.* ce mot), et que l'on combat par conséquent avec les même armes.

P

PARESSE (défaut), Paresseux. — Paresse est un mot qui a été considéré comme synonyme de fainéantise et d'oisiveté ; cependant, en les examinant séparément, on reconnaît que la paresse est un moindre défaut que la fainéantise. Comment cela ? dira-t-on : parce que le fainéant aime le désœuvrement, *hait* l'occupation, et *fuit* le travail ; au lieu que le paresseux, sans les haïr ni les fuir, craint la peine, fait traîner l'ouvrage, et est lent dans toutes ses opérations. Le repos de la paresse a un charme si secret pour son âme, qu'il suspend soudainement les plus ardentes poursuites et les plus opiniâtres résolutions. (*La Rochefoucauld*.)

Et pourtant, si les paresseux et les fainéants réfléchissaient un instant que *rester oisif*, alors qu'on peut s'occuper d'une manière honnête et utile, est un désœuvrement condamnable, qui fait du tort soit à la société, qui est privée de tout le bien qu'ils pourraient faire s'ils étaient occupés, soit à eux-mêmes, l'oisiveté étant la mère de tous les vices, et conduisant par une pente bien douce et par cela même bien funeste à la déconsidération et au mépris ; s'ils se pénétraient fortement de cette vérité, que *rester oisif*, alors qu'on pourrait travailler au bien commun ou pour soi, c'est agir contrairement aux devoirs de l'homme et du citoyen, dont l'obligation générale est d'être bon à quelque chose par la volonté du Créateur, les uns et les autres ne voudraient pas, j'en suis certain, se trouver au-dessous de l'abeille industrieuse, du castor laborieux, de l'intelligente hirondelle, de la prévoyante fourmi, etc., etc.

Les peuples de l'antiquité étaient tellement pénétrés de ce principe, que rien ne pouvait dispenser un citoyen de se montrer actif et occupé ; et c'est pour prévenir les suites funestes de l'oisiveté que les législateurs firent des lois contre les oisifs. Aussi, en Egypte, à Lacédémone, etc., tous les hommes, depuis le plus grand jusqu'au plus petit, étaient obligés d'aller déclarer au magistrat de quoi ils vivaient et à quoi ils s'occupaient.

Il serait à désirer que des lois aussi sages fussent imposées à tous les peuples, et qu'il ne fût plus permis à personne de passer sa vie sans se livrer à quelque occupation honnête de corps et d'esprit. Ce serait rendre un très-grand service à la plupart des riches et des grands personnages qui périssent d'ennui les trois quarts du jour, tandis qu'ils pourraient, pendant ces moments perdus, faire un bien infini à l'humanité. Avec de pareilles lois, la justice n'aurait pas à sévir si souvent contre les voleurs et les scélérats, qui le plus souvent ne se laissent entraîner au crime que parce qu'ils restent trop longtemps oisifs. Et c'est ce qui explique comment on a pu dire de la paresse qu'elle est ennemie de toutes les vertus et donne entrée à tous les vices (*Mallebranche*), qu'elle est l'oubli de la vie, ou du moins des devoirs qu'elle impose.

Du reste, ce qui fait le danger de la *paresse*, c'est que, de toutes les passions qui nous oppriment, elle est la plus inconnue au paresseux lui-même ; elle est la plus tyrannique et la plus maligne, quoique sa détermination soit insensible et que les dommages qu'elle cause soient toujours cachés. C'est pourquoi, si nous considérons attentivement le pouvoir de la paresse, nous verrons qu'elle se rend en toute circonstance maîtresse de nos sentiments, de nos intérêts et de nos plaisirs.

Et comment en serait-il autrement, puisque, pour ceux qui ont éprouvé les douceurs de la paresse, celle-ci est comme la béatitude qui le console de toutes ses pertes et qui lui tient lieu de tous les biens? (*La Rochefoucauld*.)

Quoi qu'il en soit, le paresseux se décèle par son air morne, son regard pesant, sa démarche nonchalante et la lenteur habituelle de ses moindres mouvements ; il sue d'être en repos. Le seul moment de la journée où l'on surprenne en lui quelque agilité, c'est lorsqu'il s'agit de se mettre au lit : alors véritablement il se hâte ; en un clin d'œil il est déshabillé, couché, endormi. Son sommeil, du reste, est long et profond ; son réveil est lent et difficile, sa toilette interminable, et pourtant dans un désordre qu'accompagne presque toujours un certain vernis de malpropreté. — Ceci s'observe aussi chez quelques individus fort occupés, les gens de lettres, par exemple, qu'il ne faudrait pas confondre avec les paresseux : il est vrai que, contrairement à ces derniers, leur toilette est bientôt faite. Du reste, de tous les humains, le paresseux est sans contredit celui qui savoure le mieux la perte du temps, et qui possède le moyen le plus certain de ruiner sa famille ou de la laisser dans la misère. C'est aussi un être énervé de corps et d'esprit, généralement gourmand, joueur, débauché, égoïste, irrésolu, sans ordre, sans exactitude, sans parole, et aussi ennuyé qu'ennuyeux.

En quelque genre que ce soit, vous ne le verrez jamais qu'un homme nul, ou tout au plus médiocre, parce que, peu soucieux du présent, et remettant tout au lendemain, il reste toujours avec l'envie de faire quelque chose.

Aussi la société n'a-t-elle rien de bon à attendre du paresseux ; c'est un frelon dans une ruche. Citoyen inutile et souvent à charge, il mourrait comme il a vécu, sans qu'on s'aperçût de son passage sur la terre, si les vices ou l'extrême besoin ne lui donnaient parfois l'énergie et la triste célébrité du crime. C'est pourquoi, le jeu, le vol, le meurtre, qu'il préfère au travail, ne le conduisent que trop souvent de la prison au bagne, et du bagne à l'échafaud.

Dans ce portrait du paresseux, que je viens d'emprunter à M. Descuret (*Médecine des passions*), je n'ai pas cru devoir comprendre, comme traits caractéristiques de la paresse, cette circonstance, signalée par l'érudit auteur de l'ouvrage intitulé *Des passions*, que les fainéants n'aiment ni le bruit des horloges, qui leur reprochent le temps perdu, ni le bruit des cloches, qui les réveille, cette figure, empruntée au spirituel Alibert, me semblant plutôt un trait d'imagination qu'une réalité. Je me fonde, pour repousser l'observation consignée à cet effet dans la *Physiologie des passions*, sur ce fait vrai et important, que les paresseux dorment fort bien, aussi bien au bruit des cloches (auquel on s'habitue comme le meunier s'habitue au *tic tac* de son moulin et s'endort au bruit des meules) que dans le silence, et que d'ailleurs il est trop apathique pour éprouver jamais le moindre regret d'avoir perdu son temps.

Toujours est-il qu'on ne saurait blâmer trop hautement les paresseux ; disons pourtant, pour être juste, qu'il ne faudrait pas les condamner également, certains individus se trouvant dans telles ou telles conditions qui ne leur permettent pas d'éviter la paresse. Il y aurait donc des circonstances où celle-ci a ses raisons, ce qui nous conduit à étudier l'étiologie de cette passion.

Et d'abord je justifierai en quelque sorte le paresseux, en disant que souvent la paresse a ses racines dans une constitution molle, efféminée, incapable d'une réaction énergique. Celle qu'on nomme lymphatique y prédispose le plus. Il en est de même de tous les accidents d'organisation qui sont un obstacle à la vigueur du corps, à la facilité des mouvements : ainsi, l'obésité, la longueur démesurée des membres, les vices de conformation, les grandes fatigues ou de violents chagrins, une maladie fort longue, durant laquelle le corps s'est considérablement affaibli, une altération du sang qui amène la prédominance de sérosité, doivent la favoriser.

Or, dans ces circonstances le cerveau manquant de la stimulation qui lui est nécessaire pour accomplir les actes de l'intelligence, et tous les organes étant privés de la ténacité ou force qui leur est indispensable, il en résulte que, par nature, les individus deviennent de plus en plus paresseux. Ils ne haïssent pas le travail, ne le fuient pas ; ils ne craignent pas la peine, et ne font pas traîner l'ouvrage ; mais comme rien ne les invite à s'occuper, comme tout les dispose au contraire au *far niente*, ils ne recherchent même pas les plaisirs les plus courus, les bals, les spectacles ; ils sont insouciants pour tout ce qui peut distraire et amuser ! A plus forte raison le seront-ils pour des occupations pour eux sans agrément.

N'oublions pas que la fortune qui rend l'homme insoucieux du lendemain, qui amollit son esprit et son corps dans des jouissances de toutes sortes, l'incline à l'apathie et à la paresse. Celui qui n'a point à craindre l'indigence s'habitue volontiers à croire que l'argent dispense du travail, supplée à l'instruction et aux qualités de l'esprit. Aussi voyons-nous la paresse et l'ignorance habiter plus souvent les châteaux que la demeure de ceux qui n'ont pour fortune que leur travail. De même, la chaleur, qui énerve le corps, émousse la vivacité de l'esprit et rend les hommes paresseux, et c'est ce qui explique pourquoi l'indolence et l'oisiveté sont naturelles aux peuples de la Torride. Voyez le nègre du centre de l'Afrique : étendu sur sa natte, abrité sous un ajoupa de feuillage, il respire nonchalamment les molles tiédeurs de l'atmosphère ; à peine s'il consent à user de ses forces pour se procurer le maïs ou les fruits dont il se nourrit. Toutes ses journées se passent ainsi : l'ignorance la plus grossière, la malpropreté la plus dégoûtante, et tous les vices qu'engendre la paresse, le jettent dans le dernier degré d'abrutissement. Voyez ce voluptueux asiatique, soumis à l'influence débilitante d'un climat semblable. La mollesse de l'atmosphère, les enivrants parfums des fleurs ; la beauté du ciel, qui colore des teintes les plus pompeuses des sites enchanteurs, coupés de bouquets d'oliviers, de bois d'orangers fleuris ; l'ombre épaisse des platanes et des sycomores ; l'abondance des fruits les plus suaves et les plus délicieux : tout, dans le paradis qu'il habite, contribue à flatter ses sens. La civilisation de l'Asie semble n'avoir eu d'autre but que de demander aux arts de décupler ses jouissances : aussi, couché tout le jour sur ses divans ou sous l'ombre de ses jardins, l'Asiatique s'endort au bruit des cascades, des chants d'oiseaux, et rien ne peut l'arracher à la paresse. Tout, au reste, semble fait pour l'y enchaîner sans cesse : les plaisirs enivrants du sérail, le despotisme d'un gouvernement qui tue les ambitions, les croyances d'une religion fataliste, qui paralyse la volonté humaine en la soumettant au destin.

Enfin, un sommeil trop prolongé, l'usage immodéré des boissons enivrantes, la bonne chère, les plaisirs de l'amour, etc., etc., sont autant de causes très-fréquentes du défaut dont nous parlons.

D'après ces considérations, avant de déverser le blâme sur la conduite des fainéants et des paresseux, il faut rechercher avec soin si leur APATHIE (*Voy.* ce mot) pour le travail tient à une faiblesse native ou acquise de la constitution, ou si elle dépend d'une habitude vicieuse. Celle-ci est d'autant plus facile à contracter, que, d'une part, nous naissons naturellement paresseux, et que cette paresse persuade à notre imagination qu'une chose est difficile lorsque de sa nature elle ne l'est pas (*Sénèque*), et, d'autre part, que, nous trouvant tous plus ou moins disposés au vice, le repos est notre tendance et notre but. Dès lors faut-il s'étonner que chacun de nous se laisse aller à ses doux penchants pour la paresse? la considérerons-nous toujours comme un mal? Voyez l'enfance : elle est ennemie du travail, toute occupation sérieuse lui répugne : lui en ferons-nous un reproche? Non, car la nature a voulu que cette première période de la vie fût consacrée tout entière à la croissance de l'individu. Manger, dormir, exercer son corps dans des jeux proportionnés à ses forces, voilà ce que l'enfant est appelé à faire. A lui le bonheur de vivre sans inquiétude ; les soucis qui rongent l'existence humaine ne sont pas de cet âge. L'enfant sait qu'il a dans ses parents une providence attentive qui veille à tous ses besoins. Il s'endort mollement dans cette confiance naturelle, et ne comprend pas l'importance du travail.

Par d'autres motifs qui le conduisent à la même fin, le vieillard, qui jette sur le passé des regards tristes et désenchantés, se demande où l'ont conduit tant de veilles, tant de travaux. Au printemps de son âge, quand toutes ses facultés, à l'apogée de leur puissance, lui montraient un avenir impérissable, il travaillait avec courage pour se procurer une vie fortunée et tranquille. Maintenant il a fait la triste expérience des choses de ce monde : l'avenir lui montre un tombeau, ses facultés s'éteignent, il abandonne tout, et tout l'abandonne ; pourquoi donc userait-il le reste de ses forces à travailler? A-t-il encore des projets et des espérances? N'a-t-il pas assez pour mourir? Tel est le découragement qui rend son intelligence inactive. D'un autre côté, ses organes ont perdu leurs ressorts ; la paresse et l'insouciance s'emparent de lui et le bercent jusqu'à la tombe, comme un enfant qu'on endort.

Ainsi, en jetant un coup d'œil sur l'étiologie de la paresse, on reconnaît non-seulement que *tous* les paresseux ne sont pas également coupables, mais encore qu'il en est en qui ce défaut est en quelque sorte excusable. Mais, excusable ou non, nous n'en devons pas moins combattre énergiquement, dans tous les cas, cette passion funeste, soit en attaquant les causes qui la produisent, soit en frappant l'imagination des paresseux, par l'effrayant tableau des suites déplorables qui en sont la triste conséquence.

C'est pourquoi, montrer aux jeunes gens chez qui la paresse ne tient qu'à l'habitude de l'inaction ou à l'influence du mauvais exemple, quelques fainéants réduits à la misère la plus affreuse ; et par opposition, de bons travailleurs parvenus à se créer une position honorable, tel est le premier exemple à mettre sous leurs yeux. Si cela ne suffisait pas, on devrait réduire le paresseux à ne trouver des moyens d'existence que dans son labeur. Ce moyen est plus efficace qu'on ne pense ; car on voit tous les jours des jeunes gens inactifs et désœuvrés, devant qui les parents ont imprudemment fait l'énumeration de leurs richesses, embrasser avec courage une profession aussitôt que des revers de fortune sont venus frapper leur famille. J'ai vu même, dit M. Descuret, une ruine, adroitement simulée, inspirer l'amour du travail à un excellent jeune homme, qui pendant longtemps n'avait rien voulu faire, trop convaincu qu'il était de l'opulence de ses parents.

Ce n'est pas tout encore : en montrant aux paresseux la paresse conduisant à la misère, il faut leur montrer également le pauvre oisif se livrant à de mauvaises passions, se posant comme ennemi de la société dont il méconnaît la loi suprême, qui est le travail, et arrivant ainsi graduellement à commettre les actes les plus révoltants, les plus criminels. Voyez Lacenaire : il se fit voleur et assassin par système et non par dégradation. Chez lui la paresse fut poussée si loin, qu'elle étouffa les plus heureuses dispositions, et qu'elle devint la source d'où découlèrent tous ses forfaits. Il la poussait (si l'on en croit un de ses professeurs) jusqu'à ne pas vouloir se lever la nuit pour satisfaire ses besoins naturels : il dormait complaisamment au milieu de ses ordures, et ce n'était qu'à grand'peine et après plusieurs avertissements, qu'il se décidait, longtemps après la cloche du réveil, à sortir de son lit, ou plutôt de son fumier. Les punitions qu'on lui infligeait, le mépris que lui témoignaient ses camarades, rien ne parvint à le corriger. Toute espèce de soins ou de travail était pour lui un supplice, et c'est uniquement à cette funeste disposition qu'il faut imputer les crimes dont il a eu l'effronterie de se targuer devant ses juges.

On comprend cependant que si la paresse s'alliait, et disons mieux, était le résultat d'une atonie générale, ce ne serait qu'en reconstituant pour ainsi dire la machine humaine qu'on pourrait changer son mode d'être, de penser et d'agir ; tandis que si elle est la suite du genre de vie que le paresseux adopte sans chercher à se rendre raison du pourquoi il est habituellement oisif, il conviendrait, indépendamment de l'emploi des quelques moyens que j'ai dit devoir être mis en jeu, de lui inspirer l'amour du devoir et l'amour du travail : du devoir, qui est la vie morale de l'homme, tout comme la vie morale des sociétés, qui languissent lorsqu'il se relâche, qui périssent lorsqu'il s'éteint ; du travail, qui cherche les indigents à secourir, des ignorants à instruire... Il est la sentinelle de la vertu.

PARLEUR. — Le mot PARLEUR, parfaitement synonyme de BABILLARD, BAVARD, exprime cette intempérance de langue qui fait qu'on parle sans mesure, sans discernement, même sans réflexion : d'où il suit qu'on débite des paroles frivoles et inutiles.

Toutefois, on applique plus volontiers le nom de *babil* au bavardage de l'enfant, cette expression semblant être mieux en rapport avec son âge et son caractère ; et l'on se sert indistinctement des deux autres expressions, quand il s'agit de personnes plus âgées.

Quoi qu'il en soit, nous devons être prévenus que les qualifications de babillard et de bavard sont toujours prises en mauvaise part, tandis que le parleur, s'il a aussi son mauvais côté, peut cependant en avoir un de bon, c'est-à-dire qu'avec de l'esprit et du talent on peut être un parleur agréable.

Les femmes ont la langue flexible : elles parlent plus tôt, plus aisément et plus agréablement que les hommes ; on les accuse aussi de parler davantage, cela doit être : je changerais volontiers ce reproche en éloges : la bouche et les yeux ont chez elles la même activité, et, par la même raison, l'homme dit ce qu'il sait, la femme dit ce qui plaît. L'un, pour parler, a besoin de connaissance, et l'autre de goût ; l'un doit avoir pour objet principal les choses utiles, l'autre les agréables. Leurs discours ne doivent avoir de forme commune que celle de la vérité.

On ne doit donc pas contenir le babil des filles, comme celui des garçons, par cette interrogation dure : *A quoi cela est-il bon ?* mais par cette autre, à laquelle il n'est pas aisé de répondre : *Quel effet cela fera-t-il ?* Dans ce premier âge, où, ne pouvant discerner encore le bien et le mal, elles ne sont les juges de personne, elles doivent s'imposer pour loi de ne jamais rien dire que d'agréable à ceux à qui elles parlent ; et ce qui rend la pratique de cette règle plus difficile, c'est qu'elle reste toujours subordonnée à la première, qui est de ne jamais mentir. (*J.-J. Rousseau.*)

A ce propos, je ferai remarquer que le bon esprit consiste à retrancher tout discours inutile et à dire beaucoup en peu de mots, ce qui ne s'observe guère chez les femmes instruites, qui, pour la plupart, disent peu en beaucoup de paroles. Cela provient de ce que, généralement, elles prennent la facilité de parler et la vivacité d'imagination pour de l'esprit ; dès lors elles ne choisissent point entre leurs pensées, elles n'y mettent aucun ordre par rapport aux choses qu'elles ont à expliquer ; elles sont passionnées sur presque tout ce qu'elles disent, et la passion les fait parler beaucoup : elles sont donc aussi coupables que la femme ignorante et grossière, qui, elle aussi, parle longtemps pour le seul plaisir de dire des riens, fût-ce même des bêtises.

Il en sera de même du jeune homme, qui, s'il n'est pas égoïste, a cependant le principal caractère de l'égoïsme, qui est de beaucoup parler de lui-même. Il en parle vivement, et c'est pour lui un grand plaisir. Mais c'est toujours dans ses passions, ses désirs et ses espérances qu'il puise cette abondance d'idées si pressées de se répandre. Il fatigue à la longue les personnes qui l'écoutent, ce dont il ne s'aperçoit guère, d'autant qu'il est tout à lui et qu'il n'écoute guère à son tour, à moins que celui qui lui parle ne soit l'objet de son affection la plus tendre ; alors c'est comme s'il s'écoutait parler lui-même. De la part de toute autre personne, il n'entend rien citer, soit comme peine, soit comme jouissance, qu'il ne s'écrie aussitôt : Et moi j'en ai bien plus à dire ! A l'instant ses récits commencent, et ils durent tout le temps que l'on veut bien lui accorder. C'est ainsi que le jeune homme, toujours par l'effet d'une sensibilité très-vive, manque d'un talent bien essentiel en société, celui de faire parler les personnes avec qui l'on se trouve, de les écouter et de se taire.

De tout temps on a considéré le bavardage comme un grand défaut. Je suis loin de le contester ; cependant, je dois faire remarquer qu'il faut établir différentes catégories de parleurs, ce défaut, si c'en est un pour tous, ayant pour le coupable des circonstances atténuantes en rapport avec son intelligence et sa facilité. Je m'explique.

J'ai lu quelque part que Terrasson, à qui nous devons quelques axiomes fort spirituels et très-justes à l'endroit des parleurs, disait : « Pour moi, parler beaucoup et bien, c'est le talent du bel esprit ; parler beaucoup et mal, c'est le vice du fat ; et, par opposition, parler peu et bien, c'est le caractère du sage ; parler peu et mal, c'est le défaut du sot. » Or, n'est-ce pas qu'on ne saurait considérer le talent du bel esprit et le vice du sot comme un même défaut : le défaut des parleurs ?

Toujours est-il que Zénon, qui aimait à faire la satire de certains grands parleurs de son époque, disait, sans établir entre eux aucune distinction, que leurs oreilles étaient tombées sur leur langue : ce qui veut dire probablement que tout individu qui s'écoute et s'admire parler est intarissable.

Reste que, généralement, on n'est bavard que par habitude ou par fatuité. Ainsi les enfants, ne sachant ni penser ni rien faire d'eux-mêmes, remarquent tout et parlent peu, si on ne les accoutume pas à parler beaucoup ; et c'est de quoi il faut bien se garder. Souvent le plaisir que l'on veut tirer des jolis enfants les gâte : en les accoutumant à hasarder tout ce qui leur vient dans l'esprit et à parler des choses dont ils n'ont pas encore des connaissances distinctes, il leur en reste toute leur vie l'habitude de juger avec précipitation, et de dire des choses dont ils n'ont pas des idées claires : ce qui leur fait un très-mauvais caractère d'esprit (*Fénelon*) et les rend bavards.

Ils le seront d'autant plus qu'ils auront davantage de vanité, d'amour-propre et de présomption, tous défauts qu'on trouve chez les parleurs et dont il faut les corriger : sans cela ils bavarderont toujours à tort ou à raison.

Dans tous les cas, un moyen très-bon de guérir les parleurs, c'est le ridicule. Cela me rappelle deux histoires fort curieuses et assez piquantes, que je vais raconter. La première, fort courte, et qui néanmoins peut servir de leçon à tous ceux qui voudront la comprendre, est relative à un barbier grand parleur (généralement ils le sont tous), qui, demandant un jour à un philosophe « comment il voulait qu'on lui fît la barbe, » en reçut pour toute réponse : SANS MOT DIRE !

Quant à la seconde histoire que j'ai promis de narrer, elle a pour objet un moyen fort divertissant, qu'on imagina pour se moquer d'une grande parleuse, femme d'esprit d'ailleurs. A cette fin, on lui présenta un individu qu'on lui dit être un homme de beaucoup d'esprit. Cette femme le reçoit à merveille ;

mais, pressée de s'en faire admirer, elle se met à parler, lui fait cent questions différentes, sans s'apercevoir qu'il ne répondait rien. La visite faite : *Etes-vous*, lui dit-on, *contente de votre présent?* — *Qu'il est charmant!* répondit-elle; *qu'il a d'esprit!* A cette exclamation, chacun de rire : ce grand esprit, c'était un muet!

Un autre moyen à mettre en usage, c'est d'inspirer aux jeunes gens une sage défiance d'eux-mêmes, et de leur bien inculquer dans l'esprit les préceptes suivants :

Le silence est le plus sûr parti de celui qui se défie de soi-même; c'est la première vertu. (*Caton le poète.*) Taisez-vous sur ce que vous ignorez, dit un philosophe (*Sixtus Philosophus*), et parlez à propos de ce que vous savez : parce que, disait Xénocrate, au rapport de Valère-Maxime, on se repent plus souvent d'avoir parlé que de s'être tu. La nature n'a donné à l'homme deux oreilles et une seule bouche que pour plus écouter que parler. (*Zénon.*)

« Quelques dispositions qu'un homme ait reçues de la nature pour parler juste, elles lui demeureront souvent inutiles, et lui deviendront quelquefois préjudiciables, s'il n'y joint pas de lui-même l'attention de parler peu. » (*Terrasson.*)

« L'homme de sens parle peu, par la disposition de son génie, et l'homme d'esprit parle peu, par le soin qu'il a de sa réputation. »

« Un jeune homme qui se pique d'avoir de l'esprit remplit sa prétention en parlant beaucoup; mais un homme qui a réellement de l'esprit en emploie une petite partie à parler, et une plus grande à se taire. »

« Il y a deux éducations : l'une qu'on reçoit des maîtres dans son enfance, et l'autre qu'on se donne à soi-même dans l'adolescence. Celle-ci est la plus importante, et ne peut se prendre qu'en écoutant et en examinant : deux secours dont se privent malheureusement les jeunes gens qui parlent beaucoup. »

« Un jeune homme n'ira jamais des mauvais discours aux bons qu'en passant par le silence. »

« Les jeunes gens apprendront toujours bien plus de choses en écoutant les habiles qui parlent de leur propre mouvement qu'en les gênant par des interrogations mal faites. »

Je ne terminerai point sans citer une anecdote fort plaisante, et qui montre la puissance de l'amour même sur les parleurs.

Brantôme raconte que, du temps de François Ier, une jeune personne ayant un amant babillard, lui imposa un silence illimité, qu'il garda si fidèlement, DEUX ANS ENTIERS, qu'on le crut devenu muet par maladie. Un jour, en pleine assemblée, sa maîtresse, qui, dans ces temps où l'amour se faisait avec mystère, n'était point connue pour telle, se vanta de le guérir sur-le-champ, et le fit avec un seul mot : PARLEZ. N'y a-t-il pas, dit Rousseau, quelque chose de grand et d'héroïque dans cet amour-là?

PATIENCE (vertu), **PATIENT**, — La patience, comme la *résignation*, fait supporter sans murmure les maux dont la vie est semée; mais il y a cette différence, entre l'homme patient et l'homme résigné, que, tandis que l'un supporte sans murmurer les maux de la vie, par amour de la philosophie, par sagesse, l'autre, au contraire, voyant le doigt de Dieu marqué dans son malheur, s'humilie en chrétien et se courbe pieusement sous la main qui le frappe.

On conçoit que la différence entre ces deux manières de sentir et de se soumettre doit être fort grande : elle l'est en effet, puisque celui qui n'est patient que par philosophie, bornant ses vues à la vie présente, trouve une bien faible consolation aux injustices qu'il subit. Ainsi, Calas, condamné à mort quoique innocent, ne porte pas au fond de son âme, quand il marche au supplice, ce sentiment qui donne le plus de prix à la vie ou à la mort : elle le condamne à la destruction et à un opprobre éternel; au lieu que celui qui se résigne, parce qu'il est religieux, trouve dans ses sentiments un appui solide. La religion lui dit que peu importe l'opinion des hommes sur sa conduite, pourvu que le Maître éclairé de l'univers l'approuve; elle lui présente l'idée d'un monde à venir, où l'innocence, où la justice, où l'humanité, règnent, où son innocence sera reconnue, où sa vertu sera récompensée. (*A. Smith.*)

Les anciens philosophes se soumettaient donc avec patience dans le malheur, et quelquefois aussi avec résolution; et c'est un mérite que je me plais à leur reconnaître. Mais quelle était cette espèce de patience? Une patience d'esclaves attachés à leurs chaînes, et sujets à tous les caprices d'un maître impitoyable, le Destin. Cette patience, fondée sur l'inutilité de la révolte contre la fatalité immuable, nécessaire, de laquelle partent indifféremment les biens et les maux, ne pouvant qu'arrêter durement les mouvements de l'âme, et y laisser un chagrin sombre et farouche. C'était plutôt un désespoir raisonné qu'une sage soumission. Grâce au christianisme, chacun sait qu'il ne dépend pas d'un destin aveugle, qui l'emporte et l'entraîne invinciblement; et, soumis aux décrets de l'Eternel, il peut se faire un mérite de sa patience. Bien plus, soutenu par elle, il supportera avec courage les adversités, les douleurs, les injures, les défauts d'autrui. Sans doute que dans toutes ces épreuves la patience peut être amère; mais aussi les fruits en sont doux. (*J.-J. Rousseau.*)

On trouve un exemple bien remarquable d'une noble et généreuse résignation dans l'illustre prisonnier politique, Silvio Pellico, écrivant sans colère et sans amertume contre ses geôliers, et qui fut sans rancune, malgré dix ans passés au Spielberg.

Quelques personnes ne verront peut-être dans sa douceur et sa résignation, dans cet oubli de la plainte et cette patience du martyr qui pardonne à ses bourreaux, qu'un moyen adroit d'échapper à la cause autrichienne, un déguisement du prisonnier politique en philosophe chrétien : pour moi, je crois, avec bien d'autres, à la bonne foi, à la sincérité de Pellico, à sa magnanimité. Voici, du reste, comment il s'exprime dans sa préface :

« Ai-je écrit ces Mémoires par vanité et pour parler de moi? Je désire vivement que cela ne soit pas; et, autant qu'on peut se constituer soi-même son juge, je crois l'avoir fait dans des vues plus élevées...

« J'ai voulu relever le courage de quelques infortunés, par le récit des maux que j'ai soufferts et des consolations que l'homme peut trouver : je l'ai éprouvé dans les plus grands malheurs;

« Attester qu'au milieu de mes longs tourments, nulle part je n'ai vu l'humanité aussi injuste, aussi peu digne d'indulgence, aussi pauvre de belles âmes qu'on a coutume de la représenter;

« Inviter les cœurs nobles à se défendre de haïr, mais au contraire à aimer tous les hommes, à n'avoir de haine irréconciliable que pour le vil mensonge, la pusillanimité, la perfidie, pour tout abaissement moral;

« Redire enfin une vérité déjà bien connue, mais trop souvent oubliée, savoir : que la religion et la philosophie commandent l'une et l'autre, avec l'énergie dans la volonté, le calme dans le jugement, et que, sans ces conditions réunies, il n'y a ni justice, ni dignité, ni principes certains. » Si tel était son but, peut-on douter de sa résignation?

Mais qu'est-ce donc qui a inspiré à Pellico de si louables intentions? Le voici. Dans sa prison, Silvio Pellico, de sceptique qu'il était, devint religieux; mais en se convertissant il n'a pas abjuré les nobles sentiments qui lui ont attiré la haine de l'Autriche. Le Spielberg n'a point changé sa foi politique. Il s'est converti à la religion, il ne s'est point converti à l'Autriche, à l'esclavage de l'Italie, à l'asservissement de la pensée : le christianisme ne commande point cela. La prison n'a pas abattu Pellico, à la manière de ces hommes fastidieux et impies qui entrent dans les cachots le front haut contre toute autorité, celle de Dieu comme celle des hommes, et qui en sortent esclaves, avec un masque de conversion. Lui, au contraire, ferme parce qu'il est patient, il a su faire à son âme sa juste part de liberté et d'obéissance. Devant les hommes, son âme est restée pleine de force et debout, sans abaisser un seul de ses sentiments; devant Dieu, elle s'incline, rendant ainsi à chacun de ces deux pouvoirs, dont elle se sent frappée, tout ce qui lui revenait : au pouvoir faillible des hommes, une soumission sans acquiescement; au pouvoir infaillible de Dieu, une soumission pleine de foi. (*M. Saint-Marc Girardin.*)

Je terminerai par un exemple assez curieux d'une patience vraiment religieuse unie à un instinct puissant de la conservation.

Alibert parle d'un homme qui était privé de l'usage de tous ses sens, et qui comptait des infirmités telles, qu'une seule eût suffi pour le dégoûter de la vie; cependant il n'en implorait pas avec moins d'ardeur sa conservation, et il était agité de toutes les espérances qui font battre le cœur humain. « Je supporte avec résignation, lui disait-il, les douleurs que le ciel m'envoie. Je puis me passer d'être heureux, mais je ne puis me passer de vivre. »

PÉDANT, PÉDANTERIE (défaut). — PÉDANT est un terme fort équivoque; mais l'usage et la raison veulent qu'on appelle *pédant* tout homme d'une présomption habillarde, qui fatigue les autres par la parade qu'il fait de son savoir en quelque genre que ce soit, ou par l'affectation de son style et de ses manières; ou, pour parler plus clairement : « On applique l'épithète de pédant à tous ceux qui, pour faire parade de leur fausse science, citent à tort et à travers toutes sortes d'auteurs; qui parlent simplement pour parler et pour se faire admirer des sots; qui amassent sans jugement et sans discernement ces apophthegmes et des traits d'histoire, pour faire semblant de prouver des choses qui ne se peuvent prouver que par des raisons. » (*Mallebranche.*)

Ce vice de l'esprit est de toute robe : il y a des pédants dans tous les états, dans toutes les conditions, depuis la pourpre jusqu'à la bure, depuis le cordon bleu jusqu'au bonnet doctoral. Jacques Ier était un roi pédant.

Il est vrai néanmoins que le défaut de pédanterie est particulièrement attaché aux gens de collége, qui aiment trop à étaler le bagage de l'antiquité dont ils sont chargés. Cet étalage d'érudition assommante a été si fort ridiculisé et si souvent reproché aux gens de lettres par les gens du monde, que les Français ont pris le parti de dédaigner l'érudition, la littérature, l'étude des langues savantes, et par conséquent les connaissances que toutes ces choses procurent. On leur a tant répété qu'il faut éviter le pédantisme et qu'on doit écrire du ton de la bonne compagnie, qu'enfin les auteurs sérieux sont devenus plaisants; et pour prouver qu'ils fréquentent la bonne compagnie, ils ont écrit des choses d'un ton de très-mauvaise compagnie. » (*Jaucourt.*)

Gardons-nous de tomber dans l'un ou l'autre de ces extrêmes : évitons la pédanterie, la vanité, la fierté des pédants qui, s'ils ont beaucoup de mémoire, manquent ordinairement de jugement; qui, s'ils sont heureux et forts en citations, sont malheureux et faibles en raisons. Evitons aussi la pédanterie dans les manières, attendu qu'une trop grande recherche dans le ton ou les actions nous rendent insupportables à la société, qui n'aime pas les gens mesurés et pointilleux dans leurs politesses. Et souvenons-nous enfin que si l'on doit éviter avec soin tout ce qui sent l'affectation (*Oxenstiern*), on doit éviter aussi ce laisser-aller dans les expressions et dans les manières, qui sont l'indice d'une bien mauvaise éducation.

PÉNÉTRATION (vertu), PÉNÉTRANT. — La PÉNÉTRATION, comme la *perspicacité*, la *sagacité*, la *vivacité* et la *promptitude* sont des qualités que le public n'accorde guère qu'aux propriétés de l'esprit, et plus particulièrement aux hommes illustres qui s'occupent des sciences dans lesquelles ils sont plus ou moins initiés ; telles sont la morale, la politique, la métaphysique. — S'agit-il de peinture ou de géométrie, on n'est pénétrant qu'aux yeux des gens habiles dans cet art ou cette science. Le public, trop ignorant pour apprécier en ces divers genres la pénétration d'esprit d'un homme, juge ses ouvrages et n'applique jamais son esprit au mot même de *pénétration*; il attend, pour louer, que, par la solution de quelques problèmes difficiles, ou par la composition de tableaux sublimes, un homme ait mérité le titre de grand.

Dans tous les cas, pénétration, perspicacité et promptitude servent *également* à exprimer cette suite d'inductions promptes et rapides par lesquelles l'esprit a la faculté de concevoir ce qui est obscur et caché (*La Harpe*), ou bien à trouver promptement les idées moyennes qui montrent la convenance ou la dissonance de quelques autres idées, et en même temps de les appliquer comme il faut (*Locke*); ce qui a fait dire de la pénétration, de la perspicacité et de la sagacité, qu'elles sont l'œil du génie.

Ajoutons que la sagacité et la pénétration sont deux sortes d'esprit de même nature; c'est-à-dire qu'on paraît doué d'une très-grande sagacité et d'une très-subtile pénétration, lorsque, ayant très-longtemps médité, et par conséquent habituellement présents à l'esprit les objets qu'on traite le plus communément dans les conversations, on les saisit et on les pénètre avec vivacité. Il y a cependant une différence, et c'est la seule qu'on ait signalée, entre la pénétration et la sagacité, c'est que cette dernière sorte d'esprit, qui suppose plus de facilité de conception, suppose aussi des études plus fraîches et plus familières des questions sur lesquelles on fait preuve de sagacité.

La pénétration et ses synonymes diffèrent de la *vivacité* et de la *promptitude* morales, en ce qu'un esprit extrêmement vif et prompt peut être faux et laisser échapper beaucoup de choses par vivacité ou par impuissance de réfléchir, et n'être pas pénétrant, tandis que l'esprit pénétrant a pour véritable caractère la vivacité et la justesse unies à la réflexion. (*Vauvenargues*.)

La pénétration a aussi beaucoup de ressemblance avec la *finesse*, mais elle en diffère pourtant en ce que l'une ne cherche que le rapport des choses ; tandis que l'autre cherche à les approfondir, à découvrir leurs principes, et à rendre les idées par ce qu'elles ont de frappant. (*Neuvillé*.)

Quoi qu'il en soit, la pénétration est une qualité que Dieu a accordée à l'homme. Il peut la perfectionner par l'étude et par l'habitude : par l'étude, attendu qu'une instruction sagement dirigée procure une somme de connaissances qui, à leur tour, forment un amas d'idées qu'on n'a ensuite qu'à réveiller ; par l'habitude, vu que, à l'aide d'un travail continuel ou par l'exercice non interrompu des facultés de l'intelligence, l'esprit devient plus prompt et plus apte à saisir les objets.

Dans ces conditions, l'homme a un discernement si clairvoyant, qu'il distingue sans peine ce qu'un individu qui en est dépourvu ne distinguerait qu'après des efforts inouïs. Sa perspicacité est si subtile, qu'il acquiert la connaissance parfaite de ce qu'il y a de moins facile à pénétrer ; il voit de loin, devine, prévient, ne laisse rien à découvrir, voit à fond, met en évidence.

Comment cela se peut-il? Parce que la pénétration met en jeu, avec une promptitude vraiment merveilleuse, deux facultés de notre esprit, l'analogie et l'induction. Par l'analogie, elle compare deux objets et juge de l'un par l'autre ; par l'induction, elle décide d'une chose par une autre; de ce qu'on ne voit pas par ce qui est apparent, elle s'affranchit de bien des perceptions, passe et s'élance du dehors au dedans, de l'effet à la cause, du présent et du passé à l'avenir, de la matière à l'esprit, de l'univers à Dieu même, qui seul arrête et repose son vol audacieux. Est-il une plus noble faculté?

Toutes les sciences qui n'ont pas la certitude mathématique exigent, dans celui qui veut les approfondir, un esprit délié et pénétrant ; mais c'est surtout le médecin qui, ayant presque toujours à faire l'application de principes qui ne sont pas déterminés par l'évidence, doit être, malgré lui-même, inventeur dans la pratique de son art. Ce n'est donc pas sans raison que Sydenham, répondant à Brady, lui disait : « La science de la médecine surpasse une capacité ordinaire, et il faut plus de génie pour en saisir l'ensemble que pour tout ce que la philosophie peut enseigner ; car les opérations de la nature, sur l'observation desquelles seules la vraie pratique est fondée, exigent, pour être discernées avec la justesse requise, plus de génie et de pénétration que celle d'aucun autre art fondé sur l'hypothèse la plus probable.

La pénétration est une des qualités les plus précieuses de l'entendement. Elle est nécessaire à tous les hommes de science, mais peu la possèdent. C'est donc sa rareté qui en fait la valeur. Mais quel que soit le prix qu'on y attache, ceux qui la possèdent n'en restent pas moins confondus dans la foule, et le public fait quelquefois bien plus de cas d'un homme à l'esprit vif et superficiel que d'un savant au jugement prompt et pénétrant. Cette préférence est surtout manifeste par rapport aux médecins; généralement on recherche plus dans un docteur les qualités de l'homme du monde que la modestie et le savoir; c'est pourquoi les jeunes médecins et la plupart des autres préfèrent lire le feuilleton du jour ou le roman à la mode qu'Hippocrate ou Galien. Qu'y gagne la société?

Je m'arrête, et j'espère qu'on me pardonnera cette digression à l'égard des médecins, attendu qu'elle peut réhabiliter la médecine dans l'esprit des personnes qui la déchirent

PERCEPTION (faculté). — La *perception* est une qualité de l'esprit, qui saisit, qui comprend et qui connaît. C'est une des facultés de l'ENTENDEMENT (*Voy.* ce mot), que la nature nous donne, de même qu'elle nous fait don des autres facultés de notre intelligence. La nature ne fait pas une égale part de perception pour tous les hommes ; au contraire, elle en est très-avare pour le plus grand nombre, et comme l'éducation la fortifie, mais ne la donne pas, si nous avons été assez heureux pour être dotés d'une qualité si précieuse, sachons la mettre à profit et la perfectionner par l'étude.

PERFIDIE (vice). — Selon La Bruyère, la PERFIDIE est un mensonge de toute la personne ; et, d'après Marmontel, c'est un abus de confiance, fondée sur des garants que l'on croit certains : tels que l'humanité, la bonne foi, le respect aux lois, la reconnaissance, l'amitié, les droits du sang, etc.

La perfidie est d'autant plus facile à exercer, que les droits à la confiance sont plus sacrés, que l'esprit de la personne qu'on veut tromper est plus tranquille, à l'abri de tout soupçon, et les moyens qu'on met en usage plus à couvert. Et cela devait être, puisque du moment où l'on se méfie moins d'un concitoyen que d'un étranger, moins d'un ami que d'un concitoyen, moins d'un proche que d'un ami, il devient très-aisé à certains d'en imposer à la personne confiante. La perfidie sera donc d'autant plus atroce que la confiance violée était mieux établie.

Dans tous les cas, la perfidie est une fausseté noire et profonde, qui se sert de moyens plus puissants, qui meut des ressorts plus cachés que l'astuce et la ruse. Celles-ci, pour être dirigées, n'ont besoin que de la finesse, et la finesse suffit pour leur échapper ; mais pour observer et démasquer la perfidie, il faut de la pénétration, et peu de personnes en sont douées. D'ailleurs, se servira-t-on de cette faculté quand on ne se méfie pas ?

Toujours est-il que, dans une femme, la perfidie est l'art de placer un mot ou de faire une action qui donne le change, et quelquefois de mettre en œuvre des serments et des promesses qui ne coûtent pas plus à faire qu'à violer. (*La Bruyère*.) Hélas ! sous ce rapport, combien d'hommes sont femmes !....
Toujours est-il que, dans la société, faire une perfidie c'est employer ce que le mensonge a de plus raffiné. Aussi n'est-ce pas sans raison qu'on l'a qualifiée soit de déloyauté, soit de trahison inique, soit enfin de piége trompeur tendu à quelqu'un pour le jouer ou le perdre.

Une femme infidèle, si elle est connue pour telle de la personne intéressée, n'est qu'infidèle ; s'il la croit fidèle, elle est perfide. (*La Bruyère*.) Or, si ce qui constitue la perfidie, c'est l'association de la fausseté noire et profonde à l'astuce la plus maligne, à la ruse la plus raffinée : on ne peut donc la bien connaître et l'apprécier qu'en étudiant ces vices divers qu'un seul mot résume ; et ce mot, c'est DISSIMULATION (*Voy.* cet article).

PERPLEXITÉ (sentiment). — Quand notre volonté flotte incertaine entre deux motifs qui lui paraissent également déterminants, on dit que nous sommes indécis ; et si la chose en vaut la peine, que nous sommes dans la perplexité. Celle-ci est donc une indécision inquiète, occasionnée par des motifs plus ou moins puissants. Ainsi, le voyageur égaré dans la profondeur d'une forêt qu'il sait habitée par des animaux féroces, éprouve une perplexité véritable dans le choix de la direction qu'il doit prendre, ce choix devant le conduire à retrouver son chemin, ou à le faire dévorer par ces animaux.

La perplexité est encore assez souvent un combat de la passion avec la raison, combat où la passion triomphe presque toujours (*Neuvillé*) ; ce qui n'empêche pas que l'homme raisonnable n'éprouve une véritable perplexité avant de succomber à la violence de sa passion, quand celle-ci peut le conduire au crime, et par conséquent au déshonneur. Tel doit être le sentiment de cet individu qui, surprenant seule et sans défense celle qui lui inspire une passion délirante, conserve encore assez de raison pour se demander : Dois-je employer la violence ? où me conduira-t-elle ? et ne sait à quel parti s'arrêter.

Avec du bon sens et du courage, tout homme qui s'estime et veut rester irréprochable peut se mettre au-dessus des événements fâcheux dont la vie est semée, et n'être guère sujet aux perplexités, celles-ci n'étant, on le sait, que le fruit de la pusillanimité, de la bêtise ou de l'ignorance, qui ne s'allient jamais au véritable savoir et à la fermeté.

PERSÉVÉRANCE (vertu). — La persévérance est une force de l'âme qui nous permet de résister aux obstacles que l'homme ne cesse de rencontrer dans la carrière de la vie.

Elle diffère de la constance en ce qu'elle marque la poursuite d'un bien, tandis que la constance se contente de l'attendre (*Voy.* CONSTANCE) ; hors de là c'est la même vertu, inspirée par le même sentiment, tendant à la même fin, arrivant au même but ; sous ce rapport on ne saurait trop applaudir aux personnes qui savent persévérer toujours.

Nous devons remarquer toutefois que la persévérance dans une résolution doit avoir des bornes, alors surtout que l'individu s'aperçoit qu'il fait fausse route ; dans ce cas, il doit savoir revenir sur ses pas, attendu qu'en s'opiniâtrant dans sa détermination, au lieu de faire preuve de force et de courage, il déploie l'énergie de la sottise. A plus forte raison, devra-t-il rétrograder, si, à peine entré dans la voie, il reconnaît que l'objet qu'il poursuit n'est pas digne de lui, ne mérite que ses mépris, ou si la possession de la chose qu'il convoite doit le conduire à l'infamie, à la honte ou au remords. Bref, la persévérance n est permise que tout autant qu'il s'agit de faire preuve de grandeur, de force, de courage.

PERSIFLAGE (défaut). *Voy.* MOQUERIE.

PERSUASIF, PERSUASION (faculté). — La PERSUASION est un état de l'âme convaincue de la vérité ou de la fausseté d'une chose; ou, si l'on veut, un jugement intérieur et sincère que l'intelligence conçoit à l'égard de cette chose.

On a fait *persuasion* synonyme de CONVICTION. Cela n'est pas tout à fait exact, puisque l'une diffère de l'autre en ce que la conviction est toujours réelle, c'est-à-dire l'effet de l'évidence qui ne trompe jamais, tandis que la persuasion est le résultat de preuves morales qui peuvent tromper. C'est pourquoi celle-ci est plus ou moins forte; au lieu que celle-là, toujours la même, n'est susceptible ni de plus ni de moins.

L'art de persuader est commun à bien des gens; à ceux-là surtout qui, ayant une très-grande facilité d'élocution, de l'esprit naturel, de l'instruction et de l'assurance, s'en servent pour entraîner les masses. On conçoit dès lors qu'il importe beaucoup à la plupart d'étudier ces gens-là; car, s'ils faisaient un mauvais usage de cet art, don de la nature ou fruit de l'éducation, il faudrait leur faire savoir qu'on n'est pas leur dupe, et les signaler à autrui comme des hommes dangereux. Mais ce dont nous devons avant tout nous occuper, c'est d'éloigner d'eux les enfants, les jeunes gens et même les adultes qui, par ignorance ou par faiblesse, se laissent aller au doucereux langage des personnes persuasives.

Et si, par cas, nous avions acquis nous-mêmes cette précieuse faculté, n'oublions jamais que Dieu ne nous l'a accordée que pour en faire un bon usage.

PÉTULANCE (défaut), PÉTULANT. — La PÉTULANCE est une espèce de vivacité, d'impatience, d'étourderie, qui fait qu'on est presque toujours en mouvement.

Ce défaut naît communément de l'irréflexion et du manque d'usage; aussi les jeunes hommes qu'on nomme pétulants se font-ils remarquer dans un salon, où ils sont du reste fort incommodes, soit par l'agitation continuelle où ils se tiennent, soit et principalement par le trouble et le désordre qu'ils y mettent.

Néanmoins, comme les étourdis plaisent assez généralement aux jeunes filles et aux femmes frivoles qu'ils amusent un instant par leur entretien et leur folle gaieté, il est bien des individus âgés, hommes et femmes, qui jouent la pétulance, espérant par là se donner un air de jeunesse, de vivacité, et par là plaire à leur tour. Ils se trompent; car, pour si bien affectée que soit leur pétulance, ou ne fût-elle même pas, savez-vous ce qu'ils en retirent? Le ridicule et le mépris. Pourquoi? parce que chaque âge doit avoir son caractère, et que c'est un grand travers de vouloir en prendre un autre; parce que chaque âge a ses règles de convenance, et que c'est un mal de s'en écarter.

J'ai vu dans le monde plus d'un homme chauve et ridé, plus d'une dame grisonnante et édentée, vouloir lutter avec la jeunesse de pétulance et d'amabilité. Ils étaient excités, encouragés, applaudis par les jeunes gens ou les jeunes filles: leur amour-propre était satisfait; mais sitôt qu'ils avaient tourné le dos ou disparu, c'était à qui s'en moquerait le plus. Voilà la société! Malheur à qui n'a pas assez de bon sens et de discernement pour savoir se conduire! Malheur au vieillard jouant la pétulance, qui, voyant qu'on se moque d'un autre vieillard ni plus ni moins sensé que lui, se mêle à la foule des rieurs, sans songer que son tour va venir d'être la risée de cette société à laquelle il se donne en spectacle, pour faire *le beau, le galant*, que sais-je?

PEUR (sentiment), PEUREUX. — La *peur*, tout comme *l'alarme*, *l'espoir*, *la frayeur*, etc. (*Voy.* ces mots), exprime une sensation spéciale de l'âme, occasionnée par la crainte d'un danger réel, apparent, etc., subit pour la frayeur, imaginaire pour la peur. C'est-à-dire que celle-ci se manifeste sans motif plausible et est le fruit d'une imagination craintive, qui seule est en jeu et se crée mille fantômes; ce qui a fait dire du peureux: *Il a peur de son ombre*.

La peur trouble donc les facultés de l'esprit. Par suite, les sens en sont obscurcis et même oblitérés; l'intelligence n'est plus présente à leurs fonctions; elle n'agit point dans leurs mouvements, ne sent point dans leurs impressions, et quoiqu'il y ait sensation dans l'organe, la perception ne s'ensuit pas. Dans ce cas, on a des yeux pour ne point voir, des oreilles pour ne point entendre. Celui qui est saisi par la peur ne peut plus juger des choses qui l'entourent sous le rapport des sens. Il voit et entend ce qu'il imagine, et son imagination frappée lui présente des chimères, des fantômes, surtout dans l'obscurité.

Si dans ce moment on observe le peureux, on s'aperçoit facilement que son visage est pâle et défait, ses traits sont tirés; sa bouche reste béante et son regard effaré: ses lèvres sont livides, ses narines immobiles. Dans leur rétraction, les paupières chassent en avant le globe de l'œil par leur ouverture agrandie. Ses sourcils, au lieu d'être agités, comme dans la crainte, demeurent élevés et fixes dans leur contraction. Quant au tronc, les muscles qui s'y insèrent ont perdu toute puissance de réaction: aussi les genoux tremblent, fléchissent, et les bras se rapprochent de la ligne médiane. Par suite de la rétrocession du sang de l'extérieur à l'intérieur, un froid glacial parcourt tous les membres; ce qui a fait dire que le premier effet de la peur ressemble beaucoup au frisson par lequel débutent les fièvres d'accès; au même instant le cœur et le pouls battent irrégulièrement, la langue reste glacée et comme immobile, la voix expire sur les lèvres; bref, l'individu est comme *atterré*, expression pleine de justesse, dont on se sert communément pour rendre un des phénomènes les plus marquants de la peur. Souvent aussi une longue syncope succède à cette violente contraction générale, et on a vu cette suspension momentanée de la vie se continuer jusqu'à la mort immédiate qui la suit. Remarquons, toutefois, que cet accident se voit bien plus dans la terreur, où l'on observe surtout l'horripilation, c'est-à-dire le redressement des poils et des cheveux, ainsi que la raideur musculaire, effets produits par la violence de la concentration générale, que dans la peur proprement dite.

Celle-ci comprime toutes les passions assimilatrices ; elle arrête ou ralentit instantanément l'acte de la respiration, et comme la raison n'est plus maîtresse d'elle-même, dominé par la peur, l'esprit n'a plus la force de réfléchir, c'est-à-dire de revenir sur lui-même pour considérer en lui ce qu'il faut faire ou ne pas faire ; puis la volonté, qui se décide ordinairement par la réflexion, ne sait plus que résoudre : elle flotte entre plusieurs influences, qu'elle n'est pas en état d'apprécier, se donnant tantôt à l'une et tantôt à l'autre, suivant l'impression du moment et sans vue nette de ce qui convient. Elle s'agite beaucoup sans arriver à rien, s'épuise dans ses incertitudes, ou bien, s'abandonnant tout à fait, elle perd, avec le courage, la présence d'esprit et le gouvernement d'elle-même ; c'est le cas du découragement et du désespoir. En général il faut bien se garder de prendre une résolution sous le coup de la peur. Il est presque certain que le parti pris dans ce cas sera celui de la faiblesse ou du déshonneur, tant l'instinct de la conservation y domine. Il n'est pas de plus mauvais conseiller que la peur.

Observons maintenant la peur chez un de ces malheureux enfants à qui l'on s'est fait un plaisir de raconter les histoires les plus terribles de bandits, d'ogres ou de revenants. L'heure du sommeil est arrivée, on le met au lit, on le laisse seul, ayant grand soin de retirer la lumière ; un léger bruit se fait-il entendre, un meuble vient-il à craquer, à l'instant même sa jeune imagination, pleine d'assassins, de cercueils et de fantômes, lui retrace les tableaux les plus monstrueux et les plus effrayants : il s'enfonce jusqu'aux pieds dans son lit, et recouvre sa tête de son drap ; en même temps il rapproche fortement les bras de la poitrine et les genoux de son ventre : ce n'est plus qu'une boule ; instinctivement, il se fait le plus petit possible pour présenter moins de surface à l'ennemi qu'il redoute. Dans cet état, le sang, brusquement refoulé de la périphérie au centre, fait battre le cœur avec violence. Son pouls est fréquent, souvent irrégulier, sa respiration courte et précipitée ; il cherche à retenir son haleine, dans la crainte de se trahir ; enfin les yeux ouverts et fascinés, l'oreille tendue, le corps immobile, il reste l'esprit fixé sur l'objet de sa peur, jusqu'à ce qu'ayant épuisé toute sa puissance de contraction musculaire, il tombe dans une sueur de faiblesse, et enfin dans un sommeil souvent troublé par des rêves effrayants, qui en diminuent l'action réparatrice.

La peur a quelque chose de contagieux. Voyez ce foyer autour duquel bien des individus sont réunis ; voyez toutes ces figures sur lesquelles l'étonnement ou la crainte se peint au récit que fait un conteur d'événements lugubres et effrayants ; qu'un bruit soudain se fasse entendre, les plus poltrons seront émus les premiers ; mais à la fin le plus brave se laissera gagner par la peur ; elle pourra n'être point portée à un aussi haut degré que chez les peureux, mais enfin il sera sous l'influence de ce sentiment.

La peur, outre qu'elle se gagne, prédispose à la contagion par suite du relâchement qu'elle produit dans l'économie. Voyez ce qui se passe dans les épidémies : c'est sous l'influence de la peur, qui agit alors comme cause déterminante, ou tout au moins en prédisposant les individus à l'action du principe morbifique, qu'on voit la maladie étendre ses ravages dans des proportions immenses, décimer les populations et se montrer toujours en rapport de développement avec la fermeté ou la faiblesse des populations.

Il est à remarquer aussi que presque toutes les pestes qui, à différentes époques, désolèrent l'humanité, ont coïncidé avec de grands événements qui remuaient profondément le moral des nations et des individus.

Enfin, indépendamment de ces perturbations morales et de ces prédispositions morbides, la peur produit sur le physique de l'homme un certain ordre de phénomènes physiologiques et d'accidents morbides, qu'il serait bon de mentionner ; mais comme ces mêmes phénomènes et accidents sont également le résultat de la frayeur et de la terreur, nous renverrons à ce dernier article tout ce qui pourrait servir à compléter celui-ci. *Voy.* TERREUR.

PIÉTÉ (sentiment), PIEUX. — La piété est l'amour de Dieu et de ses préceptes. C'est la philosophie des chrétiens, dont elle ennoblit le cœur, élève l'esprit et affermit le courage. Par elle l'homme devient supérieur aux animaux, qui ne possèdent pas, comme lui, ces nobles facultés de l'intelligence à l'aide desquelles nous nous élevons des régions terrestres jusqu'au trône du Tout-Puissant, devant lequel toute l'humanité s'incline.

Et nous lui devons d'autant plus ce tribut d'admiration, de reconnaissance et d'amour, que c'est le Créateur lui-même qui nous a dotés des sentiments d'une véritable piété : sentiments qui se fortifient ou s'effacent chez l'homme, suivant la bonne ou la mauvaise éducation qu'il reçoit. Heureux donc, et mille fois heureux, ceux qui dès le berceau ont appris à bégayer le nom de Dieu, et se sont accoutumés à la pratique de toutes les vertus qu'il commande. Ceux-là, croyons-le bien, pourront être entraînés par la fougue des passions, et s'attacher un instant, quelques jours, des années entières, à de fausses et pernicieuses doctrines ; mais le moment arrive enfin, où, rappelés à eux-mêmes par un juge sévère et inflexible, par la voix de leur conscience, ils s'empresseront, brebis égarées, de rentrer dans le bercail.

Quel est celui d'entre les hommes qui voudrait en sortir, s'il se pénètre bien que le christianisme n'impose à l'homme d'autres devoirs que celui de conserver à son âme toute la pureté de son origine, sans quoi il n'accomplira jamais les grandes choses auxquelles il est destiné?

Qu'on ne s'y trompe pas, c'est souvent le hasard qui fait les héros : c'est la valeur de tous les jours qui fait l'homme de bien ; les passions peuvent nous placer bien haut ; mais il n'y a que la vertu qui nous élève au-dessus de nous-mêmes. (*Massillon.*)

Et pourtant, j'ai entendu bien des fois certains esprits forts dire, avec un air d'importance : Je suis philosophe, moi, et pour un philosophe à quoi bon des sentiments religieux?

A quoi bon? Je vais vous l'apprendre ; mais auparavant entendons-nous sur votre philosophie. Etes-vous croyant ou athée? Votre philosophie vous dit-elle : Que t'importent Dieu et les hommes? Suis les inspirations de ton cœur ; hâte-toi de goûter les plaisirs de la vie : car tout vit et meurt avec toi. S'il en est ainsi, je vous plains : car avec de pareils principes, vous corromprez et dégraderez votre âme, vous la perdrez pour toujours. Mais si vous êtes philosophe comme l'étaient Socrate, Platon, Cicéron, etc., vous devez savoir que la philosophie est l'amour de la sagesse, et que le premier précepte qu'elle nous a tracé, c'est d'aimer celui qui nous a donné l'être, qui nous a formés à son image, qui nous a rachetés de son sang. Elle nous conseille aussi le *Nosce te ipsum* de Socrate.

Or, si nous nous connaissons nous-mêmes, où cela nous conduira-t-il? A juger de notre faiblesse ; à admirer la merveilleuse organisation de notre machine et l'étonnante fécondité de notre entendement. Donc la philosophie doit rendre l'homme religieux, puisque son admiration est tout un culte intérieur qu'il rend à Dieu.

Je poursuis. Vous êtes philosophe, dites-vous? Mais alors vous ne devez pas ignorer que si la nature nous fait vivre, c'est la philosophie seule qui nous apprend à bien vivre (*Sénèque*) ; qu'elle nous ordonne de nous corriger de nos défauts, de rechercher la vérité, d'obéir aux lois, de nous soumettre aux décrets de la Providence, de jouir des plaisirs avec modération, de souffrir patiemment les maux attachés à la condition humaine, *et de préférer la vertu* à tous les biens. Elle nous dit d'avancer sans inquiétude et sans bruit au travers des faux jugements et des passions des hommes, d'en essuyer le choc sans colère, de ne nous écarter jamais de son objet, qui est la perfection de l'humanité.

Si telle est votre philosophie, vous ne disconviendrez pas qu'elle convient à tout le monde, que la pratique en est utile à tous les âges, à tous les sexes, dans toutes les conditions ; qu'elle nous console du bonheur d'autrui, des indignes préférences, des mauvais succès, du déclin de nos forces ; qu'elle nous arme contre la pauvreté, la vieillesse, le malheur et la mort ; contre les sots et les mauvais railleurs ; qu'elle nous fait vivre enfin sans une femme, ou nous fait supporter celle avec qui nous vivons (*La Bruyère*) ; et qu'en pratiquant ainsi la philosophie, c'est être un véritable précepteur des hommes, un ministre de paix et du bonheur public, le prêtre de la vérité et de la vertu.

Et si vous admettez tout cela, vous deviendrez forcément religieux : car, en admettant même que la philosophie morale et la philosophie sacrée aient les mêmes inconvénients, à savoir, de ne pas toujours réformer les mœurs et extirper les vices ; de servir d'aliment aux passions par l'abus qu'on en fait ; de nous entraîner d'une manière plus déterminée du côté vers lequel nous ne penchons que trop par la force de notre nature et de notre tempérament (*Hume*), la philosophie sacrée doit l'emporter sur la philosophie profane, celle-ci abandonnant l'homme à ses propres forces, et celle-là lui donnant un puissant soutien, Dieu ! Et savez-vous pourquoi il est un puissant soutien du philosophe? C'est parce que la philosophie, dit saint Justin, est un très-grand bien, un bien très-agréable à Dieu, puisqu'elle nous conduit à lui. — Ils sont donc vraiment heureux ceux qui cultivent la philosophie.

Cette haute estime que les premiers docteurs du christianisme faisaient de la philosophie augmente encore l'étonnement que nous éprouvons lorsque nous entendons supposer aujourd'hui, par certains hommes, que la philosophie est l'ennemie naturelle des idées religieuses et du christianisme en particulier. Si l'on savait que ces déclamateurs se mettent, en général, fort peu en peine de ressembler aux chrétiens de la primitive Eglise ! Et puis, de quelle philosophie veulent-ils parler? Pour moi, ce que j'appelle philosophie, avec saint Clement d'Alexandrie, ce n'est pas celle des stoïciens, de Platon, d'Epicure ou d'Aristote, mais le choix formé de ce que chacune de ces sectes a pu dire de vrai, de favorable aux mœurs, de conforme à la religion : or, je mets *en fait que celle-là n'est point l'ennemie des idées religieuses.*

Et d'ailleurs, ainsi que l'a avancé Jean-Jacques Rousseau, dont à coup sûr on ne suspectera pas le témoignage, n'est-ce pas que la philosophie proprement dite ne peut faire aucun bien que la religion ne le fasse encore mieux, et que la religion en fait beaucoup que la philosophie ne saurait faire. Aussi demanderons-nous à ces *grands penseurs:* Qui osa jamais *avancer au public* qu'il fallait détruire ses plus doux penchants, embrasser la croix, choisir l'humiliation, chérir la pauvreté, redouter et fuir les plaisirs, faire à ses sens une guerre implacable, aimer ses ennemis, bénir ses bourreaux, se haïr soi-même, et sans cesse mourir à tout? Est-ce un mortel? Est-ce un Dieu? Or, comme on est forcé de reconnaître que c'est Dieu seul qui en a été capable, ce serait donc manquer à votre sacerdoce que de ne pas préférer, accepter, aimer et pratiquer sa philosophie? Par malheur pour eux c'est la philosophie du christianisme qu'ils méconnaissent; pourraient-ils l'adopter?

Reste que bien des philosophes conviennent qu'il n'y a point de morale solide sans la religion, ou, pour m'expliquer d'une manière plus précise, que la morale rationnelle ne peut produire qu'une petite partie de ce bonheur qui consiste dans le repos apparent de la société, tandis que la morale religieuse produit et cette partie-là et celle incomparablement plus grande qui fait jouir chaque individu de l'ensemble du bonheur des autres, non-seulement dans le présent, mais dans le passé et l'avenir (*Duluc*). Raison de plus pour adopter la morale évangélique. Et si vous ne le faites pas, ô philosophes! que devient votre prétendue sagesse?

Je sais fort bien que vous pourrez vous retrancher derrière ce faux principe jeté au hasard par quelques écrivains qui prennent, eux aussi, le titre de philosophes, que le christianisme rapetisse la pensée et abrutit l'homme. Il rapetisse la pensée et abrutit l'homme, dites-vous? Mais n'est-ce pas par l'influence du civilisation croissante, et *surtout* par l'influence du christianisme, qui lui-même, j'ose le dire, est la civilisation par excellence, que l'esclavage a été aboli?...

Il rapetisse la pensée et abrutit l'homme? Mais c'est le contraire, puisqu'il se prête aux merveilleux élans de l'âme, ou présente des rapports peu connus. Sublime par l'antiquité de ses souvenirs, qui remonte au berceau du monde, ineffable dans ses mystères, adorable dans ses sacrements, intéressant dans son histoire, céleste dans sa morale, riche et charmant dans ses pompes, par combien de tableaux ne réclame-t-il pas votre admiration!

Voulez-vous le suivre dans la poésie? Le Tasse, Milton, Corneille, Racine, Voltaire, en retraceront les merveilles, et, je le demande, croira-t-on que nous aurions *Athalie*, si Racine n'eût été religieux?

Veut-on le suivre dans les belles-lettres et l'éloquence? Saint Augustin, Bossuet, Fenelon, Massillon, Bourdaloue, sont là pour attester qu'on ne peut s'élever à une plus grande hauteur de pensées et d'images.

Interrogerons-nous l'histoire des sciences et de la philosophie? Elle nous enseigne que l'illustre chancelier d'Angleterre, Bacon, croyait en Dieu et était religieux; que Pascal, après avoir connu les sciences humaines, les crut indignes de ses pensées, et que ses méditations se tournèrent vers le ciel; que Newton s'éleva à Dieu par la puissance des mondes, etc., etc.

Consulterons-nous l'histoire des différents peuples? Nous y lisons qu'Epaminondas, le libérateur de la Grèce, sa patrie, passait pour le plus religieux des hommes; que Xénophon, ce guerrier philosophe, était un modèle de piété; que Paul-Emile, Scipion et plusieurs autres consuls de la république romaine ne mettaient leur espoir que dans la divinité du Capitole; qu'après que le fier Sicambre (Clovis), vainqueur de Rome et des Gaulois, eut jeté les fondements de l'empire français, il courba la tête devant un prêtre catholique: que saint Louis, l'arbitre des rois, et révéré même des infidèles, était d'une rare piété; que Duguesclin, dont le cercueil prenait des villes; Bayard, le chevalier sans peur et sans reproches, étaient des hommes pieux; que le vieux connétable de Montmorency disait *son chapelet* au milieu des camps; qu'Henri IV se découvrait et priait avant le combat; que Turenne faisait exposer le saint sacrement et bénir son armée avant de livrer la bataille, etc., etc.

Et maintenant, si des hommes nous passons aux arts libéraux, combien de chefs-d'œuvre le catholicisme ne nous offre-t-il pas! Si nous l'examinons dans son culte, que de choses ne nous diront pas et ses vieilles églises gothiques, et ses prières adorables et ses superbes cérémonies!

Remarquez que, jusqu'à présent, je n'ai parlé ni du clergé, à qui nous devons la transmission des langues et celle de tous les ouvrages de la Grèce et de Rome; ni de ces solitaires de la Thébaïde, de ces missionnaires à la Chine, au Canada, au Paraguay, partout où il y a des idolâtres à civiliser, à sauver; ni de ces ordres militaires d'où naquit la chevalerie, ni de tant d'autres choses aussi grandes qu'admirables que le christianisme a fait servir à sa cause. Et j'aurais pu le faire: car il s'est emparé tout à la fois des mœurs de nos aïeux, de la peinture des anciens jours, de la poésie, des romans mêmes, choses secrètes de la vie.

Oui, le christianisme a frappé partout: il a demandé des souvenirs au berceau et des pleurs à la tombe. Tantôt, avec le moine maronite, il habite le sommet du Carmel et du Liban; tantôt, avec la fille de Charité, il veille au chevet du malade; ici deux époux américains l'appellent au fond de leurs déserts; là il entend la vierge dans les solitudes d'un cloître. Pour le catholicisme, Homère se place à côté de Milton, Virgile à côté du Tasse; les ruines de Memphis et d'Athènes contrastent avec les ruines des monuments chrétiens; les tombeaux d'Ossian avec les cimetières de nos campagnes; à Saint-Denis on peut visiter la cendre des rois; et quand le sujet force à parler du dogme de l'existence de Dieu, l'homme cherche ses preuves dans les merveilles de la nature. (*Châteaubriand*.)

Et c'est en présence de tant de grandes pensées, de tant de grandes actions, de tant d'éloquence, de tant de courage, de tant de dévouement, de tant de chefs-d'œuvre, qu'on nous dira que le christianisme rapetisse les idées et abrutit l'homme! Non, je ne puis concevoir le déchaînement de certains esprits, qui s'intitulent esprits forts, contre le culte catholique, contre ses mystères, contre ses ministres et contre ses fidèles fervents.

Ils veulent bien convenir avec tous les philosophes, ces prétendus esprits forts, qu'une religion est nécessaire aux hommes: mais du moment où il s'agit de la religion catholique, apostolique et romaine, oh! alors, ils n'en veulent plus. Mais par quel culte, grand Dieu! voudraient-ils donc la remplacer? Que voudraient-ils substituer à la morale de l'Evangile, la plus sublime et la plus parfaite loi du monde?

On se souviendra longtemps de ces jours néfastes où des hommes de sang prétendirent élever des autels *aux vertus* sur les ruines du catholicisme! D'une main, ils dressaient des échafauds, et, de l'autre, ils effaçaient sur le frontispice de nos temples l'image de ce Dieu connu de l'univers, de cette Vierge qui console les affligés; et ces temples du Dieu vivant furent dédiés *à la Vérité*, qu'aucun homme ne connaît, et *à la Raison*, qui n'a jamais séché une larme.

Qu'est-il advenu? Qu'après quelques années passées dans la tristesse, le deuil et la désolation, époque cruelle et terrible pour les fidèles, pendant laquelle la religion s'était voilée et paraissait anéantie pour toujours, elle nous est apparue plus belle, plus radieuse, plus brillante, plus parée que jamais: semblable à ces corps lumineux dont les nuages obscurcissent la clarté pendant l'orage, et dont les rayons nous semblent plus éclatants à mesure que le ciel s'éclaircit davantage.

Mais que faisaient donc les chrétiens dans ces jours de désolation et de deuil? Les uns priaient avec ferveur, et les autres puisaient dans leur piété la force et la résignation nécessaires pour résister à de grandes infortunes. Aussi est-ce dans ces temps malheureux que le sentiment religieux a surtout manifesté sa grandeur et sa puissance.

Alors une *volonté* plus arbitraire que le destin, et non moins irrévocable, précipitait dans le même tombeau la beauté, la jeunesse, les vertus, les talents, tout ce qui avait quelque célébrité ou en aurait bientôt acquis. Eh bien! on a pu voir chaque jour des femmes nées timides, des jeunes gens à peine sortis de l'enfance, des époux pleins de tendresse, qui avaient dans cette vie tout ce qui peut la faire regretter, s'avancer vers l'éternité sans croire être séparés par elle, ne pas reculer devant cet abîme où l'imagination frémit de tout ce qu'elle invente, et, moins lassés que d'autres des tourments de la vie, supporter mieux l'approche de la mort. (*Mad. de Staël*.)

Tel fut, parmi tant d'innocentes victimes, le magnanime et vertueux Louis XVI. Soutenu par la foi et l'espérance, il compta sans frémir tous les pas qui le menèrent du trône à l'échafaud; et dans l'instant terrible où ces sublimes paroles lui furent adressées: *Fils de saint Louis, montez au ciel!* telle était son exaltation religieuse, qu'il est permis de croire que ce dernier moment même n'appartint point, dans son âme, à l'épouvante de la mort.

Et pourquoi aurait-il regretté la vie lorsque, prêt à paraître devant l'Eternel, il pouvait se rendre le témoignage de n'avoir à se reprocher aucun des crimes qui lui avaient été imputés; puisqu'il avait la certitude que sa place était marquée dans le séjour bien heureux?

Certes, il ne pouvait en être autrement, et il en sera toujours de même pour le chrétien pieux, qui trouve en lui-même et puise en Dieu cette noblesse de sentiments et cette force qui le distinguent des autres hommes, quand il a reçu dans son sein le pain des anges. Uni avec son Créateur, qui est là dans sa chair et dans son sang, son âme se détache du tout bien terrestre et ne soupire qu'après l'immortalité. Pourrait-on alors manquer de courage? Oserait-on même, après cela, commettre une seule faute, en concevoir seulement la pensée? Non; il est impossible d'imaginer un mystère qui retienne plus fortement les hommes à la vertu que le mystère eucharistique.

Voilà comment s'exprimait Voltaire; voilà ce que répétait après lui l'illustre Châteaubriand, qui ajoute cette bien remarquable réflexion : « Si nous nous exprimions nous-même avec cette force, on nous traiterait de fanatique. »

Ainsi, telle est la puissance des vertus chrétiennes, qu'elles forcent les esprits supérieurs à courber la tête et à rendre hommage à la religion qui en prescrit la pratique. C'est pourquoi je ne crains pas de répéter avec le célèbre astronome Herschell : « Le temps est venu où la religion et la science, qui, jusqu'à présent, semblaient avoir été ennemies, vont se donner la main et se soutenir mutuellement; » avec de Maistre : « Nous allons la voir, cette superbe alliance; ils reviennent les beaux jours du monde où toute science remontait à sa source, » et avec La Bruyère : « En vérité, si ma religion était fausse, voilà, je l'avoue, le piège le mieux dressé qu'il soit possible d'imaginer : il était inévitable de ne pas donner tout au travers et de n'y être pas pris..... » Donc tout nous conduit et nous pousse à être religieux.

Oui, tout nous y pousse; car « je vous avoue aussi que la majesté des Ecritures m'étonne. La sainteté de l'Evangile parle à mon cœur. Voyez les livres des philosophes avec toute leur pompe : qu'ils sont petits auprès de celui-là! Se peut-il qu'un livre à la fois si sublime et si simple soit l'ouvrage des hommes? Se peut-il que celui-là, dont il fait l'histoire, ne soit qu'un homme lui-même? Est-ce là le ton d'un enthousiaste ou d'un ambitieux sectaire? Quelle douceur, quelle pureté dans les mœurs! Quelle grâce touchante dans ses instructions! Quelle présence d'esprit, quelle finesse et quelle justesse dans ses réponses! Quel empire sur les passions! Où est l'homme, où est le sage qui sait agir, souffrir et mourir sans faiblesse et sans ostentation? Quand Platon peint son juste imaginaire, couvert de tout l'opprobre du crime, et digne de tous les prix de la vertu, il peint trait pour trait Jésus-Christ : la ressemblance est si frappante, que les Pères l'ont sentie, et qu'il n'est pas possible de s'y tromper. Quels préjugés, quel aveuglement ne faut-il point avoir pour oser comparer le fils de Sophronisque au fils de Marie? Quelle distance de l'un à l'autre! Socrate mourant sans douleur, sans ignominie, soutint jusqu'au bout son personnage, et si cette facile mort n'eût honoré sa vie, on douterait si Socrate, avec tout son esprit, fût autre chose qu'un sophiste. Il inventa, dit-on, la morale. D'autres avant lui l'avaient mise en pratique; il ne fit que dire ce qu'ils avaient fait, il ne fit que mettre en leçons leurs exemples. Aristide avait été juste avant que Socrate eût dit ce que c'était que justice. Léonidas était mort pour son pays avant que Socrate eût fait un devoir d'aimer sa patrie; Sparte était sobre avant que Socrate eût loué la sobriété : avant qu'il eût défini la vertu, la Grèce abondait en hommes vertueux. Mais où Jésus-Christ avait-il pris des siens cette morale élevée et pure dont lui seul a donné les leçons et l'exemple? Du sein d'un furieux fanatisme la plus haute sagesse se fit entendre, et la simplicité des plus héroïques vertus honora le plus vil de tous les peuples. La mort de Socrate philosophant tranquillement avec ses amis est la plus douce qu'on puisse désirer; celle de Jésus-Christ expirant dans les tourments, injurié, raillé, maudit de tout un peuple, est la plus horrible qu'on puisse craindre. Socrate prenant la coupe empoisonnée bénit celui qui la lui présente et qui pleure; Jésus, au milieu d'un supplice affreux, prie pour ses bourreaux acharnés. Oui, si la vie et la mort de Socrate sont d'un sage, la vie et la mort de Jésus-Christ sont d'un Dieu. » *(J.-J. Rousseau.)*

Et puis, quelle différence entre la religion catholique et les autres religions qui l'avaient précédée! Combien celles-ci étaient imparfaites à l'époque où Jésus-Christ fonda la sienne! Alors l'ancienne religion de Zoroastre était célèbre, et n'en était pas plus connue dans l'empire romain. On savait seulement, en général, que les mages admettaient une résurrection, un paradis, un enfer, et il est à supposer que cette doctrine avait été transmise au peuple par les juifs voisins de la Chaldée. Alors aussi le dogme de ces vérités était répandu, puisque la Palestine se trouvait partagée, du temps d'Hérode, entre les pharisiens, qui croyaient à la résurection, et les sadducéens, qui ne regardaient cette doctrine qu'avec mepris. Alors enfin, Alexandrie, la ville la plus commerçante du monde entier, était peuplée d'Egyptiens qui adoraient Sérapis et qui consacraient des chats.

Ainsi, chose certaine, du temps d'Hérode on disputait sur les attributs de la Divinité, sur l'immortalité de l'esprit humain, sur la résurrection des corps ; les Juifs racontent même que Cléopâtre leur demanda si l'on ressuscitait nu ou habillé.

Reste que ce fut dans ces temps préparés par la divine Providence qu'il plut au Père éternel d'envoyer son Fils sur la terre ; mystère adorable et incompréhensible auquel nous ne touchons pas. Reste que les persécutions, qui n'étaient jamais que passagères, mais qui souvent furent terribles, loin de ralentir les progrès du christianisme, ne servirent au contraire qu'à redoubler le zèle et à enflammer la ferveur des pasteurs et des croyants, de telle sorte que, entraîné par la parole des uns ou l'exemple des autres, un tiers de l'Empire, sous Dioclétien, se trouva chrétien.

Mais il ne suffit pas d'être chrétien, il faut encore avoir de la piété; or, en quoi consiste-t-elle?

La piété est la vertu produite par l'accomplissement habituel des devoirs envers Dieu. Considérée dans son exercice, on peut la distinguer en intérieure et en extérieure. La première est l'application du culte de l'âme, de l'adoration en esprit et en vérité. Elle part du fond du cœur et tend toujours à se réaliser par les œuvres. Elle a pour résultat le dévouement de l'homme à Dieu, et elle aspire à prouver ce dévouement par tous les moyens. Elle enfante la vie intérieure, le rapport profond de l'âme avec Dieu, la vie chrétienne dans sa plus haute perfection, la vie ascétique, la vie des saints.

La seconde, qui suppose plus ou moins la première, est surtout posée dans les formes, dans les pratiques, dans les démonstrations utiles, quand elles expriment le sentiment ou l'idée; mais impuissantes et même funestes quand l'esprit n'y est pas.

Ces deux genres de piété ne doivent jamais être séparés; car une piété sans expression, sans manifestation, par conséquent sans culte, se dessécherait bientôt et finirait par tomber dans le mysticisme, ou dans l'abstraction : dans le mysticisme, quand, dédaignant l'observance légale et une règle positive, elle revêt des formes imaginaires et prétend, par sa propre force, entrer en commerce avec le monde supérieur; dans l'abstraction, quand, voulant se détacher des sens et de l'imagination, elle réduit tout en formes syllogiques, sous prétexte de ramener la religion à la puissance rationnelle, et de l'élever à la hauteur de la science.

Rien ne nuit plus à la religion, dans l'esprit des peuples, que les vices de ceux qui la professent. Or, comme de tout temps il y a eu des hypocrites, c'est-à-dire des mauvais catholiques qui ont pris le masque de la religion pour en mieux imposer à la foule, on en a conclu que les pratiques du culte ne servent à rien, puisque ceux qui s'y livrent ne sont pas meilleurs ou sont pires que les autres. Puis, une fois réputées inutiles, il n'a pas été difficile de les faire considérer comme ridicules, méprisables même, à cause de la fausseté et de l'hypocrisie qu'on y suppose.

Heureusement qu'en notre temps, si passionné pour la liberté, on est obligé de respecter la liberté de la croyance comme toute autre, c'est-à-dire que, si l'on ne doit pas léser un homme dans son existence, dans ses biens, dans l'exercice légitime de ses facultés, pourquoi l'inquiéter dans sa foi, pourquoi le violenter ou l'entraver dans la manifestation de ses sentiments les plus intimes, quand ils n'ont rien de contraire a l'ordre? Il doit être libre en cela, comme dans le reste, tant qu'il respecte les lois et ne nuit à personne.

Tel est le principe de la tolérance religieuse de notre époque.

Les hommes de nos jours, qui ne croient pas ou s'imaginent ne pas croire, bien qu'ils ne participent à aucun culte, ont cependant un certain respect pour les manifestations religieuses. Ils affectent même de l'estime, des égards pour la religion en général, comme institution morale nécessaire à l'ordre et au bonheur de la société, et ils sont moins portés à blâmer ou tourner en ridicule ce qu'ils ne comprennent pas ou n'approuvent pas dans le culte. Il est de mauvais ton, maintenant, de se moquer des croyances et des observances religieuses; l'abus ridicule en ces choses en a fait ressortir l'inconvenance et le danger, et ce respect public pour ce qu'il y a de plus profond et de plus sacré dans la conscience humaine est certainement un des traits les plus honorables de notre époque. (*M. l'abbé Bautain.*) Nous n'en voulons d'autres preuves que cet empressement avec lequel le peuple a demandé les bénédictions du clergé catholique pour ces arbres de la liberté qui reverdissent sur tous les points de notre capitale, que son respect pour les temples du vrai Dieu, que sa vénération pour ses ministres, que son dévouement enfin au christianisme, sentiments qui sont la preuve palpitante de la régénération sociale des esprits, de leur retour à des idées d'ordre, d'amour, de paix, à la morale de l'Evangile.

Malheureusement on a vu et on voit même de nos jours certains individus qui, pour entraîner plus facilement la jeunesse à d'autres principes et à un autre culte, c'est-à-dire aux principes qu'ils voudraient faire prévaloir, ne manquent pas de se placer sous le patronage de quelques hommes qui font autorité dans la philosophie ou les sciences. Mais sont-ils sincères dans leurs affirmations? Quelques mots vont nous l'apprendre.

Broussais meurt; le docteur Montègre, dans sa profession de foi, publie que ce grand physiologiste, dont le nom traversera les siècles à venir, malgré ses erreurs scientifiques et ses revers pratiques, appartenait à la secte des matérialistes. Une pareille accusation pesait de tout son poids sur la mémoire de Broussais, lorsqu'un de ses amis est venu le justifier enfin, par ces mémorables paroles:

« Broussais était déiste et animiste, et il m'est doux de le proclamer à haute voix, à la face d'un public à qui on avait inculqué d'autres idées. Oui, je le répète, Broussais est mort dans les mêmes sentiments que Cabanis, sentiments d'autant plus respectables, qu'ils ont été des deux parts le fruit d'une méditation profonde et d'un long travail d'esprit. Ces deux amis des hommes et de la vérité ont jugé qu'ils devaient, en faveur de la morale, consacrer par leur témoignage, le double dogme qui la sanctifie. » (*Pariset.*)

Après une affirmation aussi précieuse, faite par un homme grave et consciencieux, dans une circonstance solennelle (l'inauguration du buste de Broussais à l'hôpital du Val-de-Grâce, à Paris), en présence d'un public d'élite, le doute est-il possible? Non : donc Cabanis et Broussais étaient déistes et animistes; donc ils n'ont pas dû être irréligieux.

A propos d'affirmation, je ferai remarquer que toutes les fois qu'on parle aux protestants de la conversion de Henri IV et de sa piété, ils ne manquent pas d'affirmer que c'est un acte de haute politique, qui a fait entrer le Béarnais dans le sein de l'Eglise romaine. Il est permis d'être d'un autre avis. Si l'on consulte l'histoire, elle nous dit : qu'une fois rentré dans le sein de l'Eglise catholique, sa piété sembla en acquérir un nouveau lustre. Qu'un jour, ayant rencontré un prêtre portant le saint sacrement, il se mit aussitôt à genoux et l'adora. Sully qui l'accompagnait et qui, comme calviniste, était resté dans l'erreur, Sully lui dit : « Sire, est-ce possible, d'après tout ce que j'ai vu, que vous croyiez en cela? —Oui, vive Dieu ! j'y crois; et il faut être fou pour ne pas y croire. Je voudrais qu'il m'en eût *coûté un doigt de la main*, et que vous y crussiez comme moi. » N'est-ce pas là le langage d'un homme convaincu? Autre fait.

Ce prince, assistant à la messe, se levait pour approcher de la sainte table, lorsque Roquelaure vint lui demander grâce pour un de ses parents qui avait grièvement insulté le lieutenant général de Tulles. Le regardant fixement, Henri lui répondit : « Allez et me laissez en paix. Je m'étonne que vous osiez me faire cette requête lorsque je vais protester à Dieu de faire justice et lui demander pardon de ne l'avoir pas toujours faite.» Je ne pousserai pas plus loin mes citations, afin de ne pas donner de plus grands développements à un article de dictionnaire déjà trop long peut-être, et je terminerai par quelques simples réflexions.

1° Il ne suffit pas au catholique d'apprécier dans son intérieur les avantages et la supériorité de la philosophie sacrée sur toutes les autres philosophies, il doit témoigner de ses sentiments religieux par un culte extérieur, en face du monde de la religion c'est le culte; et dans ce culte l'union intime de l'homme à Dieu.

2° C'est un sentiment religieux bien impuissant que celui qui s'arrêterait à une contemplation rare, vague, stérile. Il est de l'essence de tout ce qui est fort, de se développer, de se réaliser. Le culte est donc le développement, la réalisation du sentiment religieux, non sa limitation. Le culte est à la religion ce que l'art est à la beauté naturelle, ce que l'état est à la société primitive, ce que le monde de l'industrie est à celui de la nature. Le triomphe du sentiment religieux est dans la création du culte, comme le triomphe de l'idée du beau est dans la création de l'art, comme celui de l'idée du juste est dans la création de l'état. (*V. Cousin.*)

3° Puisque la création du culte fait le triomphe du sentiment religieux, assurons-en la perpétuité par la pratique constante de ce culte. Nous le devons tous par rapport à nous-mêmes, que la répétition journalière des actes religieux purifie, sanctifie, encourage et soutient ; et par rapport à nos frères que nous devons édifier, si nous voulons qu'ils nous édifient, la société ayant tout à gagner de cette édification mutuelle.

4° Enfin, cette direction de l'âme vers la piété et ses pratiques est surtout bien salutaire pour l'humanité, à l'âge où le besoin d'aimer commence à se faire sentir. Ce besoin alors, pour les caractères très-animés, devient une passion terrible, quand il n'est pas détourné au profit des inclinations vertueuses. Les femmes surtout, lorsqu'elles ont ce caractère, tombent dans une disposition de cœur et d'esprit plus funeste à leur bonheur, plus déplorable que celle des hommes qui leur ressemblent : parce que les femmes, par leur position même, n'ont pas d'autre occupation essentielle que l'amour, tandis que les hommes ont beaucoup d'autres occupations essentielles ; parce que toute la sensibilité de leur âme, ainsi concentrée sur une seule pensée, au lieu de pouvoir s'adresser librement à son objet, est ordinairement comprimée et irritée par la contrainte. Les femmes de ce caractère et dans cette situation peuvent alors commettre bien des fautes, perdre leurs qualités généreuses, en acquérir d'opposées, se conduire comme si elles avaient de la méchanceté dans l'âme, tenir longtemps cette conduite à contre-cœur, souffrir cruellement et du mal qu'elles reçoivent et de celui qu'elles font, et de la haine qu'elles se portent à elles-mêmes ; enfin, se délivrer de ces tourments affreux par la voie la plus funeste, se jeter dans le désordre, appeler à jamais sur elles le mépris et le malheur... Donc, il faut, alors qu'il en est temps encore, imprimer au cours de leurs idées une direction telle vers un autre amour, vers l'amour de Dieu, vers l'amour du prochain, vers la charité, vers les douceurs de la bienfaisance, etc., que toute pensée profane ne puisse y trouver accès

PITIÉ (sentiment). — Nous avons vu, article COMPASSION, ce que c'était que la PITIÉ, ou cette sympathie tout à la fois instinctive et réflechie de notre âme, qui nous fait comprendre et ressentir les souffrances de nos semblables, et nous porte à leur désirer un bonheur qu'ils n'ont pas. Dès lors j'aurai peu d'observations à ajouter à celles que j'ai déjà faites. Cependant je ferai remarquer que, naturellement, l'homme ne peut voir souffrir autrui sans souffrir lui même jusqu'à un certain point ; c'est-à-dire qu'il y a de l'écho dans notre chair pour toutes les afflictions de la chair, et que ce ressentiment de la douleur des autres est un mobile instinctif qui nous invite à la soulager. De là vient ce qu'on appelle *un bon cœur, une âme sensible, une bonne nature* ; de là, cette qualité naturelle qui rend l'homme aimant et utile à ses semblables. Mais s'il ne s'y joint pas un mouvement plus profond et plus éclairé de la volonté, cette bonne disposition passera vite ou sera peu efficace, et tout sentiment de compassion s'éteindra. Ainsi pour que la pitié soit véritable, il faut qu'elle s'unisse à l'amour de l'humanité. A l'aide de cette sympathie pour les peines d'autrui, unie à la conviction que nous devons nous aimer les uns et les autres, nous chercherons tous et nous efforcerons de toutes les manières, à nous aider et à nous soulager réciproquement.

Indépendamment de cette condition, la pitié sera plus ou moins active, suivant qu'elle est plus ou moins ancienne ; il faut donc habituer l'enfance à se montrer sensible et compatissante, non par affectation, mais par sentiment. Pour cela il est bon qu'elle sache qu'il existe des êtres semblables à elle, qui souffrent ce qu'elle a déjà souffert, qui sentent les douleurs qu'elle a senties, et d'autres dont elle doit avoir l'idée comme pouvant les sentir aussi. En effet, comment se laissera-t-elle émouvoir à la pitié, si ce n'est en se transportant hors d'elle-même, et en s'identifiant avec l'animal souffrant ; en quittant pour ainsi dire son être pour prendre le sien ?... Nous ne souffrons qu'autant que nous jugeons qu'un autre souffre ; ce n'est pas dans nous mais dans lui que nous rapportons la souffrance. « Ainsi nul ne devient sensible que quand son imagination s'anime et commence à le transporter hors de lui. » (*J.-J. Rousseau.*) Donc il faut accoutumer de bonne heure les enfants à cette sorte de TRANSPORTATION.

Du reste, la pitié est un sentiment si naturel à nos âmes, elle est tellement inhérente à nos penchants, que nous avons honte de ne pas la ressentir et la manifester en présence des malheureux. C'est à ce point que, quand nous ne soulageons pas nos semblables, nous cherchons toujours quelques excuses qui puissent nous en dispenser : ainsi nous disons de ceux qui sollicitent notre compassion, notre bienfaisance, ou qu'ils ne sont pas dignes de les obtenir, ou que leur inconduite a mérité le sort qui les frappe, ou bien encore qu'ils ont des défauts, des vices qui doivent éloigner d'eux les bienfaits des gens honnêtes. Bref, un homme, quelque dur qu'il soit, refuse rarement ses secours au malheur, sans chercher l'apparence d'une raison qui lui permette de justifier sa conduite.

Je ne dis pas qu'il n'y ait des malheurs qui, s'ils excitent notre pitié, doivent néanmoins nous trouver indifférents et froids à les secourir ; c'est lorsque ces malheurs ont été occasionnés par la débauche ou l'inconduite. Eh bien ! même dans ce cas, quelles que soient nos dispositions à ne point nous attendrir sur les souffrances d'autrui, quelle que soit notre résolution de fermer les yeux sur ses infortunes, afin de ne pas priver de nos secours ceux qui en sont dignes à tous égards, sachons accourir pour porter des consolations à ces malheureux qui, s'ils n'ont pas des droits réels à notre bienfaisance, car la pitié doit s'accompagner toujours d'un profond sentiment de justice, méritent pourtant notre pitié. On a bien dit qu'un bienfait accordé à quelqu'un qui n'en est pas digne est presqu'un vol fait au malheureux qui le mérite, et que le cœur a plus tard le regret d'avoir été ému dans de telles circonstances ; et cependant quel est l'être sensible qui ne faiblit pas tout en se disant peut-être que c'est mal ?

On a bien dit que c'est ce sentiment de justice qui fait que nous ne sommes point touchés des infortunes des condamnés ; qu'il suffit que nous sachions qu'ils ont mérité leur peine, pour que, quand nous sommes glacés d'horreur à la vue d'un criminel qu'on traîne au dernier supplice, l'impression par nous éprouvée soit, la plupart du temps, une impression purement physique qui nous domine. Et pourtant, voyez ce qui se passe tous les jours : n'est-ce pas que la pitié vient souvent adoucir les rigueurs de la justice ? N'est-ce pas que souvent il se présente des circonstances qui, quoi que nous fassions, affaiblissent à nos yeux le délit ? Ainsi, un vieillard blanchi par les années, une femme sur les bancs de la cour d'assises, exciteront davantage notre pitié qu'un hardi brigand dans la force de l'âge et de la vigueur. Dès lors, si, en exposant aux jurés les choses qui peuvent les toucher de compassion, en présentant à leur esprit le tableau d'une famille livrée au désespoir, des parents cassés par l'âge, et des enfants au berceau, privés de leur unique soutien, les avocats réussissent à arracher les coupables au glaive de la justice, ou bien à leur faire accorder les circonstances atténuantes, cet adoucissement que la loi a voulu laisser à la pitié la faculté d'obtenir, n'arrive-t-il pas souvent que, le moment de la réflexion venu, l'exaltation de notre sensibilité affaiblie, il ne reste au juré que le regret de s'être laissé toucher, et d'avoir méconnu jusqu'à un certain point la voix du devoir ?

Et pourtant, de tout temps on a mis en usage de pareils moyens. Ainsi, par exemple, à Rome, avant que le peuple fût appelé à prononcer la sentence, on permettait à l'accusé de se promener dans l'assemblée, invoquant la pitié de tous par sa contenance humiliée et par ses larmes. Son épouse, son vieux père, ses jeunes enfants l'accompagnaient, et la clémence, qu'il ne méritait pas, était bien souvent obtenue par le désespoir.

Ainsi, chez tous les peuples où la prière est aussi sacrée que la justice, on regardait comme une chose aussi horrible d'enlever aux accusés le droit d'implorer la pitié, que de leur ôter celui de faire valoir leurs moyens de défense.

Ainsi, partout, quand la loi a prononcé, quand le coupable, rejeté par la justice, n'a plus rien à espérer d'elle, il compte encore que la pitié lui garde une porte de salut : le droit de grâce, cette belle prérogative du souverain, vient quelquefois jeter un reflet d'espérance à travers les grilles du cachot, et enlever au supplice la victime que la pitié publique a protégée.

Donc, la pitié est ce sentiment consolateur qui couvre de son égide tous les malheureux de la terre. C'est en lui qu'ils espèrent toujours. Tous tant que nous sommes, si faibles par nous-mêmes, soumis à tant de misères, que deviendrions-nous si l'égoïsme de chacun éteignait cette flamme salutaire qui nous fut donnée par Dieu pour le bonheur de tous ? Si l'homme isolé, concentré en lui-même, n'espérait plus en rien, quand ses propres ressources seraient épuisées, l'affreux désespoir étendrait un voile funéraire sur la société ; le suicide présenterait son poignard à l'infortune. Mais Dieu n'a pas voulu qu'il en fût ainsi : partout où s'élève un cri de douleur, un écho de pitié lui répond ; il n'est pas un cœur affligé qui n'ait à puiser des consolations dans un autre cœur plus malheureux.

Enfin, c'est en vertu de cette angélique qualité que la femme fait rayonner autour d'elle, dans la famille et dans la société, d'irrésistibles et prestigieuses influences. En doutez-vous ? Voyez les saintes femmes dont l'Eglise honore la poétique mémoire, et qui, sorties en grand nombre des rangs du peuple, sont représentées par les biographies sacrées comme ayant possédé au plus haut degré les grâces et les vertus de leur sexe : voyez parmi nous les femmes qui, nées au sein de l'opulence, accomplissent, non-seulement à l'égard de leurs propres enfants, mais encore à l'égard des enfants des pauvres, tous les saints devoirs d'une humanité prévoyante et infatigable : voyez aussi ces jeunes filles qui renoncent à toutes les joies de la famille pour s'associer à de grandes infortunes, dans les prisons, dans les hôpitaux, dans les asiles des aliénés, partout où il y a pleurs à sécher, des douleurs à apaiser, des infortunes à secourir ; et dites-moi si ce n'est pas posséder les vertus angéliques de la commisération que de passer ainsi sa vie à cicatriser les plaies de l'humanité. Gloire donc au sentiment qui élève ainsi ces saintes filles, ces pieuses femmes et tous ceux qui les imitent.

PLAISANT, Plaisanterie (défaut). — La plaisanterie est l'art de donner du ridicule aux discours et aux personnes. Vous avez pu voir (Art. Moquerie) que cet art, comme la raillerie et le persiflage, demande beaucoup de finesse d'esprit, beaucoup de jugement. Il nous suffira donc d'une simple observation. Elle consiste en ce fait incontestable, que : le monde est plein de mauvais plaisants, qui apportent dans les cercles un certain ton dogmatique qui révolte tous les esprits bien faits : on en trouve beaucoup, parmi les littérateurs ou du moins parmi ceux qui se piquent de l'être. Mais, littérateurs ou non, les mauvais plaisants tournent tout en ridicule, sans s'apercevoir qu'ils sont cent fois plus ridicules eux-mêmes que les personnes qu'ils veulent plaisanter, et sans réfléchir qu'il est ordinaire que celui qui fait rire ne se fasse jamais estimer

Ce simple avertissement doit suffire, pour nous guérir de la manie d'être *trouvé plaisant*,

POLI, Politesse (qualité). — La politesse est un désir de plaire aux personnes avec qui nous sommes obligés de vivre, et de faire en sorte que tout le monde soit content de nous : nos supérieurs de nos respects ; nos égaux de notre estime, et nos inférieurs de notre bonté. En d'autres termes, la politesse consiste dans l'attention de plaire et de dire à chacun ce qui lui convient. Elle fait valoir leurs bonnes qualités, et fait sentir qu'elle reconnaît leur supériorité. (*Madame Lambert.*)

La politesse naît de l'amour bien compris de soi-même, c'est-à-dire de l'amour de l'estime et de l'amour de la considération. Elle est donc une qualité fort aimable, qui contribue puissamment à établir la paix parmi les hommes en ce qu'elle bannit de la société *le moi* toujours insipide, comme disait Montaigne, toujours si blessant pour autrui. Et cela devait être, puisque la personne polie, ayant trop peu de temps pour parler d'elle, s'oublie et ne pense qu'à faire valoir son prochain.

Mais, comme l'amour-propre joue ordinairement en nous et dans les autres un très-grand rôle, comme chacun exige pour soi des ménagements qu'on n'a pas toujours, et que c'est le plus communément qu'il en est ainsi, nous ne devons pas être étonnés dès lors qu'il soit si rare de trouver des gens polis, l'amour-propre étouffant bien souvent l'amour de soi-même.

Et pourtant la politesse, au fond, est une envie de plaire, que la nature nous donne, que l'usage du monde fortifie, et que nous devrions tous désirer conserver.

Deux moyens nous sont offerts pour cela. Le premier se tire de la fréquentation des femmes distinguées, honnêtes, *comme il faut*. Les hommes ayant d'autant plus de mérite à leurs yeux qu'ils sont plus empressés auprès d'elles, plus disposés à paraître aimables par tous les moyens que la nature et l'éducation nous ont donnés, leur commerce devient dès lors pour eux la meilleure de toutes les écoles. Et cela est ainsi, non point parce que les femmes sont polies, mais parce qu'il faut l'être beaucoup avec elles; non point parce qu'il faut profiter des exemples de politesse qu'elles nous donnent, mais parce que nous nous trouvons dans la nécessité d'être très-polis à leur égard, non-seulement pour être goûtés, mais pour en être soufferts. Le mérite le plus essentiel d'un homme, auprès des femmes sages, est donc une grande politesse.

Et quant au second moyen, il se trouve dans un échange réciproque d'attentions et cette juste mesure de relations qu'on établit avec des personnes bien élevées. En les voyant fréquemment et en s'essayant à les imiter, on contracte leurs habitudes, on devient poli comme elles; et par-là les affections se préparent, les convictions deviennent plus faciles, chacun peut conserver le rang que ses qualités lui ont fait obtenir.

Mais pour qu'il en soit ainsi, il ne faudrait pas que la politesse tombât dans l'affectation et les façons singulières. Cela rend encore plus ridicule et plus désagréable que la grossièreté. Et pourtant c'est ce qui arrive à certains esprits médiocres et rampants, qui, s'imaginant, comme on l'a prétendu du reste, que la politesse est la vertu des grands, et qu'on n'en tient compte qu'à eux seuls, veulent absolument se faire leurs imitateurs serviles. Tel est le fat, qui, imitant leurs manières et cherchant à se faire remarquer par la convenance étudiée de son maintien, excite doublement la pitié par sa folie et sa présomption. (*A. Smith.*)

Il convient donc de garder toujours un juste milieu et de ne point pécher contre la vraie politesse, ni par excès, ni par défaut. Et c'est à cette seule condition qu'on peut dire d'elle : « La politesse est le complément de la civilisation. »

A ce propos, je dois faire remarquer que si on appelait politesse les formes de la galanterie du siècle de Louis XIV, certes les hommes de l'antiquité n'en auraient pas eu la moindre idée. Cependant, est-il des modèles plus imposants, que l'histoire et l'imagination puissent offrir à l'admiration des siècles.

Nous avons vu ci-devant (Art. Civilité) que toute personne bien née, civile, aimait à rendre à autrui les égards qui lui sont dus; et que La Bruyère voulait que cette vertu de société consistât en une certaine attention à faire que, par nos paroles et par nos manières, tout le monde fût content de nous. Je n'y vois aucune difficulté : au contraire, je trouve qu'il y a beaucoup à gagner à suivre ce principe, basé du reste sur la plus exquise politesse et sur le sentiment des convenances.

Les mots *civilité* et *politesse* sont-ils synonymes? On a prétendu que non; c'est-à-dire que certains moralistes ont avancé que l'un dit plus que l'autre, et même signifie autre chose. A les entendre, la politesse consiste dans le désir de paraître poli et de se rendre agréable ; tandis que la civilité consisterait, au contraire, en un sentiment qui naît de la crainte d'être considéré comme un homme grossier, sans éducation, si on manque aux convenances.

D'après cela, on ne serait civil que par déguisement; et c'est peut-être à cause de cette particularité que Fléchier définissait la civilité : « un commerce de mensonges ingénieux pour tromper. » Et comme elle exige dans la pratique une connaissance exacte des bienséances, on dit encore que la civilité empêche de mettre à jour ses vices.

Jusque-là je ne vois pas trop quelle différence il y a entre la civilité et la politesse, ces nuances diverses étant par trop semblables pour les distinguer, alors surtout que la civilisation a fait tant de progrès.

Sans doute qu'à ces époques d'ignorance, où l'on distinguait les grands seigneurs du reste des hommes par l'élégance de leurs manières, on pouvait vouloir établir des distinctions de mots, comme on établissait des distinctions de classes. Alors, peut-être, on pouvait prétendre, à tort ou à raison, consacrer le mot politesse à l'usage des gens de qualité ou de la cour, et laisser le terme civilité à la disposition des personnes d'une condition inférieure et au plus grand nombre des citoyens; mais aujourd'hui que, je le répète, grâce aux progrès de la civilisation, on trouve des individus très-bien élevés même parmi les hommes sortis des derniers rangs de la société, je trouve ces distinctions par trop futiles pour les conserver. Disons, toutefois, que la vraie politesse est franche, sans apprêt, sans étude, sans morgue, et part du sentiment intérieur de l'égalité naturelle; qu'elle est la vertu d'une âme simple, noble et bien élevée, et ne consiste réellement qu'à mettre à leur aise ceux avec qui l'on se trouve : au lieu que la civilité, bien différente, est pleine de procédés sans attachement et d'attentions sans estime. La première est assez commune, la seconde extrêmement rare. On peut être poli sans être civil, et civil sans être poli : ce ne serait donc pas absolument la même chose que politesse et civilité. Néanmoins, je le répète, doit-on s'arrêter à ces différences pour ne point les regarder comme synonymes?

Quoi qu'il en soit, nous ferons remarquer qu'il ne faudrait pas confondre la vraie politesse, celle qui est franchement sentie et exprimée, avec la fausse politesse ou la politesse affectée : ce serait confondre la vérité avec la dissimulation, un vice très-commun avec une vertu. Celle-ci est la ceinture de Vénus, qui embellit et donne des grâces à tous ceux qui la portent; ou, comme disait Isabelle de Castille : « Les manières polies sont de perpétuelles lettres de recommandation pour celui qui les a; celle-là est un masque gracieux qui cache la laideur et la difformité. »

Il faut donc s'habituer dès l'enfance à la plus exquise politesse. N'oubliez jamais que si elle était en concurrence avec la vérité, et qu'il fallût nécessairement choisir entre elles deux, au risque de déplaire, mieux vaudrait renoncer à plaire et à se montrer poli, plutôt que de sacrifier la vérité au désir d'être ou de paraître agréable.

N'oublions pas non plus que c'est une faute contre la politesse que de louer immodérément, en présence de ceux que vous faites chanter ou toucher un instrument, quelque autre personne qui a ces mêmes talents; comme devant ceux qui vous lisent leurs vers, un autre poëte. Cela fait supposer à l'exécutant ou au lecteur un rapprochement ou une comparaison qui n'est pas à son avantage, à moins qu'on n'ajoute, pour correctif obligé, que l'expression et la voix du chanteur etaient moins remarquables, que les vers du poëte loué sont moins harmonieux et moins riches de pensées et d'imagination. Sans cette attention, l'artiste et le versificateur se sentiront blessés, car vous aurez été impoli à leur égard.

Disons enfin que la politesse est l'expression ou l'imitation des vertus sociales : c'en est l'expression si elle est vraie, et l'imitation si elle est fausse. Et comme les vertus sociales sont celles qui nous rendent utiles et agréables à ceux avec qui nous vivons, un homme qui les posséderait toutes aurait nécessairement la politesse au souverain degré.

Mais comment arrive-t-il qu'un homme d'un génie élevé, d'un cœur généreux, d'une justice exacte, manque de politesse? tandis qu'on la trouve dans un homme borné, intéressé et d'une probité suspecte. C'est que le premier manque de quelques-unes des qualités sociales qui nous rendent polis, telles que la prudence, la discrétion, la réserve, l'indulgence pour les défauts et les faiblesses des hommes, et surtout la tolérance, une des premières vertus sociales, qui nous prescrit de tolérer dans les autres ce qu'on doit s'interdire à soi-même. Au contraire, le second, sans avoir aucune vertu, a l'art de les imiter toutes : il sait témoigner du respect à ses supérieurs, de la bonté à ses inférieurs, de l'estime à ses égaux, et les persuader tous qu'il en pense avantageusement, sans avoir aucun des sentiments qu'il imite.

Avouons qu'on les exige si peu aujourd'hui, que l'art de feindre est ce qui constitue la politesse de nos jours, et cela malgré la remarque qu'avait faite, il y a déjà longtemps, Duclos, que : « Cet art est souvent assez ridicule et assez vil pour être donné pour ce qu'il est, c'est-à-dire pour faux. » Ne dirait-on pas que c'est écrit d'hier?

POLITIQUE (qualité ou défaut). — On appelle politique tout individu qui déguise ses pensées et ses actions avec tant d'art et d'habileté, qu'il assure ainsi, le plus souvent, la réussite de ses desseins. *Voy.* à l'art. DÉGUISEMENT ce qui est relatif au politique.

POLTRONNERIE (défaut). — Comme il en a été question à l'article LÂCHETÉ, *voyez* cet article

PRÉCIPITATION (défaut). — PRÉCIPITATION se dit d'une trop grande promptitude ou activité dans nos actes et nos déterminations.

Il est donc deux manières d'agir avec précipitation : l'une, qui s'applique au jugement que nous portons d'une chose, naît de l'irréflexion et devient une cause fréquente d'erreur; l'autre, qui s'attache à nos actions et tient à la vivacité de notre caractère, nous fait faire bien des sottises.

En conséquence, il est toujours dangereux d'agir avec PRÉCIPITATION; et c'est à cause de cela qu'elle est considérée comme un défaut.

Disons toutefois que ce défaut est pardonnable dans tous les cas où on n'aurait pas le temps de réfléchir avant que de se prononcer, comme cela arrive parfois dans certaines circonstances où il faut forcément prendre une détermination sur-le-champ, sans se donner le temps de la réflexion; mais hors ces cas exceptionnels, rien ne la justifie.

Quoi qu'il en soit, voulez-vous éviter les dangers de la précipitation? réfléchissez longtemps et attentivement avant que d'agir.

PRÉCISION et JUSTESSE (qualités). — Je rapproche et confonds ces deux mots dans un même article, quoiqu'ils ne soient pas parfaitement synonymes, parce que tous les deux s'appliquent également au même objet, c'est-à-dire à nos paroles et à nos écrits.

La logique veut l'emploi simultané de l'un et de l'autre : de la PRÉCISION, qui consiste à ne rien dire d'inutile, et de la JUSTESSE, qui empêche de donner dans le faux. Elle l'exige, parce qu'avec l'une, qui est l'effet d'une instruction solide, on se renferme toujours dans son sujet; tandis que par l'autre, qui tient à un bon jugement, on en saisit le véritable point de vue et on reste dans le vrai. Elles sont donc également nécessaires; mais celle-ci étant le fruit de l'étude, le résultat ou le produit d'une réflexion profonde, elle ne le cède en rien à celle-là, qui, étant un don naturel, en a moins de mérite. Néanmoins, du moment où toutes les deux sont également utiles, il faudra les cultiver également.

PRÉSOMPTION (défaut). — Se flatter d'avoir les vertus ou les qualités qu'on n'a pas, c'est être présomptueux; la *présomption* ne consiste donc pas à croire posséder de grands talents, quand on en a réellement, mais à se tromper dans la bonne opinion qu'on a de soi-même; de telle sorte que celui qui se flatte et se trompe beaucoup est très-présomptueux; au lieu que qui se trompe peu l'est peu.

Mais qu'on soit peu ou beaucoup présomptueux, la présomption est toujours blâmable. Pourquoi? parce qu'elle est la conséquence de toutes les nuances de l'orgueil, celui qui en est plein débordant pour ainsi dire par une surabondance d'actes ou de paroles. Il ne doute de rien ; aucune difficulté ne l'arrête; il ne se donne pas même la peine de les examiner ; d'ailleurs, son aveuglement l'empêcherait de les reconnaître. Il estime son pouvoir à l'égal de son vouloir; il tente ce qui dépasse ses forces, parce qu'il s'estime au delà de ce qu'il vaut, et, dans le fait, il reste toujours au-dessous de ce qu'il entreprend. L'expérience seule avec ses mécomptes peut lui apprendre à en rabattre et à le corriger ou au moins à le mater; mais cela n'arrive presque jamais. Aussi Pline a-t-il considéré la présomption comme la perte de l'homme et la mère nourrice des plus fausses opinions publiques et particulières ; vice toujours naturel et originel de l'homme. Pourtant, cette présomption se doit considérer en tout sens, haut, bas et à côté, dedans et dehors pour le regard de Dieu; choses hautes et célestes, basses, des bêtes, de l'homme son compagnon, de soi-même ; et tout revient à deux choses : s'estimer trop et n'estimer pas assez autrui.

Néanmoins, avant que de condamner également la présomption il faut avoir égard à certaines considérations qui peuvent modifier notre jugement. Ainsi un sot, qui se croit un bon esprit, n'est pas moins présomptueux qu'un bon esprit qui se croit un génie supérieur ; cependant le sot nous choque moins par ses prétentions qu'un homme d'esprit. Ils se trompent l'un et l'autre, il est vrai, mais le premier pèche par ignorance et le second par fatuité ; il faut donc mépriser celui-ci et plaindre celui-là.

De même, sans être un sot ni un bel esprit, le jeune homme, qui ne sait point encore qu'il a peu d'idées, pourra se prévaloir du peu qu'il sait. Il a peu d'idées, disons-nous ; mais comment l'aurait-il appris? Il ne peut se comparer à ce qu'il sera un jour, il ne peut même encore le devenir. Il se compare à ce qu'il a été. La masse de ses acquisitions lui paraît considérable, et il se croit capable de juger de l'ensemble d'un sujet. C'est ce qui donne fréquemment à ses discours et à ses écrits ce ton de présomption dont on lui fait justement un sujet de reproche.

C'est pourquoi, comme la présomption a tant de hauteur et si peu de base, elle est bien facile à renverser (*Madame de Staël*); ce qui tient peut-être aussi à ce qu'elle a pour compagne l'inexpérience.

Dans tous les cas, ce défaut naît de l'habitude où l'on est d'admirer et d'applaudir les enfants ; aussi est-il ordinaire de le rencontrer dans la jeunesse et chez les hommes d'un esprit borné.

Pour en prévenir le développement chez tous ceux en qui la raison est assez avancée, il faut, s'ils veulent juger de quelque chose sans le bien savoir, les embarrasser par quelque question nouvelle, afin de leur faire sentir leur faute et les confondre rudement....; leur témoigner qu'on les approuverait bien plus quand ils doutent et qu'ils demandent ce qu'ils ne savent pas, que quand ils décident le mieux....; leur faire sentir, à mesure que leur intelligence se fortifie, qu'ils apprennent chaque jour des choses nouvelles et qu'ils en ont beaucoup à apprendre. (*Fénelon*.)

PRESSENTIMENT (sentiment). — Fruit de la crainte ou de l'espérance, le *pressentiment* est une espèce de divination fondée généralement sur des motifs aussi futiles que frivoles. Néanmoins, bien des individus y croient et se persuadent que la tristesse qu'ils éprouvent est l'annonce d'un malheur qui va prochainement les frapper; tout comme leur gaieté serait le présage d'une bonne nouvelle.

Avec un peu plus de réflexion d'une part, et moins d'ignorance d'autre part (car ce sont généralement les gens sans instruction ou les personnes qui ne réfléchissent pas, qui croient aux pressentiments), chacun pourrait reconnaître que notre gaieté ou notre tristesse, en certains moments, proviennent le plus souvent de la bonne ou de la mauvaise disposition de nos organes, leurs fonctions régulièrement et facilement accomplies, ou bien momentanément affaiblies et troublées, occasionnant l'un ou l'autre de ces sentiments. De là, pour les esprits crédules, les bons ou les mauvais pressentiments.

C'est chose dont nous devrions tous être persuadés, que cette origine des pressentiments; et nous y gagnerions beaucoup, vu que du moment où cette conviction aurait pénétré dans tous les esprits, adieu la foi dans les pressentiments. D'ailleurs, n'est-ce pas que les passions morales systaltiques disposent notre âme à la tristesse, au lieu que les passions stimulantes ont un effet opposé? Or, s'il en est ainsi, peut-on croire que la tristesse soit un pressentiment?

Reste que la faiblesse d'esprit, l'ignorance et la sottise, étant les sources les plus communes de la foi dans les pressentiments, c'est en tarissant ces sources qu'on desséchera le cours des idées qu'elles alimentent.

PRÉVENTION (défaut), PRÉVENU. — On peut définir la prévention, un jugement admis sans examen, sur les qualités, le mérite ou les opinions d'autrui.

En général la prévention est le défaut des sots, qui, au lieu d'en appeler au jugement des hommes supérieurs, adoptent aveuglément tout ce qu'on leur présente de nouveau et le trouvent bien, admirable, sans se donner la peine de l'examiner ; ou qui, s'ils le considèrent, ce sera avec un esprit déjà prévenu qui, par conséquent, cherchera dans les expériences qu'ils tenteront ou dans les livres qu'ils parcourront, non à s'éclairer, mais à découvrir ce qui peut confirmer l'idée préconçue à laquelle ils se sont arrêtés. Ainsi on raconte l'histoire d'un prêtre et d'une vieille folle qui, regardant à travers une lunette, apercevaient, l'un les clochers de sa cathédrale et l'autre des amours qui voltigeaient dans les airs..... : c'est l'histoire de tous les gens prévenus.

Les personnes qui se passionnent aisément sont soumises à l'empire de la prévention ; aussi est-ce sur la jeunesse surtout qu'elle exerce son pouvoir. Ce n'est pas qu'elle ne devienne plus tenace encore à mesure qu'elle vieillit davantage; mais cela ne change rien à notre proposition. Toujours est-il que j'ai connu des jeunes hommes tout comme des gens d'un âge mûr (et j'en connais encore), qui sont tellement prévenus en faveur d'un journal et en mal d'un autre, qu'ils soutiendront avec acharnement n'importe quel principe, fût-il absurde, par cela seul qu'un tel l'a dit, et repousseront au contraire le meilleur projet par cela seul qu'un tel l'aura proposé. Ces politiques habiles se font tous les matins l'opinion de la journée en parcourant leur journal favori, et ils n'en démordent pas. Essayez de leur faire trouver faux un fait controuvé, ils vous répondront : Si demain il est démenti dans mon journal, je dirai que vous avez raison.

La même prévention s'applique à peu près à tout, parce que, loin d'agir comme l'homme bien intentionné, qui, s'il a de l'esprit, cherche à s'éclairer par la lumière qui jaillit de la diversité des opinions et peut ensuite, par un raisonnement sage, réformer ou perfectionner la sienne, l'homme prévenu s'arrête inconsidérément ou bêtement à l'idée que tel ou tel individu cherche à faire prévaloir; et sans l'avoir pesée, quand il le pourrait, il l'adopte aveuglément et y reste attaché. Que sera-ce si l'idée lui appartient ?

Après ces considérations générales, il est inutile, je pense, de désigner quel est, de l'homme instruit ou de l'homme prévenu, celui que nous devons imiter ?

PRÉVOYANCE (qualité avantageuse). — C'est un acte de l'esprit par lequel on conjecture d'avance ce qui peut arriver, suivant le cours naturel des choses

La prévoyance est une qualité d'autant plus précieuse que nous ne sommes que trop disposés généralement à compter sur les événements favorables que l'homme peut rencontrer sur sa route ; et comme rien n'est si trompeur que l'espérance, il faut aussi bien prévoir les maux que les biens de la vie ; sans cela nous verrons se dissiper une à une nos plus douces illusions, tout comme des circonstances imprévues venir ranimer notre courage qui n'aurait pas dû s'affaiblir

A plus forte raison ne faudrait-il pas nous rendre malheureux par trop de prévoyance (Le roi Stanislas), celle-ci, poussée trop loin, dégénérant en PUSILLANIMITÉ (Voy. ce mot)

La bonne prévoyance est celle qui est le fruit du raisonnement appliqué à l'étude des faits accomplis, des événements antérieurs et du caractère ou de l'aptitude des hommes ; c'est elle seule qui doit faire notre force. Je veux bien que la sécurité, qui vient de la raideur de l'âme contre les obstacles et de l'habitude à envisager les revers, soit le plus ferme soutien de la vie; mais le calme que donne l'espérance est trompeur comme elle, je le répète, et aussi passager que le vent qui le trouble. Il faut donc tout prévoir, le bien et le mal, la félicité et le malheur, la grandeur et l'abaissement, l'opulence et la misère, pour préparer notre âme à tous les événements, et faire que la résolution suive de près le besoin pressant de l'occasion. « Mais quant à ceux qui s'endorment dans les bras d'un doux espoir, éloignent de leurs yeux tout ce qui pourrait écarter leurs songes enchanteurs, ceux-là n'auront qu'une âme faible, inégale, errante et sans appui. (Bacon.) Malheur à eux ! »

PROBE, PROBITÉ (vertu). — La probité, comme l'honnêteté, est un attachement à toutes les vertus civiles : c'est l'habitude des bonnes actions. Je dis habitude, parce que ce n'est pas une seule action honnête non plus qu'une seule idée ingénieuse qui nous obtiennent le titre de vertueux ou de spirituel. On sait qu'il n'est pas d'avare qui ne se soit une fois montré généreux ; de libéral qui n'ait été une fois avare ; de fripon qui n'ait fait une action louable, d'homme enfin qui, si l'on rapproche certaines actions de sa vie, ne paraisse doué de toutes les vertus et de tous les vices contraires. Il faut donc l'habitude des actions utiles pour constituer la probité

On voit par ces quelques mots que l'observance de tout ce que les lois exigent, de ce que les mœurs recommandent, de ce que la conscience inspire, de toutes les règles enfin renfermées dans cet axiome si connu et si peu développé : *Faites à autrui ce que vous voudriez qui vous fût fait;* tout comme l'observation exacte et précise de cette maxime : *Ne faites point à autrui ce que vous ne voudriez pas qui vous fût fait*, constituent la probité. Or, comme elles constituent aussi l'honnêteté, honnêteté et probité seraient donc synonymes?

Ils le sont en effet; aussi me bornerai-je à citer quelques faits historiques qui suffiront à compléter l'un et l'autre article.

Le sénat était courroucé contre Fabius Maximus, pour la convention qu'il avait faite avec Annibal touchant les prisonniers de guerre. Ils étaient restés d'accord que l'on échangerait homme pour homme, ou bien qu'on donnerait deux cent cinquante drachmes d'argent par tête, si les uns en avaient plus que les autres. Or, quand l'échange eut été ainsi fait, il se trouva qu'Annibal avait encore de reste deux cent quarante Romains ! ce que voyant, le sénat refusa de donner l'argent et blâma fortement Fabius d'avoir fait cet accord peu honorable et peu profitable à la chose publique pour racheter des gens qui, par lâcheté, s'étaient laissé prendre. Fabius supporta avec dignité le courroux du sénat; mais esclave de sa parole et n'ayant point d'argent, loin d'abandonner ses concitoyens retenus prisonniers, il envoya son fils à Rome avec la procuration pour vendre ses terres et lui en apporter l'argent incontinent. Le jeune homme y alla, vendit les héritages de ses pères et se rendit immédiatement au camp où les prisonniers furent rachetés en remettant leur rançon à Annibal. Plusieurs de ceux qu'il avait rachetés voulurent plus tard lui rembourser la somme qu'il avait avancée pour chacun d'eux, mais il ne voulut jamais y consentir. (*Plutarque*.)

La France a eu, elle aussi, son Fabius, dans la personne du général de Brissac, qui, sous le rapport de la délicatesse, du désintéressement, de la probité en un mot, ne le cédait pas à Fabius Maximus. Voici un fait qui le prouve.

Les troupes, victorieuses dans le Piémont, pendant dix ans sous Brissac, voyant qu'on abandonne le fruit de leurs travaux et qu'on les réforme, demandent, du ton de la sédition, où elles trouveront du pain. — Chez moi tant qu'il y en aura, répondit le général.

Les marchands de pain, qui, sur la parole de Brissac, avaient fait des avances à l'armée, conjurent cet homme illustre d'avoir pitié d'eux. Il se dépouille de tout ce qu'il a pour les soulager, et se rend avec eux à la cour de France. Les Guise, qui étaient les maîtres absolus du royaume, ne montrant pour ces malheureux qu'une compassion stérile, le maréchal de Brissac dit à sa femme; « Voilà des gens, madame, qui ont hasardé leur fortune sur mes promesses : le ministre ne veut pas les payer, et ce sont des gens perdus. Remettons à un autre temps le mariage de mademoiselle de Brissac, que nous nous disposons à faire, et donnons à ces infortunés l'argent destiné pour sa dot. » L'âme de la maréchale se trouve aussi sensible, aussi élevée que celle de son mari. Avec la dot et quelques autres sommes que l'on emprunte, Brissac parvient à faire la moitié de ce qui est dû aux marchands, auxquels il donne des sûretés pour le reste. C'est couronner dix ans de victoires bien héroïquement

PRODIGALITÉ (défaut), PRODIGUE. — On a pu remarquer, à l'article GÉNÉROSITÉ, quelles sont les différences qu'il y a entre être généreux et être prodigue, et comment on devient l'un et l'autre. J'aurais donc pu me borner maintenant à renvoyer le lecteur à ce qui a été dit à l'article sus-mentionné; mais j'ai voulu m'arrêter un instant à parler de la prodigalité, afin de réparer une omission involontaire.

Elle a pour objet cette vivacité de caractère et cette sensibilité de tempérament qui font que la jeunesse s'abandonne à cette prodigalité inconsidérée, qui n'est point la générosité. Celle-ci, qui est un penchant de toute âme sensible vers la douceur de soulager l'infortune et de répandre le bonheur autour d'elle, se mêle souvent aux dépenses du jeune homme, mais souvent elle en est séparée : tandis que l'extrême désir qui l'entraîne vers une jouissance ne lui permet pas de calculer les moyens qui la procurent. Peu inquiet des besoins d'un avenir ou même d'un lendemain auquel il ne pense pas, il ne craint que de manquer l'occasion de se satisfaire, et il se presse, à quelque prix que ce soit, de saisir cette occasion.

On conçoit qu'il y a loin de là à cette prodigalité froide et calculée de certains prodigues, et que bien moins coupables qu'eux; ils ne méritent point une censure aussi sévère. D'ailleurs, l'âge, en amortissant la vivacité et émoussant la sensibilité des uns, peut les guérir de ce travers, sur lequel du reste la réflexion peut acquérir un bien grand empire, au lieu que les autres sont incorrigibles. Donc on peut admettre plusieurs catégories de prodigues, et c'est ce que j'ai voulu constater.

PRUDENCE (vertu), PRUDENT. — Fille du discernement et de la sagesse, la *prudence* est la droite raison naturelle appliquée à la conduite de la vie.

L'homme prudent sera donc celui qui, connaissant les lois de la morale et de la religion, les usages du monde et certaines convenances particulières, règle dans sa prévoyance raisonnée la mesure de ses rapports avec ses semblables, c'est-à-dire ce qu'il convient qu'il fasse ou ne fasse point.

Ce n'est donc pas sans raison que Cicéron a dit : *Il n'y a pas de vertu sans prudence*. Et pourtant de La Chambre n'en fait pas un sentiment aussi élevé qu'on pourrait le supposer d'après les avantages que chacun retire de la prudence. Pour lui c'est une qualité amphibie, qui communique avec la vertu et le vice, et dont tout le secret est de connaître ce que sont les autres, ce qu'ils peuvent, et ce qu'ils désirent, afin de savoir comment on doit agir avec eux.

Je suis loin de contester que la plupart des gens savent dissimuler avec prudence, et se servent de celle-ci pour mieux cacher à tous les yeux leurs défauts, leurs vices et les infâmes manœuvres qu'ils mettent en usage pour nous tromper; mais cela empêche-t-il que la prudence, considérée en elle-même, soit une qualité parfaite? D'autre part, Esprit commence par dire que la prudence n'est pas une vertu, et sa raison est qu'elle est trompée. C'est comme si l'on disait que César n'était pas un grand capitaine, parce qu'il a été battu à Dyrrachium

Si Esprit eût été philosophe, il n'aurait pas examiné la prudence comme une vertu, mais comme un talent, comme une qualité utile, heureuse, car un scélérat peut être très-prudent.

Je vais plus loin, et je demande si, parce que le filou qui, dans la crainte d'être découvert, attend un moment plus favorable pour commettre le vol qu'il médite, et fait servir la prudence à son amour pour la rapine; si, dis-je, on doit en conclure que sa prudence, en tant que voleur, n'est pas une qualité à son usage? De ce qu'un homme de mauvaises mœurs se servira d'une bonne qualité quelconque pour masquer ses défauts, ses vices ou les crimes dont il s'est rendu coupable, s'ensuit-il que cette bonne qualité perde toute sa valeur? La prudence, dit-on, est la mère de la sûreté : or, s'il en est ainsi, et si, mise en usage par tous les hommes, elle ne change pas pour cela de nature, est-elle donc autre chose qu'une vertu?

Cette seule condition doit servir à la distinguer de la FINESSE, avec laquelle bien des gens la confondent. A la vérité, elles viennent l'une et l'autre de la même source, la réflexion; l'une et l'autre arrivent au même but, celui de nous faire réussir dans nos projets; mais la PRUDENCE agit par sagesse, et la FINESSE par dissimulation. Dès lors ce n'est plus un même sentiment.

Reste qu'il n'y a rien de si sujet à être trompé que la prudence humaine, et cela devait être, car « ce qu'elle espère lui manque, ce qu'elle craint s'écoule, ce qu'elle n'attend point lui arrive. » Dieu tient son conseil à part : ce que les hommes ont délibéré d'une façon, il le résout d'une autre. Ne nous rendons donc pas malheureux devant le temps, et peut-être ne le serons-nous point du tout. C'est une maxime fort célèbre en médecine, *qu'ès maladies aiguës*, les prédictions ne sont jamais certaines; ainsi est-il aux plus furieuses menaces de la fortune : tant qu'il y a vie, il y a espérance : l'espérance demeure aussi longtemps au corps qu'à l'esprit. (*P. Charron.*)

Ainsi, quoi qu'en pensent certains individus, qui prêchent par irréflexion, nous devons être prudents dans tous les actes de notre vie, attendu que la prudence s'attire l'admiration quand elle réussit, et l'estime même quand elle ne réussit pas.

Un des conseils que la prudence donne aux femmes, c'est de ne point rechercher la société des hommes, principalement quand elles sont parées, à cause des mauvaises suites qu'une pareille conduite peut entraîner. (*Théophraste-Coray.*)

Malheureusement c'est un conseil qu'elles n'écoutent guère. Pourquoi? parce que les femmes ne peuvent porter dans leurs réflexions une grande opiniâtreté, et manquent ordinairement de prudence. C'est pour cela qu'on a cru pouvoir la définir : le SENTIMENT DE L'AVENIR, ce sentiment ne pouvant se former et ne pouvant du moins être écouté aisément, lorsqu'il entre en concurrence avec un grand nombre de sensations présentes

Disons toutefois que la principale pruderie consiste à parler peu, à se défier bien plus de soi que des autres, mais point à faire des discours faux et des personnages brouillons. La droiture de conduite et la réputation universelle de probité attirent plus de confiance et d'estime, et par conséquent à la longue plus d'avantages même temporels, que les voies détournées. Combien cette probité judicieuse distingue-t-elle une personne, ne la rend-elle pas propre aux grandes choses !

PRUDE, PRUDERIE (défaut). — La pruderie est *l'imitation* de la sagesse. Je dis *l'imitation*, parce qu'une femme prude paye de maintien et de paroles : une femme sage paye de conduite : celle-là suit son humeur et sa complexion ; celle-ci, sa raison et son cœur . l'une est sérieuse et austère, l'aut e est, dans les diverses rencontres, ce qu'il faut qu'elle soit. La première cache des faibles sous de plausibles dehors, la seconde couvre un riche fonds, sous un air libre et naturel. La pruderie contraint l'esprit, ne cache ni l'âge ni la laideur; souvent elle les suppose. La sagesse, au contraire, pallie les défauts du corps, ennoblit l'esprit, ne rend la jeunesse que plus piquante, et la beauté que plus dangereuse. (*La Bruyère.*)

J'ai défini la pruderie l'imitation de la sagesse. Or qui dit *imitation* dit déguisement (voir ce mot), et pour nous c'est tout dire

PUDEUR, PUDIQUE (vertu). — Parmi les définitions que l'on a données de la *pudeur*, la plus juste, la plus complète est celle d'Abadie, qui l'a définie : Une honte naturelle, sage et honnête, une crainte secrète, un sentiment d'aversion pour les choses qui peuvent apporter de l'infamie.

Cette vertu, car c'en est une, a tellement de puissance, quand elle germe dans l'âme des femmes, qu'elle les fait passer par-dessus les outrages qu'on a pu diriger contre leur honneur.

C'est pourquoi la femme pudique préfère garder le silence sur celui qui a alarmé sa pudeur, plutôt que de raconter par quelles paroles ou par quelles actions son oreille ou ses yeux ont été blessés. Je ne m'étonne donc pas que J.-J. Rousseau, dans son enthousiasme pour un sentiment qui donne à la femme tant de force et de grandeur, se soit exclamé :

« Douce pudeur ! suprême volupté de l'âme, que de charmes perd une femme au moment qu'elle renonce à toi ! Combien, si elle connaissait ton empire, elle mettrait de sens à te conserver sinon par honnêteté, du moins par coquetterie. » Mais non, on se jouc aujourd'hui de la pudeur, sans réfléchir qu'il n'est pas d'artifice plus absurde et plus ridicule que celui de vouloir l'imiter. Et pourtant quel relief ne leur donnerait-elle pas! De là aussi les réflexions suivantes :

La pudeur d'une jeune personne est la fleur d'un tendre arbrisseau, qui promet d'excellents fruits. La faire tomber, c'est détruire le germe de mille vertus, trahir l'espoir de la société, outrager la nature. Que d'attentats à la fois! L'esprit du monde est un souffle brûlant qui, tous les jours, moissonne cette fleur précieuse. (*Variét. d'un philos. provincial.*)

La pudeur fait à la beauté ce que fait à une pièce de monnaie la marque du prince.

Il faut avoir une pudeur tendre. Le désordre intérieur passe du cœur à la bouche, et c'est ce qui fait les discours déréglés. Les passions même les plus vives ont besoin de la pudeur pour se montrer sous une forme séduisante. Elle doit se répandre sur toutes vos actions ; elle doit parer et embellir toute votre personne....., etc., etc. De tout temps les écrivains ont cherché à donner au peuple une haute idée de la pudeur; et, par exemple, on lit dans les mythologistes que Jupiter, voulant en faire apprécier la valeur, enferma les passions, donnant à chacune sa demeure. La pudeur fut oubliée par le maître des cieux, et quand elle se présenta, elle ne savait où se placer; on lui permit de se mêler à toutes les autres. Depuis ce temps-là elle en est inséparable; elle est amie de la vérité et trahit le mensonge qui ose l'attaquer. Elle est liée et unie particulièrement à l'amour; elle en est la compagne naturelle, souvent elle l'annonce et le décèle : il perd enfin de ses charmes dès qu'il s'en sépare. (*Madame Lambert.*)

Et qu'on ne croie pas que la pudeur est une allégorie, une chimère, un préjugé populaire, une tromperie des lois et de l'éducation; car, si l'on parcourt l'histoire des différents peuples civilisés, on verra qu'ils se sont tous accordés à élever des autels et à attacher le mépris à l'impudicité des femmes. Ah! c'est que la nature a parlé à toutes les nations; elle a établi la défense, elle a établi l'attaque, et ayant mis des deux côtés des désirs, des passions, elle a placé la témérité d'un côté, et de l'autre la honte. Quelles armes plus douces que la pudeur cette même nature eût-elle pu donner au sexe qu'elle destinait à se défendre? (*Burbeyrac.*)

La pudeur est un sentiment naturel que l'éducation conserve ou détruit. Il est naturel ce sentiment, puisque, du moment où Adam et Eve eurent touché à *l'arbre de la science*, ils s'aperçurent de leur nudité, et se voilèrent. Il se conserve ou se détruit par l'éducation; car j'ai connu des hommes mûrs et des vieillards qui, dans leur adolescence et toujours, se sont montrés très-pudiques, tandis que j'en ai vu beaucoup d'autres, et je le confesse à regret, c'était le plus grand nombre, qui affectaient une impudicité révoltante. D'où vient cette différence?

de la tendre sollicitude de certains parents pour leurs enfants, et de l'indifférence coupable de certains autres pères et mères pour les leurs.

Du reste, on a si bien compris tout ce que la pudeur mérite d'égards, de respect et de vénération de la part de tous les hommes, que l'honneur des femmes pudiques a été placé sous la protection des gens de bien (*J.-J. Rousseau*), qui, eux du moins, lui rendent de continuels hommages.

Quoi qu'il en soit, nous croyons que la pudeur est un sentiment instinctif, naturel; qu'elle ne meurt dans le cœur où elle existe que si on l'y étouffe; mais quand elle est perdue, elle ne revient pas plus que la jeunesse. Parfois les femmes qui ne l'ont plus s'en font une affectée qui s'effarouche bien plus vite que celle qu'elles avaient reçue de la nature. Nous avons mauvaise opinion de celles qui redoutent l'apparence d'un mot équivoque; la véritable pudeur ne marque pas tant de crainte des choses que l'innocence doit toujours ignorer.

Disons cependant que la pudeur, portée trop loin, a quelquefois des suites fort graves. Combien ne voyons-nous pas de femmes qui, par pudeur, laissent empirer des maladies fort légères dès le début, et qui ne se décident enfin à y porter remède qu'alors qu'il n'est plus temps!

Pour ma part, j'ai connu une femme jeune et belle, mariée à un mari libertin qui, dès le premier jour de ses noces, *l'infecta*. Cette malheureuse créature, retenue par un sentiment de pudeur insurmontable, supporta longtemps sans se plaindre les plus horribles souffrances ; mais vaincue par la douleur et par les sollicitations de sa famille, elle se décida enfin à appeler un médecin. Il n'était plus temps ; la maladie, devenue constitutionnelle, ne devait avoir pour terminaison qu'une horrible mort!

Les mères ne sauraient donc être trop attentives (quand elles forment leurs filles à la vertu et s'efforcent de les conserver pudiques) à leur faire comprendre de bonne heure que la morale et la religion les autorisent à écarter, dans les cas vraiment nécessaires, le voile qui couvre les infirmités humaines aux yeux d'un homme instruit et exercé à le soulever; qu'elles peuvent sans honte réclamer les lumières de son expérience dès que le mal se déclare, et que ce serait consentir à sa propre mort que d'attendre, pour y porter remède, que ses ravages ne puissent plus être réparés.

Assurément cette répugnance de la femme pudique est noble, digne ; et cependant n'est-elle pas excessive? C'est donc à vous, ô mères! que je m'adresse, et à vous aussi, confesseurs des femmes pieuses. Faites-leur une conscience droite; dites-leur que Dieu ne demande pas d'elles que par pudeur elles négligent un mal qui peut les précipiter dans la tombe, et que souvent leur position de famille et d'autres graves considérations leur imposent un devoir contraire.

Encore un mot sur les avantages de la

pudeur. On ne peut révoquer en doute l'influence de l'imitation sur les individus qui ont quelque prédisposition au suicide. Ces funestes épidémies sévissent ordinairement sur les deux sexes, et quelquefois sur un seul. On connaît l'histoire des filles de Milet, citée par Plutarque : « L'une d'elles se pendit ; aussitôt une foule d'autres se donnèrent la mort par le même moyen, et il fallut, pour arrêter les progrès effrayants de cette frénésie, que le sénat ordonnât que les cadavres des suicidés seraient *exposés nus sur la place publique.* » Dès ce moment l'épidémie cessa, tant était puissant chez les filles de Milet le sentiment de la pudeur.

PUÉRILITÉ (défaut). — La puérilité est un discours ou une action d'enfant.

On dit généralement que la sottise des pères et mères est de parler des puérilités de leurs enfants; heureuse sottise! qui montre combien ils y sont attachés, par la faute même qu'ils commettent, en mettant assez d'importance aux actions de l'enfance, pour en entretenir les autres, au hasard de les ennuyer. Les hommes de tout âge sont sujets à tomber dans la puérilité. On y tombe en cherchant à donner un air singulier et nouveau à ses pensées, en s'amusant à dire ou à faire des riens ; en un mot en s'occupant à tout ce qui marque peu de raison et de jugement, parce que généralement on manque de l'un et de l'autre ; c'est donc en formant la raison et le jugement des enfants, ou en fortifiant l'un et redressant l'autre chez les jeunes gens, les adultes et les gens âgés, qu'on les mettra à l'abri de faire ou dire des puérilités.

PURISTES. — On nomme *puristes* ceux qui affectent sans cesse une grande pureté de langage. Ces sortes de gens font une grande attention à ce qu'ils disent, et l'on souffre avec eux, dans la conversation, de tout le travail de leur esprit. Pétris de phrases et de petits tours d'expressions, concertés dans leurs gestes et dans leur maintien, ils ne hasardent pas cependant le moindre mot, quand ils devraient faire le plus bel effet du monde ; rien d'heureux ne leur échappe, rien chez eux ne coule de source et avec liberté ; ils parlent proprement et ennuyeusement ; ils sont puristes, en un mot. (*La Bruyère.*)

La dénomination de puriste est toujours prise en mauvaise part et ne s'applique guère qu'au langage ; hors ce cas, le purisme devient une qualité fort précieuse, la pureté de style étant un des premiers mérites de l'écrivain. Mais, quant au purisme parlé, comme il est le résultat de l'amour-propre *malentendu*, il est passible de tous les reproches que j'ai adressés à ce dernier. *Voy.* AMOUR-PROPRE.

PUSILLANIME, PUSILLANIMITÉ (défaut). — Il y a dans la société des hommes qui, par système, n'ont d'avis sur rien, et qui ne craignent rien tant que d'avoir à se prononcer. Ils sont de l'avis de tout le monde, pour ne se commettre avec personne ; et ils tremblent d'avoir une opinion, parce qu'il faudrait la soutenir. Dans les affaires, ils n'ont jamais le courage de prendre une résolution ; ils louvoient entre les partis, tâchant de garder le milieu, ne tenant pas devant les oppositions, et cherchant à les accommoder. Auprès de ces hommes, le plus fort a toujours raison ; ils sont ordinairement de l'avis de celui qui parle le dernier. Ils craignent par-dessus tout de s'engager de manière à n'être plus maître de leurs mouvements ni de leur avenir. On voit de nos jours une multitude de lâches de cette espèce. Rien ne rétrécit plus le cœur et l'esprit, l'âme en est rapetissée, diminuée, et c'est ce qu'indique l'expression de PUSILLANIME (*pusilla anima*)

J'ai dit que l'absence de courage était habituelle ou passagère, parce que, malgré que la pusillanimité soit un défaut naturel, inhérent à notre nature, il y a cependant bien des personnes qui ne sont pusillanimes que dans certaines circonstances. Et par exemple, combien n'en voit-on pas qui ont de la force de cœur, de l'esprit, du courage dans l'âme, de la fermeté dans le caractère, et qui néanmoins, à la moindre indisposition, perdent toutes ces éminentes qualités ! Combien d'esprits supérieurs qui, à la moindre maladie, deviennent pusillanimes ! qui, inquiets, agités, tremblants, craignant tout ce qui les environne, se croient menacés de quelque accident imprévu, voient la mort se dresser devant eux comme un fantôme terrible, toujours prête à les frapper !... De là cette définition donnée par Théophraste : « La pusillanimité est cet état de l'âme qui se sent découragée à la vue du péril. » Cela est d'autant plus exact que j'ai connu un brave général, ayant conquis tous ses grades à la pointe de son épée, il avait été soldat, qui, sitôt qu'il était malade, devenait d'une pusillanimité telle, que la vue d'une lancette approchant de son bras le faisait tomber en syncope. J'aimerais mieux en ce moment affronter un bataillon, disait-il à son médecin, que vous et votre instrument.

La pusillanimité, avons-nous dit, est ou permanente ou passagère ; passagère, elle disparaît avec la cause qui l'a produite, et ne doit donc pas nous occuper ; permanente, elle tient à la faiblesse d'esprit et au manque de courage ; il faut donc fortifier l'un et donner l'autre.

Q

QUERELLE (défaut), QUERELLEUR. — Un querelleur est un individu que la nature a traité en marâtre, et en qui des parents faibles ou ignorants ont laissé se développer un mauvais caractère et des sentiments bien plus mauvais encore. Aussi ne peut-il vivre avec personne, même avec les gens les plus pacifiques.

Qui dit querelle veut indiquer un débat, une dispute, une contestation, qui commence souvent par des mots, et finit quelquefois par des provocations, une rixe, une lutte, un combat, des blessures ou la mort.

Les jeunes gens mal élevés et les étourdis sont très-sujets à ce défaut. La plupart d'entre eux se querellent le plus souvent pour des futilités, des misères, des riens; on en voit même qui attaquent les gens qui ne leur disent mot. Et dire que de tels individus sont tolérés dans la bonne société, où ils mettent le trouble, le désordre et la désolation!

Il est vrai qu'ils sont quelquefois les premières victimes de leur méchanceté ou de leur étourderie; que leur importe: la leçon reçue, s'ils n'en meurent pas, après bien des efforts pour se corriger, après bien des tentatives, bientôt la nature reprend le dessus, et ils se querellent de plus belle. On dirait qu'ils veulent réparer le temps perdu! C'est pourquoi on aurait tort d'attendre du temps et de la connaissance des hommes la guérison d'un mal qui peut faire chaque jour de nouveaux progrès.

J'ai dit qu'on était querelleur par nature; je dois ajouter que l'on peut l'être aussi par calcul. Aussi, quoiqu'on ait généralement reconnu que se quereller est la pratique d'un sentiment malhonnête, sentiment si bas qu'on ne saurait l'appliquer qu'à de mauvaises actions, il arrive très-fréquemment à tel riche, par exemple, de quereller un malheureux pour se dispenser de le secourir; et à tel autre, qui aura fait une mauvaise action, de se hâter d'aller chercher querelle à celui à qui il aura nui ou voulu faire du tort, afin d'éviter d'être querellé. C'est infâme, mais qu'y faire, si le querelleur a ce travers?

Qu'y faire? Voulez-vous, hommes de bien, hommes honnêtes et pacifiques, voir diminuer insensiblement le nombre des querelleurs, déjà bien diminué depuis notre excellente loi sur le duel? Fuyez ceux qui ont toujours la dérision, la satire, l'insulte ou la menace sur les lèvres, sinon disposez-vous toujours à céder et à vous taire; ce qu'un homme de cœur ne fait jamais, ce qu'un poltron ne fait qu'à sa honte. Par le silence et la douceur, vous pouvez désarmer le querelleur qui, n'ayant pas d'aliment à son mauvais penchant, s'éloignera probablement lui-même et vous laissera en paix. Mais, pour plus de sûreté, fuyez-le; car le querelleur est une peste qui infecte ou tue tout ce qui l'approche.

Ou si l'on voulait entreprendre de le guérir, il faudrait qu'une mère, une femme, un prêtre, se chargeassent de ce soin. Quelque mauvaise tête qu'il fût, le querelleur n'oserait insulter la femme qui voudrait le rendre meilleur, et respecterait, s'il n'avait pas perdu toute sa dignité d'homme, le caractère du sage qui, en travaillant à lui reformer ses mœurs, voudrait assurer son bonheur et celui de l'humanité, dans laquelle le querelleur sème toujours la division.

QUIÉTUDE (sentiment). — Plusieurs auteurs se sont servis de ce mot pour désigner cette tranquillité de l'âme et ce repos de l'esprit qui naissent du témoignage de la conscience et de l'entière privation de tout chagrin.

Si on prenait à la lettre la définition que je viens de donner de la quiétude, il y aurait peu d'instants dans la vie où nous pourrions goûter les douceurs ineffables de ce sentiment, attendu qu'il n'est pas dans la nature de l'homme, de vivre exempt de tout chagrin. Il est même si disposé à s'en créer, que, quand il n'a pas des chagrins personnels, il épouse ceux des autres: combien, en effet, n'en éprouverons-nous pas, si nous sommes compatissants à la vue de tant de malheureux, au souvenir de tant d'infortunes que nous ne pouvons soulager! Combien ne souffrons-nous pas, si nous sommes bons patriotes, en voyant les citoyens divisés d'opinion, d'intérêts, chacun pensant à soi et négligeant l'intérêt général; aussi froid qu'égoïste, faisant tout converger vers un centre qu'on nomme le moi, et s'engraissant de la dette publique, tout en affichant le sentiment le plus désintéressé, etc., etc.

C'est pourquoi je ne voudrais pas qu'il fallût ABSOLUMENT que l'individu fût entièrement privé de tout chagrin, qu'il éprouvât un bien-être *absolu* pour goûter ce qu'on nomme la quiétude; c'est-à-dire que je bornerais le bien-être exigé à cette tranquillité de l'âme et de l'esprit, témoignages certains d'une conscience pure. Celle-là pouvant se montrer chez le chrétien pieux qui trouve dans sa *résignation* et dans la *tranquillité de sa conscience* le baume salutaire qui cicatrise les plaies du cœur et laisse à l'âme le calme de la paix.

Parmi les nombreux exemples que je pourrais citer de cette sorte de quiétude, je choisirai celui du comte de C..., qui, ayant perdu une grande fortune, et se trouvant réduit, dans une vieillesse très-avancée (nonante et quelques années), au plus strict nécessaire, me disait avec une sérénité vraiment admirable: « Maintenant que je ne suis plus bon à rien pour mon pays, pour les rares amis qui me sont restés, et pour moi-même, j'attends avec impatience le moment où il plaira à Dieu de m'appeler à lui. Tous les matins, ma première pensée est pour Dieu, ma première prière est de lui demander la grâce ineffable de m'arracher de cette terre sur laquelle j'ai tant souffert et souffre encore, où je languis et soupire après l'éternité. Probablement qu'il ne me trouve pas assez pur, assez éprouvé, puisqu'il ne m'exauce point; que sa volonté soit faite! »

Assurément le comte de C... avait des chagrins de plus d'une espèce, et cependant il éprouvait une sorte de quiétude qui n'était troublée que par les désirs d'aller recevoir au ciel la récompense que ses vertus lui ont méritée. Donc, je le répète, la définition de la quiétude doit se borner au témoignage d'une bonne conscience.

Quoi qu'il en soit, il ne faudrait pas s'abandonner à ses douceurs; car c'est alors qu'on est endormi dans ses bras que la fortune porte des coups mortels qui troublent d'autant plus notre repos que nous y sommes moins préparés et moins attentifs. D'ailleurs il est si peu dans la nature de l'homme d'être dans un état parfait de quiétude; son impressionnabilité est si grande, que la moindre contrariété, la moindre peine suffit pour l'émouvoir. Or, s'il en est ainsi, s'il est vrai que la vie est un combat, soyons toujours sur la défensive, si nous ne sommes pas les assaillants. Mais quel que soit le rôle que nous remplissions, tâchons que ce soit avec courage et fermeté, cette condition étant une de celles qui prouvent le mieux la quiétude de l'âme.

QUINTEUX. *Voy.* Bizarre.

R

RAILLERIE (défaut), Railleur.—La raillerie, selon Théophraste, n'est qu'un reproche déguisé des défauts des autres. Cette définition revient à peu près à celle d'Aristote, son maître, qui appelait la raillerie *une honnête insulte.*

J'ai réuni à l'article Moquerie (*Voy.* ce mot) tout ce qui est relatif à la raillerie et à la plaisanterie, etc.; ce qui m'autorise et me commande, pour éviter les répétitions, de me borner à ne rien dire que d'utile. Me renfermant donc dans les limites de cette autorisation, je ferai une simple observation. Elle consiste dans ce fait positif, que si la raillerie servait à bannir le vice et la folie du monde, elle pourrait être de quelque usage dans la société civile; mais, au lieu de cela, on l'emploie d'ordinaire à se moquer du bon sens et de la vertu, et à combattre ce qu'il y a de plus saint, de plus respectable et de plus digne de nos éloges. De sorte que, quelque fine et spirituelle qu'elle soit, son usage est presque toujours déplacé.

RAISONNEMENT (faculté).—Le raisonnement est une synonymie continuelle d'expressions diverses; c'est une substitution de plusieurs mots à un seul, ou d'un seul à plusieurs; c'est une composition qui appelle une décomposition dont elle a besoin pour éclairer toutes les parties de son objet, ou une décomposition qui tour à tour appelle une composition pour soulager la mémoire; c'est enfin une succession plus ou moins prolongée de propositions toutes identiques.

Le raisonnement, quand on l'exprime, est donc inséparable de ses formes, quoiqu'il en diffère essentiellement. Les formes changent, le raisonnement est toujours un, toujours le même; puisque, soit qu'on le considère dans l'esprit, indépendamment de tout langage, soit qu'on le considère dans le discours, il n'est jamais que le rapport d'identité, tantôt senti confusément, tantôt aperçu d'une manière distincte. (*Laromiguière.*) En deux mots, le raisonnement est l'art de comparer des idées et de tirer des conséquences des différents rapports qu'elles ont entre elles. Il se compose de plusieurs jugements.

On peut se figurer l'esprit humain, dans le système de Kant, comme un empire dont la *sensibilité* représente les sujets; l'*entendement*, les agents ou ministres; la *raison*, le souverain, le législateur suprême; ou, si l'on veut, comme un édifice dont la sensibilité livre les éléments épars, dont l'entendement assemble les parties, dont la raison est l'architecte: elle seule forme le plan général d'après un idéal qui lui est propre. (*Gérando.*) Partant, le raisonnement est la preuve la plus forte de l'activité du suprême *moi*, dans l'exercice de ses facultés. Il est le dernier terme et le triomphe de cette activité même, surtout quand le raisonnement embrasse un vaste ensemble d'idées habilement coordonnées dans toutes ses parties, comme dans le système d'une science, ou même dans les systèmes entiers de toutes les connaissances humaines, ainsi que cela a lieu dans la plus haute méditation de la philosophie première et de la métaphysique. (*Fréd. Bérard.*)

Dans tous les cas, le raisonnement doit partir d'un fait et tendre à une conséquence appuyée sur une chose manifeste; car on sent bien que l'esprit peut raisonner avec certitude, d'après des faits manifestes qu'on prendra pour principe d'un raisonnement; au lieu que si on ne forme de raisonnement que d'après des probabilités, et non d'après des inductions fondées sur la certitude d'un fait, on a toujours lieu de se repentir de ses conclusions: en effet, ce n'est que raisonner au hasard. (Hippocrate, *Précept.*)

En procédant ainsi, celui qui a de la justesse de raisonnement pourra toujours bien déterminer, par la comparaison, la nature d'une action, au lieu de choisir entre deux devoirs incompatibles celui qui doit l'emporter, vu les conséquences fâcheuses qui peuvent être la suite de sa détermination, en suivant toutefois les ordres de sa conscience en vue de la morale et de la religion. Cela veut dire que, dans bien des cas, le cœur doit être forcé de sacrifier ses penchants à ses devoirs, ce qui est chaque fois, je me hâte de le dire, un nouvel effort qui embellit l'action et la rend bien plus méritante.

Socrate juge sans peine, que c'est en vain que les portes de son injuste prison lui sont ouvertes, et que c'est un crime à un sujet de se soustraire aux poursuites de son souverain, quoique prévenu. Socrate aurait-il été plus estimable, si, négligeant pendant sa vie l'étude de la morale, il eût eu besoin, sur le point de mourir, de méditer longtemps pour connaître ses devoirs? Il fut toujours très-modéré dans l'usage des plaisirs et dans le désir des richesses. Aurait-il été plus louable, si, s'abandonnant à son penchant, il eût eu plus de peine à vaincre son amour pour les femmes, son goût pour le vin, et son inclination pour le vol? Scipion rend aux parents et à l'époux la belle Espagnole, sans que sa vertu soit démentie par l'avidité de son regard. Que d'efforts cette victoire ne dut-elle pas coûter à un jeune guerrier! Mais s'il eût augmenté par ses habitudes le penchant au plaisir, qui était inséparable de son âge, l'action de Scipion aurait été plus digne d'estime, quoique, en dehors de cette action, Scipion fût resté digne de mépris. La noblesse des motifs augmente le prix de l'action. Celle de Scipion, due au seul amour de la vertu, est héroïque : à peine est-elle louable, si on l'attribue à la politique, au désir de se conserver l'estime des Romains et de s'attirer l'affection des Espagnols.

RANCUNE (défaut). — La RANCUNE est une haine secrète et invétérée qu'on garde au fond de son cœur, jusqu'à ce qu'on trouve les moyens de l'exercer contre ceux qui en sont l'objet. Les hommes sujets à cette passion sont à plaindre. Ils portent en eux, dit Nicole, une furie qui les tourmente sans cesse.

La rancune est ordinairement la marque d'un caractère méchant. Elle est taciturne, sombre, mélancolique. Quelque motif qui la fasse naître elle est inquiétante et d'un caractère fâcheux. Il est bon que les passions odieuses et nuisibles à la société tourmentent d'abord ceux qui y sont sujets. (*Sabatier.*)

Ayant déjà énuméré à l'article HAINE (*Voy.* ce mot) en quoi consiste la rancune, ses effets, et l'opinion que les auteurs surtout s'en sont formée, il devient inutile de nous y arrêter plus longtemps.

RANGÉ, RÉGLÉ (faculté). — Généralement on ne se fait pas une idée exacte dans le monde (les savants exceptés) de ce que c'est qu'un homme rangé; et la plupart, j'ai longtemps été de ce nombre, confondent les gens réglés avec les gens rangés, malgré qu'il faille des conditions bien différentes pour être l'un ou l'autre.

Et par exemple, celui qui, pour ménager sa réputation et ne pas nuire à sa personne, fait tout avec modération ou sans excès, met des bornes à ses dépenses, les combine avec ses moyens, est un homme réglé, tandis que celui qui est bon ménager de son temps et de son bien, met de l'ordre dans sa conduite, ne fait point de dissipation, dépense son argent selon le goût de la société où il vit, de façon néanmoins que les commodités domestiques n'en souffrent pas par l'envie de briller; celui-là, dis-je, est un homme rangé. Nous sommes donc rangés dans nos affaires et nos occupations; nous sommes réglés par nos mœurs et notre conduite.

Etre rangé ou réglé est une qualité fort estimable, qui s'acquiert par l'éducation. On la perd quelquefois dans la jeunesse, quand le tourbillon des passions nous emporte ; mais si nous l'avons possédée, elle reviendra se mettre à sa place sitôt que notre raison reprendra son empire, et que l'influence de l'âge se sera fait sentir a nos mauvais penchants ou à nos funestes inclinations. Les pères et mères, les instituteurs et institutrices ne sauraient donc se trop hâter à rendre les enfants rangés et réglés.

RAPPORTEURS (défaut). — C'est un bien vilain caractère, c'est un métier bien odieux que le caractère et le métier du rapporteur. Il trafique des paroles d'autrui, sème des rapports qui portent le désordre et la désunion dans la société, divulgue les secrets les plus cachés, répète les discours qu'il envenime le plus souvent par des réflexions maliynes et méchantes.

Rapporteur a plusieurs significations. Employé dans le sens qui vient d'être dit, il signifie ce travers ou cette manie qu'ont les enfants, les jeunes gens, bien des adultes, et quelques vieillards, d'aller, sans mission ni mandat, répétant à qui veut les entendre les propos que sans défiance on aura tenus devant eux, ou les actions que l'on aura commises.

De pareils êtres devraient être fuis comme on fuit un malfaiteur ou ces reptiles dont on craint le dard venimeux. Ou si la chose est impossible, tout en cherchant à s'assurer de la réalité du fait mentionné, quand notre intérêt nous y oblige, nous devons fermer la bouche au rapporteur par un blâme sévère. Il faudrait faire plus encore, c'est-à-dire le dénoncer à chacun et à tous, afin que généralement honni et méprisé, repoussé par les gens *comme il faut*, il reçût de nouveau une bonne et rude leçon.

Disons toutefois que les rapporteurs ne sont pas toujours animés par de mauvaises intentions. Certains vont partout colportant les rapports, soit pour le plaisir de bavarder, soit pour se rendre agréables aux personnes qui aiment d'être au courant de la chronique, soit pour montrer qu'on ne se gêne pas devant eux ou qu'ils sont à même de savoir certaines choses que beaucoup d'autres ne sauraient pas sans eux. Néanmoins, quel qu'en soit le motif, je dois le répéter, le rapporteur fait un métier odieux.

Le rapporteur, disons-nous, n'agit souvent de la sorte que dans le but d'être agréable à la société. Eh bien, je mets en fait qu'il est encore plus facile de se faire bien valoir dans le monde en ne disant jamais des absents ce qu'on n'oserait dire en leur présence, en se montrant toujours discret et conciliant, qu'en rapportant ce qu'on sait de mal sur leur compte. Or, ne vaut-il pas mieux user de ce moyen que de l'autre? Par malheur, on ne réfléchit pas assez aux conséquences que les rapports entraînent, et, pour avoir le plaisir de se faire applaudir un instant, chacun sacrifie parfois un brillant avenir ; car, ne nous y trompons pas, tel sourit et tend la main au rapporteur, qui le méprise au fond de l'âme. Savez-vous pourquoi?

Parce que le vrai devoir d'un honnête homme est de prendre le parti de son ami absent et de le soutenir; au lieu que le rapporteur veut se distinguer, en amitié, par un rapport qui met souvent son ami dans l'embarras. (*Oxenstiern*.)

Parce qu'un rapporteur, à moins que ce ne soit un espion qu'on est intéressé de soutenir et de ne point déceler, se fait autant d'ennemis qu'il attaque de personnes dans ses rapports; et cela parce qu'on ne manque guère de les citer.

On ordonne aux Trappistes de ne prêter jamais l'oreille aux rapports qu'on leur fera de quelque action indigne ou criminelle; de tourner d'un autre côté, s'il est possible, tous les discours de cette nature; et de supposer enfin que le crime peut venir d'une bonne intention dans celui auquel on l'attribue, si tant est qu'il soit certifié d'une manière à ne pouvoir le révoquer en doute. C'est pousser loin la charité; mais un pareil excès est beaucoup plus louable que de soutenir, avec les malins esprits du siècle, que des actions indifférentes, ou même bonnes, viennent d'un mauvais principe et d'une intention criminelle.

N'oublions pas de faire remarquer qu'il ne faudrait pas confondre, comme on le fait généralement, le *rapporteur* avec le *dénonciateur*. Celui-ci devient bien rapporteur, si l'on veut; mais on ne peut prendre ses rapports en mauvaise part, comme on le fait toujours pour le rapporteur, et c'est ce qui les distingue. D'ailleurs, c'est, par exemple, une exemption indubitable de la loi du secret, qu'on peut le divulguer quand une personne nous communique un dessein criminel, que chacun doit vouloir empêcher en le dénonçant. Dans ce cas, bien loin de blesser la société civile en ne gardant pas le secret, on la blesserait bien davantage en le gardant.

L'habitude de rapporter se contracte de très-bonne heure, et on voit des enfants très-jeunes en qui ce défaut se décèle déjà quand ils sont au collége. Ils s'en corrigent bien vite, parce que leurs camarades leur tiennent rigueur des punitions qu'ils leur ont fait infliger, et les châtient même quelquefois d'une manière un peu sévère. Puis ils sont signalés comme rapportant tout; c'est à qui insultera le rapporteur. S'il approche d'un groupe, on le force à s'éloigner; si un secret est divulgué, on l'en accuse: bref, sa position est si pénible, qu'il doit se corriger ou partir.

Mais quant à ceux qui gardent toujours ce défaut, il n'y aurait, ce me semble, qu'un seul moyen de le leur faire perdre: ce serait d'imiter un magistrat de beaucoup de sens et de raison. Quand un de ces individus qui croient vous faire la cour en répétant ce qu'ils ont entendu dire en mal sur votre compte, lui disait: — M. un tel, vous ne savez pas quels sont les propos qu'a tenus à votre égard telle personne? — Non, répondait-il; mais vous a-t-elle chargé de me les redire? — Comme on le pense bien, la réponse était négative. — Eh bien, ajoutait le sage, je ne veux rien savoir.

Si tout le monde fermait ainsi la bouche aux rapporteurs, en verrait-on beaucoup? Non; et s'ils deviennent de plus en plus communs, c'est que bien des gens leur prêtent une oreille attentive, en les encourageant, de la voix et du geste, à commettre une mauvaise action. Je dis une mauvaise action, attendu qu'un rapporteur n'en fait pas d'autre, quelle que soit l'importance du propos qu'il répète ou du secret qu'il dévoile, etc.

RECONNAISSANCE (vertu), RECONNAISSANT. — La *reconnaissance* est la mémoire du cœur, ou le souvenir d'un bienfait reçu avec le désir d'en témoigner l'obligation qu'on en a. C'est presque de l'amour pour celui qui nous a fait du bien. (*Descartes*.)

La *reconnaissance* n'est pas l'ouvrage de la nature: le ciel l'a donnée en partage à quelques êtres privilégiés, qui sont aussi heureux de recevoir un bienfait qu'heureux à témoigner hautement qu'ils savent en apprécier le mérite et l'étendue. Aussi a-t-on dit de la *reconnaissance* qu'elle est une preuve certaine de l'élévation, de la grandeur et de la noblesse de l'âme, et, en deux mots, la pierre de touche des belles âmes.

Les cœurs étroits et vains ne peuvent la supporter: l'orgueil est humilié du bienfait reçu, et l'égoïsme en redoute la restitution. Il y a beaucoup d'ingrats dans le monde, parce que beaucoup demandent volontiers, attirent puissamment et reçoivent avec joie; mais peu aiment à donner et à rendre; et là, comme ailleurs, l'instinct naturel du moi, la concentration de la volonté et son repliement sur elle-même, tristes fruits du péché d'origine, ne peuvent être vaincus que par une influence céleste.

Outre le retour et la réaction par laquelle on doit acquitter sa dette envers son bienfaiteur, ce qui constitue la partie obligatoire de la reconnaissance, il y a encore en elle un sentiment particulier de bienveillance, d'affection et de respect, qui nous lie à lui par le cœur, comme l'obligation morale par la conscience.

L'expression de ce sentiment est un besoin pour les âmes nobles et délicates. Il ne leur suffit point de rendre ce qu'on leur a donné, ce qui est une espèce d'échange: elles sont encore pressées de reconnaître par des signes d'affection, par des témoignages de dévouement, ce qu'on fait pour elles avec bienveillance et désintéressement.

Car le véritable bienfaiteur a toujours, vis-à-vis de l'obligé, le mérite de l'initiative; il l'a aimé le premier, il l'a prévenu par la charité. Et cette prévenance d'amour, qui ne peut jamais se payer, doit être compensée par la réaction surabondante de celui qui en a été l'objet.

La reconnaissance est surtout un sentiment, une réaction du cœur; et pour avoir tout son prix, elle doit être spontanée, ou du moins volontaire. Quand elle est le résultat de la réflexion, elle n'est plus que le payement d'une dette, l'accomplissement d'une loi, et alors le cœur y a moins de part que l'esprit. La gratitude ne peut donc pas plus s'imposer que l'affection; il faut qu'elle soit sentie pour avoir tout son charme. Le blâme l'excite rarement, la punition la réveillerait encore moins. Un bienfait reproché tient souvent lieu d'offense; et une grande âme n'aime pas à reprocher les services oubliés ou méconnus.

Malheureusement les choses ne se passent pas ainsi; et c'est parce qu'ils n'aiment pas à les remplir, ces conditions, que peuples et rois sont si peu disposés à éprouver des sentiments de reconnaissance: ceux-ci, parce que, ayant la fierté et l'orgueil en partage, ils croiraient s'humilier en témoignant de la gratitude à qui leur a montré de l'intérêt et fait du bien; ceux-là, parce que, regardant leurs inférieurs du haut de leur grandeur, ils ne veulent pas *s'abaisser* jusqu'à celui qui s'est dévoué à leur service. Les uns et les autres, également glorieux et vains par nature, dédaignent leur bienfaiteur, ou parce qu'il est trop haut, ou parce qu'il est trop bas pour eux : oubliant, les misérables! qu'on peut s'élever à la hauteur d'un trône par son mérite, ses talents, sa probité, ses vertus, alors qu'on peut aussi descendre au-dessous du pauvre laborieux et honnête, par ses défauts et ses vices, la plupart d'entre eux oubliant, soit les services qu'on leur rend personnellement, soit ceux qui ont été rendus à la société en général. Mieux vaudrait donc qu'ils imitassent les animaux, qui, eux du moins, savent par instinct se souvenir d'un bienfait reçu, plutôt que de se montrer ingrat par réflexion haineux ou vaniteux par calcul ou fierté.

Naturellement, l'homme éprouve le sentiment de la reconnaissance; cette disposition de son cœur se lie étroitement chez lui à l'amour de l'existence. Faible et dénué de tout quand il vient au monde, il a besoin de l'assistance d'autrui. Dès qu'il ouvre les yeux à la lumière, il voit près de son berceau quelqu'un qui lui prodigue ses soins. Quand la pensée vient éclairer son âme, il comprend sa faiblesse et l'utilité de ces soins qu'on lui a donnés; déjà son cœur récompense, par son affection reconnaissante, les tendresses de sa mère, les travaux et les fatigues de son père. Alors, point d'entraves à l'expression de son amour, de son sourire; et ses caresses sont ses interprètes, et les premiers mots qu'il s'efforce à dire sont l'hommage des sentiments de son cœur.

Le sauvage, qui n'a point comprimé ses instincts sous l'égoïsme social, éprouve et manifeste la plus vive reconnaissance pour ses bienfaiteurs. Les habitants de nos campagnes, dont les mœurs sont douces et pures, sont aussi très-reconnaissants; ils ne parlent pas beaucoup de cette vertu, mais ils en pratiquent avec religion les devoirs. Dans les hautes classes, au contraire, ce nom retentit partout : on le prodigue dans toutes les formules de politesse; on voue sa reconnaissance à tout le monde, mais on ne l'éprouve pour personne; elle est dans toutes les bouches, mais elle n'est plus dans les cœurs.

Ce sont donc des exceptions quand la reconnaissance se montre dans certaines classes; et comme les exemples d'une certaine reconnaissance sont très-rares, je me fais un plaisir de mentionner ceux que j'ai été assez heureux de recueillir.

1er FAIT. — En 1594, le maréchal d'Aumont prit Grodon, en Bretagne, sur les ligueurs. Il avait ordonné de passer au fil de l'épée tous les Espagnols qui composaient la garnison de la place, et prononcé la peine de mort contre tous ceux qui n'exécuteraient pas ses ordres. Néanmoins, un soldat anglais sauva un Espagnol.

L'Anglais, déféré à ce sujet au conseil de guerre, convint du fait, et ajouta qu'il était disposé à souffrir la mort, pourvu qu'on accordât la vie à l'Espagnol. Le maréchal, surpris, lui demanda pourquoi il prenait un si grand intérêt à la conservation de cet homme? — C'est, répondit-il, monsieur, qu'en pareille circonstance il m'a sauvé une fois la vie à moi-même; et la *reconnaissance* exige de moi que je la lui sauve aux dépens de la mienne.

Le maréchal, charmé du bon cœur du soldat anglais, lui accorda la vie, de même qu'à l'Espagnol, et les combla tous deux d'éloges.

2e FAIT. — En 1789, le représentant du peuple Salicetti, mis hors de la loi, se présente chez madame Permon. Il était pâle comme un mort; ses lèvres étaient aussi blanches que ses dents; ses yeux noirs brillaient comme deux charbons ardents : il était effrayant. — Je suis proscrit, dit-il tout bas et rapidement à cette dame, c'est-à-dire condamné à mort. Sans Gautier, que j'ai rencontré sur le boulevard, j'allais dans cette caverne *de brigands* et j'étais perdu. Madame, dit-il à ma mère (je continue à transcrire les *Mémoires de madame d'Abrantès*) après l'avoir regardée quelque temps en silence, j'espère ne m'être pas toujours trompé en comptant sur votre générosité..... N'est-il pas vrai que vous me sauverez? Je ne crois pas avoir besoin, pour vous y décider, de vous rappeler que j'ai sauvé votre fils et votre mari.

« Ma mère prit Salicetti par la main et l'entraîna dans la chambre voisine, qui était la mienne. Lorsqu'elle avait quitté le salon, il n'y avait qu'une seule personne; mais depuis il était arrivé du monde : elle croyait même entendre la voix de Bonaparte. Elle n'avait pas une goutte de sang dans les veines. Dans ma chambre, du moins, on ne pouvait entendre. — Je ne perdrai pas de temps en paroles, dit-elle à Salicetti dès qu'ils y furent entrés. Tout ce que je puis vous donner, vous pouvez le demander : il est à vous; mais il est une chose au delà de ma vie, au delà de tout : c'est ma fille, c'est mon fils. Demandez-moi mon sang; mais en vous cachant seulement pour quelques heures, car cette maison ne peut vous recéler plus longtemps, je ne vous sauve pas et je porte ma tête sur l'échafaud, en y entraînant mon fils. Je vous dois de la reconnaissance : prononcez vous-même si elle doit aller jusque-là.

Jamais je n'ai vu ma mère aussi belle. Ses yeux étaient fixés sur moi avec une expression admirable. « Je ne suis pas assez égoïste, lui répondit Salicetti, pour proposer une chose aussi dangereuse pour vous et pour moi. Voici mon plan et mon unique espoir. Cette maison comme hôtel garni sera le lieu le moins soupçonné; la maîtresse est sans doute intéressée à gagner beaucoup d'argent, je l'en comblerai; que je sois caché pendant huit jours seulement, au bout de ce temps, vous partez pour la Gascogne; vous m'emmènerez avec vous, et vous m'aurez sauvé la vie. Si vous me refusez un asile même pour quelques heures, en sortant de cette maison, je suis arrêté, jugé et conduit sur un échafaud pour le rougir de mon sang, tandis que j'ai fait épargner celui de votre mari et de votre fils. —Salicetti, dit ma mère, il n'y a dans vos paroles ni générosité, ni pitié. Vous connaissez ma position et vous en abusez. Que voulez-vous encore une fois que je fasse dans un hôtel garni ? une maison remplie de gens de toutes les provinces, presque habitée par vos ennemis, car vous savez bien que Bonaparte est le vôtre. De plus, la maîtresse de la maison est loin de partager vos opinions. Vos promesses seront-elles capables de lui faire prendre ainsi votre parti au point de hasarder sa vie ? Comment même le savoir ? Tout ce qui nous entoure est hérissé de difficultés.

Dans ce moment on ouvrit la porte de la chambre à coucher; ma mère s'élança audevant de la personne qui entrait. C'était Albert qui venait savoir pourquoi on ne servait pas à dîner... Nous quittâmes un instant Salicetti.

Bientôt nous rentrâmes dans ma chambre, où nous retrouvâmes le proscrit, assis sur une chaise, la tête appuyée dans ses deux mains, qui nous dit : Maintenant, que faut-il faire ? — Si vous ne vous refusez pas à me sauver, la chose est sûre; je ne demande que votre consentement, le donnez-vous ? Ma mère ne répondit pas d'abord. On voyait au changement fréquent de la couleur de ses joues, qu'elle était violemment agitée. Enfin, elle devint si pâle que je crus qu'elle se trouvait mal. Salicetti interprétant son silence comme un refus, reprit son chapeau qu'il avait jeté sur mon lit, et, murmurant quelques mots que je n'entendis pas, il allait sortir de la chambre, lorsque ma mère l'arrêta par le bras.

Restez, lui dit-elle, ce toit devient le vôtre. Mon fils doit acquitter sa dette; et, quant à moi, c'est mon devoir d'acquitter celle de mon mari...

La journée écoulée et tout le monde parti, ma mère, qui, pour ne pas donner prise au moindre soupçon, n'avait pas même prévenu mon frère, lui annonça enfin l'hôte qui nous était arrivé. Mon frère frémit pour ma mère et pour moi, mais il n'était plus temps de craindre, il fallait agir et mettre en œuvre tous les moyens que pouvait présenter la prudence.

Madame Grétry fut appelée, elle se conduisit d'une manière parfaitement noble. Elle dit au premier mot de proposition : J'ai ce qu'il vous faut; mais il faut pour cela que madame Permon consente à changer d'appartement. Il y a une cachette qui a sauvé la vie à plus de quatre infortunés lors du régime de la terreur. Elle en sauvera encore, du moins tant que je vivrai dans cette maison.

Le déménagement convenu se fit le soir; un faux prétexte servit d'excuse. Quelques jours après, un passeport fut obtenu à l'aide d'un domestique qu'on avait arrêté parce qu'il avait quelque ressemblance avec Salicetti, et, à l'aide d'un déguisement, il partit pour Bordeaux avec sa bienfaitrice, et, de là, à Cette où il parvint enfin à s'embarquer pour Gênes.

3e Fait. Parmi les rois qui se sont montrés reconnaissants, et à leur tête, je placerai le vertueux Louis XVI, qui dans son testament, chef-d'œuvre de piété, de résignation, de sagesse, de simplicité et de grandeur, s'exprime dans les termes suivants :

« Je recommande à mon fils d'avoir soin de toutes les personnes qui m'étaient attachées, autant que les circonstances où il se trouvera lui en donneront la faculté; de songer que c'est une dette sacrée que j'ai contractée envers les enfants ou les parents de ceux qui ont péri pour moi... »

En présence de ces faits et de quelques autres faits pareils que je pourrais citer, il est permis de croire que la pratique de la reconnaissance n'est point pénible comme celle des autres vertus; qu'elle est, au contraire, pleine de tant de douceur, qu'une âme *noble* et *élevée* s'y abandonne toujours avec joie, quand même elle ne lui serait pas imposée par sa conscience.

Et pourtant, combien qui se plaignent de n'avoir jamais fait que des ingrats; combien qui jouent à la reconnaissance et en font un honteux trafic! Cela provient de ce que, d'une part, la noblesse et l'élévation de l'âme sont choses excessivement rares ; et, d'autre part, que le mensonge et la dissimulation ont toujours été et sont encore un des plus grands plaisirs de la société. Aussi a-t-on comparé la reconnaissance à la prétendue bonne foi des marchands. « Elle entretient le commerce, dit La Rochefoucauld, et nous payons non parce qu'il est juste de nous acquitter, mais pour trouver plus facilement des gens qui nous prêtent » Il dit ailleurs : « La reconnaissance de la plupart des hommes n'est qu'une secrète envie de recevoir de plus grands bénéfices ; tant il est vrai qu'on abuse des plus nobles sentiments. »

Ce qui n'empêche point que la reconnaissance soit dans la nature ; les bêtes les plus farouches en ont donné des exemples sensibles ; ce qui n'empêche pas qu'elle soit le témoignage d'une belle âme et un sentiment plus épuré que celui qui inspire les bienfaits, toujours mélangés d'amour-propre et d'intérêt : c'est enfin de tous les devoirs le plus facile à remplir ; il n'y a qu'à laisser aller son cœur. (*Charron.*)

Hélas! on ne le fait guère, à cause sans doute de la dégradation où nous sommes tombés. Heureux donc ceux qui, par une honorable exception, s'empressent de faire du bien aux hommes sans ambitionner aucun témoignage de reconnaissance de leur part, convaincus qu'ils sont qu'on se lasserait bien vite, tant l'égoïsme naturel rend facilement ingrat. D'ailleurs, n'est-ce pas qu'il y a de la magnanimité à oublier les services qu'on a rendus ou du moins à n'en jamais réclamer le prix?

Soyons donc tous reconnaissants, et n'oublions jamais les préceptes suivants : Celui qui fait le bien, pour la récompense qu'il en espère, ne la mérite pas; qui tient compte de ses bienfaits en perd le mérite. (*Sénèque.*)

L'homme bienfaisant se fait aimer par force, parce que tous ses dons et tous les services qu'il rend sont autant de liens dont il enchaîne les cœurs ; et celui qui se réjouit des présents qu'on fait à son prochain est aussi bienfaisant que celui qui les donne.

Il faut imiter les dieux qui ne se lassent point de faire du bien, quoiqu'on oublie leurs bienfaits.

Un bienfait n'est jamais perdu, quoiqu'un ingrat le reçoive, parce que Dieu le récompense toujours. (*Sénèque.*)

Il n'y a point d'écueil qu'on doive éviter avec le plus de soin, quand on rend service, que l'orgueil qui corrompt le bien qu'on peut faire. Un bienfait qui part d'un esprit d'orgueil non-seulement ne fructifie pas, mais devient odieux. Tout ce que l'on donne avec un air obligeant et honnête fait plaisir. Un service rendu d'une manière honnête acquiert un nouveau prix. (*Diogène Laërce.*)

Quel cœur assez barbare pourrait ne pas avoir du plaisir à soulager les peines des malheureux? Il n'en est point des biens qu'on leur fait, comme des grains qu'on jette dans la terre, et qui doivent être longtemps à s'y pourrir, au hasard même de ne jamais se reproduire. En semant les biens on les recueille ; et, si j'osais m'exprimer ainsi, le seul désir de les répandre est presque déjà le temps de la moisson. Les bienfaits sont le seul trésor qui s'accroît à mesure qu'on le partage. (*Le roi Stanislas.*)

On ne trouve jamais tant d'ingrats que lorsqu'on est hors d'état d'en faire. (*De Bignicourt.*)

S'être acquitté de ce qu'un bienfait reçu exige de nous n'est pas un titre pour l'oublier : non-seulement la qualité du bienfait doit être la mesure de notre reconnaissance, mais encore le mérite du bienfaiteur.

La plus grande de toutes les ingratitudes est l'oubli du bienfait. Comment pourrait-on jamais être reconnaissant, si l'on n'a conservé nul souvenir du service qui nous a été rendu? Le devoir est de le publier : car il y a de l'honneur à reconnaître ce que nous devons à ceux qui nous ont été utiles; c'est une récompense qui leur est bien méritée. (*Pline.*) Comme on a trouvé le cœur et la main d'autrui ouverte à bien faire, aussi faut-il avoir la bouche ouverte et le prêcher, et afin que la mémoire en soit plus ferme et solennelle, nommer le bienfait et le présent, du nom de bienfaiteur.(*P. Charron.*) Le quatrième est de rendre sans trop d'empressement, avec usure ou tout au moins dans les mêmes proportions, de gaieté de cœur ; c'est une faute de ne pas rendre d'aussi bonne grâce qu'on a reçu. (*Sénèque.*) Et si l'impuissance y est de rendre par effet, au moins la volonté y doit être, qui est la première et principale partie, et comme l'âme tant du bienfait que de la reconnaissance. (*P. Charron.*)

Voilà ce que veut la justice; mais le cœur commande autre chose. Il dépasse cette mesure, et, dans sa reconnaissance, il n'admet point de limites. Il rend avec effusion, d'abondance pour ainsi dire, ce qu'il doit : il se dévoue; il croit ne pouvoir jamais faire assez. Souvent, à cause de la position élevée du bienfaiteur, l'obligé est dans l'impossibilité de lui rendre service; alors il le paye par le cœur, par le désir, par le dévouement. La reconnaissance fait toujours ce qu'elle doit, lorsqu'elle fait ce qu'elle peut. Le pauvre qui mange le pain de l'aumône paye suffisamment le riche qui le lui donne par sa gratitude et ses prières.

Et comme les principes des bienfaits sont différents, la reconnaissance ne doit pas être toujours de même nature. Quels sentiments, dit très-bien Duclos, dois-je à celui qui, par un mouvement de pitié passagère, n'a pas cru devoir refuser une parcelle de son superflu à un besoin très-pressant. Que dois-je à celui qui, par ostentation ou par faiblesse, exerce sa prodigalité, sans acception de personne, sans distinction de mérite ou d'infortune? à celui qui, par inquiétude, par un besoin machinal d'agir, d'intriguer, de s'entremettre, offre à tout le monde indifféremment ses démarches, ses sollicitations, son crédit? Mais une reconnaissance légitime et bien fondée emporte beaucoup de goût et d'amitié pour les personnes qui nous obligent par choix, par grandeur d'âme et par pure générosité. On s'y livre tout entier, car il n'y a guère au monde de plus bel excès que celui de la reconnaissance. On y trouve une si grande satisfaction, qu'elle peut seule servir de récompense, et elle le sera d'autant plus que nous aurons eu moins besoin des services d'autrui.

Il n'y a point d'hommes plus reconnaissants que ceux qui ne se laissent point obliger par tout le monde ; ils savent les engagements qu'ils prennent, et ne veulent s'y soumettre qu'à l'égard de ceux qu'ils estiment.

On n'est jamais plus empressé de payer une dette que lorsqu'on l'a contractée avec répugnance ; et l'honnête homme, qui n'emprunte que par la nécessité, gémirait d'être insolvable. (*M. D. J.*) Et puisque le bienfaiteur est d'autant plus sensible à la reconnaissance qu'on lui témoigne, qu'il l'a moins exigée en faisant le bien, il l'obtiendra si ses bienfaits tombent sur le mérite, parce qu'il n'y a que le mérite qui soit reconnaissant, et alors l'on est sûr de faire des heureux.

Il est facile de distinguer la reconnaissance qui part du cœur de celle qu'on affecte sans la ressentir. La première ne rougit point d'un bienfait, elle aime à témoigner hautement ce qu'elle éprouve par l'hommage de son dévouement. L'autre, au contraire, honteuse et gênée, balbutie ses remerciements ; elle est déjà sur le chemin de l'ingratitude.

Mais à qui devons-nous la reconnaissance?

Notre reconnaissance appartient d'abord à Dieu, qui nous a donné l'existence, et avec l'existence une âme intelligente, capable de l'aimer et d'entrer en participation du bonheur éternel. C'est lui qui nous conserve, qui nous a donné l'empire de la terre. Sa bonté règle pour nous les saisons, mûrit les moissons et les fruits. C'est pour charmer nos regards qu'il embellit la nature ; c'est pour nous faire aimer la beauté divine, qu'il en épanche quelques rayons sur ses créatures.

Nous devons le remercier du bonheur qu'il nous envoie, des traverses qu'il nous suscite ; car, s'il nous éprouve par le malheur, sa bonté nous garde quelque récompense; sa sagesse infinie ne saurait se plaire à nous faire souffrir en vain. Nous devons le remercier de nous avoir donné de bons parents, une mère pieuse, qui nous a, dans notre enfance, imprégnés de croyances salutaires, qui nous a appris à le prier et à croire. Nous devons le remercier de nous avoir fait naître au sein de son Eglise, dans une contrée favorisée par tous les bienfaits de la science. Nous devons le remercier, pardessus tout, de la loi d'amour qu'il est venu prêcher aux hommes, et du sacrifice qu'il a accompli en s'immolant pour eux.

Notre reconnaissance pour Dieu ne peut être qu'un hommage de nos cœurs, qu'une adoration affectueuse, parce que, tout-puissant et infini, il ne peut rien recevoir de nous qui soit utile à son existence.

Après ces grands devoirs envers l'auteur de notre être, la reconnaissance doit s'attacher aux auteurs de nos jours. Délégués de la Providence, ils ont été pour nous ses ministres ; nous devons les payer par notre amour de tout ce qu'ils ont fait.

Ayant ailleurs énuméré leurs bienfaits et traité des devoirs des enfants, nous n'y reviendrons pas ici.

La reconnaissance rattache les hommes à Dieu, serre étroitement les liens de la famille ; mais elle ne doit pas s'arrêter là : elle est une vertu éminemment sociale. Pour celui qui voit les choses d'en haut, qui embrasse du regard les rapports des hommes entre eux, cette vertu ne s'arrête point au seuil de la famille. Elle s'adresse aux hommes dont le concours est utile à la société. Le laboureur, qui fertilise de ses sueurs le sol qui produit nos moissons ; le guerrier, qui met notre repos à l'abri de son épée; le savant, qui nous enrichit de ses découvertes ; l'homme d'Etat, qui tient le gouvernail du vaisseau social ; le médecin de nos âmes, ont droit à notre reconnaissance. Les hommes, unis dans le lien de la charité fraternelle, doivent regarder comme leurs bienfaiteurs tous ceux qui soulagent l'humanité,
tous ces envoyés du ciel, qui se dévouent au bonheur de leurs semblables.

Bref, chacun de nous doit payer sa dette de reconnaissance à Dieu par l'hommage de son être et l'adoration du cœur ; à ses bienfaiteurs particuliers, par l'effusion et le dévouement ; à la société, par le concours de ses facultés physiques et morales; au bonheur de tous, par la pratique de la charité.

La reconnaissance est une vertu que tout le monde admire ; les païens lui élevaient des autels ; les poëtes et les écrivains se complaisent à célébrer les belles actions qu'elle enfante. Telle est la puissance de son empire, qu'elle excite l'admiration de tous ceux même qui ne l'éprouvent pas. Partout où elle règne, on peut être sûr de rencontrer la vertu : c'est un parfum qui ne s'exhale que de la pureté du cœur.

Observons, avant de finir, que le mot *gratitude* a été généralement employé pour exprimer le sentiment de reconnaissance qu'on éprouve à la suite d'un bienfait reçu. Il y a cette légère différence entre la gratitude et la reconnaissance proprement dite, que tandis que cette dernière expression signifie qu'on a gardé le souvenir ou qu'on fait l'aveu du bienfait reçu, gratitude exprime le retour qu'il inspire. Or, comme la reconnaissance est dans la mémoire, et la gratitude dans le cœur, comme l'une doit toujours et que l'autre s'acquitte, donc il vaut mieux être pénétré de gratitude que de reconnaissance.

RÉFLEXION (faculté). — La réflexion est cette faculté de l'âme qui permet à l'homme de se replier sur ses idées, de les examiner, de les modifier, de les combiner. (*Vauvenargues*.)

Elle est la vie de l'âme comme e mouvement est la vie du corps, elle est également la base de toutes nos qualités et de tous nos défauts ; car l'homme instruit n'est innocent ou coupable que par réflexion ou irréflexion. Bref, l'homme n'est homme que par elle.

C'est pourquoi, celui qui tient à sa réputation et à sa vie doit se livrer continuellement à des actes qui lui feront mettre à profit le malheur même (*Clément XIV*) ; et comme le plus grand plaisir des hommes est dans la réflexion, ils peuvent s'en rassasier, ce plaisir n'ayant jamais rien de répréhensible. Cependant il est nécessaire que leurs réflexions portent constamment sur les avantages de la probité, de la vertu, etc. ; sur les dangers de s'en écarter; il faut qu'ils soient restés eux-mêmes probes et vertueux, car quel plaisir trouverait-on dans la réflexion, si l'on n'était en paix avec sa conscience ?

RÉGLÉ. *Voy*. RANGÉ.

REGRETS (sentiment). — On a des regrets, quand on conserve le souvenir pénible d'avoir dit ou fait quelque chose qui peut être préjudiciable à autrui ou à nous-mêmes : ou bien, d'après quelques auteurs, quand on ne peut écarter de son souvenir l'idée amère d'avoir perdu une personne qui nous était chère.

Nul n'est exempt de regrets, mais comme ils sont souvent très-superficiels, ils ne réparent guère le mal ; seulement ils témoignent du malheur ou de l'imprudence de celui qui a sujet d'en éprouver.

On a vu par la définition que j'ai donnée d'après les auteurs, du mot *regrets*, que certains écrivains ont fait *regretter* synonyme *de plaindre*. C'est une erreur, car ces deux sentiments ne sont pas de même nature. Et par exemple : on regrette un absent et on plaint un malheureux : *regretter* est l'effet de l'attachement, *et plaindre* un mouvement de pitié. D'ailleurs, ne dit-on pas généralement qu'un cœur dur ne plaint personne, et qu'un cœur indifférent ne regrette rien ?

On a encore des regrets quand, à la suite d'une faute ou d'une mauvaise action qu'on aura commise, l'âme éprouve un sentiment pénible, joint au désir de la réparer : un tel regret uni à un tel désir constitue le REPENTIR. (*Voy.* ce mot.)

RELIGIEUX, RELIGION (sentiment) —Dans le commerce des hommes, l'amour et la reconnaissance sont deux sentiments distincts. On peut aimer quelqu'un, sans en avoir reçu des bienfaits ; on peut en recevoir des bienfaits sans l'aimer, sans être ingrat. Il n'en est pas de même par rapport à Dieu ; notre reconnaissance ne saurait aller sans amour, ni notre amour sans reconnaissance, parce que Dieu est tout à la fois un Etre aimable et bienfaisant. Vous savez gré à votre mère de vous avoir donné le jour ; à votre père, de pourvoir à vos besoins ; à vos bienfaiteurs, de leurs secours généreux ; à vos amis, de leur attachement : or Dieu seul est véritablement votre mère, votre père, votre bienfaiteur et votre ami ; et ceux que vous honorez de ces noms ne sont, à proprement parler, que des instruments de ses bontés sur vous.

Dieu seul commande donc à nos cœurs, et nous devons lui rendre des hommages profonds de reconnaissance et d'amour pour tout ce qu'il a fait pour nous, sa faible et chétive créature. Eh bien, ces hommages dus au souverain Etre sont ce qu'on appelle vulgairement culte religieux ; et les hommes qui les lui rendent avec humilité et ferveur sont véritablement religieux ou PIEUX. (*Voyez* ce mot.)

A ce propos je ferai remarquer qu'on distingue deux sortes de culte : l'un intérieur et invariable ; l'autre extérieur, qui reçoit diverses modifications ; ils sont obligatoires tous les deux. Mais l'un, le culte intérieur, réside dans l'âme. Il est fondé sur l'admiration qu'excite en nous l'idée de sa grandeur infinie, sur le ressentiment de ses bienfaits et l'aveu de sa souveraineté. Alors le cœur pénétré de ces sentiments les lui exprime par des extases d'admiration, des saillies d'amour et des protestations de reconnaissance et de soumission. Voilà le langage du cœur ; voilà ses hymnes, ses prières, ses sacrifices. Voilà le culte dont il est capable, digne d'ailleurs de la divine majesté. C'est aussi celui que Jésus-Christ est venu substituer aux cérémonies judaïques, comme il paraît par cette belle réponse qu'il fit à une femme samaritaine, lorsqu'elle lui demanda si c'était sur la montagne de Sion ou sur celle de Sérémon qu'il fallait l'adorer ? « Le temps vient, lui dit-il, que les vrais adorateurs adoreront en esprit, en vérité. »

L'autre culte extérieur naît inévitablement du premier, c'est-à-dire que les devoirs du culte intérieur étant la louange, l'amour, l'action de grâces, la confiance, la prière, sitôt que chacun de nous est dans l'obligation de louer, d'aimer, de remercier, d'espérer, de prier Dieu, ces devoirs deviennent des lois pour la société tout entière ? Dès lors les hommes convaincus séparément de ce qu'ils doivent à l'Etre infini, se réunissent tous ensemble pour lui donner des marques publiques de leurs sentiments réunis en une seule et grande famille ; ils aiment et adorent le Père commun ; ils chantent ses merveilles ; ils bénissent ses bienfaits ; ils publient ses louanges ; ils l'annoncent à tous les peuples, et brûlent de le faire connaître aux nations égarées qui ne le connaissent pas encore, ou qui ont oublié ses miséricordes et sa grandeur. Or, ce concert d'amour, et de vœux et d'hommages dans l'union des cœurs, n'est-il pas évidemment ce culte extérieur ?

J'ai dit que le culte intérieur et le culte extérieur étaient obligatoires tous les deux, parce que *j'ai la conviction* qu'une religion purement mentale ne pourrait convenir qu'à des esprits purs et immatériels, dont il y a sans doute un nombre infini d'espèces dans ces vastes limites de la création ; mais comme l'homme ici-bas est composé de deux natures réunies, c'est-à-dire d'un corps et d'une âme, sa religion à lui doit naturellement être relative et proportionnée à son état, à son caractère, et par conséquent consister également en méditations intérieures et en actes ou pratiques extérieures ; et c'est ce qui a lieu. Du reste ce qu'on croirait n'être d'abord qu'une présomption devient une certitude, lorsqu'on examine plus particulièrement la nature de l'homme, et celle des circonstances où il est placé. Ainsi, pour rendre l'homme propre au poste et aux fonctions qui lui ont été assignées, l'expérience prouve qu'il est nécessaire que le tempérament du corps influe sur les passions de l'esprit, et que les facultés spirituelles soient tellement enveloppées dans la matière, que nos plus grands efforts ne puissent les émanciper de cette assujettissement, tant que nous devons vivre et agir dans ce monde matériel : or il est évident que des êtres de cette nature sont peu propres à une religion purement mentale, et l'expérience le confirme ; car toutes les fois que, par le faux désir d'une perfection chimérique, des hommes ont tâché dans les exercices de religion de se dépouiller entièrement de la grossièreté des sens et de s'élever dans la région des idées imaginaires, le caractère de leur tempérament a toujours décidé de l'issue de leur entreprise. La religion des caractères froids et phlegmatiques a dégénéré dans l'indifférence et le dégoût ; et celle des hommes bilieux et sanguins a dégénéré dans le fanatisme et l'enthousiasme..........

Aussi tous les peuples qui ont adoré quelque divinité ont-ils fixé leur culte à quelques démonstrations extérieures, qu'on nomme des cérémonies. Dès que l'intérieur y est, il faut que l'extérieur l'exprime et le communique dans toute la société. Le genre humain, jusqu'à Moïse, faisait des offrandes et des sacrifices ; Moïse en a institué dans l'église judaïque ; la chrétienne, bien supérieure à toutes les autres, possède le sacrifice du corps et du sang de Jésus-Christ. (*Pensées diverses.*)

« Hommes, en doutez-vous? Considérez un instant avec le calme de la raison la religion catholique, et voyez quelle majesté ! quel éclat de mystères ! quelle suite ! quel enchaînement de toutes les doctrines ! quelle raison éminente ! quelle candeur ! quelle innocence de mœurs ! quelle raison invincible et accablante de témoignages rendus successivement, et pendant trois siècles entiers, par des millions de personnes les plus sages et les plus modérées qui furent alors sur la terre, et que ce sentiment d'une même vérité soutient dans l'exil, dans les fers, contre la vue de la mort et du dernier supplice ! Prenez l'histoire : ouvrez, remontez jusqu'au commencement du monde, jusqu'à la veille de sa naissance : y a-t-il eu rien de semblable dans tous les temps? Dieu même pouvait-il mieux rencontrer pour me séduire ? Par où échapper? où aller ? je ne dis pas pour trouver rien de meilleur, mais quelque chose qui approche ? S'il faut périr, c'est par là que je veux périr ; il m'est plus doux de nier Dieu que de l'accorder avec une tromperie si spécieuse et si entière. Mais je l'ai approfondi ; je ne puis être athée, je suis donc ramené et entraîné dans ma religion ; c'en est fait. » (*La Bruyère.*)

Toute religion est le lien qui attache l'homme à Dieu et à l'observat ion de ses lois, par les sentiments de respect et de soumission qu'excitent dans notre esprit les perfections de l'Etre suprême ; mais la religion catholique a, en particulier, pour objet, et c'est ce qui fait sa grandeur et sa force, la félicité d'une autre vie, tout en faisant notre bonheur dans celle-ci. Elle donne à la vertu les plus douces espérances, au vice impénitent de justes alarmes, au vrai repentir les plus puissantes consolations, et tâche surtout d'inspirer aux hommes de l'amour, de la douceur et de la pitié pour les hommes.

Elle fait plus encore la véritable religion, car c'est elle qui nous donne les plus grandes idées de Dieu. Oui, qu'on juge de nos livres sacrés et de notre religion par cette règle : où voyons-nous les attributs de l Etre suprême mis dans un plus grand jour? Qu'y a-t-il de plus noble que l'idée que nous avons de la divinité? Que peut-on concevoir de plus sublime qu'un être à qui rien n'échappe, devant qui toutes choses sont nues et découvertes (*Hebr.* iv, 3), et qui, d'une seule vue, voit tous les êtres présents, passés et à venir?. . . . .

Quand nous trouvons dans quelques philosophes païens, à travers mille pensées fausses, quelques-uns de ces traits dont nos livres sont parsemés, nous sommes prêts de nous écrier au miracle : nous transmettons ces lambeaux de divinité, si j'ose parler ainsi, à la postérité la plus reculée. Sur ce principe, quel respect, quelle vénération, quelle déférence ne devons-nous pas avoir pour ces patriarches, pour ces prophètes, pour ces évangélistes, pour ces apôtres qui ont parlé de Dieu d'une manière si sublime ! mais ne vous étonnez pas de leur supériorité sur les philosophes ; s'ils n'avaient eu, comme les païens, que la raison humaine pour guide, comme eux ils seraient égarés. S'ils ont parlé si bien de Dieu, c'est qu'ils avaient reçu cet esprit qui connaît les profondeurs de Dieu. (*Rom.* xi, 33.) C'est que toute l'Écriture est inspirée de Dieu même.

Donc, il est impossible d'envisager toutes les preuves de la religion chrétienne ramassées ensemble, sans en ressentir la puissance, à laquelle nul homme raisonnable ne peut résister.

Ce n'est pas tout. Que l'on considère son établissement : qu'une religion si contraire à la nature se soit établie par elle-même, si doucement, sans aucune force ni contrainte, et si fortement néanmoins qu'aucuns tourments n'ont pu empêcher les martyrs de la confesser, et que tout cela se soit fait non-seulement sans l'assistance d'aucun prince, mais malgré tous les princes de la terre, qui l'ont combattue.

Que l'on considère la sainteté, la hauteur et l'humilité d'une âme chrétienne ; que l'on considère les merveilles de l'Ecriture sainte, qui sont infinies, la grandeur et la sublimité plus qu'humaine des choses qu'elle contient, et la simplicité admirable de son style, qui n'a rien d'affecté, rien de recherché, et qui porte un caractère de vérité qu'on ne saurait désavouer.

Que l'on considère la personne de Jésus-Christ en particulier. Quelque sentiment que l'on en ait, on ne peut disconvenir qu'il n'eut un esprit très-grand et très-relevé, dont il avait donné des marques, dès son enfance, devant les docteurs de la loi, et cependant, au lieu de s'appliquer à cultiver ses talents par l'étude et la fréquentation des savants, il passe trente ans de sa vie dans un travail des mains, et dans une retraite entière du monde, et, pendant les trois dernières années de sa vie, il appelle à sa compagnie et choisit pour ses apôtres des gens sans science, sans étude, sans crédit, et il s'attire pour ennemis ceux qui passaient pour les plus savants et les plus sages. C'est une étrange conduite pour un homme qui a dessein d'établir une nouvelle religion.

Que l'on considère en particulier ces apôtres, gens sans lettres et sans étude, devenus tout à coup assez savants pour confondre les plus habiles philosophes, et assez forts pour résister aux rois et aux tyrans... .

Que l'on considère l'état du peuple juif et avant et après la venue de Jésus-Christ, son état florissant d'autrefois, et son état plein de misères depuis qu'il a rejeté le Sauveur.

Enfin, que l'on considère la sainteté de cette religion, sa doctrine, qui rend raison de tout, jusqu'aux contrariétés qui se rencontrent dans l'homme; et qu'on juge, après tout cela, s'il est possible de douter que la religion chrétienne ne soit la seule véritable, et si jamais aucun culte a eu rien qui en approchât. *(Pascal.)*

Néanmoins il y a des gens qui, n'ayant pas assez réfléchi sans doute sur ces vérités, se bornent à une religion extérieure, maniérée, qui, sans toucher le cœur, resserre la conscience; ils s'en tiennent à de simples formules : ils croient exactement en Dieu, à certaines heures, pour n'y plus penser le reste du temps. Scrupuleusement attachés au culte public, ils n'en savent rien tirer pour la pratique de la vie. Ne pouvant accorder l'esprit du monde avec l'Évangile, ni la foi avec les œuvres, ils prennent un milieu qui contente leur vaine sagesse ; ils ont des maximes pour croire, et d'autres pour agir ; ils oublient dans un lieu ce qu'ils avaient pensé dans l'autre, ils sont dévots à l'église et philosophes au logis. Alors ils ne sont rien nulle part ; leurs prières ne sont que des mots, leurs raisonnements des sophismes, et ils suivent, pour toute lumière, la fausse lueur des feux errants qui le guident pour les perdre. *(J.-J. Rousseau.)*

D'après ces conclusions du philosophe genevois, je m'étonne qu'il ait affirmé que les individus dont il fait la critique, croient EXACTEMENT EN DIEU à certaines heures. Je crois, moi, être bien plus près de la vérité, en disant que ces gens sont des hypocrites, si l'on veut qu'ils soient quelque chose. Et il y a si loin de l'hypocrite à l'homme religieux ! Je vois entre eux tout l'intervalle qui sépare la religion véritable de l'idolâtrie. A quoi tendait en effet le paganisme? à faire des dieux semblables aux hommes. A quoi tend la religion catholique? Elle apprend aux hommes à devenir semblables à Dieu.

Cette remarque de La Bruyère est tellement empreinte de vérité que les faits sont là tous les jours qui la confirment. Ainsi, que se passe-t-il sur le globe? Les Etats où l'on méprise la religion sont plus sujets aux discordes que les autres. Pourquoi? parce que le culte sans morale fait des hypocrites ou des superstitieux; que la morale sans culte fait des philosophes et des sages mondains ; et que, pour être bon chrétien, il faut joindre ensemble ces deux choses.

Ce serait d'autant plus facile, si nous étions raisonnables, que la religion ne commande à l'homme que d'être heureux, et lui défend d'être misérable. En doutez-vous? Examinez toutes ses lois : c'est toujours nous, c'est toujours notre bien qu'elles regardent ; c'est l'intérêt de l'homme qu'elle a en vue, qui se termine enfin à la gloire de Dieu, car ces deux choses ne se séparent point

Craindre Dieu, être bon chrétien, telle doit donc être notre règle. Mais que cette crainte de Dieu ne soit pas feinte, et gardons-nous bien du pharisaïsme et d'une dévotion fausse. Il faut que la religion soit la loi secrète de nos penchants et de notre conduite, et non pas l'enseigne trompeuse d'une vie qui n'aurait point de rapport entre la pensée et l'action. Mais gardez-nous aussi d'un autre écart. Que jamais nous ne devenions le traître et le faux ami de la religion. Que ni la mode, ni la compagnie, ni quoi que ce soit au monde, ne nous séduise à vouloir paraître incrédule par imitation, et à avoir honte de notre foi.

Bref, nos sentiments doivent être la règle de notre conduite, et c'est par elle qu'on doit juger de leur solidité. Qu'on examine, après cela, la contenance d'un athée, d'un impie, et du chrétien convaincu, qui se trouvent dans l'adversité. Le premier se désespère, le second a recours au blasphème ; l'un et l'autre ne se possèdent plus : le dernier, au contraire, se reposant sur les sages soins de la Providence, conserve sa tranquillité.

Il fait plus : car s'il jouit des véritables effets de la grâce, s'il s'est purifié à la source vivifiante des sacrements, il quittera ce monde sans crainte et avec calme, je dirai même avec joie, car il croit en une autre vie plus heureuse, et il soupire après le moment d'en jouir. Les incrédules n'ont pas cette croyance ni cette espérance ; aussi, comment meurent-ils ? dans le trouble, l'effroi et le désespoir.

Quoi qu'il en soit en fait de religion, ne cherchez point à convaincre les hommes ; ne raisonnez que pour le cœur : quand il est pris, tout est fait. La persuasion jette dans l'esprit des lumières intérieures auxquelles il ne résiste pas. Il est des vérités qui ne sont point faites pour être directement présentées à l'esprit. Elles le révoltent, quand elles vont à lui en ligne droite : elles blessent sa petite logique ; il n'y comprend rien ; elles sont des absurdités pour lui.

Mais faites-les passer, pour ainsi dire, par le cœur ; rendez-les intéressantes à ce cœur ; faites qu'il les aime, parce qu'il faut qu'il les digère. Il faut que le goût qu'il prend pour elles les développe. Imaginez-vous un fruit qui se mûrit, ou bien une fleur qui s'épanouit à l'ardeur du soleil. C'est l'image de ce que ces vérités deviennent dans le cœur qui s'en échauffe, et qui peut-être alors communique à l'esprit même une chaleur qui l'ouvre, qui l'étend, qui le déploie et lui ôte une certaine raideur qui bornait sa capacité, et empêchait que ces vérités ne le pénétrassent. On ne saurait expliquer autrement la docilité subite de certaines gens, et la prompte conviction qui les entraîne. Il faut bien qu'il se passe alors entre l'esprit et le cœur un mouvement dont il n'y a que Dieu qui sache le mystère : est-ce que la persuasion de l'un serait la source des lumières de l'autre?

Conclusions. Il n'est rien de plus heureux

et de plus nécessaire que de conserver un sentiment qui nous fait aimer et espérer, qui nous donne un avenir agréable, qui accorde tous les temps, qui assure tous les devoirs, qui répond de nous à nous-mêmes, et qui est notre garant envers les autres. Or, comme la religion catholique nous inspire ce sentiment et le conserve quand il est développé, comme elle développe et conserve tout ce qui est utile à l'humanité, de quel secours cette religion ne nous sera-t-elle pas contre les disgrâces qui nous menacent? Un certain nombre de malheurs nous est destiné, nous le savons : et c'est pour les conjurer, qu'un ancien, nous dit-on d'après lui-même, s'enveloppait du manteau de sa vertu. Enveloppons-nous tous de celui que la religion catholique offre aux fidèles, car embrassant TOUTES les vertus, il nous sera par conséquent d'un bien plus grand secours, soit pour nous mettre à l'abri des faiblesses de la jeunesse, soit pour nous garantir des orages qui éclatent sur notre tête dans un âge plus avancé, et qui occasionnent d'autant plus de ravages dans notre cœur, qu'ouvriers inhabiles, nous l'avons moins mis à l'abri de la foudre des passions.

REMORDS (sentiment). — Le REMORDS est un reproche secret que nous fait la conscience après avoir commis une faute ou un crime.

Il est impossible de l'éteindre quand on l'a mérité, parce qu'on n'étouffe pas quand on le veut les lumières de la raison, ni par conséquent la voix de la conscience. L'amour de l'ordre est et sera toujours écrit dans tous les cœurs. Si l'homme était naturellement mauvais, comme quelques philosophes l'ont prétendu, il n'aurait jamais de remords, ou du moins il n'en aurait que de la vertu et non du crime.

Celui qui est tourmenté de remords ne peut vivre avec lui-même ; il faut qu'il se fuie, qu'il se distraie pour avoir un moment de repos : c'est là peut-être la raison pour laquelle les méchants sont rarement sédentaires ; ils ne restent en place que quand ils méditent le mal ; ils errent après l'avoir commis.

Si les hommes voulaient un peu réfléchir, ils verraient qu'il est de leur intérêt de fuir le crime et de pratiquer la vertu ; l'un nous rend toujours malheureux, et porte son châtiment avec lui ; l'autre nous conduit au bonheur et ne va jamais sans récompense.

Voyez combien les brigands sont à plaindre! Poursuivis par les lois, ils sont obligés de s'enfoncer dans le fond des forêts, où ils habitent avec le crime, la terreur et les remords! Au contraire, que le sort des gens vertueux est digne d'envie! Toujours tranquilles, ils goûtent le plaisir sans crainte; et s'ils sont quelquefois la victime des méchants, le témoignage de leur conscience suffit pour les dédommager de leurs injustices.

Puissent donc les individus qui, devenus criminels, sont obligés de s'enfermer dans la profondeur des forêts, ou de quitter leur patrie, pour se soustraire au châtiment que la justice leur infligerait, être amenés par les réflexions amères qu'ils font dans l'exil ou la solitude, à désirer de réparer devant Dieu, si ce n'est devant les hommes, la faute qu'ils ont commise, et trouver dans les regrets du repentir (*Voy.* REGRETS) le calme que la religion accorde au coupable. C'est le seul baume que les envoyés de Dieu puissent verser sur une plaie qui, sans les remèdes de la religion, serait inguérissable, de même que le mal occasionné par le crime est tout à fait irréparable.

Ayant dit d'une manière générale que la religion rend le calme à l'âme agitée par le remords, je dois faire observer que parfois elle n'a pas plus de puissance que la philosophie pour éloigner du cœur de l'homme le trouble que le remords y a porté. Et par exemple, l'une, la philosophie, fut aussi impuissante à Dioclétien pour mourir, que l'autre, la religion, à Charles-Quint. Tous deux eurent des remords d'avoir abandonné le pouvoir, le premier, sur son lit et sur la terre où il se roulait au milieu de ses larmes ; le second, au fond du cercueil où il se plaça pour assister à la représentation de ses funérailles. (*Châteaubriand.*) Mieux vaut donc, en évitant des fautes graves, se mettre à l'abri d'avoir des remords.

REPENTIR (sentiment). Le repentir est la connaissance des fautes qu'on voudrait n'avoir pas faites et qu'on désirerait de pouvoir réparer. Il se compose d'un sentiment de REGRETS (*Voy.* ce mot), et du désir de réparation.

Ainsi ce dernier a cet avantage sur l'autre, que tant que le regret se borne à un souvenir pénible qui peut, dans bien des cas, être dicté par un sentiment d'intérêt personnel (le tort que notre faute peut nous occasionner), il devient stérile et n'est nullement méritoire ; au lieu que le repentir décèle en celui qui en est susceptible, autant de bonté dans le cœur que de grandeur dans l'âme. Tel se montra Henri IV; aussi apporta-t-il toute sa vie la plus grande franchise à reconnaître ses torts, et la plus grande délicatesse à les réparer : en voici un trait fort remarquable.

Quelques jours avant la bataille d'Ivry, le comte Schomberg, général des reitres, l'avait pressé de payer ses troupes. Henri, qui se trouvait alors sans argent, lui répondit avec vivacité : « Jamais homme de courage n'a demandé de l'argent la veille d'une bataille. » Le jour même où se livra celle d'Ivry, le roi s'approcha du comte de Schomberg, et lui dit : « Général, je vous ai offensé ; et comme cette journée peut être la dernière de ma vie, je ne veux pas emporter l'honneur d'un gentilhomme. Je sais votre valeur et votre mérite ; je vous prie de me pardonner et embrassez-moi. » — « Il est vrai, répondit Schomberg, que votre majesté me blessa d'autre jour, et aujourd'hui elle me tue ; car l'honneur qu'elle me fait m'oblige de mourir en cette occasion pour son service. » Quelques instants après il fut tué en combattant vaillamment à côté du roi. Ce fait est trop riche *d'enseignements* pour que je me hasarde d'en faire le commentaire, je craindrais d'en affaiblir le prix.

Je trouve un fait bien plus riche encore en enseignements dans le repentir de Théodose, qui, pour se venger de la sédition d'Antioche et du renversement des statues de Théodose père, de Flacilla, d'Arcadius et d'Honorius, donna l'ordre d'exterminer le peuple, ordre qu'il révoqua quand il fut exécuté..... Voici comment Châteaubriand poursuit la narration de cette histoire :

« Saint Ambroise apprend à Milan le massacre de Thessalonique; il se retire à la campagne et refuse de venir à la cour. Il écrit à l'empereur : « Je n'oserais offrir le sacrifice, si vous prétendiez y assister. Ce qui me serait interdit par le sang répandu d'un seul homme, me serait-il permis pour le meurtre d'une foule innocente.

« Théodose n'est point retenu par cette lettre, il veut entrer dans l'église ; il trouve sous le portique un homme qui l'arrête; c'est Ambroise : « Tu as imité David dans son crime, s'écrie le saint, imite-le dans son repentir.

« Huit mois s'écoulèrent ; l'empereur n'obtenait pas la permission de pénétrer dans le saint lieu. « Le temple de Dieu, répétait-il, est ouvert aux esclaves et aux mendiants, et il m'est fermé » Ambroise demeurait inexorable; il répondit à Ruffin qui le pressait : « Si Théodose veut changer sa puissance en tyrannie , je lui livrerais ma vie avec joie. » Enfin, touché du repentir de l'empereur, l'évêque lui accorda l'expiation publique ; mais en échange de cette faveur il obtint une loi suspensive des exécutions à mort pendant trente jours, depuis le prononcé de l'arrêt; belle et admirable loi qui donnait le temps à la colère de mourir et à la pitié de naître ! Sublime leçon, qui tournait au profit de l'humanité et de la justice ! Si trente jours s'étaient écoulés entre la sentence de Théodose et l'accomplissement de cette sentence , le peuple de Thessalonique eût été sauvé.

« Dépouillé des marques du pouvoir suprême, l'empereur fit pénitence au milieu de la cathédrale de Milan. Prosterné sur le pavé, il implora la merci du ciel avec sanglots et prières. Saint Ambroise, lui prêtant le secours de ses larmes, semblait être le pécheur et tombé avec lui. Cet exemple, à jamais fameux, apprenait au peuple que les crimes font descendre du dernier rang ce qu'il y a de plus élevé; que la cité de Dieu ne connaît ni grand ni petit, que la religion nivelle tout, et rétablit l'égalité parmi les hommes. C'est un de ces faits dans l'histoire où les trois vérités religieuse, philosophique et politique ont agi de concert. A quelle immense distance le paganisme est ici laissé ! L'action de saint Ambroise est une action féconde, qui renferme déjà les actions analogues d'un monde à venir ; c'est la révélation d'une puissance engendrée dans la décomposition de toutes les autres. L'action de Théodose, c'est la piété unie au repentir et à la persévérance. »

Il est un sentiment qui tient le milieu entre le regret et le repentir. Ce sentiment, c'est le remords, ou le reproche secret excité en nous par le regret d'une faute; faute toujours grave et criminelle. C'est pour cela qu'il n'y a guère que les grands coupables qui soient exposés à avoir des remords. Donc, celui-ci a un degré de plus que le regret, et sous ce rapport il se rapproche du repentir. Il en diffère pourtant, parce qu'il a moins de noblesse et que la pensée de réparer le crime, s'il est réparable, ne se présente guère à l'esprit de celui qui a des remords.

Il est fort utile toutefois que l'homme en soit tourmenté, parce que les tourments inclinent au repentir , et que du repentir à la réparation il n'y a qu'un pas bien facile à franchir.

Et s'il en est ainsi, c'est que le repentir est un ver intérieur, un ulcère dans la chair, une douleur que la raison ne peut pas effacer comme les autres, car elle y puise sans cesse de nouvelles excitations, de nouvelles tristesses. Le jugement que nous portons nous-mêmes sur nos obligations morales a des sentences sans appel. Le criminel peut être en sûreté, jamais en sécurité; sa conscience le poursuit partout.

Mais le repentir n'est pas seulement un remords, un supplice pour le criminel, il est un moyen de salut pour le pécheur; c'est un second baptême qui lave de toutes les impiétés. « *Vous ne rejetterez pas, Seigneur, un cœur brisé de douleur et humilié* , » disait le saint roi David pleurant sur ses deux énormes crimes.

Non, la miséricorde divine ne ferme point l'oreille aux gémissements du coupable, elle envoie au contraire à ses yeux des sources de larmes, à son cœur des trésors de prières, et quand les regrets ont égalé la faute , elle fait descendre du ciel le pardon consolateur.

D'ailleurs, si le repentir ne sauve pas tout d'un coup, au moins il met un arrêt dans la chute, la volonté cesse de s'enfoncer dans le mal, et même de le vouloir, jusqu'à qu'elle commence à le reconnaître, à le rejeter, à le désavouer : elle n'ajoute plus sa propre force à celle qui l'entraînait, elle ne gravite plus vers le centre ténébreux, elle lui résiste au contraire, parce qu'elle commence à sentir et à suivre une attraction plus haute , l'attrait du bien ou de Dieu qui, en agissant sur l'âme, la retourne vers le foyer de la vie et lui donne avec une nouvelle position l'espérance du retour et de la réhabilitation. (*M. l'abbé Bautain.*)

N'oublions pas que le repentir naît autant du regret de n'avoir pas fait quelque chose d'utile que d'avoir fait une faute. Dans ce cas certaines personnes, retenues par un misérable respect humain, dissimulent autant que possible leurs regrets ; elles devraient savoir cependant que la honte est dans le crime et non pas dans le repentir.

Il est un point important qu'il ne faut pas non plus oublier, c'est que le repentir de ses fautes peut seul tenir lieu d'innocence. Pour paraître s'en repentir, il faut commencer par les avouer. La confession est donc presque aussi ancienne que la société civile; et c'est chose fort importante à constater, à cause du grand nombre de partisans, parmi les mauvais catholiques, que s'est fait le protestantisme en supprimant cet acte. Et la preuve que ce n'est pas de nos jours que la confession des fautes a été regardée comme purifiante, c'est que les anciens maîtres des hommes enseignaient cette doctrine. « Quiconque a commis quelque faute, dit Platon, qu'il soit prompt, non à la cacher, mais à s'accuser et à la CONFESSER PUBLIQUEMENT pour en expier la peine et devenir pur et sans tache.» *Quicumque aliquid injuste egerit, ad accusandum se ipsum, non ad obtegendum, sed in lucem producendum crimen promptus esse debet; ut qui peccaverit pœnas incolumis evadat.* (Tome I. Sizig. 3, *de Rhet.*, ante med.)

Ce n'est pas tout : on *se confessait* dans presque tous les mystères d'Égypte, de Grèce, de Samothrace. Il est dit dans la vie de Marc Aurèle que lorsqu'il daigna s'associer aux mystères d'Éleusis, il *se confessa* à l'hiérophante, quoiqu'il fût l'homme du monde qui eût le moins besoin de confession.

Il est difficile de dire en quel temps cette pratique s'établit chez les Juifs. La *Mishna*, qui est le recueil des lois juives, dit que tout accusé qui avait été condamné à mort allait *se confesser* devant témoins dans un lieu écarté, quelques moments avant son supplice. S'il se sentait coupable, il devait dire : *Que ma mort expie tous mes péchés;* s'il se sentait innocent, il prononçait : *Que ma mort expie mes péchés hors celui dont on m'accuse.*

Le jour de la fête que l'on appelait, chez les Juifs, l'*Expiation solennelle*, les Juifs dévots *se confessaient* les uns les autres en spécifiant leurs péchés. Le confesseur récitait trois fois treize mots du psaume XXVII, ce qui fait trente-neuf; et pendant ce temps, il donnait trente-neuf coups de fouet au confessé, lequel les lui rendait à son tour; après quoi ils s'en retournaient quitte à quitte.

Il est un fait que nous constaterons en passant, c'est que ceux qui tonnent contre le catholicisme à l'endroit de la confession, s'en font une bien fausse idée. Qu'est-ce qu'un confesseur? Un ami, mais un ami divin, ou plutôt c'est Jésus-Christ qui devient dans sa personne le confident et l'ami de tous les chrétiens. La confession, c'est l'amitié élevée à l'état du sacrement, et rapprochée si près du ciel qu'on ne saurait rien concevoir dans l'échelle des affections humaines qui en soit plus proche. Admirable puissance de la religion ! dans chaque temple chrétien est un confessionnal, où le prêtre se tient assis, attendant que les pécheurs viennent lui accuser leurs fautes, et en chercher le pardon. Des hommes, des femmes, de toutes conditions, de tout âge, y entrent, se mettent à genoux, s'accusent, et sortent justifiés, toujours consolés. Là, entre le pénitent et le confesseur, il se dit des choses qu'on ne voudrait pas dire à son père, à sa mère, qu'on cacherait à son frère ou à son ami, qu'on voudrait se cacher à soi-même, si on le pouvait.

« Qu'est-ce donc que cet homme à qui l'on ouvre ainsi son cœur, et devant qui l'on déploie le livre de sa vie? Est-ce un ami qu'on connaît et qu'on aime depuis longtemps, de la discrétion de qui l'on s'est assuré, qu'on a cherché longtemps avant de le trouver, comme on cherche une chose rare et précieuse? Ou bien est-ce du moins un homme remarquable par sa science, et dont les lumières jettent de longs rayons autour de lui? Cet homme bien souvent on le connaît à peine ; quelquefois son caractère déplaît, ses manières choquent, sa vertu trop austère épouvante. Quelquefois, c'est un humble prêtre qui n'a de science que sa foi, et qui puise toutes ses lumières dans la prière et dans la charité. Cependant on a plus de confiance en lui que dans l'ami le plus intime ; et on est plus sûr de sa discrétion qu'on ne l'est de celle d'un père ou d'un frère. Un aveu fait à cet homme, fût-il étranger pour vous, soulagera plus votre âme et vous fera plus de bien qu'un aveu à une mère ou à un ami.

« Vous ne connaissez pas cet homme; mais à peine êtes-vous à ses pieds que vous sentez votre cœur s'épanouir sous sa charité, s'abandonner à la confiance et à tous les sentiments qui élèvent l'âme. Il vous regarde, et vous croyez à lui; il vous parle, et déjà vous êtes son fils. Chacune de ses paroles est comme une goutte de pluie qui tombe sur une terre desséchée. Il lève la main pour vous absoudre; et voilà que l'innocence, le calme, la paix et la joie refleurissent en votre âme. Il vous dit : Allez en paix : et vous vous levez innocent, justifié, heureux, avec le regret du mal et le désir du bien, le cœur plein de douleur du passé, et d'espérance pour l'avenir. En vérité, ne faut-il pas avoir perdu le sens pour calomnier une institution aussi admirable? L'établissement de la confession n'est-il pas à lui seul une preuve suffisante de la divinité du christianisme ? Une telle invention pouvait-elle venir d'un autre que de Dieu? » (Ch. Sainte-Foi, *Heures sérieuses d'un jeune homme.*)

C'est ainsi que le repentir purifie le coupable, quand le prêtre appelle sur sa tête, en vertu de son mandat, le pardon de son Dieu. Mais nous éprouvons le besoin de croire, et l'Église nous le permet, que le repentir tout seul, lorsque la réception du sacrement est impossible, est parfois suffisant pour attirer la même faveur d'en haut.

Le repentir existe donc chez l'homme pour déplorer les fautes commises contre la prudence et les instincts conservateurs de l'être vivant; puis, pour rendre à l'être intelligent, en le ramenant à la vérité et à Dieu, l'innocence qu'il avait momentanément perdue.

Assurément il est beau de se repentir de ses fautes, mais bien plus beau encore de n'en point commettre; celui qui sera convaincu de cette vérité et qui voudra ne pas succomber aux tentations qui nous rendent coupables, celui-là, dis-je, trouvera dans la pratique de ses devoirs religieux unie à une conduite irréprochable, la force de se commander à lui-même, de résister à ses passions, et sa vie étant sans reproches, il ne sera jamais tourmenté par le repentir.

RÉPUGNANCE (sentiment). — S'agit-il de faire quelque chose, et cette obligation qui nous est imposée nous cause-t-elle un sentiment passager de peine ou de dégoût, ce sentiment, c'est la répugnance.

La répugnance différerait donc de l'*antipathie*, en ce que celle-ci convient tout à la fois aux choses et aux actions, qu'elle est moins dépendante de la liberté et plus durable que la répugnance.

Néanmoins, comme ces différences sont si peu importantes, que tout ce qui se rapporte à l'une s'applique également à l'autre, je n'insisterai pas davantage. *Voy.* ANTIPATHIE.

RÉSERVE, RÉSERVÉ. *Voy.* RETENUE.

RÉSIGNATION (vertu). —Si la patience est l'acceptation volontaire de la souffrance, la résignation, c'est l'acquiescement libre à un mal présent ou futur. (*M. l'abbé Bautain.*)

Le premier de ces sentiments, qui ne diffère point du second, est tout à la fois moral et physique, c'est-à-dire subordonné en partie à l'influence du tempérament des individus (*Voy.* PATIENCE); le second, au contraire, est surtout moral, et Dieu seul peut, en nous l'inspirant, nous donner la force d'acquiescer à tous les maux dont la méchanceté des hommes ou de notre propre nature nous rend la victime.

Rien n'est précieux et utile comme ce sentiment, car le courage dans les événements ordinaires de la vie est plus nécessaire à l'humanité, en général, qu'au soldat en particulier, même sur le champ de bataille. Combien de guerriers en effet qui affrontent la mort sans pâlir et qui, néanmoins, ne sont pas aussi courageux que le malheureux qui supporte avec *résignation* les chagrins et les tourments dont il est accablé; combien de gens qui, sans la résignation, succomberaient sous le poids de l'adversité et traîneraient leur misérable vie dans les regrets, les afflictions, suite nécessaire des déceptions de toutes sortes que nous éprouvons et qui deviennent le plus souvent la cause de toutes ces larmes que l'amour des créatures ou de nous-mêmes nous fait verser.

Voyez cette jeune mère caressant son unique enfant, comme elle est heureuse! elle vit de présent et d'avenir dans ce tendre objet de son amour. Quels soins, quelle vigilance! sa sollicitude écarte devant les pas de son enfant tout ce qui pourrait blesser ses pieds, attrister son cœur. Elle s'est en quelque sorte incarnée en lui, elle respire par sa bouche, elle voit par ses yeux, elle aime dans son cœur. Pauvre mère, ton amour est-il donc un soleil trop ardent qui fasse languir et mourir la fleur sur sa tige? Peu à peu elle se penche et se flétrit; quelque ver meurtrier l'aura piquée au cœur. En vain tu l'arroses de tes larmes; en vain tu mets ce cher enfant sur ton sein, qui est plein de vie; sur ton cœur, qui est plein de prières. Bientôt les cieux ont un ange de plus, et la terre une tombe. Pour toi, tout est brisé. Le présent est rempli de larmes, l'avenir n'a plus d'étoiles qui brillent, le passé revient avec son bonheur effacé, il se fait une nuit dans ton cœur, et tu invoques le trépas. Mais une clarté que Dieu t'envoie vient luire au sein de la nuit obscure; des devoirs te sont imposés : c'est le courage de les accomplir qui t'arrive; il ne console pas, mais il fait vivre.

Vous qui compreniez l'amitié, ce saint mariage des âmes, que vous abandonniez à ses douceurs en pratiquant ses devoirs, votre ami faisait partie de vous-même. Si son cœur était vos souffrances et vos joies, son bras était votre appui dans les sentiers difficiles; au jour du danger ou de l'infortune il vous a lâchement méconnu et s'est enfui. Cette cruelle déception, ce déchirement d'une affection si sincère, si dévouée de votre part, comment la supporterez-vous? Ne faudra-t-il pas que votre âme appelle à son secours le courage de la résignation?

Pauvres calomniés, sur qui le monde répand sans pitié l'amertume de son langage, qui devenez la proie de ses jugements et de ses haines; front vertueux qu'il couvre d'infamie, qu'il met au ban de l'opinion, comment pourrez-vous vivre sous les regards méprisants, devant le rire de l'ironie, cette arme des gens sans cœur, mais si cruelle? Qui vous sauvera du désespoir, si votre âme courageuse et ferme, couverte du bouclier de la conscience, ne sait pas regarder le monde d'en haut, comme l'aigle, une troupe d'enfants insultant à son vol? Avec quel courage vous restez grands et dignes au milieu de ces honteuses clameurs; les puissances de votre âme se rassemblent, et vous méprisez le monde à votre tour, parce qu'il est l'asile des plus ignobles préjugés, le séjour des petites misères; parce qu'il a des calomnies pour toutes les vertus et de la boue pour tous les fronts élevés.

Malheureux de toutes sortes, vous que l'infortune accable, que la misère tient sous la griffe de la faim, qui n'avez pas où poser votre tête pour sommeiller, vous pour qui tout se colore en noir, qui n'apercevez autour de vous aucun visage ami, aucune lueur d'espérance, ne semblez-vous pas dévoués à la souffrance comme Prométhée à son vautour? Dites, n'iriez-vous pas demander à la mort un asile, un lieu de repos, un terme à vos tortures, si Dieu ne versait dans vos âmes ces trésors de courage, de fermeté, qui élèvent au-dessus du malheur, des douleurs et de la faim?

Qui n'admirerait pas les effets du courage chez les malheureux que la maladie dévore, qui, jour par jour, sentent leur vie s'affaiblir et regardent sans sourciller la tombe entr'ouverte, dominant, par le calme de l'esprit, les tortures de la matière? Nous, médecins, que nos fonctions appellent auprès de tout ce qui souffre, nous sommes souvent témoins de traits de courage qui meurent dans le sein de la famille, quoique plus admirables que bien des hauts faits immortalisés par l'histoire. En voici un que je suis heureux de pouvoir répéter ; il a été publié par M. Belonino, qui le tenait de son père, chirurgien en chef de l'ambulance où fut porté M. de Beauveau.

« En 1815, après l'affaire de Roche-Cervières, M. de Beauveau, atteint de plusieurs blessures fort graves et perdant beaucoup de sang, fut apporté à l'ambulance où se trouvaient un grand nombre de blessés vendéens, et aussi quelques-uns de l'armée impériale ; vu la gravité de son état, le chirurgien voulut le panser le premier. « Non, monsieur, dit-il ; tous ces braves gens sans fortune sont plus utiles que moi à leur famille ; si du retard doit être funeste à quelqu'un, que ce soit à moi, je serai pansé le dernier. » Un de ses aïeux avait fait la même chose sur le champ de bataille.

Voilà ce que le courage de la résignation, l'abnégation de soi-même et l'amour de l'humanité peuvent opérer : puisse un pareil exemple trouver des imitateurs !

RÉSOLU, RÉSOLUTION (sentiment). — RÉSOLUTION a plusieurs significations : tantôt synonyme de *décision*, elle suppose des actes réfléchis et volontaires dans ses déterminations, et tantôt ces actes, exigeant une certaine fermeté dans l'exécution, tiennent de la hardiesse.

C'est pourquoi nous ferons observer que tous ces sentiments sont identiques : la décision, selon les conséquences qu'elle entraine, exigeant de la résolution pure et simple ou une résolution mêlée de hardiesse. On a bien dit que, 1° la décision est un acte de l'esprit, et suppose l'examen ; la résolution est un acte de la volonté, et suppose la délibération : la première attaque le doute, et fait qu'on se déclare ; la seconde, l'incertitude, et fait qu'on se détermine. 2° Nos décisions doivent être justes, pour éviter le repentir ; nos résolutions doivent être fermes, pour éviter les variations ; rien de plus désagréable pour soi-même, et pour les autres, d'être toujours indécis dans les affaires, irrésolu dans les démarches. (*Voy.* IRRÉSOLUTION.) 3° Il semble que la résolution emporte la décision, et que celle-ci puisse être abandonnée de l'autre, puisqu'il arrive quelquefois qu'on n'est pas encore résolu à entreprendre une chose pour laquelle on a déjà décidé, la crainte, la timidité ou quelque autre motif s'opposant à l'exécution de l'arrêt prononcé. 4° Il est rare que les décisions aient, chez les femmes, d'autres fondements que l'imagination et le cœur ; en vain les hommes prennent des résolutions ; le goût et l'habitude triomphent toujours de leur raison. Il y a loin d'un projet à la résolution, et de la résolution à l'exécution ; 5° enfin, c'est ordinairement où l'on décide le plus qu'on trouve le moins : quoiqu'on réponde, dans les écoles, à toutes les difficultés, on y en résout très-peu.

Mais cela prouve-t-il que ces sentiments diffèrent ?... Et quant à la *hardiesse* bien entendue, comme elle a quelque chose de mâle, de ferme, qui n'appartient guère qu'aux grandes âmes, ce qui fait le mérite de l'homme résolu, nous en conclurons que, puisqu'elle diffère si peu des autres sentiments, on doit les considérer tous comme à peu près identiques.

RESPECTUEUX (qualité). —Etre RESPECTUEUX, c'est avoir des égards, des attentions (*Voy.* ce mot), du respect pour la vertu, les talents, la vieillesse et le malheur. Ce sentiment vient non-seulement de la connaissance que chacun doit posséder des devoirs que la société lui impose, que la morale et la religion lui prescrivent, mais encore et surtout du désir de ne point s'écarter ni des uns ni des autres.

C'est pour marquer davantage tout leur respect et leur déférence pour certains individus dignes à tous égards de nos respects, que les hommes, en général, ont adopté les signes extérieurs qui en sont le témoignage, signes qui varient suivant les temps et les lieux, c'est-à-dire qui sont purement de convention. Ainsi chez nous, par exemple, le salut est l'expression vulgaire de la déférence que nous nous marquons les uns aux autres. Nous restons découverts et debout devant les grands et les personnes auxquelles nous portons un profond respect ; nous baisons l'anneau des évêques, la mule du saint père ; nous nous agenouillons dans les temples, et nous inclinons nos fronts devant la majesté de Dieu qui s'y montre à notre foi. Dans certaines contrées, les sujets sont obligés de se prosterner devant leur monarque.

L'usage a diversement réglé le cérémonial de tous ces signes du respect, et c'est dans l'observation de ces diverses règles que consiste l'éducation, tout homme de bonne compagnie aimant à s'y conformer. Or, si nous consultons les personnes au fait de ces règles, elles nous diront qu'indépendamment du salut et de l'attention à rester la tête découverte, il y a dans le maintien et le ton des conditions qu'il faut observer pour témoigner de son respect. Aussi le maintien doit être grave, le visage gracieux mais sévère, le regard à demi voilé, le corps droit, et nous ne devons parler que pour répondre aux questions qui nous sont adressées, ou lorsque nous allons demander quelque chose ; mais alors, après les saluts d'usage, on doit attendre d'être autorisé à prendre la parole. Mais à qui donc doit-on le respect ? à Dieu, d'abord ; car Dieu seul est grand (*Bossuet*), et toute gloire disparaît devant lui, comme la glace aux rayons du soleil. Mais comme Dieu, quoique présent partout, ne demande aucun des signes extérieurs que nous avons mentionnés, mais seulement que l'homme s'humilie devant son Créateur, c'est dans le temple du vrai Dieu, dans le moment surtout où le Christ est là, vivant sur l'autel, que nous devons nous incliner devant sa Majesté suprême et nous anéantir devant sa gloire. C'est chose dont ne se pénètrent pas assez ceux qui assistent au saint sacrifice. Sacrifice tout d'amour de la part d'un Dieu qui s'est fait homme pour relever l'homme de son état.

Nous devons aussi nos respects à tous les individus qui se sont illustrés d'une manière quelconque, c'est-à-dire par les services qu'ils ont rendus à la patrie, ou aux lettres, ou aux arts, ou aux sciences, etc.; par l'éclat de leur génie, de leur talent, ou de leur mérite, ou de leurs vertus civiles, guerrières, religieuses. Par là ils ont acquis des droits à la reconnaissance et à l'admiration des peuples. Aussi le magistrat intègre, le guerrier valeureux, le chef de l'Église, les évêques, les ministres de l'Évangile doivent tous être l'objet d'une déférence respectueuse.

Le sentiment du respect est dû spécialement à nos parents qui sont pour nous les bienfaiteurs et les représentants de l'autorité de Dieu ; à la vieillesse, à cause de son expérience, de sa faiblesse et des travaux qu'elle a accomplis. Nous devons du respect aux femmes, parce qu'à part les enseignements de la morale et surtout de la religion, il est le seul rempart qui les protége, et que sans lui elles seraient en proie à toutes les tyrannies de notre force et de nos caprices. Nous le leur devons, parce que Dieu nous l'a prescrit, parce qu'elles sont la tige de l'humanité ; parce qu'avec le bienfait de la vie, elles nous donnent les premiers aliments du corps, et les premières croyances de nos âmes.

Après le respect que nous devons aux personnes, vient celui que nous éprouvons pour les choses. Certains lieux, certains objets, nous inspirent la plus haute vénération : quel est celui d'entre nous qui pourrait, sans être profondément atteint de ces sentiments, mettre le pied dans cette terre des miracles, dans cette Judée toute retentissante des paroles de Jésus et des apôtres, qui semble encore émue de respect et d'effroi au souvenir des grands mystères de la Rédemption? Cette terre, si éloquente par ses torrents desséchés, ses montagnes arides, ses plaines immenses et ses villes désertes, garde encore l'épouvante qui la remua de fond en comble quand le divin sacrifice s'accomplit au sommet du Golgotha. Les chrétiens qui la visitent peuvent-ils n'être pas saisis du plus profond respect, en songeant que ce sol, sur lequel ils marchent, porte l'empreinte des pas de Dieu; que chacun des objets qu'ils regardent est un témoin de sa vie, de ses miracles, de sa mort?

Les temples, les grands monuments de la gloire et de la bienfaisance nous émeuvent et excitent notre vénération. Il nous est impossible d'entrer, sans une vive émotion, dans la maison qu'habita un grand homme ; il en est de même des ruines et des monuments qui rappellent les beaux souvenirs qui se rattachent à l'histoire des nations célèbres. Quel est celui qui n'éprouvera pas le sentiment du respect sur les ruines de Sparte et d'Athènes, au milieu de cette Rome si longtemps maîtresse du monde et si pleine de souvenirs ?

Et pourtant bien des personnes, se faisant une fausse idée du respect que chacun doit à ceux que la Providence a placés au-dessus de nous par les brillantes qualités et les nobles facultés qu'elle leur a accordées, se refusent à respecter tout ce qui est respectable. Ces personnes qui, pour la plupart, sont des gens pervertis et méprisables, mériteraient qu'on les repoussât de partout, comme des profanateurs et des impies, ou tout au moins, que quelqu'un expliquât par l'énumération de leurs vices qu'il dévoilerait à tous les yeux, le motif réel de leur refus. Oui, c'est un exemple que l'on devrait donner partout, parce que l'orgueil a corrompu le monde, et que la morale publique en a reçu les plus funestes atteintes. Personne ne se croit fait pour obéir ; les enfants à peine pubères méprisent les conseils de leurs parents et pensent être aussi bien qu'eux en état de se conduire. Une multitude de jeunes gens, égarés par un amour mal entendu de la liberté, affectent de mépriser tout ce que les hommes honorent et respectent : ils appellent préjugés toutes les saines croyances, tyrannies, toutes les autorités. Cette triste tendance de notre époque nous entraîne de plus en plus vers le précipice où la société moderne ira s'engloutir, si la Providence ne vient mettre un terme à leur suffisance, en témoignant, d'une manière authentique, de sa force et de sa puissance.

Le respect, disions-nous, n'est autre chose que l'aveu de la supériorité de quelqu'un. Il se divise en respect dû au rang et en respect dû au mérite. On conçoit que les hommes éprouvent de la répugnance à accorder un hommage respectueux à toute personne qui n'a pour tout bien qu'une place éminente ou une naissance illustre, sans posséder en même temps les talents qu'il faut pour remplir cette place, les qualités nécessaires pour rehausser l'éclat de son origine; mais quant au respect dû au mérite, comme il n'est plus qu'une formule de paroles et de gestes à laquelle les gens raisonnables se soumettent, je ne comprendrais point qu'on voulût s'en affranchir. Il est vrai qu'il n'y a que la sottise et un orgueil puéril qui ont cette prétention.... Je les plains.

RESSENTIMENT (sentiment). — Le RESSENTIMENT est le souvenir qu'on garde au fond du cœur d'une injure reçue avec désir de s'en venger.

Le ressentiment, d'après cette définition, est un sentiment multiple qui tient, tout à la fois, de la *haine*, de la *colère*, de la *vengeance*, etc. (*Voy.* ces mots), tous sentiments dans lesquels l'âme, vivement blessée, se révolte contre celui qui a pu l'offenser. C'est pourquoi le ressentiment est plus ou moins vif, plus ou moins profond, plus ou moins durable, selon que le trait lancé par l'offenseur était plus ou moins acéré, beaucoup, peu ou point empoisonné, c'est-à-dire que lorsque l'injure a vivement blessé notre âme, cette blessure, loin de se cicatriser, s'envenime au contraire tous les jours davantage, à moins que les eaux de l'oubli ne viennent la purifier de ses souillures. Du reste cette purification ne saurait suffire, la plaie du ressentiment redevenant saignante et douloureuse au moindre contact, et on sait que malheureusement, à chaque instant de la vie, alors surtout que l'homme est oisif et désœuvré, les détails de l'outrage qu'il a souffert se retracent à sa pensée plus vivaces et plus poignants. Il ne peut donc chasser entièrement de son esprit ce souvenir cuisant. Au contraire, il semble alors qu'il s'y délecte et qu'il prend plaisir à l'aviver sans cesse. Il s'exagère de plus en plus la grandeur de l'offense, et la souffle pour ainsi dire de nouveau à chaque minute à l'âme ; celle-ci n'a point d'autre pensée : elle est sans cesse obsédée de ses plus sinistres couleurs. Ainsi le ressentiment grandit dans elle, il s'y accumule, comme la vapeur comprimée dans sa brûlante chaudière ; il bouillonne, il gronde intérieurement comme elle ; comme elle, il tend à faire explosion. Semblable en cela au levain de la rancune qui, à mesure qu'il vieillit et fermente davantage, finit par déborder du vase qui la renferme.

Aussi, sous tous ces rapports, le ressentiment ne marche jamais sans la haine qui l'engendre, sans la rancune qui est sa compagne, sans des idées de vengeance qu'il enfante. C'est donc par l'étude de ces divers sentiments qu'on peut arriver à connaître le ressentiment dans sa nature, ses tendances et ses effets, et qu'on peut le combattre.

RETENUE (qualité). — Elle n'est qu'une sage circonspection dans les actions et surtout dans les discours.

Comme la circonspection, la retenue convient à tout le monde, mais particulièrement à la jeunesse ; c'est une vertu des deux sexes, mais qu'on exige plus encore des femmes que des hommes, et des filles que des femmes. L'honnêteté dans les actions, la modestie dans le maintien et la retenue dans les propos : voilà des règles de conduite qu'elles doivent nécessairement observer. J'ai dit que la retenue se montrait surtout dans les discours. A ce propos, je rapporterai un très-bel exemple de cet esprit de réserve ou de retenue que les moralistes conseillent à tous les hommes. Je le trouve dans ces quelques mots que Longinien écrivit à saint Augustin : « Seigneur et honoré Père, quant au Christ en qui tu crois, et l'esprit de Dieu par qui tu espères aller dans le sein du vrai, du souverain, du bienheureux auteur de toutes choses, je n'ose ni ne puis exprimer ce que j'en pense : il est difficile à un homme de définir ce qu'il ne comprend pas ; mais tu es digne du respect que je porte à tes vertus. »

Saint Augustin lui répond : « J'aime ta circonspection à ne rien nier, à ne rien affirmer touchant le Christ ; c'est une louable réserve dans un païen. »

Que les écrivains de notre époque apportent la même retenue que Longinien dans les mystères qu'ils ne peuvent comprendre ; que la jeunesse et les hommes dans la maturité de l'âge mettent la même circonspection pour les choses qui ne leur seront pas familières, et tout homme sage applaudira, comme le fit saint Augustin, à la réserve qu'ils auront montrée.

RIDICULE (défaut). — Le RIDICULE consiste à choquer la mode ou l'opinion, et devrait par conséquent ne s'attacher qu'aux choses indifférentes par elles-mêmes et consacrées par l'usage. Les vêtements, le langage, les manières, le maintien, etc., voilà son ressort ; mais il s'étend sur bien d'autres choses, et c'est là ce qu'on nomme son usurpation.

Tant que le ridicule reste attaché aux travers et aux vices de la société, il n'a rien de répréhensible ; mais s'il attaque la vertu, le ridicule devient criminel. Malheureusement, c'est ordinairement ainsi qu'on l'emploie, et quand l'envie veut ternir l'éclat de belles actions, d'une bonne conduite, de la vertu, c'est avec le pinceau du ridicule qu'elle le salit.

Et cela lui réussit souvent ; car les effets du ridicule sont supérieurs à ceux de la calomnie. Celle-ci peut manquer son but et se détruire en retombant sur son auteur ; au lieu que le ridicule tue en s'attachant à celui qu'il attaque.

Aussi l'a-t-on regardé comme le fléau des gens du monde. S'il n'avait que ce tort-là, nous l'absoudrions volontiers, car n'est-il pas juste qu'ils aient pour tyran un être fantastique ?

Sous ce rapport, le ridicule peut avoir un bon côté, celui de nous tenir tous dans la réserve, par la crainte de devenir la risée d'autrui. Dès qu'on a cette crainte, on se prive de bien des affectations qui rendent ridicule ; vu qu'on n'est jamais si ridicule par les qualités qu'on a que pour celles qu'on affecte. (*La Rochefoucauld.*) Or, combien n'y aurait-il pas de jeunes gens qui affecteraient bien des qualités qu'ils n'ont pas, s'ils ne craignaient le ridicule ?

Mais si le ridicule a ce bon côté, à l'endroit des gens du monde, il en a un fâcheux au contraire pour ceux qui lui sacrifient leur fortune, leur vie, souvent même leur honneur.

On peut donc excuser l'extrême sensibilité que les hommes raisonnables ont pour le ridicule. Cette crainte excessive a fait naître des essaims de petits donneurs de ridicules, qui décident de l'importance de ceux qui sont en vogue, comme les marchands de modes fixent celles qui doivent avoir cours. S'ils ne s'étaient point emparés de l'emploi de distribuer ces ridicules, ils en seraient accablés ; ils ressemblent à ces criminels qui se font exécuteurs pour sauver leur vie.

La crainte puérile du ridicule étouffe les idées, retrécit les esprits et les forme sur un seul modèle ; suggère les mêmes propos, peu intéressants de leur nature, et fastidieux par la répétition. Il semble qu'un seul ressort imprime à différentes machines un mouvement égal et dans la même direction. Je ne vois que les sots qui puissent gagner à un travers qui les met de niveau avec les hommes supérieurs, puisqu'ils sont tous également assujettis à une mesure commune où les plus bornés peuvent atteindre. (*Duclos.*)

Et pourtant, répétons-le, le ridicule est utile à quelque chose. Comment cela ? parce que, généralement, on aime à parler de soi ; défaut très-commun qui se répand de plus en plus dans le monde. Or, par quoi s'en corrige-t-on, de ce défaut ? par la crainte du ridicule qui s'y attache. (*Voltaire.*)

Communément on aime à paraître plus et mieux qu'on n'est : pourquoi telle personne fastueuse ne se surcharge-t-elle pas de diamants, de dentelles et de pierreries? Pourquoi telle vieille coquette ne se travestit elle pas en jeune fille et ne folâtre-t-elle pas comme elle ? Pourquoi ce vieillard ne se montre-t-il pas en lion dans le monde ? Parce qu'ils craignent tous le ridicule.

Bien des gens ont de la tendance à devenir superstitieux. Qu'est-ce qui les fait éviter de tomber dans ces excès ? Le ridicule, qui est l'arme la plus puissante contre la superstition. Qu'est-ce que craignent ces hommes qui ne craignent plus rien, qui sont sans pudeur ni remords? Le ridicule. Donc, il n'est pas sans avoir une influence avantageuse pour sauvegarder les mœurs.

Mais s'il a des effets avantageux, combien n'en a-t-il pas aussi de fâcheux! combien de talents et de vertus qui se développeraient et que le ridicule étouffe! Il faut donc se garder d'en faire un mauvais usage.

Bref, le ridicule a son bon et son mauvais côté : on ne le guérit que par lui-même.

RIGUEUR (sentiment). — La rigueur est une sorte de *dureté* ou de *sévérité* qui s'oppose à ce que la peine soit adoucie : elle ne pardonne rien, et se trouve par conséquent dans la manière de punir. La rigueur ne paraît bonne que dans les occasions où l'exemple serait de conséquence. Aussi, dans les armées, quand des soldats méconnaissent l'autorité des chefs, soufflant partout la désobéissance et la rébellion, et poussant ainsi à l'insurrection et au crime, les conseils de guerre ne sauraient être trop rigoureux dans la peine qu'ils appliqueront, rien n'étant dangereux pour l'État comme d'aussi fâcheux exemples.

De même, quand un magistrat qui, par la connaissance qu'il a des lois qui régissent son pays, sait ce à quoi il s'expose s'il forfait à l'honneur, et cependant se rend criminel, la justice doit lui appliquer les peines les plus sévères, rien ne pouvant excuser ces distributeurs de la justice, de s'exposer à ses rigueurs en osant la braver par l'espoir de l'impunité, etc. Mais hors ces circonstances et toutes autres pareilles, alors surtout qu'il s'agit d'une faute légère, commise par étourderie, par irréflexion, par inexpérience, par ignorance, il me semble qu'on doit avoir égard à la faiblesse humaine. C'est du reste ce qu'a voulu, en quelque sorte, le législateur, en admettant dans les affaires criminelles des circonstances atténuantes que les jurys appliquent souvent avec beaucoup de discernement. Je ne dis pas *toujours*, parce que j'ai été témoin qu'on en abuse quelquefois.

RUSE (qualité bonne ou mauvaise), Rusé. — « La ruse est, nous dit-on, un mélange de fausseté, d'adresse, d'artifice et de mensonge, dont certains hommes s'enveloppent étroitement pour rendre plus subtils les pièges qu'ils tendent à la bonne foi ou à la crédulité d'autrui. » Il semblerait, d'après cela, que la ruse, quand elle est employée, aurait toujours l'offensive et devrait toujours être prise en mauvaise part. C'était en effet l'opinion de Marmontel, qui prétend « qu'un honnête homme ne doit pas être rusé, il ne le peut pas. » Je trouve Marmontel beaucoup trop exclusif dans son affirmation, attendu que la ruse comme la circonspection sont fort souvent utiles à l'homme : par elles il se défend contre des ennemis, se tire des positions les plus difficiles, et se ménage des ressources pour l'avenir. Sans doute que leur excès d'activité produit la fourberie, la pusillanimité et la parcimonie, sœur de l'avarice ; mais qui dit excès, dit exagération, et comme on ne pousse pas toujours jusque-là la ruse et la circonspection, l'une et l'autre peuvent avoir un bon côté. Du reste, comme la ruse est une forme du déguisement et de la Dissimulation, *voyez* ce mot.

RUSTICITÉ (défaut). — Ce mot a été employé pour exprimer *l'impolitesse* par absence complète d'éducation. Elle diffère par là de la grossièreté qui, elle aussi, est un manque de politesse, mais ne provient que d'un défaut de bonne éducation et de ce qu'on n'a pas l'esprit cultivé. On peut donc être rustique sans être grossier, et grossier sans être rustique.

C'est généralement dans la basse classe qu'on trouve des hommes rustiques, et dans toutes les autres qu'on trouve des hommes grossiers. On les reconnaît en ce que ceux-ci ont des manières désagréables, et ceux-là des manières choquantes ; les uns et les autres étant en rapport avec l'absence plus ou moins complète d'éducation. C'est pourquoi les personnes bien élevées fuient les gens grossiers et ne se lient jamais avec les rustiques.

S

SAGACITÉ (faculté). — « La sagacité est une disposition qu'a l'esprit à trouver promptement les idées moyennes qui montrent la convenance ou la dissonance de quelque autre idée et, en en même temps, de les appliquer comme il faut. » (*Locke.*)

La sagacité, dit un métaphysicien, n'est que l'adresse avec laquelle on sait se retourner pour saisir son objet plus facilement ou pour le faire mieux comprendre aux autres, ce qui ne se fait que par l'imagination jointe à la réflexion et à l'analyse. (*De Condillac.*)

La sagacité a beaucoup de ressemblance avec la FINESSE dont elle diffère cependant en ce que l'une ne cherche que le rapport des choses, tandis que l'autre cherche à les approfondir, à découvrir leurs principes et à rendre les idées par ce qu'elles ont de sensible et de frappant. *Voy.* FINESSE.

De même la sagacité a une très-grande analogie avec la pénétration, cette autre faculté de l'esprit, qui joint la vivacité de l'imagination à la justesse du jugement. *Voy.* PÉNÉTRATION.

SAGE, SAGESSE (vertu). — Qu'est-ce que la sagesse ? C'est l'amour et la pratique du bien, la haine et le mépris du mal ; c'est l'harmonie de toutes les facultés de notre âme. (*De la Chambre.*) Ou bien, d'après Bossuet, c'est la connaissance de Dieu et de soi-même, cette dernière nous élevant à la connaissance de nos devoirs envers Dieu.

Le secret de la sagesse consiste à savoir ce que l'on est et ce que l'on doit faire. Ses bases sont : la foi en l'Eternel jointe à un mépris de la mort ; ses lois : remplir avec exactitude nos devoirs tant envers la Divinité qu'envers nous-mêmes et les autres hommes.

Il est certain que c'est la foi en Dieu et la croyance à l'immortalité qui forment les véritables bases de la sagesse, puisque du moment où l'homme connaît la destinée de son âme, l'étude des sciences et de la philosophie morale et religieuse, il se pénètre de plus en plus de cette pensée ; et, loin de redouter la mort et de se sentir saisi d'effroi à son aspect, il doit l'appeler de ses vœux et soupirer après l'instant suprême où son âme se détachera de ses enveloppes matérielles pour accomplir sa destinée éternelle. Celui-là s'effraie, qui n'est point sage. Pourquoi le sage se troublerait-il à l'aspect de la mort ? Est-ce parce que, s'il n'est pas difficile de croire en son Créateur, il est bien difficile, au contraire, de résister au mal qu'on voudrait rejeter, et que ce n'est qu'à ces deux conditions, avoir la foi et avoir bien vécu, qu'on peut affronter le trépas sans crainte, attendre la mort sans le redouter, être digne en un mot d'être appelé sage ? non, car il doit nous suffire du sentiment de notre immortalité, pour que l'âme puise dans ce sentiment tout ce qui lui donne la force de vaincre ses passions, tout ce qui nous inspire le repentir après notre chute, tout ce qui nous donne le courage de nous réhabiliter par la pénitence, ce qui enfin nous console, nous relève et nous satisfait. Il n'y a que l'homme qui croit à son immortalité qui puisse braver la mort : lui seul peut s'élever au-dessus de tous les événements de ce monde ; se montrer indépendant des caprices du sort et plus grand que toutes les dignités de la terre.

Et il le fera bien plus facilement avant sa chute, toutes les fois que croyant en Dieu, possédant la faculté de bien juger les choses, joignant la prudence à la corruption et unissant la force à ces précieuses qualités, il restera maître de ses passions, et par suite, réglé dans ses mœurs et sa conduite.

J'ai dit avec les auteurs, unissant la *prudence* à la *circonspection*, quoique je sache bien que ces deux attributs de la sagesse tout comme la faculté de bien juger, se rencontrent chez des individus qui sont loin d'être sages. Cela n'empêche pas que la sagesse ne saurait exister sans elle, ce qui en fait une vertu mixte composée de la réunion de toutes les vertus. Retranchez-en une seule, vous manquerez à Dieu qui, vous l'ayant donnée, *veut* que vous la conserviez : que manquant à Dieu vous cessez d'être vertueux : donc vous n'êtes plus sages.

Pour être sage, on ne saurait trop le redire, il faut donc non-seulement être croyant, mais parler et agir à propos, et ne jamais parler et agir mal à propos, non-seulement poursuivre ce but qu'on veut atteindre, en évitant les mauvaises routes qui y conduisent et qu'on aura découvertes par la réflexion ; mais si un obstacle se rencontre inopinément sur notre passage, avoir la force de le briser.

La sagesse, ai-je dit, est un don de Dieu, de l'humanité ; il ne s'agit donc pas pour l'homme de l'acquérir, mais de la conserver. Et comment la conservera-t-il ? En s'exerçant chaque jour, à toute heure, à la pratique des vertus qu'elle commande, et en cherchant à profiter des défauts des autres bien plus encore que de leurs bons exemples. Aussi, dirai-je de la sagesse des hommes ce que Bonaparte disait de la sagesse des nations : *Elle est l'expérience.*

Heureux donc ceux à qui elle apprend que s'il faut bien des efforts pour être sage, il ne faut qu'un moment de faiblesse pour cesser de l'être. (*Azaïs.*) Alors, toujours en garde contre ses funestes penchants et contre le génie du mal qui s'offre à lui sous des dehors trompeurs, il puisera dans son amour pour la sagesse la force de renoncer courageusement, s'il le faut, aux opinions populaires, de surmonter ses passions, et de se soustraire soit à l'empire des vices universellement reçus, soit même aux préjugés, assez accrédités quelquefois pour servir de règle.

Ainsi, quand on veut rester sage, si les passions veulent troubler ou troublent la sagesse, il faut nécessairement les vaincre : si les vices, tout odieux qu'ils sont, se déguisent pour s'accommoder à nos goûts, et peuvent devenir par là plus dangereux et un plus grand obstacle à notre salut et à l'accomplissement de nos devoirs que les passions elles-mêmes, il faut les redouter, les craindre et ne pas leur prêter un seul instant l'oreille, et cela encore, parce qu'il est d'autant plus difficile de chasser ces vices de son cœur quand ils y ont trouvé accès, qu'on n'ose se les avouer jamais à soi-même.

Pourtant rien ne doit être plus désirable que la sagesse. Qu'y a-t-il en effet de plus utile à l'homme, de meilleur et de plus digne de lui ? rien ; car le sage, quelque part qu'il se trouve, est citoyen de toutes les républiques, mais il n'est pas le prêtre de tous les dieux.

Il observe tous les devoirs de la société, que la raison lui prescrit ; mais sa manière, beaucoup au-dessus du vulgaire, ne depend ni de l'air qu'il respire, ni des usages établis dans chaque pays. Il supporte sans colère les vices des hommes, comme leur prospérité sans envie, et je dois le dire, ce n'est qu'à l'heure de la colère qu'on reconnaît le sage, comme ce n'est qu'à l'heure du combat qu'on reconnaît le brave, et à l'heure de la détresse qu'on reconnaît la patience du compagnon. Il endure les indiscrétions des insensés, comme les médecins les injures des frénétiques. Il met à profit l'instant qu'il tient, sans trop regretter celui qui est passé, ni trop compter sur celui qui s'approche. Il cultive surtout son esprit, s'attache au progrès des arts, les tourne au bien public, et la palme de l'honneur est dans sa main. Il sait tirer un bon usage des biens et des maux de la vie, semblable à la terre qui s'abreuve utilement des pluies et qui se pénètre des chaleurs vivifiantes dans les jours brillants et sereins. Il tend à de si grandes choses, dit La Bruyère, qu'il ne porte pas ses désirs à ce qu'on appelle des trésors, des postes, la fortune et la faveur. Il ne voit rien dans de si frêles avantages, qui soit assez solide pour remplir son cœur et pour mériter ses soins. Le seul bien capable de le tenter est cette sorte de gloire qui devrait naître de la vertu toute simple et toute pure ; mais les hommes ne l'accordent guère ; il s'en passe.

Tels furent dans les temps antiques Thalès de Milet, Pittacus de Mitilène, Bias de Prienne, Volon d'Athènes, Cléobule de Linous, dans l'île de Rhodes ; Périandre de Corinthe et Chilon de Lacédemone, sages de la Grèce dont les noms passeront d'âge en âge, pour être l'admiration de tous les siècles.

Mais quelles sont donc les règles de la sagesse? Quiconque y aspire doit renoncer courageusement aux opinions populaires, aux vices universellement reçus, aux préjugés assez accrédités quelquefois pour servir de règle aux passions.

Il doit tenir pour suspect tout ce qui est approuvé de la multitude ; chercher ce qui est bon, et non ce qui le paraît.

Et comme un instant de faiblesse est souvent la source des plus grandes fautes, de même un acte de courage prépare à la victoire, et la rend plus facile. C'est donc une raison de plus pour vaincre, que d'avoir vaincu la veille ; la force, ainsi que la faiblesse, s'accélérant, comme la vitesse des corps graves dans leur chute.

Sagesse a été encore considérée comme synonyme de *prudence*. Elles ont cela de commun, il est vrai, qu'elles ne marchent pas l'une sans l'autre ; mais si la sagesse fait agir et parler à propos, la prudence empêche de parler et d'agir mal à propos. La première, pour aller à ses fins, découvre les bonnes routes, afin de les suivre ; la seconde, pour ne pas manquer son but, tâche de connaître les mauvaises routes, afin de s'en écarter. *Voy.* PRUDENCE. De là il semblerait que la sagesse est plus éclairée, et la prudence plus réservée.

Un ancien a dit « qu'il est de la sagesse de ne parler que de ce qu'on sait parfaitement, surtout lorsqu'on veut se faire estimer. » Je crois qu'on peut ajouter à cette maxime, qu'il est de la prudence de ne parler que de ce qui peut plaire, surtout quand on a dessein de se faire aimer. (*L. Girard.*)

SANGUINAIRE (sentiment). — Un homme sanguinaire est celui qui se plaît à répandre du sang : c'est le plus affreux de tous les caractères. On y incline les hommes par des combats publics, des spectacles de gladiateurs, des scènes de tragédies ensanglantées, et une foule d'autres actes non moins entachés de barbarie et de CRUAUTÉ. (*Voir ce mot.*)

SATIRE, SATIRIQUE (vice). — La satire est une méchanceté réfléchie et mordante lancée contre les personnes, dont elle dévoile les travers, les ridicules, et plus que cela. Elle diffère de la malice proprement dite, en ce que celle-ci peut se borner à la censure spirituelle, vive et piquante des vices de l'humanité ; au lieu que celle-là diffame et calomnie cette pauvre humanité. L'une peut donc être avantageuse, quand elle s'attaque aux êtres vicieux, qu'elle tend à rendre odieux ou meilleurs ; tandis que l'autre est infâme, en ce qu'au lieu de se borner à ridiculiser et à châtier le vice, elle s'attaque aux individus qui ne sont point vicieux.

Toujours est-il que les hommes satiriques, ou qui manient la satire, sont fort à craindre soit lorsqu'on les rencontre dans le monde, soit quand ils distillent leur fiel dans leurs ouvrages ; et, comme leurs intentions sont le plus souvent fort mauvaises, on doit les redouter, rien n'étant guère plus dangereux que la satire. J'avoue qu'elle n'emporte pas l'atrocité d'un vol ou d'un meurtre ; mais, avec tout cela, combien n'y a-t-il pas de personnes qui aimeraient mieux perdre une grosse somme d'argent, ou la vie même, plutôt que d'être exposées aux traits de la satire, et de passer pour infâmes. Il est certain que, dans ce cas, on ne doit pas mesurer l'injure par l'idée de celui qui la fait, mais par l'idée de celui qui la souffre. Et pourtant je me hâte de rendre cette justice aux gens satiriques, que, malgré les torts qu'ils peuvent faire aux autres et celui qu'ils se font à eux-mêmes, il est bon qu'il y ait des esprits assez osés pour affronter les ridicules et les vices des petits et des grands. Ils sont d'autant plus utiles, ces hommes à l'esprit satirique, que, dans la société, la morale doit bien plus à la crainte de la satire qu'à l'amour de la vertu, et que, d'ailleurs, la satire est tout à fait sans portée sur les esprits sages et les hommes réfléchis, qu'elle n'arrête pas dans l'accomplissement de leurs louables desseins. Elle pourra faire rire un instant à leurs dépens; mais que peuvent contre eux des pointes émoussées? C'est à vous tous, qui avez de l'esprit, du sens et de la raison, à vous armer du fouet de la satire pour châtier les hommes qui, par passion ou par calcul, sèment de fausses doctrines ou se font les apologistes des vices qui nous infectent de toutes parts. Et quant aux personnes qui sont exposées aux coups de la satire, parce qu'elles ont une conscience assez pure et des principes assez élevés pour oser fronder les satiriques, le meilleur remède qu'elles ont contre leurs effets, sachons-le bien, c'est le silence : lui *seul* peut désarmer la satire.

SATISFACTION. *Voy.* CONTENTEMENT.

SCRUPULE, SCRUPULEUX (défaut). — En théologie, le scrupule est une crainte non fondée de mal faire. A notre point de vue, le scrupule est un petit doute qui nous empêche de nous déterminer entièrement à faire telle ou telle action, parce que sa bonté morale ne nous est pas encore assez connue. Quoiqu'il soit un défaut, il naît cependant d'un grand amour pour la probité, et de la politesse; mais alors à ces qualités se joint la fausseté de l'esprit.

Rien n'est plus insupportable que les âmes scrupuleuses : elles sont presque toujours chancelantes; un rien les empêche de faire le bien. C'est souvent le vice des ignorants bien intentionnés : une conscience timorée, jointe à l'ignorance, rend l'homme indécis dans ses déterminations et plus ou moins contristé après l'exécution, le scrupule étant l'exagération d'une âme consciencieuse qui, parce qu'elle ignore, doute toujours et pèche par excès. *Voy.* CONSCIENCIEUX.

SECHERESSE (défaut). — Les auteurs ont fait *sécheresse* synonyme d'INSENSIBILITÉ. *Voy.* ce mot. Est-ce rationnel? La solution de cette question est d'une si minime importance, que je me serais dispensé de la soulever, si je n'avais voulu faire remarquer que ces mêmes auteurs ont admis qu'il y a une sécheresse du cœur, qui est un défaut de sentiment, et une sécheresse d'esprit, qui est une disette d'idées; sécheresses diverses, qui cependant ont l'une et l'autre la même cause, le vice des organes des sens qui ne sont que faiblement affectés des objets. (*Neuvillé.*) Pour ma part, j'avoue que je ne comprends pas trop la sécheresse du cœur et la sécheresse d'esprit, et moins encore l'insensibilité de l'esprit.

J'admets bien une sorte de stérilité d'esprit et de cœur, qui pourrait expliquer cette sécheresse dont on les accuse; mais qu'a de commun cette stérilité avec l'insensibilité? De répandre un froid mortel dans le commerce de la société, surtout dans les ouvrages d'agrément. Soit; mais s'il est question d'une sécheresse et d'une insensibilité qui, loin d'être toujours une disposition naturelle, sont quelquefois l'effet de la maladie et du chagrin, je confesse avec humilité que je m'y perds encore.

Je laisse donc à ceux qui, n'étant pas satisfaits de mes observations, voudraient, après avoir défini la sécheresse, en donner une idée plus complète, le soin de nous fixer sur des points qui m'ont paru trop peu importants pour m'y arrêter davantage.

SÉDUCTEUR, SÉDUCTION (vice). — On entend communément par séducteur celui qui, dans la seule vue de la volupté, tâche avec art de corrompre la vertu, en abusant de l'ignorance ou de la faiblesse d'une jeune personne.

Le séducteur, quand il est exercé, se montre ordinairement fort habile à user de la ruse, de la duplicité et du mensonge. Son langage est artificieux et séduisant, son regard gracieux et doux, ses promesses belles et trompeuses, ses sollicitations pressantes et persuasives; il menace de fuir ou de se détruire, pour inspirer la crainte ou l'effroi; il verse des larmes feintes, pousse des soupirs volontaires, affecte le trouble et la passion : il joue en un mot le sentiment. Mieux il le joue, mieux il entend la séduction : celle-ci n'étant que la mise en pratique des moyens que l'art de séduire enseigne au séducteur.

C'est pourquoi, afin qu'on n'ignore point les progrès que celui qui voudrait la séduire fera peu à peu sur l'esprit et le cœur d'une jeune personne qu'il désire corrompre et entraîner à sa perte, et surtout afin de la prémunir elle-même contre les dangers qu'elle court en prêtant l'oreille aux discours passionnés et artificieux du séducteur, je lui dirai qu'à la familiarité des propos succède la licence des actions. Que si la pudeur encore farouche demande des ménagements qu'on lui accorde; si l'on n'ose se permettre que de petites libertés; si l'on ne surprend d'abord que de légères faveurs, et forcées même en apparence, ces libertés, ces faveurs, enhardissent bientôt à en demander qui disposent à en laisser prendre, qui conduisent à en accorder de volontaires et de plus grandes. C'est ainsi que le cœur se corrompt, au milieu de privautés qui radoucissent, qui humanisent insensiblement la fierté, qui assoupissent la raison, qui enflamment le sang; c'est ainsi que la femme s'endort, qu'elle s'ensevelit dans des langueurs dangereuses, où enfin elle fait un malheureux naufrage.

Je lui dirai aussi que c'est principalement quand arrive le premier âge des passions que la séduction est plus à craindre pour la jeune fille, tout son être sentant à cet âge comme un feu intérieur qui l'anime et lui donne une nouvelle vie. Alors, ignorante et pure, sensible et crédule, elle recueille avec avidité toute parole qui peut la flatter; elle détourne encore les yeux, brillants et humides, d'un regard qu'elle surprend, et semble lui exprimer le ravissement; elle n'ose sourire à qui ose mendier son sourire. Tout en elle décèle son innocence et sa chasteté; mais aussi tout en elle exprime le désir et le besoin de plaire et d'être aimée.

C'est donc à ce moment surtout qu'il faut veiller sur elle, la prémunir contre les dangers de la séduction, contre la lâcheté de ces hommes, pour qui rien n'est sacré, et qui, pour satisfaire leur infâme et honteuse passion, précipitent dans l'abîme du déshonneur, de la honte et du remords, la vierge qu'ils devraient respecter et défendre, employant pour la perdre toutes les ressources que leur imagination, malheureusement trop fertile, leur suggère, et dont parfois une trop grande expérience leur a permis de connaître les effets.

Vous parviendrez, mère de famille, à soustraire vos filles aux dangers de la séduction, si vous avez su vous en faire l'amie ; alors elles n'auront aucun secret pour vous, et vous diront, avec la naïveté et la candeur de leur âge, toutes les paroles, toutes les fadeurs, qu'on leur aura débitées, tout ce qu'elles ont fait ou répondu.

N'accueillez jamais de pareils aveux avec colère et menace ; mais dites-leur avec bonté et avec douceur : la prudence et l'amour vont te parler, ma fille? prête l'oreille à mes paroles et grave au fond de ton cœur les maximes qui vont s'échapper de mes lèvres. Ainsi ton esprit embellira tes traits, ainsi tu conserveras, comme la rose à qui tu ressembles, un doux parfum après ta fraîcheur. Te voilà au matin de tes jours, aux approches de ta jeunesse : quand les hommes commenceront à prendre plaisir à lancer sur toi des regards, le danger t'environne ; ferme l'oreille à l'enchantement de leurs cajoleries, et n'écoute point la douceur de leurs séductions.

Rappelle-toi les vues du Créateur sur ton être ; il te fit pour être la compagne de l'homme et non l'esclave de sa passion.

N'accorde donc aucune faveur qu'à celui que Dieu t'aura donné pour époux. Le souffle de tout autre est comme un miasme empoisonné qui flétrit et tue ; si, faible et timide, tu n'oses ou ne peux pas résister au sentiment qu'il inspire : viens t'abriter sous l'aile maternelle, car c'est un abri où nul n'osera pénétrer, c'est un roc contre lequel le plus hardi des hommes craindrait de se briser.

Avec de tels conseils qui se résument à ceci, qu'il faut faire comprendre aux jeunes personnes qu'elles ne peuvent plaire et se faire respecter que par leur sagesse, leur prudence et leur modestie (*Epictète*) ; avec de bons exemples, et surtout avec une surveillance attentive, il est facile à une bonne mère de soustraire sa fille aux dangers de la séduction. Malheur à celles qui n'y songeraient pas, ou qui, y songeant, ne veilleraient pas sur leurs enfants comme le pasteur sur ses chères brebis !

Et cependant je dois le dire : la sollicitude maternelle la plus attentive, la surveillance la plus vigilante, ne suffiraient pas quelquefois si la religion ne venait prêter ses secours on ne peut plus puissants aux ardents désirs, aux efforts louables d'une bonne mère. Sans la religion, le langage de la raison et de l'amour maternel sera bien faible contre le langage du cœur et ses trompeuses amorces ; mais si la religion prête son appui aux efforts incessants d'une mère pour conserver à sa fille cette pudeur et cette chasteté qu'elle ne doit jamais perdre sans se flétrir et se dégrader, alors, forte contre sa faiblesse, la jeune personne résistera avec courage et triomphera, tant sont efficaces les secours de la grâce, à qui va la puiser au tribunal de la pénitence et à la table sainte : qui se nourrit du pain des anges ne faillira pas volontairement.

SENSIBILITÉ ET SENSUALITÉ (faculté, défaut ou vice). — Il n'est point de faculté sur laquelle les esprits se soient plus exercés que la faculté de sentir ou sensibilité ; et cependant je ne sache pas qu'elle ait été parfaitement comprise et convenablement appréciée. A la vérité, tous ceux qui s'en sont occupés s'accordent parfaitement sur ce point, que la *sensibilité* est la première de toutes nos facultés, *la source à laquelle toutes les autres remontent*. Tous croient qu'elle nous a été accordée par la Divinité elle-même qui semble *s'enorgueillir* de son propre ouvrage ; tous assurent que si on la considère dans le sublime ensemble de la vie ou les merveilleux détails de chaque fonction, toujours elle nous frappe par l'*immense variété de ses phénomènes*; ce qui fait qu'on la considère comme une émanation privilégiée de la céleste puissance qui anime et régit l'univers, comme une source commune de biens et de maux. On a été même jusqu'à lui attribuer *la faculté de découvrir au génie* les éléments des sciences et des arts, et de *montrer à la raison* les voies différentes de la sagesse et de la vertu. (*M. Magendie.*)

Bref, à en croire les auteurs, nous devrions à la sensibilité deux sortes de notions, la notion de l'univers et celle de nous-mêmes ; ce qui en fait une fonction multiple embrassant un très-grand nombre d'actes que l'on peut rapporter à deux ordres distincts, savoir, 1° les sensations ; 2° les facultés intellectuelles et affectives qui s'opèrent dans l'âme elle-même. (*M. Adelon.*) Voilà, je le répète, sur quoi tout le monde est à peu près d'accord.

C'est pourquoi on a défini la sensibilité : tantôt une disposition naturelle qui nous rend accessibles à l'impression des objets extérieurs ; tantôt un sentiment d'humanité qui fait qu'on est touché des maux d'autrui ; etc.

Quant à moi, je trouve qu'on a fait à cette faculté une part beaucoup trop belle dans le système des connaissances humaines ; car, soit qu'on la considère alors qu'elle est liée à l'organisme vivant, soit qu'on l'examine dans ses rapports avec les sentiments moraux, tout se borne pour elle à l'impression ressentie ; c'est du reste ce que je vais tâcher de démontrer.

Et d'abord, si je voulais me piquer de rigorisme, je dirais que je ne comprends pas pourquoi Dieu aurait à *s'enorgueillir* de nous avoir donné la sensibilité. (Dieu orgueilleux ! est-ce admissible ?) Mais j'ai beau la considérer sous toutes ses faces, c'est-à-dire, 1° en tant que, mise en jeu par les objets extérieurs, elle nous donne par la transmission qu'elle en fait à l'âme, la conscience des impressions que les organes reçoivent ; 2° en tant qu'é-

DICTIONN. DES PASSIONS, etc.

veillée par les sensations internes, l'âme devient attentive aux désordres que des fonctions mal accomplies peuvent occasionner ; 3° en tant qu'unie à la compassion et autres sentiments moraux, elle détermine une sorte de perturbation dans la machine humaine : je vois en elle une faculté admirable, incompréhensible ; et cependant comme rien d'imparfait ne peut sortir des mains du Créateur, pourrait-il *s'enorgueillir* de son ouvrage !

Mais ce n'est pas de cela qu'il s'agit. La sensibilité, dit-on, est *la première de toutes les facultés, la source à laquelle toutes les autres remontent*; est-ce exact? Oui, quant au premier chef de la proposition; non, quant au deuxième chef. Je m'explique :

Tant que l'enfant ne vit que de la vie animale ou instinctive, il n'éprouve que des sensations, et sentir est la seule faculté qu'il paraisse avoir : il a cela de commun avec les animaux, avec la plante elle-même qui sent à sa manière ; mais bientôt il s'attache à sa nourrice, il devient curieux, jaloux, bon ou méchant. Bref, les facultés qu'il avait en germe se développent une à une. Peut-on dire qu'elles doivent leur origine à la sensibilité ? non, car si on considère la faculté de sentir en elle-même, on voit qu'elle dépend de conditions organiques et vitales tout à la fois, et qu'à peu près la même chez tous les nouveau-nés, elle y reste dans de justes proportions, s'affaiblit et s'exalte suivant que, par leur nature ou par leur éducation, les hommes acquièrent tel ou tel tempérament, ou suivant qu'une maladie quelconque vient la mettre en jeu, et voilà tout.

A la vérité, l'enfant pleure si on le gronde, il sourit si on le caresse, il est sensible, en un mot, aux bons ou aux mauvais procédés ; eh bien, qu'est-ce que cela prouve? que la sensibilité s'éveille alors que les autres facultés restent endormies. Or, l'être humain a cela de commun avec le chien, par exemple, qui se traîne aux pieds de son maître quand il élève la voix, ou qui saute et lui lèche les mains s'il le flatte.

D'ailleurs, il est si vrai que tout se borne là, que si nous admettions avec M. Magendie et son école, que *la sensibilité répand partout le mouvement et la vie*, nous serions en opposition, comme lui, avec une foule de faits. La preuve, c'est que certaines parties peuvent être privées de sensibilité, et néanmoins fonctionner, se mouvoir et vivre. C'est du moins ce qu'on remarque tous les jours dans les cas de paralysie du sentiment sans perte du mouvement, dans les anesthésies, dans les cas plus extraordinaires encore de sensation de non possession. Comme j'en connais plusieurs qui sont fort curieux, je vais les rapporter : nous les diviserons en deux séries, l'une pour les anesthésies, l'autre pour les cas de privation du sentiment de possession.

Première série de faits. Anesthésie. — Elle est plus fréquente à la peau qu'ailleurs ; c'est-à-dire que tout est insensible à ce point, que souvent même les blessures les plus profondes n'y sont pas ressenties. Nous en avons un exemple frappant dans le célèbre La Condamine : atteint d'une anesthésie complète ; il marchait sans sentir ses pieds, il s'asseyait sans sentir la chaise ; on lui passait des brosses très-dures sur la peau, et il n'éprouvait aucune sensation. Grand amateur des sciences, il se prêtait à examiner tout ce qu'on lui proposait. Un chirurgien médiocre ayant prétendu avoir un moyen sûr pour faire l'opération de la hernie, dans un espace de temps très-court, La Condamine désira qu'on pratiquât cette opération sur lui-même, car il avait une hernie : l'opération fut faite, et pendant sa durée il ne sentit rien. Bien plus, l'incision n'étant pas assez grande, il disait au chirurgien avec un grand sang-froid : Coupez ici, coupez là, agrandissez cette incision. En un mot, il n'éprouvait aucune sensation. Cependant, cette anesthésie pour la puissance morale n'en était pas une pour la puissance vitale, puisqu'il survint une inflammation qui causa la mort de La Condamine.

J'ai vu opérer par Delpech, à l'hôpital Saint-Éloi, de Montpellier, un individu, Jean Lautier, qui était atteint d'un éléphantiasis des parties génitales, pesant 63 livres, quand on l'eut enlevé. Cet individu ne ressentit aucune douleur pendant toute la durée de l'opération, et cependant la tumeur fut labourée par le bistouri dans tous les sens, les organes de la génération étant perdus dans cette masse énorme, et l'habile opérateur désirant rendre à Lautier toutes les apparences de son sexe, ce qu'il fit.

Deuxième série de faits. Privation du sentiment de possession. — Une femme hystérique éprouvait cette privation du sentiment de propriété ; il lui semblait qu'une grande partie de son corps (le côté droit) ne lui appartenait pas, et qu'elle allait tomber en paralysie. Je faisais, dit M. Lordat, des impressions sur cette partie, et elle sentait très-bien. Je lui prenais les mains et lui recommandais de serrer les miennes ; sa force était la même dans toutes les deux. Le pouvoir de l'âme sur cette partie, la réception des sensations y étaient les mêmes, et cependant elle n'en avait pas conscience ; il y avait donc absence de la faculté de sentir.

J'en ai recueilli moi-même un exemple très-remarquable. Pendant que j'habitais Cette, j'y fus consulté par un portefaix qui, ayant supprimé une transpiration habituelle des extrémités inférieures, dont il était incommodé depuis longtemps, fut atteint bientôt après, d'une sensation de non possession, si l'on peut ainsi parler, de ces mêmes extrémités. Elles étaient pour lui comme si elles n'existaient pas ; on pouvait les pincer, y enfoncer très-profondément de grosses épingles, il ne sentait rien ; cependant il continuait sa profession, et portait avec la même facilité d'aussi lourds fardeaux qu'auparavant. Dans ce cas comme dans les analogues, si les parties privées de sensibilité vivent et se meuvent, ce n'est pas assurément la sensibilité qui y entretient le mouvement et la vie. Et si elle ne les y entretient même pas, peut-on dire qu'elle les donne?

Du reste, voici une objection qu'on pourrait faire à M. Magendie: Vous admettez que la sensibilité est un don de Dieu; or, pourquoi n'admettriez-vous pas aussi que Dieu nous a dotés également de toutes les autres facultés, et qu'il les a déposées en même temps en nous? Pourquoi cette préférence pour la sensibilité?...

Celle-ci est-elle la source des biens et des maux? Des biens et des maux physiques, oui; car toutes les sensations agréables ou désagréables qui viennent par les sens externes ou par les sens internes nous sont transmises par la sensibilité. Sous ce rapport, on pourrait la comparer à une *sentinelle vigilante* placée en dehors du corps vivant pour saisir au passage les impressions des objets extérieurs sur les sens, afin de les conduire à l'âme qui les goûte avec plaisir ou les éprouve avec peine; ou qui, cachée à l'intérieur, en défend l'accès aux maladies, et répand l'alarme quand elles y ont pénétré.

Mais quant aux maux et aux biens moraux, ce serait une erreur de croire qu'ils ont, eux aussi, leur source dans la sensibilité; cette erreur serait même d'autant plus grave que nous tomberions alors dans le matérialisme le plus formel, ce qui ne peut pas être, comme nous le verrons tout à l'heure.

Vous ne nierez pas du moins, me dira-t-on, que la sensibilité *nous donne les notions de l'univers et de nous-mêmes; qu'elle a le pouvoir de découvrir au génie les éléments des sciences et des arts, et montre à la raison les voies différentes de la sagesse et de la vertu?* Précisement si, je le nie; et cela, parce que, attribuer tous ces avantages à la sensibilité, c'est confondre celle-ci avec l'entendement, avec l'intelligence qui, seuls, ont le droit d'avoir ces prétentions. Par eux, l'homme seul conçoit, juge ou raisonne, se souvient, veut, imagine; et l'on se tromperait grossièrement que d'attribuer toutes ces facultés, facultés sans lesquelles nous ne saurions rien, nous ne découvririons rien, nous ne connaîtrions aucun des moyens d'être sages ou vertueux, de les attribuer, dis-je, à la sensibilité.

Que la sensibilité soit une des conditions indispensables à la vie des organes, c'est incontestable; que ceux-ci ne puissent fonctionner convenablement sans l'intégrité du système nerveux, je ne le conteste pas non plus. Mais de ce que l'âme, pour jouir de toute l'intégrité de ses facultés intellectuelles et affectives, a besoin que le cerveau, instrument de la pensée, soit pourvu d'une somme suffisante de sensibilité, s'ensuit-il que celle-ci donne à l'homme les notions de l'univers et de lui-même?... Elle est utile, nécessaire, indispensable même, si l'on veut, pour mettre en jeu *l'attention*, autre faculté sans laquelle l'âme ne percevrait jamais rien des sensations qui servent à développer et à perfectionner notre intellect. Mais, dans ce cas, la sensibilité, c'est le serviteur dévoué qui prévient son maître, veille pour lui, s'occupe de toutes ses actions, mais n'en accomplit aucune.

A la vérité, il y a en morale un sentiment qu'on nomme *sensibilité*, qui éclate et devient manifeste sitôt qu'un objet digne de pitié s'offre à la vue des hommes; sitôt que le malheur vient les visiter ou qu'ils sont atteints par les coups de l'adversité. Ce sentiment, que les stoïciens considèrent comme un vice, Duclos comme une qualité fort équivoque, attendu qu'elle marque aussi bien un excellent qu'un mauvais cœur; un cœur qui répond aux services qu'on lui a rendus par des témoignages de reconnaissance ou par de grossières offenses; qui prend part aux maux d'autrui tout en aggravant ses propres maux; ce sentiment dont on a dit: *c'est de l'or mêlé à un alliage bien impur;* je nie qu'il soit une faculté morale spéciale; car, de deux choses l'une, ou cette sensibilité pour les maux d'autrui nous porte à les soulager, ou elle nous en fait détourner la vue. Si nous sommes compatissants, la sensibilité, après avoir éveillé la pitié, se confond avec elle; au lieu que si, notre sensibilité étant en émoi, nous fuyons les malheureux qui implorent notre pitié, la sensibilité a rencontré la dureté qui l'étreint. Dans ce dernier cas, il ne reste donc plus de la sensibilité que l'égoïsme.

Ainsi, la sensibilité s'associe (mais sans paraître en nom comme dans les raisons sociales) à la pitié dans la commisération, à la dureté dans l'égoïsme; elle s'associe à la tristesse, quand nous sommes émus par le récit d'un événement affligeant; elle s'associe à la joie, quand nous sommes attendris par l'annonce d'une heureuse nouvelle; elle s'associe à la haine et au ressentiment, quand nous éprouvons une douleur plus ou moins profonde d'un outrage reçu; etc., etc. Mais dans ces associations, la sensibilité est, si l'on veut, l'acte provocateur du sentiment auquel elle s'associe, sans pour cela constituer ce sentiment, sans même en être la source. En d'autres termes, le sentiment existe, mais la sensibilité en provoque la manifestation, tout comme les rayons lumineux qui frappent la rétine, ou les ondes sonores qui percutent le tympan sont l'acte provocateur des fonctions visuelles ou auditives, en rendant l'âme attentive à ces impressions. Et comme sans cette *attention* de l'âme, les sensations ne s'accompliraient jamais, donc, je le répète, la sensibilité n'est qu'une faculté provocatrice d'une autre faculté qu'elle ne crée pas, qu'elle ne constitue pas; c'est *l'impressionnabilité* dont chacun de nous est doué, et pas autre chose.

En conséquence, je voudrais que le mot *impressionnabilité* fût désormais employé toutes les fois qu'il s'agira de la *sensibilité dite morale*, et que l'expression usuelle de *sensibilité* fût exclusivement consacrée à désigner la sensibilité organique et vitale.

Voilà, d'après mes principes philosophiques, la sensibilité réduite à son véritable rôle, rôle beaucoup moins grand que celui qu'on lui a fait jouer jusqu'à ce jour. J'ajoute que ce n'est pas la seule *réduction* dont elle soit susceptible. Et par exemple, tout le monde sait que, confondant la sensibilité avec la *sensualité*, on a considéré ces deux expressions comme parfaitement synonymes.

C'est une erreur que je dois nécessairement relever ; car si l'on veut savoir ce que signifie le mot sensualité, on découvre que c'est la sensibilité organique mise en jeu pour la satisfaction *personnelle* de chacun de nous, c'est-à-dire de manière à nous procurer des sensations agréables.

Eh bien ! dans ces cas, la sensibilité-*sensualité* peut être traversée par une autre sorte de sensibilité qui, troublant la première, en détruira les douceurs. Je m'explique :

Un voyageur s'étend mollement pour délasser ses membres engourdis par la fatigue, ou bien il mange pour le seul plaisir de satisfaire son goût pour tel ou tel mets qu'il aime beaucoup. Si, pendant qu'il goûte le bien-être du repos, qu'il savoure l'aliment qu'on lui a servi, qu'il satisfait en un mot sa sensualité, des insectes viennent exciter la sensibilité de sa peau, ou s'il se mord la langue en mâchant, adieu la sensualité. Celle-ci disparaît ; il ne reste plus qu'une autre sorte de sensibilité (le prurit ou la douleur), qui persiste après que la sensualité s'est envolée. Donc la sensibilité organique a deux manières opposées de se manifester.

Et s'il en est ainsi, pourquoi n'appellerait-on pas *sensualité* le bien-être physique et moral, les jouissances modérées que les sensations procurent, et ne réserverait-on pas le mot *sensibilité* pour les sensations opposées ?

Mais, objectera-t-on, c'est réduire à rien ou presque rien une faculté à laquelle les auteurs ont accordé une si grande prééminence sur les autres facultés ! — Tant pis pour elle si on lui a fait d'abord la part beaucoup trop belle. D'ailleurs ce n'est pas autant la part de la faculté que celle du mot que je veux réduire ; et si j'en fais la proposition, c'est qu'il m'a paru plus convenable d'appeler sensuel tout individu qui, sensible aux plaisirs, les savoure avec complaisance ; et d'appeler *sensible* celui qui, très-*impressionnable* à l'action des agents extérieurs, est incommodé de leur contact et en ressent de la douleur.

Somme toute, les sensations, selon qu'elles sont pénibles ou agréables, se rapporteront à la sensibilité ou à la sensualité, suivant que l'âme les classera dans l'une ou l'autre catégorie. Et comme elles peuvent se combiner entre elles, comme le nombre des sensations, sans être grand, produit une multitude d'idées qui reveillent en nous beaucoup de sentiments moraux ; la sensibilité, en tant que faculté organique, joue encore un fort beau rôle.

SENTIMENT (faculté). — Dieu, en créant l'homme, l'a doté de cinq sens, qui, comme l'a dit très-ingénieusement Sicard, sont autant de porte-idées pour l'enfant et pour l'homme fait. Néanmoins je ne dirai pas avec certains philosophes, que les êtres animés reçoivent toutes leurs idées par la seule entremise des sens, puisque Démocrite, les platoniciens, Descartes, Malebranche, Leibnitz, etc., se sont prononcés, et moi-même après eux, pour l'admission des idées innées.

Prenez garde que je ne conteste pas que si un objet frappe un de nos sens, l'organe en reçoive l'impression, et que si cette impression que l'organe ressent arrive jusqu'à l'âme, qui est devenue attentive à l'impression, la sensation soit alors perçue par l'âme elle-même, qui en a enfin le sentiment. Mais nous devons remarquer que la sensation ne peut être profitable à notre éducation intellectuelle que tout autant que l'âme se saisit de la sensation perçue, la compare, l'apprécie et la classe pour être reprise plus tard par la mémoire, qui a besoin de se ressouvenir.

Ainsi, tant que l'impression des corps extérieurs se fait sentir sur nos organes sans que notre attention soit éveillée naturellement par ces impressions ou déterminée par une toute autre cause, ces impressions, quelque fortes et parfaites qu'elles puissent être, quelle que soit la perfectibilité que l'organe mis en jeu ait acquise par un exercice habituel, resteront également, si j'ose puis dire, à la surface de l'homme, hors de lui, et n'iront pas au delà : au lieu que si elles pénètrent jusqu'à l'âme qui, elle aussi, sera impressionnée, et si elle s'arrête à les considérer, alors, mais alors seulement, l'homme en aura le sentiment.

Partant, le mot *sentiment* signifie l'idée parfaite, la notion que l'âme s'est formée des impressions diverses des agents extérieurs sur l'organisme vivant et sentant, soit se repliant sur elle-même sans y être invitée par aucune stimulation étrangère, soit qu'elle cherche à se rendre compte des sollicitations particulières qui la font devenir attentive. Dès lors, le sentiment s'appliquerait également à la sensation déterminée par les corps qui nous environnent et à la sensation intérieure que l'intellect avait classée dans une de ses facultés, la mémoire. Le sentiment est donc une faculté multiple émanant d'une faculté unique, l'entendement, et non l'entendement lui-même.

Et pourtant la plupart des auteurs, tous peut-être, car je ne connais pas ceux qui font exception à cette règle, confondent le sentiment avec l'entendement. J'en trouve la preuve dans cette phrase : « la connaissance « que j'ai reçue par les sens, la réflexion et « le raisonnement de l'existence de Dieu, « peut s'appeler le sentiment même de « Dieu. »

Assurément, c'est abuser étrangement de mots que de s'exprimer de la sorte. Qu'on arrive à croire à l'existence de Dieu par les facultés de l'entendement ; que par suite de cette connaissance nous ayons, si l'on veut, le sentiment de Dieu, je le conçois. Mais arrivera-t-on jamais à Dieu par le sentiment ?

peut-on acquérir le sentiment de ce qui n'est pas sensible, de ce qui est partout et n'est nulle part, pour nos sens ? comment l'acquerra-t-on ?

J'ai dit que le mot sentiment signifie : l'idée parfaite, la notion que l'âme se forme, etc., excluant, ainsi de ma définition le terme *opinion*, que la plupart des auteurs considèrent comme synonyme de sentiment. Pourquoi cette exclusion, me demandera-t-on peut-être ?

Parce que je trouve que c'est pousser beaucoup trop loin le goût de la synonymie. Sans doute que ces deux mots peuvent également servir à la simple énonciation d'une idée ; mais on peut remarquer que le sentiment est basé sur quelque chose de certain, que c'est une croyance acquise par des raisons solides, au lieu que l'opinion est plus douteuse, elle est le fruit d'un raisonnement qui n'est pas sans quelque fondement et qui cependant manque de certitude.

Ce n'est pas la seule différence qu'on puisse établir entre le *sentiment* et l'*opinion*, dans la manière dont ces deux mots sont employés. Pour l'écrivain ils sont plus appropriés à telle idée qu'à telle autre, et les mots qu'on emploie à la construction des phrases dont ils sont le sujet doivent être choisis, c'est-à-dire qu'on dira : Rejeter un sentiment ou le soutenir ; Attaquer une opinion ou la défendre.

Puis le mot sentiment est plus propre en fait de goût, et le mot opinion convient mieux en fait de science. Ainsi, c'est un sentiment général qu'Homère est un excellent poète ; et l'opinion commune est que la terre tourne. Or, si ces deux expressions ne peuvent être indifféremment employées pour exprimer la même chose, elles ne sont donc pas synonymes : c'est là mon *opinion* touchant le *sentiment*.

SILENCIEUX (qualité). — Les expressions *silencieux* et *taciturne* désignent à des degrés différents le silence habituel et absolu que certains hommes gardent, alors que rien ne les y autorise ou les y contraint

Je dis à des degrés différents ; car le silencieux se tait quand il *pourrait* parler ; et le taciturne se tait opiniâtrément, c'est-à-dire garde un silence opiniâtre, même quand il *devrait* parler. De même le silencieux se tait, parce qu'il n'aime pas à discourir, et le taciturne, parce qu'il y répugne. Donc, la taciturnité est un silence exagéré, mal entendu, et, par cela seul, un défaut, dont le principe est dans une humeur triste, chagrine, sombre. Aussi doit-il être toujours pris en mauvaise part.

Je sais que cette opinion est contraire à celle de Cicéron, qui voulait que la taciturnité fût prise en fort bonne part, attendu, disait-il, qu'elle est une vertu de conversation, qui fait qu'on garde un grand silence quand le bien commun le commande. Mais quelque respectable que soit l'autorité de l'écrivain romain, je confesse que je n'ai pas aussi bonne opinion que lui de la taciturnité.

Pour moi, un homme *silencieux* sera celui que Cicéron appelle *taciturne*, parce qu'il garde le silence par esprit de convenance, au lieu que je me servirai du terme *taciturnité* pour exprimer le silence *obstiné* que rien ne peut faire rompre à tels ou tels autres individus réellement taciturnes.

A ce propos, je dois faire observer que, sans être habituellement silencieux ou taciturne, dans l'acception rigoureuse de ces mots, il est des circonstances dans lesquelles il faut savoir se taire. Ainsi, par exemple, il y a, pour les jeunes personnes des deux sexes, de la dignité et de la modestie à ne pas interrompre, quand ils parlent, les gens plus âgés qu'elles ; et cela surtout si ce sont des hommes graves, instruits, ou des femmes supérieures aux autres femmes par leur savoir et leur esprit.

D'ailleurs, n'est-ce pas qu'il est avantageux de pouvoir juger les autres sans hasarder rien ? et de profiter de leurs discours ou de leurs lumières sans autre embarras que celui d'écouter ?

Être silencieux est donc parfois une qualité : qualité précieuse, parce qu'elle est fort rare, et qu'on la recherche à cause de cela

Mais il ne suffit pas d'être silencieux pour plaire dans le monde. Pour se faire distinguer et bien valoir des femmes, des gens instruits et des vieillards qui aiment beaucoup à raconter et tiennent tant à ce qu'on les écoute, il faut que le silence gardé s'accompagne d'une attention soutenue, et qu'on témoigne de temps en temps, par un gracieux sourire ou un signe de tête approbateur, qu'on prend goût à la conversation.

Néanmoins, il ne faudrait pas être constamment silencieux, quand la conversation roule sur des matières familières, ou sur des choses frivoles, à notre portée, ni rester taciturne quand on n'y est pas contraint. Dans le premier cas on pourrait être accusé de bêtise, d'ignorance, et dans le second, de fatuité, d'orgueil.

Il faut aussi éviter ces travers, et, si on ne parle pas, que chacun des assistants sache du moins que c'est par retenue, non par un amour-propre déplacé ; bien des gens ne gardant le silence que par ce qu'ils jugent les personnes qui les entourent incapables d'apprécier leur mérite et leur capacité

Tâchons donc, en plaçant de temps en temps quelques paroles justes et précises, qu'on n'ait pas une aussi mauvaise opinion de nous. C'est du reste un avantage qu'on peut facilement obtenir en sachant parler ou se taire à propos. *Voy.* PARLEURS.

SIMPLICITÉ (défaut ou vertu). — Les auteurs ont cru devoir admettre diverses sortes de simplicité, à savoir : une simplicité d'esprit, et une simplicité de cœur. Ils ont défini la première (la simplicité d'esprit) une indifférence que chacun peut avoir sur son propre mérite, ou une facilité à tout croire ; et ils définissent la seconde (la simplicité du cœur) une disposition de l'âme à recevoir les vérités de la religion et les maximes de la morale; dispositions qui font naître l'amour de la vertu, mais qui tiennent toujours quelque chose du tempérament. D'après ces considérations, la simplicité d'esprit est tantôt une vertu, tantôt un défaut, tandis que la simplicité du cœur serait constamment une vertu.

Il y a encore une simplicité dans les manières qui est une façon d'agir infiniment agréable pour tout le monde, parce qu'elle est éloignée de toute affectation. Elle est ordinairement la marque d'un bon naturel, d'un caractère doux et facile, d'un esprit juste, et surtout de l'innocence et de la pureté de l'âme. La jeune fille qui sait se faire remarquer par sa noble et naïve simplicité en reçoit un éclat qui l'embellit et nous charme d'autant plus, que la simplicité se présente toujours en la compagnie de la modestie et de la naïveté, ses deux aimables sœurs, dont elle ne se sépare jamais et avec lesquelles elle semble se confondre.

Résultat nécessaire de l'innocence et de la bonté, la simplicité est un bien nécessaire, car le commerce d'une tendre affection doit être tout à la fois bien doux, bien coulant, bien facile; et, la simplicité de part et d'autre peut seule lui donner ce caractère. Deux cœurs qui s'unissent doivent s'aimer, s'estimer, se chérir; que l'un des deux veuille briller, éblouir, se faire valoir, il peut avoir, on le conçoit facilement, tout ce qu'il faut pour plaire quelques moments, pour séduire toujours; mais ce sera au détriment de l'autre, et le lien qui les unissait se rompra. Il faut donc de la réciprocité ou une égale simplicité entre deux âmes qui veulent rester étroitement unies.

J'ai dit que la simplicité d'esprit consistait dans une *facilité à tout croire*, et qu'elle était parfois un défaut; je dois ajouter que ce défaut est d'autant plus fâcheux qu'il peut nous faire faire des sottises et nous perdre, et par exemple: Valérien défait par les Perses en secourant Edesse, demande la paix. Sapor lui propose une entrevue, il l'accepte et demeure prisonnier d'un ennemi sans foi... Donc la simplicité nous conduit à mal. Elle n'est admirable qu'autant qu'elle est unie à la grandeur, autrement c'est l'allure d'un esprit borné. Valérien était un homme sincère; de même qu'il était un homme nul, ses vertus avaient le caractère de la médiocrité. A chacun de nous le désir, la volonté et la force de les porter plus haut, par une étude attentive des hommes et des choses, et l'application des lumières que cette étude et notre expérience fourniront à notre intelligence ordinairement si bornée.

SINCÈRE, Sincérité (vertu). — La sincérité n'est autre chose que l'EXPRESSION DE LA VÉRITÉ. Tout le monde s'accorde sur ce point qu'on ne peut y manquer sans blesser l'honneur, et que tout homme qui se respecte se montrera toujours sincère; et pourtant nous vivons dans un temps, nous sommes dans une époque où le mensonge, la dissimulation et l'affectation sont si *fort à la mode*, qu'on pourrait croire que la sincérité est un sentiment exagéré, outré, et par cela même excessivement rare. Hélas! ce n'est que trop vrai: cependant, je me plais à le dire, il y a beaucoup d'exceptions à cette règle.

Du reste, ce qui en fait la rareté, c'est que la politesse nous impose ses lois, et que nous sommes si gênés par elle dans le monde, qu'il est presque impossible d'être toujours sincère en parlant des autres en leur présence. Il n'y a qu'un homme fort vertueux et fort indépendant qui osât dire à chacun ce qu'il pense de lui. Tout le monde cherche la vérité, et personne ne veut l'entendre à ses dépens.

Ce n'est pas tout, la sincérité n'est une vertu que devant des gens qui ont du mérite; et comme ces gens sont en minorité, il en résulte que cette vertu passe presque toujours pour être un défaut. Cela tient aussi à ce que l'ouverture du cœur qui la caractérise n'est pas commune, au lieu qu'il est fort ordinaire de voir employer une fine dissimulation pour inspirer la confiance. On se méfie tant aujourd'hui de chacun, qu'on ne croit guère à une franche sincérité. Quoi qu'il en soit, on ne saurait mettre trop de sincérité dans le commerce de la vie; son utilité est indispensable dans les affaires. Elle en aide l'expédition, et attire une grande confiance à ceux qui la possèdent; c'est pourquoi on l'a comparée à un grand chemin uni et battu, qui conduit plus tôt et plus sûrement au gîte, que ces sentiers détournés où l'on risque de s'égarer.

Toujours est-il que la sincérité est une vertu dont il est facile d'apprécier le mérite. *Voy.* CANDEUR. Mais nous devons observer qu'elle n'est pas toujours également méritante, et, par exemple, dans bien des cas, l'envie de parler de nous, et de faire voir nos défauts du côté que nous voulons bien les montrer, fait la plus grande partie de notre sincérité (*La Rochefoucauld*). Or, comme dans ces cas, nous ne sommes sincères que pour dissimuler en tout ou en partie nos défauts, il en doit nécessairement résulter que c'est faire un mauvais usage de la sincérité. Mieux vaut donc se taire que d'en tirer ce mauvais parti; ou si nous voulons absolument parler, que ce soit en imitant Épaminondas, ce thébain qui se signala par son équité et sa modération autant que par ses victoires. On remarque qu'il avait pour règle de *ne mentir jamais, même en riant*.

SINGULIER, Singularité (défaut). — Tout individu qui se fait remarquer par une affectation de mœurs, d'opinion, de manières d'agir ou de s'habiller contre les usages ordinaires, se distingue par sa singularité

Le mot *singularité* est généralement pris en mauvaise part; et c'est à cause de cela que nous devons observer avec soin les gens singuliers, afin de découvrir si la singularité dont on les accuse n'aurait pas quelque chose de louable, ce qui arrive bien des fois, soyons-en certains. En voulez-vous la preuve?

C'est une sorte de singularité dans les sociétés corrompues que de se montrer pratiquant les maximes de la morale et de l'honneur, tout comme au milieu de personnes sans probité, sans religion, à se montrer probe et éminemment religieux. Dans ces cas, la singularité n'est-elle pas digne d'éloges? Si, attendu que dans des circonstances semblables, il faut savoir que ce n'est pas la coutume, mais le devoir qui est la règle de nos actions, et que ce qui doit diriger notre conduite est la nature même des choses. Alors la singularité devient une vertu qui élève un homme au-dessus des autres, parce que c'est le caractère d'un esprit faible de vivre dans une opposition continuelle à ses propres sentiments, et de n'oser paraître ce qu'on est ou ce qu'on doit être. La singularité n'est donc pas toujours un défaut ou un vice; elle le devient lorsqu'elle fait agir les hommes contre les lumières de la raison, ou qu'elle les porte à se distinguer par quelques niaiseries; à plus forte raison, s'ils se singularisent par leurs mauvaises mœurs, leurs désordres et leur impiété.

Remarquons que la singularité n'étend pas si loin ses limites, et que bien des écrivains n'appellent *singuliers* que les individus qui se rendent remarquables par la bizarrerie de leurs habits, de leurs manières, de leurs discours ou de telles autres choses de peu d'importance dans la conduite de la vie civile. Remarquons aussi que la singularité tient beaucoup au caractère de l'être singulier sans former précisément son caractère; c'est une simple manière d'être qui s'unit à tout autre caractère, et qui consiste à être soi sans s'apercevoir qu'on soit différent des autres; car, si l'on vient à le reconnaître, la singularité s'évanouit. C'est une énigme qui cesse d'être aussitôt que le mot est connu. Quand on s'est aperçu qu'on est différent des autres, et que cette différence n'est pas un mérite, on ne peut guère persister que dans l'affectation; et c'est alors petitesse et orgueil.

Dans tous les cas, la singularité est la fille de l'orgueil, ou de la présomption, ou de la vanité, etc., déguisée; elle cherche à se faire admirer par des sentiments et des manières toutes contraires aux autres, et à briller par un goût extraordinaire. Celui qui est frappé à ce coin ne trouve point d'esprit dans ce que disent les autres, et ne voit point d'agrément dans ce que les autres aiment. Ce caractère ne plaît à personne et s'attire souvent des ennemis, parce que les hommes n'aiment point l'affectation. (*Oxenstiern.*) *Voy.* BIZARRERIE.

N'oublions pas qu'il est une fausse singularité qui consiste non-seulement à éviter ce que font les autres, mais à tâcher d'être uniquement ce qu'ils ne sont pas : aussi est-il fort commun qu'en chassant la nature, on tombe dans l'exagération, par les efforts que l'on fait nécessairement en pareille circonstance. Ainsi, tel qui veut jouer le brusque, qui devient féroce; tel qui veut paraître vif, qui n'est que pétulant et étourdi. La bonté jouée dégénère en politesse contrainte, et se trahit enfin par la rigueur. Mieux vaut donc rester soi que de viser à la singularité; mieux vaut surtout ne pas avoir les travers de la véritable singularité.

SOBRE, SOBRIÉTÉ (vertu).— La sobriété est la modération dans le boire et le manger. L'homme sobre est celui qui, se conformant aux principes d'une bonne hygiène, proportionne la quantité d'aliments et de boisson qu'il prend à ses repas aux pertes que son corps éprouve et aux besoins qu'il s'est créés. Il est impossible de poser des règles invariables sur la sobriété : ce qui est bon à l'un peut être nuisible à l'autre, soit par rapport à la qualité d'aliments dont on use, soit par rapport à la quantité qu'on en consomme, tout comme par rapport à la qualité et à la quantité de boisson qu'on doit ingérer dans l'estomac. Néanmoins nous poserons en principe que la sobriété doit être généralement conseillée, attendu que, par cela seul qu'elle est une des vertus les plus grandes et les plus difficiles à observer, elle devient un progrès et un acheminement aux autres. Elle étouffe les vices au berceau, les suffoque en la semence : c'est la mère de la santé: *Bene valetudinis mater est frugalitas* (*Valère Maxime*). Elle est la meilleure et plus sûre médecine contre toutes les maladies, et qui fait vivre longuement. Socrate, par sa sobriété, avait une santé forte et acérée. Massinissa, le plus sobre des rois, vainquit, à quatre-vingt-douze ans, les Carthaginois; Alexandre, s'enivrant, mourut à la fleur de l'âge, bien qu'il fût le mieux né et le plus sain de tous.

Elle sert bien autant et plus à l'esprit, qui par elle est tenu pur, capable de sagesse et de bon conseil : *Salubrium consiliorum parens sobrietas*. Tous les grands hommes ont été grandement sobres, non-seulement les professeurs de vertu singulière et plus étroite, mais tous ceux qui ont excellé en quelque chose, Cyrus, César, Mahomet. Épicure, ce grand docteur de volupté, a passé tout en cette part. La frugalité des Curius et des Fabricius est plus haut louée que leurs belles et grandes victoires. Les Lacédémoniens tant vaillants faisaient profession expresse de frugalité et sobriété.

En définitive, je crois avec le chevalier de Jaucourt, que la sobriété est une vertu très-recommandable. Ce ne sont pas, dit-il, Epictète et Sénèque qui m'en ont le plus convaincu par leurs sentences outrées; c'est un homme du monde, dont le suffrage ne doit être suspect à personne; c'est Horace qui, dans la pratique, s'était quelquefois laissé séduire par la pratique d'Aristippe, mais qui goûtait réellement la morale sobre d'Épicure.

Comme ami de Mécène, il n'osait pas louer directement la sobriété à la cour d'Auguste; mais il en fait l'éloge dans ses écrits d'une manière plus fine et plus persuasive que s'il eût traité son sujet en moraliste. Il dit que la sobriété suffit à l'appétit ; que, par conséquent elle doit suffire à la bonne chère, et qu'enfin elle procure de grands avantages à l'esprit et au corps. Ces propositions sont d'une vérité sensible; mais le poète n'a garde de les débiter lui-même. Il les met dans la bouche d'un homme de province, plein de bons sens, qui, sans sortir de son caractère et sans dogmatiser, débite ses réflexions judicieuses avec une naïveté qui les fait aimer. Je prie le lecteur de l'écouter : c'est dans la deuxième satire du livre II :

« Mes amis, la sobriété n'est pas une petite vertu : ce n'est pas moi qui le dis, c'est Assellus; c'est un campagnard sans étude, à qui un bon sens naturel tient lieu de toute philosophie et de toute littérature. Venez apprendre de lui cette importante maxime; mais ne comptez pas de l'apprendre dans ces repas somptueux, où la table est embarrassée par le grand nombre de services, où les yeux sont épris d'une folle magnificence, et où l'esprit disposé à recevoir de fausses impressions, ne laisse aucun accès à la vérité. C'est à jeun qu'il faut examiner cette matière. Et pourquoi à jeun ? En voici la raison, ou je suis bien trompé : c'est qu'un juge corrompu n'est pas en état de juger d'une affaire. » Dans la septième satire du livre II, Horace ne peut encore s'empêcher de louer indirectement les avantages de la sobriété. Il feint qu'un de ses esclaves, profitant de la liberté que lui donnait la fête des Saturnales, lui déclare cette vérité, en lui reprochant son intempérance : « Croyez-vous, lui dit-il, être bien heureux et moins puni que moi, quand vous cherchez avec empressement des tables servies délicatement et à grands frais ? Ce qui arrive de là, c'est que ces grands excès de bouche vous remplissent l'estomac de sucs âcres et indigestes; c'est que vos jambes chancelantes refusent de soutenir un corps ruiné de débauche. »

Il est donc vrai que la sobriété tend à conserver la santé, et que l'art d'apprêter les mets pour irriter l'appétit des hommes au delà des vrais besoins est un art destructeur. Dans le temps où Rome comptait ses victoires par ses combats, on ne donnait point un talent de gages à un cuisinier; le lait et des légumes apprêtés simplement faisaient la nourriture des consuls, et les dieux habitaient dans des temples de bois. Mais lorsque les richesses des Romains devinrent immenses, l'ennemi les attaqua et confondit, par sa valeur, ces sybarites orgueilleux.

La sobriété fait partie de la tempérance et ne saurait en être séparée, c'est pourquoi j'ai renvoyé à cet article les quelques observations qui sont applicables à la sobriété. V. TEMPÉRANCE. Toutefois je n'abandonnerai pas maintenant mon sujet sans parler de la sobriété de Cornaro et d'Anquetil. Le premier dont j'ai déjà parlé au mot GOURMANDISE, avait fini par une sobriété telle qu'il ne mangeait plus à chaque repas qu'un jaune d'œuf; encore, dit sa petite nièce, en faisait-il deux fois à la fin de sa vie. Il est vrai que Lessius et autres imitateurs du célèbre Vénitien ne purent jamais supporter un pareil régime, tandis que Cornaro le supporta si bien qu'il put écrire le premier des quatre traités de diététique qu'il a publiés, à l'âge de 86 ans, le second à 88, le troisième à 90, et le quatrième à 95 ans. Quant à Anquetil, le célèbre historien, on sait qu'il fut du petit nombre de gens de lettres qui refusa de courber sa tête sous le joug impérial : il tomba dans le plus affreux dénûment. Habitant un hôtel garni où on ne le connaissait pas, il vivait de pain et d'un peu de lait. Son revenu n'allait pas, dit-on, au-delà de *vingt-cinq centimes par jour*, et il n'en dépensait que les *trois cinquièmes*. « J'ai du superflu, disait-il, et je puis encore donner deux sous par jour au fier vainqueur de Marengo et d'Austerlitz.» Mais si vous tombez malade, lui objectait un ami, une pension vous deviendrait nécessaire: faites comme tant d'autres, louez l'empereur, vous avez besoin de lui pour vivre. — « Je n'en ai pas besoin pour mourir.... » Eh bien! Anquetil vécut sain et longtemps, car il mourut dans sa quatre-vingt-quatrième année, encore, disait-il la veille à ses amis : *Venez voir un homme qui meurt plein de vie.*

Dieu me garde de conseiller à tout le monde un pareil régime, mais en citant ces faits, j'ai voulu établir ce que j'avais posé dans le principe, qu'il n'est point de bornes qu'on puisse poser à la sobriété.

SOCIABLE, SOCIABILITÉ (qualité). — Les hommes ont été créés pour vivre en société. Et c'est parce que telle a été l'intention de Dieu, qu'il a mis en nous un penchant ou disposition naturelle à faire à autrui tout le bien qu'il dépend de nous de lui faire, à concilier notre bonheur avec celui des autres et à subordonner toujours notre avantage personnel à l'avantage commun et général. C'est là ce qui constitue la vraie sociabilité, et ceux qui en sont doués sont généralement dits sociables.

Être sociable c'est donc posséder les qualités propres au bien de la société, c'est-à-dire la douceur qui attire et rapproche ; l'humanité, qui rend attentif aux peines d'autrui et aux besoins de tous ; la sincérité sans rudesse qui mérite la confiance, la complaisance sans flatterie, qui rend les rapports sociaux pleins d'agréments et de simplicité ; en un mot, toutes les qualités qui rendent l'homme bon ami et bon citoyen.

Plus on étudie les êtres en soi-même, et plus on est convaincu que le sentiment de sociabilité est conforme à la volonté du Père commun des hommes; car outre la nécessité de ce principe, nous le trouvons gravé dans notre cœur, c'est-à-dire que si d'un côté le Créateur y a mis l'amour de nous-mêmes, de l'autre, la même main y a imprimé un sentiment de bienveillance pour nos semblables : penchants qui, quoique distincts l'un de l'autre, comme dit Pufendorf, n'ont rien d'opposé, et peuvent agir de concert. Aussi les cœurs généreux trouvent-ils la satisfaction la plus pure à faire du bien aux autres hommes, parce qu'ils ne font en cela que suivre leurs inclinations naturelles.

Remarquez que quelques auteurs anciens avaient cru devoir confondre comme synonymes, la sociabilité et l'amabilité : de nos jours on pense tout le contraire, et l'on a raison, les qualités de l'homme sociable ne pouvant s'allier avec les défauts de certains hommes dits aimables qui, pour la plupart, sont ce qu'il y a de plus opposé à la sociabilité. On peut bien les tolérer dans le monde, mais ce n'est pas un motif pour qu'ils y soient à leur place. Cela est si vrai que généralement sitôt qu'une personne sensée *comme il faut* découvre ces défauts chez des individus en qui elle ne les soupçonnait pas, elle rompt ou évite toute liaison qui établirait avec eux des rapports qui nécessitent ces attentions et ces prévenances qui font le charme de la société et excluent nécessairement les habitudes contraires.

J'ai dit que la volonté du Créateur a été que les hommes vécussent en société : la preuve, c'est qu'il les a dotés de cette attraction sympathique qui les invite à s'unir par des liens que rien n'est plus capable de briser, je veux dire par l'affection autant que par l'intérêt et par le besoin mutuel qu'ils ont les uns des autres. Ainsi personne ne peut être heureux, ni s'enrichir de soi-même ; il faut qu'il établisse certaines liaisons et certain commerce avec ses semblables ; autrement il est impossible qu'il puisse se procurer les choses les plus nécessaires.

Il y a un autre commerce plus fin et plus délicat ; ce sont les marques d'estime que les hommes se donnent mutuellement, et les secours, en cas de besoin, soit d'argent ou bon conseil. Ce dernier commerce fait qu'on se lie avec les gens qu'on aime le moins, et qu'on a souvent recours à ceux qu'on déteste le plus. On sacrifie continuellement à un plus grand intérêt. C'est pourquoi le sage ne demeure jamais dans une tranquille indifférence, et loin de se contenter de déplorer les misères du genre humain, il emploie son temps à les secourir. Il se livre sans réserve à cette austère philosophie qui le met audessus de tous les accidents, tandis que l'homme qui n'est point sage s'abandonne à cette philosophie bâtarde qui rend le cœur dur, l'empêche de travailler au bien de ses semblables et aux intérêts de la société, et le fait s'abîmer dans une sombre apathie qui ne s'accorde jamais ni avec la vraie sagesse ni avec la vraie félicité. Cela tient aussi à l'attrait puissant des affections sociales, l'affabilité, l'amitié, la bienveillance, la complaisance, la charité, la douceur, la modestie, la politesse, etc. Ces affections si naturelles, si vertueuses, si douces, qu'elles gagnent tous les cœurs, agissent avec trop peu de force sur le sien pour qu'il puisse en goûter les douceurs et suivre leurs inspirations. Dès lors, dans le temps même où bien d'autres ont des larmes à donner au malheur de leurs amis, de leur patrie, du genre humain, il goûte,

lui, un plaisir d'un tout autre genre (si l'on peut appeler cela un plaisir), plaisir supérieur à tous ces ravissements tumultueux dont les esclaves des sens sont enivrés. Il méconnaît donc tous les avantages qu'il pourrait retirer de la pratique de ces vertus, ignorant, le malheureux, qu'elles se mêlent avec tous nos autres penchants ; qu'elles dominent dans toutes nos affections ; que le chagrin ne peut les corrompre ; que les satisfactions sensuelles ne peuvent les obscurcir, et qu'une fois bien développées, elles sont d'un bien grand secours pour nous rendre agréable et léger le fardeau de la vie.

« Les vertus sociales, dit Hume, ont une beauté naturelle qui nous les rend chères, et qui, indépendamment de tout précepte et de toute éducation, les rend agréables, et captive l'affection des hommes les plus grossiers. Comme l'utilité de ces vertus est ce qui fait leur mérite, il faut que ce but auquel elles tendent nous plaise, soit par la considération de notre propre intérêt, soit par un motif plus généreux et plus élevé. »

Quiconque donc a contracté une étroite liaison avec la société, et qui, par conséquent, a senti l'impossibilité de subsister isolé, doit suivre les habitudes qui concourent à conserver l'ordre social et assurer à tous les hommes la jouissance paisible des biens qui en résultent ; c'est-à-dire que nous devons estimer la pratique de la justice et de l'humanité, à proportion du cas que nous faisons de notre propre bonheur ; ces vertus seules pouvant maintenir la confédération qui constitue la société, et faire accueillir à chacun les avantages de la protection et de l'assistance mutuelle.

Heureux, en conséquence, le mortel pourvu de vertus sociales ! Il est toujours content de lui-même, il porte la paix et le plaisir dans tous les cœurs. On chérit et l'on recherche son commerce, parce qu'il ne blesse l'amour-propre de personne ; et par ce moyen, il s'acquiert l'estime et l'amitié de tous. Les méchants mêmes s'empressent de jouir de sa société, et ne peuvent lui refuser leur estime ; car plus nous sommes vicieux et plus nous aimons la vertu dans les autres. En effet, pourquoi n'aimerions-nous pas l'indulgence ? Elle est toute disposée à pardonner nos fautes. Pourquoi n'aimerions-nous pas l'humilité ? Elle ne ne nous dispute rien, et cède à toutes nos prétentions. Pourquoi n'aimerions-nous pas la justice ? Elle défend nos droits, et nous rend ce qui nous appartient. Pourquoi n'aimerions-nous pas la libéralité ? Elle donne, et ne saurait donc déplaire à un avare. Pourquoi n'aimerions-nous pas la tempérance ? Elle respecte notre honneur et n'en veut point à nos légitimes plaisirs. Pourquoi enfin n'aimerions-nous pas l'humanité, la bienveillance, la modestie, la sincérité ? Elles ne font que du bien... Or, puisque la pratique de ces vertus ne peut qu'être utile à ceux qui sont attaqués des vices qui leur sont opposés, il faut donc savoir en faire usage.

Mais quelque avantageuses qu'elles soient

en général, et la sociabilité en particulier, il ne faudrait pas cependant que celle-ci, pas plus que les autres, fût portée jamais jusqu'à l'exagération ; je veux dire que le désir d'accomplir les desseins de Dieu ne doit pas nous faire rechercher toutes sortes de gens, ou nous laisser entraîner à vivre *en société* avec tout le monde : la sociabilité ayant des règles dont il est sage de ne pas se départir. Ainsi il ne faut jamais fréquenter que de bons esprits, vu que leur entretien est une école où l'on peut apprendre avec plaisir ce qu'ils ont appris avec peine. Du reste, le premier devoir de la vie civile est de songer à autrui. Ceux qui s'éloignent de ce principe et qui ne vivent que pour eux, tombent dans le mépris et l'abandon ; et puis, quand ils veulent exiger quelque chose des autres, on leur refuse tout, amitié, sentiments, services. Et pourtant la vie civile est un commerce d'offices mutuels, où le plus honnête y met davantage, et où chacun, en songeant au bonheur des autres, assure le sien ; où c'est habileté que de penser et d'agir ainsi : et où pourtant tout le monde ne s'acquitte pas avec la même exactitude de la tâche que les devoirs sociaux lui imposent. Cette conclusion est d'autant plus vraie, et il est d'autant plus nécessaire de l'avoir toujours présente à l'esprit, qu'il n'y a pas de gens plus à charge dans la société, que ceux qui ne savent les bienséances qu'à demi ; ils font toujours désirer de pouvoir trouver des hommes plus complets.

SOT, Sottise (défaut). — Celui qui n'a pas assez d'esprit pour être fat est un sot ; par conséquent, pris dans un sens aggravant, le terme *sot* n'indique pas seulement un défaut, mais porte avec lui l'idée d'un vice de caractère ou d'éducation. Ce vice est même d'autant plus fâcheux pour le *sot*, que malgré les meilleurs conseils et les leçons les plus instructives qu'on pourrait lui donner, il n'en profitera pas, la nature lui ayant refusé l'aptitude nécessaire. C'est pourquoi il ne se tire jamais du ridicule. Cela tient également à quelque chose de fort singulier : c'est que, bien qu'il soit toujours embarrassé de sa personne, et qu'il devrait par conséquent rester à l'écart et tranquille, il veut néanmoins toujours se mettre en évidence et paraître quelque chose. Il veut parler quand il devrait se taire : aussi ne dit-il ou ne fait-il jamais que des sottises.

Du reste, il est très-facile de reconnaître un sot dès son entrée dans un salon ; car tout ce qu'il fait a un cachet qui lui est particulier ; il ne salue pas, il ne marche pas, il ne s'assied pas comme un homme bien élevé, ni même comme un homme ordinaire, et encore moins comme un homme d'esprit. Ce n'est pas, je me hâte de le dire, qu'on ne puisse être sot avec beaucoup d'esprit, mais c'est l'exception ; et ce qu'il y a de remarquable dans cette exception, c'est, comme l'a fait remarquer Suard, qu'un sot savant est encore plus sot qu'un sot ignorant, d'où nous est venu sans doute cette maxime de La Rochefoucauld, qu'il n'y a pas de sots plus incommmodes que ceux qui ont de l'esprit.

Cette classe de sots est fort rare ; et généralement on n'a affaire qu'à ces sots que Trublet appelle complets. Pour lui, le sot complet est un homme tout uni, et comme on dit tout d'une pièce. Il est ce qu'il est, ce que la nature l'a fait : il n'affecte rien, ne se pique de rien ; il est automate, machine, ressort, et par conséquent ennuyeux, pesant, désagréable ; mais à proprement parler il n'est point ridicule, ou du moins il n'est point risible.

J'ai dit que le sot était ainsi fait, que rien ne saurait le corriger ; ce n'est pas une raison de ne point tenter par tous les moyens possibles, et surtout par des ménagements adroits, de modifier son caractère et de diminuer sa sottise. Mais si on n'y parvient pas, il ne faut point le plaindre, car le sot a un très-grand avantage sur les hommes, même les plus capables ; il est toujours content de lui. Ennuie-t-il les gens ? il ne le croit pas ; a-t-il des ridicules ? il ne les connaît pas. Pourquoi cela ? parce que le don le plus précieux que la nature ait fait aux sots, c'est l'amour – propre. Il les empêche de sentir le désagrément de leur état ; et il est certain que si l'orgueil les rend ridicules, il les rend aussi plus heureux qu'ils ne le seraient, s'ils sentaient toute la faiblesse de leur génie.

C'est pour cela qu'un homme d'esprit ne devrait presque jamais contredire un sot ; il l'irrite sans l'instruire : le sot ne mérite pas d'être contredit. Le dépit que les discours des sots causent à un homme d'esprit est une pure faiblesse. (*M. L. Trublet.*)

Règle générale: les sots sont sensibles aux mépris ; cela est naturel. Ils le sont ordinairement plus que les gens d'esprit ; ils doivent l'être : ils haïssent ceux dont ils sont méprisés ; cela est naturel encore. Ils croient facilement qu'on les méprise ; ils se rendent justice. Ils imputent à orgueil ce prétendu mépris ; cela est également injuste et bizarre.

Reste que les sots soupçonnent et accusent aisément d'orgueil un homme d'esprit ; et souvent c'est à tort que quelquefois ils lui imputent ce vice sans aucun fondement, et de mauvaise foi, par malice et par envie ; qu'ils cherchent à se venger d'un mérite qui leur est odieux en le rendant odieux aux autres ; que quelquefois aussi leurs soupçons sont fondés sur des apparences bien légères, et leurs accusations sincères, quoique injustes. De là vient qu'un homme d'esprit n'est presque jamais de l'avis des sots ; ou, s'il pense comme eux, c'est par d'autres raisons. Souvent il méprise ou il blâme ce qu'ils estiment et ce qu'ils approuvent : or, cette conduite a un air d'orgueil, surtout si l'homme d'esprit, ami du vrai et ennemi du faux, à proportion, témoigne ses sentiments avec trop de franchise et de vivacité.

Bref, comme le sot n'a pas assez d'esprit

pour comprendre l'homme d'esprit, mieux vaut que celui-ci l'ignore que de l'humilier.

SOUCIS, Soucieux (sentiment). — Etre soucieux, c'est être tourmenté par une fâcheuse sollicitude, une inquiétude d'esprit, une mélancolie dévorante, en un mot, par une situation morale désagréable qui rend l'âme mécontente. Dès lors, l'idée d'Horace qui fait voltiger les soucis dans les appartements des grands,

Curæ laqueata circum tecta volantes,

doit paraître fort ingénieuse et empreinte de beaucoup de vérité; car un seigneur riche et puissant a d'ordinaire le cœur flétri par les soucis les plus amers. C'est probablement cette remarque qui a fait dire à Lucrèce : « Les soucis et les craintes ne respectent ni le bruit des armes, ni la fureur des traits. » Il s'en faut de beaucoup; c'est là précisément que les soucis se plaisent : ils se plaisent surtout dans le cœur des princes ; et l'éclat de l'or et de la pompe qui les environne ne sert qu'à les y fixer davantage. Un philosophe grec, persuadé avec raison que les soucis environnent préférablement les grands, disait : « Les soucis sont toujours bien logés. » Je suis complétement de son avis : mais comme il n'est pas de règles sans exception, j'avouerai avec douleur que depuis que, par les progrès de la civilisation, le luxe ou la débauche, et quelquefois tous les deux de compagnie, se sont introduits dans l'atelier de l'artisan, la cabane du pêcheur et la mansarde de l'ouvrier, les soucis viennent s'asseoir au chevet du malheureux qui, sans force et sans pain, est en proie à toutes les agitations de la misère et du désespoir ! Qu'il y a loin de là à la vie de l'artisan, du pêcheur, de l'ouvrier, sages, rangés, ayant une fortune médiocre, ou gagnant honorablement de quoi suffire à leurs besoins, qui, sans passions comme sans désirs insensés, coulent des jours sereins et tranquilles, exempts d'inquiétude, parce qu'ils sont heureux du présent et confiants dans l'avenir ! Quoi qu'il en soit, sachons que les soucis naissent soit de la gêne où nous nous trouvons, soit de l'affaiblissement de nos forces, soit de la maladie, de l'incertitude où chacun de nous peut être sur ce qu'il sera aujourd'hui même, demain, dans quelques mois, dans quelques années ; je veux dire sur le sort qui lui est réservé, non-seulement comme individu et *personnellement*, mais encore, et surtout comme citoyen, comme époux, comme père, comme ami; car, je le demande, est-il un seul homme qui ne soit soucieux de son lendemain? Non ; et quelle que soit sa confiance en Dieu, en les hommes auxquels il confie sa destinée, en lui-même et les siens, s'il a sa raison, il sera soucieux. Etre soucieux n'est donc pas un défaut : c'est une faculté de l'âme très-familière aux riches, qui, parce qu'ils ont tout à souhait, sont journellement visités par les soucis qui, eux, se plaisent surtout dans les salons dorés. S'ils visitent parfois de plus humbles de-

meures, c'est que les personnes qui les habitent sont accablées par l'âge ou les infirmités et bercées par une espérance qui, si elle ne les abandonne pas, peut être trompeuse. Mais comme chez les ouvriers les soucis sont proportionnés aux besoins qu'ils se sont créés, mieux vaut, dans les premières années de l'existence, les habituer à une vie sobre, frugale, réglée, la seule qui puisse éloigner de leurs toits ces soucis cuisants qui seuls peuvent les inquiéter. Je ne parle pas de ces esprits inquiets et malades qui, possesseurs d'une brillante fortune, jouissant de la santé la plus florissante, habitant ces hôtels somptueux, servis par des domestiques dévoués et intelligents, entourés d'une famille nombreuse et vertueuse, se créent cependant des soucis qui troublent leur repos et agitent leur âme. Chez eux, les soucis qui les minent tiennent à une disposition physique ou morale qu'il faudrait tâcher de découvrir ; car si on ne remonte à leur cause, jamais on ne les chassera d'un esprit malade. Je doute même que, la cause connue, on parvienne un jour à les guérir. Cela ne doit pas nous empêcher d'agir dans ce but avec confiance, alors surtout que : *Tentare non nocet*

SOUPLE, Souplesse (qualité). — On a défini la souplesse cette heureuse disposition de l'esprit qui permet à certains hommes de s'accommoder aux conjectures et aux événements imprévus. A l'aide de cette faculté, c'est-à-dire de la docilité qui la caractérise, il leur devient facile d'éviter les obstacles, de se maintenir dans les faveurs, ou, si l'adversité les frappe, elle pourra les courber sous sa main sans les briser. Sachons maintenir notre esprit dans cette heureuse disposition : elle peut contribuer à notre bonheur.

STUPIDE, Stupidité (défaut). — Stupidité : sorte de sottise, assoupissement de l'esprit, qui vient d'un défaut de sentiment. Ce défaut peut tenir à l'une des deux causes suivantes, savoir : 1° à un manque d'éducation ; 2° à un vice de l'organisation qui se caractérise par un état de démence primitive ou secondaire, comme à la suite des accès longtemps et souvent répétés d'épilepsie, avec perte plus ou moins complète des facultés intellectuelles et affections de l'âme, ainsi que celle des instincts et des mouvements. Dans le premier cas, on peut la guérir par une instruction solide unie à la fréquentation de la bonne société ; mais rien ne la guérit dans le second.

SUFFISANCE (défaut). — On se sert du mot Suffisant, pour exprimer qu'un individu est tellement rempli de lui-même, qu'il croit n'avoir besoin de personne ni de rien ; c'est un homme qui se suffit. De là un contentement de soi, plein de quiétude, un repos de complaisance dans la conviction de ses mérites, qui lui donne l'assurance de trancher sur toutes choses sans la moindre hésitation, parce qu'il croit avoir en lui la mesure de ce qui est bien, vrai et beau ; c'est pourquoi il n'a de confiance qu'en ses jugements, et l'opinion des autres n'a point accès dans son esprit. La suffisance naît donc de la présomption et souvent aussi de l'ignorance; mais de quelque cause qu'elle provienne, elle est également condamnable et peu tolérée dans la société où l'individu est traité d'INSUPPORTABLE, en ce qu'il blesse les égards, qu'on se doit réciproquement, par son ton décidé. Il importe donc de remédier à l'une et à l'autre de ces causes, rien n'étant plus pénible pour l'homme sage que de voir certains individus devenir un objet de moquerie et de dédain, par le ton suffisant qu'ils affectent.

SUPERSTITIEUX, Superstition (sentiment). — La superstition est une fausse religion, c'est-à-dire une dévotion à des pratiques vaines que la religion elle-même réprouve. Tout nous invite à être pieux; mais ce serait manquer de sagesse et mal comprendre nos devoirs religieux que de tomber dans la superstition. *Religentem esse oportet, religiosum nefas.* (*Aulu-Gelle.*) En effet, la superstition est un culte de religion, faux, mal dirigé, plein de vaines terreurs contraires à la raison et aux saines idées qu'on doit avoir de l'Être suprême. Ce qui en fait la fausseté, c'est qu'elle comprend un autre ordre de croyances; c'est-à-dire que toute en dehors du domaine de la religion, elle s'attache à cette espèce d'enchantement ou de pouvoir magique que la crainte exerce sur notre âme; ou, si vous l'aimez mieux, que, fille malheureuse de l'imagination, elle emploie, pour la frapper, les spectres, les songes et les visions. « C'est elle, dit Bacon, qui a forgé ces idoles du vulgaire, ces génies invisibles, ces jours de bonheur ou de malheur, les traits invincibles de la haine. Elle accable l'esprit, principalement dans la maladie ou dans l'adversité; elle change la bonne discipline et les coutumes vénérables, en momeries et en cérémonies superficielles. Dès qu'elle a jeté de profondes racines, dans quelque religion que ce soit, bonne ou mauvaise, elle est capable d'éteindre les lumières naturelles, et de troubler les têtes les plus saines. Enfin, c'est le plus terrible fléau de l'humanité. L'athéisme même (c'est tout dire) ne détruit point cependant les sentiments naturels, ne porte aucune atteinte aux lois ni aux mœurs du peuple; mais la superstition est un tyran despotique, qui fait tout céder à ses chimères. Ses préjugés sont supérieurs à tous les autres préjugés. Un athée est intéressé à la tranquillité publique, par l'amour de son propre repos; mais la superstition fanatique, née du trouble de l'imagination, renverse les empires. » Avant de passer outre je dois faire remarquer que, dans cette citation ainsi que dans celles qui suivent, nous ne donnons au mot superstition que son vrai sens de pratiques anti-religieuses.

Nous avons admis deux sortes de superstitions, une superstition *religieuse* qui naît plus particulièrement de l'ignorance ou de la peur qui fait que le superstitieux déteste les hommes comme pervers et redoute Dieu comme un tyran; et la superstition que j'appellerai *composée*, parce que, par opposition à la superstition religieuse qui est *unique*, elle se porte sur des objets divers non religieux. Elles proviennent plus volontiers d'une faiblesse d'esprit qui, si elle n'est pas l'ignorance, peut néanmoins s'y associer.

Ainsi l'une et l'autre superstition ont à peu près la même origine, c'est-à-dire que le plus souvent, quand l'intelligence des enfants s'agrandit et se meuble, les parents, le précepteur, les domestiques, au lieu de leur former le jugement et la raison, entretiennent ces frêles créatures de contes fantastiques qui les frappent de vaines terreurs et laissent de si fortes impressions sur leur esprit, alors si facile à impressionner, que, devenus hommes, et parfois hommes fort capables, ils croient encore à ces contes, et ont de la peine à se débarrasser de ces stupides croyances, s'ils s'en débarrassent jamais.

Si on examine sagement chacune de ces superstitions, on reconnaît que la superstition religieuse a beaucoup de rapports avec l'idolâtrie, et en est toujours la conséquence, et elle y conduit souvent. Elle consiste, comme son nom l'indique, à rester à la superficie dans les choses religieuses, accordant une grande importance à ce qui est de pure forme, sans aller au fond et pénétrer jusqu'à l'esprit. La préoccupation de l'accessoire, de l'extérieur, fait perdre de vue ce qui est essentiel et interne. Rien n'est plus opposé à la vraie piété, au culte du cœur, à l'adoration en esprit et en vérité. On néglige la parole divine et les vrais enseignements de la religion pour des traditions vaines; la vraie croyance s'altère, la foi se corrompt, en s'attachant à des choses naturelles qui usurpent dans le cœur de l'homme la confiance due à Dieu.

Cette direction est très-dangereuse; elle habitue les hommes à se payer de mots, de formes, de pratiques vaines et purement extérieures. Ils nettoyent les dehors des vases et laissent l'impureté au-dedans. La religion devient alors une simple formalité, et comme elle ne porte pas à l'amendement et au perfectionnement, parce qu'elle consiste tout entière dans ces vaines observances, il arrive trop souvent qu'un dehors de religiosité sert de manteau au vice, qui grandit sous sa protection et se satisfait plus à l'aise sous son égide. La superstition est encore plus déplorable quand les choses employées par la crédulité n'ont d'autre rapport avec la parole divine que celui qu'y mettent l'imagination et la passion, comme les amulettes, les talismans, les charmes, les incantations et tout ce qui y ressemble. Nous pouvons donc conclure que la superstition est ce qu'il y a de plus contraire à l'accomplissement des devoirs religieux, car elle porte à fausser le culte de Dieu, qu'elle honore seulement des lèvres, par le dehors, par des simulacres de piété, ou même par des choses indignes de lui, tandis qu'elle ruine le véritable culte, le culte de l'âme et de l'amour, le culte prescrit par la religion.

Reste qu'il n'y a rien de plus contraire à la vraie piété que la superstition; et comme celle-ci prend quelquefois le manteau de celle-là, il faut s'en défier et la repousser ; car la religion honore Dieu et fait le bonheur de l'homme, au lieu que la superstition, injurieuse à l'Être suprême, est le crime d'une âme faible.

Et comme nous avons tous quelque penchant à ce malheureux vice (qui vient des préjugés et de l'ignorance), nous devons être en garde soit contre nous-mêmes qui naissons faibles, ignorants, et ouvrons facilement nos cœurs aux choses qui frappent fortement l'imagination, soit contre ceux qui profitent de nos dispositions mauvaises pour fausser notre jugement. Pour éviter un si grand malheur, ayons donc sans cesse présentes à l'esprit les maximes suivantes :

La superstition, cette folle erreur, craint ceux qu'elle devrait aimer, tourmente ceux qu'elle aime : c'est la maladie d'un esprit pusillanime. (*Sénèque.*) Il n'a pas un instant de calme, celui dont la superstition s'est emparée. Varron dit que l'homme religieux respecte Dieu, que le superstitieux le redoute. (*Cicéron.*) Les barbares sont naturellement portés à la superstition. (*Plutarque.*) Pour régir la multitude, rien n'est plus efficace que la superstition. (*Quinte-Curce.*)

Enfin, je pourrais citer plusieurs exemples pour prouver combien sont funestes les terreurs superstitieuses que l'on fait aux enfants, et nombre d'autres exemples de personnes adultes qui ont été victimes de ces idées mal fondées, dont on les a malheureusement entretenues dans leur bas âge, mais je me bornerai au fait qu'on va lire.

En 1716, le maréchal de Montreval dînait chez le duc de Biron. Une salière ayant été renversée par mégarde, le maréchal s'en étant aperçu, il s'écria : *Je suis perdu !* Aussitôt après la fièvre le saisit, et il expira le quatrième jour.

Conclusion. Nous avons admis deux sortes de superstitions : laissant de côté la superstition religieuse que tout le monde condamne, nous dirons de l'autre, avec le chancelier de Vérulam, « qu'elle forge au vulgaire toutes ces idoles, tous ces génies, ces jours de bonheur et de malheur, ces traits invincibles de l'amour ou de la haine. » Ajoutons : Ces charmes, ces prestiges enchanteurs, ces influences des nombres et des astres, ces présages néfastes, etc., qui font de l'homme une femmelette niaise, toujours agitée, toujours en alarmes, jamais calme et tranquille, superstitieuse enfin. Celle-là, avons-nous dit, c'est la superstition composée. Sans doute cette dernière espèce de superstition est moins déplorable que la superstition du fanatisme religieux ; cependant elle a beaucoup d'inconvénients. Ainsi, 1° l'homme superstitieux ayant un faux jugement, ne voit rien dans la nature, parce qu'il est toujours hors des rapports de la nature ; il n'est que dans un monde imaginaire. De là vient que la superstition ne veut même voir que le faux. Elle se refuse toujours au bon sens, parce qu'il n'a rien de merveilleux ; et le merveilleux est seul ce qui l'intéresse, parce qu'il ne faut pour le croire que la seule volonté, le vouloir ; et que cette crédulité est toujours plus commode que les recherches qu'il faut faire pour s'assurer de la vérité. 2° Plus on ignore le monde corporel, mieux on prétend connaître le spirituel. Les contes de revenants et de sorciers ne sont nés que de cet abus ; et l'ignorance des lois de l'économie animale et de celle de la nature a enfanté tous les remèdes superstitieux qu'on nous a vantés comme des spécifiques, et aux propriétés surprenantes desquels bien des gens croient sincèrement. D'où vient cela ? de ce qu'on ne se pénètre point assez de cette vérité, qu'il est bien plus aisé de donner un nom barbare à un spécifique universel que d'en asservir un immédiatement à la nature d'une maladie. Un superstitieux pend si facilement le long de la cuisse un crapaud desséché, ou un morceau de sureau cueilli en tel temps ! Il garde, il est vrai, sa maladie avec son spécifique, et pourtant, dans sa simplicité d'enfant, l'influence de tel génie prédominant en tel temps, dans tel astre, dans telle position du ciel, devait donner une vertu guérissable à ce crapaud et à ce bois.

A ce propos, Boërrhaave dit qu'il est étonnant et même honteux de voir les folies que les chimistes ont tirées des fables, de la superstition, de l'ignorance et de la démence même, qui se trouvent dans les écrits de Paracelse, de Vanhelmont et de leurs sectateurs : car personne n'a jamais été moins en état d'observer les maladies que ces rêveurs qui n'ont jamais eu que des idées fausses de l'économie animale.

Avec le progrès des lumières, sommes-nous devenus plus sages ? hélas ! non : l'empire de la superstition existe encore partout. Sans doute on est revenu des prestiges de la divination, de l'astrologie et de bien d'autres abus de cette nature ; mais n'avons-nous pas une nouvelle sorte d'aruspices ? n'avons-nous pas les somnambules pour remplacer les devins ? oui, nous avons tout cela, et s'il est quelque chose qui m'étonne, c'est que, dans un pays civilisé comme la France, dans une population éclairée comme la population parisienne, il y ait encore tant de superstitieux. Il est vrai que la plupart des gens sont crédules pour les contes que leur débitent messieurs tels ou tels, sans s'imaginer que leur confiance aveugle est de la superstition, pour la parole d'un imposteur. Il est vrai qu'ils sont superstitieux sans le savoir, tout comme M. Jourdain qui, sans le savoir, faisait de la prose ; mais s'il est vrai qu'ils l'ignorent, il serait à désirer qu'ils voulussent s'éclairer ; ils reconnaîtraient alors que les prétendus guérisseurs par des moyens non naturels ou peu rationnels sont des faiseurs de dupes, ou en d'autres termes, que nos prétendus guérisseurs modernes, s'ils ressemblent aux anciens quant à l'ignorance qu'ils avaient des maladies, en diffèrent par un plus mauvais côté encore ; c'est que les imposteurs de nos jours pèchent par calcul. Pourvu que les contes qu'ils débitent et les promesses qu'ils font leur rapportent quelque chose, que leur importe l'humanité ? En définitive, on croit aujourd'hui comme on croyait autrefois, preuve que le peuple est toujours peuple.

Et si, des sciences médicales nous pénétrons dans la vie sociale, que d'absurdités n'y verrons-nous pas! Aujourd'hui, c'est madame telle, qui refuse de s'asseoir à table, parce qu'elle y a compté treize couverts; demain, ce sera monsieur un tel, qui ne veut pas se mettre en voyage, malgré la nécessité qui le presse, parce qu'il craint de partir un vendredi; le jour suivant, il faudra s'empresser auprès d'une vieille folle, qui s'est évanouie parce qu'elle a cassé son miroir, etc., etc. C'est un grand ridicule qu'ils se donnent tous; ils le savent, et pourtant ils ne peuvent se défendre de laisser voir leur superstition. Pourquoi? parce que la superstition est plus qu'un défaut; c'est autre chose qu'un défaut, c'est de l'idiotisme ou de la folie, et il est rare que le superstitieux veuille s'éclairer. (*Lakington*.) D'ailleurs, le voudrait-il qu'il n'y gagnerait probablement rien; les idées superstitieuses se gravent si profondément dans le cœur de l'homme par la peur ou l'espérance, qu'il est impossible de les en effacer, surtout si elles y ont vieilli.

A la vérité, comme la superstition dénote une grande ignorance ou une grande faiblesse d'esprit, rien ne la préviendrait mieux, ou ne la déracinerait plus facilement, qu'une instruction solide. Mais, outre qu'il n'est pas donné à tous les hommes d'en acquérir, il en est beaucoup à qui leurs moyens ne le permettent pas. En outre, n'est-ce pas qu'il est bien des personnes très-instruites qui sont superstitieuses par faiblesse d'esprit? A celles-là, que pourrait-on faire? tenter le ridicule? mais nous avons vu qu'il ne guérit pas la superstition. Donc tout se borne à veiller attentivement sur l'éducation des enfants, et à se conformer aux sages conseils du digne archevêque de Cambrai, Fénelon. La superstition, dit-il, est sans doute à craindre pour le sexe; mais rien ne la déracine ou ne la prévient mieux qu'une instruction solide. Cette instruction, quoiqu'elle doive être renfermée dans de justes bornes, et être bien éloignée de toutes les études des savants, va pourtant plus loin qu'on ne le croit d'ordinaire. Tel pense être bien instruit, qui ne l'est point, dont l'ignorance est si grande, qu'il n'est pas même en état de sentir ce qui lui manque pour connaître le fond du christianisme. Il ne faut jamais laisser mêler dans la foi ou dans les pratiques de piété rien qui ne soit tiré de l'Évangile, ou autorisé par une approbation de l'Église. Il faut prémunir discrètement les enfants contre certains abus qu'on est quelquefois tenté de regarder comme des points de discipline, quand on n'est pas bien instruit; on ne peut entièrement s'en garantir, si on ne remonte à la source, si on ne connaît l'institution des choses, et l'usage que les saints en ont fait.

Accoutumez donc les filles, naturellement trop crédules, à n'admettre pas légèrement certaines histoires sans autorité, et à ne s'attacher pas à de certaines dévotions qu'un zèle indiscret introduit, sans attendre que l'Église les approuve.

Le vrai moyen de leur apprendre ce qu'il faut penser là-dessus n'est pas de critiquer sévèrement ces choses, auxquelles un pieux motif a pu donner quelque cours, mais de montrer, sans les blâmer, qu'elles n'ont point un solide fondement. Contentez-vous de ne faire jamais entrer ces choses dans les instructions qu'on donne sur le christianisme. Ce silence suffira pour accoutumer d'abord les enfants à concevoir le christianisme dans toute son intégrité et dans toute sa perfection.

Reste que la superstition a sa source dans la faiblesse d'esprit; elle est à la religion ce que l'astrologie est à l'astronomie : la fille très-folle d'une mère très-sage. Ces deux filles ont longtemps subjugué la terre; et comme elles pourraient la subjuguer encore, évitons qu'elles n'étendent leur empire et n'envahissent de nouveau le monde entier, en éclairant tous les hommes sur leurs véritables devoirs envers Dieu.

SURPRISE (sentiment). — On a donné le nom de surprise à un mouvement admiratif de l'âme, occasionné par quelque phénomène étrange : elle participe donc tout à la fois de l'ÉTONNEMENT et de l'ADMIRATION. *Voy.* ces mots.

SUSCEPTIBLE, SUSCEPTIBILITÉ (sentiment). — Celui qui s'offense aisément, d'un rien, par irréflexion ou par caractère, est *susceptible*; et cette disposition, naturelle ou acquise, qu'il a à être choqué de toutes choses qui paraîtraient insignifiantes à tout autre s'appelle *susceptibilité*. Quelques auteurs ont voulu voir en elle une sensibilité excessive. *Voy.* SENSIBILITÉ. Mais cela n'est pas exact, puisque la sensibilité excessive, s'associant à des sentiments affectueux ou généreux, nous porte au bien, au lieu que la susceptibilité nous incline toujours au mal.

La susceptibilité tient-elle au tempérament? On l'a prétendu, parce qu'on a remarqué sans doute l'influence de la constitution organique sur le caractère. Et pourtant je ne crois pas que la susceptibilité tienne essentiellement au tempérament; et voici pourquoi. D'abord, tous les individus ayant la même constitution ne sont pas également susceptibles; et puis, je vois dans l'homme susceptible l'accomplissement simultané de deux actes moraux, dont l'un succède immédiatement à la provocation par laquelle notre susceptibilité s'est offusquée : c'est *l'impression* que l'âme a ressentie du propos ou du geste qui a blessé notre susceptibilité; et dont l'autre a pour objet *l'interprétation* de cette impression. Or, qu'a à faire le tempérament dans ce jugement que l'âme doit rendre?... Donc, la susceptibilité dénote un mauvais jugement, un jugement faux, sinon une bien grande irréflexion.

Et il devait en être ainsi, puisque par susceptibilité on donne toujours une interprétation mauvaise à des actions très-innocentes, insignifiantes, irréprochables, ou à des paroles dites sans l'intention de blesser qui que ce soit. Aussi n'est-il rien qui nous guérisse plus facilement de ce défaut que de donner, s'il est possible, plus de rectitude au jugement et de disposer notre esprit de manière à ce qu'il suppose toujours de bonnes et d'excellentes intentions aux gens avec qui nous sommes en relation d'intimité ou d'affaires, tout comme à toujours bien interpréter les dispositions douteuses des autres par rapport à nous.

SYMPATHIE (sentiment). — Cette convenance d'affection et d'inclination, cette intelligence vive du cœur, qui se répand, se communique avec une rapidité inexplicable; cette conformité de qualités naturelles, d'idées, d'humeur et de tempérament, par lesquelles deux âmes assorties se cherchent, s'aiment, s'attachent et se confondent ensemble : telle est la définition qu'Abbadie a donnée de la sympathie.

Assurément, rien de plus complet que cette définition; elle est même, ce me semble, trop étendue, car je ne crois pas que toutes les conditions qu'Abbadie y a groupées s'y réunissent pour la former. Quoi qu'il en soit, la sympathie est, à mon avis, un sentiment en même temps très-large, très-resserré, exceptionnel, qui n'a pas son analogue; auquel s'attachent l'amitié et l'amour, sans qu'il soit ni l'un ni l'autre : c'est un aimant qui attire, c'est une âme qui aspire, si je puis ainsi m'exprimer, une autre âme. Pourquoi? Parce que nous trouvons dans les manières, dans la conversation, dans la physionomie tout entière, ou seulement dans le sourire, dans le regard d'une personne que nous rencontrons dans le monde, un je ne sais quoi qui nous séduit, nous charme et nous entraîne vers elle. Mais ce sentiment est spontané, irréfléchi; il nous pousse sans que nous sachions s'il y a entre cette personne avec qui nous sympathisons et nous cette conformité de qualités naturelles, d'idées, etc., dont j'ai parlé. C'est pourquoi je crois devoir réduire la définition de la sympathie à ces quelques mots : c'est l'attraction d'un être pour un être..... Il va sans dire qu'elle peut être réciproque.

J'ai dit *l'attraction*, attendu que, si on s'occupe sérieusement de cosmogonie, on retrouve partout les traces des lois conservatrices que Dieu a imposées au monde. D'après ces lois, toutes les parties de la matière ont entre elles une attraction plus ou moins puissante, qui les réunit ou les attire à des distances énormes; et c'est à cette force, agissant d'un globe à l'autre, que les corps célestes, qui roulent par milliers dans les solitudes de l'espace, doivent l'ordre qui les maintient dans des rapports constants, dans une harmonie continue, que rien ne saurait troubler.

Et ne croyez pas que cette loi de l'attraction s'astreigne à la matière seule : elle s'élève, au contraire, jusqu'à l'ordre moral, et pousse les hommes les uns vers les autres; de telle sorte que chacun de nous gravite, pour ainsi dire, dans une sphère d'attractions qui lui est propre, et qui paralyse jusqu'à un certain point l'action qu'exercent sur lui d'autres individus plus éloignés. Ainsi, nous avons nos amis, nos parents, qui suffisent aux sympathies de nos âmes; mais s'ils viennent à mourir, à s'éloigner, d'autres prennent leur place dans nos affections, et leur succèdent dans l'action qu'ils exercent sur nous. Et, chose fort singulière, cette action que nous exerçons les uns sur les autres n'est que masquée quand nous ne la sentons pas, et il ne faut que des circonstances favorables pour qu'elle se manifeste. La preuve, c'est que deux Français qui se rencontreraient au Japon seraient tout de suite attirés sympathiquement l'un vers l'autre; que deux prisonniers seraient bientôt amis, si tous deux pris, l'un en France, l'autre dans l'Océanie, pouvaient être transportés dans une autre planète; dans ce cas il est évident qu'ils se rencontreraient avec bonheur et s'attacheraient intimement l'un à l'autre : ce qui a fait dire de la sympathie qu'elle est ce lien mutuel qui fait la force de l'humanité, qui multiplie sa puissance, qui enfante le progrès et qui l'accomplit.

Reste que les sympathies, qui nous attirent ainsi, sont nombreuses et agissent de différentes sortes : les unes, plus générales, produisent les liens d'humanité; les autres, plus restreintes, resserrent nos affections et les concentrent dans la famille, dans le cercle étroit de l'amitié. Ce sont ces dernières, seulement, qui agissent sur nous avec une très-grande puissance. Nos âmes, faibles et bornées, n'auraient pas assez d'énergie pour sympathiser avec tout le monde : c'est pourquoi l'ordre des choses établi sur la terre ne permet pas que des communications intimes à l'âme se multiplient indéfiniment. Dans sa prévoyante sollicitude, il a fait que nos tendances sont appropriées à nos besoins, et que chacun de nous a dans son cœur des sympathies, des affections qui s'élargissent de plus en plus, comme des zones, pour correspondre à ses relations diverses, c'est-à-dire à sa famille, ses amis, ses concitoyens, sa patrie, à une portion de l'humanité.

Quelle est la nature de l'attraction sympathique? Je l'ignore, attendu que la sympathie, n'étant constituée que par un seul sentiment, est, par conséquent, indécomposable et ne peut être analysée. Tout ce qu'on peut dire d'elle, c'est que rien n'est plus beau, n'est plus doux que ses aspirations, et qu'elle reste belle tant qu'elle ne va pas au delà; tandis que, si elle sort de sa sphère, elle se marie aussitôt à l'amitié ou à l'amour des sexes. Dès ce moment elle cesse d'être la sympathie, puisqu'elle devient une passion; elle est autre chose que la sympathie, puisque, devenue passion, nous sommes disposés à faire bien des sacrifices, à faire mille folies, que la sympathie seule ne nous inspirerait pas. Donc ce n'est plus elle.

La sympathie est un sentiment inné que chacun sent très-bien et explique fort mal, qui se développe sans qu'on le provoque, qui s'efface sans qu'on sache le pourquoi, qu'on n'est pas maître d'augmenter ni de diminuer, et duquel on peut dire :

Il est des nœuds secrets, il est des sympathies
Dont, par le doux rapport, les âmes assorties
S'attachent l'une à l'autre et se laissent piquer
Par ce je ne sais quoi qu'on ne peut expliquer.

P. CORNEILLE.

T

TACITURNE. — *Voyez* SILENCIEUX.

TÉMÉRAIRE, TÉMÉRITÉ (sentiment). — La témérité est la présomption dans le courage. Je dis la *présomption*, parce que l'homme téméraire s'expose plus par bravade que par bravoure, compromettant ainsi sa vie et celle des autres sans raison, sans prévision, sans chances de succès, ou au moins sans les avoir pesées, et souvent même malgré toutes les chances contraires. Aussi la témérité, même heureuse, est-elle toujours blâmable; à plus forte raison le sera-t-elle, si des suites graves et fâcheuses pour autrui et pour nous-mêmes en sont le résultat.

La témérité, disons-nous, naît de la présomption; ou mieux, c'est la présomption elle-même, sous une autre forme que la présomption morale. Mais, quel que soit son mode de manifestation, il suffit qu'elle ne puisse jamais être prise en bonne part, pour que nous nous abstenions de tout acte qu'on pourrait qualifier de témérité. A la vérité, bien des gens, qui ne connaissent pas la valeur des mots, confondent l'intrépidité et la bravoure avec la témérité. C'est une erreur bien grande; car l'homme brave, valeureux, intrépide, calcule le danger, prévoit les chances favorables de la lutte, et conserve son sang-froid dans les moments les plus difficiles, au lieu que le téméraire va tête baissée, en disant : A la garde de Dieu. Louons-le de sa confiance en l'Être suprême, mais blâmons-le si cette confiance le pousse à des actes irréfléchis de témérité.

TEMPÉRANCE, (vertu) TEMPÉRANT. — La tempérance est la modération dans tous les plaisirs, et principalement dans ceux de la table. Sous ce dernier rapport, la tempérance se confond avec la sobriété dont elle diffère pourtant, vu que celle-ci ne s'attache pas à d'autres plaisirs qu'à ceux qui flattent le goût, plaisirs dont elle règle les jouissances. Toutefois, quoique la tempérance et la sobriété diffèrent en divers points, ces sentiments n'en sont pas moins inséparables, car l'un, embrassant l'autre, l'étreint si complétement, qu'il serait impossible de l'en détacher. Aussi, les règles générales que nous allons poser pour la tempérance viendront-elles compléter celles qui sont relatives à la SOBRIÉTÉ. *Voy.* ce mot.

Et d'abord nous poserons comme principe incontesté et incontestable que : 1° la tempérance commande aux voluptés ; elle hait et repousse les unes ; elle gouverne les autres, les retient dans de justes bornes : ce n'est jamais pour s'y livrer aveuglément qu'elle s'en approche ; elle n'ignore pas que cette maxime, *ne point faire tout ce qu'on ne voudrait pas, mais seulement autant qu'on doit*, est la meilleure des règles pour quiconque éprouve des passions. (*Sénèque*.)

2° Rien dans le régime des gens de lettres n'est aussi favorable à la conservation de la santé et en même temps à la liberté de l'esprit, que la tempérance et la sobriété ; aucun moyen ne pouvant mieux favoriser le développement, la perfection et même l'exercice habituel des diverses facultés de l'entendement : ce sont les vertus par excellence et celles qui conduisent à toutes les autres ; elles dégagent, pour ainsi dire, l'âme de la matière et la placent au rang des esprits célestes. Aucun moyen ne contribue aussi puissamment et aussi sûrement à conserver, même jusqu'à l'époque de la vieillesse la plus avancée, la force et l'activité de l'esprit ; ses élans sont beaucoup plus naturels et plus durables dans ces circonstances que lorsqu'ils sont produits par les boissons excitantes, dont les effets ne durent souvent que quelques instants. Il faut d'ailleurs, pour mettre les opérations de l'imagination en activité chez l'homme sobre et tempérant, des stimulants bien moins vifs que chez celui qui mange beaucoup ou qui se repaît chaque jour des mets fortement épicés et de boissons excitantes. Aussi la tempérance permet-elle à l'esprit de conserver sa force et sa vigueur, de soutenir plus longtemps les fatigues de l'étude, parce qu'elle laisse les fonctions de la vie et les facultés intellectuelles dans un état constant de calme et d'impassibilité, et qu'elle ne donne jamais lieu à ces divers effets qui jettent les uns et les autres dans ce désordre, ce trouble, cet état d'affaissement qui sont ordinairement le résultat des excès commis dans le régime, surtout dans l'usage des boissons fermentées ou spiritueuses ; aussi peut-on dire avec vérité, non-seulement que la tempérance est la vertu des sages, mais encore qu'elle est un moyen de prolonger la durée de la vie et de préserver l'homme d'un grand nombre de maladies ou d'infirmités graves. Donnons la preuve de ces affirmations par quelques faits autres que ceux de Cornaro et d'Anquetil dont j'ai déjà parlé à l'article SOBRIÉTÉ.

Peu de lettrés ignorent que le poëte Ducis a poussé loin sa carrière ; mais ce qu'on ne sait pas aussi généralement, c'est que Ducis était simple et frugal : retiré du monde, il ne travaillait que modérément, et passait la moitié de sa vie dans les bois de Satory. Il fuyait les grands repas et surtout les dignités ; toujours il répugna, comme il le dit, à mettre sur son pauvre habit « une broderie de sénateur. » Il disait encore : « Quand un objet m'afflige, je détourne ma pensée et mon âme passe son chemin. » Voilà assurément qui est loin de la nature irritable du poëte ; voilà une philosophie et des actes qui devaient nécessairement prolonger l'existence de Ducis.

A son tour Descartes, ce profond penseur, avait pour maxime : Veille sur ton corps ; et il savait mettre en pratique ce beau principe d'iatrosophie. Jamais de veille, jamais d'excès d'aucune espèce, même pour le travail de tête. Mais dès qu'il eut quitté sa retraite d'Egmont, dès qu'il eut sacrifié sa liberté à Christine, il se démentit de cette maxime et dérangea sa manière de vivre. On sait ce qui arriva, et comme l'observe d'Alembert, ce philosophe, qui n'avait jamais été malade dans les marais de la Hollande, mourut dans un palais à 50 ans.

Au rebours, malgré d'immenses travaux et l'espèce de prostration morale qui en fut le résultat, Newton a vécu 85 ans. Sa santé fut rarement altérée, il ne se servit jamais de lunettes, et il ne perdit, assure-t-on, qu'une seule dent. On croit rêver en lisant de pareilles choses ; cependant les faits suivants donnent l'explication de ces phénomènes. Newton était né faible, délicat, et il le savait ; il ménagea donc ses forces autant qu'il put, les réservant pour les objets de ses études. Sa vie fut toujours simple et son régime sévère ; il ne vécut que de pain trempé dans un peu de vin, pendant ses expériences sur l'optique. Aussitôt que ses occupations le lui permettaient, il prenait de l'exercice. Doux, affable, modeste, le calme de sa figure, la simplicité de ses manières, contrastaient singulièrement avec sa haute réputation. Mais ce qui influa davantage sur son bien-être, c'est qu'on ne lui a point connu de passion ; celle même de la gloire était en lui fort modérée, ce qui le prouve, c'est qu'ayant éprouvé quelques tracasseries, il se repentit de s'être fait connaître et d'avoir sacrifié à une vaine ombre, son repos : *Rem prorsus substantialem*, selon ses expressions.

De même Fontenelle tint, pendant cinquante ans, le double sceptre des sciences et des lettres ; il travailla constamment, passa sa vie à la cour du régent avec les grands, les gens de lettres et les savants de son temps. Il fut homme de lettres et homme du monde ; ami de tous les plaisirs, de toutes les jouissances ; cependant sa santé fut presque inaltérable. Il a beaucoup écrit ; son bonheur fut aussi constant que sa vie fut longue, et il a vécu un siècle. Quel fut donc son secret ? d'économiser son existence, d'étendre avec art sur toute sa vie la portion de bonheur qui revient à chacun de ces instants ; en un mot, de mettre en pratique ce qui n'est souvent chez les autres qu'en théorie. Il dut en partie sa longue vie à sa sagesse ; sans rien retrancher sur ses plaisirs, sachant toujours écouter la nature et se gardant bien de lui commander des efforts. Une chose qu'il se dit de bonne heure à lui-même, c'est qu'on doit regarder la santé comme l'*unité* qui fait valoir tous les zéros de la vie. Il fit donc son possible pour la conserver, et il y parvint, sans s'assujettir toutefois à un régime par trop sévère. Sa complexion était faible : il avait la poitrine très-délicate, l'estomac bon, et il se conduisit en conséquence ; se réfugiant dans la *tempérance*, cet asile protecteur de la santé, il porta la sobriété jusque dans la sagesse même ; aussi depuis sa naissance jusqu'à sa DIFFICULTÉ D'ÊTRE, il n'éprouva qu'une seule maladie à l'âge de cinquante ans ; il ne prit dès lors, par jour, qu'une seule tasse de café. Sa vie de chaque journée était réglée d'avance, et il s'écartait rarement du plan tracé depuis longtemps : les heures de ses repas, de son travail, de son sommeil, de ses récréations étaient arrêtées avec soin et précision. Tour à tour mondain et solitaire toujours maître de lui, toujours tranquille dans le tourbillon du monde, il avait imprimé aux phénomènes de son organisation un mouvement tellement égal, uniforme, régulier, que ce mouvement se perpétuait ainsi de jour en jour, d'année en année. Fontenelle existerait encore, si chaque pas fait dans la vie n'en était pas un vers le tombeau ; mais aussi sa mort survint-elle sans douleur, sans effort : le pendule avait cessé d'osciller.

Loin de macérer son corps pour augmenter l'énergie de son esprit, folles et dangereuses prétentions, ce philosophe ménageait les forces du premier pour augmenter celles du second. A cet égard, ses maximes étaient assez simples : de ne manger que modérément de s'en abstenir tout à fait, si la nature y répugnait ; de ne pas composer quand le travail lui répugnait, et de ne jamais travailler un seul jour avec excès ; enfin, d'être toujours gai ; car sans cela, disait-il, à quoi servirait la philosophie... Sa surdité même ne le rendit point triste ; on sait que quand on parlait devant lui, il demandait seulement le sujet de la conversation, ce qu'il appelait *le titre du chapitre*.

Voltaire ne jouit jamais d'une santé parfaite.... Qu'on ne s'étonne donc plus de ses plaintes continuelles sur l'état de sa santé. Cependant, malgré des maux continuels, sans cesse renaissants, Voltaire remplit l'Europe de son nom, écrase tous ses rivaux, exerce une influence despotique sur les idées du siècle, fait des publications immenses et parcourt presque entièrement une carrière de dix-sept lustres. Il se vante même d'avoir survécu à tous ses contemporains les plus robustes, et même à ses médecins. De quelque côté que soit vu cet homme, était-il donc dans sa destinée de paraître extraordinaire ? Entrons dans quelques détails de sa vie privée. Son esprit s'appliquait à tout, et sa santé, son bien-être physique, ne furent pas oubliés. Quoiqu'il assure le contraire, il n'était certainement pas de ces gens de lettres qui disent : *J'aurai du régime demain ;* loin de là il s'en traça un excellent, et y resta fidèle. Selon son expression, « il faisait son corps tous les matins, » et il le faisait capable de résister aux fatigues d'un travail quelquefois opiniâtre. Jeune ou vieux, chez lui, à la table des grands ou des rois, jamais il ne s'écarta des règles d'une stricte modération. L'abus du café l'ayant fatigué, il le mélangea de chocolat. Il assurait d'ailleurs que les aliments et les boissons qui servent de remèdes avaient seuls prolongé sa vie.

Parmi les modernes, remarquons encore le célèbre architecte Wren : son tempérament était très-délicat ; il semblait même dans sa jeunesse disposé à la consomption ; mais par un plan de vie sage et réglé il vécut jusqu'à 91 ans.

La mère de Hobbes, effrayée, dit-on, par la fameuse flotte INVINCIBLE de l'Espagne, accoucha avant terme, et l'enfant était d'une extrême faiblesse : Hobbes vécut pourtant 92 ans, et il écrivit quarante-deux ouvrages. Il est vrai que sa vie est un modèle de sobriété, de chasteté et de ménagement pour sa santé.

Enfin, on sait tout le soin que Kant apportait à sa santé ; on connaît sa vie régulière, son régime exact, ses précautions minutieuses, ses règles d'hygiène pour éviter de tomber malade. Toujours levé à cinq heures et couché à dix, il prenait constamment de l'exercice dans la journée, ayant soin même de respirer par le nez, afin d'échauffer l'air qui pénétrait dans les poumons. Jamais il ne se mettait de jarretières pour ne pas gêner la circulation. Le boire, le manger, le travail, l'exercice, tout était réglé avec la même ponctualité. Il avait soin surtout de chasser toute idée qui aurait troublé son sommeil. Chaque soir, en se couchant, il s'enveloppait méthodiquement dans sa couverture, et il se demandait : *Y a-t-il un homme qui se porte mieux que moi ?* Ne frappons pas de ridicule de pareilles précautions ; avec elles Kant a vécu près d'un siècle, sain de corps et d'esprit ; il est devenu le père de la philosophie en Allemagne ; ses travaux sont immenses, et son nom est impérissable.

En présence de tant de faits, serons-nous étonnés que la tempérance ait été regardée par tous les moralistes comme la mère de la santé et de la sagesse, et que la plupart d'entre eux se soient assujettis à ses règles ? Non, puisque c'est le meilleur préservatif contre les maladies et les vices dont elle étouffe le germe. Du reste, c'est à leur frugalité que les anciens Perses, les Lacédémoniens et les Romains furent longtemps redevables de leur activité, de leur vigueur et de leurs victoires. Devenus intempérants, ils s'énervèrent et furent esclaves.

3° Enfin, que rien ne nuit tant à la santé comme les vices opposés à la modération des plaisirs sensuels, et que sans la santé la vie est à charge, et le mérite même s'évanouit.

Or, comme rien n'est plus utile, plus nécessaire, plus désirable que la conservation de la santé, le seul moyen de la conserver se trouvant dans la tempérance, il faut donc user d'une vertu qui assure tout à la fois avec l'aisance, le désir et la force de se soumettre à toutes les conditions hygiéniques qui sont propres à l'exercice régulier et normal des fonctions organiques, vitales et morales ; c'est-à-dire que la pratique de la tempérance laisse en nous un sentiment de bien-être et de liberté que ne nous donnent pas les satisfactions sensuelles. Au contraire, la gourmandise et l'ivrognerie seules nous punissent déjà, par le malaise et l'abrutissement, d'avoir franchi les limites du besoin ; que serait-ce s'il s'y mêlait d'autres excès ?

TENDRE, TENDRESSE (sentiment).— La tendresse est une douce passion du cœur, *une affectivité* continuelle de l'âme qui incline à l'amour et à l'amitié, ou à la bienveillance, etc., en un mot, à tous les sentiments affectueux. Elle provient d'une disposition habituelle, naturelle ou acquise, qui devient enfin constitutionnelle, et influe nécessairement sur nos actes.

Et pourtant la tendresse a été considérée comme un défaut. J'avoue qu'à nos yeux c'est un beau défaut que d'être *tendre*, puisque généralement, avec ce défaut, nous fermons volontiers les yeux sur les travers, les fautes, les vices même de l'humanité ; nous sommes continuellement attentifs sur nous-mêmes, pour ne pas nous laisser aller à des penchants qui blesseraient nos semblables ; et, toujours disposés à nous corriger de nos inclinations mauvaises, nous pardonnons avec plaisir, et ne nous offensons même pas des torts que l'on peut avoir envers nous ; et nous nous garderions, *par tendresse*, d'en avoir pour autrui. Puisque, avec ce défaut, les hommes *tendres* sont ordinairement doux, bons, bienfaisants, et par conséquent jamais méchants ; leur bonté est telle, que, je le répète, ils pardonnent les offenses, parce qu'ils n'ont pas la force de se venger. Heureuse impuissance, qui, dans les personnes tendres, remplace les sentiments religieux, et est presque aussi efficace qu'eux ; heureuse impuissance, qui devrait être le partage de tous ceux qui ne comprennent point le langage de la religion, qu'ils ignorent ou qu'ils méconnaissent. Et comment en serait-il autrement, du moment où la *tendresse* est ce sentiment intéressé du cœur qui veille avec sollicitude à ne jamais porter aucun préjudice à autrui, et qui, au contraire, devient souvent la source des bienfaits qui se répandent sur l'humanité ? Comment en serait-il autrement, du moment où cette passion sympathique pour tous les êtres nous porte naturellement, sans réflexion aucune et comme par instinct, vers ceux qui souffrent, nous fait compatir à leurs maux et nous invite à les soulager, tout le bonheur des âmes tendres étant de rendre aux autres le fardeau de la vie plus léger, les peines de l'existence moins amères, les chagrins de chaque jour moins cuisants, etc. ? ce qui a fait dire, avec beaucoup de vérité, à Duclos : « Ah ! que la nature serait ingrate, si le cœur qui l'honore le plus n'était pas fait pour être heureux ! »

Et pourtant, malgré tous ces avantages bien évidents de la tendresse, il ne faudrait pas qu'elle fût portée jusqu'à l'exagération, vu qu'alors elle devient faiblesse, et peut-être préjudiciable tout à la fois à autrui et à nous-mêmes ; tandis que quand elle est renfermée dans de sages limites, habituellement tranquille et égale, elle peut s'abandonner sans réserve, même aux atteintes de l'amour, qui sait la rendre éloquente, intarissable, parfaite, sa *nature* ne lui empêchant pas de faire une sage appréciation de l'objet de ses affections, et lui permettant au contraire de saisir le véritable rapport que cet objet a avec toute l'humanité : rapport d'une intelligence supérieure, d'une convenance remarquable, d'une distinction incontestée, d'une vertu éprouvée, qui, s'ils n'échappent point au regard bienveillant de la tendresse, ne l'aveuglent pas cependant de telle sorte que, s'ils venaient à être détruits, elle ne la reconnaîtrait pas. Et c'est parce que la tendresse, est éloquente et intarissable qu'Ovide, qui était tendre, ne savait jamais finir.

Sachons donc éviter les extrêmes.

TERREUR (sentiment).—Le mot TERREUR, tout comme les mots frayeur, peur, etc., ses synonymes, exprime une sensation particulière et spéciale de l'âme produite par la présence et par la crainte d'un danger imaginaire. Mais la terreur a cela de particulier qu'elle est toujours la conséquence du saisissement qui s'empare de nous, quand un événement ou un phénomène, que nous regardons comme l'avant-coureur d'une grande catastrophe, frappe notre esprit et trouble notre raison ; exemple : la réapparition de la peste dans une ville où elle a déjà exercé ses ravages ; de ce mal qui répand la terreur!.. A ce propos, je dois faire observer que la terreur a une bien grande analogie avec l'effroi ; et il ne pouvait pas en être autrement, puisqu'ils naissent l'un et l'autre de l'idée d'un grand danger à courir. Mais comme l'effroi n'est jamais panique, et résulte de la vue de ce danger, il se rapproche par là de la frayeur ; tandis que la terreur, qui vient en partie des fausses idées que l'imagination se crée, se confond avec la peur. Ce n'est pas tout, et puisque la peur se dissipe en même temps et aussi promptement que la cause passagère qui la procure, elle diffère enfin de l'effroi qui, lui, est bien plus durable.

Mais quel que soit le degré auquel la peur, la frayeur et la terreur arrivent, elles impressionnent d'une manière si forte l'organisme vivant, qu'il en résulte des accidents très-fâcheux et quelquefois la mort. Ces accidents sont aussi nombreux que variés : c'est pourquoi, afin de les exposer avec méthode et de les classer avec ordre, je les diviserai en phénomènes généraux extra-physiologiques, et en phénomènes spéciaux ou individuels, morbifiques.

Parmi les premiers, nous trouvons la pâleur de la face, et le sentiment d'un froid général qui semble parcourir tout le corps. Il tient à ce refoulement du sang de l'intérieur au centre, d'où le sentiment d'un resserrement que le peureux éprouve, et qui semble parcourir tout le corps. Les cheveux se dressent, une sueur froide lui couvre le visage et humecte le tronc. Un tremblement général, mais principalement des genoux, se manifeste. La respiration devient rare et gênée, le cœur bat avec violence et est agité de palpitations très-appréciables. La circulation précipite ses mouvements, et le sang, refluant au centre circulaire, s'arrête dans la veine-cave et dans l'oreillette ; la voix expire sur ses lèvres, ses yeux pétrifiés sont fixes et hagards, sa physionomie exprime la stupeur, l'horreur se peint dans ses traits. Alors il est atterré et incapable de réaction, de faire un seul pas ; ses forces l'abandonnent, il tombe en syncope. Mais au bout d'un temps plus ou moins long, il se ranime ; la respiration et la circulation reprennent leur rhythme naturel ; tous les autres phénomènes s'effacent, et il ne reste plus au peureux que le souvenir du danger qu'il a ou qu'il croit avoir couru. Voilà pourquoi j'appelle extra-physiologique l'ensemble des phénomènes qu'il a éprouvés.

Quant aux phénomènes morbifiques, c'est différent ; ceux-ci sont excessivement variés, ce qui tient à la *prédisposition* des individus. J'insiste sur le mot prédisposition, parce qu'il est bon qu'on sache que c'est cette *disposition individuelle* ou prédisposition qui fait qu'une même cause, agissant de la même manière sur une masse de personnes, produira telle maladie chez celui-ci, et telle autre affection morbide chez celui-là. En voici quelques exemples : disons, avant de les énumérer, que, quoiqu'en ayant recueilli un très-grand nombre, je n'en citerai cependant qu'un seul de chaque espèce ; et que, pour éviter toute confusion, je les classerai dans une des deux catégories suivantes, à savoir : que le système nerveux ou le sanguin étant plus vivement impressionné, la peur détermine, soit des accidents *essentiels*, soit des troubles fonctionnels *sympathiques* dans tous les autres systèmes de l'économie animale ; c'est-à-dire qu'on observera tantôt des phénomènes spasmodiques très-prononcés, et tantôt la plupart de ceux qui accompagnent les perturbations de la circulation, si ce n'est la mort même.

A. Phénomènes ESSENTIELS *dépendant d'une lésion du système nerveux, impressionné par la frayeur ou la terreur.* — J'ai lu quelque part qu'une femme fut tellement effrayée d'avoir laissé tomber son enfant dans la rivière, qu'il s'ensuivit des vomissements chroniques qui se répétèrent jusqu'à sa mort. Et ailleurs, qu'un enfant ayant oublié ses livres, eut tellement peur d'être puni, qu'il en éprouva une dyssenterie chronique, qui l'entraîna au tombeau après quatre ans de souffrances. Les autres maladies produites par la peur sont la diarrhée, l'épilepsie (*Boërhaave*), l'épilepsie à laquelle succède l'apoplexie nerveuse (*Wepfer*), la chorée (*Guersent*), l'idiotisme (*Tissot*) (1) ; les hallucinations du sens de la vue (j'en ai rap-

---

(1) J'ai trouvé dans Pinel un fait excessivement curieux à cause de sa singularité, et je vais le reproduire quoiqu'il ne se rapporte pas rigoureusement à la terreur :

« Vers l'an 1794, dit-il, deux jeunes réquisitionnaires partirent pour l'armée, et dans une action sanglante, un d'entre eux est tué d'un coup de feu à côté de son frère ; l'autre reste immobile et comme une statue à ce spectacle. Quelques jours après, on le fait ramener dans cet état dans la maison paternelle ; son arrivée fit la même impression sur un troisième fils de la même famille ; la nouvelle de la mort d'un

porté un exemple fort curieux dans la *Revue médicale*, numéro de novembre 1828) ; la mort subite (*Desault*). Ainsi, au rapport de Zacutus Lusitanus, la frayeur fit périr en un quart d'heure un enfant effrayé d'un coup de canon que tira un vaisseau qui partait. Elle saisit si fortement un gentilhomme au siége de Saint-Paul, qu'il tomba mort à la brèche sans aucune blessure. (*Montaigne*.)

B. *Phénomènes dépendant des désordres occasionnés par la peur ou la terreur sur le* SYSTÈME CIRCULATOIRE SANGUIN. — Ceux-ci se rapportent ou à l'altération du sang, ou à la suppression des hémorragies habituelles, ou à des fluxions plus ou moins fortes sur divers organes. Zimmermann raconte qu'un incendie ayant éclaté de son vivant à l'Hôtel-Dieu de Paris, une femme en fut tellement saisie, qu'elle tomba en syncope. On la saigna, et l'on remarqua que le sang, en sortant, formait deux cordons à deux fils, un rouge, l'autre blanc, qui se confondaient en tombant. Pour ma part, j'ai vu un grand nombre de chloroses produites par la peur, avec ou sans suppression des règles : ainsi que cette même suppression sans pâles couleurs. D'autres parlent de la rupture du cœur : ce fut la cause de la mort de Philippe II, roi d'Espagne ; il mourut subitement à la nouvelle que les Espagnols avaient été battus près de Plaisance. Enfin, on peut rapporter à cette catégorie soit la rupture des gros vaisseaux qui s'opère chez les anévrismatiques, soit l'apoplexie sanguine et tous les résultats fâcheux de l'hémorragie cérébrale sur toute l'économie.

C. *Phénomènes qui dépendent de l'influence de l'*INNERVATION *sur les sécrétions*. — J'ai parlé des vomissements et des diarrhées chroniques. J'ajoute à ces faits ceux d'individus qui ont blanchi dans une nuit, pour avoir éprouvé une frayeur très-forte. (*Peclin, Stahl d'après Skenkins*.) Ceux de personnes en qui l'épiderme s'est détaché de la peau des mains, comme un gant. Un nommé P. A**** de ma commune m'en a offert un exemple très-curieux. Mais ce qu'il y a de plus important à remarquer, c'est que la terreur favorise la contagion, dispose à l'infection des maladies épidémiques, fait généralement empirer les maladies existantes, en trouble le cours ordinaire et ôte à la nature la faculté de s'en débarrasser.

J'ai dû insister sur ces faits, attendu qu'il est bon d'être bien avisé sur les accidents que la terreur peut produire, bien des gens s'amusant à faire peur aux enfants, et bien des personnes étant d'avis qu'il faut violenter les peureux et les forcer à vaincre leur frayeur. Pour moi, je suis d'un avis contraire et prétends que, du moment où le sentiment de la peur est tellement développé dans une personne qu'il paraisse insurmontable, on ne doit employer aucun moyen rigoureux pour le guérir.

L'essentiel, je crois, ce serait de prévenir ou modérer en elle, ce sentiment. La morale présente bien quelques moyens, mais l'efficacité en paraît douteuse. Il s'agirait de faire comprendre à l'enfant que la solitude et l'obscurité qui l'environne, car c'est alors principalement qu'il a peur, ne sont autre chose que la privation de la compagnie des hommes et de la lumière. Il faut lui persuader aussi, à lui si crédule et dont on a exalté l'imagination par des contes ridicules que débitent de bonnes femmes, que Dieu est présent partout, veillant avec une bonté toute paternelle sur ses créatures, mais se plaisant surtout à exercer son pouvoir de conservation envers les plus faibles et les petits enfants, qui sont les bien-aimés de Dieu : *Sinite parvulos ad me venire*... a dit Jésus-Christ. (*Saint Marc l'Evangeliste*.) Et si ces moyens ne réussissent pas, il faut tenter de développer en eux le sentiment du courage à l'aide duquel on triomphe facilement de la peur.

N'oublions pas aussi que l'éducation et l'habitude apprennent à dominer la peur. On se rappelle que le brave Eugène prit la fuite à l'une des premières affaires où il assista. On sait que Jean-Bart, tant renommé, par sa vaillance, trembla tout le temps que dura le premier combat naval dont il fut témoin ; et que les soldats bretons, si renommés quand ils sont aguerris, sont tous des poltrons quand ils arrivent à l'armée ; on en a vu mourir de peur dans les rangs, en présence de l'ennemi.

Mais si l'habitude et l'éducation apprennent à dominer la peur, à son tour la frayeur a quelque chose de contagieux. Il n'est pas bon d'être au milieu des lâches un jour de danger. Il y a dans leur atmosphère je ne sais quoi d'amollissant, d'énervant, qui détend les ressorts, comme autour des hommes de cœur il y a un air vivifiant qui ranime, excite et pousse à l'enthousiasme. Les hommes en troupe ont une tendance singulière à se mettre à l'unisson. Dans toute assemblée humaine, il se forme un esprit général qui domine et meut la masse, *mens agitat molem* : et cet esprit n'est pas seulement la somme, la collection des esprits individuels, c'est quelque chose de un et de vivant, qui s'infuse pour ainsi dire dans tous les membres de ce corps et les remue par intervalles, comme un même organisme, comme une seule personne. Ainsi la multitude peut être entraînée à l'héroïsme ou au crime, à la victoire ou à la fuite. Quand la peur la saisit (c'est ce qu'on appelle une panique), tous semblent frappés en un moment d'aveuglement et de vertige, chacun ne songe plus qu'à sa conservation, et l'instinct animal est seul écouté. Troublés par la peur, ils se jettent eux-mêmes dans le danger en voulant le fuir, et se perdent en cherchant à se sauver.

Ainsi, veut-on éviter d'une part la propagation rapide des maladies épidémiques et

---

de ses frères et l'aliénation de l'autre le jetèrent dans une telle consternation et une telle stupeur, que rien ne réalisait mieux cette immobilité glacée d'effroi qu'ont peinte tant de poètes anciens et modernes.

J'ai eu longtemps sous mes yeux ces deux frères infortunés dans l'infirmerie de Bicêtre, et ce qui est encore plus déchirant, j'ai vu le père venir pleurer sur ces tristes restes de son ancienne famille. »

arrêter la contagion de la peur, il faut ranimer le courage des citoyens en faisant ce que Napoléon et Desgenettes firent à Jaffa pour les troupes françaises. L'un visita les pestiférés et ranima l'espérance de ses soldats par sa présence et par d'affectueuses paroles; l'autre releva complétement leur moral en s'inoculant le pus d'un bubon pestilentiel. Honneur à leur humanité....! Ajoutons, pour compléter cet article, que la frayeur doit être toujours ménagée, soit quand on doit aller contre, soit quand on veut s'en servir pour l'utilité des individus. Je m'explique.

Desault avait à pratiquer l'opération de la pierre à un individu d'un caractère pusillanime. Connaissant combien l'influence du moral est funeste dans bien des cas, et voulant éprouver la sensibilité de cet individu; après l'avoir convenablement placé et maintenu par des liens et des aides, il *simula* avec le dos du bistouri une incision assez longue sur le périnée du malade. Aussitôt celui-ci pousse un cri et expire. Est-ce que la responsabilité de Desault aurait été à l'abri comme elle le fut, si le chirurgien eût été moins prudent? On aurait dit que le malade était mort *dans* et *de* l'opération

Néanmoins, comme la langue de l'enfant de Crésus se délia au moment où un soldat perse qui ne connaissait pas le roi allait le frapper; comme Battus recouvra la parole à la vue d'un lion (*Hérodote*); comme la frayeur a guéri plus d'un paralytique, a dissipé des fièvres intermittentes rebelles, et a prévenu les attaques d'épilepsie par imitation dont les petites filles de l'hôpital de Harlem étaient atteintes (*Boërhaave*), il faut s'en servir comme moyen de guérison, et l'important, c'est de l'employer avec discernement.

Je termine par un fait on ne peut plus rare et singulier. Un homme corpulent assistant à l'autopsie cadavérique de son frère, dont il avait vécu séparé pendant seize ans, et qui ne formait plus qu'un peloton de graisse, en fut si effrayé, étant lui-même très-puissant, qu'il tomba en syncope à demi mort. Grizélius, qui savait sans doute que si la peur ôte les forces, une peur plus forte les relève, se contenta de dire tout haut à ses aides qu'il fallait se hâter, puisqu'on avait une seconde autopsie à faire. Aussitôt, la frayeur d'un danger plus prochain frappant l'imagination de l'individu tombé en syncope, celui-ci se relève et s'enfuit. (*Demangeon*.)

TÊTU (défaut). — Les épithètes têtu, obstiné, sont synonymes et marquent un défaut qui consiste dans un trop grand attachement à son sens. Mais dans un têtu ce défaut vient d'une pure indocilité, suite d'une bonne opinion de soi-même, qui fait que, se consultant seul, il ne peut compter pour rien le sentiment d'autrui; au lieu que, dans un obstiné, ce défaut me paraît provenir d'une espèce de mutinerie affectée qui le rend intraitable, et qui tenant un peu de l'impolitesse, fait qu'il ne veut jamais céder. (*L. Girard.*) *Voy.* ENTÊTÉ, OPINIATRETÉ. Du reste, l'obstination des entêtés ou leur entêtement ne différant point de l'OPINIATRETÉ, je renvoie à celle-ci celui qui désire de plus longs éclaircissements sur le têtu.

TIMIDE, TIMIDITÉ (défaut). — La timidité est la crainte de déplaire : elle vient ordinairement de l'ignorance, plus souvent du peu d'usage du monde, parfois de la sévérité avec laquelle on a été élevé, mais surtout enfin de la faiblesse de caractère et de l'habitude qu'on aura contractée de se façonner aux caprices et aux volontés des autres.

Sœur de la modestie à laquelle elle ressemble beaucoup, la timidité, quand elle est portée trop loin, devient un défaut. C'est elle qui fait un sot d'un homme de mérite, en lui ôtant sa présence d'esprit et lui enlevant la confiance qu'il doit avoir en lui-même. Et pourtant, il y a des hommes qui n'ont jamais pu surmonter leur timidité. C'est d'autant plus fâcheux pour eux qu'elle nuit généralement à ceux qui veulent faire fortune, et fait qu'ils lui sacrifient continuellement leurs intérêts. Aussi, voit-on l'homme timide se contenter du nécessaire, plutôt que d'aller demander un emploi ou une grâce qu'il pourrait obtenir; le voit-on se priver de bien des choses, s'il manque d'argent et qu'il faille en demander lui-même à son débiteur; le voit-on enfin, quoique vertueux et rangé, se laisser entraîner et faillir, s'il est avec des joueurs et des libertins.

Bref, dans toutes les circonstances de sa vie, l'homme timide se laissera influencer par cette fâcheuse disposition de son esprit. Je dis *toutes*, attendu que, quoi qu'en ait dit Cicéron, la timidité est une crainte habituelle et non passagère qu'on porte toujours avec soi, dont on ne peut jamais se séparer, et qui nous domine continuellement. Néanmoins, je dois le dire, il est des circonstances où un autre sentiment peut l'emporter sur la timidité, c'est l'amour du prochain. Ainsi, je connais un individu fort timide, mais bon, qui surmonte toujours sa timidité quand il s'agit d'un service à rendre. Alors il ose se poser en solliciteur, il parle avec assurance, il s'anime, et plus d'une fois il a été assez heureux pour obtenir ce qu'il demandait. Mais, quand il faut qu'il agisse pour son propre compte, oh! alors sa timidité l'emportant, il hésite, se trouble, oublie la plupart des renseignements à donner, ceux mêmes qui pourraient beaucoup sur l'esprit des personnes qu'il voudrait se rendre favorables....... Ordinairement il échoue dans ses démarches

En outre, la timidité s'allie fort bien aussi avec le courage, et lui cède le pas quand il s'agit des intérêts de la patrie et de l'humanité. Combien ne voit-on pas, en effet, de gens timides faire d'excellents soldats et d'honnêtes citoyens! Ainsi, en définitive, si la timidité est un défaut, c'est un défaut bien peu répréhensible, puisqu'il ne nuit jamais qu'au timide et point à la société. Une autre preuve du reste que la timidité ne serait qu'un léger défaut, c'est qu'elle ne dégrade point la femme : elle la rend au contraire plus intéressante, et l'oblige à chercher un appui dans l'homme, ce qui est conforme aux lois de la nature. Aussi doit-il constamment s'efforcer, par tous les moyens qui sont en son pouvoir, de la soutenir, de la protéger; il est fort pour elle et elle devient forte en s'unissant à lui : mais combien ne le sera-t-elle pas davantage si elle s'attache à celui qui est plus fort que l'homme! Prenez garde que je ne nie pas qu'il ne puisse y avoir des femmes fortes par elles-mêmes, c'est-à-dire par la volonté, par l'intelligence, et même par le corps ; mais ce sont des exceptions, des espèces d'anomalies, qui ne détruisent point la règle. Et cela ne nous étonne point, car la force physique et la force intellectuelle ne vont pas à la nature de la femme, et quand elle les possède, c'est ordinairement plus à son détriment qu'à son avantage : elle ne gagne point à avoir les qualités de l'autre sexe.

Ne confondons pas toutefois la timidité vraie et simple avec une sorte de timidité qui a toutes les apparences de la modestie, sans pour cela que ce soit celle-ci, vu que ce ne sont souvent que de *fausses* apparences. Ce qui le prouve, c'est qu'elle n'est pas toujours exempte d'orgueil ou de présomption, encore moins est-elle exempte de vanité. Ainsi, j'ai vu des gens timides étonnés eux-mêmes de se trouver tels, parce qu'ils savaient bien, disaient-ils, qu'ils ne manquaient pas d'esprit et qu'ils n'étaient pas plus dépourvus que d'autres des moyens de plaire. Il y a donc des timides présomptueux. Ceux-ci, loin de l'occasion, s'animent par la vue et le sentiment de leur prétendu mérite ; ils croient pouvoir se présenter en compagnie avec assurance, et y parler avec liberté; mais à peine y sont-ils qu'ils se démentent et s'étourdissent.

Il en est d'autres, et c'est le plus grand nombre, qui ont plus de vanité que de présomption. Ils ne sont timides que parce qu'ils veulent trop plaire, et qu'ils sont trop sensibles aux jugements qu'on peut faire d'eux. Ils ne parlent qu'en tremblant, parce qu'ils ne savent pas comment on prendra ce qu'ils disent. On comprend que cette présomption doit produire le mépris d'autrui, et par là le manquement aux égards qui leur sont dus : c'est un double tort, car le défaut d'une juste confiance en soi-même produit une pudeur niaise et un embarras ridicule. Ainsi il faut avoir une bonne opinion des autres, et n'avoir pas trop mauvaise opinion de soi-même; c'est le seul moyen, du reste, de surmonter sa timidité.

TOLÉRANCE (vertu). — Je ne sais si, comme l'affirme Romilly le fils, *la tolérance est la vertu des faibles*; mais ce que je sais fort bien, c'est qu'elle est la vertu des hommes droits, raisonnables, bien intentionnés ; des hommes d'intelligence et de cœur, qui, eux aussi, se montrent très-tolérants.

J'ai commencé par dire que j'ignorais *si la tolérance est la vertu des faibles*, parce que je ne vois pas trop comment on peut appeler vertu cette tolérance de tout être faible, passionné et vicieux, pour les vices et les passions d'autrui, en vue d'obtenir de leur part une égale réciprocité. Bien plus, je trouve que cette sorte de tolérance s'éloigne tellement et s'accorde si peu avec les préceptes de la morale et de la religion, que je ne saurais lui donner le nom de vertu. D'ailleurs, en admettant ce principe, que la tolérance est la vertu des faibles, s'ensuit-il qu'il faille nécessairement tolérer les vices et les passions des autres de peur d'occasionner des troubles et des désordres dans la société? S'il s'agissait d'une nation dont la moitié fût corrompue et qu'il fallût une guerre civile pour l'assainir, passe : mais tolérer les vices de quelques individus, de peur d'un peu de désordre, c'est, je crois, pousser trop loin l'amour de l'ordre. Et puis ne peut-on point ne pas tolérer le vice sans employer des moyens rigoureux envers les gens vicieux? Qu'on tolère ses adversaires quand ils sont de bonne foi et qu'ils n'ont des principes différents de nos principes que parce qu'ils auront été élevés par d'autres maîtres ; qu'on tolère ceux qui, malgré les hommes, les temps et les lieux, toujours les mêmes dans leurs convictions, toujours fermes dans leur croyance, professent une autre doctrine que celle que nous professons, et cela parce que, ne connaissant pas la nôtre qu'on ne leur a jamais enseignée, ou qu'on leur a montrée sous un faux jour, ils préfèrent ce qu'ils connaissent bien à ce qu'ils connaissent mal ou point du tout, et se prononcent hautement contre nous : je le conçois encore. Aussi, loin de prêcher contre eux l'intolérance, je proclame que les meilleures armes dont on doive faire usage pour les ranger de notre avis, c'est de leur montrer notre opinion (alors qu'il s'agira de politique) toujours pacifique, jamais armée, entourée de toutes les preuves, de tous les motifs, de tous les actes, de tous les avantages qui doivent en démontrer la supériorité; ou, s'il s'agit de croyances religieuses, de leur montrer la religion telle qu'elle est véritablement, c'est-à-dire forçant les cœurs par l'attrait de sa douceur et de ses vertus. C'est là le seul et meilleur moyen de faire des conversions, car la vérité, pour se soutenir, n'a pas plus besoin d'opprimer que d'être opprimée. C'est pour avoir méconnu ce principe que de tout temps ceux qui ont conseillé les persécutions ont fait un bien grand mal à leur parti, s'il s'agissait de politique, et un bien grand tort à l'Église, s'il s'agissait des croyances du catholicisme. Ils ont fait haïr la religion et le feraient encore, alors qu'ils devraient chercher à la faire aimer. Du reste la vraie tolérance ne se trouve que dans l'Église catholique, qui ne combat que les erreurs et tolère avec charité les personnes, mais non dans les sectes qui lui sont opposées. En veut-on la preuve, on n'a qu'à remonter aux temps primitifs de l'Église et suivre l'histoire de son établissement chez tous les peuples ; on y verra les disciples de Jésus-Christ devenus les apôtres du catholicisme, les Pères de l'Eglise, etc., et tous ceux qui de nos jours pensent comme pensaient saint Paul et saint Chrysostome, prêcher que tout ministre d'un Dieu de bonté et de miséricorde doit s'acquitter des fonctions de sa place, en gagnant les cœurs par la persuasion et non par la contrainte. C'est du reste ce que tout homme raisonnable et charitable comprend parfaitement; aussi ne manque-t-il pas de tolérance pour autrui, et l'exerce-t-il envers tous.

Et c'est parce qu'il comprenait ainsi la tolérance, que le pape Innocent, à l'occasion du premier siége de Rome par Alaric, en 408, ferma les yeux sur les sacrifices qui se faisaient en secret. A son exemple, les princes d'alors, agissant contradictoirement à leurs édits, conservaient des païens dans les hautes charges de l'Etat, et donnaient des titres aux pontifes des idoles. Aucune loi ne défendait aux gentils d'écrire contre les chrétiens et leur religion; aucune loi n'obligeait un païen à embrasser le christianisme sous peine d'être recherché dans sa personne et dans ses biens.

C'est aussi parce qu'il comprenait ainsi la tolérance, que le grand Bossuet se montra toujours si tolérant. L'historien de sa vie nous enseigne que « Bossuet parut suscité pour montrer les vices de la réforme et pour dessiller les yeux de ses partisans. Ses écrits devaient faire d'autant plus d'impression sur eux, qu'en même temps qu'il les réfutait avec tant de force, il en agissait envers eux avec indulgence et douceur; ceux de son diocèse éprouvèrent sa protection; il les garantit des exécutions militaires. On lui attribua des *instructions* envoyées aux intendants en 1698, qui modifiaient en plusieurs points les ordonnances antérieures, et qui défendaient toute contrainte ; et M. de Bausset a cité dans son *Histoire* une lettre d'un ministre protestant, Dubourdier, qui rend hommage à la modération et à la sagesse du savant prélat envers ceux de sa communion. »

Enfin, c'est parce qu'il comprenait ainsi la tolérance, que le vénéré pontife Pie IX, qui occupe aujourd'hui la chaire de saint Pierre, nous y a toujours invités par son exemple. Inspiré par cet esprit de charité que Dieu accorde aux ministres de son culte, il s'est montré tolérant pour toutes les religions dissidentes, et il a dû s'en applaudir chaque fois davantage, puisqu'à Rome comme en France, en Angleterre comme à Constantinople, comme partout, catholiques, protestants, juifs, papistes et anti-papistes ont béni l'élu du Seigneur et chanté ses louanges.

On le voit par ces merveilleux résultats, la tolérance est nécessaire en religion : elle ne l'est pas moins en politique, comme en toutes choses; car la meilleure manière d'attirer à soi ceux qui se sont éloignés, c'est, je le répète, d'employer la douceur, la tendresse, la raison, la persuasion, la charité et ces autres vertus évangéliques qui ont le secret de parler au cœur et de persuader. D'ailleurs, qu'est-ce que la tolérance? C'est un des précieux apanages de l'humanité, qui, par bienveillance et amour, nous invite à l'indulgence les uns à l'égard des autres. Et comme nous sommes tous pétris de faiblesse et d'erreurs, elle nous dispose au bien et nous fait réciproquement pardonner nos sottises. Agir de la sorte, c'est se conformer à la première loi de la nature. Et puis, n'est-ce pas que la discorde est le plus grand mal du genre humain ; or, quel en est le remède ? la tolérance. Elle gagne les esprits, persuade et attire les âmes, au lieu que les persécutions font des prosélytes à la cause qu'on voudrait anéantir.

Bref, nous devons d'autant plus aimer la tolérance, qu'elle est la mère de la paix, c'est-à-dire, le seul moyen de faire vivre les hommes en bonne intelligence, malgré la diversité de leurs opinions politiques et religieuses. Indispensable dans l'un et l'autre cas, elle est peut-être moins nécessaire en matière de religion qu'en politique, la position prise au regard de la religion étant telle qu'il faut une tolérance réciproque pour que les hommes ne se forment pas en des camps ennemis.

Heureusement que cette tolérance réciproque dont nous parlons règne sur les esprits du plus grand nombre ; et c'est ce qui explique comment il se fait que, malgré la grande diversité d'opinions qu'on remarque entre les citoyens d'une même patrie, la concorde et la paix ne cessent d'exister. Néanmoins on ne saurait se refuser à admettre que la tolérance sociale est moins rare que la tolérance religieuse. D'où cela provient-il? De ce que, d'une part, le catholicisme défend l'intolérance des personnes ; et, d'autre part, parce que les catholiques sont généralement assez indifférents eux-mêmes à l'égard de ceux qui médisent, calomnient ou agissent contre la religion et ses ministres. En politique, c'est différent ; chacun se passionne pour une opinion, pour un parti, et il n'est pas rare que des discussions souvent fort animées, que des luttes sanglantes viennent démontrer qu'il n'est guère possible de s'entendre quand on ne pense pas de la même manière.

Quoi qu'il en soit, laissant de côté pour un moment tout ce qui n'est pas le catholicisme, nous constaterons avec bonheur que c'est une consolation pour toute personne raisonnable de penser que les mahométans, les Indiens, les Chinois, les Tartares, adorent un Dieu unique : en cela du moins ils sont nos frères. Et quant à ceux de nos autres frères des Etats catholiques, qui vivent éloignés de notre divine religion, comme la véritable cause de leur éloignement vient de l'ignorance où on les a laissés et dans laquelle ils se complaisent, de nos mystères sacrés, loin de nous abandonner à toute idée de persécution, de luttes ou de sarcasmes, qui ne serviraient qu'à les éloigner davantage de nos pratiques et à les rendre irréconciliables nous devons ouvrir nos cœurs à la compassion pour leur égarement, et les plaindre d'être nés et de rester étrangers à tout ce que les sacrements et la grâce du culte catholique offrent de consolations, de forces, d'espérance et de bonheur à ceux qui vivent et meurent en chrétiens fidèles.

Mais ce n'est pas seulement pour telle ou telle religion qu'on doit se montrer tolérant; c'est aussi pour les opinions politiques et pour toutes choses, la charité nous ordonnant de tolérer en notre prochain tout ce que nous voudrions qu'il tolérât dans nous-mêmes : elle nous fait un précepte de porter le fardeau les uns des autres.

Le moyen d'accomplir ces préceptes de charité pour les défauts d'autrui, et de les souffrir avec moins de peine, est fort simple. Il consiste, pour l'homme sensé, instruit et sage, à connaître, d'un côté, sa propre faiblesse, sa propre corruption, ses propres ténèbres, ses infidélités et son peu de fermeté pour le bien; et de l'autre, de tâcher d'élever son âme jusqu'au sanctuaire où Dieu règle, selon ses desseins éternels, les événements du monde, et fait même servir ;les qualités mauvaises des hommes à l'exécution de ses conseils. Ce n'est pas assez pour vivre en paix avec soi-même et avec les autres ; et afin de ne choquer personne, il faut encore avoir une patience à l'épreuve de toutes sortes d'humeurs et de caprices. Il faut s'attendre qu'en vivant avec les hommes, on y trouvera des humeurs fâcheuses, des gens qui se mettent en colère sans sujet, qui prendront les choses de travers, qui raisonnent mal, qui auront un ascendant plein de fierté ou une complaisance basse et désagréable. Ainsi les uns seront passionnés, les autres trop froids. Les uns contrediront sans raison, les autres ne pourront souffrir qu'on les contredise en rien. Les uns penseront d'une manière, les autres d'une autre. On en trouvera qui croiront que tout leur est dû, et qui, ne faisant jamais réflexion sur la manière dont ils agissent envers les autres, ne laisseront pas d'exiger des déférences excessives. Quelle espérance de vivre en repos, si tous ces défauts nous ébranlent, nous troublent, nous renversent et font sortir notre âme de son assiette!

Un des principaux moyens de l'acquérir, c'est d'amoindrir, s'il se peut, cette forte impression que les défauts des autres font sur nous ; de considérer que les défauts étant communs, c'est une sottise d'en être surpris, et de ne pas les tolérer; que, quelque grands qu'ils soient, ils ne nuisent qu'à ceux qui les ont et ne nous font aucun mal ; que nous ne devons pas seulement regarder les défauts des autres comme des maladies à eux particulières, mais comme les maladies qui nous sont communes ; car nous y sommes sujets comme eux ; qu'il n'y a point de travers, de vices dont nous ne soyons capables, et que s'ils en ont que nous n'ayons pas effectivement, nous en avons peut-être de plus grands. Du reste, les défauts des autres, si nous pouvions les regarder d'une vue tranquille et charitable, nous seraient des instructions d'autant plus utiles, que nous en verrions mieux la difformité des nôtres, dont l'amour-propre nous cache toujours une partie. Somme toute, on doit aimer les hommes, plaindre ceux qui sont dans l'erreur, tâcher de les en retirer, pardonner à leurs passions grossières, ne jamais les persécuter.

Du reste, voulez-vous ramener, par exemple, un protestant à la foi catholique ; cherchez tous les moyens capables de le persuader : soyez logique dans vos raisonnements, que vos exemples soient bien choisis ; mais surtout restez vrai, clair, précis ; usez de beaucoup de douceur et de patience avec lui, quand il vous contredira : que l'amour de l'humanité, la charité, la pratique de toutes les vertus, soient vos seules armes, et rappelez-vous bien que ce n'est point par la rigueur et la persécution qu'on viendra à bout de le convertir. La persuasion seule fait les croyants, et la persécution ne fait que des hypocrites. D'ailleurs, il est impossible que l'intolérance ne soulève pas l'indignation et n'endurcisse pas l'âme. Comment chérir tendrement, en effet, les gens qu'on réprouve ? *Les aimer, ce serait haïr Dieu qui les punit* : voilà malheureusement le langage que parle l'intolérant. Ah! n'ouvrons pas si légèrement l'enfer à nos frères ; jugeons les actions et non pas les hommes, et sachons bien que l'Eternel, dans sa miséricorde, s'est réservé des grâces dont il peut disposer tant en faveur des idolâtres que des juifs, que des mahométans, etc., un des principaux attributs de sa divinité étant la clémence (*L'abbé de Ravignan.*) Dieu est clément parce qu'il est miséricordieux. Adorons-le, respectons ses décrets et soyons tolérants pour nos frères ignorants ou égarés, si nous voulons que le juge suprême, après s'être montré tolérant pour nous sur la terre, où nous prévariquons contre lui, se montre clément et miséricordieux au jour du jugement.

TRAHISON, Traître (vice).—La trahison est une PERFIDIE (*voir* ce mot), un manque plus ou moins grand de fidélité envers sa patrie, son souverain, ses amis, en un mot, envers celui qui a mis en nous toute sa confiance. On ne saurait employer des expressions trop énergiques pour flétrir les traîtres, car pour eux, les serments les plus solennels, les promesses les plus positives, rien n'est sacré : ils trahiront, s'il le faut, leur pays, leurs parents, leurs bienfaiteurs par *fanatisme*, ou par *cupidité*, ou par *esprit de vengeance*. Or, quel que soit le motif qui décide le traître, comme ce motif est toujours coupable, nous ne serons pas surpris que tous les peuples aient considéré la trahison comme un crime. Il y eut une époque où l'on fit plus : on regarda comme criminel celui-là même qui trahissait sa patrie tout en voulant la servir.

Dans tous les cas, la trahison traîne après elle quelque chose de si odieux, qu'elle éteint la plus brillante gloire. C'est pourquoi, n'eût-on pas assez de vertu pour détester un infâme traître, qu'il faudrait alors le fuir, un homme de cette moralité étant un objet d'horreur, même pour ceux qui l'emploient. Ceci me rappelle une réponse accablante que Philippe, roi de Macédoine, fit à deux misérables qui, lui ayant vendu leur pays, se plaignaient à lui de ce que ses soldats les traitaient de traîtres : « *Ne prenez pas garde,* dit Philippe, *à ce que disent ces grossiers, qui appellent chaque chose par son nom.* La trahison, disons-nous, est une infamie ; j'ajoute que cette infamie est d'autant plus honteuse pour le traître lui-même, qu'il a ACHETÉ les quelques instants de satisfaction qu'il pourra goûter, par un crime ! De là, pour quelques-uns, une vie tout entière passée dans le chagrin et les remords. Tel fut Judas; il trahit son maître pour quelques pièces d'or, mais bientôt poussé par le désespoir d'avoir livré le sang du juste, il fut son propre bourreau, il se pendit !.... Combien de Judas dans le siècle où nous sommes, qui n'ont pas autant de conscience que ce disciple du Christ ! Aussi, quand bien même nous n'aurions pas assez de vertu pour détester la trahison, notre propre intérêt devrait nous faire haïr et éviter le traître.

TRANQUILLE, Tranquillité (sentiment). — La tranquillité exprime une heureuse situation de l'âme, c'est-à-dire le calme d'une conscience exempte de trouble et d'agitation. Il n'est guère que les personnes vertueuses et désintéressées qui puissent en goûter les douceurs. C'est ce qui fait qu'en général elle est si rare, et que tous les gens sensés soupirent après le bonheur d'en jouir. Voulez-vous goûter ce bonheur? soyez toujours en paix avec vous-même ; modelez votre conduite sur celle des hommes de bien et faites qu'on puisse dire de vous à l'heure de votre mort : *Il a passé en faisant le bien*. A ces conditions vous pourrez vivre et mourir tranquille.

TRISTE, Tristesse (sentiment). — La tristesse est un abattement de l'âme causé par de grandes afflictions : ou en d'autres termes, c'est une langueur d'esprit et un découragement engendré par l'opinion que nous sommes affligés de grands maux : ou bien enfin, d'après P. Charron, « c'est une dangereuse ennemie de notre repos, qui flétrit incontinent notre âme si nous n'y prenons garde, et nous ôte l'usage du discours et le moyen de pourvoir à nos affaires, et avec le temps enrouille et moisit l'âme, abâtardit tout l'homme, endort et assoupit sa vertu, lorsqu'il se faudrait éveiller pour s'opposer au mal qui le mine et le presse. »

Quelle que soit de ces définitions celle qu'on adopte, toujours est-il que la tristesse a plusieurs degrés et plusieurs manières de s'exprimer ; c'est-à-dire que les douleurs légères s'exhalent en paroles, et les grandes gardent un silence stupide.

Les tempéraments ont une grande influence sur les unes et les autres. Ainsi l'homme sanguin, à cause de la mobilité de ses impressions, de son caractère, de ses goûts, passe successivement avec une extrême facilité de la tristesse à la joie, et comme chez lui aucun sentiment n'est profond ni durable, tout l'effleure, rien ne le pénètre. Doué d'une insouciance très-grande, il accepte volontiers les événements tels qu'ils sont, et sait toujours plier son âme aux nécessités qu'ils commandent. Le bilieux, au contraire, ayant l'âme fortement trempée, n'éprouve aucune passion à demi ; chaque impression le pénètre, chaque sentiment l'émeut, et de même qu'il lui faut des motifs graves pour le blesser, de même aussi il faut des motifs graves pour effacer une première impression. A son tour, le nerveux qui vit sans cesse dans les choses extrêmes, ne peut rien éprouver légèrement ; sa tristesse est exaltée comme ses autres passions : il vaudrait peut-être mieux dire comme ses autres impressions, car chez lui tout se transforme en impressions. C'est pourquoi, attendu que le calme est un état qu'il ignore, il faut qu'il éprouve les secousses du plaisir et de la joie, ou bien qu'il s'abandonne à la tristesse et au chagrin. Heureusement que la mobilité de son caractère ne permet pas qu'il y ait en lui rien de durable ; et comme il ne peut pas supporter plus longtemps la tristesse que la joie, on peut être sûr qu'aussitôt qu'il éprouve vivement l'une de ces deux passions, l'autre ne tardera pas à lui succéder.

Quoi qu'il en soit, sous l'empire de la tristesse, l'âme semble abandonner le soin du corps pour ne s'occuper que de ce qui l'affecte, et le physique ne tarde pas à s'en ressentir. L'individu éprouve d'abord, à la région épigastrique, une constriction permanente, une sorte de resserrement qui ôte l'appétit. L'organisme tout entier s'affaisse, les membres n'ont plus de vigueur, et les fonctions s'accomplissent mal ; la circulation est gênée, le sang s'accumule dans le cœur, au cerveau et dans les autres grands organes ; souvent des congestions, des obstructions sont la conséquence de ce désordre physiologique. La respiration est haute, suspirieuse ; il semble qu'un poids énorme oppresse la poitrine, qu'une main invisible serre le cœur. La faim, la soif, sont presque nulles, les digestions se font mal, le sommeil est pénible et agité ; tous les mouvements se ralentissent, les humeurs soumises à leur influence vitale s'altèrent, et les parties qu'elles doivent nourrir dépérissent nécessairement. De là des changements notables dans la physionomie, changements qui correspondent nécessairement aux troubles fonctionnels occasionnés par cette passion. Les observateurs ont noté les suivants : les yeux sont éteints et semblent se retirer dans leur orbite ; des rides profondes sillonnent le front, et rapprochent les sourcils qui s'abaissent sur les yeux ; la face perd son éclat, sa douceur ; tous les traits se dessinent sur la peau et lui donnent une expression caractéristique de dureté ; il semble même que les parties qui la composent se heurtent les unes contre les autres ; la tête retombe appesantie sur la poitrine, ou s'appuie sur la main qui, de temps en temps passe rapidement sur le front, comme pour chasser les nuages qui s'y accumulent; le corps se voûte et s'amaigrit, tout en un mot, dénote une nutrition imparfaite.

On a accusé comme source première de la tristesse le souvenir vague qu'a l'âme de sa noble origine et de la destinée qu'elle craint de ne pas accomplir conformément aux intentions du Créateur, et on s'est demandé : N'est-ce point une réminiscence des cieux qui vient lui faire sentir sa misère actuelle, ses infirmités et l'insuffisance des choses d'ici-bas pour son bonheur? Oui, car en dehors des causes de souffrance morale et physique qui sont si nombreuses en nous, il y a dans nos âmes, pour celui qui songe sérieusement à l'éternité, une faiblesse inhérente à notre position déchue, qui jette ses teintes sombres sur nos autres passions, sur nos joies et sur nos plaisirs. Sans cesse nous travaillons pour la vaincre, mais en vain nous agitons notre vie, nous égarons notre cœur dans les jouissances ; en vain nous livrons nos sens à la volupté, toujours nos âmes retombent dans la tristesse.

Cette disposition, native pour ainsi dire, se fortifie en nous par toutes les causes qui tendent à y produire cette passion; c'est-à-dire que chacune d'elles, en frappant sur notre être, en tire un son douloureux et plaintif : et cela devait être, car la tristesse est la fin de toute chose ici-bas, elle est le messager de l'âme, constatant tout à la fois le peu que valent les créatures, ainsi que les félicités qu'elles donnent.

Parmi les causes innombrables qui produisent la tristesse, les unes sont naturelles et inhérentes à l'humanité, les autres accidentelles et dépendant des individus. Au nombre des premières nous placerons les souffrances physiques qui, étant d'abord en germe dans tous les points de l'organisme, se développent ensuite sous mille influences diverses; puis viennent les maladies qu'elles engendrent et qui, à chaque instant, torturent notre existence et menacent de la détruire; puis encore nos besoins si nombreux, qui tous se manifestent par quelque douleur, et ne se satisfont que dans nos sueurs et nos fatigues journalières; puis enfin, les infirmités qui nous arrivent, tristes précurseurs de la mort. Et quant aux causes accidentelles dépendant des individus avec qui nous vivons, ce sont les souffrances morales qui, étant incessamment le fruit de nos déceptions, de nos craintes, de nos affections froissées, de nos remords du passé, de nos appréhensions de l'avenir, du dégoût du présent, nous jettent dans la tristesse et le découragement.

Toutes ces causes que nous venons d'énumérer agissent en tous lieux, en toutes circonstances sur le genre humain. Abstraction faite des modifications qu'apportent la civilisation, l'éducation, les tempéraments, etc., elles sévissent sur le pauvre déchu et lui font sentir le poids de la tristesse, c'est-à-dire ce dégoût profond de tout et de soi-même, qui s'attache à l'âme dès le berceau, et qu'elle traîne péniblement jusqu'à la tombe.

La tristesse est tellement inhérente à notre nature, que malgré tous nos efforts pour l'en chasser, elle y reste continuellement cachée, toujours prête à se montrer. Assoupie par l'attrait des plaisirs et les jouissances factices qu'ils prennent, la moindre circonstance la réveille; aussi est-il rare qu'une journée entière s'écoule sans que, trompé par quelque désir, froissé dans quelque affection, déçu de quelque espérance, atteint de quelque douleur physique, l'homme impressionnable ne soit pas attristé. Et puis, n'est-ce pas que souvent nous sommes tristes sans pouvoir en préciser la cause? Cela a lieu surtout quand nous sommes incertains de savoir si nous devons accuser l'état de l'atmosphère, une mauvaise digestion, la nuit ou les pensées pénibles ou désagréables qui viennent frapper nos souvenirs, de produire cette tristesse qui s'empare de nous, alors que rien de sérieux ne la motive.

Hors ces circonstances, la tristesse a des causes bien naturelles et très-légitimes. Elles consistent, pour le pauvre, de ne pouvoir s'abriter et chauffer sa cabane, d'y geler sous ses haillons, d'y manquer de pain pour sa famille et pour lui-même; et quant au riche, dans la perte d'un parent chéri, d'un ami dévoué, d'un serviteur fidèle, qui, en mourant, le laissent isolé d'affections sur la terre. C'est pourquoi la tristesse est partout; elle est dans tous les temps, dans tous les lieux, dans tous les âges, chez tous les hommes.

Mais de même que les tempéraments influent d'une manière remarquable sur l'empire que la tristesse exerce sur nos âmes, de même les âges et les sexes apportent-ils à leur tour leur part d'influence sur ses degrés et sa durée. Ainsi l'enfant est rarement atteint de cette passion, ou du moins les causes qui la déterminent chez lui sont tellement légères et futiles, qu'elle n'a qu'une influence bien éphémère; à cet âge, en effet, les illusions n'ont pas été arrachées du cœur, l'avenir tout entier est plein d'espérance et de riantes visions. Quand l'aurore est si belle il est permis d'espérer un beau soir. L'enfant, à qui tout sourit, tout semble convier au bonheur, ne prévoit point les labeurs, les dangers, les misères de l'existence; ses plus grandes infortunes consistent dans la perte d'un jouet, dans la fuite d'un oiseau qu'il aime; mais la fougue de sa douleur est aussi facile à calmer qu'à exciter; son âme, comme une cire amollie, reçoit également vite l'empreinte de la douleur et du plaisir; l'un et l'autre glissent sur elle en l'effleurant. Qu'a-t-il à redouter? Comprend-il les choses de la vie? n'est-il pas aimé de tout le monde? demande-t-il à la Providence à quel prix il existe? Il ignore les fatigues de sa mère auprès de son berceau, celles de son père sous le poids des laborieuses journées. Il mange, il vit, sans arrière-pensée, naturellement et d'instinct, comme l'eau coule, comme l'abeille prend le miel aux fleurs.

A leur tour, les femmes sont plus portées à

la tristesse que.es hommes; l'élement nerveux prédomine en elles,' l'imagination travaille davantage. Leur vie sédentaire, souvent oisive, la faiblesse de leur organisation, les troubles physiologiques auxquels elles sont assujetties, tout les porte à éprouver fréquemment cette passion. Mais en général leur tristesse dure peu : cela tient à l'extrême mobilité de leurs impressions, à la facilité avec laquelle leur âme change d'idées et de sentiments. Il y a beaucoup de ressemblance, à cet égard, entre elles et les enfants. La plus petite circonstance, le motif le plus futile, ont suffi pour faire couler leurs larmes ; la même chose suffira pour faire naître leur joie. Les femmes sont exemptes de la plupart des passions effrénées, terribles, qui agitent la vie des hommes, et qui sont la source des tristesses suprêmes. L'orgueil est rare en elles, ainsi que l'ambition ; elles ont peu de rêves de gloire, de grandeurs. Presque toutes leurs douleurs naissent de leurs affections, et leurs affections les consolent. En général, peu soucieuses des choses de la science, elles ne sont point tourmentées de la soif qui dévore les savants. Leur foi instinctive les éloigne du doute qui assiége si péniblement la raison orgueilleuse de l'homme. Elles sont moins sujettes aux tristesses factices, pour ainsi dire, des passions et des rapports sociaux, mais elles éprouvent plus souvent celles de l'ennui.

La tristesse est le partage de tout homme sensé qui réfléchit et qui pense, car s'il n'a pas à s'attrister sur ses propres infortunes, il peut s'attendre à l'aspect des souffrances, des afflictions, des misères de ses proches, de ses amis, mais surtout être triste jusqu'au découragement, en voyant à quelle lutte et à quels combats, à quels désordres, à quels fléaux tous les états sont en butte. Dans ces jours d'affreuses calamités, de deuil et de discorde civile, de misère publique, quel est le patriote, le chrétien qui ne se laisse pas aller à la tristesse ? Il peut, plein d'espérance dans l'avenir, ne pas désespérer du présent ; mais s'il porte ses regards autour de lui, à l'aspect d'une société corrompue et dégradée par l'égoïsme, la dépravation des mœurs, la soif des richesses et toutes ces honteuses passions qui étouffent tout sentiment de patriotisme et d'humanité, il ne peut que répéter avec le Christ ces paroles de la passion : *Tristis est anima mea usque ad mortem*, mon âme est triste jusqu'à la mort ; pour montrer toute l'étendue de sa tristesse.

Celle-ci sera aussi grande et peut-être bien plus grande encore si, pour échapper à l'ennui, l'homme, au lieu de s'occuper à des travaux utiles, cherche dans des satisfactions coupables à jouir gaiement de la vie. Sitôt que par un retour sur lui-même il s'apercevra qu'il a manqué à ses devoirs de bon citoyen et de chrétien, sitôt qu'il reconnaîtra qu'il doit compte à Dieu et aux hommes des mauvais exemples qu'il a donnés, des fautes qu'il a commises envers la société, de sa prévarication contre les lois du Créateur, une sombre tristesse s'emparera de lui et ne se dissipera qu'après que, par son repentir et sa pénitence, il aura reçu la palme de la régénération.

Donc, ainsi que nous le disions naguère, la tristesse a souvent des motifs légitimes ; néanmoins, il ne faudrait pas s'y abandonner sans raison. Dieu, en nous envoyant les afflictions comme des avertissements salutaires, nous a donné aussi la résignation chrétienne qui apporte beaucoup de douceur dans les souffrances morales de notre âme. C'est à nous à profiter de ce baume salutaire que le ciel nous envoie, et à répéter avec Job : *Je suis sorti nu du sein de ma mère, nu j'y rentrerai. Le Seigneur m'avait tout donné, le Seigneur m'a tout ôté, sa volonté a été accomplie. Béni soit le nom du Seigneur.* (*Job.* 1, 21.) Dans ces sublimes et saintes paroles, on trouve à la fois la résignation et les motifs surhumains. La souffrance et le malheur s'effacent déjà sous les rayons de l'espoir, comme l'ombre à ceux du soleil. L'homme comprend qu'il n'a pas le droit de se plaindre, puisque l'éternité lui tiendra compte du temps, et que chacune de ses larmes est pour lui un germe de félicités suprêmes, s'il est confiant dans la parole divine. *Heureux l'homme qui soutient l'épreuve!* (Saint Jacques, 1, 12.) *Les maux passagers que nous avons à souffrir ici-bas produisent en nous le germe d'une gloire éternelle et incomparable.* (II* Epitre aux Corinth.*, IV, 17.) A l'heure solennelle de la mort, la résignation et l'espérance viennent s'asseoir à son chevet, endorment ses douleurs et soutiennent son courage ; son âme se dégage peu à peu de ses liens terrestres ; il semble, au bonheur, à la joie, qui l'inondent, qu'un rayon céleste vienne déjà l'éclairer. Les souffrances qu'elle endure alors sont un dernier holocauste qu'elle offre à Dieu pour achever de purifier sa vie. Enfin, elle monte au ciel avec des trésors de patience, de douleurs et de réparations.

U

URBANITÉ (qualité). — Les anciens Romains se servaient du mot urbanité pour distinguer la politesse du langage, des manières et des mœurs. Ce mot, nous dit-on, n'est guère d'usage aujourd'hui parmi nous, quoiqu'il ait été conservé par l'Académie française et par plusieurs écrivains de mérite. Pour ma part, je dois le dire, je ne vois pas trop la nécessité de l'effacer complétement de nos livres, la variété d'expressions faisant le mérite de l'écrivain. D'ailleurs, du moment où l'on fait consister l'urbanité dans la pureté du langage, joint à la douceur et à l'agrément de la prononciation, du moment où on peut la définir avec Quintilien : « un goût délicat qui sent le commerce des gens de lettres, et qui n'a rien de choquant et de bas, ni dans le geste, ni dans la prononciation, ni dans les manières, » je ne vois pas pourquoi on ne conserverait pas le mot urbanité, qui bien certainement ne peut être remplacé avec avantage par un autre terme équivalent. Bien plus, il semblerait, d'après l'opinion que Cicéron et Quintilien s'étaient faite de l'urbanité, que ce dernier mot exprimait davantage que politesse.

Dans tous les cas, il en est de l'urbanité comme de la douceur, de la complaisance et de toutes les autres qualités, qui, pour être éminentes, veulent du naturel et de l'acquis. Ainsi l'urbanité, prise dans le sens de politesse et de mœurs, ne peut être inspirée que par une bonne éducation; prise dans le sens de *pureté de langage*, c'est une qualité qui tient peu de la nature, et qu'on ne peut acquérir qu'en fréquentant beaucoup les gens de lettres et du grand monde. On n'a donc qu'à gagner, en montrant qu'on en est rempli.

V

VAIN, VANITEUX, VANITÉ (défaut). — La vanité est l'envie d'occuper les autres de soi, par l'étalage de certains avantages réels, ou supposés, mais en général frivoles ou étrangers à celui qui s'en prévaut. Elle ne respire qu'exclusion et préférences; exigeant tout et n'accordant rien, elle est toujours inique. (*J.-J. Rousseau.*) La vanité est un produit de la faiblesse humaine; c'est la passion des petites âmes, une sorte d'échasses sur lesquelles montent les médiocrités, pour s'élever à la hauteur de ceux qui ont une grandeur réelle.

Bien différente de l'orgueil qui vit de lui-même, de la satisfaction que lui procurent des qualités vraies ou fausses, la vanité vit au dehors, prend sa pâture dans les yeux, dans l'attention des hommes. Elle mendie des regards, des éloges, des distinctions; elle s'étale pour être vue. C'est pourquoi le vaniteux tient plus de place qu'un autre; il se pavane, se prête aux regards : c'est le paon qui s'étale avec complaisance et s'épanouit sous les compliments qu'il attire.

A la vérité, parfois la vanité singe la modestie, mais on la voit percer sous cette fausse apparence. Socrate l'apercevait à travers les trous du manteau d'Antisthène; sans elle Diogène eût quitté son tonneau. Quelquefois aussi la vanité, tant est grande la corruption du cœur, met son ostentation dans le crime. Le scélérat se vante de ses vices; dans ces repaires où sont entassés ceux que la société repousse de son sein, on voit les plus criminels, les plus audacieux raconter avec fierté leurs horribles hauts faits. Parmi nous, n'entendons-nous pas tous les jours de jeunes débauchés se vanter de leurs conquêtes; outrager quelquefois, par de menteuses imputations, la vertu des femmes qui les ont repoussées?

La vanité se démontre et se témoigne de plusieurs manières : « Premièrement, en nos pensées et entretiens privés qui sont bien souvent plus que vains, frivoles et ridicules; auxquels toutefois nous accommodons grand temps, et ne le sentons point. Nous y entrons, y séjournons et en sortons insensiblement, qui est bien double vanité et grande inadvertance de soi. L'un se promenant en une salle regarde à compasser ses pas d'une certaine façon sur les carreaux ou tables du plancher; cet autre discourt en son esprit longuement et avec attention, comment il se comporterait s'il était roi, pape, ou autre chose qu'il sait ne pouvoir jamais être; ainsi se paît de vent, et encore de moins, car de chose qui n'est et ne sera point; celui-ci songe fort comment il composera son corps, ses contenances, son maintien, ses paroles, d'une façon affectée, et se plaît à le faire, comme de chose qui lui sied fort bien, et à quoi tous doivent prendre plaisir. L'homme vain cherche et se plaît tant à parler lui de ce qui est sien, qu'il croit qu'il ne la fasse savoir et sentir aux autres. A la première commodité, il la cause, la fait valoir, il l'enchérit : il n'attend même pas l'occasion, il la cherche industrieusement. De quoi que l'on parle, il s'y mêle toujours avec quelque avantage; il veut qu'on le trouve et le sente partout, qu'on l'estime ainsi que tout ce qu'il estime. La vanité a été donnée en partage à l'homme : il court, il bruit, il meurt, il fuit, il chasse, il prend une ombre, il adore le vent, un fétu est le gain de son sien. *Vanitati creatura subjecta est etiam nolens; universa vanitas omnis homo vivens.* (*Rom.* VIII, 20.) La créature est sujette à la vanité même sans le vouloir; tout homme vivant n'est que vanité. » (*P. Charron.*)

De toutes les manières, la vanité est un travers de jugement qui prend lui-même sa source, soit dans le développement tardif ou incomplet de l'intelligence, comme cela se remarque chez les enfants et chez bien des femmes; soit dans la suffisance que donne une grande fortune dont on aura hérité, ou qu'on aura acquise par son savoir et sa conduite; soit dans ce sentiment puéril d'amour-propre qu'inspire un titre, une grande naissance. Mais quelque part qu'elle puise ses inspirations, comme ses sources sont toutes méprisables, elle devient méprisable elle-même et fait perdre à l'individu une grande partie de sa valeur, s'il ne la lui ôte tout entière. Notons encore qu'un des inconvénients de la vanité pour le vaniteux, c'est de l'exposer à une analyse sévère; c'est-à-dire que lorsqu'on l'a séparé, par la pensée, de son titre, de sa fortune ou de son rang, si l'on reconnaît qu'il manque de jugement, quelle part lui fera-t-on dans l'échelle sociale? Et pourtant, malgré tous ces inconvénients, la vanité est malheureusement une des maux de notre époque. Vit-on jamais, en effet, pareille tendance à sortir de sa sphère. Quel est le père qui consente à laisser son fils dans la position où la Providence l'a fait naître? De là l'immense quantité d'hommes qui végèlent sur le pavé des grandes villes, avec des titres et des grades qui leur sont inutiles. Paris et la France sont pleins de Gilberts ignorés, de Newtons sans emploi, d'avocats sans clients, de médecins sans malades, d'artistes de toutes sortes sans travail. Tous ces hommes, enlevés à l'agriculture et aux arts, ne rendent rien à la société, et deviennent, en croupissant dans l'inaction et l'ennui, le levain de mille maux. Débauchés, scandaleux, agitateurs sans principes, tous doués d'ambition, sans patrie, ils sont asservis par leur éducation à une foule de besoins qu'ils ne peuvent satisfaire. Ils oublient que la condition, imposée à tout homme ici-bas, est de semer pour recueillir, de donner pour recevoir, de travailler pour avoir le droit de vivre. Ils sont en partie la cause du malaise social qui nous travaille et nous ronge.

Mais si nous devons redouter les effets de la vanité chez les hommes, elle n'est pas moins à craindre chez les filles. Elles naissent avec un désir violent de plaire. Les chemins qui conduisent les hommes à l'autorité et à la gloire leur étant fermés, elles tâchent de se dédommager par les agréments de l'esprit et du corps. De là vient leur conversation douce et insinuante ; de là vient qu'elles aspirent tant à la beauté et à toutes les grâces extérieures, et qu'elles sont si passionnées pour les ajustements : une coiffe, un bout de ruban, une boucle de cheveux plus haute ou plus basse, le choix d'une couleur, ce sont pour elles autant d'affaires. Ces excès vont encore plus loin dans notre nation qu'en toute autre. L'humeur changeante qui règne parmi nous cause une variété continuelle de modes : ainsi on ajoute à l'amour des ajustements celui de la nouveauté, qui a d'étranges charmes sur de tels esprits. Ces deux folies, mises ensemble, renversent les bornes des conditions et dérèglent leurs mœurs. Dès qu'il n'y a plus de règle pour les habits et pour les meubles, il n'y a plus d'effectives pour les conditions : car pour la table des particuliers, c'est ce que l'autorité publique peut moins régler ; chacun choisit selon son argent, ou plutôt sans argent, selon son ambition et sa vanité. Ce faste ruine les familles, et la ruine des familles entraîne la corruption des mœurs. D'un côté, le faste excite dans les personnages d'une basse naissance la passion d'une prompte fortune, ce qui ne peut se faire sans peine, comme le Saint-Esprit nous l'assure ; d'un autre côté, les gens de qualité, se trouvant sans ressource, font des lâchetés et des bassesses : par là s'éteignent insensiblement l'honneur, la foi, la probité et le bon naturel, même entre les plus proches parents. Ainsi, hommes et femmes ont tous à craindre de la vanité, et cela parce qu'il n'y a pas de folies dont on ne puisse désabuser un homme qui n'est pas fou, hors la vanité ; pour celle-ci rien ne peut guérir que l'expérience, si toutefois quelque chose peut en guérir.

Pour ma part, je ne vois qu'un moyen et le voici. Il consiste, 1° dans l'application à faire entendre aux jeunes filles combien l'honneur qui vient d'une bonne conduite et d'une vraie capacité est plus estimable que celui qu'on tire de ses cheveux ou de ses habits. La beauté, direz-vous, trompe encore plus la personne qui la possède que ceux qui en sont éblouis ; elle trouble, elle enivre l'âme ; on est plus sottement idolâtre de soi-même que les amants les plus passionnés ne le sont de la personne qu'ils aiment. Il n'y a qu'un fort petit nombre d'années de différence entre une belle femme et une autre qui ne l'est pas. La beauté ne peut être que nuisible, à moins qu'elle ne serve à faire marier avantageusement une fille : mais comment s'en servira-t-elle, si elle n'est soutenue ni par le vice ni par la vertu? Elle ne peut espérer d'épouser qu'un jeune fou, avec qui elle sera malheureuse, à moins que sa sagesse et sa modestie ne la fassent rechercher par des hommes d'un esprit réglé, et sensibles aux qualités solides. Les personnes qui tirent toute leur gloire de leur beauté deviennent bientôt ridicules ; elles arrivent, sans s'en apercevoir, à un certain âge où la beauté se flétrit ; et elles sont charmées d'elles-mêmes, quoique le monde, bien loin de l'être, en soit dégoûté. Enfin, il est aussi déraisonnable de s'attacher uniquement à la beauté que de vouloir mettre tout le mérite dans la force du corps, comme font les peuples barbares et sauvages.

De la beauté, passons à l'ajustement. Les véritables grâces ne proviennent pas d'une parure vaine et affectée. Il est vrai qu'on peut chercher la propreté, la proportion et la bienséance, dans les habits nécessaires pour couvrir nos corps ; mais, après tout, ces étoffes qui nous couvrent, et qu'on peut rendre commodes et agréables, ne peuvent jamais être des ornements qui donnent une vraie beauté. Je voudrais même faire voir aux jeunes filles la noble simplicité qui paraît dans les statues et dans les autres figures qui nous restent des femmes grecques et romaines ; elles y verraient combien des cheveux noués négligemment par derrière, et des draperies pleines et flottantes à longs plis, sont agréables et majestueuses. Il serait bon même qu'elles entendissent parler les peintres et les autres gens qui ont ce goût exquis de l'antiquité. Si peu que leur esprit s'élevât au-dessus de la préoccupation des modes, elles auraient bientôt un mépris pour leurs frisures, si éloignées du naturel, et pour les habits d'une figure trop façonnée. Je sais bien qu'il ne faut pas souhaiter qu'elles prennent l'extérieur antique ; il y aurait de l'extravagance à le vouloir ; mais elles pourraient, sans aucune singularité, prendre le goût de cette simplicité d'habits, si noble, si gracieuse, et d'ailleurs si convenable aux mœurs chrétiennes. Ainsi, se conformant dans l'extérieur à l'usage présent, elles sauraient au moins ce qu'il faudrait penser de cet usage ; elles satisferaient à la mode comme à une servitude fâcheuse, et elles ne lui donneraient que ce qu'elles ne pourraient lui refuser.

Mais la mode se détruit elle-même ; elle

vise toujours au parfait, et jamais elle ne le trouve, du moins elle ne veut jamais s'y arrêter. Elle serait raisonnable, si elle ne changeait que pour ne changer plus, après avoir trouvé la perfection pour la commodité et pour la bonne grâce; mais changer pour changer sans cesse, n'est-ce pas chercher plutôt l'inconstance et le dérèglement, que la véritable politesse et le bon goût? Aussi n'y a-t-il d'ordinaire que caprice dans les modes. Les femmes sont en possession de décider, il n'y a qu'elles qu'on veuille croire : ainsi les esprits les plus légers et les moins instruits entraînent les autres. Elles ne choisissent et ne quittent rien par règle ; il suffit qu'une chose bien inventée ait été longtemps à la mode, pour qu'elle ne doive plus y être, et qu'une autre, quoique ridicule, à titre de nouveauté, prenne sa place et soit admirée. Voilà quels sont les inconvénients dans lesquels entraîne la vanité; et voici quels sont les fondements sur lesquels doivent reposer les moyens qu'on peut appeler correctifs. Montrez à vos filles, dirons-nous aux mères de famille, quelles sont les règles de la modestie chrétienne; apprenez-leur, par l'histoire de nos saints martyrs, que l'homme naît dans la corruption du péché, que son corps, travaillé d'une manière contagieuse, est une source inépuisable de tentations pour son âme. Jésus-Christ nous apprend à mettre toute notre vertu dans la crainte et dans la défiance de nous-mêmes. Voudriez-vous, pourra-t-on dire à une fille, hasarder votre âme et celle de votre prochain pour une folle vanité? Ayez donc horreur des nudités de gorge et de toutes les autres immodesties; quand même on commettrait ces fautes sans aucune mauvaise passion, du moins c'est une vanité, c'est un désir effréné de plaire. Cette vanité justifie-t-elle devant Dieu et devant les hommes une conduite si téméraire, si scandaleuse et si contagieuse pour autrui? Cet aveugle désir de plaire convient-il à une âme chrétienne, qui doit regarder comme une idolâtrie tout ce qui détourne de l'amour du Créateur et du mépris des créatures? Mais, quand on cherche à plaire, que prétend-on? n'est-ce pas d'exciter les passions des hommes ? les tient-on dans les mains pour les arrêter, si elles vont trop loin ? Ne doit-on pas s'en imputer toutes les suites? et ne vont-elles pas toujours trop loin, si peu qu'elles soient allumées ? Vous préparez un poison subtil et mortel, vous le versez sur tous les spectateurs, et vous vous croyez innocente! Ajoutez à ces exemples des personnes que leur modestie a rendues recommandables, et celles à qui leur immodestie a fait du tort ; mais surtout ne permettez rien, dans l'extérieur des filles, qui excède leur condition. Réprimez sévèrement toutes leurs fantaisies. Montrez-leur à quel danger on s'expose, et combien on se fait mépriser des gens sages, en oubliant ce qu'on est.

Ce qui reste à faire, c'est de désabuser les filles du bel esprit. Si on n'y prend garde, quand elles ont quelque vivacité, elles s'intriguent, elles veulent parler de tout, elles décident sur les ouvrages les moins proportionnés à leurs capacités, elles affectent de s'ennuyer par délicatesse. Une fille ne doit parler que pour de vrais besoins, avec un air de doute et de déférence ; elle ne doit même pas parler des choses qui sont au-dessus de la portée commune des filles, quoiqu'elle en soit instruite. Qu'elle ait, tant qu'elle voudra, de la mémoire, de la vivacité, des tours plaisants, de la facilité à parler avec grâce, toutes ces qualités lui seront communes avec un grand nombre d'autres femmes fort peu sensées et fort méprisables. Mais qu'elle ait une conduite exacte et suivie, un esprit égal et réglé, qu'elle sache se taire et conduire quelque chose, cette qualité si rare la distinguera de son sexe. Pour la délicatesse et l'affection d'autrui, il faut la réprimer, en montrant que le bon goût consiste à s'accommoder des choses selon qu'elles sont utiles.

Rien n'est estimable que le bon sens et la vertu : l'un et l'autre font regarder le dégoût et l'ennui non comme une délicatesse louable, mais comme une faiblesse d'un esprit malade.

A côté de la vanité que la beauté, l'amour des parures et des ajustements inspirent à la femme et dont les hommes ne sont pas exempts, se trouvent la vanité du savoir, la vanité des titres, la vanité de la fortune, qui déparent également l'un et l'autre sexe. A ces différentes sortes de vanité, il faut opposer la modestie, la simplicité, en un mot les vertus contraires, dont le développement et l'exercice peuvent étouffer dans le cœur du vaniteux toute espèce de *présomptueuse* pensée ou de *glorieux* sentiments.

Cela posé, nous nous demanderons, comme on l'a fait déjà, si la vanité est une passion? Il est certain que si l'on considère l'insuffisance de son objet, on serait tenté d'en douter ; mais en observant la violence des mouvements qu'elle inspire, on y retrouve tous les caractères des passions, et qui plus est, tous les malheurs qu'elles entraînent, dans la dépendance servile où ce sentiment met l'homme par rapport au cercle qui l'entoure. Néanmoins, les peines de la vanité sont assez peu connues pour que ceux qui les ressentent en gardent le secret, et pour que chacun, tout en étant convenu de mépriser ce sentiment, n'avoue jamais le souvenir ou la crainte dont il a été l'objet.

C'est pourquoi il faut éviter ces défauts et cela avec d'autant plus de soin, qu'ils seront plus élevés dans l'échelle des vices. On n'oubliera pas surtout que si la vanité est de tous les sentiments celui qui sait le mieux et le plus vite s'enfler à la hauteur de la fortune qui nous échoit (*M. Saint-Marc-Girardin*), nous aurions tort de nous prévaloir des agréments physiques, des biens et de la fortune que nous possédons ou qui nous arrivent, d'un titre que nous tenons de nos ancêtres, d'une naissance illustre, d'une intelligence peu commune; ces agréments disparaissant peu à peu à mesure que les années s'écoulent ; ces biens et ces honneurs valant bien peu, et rien n'étant plus à craindre que les revers qui nous rejettent plus bas même que l'échelon dont nous sommes partis pour nous élever ; ce rang que nous tenons ne pouvant nous rendre honorables que tout autant que par nos mérites nous nous montrerons dignes de l'occuper ; ces trésors de l'intelligence que le Créateur nous a départis pouvant s'épuiser pendant le cours d'une maladie, ou s'affaisser sous le poids des années.

Et comme les vaniteux sont le plus souvent très-peu susceptibles de raisonnement sérieux et syllogistiques, il conviendrait de les prendre par le cœur et leur inspirer, indépendamment des sentiments que nous avons déjà signalés, la modestie, la simplicité, l'amour de l'humilité et de la charité.

Je sais fort bien et je dois en faire la remarque, que pour les gens qui n'entendent rien à la religion ni au cœur humain, l'humilité est de la bassesse, de la pusillanimité, un sentiment qui avilit l'homme. Inutile de dire que ce n'est pas de l'humilité ainsi considérée que je veux qu'on fasse usage ; mais de l'humilité selon la morale chrétienne, de cette humilité, dont le but est d'élever l'homme jusqu'au ciel, au lieu de l'abaisser au rang des brutes comme l'a fait la philosophie. Cette sorte d'humilité, loin d'être un obstacle aux grandes actions et à certaines entreprises dans lesquelles il faut de la magnanimité et une résolution que rien n'ébranle, surmonte au contraire les obstacles, rien n'étant difficile aux humbles (*Saint-Léon*), le chrétien humble mettant d'autant plus de confiance en Dieu qu'il se défie davantage de lui-même.

VALEUR. *Voyez* BRAVOURE.

VENGEANCE (passion). — Il est une passion dont l'ardeur est terrible, une passion plus redoutable dans ces temps de division, de trouble et de désordre que dans toute autre époque ; et cette passion, c'est la vengeance.

Elle a été définie : une peine qu'on fait souffrir à son ennemi, par ressentiment d'une offense qu'on en a reçue. « Faire aux autres le mal qu'ils nous ont fait se présente d'abord à l'esprit comme une maxime équitable ; mais ce qu'il y a de naturel dans cette passion ne rend ses conséquences ni plus heureuses ni moins coupables, et c'est à combattre les mouvements involontaires qui entraînent vers un but condamnable que la raison est particulièrement destinée ; car la réflexion est autant dans la nature que l'impulsion. » Cette idée que madame de Staël a voulu nous donner de la vengeance est on ne peut plus juste.

Et par exemple : quand une injure a vivement blessé notre âme, le ressentiment que nous en éprouvons est profond et vivace ; c'est une plaie dans laquelle est resté le trait acéré qui l'a faite, et qui pour peu qu'on la touche, redevient saignante et douloureuse. A chaque instant se retracent à la pensée les détails de l'outrage qu'on a souffert ; on ne peut chasser ce souvenir cuisant, il semble au contraire qu'on s'y délecte et qu'on prenne plaisir à l'aviver sans cesse. On s'exagère de plus en plus la grandeur de l'affront, on le souffre pour ainsi dire de nouveau chaque minute, car l'âme n'a point d'autre pensée, elle est sans cesse obsédée de ce fatal tableau que l'imagination charge de ses plus sinistres couleurs. Ainsi, le ressentiment grandit dans l'âme, il s'y accumule comme la vapeur comprimée dans sa brûlante chaudière ; il bouillonne, il gronde intérieurement comme elle, comme elle il tend à faire explosion.

L'homme qui l'éprouve s'exaspère surtout devant l'image de l'offenseur ; il jouit en imagination de la vengeance qu'il désire, qu'il se promet, dont il calcule l'exécution ; c'est avec un indicible plaisir qu'il verra son ennemi à son tour humilié, renversé, foulé sous ses pieds. Il triomphe avec une sorte de rage, et quand il s'abandonne à ses rêves de vengeance, à ses impulsions irréfléchies, il a d'étranges tentations de cruauté et de meurtre, il savoure d'avance le bonheur d'immoler un ennemi à son ressentiment. Aussi Bacon aurait-il appelé la vengeance une justice sauvage.

Qu'elle soit sauvage ou non cette justice, malheur à qui veut l'exercer. Elle augmente la haine et la nourrit (*madame de Puisieux*) ; elle entretient ces guerres intestines qui divisent les membres d'une même famille, les citoyens d'une même république, et devient quelquefois une véritable lâcheté pour le vainqueur.

Pourquoi, dans nos provinces, ces réactions incessantes entre les hommes d'opinions opposées? pourquoi ces luttes, ces combats sanglants à chaque révolution politique? Parce que le vaincu d'autrefois, vainqueur aujourd'hui, au lieu de se rappeler qu'un grand cœur qu'on offense se venge en pardonnant, devient inexorable pour son ennemi et le frappe. Cela n'arriverait peut-être pas si les tribunaux, dans ces moments de commotions, au lieu de mollir et de fermer les yeux sur les actions coupables, s'exerçaient à en rechercher les auteurs et les punissaient avec mesure. Alors ils ne laisseraient pas aux parents de la victime l'espérance que *des jours meilleurs* luiront pour eux, et ne les verrait-on pas profiter de la première circonstance favorable pour se faire justice!!!... et réciproquement *usque ad finem*.

D'où vient cette *vendetta* du Corse, qui fait regarder les habitants de cette île, généralement bons et hospitaliers, comme des hommes sans cœur et vindicatifs ? Voici l'explication qui m'en a été donnée à Ajaccio par un Corse pur sang, le docteur Cauro. « A l'époque où notre île était sous la domination génoise, le peuple a tenté plus d'une fois de secouer l'indépendance de la république de Gênes. Et comme celle-ci craignait toujours que les Corses ne réussissent enfin dans leur projet d'émancipation, sitôt qu'un homme marquant par sa capacité et par son courage se révélait au pays, vite le gouvernement génois avait des affidés pour l'assassiner. La famille implorait la rigueur des lois contre les coupables ; mais la justice d'alors, docile aux volontés du doge, ne trouvait pas les preuves de culpabilité suffisantes, et le coupable n'était pas puni. Je me trompe, il l'était, parce que le père, le frère ou l'ami de la victime se chargeaient de le venger. » Voilà, m'a-t-on dit, l'origine des *bandits* corses. La plupart ne le deviennent que parce que leur frère, leur père ou leur ami mourant leur a fait jurer de le venger ; aussi les *vendetta* sont-elles éternelles quand les familles sont nombreuses.

Cette esquisse des mœurs du peuple corse détruit l'opinion de Juvénal, qui prétend qu'il n'y a que les petits esprits, que les faibles esprits à qui la vengeance paraisse agréable. Je ne dis pas qu'il n'y ait plus de grandeur, plus de force à pardonner ; mais a-t-il existé, existe-t-il beaucoup d'individus qui aient proclamé ou qui proclament aujourd'hui que rien n'est beau comme le pardon, qu'on doit de l'indulgence à ceux qui commettent une faute légère et du mépris à ceux qui nous ont réellement offensés ? Et si de tels individus se présentent, faudra-t-il les appeler esprits faibles ? Il n'y a réellement faiblesse d'esprit que pour ceux qui, trouvant dans la vengeance le plaisir des dieux, veulent en goûter les douceurs, et se rendent coupables. On voit donc par cette explication que, loin d'approuver les bandits ; je les blâme fortement au contraire de s'être rendu justice à eux-mêmes. Mieux eût valu qu'ils eussent abandonné le coupable au jugement de Dieu, qui ne leur fera jamais défaut. Et cependant, puisqu'ils n'ont pas eu la force et la patience d'attendre, tout en les condamnant je les plains d'avoir méconnu la voix de Dieu, qui nous prescrit d'aimer notre prochain comme nous-mêmes, nous défend l'homicide de fait ou de consentement, et nous porte au bien ; et d'avoir écouté celle des affections terrestres ou du ressentiment, qui nous conduit au mal. C'est pourquoi, coupables devant Dieu, coupables devant la justice, rien ne saurait les excuser.

Je n'ignore pas que dans les temps primitifs, alors que la civilisation n'avait pas encore éclairé, moralisé, façonné les peuples, ils regardaient la vengeance comme un droit sacré que chacun peut exercer, et que c'est sous la sauvegarde de ce sentiment que les chefs plaçaient la sûreté individuelle et la conservation des personnes et des biens. Mais de ce qu'il en fut ainsi dans ces époques où l'homme vivait errant, ne relevant que de lui-même, ne demandant protection qu'à son courage et à son habileté à manier les armes ; de ce que chacun était à la fois défenseur de ce qui lui appartenait, juge des délits dont il était la victime, exécutant les peines qu'il jugeait à propos d'infliger à ceux qui l'avaient offensé, s'ensuit-il que dans les états civilisés on soit les imitateurs des sauvages ? Je conçois que, dans les conditions d'existence où ces derniers se trouvaient, on ait regardé comme nécessaire que la vengeance fût exercée d'une façon inexorable et sévère, car sans cela il n'y aurait eu aucun frein pour les crimes, et la patience de ceux qui souffraient n'aurait été qu'un encouragement pour les coupables ; mais je conçois aussi que cette vie primitive ne pouvait être qu'une lutte incessante des individualités, qu'une guerre affreuse de mauvaises passions et de haines particulières, ne laissant aucune sécurité, aucune garantie à l'individu, à la famille. Peu à peu les hommes, en se civilisant, comprirent ces inconvénients graves ; ils virent que cette crainte de la vengeance n'arrêtait que les crimes des faibles, et que le succès légitimait l'oppression des forts ; ils reconnurent que les hommes, en se faisant justice à eux-mêmes, ne proportionnaient jamais la peine au délit, parce qu'ils ne jugeaient pas sans passion, et que d'interminables querelles les diviseraient. Dès lors les hommes sensés pensèrent qu'il valait mieux se réunir en société, mettre les intérêts privés sous la sauvegarde des lois, se créer des magistrats dont l'impartialité fût une garantie de justice et dont la puissance inspirât une salutaire terreur au crime. Dès lors nul ne put compter sur sa force, sur son courage, pour demeurer impuni ; car, la société, plus puissante que les individus, se mettait à la place des offensés, et, dans l'intérêt public, se chargeait de la vindicte.

C'est ainsi qu'on substitua la punition à la vengeance, qu'on permit aux hommes de suivre les généreuses impulsions de leur cœur, de devenir cléments, miséricordieux et patients ; et ces sentiments reçurent la plus haute sanction du Code évangélique, qui perfectionna la morale jusqu'au pardon des injures.

Et maintenant, si nous voulons suivre l'histoire des vengeances dans le cours des siècles, nous voyons chez les sauvages ce sentiment féroce érigé en vertu, les enfants garder ces rancunes de leur père comme un héritage sacré et les transmettre eux-mêmes à leurs descendants. Rien n'égale la soif de ces hommes pour la vengeance ; ils épient leurs ennemis comme le serpent guette sa proie. Alibert cite l'histoire d'une tribu sauvage qui traversa 500 lieues de désert pour aller immoler à sa vengeance une famille établie sur le territoire dont on l'avait dépossédée ; avant d'accomplir ce massacre, ces sauvages restèrent quinze jours cachés dans les bois d'alentour, attendant le moment favorable. Ce fait est moins surprenant peut-être que la vengeance qu'exerce le soldat Aguise sur Esquival, ancien gouverneur de Potosi. Ce magistrat l'avait condamné à un supplice injuste et infamant. Aguise le suivit pendant cinq années, traversant nu-pieds les contrées immenses au delà desquelles Esquival voulait se soustraire à son ressentiment ; il fit ainsi plus de 1200 lieues. Enfin Esquival se fixa à Cusco, ne croyant pas qu'Aguise, après un si long espace de temps, et dans une ville où la police était très-sévère, pût attenter à ses jours ; mais

Aguise s'introduisit dans son cabinet, le poignarda pendant son sommeil, et s'en vint, couvert de sang, avouer au peuple le crime qu'il avait commis.

Demptos, l'assassin du célèbre Delpech, professeur de clinique chirurgicale de la faculté de Montpellier, fut aussi persévérant qu'Aguise dans ses projets de vengeance, mais sans en avoir le cynisme et l'effronterie. Croyant qu'une indiscrétion du docteur avait été la cause de l'obstacle insurmontable qu'on opposait à son union avec une personne dont il était passionnément épris, Demptos quitte Bordeaux, lieu de sa résidence, va successivement à Ajaccio, à Londres et à Paris, espérant y joindre Delpech, et ne l'y rencontrant pas, il se rend à Montpellier, où le professeur venait d'arriver. Le projet de Demptos était d'arracher à Delpech, par qui il avait été opéré, une rétractation écrite qui devait assurer son mariage avec celle qu'il aimait, et, à défaut de cette rétractation, de lui ôter la vie. On l'a vu, la veille du jour fatal où il devait frapper sa victime, causer amicalement avec elle, et, par un raffinement de scélératesse, caresser sur ses genoux l'un des enfants de celui qu'il devait, le jour suivant, immoler à sa fureur.

Il paraîtrait, si l'on en croit la chronique, que l'entrevue qui eut lieu au théâtre, entre l'assassin et Delpech, dans la loge même de celui-ci, n'ayant pas eu pour Demptos les résultats qu'il s'était promis, son plan fut aussitôt arrêté, et le lendemain il le mettait à exécution! Voici du reste la relation de cet horrible assassinat.

Le 29 juin 1832, le professeur de Montpellier se rendait, selon sa coutume, à son établissement d'orthopédie. Demptos, qui avait pris à dessein un logement dans le voisinage, voyant venir de sa croisée le cabriolet où était sa victime, s'arme d'un fusil à deux coups, descend rapidement l'escalier, se place à la porte de la maison, et au moment où Delpech se présente, il lui tire à bout portant un coup de fusil, et le laisse mort sur place. A l'instant même, craignant de ne pas avoir assez bien réussi, il tire un second coup, et frappe encore à mort le domestique qui soutenait dans ses bras son infortuné maître. Le cheval épouvanté entraîne le cabriolet et les deux cadavres, et vient les déposer presque à la porte de cet établissement où déjà Delpech commençait à réaliser les glorieuses espérances dont il s'était si longtemps bercé. Le crime consommé, au lieu de s'en faire un mérite, Demptos rentra dans sa chambre et mit fin à ses jours en se faisant sauter la cervelle!.....

On le voit par ce qui précède, la vengeance naît du ressentiment ou de la haine, et parfois de l'obéissance passive aux volontés d'un parent qui va mourir (1). Mais qu'elle soit inspirée par l'un ou l'autre sentiment, quelque naturelle qu'elle paraisse à certains esprits, il y a toujours injustice dans ses actes. Oui, il y a injustice, parce que, d'abord, un homme qui se croit offensé, n'a pas assez de sang-froid pour prendre en main le compas de proportion, et mesurer sa vengeance sur les dimensions de l'offense; et d'ailleurs le fît-il, que la morale et la religion lui imputeraient encore à crime d'en agir ainsi. Pourquoi? parce qu'il n'y a que la souveraine sagesse qui préside au gouvernement du monde qui puisse punir l'*insolent* selon la grandeur de son *insolence;* parce que si l'on veut ne pas s'écarter de la justice humaine, il faut imiter la sagesse de certains hommes qui ne manquent pas de force et de grandeur. Or, comme Dieu seul peut juger l'étendue de l'intention de celui qui veut nuire, ce qu'il nous est impossible de savoir, et ce qui seul cependant peut donner la mesure de la vengeance, sachons imiter la sagesse humaine; elle nous montre, 1° Zénon répondant à quelqu'un qui lui disait: *Je vous montrerai ce que c'est que de m'avoir pour ennemi. — Et moi je vous ferai tant de bien que vous redeviendrez mon ami.* (*Diogène de Laërce.*) 2° Caton disant à ceux qui pouvaient l'entendre: *Si je me venge, les dieux me puniront, parce que les offenses qu'on me fait s'adressent moins à moi qu'à eux, comme les auteurs des lois qu'on viole pour me nuire.* 3° Sénèque (*de Ira*) posant en principe, que *celui qui rend mal pour mal, pèche seulement avec plus d'excuse, mais il n'en pèche pas moins.*

Il faut donc recueillir ces paroles des sages, pratiquer leurs maximes, et ce qui serait bien mieux encore, s'essayer à faire du bien à son ennemi, c'est la seule, l'unique vengeance que Jésus-Christ nous permette: je dis plus, il nous en donne l'ordre exprès. (*Matth.* v, 44.) A ce propos je ferai remarquer combien on a lieu d'être surpris que des hommes éclairés par les lumières de l'Evangile trouvent cet ordre trop rigide, alors qu'on remarque parmi les païens grand nombre de leçons sur le pardon des injures, et plusieurs exemples de méchants comblés de bienfaits par ceux-là mêmes qu'ils avaient maltraités.

Soyons tous leurs imitateurs: remet-

---

(1) Ceci me rappelle un fait qui m'a été raconté à Bastia, en décembre 1840. Il s'agit d'un bandit corse qui, ayant été condamné à mort par la cour d'assises, demanda, en arrivant sur l'échafaud, la permission d'adresser, avant de mourir, quelques mots d'adieu à ses parents et amis qui se pressaient autour de lui : ce qui lui fut accordé. S'adressant donc à la foule, il s'écrie d'une voix forte: « Vous tous, mes proches, qui m'entourez, recueillez bien mes dernières paroles et qu'elles ne s'effacent jamais de votre souvenir, jusqu'à ce que ma volonté soit accomplie. Je livre à votre vengeance, non point ceux qui m'ont condamné au dernier supplice, j'ai mérité le châtiment; mais un *tel* qui par son faux témoignage est venu confirmer des dépositions d'autant plus accablantes qu'elles étaient l'expression de la vérité. A vous donc de me venger!..... » A peine sa tête était tombée, que plusieurs individus s'ouvrent un chemin au milieu de la foule, et se dirigent vers la plus grande vitesse vers la demeure du faux témoin : le soir même il avait cessé de vivre!...

tons-nous-en à la justice des hommes pour défendre nos droits et punir ceux qui nous font du mal, et si elle nous fait défaut, appelons-en à la justice de Dieu, la seule sur laquelle on puisse réellement compter. Mais plus nous aurons confiance dans sa sévérité équitable, plus aussi nous devrons éviter de nous exposer nous-mêmes aux châtiments que sa justice éternelle réserve à tous ceux qui prévariquent contre ses commandements. En réglant notre conduite sur les sublimes exemples que l'Etre suprême nous a donnés, en nourrissant nos cœurs de ses préceptes, nous acquerrons cette force que j'ai accordée tout à l'heure au sage de l'antiquité, lorsque, s'élevant au-dessus de lui-même, il s'écrie : OUBLI ET PARDON. Prenons l'engagement que telle sera toujours notre devise. *Voy.* VINDICATIF.

VÉRACITÉ (vertu). — La véracité, cette vertu morale dont les honnêtes gens se piquent, consiste dans la conformité de nos discours avec nos pensées : c'est donc une vertu opposée au mensonge. Elle ne diffère en rien de la SINCÉRITÉ, de la FRANCHISE (*Voy.* ces mots) dont elle a du reste tous les avantages et les inconvénients.

VIF. *Voy.* VIVACITÉ.

VIGILANCE (qualité), VIGILANT. — On a fait vigilance synonyme d'exactitude; cependant ces deux mots ne signifient pas absolument la même chose : ainsi la vigilance fait qu'on ne néglige rien ; l'exactitude empêche qu'on omette la moindre chose. Il faut de l'action pour être vigilant, de la mémoire pour être exact. Nous devons avoir de la vigilance sur ce qui nous est confié, de l'exactitude dans ce que nous promettons. L'homme sage est vigilant sur ses intérêts : exact à ses devoirs. (*L. Girard.*) Néanmoins, comme être vigilant et exact sont des qualités également précieuses, peu de gens en étant doués, nous devons tous tâcher de les acquérir ou de les conserver.

VIL (vice). — Celui-là, que la nature ou l'éducation a imprégné d'une mauvaise qualité, ou bien qui s'est rendu coupable d'une mauvaise action, ou de tout acte qui marque de sa part de la pusillanimité, de l'intérêt sordide, de la duplicité, de la lâcheté ; celui-là, dis-je, qui hait la vertu qu'il dédaigne, et aime le vice qu'il pratique, est un être vil. N'oublions pas, cependant, qu'il y a des vices qui, lorsqu'ils supposent quelque énergie dans le caractère, font abhorrer les coupables plutôt qu'ils ne les avilissent aux yeux du monde; tout comme il y a des actes que nous jugeons vices, et qui cependant ne méritent pas cette qualification. Je m'explique : comme ce sont souvent les usages, les coutumes, les préjugés, les superstitions, les circonstances même momentanées qui décident de la valeur morale des actions, il doit en résulter que telle action, qui est vile chez un peuple, est indifférente, ou peut être même honorable chez un autre ; que telle action qui était vile chez le même peuple, dans un certain temps, a cessé de l'être. Donc il faut savoir prendre en considération les temps, les lieux, les mœurs et les circonstances.

Du reste, en dehors des notions précises du christianisme, la morale n'est guère moins en vicissitude chez tous les hommes, et peut-être dans un même homme, que la plupart des autres choses de la nature ou de l'art : *Multa renascentur, multa ceciderc, cadent quæ nunc sunt in honore.* C'est ce qu'on peut dire des vertus et des vices nationaux, comme des mots. (*Diderot.*)

VINDICATIF (vice). — Tout homme qui, se souvenant de l'injure qu'il a reçue ou du tort qu'on lui a fait, est enclin à la vengeance, peut être appelé vindicatif. Il ne faudrait pas cependant donner ce nom à celui qui se rappelle facilement et avec amertume cette injure, mais ne cherche pas à se venger ; car il y a bien des gens qui se souviennent très-bien, qui n'oublient même jamais les torts qu'on a envers eux, mais qui ne s'en vengent point, qui ne sont point tourmentés par la rancune et le ressentiment ; c'est purement une affaire de mémoire. Ils ont l'insulte qui leur est propre présente à l'esprit, à peu près comme celle qu'on a faite à un autre et dont ils ont été les témoins. Donc il y a dans l'esprit de vengeance quelque chose de plus que la mémoire de l'injure ou du tort.

C'est le propre des femmes, dit-on, d'être vindicatives, c'est-à-dire que la vengeance est une des passions que leur cœur aime le mieux. Leur amour-propre étant continuellement en lutte avec celui des autres femmes, elles ressentent vivement les injures qu'on leur fait, et lorsqu'elles les pardonnent, ce qui leur arrive quelquefois, il leur est impossible de l'oublier. Il me semble que la preuve est mal choisie, car si la femme pardonne, elle rentre dans l'exception que nous avons signalée, puisqu'elle n'a plus que *de la rancune.* Quoi qu'il en soit, j'ai le regret de ne pouvoir dire qu'elle pardonne *toujours.* Je le pourrais d'autant moins que je serais en opposition avec l'histoire, qui nous montre la femme méditant en secret les moyens de se venger d'une rivale, d'une infidélité, ou d'une insulte, et savourant le plaisir de la vengeance. Ah! il faut que les jouissances qu'elle procure soient bien vives, puisqu'elle devient si terrible alors qu'elle se montre comme passion populaire. En doutez-vous ? voyez ce peuple que la colère soulève ; il n'examine plus ni le droit, ni la justice : avec la force du tigre, il en a la férocité, et il immole sans pitié tout ce qui s'offre à ses coups; rien ne peut étancher la soif qui le dévore. Aveugle dans sa rage, il n'est plus maître de lui-même ; il tue, massacre, sans savoir ce qu'il fait. Ainsi la mort du maréchal d'Ancre, les scènes horribles de notre révolution, nous présentent la vengeance populaire sous les plus sinistres couleurs. Mais ce qu'il y a de bien plus navrant encore, c'est qu'au sein de cette tempête humaine, où les hommes se poussent comme des flots, auprès de ces bras nus et rouges de sang, on voit toujours des femmes respirant, elles aussi, la fureur et le massacre. Elles excitent la rage du peuple, elles ont des instincts de cruauté qui passent toute croyance. Rien n'est affreux comme ce hideux spectacle, comme cet odieux renversement de l'ordre naturel.

Tâchons, s'il nous est permis, d'approcher de ces personnes à l'imagination ardente et exaltée, que des hommes pervers et corrompus égarent, entraînent et poussent à ces abominables cruautés, de leur faire comprendre que ce n'est pas en bravant le pouvoir, en foulant aux pieds les lois qui nous régissent, en usant de la force brutale et de la violence, qu'on appelle sur soi les bénédictions du Très-Haut et qu'on gagne les cœurs des honnêtes gens à sa cause. Tout comme nous ne saurions trop répéter au vainqueur qui hésite entre la vengeance que la justice réclame, ou la clémence que la miséricorde de Dieu lui inspire, qu'à moins que l'intérêt de la société n'exige une punition forte, prompte, exemplaire, le précepte du pardon des injures est celui dans lequel notre divin maître se complait davantage. A chaque pas des saintes Ecritures, il prêche la charité qui pardonne. La miséricorde est la loi du salut, c'est elle qui fait descendre la clémence de Dieu sur nos fautes. Il nous a lui-même appris cette prière : « Pardonnez-nous nos offenses, comme nous pardonnons à ceux qui nous ont offensés. » C'est la loi du talion que nous prions Dieu de nous appliquer. « Celui qui cherche à se venger s'expose lui-même à la vengeance du Seigneur; » ou « le Seigneur conservera la vengeance de ses fautes. » (*Eccl.* XXVIII, 1.)

VIOLENT. *Voyez* EMPORTÉ.

VIVACITÉ (qualité ou défaut). — Pour bien comprendre *la vivacité*, il faut la considérer selon qu'elle a pour objet les inspirations de l'esprit, et alors elle a la plus grande analogie avec la pénétration, la SAGACITÉ (*Voir* ce mot); ou bien, suivant qu'elle se rapporte au caractère, ce qui annonce une très-grande disposition à la colère, à l'emportement, à la violence. *Voy.* COLÈRE.

Nous ferons donc remarquer que cette vivacité dans les opérations de l'esprit n'est pas toujours unie à la fécondité, vu qu'il y a peut-être autant d'esprits lents et fertiles, que d'esprits vifs et stériles. La lenteur des premiers vient quelquefois de la faiblesse de leur mémoire, ou de la confusion de leurs idées, ou enfin de quelque défaut dans leurs organes, qui empêche leur esprit de se répandre avec vitesse; la stérilité des esprits vifs, dont les organes sont bien disposés, vient de ce qu'ils manquent de force pour suivre une idée, ou de ce qu'ils sont sans passions; car les passions fertilisent l'esprit sur les choses qui leur sont propres. Et cela pourrait expliquer certaines bizarreries; un esprit vif dans la conversation, qui s'éteint dans le cabinet; un génie perçant dans l'intrigue, qui s'appesantit dans les sciences, etc. (*Vauvenargues.*)

Peut-être y a-t-il plus d'esprit chez les gens vifs que chez les autres ; mais aussi en ont-ils plus besoin. Il faut voir clair, et avoir le pied sûr quand on marche vite, sans quoi les chutes sont fréquentes et dangereuses ; c'est par cette raison que, de tous les sots, les plus vifs sont les plus insupportables. (*Duclos.*)

De même nous remarquerons, relativement à la vivacité de caractère, qu'elle tient beaucoup de l'impressionnabilité individuelle, c'est-à-dire que, suivant les dispositions morales où se trouvera l'individu, au moment où il est piqué au vif, sans se donner le temps de réfléchir à ce qu'on lui dit, il va s'animer, s'emporter et se fâcher tout rouge pour la moindre des choses, tandis que dans un autre moment, il écoutera, sans animation, sans colère, les observations les plus piquantes.

C'est chose à considérer et dont on ne tient pas assez compte aux personnes qui nous blessent et manquent souvent aux convenances par vivacité. Parfois, quand nous nous présentons chez elles, nous les trouvons en proie à une agitation intérieure, qui provient soit de l'annonce d'une mauvaise nouvelle, soit d'une visite importune qu'elles auront reçue, soit d'une perte qu'elles auront faite, soit enfin d'une discussion qu'elles auront soutenue. Dans ce cas, la moindre opposition qu'on leur fait, les moindres contrariétés nouvelles qu'elles éprouvent, quelque légères qu'elles soient, suffiront pour mettre en jeu leur vivacité. Au contraire, que plusieurs jours, plusieurs mois, des années mêmes se soient écoulées sans que le malheur, des pertes ou des contrariétés soient venus surexciter l'affectivité animale de l'individu, il se rira de tout et ne se fâchera de rien : on dirait que sa vivacité sommeille.

Il est d'autres circonstances qui influencent beaucoup aussi la vivacité du caractère : en première ligne, nous placerons un état anormal de la constitution, l'excitation cérébrale qui résulte de l'ingestion dans l'estomac d'une grande quantité d'aliments, mais surtout de boissons alcooliques; *l'agacement* qui survient, alors que l'atmosphère est chargée d'électricité, comme cela se remarque quand l'orage se prépare ou gronde, etc., etc. Dans ces divers cas, tel qui, hors ces circonstances, resterait impassible, répondrait avec sang-froid aux provocations les plus directes et accepterait un défi sans s'émouvoir, qui, s'il est sous l'influence d'une ou de plusieurs de ces causes, jettera à la porte ou souffletera son interlocuteur, alors même que celui-ci n'aura pas l'intention de le blesser. Quand il en est ainsi, chacun de nous peut concevoir qu'il faille, par des moyens hygiéniques convenables, calmer cette agitation accidentelle et passagère qui sert d'aliment à la vivacité. Ils devront être appropriés, ces moyens, au tempérament du sujet qui, lui aussi, influe beaucoup sur la vivacité.

VOL (vice). — Dieu, qui connaissait parfaitement le cœur humain et savait avec quelle facilité l'homme se laisse entraîner à ses funestes penchants, a voulu l'arrêter sur les bords de l'abîme où sa cupidité et quelquefois la misère l'entraînent, en lui défendant expressément de ne jamais prendre le bien d'autrui, ni de le retenir à son escient. Et pourtant, malgré toutes les précautions qu'il a prises, quoique ses commandements soient répétés depuis tant de siècles par toutes les bouches chrétiennes, combien d'individus de tout rang, de toute condition, de toute fortune, qui ne vivent que de rapine et ne s'engraissent que par le vol. Le nombre en est devenu si grand, et la pratique *de cet art* s'est tellement perfectionnée, qu'il a été permis de ranger en plusieurs catégories ceux qui s'emparent du bien d'autrui. Aussi, on distingue *le voleur*, ou l'individu qui trompe et qui prend avec finesse ; *le filou*, ou celui qui escamote avec adresse et subtilité ; *le fripon*, ou celui qui vole de toutes manières, même de force et avec violence.

Mais qu'on soit voleur, filou ou fripon, le penchant au vol provient généralement soit de l'amour des richesses ou de l'ambition, soit de la pauvreté. On conçoit d'après cela que les voleurs seront d'autant plus criminels qu'ils ont moins de besoins. Et pourtant la pénalité est la même aux yeux de la justice humaine. Cela ne doit pas nous étonner, puisque la loi étant égale pour tous les hommes, la peine ou la punition doit être égale aussi ; et pourtant est-il juste, est-il équitable que le malheureux qui volera un objet de peu de valeur et quelquefois par nécessité (ce qui ne justifie pas le vol, mais atténue le crime), est-il juste, dis-je, qu'il soit puni selon les lois, et que ceux qui volent journellement dans le commerce ne le soient pas ? Est-il juste, est-il équitable que le riche négociant qui trompe l'acheteur sur la qualité de ses tissus; que l'épicier qui mêle des substances étrangères aux sels, aux fécules, aux huiles qu'il débite ; que le marchand de vin qui fait boire de l'eau rougie à ses pratiques, etc., etc., soient généralement tolérés, ou du moins condamnés à des peines fort minimes, alors qu'on sera quelquefois très-sévère pour un malheureux affamé qui dérobera un pot au feu ? Pour moi, je ne puis m'expliquer cette anomalie, qu'en admettant un vice de notre législation sur lequel je dois attirer l'attention de nos gouvernants.

Mais comme pour si rigoureuses que puissent être les lois, pour si vigilante que puisse être la justice, il est bien difficile qu'on parvienne jamais à étouffer le penchant au vol; il faut nécessairement que le moraliste intervienne. Il le doit d'autant plus que le vol de la fortune publique est le plus fréquent, le plus scandaleux, quand on le découvre, et par conséquent d'autant plus digne de fixer l'attention, que ceux qui veulent s'approprier le bien d'autrui ont mille manières de déguiser leurs dilapidations les plus criantes sous les apparences de la plus exacte régularité : il ne s'agit pour eux, dans l'occasion, que de mettre les choses en règle selon la somme convoitée, de grouper ensuite ou de balancer des chiffres pour que la fraude n'y paraisse point. De cette manière, l'argent et la chose commune peuvent être dévorés par la convoitise et l'avidité des grands et des petits particuliers, sans scandale et sans danger.

Le gouvernement déchu a singulièrement abusé lui-même de cette faculté. La nécessité où il s'est trouvé de se former une majorité ou de la conserver au ministère, l'a fait le plus insigne *tripoteur* d'emplois et le *dilapidateur* le plus déhonté des revenus du pays. Qu'en est-il résulté ? que cette manière de gouverner, funeste à la morale publique, a produit un système continu de séductions et de corruption, qui a fini par être funeste au chef de l'État lui-même, et il expie aujourd'hui ses fautes dans l'exil.

Chose singulière ! le vol était permis à Sparte ; l'on n'y punissait que la maladresse du voleur surpris. Quoi de plus bizarre que cette coutume ? cependant elle a paru avoir un bon côté ; car, si on se rappelle les lois de Lycurgue et le mépris que l'on avait pour l'or et pour l'argent, dans une république où ces lois ne donnaient cours qu'à une monnaie d'un fer lourd et cassant, on sentira que les vols de poules et de légumes étaient les seuls qu'on y pût commettre. Or, toujours faits avec adresse, souvent niés avec fermeté, de pareils vols pouvaient être considérés comme de nature à entretenir les Lacédémoniens dans l'habitude du courage et de la vigilance. La loi qui permettait le vol pouvait donc, à ce point de vue, être utile à un peuple qui n'avait pas moins à redouter de la trahison des Ilotes que de l'ambition des Perses, et qui ne pouvait opposer aux attentats des uns, comme aux armées innombrables des autres, que le boulevard de son énergie. C'est pourquoi le vol, qui est généralement nuisible à toute population riche, devenant utile à Sparte, y devait être honoré. Tout le monde sait, du reste, le trait d'un jeune Lacédémonien qui, plutôt que d'avouer son larcin, se laissa, sans crier, dévorer le ventre par un jeune renard qu'il avait volé et le tenait caché sous sa robe : preuve évidente d'une fermeté stoïcienne chez ce jeune voleur.

Le vol est pareillement en honneur au royaume de Congo ; mais il ne doit pas être fait à l'insu du possesseur de la chose volée : il faut, au contraire, tout lui ravir de force. Cette coutume, disent les législateurs, entretient le courage des peuples, et n'est pas sans utilité. Les Scythes pensent le contraire : pour eux nul crime n'est plus grand que le vol : pourquoi cela ? parce que leur manière de vivre exigeait qu'on le punît sévèrement. Leurs troupeaux erraient çà et là dans les plaines ; quelle facilité à dérober ! et quel désordre si on eût toléré de pareils vols ! Aussi, dit Aristote, avaient-ils établi la loi pour gardienne des troupeaux.

Mais qu'il soit toléré et honoré par quelques peuples, ou condamné par d'autres, et cela suivant les us, coutumes et mœurs des populations, le vol n'en est pas moins un crime dans notre patrie où chacun peut vivre par le travail ou par la charité. Et qu'on ne dise pas que la misère le rend excusable, ou que le voleur a une propension telle pour le vol, que pour le corriger il faudrait changer sa nature, son organisation ; ce serait là une erreur bien grande, puisque Socrate a conservé toute sa vie un goût très-prononcé pour la rapine et s'en est abstenu par sagesse ; puisque Louis XV avait le même goût, et ne l'a pas satisfait par dignité. Donc le penchant au vol n'est pas tellement inhérent à la constitution organique de l'homme qu'il ne puisse s'en rendre maître.

Voulez-vous, pessimistes, que le voleur se corrige? inspirez-lui des sentiments religieux, persuadez-le que le *Christ est notre maître à tous* (1) : et s'il a cette conviction, il obéira, soyez-en certains, aux commandements d'un Dieu qui mourut en pardonnant au bon larron, et abandonna à la justice éternelle le voleur qui ne se repentait pas.

VOLAGE. *Voyez* INCONSTANT.

VOLUPTÉ (sentiment), VOLUPTUEUX. — La volupté n'est pas l'abus, mais le sentiment du plaisir : en cela elle diffère de la débauche qui est toujours criminelle, en ce qu'elle nuit à l'intérêt de la société où elle sème le désordre et répand le goût de la corruption et des vices ; tandis qu'au contraire, le goût du plaisir ayant été donné à tous les êtres, ils peuvent y goûter dans de justes bornes, sans transgresser les lois morales et religieuses ; c'est-à-dire que rien ne s'oppose à ce qu'ils trempent leurs lèvres dans la coupe de la volupté, celle-ci entendue dans le sens que nous lui donnons. Mais si tous les êtres, hommes ou animaux, sont portés à goûter les plaisirs sensuels, l'homme seul peut s'élever jusqu'à la spiritualité du plaisir, parce que seul il se distingue par son intelligence et son esprit des autres espèces animales. Aussi, doit-il au goût épuré et à l'extension qu'il leur donne par la pensée, d'être le plus heureux de toutes.

Mais attendu que la plupart des gens qui se piquent de courir après la volupté, abusent des plaisirs, et en font leurs seules idoles, il en est résulté que le mot *voluptueux* se prend communément en mauvaise part, et c'est même à cause de cela qu'après avoir dit de la volupté que, goûtée avec modération et avec règle, elle est chose belle et utile, on ajoute que l'excès ou dérèglement est la plus pernicieuse de toutes au public et au particulier. De même « mal prise, elle ramollit et relâche la vigueur de l'esprit et du corps, apoltronnit et effemine les plus courageux : témoin Annibal, dont les Lacédémoniens, qui faisaient profession de mépriser toutes voluptés, étaient appelés hommes, et les Athéniens, mous et delicats, femmes. » (*Plutarque.*) Xerxès, pour punir les Babyloniens révoltés et s'assurer d'eux à l'avenir, leur ôta les armes et exercices pénibles et difficiles, et permit tous les plaisirs et délices.

Secondement, elle bannit et chasse les vertus principales qui ne peuvent durer sous un empire si mou et si efféminé : *Maximas virtutes jacere oportet voluptate dominante.* (*Cicéron.*) Où la volupté domine, les grandes vertus ne peuvent exister.

Tiercement, elle dégénère bientôt en son contraire, qui est la douleur, le déplaisir, le repentir : comme les rivières d'eau douce courent et vont mourir en mer salée, ainsi le miel des voluptés se termine au fiel de la douleur. La volupté, quand elle n'est retenue par aucun frein, dit Sénèque, conduit rapidement à la douleur ; elle se change en un vrai supplice : *In præcipiti est, ad dolorem vergit, in contrariam abit, nisi modum teneat.* Finalement, la volupté est la pourvoyeuse des maux. (*Platon, Plaute.*) Cette remarque était nécessaire pour justifier ce que nous avions dit dans le principe, de la volupté, les propositions que nous avons émises d'abord étant en opposition flagrante avec les dernières que nous avons établies ; et puis, parce que la plupart des auteurs sont portés à n'admettre qu'une seule sorte de volupté, qui est celle des sens, ou intempérance corporelle, alors que d'autres admettent dans le cœur humain autant de formes de voluptés qu'il y a d'espèces de plaisirs dont l'homme peut abuser, et autant d'espèces différentes de plaisirs, qu'il y a de passions qui agitent son âme.

Sur la même ligne de ces voluptés, et par conséquent au premier rang des voluptés criminelles, on doit mettre les voluptés empoisonnées qui font acheter aux hommes par les plaisirs d'un instant, de longues douleurs. On pensera de même chose de ces voluptés qui sont fondées sur la mauvaise foi et sur l'infidélité, qui établissent dans la société la confusion de races et d'enfants, et qui font suivre de soupçons, de défiance et fort souvent de meurtres et d'attentats sur les lois les plus sacrées et les plus inviolables de la nature. Enfin, on doit regarder comme un plaisir criminel le plaisir que Dieu défend, soit par la loi naturelle qu'il a donnée à tous les hommes, soit par une loi positive, toute jouissance sensuelle affaiblissant, suspendant ou détruisant le commerce que nous avons avec lui, en nous rendant trop attachés aux créatures.

De toutes les voluptés que l'homme peut goûter, la volupté des yeux, de l'odorat et de l'ouïe, est la moins nuisible ; ce qui n'empêche pas qu'elle puisse devenir criminelle. Sans doute elle ne détruit point l'existence ; sans doute elle ne fait de tort à personne : n'importe, du moment où la morale et la religion la condamnent, s'y livrer est un crime. A plus forte raison considérerons-nous comme criminelle la volupté qui consiste dans les excès de la bonne chère ou des plaisirs

---

(1) Admirables paroles prononcées par un élève de l'école polytechnique, le 24 février 1848, à la vue du crucifix placé dans la chapelle des Tuileries, envahie par le peuple en armes

charnels, l'une et l'autre étant très-préjudiciables à la santé de l'homme qu'elles ruinent, à son intelligence qu'elles abaissent, en le rappelant de ces hautes et sublimes contemplations pour lesquelles il est naturellement fait, à des sentiments qui l'attachent bassement aux délices de la table ou aux jouissances de la chair, comme aux sources de son bonheur.

Tous les hommes doivent donc éviter les voluptés déréglées et les plaisirs voluptueux, surtout poussés jusqu'à la luxure. Ils le doivent même d'autant plus, que ces plaisirs traînent généralement après eux, non-seulement les chagrins et les remords, mais encore les douleurs violentes, les souffrances incessantes, les maux les plus graves, les maladies les plus honteuses. Bref, la jouissance inconsidérée les énerve, les abat et les tue avant qu'ils soient arrivés au milieu de la carrière qu'ils étaient destinés à parcourir : quelle triste leçon pour l'humanité !

Si celui qui commence une vie de jouissances immodérées ne profite pas de cet enseignement pour mettre un frein à ses penchants ; si ce tableau de tant de conséquences fâcheuses succédant aux sensations voluptueuses ne le retient pas sur le bord de l'abîme ; si la crainte d'une vieillesse précoce accablée d'infirmités et d'une mort prématurée ne peuvent rien sur son âme subjuguée par les passions ; qu'il entende du moins une voix amie qui lui crie : cette vie de délices après laquelle tu cours ne peut te conduire qu'à ta perdition et à ta damnation ; hâte-toi d'y renoncer, il en est temps encore, et rappelle-toi qu'une carrière de privations, mais laborieuse et bien remplie, après t'avoir procuré une bonne santé sur la terre, te procurera aussi une éternelle félicité dans le sein de Dieu.

Z

ZÈLE (faculté), ZÉLÉ. On dit généralement qu'un individu est zélé, quand sous l'impression d'une affection vive et tendre, d'une piété sincère, ou d'une charité ardente (le mot charité employé dans le sens vulgaire), il s'agite et s'empresse à assurer, quand il le peut, les succès de ses amis, de ses proches, ou les siens, les intérêts de tous ; et à témoigner de son ardeur pour la gloire de Dieu et de la religion, pour le service de l'humanité.

Le zèle ne serait donc pas un sentiment primitif, mais bien une faculté qui se révèle et s'exalte sous les inspirations de l'amour de Dieu, l'amour du prochain, l'amour de la patrie, l'amitié, etc., sources fécondantes où l'homme puise les bons sentiments qui l'animent, les forces et le courage qui lui sont nécessaires. Tel on nous montre le missionnaire, par exemple, supportant et affrontant avec calme et sérénité les fatigues et les dangers d'un voyage long et périlleux, sans s'inquiéter des hurlements des animaux féroces qui le guettent au passage ; hôtes des forêts, bien moins à craindre pour lui, que les sauvages de la plaine, à qui il va porter le flambeau de la foi avec la parole de l'Evangile.

J'insiste sur ce fait que le zèle n'est pas un sentiment primitif, mais bien la mise en pratique de plusieurs autres sentiments, pour faire remarquer que j'étais entièrement libre de le passer sous silence. Néanmoins, comme on peut pécher également par excès ou par défaut de zèle ; et que, par conséquent, il est des circonstances où il faut savoir le modérer, et d'autres où il convient au contraire de l'exciter ; comme par un zèle indiscret et inconsidéré, nous pouvons TOUS, compromettre plus ou moins la position, la fortune, l'avenir d'autrui et le nôtre ; comme bien des gens en imposent souvent à la société par un zèle affecté ; il est bon que nous soyons avertis, et que nous sachions surtout quelle est l'origine véritable du zèle, afin que nous nous adressions là où il convient que nous frappions, soit pour l'empêcher de marcher en aveugle et lui imprimer une direction salutaire ; soit pour le raviver dans ceux en qui il s'affaiblit et paraît près de s'éteindre ; soit principalement, pour donner à l'homme zélé, mais ignorant ou peu instruit, des conseils salutaires.

Il les trouvera résumés dans ces quelques mots : Consultez toujours, avant d'agir, une raison éclairée ; ne vous assoupissez pas dans les froides lenteurs de l'apathie, mais sachez persévérer malgré les obstacles, quand votre zèle sera dirigé et soutenu par la vertu, et qu'il aura pour objet les intérêts de l'Eglise, de la patrie, de la société, de la famille, des sciences, des arts, etc., qui peuvent à chaque instant du jour, réclamer les secours efficaces de votre zèle.

DE L'USAGE DES PASSIONS,

PAR LE R. P. J.-F. SENAULT, PRÊTRE DE L'ORATOIRE.

NOTICE BIOGRAPHIQUE DU PÈRE SENAULT.

SENAULT (Jean-François), né à Anvers en 1599 ou 1604 (l'abbé Fromentière, dans son *Oraison funèbre* le dit né à Douai, et Paquot, *Notio temporum*, à Paris, d'un secrétaire du roi de France, et zélé ligueur). Le cardinal de Bérulle, instituteur de l'Oratoire, l'attira dans sa congrégation naissante, comme un homme qui en serait un jour la gloire par ses talents et par ses vertus. Après avoir professé les humanités, il se consacra à la chaire, livrée de son temps au mauvais goût; il sut lui rendre la dignité et la noblesse qui conviennent à la parole divine. Ses succès en ce genre lui firent offrir des pensions et des évêchés; mais sa modestie les lui fit refuser. Ses confrères l'élurent supérieur de Saint-Magloire; et il s'y conduisit avec tant de douceur et de prudence, qu'ils le mirent à leur tête en 1662. Il exerça la charge de général pendant dix années, avec l'applaudissement et l'amour de ses inférieurs, et mourut à Paris le 3 août 1672. L'abbé Fromentière, depuis évêque d'Aire, prononça son oraison funèbre. Parmi les ouvrages qu'il a laissés, on distingue : — un traité de l'*Usage des passions*, Paris, 1641, in-4°, imprimé plusieurs fois in-4° et in-12, et traduit en anglais, en allemand, en italien et en espagnol : ouvrage où l'érudition est unie à la sagesse des principes. L'auteur prouve l'utilité et la nécessité des passions; mais il en montre en même temps la direction et l'objet; il fait admirablement servir la philosophie à la morale, et les arides leçons des anciens sages à la gloire des maximes de l'Evangile, qui seules peuvent leur donner une sanction et de la consistance. — Une *Paraphrase sur Job*, Rouen, 1667, 9° édition, qui, en conservant toute la majesté et toute la grandeur de son original, en éclaircit les difficultés ; — l'*Homme chrétien*, 1648, in-4° ; et l'*Homme criminel*, 1644, aussi in-4°; — le *Monarque*, ou *les Devoirs du souverain*, in-12 : ouvrage estimé ; — trois volumes in-8° de *Panégyriques des saints*, Paris, 1655, 1657 et 1658; — plusieurs *Vies des personnes illustres par leur piété*.

(*Extrait du Dictionn. de Feller.*)

PRÉFACE.

Bien que toute la philosophie soit belle, et que ce grand corps n'ait point de parties qui ne soient nobles, je confesse que la morale est une des moins éclatantes, et que si son utilité ne relevait son mérite, elle ne trouverait personne qui voulût recevoir ses instructions. En effet, ce n'est pas une grande gloire de combattre ses passions et de les vaincre, puisqu'elles ne sont que des monstres (1). Ce n'est pas un grand sujet de vanité d'acquérir quelques vertus, et d'être plus innocent que ceux qui sont criminels, puisqu'on ne s'estime pas vigoureux, pour être plus sain qu'un malade. Ce n'est pas un grand avantage de surmonter l'avarice, puisqu'elle exerce sa fureur contre soi-même, et qu'elle se prive des biens dont elle a privé les autres ; ce n'est pas une action bien glorieuse d'avoir triomphé du luxe, puisqu'il répare ses profusions par des injustices, et qu'il amasse les richesses plus injustement qu'il ne les dissipe ; ce n'est pas enfin une rare merveille de mépriser l'ambition, puisqu'elle ne nous élève aux honneurs que par les affronts, et qu'elle ne nous fait monter à la grandeur que par la servitude. Néanmoins cette partie de la philosophie a ses avantages, et si elle a moins d'éclat, elle apporte plus de profit que les autres; car c'est elle qui forme les philosophes, et qui épurant leur esprit, les rend capables de considérer les merveilles de la nature ; c'est elle qui instruit les politiques, et qui leur apprend à gouverner les Etats en gouvernant leurs passions : c'est elle qui forme les pères de famille, et qui par le ménage de leurs inclinations, leur enseigne à conduire leurs esclaves (2). De sorte qu'elle est à la philosophie ce que les fondements sont aux édifices, et elle se peut vanter qu'en travaillant à faire un homme de bien, elle fait tout ensemble un bon père de famille, un sage politique et un savant philosophe.

Mais comme elle a diverses routes pour arriver à une même fin, j'ai cru que la plus humble était la plus assurée, et que prenant celle qui nous enseigne à régler les mouvements de notre âme, je combattrais tous les vices, et je défendrais toutes les vertus. Car encore que les passions soient déréglées, et

(1) Quandiu cum affectibus colluctamur, quid magni facimus? etiamsi superiores sumus, portenta vicimus. Sen., *Qu. natur. l.* 1, *præfat.*

(2) Ethica in universum componit hominem : et suadet marito quomodo se gerat adversus uxorem, patri quomodo educet liberos, domino quomodo servos regat. Senec., epist. 95.

que le péché les ait réduites à un état où elles sont plus criminelles qu'innocentes ; néanmoins la raison avec la grâce les peut employer utilement ; et sans les flatter j'ose dire à leur avantage, qu'il n'y en a point de si méprisable qu'on ne puisse changer en une glorieuse vertu. On ne peut leur ôter ce qu'elles ont tiré de la nature corrompue, et leur rendre la pureté qu'elles avaient pendant l'état d'innocence ; il ne se présente point d'occasion où elles ne puissent donner des combats, et remporter des victoires en faveur de la vertu ; et pourvu qu'on les sache dompter, il sera facile de vaincre tous les vices avec elles : car ils proviennent de leurs désordres, et nous ne commettons point de péché qui ne doive sa naissance à leur révolte. C'est pourquoi je puis assurer que toute la morale est comprise en cette partie, et qu'enseignant l'usage des passions, j'enseigne tous les moyens de rendre l'homme vertueux.

Mais pour conduire heureusement une si glorieuse entreprise, il faut prendre une route bien différente de celle des philosophes, et suivre des maximes bien éloignées de celles qu'ils nous ont laissées dans leurs écrits : car ces aveugles n'ont point voulu d'autre règle que la nature, ni d'autre secours que la raison (1). Ils ont cru qu'avec ces deux faibles guides il n'y avait point de vices qu'ils ne pussent chasser, ni de vertus qu'ils ne pussent acquérir. Leur vanité leur donna du courage ; ils firent des efforts qui surpassaient leur pouvoir, et par une vaine confiance ils s'imaginèrent qu'ils pourraient soumettre le corps à l'esprit, et rétablir ce souverain dans son ancienne autorité : comme il est plus aisé de connaître le bien que de le suivre, ils écrivirent dignement de la vertu, ils remplirent tous leurs discours de ses louanges, et s'il n'eût fallu que des raisons ou des paroles pour nous persuader, ils eussent pu nous rendre vertueux par leurs écrits. Mais notre mal était trop grand pour se laisser vaincre à de si faibles remèdes, et il fallait que la grâce se mêlât avec la nature pour rendre la vertu méritoire. L'homme avait eu assez de liberté pour se perdre par son propre mouvement, mais il n'en avait pas assez pour se sauver par ses propres forces. Sa perte venait de sa volonté, et son salut ne pouvait venir que de la grâce : toutes les actions qu'il faisait sans cette assistance étaient criminelles, et si nous croyons saint Augustin, toutes ses bonnes œuvres étaient des péchés ; car il manquait au principe et à la fin. N'agissant pas par la grâce, il fallait qu'il agît par la concupiscence, et étant possédé par l'amour-propre, il ne se pouvait point proposer d'autre fin que soi-même ; il cherchait ou la gloire ou le plaisir, et dans toutes ses actions il ne s'élevait point plus haut que ses intérêts.

Les philosophes, pour avoir un peu plus de lumières que les autres, n'avaient pas plus de justice, et quelques noms qu'ils donnassent à leurs vertus, on pouvait aisément juger qu'ils n'étaient animés que par le désir de l'honneur ou de la volupté. Aussi toutes leurs opinions se peuvent réduire à celles des épicuriens et des stoïques, et l'une et l'autre sont infiniment éloignées de la créance des chrétiens. Car, comme dit saint Augustin, les épicuriens ne connaissaient point d'autre plaisir que la volupté, les stoïciens n'estimaient point d'autre bonheur que la vertu, et les chrétiens ne trouvent point d'autre félicité que la grâce. Les premiers soumettent l'esprit au corps, et réduisent les hommes à la vie des bêtes ; les seconds remplissent l'âme de vanité, et dans la misère de leur condition ils imitent l'orgueil des démons : les derniers avouent leur faiblesse, et sentant par expérience que la nature et la raison ne les peuvent délivrer, ils implorent le secours de la grâce, et n'entreprennent point de combattre les vices, et d'acquérir les vertus, que par l'assistance du ciel (2). C'est pourquoi je présuppose en cet ouvrage, que pour conduire les passions la charité nous est absolument nécessaire, et je reconnais qu'il n'y a point d'autre morale que les chrétiennes. Je sais bien que les philosophes ont avancé quelques maximes qui peuvent servir à notre dessein ; mais je sais bien aussi qu'on ne les peut employer utilement que par la grâce du Saint-Esprit. Les plus belles vérités nous sont inutiles, si celui qui est la lumière éternelle ne les répand dans nos âmes ; et les meilleures raisons ne nous sauraient persuader, si celui qui tient nos cœurs dans sa main ne les touche par ses inspirations ; les aides mêmes de la nature, qu'on peut appeler les ruines de l'innocence, ne sauraient produire les vertus s'ils ne sont animés de la charité. Toutes ces bonnes inclinations qui nous restent après la perte de la justice originelle sont déréglées ; et l'homme est si universellement corrompu, que ses avantages même lui sont pernicieux. La beauté de l'esprit, la bonté du jugement et la fidélité de la mémoire sont des faveurs qui ont perdu les philosophes ; et si nous en tirons maintenant quelque profit, nous le devons à la grâce, et non pas à la nature. Il en est de notre âme comme de la terre ; l'une et l'autre sont maudites depuis le péché : et comme celle-ci ne porte que des épines, si elle n'est cultivée, celle-là ne produit que des péchés, si elle n'est éclairée de quelque lumière surnaturelle.

Pour entendre cette vérité, qui est la pure doctrine de l'Évangile, il faut savoir que la grâce, soit dans l'état d'innocence, soit dans celui du christianisme, fait une partie de l'homme : il n'est pas accompli quand il est dépouillé ; et quoique la raison lui demeure,

---

(1) Natura duce utendum est : hanc ratio observat, hanc consulit : idem est ergo beate vivere, et secundum naturam. Senec. de Vita beata, cap. 8.
(2) Interrogemus singulos. Dic, Epicure, quæ res faciat beatum? respondet, Voluptas corporis. Dic, Stoice? respondet, Virtus animi. Dic, Christiane, respondet, Donum Dei. Aug. in tract. de sectis philos., c. 7.

il est imparfait s'il n'a pas la justice. Dans l'un et l'autre de ces états, il faut qu'il soit juste pour être achevé, et qu'il soit agréable à Dieu pour être innocent. La raison n'est pas son principal avantage ; et si je l'ose dire, elle n'est pas même sa dernière différence ; il ne fut jamais créé pour être seulement raisonnable, et il ne peut être sauvé, si avec la raison il ne possède la justice (1). D'un privilége si rare il est arrivé un malheur extrême : car comme la nature et la grâce étaient unies en la personne du premier homme, elles n'ont pu être divisées que par le péché, et il n'a pu perdre la justice que par la concupiscence. N'étant plus sous l'empire de Dieu, il est tombé sous la tyrannie du diable, et quittant son souverain légitime, il s'est jeté entre les bras d'un usurpateur. Comme il agissait autrefois par les mouvements du premier, il agit maintenant par les mouvements du second, et comme il ne faisait point d'actions qui ne fussent innocentes et raisonnables, il n'en fait plus qui ne soient déraisonnables et criminelles ; la raison est devenue esclave du péché, et la nature perdant la grâce, a perdu sa première pureté.

Pour nous délivrer de cette honteuse et cruelle servitude, il faut que Jésus-Christ nous anime de son esprit, et qu'il nous unisse à son corps, et qu'il rende à la raison les avantages que le péché lui a ravis. Quiconque n'agit pas par ce principe, est criminel ; et qui n'est pas dépouillé du vieil homme, ne peut être revêtu du nouveau (2). C'est pourquoi saint Augustin condamne toutes les vertus des païens ; il confond leurs bonnes œuvres avec leurs péchés, et sachant bien qu'on ne peut être juste sans la grâce, il assure que leurs plus belles actions étaient criminelles (3). Tous ses livres sont remplis de ces vérités ; et sa doctrine, qui est tirée de l'Évangile, nous oblige à confesser que pour combattre les vices et pour conduire les passions, il faut avoir nécessairement la charité. Qui agit par les mouvements de cette vertu, ne se peut perdre ; et qui suit ceux de la concupiscence, ne se peut sauver. La charité nous élève dans le ciel, la concupiscence nous engage dans la terre. La charité nous unit à Dieu, la concupiscence nous unit à nous-mêmes. La charité nous restitue l'innocence, et la concupiscence nous entretient dans le crime.

Il faut donc que la morale, pour être utile, soit chrétienne, et que les vertus qui doivent régler nos passions soient animées de la charité pour s'acquitter de leur devoir. Cela n'empêche pas qu'elles n'aient leurs emplois particuliers, et que sous la conduite de leur souveraine elles ne s'efforcent de dompter ces rebelles, et de leur apprendre l'obéissance. Elles les adoucissent par leur adresse, elles se servent de l'artifice quand la force est inutile : elles les prennent par leurs intérêts, ou les gagnent par leurs inclinations. Ne les pouvant pas rendre capables des plus purs sentiments de la religion, elles les traitent en infidèles et les persuadent par des raisons intéressées. Si la gloire du ciel ne les touche pas, elles leur proposent celles de la terre ; et si les récompenses ne les peuvent exciter, elles tâchent de les étonner par les châtiments. Car ces mouvements de notre âme sont trop attachés à la terre pour s'élever à la pureté du divin amour ; elles ne sentent sa chaleur que par réflexion, et ce monarque se contente de les réduire à leur devoir par l'entremise des vertus qui relèvent de son empire. Il emploie la tempérance et la continence pour vaincre ces rebelles, il leur apprend le moyen de ranger ces esclaves à la raison, et il leur donne des forces pour dompter ces monstres farouches (4) : de sorte qu'il ne faut point s'étonner si quelquefois j'ai suivi l'exemple des philosophes profanes, et si j'ai employé les raisons des infidèles pour rendre les passions obéissantes. Elles sont si engagées dans les sens, qu'elles ne peuvent rien concevoir qui ne soit sensible ; et elles ont si peu de commerce avec la raison, qu'elles ne sauraient entendre ses commandements, si l'imagination ne leur sert d'interprète. C'est cette faculté qui les gouverne ; pour les réduire, il la faut gagner ; et c'est en vain qu'on prétend de les rendre dociles, si l'on n'a rendu leur guide raisonnable. C'est pourquoi traitant avec elles, je suis obligé de m'accommoder à leur faiblesse et de m'abaisser au-dessous de la majesté de la religion. Je me relâche de la sévérité de notre créance, et ne pouvant leur faire comprendre les vérités chrétiennes, je les persuade par des considérations humaines ; je les pique d'honneur ou de honte ; comme les Pères de l'Église disputant avec les infidèles, les battaient de leurs propres armes, et convainquaient par les raisons des philosophes, je prends les passions par leurs propres intérêts et je me sers de leurs inclinations pour adoucir leur fureur ; je les trompe pour les guérir, et j'use de leurs faiblesses pour les soumettre à la vertu. Mais dans ces innocents artifices je ne prétends point faire tort à la charité, je lui laisse la sincérité de ses intentions, je lui permets de chercher Dieu pour lui-même, et j'oblige la justice, la force et la tempérance, qui sont capables de raison, de suivre autant qu'elles peuvent la pureté de ses mouvements.

Après tous ces avis, il ne me reste qu'à informer le lecteur de la disposition de cet ouvrage ; mais elle est si claire, que les seuls titres du livre l'en peuvent instruire, et il

---

(1) Sane habuit gratiam Adamus, in qua si permanere vellet, nunquam malus esset ; et sine qua etiam cum libero arbitrio bonus esse non posset. *Aug. lib. de Correp. et gratia, cap.* 12.

(2) Omnis infidelium vita peccatum est, et nihil est bonum sine summo bono : ubi enim deest agnitio æternæ et incommutabilis veritatis, falsa virtus est etiam in optimis moribus. *Sent.* 106 *August.*

(3) Proinde mala sunt ista si malus amor, et bona si bonus est amor. *August., lib.* XXIV *de Civ. Dei, cap.* 7.

(4) Temperantia est moderatio cupiditatum, rationi obediens. *Cic. lib.* II *de Fin.*

suffit de lire la table qui suit ce livre pour concevoir tout mon dessein. Je traite les passions en général et en particulier. Dans le général, je représe nte leur nature, leur désordre, leur conduite, leur affinité avec les vices et les vertus, et leur pouvoir sur la liberté des hommes. Dans le particulier, je les oppose les unes aux autres, pour les faire voir avec plus d'éclat; et après avoir expliqué leur essence, leurs propriétés et leurs effets, j'en découvre le mauvais usage pour l'éviter, et le bon usage pour le suivre. Qui voudra profiter de ces avis, trouvera par expérience, qu'en conduisant ses passions, il combattra tous les vices et pratiquera toutes les vertus

DE L'USAGE DES PASSIONS.

Première partie.

DES PASSIONS EN GENERAL.

PREMIER TRAITÉ.
DE LA NATURE DES PASSIONS.
PREMIER DISCOURS.
Apologie pour les passions contre les stoïques.

Comme il n'y a point d'homme si modéré qui n'éprouve quelquefois la violence des passions, et comme leur désordre est un malheur dont peu de personnes se peuvent défendre ; c'est aussi le sujet qui a le plus exercé l'esprit des philosophes ; et de toutes les parties de la morale, c'est celle qu'on a le plus souvent examinée. Mais si j'ose dire mes sentiments avec liberté, et s'il m'est permis de juger de mes maîtres, il me semble qu'il n'y a point de matière en toute la philosophie qu'on ait traitée avec plus de pompe et avec moins de profit : car les uns se sont contentés de nous décrire les passions, et de nous en découvrir les causes et les effets sans nous en apprendre la conduite : de sorte qu'on les peut accuser d'avoir eu plus de soin de nous faire connaître nos maladies que de nous en donner les remèdes ; les autres, plus aveugles, mais plus zélés, les ont confondues avec les vices, et n'ont point mis de différence entre les mouvements de l'appétit sensitif, et les déréglements de la volonté, si bien qu'à les entendre parler, on ne peut être passionné qu'on ne soit criminel ; leurs discours, qui devaient être des instructions à la vertu, ont été des invectives contre les passions ; ils ont fait le mal plus grand qu'il n'était, et le désir qu'ils ont eu de le guérir n'a servi qu'à le rendre incurable. Les autres, peu différents de ces derniers, ont tâché d'étouffer les passions, et sans considérer que l'homme avait un corps, et que son âme n'était pas dégagée de la matière, ils ont voulu l'élever à la condition des anges. Comme ces derniers sont les plus illustres ennemis qu'aient jamais eus les passions, et qu'ils ont employé plus de raisons pour les combattre, il est juste de les écouter pour leur répondre, et de détruire l'erreur avant d'établir la vérité.

Il n'y a personne qui ne sache que l'orgueil a toujours accompagné la secte des stoïciens, qui pour élever l'homme ont essayé d'abaisser Dieu, et que souvent ils ont fait leur sage un peu plus heureux que leur Jupiter ; ils l'ont mis au-dessus de la fortune et du destin, et ont voulu que son bonheur ne dépendît que de sa seule volonté. La vertu est trop modeste pour accepter des louanges si injustes, et la piété ne lui permet pas de s'agrandir au préjudice de la Divinité qu'elle adore. Mais la vanité de ces philosophes insolents n'a jamais paru davantage que dans la guerre qu'ils ont déclarée à nos passions ; car comme elles sont les mouvements de la partie la plus basse de notre âme, l'orgueil les a rendus éloquents dans leurs invectives, et l'ambition leur a fourni des raisons qui sont bien reçues de tous les hommes, qui se fâchent d'avoir un corps, et qui s'affligent de n'être pas anges. Ils disent que le repos ne peut loger avec les passions, qu'il est plus aisé de les détruire que de les régler, qu'il ne faut jamais se servir de soldats qui méprisent les ordres de leurs chefs, et qui sont plus disposés à choquer la raison qu'à combattre pour son autorité ; que les passions sont les maladies de nos âmes, que les plus faibles sont dangereuses, et que la santé n'est pas entière quand on ressent encore les émotions de la fièvre ; qu'un homme est bien misérable, qui ne peut trouver son salut que dans sa perte, qui ne saurait être courageux s'il ne se met en colère, qui ne peut être prudent s'il n'est saisi de crainte, et qui n'ose rien entreprendre s'il n'y est sollicité par ses désirs ; enfin, ils concluent que c'est vivre dans la tyrannie que d'être esclave de ses passions, et qu'il faut renoncer à la liberté pour obéir à des maîtres si insolents (1).

Ces raisons, qui sont exprimées avec tant de belles paroles dans les écrits des stoïciens, n'ont pu faire encore un sage qu'en idée. Leurs admirateurs n'en ont remporté que de la confusion ; après avoir fait la cour à une

(1) Quatieturque necesse est, fluctueturque qui suis malis tutus est, qui fortis esse, nisi irascitur, non potest, industrius nisi cupit : quietus, nisi timet. In tyrannide illi vivendum est, in alicujus affectus venienti servitutem. (*Senec. l. t, de Ira, c. 10.*)

vertu si glorieuse et si austère, ils sont devenus la moquerie de tous les siècles ; et les plus sages d'entre eux ont bien reconnu, qu'en voulant faire des dieux, ils ne faisaient que des idoles. Sénèque même, que je regarde comme le plus éloquent et le plus superbe disciple de cette orgueilleuse secte, pressé par la faiblesse de la nature et par la force de la raison, a trahi son parti, et ne se souvenant plus de ses maximes, a confessé que le sage ressentait quelquefois des émotions, et que bien qu'il n'eût pas de véritables passions, il en avait néanmoins des ombres et des apparences (1). Qui connaîtra bien l'humeur de ce philosophe, se contentera de cet aveu ; et qui examinera bien le sens de ses paroles, trouvera que saint Augustin avait raison de dire que les stoïciens n'étaient différents des autres philosophes qu'en leur façon de parler, et que, pour avoir des termes plus orgueilleux, ils n'avaient pas des sentiments plus élevés ; car ils ne blâment pas toutes les passions, mais leurs excès seulement ; et s'ils ont eu le désir de les étouffer, ils n'en ont jamais eu l'espérance.

Ainsi faudrait-il ruiner la constitution de l'homme, et séparer l'âme du corps, pour l'exempter de ses mouvements. Tandis que cette illustre prisonnière sera obligée de faire les mêmes fonctions que les âmes des bêtes, elle sera contrainte de concevoir des passions, et tandis que dans ses opérations elle emploiera ses sens, dans la pratique des vertus elle usera de l'espérance et de la crainte. Il n'est pas plus honteux à l'âme de craindre un danger, d'espérer un bonheur, ou de s'animer contre un mal, que de voir par les yeux, ou d'écouter par les oreilles. L'un et l'autre sont une servitude, mais tous les deux sont nécessaires. Encore est-il bien plus aisé de gouverner les passions que les sens, et la crainte, la colère et l'amour sont bien plus capables de raison, que la faim, la soif et le dormir : c'est pourquoi si nous assujettissons les sens à l'empire de la raison, nous pouvons bien lui soumettre nos passions, et rendre notre crainte et notre espérance vertueuse, comme nous rendons tous les jours nos jeûnes et nos veilles méritoires.

La raison est le propre bien de l'homme, tous les autres ne lui sont qu'étrangers, il les peut perdre sans s'apauvrir, et pourvu qu'il soit raisonnable, il se pourra vanter d'être toujours homme. Puisque ce bien est plus grand que tous les autres, il faut le répandre dans toutes les parties de l'homme, et en rendre capables les plus basses facultés de notre âme. Il n'y a point de crainte qui ne serve à notre assurance si elle est bien ménagée, il n'y a point d'espérance qui, étant bien réglée, ne nous anime aux actions généreuses et difficiles, il n'y a point de hardiesse qui, étant bien conduite, ne rende les soldats invincibles. Enfin les passions les plus insolentes peuvent servir à la raison ; et ne les pas employer dans le cours de notre vie, c'est laisser inutile une des plus belles parties de notre âme. La vertu même serait oiseuse si elle n'avait point de passions à vaincre ou à régler, et qui en considérera les principaux emplois, trouvera qu'ils regardent la conduite de nos mouvements. La force est occupée à dompter la crainte, et cette courageuse vertu cesserait d'agir si l'homme cessait de craindre ; la modestie nous fait mesurer nos désirs et nos espérances, et s'il n'y avait point de passions ambitieuses, il n'y aurait point d'hommes modestes dans leur bonne fortune. La tempérance et la continence répriment les voluptés ; et si la nature n'avait mêlé du plaisir dans toutes les actions de notre vie, ces deux vertus qui font les chastes et les continents demeureraient également inutiles. La clémence adoucit la colère, et si cette passion n'animait les princes à la vengeance, la vertu qui la modère ne mériterait point des louanges.

Mais si les passions reçoivent tant de bons offices des vertus, elles n'en sont pas méconnaissantes ; car quand elles sont instruites dans leur école, elle les payent avec usure, et les servent avec fidélité. La crainte fait la meilleure partie de la prudence : quoiqu'on l'accuse d'aller chercher le mal avant qu'il soit arrivé, elle nous prépare à le souffrir doucement ou à l'éviter heureusement. L'espérance sert à la force, et pour entreprendre les belles actions, il faut qu'elle nous enfle le courage par ses promesses. La hardiesse est la fidèle compagne de la valeur, et tous ces grands conquérants doivent leur gloire à la générosité de cette passion. La colère maintient la justice, et anime les juges au châtiment des criminels. Enfin, il n'y a point de passions qui ne soient utiles à la vertu quand elles sont ménagées par la raison ; et ceux qui les ont tant décriées nous ont fait voir qu'ils n'en ont jamais connu l'usage ni le mérite.

IIe DISCOURS.

Quelle est la nature des passions et en quelle puissance de l'âme elles résident.

La grandeur de Dieu est si élevée, que les hommes ne l'ont pu connaître sans l'abaisser ; et son unité est si simple, qu'ils ne l'ont pu concevoir sans la diviser (2). Les philosophes lui donnèrent des noms différents pour exprimer ses diverses perfections, l'appelant tantôt Destin, tantôt Nature, tantôt Providence ; ils introduisirent dans le monde la pluralité des dieux, et rendirent tous les peuples idolâtres. Comme l'âme est l'image de Dieu, ces mêmes philosophes la divisent aussi, et ne pouvant comprendre la simplicité de son essence, ils crurent qu'elle était corporelle. Ils s'imaginèrent qu'elle avait des parties comme le corps, et que pour être plus subtiles, elles n'en étaient pas moins véritables. Ils multiplièrent la cause avec ses effets, et prenant ses diverses facultés pour des natures différentes, ils donnèrent contre les lois

---

(1) Sentiet itaque sapiens suspiciones quasdam et umbras affectuum, ipsis quidem carebit. *Senec. l. 1, de Ira*, c. 16.

(2) Unum est ineffabile. *Dion.*

de la raison plusieurs formes à un même composé. Mais la vérité qui descendit sur la terre avec la foi nous enseigna que l'âme est une en son essence, et qu'on ne lui impose des noms différents que pour exprimer la variété de ses opérations. Car quand elle donne la vie au corps, et que par la chaleur naturelle qui part du cœur comme de son centre, elle conserve toutes ses parties, on l'appelle *forme;* quand elle voit les couleurs par les yeux ou discerne les sons par les oreilles, on l'appelle *sentiment;* quand elle s'élève plus haut, et que discourant, elle infère une vérité d'une autre, on la nomme *entendement;* quand elle garde ses pensées pour les employer dans ses besoins, ou qu'elle tire de ses trésors les richesses qu'elle y avait enfermées, on l'appelle *mémoire;* quand enfin elle aime ce qui lui est agréable, ou qu'elle hait ce qui lui est contraire, on l'appelle *volonté;* mais toutes ces facultés qui diffèrent en leurs emplois conviennent en leur substance, elles ne font toutes ensemble qu'une seule âme, et elles sont des ruisseaux qui dérivent d'une même source (1).

La philosophie profane reconnaissant enfin cette vérité, se servit de plusieurs comparaisons pour l'exprimer : tantôt elle nous représenta l'âme dans son corps, comme une intelligence dans le ciel, dont la vertu se répand par tous ses globes ; tantôt elle nous la figura comme un pilote qui conduit son vaisseau ; tantôt comme un souverain qui gouverne son Etat. Mais la philosophie chrétienne a bien mieux rencontré, lorsque, remontant jusqu'au principe de l'âme, elle nous a fait connaître les effets qu'elle produit dans le corps, par ceux-là mêmes que Dieu produit dans le monde : car encore que cet esprit infini ne dépende pas de l'univers qu'il a créé, et que sans intéresser sa grandeur il puisse ruiner son ouvrage, néanmoins il est répandu en toutes ses parties, il ne laisse point d'espace qu'il ne remplisse, il s'accommode à toutes les créatures en leurs opérations ; et sans diviser son unité ou affaiblir sa vertu, il éclaire avec le soleil, il brûle avec le feu, il rafraîchit avec l'eau, et il produit des fruits avec les arbres. Il est aussi grand sur la terre que dans les cieux ; quoique ses effets soient différents, sa puissance est toujours égale, et les astres qui brillent sur nos têtes ne lui coûtent pas davantage que les fleurs que nous foulons sous nos pieds. Ainsi l'âme est répandue dans le corps, et pénètre toutes ses parties ; elle est aussi noble dans la main que dans le cœur, et bien que s'accommodant à la disposition des organes, elle parle par la bouche, elle voie par les yeux, et qu'elle écoute par les oreilles, néanmoins elle est un pur esprit en son essence, et dans ses fonctions différentes son unité n'est point divisée, ni sa puissance affaiblie. Il est vrai que ne trouvant pas les mêmes dispositions en chaque partie du corps, elle ne produit pas aussi les mêmes effets ; et cette illustre captive est en ce point infiniment ravalée au-dessous de Dieu ; car comme il est infini, et que du rien il a pu faire le tout, il peut encore de chaque créature faire toutes choses, et, sans avoir égard à leurs inclinations, les faire servir à ses volontés (2). Ainsi voyons-nous qu'il a employé le feu pour adoucir les peines de ses sujets, qu'il a usé de la lumière pour aveugler ses ennemis, qu'il a fait remonter les fleuves vers leurs sources pour donner passage à ses amis, et qu'il a fait fendre la terre pour ensevelir les rebelles de son Etat ; mais l'âme dont le pouvoir est limité ne peut agir indépendamment des organes ; et quoiqu'elle soit spirituelle en sa nature, elle est corporelle en ses opérations.

C'est ce qui a obligé les philosophes à la considérer en trois états, qui sont si différents les uns des autres, que si dans le premier elle approche de la dignité des anges, dans le second elle n'est pas de meilleure condition que les bêtes, et dans le dernier elle ne s'éloigne pas beaucoup de la nature des plantes ; car en celui-ci elle n'a point d'autres emplois que de nourrir son corps, de digérer les aliments, de les convertir en sang, de les distribuer par les veines, et de faire cette étrange métamorphose, où une même matière s'épaissit en chair, se roidit en nerfs, s'endurcit en os, s'étend en rameaux, et s'allonge en cartilages. Elle augmente ses parties en les nourrissant, elle achève son ouvrage avec le temps, et le conduit par ses travaux jusqu'à sa légitime grandeur ; sollicitée par la Providence, elle prend le soin d'entretenir l'univers, elle songe à rendre ce qu'elle a reçu, et elle produit son semblable pour conserver son espèce. En cet état elle n'agit pas plus noblement que les plantes qui se nourrissent des influences du ciel, qui s'élèvent par la chaleur du soleil, et qui se provignent par leurs oignons ou par leurs larmes (3).

Dans le second état elle devient sensible, et commence d'avoir des inclinations et des connaissances ; elle voit les objets par les sens qui en font leur rapport à l'imagination, celle-ci les confie à la mémoire qui s'oblige de les garder soigneusement, et de les représenter fidèlement. Des lumières de l'âme naissent ses désirs, et de sa connaissance procède son amour ou sa haine ; elle s'attache à ce qui lui est agréable ; elle s'éloigne de ce qui lui déplaît, et selon les diverses qualités du bien et du mal qui se présente, elle excite des mouvements différents que l'on appelle passions. En ce degré elle n'a

---

(1) Anima secundum operis sui officium diversis nuncupatur nominibus ; dicitur namque anima dum vegetat, spiritus dum contemplatur, sensus dum sentit, ratio dum discernit, memoria dum recordatur, voluntas dum consentit, ista non differunt in substantia quemadmodum in nominibus, quoniam omnia ista, una anima est, proprietates quidem diversæ, sed essentia una. *August. Lib. de Spiritu et anima.*

(2) Voluntas tanti utique conditoris rei cujusque natura est. *August. lib.* xxi, *de Civit. Dei,* c. 8.

(3) Alba lilia iisdem omnibus modis serventur quibus rosa, et hoc amplius lacryma sua. *Plin. c.* 5, *lib.* xxi *Hist. natur.*

rien de plus élevé que les bêtes, qui découvrent les objets par les sens, qui en reçoivent les espèces dans leur imagination, et qui les conservent en leur mémoire.

Dans le troisième état elle se détache du corps, et se recueillant en soi-même, elle s'entretient des plus hautes vérités; elle traite avec les anges, et montant par degrés jusqu'à la Divinité, elle connaît ses perfections, et admire ses grandeurs; elle raisonne sur les sujets qui se présentent, elle examine leurs qualités pour concevoir leurs essences, elle confère le présent avec le passé, et tire de l'un et de l'autre des conjectures pour l'avenir. La faculté qui fait toutes ces merveilles s'appelle *esprit;* l'imagination et les sens la reconnaissent pour leur maîtresse, mais elle n'est pas si libre qu'elle ne dépende d'une souveraine, et qu'elle ne prenne la loi d'une aveugle à qui elle sert de guide. Celle-ci qui s'appelle *volonté,* et qui n'a point d'autre objet que le bien pour le suivre, et le mal pour s'en éloigner, est si absolue que le ciel même respecte sa liberté; car il n'use jamais de violence quand il agit avec elle; il ménage son consentement avec adresse, et ces grâces efficaces, qui produisent toujours leurs effets, entreprennent bien de la convertir, mais non pas de la forcer. Ses ordres sont toujours gardés dans son empire; ses sujets, quoique farouches, ne lui sont jamais rebelles ; et quand elle commande absolument, elle est toujours obéie.

Il est vrai qu'il se forme des mouvements dans le second état de l'âme, qui exercent son pouvoir; car encore qu'ils en relèvent, ils ne laissent pas néanmoins de prétendre quelque sorte de liberté, ils sont plutôt ses citoyens que ses esclaves, et elle est plutôt leur juge que leur souveraine. Comme ces passions naissent des sens, elles prennent toujours leur parti, l'imagination ne les représente jamais à l'esprit, qu'elle ne parle en leur faveur; avec un si bon avocat elles corrompent leur maître et gagnent toutes leurs causes. L'esprit les écoute, il examine leurs raisons, il considère leurs inclinations, et pour ne les attrister, il prononce bien souvent à leur avantage, il trahit la volonté dont il est le premier ministre, il trompe cette reine aveugle, et lui déguisant la vérité, lui fait d'infidèles rapports pour tirer d'elle d'injustes commandements. Quand elle s'est déclarée, les passions deviennent des crimes, leur sédition se forme en parti, et l'homme qui n'était encore que déréglé devient entièrement criminel : car comme les mouvements de cette partie inférieure de l'âme ne sont pas libres, ils ne commencent d'être vicieux que quand ils commencent d'être volontaires. Tandis que les objets les réveillent, que les sens les sollicitent et que l'imagination même les protège, elles n'ont point d'autre malice que celle qu'elles tirent de la nature corrompue : mais dès lors que l'entendement obscurci par leurs ténèbres, ou gagné par leurs sollicitations, pervertit la volonté et oblige cette souveraine à prendre les intérêts de ses esclaves, elle les rend coupables de son péché, elle change leurs mouvements en rébellion, et du soulèvement d'une bête elle en fait le crime d'un homme. Il est vrai que quand l'esprit s'acquitte de son devoir, et que ce ministre demeure fidèle à la volonté, il réprime leurs séditions, il range à l'obéissance ces mutines, et il ménage si bien leurs humeurs, que leur ôtant tout ce qu'elles ont de farouche, il en fait de rares et d'excellentes vertus : en cet état elles servent à la raison, et elles défendent le parti qu'elles avaient résolu de combattre. Le bien ou le mal qui s'en peut tirer nous oblige à considérer leur nature, à remarquer leurs propriétés et découvrir leur origine, afin que les connaissant exactement nous en puissions user dans nos besoins.

La passion n'est donc autre chose qu'un mouvement sensitif de l'appétit sensitif causé par l'imagination d'un bien ou d'un mal apparent ou véritable, qui change le corps contre les lois de la nature. Je l'appelle mouvement, parce qu'elle regarde le bien et le mal comme ses objets, et qu'elle se laisse enlever aux qualités qu'elle y remarque. Ce mouvement est causé par l'imagination, qui étant remplie des espèces qu'elle a reçues de tous les sens, sollicite la passion et lui découvre les beautés ou les laideurs des objets qui la peuvent émouvoir : car c'est elle qui cause tout le ravage. L'appétit sensitif a tant de déférence pour elle, qu'il suit toutes ses inclinations ; pour peu qu'elle soit agitée elle entraîne toutes les passions, elle excite les tempêtes, comme les vents élèvent les flots, et l'âme serait paisible en sa partie inférieure si elle n'était émue par cette puissance; mais elle a tant d'autorité dans cet empire, qu'elle y fait tout ce qu'elle veut. Il n'est pas même nécessaire que le bien ou le mal qu'elle représente à l'appétit soit véritable, il se repose sur sa fidélité, il croit ses avis sans les examiner; n'ayant point de lumière qu'il n'emprunte d'elle, il suit aveuglément tous les objets qu'elle lui propose ; et pourvu qu'ils soient revêtus de quelque apparence de bien ou de mal, il les rejette ou les embrasse avec impétuosité. Il s'y porte avec tant d'effort, qu'il produit toujours du changement dans le corps; car, outre que ses mouvements sont violents, et qu'ils ne méritent presque pas le nom de passions quand ils sont modérés, ils ont tant d'accès avec les sens, et les sens ont tant de communication avec le corps, qu'il est impossible que leurs désordres ne lui causent de l'altération. Enfin la passion est contre les lois de la nature, parce qu'elle attaque le cœur, qui ne peut être blessé que toutes les parties du corps n'en témoignent de l'émotion ; car elles sont des miroirs dans lesquels on remarque tous les mouvements de celui qui les anime ; et comme les médecins jugent de sa constitution par le battement des veines et des artères, on peut juger des passions qui le transportent par la couleur du visage, par les flammes qui brillent dans les yeux, par les horreurs et les frissons qui se répandent dans les membres, et par tous ces autres signes qui paraissent sur le corps quand le cœur est agité.

Or ce sont des passions que nous entreprenons de ranger sous l'empire de la raison et de changer en vertus par le secours de la grâce. Les uns se sont contentés de les décrire sans les régler, et n'ont employé leur éloquence que pour nous découvrir nos misères ; ils ont cru peut-être qu'il suffisait de connaître un mal pour le guérir, et que le désir de la santé nous obligerait à en chercher les remèdes ; mais ils devaient se souvenir qu'il y a des maux agréables dont les malades appréhendent la guérison. Les autres ont combattu les passions comme des monstres, ils nous ont donné des armes pour les détruire, et n'ont pas considéré que pour exécuter ce dessein il se faudrait défaire soi-même. Les autres ont bien reconnu que les passions faisant une partie de notre âme ne pouvaient être ruinées que par la mort, mais ils n'ont pas cru qu'on s'en pût servir ; et blâmant tacitement celui qui nous les a données, ils ont employé leur raison pour les adoucir sans chercher les moyens pour les ménager ; ils ont pensé qu'elles n'étaient nécessaires à la vertu que pour exercer son courage ; ils ont estimé qu'elles n'étaient utiles à l'homme que pour l'éprouver, et qu'il n'en pouvait tirer autre avantage que de les souffrir avec patience ou de les combattre avec résolution. Mais je prétends défendre leur cause en défendant celle de Dieu, et faire voir dans la suite de cet ouvrage que la même Providence qui a tiré notre salut de notre perte, veut que nous tirions notre repos du désordre de nos passions ; que par sa faveur nous apprivoisions ces monstres farouches, que nous rangions ces rebelles sous l'obéissance, et que nous fassions marcher sous les enseignes de la vertu, des soldats qui combattent le plus souvent pour le vice.

IIIᵉ DISCOURS.

Du nombre des passions de l'homme.

C'est une chose étrange que l'âme connaisse toutes choses, et qu'elle s'ignore elle-même ; car il n'y a rien de si caché dans la nature qu'elle ne découvre, ses secrets lui sont connus, et tout ce qui se passe dans les entrailles de cette mère commune lui est manifeste. Elle sait comment se forment les métaux, comment les éléments se font l'amour et la guerre, comment les vapeurs s'élèvent en l'air, comment elles s'épaississent en nuages, se fondent en pluies, et s'éclatent en foudres ; elle sait enfin de quelles parties son corps est composé, et par un cruel artifice elle en fait la dissection pour en apprendre les propriétés ; cependant elle ignore ce qui se passe en elle-même ; parce qu'elle puise toutes ses lumières des sens, et que dans ses plus nobles opérations elle dépend des espèces que l'imagination lui représente, elle ne peut connaître son essence qui est toute spirituelle et elle n'a que de faibles conjectures de ses plus excellentes qualités ; elle doute de son immortalité ; pour s'en assurer elle est obligée d'appeler la foi au secours de la raison, et de croire avec une aveugle piété ce qu'elle ne peut comprendre avec une certitude évidente. Mais de toutes les choses qui sont en elle, il n'y en a point qui lui soit plus cachée que ses passions ; car encore qu'elles fassent impression sur les sens par leur violence, néanmoins les philosophes ne tombent pas d'accord de leur sujet ni de leur nombre.

Les uns croient qu'elles se forment dans le corps ; quelques-uns tiennent qu'elles résident en la plus basse partie de l'âme ; les autres divisent celle-ci en deux puissances qu'ils appellent *concupiscible* et *irascible*, et logent en la première les passions les plus douces, et en la seconde les plus farouches : car ils veulent que l'amour et la haine, le désir et la fuite, la joie et la tristesse, soient renfermés dans l'appétit concupiscible ; et que la crainte et la hardiesse, l'espérance et le désespoir, la colère et la lâcheté, résident en l'appétit irascible. Pour établir cette différence ils disent que les passions du concupiscible regardent le bien et le mal comme absent ou comme présent, et que celles de l'irascible le considèrent comme difficile ; que les unes ne font que des courses et des retraites, que les autres donnent des combats et gagnent ou perdent des victoires ; que les unes prennent le parti du corps, et que les autres prennent celui de l'esprit ; que les unes sont lâches, que les autres sont généreuses, et que dans l'opposition de tant de qualités contraires, il faut conclure qu'elles ne peuvent résider en une même partie de notre âme.

Si ce n'était point une hérésie en morale de douter de cette maxime, et s'il n'y avait point de témérité à combattre une opinion reçue depuis tant de siècles, j'aurais grande inclination à croire que toutes ces passions logent dans un même appétit, qui est divisé par ses mouvements comme l'esprit est partagé par ses opinions, ou comme la volonté est divisée par l'amour et par la haine ; et je dirais avec saint Augustin, que ces divers sentiments ne présupposent pas diverses facultés, puisque souvent un même homme désire des choses contraires et qu'il conserve l'unité de sa personne dans la variété de ses désirs (1). Il éprouva lui-même ce combat quand il se voulut convertir ; il vit son âme divisée par des sentiments différents, et il s'étonna que n'ayant qu'une volonté elle pût former des résolutions si contraires. Mais sans m'engager dans une guerre où l'on fait plus d'ennemis qu'on n'en défait, et où les deux partis pensent toujours avoir remporté la victoire, je me contente d'insi-

---

(1) Ego enim deliberabam ut servirem Domino meo. Ego eram qui volebam ; ego eram qui nolebam ; ego, ego eram nec plene volebam, nec plene nolebam : ideo contendebam et dissipabar a meipso, et ipsa dissipatio me invito quidem erat, nec tamen ostendebat naturam mentis alienæ, sed pœnam meæ. *August. Confess.*, l. vIII, c. 10.

nuer mon opinion au lieu de m'arrêter à la défendre; et ne concluant rien du sujet où résident les passions, je parlerai de leur nombre, et rapporterai ce que les philosophes en ont écrit.

Les académiciens ont cru qu'il n'y en avait que quatre principales, le désir et la crainte, la joie et la tristesse; et Virgile, qui paraît en tous ses ouvrages disciple de cette ancienne secte, décrivant les mouvements de notre âme, n'a fait mention que de ceux-là :

Hinc metuunt, cupiunt, gaudentque dolentque.

En effet, il semble qu'ils comprennent tous les autres, que sous la crainte se rangent le désespoir et l'aversion, et que sous le désir prennent place l'espérance, la hardiesse et la colère, qui toutes ensemble se terminent à la joie ou à la tristesse. Mais de quelques raisons que l'on tâche de colorer cette division, elle est toujours défectueuse, puisqu'elle n'enferme pas l'amour et la haine, qui sont les deux premières sources de nos passions. C'est pourquoi les péripatéticiens les multiplièrent et en fondèrent le nombre sur les divers mouvements de notre âme : car elle a, disaient-ils, ou de l'inclination ou de l'aversion pour les objets qui lui plaisent ou qui lui déplaisent, et c'est l'amour et la haine; ou elle s'en éloigne, et c'est la fuite; ou elle s'en approche, et c'est le désir; ou elle se promet la possession de ce qu'elle souhaite, et c'est l'espérance; ou elle ne se peut défendre du mal qu'elle appréhende, et c'est le désespoir; ou elle tente de le combattre, et c'est la hardiesse; ou elle s'échauffe et s'anime pour le vaincre, et c'est la colère; ou enfin elle possède le bien, et c'est la joie; ou elle souffre le mal, et c'est la douleur. Quelques autres qui sont de même opinion prouvent la diversité des passions par une autre voie, et disent que le bien et le mal peuvent être considérés en eux-mêmes sans aucune circonstance, et qu'ils font naître l'amour et la haine; ou qu'on les peut regarder comme absents, et qu'ils produisent la crainte et le désir; ou comme difficiles, et qu'ils causent l'espérance, la hardiesse et la colère; ou comme impossibles, et qu'ils font élever le désespoir; ou enfin comme présents, et qu'ils versent dans l'âme le plaisir ou la douleur.

Bien que ces raisons contentent l'esprit, elles ne le convainquent pas pourtant; et sans offenser la philosophie, on peut se départir des sentiments de Platon et d'Aristote : car il me semble qu'ils donnent plusieurs noms à une même chose, qu'ils divisent l'unité de l'amour et qu'ils prennent ses divers effets pour des passions différentes. Aussi, après avoir bien examiné cette matière, je suis contraint d'embrasser l'opinion de saint Augustin, et de soutenir avec lui que l'amour est l'unique passion qui nous agite; car tous ces mouvements qui troublent notre

(1) Amor ergo inhians habere quod amatur, cupiditas est : idem habens eoque fruens lætitia est. Fugiens quod ei adversatur, timor est; idque cum acciderit sentiens, tristitia est. August. lib. IV de Civit.

âme ne sont que des amours déguisés; nos craintes et nos désirs, nos espérances et nos désespoirs, nos plaisirs et nos douleurs sont des visages que prend l'amour suivant les bons ou les mauvais succès qui lui arrivent. Et comme la mer porte des noms différents selon les divers endroits de la terre qu'elle arrose, il change les siens selon les divers états où il se trouve; mais comme chez les infidèles chaque perfection de Dieu a passé pour une divinité, ainsi parmi les philosophes les qualités de l'amour ont été prises pour des passions différentes; et ces grands hommes se sont imaginé qu'autant de fois qu'il changeait de conduite ou d'emploi, il devait aussi changer de nature et de nom. Mais si ce raisonnement était véritable, il faudrait que l'âme perdît son unité toutes les fois qu'elle produit des effets différents, et que celle qui digère les viandes et qui distribue le sang par les veines, ne fût pas la même qui parle avec la langue ou qui écoute avec les oreilles.

C'est pourquoi la raison nous force de croire qu'il n'y a qu'une passion, et que l'espérance et la crainte, la douleur et la joie, sont les mouvements ou les propriétés de l'amour. Et pour le dépeindre de toutes ses couleurs, il faut dire que quand il languit après ce qu'il aime, on l'appelle désir; que quand il le possède, il prend un autre nom et se fait appeler plaisir; que quand il fuit ce qu'il abhorre, on le nomme crainte; et que quand après une longue et inutile défense, il est contraint de le souffrir, il s'appelle douleur : ou bien, pour dire la même chose en termes plus clairs, le désir et la fuite, l'espérance et la crainte, sont les mouvements de l'amour, par lesquels il cherche ce qui lui est agréable, ou s'éloigne de ce qui lui est contraire. La hardiesse et la colère sont les combats qu'il entreprend pour défendre ce qu'il aime, la joie est son triomphe, le désespoir est sa faiblesse, et la tristesse est sa défaite (2) : ou, pour employer les paroles de saint Augustin, le désir est la course de l'amour, la crainte est sa fuite, la douleur est son tourment, la joie est son repos (2). Il s'approche du bien en le désirant, il s'éloigne du mal en le craignant, il s'attriste en ressentant la douleur, et se réjouit en goûtant le plaisir; mais dans tous ces états différents il est toujours lui-même, et dans cette variété d'effets il conserve aussi l'unité de son essence.

Mais s'il est vrai que l'amour fasse toutes nos passions, il faudra qu'il se transforme quelquefois en son contraire, et que par une métamorphose plus incroyable que celles des poëtes il se convertisse en haine, et produise des effets qui démentiront son humeur; car l'amour est obligeant, et la haine est malfaisante; l'amour est généreux et prend plaisir à pardonner, la haine est lâche et ne médite que des vengeances; l'amour donne la vie à

Dei, cap. 7.
(2) Amor est delectatio cordis per desiderium currens et requiescens per gaudium. Idem, lib. de Subst. dilect., c. 1 et 2.

ses ennemis, la haine procure la mort à ses plus fidèles amis ; et il semble qu'on accorderait plutôt le vice avec la vertu, que l'amour avec la haine. Cette objection a bien de l'apparence, mais elle n'a guère de solidité, et ceux qui la forment ne se souviennent pas que souvent une même cause produit des effets contraires ; que la chaleur qui fait fondre la cire, fait sécher la boue ; que le mouvement qui nous approche du Ciel, nous éloigne de la terre ; que l'inclination que nous avons de nous conserver est une aversion de tout ce qui nous peut détruire. Ainsi l'amour du bien est une haine du mal, et cette même passion qui a de la douceur pour ceux qui l'obligent, a de la sévérité pour ceux qui l'offensent. Elle imite la justice, qui par un même mouvement punit le péché, et récompense la vertu : elle ressemble au soleil, qui par une même lumière éclaire les aigles et aveugle les hiboux : et s'il est permis de monter jusque dans les cieux, elle se règle sur Dieu même, qui ne hait le pécheur que parce qu'il s'aime soi-même. Si tant de bonnes raisons ne peuvent persuader une vérité si manifeste, au moins doivent-elles obtenir de nos adversaires, que s'il y a plusieurs passions, l'amour en est le souverain, et qu'il est si absolu dans son Etat, que ses sujets n'entreprennent rien que par ses ordres. Il est le premier mobile qui les emporte ; comme il leur donne le branle, il leur donne aussi le repos, il les irrite et les apaise par ses regards, et ses exemples ont tant de pouvoir sur toutes les affections de notre âme, que sa bonté ou sa malice les rend bonnes ou mauvaises (1).

IV° DISCOURS.
Quelle est la plus violente des passions de l'homme.

S'il est besoin de connaître les maladies pour les guérir, il n'est pas moins nécessaire de connaître les passions pour les régler, et de savoir quelle est celle qui nous attaque avec plus de fureur. Les philosophes qui ont traité cette matière ne s'accordent pas en leurs opinions, et ils sont tellement partagés sur ce sujet, que la raison n'a pu encore terminer leurs différends.

Platon nous a laissés dans le doute, et sans résoudre la question au fond, il s'est contenté de dire qu'il y avait quatre passions qui semblaient surpasser les autres par leur violence. La première est la volupté qui dément son nom, et qui ne respirant que douceur ne laisse pas d'être extrêmement furieuse, et de combattre la raison avec plus d'opiniâtreté que la douceur. La seconde est la colère, qui n'étant autre chose selon sa définition qu'un bouillonnement du sang à l'entour du cœur (2), ne peut qu'elle ne soit excessivement violente : si la nature, qui est soigneuse de notre conservation, ne lui donnait la mort incontinent après sa naissance, il n'y a point de mal dont elle ne fût capable, et je ne sais si le monde aurait pu se défendre contre sa fureur. Mais quelque violence qu'on lui attribue, je la tiens plus raisonnable que la volupté : car comme l'on apprivoise plutôt les lions que les poissons, l'on apaise plutôt un homme irrité, que l'on ne convertit un homme voluptueux ; et l'expérience nous apprend que de ces deux passions la plus douce est la moins traitable, et la plus furieuse est la moins opiniâtre. La troisième est le désir de l'honneur, qui est si puissamment imprimé dans l'âme des hommes, qu'il n'y a point de difficulté qu'il ne surmonte. C'est lui qui fait les conquérants, qui inspire le courage aux soldats, qui rend les orateurs éloquents, et les philosophes savants : car toutes conditions différentes sont animées d'un même désir ; et quoiqu'elles tiennent diverses routes, elles tendent à une même fin. La quatrième est la crainte de la mort, qui par ses fréquentes alarmes trouble tout le repos de notre vie : elle produit des effets si étranges, qu'on ne peut découvrir sa nature ; encore qu'elle soit timide, et qu'il ne faille que l'ombre d'un mal pour l'étonner, néanmoins elle rend les hommes courageux, et les oblige à chercher une mort assurée pour en éviter une incertaine ; elle donne des forces aux vaincus, et assistée du désespoir elle regagne des batailles qu'elle avait perdues. Il est assez difficile de juger laquelle de ces deux passions est la plus forte, car souvent elles ont triomphé l'une de l'autre ; et, comme la crainte de la mort a fait oublier le désir de l'honneur, quelquefois aussi le désir de l'honneur a fait mépriser la crainte de la mort.

Quoique j'aie conçu une haute estime de Platon, et que les rêveries mêmes de ce philosophe me semblent plus nobles et plus élevées que les raisonnements d'Aristote, je ne puis prendre son parti en cette cause ; et de quelques bonnes raisons qu'il défende son opinion, je ne la saurais approuver ; car la volupté n'est pas tant une passion particulière, que la source de celles qui nous donnent quelque contentement. Elle n'est pas si violente, qu'on ne la réprime aisément par la douleur ; elle n'a l'avantage qu'en l'absence de son ennemie, et elle ne corrompt les hommes que quand elle ne trouve rien qui lui résiste : mais sitôt qu'on lui dispute le combat, elle cède la victoire ; et l'expérience nous apprend qu'une légère blessure nous fait oublier un plaisir extrême. La colère est à la vérité plus ardente, mais elle n'a point de durée : si elle ne se convertit en haine, il n'en faut pas appréhender les effets ; elle est plus soudaine qu'elle n'est violente, et pour bien exprimer sa nature, il faut dire qu'elle peut bien faire une mauvaise action, mais qu'elle ne saurait concevoir un méchant dessein. Le désir de la gloire est une passion éternelle (3), l'âge qui affaiblit

---

(1) *Amor cæteros in se traducit affectus.* Bernard.

(2) *Fervor sanguinis circa cor. Arist.*

(3) *Non ab anima omnium cupido gloriæ exuitur. Tacit. in Agric.*

toutes les autres la fortifie, et il semble que ce mal n'ait point de remède que la mort; néanmoins les mauvais succès le guérissent, et deux ou trois batailles perdues le convertissent en mélancolie. Annibal après sa défaite ne se repaissait plus d'honneur; s'il passait de royaume en royaume pour solliciter les princes à former un parti contre les Romains, c'était plutôt le désespoir que l'ambition qui le conduisait, et ce malheureux capitaine ne cherchait pas tant l'accroissement de sa gloire que la conservation de sa vie. Je sais bien que Marius était orgueilleux après sa défaite, et qu'étant prisonnier il aspirait encore au consulat : son humeur ne changea point avec sa condition; dans les fers il songeait aux diadèmes, et lorsqu'il eut perdu la liberté, il conserva encore le dessein d'opprimer celle de la République : mais cette passion était soutenue par une autre; quand il ralliait ses troupes pour les ramener au combat, il n'était pas tant piqué de gloire que de dépit, et qui eût lu dans son cœur, eût remarqué plus de colère que de courage, et plus de haine que d'ambition. Cette passion ne subsiste que par l'espérance, et quand la fortune lui a tourné le dos, elle devient timide; Alexandre se fût contenté de la Grèce s'il eût trouvé de la résistance dans la Perse, un mauvais événement lui eût appris à borner ses désirs. Ce grand cœur à qui le monde semblait trop petit, se fût renfermé dans les Etats de son père, si tant d'heureuses victoires, qui surpassaient même ses espérances, n'eussent enflé son ambition, et ne lui eussent promis la conquête de toute la terre. La crainte de la mort n'est que la passion du vulgaire; les âmes généreuses la méprisent, les plus lâches s'en défendent par l'espérance qui est la fidèle compagne des malheureux, et quand la présence du mal la contraint de les abandonner, le désespoir lui succède, qui surmonte en ses effets la plus ferme constance des philosophes.

Toutes ces raisons m'obligent de quitter le parti de Platon, pour examiner celles dont Aristote défend le sien; car il semble qu'en quelques endroits de ses écrits il veuille soutenir que la haine est la plus violente passion qui nous transporte. En effet, la colère qui nous a paru tantôt si redoutable n'est qu'une disposition à la haine, et elle ne peut arriver à sa malice qu'elle ne soit nourrie par les soupçons, fomentée par les médisances, et entretenue par les années : mais quand elle est une fois changée en haine, il n'y a point de mal dont elle ne soit capable. Elle réside dans le cœur aussi bien que l'amour; et assise dans un trône qu'il devrait occuper, elle donne les ordres comme un souverain, et emploie toutes les autres passions pour contenter sa fureur; la colère lui fournit des armes, la hardiesse combat pour elle, l'espérance lui promet de bons succès, et le désespoir lui donne souvent la victoire.

Mais ce qui surpasse toute créance, elle tire des forces de l'amour, quoiqu'il soit son ennemi, et par un effet qui témoigne bien son pouvoir, elle contraint la plus douce des passions à servir de ministre à ses détestables desseins; elle imite ses mouvements, elle marche sur ses pas, et prenant ses maximes à contre-sens elle veut faire autant de mal qu'il a fait de bien, et laisser autant de marques de sa fureur, qu'il en a laissé de sa bonté (1). Mais il est vrai que les copies n'égalent jamais les originaux : quelque effort que fasse la haine, elle n'approchera jamais du pouvoir de l'amour, et puisqu'elle se règle sur lui, il aura toujours l'avantage sur elle.

Aussi s'est-il trouvé des philosophes qui n'ont pas été de l'avis d'Aristote, et qui, déférant plus à la raison qu'à son autorité, se sont persuadé que la jalousie était la plus violente de toutes les passions. Et certes il faut avouer que si cette opinion n'est pas la plus véritable, elle est pour le moins la plus spécieuse, car la jalousie est composée d'amour et de haine (2), et comme les contraires ne peuvent loger ensemble sans se combattre, il faut nécessairement que ces deux passions ennemies se fassent la guerre, et que toutes les autres qui leur sont sujettes prennent les armes pour défendre leurs intérêts, si bien qu'un jaloux se trouve saisi de crainte et d'audace, d'espérance et de désespoir, de joie et de tristesse, parce qu'il est frappé d'amour et de haine. Aussi l'Ecriture sainte, dont la simplicité même est éloquente, ne trouvant rien qui pût exprimer la fureur de la jalousie, va chercher la mort dans les sépulcres, et l'enfer dans les entrailles de la terre, pour nous en faire voir quelque image (3). Suivant cette maxime, il faut conclure que les jaloux sont les damnés de ce monde, et que la passion qui les tourmente est un supplice qui égale celui des démons. Après l'autorité de l'Ecriture, il faudrait être téméraire pour combattre cette opinion, et il semble que toutes choses conspirent à la faire passer pour véritable. Néanmoins elle n'est pas sans repartie, et les raisons mêmes qu'elle produit pour sa défense peuvent servir à sa condamnation; car encore que la jalousie soit un mélange d'amour et de haine, il ne s'ensuit pas qu'elle soit la plus violente de nos passions; celles mêmes qui la composent ne s'accorderaient pas ensemble, si elles n'étaient adoucies, et comme les éléments ne peuvent faire un même corps, si leurs qualités ne sont modérées, aussi toutes ces passions ne peuvent former la jalousie qu'elles ne soient tempérées, et il faut nécessairement que l'amour affaiblisse la haine, que la joie modère la douleur, et que l'espérance adoucisse le désespoir. On a remarqué que deux poisons pris ensemble perdent leur force, et que servant d'antidote l'un contre l'autre, ils ne font point de mal, ou s'ils en font, ils le guérissent; ainsi dans

(1) Si quæris odio, misera, quem statuas modum imitare amorem. *Senec. in Medea.*
(2) Ardet et edit. *Seneca in Medæa.*

(3) Fortis ut mors dilectio, dura sicut infernus æmulatio. *Cant. Cantic.*

la jalousie l'amour est l'antidote de la haine, et le jaloux souffre peu de mal, parce qu'il a beaucoup de passions, et il se peut vanter que par un étrange destin, il doit son salut au nombre de ses ennemis.

Mais puisqu'après avoir détruit le mensonge il faut établir la vérité, disons que dans nos principes cette question n'est point difficile à résoudre ; car comme nous ne reconnaissons qu'une passion qui est l'amour, et que toutes les autres ne sont que des effets qu'il produit, nous sommes obligés de confesser qu'elles empruntent toutes leurs forces de leur cause, et qu'elles n'ont point d'autre violence que la sienne. C'est un souverain qui imprime ses qualités à ses sujets, c'est un capitaine qui fait part de son courage à ses soldats, et c'est un premier mobile qui emporte tous les autres cieux par son impétuosité : de sorte que la morale ne doit travailler qu'à la conduite de l'amour : car quand cette passion sera bien réglée, toutes les autres l'imiteront, et l'homme qui saura bien aimer n'aura point de mauvais désirs ni de vaines espérances à modérer.

V° DISCOURS.

S'il y avait des passions en l'état d'innocence, et si elles étaient de même nature que les nôtres.

Il y a si longtemps que nous avons perdu l'innocence, qu'il ne nous en reste plus qu'une faible idée, et si la justice divine ne punissait encore le crime du père en la personne des enfants, nous en aurions aussi perdu le regret. Chacun décrit la félicité de cet état comme il se l'imagine ; il me semble qu'on peut dire que tous ceux qui en parlent se conduisent selon leurs inclinations, et qu'ils y mettent les plaisirs qu'ils connaissent et qu'ils désirent. Les uns disent que toute la terre était un paradis, que des saisons qui composent nos années il n'y avait que l'automne ou le printemps, que tous les arbres avaient la propriété des orangers, et qu'en tout temps ils étaient chargés de feuilles, de fleurs et de fruits ; les autres se persuadent que de tous les vents il ne soufflait que les zéphyrs, et que la terre, sans être cultivée, prévenait nos besoins et produisait toutes choses. Je pense que sans soutenir ces opinions, on peut dire qu'en cette heureuse condition, les maux n'étaient point mêlés avec les biens, et que les qualités des éléments étaient si bien tempérées, que l'homme en recevait du contentement, et n'en ressentait point de déplaisir. Il n'avait point de désordres à réformer, d'ennemis à combattre, ni de malheur à éviter ; toutes les créatures conspiraient à sa félicité, les bêtes respectaient sa personne, et il se pourrait que celles même qui demeuraient dans les bois ne fussent pas farouches. Comme la terre ne portait point d'épines, et que toutes ses parties étaient fécondes ou agréables, les cieux n'avaient point aussi d'influences malignes, et cet astre qui dispense la vie et la mort dans la nature, n'avait point d'aspects qui ne fussent innocents et favorables. S'il y a si peu de certitude pour l'état de l'homme, il n'y a pas plus d'assurance pour ce qui regarde sa personne : nous philosophons selon nos sentiments, et comme dans les premiers siècles tous les particuliers se faisaient des idoles, chacun se forge une félicité pour Adam, et lui donne tous les avantages qu'il se peut imaginer.

Parmi tant d'opinions ou d'erreurs je ne crois rien de plus raisonnable que ce qu'en a écrit saint Augustin ; car quoiqu'il ne détermine rien en particulier, il résout si bien pour le général, qu'il n'y a personne qui appelle de son avis. Quoique nous ne puissions décrire, dit-il, ni la beauté du lieu où l'homme faisait sa résidence, ni les avantages de son esprit et de son corps, nous sommes obligés de croire qu'il trouvait en sa demeure tout ce qu'il pouvait souhaiter, et qu'il n'éprouvait rien en sa personne qui le pût incommoder (1) ; sa constitution était excellente, sa santé ne pouvait être altérée, et si le temps la pouvait affaiblir, il prévenait ce malheur par l'usage du fruit de vie, qui, réparant ses forces, lui donnait une nouvelle vigueur. Il était immortel, non par la nature, mais par la grâce, et il savait bien que le péché ne lui pouvait ôter la vie qu'il ne lui eût fait perdre l'innocence. Son âme n'était pas moins heureusement partagée que son corps ; car comme il avait toutes les sciences infuses, qu'il connaissait tous les secrets de la nature, et qu'il n'ignorait rien de tout ce qui pouvait contribuer à sa félicité, sa mémoire était heureuse, et sa volonté n'avait que de bonnes inclinations, ses affections étaient réglées, et bien qu'il ne fût pas insensible, il était si égal que rien ne pouvait troubler son repos. Les passions qui préviennent la raison par leur violence, attendaient ses ordres et ne s'élevaient jamais qu'elles n'eussent reçu le commandement, enfin les siennes n'étaient pas moins naturelles que les nôtres, mais elles étaient plus dociles, et comme sa constitution le rendait capable de nos mouvements, la justice originelle l'exemptait de tous leurs désordres.

Je ne sais si je choque le sentiment des théologiens, mais il me semble, autant qu'on peut deviner en ces ténèbres, que je n'offense point la vérité. Car si l'homme pour être composé d'un corps était mortel, et si pour être honoré de la grâce originelle, il était immortel, il me semble que par la même suite on peut inférer que, n'étant pas un pur esprit, il avait des passions, mais qu'étant sanctifié en toutes les facultés de son âme, il n'en avait point qui ne fussent innocentes. Pour donner à ce raisonnement toute la force qu'il doit avoir, il faut étendre ce principe, et prouver avec saint Augustin, que l'homme pouvait mourir en perdant la justice, et que l'immortalité était plutôt une grâce du ciel qu'une propriété de sa nature ; car s'il eût été véritablement immortel, il n'eût point eu besoin d'aliments, et si la mort ne lui eût point été

---

(1) Absit enim ut illa beatitudo posset aut in loco illo non habere quod vellet, aut in suo corpore vel animo sentire quod nollet. *Aug.*

naturelle, il n'eût point fallu de privilége pour l'en garantir. Puisqu'il mangeait pour conserver sa vie, il pouvait la perdre; et puisqu'il était obligé de se défendre contre la vieillesse par l'usage d'un fruit miraculeux, il fallait nécessairement qu'il pût mourir, et que sa vie aussi bien que la nôtre eût besoin de remèdes contre la mort. Je confesse qu'étant meilleurs que les nôtres, ils réparaient ses forces avec plus d'avantage, et qu'en prolongeant le cours de sa vie, ils éloignaient toujours l'heure de son trépas; j'avoue encore qu'ils bannissaient la corruption de son corps, et qu'ils l'entretenaient dans une si ferme santé qu'elle ne pouvait être altérée; mais aussi faut-il qu'ils m'accordent que si l'homme n'eût point usé de ces remèdes, la chaleur naturelle eût consumé l'humeur radicale, et que la vieillesse succédant à ce désordre l'eût infailliblement conduit à la mort. Toutes ces maximes sont si véritables, que saint Augustin est obligé de confesser que si l'usage de l'arbre de vie nous était permis en l'état où nous sommes, la mort ne ferait plus de ravages dans le monde, et que l'homme, tout criminel qu'il est, ne laisserait pas d'être immortel (1). Si donc Adam pouvait mourir parce qu'il avait un corps, et s'il pouvait ne pas mourir parce qu'il avait la grâce, il me semble que par proportion l'on peut dire qu'il avait des passions, puisque son âme était engagée dans la matière, mais qu'elles étaient douces, parce que la justice originelle en réprimait les mouvements, et qu'en cette innocente condition il n'avait que de justes craintes et de raisonnables espérances.

Je pense bien qu'il y en pouvait avoir quelques-unes dont l'usage lui était interdit, et qu'encore qu'il en fût capable, il n'en était pas touché, parce qu'elles eussent troublé son repos. Je n'ai point de peine à croire que le mal étant banni de la terre, la tristesse et le désespoir le fussent de son cœur, et que pendant une si haute félicité, la raison ne fût point obligée d'exciter ces passions qui ne sont que pour les misérables; mais certes je tiens pour assuré qu'il fit usage de toutes les autres, et que pensant aux lois qui lui avaient été imposées par son souverain, il était tantôt flatté par l'espérance, tantôt étonné par la crainte, et retenu dans son devoir par toutes les deux ensemble. Je ne doute point aussi qu'en ce pourparler malheureux qu'eut notre indiscrète mère avec le démon déguisé en serpent, elle ne fût saisie de toutes les passions qui attaquent les personnes, qui consultent sur une affaire importante, que les promesses du diable ne réveillassent son espérance, que les menaces de Dieu ne soulevassent sa crainte, et que la beauté du fruit défendu n'irritât son désir. Je ne sais pas si quelqu'autre se peut imaginer cet entretien sans altération, mais je sais bien que saint Augustin (avec lequel je

me persuade qu'on ne se peut méprendre) raisonne de la sorte sur ce sujet, et qu'il croit qu'un si grand combat ne se donna point dans le paradis terrestre, que la femme n'employât toutes ses passions, ou pour se défendre, ou pour se laisser vaincre. Il est vrai que ce grand homme semble être d'un autre avis dans le neuvième livre de la Cité de Dieu; mais qui examinera bien ses raisons trouvera sans doute qu'il ne veut pas tant exclure de l'âme d'Adam les passions, que leur désordre, jugeant bien qu'il ne pouvait pas s'accorder avec la justice originelle. C'est pourquoi je me persuade que l'homme avait nos mouvements en l'état d'innocence, qu'il craignait les châtiments, qu'il espérait les récompenses; que, comme il employait ses sens pour ce qu'ils faisaient une partie de son corps, il usait aussi de ses passions, parce qu'elles étaient une partie de son âme; et qu'enfin elles n'étaient pas différentes des nôtres par leur nature, mais par leur obéissance.

IV° DISCOURS.
S'il y avait des passions en Jésus-Christ, et en quoi elles différaient des nôtres.

Il faudrait ignorer tous les principes de la religion chrétienne pour ne pas savoir que le Fils de Dieu a voulu prendre notre nature avec toutes ses faiblesses, et que, hors l'ignorance et le péché qui ne se peuvent accorder avec la sainteté de sa personne, il a daigné porter nos misères, conversant avec les hommes sous l'apparence d'un pécheur (2). De là vient que pendant le cours de sa vie mortelle, il a eu besoin de se conserver par les aliments, de réparer ses forces par le repos, de délasser son corps dans le sommeil, et de prendre tous les remèdes que la Providence a ordonnés pour la guérison de ses maladies naturelles. Il a été sujet aux injures du temps, au déréglement des saisons; les hommes l'ont vu transi de froid pendant les rigueurs de l'hiver, et mouillé de sueur pendant les ardeurs de l'été. Les éléments ne l'épargnaient pas; et s'ils le révéraient comme un Dieu, ils le persécutaient comme un homme. Les créatures mêmes qui obéissaient à sa parole, faisaient la guerre à son corps: les flots qui se calmèrent à son réveil avaient attaqué le vaisseau qui le portait; la faim qu'il avait surmontée dans les déserts le pressa dans les villes, et il éprouva sur la croix la cruauté de la mort dont il avait délivré la personne du Lazare.

Or comme les passions sont les faiblesses les plus naturelles de l'homme, il n'a pas voulu s'en exempter, et il a permis qu'elles nous fussent aussi bien des preuves de son amour que des assurances de la vérité de son incarnation. Il mêla ses larmes avec celles de Madeleine; quoiqu'il dût remédier à ses maux par sa puissance, il voulut les ressentir par la pitié; avant que de faire un

(1) Nec enim corpus ejus tale erat quod dissolvi impossibile videretur; sed gustus arboris vitæ corruptionem corporis prohibebat; denique etiam post peccatum potuit indissolubilis manere, si modo permissum esset credere de arbore vitæ. *Aug. lib.* I, *q. Novi et Veteris Testamenti, q.* 19.
(2) In similitudine carnis peccati. *S. Paulus.*

miracle, il voulut souffrir une faiblesse, et pleurer un mort qu'il allait ressusciter. Il permit souvent à la tristesse de s'emparer de son cœur, et par une étrange merveille, il accorda la joie avec la douleur en son âme très-sainte. Enfin, selon les rencontres de sa vie, il usa de ses passions, il nous apprit qu'il n'avait rien méprisé dans l'homme, puisqu'il en avait pris les infirmités, et qu'il aimait bien sa nature, puisqu'il en chérissait même les défauts; car de se persuader que ses sentiments fussent imaginaires, c'est à mon avis choquer le mystère de l'Incarnation, imposer un mensonge à la vérité, et, pour rendre un vain honneur à Jésus-Christ, nous faire douter de toutes les preuves de son amour. Puisqu'il avait un corps véritable, il ne pouvait avoir de fausses passions ; et puisqu'il était véritablement homme, il devait être véritablement affligé (1). On ne peut révoquer en doute cette vérité sans affaiblir celle de notre créance; s'il est permis de faire passer les larmes du Fils de Dieu pour des illusions, on fera passer ses douleurs pour des impostures, et sous ombre de révérence on renversera tout l'ouvrage de notre salut.

Mais il faut bien prendre garde qu'en établissant l'amour du Fils de Dieu, nous ne fassions point d'outrages à sa grandeur, et qu'en lui donnant des passions, nous le garantissions de leurs désordres ; car il n'est pas permis de croire qu'elles fussent déréglées comme les nôtres, ni qu'elles eussent besoin de toutes ces vertus qui nous sont nécessaires pour les dompter. Il en était le maître absolu, et elles dépendaient de sa volonté en leur naissance, en leur progrès et en leur durée : en leur naissance, parce que elles ne s'élevaient jamais que par son ordre, et qu'elles attendaient toujours que la raison les fît servir à ses desseins.

Les nôtres nous surprennent le plus souvent, et elles sont si promptes à s'émouvoir, que les plus sages ne peuvent retenir leurs premiers mouvements. Elles sont si portées au désordre, que la moindre occasion les met en fougue, leur sommeil est si tendre qu'il ne faut rien pour les éveiller, elles aiment si fort la guerre, que pour peu qu'on les provoque elles prennent les armes, et font sur leurs terres mêmes plus de dégâts que ne ferait une armée ennemie ; leur désordre ne vient pas tant des objets que de leur humeur, et il est de leurs orages comme de ceux qui viennent du fond de la mer, et qui s'élèvent de leurs propres mouvements. Mais en Jésus-Christ elles n'excitaient point de tempêtes, ou si quelquefois leurs vagues s'enflaient, c'était par la conduite de la raison (2), qui se réservait toujours le pouvoir d'apaiser le trouble qu'elle avait ému. Comme leur naissance dépendait de sa volonté, elles ne faisaient point aussi de progrès que par sa permission, et leur mouvement ne procédait que d'une cause raisonnable.

(1) Ipse Dominus in forma servi vitam agere dignatus humanam, adhibuit passiones ubi adhibendas esse indicavit : neque enim in quo verum erat hominis corpus, et verus hominis animus, falsus erat hominis affectus. *August.*, l. XIV, *de Civ. Dei*, cap. 9.

(2) Turbavit semetipsum. *Joan.* II.

Les hommes s'attachent à des choses qui ne méritent pas leur amour, et ils ont souvent de fortes passions pour de faibles et misérables sujets : une imprudence les met en colère, et sans considérer la différence des crimes, ils punissent aussi rigoureusement une parole qu'un meurtre ; leur ambition est aveugle, leurs désirs sont déréglés, leur tristesse est ridicule, et qui comparerait toutes leurs passions avec les causes qui les produisent, remarquerait bien qu'il n'en est point qui ne soient injustes. Un consul a fait dévorer un esclave par des lamproies pour avoir cassé un verre ; la colère d'un prince a fait noyer une ville dans le sang de ses habitants, et pour venger l'injure faite à une image de bronze ou de marbre, il fit perdre la vie à sept mille hommes, les images vivantes de Dieu. La tristesse a fait des idoles pour se consoler ; des pères misérables ne pouvant ressusciter leurs enfants les ont déifiés, et, par un excès d'amour et de douleur ils leur ont bâti des temples, après leur avoir élevé des sépulcres. Enfin tous les mouvements de notre âme sont déraisonnables, nous ne saurions mesurer nos joies ni nos déplaisirs, notre haine excède nos injures, notre amour est plus ardent que le sujet qui l'allume, et nous concevons de fermes espérances pour des biens périssables. Mais les passions du Fils de Dieu étaient si réglées, que dans leurs mouvements on pouvait remarquer la grandeur du sujet qui les faisait naître ; il ne s'animait à la colère que pour venger les injures de son Père, ou pour châtier l'impiété de ceux qui profanaient son temple. Il n'avait de l'affection que pour les personnes qui le méritaient ; et s'il ne voyait point de perfection en ses amis, il aimait celles qu'il y devait mettre, et en les aimant il les rendait dignes de son amour ; il ne concevait de la tristesse que pour de grandes occasions ; et bien que la croix fût un suffisant objet de douleur, je crois que son âme était plus touchée de l'horreur de nos péchés que de la honte ou de la cruauté de son supplice : des passions si réglées finissaient quand il voulait, et leur durée n'était pas moins sujette à son empire que leur progrès.

Nous ne sommes pas les maîtres des nôtres : comme dans leur naissance elles méprisent nos avis, elles se moquent de nos conseils pendant leur course : elles ne s'arrêtent que lorsqu'elles sont lasses, et nous ne devons pas tant notre repos à leur obéissance qu'à leur faiblesse. Quand elles sont violentes, nos soins ne les peuvent vaincre, et il s'en trouve de si opiniâtres qui ne meurent qu'avec nous : c'est pourquoi nous les devons réprimer en leur naissance, et consulter notre raison pour savoir s'il est à propos de mettre en campagne des soldats qui méprisent l'autorité de leur chef quand ils ont les armes à la main. Le commencement d'une guerre dépend souvent des deux partis ; mais sa fin dépend toujours du victorieux, et il n'est pas facile de le porter à la paix quand il trouve ses avantages dans la durée de la guerre. Toutes ces règles se trouvent fausses dans les passions de Jésus-Christ; il les portait jusqu'à l'excès quand le sujet le méritait (1); bien qu'elles fussent échauffées, elles s'adoucissaient aussitôt qu'il l'ordonnait. Comme leur feu était raisonnable, il s'éteignait aussi facilement qu'il s'était allumé; de sorte que la joie succédait immédiatement à la tristesse, et l'on voyait en un même moment la douceur prendre sur son visage la même place que la colère y avait occupée.

C'est peut-être pour cela que saint Jérôme ne se pouvait résoudre d'appeler passions les mouvements de l'âme de Jésus-Christ, croyant que c'était faire injure à leur innocence de les nommer comme des criminelles, et qu'il y avait de l'injustice à donner un même nom à des choses dont les conditions étaient si différentes. Mais chacun sait bien que les qualités ne changent pas la nature, et que les passions du Fils de Dieu, pour être plus obéissantes que les nôtres, n'étaient pas moins naturelles. C'est, à mon avis, une nouvelle obligation que nous avons à sa bonté, qui n'a pas méprisé nos faiblesses : il nous fera un reproche éternel si nous n'avons pas des désirs pour sa gloire, puisqu'il en a eu pour notre salut; si nous ne combattons pas ses ennemis, puisqu'il a vaincu les nôtres; si nous ne répandons pas des larmes pour ses injures, puisqu'il a versé du sang pour nos péchés; et il aura juste sujet de se plaindre de notre ingratitude, si nos passions ne nous servent à lui témoigner notre amour, puisqu'il a employé toutes les siennes pour nous assurer de sa charité.

SECOND TRAITÉ.

DU DÉSORDRE DES PASSIONS DE L'HOMME.

PREMIER DISCOURS.

De la corruption de la nature par le péché.

Quoiqu'il y ait beaucoup de merveilles en l'homme qui méritent d'être considérées, et que les qualités qu'il possède nous fassent connaître la grandeur et la puissance de celui qui l'a créé, il n'y en a point de plus remarquable que sa constitution; car il est composé de corps et d'esprit, il unit le ciel avec la terre en sa personne, et plus monstrueux que les créatures de la fable, il est ange et bête tout ensemble (2). Comme la puissance de Dieu parut en l'union de ces deux parties si différentes, sa sagesse n'éclata pas moins en leur bonne intelligence, car bien qu'elles eussent des inclinations contraires, que l'une s'abaissât vers la terre dont elle avait été formée, et que l'autre s'élevât vers le ciel dont elle avait tiré son origine, néanmoins Dieu tempéra si bien leurs désirs, et, dans la diversité de leurs conditions, il unit si étroitement leurs volontés par la justice originelle, que l'âme prenait part à tous les contentements du corps sans se faire injure, et le corps servait à tous les desseins de l'âme sans se faire violence. En cet heureux état l'âme commandait avec douceur, le corps obéissait avec plaisir, et quelque objet qui se présentât; car ces deux parties étaient toujours d'accord.

Mais ce bonheur ne dura qu'autant que notre premier père fut soumis à Dieu : sitôt qu'il eut prêté l'oreille au démon, et que sollicité par ses promesses il fut entré dans son parti, sa peine se trouva semblable à son crime, et sa désobéissance fut punie par une rébellion générale : car outre que les créatures se révoltèrent contre lui, et que ses sujets, pour servir à la justice de Dieu, devinrent ses ennemis, la révolte passa de son état à sa personne, les éléments se divisèrent en son corps, et son corps s'éleva contre son esprit. Cette guerre intestine s'alluma d'autant plus facilement entre ces deux parties, que leur paix n'était pas tant un effet de la nature que de la grâce; la haine qui succéda à leur amour fut d'autant plus violente qu'elle fut animée par le péché, qui n'étant qu'un pur désordre, porte la division partout et satisfait à sa propre fureur, en exécutant les arrêts de la justice divine : si bien qu'il ne faut pas s'étonner si la rébellion que souffre l'homme est si grande, puisqu'elle tire sa naissance de deux principes si puissants, et que les parties qui le composent sont animées au combat par la contrariété de leurs inclinations et par la malice du péché qui les possède. Ce malheur a fait soupirer les plus grands saints : l'apôtre des gentils ne trouvant point d'autre remède à ce mal que la mort, l'a souhaitée comme une faveur, et a demandé comme une grâce le plus rigoureux de nos supplices. Il a préparé dans ses écrits tous les chrétiens à cette guerre et il leur a fait entendre que l'homme ne pouvait espérer de paix en cette vie, puisque le corps faisait des entreprises contre son âme, et que l'âme était obligée à faire de mauvais traitements à son corps (3).

De ce grand désordre est procédé celui de nos passions; car encore qu'elles soient filles du corps et de l'âme, et qu'étant produites également par ces deux parties, elles dussent les accorder, néanmoins ces filles dénaturées augmentent leur division, et, selon qu'elles tiennent plus de l'esprit ou du corps, elles prennent le parti de l'un ou de l'autre, et ne font point d'acte d'obéissance qui soit accompagné de quelque rébellion. L'appétit que nous appelons concupiscible est presque toujours d'intelligence avec le corps, et celui que nous appelons irascible favorise quasi toujours l'esprit. Le premier nous engage dans les plaisirs et nous retient dans une infâme oisiveté : le second nous arme contre les douleurs et nous anime aux actions généreuses. Dans ce contraste

---

(1) Tristis est anima mea usque ad mortem.
(2) Homo medium quoddam est inter pecora et angelos, inferior angelis, superior pecoribus, habent cum pecoribus mortalitatem, rationem vero cum angelis, animal rationale mortale. *August. lib.* IX, *de Civ. Dei, cap.* 31.
(3) Caro enim concupiscit adversus spiritum; spiritus autem adversus carnem. *Gal.* v.

perpétuel l'esprit de l'homme n'est jamais tranquille, et il est contraint de nourrir des vipères qui le dévorent.

Les philosophes ont bien senti ce malheur, mais ils ont cru qu'il était dans la volonté seulement et non pas dans la nature : ils se sont persuadé que l'opinion et la mauvaise nourriture avaient causé tous ces désordres, et que comme un mal se guérit par son contraire, on pouvait remédier à celui-ci par une saine doctrine et par une bonne éducation. Ils établirent des académies où ils disputèrent du souverain bien; ils firent des panégyriques pour la vertu et des invectives contre le vice, ils déclamèrent contre le déréglement des passions, et, mesurant leurs forces à leurs désirs, ils se promirent des victoires et des triomphes. Mais comme ils ne trouvèrent pas la source du mal, ils n'en purent aussi jamais trouver le remède. Parmi les faiblesses qu'ils faisaient, ils furent contraints d'accuser la nature et de se plaindre même de cette puissance souveraine, qui avait composé l'homme de pièces qui ne se pouvaient accorder. Un peu de lumière les eût sans doute redressés, et un chapitre de saint Paul leur eût fait connaître la vérité : car puisqu'ils tombaient d'accord avec nous que Dieu ne peut faillir dans ses ouvrages, et qu'il est trop juste pour nous demander des choses qui surpassent notre pouvoir, il fallait qu'ils conclussent que notre désordre était la peine de notre crime, et que la faiblesse qui nous faisait soupirer n'était pas tant un effet de notre nature qu'un châtiment de la justice de Dieu ; en cette pensée, ils eussent tâché d'apaiser celui qu'ils avaient offensé, et, confessant leur infirmité, ils eussent imploré sa puissance. Mais l'orgueil les aveugla, et, pour user des termes de Sénèque contre lui-même, ils aimèrent mieux accuser la Providence que d'avouer leur misère, et imputer leurs désordres à sa rigueur qu'à leurs offenses : ils ne purent ou ne voulurent pas comprendre ce que la raison leur enseignait avant que la foi l'eût publié par la bouche de saint Paul et de saint Augustin, que la révolte de la chair contre l'esprit n'est pas une condition de la nature, mais un supplice du péché (1).

De tout ce discours il est aisé de conclure que puisque l'homme est criminel, que ses passions sont révoltées, que l'esprit qui les doit régler est obscurci, et que la volonté qui les doit modérer est dépravée, il faut nécessairement recourir à la grâce et demander à la miséricorde ce que la justice nous a ôté : il faut que la puissance qui avait autrefois accordé notre âme avec notre corps termine maintenant leurs différends; il faut que, si la condition de cette vie misérable ne permet pas que nous jouissions d'une paix entière, nous cherchions des forces pour combattre, et que si nous ne pouvons éviter les malheurs de la guerre, nous puissions espérer les avantages de la victoire.

(1) Quod caro concupiscit adversus spiritum, non est præcedens natura hominis instituti, sed consequens pœna damnati. Aug., lib. de vera Innoc., c. 260.

IIe DISCOURS.

Que la nature seule ne peut régler les passions de l'homme.

Bien que les stoïciens soient ennemis déclarés des passions, et qu'ils ne puissent être juges en une cause où ils sont parties, il me semble néanmoins que leurs jugements ont quelque couleur de justice, et que c'est avec raison qu'ils confondent nos passions avec les vices : car en l'état où le péché nous a réduits nous n'avons plus de sentiments qui soient purs : comme notre nature est corrompue, il faut par nécessité que toutes ses inclinations soient déréglées, et que les ruisseaux soient troubles qui coulent d'une source qui n'est pas nette.

Je sais bien que les philosophes ne tomberont pas d'accord de cette vérité, et qu'ils ne souffriront jamais que nous accusions d'erreur la nature qu'ils prennent pour guide, ni que nous déshonorions celle dont ils estiment tous les mouvements si réguliers. Ils font profession de la suivre en toutes choses, et tiennent que pour vivre heureusement il faut vivre naturellement. Les libertins s'autorisent de cette maxime et veulent excuser leurs désordres par une doctrine qu'ils n'entendent pas ; car s'ils avaient étudié dans l'école des stoïciens, ils trouveraient que ces philosophes présupposaient que la nature était dans sa première pureté, et qu'ils ne la prenaient pour leur conduite que parce qu'ils s'imaginaient qu'elle avait conservé son innocence. Aussi bannissaient-ils de leurs sages, et de leurs disciples mêmes, toutes ces affections qu'on veut faire passer pour naturelles, et, par un effort généreux, mais inutile, ils voulaient que nous fussions aussi réglés dans l'état du péché que dans celui de la justice originelle.

Mais les chrétiens qui ont appris de l'Ecriture sainte que la nature est déchue de la première pureté sont obligés à reconnaître que les passions sont révoltées, et que, pour les assujettir, il faut que la raison soit assistée de la grâce ; car il n'y a personne qui ne voie que l'esprit est engagé dans l'erreur, et qu'il reçoit confusément le mensonge avec la vérité, que la volonté s'attache plus au bien apparent qu'au véritable, que ses intérêts sont les règles de ses inclinations, et qu'elle n'aime pas ce qui est bon, mais ce qui lui est agréable, qu'elle sent par expérience qu'elle a beaucoup perdu de sa liberté, et que si le péché ne lui a pas ôté tout l'amour qu'elle avait pour le bien, il ne lui a laissé que de faibles secours et d'inutiles désirs pour l'acquérir. Comme elle a si peu de forces pour la conquête du bien, elle en a moins encore pour le règlement de ses passions, et, quoiqu'elle n'approuve pas leurs désordres, elle n'y saurait apporter de remède. Souvent par un étrange malheur elle fomente leur sédition qu'elle devrait empêcher, et pour ne pas affliger ses sujets, elle devient complice de leurs crimes. C'est pourquoi le philosophe chrétien est obligé d'implorer l'aide du ciel pour vaincre ces rebelles, et, avouant que sa raison est affaiblie, il faut qu'il cherche du secours hors de lui-même, et qu'il mendie la faveur de celui qui a permis le déréglement de la nature pour le châtiment de son péché.

Mais afin qu'on ne nous accuse pas d'être ennemis de la grandeur de l'homme, et de faire son désastre plus grand qu'il n'est, nous confessons que la nature est bonne dans son fond, et que le péché même en est une excellente preuve : car comme il n'est qu'un néant, il ne peut subsister par lui-même ; pour se conserver, il faut nécessairement qu'il s'attache à un sujet qui le soutienne, et qui lui fasse part de l'être qu'il possède. Ainsi le mal est enté sur le bien, et le péché est appuyé sur la nature, qui reçoit à la vérité de grands hommages d'un si mauvais hôte, mais qui ne perd pas pourtant tous ses avantages : car puisqu'elle se conserve l'être, il faut qu'elle se conserve encore quelque bonté ; puisqu'elle n'est pas anéantie pour être devenue criminelle, il faut que, dans sa misère, elle jouisse encore de quelque bonheur, et que, dans son crime même, il lui reste encore quelque teinture d'innocence ; c'est ce que dit saint Augustin en des termes aussi doctes qu'éloquents : où loue sans doute l'être de l'homme de qui l'on blâme le péché, et on ne le peut blâmer plus raisonnablement qu'en faisant voir qu'il déshonore par sa contagion celui qui était honorable par sa nature (1). Si nous la considérons donc en fond, elle n'a rien perdu de sa bonté ; mais si nous la regardons sous la tyrannie du péché, elle en a presque perdu l'usage, et elle ne peut plus se servir de ses facultés si on ne la délivre de l'ennemi qui la possède. Il me semble qu'on peut la comparer à ces oiseaux qui se prennent dans les filets ; ils ont des ailes, et ne peuvent voler ; ils aiment la liberté, et ne la peuvent recouvrer : ainsi les hommes dans l'état du péché ont encore de bonnes inclinations, mais ils ne les sauraient suivre ; ils ont de bons desseins, mais ils ne les peuvent exécuter, et plus malheureux que les oiseaux, ils aiment leur prison, et s'accordent avec le tyran qui les persécute. En cette déplorable condition ils ont besoin de la grâce qui les soulage et qui leur donne des forces, sinon pour les délivrer entièrement de l'ennemi qui les tourmente, au moins pour leur rendre la liberté d'agir, et les mettre en un état où ils puissent pratiquer les vertus, combattre les vices, et régler leurs passions.

Cette nécessité que nous imposons à l'homme de recourir à la grâce ne doit point sembler si fâcheuse, puisqu'avant même son désordre il avait besoin d'un secours étranger, et que dans sa pureté naturelle il ne pouvait éviter le péché sans un secours surnaturel : car il est composé de telle façon, qu'en tous ses mouvements il est obligé de recourir à Dieu ; et parce qu'il est son image, il ne peut agir que par son esprit. Quand la nature humaine, dit saint Augustin, fût demeurée en cette intégrité dans laquelle Dieu l'avait créée, elle n'eût pu se préserver du péché sans sa grâce. Et tirant une conséquence de cette première vérité, il ajoute avec beaucoup de raison : puisque l'homme ne put, sans la grâce, conserver la pureté qu'il avait reçue, comment pourrait-il, sans la même grâce, recouvrer la pureté qu'il a perdue (2) ? Il faut donc qu'il se résolve à se soumettre à son Créateur, s'il veut assujettir ses passions, et qu'il devienne pieux s'il veut être raisonnable ; car il doit y avoir quelque rapport entre notre salut et notre perte. Comme nos passions ne se révoltèrent contre l'esprit que quand il se fut révolté contre Dieu, il y a juste sujet de croire qu'elles n'obéiront à l'esprit que quand il sera obéissant à Dieu : et comme notre malheur a tiré sa naissance de notre rébellion, il faut que notre bonheur tire la sienne de notre assujettissement.

Que si les philosophes profanes nous objectent que la raison nous a été vainement accordée pour modérer nos passions, si elle n'en a pas le pouvoir ; et que la nature est un guide inutile, si elle a besoin elle-même de conduite, il faut les satisfaire par l'expérience, et leur apprendre, sans l'Ecriture sainte, qu'il y a des désordres dans l'homme que la raison seule ne peut régler, et que nous souffrons des maladies que la nature sans la grâce ne peut guérir.

IIIe DISCOURS.
Que dans le désordre où sont nos passions, la grâce est nécessaire pour les conduire.

Ceux qui sont instruits dans les mystères de la religion chrétienne confessent que la grâce que Jésus-Christ nous a méritée surpasse infiniment celle qu'Adam nous a ravie : ses avantages sont si grands qu'ils excèdent tous nos désirs, et les plus ambitieux des hommes n'auraient jamais souhaité le bien qu'elle nous fait espérer : car outre qu'elle nous élève au-dessus de notre condition, et qu'elle nous promet un bonheur égal à celui des anges, elle nous donne Jésus-Christ pour notre chef, et nous unit si étroitement avec lui, qu'elle oblige son Père de nous adopter pour ses enfants. Mais tous ces privilèges regardent plutôt l'avenir que le présent, et bien que nous ayons les gages de ces belles promesses, nous n'en possédons pas encore tous les effets ; la grâce qui nous en acquiert le droit réside dans le fond de notre âme, et la sanctifiant laisse le corps engagé dans le péché. Elle commence l'ouvrage de notre salut, et ne l'achève pas ; elle divise les deux parties qui composent l'hom-

---

(1) Cujus recte vituperetur vitium procul dubio natura laudatur : nam recta vitii vituperatio est, quod illo dehonestatur natura laudabilis. *Aug. lib.* XII *de Civ. Dei, c. 1.*

(2) Natura humana etiamsi in illa integritate in qua condita est permaneret, nullo modo seipsam Creatore suo non adjuvante servaret. Cum ergo sine Dei gratia salutem non posset custodire quam accepit, quomodo sine Dei gratia posset reparare quam perdidit ? *August., de Vera Innoc., c.* 337.

me, et donnant des forces à l'esprit, elle laisse la chair dans la faiblesse. Mais par un miracle plus étrange elle sépare l'âme de l'esprit, et met de la division dans leur unité; car à le bien prendre, il n'y a que la partie supérieure de l'âme qui ressente pleinement les effets de la grâce, et qui, dans le baptême, reçoive ce caractère divin qui nous donne droit au ciel comme à notre héritage ; d'où vient qu'un apôtre ne nous appelle que des ouvrages imparfaits et les commencements d'une créature nouvelle (1). Nous n'appartenons à Jésus-Christ que selon l'esprit, il n'est le père que de cette noble partie qu'il a enrichie de ses mérites; mais celle qui est engagée dans le corps, et qui par une malheureuse nécessité se voit obligée d'animer ses désordres et de fomenter ses passions, n'est pas entièrement délivrée de la tyrannie du péché. Elle gémit sous la pesanteur de ses fers, et cette glorieuse captive est contrainte de pleurer la rigueur de sa servitude pendant que sa sœur goûte les douceurs de la liberté : car, comme nous apprend saint Augustin, le baptême n'ôte pas la concupiscence, mais la modère ; et quelque force qu'il donne à notre âme, il lui laisse une espèce de langueur dont elle ne peut être guérie que dans la gloire (2) : il est vrai que cette faiblesse n'est pas un péché; et quoiqu'elle soit la source dont tous les autres dérivent, elle ne nous rend coupables que quand par notre lâcheté nous suivons ses mouvements.

Et l'on ne peut pas dire pour sauver l'honneur de notre âme, que ce désordre est dans notre corps, et qu'elle n'en est touchée que par pitié ou infectée que par contagion ; car outre le péché originel dont ce dérèglement est un effet qui réside en sa substance, tout le monde sait bien que le corps est incapable d'agir par lui-même, qu'il faut nécessairement que l'âme qui l'anime le fasse révolter, et que celle qui lui donne la vie lui donne les mouvements et les désirs déréglés (3). C'est elle qui soulève la chair contre l'esprit, et qui, pour n'être pas entièrement possédée par la grâce, obéit encore au péché; c'est elle qui réveille les passions; c'est elle qui, par un aveuglement étrange, leur prête les armes qui la doivent blesser, et qui excite la sédition qui doit troubler sa tranquillité. Cette doctrine est de saint Augustin ; et quand nous n'aurions pas ce grand docteur pour garant, toute la philosophie nous servirait de caution, puisque, dans ses principes, il faut croire que le corps ne fait rien sans l'âme, et que lors même qu'il semble entreprendre quelque chose contre elle, c'est par le secours qu'il en reçoit : si bien qu'elle est la source du mal : et c'est sans raison qu'elle se plaint des révoltes du corps, puisqu'elle en est le principe, et que de tous les crimes qu'elle lui impute, il n'en est pas l'auteur, mais le complice seulement.

Or, comme les passions résident en cette partie de l'âme qui est encore infectée par le péché, il ne faut pas s'étonner si elles sont rebelles, puisque leur mère est désobéissante. Et l'on ne doit pas s'imaginer que la grâce les étouffe, puisqu'elle laisse dans la rébellion la puissance même qui les produit : tout ce que l'on peut souhaiter de sa conduite, c'est qu'elle modère leur fougue, qu'elle réprime leur violence et qu'elle prévienne leurs premiers mouvements. Aussi est-ce l'une de ses principales occupations ; car quand elle a obligé l'esprit à connaître Dieu, et la volonté à l'aimer, elle étend ses soins sur la partie inférieure de l'âme et tâche de calmer le désordre de ses passions. Elle n'entreprend pas de les détruire, parce qu'elle sait bien que c'est un ouvrage qui est réservé à la gloire, mais elle emploie toutes ses forces pour les régler ; comme elle se sert utilement du péché pour nous humilier, elle use sagement de leur révolte pour nous exercer; elle leur propose des objets innocents pour les faire servir à la vertu, et les rend, comme dit saint Paul, ministres de la justice : car l'humilité chrétienne est ennemie de la vanité des stoïques, et, sachant bien que nous ne sommes pas des anges, mais des hommes, elle ne fait pas de vains efforts pour détruire une partie de nous-mêmes, mais elle nous oblige à profiter de nos défauts et à ménager si adroitement nos passions, qu'elles obéissent à la raison ou qu'elles ne lui livrent des combats que pour lui faire remporter des victoires. Je ferais tort à cette pensée si je l'expliquais par d'autres paroles que celles de saint Augustin. On ne considère pas tant dans un homme pieux la naissance que la cause de sa colère, on ne pèse pas la grandeur de la tristesse, mais le sujet, et on ne se met pas tant en peine de savoir s'il a de la crainte, que de savoir pourquoi il en a : car s'il se fâche contre un pécheur pour le corriger, s'il s'afflige avec un misérable pour le consoler, et si par sa crainte il détourne le malheur d'un homme qui s'allait perdre, je ne crois pas qu'il y ait de juge si sévère qui veuille condamner des passions si utiles : et il faudrait qu'il manquât de jugement pour nous défendre des affections si innocentes (4).

Il n'y a donc que leur excès de blâmable, et la raison assistée de la grâce doit employer toute son industrie pour les modérer : mais parce que la concupiscence est la source dont elles dérivent, il faut qu'elle essaie de

---

(1) Ut simus initium aliquod creaturæ ejus. Jacob. I, 18.
(2) Concupiscentia carnis in baptismo dimittitur, non ut non sit, sed ut in peccatum non imputetur; non autem ei substantialiter manet sicut aliquod corpus aut spiritus; sed affectio quædam est nualæ qualitatis sicut languor. Aug. l. 1 de Nupt. et Conc., cap. 25.
(3) Non eniin caro sine anima concupiscit, quamvis caro concupiscere dicatur, quia carnaliter anima concupiscit. Aug libro de Perf. homin., c. 17.
(4) In disciplina nostra non tam quæritur utrum pius animus irascatur, nec utrum sit tristis, nec utrum timeat, sed quid timeat. Irasci enim peccanti ut corrigatur, contristari pro afflicto ut liberetur, timere periclitanti ne pereat, nescio utrum quisquam sana consideratione reprehendar. Aug. lib. IX de Civit. Dei, c. 5.

la sécher et qu'elle fasse tous ses efforts pour retrancher ces effets malheureux en étouffant la cause qui les produit. L'ennemi que nous attaquons est né avec nous, il tire ses forces des nôtres ; il s'agrandit quand nous croissons, il s'affaiblit quand nous vieillissons : nous avons cette obligation à la vieillesse qu'elle lui ôte la vigueur en diminuant celle de notre corps, et qu'en nous conduisant à la mort elle y mène insensiblement ce rebelle. Il ne faut pas pourtant tout laisser faire à l'âge dans une action si importante à notre salut, nous devons commencer une guerre qui ne finisse qu'avec notre vie, et diminuer nos forces pour affaiblir celles de notre adversaire. Vous êtes né, dit saint Augustin (1), avec la concupiscence, prenez garde qu'en lui donnant des seconds par votre négligence vous ne vous fassiez de nouveaux ennemis ; souvenez-vous que vous êtes entré avec elle dans la carrière de cette vie, et qu'il y va de votre honneur de faire mourir devant vous celle qui est née avec vous.

Cette victoire est plutôt à souhaiter qu'à espérer, et si vous exceptez la mère de Jésus-Christ et son précurseur, vous ne trouverez point de saints qui aient défait ce monstre, qu'il ne leur en ait coûté la vie ; car encore qu'ils combattent la concupiscence, qu'ils s'opposent à ses désirs, et qu'ils n'étudient ses mouvements que pour les arrêter, néanmoins ils sont dans ce combat tantôt vaincus et tantôt victorieux, leurs avantages ne sont pas purs, et leurs meilleurs succès s'y trouvent mêlés de quelques disgrâces. Il faut qu'ils meurent pour tuer cet ennemi, et ils se voient réduits à la nécessité de souhaiter leur mort pour avancer la sienne. N'avoir point de concupiscence, remarque saint Augustin, c'est la perfection ; ne la point suivre, c'est le combat : néanmoins quand il continue avec courage, ou en peut attendre la victoire ; mais certes on ne la peut obtenir que quand la mort sera heureusement consumée par la vie dans le règne de la gloire (2). D'où j'infère que puisque la grâce ne peut éteindre la concupiscence, elle ne peut ruiner les passions, et que toute l'assistance que l'homme en doit espérer, c'est de les ménager avec tant d'adresse, qu'elles défendent le parti de la vertu, et qu'elles combattent celui du vice.

IV° DISCOURS.

Que l'opinion et les sens sont les causes du désordre de nos passions.

Encore que le péché soit la source de tous nos maux, et que toutes les misères que nous éprouvons soient des châtiments de notre crime, il semble que nous prenions plaisir à les accroître par notre mauvaise conduite, et que nous inventions tous les jours de nouvelles peines auxquelles la justice divine ne nous avait pas condamnés. Il ne nous suffit pas de savoir que nos passions sont révoltées, et que, sans une assistance de la grâce, la raison ne les peut régler ; nous fomentons leurs désordres, et, pour les rendre plus insolentes, nous admettons des opinions qui les soulèvent quand il leur plaît ; car de mille passions qui s'élèvent en notre âme, il n'y en a pas deux qui prennent la vérité pour leur guide, et les maux qu'elles appréhendent, ou les biens qu'elles désirent sont plus souvent apparents que véritables. Pour régler ce désordre il faut le connaître et remarquer sa naissance et son progrès. L'opinion n'est pas tant un jugement de l'esprit que de l'imagination, par lequel elle approuve ou condamne les choses que lui représentent les sens : ce mal est le plus ordinaire de notre vie, et s'il était aussi constant qu'il est commun, notre condition serait bien déplorable, mais il change à tous moments, ce qui la fait naître le fait mourir, et l'imagination le quitte avec autant de facilité qu'elle l'avait reçu. Il tire sa naissance de nos sens et des bruits du monde, de sorte que ce n'est pas une merveille, si l'opinion la mieux établie ne peut subsister longtemps, puisqu'elle a de si mauvais fondements, car nos sens sont des menteurs, et, comme des miroirs enchantés, ils nous représentent les objets avec déguisement. Leurs rapports sont presque toujours intéressés, et, selon qu'ils s'attachent aux objets, ils essaient d'y engager l'imagination.

Certes, quand je considère l'âme prisonnière dans son corps, je plains sa condition, et je ne m'étonne pas si elle prend si souvent le mensonge pour la vérité, puisqu'il y entre par la porte des sens. Cet esprit divin est enfermé dans son corps, sans avoir aucune connaissance que celle qu'il emprunte de ses yeux ou de ses oreilles, et ces deux sens que la nature semble avoir particulièrement affectés à la science, sont si trompeurs, que leurs avis ne sont la plupart du temps que des impostures : l'aveuglement est préférable à leurs fausses lueurs, et il vaudrait mieux qu'ils nous laissassent dans notre ignorance, que de nous procurer des connaissances si douteuses et si malignes. Ils ne considèrent que l'apparence des choses, les accidents les arrêtent, leur faiblesse ne peut pénétrer jusqu'à la substance. Ils ressemblent au soleil, et comme ils tirent de lui toutes leurs lumières, ils tâchent de l'imiter en leurs opérations. Chacun juge que ce bel astre nous est extrêmement utile lorsqu'il remonte sur notre horizon, et qu'il rend à la nature les beautés que les ténèbres lui avaient ravies ; mais les platoniciens ont trouvé que l'utilité que nous en recevons n'égale pas le dommage qu'il nous apporte ; car quand il nous découvre la terre, il nous

---

(1) Cum concupiscentia natus es ut eam vincas, noli tibi hostes addere, vince cum quo natus es, ad stadium vitæ hujus cum illo venisti, congredere cum eo qui tecum processit. *Aug. in Psal.* LVII.

(2) Non concupiscere omnino, perfecti est ; post concupiscentias suas non ire, pugnantis est, luctantis est, laborantis est. Ubi fervet pugna, quare desperetur victoria ? quando erit victoria ? quando absorbebitur mors ? *August. de Verbis serm.* 5.

cache les cieux; quand il expose à nos yeux les lis et les roses, il leur dérobe les étoiles, et leur ôte la vue de la plus belle partie du monde. Ainsi les sens nous ôtent la connaissance des choses divines pour nous donner celle des choses humaines; ils ne nous font voir que l'apparence des objets, et nous en cachent la vérité. Nous demeurons ignorants sous ces mauvais maîtres, et notre imagination n'étant informée que par leur rapport, nous ne pouvons concevoir que de fausses opinions.

C'est pourquoi je trouve que la nature nous traite bien plus sévèrement que la religion, et qu'il est bien plus difficile d'être raisonnable que fidèle; car quoique les vérités que nous propose la religion soient si élevées que nos esprits ne les puissent comprendre, quoiqu'elle demande de nous une obéissance aveugle, et que pour croire à ses mystères il faille assujettir notre raison et démentir tous nos sens, néanmoins ce commandement n'est pas injurieux : si elle nous ôte la liberté, elle nous conserve l'honneur, elle délivre notre esprit de la tyrannie des sens, elle le soumet à l'empire légitime de la suprême intelligence qui nous éclaire de sa lumière, elle nous détache de la terre pour nous élever dans le ciel, et ne nous interdit l'usage du raisonnement que pour nous faire acquérir le mérite de la foi. Mais la nature engageant notre âme dans notre corps la rend esclave de nos sens, et l'oblige dans ses plus nobles opérations à consulter des aveugles, et à puiser ses lumières dans leurs ténèbres. De là vient que toutes nos connaissances sont pleines d'erreurs, que la vérité n'est jamais sans mensonge, que nos opinions sont incertaines, et que nos passions qui leur obéissent sont toujours déréglées.

Le bruit du monde n'est pas un guide plus assuré, et ceux qui l'écoutent sont en danger de ne goûter jamais un véritable repos; car ce bruit n'est autre chose que l'opinion du peuple, laquelle, pour être la plus commune, n'est pas la plus véritable; ce qui semble l'autoriser la condamne, et rien ne la doit rendre plus suspecte que le grand nombre de ses partisans. La nature de l'homme n'est pas si bien réglée, que les meilleures choses soient celles qui plaisent à plus de personnes; les mauvaises opinions se fondent aussi bien que les bonnes sur le nombre de leurs approbateurs, et quand nous voulons prendre parti, nous ne devons pas compter les voix, mais les peser. Le peuple qui soupire après la liberté prend plaisir à vivre dans la servitude; il n'use jamais de son jugement, et, dans la chose du monde qui doit être la plus libre, il se conduit plutôt par exemple que par raison, il suit ceux qui le précèdent, et sans examiner leurs opinions, il les embrasse et les défend : car après les avoir reçues il essaie de les répandre; comme dans les factions il tâche d'engager les autres dans son parti, et de faire de sa maladie une contagion : si bien que la maxime de Sénèque se trouve véritable : que l'homme ne manque pas pour soi seulement, mais pour les autres, et qu'il communique ses erreurs à tous ceux qui l'approchent (1). Quand notre imagination est remplie de ces mauvaises opinions, elle excite mille désordres dans la partie inférieure de notre âme, et soulève les passions selon son bon plaisir : car comme elles sont aveugles, elles ne peuvent pas discerner si le bien ou le mal qu'on leur propose est apparent ou véritable, et abusées par l'imagination dont elles respectent l'empire, elles s'attachent aux objets ou s'en éloignent. Leur aveuglement leur sert d'excuse, et elles rejettent leurs fautes sur celle qui les a trompées. Mais pour prévenir ce dérèglement, il faut que l'esprit se conserve dans son autorité, qu'il assujettisse l'imagination à ses lois, qu'il prenne garde si l'opinion ne tâche point à s'y établir, et qu'il consulte la raison pour se défendre contre l'erreur et le mensonge : ainsi les passions demeureront toujours paisibles, et leur mouvement étant réglé, elles seront utiles à la vertu.

Ve DISCOURS.

Qu'il y a plus de désordre dans les passions des hommes que dans celles des bêtes.

Avant que de résoudre cette question, il faut que nous en traitions une autre, et que nous examinions si les bêtes sont capables de ces mouvements que nous appelons passions : car comme nos adversaires les confondent avec les vices, et qu'ils veulent que toutes les affections de la partie inférieure de notre âme soient criminelles, ils tiennent que les bêtes en sont exemptes, et que n'ayant point de liberté, on ne leur saurait imputer ni la vertu ni le péché. Elles se conduisent par un instinct qui ne peut errer, et si quelquefois elles semblent s'égarer en leurs actions, il faut l'attribuer à la Providence, qui les dérègle pour nous punir, ou qui permet leur désordre pour nous avertir de nos malheurs : c'est pourquoi leurs mouvements servaient de présage à tous les peuples, et parmi les infidèles on consultait le vol des oiseaux et les entrailles des victimes, pour connaître les secrets de l'avenir ou les volontés du ciel. Mais quoiqu'elles soient exemptes de péché, et qu'elles doivent leur innocence à leur servitude, elles ne sont pas néanmoins insensibles : tous les philosophes confessent qu'elles ont des inclinations et des aversions, et que, selon que les objets frappent leurs yeux ou leurs oreilles, ils excitent des désirs ou des craintes dans leurs imaginations. En effet, la plus basse partie de notre âme a tant de correspondance avec nos sens, qu'elle en emprunte son nom, et s'appelle sensitive, de sorte qu'il est presque impossible qu'une chose qui est entrée par ces portes avec quelque agrément ou quelque horreur ne produise dans l'âme du plaisir ou de la peine. Comme les bêtes ont ces deux facultés qui

---

(1) *Nemo sibi tantum errat, sed alii erroris causa et auctor est. De vita beata, cap.* 1.

leur donnent le sentiment et la vie, il faut nécessairement conclure qu'elles ont des passions, qu'elles s'approchent du bien par le désir, qu'elles s'éloignent du mal par la fuite, qu'elles goûtent l'un avec joie, et qu'elles souffrent l'autre avec douleur. Cette raison est confirmée par les exemples; car nous voyons tous les jours que la crainte du châtiment apprend le manége aux chevaux, que l'éperon réveille leur mémoire, que le bruit des trompettes les met en humeur, et que les blessures mêmes animent leur courage. Les taureaux combattent pour la gloire, et joignant la ruse à la force, disputent avec autant de chaleur pour la conduite d'un troupeau, que les princes pour la conquête d'un royaume. Les lions ne cherchent pas tant la vengeance que l'honneur dans leurs combats; quand ils voient leur ennemi abattu, ils apaisent leur colère, et n'ayant pris les armes que pour acquérir de la gloire, ils se contentent de cet avantage et donnent la vie à celui qui leur cède la victoire. Enfin ils se piquent de jalousie aussi bien que d'amour, ils honorent la fidélité, ils punissent l'adultère, et lavent ce crime dans le sang des coupables; si bien qu'on ne peut douter que les bêtes n'aient des passions, et qu'elles ne soient agitées de ces émotions furieuses qui troublent notre repos : mais la difficulté est de savoir quelles sont les plus violentes des leurs ou des nôtres, et qui d'elles ou de nous sont les moins réglés en leurs mouvements.

La vérité nous oblige de confesser que nos avantages nous sont nuisibles, et que la raison même, quand elle devient esclave des sens, ne sert qu'à rendre nos affections plus déraisonnables ; les bêtes n'appréhendent le mal que quand il est proche, elles ne pénètrent point dans l'avenir, et ne se souviennent guère du passé, il n'y a que le présent qui les puisse rendre malheureuses. Mais les hommes vont chercher les accidents avant qu'ils soient arrivés, il semble qu'ils aient dessein de hâter leurs disgrâces, et que pour étendre l'empire de la fortune, ils veuillent prévenir les maux qu'elle n'a pas encore fait naître; leur crainte s'occupe du futur et du passé; et comme ils tremblent pour un malheur qui n'est plus, ils pâlissent pour un désastre qui n'est pas encore (1).

Les bêtes n'ont que peu d'objets qui les touchent; et si vous retranchez les choses qui sont nécessaires pour l'entretien de la vie, elles regardent toutes les autres avec indifférence. Mais les hommes ne peuvent borner leurs desirs, ni par la raison, ni par la nécessité, ils s'étendent au delà même des choses utiles, et vont chercher les superflues pour accroître leurs supplices : toutes leurs passions sont si déréglées, que rien ne les peut contenter ; ce qui les devrait apaiser, les aigrit ; et ce qu'on leur donne pour assouvir leur faim ne sert le plus souvent qu'à l'irriter, de sorte que l'on peut dire sans mensonge que l'homme n'est ingénieux qu'à sa perte, et qu'il n'emploie la bonté de son esprit, que pour se rendre plus malheureux ou plus criminel (2).

Les bêtes sont stupides, leur tempérament qui tient de la terre les rend insensibles, et les exempte heureusement de tous ces maux qui ne blessent le corps que parce qu'ils ont blessé l'imagination. Il faut piquer les taureaux pour les mettre en fureur, et ces lourdes masses dont l'âme n'est qu'un corps, ne s'agitent guère qu'on ne les ait irritées ; les éléphants endurent tout de leurs maîtres; s'ils ne voient de leur sang, ils ne croient pas être blessés; quand la douleur est passée, leur colère s'adoucit, et ils deviennent aussi traitables qu'auparavant. Mais l'homme est d'une constitution si délicate, que les peines les plus légères l'offensent ; son sang, qui tient de la nature du feu, est facile à s'émouvoir ; et quand il est une fois ému, il porte la fureur en toutes ses parties. Elle fait néanmoins ses plus grands ravages auprès du cœur, car elle lui envoie tant d'esprits, que souvent elle fait mourir celui qui donne la vie à tout le corps, et pour se venger d'une injure particulière, elle hasarde le salut de tout le public. Pour comble de malheur, cette passion est si ombrageuse dans l'homme qu'il ne faut qu'un atome pour l'irriter ; une parole la pique, un mouvement de tête l'offense, le silence la met en fougue ; ne trouvant rien qui l'entretienne, elle dévore ses entrailles, et par un excès de désespoir, elle convertit toute sa rage contre soi-même.

Enfin la vie des bêtes étant uniforme, et la nature leur ayant donné des bornes assez étroites, elles n'ont qu'un petit nombre de passions ; l'on peut dire que la crainte d'un mal qui les choque, et le désir d'un bien qui les touche, font presque tous leurs mouvements. Mais comme la vie de l'homme est plus mêlée, et que dans son étendue, elle est sujette à mille rencontres différentes, ses passions s'élèvent en foule, et quelque part qu'il aille, il trouve des sujets de colère et de crainte, de plaisir et de douleur ; c'est pourquoi les poëtes ont feint que son âme passait dans le corps de plusieurs animaux, et que prenant toutes leurs mauvaises qualités, il unissait en sa personne la malice des serpents, la fureur des tigres, la colère des lions, nous apprenant par cette fable que l'homme a autant de passions que toutes les bêtes ensemble.

C'est ce sujet que les philosophes nous les proposent pour exemple, et que les stoïciens, après avoir élevé notre nature à un si haut point de grandeur, sont obligés de nous réduire à la condition des bêtes, et de mettre en je ne sais quelle stupidité le bonheur et le repos de leur sage. Ce sentiment n'est pas éloigné de celui de ces esprits orgueilleux, qui, s'étant voulu asseoir sur le trône de Dieu, demandèrent à Jésus-Christ la permission de se retirer dans le ventre des pourceaux, et qui, n'ayant pu régner avec les Per

---

(1) Nemo tantum præsentibus miser est. *Senec. epist.* 5.

(2) Quidquid illis conjeceris, non finis cupiditatis erit, sed gradus. *Senec.*

sonnes divines, se contentèrent de vivre avec des bêtes infâmes. Ainsi nos superbes stoïciens, après avoir élevé leur sage jusqu'au ciel, et lui avoir donné des titres que les mauvais anges ne prétendirent jamais dans leur rébellion, ils le ravalent à la condition des bêtes, et ne le pouvant faire insensible, ils tâchent de le rendre stupide. Ils accusent la raison d'être la cause de nos désordres, ils se plaignent des avantages que la nature nous a faits, et voudraient perdre la mémoire et la prudence pour ne prévoir jamais les maux à venir, et ne songer jamais aux passés. Cette folie est la peine de leur vanité : la justice divine a permis que l'esprit qui avait été leur idole devînt leur tourment, qu'ils publiassent partout que, ne pouvant vivre comme des dieux, ils se résolvaient à vivre comme des bêtes. Mais sans imiter leur désespoir, il ne faut qu'implorer l'aide du ciel, et reconnaissant la faiblesse de la raison, chercher une autre lumière pour nous conduire et emprunter de nouvelles forces pour vaincre nos passions, c'est ce que nous aurons appris de la religion chrétienne, et ce que nous examinerons dans la suite de cet ouvrage.

TROISIÈME TRAITÉ.
DE LA CONDUITE DES PASSIONS.
PREMIER DISCOURS.

Qu'il n'y a rien de plus glorieux ni de plus difficile que la conduite des passions.

La nature, par une sage providence, a uni la difficulté avec la gloire, et de peur que les choses glorieuses ne devinssent trop communes, elle a voulu qu'elles fussent difficiles. Il n'y a rien de plus éclatant parmi les hommes que la valeur des conquérants, il semble que toutes les langues des orateurs seraient muettes, s'il ne s'était donné des combats ou remporté des victoires ; mais pour acquérir ce titre honorable, il faut mépriser la mort, oublier les plaisirs, surmonter les travaux, et acheter souvent la gloire par la perte de sa propre vie. Après la valeur des conquérants, on ne voit rien de plus illustre que l'éloquence des orateurs : elle gouverne les états sans violence, elle régit les peuples sans armes, elle force leurs volontés avec douceur, elle donne des combats et gagne des victoires sans effusion de sang. Mais pour arriver à ce suprême pouvoir, il faut vaincre mille difficultés, accorder l'art avec la nature, concevoir de fortes pensées, les exprimer avec de belles paroles, étudier les humeurs des peuples, apprendre le secret de contraindre leurs libertés, et d'acquérir leurs affections. Cette vérité paraît clairement dans le sujet que nous traitons, et chacun confesse qu'il n'est rien de plus malaisé ni de plus honorable que de vaincre ses passions ; car outre que nous ne sommes aidés de personne en ce combat, que la fortune qui préside en tous les autres ne peut nous favoriser en celui-ci, que les hommes n'en partagent point la gloire avec nous, et que nous faisons tout ensemble l'office de soldat et de capitaine, il y a cette fâcheuse difficulté que nous combattons contre une partie de nous-mêmes, que nos forces sont divisées, et que rien ne nous anime dans cette guerre que le devoir et l'honnêteté. On se pique d'honneur et d'envie dans les autres, souvent la colère qui se mêle avec la vertu fait la plus grande partie de notre valeur, l'espérance et la hardiesse nous assistent, et leurs forces étant unies ensemble, il est presque impossible d'être vaincus ; mais quand nous attaquons nos passions, nos troupes sont affaiblies par leur division ; nous n'agissons que par une partie de nous-mêmes ; de quelques raisons que la vertu anime notre courage, l'affection que nous portons à nos ennemis nous rend lâches, et nous appréhendons une victoire qui nous doit coûter la perte de nos plaisirs. Car bien que nos passions soient déréglées et qu'elles troublent notre repos, elles ne laissent pas d'être une partie de notre âme ; quoique leur insolence nous déplaise, nous ne pouvons nous résoudre à déchirer nos entrailles ; si la grâce ne nous assiste, l'amour-propre nous trahit, et nous épargnons des rebelles, parce qu'ils sont nos alliés. Mais ce qui augmente la difficulté et qui rend la victoire plus incertaine, c'est la vigueur de nos ennemis ; car quand ils n'auraient point d'intelligence avec notre âme, quand ils ne diviseraient point ses forces par leurs artifices ; et quand elle les attaquerait avec toute sa puissance, ils sont de telle nature qu'on peut les affaiblir, et non pas les vaincre ; qu'on peut les battre, et non pas les défaire ; car ils sont si étroitement unis avec nous qu'ils n'en peuvent être séparés, leur vie est attachée à la nôtre, et par un étrange destin, ils sauraient mourir que nous ne mourions avec eux : si bien que cette victoire n'est jamais entière, et ces rebelles ne sont jamais si domptés, qu'à la première occasion ils ne forment un nouveau parti, et ne nous présentent de nouveaux combats. Ce sont des hydres qui repoussent autant de têtes qu'on en coupe, ce sont des Anthées qui tirent des forces de leurs faiblesses, et qui se relèvent plus vigoureux après avoir été abattus. Tout l'avantage qu'on peut espérer sur des sujets si farouches, c'est de leur mettre les fers aux pieds et aux mains, et de ne leur laisser que le pouvoir qui leur est nécessaire pour le service de la raison ; il faut les traiter comme les forçats qui traînent toujours leurs chaînes, et à qui on ne laisse que l'usage des bras pour ramer ; ou, si l'on veut les traiter plus doucement, il faut être bien assuré de leur fidélité, et se ressouvenir d'une maxime que je n'estime innocente qu'en ce sujet, que les ennemis réconciliés nous doivent être toujours suspects.

Si la difficulté qui accompagne ce combat nous étonne, la gloire qui la suit nous doit relever le courage ; car le ciel ne voit rien de plus illustre ; et la terre ne porte rien de plus glorieux qu'un homme qui commande à ses passions ; toutes les couronnes ne peuvent assez dignement parer sa tête, toutes les louanges sont au-dessous de ses mérites, il n'y a que l'éternité seule qui puisse récompenser une si haute vertu ; les ombres mêmes en sont agréables, et la vérité en est si belle, qu'on en adore l'apparence. Nous ne révérons les Socrate et les Caton, que parce qu'ils en ont eu quelque teinture ; et nous ne les mettons au nombre des sages, que parce qu'ils ont triomphé de nos plus lâches passions. La gloire de ces grands hommes est bien plus pure que celle des Alexandre et des Pompée : leur victoire n'a point fait de veuves ni d'orphelins ; leur conquête n'a point dépouillé de royaumes, leurs combats n'ont point fait répandre de sang ni de larmes ; et pour se mettre en liberté, ils n'ont point fait de prisonniers ni d'esclaves. On lit toutes leurs actions avec plaisir, et dans tout le cours de leur vie innocente, on ne rencontre point d'objets qui donnent de l'horreur : ils sont nés pour le bien de l'univers ; ils ont travaillé pour le repos de tous les peuples ; l'on ne voit point de nations qui s'affligent de leur bonheur, et qui se réjouissent de leur mort. Quel honneur espérer un conquérant qui doit toute sa grandeur à son injustice ; qui n'est illustre que parce qu'il est criminel, et duquel on ne parlerait point dans l'histoire s'il n'avait tué des hommes, abattu des villes, ruiné des provinces, et dépeuplé des royaumes ?

Ceux qui n'ont fait la guerre qu'à leurs passions jouissent d'un plaisir bien plus véritable ; et ces vainqueurs innocents reçoivent bien de nos bouches des louanges plus glorieuses ; nous les élevons au-dessus de tous les monarques ; et quand ils ont vécu dans l'Eglise, nous les logeons dans le ciel après leur mort. Nous prenons leurs actions pour servir d'exemples aux nôtres ; nous empruntons leurs armes pour combattre les ennemis qu'ils ont défaits ; nous lisons leur vie, comme les conquérants lisent celle des césars ; nous nous y formons à la vertu, et nous y remarquons les belles maximes qu'ils ont tenues, les ruses innocentes qu'ils ont pratiquées, et les hauts desseins qu'ils ont entrepris pour acquérir de si fameuses victoires. Leurs maximes plus assurées étaient de ne s'appuyer pas sur leurs propres forces, d'implorer le secours du ciel, et de plus espérer de la grâce que de la nature. Si tu veux vaincre, dit saint Augustin, ne présume pas de toi-même ; mais rends l'honneur de la victoire à celui de qui tu attends la couronne (1). Leurs ruses plus ordinaires étaient de prévenir leurs passions, de leur ôter les forces pour leur ôter le courage, de les attaquer en leur naissance, et de n'attendre pas que l'âge les eût rendues plus vigoureuses. Leurs entreprises plus mémorables étaient de courir sur les terres de leurs ennemis, de considérer leur contenance, de remarquer leurs desseins, et de retrancher tous les objets qui les pouvaient émouvoir. Ces moyens nous succéderont heureusement, si nous les voulons employer ; et nous ne manquerons pas de secours, puisque toutes les vertus morales sont autant de fidèles alliées qui combattent pour notre liberté, et qui nous fournissent des armes pour dompter nos passions.

IIᵉ DISCOURS.

Qu'il n'y a point d'esclave plus misérable que celui qui se laisse conduire par ses passions.

La liberté est si douce, et la servitude est si fâcheuse, que l'on peut dire sans craindre l'exagération, que, comme l'une est le plus grand de tous les biens, l'autre est aussi le plus grand de tous les maux. Les peuples ont donné des combats pour conserver celle-là et pour se défendre de celle-ci, il semble que la nature leur ait persuadé qu'il valait mieux mourir en liberté que vivre en servitude. Nos ancêtres furent si délicats en cette matière, qu'ils ne purent souffrir patiemment la domination romaine ; ils s'y assujettirent les derniers, et s'en délivrèrent les premiers : si le ciel n'eût fait naître Jules-César pour les dompter, ils ne fussent jamais devenus esclaves de Rome. Mais encore eurent-ils cette consolation dans leur malheur, que, sous la conduite de ce grand prince, ils se vengèrent de la république qui les avait opprimés, et firent souffrir la servitude à celle qui leur avait fait perdre la liberté. Quoique ce mal soit si fâcheux, et que le bien qu'il nous ôte soit si doux, il n'est pas comparable à celui que nous cause la tyrannie de nos passions ; et il faut avouer que de tous les esclaves du monde, il n'y en a point de plus malheureux que celui qui obéit à des maîtres si cruels.

Car les autres sont libres en la plus noble partie d'eux-mêmes : il n'y a que leur corps qui gémisse sous les fers, et qui ressente les rigueurs de l'esclavage (2). Leur volonté n'est point contrainte : quand on leur commande quelque chose qui blesse leur honneur, ou qui choque leur conscience, ils s'en peuvent défendre par un refus généreux, et racheter leur liberté par la perte de leur vie. Mais ceux-ci sont esclaves jusques dans le fond de l'âme ; ils ne peuvent pas disposer de leurs pensées ni de leurs désirs ; ils perdent en cette infâme servitude, ce que les captifs conservent dans les prisons, et ce que les tyrans ne peuvent ravir à leurs ennemis.

Les autres peuvent quitter leurs maîtres, et sortant de leurs maisons ou de leurs États, passer en des lieux de franchise où ils respirent un air de liberté ; mais ceux-ci pour changer de pays ne changent point de condition ; ils sont esclaves sous les couronnes, ils servent à leurs passions pendant qu'ils commandent à leurs sujets, et quelque part qu'ils aillent ils traînent leurs chaînes, et portent leurs maîtres. Les autres soupirent après la liberté, et emploient leur crédit pour la racheter : quand cet aide leur manque, la misère leur ouvre l'esprit ; et la né-

---

(1) Si vis vincere, noli de te præsumere, sed illi assigna victoriæ gloriam qui tibi donat ut victoriæ referas palmam. *Aug. ser. 1 de Catechism.*

(2) Corpus est quod Domino fortuna tradidit, hoc vendit, interior illa pars mancipio dari non potest. *Senec. Benefic. lib. III, cap. 20.*

cessité, qui est la mère des inventions, leur fournit des moyens pour s'affranchir : mais ces misérables l'ont si bien perdue, qu'ils n'en ont pas même conservé le désir ; ils aiment leur servitude, ils baisent leurs fers, et par un étrange aveuglement, ils craignent la fin de leur prison, et appréhendent leur délivrance.

Les autres n'ont qu'un maître ; et parmi tant de malheurs qui les affligent, ils espèrent adoucir leur captivité en gagnant les bonnes grâces de celui qui leur commande ; ils se promettent que par l'assiduité de leurs services, ils pourront recouvrer leur liberté ; ils se flattent en cette pensée, et croient qu'un esclave qui n'a qu'un homme à contenter, ne peut pas être toujours malheureux : mais ceux-ci ont autant de maîtres à servir, qu'ils ont de passions à satisfaire (1) ; la fin d'une servitude est le commencement d'une autre ; et quand ils pensent être échappés d'une orgueilleuse domination, ils tombent sous une insolente tyrannie. Car le changement ne leur est jamais avantageux ; le dernier maître est toujours plus cruel que le premier : souvent ils commandent tous ensemble ; et comme leurs desseins ne s'accordent pas, ils divisent ces esclaves malheureux, et les contraignent de partager leurs volontés, et de déchirer leurs entrailles pour obéir à des ordres plutôt contraires que différents. Tantôt l'ambition et l'amour unissent leurs flammes pour les dévorer ; la crainte et l'espérance les attaquent de compagnie ; la douleur et le plaisir se réconcilient ensemble pour les affliger, et l'on peut dire que chaque maître est un bourreau qui les tourmente, et que chaque ordre qu'ils reçoivent est un nouveau supplice qui les fait souffrir. Ils n'ont pas une heure de repos, leurs passions les persécutent de jour et de nuit, et ces furies vengeresses changent tous leurs plaisirs en de cruelles douleurs.

Qu'y a-t-il de plus déplorable que de voir Alexandre possédé par son ambition, et perdre le jugement pour satisfaire à cette passion déréglée ; car peut on croire que celui-là fût raisonnable, qui commença ses exploits par la ruine de la Grèce, et qui, plus injuste que les Perses, fit taire la ville d'Athènes, fit servir celle de Lacédémone, et ravagea le pays qui lui avait inutilement enseigné la philosophie (2). Cette même fureur l'obligea de courir le monde, de faire le dégât par toute l'Asie, de pénétrer aux Indes, de passer les mers, de se fâcher contre la nature, qui par ses limites bornait ses conquêtes, et le contraignait de finir ses desseins où le soleil achève son cours. Qui n'a pitié de voir Pompée, qui enivré de l'amour d'une fausse grandeur, entreprend des guerres civiles et étrangères ? Tantôt il passe en Espagne pour opprimer Sertorius, tantôt il court la mer pour la purger des pirates, tantôt il vole en Asie pour combattre Mithridate ; il ravage toutes les provinces de cette grande partie de l'univers, il se fait des ennemis où il n'en trouve point : après tant de combats et de victoires, il est le seul qui ne s'estime pas assez grand : et quoiqu'on lui en donne le nom, il ne croit pas le mériter, si Jules-César ne le confesse. Qui n'a compassion de celui-ci, qui ne fut pas tant l'esclave que le martyr de l'ambition ? Car il prostitua son honneur pour s'acquérir du pouvoir ; il se rendit l'esclave de son armée, pour devenir le maître du sénat ; il jura la perte de sa patrie, pour se venger de son gendre : ne voyant plus d'État contre lequel il pût exercer sa fureur, il la déploya contre la république, et voulut bien mériter le nom de parricide pour porter celui de souverain. Il n'eut jamais d'autres mouvements que ceux que lui donna l'ambition : s'il fit grâce à ses ennemis, ce ne fut que par vanité ; et s'il pleura la mort de Caton et de Pompée, ce fut peut-être pour ce qu'elle diminuait l'honneur de sa victoire : tous ses sentiments étaient ambitieux ; quand il vit l'image d'Alexandre il ne répandit des larmes que parce qu'il n'avait pas encore assez répandu de sang : tout ce qui s'offrait à ses yeux réveillait sa passion ; et les objets qui eussent appris aux autres la modestie, ne lui inspiraient que l'orgueil et l'insolence. Enfin César commandait à son armée, et l'ambition commandait à César. Elle avait tant de pouvoir sur son esprit, que la prédiction de sa mort ne lui eût pas fait changer son dessein ; et sans doute il eût répondu pour lui aux devins, ce qu'Agrippine répondit pour son fils aux astrologues : *Qu'il me tue pourvu qu'il règne.*

Si la servitude est si fâcheuse dans l'ambition, elle est bien plus honteuse dans l'impudicité : il faut confesser qu'un homme qui est possédé par cette infâme passion, n'a plus de raison ni de liberté ; et qu'étant l'esclave de son amour, il n'est plus le maître de soi-même. Cléopâtre ne gouvernait-elle pas Marc-Antoine ? Cette princesse ne se pouvait-elle pas vanter d'avoir vengé l'Égypte de l'Italie, et de s'être assujetti l'empire romain, en soumettant à ses voix celui qui le gouvernait ? Ce malheureux ne vivait que par l'esprit de cette étrangère ; il n'agissait que par ses mouvements, et jamais esclave ne prit tant de peine à gagner les bonnes grâces de son maître, que ce lâche prince n'en prenait pour acquérir celles de sa superbe maîtresse : il donnait toutes les choses par son ordre, et la plus belle partie de l'empire romain soupira de se voir gouvernée par une femme. Il n'osa vaincre en la bataille d'Actium, et aima mieux quitter son armée que son amour ; il fut le premier capitaine qui abandonna ses soldats, et qui ne voulut pas profiter de leur courage pour défaire son ennemi : mais que pouvait-on attendre d'un homme qui n'avait plus de

---

(1) Malus etiamsi regnet, servus est nec unius hominis, sed quod gravius est, tot dominorum quot vitiorum. *Aug. lib.* IV *de Civit. Dei*, cap. 3.

(2) An tu putas sanum qui Græciæ primum cladibus in qua eruditus est incipit, qui Lacedemona servire jubet, Athenas tacere. *Sen. Epist.* 04.

cœur et qui, bien éloigné de combattre ne pouvait pas même vivre séparé de Cléopâtre? Lisez enfin l'histoire de tous les grands, vous trouverez que leurs passions en ont fait des esclaves, et qu'ils ont éprouvé dans la grandeur de leur fortune, tout ce que la tyrannie peut inventer de supplices pour affliger ce qu'elle opprime. C'est pourquoi les hommes sont obligés d'employer la raison et la grâce pour éviter la fureur de ces maîtres insolents ; chacun se doit résoudre en son particulier de perdre plutôt la vie que la liberté, et de préférer une mort glorieuse à une honteuse servitude; mais sans venir à ces extrémités, il ne faut dans ce combat que vouloir vaincre pour être victorieux; car Dieu a permis que notre bonne fortune dépendît de notre volonté avec sa grâce, et que nos passions ne pussent prendre sur nous que le pouvoir que nous leur donnons, puisqu'en effet l'expérience nous apprend qu'elles ne nous battent que de nos armes, et qu'elles ne nous rendent leurs esclaves qu'avec notre consentement.

IIIe DISCOURS.

Qu'il faut modérer nos passions pour les conduire.

Quoique les passions soient destinées pour le service de la vertu, et qu'il n'y en ait pas une dont l'usage ne puisse nous apporter quelque profit, si faut-il confesser pourtant qu'il est besoin d'adresse pour les conduire, et qu'en l'état où le péché a réduit notre nature, elles ne peuvent nous être utiles si elles ne sont modérées. Ce père malheureux qui nous a faits héritiers de son crime, ne nous a pas donné l'être avec cette pureté qu'il avait quand il le reçut de Dieu. Le corps et l'âme souffrent leurs peines ; et comme ils sont tous deux coupables, ils ont été tous deux punis : l'esprit a ses erreurs, la volonté ses inclinations déréglées, la mémoire ses faiblesses. Le corps, qui est le canal par lequel le péché originel se coule dans l'âme, a ses misères; et quoiqu'il soit le moins coupable, il ne laisse pas d'être le plus malheureux. Tout y est déréglé, les sens sont séduits par les objets; ils font part de leur tromperie à l'imagination, qui excite des désordres dans la partie inférieure de l'âme, et soulève les passions ; de sorte qu'elles ne sont plus dans cette obéissance où les retenait la justice originelle : et, bien qu'elles soient encore soumises à l'empire de la raison, ce sont des sujets mutinés qu'on ne peut réduire à leur devoir que par la force ou par l'artifice. Elles sont nées pour obéir à l'esprit, mais elles oublient facilement leur condition, et le commerce qu'elles ont avec les sens est cause qu'elles préfèrent souvent leurs avis aux commandements de la volonté; elle s'élèvent avec tant d'effort, que leurs mouvements naturels sont presque toujours violents. Ce sont des chevaux qui ont plus de fougue que de force ; ce sont des mers qui sont plus souvent irritées que paisibles ; ce sont enfin des parties de nous-mêmes qui ne peuvent servir à l'esprit, qu'il ne les ait adoucies ou domptées.

Ceci ne doit point sembler étrange à ceux qui savent les ravages que le péché a faits dans notre nature; et les philosophes même qui confessent que la vertu est un art qu'il faut apprendre, ne trouveront point injuste que les passions ne deviennent obéissantes que par la conduite de la raison.

Pour exécuter un grand dessein, il faut imiter la nature et l'art, et considérer les moyens dont ils se servent pour achever leurs ouvrages. La nature qui fait tout avec les éléments, et qui de ces quatre corps composent tous les autres, ne les emploie jamais qu'elle n'ait tempéré leurs qualités. Comme ils ne se peuvent souffrir ensemble, et que leur antipathie naturelle les engage dans le combat, cette sage mère apaise leurs différends en adoucissant leurs aversions, et ne les unit jamais qu'elle ne les ait affaiblis. L'art qui n'est pas tant inventé pour perfectionner la nature que pour l'imiter, garde les mêmes règles, et n'emploie rien dans ces ouvrages qui ne soit tempéré par son industrie. La peinture ne serait pas si fameuse, si elle n'avait trouvé le secret d'accorder le blanc avec le noir, et de pacifier la discorde naturelle de ces deux couleurs, pour en composer toutes les autres. Les écuyers ne tirent du service des chevaux qu'après les avoir domptés; et pour les rendre utiles, il faut qu'ils leur apprennent à obéir à la bride et à l'éperon. On ne se servait point des lions pour tirer les chariots de triomphe, qu'on ne les eût apprivoisés ; et les éléphants ne portaient point de tours dans les combats, qu'on ne leur eût ôté cette humeur farouche qu'ils avaient apportée de leurs forêts. Tous ces exemples sont des enseignements pour la conduite de nos passions, et la raison doit imiter la nature, si elle en veut recevoir quelque profit. Il ne faut point les employer qu'on ne les ait modérées ; et qui pensera les faire servir à la vertu, devant que de les avoir domptées par la grâce, s'engagera dans un dessein périlleux. Pendant l'état d'innocence où elle n'avait rien de farouche, on en pouvait user dès leur naissance. Elles ne surprenaient jamais la volonté; comme la justice originelle était aussi bien répandue dans le corps que dans l'âme, les sens ne faisaient point de faux rapports, et leurs avis étant désintéressés se trouvaient toujours conformes aux jugements de la raison. Mais à présent que tout est criminel dans l'homme, que le corps et l'esprit sont également corrompus, que les sens sont sujets à mille illusions, et que l'imagination favorise leurs désordres, il faut apporter de grandes précautions dans l'usage de nos passions.

La première est de considérer les troubles qu'a fait naître en notre âme leur révolte, et dans combien de malheurs nous ont engagés ces sujets mutinés, quand ils n'ont pris conduite que de nos yeux ou de nos oreilles : c'est un trait de prudence de profiter de nos pertes et de devenir sages à nos dépens. La plus juste colère s'échappe souvent, si elle n'est retenue par la raison : quoique son mouvement ait été légitime dans sa naissance, il devient criminel dans son progrès, pour n'avoir pas consulté la partie supérieure de l'âme : d'une bonne cause il en fait une mauvaise ; et pensant punir une faute légère, il commet une lourde offense. La crainte nous a souvent étonnés, pour n'avoir écouté que les sens ; elle nous a fait pâlir sans sujet en mille rencontres, et elle nous a quelquefois engagés dans des périls véritables pour nous en faire eviter d'imaginaires. Comme donc nos passions nous ont trompés pour n'avoir pas pris conseil de notre raison, il faut se résoudre à ne les plus croire, que nous n'ayons examiné si ce qu'elles désirent ou ce qu'elles appréhendent est raisonnable, et si l'esprit qui voit plus loin que les yeux ne découvrira point la vanité de nos espérances ou de nos craintes.

La seconde précaution est d'obliger la raison de veiller toujours sur les sujets qui peuvent exciter nos passions, et d'en considérer la nature et les mouvements, afin qu'elle ne soit jamais surprise. Les maux prévus ne sont que de légères blessures, et les accidents contre lesquels on est préparé ne nous étonnent que rarement : un pilote qui voit venir l'orage se retire au port ; ou s'il en est trop écarté, il prend le large et s'éloigne des côtes et des rochers. Un père qui sait bien que ses enfants sont mortels, et que la vie n'a point d'autre terme que celui qu'il plaît à Dieu de lui donner, ne se désespérera jamais de les avoir perdus. Un prince qui considère que la victoire dépend plus du hasard que de sa prudence, et des accidents que de la valeur de ses soldats, se consolera facilement après avoir été battu. Mais nous ne faisons point d'usage de notre esprit ; et il me semble que si nos passions sont déréglées, il en faut accuser la raison qui ne prévoit pas les dangers, et qui ne prépare pas nos sens contre leurs surprises.

La troisième précaution est d'étudier la nature des passions, qu'on entreprend de modérer et de conduire : car les unes veulent être gourmandées, et pour les réduire à leur devoir il faut user de violence et de sévérité ; les autres veulent être flattées ; et pour les faire servir à la raison, il faut les traiter avec douceur ; bien qu'elles soient sujettes, elles ne sont pas esclaves ; et l'esprit qui les gouverne est plutôt leur père que leur souverain. Les autres veulent être trompées ; et quoi que la vertu soit si généreuse, elle est obligée de s'accommoder à la faiblesse des passions, et d'employer la ruse quand la force n'a pas réussi. L'amour est de cette nature : il faut lui faire prendre le change ; ne pouvant pas le bannir de notre cœur, il faut lui proposer des objets légitimes, et le rendre vertueux par une tromperie innocente. La colère veut être flattée ; et qui penserait arrêter ce torrent en lui opposant une digue, il augmenterait sa fureur. La crainte et la tristesse doivent être gourmandées ; et de ces deux passions la première est si lâche, qu'on ne la peut dompter qu'avec la force ; et la dernière est si opiniâtre qu'on ne la peut régler qu'en l'irritant. Par ces moyens soigneusement observés, les affections de notre âme s'adoucissent ; ces bêtes farouches deviennent domestiques. Quand elles ont perdu leur fierté naturelle, la raison les emploie utilement, et la vertu ne forme point de desseins, qu'elle n'exécute par leur entremise.

IV° DISCOURS.

Qu'en quelque état que soient nos passions, la raison les peut conduire.

Bien que la nature soit si libérale, elle ne laisse pas d'être ménagère, et d'employer avec utilité ce qu'elle a produit avec abondance. Toutes ses parties ont leurs usages, et parmi ce grand nombre de créatures qui composent l'univers, il ne s'en trouve point d'inutiles ; celles qui ne nous rendent point de service contribuent à notre plaisir : les belles et les agréables servent à l'ornement du monde, et les difformes même entretiennent sa variété. Comme les ombres relèvent l'éclat des couleurs, la laideur donne du lustre à la beauté ; et les monstres qui sont les fautes de la nature, font estimer ses chefs-d'œuvre et ses miracles. Il n'y a rien de plus pernicieux que le poison ; et si le péché n'était stérile, on le prendrait pour sa production, puisqu'il semble être d'accord avec lui pour faire mourir tous les hommes. Cependant il a ses emplois, la médecine en fait des antidotes, et il a des maladies qu'on ne peut guérir que par des venins préparés : l'usage les a convertis en aliments, et il s'est trouvé des princes à qui le poison ne put donner la mort ; les bêtes qui le portent ne sauraient vivre sans lui, ce qui nous est pernicieux leur est si nécessaire qu'on ne peut le leur ôter qu'on ne les tue. C'est ce qui oblige tous les philosophes d'avouer, avec saint Augustin, que le venin n'est pas un mal, puisqu'il est naturel aux scorpions et aux vipères, et qu'elles meurent en le perdant, comme nous en le prenant (1).

Quand nos adversaires feraient passer les mouvements de notre âme pour des poisons ou des monstres, cette raison les forcerait de confesser qu'ils ne sont pas si absolument mauvais qu'on ne les puisse préparer comme des venins, et en faire des antidotes pour guérir nos maladies, ou pour entretenir notre santé. Car de quelque façon qu'on les considère, et quelque visage qu'on leur donne pour les rendre effroyables, la raison trouvera toujours le moyen de s'en servir, et cette sage économe de nos biens et de nos maux les saura ménager avec tant de prudence, qu'en dépit du péché qui les a déréglées, elle en tirera de l'avantage et de la gloire.

Si nous les regardons en leur naissance,

---

(1) Si scorpionis venenum malum esset, prius scorpionem perimeret : at contra si ei aliquo modo detrahatur sine dubitatione interiret. Ergo illius corpori malum est amittere quod nostro malum est recipere, et illi bonum est habere id quod nobis bonum est carere. August. lib. de Moribus Manichæor. cap. 8.

ce sont des affections maniables, qui n'ont que de faibles résistances, et qui, pour peu d'instruction qu'on leur donne, deviennent dociles et obéissantes ; ce sont des enfants que les paroles étonnent, et qui pour la crainte d'un petit châtiment corrigent leurs mauvaises inclinations, et profitent des conseils de leurs maîtres ; ce sont de jeunes plantes qu'un mauvais vent a courbées, mais qui se redressent aisément avec un peu de soin, et qui n'étant pas encore inflexibles prennent un pli contraire à celui qu'elles avaient reçu de la nature. Aussi les platoniciens ne voulaient pas qu'on donnât le nom de passions à ces désordres naissants, et sachant bien qu'il était facile de les régler, ils se contentaient de les appeler affections, sans leur donner un titre plus injurieux.

Si nous les considérons dans un âge plus avancé, où, profitant de notre faiblesse, ils ont acquis de nouvelles forces, et de simples affections sont devenus des passions violentes, il faut les prendre par leur propre intérêt, et leur faisant espérer du plaisir ou de la gloire, les porter au bien et les détourner du mal : car dans leur plus grande révolte, elles conservent toujours de l'inclination pour la vertu, et de l'horreur pour le péché ; elles ne sont coupables que parce qu'elles sont abusées ; il suffit de leur ôter le bandeau qui leur couvrait les yeux pour redresser leurs mouvements et corriger leurs erreurs. Le péché n'a pu tellement déshonorer la nature, qu'elle n'ait conservé le fonds de ses inclinations ; elle aime toujours le bien, et haïra le mal éternellement : elle cherche la gloire et fuit l'infamie, elle souhaite le plaisir et appréhende la douleur. Tous ces mouvements sont aussi naturels qu'innocents ; le diable qui voit bien que cet ordre est pernicieux à ses desseins, et que cette impression qui vient de la main de Dieu ne peut être effacée, donne le change à nos passions, et, ne les pouvant corrompre, il tâche de les abuser, il leur propose des biens apparents pour de véritables ; il déguise le péché, et lui fait prendre le manteau de la vertu. Et comme ces aveugles ne peuvent pas discerner le mensonge de la vérité, elles confondent le mal avec le bien, et par un déplorable malheur elles aiment ce qu'elles doivent haïr, et haïssent ce qu'elles doivent aimer. Pour les guérir il ne faut que les détromper, car quelque attachement qu'elles aient à ces objets déguisés, elles s'en sépareront aussitôt qu'on leur en aura fait reconnaître les beautés ou les laideurs, et suivant leurs premières inclinations elles détesteront leur aveuglement, et quitteront le bien apparent pour embrasser le véritable. Nous devons nous consoler en notre malheur, puisque la nature des passions n'est pas tout à fait changée, qu'après la désobéissance de notre père, et la haine de son ennemi, elles gardent encore quelque pureté, et que dans tous leurs désordres il y a plus d'erreur que de malice.

Si enfin nous les considérons dans leur extrême violence et en cet état où elles jettent tant de fumée et de flammes qu'elles offusquent la raison, et la contraignent d'abandonner leur conduite, il est bien malaisé d'en faire un bon usage ; car elles semblent avoir changé de condition : comme elles ont pris le parti du péché, elles méritent de porter son nom, et d'être plutôt appelées des troubles et des soulèvements que des passions. Elles sont si insolentes qu'elles méprisent tous les conseils qu'on leur propose ; au lieu de prendre la loi de l'esprit, elles veulent la lui donner, et de sujets naturels elles deviennent des tyrans insupportables. Quand le mal est arrivé jusqu'à ce point, il est bien malaisé d'y remédier, et l'on peut dire que pour avoir trop attendu on a tout désespéré : car les passions n'écoutent plus, et la raison est si troublée qu'elle ne peut plus donner les ordres. Les flots s'élèvent jusqu'aux cieux, cette partie de l'homme qui doit être toujours tranquille se trouve engagée dans l'orage, et pour apaiser le trouble qui l'agite, elle aurait besoin d'un secours étranger : certes je ne crois pas qu'il y ait de philosophie qui osât entreprendre de guérir un homme en cette frénésie ; les remèdes aigriraient son mal, il n'y a que le temps qui le puisse adoucir, et il est à souhaiter que ce torrent trouve une large campagne, où il étende ses eaux et dissipe sa fureur. Mais quand cette tempête est apaisée, que ses passions sont un peu remises, et que la raison a repris sa lumière et sa force, il faut qu'il se représente le malheur de sa condition, qu'il rougisse de son péché, et qu'il gourmande ces esclaves rebelles ; mais surtout il faut qu'il s'humilie devant Dieu, qu'il s'enrichisse de ses pertes, et qu'il devienne sage à ses dépens. Il doit aussi regarder par quel endroit l'ennemi est entré dans la place, voir de quels artifices il s'est servi pour exciter la sédition, et lui débaucher ses sujets. Ainsi nos plus grands malheurs nous seront avantageux, nous apprendrons par expérience que l'orage peut conduire au port, et que s'il y a des vagues qui noient les hommes, il y en a qui les jettent au rivage. Mais comme il n'y a point de matelot qui voulût courir ce hasard pour obliger le ciel à faire un miracle en sa faveur, il n'y a point d'homme qui doive s'exposer à ce désordre pour en tirer quelque profit, et il vaut mieux être privé d'un bonheur incertain que de l'acheter par une perte assurée.

En la vue de ces vérités nous pouvons dire que notre condition n'est pas si déplorable que se l'imaginent ceux qui veulent excuser leur péché par leur misère, puisque notre bonne fortune est en notre main, et que nous voyons sur une mer dont le calme et la tempête dépendent de notre volonté. Nous pouvons fuir la rencontre des écueils qu'elle cache, abattre la fureur des vents qui l'irritent, abaisser l'orgueil des flots qu'elle élève, et faire succéder la tranquillité à l'orage ; ou par une plus heureuse adresse, nous pouvons obliger ces écueils à se cacher, ces mers à porter nos vaisseaux, et ces vents à les

DICTIONN. DES PASSIONS.

conduire. Mais pour laisser ces manières de parler figurées, disons qu'il n'y a point d'objets que nous ne puissions mépriser, d'opinions que nous ne puissions corriger, ni de passions que nous ne puissions vaincre : ainsi notre fortune est en notre disposition, la victoire dépend de nos armes, notre bonheur est attaché à notre désir, et pour acquérir tous ces biens il ne faut avoir qu'un peu de courage.

Ve DISCOURS.

De quels moyens on se peut servir pour modérer ses passions.

Entre plusieurs moyens que la raison peut employer pour le règlement de nos passions, il semble que le plus ordinaire soit celui qu'elle a tiré de la chasse, où les hommes se servent des bêtes apprivoisées pour prendre les farouches, et où pour se donner du divertissement ils usent du courage des chiens contre la rage des loups. Ainsi semble-t-il qu'il soit permis d'employer les passions qui nous sont les plus soumises contre celles qui nous sont les plus rebelles, et de nous servir de nos ennemis réconciliés pour dompter ceux qui nous font encore la guerre : on oppose la joie à la douleur, on réprime la crainte par l'espérance, on modère les désirs par la peine qui accompagne leur accomplissement. Quelquefois on considère aussi les passions qui produisent les autres ; pour tarir leurs ruisseaux on tâche d'en tarir les sources, et de détruire les causes pour ruiner leurs effets. Qui cessera d'espérer cessera de craindre, qui bornera ses désirs bornera ses espérances, et qui n'aura point d'amour pour les richesses n'aura point d'inquiétudes ni de crainte pour elles (1). Quelquefois aussi l'on attaque la passion qui domine en nous pour faire mourir toutes celles qui combattent sous ses enseignes, d'un seul coup on remporte une victoire, et par la mort du chef on défait toute l'armée. Mais quoique tous ces moyens soient spécieux, et qu'ils nous promettent ou une profonde paix, ou une longue trêve, néanmoins ils sont trompeurs, et nous font entreprendre des choses injustes, impossibles ou dangereuses : car il y a bien du danger de fortifier un ennemi pour en détruire un autre, et il n'y a guère d'assurance de mettre les armes en la main d'une passion, qui s'en peut aussi bien servir contre la raison que pour elle. Il y a de l'injustice de les opposer les unes aux autres, puisqu'elles doivent être en bonne intelligence ; car quoiqu'il soit permis à la politique de faire la guerre pour avoir la paix, et de mettre la division entre des ennemis dont l'accord nous est préjudiciable, il n'est pas permis à la morale de semer la discorde entre ses sujets, sous une vaine espérance de les accorder quand ils seront affaiblis : c'est enfin tenter l'impossible que de vouloir étouffer une passion pour faire mourir celles qui en procèdent (2) ; on peut bien les modérer, mais on ne saurait les détruire ; elles naissent de l'union de notre âme avec notre corps, et pour leur ôter la vie il faudrait les faire perdre à l'homme qui les produit. Nos passions nous sont bien plus intimes que nos membres, et si l'on peut couper ceux-ci quand ils sont infectés, on ne peut pas retrancher celles-là quand elles sont désobéissantes. Aussi la plupart de ces avis nous sont donnés par des personnes suspectes ; ces mauvaises raisons viennent de l'école des stoïciens, qui regardent les passions comme les ennemis de notre repos, et qui ne tâchent pas de les régler, mais de les anéantir. Ils se persuadent qu'il en est d'elles comme de ces bêtes farouches, qui ne sont jamais si bien apprivoisées qu'elles ne conservent toujours quelque chose de leur première fierté, et que pour mettre l'esprit en une parfaite tranquillité on ne doit pas les adoucir, mais les détruire.

Pour résoudre ces difficultés, il faut se souvenir que la raison est la souveraine des passions, que leur conduite est un de ses principaux emplois, et qu'elle est obligée de veiller particulièrement sur celles qui emportent les autres par leur mouvement ; car comme leur révolte est suivie d'une rébellion universelle, il semble aussi que leur obéissance cause une paix générale, et qu'elles ne reconnaissent jamais la raison qu'elles ne réduisent avec elles toutes les passions qu'elles avaient soulevées. L'on peut bien à la vérité opposer quelquefois le plaisir à la douleur, l'espérance à la crainte et l'inclination à l'aversion, mais dans ce combat il faut que la raison prenne garde qu'en affaiblissant une passion elle ne donne pas trop de force à une autre, et qu'en voulant ranger un mutin à l'obéissance elle n'augmente pas le nombre des rebelles. Quand elle entreprend cette affaire, elle doit avoir la balance dans les mains, et se souvenir que le Dieu qu'elle imite fait tous ses ouvrages avec poids et mesure, et que quand il tempère les qualités des éléments pour les accorder, il ne fait point d'avantage à l'un qui porte préjudice à l'autre. On peut bien attaquer aussi la passion qui nous maîtrise, et que nous reconnaissons être la cause de nos désordres ; car c'est un démon familier qui nous possède, c'est un tyran qui n'use de son pouvoir que pour son propre intérêt, et qui est d'autant plus dangereux, qu'il tâche de se rendre plus agréable. La raison est obligée de le combattre comme un ennemi public, et d'employer toutes ses forces sinon pour le ruiner, au moins pour l'affaiblir. Je ne vois pas pourtant qu'elle puisse user avec sûreté des autres passions pour le dompter, car elles lui sont trop acquises pour l'attaquer, et lorsqu'on pensera les faire servir à sa perte, il aura assez d'adresse pour les faire servir à sa conservation.

---

(1) Desines timere si sperare desieris. *Senec.*, *Epist.* 5.

(2) Cum affectus repercussit affectum, aut metus, aut cupiditas aliquid imperavit, non rationis beneficio tunc quievit, sed affectuum infida et mala pace *Sen.*, *de Ira*, l. I, c. 8.

Mais pour ne pas laisser un si dangereux mal sans remède, je serais d'avis de retrancher les objets qui le nourrissent, et d'emporter par la faim un ennemi que nous n'avons pu vaincre par la force. Car bien que nos passions naissent avec nous, qu'elles empruntent leur vigueur de notre constitution, et que celles qui sont les plus naturelles soient les plus difficiles à surmonter, néanmoins elles tirent leur nourriture des choses extérieures, et si les objets ne les entretiennent, elles meurent ou elles languissent. L'ambition ne nous tourmente guère dans la solitude, et quand elle ne voit plus la grandeur des villes, l'orgueil des bâtiments, la pompe des triomphes, elle perd le souvenir de la gloire, et ce feu n'ayant plus d'aliment qui le nourrisse, se consume et s'éteint lui-même. La tristesse prend des forces parmi les ténèbres, ces chambres obscures et parées de deuil conspirent avec elle pour nous affliger; il semble que les hommes qui s'en servent aient peur d'oublier leur douleur, et qu'ils veulent que tout ce qu'ils voient leur rafraîchisse le souvenir de leur perte. Si nous éloignons de nous ces tristes objets, la nature se lassera de pleurer, et quoiqu'elle soit déréglée par le péché, elle se consolera elle-même quand elle ne verra plus rien qui entretienne son déplaisir. Ce que j'ai remarqué de la tristesse et de l'ambition se peut dire de toutes les autres passions, qui ne sont opiniâtres que parce qu'elles sont aidées par nos artifices, et que nous prenons peine à les accroître pour nous rendre plus misérables.

QUATRIÈME TRAITÉ.

DU COMMERCE DES PASSIONS AVEC LES VERTUS ET LES VICES.

PREMIER DISCOURS.

Que les passions sont les semences des vertus.

Comme la plupart des hommes ne considèrent que l'apparence des choses, il ne se faut pas étonner si la secte des stoïciens a eu tant d'imitateurs, et si leurs superbes maximes ont été reçues avec tant d'approbations et d'applaudissements; car il ne se peut rien imaginer de plus noble ni de plus dangereux en apparence que leur philosophie. Elle promet de changer les hommes en anges, de les élever au-dessus de la condition mortelle, et de mettre sous leurs pieds les orages et les tonnerres; elle se vante de les guérir de tous leurs maux, et de les délivrer de ces fâcheux désordres qui troublent la tranquillité de l'âme : toutes ces belles promesses n'ont point produit d'effets, et ces vagues orgueilleuses, après avoir fait tant de bruit, se sont converties en écume. Certes nous devons remercier la Providence qui a rendu leurs efforts inutiles, car ils nous eussent tenu ce qu'ils nous avaient promis, ils nous eussent privés de tous les aides que la nature nous a donnés pour nous rendre vertueux, et la partie inférieure de notre âme fût demeurée sans exercice et sans mérite : car les passions sont ses mouvements, elles la portent où elle veut aller, et sans la détacher de son corps, elles s'unissent aux objets qu'elle recherche, ou l'éloignent de ceux qu'elle fuit. La joie est son épanouissement et son effusion, la tristesse est son saisissement et sa peine, le désir est sa recherche, et la crainte est sa fuite. Car quand nous sommes joyeux, notre âme s'épanouit et se dilate; quand nous sommes affligés, elle se resserre et se referme; quand nous désirons, elle semble s'avancer, et quand nous craignons, elle semble se retirer (1), de sorte que ceux qui veulent ôter les passions à l'âme lui ôtent tous ses mouvements, et la rendent inutile et impuissante, sous ombre de la rendre bienheureuse : Je ne sache point d'homme raisonnable qui voulût acheter la félicité à si haut prix, et je n'en sache point de véritable qui la voulût promettre à une condition si difficile. Car si le bonheur consiste en l'action, et si pour être content il faut goûter le bien qu'on possède, il n'y a personne qui n'avoue que les passions sont nécessaires à notre âme, et qu'il faut que la joie achève la félicité que le désir avait commencée.

Les partisans des stoïques nous diront peut-être que ces philosophes ne condamnent pas les désirs qui naissent de l'amour de la vertu, ni la joie qui accompagne sa passion, mais qu'ils blâment seulement ces souhaits déréglés que nous faisons tous les jours pour les richesses et les honneurs, et que par une suite nécessaire ils blâment aussi ce vain contentement que leur jouissance nous apporte; cette réponse affaiblit leurs maximes et confirme les nôtres, car elle admet les passions, et n'en défend que l'excès; elle reçoit des désirs et des espérances, et n'en rejette que le désordre, et pour conclure tout en peu de paroles, elle guérit la maladie de nos affections, et n'en détruit pas la nature. Mais les stoïques n'étaient pas si justes, et leur philosophie avait tant de sévérité et si peu de raison, qu'elle voulait qu'un homme cherchât la vertu sans la souhaiter, qu'il la possédât sans la goûter, et qu'aussi heureux que Dieu même, il fût sans désir, sans espérance et sans joie. Enfin elle avait conjuré la mort de nos passions, et cette orgueilleuse secte ne considérait pas qu'en les détruisant, elle faisait mourir toutes les vertus; car elles en sont les semences, et pour peu de peine qu'on se donne à les cultiver, on en recueille des fruits agréables.

Bien que l'homme ne naisse pas vertueux, et que l'art qui lui enseigne à le devenir soit aussi difficile qu'il est glorieux, il semble néanmoins qu'il le sache avant que de l'apprendre, que son esprit ait les principes des vérités, et sa volonté les semences des vertus; que comme sa science n'est selon les platoniciens qu'un ressouvenir, ses bonnes

---

(1) Affectiones nostræ motus animorum sunt, lætitia animi diffusio, tristitia animi contractio, cupiditas animi progressio : diffunderis enim animo cum lætaris, contraheris animo cum molestaris, progrederis animo cum appetis, fugis animo cum metuis. *Aug. super Joan. ser.* 5.

habitudes ne soient que des inclinations naturelles (1). Car toutes ses passions sont des vertus naissantes, et pour peu de soin qu'il prenne à les perfectionner, elles deviennent des vertus achevées. La crainte qui prévoit le mal et qui l'évite n'est-elle pas une prudence naturelle? La colère qui s'arme en faveur du bien contre son ennemi n'est-elle pas une ombre de la justice? Le désir qui nous divise de nous-même pour nous unir à quelque chose de meilleur n'est-il pas une image de la charité qui nous sépare de la terre pour nous élever dans le ciel? Que faut-il ajouter à la hardiesse pour en faire une véritable force? et quelle différence y a-t-il entre la douleur et la pénitence, sinon que l'une est le pur ouvrage de la nature, et l'autre la production de la grâce? mais toutes les deux s'affligent du mal, et souvent elles mêlent leurs larmes pour pleurer un même péché. Enfin il n'y a point de passions qui ne puissent devenir vertus, et comme elles ont de l'inclination pour le bien, et de l'aversion pour le mal, il ne faut qu'un peu de conduite pour leur faire changer de condition. Il suffit de bien appliquer son amour pour rendre toutes ses passions innocentes ; et sans travailler avec tant de peine, il n'est besoin que de bien aimer pour être bienheureux dès cette vie. Puisque la vertu, dit saint Augustin, est l'habitude d'un esprit bien réglé, il ne faut que modérer nos affections, afin qu'elles se changent en vertus ; car quand notre haine et notre amour, qui sont les sources des autres passions, seront conduites prudemment, modestement, fortement et justement, elles deviendront de rares vertus, et se convertiront en prudence, en tempérance, en force et en justice (2). N'est-ce donc pas être barbare, que de vouloir étouffer des passions qui ont tant d'affinité avec la vertu, et qui sans beaucoup de travail peuvent être élevées à une si noble condition? N'est-ce pas être ingrat, que de méconnaître les avantages que nous avons reçus de la nature? et n'est-ce pas être injuste, que de donner des noms infâmes à des sujets innocents, qui, étant bien ménagés par la raison, peuvent en mériter de si glorieux?

C'est donc une maxime indubitable parmi les philosophes, que les passions sont les semences des vertus, et qu'elles n'ont point de plus nobles emplois que de s'armer en leur faveur, de combattre pour leur querelle et de les venger de leurs ennemis. Comme les mères ne sont jamais plus courageuses que quand elles défendent leurs enfants, les affections de notre âme ne sont jamais plus vigoureuses que quand elles défendent leurs productions contre les vices. Cette louange choque l'esprit de tous les stoïques, et Sénèque ne saurait souffrir que l'armée de la vertu soit composée des soldats qui se puissent mutiner; il ne veut pas que l'on emploie les passions à son service, parce qu'il s'en est trouvé quelques-unes qui ont blessé son autorité. Certes si tous les princes étaient aussi difficiles que ce philosophe, ils ne trouveraient plus de soldats, et il faudrait qu'ils licenciassent toutes les troupes, parce qu'autrefois il y en a eu d'infidèles. La négligence des princes est souvent l'occasion de la mutinerie de leurs soldats, et la faiblesse de la raison est presque toujours la cause de la révolte des passions ; dans la véritable philosophie il faut plutôt accuser l'esprit que le corps, et condamner plutôt le souverain que les sujets. Qui ne voit que la crainte veille pour la vertu, qu'elle est toujours mêlée comme un espion avec les ennemis pour reconnaître leurs desseins, que tous ses rapports sont fidèles, et que nous ne sommes la plupart du temps malheureux que pour les avoir négligés? Qui ne sait que l'espérance nous fortifie, et qu'elle nous donne du courage pour entreprendre les desseins glorieux et difficiles? Qui n'avoue que la hardiesse et la colère méprisent les dangers, souffrent les douleurs et attaquent la mort pour servir à la patience et à la force? Mais quelles vertus ne seraient faibles si elles étaient abandonnées par les passions? combien de fois la crainte de l'infamie a-t-elle relevé le courage des soldats qui méditaient une honteuse fuite? combien de fois la pudeur a-t-elle conservé la pudicité, et retenu dans le devoir des filles et des femmes, que l'avarice et l'impureté tâchaient de corrompre? combien de fois l'indignation a-t-elle animé les juges contre des criminels, que la protection des grands rendait insolents dans leurs crimes?

Que les stoïciens confessent donc que les vertus doivent leur salut aux passions, et qu'ils ne nous disent plus qu'elles sont trop généreuses pour implorer le secours de leurs esclaves (3) ; mais disons-leur qu'elles sont trop reconnaissantes pour mépriser de si fidèles amis, et qu'elles ne feront jamais de difficulté de les accepter pour alliés, quand elles voudront attaquer les vices, leurs communs ennemis. J'aime aussi bien mieux suivre l'opinion d'Aristote que celle de Sénèque, et ménager les passions que les détruire. Celui-ci veut, par un orgueil insupportable, que la vertu n'ait besoin de personne, et que le sage qui la possède puisse être heureux contre la volonté de Dieu même, il veut que sa félicité soit si bien établie, que le ciel ne la puisse renverser, et à juger de ses paroles, il semble que la première disposition nécessaire pour acquérir la sagesse soit l'insolence et l'impiété. Celui-là au contraire reconnaît sa faiblesse, use du secours que la nature lui offre, et sachant bien qu'il est composé d'un esprit et d'un corps, il tâche d'employer

---

(1) In optimo quoque antequam erudias, virtutis materia non virtus est. *Senec., Epist.* 91.

(2) Quoniam virtus est habitus mentis bene composita, componendi, instituendi atque ordinandi sunt animi affectus ad id quod debent, ut in virtutes proficere possint : Cum ergo prudenter, modeste, fortiter et juste amor et odium instituuntur, in virtutes exsurgunt, scilicet prudentiam, temperantiam, fortitudinem et justitiam. *Aug., lib. de Spiritu et anima, c.* 4.

(3) Nunquam virtus vitio adjuvanda est, se contenta. *Sen., l. 1 de Ira, c.* 9.

ces deux parties à l'exercice de la vertu ; il confesse que nous ne pouvons rien entreprendre de généreux, si la colère ne nous échauffe l'esprit, et que nous sommes languissants, quand nous ne sommes pas irrités (1) ; mais comme il sait bien aussi que cette passion a besoin d'une bride qui la tienne, il la soumet à la raison, et il s'en sert non comme d'un chef, mais comme d'un simple soldat. Usons ainsi de nos passions, apprenons aux stoïciens que la nature n'a rien fait d'inutile, que puisqu'elle nous a donné des craintes et des espérances, elle entend que nous les employions pour acquérir les vertus et pour combattre les vices (2).

IIe DISCOURS.
Que les passions sont les semences des vices.

Ce serait flatter les passions et tromper les hommes, si, après avoir montré le bien qu'elles peuvent faire, nous ne montrions le mal dont elles sont capables, et notre peinture ne serait pas fidèle, si, ayant fait voir leurs perfections, elle ne représentait aussi leurs défauts. Mais pour ne se pas méprendre en un sujet si important, et duquel il semble que notre félicité dépende, il faut savoir que les passions ne sont ni bonnes ni mauvaises, et que ces deux qualités ne se trouvent, à proprement parler, que dans la puissance supérieure qui les gouverne. Comme elle est seule libre, elle est seule bonne ou mauvaise, et comme elle est le principe du mérite, elle est aussi la source de la malice ou de la bonté ; mais ainsi que le soleil répand sa lumière dans le monde, et qu'il éclaire les corps solides, quoiqu'il ne les pénètre pas, la volonté dispense la malice et la bonté dans les passions, et quoiqu'elle ne la leur communique pas pleinement, elle leur en donne toutefois une légère teinture, qui suffit pour les rendre innocentes ou criminelles.

Que si nous examinons les qualités qu'elles ont reçues de la nature, et si nous les considérons en cet état qui précède l'usage de la volonté, il faut avouer qu'elles sont aussi bien les semences des vices que des vertus, et que ces deux contraires sont tellement confuses en elles qu'on ne les saurait presque discerner. Elles ont de l'inclination pour le bien, et ainsi elles tiennent de la vertu ; elles sont faciles à séduire, promptes à s'émouvoir, et ainsi elles ressemblent au vice (3) ; car nous ne sommes plus en cet heureux état de l'innocence, où nos passions attendaient l'ordre de la raison, et où elles ne s'élevaient point qu'elles n'en eussent obtenu le congé ; elles sont infidèles, et ne reconnaissant plus la voix de leur souveraine, elles obéissent au premier qui leur commande, et prennent aussitôt le parti d'un tyran sur celui de leur prince légitime. Cette erreur dans laquelle souvent elles tombent, nous oblige de confesser qu'elles n'ont guère moins de disposition au vice qu'à la vertu, et que si nous en pouvons espérer de grands avantages, nous en devons craindre aussi de notables disgrâces. Car les mêmes désirs qui nous élèvent au ciel nous attachent à la terre ; ce que la nature nous a donné pour nous mettre en liberté, nous jette dans la prison, et nous engage dans les fers. La même espérance qui nous flatte nous abuse, et celle qui doit adoucir nos malheurs passés nous en procure de nouveaux. La même colère qui porte le courageux au combat anime les lâches à la vengeance, et celle qui est généreuse à la guerre devient cruelle dans la paix. Enfin les passions ne sont pas plus éloignées du vice que de la vertu ; comme dans la confusion du chaos, le feu était mêlé avec l'eau, dans les affections de l'âme, le mal est mêlé avec le bien, et de ces mines funestes on en tire le fer avec l'or. C'est pourquoi l'homme doit être toujours sur ses gardes, et sachant bien qu'il porte la vie et la mort dans le sein, il est obligé de se conduire avec autant de prudence que ceux qui manient du poison, et qui marchent sur le bord du précipice.

Mais ce qui augmente le danger, c'est que quand ces passions déréglées ont produit quelque vice, elles s'arment pour le défendre, et le servent avec plus de courage, que les passions innocentes n'obéissent à la vertu. Ce sont des valets plus cruels que leurs maîtres, des ministres plus furieux que les tyrans qui les emploient, et elles font plus d'outrage à la vertu que les vices mêmes. Toutes les guerres sont les ouvrages de ces affections insolentes, et si l'on bannissait de la terre l'amour et la haine, on n'y verrait plus d'adultères ni de meurtres. Elles fournissent des sujets à toutes les tragédies ; et quoiqu'on accuse les poètes d'être menteurs, elles ont commis plus de crimes que ceux-ci n'en ont inventé. Mais elles ne sont jamais plus dommageables que quand elles se rencontrent en la personne des princes, et qu'elles abusent d'une souveraine puissance pour exercer leur fureur ; car alors les Etats gémissent sous leur tyrannie, les peuples sont opprimés sous leur violence, et toutes les villes confessent que la peste et la guerre ne sont pas si pernicieuses que des passions qui peuvent tout.

Un amour déshonnête mit toute la Grèce en armes, et ses flammes réduisirent en cendres la plus belle ville de l'Asie. La jalousie de César et de Pompée fit perdre la vie à plus d'un million d'hommes ; leur querelle divisa tout l'univers, leur ambition arma tous les peuples, leur guerre injuste causa la ruine de leur patrie et la perte de sa liberté. Le monde pleure encore ce désastre, on voit encore les débris de ce grand naufrage, et les Etats de l'Europe ne sont que des pièces qui composaient le corps de cette puissante république. L'ambition que l'on confond avec

---

(1) Ira necessaria est, nec quidquam sine illa expugnari potest nisi illa impleat animum, spiritum accendat. *Arist. in Senec*, lib. 1 *de Ira*, c. 9.

(2) Utendum autem illa est, non ut duce, sed ut milite. *Idem, ibid.*

(3) Animæ affectus omnium sunt vitiorum et virtutum quasi quædam principia et communis materia. *Aug.*, lib. *de Spiritu et anima*, c. 4.

la vertu est coupable de plus de meurtres que la vengeance et la colère ; bien que cette passion se pique d'être généreuse, elle est toujours teinte de sang; quelque plaisir qu'elle prenne à pardonner, sa grandeur est fondée sur la ruine de ses ennemis; elle cause plus de morts qu'elle ne donne de grâces, et elle perd plus d'innocents qu'elle ne sauve de coupables. Aussi étonna-t-elle tout le monde quand elle se fit voir en la personne d'Alexandre, et il semble que la nature ne l'ait produit que pour nous apprendre ce que peut l'ambition quand elle est assistée de la fortune. Il ruina tous les princes qui voulurent défendre leurs États, il traita comme ennemis ceux qui refusèrent d'être ses sujets, il ne put souffrir d'égal en toutes les terres où il passa, il se plaignit des mers qui arrêtaient le cours de ses victoires, et il souhaita de découvrir un nouveau monde pour le conquérir. Si sa vanité fit tant de désordres, sa colère ne fit pas moins de ravages, et si l'une sut bien le venger de ses ennemis, l'autre sut bien le défaire de ses amis. Les moindres soupçons animaient cette passion à la vengeance, une parole indiscrète l'irritait, une honnête liberté le mettait en fougue, et sa colère devint si délicate qu'il y avait autant de danger à bien faire qu'à médire. Comme il en était possédé, il obéissait à toutes ses violences, il trempa ses mains dans le sang de ses favoris, il entreprit sur l'office des bourreaux, et pour goûter tout le plaisir de la vengeance, il en voulut être lui-même le ministre, et donner le coup de mort à un ami qui lui avait conservé la vie.

Mais entre toutes les cruautés que la colère lui persuada, je n'en sais point de plus infâme que celle qu'il exerça contre l'innocent Callisthènes : sa condition le mettait à couvert, et faisant profession de la philosophie, il semblait qu'il ne dût pas appréhender la fureur d'Alexandre. Le crime même pour lequel il fut condamné était glorieux, et dans la vraie religion il eût passé pour une haute vertu ; car il défendait la cause de ses dieux, et jugeait qu'on ne pouvait bâtir des temples à son prince sans les irriter contre lui. Il se conduisit avec tant d'adresse en une affaire si chatouilleuse, qu'il flatta l'humeur d'Alexandre en conservant l'honneur du ciel, et par un artifice admirable, il accorda la flatterie avec sa piété; car si les raisons que rapporte Quinte-Curce sont véritables, il représenta aux Macédoniens que puisque les hommes ne pouvaient pas disposer des couronnes, ils ne devaient pas disposer des autels; que puisqu'ils ne faisaient pas des rois, ils ne devaient pas entreprendre de faire des dieux, et que quand la vanité humaine s'attribuerait ce pouvoir, elle n'en pourrait user qu'après la mort de ceux qu'elle voulait déifier ; qu'il fallait être éloigné du commerce des hommes pour recevoir leurs adorations,

(1) Intervallo opus est ut quis credatur Deus, semperque hanc gratiam magnis viris posteri reddunt. Ego autem seram immortalitatem precor Regi, ut vita diuturna sit et æterna majestas : hominem consequitur aliquando, nunquam comitatur Divinitas,

et perdre la vie pour acquérir la divinité : qu'Alexandre leur était encore nécessaire, et qu'il ne devait point monter aux cieux qu'il n'eût conquis toute la terre (1). Cette courte harangue était capable d'obliger les plus ambitieux de tous les hommes; cependant elle offensa la vanité de ce prince, et elle irrita sa colère jusqu'à un point, que peu de jours après il fit mourir ce philosophe, sans lui donner la liberté de se défendre. Ce meurtre lui attira la haine de toute la Grèce, et comme la mort de Parménion avait aigri tous les soldats, celle de Callisthènes émut tous les orateurs, et ces hommes, qui se vengent avec la langue, ont si souvent parlé de cet excès, qu'il est encore le déshonneur de celui qui l'a commis. Quelques louanges que l'on donne à ses belles actions, elles sont toutes obscurcies par le meurtre de Callisthènes ; et pour me servir des éloquentes paroles de Sénèque, cet attentat est le crime éternel d'Alexandre, que sa fortune et sa valeur ne sauraient effacer (2) ; car si l'on dit qu'il a défait les Perses en trois batailles rangées, on répondra qu'il a fait mourir Callisthènes ; si on l'estime d'avoir vaincu Darius, le plus puissant monarque du monde, on le blâmera d'avoir tué Callisthènes ; si on le loue d'avoir porté les bornes de son empire jusqu'aux extrémités de l'Orient, on ajoutera qu'il est coupable de la mort de Callisthènes ; si enfin pour achever son panégyrique on publie qu'il a terni la gloire de tous les princes qui l'ont précédé, on répartira que son crime est plus grand que sa valeur, et qu'il n'a rien fait de mémorable qui ne soit souillé par le sang de Callisthènes. Cet exemple doit instruire tous les princes, et leur apprendre que si les passions déréglées sont des maladies dans les particuliers, elles sont des pestes et des contagions dans les personnes publiques, et que si par la conduite de la raison elles peuvent devenir d'illustres vertus, par la tyrannie de nos sens elles peuvent dégénérer en des vices infâmes.

IIIᵉ DISCOURS.
Qu'il n'y a point de passions qui ne puissent être changées en vertus.

Nous avons dit aux discours précédents que les passions étaient les semences des vertus, et que, les cultivant avec un peu de soin, elles faisaient des productions qui nous étaient extrêmement avantageuses. Mais passant plus outre en celui-ci, j'ai dessein d'apprendre aux chrétiens le secret de les changer en vertus, et de leur ôter tout ce qu'elles ont de farouche et de monstrueux. Cette métamorphose est sans doute bien difficile, mais elle n'est pas impossible, et si nous consultons la nature, elle nous en fournira les inventions ; car cette prudente mère fait tous les jours des changements merveilleux, sa puissance ne paraît jamais

Curtius, lib. VIII circa medium.
(2) Hoc est Alexandri crimen æternum, quod nulla virtus, nulla bellorum felicitas redimet. Sen., q. natural, lib. VII, c. 23.

davantage que quand elle altère les éléments ou les métaux, et qu'elle les dépouille de leurs premières qualités pour leur en donner de plus excellentes et de plus nobles. Mais elle y observe un ordre admirable, qui mérite bien d'être considéré; car encore qu'elle soit toute-puissante, et que tenant la place de Dieu elle puisse agir en souveraine, et faire tout ce qu'elle veut des éléments et des métaux, elle n'use jamais de violence, et il semble qu'elle s'accommode plutôt à leurs intérêts qu'à ses inclinations. Elle marque leurs sympathies, et ne fait point de changements qui ne leur soient agréables. Ainsi voyons-nous qu'elle subtilise l'air pour le changer en feu, et qu'elle épaissit l'eau pour la convertir en terre; ainsi remarquons-nous qu'elle épure l'argent pour lui donner la teinture de l'or, et qu'elle travaille des siècles entiers pour achever sans violence cette utile métamorphose.

Or comme la morale est une imitation de la nature, ses principaux soins doivent être employés à remarquer les propriétés de nos passions, et à les convertir en des vertus qui ne leur soient pas contraires : car celui qui voudrait changer la colère en douceur, ou la crainte en générosité, tenterait l'impossible, et tous ses travaux seraient suivis de mauvais succès. Mais pour faire heureusement réussir ses desseins, il faut qu'il étudie le naturel de chaque passion, et qu'il emploie toute son adresse pour la faire passer en la vertu de qui elle a moins d'aversion. Et ceci ne doit point sembler étrange, puisque le plus raisonnable de tous les hommes a bien jugé que dans l'opposition que la nature a mise entre les vices et les vertus, il s'en trouvait néanmoins qui avaient quelque ressemblance ; car il n'y a personne qui n'avoue que la profusion a bien plus de rapport avec la libéralité que l'avarice, et qu'il n'est pas malaisé de faire d'un prodigue un libéral ; chacun est obligé de confesser que la témérité tient plus de la hardiesse que la lâcheté, et qu'il est plus facile de rendre courageux un téméraire qu'un homme lâche. C'est pourquoi les philosophes tombent d'accord que de deux extrémités qui environnent la vertu, il y en a une qui lui est toujours plus favorable, et qui avec un peu de soin prend aisément son parti, et défend ses intérêts. Suivant la même maxime on doit confesser qu'il se trouve des passions qui ont plus d'affinité avec quelques vertus que les autres, et qui par le secours de la morale peuvent devenir facilement vertueuses.

La crainte qui prévoit les dangers, qui se met en peine de les éviter, et qui s'étend bien loin dans l'avenir pour en chercher les remèdes, peut aisément se changer en prudence, pourvu qu'on lui ôte le trouble qui l'accompagne et qui nous trompe le plus souvent en nos délibérations (1). L'espérance qui nous fait goûter un bien que nous ne possédons pas encore, qui nous console dans nos disgrâces, et qui nous montre au travers des maux présents une félicité future, se convertit facilement en cette vertu que l'on nomme confiance. La colère qui punit les crimes, et qui nous arme les mains pour venger les injures de nos amis, n'est pas bien éloignée de la justice, car pourvu qu'elle ne soit point trop violente, et que ses intérêts lui laissent assez de lumière pour se conduire, elle fera la guerre à tous les méchants, et prendra sous sa protection tous les innocents. La hardiesse qui nous anime au combat, qui nous assure dans le péril, et qui nous fait préférer une glorieuse mort à une honteuse retraite, deviendra une parfaite valeur si nous réprimons sa fougue, et si nous mêlons un peu de lumière à l'excès de sa chaleur. L'amour et la haine, le désir et la fuite sont plutôt des vertus que des passions quand la raison les gouverne ; pourvu qu'elles n'aiment que ce qui est aimable, et qu'elles ne laissent que ce qui est odieux, elles méritent plutôt des louanges que des reproches.

La tristesse et le désespoir, la jalousie et l'envie sont à la vérité plus décriées ; il semble qu'elles soient des ennemies de notre repos, que le ciel en ait fait les ministres de sa justice, et qu'elles tiennent la place de ces furies vengeresses qui punissent les criminels dans les écrits des poëtes : néanmoins elles peuvent servir à la raison quand elles sont bien ménagées, et sous ce visage affreux qu'elles nous montrent, elles cachent de bons sentiments qui sont utiles à la vertu. De l'envie un peu réglée on en peut faire une bonne émulation, de la jalousie modérée on en peut former un zèle discret, sans lequel ni l'amour profane ni le sacré n'entreprennent rien de généreux. La tristesse reçoit tant d'éloges dans l'Ecriture sainte, qu'il est aisé de juger que si elle n'est pas du nombre des vertus, elle peut être utilement employée à leur service ; elle nous détache de la terre, et par un mépris de tous les contentements du siècle, elle nous fait soupirer après ceux de l'éternité (2). Elle apaise la colère de Dieu, elle nous fournit des larmes pour laver nos péchés, et pour arroser ses autels. La pénitence est toujours assistée de cette fidèle compagne, et dans la religion chrétienne jamais un crime n'a été remis, que la tristesse et le regret n'en aient obtenu le pardon. Le désespoir n'a que le nom d'effroyable, mais qui considérera bien ses effets, avouera qu'il est une sage invention de la nature, qui guérit la plupart de nos maladies en nous ôtant l'espérance des remèdes ; car alors nous faisons vertu de la nécessité, nous tirons des forces de nos propres faiblesses (3), nous convertissons notre crainte en fureur et nos désirs en mépris ; nous attaquons des ennemis que nous n'osions attendre, et nous méprisons des objets

---

(1) Metuamus ergo ut non metuamus, hoc est prudenter metuamus, ne inaniter metuamus. *August.*, serm. 19 *de Martyrib.*

(2) Melior est tristitia iniqua patientis quam lætitia iniqua facientis. *Aug.*, lib. *de Vera Innocentia.*

(3) Ratio terrorem prudentibus excutit, imperitis fit magna ex desperatione securitas. *Sen.*, qq. *natural. lib.* vi, *cap.* 2.

que nous ne pouvions abandonner. Aussi trouve-t-on plus de personnes qui doivent leur repos au désespoir qu'à l'espérance, et qui examinera bien l'humeur de ces deux affections sera contraint d'avouer que l'une nous rend misérables par ses promesses, et que l'autre nous rend heureux par ses refus; que l'une nourrit nos désirs, et que l'autre les fait mourir; que l'une nous trompe, que l'autre nous désabuse; que l'une nous perd en nous flattant, et que l'autre nous sauve en nous affligeant ; c'est ce qui a fait dire au plus grand poète du monde que le désespoir relève le courage des vaincus, et qu'il leur rend la victoire que l'espérance et la témérité leur avaient arrachée des mains.

Mais quelques avantages que je doive à ces passions, je confesse qu'elles ont leurs défauts, et que, pour en faire des vertus, il les faut soigneusement épurer. Et parce qu'une matière si utile ne peut être trop souvent traitée, je serai bien aise de remarquer leurs principales tâches, afin que les voyant comme dans un miroir, chacun prenne le soin de les effacer. Otez l'aveuglement à l'amour, il ne sera plus criminel, car il est permis d'en avoir pour les sujets qui le méritent, et il n'y a pas moins d'injustice à le refuser aux personnes excellentes qu'à l'accorder aux imparfaites (1). Otez l'erreur à la haine, elle sera raisonnable; car il n'est pas licite de confondre le pécheur avec son crime, et qui sait faire ce discernement se peut vanter de haïr avec justice. Le désir et la fuite sont innocents pourvu qu'ils soient modérés. La joie et la tristesse ne sont semblables qu'en leur excès, et la raison qui nous permet de goûter avec plaisir un bien que nous avons souhaité, ne nous défend pas de souffrir avec douleur un mal que nous avons appréhendé. L'espérance n'est injuste que quand elle ne mesure pas ses forces, et le désespoir n'est criminel que quand il tire plutôt sa naissance de notre lâcheté que de notre faiblesse. La hardiesse est louable quand elle se jette dans un danger qu'elle peut vaincre, et la crainte est prudente quand elle s'éloigne d'un péril qu'elle ne saurait surmonter. La colère est un acte de justice quand elle s'emporte contre le péché, et pourvu qu'elle ne juge pas en sa propre cause, elle ne prononce que des arrêts équitables. L'envie est généreuse pourvu qu'elle nous excite à la vertu, et qu'elle ne nous représente les bonnes qualités de notre prochain que pour nous obliger à les imiter. La jalousie n'est odieuse que parce qu'elle a trop d'amour; néanmoins ce défaut est excusable, quand il est accompagné de soupçon, et si ceux qui sont aimés ne le peuvent guérir, ils sont obligés de l'endurer. Mais pour conclure ce discours avec saint Augustin, les chrétiens font un bon usage de leurs passions s'ils les emploient pour la gloire de Jésus-Christ et pour le salut de leurs âmes. Leur crainte est raisonnable, quand ils considèrent les jugements de Dieu et les supplices des damnés; leur désir est juste, quand ils regardent la félicité des bienheureux ; leur douleur est innocente, quand ils s'affligent de tous ces maux que notre premier père nous a laissés en héritage, et que pressés de leurs douleurs ils soupirent après la liberté des enfants de Dieu; leur joie est sainte, quand ils attendent la possession des biens qui leur sont préparés, et quand par une ferme espérance ils goûtent déjà les effets des promesses de leur maître; enfin s'ils craignent l'infidélité, s'ils désirent la persévérance; s'ils s'attristent de leurs mauvaises actions, et s'ils se réjouissent de leurs bonnes œuvres, ils convertissent toutes leurs passions en de saintes et glorieuses vertus (2).

IV° DISCOURS.
Que la conduite des passions est le principal emploi des vertus.

Le péché a rendu la condition de l'homme si malheureuse, que ses avantages mêmes lui reprochent sa misère, et ce qu'il a de plus excellent lui apprend qu'il est criminel. Ces nobles habitudes, qui embellissent son âme et qui lui rendent la gloire qu'elle avait perdue, n'ont que de fâcheux emplois, et elles se trouvent engagées en des combats qui, pour être difficiles, ne laissent pas d'être honteux; car les plus belles vertus de l'homme n'ont point d'autre occupation que de faire la guerre aux vices, et la nécessité qu'il a d'en user est une des plus fortes preuves du dérèglement de sa nature. La prudence, qui lui sert de guide, l'avertit qu'il marche parmi les ténèbres et qu'il est dans un pays ennemi; la force lui apprend qu'il doit combattre, et que dans le cours de la vie il ne goûte point de plaisir qui ne soit mêlé de douleur; la tempérance l'avertit que sa constitution est déréglée, et qu'il y a des voluptés qui ne le flattent que pour le perdre; la justice, enfin, l'oblige de croire que tout ce qu'il possède n'est pas à lui, et qu'ayant un souverain qui lui a donné tous ses biens, il n'en est que le dispensateur et l'économe. Ces vertus font ce qu'elles disent; leurs emplois répondent à leurs conseils; elles n'agissent jamais qu'elles n'entreprennent d'étouffer quelque désordre et de vaincre quelque inclination vicieuse. La prudence choisit les armes et les ennemis, la tempérance rejette les plaisirs, la force attaque la douleur, la justice préside en tous ces combats; elle a soin que le vainqueur ne soit pas insolent dans la victoire, que l'esprit ne prenne pas tant d'avantage sur le corps, qu'en le pensant dompter il le dé-

---

(1) Amor est motus cordis qui cum se inordinate movet, id est ad ea quæ non debet, cupiditate ducitur; cum vero ordinatus est, charitas appellatur. *Aug., lib. de Substantia dilectionis, c. 2.*

(2) Metuunt enim pœnam æternam, cupiunt vitam æternam; dolent in re quia adhuc ingemiscunt adoptionem filiorum Dei, exspectantes redemptionem corporis sui; gaudent in spe, quia mors absorbebitur in victoriam. *Aug., lib. XIV de Civit. Dei, cap. 3.* — Metuunt peccare, cupiunt perseverare, dolent in peccatis, gaudent in operibus bonis. *Idem, ibid.*

truise, et qu'en voulant se venger d'un esclave désobéissant, il perde un ami fidèle : de sorte qu'il faut conclure que l'exercice des vertus est une guerre éternelle contre les vices ; et ces glorieuses habitudes n'ont point de plus nobles emplois que d'attaquer les monstres et de combattre des ennemis infâmes.

C'est pourquoi saint Augustin reconnaît, avec tous les théologiens, qu'elles ne nous ont été données que pour nous assister pendant cette misérable vie, et qu'elles sont des degrés pour arriver à cette haute félicité qui consiste en la possession du souverain bien. Car alors notre prudence ne sera nécessaire, puisqu'il n'y aura plus de malheurs à éviter; alors notre justice sera superflue, puisque nous posséderons en commun toutes nos richesses; alors la tempérance sera inutile, puisque nous n'aurons plus de mouvements illicites à réprimer; alors notre force sera sans occupation, puisque nous n'aurons plus de maux à souffrir. Il est vrai que j'ai peine à bannir du ciel des vertus qui nous en ont ouvert le chemin ; mais comme on n'y peut pas recevoir ce qui est encore imparfait, il faut dire qu'elles seront épurées devant que d'y être admises, qu'elles perdront ce qu'elles ont de terrestre pour devenir toutes célestes, et que la gloire qui rend les hommes spirituels les rendra divines et leur ôtera ce qu'elles ont d'impureté. Elles auront toutes leurs beautés, et n'auront plus leurs défauts; elles triompheront et ne combattront plus; elles serviront d'ornement, et non plus de défense aux bienheureux; elles recevront la récompense de leurs travaux, et ce fâcheux exercice qui les occupait sur la terre sera converti dans le ciel en un repos honorable (1).

Or, entre mille emplois différents qu'ont ici-bas les vertus, l'un des plus utiles est la conduite des passions; car il semble que la nature les ait destinés pour dompter ces sujets farouches et pour les soumettre à l'empire de la raison. Les uns ont de l'adresse pour les gagner, les autres ont de la force pour les abattre ; les unes emploient les menaces pour les étonner, les autres emploient les promesses pour les solliciter : et toutes ensemble elles tentent divers moyens pour arriver à une même fin. La prudence ne vient jamais aux prises avec les passions; mais, comme elle est la reine des vertus morales, elle se contente de donner les ordres, de pourvoir à la paix de notre âme, d'étouffer les séditions en leur naissance, et de réprimer les mouvements déréglés qui la menacent d'une guerre intestine. Si le parti est déjà formé, elle tâche de le rompre par son adresse, et, sans se mêler dans le combat, elle oppose à chaque passion la vertu qui lui est contraire. E le envoie du secours aux endroits les plus faibles, ou qui sont les plus vivement attaqués; elle prévoit les maux à venir, ou si quelquefois elle juge que les rebelles soient capables de raison, elle les exhorte à l'obéissance, et pour les réduire à leur devoir, elle les prend par leurs intérêts; elle leur fait entendre que tous les plaisirs qu'ils recherchent leur sont funestes, et que tous les maux qu'ils appréhendent leur sont honorables. La tempérance est un peu plus exposée au danger, car elle est obligée à venir aux mains et à se défendre contre des ennemis qui sont d'autant plus dangereux qu'ils sont agréables. Elle résiste à toutes ces passions qui flattent nos sens, et qui ne proposent à notre esprit que des voluptés et des délices; elle règle les désirs et les espérances; elle modère l'amour et la joie; et toutes les fois qu'il s'élève des mouvements qui nous promettent d'injustes plaisirs, elle nous fournit des armes pour les dompter; quand elle ne croit pas être assez forte pour les vaincre, elle emprunte le secours de la pénitence et de l'austérité, et avec ces vertus sévères elle défait ces ennemis dissolus. La force prend le soin de régir les plus violentes passions, et d'attaquer la crainte, la tristesse, le désespoir et la haine. Si est-ce qu'un danger trouble la paix de notre âme, ou qu'il s'offre à nos yeux quelque fâcheux objet qui nous étonne, cette vertu héroïque emploie tout son courage pour nous assurer, et par un généreux artifice, elle se sert de la colère et de la hardiesse pour surmonter la tristesse et le désespoir. Si ces passions courageuses ne sont pas assez puissantes pour rendre l'assurance et le repos, elle nous pique d'honneur, elle donne charge à la constance et à la fidélité de nous représenter notre devoir et de nous animer par les récompenses qui sont destinées pour honorer les actions glorieuses et difficiles. La justice n'entre pas au combat, mais elle balance le droit des parties, elle prépare des couronnes aux vainqueurs, elle empêche que les vaincus ne soient opprimés, et elle modère si bien la victoire, qu'elle n'est ni cruelle ni insolente; elle conserve l'autorité à la raison, elle oblige la passion de la reconnaître pour la souveraine, elle assujettit le corps à l'esprit sans le rendre son esclave, et elle soumet l'esprit à Dieu sans lui ravir sa liberté. Comme cette vertu est équitable, elle est ennemie de tous les désordres; et tandis qu'elle règne parfaitement en l'homme, on peut dire qu'il ne s'y élève que des passions raisonnables : mais quand elle en est bannie, la paix et la tranquillité se retirent avec elle. Pendant son absence, l'homme est semblable à un État sans police, où tout est permis aux rebelles, où le vice est en honneur, où la vertu est en mépris, et où chacun, sans consulter son devoir, ne considère que son intérêt ou son plaisir. Aussi, qui perd la justice perd toutes les vertus, et qui la possède se peut vanter de les posséder toutes. C'est peut-être pour ce sujet qu'un philosophe a dit que chaque vertu était une justice particulière, et que la justice était une vertu générale, qui suffisait seule pour combattre tous les vices et pour régler toutes les passions.

---

(1) Hic enim sunt virtutes in actu, ibi in effectu : hic in opere, ibi in mercede : hic in officio, ibi in fine. *Aug.*, *Epist.* 52.

Mais comme le nombre des soldats ne peut nuire quand il est sans confusion, celui des vertus ne saurait préjudicier quand le désordre en est banni; et quoique celles que Jésus-Christ nous a enseignées soient d'une condition bien plus élevée que les morales, elles conspirent toutes ensemble pour notre félicité. C'est pourquoi nous les devons employer dans nos besoins, et quand une seule ne suffit pas pour conduire une passion, il faut emprunter le secours des autres et grossir nos forces pour vaincre nos ennemis. Quand la tempérance ne peut régler nos injustes désirs, nous pouvons appeler à notre aide la modestie et l'humilité, qui nous persuaderont que la gloire du monde ne nous est pas due si nous ne sommes criminels, et qu'elle n'est pas digne de nous si nous sommes innocents; quand la force ne peut dompter la crainte ou le désespoir, il nous est permis de recourir à l'espérance, d'écouter ses promesses, et de nous animer à la victoire par le souvenir des récompenses qu'elle nous propose; quand la haine et l'envie nous rongent le cœur, et que pour nous venger d'une injure elles nous conseillent d'employer le poison et le fer, il est bon que la justice implore l'assistance de la charité, et qu'elle joigne les maximes divines avec les humaines, pour arrêter l'impétuosité de ces deux passions furieuses. Ainsi, la nature étant d'accord avec la grâce pour détruire le péché, l'homme demeurera victorieux; les mouvements de son âme étant réglés par les vertus, il jouira d'une parfaite tranquillité, et il goûtera des délices qui ne seront guère moins pures que celles que goûtait notre premier père dans l'état d'innocence.

CINQUIÈME TRAITÉ.
DU POUVOIR DES PASSIONS SUR LA VOLONTÉ DES HOMMES.

PREMIER DISCOURS.
Que l'on surprend les hommes en étudiant leurs passions.

Ce n'est pas sans raison que ce grand roi, qui sut si bien unir en sa personne la piété, la poésie et la valeur, a comparé le cœur de l'homme avec les abîmes : car ces lieux sont si profonds, que rien ne les peut remplir, et le cœur de l'homme est si vaste en ses désirs, que les royaumes mêmes ne le peuvent satisfaire. Les abîmes sont les dépositaires des trésors de la nature (1), et Dieu, pour exercer notre industrie ou pour punir notre avarice, a caché les richesses dans les entrailles de la terre. Aussi tous les biens de l'homme sont enfermés dans son cœur : cette partie, qui a l'avantage de former les pensées, a le soin de les conserver, et c'est d'elle que nous les empruntons pour persuader ou pour émouvoir nos auditeurs. Mais comme les abîmes sont des lieux obscurs que la lumière du soleil ne peut éclairer, et où l'horreur et la nuit semblent avoir choisi leur séjour, ainsi le cœur de l'homme est environné de ténèbres qu'on ne saurait dissiper; et tous les sentiments qu'il conçoit sont si cachés, qu'on n'a que de faibles conjectures pour les deviner; car les paroles ne sont pas toujours les fidèles images de ces conceptions, et il n'y a que Dieu seul qui ait le privilége de les connaître. La prudence humaine, qui se vante de pénétrer bien avant dans l'avenir, est extrêmement empêchée à découvrir les intentions : et le plus grand ouvrage que puisse entreprendre un homme d'État, c'est quand, par son adresse, il tâche de lire dans un cœur dissimulé, et d'y remarquer des pensées qu'on lui veut celer.

Je sais bien que la politique nous enseigne des moyens pour arriver à cette connaissance, et qu'elle nous donne des règles pour sonder ces abîmes qui semblent n'avoir point de fond. On juge des sentiments par les actions; on lit dans les yeux et sur le visage les plus secrets mouvements de l'âme; on remarque le naturel par les dessins ; on étudie si bien les hommes, qu'on devine leurs pensées et qu'on découvre par un artifice ce qu'ils veulent cacher par un autre. Mais de toutes ces voies, je n'en trouve point de plus facile ni de plus assurée que celle des passions, car elles échappent contre notre volonté, elles nous trahissent par leur promptitude et leur légèreté (2). Nous éprouvons tous les jours qu'il est bien plus malaisé de retenir sa colère que sa main, et d'imposer le silence à sa douleur qu'à sa bouche; elles s'élèvent sans notre congé, et par l'impression qu'elles font sur le visage, elles apprennent à nos ennemis tout ce qui se passe dans notre cœur (3). C'est pourquoi j'estime bien fort l'invention de ce poëte qui appelle les passions des tortures (4), non-seulement parce qu'elles nous tourmentent par leur rigueur, mais parce qu'elles nous forcent par leur violence à confesser la vérité. Il faut être bien fidèle à soi-même pour ne se pas déclarer par la haine ou par la vanité, et il faut bien avoir de l'autorité sur ses passions pour les réprimer. Quand un homme artificieux entreprend de les émouvoir, les plus sages oublient leurs résolutions, et souvent une louange ou un reproche tire une vérité de leur bouche que la prudence y avait retenue plusieurs années.

Jamais prince ne fut plus dissimulé que Tibère : toutes ses actions et ses paroles étaient si couvertes, qu'on ne pouvait pénétrer ses intentions; il ne proférait que des énigmes, et le sénat tremblait autant de fois qu'il était obligé de traiter avec un homme si caché. Cependant une parole d'Agrippine le mit en colère, et lui fit dire dans cette émotion une chose qu'il eût sans doute retenue s'il fût demeuré dans sa froideur ordinaire : car, en la reprenant aigrement, il lui reprocha qu'elle n'était mécontente que

---

(1) Ponens in thesauris abyssos. *Ps.* xxxii.
(2) Nulla vehementior intra cogitatio est, quæ nihil moveat in vultu. *Sen.; lib.* i *de Ira, c.* 1.

(3) Sicut aqua profunda, sic consilium in corde viri: sed homo sapiens exhauriet illud. *Prov.* xx.
(4) Vino tortus et ira. *Horat.*

parce qu'elle ne régnait pas (1) : de sorte que le plus caché de tous les hommes fut trahi par la chaleur de sa passion, et découvrit le fond de son cœur par une réponse indiscrète que la colère lui arracha de la bouche. Aussi les politiques ne sont jamais plus empêchés que quand ils traitent avec un homme qui parle avec froideur, et qui maîtrise si bien ses affections, qu'elles ne paraissent point sur son visage et n'éclatent point par ses actions ni par ses paroles; car toutes les portes de son âme sont fermées, et ne pouvant sonder son abîme, ils sont contraints de consulter les personnes qui l'approchent ou d'en croire la renommée. Mais toutes ces voies sont incertaines; et qui ne fonde sa créance que sur les rapports d'autrui est en danger de n'en avoir point de véritable : car la renommée est légère, les ennemis sont menteurs, les amis sont flatteurs et les domestiques sont intéressés. Néanmoins, de tant de personnes qui abordent les grands, il n'y en a point dont le témoignage soit moins suspect que celui des domestiques ; et comme leur condition les oblige d'étudier l'humeur de leurs maîtres, ils en savent mieux les inclinations que les autres. Les ennemis n'en connaissent que les faiblesses; la haine qui les aveugle ne leur permet pas d'en remarquer les vertus, et leurs jugements, pour être passionnés, se trouvent injustes le plus souvent. Les amis n'en voient que les avantages, et l'amour qui les possède leur fait prendre les défauts pour des perfections. Les domestiques sont mieux informés que les autres, parce qu'ils savent leurs inclinations, et que dans ces infidèles miroirs ils lisent les plus secrets mouvements de leurs cœurs : car, quand les princes paraissent en public, ils étudient leur contenance, ils cachent leurs pensées, et ils ont honte de faire sur le théâtre ce qu'ils font dans le cabinet; mais quand ils n'ont que leurs domestiques pour témoins, ils ne forcent point leur naturel, et ils donnent à leurs passions toute la liberté qu'elles demandent.

C'est pourquoi ils sont obligés de les modérer, de peur que, découvrant leurs faiblesses, elles ne donnent de l'avantage sur eux aux personnes qui les approchent. Et tous les particuliers doivent prendre les mêmes soins s'ils veulent conserver leur franchise ; car depuis qu'une passion est déréglée, il est impossible de la tenir secrète, et depuis qu'elle est éventée, il est bien malaisé d'empêcher que nos ennemis ne s'en servent contre nous-mêmes. Si les femmes ne faisaient point paraître de complaisance pour la cajolerie, leur honneur ne courrait pas tant de hasard; mais depuis qu'un homme a reconnu leur faiblesse, et qu'il a remarqué que les louanges leur sont agréables, il s'insinue dans leur esprit par la flatterie, et se fait aimer d'elles en approuvant ce qu'elles aiment. Un ambitieux ne se peut défendre contre celui qui a découvert sa passion : comme il n'estime rien davantage que la gloire, il quitte tout ce qu'il possède pour l'acquérir, et pense gagner beaucoup en un échange où il ne donne que des biens pour recevoir des applaudissements. Il faut enfin que tout le monde confesse que nos passions sont des chaînes qui nous rendent captifs de tous ceux qui les savent bien ménager.

Quand le parricide Catilina eut conjuré la perte de sa patrie, et qu'il eut résolu de changer la république romaine en une cruelle tyrannie, il corrompit toute la jeunesse en s'accommodant à ses désirs, il s'acquit des partisans en flattant leur humeur, il gagna leurs volontés en suivant leurs inclinations; et promettant des charges aux ambitieux, des femmes aux impudiques, et des richesses aux avaricieux, il forma un parti dans lequel il entra des préteurs, des consulaires et des sénateurs (2). Aussi est-ce le plus ordinaire artifice du diable, et la ruse la plus dangereuse qu'il emploie pour séduire les pécheurs : car comme il a de grandes lumières, quoiqu'il soit le prince des ténèbres, et comme il connaît leurs tempéraments, il accommode toutes ses suggestions à leurs désirs, et il ne leur propose rien qui ne soit conforme à leurs inclinations (3). Il offre des honneurs aux orgueilleux, il reveille la passion qui les possède, il les engage dans des moyens illicites pour exécuter de pernicieux desseins, et il tâche de leur persuader qu'il n'y a point de crime qui ne soit glorieux, quand il est commis pour acquérir de la réputation. Il sollicite les voluptueux par des plaisirs infâmes; s'il ne peut louer leurs péchés, il cherche des noms qui les excusent, il appelle naturel ce qui est déraisonnable, et comme s'il la nature et la raison étaient ennemies, il leur conseille de suivre celle-là, et d'abandonner celle-ci. Il anime les furieux à la vengeance, il donne de beaux titres à de honteuses passions, il essaye de faire passer les ressentiments d'une injure pour un acte de justice, et combattant toutes les maximes du christianisme, il établit la grandeur du courage dans la haine et dans le meurtre. Il persuade aux avaricieux qu'il n'y a rien de plus universellement recherché que les richesses, que nos ancêtres les ont révérées, que nos successeurs les honoreront, que les peuples qui sont si différents en leurs sentiments conviennent en l'estime qu'ils en ont conçue, que les pères les souhaitent à leurs enfants, que les enfants les désirent à leurs pères, que ceux qui font profession de piété les offrent à Dieu, et apaisent sa colère par les présents; que la pauvreté est infâme,

---

(1) Hæc raram occulti pectoris vocem elicuere, correptamque græco versu admonuit, ideo lædi quia non regnaret. *Tacit., An.*

(2) Ut cujusque studium ex ætate flagrabat, aliis scorta præbere, aliis canes atque equos mercari, postremo neque sumptui neque modestiæ suæ parcere, dum illos obnoxios fidosque sibi faceret. *Sallust. in Catilin.*

(3) Novit quem mœrore conturbet quem gaudio fallat, quem admiratione seducat; omnium discutit mores, omnium scrutatur affectus, et ibi quærit causas nocendi; ubi viderit quemquam diligentius occupari. *D. Leo, Serm.*

qu'elle est le mépris des riches et le supplice des pauvres. Enfin cet ennemi dissimulé perd tous les hommes en les flattant, il gagne leurs esprits par leurs affections, il les bat de leurs propres armes, et par un dangereux artifice, il emploie leurs passions pour corrompre leurs volontés. C'est pourquoi chacun est obligé de réprimer des inclinations qui nous portent tant de préjudice, et de soumettre à la grâce des mouvements déréglés qui donnent tant d'avantage sur notre liberté au plus puissant de nos adversaires.

II° DISCOURS.
Que les arts séduisent les hommes par le moyen des passions.

La conduite des passions est si importante et si difficile, que la meilleure partie des sciences ne semble avoir été inventée que pour les régir. Quoique l'esprit humain les fasse servir à sa vanité, dans leur première institution elles ne regardaient que le règlement de nos affections, et les philosophes n'en usaient que pour guérir les âmes avec plaisir. La musique qui ne flatte maintenant que nos oreilles, et qui ne touche plus nos cœurs que pour y faire entrer l'impureté, ne travaillait autrefois qu'à réprimer ses désordres. Comme elle est une harmonie composée de voix différentes, elle produisait des effets qui lui ressemblaient, et, terminant les différends du corps et de l'âme, elle renouait leur amitié et les faisait vivre dans une parfaite intelligence; elle calmait la fureur des passions, et, par la douceur de ses accords, elle apprivoisait ces betes farouches qui dévorent l'homme, quand elles sont irritées. En cet heureux temps les musiciens étaient philosophes; cet art, qui est devenu l'esclave de la volupté, était le ministre de la vertu; il employait toute son industrie pour le service de la raison : au lieu qu'à présent il séduit l'âme par les sens, il charmait alors les affections par les oreilles, et avec des tons agréables, qui n'étaient pas moins puissants que les paroles, il persuadait les bonnes choses, et retenait les hommes dans leur devoir. Aussi dit-on qu'Egisthe ne put jamais corrompre Clitemnestre, qu'il n'eût fait assassiner celui qui défendait sa chasteté par la douceur de sa lyre, et qui ruinait tous les desseins de cet amant impudique par les doux accents de sa voix. L'histoire, plus croyable que la fable, nous apprend qu'un joueur de flûte faisait de si puissantes impressions sur l'esprit d'Alexandre, que quand il sonnait d'un ton plus fort que l'ordinaire, il mettait ce conquérant hors de lui-même, et l'animait si bien au combat, qu'il demandait ses armes pour attaquer ses ennemis (1). Mais quand il adoucissait son jeu, ce prince calmait sa fureur, comme si ce n'eût été qu'une fausse alarme, il reprenait son premier visage, et donnait tout son esprit à celui qui l'enchantait par les oreilles. L'Ecriture sainte, dont les paroles sont des oracles, nous assure que la harpe de David apaisait le démon de Saül, et que cet esprit malin perdait sa force, quand l'harmonie accordait les humeurs qu'il avait émues, ou qu'elle abattait les vapeurs qu'il avait élevées. Mais la musique n'a plus cette vertu : celle qui délivrait autrefois les possédés les abandonne aux démons, ou si elle ne produit pas un si mauvais effet, elle réveille nos passions; et par un malheur étrange, mais véritable, elle aigrit le mal qu'elle avait dessein de guérir. Je sais bien que celle de nos églises est d'intelligence avec la piété, et que par une douce violence elle détache nos âmes de nos corps, et les élève dans le ciel, mais certes toutes autres me sont un peu suspectes : quoiqu'on les veuille faire passer pour innocentes, je les estime dangereuses ou inutiles, et je dirais volontiers avec Sénèque aux musiciens, qu'au lieu de nous enseigner le moyen d'ajuster les cordes du luth, ou de conduire nos voix, ils devraient nous apprendre à régler nos passions; qu'au lieu de flatter nos sens, ils devraient toucher nos cœurs, et inspirer dans nos âmes l'horreur du vice et l'amour de la vertu (2).

La poésie, qu'on peut appeler la fille de la musique, imitait autrefois sa mère, et employait toutes ses beautés pour animer les hommes aux actions glorieuses. Elle chantait les victoires des conquérants, et par les louanges qu'elle donnait à leur valeur, elle rendait les soldats courageux; ses mensonges même étaient utiles, les furies vengeresses qu'elle introduisait en ses ouvrages jetaient la crainte dans l'âme des méchants, et retenaient les peuples en leur devoir. Les nombres et la cadence agréable de ses vers avaient le pouvoir d'adoucir les humeurs les plus farouches, et elle n'a point menti quand elle nous a voulu persuader que son Orphée apprivoisait les lions, faisait marcher les arbres, contraignait les rochers de l'écouter et de le suivre, puisqu'il produisait tous ces effets dans les cœurs des hommes, et qu'il en bannissait la colère et la stupidité. Mais ce bel art ne parassait jamais plus pompeux que quand il montait sur le théâtre, et que, rempli d'une nouvelle fureur, il représentait les supplices des criminels, la mort tragique des tyrans, et les malheureux succès de l'injustice ou de l'impiete : car il intimidait les princes, il étonnait les sujets, et par de funestes exemples, il enseignait aux uns le respect, aux autres la clémence, et à tous les deux la justice et la religion. Alors toutes les comédies étaient des instructions, on regardait les lieux où elles se récitaient comme des académies de philosophes, et les auditeurs n'en sortaient jamais qu'ils ne fussent bien persuadés de la vertu. Mais les hommes, qui corrompent les meilleures choses, abusèrent enfin de la

(1) Alexandrum aiunt, Xenophante canente, manum a l arma misisse. Senec., lib. II de Ira, c. 2.
(2) Doces quomodo inter se acutæ et graves voces consonent, quomodo nervorum disparem reddentium sonum fiat concordia, fac potius quomodo animus secum meus consonet, nec consilia mea discrepent. Sen, Epist. 88

poésie, et soumirent injustement à leurs passions celle qui les réformait par ses avis. Cet art innocent, qui n'avait fait la cour qu'à la vertu, devint l'esclave du vice, et les impudiques profanèrent toutes ces chastes beautés en les faisant servir à l'impureté. Depuis ce temps malheureux la poésie fut décriée par tout le monde ; les philosophes, qui avaient été toujours d'accord avec les poètes, devinrent leurs ennemis, et employèrent tout leur crédit pour les faire bannir des États. En effet ils corrompirent tous les peuples, et craignant que leurs vers ne fussent pas assez puissants pour autoriser l'impudicité, ils lui élevèrent des autels, et par les incestes de leurs dieux, ils excusèrent les adultères des hommes (1). Je sais bien que la vraie religion a réformé la poésie, qu'elle a fait ses efforts pour lui rendre son premier usage et ses anciennes beautés ; je sais bien que nos poètes sont chastes en leurs écrits, et que la comédie, toute licencieuse qu'elle est, ne monte plus sur le théâtre que pour condamner le vice. Les règles même qu'on lui a imposées ne lui permettent pas d'être impudique, et il faut par une heureuse nécessité que ceux qui animent la scène prennent toujours le parti de la vertu. Néanmoins il arrive par un malheur que j'aime mieux imputer au désordre de la nature qu'à celui de la poésie, que la chasteté ne paraît pas si belle dans les vers que l'impureté, et que l'obéissance des passions ne semble pas si agréable que leur rébellion : on s'attache plus souvent aux affections violentes qu'aux raisonnables, et comme les poètes les expriment avec plus d'éloquence, les auditeurs les écoutent avec plus de plaisir. Enfin, quelque soin que l'on y apporte, la comédie n'est une école de vertu que pour ces grands hommes qui savent discerner l'apparence de la vérité, et qui ont de l'horreur pour le vice, lors même qu'il se présente à leurs yeux avec tous les ornements de la vertu ; mais si les personnes vulgaires se veulent bien examiner, elles confesseront que les vers du théâtre leur donnent de l'émotion, et qu'ils impriment dans leurs âmes tous les sentiments des personnages qu'ils font parler.

La rhétorique est un peu plus heureuse en ses desseins que la poésie, et de quelque crime qu'on accuse les orateurs, je les trouve bien plus innocents que les poètes : car comme leur principale fin est de persuader la vérité, ils sont contraints d'employer tous leurs artifices pour combattre les passions qui lui sont contraires, et il se trouve qu'en s'acquittant de leur charge ils font encore celle de médecin, et guérissent leurs auditeurs de toutes leurs maladies ; ils apaisent leur colère si elle est trop irritée, ils relèvent leur courage s'il est trop abattu, ils font succéder l'amour à la haine, la pitié à la vengeance, et réprimant un mouvement par un autre, ils tirent la tranquillité de l'orage même. Cet emploi est si attaché à la condition des orateurs, que c'est par là seulement qu'ils sont différents des philosophes : car ceux-ci n'ont point d'autre dessein que de convaincre l'esprit, ils lui proposent les vérités toutes nues, et sachant bien qu'il ne les peut voir sans les révérer, ils ont plus de soin de les découvrir que de les parer. Mais les orateurs qui veulent prendre l'âme par les sens, joignent les belles paroles aux bonnes raisons, flattent l'oreille pour toucher le cœur, et emploient toutes les figures pour émouvoir les affections. Ils attaquent les deux parties qui composent l'homme, ils se servent de la plus faible pour emporter la plus forte, et comme le démon perdit l'homme par le moyen de la femme, ils gagnent la raison par le moyen de la passion.

Avec ces artifices innocents ils formèrent les villes, ils gouvernèrent les républiques, et commandèrent longtemps aux monarques, car ils étudiaient leurs inclinations, et les maniaient avec tant d'adresse, qu'il semblait que le cœur des princes fût entre les mains des orateurs, et que la monarchie fût devenue esclave de l'éloquence. Ils commirent néanmoins de lourdes fautes en leur conduite, et pour avoir trop souvent excité les mouvements de la partie inférieure de l'âme, ils ruinèrent l'empire de la supérieure, et ne purent guérir les plaies qu'ils avaient ouvertes, ni éteindre les flammes qu'ils avaient allumées : car croyant flatter la vanité d'un prince, ils le rendirent insolent, et pensant le porter à la vengeance, ils le rendirent cruel et farouche. Ils ne purent garder cette médiocrité, qui fait la vertu, et désirant élever une passion pour en abaisser une autre, ils lui donnèrent tant de force qu'il ne fut plus en leur pouvoir de l'assujettir à la raison. C'est, à mon avis, le malheur qu'encourent ceux qui, pour se rendre agréables aux princes, flattent l'inclination qui les tyrannise, et sans considérer le mal qui en peut provenir, l'opposent à toutes les autres, et la rendent insolente par ses victoires. Le chemin contraire eût été le plus assuré, car puisque la passion qu'ils élevaient était la plus violente, il fallait employer toutes les autres pour l'affaiblir, et les faire conspirer ensemble pour la combattre. Mais parce que l'éloquence est souvent intéressée, elle néglige le bien de ses auditeurs, et ne se met pas en peine si les louanges blessent leurs âmes, pourvu qu'elle obtienne ce qu'elle demande. Cicéron traita de la sorte avec César, et voulant sauver un criminel qu'il défendait, il opposa l'orgueil de ce victorieux à sa vengeance : pour détruire une passion qui ne préjudiciait qu'à un particulier, il réveilla celle qui avait ruiné la république et opprimé la liberté de Rome : en quoi sans doute il fut coupable et pécha contre les lois de l'éloquence, qui n'a pas tant été inventée pour persuader les hommes que pour les rendre vertueux, et qui ne doit pas tant faire d'effort pour émouvoir les affections que pour établir la raison dans son empire.

La politique semble avoir de meilleures

---

(1) Quid est enim aliud nisi intendere vitia quam auctores illis deos præscribere? *Sen.*

intentions que la rhétorique, car quand elle excite la crainte ou l'espérance des hommes par les promesses ou par les menaces, elle cherche le salut des particuliers, aussi bien que le repos du public. Si quelquefois elle punit les criminels par des supplices effroyables, ce n'est que dans les maux désespérés, et lorsqu'elle a tenté inutilement toutes les voies de douceur : je trouve pourtant qu'elle pourrait mieux ménager les passions qu'elle ne fait, et que, sans violer le respect que l'on doit aux souverains, il serait aisé de gagner les cœurs des sujets par l'espérance, et de les ranger plutôt à leur devoir par l'amour que par la crainte. C'est ce que nous considérerons dans le discours suivant, après avoir conclu en celui-ci, que toutes les sciences sont défectueuses en la conduite des passions; que pour les bien régler, il faut qu'elles implorent le secours de la morale, et qu'elles consultent les préceptes qu'elle nous donne pour vaincre des ennemis qui sont aussi opiniâtres qu'insolents.

III.e DISCOURS.
Que les princes gagnent leurs sujets par l'amour ou par la crainte.

Tous les politiques tombent d'accord, que les récompenses et les peines sont les deux fermes colonnes qui soutiennent tous les Etats, et que pour gouverner paisiblement les peuples, il faut exciter leur espérance ou leur crainte par les promesses ou par les menaces. En effet nous n'avons point vu encore de république ni de monarchie, qui dès sa naissance n'ait ordonné des honneurs et des supplices pour le crime et pour la vertu. Celle qui craignait d'enseigner le vice en le défendant, et d'apprendre le parricide à ses sujets en le punissant, fut contrainte de recourir à ce remède commun, et de proposer aux hommes des récompenses ou des peines pour réveiller leurs espérances ou leurs craintes. L'expérience lui apprit que, pour gagner leur volonté, il fallait gagner leurs passions, et que, pour s'assujettir la plus haute partie de leur âme, il fallait se rendre maître de la plus basse. Dieu même gouverne le monde par cet innocent artifice, car quoique, plus absolu que les rois, il puisse traiter avec l'esprit sans l'entremise des sens, il se règle sur la condition des hommes, et sachant bien qu'ils sont composés d'une âme et d'un corps, il n'entreprend rien sur celle-là que par le moyen de celui-ci. Il renonce à ses droits pour s'accommoder à la faiblesse de ses créatures, et sans user de ce pouvoir que lui donne sa souveraineté, il les intimide par les menaces ou les console par les promesses. Sa volonté seule nous devrait servir de loi, et pour nous obliger à former quelque dessein, il suffirait que ses intentions nous fussent connues. Cependant il nous flatte en nous proposant un paradis, il nous étonne en nous représentant un enfer, et comme s'il était fort intéressé dans notre salut ou dans notre perte, il emploie toutes ses grâces pour acquérir notre amour et pour éviter notre haine. Quand il traitait avec les Juifs comme avec ses sujets, que par un excès de bonté il ne dédaignait pas de porter la qualité de leur souverain, qu'il leur donnait des lois par la bouche de Moïse, et qu'il les gouvernait par la prudence de leurs juges qui n'étaient que ses images, il les intimida cent fois par ses châtiments, et envoya la peste et la famine sur leurs terres, pour les réduire à l'obéissance par la crainte. Il leur promit cent fois aussi d'étendre les bornes de leur Etat, de les assister dans leurs combats, et de leur donner avantage sur leurs ennemis, afin que ses promesses sollicitant leurs espérances, il gagnât leurs volontés par leurs passions. Enfin tout le monde confesse que les politiques, à l'exemple des orateurs, ne peuvent tirer le consentement de l'homme avec plus de force et de douceur, qu'en éveillant les mouvements de son âme, et qu'en s'insinuant accortement dans son esprit par l'espérance de l'honneur, ou par la crainte de la peine. Mais on ne tombe pas si facilement d'accord ; laquelle de ces deux passions il faut employer pour le ranger plus assurément à son devoir.

Ceux qui défendent le parti de la crainte disent que cette passion étant servile de sa nature, il semble qu'elle soit le partage des sujets, qu'on ne peut leur ôter ce sentiment qu'on ne leur ôte leur condition, et qu'on ne les élève à la qualité d'enfants ou d'amis ; ils ajoutent qu'il est au pouvoir du souverain de se faire craindre et non pas de se faire aimer (1) ; que les peines font bien plus d'impression sur l'âme de ceux qui obéissent que les récompenses, que l'amour est toujours volontaire, et que la crainte peut être forcée ; que de l'amour aussi bien que de la familiarité peut naître le mépris, qui est l'ennemi capital de la monarchie ; que la ºr nte ne peut produire que la haine, qui fait ¡ lus de tort à la réputation qu'à la puissance des rois ; que puisque la prudence veut que de deux maux on choisisse le plus léger, il faut se résoudre à perdre l'amour des peuples pour s'en conserver le respect, et dire avec cet ancien, qu'ils me haïssent pourvu qu'ils me craignent. Ils confirment toutes ces raisons par les exemples, et font voir que les empires les plus sévères ont été les plus florissants, que les peines ont toujours excédé les récompenses, et que dans la république romaine, où l'on ne donnait qu'une couronne de chêne aux soldats pour avoir monté sur la brèche, on les faisait passer par les armes pour avoir quitté leur rang ou abandonné leur enseigne ; que Dieu même, dont la conduite doit servir d'exemple à tous les princes, avait régi son peuple avec plus de sévérité que de douceur, qu'il avait été contraint de s'expliquer par la voix des foudres pour se faire obéir, qu'il n'avait conservé son autorité que par la mort des rebelles, et que, quelque inclination qu'il eût pour la miséricorde, il avait été forcé de recourir à la justice. Enfin ils disent que la souveraineté est un peu odieuse, que l'amour et la majesté

(1) Inter principem et subditos non est amicitia. *Aristot. Polit.*

ne s'accordent guère ensemble, qu'on ne peut régner sur les hommes et s'en faire aimer ; qu'ils sont si jaloux de leur liberté, qu'ils haïssent tout ce qui la choque, et que les princes, selon la maxime de l'Evangile, n'ont point de plus grands ennemis que leurs sujets (*Matth.* x).

Ceux qui soutiennent le parti de l'amour ont des raisons qui ne sont pas moins spécieuses, et qui sont bien plus véritables : car ils disent que le souverain étant le père de ses sujets, il est obligé de les traiter comme ses enfants, que la crainte ne les rend maîtres que du corps, et que l'amour les fait régner sur les cœurs ; que ceux qui craignent leurs maîtres cherchent la fin de leur servitude, et que ceux qui les aiment ne songent point à recouvrer leur liberté; que les princes qui gouvernent avec rigueur ne sauraient vivre en assurance, que la nécessité veut que ceux qui donnent de la crainte en reçoivent, et qu'ils appréhendent la révolte des peuples qui ne leur obéissent que par contrainte (1); que si choses violentes ne sont pas durables, un empire qui n'est fondé que sur la violence ne saurait longtemps subsister. Et pour satisfaire aux raisons qu'on leur oppose, ils répondent que l'amour entre bien mieux dans le cœur que la crainte, et que s'il y a de fâcheux moyens pour se faire craindre, il y a des charmes innocents pour se faire aimer ; que, dans les âmes généreuses, les récompenses font bien plus d'impression que les peines, et que les promesses d'un prince animent bien davantage les soldats que ses menaces; que le mépris ne peut naître de l'amour, puisque l'amour naît de l'estime, et qu'il est toujours accompagné de respect; que les plus justes monarchies, et non pas les plus sévères, ont été les plus florissantes, et que si dans la république romaine les peines excédaient les récompenses, ce n'était pas que la crainte fît plus d'impression sur les âmes que l'amour, mais parce que le vice n'a pas tant de laideurs que la vertu n'a de beautés, et qu'il n'est point nécessaire de proposer des honneurs à celle qui, trouvant toute sa gloire en elle-même, est aussi satisfaite dans le silence que parmi les acclamations et les applaudissements; que si Dieu a traité son peuple avec rigueur, ç'a été contre son inclination, et que sa douceur a bien eu plus de pouvoir que sa sévérité, puisque celle-ci ne lui put acquérir toute la Judée, et que celle-là lui a soumis tout l'univers. C'est la différence de ces deux lois que saint Paul nous représente si souvent dans ses écrits, dont l'une a fait des esclaves, et l'autre a produit des enfants, dont l'une a fortifié le parti du péché, et l'autre a détruit sa tyrannie. Ils ajoutent que la souveraineté n'est point odieuse, puisqu'elle a été consacrée en la personne de Jésus-Christ qui, voulant servir de modèle à tous les rois de la terre, n'a usé de sa puissance que pour servir à sa miséricorde, et n'a fait des miracles que pour secourir les affligés (2) ; qu'enfin les sujets ne regrettent point la perte de leur liberté, puisqu'étant volontaire elle est agréable ; que les princes ne sont point des objets de crainte, puisqu'ils sont les images de Dieu, et qu'il s'en est trouvé parmi les infidèles même, qui ont été les délices de leurs peuples pendant leur vie, et leur regret après leur mort (3).

Quoique ces réponses soient si pertinentes qu'on ne les puisse contredire, il me semble néanmoins qu'on peut accorder les deux parties, et vider leurs différends, de telle sorte que l'une et l'autre y trouvera son avantage; car encore que la douceur soit préférable à la rigueur, et qu'un état soit mieux fondé sur l'amour que sur la crainte, il y a des occasions où le prince doit faire céder la clémence à la sévérité, et où il est obligé de laisser la qualité de père pour exercer celle de juge. L'humeur de ses sujets doit être la règle de la sienne : s'ils sont volages ou superbes, il faut qu'il use de rigueur pour leur apprendre l'obéissance et la fidélité ; s'ils sont factieux et portés à la rébellion, il faut qu'il fasse des exemples, et que par la punition d'un petit nombre, il étonne le plus grand; s'ils sont inquiets et désireux de nouveautés, il faut qu'il les condamne à quelques travaux qui les occupent. Mais dans tous ces châtiments, il se doit souvenir qu'il est le chef de son État, que ses sujets font une partie de lui-même, et qu'il est obligé d'être aussi réservé à les punir, qu'un médecin à couper les bras ou les jambes d'un malade. S'il ne se passe rien dans son royaume qui le force à la rigueur, si toutes choses y sont paisibles, et si les peuples qu'il gouverne n'ont point d'autres mouvements que ses volontés, il doit les traiter avec douceur, leur donner une honnête liberté, qui leur persuade qu'ils sont plutôt ses enfants que ses sujets, et que s'étant réservé les seules marques de la souveraineté, il leur en laisse recueillir tous les fruits (4). Enfin il ne doit user de la rigueur que quand la clémence est inutile ; il faut qu'en sa conduite aussi bien qu'en celle de Dieu, la douceur précède la sévérité, et que tout le monde reconnaisse qu'il ne punit pas les coupables par son inclination, mais par la nécessité. La puissance des princes est assez redoutable par sa grandeur, sans la rendre odieuse par la cruauté. Une de leurs paroles étonne tous leurs sujets, le châtiment d'un criminel intimide tous les autres, leur colère fait trembler les innocents ; et comme le foudre fait peu de mal, et donne beaucoup de crainte, ainsi les grands ne peuvent punir un parti-

---

(1) Necesse est multos timeat quem multi timent. *Sen.*—Semper in auctores redundat timor, nec quisquam metuitur ipse securus. *Sen.*, ii *de Ira, c.* 23. — Non eo loco ubi servitutem esse velint, fidem sperandam esse. *Livius*, viii.
(2) Pertransiit benefaciendo et sanando omnes oppressos a Diabolo, quoniam Deus erat cum illo. *Actor.* x, 10.
(3) Titus deliciæ generis humani. *Sueton. in Tit.*
(4) Divus Nerva res olim insociabiles miscuit, imperium et libertatem. *Tacit.*

culier qu'ils n'effraient tout leur Etat. C'est pourquoi je tiens avec les plus sages politiques, que la souveraineté doit être tempérée par la douceur, et qu'étant accompagnée de toutes les qualités qui la peuvent faire craindre, elle doit rechercher toutes celles qui la peuvent faire aimer.

IV° DISCOURS.

Quelle passion doit régner en la personne du prince.

L'un des plus grands malheurs qui puissent arriver en la religion est la liberté que prennent les hommes de se former une divinité qui leur soit agréable. Dans les premiers siècles chacun adorait l'ouvrage de ses mains, et se faisait une idole qui tirait tout son prix de l'industrie de son ouvrier, ou de l'excellence de sa matière. Dans la suite des temps, comme les esprits se raffinèrent, les poètes firent des dieux sensibles et leur donnèrent toutes les affections qui nous rendent criminels ou misérables; on les vit faire l'amour dans leurs écrits, on les vit combattre dans les fables, et on remarqua dans leurs personnes tous les sentiments de ceux qui les avaient inventés. Les philosophes ne pouvant souffrir des dieux si injustes, en formèrent de plus raisonnables, et proposèrent aux peuples les idoles de leur esprit; chacun se figura un dieu selon ses inclinations, et lui donna les avantages qu'il se put imaginer. Les uns le plongèrent dans l'oisiveté, et pour ne pas troubler son repos lui ôtèrent la connaissance ou la conduite de nos affaires; les uns le firent si bon, qu'il souffrait tous les crimes sans les punir, et traitait aussi favorablement les coupables que les innocents. Les autres le représentèrent si rigoureux, qu'il semblait qu'il n'eût créé les hommes que pour les perdre, et qu'il ne trouvât son contentement que dans la mort de ses sujets. Ce désordre a passé de la religion dans l'Etat, et selon les siècles où les hommes ont vécu, ils se sont formé diverses idées de la personne des rois, et n'ont mis dans leurs princes que les perfections qu'ils connaissaient : car en la naissance du monde, où les peuples préféraient le corps à l'esprit, ils choisissaient les rois dont la taille était plus grande que l'ordinaire, et dont la force égalait celle des géants. Il semble même que Dieu se voulût accommoder à cette humeur, quand il donna Saul aux Israélites, car l'Ecriture sainte remarque qu'il passait de toute la tête le plus grand de ses sujets (1), et lorsque les poëtes nous décrivent leurs héros, ils ne manquent jamais à leur donner cet avantage. Mais quand le temps nous eut appris que notre bonheur ne résidait pas dans le corps, on considéra l'esprit des hommes dont on voulait faire des rois, et on jeta les yeux sur ceux qui avaient plus de conduite ou plus de courage; on regarda leurs inclinations, et sachant le pouvoir qu'elles ont sur les volontés, on n'en fit pas moins d'estime que des vertus.

Mais les opinions sont tellement partagées sur ce sujet, que l'on peut dire que chaque politique se forme un prince selon son humeur, et qu'il lui donne la passion qui lui est la plus agréable. Il s'en est trouvé qui ont souhaité qu'il n'en eût pas une, et qu'étant l'image de Dieu, il fût élevé au-dessus des créatures, et vît tous les mouvements de la terre sans émotion; mais on sait bien que pour être d'une condition plus élevée que celle de ses sujets, il n'est pas d'une autre nature, et que puisqu'il n'est pas exempt des maladies du corps, il ne peut pas se défendre des passions de l'âme. Quelques autres ont cru qu'il les devait toutes avoir; que, comme le soleil et les astres, il devait être en un mouvement perpétuel, et donner tous ses soins et toutes ses pensées à la conservation de son état. Quelques-uns ont estimé que le désir de la gloire était la passion la plus legitime d'un roi, et que puisque la fortune lui avait donné tous les biens qui dépendent de son pouvoir, il ne pouvait travailler que pour acquérir de l'honneur, que la vertu ne se conservait que par ce désir (2), et que celui qui négligeait la réputation ne pouvait estimer la justice; que le souverain ne devait pas songer à se faire connaître dans les siècles à venir par la pompe des bâtiments, mais par la grandeur de ses actions; que, méprisant toutes choses, il fallait qu'il ne pensât qu'à laisser après sa mort une heureuse mémoire de son règne; que rien ne l'aiderait davantage en ce généreux dessein, qu'un désir insatiable de gloire; que les richesses étaient les biens des particuliers, mais que l'honneur était le tresor des rois, et que pour l'acquérir il pouvait bien hasarder tout le reste (3). Quelques autres moins glorieux, mais plus raisonnables, ont jugé que la crainte devait régner en l'âme des princes, et que, comme leur prudence excédait leur valeur, il fallait aussi que l'appréhension du danger surpassât en eux le désir de la gloire : car, outre que la fortune est exposée à mille malheurs; que plus elle est elevée, plus elle est périlleuse; que plus elle est éclatante, plus elle est fragile, ils sont obligés à prévenir les accidents par leurs soins, à combattre les orages par leur constance, et à quitter leur félicité pour entrer dans la misère de leurs sujets.

Toutes ces opinions se soutiennent par des exemples, car il s'est trouvé des rois qui ont si bien modéré leurs passions, qu'ils semblaient n'en point avoir : les mauvais succès ne les étonnaient point, et ils recevaient la nouvelle d'une defaite avec le même visage que celle d'une victoire. Les diverses fonctions qu'ils étaient obligés de faire n'altéraient point le repos de leur esprit : ils punissaient le crime avec la même tranquillité qu'ils récompensaient la vertu, et quelque changement que

---

(1) Ab humero et sursum eminebat super omnem populum. *I Reg.* IX.
(2) Contemptu famæ contemni virtutes. *Tacit.*, IV *Annal.*

(3) Cætera principibus statim adesse, unum insatiabiliter parandum, prosperam sui memoriam. *Tacit.*, IV *Annal.*

l'on vit en leurs Etats, on n'en remarquait point en leur personne, qui semblait être élevée à un si haut degré de perfection, que l'on pouvait dire d'eux, que dans la faiblesse d'un homme ils avaient l'assurance d'un Dieu (1). Il s'en est vu d'autres qui n'ont pas moins heureusement gouverné, et qui étaient en une disposition toute différente, car comme leur empire ne leur était pas moins cher que leur propre corps, il n'y pouvait arriver d'altération qui ne parût sur leur visage ; les bons succès les mettaient en bonne humeur; les funestes accidents les affligeaient, les maux qui ne les menaçaient que de loin ne laissaient pas de les toucher vivement, et tout ce qui arrivait à leur Etat faisait une si forte impression sur leur esprit, qu'il semblait qu'ils vécussent en deux corps, et qu'ayant deux vies à perdre, ils eussent aussi deux morts à craindre. Je n'oserais blâmer ces inquiétudes, puisqu'elles naissent d'un amour extrême, et il faudrait être injuste pour condamner un prince qui ne se rend misérable que pour rendre ses sujets bienheureux ; Auguste était de cette humeur, et bien qu'il eût tâché d'acquérir cette constance qui ne s'émeut de rien, si ne pouvait-il apprendre les bons ou les mauvais succès de la République, qu'il n'en témoignât du ressentiment par ses actions et par ses paroles. La défaite de Varus lui coûta des larmes, et cet accident, contre lequel il n'était pas préparé, lui fit tenir des discours que j'aime mieux imputer à son affection qu'à sa faiblesse, puisqu'en d'autres occasions il avait donné tant de preuves de son courage.

Le plus grand nombre est de ceux qui ont travaillé pour la gloire, et qui n'ont aucune autre passion que d'acquérir de l'honneur : rien ne leur semblait difficile, pourvu qu'il fût glorieux, de sorte que par un malheur qui n'avait point de remède, ils négligeaient la vertu quand elle était obscure, et estimaient le vice quand il était éclatant. Dans leur opinion il était aussi bien permis de renverser l'Etat que de le fonder, d'opprimer la république que de la défendre, et d'entreprendre la guerre contre les alliés que contre les ennemis. Ils couraient à la gloire par des voies illicites, et comme quelques-uns font passer les crimes heureux pour des vertus (2), ceux-ci prenaient les injustices glorieuses pour des actions héroïques. Le premier des Césars était dans cette maxime, l'ambition qui le possédait lui avait persuadé que tout ce qui pouvait lui acquérir de l'honneur n'était point infâme, et qu'il ne devait jamais délibérer si une entreprise était permise ou défendue, pourvu qu'elle pût accroître sa réputation et rendre son nom plus illustre dans l'histoire. Son gendre avait les mêmes sentiments, et quoique ses desseins eussent de plus beaux prétextes, ils n'avaient pas de meilleurs motifs (3), car, sous apparence de conserver la république, il augmentait son autorité particulière, et par un artifice détestable, il employait le sénat pour établir sa tyrannie. Il ne faut pas être grand politique pour remarquer qu'une passion si déréglée est désavantageuse aux Etats, et que ce n'est pas celle qui doit régner dans l'âme des princes.

Aussi me rangerais-je volontiers du parti de ceux qui défèrent cet honneur au zèle de la justice, et qui veulent que cette innocente affection anime le cœur des monarques, car puisque le salut des peuples est la fin de tous leurs travaux, il faut que la justice qui le produit et le conserve soit la fin de tous leurs désirs, et que dans cette variété de conditions qui composent les Etats, ils y entretiennent une profonde tranquillité. Qui n'a pas cette vertu ne sait pas régner ; bien qu'il ait toutes les autres, il est indigne de porter un sceptre puisqu'il n'a pas celle qui fait les bons souverains et les royaumes heureux. Je ne puis finir ce discours sans remarquer l'obligation extrême que nous avons à la divine Providence, qui nous a donné un prince qui a des inclinations si pures, qu'il semble n'avoir point de part à ce péché qui a déréglé notre nature, et qui aime si ardemment la justice, qu'il a voulu qu'elle lui servît d'ornement, et que le titre de Juste fût la seule récompense de ses vertus héroïques. Il pouvait prendre celui d'Heureux aussi bien que Sylla, puisque la mer a respecté ses travaux, que les Alpes se sont abaissées, que leurs neiges se sont fondues, pour laisser passer ses troupes victorieuses, et qu'en mille occasions, les éléments ont combattu pour sa querelle ; il pouvait prendre celui de Grand aussi bien qu'Alexandre, puisqu'il a fait des actions qui ont surpassé nos espérances, et qu'il a entrepris et exécuté des desseins que tous ses prédécesseurs avaient jugés impossibles ; il pouvait enfin prendre celui de Victorieux aussi bien que Trajan, puisque l'on ne compte ses victoires que par ses combats, que ses soldats ne sont jamais battus en sa présence, et que le bonheur l'accompagne en toutes ses entreprises ; mais sachant bien que la justice est la vertu des souverains, il s'est contenté du titre de Juste, et il l'a préféré à celui d'Heureux, pour apprendre à tous les monarques que le zèle du bien public est la passion qui doit régner dans leurs âmes.

---

(1) Quid majus est quam in infirmitate hominis, habere securitatem Dei ? *Sen.*
(2) Prosperum ac felix scelus virtus vocatur. *Seneca, tragœd.*
(3) Pompeius occultior. *Tacit.* — Ore probo, animo inverecundo. *Sallust.*

Seconde partie.

DES PASSIONS EN PARTICULIER.

PREMIER TRAITE.
DE L'AMOUR ET DE LA HAINE.
PREMIER DISCOURS.
De la nature, des propriétés et des effets de l'amour.

La théologie nous enseigne qu'il n'y a rien de plus caché ni de plus connu que le Dieu que nous adorons ; son essence remplit le monde, et son immensité est si grande qu'il ne peut rien produire qu'il ne renferme. Toutes les créatures sont des images de sa grandeur, et des preuves de sa puissance ; on ne les peut voir qu'on ne le connaisse, et elles nous découvrent par leurs mouvements celui que les prophètes nous déclarent par leurs écrits. Cependant il n'y a rien de plus secret que lui : il est partout, et n'est en aucune part (1) ; il se fait sentir, et ne se laisse point toucher ; il nous environne, et ne souffre point qu'on l'aborde ; tous les peuples savent qu'il est, et tous les philosophes ignorent ce qu'il est. La créance qu'on a de lui est si bien gravée dans le fond de notre essence, que, pour l'en effacer, il faudrait nous anéantir ; néanmoins notre esprit ne le peut comprendre, et ce soleil jette tant de lumière, qu'il éblouit tous les yeux qui le veulent regarder. Quoique l'amour ne soit qu'une passion de notre âme, il a cet avantage commun avec la Divinité, qu'il est aussi secret que public, et qu'il n'y a rien dans la nature de plus évident ni de plus caché. Chacun en parle comme de l'âme qui conserve l'univers, et comme du nœud sacré qui entretient la société du monde ; nos désirs le déclarent, et l'homme qui fait des souhaits témoigne qu'il a de l'amour ; nos espérances le publient, et toutes nos passions le découvrent. Cependant il est retiré dans le fond de notre cœur, et toutes les marques qu'il donne de sa présence sont autant de nuages qui le dérobent à nos esprits. Les hommes ressentent son pouvoir, et ne peuvent expliquer son essence ; ceux même qui vivent sous son empire, et qui révèrent ses lois, ne connaissent pas sa nature.

Les poëtes qui s'intéressent dans sa grandeur le veulent faire passer pour un Dieu ; de peur que l'on ne blâme sa violence, ils lui donnent un nom auguste, et tâchent d'excuser sa véritable fureur par une fausse piété (2). Les platoniciens en font un démon, et lui attribuent un pouvoir si absolu sur les passions, qu'ils veulent que la haine même obéisse à ses volontés, et que pour lui complaire, elle change toute sa rage en douceur (3). Les stoïciens l'appellent une fureur, et jugeant de sa nature par ses effets, ils ne peuvent croire que ce mouvement de notre âme soit réglé, qui nous est aussi funeste que la haine, et qui a si peu de conduite qu'il offense le plus souvent ceux qu'il a dessein d'obliger (4). Les péripatéticiens n'osent lui donner un nom de peur de se méprendre, et Aristote, qui définit les choses les plus cachées, se contente de le décrire, nous laissant dans le désespoir de connaître une passion qu'il a ignorée. Tantôt il l'appelle un agrément, tantôt une inclination, tantôt une complaisance, et nous apprend par ces termes différents que la nature de l'amour n'est pas moins cachée que celle de l'âme.

Parmi tant de doutes, quelques philosophes assurent qu'il est la première impression que le bien sensible fait dans le cœur de l'homme, que c'est une plaie agréable qu'il a reçue d'un bel objet ; que c'est le rayon du soleil qui l'échauffe ; que c'est un charme dont la vertu secrète l'attire ; et que c'est le principe du mouvement qui l'emporte vers un bien apparent ou véritable. Mais s'il m'est permis de quitter les sentiments communs pour suivre les plus véritables ; je dirai que l'amour est toutes les passions ; que selon ses divers états il porte des noms différents, mais que l'usage a voulu que dans sa naissance il portât le nom le plus glorieux. Car quand l'inclination se forme dans le cœur, et qu'un objet agréable enlève doucement la volonté, on l'appelle *amour* ; quand il fait une sortie hors de lui-même, pour s'attacher à ce qu'il aime, on l'appelle *désir* ; quand il est plus vigoureux, et que ses forces lui promettent un bon succès, on le nomme *espérance* ; quand il s'anime contre les difficultés qui s'opposent à ses contentements, on le nomme *colère* ; quand il se prépare au combat, et qu'il cherche des armes pour défaire ses ennemis, ou pour secourir ses alliés, on l'appelle *hardiesse* ; mais dans tous ces états, il est amour. Ce nom que les philosophes lui ont affecté en sa naissance ne lui convient pas moins dans son progrès, et si lorsqu'il n'est qu'un enfant, il porte un titre si honorable, il le mérite encore mieux, quand il s'est accru par les désirs et fortifié par les espérances. Il est vrai que ce premier état est la règle de tous les autres, et comme les ruisseaux tirent leur grandeur de leur source, toutes les passions empruntent leur force de cette première inclination, qui s'appelle amour. Car sitôt qu'elle est éprise de

---

(1) Qui ubique est, nullibi est.
(2) Deum esse amorem turpiter vitio favens finxit libido ; quoque liberior foret ; titulum furori numinis falsi addidit. *Sen. in Hyppolito.*
(3) Odiumque perit, cum jussit amor, veteres cedunt ignibus iræ. *Idem, ibidem.*
(4) Idem est exitus odii et amoris insani. *Sen.*, VI *Benefic.*, cap. 25.

la beauté de son objet, elle allume ses désirs, elle excite ses espérances, et porte le feu dans toutes les passions, qui relèvent de son empire. Elle est dans la volonté comme sur un trône, d'où elle donne les ordres à ses sujets ; elle est au fond de l'âme comme dans un fort, d'où elle inspire le courage à ses soldats ; elle est comme le cœur, qui donne la vie à tous les membres, et son pouvoir est si grand, qu'il n'y a point d'exemple qui le puisse exprimer ; car les rois trouvent souvent de la désobéissance dans leurs sujets, les plus vaillants capitaines sont quelquefois abandonnés par leurs soldats, et le cœur ne peut pas toujours envoyer ses esprits par tous les membres du corps. Mais l'amour est si absolu dans son état, qu'il ne trouve jamais de résistance à ses volontés : toutes les passions s'élèvent pour exécuter ses commandements, et comme le mouvement de la lune cause le flux et le reflux de la mer, ainsi le mouvement de l'amour cause la paix et le trouble de notre âme.

Or cet amour dont la nature est si cachée a plusieurs branches, et peut être divisé en naturel et surnaturel. Ce dernier est celui que Dieu répand dans nos volontés, pour nous rendre capables de l'aimer comme notre Père, et de prétendre à la gloire comme à notre héritage (1). Le premier est celui que la nature a imprimé dans nos âmes, pour nous lier aux objets qui nous sont agréables, et il se divise en amour spirituel et amour sensible. Le spirituel réside en la volonté, et mérite plutôt le nom de vertu que de passion ; le sensible est en la partie inférieure de l'âme, il a tant de commerce avec les sens, dont il emprunte son nom, qu'il fait toujours impression sur le corps, et c'est celui que l'on appelle proprement passion. Enfin ces deux amours se divisent encore en deux autres, dont l'un s'appelle amour d'amitié, et l'autre amour d'intérêt (2). Le premier est le plus noble, et celui qui en est touché ne regarde que les avantages de ce qu'il aime ; il lui souhaite du bien, ou il lui en procure, et sans avoir d'autre considération que l'honneur, et le contentement de son ami, il se sacrifie pour lui, et s'estime heureux de perdre la vie pour l'assurer de son affection. Ç'a été cette passion généreuse qui a fait toutes les belles actions qui sont marquées dans l'histoire ; ç'a été celle qui a donné de l'admiration aux tyrans, et qui a fait souhaiter à ces ennemis de la société d'aimer et d'être aimés, jugeant bien que les souverains étaient mieux gardés par leurs amis que par leurs soldats, et que toute leur puissance était faible, si elle n'était appuyée sur l'amitié de leurs sujets. Le second amour, que l'on appelle d'intérêt, est aussi commun qu'il est injuste ; car la plus grande partie des affections est fondée sur l'utilité ou sur le plaisir ; ceux qui s'y laissent emporter n'ont pas tant d'amitié que d'amour-propre, et s'ils veulent déclarer leurs sentiments, ils avoueront qu'ils s'aiment en leurs amis, et qu'ils ne les chérissent pas tant pour la vertu qu'ils y remarquent, que pour le bien qu'ils s'en promettent. Aussi voyons-nous que ces affections ne subsistent qu'autant qu'elles sont utiles ou agréables, et que le même intérêt qui les faisait vivre les fait mourir. Elles s'attachent à la fortune, et non pas à la personne ; et ce sont des commerces qui ne durent que pendant qu'ils sont entretenus par l'espérance du profit ou du plaisir (3).

De tant d'amours que la philosophie a remarqués, nous ne considérons ici que celui qui réside en la partie inférieure de l'âme, soit qu'il ait ou la vertu ou l'intérêt pour fondement. Et puisque nous en connaissons la nature, nous en examinerons les qualités, dont la première est qu'il cherche toujours le bien et ne s'attache jamais qu'à un objet, qui en a l'apparence ou la vérité. Car comme la nature est l'ouvrage de Dieu, elle ne peut être si déréglée, qu'elle ne conserve encore quelque reste de ses premières inclinations ; de sorte qu'ayant été destinée pour posséder le souverain bien, elle soupire après lui par une erreur qui est bien digne d'excuse, elle se lie à tout ce qui en porte l'image, et par un instinct qui lui est demeuré dans son désordre, elle se laisse charmer à toutes les choses qui ont un peu de bonté ou de beauté. Comme si elle avait trouvé ce qu'elle cherche, elle s'y attache indiscrètement ; et par un malheur déplorable, elle prend souvent le mensonge pour la vérité ; elle commet des idolâtries, pensant faire des actions de piété, et rendant aux ouvrages ce qui n'est dû qu'à l'ouvrier, elle est coupable du même crime que commettrait un amant, qui, par une étrange maladie, oublierait la maîtresse qu'il sert, et deviendrait passionné de sa peinture. Cette faute se doit plutôt imputer à l'homme qu'à son amour, car celui-ci étant aveugle, il suit son inclination, ne pouvant discerner l'apparence de la vérité ; il aime le bien qui s'offre à lui pour ne pas manquer celui qu'il cherche ; il s'unit à celui qu'il trouve, et il n'est coupable que parce qu'il est trop fidèle. Mais l'homme ne se peut excuser de son péché, puisque la raison est sa conduite, et qu'il peut apprendre d'elle que tous ces biens qui se touchent par les sens, ne sont que les ombres de celui qu'il doit aimer ; il faut qu'il corrige son amour, et qu'il l'empêche de s'attacher à des objets qui sont beaux à la vérité, mais qui ne sont pas la souveraine beauté qu'il cherche. Quand il juge que les qualités qu'ils possèdent lui peuvent donner le change, il les doit éviter

---

(1) Charitas Dei diffusa est in cordibus nostris, per Spiritum sanctum qui datus est nobis. *Rom.* v.
(2) Amor amicitiæ et amor concupiscentiæ. In quid amicum parem? ut habeam pro quo mori possim, ut habeam quem in exsilium sequar, cujus me morti opponam et impendam. *Sen., Epist.* 9.

(3) Qui amicus esse cupit quia expedit, placebit ei aliquod pretium contra amicitiam si ullum in illa placet pretium præter ipsam. Ista quam tu describis negotiatio est, non amicitia quæ ad commodum accedit. *Sen., Ep.* 9.

comme des piéges, et faire un effort sur soi-même pour se dégager des créatures, de peur qu'elles ne lui fassent oublier son Créateur.

De cette première propriété de l'amour il en naît une seconde, qui est qu'il n'a jamais de repos, et qu'il est toujours en quête de ce qu'il aime. Car comme il voit tant d'ombres de cette beauté suprême qu'il adore, il est toujours en action; laissant l'une pour prendre l'autre, il cherche en toutes ce qu'il ne peut trouver en une seule, et son changement n'est pas tant une preuve de sa légèreté que de leur vanité. Il se fait sage à ses dépens; ne rencontrant pas ce qu'il demande en la beauté qu'il idolâtre, il se repent de son erreur et s'attache à un autre objet, duquel il est contraint de se séparer encore, pource qu'il ne possède qu'une partie de ce bien universel dont il est épris. Son inconstance devrait durer autant que sa vie, si la raison ne lui apprenait que ce qu'il désire est invisible, et que le séjour où nous sommes n'est pas destiné pour la possession, mais pour l'espérance. Alors il méprise ce qu'il estimait, et considérant que les beautés naturelles ne sont que des degrés pour nous élever à la beauté surnaturelle, il les aime avec retenue, et s'en sert comme de moyens pour arriver à la fin qu'il cherche.

La puissante impression que cette beauté fait sur l'amour cause sa troisième propriété, qui est qu'il ne peut vivre en repos, et que, sollicité par ses désirs, il est toujours agissant. Il tient de la nature des astres, qui sont en un mouvement perpétuel : la fin d'un travail est la naissance d'un autre, et il n'a pas encore achevé son premier dessein, qu'il en forme un second. Il ressemble à ces conquérants qui, piqués d'ambition, se préparent toujours à de nouveaux combats, sans goûter jamais le plaisir de la victoire. C'est pourquoi je ne puis approuver l'invention des poëtes, qui ont feint que l'amour était le fils de l'oisiveté. Car si sa généalogie est véritable, il faut confesser qu'il n'est pas de l'humeur de sa mère; aussi ce poëte infortuné qui fut le martyr de l'amour, et qui se vit justement persécuté pour avoir forgé des armes contre la pudicité des femmes, avoue que cette passion est agissante, que tant s'en faut qu'elle soit née dans le repos, qu'elle oblige ses partisans à être soldats, et que pour aimer il se faut résoudre à faire la guerre. De là vient que saint Augustin, mêlant l'amour sacré avec le profane, les fait tous deux également agissants, et reconnaît qu'une véritable affection ne peut être oiseuse (1). L'ambition, qui est l'amour de l'honneur, en est une bonne preuve, puisqu'elle fait tant d'impression sur le cœur des ambitieux, qu'ils n'ont guère plus de repos que les damnés, et qu'ils se donnent toujours plus de peine qu'ils n'en font souffrir à ceux qu'ils oppriment. L'avarice, qui est l'amour des richesses, n'autorise pas moins cette vérité que l'ambition, puisque les misérables qu'elle possède déchirent les entrailles de la terre pour n'ê-

tre pas inutiles, et cherchent l'enfer devant leur mort pour n'ê're pas exempts du travail pendant leur vie. Cette propriété est si particulière à l'amour, qu'elle ne se trouve point dans les autres passions; car encore que nos désirs soient les premiers ruisseaux qui dérivent de cette source, si est-ce qu'ils nous donnent quelque relâche, et quand ils sont las de chercher un bien éloigné, ils nous permettent de prendre un peu de repos. Nous essuyons souvent nos larmes, et si nous ne faisons la paix nous faisons quelque trêve avec la douleur; nous ne méditons pas toujours des vengeances, et la colère a d'autant moins de durée qu'elle a plus de fougue et de violence; notre haine s'endort quelquefois, et il faut qu'une nouvelle injure la réveille; nos joies sont si courtes, que les plus longues ne durent que des moments, et elles sont si amoureuses de l'oisiveté, qu'elles cessent d'être agréables sitôt qu'elles commencent d'être agissantes. Mais l'amour est toujours en action; il n'attend point que l'âge lui donne des forces pour agir : il forme des desseins sitôt qu'il est né. Quand les désirs et les espérances l'abandonnent, il ne laisse pas de penser à ce qu'il aime et de s'entretenir inutilement d'un bonheur qu'il ne saurait posséder. Enfin l'activité lui est si naturelle, que sa vie consiste dans le mouvement, et que comme le cœur il cesse de vivre aussitôt qu'il cesse de se mouvoir.

De là procède la quatrième propriété, qui est la force qui l'accompagne en tous ses desseins : car encore qu'il soit naissant, il est rigoureux s'il est véritable; et donnant des preuves de son courage, il dompte des monstres qu'il ne connaît pas encore; il mesure ses forces par ses désirs, et croit qu'il peut tout ce qu'il veut. Les difficultés ne l'étonnent point; quand on les lui propose pour l'arrêter, il s'imagine qu'on veut éprouver sa volonté, et piqué de gloire il fait effort pour les vaincre; il ne reçoit point d'excuses, et n'en donne point aussi. Avant que d'avouer son impuissance, il essaye toutes ses forces, et il surmonte souvent des ennemis que les vertus les plus généreuses n'eussent osé attaquer. De là vient que l'Ecriture sainte le compare à la mort, non-seulement parce qu'il nous sépare de nous-mêmes pour nous unir à ce que nous aimons, mais parce que rien ne lui peut résister. Car de tant de peines que la justice divine a trouvées pour nous punir, il n'y a que la mort dont nous ne puissions nous défendre. Nous nous garantissons de l'injure des éléments avec les habits et les maisons, nous vainquons la stérilité de la terre par l'ardeur de notre travail, nous corrigeons les aliments par le secours de la médecine, nous rangeons les bêtes farouches sous notre obéissance par l'artifice ou par la force, souvent nous convertissons nos peines en plaisirs, et nous tirons de la misère de notre condition des avantages que nous n'eussions pas trouvés dans l'état d'innocence; mais rien ne peut résister à la mort, et

(1) Habet omnis amor vim suam, nec potest vacare amor in anima amantis. *Aug. in Ps.* cxxi.

si les médecins ont découvert des secrets pour prolonger notre vie, ils cherchent encore inutilement les moyens de se défendre de son ennemie. Elle fait des ravages par toute la terre; elle ne pardonne ni à l'âge ni au sexe, et ces palais qui sont environnés de tant de gardes ne peuvent garantir les rois de ses atteintes. Ainsi l'amour ne trouve point de difficultés qu'il ne surmonte, d'orgueil qu'il n'abaisse, de puissance qu'il ne dompte, ni de rigueur qu'il n'adoucisse (1).

Enfin, par une autre propriété, qui n'est pas moins considérable que la précédente, il charme les travaux, il sait mêler le plaisir avec la peine, et pour nous animer aux actions difficiles, il trouve l'invention de les rendre agréables ou glorieuses. La chasse est plutôt une occupation qu'un divertissement : c'est une image de la guerre, et les hommes qui poursuivent les bêtes farouches semblent s'étudier à vaincre leurs ennemis; la victoire y est douteuse, aussi bien que dans les combats; l'honneur s'y achète quelquefois par la perte de la vie : cependant tous ces travaux sont les plaisirs des chasseurs, et la passion qu'ils ont pour cet exercice leur fait appeler un passe-temps ce que la raison leur devrait faire appeler un supplice. La guerre n'a rien d'agréable, son nom même est odieux : quand l'injustice, le désordre et la crainte ne l'accompagneraient pas, elle aurait encore assez d'horreurs pour étonner tous les hommes. La mort s'y fait voir en cent formes différentes; elle n'a point d'exercice où le péril ne surpasse la gloire; et elle ne fournit point d'occasions aux soldats qui ne soient aussi sanglantes qu'honorables. Néanmoins ceux qui l'aiment en font leurs délices, ils estiment belles toutes ces laideurs, et par une inclination qui vient plutôt de leur amour que de leur humeur, ils trouvent leurs plaisirs dans ses dangers, et goûtent la douceur de la paix dans le tumulte de la guerre. C'est ce qui a fait dire à saint Augustin que les travaux des amants ne sont jamais fâcheux, et que pour servir ce qu'ils aiment, ils n'ont point de peine, ou que s'ils en ont, ils la chérissent (2).

Mais nous n'aurions jamais achevé si nous voulions remarquer toutes les propriétés de l'amour : c'est pourquoi je passe à ses effets, qui, étant ses images, nous représenteront son naturel et nous apprendront ce qu'il désire, en nous découvrant ce qu'il peut faire. Le premier de ses miracles est celui qu'on appelle *extase*, car il détache l'âme du corps qu'elle anime, pour l'unir à l'objet qu'elle aime (3); il nous sépare de nous-mêmes par une douce violence, et il arrive à cette division merveilleuse, ce que l'Ecriture sainte attribue à l'Esprit de Dieu : si bien qu'un amant n'est jamais avec soi; et pour le trouver, il faut nécessairement le chercher en la personne qu'il adore. Il veut bien qu'on sache que, contre les lois de la prudence, il est toujours hors de lui-même, et qu'il a renoncé à tous les soins de se conserver depuis qu'il est devenu esclave de son amour. Les saints tirent leur gloire de cette extase, et la vérité, qui parle par leur bouche, les oblige de confesser qu'ils vivent plus en Jésus-Christ qu'en eux-mêmes (*Galat.* II). Or, comme pour vivre en un autre il faut mourir à soi-même, la mort accompagne cette vie, et les amants, sacrés ou profanes, ne peuvent aimer qu'ils ne s'oublient à mourir. Il est vrai que cette mort leur est avantageuse, puisqu'elle leur procure une vie qui leur est plus agréable que celle qu'ils ont perdue; car ils ressuscitent en ceux qu'ils aiment : par un miracle d'amour, ils renaissent de leurs cendres, comme le phénix, et recouvrent la vie dans le sein même de la mort. Qui ne conçoit bien cette vérité ne peut entendre ces paroles par lesquelles saint Paul nous apprend que nous sommes morts à nous-mêmes et vivants à Jésus-Christ (*Coloss.* III).

Cet effet en produit un autre qui n'est guère moins admirable : car comme les amants n'ont plus de vie que celle qu'ils empruntent de leur amour, il arrive infailliblement qu'ils se transforment en lui, et que, cessant d'être ce qu'ils étaient, ils commencent d'être ce qu'ils aiment. Ils changent de condition aussi bien que de nature, et par une merveille qui surpasserait toute créance si elle n'était si commune, ils deviennent semblables à ce qu'ils chérissent. Il est vrai que ce pouvoir éclate bien davantage dans l'amour divin que dans le profane; car encore que les rois s'abaissent en aimant leurs sujets, et qu'ils renoncent à leur grandeur sitôt qu'ils s'engagent dans l'amitié, néanmoins ils n'élèvent pas sur le trône tous ceux qu'ils aiment : la jalousie, qui est inséparable de la royauté, ne leur permet pas de donner leur couronne à celui qui possède leur cœur. Mais quand ils arriveraient à cet excès, la maxime ne serait véritable que pour eux, et leurs sujets ne pourraient pas changer de condition par l'effort de leur amour; car pour aimer les grandeurs on ne devient pas souverain, pour aimer les richesses on n'en est pas plus accommodé. L'affection pour la santé n'a point encore guéri les malades, et nous n'avons point vu que la seule passion de savoir ait rendu les hommes savants; mais l'amour divin a tant de pouvoir, qu'il nous élève au-dessus de nous-mêmes, et que, par une étrange métamorphose, il nous fait être ce qu'il nous fait

---

(1) Magnum verbum, *fortis ut mors dilectio*; magnificentius exprimi non potuit fortitudo charitatis, quis enim morti resistit? Ignibus, undis, ferro, potestatibus, regibus, re-istitur. Venit una mors, quis ei resistit? Nihil est illa fortius; propterea viribus ejus charitas comparatur. *Aug. in Ps.* CXXXI. — Et quia ipsa charitas occidit quod fuimus, ut simus quod non eramus, facit in nobis quamdam mortem dilectio. Ipsa morte transmortui apostolus dicebat : Mortui estis, etc. *Idem, ibid.*

(2) Nullo modo sunt onerosi labores amantium, sed etiam ipsi delectant sicut venantium piscantium : interest ergo quid ametur, nam in eo quod amatur, aut non laboratur, aut labor amatur. *Aug.*

(3) Extasim facit amor, amatores suo statu dimovet, sui juris esse non sinit, sed in ea quæ amant penitus transfert. *Dionys., de divin. nomin., c. 4.*

aimer. Il rend l'innocence aux coupables ; des esclaves il en fait des enfants ; il change les démons en anges, et pour ne point diminuer sa vertu en la pensant exagérer, il suffit de dire que des hommes il en fait des dieux.

C'est pourquoi nous avons mauvaise grâce de nous plaindre de notre misère et d'accuser notre Créateur de n'avoir pas égalé notre condition à celle des anges : car encore que ces purs esprits aient de grands avantages sur nous, et que nous n'espérons point d'autre bonheur que celui qu'ils possèdent, néanmoins nous sommes assez heureux, puisqu'il nous est permis d'aimer Dieu, et qu'on nous fait espérer que l'amour transformant notre nature en la sienne, nous perdrons ce que nous avons de mortel et de périssable pour acquérir ce qu'il a d'incorruptible et d'éternel (1). C'est la consolation des divins amants, et c'est l'unique moyen d'aspirer sans crime au bonheur que Lucifer ne put souhaiter qu'avec impiété. Je ne saurais finir ce discours sans faire un juste reproche à tous ceux qui, pouvant aimer Dieu, engagent leurs affections dans la terre et se privent de cette haute félicité que leur promet le divin amour : car en aimant les créatures ils ne peuvent prendre part à leurs perfections qu'ils n'en prennent à leurs défauts ; après avoir bien travaillé, ils changent souvent une condition obscure et paisible avec une autre plus éclatante, mais plus dangereuse. Ainsi il y a toujours du hasard à aimer une créature, et l'avantage qu'on en peut tirer n'est jamais si pur qu'il ne se trouve mêlé de quelque disgrâce ; car quelque passion que nous ayons pour elle, nous ne sommes pas assurés qu'elle en ait pour nous. C'est néanmoins dans cette affection mutuelle et dans cette correspondance d'amitié que se fait ce changement merveilleux, qui passe pour le principal effet de l'amour. Mais consacrant nos affections à Dieu, nous ne courons point toutes ces fortunes ; ses perfections ne sont point accompagnées de défauts, et faisant un échange avec lui, nous savons bien qu'il ne nous peut être désavantageux. Notre amour n'est jamais sans reconnaissance, puisqu'il est plutôt l'effet que la cause du sien, et que nous ne l'aimons point qu'il ne nous ait aimés les premiers. Il est si juste, qu'il ne dénie jamais à notre affection la récompense qu'elle mérite ; il n'est point du naturel de ces infidèles maîtresses qui, parmi la troupe de leurs amants, préfèrent ceux qui ont le plus de grâce à ceux qui ont le plus d'amour. En ce commerce que nous avons avec lui, nous sommes assurés que celui qui a le plus de charité aura le plus de gloire, et que, dans son état, le plus fidèle amant sera toujours le plus honoré.

IIe DISCOURS
Du mauvais usage de l'amour.

Comme il n'y a rien de si sacré qui ne trouve quelque sacrilège qui le profane (2),

il ne faut pas s'étonner si l'amour, qui est la plus sainte passion de notre âme, trouve des impies qui la corrompent et qui la font servir, contre son inclination, à leurs pernicieux desseins ; car elle ne cherche que le souverain bien : c'est avec quelque sorte de violence qu'on l'oblige à aimer ces biens particuliers, qui ne sont que des ombres de celui qu'elle désire. Aussi, pour la tromper, il a fallu que le péché ait déréglé notre nature et qu'il ait converti l'amour naturel en amour-propre, faisant de la source de tous nos biens l'origine de tous nos maux : car pendant l'état d'innocence l'homme ne s'aimait que pour Dieu, et la nature était si bien tempérée avec la grâce, que toutes ses inclinations étaient saintes. En cette heureuse condition, la charité était confondue avec l'amour-propre, et l'homme ne craignait point qu'en s'aimant soi-même il fît tort à son prochain. Mais depuis sa désobéissance, son amour changea de nature : celui qui regardait d'un même œil les avantages des autres et les siens commença de les séparer, et oubliant ce qu'il devait à Dieu, il fit un dieu de lui-même. Il confondit toutes les lois de l'innocence, comme s'il eût été seul dans le monde ; il renonça aux douceurs de la société ; il forma une résolution de régler ses affections par ses intérêts, et de n'aimer plus que ce qui lui était utile ou agréable. Ce malheur se répandit comme un poison dans toute la nature ; sans le secours de la grâce, la raison ne s'en peut encore défendre. Les plus belles actions perdirent leur lustre par ce déréglement. La philosophie, avec tous ses préceptes, ne put réformer un désordre qui était plutôt dans le fond de la nature que dans la volonté ; elle fit quelques efforts pour combattre ce monstre, et voyant un peu de lumière au travers des ténèbres qui l'aveuglaient, elle confessa que l'homme n'était pas tant à soi qu'à son pays, et qu'il devait plutôt travailler pour la gloire de l'Etat que pour le bien de sa famille ; elle jugea que l'amour du prochain devait être formé sur le nôtre, et crut qu'en nous ordonnant de le traiter comme nous-mêmes elle avait corrigé tous les abus de la société humaine. Mais comme ce mal n'était pas seulement dans l'esprit, ses avis ne suffirent pas pour le guérir : elle fut contrainte d'avouer qu'il n'y avait que celui qui avait produit les hommes qui les pût réformer. Aussi ne trouvâmes-nous le remède à nos malheurs que dans le secours de la grâce, et nous n'avons soupiré avec liberté que depuis que Jésus-Christ est venu au monde pour bannir l'amour-propre de nos âmes (3) ; car sa venue n'a point eu d'autre motif, ni sa doctrine d'autre but, que la ruine de ce monstre effroyable. Il l'attaque par toutes ses maximes, et il ne sort presque point de parole de sa bouche divine qui ne lui donne une atteinte mortelle ; il proteste qu'il ne veut point de disciples qui n'aient changé l'amour propre en une sainte aversion, et qu'il ne peut souf-

---

(1) Quid enim refert natura esse quod potest effici voluntate. *D. Chrys., de Laud. Paul. hom. 6.*

(2) Nihil in rerum natura tam sacrum quam sacrilegum non invenit. *Senec.*

(3) Si quis venit ad me, et non odit patrem suum et matrem, et uxorem, et filios, et fratres et sorores,

frir dans son Etat des sujets qui ne sont pas disposés à perdre la vie pour la gloire de leur souverain; il ne condamne l'excès des richesses et le désir des honneurs que parce qu'il entretient cette passion déréglée; et il ne nous oblige à aimer nos ennemis que pour nous apprendre à nous haïr nous-mêmes. La mortification et l'humilité, qui sont les fondements de sa doctrine, ne tendent qu'à détruire cette affection désordonnée que nous avons pour notre esprit ou pour notre corps. Enfin, il ne nous donne la charité que pour ruiner l'amour-propre, et il n'est mort en la croix que pour faire mourir cet ennemi, qui est la cause de nos querelles et de nos divisions (*Ephes.* II, 16).

Aussi doit-on confesser que ce mal enferme tous les autres, et qu'il n'y a point de désordre dans le monde qui ne reconnaisse celui-ci pour son principe. Et je crois que non-seulement on ne peut faire un bon chrétien d'un homme qui s'aime avec excès, mais je soutiens que, selon les lois de la politique et de la morale, on n'en saurait faire ni un homme de bien ni un bon citoyen : car la justice est absolument nécessaire en toutes ces conditions, et cette vertu ne peut subsister avec l'amour-propre. La justice veut qu'un homme raisonnable préfère les inclinations de l'esprit à celles du corps, et qu'il conserve à ce souverain tous les droits de son autorité; l'amour-propre, qui penche toujours du côté de la chair, veut que l'esclave gouverne son maître, et que le corps ait l'empire sur l'esprit. La justice veut qu'un homme de bien ne forme point de souhaits qui excèdent son mérite ou sa naissance, et elle lui apprend que pour être heureux et innocent il faut qu'il prescrive des bornes à ses desseins; l'amour-propre nous commande de suivre nos inclinations et de ne régler nos désirs que par notre vanité; il flatte notre ambition, et pour s'insinuer dans notre esprit, il nous permet tout ce que nous voulons. La justice veut qu'un bon citoyen préfère l'intérêt public à celui de sa maison, qu'il soit disposé à perdre ses biens et à sacrifier sa personne pour la conservation de l'Etat; elle lui persuade qu'il n'y a point de mort plus glorieuse que celle qu'on souffre pour la défense de sa patrie, et que les Horaces et les Scévoles ne se sont rendus illustres dans l'histoire romaine que pour s'être immolés à la gloire de leur république. Quoiqu'il n'y ait rien de plus naturel aux hommes que l'amour de leurs enfants, il s'en est trouvé à qui la justice a fait perdre ce sentiment pour conserver celui des bons citoyens, et qui, sollicités par cette vertu, sont devenus bourreaux de ceux dont ils étaient les pères, apprenant, par un exemple si rigoureux, que l'amour de la patrie devait vaincre l'amour du sang (1). Un Etat ne peut être heureux où l'on doute de ces maximes : toutes les fois qu'on fera céder l'intérêt du public à celui des particuliers, il sera toujours proche de sa ruine, et il n'aura pas moins de peine à se défendre contre ses sujets que contre ses ennemis. Cependant l'amour-propre ne fait travailler un homme que pour son plaisir ou pour sa gloire; il le constitue la fin de toutes ses actions, et le renferme si bien dans lui-même, qu'il ne lui permet pas de considérer le public. S'il lui rend quelque service, c'est pour son utilité particulière, et lorsqu'il paraît plus occupé pour le repos de l'Etat, il en souhaite la servitude ou il en conjure la perte. Marius et Sylla sont des preuves de ces vérités; Pompée et César nous ont fait voir combien sont dangereux les citoyens qui s'aiment mieux que la république, et qui, pour conserver leur pouvoir, ne craignent pas d'opprimer sa liberté.

Dans la religion, cette injuste passion est encore plus funeste, et jamais la piété ne pourra s'accorder avec l'amour-propre : car il n'y a personne de bon sens qui n'avoue que, pour être pieux, il faut être soumis à la volonté de Dieu, qu'on doit recevoir de sa main les peines et les récompenses avec une égale soumission, qu'il faut adorer ses foudres qui nous ont frappés, et avoir autant de respect pour sa justice que pour sa miséricorde; qu'il faut être cruels à nous-mêmes pour lui être obéissants, que c'est piété de lui immoler des innocents quand il les demande, et que, comme il n'y a point de créature qui ne doive la vie à sa puissance, il n'y en a point qui ne soit obligée de la perdre pour sa gloire. Or, qui sera l'homme qui soumettra son esprit à ces vérités, s'il est esclave de l'amour-propre, et comment sera-t-il fidèle à Dieu, s'il est amoureux de soi-même ? Je conclus donc que cette affection désordonnée est la mort des familles, la ruine des Etats et la perte de la religion ; que pour vivre dans le monde, il faut déclarer la guerre à cet ennemi commun de la société, et qu'imitant les éléments qui forcent leurs inclinations pour chasser le vide, il faut faire violence à nos désirs, pour vaincre une passion si pernicieuse à la nature et à la grâce.

De cette source de malheurs il sort trois ruisseaux qui inondent tout l'univers, et qui causent un déluge, dont il est bien malaisé de se sauver : car de cet amour déréglé naissent trois autres amours qui empoisonnent toutes les âmes et qui bannissent toutes les vertus de la terre : le premier est l'amour de la beauté, qu'on appelle *incontinence*; le second est l'amour des richesses, qu'on appelle *avarice*; le troisième est l'amour de la gloire, qu'on appelle *ambition*. Ces trois capitaux ennemis du salut et du repos de l'homme corrompent tout ce qui est à lui, et le rendent criminel en son esprit, en son corps et en ses biens. Il est assez malaisé de dire lequel de ces monstres est le plus difficile à vaincre, parce qu'outre leurs forces naturelles, ils en ont encore d'étrangères, qu'ils tirent de nos

---

adhuc autem et animam suam, non potest meus esse discipulus. *Luc.* XIV.

(1) ..... Gnatosque pater nova bella moventes
Ad pœnam pulchra pro libertate vocabat.
(*Æneid.* VI.)

inclinations ou de nos habitudes, et qui les rendent si redoutables, que sans un miracle on ne les saurait plus dompter. A les considérer néanmoins en eux-mêmes, l'ambition est la plus élevée et la plus forte; la volupté est la plus molle et la plus douce; l'avarice est la plus basse et la plus opiniâtre.

On les combat par divers moyens, et toute la morale est occupée à nous fournir des raisons pour nous en défendre. La vanité des honneurs a guéri quelques ambitieux : car après avoir reconnu qu'ils travaillaient pour un bien qui n'arrivait qu'après la mort, et que de tant d'actions périlleuses, ils n'en pouvaient espérer que l'ornement de leur sépulcre (1), ou quelque éloge dans l'histoire, ils ont cessé de faire la cour à une idole qui récompense mal les esclaves qui la servent, qui, pour un peu de vent qu'elle leur promet, les oblige souvent à répandre leur propre sang ou celui de leur prochain. L'infamie des voluptés, les malheurs qui les accompagnent, les déplaisirs qui les suivent et la honte qui ne les quitte jamais ont souvent guéri les hommes à qui le péché avait encore un peu laissé de raison. Aussi s'en corrige-t-on avec l'âge : s'il se trouve des vieillards impudiques, c'est un désordre dans la nature, et il ne faut pas moins s'étonner de voir de l'amour sous des cheveux blancs, que de voir ces montagnes dont la tête est couverte de neige, et dont les entrailles sont pleines de flammes. La misère des richesses, la peine qu'on prend à les amasser, le soin qu'elles donnent à les conserver, les maux qu'elles procurent à ceux qui les possèdent, la faculté qu'elles donnent à contenter les injustes désirs et le regret qu'on ressent quand il faut les quitter, sont des considérations assez fortes pour les faire mépriser à ceux qui n'en sont pas encore devenus esclaves. Mais depuis qu'elles exercent leur tyrannie sur les esprits, j'en estime le mal incurable; l'âge qui guérit les autres passions aigrit celle-ci; les autres n'aiment jamais davantage les richesses, que lorsqu'ils sont plus près de les perdre, et comme l'amour est plus sensible quand il appréhende l'absence de ce qu'il aime, l'avarice est plus violente quand elle appréhende la perte de ses biens (2). Mais sans entreprendre sur le travail d'autrui, il me suffit de dire que, pour se préserver de toutes ces maladies, il faut tâcher de se garantir de l'amour-propre : car comme l'amour naturel fait toutes les passions, l'amour déréglé fait tous les vices, et quiconque prend le soin d'affaiblir cette passion par l'exercice de la pénitence ou de la charité, se trouvera heureusement délivré de l'ambition, de l'avarice et de l'impudicité. Mais pour arriver à ce suprême degré de bonheur, il faut nous souvenir qu'en quelque condition que nous mette la Providence, nous ne sommes pas à nous, mais au public, et que nous ne devons pas nous aimer au préjudice de notre souverain. Dans la nature, nous sommes une portion de l'univers; dans la vie civile, nous sommes une partie de l'Etat; dans la religion, nous sommes membres de Jésus-Christ. En toutes ces conditions, l'amour-propre doit être sacrifié à l'amour universel; dans la nature, il faut mourir pour faire place à ceux qui nous suivent; dans l'Etat, il faut contribuer de ses biens et de son sang pour la défense du prince, et dans la religion, il faut faire mourir Adam pour faire vivre Jésus-Christ.

III° DISCOURS.
Du bon usage de l'amour.

La morale ne considère pas tant la bonté des choses que leur bon usage; elle néglige les perfections naturelles et n'en estime que l'emploi raisonnable. Les métaux lui sont indifférents, et elle ne les regarde que comme une terre à qui le soleil a fait changer de couleur : mais elle en blâme l'abus, et en approuve le ménage. Elle souffre avec peine que les méchants en abusent pour opprimer les innocents, pour corrompre les juges, pour violer les lois et pour séduire les femmes. Elle voit avec plaisir que les bons s'en servent pour nourrir les pauvres, pour vêtir les nus, pour délivrer les captifs et pour secourir les misérables (3). Il n'y a rien de plus éclatant que cette vivacité que la nature donne aux beaux esprits; c'est la clef qui leur ouvre le trésor des sciences, soit qu'ils les veuillent acquérir, soit qu'ils les veuillent débiter; c'est l'agrément des compagnies, et c'est une qualité qui se fait aimer aussitôt qu'elle se fait paraître : néanmoins la morale ne l'estime qu'autant qu'elle est bien ménagée, et saint Augustin la reconnaissait comme une grâce, confesse que pour n'en avoir pas bien usé, elle lui avait été pernicieuse, et l'avait entretenu dans ses erreurs (4). L'amour est sans doute la plus sainte de nos passions, et le plus grand avantage que nous ayons reçu de la nature, puisque par son moyen nous pouvons nous lier aux bonnes choses et perfectionner notre âme en les aimant. C'est l'esprit de la vie, c'est le lien de l'univers, c'est un artifice innocent, par lequel nous changeons de condition sans changer de nature, et nous nous transformons en la personne que nous aimons; c'est le plus pur et le plus véritable de tous les plaisirs, c'est une ombre de la félicité que goûtent les bienheureux. La terre ne serait qu'un enfer si l'amour en était

---

(1) Quosdam cum in consummationem dignitatis, per mille indignitates erupissent, misera subiit cogitatio, ipsos laborasse in titulum sepulcri. *Senec., de Brevit. c. 19.*

(2) Miser est omnis animus vinctus amicitia rerum temporalium, et dilaniatur cum eas amittit, et tunc sentit miseriam qua miser est, et non antequam amittat eas. *Aug., Conf. l. IV, cap. 10.*

(3) Tollat malus divitias, inopes opprimuntur, ju-

dices corrumpuntur, leges pervertuntur, res humanæ perturbantur : Tollat bonus, pauperes pascuntur, oppressi liberantur, captivi redimuntur. *August., serm. 3 de S. Cyprian.*

(4) Celeritas intelligendi et acumen disputandi, donum tuum est, sed inde non sacrificabam tibi : Itaque mihi non ad usum, sed ad perniciem magis valebat : Nam qui t mihi proderat bona res, non utenti bene? *Aug., lib. IV, Conf, cap. ultim.*

banni, et ce serait une extrême rigueur si Dieu, nous ayant permis de voir les belles choses, il nous avait défendu de les aimer. Mais pour bien conduire cette passion, il faut apprendre de la morale quelles lois nous lui devons prescrire, et quelle liberté nous lui pouvons donner.

Il y a trois objets de notre amour, Dieu, l'homme et les créatures dépourvues de raison. Quelques philosophes ont douté si nous pouvions aimer le premier : sa grandeur leur avait persuadé qu'il demandait plutôt notre adoration que notre amour. Mais quoique ce sentiment soit religieux, et qu'il mérite d'autant plus d'estime qu'il est entré dans l'âme des profanes, nous ne saurions nier que l'amour ne nous ait été donné pour nous unir à Dieu ; car outre que nous ressentons cette inclination, qu'elle est imprimée par les mains de la nature dans le fond de nos volontés, et que sans l'instruction de nos pères et de nos maîtres nous cherchons le souverain bien, la raison nous enseigne qu'il est l'abîme de toutes les perfections et le centre de tout amour (1) : de sorte qu'on ne peut craindre de commettre d'excès en l'aimant de toutes ses forces. Il est si bon qu'il ne saurait être aimé autant qu'il est aimable, et quelque effort que l'homme fasse, il est obligé de confesser que la bonté de Dieu surpasse toujours la grandeur de son amour. Aussi les âmes élevées, qui l'abordent de plus près, se plaignent de leur froideur, et souhaitent que toutes les parties de leurs corps se convertissent en langues pour le louer, ou en cœurs pour l'aimer (2). Ils s'affligent de ce que sa grandeur étant si connue, sa bonté soit si peu aimée, et qu'ayant tant de sujets, il ait si peu d'amants. Il ne faut donc point prescrire de bornes à cette passion, quand elle regarde Dieu, mais chacun se doit consommer en désirs et souhaiter que son cœur se dilate pour aimer infiniment celui qui est infiniment aimable (3). Mais il faut bien prendre garde à ne lui pas ravir ce qui lui appartient si légitimement, et nous devons nous souvenir que quand sa bonté n'exigerait pas de nous ce devoir, nous serions obligés à le lui rendre par notre intérêt ; car notre amour n'est content que quand il se repose en Dieu. Il craint l'infidélité dans les créatures, il n'a jamais tant d'assurance qu'il ne lui reste toujours des doutes raisonnables, et quand il aurait tant de preuves de leur bonne volonté, qu'il serait contraint de bannir les soupçons, il appréhenderait encore que la mort ne lui ravît ce que sa bonne fortune lui aurait donné, et dans l'une de ces deux justes appréhensions, il ne pourrait éviter d'être misérable. Mais il sait bien que Dieu est immuable, et qu'il ne nous quitte jamais que nous le l'ayons quitté ; il sait bien qu'il est éternel, et que la mort n'étant pas moins éloignée de sa nature que le changement, son affection ne peut finir que par notre infidélité.

Il est vrai qu'il y a des âmes charnelles qui se plaignent qu'il est invisible, et qui ne peuvent se résoudre à donner leur cœur à une divinité qui ne contente pas leurs yeux. Mais toutes choses sont pleines de lui, sa grandeur est répandue en toutes les parties de l'univers, chaque créature est une image de ses perfections ; il semble qu'il n'ait fait ces portraits que pour se faire connaître et se faire aimer. Et quand il n'aurait pas usé de cet artifice, il ne faut que consulter notre raison pour savoir ce qu'il est. L'erreur ne la peut corrompre, et dans les âmes des païens, elle a rendu des oracles véritables. Ces mêmes hommes qui offraient de l'encens aux idoles, savaient bien qu'il n'y avait qu'un Dieu. Quand la nature parlait par leur bouche, elle leur faisait tenir le langage des chrétiens, et ils confessaient les vérités pour lesquelles ils persécutaient les martyrs : car, comme remarque Tertullien, leur âme était naturellement chrétienne ; lorsqu'un danger les surprenait, ils imploraient le secours du vrai Dieu, et non pas celui de leur Jupiter. Quand ils faisaient quelque serment, ils levaient les yeux vers le ciel et non pas vers le capitole ; de sorte qu'il ne faut pas se plaindre que Dieu soit invisible, mais il faut souhaiter qu'il soit autant aimé qu'il est connu (4). Et puis cette plainte n'est plus recevable depuis le mystère de l'Incarnation, où Dieu s'est fait homme pour traiter avec les hommes, où il a donné des preuves sensibles de sa présence, et où, se revêtant de notre nature, il a permis à nos yeux de voir ses beautés, à nos mains de toucher son corps, et à nos oreilles d'entendre sa voix. Il s'est fait notre allié depuis cet heureux moment, et celui qui était notre souverain est devenu notre frère, afin que cette double qualité nous obligeât à l'aimer avec plus d'ardeur, et nous permit de l'aborder avec plus de liberté. On ne peut donc manquer en l'usage de l'amour que nous lui devons, que pour être trop réservés ou trop infidèles : mais celui que nous rendons aux hommes peut être défectueux en deux façons ; nous en pouvons abuser, ou en leur en donnant trop, ou en ne leur en donnant pas assez, ce que la suite de ce discours nous fera connaître.

L'amitié est sans doute un des principaux effets de l'amour et le plus innocent plaisir que les hommes puissent goûter dans la société : les barbares révèrent son nom ; ceux qui méprisent les lois de la civilité estiment celles de l'amitié, et ne peuvent vivre dans leurs forêts, qu'ils n'aient quelques confidents qui sachent leurs pensées, qui se réjouissent de leur bonne fortune, et qui s'af-

---

(1) Deus noster is est quem amat id omne quod amare potest. *August.*
(2) Omnia ossa mea dicent : Domine, quis similis tibi ? Ps. xxxiv.
(3) Modus amandi Deum sine modo. *Bern.*
(4) Anima licet carcere corporis pressa, cum tamen resipiscit, unum Deum nominat : Deus dedit, omnium vox est : o testimonium animæ naturaliter christianæ : dicens hæc non respicis Capitolium, sed ad cœlum : novit enim anima sedem Dei vivi. *Tertul. in Apologet.*

fligent de leurs disgrâces. Les voleurs qui entreprennent sur la liberté publique, qui font la guerre durant la paix, et qui semblent vouloir étouffer cet amour que la nature a mis entre tous les hommes, ne laissent pas d'avoir du respect pour l'amitié; ils ont entre eux quelque ombre de société, ils se gardent la foi, quoiqu'elle soit préjudiciable à l'État, ils la conservent quelquefois dans les tortures, et aiment mieux perdre la vie que trahir leurs compagnons. Enfin les peuples ne subsistent que par la force de cette vertu, et qui l'aurait bannie de la terre, il faudrait raser les villes et renvoyer les hommes dans les déserts. Elle est plus puissante que les lois, et qui l'aurait bien établie dans les royaumes, il ne faudrait plus de tourments ni de supplices pour contenir les méchants en leur devoir. Mais elle doit avoir ses bornes pour être juste; il faut que pour être véritable elle soit fondée sur la piété; il faut que ceux qui se veulent aimer soient unis en la foi, et qu'ils aient mêmes sentiments de la religion; il faut que leur amitié soit une étude de vertu, et que par leur communication mutuelle, ils travaillent à se rendre meilleurs. Leurs âmes doivent être plutôt confuses qu'unies, il faut que de ce mélange il naisse une parfaite communauté de toutes choses; que les biens ne soient plus partagés, et que ces mots de tien et de mien, qui causent toute la division du monde, en soient entièrement bannis (1). Quand ces conditions s'y rencontrent on ne saurait blâmer; l'excès même n'en est que louable, puisqu'étant plus divine qu'humaine, et plus fondée sur la grâce que sur la nature, elle doit être dispensée de toutes ces lois, qui n'ont été faites que pour les amitiés vulgaires. Mais dans les unes et les autres, il faut endurer les peines qui les accompagnent, et se souvenir que, comme il n'y a rien de si parfait dans le monde qui n'ait ses défauts, il n'y a rien de si agréable qui n'ait ses déplaisirs.

L'amitié est la douceur de la vie, et qui n'a point cette vertu ne saurait espérer de félicité; c'est le contentement le plus raisonnable qui se puisse goûter dans le monde, et de tous les plaisirs, je n'en trouve point de plus innocent ni de plus véritable. Mais il porte ses peines avec lui, et qui commence à aimer doit se préparer à souffrir. Les absences sont de courtes morts, et la mort est une absence éternelle, qui nous laisse autant de regret que la présence nous donne de satisfaction (2). Un homme qui perd son ami perd la moitié de soi-même, il est mort et vivant tout ensemble, et la mort ne s'accorde avec la vie que pour le rendre plus misérable. Mais quand leur destin serait assez heureux pour les emporter en un même jour, ils ne sauraient éviter les misères qui accompagnent la vie; il semble que s'étant liés d'affection, ils ont donné plus de prise sur eux à la fortune, et que leur âme n'est passée en deux corps que pour être plus susceptible de douleur (3). C'est pourquoi Aristote ne voulait pas qu'un homme fît beaucoup d'amis, de peur qu'il ne fût obligé de passer toute sa vie à pleurer leurs disgrâces, ou qu'exigeant d'eux les mêmes devoirs, il ne troublât toute leur joie et ne rendît son amitié funeste. Il est vrai que ces peines sont agréables, et que par une juste dispensation de l'amour, elles sont toujours mêlées de quelques contentements. Les larmes sont douces quand l'amitié nous les fait répandre; si elles soulagent celui qui les donne, elles consolent celui qui les reçoit, et elles font trouver à tous les deux un véritable plaisir dans une misère commune. Ainsi leur mal porte son remède avec lui, et il est plus digne d'envie que de pitié, puisque celui qui le souffre et celui qui le pleure sont également assurés de leur mutuelle fidélité.

Mais il est bien plus malaisé de régler l'amitié des hommes avec les femmes, et de donner des bornes à une passion qui ne prend conseil que de soi-même et qui ne croit pas être véritable, si elle n'est excessive. Aussi la plus grande partie de nos théologiens la condamnent, et quoiqu'elle ne soit criminelle que parce qu'elle est dangereuse, ils en défendent l'usage pour en éviter le péril (4). En effet cette vertu n'est jamais si pure, qu'elle n'ait quelques nuages; elle descend aisément de l'esprit au corps, et quand elle pourrait être sans danger, elle ne serait jamais sans scandale. Le siècle est trop corrompu pour juger sincèrement de ces communications. Si le public leur donnait son approbation, elles serviraient de couverture aux affections déréglées, et sous prétexte d'amitié, chacun prendrait la liberté de faire l'amour. Je sais bien qu'il s'en est trouvé de saintes dans les siècles passés, mais elles n'ont pas été exemptes de calomnies. Paulin ne voyait l'impératrice Eudoxe que parce qu'elle était savante; il était amoureux de son esprit et non pas de son corps, et s'il s'approchait souvent de ce beau soleil, c'était pour en recevoir de la lumière et non pas de la chaleur; néanmoins leurs fréquentes conversations donnèrent de la jalousie au jeune Théodose, et une pomme aussi funeste que celle de Pâris causa la mort de Paulin et le bannissement d'Eudoxe. Je sais bien

---

(1) Amicitia plurimas res continet, quoquo te verteris, præsto est: nullo loco excluditur, nunquam intempestiva, nunquam molesta est. Itaque non aqua, non igni, non aere (ut aiunt) pluribus horis utimur quam amicitia. *Cicer. in Lælio.*

(2) Ejus enim nobis amara mors, cujus dulcis erat vita. *Aug., lib. xix de Civit. Dei., cap. 8.*

(3) Ego sensi animam meam et animam amici mei unam fuisse animam in duobus corporibus. Et ideo mihi horrori erat vita, quia nolebam dimidius vivere,

et ideo forte mori metuebam, ne totus ille moreretur, quem multum amaveram. *Aug., lib. iv Conf., cap. 6.*

(4) Casuale est omne quod feminæ est, et ejus societas semper infecta est, fœdere suo magnas molestias præstat, et cui adhæserit contra fas insanabilem ingerit plagam. De carbonibus scintillæ dissiliunt, de ferro rubigo nutritur, morbos aspides sibilant, et mulier fundit concupiscentiæ malum. *Aug. libro de singular. Cleric.*

que les âmes n'ont point de sexe, et que dans le corps d'une femme on y peut trouver l'esprit d'un homme ; je sais bien que la vertu ne dédaigne pas les avantages de la beauté, et qu'elle est souvent plus éloquente dans la bouche d'une fille qu'en celle d'un orateur ; je sais bien qu'il s'est trouvé des Muses aussi bien que des Amazones, et que les hommes n'ont point de qualités que les femmes ne possèdent avec autant ou plus d'excellence. Auguste suivait les conseils de Livie, et dans les plus importantes affaires il la consultait aussi souvent que Mécénas et Agrippa. L'école du grand Origène était ouverte aux filles et aux femmes, il ne les jugeait pas moins capables des secrets de l'Écriture et des mystères de la religion que les hommes, si bien que l'on peut conclure par toutes ces raisons et tous ces exemples, que la conversation des femmes n'est pas moins utile qu'agréable, et que si leur amitié a ses dangers, elle a aussi ses avantages.

Mais quoi que nous veuillent persuader tous ces discours, je tiens pour assuré qu'une honnête femme ne doit point avoir d'autre ami que son mari, et qu'elle a renoncé à l'amitié dès lors qu'elle s'est engagée dans le mariage. Elle ne doit plus avoir de maîtres ni de serviteurs, puisqu'elle a donné sa liberté, et les plus saintes affections lui doivent être suspectes puisqu'elles peuvent servir de couverture aux criminelles. Les complaisances qui se trouvent entre des personnes qui ne sont pas de même sexe sont rarement innocentes ; les mêmes discours qui entretiennent leurs esprits attachent leurs volontés, et l'amour se glisse dans le cœur sous le nom d'agrément et de civilité (1). La maladie se forme devant qu'elle soit reconnue ; l'on a bien souvent la fièvre qu'on ne croit pas avoir de l'émotion, et le poison a déjà infecté le cœur, qu'on ne pense pas que la bouche l'ait avalé. Enfin le péril est égal de tous les côtés : les hommes attaquent fortement et les femmes se défendent faiblement ; la liberté de la conversation rend les hommes plus insolents, et sa douceur rend les femmes moins courageuses. C'est pourquoi je n'approuverai jamais des amitiés qui peuvent apporter plus de dommage que de profit, et qui, pour une vaine satisfaction des sens, mettent en hasard le salut des âmes. Nous vivons dans une religion qui nous ordonne de nous priver des plaisirs qui sont purement innocents ; nous sommes instruits par un maître qui commande à ses disciples d'arracher les yeux et de couper les mains qui les ont scandalisés ; nous sommes nourris dans une école où il nous est défendu de regarder le visage des femmes. Et sous prétexte de quelque mauvaise coutume, nous voulons qu'il nous soit permis de rechercher leur affection, et de lier avec elles des amitiés qui commencent par des inclinations déréglées, qui s'entretiennent par des discours inutiles, et qui se terminent à des plaisirs criminels. La pudicité court assez de hasards sans lui dresser de nouveaux pièges ; le luxe des habits, la liberté de la conversation et ce que l'on appelle civilité font une guerre assez ouverte à la continence, sans y ajouter les ruses et les artifices pour la surprendre. Quand les hommes seront des anges, il leur sera permis de contracter amitié avec les femmes ; quand la mort les aura dépouillés de leurs corps, ils pourront sans scandale converser ensemble et satisfaire à leurs inclinations. Mais tandis qu'ils auront des sentiments communs avec les bêtes, et que la beauté fera plus d'impression sur leurs sens que la vertu, il faut qu'ils imitent ce prophète qui avait condamné ses yeux à ne pas regarder ces visages innocents qui semblent ne devoir donner que de chastes pensées. Enfin ils se doivent résoudre à ne jamais approcher de ces astres malins qui brûlent plus qu'ils n'éclairent, et qui excitent plus de tempêtes qu'ils ne répandent de lumières.

Pour remédier à ces désordres il faut implorer le secours de la charité, car c'est elle qui épure l'amour, qui réforme ses excès et qui corrige ses défauts. Elle ne veut pas qu'il soit excessif, mais elle ne veut pas aussi qu'il soit resserré dans nos personnes, ni renfermé dans nos familles ; elle entend qu'il se répande par tout le monde, et que sortant de notre cœur il passe jusqu'à celui de nos ennemis. Il prend sa naissance, dit saint Augustin (2), dans le mariage, et il s'étend sur les enfants qui en proviennent ; mais en cet état il est encore charnel : on ne peut pas louer dans les hommes une passion qu'on remarque dans les tigres, et on ne saurait estimer dans les créatures raisonnables des sentiments que l'on voit dans les bêtes les plus farouches. En son progrès il se répand jusqu'à nos proches et commence à devenir raisonnable, car encore que l'homme qui aime ses parents aime son sang, et que sortant de sa personne il ne sorte pas de sa famille, néanmoins son amour est plus étendu que celui des pères, et il se communique à des personnes qui ne le touchent pas tant que ses enfants. En sa vigueur il passe jusqu'aux étrangers : il les reçoit dans sa maison, il leur fait part de ses biens, et sans considérer leurs humeurs ni leurs langages, c'est assez qu'ils aient le visage d'hommes pour être les objets de ses libéralités. En cet état il est bien accru, mais pour être parfait il faut qu'il descende jusqu'à nos ennemis, et qu'en nous donnant des forces pour vaincre nos inclinations, il nous oblige à faire du bien à ceux qui nous procurent du

---

(1) Aculeus peccati est forma feminea, et mortis conditio non abunde surrexit quam de muliebri substantia ; separamini, deprecor, a contagione pestifera. Quantumcumque fuerit unusquisque longius ab adversis, tantum non sentit adversa. Et minus voluptatibus stimulatur, ubi non est frequentia voluptatum ; et minus avaritiæ molestias patitur qui divitias non videt. Cypr. et Aug., de singular. Cler.

(2) Incipit licitus amor a conjugio, sed quia communis cum pecoribus. Secundus est amor filiorum, et adhuc et ipse carnalis : non enim est laudandus qui amat filios : sed detestandus, qui non amat : serpentes amant filios suos : si vero non amaveris tuos, a serpentibus vinceris. Aug., l. 1, homil, 38.

mal (1). Quand il est arrivé à ce point, il peut espérer des récompenses; mais s'il s'arrête au milieu de sa carrière, il ne doit attendre que des châtiments. Ces paroles comprennent tout l'usage de cette passion, et je n'y puis rien ajouter qui ne soit faible ou inutile. C'est pourquoi ne passant plus outre, je viens au dernier objet de notre amour qui sont les créatures dépourvues de raison.

Je m'étonne que les stoïciens n'ont en cet endroit tous les hommes pour leurs partisans, et que leur opinion ne soit passée en une loi parmi tous les peuples du monde : car ils tiennent que les créatures qui sont dépourvues de raison ne méritent pas notre amour, et que la volonté ne nous a été donnée que pour nous lier à Dieu ou aux hommes. Certes si cette maxime est un paradoxe, je le trouve extrêmement raisonnable; car quelle apparence y a-t-il de donner notre affection à des créatures qui, ne la connaissant pas, ne nous en peuvent être obligées, et qui, n'en ayant point, ne la sauraient reconnaître? Il me semble qu'il n'y a personne plus prodigue qu'un avaricieux, puisqu'il engage son affection dans un métal insensible, et qu'il aime sans espérance d'être aimé. Je ne trouve point d'homme plus déraisonnable que celui qui attache son amour à la beauté d'une fleur, qui, avec toute son odeur et tout son éclat, n'a point de sentiment pour ses idolâtres. Je ne puis souffrir ces extravagants qui logent toutes leurs passions en un chien ou en un cheval, qui ne leur rendent point de service qu'ils n'y soient portés par leur instinct ou par la nécessité. Aussi crois-je que le profit ou le plaisir que nous en tirons doivent être la règle de l'affection que nous leur portons, ou que, pour parler plus correctement, il faut plutôt nous aimer en elles que les aimer pour nous (2); car elles sont trop basses pour mériter notre amour, quoiqu'on remarque quelque ombre de fidélité dans les chiens et quelque étincelle d'amour dans les chevaux; les uns et les autres étant dépourvus de raison ne sont pas capables d'amitié. C'est profaner notre cœur que de l'attacher à des choses insensibles. Il n'est pas juste que la même âme qui peut aimer les anges aime les bêtes, que celle qui peut s'unir à Dieu s'unisse aux métaux, et loge en un même cœur le plus noble de tous les esprits avec le plus imparfait de tous les corps. J'userai donc de l'or sans l'aimer, je serai son maître et non pas son esclave, je le garderai pour m'en servir et non pas pour l'adorer, j'apprendrai à tout le monde qu'il n'a point de prix que celui que le bon usage lui donne, et qu'il n'est pas plus inutile dans les entrailles de la terre que dans les coffres des avaricieux.

Mais pour ne se pas méprendre en une affaire si importante il faut user de quelque distinction, et dire que les créatures peuvent être considérées en trois états, ou comme des voies qui nous conduisent à notre dernière fin, et elles doivent être aimées; ou comme des filets qui nous arrêtent en la terre, et elles doivent être évitées; ou comme des instruments dont la justice divine se sert pour nous punir, et elles doivent être révérées : car quand les créatures nous mènent à Dieu, qu'elles nous expriment ses beautés, et que leurs perfections nous élèvent à la connaissance de celui qui en est la source, il n'y a point de crime à les aimer, et ce serait une espèce d'injustice que de ne pas reconnaître en elles celui dont elles sont les images. Dieu même nous y a conviés par son exemple ; quand il les eut produites, il les loua, et leur donnant son approbation, il nous obligea de leur donner notre amour (3). Il faut néanmoins qu'il soit modéré qu'il ne nous unisse à elles qu'autant qu'elles nous peuvent unir au Créateur ; il faut les regarder comme des peintures que nous n'aimons qu'à cause de la personne qu'elles représentent; il faut regarder leurs beautés comme les ombres de celles de Dieu, et ne souffrir jamais que leurs perfections nous engagent si fort, qu'il ne nous reste assez de liberté pour nous en déprendre quand le salut de notre âme ou la gloire de Jésus-Christ l'exigera (4). Si elles sont entre les mains du diable, pour nous séduire; si par la permission qu'il en a reçue de Dieu, il les emploie pour nous tenter; si avec les astres il veut faire des idoles; si avec l'or il veut corrompre notre innocence; si avec les richesses il enfle notre orgueil ou flatte notre vanité, et si par la beauté il nous veut ôter la continence, il faut les éviter comme des filets qui sont semés dans le monde pour nous surprendre, et qui depuis la chute de l'homme semblent avoir changé d'inclination, puisqu'elles travaillent pour sa perte, comme elles travaillaient autrefois pour son salut (5). Si enfin elles servent à la justice de Dieu; si par un zèle de son honneur elles poursuivent ses ennemis dans son état; si la terre tremble sous nos pieds, la foudre gronde sur nos têtes, et si le feu s'accorde avec l'eau pour nous déclarer la guerre, il faut les souffrir avec respect, et les aimer avec d'autant plus d'ardeur, que nous le pouvons faire avec moins de danger. Car en cet état elles n'ont rien de charmant qui nous flatte ou qui nous trompe; elles sont plutôt odieuses qu'aimables, et elles entretiennent plutôt la crainte

---

(1) Alius amor est propinquorum : tum iste videtur proprius hominis, si non sit consuetudinis : qui tamen amat propinquos adhuc sanguinem suum amat. Amet alios qui non sunt propinqui, suscipiant peregrinum, jam multum dilatatus est amor, tantum autem crescit, ut a conjuge ad filios, a filiis ad propinquos, a propinquis ad extraneos, ab extraneis ad inimicos perveniat. *Idem, ib.*—Apostolus Joannes non dicit : Nolite uti mundo, sed nolite diligere mundum ; qui enim non diligens utitur, quasi non utens utitur, quia non ejus rei causa utitur, sed alterius quam diligens intuetur

Aug, *lib. v contra Jul., cap. 16.*
(2) Utentis modestia non amantis affectu. *August., lib. de Moribus Eccl., cap. 23.*
(3) Viditque Deus cuncta quæ fecerat : et erant valde bona. *Gen. 1.*
(4) Respondent et singula quæque elementa clamantia, et ipsis suis operibus suum demonstrantia artificem. *Aug., lib. de Symbolo, tract. 3.*
(5) Creaturæ Dei in odium factæ sunt, et in tentationem animabus hominum, et in muscipulam pedibus insipientium. *Sap. xiv.*

de Dieu que l'amour de nous-mêmes, et par un heureux effet, elles nous élèvent au ciel et nous détachent de la terre (1). Cet avis comprend tout ce que la religion nous enseigne de l'usage des créatures, et quiconque s'en servira dans les occasions trouvera par expérience qu'elles ne sont jamais moins dangereuses que quand elles sont plus cruelles, et qu'elles ne nous obligent jamais davantage que quand elles nous punissent plus sévèrement.

IVᵉ DISCOURS.
De la nature, des propriétés et des effets de la haine.

Ceux qui ne jugent des choses que par leurs apparences s'imaginent qu'il n'y a rien de plus contraire à l'homme que la haine, et que, puisqu'il tire son nom de l'humanité, il ne doit pas souffrir une passion qui ne respire que le sang, et qui ne trouve son plaisir que dans le meurtre : cependant elle est une partie de son être, et s'il a besoin de l'amour pour s'attacher aux objets qui le peuvent conserver, il a besoin de la haine pour s'éloigner de ceux qui le peuvent détruire. Ces deux mouvements sont si naturels à toutes les créatures, qu'elles ne subsistent que par l'amour de leurs semblables et par la haine de leur contraire. Le monde serait déjà ruiné si les éléments qui le composent ne l'entretenaient par leurs combats et par leurs accords. Si l'eau ne résistait au feu par sa froideur, il aurait tout réduit en cendres, et n'ayant plus de matière pour se nourrir, il serait consumé lui-même. Nos humeurs, qui ne sont que des éléments tempérés, nous conservent par leurs antipathies naturelles, et la bile aurait desséché tout notre corps, si elle n'était perpétuellement arrosée par la pituite. De sorte que le grand et le petit monde ne subsistent que par la contrariété de leurs parties, et si l'Auteur qui les a produits apaisait leurs différends, il ruinerait tous ses ouvrages, qui cesseraient de s'aimer, s'ils cessaient de haïr leurs contraires. Ce qui se voit dans la nature se remarque dans la morale, où l'âme a ses inclinations et ses aversions pour se conserver et pour se défendre, pour se lier aux choses qui lui plaisent, et pour s'éloigner de celles qui lui déplaisent. Et si Dieu ne lui avait donné ces deux passions, elle serait réduite à la nécessité de souffrir tous les maux qui l'attaquent, sans pouvoir les combattre et sans espérer les défaire. La haine est donc aussi nécessaire que l'amour; nous aurions sujet de nous plaindre de la nature, si, nous ayant donné de l'inclination pour le bien, elle ne nous avait pas donné de l'aversion pour son contraire, et n'avait mis en notre âme autant de force pour s'éloigner des sujets qui lui sont préjudiciables, que pour s'attacher à ceux qui lui sont utiles. Aussi ces deux sentiments ne sont différents que par leurs objets, et à parler exactement il faut dire que l'amour et la haine ne font qu'une même passion, qui change de nom selon ses usages différents, qui s'appelle amour quand elle a de la complaisance pour le bien, et qui s'appelle haine quand elle conçoit de l'horreur pour le mal (2). Laissant là son premier effet, que nous avons déjà considéré, nous examinerons ici le second, et nous verrons quelle est sa nature, ses propriétés et ses effets.

La haine dans sa naissance n'est autre chose qu'une aversion que nous avons pour tout ce qui nous est contraire ; c'est une antipathie de notre appétit avec un sujet qui lui déplaît ; c'est la première impression que le mal apparent ou véritable fait en la plus basse partie de de notre âme; c'est la plaie que nous avons reçue d'un objet désagréable, et c'est le principe du mouvement que fait notre âme pour s'éloigner ou se défendre d'un ennemi qui la poursuit. Elle a ceci de commun avec l'amour, que souvent elle prévient la raison, et qu'elle se forme dans notre volonté, sans consulter notre jugement. Elle s'offense de certaines choses, qui ne sont pas désagréables en elles-mêmes, et souvent un même objet donne de la haine et de l'amour à deux personnes différentes. Quelquefois il arrive que, selon les diverses dispositions de notre âme, ce qui nous a déplu nous agrée, ce qui nous a blessé nous guérit, et devient le remède du mal qu'il avait causé. Elle a ceci de différent de l'amour, qu'elle est bien plus sensible que lui, car souvent celui-ci est formé dans notre âme, que nous ne le savons pas encore; il faut que nos amis nous en avertissent, et que ceux qui nous approchent nous apprennent que nous aimons. Il faut faire réflexion sur nous-mêmes, pour connaître cette passion naissante, et comme elle est extrêmement douce, elle nous frappe si agréablement, que nous n'en ressentons la blessure, que quand par la succession du temps elle est devenue un ulcère incurable. Mais la haine se fait sentir aussitôt qu'elle est conçue ; parce qu'elle vient d'un objet qui ne nous touche qu'en nous blessant, elle nous fait souffrir en sa naissance, et dès lors qu'elle est notre hôtesse, elle devient notre supplice.

Elle se forme aussi promptement que l'amour, il ne faut qu'un moment pour la produire dans notre volonté; pour peu de soin que nous prenions à l'entretenir, elle répand ses flammes dans toutes les facultés de notre âme, et à l'exemple du plus actif des éléments, elle fait sa nourriture de tout ce qu'elle rencontre : mais elle a ce malheur qu'elle ne s'efface pas si facilement que l'amour. Quand elle a jeté ses racines dans le

---

(1) Aliquando nos mundus delectatione retraxit a Deo, nunc tantis plagis plenus est, ut ipse nos jam mundus mittat ad Deum. Ipsas ejus amaritudines amamus, fugientem sequimur, persequentem diligimus et labenti inhæremus. *Greg.*, *hom.* 28. *in Evang.*

(2) Pro varietate rerum quæ appetuntur atque fugiuntur, sicut allicitur vel offenditur voluntas hominis, ita in hos vel illos affectus mutatur et vertitur. Quapropter homo qui secundum Deum non secundum hominem vivit, oportet ut sit amator boni. Unde fit consequens ut malum oderit. *August.*, *lib.* XIV *de Civ. Dei, cap.* 6.

DE L'USAGE DES PASSIONS.

cœur on ne l'en peut plus arracher; le temps qui l'a produite la conserve, et la philosophie ne trouve point de raisons assez fortes pour guérir un homme qui est travaillé de cette fâcheuse maladie. La religion même n'est jamais plus empêchée que quand elle combat une passion si opiniâtre, et il semble que le Fils de Dieu ne soit descendu sur la terre que pour nous apprendre à vaincre la haine et à pardonner à nos ennemis. Encore ne nous a-t-il obligés à ce devoir qu'après être mort pour les siens, et il a cru que pour établir une doctrine si étrange il fallait la confirmer par ses exemples, l'autoriser par sa mort et la signer de son propre sang. Aussi déclarait-il la guerre à une passion, qui a cet avantage sur les autres, qu'elle ne finit pas même avec la vie. Elle est si chère aux hommes, qu'elle fait tous leurs entretiens, elle leur sert de divertissement dans leurs déplaisirs, et quoiqu'elle ronge leurs entrailles, elle ne laisse pas de contenter leurs cœurs (1). Il s'est vu une princesse qui, après avoir perdu son royaume et sa liberté, trouvait sa consolation dans la haine qu'elle portait à son ennemi, et confessait que le regret de sa félicité passée n'occupait pas tant son esprit que le désir de se venger. On voit des pères qui, ayant l'âme sur les lèvres, et qui, ne pouvant plus conserver leur vie, songent encore à conserver leur haine; ils la laissent en héritage à leurs enfants; ils les obligent à des inimitiés éternelles, et font des imprécations contre eux s'ils se réconcilient avec leurs ennemis. Enfin cette passion est immortelle, et comme elle réside dans le fond de l'âme, elle l'accompagne quelque part qu'elle aille, et ne la quitte pas, même lorsqu'elle se détache du corps. C'est ce que les poëtes, qui sont les plus excellents peintres de nos affections, nous ont voulu représenter en la personne d'Etéocle et de Polynice, qui conservèrent leur haine après leur mort, et qui allèrent achever dans les enfers le combat qu'ils avaient commencé sur la terre. Cette passion vivait encore dans leurs corps dépourvus de sentiment. Par une secrète contagion, elle passa même dans le bûcher qu'on leur avait dressé, et elle alluma la guerre entre les flammes qui les devaient consumer (2).

Mais je ne m'étonne pas qu'elle soit si opiniâtre, puisqu'elle est si hardie, et je ne trouve point étrange qu'elle dure après la mort, puisqu'elle fait résoudre les hommes à perdre la vie pour se venger, et qu'elle leur fait goûter quelque plaisir en mourant, pourvu qu'ils voient leurs ennemis mourir avec eux. Car la haine n'est pas véritable quand elle est prudente, et l'on peut juger qu'un homme n'en est pas entièrement possédé, lorsque pour épargner son sang, il n'ose répandre celui de son adversaire. Quand il s'est abandonné à sa tyrannie, il ne pense jamais acheter trop chèrement le plaisir de la vengeance, et quelque supplice qu'on lui propose il le trouve agréable, s'il peut servir à contenter sa passion. Atrée souhaite d'être accablé sous les ruines de son palais, pourvu qu'elles tombent sur la tête de son frère, et une mort si cruelle lui semble douce, pourvu qu'il la souffre en la compagnie de Thieste (3). Enfin la haine est bien puissante, puisqu'il n'y a point de tourment que l'on n'endure pour la satisfaire, et elle exerce une merveilleuse tyrannie sur ceux qu'elle possède, puisqu'il n'y a point de crime qu'ils ne soient prêts à commettre pour lui obéir.

Si ses propriétés sont étranges, ses effets ne sont pas moins funestes : car comme l'amour est la cause de toutes les actions généreuses et agréables, la haine est la source de toutes les actions lâches et tragiques, et ceux qui prennent avis d'un si mauvais conseiller sont capables de tous les maux qui se peuvent imaginer. Le meurtre et le parricide sont les effets ordinaires que produit cette passion dénaturée. Ce fut elle qui nous fit voir en la naissance du monde que l'homme pouvait mourir en la fleur de ses années, et qu'un frère n'était pas assuré en la compagnie de son frère ; ce fut elle qui forgea des armes pour dépeupler le monde, et pour ruiner le plus bel ouvrage de Dieu ; ce fut elle qui, faisant oublier à l'homme la douceur de son naturel, lui apprit à mêler le poison dans les breuvages, à répandre le sang humain dans les banquets, et à donner la mort sous prétexte d'hospitalité ; ce fut elle qui institua cet art funeste qui enseigne le meurtre avec méthode, qui apprend à tuer les hommes de bonne grâce, et qui nous contraint de donner notre approbation à un parricide, quand il est fait selon les lois du monde ; ce fut elle enfin, et non l'avarice, qui déchira le sein de la terre, et qui alla chercher dans ses entrailles ce cruel métal, avec lequel elle exerce sa fureur. Et pour décrire en peu de paroles tous les malheurs dont elle est la cause, il suffit de dire que la colère est son coup d'essai, que l'envie est son conseiller, que le désespoir est son maître, et qu'après avoir prononcé de sanglants arrêts comme juge, elle les exécute elle-même comme bourreau (4). Il est vrai qu'elle n'en vient jamais à ces extrémités qu'elle ne soit déréglée ; mais le déréglement lui est pres-

---

(1) Patrem abstulisti, regna, germanos, larem, patriam : quid ultra est? una res super est mihi fratre ac parente charior, regno ac lare; odium tui. *Sen. in Herc. fur.*

(2) Nec furiis post fata modum, flammasque rebelles, seditione regi. *Thebaid., lib.* I.

(3) Inclyti Pelopis domus ruat vel in me, dummodo in fratrem ruat. *Senec. in Thyeste.*

(4) Qui odit fratrem suum homicida est. Nondum armata manus est, nondum faucem obsedit, nondum insidias præparavit, nondum venena quæsivit, et reus in oculis Domini, concepto jam odio tenetur. Adhuc vivit quem quærit occidere, et occidisse jam judicatur. Quantum enim ad te pertinet, occidisti quem odisti. *Aug., lib.* I, *homil.* 42. — Homo occiditur in hominis voluptatem, et ut quis possit occidere peritia, usus est, ars est : quid potest inhumanius, quid acerbius dici? Disciplina est ut perimere quis possit, et gloria est quod perimit. *Cypr., ep.* I *ad Donatam.*

que naturel, et si la raison et la grâce ne travaillent conjointement à la modérer, elle devient aisément excessive. Souvent elle augmente sa fierté par la résistance; comme un torrent impétueux, elle renverse les digues qu'on oppose à sa fureur, et elle croit que tout lui est permis, quand on lui veut défendre quelque chose. C'est pourquoi le remède qu'on ordonne à l'amour n'est pas moins nécessaire à la haine, et pour guérir un mal qui devient incurable avec le temps, il faut l'attaquer en sa naissance, de peur que prenant des forces il ne devienne furieux et ne donne la mort à son médecin, pour avoir négligé sa maladie.

V° DISCOURS.
Des mauvais usages de la haine.

Encore que la plus grande partie des effets que produit la haine puissent passer pour des désordres, et qu'après avoir dépeint son naturel, il semble inutile de remarquer le mauvais usage qu'on en peut faire, néanmoins pour ne pas manquer aux lois que je me suis prescrites, j'emploierai tout ce discours à découvrir ses injustices, et je ferai voir à tout le monde que de tant d'aversions qui troublent notre repos il n'y en a presque point de raisonnables. Car comme toutes les créatures sont les ouvrages de Dieu, et qu'elles portent sur leur front le caractère de celui qui les a produites, elles ont des qualités qui les rendent aimables, et la bonté, qui est le principal objet de l'amour, leur est si naturelle, qu'on ne la peut séparer de leur essence (1). Il faut qu'elles cessent d'être pour cesser d'être bonnes, et tandis qu'elles subsistent dans la nature, nous sommes obligés de confesser qu'il leur demeure quelque teinture de bonté qu'on ne leur saurait ôter sans les anéantir absolument. Aussi Dieu leur donna son approbation en leur naissance, il fit leur panégyrique après les avoir créées, et pour nous obliger à les chérir, il nous apprit par sa bouche même qu'elles étaient extrêmement bonnes, de sorte que la créance de leur bonté fait un article de foi dans notre religion. Quelque opposition qu'elles puissent avoir à nos humeurs ou à nos inclinations, nous devons croire qu'elles n'ont rien de mauvais, et que les qualités mêmes qui nous blessent ont leurs emplois et leurs usages. Les poisons servent à la médecine, et il se trouve des maladies qu'on ne peut guérir que par des venins préparés. Les monstres qui semblent être les défauts de la nature sont ordonnés par cette Providence qui ne peut faillir. Outre qu'ils contribuent par leur laideur à relever la beauté des autres créatures, ce sont des présages qui nous avertissent de nos malheurs, et qui nous invitent à pleurer nos péchés. Les démons mêmes n'ont rien perdu de leurs avantages naturels, la malice de leur volonté n'a pu détruire la bonté de leur essence, et pour être consommés dans le mal, ils ne laissent pas de posséder tout le bien qui appartient purement à la nature. Ils ont encore cette beauté dont ils devinrent idolâtres, ils jouissent de toutes ces lumières qu'ils reçurent au moment de leur naissance; ils ont encore cette vigueur qui fait une partie de leur être, et si la puissance de Dieu ne la retenait, ils formeraient des foudres, ils exciteraient des orages, ils répandraient des contagions, et confondraient tous les éléments. Il est vrai que ces avantages font leurs supplices, et que leurs lumières et leurs beautés servent à la Justice divine pour les rendre plus misérables; mais cette considération n'empêche pas que leur nature ne soit bonne, et que Dieu ne voie dans le fond de leur être des qualités qu'il aime et qu'il conserve, comme il voit dans le fond de leur volonté des qualités qu'il déteste et qu'il punit. C'est pourquoi la haine paraît inutile; il semble que pour l'exercer, il faudrait sortir du monde, et chercher d'autres créatures qui puissent être les objets de notre indignation : car il n'y a rien dans le ciel ni dans la terre qui ne soit aimable; s'il se rencontre quelque chose qui choque notre inclination, il s'en faut prendre à notre mauvaise humeur, ou il en faut accuser le péché, qui, ayant déréglé notre volonté, lui a donné des antipathies déraisonnables, et l'a contrainte de haïr les ouvrages de Dieu. Je sais bien qu'il y a des aversions naturelles entre les créatures insensibles, et que ce n'est pas un petit miracle que la paix du monde s'entretienne par la discorde des éléments (2). Si ces corps qui composent tous les autres n'avaient quelque différend ensemble, la nature ne pourrait pas subsister, et Dieu a voulu que leur guerre fût le repos de l'univers. Mais outre que leurs querelles sont innocentes, et qu'ils ne s'attaquent pas pour se détruire, mais pour se conserver, leurs combats naissent de leurs défauts, et ils ne sont en mauvaise intelligence, que parce qu'ils sont imparfaits. Car ces autres corps qui sont plus nobles, et que la philosophie naturelle appelle des mixtes parfaits, ne se font point la guerre; quoiqu'ils aient des inclinations différentes, ils ne laissent pas de s'aimer, et souvent ils se font violence pour ne pas troubler la tranquillité du monde. D'où j'infère que si l'homme a des aversions de son prochain, il en doit accuser sa misère et confesser que sa haine est une preuve évidente de ses défauts ; car s'il pouvait renfermer les différences particulières des autres, il aimerait en eux ce qu'il trouverait en lui-même, et ne pourrait haïr en leur personne ce qu'il ne remarquerait pas en la sienne; mais il ne peut souffrir leurs avantages, parce qu'il ne les possède pas; les bornes que la nature lui a données le resserrent en lui-même, et le séparent de tous les autres. S'il était un bien universel, il aimerait tous les biens particuliers, et s'il avait toutes les per

(1) Quidquid est, pro suo genere ac pro suo modulo habet similitudinem Dei, quandoquidem fecit omnia bona valde, non ob aliud, nisi quia ipse summe bonus est. Aug., lib. II de Trinit., c. 5.

(2) Nulla pugna est sine malo : cum enim pugnatur, aut bonum pugnat et malum, aut ma'um et malum : aut si duo bona pugnant inter se ipsa pugna est magnum malum. Aug., lib. V Conf., c. 5.

fections qui sont répandues dans tous les hommes, il n'en trouverait point qui le choquât; mais parce qu'il est pauvre, il est injuste, et son aversion tire sa naissance de sa pauvreté. Dieu ne souffre point ces divisions malheureuses; son amour infini ne saurait être borné; comme il est le souverain bien, il aime tout ce qui en porte les marques; comme il recueille en lui-même toutes les perfections qui sont dispersées en ses ouvrages, il les chérit toutes ensemble, et il n'a point d'aversions, parce qu'il n'a point de défauts (1). La haine est donc une faiblesse de notre nature, une preuve de notre indigence, et une passion qu'on ne peut raisonnablement employer contre les ouvrages de Dieu.

L'amour-propre est la seconde cause de son désordre, car si nous étions plus réglés en nos affections, nous serions plus modérés en nos aversions, et sans consulter notre intérêt, nous ne haïrions que ce qui est véritablement odieux. Mais nous sommes si injustes, que nous ne jugeons des choses que par le rapport qu'elles ont avec nous : nous les condamnons quand elles nous déplaisent; nous les approuvons quand elles nous agréent, et par un aveuglement étrange, nous ne les estimons bonnes ou mauvaises, que par le contentement ou le déplaisir qu'elles nous causent. Nous voudrions qu'elles changeassent de qualités selon nos humeurs; que comme des caméléons elles prissent nos couleurs et s'accommodassent à nos désirs; nous voudrions être le centre du monde, et que toutes les créatures n'eussent point d'autres inclinations que les nôtres. Les plus belles nous semblent laides, parce qu'elles nous sont désagréables; la clarté du soleil nous offense, parce que la faiblesse de nos yeux ne la peut supporter; l'éclat de la vertu nous éblouit, parce qu'elle condamne nos défauts, et la vérité, qui est le second objet de l'amour, devient celui de notre indignation, parce qu'elle censure nos offenses. Il n'y a rien de plus brillant que sa lumière, elle découvre toutes les beautés de la nature, qui aurait inutilement produit tant de rares ouvrages, si celle-là ne nous apprenait à les connaître. Elle a plus d'amants, dit saint Augustin, que l'Hélène des Grecs (2). Tous les philosophes lui font l'amour, elle est le sujet de toutes leurs contestations, elle répand la jalousie dans leurs cœurs, et ils disputent avec autant de chaleur pour sa possession, que deux rivaux pour la jouissance d'une maîtresse. Chacun la recherche par des routes différentes : les théologiens dans sa source qui est la divinité; les naturalistes, dans les entrailles de la terre; les alchimistes, dans le sein des métaux; les peintres et les poëtes, sous les couleurs et sous les fables. Cependant cette beauté qui donne de l'amour à tout le monde, ne laisse pas d'avoir des ennemis; elle irrite ceux qu'elle veut obliger, elle perd ses amis en les pensant conserver; si elle se fait aimer en les enseignant, elle se fait haïr en les reprenant, et elle devient odieuse lorsqu'elle devrait être plus aimable (3). C'est pourquoi il est extrêmement dangereux d'employer une passion, qui attaque plus souvent la vertu que le vice, et qui, contre le dessein de celui qui nous l'a donnée, entreprend le bien, et lui fait la guerre, parce qu'ayant quelque ombre de mal, il choque nos intérêts ou nos plaisirs. Je conseillerais, pour remédier à ce désordre, de bien considérer les choses que nous haïssons, et de les regarder du côté qui nous les peut rendre agréables; car comme elles sont bonnes en leur fond, nous y trouverons toujours quelque qualité qui nous obligera de les aimer, et nous remarquerons dans nos ennemis mêmes des avantages que nous serons contraints d'estimer. Les injures qu'ils nous ont faites, et sur lesquelles nous fondons la justice de nos ressentiments, nous fourniront des raisons pour les excuser; et si nous les examinons avec un peu de froideur, nous confesserons qu'il n'y en a presque point qui ne porte son excuse avec elle; car pour me servir des paroles de Sénèque, et pour confondre les chrétiens par les infidèles, il me semble qu'il n'y a point d'outrage qui ne s'adoucisse quand on en considère le motif ou la qualité. Une femme vous a offensé; il faut pardonner à la faiblesse de son sexe, et se souvenir qu'il lui est aussi ordinaire de faillir que de changer. Un enfant vous a fait injure; il faut excuser son âge qui ne lui permet pas encore de discerner une bonne action d'une mauvaise. Votre ennemi vous a fait quelque violence; peut-être l'y avez-vous obligé, et en ce cas la raison veut que vous souffriez à votre tour le mal que vous lui avez fait souffrir. Un souverain vous entreprend; s'il vous punit, vous devez honorer sa justice; s'il vous opprime, vous devez céder à sa fortune. Un homme de bien vous persécute; désabusez-vous de cette erreur, et ne lui donnez plus une qualité que son crime lui a fait perdre. Un méchant homme vous offense; ne vous en étonnez pas, les effets tiennent de leurs causes, vous trouverez quelqu'un qui vous en vengera, et sans faire ce souhait, vous êtes déjà vengé, et il est déjà puni, puisqu'il est coupable (4).

VIe DISCOURS.
Du bon usage de la haine.

Puisque la nature ne fait rien d'inutile, et

---

(1) Diligis enim omnia quæ sunt, et nihil odisti eorum quæ fecisti. *Sap.* XIII.

(2) Pulchrior est veritas Christianorum quam fecerit Helena Græcorum : Et pro ista fortius nostri martyres adversus Sodomam, quam pro illa, illi tyrones adversus Trojam dimicaverunt. *August. ad Ilier.*

(3) Homines amant veritatem lucentem, oderunt cam redarguentem. *Aug., lib. x Conf., c. 23.*

(4) Puer est? ætati donetur, nescit an peccet. Mulier est? erat. Læsus es? non est injuria, pateris quod prior ipse feceris. Rex est? si nocentem punit, cede justitiæ; si innocentem, cede fortunæ. Bonus vir est qui injuriam fecit? noli credere. Malus est? noli mirari. Dabit pœnas alteri quas dedit : et jam sibi dedit, quia peccavit. *Senec., l. II de Ira, c. 30.*

que de tant de choses qu'elle produit, il n'y en a pas une qui n'ait ses emplois, il faut que la haine trouve son usage, et que cette passion, qui naît en nous avec l'amour, rencontre quelques objets sur lesquels elle puisse innocemment décharger sa fureur. Mais puisque la nature aime ses ouvrages, que cette mère commune a de l'affection pour tous ses enfants, et qu'elle les nourrit dans une si bonne intelligence, que ceux qui la violent passent pour des monstres, il faut que la haine les respecte, et qu'elle sorte du monde, pour trouver quelque sujet qui provoque son indignation. Il faut qu'elle combatte les désordres de notre âme, et qu'elle attaque les ennemis qui veulent détruire la vertu ; encore doit-elle bien prendre garde que l'apparence ne la trompe, et que pensant faire un acte de justice, elle ne commette un parricide. Car le bien est souvent caché sous l'écorce du mal, et il se présente des choses qui nous semblent mauvaises, parce qu'elles nous sont contraires. Cependant leur contrariété est une perfection, ce qui choque notre humeur s'accorde avec celle d'un autre, et ce qui déplaît à nos yeux, contribue à la beauté de l'univers. Cette différence de sentiment fait bien connaître que le mal que nous haïssons est plus imaginaire que véritable, et qu'il en faut accuser plutôt l'opinion que la nature. C'est pourquoi le péché est l'unique objet de la haine : si nous en voulons bien user, il faut que nous la réglions sur celle de Dieu, et que nous déclarions la guerre à ce monstre qu'il a chassé du ciel, qu'il poursuit sur la terre, et qu'il punit dans les enfers. Car cette passion est le châtiment des plus grands crimes ; elle est le supplice des parricides, qui se défendent contre la justice des hommes ; elle assiège les tyrans dans leurs palais, elle les attaque au milieu de leurs gardes, et, malgré la fortune qui les protège, elle tire raison de toutes les violences qu'ils ont commises ; car ceux-là ne sont point impunis, qui sont haïs de tous les peuples, et le péché n'est point sans châtiment, qui attire la haine publique sur la tête de son auteur (1).

Mais comme nous ne sommes pas constitués juges des hommes, et que la justice de Dieu ne nous demande pas compte des péchés d'autrui, il me semble qu'il n'y a que les nôtres qui soient les légitimes objets de notre haine ; ceux de notre prochain peuvent recevoir quelques excuses ; ne connaissant pas leurs intentions, nous devons suspendre nos jugements, et retenir nos aversions. Quand ils sont si publics qu'ils ne peuvent être dissimulés, il faut qu'ils excitent plus de compassion que de haine dans nos âmes, et qu'ils tirent plutôt des larmes de nos yeux que des reproches de notre bouche. Puisque Dieu les excuse, nous ne les devons pas condamner, et puisqu'il les cache, nous ne les devons pas publier. Je ne blâmerais pas pourtant un homme qui, préférant la gloire de Dieu au salut des créatures, souhaiterait la punition des criminels, ou qui, ne les pouvant souffrir, se bannirait de leur compagnie, et ferait connaître sa juste indignation par son éloignement ; car la haine du péché est un acte de justice, et le zèle qui nous emporte contre les pécheurs, est un effet de la charité. David quittait les louanges de Dieu pour faire des imprécations contre les méchants, et il pensait l'assurer de son amour, en l'assurant de la haine qu'il portait à ses ennemis (2). Mais cette aversion, pour lui être agréable, doit être parfaite comme celle de David, et pour être parfaite, il faut qu'elle ait deux conditions qu'avait la sienne : qu'elle haïsse le péché et qu'elle aime la nature ; qu'elle déteste l'ouvrage de la créature, et qu'elle chérisse celui de Dieu ; que par un trait de sagesse et de justice, elle n'aime pas les péchés à cause des hommes, et ne haïsse pas aussi les hommes à cause des péchés (3). Avec ces conditions, on peut faire un bon usage de la haine : cette passion criminelle devient innocente ; elle prend le parti de deux excellentes vertus ; et par la conduite de la grâce, elle sert tout ensemble à la justice et à la charité.

Mais elle s'exerce bien plus sûrement contre nous-mêmes, et nous courons beaucoup moins de hasard en haïssant nos imperfections que celles de notre prochain ; car l'amour-propre nous empêche d'excéder, et quelque sainte ferveur que nous inspire la charité, elle est modérée par cette inclination que nous avons à nous aimer. C'est pourquoi le Fils de Dieu veut que la haine de nous-mêmes soit le fondement de sa doctrine ; il ne reçoit point de disciples en son école, qu'il ne leur enseigne cette maxime (4). Il semble qu'il ait dessein de bannir l'amour-propre de la terre, et de convertir cette affection déréglée en une sainte aversion. Il nous apprend que nous sommes criminels, et qu'entrant dans le zèle de la justice divine, nous devons haïr ce qu'elle déteste, et punir ce qu'elle châtie ; il veut que nous soyons tout de glace pour nos intérêts, et tout de flamme pour ceux de nos amis. Enfin la haine et l'amour, l'aversion et l'inclination sont les deux vertus qu'on apprend en son école, mais il veut que nous les ménagions de telle sorte, que, donnant tout l'amour à notre prochain, nous ne réservions pour nous que la haine (5). Il est vrai que ce commandement est plus ri-

---

(1) Impunita tu credis esse quæ invisa sunt, aut ullum supplicium gravius existimas publico odio? Sen. *lib.* III *Benef.*, c. 17.

(2) Perfecto odio oderam illos, et inimici facti sunt mihi. *Pal.* CCXXXVIII.

(3) Perfectum odium est, quod nec justitia, nec scientia caret, ut nec propter vitia oderis homines, nec vitia propter homines diligas. *Aug.*, lib. *de Vera Innoc.*

DICTIONN. DES PASSIONS.

(4) Quam verum est quod regnum cœlorum vim patitur, et qui vim faciunt diripiunt illud! Quanta enim vi opus est, ut homo diligat inimicum et oderit seipsum! Utrumque enim jubet qui ad regnum cœlorum vocat. *Aug.*, lib. I *de Serm. Domini in monte*, c. 25.

(5) Qui amat animam suam perdet eam, et qui odit animam suam in hoc mundo, in vitam æternam custodit eam. *Joan.* XII. — Magna et mira sententia,

goureux en apparence qu'en effet, car quelque sévérité qu'il témoigne, il ne respire que douceur ; sous le nom de haine, il cache celui d'amour, et nous obligeant à nous haïr, il nous ordonne de nous bien aimer.

Mais tout le monde ne tombe pas d'accord de la manière qu'il faut tenir pour l'observer. Je suis fâché de voir que les chrétiens n'expliquent pas cette maxime plus saintement que les profanes, et qu'ils confondent la doctrine de Sénèque avec celle de Jésus-Christ ; car la plupart des interprètes s'imaginent que le Fils de Dieu présupposant que nous sommes composés de deux parties qui se combattent, il veut que nous prenions les intérêts de la plus noble contre la plus basse, que nous préférions les inclinations de l'esprit à celles du corps, et que, vivant en anges et non pas en bêtes, nous n'ayons que des sentiments raisonnables. Certes s'il n'avait eu que ce dessein, il faudrait avouer qu'il ne serait pas plus élevé que Sénèque, et que bannissant seulement l'amour du corps, qui est le plus grossier et le moins coupable, il aurait laissé l'amour de l'esprit, qui est le plus délicat et le plus dangereux ; car ce philosophe plaide toujours pour l'esprit contre le corps, toutes ses belles maximes ne tendent qu'à rétablir la raison dans son empire, et à lui donner un pouvoir absolu sur les passions. Il ne peut souffrir qu'un sujet devienne souverain, et l'orgueil qui anime toute sa doctrine lui fournit de fortes raisons pour combattre la volupté ; il veut que l'âme traite son corps comme son esclave, qu'elle ne lui accorde que les choses nécessaires, et qu'elle lui retranche les superflues ; il veut qu'elle le nourrisse afin qu'il la serve ; il veut qu'elle ne l'aime que comme un fidèle ministre qu'elle emploie pour exécuter ses desseins ; mais il veut aussi que, quand la raison l'exigera, elle l'abandonne aux flammes, elle l'expose aux bêtes farouches, et l'oblige à souffrir des morts aussi cruelles que honteuses (1). Toutes ces pensées sont hardies ; il faut confesser qu'elles naissent d'un homme généreux, et qui se sert utilement de la vanité de l'esprit pour vaincre les plaisirs du corps. Mais en guérissant un petit mal, il en cause un plus dangereux ; fermant une légère plaie, il en ouvre une profonde ; chassant l'amour-propre du corps, il le repousse dans l'esprit ; et pour empêcher que l'homme ne devienne une bête, il essaie d'en faire un démon. Les partisans de ce philosophe sont contraints d'avouer cette vérité ; et si ceux qui tiennent ses maximes se veulent bien examiner, ils confesseront qu'elles enflent plus le courage qu'elles ne l'élèvent, et qu'elles inspirent dans l'âme plus de vanité que de force. Or la doctrine de Jésus-Christ produit un effet tout contraire, car elle mate le corps sans rendre l'esprit insolent. Elle attaque tout ensemble l'orgueil et la volupté ; et pendant qu'il ordonne la mortification pour soumettre les sens à la raison, elle recommande l'abnégation pour assujettir la volonté à Dieu. C'est pourquoi s'il m'est permis d'expliquer les intentions de Jésus-Christ et de lui servir d'interprète, je crois que la haine qu'il exige de nous doit passer du corps à l'esprit, et que pour être parfaite, elle doit s'étendre sur tous les désordres que le péché a mis en nous ; car la nature a perdu sa pureté, et les deux parties qui nous composent sont devenues également criminelles. Les inclinations de l'âme ne sont pas plus innocentes que celles du corps, l'une et l'autre ont leurs faiblesses, et quoi qu'en veuillent dire les philosophes, toutes les deux sont corrompues. L'esprit est obscurci de ténèbres, l'ignorance lui est naturelle ; il apprend avec travail, il oublie sans peine ; bien que la vérité soit son objet, il la quitte pour le mensonge, et il est contraint d'avouer par la bouche du plus savant homme du monde qu'il y a des erreurs qu'on lui persuade plus facilement que des vérités. La mémoire n'est pas plus heureuse, bien qu'elle passe pour un miracle dans la nature, qu'elle garde en dépôt toutes les espèces qu'on lui confie, qu'elle se vante de les représenter sans confusion, et d'être le trésor animé de tous les hommes savants ; néanmoins elle est infidèle depuis notre désobéissance, par une contagion qui a infecté toutes les facultés de l'âme ; elle nous manque dans nos besoins, et elle nous fournit plutôt des choses inutiles que les nécessaires. La volonté comme la plus absolue est aussi la plus criminelle ; car encore qu'elle ait de fortes inclinations pour le souverain bien, que le péché ne les ait pu effacer, elle s'attache indifféremment à tous les objets qui lui plaisent. Sans écouter les conseils de la raison, elle suit les erreurs de l'opinion, et se conduit par le rapport des sens, qui sont des messagers ignorants et infidèles ; si bien que l'homme est obligé de faire la guerre à son âme aussi bien qu'à son corps, et d'étendre sa haine sur les deux parties qui le composent, puisqu'elles sont également corrompues ; et il faut donc, pour obéir à Jésus-Christ, il combatte les ténèbres dans son entendement, la faiblesse dans sa mémoire, la malice dans sa volonté, l'erreur dans son imagination, la perfidie dans ses sens, et la rébellion dans toutes les parties de son corps (2). Ces mauvaises qualités, qui gâtent l'ouvrage de Dieu, sont les véritables obje

---

quemadmodum sit hominis in animam suam amor ut pereat. Si male amaveris, tunc odisti. Felices qui oderunt custodiendo, ne perdant amando. *Aug., tract. LI in Joan.*

(1) Honestum ei vile est, cui corpus nimis carum est. Agatur ejus diligentissime cura : ita tamen ut cum exiget ratio cum dignitas, cum fides, in ignem mittendum sit. *Senec., ep.* 14.—Major sum et ad majora genitus quam ut mancipium sim corporis mei.

Nunquam me caro ista compellet ad metum, nunquam ad indignam bono viro simulationem, nunquam in honorem hujus corpusculi mentiar. *Sen., ep.* 65. —Cum visum fuerit, distraham cum illo societatem ; et nunc tamen cum hæremus, non erimus æquis partibus. Animus ad se omne jus ducet. Contemptus corporis sui certa libertas. *Id, ibid.*

(2) Philosophi fuerunt epicurei et stoici : illi secundum carnem, isti secundum animam viventes ;

de notre aversion; c'est le mal que nous pouvons haïr avec innocence, et punir avec justice; c'est l'ennemi que nous sommes obligés de combattre et de vaincre; car pour comprendre en peu de paroles les intentions de Jésus-Christ, et les obligations des chrétiens, nous devons haïr en nous tous les désordres que le péché y a mis, et que la grâce n'y saurait souffrir (1). Nous devons ruiner en nous tout ce qu'elle veut y détruire; mais sachant bien que la victoire est douteuse en ce combat, il faut que nous suppliions le Fils de Dieu, qui prépare les couronnes aux victorieux, de nous donner la charité, afin qu'elle diminue en nos cœurs l'amour-propre, et qu'elle y augmente la haine de nous-mêmes.

SECOND TRAITÉ.

DU DÉSIR ET DE LA FUITE.

PREMIER DISCOURS

De la nature, des propriétés et des effets du désir.

Comme le bien est l'unique objet de l'amour, il ne prend point de nouvelles formes qu'il n'oblige cette passion à prendre de nouveaux usages. Elle dépend de lui si absolument, qu'elle change de nom et d'office toutes les fois qu'il change de condition. Quand il est présent et qu'il lui découvre toutes ses beautés, elle nage dans le plaisir; quand il court quelque hasard, elle est saisie de crainte; quand il est attaqué par les ennemis, elle prend les armes et se met en colère pour le défendre; quand il s'éloigne, elle s'afflige et se laisse dévorer à la douleur; quand il est absent, elle se consume en souhaits et donne charge à ses désirs d'aller chercher un objet dont l'éloignement fait naître tous ses déplaisirs, car le désir n'est autre chose que le mouvement de l'âme vers un bien qu'elle aime déjà et qu'elle ne possède pas encore. Elle s'étend pour s'unir à lui; elle essaye de quitter son corps et de se séparer d'elle-même pour se joindre à ce qu'elle cherche; elle oublie ses plaisirs pour ne penser qu'à ce qu'elle aime: elle fait des efforts pour vaincre la nature et la fortune, et rendre présent contre leur gré le bien absent qu'elle désire.

De cette définition il est aisé de remarquer les propriétés du désir, dont la première est l'inquiétude, qui ne souffre pas que l'âme qui l'a conçu puisse goûter un véritable contentement; car elle est en un état violent; elle combat avec le corps qu'elle anime pour s'aller unir à l'objet qu'elle aime. La nature la retient dans l'un, et l'amour la porte dans l'autre; elle est divisée entre ces deux puissances souveraines, et elle éprouve un tourment qui n'est guère moins rigoureux que la mort (2). Aussi a-t-on vu des hommes qui, pour s'en délivrer, se sont condamnés volontairement à des supplices effroyables, et qui ont cru que tous les remèdes étaient doux, qui guérissaient d'une si fâcheuse maladie. L'exil est sans doute une des plus cruelles peines que la justice ait inventée pour châtier les coupables; il nous sépare de tout ce que nous aimons, et il semble qu'il soit une longue mort, qui nous laisse un peu de vie, que pour nous rendre plus misérables. Cependant il s'est trouvé une mère qui aima mieux souffrir la rigueur de ce tourment que la violence du désir, et qui voulut accompagner son fils en son bannissement, pour n'être pas condamnée à regretter son absence et à souhaiter son retour (3). Aussi la nature, qui a bien vu que le désir était un supplice, a fait naître l'espérance pour l'adoucir; car, pendant que nous sommes sur la terre, nous ne formons point de souhaits dont notre esprit ne se promette l'accomplissement. Il n'y a que l'enfer où ces deux mouvements de notre âme sont divisés, et où la justice divine condamne ses ennemis à former des désirs sans espérances, et à languir pour un bonheur qu'ils ne peuvent jamais posséder. Ils soupirent après le souverain bien, et, quelque haine qu'ils aient conçue contre le Dieu qui les punit, ils ne laissent pas de l'aimer naturellement et de souhaiter sa jouissance, bien qu'il ne leur soit pas permis de l'espérer. Ce désir fait tous leurs supplices, et cette langueur est un tourment qui leur est plus insupportable que l'ardeur des flammes, que la compagnie des démons et que l'éternité de leur prison. S'ils pouvaient être sans désirs, ils seraient sans douleurs, et toutes ces autres peines qui étonnent les âmes vulgaires leur sembleraient supportables, s'ils n'étaient point condamnés à souhaiter un bonheur qu'ils ne sauraient espérer.

Mais ce n'est pas seulement dans les enfers que cette passion est cruelle: elle afflige tous les hommes sur la terre, et comme elle sert à la justice divine d'un moyen pour châtier les criminels, elle sert à la miséricorde d'un saint artifice pour exercer les innocents; car la bonté de Dieu les fait consumer en désirs: ils sont en une inquiétude qui ne peut finir qu'avec leur vie, ils font effort pour se détacher de leur corps, ils appellent la mort à leur secours, et disent avec l'Apôtre:

---

sed nec isti nec illi secundum Deum viventes. Contulerunt illi cum Apostolo dum erat Athenis. Dicebat epicureus. Mihi frui carne bonum est. Dic bat stoicus: Mihi frui mea mente bonum est. Dicebat Apostolus: Mihi adhærere Deo bonum est. Errat epicureus; fallitur et stoicus. Beatus enim est cujus nomen Domini spes ejus. *Aug., lib. de Verb. apostol., serm. 13.* — Quid enim est quod cum labore meminimus, sine labore obliviscimur; cum labore discimus, sine labore inertes sumus? Nonne apparet hinc quod velut pondere suo proclivis sit vitiosa natura, et quanta ope ut hinc liberetur indigeat. *Aug., lib. xxii de Civit. Dei, c. 22.*

(1) Odit te Deus qualis es, sed amat te qualem vult te esse. Et tu debes te odisse qualis es. Ægrum enim attende æger ægrotantem se odit qualis est. Ide incipit concordare cum medico, quia et medicus odit eum qualis est. Nam ideo vult sanum esse, quia odit eum febricitantem: et est medicus febris persecutor, ut sit hominis liberator. Sic peccata tua febres sunt animæ tuæ, et ideo debe eas cum Deo medico odisse. *Aug., lib. de decem chordis, cap. 8.*

(2) Desideria occidunt. *Prover. xii.*

(3) Inventa est mulier quæ pati maluit exsilium quam desiderium. *Sen., Consol. ad Helvidiam. c. 8*

Je désire de mourir pour être avec Jésus-Christ (Philipp. I). La justice emploie aussi les désirs pour se venger des pécheurs, et, par une conduite non moins sévère que raisonnable, elle les abandonne à cette passion pour les tourmenter; ils ne désirent que pour s'affliger, et leur âme forme des souhaits déréglés qui, n'étant point suivis d'effets, les laissent dans une langueur qui dure autant que leur vie (1). Enfin la théologie, reconnaissant que cette passion est la cause de tous nos malheurs, elle a cru qu'elle ne pouvait mieux nous décrire la félicité qu'en nous apprenant qu'elle était la fin de tous les désirs (2). La philosophie eût dit qu'elle est la fin de nos maux et le commencement de nos biens, qu'elle nous fait oublier nos misères par la douceur de ses plaisirs; mais la théologie, qui sait bien que les désirs sont les plus violents supplices que nous souffrons ici-bas, s'est contentée de dire que la félicité en était le repos, et que nous commencerions d'être bienheureux quand nous cesserions de souhaiter. Aussi faut-il confesser que le désir se lie à toutes les autres passions de notre âme, et qu'il leur donne des armes pour combattre ou des forces pour nous affliger; car celles qui font le plus de ravages dans nos cœurs seraient mortes ou languissantes si elles n'étaient animées par le désir. L'amour n'est cruel que parce qu'il souhaite la présence de ce qu'il aime; la haine ne ronge nos entrailles que parce qu'elle désire la vengeance; l'ambition n'est fâcheuse que parce qu'elle souhaite les honneurs; l'avarice ne bourrelle les avaricieux que parce qu'elle languit après les richesses, et toutes les passions ne sont insupportables que parce qu'elles sont accompagnées du désir, qui, comme un mal contagieux, est répandu dans toutes les affections de notre âme pour nous rendre misérables.

S'il est si cruel, il n'est guère moins honteux, et nous sommes obligés de confesser qu'il est une preuve de notre faiblesse et de notre indigence; car nous n'avons recours aux souhaits que quand la puissance nous manque, nous ne faisons paraître nos désirs que quand nous ne pouvons donner des effets. Ils sont les marques de notre amour; ils apprennent aux rois de la terre que leur volonté est plus grande que leur pouvoir, et qu'ils veulent beaucoup de choses qu'ils ne peuvent pas exécuter. Je sais bien que les désirs les animent quelquefois à ces hautes entreprises où la difficulté est toujours mêlée avec la gloire; je sais bien qu'ils excitent leur courage et qu'ils y produisent cette noble ardeur sans laquelle on n'entreprend et on n'exécute rien de généreux. Mais ils leur enseignent aussi qu'il n'y a que Dieu seul qui, pouvant tout ce qu'il veut, ne fait point de souhaits inutiles, et qu'il n'appartient qu'à lui de changer quand bon lui semble tous ses désirs en effets. Il veut plutôt les choses qu'il ne les souhaite, et il conclut plutôt les événements qu'il ne les désire. Mais dans les princes, souvent l'impuissance empêche l'exécution de leurs désirs; ils sont contraints de faire des vœux et d'employer le secours du ciel quand celui de la terre leur manque. Le pauvre Alexandre, voyant mourir son cher Éphestion, ne lui pouvait témoigner son amour que par ses désirs; celui qui distribuait les couronnes des rois qu'il avait domptés, et qui faisait de ses esclaves des souverains, ne pouvait rendre la santé à son favori. Les vœux qu'il offrait au ciel pour sa guérison étaient aussi bien des preuves de sa faiblesse que de sa douleur, et ils apprenaient à toute la terre que les souhaits des princes sont des témoignages de leur impuissance.

Ils sont aussi dans tous les hommes des marques publiques d'une pauvreté cachée: car toute âme qui désire est nécessiteuse, elle sort d'elle-même pour chercher en autrui ce qui lui manque; elle découvre sa misère en faisant paraître ses souhaits, et elle apprend à tout le monde que la félicité qu'elle possède n'est qu'apparente, puisqu'elle ne remplit pas tous ses désirs. C'est pourquoi le grand Tertullien a dignement exprimé la nature de cette passion, quand il a dit qu'elle est la gloire de la chose désirée et la honte de celui qui la désire (3); car il faut qu'une chose soit aimable pour allumer nos désirs, il faut qu'elle ait des charmes qui nous attirent et des perfections qui nous arrêtent; mais certes il faut aussi que la volonté qui la souhaite soit indigente, qu'elle souffre des besoins qui l'obligent d'en chercher le remède. Le désir donc est l'honneur de la beauté et la honte des impudiques; le désir est la gloire des richesses et l'infamie des avares; le désir est la louange des dignités et le blâme des ambitieux, et, toutes les fois que les princes conçoivent cette passion dans leurs âmes, ils nous font connaître que leur fortune a plus d'éclat que de vérité, qu'elle ne donne pas tous les contentements qu'elle promet, puisqu'ils sont contraints de descendre de leurs trônes, de sortir de leurs palais et de chercher par de honteuses poursuites un bien étranger qu'ils ne trouvent pas en leur personne. Aussi la plus haute louange que donne à Dieu l'Écriture sainte, est celle qui nous enseigne qu'il est suffisant à soi-même (4), et que possédant toutes choses en l'immensité de son essence, il n'est point obligé de former des souhaits, ni de sortir hors de son repos pour chercher son contentement en ses créatures. Le monde ne contribue en rien à sa grandeur; quand le néant occupait la place de l'univers, et qu'il n'y avait point d'anges ni d'hommes pour le connaître et pour l'aimer, sa félicité n'en était pas moins entière, et toutes les louanges que nous lui donnons maintenant n'ajoutent rien à sa gloire. Quand nous lui immolons des

(1) Tradidit illos Deus in desideria cordis eorum. *Rom.* 1.
(2) Beatitudo desideriorum quies. *D. Thom.*
(3) Qui optat honorat. *Tertul. pœnitent.* — Desiderium honor rei desideratæ, et dedecus desiderantis.
(4) Dixi Domino, Deus meus es tu, quoniam honorum meorum non eges. *Psal.* XVI. — Deus passim in Scripturis vocatur Sadai, id est, sibi sufficiens.

victimes, quand nous faisons retentir la terre au bruit de ses louanges, quand nous brûlons de l'encens sur ses autels et que nous enrichissons ses temples de la dépouille de nos maisons, nous sommes obligés de protester que tous nos présents lui sont inutiles et qu'il nous fait grâce de les accepter, et que nous n'offrons rien à sa grandeur que nous n'ayons reçu de sa libéralité. Le désir est donc une marque d'indigence, et toute créature qui fait des souhaits déclare sa pauvreté.

Mais pour ne pas déshonorer entièrement cette passion, il faut confesser qu'elle est aussi une preuve de notre dignité, car elle s'étend sur toutes choses, et elle prétend quelque droit à tout ce qui peut entrer dans notre imagination : elle va chercher les effets dans le sein de leurs causes, elle se persuade qu'elle peut aspirer à tout ce qui se peut concevoir, et qu'elle peut mettre au nombre de ses richesses tous les biens qu'elle ne possède pas encore. Tout ce qui est possible la flatte, elle a une si grande étendue qu'elle embrasse toutes les promesses de la fortune, et rien n'est arrivé aux plus heureux hommes du monde qu'elle ne croie pouvoir attendre avec quelque sorte de justice. C'est pourquoi un Père de l'Eglise a dit que les apôtres ne quittant rien avaient quitté beaucoup, puisqu'ils avaient renoncé à leurs désirs, et que se défaisant d'une passion qui, dans leur extrême pauvreté, leur donnait droit sur toutes les richesses, ils se pouvaient vanter d'avoir tout laissé pour Jésus-Christ (1). Car le cœur de l'homme a une capacité infinie qui ne peut être remplie que par le souverain bien ; il est toujours vide jusqu'à ce qu'il possède celui qui l'a formé ; tous les autres biens l'affament et ne peuvent rassasier, ils irritent ses désirs et ne les apaisent pas. De là vient que nous ne les pouvons borner, que la fin de l'un est la naissance de l'autre, et que nous courons d'objets en objets pour trouver celui dont les autres ne sont que les ombres (2).

De là naissaient tous les désirs déréglés qui rongeaient le cœur des plus grands monarques ; de là procédait l'ambition d'Alexandre, qui trouvait la terre trop petite, et qui se fâchait de ce que ses conquêtes étaient bornées par les limites du monde ; de là dérivait l'avarice de Crassus qui s'estimait pauvre, quoiqu'il fût le plus riche des Romains, et qui passait des déserts effroyables pour aller faire la guerre à un peuple dont les seules richesses faisaient tous les crimes. Ces désordres n'ont point d'autre source que la capacité de notre cœur et l'infinité de nos désirs, qui, suivant le bien qui les sollicite, et n'en trouvant point qui les satisfasse, en cherchent toujours de nouveaux, et ne se prescrivent jamais de bornes : car encore que notre esprit n'ait pas assez de lumière pour connaître la suprême vérité dans toute son étendue, et que notre volonté n'ait pas assez de force pour aimer le souverain bien autant qu'il est aimable, et, par une suite nécessaire, ils nous rendent importuns à nos amis : et puisqu'ils supposent un abîme dans notre cœur, il ne faut pas s'étonner si tout ce qu'on leur accorde ne les peut remplir, et si après avoir poursuivi tant d'objets différents, ils se lassent de courir et cherchent leur repos dans le souverain bien, qui est la fin de tous les désirs légitimes.

II° DISCOURS.
Du mauvais usage du désir.

Qui voudrait prendre le peuple pour juge en cette matière s'imaginerait sans doute qu'il n'y a point de plaisir plus solide ni plus innocent dans le monde, que de voir nos désirs changés en effets, puisque c'est le vœu le plus ordinaire que nos amis font pour nous. Et certes s'ils n'en faisaient point qui ne fussent bien réglés, rien ne nous serait plus agréable ni plus utile que leur accomplissement, et nous aurions sujet de nous estimer heureux, quand après une longue poursuite, ils seraient enfin accomplis. Mais comme ils sont presque tous injustes, le succès nous en est souvent dommageable ; et pour moi je suis de l'opinion de Sénèque, et je tiens avec lui que la meilleure partie de nos amis nous désirent du mal innocemment, et qu'ils font des vœux en notre faveur qui nous sont plus pernicieux que les imprécations de nos ennemis. Si nous voulons être

---

(1) Ecce nos reliquimus omnia et secuti sumus te ; quid ergo erit nobis ? *Matth.* XIX.—Multum deseruit qui voluntatem habendi dereliquit. A sequentibus tanta relicta sunt quanta a non sequentibus desiderari potuerunt. *Greg. Magn.*, homil. V in *Evang.*
(2) Infinita concupiscentia existente, homines infinita desiderant. *Aristot.* 1. *Polit.* c. 6.

(3) Cum te habet anima, plenum est desiderium ejus ; jam et nihil aliud quod desideretur, exterius restat. Dum autem aliquid exterius desiderat manifestum est quod te non habet interius : quo habito nihil est quod ultra desideret. Si autem creaturam desiderat, continuam famem habet : quia licet quod desiderat de creaturis adipiscatur, vacua tamen remanet.

contents, il faut prier Dieu que rien ne nous arrive de tout ce que l'on nous souhaite (1). Nos parents mêmes contribuent à notre malheur par un excès d'affection, et pendant notre enfance ils attirent sur nos têtes la colère du ciel par l'injustice de leurs souhaits ; de sorte qu'il ne faut pas s'étonner si dans un âge plus avancé tant de disgrâces nous attaquent, puisque ceux qui nous aiment le mieux nous les ont procurées (2).

Le déréglement de nos désirs a trois causes : La première est l'amour-propre qui, ne pouvant effacer de nos âmes l'inclination que nous avons pour le souverain bien, la détourne vers les biens périssables, et les lui fait souhaiter avec autant d'ardeur que s'ils étaient éternels ; car notre cœur soupire toujours après Dieu. Quoique ses bons désirs soient affaiblis, ils ne sont pas étouffés ; ils s'attachent encore au bien, et le péché ne leur a pu ôter cette inclination qui leur est si naturelle ; mais la raison qui les devrait régler étant offusquée de ténèbres, ils se méprennent et se lient à tous les objets qui leur sont agréables. L'homme cherche une beauté que le temps ne puisse changer, que la vieillesse ne puisse flétrir, et que la mort même ne puisse effacer. Sitôt que ses yeux en voient l'ombre sur un visage, il réveille ses désirs et s'imagine que c'est l'éternelle beauté qui le doit satisfaire. Il soupire après un bien qui finisse toutes ses misères, qui le délivre de tous ses ennuis, et qui le guérisse de tous les maux qui le pressent. Quand l'opinion lui a faussement persuadé que l'or est un métal qui nous assiste en tous nos besoins, qui nous ouvre la porte aux dignités, qui facilite l'exécution de nos desseins et qui nous fait triompher de toutes les difficultés, il commande à ses désirs de pourchasser un bien duquel il attend toute sa félicité. Enfin l'homme recherche une gloire solide et véritable qui serve de récompense à la vertu, et qui le comble d'un honneur qui ne puisse être effacé par les années, ni terni par les médisances. Dès lors que l'erreur lui a figuré que les combats sont des actions héroïques, que les conquêtes sont les travaux des souverains, il ordonne à ses désirs de rechercher les occasions glorieuses, et d'entreprendre des guerres injustes ; il forme le dessein de renverser les villes, de ruiner des Etats, et de porter l'horreur et la mort dans toutes les parties du monde pour se rendre illustre dans l'histoire. Le remède à tous ces maux est facile, et puisque la volonté n'a pas perdu toutes ses bonnes inclinations, il n'est besoin que d'éclairer l'entendement, et de le fortifier par de solides raisons, qu'il puisse opposer aux fausses maximes du monde (3).

La seconde cause du déréglement de nos désirs est l'imagination qui ne se sert de son avantage que pour les irriter, car ils seraient assez réglés si cette puissance brouillonne ne les mettait en désordre. La nature ne cherche qu'à se délivrer des incommodités qui la travaillent ; elle ne demande pas la magnificence dans les bâtiments, et pourvu qu'ils la garantissent des injures de l'air, tous les ornements lui sont inutiles ; elle ne souhaite pas le luxe dans les habits, pourvu qu'ils cachent sa confusion, et qu'ils défendent son corps de la rigueur du froid, elle est encore assez innocente pour en condamner le désordre ; e le ne recherche pas l'excès du plaisir dans le boire et dans le manger : pourvu qu'ils soutiennent sa vie, et qu'ils apaisent la faim et la soif qui la pressent, elle néglige tous les délices qui les accompagnent (4). Mais l'imagination qui semble n'avoir point d'autre exercice depuis la corruption de notre nature, que d'inventer de nouveaux plaisirs, pour nous défendre de nos anciens malheurs, ajoute la dissolution à nos désirs, et met le déréglement dans nos souhaits. Elle nous conseille d'enfermer des campagnes et des rivières dans nos parcs (5) ; elle nous oblige à bâtir des palais plus superbes que nos temples, et plus grands que les villes de nos ancêtres ; elle emploie tous les artisans pour nous habiller, elle fait travailler toute la nature pour contenter notre orgueil, elle fait filer les vers pour nous couvrir, elle va chercher dans les entrailles de la terre et dans les abimes de la mer des diamants et des perles pour nous parer. Enfin elle cherche la délicatesse dans la nourriture : elle ne veut point de viandes qui ne soient exquises, elle méprise les communes, et fait essai des inconnues ; elle réveille l'appétit quand il est endormi, elle confond les saisons pour nous donner du plaisir, et malgré les ardeurs de l'été, elle conserve la neige et la glace pour les mêler avec le vin. En un mot, l'imagination rend nos convoitises savantes ; elle les instruit à souhaiter des choses qu'elles ne connaissent pas, et déréglant nos désirs naturels, elle leur fait commettre des excès dont ils ne sont coupables que parce qu'ils lui sont obéissants. Ainsi nos débauches naissent de nos avantages, et nous ne sommes pas plus déréglés que des bêtes, parce que nous sommes plus éclairés ; car Aristote (*Ethic.* c. xi), faisant la distinction de nos désirs, appelle par une étrange façon de parler, les plus modestes, déraisonnables, parce qu'ils nous sont communs avec elles, et les plus insolents, raisonnables, parce qu'ils nous sont propres et particuliers. C'est à mon avis pour cette cause que les philosophes nous ont voulu réduire à la condition des bêtes, et qu'ils nous ont proposé la na-

---

(1) Bonæ animo mane precantur, et si vis felix esse Deum ora, ne quid tibi ex his quæ optantur, eveniat. *Senec.*

(2) Jam non admiror si omnia nos a prima pueritia mala sequuntur : inter exsecrationes parentum crevimus. *Sen., Epist.* 60.

(3) Tantum miscere vitia desideriis noli. *Sen., Ep.* 119.

(4) Ad legem naturæ revertamur, divitiæ paratæ sunt. Aut gratuitum est quo egenius, aut vile : panem et aquam natura desiderat. Nemo ad hæc pauper est *Sen., Ep.* 25.

(5) Luxuria ebore sustineri vult, purpura vestiri, auro tegi, terram transferre, maria concludere, flumina præcipitare, nemora suspendere. *Sen.,* lib. I, *de Ira, cap. ult.*

ture pour exemple, croyant qu'elle était moins déréglée que la raison. C'est pour ce même sujet qu'ils ont divisé nos désirs en nécessaires et en superflus, et qu'ils ont dit que les uns étaient bornés, et que les autres étaient infinis; que les nécessaires trouvaient de quoi se contenter dans l'exil et dans la solitude, et que les superflus ne trouvaient pas de quoi se satisfaire dans les villes et dans les palais. La faim n'est point ambitieuse, elle ne demande que des viandes qui l'apaisent : tous ces mets qu'on apprête avec tant de soin sont les supplices de la gourmandise, qui ne cherche le moyen d'exciter l'appetit après qu'il est content, et de rallumer la soif qu'après qu'elle est éteinte (1). Car elle se plaint que le cou n'est pas assez long pour goûter les viandes, que l'estomac n'est pas assez grand pour les recevoir, et que la chaleur naturelle n'est pas assez prompte pour les digérer. Le vin ne lui est pas agréable si elle ne le boit dans des vases précieux, et s'il ne lui est présenté d'une belle main, elle ne peut se résoudre à le prendre. Mais les désirs naturels ne sont point accompagnés de tous ces dégoûts; ce qui nous est absolument nécessaire nous est presque toujours agréable, et la nature qui est une bonne mère, a mêlé le plaisir avec la nécessité pour notre soulagement. Usons donc d'un bienfait que l'on peut mettre au nombre des plus signalés, et croyons qu'elle ne nous a jamais plus sensiblement obligés que quand elle nous a ôté le dégoût à tous nos désirs naturels (2).

La troisième cause de leur désordre est que nous ne considérons pas assez la qualité des choses que nous désirons : car souvent nous corrompons la nature du désir, et par une violence extrême nous le forçons à chercher une chose qu'il devrait éviter. Nous ne regardons que l'apparence des objets, nous nous y attachons indiscrètement sans considérer leurs defauts, et nous faisons succéder les regrets à nos vœux, et la douleur à nos plaisirs. Nous souhaitons des maux véritables, parce qu'ils ont quelque ombre de bien, et quand après une longue poursuite nous les possédons, ils nous deviennent insupportables; changeant d'opinion, nous condamnons nos désirs, et nous accusons le ciel d'avoir été trop facile à nous les accorder. Nous reconnaissons par expérience qu'il y a des vœux que Dieu n'exauce que quand il est irrité, et que nous formons des souhaits dont l'accomplissement nous est funeste. Nous ressemblons à ce prince qui se repentit d'avoir souhaité des biens, et qui s'affligea de les avoir obtenus (3). Son désir devint son supplice, il eut horreur de ce qu'il avait demandé, et se trouvant pauvre au milieu de l'abondance, il fit des prières pour se délivrer d'un mal qu'il s'était lui-même procuré. L'absence nous fait estimer la plupart de nos biens, et leur présence nous les fait mépriser; ils paraissent grands à notre imagination, quand ils en sont éloignés; mais lorsqu'ils s'en approchent, ils perdent leur fausse grandeur, tous leurs avantages s'évanouissent comme les ombres devant le soleil, et nous convertissons notre estime en mépris, notre amour en haine, et nos désirs en horreur (4).

La philosophie profane désirant remédier à tant de maux nous donne un conseil qui nous met au désespoir ; car sans réformer notre âme elle veut que nous modérions nos désirs : comme si le mal n'était que dans nos souhaits elle nous en défend l'usage, et nous conseille de ne rien souhaiter, si nous voulons être bienheureux. Elle établit la félicité dans le retranchement de cette passion ; elle pense avoir prononcé un oracle quand elle a dit par la bouche de Sénèque, que celui qui a borné ses désirs est aussi content que Jupiter, et que sans accroître nos richesses ni augmenter nos plaisirs, il ne faut que diminuer nos souhaits pour trouver un solide contentement (5). Mais certes elle nous trompe en nous flattant, et nous promettant un bonheur imaginaire, elle nous ôte le moyen d'en acquérir un véritable ; car elle nous laisse dans l'indigence où le péché nous a mis, et elle nous défend l'usage des désirs. Elle nous laisse avec l'inclination que la nature nous a donnée pour le souverain bien, et elle ne nous permet pas de le rechercher; elle veut que nous soyons pauvres et que nous ne le sentions pas, et qu'au malheur de la pauvreté nous ajoutions celui de l'insolence et de l'orgueil. Quand nous règnerons dans le ciel, et que nous trouverons notre parfaite félicité en la jouissance du souverain bien, nous bannirons tous les souhaits ; mais tandis que nous gémissons sur la terre et que nous souffrons des maux qui nous obligent de sortir hors de nous-mêmes pour en chercher des remèdes, nous concevrons de justes désirs ; et nous apprendrons de la religion, les moyens d'en user pour la gloire de Jésus-Christ et pour le salut de notre âme.

IIIe DISCOURS.
Du bon usage du désir.

Quoiqu'il n'y ait rien de plus commun que les désirs, il n'y a rien de plus rare que leur bon usage, et de tant de personnes qui forment des souhaits, il ne s'en trouve qu'un petit nombre qui les sache bien régler : car cette passion est aussi libre que l'amour, et comme elle est sa première production, elle ne peut souffrir qu'on la contraigne. Elle est si glorieuse qu'elle ne reçoit des lois que du souverain bien ; elle méprise l'autorité des princes, et sachant bien qu'elle ne relève pas

---

(1) Ambitiosa non est fames contenta desinere est quo desinat non nimis eruat. Sen., Ep. 119.

(2) Inter reliqua, hoc nobis natura præstitit præcipuum, quod necessitati fastidium excussit. Idem, ibid.

(3) Attonitus novitate mali, divesque, miserque,

Effugere optat opes, et quæ modo voverat odit.
Ovid., Metam. xii, de Mida.

(4) Cui enim assecuto satis fuit quod optanti nimium videbatur? Sen., Ep. 118.

(5) Qui desiderium suum clausit, cum Jove de felicitate contendit. Sen.

de leur empire, elle ne s'étonne point de leurs menaces, et ne s'émeut point de leurs promesses. Aussi les rois, qui connaissent bien l'étendue de leur pouvoir, n'entreprennent rien sur la liberté : ils punissent les actions, ils défendent les paroles, mais ils laissent les pensées et les désirs à la conduite de celui qui les voyant dans les fonds des cœurs les peut récompenser ou punir éternellement. Ils ne font point de lois pour les retenir, ils confessent qu'il n'y a que Dieu seul qui les puisse réprimer, et qu'il est l'unique entre tous les souverains qui ait droit de dire à ses sujets : Vous ne désirerez point (*Exod.* xx, 17). C'est pourquoi ceux-là passent pour insolents qui entreprennent de réformer les désirs sans sa grâce, et tous les avis que nous pouvons donner pour les régler présupposent nécessairement son assistance. Mais après avoir rendu cette soumission à celui de qui nous tenons tous nos biens, il me semble que nous pouvons user de cette passion avec certaines conditions qui nous la rendront utile et glorieuse.

Les désirs ne nous ont été donnés de la nature que pour acquérir le bien qui nous manque et qui nous est nécessaire : ce sont des secours dans notre indigence, ce sont des mains de notre volonté, et comme ces parties du corps travaillent pour toutes les autres, nos désirs travaillent pour toutes les passions de notre âme, et obligent par leurs soins notre amour et notre haine. Mais cet avantage nous deviendrait pernicieux, si, nous étant donné pour secourir notre pauvreté, nous nous en servions pour l'accroître; c'est pourquoi, devant que de nous engager à la recherche d'un bien, il faut que nous regardions s'il est assez grand pour nous enrichir, et si sa jouissance fera mourir ces souhaits que sa privation avait fait naître; car s'il ne fait que les irriter, et si au lieu de guérir nos maux il les aigrit, il faudrait avoir perdu le jugement pour en conserver le désir. Je ne désirerai donc que ces biens véritables qui me peuvent délivrer de mes misères, et afin que ma passion soit raisonnable, je ne souhaiterai qu'autant qu'ils doivent être souhaités. Je peserai leurs qualités, et j'accommoderai mes souhaits à leurs mérites ; je rechercherai les richesses non pour servir à la vanité, mais pour subvenir à mes besoins; je rechercherai des viandes pour soutenir mon corps, et non pas pour irriter mon appétit ; je rechercherai des honneurs comme des aides d'une vertu naissante, et qui a besoin de quelque secours étranger pour se défendre contre le vice; je rechercherai même les voluptés innocentes ; mais j'en éviterai l'excès, et je me souviendrai qu'elles sont de la nature de ces fruits qui sont agréables au goût et pernicieux à la santé (1). Avec cette modération nos désirs seront raisonnables; s'ils nous attachent aux choses de la terre, la nécessité nous servira d'excuse, et nous estimerons glorieuse une servitude qui nous sera commune avec les saints.

Il faut prendre garde aussi a n avoir que de faibles désirs pour les choses périssables, et à ne souhaiter qu'avec retenue ce qui nous peut être ôté avec violence. La philosophie des stoïciens est trop austère pour être écoutée; ses maximes tendent plus à nous désespérer qu'à nous instruire : car elle nous défend absolument de souhaiter ce qu'on nous peut ravir, et elle emploie toutes ses fausses raisons pour nous persuader que le bien qui nous arrive par les désirs ne peut être véritable (2). La philosophie chrétienne qui sait bien que notre félicité n'est pas en nous, et qu'il en faut sortir pour s'attacher au souverain bien, condamne cette maxime; mais comme elle n'ignore pas aussi que les autres biens nous peuvent être enlevés, elle nous ordonne de les désirer sans inquiétudes, et de considérer que la possession n'en est pas si assurée qu'elle ne puisse être quelquefois interrompue. Elle nous prépare à leur perte, lorsqu'elle nous permet leur recherche; elle nous enseigne que le désir des choses périssables ne doit pas être éternel, et qu'il faut posséder sans attachement ce qu'on doit laisser sans regret. Elle nous apprend que les biens de la fortune et de la nature dépendent de la Providence divine, qu'elle nous les prête et ne nous les donne pas, qu'elle les refuse à ses amis, et les accorde à ses ennemis, et qu'elle les dispense de telle sorte, que s'ils ne sont pas des marques de sa haine, ils ne sont pas aussi des témoignages de son amour (3). Avec ces bonnes raisons elle nous persuade doucement qu'ils ne doivent pas être les principaux objets de nos désirs, et que pour suivre les intentions de notre souveraine, il faut les aimer avec froideur, les désirer avec modération, les posséder avec indifférence, et les quitter avec plaisir.

Mais le principal usage que nous devons faire d'une si noble passion est de nous en servir pour nous élever à Dieu, et d'en faire une chaîne glorieuse, qui nous attache inséparablement à lui. Comme il est l'unique objet de tous les désirs, ils s'égarent de leur fin quand ils s'éloignent de lui, ils se perdent quand ils ne le cherchent pas, et ils demeurent au milieu de leur course quand ils n'arrivent pas jusqu'à lui. Il est la source de toutes les perfections, et comme elles sont sans mélange d'aucun défaut, il n'y a rien en elles qui ne soit parfaitement souhaitable. On voit des créatures qui ont quelques charmes pour se faire désirer, mais elles ont des imperfections pour se faire mépriser. Le soleil a tant d'éclat et de beauté qu'il a fait

---

(1) Magnus ille est qui fictilibus sic utitur, quemadmodum argento : nec ille minor est qui sic argento utitur, quemadmodum fructibus. Infirmi animi est, pati non posse divitias. *Sen.*, *Ep.* 5.—Idem sentias de voluptatibus et honoribus.

(2) Alienum est quidquid optando venit. *Sen.*

(3) Hoc est propositum Deo, ostendere hæc quæ vulgus appetit, quæ reformidat, nec bona esse nec mala ; apparebunt autem bona esse, si illa nonnisi bonis viris tribuerit, et mala esse si malis tantum irrogaverit. *Sen.*, *de Provid.*, c. 5.

des idolâtres; une partie du monde le révère encore, et la religion chrétienne, qui s'est répandue par toute la terre, n'a pu détromper tous les infidèles (1) : cependant il a des faiblesses qui appartiennent aux philosophes, et il n'est qu'une simple créature. Si sa lumière est bornée, et ne peut éclairer en un même temps toutes les deux moitiés du monde, il souffre des éclipses et ne les peut éviter; il tombe en défaillance, et se voit offusqué par un astre qui lui cède en grandeur et en beauté : s'il a des influences favorables, il en a de malignes; s'il fait naître les hommes, il les fait mourir ; s'il est père des fleurs, il en est le parricide; si sa lumière nous éclaire, elle nous éblouit; si sa chaleur échauffe l'Europe, elle brûle l'Afrique : si bien que le plus noble de tous les astres a ses défauts, et s'il nous donne des désirs, il nous donne de l'aversion et du mépris. Mais Dieu n'a rien qui ne soit aimable; toutes ses perfections voient des anges sans nombre, qui sont destinés pour les honorer; elles ont des amants immortels qui les adorent depuis la naissance du monde. Les hommes qui les connaissent les désirent, et ils souhaitent la mort pour les pouvoir posséder. C'est ce souverain bien que nous sommes obligés de rechercher, c'est pour lui que les souhaits nous ont été donnés; notre cœur est criminel, quand il divise son amour et qu'il n'en donne qu'une partie à celui qui le mérite tout entier. L'abondance de Dieu et l'indigence de l'homme sont les premières chaînes de l'alliance que nous contractons avec lui. Il est tout, et nous ne sommes rien; il est un abîme de miséricorde, et nous sommes un abîme de misère (2); il a des perfections infinies et nous avons des défauts sans nombre; il ne possède point de grandeur qui ne soit souhaitable, et nous ne souffrons point de besoin qui ne nous oblige à former des souhaits ; il est tout désirable et nous sommes tout désirs (3); et pour bien exprimer notre nature, il suffit de dire que nous ne sommes qu'une pure capacité de Dieu. Nous n'avons partie sur notre corps ni faculté dans notre âme, qui ne nous oblige à la chercher; nous faisons des courses dans le monde par nos désirs, nous nous égarons en nos affections, mais après avoir considéré les beautés du ciel et les richesses de la terre, nous sommes contraints de rentrer en nous-mêmes, de nous attacher à celui que nous portons dans le fond de notre être, et de confesser qu'il n'y a que Dieu seul qui puisse remplir la capacité de notre cœur. Tirons ces avantages de notre misère, et réjouissons-nous que la nature nous ait donné des désirs, puisqu'ils sont des ailes qui nous élèvent à Dieu, et des chaînes qui nous attachent à lui.

Dans toutes les autres occasions les désirs sont inutiles, et après nous avoir fait soupirer longtemps, ils ne nous donnent pas ce qu'ils nous ont fait espérer, ils nous tourmentent pendant qu'ils nous possèdent, et quand le désespoir les a fait mourir, ils ne nous laissent que la honte et le regret d'avoir prêté l'oreille à de si mauvais conseillers. Je sais bien qu'ils réveillent l'âme, et qu'ils lui donnent quelque vigueur pour acquérir le bien qu'elle souhaite; mais le bon succès de nos entreprises ne dépend pas de leurs efforts, et si les choses que nous aimons ne nous étaient que des désirs, tous les ambitieux seraient souverains, tous les avares seraient riches, et l'on ne verrait pas d'amants qui se plaignissent de la rigueur ou de l'infidélité de leurs maîtresses. Les femmes retireraient leurs maris du sépulcre, les mères guériraient leurs enfants malades, et les captifs recouvreraient la liberté. Nous ferions autant de miracles que de souhaits, et tous les malheurs seraient bannis de la terre, depuis que les hommes font des vœux. Mais l'expérience nous apprend qu'ils sont le plus souvent impuissants et que leur accomplissement dépend de cette Providence suprême qui peut, quand elle veut, les convertir en effets ; mais ceux qui regardent notre salut ne demeurent jamais inutiles, il suffit pour être bon de le souhaiter fortement. Notre conversion ne dépend que de notre volonté, un désir animé de la grâce efface tous nos péchés, et quoique Dieu soit si grand, il n'a coûté que des souhaits à ceux qui le possèdent. Cette passion dilate notre âme et nous rend capables du bien après lequel elle nous fait soupirer (4). Elle étend notre cœur et nous prépare à recevoir la félicité qu'elle nous procure. Enfin elle frappe les oreilles de Dieu, elle se fait entendre sans parler, et elle a tant de pouvoir dans le ciel que rien n'est refusé à ses demandes (5). Elle glorifie Jésus-Christ et ses saints, il en tire le plus ancien de ses noms, et avant qu'il fût connu par celui du Sauveur du monde, il était déjà connu par celui de Désiré de tous les peuples (6). Ses prophètes l'ont honoré de ce titre avant sa naissance : celui qui nous désigna le temps de sa venue tira le sien de ses souhaits, et mérita d'être appelé par un ange l'homme des désirs (7). Ses vœux avancèrent le mystère de l'incarnation, ceux de la sainte Vierge en obtinrent l'accomplissement, et les nôtres ressentiront les effets, s'ils ne se lassent point de demander à Dieu.

IV° DISCOURS.

De la nature, des propriétés, des effets, et du bon et mauvais usage de la juïte.

La nature nous aurait bien manqué au be-

---

(1) Clamat sol, quid me colis ut Deum quem vides ortu occasuque concludi? Deus nec ortum habet nec occasum, sed illum deserendo magnum incurristi casum. Cum autem calor et splendor meus tibi deserviant, quomodo me pro Deo colendum ducis, nisi quia Deum rerum colere nescis? *Aug., lib. de Symbol. tract.* 3.
(2) Abyssus abyssum invocat. *Ps.* XLI.
(3) Deus totus desiderabilis, homo totus desideria.
(4) Vas desideriorum ipsa infusione crescit. *Chrysost.*
(5) Apud Deum voces non faciunt verba sed desideria. *Greg. Magn.*
(6) Desideratus cunctis gentibus. *Agga.* II.
(7) Vir desideriorum. *Daniel.* II.

soin, si, nous ayant donné de l'amour pour les bonnes choses, elle ne nous avait pas donné des désirs pour les rechercher. Celles qui font maintenant notre félicité causeraient tous ces supplices, si nous étant permis de les aimer, il nous était défendu de les souhaiter. Le souverain bien ne servirait qu'à nous rendre misérables, et la vertu qu'il a d'attirer les cœurs contribuerait à notre misère, si nous n'avions le pouvoir de l'acquérir. Nous aurions autant de sujet de nous plaindre de cette mère charitable, si, nous ayant imprimé dans le cœur la haine du mal, elle n'y avait aussi gravé cette passion qu'on appelle *fuite* pour nous en éloigner : car nous verrions notre ennemi, et nous ne pourrions nous en défendre. Nous aurions de l'aversion pour le vice et nous serions contraints de le souffrir ; et, par une malheureuse nécessité, il nous faudrait loger un hôte que nous ne saurions aimer ; mais la nature y a bien pourvu, et sa Providence, qui veille toujours sur ses enfants, nous a donné une passion qui fuit le mal avec autant d'impétuosité que le désir cherche le bien. Elle s'éloigne de tout ce qui nous peut nuire, et, suivant les inclinations de la haine dont elle est ou la fille ou l'esclave, elle s'écarte de tous les objets qui lui déplaisent, et donne des combats pour la défendre de ses ennemis. C'est le premier secours que nous avons reçu contre le mal, c'est le premier effort et la première sortie que fait l'appétit concupiscible pour nous en délivrer.

Quoique cette passion soit presque toujours innocente, et qu'elle ne puisse devenir criminelle que par surprise, elle ne laisse pas d'avoir son mauvais usage, et d'être tous les jours employée contre le dessein de la nature. C'est pourquoi ceux qui veulent s'en servir sont obligés de considérer si le mal qu'ils s'efforcent d'éviter est apparent ou véritable, et si l'opinion qui s'empare aisément de l'esprit ne leur a point persuadé des mensonges pour des vérités : car il est constant que de deux choses qui portent le nom de mal dans le monde, il n'y en a qu'une qui, à proprement parler, le mérite. La coulpe et la peine sont les deux plus ordinaires objets de notre fuite, et la plupart des hommes les confondent de telle sorte, que l'on ne sait lequel est le plus odieux. Comme la peine est plus sensible que la coulpe, on l'évite plus soigneusement, il n'y a guère de personnes qui n'aiment mieux être criminelles que malheureuses (1). On fuit la peste et on cherche le péché; on s'éloigne de tous les lieux qui sont infectés, et dont le mauvais air peut altérer la santé, et on s'approche des mauvaises compagnies qui peuvent ôter l'innocence. Cependant la religion nous oblige de croire que les peines sont des effets de la justice divine, qu'elles ont des beautés qui pour être austères ne laissent pas d'être agréables, que Dieu s'honore par le supplice de ses ennemis, et qu'il trouve autant de satisfaction dans le châtiment des criminels que dans la récompense des justes. Les plus grands saints ont reconnu que nos peines étaient des faveurs qui ne contribuent pas moins au salut des hommes qu'à la gloire de leur créateur; ils ont confessé qu'il faut adorer les bras qui nous blessent, aimer nos plaies à cause de la main qui les a faites, et apprendre à tout le monde que les foudres du ciel sont justes, puisque ceux mêmes qui en sont frappés les adorent. Mais le péché est un mal véritable qui n'a rien qui ne soit odieux ; sa cause est une volonté réglée, son objet est une bonté souveraine qu'il offense ; et si de la part de celui qui le commet sa malice est bornée, de la part de celui contre lequel il est commis elle est infinie. Il viole toutes les lois de la nature, il déshonore les hommes et les anges, et tous les maux que nous souffrons sont les justes châtiments de ses désordres. C'est donc pour ce mal effroyable que nous avons reçu l'aversion, et elle ne peut être plus justement employée que pour nous éloigner d'un monstre dont l'enfer sera le séjour, et dont la mort éternelle sera le supplice.

Après lui rien ne doit être plus soigneusement évité que ceux qui défendent son parti, et qui, pour étendre son empire, tâchent de le rendre aimable ou glorieux. Comme la nature est le pur ouvrage de Dieu, elle ne peut souffrir le péché, et, pour le bannir de la terre, elle l'a chargé de confusion et de crainte (2). Il n'ose paraître en plein jour, il se cache dans les ténèbres, et il cherche des lieux solitaires où il n'ait pour témoins que ses complices. Mais ses partisans l'élèvent sur le trône et emploient tous leurs artifices pour lui acquérir de la gloire; ils le couvrent du manteau de la vertu, et quand il a quelque affinité avec son ennemie, ils s'efforcent de le faire passer pour elle; ils changent leurs noms, et, commettant deux crimes par une même action, ils ôtent l'honneur à la vertu pour le donner au péché. Ils appellent la vengeance une grandeur de courage, l'ambition une passion généreuse, l'impureté un plaisir innocent, et, par une suite nécessaire, ils appellent l'humilité une bassesse d'esprit, le pardon des injures une lâcheté de cœur, et la continence une humeur sauvage (3) : ils répandent ces fausses maximes; ils font de leurs maux des contagions, de leurs erreurs des hérésies; ils séduisent les âmes simples, et présentent le poison dans des vases de cristal, ils le font avaler aux innocents. Les plus courageux mêmes ont de la peine à s'en défendre, les meilleurs esprits se laissent persuader à leurs mauvaises raisons, et, comme la fraîcheur du teint s'efface insensiblement à la chaleur du soleil, la pureté des âmes se corrompt par leurs mauvais en-

---

(1) Homines flagella sua dolent, peccata non dolent propter quæ flagellantur. *Greg. Magn.*

(2) Omne malum aut timore, aut pudore natura perfudit. *Tertul.*

(3) Sunt virtutibus vitia confinita, et perditis quoque ac turpibus recti similitudo est. Sic mentitur prodigus liberalem, cum plurimum intersit utrum quis dare sciat, an servare nesciat. *Sen., Ep.* 120

tretiens. C'est pourquoi nous sommes obligés de recourir à l'aide que la nature nous a donné, d'exciter cette passion qui nous éloigne du mal, et qui nous prête des forces pour le combattre.

Mais son principal emploi doit être contre l'impudicité, et il semble que le ciel n'ait fait naître l'aversion que pour nous défaire d'un ennemi qui ne se peut vaincre que par la fuite. Toutes les passions viennent au secours de la vertu, quand elle entreprend la guerre contre le vice. La colère s'échauffe pour sa querelle, l'audace lui fournit des armes, l'espérance lui promet la victoire, et la joie qui suit toujours les actions généreuses lui tient lieu de récompense. Mais quand elle attaque l'impudicité, elle n'ose employer tous ses fidèles soldats, et sachant bien que l'ennemi qu'elle combat est aussi rusé que puissant, elle craint qu'il ne les séduise, et que, par ses artifices, il ne les attire à son parti. En effet la colère s'accorde aisément avec l'amour, et les querelles des amants ne servent qu'à rallumer leurs flammes éteintes, l'espérance entretient leurs affections et la joie tire souvent sa naissance de leurs déplaisirs; si bien qu'il ne reste à la vertu que la fuite pour se défendre, et de tant de passions qui l'assistent en tous ses autres desseins, elle n'a que l'éloignement qui la seconde pour combattre l'impureté (1). Mais elle s'estime assez forte quand elle en est secourue, et il n'y a point de beauté si charmante, d'inclination si forte, ni d'occasion si dangereuse qu'elle ne se promette de surmonter, pourvu que cette fidèle passion l'accompagne. C'est par elle que la pudicité règne dans le monde, c'est par son adresse que la virginité se conserve, c'est par sa prudence que les hommes imitent les anges et qu'ils triomphent des démons dans la faiblesse de la chair.

Mais le plus miraculeux effet qu'elle produit dans le monde, c'est lorsque, servant à la charité, elle nous sépare de nous-mêmes, et que, prévenant la violence de la mort, elle divise l'âme du corps. Car l'homme n'a point de plus grand ennemi que lui-même : il est la cause de tous ses maux, et la religion chrétienne tombe d'accord avec la secte des stoïques, qu'il ne peut recevoir de véritable déplaisir que celui qu'il se procure. C'est pourquoi il est obligé de s'éloigner de soi-même et de n'avoir point de commerce avec son corps, de peur qu'il ne prenne part à ses faiblesses. Il doit éviter sa compagnie s'il veut conserver son innocence, et il faut que, par le secours de la fuite, l'âme se détache d'une partie qu'elle anime. L'on défend la solitude aux affligés parce qu'elle entretient leurs douleurs, et on tâche de les divertir pour leur faire oublier leurs déplaisirs (2). Aussi défend-on la retraite aux pécheurs, de peur qu'ils ne s'entretiennent avec eux; on n'ose les abandonner à leurs pensées, de peur qu'ils ne s'en occupent, et on se sert de mille artifices pour les enlever à eux-mêmes, de peur qu'ils n'achèvent de se perdre; car on sait bien que dans la solitude ils ne prennent que de mauvais conseils, qu'ils pensent à dresser des pièges à la chasteté, qu'ils méditent des vengeances, qu'ils excitent leur colère, et qui, pendant la honte et la crainte qui les retenaient dans les compagnies, ils donnent là liberté à toutes leurs passions quand ils sont à l'écart. Pour les guérir de tant de maux, on tâche de les séparer d'eux-mêmes, et, pour conduire ce dessein avec succès, on en donne la charge à la fuite, qui, par des artifices innocents, sépare l'âme du corps et éloigne les hommes de tout ce qui leur peut nuire.

Puisque nous lui avons tant d'obligations, et que nous lui sommes redevables de notre salut, il est à propos de donner le reste de ce discours à la considération de ses propriétés, et de connaître plus exactement une passion de qui nous recevons tant de bons offices. Elle est à la haine ce que le désir est à l'amour; quoiqu'elle semble ne regarder le mal que pour s'en éloigner, elle cherche le bien par des routes détournées, et, comme les matelots, elle tourne le dos au port où elle veut arriver. Ses effets sont aussi puissants que ceux du désir, et les malheureux qui s'éloignent d'un grand péril ne donnent pas de moindres combats que ceux qui recherchent un grand bonheur. Comme le désir appelle l'espérance à son secours pour acquérir le bien qui lui semble trop difficile, la fuite implore l'assistance de la crainte pour se défaire du mal qui surpasse son pouvoir; comme le désir est une marque de notre indigence, la fuite est une preuve de notre faiblesse, et comme en désirant nous obtenons ce qui nous manque, en fuyant nous surmontons ce qui nous attaque; comme enfin le désir dilate notre cœur et le rend capable de bien qu'il pourchasse, la fuite, par un effet tout contraire, resserre notre âme et ferme la porte à l'ennemi qui la veut forcer, si bien que ces deux passions sont les fidèles ministres de la haine et de l'amour, et comme celui-ci n'entreprend rien de généreux sans l'assistance du désir, celle-là n'exécute rien de mémorable sans le secours de la fuite; et comme nous devons la possession du bien au désir qui la recherche, nous devons l'éloignement du mal à la fuite qui l'a repoussé.

---

(1) Inter omnia christianorum pia certamina sola dura sunt prœlia castitatis : ubi quotidiana pugna et rara victoria gravem castitas sortita est inimicum : cui sistitur et semper timetur. Nemo ergo se falsa securitate decipiat, nec de suis viribus periculose, prœsumat, nec cum mulieribus habitans, continentiæ obtinere triumphum. *Aug., lib. de Honestate mulier.*

(2) Lugentem timentemque custodire solemus, ne solitudine male utatur. Nemo est ex impudentibus qui relinqui sibi debeat. Tunc quidquid aut metu aut pudore celabat, animus exprimit; tunc audaciam acuit, libidinem irritat, iracundiam mitigat. *Sen., Ep. 10.*

TROISIÈME TRAITE.

DE L'ESPÉRANCE ET DU DÉSESPOIR.

PREMIER DISCOURS.

De la nature, des propriétés et des effets de l'espérance.

Cet art qui s'élève de la terre pour considérer les cieux, et qui néglige toutes les beautés du monde pour n'admirer que celles des astres, nous apprend que le soleil change d'influences en changeant de maisons, car encore qu'il ne perde rien de sa vertu dans sa course, que les éclipses qui le dérobent à nos yeux ne lui ôtent pas la clarté qu'elles nous cachent, et que son éloignement ne diminue point sa chaleur; néanmoins il y a des endroits dans le ciel où ses aspects sont plus favorables et ses influences plus bénignes; il y a des constellations qu'il chérit et dans lesquelles il prend plaisir d'obliger toute la nature; il semble qu'elles relèvent son éclat, qu'elles augmentent sa force et qu'il ne paraisse jamais plus puissant que quand il agit avec elles. La morale, qui ne connaît point d'autre soleil que l'amour, confesse qu'il prend de nouveaux pouvoirs en prenant de nouveaux visages; car encore qu'il soit toujours lui-même, et que les noms différents que nous lui donnons ne changent point son essence, néanmoins il s'accommode aux sentiments de notre âme qu'il emploie, et produit avec eux des effets ou plus rares ou plus communs. Il est sombre dans la tristesse, il est violent dans la colère, il est prompt dans le désir, il est entreprenant dans la hardiesse, il est tranquille dans la joie et il est abattu dans le désespoir : mais certes il n'est jamais plus agréable que dans l'espérance; c'est le trône où il paraît avec plus de pompe, c'est l'affection dans laquelle il agit avec plus d'effort, et c'est la passion où il nous flatte avec plus de douceur. Aussi est-ce le plus dangereux mouvement de notre âme : il semble que la nature l'ait destiné pour assister les grands hommes dans leurs plus hautes entreprises, et que rien ne se puisse exécuter de mémorable sans le secours de cette passion. Alexandre n'entreprit la conquête d'Asie qu'à sa sollicitation; distribuant tous les biens qu'il avait reçus de son père, il ne se réserva qu'elle pour son partage, et celui qui trouvait le monde trop petit se contenta des promesses que lui donna l'espérance. César ne consulta qu'elle quand il se résolut de changer l'état de la république romaine et de se faire le maître de cette orgueilleuse souveraine, qui donnait des rois à tous les peuples de la terre. Tous les conquérants ont été ses esclaves, et l'ambition qui leur commandait ne tirait ses forces et ne prenait ses conseils que de l'espérance qui leur enflait le courage.

Mais elle n'est pas si attachée aux princes qu'elle ne se communique à leurs sujets et qu'elle n'étende ses soins jusqu'aux moindres conditions des hommes. Elle conserve la société du monde, et toutes les personnes qui l'entretiennent ne se conduisent que par ses mouvements. Les laboureurs ne cultivent les campagnes, les marchands ne montent sur la mer et les soldats n'entrent dans le combat que sollicités par les douceurs de l'espérance (1); quoiqu'elle n'ait point de garant, et que toutes ses promesses soient incertaines, elle voit mille personnes qui suivent ses ordres et qui attendent ses récompenses; elle a plus de sujets que tous les souverains ensemble : elle se peut vanter que les uns et les autres n'agissent que par ses conseils. C'est elle seule qui contente tous les hommes, et qui, dans la différence de leurs conditions, leur fait attendre un même succès; c'est elle qui promet au laboureur une heureuse récolte, aux mariniers des vents favorables, aux soldats la victoire, et aux pères des enfants obéissants (2). Chacun s'engage sur sa parole, et ce qui est de plus étrange, on la croit encore après l'avoir surprise en mensonge; elle donne tant de couleurs à ses nouvelles promesses que sur leur assurance on forme de nouvelles entreprises et on se jette dans de nouveaux dangers. Les laboureurs cultivent la terre après une mauvaise année, et ils s'efforcent de vaincre la stérilité des campagnes par l'opiniâtreté de leurs travaux; les matelots remontent sur leurs vaisseaux après un naufrage, et, trompés par l'espérance, ils oublient l'horreur des tempêtes et la perfidie de la mer; les soldats retournent au combat après leur défaite; avec les forces de l'espérance ils attaquent des ennemis qui les ont battus, et se promettent que la fortune se lassera de favoriser toujours un même parti. Enfin il n'y a point de condition si malheureuse que cette passion ne console. Quoiqu'elle soit trompeuse, elle veut paraître fidèle, et dans sa légèreté même elle donne des preuves de sa constance, car elle accompagne ses esclaves jusqu'à la mort : elle suit les forçats dans les galères, elle entre dans les prisons avec les captifs, elle monte sur l'échafaud avec les criminels, et, de quelque mauvais succès qu'elle ait payé nos désirs, il n'y a point d'homme qui se puisse résoudre à la quitter.

Mais comme il n'y a point d'avantage dans le monde qui ne soit mêlé de quelques défauts, l'espérance a les siens; et si elle flatte les hommes par sa douceur, elle les étonne par la crainte qui l'accompagne : car le bien qu'elle pourchasse est absent et difficile, son absence l'inquiète, et sa difficulté l'épouvante. Elle reconnaît bien que ce qu'elle cherche est douteux : le nom même qu'elle porte (3) lui apprend que l'événement de ses

---

(1) Omne hac via procedit officium : sic serimus, sic navigamus, sic uxores ducimus, sic liberos tollimus, cum omnium horum incertus sit eventus. Senec., *Benef.* l. IV, c. 34.

(2) Ad ea accedimus de quibus bene sperandum esse credimus. Quis enim pollicetur serenti proventum, naviganti portum, militanti victoriam, marito pudicam uxorem, patri pios liberos? *Idem, ib.*

(3) Spes incerti boni nomen est. *Sen., Epist.* 10.

entreprises est incertain, et toutes les fois qu'elle considère les dangers qui la menacent, elle pâlit aussi bien que la crainte. Elle semble être de l'humeur de ce grand capitaine qui n'entrait jamais au combat qu'en tremblant, comme s'il eût appréhendé les hasards où son courage allait le jeter ; elle redoute ses propres efforts, et sa hardiesse fait la plus grande partie de sa timidité. Cette maxime est si véritable qu'un philosophe a pensé que nos appréhensions naissaient de nos espérances, et que pour cesser de craindre il fallait cesser d'espérer ; car quoique ces deux passions semblent avoir de la contrariété, et qu'une âme qui espère soit pleine d'assurance, néanmoins elles naissent l'une de l'autre, et nonobstant leur mauvaise intelligence, elles se prêtent la main et ne se quittent que rarement. Elles marchent de compagnie comme les criminels, avec leurs gardes, qui sont attachés d'une même chaîne, et presque réduits à une même servitude. Mais je ne m'étonne pas qu'elles aient tant d'affinité, puisqu'elles ont tant de rapports, et que l'une et l'autre est la passion d'un homme qui est en suspens, et que l'attente de l'avenir entretient dans l'inquiétude(1).

Quand elle n'a pas ce malheur, et que la connaissance de ses forces l'assure du bon succès de son entreprise, elle tombe dans une autre extrémité, et fournit à nos ennemis des moyens pour nous surprendre, car elle est naturellement imprudente ; quelques bons avis qu'on lui donne, elle regarde le bien qui l'attire, et ne considère pas le mal qui l'environne. Elle se jette indiscrètement dans le péril, et ne se conduisant que dans les apparences qui la trompent, elle engage sa liberté pour satisfaire à son inclination. Ainsi voyons-nous que les poissons avalent l'hameçon parce qu'il est couvert de quelque appât ; que les bêtes farouches donnent dans les toiles, pensant y trouver quelque proie, et que les soldats tombent dans une embuscade croyant remporter quelque avantage (2) ; de sorte que l'espérance est un conseiller téméraire qui ne voit dans les ténèbres de l'avenir que de fausses lueurs, et qui ne découvre des biens apparents que pour nous jeter dans des maux cachés et véritables. C'est pourquoi les politiques se défendent toujours de ces avis, et ces grands hommes qui gouvernent les Etats ne croient pas facilement une passion qui a plus de chaleur que de lumière, et plus de courage que de prudence. Mais quand elle nous tiendrait tout ce qu'elle nous promet, et que le bonheur qu'elle nous fait attendre ne serait mêlé d'aucun déplaisir, encore aurions-nous sujet de nous plaindre d'elle, puisqu'en nous repaissant de l'avenir, elle nous fait oublier le passé, qu'elle nous oblige de fonder notre contentement sur la partie la plus incertaine de notre vie (3).

Le temps qui mesure toutes les choses du monde a trois différences, le passé, le présent et le futur. Le présent n'est qu'un point ; il coule si promptement qu'on ne le peut arrêter, on nous surprend en mensonge toutes les fois que nous voulons parler de lui ; il n'entend jamais le commencement et la fin d'un même discours, quand nous le pensons prendre pour témoin, ou alléguer pour exemple, il nous échappe des mains, nous trouvons qu'il n'est plus présent, et qu'il est déjà passé. Le futur lui succède, mais il est si caché que les plus sages du monde n'en peuvent découvrir les premiers moments ; ses ténèbres sont si épaisses que toute la lumière de la prudence ne les peut dissiper. Les succès des choses sont enfermés dans les abîmes, et à moins que d'entrer dans l'éternité, on ne les saurait connaître ; il faut être prophète pour pénétrer ses secrets, et tout y est si douteux et si confus à notre égard, que souvent les jours que nous destinons à notre triomphe sont destinés à notre défaite, et les heures que nous réservons à nos divertissements sont celles que le ciel a ordonnées pour notre punition. Le passé n'est plus, il nous fuit et nous le fuyons ; nos souhaits, qui ont quelque droit sur l'avenir, n'en prétendent point sur lui ; ils ne peuvent disposer de ce qui n'est plus, et cette souveraine puissance, à qui toutes choses obéissent, n'entreprendra rien sur cette partie du temps, que quand elle voudra réformer le monde, et que tirant nos corps de la poussière, elle rendra au présent tout ce que le passé lui avait ravi. Il est vrai que notre mémoire a quelque juridiction sur lui ; elle s'en sert pour notre consolation, elle rappelle nos biens écoulés pour nous divertir, et, par un innocent artifice, elle fait de nos maux passés des félicités présentes. Elle ressuscite nos amis pour nous entretenir avec eux, elle converse avec les morts sans horreur, et malgré les lois nécessaires du temps, elle fait revivre le passé et nous restitue tous les contentements qu'il nous avait enlevés. Aussi est-ce la partie de notre vie que les philosophes aiment le mieux, c'est celle sur qui la fortune n'a plus de puissance et qui ne peut être incommodée de la pauvreté, travaillée de la crainte, ni abusée de l'espérance. C'est un temps sacré que les accidents n'oseraient toucher, c'est un trésor qu'on ne nous peut dérober, et les tyrans qui ont pouvoir sur ce qui nous reste de vie n'en ont point sur ce qui en est écoulé. La possession en est paisible, et quoi que fassent les destins, ils ne nous peuvent ôter un bien dont nous en jouissons que par le souvenir (4). Cependant l'espérance nous prive de ces richesses inrimum. *Senec*, *Benefic. lib.* III, *c.* 4.

(4) Hæc en pars temporis nostri sacra ac dedicata, omnes humanos casus supergressos extra fortunæ regnum subducta : quam non inopia, non metus, non morborum incursus exagitat. Hæc non turbari potest. Perpetua ejus et intrepida possessio est. *Sen.*, *de Brev. vitæ*, *c.* 10.

(1) Quemadmodum eadem catena et custodiam et militem copulat : sic ista quæ jam dissimilia sunt pariter incedunt. Nec miror ista sic ire. Utrumque pendentis animi est, utrumque futuri exspectatione sollicit. *Senec.*, *Ep.* 5.

(2) Et fera et piscis spe aliqua oblectante decipitur. *Senec.*, *Ep.* 8.

(3) Memoriæ minimum tribuit, quisquis spei plu-

nocentes, et ne s'occupe que de l'avenir : elle nous empêche de songer au passé ; elle nous appauvrit pour nous enrichir, elle nous ôte le certain pour nous repaître de l'incertain, et par une injustice extrême, elle nous tire de la tranquillité pour nous engager dans l'orage.

J'avoue bien que la prudence et la religion considèrent l'avenir, mais elles ne le regardent pas comme l'espérance ; car la religion ne se fonde pas sur ce futur incertain qui amuse la plupart des hommes, mais sur un futur assuré qui nous est promis dans l'Ecriture sainte. Elle travaille pour l'acquérir, et elle emploie toutes ses raisons pour nous persuader qu'il doit être le principal objet de nos désirs ; elle méprise cet avenir trompeur que l'espérance humaine recherche, et elle en fait si peu de compte, qu'elle ne veut pas que nous l'estimions une partie de notre vie ; elle nous défend de penser au lendemain, et condamne même la fausse prudence des hommes qui amassent des trésors et qui bâtissent des palais, comme s'ils étaient assurés de vivre une éternité (1) : elle ne veut pas que nous remettions en ce temps inconnu l'effet de nos bonnes résolutions, et par une profonde connaissance qu'elle a de l'incertitude de toutes choses, elle nous défend de différer notre pénitence, et nous commande de regarder le jour présent comme le dernier de notre vie. La vraie prudence considère plutôt l'avenir comme une source de maux que comme une source de biens, et quand elle veut pénétrer ses ténèbres, elle prend bien plutôt conseil de la crainte que de l'espérance ; elle se défie de tout ce qui dépend de la fortune, et n'ignorant pas combien les meilleures conjectures sont douteuses, elle attend toujours le futur avec inquiétude : comme elle sait que les bons succès sont au delà de son pouvoir, elle laisse à la Providence divine le soin de leur ordonner, et ne s'étonne point quand elle voit que les plus sages conseils sont suivis de mauvais événements. De sorte que l'espérance est blâmable de nous engager dans un temps qui n'est pas en notre disposition, et de fonder tout notre bonheur sur des moments et des heures qui sont peut-être au delà du cours de notre vie. Je sais bien que la condition de notre nature nous oblige à prendre quelque droit sur l'avenir ; que n'y ayant que Dieu seul qui possède tous ses biens ensemble, il faut que nous donnions quelque chose à la succession du temps, et qu'ayant si peu d'avantages présents, nous nous entretenions de ceux que nous promet le futur ; mais il n'en faut pas faire nos richesses, et c'est une haute imprudence de quitter le présent, d'oublier le passé, pour ne se nourrir que de l'avenir (2).

(1) Nolite ergo solliciti esse in crastinum. Crastinus enim dies sollicitus erit sibi ipsi : sufficit diei malitia sua. *Matth.* vi.
(2) Quam stultum est ætatem disponere ! ne crastino quidem dominamur. O quanta dementia est spes longas inchoantium. Emam, ædificabo, credam, exigam, honores geram. Omnia mihi crede etiam feli-

De tous ces bons et mauvais effets de l'espérance, il est facile de connaître sa nature et d'en faire une exacte définition ; c'est donc un mouvement de notre appétit irascible qui recherche avec ardeur le bien absent, difficile, et possible : elle a cela de commun avec toutes les autres passions qu'elle est un mouvement de notre âme ; mais elle est différente de la crainte, en ce qu'elle considère le bien et non pas le mal ; de la joie, en ce qu'elle regarde un bien absent et non pas présent ; et du désir, en ce qu'elle ne recherche pas le bien absolument, mais le bien difficile. Toutes ces qualités nous apprennent qu'elle peut avoir ses bons et ses mauvais usages ; que si les jeunes gens en abusent dans les plaisirs, les vieillards en usent bien dans leurs affaires, et que si elle est pernicieuse à la prudence, quand elle s'appuie indiscrètement sur l'incertitude de l'avenir, elle est utile à la religion, quand elle se fonde sur l'éternité : nous verrons la preuve de ces vérités dans les discours suivants.

IIe DISCOURS.
Du mauvais usage de l'espérance.

L'on ne saurait abuser plus insolemment des passions que lorsqu'on les emploie contre le dessein de la nature, ou que, choquant leurs principales propriétés, on les fait servir à des maîtres infâmes, qui, par artifice ou par violence leur font quitter le parti de la vertu. C'est pourquoi je ne saurais montrer plus évidemment le mauvais usage que la plupart des hommes font de l'espérance, qu'en leur montrant qu'ils heurtent ses inclinations, et que la détournant de son objet légitime, ils lui en proposent d'autres qui ne lui sont pas convenables ; car selon le raisonnement de tous les philosophes, cette passion doit regarder un bien absent, difficile et possible. D'où je conclus que les richesses, les honneurs et les plaisirs de la vie ne peuvent être ses véritables objets, puisqu'ils n'ont que l'apparence du bien, et que c'est l'opinion qui ne sait pas bien nommer les choses, qui les a honorés d'un titre qu'elles ne méritent pas : car la raison nous apprend que toutes ces choses n'ont point d'autre prix que celui que leur donne l'ignorance et le mensonge. Avant que l'avarice eût tiré l'or des entrailles de la terre, et que par mille tourments qu'elle lui fait souffrir, elle lui eût donné cette couleur qui nous éblouit les yeux, il ne passait que pour un sable inutile (3). L'honneur dépend si fort de l'opinion, qu'il est son pur ouvrage, et la vertu s'estimerait bien misérable, si elle n'avait point d'autre récompense que celle qui se donne le plus souvent à des crimes qui ont du bonheur ou de l'éclat. Les plaisirs de

cibus dubia sunt : Nihil sibi quisquam de futuro debet promittere. *Sen*, *Ep.* 10.
(3) Aurum nomen terræ in igne reliquit, atque exinde tormentis in ornamenta de suppliciis in delicias, de ignominiis in honores, metalli reluga mutatur. *Tert. de habitu mulier.*

la vie ne sont pas assez innocents, et sont trop pernicieux à l'homme pour être mis au nombre de ses biens ; la honte et le regret les accompagnent, la douleur qu'ils fuient avec tant de soin les trouve toujours, et leur fait porter la peine de tous les excès qu'ils ont commis. C'est peut-être ce qui a obligé le Sage d'appeler tous ces biens imaginaires des peintures trompeuses, qui ne sont rien moins en effet que ce qu'elles paraissent à nos sens (1). Car il semble à ceux qui ne jugent de l'ouvrage des peintres que par les yeux, qu'ils voient des oiseaux qui volent en l'air, des plaines qui s'étendent à perte de vue, et des personnages qui se détachent du tableau; cependant quand ils s'en approchent, ils trouvent que ce ne sont que des traits de pinceau qui trompent leurs sens, et qui leur font voir des choses qui ne sont pas : il en est ainsi de tous les biens périssables que l'opinion a mis en crédit, et qui doivent toute leur estime à la faiblesse ou à l'ignorance des hommes. Ce ne sont que des ombres du bien, qui, n'ayant rien de solide, ne peuvent être les objets de l'espérance : aussi les plus sages les ont méprisés, et il s'est trouvé des philosophes qui n'en ont jamais mieux reconnu la vanité que dans leur pompe et dans leur grandeur.

L'exemple que nous en donne Sénèque est trop utile pour ne le pas remarquer : il dit qu'Attalus avait conçu une secrète affection pour les richesses, et que bien qu'il fît profession de la philosophie, il s'était imaginé que leur bonté répondait à leur beauté, et qu'elles avaient autant de douceur que d'éclat. Il se trouva heureusement en un triomphe, où l'on exposa toutes les magnificences de Rome : il vit des vases d'or et de cristal, dont l'artifice augmentait le prix; des superbes habits, dont les couleurs étaient encore plus précieuses que l'étoffe ; des troupes d'enfants et de femmes, dont les beautés différentes charmaient également les yeux ; des esclaves chargés de chaînes, qui avaient autrefois porté des couronnes et des sceptres ; il vit toutes les dépouilles de l'Orient, et ces superbes trésors que tant de rois avaient amassés pendant la longueur de tant de siècles ; il vit enfin tout ce que la puissance romaine avait acquis de plus rare depuis que son ambition avait cédé à son avarice. Cependant ce philosophe guérit son mal où il semblait le devoir accroître, et il reconnut la vanité des richesses au milieu de leur triomphe ; car faisant réflexion sur tout ce qu'il avait vu, et remarquant que ces choses n'étaient pas moins inutiles que trompeuses, il les méprisa généreusement. Cette pompe, disait-il, n'a pu durer que quelques heures, une même après-dînée en a vu le commencement et la fin, et quoique les chariots qui portaient tous ces trésors marchassent lentement, ils ont passé en peu de temps. Quelle apparence y a-t-il donc que ce qui n'a pu nous divertir tout un jour nous occupe toute notre vie, et que nous fassions un long supplice d'une chose qui n'a pu nous donner un long plaisir (2) ? Ainsi ce philosophe apprit la vertu où les autres ne conçurent que de la vanité, et toutes les fois qu'il se présentait à ses yeux quelques objets dont l'apparence le pouvait tromper, il disait : Qu'admires-tu, mon âme ! c'est la pompe d'un triomphe que tu vois, où les choses se montrent et ne se laissent pas posséder, et où pendant qu'elles nous plaisent elles passent et s'évanouissent (3).

Si les richesses, n'étant pas des biens véritables, ne peuvent être l'objet de notre espérance, tous les autres que le monde nous promet ne la peuvent satisfaire, puisqu'ils ne sont pas assez éloignés : car cette passion étend sa vue bien avant dans l'avenir; négligeant les choses présentes, elle soupire après les absentes, et fait sa félicité d'un bonheur qui n'est pas encore arrivé. Il semble qu'elle nous veuille apprendre que le monde n'est pas son séjour, et que tous ces biens qui flattent nos sens et qui charment nos yeux ou nos oreilles ne sont pas ceux qu'elle recherche. Elle s'élève jusqu'au ciel, et portant ses prétentions dans l'éternité, elle n'estime pas absent ce qui est enfermé dans la suite des temps ; par une générosité qui ne saurait être assez louée, elle méprise toutes les grandeurs dont l'imagination se peut former une idée, et elle n'aspire qu'à cette suprême félicité que l'œil n'a jamais vue, et l'oreille n'a jamais ouïe, et que le cœur même n'a jamais conçue (*I Cor.* II). Ceux-là donc lui font outrage qui la contraignent de s'attacher à tous nos biens, et de languir pour des objets qui n'ont pas une des conditions que le sien doit posséder ; car outre qu'il doit être absent, il faut qu'il soit difficile et qu'il donne de la peine à ceux qui le veulent acquérir. Ce terme fera naître de l'erreur dans la plus grande partie des esprits, et les hommes trouvant de la difficulté dans la recherche des biens qu'ils souhaitent, s'imagineront qu'ils méritent d'être espérés. Les avares qui passent des mers, qui vont découvrir des terres inconnues et chercher de nouvelles maladies sous de nouveaux climats, se persuaderont que les richesses sont bien souhaitables, puisqu'elles sont si difficiles. Les ambitieux qui n'ont pas une heure de bon temps, et qui trouvent mille enfers véritables dans le paradis imaginaire qu'ils se forment, croiront que l'honneur est l'unique objet de l'espérance ; mais la philosophie prétend attacher la difficulté à la grandeur ; elle confond le nom de difficile avec celui de noble et de généreux ; elle condamne tous ceux qui soupirent après des biens infâmes et qui, oubliant la noblesse de leur naissance, ne conçoivent des desirs que pour des choses

---

(1) Umbra, pictura, labor sine fructu. *Sap.* XIII.
(2) Vidistine quam intra paucas horas ille ordo quamvis lentus dispositusque transierit? hoc totam vitam nostram occupabit quod totum diem occupare non potuit? *Sen., Ep.* 110.
(3) Quid miraris? quid stupes? Pompa est, ostenduntur istæ res non possidentur, et dum placent transeunt *Sen., ibid.*

méprisables. L'espérance est trop courageuse pour estimer de la fumée ou de la boue, et elle a compassion de toutes ces âmes lâches qui se donnent mille peines pour acquérir des richesses ou des honneurs. Il est vrai qu'ils coûtent bien des travaux à ceux qui les recherchent, mais pour être difficiles, ils n'en sont pas plus souhaitables; la peine qui les environne ne les rend pas plus glorieux, et ils ressemblent aux supplices des criminels, qui pour être rigoureux ne laissent pas d'être infâmes.

Enfin tout ce que désire la plupart des hommes n'est pas la fin de l'espérance, puisqu'il est le plus souvent impossible : car quoique cette passion soit hardie, elle est prudente; elle mesure ses forces, et quoiqu'elle s'engage en de glorieuses entreprises, elle veut avoir quelque assurance de leur événement; elle n'aspire qu'aux biens qu'elle peut obtenir, et elle en quitte la poursuite sitôt qu'elle reconnaît qu'ils surpassent son pouvoir; elle aime mieux passer pour retenue que pour téméraire, et confesser son impuissance que faire paraître sa vanité. Cependant tous ceux qui espèrent passent les bornes, et ôtant la prudence naturelle à cette passion, ils élèvent leurs désirs au delà de leurs mérites, et cherchent souvent des choses également injustes et impossibles. Un esclave dans les fers se promet la liberté, un criminel entre les mains du bourreau espère encore sa grâce, un homme banni de la cour prétend encore au gouvernement, et il ne se trouve presque point de misérables qui ne se repaissent indiscrètement de quelque félicité imaginaire (1). Ils se persuadent que le ciel fera un miracle en leur faveur et qu'il changera l'ordre de l'univers pour accomplir leurs désirs.

Mais de tous ces insensés, il n'y en a point de plus déplorables que les vieillards, qui voyant la mort déjà peinte sur leur visage, se promettent encore une longue vie. Ils perdent tous les jours l'usage de quelques parties de leurs corps, ils ne voient que par artifice, ils n'entendent qu'avec peine, ils ne marchent qu'avec douleur, et quelque chose qu'ils fassent, ils ont de nouvelles preuves de leur faiblesse : néanmoins ils espèrent de vivre, et parce que nos premiers pères ont vécu plusieurs siècles, ils croient qu'en se conservant, ils se pourront défendre de la mort, et goûter après tant de péchés qu'ils ont commis, une faveur qui n'a été accordée qu'à ceux qui n'avaient pas encore perdu toute l'innocence. Pour concevoir une pensée si déraisonnable, il faut renoncer au jugement, et ne pas connaître les malheurs qui sont inséparablement attachés à la vieillesse : car tous les genres de mort sont mêlés de quelque espérance : la fièvre nous laisse après un certain nombre d'accès, les embrasements s'éteignent comme ils sont allumés, la mer repousse au bord ceux qu'elle avait engloutis, un coup de tempête jette les vaisseaux dans le port, et le soldat touché de pitié donne la vie à son ennemi abattu; mais celui que la vieillesse conduit à la mort n'a plus de sujet d'espérer ; on ne saurait lui faire grâce, et les rois qui prolongent la vie aux criminels, ne la peuvent prolonger aux vieillards (2). Leur mort est la plus douce, mais elle est la plus certaine; et comme ils ne doivent plus craindre de mourir, ils ne doivent plus espérer de vivre. Mais nous avons assez considéré les outrages qu'on fait souffrir à l'espérance, voyons les bons offices qu'on lui peut rendre, en l'employant selon ses inclinations, et selon nos besoins.

IIIe DISCOURS.
Du bon usage de l'espérance.

La religion chrétienne est toute fondée sur l'espérance, et comme elle méprise la félicité présente, il ne faut pas s'étonner si elle soupire après un bonheur à venir. Elle confesse qu'elle n'est pas de ce monde, et elle ne trouve point étrange qu'elle soit persécutée en un pays ennemi ; elle sait bien qu'elle est appelée de ce siècle misérable à un siècle plus heureux, et que n'ayant rien à posséder sur la terre, elle doit tout espérer dans le ciel. C'est là qu'elle adresse ses vœux, c'est là qu'elle s'attend de recevoir les effets des promesses de Jésus-Christ, et de goûter cette gloire dont elle n'a encore ici que les gages (3). Elle sait bien que notre salut n'est que commencé, et qu'il ne se doit achever que dans le ciel. Tous les chrétiens qui sont instruits dans son école attendent avec une sainte impatience le jour heureux, que le Fils de Dieu punira ses ennemis, et couronnera ses sujets. Ils s'estiment déjà sauvés parce qu'ils le sont en espérance, et parmi tant de maux qui les affligent, ils se consolent en cette vertu qui promet beaucoup, et qui donne encore davantage. Car elle n'a jamais confondu personne, et quoique pour un temps elle souffre que ceux qui la réclament soient persécutés, elle leur inspire tant de courage, que bien loin de sentir leurs douleurs, ils goûtent le bonheur des anges au milieu de leurs supplices, et se moquent de la cruauté des tyrans et des bourreaux. Quelque accident qui leur arrive ils sont toujours assurés, et sachant bien que Jésus-Christ est le fondement de leur espérance, ils regardent tous les changements de la terre avec tranquillité d'esprit (4).

Mais quelque avantage que puissent tirer

---

(1) Spes est ultimum adversorum solatium. *Controvers. lib.* v, 1. *Sen.*

(2) Alia genera mortis, spei mixta sunt. Desinit morbus, incendium exstinguitur; mare quos hauserat ejecit incolumes ; gladium miles ab ipsa perituri cervice revocavit. Nihil habet quod speret quem senectus ducit ad mortem. *Sen., Ep.* 30.

(3) Scit se peregrinam in terris agere, inter extraneos facile inimicos invenire. Cæterum, genus, sedem, spem, gratiam, dignitatem in cœlis habere. *Tertul. in Apolog.*

(4) Spes non confundit quia infundit certitudinem ; per hanc enim spes Spiritus testimonium perhibet Spiritui nostro quod sumus Filii Dei. *Bern. in Cantic. serm.* 27.

les chrétiens de cette haute vertu, il faut confesser qu'elle n'a rien de commun avec cette passion qui considère l'avenir et qui cherche un bien possible et difficile : car l'une est une vertu chrétienne qui réside en la volonté, et l'autre est une passion qui réside en l'appétit sensible ; l'une est un pur effet de la nature, l'autre est un pur ouvrage de la grâce ; l'une par ses propres forces ne se peut étendre que sur les siècles, et l'autre par sa propre vigueur monte jusqu'à l'éternité ; l'une enfin ne nous tient pas tout ce qu'elle nous promet, et manquant souvent de parole à ses amants, elle ne leur laisse que de la confusion et du regret, mais l'autre est si fidèle en ses promesses, que les hommes qui ont combattu sous ses enseignes confessent que ses récompenses surpassent tous leurs services. Néanmoins dans leurs différences rien ne les empêche de s'accorder ; le meilleur usage qu'on peut faire de l'espérance humaine, c'est de l'assujettir à l'espérance divine, et de la faire aspirer par son secours à la possession des biens éternels : car encore que la passion ne connaisse point l'éternité, et qu'étant engagée dans le corps, elle ne s'élève guère plus haut que les sens, elle a toutefois quelque inclination de suivre la grâce, et de se laisser conduire à ses mouvements. Comme elle obéit à la raison, elle peut obéir à la piété ; comme elle sert utilement à la vertu morale, elle peut servir utilement à la vertu chrétienne. Et si ce n'est point lui donner trop d'avantage, je pense que comme elle se mêle avec la patience et la force, pour faire des habitudes morales, elle se peut mêler avec l'espérance et la charité, pour former des habitudes surnaturelles (1). Mais sans m'engager dans une dispute de l'école, il me suffit de dire que si toutes nos passions peuvent être sanctifiées par la grâce, l'espérance n'étant pas de pire condition que les autres, peut prétendre à la même faveur et contribuer à toutes les bonnes œuvres des chrétiens.

Aussi ne douté-je point que les saints n'en aient fait un bon usage, et qu'éclairés de la lumière de la foi ils n'aient mis en Jésus-Christ toute l'espérance qu'ils mettaient en leurs souverains ou en leurs dieux, pendant qu'ils vivaient dans le paganisme. Je ne doute point que cette généreuse passion qui les avait animés dans les périls pour la gloire de leurs princes ne les animât dans les flammes pour la querelle du Fils de Dieu, et je tiens pour assuré que comme, par ses propres forces, elle en eût fait de bons soldats, elle en fit, par l'assistance du ciel, de courageux martyrs : car la nature est le fondement de la grâce, et comme la foi présuppose la raison, la force d'un martyr présupposait l'espérance d'un homme, et il fallait que la passion opérât dans le cœur de ces généreux athlètes, pendant que la grâce agissait en leur volonté. Dieu se sert tous les jours de la bouche des prophètes pour expliquer ses mystères, quand il leur découvre les secrets de l'avenir ; il emploie leurs paroles pour les déclarer à son peuple, et il accorde en eux la nature avec la grâce pour exécuter ses desseins.

C'est pourquoi je pense que le meilleur usage qu'on puisse faire de l'espérance, c'est de l'assujettir à trois vertus chrétiennes qui sauront employer utilement sa chaleur. La première est celle qui porte son nom, et qui, par un innocent artifice, la détache de la terre et lui donne des désirs pour le ciel : car encore que l'espérance humaine soit si généreuse, elle ne peut pas prétendre au bonheur de l'éternité, et quoique, dans l'âme des Alexandre et des César, elle ait aspiré à des honneurs divins, ce n'a pas tant été par son mouvement que par celui de la vanité. Mais quand elle est instruite par la foi, quand elle sait que Dieu nous a choisis pour être ses enfants, et que Jésus-Christ nous a faits ses frères pour nous rendre ses héritiers, elle souhaite par humilité ce que les autres souhaitaient par ambition. La seconde vertu qu'elle peut servir, c'est la patience, qui, dans tous les maux qu'elle souffre, n'a point d'autre consolation que celle que lui fournit l'espérance : car tandis qu'elle combat avec les douleurs, elle serait mille fois opprimée sous leur violence, si cette passion glorieuse ne lui dépeignait les récompenses qui lui sont préparées, et si elle n'adoucissait le mal présent par le bonheur à venir qu'elle lui promet. Pour entendre ceci, il faut savoir que la patience est une vertu aussi douce que sombre ; elle n'a point d'éclat, et quoiqu'elle entreprenne des choses grandes, elle fuit la pompe et le théâtre ; les ténèbres et les déserts lui sont agréables, et elle se contente de combattre en la présence de celui qui la doit couronner (2). Elle n'a point aussi de violence, et quoiqu'elle ait de si puissants ennemis, elle se défend en souffrant, et elle ne nous fait gagner la victoire qu'en nous faisant perdre la vie. A peine se donne-t-elle la liberté de se plaindre ; et elle témoigne si peu de ressentiment de ses outrages ou de ses peines, que ceux qui ne la connaissent pas l'accusent d'être stupide. Une si grande froideur a besoin d'être animée par la chaleur de l'espérance, et une vertu si douce demande le secours d'une passion agissante. Aussi, pendant tous ses déplaisirs, elle ne s'occupe que des récompenses qui lui sont promises ; et dans les douleurs qu'elle souffre, elle s'élève aux cieux sur les ailes de l'espérance, et voit avec les yeux de la foi la félicité qui lui est préparée.

Mais le principal usage que nous devons faire de cette passion, c'est quand la force est aux prises avec la douleur, et qu'elle attaque ces ennemis effroyables qui tâchent de

(1) Fortitudinem Gentilium mundana cupiditas, fortitudinem Christianorum Dei charitas facit, quæ diffusa est in cordibus nostris non per voluntatis arbitrium, sed per Spiritum sanctum qui datus est nobis. *Aug.*, lib. I *Oper. imperf. contra Jul.*

(2) Vultus illi tranquillus et placidus, frons pura, oculis humilitate non infelicitate dejectis, os taciturnitatis honore signatum, color qualis securis et innoxiis. *Tertull., de Patient.*

triompher de son courage; car il y a cette différence, entre la patience et la force, que la première se contente de souffrir, et que la seconde veut agir; que l'une attend les maux, que l'autre les va chercher; que l'une se cache par modestie, que l'autre se produit par générosité; que l'une est douce, que l'autre est sévère; que l'une, à proprement parler, souffre des peines qu'elle ne peut éviter, et que l'autre endure des tourments dont elle pourrait bien s'exprimer. Mais dans toutes leurs différences elles ont ceci de commun, qu'elles ne peuvent se passer de l'espérance ; c'est l'âme qui leur donne la vie, et ces deux belles vertus n'attireraient point la vue des hommes et des anges si elles n'étaient animées par cette passion qui regarde l'avenir : car la vanité n'est pas assez puissante pour nous inspirer le mépris de la douleur, et la secte des stoïciens, tout orgueilleuse qu'elle est, n'a pu disposer qu'un petit nombre de philosophes à souffrir généreusement la violence des tortures et la cruauté des bourreaux. Mais la religion chrétienne a produit des essaims de martyrs qui ont vaincu les flammes, surmonté les bêtes farouches et triomphé des empereurs infidèles. Aussi leur force était fondée sur la vertu de l'espérance; et pendant qu'on tâchait de les corrompre par les promesses, de les étonner par les menaces et de les vaincre par les tourments, ils s'élevaient dans le ciel en esprit, et considéraient les récompenses que Dieu prépare à ceux qui le servent fidèlement (1).

C'est sans doute pour ce sujet que le grand apôtre donne tant de titres glorieux à l'espérance, et que pour exprimer ses effets miraculeux il emploie tous les ornements de son éloquence divine : car tantôt il l'appelle un ancre qui arrête notre vaisseau sur la mer, qui nous fait trouver la tranquillité au milieu de l'orage, et qui attache nos désirs au ciel et non pas à la terre (2); tantôt il l'appelle un bouclier, à la faveur duquel nous repoussons les traits enflammés que notre ennemi lance contre nous (3); tantôt il l'appelle notre gloire, et nous la représente comme un titre honorable, qui, effaçant notre honte, nous fait espérer qu'après avoir été les ennemis de Dieu, nous deviendrons ses enfants, et qu'en cette qualité nous aurons part à son héritage. Par tous ces éloges il nous apprend que l'espérance nous est nécessaire en toute sorte d'états, et que nous la pouvons utilement employer dans toutes les rencontres de notre vie; qu'elle est notre assurance dans les tempêtes, notre défense dans les combats et notre gloire dans les affronts. Mais prenons garde qu'elle n'est pas de ce siècle, et qu'elle nous en défend l'amour,

(1) Finis spei, felicitas æterna. *Aug.*
(2) Quam spem sicut anchoram habemus animæ tutam ac firmam. *Heb.* ix.
(3) In omnibus sumentes scutum fidei in quo possitis omnia tela nequissimi, ignea exstinguere. *Eph.* vi.
(4) Non est spes nostra de hoc sæculo, ab amore hujus sæculi vocati sumus, ut aliud sæculum speremus. *Aug., l.* iii *de Verbis Domini, serm.* 2.

et qu'elle nous en propose un autre plus heureux et plus innocent, qui doit être l'objet de tous nos désirs. Négligeons les biens périssables pour acquérir les éternels; souvenons-nous qu'il est bien difficile d'avoir en un même temps des prétentions sur le ciel et sur la terre, et que pour obtenir les promesses de Jésus-Christ, il faut mépriser celles du monde (4).

IV° DISCOURS.

De la nature, des propriétés, des effets et du bon et mauvais usage du désespoir.

De toutes les passions de l'homme, le désespoir est celle qui a reçu le plus d'honneur et le plus de blâme dans l'antiquité; car elle a passé pour le dernier effort du courage, dans ces grands hommes qui se donnèrent la mort pour se conserver la liberté, et qui employèrent le fer ou le poison pour se délivrer de l'insolence d'un ennemi victorieux. Les poëtes et les orateurs ne paraissent jamais plus éloquents que quand ils décrivent la mort de Caton; et ils déguisent avec tant d'artifice cette action furieuse, que si la foi ne nous avait persuadés qu'elle est un attentat exécrable, nous la prendrions pour une action héroïque. Sénèque ne loua jamais tant la vertu que ce crime; il semble qu'il ait dessein, par les éloges qu'il lui donne, de porter tous les hommes au désespoir, et d'obliger tous les malheureux à commettre des parricides. Il s'imagine que tous les dieux descendirent dans Utique pour considérer ce spectacle, et qu'ils voulurent honorer de leur présence un philosophe stoïcien qui, ne pouvant souffrir la domination de César, quoiqu'il eût bien souffert celle de Pompée, s'enfonçait le poignard dans le sein, déchirait ses entrailles, et, pour goûter la mort, arrachait son âme de son corps avec ses propres mains (5). Mais certes je ne m'étonne pas que Sénèque ait voulu faire passer un meurtre pour un sacrifice, puisqu'il approuve l'ivrognerie et qu'il en fait une vertu, pour n'être pas obligé de blâmer Caton, qui en était accusé (6). Les autres ont absolument condamné le désespoir; et, parce qu'il s'est trouvé des hommes qui, s'abandonnant à sa fureur, ont trempé leurs mains dans leur sang, ils ont jugé qu'il fallait bannir cette passion de notre âme, et qu'il n'y avait point de rencontre dans la vie où il fût permis de suivre ses mouvements.

Tous ces deux partis sont également injustes, et leurs sentiments violent ceux de la nature : car, de quelque désastre que la fortune nous menace, et quelque insigne malheur qu'elle nous prépare, nous ne pouvons jamais attenter à notre vie. Notre naissance et notre mort ne dépendent que de Dieu

(5) Liquet mihi cum magno spectasse gaudio deos, cum vir ille acerrimus sui vindex gladium sacro pectori infigit, dum viscera spargit et animam manu educit. *Senec., de Provid., cap.* 2.
(6) Catoni ebrietas objecta est : sed quisquis objecerit, facilius efficiet hoc crimen honestum quam turpem Catonem. *Senec., de Tranquil. animi, c.* 15.

souverain, et il n'y a que celui qui nous a fait entrer dans le monde qui nous en puisse faire sortir. Il nous a laissé la disposition de tous les états de notre vie, et ne s'en est réservé que le commencement et la fin. Nous naissons quand il lui plaît, et nous mourons quand il l'ordonne : c'est entreprendre sur ses droits que de vouloir avancer l'heure de notre mort, et il en est si jaloux, que souvent il fait des miracles pour nous apprendre qu'il en est le maître. Mais si le désespoir est défendu en cette occasion, il y en a beaucoup d'autres où il est permis, et il me semble que la nature n'a jamais fait paraître plus évidemment le soin qu'elle a de l'homme qu'en lui donnant une passion qui le peut délivrer de tous les maux pour qui la philosophie n'a point de remèdes.

Car encore que le bien soit un objet agréable, et qu'il attire puissamment la volonté par ses charmes, néanmoins il est quelquefois environné de tant de difficultés, qu'elle ne le peut approcher. Ses beautés la font languir; elle se consume en désirs, et l'espérance, qui la sollicite, l'oblige à faire des efforts inutiles. Plus elle a d'amour, plus elle souffre de douleur, et plus le bien qu'elle recherche est excellent, plus elle est misérable : ce qui devrait causer son bonheur fait naître sa peine, et, pour le dire en peu de paroles, elle est malheureuse parce qu'elle ne se peut empêcher d'aimer un objet qu'elle ne peut acquérir. Ce tourment serait aussi long que son amour, si le désespoir ne venait à son secours, et si, par une prudence naturelle, il ne l'obligeait à quitter une recherche impossible et à faire mourir des désirs qui ne servent qu'à l'affliger. Comme cette passion nous détache d'un bien difficile et qui surpasse notre pouvoir, il se rencontre mille occasions dans la vie où elle peut être utilement employée, et il n'y a point de condition dans le monde, pour élevée qu'elle puisse être, qui n'ait besoin de son assistance : car les forces de tous les hommes sont limitées, et la plus grande partie de leurs desseins sont impossibles. L'espérance et la hardiesse, qui les animent, ont plus d'ardeur que de conduite. Sous ces guides aveugles, ils se jetteraient dans des précipices si le désespoir ne les retenait et si, par la connaissance de leur faiblesse, il ne les divertissait de leurs entreprises téméraires. Aussi est-ce un fidèle conseiller qui ne nous trompe jamais et qui ne mérite point de blâme, si, n'étant appelé que quand les affaires sont déplorées, il nous donne des avis plus salutaires qu'honorables. Il faut accuser l'espérance qui nous engage trop facilement dans le péril, et louer le désespoir qui trouve le moyen de nous en délivrer.

Les plus grands princes ne sont malheureux que pour ne l'avoir pas écouté ; car si, avant que d'entreprendre la guerre, ils mesuraient leurs forces, ils ne seraient pas contraints de faire une paix honteuse et de prendre la loi d'un ennemi victorieux ; mais le malheur veut qu'ils n'implorent le secours du désespoir que quand il ne leur en saurait plus donner, et qu'ils ne consultent cette passion que quand toutes choses sont réduites à l'extrémité. Il n'est pas néanmoins inutile en cette occasion même, et ses avis ne laissent pas d'être profitables quoiqu'ils soient précipités. Il a souvent conservé les États dans une guerre civile, et il a sauvé des armées tout entières par une honorable retraite : car quand les princes reconnaissent que leurs forces ne sont pas égales à celles de leurs ennemis, et que tout l'avantage s'est rangé du parti qui leur est contraire, le désespoir, ménagé par la prudence, les oblige à se retirer, et cette passion, réparant les fautes de l'espérance et de l'audace, leur fait réserver leurs soldats pour un temps où ils se pourront promettre une victoire assurée. Car le désespoir est plus prudent que courageux, et il pense plus au salut qu'à la gloire de l'État ; il profite des maux qu'il a remarqués, et s'estime assez glorieux quand il peut échapper à la fureur de celui qui la poursuit. Il est vrai que quand il voit tous les chemins du salut fermés, et que la mort se présente à lui de toutes parts, il choisit la plus honorable ; et rappelant l'espérance, qu'il avait chassée, il se résout de mourir ou de vaincre : c'est pourquoi les grands capitaines ne désespèrent jamais les vaincus ; et sachant bien que cette passion devient hardie quand elle est irritée, ils lui dressent des ponts d'or, ils lui ouvrent tous les passages, et laissent répandre ce torrent dans les campagnes, de peur qu'il n'enfle sa fureur par la resistance et qu'il ne renverse les digues qu'on oppose à son impétuosité (1). C'est en quoi le naturel du désespoir est étrange, car il naît de la crainte, et sa timidité fait la plus grande partie de sa prudence ; il considère plutôt, dans le bien qui lui est offert, la difficulté qui l'étonne que la gloire qui l'attire ; et soit qu'il ait plus de froideur ou moins de courage que l'espérance, il ne regarde pas tant les bons que les mauvais événements. Cependant, quand le péril est extrême et que le malheur est si grand qu'il ne se peut plus éviter, il fait de nécessité vertu, et il combat des ennemis que l'espérance même n'osait attendre. Souvent il arrache les lauriers des mains du vainqueur, et faisant des efforts qui peuvent passer pour des miracles, il surmonte la nature, il conserve la vie des hommes en la leur faisant mépriser, et il gagne la victoire en cherchant une mort honorable.

De tous ces effets il est aisé de juger de la nature du désespoir et de reconnaître qu'il est un mouvement violent par lequel l'âme s'éloigne d'un bien difficile qu'elle ne croit pas pouvoir acquérir, et par lequel aussi quelquefois elle s'en approche, non tant pour le posséder comme pour se défendre du mal qui la menace ; car dans sa naissance

(1) Animus ex ipsa desperatione sumitur : Ignavissima animalia quæ natura ad fugam genuit, ubi exitus non patet, tentat fugam corpore imbelli, nullus pernicior hostis est, quam quem audacem angustiæ faciunt. Majora aut certe paria conatur animus magnus ac perditus. Sen., Quæst. natur. lib. II, c. 59.

le désespoir est timide, et il n'a point d'autre dessein que de détourner l'âme de la vaine recherche d'un bien impossible; mais de son progrès il devient audacieux, et quand il voit qu'en s'éloignant d'un bien difficile il s'engage dans un mal infâme, il reprend courage et se sert de toutes ses forces pour emporter une chose dont il estimait la perte assurée; de sorte que cette passion n'est pas simple, et, pour en bien expliquer la nature, il faut dire qu'elle est mêlée de crainte et d'espérance, et que, comme il est plus lâche que celle-là dans le commencement, il est sur la fin plus généreux que celle-ci. Mais en l'un et en l'autre de ces deux temps, il a besoin de conduite, et, pour être utile à la vertu, il faut qu'il évite deux extrémités dangereuses qui portent son nom et qui ternissent sa gloire : l'une se peut appeler lâcheté, et l'autre témérité. Il tombe dans la première quand, pour ne pas connaître ses forces, il s'éloigne d'un bien qu'il pourrait acquérir; il tombe dans la seconde quand, pour ne pas remarquer sa faiblesse ou la grandeur du péril, il entreprend une chose impossible et s'engage dans un dessein qui ne peut être suivi que d'un succès malheureux. C'est à la raison de le ménager et de voir quand il peut fuir sans infamie et quand il peut attaquer sans témérité. Si c'est un bien légitime qu'on puisse attendre avec justice, il n'en faut presque jamais désespérer ; l'opiniâtreté est louable en cette occasion, et l'on ne peut blâmer un homme qui tente l'impossible, même pour acquérir un bonheur que son devoir lui conseille de rechercher ; mais si ce qu'il souhaite est difficile et périssable, il faut qu'il se guérisse de ses vains désirs et de ses folles espérances, par un désespoir raisonnable.

Mais il doit prendre garde que si cette passion est souvent innocente dans la nature, elle est toujours criminelle dans la grâce ; car l'espérance naturelle étant fondée sur nos propres forces, il est permis de la quitter pour embrasser le désespoir ; il n'y a point d'inconvénient que l'homme de qui la misère est si connue, laisse ses desseins quand il ne les saurait exécuter. Mais l'espérance surnaturelle étant fondée sur la puissance divine, il est défendu de la perdre, et c'est un crime capital de soupçonner Dieu de mensonge ou de faiblesse. C'est pourquoi ceux qui désespèrent de leur salut choquent les plus hautes perfections, et ils se rendent indignes de recevoir le pardon de leurs péchés dès lors qu'ils cessent de l'espérer ; car puisque l'Ecriture sainte nous apprend que Dieu est bon et qu'il est puissant, ceux qui se persuadent qu'il ne veut ou ne peut pas leur pardonner font outrage à sa puissance et à sa bonté, et choquent par un même crime ses deux plus excellentes qualités. Et si nous en voulons croire saint Augustin, les désespérés imitent les orgueilleux, et s'égalent à Dieu en perdant l'espérance de leur salut ; car quand ils tombent dans le désespoir, ils s'imaginent que la miséricorde de Dieu n'est pas si grande que leur péché, et, par une injurieuse préférence, ils élèvent leur malice au-dessus de sa bonté; ils donnent des bornes à un amour infini, et ils ôtent des perfections à celui qui possède même toutes celles que notre esprit ne peut pas s'imaginer (1).

Il est vrai que si le désespoir est criminel dans la grâce, il y a un excès d'espérance qui n'est guère moins dangereux, et il se trouve des chrétiens dans l'Église qui ne sont opiniâtres dans leurs péchés que par une vaine confiance qu'ils ont en la miséricorde de Dieu ; ils ne s'entretiennent de sa bonté que pour l'offenser ; ils ne pensent aux grâces qu'il fait aux pécheurs que pour en abuser, et, par des conséquences déraisonnables que la philosophie ne leur peut avoir apprises, ils concluent qu'ils doivent être mauvais, parce que Dieu est bon , et qu'on le doit offenser, parce qu'il ne punit pas ses ennemis. Si ces infâmes criminels n'avaient perdu le jugement avec la piété, ils raisonneraient d'une autre façon, et diraient que, puisque Dieu est bon, ils doivent être obéissants, que puisqu'il pardonne, ils doivent être réservés à l'offenser, et que, puisqu'il aime leur salut, ils doivent aimer son honneur. Mais certes quand ils n'auraient pas ces justes considérations, la miséricorde de Dieu ne devrait pas les entretenir dans leur folle confiance; car, outre qu'elle est d'accord avec sa justice, et que l'une n'entreprend rien sur les droits de l'autre, il a tellement tempéré ses promesses avec ses menaces, dans l'Ecriture sainte, qu'elles bannissent de notre âme le désespoir et la présomption ; pour assurer les désespérés il leur a proposé la pénitence, dont la porte est ouverte à tous ceux qui se représentent, et, pour intimider les présomptueux qui, par leurs délais, méprisent sa miséricorde, il a rendu le jour de la mort incertain, et les a réduits à la nécessité de craindre un moment qui, pour être inconnu, peut surprendre tout le monde.

QUATRIÈME TRAITÉ.
DE LA HARDIESSE ET DE LA CRAINTE.
PREMIER DISCOURS.
De la nature, des propriétés et des effets de la hardiesse.

Si les difficultés qui accompagnent les vertus relèvent leur prix, et si les plus pénibles sont les plus belles, il faut confesser qu'entre les passions, la hardiesse doit être estimée la plus glorieuse, puisqu'elle est la plus difficile, et qu'elle entreprend de combattre tout ce qu'il y a de plus effroyable dans le monde; car encore que l'espérance soit généreuse et que le bien ne lui semble pas agréable s'il n'est austère, sa beauté l'invite à le chercher, et les charmes qu'il possède lui donnent des forces pour surmonter les difficultés qui l'environnent. Mais la hardiesse est dépourvue de cette assistance, et consi-

(1) Adhuc cum diffidit et suam nequitiam comparat Dei benignitati, finem imponit virtuti Dei, dans finem infinito, et perfectionem auferens Deo, cui nihil deest, etiam quod cogitari non potest. *Aug., lib. d*
Vera et falsa pœnit., cap. 5.

dère un objet qui n'a rien d'aimable. Elle attaque le mal, et, venant au secours de l'espérance, elle déclare la guerre à ses ennemis, et ne se propose point d'autre récompense dans ce combat que la gloire; elle est de l'humeur des conquérants qui, laissant toutes les dépouilles à leurs soldats, ne se réservent que l'honneur ; car tous ceux qui décrivent sa nature tombent d'accord qu'elle est une passion de l'âme, qui va chercher les dangers pour les combattre et pour les vaincre; c'est pourquoi on la peut appeler une force naturelle, et une disposition à cette vertu généreuse qui triomphe de la douleur et de la mort. Comme elle n'entreprend rien que de difficile, elle est plus sévère qu'agréable; l'on voit sur le visage de ceux qu'elle anime une certaine sévérité qui montre assez qu'elle trouve ses plaisirs dans les travaux, et qu'elle n'a point d'autres divertissements que ceux qu'elle prend à surmonter les douleurs; elle n'a rien qui la console que la gloire, ni rien qui la nourrisse que l'espérance. Avec ce faible secours elle attaque tous ses ennemis, et gagne presque autant de victoires qu'elle donne de combats.

Mais pour apporter plus de lumière à ce discours, il faut savoir que le bien et le mal sont les deux objets de toutes nos passions. L'amour regarde le bien, et pour l'acquérir il emploie le désir et l'espérance; quelquefois il le trouve si difficile qu'il s'en éloigne par le désespoir, jugeant que c'est un trait de prudence de renoncer à un bonheur qu'on ne saurait obtenir. La haine, de son côté, déteste le mal, et pour s'opposer à un ennemi qui lui déclare une guerre éternelle, elle emploie les passions qui relèvent de son empire; elle se sert de la fuite et de la crainte pour l'écarter, et quelquefois elle use de la hardiesse et de la colère pour le combattre et pour le vaincre. Mais comme le désespoir ne quitterait jamais un bien difficile, si la crainte ne lui avait persuadé que les difficultés qui l'accompagnent ne peuvent être surmontées, la hardiesse n'entreprendrait jamais d'attaquer un mal terrible, si l'espérance ne lui en avait promis la victoire. De sorte que ces deux passions, pour avoir des objets différents, ne laissent pas d'être d'accord, quoique l'une cherche le bien, et que l'autre provoque le mal; elles travaillent toutes deux pour le repos de l'esprit, et par des routes écartées elles recherchent une même fin. Il est vrai que la condition de l'une est bien plus douce que celle de l'autre, car l'espérance ne regarde que le bien qu'elle désire; si quelquefois elle jette les yeux sur les difficultés qui l'environnent, c'est plutôt par nécessité que par inclination, et si elle s'abandonne à quelque danger, ce n'est pas tant pour la gloire que pour le profit; mais la hardiesse ne considère que le mal, et, par une certaine confiance qui l'accompagne en tous ses desseins, elle se promet de le vaincre par

(1) Alius illi vix rerum naturam sufficere, angusta esse classibus maria, militi castra, explicandis equestribus copiis campestria, vix patere cœlum ad emittenda omni manu tela. Sen., Benef. lib. VI, c. 13.

ses propres forces. L'espérance entreprend facilement, et, comme elle est aussi légère que vaine, elle s'engage à toutes les entreprises qu'elle juge glorieuses et possibles; mais elle n'en recevrait que de la confusion si la hardiesse ne venait à son secours, et si par cette grandeur de courage qui lui est naturelle, elle n'exécutait heureusement ce que sa compagne avait témérairement entrepris. L'espérance ressemble aux trompettes qui sonnent la charge et qui n'entrent jamais dans la mêlée; la hardiesse, au contraire, est de l'humeur de ces soldats qui gardent le silence et qui réservent toutes leurs forces pour combattre l'ennemi. L'espérance promet tout et ne donne rien, et cette infidèle trompe les hommes par de belles paroles qui ne sont pas toujours suivies de bons effets; mais la hardiesse ne promet rien et donne beaucoup : elle tente l'impossible pour satisfaire aux promesses de l'espérance, et tâche de surmonter les difficultés qui en retardent l'exécution. Enfin elle est si généreuse, que ses desseins, quoique difficiles, ne laissent pas d'être heureux, et elle est si accoutumée à vaincre, que les poetes, pour donner quelque couleur aux victoires qu'elle remporte contre les lois de la guerre, ont feint qu'elle avait une divinité qui l'animait, et que ses efforts étaient plutôt miraculeux que naturels.

Mais afin que ces qualités différentes paraissent plus évidemment, j'ajouterai les exemples aux raisons, et je ferai voir, par quelques histoires remarquables, de combien la hardiesse est plus considérable que l'espérance. Il ne s'est jamais trouvé de monarque plus puissant que Xerxès, et sa puissance n'éclata jamais davantage que quand il forma le dessein de dompter la Grèce; son armée étant composée de deux millions d'hommes, toutes les campagnes étaient trop petites pour étendre un corps dont les parties étaient monstrueuses, la terre gémissait sous la pesanteur des machines qu'il faisait mener pour battre les villes qui lui feraient quelque résistance; ce nombre épouvantable de soldats et de chevaux tarissait les rivières, la grêle des flèches qui partaient de tant de mains obscurcissait le soleil (1). Ceux qui voulaient flatter ce prince disaient que la mer n'était pas assez vaste pour porter tous ses vaisseaux, et que la Grèce n'était pas assez grande pour loger toutes ses troupes; cependant Léonidas se saisit du détroit des Thermopyles, et, retranché dans ces montagnes, se résolut de le combattre au passage avec trois cents soldats. L'espérance et la hardiesse enflèrent sans doute le cœur de ce généreux capitaine, et ces deux passions l'animèrent à une entreprise aussi difficile que glorieuse (2). L'espérance lui représenta la gloire qu'il recevrait de s'opposer à l'ennemi commun de la Grèce, de conserver la liberté de son pays, de garantir les

(2) Laconas tibi ostendo, ipsis Thermopylarum angustiis positos, nec victoriam sperantis nec rediitum. Ille locus illis sepulcrum futurus est. Senec., Ep. 82.

temples de l'embrasement, de défendre les villes du pillage et de sauver les femmes de l'insolence d'un barbare victorieux. Elle n'oublia pas de lui dépeindre tous les honneurs qu'on lui rendrait dans Lacédémone, les statues qu'on dresserait à la mémoire de son nom, les louanges qu'il recevrait de la bouche de tous les peuples, et les titres magnifiques que lui donneraient les historiens dans leurs écrits. Peut-être le voulut-elle flatter d'une victoire impossible, et lui persuader que le désordre se jetant dans une armée qui avait beaucoup d'hommes et n'avait guère de soldats, il lui serait aisé de la défaire ; mais la hardiesse, plus véritable que l'espérance, reconnut la grandeur du péril, et, sans tromper ce capitaine, elle lui remit devant les yeux que bien que sa mort fût assurée, il ne devait pas abandonner le poste qu'il avait pris ; qu'il n'était pas besoin de vaincre, mais de mourir, et ferait assez pour le salut de la Grèce si, perdant la vie, il faisait perdre l'assurance à ses ennemis. Il crut le conseil de cette passion généreuse, il se résolut de soutenir l'effort d'une armée qu'il ne pouvait arrêter, et convia ses soldats à se préparer tout d'un temps au combat et à la mort (1). Dans cet exemple il est aisé de juger que l'espérance ne considère que le bien qui la sollicite, et que la hardiesse ne regarde que le mal qui la menace ; que l'une ne s'entretient que de la gloire qu'elle se promet, et que l'autre ne s'occupe que du péril qu'elle combat ; que l'une se repaît d'un plaisir imaginaire, et que l'autre se nourrit d'une peine véritable. Il est vrai que celle-ci trouve son contentement dans son devoir et chante le triomphe au milieu de sa défaite (2); car quoiqu'elle ne remporte pas la victoire sur les Perses en la personne de Léonidas, elle la remporte sur la crainte de la mort, et elle est assez satisfaite d'avoir dompté le plus violent de ses ennemis ; elle ne se met pas en peine d'être battue par les hommes, pourvu qu'elle vainque la fortune, et le bon succès lui est indifférent, pourvu qu'elle surmonte l'appréhension du danger.

S'il est permis de joindre la fable à l'histoire, nous verrons en la personne de Jason les divers mouvements de ces deux passions. La conquête de la toison d'or est le sujet de son voyage ; l'espérance le fait monter sur la mer, et lui promet qu'un bon vent enflera ses voiles, et le conduira, malgré les tempêtes, au rivage de Colchos ; elle lui représente que toute la Grèce a les yeux ouverts pour le regarder, et qu'elle ne porte point de capitaine qui, dans cette expédition, ne veuille combattre sous ses enseignes ; que dans une si noble entreprise le profit est attaché à la gloire, et que la récompense qu'il en attend est aussi riche qu'honorable. Mais la hardiesse qui ne peut flatter lui propose des soldats à combattre, des monstres à dompter, et un serpent qui veille toujours, à surprendre. Cependant il accepte toutes ces conditions, et il entreprend d'attaquer tous ces ennemis, sur la confiance de ses propres forces. Il n'est pas assuré de vaincre les taureaux et les serpents, mais il est bien assuré de vaincre la peur ; il sait bien que le succès dépend de la fortune, mais il sait bien aussi que la hardiesse ne dépend que de son courage. Il lui suffit de mépriser tous ces monstres qui se présentent à lui sous des visages effroyables, et, sans remporter d'autre récompense, il s'estime assez glorieux, pourvu qu'il triomphe de la crainte.

Par ces deux exemples on reconnaît évidemment les avantages qu'a la hardiesse sur l'espérance ; mais dans leurs oppositions, on ne laisse pas d'y trouver quelque rapport, et il semble que les mêmes causes qui nous font espérer le bien, nous fassent mépriser le mal ; car la jeunesse qui a beaucoup de chaleur ne s'imagine rien d'impossible, et parce que la vigueur qu'elle ressent lui donne de l'assurance, elle s'engage facilement dans les desseins difficiles et glorieux. Les bons succès nourrissent aussi cette passion ; et quand la fortune est favorable aux capitaines, ils ne refusent guère le combat : quoique leurs troupes soient moindres que celles de leurs ennemis, ils se persuadent que leur nom seul est capable de les étonner ; et comme ils sont accoutumés à vaincre, ils ne peuvent craindre un malheur qui ne leur est pas encore arrivé. La puissance ne contribue pas moins que le bon succès à rendre les hommes hardis ; car quand un prince commande à un grand État, que chaque ville peut lui fournir une armée, que ses revenus lui permettent de l'entretenir plusieurs années, que ses voisins le redoutent, et qu'il n'a qu'à se mettre en campagne pour les obliger à devenir ses sujets, il n'y a point de guerre qu'il n'entreprenne, ni de victoire qu'il ne se promette. Mais de toutes les choses du monde, il ne s'en voit point qui rende les hommes plus hardis que l'innocence ; car encore que l'ennemi qui les attaque soit puissant, et que la terre combatte en sa faveur, ils s'imaginent que Dieu doit prendre leur parti, et celui qui protège les innocents, étant intéressé dans leur cause, est obligé de la défendre, et bien qu'ils marchent sans crainte dans les dangers ; ils n'appréhendent pas les mauvais succès, et attendant le secours du ciel, ils se promettent une victoire assurée. Les uns et les autres se peuvent méprendre, et comme ces passions deviennent d'illustres vertus, quand elles sont conduites par la prudence, elles peuvent dégénérer en des vices honteux, quand elles se laissent gouverner par l'indiscrétion ; c'est ce que nous examinerons dans les discours suivants.

IIᵉ DISCOURS.

Du mauvais usage de la hardiesse.

Comme la hardiesse n'a point d'autre guide que l'espérance, il ne faut pas s'étonner si elle attaque des ennemis qu'elle ne peut

---

(1) Quam fortiter Leonidas milites allocutus : Sic commilitones, prandite, tanquam apud inferos coenaturi. Sen., ibid.

(2) Non est quod me victum, te victorem credas : vicit fortuna tua fortunam meam. Senec., de Constant. Sap., c. 6.

vaincre, et si les desseins qu'elle forme ne sont suivis la plupart du temps que de mauvais événements. Il est bien malaisé que les entreprises téméraires soient heureuses, et que les actions qui ne sont pas conduites par la prudence soient accompagnées de bonheur. La fortune se lasse de favoriser les audacieux; et après les avoir souvent retirés du péril où ils s'étaient indiscrètement engagés, elle les abandonne avec quelque sorte de justice, et elle punit leur témérité pour guérir celle des autres; c'est pourquoi tous les hommes sont obligés d'examiner les conseils que leur donne l'espérance, et de mesurer leurs forces, autant que de suivre les mouvements de la hardiesse; car encore qu'ils soient généreux, et que la plupart des soldats les confondent avec ceux de la valeur, ils ne laissent pas néanmoins d'être funestes, et de causer tous les jours la perte des armées et la ruine des Etats. Mais pour trouver la source de ce malheur, il faut savoir que, comme les passions résident en la partie inférieure de l'âme, et ne savent pas raisonner, elles considèrent seulement leur objet, et par une aveugle impétuosité, elles s'en approchent ou s'en éloignent; elles ne remarquent pas même les circonstances qui l'accompagnent, et sans comparer les difficultés avec leurs forces, elles s'engagent imprudemment au combat, ou le mettent honteusement à la fuite. Leur jugement est si prompt, qu'il est presque toujours précipité; car, après avoir écouté le rapport des sens, elles consultent leur inclination, et sans attendre les ordres de la raison, elles enlèvent l'homme tout entier, et le forcent de suivre leurs mouvements. De là vient qu'il se repent de ses desseins, qu'il condamne ce qu'il avait approuvé, et qu'il ne peut souvent achever ce qu'il avait commencé.

Mais de toutes les passions il n'y en a point de plus malheureuse que la hardiesse; car elle attaque de puissants ennemis, et elle est aux prises avec la douleur et la mort; les combats sont ses exercices ordinaires, et elle se baigne souvent dans les larmes ou dans le sang. Elle est toujours environnée de dangers, et de quelque part qu'elle se tourne, elle ne voit que des images affreuses et des spectres effroyables. Cependant elle n'emprunte des forces, et ne reçoit des avis que de l'espérance. Celle qui la pousse dans le péril est celle-là même qui la conseille; celle qui la fait aigrir est celle qui lui met les armes à la main, et qui, sous de vaines promesses, l'engage en d'extrêmes difficultés. Aussi voit-elle avorter la plupart de ses desseins; et elle ne remporte bien souvent de tous ses inutiles efforts que le regret d'avoir suivi de mauvais conseils. La plupart du temps elle se décourage elle-même, et voyant bien que ses entreprises surpassent ses forces, elle se laisse étonner par la crainte, abattre par le désespoir, et consumer par la tristesse; car ces passions lui succèdent presque toujours, et nous voyons par expérience que ceux qui dans le commencement des combats ont été plus courageux que des hommes, se trouvent à la fin plus timides que des femmes. Le feu de la hardiesse s'allume bientôt, mais il s'éteint aussi bien promptement, et comme la fureur des vagues se convertit en écume, la violence des audacieux se change en timidité, et de tant de constance qu'ils faisaient paraître en leurs desseins, il ne leur reste que des faiblesses aussi honteuses que criminelles (1).

Il est vrai que la colère prend quelquefois le parti de la hardiesse et lui donne de nouvelles forces quand la grandeur du péril lui a fait perdre les siennes; mais cette assistance n'est pas toujours assurée; le soldat qui ne s'engage au combat que sur un si faible secours, est en aussi grand danger de perdre la victoire que celui qui met son espérance dans le désespoir, et il n'est pas plus assuré de vaincre que celui qui ne se résout à combattre que parce qu'il ne se peut retirer. On a vu des désespérés mourir les armes à la main, et s'ils ont quelquefois vengé leur mort, ils n'ont pas toujours conservé leur vie : on a vu souvent aussi des audacieux qui, pour s'être mis en colère, ne sont pas sortis plus heureusement du péril où ils s'étaient précipités. La colère a ses forces limitées aussi bien que la hardiesse; et si l'une et l'autre ne sont conduites par la prudence, elles ne doivent attendre que de funestes événements : ce qui a réussi dans une occasion ne réussit pas en toutes les autres, et le ciel ne s'oblige pas à donner un même succès à toutes les entreprises téméraires (2). L'exemple d'Alexandre ne doit pas servir de règle à tous les conquérants : il n'a pas assez vécu pour être sûrement imité; la fortune qui l'avait suivi dans sa jeunesse l'eût peut-être abandonné dans sa vieillesse. Sa témérité n'eût pas toujours été si heureuse, et s'il eût commencé ses conquêtes par l'Europe, il ne les eût pas portées si avant que dans l'Asie : Rome naissante eût arrêté le cours de ses victoires, et celle qui resserra Pyrrhus dans ses Etats l'eût repoussé dans la Macédoine.

Pour moi, je suis de l'opinion de Sénèque, et je crois avec lui que ce prince avait plus de courage que de prudence, et plus de témérité que de courage (3). En effet, sa fortune l'a plus souvent préservé que sa valeur, et si le ciel ne l'eût choisi pour punir l'orgueil des Perses, il fût demeuré dans la première bataille. Il ne voulut pas prendre les avantages dont les plus grands capitaines ont accoutumé de se servir, quand leurs forces ne sont pas égales à celles de leurs ennemis. Il ne voulut pas attaquer l'armée de Darius à la faveur des ténèbres, mais par

---

(1) Audaces temeritate provecti, ante cupiunt adire pericula quam instant : cum adsint ea defuerunt. *Arist.*, lib. III *Ethic.*, c. 2.

(2) Vides fortitudinis matrem esse prudentiam, nec fortitudinem, sed temeritatem esse quemlibet ausum quem non parturivit Prudentia. *Bern.*, *de Consider.* lib. II.

(3) Alexandro erat post virtutem felix temeritas. *Sen.*, *Benefic.* lib. I, c. 13.

une témérité qui mérite plus de reproches qu'elle n'a reçu de louanges, il voulut attendre le jour, et avoir le soleil pour témoin de sa victoire. Il eût cru la dérober s'il l'eût emportée pendant la nuit, et quoique Parménion lui conseillât de préférer le salut de ses soldats à la gloire de ses armes, il méprisa cet avis, et pour montrer qu'il tenait tous ses avantages de la fortune, il rejeta toutes les maximes de la prudence. Aussi tiens-je pour assuré que sa confiance a perdu les souverains qui l'ont voulu imiter, et que sa conduite est plus funeste aux conquérants, que les écueils et les tempêtes aux matelots. Je sais bien que César donnait beaucoup au hasard, et qu'il ne put entreprendre la ruine de la république romaine sans avoir conçu une haute opinion de son bonheur. Mais si le dessein en fut bien téméraire, l'exécution en fut bien prudente; car il joignit l'artifice avec la force, il n'abandonna point au destin ce qu'il put conduire par la vertu, et on est obligé de reconnaître que ses victoires ne sont pas moins l'ouvrage de sa prudence que de sa fortune. Il ne témoigna de l'audace que dans les occasions où le conseil était inutile, et il ne se vanta de son bonheur que pour conjurer la tempête et pour rassurer son pilote. Enfin s'il se servit de l'espérance en toutes ses entreprises, il la soumit à la prudence, et il apprit à tous les capitaines que pour être vaillant il faut être plus sage que téméraire.

III° DISCOURS.

Du bon usage de la hardiesse.

Quoique les passions soient plus criminelles qu'innocentes, et qu'à cause du dérèglement de notre nature elles penchent plus du côté du vice que de celui de la vertu, néanmoins avec un peu de secours on les peut rendre vertueuses. Les inclinations sont bonnes, mais leurs jugements sont précipités; elles cherchent toujours le bien et combattent toujours le mal, mais c'est la plupart du temps avec un peu trop de chaleur : elles imitent ces orateurs qui défendent une bonne cause avec de mauvaises raisons; ou elles ressemblent à ces innocents malheureux qui se trahissent dans la torture, et qui, pour n'avoir pas assez de constance, confessent des crimes qu'ils n'ont pas commis. Car, en effet, elles se rendent coupables pour n'être pas assez patientes, et elles deviennent vicieuses pour ne pouvoir souffrir l'absence du bien ou la présence du mal. Si l'espérance ne poursuivait point les honneurs qu'elle ne peut acquérir, elle ne réduirait jamais les ambitieux au désespoir, et si la hardiesse ne s'engageait point à combattre des malheurs qu'elle ne peut vaincre, on ne l'accuserait jamais de témérité. Mais ce défaut n'est pas sans remède; car si elle écoute la raison, et si après avoir calmé la fureur de ses premiers mouvements elle se laisse conduire à la prudence, elle changera de nature, et de simple passion qu'elle était, elle deviendra une glorieuse vertu. La hardiesse et la force considèrent un même objet, et leurs inclinations ont tant de rapport, qu'on peut dire que la force est une hardiesse raisonnable, et que la hardiesse est une force naturelle. Leurs ennemis sont communs, et elles assemblent toutes leurs forces pour les combattre; elles sont poussées par de semblables motifs, et elles recherchent une même fin.

Car la force, selon la plus véritable définition, est une science qui nous apprend ou à souffrir, ou à repousser, ou à provoquer les malheurs (1) : elle endure constamment tous les maux qui sont attachés à la nature, elle ne veut point de dispense dans les règles générales, et sachant bien que la nécessité de mourir est un arrêt prononcé contre tous les hommes, elle n'en appelle jamais. Elle voit approcher les maladies avec tranquillité d'esprit; le premier remède qu'elle emploie pour les guérir, c'est de penser qu'elles naissent de notre tempérament et qu'elles font une partie de nous-mêmes. La contagion ne l'étonne point, et, soit qu'elle la regarde comme un châtiment du péché, soit qu'elle la considère comme un effet de la nature, elle n'en accuse point les astres et ne prétend point être exempte d'un mal qui ne pardonne pas même aux souverains. Elle repousse par un généreux mépris tous ces désastres qui ne tirent leur force que de l'erreur, et qui n'offensent notre corps que parce qu'ils blessent notre imagination. Elle se défend de la pauvreté en ne désirant que les choses nécessaires; elle méprise les honneurs, en se représentant qu'ils sont plus souvent la récompense du vice que celle de la vertu; elle se moque des voluptés, sachant bien qu'elles n'ont que l'apparence agréable, et que, sous un nom spécieux, elles cachent des peines aussi honteuses que véritables; elle provoque la douleur pour essayer son courage, elle recherche la calamité comme une occasion de pratiquer la vertu, et, si elle n'avait éprouvé les disgrâces de la vie, elle croirait ignorer la plus noble moitié des choses qu'elle doit savoir; elle a plutôt de l'avidité que du désir pour les dangers, et, comme le mal qu'elle souffre fait une partie de sa gloire, elle court au-devant de lui, croyant que c'est une espèce de lâcheté que de l'attendre (2). Enfin elle a vaincu la mort avec toutes les formes effroyables qu'elle avait prises pour l'étonner, et la cruauté des tyrans n'a point inventé de supplices dont la force n'ait triomphé. Scévole s'est moqué des flammes, et a vu brûler sa main avec plus de constance que son ennemi n'en témoignait à le regarder; Régulus a honoré le gibet où il est mort; Socrate a fait une école de sa prison, ses bourreaux devinrent ses disciples, et le poison qu'il avala rendit son innocence glorieuse; Camille a souffert l'exil avec douceur d'esprit, et Rome fût demeurée captive

---

(1) Fortitudo est scientia periculorum excipiendorum, repellendorum, et provocandorum. Sen., Benef. lib. II, c. 34.

(2) Avida est periculi virtus, et quo tendat, non quid passura sit cogitat, quoniam et quod passura est gloriæ pars est. Senec., de Provid., c. 4.

si cet illustre banni ne lui eût rendu la liberté ; Caton s'est donné la mort, et s'il s'est laissé vaincre à l'impatience : il se peut vanter pour le moins de s'être conservé la liberté (1). Mais sans emprunter des exemples profanes où la vertu est toujours mêlée avec le vice, nous n'avons point de martyr qui n'ait surmonté quelques tyrans, et qui, dans la rigueur des supplices, n'ait donné beaucoup de preuves de son courage. Les Ignace ont provoqué les bêtes farouches, et comme si cette mort eût eu une faveur, ils l'ont recherchée avec empressement, et l'ont endurée avec plaisir. Les Laurent ont vaincu les flammes, et pendant que leur corps distillait goutte à goutte sur les brasiers allumés, leur langue faisait des reproches aux juges, et donnait des louanges à Jésus-Christ. Les Clément et les Agatange ont lassé tous leurs bourreaux, leur martyre a duré trente ans, les plus fameuses villes du monde ont servi de théâtre à leurs combats, toute la terre a été arrosée de leur sang, et le ciel a fait cent miracles pour prolonger leur vie et pour rendre leur triomphe plus auguste. Mais si la force animée de la charité a soutenu tous ces efforts et vaincu tous ces ennemis, la hardiesse y peut prétendre une bonne partie de la gloire ; car c'est elle qui fait les martyrs, et, quoique la grâce soit plus puissante que la nature, elle n'en méprise pas les secours. Comme l'âme et le corps conspirent ensemble pour pratiquer la vertu, la nature s'accorde avec la grâce pour combattre le péché ; la hardiesse est le fondement de toutes les belles actions, et si cette passion généreuse n'eût enflé le cœur des premiers chrétiens, la force n'eût pas remporté de si glorieuses victoires. Elles ont tant d'affinité qu'elles ne peuvent subsister quand elles sont séparées : la force sans la hardiesse est languissante, et la hardiesse sans la force est téméraire. La vertu demande le secours de la passion, et la passion demande la conduite de la vertu ; la hardiesse est le commencement de la force, et la force est la perfection de la hardiesse, ou, pour parler plus clairement, la hardiesse est une vertu imparfaite, et la force est une perfection accomplie.

Mais pour arriver à cette perfection, il faut qu'elle ait trois ou quatre circonstances remarquables. La première est qu'elle soit accompagnée de justice et de prudence, car celui qui prend les armes pour ruiner sa patrie ne mérite pas le nom de courageux ; son dessein déshonore sa passion, et pour n'avoir pas choisi une fin légitime, sa hardiesse devient criminelle. Que Catilina prenne les armes, qu'il anime ses soldats au combat par ses exemples, qu'il soit couvert de son sang mêlé avec celui de ses ennemis, qu'il meure l'épée à la main bien avant dans la mêlée, et qu'on voie encore, après sa mort, la fureur et la colère peintes sur son visage, il ne passera jamais pour un homme courageux. Sa hardiesse n'était pas discrète, puisque, péchant contre toutes les lois de la prudence, il avait pris un si pernicieux dessein ; elle n'était pas tempérante, puisqu'il n'avait gagné ses soldats qu'en satisfaisant ou à leur avarice, ou à leur impudicité. Elle n'était pas juste, puisqu'il avait conjuré contre sa patrie, et elle était plutôt une dureté qu'une grandeur de courage, puisque, pour acquérir de la gloire, il commettait un parricide (2). La seconde est que le motif de la hardiesse soit généreux, et que l'homme hardi n'expose pas sa vie pour une légère considération ; car il connaît bien ce qu'il vaut, et sans se laisser emporter à la vanité, il sait bien que sa vie est précieuse. Il la conserve avec beaucoup de soin, et s'il se jette dans le péril, il faut que ce soit pour un sujet qui le mérite. Il y a bien de la différence entre un homme vaillant et un homme désespéré. Celui-ci cherche la mort pour se délivrer de ses misères, mais celui-là ne la cherche que pour satisfaire à son devoir et pour contenter son inclination. Il ne s'engagera donc point dans le danger pour acquérir un peu d'honneur. L'exemple d'un téméraire n'aura point de pouvoir sur son esprit, il méprisera toutes ces maximes que l'imprudence et la folie s'efforcent d'autoriser ; mais il ira où la trompette l'appelle ; il se jettera tout seul dans un gros de cavalerie, quand il en aura reçu l'ordre ; il mourra plutôt mille fois que de quitter le poste qu'on lui a donné, et il couvrira de tout son corps la place qu'il n'aura pu défendre avec son épée. La troisième est d'éprouver ses forces avant que d'attaquer l'ennemi, car la vertu est trop raisonnable pour nous obliger à l'impossible. Elle n'exige de nous que les choses qui sont en notre pouvoir et elle veut que dans toutes les entreprises nous regardions si les moyens sont proportionnés à la fin que nous recherchons. Il n'y a rien de plus glorieux que la conquête de la Terre-Sainte ; et si la grandeur de notre monarque se pouvait accroître par les souhaits, nous désirerions qu'il ajoutât à ses augustes qualités celle de libérateur de la Palestine. Mais celui qui s'engagerait dans ce dessein serait plus téméraire que courageux, si, avant que de monter sur la mer, il n'avait donné la paix à tous ses Etats, s'il n'avait levé des troupes qui pussent combattre celles des infidèles, et si, pour faire une puissante diversion, il n'avait soulevé par ses intelligences la meilleure partie de l'Orient. Outre toutes ces conditions, la hardiesse chrétienne en doit avoir encore deux autres : la première est l'humilité qui s'accorde bien avec la grandeur de courage, puisque la vanité son ennemie est toujours accompagnée de lâcheté ; la seconde est la

---

(1) Singula vicere jam multi : ignem Mutius, crucem Regulus, venenum Socrates, exilium Camillus, mortem ferro adactam Cato : et nos vincamus aliquid. *Sen.*, *Ep.* 98.

(2) Catilina præditus fortitudine videbatur : sed fortitudo non erat. Nam prudens non erat, mala enim pro bonis eligebat : temperans non erat, corruptelis enim turpissimis fœdabatur : justus non erat, nam contra patriam conjuraverat, et ideo non fortitudo, sed duritia, cui fortitudinis nomen, ut stultos falleret, imponebat. *Aug.*, *lib. de Sent. Jacobi ad Hieron.*

haine de nous-mêmes, car qui n'a pas vaincu ses inclinations ne doit pas espérer de vaincre les voluptés, et qui n'a pas fait la guerre à son corps n'est guère bien préparé pour la déclarer à la douleur (1). Usons donc de notre force contre nous-mêmes pour l'employer utilement contre nos ennemis, et surmontons l'amour-propre, si nous voulons surmonter la crainte de la mort.

IV° DISCOURS.

De la nature, aes propriétés et des effets de la crainte.

Il se trouve des passions dont le nom dément la nature, et qui ne sont rien moins au dedans que ce qu'elles paraissent au dehors. Le nom de l'espérance est agréable, mais son humeur est violente, et elle nous procure bien autant de maux qu'elle nous promet de contentement. Le nom du désespoir est odieux, mais son naturel est raisonnable, et nous lui sommes obligés quand il nous fait perdre le désir d'un bien que nous ne pouvons acquérir. Le nom de hardiesse est auguste, et il n'a pas sitôt frappé nos oreilles qu'il fait concevoir à notre esprit une grandeur de courage qui méprise la douleur et qui recherche la mort; mais son inclination est farouche, et si elle n'est retenue par la prudence, elle nous engage en des dangers qui nous causent beaucoup de mal et qui nous apportent peu de gloire. Le nom de la crainte est méprisable, et l'erreur a tellement décrié cette passion qu'on la prend pour la marque d'une âme lâche. Mais son humeur est prudente, et elle ne nous avertit de nos malheurs que pour nous en délivrer, car il semble que la nature nous ait donné deux passions pour nous conseiller dans les diverses rencontres de notre vie, l'espérance et la crainte. La première est sans doute la plus agréable, mais la seconde est la plus fidèle; la première nous flatte pour nous tromper, la seconde nous étonne pour nous assurer; la première imite ces conseillers intéressés qui, dans tous leurs avis, regardent plutôt la fortune que la personne du prince, et qui, par une dangereuse flatterie, préfèrent son contentement au salut de son Etat; la seconde ressemble à ces fidèles ministres, qui découvrent le mal pour le guérir, et qui donnent un peu de peine au souverain pour lui faire acquérir beaucoup de gloire (2). Enfin la première demeure souvent inutile, et comme le nombre des biens est assez petit, elle n'a guère d'emplois légitimes, et si elle en prend qui ne lui appartiennent pas, elle nous fait perdre notre temps et notre peine; la seconde est presque toujours occupée, et comme le nombre des maux est infini, elle n'est jamais sans exercice; elle s'étend bien loin dans l'avenir, et va chercher le mal qui peut arriver, non pour nous rendre misérables avant le temps, mais pour assurer notre bonheur, et pour écarter tous les désastres qui nous la peuvent ravir.

Car la crainte est une prudence naturelle qui nous délivre souvent d'un péril par l'appréhension qu'elle nous en donne; elle se répand sur toutes les actions de notre vie, et n'est pas moins utile à la religion qu'à l'Etat. Si nous croyons les profanes, c'est elle qui a fait les dieux (3), et quoiqu'il y ait quelque impiété dans cette maxime, on ne laisse pas d'y remarquer quelque ombre de vérité; car c'est la crainte des peines éternelles qui a persuadé aux hommes qu'il fallait apaiser les dieux irrités; c'est elle qui a fait des sacrifices, bâti des temples, dressé des autels et immolé des victimes; c'est elle qui retient les justes dans leur devoir, et qui, après un crime commis, les oblige de lever les mains vers le ciel et d'en témoigner du regret. Quoiqu'on se pique de générosité dans la religion, et qu'on se vante d'être plutôt gagné par les promesses que par les menaces, il en faut-il confesser que la crainte a sauvé plus de coupables que l'espérance, aussi est-elle appelée dans l'Ecriture sainte le commencement de la sagesse, c'est-à-dire l'appui de la vertu et le fondement de la piété. Le crime serait insolent s'il n'était réprimé par cette passion, et toutes les lois seraient inutiles si la nature n'avait imprimé la crainte dans l'âme des criminels (4). Elle y est gravée en des caractères que le temps ne peut effacer; ils appréhendent le châtiment d'un péché secret, et quoiqu'ils sachent que les juges ne puissent punir que ceux qu'ils connaissent, ils tremblent au milieu de leurs amis, ils s'éveillent en sursaut, et cette fidèle ministre de la justice de Dieu ne leur permet pas de trouver d'assurance ni dans les villes, ni dans les déserts. C'est une preuve que la nature n'est pas entièrement corrompue, puisqu'il lui reste de l'horreur pour son péché et de l'appréhension pour son châtiment; car en quelque endroit que se cache le pécheur, il porte la crainte avec soi, et cette passion incorruptible lui apprend qu'il y a une divinité qui voit les crimes secrets pendant la vie et qui les punit après la mort (5). Souvent elle convertit les libertins, et, par un miracle inconcevable, elle leur persuade des vérités qu'ils n'avaient pas voulu croire, pour n'être pas obligés de les craindre. Elle touche les plus opiniâtres, et de tant de chrétiens qui reconnaissent Jésus-Christ, il y en a peu qui ne soient redevables de leur amour à leur crainte. Ils ne tâchent de gagner le ciel que pour se garantir de l'enfer, et ils n'aiment la bonté de Dieu que parce qu'ils craignent sa

---

(1) Omnis fortitudo in humilitate sita est, quia fragilis est omnis superbia. *Aug. in Psal.* XCII.—Revera fortis pugnat, qui contra se pugnat. *August., serm.* 6, *de Nat. Domini.*
(2) Nec cum fortuna principis potius loquantur quam cum ipso. *Tacit., lib.* 1 *histor.*
(3) Primus in orbe deos fecit timor. *Stat.*
(4) Male de nobis actum erat, quod multa scelera legem et judicem effugiunt et scripta supplicia, nisi illa naturalia et gravia supplicia de præsentibus solverent, et in locum pœnarum timor cederet. *Sen., Ep.* 97.
(5) Epicuri argumentum, natura nos a scelere abhorrere, quod omnibus malis etiam inter tuta timor est. *Sen., Ep.* 98.

justice. Je sais bien que ce sentiment n'est pas pur et qu'un homme qui s'arrêterait à la crainte serait en danger de n'acquérir jamais la charité; mais c'est beaucoup qu'elle ouvre la porte du salut aux infidèles et qu'elle montre le chemin de la vertu aux pécheurs.

Si elle est utile à la religion, elle n'est pas moins nécessaire à l'Etat, qui ne pourrait subsister par les récompenses, s'il n'étonnait les criminels par les châtiments. Nous ne sommes plus dans ces siècles innocents, où l'amitié unissait les peuples et rendait l'usage des lois inutile; chacun aimait son prochain comme soi-même, et l'amour bannissant l'injustice de la terre, il ne fallait point défendre le vice, ni recommander la vertu. Mais depuis que la corruption s'est glissée dans la nature, et qu'un homme, pour se trop aimer, a commencé de haïr son prochain, il a fallu recourir aux lois et réduire par la crainte ceux qu'on ne pouvait gagner par l'amour : on dressa des gibets pour étonner les coupables, on inventa des supplices pour rendre la mort plus effroyable, et d'un tribut qu'on devait à la nature, on en fit le châtiment du péché : ce qui nous reste d'innocence est un effet de la crainte : l'inclination pour le bien et l'aversion pour le mal seraient effacés de la volonté, si cette passion ne les y entretenait par ses menaces, et tous les droits divins et humains seraient violés, si en punissant les criminels elle ne conservait les innocents. Enfin elle fait la meilleure partie de notre repos, et quoiqu'elle soit timide, tous les politiques la reconnaissent pour la mère de l'assurance (1).

Je sais bien que les stoïciens l'ont décriée; mais quelle passion a pu jamais se défendre de leurs calomnies? Ils veulent qu'on bannisse l'amour de la terre, parce qu'il fait quelques impudiques, et ils ne considèrent pas qu'étant le nœud de la société, il faudrait cesser de vivre, s'il était défendu d'aimer. La religion ne se conserve que par la charité, qui est une espèce d'amour, et Dieu n'aurait jamais fait les hommes, s'il n'avait prétendu de les faire ses amants. Ces mêmes philosophes veulent étouffer les désirs, parce qu'ils ne les peuvent modérer, et ressemblent à ceux qui par un coup de désespoir se donnent la mort pour se guérir d'une maladie. Ils condamnent l'espérance, et pour nous persuader qu'ils possèdent tout, ils ne veulent rien espérer; ils sont de l'humeur de ce pauvre Athénien qui n'était riche que parce qu'il était fou, et qui négligeait d'amasser des biens, parce qu'il croyait que tous les vaisseaux du port lui appartenaient. Ils se flattent d'une vaine souveraineté que le sage prétend sur le monde, et comme ils pensent avoir acquis la sagesse, ils croient que tous ses apanages leur sont dus. Ils se moquent de la crainte, et ajoutent les injures à leurs raisons pour la rendre méprisable ou ridicule; ils en font l'ennemi de notre repos, et à les entendre parler de cette innocente passion, il semble qu'ils nous dépeignent un monstre tant ils la font effroyable. Ils disent qu'elle est ingénieuse pour notre malheur, qu'elle est impatiente de son naturel et qu'elle n'attend pas que le mal soit arrivé pour nous le faire souffrir; qu'elle a une prévoyance maligne et qui ne pénètre les secrets de l'avenir que pour nous y faire trouver notre supplice; qu'elle ne se contente pas des maux présents, mais que pour obliger toutes les différences du temps à conspirer à notre malheur, elle se souvient du passé, elle s'inquiète du futur, et unit ensemble des peines que toute la cruauté des tyrans ne pourrait pas accorder (2). Ils ajoutent que comme elle prend peine à prévenir nos malheurs, elle prend plaisir à les accroître et ne nous les représente jamais qu'elle ne les grossisse pour nous étonner. Que si elle nous menace de la mort, c'est toujours de la plus effroyable; que si elle nous fait appréhender une maladie, c'est toujours la plus cruelle, et que si elle nous fait attendre quelque déplaisir, c'est toujours le plus fâcheux; si bien qu'on trouve par expérience qu'elle est plus insupportable que le mal qu'elle prévoit, et que de tous les tourments imaginables, celui qu'elle nous fait souffrir est toujours le plus rigoureux; qu'aussi ne voit-on guère d'homme qui n'aime mieux mourir une fois que de craindre toujours la mort, et qui ne préfère un supplice violent à une appréhension languissante (3).

Je ne sais pas si la crainte des stoïciens est aussi farouche qu'ils la dépeignent; mais je sais bien qu'il y en a de plus modérée, et que cette passion dans la pureté de sa nature est plus utile que dommageable. Il est vrai qu'elle va chercher le mal, mais c'est pour l'éviter, et tant s'en faut qu'elle prenne plaisir à l'accroître, qu'au contraire elle l'adoucit en le prévenant et diminue sa rigueur en nous donnant avis de son arrivée. Les stoïciens ne confessent-ils pas avec nous que les coups prévus ne frappent pas si sensiblement que les autres (4), et que la surprise dans le mal fait la plus grande partie de notre douleur. Pourquoi donc blâment-ils la prévoyance dans la crainte? pourquoi condamnent-ils en cette passion ce qu'ils approuvent en la prudence? et pourquoi font-ils passer pour un crime ce qu'elle a de commun avec une si noble vertu? La nature nous a bien fait connaître qu'elle ne nous a pas donné la crainte pour nous tourmenter, puisqu'elle n'a pas voulu que le mal qu'elle considère fût inévitable : car ceux qui ont bien examiné son humeur confessent qu'elle est toujours accompagnée d'espérance, et qu'elle ne prévoit jamais que les grands malheurs dont elle se peut défendre : s'ils sont communs, elle est si généreuse qu'elle ne daigne pas s'en occuper, et laissant à la

---

(1) Timor securitatis mater.
(2) Quid dementius quam angi futuris, nec se tormento reservare, accersere sibi miserias et admovere, quas optimum est differre, si discutere non possit.
(3) Nemo tam timidus est, ut malis semper pendere, quam semel cadere. *Sen., Ep.* 22.
(4) Tela praevisa minus feriunt.

Sen., Ep. 74, *in fine.*

fuite le soin de s'en éloigner, elle demeure dans le repos. S'ils sont inévitables, et si la prudence même ne trouve point de moyens pour les écarter, elle ne se met pas en peine de les combattre, et sachant que les efforts inutiles sont blâmables, elle conseille à la tristesse de les souffrir. Mais s'ils sont de telle nature qu'on les puisse vaincre, elle nous en donne avis, et quoique la hardiesse entreprenne souvent sur ses droits, elle ne laisse pas de la réveiller et de lui demander secours pour repousser l'ennemi qui se présente. Qui ne jugera par ces conditions que la crainte est amie de notre repos, qu'elle travaille pour notre assurance, que bien éloignée de nous procurer du déplaisir, elle ne reconnaît nos malheurs que pour les chasser, et ne nous donne l'alarme que pour nous faire remporter la victoire ? J'avoue bien qu'il y a des maux qui sont si grands et si soudains qu'ils mettent l'âme en désordre, et empêchent la crainte de les prévoir et de les éviter. Les premiers font naître l'étonnement, les seconds nous réduisent à l'agonie. Les uns et les autres nous jettent dans le désespoir, s'ils ne sont promptement repoussés. Mais puisqu'il y a des malheurs que la prudence ne peut pas deviner, et que la valeur ne saurait vaincre, il ne faut pas s'étonner s'il s'en trouve quelques-uns qui surprennent la crainte et qui abattent une passion après avoir triomphé de deux vertus. Le pouvoir des hommes est limité, et quoiqu'il n'arrive point de désastre dont ils ne puissent profiter, leur faiblesse naturelle a besoin du secours de la grâce, et il faut qu'elle anime la passion et la vertu pour les rendre victorieuses. Mais il nous suffit de savoir que la crainte n'est pas inutile, et il nous reste à considérer quels péchés elle peut favoriser dans son désordre, et quelles vertus elle peut servir dans son bon usage.

V° DISCOURS.
Du mauvais usage de la crainte.

Puisque la nature de l'homme est déréglée, et qu'elle a besoin de la grâce pour recouvrer l'innocence qu'elle a perdue, il ne faut pas s'étonner si les passions étant destituées du secours de la vertu, elles deviennent criminelles, et si par leur propre inclination elles dégénèrent en quelques péchés. Les effets répondent toujours à leurs causes, les fruits tiennent de l'arbre qui les a portés, et les hommes, tout libres qu'ils sont, tirent leur humeur du soleil qui les éclaire, et de la terre qui les nourrit (1). Quelque soin qu'on prenne de corriger leurs défauts, il en reste toujours quelques vestiges, et l'éducation n'est jamais assez puissante pour changer toute la nature. Ceci paraît évidemment en la crainte, car elle a tant de pente vers le désordre, qu'il est extrêmement difficile de la retenir, et son humeur est si légère, qu'elle suit bien plus souvent le parti du vice que celui de la vertu. Elle est si inconstante, qu'elle produit des effets plutôt contraires que différents, et elle apprend tant de figures diverses, qu'il est malaisé de la reconnaître. Quelquefois elle nous ôte les forces et nous réduit en un état où nous ne pouvons pas nous défendre ; quelquefois elle répand une froideur par tous les membres, et retirant le sang auprès du cœur, elle fait voir sur notre visage une vivante image de la mort ; tantôt elle nous dérobe la voix et ne laisse que des soupirs pour implorer le secours de nos amis (2) ; quelquefois elle nous attache des ailes aux pieds, et nous fait vaincre par notre vitesse ceux qui nous surmontent par leur courage (3) ; quelquefois elle imite le désespoir et nous dépeint le danger si effroyable de toutes parts, qu'elle nous fait résoudre à changer une fuite honteuse en une résistance honorable (4) ; elle est quelquefois si imprudente, que pensant fuir un mal, elle va s'y précipiter, et souvent aussi, par une extrême bizarrerie, elle s'engage dans une mort si assurée pour en éviter une douteuse (5).

Si ses effets sont extravagants, ses inclinations ne sont pas plus raisonnables ; car si elle n'est conduite par la prudence, elle dégénère aisément en haine, en désespoir ou en paresse. Nous n'aimons guère ce que nous craignons, et comme l'amour est si libre qu'il ne peut souffrir de contrainte, il est si noble qu'il ne peut endurer d'outrage, tout ce qui l'étonne l'irrite ; quand on veut le dompter par violence, il se change en aversion, et convertit toute sa douceur en colère : de là vient que les tyrans n'ont point d'amis ; car comme ils sont obligés de se faire craindre, ils ne se peuvent faire aimer, et leur gouvernement étant fondé sur la rigueur, ils ne sauraient produire d'amour. Ceux même qui les approchent les haïssent, les louanges qu'on leur donne sont fausses, et de tant de passions qu'ils tâchent d'exciter dans les esprits, il n'y a que la crainte et la haine qui soient véritables (6). Aussi, comme ils voient que le malheur de leur condition les oblige à la cruauté, ils renoncent à l'amour et ne se mettent pas en peine s'ils sont haïs, pourvu qu'ils soient redoutés. Il n'y a que Dieu seul qui puisse accorder ces deux passions et qui sache se faire craindre de ceux qui l'aiment, et se faire aimer de ceux qui le craignent ; encore les théologiens confessent-ils que la parfaite charité bannit la crainte, et que ceux qui l'aiment le plus sont ceux qui le craignent le moins. Mais quoiqu'il soit ordinaire à cette passion de se convertir en haine, il ne lui est pas toujours permis, et ce changement est une marque de son mauvais naturel. Il y a des personnes que nous devons craindre et que nous ne pouvons pas haïr : leur grandeur nous oblige au respect, et leur justice nous défend la haine. Cette majesté qui les environne

---

(1) Suoque simillima cœlo.
(2) Obstupui, steteruntque comæ, vox faucibus hæsit. *Virg.*
(3) ... Pedibus timor addidit alas
(4) ... Audacem fecerat ipse timor.
(5) Dic mihi num furor est ne moriare mori. *Mart.*
(6) Adjice nunc ; quod qui timetur, timet : nemo potuit esse terribilis secure. *Sen., Ep.* 105.

produit la crainte; mais la protection que nous en tirons doit faire naître l'amour; si bien que la pente vers la haine est un désordre dans la crainte, et c'est abuser de cette passion que de suivre son inclination déraisonnable.

Elle se change aussi facilement en désespoir, et quoiqu'elle marche par des routes différentes, elle se jette dans un même précipice : car elle dépeint à l'espérance des dangers si effroyables, qu'elle lui fait perdre tout le courage, et cette généreuse passion se laisse si bien persuader à son ennemie, que s'éloignant du bien qu'elle recherchait, elles se convertissent toutes deux en une infâme lâcheté. Mais de tous les monstres que produit la crainte, il n'y en a point de plus dangereux que la paresse : car encore que ce vice ne soit pas si agissant que les autres, et que son naturel qui est lâche, ne lui permette pas de former de grands desseins contre la vertu, néanmoins il est coupable de tous les outrages qu'on lui fait, et il semble qu'il se trouve dans tous les conseils où l'on conjure sa perte. Il a tant d'aversion du travail, qu'il ne peut souffrir l'innocence, parce qu'elle est laborieuse, et l'on peut dire que s'il n'est pas le plus violent de ses ennemis, il en est le plus dangereux, et le plus opiniâtre. Il produit tous les péchés qui se cachent à l'ombre, et pour les faire périr, il ne faudrait que donner la mort à ce père qui les a fait naître. C'est lui qui nourrit l'impudicité, et l'amour n'aurait point de vigueur, s'il n'en prenait dans son infâme repos; c'est lui qui entretient la volupté, et qui, pour l'amuser, lui fournit de honteux divertissements; c'est lui qui autorise la lâcheté, et qui la détourne de ces glorieux travaux, qui rendent les hommes illustres; c'est lui enfin qui perd les Etats, qui corrompt les mœurs, qui bannit les vertus, et qui produit tous les vices. Cependant il prend un nom vénérable, et pour colorer sa fainéantise, il se fait appeler un honnête loisir. Mais certes il y a bien de la différence entre le repos des philosophes et l'oisiveté des voluptueux : ceux-là sont toujours agissants; lorsqu'ils semblent ne rien faire, ils sont les plus occupés, et quand on croit qu'ils sont inutiles, ils obligent tout le monde par leurs travaux. Car ils font des panégyriques à la vertu, ils composent des invectives contre le vice, ils découvrent les secrets de la nature, ou ils décrivent les perfections de son auteur (1). Mais ceux-ci sont toujours languissants; si leur esprit travaille, c'est pour le service de leur corps; s'ils s'éloignent du bruit du monde, c'est pour goûter le plaisir avec plus de liberté, et s'ils se bannissent de la compagnie des hommes, c'est pour être avec des femmes perdues. Ces misérables savent bien se cacher, mais ils ne savent pas vivre : leurs palais sont leurs sépulcres, et leur repos inutile est une honteuse mort (2). Il faut que le loisir des honnêtes gens soit raisonnable, et qu'ils ne se retirent dans la solitude que quand ils ne peuvent plus servir à l'Etat. Il faut qu'ils laissent le monde et qu'ils ne l'abandonnent pas, il faut qu'ils se souviennent qu'ils en font une partie, et qu'en quelque lieu qu'ils se retirent, le public a toujours droit sur leurs personnes. Ceux-là ne sont pas solitaires, mais farouches, qui laissent la société, parce qu'ils ne la peuvent souffrir; qui s'éloignent de la cour, parce qu'ils n'y sauraient voir la prospérité de leurs ennemis, ou qui se cachent dans les ténèbres, parce qu'ils ne peuvent souffrir l'éclat de la vertu. Le repos, pour être louable, doit avoir un juste motif, et celui qui n'a point d'occupation ni d'étude, est le tombeau d'un homme vivant (3). Or, la crainte, par une pente naturelle, se convertit en cet infâme péché, et devient paresseuse, si elle n'est modérée. Elle appréhende le travail, et s'excusant sur sa faiblesse, elle se persuade qu'il n'y a point d'exercice qui ne surpasse ses forces ; elle s'imagine des difficultés dans les choses les plus faciles, et pour se dispenser d'une honnête occupation, elle la fait passer pour un supplice. Elle ne trouve rien qui ne l'étonne, et l'Ecriture sainte, qui connaît bien l'humeur des hommes timides, nous apprend que quand les prétextes leur manquent pour se cacher, ils en vont chercher dans les forêts, et se figurent que les lions sortiront de leurs tanières pour les surprendre par les chemins (4). Elle ne sépare jamais la timidité de la paresse, et sachant combien ces deux vices ont d'affinité, elle en fait un même portrait, et les dépeint avec de mêmes couleurs (5).

A tous ces défauts on peut ajouter encore l'imprudence, qui n'est guère moins naturelle à la crainte que la paresse : car encore que l'intention de la nature ait été de la faire servir à la prudence, et de prévenir par ses soins les malheurs qui nous menacent, néanmoins il arrive par un fâcheux dérèglement, que celle qui devait nous délivrer du péril nous y engage, et que la passion qui nous devait donner conseil, nous empêche de le prendre. Car la raison veut que nous consultions autant de fois qu'il se présente quelque affaire importante, dont le succès ne dépend pas absolument de notre pouvoir; et les maux que considère la crainte

---

(1) Multum prodest qui docet quid sit justitia, quid pietas, quid patientia, quid fortitudo, quid mortis contemptus, quid deorum intellectus, quantum bonum sit bona conscientia. Ergo si tempus ad studia conferas, quod subduxeris officium, non munus deserueris. *Sen., de Tranquil. animi, cap.* 3.

(2) Otium sine litteris, mors est, et hominis vivi sepultura. *Sen., Ep.* 83.

(3) Nam qui res et homines fugit, quem cupiditatum suarum infelicitas relegavit, qui alios feliciores videre non potuit, qui velut timidum atque iners animal metu obliruit; ille non sibi vivit, sed ventri, somno, libidini. *Sen., Ep.* 55.

(4) Dicit piger: Leo est in via, et leæna in itineribus. Sicut ostium vertitur in cardine suo, ita piger in lectulo suo. *Prov.* xxvi, 13, 14.

(5) Pigrum dejicit timor. *Prov.* xviii, 8.

étant de cette nature, il semble qu'elle nous dût porter à délibérer mûrement, et à chercher les moyens de nous défendre des ennemis qui nous attaquent : cependant elle jette tant de confusion dans notre esprit, qu'elle nous rend incapables de consulter, et elle nous dépeint les dangers si épouvantables, que bannissant la prudence, elle nous précipite dans le désespoir (1). Ainsi, par deux contraires effets, elle nous oblige à demander conseil, et elle ne nous permet pas de le recevoir ; elle nous fait sentir notre indigence, et elle ne nous permet pas d'en chercher le remède. C'est pourquoi il faut bien prendre garde comment on usera d'une passion qui est si étrange, et qui, contre le dessein de la nature, nous offre sa lumière pour découvrir les maux à venir, et nous la refuse pour les éloigner. La prudence corrigera ce défaut, et le discours suivant nous apprendra de quelle adresse il se faut servir pour traiter avec la crainte.

VIe DISCOURS.
Du bon usage de la crainte.

Il ne faut pas trouver étrange que la passion puisse devenir criminelle, puisqu'elle est différente, et l'on ne doit pas se plaindre qu'elle soit voisine du vice, puisque la vertu même en est assiégée : car toute la morale confesse qu'il n'y a point de vertu qui ne soit environnée de péchés, et qui ne voie à ses côtés deux ennemis qui la menacent. La clémence, qu'on peut appeler l'ornement des princes et le bonheur des Etats, est au milieu de l'indulgence et de la sévérité : pour peu qu'elle s'écarte du droit chemin, elle trouve l'un de ces deux monstres, et prenant quelqu'une de leurs qualités, elle perd malheureusement toutes les siennes. La force ou la valeur qui anime les conquérants aux glorieuses entreprises, est placée entre la témérité et la lâcheté ; si elle s'expose imprudemment, elle devient téméraire, et si elle se conserve trop soigneusement, on la soupçonne d'être lâche. La libéralité qui gagne les cœurs, après que la puissance a dompté les corps, est logée entre l'avarice et la profusion ; si elle ménage ses biens avec plus de soin que ne permet l'honnêteté, on l'accuse d'être avare, et si elle les dispense indiscrètement, on l'accuse d'être prodigue. Mais les passions me semblent plus heureusement partagées ; car si elles ont un vice qui les attaque, elles ont une vertu qui les défend, et si elles peuvent devenir criminelles, elles peuvent devenir innocentes. Ceci paraît évidemment en la crainte, qui, servant à la paresse et au désespoir, peut servir à la prudence et à la honte, et par le moyen de ces deux vertus conserve toutes les autres.

Encore que la crainte soit ombrageuse, et que les maux qu'elle découvre l'étonnent, néanmoins elle a tant de rapport avec la prudence, que pour peu d'aide qu'on lui donne, elle passe facilement en sa nature. Le principal emploi de cette vertu, au jugement de tous les philosophes, est de considérer les choses passées, de régler les présentes, et de prévoir les futures (2). Mais l'avenir l'occupe bien plus que le présent et le passé : car outre que le présent n'est qu'un moment, et qu'il ne peut enfermer qu'un petit nombre d'accidents, il est sensible, et il ne faut avoir que des yeux pour en juger. Le passé n'est plus en notre pouvoir, et toute la sagesse du monde n'a point de juridiction sur lui ; il n'est pas malaisé de le connaître, et la mémoire, si elle n'est infidèle, nous représente les événements qu'il a produits ; mais l'avenir est aussi douteux que caché : il est environné de ténèbres qu'on ne saurait dissiper, il traîne avec soi une suite prodigieuse d'aventures qui causent mille changements dans les personnes et dans les Etats ; si bien qu'il est le principal objet de la prudence, et elle ne regarde les autres différences du temps, que pour juger de celle-ci ; elle n'étudie le passé que pour connaître l'avenir, et elle ne règle le présent que pour s'assurer du futur. C'est pourquoi les grands politiques ont cru que la prudence était une vertu divine, qu'on ne pouvait consulter l'événement des affaires sans une assistance du ciel, et que pour être un heureux conseiller, il fallait être un véritable prophète (3). Or la crainte est de la nature de la prudence : car encore qu'elle se souvienne des malheurs passés, qu'elle s'occupe des présents, elle s'entretient particulièrement des futurs, et elle emploie toute son adresse pour les éloigner ou pour les combattre. Il est vrai qu'elle implore le secours de l'espérance, et qu'elle use de son courage pour se défaire de ses ennemis ; mais elle en est plus semblable à la prudence, qui, après avoir prévu le danger, se sert de la valeur des soldats pour le repousser. Car les hommes ne sont pas si heureux que de posséder ensemble ces deux vertus ; elles demandent des tempéraments différents, et quoiqu'elles s'assistent mutuellement, elles semblent avoir protesté de ne se rencontrer presque jamais en une même personne. La prudence est le partage de ces vieillards qui ont blanchi dans les affaires, et qui ont consommé toute leur vie à remarquer les humeurs des peuples, les révolutions des Etats, et les divers changements de la fortune ; la valeur au contraire est le partage des jeunes gens qui, ayant plus de vigueur que d'expérience, sont plus propres à exécuter qu'à délibérer, et réussissent plus heureusement dans le combat que dans le conseil. Il n'appartient qu'au Verbe éternel d'être tout ensemble la sagesse et la puissance, le bras et l'idée de son Père ; mais dans les créatures ces qualités sont séparées, et celui qui a beaucoup de force, n'a le plus souvent que bien peu de connaissance. Il faut que le ciel fasse un miracle pour as-

---
(1) Pavor sapientiam omnem mihi ex animo expectorat. *Terent.*
(2) Prudentia præsentia ordinat, futura providet, præterita recordatur. *Vitruv.*
(3) Consiliari quoddam divinum est. *Arist.*

sembler ces avantages incompatibles, et il n'est pas plus malaisé d'accorder la flamme avec la neige, que d'unir la prudence avec la force. Aussi faut-il avouer que comme la crainte est plus avisée que généreuse, elle a aussi bien plus de lumière que de chaleur, et elle est bien plus propre à délibérer qu'à combattre. Enfin on l'accuse de prendre toujours les choses au pis, et de faire les maux plus grands qu'ils ne sont. Elle ressemble, disent-ils, à ces lâches espions que Moïse envoya pour découvrir la Palestine, et dont les infidèles rapports pensèrent détourner le peuple juif d'une si noble conquête. Elle fait d'un atome une montagne, toutes les bêtes lui semblent des monstres, et elle ne voit point de danger qu'elle ne juge inévitable. Il est vrai qu'elle embrasse presque toujours le plus mauvais parti, et que pour n'être point abusée, elle se figure le mal avec toutes ces extrémités : mais certes elle en est plus conforme à la prudence, qui ne consulte jamais l'avenir, qu'elle n'y remarque tous les dangers qui peuvent arriver, et qu'elle ne prépare des forces pour combattre tous les ennemis qui la peuvent attaquer. Elle ne considère pas ce qui se fait seulement, mais tout ce qui se peut faire : quand elle voit naître un malheur, elle en veut savoir le progrès, et elle se donne un peu d'inquiétude pour se procurer un repos assuré. Les stoïciens ne trouvent point de meilleur expédient pour se défendre d'un péril qui les menace, que de s'imaginer qu'il arrivera, et de le combattre en esprit, pour le surmonter en effet (1); si bien qu'au jugement même de nos ennemis, la prudence n'a point d'autres maximes que la crainte; et cette fidèle esclave n'a point d'autres mouvements que ceux de sa souveraine.

Il est vrai que comme elle est voisine des sens, et qu'elle réside en la partie de l'âme, où se forment les orages, elle ressent toujours quelque trouble, et elle ne fait presque point de jugements qui ne soient accompagnés d'émotions; mais là l'esprit peut facilement détromper, et par la clarté de son feu, il peut dissiper toutes ces fumées qui s'élèvent de l'imagination. Il faut qu'il l'oblige à regarder les objets qui l'épouvantent, et qu'il lui rende l'assurance en lui faisant voir de plus près ce qui lui avait causé de l'étonnement; il faut qu'il ôte aux supplices la pompe qui les rend effroyables, et à la douleur les plaintes qui la rendent éloquente; il faut qu'il lui apprenne que, sous ces apparences trompeuses, il n'y a qu'une mort commune, que les enfants ont soufferte, que les soldats ont vaincue, et que les esclaves ont méprisée (2). Les tourments les plus pompeux ne sont pas toujours les plus violents : une suppression d'urine est plus douloureuse que la roue, un goutteux souffre souvent plus de mal dans son lit qu'un criminel à la torture, et un homme à qui on tranche la tête n'endure pas tant de douleur que celui qui meurt de la fièvre. C'est donc à l'esprit de persuader à la crainte, que toutes ces choses qui nous étonnent ne sont pas celles qui nous blessent, que les maux éclatants ne sont pas les plus sensibles, et que ceux qui paraissent les plus sombres sont quelquefois les plus douloureux. Ainsi elle s'affermira contre les maux, et se soumettant à la conduite de la raison, elle ne réservera de ses appréhensions, que ce qui lui sera nécessaire pour s'empêcher d'être surprise.

Mais si la crainte peut nous servir pour combattre le vice, elle peut être employée pour défendre la vertu : et il semble que ce soit le principal usage, auquel la nature l'ait destinée : car la honte n'est autre chose que la crainte de l'infamie, et cette passion innocente est la protectrice de toutes les vertus. C'est à elle que les juges doivent leur intégrité, que les soldats doivent leur courage, que les femmes doivent leur chasteté; c'est par ses soins que la piété est conservée, et il faut que tout le monde confesse qu'il n'y a point d'affection en notre âme plus agréable ni plus utile que la honte. Puisque nous lui avons tant d'obligation, il est bien raisonnable de la connaître et de lui rendre l'honneur qu'elle mérite : elle porte la couleur de la vertu, et cette rougeur qu'elle répand sur le visage est une marque de son innocence; mais elle est si délicate que la moindre chose du monde la peut corrompre; elle ressemble à ces fruits nouvellement cueillis, dont la fleur se perd aussitôt qu'on les touche. Elle se détruit elle-même; les louanges qu'on lui donne l'offensent, et on la fait perdre aux femmes, en leur en faisant des reproches. Si elle est facile à perdre, elle n'est pas moins difficile à recouvrer : car quoiqu'elle soit douce, elle est glorieuse, et quand une fois on l'a bannie, il est bien malaisé de la faire revenir. L'espérance succède souvent au désespoir, la joie reprend la place que la tristesse avait occupée, et quelquefois la haine se convertit en amour; mais la honte ne paraît jamais sur un visage dont l'insolence et l'effronterie l'ont chassée. Comme cette passion est la compagne de la pureté, elle est de son naturel, et la perte de l'une et de l'autre est irréparable. Elle a tant d'aversion pour le péché, qu'elle n'en peut souffrir la présence; son nom la fait rougir, elle appelle tout le sang du cœur à son secours pour se défendre de cet ennemi. Mais elle n'est jamais plus puissante que quand elle combat pour la vertu; car elle fait tant d'efforts en sa faveur, qu'elle lui procure toujours de glorieuses victoires; elle oblige toutes les passions à la secourir, elle leur dépeint le crime si effroyable, qu'elle leur augmente la haine; et elle leur représente l'innocence si belle, qu'elle leur en augmente l'amour. Elle réveille l'espérance, elle anime la hardiesse, elle irrite

---

(1) Si vis omnem sollicitudinem exuere, quidquid vereris ne eveniat, eventurum utique propone, et quodcunque illud malum est tecum metire. *Senec., Ep. 24.*

(2) Tolle istam pompam sub qua lates et stultos territas : mors es quam nuper servus meus, quam ancilla contempsit. *Sen., Ep. 24.*

le désir, et elle échauffe la colère : si bien que c'est une passion qui se répand dans toutes les autres, et qui leur donne de nouvelles forces pour soutenir les intérêts de la vertu. Quoiqu'elle soit timide, elle encourage les soldats : ils ne sont vaillants que parce qu'ils sont honteux, et ils ne méprisent le danger que parce qu'ils craignent l'infamie ; une crainte en chasse une autre, et ceux qui ne cèdent pas à la valeur, se laissent vaincre à la honte. Quoiqu'elle soit indulgente, elle rend les juges sévères, et lorsqu'on tâche de les corrompre par les présents ou de les étonner par les menaces, elle les retient dans leur devoir par la crainte du déshonneur. Quoiqu'elle soit faible, elle rend les femmes courageuses, et pendant qu'elle répand sa rougeur sur leur visage, elle répand une secrète vertu dans leur cœur, qui les fait triompher de ces dangereux ennemis qui les poursuivent. Ce sexe n'a point d'autre force que celle qu'il emprunte de cette passion innocente, il ne se conserve que par la crainte de l'infamie, et qui lui aurait ôté cette défense, lui ravirait aisément tous ses autres avantages. La nature même, qui sait bien qu'il aime autant la beauté que la vertu, lui a persuadé que la honte le rend plus agréable. En effet, la pudeur est un fard innocent, les femmes ne paraissent jamais plus belles que quand elles sont un peu honteuses, et il n'y a point de visage pour agréable qu'il puisse être, qui ne reçoive un nouvel éclat de cette rougeur innocente qui accompagne la honte. Elle est si acquise à la vertu, qu'on a bonne opinion de toutes les personnes qui la portent, et elle défend les intérêts de la raison avec tant de chaleur, que son empire serait déjà ruiné, si cette passion était bannie de la terre.

Car l'expérience nous apprend qu'il y a bien plus d'hommes qui s'éloignent du péché par la honte que par le devoir, et que la crainte de l'infamie a bien plus de pouvoir sur leurs esprits que l'amour de l'innocence. C'est pourquoi le diable reconnaissant bien que cette passion est contraire à ses desseins, et que pour nous la faire perdre, il faut détruire notre nature, il tâche de nous persuader que la vertu est criminelle, afin que devenant infâme dans notre opinion, la honte qui la défend toujours soit contrainte de l'abandonner. Il a cru qu'il était plus facile d'ôter à la vertu son estime, que l'innocence à la honte : ne pouvant corrompre celle-ci, il a essayé de la tromper, et pour lui faire perdre l'aversion qu'elle avait du péché, il lui a fait croire qu'il était glorieux. Cette erreur est si bien répandue par tout le monde, qu'il y a maintenant des vertus infâmes et des vices honorables. La vengeance passe pour grandeur de courage, et l'oubli des injures pour lâcheté : l'ambition est illustre, et parce qu'elle s'attache aux couronnes, elle prétend n'être plus honteuse. La modestie et l'humilité sont méprisées, et parce qu'elles cherchent la solitude et le silence, elles ont perdu toute leur gloire. L'opiniâtreté dans le crime est la marque d'un esprit fort, la pénitence et le changement de vie est une preuve de faiblesse. Ainsi toutes choses sont confondues, et la honte se laissant séduire à l'opinion, prend sans y penser le parti du vice, et quitte celui de la vertu. Les méchants qui se cachaient se produisent sur le théâtre, et perdant la confusion, qui était le seul bien qui leur restait dans tous leurs maux, ils deviennent insolents et tirent vanité de leurs crimes. Le chemin du salut leur est fermé, et depuis qu'ils ont donné des titres honorables à des choses infâmes, on ne peut plus espérer que la honte les convertisse, ni que celle qui les piquait d'honneur les réduise à leur devoir (1). Pour éviter ce malheur, il faut désabuser cette passion innocente, et donnant à chaque objet le nom qu'il mérite, la tirer de l'erreur où elle s'est imprudemment engagée. Il faut lui apprendre que tout ce qui est éclatant n'est pas vertueux, et que tout ce qui est sombre n'est pas criminel ; il faut lui persuader que les vertus les plus humbles sont les plus utiles, et que les vices les plus honorables sont les plus dangereux. Avec ces bonnes maximes elle reprendra le parti de l'innocence, et se repentant de s'être laissé tromper, elle poursuivra ses ennemis avec d'autant plus d'ardeur, que sa haine sera augmentée par leur supercherie, et qu'en défendant les intérêts de la vertu, elle se vengera encore de ses injures particulières.

CINQUIÈME TRAITÉ
DE LA COLÈRE.
PREMIER DISCOURS
De la nature, des propriétés et des effets de la colère.

Les vertus sont si étroitement unies les unes avec les autres, qu'on ne les peut séparer sans leur faire violence : souvent aussi elles se mêlent ensemble, et ces nobles habitudes se confondent pour en composer une seule. La clémence qui fait régner heureusement les souverains, emprunte ses beautés de deux ou trois de ses compagnes : elle doit sa conduite à la prudence, sa douceur à la miséricorde, et sa gloire à la générosité. La valeur qui fait triompher les conquérants tient toutes ses richesses de la libéralité des autres vertus, et qui lui aurait ôté la grandeur qu'elle tire de la magnanimité, l'adresse qu'elle prend de la discrétion, et la modération qu'elle reçoit de la justice, il ne lui resterait plus qu'une vaine ombre de toutes ses véritables grandeurs. Quoique les passions ne soient pas en si bonne intelligence que les vertus, il y en a pourtant quelques-unes qui ne s'abandonnent jamais, et il s'en trouve même quelques autres qui ne vivent que d'emprunt, et qui seraient pauvres si elles voulaient s'acquitter. L'espérance est de ce nombre, car elle n'a que les biens qu'on lui

---

(1) Itaque quod unum habebant, in malis bonum perdunt, peccandi verecundiam : laudant enim ea quibus erubescebant, et vitio gloriantur : ideoque nec resurgere quidem adolescentiæ licet, cum honestus turpi desidiæ titulus accessit. Senec., *de Vita beata*, c. 22.

donne, et si le désir qui la pique, la crainte qui la retient et l'audace qui l'anime l'avaient quittée, il ne lui resterait plus que le nom. La colère est de même condition; quoiqu'elle fasse tant de bruit, elle tire toute sa force des passions qui la composent, et il semble qu'elle ne soit courageuse que parce qu'elle est bien accompagnée. Elle ne s'élève jamais dans notre âme, que la douleur ne l'appelle, elle ne recherche point la satisfaction de ses injures qu'elle n'y soit sollicitée par le désir, provoquée par l'espérance et encouragée par la hardiesse (1) : car celui qui est irrité se promet la vengeance de son ennemi ; mais quand il est si faible qu'il ne la peut espérer, sa colère se change en tristesse, et n'ayant plus les passions qui l'entretenaient, elle perd son nom et sa nature.

De tout ce discours il est aisé de conclure que la colère n'est autre chose qu'un mouvement de l'appétit sensitif qui recherche la vengeance d'un outrage : c'est pourquoi Aristote a cru qu'elle était raisonnable, et que dans sa fougue même elle avait quelque ombre de justice. En effet elle ne s'émeut jamais, qu'elle ne s'imagine avoir reçu quelque déplaisir, et elle ne prend les armes que pour venger les injures qu'elle pense avoir reçues (2). En quoi elle est bien moins criminelle que la haine : car celle-ci souhaite le mal tout pur à son ennemi, et sans chercher de prétexte ni d'excuse à sa fureur, elle veut perdre celui qu'elle persécute ; mais celle-là ne lui désire que la peine de son crime, et ne regarde pas la vengeance comme un excès déraisonnable, mais comme un juste châtiment. Celle-ci ne s'apaise quasi jamais : elle décharge sa cruauté sur les innocents, elle poursuit les morts dans le tombeau ; si nous croyons les poëtes, elle descend dans les enfers pour y tourmenter les damnés, et elle monterait dans les cieux si elle pouvait, pour y affliger les bienheureux ; mais celle-là est satisfaite quand elle est vengée : lorsqu'elle croit que le supplice égale ou surpasse l'injure, elle s'adoucit, et par une providence de la nature, elle se convertit en miséricorde (3). Elle épargne les justes, et lors même que les criminels deviennent misérables, elle perd le désir de s'en venger. J'avoue bien que quand on lui résiste, elle s'anime, et que quand elle surmonte ses ennemis, elle trouve du plaisir en leur defaite; mais elle ne cherche point cette infâme volupté que trouvaient les tyrans dans la mort de leurs sujets ; car ils ne cherchaient pas tant à se venger d'une injure qu'à contenter leur brutale cruauté, et dans le supplice des innocents, ils se conduisaient plutôt par les mouvements de la fureur que par ceux de la colère (4). Enfin, tous les philosophes en ont eu si bonne opinion, qu'Aristote s'est persuadé qu'elle prenait toujours le parti de la raison contre le vice, que c'était elle qui nous animait aux belles actions, et que les hautes entreprises des souverains n'étaient pas moins les effets de cette passion que de la vertu (5) ; il a cru que tous ces désordres de notre âme, qui servent à la volupté, ne pouvaient être domptés que par la colère, et que l'appétit concupiscible pervertirait la raison s'il n'était converti par l'irascible. Il semble, à l'entendre parler, que tous les grands hommes soient colères, que cette passion ne soit pas seulement la marque d'un bon naturel, mais celle d'un excellent courage, et que l'esprit ne puisse rien concevoir de généreux, s'il n'est un peu irrité.

Je crois bien avec lui que ce sentiment de notre âme peut être utilement employé au service de la vertu, quand il est modéré par la raison et par la grâce ; mais certes il a plus de besoin de conduite que les autres, et comme il est extrêmement violent, il cause de grands désordres s'il n'est soigneusement réprimé. Car quelque inclination qu'il ait pour le bien, il est trop prompt pour être réglé ; et quoiqu'il témoigne aimer la justice et la raison, il est trop fougueux pour être juste ou raisonnable. Nous serions perdus si la colère était aussi opiniâtre qu'elle est soudaine, et la terre ne serait plus qu'une solitude, si cette passion avait autant de durée qu'elle a de chaleur. La nature ne pouvait mieux nous faire paraître le soin qu'elle a de notre conservation, qu'en donnant des bornes étroites à la plus farouche de nos passions ; et puisque l'amour qu'elle nous porte l'a obligée à rendre les monstres stériles, et à donner une courte vie aux bêtes les plus furieuses, elle devait attacher la brièveté à la colère, et ne donner qu'un terme bien court à une passion si dangereuse (6). Encore ne laisse-t-elle pas de causer beaucoup de malheurs en ce peu de temps qu'elle dure : elle emploie bien les moments que la nature lui a donnés, et en peu d'heures elle fait bien des ravages ; car, outre qu'elle trouble l'esprit de l'homme, qu'elle altère sa couleur, qu'elle semble se jouer de son sang, que tantôt elle le retire auprès du cœur, tantôt elle le rejette sur le visage, qu'elle allume des flammes dans les yeux, qu'elle mette des menaces en la bouche, et qu'elle arme les mains de tout ce qu'elle rencontre, elle produit des effets plus étranges dans le monde. Elle en a mille fois changé la face depuis sa naissance : il n'y a point de province où elle n'ait fait quelques dégâts, et l'on ne trouve point de royaume qui ne pleure encore sa violence. Ces ruines qui ont autrefois été les fondements de quel-

---

(1) Ira sicut et ultio doloris confessio est. *Sen.*, *lib.* III *de Ira*, c. 5.

(2) Nulli irascenti sua ira videtur injusta. *Aug.*, *lib. de Vera innoc.*, c. 3, 19.

(3) Iram sæpe misericordia retro egit. *Sen.*, *lib.* I *de Ira*, c. 16.

(4) Hæc non est ira, feritas est ; nec illi verbera in ultionem petuntur, sed in voluptatem. *Sen.*, *lib.* II *de Ira*, c. 5.

(5) Calcar est virtutis, hac erepta, inermis animus ; et ad conatus magnos piger inersque. *Arist. in Sen*, *lib.* III *de Ira*, c. 8.

(6) Naturæ curis debemus quod hunc furorem contraxerit : actum esset de hominibus si pertinax ira fuisset. Adhuc cum brevi duret, quid pejus?

que superbe ville, sont les restes de la colère ; ces monarchies qui gouvernaient autrefois toute la terre, et que nous ne connaissons plus que par l'histoire, ne se plaignent pas tant de la fortune que de la colère; ces grands princes dont l'orgueil est réduit en poudre soupirent dans leurs tombeaux, et n'accusent que la colère de la perte de leur vie et de la ruine de leurs États. Les uns ont été assassinés dans leur lit ; les autres comme des victimes ont été immolés auprès des autels : les uns ont malheureusement fini leurs jours au milieu de leurs armées, et tant de soldats qui les environnaient ne les ont pu défendre de la mort; les autres ont perdu la vie dans leur trône, sans que cet éclat qui brille sur le visage des rois pût étonner leurs meurtriers : les uns ont vu leurs propres enfants attenter à leurs personnes ; les autres ont vu répandre leur sang par la main de leurs esclaves. Mais sans se plaindre de leurs parricides, ils ne se plaignent que de la colère, et oubliant tous leurs désastres particuliers, ils ne condamnent que cette passion qui en est la source féconde et malheureuse (1).

Et certes, leurs plaintes sont bien justes, puisque de tous les désordres de notre âme, il n'y en a point de plus farouche ni de plus déraisonnable. Et je ne sais pas pourquoi Aristote s'est imaginé qu'il servait à la raison, et qu'il suivait toujours ses mouvements, si ce n'est qu'il ait eu dessein de nous apprendre que cette passion plus ambitieuse que les autres, voulait paraître raisonnable dans son excès, et par un exécrable attentat, obliger la raison sa souveraine, à défendre les injustices de son esclave ; car elle cherche toujours des excuses à ses crimes, quoiqu'elle répande le sang humain, qu'elle immole des victimes innocentes, qu'elle abatte des villes entières, et que sous leurs ruines elle accable leurs habitants, elle veut que l'on croie qu'elle est raisonnable. Souvent elle reconnaît elle-même la vanité de ses ressentiments ; néanmoins elle persévère sans raison, de peur qu'on s'imagine qu'elle a commencée sans sujet. Son injustice la rend opiniâtre, elle s'échauffe avec dessein, elle veut que son excès soit une preuve de sa justice, et que tout le monde s'imagine qu'elle a puni justement ses ennemis, parce qu'elle les a punis sévèrement (2). Voilà ce qu'elle emprunte de la raison, et ce qu'elle a de plus insolent que les autres passions, qui dans leur déréglement sont aveugles, et n'offensent leur souveraine que parce qu'elles ne connaissent pas leur autorité ; mais celle-ci en abuse impudemment, et par une épouvantable tyrannie, elle l'emploie pour exécuter ses crimes, après s'en être servie pour les commettre.

C'est pourquoi je trouve que Sénèque a grande raison de dire qu'elle est plus criminelle que le vice même, et qu'elle commet les injustices, dont ils ne sont pas coupables. L'avarice amasse du bien, et la colère le dissipe. Celle-là ne fait du mal qu'à soi-même et oblige les héritiers qui lui succèdent ; mais celle-ci fait du mal à tout le monde, comme si elle était une peste publique : elle met la division dans les familles, le divorce dans les mariages, et la guerre dans les Etats. L'impudicité cherche un plaisir infâme, mais qui ne nuit qu'à des criminels, et la colère en cherche un injuste, qui porte préjudice à des innocents. L'envie, toute maligne qu'elle est, se contente de souhaiter le malheur d'autrui, elle en laisse l'exécution à la fortune, et lui remet l'accomplissement de ses désirs ; mais la colère, impatiente qu'elle est, ne peut attendre cette puissance aveugle, et prévenant sa rigueur, elle prend plaisir à faire des misérables. Enfin elle est la cause de tous les maux, et il ne se commet point de crimes dont elle ne soit coupable. Il n'y a rien de plus fâcheux que les inimitiés, c'est la colère qui les entretient; il n'y a rien de plus cruel que le meurtre, c'est la colère qui le conseille; il n'y a rien de plus funeste que la guerre, c'est la colère qui l'allume (3). Elle étouffe toutes les autres passions, quand elle règne dans une âme, et elle est si absolue en sa tyrannie, qu'elle convertit l'amour en haine, et la pitié en fureur. Car il s'est vu des amants qui, dans l'excès de leur colère, se sont enfoncés dans le sein le même poignard qu'ils venaient de plonger dans celui de leurs maîtresses, et qui ont commis deux meurtres véritables pour venger une injure imaginaire. On a vu des avaricieux trahir leurs inclinations pour contenter leur colère, et jeter toutes leurs richesses dans les eaux ou dans les flammes, pour obéir à son impétuosité ; il s'est trouvé des ambitieux qui ont refusé les honneurs qu'on leur présentait, et qui ont foulé aux pieds les diadèmes, parce que la colère qui occupait toute leur âme en avait effacé les désirs de la gloire.

Cependant bien qu'elle soit si pernicieuse, il n'y a point de passion qui soit plus commune, et il semble que la nature, pour nous punir de tous nos crimes, ait voulu que, comme une furie vengeresse, elle persécutât tous les hommes. Il ne se voit point de nation qui n'en ressente la fureur, et de tant de peuples différents en coutumes, en habits et langages, il ne s'en est point encore trouvé qui soit exempt de cette cruelle passion. Nous avons vu des peuples entiers qui se sont défendus contre le luxe, à la faveur de la pauvreté, et qui ont conservé leur innocence, pour n'avoir jamais connu les richesses; nous en avons vu qui, pour n'avoir point

(1) Aspice nobilissimarum civitatum fundamenta vix notabilia : hæc ira dejecit. Aspice solitudines sine habitatione desertas, has ira exhausit. Aspice tot memoriæ proditos duces, mali exempla fati : alium ira in cubili suo confundit; alium inter sacra mensæ percussit : alium filii patricidæ dare sanguinem jussit. *Sen.*, *lib.* I *de Ira, cap.* 2.

(2) Perseveramus ne videamur cœpisse sine causa, pertinaciores nos facit iniquitas iræ, et augemus, quasi argumentum sit juste irascendi graviter irasci. *Sen.*, *lib.* III *de Ira, c.* 29.

(3) Nihil simultatibus gravius : has ira conciliat. Nihil est bello funestius ; in hoc potentium ira prorumpit. *Sen.*, *lib.* III *de Ira, c.* 5.

de demeures arrêtées, sont en un perpétuel mouvement, et bannissent la paresse, pour ne pas savoir l'art de bâtir des maisons ; nous en avons vu d'autres qui marchent nus, et qui n'ont pu encore apprendre, ni de la honte, ni de la nécessité, à se faire des habits ; nous en voyons qui, possédant tout en commun, ne savent point disputer pour une partie, et qui, n'ayant pas perdu toute la pureté naturelle, ne connaissent point les injustices que l'avarice a fait naître parmi nous ; mais il ne s'en est point encore trouvé qui soit exempt de la colère. Elle règne parmi les peuples civilisés aussi bien que parmi les barbares ; elle commande en tous les lieux de la terre, et elle emploie les arcs et les flèches pour se venger, où elle n'a pas encore introduit l'usage des mousquets et des épées (1).

Enfin l'on n'a jamais vu une passion agiter toute une province, ou posséder toute une armée. Jamais l'amour, quoiqu'il soit le maître des passions, n'a pu rendre une ville entière amoureuse d'une même femme ; Hélène n'eut qu'un petit nombre d'amants, et de tant de capitaines qui combattirent pour elle pendant le siège de Troie, il n'y avait que son adultère et son mari qui fussent épris de sa beauté. L'avarice ne rend pas tous les hommes sordides, et s'il y en a quelques-uns qui amassent des richesses, il s'en trouve d'autres qui les dissipent ; l'ambition même ne travaille pas tous les hommes : si les uns cherchent les honneurs, les autres les fuient ; si les uns se veulent produire, les autres se veulent cacher, et parmi tant de coupables on rencontre toujours quelques innocents. L'envie n'est pas un mal public, et si la vertu a des ennemis, elle a des admirateurs ; mais la colère est une contagion qui se répand dans toute une ville en un moment (2). Une harangue a mis les armes à la main de tout un peuple, et l'on a vu confusément les hommes, les enfants et les femmes, agités de cette passion, donner la mort à leurs citoyens, ou déclarer la guerre à leurs ennemis. Les sujets se sont révoltés contre leurs princes, les soldats ont conspiré contre leurs chefs, le peuple s'est bandé contre la noblesse, les enfants se sont élevés contre leurs pères, et tous les droits de la nature ont été violés à la sollicitation de la colère.

Mais ce qu'a de plus fâcheux un mal si étrange, c'est qu'il tire sa naissance de toutes choses : car encore qu'il soit si grand, et qu'il se répande comme les embrasements, il ne faut qu'une étincelle pour l'allumer. Il est si facile à s'émouvoir, que souvent ce qui le devrait apaiser l'irrite, et ce qui pourra tle satisfaire l'offense. La négligence d'un valet le met en fougue, la liberté d'un ami le jette dans le désespoir, et la raillerie d'un ennemi l'engage dans le combat. Avec tous ces malheurs, la colère serait supportable si elle pouvait prendre conseil ; mais elle est si violente dans sa naissance même, qu'elle est incapable de recevoir les avis qu'on lui donne. Car elle ne croit pas successivement comme les autres passions, elle ne fait pas son progrès avec le temps, il ne lui faut pas des mois pour jeter des racines dans notre cœur : un moment lui suffit pour se former. Elle ne marche pas lentement, comme l'envie ou la tristesse : quand elle commence, elle a toutes ses forces ; quand elle naît, elle a déjà toute sa grandeur ; et si les autres passions, dans leur chaleur, poussent nos esprits, celle-ci, dans sa fureur, les précipite (3). Comme elle est si prompte, il ne faut pas s'étonner si elle est si inconsidérée, et si, pour nous venger d'une injure, elle nous fait hasarder notre vie ; car elle n'écoute que ses désirs, elle ne suit que ses mouvements, et elle ne reconnaît point d'autres lois que celle de sa violence. Elle n'attaque jamais son ennemi qu'elle ne se découvre, et elle ne lui porte point de coup qu'elle ne se mette en hasard d'en recevoir un plus dangereux. Elle perd la victoire, parce qu'elle la recherche avec trop de chaleur, et elle vient en la puissance de son ennemi, parce qu'elle n'est pas en la sienne. Encore que toutes ces mauvaises qualités nous apprennent assez clairement combien il est facile d'abuser de la colère et combien il est difficile d'en bien user, je ne laisserai pas de garder l'ordre que je me suis prescrit et d'employer les deux discours qui me restent à faire voir les vices et les vertus dont elle peut prendre le parti. Mais, dès à présent, je confesse qu'une passion si violente ne cède guère à la raison, et que si la grâce ne nous assiste puissamment pour la combattre, il est bien malaisé de la vaincre.

IIe DISCOURS.

Du mauvais usage de la colère.

Puisque la colère n'est autre chose qu'une vengeance naturelle, et que l'une et l'autre se piquent de justice et de grandeur de courage, je ne trouve point de meilleur moyen, pour en découvrir le mauvais usage, que d'en faire voir l'injustice et la lâcheté ; car la plupart des hommes ne persévèrent dans leurs désordres que parce qu'ils les estiment, et ceux qui sont irrités ne conservent le désir de se venger que parce qu'ils le jugent raisonnable. Les impudiques s'excusent sur leur faiblesse, et s'ils ne sont pas aveuglés, ils n'approuvent pas un péché que la raison et la nature condamnent. Les envieux et les médisants cherchent des prétextes à leurs calomnies ; et sachant bien que leur crime est accompagné de bassesse, ils se déguisent accortement et tâchent de lui donner quelque couleur de justice. Mais la vengeance et

---

(1) Nullam transit ætatem, nullum hominum genus excipit, tam inter gratos quam barbaros potens : non minus perniciosa leges metuentibus quam quibus jura distinguit modus virium. Sen., lib. III de Ira, cap. 2.

(2) Cætera vitia singulos homines corripiunt : his affectus est qui interdum publice concipitur. Sen., lib. III de Ira, c. 2.

(3) Non paulatim procedit, sed dum incipit tota est. Cætera vitia impellunt animos, ira præcipitat. Sen., lib. III de Ira, c. 1

la colère tirent vanité de leur violence : comme elles se croient fondées en raison, elles se produisent insolemment, et veulent vous persuader que tous leurs excès sont également justes et courageux. Cependant elles n'ont rien de ce qu'elles pensent avoir, et de tous les mouvements de notre âme, il n'y en a point de plus injuste ni de plus lâche. On s'imagine qu'il est généreux, parce qu'il est ordinaire aux grands, et l'on se persuade qu'il est noble, parce qu'il fait sa résidence dans le cœur des souverains; mais, certes, la colère n'est pas tant une preuve de leur grandeur que de leur faiblesse. Si la volupté ne les avait point amollis, et si cette tendresse qui accompagne les bons succès ne les avait point rendus sensibles aux moindres injures, ils n'échapperaient pas si facilement; ils mépriseraient les outrages, et sachant bien que leur dignité les élève au-dessus des tempêtes, ils se moqueraient des vains efforts de ceux qui tâchent de les offenser. Mais la servitude qu'ils demandent de leurs sujets, et la honteuse déférence que l'on rend à tous leurs désirs, est cause qu'une honnête liberté les irrite. Ils prennent les bons avis pour des mépris, et les conseils raisonnables pour des entreprises contre leur autorité. Ils ne sauraient souffrir une parole véritable; et la fortune les a rendus si délicats, que les soupçons leur servent de preuves pour condamner les innocents : ils ressemblent à ces personnes qui, n'ayant pas encore une santé bien affermie, ne peuvent souffrir la pureté de l'air ni la lumière du soleil; le moindre exercice leur donne de l'émotion, et ce qui divertirait un homme qui se porte bien les travaille et les incommode. Ainsi la plupart des grands ne sauraient supporter la fidélité de leurs domestiques; il faut corrompre la vérité si l'on veut qu'ils la reçoivent; et le tempérament de leur esprit est si faible, que la sincérité d'un ministre est capable de l'altérer. Les remèdes qu'on leur présente leur semblent des poisons; ils croient qu'on attente à leur honneur quand on reprend leurs défauts; et de quelque douceur que l'on tempère une réprimande, elle passe toujours, dans leur âme, pour injure. Qui ne voit que cette grandeur est une pure faiblesse, et que la colère qui les transporte est une marque de l'infirmité qui les accompagne?

Aussi l'Ecriture sainte, qui connaît si bien l'origine de tous nos desordres, nous apprend que la colère des femmes n'est plus violente que celle des hommes que parce que leur naturel est plus infirme, et qu'elles n'ont pas assez de force pour soutenir l'impétuosité de cette passion ; car quand elle trouve une âme qui lui résiste ou qui ne se laisse pas ployer aisément, elle s'ralentit aussitôt, et, perdant sa fougue, elle se laisse conduire par la raison. Mais quand elle en trouve une qui s'abandonne à son pouvoir, qui se laisse emporter à ses mouvements, et qui n'a pas assez de vigueur pour s'opposer à la violence, elle se donne la liberté de tout entreprendre, et elle croit se pouvoir tout promettre d'un esclave qui ne lui peut rien refuser. Si elle entre dans l'âme d'un roi qui n'a pas assez de courage pour se défendre de sa tyrannie, elle emploie la faiblesse de son esprit et la puissance de sa fortune pour exécuter tous ses desseins; elle lui persuade que la vengeance est glorieuse, qu'un prince n'est jamais plus absolu que quand il est redouté, et que de toutes les marques de la souveraineté il n'y en a point de plus assurée que la mort de ses ennemis. Alors les Etats deviennent des tyrannies, le sang des sujets inonde les villes, le nombre des bourreaux excède celui des criminels, et toutes choses sont déplorées, parce que la colère abuse de la puissance du souverain, qui ne lui peut résister. Que n'a-t-elle pas entrepris, quand elle a eu des rois pour ses esclaves et qu'elle s'est servie de leur pouvoir pour exercer sa fureur? Quelles marques de cruauté n'a-t-elle pas laissées dans le monde, quand elle a régné dans le cœur des monarques? Quelles campagnes n'a-t-elle pas jonchées de morts, et quelles provinces n'a-t-elle pas désertées?

Cambyse fit couper le nez à tous les habitants de la Syrie, pour obéir à sa colère, et jugeant que la mort était un supplice trop commun et trop honorable, il en voulut inventer un autre qui fût aussi étrange que honteux. Il eût traité plus ignominieusement tous les peuples d'Ethiopie, si un heureux accident ne se fût opposé à l'exécution d'un si damnable dessein, car la famine le surprit dans les déserts, et le contraignit de retourner dans son Etat. Mais avant de prendre cette résolution, il suivit le furieux conseil de sa colère, et fit périr par la faim la meilleure partie de son armée. Lorsque les vivres manquèrent à ses soldats, ils se nourrirent des feuilles que portent les arbres et des herbes que produit la terre qui n'est pas cultivée. Quand ils furent engagés dans les déserts, et que les sables ardents ne leur fournirent plus de nourriture, ils mangèrent le cuir de leurs boucliers et toutes ces autres choses que la nécessité force les hommes de convertir en aliments. Mais comme ils ne purent trouver la fin de cette effroyable solitude, ce prince dénaturé le pourvut d'une viande plus cruelle que la faim, et les faisant décimer, les contraignit de se dévorer les uns les autres. Sa passion le possédait encore parmi tant de malheurs; et après qu'il eût perdu une partie de ses troupes et mangé l'autre, il ne se fût pas résolu à la retraite, s'il n'eût craint que le sort ne fût enfin tombé sur sa tête et ne lui eût fait éprouver l'excès d'une cruauté qu'il avait commandée (1). Mais pour nous faire voir que la lâcheté est inséparable de la colère, ce monstre farouche faisait porter des viandes exquises sur le dos de ses chameaux, pendant que ses misé-

---

(1) Agebat adhuc ira regem præcipitem cum partem exercitus amisisset, partem comedisset. Donec timuit ne et ipse vocaretur ad sortem, tum demum signum receptui dedit. Sen., *lib.* III, *de Ira*, c. 20.

rables soldats commettaient des meurtres pour se défendre de la faim, et qu'ils laissaient la postérité en peine de juger lesquels étaient les plus à plaindre, ou ceux qui vivaient avec tant de misère, ou ceux qui mouraient avec tant de cruauté. Enfin, la colère ne va jamais sans la faiblesse; et si quelquefois il lui échappe quelque parole généreuse, elle part toujours d'une âme basse, et qui n'affecte la grandeur que pour cacher sa bassesse.

On dit que Caligula se fâchait contre le ciel, et, quand les foudres empêchaient ses divertissements, qu'il appelait ses dieux au combat, et que, se servant des paroles d'un poëte, il leur disait : Otez-moi de ce monde, ou je vous en ôterai. Dans quelle folie l'avait jeté la colère! Car il fallait qu'il s'imaginât que non-seulement les dieux ne lui pouvaient nuire, mais que leur fortune, aussi bien que celle des hommes, dépendait de sa volonté. Sénèque a pensé que cette insolence lui coûta la vie, et qu'elle obligea ses sujets de conjurer contre sa personne : car ils crurent que c'était le dernier effort de la patience que de souffrir un homme qui ne pouvait souffrir les dieux (1). La colère n'a donc rien de grand, et lors même qu'elle méprise le ciel et la terre, elle découvre sa lâcheté; ou si vous prenez ses excès pour des marques de sa grandeur, avouez que le luxe est magnifique, puisqu'il fait des trônes d'or, qu'il se pare de pourpre, qu'il coupe les montagnes, qu'il détourne le cours des ruisseaux, qu'il enferme les rivières dans ses parcs, qu'il bâtit des jardins en l'air, et qu'il trouve l'intention de suspendre des forêts. Confessez que l'avarice est un crime glorieux, puisqu'elle se roule sur les montagnes d'or, qu'elle possède des terres aussi grandes que des provinces, et que ses fermiers ont plus de pays à cultiver que les premiers consuls de l'ancienne Rome n'en avaient à gouverner. Reconnaissez que l'impudicité est courageuse, puisqu'elle passe les mers pour aller chercher ce qu'elle aime; qu'elle donne des combats, pour l'acquérir ou pour le conserver; que les femmes qui sont possédées par cette passion méprisent la mort pour satisfaire à leurs désirs, et s'exposent à la fureur de leurs maris pour contenter leurs adultères. Avouez enfin que l'ambition est généreuse, puisqu'elle ne trouve point d'honneurs qui la contentent; qu'elle veut que toutes les années portent son nom, et que toutes les plumes soient employées pour écrire ses louanges. Mais certes toutes ses passions sont lâches : quelque ombre de grandeur qu'elles aient, elles sont véritablement basses, et il n'y a rien de grand que ce qui est raisonnable, ou, pour parler plus chrétiennement, il n'y a rien d'auguste que ce qui est animé de la grâce de Jésus-Christ.

Mais afin qu'on ne croie pas que je cherche des exemples odieux pour ôter à la co-

lère cette grandeur de courage dont elle se pique, je veux examiner les raisons qu'on allègue pour sa défense, et la considérer en un état où elle puisse prétendre ou des louanges ou des excuses. Ne se doit-on pas fâcher quand les lois divines et humaines sont violées? N'est-il pas permis de s'abandonner aux mouvements de la colère, quand elle nous persuade de venger nos parents? Et n'est-ce pas une action de piété, quand on s'anime contre un impie qui profane les autels ou qui déshonore les temples? Je confesse que cette passion ne saurait avoir de plus beaux prétextes, et qu'elle est en son lustre lorsqu'elle s'élève pour des sujets si raisonnables. Mais vous trouverez que ceux qui se sont émus pour la défense de leur pays auront les mêmes sentiments pour la conservation de leurs plaisirs ; qu'ils se mettront aussi bien en fougue pour la perte d'un cheval que pour celle d'un ami, et qu'ils feront autant de bruit pour châtier un valet que pour repousser un ennemi. Ce n'est pas la piété, mais la faiblesse qui excite cette colère; et puisqu'elle s'élève aussi bien pour une parole que pour un meurtre, il faut conclure qu'elle n'est ni courageuse ni raisonnable (2) : aussi la plus grande partie de nos vengeances sont de véritables injustices, et nous nous mettons en danger de commettre un crime toutes les fois que nous voulons être juges en notre propre cause. Nos intérêts nous aveuglent, et l'amour-propre nous persuade que les plus légères injures ne peuvent être réparées que par la mort des coupables. Nous sommes de l'humeur des rois, bien que nous ne soyons pas de leur condition, et nous nous imaginons que tous les outrages qu'on nous fait sont des crimes de lèse-majesté. Nous voudrions que les flammes et les roues ne fussent employées que pour punir nos ennemis, et nous sommes assez injustes pour vouloir engager la justice de Dieu dans nos intérêts ; nous souhaiterions qu'elle ne lançât des foudres que sur la tête de ceux qui nous offensent, et, par une haute impiété, nous voudrions que le ciel fût toujours armé pour notre querelle.

Mais quand nous ne formerions pas tous ces souhaits, notre vengeance ne laisserait pas d'être déraisonnable. Le nom même qu'elle porte nous apprend qu'elle est criminelle, et quoiqu'il semble si doux à ceux qui la chérissent, il n'y a rien de plus cruel ni de plus lâche; car elle n'est différente de l'injure que par le temps seulement, et si celui qui provoque est coupable, celui qui se venge n'est pas innocent : l'un commence le crime, et l'autre l'achève ; l'un fait l'appel, et l'autre l'accepte ; et le second n'est plus juste que le premier que parce que l'injure qu'il a reçue lui sert de prétexte pour en faire une autre. C'est pourquoi notre religion défend aussi bien la vengeance que l'injure ; et sachant bien que nous ne pou-

(1) Ultimæ enim patientiæ visum est eum ferre qui Jovem non ferret. Sen., de Ira, cap. ult.
(2) Non pietas iram movet, sed infirmitas : sicut pueri qui tam parentibus amissis flebunt quam nucibus. Irasci pro suis, non est pii animi, sed infirmi, Sen., lib. I, de Ira, cap. 12.

vons pas garder la justice en punissant nos outrages, elle nous commande de les remettre entre les mains de Dieu, et d'en laisser le châtiment à celui dont les jugements, pour être cachés, ne sont jamais injustes. Elle nous enseigne que c'est entreprendre sur ses droits que de vouloir venger nos affronts, et que, comme toute la gloire lui est due parce qu'il est notre souverain, toute la vengeance lui appartient, parce qu'il est notre juge. Mais ce qui est de plus admirable dans sa doctrine, et ce qui surpasse aussi bien la faiblesse de notre vertu que celle de notre esprit, il veut que nous perdions le désir de nous venger, et qu'étouffant ce ressentiment que la nature estime si juste, nous changions notre haine en amour et notre fureur en miséricorde. Il veut que nous imitions sa bonté, et qu'élevés au-dessus d'une condition mortelle, nous désirions du bien à ceux qui nous procurent du mal. Il veut que nous le priions pour leur conversion, et qu'à l'exemple de son Fils unique, qui obtint le salut de ses bourreaux, nous lui demandions la grâce de nos ennemis (1). Il réserve ses plus hautes récompenses à la charité, et nous apprend que nous ne pouvons espérer de pardon si nous ne faisons miséricorde. Il élève cette vertu au-dessus de toutes les autres, et renversant les maximes du monde, il veut que nous croyions que la grandeur de courage n'est fondée que sur l'oubli des injures. Il ne travaille qu'à effacer de nos âmes le souvenir des affronts et la haine des ennemis. A l'entendre parler, il semble que son État ne soit fondé que sur cette loi, et qu'on ne puisse prétendre de part à sa gloire si l'on n'imite sa douceur.

La philosophie humaine n'a pu arriver à ce comble de perfection; mais encore n'a-t-elle pas laissé de remarquer que la haine était injuste et que la vengeance était lâche. Elle a employé de faibles raisons pour nous persuader de belles vertus, et quand elle n'a pu effacer le sentiment de la colère, elle a tâché de l'adoucir. Elle nous a représenté que le monde était une république dont tous les hommes étaient citoyens; que si le corps était saint, les membres en étaient sacrés; et que s'il était défendu de conjurer contre l'État, il n'était pas permis d'attenter contre un homme qui en faisait une partie; que ce serait un étrange désordre si les yeux combattaient contre les mains, ou si les mains déclaraient la guerre aux yeux; que la nature, qui les avait unis en un même corps, les avait animés d'un même esprit; et que, conspirant au bien public, elles s'assistaient mutuellement, de peur que la ruine d'une partie n'attirât celle du tout; qu'ainsi les hommes étaient obligés de se conserver réciproquement pour le salut de l'État, sachant bien que la société ne subsiste que par l'amour, et qu'un corps ne peut vivre, dont les membres ne sont pas d'accord (2). Toutes ces maximes condamnent la vengeance. La nature, toute corrompue qu'elle est, nous apprend, par la bouche des philosophes, que Jésus-Christ ne nous a rien commandé qui ne soit raisonnable, et que si sa grâce nous est nécessaire pour accomplir ses commandements, ce n'est pas tant une preuve de leur difficulté qu'une marque de notre dérèglement. Comme nous devons adorer sa justice, qui punit nos crimes, nous devons adorer sa miséricorde, qui fortifie notre faiblesse, et reconnaître qu'il ne nous donne point des lois, qu'en même temps il ne nous donne des forces pour les observer.

IIIe DISCOURS.
Du bon usage de la colère.

Ce poëte avait raison de dire que le chemin de l'enfer était ouvert à tout le monde, et qu'il était permis indifféremment à tous les hommes d'y descendre; mais que d'en sortir quand on y était entré et de revoir la lumière du jour après qu'on avait demeuré dans les ténèbres, c'était une grâce que le ciel n'accordait qu'à ces grands hommes qui l'avaient méritée par leurs glorieux travaux. Il n'est rien de plus facile que d'abuser de la colère, et de s'engager dans les injustes ressentiments de la vengeance. La nature corrompue nous enseigne ces désordres, et sans autres maîtres que nos désirs, nous trouvons tous les jours le moyen de contenter cette passion; mais certes il n'est rien de plus malaisé que d'en bien user, et elle est si farouche, qu'il est plus facile de l'éteindre que de la régler, et de la bannir de notre âme que de la modérer, car elle est si violente qu'on ne la peut réprimer, et elle est si soudaine qu'on ne la saurait prévenir. Ses premiers mouvements ne sont pas en notre pouvoir, et dès lors qu'ils sont élevés, elle a fait la plus grande partie de ses ravages. Les autres passions sont redoutables en leur progrès comme les scorpions qui portent leur venin à la queue; elles réservent toute leur furie à leur extrémité, et elles ne sont jamais plus dangereuses que quand elles sont plus âgées. Une haine naissante se peut guérir, mais quand elle s'est accrue avec le temps elle surmonte tous les remèdes. Une envie qui n'est pas encore bien formée se peut effacer; mais quand elle a pris toutes ses forces, il faut que le ciel fasse des miracles pour l'étouffer. Un amour qui n'a pas encore passé des yeux dans le cœur, et qui est plutôt une complaisance qu'une passion, s'éteint aussitôt qu'il s'est allumé; mais quand il a pénétré le fond de l'âme, qu'il a porté ses flammes dans la volonté, il faut un long temps pour l'amortir; et si la haine, le dépit et la jalousie ne viennent au secours de la raison, elle aura bien de la peine à triompher d'un si puissant ennemi. Mais la colère a toutes ses forces dès son berceau; elle est grande aussitôt qu'elle est formée, et comme si elle était de la na-

---

(1) Orandum est ergo pro inimicis, ut aut obtineatur ipsorum conversio, aut in nobis divinæ bonitatis inveniatur imitatio. *Aug.*, *lib. de Vera innoc.*

(2) Sanctæ partes sunt, si universum venerabile est: ergo et nemo homini sacer est, nam hic in majore tibi urbe civis est. *Sen.*, *l.* II *de Ira, cap.* 31.

ture des esprits, elle n'a point besoin du temps pour s'accroître; de sorte qu'elle est difficile à vaincre dès lors qu'elle commence à combattre, et contre l'humeur des autres passions, elle est plus à craindre dans sa naissance que dans son progrès. Elle porte son poison à la tête comme les vipères; si vous pensez l'étouffer quand elle s'élève, vous augmentez sa fureur, et ce monstre est si farouche, que pour apaiser sa violence il faut se résoudre à le souffrir.

C'est pourquoi je conseille à tous ceux qui le veulent faire servir à la vertu, de prévenir sa naissance et de l'adoucir avant même qu'il soit formé. Il se faut représenter que tout ce qui nous met en colère ne devrait pas seulement nous mettre en inquiétude, que les choses ne nous offensent que parce que nous ne les connaissons pas, que les richesses et les honneurs tirent leur grandeur de notre ignorance, que les accidents de la fortune et les injures de nos ennemis prennent leur force de notre faiblesse (1). Pour les biens qui réveillent nos désirs, il faut se persuader qu'ils ne valent pas la peine d'être souhaités, que leur perte nous est plus avantageuse que leur possession; qu'ils ne sont pas ce qu'ils paraissent, et que sous une fausse apparence de plaisir, ils cachent de véritables douleurs. Nous ne savons pas encore leur imposer les noms qu'ils méritent, et par un étrange aveuglement, nous appelons nos supplices des félicités. Nos déplaisirs ne procèdent que de notre ignorance, et la colère ne nous surprendrait jamais si nous ne savions bien que les vertus sont nos richesses et nos honneurs. Tous les biens que la fortune peut nous ravir ne sont pas à nous, quelque visage qu'elle nous en laisse, elle s'en réserve la souveraineté; et souvent elle nous les ôte pour nous apprendre qu'elle nous les prête et ne nous les donne pas. Comme ils sont plutôt des faveurs de sa libéralité que des effets de notre industrie, il est juste qu'elle en soit avare après en avoir été si prodigue. Enfin toutes les choses qu'elle dépense sont trop basses pour nous occuper, et il ne faut pas trouver étrange qu'elles mettent de la division entre les personnes qui en souhaitent la jouissance et qui n'en peuvent souffrir le partage (2).

Pour les accidents inopinés, nous devons nous souvenir qu'étant dans le monde nous sommes sujets à ses lois; que ce serait être trop délicat que de prendre des dispenses que les rois n'ont pas obtenues; que rien n'est arrivé dans les siècles passés qui ne puisse arriver en celui-ci, que notre fortune n'est pas mieux établie que celle de tant de monarques qui ont perdu leur vie et leur Etat en un même jour; que notre santé n'est pas plus ferme que celle des autres, et qu'étant composés des mêmes éléments, ils ne souffrent point de maladies qui ne nous puissent attaquer; que nos richesses ne sont pas à couvert pour être acquises avec justice; que les flammes les peuvent dévorer, que les larrons les peuvent ravir, que les étrangers les peuvent enlever, que la puissance d'un grand, la malice d'un juge et la violence d'un ennemi sont des accidents qu'on peut bien prévoir, mais qu'on ne peut pas toujours éviter.

Pour les injures, si elles sont légères, il les faut mépriser, et si elles sont atroces, il les faut adoucir (3). Elles ne nous feront jamais tant de mal qu'à leurs auteurs, et si elles sont injustes, elles nous seront glorieuses. Rien ne relève tant l'innocence que l'injustice : si les Socrates et les Régules n'avaient eu des persécuteurs, ils n'auraient point reçu de louanges; ils ne sont illustres que parce qu'ils ont été malheureux, et ils doivent la meilleure partie de leur gloire à la cruauté de leurs ennemis. Pour faire des martyrs il faut des tyrans, et la rigueur de ceux-ci n'est pas moins nécessaire que la constance de ceux-là. Il ne faut pas se mettre en peine si l'intention de nos ennemis est injuste, pourvu que leur action nous soit profitable. Joseph était obligé à ses frères; leur haine lui fut glorieuse : s'il n'eût perdu la liberté, il n'eût jamais régné dans l'Egypte, et s'il ne fût entré dans la prison, il ne fût jamais monté sur le trône (4). Que nous importe que les desseins des hommes soient mauvais, pourvu que celui qui les ménage par sa providence les fasse servir à notre salut; et si nous ne refuserions pas de perdre la liberté pour acquérir un royaume, pourquoi ne souffririons-nous pas une injure pour gagner une couronne éternelle ? Quand ces raisons souvent méditées auront fait impression sur nos esprits, il sera bien malaisé que la colère nous surprenne et qu'elle ne soit traitable dans sa naissance si nous nous sommes préparés contre ses efforts; car sa violence procède plutôt de notre faiblesse que de sa force, et il me semble que nous avons plus de lâcheté qu'elle n'a de fougue.

Avec ces précautions, je pense qu'on en peut tirer quelque service, et que les rois et les juges la peuvent employer utilement en faveur de la justice. Elle doit bannir de leurs âmes la crainte et la douceur : quand elles s'opposent indiscrètement à la sévérité des lois, elle doit remplir de son noble feu tous les courages qui se laissent corrompre par les promesses ou intimider par les menaces; elle doit enfin succéder à la clémence et mettre en la bouche des monarques ces paroles impérieuses qui retiennent les sujets dans

---

(1) Nihil ex his quæ tam tristes agimus, serium est, nihil magnum. Inde vobis ira et insania est, quod exigua magno æstimatis. *Senec.*, lib. III *de Ira*, cap. 34.

(2) Quod vinculum amoris esse debebat, seditionis atque odii causa est idem velle. *Sen.*, l. III *de Ira*, cap. 34.

(3) Non est magnus animus, quem incurvat injuria. Aut potentior te, aut imbecillior læsit : si imbecillior, parce illi; si potentior, parce tibi. *Sen.*, l. III *de Ira*, c. 5 *in fine*.

(4) Dat Joseph fratribus munera, quasi vellet solvere beneficium venditionis, proditionis, ejectionis in cisternam : non enim regnaret nisi venuisset. *Philo Judæus*.

l'obéissance. Ainsi voyons-nous que le poëte ingénieux donne de la colère à son Jupiter toutes les fois qu'il lui met le foudre en la main (1), apprenant par cet exemple aux souverains d'avoir recours à cette passion généreuse quand ils ont vainement employé la miséricorde. Il est vrai que cette preuve n'est pas convaincante, et il ne faut pas s'étonner si ce profane attribue les mouvements de notre âme à ses dieux, puisqu'il leur impute ses désordres, et qu'après nous avoir décrit leurs meurtres, il nous raconte leurs adultères. Mais l'Ecriture sainte qui a été dictée par l'Esprit de vérité nous enseigne que le vrai Dieu se met en fureur, et qu'il y a des crimes qui ne peuvent être dignement punis, si la justice n'emprunte la chaleur de la colère. C'est pourquoi, quand le Sage nous représente ce jour effroyable où Dieu se vengera de ses ennemis, et qu'il lui donne des armes pour les intimider et pour les punir, il l'anime de zèle et de jalousie : il le revêt de la justice comme d'une cuirasse, il lui met sur la tête le jugement comme un casque, il lui fait porter en la main gauche la sévérité comme un bouclier, il lui met dans la droite la colère comme une lance, et il le fait descendre sur la terre en ce furieux équipage pour punir les rebelles de son Etat (*Sap.* v). Je sais bien que le prophète s'accommode à notre faiblesse en cette éloquente description, et qu'il ne prétend pas nous persuader que la colère de Dieu soit de même nature que la nôtre, ni que cette passion trouble son repos, qui n'est pas même interrompu dans les enfers par le châtiment des démons; mais on ne saurait nier pour le moins que Jésus-Christ ne l'ait employé pour venger les outrages de son Père, qu'il n'ait armé de fouets et de cordes ses mains adorables, qui devaient être percées de clous, qu'il n'ait permis à son juste ressentiment de paraître sur son visage, et qu'il n'ait fait en cet état tout ce que les hommes prudents ont accoutumé de faire quand ils punissent le crime ou qu'ils défendent l'innocence.

Enfin le plus sage des rois ne croit pas que les Etats puissent être bien gouvernés sans la colère : il veut que les princes soient sensibles à leurs injures, que l'épée qu'ils portent soit aussi bien occupée à punir les criminels qu'à défaire les ennemis, et qu'ils témoignent autant d'indignation quand les lois sont violées par leurs sujets, que quand les places frontières sont enlevées par leurs voisins : il croit que la colère et la douceur d'un souverain doivent entretenir la paix de son royaume, et, se servant d'une comparaison excellente, il dit que l'une ressemble aux rugissements d'un lion, qui étonne toutes les bêtes farouches d'une forêt, et l'autre à la rosée qui tombe sur les herbes, et qui les défend de la chaleur du soleil (*Prov.* XIX, 12). Mais dans toutes ces justes émotions qui accompagnent le châtiment des criminels, il faut que le prince se ressouvienne que les supplices sont des remèdes, et que la mort même qu'il ordonne est une espèce de miséricorde qu'il fait aux coupables. Il en bannit les uns de peur que leur conservation n'augmente le nombre des méchants; il dépouille les autres de leurs biens de peur qu'ils n'en abusent; il ôte la liberté à quelques autres de peur qu'ils ne l'emploient contre l'Etat; il les prive de la vie quand il juge que leur mal est incurable, et il pense leur faire grâce quand il les condamne à la mort. C'est pourquoi il est obligé de se partager entre les sentiments d'un juge et d'un médecin, de traiter une même personne comme criminelle et comme malade, et de mêler la douceur avec la sévérité, de crainte qu'on ne lui reproche que sa colère est plus pernicieuse que profitable à son Etat (2).

Si les rois sont obligés d'apporter tant de précautions dans le châtiment des rebelles, les particuliers peuvent juger avec quelle retenue ils doivent user de leurs passions, et combien leur colère doit être douce pour être raisonnable; car leur puissance n'est pas égale à celle des rois, leurs injures ne sont pas si grandes et le ressentiment n'en est pas si excusable. Aussi leur conseillerais-je d'étouffer une passion dont l'usage est si dangereux, et d'en sécher la source pour en tarir les ruisseaux (3). Quand elle nous est naturelle et qu'elle fait la principale partie de notre tempérament, il est bien malaisé de la chasser, et il n'est pas en notre pouvoir de changer des éléments qui nous composent, ni de corriger les fautes que la nature a commises ; néanmoins ce mal n'est pas sans remède, et s'il ne peut être guéri parfaitement, il peut au moins être beaucoup adouci : Il faut lui retrancher le vin qui l'allume, et, comme dit Platon, ne pas mêler un feu avec un autre (4) ; il ne faut pas le nourrir de viandes délicates, de peur que l'esprit ne s'enfle à mesure que le corps se fortifie ; il faut l'exercer par un travail modéré qui diminue sa chaleur sans l'étouffer, et qui convertisse toute sa fureur en écume. Les divertissements même lui sont utiles pourvu qu'ils ne soient pas excessifs, et les plaisirs innocents adouciront sa fureur, s'ils sont modérés. Mais quand elle est plus étrange que naturelle, et qu'elle vient ou des maladies qui ont altéré notre tempérament, ou des veilles indiscrètes qui l'ont desséché, ou des autres désordres qui blessent ensemble l'âme et le corps, il ne sera pas bien difficile de chasser un ennemi qui n'a point d'intelligence dans la place et qui ne s'entretient dans notre cœur que par notre lâcheté.

Mais sans chercher tant de remèdes, nous pouvons user de la colère contre nous-mêmes avec assurance, et permettre à cette passion de punir les crimes dont nous som-

---

(1) *Precibusque minas regaliter addit.* Ovid., II. *Metamorph.*

(2) *Interim optimum est misericordia genus occidere.* Sen., l. I *de Ira*, cap. 6.

(3) *Salubrius est iræ etiam juste pulsanti non aperire penetrale cordis, quam admittere, non facile recessuram, et perventuram, de sarculo ad trabem.* Aug., *Ep. ad Profuturum.*

(4) *Plato vetat igne ignem excitari.* Sen., l. II *de Ira*, cap. 20.

mes les seuls coupables. L'amour-propre empêchera bien son excès : sans consulter tant de maîtres, le soin que nous avons de nous conserver nous défendra bien de la violence de cette passion. C'est contre nous qu'il est raisonnable de l'exercer, puisque tant de justes motifs nous y convient; c'est de sa fureur qu'il nous faut servir, pour satisfaire à Jésus-Christ, qui nous demande la réparation de ses injures, et la vengeance de sa mort : c'est dans la pénitence que nous la pouvons employer légitimement. sans craindre que son excès nous fasse perdre la douceur, ou que sa violence nous fasse oublier la charité (1) : car il semble que cette vertu qui punit le crime ne soit qu'une colère adoucie, et que le pénitent qui se fait la guerre ne soit qu'un homme irrité. L'amour et la douleur l'animent à la vengeance : il ne peut voir ses péchés sans émotion, et croit que sans violer les lois de la nature ni de la grâce, il peut être son juge et sa partie, son témoin et son bourreau, et que sans offenser la justice, il peut exécuter les arrêts qu'il a prononcés contre lui-même. Heureuse colère, qui n'offense que l'homme pour apaiser Dieu, qui par ses larmes efface ses péchés, qui se fait absoudre en s'accusant, et qui par de légères peines se délivre des supplices des démons, et se prépare la félicité des anges.

SIXIÈME TRAITÉ.
DU PLAISIR ET DE LA DOULEUR.
PREMIER DISCOURS.
De la nature, des propriétés et des effets du plaisir.

Quoique l'espérance reçoive tant de louanges des hommes, et qu'entre les passions qui flattent leurs sens, elle soit une des plus agréables, néanmoins il faut qu'elle cède au plaisir, et qu'elle confesse qu'il est un soleil dont la présence efface toutes ses beautés. Car si elle nous promet du bien, il nous le donne; si elle a des fleurs, il porte des fruits, et si elle nous contente en parole, il nous rend heureux en effet. Il est le terme de tous les mouvements de notre âme, et comme l'amour en est le principe, le plaisir en est la fin (2). Il arrête la violence de nos désirs, et contraint ces passions volages de goûter le repos, dont elles semblent ennemies ; il adoucit la colère, et lui ôte cette humeur farouche, qui l'accompagne en tous ses desseins; il paye la hardiesse de ses bons services, et il est lui-même la récompense des glorieux travaux qu'elle a soufferts pour l'acquérir ; il chasse la crainte, et bannit toutes ces vaines terreurs qui tiennent notre âme en inquiétude ; il fait mourir le désespoir qui semblait avoir conjuré sa mort ; il bannit la tristesse par sa présence, et s'il entretient les larmes et les soupirs, ce sont des dépouilles qui publient sa victoire, et qui honorent son triomphe. L'amour est content, quand, après avoir fait tant de courses, il se peut arrêter dans le plaisir. De tant de formes qu'il prend, celle-ci lui est la plus agréable (3), et il se fait violence, quand il la quitte pour prendre une nouvelle ; il est en inquiétude lorsqu'il désire, et ses souhaits sont des preuves honteuses et véritables de son indigence : il n'est pas sans appréhension quand il espère, et ces deux sentiments se tiennent si fidèle compagnie qu'ils ne se laissent jamais qu'il ne leur en coûte la vie; car la crainte passe en tristesse, quand elle est destituée d'espérance, et l'espérance se change en désespoir, quand elle est séparée de la crainte. Il n'est pas content quand il se venge, et quoique la vengeance soit douce, elle est accompagnée de douleur; il est couvert de sueur et de poudre dans la hardiesse, et si la gloire le flatte, le péril lui en menace l'étonne. Dans la haine il est tourmenté, et le mal qu'il souhaite à son ennemi est une vipère qui le ronge; dans la fuite il manque de forces, il ne s'éloigne de celui qui le poursuit, que parce qu'il ne s'en peut défendre ; dans le désespoir il est vaincu, et rendant les armes au vainqueur, il se laisse mener en triomphe ; dans la tristesse il est misérable, et le souvenir de ses félicités passées ne sert qu'à augmenter sa douleur présente. Mais dans le plaisir il est tout ensemble victorieux, triomphant et bienheureux : toutes ses courses sont arrêtées, tous ses désirs sont accomplis, et tous ses desseins sont achevés. Et certes, il ne faut pas s'étonner s'il est dans une si profonde tranquillité, puisqu'il possède le bonheur qu'il cherchait, et qu'il est heureusement arrivé à la fin de tous ses travaux ; car le plaisir n'est autre chose que la jouissance d'un bien agréable, qui rend l'âme contente, et qui lui interdit l'usage du désir, aussi bien que celui de la tristesse et de la crainte.

Cette définition conclut tous les plaisirs, qui ne naissent que du souvenir ou de l'espérance, et qui ne nous rendent heureux que parce que nous l'avons été, ou que nous espérons de l'être. La mémoire ne nous entretient pas toujours de nos malheurs, quoiqu'elle soit plus fidèle à conserver un déplaisir qu'un contentement, et qu'elle s'occupe plus souvent des choses qui nous offensent que de celles qui nous agréent ; elle ne laisse pas néanmoins de nous représenter nos félicités passées, et d'adoucir nos misères présentes par un agréable ressouvenir (4). Elle triomphe des lois du temps pour nous servir, elle rappelle en notre faveur ce qui n'est plus, et va chercher dans les siècles écoulés des divertissements pour nous recréer : mais quelque effort qu'elle fasse, elle ne saurait tromper notre âme, ni lui donner un plaisir véritable, en ne l'entretenant que d'un mensonge. Les choses

---

(1) Volo vos irasci ut non peccetis, quibus habetis irasci nisi vobis; quid est enim homo pœnitens nisi sibi iratus homo ? *Aug., hom.* 4, ex 50.

(2) Ad summa pervenit, qui scit quo gaudeat, et qui felicitatem suam in aliena potestate non posuit. *Sen., Ep.* 23.

(3) Non est oblectamentum super cordis gaudium, *Eccli.* xxx, 16.

(4) Habet præteriti doloris securam recordatio delectationem. *Cic., l.* v, *Epist.*

passées ne font que des ombres, et si elles font quelque impression sur nos esprits, c'est plutôt de douleur que de joie. Quand le bien est éloigné il se fait désirer, mais quand il est passé, il se fait regretter. Sa présence fait naître notre bonheur, et son absence cause nos désirs ou nos regrets. La perte et la possession d'une même chose ne sauraient être agréables, et de quelques artifices que se serve la mémoire, elle ne peut nous représenter un bien qui n'est plus, qu'elle ne réveille nos souhaits et qu'elle ne rafraîchisse nos douleurs. L'espérance ne nous est guère plus favorable, car, quoiqu'elle prévienne notre bonheur, qu'elle anticipe sur sa naissance, et qu'elle nous repaisse d'un plaisir qui n'est pas encore arrivé (1); quoique, par une impatience qui nous est avantageuse, elle aille chercher dans l'avenir des félicités présentes, et que, précipitant le cours des années, elle avance nos contentements, néanmoins il ne faut pas être bien prudent pour remarquer qu'elle nous trompe, et que souvent elle nous rend misérables pour nous avoir voulu faire trop tôt bienheureux. Ses promesses se trouvent fausses, et après en avoir attendu longtemps les effets, il ne nous reste que la honte d'avoir été trop crédules, et le regret d'avoir fondé notre bonheur sur un bien qui n'était pas assuré. Le plaisir pour être solide veut la présence de son objet, et quoique dans la morale la fin ait tant de pouvoir sur nos volontés, elle ne les peut rendre heureuses que par sa possession. C'est pourquoi les avares et les ambitieux, qui laissent le bien présent pour ne s'entretenir que du futur, et qui ne considèrent pas tant ce qu'ils ont que ce qui leur manque, ne peuvent être estimés heureux, puisque dans la jouissance des honneurs ou des richesses, ils sont languissants, et que contre la nature du plaisir ils cherchent ce qu'ils n'ont pas, et méprisent ce qu'ils possèdent.

Par cette même définition nous bannissons toutes ces infâmes voluptés qui naissent de l'indigence, ou qui produisent la douleur (2) : car outre qu'elles se font désirer avec une inquiétude qui surpasse le plaisir qu'elles nous promettent, elles sont si ennemies de notre repos, qu'il est impossible de les goûter sans devenir misérables et criminels ; elles blessent l'âme et le corps d'un même coup, elles affaiblissent l'un et corrompent l'autre ; ce sont des remèdes pires que le mal dont elles nous veulent guérir ; leur désordre cause toujours celui de notre santé, et leur excès lui est si pernicieux, qu'il les faut prendre avec mesure pour en recevoir quelque satisfaction. Le véritable plaisir n'est jamais plus agréable que lorsqu'il est extrême. Plus il est grand, plus il nous ravit, et comme il est convenable à notre nature, il ne nous rend jamais plus heureux que quand il se communique plus abondamment (3). Mais les voluptés sont des poisons qu'il faut préparer, si nous voulons qu'elles nous profitent, et depuis le dérèglement du péché, nous avons besoin de la grâce pour nous défendre de leur désordre. Quelque plaisir qu'elles nous promettent, elles ont tant d'affinité avec la douleur, que leurs paroles et leurs effets se ressemblent : elles ont leurs gémissements et leurs soupirs, aussi bien que la tristesse; quand elles sont extrêmes elles se fondent en larmes (4), et pour nous apprendre qu'elles sont ennemies de notre nature, souvent leur excès nous cause la mort. Mais quand elles ne produiraient pas tous ces malheurs, il suffit, pour nous détromper, de savoir qu'elles sont toujours suivies de regret, de douleur et de honte (5). Elles n'osent paraître en public, et sachant bien qu'elles ne font pas la gloire de l'homme, elles cherchent l'ombre, la solitude et le silence; elles rougiraient si on les contraignait de se produire, et la confusion qui couvrirait leur visage troublerait leur contentement. Les maladies sont les pénitences de leur excès, et les médecins nous seraient inutiles, si les voluptés pouvaient être réglées. Tandis que l'homme se contentait des fruits que la terre lui donnait, et que sans irriter son appétit par des viandes recherchées, il ne mangeait que pour apaiser sa faim, il n'avait point d'humeurs superflues à dessécher, de fluxions à détourner, ni de fièvres à guérir; l'abstinence faisait tous ses remèdes, et la diète dont il usait tarissait la source de tous ses maux. Mais depuis qu'il a dépeuplé la mer et la terre pour se nourrir, que des monstres de la nature il en a fait ses aliments, qu'il a voulu savoir quel goût avaient la tortue et ces autres reptiles que la simplicité de nos ancêtres confondait avec les serpents; depuis qu'il a voulu rafraîchir le vin avec la neige, accorder en son corps les éléments qui se font la guerre dans le monde, mêler les poissons avec les oiseaux, et mettre dans un même estomac des choses à qui la nature a donné des logements si différents; les maladies l'ont attaqué en foule, et les dérèglements de son esprit ont causé les désordres de son corps : la goutte a piqué ses nerfs, la pierre s'est formée dans ses reins, les vents ont fait mille ravages dans ses intestins, et comme si les éléments se voulaient ressentir de la confusion qu'il a faite de leurs qualités dans ses débauches, ils se sont corrompus pour se venger, et par le dernier effort que peut produire la haine, ils se sont perdus, pour faire mourir leur ennemi (6).

Enfin, par cette définition, nous con-

(1) Omne opus lene fieri solet, cum ejus pretium cogitatur et spes præmii solatium fit laboris. *Hier.* in *Epist.*
(2) Ipsæ voluptates in tormenta vertuntur. *Sen.*, *Ep.* 24.
(3) Voluptas vergit ad dolorem nisi modum teneat, veri autem boni aviditas tuta est. *Sen.*, *Ep.* 23.

(4) In profuso gaudio lacrymæ erumpunt. *Tertull.*
(5) Voluptas fragilis est et brevis, cujus subinde necesse est aut nos pœniteat aut pudeat. *Sen.*, *Benef.*, *lib.* VII, c. 1.
(6) Nunc vero quam longe processerunt mala valetudini? has usuras voluptatum pendimus ultra mo-

damnons tous les plaisirs que la nature ne demande que quand elle est séduite par l'opinion : car ses contentements sont aussi réglés que ses désirs, et sans rechercher les choses inutiles, elle se contente des nécessaires. Elle ne souhaite que les biens dont elle ne peut se passer. Comme la nécessité lui sert de loi, elle la consulte dans tous ses besoins, et elle ne forme point de souhaits qu'elle n'ait son approbation. De là vient qu'ils ne sont pas en grand nombre, et qu'il faut peu de chose pour les satisfaire : l'eau d'une fontaine lui suffit pour étancher sa soif, les fruits de la terre apaisent sa faim, la laine des moutons lui fournit ses vêtements, et avant que le luxe l'obligeât à faire la guerre aux animaux, je ne sais si les arbres ne lui fournissaient point ses habits, et si ceux qui le nourrissaient de leurs fruits ne le vêtaient point de leur écorce (1). Mais au moins sais-je bien qu'en ces siècles innocents, il ne faisait point de meurtres pour se parer ; il ne commettait point d'injustices pour s'enrichir, et ne violait point la nature pour se procurer des délices criminelles. Ses maisons étaient bâties sans artifice, et celui même qui en avait été l'architecte en était le charpentier et le maçon. La terre couverte de mousse lui servait de lit, et comme il ne se couchait jamais qu'il n'y fût invité par le sommeil, il s'endormait sans peine et se réveillait avec plaisir ; il ne connaissait point d'autre parfum que celui des fleurs, et parce qu'il était plus pur que les nôtres, il en était plus agréable. L'usage des carrosses lui était inconnu : ses voyages n'étant point longs, il ne se servait que des aides que la nature lui avait données. La guerre lui étant odieuse, et le commerce inutile, il laissait les chevaux en liberté, et n'employait point ce noble animal, que la fureur et l'avarice nous ont rendu nécessaire. Quelque part qu'il pût aller, la terre était assez féconde pour le nourrir et pour l'habiller, il trouvait dans les déserts de quoi contenter ses désirs, et ce qui nous manque dans les villes, ne lui manquait pas dans les solitudes. En ces heureux siècles, toutes les voluptés étaient innocentes, et l'homme ne goûtait point de plaisirs qui ne fussent véritables. Mais à présent qu'ils ne sont plus naturels, ils ne sont plus raisonnables ; ils affaiblissent le corps et perdent l'esprit, et l'expérience nous apprend que l'usage en est aussi pernicieux que la privation en est salutaire.

Mais afin qu'on ne m'accuse pas d'être ennemi du plaisir, et de vouloir ôter à l'homme les remèdes que la nature lui a donnés pour adoucir ses malheurs, je dirai que les solides contentements sont ceux de l'esprit, et que l'homme ne peut être satisfait, si la plus noble partie qui le compose n'est heureuse.

La connaissance des vérités et la pratique des vertus doivent faire ses principaux divertissements ; il faut qu'il suive ses plus saintes inclinations, et qu'en sa personne il ait plus d'égard à contenter un ange qu'une bête ; il faut qu'il se souvienne que le corps n'est que l'esclave de l'âme, et que dans le choix des plaisirs, il est juste que la souveraine se conserve la préférence. Aussi bien ceux qu'elle goûte sont-ils plus véritables, et s'il se trouve des hommes qui soient d'un autre sentiment, il faut croire que le péché, qui leur a ôté la grâce, leur a fait perdre aussi la raison ; car les plaisirs des sens sont limités, et ceux de l'âme n'ont point de bornes ; les plaisirs du corps sont étrangers, et ceux de l'âme sont naturels : les uns nous peuvent être ravis sans nous faire une grande violence ; les autres ne peuvent pas même nous être ôtés par la mort, et celle qui nous enlève toutes nos richesses ne saurait nous dérober nos vertus. Les uns sont dans une succession perpétuelle : comme ils tiennent de la nature du temps, ils ne peuvent durer, et par une loi nécessaire, les passés cèdent aux présents, et les présents cèdent aux futurs ; de sorte que le corps ne possède jamais son bien qu'en partie : il est pauvre dans ses richesses ; pendant qu'il jouit d'un côté, il languit de l'autre, et par un malheur qui est inséparable de sa condition, il ne trouve point de contentement qui satisfasse tous ses sens (2). Mais ceux de l'âme ne sont jamais divisés, ils se présentent tout à la fois, et une même pensée qui éclaire l'esprit échauffe la volonté, et remplit la mémoire. Sa joie est universelle, une faculté n'est jamais triste, pendant que les autres sont satisfaites, et comme si elles étaient en communauté de biens, ce qui plaît à l'une est agréable à toutes les autres. Enfin les plaisirs spirituels sont bien plus intimes que ceux des sens, car l'âme en est toute remplie, le bonheur qu'elle possède pénètre son essence. Comme elle change en soi ce qu'elle connaît, elle se transforme en ce qu'elle aime, et par une admirable métamorphose, elle devient elle-même sa félicité ; mais les sens ne sont unis à leurs objets que par les accidents seulement : ils voient les couleurs des choses et n'en connaissent pas les essences ; ils entendent le son des paroles, et n'en conçoivent pas les pensées. Si bien que le corps n'est content que par peinture, son bonheur n'est qu'une ombre, et sa félicité n'est qu'une fausse apparence ; mais l'esprit est heureux en effet, son contentement est solide, et les biens qu'il possède sont véritables.

IIe DISCOURS.
Du mauvais usage du plaisir.

De tant de moyens différents qu'a inven-

---

dum fasque concupitarum innumerabiles morbos miraris? coquos numera. *Sen., Ep.* 95.

(1) Tu ne juvit aut omnis vagi pressisse ripas, cespite aut nudo leves duxi se somnos ; excussa silvis poma compescunt famem, et fraga parvis vulsa dumetis, cibos faciles ministrant. *Sen. in Hippol.*

(2) Quid ex Idœis Platonicis traham, quod cupidi-

tates meas comprimat? vel hoc ipsum, quod omnia ista quæ sensibus serviunt, quæ nos accendunt et irritant, negat Plato ex iis esse quæ vere sint. Igitur ista imaginaria sunt et ad tempus aliquam faciem ferunt, nihil horum stabile nec solidum est. *Sen., Ep.* 58.

tés le péché pour abuser du plaisir, il y en a quatre que j'entreprends de découvrir et de combattre, parce qu'ils ont eu d'illustres approbateurs, et qu'il s'est trouvé des hommes de bien qui les ont voulu défendre. Le premier est la volupté qui semble tirer son nom du plaisir même, et qui prétend n'être pas ennemie de la vertu; car encore qu'elles aient de grands différents ensemble, et que souvent pour conserver l'une on soit obligé d'abandonner l'autre, il s'éleva autrefois une secte de philosophes qui voulut les réconcilier, et qui par un bon dessein fit un grand outrage à la vertu ; car comme ils voyaient que la difficulté qui l'accompagne la rendait odieuse aux âmes lâches, et que le travail qu'il fallait prendre pour l'acquérir leur en faisait perdre l'envie, ils essayèrent de leur persuader qu'elle était douce et que sous un visage sévère elle cachait une humeur agréable. Sur leur parole tous les hommes lui firent la cour, et s'imaginant qu'ils trouveraient la volupté à sa suite, ils cherchèrent la maîtresse sous espérance de posséder sa suivante (1). Mais comme ils reconnurent que ce plaisir était aussi sévère que la vertu même, et que, demeurant dans le fond de l'âme, il ne faisait point d'impression sur les sens, ils changèrent de dessein et firent ouvertement l'amour à la volupté. Par une haute impudence, ils voulurent se servir de la philosophie pour autoriser leur injustice, et donnèrent un nom glorieux à une infâme rébellion. Ils tâchèrent de faire croire au peuple que la vertu ne quittait jamais la volupté, et que l'on ne pouvait les séparer sans leur faire violence. Leur tromperie fut bientôt découverte, et les vrais philosophes les chargèrent de tant d'opprobres, que le pauvre Epicure ne s'en put jamais laver : car encore que son dessein fût excusable, et qu'il n'eût proposé aux hommes la volupté que pour les rendre amoureux de la vertu, néanmoins, parce que le succès en fut malheureux, il ne put éviter la calomnie, et le zèle de ses adversaires confondit son opinion avec l'erreur de ses disciples ; il n'était coupable pourtant que parce qu'il semblait avoir voulu égaler la volupté à la vertu et faire asseoir sur un même trône la souveraine et l'esclave; il ne méritait l'indignation publique qu'à cause qu'il s'était défié du pouvoir de la vertu, et que pour lui acquérir des amants, il l'avait parée des habits de la volupté (2). Si son opinion, tout innocente qu'elle est, n'a pas laissé d'être blâmée, celle de ses disciples est trop criminelle pour m'arrêter à la combattre. C'est assez qu'elle soit condamnée de tout le monde, et que ses partisans mêmes ne l'osent défendre publiquement. Elle est assez punie, puisqu'elle est honteuse, et qu'elle cherche l'ombre aussi bien pour se cacher que pour se divertir. Il suffit de savoir qu'un honnête homme ne l'a jamais soutenue, et que les plus infâmes mêmes ne prennent son parti qu'après avoir quitté celui de la raison.

Aussi le diable voyant bien que cet artifice était éventé, et qu'il ne séduirait que les âmes qui, sans attendre ses suggestions, se seraient perdues par leur propre mouvement, il s'avisa d'une ruse d'autant plus dangereuse qu'elle était couverte d'un beau prétexte ; car il voulait persuader à tous les hommes que le véritable plaisir se rencontrait dans l'honneur, et qu'il n'y avait rien de glorieux qui ne fût parfaitement agréable. Il leur fit entendre que la gloire était la récompense de la vertu, que l'approbation des peuples était la félicité des monarques, que les conquérants n'entreprenaient sur la liberté des étrangers que pour mériter leurs louanges, et qu'ils ne leur faisaient du mal que pour en tirer de l'honneur. Tous ces grands suivirent ce parti, et persuadés par des raisons qui avaient plus d'éclat que de vérité, ils firent l'amour à la gloire, ils devinrent ses martyrs et ils engagèrent leurs libertés et leurs vies pour acquérir de la réputation. De cette maxime pernicieuse il en naquit un malheur extrême ; car les hommes préférant l'honneur à la vertu, divisèrent deux choses qui doivent être inséparablement unies, et par la malice du démon ils devinrent superbes, et cessèrent d'être vertueux. Ils coururent après les crimes éclatants, ils méprisèrent les vertus honteuses, et, par une injustice qui méritait un châtiment exemplaire, ils laissèrent une souveraine pour faire l'amour à son esclave. Ils ne connaissaient pas sans doute la grandeur de son mérite, puisqu'ils cherchaient une autre récompense que celle qui se trouve en sa possession, et ils étaient bien éloignés de l'humeur de ces vrais amants qui perdent la gloire pour conserver la vertu, et qui ne lui sont jamais plus fidèles que quand on leur propose des dignités pour les corrompre, ou qu'on leur fait charge d'opprobres pour les étonner. Mais sans m'engager à la défense d'un parti si raisonnable, je veux prendre ceux qui le combattent par leurs propres intérêts ; je veux leur faire avouer que ce qu'on appelle honneur ne peut causer un véritable plaisir, et qu'un homme qui n'est riche que de gloire est pauvre de contentement : car comment pourra-t-il trouver son bonheur en une chose qu'il ne possède pas? comment pourra-t-il établir sa félicité en un bien qui se disperse avec tant d'injustice, et qui se donne plus souvent au crime qu'à la vertu ? quelle satisfaction pourra-t-il goûter, quand sa conscience démentira sa réputation (3), et qu'il blâmera des actions que le

---

(1) Apud Epicureos virtus voluptatum ministra est, illis deservit, illas supra se videt. Primæ autem partes ejus sunt, ducere debet imperare, summo loco stare, hi vero jubent illam signum petere. *Sen.*, *Benef.*, l. IV, c. 2.

(2) Qui Epicurum sequitur, bonum malæ rei quærit ductorem, et dum ille venit, blando nomine inductus sequitur voluptatem, non quam audit, sed quam attulit : et vitia sua cum cœpit putare similia præceptis indulget illis non timide nec obscure. *Sen.*, *de Vita beata*, c. 13.

(3) Male agit, qui famæ, non conscientiæ gratus est *Sen.*, l. VI. *Benef.*, c. 42.

monde n'approuve que parce qu'il n'en connaît pas les motifs? Comment pourra-t-il trouver un véritable repos dans les diverses opinions des hommes qui ne s'accordent pas même dans les choses les plus certaines, et qui, selon les passions qui agitent leurs esprits, condamnent une vertu qu'ils ont estimée, et estiment un vice qu'ils ont condamné? Le plaisir pour être solide doit être constant; et si quelque gloire peut être la récompense d'une bonne action, ce n'est pas celle que nous attendons des peuples, mais celle que nous recevons de notre conscience (1). C'est donc abuser du plaisir que de le mettre en une chose si frêle, et c'est préférer l'apparence à la vérité que de chercher dans la bouche des hommes une félicité qui doit résider en notre cœur.

Les philosophes qui la pensent trouver dans la science semblent être un peu mieux fondés ; car outre que le désir de la connaissance nous est plus naturel que celui de la gloire, et que la vérité fait bien de plus fortes impressions sur notre âme que l'honneur, c'est un bien qui nous est intime et qui ne nous peut être dérobé. Les tyrans qui nous ôtent la vie ne nous peuvent ôter la science, et la calomnie qui peut ternir notre réputation ne peut obscurcir notre connaissance. Nous sommes savants en dépit de nos ennemis : ces précieuses richesses nous accompagnent dans la prison, nous suivent dans l'exil et ne nous quittent pas même à la mort. Nous les portons partout où nous allons, et la fortune qui ravit l'honneur aux conquérants, qui ôte la volupté aux impudiques, ne peut dérober la science aux philosophes. Mais quelque avantage qu'elle prétende sur ses rivales, elle ne saurait être la félicité de l'homme : car outre qu'elle est mêlée d'ignorance, que ses lumières sont confuses avec les ténèbres, qu'elle a plus de doute que de certitude, et plus d'erreurs que de vérités, elle est souvent inutile ou criminelle dans la plupart des usages. Car, comme dit saint Bernard, quelques-uns étudient pour le seul plaisir d'être savants, et c'est une sotte curiosité; quelques autres, afin que l'on sache qu'ils sont savants, et c'est une honteuse vanité; quelques autres, à dessein de vendre leur science, et c'est un sale commerce. Il est vrai qu'il y en a quelques-uns qui étudient pour édifier, et c'est une louable charité; et d'autres qui étudient pour s'instruire, et c'est une sage prudence (2). De tous ceux-là il n'y a que les deux derniers qui n'abusent point de la science, puisqu'ils ne l'acquièrent que pour l'employer au service de la vertu; mais en cette occasion même, elle a ses peines et ses défauts, et si elle n'est accompagnée d'humilité, elle nous remplit de suffisance et d'amour-propre. Après tout il faut avouer avec le Sage que c'est une fâcheuse occupation que Dieu a donnée aux hommes pour les punir, et qu'elle est plutôt un effet de sa justice qu'une marque de son amour. Si l'usage de tous ces plaisirs n'est pas innocent, celui des richesses est bien plus criminel; car quelque louange qu'on leur donne, elles sont ennemies de la vertu, et si elles servent à la magnificence et à la libéralité, elles nuisent à la continence et à la justice. Il n'y a point de vice qui ne les emploie pour satisfaire à ses injustes désirs, et si on les ôtait à l'avarice, à l'orgueil et à l'impudicité, elles seraient réduites à une heureuse impuissance de faire du mal : aussi les plus grands philosophes ont reconnu qu'elles étaient la ruine des familles et la perte des États, que le mépris en était plus assuré que la possession, et que dès lors qu'elles entraient dans une maison elles en chassaient toutes les vertus; car, à moins que d'être aussi constant que les stoïques et de vivre en cette égalité qu'ils souhaitent en tous les hommes, et qu'ils ne trouvaient pas en leurs sages mêmes, les richesses irritent nos désirs, elles réveillent nos espérances, elles augmentent nos craintes et elles nous obligent d'avouer qu'il y a plus de peines encore à les conserver qu'à les acquérir (3). Enfin les riches sont si malheureux en leur condition, que, pour y goûter quelque plaisir, il faut qu'ils imitent celle des pauvres et qu'ils cherchent en la pauvreté ce qu'ils n'ont pu trouver dans l'abondance.

Mais où mettez-vous donc le plaisir, s'il n'est pas dans la volupté ni dans la gloire, et où le logerez-vous, s'il est mal avec la science et avec les richesses ? J'avoue qu'il y a des voluptés raisonnables, des honneurs légitimes, des sciences modestes et des richesses innocentes ; mais certes l'usage commun en est déréglé, et par une juste punition de Dieu, chacun trouve sa peine où il cherche sa félicité. Les impudiques sont tristes dans leurs contentements, la jalousie et le soupçon vengent la pudicité violée, et les maladies leur font payer l'usure de leurs infâmes plaisirs. Les ambitieux sont les victimes de la vanité, ils ont ce malheur dans leur plus haute fortune, qu'ils sont travaillés d'une double envie (4); car ils ne peuvent souffrir leurs égaux, et leurs inférieurs ne les peuvent supporter; ils méprisent les honneurs aussitôt qu'ils les possèdent, et n'estimant que ceux qui leur manquent, ils mêlent l'inquiétude avec la jouissance, et troublent un bonheur assuré par le désir d'un contentement incertain. Les doctes ne sont guère plus heureux : la passion qui

---

(1) Gloriam qui spreverit, veram habebit. *Livius* decad. 3ª, lib. II.
(2) Sunt qui scire volunt tantum ut sciant, et turpis curiositas est : sunt qui scire volunt ut scientiam suam vendant, et turpis quæstus est. Et sunt qui scire volunt ut sciantur ipsi, et turpis vanitas est. Et sunt qui scire volunt ut ædificent et charitas est. Et sunt qui scire volunt ut ædificentur, et prudentia est. *Bern. in Cantic., ser.* 35.
(3) Majore tormento pecunia possidetur, quam quæritur. *Sen., Ep.* 116.
(4) Laboras invidia et quidem duplici. Vides autem quam sit miseris, cui invidetur, et qui invidet. *Sen., Ep.* 84.

perdit le premier homme les tourmente, le crime du père fait le supplice des enfants, et la même science qui le chassa du paradis les persécute dans le monde. Ils consomment toute leur vie pour apprendre des choses ridicules ou inutiles, ils donnent des combats pour des lettres effacées, et le tire des tombeaux, qui fait toute la récompense des conquérants, cause presque toute la dispute des critiques. Ils se vantent que c'est par ces routes glorieuses que l'on monte dans le ciel, ils cherchent l'immortalité dans les sépulcres, et ils traitent avec les morts pour régner avec les dieux. Ils savent parler et ne savent pas vivre, ils sont doctes et ne sont pas vertueux, et, par un aveuglement étrange, ils ne voient pas que leur science étant orgueilleuse, elle n'a point de bornes non plus que l'ambition, et que ses désirs étant déréglés, elle est intempérante comme la volupté (1). Les avares soupirent auprès de leurs biens; ils en ont la garde et n'en ont pas l'usage; ils respectent leurs richesses et n'oseraient les toucher; ils nous apprennent qu'ils en sont les esclaves et non pas les maîtres, et que le seul contentement qu'ils en retirent, c'est d'empêcher que les autres ne les possèdent. Mais afin qu'on ne me reproche pas de découvrir un mal, sans y apporter le remède, je destine le discours suivant à la défense des plaisirs innocents et légitimes.

IIIe DISCOURS.
Du bon usage du plaisir.

Ceux qui condamnent le plaisir sont obligés de condamner la nature, et de l'accuser d'avoir commis des fautes en tous ses ouvrages (2) : car cette prudente mère l'a répandu dans toutes nos actions, et par un trait de sagesse admirable, elle a voulu que, comme les plus nécessaires étaient les plus basses, elles fussent aussi les plus agréables. Et certes si elle n'eût trouvé cet artifice innocent, il y a longtemps que le monde aurait péri, et que les hommes qui en font la plus noble partie, méprisant le soin de se conserver, l'auraient laissé en proie aux bêtes farouches ; car qui voudrait se donner la peine de manger s'il n'y était aussi bien convié par le contentement que par la nécessité? qui pourrait jamais souffrir que le sommeil assoupît ses sens, qu'il lui ôta l'usage de la raison, et lui fît changer la vie avec l'ombre de la mort, si la douceur des pavots ne rendait ce remède aussi charmant qu'il est honteux? Comme le plaisir est utile au corps, il n'est pas moins nécessaire à l'esprit, qui, tout ambitieux qu'il est, n'entreprendrait pas la conquête des vertus, et la défaite des vices, si la gloire n'était confuse avec la joie, et si ces deux choses ne faisaient la récompense de ses travaux. Qui travaillerait à vaincre les voluptés infâmes et criminelles, si l'on n'y était convié par des voluptés innocentes? qui oserait attaquer la mort, et combattre un monstre qui triomphe des victorieux et des vaincus, si notre constance n'était animée par le contentement que lui promet la victoire ? qui pourrait vaincre les difficultés qui accompagnent toutes les sciences, si elles n'étaient assaisonnées de quelque douceur ; et qui formerait jamais de nobles desseins, si l'on n'y était invité par l'espérance du plaisir. Mais quoique la nature l'ait répandu en toutes les actions nécessaires ou difficiles, elle veut qu'il soit plutôt notre secours que notre motif, et qu'il nous tienne plutôt lieu de rafraîchissement que de récompense; elle veut que nous les regardions comme un aide, qu'elle nous a donné pour acquérir la vertu, et que nous en usions comme d'un remède qu'elle a trouvé pour tempérer nos déplaisirs ; car la vie de l'homme est toute pleine de misères, et si le ciel ne les avait adoucies par la joie, toutes nos passions se termineraient à la douleur ou au désespoir. Nous demeurerions accablés sous le faix de nos malheurs, et perdant l'espérance de vaincre nos ennemis, nous perdrions le désir de les combattre. Pour relever notre courage, cette sage mère nous sollicite par le plaisir, et le mêlant également avec les choses difficiles et honteuses, elle nous oblige à ne pas mépriser les unes, et à ne pas redouter les autres. Mais quelque contentement qu'elle nous propose, c'est toujours à condition qu'il ne sera pas notre fin, mais qu'il nous servira seulement d'un agréable moyen, pour y arriver plus doucement ; si bien que nous sommes obligés de le goûter avec la même retenue, que les voyageurs regardent les belles campagnes qu'ils trouvent sur leur chemin. Elles servent à les délasser, ils en admirent la grandeur, ils en prisent la fécondité, ils en estiment les richesses, mais ils ne s'arrêtent pas pour les dépouiller, et sachant bien que la jouissance ne leur en est pas permise, ils se contentent du divertissement qu'elles leur donnent; pendant même qu'ils le prennent, ils redoublent le pas, et continuent leur voyage (3). Ainsi les plaisirs de la terre nous peuvent bien divertir, mais ils ne nous doivent pas occuper. Quand la nature les a mêlés avec nos actions elle n'a pas eu dessein d'en faire notre félicité, mais notre consolation, et elle n'entend pas qu'ils nous arrêtent en la terre, mais qu'ils nous élèvent dans le ciel. C'est être brutal de ne chercher que le plaisir dans le manger, et de faire un contentement de ce qui n'est qu'un remède ; c'est être déraisonnable d'aimer le sommeil, parce qu'il est accompagné de quelque douceur, et de mettre le bonheur de la vie en l'image de la mort. Il faut le prendre, parce qu'il est nécessaire, et remercier la divine Providence qui, plus heureuse et plus puissante que la médecine, nous a pourvus de remèdes agréables, et qui guérit nos maladies sans exercer notre patience. C'est être injuste, et ne pas assez estimer la vertu, que de lui faire l'amour à cause de la volupté ;

---

(1) Plus scire velle quam sit satis, intemperantiæ genus est. *Sen., Ep.* 88.
(2) Voluptas natura divinum quiddam est insitum mortalibus. *Aristot., l.* vii *Ethio., c.* 13.
(3) Docetur amare meliora per amaritudinem, ne via ter tendens in patriam, stabulum amet pro domo. *Aug*

elle est trop noble pour n'être pas notre fin, c'est lui faire un outrage que de chercher d'autre motif, ou d'espérer d'autre récompense que sa possession ; le plaisir qui l'accompagne n'est que pour les âmes lâches, qui n'ont pas assez de courage pour la suivre avec ses difficultés (1). Elle n'est jamais plus glorieuse que quand elle est plus difficile, et ses fidèles amants ne la trouvent jamais plus belle que quand elle est couronnée d'épines. La nature, néanmoins, ne nous défend pas de goûter cette douceur, qui se trouve en sa recherche, pourvu que nous la regardions comme un secours de notre faiblesse, et que nous ne prenions pas pour un bonheur accompli ce qui ne nous est donné que pour un rafraîchissement. C'est cependant le crime de tous les hommes, et ce désordre est si général, qu'il ne se trouve presque personne qui ne recherche le plaisir et qui ne méprise la vertu; chacun veut faire sa dernière fin d'un moyen qui n'est honorable que parce qu'il est nécessaire, et tout le monde veut qu'une passion, que la nature n'a mise en notre âme que pour adoucir nos malheurs, soit le comble de notre félicité. On ne regarde plus que ce qui délecte ; la gloire cède au plaisir, et la vertu même, par une haute injustice, n'a plus d'amants si elle ne promet des voluptés ; de sorte que de toutes les passions il n'y en a pas une qui lui porte plus de préjudice que la joie : car les désirs sont nobles, les espérances sont généreuses, l'audace et la colère attaquent le vice, la haine et la crainte s'en défendent ; mais la joie est molle, et sitôt que les désirs la sollicitent, elle se laisse corrompre. Les autres passions sont en un mouvement perpétuel, et comme elles courent toujours ; elles ne s'attachent jamais si fortement à un objet, qu'on ne les en puisse déprendre ; mais la joie est dans le repos, et comme elle se fait un centre du bien qu'elle possède, il faut donner des combats pour l'en séparer. C'est pourquoi le Fils de Dieu, sachant combien cette passion est difficile à vaincre, quand elle s'est formée dans une âme, il nous défend de la recevoir, et il nous conseille de la réserver pour ces contentements qui ne finissent jamais (2). Il distingue ses disciples de ceux du monde, aussi bien par la joie que par l'amour ; il emploie toutes ses raisons pour nous persuader que celle du temps ne se peut accorder avec celle de l'éternité, et que, pour être heureux dans le ciel, il faut être misérable sur la terre ; il mêle la douleur avec nos plaisirs, il sème les épines parmi les roses, et par une amoureuse sévérité, il répand l'amertume sur nos délices pour nous en faire naître le dégoût ; il nous enseigne que les voluptés ne sont pas seulement fades, mais pénibles, et qu'elles ne sont pas seulement inutiles, mais criminelles (3). En effet, elles sont les filles et les mères de la douleur, et toutes celles qui nous promettent de plus grands plaisirs ne subsistent que par la peine qui les précède. Les monarques ne triomphent qu'après la victoire; ils n'eussent pas défait leurs ennemis s'ils ne les eussent combattus, et la joie prend si bien sa mesure de la douleur, que la beauté du triomphe dépend de la grandeur du combat : quand il n'a pas été bien disputé, le plaisir en est moindre et la gloire n'en est pas si éclatante (4). Les matelots ne goûtent jamais mieux la douceur de la vie que quand ils sont échappés du naufrage, et leur contentement n'est jamais plus sensible que quand, après le désespoir de leur salut, un coup de tempête les jette sur le rivage. Un fils unique n'est jamais si cher à sa mère que quand il a couru de grands hasards, et qu'il lui a coûté beaucoup de larmes ; elle croit l'avoir produit autant de fois qu'elle l'a pleuré ; sa joie naît de sa douleur, et le contentement de le posséder ne serait pas si grand, si elle n'avait eu crainte de le perdre. Il faut souffrir la faim pour trouver du plaisir dans le manger, et comme rien ne relève davantage la lumière que les ténèbres, il n'y a rien aussi qui donne plus de pointe à la volupté que la peine qui l'a précédée (5). Mais par une autre suite aussi nécessaire et bien plus fâcheuse, le plaisir se convertit en douleur, et ce qui nous était agréable dans sa naissance nous devient pénible en son progrès. Quand le sommeil est trop long il dégénère en léthargie, et le remède que la nature a trouvé pour réparer nos forces, les détruit quand il devient continu. L'excès des viandes suffoque la chaleur naturelle ; l'exercice trop violent affaiblit notre vigueur, et les plaisirs les plus innocents deviennent des supplices quand ils sont immodérés.

La tempérance nous pourrait guérir de ces désordres, s'ils n'allaient pas plus avant ; mais l'expérience nous apprend que ce qui passe pour un plaisir dans le monde est un crime devant Dieu, et que la plupart de nos joies cause la tristesse des saints. Un soldat se réjouit de ses meurtres ; et l'on appelle valeur en ce siècle corrompu, ce qu'un plus innocent on eût appelé cruauté. Un impudique se réjouit d'avoir enlevé celle qu'il aime, et s'il contente son ambition, en satisfaisant à sa lubricité, plus il commet de péchés, et plus il goûte de plaisirs. Un tyran se réjouit de son usurpation, et s'il tire de la gloire de son injustice, il s'estime plus

---

(1) Interrogas quid petam ex virtute ? ipsam, nihil enim est melius, ipsa pretium sui est. An hoc parum magnum est? Quid mihi voluptatem nominas ? hominis bonum quæro, non pecoris. *Sen., de Vita beata, cap. 9.*

(2) Modo gaudium nostrum, fratres mei, in spe sit, nemo gaudeat quasi in re præsenti, ne hæreat in via. Totum gaudium de spe futura sit. *Aug., Tract. in Joan.*

(3) Miscet tribulationes gaudiis terrenis, ut sentientes amaritudinem, discamus æternam desiderare dulcedinem. *Aug. in Psal.* cxxvii.

(4) Triumphat victor imperator, non vicisset nisi pugnasset, et quanto majus fuit periculum in prælio, tanto majus est gaudium in triumpho. *Aug., viii. Conf., c. 3.*

(5) Edendi et bibendi voluptas nulla est, nisi præcedat esuriendi et sitiendi molestia. *Idem, ibid. 2.*

heureux qu'un souverain légitime. Un homme colère se réjouit de s'être vengé ; quoiqu'il ait violé toutes les lois de charité pour obéir à sa passion, il trouve du contentement dans son crime, et, par un étrange aveuglement, plus il est coupable, plus il s'estime heureux; si bien que la joie du monde n'est autre chose qu'une malice impunie, ou qu'un péché glorieux (1). Cependant, quand cette passion devient criminelle, il faut un miracle pour lui rendre son innocence; car encore que les désirs qui s'élèvent contre les lois de Dieu soient injustes, et qu'il y ait dans son état des peines établies pour le châtiment des souhaits déréglés, ce ne sont pourtant que des offenses commencées, et qui n'ont pas encore toute leur malice. Quoique les folles espérances soient punissables, et qu'elles entretiennent notre vanité, néanmoins elles ne sont pas toujours suivies d'effets, et souvent, par une heureuse impuissance, elles ne font pas tout le mal qu'elles s'étaient promis. Notre hardiesse a plus d'inconsidération que de malice, et un mauvais événement lui fait perdre toute sa fougue. Nos douleurs et nos tristesses ne sont pas opiniâtres ; pour peu de secours qu'elles reçoivent, elles se guérissent, et comme elles sont mal satisfaites d'elles-mêmes, elles se changent aisément en leurs contraires ; nos craintes sont volages : dès que le mal qui les a fait naître se retire, elles nous laissent en liberté, et pour conclure en un mot, il n'y a point de passion incurable que la joie. Mais depuis qu'elle s'est mêlée avec le crime, et que, corrompant les sentiments de la nature, elle trouve son plaisir dans le mal, la morale n'a plus de remèdes pour la guérir. C'est un grand désordre quand un homme se glorifie dans son péché, et que, comme dit l'Apôtre, il tire sa gloire de sa propre confusion ; c'est un malheur déplorable quand il a perdu la crainte avec la honte, et que les peines ordonnées par les lois ne le retiennent plus dans son devoir ; c'est un étrange dérèglement quand les péchés l'ont rendu aveugle, ou qu'il ne les connaît que pour les défendre (2). Mais certes c'est le comble de tous les maux, quand il se plaît dans son crime, qu'il établit sa félicité dans l'injustice, et qu'il s'estime heureux parce qu'il est criminel (3). Aussi est-ce pour la punition de cette impiété, que le ciel lance des foudres; la terre ne devient stérile que pour le châtiment de cet effroyable désordre ; quand la guerre est allumée entre les peuples, ou que la peste dépeuple les villes et convertit les Etats en solitudes, nous devons croire que ces fléaux sont les supplices des hommes, qui mettent leur contentement dans leurs offenses, et qui, violant toutes les lois de la nature, mêlent injustement la joie avec le crime.

Or, parce que ce mal, pour être extrême, ne laisse pas d'être commun, et qu'il est bien malaisé de goûter des voluptés innocentes, Jésus-Christ nous conseille de renoncer à tous les plaisirs du siècle, et d'établir dès à présent notre félicité dans le ciel. Il nous ordonne par la bouche de son Apôtre de n'ouvrir la porte de notre cœur qu'à ces consolations pures dont le Saint-Esprit est la source, et, nous prenant par nos intérêts, il nous oblige à ne chercher que cette joie qui, pour être fondée en lui-même, ne saurait être troublée par l'injustice des hommes, ni par l'insolence de la fortune : car si nous la pensons mettre en nos richesses, nous serons obligés d'en craindre la perte ; si nous la logeons en la réputation, nous appréhenderons la calomnie, et si, comme les bêtes, nous la mettons en ces infâmes plaisirs qui flattent les sens et qui corrompent l'esprit, nous aurons autant de sujets de crainte que nous verrons d'accidents qui nous les peuvent ravir (4). C'est pourquoi, suivant l'avis de saint Augustin, qui ne nous peut être suspect, puisque dans la fleur de son âge il avait goûté les délices du monde, nous devons prendre le soin de diminuer tous les plaisirs criminels, jusqu'à ce qu'ils finissent entièrement par notre mort, et d'augmenter tous les plaisirs innocents, jusqu'à ce qu'ils se consomment parfaitement dans la gloire (5). Mais vous me direz peut-être que nos sens ne sont pas capables de ces saintes voluptés, et que la joie qui n'est qu'une passion de l'âme ne se peut pas élever à des contentements si purs ; qu'il lui faut quelque chose de sensible pour l'occuper, et qu'étant engagée dans le corps, c'est une injustice de lui proposer la félicité des anges ; cette objection n'est recevable que parmi ceux qui croient que les passions des hommes ne sont pas plus nobles que celles des bêtes. L'affinité qu'elles ont avec la raison les rend capables de tous ses biens : quand elles sont éclairées de ses lumières, elles peuvent être brûlées de ses flammes ; quand la grâce répand ses influences dans cette partie de l'âme, où elles font leur résidence, elles travaillent pour l'éternité, et prévenant les avantages de la gloire, elles enlèvent le corps et lui communiquent des sentiments spirituels. Elles nous font dire avec un prophète : *Ma chair et mon âme se réjouissent au Dieu vivant, et négligeant les délices périssables, elles ne souhaitent plus que les éternelles.*

IV° DISCOURS.
De la nature, des propriétés et des effets de la douleur.

Si la nature ne savait tirer des biens de

---

(1) Sæculi lætitia est impunita nequitia. *Aug.*
(2) Nullum quodlibet scelus coram Deo tam abominabile fit quam de peccatis gaudere, atque in eis semper jacere. *Aug., l. de Salut. docum., c. 12.*
(3) Omnibus crimen suum voluptas est; Lætatur ille adulterio, lætatur ille furto. *Sen.*
(4) Si gaudes nummo, times furem si autem; gaudes Deo, quid times ne tibi quisquam auferat Deum ? Deum tibi nemo auferet, si tu eum non dimiseris. *August. in Psal. xxxvii.*
(5) Vincat gaudium in Domino, donec finiatur gaudium in sæculo, gaudium in Domino semper augeatur, gaudium in sæculo semper minuatur donec finiatur. *Aug., l. ii de verb. Domini, ser. 14.*

nos maux, et si la Providence ne convertissait nos misères en félicités, nous aurions sujet de l'accuser d'avoir rendu la plus fâcheuse de nos passions la plus commune : car il semble que la tristesse nous soit naturelle, et que la joie nous soit étrangère. Toutes les parties de notre corps peuvent sentir la douleur, et il n'y en a qu'un petit nombre qui puissent goûter le plaisir. Les peines viennent en foule et nous attaquent de compagnie (1); elles s'accordent pour nous affliger, et quoiqu'elles soient mal ensemble, elles font la paix entre elles pour conjurer notre perte; mais les plaisirs se choquent quand ils se rencontrent, et comme s'ils étaient jaloux de notre bonheur, ils se détruisent les uns les autres. Notre corps est le théâtre de leurs combats; ses misères naissent de leurs différends, et l'homme n'est jamais plus malheureux que quand il est divisé par ses plaisirs. Les douleurs durent longtemps, et comme si la nature se plaisait à prolonger notre supplice, elle nous donne des forces pour les souffrir, et ne nous rend plus courageux ou plus patients que pour nous rendre plus misérables. Les plaisirs, et particulièrement ceux du corps, ne durent que des moments ; leur mort n'est jamais bien éloignée de leur naissance, et quand on les veut faire subsister par artifice, ils nous causent du tourment ou de l'ennui. Mais pour confirmer toutes ces raisons, et faire voir que la douleur est bien plus familière à l'homme que le plaisir, il ne faut que considérer le déplorable état de notre vie, où, pour un vain contentement, nous ressentons mille véritables douleurs. Car celles-ci viennent sans être appelées, elles se présentent de leur propre mouvement, elles sont enchaînées les unes avec les autres, et, comme les têtes de l'hydre, elles ne meurent jamais, ou elles renaissent après leur mort; mais les plaisirs se font chercher avec peine, et souvent nous sommes contraints de les acheter beaucoup plus cher qu'ils ne valent. Les douleurs sont quelquefois toutes pures, et elles nous attaquent si vivement qu'elles nous rendent incapables de consolation ; mais les plaisirs ne sont jamais sans quelque mélange de douleur, ils sont toujours détrempés dans l'amertume, et comme on ne voit point de roses qui ne soient environnées d'épines, on ne goûte point de voluptés qui ne soient accompagnées de leurs supplices (2). Mais ce qui montre évidemment la misère de notre condition, c'est que la douleur se fait bien mieux sentir que le plaisir, car une légère maladie trouble nos plus solides contentements, une fièvre est capable de faire perdre aux conquérants le souvenir de leurs victoires, et d'effacer de leur esprit toute la pompe de leurs triomphes. Cependant elle est la plus véritable de nos passions, et si nous croyons Aristote, c'est celle qui fait le plus d'altération dans nos âmes. Toutes les autres ne subsistent que par notre imagination, et sans l'intelligence qu'elles ont avec cette faculté, elles ne feraient point d'impression sur nos sens. Les désirs et les espérances ne sont que des biens trompeurs, et celui-là connaissait bien leur nature, qui les appelait les songes de ceux qui veillent. L'amour et la haine sont les divertissements des âmes inutiles ; la crainte n'est qu'un ombrage, et il est bien malaisé que l'effet soit véritable, quand la cause est imaginaire. L'audace et la colère se forment des monstres pour les défaire, et il ne faut pas s'étonner si elles s'engagent si facilement au combat, puisque la faiblesse de leurs ennemis les assure de la victoire : mais la douleur est un mal véritable qui attaque l'âme et le corps tout ensemble, et qui fait deux blessures d'un même coup. Je sais bien qu'il y a des tristesses qui ne blessent que l'esprit, et qui font tout leur effort sur la plus noble partie de l'homme ; mais si elles sont violentes, elles descendent dans le corps, et, par une secrète contagion, les peines de sa maîtresse deviennent les maladies de son esclave (3). Les chaînes qui les attachent ensemble sont si étroites que tous leurs biens et leurs maux sont communs ; une âme contente guérit son corps, et un corps malade afflige son âme. Cette noble captive souffre avec patience toutes les autres incommodités qui lui surviennent, et pourvu que sa prison soit exempte de douleur, elle trouve assez de raisons pour se consoler. Elle méprise la perte des richesses, et mettant des bornes à ses désirs, elle trouve du contentement dans la pauvreté ; elle néglige l'honneur, et sachant bien qu'elle ne dépend que de l'opinion, elle ne veut pas établir sa félicité en la possession d'un bien si fragile. Elle se passe des voluptés, et la honte qui les accompagne diminue le regret que lui cause leur perte. Comme elle n'est point attachée à tous ces biens étrangers, elle s'en éloigne facilement, et quand la fortune l'en a dépouillée elle s'en trouve plus libre et ne s'en estime pas plus pauvre. Mais quand le corps est attaqué, et qu'il souffre ou l'ardeur des flammes, ou les injures des saisons, ou la violence des maladies, elle est contrainte de soupirer avec lui, et les liens qui les unissent ensemble rendent leurs misères communes (4). Elle appréhende la mort quoiqu'elle soit immortelle, elle redoute les plaies quoiqu'elle soit invulnérable, et elle ressent tous les maux qu'on fait souffrir à la prison qu'elle anime, quoiqu'elle soit spirituelle.

La philosophie stoïque, qui n'estime pas une entreprise glorieuse, si elle n'est impossible, a voulu interdire le commerce de l'âme et du corps, et par une étrange fureur, elle a tâché de séparer deux parties qui composent

---

(1) Homo animal querulum, cupide suis incumbens miseriis. *Apul.*
(2) Probas istas, quæ voluptates vocantur, ubi transcenderint modum, pœnas esse. *Sen., Ep. 83.*
(3) Corpus hoc animi pondus ac pœna est, premente illo urgetur, in vinculis est. *Sen., Ep. 65.*
(4) Quid hoc et animus ut non doleat cum corpus vulneratur aut uritur cui tanto implicatur consortio ut pati possit, non dolere non possit. *Aug., l. de gratia Novi Testament. q. 2.*

un même tout. Elle a défendu à ses disciples l'usage des larmes, et rompant la plus sainte de toutes les amitiés, elle a voulu que l'âme fût insensible aux douleurs du corps, et que pendant qu'il brûlait au milieu des flammes, elle s'élevât dans le ciel, pour y contempler les beautés de la vertu, ou les merveilles de la nature (1). Cette barbare philosophie eut quelques admirateurs, mais elle n'eut jamais de véritables disciples ; ses conseils les mirent au désespoir, tous ceux qui voulurent suivre ses maximes se laissèrent tromper à la vanité, et ne se purent défendre de la douleur. Puisque l'âme a contracté une si étroite société avec son corps, il faut qu'elle souffre avec lui, et puisqu'elle est répandue dans toutes ses parties, il faut qu'elle se plaigne avec la bouche, qu'elle pleure avec les yeux, et qu'elle soupire avec le cœur. La miséricorde ne fut jamais défendue que par les tyrans, et cette vertu recevra des louanges dans le monde, tandis qu'il y aura des misérables : cependant les maux qui l'affligent lui sont étrangers et les personnes qu'elle assiste lui sont la plupart du temps inconnues (2). Pourquoi donc blâmera-t-on l'âme, si elle a de la compassion pour son corps ? pourquoi l'accusera-t-on de lâcheté, si elle prend part à des douleurs qui l'assiègent, et qui, ne pouvant pas la blesser en sa substance, l'attaquent en sa maison, et se vengent d'elle en la chose du monde qu'elle aime le mieux ? car pendant qu'elle est en son corps, il semble qu'elle renonce à sa noblesse, et que, cessant d'être un pur esprit, elle s'intéresse en tous les plaisirs et en toutes les douleurs de son hôte. Sa santé lui procure du contentement ; et ses maladies lui causent des peines, la plus haute partie souffre en la plus basse, et par une fâcheuse nécessité, l'âme est malheureuse des misères de son corps. On dit que la magie est si puissante, qu'elle a trouvé le secret de tourmenter les hommes en leur absence, et de leur faire sentir en leur personne toutes les cruautés qu'elle exerce sur leur image : ces misérables brûlent d'un feu qui ne touche que leur peinture, ils sentent des coups qu'ils ne reçoivent pas, et la distance des lieux ne les peut garantir de la fureur de leurs ennemis (3). L'amour, qui est aussi puissant et qui n'est guère moins cruel que la magie, fait tous les jours ce miracle : quand il unit deux âmes ensemble, il trouve le moyen de rendre leurs peines communes. On n'en saurait offenser une, que l'autre ne s'en ressente ; et chacune d'elles souffre aussi bien dans le corps qu'elle aime que dans celui qu'elle anime. Puisque l'amour et la magie font ces merveilles, il ne faut pas s'étonner si la nature, ayant attaché l'âme avec le corps, rend leurs misères communes, et d'une seule douleur elle sait faire deux misérables. La communauté de leurs biens et de leurs maux est une suite de leur mariage, et il faut que le ciel fasse un miracle pour les dispenser de cette nécessité. La joie des martyrs n'était pas un pur effet de la raison : quand ils goûtaient quelque plaisir au milieu de leurs supplices, il fallait que la grâce en adoucît la rigueur, et que celui qui changea les flammes en zéphirs dans la fournaise ardente, convertît leurs tourments en douceurs, ou s'il ne leur faisait pas cette faveur, il leur en faisait une plus grande, et empêchant que l'âme ne sentît la peine du corps, il apprenait à tout le monde qu'il était le souverain de la nature. Mais, quoi qu'il en soit, tous les philosophes tombent d'accord, que l'âme ne peut être heureuse dans un corps misérable, et qu'elle ne saurait lui donner la vie, qu'elle ne prenne part à ses misères. Si sa plus noble partie est touchée de joie, pendant que le corps est languissant de douleur, il faut que celle qui l'anime le ressente, et que pour payer l'intérêt des services qu'elle en tire, elle soit misérable en sa compagnie. Celle même de Jésus-Christ pour être bienheureuse ne laissait pas d'être affligée (Matth. XXVI, 38), et il se faisait un miracle dans l'ordre de la gloire, pour ne pas rompre la société que la nature a mise entre l'âme et le corps. Il demeure donc arrêté que ces deux parties qui composent l'homme ne peuvent être séparées dans leurs souffrances, et que le tourment de l'une devient par nécessité le supplice de l'autre. Elles s'aiment trop pour s'abandonner dans leurs peines, et si l'effort de la douleur ne brise les chaînes qui les tiennent attachées, il faut que leurs misères soient communes. Encore trouverais-je que la condition de l'âme est plus déplorable que celle du corps : car outre que c'est faire injustice à sa noblesse de la soumettre à la douleur, et que c'est une espèce d'injustice de la contraindre à souffrir des maux dont elle est exempte par sa nature, elle se condamne elle-même à de nouvelles souffrances, et l'amour qu'elle porte à son corps l'oblige à concevoir de la tristesse pour les peines qu'il endure. Elle les sent avec lui, puisqu'elle est le principe du sentiment ; et comme si ce tourment ne suffisait pas, elle s'en procure un autre par la compassion, et elle s'afflige par la pensée de tout ce qui le tourmente en effet ; elle s'entretient de ses maladies, après les avoir souffertes avec lui, elle s'en attriste avec l'imagination, et d'une simple douleur elle en a fait un double martyre (4). Il est vrai que cette faculté a tant de commerce avec les sens, qu'elle ne peut être touchée de douleur, sans leur donner de l'émotion, et elle ne saurait ressentir leurs maux, sans leur

---

(1) Philosophia tyrannica sunt præcepta tua : amare jubes, et si quis amiserit quod amabat, dolere prohibes. *Stob.*, ser. 97.

(2) Si egregium est hostem dejicere, non minus tamen laudabile, infelicis scire misereri. *Valer. Max.*, lib. v.

(3) Devovet absentes simulacraque cerea fingit,

Et miserum tenues in jecur urget acus.

Ovid. in Epist.

(4) Dolet anima cum corpore, cum eo loco dolet ubi læditur corpus, dolet sola in corpore cum tristis est, dolet extra corpus ut anima divisa in inferno, corpus autem nec examine dolet, nec animatum sine anima dolet. *Aug., l. XXI de Civ. Dei*, c. 3.

communiquer ses peines. Elle altère leur repos par son trouble, et comme la souffrance du corps fait naître celle de l'âme, par une loi aussi juste que nécessaire, la peine de l'âme produit celle du corps. Ce sentiment est, à mon avis, la véritable tristesse, qui n'est autre chose qu'un déplaisir, qui se forme dans la partie inférieure de notre âme, en la vue des objets qui lui sont désagréables.

Les effets d'une passion si mélancolique sont bien étranges; car quand elle est médiocre, elle fournit des paroles aux misérables pour se plaindre: elle les rend éloquents sans rhétorique, elle leur enseigne des figures pour exagérer leurs déplaisirs, et, à les entendre parler, il semble que les plus grandes douleurs sont moindres que celles qu'ils souffrent. Mais quand elle est extrême, par un effet tout contraire, elle assomme l'esprit, elle interdit l'usage des sens, elle sèche les larmes, elle étouffe les soupirs, et rendant les hommes stupides, elle donne aux poètes la liberté de feindre qu'elle les change en rochers (1). Quand elle est longue, elle nous dégage de la terre et nous élève dans le ciel : car il est bien difficile qu'un misérable aime la vie lorsqu'elle est pleine de douleurs, et que l'âme ait de grands attachements pour un corps qui exerce continuellement sa patience. Tous les hommes ne sont pas si lâches que ce favori d'Auguste, qui avait tant de passion pour la vie, que les tourments ne lui en pouvaient faire perdre le désir; il se vantait lui-même en ses vers, qu'il l'eût encore aimée dans les supplices, qu'à la torture il eût fait des vœux pour la prolonger, et qu'il eût trouvé des charmes dans les plus cruelles souffrances, pourvu qu'il y eût trouvé la vie (2). Je veux croire que la violence des maux lui eût fait changer de langage, et qu'il eût avoué qu'une prompte mort est plus douce qu'une longue douleur; ou s'il eût persisté dans ses premiers sentiments, nous serions obligés de confesser que les personnes lâches sont plus opiniâtres que les courageuses, et que l'amour de la gloire ne fait pas tant d'impression sur nos esprits que l'amour de la vie. Mais pour retourner à mon sujet, quand la douleur est violente, elle détache l'âme du corps, et cause la mort de l'homme; car la tristesse et la joie ont ce rapport dans leurs différences, qu'elles attentent sur notre vie, quand elles sont extrêmes. Le cœur se dilate par la joie, il s'ouvre pour recevoir le bien qui se présente, et il le goûte avec tant d'excès, qu'il succombe à la grandeur du plaisir, et trouve la mort au milieu de sa félicité. Il se resserre par la tristesse, il ferme la porte au mal qui l'assiège, et par une extrême imprudence, il se livre entre les mains d'un ennemi domestique, pour se délivrer d'un ennemi étranger; car son effort fait naître sa douleur, le soin qu'il apporte à sa défense augmente sa peine et avance sa mort. Souvent aussi sa négligence le rend misérable, il se laisse surprendre à la douleur pour ne l'avoir pas prévenue, et n'étant plus en état de se défendre lorsqu'elle arrive, il est contraint de lui céder. Enfin la tristesse nous fait pleurer : quand elle a saisi notre cœur, elle fait la guerre à nos yeux, elle s'évapore par les soupirs, elle s'écoule par les larmes, et elle s'affaiblit en se produisant : car un homme qui pleure se soulage, il se console en se plaignant, il trouve quelque plaisir dans ses plaintes, et si elles sont des marques de sa douleur, elles en sont aussi des remèdes (3). Comme la colère se décharge par les injures, la tristesse plus innocente se distille par les larmes, et elle abandonne le cœur, quand elle monte sur le visage. Après avoir vu ses effets, il ne reste plus à considérer que l'usage qu'on en peut faire, et en quelles occasions elle peut devenir innocente ou criminelle.

V° DISCOURS.

Du mauvais usage de la douleur.

Ceux qui croient que la volupté est la plus dangereuse ennemie de la vertu ne s'imagineront jamais que la douleur puisse prendre le parti du vice, et on aura peine à leur persuader qu'il se trouve des tristesses criminelles. Cependant il s'en voit peu d'innocentes, et la plupart de celles qui nous font pleurer sont injustes ou déraisonnables (4) : car l'homme est devenu si délicat que toutes choses le blessent; le péché l'a rendu si lâche qu'il met la privation des plaisirs au nombre de ses douleurs, et pense avoir un juste sujet de s'affliger, quand il ne possède pas tout ce qu'il désire. Le nombre de ses maux est accru par sa lâcheté, et celui qui, dans les premiers siècles, ne connaissait point d'autres peines que la maladie et la mort, s'attriste maintenant du déshonneur et de la pauvreté. Le témoignage de sa conscience ne suffit pas à sa vertu, et si avec l'approbation du ciel il n'a encore les applaudissements de la terre, il s'imagine qu'il est infâme; les richesses de la nature ne contentent pas ses désirs, et quoiqu'il ait toutes les choses nécessaires, il s'estime pauvre, quand il n'a pas les superflues. Ainsi chacun trouve son malheur dans sa félicité même, et les plus heureux sont si délicats, que la fortune qui se lasse pour les servir ne leur peut ôter les prétextes de se plaindre. Les meilleurs succès ont des circonstances qui les affligent; une victoire leur déplaît, parce que le chef des ennemis a trouvé son salut dans sa fuite, et qu'il n'a pas perdu la vie ou la liberté avec l'honneur; la prise

---

(1) Curæ leves loquuntur, ingentes stupent. *Sen.*, *Tragœd.*
(2) Debilem facito manu, debilem pede, coxa, lubricos quate dentes : vita dum superest bene est; hanc nihi, vel acuta si sedeam cruce, sustine. *Mecen.*

(3) ..... Est quædam flere voluptas;
Expletur lacrymis egeriturque dolor.
Ovid., IV *Trist.*
(4) Homo adest dolori suo, nec tantum quantum sentit, sed quantum constituit eo afficitur. *Sen.*, *Cons. ad Marc.*, c. 7.

d'une ville leur est désagréable, parce qu'elle n'a pas attiré la révolte d'une province, et leur humeur est si ingénieuse à se donner de la peine, que les plus grandes prospérités ne peuvent finir leurs plaintes ni contenter leurs désirs (1). Il me semble que dans cette sorte de personnes, la douleur est esclave de la volupté, et que pour se venger de sa servitude, elle fait soupirer sa maîtresse, et la rend misérable au milieu de ses plaisirs. Ces hommes ne méritent pas d'être consolés ; leur peine est trop injuste pour obliger la philosophie à lui donner des remèdes; il est raisonnable que leur lâcheté soit leur supplice, et qu'ils languissent dans la misère, puisqu'ils ne savent vivre dans la félicité. Il s'en trouve d'autres qui tirent vanité de leurs déplaisirs, et qui font servir à leur ambition la plus sincère de nos passions ; ils soupirent la perte de leurs amis dans toutes les compagnies où ils se trouvent ; ils veulent que leur douleur soit une marque de leur amour, et qu'on croie qu'ils savent bien aimer, parce qu'ils savent bien pleurer (2). Ils n'essuient jamais leurs larmes que quand ils sont dans leur cabinet ; ils jugent qu'elles ne seraient pas bien employées, si elles manquaient de témoins, et ils nous apprennent qu'elles ne sont pas véritables, puisqu'elles cherchent des approbateurs. La tristesse qui loge dans notre cœur nous accompagne en tous lieux, et c'est dans la solitude où rien ne la divertit, qu'elle donne la liberté à ses soupirs, et que s'entretenant de ses pertes, elle se soulage par ses regrets. Mais pour être sincère, elle ne laisse pas d'être injuste, puisque souvent elle produit des effets contraires à nos désirs, et nous fait oublier les personnes qu'elle nous contraint de pleurer. Car il n'y a rien au monde qui nous ennuie plutôt que la douleur (3) ; comme elle n'a rien d'aimable, elle devient facilement odieuse, elle lasse ceux qui la servent, et pour s'en délivrer, ils tâchent de se défaire de l'amour qui la fait naître ; ils effacent de leur mémoire le souvenir de leurs amis, pour n'être plus obligés de les regretter, et par une ingratitude qui suit toujours la tristesse immodérée, ils renoncent à l'amitié pour se guérir de la douleur. Je sais bien qu'il nous est permis de pleurer la mort de nos amis, et que les larmes sont les premiers devoirs que la nature nous oblige de leur rendre, mais il en faut promptement arrêter le cours, et appelant la raison à notre aide, nous rendre leur souvenir agréable, si nous voulons qu'il soit immortel. On ne pense guère volontiers à ce qui donne du tourment, et dès lors qu'on ne trouve plus ce triste plaisir que la nature a mis dans les pleurs, on les regarde comme des supplices, et l'on évite toutes les rencontres qui obligent d'en répandre (4).

Mais certes de tant de tristesses qui blessent notre âme sans sujet, il me semble qu'il n'y en a point de plus infâme que celle de l'envie : car la douleur que cause la privation des plaisirs n'est pas si injuste qu'elle n'ait des prétextes pour se défendre ; si les bonnes raisons lui manquent, elle trouve des excuses, et l'on voit des hommes qui n'ont pas tant de peine à combattre la douleur qu'à s'abstenir de la volupté. Ils sont plus propres à la force qu'à la tempérance, et l'on en ferait plutôt des martyrs que des continents. La mort des amis est une perte assez grande pour être pleurée, et l'amitié est une assez belle vertu pour en rechercher la gloire par des larmes feintes ou véritables. Toutes ces douleurs ont le mal pour leur objet, et s'il y a de l'injustice dans leur excès il y a de l'excuse dans leur cause. Mais l'envie est une tristesse aussi lâche qu'injuste, et de quelque côté qu'on la regarde, elle ne peut avoir de prétexte ni de couleur. Elle choque toutes les vertus, et par une malice qui ne peut être assez condamnée, elle déclare la guerre à toutes ces nobles habitudes, qui font la plus pure gloire de notre âme (5). Je sens bien que tous les vices sont ennemis des vertus, et qu'il n'y a point de morale qui les puisse réconcilier. La nature accorde des éléments, et tempérant leurs qualités, elle les fait entrer en la composition de tous ses ouvrages; mais la prudence humaine, avec tous ses artifices, ne saurait apaiser les différends du vice et de la vertu, ni les faire loger ensemble dans une même personne. Néanmoins la haine des autres vices est réglée, ils n'entreprennent que la vertu qui leur est contraire, et quand par une injuste victoire ils ont triomphé de cette noble ennemie, ils apaisent leur fureur et laissent l'homme dans quelque sorte de repos. L'avarice ne persécute que la libéralité, l'ambition ne poursuit que la modestie, et le mensonge, tout impudent qu'il est, ne combat que la vérité : mais l'envie, plus furieuse que tous ces monstres, fait la guerre à toutes les vertus, et comme si elle était un poison composé de tous les autres, elle attaque en un même temps la charité, la justice, la miséricorde et l'humilité : car la charité rend toutes choses communes, celle-ci se les approprie, et ne prend pas tant de plaisir à les posséder qu'à les ravir à son prochain ; si la justice rend à chacun ce qui lui appartient, celle-ci garde tout pour elle, et ne voulant point reconnaître d'autre mérite que le sien, elle croit que toutes les récompenses lui sont dues ; si la miséricorde s'afflige des maux d'autrui, celle-ci s'en réjouit, et par un excès de malice elle en fait sa félicité ; si l'humilité ne méprise rien, celle-ci blâme tout, et tâche

---

(1) Potest quidem eloquentia tua, quæ parva sunt approbare, pro magnis ; sed alio ista vires servet suas, nunc se tota in solatium tuum conferat. Noli contra te ingenio uti, noli adesse dolori tuo. *Sen., ad Polyb.,* c. 27.
(2) Plerique lacrymas fundunt ut ostendant, et toties siccos oculos habent, quoties spectator defuit... *Senec., de Tranq.,* c. 15.

(3) Nulla res citius venit in odium quam dolor. *Senec., Epist.* 63.
(4) Id agamus, ut jucunda fiat nobis amissorum recordatio. Nemo libenter ad id redit, quod non sine tormento cogitaturus est. *Sen., Ep.* 63.
(5) Vututis comes invidia est, plerumque bonos sectatur. *Cicer. 4 ad Heren.*

d'élever sa réputation sur les ruines de la vertu : si bien qu'elle est un mal universel, et cette tristesse honteuse est composée tout ensemble d'avarice, d'orgueil et de cruauté (1). Mais, quoiqu'elle soit animée contre les vertus, elle réserve ses plus grands efforts contre les plus nobles, et elle entreprend avec plus d'ardeur celles qui paraissent avec plus d'éclat (2). Elle ressemble à ces mouches importunes qui s'attachent aux plus belles fleurs d'un parterre ; ou elle est semblable à la foudre, qui choisit les plus grands arbres, et qui décharge sa fureur sur les plus hautes montagnes. Elle ne paraît courageuse que par la noblesse des ennemis qu'elle attaque ; elle veut qu'on l'estime généreuse, parce qu'elle est insolente, et elle tire sa vanité de la grandeur de son crime.

De cette mauvaise qualité il en procède une autre qui n'est pas moins fâcheuse, car comme elle hait la vertu, elle ne peut souffrir les personnes vertueuses. Sa haine lui persuade la vengeance ; quand la calomnie ne peut rien sur la gloire des innocents, elle entreprend sur leur vie ; après avoir fait son coup d'essai dans la médisance, elle fait son chef-d'œuvre dans le meurtre, et elle répand le sang de ceux dont elle n'a pu ternir la gloire. Il ne s'est point commis de parricide qu'elle n'ait conseillé, et de tant de cruautés qu'on impute à la haine ou à la colère, les plus signalées sont les ouvrages de l'envie. Elle arma dans la naissance du monde les mains de Caïn contre son frère, elle lui fournit des armes devant qu'elle eût tiré le fer des entrailles de la terre ; dans le siècle qui succédait à celui de l'innocence, elle lui apprit à faire le premier parricide, et la mort, qui n'était que la peine du péché, devint un crime par son conseil. Elle suscita les enfants de Jacob contre leur frère Joseph ; sa future grandeur leur donna de la jalousie, et pour combattre les desseins du ciel, ils firent un esclave de celui dont il voulait faire un roi. Elle anima Saül contre David, et, par une aveugle fureur, elle lui persuada qu'il n'y a rien de plus pernicieux aux souverains que la grandeur de leurs sujets, et que la puissance d'un étranger ne leur est pas si redoutable que la vertu d'un domestique. Mais pour monter plus haut, et aller jusqu'à la source de nos malheurs, ce fut elle qui anima les démons contre les hommes, qui leur inspira le moyen de les perdre avant leur naissance, et de les faire mourir en la personne de leur père. Si elle fait tant de maux à ses ennemis, elle ne s'en procure pas moins à soi-même, et elle est aussi bien son supplice que celui de la vertu : car elle ne voit point de prospérités qui ne l'affligent ; le bonheur de son prochain est la cause de sa misère, elle pleure le bon succès de ses voisins, et il ne faut qu'un homme heureux pour la rendre éternellement misérable (3). Elle confond la nature du bien et du mal, pour accroître ses déplaisirs, et par un désordre qui n'est juste que parce qu'il lui est dommageable, elle se réjouit du mal et s'afflige du bien ; elle répand des ruisseaux de larmes quand on allume des feux de joie, et dans la calamité publique, elle trouve les sujets de sa réjouissance et de son triomphe. Sa perte lui est agréable, pourvu qu'elle attire celle de son ennemi, et il lui est si naturel de commettre des injustices, qu'elle achète le plaisir de se venger aux dépens de sa propre vie. Elle se fâche contre la fortune, elle se plaint de son siècle, et quand elle ne peut empêcher les bons succès de ses ennemis, le désespoir la confine dans la solitude, où, s'entretenant de ses déplaisirs, elle souffre la peine de tous les crimes qu'elle a commis (4).

Pour se consoler dans sa misère, elle se pique de grandeur, et veut persuader à tout le monde que si elle blâme les vertus des autres, c'est parce qu'elle y remarque des défauts. A l'entendre parler, il semble qu'elle ait tiré sa naissance du ciel, et que la terre n'ait pas assez de couronnes ni de sceptres pour l'honorer ; elle croit que tous les honneurs lui sont dus, et elle lui ravit tous ceux qu'on ne lui donne pas. Enfin elle est aussi insolente que la vertu est modeste, et son langage est aussi impudent que celui de son ennemie est retenu : cependant il n'y a rien de plus lâche que son courage, elle est toujours dans la poudre, et si quelquefois la fortune aveugle l'élève, elle s'abaisse incontinent, et se ravale au-dessous des choses même qu'elle décrie : car c'est une maxime assurée, que tout ce qui nous donne de l'envie est au-dessus de nous, par notre jugement même ; nous donnons l'avantage à nos égaux, quand leur mérite nous donne de la jalousie (5). Un prince devient l'esclave de ses sujets, quand il entre en ombrage de leur bonheur ; il descend de son trône, et déchoit de sa grandeur, sitôt qu'il souhaite ce qu'ils possèdent ; dans son opinion il juge que leur fortune est plus élevée que la sienne, quand il en conçoit de la jalousie. C'est pourquoi ce grand homme qui se rendit illustre par ses malheurs, et dont l'innocence fut exercée par tant de disgrâces, a remarqué que l'envie était la passion des âmes basses (6), et

---

(1) Mala cætera habent terminum. Invidia autem est malum jugiter perseverans et sine peccatum : hinc vultus minax, pallor in facie, stridor in dentibus, manus ad cædem prompta, etiamsi a gladio interim vacua, odio tamen furiatæ mentis armata. *Cypr., Serm. de livore.*

(2) Nunquam eminentia invidiæ carent. Assidua est enim ejus fortunæ comes invidia, altissimisque semper adhæret. *Vell. Paterc., lib. ii.*

(3) Invidia vitium diabolicum quo solo Diabolus reus est : Non enim ei dicitur ut damnetur, adulte-rium comisisti, furtum fecisti, villam alienam rapuisti, sed homini stanti invidisti. *Aug., lib. i de Doctr. Chr.*

(4) Obirascens fortunæ invidus, et de sæculo querens, et in angulos se retrahens pœnæ incubat suæ. *Sen., de Tranquill., c. 2.*

(5) O invidia, quæ semper sibi est inimica, nam qui invidet, sibi quidem ignominiam facit ; illi autem cui invidet, gloriam parit. *Chrys. sup. Mat.*

(6) Invidia parvulum occidit. *Job, c. 5.*

qu'elle ne consume que ces hommes lâches, qui ne peuvent rien entreprendre de généreux : car s'ils avaient le cœur un peu noble, et si la vertu leur avait fait part de cette satisfaction, ils seraient contents de leur condition, et ne formeraient point de souhaits qui découvrissent leur misère (1) ; s'ils remarquaient en leurs égaux quelque perfection éclatante, ils lui donneraient les louanges qu'elle mérite, ou saisis d'une noble émulation, ils tâcheraient de l'acquérir. Mais comme le vice qui les tyrannise rampe sur la terre, ils ne conçoivent que de lâches désirs ; lors même qu'ils font quelque effort pour s'élever, ils s'abaissent davantage, et l'on trouve par expérience que leur grandeur apparente n'est qu'un pur effet de leur véritable misère.

A tous ces malheurs on peut encore ajouter celui de la pauvreté, qui n'est pas le moindre supplice de l'envie : car elle a ceci de commun avec l'avarice, que ses richesses ne la contentent jamais ; elle a cent yeux ouverts pour voir les prospérités de son prochain, et elle est aveugle pour voir les siennes (2). Elle ne regarde que les biens qui la peuvent affliger, et ne considère point ceux qui la peuvent divertir. Elle croit que tout ce que les autres possèdent lui manque, et ingénieuse à sa peine, elle agrandit le bonheur d'autrui pour augmenter sa propre misère. De sorte que, pour punir les envieux, il ne faut que les abandonner à leur propre fureur, sans se mettre en devoir de châtier leur insolence ; il suffit de les laisser entre leurs mains, et de permettre au démon qui les possède de tirer vengeance de leur crime. Voilà les excès dont la tristesse est capable, quand elle n'est pas bien conduite. Voyons maintenant à quelles vertus elle peut servir, lorsqu'elle obéit à la raison, et que, suivant les mouvements de la grâce, elle s'afflige de l'injustice des méchants ou de la misère des bons.

VI° DISCOURS.
Du bon usage de la douleur.

Il ne faut pas s'étonner si les stoïciens condamnent la tristesse, puisqu'ils n'approuvent pas même les vertus qu'elle produit, et qu'ils veulent que leur sage goûte une joie si pure qu'elle ne soit mêlée d'aucun déplaisir ; car ils l'élèvent au-dessus des tempêtes, et tâchent de nous persuader qu'il voit former tous les orages sous ses pieds, et qu'il n'en est point agité ; ils nous assurent que dans le sac d'une ville, ou dans la ruine d'un Etat, il n'est pas plus ému que leur Jupiter dans le débris de l'univers ; et que, mettant tout son bonheur en soi-même, il regarde avec indifférence tous les mauvais succès de la fortune. S'il répand quelques larmes sur le tombeau de ses pères, et s'il donne quelques soupirs à sa patrie mourante, son âme ne souffre point d'émotion, et il voit tous ces désastres sans douleur (3). Quoi que veuille dire cette cruelle philosophie, je ne crois pas que sa doctrine puisse détruire la nature, ni qu'elle forme jamais un sage, à qui elle ôte tous les sentiments d'un homme. La sagesse n'est point ennemie de la raison, et le ciel n'eût pas uni l'âme avec le corps, s'il eût eu dessein d'empêcher leur communication. Aussi quand les philosophes ont avancé ces superbes paroles, ils ont à mon avis imité les orateurs qui, faisant des hyperboles, nous conduisent à la vérité par le mensonge, et assurent l'impossible, pour nous persuader le difficile (4). Ils ont bien cru que l'esprit devait avoir quelque commerce avec le corps, et que les douleurs de l'un devaient causer les tristesses de l'autre ; mais de peur que la plus noble partie ne devînt esclave de la plus basse, ils ont essayé de lui conserver la liberté par la rigueur, et de la rendre insensible, afin qu'elle demeurât toujours souveraine : car qui pourrait s'imaginer que des hommes si judicieux en toutes choses eussent perdu le jugement en celle-ci, et que, pour défendre le parti de la vertu, ils eussent abandonné celui de la raison ? Toute la pompe de leurs discours ne tendait qu'à maintenir l'esprit dans son empire, et de peur qu'il ne succombât sous les faiblesses du corps, ils ont autorisé son pouvoir par des termes plus éloquents que véritables. Ils se sont imaginé que pour nous réduire au point de la raison, il fallait nous élever un peu plus haut, et que pour ne rien accorder de superflu à nos sens, il fallait leur refuser le nécessaire. Ils croient donc avec nous que la tristesse peut être raisonnable, et qu'il y a des occasions où c'est être impie que de n'être pas affligé. Mais je ne sais si nous leur pourrons persuader que la pénitence et la miséricorde sont d'illustres vertus, et qu'après avoir pleuré nos offenses, nous sommes obligés de pleurer les misères de notre prochain.

Ces philosophes ne sont austères que parce qu'ils sont trop vertueux ; ils ne condamnent la pénitence que parce qu'ils aiment la fidélité, et s'ils blâment le repentir, c'est parce qu'il présuppose le crime (5). Ils voudraient qu'on n'abandonnât jamais le parti de la vertu, et que l'on traitât plus sévèrement les hommes vicieux que les déserteurs de milice. Leur zèle mérite quelque excuse, mais comme il n'est pas accompagné de prudence, il produit un effet contraire à leur intention ; car il augmente le nombre des criminels en le pensant diminuer : il rend les faibles opi-

---

(1) Si non invideris, major eris : nam qui invidet minor est. *Sen. in Provid.*

(2) Nostra nos sine comparatione delectent : nunquam erit felix, quem torquebit feliciter. *Sen., lib. de Ira, c. 30.*

(3) ..... Lacrymæ volvuntur inanes,
Mens immota manet....
Virg. Æneid. IV.

(4) In hoc omnis hyperbole extenditur ut ad verum mendacio veniat. Nunquam tantum sperat quantum audet, sed incredibilia affirmat, ut ad credibilia perveniat. *Sen., Benef., l. VII, c. 23.*

(5) Maxima est peccati pœna fecisse ; nec quisquam gravius afficitur, quam qui ad supplicium pœnitentia trahitur. *Sen., lib. III de Ira, c. 26.*

niâtres, et leur ôtant le remède, il change leurs faiblesses en des maladies incurables. L'homme n'est pas si constant que l'ange, et quand il aime le bien, il n'y est pas si fermement attaché qu'on ne l'en puisse séparer. Aussi n'est-il pas si opiniâtre que le démon, et quand il aime le mal, il n'y est pas si fortement engagé qu'on ne l'en puisse déprendre. Si son inconstance est la cause de son péché, elle en est aussi le remède, et si elle aide à le rendre criminel, elle contribue aussi à le rendre innocent. Il se dégoûte du crime, il se lasse de l'impiété, et il doit ces bons effets à la faiblesse de sa nature; s'il avait plus de force il aurait plus d'opiniâtreté, et la grâce qui le convertit trouverait plus de résistance s'il était plus ferme dans ses résolutions. Le ciel fait servir ce défaut à notre avantage, et sa providence ménage notre faiblesse pour en tirer notre salut. Car quand il a touché les pécheurs, et que prévenant leur volonté par sa grâce, il leur fait détester leur crime, ils achèvent l'ouvrage de leur conversion par le secours de la pénitence, et cherchent dans la douleur des moyens pour apaiser la justice divine (1). Ils punissent leur corps pour affliger leur esprit; ils condamnent l'esclave à pleurer le péché de son maître, parce qu'il est complice, et sachant bien qu'ils ne se font du mal que parce qu'ils s'aiment trop, ils les obligent à se haïr pour se procurer du bien; ils les châtient souvent d'un même supplice, parce que leurs fautes sont communes, et par une juste rigueur, ils conjoignent dans la peine ceux qui n'ont pas été séparés dans le crime (2). Ainsi tout l'homme satisfait à Dieu, et les deux parties qui le composent trouvent dans la douleur le pardon de leurs péchés. Je sais bien que les libertins se moquent de ces devoirs, et qu'ils mettent la pénitence au nombre des remèdes qui sont aussi honteux qu'inutiles; car pourquoi, disent-ils, vous affligez-vous d'un mal qui n'est plus, pourquoi le faites-vous revivre par vos regrets? pourquoi, par une plus haute imprudence, voulez-vous changer le passé, et souhaitez-vous en vain que ce qui est déjà fait ne l'ait pas été (3)? Ces mauvaises raisons ne détourneront pas les pécheurs de la pénitence, et si les impies n'ont point de meilleures armes pour combattre la piété, ils n'auront jamais de grands avantages sur elle. La nature autorise tous les jours des larmes que nous répandons pour les malheurs qui sont passés; un triste ressouvenir tire des soupirs de notre cœur, et nous ne pouvons penser aux maux que nous avons évités ou soufferts, qu'il ne s'élève dans notre âme des mouvements de plaisir ou de douleur. Comme le temps écoulé fait la partie la plus assurée de notre vie, c'est celle aussi qui réveille les passions les plus véritables et qui nous donne les plus sensibles émotions. Le futur est trop incertain pour s'en mettre beaucoup en peine, et les événements qu'il produit sont trop cachés pour faire de grandes impressions sur nos désirs (4). Le passé est la source de la tristesse, et nous avons droit de nous affliger d'un accident que nous ne pouvons plus empêcher, s'il nous menaçait seulement, nous tâcherions de nous défendre, et s'il pendait sur notre tête, nous emploierions notre prudence pour le prévenir. Mais quand il est arrivé il ne nous reste que la douleur pour nous en plaindre, et de tant de passions qui nous peuvent soulager dans les maux présents ou à venir, il n'y a que celle-ci qui nous puisse consoler de nos déplaisirs passés. Si nous pouvions retirer nos amis du tombeau et ranimer leurs cendres par nos soins, nous ne nous consumerions pas en regrets inutiles (5); mais puisque la mort n'a point de remède, et que la médecine qui peut conserver la vie ne la peut restituer quand elle est perdue, nous pleurons avec d'autant plus de sujet, que notre perte est plus assurée, et nos larmes nous semblent d'autant plus justes que le mal que nous souffrons est moins capable de remède. Ainsi la pénitence n'est point blâmable si, ne pouvant empêcher un crime qui est déjà commis, elle s'abandonne à la douleur, et si, ne trouvant point de moyens de réparer son offense, elle en témoigne du ressentiment par ses soupirs. Elle est d'autant mieux fondée en cette créance, qu'elle sait bien que les larmes ne lui sont pas inutiles, et que mêlées avec le sang de Jésus-Christ, elles peuvent effacer tous ses péchés. Dans les autres occasions elles ne font point de miracles : si elles consolent les vivants, elles ne ressuscitent pas les morts; si elles assurent les affligés de notre amour, elles ne les délivrent pas de leurs peines. En pensant secourir les misérables elles en augmentent le nombre, et au lieu de guérir le mal, elles ne servent qu'à le rendre contagieux. Mais celles de la pénitence noient les péchés, sauvent les pécheurs et apaisent la juste colère de Dieu; car il est si bon qu'il s'adoucit d'un peu de regret : le déplaisir d'une offense lui tient lieu de satisfaction, et sachant bien que nous ne pouvons pas changer les choses passées, il se contente du repentir que nous en avons. Comme il lit dans les cœurs et connaît les larmes qui partent d'une véritable douleur, il ne leur refuse jamais le pardon; devant son trône il suffit qu'un criminel confesse son impiété pour en recevoir l'abolition. Dans le tribunal des juges l'on confond souvent le crime avec

---

(1) Scit Deum noster non semper hominem integrum stare, sed frequenter aut peccare corpore, aut vacillare sermone : ideo pœnitentia viam docuit qua possit, et destructa corrigere, et lapsa reparare. *Aug., de Pœn.*
(2) Non separantur in mercede et in pœna, anima et caro, quas opera conjungit. *Tertull., lib. de Resurr. carn., c.* 55.

(3) Nunquam sapientiam facti sui pœnitere, nunquam emendare quod fecerit, nec mutare consilium jactant stoici. *Sen., Benef., t.* iv, *c.* 34.
(4) Calamitosus est animus futuri anxius, et ante miserias miser, qui futuro torquetur. *Sen., Ep.* 98.
(5) Quid luges quem suscitare non potes? non lugerem si suscitare possem. *Cynic.*

l'innocence; l'on absout un homme qui défend son péché par un mensonge, et pourvu qu'il nie un meurtre qui n'a point de preuve, il force les juges à prononcer en sa faveur; mais s'il cède à la violence des tourments, ou s'il est surpris en ses réponses, ses larmes n'effacent point son péché, et sa confession ne lui conserve pas la vie. Dans la pénitence, il ne faut qu'avouer son crime pour en obtenir le pardon ; les lois en sont si douces, que Dieu oublie toutes ses injures, pourvu que les pécheurs mêlent un peu d'amour dans leur repentir, et que la crainte des châtiments ne soit pas l'unique motif de leur douleur : c'est pourquoi nos intérêts nous obligent à défendre une passion qui nous est si avantageuse, et puisque l'espérance de notre salut est fondée sur une vertu qui doit sa naissance à la tristesse, nous en devons soutenir la cause et employer toutes nos raisons pour autoriser celle qui nous justifie (1).

La miséricorde ne trouvera pas moins de crédit parmi les hommes que la pénitence, et comme il n'y en a point de si heureux qui ne puisse devenir misérable, je me persuade qu'elle ne manquera point d'avocats. Les calomnies des stoïques ne la banniront point de la terre (2) ; les faiblesses qu'on lui impute ne terniront pas sa gloire. Si l'injustice abat ses autels, la piété lui en dressera d'autres ; et si l'on renverse ses temples de pierre, de marbre, on lui en bâtira de vivants et de raisonnables (3). Ils l'accusent d'être injuste et de considérer plutôt le malheur que le péché des criminels ; ils la blâment de donner des larmes à des personnes qui ne les méritent pas, et de vouloir rompre les prisons pour en tirer confusément les innocents et les coupables. Mais quoi que disent ces philosophes inhumains, c'est le meilleur emploi que nous puissions faire de la tristesse, c'est le plus saint usage de la douleur, c'est le sentiment de notre âme le plus universellement approuvé, et il faut être sorti des rochers ou avoir vécu parmi les tigres pour condamner une passion si raisonnable. Elle prend sa naissance de la misère, elle imite la mère qui lui a donné la vie, et elle lui ressemble si fort, qu'elle est elle-même une autre misère. Elle s'empare du cœur par les yeux, et, sortant par où elle est entrée, elle se répand par les larmes et s'évapore par les soupirs. Quoiqu'on l'accuse d'être faible, elle excite nos désirs, et nous intéressant dans l'affliction des misérables, elle donne des forces pour les assister. Après leur avoir témoigné ses ressentiments par ses regrets, elle leur témoigne sa puissance par les effets, et donnant ses ordres du trône où elle est assise, elle oblige les yeux à les pleurer, la bouche à les consoler, et les mains à les secourir (4). Elle descend dans les cachots avec les prisonniers, elle monte sur l'échafaud avec les criminels, elle assiste les affligés de ses conseils, elle partage ses biens avec les pauvres, et sans chercher d'autres motifs que la misère, il lui suffit qu'un homme soit malheureux pour le prendre en sa protection. Tous ces efforts ne procèdent que de la douleur, et si la tristesse n'était point mêlée avec la miséricorde, elle n'agirait pas avec tant de vigueur. Car l'amour-propre nous a tellement déréglés, qu'il a fallu que la Providence divine nous ait rendus misérables par la piété pour nous intéresser dans la misère d'autrui (5). Si elle ne nous touchait point, nous n'en chercherions pas le remède, et nous ne songerions jamais à guérir un mal qui nous serait indifférent : mais parce que la miséricorde est une sainte contagion, qui nous rend sensibles aux incommodités de notre prochain, nous lui aidons pour nous soulager, et nous l'assistons dans ses besoins pour nous délivrer de la douleur qui nous pique. Ainsi la misère nous enseigne la miséricorde, et notre mal nous convie à guérir celui des autres. Qui pourrait condamner un si juste ressentiment, et qui oserait blâmer une passion à qui nous devons notre innocence (6)? Si les misérables sont des personnes sacrées, les miséricordieux seront-ils profanes ? si nous respectons ceux qui sont attaqués par la fortune, blâmerons-nous ceux qui les assistent ? si nous admirons la patience, mépriserons-nous la compassion ? si la misère tire des larmes de nos yeux, la miséricorde ne tirera-t-elle point des louanges de notre bouche, et n'adorerons-nous pas une vertu que Jésus-Christ a voulu consacrer en sa personne ? Avant le mystère de l'incarnation, il n'avait que cette miséricorde qui délivre les malheureux sans éprouver leurs malheurs, qui guérit le mal sans le prendre, et qui soulage les affligés sans en accroître le nombre. Il voyait nos misères et ne les ressentait pas, sa bonté usant de sa puissance, secourait les misérables et ne s'affligeait point avec eux. Mais depuis qu'il a daigné se faire homme, il a mêlé ses larmes avec les nôtres, il a permis à nos douleurs de blesser son âme, il a voulu souffrir nos misères pour apprendre la miséricorde. Il nous est donc bien permis d'exercer une vertu que Jésus-Christ a pratiquée; et nous pouvons bien devenir misérables sans intéresser notre honneur, puisque le Fils de la Vierge, en la personne duquel on ne peut pas remarquer l'ombre d'un défaut,

---

(1) Cum igitur pœnitentia provolvit hominem magis revelat : cum squalidum facit, magis mundatum reddit : cum accusat, excusat : cum condemnat, absolvit. *Tert., de Pœn., c. 9.*

(2) Misericordia vitium est animorum nimis miserve faventium. *Sen., l. II de Clem., c. 6.*

(3) Bonum est dolere de malis aliorum et pia est illa tristitia, et si dici potest, beata miseria. *Aug. ad Seba., Ep. 145.*

(4) Quid est autem misericordia nisi alienæ miseriæ quædam in nostro corde compassio, qua utique si possimus, subvenire compellimur. *Aug., l. IX de Civit. Dei, c. 5.*

(5) Nihil ad misericordiam sic inclinat, atque proprii periculi cogitatio. *Aug., ad Gal.*

(6) Misericordia virtus tanta et utsine illa, cætera etsi esse possint, prodesse tamen non possint. Quamvis enim aliquis sit castus et sobrius, si misericors tamen non est, misericordiam non meretur. *D. Leo, in Serm.*

a voulu ressentir les afflictions de ses amis et répandre des larmes pour les plaindre avant que de faire des miracles pour les secourir. Aussi tous les philosophes honorent cette passion, et pour relever son mérite que les stoïciens se sont vainement efforcés d'abaisser, ils lui donnent un titre glorieux et l'admettent en la compagnie des vertus : ils reconnaissent qu'elle peut servir à la raison dans toutes les rencontres de la vie, et que pourvu qu'elle s'accorde avec la justice, quand elle assiste les pauvres ou qu'elle pardonne aux criminels, il faudrait être barbare pour ne la pas révérer (1).

De tous ces discours il est aisé de juger qu'il n'y a point de passion en notre âme qui ne puisse être utilement ménagée par la raison et par la grâce ; car, pour répéter en peu de paroles tout ce que nous avons dit en cet ouvrage, l'amour se peut changer en une sainte amitié, et la haine peut devenir une juste indignation. Les désirs modérés sont des secours pour acquérir toutes les vertus, et la fuite ou l'éloignement est la principale défense de la chasteté : l'espérance nous anime aux belles actions, et le désespoir nous détourne des entreprises téméraires ; la crainte sert à la prudence, et la hardiesse à la valeur ; la colère, toute farouche qu'elle est, prend le parti de la justice ; la joie innocente est un avant-goût de la félicité, et la douleur est une courte peine qui nous délivre des supplices éternels : si bien que notre salut ne dépend que de l'usage des passions, et la vertu ne subsiste que par le bon emploi des mouvements de notre âme.

(1) Servit autem iste motus rationi, quando ita præbetur misericordia ut justitia conservetur; sive cum indigenti tribuitur, sive cum ignoscitur pœnitenti. *Aug., l. ix de Civit. Dei, c.* 15.

TABLE ANALYTIQUE
DU DICTIONNAIRE
DES FACULTÉS INTELLECTUELLES ET AFFECTIVES DE L'AME.

INTRODUCTION.

Utilité de la science de l'homme, 9. — Il est corps et âme tout ensemble, c'est tout ce que nous en savons, *ibid*. — Dualité de l'homme admise dès la plus haute antiquité, *ibid*. — En tous lieux, *ibid*. — Nécessité des connaissances médicales pour étudier l'homme, 10. — Remarques de La Bruyère, *ibid*. — Réflexions de Charron, *ibid*.—On ne peut bien connaître l'homme qu'en le suivant dans ses différens âges, *ibid*.

AGES, 11.—Leurs divisions; propos tion de Hallé, *ibid*. *Enfance, ib d*. — Développement progressif des facultés intellectuelles de l'enfant, 11 *et suiv* — Précautions à prendre dans son intérêt, *ibid*. — Légèreté de l'enfance, et variabilité de ses sentiments : leurs conséquences ; précautions à prendre, 12 —Conclusions, 13.—*Adolescence ou jeunesse, ibid*.—Influence de la puberté chez l'homme, c'est-à-dire, sur son intelligence, son caractère, son amour de la patrie, sa piété, *ibid*. et s —Ses autres sentiments ont plus de fixité et prennent un autre caractère.—Puberté chez la femme ; quelle en est l'influence sur elle, 15.—*Age adulte, virilité*, degré du développement où est arrivée l'intelligence de l'homme et de sa raison à cet âge, 15, 16 —Ses passions, 16, 17. — Mêmes remarques à l'égard de la femme, 17. — *Vieillesse*, son influence sur les sentiments moraux des vieillards de l'un et l'autre sexe, *ibid*.—Comparaison de Sénèque sur les dégradations physiques du corps de l'homme et de la femme, *ibid* —Maxime de saint Bernard, 18.—Des facultés intellectuelles du vieillard, *ibid*.— Ses goûts, son égoïsme, *ibid*.—Ses caprices 19.—Se préfèrent-ils pour les plaisirs de l'table, *ibid*.—Tableau de la décrépitude par Voltaire, *ibid*.—Récapitulation, *ibid*.

NATURE DE NOTRE ÊTRE, 20 —Remarques de Ch Bonnet, *ibid*. — Opinions diverses conduisant au matérialisme ou à l'animisme, *ibid*. — Triple activité de l'homme : par le corps, par l'esprit, par l'âme ; d'après M. l'abbé Bautain, 21. — Critique que j'en fais, *ibid*. — Composition du corps humain d'après Birthez et M. Lordat, 21, 22. — L'homme est-il d'une même nature que les animaux, ou un animal plus parfait? Solution de cette question, 22 — *Mystères de la création, ibid*. — D'après Moïse, Dieu créa le monde en six jours ; pou quoi, *ibid*. — La terre enfanta les animaux, Dieu créa l'homme, 23, 24 — Il lui donna une âme, *ibid*.—Nature de cette âme, *ibid*.—Création d'Adam et d'Eve, 25. — Aptitudes instinctives des animaux et de l'homme, 25, 26.— Industrie des abeilles, des fourmis ;

instinct de l'ichneumon, 26.]—L'éducation des animaux est l'ouvrage de l'homme, *ibid*. — Cheval, chien, singes, serins savans, 27.

Intelligence et facultés de l'homme, 28. — Hérédité des vices organiques et des instincts des animaux et de l'homme ; non hérédité des facultés intellectuelles de ce dernier ; d'après M. Lordat, *ibid. et suiv*. — Héréd té physiologique des qualités inconnues ab'e ch z les animaux; leurs aptitudes développées par l'éducation, 2) *et suiv.*—Les qualités intellectuelles de l'homme ne le sont jamais, *ibid*. — Notice historique sur les chevaux arabes d'après Buffon, 29. — Ils étaient déjà très-appréciés par les anciens Grecs et les autres peuples, 30 — Distin tion des trois races de chevaux arabes, par le cheval er d'H., *ibid*. — Chevaux espagnols en Amérique ; leurs vices, 31. — Hérédité chez les chiens de race, 32. — Patience d'un Anglais à ce sujet, *ibid*. — Les facultés intellectuelles de l'h omme et ses facultés morales sont sa supériorité, 33 *et suiv*. — Elles ne sont pas héréditaires ; preuves: 1° proverbes, 2° faits tirés de l'histoire : Cicéron et son fils ; Vespasien, et Domitien et Tibère ses deux enfants ; Commode et son père Marc-Aurèle ; Agrippine et Néron ; 3° Caractère de Louis XI, 34.— 4° Les familles de Vossins, de Scaliger, de Lamoignon, de Bayle, de Montesquieu, de Dan an (Philidor), 35, 36. — Conclusions : l'étude comparative de l'hérédité physiologique chez l'homme et chez les animaux établit incontestablement que l'éducation chez l'homme ne profite qu'à celui qui l'a reçue ; tandis que chez les animaux elle est profitable à sa postérité, 34. — Critique de la doctrine de M. Lordat par M. le docteur Broet, *ibid*. Première objection, 39 — Un fait ayant une double signification peut être diversement interprété ; exemples : Philippe et Alexandre, les Philidor, 39, 40. — Ma réfutation de M. Broet à l'égard de ses exemples par le raisonnement, 40. — Mes exemples : Caïn et Abel, Saul, David, Salomon et Roboam, 41.— Autres objections et faits invoqués par M. Broët ; leur réfutation, *ibid* — Aliénation mentale; proverbes, *ibid*. —Influences climatériques : l'Italie produit des peintres, l'Angleterre des philosophes, 42. — Exemples fournis par les Bernouilli, les Andran, les Carrache, les Davidson, *ibid*. — Faits de précocité intellectuelle contraires à la doctrine de M. Broët : ils sont fournis par Le Tasse, 43, 44. Théodore de Bèze ,44. — Saumaise (Claude), Grotius, Rancé (l'abbé de), La Grange-Chancel, *ibid*.—Conclusions, *ibid*.

DE L'AME, 44. — Généralités. Doctrine de l'école éléatique. Pour elle toute cause est matérielle, parce qu'on ne peut comprendre ni une *cause invisible* de la matière, ni l'union de l'âme au corps, 43. — Réponse de Chateaubriand, *ibid.* — Ce que c'est que l'âme d'après les théologiens et les grands philosophes, *ibid.* — Opinion de Voltaire, *ibid.* — Gall, animiste; preuves, 46. — Objections adressées aux matérialistes, 46, 47. — Opinion de Pascal, 47. — Origine de l'âme; quelle est-elle? quel est son principe? Opinion de M. l'abbé Bautain, *ibid.* — Elle repose sur ce principe que la nourriture qui convient à l'âme est un aliment moral; qu'elle ne peut vivre que de l'infini, 48, 49.

FIN DE L'HOMME, 50. — Maximes de Salomon; prédictions de Daniel, *ibid.* — Ce que c'est que la vie bienheureuse, *ibid.* — Immortalité de l'âme, 51. — Opinions professées à ce sujet par les Hébreux, les Celtes, les Égyptiens, etc.; de Royer-Collard, d'après M. Guizot, *ibid. et suiv.* — De Benjamin Constant; d'après Chateaubriand, 53. — Mourir, qu'est-ce? 54. — L'âme ne meurt pas; elle peut donc penser après la mort et se ressouvenir; conséquences, 55. — Opinion de Jean-Jacques, *ibid.* — L'espérance d'une vie à venir console et réjouit l'homme; exemples, 55, 56. — Mort de Socrate, 56; — Enseignement, *ibid.*

FACULTÉS DE L'AME, 56. — Division de Platon, d'Aristote, des Pères de l'Église, *ibid.*; de Bacon, de Descartes, de Hobbe, de Locke, de Condillac, 57. — Ce dernier n'est pas matérialiste; preuves données par Laromiguière, *ibid.* Distinction des facultés de l'âme d'après C. Bonnet, 57, 58. — Distinction entre les facultés morales de l'homme et les instincts des animaux, 58. — Entre la force vitale et la puissance psychique, 58, 59. — Idées d'Aristote sur le dynamisme vivant, 60. — Contradictions relevées par M. Lordat, *ibid.* — Opinion de Platon, d'Hippocrate, sur l'âme, *ibid.* — Développement, par M. Lordat, de cette idée d'Aristote, que le corps de l'homme peut être comparé à un navire dont l'âme serait le passager, 61. — Analogie tirée du nautile : organisation de cet animal, *ibid.* — Navire humain, 61, 62. — Organisation du service de ce navire, 62. — Le passager, son rôle, *ibid.* — Observations originales sur les navires humains, *ibid.* — Individualité du passager par rapport au navire, *ibid.* — Ses instructions, sa conduite, 63. — Nécessité que la bonne intelligence règne entre lui et l'équipage; avantages qui en résultent, 64. — Effets de leur désaccord, 65. — Exemples moraux : ils ont leurs analogues dans les faits pathologiques, 65 *et suiv.* — Coup d'œil rétrospectif, 67, 68. — Réfutation du reproche adressé aux médecins en général sur leur prétendu matérialisme, 68, 69. — Force physique et force morale, 69. — Idée que s'en est faite M. l'abbé Bautain, *ibid.* — Il accorde l'activité à la matière, *ibid.* — Critique de cette opinion, 69, 70. — Solution de la question relative à la nature de notre être, 70.

PREUVES DU DYNAMISME HUMAIN FORTIFIÉES PAR LES EXPÉRIENCES SUR L'ÉTHÉRISATION, 71. — Propositions doctrinales tirées des expériences de MM. Longet, Lassaigne, J. Guérin, des professeurs Serre, Gerdy, et P. Dubois, 72. — Fait de madame la comtesse de Saint-Géran, cité par le professeur Bouisson, 73. — Conclusions qu'il en tire, *ibid.* — Conclusions générales sur l'éther et le chloroforme, *ibid.* — Expériences de Blandin, de MM. Parchappe, J. Guérin, 74. — Mode d'être de la puissance psychique durant les expériences sur l'éthétisation, suivant M. Lordat, 74. — Remarques dues à Granier de Cassagnac, *ibid.* — Observations de M. Gerdy, 75 *et suiv.* — Inductions qu'on en peut tirer, 77. — Expériences de M. Magendie; observation; conclusion, *ibid.*

ORIGINE DES FACULTÉS INTELLECTUELLES et des sentiments moraux, 77. — *Matérialisme*, 78. — Le cerveau, organe des facultés intellectuelles et affectives; examen de la doctrine de Gall. Elle repose sur quatre propositions, leur exposition, *ibid.* — Examen et critique de la première proposition, 78, 79. — *Idem* de la deuxième, 79. — Raisons données par Gall, *ibid.* — L'éducation peut perfectionner, détériorer, etc., les facultés naturelles de l'homme et des animaux, mais non pas les détruire complètement, ni leur donner celles qu'ils n'ont pas, 80. — Preuves du contraire fait fourni par le jeune Baudouin, roi de Jérusalem; expériences de Robert-Owen; des jésuites dans l'Uruguay, 81. — Examen critique des troisième et quatrième propositions, 82. — Preuves données par Gall, *ibid.* — Premier ordre; anatomie du cerveau, *ibid.* — Opinions des anatomo-pathologistes, *ibid.* — Développement du cerveau; déductions qu'on en a tirées; discussion; importance des circonvolutions et des anfractuosités, 82. — Opinion de Tiedeman, 84. — Planches anatomiques de MM. Cruveilhier, Leuret et Foville, 85. — Remarques de M. Lélut, 85, 86. — Faits fournis par les animaux, 86. — Observations de M. Flourens, 87. — Attributions arbitraires données à certaines parties du cerveau; oubli des autres;

discussion, 87 *et suiv.* — Remarques de Dugès, 89. — Observations de M. Bouillaud, 90. — Deuxième et troisième ordres des preuves fournies par Gall; discussion, *ibid.* — Statuaire; peinture; remarques de M. Virmont, *ibid.* — Opinion de Broussais; de M. Dubois d'Amiens, 91. — Faits : Bigonnet, Vito Mangiamelle, Napoléon Bonaparte, Lacenaire, Fieschi; les idiots, 92. — Remarques de M. Lélut; opinion de M. Parchappe relative à l'aliénation mentale, *ibid.* — De M. Brière-de-Boismont, *ibid.* — Facultés intellectuelles tardivement conservées; faits : Isocrate, Cratinus, Théophraste, Platon, Sophocle, Monaldeschi; Morgagni, madame de Saint-Aulaire, Chateaubriand, *ibid.* — Grosseur de la tête, signe d'une vaste intelligence, *ibid.* — Opinions, *ibid.* — Observations de madame d'Abrantès sur Napoléon et Voltaire, 94. — Remarques de Broussais, *ibid.* — Fait cité par M. Magendie, 94. — Autre par L. Valentin, *ibid.* — Fait d'hydrocéphalie communiqué par M. Lacroix, remarques de M. Bérard *ibid.*, 95.

Animisme, 96. — Les philosophes des XIIe et XIIIe siècles admettaient trois âmes : la végétative, la sensitive, la raisonnable; leurs fonctions; déductions qu'on en peut tirer; partie historique : travaux de Bacon et de Descartes, *ibid.* — Activité de l'âme, 97. — Preuves tirées du martyre de l'homme par Alletz, 98. — Réflexions philosophiques sur les forces de l'âme, *ibid. et suiv.* — Facultés accordées au cerveau, 100. — Il n'est que l'instrument de l'âme; discussion et preuves, *ibid.* — Influence des organes sur les facultés intellectuelles, 101. — Siège de l'âme, 101, 102. — Origine des idées, 102. — Influences corporelles, *ibid.* — Discussion, 102, 103. — Souveraineté de l'âme à qui il faut rapporter les facultés intellectuelles, 103, 104. — Corps, instrument et source de certaines passions. Les autres passions doivent être rapportées à l'âme, *ibid.* — C'est à son activité que l'âme doit l'avantage de posséder des facultés intellectuelles et affectives, 104. — Remarques de madame de Staël sur ces dernières; d'Helvétius, *ibid.* — Maxime de lord Byron sur les vertus et les vices, 105.

PASSIONS, 105. — Leurs définitions d'après Zénon, d'Alembert, Buffon, de Ligne, Condillac, Rivarol, F. Bérard, Dugès, *ibid.* — Division des passions d'après ce dernier, 105, 106. — Critique, 106. — Conclusions, 107. — Ma définition, *ibid.* — Opinion de F. Bérard; classifications des passions; remarque de Smith, *ibid.* — Critique, *ibid.* — Classification des anciens, *ibid.* — Reproches, *ibid.* — Classification et description des passions par Bossuet, 108, 109. — Opinion des anciens sur leur origine, 108. — Bossuet les rapporte toutes à une seule, à une passion MÈRE; l'amour, 109. Ma critique de cette opinion, 109 *et suiv.* — Génération des passions d'après Aristote, Pythagore, saint Thomas; 110. — Nouvelles classifications : De la Chambre, F. Deloninq, Descartes, Alibert, M. Descuret, 111. — Ne pas confondre les passions primitives avec les passions secondaires, *ibid.* — Remarques de Locke, *ibid.* — Utilité des passions, 112. Leurs effets d'après de La Chambre, *ibid.* — Remarque de Montaigne, *ibid.* — Elles sont nécessaires, 113. — Remarque de M. Lordat, *ibid.* — De M. le professeur Ribes, *ibid.* — Dangers des passions, 113, 114. — Remarques de saint Augustin, d'Oxenstiern, 114. — Réflexions générales, *ibid.* — Conseils à donner à l'enfance, *ibid.* — On doit passionner l'homme pour les belles actions, 115. — Réflexions philosophiques, 115 *et suiv.*

DES VERTUS, 117. — Définition d'après Bossuet, Aristote, les pythagoriciens; remarque de de Gérando, *ibid.* — Vertueux; comment on l'est d'après Aimé-Martin, *ibid.* — Observation de madame de Staël, *ibid.* — Réflexion du chevalier de Jaucourt, *ibid.* — Réflexions générales, 118. Pratique des Romains : ils avaient fait bâtir deux temples, l'un à la vertu, l'autre à l'honneur; on ne pouvait entrer dans le dernier qu'en passant par le premier, *ibid.* — Conclusion, *ibid.*

DES VICES, 118. — Vicieux, ce que c'est, *ibid.* — Sa mauvaise foi dans les jugements qu'il porte des actions honnêtes, 118, 119. — Envahissement du vice, 119. — Observations de M. de Salvandy, de madame de Staël; Young, Pétrarque, Montaigne, *ibid.* — Conduite à tenir à l'égard de l'enfance et de la jeunesse; aveu d'Horace, *ibid.* — Maxime de Smith, *ibid.*

DÉFAUTS, 119. Définition, *ibid.* — Synonyme de vice et d'imperfection, 119, 120. — Différences d'après d'Alembert, 120. — Nécessité de se connaître soi-même, *ibid.* — Observation de Charron, *ibid.* — Maximes de La Rochefoucault, *ibid.* — Conclusion, *ibid.* — Nécessité de veiller à l'éducation de l'homme durant toutes les époques de sa vie, 121. — Moyens à mettre en usage pour réprimer ses passions mauvaises, ses vices, et corriger ses défauts, *ibid.* — But de mon dictionnaire, *ibid.*

A propos de l'influence corporelle : observation de Cabanis sur la nécessité d'associer les moyens hygiéniques physiques au traitement moral, 122. — Ce dernier doit être philosophico-religieux, *ibid.* — Ce que j'entends par ces mots philosophico-religieux, *ibid.* — Utilité de choisir les occasions ou de l'opportunité, d'après M. le professeur Golfin, 122 *et suiv.*

A

ABATTEMENT (défaut), ABATTRE. 123. — Sa synonymie, *ibid.* — Ses causes; division; définition de l'abattement moral, 123, 124. — Ses degrés, 124. — Ce en quoi ils diffèrent; moyens à mettre en usage pour les dissiper, 125. — Secours moraux : en général et particulièrement, développement du sentiment religieux, *ibid.* — Moyens physiques : ils sont hygiéniques ou pharmaceutiques; théorie de leur action, *ibid.*

ABNÉGATION (vertu), 126. — Sa moralité, *ibid.* — Sa rareté, *ibid.* — Exceptions à l'usage de l'abnégation religieuse, *ibid.* — Exemples fournis par les sœurs de la charité, 126, 127. — Les frères du mont Saint-Bernard; des Écoles chrétiennes, 127. — Faits d'abnégation patriotique : le lieutenant général de Boutières en 1554; Philippe-Auguste avant la bataille de Bouvines (1214), 127 *et suiv.*; Suger et le comte de Nevers sous Louis VII; Philippe, comte de Flandre à Jérusalem (1178), 129. — L'abnégation servant de fondement à la doctrine saint-simonienne, 129, 130. — La secte des saints-simoniens a peu duré : pourquoi? 130. — Présomption des fondateurs et des premiers apôtres de cette secte, *ibid.*

ABSTRACTION, ABSTRAIT (disposition bonne ou mauvaise de l'esprit), 130. — Définitions de l'abstraction, *ibid.* — Archimède fut abstrait; exemple, 131. — Différences entre l'abstraction et la DISTRACTION, *ibid.* — Avantages et inconvénients de l'abstraction, *ibid.* Elle est avantageuse aux savants et aux artistes : pourquoi? *ibid.* — Ses inconvénients, nullité de l'abstrait; son inattention; inconvénients de celle-ci, 131, 132. — Cas exceptionnels ou il soit permis d'être abstrait, 132. — Conclusions, *ibid.*

ACARIATRE (défaut), 132. — Signification de ce mot, *ibid.* — Portrait de l'acariâtre, *ibid.* — Défaut propre aux adultes et aux vieillards, *ibid.* — Il n'empêche pas l'affabilité et la bonté envers les étrangers à la *famille*, *ibid.* — Inconvénients inévitables pour l'acariâtre, *ibid.* — Moyen à employer pour prévenir ce défaut chez les personnes qui y sont disposées, 133. — L'influence du tempérament ne doit pas être oubliée, *ibid.* — Comment on y remédie, *ibid.*

ACCUSATEUR. *Voy.* DÉLATEUR.

ADMIRATION (sentiment), 133. — Définition, 133, 134. *Voy.* SURPRISE.

ADORATION (sentiment vertueux et religieux), ADORATEUR, ADORATRICE, 134. — Définition de l'adoration, *ibid.* — Culte de tous les peuples, *ibid.* — En quoi consiste l'adoration, 134, 135 — Elle est fondée sur la foi, 135. — Craintes qu'elle ne dégénère en superstition, *ibid.* — Réfutation des raisons qu'on a données, *ibid.*

ADRESSE (bonne qualité ou vice), 135. — Définition, *ibid.* — Ses conditions, 135, 136. — Sa synonymie, 136. *Voy.* DÉGUISEMENT.

AFFABLE, AFFABILITÉ (qualité, vertu), 136. — Définitions de ces mots, *ibid.* — Rareté de l'affabilité, et en quoi elle consiste, *ibid.* — Inconvénients attachés à la fausse affabilité, 136, 137. — Avertissement donné à la jeunesse, 137. — Conseils aux personnes en position d'être sollicitées, 15. — Avantages de l'affabilité, *ibid.* — Exemples donnés par le dauphin père de Louis XV, 137, 138. — Par Cambacérès, 138. — Ne pas pousser l'affabilité jusqu'à la familiarité, 138 — Inconvénients qu'il en résulte, *ibid.*

AFFECTATION (défaut, AFFECTÉ, 139. — Définition, *ibid.* — Significations du mot affectation; différences entre celle-ci et l'afféterie, *ibid.* — Opinion de La Rochefoucauld, *ibid.* — Inconvénients attachés à l'affectation; maxime de Duclos, *ibid.*

AFFECTION (sentiment), 139. — Signification de ce mot, 139, 140. — Sa source, *ibid.* — Ne pas la confondre avec l'attachement dont elle diffère; raisons en faveur de cette opinion, *ibid.* — Affections, sources du bonheur d'après madame Rolland, *ibid.* — Ne pas la confondre non plus avec l'amour; raisons, *ibid.* — Rôle que joue l'affection en morale, *ibid.*

AFFÉTERIE (défaut), 140. — Généralités, *ibid.* — Elle est propre aux petits-maîtres et aux petites-maîtresses; Diderot, 141.

AFFLICTION (sentiment naturel), AFFLIGÉ, 141. — Définition de l'affliction, ne pas confondre avec la peine et le chagrin, *ibid* — Distinctions, 141, 142. — Conditions de l'affliction, 142 — Consolations à donner aux affligés, *ibid.* — On les tire de la religion, *ibid.* — Réflexions d'Azaïs, de Bossuet, *ibid.* — De l'amitié, de l'étude, du temps, 143. — Affliction simulée, 143, 144. — Inconvénients; pourquoi cette simulation, 144. — Effets de l'affliction sur l'*organisme vivant*; deux domestiques de Charles VIII expirent subitement en apprenant sa mort, 144 — Mort subite d'un général allemand en découvrant son fils dans un individu qui avant de mourir avait fait des prodiges de valeur, *ibid.* — Asthme, mutisme, cécité, etc., suite immédiate d'une violente affliction, *ibid. et suiv.* — A la longue, elle produit l'appauvrissement du sang et tout le cortège des phénomènes nerveux qui en sont la conséquence, 145. — Moyens hygiéniques et pharmaceutiques à mettre en usage, *ibid.* — Ménagement à garder vis-à-vis de la personne à qui on a à annoncer une nouvelle fâcheuse, 146 — Opinion de Platon sur le pleurer, *ibid.* — Une grande affliction prend le nom d'*angoisse*; véritable acception de ce mot, *ibid.*

ALARME, ALARMÉ, APPRÉHENSION, CRAINTE (sentiments naturels), 146. — Définition de l'*alarme*, ses effets, 146. — Effets de l'*appréhension*, 147. — Ses causes, *ibid.* — Distinction en l'*alarme* et l'*appréhension*, *ibid.* — *Crainte*, par quoi elle diffère des autres sentiments, *ibid.* — On les a considérés comme synonymes de peur, frayeur, etc.; mon opinion à cet égard, *ibid.* — Elle est négative et repose sur des différences assez tranchées, *ibid.* — En quoi elles consistent. La crainte puérile rend ridicule, éviter cet excès, *ibid.* — Effets de la crainte sur le physique, *ibid.* — Elle occasionne des maladies diverses, à savoir : l'éléphantiasis, couleur rosée de la face; dartre à la jambe, 148, 149. — Conclusion, *ibid.*

ALLÉGRESSE (sentiment), 149. — Définition, *ibid.*

AMABILITÉ (qualité, vertu), AIMABLE, 149. — Ce que c'est qu'être *aimable* et l'*amabilité*, *ibid.* — Ne pas confondre l'amabilité vraie avec la fausse amabilité; caractères distinctifs; avantages de la vraie amabilité, *ibid.* — Conclusion, 150.

AMBITION (sentiment passionné), AMBITIEUX, 150. Ce que c'est qu'un *ambitieux*, *ibid.* — L'ambition est nécessaire, pourquoi, *ibid.* — Opinion de M. Saint-Marc Girardin, *ibid.* — Dangers de l'ambition, *ibid.* — Tableaux comparatifs de Cromwell et de Newton par Voltaire, 151, 152. — Portrait d'Alexandre, 152. — Idem, de César, *ibid.* — Persistance de l'ambition, elle est insatiable, 153 — Portrait de l'ambitieux, son caractère, 153, 154. — Tristes conséquences de l'ambition, 154. — Opinion de Suétone sur l'observation des lois, 155. — Meurtres que l'ambition a occasionnés, *ibid* — Effets de l'ambition d'après Charron, *ibid.* — Physionomie de l'ambitieux, *ibid.* — Conséquences de l'ambition, 156. — Proposition de Young, *ibid.* — L'ambition produit la folie : Pinel, Esquirol, *ibid.* — Même la mort quand elle est déçue; Tissot, *ibid.* — Conduite que le moraliste doit tenir à l'égard des ambitieux, *ibid. et suiv.* — Si l'ambition est louable, l'encourager; dans le cas contraire, la réprimer. Opinion de Vauvenargues, 157. — Conseils à donner à l'ambitieux; conduite à tenir à son égard, *ibid.* — Pratique des prêtres d'Esculape, 138 — Guerre d'Auguste et d'Antoine, mais c'est le motif, 159. — Opinion du commentateur de la Rochefoucauld fondée sur un passage de Suétone, *ibid.* — Mon opinion est opposée à la sienne, *ibid.*

AMI, AMITIÉ (bon sentiment du cœur), 159. — Définition de George Sand, de Pythagore, de Voltaire, de Charron, *ibid* — Opinion d'Azaïs, *ibid.* — Sources de l'amitié, 160. — Comment l'amitié s'entretient, sur quoi elle repose, *ibid.* — Elle n'est pas une passion; remarque de madame de Staël, 161. — Durée de l'amitié; les auteurs ne s'accordent pas, pourquoi, *ibid.* — Il y a une fausse amitié; distinction entre les vrais et les faux amis, *ibid.* — Un ami véritable est un trésor, *ibid.* — Rareté de l'amitié. Exemples, 161, 162. — Testament d'Eudamidas; mort de Dubrueil; dévouement de de Thou; Marc-Aurèle; Henri IV et Sully; Remarque de Scudéry, 163. — Fait de Damon et Pythie raconté par Charron, *ibid.* — Caractères de la fausse amitié, d'après Saint-Évremont; elle porte le désordre dans la société, *ibid* — Remarque du P. Bahours sur les *démonstrations* d'amitié, *ibid.* — Ne pas les confondre avec les *témoignages* d'amitié, seuls gages d'une amitié véritable, *ibid.* — Remarque de madame Lambert sur la rareté de la véritable amitié, 164. — De Bonaparte, *ibid.* — Choix des amis, 164, 165. — Les parents et les instituteurs doivent présider au choix que les enfants font d'un ami, *ibid.* — Influence des mauvais exemples; dangers d'un mauvais choix, *ibid.* — Avantages de l'amitié véritable : opinion de Bacon, 165. — Distinction nouvelle entre la vraie amitié, l'amitié proprement dite, et la fausse amitié ou flatterie, d'après Charron, *ibid.* — Amitié de l'homme et de la femme : existe-t-elle? oui; mais il est rare qu'il ne s'y mêle pas un autre sentiment, 166.

AMOUR, 166. — Définition générale, *ibid.* — D'après moi, terme générique applicable à toutes les affections, *ibid.* — Il n'a de signification réelle que quand un adjectif l'accompagne, *ibid.*—Ses divisions : 1° amour de la famille; subdivisé; 2° amour des sexes; subdivisé; 3° amour de la patrie; 4° amour de la gloire; subdivisé; 5° amour du prochain; 6° amour-propre amour de soi-même; ce qui les caractérise, 166.

AMOUR DE LA FAMILLE, 167. — *Amour paternel et amour maternel* (sentiments naturels), *ibid* — Leur origine. Devoirs des pères et mères à l'égard des enfants, *ibid.*— Ce qui constitue le sentiment de la paternité ou de la maternité d'après M. l'abbé Bautain, 168. — Ce sentiment n'inspire pas toujours de bonnes idées sur la manière d'élever les enfants, *ibid.* — Il rend souvent les parents trop faibles, et par là peu capables d'élever leurs enfants. 169. — Ce qui fait la force et la puissance de l'amour maternel, *ibid.* — Allaitement maternel : pourquoi on doit le préférer à l'allaitement par une femme étrangère, 170. — Influence de l'allaitement sur le physique et le moral de l'enfant, *ibid.* — Opinion des anciens à ce sujet, *ibid.* — Allégorie de Rabotteau, 171.—Lait des animaux, son influence sur le caractère des enfants, *ibid.*—Opinion de Balthut; la mienne; celle de Desormeaux, *ibid.* — Soins à donner aux enfants, *ibid* — Ils doivent tendre à développer son corps et son intelligence, *ibid.* — Influence du christianisme sur la paternité et la maternité ; remarque de M. Saint-Marc Girardin, 171, 172 — Les soins à donner à l'enfance ne doivent pas être bornés aux premières années de l'existence; mais être continués à partir du berceau jusqu'à la tombe, 172. — Éducation de chaque âge, *ibid.* — Intervention de la femme dans l'éducation de la famille, 173.— Son utilité, *ibid* — Aveu de Napoléon à ce sujet, *ibid.* — Exemples fournis par Charles IX, Henri IV, Louis XIII, Louis XIV, Corneille et Voltaire, *ibid.* — Aveux de Barnave, Kant et Cuvier, *ibid.* — Prêtons ons d' quelques phrénologistes : nous naissons, disent-ils, avec des aptitudes tellement dépendantes de l'organisme, qu'il est impossible de les détruire, 174. — Leurs preuves tirées de la carrière qu'ont suivie Boileau, Pascal et Descartes, *ibid.* — Ils auraient pu ajouter Pétrarque, Racine et Voltaire; réfutation, *ibid.* — Ne pas confondre la vocation avec les penchans passionnés, *ibid.* — Conséquen es qu'on peut tirer de la législation contre les opinions des phrénologistes, 175 —Prisons cellulaires, *ib d* — Leurs avantages et leurs inconvéniens, *ibid.* — Observations faites sur les détenus de la prison cellulaire à Philadelphie, *ibid.* — Preuves qu'on peut se corriger de ses penchants; exemples fournis par Socrate, saint Augustin, saint Jérôme, 176. — Expérience de Lycurgue sur deux chiens différemment dressés; conséquences qu'il en tire, *ibid* — Il faut donner une bonne éducation aux enfants par de sages leçons, d'utiles exemples, *ibid* —, Grand intérêt pour les parents de les fournir; nul ne saurait s'en dispenser, 176, 177. — Caton le Censeur, Auguste, Louise ou Marie d'Anjou, Louis XVI, s'en occupèrent beaucoup, 177. — Attention particulière que Louis XIV porta à l'éducation de son fils, *ibid.* — Remarque de Bossuet, *ibid.* — Exemple de dévouement maternel donné par sainte Monique, *ibid* — Conclusion de Châteaubriand, 178 — Mission qu'a chaque génération de préparer le *progrès* de la génération qui la suit, *ibid.*— Nécessité pour les parents de conformer leur conduite à leurs préceptes, *ibid.* — Conséquences fâcheuses de la conduite opposée, 179. — Education de l'adolescent, 179, 180 — Règles à suivre, 180. — Observation citée par Jean-Jacques. Conclusion, *ibid.* — Choix d'un état, 181. — Nécessité d'aider le jeune homme dans ce choix, *ibid.* — Choix d'une f mme ou d'un mari, *ibid.* — Nécessité pour les parents de s'en mêler, 181, 182. — Remarque d'Azaïs sur le mélange et la combinaison à former dans les unions, 182.— Inconvéniens de l'incompatibilité de caractères des époux, *ibid.*—Madame dont on traite aujourd'hui les mariages; on en fait un trafic, 182, 183. — Législation de Solon, 183 —Moralité du mariage, *ibid.*—Conclusions, *ibid.*

APPENDICE. §I. *Allaitement maternel*, 184. — Règles relatives à la femme qui ne peut pas nourrir; dans quelles conditions faut-il qu'elle soit? *ibid* — Avantages de ne nourrir son d'avoir une autre nourrice, *ibid.* — Autre circonstance favorable à l'allaitement maternel, 185 — § 2. *Education morale des enfants*, *ibid.* — Instruction religieuse; paradoxe de Jean-Jacques. *ibid.* — Réfutation, *ibid.*—Réflexions et préceptes par M. l'abbé Bautain, *ibid.* et *suiv.* — Autres précept es, 187 et *suiv.* — Elever les enfans dans l'amour de Dieu, la charité et l'amour du prochain ; leur apprendre les hauts faits, la gloire de la patrie; veiller sur leurs regards, leur apprendre à dominer leurs passions, 187. — Leur faire fréquenter des personnes instruites et vertueuses C'est aux mères surtout à inspirer l'amour des bonnes mœurs à leurs filles ; influence fâcheuse du théâtre, 188, 189. — Des romans, 189, 190. —

Règles à observer à ce sujet, 190. — Conseils de Rousseau, *ibid* — N'employer jamais les mauvais traitements, *ibid.* — Conseils de Charron, 190, 191.

AMOUR FILIAL (sentiment), 191. — Devoirs qu'il impose, *ibid.* — L'enfant doit tout sacrifier, hors l'honneur, à ses père et mère. Exemples donnés par Cimon, fils de Miltiade; par Coriolan; le premier se vendit pour faire ensevelir son père ; le second renonça à la gloire, à la vengeance, à la vie, pour ne pas affliger sa mère, *ibid.* La fille de Thomas Morus s'accusa, pour partager la captivité de son père. Sentiment que l'amour filial doit inspirer; absence de ces sentiments ; ses conséquences, 192. — Intention du Créateur dans l'échange des sentiments d'amour paternel et d'amour filial; ses commandements, 193. — Avantages de l'amour filial, *ibid.* — Force qu'il donne : histoire d'Elisabeth de Carolte ; de mademoiselle de Sombreuil. Ce qu'il peut sur les cœurs honnêtes. Histoire de la jeune fille et du garde municipal, révolution de février 1848, 193, 194 — Conclusions, 194.

AMOUR FRATERNEL (sentiment naturel), 194.—Réflexions philosophiques sur l'amour fraternel, *ibid.* — Il est généralement très faible, *ibid.* — Cela provient de bien des causes, 194, 195. — Meurtre d'Abel, par jalousie, 195. — Vente de Joseph par ses frères, *ibid.* — Fratricides d'Abimelech, vengeance et mort du jeune Cyrus ; division des enfants de Cassandre, fils d'Antipater ; fratricide de Caracalla. Meurtre de Rémus; fratricide de Solima, *ibid.* Faits contraires : Etienne et Pierre de Salviac de Vielcastel, 196.—Madame Elisabeth, *ibid.*—Influence du luxe sur l'amour fraternel, *ibid.*—Faits particuliers, 197, 198.

AMOUR DES SEXES (passion), 198. — Il est *platonique* ou *charnel*; chaque écrivain s'en fait une idée spéciale; remarque de madame de Staël, *ibid.* — Définitions diverses d'après Alibert, saint Grégoire, La Rochefoucauld, Diogène, Platon, Voltaire, *ibid.*—Explication de cette diversité de définitions, 199, 200.—Faux et vrai amour, 200. — Pour certains, l'amour est une passion nécessaire : oui, pour la multiplication de l'espèce; non, sous bien d'autres rappots.—Développements de cette opinion Exemple : Marc Antoine fuyant avec Cléopâtre, *ibid* —Remarque de Bernis : l'amour est un bien, l'amour est un mal, *ibid.*— Développement de cette idée, 201 — Effets de l'amour sur le moral ; conséquences qu'on en peut tirer ; conclusions : l'amour *vrai* est un bien, l'amour *faux* est un mal, *ibid.* — Influence du christianisme, émancipation de la femme par le mariage, *ibid.* — Force de l'amour conjugal, *id.* — Il fait braver la mort elle-même, » — *ibid.* Deux cents exemples tirés de la révolution française au XVIIIe siècle par Aimé-Martin, 202. — Appréciation de l'amour conjugal par les poètes latins, *ibid.* — Philémon et Baucis d'après Ovide, *ibid.* — Fait particulier; reproduction de cette idée : l'amour est un bien, l'amour est un mal ; tableaux comparatifs de l'un et de l'autre ; leurs caractères distinctifs moraux empruntés au *Télémaque* de Fénélon, *ibid.* — Amour *faux* du fils d'Ulysse pour Calypso, 202, 203. — Amour vrai de ce prince pour Antiope, fille d'Idoménée, 203. — Amour considéré au point de vue physiologique; son influence sur le physique et le moral confirmative de la distinction de de Bernis, *ib'd.* — Les effets de l'amour diffèrent suivant qu'il est *expansif* ou *concentré*, *partagé* ou *non partagé*, avec ou sans espoir de retour — *désabusé* ou *trompé*. Physiognomonie de l'amoureux qui *espère*, *ibid.* — Bizarreries de son caractère, 203, 204. — Réflexions de Virey, 204. — Influence de l'amour *expansif* sur les diverses fonctions, *ibid.* — Idem, de l'amour *concentré*, *ibid.* — Les désordres physiques qu'il produit sont les mêmes que ceux produits par certaines maladies; leur tableau, 204, 205. — Moyen de reconnaître la cause qu'i les produit, 205. — Faits : histoire d'Antiochus ; habileté d'Érasistrate son médecin, *ibid.* — Celle d'Hippocrate et de Galien dans des cas semblables, *ibid* — Influence de la timidité en amour, 206. — Maux qu'endure l'amant timide, *ibid.* — Avantages qu'il trouve dans la mobilité de son caractère et sa *légèreté*, 206, 207. — Maladies qu'un amour trop violent produit, 207.—Faits : observation de Tulpius, *ibid.* — Secours moraux à employer ; cure de Meibomius, 207, 208. — Exemples puisés dans l'histoire : vie du Tasse; mort de Sapho; de Fleurette, 208. — Utilité de développer des sentiments contraires, 204, 209. — Réponse de Joseph à la femme de Putiphar, 209. — Son influence salutaire sur l'esprit de cette femme, *ibid.* — Conclusions.

AMOUR DE LA PATRIE (passion), 210. — Qu'est-ce que la patrie? Réponse : ce qu'elle est pour l'homme au physique ; pour l'homme au moral. Définitions de l'amour de la patrie, *ibid.* — Amour de la patrie chez les anciens Grecs, les Romains, les Français, etc., 210, 211. — Il éteint les haines, domine le sentiment de la paternité et de la maternité. 211.—Exemples : Coriolan, les femmes de Sparte, Paul Emile, Junius Brutus, ibid. — Il l'emporte aussi sur l'amour de soi-même. Exemples : Le Lacédémonien Pédarète, Curtius, Régulus, François I*r*, ibid. — Aujourd'hui on n'est plus aussi bon patriote, 211, 212 —L'égoïsme est la passion dominante, 212. — L'amour de la patrie chez les hommes du peuple, ibid. — Remarque de Bonaparte sur les révolutions et à qui elles profitent, ibid. — Nécessité de développer dans le cœur de tous les citoyens l'amour de la patrie; pensées de Bossuet, ibid. — Amour de la patrie confondu avec l'amour du pays, 213. — Critique de cette opinion, ibid. — Faits empruntés à Casimir Delavigne, Delille, Millevoye, le docteur Pusoston, 213, 214 ; à Michaud, 214, 215. — Nostalgie par influence physique ; faits; Winkelmann; observations d'Arétée, de Boerhave, 215. — Autre, 216. — Conclusions, ibid. — Traitement de la nostalgie, ibid. — Remarque philosophique de Voltaire sur l'amour de la patrie, ibid.

AMOUR DE LA GLOIRE: *amour des sciences, des lettres, des arts,* etc. (passion), 217 —Définitions de la gloire d'après Marmontel, Le Franc, Sénèque, ibid. — En quoi consiste la gloire, ibid — Gloire du conquérant qui vise au despotisme ; ses effets; joie des Athéniens lors de l'assassinat de Philippe, ibid. — But que doit se proposer l'amour de la gloire, ibid. — Réflexions de Tacite, 217, 218. — L'amour-propre peut s'unir à l'amour de la gloire s ns l'altérer, 218. — Distinction entre l'amour de la gloire proprement dit, et la passion pour les sciences, les arts, etc. — La première est la moins méritante, ibid. — Elle peut être l'effet du hasard, l'autre jamais, ibid. — Vanité de certaines gens pour des frivolités dont ils se font gloire, ibid. — La gloire n'est ni la vertu, ni le mérite ; elle en est la récompense, ibid. — Exemples, ibid — Autres fausses idées qu'on se fait de la gloire, 219. — Conquérants, ibid.

AMOUR DU PROCHAIN (vertu), 219 — En quoi il consiste ; nous le devons conserver dans toute sa pureté ; maxime de La Rochefoucauld, ibid. — Testament remarquable de Saladin, 219, 220. — Regrets de Titus, 220. — Dévouement de saint Louis à son armée dans Damiette ; des sept Calaisiens ; de Pléville pour une frégate anglaise, ibid. — Conclusions sur la puissance de l'amour du prochain : il est la source des bons sentiments, ibid. — Distinctions qu'on a voulu établir entre l'amour du prochain et l'amour de l'humanité, ibid. — Elles sont plus subtiles que réelles, ibid.

AMOUR-PROPRE (qualité bonne ou mauvaise), 221. — Définition d'après le professeur Baumes, ibid — Le sentiment ne doit pas être toujours pris en mauvaise part : c'est un puissant mobile d'actions honorables, 222. — Opinion de C. Bonnet, ibid. — Il nous conduit au bien ou au mal; donne du crédit aux flatteurs, ibid. — Nous masque nos défauts (La Rochefoucauld) ; aveugle la médiocrité ; exemple : Santeuil, l'ami de Boileau, 223. — Portrait de l'individu pétri d'amour-propre, ibid. — L'amour-propre a un bon et un mauvais côté : ses conséquences, ibid. — Ses effets sont directs ou indirects, 224. — Faits d'épilepsie, de claudication, etc., guéris en excitant l'amour-propre, ibid.

AMOUR DE SOI-MÊME (passion innée), 224. — Généralités. Rousseau, Helvétius. Ce qu'il la constitue, 224, 225 — Son influence sur les mœurs, ibid. — La Rochefoucauld, ibid. — Faits et réflexions, ibid. — Son excès, c'est l'égoïsme, ibid. — On a confondu ces deux sentiments; critique, ibid.

ANTIPATHIE et AVERSION (sentiments naturels), 226. — Signification de ces deux expressions, ibid. — Leurs analogies et leurs différences, ibid — En quoi consiste l'antipathie, en quoi l'aversion consiste-t-elle? Celle-ci peut être guérie, ibid. — Comment, 226, 227. — Il faut maitriser l'antipathie et triompher de l'aversion ; pourquoi et par quels moyens, ibid.—On peut et on doit témoigner de l'aversion aux gens qui affichent leurs mauvaises mœurs, ibid.—Hors de cas, il n'est pas raisonnable de manifester un aversion ni antipathie, 227. — Faits; antipathie pour certains animaux ; ne pas tenter des épreuves pour s'assurer que l'antipathie et l'aversion ne sont pas affectées, 228. — Observation de Zimmermann relative à Guillaume Matthew; antipathie pour les araignées. Autre fait, ibid.— Observation d'antipathie pour les limaçons, 229.—Idem, pour les souris, ibid. — Érasme avait de l'antipathie pour le poisson ; M. *** pour la tête de veau (Pétroz) ; le maréchal d'Albret pour la tête du marcassin, ibid.—Antipathie de Christophe de Véga pour les anchois ; de Cameranus pour les œufs ; d'un jeune homme pour la viande (Loyer-Villermay) ; d'un artiste pour les œufs durs (M. Rostan); d'un individu et d'une dame pour les fraises ; d'une dame pour le riz (Pétroz), ibid. — Faits plus curieux : départs par l'estomac, 231. — Observations d'Alexandre Bénévole : séparation de l'eau d'avec le vin mêlés ; de M. Lordat : du café et du lait ; de feu le docteur Chrestien : de la farine de maïs d'avec celle du troment mêlées dans le pain ; du professeur Jager : antipathie pour le fromage ; du professeur Lafabrie. antipathie pour certains médicaments; avure du docteur Chrestien : antipathie pour l'ipécacuanha, 251,252.—Expériences tentées par ce médecin ; antipathie d'un jeune homme pour tous sirops et fruits d'aux, 232. — Amatus Lusitanus, 233. — Conclusion : respecter les antipathies, ibid.

ANXIÉTÉ, ANGOISSE (sentiment naturel), 233. — Définition de l'anxiété, ibid. — Ce n'est ni un défaut ni un vice, mais un sentiment naturel, ibid — L'anxiété diffère de l'angoisse, en quoi; distinctions peu importantes, ib d.

APATHIE (défaut , 235. — Sa signification; sa synonymie d'après les auteurs, ibid. — L'aus e d'après moi, 234. — Preuves qu'elle n'est ni de l'insensibilité morale, ni de l'impassibilité, ibid. — Dangers de l'apathie et des deux autres sentiments, ibid. — Il ne faut pas les condamner également, ibid. — *L'apathique* est plus coupable que *l'insensible,* parce qu'il sent de antage ; *l'impassible* n'est coupable que s'il n'a pas un but louable, ib d. — Conclusion : apathique, insensible et impassible ne doivent pas être employés indifféremment, ibid. — Secte des stoïciens, 235. — Leur orgueil prouve qu'ils ne sont pas impassibles, ibid. — Influence avantageuse du stoïcisme sur les mœurs, ibid. — Jugement de M. Villemain, ibid. — Son infériorité à l'égard du catholicisme d'après Jean-Jacques, ibid. — Supériorité de la philosophie du christianisme sur la philosophie du Portique. — M. Saint-Marc Girardin, 236. — Seul mode d'assentiment permis aux sages, d'après les stoïciens, d'après Cicéron, ibid. — Opinion exagérée et réfutation. Conclusion, d'après Voltaire, ibid. — L'apathie est un défaut; opinion de Thucydide, ibid. — Il n'est qu'un seul cas ou elle soit excusable : la faiblesse physique, 237. — Moyens à employer pour la détruire, ibid.

APPLICATION (faculté), 237. — Sa signification en morale Voy. ATTENTION.

APPRÉHENSION Voy. ALARME.

ARROGANCE (v ce), ARROGANT, 237.— Définition de l'arrogant, ibid. — Ses traits caractéristiques, ibid. — Dangers de l'arrogance, ibid. — Elle est toujours mal vue, mal accueillie, ibid. — Moyens de prévenir l'arrogance et de la guérir, 238.

ASSURANCE (qualité, ou défaut, ou vice), ASSURÉ, 238. — En quoi consiste l'assurance , ibid. — Ce qui rend l'individu assuré, ibid —L'assurance à trois sources, 1° la confiance en soi; 2° un manque d'éducation; 3° la volonté de ne pas se trahir, ibid — Elle est nécessaire, 1° à un général d'armée : exemple de Cheveau siège de Prague; 2° aux avocats; 3° aux accusés : histoire d'Édouard d'Angleterre, 238, 239. — Indispensable au médecin, ibid. — Elle devient un vice dans certains cas, ibid. — Conclusion, ibid.

ASTUCE (vice), 240. — Sa signification, ibid.—Peu utile, ce mot n'exprimant pas autre chose que le mot DÉGUISEMENT, ibid. Voy. ce mot. — Opinion de Marmontel, ib d. — Raisons qu'il donne pour que cette expression soit conservée; critique de son opinion, ib d. — Sainte astuce du comte d'Anjou, 240, 241

ATARAXIE (sentiment), 241. — Généralités. Opinion des pyrrhoniens d'après Sextus Empiricus, ibid. — Conclusion, ibid.

ATHÉE, ATHÉISME (vice), 241. — Généralités. Qu'est-ce qu'un athée? L'ignorance de Dieu n'est pas l'athéisme ; l'état de doute non plus; donc Bayle a tort d'appeler athées, les Cafres, les Hottentots, etc , ibid. — Preuves, 242 — L'athée est un être privé d'intelligence, ibid. — L'athée se mutile moralement, ibid — Il se réduit à un rôle passif, celui de la brute (Aimé-Martin), ibid. — Le sauvage a plus d'intelligence, puisqu'il arrive par la déduction à la connaissance d'un Dieu, 212, 243. — Où si l'athée n'est pas privé d'intelligence, il est fou; opinion de Voltaire; de Châteaubriand, 243. — Preuves, fournies par M. Cousin, de l'existence de Dieu, 243, 244. — La création, 245, 246. — Les défenseurs de l'athéisme disent que les corps ne comprennent pas Dieu; réponse de l'abbé Bonnevie; de Châteaubriand; de Rousseau, 216. — Conclusion sur ce point important, ibid. — Il y a eu des athées; une secte, même la plus dangereuse de toutes les sectes, d'après Mandeville, 217. — Il n'y a pas d'athée de bonne foi (Bacon); néanmoins on a admis deux sortes d'athées ; en quoi ils diffèrent, ib d. — Remarques de Châteaubriand; de P. Belouino, ibid. — Doctrines de l'athéisme : conséquences fâcheuses, 247, 248. — Pa on en tire à la raison de l'athéisme, 248.—Raisons contre l'athéisme données par Oxenstiern, et par Voltaire, ibid. — Apprendre de bonne heure aux enfants qu'il y a un Dieu. Jean-Jacques Rousseau, 248.— Utilité que les princes et les rois n'en doutent pas, d'après Voltaire, 248, 249. — Utilité de la même croyance pour tous les hommes, 249. — Etre en garde contre les sophismes des athées, ibid. — Principes philosophiques des modernes d'après M. Cousin, ibid.

ATTENTION (faculté), 250. — Définition impossible, ibid. — Néanmoins il est facile de la comprendre, ibid. — Son exercice seul peut en donner une idée, ibid. — C'est la faculté première, le principe générateur de toutes les facultés, ibid. — Sa signification d'après Lavater, ibid. — Exemple tiré de la vie de saint François de Sales, 251. — Maxime de de Lévis, ibid. — Les idées nous viennent par les sens, suivant Aristote, Condillac, etc.; réfutation de Laromiguière; de M. Alletz, 251, 252. — Distinct on des images et des idées; dialogue entre Socrate et son disciple Simmias sur la formation des idées, 252. — L'âme les tire d'une autre source que les impressions matérielles, ibid. — Opinion de Locke, ibid. — Suite des réflexions de M. Alletz, 252, 253. — Conclusions : les idées ne sont que les rayons de la clarté divine, ibid. — Justification, ibid. — L'âme a besoin de se replier sur elle-même pour être attentive, 253. — Avantages : en étant attentif on ne manque jamais aux convenances, 253, 254. — Attentions au pluriel signifie égards, 254. — N'en jamais manquer, ibid.

AUDACE (sentiment). Voy. HARDIESSE.

AUSTÈRE, AUSTÉRITÉ (vertu), 255. — Définition de l'austérité, ibid. — Conduite de l'austère; Caton d'Utique, ibid. — Il faut s'habituer de bonne heure à l'austérité, ibid. — Pourquoi, ibid.

AVARE, AVARICE, passion, 255. — Généralités, ibid. — Définition de l'avarice ; en quoi elle consiste, ibid. — Ses limites; autre définition; explications du mot attachement d'après Voltaire, ibid. — Critique, ibid. et suiv. — Fâcheuse influence de l'avarice, 257. — Par amour pour l'or on se laisse corrompre, séduire; exemple : Jupiter et Danaé, ibid. — L'avare meurt avec sa passion ; il s'oublie, il s'impose mille privations, il meurt victime de son amour pour l'or, ibid. — Remarque de Boileau, ibid. — Saint Paul a fait de l'avarice une idolâtrie, 258. — Ce à quoi cette idolâtrie entraîne l'avare, ibid. — Egoïsme de l'avare d'après Molière; Harpagon mis en scène, ibid. — Réflexions de madame de Staël; de Hume; de de Jaucourt, etc., 259.— Influence de l'avarice sur le moral et le physique de l'avare, ibid. et suiv. — Physiognomonie, 259, 260. — Influence des tempéraments sur l'avarice d'après Belouino, 260. — Observation d'Alibert, 261. — Causes de l'avarice, ibid. — Remarques à ce sujet. Ages, ibid. — Exemple de la bassesse des avares, ibid. — Vieil avare parisien, ibid. — Darius, l'un des successeurs de Nicotris, reine de Babylone, 261, 262. — Violation des tombeaux des rois à Saint-Denis, 262. — Analogie de l'avarice et de l'ambition; en quoi elles diffèrent, d'après Duclos, ibid. — Dangers de laisser germer l'avarice, ibid. — Réflexions philosophiques par Champion; de Hume, 263, 264.

AVERSION (sentiment), 264.—Définition, ibid. Voy. ANTIPATHIE, dont elle diffère peu.

B

BABILLARD (défaut), 265. — Définition du babil, ibid. — Caractère du babillard, son portrait d'après Théophraste, 265, 264. Voy. PARLEUR.

BASSESSE (vice), 264. — Définition, ibid. — Sa funeste influence; moyens de combattre les mauvais sentiments qui constituent la bassesse, 265. — Ne pas confondre la bassesse avec l'abjection; leurs différences, ibid.

BAVARD, BAVARDAGE (défaut), 265. — Définition du mot bavard; portrait du bavard par Théophraste, ibid. — Synonymie. Voy. PARLEUR.

BÊTISE, PLATITUDE, STUPIDITÉ (défauts), 266. — D'où provient la bêtise, ibid. — Réflexions générales, ibid. — Définition; tort qu'on a de se moquer des gens bêtes; c'est manquer à l'humanité, aux convenances; on est bien plus coupable vis-à-vis des individus stupides; réflexions et observations à l'endroit de la platitude, ibid.

BIENFAISANCE (vertu), 266. — Définition, ibid. — D'où elle provient, ibid. — Voy. BIENVEILLANCE.

BIENSÉANCE (qualité), 266. — En quoi elle consiste, ibid. — Voy. POLITESSE.

BIENVEILLANCE (qualité), 267. — Ce qui la constitue; son origine. — Voy. BONTÉ.

BIGOT, BIGOTERIE (défaut), CAGOT, CAGOTERIE (vice), 267. — On les a confondus avec la tartuferie et l'hypocrisie, ibid. — Critique de cette opinion, ibid. — Véritable acception de chacune de ces dénominations; bigoterie et cagoterie ne sont pas non plus synonymes; preuves; origine de la bigoterie, ibid. — Ce à quoi elle nous conduit, 268. — Origine de la cagoterie, son but, ibid. — Il faut les éviter l'une et l'autre, ibid. — Moyen de parvenir à corriger le bigot. On ne peut rien contre le cagot, à moins qu'il ne se démasque; ce qu'il faut faire alors, ibid.

BIZARRE, BIZARRERIE; FANTASQUE, CAPRICIEUX, QUINTEUX, BOURRU (défauts), 268. — On les a tous confondus sous le terme générique de bizarrerie, ibid. — Ce en quoi celle-ci consiste, ibid. — Nuances qui séparent le bizarre, le fantasque, le capricieux, le quinteux et le bourru les uns des autres, 269; elles sont très-minimes et peu importantes ; dès lors on peut les confondre. — Effets de la bizarrerie; conseils à donner aux bizarres.

BON, BONTÉ, (qualité, vertu), 270. — Ce que c'est qu'être bon, ibid. — La bonté considérée comme la première des vertus (madame de Staël); d'où elle provient, ibid. — Ses tendances et sa manifestation, 270, 271. — Réflexion de Jean-Jacques, 271. — Jouissances qu'elle procure, sa durée, ibid. — Elle ne provient pas de l'amour du prochain; preuves, ibid. — L'enfant est bon avant d'aimer; nous sommes bons pour des gens que nous ne connaissons pas, ibid. — Il y a une sorte de personnalité dans la bonté qu'on ne trouve pas dans l'amour du prochain, 272. — La bonté se manifeste de bien des manières; exemples : bonté de Fénelon, de Louis XIII. La bonté a plusieurs attributs, à savoir : la bienveillance; signification de ce mot, ibid. — Avantages de la bonté, ibid. — Bienfaisance : sa signification, 273. — Ses avantages; elle nous rapproche de la Divinité.—Cicéron, saint Ambroise, ibid. — Histoire de Chélon's, ibid. — Observation de Charron : remarque de Bellegarde, ibid. — Ne pas confondre la bonté avec la sensibilité, 274.—Pourquoi, ibid. — Remarque de M. Saint-Marc Girardin, ibid. — Bonté du duc de Berry, père du comte de Chambord, ibid. — Bonté de François Ier, de Charles VIII, ibid. — Conclusion ; conséquences fâcheuses d'une trop grande bonté, comme de son absence, 275.

BOUDERIE, BOUDEUR (défaut), 275. — Définition, ibid. — Portrait du boudeur, ibid. — Inconvénients de la bouderie, ibid. — On l'affecte quelquefois; pourquoi, ibid. — Causes de la bouderie, 276. — Ages, ibid. — La prévenir ou la corriger; moyens.

BOURRU. Voy. BIZARRE.

BRAVE, BRAVOURE (qualité), COURAGE (vertu), VALEUR (vertu), INTRÉPIDITÉ (vertu), 276. — Définition générale, ibid. — Analogies et différences de ces sentiments, ibid. — Fin de Byron (le duc de), d'après Smith, ibid. — Caractères (par tableaux) différentiels de la bravoure, de la valeur et du courage, 277, 278. — De l'intrépidité, 277.— Ce qui la constitue, 278. — Ce en quoi elle consiste d'après La Rochefoucauld, 279. — Exemples : Henri IV, ibid. — Les bourgeois de Dieppe, Jean Bart, les trois cents Français aux Indes, commandés par Latouch', ibid. — La bravoure, la valeur, le courage et l'intrépidité sont-ils des vertus ? 280. — La bravoure, non ; pourquoi, ibid. — C'est une brillante qualité (Bonaparte), ibid. — Le courage et la valeur, oui; comment, ibid. — La vertu de l'homme courageux est moins bornée que celle de l'homme valeureux; pourquoi, ibid. — Réflexions à ce sujet, ibid. — Il y a différentes sortes de courage : lesquelles, ibid. — Influence des bonnes mœurs sur le courage, 280, 281. — Observations de Jean-Jacques; Tacite, Helvétius, ibid. — Usage des Scythes, ibid. — L'amour des richesses lui nuit ; il fuit la richesse et se réfugie ailleurs, ibid. — Le courage réfléchi est indispensable aux chefs qui commandent les armées, 282. — Sources du courage réfléchi, amour de la gloire, de soi-même, ibid. — Crainte de la raillerie, 282, 283.—Amour de l'avancement, 283. — Ambition des richesses, ibid. — L'exemple, l'habitude de bien faire, d'aller à l'ennemi, 283, 284. — Faits. Boissy-d'Anglas à la Convention, mai 1795, 284. — M. de Lamartine à l'Hôtel-de-Ville en février 1848, 284, 285. — François Ier; conclusions, ibid.

BROUILLON, BROUILLERIE (défaut), 285. — Définition du mot brouillon, ibid. — Utilité des petites brouilleries d'après certains, ibid. — Leurs inconvénients, 286. — Conduite à tenir vis-à-vis du brouillon, ibid. — Blâme ; le repousser, le moraliser, ibid.

BRUSQUERIE. Voy. COLÈRE.

BRUTAL, BRUTALITÉ (défaut), 286. — Descriptions par Théophraste, 286, 287. — Définitions de la brutalité et du brutal, 287. — Trait de brutalité de Diogène le Cynique, ibid. — Ne pas confondre la brutalité avec la brusquerie, l'impatience et l'emportement, 288. — Opinion que les philosophes se sont faite de la brutalité, ibid. — On peut par des moyens hygiéniques (physiques et moraux) pallier ou guérir de la brutalité, ibid. — Les approprier aux habitudes, ibid.

C

CAGOT, CAGOTERIE. Voy. BIGOT.

CALOMNIATEUR, CALOMNIE (vice), 287. — Qu'est-ce que calomnier ? Choix des personnes à qui on débite des calomnies, 287. — Motifs qui font agir le calomniateur, *ibid.* — Elle s'attache à tout et à tous ; ne respecte rien, 288. — Disposition du monde à la calomnie, 289. — Coups qu'elle porte ; règles à suivre ; lui fermer l'oreille, *ibid.* — La calomnie est une forme du MENSONGE. *Voy.* ce mot.

CANDEUR (vertu), FRANCHISE, NAÏVETÉ (qualités bonnes ou mauvaises), INGÉNUITÉ (bonne qualité), SINCÉRITÉ (vertu), 289. — Elles sont toutes de la même famille, *ibid.* — Traits de ressemblance et de dissemblance, *ibid.* — Définition générale, 290. — Caractères différentiels : *Candeur*, — en quoi elle consiste ; personne en qui on la rencontre ; sa rareté, *ibid.* — Ce à quoi elle peut être attribuée ; elle est une des plus grandes vertus ; trait de la princesse de Lamballe, *ibid.* — *Franchise*, ce qui la constitue, *ibid.* — Poussée trop loin, elle devient un défaut, *ibid.* — Autres caractères différentiels, 290, 291. — *Ingénuité*, ses traits caractéristiques, 291. — Elle est sœur de l'indiscrétion, mais bien plus dangereuse, parce qu'elle est plus aimable, *ibid.* — Elle semble exclure la réflexion et le jugement, *ibid.* — *Naïveté*, ce que c'est ; elle est irréfléchie et légère en défaut, *ibid.* — Enfants terribles ; exemples, 291, 292. — *Sincérité*, 292. Ce n'est point la franchise : différences. Considérations générales ; intimité des rapports de la naïveté et de l'ingénuité ; leur identité, leurs différences ; conclusions ; *ibid.* — Chaque mot a son acception particulière ; preuves, *ibid.* — Raison pourquoi je les ai groupés dans un même article, 293. — Conclusions spéciales à chacune d'elles, 293, 294.

CAPRICIEUX, CAPRICE (défaut), 294. Considérer le capricieux sous deux aspects : indication de ces deux aspects, *ibid. Capricieux* n'est pas synonyme de *bizarre* ; explications à ce sujet, *ibid.* — Le caprice provient d'un manque d'éducation, *ibid.* — On peut s'en corriger avec l'âge, 295. — Favoriser ce changement, *ibid.* — Conseils aux femmes capricieuses, *ibid.*

CAUSTIQUE (faculté), 295. — Définition ; esprit satirique d'Horace et de Juvénal, *ibid.* — Tout le monde le lit, ils ne corrigent personne, *ibid.* — Pourquoi, *ibid. Voy.* SATIRIQUE.

CHAGRIN (sentiment), 295. — D'où naissent nos chagrins, *ibid.* — Ils sont inhérents à notre nature, *ibid.* — Conseils d'une mère à son fils, 296. — Observations de Rousseau, *ibid.* — Effets du chagrin sur le physique de l'homme ; morts subites ; faits empruntés à Michaud, à Borsilius, *ibid.* — Mort d'Isocrate, de Carrache, *ibid. Voy.* TRISTESSE.

CHANGEANT, CHANGEMENT (défaut), 297. — Origine de l'amour du changement, *ibid.* — Portrait du changeant, *ibid.* — Avantages qu'on pourrait tirer du changement, et on ne le fait pas, *ibid.* — L'homme changeant change par BIZARRERIE, par LÉGÈRETÉ, par HYPOCRISIE ; inconvénients de ces changements. — *Voir* ces mots.

CHARITABLE, CHARITÉ (devoir), COMMISÉRATION (ou PITIÉ, COMPASSION (sentiments affectueux), 297. — Signification des mots *compassion, commisération, ibid.* — La charité c'est la compassion et la commisération mises en pratique, 298. — Ces sentiments sont spontanés ; *ibid.* — On les trouve chez tous les hommes, l'avare excepté, *ibid.* — Ils semblent provenir de la bonté, *ibid.* — Définition de la pitié, par Fléchier, *ibid.* — Les gens heureux ou malheureux sont bien moins compatissants, *ibid.* — On a prétendu qu'ils ne le sont point ; réfutation de cette opinion, *ibid.* — Exemples, la veuve de l'Évangile, la princesse Clotilde de Bourgogne, 299. — Les gens du peuple, *ibid.* — Conclusion, *ibid.* — La charité n'est pas une vertu, mais un devoir que commandent, 1° la philosophie païenne ; instructions de Sénèque, 300. — 2° Les lois de la morale, preuve, *ibid.* — 3° Les préceptes du christianisme, *ibid.* — Charité, vertu théologale. — Discussion de cette opinion ; mes idées à ce sujet. La charité d'après l'Église, Fénelon, Vauvenargues, *ibid.* — La charité a deux objets matériels, à savoir : Dieu et le prochain, *ibid.* — J'aime Dieu, j'aime le prochain ; qu'ai-je de commun cet amour avec la charité ? 301. — Il peut rendre charitable, et être charitable, c'est pratiquer une vertu et non la vertu elle-même. Maxime de saint Paul, *ibid.* — Caractères de la charité d'après cet apôtre, 301, 302. — La charité faite en vue de Dieu participe de l'amour de soi-même, 303. — La charité peut être un plaisir : Lamartine, *ibid.* — Règles à suivre pour la pratique de la charité, tracées par saint Augustin, *ibid.* — Observation de Rousseau, *ibid.* — Réflexion de La Rochefoucauld ; conseil de Vauvenargues, 302, 303. — Lieux où l'on rencontre la charité, 303. — Dévouement des sœurs de la Charité ; réflexions de M. Belouino, *ibid.* — Colons de Petit-Bourg, 304. — Disciples de saint Vincent de Paul, *ibid.* — Le duc de Berry, petit fils de Louis XV, plus tard Louis XVI, *ibid.* — La charité ne consiste pas seulement à donner ; elle s'exerce également en empêchant la médisance et la calomnie, *ibid.*

CHASTETÉ, CONTINENCE (vertus), 304. — Appétits sensuels, leur empire, *ibid.* — Forces morales pour les dompter ; la chasteté est une de ces forces, 304, 305. — La chasteté épure l'homme, 305. — Ses limites ne sont pas également étroites en morale et en religion, *ibid.* — Observation de Diderot, *ibid.* — Ses différences d'avec la continence ; ce sont des vertus. Il en coûte beaucoup plus d'être continent que chaste, selon l'esprit philosophique bien entendu ; mais selon l'esprit religieux, il est aussi difficile d'être continent que chaste, *ibid.* — Du reste, avoir égard aux âges, *ibid.* — Conseils à donner aux filles, 305, 306. — La chasteté grandit la femme ; preuves : histoire de Livie, femme de Tibère, *ibid.* — Réponse de Susanne aux vieillards, *ibid.* — Chasteté dans les temps antiques ; usages chinois ; avantages de la chasteté pour l'homme, 306, 307. — Conseils d'Horace, qu'il observait peu ; pudicité de Virgile ; de Bacon, etc., 307. — Remarque d'Arétée, de Cappadoce, *ibid.* — Célibat des athlètes ; influence de la chasteté sur les facultés intellectuelles ; chasteté du père de Michel Montaigne, *ibid.* ; du père de Jean-Jacques Rousseau, *ibid.* — Célébrité de certains bâtards : Homère, Galilée, etc., *ibid.* — Dans la vieillesse, nous devenons naturellement continents, et si nous employons des stimulations pour ne pas l'être, accidents nombreux, 307, 308. — Tableau d'après Rullier, 308. — Observation de Broussais, *ibid.* — Combats de l'esprit et de la chair décrits par saint Jérôme, *ibid.* — Douceurs de la continence d'après le même écrivain, 309. — Influence de la volonté et de la prière ; observation, *ibid.* — Elles ne suffisent pas toujours, *ibid.* — Influence fâcheuse de la continence sur le moral et le physique de l'homme et de la femme, *ibid.* Satyriasis, nymphomanie, *ibid.* — Moyens à mettre en usage pour les prévenir, 309, 310. — Régime, 310. — Observations de Strabon et de Démétrius, *ibid.* — Ne pas confondre la chasteté avec la pudeur, 311. — En quoi elles diffèrent, *ibid.* — Ne pas confondre non plus la chasteté avec la décence, dont elle diffère aussi ; en quoi ? — Remarques ; elle s'unit à la chasteté. Respect de Charles VIII pour une jeune et belle fille au sac de Toscanelle, *ibid.* Autre exemple : Chasteté de Polamingno, *ibid.* — Réflexions, *ibid.*

CIRCONSPECT, CIRCONSPECTION (vertu), 312. — Définition, règles, *ibid.*

CIVIL, CIVILITÉ (vertu), 312. — Ce en quoi la civilité consiste d'après La Bruyère, *ibid. Voy.* AFFABLE, POLI.

CLAIRVOYANT, CLAIRVOYANCE (qualité, faculté), 312. — Ce que c'est qu'être clairvoyant, *ibid.* — La clairvoyance est un don naturel, 313. — En quoi elle consiste, *ibid. Voy.* ÉCLAIRÉ, PÉNÉTRATION.

CLÉMENCE (vertu), 313. — En quoi consiste la clémence, *ibid.* — Exemple fourni par la mort du juste, *ibid.* — Bienfaits de la clémence ; jusqu'où ils s'étendent. Paroles admirables de Louis XVI sur l'échafaud, *ibid.* — La clémence nous vient du ciel ; sa douceur, ses avantages, 314. — Discours de Cicéron à César, *ibid.* — Maxime du grand Frédéric, *ibid.* — Inconvénients de la clémence, *ibid.* — En user avec discernement, 314, 315. — Observation du calife Mamon, 315. — Clémence de Louis le Juste ; de Pie IX, *ibid.* — Réflexion à ce sujet, 315, 316. — Se servir de la clémence suivant la forme du gouvernement, 316. — Opinion de Montesquieu, *ibid.*

COLÈRE, EMPORTEMENT, VIOLENCE (passions), 316. — En quoi consiste la colère d'après Locke et autres, *ibid.* — Critique de leurs définitions, 316, 317. — La mienne, 317. — Elle embrasse celles d'Horace et de Descartes, *ibid.* — Objections et réponses, *ibid.* — Toute colère n'est pas blâmable, *ibid.* — Elle a différentes manières de se trahir. Exemples ; la colère concentrée : à quoi on la reconnaît, 317, 318. — Colère de Socrate, *ibid.* 2° Colère expansive. Elle se manifeste de deux manières. A Tableau physiognomonique de l'homme en colère, *ibid.* — B Autre tableau 318, 319. — De ces trois formes aucune n'est la première, 319. — Où nous pousse la colère ; remarques de Charron, de Sénèque, *ibid.* — D'où vient que l'homme ne peut toujours maîtriser sa colère ? 320. Influence d'une mauvaise éducation ; de l'habitude, de l'intempérance ; des travaux du cabinet ; du tempérament, 320, 321. — Colère des petits enfants, 321. — Observation de Jean-Jacques Rousseau, *ibid.* — Faiblesse d'esprit, cause de la colère, *ibid.* — Au point de vue médical, doit-on concentrer sa colère ? 322. — Question très délicate ; accidents graves dans tous les cas, 321, 322. — Moyens propres à détruire la prédisposition à la colère, 322. — Avoir en vue le tempérament qui, lui-même, prédispose à certaines maladies, *ibid.* — Observations de Pinel, Richter, mort de Valentinien ; de Fourcroy ; de Chaussier, *ibid.*

servations de Sauvages, d'Esquirol; les miennes; de Zimmermann, de Coustelle, 322. — De Brunaud, 323.—Conduite à tenir vis-à-vis des enfants disposés à la colère, ibid. — Régime pour les sanguins; observations de l'issut, ibid. — Régime des bilieux, 324. — des nerveux, ibid. — Moyens généraux applicables à tous les cas, ibid Effrayer les colériques par la crainte de la mort; observation, ibid.— conseil à donner aux personnes qui viennent de se mettre en colère; 1° aux nourrices, 325. — Si elles donnent trop tôt le sein; accidents, savoir : des convulsions chez l enfant, d'après Hoffmann; l'épilepsie, d'après Leuret, ibid. — 2° A ceux qui ont faim. Observations de Fréd. Hoffmann, ibid. — Natures d'homme et de femme pour qui se mettre en colère est un besoin; ils s'en portent mieux; Zimmermann, ibid.—On peut tirer parti de la colère pour guérir certaines maladies chroniques, observations de Gaubius, Variola, Bornchius; Bosquillon, ibid. — Opinion d'Aristote sur la colère : elle sert d'arme à la vertu et à la vaillance, 325. — C'est une erreur ; remarque de Montagne, ibi l.

COMMISÉRATION, (vertu), 326. — Définition, ibid. Voy. CHARITÉ et SENSIBILITÉ.

COMPASSION, (vertu), 326 —Définition, ibid. — D'où elle provient, ibid. — Influence des tempéraments, ibid. — El e est innée, ibid. — L'éducation la fortifie, 326, 327. — Il faut savoir l'exciter en autrui, 327. — Nécessité de saisir le moment favorable, ibid.—Réflexions, ivid V. CHARITÉ.

COMPLAISANCE (qualité), COMPLAISANT, 327. — Définition, ibid. — Remarques; ses avantages pour l'être complaisant, ibid. — Pour la société, 327, 328. — Moyens d'apprécier ce que vaut la complaisance, 328 — Il n'est pas toujours facile de s y habituer, ibid. — La complaisance doit avoir des bornes; ibid. — Poussée trop loin elle est un défaut, ibid. — Conseils, ibid. — Observation de Masullon, 52'. — Ne l'affecter jamais, vu qu'affectée, elle se prend en mauvaise part, ibid — En quoi la vé itable complaisance diffère de la complaisance affectée, ib d. — Avantages de la première, ibid.

COMPLIMENTEUR (défaut ou qualité), 329.—Qu'est-ce qu'un compliment, ibid. — Définition du complimenteur, ibid. — Complimenteur pris en mauvaise part, ibid. — Néanmoins on le recherche, pourquoi? 329, 330. — Opinion de Marmontel, ibid.—Le complimenteur, mieux connu, on le déteste. Il faut parlos adresser un compliment (d'Alembert); c'est un devoir, ibid. — Règle, ibid.

COMPONCTION (vertu), 330. — Sa signification en théologie; en morale, ibid — Ses degrés divers, ind.

CONCUPISCENCE ou LASCIVITÉ, DÉBAUCHE OU LIBERTINAGE (vice), DÉBAUCHÉ ou LIBERTIN, 330. — En quoi consiste la concupiscence, ibid.—Remarques sur sa nature, prostitution, 331. — En quoi consiste la débauche ou libertinage, ibid. — Mœurs de l'époque, d'après Saint-Marc Girardin, 332. — Fin du règne de Louis XIV; de celui de Louis XV, ibid — Funestes effets de l'exemple : Louis XV; Augustin, ibid. — Grand enseignement qu'on tire de la mort du premier, des Confessions du second, 332, 333. — Remarques générales, 333, 334.

CONFIANCE (sentiment naturel), CONFIANT, 334. — Définition de la confiance, ibid. — Son origine; elle est instinctive; se fortifie ou s'affaiblit; elle couduit aux confidences; opinions de Diderot, ibid. — A quoi nous porte la confiance, ibid. — Maxime de Mazarin, 335 — Dangers, ibid. Moyens de les éviter, ibid. — La confiance a deux fins, 1° suivant qu'on l'accorde à autrui; 2° qu'on la mérite soimême; règles à suivre dans l'un et l'autre cas, ibid. — Confiant dit au figuré : ce qu'il signifie, 336.

CONSCIENCE (sentiment naturel), SCRUPULE, (défaut), 336. — Définition de la conscience par Alibert, ibid — Généralités; remarques de Jean-Jacques Rousseau, ibi l — En quoi elle consiste, ibid. — Instinct moral, ce qui le constitue, 337. — Influence de l'éducation sur lui, ibid. — Réflexions de M. l'abbé Bautain, ibid. — Règles, ibid. — Remarques de Richardson, 338. — Elasticité de la conscience pour certains, ibid. — Ne rien préjuger avant de s'être demandé : Suis-e capable de décider en cette matière? ibid. — Généralement ce sont les moins instruits qui tranchent le plus, ibid. — Remarque de Puffendorf, ibid. — de Jean-Jacques sur le sentiment intérieur, 339. — Il n'est pas toujours consulté : c'est un tort, ibid. — Éviter les extrêmes; réflexion de Cicéron, ibid. — Dans certains cas consulter un casuiste, 340. — Maximes de Zoroastre, ibid. — Scrupuleux, ses agitations, ibid. — Dangers du scrupule; on en impose; moyens d'y remédier, ibid.

CONSIDÉRATION. Voir CIRCONSPECTION.

CONSTANCE, FERMETÉ, FIDÉLITÉ, PERSÉVÉRANCE (vertu), 310. — Ces mots ne sont pas synonymes, ibid. — Néanmoins avantages de les grouper, 341. — Caractères communs, 1° Constance, ses significations; 2° Fermeté, ce qu'elle signifie; leur origine à toutes les deux; 3° Fidélité, à quoi on l'applique; 4° Persévérance, ce qui la constitue, ibid.—Dans toutes on retrouve la constance comme compagne obligée, ibid. — Elle en constitue le fond, ibid. — Caractère distinctifs; fidélité et constance considérées comme synonymes, ibid. — Réfutation de cette erreur populaire; raisons 341, 342 — Vrais caractères de la fidélité, 342. — Serment de fidélité peu gardé; en y manquant, l'homme peut rester constant à ses principes, à son opinion, ibid. — Où nous conduit le parjure, 312, 343. — La mauvaise foi, ibid. — Avantages de la fermeté, 343. — Exemple donné par François 1er; par Charlotte Corday; par le P. Estelan, missionnaire 344.—Persévérance, 345. — Force surnaturelle, ibid — Mort de saint Laurent, ibid. — La fidélité, la persévérance et la fermeté différent de la constance; en quoi, ibid. — Pour rester une vertu, la fermeté ne doit pas tenir de l'entêtement, 346. — Conclusions, ibid. — Règles à observer, ib d. Conseils d'une mère à sa fille; exemple donné par Pénélope, digue d'être plus connu, ibid.

CONSTERNATION (sentiment), 346. — En quoi elle consiste, ibid. — Explication des mots atten et nouvelle, ibid. — Remarques de Diderot au su et de la mort de Germanicus, 347. — Jusqu'où arrive la consternation, ibid. — Ses limites sont resserrées ou éloignées selon les circonstances, ibid.

CONTEMPLATION, EXTASE (sentiment), 347. — Définition (d'après les mystiques) du mot contemplation, ibid. — Synonyme de attention forte, ibid. — En quoi consiste l'extase, 347, 348. — Portrait de l'homme en extase, ibid. — Conclusions, ibid.

CONTENTEMENT, SATISFACTION (sentiments), 348.—Définition des mots contentement et satisfaction, ibid.—Ils sont synonymes, quoique avant quelques traits qui leur sont particuliers, ibid. — Leur distinction, ibid. — Certains moralistes placent le siège du contentement dans le cœur; réfutation de cette opinion, 348, 349. — Les sensations de contentement et de satisfaction ne sont pas les mêmes pour l'âne, 349. — On peut être content sans être satisfait. Callimaque en était un exemple, ibid. — Remarque du chevalier de Jaucourt, 350. — Con lusions, ibid. — Maxime du cardinal de Retz, ibid. — Opinion de Vauvenargues, ibid.

CONTENTION (faculté intellectuelle), 350. — Ce en quoi elle consiste, d'après Diderot, ibi l. — Ses avantages et ses inconvénients; son influence sur les fonctions, 351. — Observations de Celse, 351 352. — Exemples fournis par Cicéron, Voltaire, Wieland, Rousseau, 352. — Les femmes se livrent peu à la culture des lettres; pourquoi? ibid. — Prétérence qu'elles donnent aux romans, ibid. — Influence de la contention sur le physique, ibid. et suiv. — Observations faites sur Bayle, Rousseau, Epicure, Lechernausen, ibid. — Observations de Zimmerman, de Boerhaave, de Van-Swieten, ibid. — De mo t, sur les enfants, ibid. — Conséquences fâcheuses des études sérieuses précoces, ibid. — Blâme de Haller, de Boerhaave, ib d. — Observation d'un enfant excessivement précoce, ibid. — Avantages nouveaux de la contention, ibid. — Ils favorisent le développement de l'intelligence, permettent d'arriver à la solution des problèmes les plus importants, ibid. — Exemples : Viète traduit des le très indéchiffrables, ibid. — La contention donne des distractions singulières à Budé, ibid; à Corneille, à Cardan, à Archimède, 356. — Macris se brûle les jambes sans le sentir, 353, 357.—Carnéade oublie les soins de sa conservation, 357. — Hygiène des gens de lettres, etc., 357, 358. — Borner la durée du travail, ne pas travailler pendant la digestion, ne pas veiller trop longtemps, faire de l'exercice, de la musique, changer la nature des occupations; habitudes de Buffon, 357. — Suspension de toute occupation préférable, ibid. — Règles pour les repas; pour le sommeil; usage du café préjudiciable; la fatigue physique dissipe l'insomnie, 358. — Liberté du ventre; ne pas couvrir la tête, etc., ibid.

CONTINENCE (vertu), 359. — En quoi elle consiste, et par quoi elle diffère de la chasteté, ibid. — Prix qu'y attachaient les anciens Germains et leurs mœurs, ibid. — Chasteté du père de Montaigne, ibid. Voy CHASTETÉ.

CONTRADICTION (vice), 359 — Sa définition, ses origines, 359, 360. — L'irreflexion, l'amour-propre, la vanité, ibid. Ses conséquences fâcheuses par rapport à autrui; à soi, ibid. — Règles que le contrariant doit observer, 360. — Être calme, mesuré dans ses expressions, 360, 361. — Comme tout le monde est exposé à toutes sortes de contradictions, s'y habituer de bonne heure, les supporter avec philosophie, ibid. — Conseils de Fénelon, ibid.

CONVICTION. Voy. PERSUASION.

COQUETTERIE et MINAUDERIE (vices), 361.—Définitions de la coquetterie et de la minauderie. Sources de la coquetterie, 361. —Sa puissance; histoire de Béatrix Cinci; réflexions, *ibid.* —Moyens que la coquetterie met en jeu; son but, 362. — Elle suppose un déréglement des mœurs, *ibid.* — En vieillissant on ne cesse pas d'être coquette, *ibid.* — Exemple tiré de La Bruyère, *ibid.* — Conseils à donner aux jeunes filles, 363. — Ne pas considérer, ainsi que quelques auteurs l'ont fait, la coquetterie comme synonyme de galanterie, *ibid.* — Le désir d'aimer et de plaire n'est pas non plus la coquetterie (Azaïs), *ibid.*

CORRUPTION (mauvais moyen, vice), CORROMPU, 363. — Définition de la corruption par Diderot; explications; elle est une pratique infâme, *ibid.* — Elle a plusieurs degrés; réflexions du peuple à l'endroit de la corruption, *ibid.* — Elle est partout, *ibid.* — Il faut s'efforcer de l'arrêter; moyens, *ibid.* — Noble réponse d'un seigneur qu'on voulait corrompre, 364, 365. — Conclusion, *ibid.*

COURAGE (vertu), 365. — Généralités, *ibid.* — Réflexions de Sénèque; le courage tire sa force de lui-même; les gens chétifs, les femmes timides n'en manquent pas, *ibid.* — Courage du guerrier, 366 — Kléber en Vendée; fait historique; réflexions qu'il suggère, *ibid.*

COURROUX (défaut), 366. — En quoi il consiste, *ibid.* — En quoi il diffère de l'emportement, *ibid.* — Comment on doit agir avec l'homme qui se met en courroux et celui qui s'emporte, *ibid.* — Manières dont l'emportement se manifeste, *ibid.* — Moyens correctifs. Réflexions, *ibid.*

COURTISAN (défaut, vice), COURTISANE, 367. — Les courtisans sont des FLATTEURS. *Voy.* ce mot; et les courtisanes des débauchées. *Voy.* DÉBAUCHE.

CRAINTE (sentiment), 367. — Généralités, *ibid.* — Ses fâcheuses conséquences; réflexions, *ibid.* — Remarque de Charron, 368. — Explications, *ibid.* — Ses effets sur le physique ne différent pas de ceux de la peur, *ibid.* — Tableau, *ibid.* — Véritable application du mot crainte, *ibid.* — Réflexion de Sénèque, *ibid.* — Comment on combat la crainte, 368, 369.

CRÉDULE, CRÉDULITÉ (défaut), 369. — Qu'est-ce qu'un homme crédule? En quoi consiste la crédulité, *ibid.* — Réflexion de Louis XIV. Sources de la crédulité; remarque de Sénèque; de Tacite; combattre ce défaut en soi et en autrui; maximes de Mazarin, *ibid.* — Ce que nous devons croire, 370. — Devoirs des pères, des instituteurs, etc.; conseils qu'ils doivent aux crédules; règle indispensable à suivre, *ibid.*

CRITIQUE (faculté), 370. — Définition; rôle des critiques; il n'est pas sans difficultés, *ibid* —Maxime de La Bruyère, 371. — Règles à suivre pour exercer la critique, 371, 372. — Toute action vicieuse doit être blâmée, 371.—Ne jamais médire; n'être jamais partial, *ibid.* — Maxime de Favart, 372. — Mettre de côté tout esprit de rivalité, *ibid.* — Remarques de Grimm, *ibid.*—Indigne conduite de certains critiques, *ibid.* — Réflexions de Voltaire, *ibid.* — Il n'a pas été toujours conséquent avec ses principes; exemple, 373. — Deuil de Louis XIV à la mort de Cromwell; le Masque de fer; autres remarques relatives à la partialité des critiques; à leur bassesse, *ibid.* — Ils ne sont ni plus vrais ni plus exacts qu'autrefois : le *petit auteur critique* le grand écrivain pour fixer l'attention publique, *ibid.* — Éviter les écueils, 374. — On doit des égards aux hommes illustres (Triblet); maximes de La Bruyère; d'Épictète, *ibid.* — Conclusion, *ibid.*

CRUAUTÉ, CRUEL, FÉROCE, FÉROCITÉ, INHUMANITÉ, INHUMAIN, SANGUINAIRE (vices), 374.—Considérations générales, *ibid.* — En quoi consiste l'inhumanité, *ibid.* — Portraits de l'être inhumain et du cruel; ce en quoi ils différent, 375. — Cruauté de Louis XI, *ibid.* — Supplice de d'Armagnac, duc de Nemours, *ibid.* — Cruauté de Néron, *ibid.* — Réflexions, *ibid.* — Cruauté de Charles IX, *ibid.* — Influence de certaines professions, *ibid.* — Massacre de la Saint-Barthélemy; ce n'est pas une preuve; exemple : le duc de Berry, père du duc de Bordeaux, Henri de France, 376. — Charles X. — Inexactitude de Voltaire à l'occasion de Charles IX lors de la Saint-Barthélemy, *ibid.* — Il n'est pas vrai qu'il ait tiré sur le peuple, *ibid.* — Preuves, 376, 577, d'après madame de Créquy; autres traits de courage sur le calvinisme en France, publié par M. de Saucières, 377, 378. — Conclusions, 378. — L'enfant peut être enclin à la cruauté; il faut éviter que ce penchant se développe en eux; moyens, *ibid.* — Fait particulier, *ibid.* — Régime alimentaire, 379. — Son influence, *ibid.* — Indous, *ibid.* — Bamanes, etc., *ibid.* — Cruauté employée en politique; ses effets et ses conséquences, *ibid.*

CUPIDE, CUPIDITÉ (vice), 379. — Définition, 380. — Son origine; moyens de correction; la cupidité est fille du DÉSIR. *Voy.* ce mot.

CURIOSITÉ (penchant naturel), 380. — Ce qui la constitue; réflexions générales, *ibid.* — Diverses sortes de curiosité, *ibid.* — Portrait du curieux, 380, 381. — La curiosité est réfléchie ou irréfléchie, 381. — Elle dénote de l'intelligence, *ibid.* — C'est sur elle qu'est fondé le pouvoir de l'éducation, *ibid.* — Conduite à tenir à l'égard des enfants, *ibid.* — Sources de la curiosité, *ibid.* — Sortes de curiosité, *ibid.* — Remarques de La Rochefoucauld; de Pline, *ibid.* — La curiosité, défaut ou qualité suivant les circonstances, *ibid.* — Distinction, 382, 383. — Curiosité des enfants et des sots. Madame de Puisieux, *ibid.* — Détaut, *ibid.* — Réfutation; opinion de La Bruyère; de Fénelon; la minime, *ibid.* — Ma manière d'agir, 383, 384. — Conseils aux pères et mères, aux instituteurs, 384, 385. — Inconvénients de la curiosité; faits, 385, 386. — Curiosité chez les Athéniens; chez Marc-Antoine; chez les Crétois, *ibid.* — Épigramme d'Oxenstiern sur la curiosité des Européens, *ibid.*

D

DÉBAUCHE (vice), DÉBAUCHÉ, 385. — En quoi consiste la débauche, *ibid.* — *Voy.* INTEMPÉRANT, CONCUPISCENCE, LIBERTINAGE.

DÉCENCE (qualité), 386. — Définition. *Voy.* CHASTETÉ.—Modes, 387.—Dangers d'étaler ses épaules à nu, etc. Changements à introduire dans les vêtements, *ibid.* — Leurs avantages.

DÉCISION (faculté), 387. — Définition, *ibid.* — Sur quoi doivent reposer nos décisions, 385, 386.

DÉDAIN (défaut), 388. — Il vient de la fierté ou du mépris. *Voy.* ces mots, *ibid.* — D'un faux jugement, ou d'un mauvais cœur, etc., *ibid.* — Il faut éviter d'être dédaigneux ou familier, *ibid.*

DÉFIANCE, DÉFIANT, MÉFIANCE, MÉFIANT (qualités bonnes ou mauvaises), 388. — Définition et synonymie de ces, *ibid.* — Elles ne sont un défaut que poussées trop loin, 389. — Il faut se méfier et se défier d'autrui et de soi-même, *ibid.* — Ne pas croire trop facilement ni la médisance et la calomnie, *ibid.* — La méfiance et la défiance sont indispensables; pourquoi. Opinion de Hope, *ibid.* — Maxime de Sivry, 390 — De Lafitte, *ibid.* — Conclusions, *ibid.* — Réflexions philosophiques, *ibid.*

DÉGOUT (sentiment), 390. — Sa signification en morale, *ibid.* — *Voy.* APATHIE, ANTIPATHIE, PARESSE, ABATTEMENT.

DÉGUISEMENT, DISSIMULATION, DISSIMULÉ, POLITIQUE (défauts ou vices), 390. — Ce en quoi elle consiste; tactique du dissimulé, *ibid.* — Son portrait par Théophraste, 390, 391. — Définition collective de la dissimulation et du déguisement, 391. — Leurs caractères distinctifs, *ibid.* — Ce que c'est que le dissimulé, *ibid.* — Ces vices sont excessivement répandus et employés; c'est un mal, *ibid.* — Mal quelquefois nécessaire, *ibid.* — Bon politique; définition, *ibid.* — Maxime de Louis XI, *ibid.* — Inconvénients, 392, 393.

DÉLATEUR, DÉLATION (vice); opinion de Mably, 393. DÉNONCIATEUR, DÉNONCIATION (qualité bonne ou mauvaise), ACCUSATEUR, ACCUSATION (*idem*), 394. — Réflexions générales, *ibid.*—Ces mots sont toujours pris en mauvaise part, *ibid.* — C'est un tort, preuves, *ibid.* — 1° Le dénonciateur obéit à la loi; 2° l'accusateur cède à un sentiment de justice; quant au délateur, je l'abandonne au mépris, 394, 395. — Pourquoi, 395. — Faire apprécier au peuple qui condamne également le dénonciateur, l'accusateur et le délateur, la moralité de chacun de leurs actes; courage du dénonciateur; dénonciation louable, *ibid.* — Nécessité de l'accusation, *ibid.* — Blâme à déverser sur le délateur, *ibid.* — Conclusions, 395, 396. — Malgré le mépris attaché à la délation, il y a des délateurs, et des gens qui les payent! Maxime de Godwin, 396.

DÉLICAT, DÉLICATESSE (vertu), 396. — Il est très-difficile de définir la délicatesse; opinions de Bossuet, Fléchier, Bussy; trois sortes de délicatesse; pour moi, *délicatesse* est synonyme de *bonne conscience*, raisons, 396, 397. — Sa rareté, 397. — En quoi elle consiste. Faits qui la caractérisent; vie d'un prêtre; de Turenne; de Corvisart, *ibid.*—Moyens divers de faire preuve de délicatesse, 397, 398. — Autres exemples, *ibid.* — Conclusions, *ibid.*

DÉNONCIATEUR, DÉNONCIATION, qualité ou vertu, 398. — En quoi consiste la *dénonciation*, *ibid.* — Les motifs en sont honorables, 399. *Voy.* DÉLATEUR.

DÉPRAVATION (vice), DÉPRAVÉ, 399. — Définition de la *dépravation*; on devrait la flétrir, et on ne le fait pas, *ibid.* — On recherche les gens dépravés dans une certaine classe; pourquoi, *ibid.* — Moyens d'en prévenir la contagion, 400.

DÉSESPOIR (sentiment), 400. — Définition de Descartes, Locke, etc., *ibid.* — A quoi il tient, *ibid.* — Faiblesse d'esprit; défaut de jugement, remarque de Turnbull, *ibid.* —Son analogie et les différences de l'abattement moral. *ibid.* — Mort de Didon, d'un joueur; d'une jeune fille flétrie, 400, 401. — Opposer la résignation au désespoir, *ibid.* — Maxime de Lamotte, *ibid.* — Avoir l'espérance en l'avenir; en la miséricorde divine, 400, 401. — Remarque de Charron, *ibid.*

DÉSHONNÊTE, DÉSHONNÊTETÉ (vice), 401. — Définition, *ibid.* — Inconvénients de la déshonnêteté, 402. — Lloigner les enfants des personnes déshonnêtes, *ibid.* — Les éviter soi-même, *ibid.* — Pourquoi, *ibid.* — Empêcher ce vice de se propager; comment, 402, 403. — Origine de la déshonnêteté, 403.

DÉSINTÉRESSEMENT (vertu), DÉSINTÉRESSÉ, 403. — Définition du désintéressement, *ibid.* — Ce en quoi il consiste, *ibid.* — Ses mobiles, 404. — Sa rareté, *ibid.* — Pensée morale; son origine, 405. — Le désintéressement n'est pas la charité, *ibid.* — Cupidité des hommes de notre époque, *ibid.* — Fait de désintéressement; Geoffroi-Camus de Pontcarré, Pléville, 405, 406. — Conclusions, *ibid.*

DÉSIR (sentiment naturel). Définition de Locke, 406. — Son origine Opinions de Descartes, Buffon, *ibid.* — Son importance, 407. — Madame de Lafayette (maxime de), *ibid.* — Charron, *ibid.* — Portrait, *ibid.* — Savoir mettre un terme à nos désirs, *ibid.* — S'habituer à les maîtriser, *ibid.* — Maxime de La Rochefoucauld, 407, 408.

DÉVOT, DÉVOTION (sentiment, vertu), 408. — Définition collective, *ibid.* — Généralités, *ibid.* — Puissance de la dévotion, remarques de madame de Maintenon, *ibid.* — Maxime de La Bruyère, *ibid.* — Son objet et son but, d'après Boiste, *ibid.* — Appréciation d'une véritable piété, *ibid.* — Ses limites, sa fausseté, *ibid.* — Portrait du faux dévot, 408, 409. — Remarque de Jean-Jacques, 409.

DÉVOUEMENT (vertu), 409. — Qu'est-ce q e se *dévouer* ? — En quoi consiste le dévouement, s s sources. 1° Amour de l'humanité. Missionnaires; sœurs de charité et toutes autres qui se dévouent à l'humanité, *ibid.* — Dévouement de saint Louis; de saint Vincent de Paul; du chevalier Rose et de l'évêque Belzunce, *ibid.* — Monseigneur de Quélen; Mgr Affre, archevêques de Paris, 410.—Dévouement de Jeanne d'Arc; de Charles VII; du chevalier d'Assas à ses frères d'armes; du général Bertrand à Napoléon; du trompette Escoffier à son capitaine, *ibid.* — Fait historique de M. de Belzunce, 410, 411;—D'Escoffier; d'un jeune chrétien dont le nom est resté ignoré pour ses frères en Jésus-Christ, 411, 412; — De Guilhaume de Pratelles pour Richard, roi d'Angleterre, 412. — Faux dévouement, dupes qu'il l'ait, 412, 413. — Distinguer les démonstrations des témoignages, *ibid.*

DISCRET, DISCRÉTION (qualité, vertu), 413 — En quoi consiste la discrétion, *ibid.* — Elle pose bien un jeune homme dans le monde, *ibid.* — Ses avantages, 4 4. — Opinion de Bacon; des Romains; des pythagoriciens, *ibid.* — Distinctions de le plus ou moins de mérite à être discret, 414, 415. — Conditions qui dispensent de la discrétion, 415 — Circonstances qui favorisent les indiscrétions, 415, 416. .

DISSIMULATION (vice), 416. —Définition; influence de la religion pour corriger les gens dissimulés, *ibid.*

DISTRACTION (vice), DISTRAIT, 416 — En quoi consiste la distraction, *ibid.* — Définition et explication, ses inconvénients, *ibid.* — Faits, 417, 418. — Il faut tâcher d'éviter les distractions, *ibid.*

DOCILE, DOCILITÉ (vertu), 418. — Définition de la docilité, *ibid.* — Ses sources, *ibid.* — Elle est un sentiment multiple, *ibid.* — Ses avantages, *ibid.* — Conditions, *ibid.* —*Voy.* DOUCEUR

DOUCEUR (qualité, vertu), 418. — Définition, *ibid.*—Ses avantages, 418, 419.—Ses différentes espèces. 1° douceur d'esprit; 2° douceur de cœur; 3° douceur de mœurs et de conduite, 419. — Ces distinctions sont plus subtiles que réelles, *ibid.* — Conserver les heureuses dispositions à la douceur; les développer par l'éducation, *ibid.* — Sa nécessité pour les femmes, *ibid.* — Raisons de Jean-Jacques Rousseau, 419, 420. — Edgeworth, *ibid.* — Elle est utile à tout le monde, et néanmoins peu commune; pourquoi, 420. — Fausse douceur, 420. — Ne pas s'y méprendre, 421.— Epreuves, *ibid* —Douceur de Turenne, *ibid.*

DUPLICITÉ (vice), 421. — En quoi elle consiste, *ibid.* — Vice qu'on doit éviter, 422 — Moyens de la reconnaître en autrui, *ibid.* — De corriger ceux qui en sont entachés, *ibid.*

DUR, DURETÉ, 422. — Définition du mot dur, *ibid.* — En quoi consiste la dureté, *ibi* l. La vue du sang rend dur, *ibid.* — Réfutation de cette opinion, 423, 424. — Impénétrabilité des docteurs, 423 — Bonté des professeurs Lafabrie, Broussonet et Delpech, 423, 424. — Faits, *ibid.* — Véritable cause de la dureté des hommes de l'art, 426. — Mauvaise éducation médicale, *ibid.* — Quels sont ses devoirs, *ibid.*

E

ÉCLAIRÉ, CLAIRVOYANT (facultés), 425. — Leur signification d'après D derot, *ibid.* — Nécessité d'être l'un et l'autre, 426, 427. — Différences qui distinguent l'homme éclairé de l'homme clairvoyant, 427, — Avantages que ces facultés procurent, *ibid.* — Les hommes clairvoyants sont moins communs que les éclairés. *ibid. Voy.* GÉNIE.

EFFROI, EFFRAYÉ (sentiment), 427. — Définition de l'effroi, *ibid.* — Ses effets physiques et moraux. *Voy.* FRAYEUR.

EFFRONTERIE, EFFRONTÉ (vice), 427. — En quoi consiste l'effronterie, *ibid.* — Son origine, *ibid.* — Portrait de l'effronté, *ibid.* — Dispositions de l'enfant à l'effronterie ; il faut les détruire, 428.

ÉGARDS, 428 — Synonyme d'attentions, *ibid.* — En quoi ils consistent par rapport à soi même et par rapport à autrui, *ibid* — Règles à suivre, savoir, de supérieur à inférieur, *ibid* — Ils dénotent une b nne éducation; d inférieur à supérieur, *ibid.* — Conditions dans lesquelles on trouve des égards, 428, 429. — Leur origine, *ibid.* — On ne sait à quel sentiment les rattacher. Con lusion, *ibid.*

ÉGOÏSME (vice), ÉGOÏSTE, 429. — En quoi consiste l'égoïsme, 429, 430. — Ses espèces ; ses marques ; son extension toujours croissante. *ibid.* — Il est érigé aujourd'hui en science, *ibid.* — Il est plus ou moins condamnable, 431. — Sa bassesse et son abjection, *ibid.* — L'égoïsme rend mauvais fils, m uvais frère et mauvais père; mauvais citoyen, *ibid.* — Réflexions morales, 431, 432. — L'égoïsme est mauvais chrétien; car l'égoïsme rend inhumain, 432. — Tableaux d'après Belouino, *ibid.* — Ages propres à l'égoïsme ; autres réflexions morales; ne pas confondre l'égoïsme avec l'amour-propre des jeunes gens, 432, 433. — Opinion de madame de Staël sur les difficultés qu'on rencontre à vouloir le ch nger, 433. — Développer l'amour du prochain, *ibid.* — Flétrir l'égoïsme, *ibid.* — Généralement on dissimule l'égoïsme; dès lors on est peu appelé à le combattre, *ibid.* — D ailleurs l'égoïste est corrigible, *ibid.*

EMPORTEMENT (défaut), EMPORTÉ, 433 — En quoi il consiste ; ses causes, ses effets. *Voy* COLÈRE.

ÉMULATION (vertu), 434. — Définition, *ibid* ; par de La Chambre; réflexions d'Alibert; remarque de La Bruyère, *ibid.* — Elle a des rapports très-intimes avec la jalousie, l'ambition, l'envie, sans tenir d'aucune, *ibid* — Emulation remarquable de Corneille, *ibid.*—Réflexions de Smith, *ibid.*—Avantages de l'émulation, 435 — Moyens de l'exciter chez tous, 436; et chez l'enfant en particulier, 436, 437. — Conduite de saint Paul et des Pères de l'Église à leur égard. Assaisonner les encouragements de manière qu'ils ne sentent pas la flatterie; rapporter tout à Dieu. Se servir peu de la honte chez les garçons, davantage chez les filles. Réflexions, 437.

ENJOUEMENT (qualité), ENJOUÉ, 437 — En quoi consiste l'enjouement, *ibid.*—Ses avantages, *ibid.*—Ses sources, 438.

ENNUI (sentiment) ENNUYÉ, 438 — Définition de l'ennui par Alibert, *ibid.* — Ce qui le constitue d'après La Harpe; Dupaty, *ibid.* — Ses sources, *ibid* — Com ent il se développe et chez qui, *ibid.* — Ses conséquences; Belouino, 438, 439. — Confidence de madame de Maintenon, 439. — Reflexions philosophiques de M. l'abbé Bautain, *ibid.* — Moyens de remédier à l'ennui, 439, 440. — Réflexions morales, 440 — Avantages des travaux de l'intelligence et des travaux manuels, *ibid.* — Réflexion de Walpole, 441. — Comparaison des conséquences de l'oisiveté et de l'activité du travailleur, *ibid* — Remarques de Trublet et de madame de Sommery, *ibid.*

ENTENDEMENT (faculté), 441. — Définition, *ibid* —Noms donnés à ses différents actes, 441, 442. — Avantages de l'éducation sur l'entendement, *ibid* — Erreurs de l'entendement d'après Bossuet, 442. — De fausses perceptions les déterminent quelquefois, *ibid.* — Exemples : vices de l'audition, *ibid.* — Vices de la vision, 443. — Moyens de former le jugement, *ibid* — Généralités sur la valeur de certains mots relatifs à l'entendement, 443, 444. — C'est par la répétition des sensations appréciées par l'intelligence que se forme notre jugement, *ibid.* — Réflexion de Smith, 445 — Des trois opérations de l'entendement à savoir, 1° la conception; 2° le jugement; 3° le raisonnement, d'après Bossuet, *ibid* — Conclusion de cette question, qu'est-ce que l'entendement? *ibid.*

ENTÊTEMENT (défaut), ENTÊTÉ. — De l'entêté, 446 — Ce qui caractérise l'entêtement, ses sources, *ibid.* — Ses inconvénients, *ibid.* — Il est plus ou moins condamnable, suivant que les individus sont plus ou moins instruits, riches, etc., *ibid.* — Ne pas le confondre avec l'opiniâtreté, avec la fermeté, 446, 447. — Distinctions, 447. — Entêtement de Bonaparte et fermeté de Dubruix au camp de Boulogne, 447, 448. — Conclusions, *ibid.*

ENTHOUSIASME (sentiment), ENTHOUSIASTE, 448. — Signification du mot enthousiasme; en quoi il consiste; son utilité

ité, 448. — Remarque de Suard, *ibid*. — Ses députés, *ibid*. — Par exception, il est de tous les âges, opinion de Voltaire, *ibid*. — Il faut le limiter et non l'interdire; ce serait le paralyser, 450.

ENVIE (passion), 450. — Définition par Smith *ibid* — Réflexions de madame de Staël; La Rochefoucauld, *ibid*. — Elle est un tourment pour tous, remarque de Voltaire, *ibid*. — En quoi elle consiste; ses tendances, 451. — Son origine, *ibid*. — Ses effets; elle porte au crime; exemples. L'envie n'est point une passion primitive : elle vient de l'intériorité, 451. — Réflexion de Job; remarques de Duclos et de Vauvenargues, *ibid*. — Autres fâcheuses conséquences de l'envie, *ibid*. — Ses moyens de nuire, 452, 453. — Remarque de Sophocle, *ibid*.; d'Horace, 453. — Réflexions philosophiques, 453, 454. — Remarques de Lamotte, 454; de Bion, *ibid*. — Effets de l'envie sur le physique et le moral, *ibid*. — Portrait de l'envieux, *ibid*. — Remarque de saint Grégoire, *ibid*. — Envie du sot, 455. — Châtiment de l'envie, *ibid*. — Ne pas la confondre avec la jalousie; distinctions, *ibid*. — Envie des marâtres; d'après Belouino, *ibid*. — Soins que les envieux mettent à cacher leurs sentiments, 455. — Maxime de Théophraste, *ibid*. — Mo en s a opposer a l'envie, *ibid*. — En bonne politique on se sert avec avantage de l'envie; histoire des rivalités de Lacédémone et d'Athènes, *ibid*. — Profit qu'en tirèrent les Perses, *ibid* — Ne pas confondre l'envie avec l'émulation, 456, 457 — Pourquoi? 457.

ÉPOUVANTE (sentiment). ÉPOUVANTÉ, 457. — Définition, *ib d* — Son origine, remarque de d'Alembert. *Voy.* FRAYEUR, PEUR, APPRÉHENSION, CRAINTE.

ÉQUITÉ (vertu), 457. — D finition, *ibid*. — Quatrain de Boileau sur la dignité de ce sentiment, *ib d*. — Synonyme d justice; elle a quelque chose de plus noble et de plus généreux; pourquoi? parce que l'équité vient du ciel, *ibid*.

ESPÉRANCE (vertu), 457 — Ce qui la constitue d'après Descartes et autres, 458.— Réflexions de Pope et de Saint-Simon, 458, 459 — Espérance en théologie, 459. — Ce qui la constitue aux yeux du vrai croyant, *ibid*. — Ses avantages, 459, 460. — Âges des illusions, de l'espérance, *ibid*. — Espérance mondaine, ses avantages; restrictions, *ibid*. — Es érances à donner aux malades, 460, 461. — Règles, 461. — Remarques d'Aristote; de Bonaparte; de madame Lambert, *ibid*. — Influence de l'espérance sur les lon tons, 462 — Conclusion, *ibid*.

ESPRIT (mot générique, faculté), 462. — Définition, *ibid*. En quoi il consiste; il diffère dans ses degrés selon les tu dividus, *ibid*. — Ses divers genres; La Rochefoucauld, 462, 463. — Autre définition, 463 — Esprit, bel esprit, distinction, *n id*. — Dispositions naturelles; sont-elles égales, 464. — Règles pour faire un bon usage de l'esprit, *ibid*., 465. — Ne jamais le faire briller aux dépens d'autrui, *ibid* — Remarque de Voltaire; de d'Aguesseau, *ibid* — 2° Etre très-mesuré dans ses expressions, 465. — Moyens d'acquérir de l'esprit, *ibid*. — Lectures, conversations, maxime de Montaigne, *ibid*. — Tout que se font les gens d'es rit silencieux, *ibid*. — Ignorans, présomptueux, *ibid*. — Observ tion, 466.

ESTIME, ESTIMABLE, 466. — Définition de l'estime; opinion de Fénelon, *ib d*. — Chacun d veut l'acquérir et s'estimer au moins soi-même, *ibid*. — Amour de l'estime est synonyme d'amour de soi-même, 467. — Réflexion du grand Frédéric, *ibid*. — Conclusions et réflexions générales, *ibid*.

ÉTONNEMENT (sentiment), 467 — Synonyme d'admiration, déférence, *ibid*. — *Voy* SURPRISE.

EXAGÉRATION (défaut), 467. — Définition, *ibid*. — Opinion de de Maistre, *ibid*. — Inconvéniens des récits exagérés, 467 *et suiv.* — Voyageurs, 468 — Remarque de M lesherbes, *ibid*. — La contrariété rend plus exagéré, 168, 469. — Moyens de prévenir et de détruire l'exagération, 470.

F

FÂCHEUX (défaut), 469. — Définition, *ibid*. — Portrait d'après Théophraste, *ibid*. — Sources de l'importunité du fâcheux, *ibid*. — Moyens d y remédier, *ibid*.

FAIBLE, FAIBLESSE (défaut), FACILE, 470. — Définitions de la faiblesse, *ibid* — Causes; distinction entre les diverses sortes de faiblesse, *ib.d*. — Ne pas la confondre avec la lâcheté, *ibid*. — On peut être brave et faible; exemple : Charles IV, *ibid* — Remarque du cardinal de Retz, *ibid* — Distinction entre la faiblesse et la facilité, 470, 471. — Éviter toute faiblesse, moyen, 471. — Il n'est rien de si puissant que la grâce; c'est parce qu'elle manqua à Pierre qu'il eut la faiblesse de renier le Christ, *ibid*. — Mettre de bonne heure cet exemple sous les yeux de l'enfant et en faire ressortir la moralité, *ibid*.

FAINÉANT, FAINÉANTISE (vice), 472. — Définition, *ibid*.— Elle a la plus grande analogie avec la PARESSE. *Voy* ce mot.

FAMILIARITÉ (défaut), FAMILIER, 472. — En quoi elle consiste; ne pas la pousser trop loin, *ibid*. — Familiarité bien entendue, *ibid*. — Règles, 472, 473 — Maxime de Mirabeau, 473. — Inconvénients d'une trop grande familiarité, 473, 474. — Conclusions, 474.

FANATIQUE, FANATISME (vice), 474. — Ce que c'est qu'un fanatique, *ibid*. — Définition du fanatisme, *ibid* — Ses sources, 474 *et suiv*. — Influence du tempérament, 475. Fanatisme de Julien l'Apostat, *ibid*. — Opinion de M Cousin, 476. — Attaques contre le fanatisme du catholicisme; réfutation, 476, 477. — Opinion de Rousseau sur le fanatisme religieux et irréligieux, 477. — Maxime de saint Bernard, *ibid*. — Réflexions générales. — Le fanatisme est l'arme du despotisme; combattre le fanatisme; comment, *ibid*. — Conclusions, *ibid*.

FANFARON, FANFARONNADE (défaut), 478. — Qu'est-ce qu'un fanfaron, 479 — Remarque de Diderot, *ibid*. — Inconvénients de la fanfaronnade, *ibid*.

FANTAISIE (passion fugitive), 479. — Généralités sur cette passion, *ibid*. — Âges ou elle est familière, *ibid*. — Ses sources, *ibid*. — Inconvénients des fantaisies, *ibid*. — Leurs diverses espèces; réflexions de madame Necker, *ibid*. — Conclusions, *ibid*.

FANTASQUE, 479. — Définitions, 480. — Remarques générales, *ibid*.

FAROUCHE et SAUVAGE (vices), 480. — Synonymie, *ibid*. — Causes, humeur, ignorance; leur influence, *ibid*. — Distinctions entre l'homme sauvage et l'homme farouche, 480, 481. — Il convient de les corriger, moyens de correction, 481.

FASTE (défaut), FASTUEUX, 481. — En quoi consiste le faste, *ibid* — Ce qu'il exprime; son analogie avec l'ostentation; ses sources, *ibid*. — Erreur dans laquelle les écrivains sont tombés à l'endroit du faste, *ibid*.—Opinion de Jean-Jacques Rousseau, 482 — S'il nourrit les pauvres des villes, il ruine les gens de la campagne, *ibid*. — Sentence de Delille, *ibid*. — Opinion de Bacon, *ibid*.—Faste de François I°r, 482, 483. — Son entrevue avec Charles-Quint; le mariage de sa nièce Jeanne d'Albret, 483. — Faste de la r ot esse et de la bourgeoisie sous Louis XIV, *ibid*. — Faste de Bassompierre au mariage de Henri IV; de G brielle d'Estrées au baptême du fils de madame de Sourdis, *ibid*. — Epigramme de Thomas Morus, *ibid*. — Fausse interprétation du mot faste, 484. — On le confond avec l'orgueil et la vanité, *ibid*. — On l'accuse d'étendre la bienfaisance; réfutation, *ibid*. — Opinion de madame de S mmery, *ibid* — Réprimer le penchant au faste et corriger les fastueux; moyens, *ibid*.

FASTIDIEUX (défaut), 484. — Comment on le devient, *ibid*. — C'est un des caractères de l'importunité.

FAT, FATUITÉ (défaut), 485 — En quoi consiste la fatuité et ce que signifie le mot fat, 485. — Portrait du fat, *ib d* — Origine de la fatuité, *ibid*. — Maxime de La Bruyère, *ibid*. — Inconvénients; sentence, *ibid*.

FAUSSETÉ (vice), FAUX, 485. — Définition de la fausseté, *ibid*. — Qui caractérise l'homme faux, *ibid*. — Distinction de la fausseté; fausseté de l'esprit et fausseté du cœur, 485, 486. — Ce en quoi elles consistent, 486. — Elle tient de la DISSIMULATION *Voy* ce mot.

FERME, FERMETÉ (vertu), 486. — Définition de la fermeté, *ibid*. — Son origine, *ibid*. — Elle donne la force de résister à toutes les épreuves, même au martyre; mort de saint Jean Népomucène, martyr du secret de la confession, *ibid*. — Sentence de Senèque, *ibid*. — La fermeté puise sa force dans la foi, l'espérance et la charité, 487.—Il faut donc conserver ces vertus, *ibid*.

FÉROCE, FÉROCITÉ (vice), 487. — Signification du mot féroce, *ibid*. — Réflexion de Diderot, *ibid*. — Enseignement tiré de la vie de Caligula, de Néron, etc., *ibid*.

FIDÈLE, FIDÉLITÉ (faculté), 487 — Acceptions diverses du mot fidélité, *ibid*. — En quoi elle consiste, *ibid*. — Devoirs qu'elle impose, *ibid*. — Avantages de la fidélité, 488. — Sentence de Marg nei, *ibid*. — Nous devons estimer la fidélité et en répandre l'amour et la pratique, *ibid*.

FIER, FIERTÉ (qualité bonne ou mauvaise), 488.—Significations diverses du mot fierté, *ibid*. — Ses avantages et ses inconvénients, 488 489.

FLOU, FILOUTERIE. *Voy*. FRIPON, FRIPONNERIE, VOL.

FINESSE (faculté), FIN, 489. — Définition de la finesse d'après Marmontel, *ibid*. — Divisée en finesse de l'esprit et finesse de caractère. La première est innée et se perfectionne en la cultivant; travers, *ibid*. — Opinion de Bacon et de Duclos sur la seconde, 489, 490. — Maxime de La Rochefoucauld, 490 — Conclusions et règles, 490, 491.

— Observation particulière à l'égard des femmes artificieuses, 490, 491. — Conseils dictés par Fénelon, ibid.
FLATTERIE (défaut), FLATTEUR, 491. — Définition de la flatterie, ibid. — Son origine, ibid.— Langage du flatteur d'après Théophraste; ses manières, 491, 492. — La flatterie est prise en mauvaise part, 492. — Réflexions morales, ibid. — Ses trompeuses amorces, ibid. — Sentence d'Antisthène; de Charron, 492, 493. — Ses inconvénients, 493. — Conclusion, 493.
FOI (vertu), 493. — Définition, ibid. — Considérations générales, ibid. — Controverse de certains philosophes, 493, 494. — Réfutation, 494. — Foi de Newton, Pascal, le grand Condé, etc., ibid.
FOURBE (vice), FOURBERIE, 494. — Ce en quoi consiste la fourberie, ibid. — Ses sources, ibid. — La fourberie est exécrée; pourquoi, ibid. — Elle tient de la DISSIMULATION. Voy. ce mot.
FRAGILE, FRAGILITÉ (défaut), 495. — Définition d'après le Dictionnaire encyclopédique, ibid. — Ce qu'on doit entendre par fragile, ibid. — Causes de la fragilité, ibid. — Ne pas la confondre avec la faiblesse; distinction, ibid. — Il est nécessaire d'inspirer à l'homme fragile l'amour de la sagesse; de la religion, ibid.
FRANC, FRANCHISE (qualité ou défaut). En quoi elle consiste, etc., 495. Voy. CANDEUR.
FRAYEUR (sentiment), 496. — Définition, ibid. — Elle se lie à la PEUR et à la TERREUR. Voy. ces mots.
FRIPON, FRIPONNERIE (vice), 496. — Définition de la friponnerie, ibid. — Voy. VOL.
FRIVOLE, FRIVOLITÉ (défaut), 496. — Ce en quoi consiste la frivolité, ibid. — Ses sources : l'ignorance, la vanité; ses conséquences; distinctions, 496, 497. — Moyens de guérir la frivolité, ibid.
FRUGAL, FRUGALITÉ (vertu), 497. — Définition d'après Comberland, 497, 498. — Son domaine, ses avantages, ibid. — Frugalité des anciens, 498.
FUREUR (passion), FURIEUX, 497. — Acception du mot fureur. Voy. COLÈRE.

G

GAITE (sentiment, GAI, 497. — En quoi consiste la gaieté; on la recherche, 497. — Ses avantages, 497, 498. — Réflexions de Hume, 498, 499. — Ne pas juger sur les apparences, 499. — Elle est souvent simulée, ibid. — Remarques de Jean-Jacques, ibid. — Conclusion, ibid.
GALANT, GALANTERIE (qualité ou vice), 499. — Considérée sous ces deux aspects opposés, ibid. — Réflexion de Voltaire, ibid.—Emploi avantageux de la galanterie, 499. — Emploi opposé, ibid. — Réflexions de Roussel, 499, 500. — Ne pas confondre la galanterie et la coquetterie; leurs caractères distinctifs, 500. — Conclusion. Voyez CHASTETÉ.
GÉNÉROSITÉ, LIBÉRALITÉ (vertus), PRODIGALITÉ (vice), 500. — Attributs de la bonté; en quoi ils diffèrent, 500, 501. — Traits caractéristiques de la générosité, de la libéralité et de la prodigalité, 501. — Prodigalité d'Antoine; de Richard VIII; générosité de Voltaire, 501, 502. — De La Rochefoucauld; de Bayard; d'Henri IV; de Louis XVI; de madame Elisabeth, 502, 503. — Conclusions, ibid. — Remarque de Saint-Evremont; générosité du docteur Bouvard; guérison instantanée de son malade, ibid.
GÉNIE (faculté), 503. — Définition, ibid. — Il est un don de Dieu, ibid. — Ses attributs et ses avantages, ibid. — Ce que c'est que le génie et l'homme de génie d'après le grand Frédéric, ibid — Il y a plusieurs sortes de génie : observation de Voltaire, ibid. — Remarques et réflexions, ibid. — Shakespeare, 505 — M. Saint-Marc Girardin; des écarts du génie, ibid.— Prétentions des hommes de génie; conseils de l'abbé Winckelman, ibid. — Moyens de devenir homme de génie : 1° l'observation; 2° l'érudition: opinion de Zimmermann; réflexions diverses, 505. — Maigreur des hommes de génie, ibid. — Conclusions et réflexions philosophiques, 506, 507. — Les hommes de génie sont en butte à la rivalité; pourquoi, 507.
GLORIEUX (défaut), 507. — Ce que c'est que la gloire, ibid. — Sa véritable acception à l'endroit de César, d'Alexandre, de Socrate, de Charles XII. Ne pas confondre la vraie gloire avec la vaine gloire. Effets de l'une et de l'autre, ibid. — Ne pas confondre non plus la timidité avec la hauteur du glorieux, 508. — En quoi elles se ressemblent et diffèrent, ibid. — Portrait du glorieux d'après Diderot, ibid. — Le glorieux peut se porter à tous les excès; exemple : Erostrate brûlant le temple d'Éphèse pour que la postérité parle de lui, ibid. — Le glorieux méconnaît le mérite d'autrui, ibid. — Conséquences, ibid. — Moyens de le guérir; lui parler un langage vrai, mais sévère, 509. — Mieux vaudrait prévenir ce défaut; par quels moyens, ibid.

GOURMANDISE (qualité bonne ou mauvaise), 509. — Définition, d'après Brillat-Savarin, ibid. — Elle comprend la friandise et l'intempérance, ibid.— Elle est parfois une qualité et quelquefois un défaut, ibid — Observations relatives au goinfre, au goulu, au glouton; on ne doit pas les confondre avec le gourmand; pourquoi, 509, 510. — Réflexions, 510. — Ses avantages, 511. — Règles relatives à la gourmandise, ibid. — Fait singulier de gourmandise cité par madame de Créquy, ibid — On s'est mépris sur la friandise, ibid. — Inconvénients, 511, 512. — Aphorisme d'Hippocrate, 512 — Réflexions d'Albert, ibid. — Influence de la bonne chaire sur le moral; sur le physique, 512, 513; — Sur les devoirs de la vie sociale, 513, 514.—Autres maux causés par la gourmandise; histoire de Cornaro, 514. — Opinions diverses sur la gourmandise, ibid. — Comment les concilier, ibid. — Faim de Tarare, Bijou, ibid. — Utilité de la séparation de la gourmandise et de l'intempérance, 515. — Disposition de tous les hommes à la gourmandise, ibid. — La détruire dans l'enfance, ibid. — Réflexions générales et conclusions, ibid.
GOUT (faculté), 516. — Considéré suivant qu'il se rapporte, 1° au sens du goût; 2° aux produits de l'intelligence; 3° au jugement des produits des arts, etc., ibid. — Difficultés de le définir, ibid. — Définition de madame Dacier, etc., ibid. — Goût, synonyme de jugement, ibid. — Leurs différences, ibid. — Ne pas disputer des goûts; réflexions, 516, 517. — Règles pour le goût, 517. — Sentence de Kératry, ibid. — Sources du goût, — Goût de la servante de Molière, ibid. — Opinions de La Rochefoucauld et de Batteux, ibid. — Ce qui constitue le goût, d'après M. Raynaud, 518. — Goûts divers; Crébillon, Fontenelle, Voltaire, ibid. — Remarques particulières, ibid. — Par quoi s'exerce le goût, 519. — Réflexions de Rousseau, ibid. — Conclusions, ibid.
GRACIEUX (qualité), 519. — Définition, ibid. — Synonyme d'agréable; différences d'après Neuville, ibi.. — Avantages d'être gracieux et agréable Conclusion, ibid.
GRANDEUR D'AME (vertu), 519 — Sa définition, ibid. — Son origine; définition de Formey, 520. — Fausse idée qu'il s'en est faite, ibid. — Sentence de Pline; d'Aristote, ibid. — Réflexions de Fontenelle, ibid. — Exemples de grandeur d'âme; Alexandre buvant la potion qu'on lui a dit être empoisonnée et que lui présente son médecin, 521.— Réflexion de Cicéron; autres, ibid.
GRAVE, GRAVITÉ (qualité), 521. — Ce que c'est que la gravité, ibid. — Son utilité; son ridicule; — Maxime de La Rochefoucauld, ibid.— Ne pas confondre la gravité avec la décence et la dignité; remarque de Diderot, ib d. — Différences, 522. — Sa supériorité; origine de la gravité; âges où elle convient, ibid. Voy. SÉRIEUX.
GRONDEUR (défaut), 522. — Ce qui le caractérise, ibid. — Ce qui rend grondeur, ibid. — Analogie qu'il y a entre être grondeur et acariâtre, ibid. — Conséquences de l'habitude de gronder, 522, 523. —Moyens de corriger le grondeur, 523, 524,
GROSSIÈRETÉ Voy. RUSTICITÉ.

H

HAINE (vice), HAINEUX, 525. — Définition de la haine, ibid. — Elle est applicable à bien d'autres sentiments, ibid. — Caractères distinctifs de la haine et de la colère avec laquelle Nicole, Duclos, Tissot et Rivarol la confondent, ibid. — Comparaison de la haine avec l'envie ; ont-elles la même origine? réponse négative : pourquoi? 523, 524. — Tempéraments qui disposent à la haine, 524. — Caractères particuliers à la haine, 524, 525. — Influence des localités; Espagnols, Italiens, Corses, sauvages, 525.— Effets de la haine sur le moral, 525. — Dieu la défend, exception, 525, 526. — Réflexion de Massillon, 526. — Haine rancunière, ibid. — Ses effets, ibid. — Remarque de Dumoustier, ibid. — Portrait du haineux, ibid — Rechercher la véritable cause de la haine, 527. — Faire le tableau des maux qu'elle entraîne, i id. — Développer la pitié; remarque de M. Thiers; si le physique a été altéré; moyens appropriés, ibid.
HARDIESSE (qualité bonne ou mauvaise), RÉSOLUTION (qualité), AUDACE (qualité bonne ou mauvaise), EFFRONTERIE (vice), INSOLENCE (vice), 527. — Significations diverses de hardiesse; prise en bonne part; opinion de Descartes, ibid. — Prise en mauvaise part ; définition d'après La Bruyère, 527, 528. — Langage de la hardiesse, de l'audace, de l'effronterie, 528. — Ces mots ne sont pas synonymes, ibid. — Leur acception plus spéciale, ibid. — Remarques de Girard, ibid. Voy. COURAGE.
HAUTAIN (défaut), 529. — En quoi il consiste, ibid. — Ne pas confondre le haut avec le hautain; pourquoi; distinctions, ibid. — Ne pas laisser germer les dispositions à

ce défaut, ou les détruire; comment, 529.—*Voy.* Orgueil.
Hauveur (vice), 529. — Ce qui la caractérise, *ibid.* — Ses inconvénients ; réflexions générales, *ibid.*
Héroïsme (vertu), 529. — Ce que signifie le mot héroïsme, *ibid*. Il a été mal compris par certains, *ibid.* — En quoi il consiste, *ibid.* — Ne pas confondre le véritable héros avec le conquérant, 530. — Opinion de Sacy, *ibid.* — Réflexions de Jean-Jacques, *ibid.* — Conclusions, *ibid.*
Honnête, Honnêteté (qualité), 531. — Définition de l'honnêteté d'après Vauvenargues, *ibid.* — Synonyme de vertu ; en quoi elle consiste ; opinion de madame de Staël, *ibid.* — Sa pratique est difficile; pourquoi, *ibid.* — Sa rareté, 531, 532. — Maxime de Pie IX, 532. — Ne pas confondre l'honnête homme et l'homme honnête, *ibid.* — Ce qui les distingue, *ibid.*
Honneur (sentiment), 532.—En quoi il consiste, *ibid.*— Synonyme d'honnêteté, quoique plus borné qu'elle ; exemples, 532, 533. — Préjugés attachés à l'honneur, 533. — Fausse interprétation donnée à ce mot, 533, 534.— Honneur des duellistes, *ibid.* — Reflexions de l'abbé Bautain, *ibid.*—Honneur du joueur, 534. — Conclusions ; réflexions de Duclos, *ibid.*
Honte (sentiment), 534. — Vauvenargues l'a définie, *ibid.* — Et Descartes, *ibid.* — En quoi elle consiste, 534, 535. — Son influence sur le physique, 535. — Elle est quelquefois mortelle ; exemple, Diodore le dialecticien, *ibid.* — Avantageuse, quand ; réflexions de madame Lambert, *ibid.* — Ne pas confondre la honte avec le respect humain, *ibid.*
Humain, Humanité (vertu), 535.— En quoi consiste l'humanité ; respect des anciens pour cette vertu, 535. — Influence de la religion naturelle sur eux, 536. — Faits remarquables. *Voy.* Amour du prochain, Dévouement. Conduite de Blondel de Nonanville lors des troubles de Rennes, à l'occasion du timbre, en 1787, 536, 537. — Réflexions philosophiques, 537.
Humeur (faculté), 537. — Définition, *ibid.* — En quoi elle consiste, *ibid.* — Elle est une disposition naturelle, *ibid.* — La conserver quand elle est bonne ; moyens ; prendre en considération l'état physique qui influe sur elle, *ibid.*
Humiliation (sentiment), 538. — Définition; en quoi elle consiste d'après d'Arconville, *ibid.* — Ses limites, *ibid.* — Préjugés et morale, *ibid.*
Humble, Humilité (vertu), 538. — Définition de l'humilité, *ibid.*—Humilité de Godefroy de Bouillon, *ibid.*— Origine de cette vertu; ce qui la caractérise, *ibid.* — On a fait hum lité synonyme de modestie, 539. — Leur analogie et leur dissemblance, *ibid.* — Conduite de gens modestes, 539, 540. — Observations de Bellegarde, 540. — Rareté de l'hum.lité; remarques de La Rochefoucauld, *ibid.* On ne qu'elle soit une vertu; raisons; conseils de Platon; d'Épictète, *ibid.* — Maximes, *ibid.* — L'humilité est le contre-poison de l'orgueil ; elle a des bornes, *ibid.*
Hypocrisie (vice), Hypocrite, 541. — Définition de l'hypocrisie; ce qui caractérise l'hypocrite, *ibid.*— Remarque de Voltaire, *ibid.* — Maxime de Larochefoucauld; observation de Jean-Jacques, 541, 542. — Elle devient de plus en plus commune, 542. — Comparaison de Rousseau, *ibid.* — L'hypocrite est plus à craindre que le scélérat; pourquoi, *ibid.* — Conclusions, *ibid.*

I

Idée (faculté), 544. — Généralités par Gérando, *ibid.* — Origine des idées d'après F. Bérard, 541, 542.—Leurs faces ; en quoi elles consistent, 542, 543. — Leur origine, 543. — Distinction de Mallebranche, *ibid.* — Erreur qu'il a commise, *ibid.* — Nature des idées ; réfutation des nominalistes, des réalistes et des conceptualistes, par M. Cousin, 543 et suiv. — Son opinion, 545. — Critique, *ibid.* — Opinion de Platon, *ibid.* — Réflexion de Condillac, *ibid.*
Illusion (sentiment), 545. — En quoi elle consiste ; source des illusions d'après Nicole, *ibid.* — Remarque de Châteaubriand; de madame de Deffand, *ibid.*—Réflexions philosophiques, 545, 546.
Imagination (faculté), 546. — Ce que c'est qu'imaginer d'après Bossuet, *ibid.*—Définition de l'imagination d'après M. de Bonald; de Wolff, *ibid.* — Remarque de Voltaire. *ibid.* — Signification du mot imagination, *ibid.* — En quoi elle consiste, *ibid.* — Son activité et sa passivité, 547. — Réflexion de Voltaire, *ibid.* — Explication, *ibid.* — Division et facultés; active, forte, faible, douce, ardente, sage, fausse, passive, Conclusions, *ibid.* — Lois, *ibid.* — Ages, *ibid.* — Réflexions philosophiques, dangers d'une imagination trop vive; songes; remarque de Montaigne, 549. — Éviter ses écarts ; moyens, *ibid.* — Conseils, *ibid.* — Causes qui affaiblissent l'imagination, *ibid.* — Habitudes de Law; de Newton; remarque de Boerrhaave, 549, 550.

Moyens qui activent l'imagination, 550. — Remarque de Brillat-Savarin ; explications, la mienne, 530, 551.
Impassible Impassibilité, (faculté), 551. — Ce que c'est qu'être impassible et impassibilité, *ibid.* — Ne pas la confondre avec l'insensibilité, ni avec l'impassibilité el ex-même, chez l'être vicieux, *ibid.* — Remarque du docteur Fouquet, face hippocratique des criminels qu'on conduit à l'échafaud, *ibid.* — Description de la face hippocratique, 551, 552. — Le docteur Double a augmenté le nombre des traits caractéristiques donnés par Hippocrate. Pourquoi je n'ai pas adopté sa description, *ibid.*
Impatience (défaut), Impatient, 552. — Définition, *ibid.* — Degrés de l'impatience, *ibid.* — Influence de l'habitude; ses dangers; réflexions du chevalier de Jaucourt, *ibid.* — Ne pas toujours la prendre en mauvaise part ; pourquoi, *ibid.*—Remarque de Edgworth, *ibid.*—Remonter à la cause afin de la modérer; moyens, 553.
Impertinence (défaut), Impertinent, 553. — Acception du mot impertinence, d'après Boucher d'Argis, *ibid.* — Portrait de l'impertinent, *ibid.*—Effets de l'impertinence; moyens de corriger l'impertinent, *ibid.*
Impie, Impiété (vice), 553. — Définition du mot impie, 554. — Réflexions morales; ne pas confondre l'impiété avec l'incrédulité, *ibid.*
Importun, Importunité (défaut), 554. — En quoi ils consistent, *ibid.*—Manies de l'importun, d'après Théophraste, *ibid.* — Définition; sources de l'importunité; réflexions, *ibid.*
Imprudence (défaut), Imprudent, 554.—En quoi consiste l'imprudence ; ses sources ; moralité, 555
Impudence (vice), Impudent, 555. — Définition de l'impudence, d'après Abadie ; réflexions de Desvares ; de La Bruyère, *ibid.* — Portrait de l'impudent, d'après Théophraste, *ibid.* — Moyens de réhabilitation, *ibid.*
Impudicité, Impureté (vice), 556. — Leur signification; leurs sources; maxime de saint Jérôme; moyens de combattre l'impudicité, *ibid.*
Incertain, Incertitude (défaut), 557. — Analogie de l'incertitude et de l'irrésolution; leurs différences, *ibid.* —Réflexions de Micho i de Neuville; remarque du cardinal de Retz, de P. Syrus, *ibid.* — Ne pas confondre l'incertitude avec la prudence, *ibid.* — Moyens d'exciter les personnes indécises, *ibid.*
Inclination (sentiment), 558. — Définition, *ibid.* — En quoi elle diffère du penchant et des passions; leur origine; les favoriser ou les réprimer, *ibid.*
Inconstance (défaut), Inconstant, 558. — Significat on du mot inconstant; différence entre l'inconstance et la légèreté ; entre l'inconstant, le léger et le volage, *ibid.* — Définition de l'inconstance; son origine; influences de l'âge, du sexe, du tempérament, etc., *ibid.* — Ce qui la caractérise, d'après Sénèque, 559. — Réflexions de P. Charron, *ibid.* — Appréciation de l'inconstance, 560. — Remarque de madame de Staël, *ibid.*—Éducation à donner à l'inconstant, *ibid.*
Incontinence (vice), 560. — Définition ; ses inconvénients; son origine; causes physiques; alimentation, *ibid.* — Froid et chaud, 561.—Mauvaises habitudes; substances excitantes, *ibid.* — Causes morales; immodestie des femmes; spectacles, tableaux, etc., *ibid.* — Influence des sentiments religieux pour guérir de l'incontinence, *ibid.*
Incrédule, Incrédulité (vice), 561. — Signification du mot *incrédule*, *ibid.* — Sources de l'incrédulité, *ibid.* — Inconvénients de ce vice, 562.
Indécence (vice), Indécent, 562. — Définition de l'indécence, *ibid.* — Comparaison de ses effets avec ceux de la décence, *ibid.* — Causes de la perpétuité de l'indécence, *ibid.* — Conseils aux pères de famille, 562.
Indécis, Indécision (faculté), 562. — Signification du mot indécision; inconvénients de l'indécision, *ibid.* — Erreur des pyrrhoniens, 563. — Sources de l'irrésolution; moyens d'y remédier, *ibid.*
Indifférence (sentiment), Indifférent, 563. — En quoi elle consiste; ses inconvénients; réflexion de madame Deshoulières; réflexions morales, *ibid.*
Indignation (sentiment), 563. — Ce qui la fait naître; ce qui la constitue, 563, 564. — Ses effets à l'égard d'autrui; à l'égard de nous-mêmes, 564. — Maladie; observations de Haller; de Val re-Maxime; de Zimmermann, *ibid.* — Appréciation de l'indignation; fait cité par Stanislas-Auguste, roi de Pologne, *ibid.* — Avantages que les médecins ont retirés de l'indignation, 565. — Observations de Demangeon; du professeur Lordat, *ibid.*
Indiscret, Indiscrétion (défaut et vice), 565. — Ce qui caractérise l'indiscrétion; ses inconvénients; moralité, *ibid.* — Origine de l'indiscrétion, 565, 566. — Sa perpétuité, 566. — Conseils à donner à l'enfance, *ibid.* — Appréciation de l'indiscrétion, 566, 567.—Préceptes à l'égard de la discrétion, 567.

Indocile, Indocilité (défaut), 567. — Ce qui constitue l'indocilité, *ibid.* — Elle est propre à l'enfance, 568.— Moyens de les en corriger, *ibid.*

Indolence (défaut), 568. — Définition de l'indolence, *ibid.* — Ses effets; moyens d'y remédier, *ibid.*

Indulgence (vertu), 568. — Définition morabté, 568, 569 — Moyens d'y disposer, 569. — Réflexions d'Azaïs, *ibid.*

Ingénu, Ingénuité (qualité), 570. — En quoi elle consiste, *ibid.* — Ses avantages, *ibid.* — C est une des sœurs de la candeur. *Voy.* ce mot.

Ingrat, Ingratitude (vice), 570. — Définition de l'ingratitude; son origine; opinion de Descartes; de Cicéron; ses effets, 570, 571. — Réflexions de l'abbé Bautain; de Jean-Jacques, 571 — Causes de l'ingratitude, *ibid.* — Elle est le partage de certains hommes, 572. — Aristide, Socrate, *ibid.* — Réflexions de P. Belouino sur la fréquence, *ibid.* — Soyons bienfaisants, quoiqu'il y ait des ingrats, *ibid.* — Inuter d'Alembert; quatrain de Gresset, *ibid.* — Ingratitude des Vénitiens pour Foscari, 572, 573. — Réflexions philosophiques, 573. — Moyens d'éteindre l'ingratitude, *ibid.*

Inhumain, Inhumanité (vice), 573. — Sources de l'inhumanité, ses effets; moyens d y remédier, 574.

Injuste, Injustice (vice), 574. — Ce qui la constitue, *ibid.* — Réflexion de Marc-Aurèle, 574, 575; Jean-Jacques, 575. — Conclusions, *ibid.*

Innocence (vertu), 575. — Ce qui la caractérise; moralité, *ibid.*

Inquiet, Inquiétude (sentiment), 575. — Définition, *ibid.* — En quoi consiste l'inquiétude, ses effets, etc., *ibid.*

Insensible, Insensibilité, 541. — C'est le premier degré de l'humanité.

Intègre, Intégrité (vertu), 576. — C'est la pratique de la justice; la fille de la probité, *ibid.* — *V.* Probité et Justice.

Intempérance (vice), 576. — Généralités; définition, *ibid.* — Intempérance de langue, 576. — *Voy.* Par eur — Défaut de la duchesse d'Orléans mère de Philippe-l galité; *ibid.* — Ce qui constitue la véritable Intempérance, *ibid.* — *Voy.* Gourmandise, Ivrognerie.

Intéressé (défaut), 577. — Ce que c'est qu'un intéressé, *ibid* — Remarque de Duclos, *ibid* — Limites que doit avoir l'intérêt; moyens de corriger les gens intéressés, *ibid.* — Vers de Rousseau, *ibid.*

Intolérance (vice), Intolérant, 577. — Définition de l'intolérance, *ibid.* — Ce qui la caractérise, 577, 578.— Ses inconvénients, 578. — Avantages de la tolérance; opinion du du Bellay, *ibid.*

Intrépide, Intrépidité (vertu), 578. — Ce qui constitue l'intrépidité, *ibid.* — Synonyme de Bravoure. *Voy.* ce mot.

Irreligieux, Irréligion (vice), 578 — Signification du mot *irréligieux*, *ibid.* — Sources de l'irréligion, 579.— Préceptes de Pythagore; de Socrate; de Xénophon; des épicuriens, d'après Adisson, *ibid.* — Inconvénients de l'irréligion; avantages de la piété, *ibid.* — Réflexions de Jean-Jacques, 580. — Source de l'irréligion; moyens de l'étouffer dans le cœur de l'homme, *ibid.*

Irrésolu, Irrésolution (défaut). *Voy.* Indécision

Ivrognerie (vice) 580. — Est fille de l'intempérance; ne pas la confondre avec l'ivresse, *ibid.* —Inconvénients de l'ivrognerie Son influence secondaire sur le physique et le moral, *ibid.* — Homicide d'Alexandre, *ibid* — Elle est familière à certaines classes, certaines conditions, etc., 581 — Ses causes, *ibid.* — Sa fréquence dans certaines localités, 582. — Portrait de l'ivrogne, 582, 583.—Effets de l'ivresse, 584.— Durée de l'état d'ivresse, 585 — Ses variétés; caractères différentiels des différentes espèces d'ivresse, d'après Pounder, 585, 586.— Remarque d'Hogarth, *ibid.* — Suites de l'ivresse, 586, 587 — Indiscrétion de l'ivrogne, 587 —Paupérisme, d'après Stone; crimes et délits, d'après M. Cole; aliénation mentale, d'après Wilson; Remarque de M. Desportes; observation de M Descuret, *ibid.* — Opinion de Thomas Jefferson, 587, 588. — Moyens de guérir l'ivrognerie 588 *et suiv.* — Faiblesse de l'ivrogne à l'endroit des boissons spiritueuses, 588. — Force de caractère du général Cambronne, 588, 589. — Sage conduite de M. de R... envers sa femme et fermeté de celle-ci, 589, 590.— Secours que la médecine fournit, 590 *et suiv.* — Mettre beaucoup de patience et de persévérance dans leur emploi, 592. — Proverbes de l'Écriture sainte, *ibid.* — Lois contre l'ivrognerie; de Dracon, de Lycurgue; remarque de Plutarque, *ibid.* — Lois de Pittacus, de Séleucus, de Pythagore, *ibid.* — De Platon, d'Épicure, 593. — Lois romaines, *ibid.* — Loi de Mahomet, *ibid.* — Mœurs des Français à différentes époques, 593, 594.—

Traitement de l'ivresse, 594 *et suiv.* — Conduite du malade après l'accès, 596.

J

Jactance (défaut), 595. — Définition d'après l'abbé Sabatier, 596. — Son origine, *ibid.* — Ce qui la caractérise, *id.* — Ses inconvénients, 595, 596. — Pourquoi on doit les éviter, 596.

Jalousie (passion), 596. — Définition, 596, 597. — Celle du cheval et de Jaucourt, 597. — Son analogie avec l'envie, *ibid.* — Véritable acception des mots *jalouse* et *envie*, *ibid.* — Sources de la jalousie, *ibid.* — Ages pendant lesquels elle se montre; enfance, *ibid* — Observation de Fénelon; motifs de la jalousie, *ibid.* — Fait tiède M. Descuret, 598, 599. — Jalousie des autres âges, 600. — Les animaux en ressentent les effets, *ibid.* — Observation d'un chien et d'une jument jaloux, 600, 601. — Effets de la jalousie, 601, 602. — Infanticide de Médée, *ibid.* — Remarque de Voltaire, 602 — Portrait du jaloux, 602, 603. — Influence de la jalousie sur le physique et le moral du jaloux, 602, 603. — Remarque de Tissot, 602; de Zimmermann, 603. — La jalousie fausse le jugement, *ibid.* — Maximes de Montaigne, de La Rochefoucauld, 604. — Moyens de combattre la jalousie chez les enfants; chez l'adulte, *ibid.* — Pour la jalousie peut être utile, 605. — Remarques de Jean-Jacques Rousseau, *ibid.* — Conseils de Fénelon, *ibid.*

Joie, Allégresse, Gaîté (sentiments), 605. — Ce que c'est que l'*allégresse*, *ibid.* — Remarque de Locke; distinctions entre l'*allégresse* et la *joie*; celle-ci et la *gaîté*, *ibid.* — Causes de la joie, 605, 606; influences des tempéraments sur la joie, 606 — Définition de la joie par Cicéron, *ibid* — Ses effets sur les fonctions; les mouvements volontaires, la voix et la parole, 606, 607. — Joie de Rhode, 607. — Morts subites qu'elle a occasionnées, 607, 608. — Faits: Sophocle, Chilon, Juventius-Thalna, Fouquet, la nièce de Leibnitz, madame Châteaubriand; observation de Lover-Villermay, *ibid.* —Effets avantageux de la joie sur le physique et le moral, 608, 609. — Elle est un moyen médicateur puissant, *ibid.* — Précautions à prendre avant de la produire, *ibid.*

Joueur (vice), 609. — Généralités, *ibid.* — Traits caractéristiques de la passion du jeu, 609 *et suiv.* — Manie du jeu chez les Juifs, les Germains, 609, les Huns, en France, 610, 611 — Réflexions morales, *ibid.* — Fait, 611. — Causes de la passion du jeu, *ibid.* — Critique, 611, 612. — Remarque de madame de Staël, 612. — Influence de l'oisiveté, de la recherche des émotions variées, de la soif de l'or, de l'espoir du gain, des climats, *ibid.* — De la civilisation, 613, etc. — Influence de la passion du jeu sur les fonctions du joueur, 613, 614 — Ses conséquences funestes sur la fortune, les liens de la famille, etc., 614. — Réflexions philosophiques, *ibid.* — Remarque de madame Deshoulières, *ibid.* — Conclusions, *ibid.*

Jugement (faculté), 614. — Ce qui constitue le jugement, *ibid.* — Opinion de Kant; comment se forme le jugement, 614, 615. — Sources des faux jugements, 615. — Réflexion de Wolf, 416, de Leibnitz, *ibid.* — Conclusions, *ibid.*

Justesse. *Voy.* Précision.

Justice (vertu), 616. — Définition, *ibid.* — Division en distributive et communicative, *ibid.* — Maxime de Bonaparte, 617 — Ce qui constitue la justice, *ibid.* — Réflexions philosophiques, *ibid.*; d'Helvétius, *ibid.*; fausse application qu'on fait de la justice, 618. — Partialité de certains juges; devoirs du juge, 619. — Réflexions de Montaigne; opinion de Platon: on pourrait pour l'exemple, *ibid.* — Attrait de la justice pour les hommes en général; et pour les rois en particulier, 619, 620. — Exemples: saint Louis; Louis XII; Louis XVI; le grand Frédéric et le meunier Sans-Souci, *ibid.* — Conclusions, *ibid.* — Réflexions du cardinal Maury; moralité, *ibid.*

L

Lache, Lâcheté (vice), 621. — Ce que c'est qu'un *lâche*; lâcheté synonyme de poltronnerie, *ibid.* — Leurs différences; l'amour de soi-même bien entendu doit être subordonné à l'amour de la conservation; sources du courage; le luxe l'étouffe et la pauvreté le donne, *ibid.* — Fausse idée qu'on s'est faite de la lâcheté des femmes, 621, 622. — Réflexions de Fénelon, 622. — Lâcheté de saint Pierre quand il renie son maître, *ibid.*

Langueur (sentiment), 622 — Ce qui la constitue, *ibid.* — Influence des tempéraments sur la langueur, *ibid.* — *V y* Abattement. Moyens d'éviter la langueur, *ibid.*

Lascif, Lasciveté (vice), 622. — Ce qui caractérise la lasciveté, *ibid.* — Dénomination que lui a donnée Térence, 623 — Portrait qu'il en a fait, *ibid.* — Funestes effets de la lasciveté; on doit s'efforcer d'éviter ce vice; comment on y parvient; avantages du sentiment religieux, 623. — *Voy.* Concupiscence.

Lassitude (sentiment), 623. — Ce qui la constitue et la produit; moyens de s'en garantir, *ibid.*

Légèreté (défaut), 625 — Synonymie; nuances qui distinguent la légèreté et l'Inconstance, 623, 624 *Voy.* ce mot.

Libéralité (vertu), 624. — Ce en quoi elle consiste, *ibid* — Fausse idée qu'on s'en est faite; discussion; trait de la vie de Frédéric de Prusse; commentaire; règles sur la libéralité; leçon du duc de Montmorency au duc d'Enghien son neveu, 625. — Réflexions de sujet, *ibid.*

Libertin, Libertinage (vice), 625 — Définition de ces mots; discussion à leur endroit, *ibid.* — Ancienneté du libertinage; historique, d'après M. Belouino, 626 *et suiv.* — Chez les premiers peuples, 626 — Hébreux, Egyptiens, Syriens, Chaldéens, etc , 627. — Grecs, 627. — Romains, 628 — Influence du christianisme pour en arrêter le débordement, 628, 629. — Mauvais exemple donné par les Borgia, les Médicis, Louis XIV, Louis XV, 629 — Causes du libertinage, 629 *et suiv.* — Alimentation et boisson, 629. — Irréligion, 630. — Hérédité; le mauvais exemple, etc , *ibid.* — Les réunions nombreuses : manufactures, prisons, casernes, vaisseaux, etc., 631. — Climats, 631, 632. — Desœuvrance, 632. — Effets du libertinage sur le physique et le moral, 632 *et suiv.* Anémie par incontinence, 634 *et suiv.* — Moyens à opposer au penchant du libertinage, 639 *et suiv. Voy.* Chasteté.—Etude des sciences, 639. — La morale unie aux exemples; fait cité par Jean-Jacques, 639, 640. — La religion, 610. — Réflexions de Hume; de madame de Saint-Lambert, *ibid* ; de de Londres, 6'0, 641 — Maximes du P Charron, 611. — Réflexions philosophiques, *ibid* — Maxime de Montaigne, 641, 642. — Remarque de Trublet, 612. — Commentaire, *ibid.* — Goût du libertin. *Voy.* Gourmandise, Ivrognerie, Intempérance.

Luxure. *Voy.* Incontinence.

M

Magnanime, Magnanimité (vertu), 643. — Définition de la magnanimité, d'après La Rochefoucauld; en quoi el e consiste; magnanimité d'Antiochus Sydètes, roi de Syrie, *ibid* ; de saint Louis, 644; de Charles VIII, de Louis XII, *ibid.* — Commentaire, 645.

Magnificence, Magnifique (dans le sens de défaut), 645. — Signification; il est pris en mauvaise part; réflexions morales, *ibid.*

Malaise (sentiment), 645. — Ce qui le constitue ; sa source; il diffère selon les personnes, les lieux, etc.; moyens de le dissiper, *ibid.*

Méchant, Méchanceté (défaut), 646. — Signification de ces mots, *ibid* — Ses degrés; ses causes; méchanceté de l'enfant; naît-il méchant? Solution de cette question, 646, 617. — Contagion de la méchanceté, 647. — Absence de la méchanceté chez certains peuples, *ibid.* — Maximes de Charron, de saint Jacques; réflexion de Malherbe; commentaire, *ibid.* — Eviter le développement de ce vice; moyens, 648. — Remarque de Jean-Jacques; s'en occuper de bonne heure, *ibid.* — La méchanceté peut avoir son bon côté; explication; remarque de Voltaire; réflexions de Duclos; maxime de Juvénal, *ibid.* — Conclusions, 649.

Médisance (vice), Médisant, 649. — Définition et portrait par Théophraste, *ibid.* — La médisance est l'arme du lâche; cependant elle est généralement accueillie ; ses sources ; sa perpétuité; moyens d'y mettre un terme, 649, 650.

Méfiance (vice), Méfiant, 650. — En quoi consiste la méfiance, *ibid.* — Caractère du méfiant par Théophraste ; distinction entre la *méfiance* et la *défiance*; dangers de l'une et de l'autre, *ibid.*

Mélancolie (sentiment), 650. — Ce qui la caractérise, *ibid.* Mélancolie religieuse; ce qui en elle consiste, 650, 651. — Sa fâcheuse influence sur le moral et le physique, 651. — Inutile le jugement; indication des moyens propres à la combattre avec efficacité; il faut remonter à sa véritable cause, 651, 652

Mémoire (faculté), 652. — Sa définition, *ibid.* — Epoque de son développement chez l'homme, *ibid.* — Elle demande à être développée; opinion de l'abbé Fraysseinous, de Locke, *ibid.*—Ne pas trop l'exercer chez l'enfant, *ibid.* — Dangers d'une conduite opposée, *ibid* — Observation de Van-Swieten, *ibid.* — Réflexions, 652, 653

Mensonge (vice), Menteur, 653. — Définition du mensonge, *ibid.* — Réflexions morales, *ibid.* — Est-il des cas où le mensonge soit permis ? Solution de cette question, *ibid.*—Exemples ; définition du mensonge par Fontenelle, 654. — Autre exemple; réflexion d'Helvétius, l'horreur du mensonge doit entrer pour beaucoup dans l'éducation des enfants, *ibid.* — Usages des Perses; critique, 655. — Mon opinion sur les *nouvellistes*; maxime de Montaigne, *ibid*

Mépris (sentiment), 655. — Généralités, *ibid.* — Ce qui l' ttire sur les hommes, 655, 656. — Réflexions morales, *ibid* ; remarques de Duclos, 656 — On fait l'homme méprisable, *ibid.* — Amertumes dont on l'abreuve ; origines du mépris, 656, 657.—Préjugés des gens de la finance, 657. — Etablir une distinction entre le mépris qui naît des préjugés de celui qui naît de la forfaiture, *ibid.* ; règles, 658. — Il faut éviter de se rendre méprisable; moyens, *ibid.* Conclusions. *ibid.*

Misanthrope, Misanthropie (vice), 658. — Ce qui constitue la misanthropie, *ibid* — Y a-t-il des misanthropes ? réponse négative de Jean-Jacques Rousseau, 658, 659. — Critique, 659.

Modération (vertu), Modéré, 659. — En quoi consiste la modération; signification de ce mot ; origine de la modération; âges où on la possède. *ibid.* Modération de Socrate, Louis XII, Louis XIV ; traits, 659, 660. — Conduite de Marc-Aurèle : enseignement qu'on en retire, 660.

Modeste, Modestie (vertu). 660. — Définition de la modestie par M. Belouino; appréciation de ce sentiment; ses avantages et ses inconvénients; influence des tempéraments sur la modestie, 661 ; influence du sexe : modestie de certains hommes; remarque du chevalier de Jaucourt, *ibid.* — Modestie de Lafontaine, 662. — Avantages de la modestie, *ibid.* — Elle est nécessaire, *ibid.* Réflexions morales, *ibid.*

Mollesse (vice), Mou, 662.—Ce qui constitue la mollesse, *ibid.* — Son origine, *ibid* — Sa funeste influence sur le physique , *ibid.* — Réflexions morales , 663. — Opinion d'Horace, *ibid.* — Conclusions, 663, 664.

Moquerie (défaut), Moqueur, 634. — Ce en quoi consiste la moquerie, *ibid.* —Ne pas la confondre avec *plaisanterie*, *ibid.* — Bornes de cette dernière ; remarques sur la raillerie, *ibid.* — Modération du Tasse, 665. — Un mot sur le persiflage, *ibid.* — Opinion de Duclos, *ibid.* — Conduite à tenir vis-à-vis des enfants , 665, 666 — Conseils de Bacon; de Fénelon; parti qu'on peut tirer de la raillerie ; désignation de ceux envers qui elle n'est jamais permise ; conseils, *ibid.*

Mordant. *Voy.* Satirique.

N

Naïf, Naïve, Naïveté, 667. — Ce qui constitue la *naïveté*, ne pas la confondre avec une naïveté ; distinction; exemples; conclusions, *ibid*

Nonchalance, (défaut), 668.—Ce en quoi elle consiste ; considérations générales; inconvénients de la nonchalance, *ibid.*

O

Obéissance (qualité), Obéissant, 667. — Ce qu'on doit entendre par obéissance; malheurs qu'entraîne la désobéissance; chute d'Adam et d'Eve, *ibid.*—Obéissance des Réchabites d'après Jérémie; d'Isaac, 668, 669. — Du chevalier Bayard, 669. — Réflexions; cause de la désobéissance des enfants; dangers de la faiblesse des parents, *ibid.*

Obscène, Obscénité (vice), 669. — Signification du mot obscénité ; en qui l'observe-t-on ? *ibid.*

Obstination (défaut), Obstiné, 669. — Valeur de ces mots, *il id.* — L'irréflexion cause l'obstination ; ses autres causes, 669, 670. — Moyens de la vaincre, *ibid.*

Oisif, Oisive, Oisiveté (défaut), 670 — Ce qui caractérise l'oisiveté d'après La Bruyère, *ibid.* — Lois de Solon, d'après Plutarque; remarques de Montesquieu, *ibid.* — Inconvénients de l'oisiveté, 671. — Elle flétrit la beauté, détruit la santé; remarques du docteur Auber, 671, 672 — Avantages d'une vie active, 672. — Règles relatives à l'exercice, *ibid.* — Observation, 673, 674. — Conclusions, 674.

Opiniâtre, Opiniâtreté (défaut), 674. — Acception du mot opiniâtreté, *ibid* — Il est synonyme d'*entêtement*; remarques de La Rochefoucauld ; caractère de l'opiniâtre peint par Amelot; réflexions philosophiques, *ibid.* — Remarque d'Oxenstiern, 674, 675.

Orgueil, Orgueilleux, qualité bonne ou mauvaise, 675. — Synonyme, *ibid.* — Définition ; nuances qui distinguent l'orgueil de ses synonymes; orgueil considéré en lui-même, 675, 676. — Ce qui le constitue; ses qualités; sources de l'orgueil, 676. — Amour-propre exagéré ; ignorance; orgueil des artistes, 677; de la naissance , il peut être avantageux, comment, 677, 678, il tourne au vice, pourquoi, 678. — Il se présente sous deux aspects opposés; partant il peut être pris en bonne ou mauvaise part, *ibid.* — Remarques d'Aristote, *ibid.* — Physiognomonie de l'orgueilleux, *ibid.* — Distinction entre l'orgueilleux, le *glorieux* et le *vaniteux*, 679, 680. — Remarque de Hume, *ibid*. — Commentaire; portrait de l'orgueilleux par Théophraste, 680. — Remarque de Smith, 680; de l'abbé Lamennais, 681. — Portrait de l'homme vain, par Hume, *ibid*. — L'orgueil étant tantôt une qualité louable et tantôt un défaut, que faire? réponse, *ibid*. — Appréciation de l'orgueil du sauvage captif, 682; de Caton, préférant la mort à la honte; de Mucius Scévola, brûlant la main qui n'a pas su atteindre Porsenna, *ibid*. — Inconvénients de l'orgueil; remarques de Châteaubriand, *ibid*. — Conclusions, *ibid*.

OSTENTATEUR, OSTENTATION (défaut), 682. — Ce qui caractérise l'ostentation, *ibid*.—Ses fâcheux effets; moralité, *ibid*.

P

Paresse (défaut), PARESSEUX, 683. — Synonymie, *ibid*. — Distinction entre la paresse et la fainéantise par La Rochefoucauld; inconvénients; lois des législateurs anciens contre l'oisiveté, *ibid*. — Réflexions de Mallebranche, 683, 684; de La Rochefoucauld, 684. — Portrait du paresseux par M. Descuret, 684, 685. — Critique, 685. — Sources de la paresse, 1° constitution ruinée; 2° faiblesse; 3° la fatigue; 4° certains tempéraments; 5° l'aisance, 686; 6° la chaleur de l'atmosphère; 7° climats, etc ; réflexions générales; *ibid*. — Remarque de Sénèque, *ibid*. — Sage appréciation de la paresse des enfants et des vieillards, *ibid*. — Moyens propres à corriger les paresseux, 687, 688. — Fin malheureuse de Laceuaire, 688. — Réflexions morales, *ibid*.

PARLEUR (qualité), 688. — Sa signification, *ibid*. — Celle de babillard; *bavard* et *babillard* pris en mauvaise part; *parleur*, au contraire, en bonne ou en mauvaise part, *ibid*. — Influence du sexe sur le babil, 689 — Règles à l'égard des enfants d'après Jean-Jacques; à l'égard de la femme et du jeune homme, *ibid*. — Etablir diverses catégories de parleurs; explications; maxime de Terrasson; satire de Zénon ; conseils de Fénelon, *ibid*. — Moyens de guérir le parleur; le ridicule, *ibid*. — Faits, 690, 691. — Défiance de soi-même, 691. — Opinions de Caton, Sixtus Philosophus, Xénocrate, Zénon, Terrasson; sentences, *ibid*. — Fait cité par Brantôme, *ibid*.

PATIENCE (vertu), PATIENT, 691. — Son analogie et ses différences avec la résignation, 692. — Réflexions philosophiques de A. Smith; de J.-J. Rousseau, *ibid*. — Résignation de Silvio Pellico, 692, 693. — Appréciation qu'en a faite M. Saint-Marc-Girardin, 693. — Observation d'Alibert, 693, 694.

PÉDANT, PÉDANTERIE (défaut), 694. — Signification du mot pédanterie, *ibid*. — Portrait du pédant, par Mallebranche; ceux en qui on en remarque les caractères; observation du chevalier de Jaucourt; conseil d'Oxenstiern, *ibid*.

PÉNÉTRATION (vertu), PÉNÉTRANT, 694. — Ce que signifient ces mots, *ibid*. — Opinions de La Harpe, Locke, 695. — Distinction entre la *sagacité* et la *pénétration*, entre la *vivacité* et la *promptitude*, d'après Vauvenargues; avec la *finesse*, d'après Neuville, *ibid*.—La pénétration est innée, l'éducation la perfectionne, 695.—Comment? par l'analyse et l'induction, 696. — Pénétration du médecin; son utilité; remarque de Sydenham; préjugés relatifs aux médecins; réflexions à ce sujet, *ibid*.

PERCEPTION (faculté), 697. En quoi elle consiste, *ibid*.— La nature la donne, mais elle est susceptible de perfectionnements; comment? Conseils, *ibid*.

PERFIDIE (vice), 697. — Comment Solon, La Bruyère et Marmontel l'ont définie, *ibid*. — Des différents degrés de perfidie, *ibid*. — Perfidie des femmes selon La Bruyère; conclusion, *ibid*.

PERPLEXITÉ (sentiment), 698. — En quoi elle consiste; opinion de Neuville; son origine; moyen de s'en affranchir, *ibid*.

PERSÉVÉRANCE (vertu), 698.—Son analogie et ses différences d'avec la constance; elle doit avoir des bornes; pourquoi? 698, 699.

PERSIFLAGE (défaut). *Voy*. MOQUERIE.

PERSUASIF, PERSUASION (faculté), 699. — Ce qui constitue la persuasion; elle est synonyme de conviction; ce en quoi elles diffèrent; influence de la persuasion sur nos déterminations; il faut fuir les gens *persuasifs* malintentionnés ou immoraux; si on possède cette qualité, en faire un bon usage, *ibid*.

PÉTULANCE (défaut), PÉTULANT, 699 — Définition de la *pétulance*, *ibid*.—Ses sources; affectation de certains vieillards pour la pétulance, 700. — Ses inconvénients, *ibid*.

PEUR (sentiment), PEUREUX, 700. — Définition de la peur; son influence sur le moral et le physique, 700,

701. — Elle se gagne, 702. — Elle dispose aux maladies épidémiques, *ibid*. *Voy*. TERREUR.

PIÉTÉ (sentiment), PIEUX, 702. — En quoi consiste la piété; réflexions philosophiques; avantages de la piété, par Massillon; discussion sur la piété avec les prétendus esprits forts; maxime de Sénèque, *ibid*. — remarque de La Bruyère, 703, 704; de Hume, 705. — Appréciation de la philosophie sacrée et de la philosophie profane, par saint Justin, Clément d'Alexandrie, *ibid*. — Sentiment de Jean-Jacques; de Duluc, 705. — Influence du christianisme sur la civilisation, d'après Châteaubriand, 705, 706. — Sur le courage, d'après madame de Stael, 707. — Mort de Louis XVI; opinion de Voltaire sur le mystère eucharistique; remarque de Châteaubriand, *ibid*. — Réflexions de Herschell, de de Maistre, La Bruyère, *ibid*. — Aperçu historique sur la religion, 709. — En quoi consiste la piété? 710. — Divisée en intérieure et en extérieure, *ibid*. — Remarques de M. l'abbé Baulain, 711. — Broussais était déiste et animiste comme Cabanis, d'après le témoignage de Pariset, *ibid*. — Sincérité de la conversion d'Henri IV; preuves, 711, 712. — Nécessité d'un culte; opinion de M. Cousin, 712. — Réflexions critiques, 712, 713.

PITIÉ (sentiment), 713. — Son origine, *ibid*. — Ce que c'est que la vraie pitié, 713, 714. — Comment elle se développe en nous selon Jean-Jacques, 714. — Prix qu'on y attache; réflexions philosophiques, 714, 715. — Conditions particulières qui inspirent la pitié; individus sur qui elle doit porter, 715. — Anciens usages adoptés à Rome et en d'autres lieux, *ibid*. — Conclusions, 716.—La pitié est un sentiment consolateur; une qualité *angélique*; elle doit être glorifiée, *ibid*.

PLAISANT, PLAISANTERIE (défaut), 716. — Elle est synonyme de *moquerie*, *ibid*. — Multiplicité des mauvais plaisants et ridicule dont ils se couvrent, 716.

POLI, POLITESSE (qualité), 717. — Définition de la politesse; en quoi elle consiste d'après madame Lambert; son origine; sa rareté, *ibid*. — Moyens d'être habituellement poli ou du moins de le devenir: 1° fréquentation des femmes distinguées; 2° de bonnes relations, *ibid*. — Eviter l'affectation, 717, 718. — Remarque de Smith, 718. — Ne pas se méprendre sur ce que c'est que la politesse; siècle de Louis XIV, *ibid*. — Opinion de La Bruyère, *ibid*. — Politesse, synonyme de civilité; on a prétendu le contraire; raisons; définition de la civilité par Fléchier; réfutation, *ibid*. — Ne pas confondre la vraie politesse avec la *fausse*, 718, 719. — Réflexion d'Isabelle de Castille, 719. — S'habituer de très-bonne heure à être poli; l'être toujours; exception; règles à observer, 719, 720. — Reflexion, 720.

POLITIQUE (qualité ou défaut); sa définition, 720.

POLTRONNERIE (défaut). *Voy*. LACHETÉ.

PRÉCIPITATION (défaut), 720.—En quoi elle consiste, *ibid*. — Modes d'agir : 1° par rapport au jugement; 2° par rapport à nos actions; dangers, *ibid*. — Conclusion, *ibid*.

PRÉCISION et JUSTESSE (qualités), 720. — Généralités ; pourquoi leur réunion, *ibid*. — Leur emploi en logique, 721.

PRÉSOMPTION (défaut), 721.—Ce qui la constitue; caractère du présomptueux; remarque de Pline, *ibid*. — Circonstances atténuantes dans le jugement que nous en portons, 721, 722.—Réflexions de madame de Staël; 722. — Origine de la présomption, 722. — Moyens de la prévenir; conseils de Fénelon, *ibid*.

PRESSENTIMENT (sentiment), 722. — En quoi il consiste, *ibid*. — Origine de la gaieté et de la tristesse, *ibid*. — Jugements qui découlent de cette connaissance, *ibid*.

PRÉVENTION (défaut), PRÉVENU, 723. — Définition de la prévention, *ibid*. — Généralités; âges; entêtement des gens prévenus; ridicule qui y est attaché, *ibid*.

PRÉVOYANCE (qualité avantageuse), 723. — Définition, 724. — Généralités; sentence du roi Stanislas; conseils de Bacon, *ibid*.

PROBE, PROBITÉ (vertu), 724. — Définition de la probité; réflexions, *ibid*. — Synonyme d'honnêteté, 725. — Probité de Fabius Maximus; Plutarque, *ibid*. — Du maréchal de France de Brissac, 725, 726.

PRODIGALITÉ (défaut), PRODIGUE, 726. — Ce par quoi la prodigalité est favorisée, *ibid*. *Voy*. GÉNÉROSITÉ.

PRUDENCE (vertu), PRUDENT, 726. — On l'a définie; ce qui constitue l'homme prudent, *ibid*.—Sentence de Cicéron; opinion de La Chambre, 726. — Critique, opinion d'Esprit, 727. — Ne pas la confondre avec la finesse; réflexions de Charron; conseils de Théophraste, *ibid*.

PRUDE, PRUDERIE (défaut), 728. — Comment on définit la pruderie; caractère de la prude par La Bruyère, *ibid*.

PUDEUR, PUDIQUE (vertu), 728. — Définition d'après Abadie; sa force; réflexion de Jean Jacques, *ibid*.—Sentences, 729. — Haute idée des anciens pour la pudeur, ibid. — Mythologie ; remarques de madame Lambert ; réflexions philosophiques de Barbeyrac, ibid. — Influence de l'éducation, ibid. — Remarque de Rousseau, 730. — Danger de la pousser trop loin ; f it ; commentaire, ibid. — Conseils aux mères, 730, 731. — Avantages qu'on peut retirer de la pudeur, 731.

PUÉRILITÉ (défaut), 731. — Ce qui la constitue, ibid. — Chez qui on la remarque ; réflexions, ibid.

PURISTES, 731. — Définition, ibid. — Caractère par La Bruyère, ibid. — Mot pris en mauvaise part ; quand ? pris en bonne part; quand? ibid.

PUSILLANIME, PUSILLANIMITÉ (défaut), 732 — Généralités ; circonstances qui favorisent la pusillanimité ; définition de Théophraste ; observation ; moyens d'y remedier, ibid.

Q

QUERELLE (défaut), QUERELLEUR, 731. — Ce que c'est qu'un querelleur, 731, 732 ; ce que c'est qu'une querelle, 732 — Ses sources ; ses inconvénients; querelleurs par nature; par calcul ; moyens de corriger les querelleurs, ibid.

QUIÉTUDE (sentiment), 734. — Définition ; réflexions ; ce qui la caractérise ; fait, ibid. — Conclusions, 733.

QUINTEUX. Voy. BIZARRE.

R

RAILLERIE (défaut), RAILLEUR, 735. — Définitions. Théophraste ; Aristote ; on pourrait en faire un bon usage et on en fait un mauvais, ibid.

RAISONNEMENT (faculté), 735. — Ce qui le constitue ; remarque de Laromiguière, ibid. — Définition, ibid. — Esprit humain d'après Kant ; Gérando ; raisonnement d'après F. Bérard, 735, 736. — Hippocrate, 736. — Nécessité d'un bon jugement, ibid. — Exemples fournis par Socrate ; Scipion ; d'après Sabatier, 636, 637.

RANCUNE (défaut), 737. — Définition d'après Nicole ; ses caractères ; réflexions, ibid.

RANGÉ, RÉGLÉ (faculté) , 737. — Acception du mot rangé ; distinctions de rangé et réglé ; les avantages de l'un et de l'autre, ibid.

RAPPORTEUR (défaut), 738. — Ce qui les caractérise, ibid. — Sign fications du mot rapporteur ; commentaire ; moyens de corriger les rapporteurs ; fâcheuses conséquences de rapporter, 738, 739. —Réflexion d'Oxenstiern; ne pas confondre le rapporteur avec le dénonciateur, 739. — Ages où le défaut de rapporter se développe ; moyens correctifs, ibid.

RECONNAISSANCE (vertu), RECONNAISSANT , 740. — Ce que c'est que la reconnaissance d'après Descartes, ibid. — Sentiment inné, ibid. — Généralement les cœurs y sont peu accessibles, 739, 740. — Elle cède la place à l'ingratitude, ibid. — Ce qui constitue la reconnaissance, 740, 741. — Lois de la reconnaissance. ibid. — Reconnaissance du sauvage ; des campagnards ; des hautes classes, 741. — Observations, 742 et suiv. — De Louis XVI, 744. — Réflexions de La Rochefoucauld; de Sénèque, 745; de Diogène de Laërce, du roi Stanislas, de de Bignicourt, de Pline, de Charron, ibid. — Autre de Sénèque, de Charron, 746. — Un cœur bien placé ne pose pas de limites à sa reconnaissance, ibid. — Ce sentiment doit varier selon les circonstances ; remarques de Duclos; réflexions pratiques, ibid. — Comment on peut distinguer la vraie reconnaissance de celle qui est affectée, 746, 747. — Envers qui l'homme doit-il se montrer reconnaissant ' réponse, 747. — A Dieu, à ses père et mère, à tous les êtres qui se consacrent au bonheur de leurs semblables. Hommage qu'on rend à la reconnaissance, ibid. — Celle-ci n'est pas absolument la gratitude ; nuances caractéristiques qui les distinguent; préférence qu'on doit accorder à la gratitude ; pourquoi, ibid.

RÉFLEXION (faculté), 748. — Sa définition d'après Vauvenargues ; son utilité ; maxime de Clément XIV. Conclusions, ibid.

RÉGLÉ. Voy. RANGÉ.

REGRETS (faculté), 748. — Ce en quoi ils consistent; leur multiplicité, 749. — On a fait regretter synonyme de plaindre ; réfutation de cette opinion, ibid. — Repentir; ce qui le constitue. Voy. REPENTIR.

RELIGIEUX, RELIGION (sentiment), 749. — Généralité, ibid. — Il y a deux sortes de cultes : 1° intérieur, 2° extérieur : sur quoi ils se fondent, 749, 750. — Ils sont obligatoires; motifs, 750. — Réflexions de La Bruyère, 751. — Avantages de la religion, 751, 752. — Elle unit l'homme à Dieu; le lui fait mieux connaître, 751. — Force de la religion; sa réalité tirée de l'histoire de son établissement, ibid. — Pensées de Pascal; de Jean-Jacques Rousseau ; de La Bruyère, ibid. — Commentaire, ibid. — Inconvénients attachés au manque de religion, 753, 754. — Règles à suivre, 754. — Bien qu'on en retire. Conclusions, 754, 755.

REMORDS (sentiment), 755. — Sa définition; ses conséquences ; réflexions morales, 756. — Remarques de Châteaubriand. Conclusions, 756.

REPENTIR (sentiment), 756. — Ce en quoi il consiste ; repentir d'Henri IV, 756, 757. — De Théodose, 757. — Nécessité du repentir, 758. — Motifs donnés par M. l'abbé Bautain ; maximes, 758, 759. — L'aveu de nos fautes en commence l'expiation, ibid. — Ancienneté de la confession, 759. — Maxime de Platon ; Marc-Aurèle se confessa ; les juifs se confessaient ; fausse idée que certains se font de la confession, 759, 760. — Avantages de cet acte de moralité, 760, 761.

RÉPUGNANCE (sentiment), 761. — Ce qui la caractérise ; en quoi elle diffère de l'antipathie, ibid.

RÉSERVE, RÉSERVÉ. Voy. RETENUE.

RÉSIGNATION (vertu), 761. — Sa définition par l'abbé Bautain, ibid — Ses avantages ; réflexions philosophiques, 761 et suiv. — Exemples : trait historique de M. de Beauveau, 763. — Morale, ibid.

RÉSOLU, RÉSOLUTION (sentiment), 763. — Significations diverses du mot résolution ; ce en quoi elle consiste ; son analogie avec la hardiesse, 763, 764.

RESPECTUEUX (qualité), 764 — Ce que c'est qu'être respectueux ; d'où vient ce sentiment ; comment on en donne des témoignages ; usages et règles à observer, ibid. — A qui les respects sont-ils dus ? 1° à Dieu (Bossuet) ; 2° aux hommes illustres ; 3° aux parents ; 4° à la vieillesse, etc., ibid. — Gens qui ne respectent rien ; blâme, 765, 766. — Division du respect ; réflexion, ibid.

RESSENTIMENT (sentiment), 766. — Sa définition, ibi l. — Ses degrés; sa durée ; motifs du ressentiment, ibid. — Son escorte, 767.

RETENUE (qualité), 767. — Ce qui la constitue ; son utilité, ibid. — Retenue de Longinien, 767. — Commentaire, 767, 768.

RIDICULE (défaut), 768. — Ce en quoi il consiste ; à quoi il s'applique ; ses fâcheux effets; il peut avoir un bon côté ; maxime de La Rochefoucauld ; mauvais côté du ridicule, ibid. — Réflexions de Duclos, 768, 769. — De Voltaire, 769. — Autres avantages de la crainte du ridicule. Conclusion, ibid.

RIGUEUR (sentiment), 769. — Sa définition; son utilité à l'armée, dans la justice, ibid. — Circonstances atténuantes, 770.

RUSE (qualité bonne ou mauvaise), RUSÉ, 770. — Définition de la ruse, ibid. — On doit la prendre en mauvaise part, remarque de Marmontel; critique, ibid.

RUSTICITÉ (défaut), 770. — Sa définition; par quoi elle diffère de la grossièreté. Conclusion, ibid.

S

SAGACITÉ (faculté), 769. — Définition de Locke, 769, 770. — De Condillac, 770, 771. — Ses variétés d'après Neuvillé; son analogie avec la pénétration, ibid.

SAGE, SAGESSE (vertu), 771. — Définitions de la sagesse d'après La Chambre, Bossuet, ibid. — Secret de la sagesse ; ses bases ; ses lois ; commentaire à ce sujet ; Dieu la donne ; il faut la conserver ; comment? 772. — Maxime d'Azaïs ; réflexions philosophiques, ibid. — Avantages de la sagesse, 772, 773. — Remarque de La Bruyère, 773. — Anciens sages de la Grèce, ibid. — Règles a suivre ; sagesse synonyme de prude ce ; leurs analogies et leurs différences, 773, 774. — Maxime de Girard, 774.

SANGUINAIRE (sentiment), 774. — Sa définition; ses sources, ibid.

SATIRE, SATIRIQUE (vice), 774. — Définition du mot satire; ses différences d'avec la malice. la méchanceté ; avantages et inconvénients de la satire, 774, 775. — Moyens de la désarmer, 775.

SATISFACTION. Voy. CONTENTEMENT

SCRUPULE, SCRUPULEUX (défaut), 775. — Définition du scrupule ; son origine ; ses inconvénients, ibid.

SÉCHERESSE (défaut), 775. — Sa synonymie ; ses divisions; observations de Neuvillé; critique. Conclusions, ibid.

SÉDUCTEUR, SÉDUCTION (vice), 776 — Ce qu'on entend par séducteur ; moyens qu'il emploie pour séduire, ibid. — Conseils aux mères de famille, 776, 777. — Sentence d'Épictète, ibid.

SENSIBILITÉ et SENSUALITÉ (faculté, défaut ou vice), 778. — Généralités, ibid. — Observations de MM. Magendie, Adelon, ibid — Définition de la sensibilité ; certains l'ont considérée comme la source de toutes nos facultés ; réfutation de cette opinion, 778, 779. — Faits d'anesthésie, 779. — De privation du sentiment de possession, 780. — Appréciation de la sensibilité, 781. — De la sensibilité morale ; remarque à ce sujet, ibid. — On l'a confondue à tort avec la sensualité ; preuves, 785. — Conclusions générales, ibid.

SENTIMENT (faculté), 783. — Opinion de Sicard sur les sens considérés comme des porte-idées, ibid. — Commentaire, 784. — Véritable signification du mot sentiment; ce mot synonyme d'opinion, 785. — Critique; leurs différences. Conclusions, *ibid.*

SILENCIEUX (qualité), 785. — Sa signification; son analogie et ses différences avec la taciturnité; on doit les prendre en mauvaise part; opinion contraire de Cicéron; réfutation, 785, 786. — Circonstances qui exigent qu'on soit silencieux; exemples et règles à suivre, 786.

SIMPLICITÉ (défaut ou vertu), 786 —Ses diverses sortes; définition de la simplicité d'esprit et de la simplicité du cœur, *ibid.* — Simplicité des manières, 787. — Avantages de la simplicité en général; ses inconvénients; simplicité de Valérien, *ibid.*

SINCÈRE, SINCÉRITÉ (vertu), 787. — Signification du mot sincérité, *ibid* — Sa rareté, son utilité, 788. — Elle n'est pas toujours également méritante; preuves; opinion de La Rochefoucauld; habitude d'Épaminondas, *ibid.*

SINGULIER, SINGULARITÉ (défaut), 788 — Ce en quoi consiste la singularité, *ibid.* — On la prend généralement en mauvaise part, *ibid.* — Elle a pourtant parfois quelque chose de louable, 788, 789 — Ses limites, 789. — Son origine; réflexions d'Oxenstiern; fausse singularité; ce qui la caractérise, *ibid.* — Conclusions, 790.

SOBRE, SOBRIÉTÉ (vertu), 790. — Ce qui la constitue; impossibilité de poser des règles à suivre; sentence de Valère-Maxime; santé de Socrate; de Massinissa; influence de la sobriété sur le physique et le moral; opinion et remarque du chevalier de Jaucourt, *ibid.* — Préce. tes d'Horace, 790, 791. — Commentaire, 791.

SOCIABLE, SOCIABILITÉ (qualité), 792 — Généralités, *ibid.* — Ce qu'on entend par être sociable; remarque de Pufendorf, *ibid* — *Sociabilité* synonyme d'*amabilité*, 793 — Critique de cette opinion; réflexions philosophiques; remarques de Hume sur les vertus sociales, 794 — Leurs avantages; devoirs de société, *ibid.*

SOT, SOTTISE (défaut), 795 — Ce que c'est qu'un sot; portrait du sot; remarque de Suard, *ibid.* — Maxime de La Rochefoucauld, 796. — Observation de Trublet; il est très-difficile de corriger un sot ne pas y renoncer; le sot n'est pas à plaindre · pourquoi? *ibid.*

SOUCIS, SOUCIEUX (sentiment), 797. — Signification du mot soucieux, *ibid.* — *Figure* d'Horace; sentence de Lucrèce, *ibid.* — Lieux où les soucis se plaisent; origine des soucis; ils visitent les grands et les petits, 797, 798. — Moyens de les diminuer, 798.

SOUPLE, SOUPLESSE (qualité), 798. — Définition de la souplesse; ses avantages; morale, *ibid.*

STUPIDE, STUPIDITÉ (défaut), 798.—Origine de la stupidité; elle tient à un vice d'organisation; conséquences, *ibid.*

SUFFISANCE (défaut), 798. — Signification du mot suffisance, *ibid.* — Caractère du suffisant; origine de la suffisance, 799. — Ses inconvénients; on doit les éviter; comment, *ibid.*

SUPERSTITION, SUPERSTITIEUX (sentiment), 799. — Définition de la superstition, *ibid.*—Sentence d'Aulu Gelle; en quoi consiste la superstition, d'après Bacon, Voltaire, *ibid.* — Division en superstition religieuse et en superstition composée, 799, 800. — Leur analogie et leurs dissemblances, *ibid.* — Rapports entre la superstition re igle se et l'idolâtrie, 800. — Inconvénients qui y sont attachés, *ibid.* — Sentiment de Sénèque; remarques de Varron, de Plutarque, de Quinte Curce, 801. — Faits de mort par crainte superstitieuse (le maréchal de Montreval). — Appréciation de la superstition composée, *ibid.* — Opinion de Bacon, *ibid.* — Inconvénients de cette sorte de superstition, 801, 802. — Pratiques superstitieuses, 802. — Remarques de Boerhaave; commentaire; remarque de Lakington, *ibid.* — Moyen d'action sur les superstitieux pour les guérir, 803. — Conseils de Fénelon, 803, 804. — Conclusions, *ibid.*

SURPRISE (sentiment), 804. — Sa définition, *ibid.*

SUSCEPTIBLE, SUSCEPTIBILITÉ (sentiment), 804. — Signification de ces mots; certains ont considéré la susceptibilité comme une sensibilité exagérée; critique de cette opinion, *ibid.* — Influence du tempérament sur la susceptibilité; discussion; moyens d'y remédier, 804, 805.

SYMPATHIE (sentiment), 805. — Sa définition par Abadie; critique; ce qui constitue la sympathie, *ibid.* — Comment elle agit, 805, 806. — Nature de l'attraction sympathique, 806. — Quatrain de P. Corneille, 807, 808.

T

TACITURNE. *Voy.* SILENCIEUX.

TÉMÉRAIRE, TÉMÉRITÉ (sentiment), 807. — Ce par quoi la témérité est constituée, *ibid.* — On la blâme toujours; donc s'en abstenir, *ibid.* — On l'a confondue avec l'intrépidité et la bravoure; réfutation de cette opinion; morale, *ibid.*

TEMPÉRANCE (vertu), TEMPÉRANT, 807. — Définition de la tempérance; son analogie et ses différences avec la sobriété; règles, 807, 808. — Sentence de Sénèque; avantages de la tempérance; sur la disposition aux plaisirs charnels; sur la santé des gens de lettres; longévité de Ducis due à sa sobriété, *ibid.* — Maxime de Descartes, 809. — Tempérance de Newton, de Fontenelle, de Voltaire, 809, 810. — L'architecte Wren, Hobbes et Kant, 811. — La tempérance est un préservatif contre les maladies et les vices, *ibid.* — Effets de la frugalité chez les Perses, les Lacédémoniens et les Romains, *ibid.* — Conclusions, *ibid.*

TENDRE, TENDRESSE (sentiment), 812. — Définition; elle a été considérée comme un défaut; ses bons effets, ses inconvénients, 812, 813.

TERREUR (sentiment), 813 — Sa définition, sa synonyme, ses effets, *ibid.* — Phénomènes morbifiques, 814 — Fait curieux rapporté par Pinel, *ibid*, en note. — Faits observés par divers physiologistes, 814, 815. — Moyens de prévenir ou de modérer la peur, 816. — Napoléon et Desgenettes à Jaffa, 817. — Exemple de mort produite par la peur, *ibid.* — Il est possible de se servir de la peur comme moyen de guérison, *ibid.*

TÊTU (défaut), 817. — Sa définition; sa synonymie, *ibid. Voy.* OPINIÂTRETÉ.

TIMIDE, TIMIDITÉ (défaut), 818. — Sa définition; ses inconvénients, *ibid.* — La timidité ne messied point à la femme, 819. — Elle ne doit pas être confondue avec la modestie, *ibid.*

TOLÉRANCE (vertu), 819. — Elle n'est pas *la vertu des faibles*, *ibid.* — La vraie tolérance ne se trouve que dans l'Église catholique, 820. — Tolérance du pape Innocent, en 403; de Bossuet, de Pie IX, 821. — La tolérance est aussi nécessaire en politique qu'en religion, 821, 822. — Elle est la mère de la paix; la tolérance sociale est plus rare que la tolérance religieuse; pourquoi, 822. — Règles de conduite à l'égard de la tolérance, 823, 824.

TRAHISON (vice), TRAÎTRE, 824 — Définition de ce vice; la trahison est une perfidie, *ibid.* — Mot de Philippe, roi de Macédoine; exemple de Judas, 825.

TRANQUILLE, TRANQUILLITÉ (sentiment), 825.

TRISTE, TRISTESSE (sentiment), 825. — Ses définitions; influence des tempéraments; effets de la tristesse sur l'organisme humain, 826. — Source première et causes innombrables de la tristesse, 827. — La tristesse est inhérente à notre nature, 828. — L'âge et le sexe exercent une grande influence sur ses degrés et sur sa durée, 824. — La tristesse est le partage de tout homme qui réfléchit, 829. — Conclusions, 830.

U

URBANITÉ (qualité), 829. — Sa définition, 829, 830. — Comment on l'acquiert, 832, 831

V

VAIN, VANITEUX, VANITÉ (défaut), 831. — Sa définition; parfois la vanité singe la modestie; elle se témoigne de plusieurs manières, *ibid.* — Sources de la vanité; ses inconvénients, 832.—Elle est un des maux de notre époque, *ibid.* — Effets de la vanité chez les filles, 833 — Moyen à employer pour en guérir, 833, 834. — Il est facile de tirer vanité de la beauté: les véritables grâces ne proviennent point d'une parure affectée; noble simplicité qui paraît dans les statues des femmes grecques et romaines, 834. — Inconvénients et inconstance des modes, 834, 835. — Règles de la modestie chrétienne; la religion est le meilleur préservatif contre la vanité, 835. — Effets fâcheux du bel esprit chez les filles, 835, 836 — De la vanité du savoir, des titres, de la fortune dans l'un et l'autre sexe, 836. — On retrouve dans la vanité tous les caractères des passions et tous les malheurs qu'elles entraînent, 836. — Conclusions, 836, 837.

VALEUR *Voy.* BRAVOURE.

VENGEANCE (passion), 837 — Sa définition; effets de cette passion dans l'âme, 857, 858 — Effets de cette passion dans les révolutions politiques, 838. — *Vendetta* du Corse; origine, 838, 839. — La société, mettant les intérêts privés sous la sauvegarde des lois, se charge de la vindicte, 840 — De la vengeance chez les sauvages; faits, 840, 841. — Conclusions, 842, 843.

VÉRACITÉ (vertu), 843. — Sa définition, *ibid.* Voy. FRANCHISE, SINCÉRITÉ.

VIF *Voy* VIVACITÉ.

VIGILANCE (qualité), VIGILANT, 843.—Définition de la vigilance; elle n'est pas la même chose que l'exactitude, *ibid.*

VIL (vice), 843 — Définition de l'être vil, *ibid,*

VINDICATIF (vice), 844. — Définition, *ibid.* — C'est le propre des femmes, dit-on, d'être vindicatives, *ibid.*—De la vengeance comme passion populaire, *ibid.* — Moyens de modérer cette passion, empruntés surtout à la religion, 845.

VIOLENT. *Voy.* EMPORTÉ.

VIVACITÉ (qualité ou défaut), 845. — Sa définition; son analogie avec la sagacité et la colère, selon qu'elle se rapporte au caractère ou à l'esprit, *ibid*. — Réflexion de Vauvenargues; de Duclos, 845, 846. — Pratique à suivre, 846.

VOL (vice), 847. — Sa définition, sa synonymie; différente culpabilité des diverses espèces du vol, *ibid*. — Le moraliste doit suppléer à l'insuffisance de la loi pour étouffer le penchant au vol, *ibid*. — Le gouvernement déchu a largement usé de la fraude, *ibid*. — Vol permis à Sparte et au Congo, mais non chez les Scythes, 848. — Moyens curatifs fournis par la religion, *ibid*.

VOLAGE. *Voy*. INCONSTANT.
VOLUPTÉ (sentiment), VOLUPTUEUX, 849. — Définitions ; le mot *voluptueux* se prend communément en mauvaise part; Plutarque, Cicéron, Sénèque, Platon et Plaute cités, 849, 850. — Les plaisirs d'un instant s'achètent par de longues douleurs; funestes effets des voluptés relativement à Dieu et à la société, 850. — De la volupté des yeux, de l'odorat et de l'ouïe ; celle de la bonne chère et celle des plaisirs charnels, sont très-préjudiciables à la santé de l'homme qu'elles ruinent, à son intelligence qu'elles abaissent, 850, 851. — Les plaisirs illicites amènent les douleurs, les souffrances et le remords dans cette vie, et ils font notre malheur dans l'éternité, 851.

ZÈLE (faculté), ZÉLÉ, 851. — Sa définition, *ibid*. — Règles à suivre pour ne pécher ni par excès ni par défaut de zèle, 852.

TABLE ALPHABÉTIQUE

DES AUTEURS CITÉS DANS LE DICTIONNAIRE DES FACULTÉS INTELLECTUELLES ET AFFECTIVES DE L'AME.

A

Abadie. — Abrantès (madame d'). — Addison. — Adelon. — Aguesseau (d'). — Aimé-Martin —Alembert (d'). —Alletz. — Alexandre Bénévole. — Alibert. — Amatus Lusitanus. — Ambroise (Saint). — Amelot de la Houssaye. —Andry. — Anquetil. — Antisthène. — Arconville. —Arétée de Cappadoce. — Argentier. — Astley-Cowper. — Attenbury. — Auber (le docteur). — Aubigné (d'). — Augustin (Saint). — Aulu-Gelle. — Averroès — Azais.

B

Bacon (F.). — Baldini. — Barthez (le professeur). — Barthélemy — Batteux (de). — Baumes (le professeur). — Bautain (l'abbé). — Bayle. — Beethoven. — Bellay (le cardinal du). — Bellegarde (de). — Belouino (d'Angers). Bérard aîné (le professeur de Paris) et Lacroix. — Bérard (Frédéric, le professeur de Montpellier). — Bergier. — Bernard (Saint) — Bernardin de Saint-Pierre. — Bernier. — Beruis (le chevalier de). — Bignicourt (de Bon). — Blantin (le professeur). — Boerhaave. — Boileau — Boiste. — Bonald (de). — Bouhours. — Bonneval (de). — Bonnet Charles). — Bonnevie (l'abbé de). —Borrichius. —Borsinius. —Bosquillon. — Bossuet. — Boucher d'Argis. -- Bouillaud (le professeur). — Boussion (le professeur). — Brantôme. — Brière de Boismont. — Brillat-Savarin. — Broët (le docteur). — Broussais (le professeur). — Broussais (Casimir). — Broussonnet (Victor, le professeur). — Brunaud (E.). — Buffon. — Bussi. — Byron (lord).

C

Cahen. — Callimaque. — Camérarius. — Carrache. — Caton. — Celse. — Chambre (de la). —Chamfort. — Chrestien (on le, le docteur). — Charron. — Châteaubriand (le vicomte de). — Cicéron. — Clément d'Alexandrie. — Clément XIV. — Cole. — Comberland. — Constant (Benjamin) — Condillac — Cornaro (Louis). —Corneille (Pierre). — Corvisart (le professeur). — Cousin (Victor). — Créquy (madame la marquise de). — Cruveilhier (le professeur). — Cuvier (G.).

D

Dacier (madame). — Damesme-Saint-Jean). — Deffand (madame de). — Delavigne (Casimir). — Delestre. — Delille. — Demangeon. — De Maistre. — Démétrius. — Denys d'Halycarnasse. —Densengius. —Desault. —Deschanel. — Descuret (le docteur). — Des outlières (madame). — Desormeaux. — Dictionnaire de l'Académie — Dictionnaire de Boiste. — Dictionnaire encyclopédique — Dictionnaire de Napoléon Landais. — Dictionnaire philosophique de Voltaire. — Dictionnaire des sciences médicales. — Dictionnaire de Trévoux. — Diderot. — Diogène de Laërce. — Dion. — Double (le docteur). — Dubois (P. le professeur). — Dubois (d'Amiens). — Duclos. — Dugès (le professeur). — Dulaure. — Dumoustier. — Dupaty.

E

Edgewort. — Eldir (la sultane). —Encyclopédie méthodique. — Enoch. — Épictète. — Épicure. — Erasistrate. Esprit. — Esquirol. — Evremont (Saint-).

F

Fages (le professeur). — Favart. —Fénelon. — Fléchier. Flourens (F.). — Fontenelle. — Forrichon (l'abbé). — Fouquet (le professeur). — Fournier. — Foville. — Fragier. — Frank (J.-P.), traduction de Goudareau —Frayssinous (l'abbé). — Frédéric (le grand). — Fresse-Montval (Alph.).

G

Galiani. — Galien. — Gall et Spurrheim. — Gaubius. — Georges Sand. — Gérando (de). — Gerdy (le professeur). — Girard (l'abbé de) — Girardin (Saint-Marc). —Godwin. — Goëthe, traduction de Henri Blaze. — Golfin (le professeur). —Gorgias. — Granier de Cassagnac. — Grégoire (Saint). —Gresset. — Grimm — Guersent (père). —Guizot. Guy-Patin.

H

H..... (le chevalier d'). — Hallé (le professeur). — Haller, traduction de Bordenave — Helvétius. — Hérodote. Herschell — Hippocrate. — Hobbes. — Hocquart. — Hocquet (Édouard) — Hoffmann (Fréd.). — Hogarth. — Homère. — Horace. — Houel. — Huet. — Hume.

I

Isaïe.

J

Jacques (saint). — Jaucourt (le chevalier de). — Jean (Saint). — Jérôme (Saint). — Job. — Jourdan, traduction de Spiegel. — Justin. — Juvénal.

K

Kant. — Kératry.

L

La Bruyère. — Lacroix et Bérard aîné. — Lafabrie (le professeur) — Lafayette (madame de). — Lalitte. — La Harpe. — Lakington. — Lamartine. — Lambert (madame). — Lamennais (l'abbé de). — Lamoricière (le général). — Landais (Napoléon). — Lapeyronne. — Lalomiguière. — La Rochefoucauld. — Lassaigne. — Lavater. — Le Franc. — Leibnitz. — Lelut — Léon (Saint) — Leo Nicenus. — Leroy (Georges). — Leuret. — Levis. — Levret — Lycurgue. — Ligne (de). — Lobstein. — Locke. — Lokmann. — Londres (de). — Longet. — Lordat (le professeur). — Louis XI. — Louis XIV. — Louis XVI.—Loyer-Villermay. — Lucrèce.

M

Mably.— Maigne.— Maine (la duchesse du).— Maintenon (madame de). — Malesherbes. — Malherbe. — Mallebranche. — Magendie — Mamon (le calife). — Mandeville. — Marc (Saint). — Marco-Saint-Hilaire (E.). — Marmontel. — Massillon. — Matthieu (Saint). — Mazarin. — Maury (le cardinal). — Mendelson. —Mézeray. — Michon. — Michaud. Miquel. — Millevoye. — Mirabeau. — Moise. — Montaigne. — Montaigne (Michel). — Mon esquicu. — Munk.

N

Napoléon-Bonaparte. — Necker (madame). — Neuvillé. — Newton. — Nicole.

O

Oudet. — Ovide. — Oxenstiern. — Owen (Robert).

P

Palissot. — Parchappe. — Parent-Duchatelet. — Pariset. — Pascal. — Paul (Saint). — Péclin — Pétrarque. — Pétrone. — Pétroz. — Peteun. — Pichard (Auguste). — Pictor. — Pie IX (le pape). — Pinel. — Pinel et Bricheteau.—Pitiacus. — Platon. — Plaute — Pline. —Plutarque, traduction d'Amyot. — Pongerville. — Pope, traduction de Saint-Simon. — Porphyre. —Poujoulat. — Poupart. — Puffendorf. — Puisieux (madame de). — Pusosipn.

Q

Quinte Curce. — Quintilien.

R

Raboteau.— Ragois (le).— Raphael. — Ravignan (l'abbé

de).—Raynaud.—Réaumur.—Reid.—Resmarus.—René (Emile, le professeur).—Réveillé-Parise.—Retz (le cardinal de).—Reybaud (Louis).—Ribes (F., le professeur).—Richardson.—Richter.—Rivarol.—Robert Owen.—Roisselet de Sauclières.—Rolland (madame).—Rollin.—Romilly (fils.).—Rostan.—Rousseau (J.-J.).—Roussel.—Royer-Collard.—Rullier.

S

Sabatier (l'abbé).—Sacy (de).—Saint-Evremont.—Saint-Jean-Damesme.—Saint-Simon.—Sainte-Foy.—Salvandy.—Saumaise.—Sauvages.—Sauzin.—Scudéri.—Serre (le professeur).—Sercurier.—Servet.—Sextus Empiricus.—Shakespeare.—Shéridan.—Sicard.—Sivry (de).—Smith, traduction de S. Grouchy, Ve Condorcet.—Solon.—Sommery.—Sophocle.—Sprengel.—Staël-Holstein (madame de).—Stanislas (le roi).—Stone.—Strabon.—Stukeley.—Suard.—Suétone.—Sydenham et Jault.—Sylvio-Pellico.—Sylvius.—Syrus (de).

T

Tacite.—Térence.—Terrasson.—Théophraste, traduction de La Bruyère et Coray.—Thomas (Saint).—Thomas Morus.—Thiers.—Thou (de).—Thucydide.—Tiedeman.—Tissot.—Tite-Live.—Tourtelle.—Trublet.—Tulpius.—Tuly.—Turnbull.

V

Valentin (Louis).—Valère Maxime.—Van-Swieten.—Variola.—Varron.—Vauvenargues.—Vega (Christophe de).—Vernier.—Victor (Saint). Villemain.—Vimont.—Villermé.—Voyer.—Virey.—Vitet.—Voltaire.

W

Walpole.—Wepfer.—Willan.—Winkelmann (l'abbé)—Wieland.—Wolff.—Wren.

X

Xénocrate.—Xénophon.

Y

Young.—Yvon (L.).

Z

Zaculus Lusitanus.—Zéleucus.—Zénon.—Zimmermann.—Zoroastre

TABLE

DES TRAITÉS ET DES DISCOURS CONTENUS DANS L'OUVRAGE DE L'USAGE DES PASSIONS.

Préface. col. 853
Première partie. — *Des passions en général.* 859
Premier traité. — *De la nature des passions.* Ibid.
Premier discours. Apologie pour les passions contre les stoïques. Ibid.
II. Quelle est la nature des passions, et en quelle puissance de l'âme elles résident. 862
III. Du nombre des passions de l'homme. 867
IV. Quelle est la plus violente des passions de l'homme. 871
V. S'il y avait des passions en l'état d'innocence, et si elles étaient de même nature que les nôtres. 875
VI. S'il y avait des passions en Jésus-Christ, et en quoi elles différaient des nôtres. 878
Second traité. — *Du désordres des passions.* 881
Premier discours. De la corruption de la nature par le péché. Ibid.
II. Que la nature seule ne peut régler les passions de l'homme. 884
III. Que dans le désordre où sont nos passions, la grâce est nécessaire pour les conduire. 886
IV. Que l'opinion et les sens sont les causes du désordre de nos passions. 889
V. Qu'il y a plus de désordre dans les passions des hommes que dans celles des bêtes. 892
Troisième traité. — *De la conduite des passions.* 895
Premier discours. Qu'il n'y a rien de plus glorieux ni de plus difficile que la conduite des passions. Ibid.
II. Qu'il n'y a point d'esclave plus misérable que celui qui se laisse conduire par ses passions. 898
III. Qu'il faut modérer nos passions pour les conduire. 901
IV. Qu'en quelque état que soient nos passions, la raison les peut conduire. 904
V. De quels moyens on se peut servir pour modérer ses passions. 907
Quatrième traité. — *Du commerce des passions avec les vertus et les vices.* 909
Premier discours. Que les passions sont les semences des vertus. Ibid.
II. Que les passions sont les semences des vices. 913
III. Qu'il n'y a point de passions qui ne puissent être changées en vertus. 916
IV. Que la conduite des passions est le principal emploi des vertus. 920
Cinquième traité. — *Du pouvoir des passions sur la volonté des hommes.* 923
Premier discours. Que pour connaître et gagner les hommes, il faut étudier leurs passions. Ibid.
II. Que la plus grande partie des arts séduisent l'homme par le moyen de ses passions. 927
III. Que les princes gagnent leurs sujets par l'amour ou par la crainte. 931
V. Quelle passion doit régner en la personne du prince. 935
Seconde partie. — *Des passions en particulier.* 939
Premier traité. — *De l'amour et de la haine.* Ibid.
Premier discours. De la nature, des propriétés et des effets de l'amour. Ibid.

II. Du mauvais usage de l'amour par l'attachement aux créatures, et par les amitiés illicites. 947
III. Du bon usage de l'amour par la charité et par l'amitié. 952
IV. De la nature des propriétés et des effets de la haine. 962
V. Du mauvais usage de la haine et des inimitiés déraisonnables. 965
VI. Du bon usage de la haine, et de l'horreur de soi-même. 968
Second traité. — *Du désir et de la fuite.* 973
Premier discours. De la nature, des propriétés et des effets du désir. Ibid.
II. Du mauvais usage du désir par l'ambition et par l'avarice. 978
III. Du bon usage du désir, et du besoin que nous avons de Dieu. 982
IV. De la nature, des propriétés, des effets, du bon et du mauvais usage de la fuite et de l'éloignement de l'impureté. 986
Troisième traité. — *De l'espérance et du désespoir.* 991
Premier discours. De la nature, des propriétés et des effets de l'espérance. Ibid.
II. Du mauvais usage de l'espérance et de l'engagement aux choses de la terre. 996
III. Du bon usage de l'espérance par la force et par la patience. 1000
IV. De la nature, des propriétés et des effets du bon et du mauvais usage du désespoir et de la prudence dans les maux extrêmes. 1004
Quatrième traité — *De la hardiesse et de la crainte.* 1008
Premier discours. De la nature, des propriétés et des effets de la hardiesse. Ibid.
II. Du mauvais usage de la hardiesse et de la témérité. 1012
III. Du bon usage de la hardiesse par la valeur. 1015
IV. De la nature, des propriétés et des effets de la crainte. 1019
V. Du mauvais usage de la crainte et de la paresse. 1023
VI. Du bon usage de la crainte par la prudence et par la honte. 1027
Cinquième traité. — *De la colère.* 1032
Premier discours. De la nature, des propriétés et des effets de la colère. Ibid.
II. Du mauvais usage de la colère et de la cruauté. 1038
III. Du bon usage de la colère et de la juste sévérité. 1044
Sixième traité. — *Du plaisir et de la douleur.* 1049
Premier discours. De la nature, des propriétés et des effets du plaisir. Ibid.
II. Du mauvais usage du plaisir dans les voluptés, dans la gloire et dans la science. 1054
III. Du bon usage du plaisir et des contentements spirituels. 1059
IV. De la nature, des propriétés et des effets de la douleur. 1064
V. Du mauvais usage de la douleur et de l'envie. 1070
VI. Du bon usage de la douleur par la miséricorde et par la pénitence. 1075

FIN.

Denotat terminum ad quem tendit motus. ויסע והחדברה Deut. 2, 1, *et profecti sumus desertum versus*. ויבאו שני המלאכים סדמה Gen. 19, 1, *et venerunt duo Angeli Sodomam*.

2° Cum nomen loci ad quem fit motus, compositum est, constatque duabus vocibus, littera ה post primam aliquando collocatur, hoc modo, ויבא בארה שבע Gen. 46, 1, *et venit in Bersabee*.

3° Sæpe duæ præpositiones ה et ל concurrunt, eidemque nomini annectuntur: tuncque una videtur superfluere. לשאולה Psal. 9, 18, *ad sepulchrum*. לצפונה 1 Par. 26, 17, *ad septentrionem*. לנגבה ib d. *ad meridiem*.

4° Interdum utraque particula omittitur. ויבא ירושלם 1 Reg. 3, 15, *et venit Jerusalem*. ויעמוד פתח האהל Num. 12, 5, *et stetit ad ostium tabernaculi*. Deest utrobique ה et ל.

§ II. — *De præpositione* ב.

De hujus præpositionis et sequentium significationibus, cum gerundiis junguntur, satis supra dictum est, et dicetur in suppl. Examinanda restat earum vis, cum annectuntur aliis partibus orationis.

1° Primaria præpositionis ב significatio est *in*. בראשית Gen. 1, 1, *in principio*. בסיר 2 Reg. 4, 40, *in olla*. Significat etiam:

Inter. בחנפי Psal. 35, 16, *inter hypocritas*. באדם Psal. 68, 19, *inter homines*.

Ad. בשמים Gen. 11, 4, *ad cœlum*.

Contra. ידו בכל ויד כל בו Gen. 16, 12, *manus ejus contra omnes, et manus omnium contra eum*. משא בערב Isa. 21, 13, *onus contra Arabiam*.

De. Levit. 8, 32, *quidquid reliquum fuerit* בבשר ובלחם *de carne, et de pane*. נכר לא יאכל בו Exod. 12, 43, *alienigena non comedet de eo*.

Ex. לעשית בזהב ובכסף ובנחשת Exod. 33, 32, *ad faciendum ex auro, et ex argento, et ex ære* צדיק באמונתו יחיה Habac. 2, 4, *justus ex fide sua vivet*.

Pro. Gen. 29, 18, *serviam tibi* ברחל *pro Rachel septem annis*.

Propter. Gen. 18, 28, *an perdes* בחמשה *propter quinque totam civitatem*. Deut. 24, 16, *unusquisque* בחטאו *in, id est, propter peccatum suum morietur*. Hinc Act 7, 29, *fugit autem Moises*, ἐν τῷ λόγῳ τούτῳ, *in verbo isto, id est, propter v rbum istud*.

Per. בי נשבעתי Gen. 22, 26, *per memetipsum juravi*. Deut. 32, 21, *ipsi me provocaverunt* בלא אל *in eo qui non erat Deus, id est, per idola quæ non sunt Deus*.

Cum. Exod 15, 19, *ingressus est enim Pharao* ברכבו ובפרשיו *cum curru suo, et equitibus suis in mare*. 1 Sam. 25, 39, *misit David, et locutus est* באביגיל *cum Abigaïl*.

A. Eccl. 2, 3, *cogitavi abstrahere* ביין *a vino carnem meam*.

2° Jam dictum est præpositionem ב non raro notam esse genitivi, junctamque nominibus substantivis vim iis adverbii tribuere. Similiter plurima verba casum suum ea mediante regere.

3° Inservit hæc præpositio ad exprimendum ablativum *causæ, modi, instrumenti, prætii, temporis*, etc. בחכמה יבנה בית Prov. 24, 3, *sapientia ædificabitur domus*, ברזל בברזל יחד Prov. 27, 17, *ferrum ferro acuitur*.

4° Videtur nonnunquam deficere. Prov. 8, 22, *Dominus possedit me* ראשית *initium viarum suarum*. ראשית videtur positum pro בראשית *in initio, ab initio*. Isa. 41, 2, *et in Reges dominabitur*. במלכים pro במלכים. ושמי יהוה לא נודעתי להם Exod. 6, 3, *et pro* בשמי *et in nomine meo Jehova non innotui eis*.

Dignoscitur autem hæc absentia loci exigentia, præcipue vero cum legitur in priori phrasis membro, nec tamen legitur in secundo, quamvis sensus exposcat. בישישים חכמה ואורך ימים תבונה Job. 12, 12, *in senibus est sapientia; longævitas dierum intelligentia, i. e. in longevitate*, etc.

5° Sæpius adhuc videtur redundare. Job. 16, 10, *distendunt contra me* בפיהם *os suum*. לכו לחמו בלחמי ושתי ביין מסכתי Prov. 9, 5, *venite, comedite panem meum, et bibite vinum quod miscui*. ציון בידיה Thren. 1, 17, *expandit Sion manus suas*.

§ III. — *De præpositione* כ.

1° Jam dictum est præfixum כ adverbium esse similitudinis, notareque conjecturam numeri, mensuræ, et temporis. Est etiam præpositio significans *secundum, juxta, ad*, etc.

Gen. 1, 26, *faciamus hominem* כדמותנו *ad, juxta similitudinem nostram*. כדבר הזה תדברון Gen. 34, 20, *juxta verbum hoc loquemini*. 1 Sam. 13, 14, *quæsivit tibi Dominus virum* כלבבו *juxta cor suum*. Psal. 51, 3, *miserere mei, Deus*, כחסדך *secundum misericordiam tuam*.

2° Affinitas figuræ et significationis quæ inter כ et ב intercedit, efficit ut non raro confundantur, unaque pro alia usurpetur. כלו בעשן ימי Psal. 102, 4, *quia defecerunt sicut fumus dies mei*. Ita 70 et Vulgata. Alii legunt בעשן *in fumo*. Perinde est, et sensui nihil deperit utraque vis modo legatur.

§ IV. — *De præpositione* ל.

1° Primaria præpositionis hujus significatio est *ad* vel *in*, cum accusativo. Unde quibusdam videtur illam diminutivum esse præpositionis אל. Psal. 68, 19, *ascendisti* למרום *in altum*, εἰς ὕψος, ut habetur Eph. 4, 8, כשה לטבוח יובל Isa. 53, 7, *sicut ovis ad occisionem ducetur*.

Significat etiam *in* cum ablativo. Psal. 16, 10, *non relinques animam meam* לשאול *in inferno*. Ose. 7, 2, *non dicunt* ללבבם *in corde suo*. לבקרים 73, 14, *in matutinis*.

ETAT DES DIVERSES PUBLICATIONS DE L'IMPRIMERIE CATHOLIQUE AU 1er AVRIL 1849.

COURS COMPLET DE PATROLOGIE, ou Bibliothèque universelle, complète, uniforme, commode et économique de tous les saints Pères, docteurs et écrivains ecclésiastiques, tant grecs que latins, tant d'Orient que d'Occident; reproduction chronologique et intégrale de la tradition catholique pendant les douze premiers siècles de l'Eglise, 200 vol. in-4°. Prix : 1,000 fr. pour les mille premiers souscripteurs; 1,200 fr. pour les autres. Le grec réuni au latin formera 500 vol. et coûtera 1,800 fr. 86 vol. ont paru.

Les Pères suivants sont en vente. Tertullien, 3 vol. Prix : 20 fr.—Saint Cyprien, 1 vol 7 fr.—Arnobe, 1 vol. 7 fr.—Lactance, 2 vol. 14 fr.—Constantin, 1 vol. 8 fr.—S. Hilaire, 2 vol. 14 fr.—S. Zénon et S. Optat, 1 vol. 8 fr.—S. Eusèbe de Verceil, 1 vol. 8 fr.—S. Damase, 1 vol. 7 fr.—S Ambroise, 4 vol. 28 fr.—Ulphilas, 1 vol. 10 fr.—Poëtes chrétiens, 1 vol. 6 fr.—Ecrivains du Ve siècle, 1 vol. 7 fr.—Rufin, 1 vol. 8 fr.—S. Jérôme, 9 vol. 60 fr.—Dexter et Orose, 1 vol. 8 fr.—S. Augustin, 16 vol. 86 fr.—Marius Mercator, 1 vol. 7 fr.—Cassien, 2 vol. 14 fr.—S. Prosper, 1 vol. 6 fr.—Salvien, 1 vol. 7 fr.—S. Léon, 3 vol. 21 fr.—Maxime de Turin, 1 vol. 7 fr.—S. Hilaire, pape, 1 vol. 8 fr.—Prudence, 2 vol. 14 fr.—S. Paulin, 1 vol. 7 fr.—Symmaque, 1 vol 8 fr.—Boèce, 2 vol. 16 fr.—S. Fulgence, 1 vol 7 fr.—S Benoît, 1 vol. 6 fr.—Denis le Petit, 1 vol. 7 fr.—Arator, 1 vol. 7 f.—Cassiodore, 2 vol. 14 fr.—Grégoire de Tours, 1 vol. 7 fr.—S. Germain, évêque de Paris, 1 vol. 7 fr.—Vies des Pères, par Rosweyd, 1 vol. 7 fr.—S. Chrysostome, 9 vol. 50 fr.—S. Thomas, 4 volumes 24 fr.

DOUBLE GRAMMAIRE et DOUBLE DICTIONNAIRE HÉBRAIQUES, 1 vol. in-4°. Prix : 15 fr.

COURS COMPLET D'ECRITURE SAINTE ET DE THEOLOGIE 1° formés uniquement de Commentaires et de Traités partout reconnus comme des chefs-d'œuvre, et désignés par une grande partie des évêques et des théologiens de l'Europe, universellement consultés à cet effet; 2° publiés et annotés par une société d'ecclésiastiques, tous curés ou directeurs de séminaires dans Paris, et par 12 séminaires de province. Chaque Cours formé de 27 vol in-4° à 2 col. On souscrit aux deux Cours à la fois ou à chacun d'eux en particulier. Prix : 5 fr. le vol. — TABLES ANALYTIQUES des Cours, 2 forts demi-volumes in-4°. Prix 5 fr. chacun.

ATLAS géographique et iconographique de l'Ecriture sainte 1 vol. in-fol. Prix : 6 fr. pour les souscripteurs aux Cours, 8 fr. pour les non-souscripteurs.

COLLECTION INTEGRALE ET UNIVERSELLE DES ORATEURS SACRES DU PREMIER ET DU SECOND ORDRE, ET DE LA PLUPART DES ORATEURS SACRES DU TROISIÈME ORDRE, 60 vol 300 fr. — Sont en vente les orateurs suivants : Camus, 1 vol. 6 fr.—De Lingendes, 1 vol. 6 r.—Lejeune, 3 vol. 18 fr.—Bourzeis, 1 vol. 6 fr.—De la Colombière, 1 vol. 6 fr.—De Fromentières, 2 vol. 12 fr.—Maimbourg, 1 vol. 6 fr.—Treuvé, 1 vol. 6 fr.—Cheminais, 1 vol. 6 fr.—Giroust, 1 vol. 6 fr.—Bourdaloue, 3 vol. 18 fr.—Richard l'avocat, 3 vol 18 fr.—Anselme, 2 vol. 12 fr.—De La Pesse, 2 vol. 12 fr.—Fléchier, 1 vol. 6 fr.—Biroat, 2 vol. 12 fr.—De La Roche, 1 vol. 6 fr.—Hubert, 1 vol 6 fr.—Fénelon et La Rue, 1 vol 6 f.—Les Jeux Terrason, 1 v. l. 6 fr.—Dom Jérôme, 1 vol. 6 fr.

QUATRE ANNEES PASTORALES ou PRONES, par Bayonne, 1 vol in-4°. Prix : 6 fr

ENCYCLOPEDIE THEOLOGIQUE, ou série de dictionnaires sur chaque branche de la science religieuse, offrant en français la plus claire, la plus variée, la plus facile et la plus complète des Théologies. Ces Dictionnaires sont : de la Bible, — de Philologie sacrée, — de Liturgie, — de Droit canon, — d'Hérésies, — de Schismes et des livres Jansénistes, — de Conciles, — des Rites, — des Cérémonies et de Discipline, — des Cas de conscience, — des Ordres religieux (hommes et femmes), — des diverses Religions, — de Géographie sacrée, — de Théologie dogmatique et morale, — de Jurisprudence religieuse, — des Passions, des Vertus et des Vices, — de Géologie, — de Chronologie religieuse, — d'Histoire ecclésiastique, — d'Héraldique et de Numismatique, — d'Archéologie, — de Diplomatique, — de Philosophie et de sciences occultes, et plusieurs autres dont les titres seront donnés et déjeunent ut. 50 vol. in-4°. Prix : 6 fr. pour le souscripteur à la collection entière, 7 fr., 8 fr., et même 10 fr. pour le souscripteur à tel ou tel dictionnaire en particulier. 51 vol. ont paru.

Sont en vente : Dictionnaire de la Bible, 4 vol. 28 fr.—De Philologie sacrée, 4 vol. 28 fr.—De Liturgie, 1 vol. 8 fr.—De Droit canon, 2 vol. 14 fr.—Des Rites, 3 vol. 21 fr.—Des Conciles, 2 vol. 14 fr.—Des Hérésies, 2 vol. 16 fr.—Des Cas de conscience, 2 vol. 14 fr.—Des Ordres religieux, les 2 premiers vol. 16 fr.—Des diverses Religions, les 2 premiers vol. 16 fr.—De Géographie sacrée, les 2 premiers vol. 16 fr.—De Théologie morale, 2 vol. 14 fr.—De Jurisprudence religieuse, le premier vol. 7 fr.—Des Passions, des Vertus et des Vices, le premier vol. 7 fr.—De Diplomatique, 1 v l. 8 fr.—Des Sciences occultes, deuxième vol. 7 fr.

DEMONSTRATIONS EVANGELIQUES de Tertullien, Origène, Eusèbe, S. Augustin, Montaigne, Bacon, Grotius, Descartes, Richelieu, Arnauld, de Choiseul du Plessis-Praslin, Pascal, Pélisson, Nicole, Boyle. Bossuet, Bourdaloue, Loke, Lamy, Duguet, Malebranche, Lesley, Leibnitz, la Bruyère, Fénelon, Clarke, Duguet, Stanhope, Bayle, Leclerc, Dupin, Jacquelot, Tillotson, De Haller, Sherlock, Le Moine, Pope, Leland, Ray, Massillon, Ditton, Derham, d'Aguesseau, de Polignac, Saurin, Buffier, Warburton, Tournemine, Bentley, Littleton, Fabricy, Addison, De Bernis, Jean-Jacques Rousseau, Para du Phanjas, Stanislas Ier, Turgot, Statler, West, Beauzée, Bergier, Gerdil, Thomas, Bonnet, de Crillon, Euler, Delamarre, Caraccioli, Jennings, Duhamel, S. Liguori, Butler, Bullet, Vauvenargues, Guénard, Blair, De Pompignan, de Luc, Porteus, Gérard, Diessbach, Jacques, Lamourette, Laharpe, le Coz, Duvoisin, De la Luzerne, Schmitt, Poynter, Moore, Silvio Pellico, Lingard, Brunati, Manzoni, Perrone, Piley, Dorléans, Campien, Pérennès, Wiseman, Buckland, Marcel de Serres, Keith, Chalmers, Dupin aîné, S. Sainteté Grégoire XVI, Cuttet, Milner, Sabatier, Morris, Bolgeni, Lombroso et Consoni. Traduites, pour la plupart, des diverses langues dans lesquelles elles avaient été écrites; reproduites intégralement, non par extraits. Ouvrage également nécessaire à ceux qui croient pas, à ceux qui doutent et à ceux qui croient. 18 vol. in-4°, de plus de 1,500 col., l'un dans l'autre. Prix : 108 fr. Les œuvres complètes de Wiseman, lesquelles n'ont jamais été traduites au tiers, valent seules au delà de cette somme.

ORIGINES ET RAISON DE LA LITURGIE CATHOLIQUE TOUT ENTIERE, ou Notions historiques et descriptives sur les rites et le cérémonial de l'office divin, les sacrements, les fêtes, la hiérarchie, les édifices, vases, ornements sacrés, et en général sur le culte catholique, tant en Orient qu'en Occident, par M. Pascal. 1 vol. in-4°. Prix : 8 fr.

COURS ALPHABETIQUE ET METHODIQUE DE DROIT CANON mis en rapport avec le droit civil ecclésiastique, ancien et moderne, par M. André 2 vol. in-4°. Prix : 14 fr.

DISSERTATIONS SUR LES DROITS ET LES DEVOIRS RESPECTIFS DES EVEQUES ET DES PRÊTRES DANS L'EGLISE, par le cardinal de la Luzerne. 1 vol. in-4° de 1,900 col. Prix : 8 fr

HISTOIRE DU CONCILE DE TRENTE par le cardinal Pallavicini, accompagnée du Catéchisme et du texte du même concile ainsi que de diverses dissertations sur son autorité, et sur le monde catholique, sur sa réception en France, et sur toutes les objections protestantes, jansénistes, par ementaires et philosophiques auxquelles il a été en butte. 3 vol. in-4°. Prix : 18 fr.

PERPETUITE DE LA FOI DE L'EGLISE CATHOLIQUE, par Nicole, Arnauld, Renaudot, etc., suivie de la Perpétuité de la Foi sur la confession auriculaire, par Denis de Sainte-Marthe, et des 13 Lettres de Scheffmacher sur presque toutes les matières controversées avec les Protestants. 4 vol. in-4°. Prix : 24 fr.

ŒUVRES TRES-COMPLETES DE SAINTE THERESE, entourées de vignettes à chaque page; précédées du portrait de la sainte, du fac-similé de son écriture, de sa Vie par Villefore, et de la bulle de sa canonisation par Grégoire XV; suivies d'un grand nombre de lettres inédites, des méditations sur ses vertus par le cardinal Lambruschini, de son éloge par Bossuet et par Fra Louis de Léon, du discours sur le non-quiétisme de la sainte par Villefore, des Œuvres complètes de S. Pierre d'Alcantara, de S. Jean-de-la-Croix et du bienheureux Jean d'Avila; formant ainsi un tout bien complet de la plus célèbre école ascétique d'Espagne. 4 vol. in-4°. Prix : 24 fr.

CATECHISMES philosophiques, polémiques, historiques, dogmatiques, moraux, disciplinaires, canoniques, pratiques, mystiques et mystiques, de Feller, Ainé, Scheffmacher, Rohrbacher, Pey, Lefrançois, Alletz, Almeyda, Fleury, Pomey, Bellarmin, Meusy, Challoner, Gother, Surin et Olier. 2 forts vol. in-4°. Prix : 15 fr. les deux.

PRÆLECTIONES THEOLOGICÆ, auctore PERRONE e societate Jesu. 2 vol. in-4°. Prix : 12 fr. les deux volumes

ŒUVRES TRES-COMPLETES DE DE PRESSY, évêque de Boulogne. 2 vol. in-4°. Prix : 12 fr. les deux volumes.

ŒUVRES DU COMTE JOSEPH DE MAISTRE, 1 faible vol. in-4°. Prix : 5 fr.

MONUMENTS INEDITS SUR L'APOSTOLAT DE SAINTE MARIE-MADELEINE EN PROVENCE, et sur les autres apôtres de cette contrée, S. Lazare, S. Maximin, ste Marthe et les saintes Maries Jacobé et Salomé, par l'auteur de la dernière Vie de M. Olier. 2 forts vol. in-4° enrichis de près de 500 gravures. Prix : 20 fr.

INSTITUTIONES CATHOLICÆ IN MODUM CATECHESEOS, ou grand Catéchisme de Montpellier, 12 vol. Prix : 25 fr.

HOMELIES de Montreuil, 6 vol Prix : 16 fr.

DEVOIRS DU SACERDOCE, 2 vol. Prix : 9 fr.

VIE SACERDOTALE, 1 vol. Prix : 3 fr.

LETTRES DE S. FRANÇOIS DE SALES, 2 vol. Prix : 4 fr.

BULLARIUM MAGNUM, Fr. 50 c. la livraison in-8°. 180 d paru.

REFORME, 1 vol. Prix : 5 fr.

PELERINAGE, 1 vol. in-12. Prix : 60 c.

LE PROTESTANTISME, 1 vol. Prix : 1 fr

LE CŒUR ADMIRABLE DE MARIE, 2 vol. in-8°. Prix : 4

ENCYCLOPÉDIE THÉOLOGIQUE,

OU

SÉRIE DE DICTIONNAIRES SUR TOUTES LES PARTIES DE LA SCIENCE RELIGIEUSE,

OFFRANT EN FRANÇAIS

LA PLUS CLAIRE, LA PLUS FACILE, LA PLUS COMMODE, LA PLUS VARIÉE
ET LA PLUS COMPLÈTE DES THÉOLOGIES.

CES DICTIONNAIRES SONT :

D'ÉCRITURE SAINTE, DE PHILOLOGIE SACRÉE, DE LITURGIE, DE DROIT CANON, D'HÉRÉSIES ET DE SCHISMES, DES LIVRES JANSÉNISTES, MIS A L'INDEX ET CONDAMNÉS, DES PROPOSITIONS CONDAMNÉES, DE CONCILES, DE CÉRÉMONIES ET DE RITES, DE CAS DE CONSCIENCE, D'ORDRES RELIGIEUX (HOMMES ET FEMMES), DES DIVERSES RELIGIONS, DE GÉOGRAPHIE SACRÉE ET ECCLÉSIASTIQUE, DE LÉGISLATION RELIGIEUSE, DE THÉOLOGIE DOGMATIQUE ET MORALE, DES PASSIONS, DES VERTUS ET DES VICES, DE JURISPRUDENCE CIVILE-ECCLÉSIASTIQUE, D'HISTOIRE ECCLÉSIASTIQUE, D'ARCHÉOLOGIE SACRÉE, DE MUSIQUE RELIGIEUSE, D'HÉRALDIQUE ET DE NUMISMATIQUE RELIGIEUSES, DE PHILOSOPHIE, DE GÉOLOGIE, DE DIPLOMATIQUE CHRÉTIENNE ET DES SCIENCES OCCULTES.

PUBLIÉE

PAR M. L'ABBÉ MIGNE,

ÉDITEUR DE LA BIBLIOTHÈQUE UNIVERSELLE DU CLERGÉ,

OU

DES COURS COMPLETS SUR CHAQUE BRANCHE DE LA SCIENCE ECCLÉSIASTIQUE.

50 VOLUMES IN-4°.

PRIX : 6 FR. LE VOL. POUR LE SOUSCRIPTEUR A LA COLLECTION ENTIÈRE, 7 FR., 8 FR., ET MÊME 10 FR. POUR LE SOUSCRIPTEUR A TEL OU TEL DICTIONNAIRE PARTICULIER.

TOME TRENTE-NEUVIÈME.

DICTIONNAIRE DES PASSIONS, DES VERTUS, DES VICES
ET DES DÉFAUTS.

1 VOL. PRIX : 7 FRANCS.

CHEZ L'ÉDITEUR,

AUX ATELIERS CATHOLIQUES DU PETIT-MONTROUGE,
BARRIÈRE D'ENFER DE PARIS.

1849

4, 19, καὶ μὴ ἀσθενήσας τῇ πίστει : *Et non infirmatus fide*, id est, *corroboratus fide*.

2° Idem contingit, cum adverbia negandi præponuntur nominibus. הוּא בֵן לֹא חָכָם Ose. 13, 13, *ipse filius non sapiens*, id est, *insipiens*. בְּגוֹיִ לֹא חָסִיד Psal. 43, 1, *a gente non misericordi*, id est, *crudeli*. בִּלְתִּי טָהוֹר הוּא 1 Sam. 20, 26, *non mundus ille*, id est, *immundus est*.

Hinc Matth. 2, 6, *et tu, Bethleem, nequaquam minima es*, id est, *maxima es*. Apoc. 11, 7, *vidua non sum*, id est, *populosa sum admodum*.

3° Sæpe adverbia absoluta non negant absolute, sed habent tantummodo vim præpositionis comparativæ, significantque *potius quam*, *non tam*, *non solum*. קִרְעוּ לְבַבְכֶם וְלֹא בִגְדֵיכֶם Joel. 2, 13, *scindite corda vestra, et non*, id est, *potius quam vestimenta vestra*.

Hinc Matth. 10, 20, *non vos estis qui loquimini, sed Spiritus sanctus*, id est, *non tam vos quam*, etc. Marc. 9, 35, *quicunque me susceperit, non me suscipit*, id est, *non me solum suscipit, sed eum qui misit me*.

4° Vice versa comparationis particulæ quandoque pro adverbiis negativis usurpantur. חָפַצְתִּי דַעַת אֱלֹהִים מֵעֹלוֹת Ose. 6, 6, *volo cognitionem Dei præ sacrificiis*, id est, *et non sacrificia*. Loquitur enim eo loci propheta de sacrificiis ex hypocrisi oblatis.

5° Adverbia negandi לֹא et אֵין juncta nominibus כֹּל, *omnis*, אִישׁ *vir*, אֶחָד *unus*, universaliter negant : ita ut non omnis idem sit ac *nullus*. כִּי לֹא יִצְדַּק לְפָנֶיךָ כָל חָי Psal. 143, 2, *quia non justificabitur in conspectu tuo omnis vivens*, id est, *nullus justificabitur in conspectu tuo*.

Hinc Matth. 24, 22, *nisi breviati fuissent dies illi*, οὐκ ἂν ἐσώθη πᾶσα σάρξ, *non fieret salva omnis caro*, id est, *nulla caro salva esset*.

6° Negativa particula in priori membro phrasis alicujus expressa, sæpe subintelligenda est in sequentibus in membris ejusdem phrasis, etsi in illis non exprimatur. כִּי לֹא לָנֶצַח יִשָּׁכַח אֶבְיוֹן תִּקְוַת אֲבִיוֹנִים תֹּאבַד לָעַד Psal. 9, 19, *quia non in æternum oblivio in paupere; patientia pauperum peribit in finem*. Adde *non*, et dic, *patientia pauperum non peribit in finem*.

7° Adverbium interrogandi ה, *an*, *num* in interrogationibus affirmativis negat, in negativis affirmat. 2 Sam. 7, 5, *numquid tu* הַאַתָּה *ædificabis mihi domum?* 1 Paral. 17, 4, habetur לֹא אַתָּה *non tu ædificabis*, etc. 1 Par. 21, 17, *an non ego sum* הֲלֹא *qui peccavi?* id est, *revera is sum, qui peccavi*. Nec est id hebræis peculiare, sed ut attendenti patebit, ex natura ipsa desumptum.

8° Non raro deest interrogativum ה Gen. 27, 24, אַתָּה *tu es filius meus Esau : supple numquid*, ac si esset הַאַתָּה. Job. 2, 10, *si bona suscepimus de manu Domini mala* לֹא בְקַבֵּל *non suscipiemus : supple* ה, ut si הֲלֹא *an non, quare mala non suscipiemus?* Ista literæ ה congruenti subauditione elucidantur non pauca Scripturæ loca.

§ IV. — *De adverbio similitudinis*.

1° כְּ adverbium est similitudinis, notatque insuper conjecturam numeri, mensuræ aut temporis. Nominibus et verbis præfigitur. כְּשׁוֹשַׁנָּה Cant. 3, 2, *sicut lilium*. כְּרוּחַ קָדִים Jer. 18, 7, *sicut ventus orientalis*. כְּעֶשְׂרִים 1 Sam. 14, 14, *circiter viginti*. כְּאַלְפַּיִם 3, 4, *quasi duo millia*. כְּעֶשֶׂר שָׁנִים Ruth. 1, 4, *circiter decem annos*.

2° Nonnunquam geminatur istud adverbium, tunc significat *sicut, sic ; tam, quam ; talis, qualis ; tantus, quantus*, juxta locorum exigentiam. כְּכֹהֵן כָּעָם Isa. 24, *sicut populus, sic sacerdos*. כַּגֵּר כָּאֶזְרָח Lev. 24, 16, *omnis Ecclesia, tam peregrinus quam indigena*. כַּחַטָּאת כָּאָשָׁם Lev. 7, 7, *quale sacrificium pro peccato, tale sacrificium pro delicto*. כִּי כֹּחִי עָתָּה אָז Jos. 14, 11, *quantum erat robur meum tunc, tantum est etiam nunc*.

3° Interdum conjunctio וְ gerit vices adverbii similitudinis. כְּעָבוֹ סוֹעָה וְאֵין רֶשַׁע Prov. 10, 25, *sicut transit turbo, et*, id est, *sic non est impius*. צְרֹף לַכֶּסֶף וְכוּר לַזָּהָב וּבֹחֵן לִבּוֹת יְהוָה Prov. 17, 3, *conflatorium argento ; et caminus auro, et*, id est, *sic probat corda Deus*.

Hinc Matth. 6, 10, *fiat voluntas tua sicut in cœlo et in terra*, id est, *sicut in cœlo, ita et in terra*.

4° Sæpissime deest adverbium similitudinis. מִבְצָרַיִךְ תְּאֵנִים Nah. 3, 12, *omnes munitiones tuæ ficus*, id est juxta nonnullos, *sicut ficus : et versu sequenti :* הִנֵּה עַמֵּךְ נָשִׁים *ecce populus tuus sicut mulieres*. גּוּר אַרְיֵה יְהוּדָה Gen. 49, 9, *catulus leonis Juda*, id est, *sicut catulus leonis*.

Sed sunt alii loci non infrequentes, in quibus potiori jure subintelligenda videtur similitudinis particula. וָאֶשָּׂא אֶתְכֶם עַל כַּנְפֵי נְשָׁרִים Exod. 19, 4 *portavi vos quasi super alas aquilarum*.

5° Vice versa non raro superfluit istud adverbium. נִמְשַׁל כַּבְּהֵמוֹת Psal. 49, 13, *comparatus est sicut jumenta*, id est, *jumentis*. וְתִבָּשֵׁל כֶּעָפָר וָאֵפֶר Job. 30, 19, *comparatus sum sicut pulvis et cinis*, id est, *pulveri et cineri*. וַיְהִי הָעָם כְּמִתְאֹנְנִים Num. 11, 1, *et fuit populus quasi murmurantes*.

CAPUT VIII.

DE SYNTAXI PRÆPOSITIONUM.

Ex præpositionibus quinque ל, כ, ב, מ, ה sunt inseparabiles, id est, ita dictioni annexæ, ut cum eā unum vocem efficiant. Licet ה locale vocibus non præponatur sicut aliæ quatuor, sed postponitur, ideoque *præpositio* non possit nuncupari, si nominis etymologia spectetur, tamen quā idem præstat ac vera præpositio, de eā cum aliis agetur.

§ I. — *De ה locali*.

1° Significat ergo ה locali *in*, *ad*, *versus*, etc. Æquivalet præpositioni אֶל, illiusque diminutivo ל

ENCYCLOPÉDIE THÉOLOGIQUE,

OU

SÉRIE DE DICTIONNAIRES SUR TOUTES LES PARTIES DE LA SCIENCE RELIGIEUSE,

OFFRANT EN FRANÇAIS

LA PLUS CLAIRE, LA PLUS FACILE, LA PLUS COMMODE, LA PLUS VARIÉE
ET LA PLUS COMPLÈTE DES THÉOLOGIES.

CES DICTIONNAIRES SONT :

D'ÉCRITURE SAINTE, DE PHILOLOGIE SACRÉE, DE LITURGIE, DE DROIT CANON, D'HÉRÉSIES ET
DE SCHISMES, DES LIVRES JANSÉNISTES, MIS A L'INDEX ET CONDAMNÉS, DES PROPOSITIONS
CONDAMNÉES, DE CONCILES, DE CÉRÉMONIES ET DE RITES, DE CAS DE CONSCIENCE,
D'ORDRES RELIGIEUX (HOMMES ET FEMMES), DES DIVERSES RELIGIONS, DE
GÉOGRAPHIE SACRÉE ET ECCLÉSIASTIQUE, DE LÉGISLATION RELIGIEUSE, DE
THÉOLOGIE DOGMATIQUE ET MORALE, DES PASSIONS, DES VERTUS ET
DES VICES, DE JURISPRUDENCE CIVILE-ECCLÉSIASTIQUE, D'HISTOIRE
ECCLÉSIASTIQUE, D'ARCHÉOLOGIE SACRÉE, DE MUSIQUE RELIGIEUSE,
D'HÉRALDIQUE ET DE NUMISMATIQUE RELIGIEUSES, DE PHILOSOPHIE,
DE GÉOLOGIE, DE DIPLOMATIQUE CHRÉTIENNE ET DES
SCIENCES OCCULTES.

PUBLIÉE

PAR M. L'ABBÉ MIGNE,

ÉDITEUR DE LA BIBLIOTHÈQUE UNIVERSELLE DU CLERGÉ,

OU

DES COURS COMPLETS SUR CHAQUE BRANCHE DE LA SCIENCE ECCLÉSIASTIQUE.

50 VOLUMES IN-4°.

PRIX : 6 FR. LE VOL. POUR LE SOUSCRIPTEUR A LA COLLECTION ENTIÈRE, 7 FR., 8 FR., ET MÊME 10 FR. POUR LE
SOUSCRIPTEUR A TEL OU TEL DICTIONNAIRE PARTICULIER.

TOME TRENTE-NEUVIÈME.

DICTIONNAIRE DES PASSIONS, DES VERTUS, DES VICES
ET DES DÉFAUTS.

1 VOL. PRIX : 7 FRANCS.

CHEZ L'ÉDITEUR,

AUX ATELIERS CATHOLIQUES DU PETIT-MONTROUGE,
BARRIÈRE D'ENFER DE PARIS.

1849

DICTIONNAIRE
DES FACULTÉS
INTELLECTUELLES ET AFFECTIVES DE L'AME,
OU L'ON TRAITE
DES PASSIONS,
DES VERTUS, DES VICES, DES DÉFAUTS, ETC.,

QUI ÉLÈVENT OU ENNOBLISSENT, ABAISSENT OU DÉGRADENT L'HOMME,

ET DES MOYENS DE DÉVELOPPER LES UNES ET DE CORRIGER LES AUTRES, ETC.;

ACCOMPAGNÉ D'UNE TABLE ANALYTIQUE,

PAR LE DOCTEUR F.-A.-AUG. POUJOL,

ANCIEN CHEF DE CLINIQUE; MÉDECIN DE LA CHARITÉ ET PROFESSEUR-AGRÉGÉ (PAR CONCOURS) DE LA FACULTÉ DE MONTPELLIER; MEMBRE CORRESPONDANT DE L'ACADÉMIE ROYALE DE MÉDECINE DE BELGIQUE; DE LA SOCIÉTÉ ACADÉMIQUE DE MARSEILLE; DE LA SOCIÉTÉ DE MÉDECINE PRATIQUE DE MONTPELLIER, ETC.

> Je donne mon advis *non comme bon*, mais comme mien.
> MONTAIGNE.
> Et cependant, j'ai observé avant de raisonner; j'ai raisonné avant d'écrire. LOKMAN, fabuliste indien.

SUIVI

DE L'USAGE DES PASSIONS,
PAR LE R. P. SENAULT, GÉNÉRAL DE L'ORATOIRE.

PUBLIÉ PAR M. L'ABBÉ MIGNE,

ÉDITEUR DE LA BIBLIOTHÈQUE UNIVERSELLE DU CLERGÉ,

OU

DES COURS COMPLETS SUR CHAQUE BRANCHE DE LA SCIENCE ECCLÉSIASTIQUE.

---

1 VOL. PRIX : 7 FR.

CHEZ L'ÉDITEUR,
AUX ATELIERS CATHOLIQUES DU PETIT-MONTROUGE,
BARRIÈRE D'ENFER DE PARIS.

1849